FRANCE
0 50 100km
BELGIQUE
-PAS-DE-
ALAIS
-de-Calais
Lille
Arras
Nord
Somme
Amiens
PICARDIE
Charleville-Mézières
Laon
Ardennes
Aisne
Beauvais
Oise
Meuse
Pontoise
Châlons-sur-Marne
Paris
LO
Marne
Bar-le-Duc
E-DE-FRANCE
Évry
Melun
CHAMPAGNE-
ARDENNES
Nancy
Strasbourg
Meurthe-et-
Moselle
ALSACE
Seine
Aube
Troyes
Chaumont
Vosges
Epinal
Colmar
Haut-
Rhin
Orléans
Loiret
Yonne
Auxerrs
Haute-
Marne
Haute-Saône
Belfort
Vesoul
Loire
Côte-d'Or
Dijon
Doubs
Territoire de Belfort
Besançon
Cher
BOURGOGNE
Bourges
Nièvre
Nevers
Franche-
comté
SUISSE
Saône
Jura
Lons-le-Saunier
Saône-et-Loire
Moulins
Allier
Mâcon
Bourg.en-Bresse
Ain
Haute-Savoie
Annecy
Rhône
Puy-de-Dôme
Loire
Lyon
Clermont-Ferrand
St-Étienne
Chambéry
Savoie
AUVERGNE
RHÔNE-ALPES
ITALIE
Grenoble
Isère
Cantal
Aurillac
Haute-Loire
Le Puy
Privas
Valence
Ardèche
Hautes-Alpes
Lozère
Mende
Drôme
Gap
Rhône
Rodez
Aveyron
Digne
Alpes-
Maritimes
Tarn
Gard
Vaucluse
Alpes-de-Haute-
Provence
Albi
Nîmes
Avignon
Nice
MONACO
Bastia
Montpellier
Hérault
PROVENCE-ALPES-CÔTE D'AZUR
Bouches-du-Rhône
Var
Haute-Corse
LANGUEDOC-
ROUSSILLON
Marseille
CORSE
Carcassonne
Aude
Golfe du Lion
Toulon
Ajaccio
Corse-du-Sud
Perpignan
Pyrénées-
Orientales
MER MÉDITERRANÉE

DICTIONNAIRE
CONCISE
JAPONAIS-FRANÇAIS

コンサイス和仏辞典

[第3版]

重信常喜 島田昌治 橋口守人
須藤哲生 工藤進 山岡捷利
ガブリエル・メランベルジェ
[編]

三省堂

© Sanseido Co., Ltd. 1995

First Edition 1980

Second Edition 1995

Third Edition 2003

Printed in Japan

装丁＝三省堂デザイン室

見返し＝Jmap

第3版はしがき

　世の中が移り変わるにつれて言葉も変貌するのは致し方ないとしても、今日ほど人々が在来の日本語の代わりに外国語、殊に英語を用いる方が彼らの感性に適合するのかと思えば、事の善し悪しは別として、この和仏辞書を利用されるそのような読者の気持ちに答えるのが辞書の宿命かもしれない。例えば「開業、開店」には英語のopenを用い、「切符」は電車や汽車の場合のみで、その他の場合はticketとやはり英語を用いる現状に鑑みて、この辞書の見出し語もそれに対応させることにした。同時にまた、生活形態又は嗜好の変化に伴い、殊に技術用語の分野ではIT産業を中心とする新語がここ数年の間に著しくその数を増し、日本語も外国でそのまま使われることが多くなった。こうした観点から、今回三省堂編集部の方々の並々ならぬ尽力により新しい見出し語を精選しこれに適切なフランス語訳をつけて第三版の和仏辞典を世に送り出したことは嬉しい限りである。

　最後にわたしの気持ちを言わしてもらうのは申し訳ないが、初版、再版を読み返して幼児の片言を聞くような物足りなさを感じて悩んでいたが、その悩みも今回の改訂版を読んで解消したような気がして心晴れやかである。なお、野津　寛氏には新語のチェックなどでお世話になった。ここにお礼申し上げる。

　　　2003年6月　　　　　　　　　　　　　　　　　　編者一同に代わりて
　　　　　　　　　　　　　　　　　　　　　　　　　　　重　信　常　喜

第2版はしがき

　言わずもがなのことではあるが、フランス語の文章を読解するのに和仏辞典を索く人は殆どあるまい。和仏辞典は飽くまでも日本語に適切に対応するフランス語を求めるためにある。ところが日常使われる日本語が、生活形態や風習の変化に伴い少しずつ変わり、また世界の趨勢にも影響を受けている。殊に、各分野における技術用語はここ数年の間に著しくその数を増し、日本語も外来語を使用して表現することが多くなった。こうした観点に立ってこれらの用語の需要を満たすためには、改訂、増補を行わなければならないが、そのためには永い年月を必要とするので、今回は巻末ADDENDAの形式で、必要かつ採録に緊急を要する言葉に重点を置くこととした。編集基本方針は初版と変わりなく、これに多少の修正を加えただけである。

　最後になみなみならぬ努力をしてくださった三省堂編集部の方々、現代的感覚をもって助力してくださった若い泉利明さんに深甚な御礼を申し上げる次第である。

　　　1995年2月　　　　　　　　　　　　　　　　　　編者一同に代わりて
　　　　　　　　　　　　　　　　　　　　　　　　　　　重　信　常　喜

初版はしがき

　和仏辞典の編纂を思い立ったのは十五年以上も前のことです。敬愛する英語学者から勧められ、その人の紹介状を持って三省堂の辞書出版部を訪ねました。それから数年たって二度目に出版部の方と会ったのが神田神保町のレストラン「ランチョン」で、その時からこの辞書の構想を練りはじめました。つまり、出来るだけ用例を多くして流れの中でフランス語をとらえ得るような、いわば文型を中心としたものを考えたのです。また、日常使用する現代文は純粋に叙述的な文章ではなく、会話的な要素も多く含まれておりますので、是非ともフランス人の助けが必要でした。幸い、現在上智大学の専任講師をしておられるガブリエル・メランベルジェ先生が協力を快く承諾してくださり、それから仕事に拍車がかかるようになりました。ガブさん（これはガブリエルさんに対するわれわれ編集委員の愛称です）を中心にして、悪童連が寄ってたかって粘土細工を製作するときのように、私の家で月に三回集まり互いに検討し合って原稿に手を入れるようにしました。ガブさんは一年足らずのうちに驚くほど日本語が上達し、原稿の殆どの部分にわたって目を通して貰うことが出来ました。最後になりましたが、一部執筆をお願いした方々、校正の手伝い、その他細かい所まで調べてくださった、池田治一郎、根岸純、石田明夫、平井康和、野村喜和夫、鈴木等、原田瑠璃子の皆さんに篤く御礼を申し上げると共に、終始大変な協力を戴いた三省堂の編集部門、工場部門の方々に深甚な感謝の意を表する次第です。

1980年3月

（抜粋）

重信　常喜

凡　　例

見出し語

1. ひらがな,カタカナを用い,五十音順に配列した.
2. しばしばローマ字のまま用いられる略語の類はローマ字をそのまま見出し語とし,カナに書き換えた時の位置に置いた.例えばPRは「ピーアール」の位置,すなわち「ひあぶり(火炙り)」の次,「びい(微意)」の前にある(4. 参照).
3. 清音,濁音,半濁音の順に配列し,接辞や造語成分はそれらが結びつく位置に - (ハイフン)をつけ,同文字の見出し語の次に置いた.
4. - (長音記号)は配列の上からは直前の音をのばしたものとして配列した.従って「レーンコート」は「レエンコオト」とみなしている.
5. 見出し語に対応する漢字は,見出し語の直後に置き,必要に応じて( )内に別形を示した.カタカナと漢字の両方が現れる時はカタカナの部分を - (ダッシュ)で置き換えた.

    例: **あいぎ** 間(合)着　　**レッカーしゃ** -車

語義・用法の注記

6. 訳語との関連において,必要に応じて見出し語に含まれるいくつかの語義を区分・限定し,あるいは主たる使用範囲などを示し,また位相・専門語などの指示を行った.
7. 語義の区分・限定,使用範囲などの一般的指示には [ ] を用い,位相・専門語の指示には 《 》 を用いた.これらは訳語句の前に置き,新たに [ ],あるいは 《 》 が現れるまでの全ての訳語句にかかる.
8. 位相の指示には《俗》のみを用いた.これは,本書の訳語が中立的なレベルの語句,および現代的な口語を中心にし,文章語や俗い表現は日本語のレベルに合わせて用いたことによる.専門語の指示については「47. 専門語」の項を参照されたい.
9. 見出し語に著しく異なる語義が含まれる場合,あるいは多義語を用例との関係において見やすく整理する場合は,◆を用いて区分を明らかにした.

訳語と用例

10. 訳語の綴り字は現行の正字法に従った.
11. 訳語句の区切りには;(セミコロン)を用い,訳文の区切りには /(斜線)を用いた.( ) の中に2つ以上の語句が置かれるときは, , (コンマ)を用いた.

    例: **けいさつ** 警察... ‖ ...司法(行政, 秘密)～ police judiciaire (administrative, secrète).

    ほきゅう 補給 ‖ ...～の船(機, 車) ravitailleur *m*.

12. 訳語句の中で *qn*, *qc* とある場合は,その位置に任意の「人」を示す語 (*qn* のとき),「もの」を示す語 (*qc* のとき)を得る.
13. 訳語句の中でイタリック体の *on*, *son*, *soi*, *sien*,及びその変化形が現れる場合には,その位置にそれぞれ任意の人称代名詞,所有形容詞,所有代名詞を置き得る.
14. フランス語の大文字はアクサンを省いた.
15. 有音の h で始まる語には,項目末初出の時,†印をつけた.ただし,訳文の中などでは省略した.
16. 常に用いられるハイフンが行末にきた場合,通常の分綴と区別するため = (太目のハイフン)を用いた.
17. 訳語の後には比較的単純な用例を置き, ¶ の後に,接辞などによって品詞や意味の変わる用例を置いた.また主に名詞的複合語(日本語には)には ‖ を付けて項目の最後にまとめた.

    へいきん 平均 moyenne *f*. ～する(を出す) établir une moyenne; calculer la moyenne. ～の moyen(ne). ～的日本人 Japonais(e) *m*(*f*) moyen(ne). ...

    とし 都市 ville *f*. [主要都市] métropole *f*. ¶大学～ ville universitaire. ～化 urbanisation *f*. ～計画 urbanisme *m*. ...

18. 用例の日本語では,見出し語がそのままの形で現れる場合にのみ ～ をもって代用した.見出し語の一部が変化する時は ～ を用いない.この場合,見出し語の後に示された漢字を用いるのが原則であるが,わずらわしさを避けるため,また一般の慣例を考慮してひらがなを用いることもある.

    例: **くる** 来る... 風が吹いてきた...,　　**ためらう** 躊躇う... 彼はためらっている...

19. 見出し語が他の語,または造語成分と結合して,音,表記の一部が変わることがある.この場合にも ～ を用いた.

    例: **つくり** 若～,　旅客～機

20. 個別的な著書や作品のタイトルは日本語を「 」内に入れ,訳語はイタリック体とした.

21. 用例が諺, 成句, 掲示などの場合は, 原則として, 日本語を「　」内に, 訳語を《　》内に示した. ただし, フランス語が単に日本語の訳であって, 固定した表現でない時は《　》を省いた.

名詞の性と数

22. 名詞の性は m (男性), f (女性), pl (複数)の記号を用いて示し, 文章例及びそれに準ずるもの, また冠詞・数詞により性別が明らかなものについては省いた. ただし冠詞が複数のとき, および母音省略が行われるときは示した. なお, 名詞の性数を指示するのは項目内初出の場合に限った.

23. 人間を示す名詞は下記の如く男女両形を併せ示し, その後に m(f) と指示した.
　a) 男性形に e, または一定の語尾を付して女性形を作るもの, 及び男性形の最後の子音字を重ねて e を付するものは付加部分を男性形の直後の（　）内に示した.
　　例: ami(e) m(f), maître(sse) m(f), parisien(ne) m(f)
　b) 語尾を置き換えて女性形を作るものは, 男性形の語尾をイタリック体にし, その直後に女性形語尾をイタリック体で（　）内に示した.
　　例: chant*eur*(*euse*) m(f), conduct*eur*(*trice*) m(f), oubli*eur*(*ère*) m(f)
　c) 男女両形のものは mf. とした.
　　例: enfant mf., pédagogue mf.

24. s を付して作る規則的変化形は示さない. ただしハイフンを用いる複合語で, ハイフンの前の語にのみ s を付するとき, および前後の語に s を付するときは（　）内に示した.
　　例: chef(s)-d'œuvre m, blanc(s)-seing(s) m.
　それ以外の複数形の指示は次の方法によった.
　a) 単数形に複数語尾を付して複数形を作るものは単数形直後の（　）内に示した.
　　例: pou(x) m., lieu(x) m.
　b) 語尾を置き換えて複数形を作るものは, 単数形の語尾をイタリック体にし, その直後に複数語尾をイタリック体で（　）内に示した.
　　例: trav*ail*(*aux*) m
　c) 単数形と複数形が同形の場合は *inv* と指示した. ただし単数形が s, x, z で終わるものについては *inv* の指示を省いた.
　　例: abat-jour *m inv*, chauffe-eau *m inv*
　d) 文字数が少なく, 単複両形の差が著しいものは複数形の全形を（　）内に示すことがある.
　　例: œil (yeux) m, mal (maux) m

25. 女性形と複数形を併せ示すことがある. この場合, 女性複数形は省いた.
　例: **あいきゃく** 相客 commens*al*(*ale, aux*) m(f, pl)
　例: **ぼくどう** 牧童 pastour*eau*(*elle, eaux*) m(f, pl)

形容詞の性と数

26. 男性形に e を付して作る女性形は示さない. ただし人を示す名詞にかかる時は対応関係を示すために付した.
　例: **あいえん** 愛煙家 grand(e) fumeur(se) m(f)

27. 男性形の最後の子音字を重ねて e を付するなら女性形は付加部分を（　）内に示した. なお, 形容詞の性, 数を指示するのは項目内初出の場合に限った.
　例: ancien(ne), cadet(te)

28. 語尾を置き換えて作る女性形は男性形語尾をイタリック体にし女性形語尾をイタリック体で（　）内に示した.
　例: act*if*(*ive*), prem*ier*(*ère*), publ*ic*(*que*)

29. 文字数が少なく, 男女両形の差が著しいものは女性形の全形を（　）内に示すことがある.
　例: sec (sèche), frais (fraîche)

30. s を付して作る規則的複数形は示さない. ただし語尾との関連において, s を付して作る形がむしろ例外的であるときは（　）内に示すことがある. 単数形の語尾を置き換えて複数形を作るものは, 単数語尾をイタリック体にし, その直後に複数形語尾をイタリック体で（　）内に示した. 単数形が s, x で終わる単複同形のものについては指示を省いた. 性, 数による変化をしないものには *inv* と指示した.
　例: banal(s), commerci*al*(*aux*), bleu clair *inv*

記号

31. [　]: 語義を区分・限定し, また主たる使用範囲, 文法上の指示などを示す.
32. 《　》: 訳語の位相, 専門語の指示に用いる.
33. (　): a) 訳語の名詞・形容詞の性・数にかかわる指示に用いる.
　　b) 代替可能を示す.
　　例: **げきしょう** 激賞　¶ ～する porter (mettre) qn aux nues
　　→porter qn aux nues, または　mettre qn aux nues
　　いちどう　一同　‖ 参列(会)者～ → 参列者～, または 参会者～
　　c) 日本語と訳語の対応を示す.
　　例. **いいしれぬ**　言知れぬ　～喜び(恐怖) joie f (terreur f) indicible.

→ ～喜び joie indicible, ～恐怖 terreur indicible
34. [ ]:省略可能, 補足を示す.
   例: **けしいん** 消印 [cachet m d'] oblitération *f*;
   → oblitération *f*; cachet *m* oblitération.
35. 「 」:日本語の諺, 成句, 掲示, 作品名などを示す.
36. « »:訳語の諺, 成句, 掲示などを示す. 書名, 作品名には用いない.
37. , :訳語句の区切りを示す.
38. / :訳文の区切りを示す.
39. ～ :見出し語の反復に用いる.
40. ◆ :語義の大別に用いる.
41. ¶ :用例群の区切りに用いる (**17** 参照).
42. ‖ :同上. ただし主に名詞的複合語の前に置く.
43. † :有音の h の左肩に付す.
44. - :行末では通常の分綴を示し, 行中では常に必要なハイフンを示す.
45. ‐ :常に必要なハイフンが行末に来た時, 通常の分綴と区別するために用いる.
46. ⇨ :「...を見よ」の意.

略語

47. **専門語**

   《医》医　学　　　《光》光　学　　　《哲》哲　学
   《印》印　刷　　　《鉱》鉱物, 鉱物学　《天》天文学
   《映》映　画　　　《史》歴史学　　　《電》電気工学
   《演》演　劇　　　《詩》詩　学　　　《土》土木工学
   《園》園　芸　　　《写》写　真　　　《統》統計学
   《化》化　学　　　《宗》宗教, 宗教学　《動》動物, 動物学
   《解》解剖学　　　《修》修辞学　　　《農》農業, 農学
   《楽》音　楽　　　《商》商　業　　　《美》美術, 美学
   《カト》カトリック　《植》植物, 植物学　《服》服　飾
   《株》株　式　　　《心》心理学　　　《物》物理学
   《ギ神》ギリシャ神話　《数》数　学　　　《仏史》フランス史
   《軍》軍　事　　　《スポ》スポーツ　　《プロ》プロテスタント
   《経》経済学　　　《生》生物学　　　《法》法律, 法学
   《建》建築, 建築学　《政》政治, 政治学　《ロ神》ローマ神話
   《語》語学, 言語学　《聖》聖　書　　　《論》論理学
   《工》工学, 機械工学　《地》地　学

48. **文法**
   m　masculin（男性）　　　　*ind*　indicatif（直説法）
   f　féminin（女性）　　　　　*cond*　conditionnel（条件法）
   pl　pluriel（複数）　　　　　*sub*　subjonctif（接続法）
   inv　invariable（不変）　　　*qn*　quelqu'un（ある人）
   imp　impersonnel（非人称）　*qc*　quelque chose（あるもの）
   inf　infinitif（不定法）

あ

ああ ¶~いう場合 dans ce cas-là; en pareil cas. ~いう人 un tel homme. ピエールは~いう奴だ Pierre est ainsi (comme ça). ~まで ainsi; si; tant. 彼が~まで馬鹿だとは思わなかった Je ne croyais pas qu'il était si imbécile. ~見えても内心は心配なんだ il a l'air, au fond il est inquiet.

ああ 嗚呼 Ah!/Oh!/Mon Dieu! ~あなたは何て馬鹿なんだ Ah! que vous êtes stupide. ~恐しい Oh! quelle horreur. ◆〖慨嘆〗¶~あれはまた試験に落ちたのか Hélas! il a encore échoué à son examen. ◆〖受け答え〗¶~えとくよ Bon! Je vais y réfléchir.

アーカイブ archive f.

アーガイル Argyle m. ‖~ソックス chaussettes fpl Argyle.

アークとう 一灯 lampe f à arc.

アーケード arcade f.

アーケードがい -街 passage m couvert.

アース prise f de terre; masse f.

アーチ〖建物〗arc m;〖橋〗arche f.

アーチェリー tir m à l'arc. ~の選手 tireur (se) mf à l'arc.

アーティチョーク〖植〗artichaut m.

アートし -紙 papier m couché.

アーム bras m. プレーヤーの~ bras de pick-up.

アーメン Ainsi soit-il!/Amen!

アーモンド amande f.

アール〖面積〗are m.

アールエッチ Rh ‖~因子 facteur m rhésus; Rh. ~プラス(マイナス)の父親 père m rhésus positif (négatif).

アールエヌエー RNA [リボ核酸] ARN m; acide m ribonucléique.

アールデコ Art(s) déco m. ¶~様式 style m Art déco.

あい 愛 amour m; affection f; tendresse f. 祖国(自由)への~ amour de la patrie (la liberté). ~の悲しみ chagrin m d'amour. ~をかちとる gagner le cœur de qn. ~を告白する déclarer son amour à qn. ~を捧げる offrir son cœur à qn. ‖夫婦(兄弟)~ amour conjugal (fraternel). ⇨ あいじょう(愛情).

あい 藍 indigo m; 〖植物〗indigotier m. ‖~色 bleu foncé m. ~色の indigo inv; d'un bleu foncé.

あいあいがさ 相合傘 ¶~で行く aller en partageant un parapluie.

アイアン〖ゴルフ〗fer m. ‖ 三番(五番)~ fer Nº 3(5).

あいいく 愛育 ¶~する élever qn avec tendresse.

あいいれない 相容れない être incompatible (inconciliable) avec; être opposé à; être l'ennemi de; s'exclure. 水と火とは~ L'eau est l'ennemi du feu. 相互に~考え idées fpl qui s'excluent l'une l'autre.

あいうち 相撃[フェンシング] coup m fourré.

アイエーイーエー IAEA [国際原子力機関] Agence f internationale de l'énergie atomique (AIEA).

アイエムエフ IMF [国際通貨基金] Fonds m monétaire international (FMI).

アイエルオー ILO [国際労働機関] Organisation f internationale du travail (OIT).

あいえんか 愛煙家 grand(e) fumeur(se) mf.

あいえんきえん 合縁奇縁 〖宿命〗destinée f; 〖めぐり合せ〗hasards mpl; prédestination f. ¶これこそまさに~というものを Voilà ce qu'on appelle un heureux hasard.

アイオーシー IOC [国際オリンピック委員会] Comité m International Olympique (CIO).

あいか 哀歌 élégie f; complainte f; cantilène f. ¶~〖風〗の élégiaque.

あいかぎ 合鍵 double clef f; [マスターキー] passe-partout m inv.

あいがも 間鴨 mulard(e) mf.

あいかわらず 相変らず toujours; comme toujours; invariablement. 彼は~元気だ Il se porte bien comme toujours. 彼は~昔のままだ Il est toujours le même.

あいかん 哀歓 les joies et les peines [de la vie].

あいがん 哀願 supplication f; imploration f. 判事は被告の~にも知らぬ顔をしていた Le juge est resté insensible aux supplications de l'accusé. ¶~する supplier qn; implorer qn; embrasser les genoux de qn. 子供は父に罰しないでくれと~した L'enfant a supplié son père de ne pas le punir. ~するような implorant; implorant. ~者 suppliant (e) mf; implorateur(trice) mf.

あいがん 愛玩 ¶~動物 animal m familier.

あいぎ 間(合)着 vêtement m de demi-saison.

あいきゃく 相客 convive mf; voisin(e) mf de table; commensal(ale, aux) mf(, pl). 愉快な~ d'agréables convives. ¶~になる 〖食卓で〗se mettre à la même table que qn; 〖宿で〗devenir compagnon(gne) de chambre; 〖乗物で〗devenir compagnon(gne) de voyage.

アイキュー IQ QI; quotient m intellectuel.

あいきょう 愛敬 charme m; attrait m. 彼女は誰にでも~を振撒く Elle est aimable avec tout le monde. ¶~のある charmant; [おかしげな] amusant; ~のある aimable; souriant. ‖~毛 accroche-cœur(s) m. ~の人 personne f amusante.

あいきょうしん 愛郷心 amour m du pays natal.

あいくち 匕首 poignard m. ~で刺す poignarder. 彼は~で刺されて死んだ Il est mort poignardé.

あいくるしい 愛くるしい mignon(ne); gentillet(te). ~小さな鼻 un mignon petit nez.

あいけん 愛犬 son chien; chien m choyé. ‖~家 ami(e) mf des chiens; cynophile mf.

あいこ 相子 勝負は～だ La partie est égale. おあいこだ Nous sommes quittes./Je suis quitte envers vous.

あいこ 愛顧 ¶～を受ける être patronné par qn; être en faveur auprès de qn. ～を願う rechercher les faveurs de qn. 毎度このようなお礼申上げます Nous vous remercions de l'appui que vous nous avez toujours accordé.

あいご 愛護 protection f. ¶～する protéger. 動物を～しよう Protégeons les animaux.

あいこう 愛好 ¶～する aimer; être ami de. 彼は芸術を～している Il est ami des arts. ‖ ～家 amateur m. 音楽～家 amateur de musique.

あいこうしん 愛校心 amour m pour son école.

あいこく 愛国 ¶～的な patriotique; patriote. ‖～者 patriote mf. 極端な～者 chauvin(e) mf; patriotard(e) mf. 極端な～主義 chauvinisme m. 極端な～主義の chauvinique. ‖～心 patriotisme m; amour m de la patrie.

あいことば 合言葉 mot m d'ordre; mot de passe; [標語] devise f. 自由, 平等, 博愛はフランス革命の～だ «Liberté, Égalité, Fraternité» est la devise de la Révolution française.

あいさい 愛妻 bon mari m; mari qui estime sa femme.

あいさつ 挨拶 [会釈] salut m; [丁寧な] salutation f; [礼儀的] compliments f pl. 新年の～ souhaits mpl du jour de l'an. 丁重な～ salut profond. ～を交す se saluer; échanger des saluts. 初対面の～を交す échanger les présentations. 馬鹿丁寧な～をする faire de grandes salutations. ¶～する saluer qn; faire des compliments à; faire des félicitations à; [通知] faire part de qc à qn. 軽く～する saluer qn d'un clin d'œil (d'un coup de chapeau). ～なしに [予告なしに] sans avertir; [無断で] sans demander la permission. ～もせずに立去る quitter qn sans dire un mot; filer à l'anglaise. ¶～状 faire-part m inv.
◆ [応対・返事] ¶～に困る ne pas savoir que (comment) répondre. これは～だね C'est un peu fort! Vous parlez d'un accueil!

あいし 哀史 ‖女工～ histoire f navrante (poignante) des ouvrières.

アイシー IC [集積回路] circuit m intégré. ‖～カード carte f à mémoire (à puce).

アイシーユー ICU [集中治療室] service m de réanimation; unité f de soins intensifs.

アイシャドウ ombre f pour les paupières. ～をつける mettre de l'ombre aux paupières.

あいしゅう 哀愁 mélancolie f; chagrin m; tristesse f. ～にうち沈む être plongé dans la mélancolie; avoir l'air tout triste. ～をそそる inspirer la mélancolie. ¶～を帯びた mélancolique.

あいしょう 愛唱 ¶～される歌 bonne chanson f. ‖～歌集 recueil m des bonnes chansons.

あいしょう 愛妾 favorite f.

あいしょう 愛称 diminutif m. ピエロはピエールの～である Pierrot est le diminutif de Pierre.

あいしょう 愛誦 ¶～する aimer à réciter. ‖～詩 poésie f populaire.

あいしょう 相性 compatibilité f d'humeur. 我々は～がいいんだ Nous nous entendons bien. 彼らは～が悪い Ils s'entendent mal. この仕事は私には～が悪い Ce travail n'est pas fait pour moi.

あいじょう 愛情 amour m; affection f; amitié f; tendresse f. ～に飢える avoir soif de tendresse. ～を抱く avoir de l'affection pour. ¶～のある aimant; affectueux(se). ～のない sans amour (cœur); inaffectueux (se). ～に満ちた眼差し regards mpl amoureux. ～を込めて avec affection; tendrement; affectueusement.

あいしょか 愛書家 bibliophile m.

あいしょへき 愛書癖 bibliophilie f.

あいじん 愛人 amoureux(se) mf; [男] bon ami m; [女] bonne (petite) amie f; [情夫] amant m; [情婦] maîtresse f.

あいず 合図 signal(aux) m; signe m. ～と共に au signal donné. ...に～する au signal de .... ¶～[を]する signaler; donner le signal. 出発の～をする donner le signal du départ. ～するように～する faire signe à qn de inf.

アイスキャンデー sucette f glacée.

アイスクリーム glace f. ‖～コーン cornet m de glace. ～屋 marchand m de glace.

アイスダンス danse f sur glace.

アイスバーン plaque f de verglas.

アイスピック pic m à glace.

アイスペール seau(x) m à glace.

アイスボックス glacière f.

アイスホッケー †hockey m sur glace.

あいする 愛する aimer; affectionner. 愛される être aimé (se faire aimer) de qn. 愛し合う s'aimer. 愛すべき sympathique. 愛すべき青年 jeune homme m sympathique. 愛すべき物 aimable m. ～ママ ma petite maman.

あいせき 哀惜 regret m. 私は友人の訃報に接し～に堪えない La mort de mon ami me laisse un profond regret.

あいせつ 哀切 ¶～な調子 accents mpl élégiaques.

アイゼン crampon m.

あいそ 愛想 amabilité f; affabilité f. あの店は～よい Cette boutique est accueillante. ¶～のよい aimable; affable; avenant. ～のよい言葉をかける avoir des paroles aimables pour qn. ～のいい物腰 manières fpl avenantes. ～の悪い rebutant. ～よく aimablement; affablement. ～よくする être aimable (affable) avec. 努めて～よくする faire l'aimable. ～よくふるまう faire bon visage à qn. ～よく振舞う avoir une attitude aimable envers qn. ～笑い sourire m flatteur; rire m servile. ◆ [愛情・好意] ¶～を尽かされる être abandonné. 我ながら～が尽きた Je suis dégoûté de moi-même. あの人には～が尽きた Il me dégoûte. ‖～尽かしを言う faire comprendre à qn qu'on en a assez de qn.

あいぞう 愛憎 l'amour *m* et la haine. 〜に燃える brûler de passion.

アイソトープ isotope *m*.

あいた Aïe!

あいた 愛他 ¶〜的な altruiste. ‖〜主義 altruisme *m*; 〜主義者 altruiste *mf*.

あいた 開いた ouvert. 〜口が塞がらない être ébahi; n'en revenir pas.

あいた 空いた ⇨ あき(空き), あく(空く).

あいだ 間 intervalle *m*; [空間] espace *m*; [距離] distance *f*. 〜を空ける espacer; laisser un intervalle (de l'espace). 行の〜を空ける espacer les lignes. 〜を置いて並べる ranger *qc* par intervalles. 5メートルの〜を置いて à un intervalle de cinq mètres. ¶…の〜(に, を) entre; [三者以上の] parmi. 学者達の〜で parmi les savants. フランスとスペインの〜で entre la France et l'Espagne. 木々の〜に点在する家々 maisons *fpl* disséminées parmi les arbres. 〜に立って二人を結びつける servir de lien entre deux personnes. 僕が〜に立ってやる Je sers d'intermédiaire. 生死の〜をさまよう être entre la vie et la mort. ◆ [時間・期間] ¶…の〜 pendant; au cours de; dans le courant de; durant. 今こう5年の〜 d'ici cinq ans. 長年の〜 durant de longues années. できるだけ長い〜 aussi longtemps que possible. ちょっとの〜彼は黙っていた Il est resté un moment silencieux. 彼が本を読んでいる〜弟たちはトランプをしていた Pendant qu'il lisait un livre, ses frères jouaient aux cartes. 冬の〜に pendant l'hiver. 一生の〜に au cours de *sa* carrière. 1週間(1月)の〜に dans le courant de la semaine (du mois); à une semaine (un mois) d'intervalle. その〜に pendant ce temps; entre-temps; dans l'intervalle. 明日電話するから、それまでの〜に頼んだことをやって下さい Je téléphonerai demain, dans l'intervalle, finissez ce que je vous ai demandé. ◆ [先頃] ¶この〜 dernièrement; depuis peu. ついこの〜 tout dernièrement.

あいたい 相対 ¶…と〜する être (se mettre) face à face avec. 死と〜する affronter la mort; regarder la mort en face. 〜で話す (se) parler face à face (directement). 〜ずくで決める décider une affaire en tête à tête.

あいだがら 間柄 relation *f*; rapport *m*; termes *mpl*; lien *m*. 血縁(友人, 夫婦)の〜 liens du sang (de l'amitié, conjugaux). 親密な〜である être en bons termes avec *qn*; 〘俗〙être copain avec *qn*. あなたとはどんな〜ですか Quelles sont vos relations?

あいたずさえて 相携えて la main dans la main; ensemble. 二人は〜駆落ちした Les deux amoureux ont fui ensemble.

あいちゃく 愛着 attachement *m*; attache *f*. 〜を感じる s'attacher à; avoir de l'attachement pour. 私はこの土地に〜を感じている Je suis attaché à ce pays.

あいちょう 哀調 ton *m* plaintif. ¶〜を帯びた plainti(*ve*); mélancolique; élégiaque. 〜を帯びた旋律 mélodie *f* mélancolique.

あいちょうしゅうかん 愛鳥週間 semaine *f* ornitho.

あいつぐ 相次(継)ぐ se succéder; se suivre; [継起的な] successi(*ve*). 彼は〜失敗に落胆してしまった Il était découragé par les échecs successifs. ¶相次いで l'un(e) après l'autre; successivement. 事故が相次いで起った Les accidents se sont succédé.

あいづち 相槌 †hochement *m*. 〜を打つ approuver en hochant la tête.

あいて 相手 [仲間] compa*gnon(gne)* *mf*; [遊戯の] partenaire *mf*; [敵] adversaire *mf*; antagoniste *mf*; [他方] l'autre *mf*; [結婚の] parti *m*. 酒の〜 compagnon de bouteille. トランプの〜 partenaire de cartes. 手強い〜 [勝負事] rude joueur(*se*) *mf*. よい〜と結婚する épouser un beau parti. よい〜に出会う [разг.手] trouver à qui parler. 〜をする [お相手] tenir compagnie à; jouer avec. 酒(トランプ)の〜をする boire (jouer aux cartes) avec *qn*. 家事をしている間，子供の〜をしてちょうだい Amuse les enfants pendant que je fais le ménage. ¶…を〜に [一緒に] avec *qn*; en compagnie de *qn*. …を〜にする avoir affaire à *qn*. 俺の〜になる Tu as affaire à moi. お前など俺の〜にならない Tu n'est pas de force à lutter avec moi. 〜が悪いよ Vous avez affaire à forte partie./Il est trop fort pour vous. 君を〜にしている暇はない Je n'ai pas de temps à perdre avec vous. 彼にどんなことを言われても〜にしないこと Quoi qu'il vous dise, n'en tenez aucun compte. 〜にしない négliger; ne tenir aucun compte de. 誰も彼など〜にしない Personne ne tient compte de lui./Personne ne le prend au sérieux. 〜にとって不足はない être un adversaire à *sa* hauteur. 〜取って訴える prendre *qn* à partie. ‖〜競争 rival(*aux*) *m*. 〜方 l'autre partie *f*; [訴訟の] partie adverse. 〜役を務める donner la réplique à *qn*.

アイデア ⇨ おもいつき(思付き), ちゃくそう(着想). ¶〜商品(製品) produit (article) *m* ingénieux (astucieux). 〜マン homme *m* à idées.

アイディーカード ID- carte *f* d'identité.

あいでし 相弟子 condisciple *mf*.

アイテム article *m*.

アイデンティティ identité *f*.

あいとう 哀悼 ¶〜する pleurer la mort de *qn*. 〜の意を表する adresser *ses* condoléances à *qn*.

あいどく 愛読 ¶〜する lire avec plaisir. とりわけ私はバルザックを〜している C'est surtout Balzac que j'aime lire. この本は学生に〜されている Ce livre est très lu par les étudiants. ‖〜者 grand(*e*) liseur(*se*); [作者の] admirateur(*trice*) *mf*; [購読者の] abonné(*e*) *mf*. 〜書 livre *m* préféré (de chevet).

アイドリング ralenti *m*.

アイドル idole *f*. 彼は若者の〜だ C'est une idole des jeunes. ¶〜歌手 chanteur(*se*) à idole; idole.

あいにく 生憎 malheureusement; par malheur; malencontreusement. 〜鍵を忘れた J'ai malheureusement oublié la clef. 〜その日は雪だった Pour mon malheur, il a neigé

ce jour-là. ¶～の malencontreux(se). ～の雨で遅れてしまいました Une pluie malencontreuse m'a mis en retard. ～ですが J'en suis bien fâché, mais.... お～様 Ça tombe mal! / Tant pis pour vous.

アイヌ Aïnou *mf*. ¶～[人，語] aïnou *inv.* ¶一人 Aïnous *mpl.* ～語 aïnou *inv.*

あいのて 合の手 ¶～を入れる se mêler de; s'immiscer dans. 人の話に～を入れるな Ne vous mêlez pas de notre conversation.

あいのり 相乗 ¶タクシーに～する monter dans le même taxi.

アイバンク banque *f* des yeux.

あいはんする 相反する être contraire (opposé(e)) à *qn*.

あいびき 逢引 rendez-vous *m* d'amoureux (d'amour);《俗》rancard *m.* ～の約束をする donner [un] rendez-vous à *qn*. ～の場所 rendez-vous. ¶～する aller à un rendez-vous d'amour.

あいびき 合挽 hachis *m* bœuf et porc.

あいぶ 愛撫 caresse *f*; attouchement *m.* ¶～する caresser.

あいふく 合い服 vêtement *m* de demi-saison.

アイブローペンシル crayon *m* à sourcils.

あいべや 相部屋 ¶～になる partager une chambre [d'hôtel] avec *qn*.

あいぼう 相棒 compagnon(gne) *mf*; camarade *mf*; copain(pine) *mf*;〔悪事の〕complice *mf*;〔いかがわしい・親しい〕petit copain.

アイボリーホワイト ivoire *m.*

あいま 合間 intervalle *m.* ¶～～に par intervalles. 仕事の～にテレビを見る regarder la télévision durant les pauses. 長い～を置いて à de longs intervalles.

あいまい 曖昧 ¶～な obscur; ambigu(ë); vague; équivoque; imprécis; évasif(ve). ～な指示 indication *f* vague (ambiguë, équivoque, à double sens, évasive). ～な返事〔回避的な〕réponse *f* évasive. ～な論理〔不明確な〕théorie *f* obscure (nébuleuse). ～にする rendre ambigu (obscur); embrouiller *qc.* ～に vaguement; évasivement. ～さ ambiguïté *f*; obscurité *f*; équivoque.

あいまって 相俟って ¶いろいろな事情が～ par un concours de plusieurs circonstances.

あいみたがい 相見互い ¶困った時は～ですよ Quand on est en difficulté, on doit s'entraider.

あいやど 相宿 ¶...と～になる descendre dans le même hôtel que *qn*. ⇨あいきゃく（相客）.

あいよう 愛用 ¶～する se servir de préférence de *qc*;［いつも使う］se servir habituellement de *qc*. ～の favori(te); préféré.

あいよく 愛欲 passion *f* d'amour; désirs *mpl* sensuels;《俗》bagatelle *f*. ～に溺れる s'adonner à *ses* désirs. ～に引かれる être porté aux *ses* désirs charnels. ～の虜になる se faire esclave de *ses* désirs.

あいらしい 愛らしい mignon(ne); joli. 愛らしく joliment. 愛らしさ joliesse *f*.

あいろ 隘路 défilé *m*; passage *m* étroit;〔障害〕obstacle *m*. 二つの山の間の～ défilé entre deux montagnes. 生産の～を打開する forcer un obstacle à la production.

アイロン fer *m* [à repasser] ¶～をかける repasser; donner un coup de fer à. シャツに～をかける repasser une chemise. ¶～台 planche *f* à repasser;〔脚付き〕jeannette *f*.

あいわ 哀話 histoire *f* triste.

アインスタイニウム einsteinium *m.*

あう 会(逢)う voir; revoir. 誰とも会いたくない Je ne veux voir personne. 私はそれ以来しばしば彼に会った Je l'ai souvent revu depuis. また逢えるのを楽しみに Au plaisir de vous revoir!

あう 遇う éprouver; subir; essuyer;〔風雨などに〕être surpris par;〔ぶつかる〕se heurter à. 迫害に～ subir une persécution. 彼は多くの困難に遇った Il a éprouvé bien des difficultés. 途中で嵐に遇った J'ai été surpris par la tempête en chemin.

あう 合う s'adapter à; se conformer à; convenir à; aller. この服はあなたにぴったり合う Ce vêtement vous va très bien. ¶場所柄に合った服 vêtement qui convient à la circonstance. 自分の生き方に合った生活 existence *f* qui se conforme à *sa* façon de vivre. ◆［一致］s'accorder avec; coïncider avec; correspondre à. 意見が～ être d'accord avec. 理論と実際とは必ずしも合わない La théorie ne s'accorde pas toujours avec la pratique. この鍵は錠に合わない Cette clef ne correspond pas à la serrure. ◆［正確である］¶ 勘定 (時間) は合っている L'addition (L'heure) est juste.

アウタルキー autarcie *f.* ⇨自給自足.

アウト［テニス］out [awt].

アウトサイダー outsider *m.*

アウトドアスポーツ sports *mpl* de plein air.

アウトプット sortie *f.*

アウトライン grandes lignes *fpl.*

アウトレット dépôt *m*; magasin *m* de déstockage; fin *f* de séries.

アウトロー †hors-la-loi *m inv.*

あうん 阿吽 ¶～の呼吸が合う être en parfait accord (avec *qn*); ne faire qu'un (avec *qn*); former un parfait tandem.

あえぎ 喘ぎ essoufflement *m*; †halètement *m*. 臨終の～ râle *m* d'agonie. ¶～声 râle.

あえぐ 喘ぐ s'essouffler; †haleter; râler. 貧苦に～ vivre dans la détresse. 病人は息も絶え絶えに喘いでいた Le malade avait le souffle entrecoupé de râles. 怪我人は喘ぎ始めた Le blessé a commencé à râler. ¶喘ぎながら en haletant.

あえて 敢えて ¶～…する oser *inf*; avoir l'audace (le courage) de *inf*; se permettre de *inf*. ～真実を言う oser dire la vérité. ～危険を冒す affronter (se raidir contre) un risque. ～驚くには当らない Ce n'est pas si étonnant. そう言っても過言ではない Ce n'est pas beaucoup (trop) dire. 一言ご注意申し上げてもよいでしょうか Est-ce que je peux me permettre de vous faire une remarque? ～言うならば J'ose dire.

あえない 敢えない ¶～最期を遂げる mourir

あえる 和える ¶キュウリを酢で〜 assaisonner des concombres avec du vinaigre.

あえん 亜鉛 zinc m. ‖〜華 blanc m de zinc. 〜華軟膏 pommade f à l'oxyde de zinc. 〜管 tuyau(x) m en zinc. 〜めっき zingage m; galvanisation f. 〜めっきする zinguer; galvaniser.

あお 青 bleu m; [緑] vert m. ¶〜い [青い] bleu; azuré; [緑の] vert; [蒼白い] blême; pâle. 〜い目 yeux mpl bleus. 〜くなる [顔色に] bleuir; [蒼白く] blêmir; pâlir. 恐怖で〜くなる blêmir d'épouvante. 彼は寒さで〜くなっている Il est bleu de froid. 彼はそれを見て青くなった Il a verdi (blêmi) en le voyant. ‖〜信号 signal m vert; feu m vert. 〜野菜 légumes mpl verts.

あおあお 青々 ¶〜した vert; verdoyant.

あおあざ 青痣 bleu m. 彼は腕に〜を作った Il s'est fait un bleu au bras.

あおい 葵 mauve f. ‖〜色の [薄紫の] mauve.

あおいき 青息 ‖金がなくて〜吐息だ Mes ennuis d'argent m'ont mis à plat. 不景気で我が社は〜吐息だ Notre entreprise nage dans le marasme.

あおぐ 仰ぐ ¶空を〜 lever les yeux au ciel. 天を仰いで慨嘆する lever les bras au ciel. ◆ [求める] 援助を〜 demander l'aide de qn. 御臨席を〜 être honoré de la présence de qn. ◆[敬う] ⇒ あおがる (崇がる).

あおぐ 煽ぐ éventer; [自分を] s'éventer. うちわで火を〜 attiser le feu avec un éventail.

あおくさ 青草 herbe f. 〜の上に寝そべる s'étendre dans l'herbe.

あおくさい 青臭い sentir l'herbe; [幼稚な] enfantin; puéril; [未熟な] en herbe. 〜ことを言う dire des choses puériles. 彼はまだ〜 Il n'est encore qu'un blanc-bec.

あおぐろい 青黒い d'un vert foncé.

あおさぎ 青鷺 héron m.

あおざめる 青ざめる blêmir; pâlir; devenir blême (pâle). ¶青ざめた pâle; blême. 青ざめた顔色 teint m pâle.

あおじゃしん 青写真 [複写の] photocalque m; photocopie f; [計画] avant-projet m.

あおじろい 蒼白い [左翼に] pâle mf. 〜顔 visage m pâle (blême). 〜日の光 jour m blême (blafard). ‖青白さ pâleur f.

あおすじ 青筋 veine f. ¶〜を立てて怒る avoir les veines du front gonflées par la colère.

あおぞら 青空 ciel m bleu (d'azur); [詩] firmament m.

あおた 青田 rizière f encore verte. ‖〜刈りをする manger (couper) son blé en herbe.

あおだいしょう 青大将 couleuvre f verte.

あおてんじょう 青天井 ciel m.

あおな 青菜 légumes mpl verts; herbes fpl potagères. 〜に塩を perdre tous ses moyens.

あおにさい 青二才 blanc(s)-bec(s) m; jeune homme m imberbe; merdeux(se) mf. 〜め 《俗》 Petit merdeux!

あおば 青葉 feuilles fpl vertes; feuillage m; verdure f.

あおばえ 青蠅 mouche f verte.

あおばな 青洟 morve f verdâtre.

あおびかり 青光り éclat m bleuté (bleuâtre).

あおびょうたん 青瓢箪 [人] mauviette f.

あおぶくれ 青脹れ ¶〜の顔 visage m enflé et pâle.

あおみ 青味 [青色] bleu m; [緑色] vert m; [料理の] légumes mpl verts; [青い薬味] fines herbes fpl. ¶〜がかった bleuâtre; bleuté; légèrement bleu. 〜がかったガスの炎 flamme f bleuâtre du gaz.

あおむく 仰向く regarder en haut; [のけぞる] renverser la tête.

あおむけ 仰向け ¶〜に à la renverse. 〜に倒れる tomber à la renverse. 〜になる se coucher sur le dos.

あおむし 青虫 chenille f verte.

あおもの 青物 légumes mpl verts. ‖〜市場 marché m aux légumes.

あおり 煽り [風の] coup m; [衝撃] choc m; [反動] contrecoup m. 不景気の〜を受ける subir le contrecoup d'un marasme. ¶突風の〜で小船が転覆した Une barque a été renversée par une rafale de vent.

あおる 煽る agiter; animer; exciter; activer; [焚付ける] enflammer; attiser; prêcher. 怒りを〜 exacerber la colère. 憎しみを〜 attiser (enflammer) la haine. 好奇心（議論）を〜 exciter (aviver) la curiosité (une dispute). 労働者の団結を〜 prêcher l'union des travailleurs. 火が風に煽られる Le feu est attisé par le vent. 旗（木）が風に煽られている Un drapeau (Un arbre) s'agite au vent.

あおる 呷る lamper; boire qc d'une seule lampée. ¶〜ように飲む boire à grandes lampées.

あか 垢 crasse f. 〜が付く s'encrasser. 〜を落とす enlever la crasse; décrasser. 〜を落とす [洗顔] se décrasser la figure. 鍋の〜を落とす décrasser une casserole. ¶〜だらけの手 mains fpl couvertes de crasse. 〜の付いた（じみた）下着 linge m crasseux. ‖〜光りのする襟 col m luisant de crasse.

あか 赤 rouge m; [左翼] rouge mf. ¶〜い rouge; [深紅色] écarlate; cramoisi; [緋] pourpre. 〜くする（染める） rougir; empourprer. 〜くなる（赤くなる） rougir; devenir rouge; s'empourprer. 酒で顔が〜くなる Le vin enlumine les visages. 彼は耳まで〜くなった Il rougit jusqu'aux oreilles. 〜く塗る peindre en rouge. 夕日が空を〜く染めている Le soleil couchant empourpre (rougit) le ciel. 〜さ rougeur f. 日没の空の〜さ rougeur f du crépuscule. ‖〜信号 feu(x) m rouge; [危機の徴候] signe m de crise; cote f d'alerte. 給水事情は〜信号だ La distribution d'eau présente des signes de crise. ◆¶彼などの他人だ C'est une personne tout à fait étrangère.

あか 淦 eau f de sentine. 〜を汲み出す vider la sentine.

あかあかと 明々と brillamment. サロンには~灯が点っている Le salon est brillamment illuminé.

あかあざ 赤痣 rougeurs *fpl*. 顔に~がある avoir des rougeurs sur la figure.

あかえい 赤鱏 pastenague *f*.

あかがい 赤貝 coque *f*.

あかがえる 赤蛙 grenouille *f* rousse.

あかかぶ 赤蕪 radis *m*.

あがき 足掻き ¶~がとれない être dans une impasse; ne pouvoir rien faire. どうにも~とれない状態に La situation est sans issue.

あかぎれ 皸 gerçure *f*; gerce *f*. ~がきれる se gercer; gerçurer. 手に~がある avoir les mains gercées; Les mains gercent (se gercent).

あがく 足掻く s'empêtrer; être empêtré. その国はまだ財政難に足掻いている Ce pays est encore empêtré dans les difficultés financières.

あげ 赤毛 cheveux *mpl* roux ~の roux(sse). ~の人 roux(sse) *mf*; rouquin(e) *mf*.

あかげら épeiche *f*.

あかご 赤子 ⇒ あかんぼう(赤ん坊). ¶~の手をひねるようなものだ Ça se fait en un tournemain (un tour de main).

あかざ 藜 ansérine *f*. ~の杖 canne *f* en ansérine.

あかさび 赤錆 rouille *f*.

あかし 証 preuve *f*; témoignage *m*. ¶愛の~を立てる faire preuve d'amour; donner un témoignage d'amour. 身の~を立てる se justifier; se disculper.

あかじ 赤字 déficit *m*; perte *f*. ~を出す subir une perte. ~を埋める combler un déficit. ¶~予算(財政) budget *m* (finance *f*) déficitaire.

あかじ 赤地 fond *m* rouge.

アカシア acacia *m*.

あかしお 赤潮 marée *f* rouge.

あかす 飽す ¶金に飽して sans regarder à la dépense. 暇に飽して s'épargner *son* temps. 暇に飽して遊び歩く s'amuser à loisir.

あかす 明す avouer; confier; [意中を] se confier; se livrer. 秘密を~ confier un secret. 彼は私に胸の内を明した Il s'est confié à moi.
◆[過ごす] passer. 一夜を~ passer la nuit.

あかせん 赤線 ¶~区域 quartier *m* de plaisirs.

あかちゃ 赤茶 ~色 roux *m*; rousseur *f*. ~色の roux(sse); roussâtre.

あかちゃける 赤茶ける devenir roussâtre.

あかちゃん 赤ちゃん ⇒ あかんぼう(赤ん坊).

あかチン 赤- mercurescéine *f*.

あかつき 暁 ¶成功の~には au cas où cela réussirait. ~に at the dawn (夜明け).

あがったり ¶商売が~だ Mes affaires sont fichues.

あかつち 赤土 terre *f* rouge.

アカデミー académie *f*. ¶~風の académique. ~の精神 académisme *m*. ‖科学~ Académie des Sciences. ~会員 académicien(ne) *mf*. ~賞 [映] oscar *m*. ‖フランセーズ~ l'Académie [française].

アカデミズム académisme *m*.

アカデミック ¶~な académique.

あかでんわ 赤電話 téléphone *m* public.

あかとんぼ 赤蜻蛉 libellule *f* rouge.

あがない 贖い expiation *f*; rachat *m*; rédemption *f*. 罪の~ expiation d'un crime.

あがなう 贖う racheter; expier. 悔悟により罪を~ expier (racheter) *ses* péchés par la pénitence.

あかぬけ 垢抜け ¶~がする raffiner. 彼女の化粧は~がしている Elle raffine sur sa toilette. ~のした raffiné; chic *inv*; élégant. ~のした物腰 manières *fpl* raffinées. ~のしない peu raffiné; grossier(*ère*).

あかね 茜 [植物・色] garance *f*. ¶~色の garance *inv*.

あかはじ 赤恥 ¶~をかく perdre la face en public. ~をかかせる faire honte à *qn* en public.

あかはた 赤旗 drapeau(x) *m* rouge(s).

あかはだか 赤裸 tout nu.

あかはな 赤鼻 nez *m* enluminé.

アカペラ ¶~で歌う chanter a cap(p)ella.

あかぼう 赤帽 [駅の] porteur *m*.

あかまつ 赤松 pin *m* à écorce rouge.

あかみ 赤身 [肉の] maigre *m*; viande *f* maigre. ~の maigre. ~の魚 poisson *m* à chair rouge.

あかみ 赤味 rougeur *f*. ~を帯びる rougeoyer. ~がかった(を帯びた) rougeâtre; rougeoyant.

あかむらさき 赤紫 ¶~色 bordeaux *m*. ~色の bordeaux *inv*.

あがめる 崇める vénérer; révérer. 神と~ vénérer (révérer) *qn* comme un dieu; déifier *qn*. 彼はあなたを師と崇めている Il vous vénère comme son maître.

あからがお 赤ら顔 face *f* rubiconde. 呑助の~ trogne *f* enluminée du gros buveur. ¶~の rubicond; rougeaud.

あからさま ¶~に [露骨に] crûment; [率直に] franchement; [公然と] ouvertement; publiquement. ~に言うなら à franchement parler. そんなに~に言うものでない Ces choses ne doivent pas *se* dire aussi crûment.

あからめる 赤らめる ¶恥ずかしさで顔を~ rougir de †honte.

あかり 明り lumière *f*; lampe *f*; feux *mpl*. 町の~ feux de la ville. ~をつける donner de la lumière; allumer une lampe; allumer. ~を消す éteindre la lumière. 窓から~が差し込んでいる La lumière pénètre par la fenêtre. 隣の家には~がついている C'est encore allumé chez les voisins. ~を持ってきて下さい Apportez-moi de la lumière.

あがり 上り [上昇] montée *f*. ~値~ montée des prix. ◆[収入] recette *f*; rapport *m*. 一日の~ recette d'une journée. 土地の~で暮す vivre du rapport d'une terre. ◆[双六の] but *m*.

-あがり 上り ¶~軍人 ancien soldat *m*.

あがりおり 上り降り la montée et la descente. ¶~する monter et descendre.

あがりぐち 上り口 [階段の] pied *m*; [部屋の] seuil *m*.

あがりこむ 上り込む ¶彼は黙って私の部屋に上がり込んだ Il a osé entrer dans ma chambre sans crier gare.

あかりとり 明り取り lucarne *f*.

あがる 上(騰, 挙)る monter; s'élever; [値段など] augmenter; s'élever; monter. 値が~ Les prix montent. 火の手が~ Les flammes montent. 歓声(温度)が~ Un cri de joie (La température) s'élève. 階段を~ monter les escaliers. 三階に~ monter au second étage. 今月給料が二千円上った Je suis augmenté de deux mille yen ce mois. [家に入る] ¶お上りなさい Entrez, je vous prie. [入学する] entrer. ~ entrer dans une école. 息子はまだ学校に上っていない Mon fils ne vas pas encore à l'école. ◆[状態がよくなる·上達する] ¶腕が~ faire des progrès. 成績が~ obtenir de meilleurs résultats; [学校の]obtenir de meilleures notes. 風采が~ avoir (se donner) belle apparence. ◆[冷静さを失う] être intimidé; perdre *son* sang-froid; s'embrouiller; avoir le trac. あの俳優は舞台に出るときいつも上っている Cet acteur a toujours le trac au moment d'entrer en scène. 私は上ってしまって一言も言えなかった J'étais troublé au point de ne pas pouvoir dire un mot. ◆[雨がやむ] ¶雨があがった La pluie a cessé. ◆[収入が] ¶この土地からは莫大な収益が~ Ce terrain rapporte un énorme revenu. [済む] ¶旅費は一万円で上った Dix mille yen ont suffi pour les frais de voyage. ◆[犯人など] ¶犯人はまだ上らない Le criminel n'est pas encore arrêté. 証拠は一杯上っている Beaucoup de preuves ont émergé.

あかるい 明るい [色] clair; gai; [採光で] éclairé; [かがやく] brillant; [光る] éclairé. ~部屋 [日あたりの良い] chambre *f* claire; [照明で] chambre éclairée. ~色 couleurs *fpl* gaies. 金星は一番~星だ Vénus est l'étoile la plus brillante. その通りは明るくないからいやだ Je n'aime pas cette rue. Elle est mal éclairée. 彼は~く話した Il a parlé d'un ton gai. 彼女はいつも~い Elle est toujours gaie. ¶明るさ clarté *f*; [陽気な] air *f* épanoui; ~顔 visage *m* épanoui (gai). 今朝はまたどうしてそんなに~顔をしてるんだ Qu'est-ce que tu as à faire de bonne humeur comme ça ce matin? 彼女は~娘さ Elle est toujours gaie. ¶明るくする égayer; épanouir. その吉報が彼の顔を明るくした Cette bonne nouvelle lui a épanoui le visage. 明るくなる s'épanouir. あの環境ではこの子は明るくなれない Cet enfant ne peut pas s'épanouir dans ce milieu-là. 明るく笑う rire gaiement (joyeusement). 明るさ gaieté *f*. 彼は明るさを取戻した Il a retrouvé sa gaieté. ◆[物事に] éclairé. 政治情勢に~人 personne *f* au courant de la situation politique.

あかるみ 明るみ ¶~に出す [明らかにする] mettre au jour; [暴く] dévoiler; démasquer. 内心を~に出す démasquer *ses* intentions secrètes. ~に出る se dévoiler; se découvrir. その事件の不可解な面が少しずつ~に出た Le mystère de cette affaire s'est dévoilé (a été mis au jour) peu à peu.

あかんたい 亜寒帯 zone *f* subarctique.

あかんぼう 赤ん坊 bébé *m*; poupon(ne) *mf*. ~ができた [妊娠] Elle est enceinte./[出産] Elle attend un enfant./[出産] Elle a eu un bébé. ¶~のような顔立ち physionomie *f* poupardе.

あき 空き [余地] espace *m*; place *f*; vide *m*; [欠員] poste *m* vacant; [余白] marge *f*; blanc *m*. これを入れるだけの~はない Il n'y a pas assez de place pour le mettre. ¶~地 terrain *m* vague; [林間の] clairière *f*. ~箱(壜) boîte *f* (bouteille *f*) vide. ~部屋 logement *m* vacant; appartement *m* vide. ~家 maison *f* inhabitée (inoccupée).

あき 秋 automne *m*. 今は~だ Nous sommes en automne. ¶~めいてきた Ça sent l'automne. ~の d'automne; de l'automne; automnal(aux). ~の花々 fleurs *fpl* automnales. ~になる venir en automne.

あき 飽き ¶この小説は何度読んでも~がこない J'ai beau relire ce roman, je ne m'en lasse pas.

あきあき 飽き飽き ¶~する être fatigué (las) de; en avoir assez. この仕事には~した Ce travail me rebute./Je suis fatigué de ce travail. ~させる lasser; rebuter. 色事にはもう~した J'ai eu mon soûl d'aventures amoureuses. ~した rebutant. ~した顔 visage *m* rebutant.

あきす 空き巣 ¶~に入られる se faire cambrioler pendant *son* absence.

あきたりない 飽き足りない [人が] n'être pas content(e); [物が] n'être pas suffisant(e).

あきっぽい 飽きっぽい capricieux(se); changeant; instable.

あきない 商い ⇨ しょうばい(商売).

あきなう 商う exercer un commerce; faire des affaires. ¶ワインを~ faire le commerce des vins.

アキュムレーター accumulateur *m*.

あきらか 明らか ¶~な clair; évident; explicite. 火を見るより~だ C'est clair comme le jour. ~にする éclaircir; élucider; éclairer. 考えを~にする éclaircir *sa* pensée. ~にされなかった謎 mystère *m* qu'on n'a pas éclaircie. その作品で彼の詩的才能は~にされた Cette œuvre a révélé son talent poétique. ~になる s'éclaircir; s'élucider; [証明された] s'avérer; se vérifier. それで犯行の動機が~になった Cela nous a révélé les mobiles du crime. この薬は危険であることが~になった Ce médicament s'est avéré dangereux. ...は~である Il est clair (évident) que *ind*. ~に clairement; évidemment; visiblement.

あきらめ 諦め renoncement *m*; résignation *f*. あの人は~がいい Il se console facilement. 何事も~が肝心だ Il faut savoir se résigner. それで~がつく Cela me console.

あきらめる 諦める renoncer à; se résigner à; désespérer de; se priver de; prendre *son*

あきる parti de *inf*. 旅を～ renoncer à un voyage. 私は彼に会うことを諦めかけていた Je commençais à désespérer de le voir. 僕は諦めて田舎に引っ込むよ Je me résigne à me retirer à la campagne. 彼女はあなたを中傷することを諦めない Elle ne se prive pas de vous dénigrer.

あきる 飽きる s'ennuyer; se fatiguer; se lasser; être ennuyé (fatigué, las, dégoûté) de. 魚にもう飽きた Je suis dégoûté du poisson. /J'en ai assez du poisson. 読書には飽きた Je suis fatigué de la lecture. ¶～ほど à satiété; tout son soûl. ひとつのことを～ほど繰り返す répéter une chose à satiété.

アキレス [ギ神] Achille *m*. ‖～腱 tendon *m* d'Achille. [弱点] talon *m* d'Achille.

あきれる 呆れる être stupéfait; être très étonné de. 呆れた étonnant; fou. 呆れた値段 prix *m* fou. 呆れた奴 homme *m* fou étonnant. 呆れた話 chose *f* absurde. 呆れたことを言う dire des absurdités. 呆れたことに彼はそれを知っていた C'est stupéfiant mais il était au courant.

あく 悪 mal *m*; vice *m*. 善と～ le bien et le mal. 貧乏は～でない Pauvreté n'est pas vice. ～に染まる se laisser contaminer.

あく 灰汁 lessive *f*; [植物の] saveur *f* (goût *m*) âcre; amertume *f*; [個性] âcreté *f*. ちしゃの～を抜く ôter l'amertume des scaroles. 彼の諷刺には～がない Son ironie est sans malice. ¶～の強い奴 homme *m* trop personnel. ～部屋の板張りを～洗いする lessiver les boiseries d'un appartement.

あく 開く [ドアが(開いている)] La porte s'ouvre (est ouverte). 店は10時に～ Le magasin ouvre à dix heures. 幕が～ Le rideau se lève. ガスの栓が開いている Le gaz est ouvert.

あく 空く [空いている(部屋、席が)] libre; inoccupé; vide; [時間が] libre. 空いている部屋 appartement *m* vacant (libre), 部長の椅子が空いている Le poste de directeur est vacant. 3時から5時まで空いています Je suis libre entre 3 et 5 heures. 手が空いたらこの書類を読んで下さい Lisez ces papiers si vous avez du temps libre.

あく 飽く ¶～ことを知らぬ好奇心 curiosité *f* insatiable. 彼は名誉と金にかけては～ことを知らぬ Il est insatiable (avide) d'honneurs et d'argent. ⇒ あきる(飽きる).

アクアラング scaphandre *m* autonome.

アクアリウム aquarium *m*.

あくい 悪意 mauvaise intention *f*; mauvais vouloir *m*; malveillance *f*; méchanceté *f*. ～を抱く vouloir du mal à *qn*. 私は彼に～を持ってはいない Je ne lui veux pas de mal. ～をもって avec malveillance; avec l'intention de nuire. ～をもって見る regarder avec malveillance. ¶～のある malveillant; méchant; de mauvaise foi. ～のある人 malveillant(e) *mf*. ～に満ちた venimeux(se); plein de venin.

あくうん 悪運 ¶～が強い être favorisé par la chance. ～につきまとわれる La mauvaise chance me poursuit. 彼も～が尽きた La chance l'a abandonné.

あくえいきょう 悪影響 mauvaise influence *f*.

あくえき 悪疫 épidémie *f*; maladie *f* épidémique. ～が流行している Une épidémie règne. ‖～防止対策 mesures *fpl* pour enrayer l'épidémie.

あくえん 悪縁 union *f* malheureuse. ～と思って諦める se résigner à l'échec de *son* mariage.

あくかんじょう 悪感情 mauvaise intention *f*; malveillance *f*; [敵意] animosité *f*. …に対して～を抱く avoir de la malveillance contre *qn*.

あくぎゃくむどう 悪逆無道 atrocité *f*. ¶～の inhumain; atroce.

あくぎょう 悪行 mauvaises actions *fpl*; méfait *m*; [犯行] forfait *m*; crime *m*. ～の限りを尽す commettre tous les forfaits.

あくさい 悪妻 mauvaise femme *f* (épouse *f*); †harpie *f*.

あくじ 悪事 mauvaises actions *fpl*; méfait *m*. ～に加担する contracter un méfait. ～を重ねる commettre plusieurs méfaits. ～を働く faire le mal. ～千里を走る Les mauvaises actions ont des ailes.

あくじき 悪食 ¶～を好む avoir des goûts gastronomiques bizarres.

あくしつ 悪疾 maladie *f* pernicieuse.

あくしつ 悪質 ¶～な mauvais; ignoble; malin(gne); crapuleux(se). ～な違反 violation *f* ignoble (maligne). ～な風邪 mauvais rhume *m*. ～な犯罪 crime *m* crapuleux.

あくしゅ 握手 poignée *f* de main. ～する donner la main (une poignée de main) à; se serrer la main. さあ～を Serrez-moi la main.

あくしゅう 悪習 [個人の] mauvaise habitude *f*; [世の] coutume *f* mauvaise, abus *mpl*. ～に染まる contracter de mauvaises habitudes. ～を一掃する supprimer les abus. ～を身につける acquérir de mauvaises habitudes.

あくしゅう 悪臭 mauvaise odeur *f*; puanteur *f*; fétidité *f*; pestilence *f*. ～を放つ sentir mauvais; dégager une puanteur; puer. 部屋一杯に～を放つ empuantir une pièce. ¶～のする fétide; infect; malodorant; puant.

あくしゅみ 悪趣味 mauvais goût *m*. ¶～な着物を着ている porter un vêtement de mauvais goût.

あくじゅんかん 悪循環 cercle *m* vicieux. ～をする être dans un cercle vicieux.

あくしょ 悪所 mauvais lieux *mpl*. ‖～通いする courir les mauvais lieux.

あくじょうけん 悪条件 mauvaise circonstance (condition) *f*.

アクション [行動] action *f*; [身振り] geste *m*. ～が大きい avoir des gestes exagérés. ‖～映画 film *m* d'action.

あくしん 悪心 mauvaise intention *f*. ～を抱く avoir une mauvaise intention.

あくせい 悪性 ¶～の malin(gne); mauvais; pernicieux(se); dangereux(se). ～の腫瘍 tu-

あくせい 悪政 mauvais gouvernement m. ~を軟く exercer un mauvais gouvernement; mal gouverner.

あくせい 悪声 [しゃがれ声] voix f éraillée.

あくぜい 悪税 impôt m injuste. ~に苦しむ être accablé par un impôt injuste.

あくせく ¶~と se démener; se dépenser sans trêve; 《俗》 se décarcasser. 彼は自分の案を採用してもらおうと…している Il se démène pour faire adopter son projet. ~働く travailler avec acharnement.

アクセサリー accessoire m; [腕輪, 時計の鎖の] breloque f.

アクセス accès m. ∥~タイム temps m d'accès.

アクセル accélérateur m. ~を踏む appuyer sur l'accélérateur.

あくせん 悪戦 ¶~苦闘 combat m désespéré. ~苦闘する combattre (lutter) désespérément.

あくせん 悪銭 ¶「~身につかず」《Le bien mal acquis ne profite jamais.》

アクセント accent m. ~は最後の音節にある L'accent porte sur la dernière syllabe. ~をつける accentuer. ¶~のある accentué; tonique. ~のない inaccentué.

あくたい 悪態 invective f; injure f; propos mpl blessants; 《俗》 engueulade f. ~をつく invectiver qn; dire des invectives (injures) à qn; tenir des propos blessants. 彼は僕の友達のことで散々~をついた Il s'est laissé aller à des propos blessants à l'égard de mon ami.

あくだま 悪玉 méchant m. 善玉と~ bons mpl et méchants mpl.

あくたれ 悪れ ¶この子は全く~だ Cet enfant est un vrai diable. ∥~口 injure f; propos m blessant. ~口をきく faire des injures; 《俗》 engueuler qn. ~口を叩き合っているタクシーの運転手たち chauffeurs mpl qui s'engueulent. ~小僧 polisson m; diable m.

アクチニウム actinium m.

あくてんこう 悪天候 ¶~を冒して malgré la tempête.

あくどい ¶~味 goût m trop gras. ~色 couleur f criarde. ~化粧 maquillage m criard. ~冗談 plaisanterie f lourde. ~奴 homme m vilain. ~いたずらをする faire (jouer) un vilain tour. ~商売をする faire un vilain commerce. あくどさ saleté f.

あくとう 悪党 bandit m; forban m; [面 ツラ] mine f patibulaire; malfaiteur(trice) mf. ∥~面 mine f patibulaire.

あくどう 悪童 polisson(ne) mf; galopin m.

あくとく 悪徳 perversité f; vice m. 怠惰はあらゆる~の母である La paresse est mère de tous les vices. ∥~周旋屋 maquignon(ne) mf. ~商人 mercanti m.

あくなき 飽くなき vorace; [欲望が] immodéré. ~食欲 appétit m vorace. ~野望 ambition f immodérée.

あくにん 悪人 malfaiteur(trice) mf.

あくび 欠伸 bâillement m. ~をこらえる étouffer un bâillement. ¶~する bâiller.

あくひつ 悪筆 écriture f illisible. あの人は~だ Il a une écriture illisible.

あくひょう 悪評 mauvaise réputation f. ~が高い avoir une très mauvaise réputation. ~を受ける être critiqué; se faire critiquer.

あくふう 悪風 mauvaises habitudes fpl; mœurs fpl corrompues. ~に染まる être influencé par les mauvaises mœurs de son époque. ~を打破る supprimer (abolir) les mœurs corrompues.

あくぶん 悪文 mauvais style m.

あくへい 悪弊 abus mpl. 旧制度の~ abus d'un ancien régime. ~を一掃する supprimer les abus.

あくへき 悪癖 mauvais penchants mpl; mauvaises habitudes fpl; vice m. ~を直す se corriger de son vice; [他人の] corriger une mauvaise habitude de qn.

あくま 悪魔 démon m; diable m; [魔王] Satan m; [小悪魔] diablotin m. ~のささやき suggestion f du démon. ~に憑かれた endiablé; possédé du démon. ~に憑かれた人 personne f possédée du démon; possédé(e) mf. ~のような diabolique; démoniaque; satanique. ∥~主義 satanisme m. ~祓い exorcisme m. ~祓いをする exorciser.

あくまで 飽くまで [最後まで] jusqu'au bout; [頑強に] obstinément. ~…と persister à inf. ~自説を通す persister dans son opinion.

あくむ 悪夢 cauchemar m; mauvais rêve m. ~からさめる sortir d'un cauchemar. ~にうなされる avoir des cauchemars; être obsédé par des cauchemars. ~を見る faire des cauchemars; cauchemarder. ~のような cauchemardesque; cauchemardeux(se). ~のような出来事 aventure f cauchemardesque.

あくめい 悪名 mauvaise réputation f. ~をとどろかす acquérir (se faire) une mauvaise réputation. ¶~高い mal famé.

あくやく 悪役 [敵役] rôle m d'un traître; [憎まれ役] rôle du méchant. ~を演ずる interpréter le rôle du méchant.

あくゆう 悪友 mauvais ami m. ~と付合う fréquenter de mauvais amis; avoir de mauvaises fréquentations.

あくよう 悪用 abus m. ¶~する abuser de qc. 権威を~する abuser de son autorité.

あぐら 胡坐 ¶~をかく être assis en tailleur.

あくらつ 悪辣 ~な diabolique; fourbe. ~な手段 ruse f diabolique (perfide). ~さ fourberie f.

あくりょう 悪霊 esprit m malin. ~に取憑かれる être possédé d'un esprit malin.

あくりょく 握力 poigne f; force f du poing. ~が highを avoir de la poigne.

アクリル [樹脂] résine f acrylique; [繊維] fibre f acrylique.

あくる 明る suivant. ~朝 le matin suivant; le lendemain matin. ~日 le jour suivant; le lendemain. ~年 l'année suivante.

あくれい 悪例 mauvais exemple m; [先例]

アグレマン [外交] agrément *m*.

mauvais précédent *m*. ~を残す créer un mauvais précédent.

あくろ 悪路 mauvaise route *f*.

アクロバット acrobatie *f*. ¶~の acrobatique. ‖~芸人 acrobate *mf*.

あけ 朱 ¶~に染る être ensanglanté; être couvert de sang.

あけ 明け ¶~の明星 étoile *f* du matin.

あげ 上げ [着物の] rempli *m*. 着物に~をする faire un rempli à un vêtement. ~を下す défaire un rempli.

あげあし 揚足 ¶~をとる profiter des lapsus de *qn*.

あげあぶら 揚油 huile *f* pour friture.

あけいし 揚板 trappe *f*.

あげおろし 上げ下し [荷物の] chargement *m* et déchargement *m*. 著の~にも文句を言う trouver à redire à tout ce qu'on fait.

あけがた 明け方 ⇨ あかつき(夜明け).

あげく 挙句 ¶家中を捜し回った~ après avoir fouillé toute la maison. 考えた~ réflexion faite; tout bien examiné. ~の果に en fin de compte; finalement.

あけくれ 明け暮れ nuit et jour. ¶読書に~る lire du matin au soir; passer son temps à lire; s'adonner à la lecture.

あけくれる 明け暮れる ¶読書に~ passer tout son temps à lire.

あげさげ 上げ下げ va-et-vient *m inv* vertical; [声の] inflexion *f*; intonation *f*.

あげしお 上潮 flux *m*; marée *f* montante.

あけすけ ¶~な expansif(*ve*). 彼は~な人だ C'est un esprit critique. ~に franchement; sans se cacher; à visage découvert. ~に話す(振舞う) parler (agir) à visage découvert.

あげぞこ 上底 boîte *f* à double fond.

あけたて 開け閉て ¶戸を~する ouvrir et fermer la porte.

あけっぱなし 明(開)け放し ¶~な franc(*che*). ~な性格 caractère *m* franc. ~にする laisser *qc* grand ouvert. 戸を~にするな Ne laissez pas la porte ouverte.

あけっぱなす 明(開)け放す ouvrir tout grand. 窓を~ ouvrir la fenêtre toute grande.

あけっぴろげ 開けっ広げ ¶~の franc(*che*) (comme l'or).

あげつらう critiquer *qn*; juger *qn* défavorablement; ~人の欠点を~ critiquer les défauts de *qn*; trouver des défauts à *qn*.

あげはちょう 揚羽蝶 machaon *m*

あげふた 揚蓋 ⇨ あげいた(揚板).

あけぼの 曙 aurore *f*.

あげもの 揚物 friture *f*; beignet *m*.

あける 開ける ouvrir. 窓を~ ouvrir la fenêtre. 壜を~ [栓を抜く] déboucher une bouteille.

あける 明ける ¶夜が~ Il fait jour. 年が~ L'année change. 梅雨が~ La saison des pluies est finie. 年季も~ sortir d'apprentissage; L'apprentissage est fini. ◆[空ける]一壜~ vider une bouteille. 水を盥に~ verser de l'eau dans une cuvette. 席を~

s'absenter. その日は君のために空けて置くよ Je te réserve ce jour. ◆ ¶道を~ [脇へ寄る] s'écarter pour laisser passer *qn*.

あげる 上(揚, 挙)げる [上に] lever; élever; relever; dresser; †hausser; †hisser. 目(手)を~ lever les yeux (la main). 肩を~ hausser les épaules. 旗(帆)を~ hisser le drapeau (la voile). 手を上げろ Haut les mains! 花火を~ tirer un feu d'artifice. 生活水準を~ relever le niveau de vie. 更に~ surélever. 温度を更に~ chauffer davantage. ◆[増加させる] élever; augmenter. スピードを~ augmenter la vitesse. 俸給を~ augmenter le salaire. ◆[与える] donner; offrir; 《俗》 refiler. パンを~ donner du pain. ◆[示す] 証拠を~ donner (fournir) une épreuve. ~を~ donner (citer) un exemple. 理由を~ alléguer (fournir) une raison. ◆[有名にする] illustrer; s'illustrer. 大勝利で名を~ s'illustrer par une victoire éclatante. 家名を~ illustrer le nom de la famille. ◆[油で] ~魚を~ frire du poisson. 油で~ frire (faire frire) dans l'huile. この鱒は油で揚げましょうか Tu veux que je fasse frire ces truites dans l'huile? ◆[挙行する] ¶式を~ célébrer une cérémonie.

あけわたす 明渡す évacuer. 町を~ évacuer la ville. 部屋(家)を~ faire place nette. ¶明渡し évacuation *f*.

あご 顎 [上下の顎] mâchoire *f*. ~で使う mener *qn* par le bout du nez. ~が外れるほど大きな欠伸をする bâiller à se décrocher la mâchoire. ‖上~ mâchoire supérieure. 下~ mâchoire inférieure; menton *m*. 二重~ double menton *m*.

あごあて 顎当て [バイオリンの] mentonnière *f*.

アコースティックギター guitare *f* acoustique.

アコーデオン accordéon *m*. ‖~ドア(カーテン) porte *f* (cloison *f*) accordéon. ~弾き accordéoniste *mf*.

あこがれ 憧れ aspiration *f*; admiration *f*; adoration *f*. 神への~ aspiration vers Dieu. ¶~のパリ le Paris de *ses* rêves. 彼女は彼の~のめだ Il est en adoration devant elle.

あこがれる 憧れる aspirer à; désirer; adorer.

あこぎ 阿漕 ¶~な [無慈悲な] cruel(le); impitoyable; [図々しい] cynique; impudent; insolent. ~な奴 individu *m* cynique; impudent(e) *mf*. ~な真似をする se comporter avec impudence.

あごひげ 顎鬚 barbe *f*; [山羊髭] barbiche *f*; bouc *m*.

あごひも 顎紐 [帽子の] mentonnière *f*; [軍帽などの] jugulaire *f*.

あこやがい 阿古屋貝 huître *f* perlière.

あさ 朝 matin *m*. ある~ un beau matin. 昨日(明日, 毎日曜)の~ hier (demain, tous les dimanches) matin. ¶~の matinal(*aux*). ~の体操 gymnastique *f* matinale. ~に au matin. ~早く de bon (de grand) matin. ~から晩まで du matin au soir. ~っぱらから dès le matin. ~っぱらから何処へ出掛けるの Où partez-vous si tôt le matin? 彼は~しか家

ない Il ne travaille que le matin. ～の内は家に居る Je suis chez moi dans la matinée.

あさ 麻 [大麻] chanvre m; [亜麻] lin m. ¶～屑 filasse f de chanvre. ～布(紐) toile f (corde f) de chanvre.

あざ 痣 [生来の] tache f; [打撲の] meurtrissure f; bleu m; [つねられた] pinçon m. 転んで腕に～が出来た Je suis tombé et je me suis fait un bleu au bras.

あさい 浅い peu profond. この河は～ Le fleuve est peu profond. ◆[傷, 眠りなどの程度が] léger(ère); [皮相な] superficiel(le). 彼は眠りが～ Il a le sommeil léger. 彼はそれを始めてから日が～ Il y a peu de temps qu'il a commencé à le faire.

あさいち 朝市 marché m matinal.

あさおき 早起き ¶「～は三文の徳」«A qui se lève matin Dieu aide et prête la main.»; «Heure du matin, heure du gain.» ～の matinal(aux).

あさがお 朝顔 volubilis m.

あさがすみ 朝霞 vapeurs fpl matinales.

あさぎ 浅黄 jaune m clair. ¶～色 jaune clair inv.

あさぎ 浅葱 bleu m clair. ¶～色の bleu clair inv. ～色の垂幕 rideau m bleu clair.

あさぎり 朝霧 brouillard m du matin.

あさぐろい 浅黒い bistré. ～顔色 teint m bistré.

あざけり 嘲り moquerie f; raillerie f; gouaillerie f. 彼の弁舌は聴衆の～を受けた Son éloquence excita les moqueries de l'auditoire.

あざける 嘲る se moquer de; railler. みんなはひどく彼を嘲った On m'a accablé de moquerie. ¶～ような moqueur(se); gouailleur(se). ～ように moqueusement.

あせ 浅瀬 ¹haut(s)-fond(s) m; [川の] gué m. ～を渉る guéer; traverser à gué; passer un gué.

あさって 明後日 après-demain. ¶～の朝 après-demain matin.

あさづな 麻綱 filin m.

あさつゆ 朝露 rosée f du matin.

あさなぎ 朝凪 calme m de la mer du matin.

あさねぼう 朝寝坊 [人] gros(se) dormeur (se) mf. ¶～する se lever tard; faire la grasse matinée.

あさはか 浅はか ¶～な léger(ère); frivole; futile; superficiel(le). ～な女(奴) femme f (esprit m) futile. ～な議論 discussion f frivole. ～な考え idée f superficielle. それは少し～だったな Ça, c'est un peu léger. ～さ légèreté f; frivolité f; futilité f.

あさばん 朝晩 ⇨ あさめし(朝飯).

あさばん 朝晩 matin et soir.

あさひ 朝日 soleil m du matin; soleil levant. ～がのぼる Le soleil se lève. 窓から～がさしこんでいる Le soleil levant pénètre dans la fenêtre. 部屋一杯に～がさしていた Un rayon de soleil matinal baignait la pièce.

あさましい 浅ましい [惨めな] misérable; piteux(se); [下劣な] bas(se); [嘆かわしい] déplorable; lamentable; [哀れな] pitoyable. ～考え pensée f basse. ～世の中 monde m déplorable. ～奴 misérable mf. ～喧嘩 misérable querelle f. こんな～姿になって Te voilà réduit à cet état pitoyable.

あざみ 薊 chardon m. ¶鬼～ chardon bonnetier.

あさみどり 浅緑 vert m tendre (doux).

あざむく 欺く être trompeur(se); tromper; 《俗》feinter. 己れを～ se mentir à soi-même; se faire illusion à soi-même. 外見は人を～ Les apparences sont trompeuses.

あさめし 朝飯 petit déjeuner m. ～を食べる prendre le petit déjeuner. コーヒーで済ます déjeuner de café. ¶そんなことは～前だ C'est un jeu d'enfant.

あさもや 朝靄 brume f matinale; vapeurs fpl matinales.

あざやか 鮮か ¶～な vif(ve); éclatant; frais (fraîche). ～な印象 impression f vive. ～な色 couleur f éclatante (vive). ～な足跡 traces fpl fraîches. ～さ [新鮮さ] fraîcheur f. ◆ ¶～な [巧みな] élégant; habile. ～な解決 solution f élégante. 彼の証明の仕方は～なものだった Il nous a fait une démonstration très convaincante. ～に habilement; élégamment; avec maestria. 彼女はショパンのワルツを～に演奏した Elle a exécuté avec maestria une valse de Chopin. ～さ [巧みさ] habileté f; élégance f; [すばらしさ] maestria f.

あさやけ 朝焼け aurore f; lueurs fpl brillantes de l'aurore.

あさゆう 朝夕 ⇨ あさばん(朝晩).

あざらし 海豹 phoque m.

あさり 浅蜊 palourde f [grise].

あさる 漁る recueillir; scruter; fouiller; [鳥などが餌を] picorer. ごみ箱を～ fouiller dans une poubelle. 古本を～ faire les bouquinistes. ～物はもう何もない Il n'y a plus rien à glaner.

あざわらい 嘲笑い gouaille f; gouaillerie f; ricanement m; moquerie f.

あざわらう 嘲笑う se moquer de; ricaner. ¶～ような ricaneur(se); moqueur(se); gouailleur(se). ～人 gouailleur(se) mf; ricaneur(se) mf.

あし 葦 roseau(x) m.

あし 足[脚] [人間の] pied m; jambe f; [動物, 昆虫の] patte f; [コップ, テーブルなどの] pied m. ～が達者だ avoir de bonnes jambes. ～が長い avoir de longues jambes. ～が早い marcher vite. ～が届く [水の中で] avoir (perdre) pied. ～の裏 plante f du pied. ～の甲 cou(-s)-de-pied m. ～の指 doigt m de pied; orteil m. ～の恰好がいい avoir la jambe bien faite. ～を組む croiser les jambes. ～をすべらせ怪我をする faire un faux pas. 劇場に～を運ぶ porter ses pas au théâtre. ～を早める ¹hâter le pas. 群衆は熱狂して～を踏み鳴していた La foule trépignait d'enthousiasme. ¶両～をそろえて跳ぶ sauter à pieds joints. 前～ pattes de devant. 後～ pattes de derrière. ◆[慣用的に] ¶～がつく être dépisté. ～が地につく prendre pied; se trouver sur le sol ferme. こうした生活から～を洗う renoncer à cette existence malhonnête.

～を出す [事業で] en être de *sa* poche. 千円～を出した J'ai payé 1.000 yen de ma poche. ～の踏み場もない On ne sait plus où marcher. この～で事務所に回ります Je vais au bureau de ce pas.

あじ 味 goût *m*; saveur *f*. ～が変る changer en mal; [酸っぱくなる] tourner; aigrir. この料理は～がいいない Ce plat a du (n'a pas de) goût. この葡萄酒は～が変った Ce vin a tourné. ～の足りない manquer d'assaisonnement. ～がなくなる [比喩的にも] s'affadir. ～を覚える [比喩的にも] prendre goût à *qc*. ～を占める être mis en goût par *qc*. ～を知る avoir du goût pour *qc*; goûter *qc*. ～を付ける assaisonner *qc* de *qc*. ～を見る goûter [à] *qc*; [試食する] goûter de *qc*. 料理の～を見る goûter un plat. ～のある(のいい) savoureux(se). ～のいい果物 fruit *m* savoureux. ～のある話 histoire *f* savoureuse. ～のある一手 un coup adroit. ～も fade; insipide; affadissant. ～もそっけもない本 livre *m* fade.

あじ 鰺 [真鰺] chinchard *m*; [縞鰺の一種] carangue *f*.

アジア Asie *f*. ～[人]の asiatique. ～人 Asiatique *mf*. ～アフリカ諸国 Les pays afro-asiatiques *mpl*.

あしあと 足跡 trace *f*; empreinte *f* de pied; pas *m*; [動物の] piste *f*. 雪の中の～ des pas dans la neige. ～を残す laisser l'empreinte des pieds. ～を辿る suivre *qc* à la trace; suivre la trace de *qn*; marcher sur les pas de *qn*.

あしおと 足音 bruit *m* de pas. ～が聞える On entend un bruit de pas. ～が消える Le bruit des pas s'efface. ¶～を忍ばせて進む avancer à pas de loup.

あしか 海驢 otarie *f*.

あしがかり 足掛り prise *f*; point *m* d'appui; [糸口] amorce *f*. ～を chercher une prise. 解決の～を見つける trouver l'amorce d'une solution. ¶...を～にして en s'appuyant sur *qc*.

あしかけ 足掛け ¶私は入社してから～10年になります Ça fait dix ans que je suis entré dans cette compagnie.

あしかせ 足枷 entrave *f*; fers *mpl*. ～をはめる entraver *qn*; mettre des entraves à *qn*.

あしがため 足固め ¶～をする préparer *ses* positions; assurer *son* point d'appui./[レスリングなどで] se camper.

あしからず 悪しからず ¶遅れてもどうぞ～ Ne m'en veuillez pas si je suis en retard.

あしがらみ 足搦み ¶～をかける faire un croc-en-jambe à *qn*.

あしくせ 足癖 ¶彼は～が悪い Il déforme ses chaussures en marchant.

あしくび 足首 cheville *f*.

あしげ 葦毛 ¶～の馬 cheval(*aux*) *m* pommelé.

あしげ 足蹴 coup *m* de pied. ～にする donner un coup de pied à. ～にされる recevoir un coup de pied.

あじけない 味気ない ennuyeux(se); insipide; affadissant. こんな生活は味気なくて死にそうだ Cette existence me fait mourir d'ennui. ¶味気なく fadement; avec fadeur. 味気なさ ennui *m*; [空しさ] vanité *f*. 人生の味気なさ vanité de la vie.

あしこし 足腰 ¶～が丈夫である avoir les membres forts; avoir bon pied, bon œil. 彼はリューマチで～が立たなくなった Les rhumatismes l'ont rendu impotent.

あじさい 紫陽花 hortensia *m*.

あしざま 悪し様 ¶～に言う médire de *qn*; dénigrer *qn*; tenir des propos blessants sur *qn*.

あししげく 足繁く ¶～通う fréquenter; aller fréquemment (souvent).

アシスト [サッカーなどで] passe *f* décisive.

あした 明日 demain. 来週の～ demain en huit. ～の朝(晩) demain matin (soir). 今日出来ることを～に延ばすな Il ne faut pas remettre au lendemain ce qu'on peut faire le jour même. また～ A demain! ～来ます Je viendrai demain.

あしだい 足代 frais *mpl* de transport; [旅費] frais de déplacement. ～にもならない en tirer pour *ses* frais; ne tirer aucun profit de *ses* dépenses.

あしだまり 足溜り [滞在地] séjour *m*; [会合場所] lieu *m* de rencontre; [根拠地] camp *m* de base; 〖軍〗 base *f* d'opération. あのバーは銀座で会うのに便利な～だ Ce bar est très pratique comme lieu de rencontre à Ginza. パリを～にして rayonnant à partir de Paris.

あじつけ 味付け assaisonnement *m*. ¶～する assaisonner; accommoder. 魚をソースで～する accommoder du poisson à la sauce.

あしでまとい 足手纏い entrave *f*; gêne *f*. この子が～だ Cet enfant m'est une entrave.

アジト centre *m* clandestin d'agitation illégale.

あしどめ 足留め défense *f* de sortir. 私は雨で～を食らってしまった La pluie m'a empêché de sortir./J'ai été retenu par la pluie.

あしどり 足取 [歩き方] pas *m*; démarche *f*. [重い(軽い)～で歩く marcher d'un pas lourd (léger). ～を [足跡] piste *f*. 犯人の～を追う suivre la piste d'un criminel. ～が分った On a trouvé la piste.

あしな 味な spirituel(le); ingénieux(se). ～真似をする bien jouer *son* jeu. ～事を言う dire des choses spirituelles.

あしなみ 足並み ～を揃える cadencer *son* pas; prendre le pas cadencé; se mettre au pas. ～が揃わない [比喩的にも] ne pas s'accorder.

あしならし 足馴らし footing *m*. ～をする faire du footing.

あしば 足場 〖建築〗 échafaudage *m*. ¶～を組む échafauder; dresser un échafaudage. ◆ [足掛り] appui *m*. ～を失う perdre son appui. ～を固める assurer *ses* bases. 岩に～を見つける trouver (prendre) appui sur un rocher.

あしばや 足早 ¶～に rapidement; [小刻みに] à petits pas pressés. ～に行く trottiner.

あしびょうし 足拍子 rythme *m* du pied.

あしぶみ 足踏み ¶~する piétiner; marquer le pas. ‖ ~状態である rester (être) stationnaire.

あじみ 味見 ¶~をする goûter; déguster.

あしもと 足許 ¶~にひれ伏す se jeter aux pieds de qn. ~に注意して下さい Faites attention de ne pas tomber. ◆[比喩的に] ¶…の~に付け込む profiter de la faiblesse de qn. ~にも及ばない ne pas arriver à la cheville de qn. ~の明るいうちに avant la tombée de la nuit.

あしゅら 阿修羅 Asura m. ¶~のように暴れ回る se déchaîner comme une Furie.

あしょうさん 亜硝酸 acide m nitreux.

あしらい ¶客の~がうまい savoir bien recevoir les clients.

あしらう traiter qn. 鼻で~ traiter qn avec dédain. いい加減に~ traiter qn par-dessus la jambe. 適当に~ traiter qn à sa guise. ◆[料理で] garnir. 魚にレタスを~ garnir un poisson de laitues.

アジる exciter; faire de l'agitation; inciter. 労働者をアジって争議に追い込む inciter les ouvriers à grève.

あしわ 脚輪 [鳩などの] bague f. ~をはめる baguer.

あじわう 味わう goûter; goûter de; [経験する] éprouver. 喜びを~ éprouver de la joie. 人生の空しさを~ éprouver la vanité de la vie. 牢獄の味を~ goûter de la prison. しみじみと家庭生活の喜びを~ goûter le bonheur de la vie familiale. ‖ 味わい ⇒ あじ(味).

あしわざ 足技 ¶~を掛ける faire une prise de jambe à qn.

あす 明日 ⇒ あした(明日).

あずかり 預り ‖ 手荷物一時~所 consigne f. ~証 récépissé m de dépôt; [手荷物の] bulletin m. ~人 dépositaire mf. ~物 dépôt m. ◆[引分け] ¶勝負を~にする prononcer le match nul. 勝負は~になった Ils ont fait match nul.

あずかる 与る participer à; prendre part à; s'associer à. 利益に~ s'associer aux bénéfices. 相談に~ participer à la consultation de qn. 協力者たちを利益に与らせる associer ses collaborateurs aux bénéfices. …に与って力がある prendre la principale part à (dans)....

あずかる 預かる avoir la garde de qc; entreposer qc. 子供を~ garder un enfant. 家具は僕の所に預かって置く J'entrepose des meubles chez moi. この手紙のコピーを預かって置いて下さい Conservez un double de cette lettre.

あずき 小豆 ʰharicot m rouge. ‖ ~色の brun rouge inv.

あずける 預ける déposer; placer; mettre; [人を] confier. 荷物を一時預かりに~ déposer (mettre) ses bagages à la consigne. 銀行に金を~ déposer de l'argent à la banque; placer de l'argent en banque. 子供を友人に~ confier son enfant à un ami. パスポートを税関吏に~ donner son passeport à un douanier. ¶預け物 objet m déposé.

アスコットタイ ascot m.

アスタチン astate m; astatine f.

アステリスク [星印] astérisque m.

アストラカン astrakan m.

アストリンゼント astringent m.

アスパック ASPAC [アジア太平洋協議会] Conseil m pour la coopération des pays d'Asie et du Pacifique.

アスパラガス asperge f.

アスピリン aspirine f.

アスファルト asphalte m; bitume m. ~の通り rue f asphaltée (bitumée). ~を敷く asphalter; bitumer. ‖ ~舗装 asphaltage m.

あずまや 東屋(四阿) pavillon m; kiosque m; rotonde f; [植木の] tonnelle f.

アスレチック gymnique; athlétique. ‖ ~クラブ club m athlétique.

あせ 汗 sueur f; transpiration f. ~をかく suer; transpirer. 手に~をかく avoir les mains moites. 玉の~をかく suer à grosses gouttes. ~の結晶 fruit m de ses sueurs. ¶~ばんだ suant; moite. ~だらけの顔 visage m baigné de sueur. ~びっしょりになる être en nage. 手に~をにぎって試合を見る regarder un match en se mordant les poings. ~水たらして働く suer sang et eau. 額に~して働く travailler à la sueur de son front. ‖ この一件では ひと~かいたよ J'ai bien sué sur cette affaire. 冷~ sueur froide. ~かき personne f qui transpire facilement.

あぜ 畦 bordure f de rizière. ‖ ~道 sentier m bordé de rizières.

アセアン ASEAN [東南アジア諸国連合] Association f des Nations du Sud-Est asiatique (ANSEA).

あせくさい 汗臭い sentir la sueur.

あせしらず 汗知らず talc m. ~をつける saupoudrer du talc.

アセスメント évaluation f. ‖ 環境~ évaluation de l'environnement; étude f d'impact.

あせだく 汗だく ¶~になる être tout en sueur; être en nage.

アセチレン acétylène m. ‖ ~ランプ lampe f à acétylène.

アセテート acétate m.

アセトアルデヒド acétaldéhyde m.

アセトン acétone f.

あせも 汗疹 boutons mpl de chaleur. 背中に~ができる avoir des boutons de chaleur dans le dos.

あせり 焦り ¶~はしばしば失敗を招く La hâte empêche souvent de réussir.

あせる 焦る s'impatienter; brûler d'impatience. 彼は彼女に会おうと焦っている Il brûle d'impatience de la revoir. ¶焦って~する avoir hâte de inf; être pressé de inf. 焦らずに sans hâte; sans précipitation.

あせる 褪せる [色が] passer; se flétrir; déteindre; se faner; [衰える] s'éteindre. その色は陽に当るとすぐ~ Cette couleur passe (déteint) vite au soleil. その記憶も褪せて来た Le souvenir s'est effacé. 褪せさせる faner; déteindre. ¶褪せた fané; passé; déteint.

アセロラ acerola f; cerise f des Caraïbes.

あぜん 唖然 ¶～とする être stupéfait (interdit, ahuri) de qc (de inf). 彼は～としていた Il en est resté stupéfait. ～とさせる stupéfier qn; ahurir qn. 人を～とさせるような議論 argument m massue. ～として avec stupeur; stupidement.

あそこ 彼処 cet endroit-là m. ～は好きじゃない Je n'aime pas cet endroit-là. ¶～に là; là-bas. ～に家あるAh Voilà une maison. 彼は～にいる Le voilà./Il est là. ここにも～にも par-ci par-là. ～の家 cette maison-là. ～まで jusque là-bas.

あそばせことば 遊ばせ言葉 langage m [féminin] précieux et huppé.

あそばせる 遊ばせる ¶子供を～ faire jouer un enfant; amuser un enfant. ◆[比喩的に] ～金を～ laisser dormir son argent. 土地を～ laisser un terrain inutilisé.

あそび 遊び jeu(x) m; partie f; plaisir m. ～に行く aller jouer (s'amuser); [訪問] rendre une petite visite. ¶～相手 joueur(se) mf. ～相手になる se prêter au jeu. ～金《経》argent m improductif. ～着 [子供の] barboteuse f. ～盛りの子供 enfant mf qui n'a que le jeu en tête. ～好き[人] joueur(se) mf. ～仲間 compagnon(gne) mf de plaisirs. ～人 jouisseur(se) mf; sybarite mf. ～半分で jeu. ～半分にやってしまう faire qc en se jouant.

あそぶ 遊ぶ jouer à (avec); [楽しむ] s'amuser à. トランプで～ jouer aux cartes. 人形で～ jouer avec sa poupée. ボールを投げて～ jouer à lancer une balle. 赤ん坊が自分の手を動かして遊んでいる Le bébé s'amuse avec ses menottes. ～友達を捜す passer sa vie à s'amuser. ～戯れる folâtrer. ◆ ～遊んでいる [無為に] être à ne rien faire; être désœuvré; être oisif(ve); être inactif(ve); [失職して] être sans travail; être en chômage; [資本が] inactif(ve). 無為に遊んでいる生活にも飽きた J'en ai assez de cette vie inactive (désœuvrée).

あだ 仇 ennemi mf; [復讐] vengeance f; [害] tort m; dommage m. 恩を～で返す rendre le mal pour le bien. ～となる се venger de qn; faire du tort à qn. 野心の持ち過ぎが彼の～となった Son ambition démesurée l'a perdu. ～を討つ venger son père.

あだ 徒 ¶～な vain; [無駄] stérile; inutile. ～な望みを抱く nourrir de vains espoirs. 好意が～となる Sa bonté devient inutile. ～もおろそかにはできない Ce n'est pas à prendre à la légère. ～やおろそかに思わない ¶～に pro fondément touché; être pénétré de reconnaissance. ¶～花 fleur f stérile. ～情 amour m passager.

あだ 婀娜 ¶～な séduisant; érotique. ～な年増 femme f faite séduisante.

アダージオ adagio m. ¶～で adagio.

あたい 値 [値段] prix m; [価値] valeur f. ¶～する valoir; mériter; digne de. 尊敬(軽蔑)に～する mériter l'estime (le mépris). 一見に～した意見は一考に～する Une telle opinion mérite réflexion. それは一見に～する Cela mérite (vaut) la peine d'être vu. 尊敬に～する

人物 personne digne d'admiration. ここからの眺めは一千金だ D'ici, on a une vue superbe.

あだうち 仇討ち vengeance f. ～をする se venger de qn; exercer sa vengeance sur qn.

あたえる 与える donner; accorder; rendre; [提供する] procurer; fournir; [付与する] attribuer; [授ける] conférer; [恩恵として] octroyer; [もたらす] produire; [負わせる]《法》impartir. 食物を～ donner à manger. 称号を～ conférer un titre. 分け前(特権)を～ attribuer une part (un privilège) à qn. 自治権を～ octroyer l'autonomie à. その知らせは彼に強烈な印象を与えた Cette nouvelle a produit sur lui une vive impression. 彼に職を与えなければならぬ Il faut lui procurer (fournir) un emploi. それが私に与えられた責任です C'est la responsabilité qui m'est impartie.

あたかも 恰も comme si. ¶～…のようだ On dirait [de] qc (que ind). ～蒸風呂の中に居るようだ On se dirait dans une étuve. 彼は～狂人のように振舞った Il s'est conduit comme s'il était fou.

あだしおんな あだし女 femme f fausse.

あたたかい 暖(温)かい doux(ce); tiède; [着物が] chaud. お風呂に入る prendre un bain tiède. ～着物を着る se vêtir chaudement. 今日は～ Il fait doux aujourd'hui. この着物は～ Ce vêtement est chaud. 懐が～ [金回りが良い] avoir la bourse bien garnie. 暖かくなる [気候が] s'adoucir; [水が] s'attiédir. 暖かさ douceur f; tiédeur f. ◆[心が] tendre; cordial(aux). 心の～人 personne f cordiale; un bon cœur. 暖かく迎える recevoir qn cordialement. 暖かさ tendresse f.

あたたかみ 暖かみ ～ tendresse f; [心の] tendresse f. ¶～のある tendre; affectueux(se). ～のない froid.

あたたまる 暖(温)まる chauffer; se réchauffer; se chauffer. コーヒーが～ Le café chauffe. 暖炉のそばで暖まりなさい Viens te chauffer près de la cheminée. お風呂に入りなさい、温まりますよ Prenez un bain, ça vous réchauffera.

あたためる 暖(温)める chauffer; réchauffer; [筋肉を] s'échauffer. 水を～ chauffer de l'eau. スープ(エンジン)を～ réchauffer la soupe (le moteur). スポーツマンは試合前に体を～ Le sportif s'échauffe avant la compétition. 温め直す réchauffer.

アタッシュ attaché m.

アタッシュケース attaché(s)-case(s) m.

あだっぽい 婀娜っぽい ⇨ あだ[婀娜].

あだな 綽名 surnom m; sobriquet m. ～をつける surnommer qn; apporter un surnom. フィリップ四世は「美王」という～をつけられた On a surnommé Philippe IV Le Bel.

あだなさけ 徒情 ⇨ あだ[徒].

あたふた ～ précipitamment. 彼は～と逃げて行った Il s'est enfui précipitamment.

アダプター adaptateur m.

あたま 頭 tête f. ～が上らない se faire petit devant qn; [起き上がれない] ne pas pouvoir se lever. ~が下る [尊敬, 崇拝の念で] avoir (éprouver) une profonde admiration pour qn. ~がくらくらする La tête me tourne. ~に来る porter (monter) à la tête; s'énerver (être énervé); porter sur les nerfs à qn; [癇にさわる] énerver (agacer) qn; [酒などが] capiteux(se). ~に来る酒 vin m capiteux. あの物言いは~に来る Ce bruit me porte sur les nerfs./Ce bruit m'énerve. 彼の馬鹿げた質問は~に来る Il m'énerve avec ses questions stupides. ~を上げる (下げる) lever (baisser) la tête. ~を突込む plonger la tête dans qc; [かかり合う] se mêler de. ~をもたげはじめる commencer à relever le front. ¶~から落ちる tomber la tête la première. ~から突込む piquer une tête. ~から馬鹿にする faire très peu de cas de qn. ~のてっぺんから足の先までde la tête aux pieds; du haut en bas. ¶~越しに交渉を進める mener des négociations par-dessus la tête de qn (en court-circuitant qn). ◆[頭脳] esprit m; tête; intelligence f. ~がいい être intelligent; avoir une bonne tête. ~が悪い être bête; manquer d'intelligence. ~が空っぽである n'avoir rien dans la tête; avoir la tête vide. ~がはっきりしている avoir toute sa tête. ~から離れない [主語・物] trotter par (dans) la tête; préoccuper qn. ~を悩ます se travailler (torturer) l'esprit. ~を絞る se creuser la tête. 普通程度の~をしている avoir une intelligence ordinaire. 少しは~を使えよ Fais marcher un peu ta cervelle. ¶~の狂った fou; déséquilibré. ~の中で mentalement; dans son imagination. ◆[頭髪] cheveu(x) m. ~を刈ってもらう se faire couper les cheveux. ~を分ける se faire la raie. ~を真中から (横に) 分けている porter la raie au milieu (sur le côté).

あたまうち 頭打ち ¶~の [状態になる] [限度に達する] plafonner. 給料は~となっている Le salaire plafonne.

あたまかず 頭数 nombre m. 仲間の~をそろえる compléter le nombre des compagnons. ~を増やす augmenter le nombre.

あたまかぶ 頭株 chef m; dirigeant m.

あたまきん 頭金 arrhes fpl. 私は~を払って服を注文した J'ai versé des arrhes en commandant mon costume.

あたまごなし 頭ごなし ¶~に叱る blâmer qn sans pitié.

あたまでっかち 頭でっかち ¶~である [頭が大きい] avoir une grosse tête; [知識に偏っている] ne pas avoir le sens pratique; être trop théorique.

あたまわり 頭割り ¶~にする partager qc par tête.

アダム 【聖】 Adam m.

あたらしい 新しい neuf(ve); nouveau(el, elle, eaux); [新鮮な] frais (fraîche); [最近の] récent; [独創的な] original(aux); [近代的な] moderne; [酒などが] jeune. ~ドレス robe f neuve. ~家 [新築の] maison f neuve; [今度の] nouvelle maison. ~芸術 arts mpl nouveaux. ~物 [新品] neuf m. ~物しか買わない n'acheter que du neuf. ~事は何もない [変った事] Il n'y a rien de nouveau. 私たちは東京の郊外に~家を買った Nous avons acheté une nouvelle maison dans les environs de Tokyo. それはまだ記憶に~ C'est un événement encore tout frais dans ma mémoire. 新しくする renouveler; rafraîchir; rénover. 部屋を新しくする rénover son appartement; remettre son appartement à neuf. ¶新しく nouvellement; récemment; fraîchement. 新しく買った自動車 voiture f que j'ai achetée récemment. 新しく開いた店 magasin m nouvellement ouvert. 新しく耕した土地 terre f fraîchement labourée. 新しく来た人 nouveau venu m (nouvelle venue f). 新しさ nouveauté f; fraîcheur f; modernité f; originalité f. ⇒ まあたらしい (真新しい).

あたらしがりや 新しがり屋 amateur m de nouveautés.

あたらずさわらず 当たらず障らず ¶~なことを言う (返事をする) parler (répondre) évasivement.

あたらない 当らない ¶...するには~ Ce n'est pas la peine de inf. 驚くには~ Il n'y a là rien d'étonnant. 彼など尊敬するには~ Il n'est pas digne d'estime.

あたり 当り [衝撃] coup m; choc m; †heurt m. ~をやわらげる amortir (réduire) un choc. ◆[人当り] ¶~がいい [愛想がいい] aimable, sociable. ~が悪い insociable. ◆[釣の] touche f. 今日ははっきりなくても何も釣れなかった Pas la moindre touche aujourd'hui, je n'ai rien pris. ◆[適中] ¶~だ Vous y êtes!/C'est ça! ◆[成功] succès m. 大~する avoir un grand succès; [金を] gagner un gros lot. ¶~狂言 pièce f à succès. ◆[割合] ¶一人 (一日) ~ par tête (jour). 宿泊料は一人~30ユーロです Les frais d'hôtel coûtent trente euros par tête (personne).

あたり 辺り [周囲] environs mpl; alentours mpl; environnement m. ~に目を配る jeter un coup d'œil circulaire. ~を見回す regarder autour de soi. この~にお住まいですか? Vous habitez par ici? ¶~の environnant; d'alentours. ~の森 bois mpl environnants. ...の~に aux environs (alentours) de qc. ¶一~一面 partout. ~構わず sans se soucier des autres. ¶...の~に vers (aux environs de) qc; aux alentours de qc. クリスマスの~に vers (aux environs de) Noël.

あたりくじ 当り籤 numéro m gagnant.

あたりさわり 当り障り ¶~がある blesser qn. ~のない anodin. ~のない話 propos mpl anodins. ~のない返事 réponse f évasive. ~のない態度をとる prendre une attitude neutre.

あたりちらす 当り散らす décharger sa colère sur.

あたりどし 当り年 année f d'abondance. 今年は蜜柑の~だ Nous avons eu une grosse récolte d'oranges cette année.

あたりはずれ 当り外れ ¶~のある †hasardeux(se); aléatoire. 天気予報には~がある Il arrive que la météo se trompe. 株の儲けには~が多い Les gains à la Bourse sont très aléa-

あたりまえ 当り前 ¶～の(な) [正当な・自然な] juste; naturel(le); [当然の] normal(aux); [普通の] normal(aux); ordinaire; usuel. ～は～である Il est naturel de inf (que sub)./Il va sans dire que ind. それは～だ C'est juste (naturel). お前がおこられるのは～だ C'est normal que tu aies été grondé. 疲れるのは～さ Il est normal qu'on se fatigue.

あたる 当る [ぶつかる] †heurter; frapper. 雨が窓に～ La pluie frappe la fenêtre. 日が窓に～ Le soleil donne sur la fenêtre. ボールが塀に当ってはねかえった La balle a heurté le mur et rebondi. [命中する] toucher; frapper; [弾が] tirer juste. 的に～ atteindre la cible. この銃は よ く ～ C'est un fusil de haute précision. 弾が彼の胸部に当った La balle l'a frappé en pleine poitrine (au front). ◆[適中する] ¶ 君の予言が当った Vous avez deviné juste./Vous y êtes! 彼の予言が当った Sa prédiction s'est réalisée. くじに～ gagner un lot. ◆[成功する] avoir du succès; réussir. 非常に～ remporter un grand succès; faire fureur; faire recette. 当らない ne pas passer la rampe. ◆[対する・相当する・位置する] ¶敵に～ affronter (faire face à) l'ennemi. 相手チームの二軍と～ rencontrer une deuxième équipe de l'adversaire. つらく～ maltraiter qn; se montrer dur envers qn. 今 1 ユーロは 100 円に～ Aujourd'hui, un euros vaut 100 yen. 祭は日曜日に～ La fête tombe un dimanche. 僕の家は駅の北に～ Ma maison est située au nord de la gare. ◆[中毒する] s'intoxiquer avec; [毒に] être empoisonné de. 暑さに～ être incommodé par la chaleur. ◆[打診する・照合する] ¶…の意向を当ってみる sonder ses intentions. 辞書に～ consulter un dictionnaire. ◆[暖をとる] ¶火に～ se chauffer au feu.

あたん 亜炭 lignite m.

アチーブメントテスト test m pédagogique.

あちこち ちゃちら; de côté et d'autre; par-ci par-là. 部屋の中を～歩き回る se promener de long en large dans la chambre. ～から～ de tous côtés. フランスの～で un peu partout en France.

あちら là; là-bas. ～を通る passer par là. ～か ら là. ¶～の人(物) celui-là m (celle-là f). ～の方へ dans cette direction-là.

あっ Mon Dieu!/Tiens! ～といけない Zut! ～し た Mon Dieu! j'ai oublié. ～雨だ Voilà qu'il pleut! ～あいつが通る Tiens! le voilà qui passe. ～と驚く pousser un cri de surprise. ～と言わせる faire sensation. その話は世間を～と言わせた Cette histoire a fait grande sensation dans le monde. ～と言わせるニュース nouvelle f sensationnelle (qui fait sensation). ～という間に en un clin d'œil.

あつい 厚い épais(se). ¶肉を厚く切る couper de la viande en grosses tranches. 厚くする épaissir. 壁を厚くする épaissir le mur. 厚く[心から] cordialement; chaleureusement.

あつい 暑い chaud. 今日は～ Il fait chaud aujourd'hui. 蒸し～ Il fait une chaleur humide. 《～所に置かぬこと》《Craint la chaleur.》 ～盛りに en pleine chaleur. この～中を par cette chaleur.

あつい 篤い cordial(aux); chaleureux(se); [病が] grave. ～看護 soins mpl chaleureux. 彼は友情に～男だ Il a une amitié chaleureuse (cordiale).

あつい 熱い chaud; [ひどく熱い] brûlant. 身体が～ avoir chaud. この皿は～から触っちゃいけない Ne touche pas le plat, il est brûlant. ◆[惚れた・夢中になった] être épris de. 彼ら～仲だ Ils sont fous l'un de l'autre.

あついた 厚板 madrier m; planche f épaisse.

あつえん 圧延 laminage f. ¶～する laminer. ¶～機にかける passer au laminoir.

あっか 悪化 aggravation f; détérioration f; altération f; [病気の] exacerbation f; [堕落] pervertissement m. 青少年の～ [不良化] pervertissement de la jeunesse. ～する s'aggraver; se détériorer; empirer. ますます～する aller de mal en pis; empirer. 状勢は日増しに～している La situation empire chaque jour. 病状が～した L'état du malade s'est aggravé. 両国間の関係は～していった Les relations entre les deux pays se détérioraient (s'aggravaient). ～させる [物, 状態を] aggraver; détériorer; [人を] pervertir.

あっか 悪貨 ¶～は良貨を駆逐する La mauvaise monnaie chasse la bonne.

あつかい 扱い [道具] maniement m; [化学製品の] manipulation f; [商品の] manutention f; [機械, 兵器の] manœuvre f; [人間の] traitement m. 良い～を受ける jouir d'un traitement de faveur. 馬鹿な～をする traiter qn d'imbécile.

あつかう 扱う [道具] manier; [化学製品を] manipuler; [機械, 兵器を] manœuvrer; [人間を] traiter. うちではその商品は扱っていません Ces articles ne sont pas dans notre commerce. この局では電報は扱っていない Ce bureau n'accepte pas de télégramme. 扱い易い[道具, 人が] maniable. 扱い易い道具 outil m maniable (commode). 彼は扱い易い Il est maniable. 彼は扱い易いたちだ Il est d'une humeur accommodante. 扱い易くない ne pas être commode; [人が] rétif(ve); intraitable. 扱いにくい人 personne f rétive. ‖扱い方 [道具に] maniement m; [機械, 兵器の] manœuvre f; [人間の] traitement m. 機械(人)の扱い方を心得ている s'entendre au maniement d'une machine (au traitement des hommes).

あつかましい 厚かましい effronté; impudent; éhonté; présomptueux(se). ～奴 Vous en avez de l'aplomb! ¶ 厚かましいぞ frontément; avec impudence. よくも厚かましくやって来れたもんだ Tu as du culot de venir me voir. 厚かましくも～する avoir le front de inf; avoir la hardiesse de inf. 厚かましさ effronterie f; impudence f; †hardiesse f; aplomb m; [俗] culot m.

あつがみ 厚紙 papier m épais.

あつがり 暑がり 彼は〜だ Il est sensible à la chaleur.

あつかん 熱燗 saké chaud.

あっかん 悪漢 malfaiteur m; bandit m. ‖〜小説 roman m picaresque.

あっかん 圧巻 partie f la plus brillante; [見世物, 催しの] clou m. それはその芝居の中の〜 C'était le clou de ce spectacle.

あつぎ 厚着 ～する s'habiller chaudement.

あつくるしい 暑苦しい La chaleur est étouffante./Il fait une chaleur étouffante.

あっけ 呆気 ～にとられる être stupéfait; être frappé de stupeur; rester interdit; se trouver tout bête. ～にとられて avec stupeur.

あつげしょう 厚化粧 maquillage m outré. ～する se farder trop. ～した trop fardé.

あっけない 呆気ない trop court; [はかない] trop éphémère; [簡単な] trop simple; trop facile. ～一生 une vie trop éphémère. ～勝利 victoire f trop facile. 呆気なく trop simplement; trop facilement. 呆気なく終る se terminer en queue de poisson.

あっけらかん ～としている être béotien(ne); ne pas broncher. 彼の頓知に相手を～とさせる Son esprit d'à-propos laisse son adversaire sans voix.

あっこう 悪口 médisance f. 〜を言う médire de; jaser de; dire des injures. ‖〜雑言 injure f. 〜雑言を浴びせる agonir qn. 〜雑言を浴びる se faire agonir.

あつさ 厚さ épaisseur f. ～30センチの壁 mur m de trente centimètres d'épaisseur.

あつさ 暑さ chaleur f. ～に当る(負ける) être incommodé par la chaleur. ～に弱い supporter mal la chaleur! 何て～だ Quelle chaleur!/Qu'il fait chaud! ひどい蒸し～だ Il fait une chaleur d'étuve. この～では pour cette chaleur.

あっさく 圧搾 [皮, 布] foulage m; [果実] pressurage m. ～する presser; fouler; pressurer. ‖〜機 foulon m; pressoir m. ～空気 air m comprimé.

あっさり simplement; [簡単に] facilement; [簡略に] sommairement; [素っ気なく] tout sec. ～諦める renoncer à qc tout simplement. ～断わられる refusé tout sec (sèchement). ‖〜した身なり tenue f simple. ～した食事 repas m léger. ～した文章 style m simple.

あっし 圧死 ～する mourir étouffé.

あっしゅく 圧縮 compression f. ～する comprimer; condenser. ～された comprimé. ‖〜機 compresseur m. ～率 compressibilité f. ～空気 air m comprimé.

あっしょう 圧勝 ～する remporter une victoire écrasante.

あつする [威圧] dominer; en imposer à. 町を～巨大な塔 immense tour f qui domine la ville.

あっせい 圧制 oppression f; tyrannie f. 〜する opprimer; tyranniser. 〜的 oppresseur; oppressif(ve); tyrannique. 〜的に oppressivement. ‖〜者 oppresseur

opprimant mf; tyran m.

あっせい 圧政 régime m oppresseur. 〜に苦しむ gémir (être) sous un régime oppresseur.

あっせん 斡旋 entremise f; bons offices mpl. ～を依頼する avoir recours aux bons offices de qn. 事件の～に乗り出す offrir son entremise dans une affaire. 彼の〜で grâce à ses bons offices. ～する s'entremettre; proposer (offrir) ses bons offices. ‖〜人 entremetteur(se) m.

あつで 厚手 〜の épais(se); gros(se). 〜の生地 étoffe f épaisse. 〜の毛の靴下をはく mettre de grosses chaussettes de laine.

あっとう 圧倒 écrasement m. 〜する écraser; accabler; [凌ぐ] éclipser; en imposer à qn; surpasser. 敵を数で〜する accabler l'ennemi sous le nombre. 彼はあらゆる競争者を〜した Il a éclipsé tous ses concurrents. 〜される être écrasé; succomber sous (à); être accablé. 責任の重さに〜される succomber sous le poids d'une charge. 彼の決心の固さに我々は〜された Il avait l'air si résolu qu'il nous en a imposé. 〜的 écrasant; imposant. 〜的多数で à une majorité écrasante. 〜的兵力 forces fpl imposantes. 〜的優勢 écrasante supériorité f.

アットホーム ‖このホテルは〜な気分がして落着く Cet hôtel est confortable et on s'y sent comme chez soi (à l'aise).

アッパーカット uppercut m.

アッパク 圧迫 oppression f; pression f. 〜を加える exercer une pression sur. ～する opprimer; [胸を] oppresser. 言論を～する opprimer l'opinion.

あっぱれ 天晴れ 〜な admirable; merveilleux(se); [光栄ある] glorieux(se). 〜な出来栄え travail m admirable. 〜な手柄 exploit m glorieux. 〜な最期 mort f glorieuse.

アップ 髪を〜にする relever ses cheveux en chignon. ‖〜アップグレードする faire évoluer; améliorer. 〜デートする actualiser; mettre à jour.

あっぷあっぷ [溺れかけて] être près de se noyer. 私は借金で〜している Je suis noyé (écrasé) de dettes.

アップライトピアノ piano m droit.

アップリケ appliqué m; applique f.

アップルパイ tarte f aux pommes.

あつまり 集り [集会] réunion f; [出席] assistance f; [集合] rassemblement m. 会の〜は多かった L'assistance de la réunion était nombreuse. ‖金の〜具合はどうだった Combien d'argent a-t-on ramassé?

あつまる 集まる s'assembler; se rassembler; se réunir; se grouper; s'amasser; [群衆, 暴徒に] s'attrouper. 今晩内輪のパーティーにみんなが～ことになっている Ce soir, on va se réunir pour une fête intime. 集まったのは我々5人だけだった La réunion est limitée à nous cinq. デモ隊が集まり始めた Les manifestants commencèrent à s'attrouper.

あつみ 厚味 épaisseur f; [文章の] ampleur f.

あつめる 集める assembler; réunir; rassem-

あつもの 羹 ¶「~にこりて膾を吹く」《Chat échaudé craint l'eau froide.》

あつらえ 誂え ¶~る commander; adresser les commandes. ~ドレス robe f faite sur commande. ‖~物 commande. ~物を届ける livrer les commandes.

あつらえむき 誂え向き ¶~の qui convient à; idéal pour; propre à. 子供に~の本 livre m adapté aux enfants. 旅行には~の天気だ C'est juste ce qu'il nous faut. これはお~だ C'est juste ce qu'il nous faut.

あつりょく 圧力 pression f; poussée f. 壁にかかる天井の~ poussée d'une voûte sur les murs. 敵の~に抵抗する résister aux poussées de l'ennemi. ~を加える exercer une pression sur; faire pression sur. ‖~計 manomètre m. 蒸気~計 jauge f de vapeur. ~団体 groupe m de pression. ~鍋 autocuiseur m.

あつれき 軋轢 friction f; dissentiment m; mésentente f; difficultés fpl; frottements mpl. ~が起る Il se produit des frottements. ~を起させる produire des points de friction.

あて 当 [目的] but m; [期待] attente f; espoir m; [信頼] confiance f. ~が外れる être déçu (trompé) dans son attente. ~にする compter sur; s'attendre à inf (à ce que sub). ...を~にして dans l'espoir de.... ¶~になる qui mérite la confiance de qn; sûr; certain. ~になる人 personne f de confiance; personne sûre. ~にならない inconstant; peu sûr; infidèle. それは~にならない Ce n'est pas sûr. 人の心は~にならぬものだ Le cœur des hommes est inconstant. ~なく but; au hasard. ~もなく彷徨う errer sans but.

-あて 宛 ¶...~の手紙 lettre f adressée à qn. あなた~の手紙は私にあります J'ai une lettre à votre adresse. 私~の小切手 chèque m tiré sur moi. この小包はあなた~のものです C'est à vous que ce paquet est destiné (adressé). ...~に手紙 (小包)を送る adresser une lettre (un paquet) à qn.

あてがう 宛がう [与える] donner; allouer; accorder; attribuer; [置く] mettre; [分配する] assigner; distribuer; attribuer. 子供にパンと水を~ accorder à qn un peu de pain et d'eau. 子供に何か玩具を宛がって Donne au petit de quoi s'amuser. 彼は4階の部屋が宛がわれた Dans la distribution des logements, on lui a assigné un appartement au troisième étage.

あてぎれ 当裂 pièce f. 服に~を当てる coudre une pièce à un vêtement.

あてこすり 当擦り allusion f; insinuation f calomnieuse. 悪意に満ちた~ allusion venimeuse. ¶当て擦る faire une allusion satirique; battre qn sur le dos d'un autre.

あてこむ 当込む compter sur.

あてさき 宛先 destination f; adresse f.

あてじ 宛字 caractère m incorrectement simplifié.

あてずいりょう 当推量 conjecture f; simple supposition f. ~の conjectural(aux). ~で par conjecture; au juger (jugé).

あてずっぽう ¶~に au hasard. ~に答える répondre au hasard. ~に頼み込む hasarder une démarche auprès de qn. 藪の中に~に撃ち込む tirer au juger dans un fourré.

あてつけ 当て付け ¶~がましいことを言う faire des insinuations blessantes.

あてつける 当付ける battre qn sur le dos d'un autre. ¶当付けがましく振舞う agir d'une manière insinuante.

あてど 当て所 ¶~もなくさ迷う errer sans but (à l'aventure; au hasard).

あてな 宛名 [住所] adresse f; [宛先] destination f. 封筒に~を書く adresser une enveloppe. ~を間違える se tromper d'adresse.

アテネ〖ギ神〗Athéna f; Athéné f.

アデノイド végétation f adénoïde.

あてはずれ 当外れ mécompte m; mauvais compte m. それは~だった Ce n'est pas le compte.

あてはまる 当嵌る [適用される] s'appliquer à; être applicable à; [該当する] s'appliquer à; convenir à. その判決は丁度彼の場合に~ Ce jugement s'applique parfaitement à son cas. この法律は外国人には当嵌らない Cette loi n'est pas applicable aux étrangers.

あてはめる 当嵌める appliquer. その定理をこれらの問題に~ Appliquez ce théorème à ces problèmes. ~規則に当嵌めて en application du règlement.

あてみ 当身 ¶~を食わす évanouir qn en lui donnant un coup de poing au creux de l'estomac.

あでやか 艶やか ¶~な élégant; gracieux (se); ravissant.

あてられる 当てられる se sentir gêné. 彼らの仲のよさに~ En voyant leur intimité, je me suis senti en trop.

あてる 当てる [置く] poser; mettre; appliquer; [くっつける] coller; appuyer. 額に手を~ poser la main sur le front. 胸に耳を~ coller son oreille à la poitrine. ピストルを胸に~ appuyer un revolver sur la poitrine. ◆[命中させる] atteindre; 的に~ atteindre la cible. ◆[さらす] 日(風)に~ exposer au soleil (au vent). ◆[推察する] deviner. 僕の考えを当ててごらん Devinez mon idée. ◆[割当てる] assigner; consacrer; destiner. 新しい預金を教育費に~ assigner de nouveaux crédits à l'enseignement. 財産を慈善事業に~ consacrer sa fortune à des œuvres charitables. ◆[成功する] ¶特賞を~ gagner le gros lot. 相場に

あと 山〜 décrocher un grand succès dans la spéculation. ◆ [指名する] ¶生徒を〜 désigner un élève.

あと 後 [空間] derrière; en arrière. 〜から押す pousser par derrière. すぐ〜から付いて行く suivre qn de près. 彼は〜から付いて来ている Il est derrière. 〜に下がる faire un pas en arrière; reculer. 〜に付く se mettre à la queue. 〜に付いて行く(来る) suivre. ...の〜に付いて歩く marcher derrière (après) qn; marcher sur les talons de qn. 〜について来い Suis-moi. 〜に下がれ Arrière! 〜を追う courir après; poursuivre. 〜をつける suivre; [尾行する] filer. 〜を振向いて se retourner. もう〜がない être au pied du mur. もう〜がないぜ Plus moyen de reculer. ¶〜も見ずに逃げる fuir sans regarder en arrière. ◆ [時間] ¶〜で après; plus tard; dans (par) la suite. 2時間〜で Je parlerai après. 彼女はひとしきり泣いた〜で話しだした Après avoir pleuré un moment, elle a commencé à parler. 僕が出掛けた〜で彼は到着した Il est arrivé après que je suis sorti. 彼は〜になって後悔した Après coup, il a regretté. 〜になってぞっとした J'ai eu peur rétrospectivement. ¶彼は一番〜からやって来た Il est venu le dernier. ◆ [次] ¶お〜の方 Au suivant!/〜の電車は三日間 les trois jours suivants. ◆ [後継] ¶〜が絶える La famille s'éteint. 〜を継ぐ succéder à qn; prendre la suite de qn. 父の〜を継いで事業を経営する succéder à son père à la tête de l'entreprise. ◆ [結果] conséquence f; ce qui suit. 〜の大切だ Il faut songer aux conséquences possibles. 〜は君に任せる Je confier au hasard. 〜はどうなったか分らない Je ne sais pas ce qui est arrivé par la suite. 〜は野となれ山となれ Arrive ce qui arrivera./«Après moi le déluge.» ◆ [死後] ¶〜を弔う célébrer les funérailles de qn. 〜に残った家族 famille f qui lui survit; famille laissée après lui.

あと 跡 empreinte f; marque f; [痕跡] trace f. 顔に火傷の〜がある avoir sur le visage une marque de brûlure. 顔に苦悩の〜が読取れる On put lire sur son visage l'empreinte de la douleur. これらのページには苦心の〜が窺われる Ces pages sentent l'huile. その地方には戦乱の〜が残っている Cette région garde des cicatrices de la guerre. ◆ [足跡] piste f; trace f. 〜を晦ます brouiller les pistes. 〜をつける suivre une piste; suivre qn à la piste (trace). 〜を見失う perdre la piste. ¶地図に残った〜 trace f sur le sol.

あとあし 後脚[足] patte f de derrière. 〜で立つ [馬が] se dresser sur ses pattes de derrière; se cabrer. ¶彼は〜で砂をかけるような真似をする Il se fiche de moi comme de sa première chemise.

あとあじ 後味 arrière-goût(s) m. この事件は〜が悪い Cette affaire me laisse un arrière-goût désagréable.

あとおし 後押し [支援] soutien m; appui m;

[後楯] piston m. ¶〜する accorder son soutien; donner un coup de pouce à qn; pistonner qn.

あとがき 後書 postface f.

あとかた 跡形 trace f; vestige m; marque f. ¶〜もない Il ne reste aucune trace. 〜もなく sans laisser aucune trace.

あとかたづけ 後片付け rangement m. 〜をする ranger; [食事] desservir. 部屋の〜をする faire du rangement dans une pièce. もう〜をしていなよ Vous pouvez desservir.

あとがま 後釜 [後継者] successeur m. 〜にすえる faire place à qn. 〜にすわる prendre la place de qn; succéder à qn.

あとくされ 後腐れ brouilles fpl éventuelles; troubles mpl futurs. 〜がないように pour éviter des brouilles éventuelles.

あとくち 後口 ¶〜の悪いを感じる éprouver des déboires.

あどけない candide; innocent; naïf(ve). 〜幼児のように comme un petit enfant candide. 〜あどけない d'un air candide; naïvement. あどけなさ candeur f; naïveté f; innocence f.

あとさき 後先 ¶〜も考えずに行動する agir sans réflechir (par imprudence).

あとしまつ 後仕末 [処理] arrangement m; [清算] liquidation f; [解決] règlement m. 相続財産の〜 liquidation d'une succession. 〜をつける arranger; liquider; régler.

あとずさり 後退り recul m. ¶〜する reculer; aller à reculons. 〜しながら à reculons.

あとつぎ 跡継ぎ ⇨ あととり(跡取り).

あととり 跡取り [後継者] héritier(ère) mf; successeur m.

アトニー 【医】atonie f.

あとのまつり 後の祭り ¶〜だ C'est trop tard maintenant./«A tard crie l'oiseau quand il est pris.»

アドバイザー conseiller(ère) m(f).

アドバイス conseil m; avis m. ¶〜に〜を求める (与える) demander (donner) conseil à qn.

あとばらい 後払い paiement m différé; [物品引換えで] paiement à la livraison. 〜にする différer un paiement; payer à la livraison.

アドバルーン ballon m publicitaire. 〜をあげる lancer un ballon publicitaire.

アドバンテージ 【テニス】avantage m.

アトピー atopie f. ‖〜性皮膚炎 dermatite f atopique.

あとまわし 後回し ¶〜にする remettre qc à plus tard. 飲むことは〜にして先ず勉強だ Commençons par étudier, on prendra un verre plus tard. その話は〜だ Nous y reviendrons plus tard.

あとめ 跡目 successeur m. 〜を継ぐ être nommé successeur.

あともどり 後戻り recul m; régression f; marche f régressive. ¶〜する [引返す] rebrousser chemin; revenir sur ses pas; [後退する] reculer. もう〜する訳にはいかない Nous sommes arrivés au point de non-retour./Il est trop tard pour reculer.

アトラクション attraction f.

アトランダム ¶～に au hasard.

アドリア ¶～海 mer f Adriatique.

アトリエ atelier m.

アドリブ improvisation f. ～をつける improviser. ¶～でピアノを弾く improviser au piano.

アドレッシング [コンピューター] adressage m.

アドレナリン adrénaline f.

あな 穴 [壁などの] trou m; brèche f; [空洞] cavité f; [地面の] fosse f; [針の] œil m; [管などの] orifice m; [野獣の] tanière f; antre m; [狐, 兎の] terrier m. ～が開く se trouer; se percer; percer. ～を開ける faire (percer) un trou; trouer. 壁に～を開ける percer un mur. 岩に～を開ける forer une roche. ～を拡げる agrandir un trou. ～を塞ぐ boucher un trou; [道路や鍋を] colmater. ～を掘る creuser un trou. ～があったら入りたい Je souhaite être à cent pieds sous terre. ¶～だらけの plein de trous; [道, 土地が] labouré. 馬に荒されて～だらけの馬場 piste f labourée par le galop des chevaux. ～の開いた troué; [空洞のある] creux(se). ～[欠損] perte f; déficit m. ～を開ける faire un trou. ～を埋める ⇨ うなうめ(穴埋め).

アナーキスト anarchiste mf.

アナーキズム anarchisme m.

あなうま 穴馬 outsider m. 今年の凱旋門賞は～が勝った Le Prix de l'Arc de Triomphe a été remporté cette année par un outsider.

あなうめ 穴埋め remplissage m d'un trou; [溝の] remblayage m; [欠員の] remplacement m; [穴埋めの材料(人)] bouche-trou(s) m. 欠員の～をする combler (boucher) un trou. この二つの記事はどうやら～らしい Ces deux articles ont tout l'air de servir de remplissage. ¶この俳優は～役だ Cet acteur n'est qu'un bouche-trou.

アナウンサー speaker m; speakerine f; présentateur(trice) mf.

アナウンス annonce f. ¶～する annoncer.

あながかり 穴勝り boutonnière f.

あながち 強ち ¶～とは限らない Ce n'est pas toujours ainsi. 彼も～馬鹿とは限らない On ne peut pas affirmer qu'il soit si bête. それも～悪くはない En un sens ce n'est pas mal.

あなぐま 穴熊 blaireau(x) m.

あなぐら 穴倉 cave f.

アナクロニズム anachronisme m.

あなご 穴子 anguille f de mer.

あなた 貴方(女) vous. ～方 vous. ～[方]は (が, に, を vous. ～[方]の votre (vos), ～[方]のもの le (les) vôtre(s) m; la (les) vôtre(s) f. ～[方]自身 vous-même(s). この帽子は～のです Ce chapeau est à vous. 私が～だったら断るだろうな A votre place, je refuserais.

あなどる 侮る méprire; dédaigner; négliger. 侮り難い redoutable. 侮り mépris m; dédain m. 侮りを受ける se faire mépriser.

あなば 穴場 ¶ここは～だ C'est un bon coin.

アナリスト analyste mf. ‖金融～ analyste financier.

アナログ ¶～の analogique. ‖～時計 montre f à affichage analogique.

アナロジー analogie f.

あに 兄 frère m; frère aîné; grand frère. 義理の～ beau(x)-frère(s). 彼は私の3つ違いの～です Il est mon aîné de trois ans. ¶彼は私の～弟子です Parmi mes condisciples, il est mon aîné.

アニス anis m. ‖スター～《植》anis étoilé. ～油 essence f d'anis.

アニマルセラピー therapie f animale.

アニミズム animisme m.

アニメーション [映画] dessin m animé; [技法] animation f.

アニリン aniline f.

あね 姉 sœur f; sœur aînée; grande sœur f. 義理の～ belle(s)-sœur(s) f. ¶～娘 fille f aînée.

あねご 姐御 maîtresse femme f.

あねったい 亜熱帯 zone f subtropicale.

アネモネ anémone f.

あの ce (cet, cette, ces). ～家 cette maison-là. ～時 alors; à ce moment-là. ～人 ⇨ かれ(彼). ～人たち ces gens-là. ～場合 en ce (pareil) cas. ～本 ce livre-là.

あの[う] [呼びかけ] Monsieur!/Madame!/Mademoiselle! ～すみませんが S'il vous plaît./Vous permettez?

あのてこのて あの手この手 ¶～で par tous les moyens; sur tous les tons. ～を使う épuiser toutes les ressources.

あのよ あの世 l'autre monde f.

アノラック anorak m.

アパート appartement m; studio m; [建物] immeuble m. 6 階建ての～ immeuble de cinq étages. 二間の～ appartement à deux pièces. ～の住人たち locataires mpl des appartements. ‖～代を払う payer le loyer d'un appartement.

あばく 暴く découvrir; dévoiler; déceler; éventer; percer. 陰謀を～ découvrir (percer, éventer) un complot. 正体を～ démasquer qn. 墓を～ violer une sépulture. 秘密を～ découvrir (déceler) un secret; vendre la mèche. ‖暴かれる se dévoiler; se découvrir.

あばずれ garce f; coquine f; chipie f; salope f. ¶～の coquine. ‖～女 coquine.

あばた 痘痕 marques fpl de variole. 「～もえくぼ」«Il n'y a point de laides amours.» ¶～のある variolé; vérolé. ‖～面 visage m grêlé (de marques de variole). ～面の grêlé.

アパッチぞく 一族 Apache m.

あばよ Adieu!/ハla revoyure!

あばら 肋 ～が見えている On lui voit les côtes. ‖～肉 côte f. 牛の～肉 côte de bœuf. ～骨 côte.

あばらや あばら屋(家) bicoque f; galetas m; baraque f; taudis m. 何て～だ, 雨漏りがする Quelle baraque! ¶～に雨漏りがする Il y a encore une fuite dans le toit.

アパルトヘイト [人種分離(隔離)主義(政策)] ségrégationnisme m; apartheid [aparted] m. ¶～の ségrégationniste. ‖～主義者 ségrégationniste m.

あばれうま 暴れ馬 cheval(aux) m nerveux.

あばれこむ 暴れ込む entrer de force.

あばれまわる 暴れ回る se démener; se déchaîner. 気狂いの~ se démener comme un beau diable. 栗鼠が籠の中で暴れ回っている Un écureuil se démène dans la cage.

あばれる 暴れる [騒ぐ] s'agiter violemment; [もがく] se débattre; [馬が] s'énerver. ~悪漢を取鎮める maîtriser un malfaiteur qui se débat.

アパレル vêtement m. ‖ ~産業 industrie f du vêtement.

あばれんぼう 暴れん坊 homme m violent (brutal); brute f.

アバンギャルド avant-garde f.

アバンチュール aventure f.

アピール appel m. ¶~する faire appel à; intéresser qn à qc.

あびきょうかん 阿鼻叫喚 cris mpl infernaux. ¶町は一瞬にして~の巷となった En un instant, la ville s'est transformée en vision d'enfer.

あひさん 亜砒酸 acide m arsénieux.

あびせる 浴せる [水などを] jeter; verser; [非難, 質問を] assaillir qn; abreuver qn. 水を~ arroser; verser de l'eau. 質問を~ assaillir qn de questions. 悪口雑言を~ lancer des injures à qn; abreuver qn d'injures. 敵に矢を~ arroser les assaillants de flèches. 一太刀~ porter un coup d'épée.

あひる 家鴨 [雄] canard m; [雌] cane f. ~の子 caneton m.

あびる 浴る ¶水を~ [水をかける] se laver à grandes eaux; s'arroser; [水浴する] se baigner. 光を~ être baigné de lumière; baigner dans la lumière. 私は毎朝冷水を~ Je prends un bain d'eau froide tous les matins. 非難を~ essuyer des reproches; être assailli de reproches. 砲火を~ essuyer le feu. ¶ビールを~ほど飲む s'abreuver de bière.

あぶ 虻 taon m. ~に刺される être piqué par un taon. ‖ ~蜂取らずになる On se trouve entre deux chaises.

アフォリズム aphorisme m.

あぶく 泡 bulle f. ‖ ~銭 argent m gagné sans peine.

アブサン absinthe f. ¶~を混ぜた absinthé. ‖ ~中毒 absinthisme m. ~中毒患者 absinthique mf.

アフターケア soins mpl ultérieurs; [病気の] post-cure f.

アフターサービス service m après vente.

アフターヌーンドレス robe f d'après-midi.

アプトしき ~式 ‖ ~鉄道 chemin f de fer à crémaillère.

あぶない 危ない [危険] dangereux(se); périleux(se); [危なっかしい] †hasardeux(se). ~仕事 affaire f dangereuse; entreprise f hasardeuse. ~目に会う se trouver en danger. ...するのは~ Il est dangereux de inf. 彼は生命が~ Sa vie est en danger. ~ぞ Attention!/Gare! 彼が怒り出したら~ぞ S'il se met en colère, cela (ça) va barder. ◆ [疑わしい] douteux(se). 彼の成功は~ものだ Son

succès est douteux. 彼が来るかどうかは~ものだ Il est douteux qu'il vienne.

あぶなく 危なく ¶~...しそうになる faillir inf. 彼女は~彼に秘密を漏すところだった Elle a failli lui avouer son secret. 私は~転びそうになった J'ai failli tomber./Je suis presque tombé.

あぶなげ 危なげ ¶~な手付で d'une main maladroite (mal assurée). ~のない手付で d'une main sûre.

アブノーマル ¶~な anormal(ale).

あぶみ 鐙 étrier m; [鐙皮] étrivière f. ~を踏む(踏み外す) chausser (perdre) les étriers. ~を長くする(短くする) allonger (raccourcir) les étrivières.

あぶら 脂 graisse f. ~が乗る [好調になる(である)] avoir la [grande] forme; être dans une forme excellente. ¶~ぎった gras(se). 彼は~ぎった顔をしている Il a le visage gras. ~っこい食べ物 aliments mpl gras. 彼も~の乗った年頃だ Il est dans la force de l'âge. この魚は~が乗っている C'est la saison de ce poisson. ~のない肉 viande f maigre. ¶~汗 sueur f grasse. ~をかく être couvert d'une sueur grasse. ~太りの gros(se) et gras(se). ~を切る(身)をとる dégraisser.

あぶら 油 huile f; [潤滑油] lubrifiant m; [汚れた油] cambouis m; [燃料油] mazout m; [揚げ油] friture f; [頭髪用] brillantine f. ~で揚げる frire qc à l'huile. ~を差す(塗る) huiler; graisser. ~を売る [お喋りする] passer le temps à bavarder. ~を絞る exprimer l'huile. ~を絞る [叱る] laver la tête à qn. 火に~を注ぐ jeter de l'huile sur le feu. ~が海面を帯状に流れている Une bande de mazout flotte sur la mer. ¶~臭い sentir l'huile. ~質の(を含んだ) huileux(se); oléagineux(se). ~を流したように静かな海 mer f d'huile.

あぶらえ 油絵 peinture f à l'huile; toile f.

あぶらかす 油粕 tourteau(x) m.

あぶらがみ 油紙 papier m imprégné d'huile; papier huilé.

あぶらけ 蜂気・脂気 ¶~のある gras(se). ~のない peu gras(se); dégraissé.

あぶらさし 油差し burette f de mécanicien.

あぶらじみる 油染みる ¶油染みた graisseux(se).

あぶらな 油菜 colza m. ‖ ~科 cruciféracées fpl.

アブラハム [聖] Abraham m.

あぶらみ 脂身 [肉の] gras m.

あぶらむし 油虫 [ごきぶり] blatte f; cafard m; [ありまき] puceron m.

あぶらもの 油物 [食料] matières fpl grasses.

アプリオリ a priori.

アフリカ Afrique f. ¶~[人] の africain(e). ‖ ~人 Africain(e) mf. ~学者 africaniste mf.

アプリケーション [情報] application f. ‖ ~ソフト logiciel m d'application.

あぶりだし 炙出し dessin m à l'encre sympathique. ‖ ~インク encre f sympathique.

あぶる 炙(焙)る flamber; passer à la flamme; [肉などを] rôtir; griller. 消毒するために針を~ flamber une aiguille pour la sté-

アフレコ 濡れた紙を～ passer un papier humide à la flamme. ◆［暖める］chauffer. 手を～ se chauffer les mains.

アフレコ［映画など］postsynchronisation *f*. ¶～する postsynchroniser. ‖～映画 film *m* postsynchronisé (doublé).

あふれでる 溢れ出る déborder; ［流出］se déverser; ruisseler; ［愛情が］s'épancher; ［湧出］jaillir. 水が溝から溢れ出ている L'eau déborde des fosses. 汗が顔中に溢れ出ていた Le visage ruisselait de sueur. 親愛の情が彼の手紙に溢れ出ていた Son affection s'épanchait dans ses lettres. ¶～エネルギー(生命力) trop-plein *m* d'énergie (de vie).

あふれもの あふれ者 épave *f*. 俺はしがない～ Je ne suis qu'une triste épave.

あふれる 溢れる déborder; regorger. 雨で川が溢れた La pluie a fait déborder la rivière. 彼女は元気に溢れている Il déborde de santé. 店は商品で溢れている Les magasins regorgent de marchandises. 水が壺から溢れている L'eau déborde du vase. 群衆が広場から溢れていた La foule débordait de la place. ¶溢れんばかりの喜び joie *f* débordante. このところ～仕事が多い En ce moment, je suis débordé de travail.

あぶれる ¶仕事に～ être sans travail; chômer.

アプローチ approche *f*. これはその問題への～に過ぎない C'est simplement une approche de la question.

アフロディーテ《ギ神》Aphrodite *f*.

あべこべ inverse *m*; contraire *m*. それは全く～だ C'est justement l'inverse. 彼は兄貴とは全く～だ Il est tout le contraire de son frère. 世の中～じゃないか Tout va à l'envers. ¶～の inverse. ～に［上下,裏表］à rebours; ［方向］à rebours; à contresens; inversement. ...と～に à (au) rebours de; à l'envers de. セーターを～に着る mettre un chandail à l'envers. ページを～にめくる tourner les pages à l'envers. 互いに足と頭を～にして寝る coucher tête-bêche. ～に貼り合せた切手 timbres *mpl* tête-bêche.

アベック couple *m*. ¶～で par couple; deux par deux. ...と～で avec *qn*.

アペリティーフ apéritif *m*;《俗》apéro *m*. ～を飲む prendre l'apéritif.

アヘン 阿片 opium *m*. ～を吸う fumer (manger) de l'opium. ‖～窟 fumerie *f* d'opium. ～剤［médicament *m*］opiacé *m*. ～常用者 opiomane *mf*. ～常用癖 opiomanie *f*. ～戦争 guerre *f* de l'Opium.

アポイントメント rendez-vous *m*.

あほう 阿呆 fou (folle) *mf*;《俗》cinglé *mf*. あいつは～だ Il est cinglé. あいつは～だ C'est le dernier des imbéciles.

ほうどり 信天翁 albatros *m*.

アボガド［実］avocat *m*;［木］avocatier *m*.

アポステリオリ a posteriori.

アポストロフィ apostrophe *f*.

アボリジニ Aborigène *mf*.

アポロ《ギ神・ロ神》Apollon *m*. ‖～計画 le projet Apollo.

あま 亜麻 lin *m*;［織物］tissu *m* de lin. ～色の blond *m*. ～の blond.

あま 海女 plongeuse *f*.

あま 尼 religieuse *f*;［女］femelle *f*. ‖～寺 couvent *m* de religieuses.

あまあい 雨間 accalmie *f* de pluie. ～を見て出掛ける profiter d'une accalmie de la pluie pour sortir.

あまあし 雨足 ¶～が早くてびしょぬれになった J'ai été trempé jusqu'aux os par une brusque averse. ～が激しくなった Il a commencé à pleuvoir à verse.

あまい 甘い sucré; doux(ce);［優しい］doux(ce); tendre;［甘えた］caressant;［寛大な］indulgent. ～オレンジ orange *f* douce. ～物 douceurs *fpl*; friandises *fpl*; sucreries *fpl*. ～物が好きだ être friand de douceurs. ～声 voix *f* caressante. ～言葉を囁く tenir de doux propos; roucouler;［口説く］conter fleurette. ～亭主 mari *m* trop indulgent. ～パパ(ママ) papa *m* (maman *f*)-gâteau. 子供に～母親 mère *f* trop faible avec son enfant. ～考え raisonnement *m* optimiste. お前の考えは～よ Tu est trop optimiste./Tu manques de réalisme. 採点が～ être indulgent dans *sa* notation. このねじは～ Cette vis n'est pas bien serrée. 甘くする sucrer. 甘さ douceur;［弱点］faiblesse *f*.

あまえる 甘える se faire câliner par *qn*;［子供が］faire son câlin. 親切に～ abuser de la bonté de *qn*. ～んじゃないよ N'abusez pas de ma bonté. お言葉に甘えて encouragé par votre bonté. それではお言葉に甘えて失礼させていただきます Puisque vous me le permettez, je prends la liberté de me retirer. ¶甘えた câlin. 甘えた素振り manières *fpl* câlines; câlinerie *f*. ‖甘えん坊 câlin(e) *mf*.

あまがえる 雨蛙 rainette *f*.

あまがさ 雨傘 parapluie *m*.

あまがっぱ 雨合羽 cape *f* imperméable.

あまがらい 甘辛い salé-sucré.

あまかわ 甘皮［穀類など］pellicule *f*. 大豆(栗)の～ pellicule d'un soja (d'un marron).

あまぐ 雨具 ¶～の用意をまず se prémunir contre la pluie. ～の用意をしてこなかった Je n'ai rien pour me protéger de la pluie.

あまくだり 天降(下)り ¶～人事 administration *f* du personnel (nomination *f*) qui vient d'en haut.

あまくち 甘口 ¶～の doux(ce). ～のソース sauce *f* douce.

あまぐつ 雨靴 chaussures *fpl* imperméables.

あまぐも 雨雲 nuages *mpl* de pluie.

あまぐもり 雨曇り ¶～の空 ciel *m* couvert de nuages de pluie.

あまぐり 甘栗 marron *m* grillé sucré.

あまごい 雨乞い prière *f* pour obtenir la pluie. ¶～する prier pour obtenir la pluie.

あまざらし 雨曝し ¶～にする abandonner dans la pluie; battu par la pluie. ～にする abandonner *qc* dans la pluie.

あまじお 甘塩 ¶～の légèrement salé.

あまじたく 雨支度 ¶～する se protéger contre la pluie.

あます 余す épargner. 金(力)を～ épargner

あまずっぱい 甘酸っぱい aigre-doux(ce).

アマゾン [ギ神] Amazones fpl. ‖～川 l'Amazone f.

あまだれ 雨垂れ gouttes fpl de pluie.

アマチュア amateur m. ¶～の精神 amateurisme m. ～選手権 championnat m amateur.

あつさえ 剰え ⇒ おまけに.

あまったるい 甘ったるい [味が] trop sucré; trop doux(ce); douceâtre; [言葉などが] caressant; doucereux(se). ～味 goût m douceâtre. ～声 voix f caressante. ～言葉 parole f mielleuse; douceurs fpl.

あまど 雨戸 volet m; contrevent m.

あまだい 甘鯛 gargouille f.

あまとう 甘党 amateur m de friandises.

あまに 亜麻仁 graine f de lin. ‖～油 huile f de lin.

あまねく 普(あまね)く [広く] universellement; [到る所で] partout. ～恩恵を施す répandre des bienfaits partout. ～知られている être universellement connu.

あまのがわ 天の川 voie f lactée; galaxie f.

あまのじゃく 天の邪鬼 ¶～である avoir l'esprit m de contradiction.

あまみ 甘み douceur f; saveur f douce.

あまみず 雨水 eau f pluviale.

あまもよう 雨模様 ¶～だ Le temps est à la pluie./La pluie menace./Il va pleuvoir.

あまもり 雨漏り fuite f d'eau. また～がしている Il y a encore une fuite d'eau.

あまやかす 甘やかす choyer; câliner; gâter; cajoler; dorloter. ¶甘やかされた子 enfant mf gâté(e).

あまやどり 雨宿り ¶～する s'abriter de la pluie.

あまり 余り [残り] reste m; [残高] reliquat m; [余分] superflu m. 10メートル～ plus de dix mètres. ～は惜しみて～もある On ne peut trop regretter qc (de inf). 彼の悲しみは察するに～あるものがある Son chagrin dépasse toute imagination. 補って～ある être une compensation suffisante de qc.; compenser suffisamment qc. 彼の功績は数々の失敗を補って～ある Son exploit compense suffisamment ses nombreuses bévues. ◆ [過剰] excès m. ¶用心の～ par excès de précaution. 心配の～ par trop de souci. ～[ひどく] ¶～...なので、…するには～に[～すぎる] trop...pour inf (que sub). 彼は～急いでいたので君が分からなかった Il était trop pressé pour t'avoir vu. ～で trop; excessivement; [過度に] à l'excès. ～に飲み過ぎる boire trop (à l'excès). ◆[それほど] ¶彼は～利口ではない Il n'est pas si intelligent. 私は～映画に行かない Je ne vais pas au cinéma si souvent. 私は～映画を見ません Je ne vais que rarement au cinéma. 絵は～好きじゃない Je n'aime pas beaucoup la peinture.

あまりもの 余り物 reste m. 食事の～ restes mpl; reliefs mpl.

アマリリス amaryllis f.

あまる 余る [残る] rester; [余分にある] être de trop. 一つ～ Il en reste un. 10ユーロある Il y a dix euros de trop. ¶あり～ほどある avoir qc plus qu'il n'en faut. ◆[限度を越える] ¶手に～ dépasser ses forces. 身に～光栄です C'est un honneur que je ne mérite pas.

アマルガム amalgame m.

あまんじる 甘んじる [満足する] se contenter de; [甘受する] se résigner à. 些細な儲けに～ se contenter d'un bénéfice modeste. 運命に～ se résigner à son sort. ¶甘んじて avec résignation. 私は甘んじて彼の不興を受ける Je subis sa disgrâce avec résignation.

あみ [小魚] mysis f.

あみ 網 filet m; [すくい網] épuisette f; [魚、肉を焼く] gril m. ～を打つ lancer un filet. ～を張る tendre des filets; [犯人逮捕の網を] tendre un filet (un piège). 蜘蛛が～を張る L'araignée file sa toile. ～で魚をすくう pêcher un poisson avec une épuisette. ～の目 mailles fpl d'un filet. ～の目からもれた魚 poisson m qui passe entre les mailles du filet. ¶裏町には狭い小路が～の目のように走っている Un lacis de ruelles étroites s'étend dans les faubourgs. ～で魚をとる filet de pêche; filet à poissons. 捕虫～ filet à insectes.

あみあげぐつ 編上靴 brodequin m; bottine f à lacets.

あみあわせる 編み合せる entrelacer. 糸を～ entrelacer des fils.

あみがさ 編笠 chapeau(x) m tressé en jonc (en paille).

あみき 編機 machine f (métier m) à tricoter; tricoteuse f.

あみだ 阿弥陀 [仏] Amida m; Amitâbha m. ¶帽子を～に被る porter un chapeau en arrière.

あみだす 編み出す imaginer; inventer; créer. 彼はもっと簡単でしかも有効な仕掛を編み出した Il a créé un mécanisme plus simple et plus efficace.

あみだな 網棚 porte-bagages m inv; filet m (à bagages).

あみど 網戸 fenêtre f grillagée; porte f à grillage fin.

あみなおす 編み直す rem[m]ailler. 靴下を～ remailler des bas. ¶編み直し remmaillage m.

アミノさん ─酸 aminoacide m.

あみばり 編み針 aiguille f à tricoter.

あみばり 網針 navette f.

あみひも 編み紐 tresse f.

あみふくろ 網袋 [買い物] filet m.

あみぼう 編み棒 ⇒あみばり(編み針).

あみめ 編み目 maille f. ～をとばす laisser échapper une maille.

あみもと 網元 patron m de pêche.

あみもの 編み物 tricot m; [編むこと] tricotage m. ～の目 points mpl de tricot. ～をする faire du tricot; tricoter. ‖～製品 articles mpl de bonneterie. ～類(製造) bonneterie f.

アミューズメントパーク parc m d'attrac-

あむ 編む [編み物を] tricoter; [髪, 縄, 籠を] tresser; natter. ‖～色 couleur f châtain clair.

アムール ‖～川 l'Amour m.

アムネスティインターナショナル Amnesty m International.

あめ 飴 bonbon m. ～をしゃぶる sucer des bonbons. ～をなめさせる [わざと負ける] faire exprès de perdre; [機嫌をとる] amadouer qn. ‖～色 couleur f châtain clair.

あめ 雨 pluie f. ～が降る Il pleut./La pluie tombe. ～がざあざあ降る Il pleut à verse./《俗》Il pleut des hallebardes. ～が降りそうだ Il va pleuvoir./On va avoir de la pluie. ～が止む La pluie cesse. ～に降られる Être surpris par la pluie. ～になりそうだ Le temps est à la pluie. 弾丸の～ pluie de balles. 悪口(非難)の～ avalanche f d'injures (de reproches). 噴煙が灰の～を降らせている Des fumées volcaniques retombent en pluie de cendres. ～の多い pluvieux(se). ～がちの天気 temps m pluvieux. ～の中に(を) sous la pluie. ～の降る日に par un jour de pluie. ～を衝いて sous une pluie battante. ‖弾丸は～霰と降りしきる Les balles tombent dru.

あめあがり 雨上がり ‖～の青い空 ciel m lavé de pluie.

アメーバ amibe f.

アメシスト améthyste f.

アメダス AMeDAS système m d'enregistrement automatique des données météorologiques.

あめつづき 雨続き ‖このところ～だ Ces jours-ci, il ne cesse de pleuvoir. この～のため à cause de cette pluie continue.

あめつゆ 雨露 ‖～を凌ぐ être protégé contre la pluie; [どうにか暮す] gagner tout juste de quoi vivre. ～を凌ぐ家もない n'avoir ni feu ni lieu.

あめもよう 雨模様 ⇒ あまもよう(雨模様).

アメリカ Amérique f. ‖～人(人)の américain. ‖南(北)～ Amérique du Sud (Nord). ラテン～ Amérique latine. ～人 Américain(e) m. ～ナイズする américaniser. ～びいき américanisme m; [人] américaniste mf.

アメリシウム américium m.

あめんぼ araignée f d'eau.

あや 綾 [文の] figure f; [文の飾り] fioritures fpl; [飾り] enjolivement m. 文体の～ figures de style. ～をつける [飾る] enjoliver. 彼は話に～をつけすぎる Il enjolive trop son récit. それは言葉の～さ C'est une façon de parler.

あやうい 危うい ⇒ あぶない(危ない).

あやうく 危うく ‖～....した faillir inf. 彼は～死ぬところだった Il a frôlé la mort./Il a failli mourir.

あやおり 綾織 croisée f. ‖～地 tissu m croisé; tissu d'armure sergée.

あやかる 《あなたにあやかりたい》Je vous envie./Vous en avez de la chance! あやかり者 chanceux(se) mf.

あやしい 怪しい suspect; douteux (se); louche. ～男 homme m suspect. ～素振り

manières fpl louches. ～天気 temps m menaçant. 空模様が～ Le temps est menaçant. ～[疑わしい] douteux(se); incertain; pas sûr. ...かどうかは～ Il est douteux (Je doute) que sub. それは～ Ce n'est pas sûr./C'est louche. ～腕前 maladroit. ～手付で d'une main maladroite. ～[男女の仲に] ‖あの二人は～ぞ Je les soupçonne d'avoir un béguin l'un pour l'autre.

あやしげな 怪しげな louche.

あやしむ 怪しむ douter; soupçonner qn; suspecter qn. ...は～に当らない Il n'est pas du tout étonnant que sub./Il n'y a rien d'étonnant que sub.

あやす bercer. 赤ん坊を抱いて～ bercer un bébé dans ses bras. 泣く子を～ calmer (bercer) un enfant qui crie.

あやつり 操り ‖～人形 marionnette f; pantin m; fantoche m. 彼は～人形にすぎない Il n'est qu'une marionnette.

あやつる 操る manœuvrer; [人形などを] faire jouer. 小舟を～ manœuvrer une barque. 思うように～ [あしらう] traiter qn à sa guise. 陰で～ tirer les ficelles; être dans la coulisse. 彼女は彼をうまく操った Elle a fait de lui un pantin. 与党が野党をうまく操っていた Le parti au pouvoir manœuvrait bien l'opposition. 操られる se laisser manœuvrer.

あやにしき 綾錦 brocart m.

あやぶむ 危ぶむ [心配する] s'inquiéter de; [疑う] douter de qc (que sub); [恐れる] craindre qc (que sub). 私は彼の成功を～ Je doute qu'il réussisse. 何も～ことはない Vous n'avez pas de quoi vous inquiéter.

あやふやな incertain; vague; équivoque; évasif(ve). ～記憶 mémoire f peu sûre. ～態度 attitude f équivoque. ～返事 réponse f évasive.

あやまち 過ち faute f; erreur f; [宗教, 道徳上の] péché m; [不始末, 粗忽] fredaine f; frasque f. 若気の～ frasques (erreurs) de jeunesse. ～に気付く se rendre compte de son erreur. ～を改める se corriger sa faute. ～を犯す commettre une erreur (faute). ～を認める avouer sa faute; reconnaître ses torts.

あやまって 誤って [過失で] par erreur; [間違って] à tort; [不当に] faussement. ～転倒する tomber par mégarde (inattention). ～訴えられる être accusé faussement (à tort). ～別の部屋に入る entrer dans une autre chambre par erreur.

あやまり 誤り faute f; erreur f; fausseté f. 記憶の～ faute (lapsus m) de mémoire. ～を犯す commettre (faire) une erreur. 文法上の～を直す corriger les fautes de grammaire. 非難が～であることを証明する démontrer la fausseté d'une accusation. これは大変な～だ Cette erreur est énorme! ...するのは～だ C'est une faute de inf. ...と思うのは～だ C'est une erreur de croire que ind. あなたを非難したのは私の～だった Je vous ai accusé à tort. 僕の記憶に～がなければ Si je ne me trompe pas, ...

あやまる 誤る se tromper; commettre une erreur; mal raisonner (juger); se fourvoyer. 計算を~ se tromper dans ses calculs. 判断を~ mal juger de qc. 身を~ se perdre; se dévoyer. 一生を~ manquer (rater) sa vie. 道を~ faire fausse route. ¶誤った faux(sse); erroné; défectueux(se). 誤った引用 citation f erronée. 誤った結論 fausse conclusion f.

あやまる 謝る demander pardon; s'excuser de. ¶謝りの電話をかける(手紙を書く) téléphoner (écrire) à qn pour lui présenter ses excuses.

あやめ 菖蒲 iris m [des marais].

あゆ 阿諛 flatterie f; flagornerie f. ¶~する flatter; flagorner.

あゆみ 歩み marche f; allure f; pas m; [進歩] progression f. ここ10年の歴史の~ progression historique de ces dix années.

あゆみよる 歩み寄る s'approcher; [妥協] se faire des concessions mutuelles. ¶歩み寄り concession f mutuelle.

あゆむ 歩む marcher.

あら Oh!/Ah!/Tiens! ~, あなたなの Tiens! c'est vous.

あら 粗 [欠点] défaut m; imperfection f; faute f. ~を探す chercher des fautes (défauts). ◆[魚の] abats mpl de poisson.

アラー ¶~の神 Allah [a(l)la] m.

あらあらしい 荒々しい violent; rude; brutal(aux); [つっけんどんな] brusque. ~声 voix f rude. ~態度 manières fpl frustes. ¶荒々しく violemment; rudement; brutalement. 荒々しさ rudesse f.

あらい 荒い violent; [気性の] brutal(aux). 波が~ La mer est agitée. 人使いが~ ne pas ménager ses hommes. ¶荒く rudement; brutalement. 人を手荒く扱う traiter qn rudement (sans ménagement).

あらい 洗い ¶~のきくズボン pantalon m lavable.

あらい 粗い grossier(ère); [布地が] rêche; rude. ~仕事 [粗雑な] travail m grossier. ~地のツイード tweed m rêche. 目の~織物 tissu m très lâche. 目の~セーター chandail m à grosses mailles. ¶粗く grossièrement. 粗く縫う(編む) coudre (tricoter) à grands points. 小麦を粗く挽く moudre grossièrement du blé.

あらいおとす 洗い落す enlever (effacer) par le lavage.

あらいぐま 洗熊 racoon m; raton m laveur.

あらいざらい 洗い浚い entièrement; totalement. ~白状する avouer tout. ~不満をぶちまける cracher son venin; jeter tout son venin. ~持って行く emporter tout.

あらいざらし 洗い晒し ¶~のジーンズ jean m délavé.

あらいそ 荒磯 côte f rocheuse.

あらいだす 洗い出す ¶過去を~ fouiller dans le passé de qn.

あらいなおす 洗い直す ¶計画などを~ réexaminer; réviser.

あらいもの 洗い物 [洗濯物] lessive f. ~をする faire la lessive. /[食器] vaisselle f. ~をする faire la vaisselle.

あらう 洗う laver; [洗浄] nettoyer; 〚医〛déterger. 傷口を~ nettoyer la plaie. 体を~ se laver. 手を~ se laver les mains. 目を~ baigner son œil. 下着を~ décrasser du linge. びん(コップ)を~ rincer des bouteilles (des verres). 波が岸辺を洗っている Les vagues baignent le rivage. 波が防波堤を洗っている Les vagues balaient la jetée. ◆[比喩的に] ¶...から足を~ se laver les mains de qc; n'y plus être pour rien.

あらうみ 荒海 mer f agitée (forte); grosse mer.

あらかじめ 予め d'avance; par avance; préalablement; précédemment; antérieurement; auparavant. ~支払う payer d'avance. ~知らせる prévenir qn de qc. ~考える préméditer. 彼女は300グラムのプラムの中半分以上を~料理用に取っておいた Sur 300 grammes de prunes, elle en a prélevé pour la cuisine plus de la moitié. ¶~言ったように comme nous l'avions dit préalablement; comme il est dit plus haut.

あらかせぎ 荒稼ぎ gros gain m; gain énorme. ¶~する gagner gros; [賭博で] ramasser la grosse mise.

あらかた 粗方 [殆んど] presque; à peu près; [大部分] pour la plupart. 客は~商人だった Les convives étaient, pour la plupart, des commerçants. 店は~戸を下していた La plupart des magasins avaient leurs volets clos. ~食べちゃった On a mangé presque tout.

あらがね 粗金 métal(aux) m brut.

あらかべ 粗壁 crépi m. ~を塗る crépir un mur.

アラカルト ⇒ いっぴん(一品).

あらくれ 荒くれ ¶~顔 visage m rébarbatif. ¶~男 brute f; sauvage m.

あらけずり 粗削り ¶~する dégrossir. 大理石の塊を~する dégrossir un bloc de marbre. ~の dégrossi; mal équarri. ~の人 être à l'état de débauche.

あらし 嵐 [暴風] ouragan m; [暴風雨] tempête f; [雷雨] orage m. 情熱の~ orages des passions. ~の前兆 signes mpl précurseurs de l'orage. ~に遭う être surpris par la tempête. ~だ Il fait une tempête. ~が来そうだ L'orage menace. 彼の声明は抗議の~を巻き起こした Sa déclaration a déchaîné un ouragan de protestations. ~の夜 nuit f orageuse. 彼の素晴らしい演技は~のような喝采を浴びた Son jeu merveilleux est accueilli par une tempête d'applaudissements. ~の来そうな orageux(se). ~の来そうな天気 temps m orageux. ~のように orageusement. ‖磁気~ orage magnétique.

あらしごと 荒仕事 [力仕事] travail(aux) m de force. ¶[悪事] crime m. ~を企む comploter un crime.

あらす 荒す ravager; faire du dégât; dévaster; infester; [掠奪する] saccager; mettre à sac. 果樹園(鳥小屋)を~ marauder dans les vergers (les poulaillers). 店を~ piller (saccager) un magasin. 町を~ met-

tre à sac une ville. 肌を〜[傷める] abimer la peau. その地方は戦争で見る影もなく荒された La guerre a complètement ravagé (dévasté) la contrée. ‖畑荒し maraude *f*; maraudage *m*; [人] maraudeur(se) *mf*. 銀行荒し hold-up *m inv* [de banque]; [人] gangster *m* qui attaque spécialement les banques.

あらすじ 荒筋 résumé *m*; grandes lignes *fpl*.

あらせいとう grande giroflée *f*.

あらそい 争い[闘い] lutte *f*; [紛争] conflit *m*; litige *m*; [喧嘩] dispute *f*, querelle *f*; [訴訟] litige; [いざこざ] brouille *f*. 善と悪との〜 lutte entre le bien et le mal. 国際間の〜 conflit international. あの夫婦の間にはよく〜が起る De fréquentes querelles s'élèvent entre les deux époux. ...と〜を起す entrer en conflit avec *qn*; se brouiller (être en brouille) avec *qn*. ‖相続〜 querelles héréditaires.

あらそう 争う se disputer; avoir une querelle; se quereller. つまらないことで友達と〜 se disputer avec un ami pour des riens. 法廷で〜 porter une affaire devant le tribunal; se battre en justice. ◆[競う] disputer; se disputer; rivaliser. 地位を〜 disputer un poste. 才能を〜 rivaliser de talent. 友達と一位を〜 disputer la première place à ses camarades. 決勝戦はパリで争われた La finale s'est disputée à Paris. 争って〜する faire *qc* à qui mieux mieux. 〜えない事実 [否定できない] un fait incontestable.

あらたか [霊験] opérant. ¶霊験〜な神 Dieu *m* qui exauce nos prières. 〜な霊験により par l'opération du Saint-Esprit.

あらだつ 荒立つ[気持] s'exciter; s'irriter. 語気が〜 parler en haussant le ton. それでは事が〜 Cela va aggraver l'affaire.

あらだてる 荒立てる¶語気を〜hausser le ton. 気持を〜 exaspérer (irriter) *qn*. 事を〜 aggraver l'affaire.

あらたな 新たな¶新たにする [一新する] rénover; renouveler; [替える] changer; [よみがえらせる] faire revivre; raviver. 人心を新たにする rénover l'esprit du peuple. 気分(考え)を新たにする changer d'humeur (d'idée). 感情を新たにする renouveler *ses* sentiments. 店の装いを新たにする renouveler l'ameublement d'un magasin. 記憶を新たにする évoquer des souvenirs; rafraichir *sa* mémoire. 私達の有縁を見乞めたとき新たにする校風に改まった Le nouveau directeur a réformé la spectacle a ravivé mon ancienne douleur.

あらたに 新たに [最近] récemment; dernièrement; nouvellement. 〜出来た店 magasin *m* nouvellement ouvert. 問題を〜検討する examiner à nouveau une question. 〜始める recommencer *qc* (à *inf*); reprendre *qc* à nouveau.

あらたまる 改まる [改良される] s'améliorer; se corriger; [改革される] être réformé. 彼の怠け癖は少しも改まらない Sa paresse ne se corrige pas du tout. 新しい校長の来て校風は改まった Le nouveau directeur a réformé la discipline de l'école. ◆[新しくなる] se nouveler; [変わる] changer. 年が〜 La nouvelle année commence. Le quartier a changé de nom. ◆[儀式ばる] ¶改まった口調で d'un ton cérémonieux. 改まって cérémoniusement.

あらためる 改める [更新する] renouveler; [変更する] changer; modifier; [改良する] améliorer; [矯正する] corriger; se corriger de; [改革する] réformer; [確かめる] examiner; vérifier. 行いを〜 changer en bien; se convertir au bien; s'améliorer. 口調を〜 changer de ton. 欠点を〜 corriger *ses* défauts. 生活を〜 commencer une nouvelle vie. 法を〜 réformer les lois. 態度を〜 modifier *son* attitude. この会議の役員は毎年改められる Les membres de cette assemblée se renouvellent chaque année. ¶改めて [再び] de nouveau; [新たに] à nouveau; encore une fois; [後日] une autre fois; un autre jour. 改めてお伺いします J'irai vous voir un autre jour. 改めて言うことは何もありません Je n'ai rien de particulier à vous dire. そのことはまた改めて話し合いましょう Nous en reparlerons. 私は改めて教育の必要性を痛感した J'ai éprouvé une fois de plus la nécessité de l'éducation.

あらっぽい 荒っぽい ⇒ あらあらしい(荒々しい).

あらて 新手 [援軍] renfort *m*; [別の奴] autre individu *m*; [手段] nouveau moyen *m*, nouvelle manière *f*. 〜を繰出す envoyer des renforts.

あらなみ 荒波 mer *f* déchaînée. 舟は〜に呑まれた Le bateau a fait naufrage dans une mer déchaînée. [比喩的に] 浮世の〜に揉まれる essuyer les orages de la vie.

あらなわ 荒縄 corde *f* grossière (lâche).

あらぬ ¶〜疑いをかけられる être soupçonné injustement (à tort). 〜噂を流す colporter de faux cancans. 〜方を眺める regarder d'un autre côté.

あらぬの 粗布 [刺繍用の] canevas *m*; [麻の] treillis *m*.

あらぬり 荒塗り [壁の] crépissage *m*; ⁺hourdis *m*. 〜する crépir; ⁺hourder.

アラビア Arabie *f*. 〜の arabe; arabique. 〜人(語)の arabe. 〜風の arabesque. ‖〜人 Arabe *mf*. 〜語 arabe *m*. 〜数字 chiffres *mpl* arabes. 〜学者 arabisant *mf*; arabiste *mf*.

アラブ ‖〜諸国 Etats *mpl* arabes.

あらぼり 粗彫り ¶〜する ébaucher *qc*.

あらまき 荒巻き [鮭] saumon *m* légèrement salé.

あらまし [概略] aperçu *m*; esquisse *f*; sommaire *m*; synopsis *f*. この要約であらすじが分るでしょう Ce résumé vous donnera un aperçu du livre. 〜を述べる(書く) esquisser; donner une esquisse de. その話の〜を数行に述べなさい Résumez de en quelques lignes ce récit. ◆[おおよそ] en gros. ¶〜の問題点を言って下さい Dites-moi en gros ce dont il s'agit. ⇒ あらかた(粗方).

あらむしゃ 荒武者 sabreur *m*.

あらもの 荒物 articles *mpl* de ménage. ‖〜

屋 quincaillerie f; [人] quincailler(ère) mf.
あらゆる tout (toute, tous, toutes). ~物事, 人) tout m. ~手段を用いる employer tous les moyens; mettre tout en usage. ¶~方角に en tous sens.
あららげる 荒らげる ¶声を~ †hausser le ton (la voix).
あらりょうじ 荒療治 ~をする procéder à un traitement intrépide; employer les grands moyens (remèdes).
アラル ¶~海 mer f d'Aral.
あられ 霰 grêle f; grêlon m. ~が降る II grêle.
あられもない ¶~姿で人前に出る se présenter dans une tenue débraillée. ~姿で眠っている dormir à demi-vêtu.
あらわ 露 ¶~に découvert; nu. 背中を~にする découvrir le dos. ~に敵意を示す montrer ouvertement de l'hostilité. 喉元~に la gorge découverte; la poitrine découverte. 腕も~に les bras nus.
あらわす 著す écrire; [出版] publier; éditer.
あらわす 表(現)す [表現する] exprimer; représenter; [表明する] montrer; manifester; témoigner; laisser voir; [出現する] paraître; apparaître; se montrer; [露出する] manifester; [指示する] indiquer. 驚きを~ manifester de l'étonnement. 感謝の意を~ témoigner sa reconnaissance à qn; rendre un salut. 壇上に姿を~ se montrer (apparaître) en chaire. 政局の不安が経済危機を表している Les troubles politiques traduisent (manifestent) une crise économique. 彼は満足していたが, それを顔に表さなかった Il était content, mais il ne l'a pas montré. その略字は何を表しているのですか Qu'est-ce que ce sigle indique? 彼は喜びを顔に表していた Tous les traits de son visage exprimaient la joie. 彼はようやく才能を現し始めた Il a commencé à se révéler à la fin.
あらわれ 現(れ)れ manifestation f; témoignage m. 世論の~ manifestation de l'opinion. 友情の~ témoignage d'amitié.
あらわれる 現れる [出現する] se montrer; paraître; apparaître; [表面に] émerger; affleurer. いい時に~ se montrer au bon moment. 戸口に~ paraître sur le seuil. 遅かれ早かれ真理は~ Tôt ou tard, la vérité apparaît. 一人の天才が現れた Il est apparu un génie. 二度と俺の前に現れるな Ne reparais jamais devant moi. ¶会話の中によく~言葉 un mot qui revient souvent dans la conversation. 地表に現れる岩 rocher m qui affleure (émerge) à la surface du sol. ◆[表現される] se manifester; se peindre. 世論の怒りが新聞に現われている L'irritation de l'opinion se manifeste dans les journaux. 疲労が顔に現われている La fatigue se manifeste (se peint) sur son visage./Son visage accuse de la fatigue. ◆[顕著になる] se révéler; se dévoiler. 彼の才能は突然に顕れた Son génie s'est révélé tout à coup.
あらんかぎり 有らん限り ¶~の力を出す faire tout son possible. ~の力で de toutes ses forces. ~の声で叫ぶ crier à tue-tête.

あり 蟻 fourmi f. ~のように働く人 fourmi. 飛行機から見ると人が~のように見える D'avion, on dirait que les gens sont des fourmis. 警察の捜査網が厳しくての這い出る隙もない Les réseaux de surveillance de la police sont tellement serrés que même une souris ne pourrait passer à travers ses mailles. ‖働き~ fourmi ouvrière. ~塚 fourmilière f.
アリア 〖楽〗 aria f.
ありあまる 有余る surabonder. あらゆる富が余っている国 pays m où surabondent les richesses de toutes sortes. ~ほどの surabondant. ~ほど持っている avoir qc plus qu'il n'en faut; avoir qc en surabondance; avoir qc à revendre; regorger de qc.
ありありと clairement; distinctement; nettement; comme si on y était. その光景が~目に浮ぶ Je revois ce spectacle comme si j'y étais.
ありあわせ 有合せ ¶~の物 tout ce qu'on a sur soi. ~の物ですが [食事] C'est à la fortune du pot. ~の物で我慢しなくてはいけない Faute de grives, on mange des merles. ◆[持金] これしか~がない C'est tout ce que j'ai sur moi.
アリーナ arène f.
ありうる 有り得る pouvoir imp; [可能な] possible. それは~事だ C'est possible./Cela (Ça) se peut. 戦争は~ Il peut y avoir la guerre.
アリエッタ 〖楽〗 ariette f.
ありか 在処 [隠れ場所] cachette f; [所在・居所] endroit m. 犯人の~を捜す chercher la cachette du criminel. 金の~が分かったOn a trouvé [l'endroit] où était caché l'argent.
ありかた 在り方 ¶教育の~ ce que doit être l'éducation.
ありがたい 有難い [親切な] obligeant; bienveillant; [為になる] édifiant; instructif(ve); [快適な] agréable. ~お説教 sermon m édifiant. 会っていただければ大変有難く存じます Je vous serais fort obligé de bien vouloir m'accorder un entretien. 何もすることがなくて~ C'est agréable de ne rien faire. こりゃ~ Dieu merci!/Tant mieux! 手助けしてくれれば~ Je serais content, si vous pouviez m'aider. そうなってくれれば~ Cela me rendrait service. ¶~ことに heureusement; par bonheur. 有難く avec reconnaissance. 有難く思う être reconnaissant (obligé) à qn de qc.
ありがたがる 有難がる faire grand cas. 肩書を~ faire grand cas du titre.
ありがたなみだ 有難涙 ¶~にむせぶ sangloter de reconnaissance.
ありがたみ 有難味 [価値] valeur f; [親切] bonté. 金の~ valeur de l'argent. 親の~を知る reconnaître le bonheur d'avoir des parents.
ありがためいわく 有難迷惑 ¶それは~だ Cette bonté me gêne (m'embarrasse).
ありがち 有り勝ち ¶老人に~な偏見 préjugé m commun chez les vieux. それは~なことだ Cela arrive souvent. 過ちは誰にも~だ Tout le monde peut se tromper.

ありがとう 有難う Merci beaucoup. お手紙～ Merci beaucoup pour (de) votre lettre. …してくれて大変～ Vous êtes bien aimable (C'est très aimable à vous) de *inf*.

ありきん 有金 argent *m* qu'on a sur soi. ～全部賭ける risquer tout son argent; [トランプで] jouer son va-tout. ～をはたいて買う acheter *qc* en retournant (vidant) ses poches.

ありきたり 有来り ¶～な(の) [在来の] conventionnel(le); traditionnel(le); [月並みの] banal. ～な話 propos *m* banal. ～な場所 lieux *mpl* communs. 私の先生は～なことしか教えてくれなかった Mon professeur n'a enseigné que des choses quelconques.

ありくい 蟻喰 fourmilier *m*.

ありさま 有様 [状態] état *m*; [進行状態] train *m*; tournure *f*; [状況] aspect *m*. ¶…の～を見て à l'aspect de *qc*. こんな～では dans cet état. あんな～では二人はいずれ離婚するだろう A ce train-là, ils vont divorcer.

ありじごく 蟻地獄 [動] fourmi(s)-lion(s) *m*.

ありしひ 在りし日 jours *m* passés; temps *m* passé; autrefois. ¶～の d'autrefois. ～のことども(面影) choses *fpl* (état *m*) d'autrefois.

ありそうな 有りそうな probable; vraisemblable. ～こと vraisemblance *f*. ～ことだ C'est probable (vraisemblable)./Cela se pourrait bien. ～もないというのは～ことだ Vraisemblablement, il ignore tout.

ありだか 有高 [金銭の] montant *m* en caisse; [商品の] stock *m*.

ありつく trouver; obtenir. 彼はやっと職にありついた Enfin il a trouvé un emploi.

ありったけ entièrement; totalement; tout entier(ère). ～の力 toutes ses forces. ⇒ ありんぎり(有らん限り). ◆[全部] ～でこれで～だ C'est tout.

ありてい 有体 ⇒ ありのまま (有りの儘).

ありのまま 有りのまま veritè, tout ce qu'il en est. ～を言えよ Dis-moi ce qu'il en est. ～の pur; tout nu; sans fard. ～の真実 vérité *f* toute nue; pure vérité. ～の日本を Japon tel qu'il est. ～に franchement. ～に事物を見る voir les choses *fpl* telles qu'elles sont. この小説は農民の生活を～に描き出している Ce roman montre la vie des paysans sous son vrai jour.

アリバイ alibi *m*. 立派な～がある avoir un solide alibi. ちゃんとした～を立てる fournir un alibi très acceptable.

ありふれた 有り触れた commun; ordinaire; [月並みの] banal; [俗な] trivial(aux). ～な画家 peintre *m* ordinaire. ～な表現 expression *f* triviale. ～な考え idée *f* banale. この花はこの地方ではごく～のだ C'est la fleur la plus commune de la région.

ありもしない ～に金を与えて donner le peu d'argent qu'on a sur soi. ～を言触らす colporter de faux bruits.

ありゅう 亜流 épigone *m*.

ありゅうさん 亜硫酸 acide *m* sulfureux. ¶～ガス anhydride *m* sulfureux.

ある 或る un (une); certain; tel(le). ～人 quelqu'un. ～人々 quelques-un(e)s; [多数の中に] certains. あなたの友達の一人たち certains de vos amis. と～酒場の前で devant un quelconque bar. 私はと～町に着いた Je suis arrivé dans une quelconque ville. ～日 un jour; un certain (beau) jour. ～時 une fois. ～日～時 tel jour, à telle heure. ～所で quelque part. ～国では dans un certain pays. ～意味で dans un certain sens. ◆[対比的で] ¶～は…また～時は tantôt… tantôt. ～者は…また～者は tel…tel autre. ～者は泣き～者は笑う Tel rit, tel autre pleure./Tel rit, tel autre pleure.

ある 有(在)る [存在する] être; se trouver; il y a; exister. その本はテーブルの上に～ Ce livre est sur la table. 庭に木が～ Il y a des arbres dans le jardin. そんなものは何処にでも～ Cela se trouve partout. やる事がまだ沢山～ Il reste beaucoup à faire. ◆[理由、原因が]～ consister en (dans); consister à (+*inf*); résider en (dans). 障害は次の点に～ La difficulté réside en ceci. 君の間違いはみんなが君を認めていると信じているところに～ Ton erreur consiste à croire que tout le monde t'approuve. ◆[所有する] avoir. 金(暇)が～ avoir de l'argent (le temps). 彼には詩的才能が～ Il a du talent pour la poésie. ◆[生じ・起る] se produire; arriver *imp*. 彼はよく遅刻することがよく～ Il lui arrive souvent d'être en retard. 大事件があった Il est arrivé un grand accident. 大事件が～ Un grand accident s'est produit. 一体何があったの Qu'est-ce qu'il y a (qui se passe)? フランスに行ったことがありますか Avez-vous été en France? こんな果物を見たことがありますか Avez-vous jamais vu ce fruit? ◆[行われる] ¶今日数学の試験が～ Aujourd'hui nous avons un examen de mathématiques. 講演はどこで～ Où trouve-t-on que la conférence se donne? 試験はどこで～ L'examen, où est-ce qu'il se passe? 昨日会合があった La réunion a eu lieu hier. 皇居前広場で自衛隊のパレードがあった La parade des Forces de Défense s'est déroulée sur la place du Palais impérial. ◆[度・量・衡] 1メートル～ mesurer (avoir) un mètre. 2ヘクタール～ mesurer deux hectares. 10キロ～ peser dix kilos.

あるいは 或いは ou; soit. ～踊り～歌う Tantôt on danse, tantôt on chante. ～[多分] peut-être; [かもしれない] pouvoir *imp*. ～雨かもしれない Il peut pleuvoir.

アルカイック archaïque. ¶～な微笑 sourire *m* archaïque.

アルカリ alcali *m*. ¶～化する alcaliser. ～電池 pile *f* alcaline. ～性 alcalinité *f*. ～性の alcalin. ～反応 réaction *f* alcaline.

アルカロイド alcaloïde *m*.

あるきまわる 歩き回る parcourir. 部屋の中を～ marcher de long en large dans une pièce. 村中を～ parcourir un village.

アルキメデス ¶～の原理 principe *m* d'Archimède.

あるく 歩く marcher; aller; [長い道程を] cheminer. 大股で～ aller à grands pas; arpenter. ちょこちょこ～ aller à petits pas ra-

アルコール alcool m. ¶～を含む(依存症の) alcoolique. ～分 40% 以上の contenant plus de 40% d'alcool. ‖～(飲料 boisson f. ‖～依存症 alcoolisme m. ～依存症患者 alcoolique mf.

あることないこと raconter m. ～言い触らす colporter des racontars sur qn; faire courir des cancans sur qn.

アルゴリズム algorithme m.

アルゴン argon m.

あるじ 主 maître(sse) mf; [店の] patron(ne) mf; [夫] mari m; [接客の] hôte(sse) mf. この家の～ père m de cette famille.

アルツハイマー ～病 maladie f d'Alzheimer.

アルテミス《ギ神》Artémis f.

アルデンテ al dente.

アルト《楽》alto m; contralto m. ‖～歌手 alto; contralto m.

アルバイト travail m provisoire; 《俗》job m. ‖～で～をする un job dans l. ‖～する学生 étudiant(e) mf qui travaille à temps partiel.

アルパカ alpaga m. ～の毛 laine f d'alpaga. ¶この生地は～です C'est une étoffe en alpaga.

アルバム album m. 切手(写真)の～ album de timbres-poste (de photos).

アルピニスト alpiniste m f.

アルファ alpha m. ¶ 二か月分の給料プラス～を支給する payer un salaire majoré de deux mois. ～ 線 rayons mpl alpha.

アルファベット alphabet m. ¶～の alphabétique. ‖～順に alphabétiquement; dans l'ordre alphabétique.

アルファルファ luzerne f.

アルプス les Alpes fpl. ¶～の alpin. ～特有の alpestre. ‖～山脈 les Alpes; la chaîne des Alpes.

アルブミン albumine f.

アルペジオ arpège f.

アルペンスキー ski m alpin.

アルマイト aluminium m oxydé.

あるまじき 有るまじき indigne. 教師に～言葉 parole f indigne d'un professeur.

アルマジロ tatou m.

アルマニャック [ブランデー] armagnac m.

アルミ [～の] châssis m d'aluminium. ～パック [舟形の] barquette f d'aluminium. ～ホイル [厚紙の] papier m (feuille f) d'aluminium. ⇒アルミニウム.

アルミニウム aluminium m. ～を被せる aluminer qc. ‖～工場 aluminerie f.

あれ[物] cela; ça; [人, 物] celui(ceux)-là m; celle(s)-là f. ‖～(が) ce. ～を le (la, les) m(f, pl); celui-ci ou celui-là m (celle-ci ou celle-là f). ◆[思い出せない物の呼び名] ce truc; ce machin-là. ほら, ～を持って来てくれ Apporte-moi ce truc. ～は何だっけ Comment ça s'appelle, ce machin-là?

あれ[驚き] Ah!/Oh!/Tiens!

あれ 荒れ [嵐] tempête f; [しけ] gros temps m. ひと～来そうだ La tempête menace./[険悪な雰囲気] Ça va barder. ◆[肌の] rugosité f [de la peau]. ¶～た肌 peau f rugueuse.

あれい 唖鈴 haltère m.

アレース《ギ神》Arès m.

あれくるう 荒狂う [嵐, 火などが] faire rage; se déchaîner; [人が] être ho rage; [海が] être houleux(se); être déchaîné.

アレグレット allegretto m. ¶～で allegretto.

アレグロ allegro m. ¶～で allegro.

あれこれ ⇒ かれこれ, あれやこれや.

あれしきの ～ことなら誰にでもできる Si ce n'est que cela, n'importe qui peut le faire. 彼が～ことで満足したのには驚いた Cela m'a étonné qu'il se soit contenté d'un rien. なぜ彼は～ことで怒り出したのだろう Pourquoi s'est-il mis en colère pour si peu? ～努力で avec un peu d'effort.

あれしょう 荒れ性 ～の qui a une peau sèche. 彼女は～だ Elle a une peau sèche.

あれち 荒れ地 [不毛の地] terrain m aride; [未開の] friche f; terres fpl en friche.

あれっきり depuis. ～彼はやって来ない Il n'est pas venu me voir depuis.

あれでも même comme cela; [ああ見えても] quoiqu'il paraisse ainsi; malgré tout apparence; contre toute apparence. 彼は～役に立つ Même comme cela (Tel qu'il est), il me rend bien service. 彼女は～幸福なんだ [彼女なりに] Elle est heureuse à sa manière.

あれの 荒れ野 plaine f désertique.

あれはてる 荒果てる se délabrer; être dévasté. 家は荒果てている La maison est délabrée. ¶荒果てた dévasté; délabré. 荒れ果てた庭園 jardin m laissé à l'abandon.

あれほど あれ程 si; tant; tellement; ainsi. ～大きな音を立てたのに彼は目を覚まさなかった Malgré un si grand bruit, il ne s'est pas réveillé. 彼は～多くの金を持っているとは思わなかった Je ne croyais pas qu'il avait tant d'argent. 二人は～愛し合っていたのだから結婚して当然だ Ils s'aimaient tant qu'il était naturel qu'ils se soient mariés. ～まで言わなく(しなく)てもいいのに C'est un peu fort! ～の un tel (une telle). ～の頑迷さ une telle obstination. ～の素質があるのに avec tant de qualités.

あれもよう 荒れ模様 ¶～の orageux(se). ～の空 ciel m orageux. 海は～だ La mer est agitée. 議論は～だった La discussion a été orageuse.

あれやこれや ¶～と話す parler de choses et d'autres. ～とおしゃべりする(噂する) jaser. ～とやってみる utiliser toutes sortes de méthodes. ～と考える上で réflexion faite.

あれる 荒れる [天気が] faire rage; [天気, 議論が] devenir orageux(se); [海が] devenir agité; devenir haut (fort); [気持が] être rageur(se); s'aigrir; être aigri. 海は荒れている La mer est grosse. 彼は荒れている Il

アレルギー allergie *f*. ～性の allergique.

アレンジ arrangement *m*. ～する arranger. オーケストラ用に～する arranger *qc* pour l'orchestre.

アロエ aloès *m*.

アロハ[シャツ] chemise *f* tahitienne.

アロマセラピー aromathérapie *f*.

あわ 粟 millet *m*.

あわ [泡粒] bulle *f*; [海、煮物、口中の] écume *f*; [ビール、石鹸、牛乳の] mousse *f*; [熱湯の] bouillon *m*. 口から～を吹く [動物が] écumer; baver. シチューの～をくう écumer le pot-au-feu. ～を飛ばして議論する se disputer en postillonnant. 彼は口から～を吹いて怒っていた La fureur lui mettait l'écume à la bouche.

あわい 淡い ～光 lumière *f* faible. ～色 couleur *f* légère. ～希望 espoir *m* vague. ～恋心を抱く avoir un penchant amoureux pour *qn*.

あわす 合(わ)す ⇒ あわせる(合せる).

あわせ 袷 doublage *m*.; ～の doublé.

あわせめ 合せ目 joint *m*; jointure *f*.

あわせる 会せる ～人と人とを～ présenter *qn* à *qn*. ～を避ける se rencontrer. ～顔がない n'oser plus se présenter devant *qn*.

あわせる 合せる joindre; réunir; unir. 力を～ joindre (unir) leurs efforts. 合せて2千円です Cela fait deux mille yen en tout. 両手を合せて à mains jointes. ◆[適合させる] ajuster; accommoder; accorder; approprier. 上衣の肩幅を～ ajuster un veston à la carrure. 文体を主題に～ approprier son style au sujet. 時計を～ remettre une pendule à l'heure. 目覚ましを6時に～ mettre le réveil sur six heures. ピントを～ mettre au point. ラジオのダイヤルをある放送に～ régler son poste sur une station. 状況に合せて計画を立てる ajuster un projet aux circonstances. ◆[照合する] comparer; collationner; confronter. 写しと原文とを～ collationner un écrit avec l'original. 二つのテキストを合せて見る comparer (confronter) les deux textes. ◆[調和させる] accorder. クッションと長椅子の色合を～ accorder le coloris des coussins avec celui du canapé. 声を～ accorder des voix. ～声を合せて歌う chanter à l'unisson ◆[伴奏する] accompagner. バイオリンとピアノを～ accompagner le violon au piano.

あわただしい 慌しい [忙しい] précipité; [気ぜわしい] trépidant; agité. 大都会の～生活 vie *f* trépidante des grandes villes. ～リズム rythme *m* trépidant. 旅の支度にひどく～ Je suis très pris par mes préparatifs de voyage. ～足取で à pas précipités. 慌しく précipitamment; précipitement. 慌しさ [忙しさ] précipitation *f*; [目まぐるしさ] tourbillon *m*. 出発の慌しさ précipitation du départ.

あわだつ 泡立つ écumer; mousser; pétiller; [熱湯が] bouillonner. 海が～ La mer écume. シャンパンが～ Le champagne pétille (mousse). 泡立てる [卵などを] battre; fouetter. 泡立っている écumant; mousseux (se); effervescent. 泡立つ écume *f*; écumage *m*. この石鹸は泡立ちがいい Ce savon mousse bien.

あわだてき 泡立て器 [卵などの] batteur *m*; fouet *m*.

あわふためく 慌てふためく s'effarer. 彼の計画の大胆さに我々を慌てふためいている L'audace de ses plans nous effare.

あわてもの 慌て者 étourdi(e) *mf*.

あわてる 慌てる [急ぐ] se précipiter; [狼狽する] s'énerver; se troubler; se démonter; perdre contenance; [右往左往する] s'agiter. そんなに慌てたって無駄だ C'est inutile de s'énerver ainsi. 彼は何んでもないことで慌てている Il se démonte (est déconcerté) pour un rien. ～なさるな Remettez-vous!/Du calme! そんなに～な Ne t'agite pas ainsi. 慌てさせる démonter; effarer; déconcerter. 慌てた風を見せないを se donner une contenance. 慌てて avec précipitation; avec hâte; hâtivement.

あわび 鮑 oreille *f* de mer; ormeau(x) *m*.

あわや ～というところで助かる être sauvé de justesse.

あわゆき 淡雪 neige *f* légère.

あわよくば si la chance *lui* sourit; si la chance favorise *qn*.

あわれ 哀(憐)れ [悲しみ] tristesse *f*; [惨めさ] misère *f*; [憐憫] pitié *f*; compassion *f*. ～を誘う (inspirer) la pitié; faire pitié à *qn*. ～をとどめる mourir dans un état misérable. ～を催す être touché de compassion; éprouver de la pitié. ～な [悲しい] triste; mélancolique; [惨めな] misérable; minable; [気の毒な] pauvre; piteux(se); pitoyable; [痛ましい] pénible. なんて～なことだ Quelle pitié! その仕事は始めはよかったが～な結果に終った Cette affaire a bien commencé, mais s'est achevée pitoyablement. ～に思う avoir pitié de *qn*. 見るも～だ C'est très pénible à voir. ～を誘う(催す)ような émouvant; pathétique; touchant; poignant. ～っぽい plaintif(ve); dolent. ～っぽい調子で d'un ton plaintif. ～に piteusement; malheureusement. ～にも彼は失敗した Il a échoué piteusement.

あわれみ 哀(憐)れみ pitié *f*; compassion *f*; [神の] miséricorde *f*. ～を乞う demander grâce à *qn*. ～を起させる inspirer (exciter) la pitié; faire pitié à *qn*. ～深い charitable; miséricordieux(se).

あわれむ 哀(憐)れむ avoir pitié de *qn*; prendre en pitié; plaindre *qn*. ～のような微笑 sourire *m* de pitié. ～べき triste; lamentable; pitoyable. 何と～べき時代だ Quelle triste époque!

あん 案 [提案] proposition *f*; [議案] projet *m*; [意見] opinion *f*; avis *m*; [計画] plan *m*; projet. ～を出す faire une proposition. ～を立てる faire un plan (projet). ～に相違して contre toute attente. ～の定 comme prévu. ～具体〜を作成する rédiger un

concret. 法~ project de loi.
あんい 安易 ¶~な facile; aisé. ~な解決方法 solution f de facilité. ~な生活 vie f facile. ~な手段 moyens mpl aisés. ~に考える prendre qc à la légère.
あんいつ 安逸 paresse f; farniente m; douce oisiveté f. ~に耽る s'abandonner à la paresse. ~を貪る aimer le farniente.
アンインストール désinstallation f.
あんうん 暗雲 nuages mpl sombres. アジアに~が漂う De sombres nuages menacent l'Asie./Il y a des nuages noirs qui s'amoncellent en Asia.
あんえい 暗影 ombre f; nuage m. 前途に~を投げかける jeter un nuage sur l'avenir.
あんか 安価 ¶~な [安い] pas cher(ère); [値打ちない] sans valeur. ~に à peu de frais; à moindre frais.
あんか 行火 chaufferette f.
アンカー [陸上競技] dernier coureur m (dernière coureuse f); [水泳] dernier nageur m (dernière nageuse f).
あんがい 案外 ¶試験は~易しかった L'examen était plus facile qu'on ne s'y attendait. ~やるじゃない On n'y va pas de main morte. ~に inattendu; imprévu. ~なこと inattendu m; imprévu m. 今度の旅行は~なことばかりだった Ce voyage-ci a été plein d'imprévus.
あんかん 安閑 ¶~としている rester les bras croisés. ~と暮す vivre à ne rien faire.
あんき 安危 ¶それは国の~にかかわる問題だ C'est un problème vital pour notre pays.
あんき 暗記 ¶~する apprendre qc par cœur; retenir qc par cœur. ~している savoir qc par cœur. ~丸ごと apprendre qc bêtement par cœur. ~力 mémoire f. ~物が嫌いである détester ce qu'il faut apprendre par cœur.
アンギーナ angine f.
あんぎゃ 行脚 [巡礼] pèlerinage m. ¶諸国を~する faire un pèlerinage à travers tout le pays. ~僧 bonze m pèlerin.
あんきょ 暗渠 égout m; canal m souterrain.
アングラ ¶~劇場 théâtre m underground.
あんぐり ¶~開いた傷口 blessure f béante. 口を~開いて見つめる regarder la bouche bée (béante).
アングロサクソン Anglo-Saxon(ne) mf. ¶~[族, 語] の anglo-saxon(ne). ¶~族 Anglo-Saxons mpl. ~語 anglo-saxon m.
アンケート enquête f. ¶~調査をする enquêter; faire (ouvrir) une enquête sur. ~調査をする人 enquêteur(se) mf.
あんけん 案件 projets mpl; [法律の] projet de loi. ~を提出する déposer (proposer) un projet de loi.
あんこう 鮟鱇 baudroie f.
あんごう 暗号 chiffre m. ~を解く déchiffrer un cryptogramme. 秘密文書を~で書く chiffrer une correspondance secrète. ~で書いた chiffré. ~通信 cryptographie f. ~電信 cryptotélégraphie f. ~電報 télégramme m chiffré. ~文 cryptogramme m.

アンコール bis m; [叫び] Bis! ~に答える répondre aux applaudissements. ~を叫ぶ crier bis; bisser. 観客は~を求めた Les spectateurs ont bissé.
あんこく 暗黒 obscurité f; ténèbres fpl. ¶~の ténébreux; obscur; noir. ¶~街 quartier m (milieu m) louche; le milieu. ~時代 époque f de ténèbres; siècle m d'ignorance (d'obscurantisme). 社会の~面 envers m de la société.
アンゴラ [兎(羊, 猫)] angora m. ~毛糸(織) laine f angora.
アンザイレン encadrement m. ¶~する encadrer.
あんさつ 暗殺 assassinat m. ¶~する assassiner. ‖~者 [殺し屋] assassin m; tueur (se) m/.
あんざん 安産 accouchement m facile. ¶~である avoir un accouchement facile.
あんざん 暗算 calcul m mental; calcul de tête. ¶~する calculer de tête (mentalement).
アンサンブル [衣裳] ensemble m; [音楽] ensemble.
あんじ 暗示 allusion f; suggestion f; [創造的暗示] inspiration f. ~にかかる se laisser suggestionner qn. ~をかける suggestionner qn. ~を得る s'inspirer. この小説家は民話から~を得た Le romancier s'est inspiré d'une légende populaire. ¶~的な allusif(ve); suggestif(ve). ‖~にかかり易い suggestible; facile à suggestionner.
あんしつ 暗室 chambre f noire.
あんじゅう 安住 ¶~する vivre paisiblement. 老後の~の地を求める chercher une retraite agréable et tranquille pour sa vieillesse.
あんしゅつ 案出 invention f. ¶~する inventer.
あんしょう 暗礁 récif m; écueil m; roche f noyée. ~に乗り上げる échouer sur un récif; [障害にぶつかる] se heurter à un obstacle.
あんしょう 暗誦 récitation f. ¶~する réciter. 詩句を~する réciter des vers.
あんしょうばんごう 暗証番号 numéro m codé; code m secret (confidentiel).
あんしん 安心 paix f; calme m; tranquillité f. ¶~する se rassurer; se tranquilliser. ~しなさい Rassurez-vous./Soyez tranquille./Remettez-vous. ~させる rassurer; tranquilliser. それでやっと Ça me rassure. ~して en toute tranquillité (sécurité); [信頼して] avec confiance. ~していられるなら se sentir rassuré; pouvoir rester en repos (en paix). ~できる digne de confiance; rassurant; sûr. ~できる人 personne f sûre. ~できない人 personne peu rassurante; personne sur laquelle on ne peut pas compter.
あんしんりつめい 安心立命 tranquillité f d'esprit.
あんず 杏 abricot m. ~の木 abricotier m.
あんずる 案ずる se préoccuper de; [心配する] s'inquiéter de qc(inf.). この子の行末が案じられる Je me préoccupe de l'avenir de cet enfant. 何も~ことはありませんよ Il n'y a pas

あんせい 安静 tranquillité f; calme m; repos m. ¶~にする se tenir tranquille; rester en repos. ‖絶対~ repos absolu. ~療法 cure f de repos.

あんせきしょく 暗赤色 ¶~の vineux(se).

あんぜん 安全 sûreté f; sécurité f. ¶~を計る veiller sur la sécurité de qn. ~を期す、 sûr; de tout repos. それは~な仕事だ C'est une affaire de tout repos. ~な場所に置く(隠す) mettre qc en lieu sûr; mettre qc en sûreté. 全く~である être en toute sûreté; être parfaitement sûr. ~に ...で sûreté. ‖~交通週間 semaine f de sécurité routière. ~運転で行こう、遅れてもいいから On va rouler prudemment, quitte à arriver en retard. ~株 valeurs fpl de tout repos. ~剃刀 rasoir m mécanique. ~器 [電気の] coupecircuit m inv; disjoncteur m. ~策を講じる jouer à coup sûr. ~装置 dispositif m de sécurité; appareil m protecteur. ~第一主義 politique f de prudence. ~地帯 îlot m de sécurité. ~ピン épingle f de sécurité. ~ベルト ceinture f de sécurité. ~弁 soupape f de sécurité. ~保障理事会 Conseil m de Sécurité. 日米~保障条約 Traité m de sécurité nippo-américain.

あんそく 暗然 ¶私は彼の死を聞いて~となった La nouvelle de sa mort m'a fait un coup. ~とした顔で le cœur serré. ~として tristement; sombrement.

あんそく 安息 repos m. ‖~日 jour m de repos; [キリスト教] dimanche m; [ユダヤ教] jour de sabbat. ~日を守る observer le dimanche.

アンソロジー anthologie f.

アンダーグラウンド ¶~の [地下の] souterrain, [秘密・非合法の] clandestin; [前衛芸術など] underground.

アンダーシャツ maillot m.

アンダーライン soulignement m. ~を引く souligner.

あんたい 安泰 sécurité f; sûreté f; paix f. ¶~である être en sûreté(en paix). 名誉は~だ L'honneur est sauf.

アンタレス [天] Antarès m.

あんたん 暗澹 ¶~たる sombre; noir; mélancolique. ~たる気持である être sombre; être d'une humeur noire. ~たる気持になる avoir des idées noires; avoir le cafard. 前途は~だ L'avenir est sombre.

アンダンティーノ [楽] andantino m. ¶~で andantino.

アンダンテ [楽] andante m. ¶~で andante.

あんち 安置 ¶遺体を~する exposer un corps (une dépouille mortelle). 仏像を~する installer une statue de Bouddha. ‖遺体~所 chambre f mortuaire.

アンチテアトル anti-théâtre m.
アンチテーゼ antithèse f.
アンチヒーロー antihéros m.
アンチモン antimoine m.

あんちゃく 安着 ¶~する arriver sain(e) et sauf(ve).

あんちゅうもさく 暗中模索 tâtonnement m. ¶~する tâtonner.

あんちょく 安直 ¶~な facile. ~に facilement.

アンチョビー anchois m.

アンツーカー ‖~ [テニス] コート court m en brique pilée.

あんてい 安定 stabilité f; équilibre f. 気持の~ stabilité des sentiments. 体の~を失う perdre l'équilibre. 生活の~を得る avoir sa subsistance assurée. 通貨の~を確保する assurer la stabilité de la monnaie. ~する se stabiliser; s'équilibrer. ~させる stabiliser; équilibrer; fixer. 精神を~させる rétablir l'équilibre mental. ~した stable; équilibré; constant; sûr. ~しない instable; inconstant. ‖精神~剤 tranquillisant m. ~化 stabilisation f. ~性 stabilité f. ~装置 stabilisateur m.

アンティーク antiquités fpl.
アンデス ‖~山脈 cordillère f des Andes.
アンテナ antenne f. ~をつける installer une antenne.

あんてん 暗転 [芝居などの] changement m de scène dans le noir.

あんど 安堵 soulagement m. ~の胸をなでおろす éprouver un grand soulagement. ¶~する respirer; se rassurer.

あんとう 暗闘 hostilité f sourde.

アントレ [料理] entrée f. ¶~に野菜サラダを取る prendre des crudités comme entrée.

アンドロイド androïde m.

アンドロメダ [ギ神] Andromède f. ‖~座 Andromède.

あんな un tel (une telle); pareil(le). ~大きな音 un si grand bruit. ~場合には en pareil cas. ~風に言うべきはない Ne parlez pas de cette façon-là. ~状況では en de telles circonstances. ~具合では à ce train-là. ~によく似た兄弟 frère m aussi semblable. ~に努力したのに malgré tous ses efforts. ⇒あれほど(あれ程).

あんない 案内 ¶~する guider; conduire; mener; [町を] piloter; [客を] introduire. 外国人に東京を~する piloter (guider) un étranger dans Tokyo. 客を広間に~する introduire un invité au salon. 所長室まで~する mener (conduire) chez le directeur. ‖係り [劇場など] placeur(se) mf. ~係 guide m. ~所 bureau(x) m de renseignement. ~嬢 [劇場] ouvreuse f. ~人 guide m. ◆ [存知] 御~のようにcomme vous le savez. この土地に不~です Je suis étranger dans ce pays. ~ [通知] avertissement m; avis m. ¶~する avertir qn de inf (que ind). ‖~状 lettre f d'invitation; faire-part m inv; [商] lettre d'avis. [取次] ~を乞う se faire annoncer chez qn.

あんに 暗に à mots couverts; indirectement. ~言う insinuer; à mots couverts que ind.

アンニュイ ennui m.

あんねい 安寧 paix f; sécurité f; ordre m;

あんのう [心の安国] bien-être *m*. ～を保つ assurer l'ordre public. ‖～秩序を維持する(乱す) maintenir (violer) la paix et l'ordre public.

あんのう 鞍嚢 fonte *f*.

あんのじょう 案の定 comme prévu. ～彼はやって来た Il est venu comme prévu.

あんのん 安穏 ¶～な calme; paisible; tranquille. ～な暮し vie *f* paisible.

あんば 鞍馬 [体操] cheval *m* d'arçons.

あんばい 案配 arrangement *m*. ¶～する arranger.

あんばい 塩梅 [味加減] assaisonnement *m*. ～を見る goûter *qc*. ◆[工合] état *m*; situation *f*; condition *f*; allure *f*. ～がすぐれないを持って申し訳ない. それはどんな～だい Comment est-ce? そんな～では dans cet état; [その分だと] à ce train-là. いい～に par bonheur.

アンパイア arbitre *m*.

アンバランス déséquilibre *m*.

あんぴ 安否 ¶～を気遣う s'inquiéter du sort de. ～を知らせる informer *qn* du sort de *qn*; [近況を] donner à *qn* de ses nouvelles.

あんぶ 鞍部 [山の] col *m*.

あんぷ 暗譜 ¶～で弾く jouer sans partition (de tête); jouer par cœur.

アンプ amplificateur *m*.; ampli *m*.

アンフェタミン amphétamine *f*.

アンプル [注射液の] ampoule *f*.

あんぶん 按分 partage *m* proportionnel. ¶～する partager *qc* proportionnellement à *qn*.

アンペア ampère *m*.

アンペラ natte *f* de jonc.

あんぽ 安保 ⇨ 安国保(安全).

あんぽう 罨法 [湿布] cataplasme *m*; embrocation *f*. ～を施す mettre un cataplasme sur *qc*. ‖～水 embrocation.

あんま 按摩 massage *m*.; [人] masseur(se) *mf*. ¶～する masser. 足を～する masser les jambes. 頸を～してもらう se faire masser le cou.

あんまり ¶そりゃ～だ C'en est trop./C'est trop fort./Ça ne va plus!

あんみん 安眠 sommeil *m* paisible. ～を妨げる troubler le sommeil de *qn*. ～する dormir paisiblement. ‖～妨害 tapage *m* nocturne.

あんもく 暗黙 ¶～の tacite. ～の契約(許可) pacte *m* (permission *f*) tacite. ‖～に tacitement.

アンモニア ammoniaque *f*. ‖～ガス gaz *m* ammoniaque. ～水 eau *f* ammoniacale.

アンモンがい -貝 ammonite *f*.

あんやく 暗躍 manœuvres *fpl* (menées *fpl*) secrètes; [政治上の取引] intrigues *fpl* louches; grenouillages *mpl*. 不平分子の～ intrigues des mécontents. ¶～する manœuvrer (agir) en coulisse.

あんよ [足] peton *m*.

あんらく 安楽 aisance *f*; bien-être *m*. ¶～な aisé; confortable. ～に暮す vivre dans la facilité; vivre à *son* aise. ～に aisément; confortablement. ‖～椅子 fauteuil *m*; bergère *f*. ～死 euthanasie *f*. ～死の euthanasique.

あんりゅう 暗流 [川, 湖の] courant *m* de fond; [海の] courant sous-marin; [人の動き] courant secret.

あんるい 暗涙 ¶～にむせぶ verser des larmes en cachette.

い

い 威 ¶～を振るう exercer *son* autorité *f* sur *qn*. 虎の～を借る狐 âne *m* vêtu de la peau du lion.

い 意 [心] ¶～を強くする être encouragé; [主語・物] encourager *qn*. ～を用いる avoir soin de *qc*. ～に介さない ne pas tenir compte de. ～に介さずに sans se soucier. ◆[意志・意向] ¶～にかなう satisfaire *qn*; convenir à *son* idée. ～に満たない ne pas satisfaire *qn*. ～のままになる être à sa volonté. ～のままに mener *qn* par le bout du nez; tenir à *sa* merci. ～のままになる[服従する] être à la merci de *qn*; [うまく行く] réussir à souhait à *qn*. ～に反して contre *sa* volonté.

い 異 ¶～なることを言う dire une chose étrange; dire des étrangetés. ～とするに足らない Il n'est pas tout à fait étonnant que *sub*./Cela ne mérite pas qu'on s'étonne de *inf*.

い 胃 estomac *m*. ～が痛い avoir mal à l'estomac. ～を食べて～が重い avoir l'estomac alourdi par *qc*. ～が焼ける avoir des brûlures d'estomac. ～に悪い faire mal à l'estomac. ～をこわす avoir l'estomac dérangé; [主語・物] déranger l'estomac à *qn*. あのクリームは～にもたれた La crème m'est restée sur l'estomac. ¶～の gastrique; stomacal(aux).

い 井 ¶「～の中の蛙大海を知らず」«Il n'a jamais vu que son clocher.» «N'avoir jamais quitté son clocher.»

い 蘭 jonc *m*.

-い 位 ¶1～を占める occuper le premier rang. 1～を獲得する prendre la première place. 上～に入賞する être reçu dans les premières places. 3～で到着する arriver troisième. 10～の数 chiffre *m* des dizaines. 小数点以下3～まで jusqu'à la troisième décimale.

イ [楽] la *m inv*. ‖～長(短)調の(で) en la majeur (mineur).

いあつ 威圧 pression *f*. ¶～する en imposer à *qn*; intimider *qn*; [見下す] dominer. 辺りを～する dominer la perspective. ～される se sentir impressionné; se laisser intimider. 我々は彼の巨体に～された Il nous en a imposé par sa corpulence. 私は彼の言にすっかり～された Ce qu'il m'a dit m'a profondément

いアトニー 胃- atonie *f* gastrique.

いあわせる 居合わせる être présent; assister à. 事故現場に～ être témoin d'un accident. ¶居合わせた人 [列席者] assistance *f*.

いあん 慰安 [なぐさめ] consolation *f*; [力づけ] réconfort *m*; [気晴し] récréation *f*; divertissement *m*. ¶～する consoler *qn*; réconforter *qn*. ～会を催す tenir une réunion récréative. ～旅行をする faire un voyage récréatif.

いい ⇒ よい(良い).

いいあい 言合い discussion *f*; dispute *f*. ¶～[を]する se disputer avec *qn*. 些細なことで友達と～をする se disputer avec un ami pour un rien.

いいあう 言い合う [互に言う] se dire; [言い争う] se disputer.

いいあてる 言い当てる deviner juste; dire le mot.

いいあらそう 言い争う se disputer. つまらぬことで～ se disputer sur des pointes d'aiguilles.

いいあらわす 言い表す exprimer; énoncer. 自分の考えを～ exprimer *sa* pensée; s'exprimer. 身振りで～ s'exprimer par gestes. ¶～ことのできる exprimable. ～ことのできない inexprimable; indicible.

イーイーカメラ EE- appareil *m* photographique à œil électrique.

イーイーシー EEC CEE (Communauté *f* économique européene).

いいえ non; [否定疑問に対して肯定で答える時] si.

いいおく 言い置く laisser des instructions à *qn*.

いいおくる 言い送る [次々に] transmettre un mot (un message); [手紙に] écrire à *qn* (*qc* ind). 君の幸せを祈っていると彼女に言い送った Je lui ai écrit que je lui souhaitais du bonheur.

いいおとす 言い落す omettre de dire; [言い忘れる] oublier de dire.

いいかえす 言い返す répliquer à; riposter à. 即座に～ riposter tout de suite; avoir la réplique prompte; être prompt à la riposte. ¶言返し riposte *f*.

いいかえる 言い換える exprimer en d'autres mots (termes). 一言で～ en d'autre mots; autrement dit; c'est-à-dire. ～と…ということになる On peut exprimer *qc* autrement et dire que *ind*.

いいかかり 言掛り ¶～をつける chercher chicane à *qn*; chercher des raisons *fpl* à *qn*. つまらぬことで～をつける ergoter sur des vétilles; couper les cheveux en quatre.

いいかける 言い掛ける ¶彼は何か言いかけてやめてしまった Il s'est interrompu au milieu de sa phrase. 言いかけたことは終りまで言いなさい Achevez votre phrase.

いいかげん いい加減 [適度・程々] ¶～にしろ Tu m'ennuies à la fin. ～に寝なさい Couchetoi à la fin. お喋りも～にしなさい J'en ai assez de votre bavardage. あんな奴は～にあしらって置け Traitez ce type-là par-dessus la jambe. ◆ ¶～な [でたらめな] fait au hasard; [杜撰な] bâclé; [回避的な] évasif(ve); [曖昧な] vague. ～なことを言う parler en l'air (au hasard). ～な選択 choix *m* fait au petit bonheur. ～な仕事 travail *m* bâclé. ～な返事 réponse *f* évasive. 彼も～な男だ C'est un homme irresponsable. ～に仕事をする avoir hâte; sans soin; par-dessus la jambe. 宿題を～にする [ぞんざい] bâcler *ses* devoirs. ◆ [かなり] assez. もう～に勉強したろう Vous avez assez travaillé comme ça. 夜も～更けた La nuit est assez avancée. ¶彼も～な年だ Il a un certain âge.

いいかた 言方 manière *f* de dire (de s'exprimer); expression *f*. ～がうまい(まずい) s'exprimer bien (mal). 物の～を知らない Ne pas savoir dire les choses. そんな～をしてはいけない Ne parlez pas de cette façon (comme ça). ¶別の～をすれば en d'autres termes; pour s'exprimer autrement; c'est-à-dire.

いいかねる 言い兼ねる hésiter à dire; ne pas oser dire.

いいかわす 言い交す se promettre. ¶言い交した仲 fiancés *mpl*. 二人は既に言い交した仲だ Ils se sont déjà promis l'un à l'autre.

いいき いい気 ¶～になる se croire; s'infatuer (être infatué) de *soi-même*; se flatter; se vanter; être flatté de. 成功して～になっている Il se vante de sa réussite. 奴も～なもんだ Il fait le malin.

いいきかせる 言い聞かせる [諭す] faire des remontrances à *qn*; [説得する] convaincre *qn* de *qc* (que *ind*); persuader *qn* de *inf*; faire entendre raison à *qn*; [教え込む] inculquer *qc* à *qn*. 先生は我々に道徳の本義を言い聞かせてくれた Le professeur nous a inculqué les principes de la morale.

いいきみ いい気味 ¶～だ C'est bien fait.

いいきる 言い切る déclarer; affirmer.

いいぐさ 言草(種) propos *m*; vocabulaire *m*. 彼の～が気に食わぬ Ses propos me déplaisent. 何という～だ Quel vocabulaire! 僕に対して何という～だ Comment oses-tu me parler comme ça? ¶ 彼の～ではないが　comme il disait; d'après ses propos favoris.

イーグル [ゴルフ] eagle *m*.

いいくるめる 言いくるめる en faire accroire à *qn*./embobiner; emberlificoter; entortiller; circonvenir. お前は俺を～気だな Tu cherches à m'en faire accroire./Tu essaies de me raconter des histoires. 言いくるめられる s'en laisser accroire.

いいこ いい子 bon(ne) enfant *m*(*f*). 自分だけ～になる faire croire qu'on est meilleur que les autres. あいつはひとり～になっている 《俗》Il fait le cul-cul.

イーコマース commerce *m* électronique.

いいこめる 言い込める réduire *qn* au silence.

イーシー EC [欧州共同体] Communauté *f* européenne (CE).

イージーオーダー demi-mesure *f*. ～の服を着る s'habiller en demi-mesure.

いいしぶる 言い渋る hésiter à dire; ne pas oser dire.

いいしれぬ 言い知れぬ indicible; inexpremable. ~喜び(恐怖) joie f (terreur f) indicible.

いいすぎ 言過ぎ exagération f. それは〜だ C'est aller trop loin./C'est trop dire./C'est un peu fort. 彼の非難は〜だった Il a été trop loin dans ses critiques. ¶〜の exagéré.

いいすぎる 言い過ぎる exagérer; aller trop loin.

イースター [復活祭] Pâques fpl; [当日] Pâques m.

いいすてる 言い捨てる [無造作に言う] dire sans façon.

イースト[きん] -菌 levure f.

イーゼル chevalet m.

いいそこなう 言い損う ⇨ いいちがえる(言い違える).

いいそびれる 言いそびれる perdre l'occasion de dire.

いいつくだく 唯々諾々 ¶〜と avec docilité.

いいだす 言い出す commencer à dire; [提案] proposer. 旅に出ようと言い出したのは君じゃないか C'est toi qui m'as proposé de partir en voyage.
∥お前の言出しっ屁じゃないか Qui s'excuse, s'accuse.

いいたてる 言い立てる [口実にする] arguer; [強調して言う] insister. 昇進するために古参だということを〜 arguer de son ancienneté pour obtenir un avancement. 人の失敗を〜 insister sur ses fautes.

いいちがい 言違い lapsus m; erreur f. その〜から期せずして彼の真意が明らかになった Par ce lapsus, il a révélé involontairement son intention réelle.

いいちがえる 言い違える faire un lapsus.

いいちらす 言い散らす parler à la légère (sans discernement). 好き勝手なことを〜 parler à tort et à travers. 悪口雑言を〜 dire toutes sortes d'injures.

いいつくす 言い尽くす tout dire (exprimer); ne laisser rien à dire. それで全ては言尽されている C'est tout dire./Cela dit tout. ¶言尽せない inexprimable; indescriptible; indicible.

いいつくろう 言い繕う pallier. 彼は自分の無能を言い繕うのに懸命である Il apporte tous ses soins à pallier ses insuffisances.

いいつけ 言付け instructions fpl; ordre m; commandement m. 〜に背く désobéir à qn. 〜を守る obéir aux instructions. ¶〜通りにする être aux ordres de qn; se tenir à l'entière disposition de qn.

いいつける 言い付ける [命令] ordonner; commander. 用事を〜 ordonner une commission. ◆[告げ口する] rapporter (dire) qc à qn.

いいつたえ 言伝え tradition f; légende f.

いいつたえる 言い伝える transmettre par de bouche à oreille; [知らせる] faire connaître (apprendre) qc à qn. [伝承する] ...である と言伝えられている La légende veut (rapporte) que ind.

イーティー ET extra[-]terrestre mf.

いいとおす 言い通す persister (s'obstiner, persévérer) à dire.

いいとし いい年(歳) âge m avancé. ¶〜をして malgré son âge; à son âge.

いいなおす 言い直す répéter; se reprendre. 彼は思わず激しい言葉を口にしたが, すぐに言い直した Il a laissé échapper un mot un peu vif, mais il s'est repris aussitôt. 言直せば en d'autres termes.

いいなか 言い仲 [恋仲] amoureux mpl; [友達] ami(e) m(f) intime. ¶若い娘と〜になる devenir intime avec une jeune fille.

いいなずけ 許嫁 fiancé(e) m(f). ¶...の〜になる se fiancer avec.

いいならわし 言習わし tradition f. ...という〜がある D'après la tradition, on dit que....

いいなり 言なり ¶〜になる être à la merci de qn; se laisser mener par le bout du nez; obéir au doigt et à l'œil à qn; être (se mettre) à la remorque de qn.

いいにくい 言い難い difficile à dire; [発音が] difficile à prononcer. 彼は〜ことをずけずけ言う Il n'hésite pas à dire ce dont personne n'ose parler. ~ことだが C'est difficile à dire, mais....

いいぬけ 言抜け ⇨ いいのがれ(言逃れ).

いいね 言値 ¶〜で買う acheter au prix demandé.

いいのがれ 言逃れ faux-fuyant m. ¶〜[を]する user de faux-fuyants; s'excuser évasivement.

いいのこす 言い残す [言い忘れる] oublier de dire; [途中で終る] s'interrompre de dire. 遺言を言残して死ぬ mourir en laissant ses dernières volontés. 彼はそう言残して出ていった A ces mots, il s'en alla.

いいはなつ 言い放つ déclarer; affirmer.

いいはる 言い張る prétendre; se prétendre; insister pour; persister (persévérer, s'obstiner) à dire. 彼は一番に着いたと言い張っている Il prétend qu'il est arrivé premier. 彼は迫害されたと言い張っている Il se prétend persécuté. 彼は飽くまで自分が正しいと言い張っている Il persévère à dire qu'il a raison.

いいひらき 言開き ⇨ いいわけ(言訳), べんかい(弁解), もうしひらき(申開き).

いいふくめる 言い含める inculquer qc; faire bien comprendre qc à qn.

いいふらす 言い触らす répandre; ébruiter; colporter. 世間に〜 crier qc sur les toits. スキャンダルを〜 colporter une histoire scandaleuse. 他人の秘密を言い触らすものではない Il ne faut pas ébruiter le secret d'autrui.

いいふるす 言い古す ¶言い古された rebattu. 言い古された表現 expression f rebattue.

いいぶん 言分 [理由] raison f; [意見] opinion f; avis m; [異議] objection f. [言訳] excuse f. 両者の〜を聞く entendre les deux partis. 君の〜を聞こう Dis-moi tes raisons. 何か〜があったら伺いましょう Je vous écouterai, si vous avez quelque chose à m'objecter.

いいまかす 言い負かす l'emporter sur qn dans une discussion.

いいまぎらす 言い紛らす user de subterfuge; prendre des faux-fuyants.

いいまくる 言い捲る parler avec volubilité.

いいまわし 言回し façon f d'exprimer; expression f. うまい(へたな)～ expression heureuse (maladroite). 月並な～ phrases fpl toutes faites. ～がうまい(まずい) s'exprimer bien (mal).

いいやつ いい奴 chic type m; bon type. 彼は～だ C'est un brave (chic) type.

いいよう 言様 ¶何とも～のない気持 sentiment m indéfinissable. ～のない嫉妬の情にかられる être poussé par un sentiment obscur de jalousie. 物は～で何が立つ C'est le ton qui peut être blessant. もっと他に～のないかね Est-ce que vous ne pouvez pas vous exprimer autrement?

いいよる 言い寄る faire sa cour à qn; faire la cour à qn; courtiser. 女に～ faire la cour (conter fleurette) à une femme.

いいわけ 言訳 excuse f; [理由] raison f. 尤もらしい～ excuse plausible. ～を言う inventer (chercher) une excuse. 僕の～も立った Ma raison est justifiée. そんな～は通らない Cette excuse ne passe pas./Cette excuse est inacceptable. 善意でもってしたといっても過失の～にはならない Même la bonne intention n'excuse pas la faute. ¶～[を]する s'excuser de (qc). 彼は忙しかったので～をしている Il s'excuse de sa bévue en prétendant qu'il était très occupé.

いいわたす 言い渡す [宣告する] prononcer; [命じる] ordonner. 判決を～ prononcer une sentence. 無罪を～ acquitter qn; déclarer qn innocent. ¶言渡し prononcé m.; ordre m.

いいん 委員 membre m; commissaire m. 党の～ membre d'un parti. ～の職(身分) commissariat m. ‖政府～ commissaire du gouvernement. ソ連人民～ commissaire. 代表～ délégué(e) m(f). ～会 comité m; commission f. ～会に付託する renvoyer à une commission. ～会を招集する convoquer les membres d'une commission. ～会付託 renvoi m à la commission. ～長 président(e) m(f) d'un comité.

いいん 医院 clinique f.

いう 言う dire; parler; [断言する] affirmer. 真実を～ dire la vérité. 良く(悪く)～ parler bien (mal) de qn; dire du bien (du mal) de qn. 偉そうに～ parler en maître. 加減なことを～ parler en l'air. ああ言ったりこう言ったりする dire une chose puis une autre. ～ことは何もない Je n'ai rien à dire. お互いに～こともない何もない Nous n'avons plus rien à nous dire. 彼の～ことが分らない Je ne comprends pas ce qu'il dit. それ以上～必要はない C'est tout dire. 彼は眠れないと言っている Il dit qu'il ne peut pas dormir. みんな彼のことを天才だと言っている Tout le monde dit de lui que c'est un génie. 先生は君のことを言っているんだ C'est pour toi que le professeur parle. 彼に来るように言って下さい Dites-lui de venir. 彼の姿を見かけたような気がするが、確かに彼だとは言いきれない Je crois l'avoir aperçu, mais je ne peux pas l'affirmer avec certitude. 言わずにおく s'abstenir de parler de qc; [俗]rengainer. 言わせる faire dire qc à qn. 言わせておく laisser dire qn. 僕だったら彼にあんなことは言わせておかない Si j'étais toi, je ne le laisserais pas parler comme ça. 言われる se dire. よくそう言われる Cela se dit souvent. ¶～なりになる être la marionnette de qn. ～は～も[及ばず] sans parler de…. ～は～までもない Il va sans dire que…. 改めて～までもない Cela ne vaut pas la peine d'en parler. …のところにおいて au(x) dire(s) de qn. 一般的に言って généralement parlant. 率直に言って pour parler franc (franchement parlant). そう言って悪いけれども pour ne pas dire cela. 一こと言って(言えば) pour tout dire; en un mot. 言いたい放題～ dévider son écheveau; vider son sac. ◆[…も…も] ¶彼女は容姿いい知性といい申分ない Il n'y a rien à redire; elle est aussi belle qu'intelligente. ◆[全部の] ¶私は本と一本を売り払った J'ai vendu jusqu'au dernier de mes livres. ◆[呼称] appeler. この花は何と言いますか Comment appelle-t-on cette fleur? 私は島田と言います Je m'appelle Shimada. これが白いたちと～ものです C'est ce qu'on appelle un furet. 山田と～人 personne f nommée Yamada; personne qui s'appelle Yamada. ◆[指示・説明] ¶自由と～言葉 mot m de liberté. 息子の進学に～大問題 grand problème m de la poursuite des études de mon fils. ◆[言及] ¶馬と言えば競馬はおやりになりますか A propos de cheval, vous jouez aux courses?

いえ 家 [住居] maison f; logement m; domicile m; [家庭] famille f; [家事] ménage m. ～を空ける(留守する) s'absenter de chez soi; [外泊する] coucher à l'extérieur; [引越す] déménager. ～を切盛りする tenir son ménage. ～を継ぐ succéder à son père. ～を持つ avoir sa propre maison; [結婚する] se marier; se mettre en ménage. ～で仕事をする travailler à domicile. ～にいる être à la maison (chez soi). ～に入れる(入れない) ouvrir (fermer) la porte à qn. 小包を～まで届ける livrer un colis à domicile. 彼の～は貧乏で Sa famille est pauvre. 誰でも自分の～がほしい Chacun veut un chez-soi. ～の者 les siens mpl. ～の掃除をする s'occuper du (faire le) ménage. 彼女は～のことが気になって、早目に帰った Comme elle s'inquiétait des soins de son ménage, elle s'est retirée tôt.

いえがまえ 家構え apparence f d'une maison.

いえがら 家柄 extraction f; naissance f; origine f. ～が良い être d'une bonne famille (d'une basse naissance). ¶高貴な～の人 personne f de haute extraction. 古い～の出である être de vieille origine. 高い～の出である être de haute naissance. 中流の～の出である être d'origine modeste. 賤しい～の出である être de basse naissance; n'avoir

いえき 胃液 suc *m* gastrique.
いえじ 家路 ¶～につく prendre (se mettre sur) le chemin de retour. ～を急ぐ se dépêcher de rentrer chez soi.
イエス Jésus *m*. ～キリスト Jésus-Christ *m*.
イエズス《カト》Jésus *m*. ～会 La Compagnie de Jésus. ～会の jésuite. ～会修道士 jésuite *m*.
イエスマン béni-oui-oui *m inv*. 彼は～だ Il dit amen à tout.
いえつき 家付き ¶～の娘 héritière *f*.
いえで 家出 fugue *f*; fuite *f*. ¶～をする faire une fugue. ～した息子 fils *m* en fuite. ～人 fugitif(ive) *m(f)*.
いえなみ 家並 rangée *f* de maisons; enfilade *f* de maisons. そこにはまだ古い～が残っている Il y reste encore une rue de vieilles maisons.
いえやしき 家屋敷 maison *f* et son terrain; propriété *f*.
いえる 癒える guérir. ¶癒えた guéri. ⇒いやす(癒す).
イエローカード [サッカー] carton *m* jaune.
いえん 胃炎 gastrite *f*.
いおう 硫黄 soufre *m*. ～と化合する se sulfurer. ¶～質の sulfureux(se). ～の色の jaune soufre *inv*. ～処理を施す soufrer. ～泉 eaux *fpl* sulfureuses. ～塗布(漂白, 撒布) soufrage *m*. ～マッチ allumettes *fpl* soufrées.
いおとす 射落す abattre [d'une flèche].
いおり 庵 ermitage *m*. ¶～を結ぶ se construire un ermitage.
イオン ion *m*. ¶陰～ anion *m*. 陽～ cation *m*. ～化 ionisation *f*. ～化する ioniser.
いか 以下 ¶明細書は～の通りである Vous trouverez ci-dessous le bilan./Le bilan est le suivant. ～のごとくこう come suit. ～次号 la suite au prochain numéro. ～省略 Le reste est omis. ～同様 et ainsi de suite. ～同上 ◆[より少ない] 100円～ moins de 100 yen. 6歳～の子供 enfant *mf* au-dessous de six ans. 零度～に下る tomber au-dessous de zéro.
いか 医科 faculté *f* de médecine. ¶～大学 école *f* de médecine.
いか 烏賊 seiche *f*; [やりいか] calmar. ～の甲 os *m* de seiche.
いが 毬 [栗の] bogue *f*. ¶～栗頭 cheveux *mpl* en brosse.
いかい 位階 rang *m* de cour. ¶～勲等 honneurs *mpl*.
いがい 以外 ¶...に～に [...を除いて] excepté; sauf; à part; à l'exception de; autre...que; [...に加えて] outre; en plus de; en dehors de. あなた～に友達はいない A part vous, je n'ai pas d'amis./Je n'ai d'autre ami que vous. 私は日曜は出かけない Je ne sors pas excepté le dimanche. 指輪～は全部盗まれた On m'a tout volé sauf ma bague. 荷物～は私は犬を連れていた Outre les bagages, j'avais emmené mon chien.
いがい 意外 ¶～な [予期しない] imprévu; inattendu; inopiné; [望外の] inespéré; [驚くべき] surprenant; étonnant. ～な出来事 événement *m* imprévu. ～なことが起った Une chose inattendue s'est produite. ...とは～だ Il est surprenant que *sub*. ～とは～だ Je ne m'attendais pas à cela. ～なことに ma surprise; à mon étonnement. ～にも contre toute attente.
いがい 遺骸 corps *m*; restes *mpl*; cendres *fpl*; dépouille *f* mortelle.
いがい 貽貝 moule *f*.
いかいよう 胃潰瘍 ulcère *m* gastrique.
いかが 如何 ¶～調子は～ですか Vous êtes en forme? この指輪は～ですか Comment trouvez-vous cette bague? 月曜は御都合は～ですか Cela vous conviendrait-il, lundi?
いかがわしい 如何わしい suspect; véreux(se); louche; [非合法な] interlope; [わいせつな] obscène. ～女 femme *f* qui a un passé louche. ～行動 conduite *f* suspecte (louche). ～写真 photo *f* obscène. ～バーバー *m* interlope. ～事件に巻き込まれる se laisser embarquer dans une affaire véreuse.
いかく 威嚇 menace *f*. ¶～する menacer. 短刀で～する menacer *qn* de son couteau. ～的な menaçant. ¶～射撃をする tirer en l'air pour intimider *qn*.
いがく 医学 médecine *f*. ¶～の(的) médical (aux). ～的に médicalement. ¶～法 médecine légale. ～生 étudiant *m* en médecine;《俗》carabin *m*. ～博士 docteur *m* en médecine. ～部 faculté *f* de médecine.
いかくちょう 胃拡張 dilatation *f* de l'estomac.
いかけや 鋳掛屋 chaudronnier(ère) *m(f)*.
いかさま tromperie *f*; fraude *f*; [博打の] tricherie *f*. トランプで～をする tricher aux cartes. ～に引っかかる être victime d'un escroc; [博打で] être victime d'un tricheur. ～師 escroc *m*; imposteur *m*; tricheur(se) *m(f)*.
いかす chic *inv*. それは～ね C'est chic. 彼女の帽子は～ね Son chapeau a du chic. ～いかした帽子(化粧) chapeau *m* (toilette *f*) chic. 彼女はいかした身なりをしている Elle est chic. 彼女はいかしてる Elle est coquette.
いかす 生(か)す ¶～も殺すも私次第 J'ai le droit de vie et de mort de *qn*. 今日まで父を生かしておきたかった J'aurais voulu que mon père vive encore aujourd'hui. ◆[活用する] bien employer; exploiter; faire valoir. 地位(好機)を～ exploiter la situation (la chance). ～才能を～ exploiter (mettre en valeur) *son* talent. 暇を～ bien employer *son* temps. 金は活かして使わねばならぬ Il faut faire valoir *son* argent. 彼女は食事の残り物をうまく活かして使っている Elle utilise les restes des repas.
いかすい 胃下垂 ptôse *f* de l'estomac.
いかずち 雷 ⇒かみなり(雷).
いかだ 筏 radeau(x) *m*. ¶～師 flotteur *m*. ～流し flottage *m*.
いがた 鋳型 moule *m*; [母型] matrice *f*. メダルの～ matrice d'une médaille. ～を取る mouler. ～に入れる jeter dans le moule. ～

いカタル 胃- gastrite f.

いかつい rude; raide. 〜そうな首 cou m raide. 〜な調子 rudesse f du ton. ¶いかつさ rudesse.

いかなる ⇨ どんな.

いかに ⇨ どんなに.

いかにも 如何にも [本当に] vraiment; [全く] très; bien. 〜そうだ C'est bien vrai./Mais oui./C'est exact. 〜は~嬉しそうだ Il a vraiment l'air heureux. 彼は〜健康そうだ Il a un teint plein de santé. 〜彼らしい C'est bien lui. 〜ありそうなことだ C'est très probable. 彼は〜間抜けだ Il a tout de l'imbécile. 日曜日は家にいなかったろう? ― その通りです Vous étiez absent de chez vous dimanche? ― Oui, effectivement (en effet).

いがみあう いがみ合う s'entrechoquer; être à couteaux tirés. ¶いがみ合い altercation f; querelle f.

いかめしい 厳しい majestueux(se); grave; imposant; [峻厳な] austère; sévère; [荘厳な] solennel(le); [仰々しい] pompeux(se). 〜態度 attitude f majestueuse. 〜様子(顔)つき air m (visage m) grave. 〜スタイル style m pompeux. ¶厳しく majestueusement; avec majesté; solennellement. 厳めしさ majesté f; austérité f; sévérité f.

いカメラ 胃- gastroscope m.

いかものぐい 〜食いである avoir des goûts gastronomiques bizarres.

いからせる 怒らせる ¶肩を怒らせて歩く marcher en roulant les épaules. 目を怒らせて目d'un œil furieux. ⇨ おこる(怒る).

いがらっぽい âcre.

いかり 怒り colère f; fureur f; rage f. 〜に燃える bouillonner de colère. 〜に我を忘れる être fou (folle) de colère. 〜を押える réprimer la colère. 顔に〜を表す laisser voir la colère sur son visage. 〜を買う s'attirer la colère de qn. 〜をぶちまける décharger sa bile (sa rage). 〜を含んだ rageur(se). 〜狂った furieux(se); furibond. 〜狂って furieusement; avec furie.

いかり 錨 ancre f. 〜を下ろす(上げる) jeter (lever) l'ancre.

いかる 怒る ⇨ おこる(怒る).

いかれる ¶いかれている [頭が] être toqué; être un peu fou (folle) être braque; [ほれ俗] être épris de qn; [物品が] être gâté; [すりきれる] être usé. この歯はいかれている Cette dent est gâtée. このりんごはいかれている Cette pomme est en train de se gâter.

いかん 偉観 [大景観] vue f magnifique; beau panorama m.

いかん 尉官 officier m subalterne.

いかん 移管 renvoi m. ¶〜する renvoyer. 事件を最高裁に〜する renvoyer une affaire en Cour de cassation.

いかん 遺憾 regret m; dommage m. ¶〜な regrettable; fâcheux(se). 〜な態度 attitude f fâcheuse. …は〜である Il est regrettable que sub./C'est bien dommage que sub. 援助がなくて甚だ〜です Je regrette beaucoup de n'avoir pu vous aider. 〜に思う regretter que sub; être fâché de qc (inf). 〜ながら à mon regret; fâcheusement. ◆ ¶〜なく [完全に] parfaitement; entièrement. 実力を〜なく発揮する déployer toutes ses capacités (facultés).

いかん 如何 ¶…の〜による dépendre de qc. 〜はともしがたい Il n'y a pas de remède. 結果の〜を問わず Quel que soit le résultat, ….

いがん 依願 ¶〜免官 destitution f volontaire. 〜免官となる être destitué sur sa demande.

いがん 胃癌 cancer m de l'estomac.

いき 意気 moral m. 〜が上る(上らない) Le moral est bon (bas). 〜軒昂としている avoir le moral élevé. 〜投合する s'entendre bien. 〜揚々と triomphalement.

いき 遺棄 abandon m; délaissement m. ¶〜する abandonner; délaisser. ‖死体〜罪 abandon de cadavre.

いき 域 [状態] état m; [水準] niveau m; [段階] degré m. …の〜に達する s'élever au niveau de…. 完成の〜に達する atteindre la perfection. 野蛮の〜を脱しない ne pas sortir de l'état de barbarie.

いき 粋 élégance f; chic m; galanterie f. 〜な élégant; chic inv; galant; coquet(te). 〜な話 [色話] propos mpl galants. 〜なパリ娘 petite Parisienne f coquette. 彼は〜な奴だ Il a du chic. 彼女は〜な身なりをしている Elle est chic. 〜に élégamment.

いき 生き ¶〜のいい魚 poisson m tout frais. あいつは〜のいい奴だ C'est un type plein de vivacité.

いき 息 haleine f; souffle m; [呼吸] respiration. 〜が合う s'entendre bien; s'accorder. 二人はこのことには〜が合っている Ils s'entendent bien sur ce sujet. 〜が切れる s'essouffler; être essoufflé; être hors d'haleine; manquer de souffle. 〜が臭い avoir l'haleine forte (la mauvaise haleine). 〜が苦しい avoir de la peine à respirer. 〜が続く avoir du souffle (de l'haleine). 〜が続かない avoir le souffle court; manquer de souffle. 〜がつまる étouffer; s'étouffer; suffoquer; [窒息する] être asphyxié. 〜がつまって死ぬ mourir d'étouffement; mourir asphyxié. 〜を殺す retenir son haleine (son souffle). 〜をする respirer. 鼻で〜をする respirer par le nez. 思わず〜をのむ en avoir le souffle coupé. 〜をはずませ(切らせ)て haletant. 〜を引きとる rendre le dernier soupir. 〜を吹き返す revenir à la vie. 〜を吹きかける souffler. ¶〜のつまるような étouffant. 〜をのむような étonnant; [俗] souffflant. 〜も絶え絶えな expirant. 〜も絶え絶えにする sur le point d'expirer. 〜せき切って(はずませて)en haletant; à perdre haleine. 〜もつがずに [休まずに] sans reprendre haleine; [一気に] d'un seul coup. 〜せき切って essoufflé; hors d'haleine. 〜ひと〜つく reprendre haleine (son souffle); respirer. ひと〜つかしてくれ Laissez-moi respirer (souffler). あとひと〜だ On y est presque.

いぎ Encore un petit effort. 虫の〜である n'avoir plus qu'un souffle.

いぎ 威儀 ¶〜を正す prendre une attitude solennelle (grave).

いぎ 意義 signification *f*; sens *m*; [価値] valeur *f*. 〜がある avoir une signification. ¶〜[の]ある significati*f*(*ve*). 〜ある学生生活を送る mener une vie d'étudiant pleine.

いぎ 異議 objection *f*; réclamation *f*; contre-avis *m*; [抗議] protestation *f*; contestation *f*; opposition *f*. 〜を唱える faire une objection à; protester contre. 不正に対し〜を唱える protester contre l'injustice. 〜を申立てる soulever des difficultés. あなたの言うことに何も〜はありません Je n'ai rien à vous objecter. 我々の提案は何らの〜も呼ばなかった Notre proposition n'a soulevé aucune objection. 〜なし D'accord! ¶〜がなければ sans objection de votre part; si vous n'y voyez pas d'objection. 〜なく sans contestation; [討論せずに] sans discussion. ‖〜申立て réclamation; contestation. 〜申立てをする contester à; réclamer; déposer une réclamation; s'opposer à *qc*. 〜申立て人 contestataire *mf*; 〚法〛 opposant(e) *m*(*f*).

いきいき 生き生き ¶〜[と] s'animer; [木などが] reprendre *sa* fraîcheur. 彼の顔色は〜していた Son teint s'animait. それらの人物は〜している Ces personnes sont pleines de vie. 〜[と]する animer; aviver. 感動が彼の顔色を〜させていた L'émotion avivait son teint. 〜[と]した vivant; animé; ¶〜した *vi*(*ve*); plein de vie; pétulant; [新鮮な] frais (fraîche). 〜した眼差し regard *m* vif.

いきうつし 生き写し réplique *f*; ressemblance *f*. ¶〜の肖像画 portrait *m* parlant (qui a de la vie). 彼は兄に〜だ Il est une vivante réplique de son frère. 彼は父親に〜だ C'est [tout] le portrait de son père./C'est le portrait vivant (l'image vivante) de son père.

いきうめ 生埋め ¶〜にする ensevelir (enterrer) *qn* vivant.

いきえ 生餌 [魚の] amorce *f* vive.

いきおい 勢 [力] force *f*; [力強さ] vigueur *f*; [元気] vivacité *f*; entrain *m*. 〜をつける [はずみ] prendre *son* propre élan; [スピード] prendre de la vitesse. 風の〜で吹きとばされる être emporté par la force du vent. 事[の場]の〜で par la force des choses (des circonstances). 酒の〜で sous l'empire de la boisson. ¶〜のいい vigoureux(*se*); énergique. この植木は〜がいい Cette plante est vigoureuse. 〜よく漕ぐ ramer avec vigueur (avec force); faire force de rames. 〜よく投げつける jeter avec force. 〜よく走り出す commencer à courir avec entrain. 〜よくぶつかる se heurter violemment contre. 〜余って emporté par *son* élan. 〜こんで話す parler avec véhémence. ◆[必然的に] 〜そうならざるを得ない Les choses en viennent naturellement à ce point.

いきおいづく 勢いづく reprendre des forces; retrouver *son* ardeur.

いきがい 生甲斐 〜を感じる trouver une raison de vivre. 彼はその大事業をなし遂げ会とに新たな〜を見出した En achevant cette grande entreprise, il a donné un sens nouveau à son existence. 〜のある生活 vie *f* digne d'être vécue.

いきかえる 生返る ressusciter; revenir à la vie; [元気うく] se ranimer. その治療で彼は生返った Ce traitement l'a ressuscité. 涼風を受けて私は生返った L'air frais m'a ranimé. 生返らせる ressusciter; [元気づける] ranimer.

いきがかり ⇒ ゆきがかり(行き掛り)

いきかた 生き方 façon *f* de vivre; style *m* de vie. 安易な〜方を choisir la facilité.

いきがみさま 生神様 divinité *f* incarnée.

いきぎれ 息切れ essoufflement *m*. 〜する s'essouffler; perdre haleine; manquer de souffle. 〜がする avoir l'haleine courte (le souffle court). ¶〜のする poussi*f*(*ve*). 〜のする人 poussi*f*(*ve*) *m*(*f*).

いきぐるしい 息苦しい étouffant; suffocant. 〜暑さ chaleur *f* étouffante. ここは〜、窓を明けてください On étouffe ici, ouvrez les fenêtres! 息苦しくなる commencer à étouffer. ¶息苦しさ étouffement *m*. 息苦しさを感じる [窒息して] se sentir oppressé; avoir l'impression d'étouffer.

いきごみ 意気込み ardeur *f*; entrain *m*; vivacité *f* d'élan *m*. 〜が足りない manquer d'ardeur. 〜を挫く réprimer l'ardeur. 彼は大変な〜で勉強しはじめた Il s'est mis au travail avec une grande ardeur. ¶意気込みを avoir de l'entrain. 意気込んで avec ardeur. 彼は大変な〜ようだ Il est plein d'entrain (d'ardeur).

いきさつ 経緯 [事情] circonstances *fpl*; [詳細] détails *mpl*; [経過] cours *m*; [進展] déroulement *m*; ce qui se passe. 事の詳しい〜 déroulement détaillé de l'affaire. 事件の〜 cours des événements. 彼らの間にどんな〜があったのか私は知らない Je ne sais pas ce qui s'est passé entre eux.

いきじごく 生地獄 ¶〜の生活を送る mener une vie d'enfer (de chien).

いきじびき 生字引 ¶彼は〜だ C'est un vrai dictionnaire (un dictionnaire vivant).

いきしょうちん 意気消沈 dépression *f*; abattement *m*. ¶〜している être déprimé; avoir mauvais moral; 〚俗〛 avoir le moral à zéro. 〜する déprimer. 〜した dépressi*f*(*ve*); déprimant.

いきそそう 意気沮喪 abattement *m*; découragement *m*. ¶〜する se laisser abattre; être découragé.

いきち 生血 ¶〜を吸う sucer le sang des vivants.

いきづかい 息遣い respiration *f*. 〜が荒い avoir une respiration bruyante.

いきづまる 息詰まる ¶〜ような暑さ chaleur *f* étouffante. 〜ような討論 discussion *f* serrée. 〜ような接戦だ La partie est serrée.

いきどおる 憤る ⇒ ふんがい(憤慨).

いきとしいける 生きとし生ける ¶〜もの tous les êtres vivants.

いきながらえる 生長らえる [生きる] vivre; [生き残る] survivre. 今日までに〜 vivre jusqu'à ce jour. 彼は身内の誰よりも生き長らえた Il a

いきなり brusquement; soudainement; sans crier gare.

いきぬき 息抜き détente f. 〜にちょっと外へ出よう Sortons un peu, ça nous détendra. ¶〜する se détendre. 二三日〜して来た J'ai pris quelques jours de détente.

いきぬく 生抜く survivre courageusement.

いきのこる 生残る survivre. 子供たちより後まで〜 survivre à ses enfants. ¶生残った survivant; restant. その事故で生残った者 personne f qui a survécu à cet accident. 生残った唯一人の人 le seul survivant. 生残り survivant(e) m(f); [物] survivance f.

いきのね 息の根 vie f. 〜を止める [殺す] tuer; faire mourir; [活動停止] étrangler qc. ひと突きで相手の〜を止める trancher la vie d'un adversaire d'un seul coup d'épée. 言論の〜を止める étrangler la presse.

いきのびる 生延びる survivre. 彼はあの日からひと月も生延びた Il a survécu un mois depuis ce jour-là.

いきはじ 生恥 ¶〜をさらす survivre à la honte (à son honneur).

いきまく 息巻く avoir une grande gueule; 《俗》péter plus haut que son cul.

いきもの 生物 êtres animés mpl; êtres vivants mpl.

いきょう 異教 paganisme m. ¶〜[徒]の païen(ne). 〜徒 païen(ne) m(f); [集合的に] paganisme.

いきょう 異郷 pays m étranger; étranger m. 〜の便り nouvelles fpl de l'étranger. 〜の土となる être enterré en terre étrangère.

いきょう 偉業 exploit m; haut fait m. 〜をなしとげる accomplir une grande œuvre.

いぎょう 遺業 tâche f laissée par un défunt. 父の〜を継ぐ poursuivre l'œuvre inachevée de son père.

いきょく 委曲 détails mpl. 〜を尽す raconter en détails. ¶〜を尽した détaillé.

いきょく 医局 [大学の] service m du professeur; [病院の] service administratif.

いきりたつ いきり立つ être enragé; être furieux(se). ¶いきり立った enragé.

いきる 生きる vivre. 〜喜び joie f de vivre. 思い出に〜 vivre dans les souvenirs. 生き続ける revivre. 彼は息子の心の裡で生き続けている Il revit dans son fils. ¶生きた vivant. 生きた魚(手本) poisson m (exemple m) vivant. 生きた心持がしない être plus mort(e) que vif(ve). 彼はまだ生きている Il est encore vivant./Il vit encore. 古典の匂いは今も生きている Ce souvenir demeure vivant. その部分を書き直せば文が生きてくる Si vous remaniez ce passage, la phrase deviendra vivante. 戦争から生きて帰る revenir vivant de la guerre. 生きながら埋められる être enterré vivant. 生きているうちに du vivant de qn; pendant sa vie.

いきれ ¶小さなホールは人〜で蒸せ返っていた La petite salle bondée était étouffante. 草原は草〜でむんむんしていた Un air étouffant se dégageait des prés.

いきわかれる 生別れる se séparer de son vivant.

いく 行く ⇨ ゆく(行く).

いく 幾 [数個の] quelques; plusieurs; [どれだけ] combien de. 〜人かの人 quelques personnes fpl. 〜千(百)の人 des milliers (centaines) de personnes. 〜千(百)となく par milliers (centaines).

イグアナ iguane m.

いくい 居食い ¶〜する vivre sans travailler.

いくえ 幾重 ¶〜にも折る plier plusieurs fois. 〜にもお詫びする demander humblement pardon (mille pardons) à qn.

いくえい 育英 ‖日本〜会 Organisation f d'assistance scolaire du Japon. 〜事業 œuvre f d'éducation. 〜資金を与える(受ける) offrir (recevoir) une bourse d'études.

いくさ 戦 guerre f; bataille f. ‖負け(勝ち)〜 bataille perdue (gagnée). ⇨ せんそう(戦争).

いくじ 意気地 volonté f; amour-propre m. 〜がないぞ Tu manques de volonté! ‖無し poltronnerie f; [人] poltron(ne) m(f). 〜無しの poltron(ne); sans courage.

いくじ 育児 puériculture f. 〜に専念する(追われる) s'appliquer à (être très occupé de) bien élever ses enfants. ‖〜室 nursery (ies) f. 〜専門家 puéricultrice f. 〜箱 couveuse f. 〜法 puériculture f.

いくしゅ 育種 élevage m.

いくせい 育成 formation f. ¶〜する former. 事業を〜する développer une entreprise. 〜される se former.

いくたび ¶〜も なんど(何度).

いくつ 幾つ combien de. 箱は〜ありますか Combien de boîtes y a-t-il? ¶〜かの plusieurs; quelques; divers. 〜かの新聞にですか Quel âge avez-vous? あの女は〜だと思いますか Quel âge donnez-vous à cette femme?

いくど 幾度 ¶〜も なんど(何度).

いくどうおん 異口同音 ¶〜に d'une même (seule) voix.

イグニッション allumage m.

イグニッションキー clef(clé) f de contact.

いくばく 幾許 ¶〜かの金が手元に残っている Il me reste quelque argent.

いくび 猪首 cou m court (enfoncé).

いくぶん un peu. 私は〜体の具合が悪い Je suis un peu malade.

いくら 幾ら [数量] combien; combien de. 〜ありますか Combien y en a-t-il? 〜お金を持っていますか Combien d'argent avez-vous? 〜か[の] quelque(s); un peu de. 〜お金が欲しい J'ai besoin d'un peu d'argent. 〜か残っている J'ai un peu d'argent. ◆[値段] ¶これは〜ですか C'est combien? 〜で à quel prix; combien. 〜でそれを買ったのか A quel prix l'avez-vous acheté?/Combien l'avez-vous payé? 〜でも [高くても安くても] à quelque prix que ce soit; [高くても] à n'importe quel prix; à aucun prix. ◆[程度] ¶〜でも [好きなだけ] autant qu'il vous plaira. 〜ご金を貸そう Je vous prêterai autant d'argent qu'il vous plaira. 金が欲しけりゃ〜だってあるさ Il y a de l'argent en veux-tu, en voilà! ◆[たとえ…でも] ¶〜…でも [譲歩] quelque...

que. 〜彼が若くても Quelque jeune qu'il soit…. 〜あなたが異議を唱えても Quelques objections que vous fassiez…. 〜待っても無駄ですよ Vous avez beau attendre.

イクラ œufs *mpl* de saumon; caviar *m* rouge.

いくん 偉勲 ⇨ いこう(偉功).

いくん 遺訓 préceptes *mpl*. 父の〜を守る suivre les préceptes de *son* père.

いけ 池 étang *m*; [庭園内の] pièce *f* d'eau.

いけい 畏敬 〜する vénérer; avoir un grand respect pour. 〜すべき vénérable; respectable.

いけいれん 胃痙攣 crampe *f* (tiraillements *mpl*) d'estomac; gastralgie *f*.

いけがき 生垣 †haie *f*. 〜をめぐらした家 maison *f* entourée d'une haie.

いけす 生け簀 vivier *m*. 〜の紅鱒 truites *fpl* en vivier.

いけすかない dégoûtant; désagréable. 〜奴 type *m* dégoûtant. ああいった人は〜 Ce type-là me dégoûte.

いけどり 生け捕り capture *f*; prise *f* 〜する capturer.

いけどる 生け捕る capturer; [動物] prendre vivant.

いけない それは〜 C'est mal./Ce n'est pas bien. あなたの方が〜のです C'est vous qui êtes en tort. そこが〜というのです C'est bien ce que je vous reproche. 僕のどこが〜のですか Qu'est-ce que vous me reprochez? 食べすぎたが〜いけなかった J'ai eu tort de trop manger. お父さんはご病気ですか, それはいけませんね Votre père est malade? C'est bien regrettable. 〜, 忘れた Zut! J'ai oublié. ◆ 〜すると〜から de crainte de *inf* (que *sub*); de peur de *inf* (que *sub*). ⇨ わるい(悪い). ◆ …しなければ〜 Il faut *inf* (que *sub*). もっと勉強しなければ〜 Il faut travailler davantage. …しては〜 [禁止] Il ne faut pas *inf* (que *sub*)./Il est défendu de *inf*. 煙草を喫っては〜 Il est défendu de fumer. そんなことしては〜 Vous ne devez pas faire cela./Je vous défends de faire cela. 〜と言ったら〜 Quand c'est non, c'est non.

いけにえ 生贄 sacrifice *m*; victime *f*. 〜を捧げる offrir un sacrifice; immoler une victime. ¶〜の小羊を捧げる immoler un bouc émissaire. 〜にする [犠牲にする] sacrifier.

いけばな 生(活)け花 arrangement *m* des fleurs; art *m* floral.

いけます [美味い] これは〜 C'est bon. ◆ [酒が強い] ¶彼は〜口 Il tient le vin.

いける 活ける [花を] placer. 花を花瓶に〜 placer des fleurs dans un vase.

いける 生ける 〜屍 cadavre *m* vivant.

いける 埋める enfouir; enterrer.

いけん 意見 opinion *f*; avis *m*; idée *f*; [見解] point *m* de vue; manière *f* de voir. 一致する tomber (se mettre) d'accord sur *qc* avec *qn*. 〜がまとまる arriver à une entente. …の〜に従う (反対する) suivre (refuser) l'opinion de *qn*. 〜の豹変 brusque changement *m* d'opinion. 〜を変える changer d'avis; retourner *sa* veste. 〜をすっかり変えさせる retourner *qn* comme une crêpe. 〜を交換する échanger *leurs* opinions. 〜を述べる donner (exprimer) *son* opinion; dire *sa* pensée; porter un jugement sur. 〜を求める prendre (demander) l'opinion de *qn*. 〜がまちまちだ Nous avons des avis très différents./Les avis sont partagés. 委員会のメンバーから各人各様の〜が出た Les membres du comité ont émis des points de vue divergents. ¶…の〜によれば d'après l'opinion de *qn*. 私の〜では à mon avis. 大多数の〜に同調する se rallier à l'opinion générale; s'incliner devant l'opinion de la majorité. 同一である être d'accord avec *qn*; être du même avis que *qn*. 私はあなたと同じ〜だ Je suis de votre avis. 反対の〜 avis *m* contraire. 反対がなければ sauf avis contraire. ◆ [小言] remontrance *f*. ¶〜する faire des remontrances à *qn*. あなたからとやかく〜されることはない Je n'ai pas d'avis à recevoir de vous.

いけん 違憲 inconstitutionnalité *f*. ¶〜の contraire à la constitution.

いげん 威厳 dignité *f*; majesté *f*. 〜がある avoir de la dignité. 〜がない manquer de dignité. 〜を保つ(示す) garder (montrer) *sa* dignité. 〜を作る jouer au grande personnage. ¶〜のある digne; majestueux(se). 〜のある様子で d'un air majestueux; d'un air de majesté.

いご 以後 à partir de; [以降の] postérieur à; après. 今日〜 à partir d'aujourd'hui. あの日〜 à partir de ce jour-là; depuis ce jour-là. 11時〜は電話をしないで下さい Ne téléphonez pas après onze heures. ¶この資料は1900年〜のものだ Ce document est postérieur à l'année 1900. ◆ [今後] désormais; dorénavant; à l'avenir. 〜慎みなさい Soyez prudent dorénavant (à l'avenir).

いこい 憩 repos *m*. ¶〜の場所 oasis *f*; †havre *m* de paix.

いこう 以降 ⇨ いご(以後).

いこう 偉功 exploit *m*; †hauts faits *mpl*. 〜を立てる réaliser un exploit.

いこう 威光 prestige *m*; autorité *f*; [勢力] influence *f*; [威力] puissance *f*. …の〜を笠に着る s'abriter sous l'autorité de *qn*. ¶親の〜で grâce à l'influence de *ses* parents. 金の〜で par la puissance de l'argent.

いこう 意向 intention *f*; disposition *f*; pensée *f*. 〜を探る sonder les intentions (la pensée) de *qn*; tâter l'opinion de *qn*. …する〜を持っている avoir l'intention de *inf*.

いこう 移行 passage *m*. 幼年期から青年期への〜 passage de l'enfance à l'adolescence. 意味の〜 glissement *m* de sens. 〜する passer.

いこう 移項 [数] transposition *f*. ¶〜する faire passer.

いこう 遺稿 écrits *mpl* posthumes.

イコール [等しい] égaler. 1プラス2〜3 Un et deux égalent trois.

いこく 異国 pays *m* étranger; étranger *m*. ¶〜の exotique; étranger(ère). 〜の香り parfum *m* exotique. ‖〜情緒 exotisme *m*; charme *m* exotique. 〜情緒豊かな小説 ro-

いごこち 居心地 ¶〜がいい se trouver bien; être à son aise. ここは〜がいい(悪い) On est bien (mal) ici./On se trouve bien (mal) ici. この家は〜がいい Cette maison est confortable./On se trouve bien dans cette maison.

いこじ 依怙地 entêtement m; obstination f. 〜な buté; obstiné; entêté. 〜になる s'obstiner à; s'entêter à. 〜になって obstinément. 彼は他人が探すのをあきらめたものを〜になって見つけ出そうとしている Il s'entête à vouloir trouver ce que d'autres avaient renoncé à chercher.

いこつ 遺骨 cendres fpl.

いころす 射殺す [矢で] tuer qn d'une flèche.

いこん 遺恨 rancune f; rancœur f. 〜を抱く avoir une rancune contre qn; entretenir (nourrir) de la rancune. 〜から par rancune.

いざ Allons!/Eh bien! 〜出発だ Allons! En route! ¶〜という時に en cas d'urgence; [肝心な時] au dernier moment. 〜という時にそなえる se prépare au pire. 〜となれば au besoin; en cas de besoin.

いさい 偉才 génie f.

いさい 委細 détails mpl. ¶〜かまわず sans se soucier des conséquences. 〜承知する approuver (accepter) complètement. 「〜面談」«Les détails de vive voix.» 「〜フミ」[電文] «Lettre suit.»

いさい 異彩 ¶〜を放つ se distinguer; se faire remarquer. 彼の才能は仲間内で〜を放っている Il se distingue de ses camarades par son talent.

いさかい 諍い querelle f; brouille f; [口論] altercation f; dispute f; discussion f. ⇨ いさこざ.

いざかや 居酒屋 taverne f; bar m; bistrot m. 〜の主人, tavernier(ère) m(f); patron(ne) m(f) de taverne.

いさぎよい 潔い ¶あいつは〜奴だ Il a un caractère viril. 彼は捕虜になるのを潔しとしないで死を選んだ Il est trop fier pour se laisser emprisonner. ¶潔く [勇ましく] courageusement; héroïquement; [思いきって] bravement; [自ら進んで] de bonne grâce. 潔く諦める renoncer à qc avec détermination. 彼は潔く己れの罪を認めた Il a reconnu sa faute de bonne grâce.

いさく 遺作 œuvre f posthume.

いざこざ brouille f; trouble m; [偶発的] incident m; [口論] anicroche f. 〜を起す se brouiller avec qn; [俗] être en bisbille (altercation) avec qn. 家庭内に〜を起す jeter (porter) le trouble dans une famille. 彼女のために彼は家族と〜を起した Elle l'a brouillé avec sa famille. あの家では〜が絶えない Il y a toujours des brouilles dans cette famille. 両国間でまた国境をめぐる〜があった Il y a encore eu des incidents de frontière entre les deux pays. 両者の間に〜が起きた Une brouille s'est élevée (a surgi) entre eux./Il s'est élevé une brouille entre eux. ちょっとした〜を除けば万事うまく行った Tout s'est bien passé, à part quelques petites anicroches.

いささか 些(聊)か un peu; légèrement. 私は〜面喰った J'ai été un peu déconcerté.

いしらず いさ知らず ¶他人のことは〜 Je ne sais pas comment font les autres, mais moi....

いさましい 勇ましい brave; vaillant; courageux(se). 〜進軍ラッパの音 le son fier du clairon qui sonne l'assaut. ¶勇ましく bravement; vaillamment; courageusement. 〜な bravoure f; vaillance f.

いさみあし 勇み足 ¶〜をしてしくじった Emporté par mon élan, j'ai fait une gaffe.

いさみはだ 勇み肌 ¶〜だ あの男は〜だ C'est un homme plein de générosité.

いさむ 勇む s'exalter. ¶勇み立つ s'exalter; s'enthousiasmer; pétiller d'ardeur. それを聞いてみんな勇み立った En entendant cela, tout le monde s'est enthousiasmé. 勇んで plein d'ardeur; avec entrain.

いさめる 諫める conseiller; donner un conseil à; faire des remontrances.

いさりび 漁り火 feux mpl des bateaux de pêche.

いざる 躄る ramper sur les genoux.

いさん 胃散 poudre f digestive.

いさん 胃酸 acide m chlorhydrique dans la sécrétion stomacale. ‖ 〜過多《医》 hyperchlorhydrie f. 〜減少《医》 hypochlorhydrie f.

いさん 遺産 héritage m; patrimoine m; [世襲財産] biens mpl héréditaires. 〜を継ぐ faire un héritage. 〜を残す laisser un héritage. 〜として残す laisser en héritage. 〜として貰う hériter de qc; hériter qc. 叔父から〜を貰った Il a hérité de son oncle. 彼は父から〜として家を貰った Il a hérité d'une maison de son père. 〜文化 culture f. 〜争い querelle f d'héritage. 〜相続 succession f.

いし 意志 volonté f. 〜が強い(弱い) avoir de la volonté (n'avoir pas de volonté). 〜を貫く accomplir sa volonté. 彼以鉄のような〜を持っている Il a une volonté de fer. 〜の堅固な persévérant; ferme comme un roc; personne f de volonté. 〜作用《心》 volition f. 〜作用 volitif(ve). 〜薄弱な人 personne qui manque de volonté. 〜表示 manifestation f de la volonté. 〜表示《法》 déclaration f de volonté. 〜表示する manifester (déclarer) la volonté.

いし 意思 intention f. 〜が疎通する arriver à s'entendre (à se comprendre). 〜を表示する déclarer ses intentions; se déclarer. 賛成(反対)の〜を示す se déclarer pour (contre) qc. 彼に〜はない pas avoir l'intention de inf. 彼はその点について〜を明らかにしたがらない Il ne veut pas se déclarer sur ce point.

いし 遺志 ¶亡き父の〜を果たす réaliser les espérances de son défunt père.

いし 医師 médecin m. 〜会 ordre m des médecins. 日本〜会 L'association f médicale japonaise. 〜免許状 autorisation f médicale.

いし 石 pierre f; [時計の] rubis m. ライター

~ pierre à briquet. ~で舗装する paver la rue. ¶~の多い pierreux(se). ~にかじりついても à tout prix. ¶小~を敷く couvrir de cailloux. ~造りの en (de) pierre. ~造りにする maçonner qc. ~つぶて pluie f de pierres.

いし 縊死 pendaison f. ~する se pendre.

いじ 意地 [気力] volonté f; [強情] obstination f; [自尊心] amour(s)-propre(s) m. ~がない manquer de volonté. ~がなくて失敗する échouer par manque de volonté. ~を見せて証拠を立てる faire preuve de sa volonté. 僕の~が許さない Mon amour-propre m'interdit cela. 彼女は何でも自分でやろうと~を張っている Elle s'obstine à tout faire elle-même. 彼女にはどことなく~の悪いところがある Il y a chez elle quelque chose de méchant. あいつは~が悪い C'est un homme méchant. ⇒いじわる (意地悪). ~になって obstinément. ~になって嘘をつく s'obstiner à mentir. ∥~っ張りな têtu; obstiné.

いじ 維持 maintien m; entretien m; [保持] conservation f. 家庭の~ entretien de la famille. 秩序の~を保証する assurer le maintien de l'ordre. ¶~する maintenir; entretenir; conserver. 現状を~する maintenir l'état actuel; [外交] maintenir un état de fait (le statu quo). 現状~ maintien de la situation actuelle. ~会員 membre m bienfaiteur. ~費 frais mpl d'entretien; entretien.

いじ 遺児 orphelin(e) m(f) de père; enfant mf du défunt (de la défunte); [父の死後生れた] enfant posthume. 彼は僕の恩師の~だ C'est le fils de mon défunt maître.

いしあたま 石頭 caboche f dure. ¶あいつは~だ Il a une sacrée caboche./Il est têtu.

いしうす 石臼 meule f en pierre.

いしがき 石垣 mur m en pierre.

いしき 意識 conscience f; connaissance f. ~を失う perdre conscience (connaissance). ~を回復する reprendre connaissance. ~がぼんやりしている être dans le brouillard; avoir l'esprit embrumé. ~がはっきりしている avoir toute (garder) sa connaissance. 彼は死ぬまで~がはっきりしていた Il a gardé sa connaissance jusqu'à la fin. ~する prendre conscience de. 彼は死を~している Il est conscient de la mort. ~的に consciemment; [わざと] exprès. ∥自~ conscience de soi-même. ~下の subconscient. ~調査 sondage m d'opinion. ~不明 évanouissement m; syncope f. ~不明である être sans connaissance.

いじきたない 意地汚い glouton(ne); avide. ¶意地汚く gloutonnement. 意地汚さ gloutonnerie f; avidité f.

いしきりこう 石切工 carrier m.

いしきりば 石切場 carrière f.

いしけり 石蹴り marelle f. ~して遊ぶ jouer à la marelle.

いじける être démoralisé. 人前で~ se faire petit devant qn. ¶いじけた心 esprit m tordu.

いしずえ 礎 fondation f; base f. ~を築く établir (jeter) les bases de qc.

いしだたみ 石畳 pavé m.

いしだん 石段 escalier m en pierre; [玄関の] perron m.

いしつ 異質 hétérogénéité f. ¶~の hétérogène.

いしづき 石突き [杖, 傘の] embout m.

いしつぶつ 遺失物 objet m perdu (retrouvé, trouvé); épave f. ~係り [取扱所] bureau(x) m des objets trouvés.

いしばい 石灰 chaux f.

いしばし 石橋 pont m en pierre. ~を叩いて渡る [用心して] marcher sur des œufs.

いじめ ¶弱い者を~する brimer qn. ~を苦に自殺する se suicider à la suite des persécutions.

いじめっこ いじめっ子 méchant garnement m. あの子はひどい~だ C'est un petit tyran.

いじめられっこ いじめられっ子 souffre-douleurs mf inv; tête f de Turc.

いじめる 虐める taquiner; maltraiter; persécuter; torturer. ¶彼はクラスの~られっ子だ Il est le souffre-douleur de sa classe.

いしや 石屋 [石工] tailleur m de pierres; [商人] marchand m de pierres taillées.

いしゃ 医者 médecin mf; docteur m; [一般医] omnipraticien(ne) mf; généraliste m; [専門医] médecin [spécialiste]. 係りの~ médecin traitant (consultant). 係りつけの~ médecin de famille. もぐりの~ médecin marron; guérisseur(se) m(f). ~にかかる être traité par un médecin. ~に見てもらう consulter un médecin. ~を開業する ouvrir une clinique. ~を呼びにやる envoyer qn chercher un médecin. 「~の不養生」《Les cordonniers sont les plus mal chaussés.》

いじゃく 胃弱 embarras m gastrique; [医] apepsie f.

いしゃりょう 慰謝料 dommages mpl et intérêts mpl; dommages-intérêts mpl. ~を請求する réclamer des dommages-intérêts.

いしゅ 異種 ¶~の [同類間の] d'espèces différentes; [全く別の] d'une autre espèce.

いしゅ 蝟集 ¶~する affluer. 事故現場に~している野次馬 curieux mpl qui affluent sur les lieux d'un accident.

いじゅう 移住 transplantation f; [民族の] migration f; [他国へ] émigration f; [他国から] immigration f. ¶~する se transplanter; émigrer; immigrer. その家族はアルゼンチンに~した Cette famille s'est transplantée (a émigré) en Argentine. ~させる transplanter. ¶~者(民) émigré(e) m(f); émigrant(e) m(f); immigré(e) m(f); immigrant(e) m(f).

いしゅがえし 意趣返し vengeance f. ¶~をする se venger de.

いしゅく 畏縮 ¶~する se faire tout petit par crainte respectueuse.

いしゅく 萎縮 atrophie f. ¶~する s'atrophier; [心が] s'intimider; ne pas s'épanouir. 寒さで手足が~した Les membres se sont atrophiés par le froid. 彼は女性の前に出るといつも気持ちが~してしまう Il est toujours intimidé par les femmes. ∥~病

いしゅつ 移出 envoi m. ¶~する envoyer. リンゴを東京に~する envoyer des pommes à Tokyo.

いじゅつ 医術 art m médical.

いしゆみ 弩(石弓) fronde f; catapulte f.

いしょ 遺書 dernier message m; [遺言] testament. m. ~を残す laisser un dernier message.

いしょう 意匠 dessin m. ¶工業~ dessin industriel. ~登録 propriété f du dessin.

いしょう 衣裳(装) vêtements mpl; habits mpl; costume m; [婦人の]robe f; [集合的に]garde-robe(s) f; [婦人の身なり]toilette f. 彼女は~にうるさい Elle est difficile (exigeante) en matière de toilette. ¶~を凝らして en grande tenue. ¶貸~ costume en location. 婚礼~ robe de noces. ~方[劇場の] habilleur(se) m(f). ~部屋[棚付け] armoire f; garde-robe(s) m. 彼女は~持ちだ Elle a une garde-robe fournie (abondante).

いじょう 以上 [上記] ¶~の事実 faits mpl susmentionnés. ~説明した通り comme je l'ai expliqué ci-dessus. ~です C'est tout. ¶[より多く] 100円~ plus de 100 yen. 予期~の成果を収める avoir de bons résultats au-delà de ses prévisions. 気温が30度~に上った La température est montée au-dessus de 30°. 彼は思った~に間抜けだ Il est plus bête qu'on ne croit. 収入~に濫費する gaspiller plus d'argent qu'on n'en gagne. これ~ davantage. これ~飲めない Je ne peux pas boire davantage./Je ne peux plus boire. ◆[理由] puisque; maintenant que; étant donné que. 彼が来ない~我々は出発してもかまわない Puisqu'il ne vient pas, nous pouvons partir.

いじょう 委譲 cession f. ¶~する céder.

いじょう 異常 ¶~な anormal(aux); traordinaire; particulière(ère). ~の関心 intérêt m particulier. ~な事件 événement m extraordinaire. 彼の精神状態は~だ Son état d'âme n'est pas normal. ~に particulièrement; extraordinairement. ¶精神~ troubles mpl névrotiques. 精神~者 anormal(ale, aux) m(f, pl). ~現象 phénomène m anormal. ~性 anomalie f; bizarrerie f.

いじょう 異状 anomalie f; [欠陥]défaut m; troubles mpl. ~がない être normal(aux); n'avoir aucune anomalie. 何も~はありません Tout est en ordre./Rien à signaler. 機械のどこかに~がある Il y a un défaut quelque part dans le mécanisme.

いじょうふ 偉丈夫 homme m bien bâti.

いしょく 委嘱 [委員]commission f; [依頼] demande f. ¶…に~する charger qn de qc; confier qc à qn; donner une commission à qn. 私はこの事件の調査を弁護士に~した J'ai chargé un avocat de l'enquête de cette affaire.

いしょく 異色 ¶~の unique; original(aux).

いしょく 移植 transplantation f; [植木の] déplantage m; [生体の]greffe f. ¶~する transplanter; greffer; déplanter; [苗木から] repiquer. ¶心臓~ greffe du cœur. ~ごて déplantoir m; transplantoir m.

いしょく 衣食 l'habillement m et le vivre. ~に事欠く manquer du nécessaire.

いしょく 居職 ouvrier m en chambre.

いしょくじゅう 衣食住 l'habillement, le vivre et le couvert.

いしらしい [感動的]émouvant; touchant; [ほろりとする]attendrissant.

いじる 弄る manier; [いじり回す]tripoter; jouer avec qc; [さわる]toucher à. 道具を~ manier un appareil. 子供たちが玩具をいじって遊んでいる Les enfants s'amusent avec un jouet. その果物をそんなにいじっちゃいけない Ne tripotez pas ainsi ces fruits.

いしわた 石綿 amiante f; asbeste m.

いじわる 意地悪 méchanceté f; malveillance f; [俗]vacherie f. 彼は~ばかりしている Il n'arrête pas de faire le méchant. 彼女は猫に~をして楽しんでいる Elle prend un malin plaisir à taquiner son chat. ¶~な méchant; malveillant; malicieux(se); [底意地の悪い]malintentionné; [馬鹿にした]méprisant. ~な人 méchant(e) m(f); malveillant(e) m(f); gale f; [俗]vache f; rosse f. ~な目つき regard m méprisant (méchant). ~なことをする(言う) faire (dire) des méchancetés. ~である être bien~な gentil(le); [口]être méchant. あの女はなんて~なんだ Comme elle est méchante, cette femme. あの先生は~だ、宿題ばかり出している Le professeur n'est pas gentil. Il nous donne trop de devoirs.

いしん 威信 prestige m. ~がある avoir du prestige; jouir d'un prestige. ~がない manquer de prestige. ~を失う perdre son prestige. ~を傷つける souiller le prestige de qn. ~を保つ garder son prestige. ¶~のある prestigieux(se).

いしん 維新 ¶[明治]~ Restauration f de Meiji.

いじん 偉人 grand homme m.

いしんでんしん 以心伝心 ¶~である se comprendre tacitement (sans mots).

いす 椅子 chaise f; siège m; [ひじかけ]fauteuil m; [長椅子]divan m; [床几]tabouret m. ~に腰掛ける s'asseoir sur une chaise. ~をすすめる offrir une chaise (un siège). ¶回転~ fauteuil pivotant. 車~ chaise roulante. 電気~ chaise électrique. ◆[地位] poste m; [大臣の]portefeuille m. 教授の~ poste de professeur.

いすか 鵤 bec(s)-croisé(s) m. すべてが~のはしの食い違[違]い Tout va de travers.

いずまい 居住い position f. ~を正す rectifier sa position.

いずみ 泉 fontaine f; source f. ~から湧き出る couler de source. ~の精 naïade f.

イスラエル Israël m. ¶~人 Israélien(ne) m(f); [古代の]Israélite m(f).

イスラム Islam m. ¶~教 islam; mahométisme m.

いずれ [近いうちに]bientôt; tôt ou tard; [いつか]un jour ou l'autre; un autre jour; une autre fois. ~また A bientôt./A un de ces jours. ◆[いずれにせよ・ともかく] en tout cas;

いすわり 居座り ¶寒気の persistance *f* du froid.

いすわる 居座る [動かない] ne pas bouger; [留任] ne pas quitter *son* poste. 彼はアルバイトをしていた会社に居坐ってしまった Il a fini par s'installer pour de bon dans l'entreprise où il travaillait à mi-temps.

いせい 以西 ¶～に(で) à l'ouest de…

いせい 威勢 vivacité *f*; entrain *m*. ¶～がいい être plein de vivacité. ～をつける se remonter. ～をつけてやる remonter *qn*; remonter le moral de *qn*. 僕の奢りで、充分飲んで～をつけてくれ C'est ma tournée, bois tout ton soûl pour te remonter. ‖～よく avec vivacité.

いせい 異性 l'autre sexe *m*. ～を知る faire l'amour. ～を愛する faire l'amour avec une femme (un homme). ¶～ hétérosexuel(le). ‖～愛 hétérosexualité *f*. ～関係 liaison *f* [amoureuse]. あの人は～関係が多い Il a beaucoup de liaisons.

いせい 遺精 pollution *f*.

いせい 為政者 gouvernants *mpl*.

いせいじん 異星人 ⇨ イーティー (ET).

いせえび 伊勢海老 langouste *f*; ⁺homard *m* épineux (de roche).

いせき 移籍 ¶他チームへ～する être transféré(e) dans une autre équipe; changer d'équipe.

いせき 遺跡 ruines *fpl*; vestige *m*. 寺院の～ vestiges d'un temple.

いせつ 異説 opinion *f* (doctrine *f*) différente. ～を立てる avancer une opinion déferrente.

いせん 緯線 parallèle *m*.

いぜん 以前 [昔] autrefois; [前に] avant. ～彼と会ったことがある Je l'ai vu autrefois. ～から depuis longtemps. ～のように comme auparavant. ¶～の antérieur(e); ancien(ne); [昔の] d'autrefois. ～の住所 ancienne adresse *f*. ～の彼がどうだったか知らないが、今はとてもいい人だ J'ignore comment il était autrefois, mais maintenant il est très aimable. ‖結婚～の～の出来事 événement *m* antérieur à *son* mariage. 結婚～に avant *son* mariage.

いぜん 依然 ¶～として toujours; comme toujours. 彼は～として昔のままだ Il est toujours le même. 彼は～として腹を立てている Il est toujours en colère. 病状は～として変わらない L'état du malade ne change pas du tout.

いそ 磯 plage *m*; rivage *m* de la mer.

いそいそ ¶～と avec entrain; joyeusement.

いそう 位相 phase *f*. ‖～幾何学 topologie *f*. ～合同 homologie *f*.

いそう 移送 transfert *m*. ¶～する transférer.

いぞう 遺贈 legs *m*. ¶～する léguer. 全コレクションをルーブル美術館に～する léguer toute *sa* collection au Louvre.

いそうろう 居候 parasite *m*. ¶～[を]する vivre aux crochets de *qn*.

いそがしい 忙しい être occupé; être pris. ～一日 une journée occupée (bien remplie). 辞書の編纂で～ être occupé par la rédaction d'un dictionnaire. お～ところを申し訳ありません Excusez-moi de vous déranger. 忙しそうな affairé. 彼はいつも忙しくしている Il a toujours l'air affairé. ¶忙しそうに立ち働く s'affairer; travailler d'un air affairé. レストランは一杯で、ボーイたちが忙しそうに立ち働いていた Dans le restaurant bondé, les garçons s'agitaient.

いそがせる 急がせる dire à *qn* de se dépêcher; presser *qn*; faire accélérer *qc* à *qn*. 出発の準備を～ faire accélérer à *qn* les préparatifs de départ. 計画の実施を～ presser *qn* de réaliser *ses* projets.

いそぎ 急ぎ ¶～の pressant; urgent; pressé. ～の仕事 travail *m* pressant (urgent). ～の手紙 lettre *f* urgente.

いそぎあし 急ぎ足 ¶～で d'un pas rapide (pressé); à pas précipités.

いそぎんちゃく 磯巾着 actinie *f*; anémone *f* de mer.

いそぐ 急ぐ se hâter; se presser; se dépêcher. 解決を～ brusquer le dénouement. 道(出発)を～ hâter le pas (le départ). 急ぐことはありません Ce n'est pas la peine de courir./Rien ne vous presse. 急いでもあわてちゃいけない Ne confondez pas vitesse et précipitation.「急がば廻れ」«Hâte-toi lentement.»; «Festina lente.» 急ぎなさい Dépêchez-vous! 急げ Vite!/Au galop! ¶急いでいる être pressé. 急いで en hâte; à la hâte; vivement; rapidement; vite; [大急ぎで] en grande hâte; avec précipitation; au grand (triple) galop. 急いで…する se hâter (se presser, se dépêcher) de *inf*. 急いで駅へ行く se précipiter à la gare. 急いで事を運ぶ mener une affaire vivement (à la hâte, tambour battant). 出来るだけ急いで荷物をまとめなさい Faites vos bagages aussi rapidement (vite) que possible. 急がずに sans hâte; sans précipitation.

いぞく 遺族 survivant(e) *m*(*f*). ‖～扶助料 pension *f* allouée au survivant.

いそづり 磯釣り pêche *f* à pied.

いぞん 依存 dépendance *f*. ¶～する dépendre de; être tributaire. 英国はフランスに農産物を～している L'Angleterre est tributaire de la France pour les produits agricoles. ‖相互～ dépendance mutuelle. 諸事実の～関係 dépendance entre des faits.

いぞん 異存 ⇨ いぎ (異議).

いた 板 [金属, 石材の] planche *f*; plaque *f*; [棚板] tablette *f*; [小さな] planchette *f*. ～を張る planchéier. ¶[比喩的に] ～につく [似合う] aller bien à *qn*; [慣れる] sembler expert. ‖一枚～ planche d'une seule pièce. 樫の一枚～の扉 porte *f* en chêne massif. ～囲い palissade *f*. ～囲いをする clôturer *qc* avec des planches. ～張りの部屋 chambre *f* toute planchéiée.

いたい 遺体 restes *mpl*; corps *m*; dépouille *f* mortelle.

いたい 痛い avoir mal à; souffrir de; [主語・

いたい [物] faire souffrir; faire mal; [傷などが] douloureux(se); endolori. 頭が~ J'ai mal à la tête./Je souffre de la tête. 膝がまだ~ Mon genou est encore douloureux. 試合の翌日は手足が~ Le lendemain du match, on a les membres endoloris. 何処が~の Où avez-vous mal? 痛くなる donner mal. この新しい眼鏡をかけていると目が痛くなる Ces nouvelles lunettes me donnent mal aux yeux. ¶痛そうに douloureusement. 彼は痛そうにうめいていた Il gémit douloureusement. 痛そうに足をひきずる trainer les pieds d'un air douloureux. ◆[比喩的に] ¶耳が~忠告 aigres remontrances fpl. ~ところを突く toucher la corde sensible de qn. ~ところを突かれる être atteint (touché, piqué) au vif. 痛くもない腹をさぐられる faussement soupçonné. 今に~目を見るぞ Tu vas me le payer./Tu vas passer un mauvais quart d'heure. 痛くも痒くもない Ça ne me fait ni chaud ni froid.

いだい 偉大 ¶~な grand; grandiose. ~な過去(景観) passé m (paysage m) grandiose. ~さ grandeur f.

いたいけ [無邪気な] innocent; [幼い] tout petit. ~子供 enfant mf innocent. ~ことを言う dire des choses émouvantes.

いたいたしい 痛々しい douloureux(se); [気の毒な] pitoyable; [つらい] pénible; ~傷 blessure f douloureuse. 見る目にも~ pénible à voir. ¶~ほどやつれている être affaibli à faire pitié.

いたがね 板金 plaque f de métal.

いたガラス 板- vitre f; tablette m de verre.

いたがる 痛がる se plaindre de douleur.

いたく 委託 dépôt m; commission f; [商品の] consignation f. ~する confier; déposer; consigner. 公証人に遺言を~する déposer un testament chez un notaire. ¶~金 argent m consigné. ~販売 vente f à la commission. ~販売人 consignataire m. ~販売品 marchandise f en consignation. ~品 dépôt m. ~品として送る envoyer en consignation.

いだく 抱く prendre dans ses bras; [計画などを] avoir; entretenir; [欲望, 怨恨を] nourrir; garder; [愛情, 尊敬を] porter. 恨みを~ garder (avoir de la) rancune contre qn. 計画を~ entretenir un projet. 友情を~ porter amitié à qn. 欲望(偏見)を~ nourrir (se nourrir d'un désir (un préjugé). 僕は君に好感悪感情)を抱いていた J'étais prévenu en ta faveur (contre toi).

いたけだか 居丈高 ¶~に avec autorité. ~になる se dresser (monter) sur ses ergots; prendre une attitude agressive (menaçante).

いたご 板子 planche f.

いしかゆい 痛し痒し ¶~だ C'est embarrassant.

いたじき 板敷 plancher m. ¶~にする planchéier qc.

いたずら 悪戯 farce f; espièglerie f; niche f; [子供の] polissonnerie f; gaminerie f; [暇つぶし] passe-temps m inv; divertissement m. 運命の~ jeux mpl du hasard. ¶~する faire une farce (espièglerie, niche); faire (jouer) un mauvais tour à qn; polissonner. 女に~する attenter à la pudeur d'une femme. ~っぽい espiègle; malin(gne); malicieux(se). ~っぽい言葉 regard m malicieux. ~っぽく目くばせする lancer un clin d'œil malicieux. ¶~小僧 galopin m; diablotin m. ~小僧め Petit voyou! ~っ子 polisson(ne) m(f); petit fripon m; espiègle mf. この子は~っ子だ Cet enfant est un malicieux. ~半分で par plaisanterie f; par passe-temps. ~者 farceur(se) m(f); malin (gne) m(f).

いたずら 徒ら ¶~に inutilement; en pure perte. ~に日を送る vivre dans l'oisiveté.

いただき 頂 sommet m; cime f. 松の木の~までのぼる grimper jusqu'à la cime d'un pin.

いただく 頂(戴)く [頭にのせる] ¶頭に霜を~ avoir les cheveux blancs. 霜を踏んで出かけ星を戴いて帰る sortir au petit jour et rentrer à la lueur des étoiles. 雪を戴いた山 montagne f couverte de neige. ◆[仰ぐ] ¶会長に元総理を~ choisir pour président un ancien premier ministre. ◆[...してもらう] ¶...していただけませんか Veuillez inf. ...していただければ幸いです Vous me serais obligé de bien vouloir inf. ...させていただきます Permettez-moi de inf. ◆[飲食する] ⇒たべる(食べる), のむ(飲む).

いたたまれない [我慢ができない] ne pouvoir y tenir; ne plus pouvoir tenir; être à bout; [その場にいられない] ne pas pouvoir tenir en place. 私はもう~ Je ne peux plus y tenir.

いたち 鼬 belette f. ¶白~ furet m.

いたチョコ 板- tablette f de chocolat.

いたで 痛手 [傷] blessure f; [打撃] atteinte f. 心の~ plaie f (meurtrissure f) du cœur. 彼は心の~がまだ癒えない La plaie de son cœur n'est pas encore guérie. ~を受ける [打撃] ulcérer; porter atteinte à. ...の自尊心に~を与える porter atteinte à son orgueil. ~を負わせる [重傷] blesser qn gravement. ~を被る(受ける) subir les atteintes. ~を免れる être hors d'atteinte.

いだてん 韋駄天 ¶~の如く走る courir comme un dératé.

いたのま 板の間 plancher m boisé; [部屋] pièce f planchéiée.

いたばさみ 板挟み ¶~になる être entre l'enclume et le marteau; être tiraillé par (entre); être ballotté entre.

いたばり 板張り boisage m; boiserie f. ¶~にする planchéier; boiser.

いたぶき 板葺き ¶~にする couvrir un toit de bardeaux. ¶~屋根 toit m de bardeaux.

いたべい 板塀 clôture f en bois.

いたまえ 板前 cuisinier m.

いたましい 痛ましい [気の毒な] pitoyable; [悲痛な] navrant; déchirant; lugubre; tragique; [辛い] pénible; [嘆かわしい] misérable; déplorable. 見るも~ être pénible à voir. ~境遇 situation f déplorable. ~光景 spectacle m déchirant. ~最期 mort f tragique. ~最期を遂げる mourir tragique

いたみ 傷み [損傷] dommage m; [商品の] détérioration f; tare f.

いたみ 痛み douleur f; mal(aux) m. 歯(喉)の~ mal de dents (de gorge). ~をこらえる supporter ses douleurs. ~を増す aiguiser la douleur. ~をとめる(やわらげる) couper (calmer) la douleur. 肩に~を感じる ressentir une douleur dans l'épaule. ~がおさまった La douleur s'est apaisée. ~が一時退いた J'ai eu une rémission de la douleur. 風呂はリューマチの~にいいと言われている Le bain est recommandé pour les douleurs rhumatismales.

いたみいる 痛み入る ¶ご親切まことに痛み入ります Je suis tout confondu de vos bontés./ Je suis confondu de gratitude devant vos bontés.

いたむ 傷む [損傷する] s'abimer; se détériorer; se délabrer; [食物が] se gâter. この生地はすぐ~ Ce tissu s'abime (se détériore) facilement. このいちごは傷みかかっている Ces fraises sont en train de se gâter. ¶傷んだ abimé; détérioré; délabré; gâté; [輸送中に] avarié. 傷んだ絵 peinture f abimée. 傷んだ果物 fruit m gâté. すっかり傷んだ古い城 vieux château m tout délabré. この家は傷んでいる Cette maison se délabre. 傷みやすい食料品 denrées fpl périssables.

いたむ 痛む ¶傷が~ La blessure me fait mal (souffrir). 友の死に心が~ La mort de mon ami me crève le cœur. ⇨いたい(痛い).

いたむ 悼む déplorer; pleurer; regretter. 死を~ pleurer (déplorer) la mort de qn; regretter qn longtemps. 過ぎし昔を~ regretter le temps passé.

いためつける 痛め付ける critiquer qn sévèrement; [俗] esquinter qn.

いためる 傷める détériorer; délabrer; endommager; abimer; gâter. 無理して体を~ délabrer (détériorer) sa santé par des excès. 湿気は壁紙を~ L'humidité abime (détériore) les tentures.

いためる 痛める se blesser; se faire mal. 腕を~ se blesser au bras. なんでもないことで心を~ se tourmenter pour un rien.

いためる 炒める faire sauter (revenir) qc. バターで~ faire sauter qc au beurre. ¶炒め鍋 sauteuse f.

いたらない 至らない ¶~点がありましたら S'il y avait quelque chose à redire.... ~者ですが Je suis encore inexpérimenté, mais.... これは私の~せいです Cela vient de ma négligence.

イタリック ¶一体の italique. ~体にする mettre qc en italique.

いたる 至る ¶...[する]に~ en arriver à; aboutir à; en être réduit à. ...するに~ finir par inf. 交渉は思わぬ結果に至った Les négociations ont abouti à un résultat imprévu. 幸いにその事故は大事に至らなかった Heureusement cet accident n'a pas en-

traîné de conséquences graves. 暴動は大事に至らずにすんだ On a pu étouffer l'émeute avant qu'elle ne prenne de l'importance. 乱費がすぎて彼は貧乏するに至った Ses dépenses folles l'ont réduit à la misère. あらゆる失敗を重ねた末、僕は一体何をなすべきかを自問するに至った Après tous les échecs, j'en arrive à me demander ce qu'on devrait faire. ¶事ここに至っては au point où nous en sommes. 今日に~まで jusqu'à présent. 老人から子供に~まで du plus vieux au plus jeune.

いたるところ 到る所 partout; de toute part. 体中に傷が~ Je souffre de partout. 世界中の~を見物する visiter les quatre coins du monde. ~からお祝いの手紙が届いた Des lettres de félicitations sont arrivées de toute part. フランス中の~で partout en France.

いたれりつくせり 至れり尽くせり ¶~のもてなし accueil m parfait.

いたわる 労る ménager. 老人子供を~ ménager sa santé; se ménager. ¶労り合う se ménager.

いたん 異端 [反カトリック] hérésie f; [反正統派] hétérodoxie f. ~の hérétique; hétérodoxe. ~の教祖 hérésiarque m. ¶~者 hérétique mf; hétérodoxe mf. ~者臭い sentir le fagot.

いち 位置 position f; situation f; [場所] place f. 家屋の~ exposition f (situation) d'un bâtiment. 南向きの~ bonne exposition au sud. ~が良い(悪い) être bien (mal) situé. ~につけ [戦闘などで] En position! ~について [競技] A vos marques! 家具の~を変える changer un meuble de place. ¶...に~する être situé. ~を付ける situer qc. 碇泊~ emplacement m.

いち 一 un m. さいころ(トランプ)の~ as m. クラブの~ as de trèfle. ~を聞いて十を知る comprendre à demi-mot. ¶~、二を争う se disputer la première place. ~か八かやってみる jouer (risquer) le tout pour le tout; jouer son va-tout; se hasarder à. ~も二もなく sans la moindre hésitation.

いち 市 marché m; [定期市] foire f. 木曜毎に~が立つ Il y a un marché chaque jeudi. ¶~の立つ日 jour m de marché. 馬~ foire aux chevaux. 花~ marché aux fleurs.

いちい 楝 if m.

いちいせんしん 一意専心 uniquement; ~勉強にはげむ s'absorber dans (se consacrer à) l'étude.

いちいち un(e) à un(e); [次々に] l'un(e) après l'autre. ~口答えする riposter du tac au tac. 人のしたこと~に口出しする se mêler continuellement des affaires des autres. 生徒を~呼び出す appeler des élèves l'un après l'autre.

いちいん 一員 membre m. 党の~である être membre d'un parti. 彼は今や家族の~である Il fait maintenant partie de la famille.

いちいんせい 一院制 monocamérisme m.

いちえん 一円 [関東に]~ dans toute la région de Kanto.

いちおう 一応 ¶～調べてみる examiner sommairement. ～うまくいっているよ Ça va bien pour le moment. ～考えておこう En tout cas je vais y réfléchir. ～彼に礼を言うべきだ En tout cas vous devez le remercier. ～尤もだ Vous avez raison dans un certain sens. この本には～目を通した J'ai parcouru ce livre. ～の手続き formalité f provisoire.

いちがいに 一概に généralement; tout simplement. ～彼を責める訳にはいかない On ne peut pas tout simplement l'accuser.

いちがつ 一月 janvier m. ～一日 le premier janvier. ¶～ en janvier.

いちがん 一丸 ¶～となる faire bloc; s'unir. ～となって敵に当る faire bloc contre des adversaires.

いちがんレフ 一眼- [カメラ] reflex m à un objectif.

いちぎ 一義 ¶～的な univoque. ‖～性 univocité f.

いちぐう 一隅 un coin. ¶庭園の～に dans un coin du parc.

いちぐん 一群 un groupe; une troupe; [家畜] un troupeau; [飛んでいる鳥(虫)の] un vol.

いちげい 一芸 ¶～に秀でる exceller (se distinguer) dans un art.

いちげき 一撃 un coup. ～を与える porter un coup. ¶～で d'un seul coup.

いちげん 一元 ¶～一次方程式 équation f du premier degré à une inconnue. ～化 unification f. ～化する unifier. ～論 monisme m. ～論者 moniste m.

いちげんこじ 一言居士 critiqueur m.

いちけんしき 一見識 ¶～もない ne rien connaître à qc.

いちご 一期 ~の思い出として comme le dernier souvenir de sa vie.

いちご 一語 un mot. ¶～～ 翻訳する traduire mot à mot. ～をもらさず聞く écouter sans perdre un seul mot.

いちご 苺 fraise f; [木] fraisier m. ‖野～ fraise sauvage.

いちごう 一号 numéro 1; N° 1.

いちごん 一言 un mot. ～もない n'avoir aucune excuse pour; n'avoir à répliquer à. そう言われれば～もない Je n'ai rien à répliquer à ce que vous me dites. ～のもとにことわる refuser qc catégoriquement. ¶～一句も聞き洩さない ne pas perdre un seul mot (une bride de ce qui se dit). ～半句も分らない ne rien comprendre.

いちざ 一座 [興業団] troupe f; [満座] l'assistance; toute l'assemblée. ～の者 [集まった人] assistants mpl. ～を楽しませる amuser le tapis.

いちじ 一字 une lettre. ¶～一句変えずに sans y changer une virgule. ～訂正(削除) un mot corrigé (supprimé).

いちじ 一時 [ちょっとの間] un moment; [しばらく] pendant quelque temps; un moment; pour un temps; [さしあたり] pour le moment. ～は une fois; [昔は] autrefois; dans le temps. ～は大変だった Il y a eu un moment difficile. ～的な passager(ère); mo-

mentané; fugitif(ve); provisoire; transitoire; temporaire. ～的な不快感 malaise m passager (momentané). ～的解決 solution f provisoire. ～的制度 régime m transitoire. ～的に provisoirement; momentanément; temporairement. ¶～預り所 [駅の] consigne f. 手荷物を～預けにする mettre ses bagages à la consigne. ～借入金 dette f flottante. ～払い payment m total.

いちじ 一次 ¶～の premier(ère); primaire. ‖～選挙 élection f primaire. ～方程式 équation f du premier degré.

いちじき 一時期 un temps; une époque. ～を画す faire date (époque). テレビの発明は歴史上に～を画した L'invention de la télévision a fait date dans l'histoire.

いちじく 無花果 figue f; [木] figuier m.

いちじしのぎ 一時凌ぎ expédient m; palliatif m. ¶～の palliatif(ve). ～の策 expédient; palliatif. その新税は～の策にすぎない Ces nouveaux impôts ne sont que des palliatifs. ¶～として comme expédient; à titre d'expédient.

いつか 五日 ⇒ 付録.

いちじのがれ 一時逃れ faux-fuyant(s) m. ～を言う user de (prendre des) faux-fuyants. ～を言っても駄目だ Vous avez beau chercher un faux-fuyant.

いちじゅん 一巡 ¶～する faire une ronde.

いちじょ 一助 ¶～となる fournir une contribution pour.

いちじょう 一場 ¶～の演説 un discours. ～の夢と化す s'évanouir comme un rêve.

いちじょう 一条 ¶～の光り un rayon de lumière. ‖憲法第一 Article Ier de la Constitution.

いちじるしい 著しい remarquable, visible; sensible; notable, éclatant. ～進歩をする faire de notables progrès. 小麦は雹で被害を蒙った La grêle a sérieusement endommagé les blés. ¶著しく remarquablement; notablement; sensiblement.

いちじん 一陣 ¶～の風 un coup de vent.

いちずに 一途に uniquement; aveuglément; absolument. 自分が正しいと～に思いこむ être absolument persuadé (convaincu) d'avoir raison. 彼は～自分の成功のみを考えている Il pense uniquement à son succès.

いちぜん 一膳 ¶～飯屋 gargote f.

いちぞく 一族 parenté f; [家族] famille f. 彼(彼女)の～ toute sa parenté; toute sa famille. ¶彼は～郎党を引き連れてやって来た Il est venu avec toute sa smala.

いちぞん 一存 ¶人の～にまかせる laisser qn faire; laisser qc à la volonté de qn. 私の～ではまかりかねない Je ne le laisserai pas faire. それは私の～ではかねる Cela ne dépend pas de moi seul. ～で de sa propre volonté; sous sa propre responsabilité.

いちだい 一代 une génération. ～で財を成す se faire (accumuler) une grande fortune en une seule génération. ◆[一時代] une époque. ～の英雄 héros m de son époque.

いちだいじ 一大事 affaire f grave. それは～だ

いちだん 一団 un groupe; une troupe; une bande; [競走中の] peloton *m*. 泥棒の~ une bande de voleurs. 先頭の~にいる être dans le peloton de tête. ¶~となって行く aller en troupe. ~となって走る courir en peloton.

いちだん 一段 ¶~と plus; encore plus; davantage. 生活費は~と上った La vie a encore augmenté. ~と進歩する faire de gros progrès. 彼女は~と美しい Elle est encore plus belle. 今日は~と寒い Aujourd'hui, le froid s'est fait plus vif.

いちだんらく 一段落 ¶仕事も~した Le plus gros du travail est fait. ~したら下へ降りていらっしゃい Descendez en bas, si vous trouvez un bon moment pour interrompre votre travail.

いちど 一度 une fois. ~だけ une seule fois; pour une fois. もう~ encore une fois. 週に~ une fois par semaine. そんなことは~で沢山だ Une fois, ça me suffit. ◆ ¶~に [同時に] à la fois; en même temps; [一緒に] ensemble. ◆ ¶~も...しない ne...jamais. ~も彼に会ったことがない Je ne l'ai jamais rencontré. ~も [以後] ¶彼は~出かけたら戻らない Une fois qu'il est parti (Une fois parti) il ne revient plus.

いちどう 一同 tous (toutes); tout le monde. ~そろって tous ensemble. ‖我々~ nous tous. 家内~ toute ma famille. 家内~元気です Tout le monde va bien chez moi. 在校生~ tous les élèves. 参列(会)者~ tous les assistants; toute l'assistance.

いちどう 一堂 ¶~に会する se réunir dans une salle.

いちどく 一読 ¶~に価する valoir la peine d'être lu. ~する parcourir.

いちなん 一難 ¶「去ってまた~」《Jamais deux sans trois.》「Tomber de Charybde en Scylla.》

いちにち 一日 un jour; une journée. ¶~で en un jour. 車なら~で行ける C'est à une journée de voiture. ~に一度 une fois par jour. ~の予定で旅に出る partir en voyage pour un jour. ‖~置きに tous les deux jours. ~限りの éphémère. ¶~中 toute la journée; à toute heure. ~中開いているビヤホール brasserie *f* ouverte à toute heure. ~ de jour en jour. 返事を~延ばしに延ばす remettre perpétuellement une réponse au lendemain. ~分の仕事 journée *f*; travail *m* d'une journée.

いちにん 一任 ¶~する confier; donner mandat; donner carte blanche. 家主との交渉を友人に~する confier à un ami les négociations avec le propriétaire. 農地の購入を公証人に~する donner mandat à un notaire pour l'achat d'une ferme.

いちにんしょう 一人称 première personne *f*. ‖~単数 première personne du singulier.

いちにんまえ 一人前 [食事の] portion *f*; [一人につき] par tête. ¶~のスープ une portion de soupe. ◆ ¶~の医者 [一人立ちできる] médecin *m* dûment qualifié. ~の仕事をする faire un travail bien fait. 彼女はもう~の女だ Elle est déjà une femme faite. 彼は若いくせに~のことを言う C'est encore un enfant, et il se permet de tenir des propos de grande personne. ~になる devenir un homme fait.

いちねん 一年 un an; une année. ¶~、~ d'année en année. ~毎に tous les ans. ~のうちで de l'année. ~に一度 une fois par an. ‖~次教育 [小学校の] première *f*. ~中 pendant toute l'année. ~生 élève *mf* (étudiant(e) *m*(*f*)) de première année. [初心者] novice *mf*. ~生植物 plante *f* annuelle.

いちねん 一念 [熱心] zèle *m*; [意志] ardent espoir *m*; [意志] volonté *f* ferme. 母親の~ zèle maternel. ~に燃える être brûlé d'un désir ardent. ~をつらぬく aller jusqu'au bout de *sa* décision. 私の~が天に通じて Dieu a exaucé mes prières. ¶~込めて avec zèle; avec dévouement. ~込めて...する mettre tout *son* zèle à *inf*.

いちば 市場 marché *m*; ‖halle *f*. ~に買物に行く faire le marché. ‖魚~ halle aux poissons. 中央~ les halles.

いちはやく 逸早く sans perdre une minute; promptement. ~する être prompt à *inf*; se hâter de *inf*.

いちばん 一番 [順] première place *f*; [人] le premier (la première). 彼は何でも~だ Il est premier en tout. 彼はクラスで~だ Il occupe la première place de sa classe. 彼はクラスで~になった Il a pris la tête de sa classe. ¶~で(に) premier(ère). 彼女は~に到着した Elle est arrivée première. ~目の premier (ère). ~ 目に premièrement; primo. ◆ ¶~良い le (la, les) plus. ~より良い le (la, les) meilleur (meilleure, meilleur[e]s). ~よい葡萄酒 le meilleur vin. ~よいこと le meilleur. ~よのは...すること c'est Ce qui y a de mieux, c'est de *inf* (que *sub*)./Le meilleur est que *sub*. ~悪い le (la, les) pire(s). ~役に立った人たち gens qui ont rendu le plus de services. 私の持っている~貴重なもの ce que j'ai de plus précieux. この箱の中にある~きれいなもの ce qu'il y a de plus joli dans cette boîte. 彼(彼女)は~小さい Il (Elle) est le (la) plus petit (petite). この薬は熱を下げるのに~いい Ce médicament est le meilleur pour couper la fièvre. ~よく le mieux. ~先に話す parler le premier (la première). 彼(彼女)は~早く走る Il (Elle) court le plus vite. ¶~勝負 partie *f*. チェスを~する faire une partie d'échecs. ~勝負 partie à une seule manche.

いちびょうそくさい 一病息災 ¶~とはよく言ったものだ C'est vrai qu'un pot fêlé dure longtemps.

いちぶ 一部 [一部分] une partie; [本などの] un exemplaire. ...の~を成す faire partie de *qc*. 村の~ une partie du village. 支出の~を節約する économiser sur les dépenses. ¶~の人たち gens qui pensent; certains; certaines. ~売り vente *f* au numéro. ~校 [スポーツの] école *f* de première division sportive.

いちぶ 一分 [1 パーセント] un pour cent. ~の隙もない impeccable. ~の隙もない服装 te-

いちぶしじゅう 一部始終 les tenants et les aboutissants; détails mpl. 彼はそのスキャンダルの～を知っている Il connait les tenants et les aboutissants de ce scandale.

いちぶぶん 一部分 une partie. …のごく～ une petite partie de qc. ～を直す réparer qc partiellement. ¶～の partiel(le).

いちべつ 一瞥 ¶～以来 depuis notre dernière rencontre. …以来ですね Il y a longtemps que nous ne nous sommes rencontrés.

いちべつ 一瞥 un coup d'œil; un regard. ～を投げる jeter un coup d'œil (un regard) sur.

いちぼう 一望 ¶町全体が～できる On a une vue sur toute la ville. ここからは～千里だ D'ici, le regard porte au loin.

いちまい 一枚 une feuille; un feuillet. ¶～の紙 une feuille de papier. ～上手だ être plus fort que qn; être supérieur à qn. ¶～看板 [花形役者の] vedette f; [政策] protagoniste m; point m fort d'une politique.

いちまつ 一抹 ¶～の un peu de; une ombre de. ～の不安 un peu d'inquiétude.

いちまつもよう 市松模様 damier m; quadrillage m. ～をした quadrillé. ～の布地 tissu m en damier.

いちみ 一味 bande f; clique f; [仲間] consorts mpl. 何某とその～ un tel et consorts. ～に加わる s'affilier à une bande. 陰謀の～に加わる prendre part à un complot.

いちみゃく 一脈 ¶…と～相通ずるものがある avoir quelque chose de commun avec qn.

いちめい 一名 [ひとり] une personne. ～につき par tête; par personne. ◆[別名] alias. ジャック・コラン、～ヴォートラン Jacques Collin, alias Vautrin.

いちめん 一面 ¶真実の～ un aspect de la vérité. ～では [一方で] d'un côté. 他の～では d'un autre côté; d'autre part; [反面] en revanche. ～[全面] toute la surface. ～の une nappe de qc. ～の霧(水, 火) une nappe de brouillard (d'eau, de feu). 谷は一霧におおわれている Une nappe de brouillard recouvre la vallée./Toute la vallée est recouverte de brouillard. ◆[新聞の] première page f. ～に載っている On lit à la une que ind.

いちめんしき 一面識 ¶彼とは～しき Je ne l'ai jamais rencontré.

いちもうさく 一毛作 une seule récolte dans l'année.

いちもうだじん 一網打尽 un beau coup de filet. ¶～にする faire un coup de filet. ギャングの～味もない～に逮捕する arrêter d'un coup une bande de gangsters.

いちもく 一目 ¶～置く s'incliner devant qn; reconnaître la supériorité de qn. 敵でさえ彼に～置いている Même ses adversaires l'estiment. ¶それは～瞭然 Cela saute aux yeux./Cela crève les yeux. …は～瞭然である C'est claire comme le jour que ind.

いちもくさん 一目散 ¶～に逃げる s'enfuir à toutes jambes.

いちもつ 一物 ¶胸に～ cacher une intention sournoise.

いちもん 一文 ¶～の値打ちもない Cela ne vaut pas un sou. そんなことをしたって～にもならない Cela ne me rapporte pas un sou. ¶～無し [人] sans-le-sou mf inv. ～無しである n'avoir pas un sou; [俗] être raide.

いちもん 一門 la famille; le clan. 源氏の～ le clan des Genji.

いちもんいっとう 一問一答 questions fpl et réponses fpl. ¶～する échanger questions et réponses.

いちもんじ 一文字 ¶～に口を結ぶ serrer fortement les lèvres. ¶～に tout droit.

いちや 一夜 une nuit. 本を読んで～を明かす passer une nuit à lire un livre. ～の宿を乞う demander un gîte pour une nuit. ¶～作りの bâclé. ～漬けの勉強 bachotage m. ～漬けの勉強をする bachoter. 歴史試験は～漬けだ Je vais bachoter (bûcher) pour mon examen d'histoire.

いちやく 一躍 brusquement; soudain; tout d'un coup; d'un bond. ～有名になる devenir brusquement (soudain) célèbre. ～高い地位につく arriver d'un bond à une haute position. ～先頭集団に追いつく [競走で] rejoindre tout d'un coup le peloton de tête.

いちゃつく faire des mamours à; flirter avec; [相互に] se faire des mamours. ¶いちゃつき flirt m.

いちゃもん ¶～をつける pinailler; ergoter. 食物のことで～をつける pinailler sur (ergoter pour) la nourriture.

いちゅう 一意 pensée f; cœur m; intention f. ～を明かす ouvrir son cœur à qn. ～の人 celui (celle) qu'on a en tête. ～の女 la femme de ses pensées.

いちょ 遺著 œuvre f posthume.

いちよう 一様 ¶～な(の) [同一の] même; [同じような] semblable; pareil(le). ～な構えをした家 maisons fpl d'une apparence semblable. ¶～に semblablement; régulièrement; [平等, 均一に] impartialement. ～に答える répondre semblablement. ～に適用する appliquer qc uniformément. ～に分配する distribuer impartialement.

いちょう 移調 [楽] transposition f. ¶～する transposer. テノール用の歌をバリトン用に～する transposer en baryton une mélodie pour ténor. ～できる transposable.

いちょう 胃腸 ¶～が弱い avoir une mauvaise digestion. ～をこわす avoir des embarras gastriques. ¶～障害 embarras m gastrique.

いちょう 銀杏 ginkgo m.

いちよく 一翼 ¶～を担う jouer un des grands rôles.

いちらん 一覧 ¶～に供する [読ませる] prier qn de lire; [見せる] prier qn de voir. ～する jeter un coup d'œil sur. ¶～表 liste f; tableau (x) m synoptique; relevé m.

いちらんせい 一卵性 ¶〜双生児 des jumeaux; vrais (vraies) jumeaux(elles).

いちり 一理 ¶…は〜ある Il est très raisonnable que *sub*. あなたの言うことは〜ある Vous avez bien raison.

いちりつ 一律 uniformité *f.* ¶〜に uniformément. 〜にする uniformiser. 両国間の関税率を〜にする uniformiser les droits de douane entre deux pays. ∥〜化 uniformisation *f.*

いちりづか 一里塚 borne *f* (pierre *f*) milliaire.

いちりゅう 一流 ¶〜の de premier ordre; de premier plan; de première classe. ∥〜家 écrivain *m* de premier ordre. 〜選手 as *m*. ◆ [独特の] original(*aux*); propre. 彼の〜スタイル son propre style. 彼の〜の文体 son style original.

いちりょうじつ 一両日 aujourd'hui ou demain; demain ou après-demain. ¶私は〜中にこの仕事を終えます Je vais finir ce travail demain ou après-demain.

いちりんしゃ 一輪車 [曲芸師の] monocycle *m*; [手押車] brouette *f.*

いちる 一縷 ¶〜の望みを抱く s'accrocher à une lueur d'espoir. 〜の命脈をつなぐ ne tenir plus qu'à un fil.

いちれい 一例 un exemple. 〜を挙げる citer un exemple. 〜を挙げれば par exemple.

いちれい 一礼 ¶〜する s'incliner légèrement.

いちれつ 一列 [横の] une ligne; un rang; [縦の] une file. 〜の長い人垣 une longue file de gens. 〜に並ぶ s'aligner; se ranger en ligne. 〜になって進む [横に] avancer en ligne; [縦に] avancer en file. ∥〜縦隊で en (à la) file indienne.

いちれん 一連 ¶〜の une série (une suite) de *qc.* 〜の事故 (問題) une série d'accidents (de questions).

いちれんたくしょう 一蓮托生 ¶〜である partager le sort de *qn.*

いちろ 一路 tout droit. 〜家路をたどる rentrer tout droit à la maison.

いちわり 一割 dix pour cent; 10%. これですと一方ného値上がりします Ceci est plus cher d'environ 10%. ∥〜引きする faire une remise de 10%. 〜引きで avec un rabais (une remise) de 10%.

いつ 何時 [疑問] quand. 会合は〜ですか Pour quand est la réunion? 結婚式は〜ですか A quand le mariage? 彼は〜着くのか Quand arrivera-t-il? 〜だか知りません Je ne sais pas quand. 〜の新聞は〜のものですか De quand est ce journal? 〜から depuis quand. 〜までに jusqu'à quand. ◆ [不定] ¶災難は〜起ころか分らない Un malheur est vite arrivé.

いつか 何時か un jour; un autre jour; jamais; [先日] l'autre jour. 〜彼に再会したら Si jamais je le revois, ... 〜は [やがて] tôt ou tard. 不正行為は〜はばれる Tôt ou tard on découvrira la fraude. 彼も〜は返すだろう Il me remboursera à la saint-glinglin.

いつか 五日 ⇒ 付録.

いっか 一家 famille *f;* [流派] une école. 〜を支える soutenir une famille. ¶〜の familial. 〜の支え soutien *m* de famille. ¶[流派・存在] ¶〜をなす faire autorité. 彼はピアニストとして〜をなしている Il jouit d'une grande autorité comme pianiste.

いっかい 一介 ¶〜の教師 un simple professeur. 僕は〜の教師にすぎない Je ne suis qu'un professeur.

いっかい 一回 une fois. 年 (月) に〜 une fois l'an (par mois). 週に〜 une fois par semaine; tous les huits jour. ¶〜で en une fois; d'emblée. その計画は〜で採択された Le projet a été adopté d'emblée. ∥〜戦 première manche *f.*

いっかい 一階 rez-de-chaussée *m inv.*

いっかく 一角 un coin. ¶文壇の〜で dans un coin du monde littéraire.

いっかく 一画 une partie. 戦線 (土地) の〜 une partie du front (du terrain).

いっかくじゅう 一角獣 licorne *f.*

いっかくせんきん 一攫千金 ¶〜を夢見る rêver de trouver un bon filon.

いっかげん 一家言 [自分の意見] sa propre opinion; *f* propre jugement; [見識ある意見] opinion *f* éclairée; jugement *m* éclairé. 政治に〜を持つ porter un jugement éclairé sur la politique.

いっかつ 一喝 ¶〜する tonner contre *qn.*

いっかつ 一括 ¶〜して en bloc; en gros; globalement. ¶〜購入 achat *m* en bloc. 法案を〜上程する déposer globalement des projets de loi. 〜割引 remise *f* globale.

いっかん 一環 ¶…の〜をなす faire partie de *qc.*

いっかん 一貫 ¶〜した cohérent; suivi; soutenu; invariable. 〜した考え idée *f* cohérente. 〜した話 histoire *f* suivie. 〜した政策 politique *f* invariable. 〜した精神 l'esprit *m* de suite. 〜して toujours; invariablement; uniformément. ∥〜作業 travail *m* continuel (à la chaîne). 〜性 cohérence *f;* unité *f.* 〜性を欠く manquer d'unité. 〜性のない incohérent; sans suite.

いっき 一気 ¶〜に d'une seule haleine; d'un seul trait. 〜に書上げる écrire d'une seule haleine. 〜に飲む boire d'un (seul) trait.

いっき 一騎 un chevalier. ¶〜打ち combat *m* singulier. 〜当千の士 preux chevalier *m.*

いつつ 五つ ⇒ 付録.

いっきいちゆう 一喜一憂 ¶〜する éprouver un sentiment mêlé de joie et d'inquiétude.

いっきゅう 一級 ¶〜の de première qualité; de premier ordre.

いっきょ 一挙 ¶〜に d'un seul coup (jet). 敵を〜に撃ち破る écraser l'ennemi d'un seul assaut. 夏休み中に〜に書上げる écrire *qc* d'un seul jet. ∥〜一動を見守る surveiller les moindres gestes de *qn.* それは〜両得だ C'est faire coup double.

いっきょ 一興 ¶…するのもまた〜だろう Ce serait amusant de *inf.*

いっきょく 一曲 ¶アンコールに答えて〜歌う

chanter un morceau pour répondre aux applaudissements.

いつくしむ 慈しむ chérir; aimer tendrement. ¶慈しみ tendresse *f*; affection *f*.

いっけつ 溢血 extravasation *f*; extravasion *f*. ¶～する s'extravaser.

いっけん 一件 une affaire. 例の～ l'affaire en question. ‖～書類【法】dossier *m*.

いっけん 一見 [外観] en apparence. ¶～臆病そうな男 homme *m* d'apparence timide. ―労働者風の男 homme aux allures d'ouvrier. ～して au premier abord; à première vue. ～して彼は臆病だと分った Au premier coup d'œil, j'ai compris qu'il était timide.

いっけん 一軒 ¶～～(～毎に) de porte en porte. ¶角から一目の家 première maison *f* du coin de la rue. ～屋 maison isolée.

いっこ 一個 une pièce. それは～1000円だ Cela coûte mille yen pièce. ¶～売りする vendre *qc* à la pièce.

いっこ 一顧 ¶～だにしない ne prêter aucune attention. ～の価値もない ne mériter aucune attention.

いっこう 一向 ¶～に rien du tout; nullement; aucunement. ～に…をやめない n'en finir pas de *inf*. ～構いません Ça ne fait rien du tout. ～に困らない Cela ne me gêne nullement. 私は～に驚いてはおりませんよ Je n'en suis aucunement étonné. そのことについては～に心当りがありません Je n'ai pas la moindre idée de cela. 彼は～に素行を改める様子はない Il ne manifeste pas le moindre signe d'amendement.

いっこう 一考 ¶～する penser (réfléchir) à *qc*; prendre *qc* en considération. ご～を願います Je vous prie d'y réfléchir. それは～を要する On doit y penser (réfléchir). それは～を要する問題だ C'est une question qui demande considération. それは～に値する Cela mérite réflexion. ～に値する問題 problème *m* digne de considération.

いっこう 一行 groupe *m*; [旅芸人などの] troupe *f*; [随員] suite *f*. 大統領の～ président *m* et sa suite.

いっこく 一刻 un moment; un instant. ¶～を争う問題 affaire *f* urgente. ～を争う C'est urgent./《俗》Ça urge. ～も早く le plus tôt possible; au plus tôt. ～も早く彼に知らせなければならない Il faut le prévenir d'urgence. ～も猶予がならない Il n'y a pas de temps à perdre. ‖～千金 Chaque instant vaut mille écus.

いっこく 一国 ～がんこ (頑固). これでも～一城の主だ Je suis maître dans mon moulin. 彼らはそれぞれ一国一城の主だ Ils sont tous maître dans leur domaine.

いっさい 一切 ⇒ まったく(全く), すべて(全て), すこし(少し).

いっさい 逸材 prodige *m*; homme *m* de talent; talents *mpl*. 彼のような～はごく稀だ Les prodiges comme lui sont très rares.

いっさいがっさい 一切合財 tout le reste, 【俗】saint-frusquin *m*. …その他～ ...et tout le reste.

いっさいたふ 一妻多夫 ¶～の polyandre; polygame. ～の女 polygame *f*. ‖～制 polyandrie *f*.

いっさく 一策 ¶～を案じる méditer un projet.

いっさくじつ 一昨日 ⇨ おととい(一昨日).

いっさつ 一札 ¶～を入れる(取る) donner (obtenir) une promesse écrite à *qn* (de *qn*).

いっさんかたんそ 一酸化炭素 oxyde *m* de carbone.

いっし 一糸 ¶～乱れぬ en ordre parfait. ～乱れぬ論旨 raisonnement *m* suivi. 全員が一糸乱れず行動した Tous les membres ont agi comme un seul homme. ～もまとわぬ tout nu.

いっし 一矢 ¶～を報いる faire une contre-attaque désespérée.

いっしき 一式 assortiment *m*; service *m*. ‖家具～ ameublement *m*. 食器～ assortiment de vaisselle; vaisselle *f*. 道具～をとりそろえる se procurer un assortiment d'outils. 台所道具～ batterie *f* de cuisine.

いっしどうじん 一視同仁 fraternité *f* universelle.

いっしゃせんり 一瀉千里 ¶～に突っ走る filer avec une grande vitesse.

いっしゅ 一種 ¶～の une sorte (une espèce) de. 会場には～異様な雰囲気がただよっている Dans la salle il y a quelque chose de menaçant. 彼は～異様なスタイルをしている Il y a un je ne sais quoi de bizarre dans sa tenue. この果物には～独特な味がする Ce fruit a une espèce de goût indéfinissable.

いっしゅう 一周 un tour. ¶～する faire le tour; [トラックを] boucler. ‖世界～をする faire le tour du monde. ～を2分で回る boucler le premier tour en deux minutes.

いっしゅう 一蹴 ¶～する vaincre (battre) d'un coup; [拒絶] refuser carrément (tout net).

いっしゅうかん 一週間 une semaine; huit jours *mpl*; huitaine *f*. …を～延ばす remettre *qc* à huitaine. ¶～の予定で pour une semaine. ～の間に en une semaine. ～に一度 une fois par semaine; tous les huits jours. ‖～以内に dans la huitaine. ～後に dans une semaine. ～先の今日 d'aujourd'hui en huit. ～前に il y a une semaine.

いっしゅうき 一周忌 le premier anniversaire de la mort de *qn*.

いっしゅうねん 一周年 ¶～の annuel(le). ‖～記念 premier anniversaire *m*. ～祭 fête *f* annuelle.

いっしゅん 一瞬 un moment; un instant; une seconde. ほんの～ un petit moment; une seconde. ¶～にして en un moment; en un clin d'œil. 火事で家は～のうちに灰燼に帰した En un clin d'œil, l'incendie a réduit la maison en cendres.

いっしょ 一緒 ¶～に ensemble; [と共に] avec; en compagnie de *qn*; [協力して] de concert; [同時に] en même temps. ～に歌う chanter ensemble (en chœur). 子供と～に行く aller avec *son* enfant. …と～にいる être en compagnie de *qn*. 友達と～に行動する

いっしょう agir de concert avec *ses* amis. ¶~にする [混同する] confondre *qc* avec *qc*; [混ぜる] mêler *qc* avec *qc*; [結婚させる] unir; marier. 若い二人を~にする unir les deux jeunes gens. 勇気と乱暴とを~にしてはいけない Il ne faut pas confondre le courage avec la brutalité. 私を彼と~にしては困る Il ne faudrait pas me traiter sur le même pied que lui. ¶~になる [落合う] se rejoindre; rejoindre *qn*; [加わる] se joindre; se mêler; [まざる] se mêler; [結婚する] se marier avec *qn*. 行列に~になる se joindre au cortège. 彼の所で~になろう Nous nous rejoindrons chez lui. ~になって...する se joindre à (pour) *qn* pour *inf*. 彼も私たちと~になって子供の誕生日を祝ってくれた Il s'est joint à nous pour célébrer l'anniversaire de notre enfant. ~になって共通の敵に当る s'unir contre l'ennemi commun. 涙と汗が~になって彼の顔から流れ落ちていた Son visage ruisselait de larmes où se mêlait de la sueur.

いっしょう 一笑 ¶~に付す tourner en plaisanterie; se moquer de.

いっしょう 一生 v. f. ~を捧げる consacrer *sa* vie à. ¶~の仕事 travail m de *sa* vie. ~に一度の好機 la chance de *sa* vie. ¶~涯 toute *sa* vie; toute la vie. これは一物で On peut s'en servir toute la vie.

いっしょうけんめい 一生懸命 ¶~に de toutes *ses* forces; de tout *son* cœur. ~に聞く écouter avec la plus grande attention. ~にやる faire tous *ses* efforts; faire *qc* de *son* mieux. ~に勉強する travailler dur.

いっしょくそくはつ 一触即発 ¶~の状態 situation f explosive. 両国の関係は~の状態にある Entre ces deux pays, la situation est explosive.

いっしん 一審 ¶第~判決 jugement m en première instance.

いっしん 一心 ¶~に avec ardeur; [一心不乱に] avidement; avec acharnement. ~に...する s'absorber (être absorbé) à *inf*. ~に仕事をする s'absorber dans *son* travail.

いっしん 一新 ¶~する renouveler; rénover; changer complètement. 人心を~する rénover l'esprit du peuple. 生活を~する changer de vie; faire peau neuve. 文体を~する renouveler le style.

いっしん 一身 ¶~に...を集める(受ける) s'attirer *qc*; attirer sur (à) *soi qc*. 彼は両親の寵愛を~に受けている Il attire sur lui l'affection de ses parents. ~を捧げる se dévouer à. ~を賭して au risque de *sa* vie. ¶~上の[個人的の] personnel(le). ~上の理由で pour des raisons personnelles. ~上の事柄 affaires *fpl* privées.

いっしんいったい 一進一退 ¶攻防を続けた L'offensive changeait continuellement de camp. 病状は~である L'état du malade est stationnaire. 相場は~だ Les cours oscillent. 試合は~で白熱化して来た Comme le match est très disputé, la fièvre monte.

いっしんきょう 一神教 monothéisme m. ¶~の monothéique. ¶~論者 monothéiste mf.

いっしんどうたい 一心同体 ¶あの夫婦は~だ C'est un couple parfaitement uni.

いっすい 一睡 ¶~もしない ne pas dormir tout à fait; ne pas dormir de toute la nuit. ~もせずに夜を明す passer une nuit blanche.

いっする 逸する laisser échapper. 機会を~ perdre (laisser échapper) une occasion.

いっすん 一寸 ¶~先も見えない On n'y voit goutte./Il fait nuit noir. ~先は闇で Nul ne sait ce qui arrivera demain.

いっすんぼうし 一寸法師 nain m; pygmé(e) m(f); avorton m; [寸足らず] m [俗] nabot m.

いっせ 一世 ¶~一代の傑作 chef-d'œuvre m de *sa* vie (*sa* carrière). ~一代の勝負をきする risquer le grand coup. ~一代の名演技 rôle m le plus brillant de *sa* carrière.

いっせい 一世 ¶[初代の人(即位者)] ナポレオン~ Napoléon Ier. 日系米人~ Japonais(e) m (f) naturalisé(e) américain(e). ◆[時代] ~を風靡する marquer *son* époque; connaître une grande vogue. ~の英雄シーザー César, le héros de son époque.

いっせい 一斉 ¶~に simultanément; en même temps; tout à la fois. 観客は~に立ち上った Les spectateurs se sont mis debout comme un seul homme. ~に拍手を浴びる essuyer une salve d'applaudissements. ¶~検挙 rafle f; arrestation f en masse. ~検挙する effectuer une rafle. ~検挙でつかまる être pris dans une rafle. ~射撃 salve f; rafale f; [艦砲の] bordée f. ~射撃する tirer par rafales. 悪口の~射撃を浴びせる lâcher une bordée (suite) d'injures.

いっせいき 一世紀 un siècle. ¶~毎の séculaire; centenaire.

いっせき 一席 ¶~弁じる faire un petit discours. ~設ける donner un dîner.

いっせきにちょう 一石二鳥 ¶~である faire d'une pierre deux coups; faire coup double. それは~だ C'est faire coup double.

いっせつ 一節 un passage; un paragraphe. 第五交響曲の~ un passage de la Ve symphonie. 「赤と黒」の~を読む lire un passage du *Rouge et le Noir*.

いっせつ 一説 ¶~によれば d'après une autre opinion.

いっせん 一戦 ¶~を交える livrer bataille à; [試合] disputer un match avec. それでも我々は覚悟の~を交える Nous livrerons cependant un baroud d'honneur.

いっせん 一線 une ligne. ~を画する tracer une ligne de démarcation. ¶~に並ぶ [横に] se ranger sur la même ligne.

いっせん 一銭 ¶~もない n'avoir pas un sou; [俗] n'avoir plus un radis.

いっそ plutôt. ~名(身)を汚されるくらいなら~死ぬ方がまだ Plutôt la mort que la souillure./Je préfère mourir plutôt que de me souiller.

いっそう 一層 encore plus; encore; davantage. 彼の方が~若い Il est encore plus jeune. 彼の兄は頭がいい彼の方が~いい Son frère est intelligent, mais lui l'est davantage (plus encore). ...だけ~...である d'autant plus...que; d'autant plus que. 彼

は私の命令に従わなかっただけに～私に非難されても仕方がない Il mérite d'autant plus mes reproches qu'il m'a désobéi à mon ordre.

いっそう 一掃 ¶敵(不安)を～する balayer les ennemis (soucis). 疑惑を～する dissiper (détruire) les soupçons. 悪疫を～する extirper une épidémie.

いっそく 一足 ¶靴下～ une paire de chaussettes.

いっそくとび 一足跳び ¶～に d'un bond; sans transition. ～に重要なポストにつく atteindre d'un bond un poste important. 今年は～に夏から冬になった Cette année on est passé sans transition de l'été à l'hiver.

いつぞや [先日] l'autre jour.

いったい 一体 un corps. ¶～となる faire corps avec; ne faire qu'un avec. ～となって敵に当る faire bloc (s'unir) contre l'ennemi. ～となって行動する agir ensemble. ¶人馬～となる faire corps avec sa monture. ◆[一体全体] donc. ～どうしたんだQQu'est-ce qu'il y a donc?

いったい 一帯 toute la région. ¶その辺〜火の海だ Dans tout le quartier, il y a une mer de flammes. 山岳地方〜に雨が降った Il a plu dans toute la région des montagnes.

いったい 一隊 groupe m; troupe f. 登山者の〜 caravane f d'alpinistes.

いつだつ 逸脱 déviation f. ¶～する dévier; s'écarter. 自分の主義から～する dévier de ses principes.

いったいきたり 行ったり来たり le va-et-vient; un aller et retour (venir). ¶～する aller et venir; passer et repasser; faire le va et vient. 部屋の中を～する se promener de long en large dans la pièce. 人を待った〜する faire les cent pas en attendant qn.

いったん 一旦 une fois. ¶～決めた計画 un projet une fois décidé. ～…したからには Une fois que and

いったん 一端 [端] un bout; [一部] une partie; un morceau. 考えの〜を述べる exprimer une de ses idées.

いっち 一致 [符合] conformité f; concordance f; coïncidence f; identité f; [合致] correspondance f; accord m; unisson m. 感情の〜 correspondance de sentiments. 趣味(性格)の〜 convenance f de caractère (de goût). 二つの証言の〜 concordance de deux témoignages. 偶然の〜 coïncidence fortuite. ¶～する s'accorder; être d'accord; être à l'unisson; coïncider (concorder) avec; correspondre à. 我々の心は〜している Nos cœurs sont à l'unisson. 私はあなたと意見が～している Je suis d'accord avec vous. 二つの証言は～している Les deux témoignages coïncident (concordent). この話は事実と～していない Ce récit ne correspond (s'accorde) pas à la réalité. ～させる accorder qc; mettre d'accord qc avec; conformer qc à. 言動を～させる conformer sa conduite à ses paroles; mettre ses actes en concordances avec ses principes. ¶～した uni; unanime; [共通] commun; [似合った] conforme. 趣味と～した生活を送る mener une vie conforme à ses goûts. ～した意見 avis m unanime. ～して à l'unisson; en accord avec qn. 満場～で d'un commun accord.

いっちゃく 一着 [競走で]～になる arriver [le] premier ([la] première) dans une course. ◆[衣服] ¶～のスーツ [男性用] un complet; [婦人用] un tailleur (une robe). オーダーの服 〜 un complet sur mesure.

いっちょう 一丁 ¶～の鋏 une paire de ciseaux. ◆[試しに・ひとつ] ¶～やってみる essayer pour voir. ◆[一勝負] ⇒ いちばん(一番).

いっちょう 一朝 ¶～事ある時は en cas d'imprévu; en cas de nécessité. ‖～一夕にはできない ne pas pouvoir faire qc en un jour.

いっちょういったん 一長一短 ¶～がある avoir de bons et de mauvais côtés. 各人それぞれ〜がある Chacun a ses qualités et ses défauts.

いっちょうら 一張羅 unique habit m (robe f) du dimanche.

いっちょくせん 一直線 ¶～の droit; rectiligne. ～の並木路 allée f rectiligne. ～に tout droit; à vol d'oiseau.

いつつ 五つ ⇒ 付録.

いっつい 一対 une paire; [男女の] un couple. ～をなす être le pendant de; faire pendant à; se faire pendant. ¶この版画はあれと〜になっています Cette estampe est le pendant de l'autre. この二つの銅像は〜になっている Ces deux statues se font pendant. ‖あの夫婦は好～だ Ces époux sont bien assortis.

いって 一手 ¶～に引き受ける se charger tout seul de qc (de inf). ¶～販売 monopole m. ～販売する monopoliser. ～販売人 seul dépositaire m. ◆[ゲームの] un coup. うまい〜だ C'est un coup réussi (bien joué). ～お願い致します Pourriez-vous me faire la faveur d'une partie? その〜は読めなかった Je n'avais pas prévu ce coup-là.

いってい 一定 ¶～の fixe; défini; déterminé; [変らない] constant; invariable; [規則的な] régulier(ère). ～の住み家 domicile m fixe. ～の距離を保つ conserver (garder) la même distance. ～にする égaliser; rendre égal; [一律にする] uniformiser. 冷暖房で部屋の温度を～に且つ快適にする rendre égal et agréable la température d'une pièce avec la climatisation. ～の時間に食べる manger à heure fixe. ～の間隔を置いて à intervalles réguliers. ～の速度で à une vitesse constante; uniment. ～の方針に従って suivant la direction déterminée.

いってき 一滴 une goutte f. 血の～ une goutte de sang. 雨の～ une goutte d'eau. 今月は雨が～も降らない Ce mois-ci, nous n'avons pas eu une goutte de pluie.

いってつ 一徹 [頑固] opiniâtreté f; entêtement m. ¶～な opiniâtre; obstiné; entêté; têtu. ～に opiniâtrement; obstinément. ¶～者 têtu(e) m(f).

いつでも 何時でも n'importe quand; [常に] toujours; tout le temps. ～いらっしゃい Venez chez moi n'importe quand. 私は～

イッテルビウム 出発出来る Je suis prêt à partir à n'importe quel moment.

イッテルビウム ytterbium *m*.

いってん 一転 ¶〜する changer brusquement; [状況が] être (causer) un coup de théâtre; [考えなどが] faire volte-face. 新しい証人の陳述で事情は〜した La déposition du nouveau témoin fut un coup de théâtre. 彼は〜して彼らを嘲笑し始めた Il a fait volte-face et s'est mis à les tourner en dérision.

いってん 一点 ¶〜の疑いもない 空には〜の雲もない Il n'y a pas un nuage dans le ciel. 彼の行為には〜の非のうちどころもない Il a une conduite impeccable. ⇨ てん(点).

いってんき 一転機 une époque très importante de *sa vie*.

いってんばり 一点張り ¶彼は知らぬ存ぜぬの〜だ Il prétend obstinément qu'il n'en sait rien. 彼女は安物買いの〜だ Elle ne pense qu'à acheter à bon marché. 彼は〜の人だ Il est très à cheval sur les règlements.

いっと 一途 ¶〜の〜をたどる ne faire que *inf*. 悪化の〜をたどる ne faire que s'aggraver; [悪の道] dégringoler sur la mauvaise pente. 輸出は増加の〜をたどっている L'exportation ne cesse d'augmenter.

いっとう 一等 ¶競走で〜になる arriver [le] premier ([la] première) à la course. 〜の切符を買う acheter un billet de première classe. ¶〜国 grande puissance *f*. 〜で行く voyager en première. 〜で賞を貰う remporter le premier prix. 〜親 parents *mpl* au premier degré. 〜星 étoile *f* de première grandeur (magnitude). 〜兵 soldat *m* de 1ère classe. 〜水兵 matelot *m* breveté.

いっとういっぱ 一党一派 ⇨ いっぱ(一派).

いっとうち 一頭地 ¶〜を抜く l'emporter de beaucoup sur les autres.

いっとうりょうだん 一刀両断 ¶〜の処置をとる trancher dans le vif. 〜に問題を解決する trancher une question.

いっとき 一時 un moment; quelques instants *mpl*. ¶〜の momentané; temporaire; [はかない] passager(*ère*); éphémère; fugitif(*ve*). 〜の幸福 un bonheur passager. 〜の辛抱 gêne *f* momentanée.

イットリウム yttrium *m*.

いつに 一に [ひとえに] uniquement. それは〜君のお蔭だ C'est uniquement grâce à toi.

いつにない 何時にない inhabituel(le); inaccoutumé. 〜活気 animation *f* inhabituelle. ¶何時になく tout particulièrement; contrairement à son habitude. 彼は何時になく勉強に熱心だった Ce n'est pas dans ses habitudes de travailler avec tant d'ardeur. 通りは何時になく活気を呈していた Il régnait dans la rue une animation inhabituelle. 彼は何時になく不機嫌だ Il est de mauvaise humeur, c'est contraire à son habitude. 彼は何時になく早くやってきた Contrairement à son habitude, il est arrivé tôt.

いつのまに 何時の間に ¶〜か彼が来ていた Il est arrivé à mon insu. 夜は〜か更けていた Quand on s'en est rendu compte, la nuit était déjà bien avancée. 〜か我々はパリに着いていた Nous sommes arrivés à Paris sans nous en rendre compte.

いっぱ 一派 ¶[党派] parti *m*; [流派] école *f*; [宗派] secte *f*. 〜を作る créer une école; [党] former un nouveau parti. 〜を立てる faire école. 経済論の〜を立てる faire école avec une théorie économique. ¶一党〜にかたよらない n'avoir pas d'esprit de parti.

いっぱい 一敗 ¶〜地に塗れる essuyer une défaite complète.

いっぱい 一杯 ¶〜やる boire un coup. 最後の〜をやる boire le coup de l'étrier. 〜ひっかける s'humecter le gosier. 〜おごる payer à boire. 〜のコーヒー une tasse de café. 〜のビール un verre de bière. ¶〜機嫌である être légèrement ivre; être gai. 〜機嫌で帰る rentrer un peu gai. ◆ ¶〜の plein de; rempli de; bondé de; [場所が] encombré de; [人で] comble. 籠一〜の野菜 un panier plein de légumes. 通りは人で〜だ La rue est pleine de monde. 広間は人で〜だ La salle est comble. 私は彼の話で頭が〜だ J'ai la tête farcie (pleine) de ses histoires. その考えで頭が〜だ Je ne pense qu'à ça. 彼のポケットはお金で〜だ Il a les poches bourrées d'argent. 私は胸が〜だ J'ai le cœur plein. 廊下は椅子や机で〜だった Le corridor est encombré de chaises et de tables. トランクは〜でもう何も入れられない La valise est bourrée (pleine), on ne peut plus rien y mettre. 〜にする remplir; emplir; garnir. 水を鍋に〜にする remplir une casserole d'eau. 本箱を本で〜にする garnir la bibliothèque de livres. 〜になる se remplir de. 部屋を〜に散らかす mettre sa chambre en désordre. 腹〜食べる se gorger de *qc*; manger jusqu'à satiété. 腹〜食べさせる gaver *qn* de *qc*. 腹〜でむちきれそうだ J'ai le ventre bourré. 胸〜に息を吸う respirer à pleins poumons. 部屋〜に散乱している être dispersé (éparpillé) dans toute la pièce. ◆ [沢山] ¶彼は目に〜涙を浮かべていた Il avait des larmes plein les yeux. このテキストには間違が〜ある Les erreurs fourmillent dans ce texte./Ce texte fourmille d'erreurs. 太陽が〜部屋に差込んでいる Le soleil entre à flots dans la chambre. 水を〜吸込んだ地面 terre *f* gorgée d'eau. 太陽を〜浴びて en plein soleil. ¶[ぎりぎり] 〜来年〜かかります Ça prendra toute l'année prochaine. ◆ [比喩] 〜食わせる attraper *qn*. ¶〜食う [騙される] se laisser attraper.

いっぱく 一泊 ¶ホテルに〜する passer une nuit dans un hôtel. 〜いくら C'est combien par nuit? 〜旅行 voyage *m* de deux jours.

いっぱし 一端 ¶〜な顔をする se donner des airs. 〜な口をきく parler de ce qu'on ne connaît pas.

いっぱつ 一発 un coup;《俗》gnon *m*. 〜食わす donner un coup de poing; décocher un coup à *qn*. パンチを受ける recevoir un coup de poing. ¶〜で d'un seul coup.

いっぱん 一斑 une partie.「～を見て全豹をトすべからず」《Une hirondelle ne fait pas le printemps.》⇨ いったん（一端）.

いっぱん 一般 ¶～的な(の) général(aux); [普通の] ordinaire; [普遍的] universel(le); [一般向きの] populaire. ～の人々 gens *mpl* ordinaires. ～的日本人 Japonais(e) *m(f)* moyen(ne). それが～的な言い方です C'est un mot d'usage courant. ～に général ement parlant. ～に généralement; en général; ordinairement/d'ordinaire; universellement. この生地の方が～に受けています Cette étoffe est plus populaire. ‖人間～ homme *m* en général. ～受けのする方法 mesure *f* populaire. ～化 généralisation *f*. ～化する généraliser. ～化される se généraliser. ～化しうる généralisable. ～会計 budget *m* ordinaire. ～概念(教養) idée *f* (culture *f*) générale. ～市民 population *f* civile. ～性 généralité *f*; universalité *f*. 英語の～性 universalité de la langue anglaise. ～大衆 grand public *m*. ～である convenir aux goûts de tout le monde. ～論 généralités *fpl*.

いっぴきおおかみ 一匹狼 ¶あの夫婦は～だ C'est un couple parfaitement uni.

いっぴつ 一筆 ¶～書く écrire un mot.

いっぴょう 一票 une voix; un vote. ～を投じる donner *son* vote (*sa* voix). ～の差に泣くperdre d'une seule voix. 清き～を Votez pour moi.

いっぴん 一品 [料理] un plat. ¶～料理 repas *m* à la carte.

いっぴん 逸品 joyau(x) *m*; [傑作] chef(s)-d'œuvre *m*. これは中世芸術の～です C'est un joyau de l'art médiéval. ‖天下の～ l'unique dans (*ce*) son genre.

いっぷいっぷ 一夫一婦 ¶～の monogame. ‖～制 monogamie *f*.

いっぷう 一風 ¶～変った singulier(aux); singulier(ère); bizarre. あいつは～変った奴だ C'est un original (un homme singulier). ⇨ いっしゅ（一種）.

いっぷく 一幅 ¶それは～の画になる Ça ferait un tableau.

いっぷく 一服 [薬一回分] une dose; [一包] un cachet. ～盛る donner du poison. ¶煙草を～する fumer une cigarette. ～[休息] détente *f*. ～する prendre un moment de détente; respirer un peu; faire une pause. ～させて下さい Laissez-moi respirer.

いっぷす 鋳潰す refondre.

いっぷたさい 一夫多妻 ¶～の polygame. ‖～の回教徒 musulman *m* polygame. ～の夫 polygame *m*. ‖～制 polygamie *f*.

いっぺい 一兵 un soldat. ¶～に至るまで戦う combattre jusqu'au dernier soldat. ～も失ってはならぬ Il ne faut sacrifier aucun soldat. ‖～卒 simple soldat *m*; 《俗》troufion *m*; bidasse *m*.

いっぺん 一変 ¶～する changer complètement; se métamorphoser. 態度を～する changer complètement d'attitude. ～させる [別人にする] changer *qn* complètement; métamorphoser *qn*. 恋が彼を～させた L'amour l'a métamorphosé.

いっぺん 一片 un morceau; [草, わらなどの] un brin; [ごく僅か] une parcelle; une ombre. 肉の～ un morceau de viande. わら の～ un brin de paille. ¶彼の言うことには～の真実もない Il n'y a pas un grain (une parcelle) de vérité dans ce qu'il a dit. 空には～の雲もない Il n'y a pas un nuage dans le ciel.

いっぺん 一篇 ¶～の詩 une pièce de vers.

いっぺん 一遍 ¶～で du premier coup; d'un seul coup. ～で正確に答える répondre juste du (au) premier coup. ～で敵を倒す battre un adversaire d'un seul coup. ⇨ いっかい (一回).

いっぺんとう 一辺倒 ¶アメリカ～の proaméricain. 共産党～の procommuniste. 彼はフランス～の奴だ C'est un profrançais.

いっぽ 一歩 un pas. ¶～前進する faire un pas en avant. ～後退する faire un pas en arrière; reculer d'un pas. ～～前進する avancer pas à pas. ～～踏みしめて歩く marcher à pas mesurés. 奴から～も離れるな Ne le quitte pas d'un pas (d'une semelle). ◆[比喩的に] ¶新婚生活への第～を踏出す inaugurer la vie conjugale. ～を譲って amender *sa* manière de vivre. …に～を譲る faire une concession à *qn*. ～も譲らない ne faire aucune concession à *qn*. [退かない] ne pas reculer d'un pas (d'un pouce). 敵の大軍に対しても～も譲らない disputer le terrain contre les forces imposantes de l'ennemi. ～も動かない ne pas bouger d'un pas. このところ私は～も外に出ない Ces jours-ci, je ne sors jamais de chez moi. ‖破滅の～手前である être à deux doigts de la ruine.

いっぽう 一報 ¶～する informer *qn* de *qc*; faire savoir *qc* à *qn*.

いっぽう 一方 [片方] un côté; [党派などの] un parti. ～に傾く pencher d'un côté. ～では…また他方では il faut d'autre part… ～から見れば彼は正しい D'un côté, il a raison. ～～的 unilatéral(aux). ～的決定 décision *f* unilatérale. ～的な見地 point *m* de vue partial. ‖～的に unilatéralement; arbitrairement. ‖～通行 circulation *f* à sens unique. ～通行の rue *f* à sens unique. ～通行にする établir un sens unique. ◆[専ら] ¶～とる marquer un point. ~とる mar quer un point.

いっぽん 一本 ¶鉛筆～ un crayon. 葡萄酒～ une bouteille de vin. ‖～柱 pilier *m* d'une seule pièce. ～松 un pin solitaire. ～道 chemin *m* sans branchement. 駅までは～道です Ce chemin m'amènera directement à la gare. ◆[剣道などで] ¶～とる marquer un point.

いっぽんあし 一本足 [人] unijambiste *f*. ¶～の unijambiste.

いっぽんぎ 一本気 ¶～の青年 jeune homme *m* tout d'une pièce.

いっぽんだち 一本立ち ¶～ indépendance *f*. ¶～する devenir indépendant; voler de *ses* propres ailes.

いっぽんちょうし 一本調子 monotonie *f*. ¶～の monotone.

いっぽんやり 一本槍 ¶彼はその手一だ Il ne s'en tient qu'à ce moyen. ‖正直ーで押し通す pousser l'honnêteté jusqu'au bout.

いつまでも 何時までも pour toujours; à (pour) jamais; éternellement; perpétuellement; [何時何時までも] à tout jamais. ¶ー居て下さい Restez aussi longtemps que vous voulez. ~憶えておりますよ Je m'en souviendrai toujours. ~忘れません Je ne l'oublierai jamais.

いつも 何時も toujours; à chaque instant; constamment; [普段] ordinairement; [相変らず] invariablement. ~変らぬ配慮 soins mpl assidus. 彼はー遅れて来る Il arrive toujours en retard. 私はー家に居るとは限らない Je ne suis pas toujours chez moi. ~そうなんだ Ça se fait depuis toujours. ¶~の accoutumé; habituel(le); ordinaire. ~の時間に à l'heure accoutumée. ~の席に座る s'installer à sa place ordinaire. ~の場所で à l'endroit sa place habituel. ~の通りに comme d'habitude; comme d'ordinaire; comme à l'ordinaire; comme toujours. ~のやり方で de façon ordinaire. ~は d'habitude; ordinairement. ~はどちらの方にお住いですか Quel est le lieu de votre résidence habituelle? ~より [今までより] plus que jamais. ~より早く plus tôt que d'habitude (de coutume). ~より若く見えるじゃないか Vous êtes plus jeune que jamais.

いつらく 逸楽 luxure f.

いつわ 逸話 anecdote f. ¶~集 recueil m d'anecdotes. ~蒐集家 anecdotier(ère) m(f).

いつわり 偽り [虚偽] fausseté f; [嘘] mensonge m. ¶~の faux(sse); fallacieux(se); mensonger(ère); trompeur(se); [称号が] illégitime. ~の口実 prétexte m mensonger. ~の宣言(約束) fausse déclaration f (promesse f).

いつわる 偽る fausser; [嘘をつく] mentir; [装う] feindre. 真実をー [曲げて] fausser (déformer) la vérité; [隠す] déguiser la vérité. 病気とー feindre une maladie. 大金持の息子と~ se donner pour le fils d'un millionnaire. 年を~ tricher sur son âge; dissimuler son âge. 自分を~ se mentir à soi-même. 彼は成功疑いなしと断言しているがそれは自分を偽っているのだ Il se ment à lui-même quand il affirme ne pas douter de son succès. ¶~って trompeusement; fallacieusement. 名を偽ってー sous un faux nom.

いて 射手 tireur m à l'arc; archer m. ‖~座 le Sagittaire.

イディオム expression f idiomatique; locution f figée.

イディッシュ ~語 yiddish m inv; judéo-allemand m.

イデオロギー idéologie f. ¶~の idéologique.

いでたち 出立ち [身なり] tenue f. ¶旅の~ en tenue de voyage.

いてつく 凍てつく geler à pierre fendre. ¶凍てついた道 route f gelée (verglacée).

いてん 移転 transfert m; [転居] déménagement m. ¶~する déménager. 年末に~する déménager à la fin de l'année. ~先 nouvelle adresse f. ~通知 annonce f de changement m d'adresse.

いでん 遺伝 hérédité f. ¶~する être héréditaire. この病気はーしますか Cette maladie est-elle héréditaire? ~しうる transmissible par hérédité. ~に関する génétique. ~によって héréditairement. ~性格~ transmission f des caractères héréditaires. ~学 génétique f. ~学者 généticien(ne) m(f). ~子 gène m. 優性(劣性)~子 gène dominant (récessif). ~子組み換え recombinaison f génétique. ~子工学 génie m (ingénierie f) génétique. ~子操作 manipulation f génétique. ~子治療 thérapie f génétique. ~質 idioplasma m. ~性の héréditaire. ~病 maladie f héréditaire. ~法則 lois fpl de l'hérédité. ~率 héritabilité f.

いと 意図 dessein m; intention f; but m; propos m; vue f. ~を披露する(打明ける) expliquer ses intentions à qn. ...する~を持つ avoir le dessein de inf; avoir l'intention de inf. ...する~で dans le dessein de inf; avec l'intention de inf. ¶彼の~するところは...である Son propos (but) est de inf (ind).

いと 糸 fil m; [楽器] corde f. 羊毛を~にする (つむぐ) filer de la laine. 針に~を通す enfiler une aiguille. 陰で~を引く [あやつる] tirer les ficelles. ¶~のように filiforme. ‖絹~ fil de soie. 釣り~ ligne f de pêche.

いど 緯度 latitude f. ¶...と同じ~にある être sous la même latitude que...

いど 井戸 puits m. ~を浚う curer un puits. ~を掘る creuser un puits. ~から水を汲む puiser de l'eau au puits. ‖つるべ~ puits à poulie. 掘抜~ puits artésien. ~浚い curage m d'un puits. ~端会議 papotage m de femmes autour d'un puits. 近所の女達と~端会議をする faire la parlotte avec des voisines. ~掘り creusage m d'un puits.

いとう 以東 ¶...に(で) à l'est de....

いとう 厭う répugner (à inf); éprouver une répugnance pour qc (à inf). 労を厭わないーne pas épargner sa peine. 御前が世を~気持はよく分る Je comprends bien que la vie te dégoûte (répugne). ¶...を厭わずに sans répugnance de qc; sans regarder à qc.

いどう 異動 mouvement m; changement m. ‖人事~ mouvement de personnel.

いどう 異同 différence f.

いどう 移動 déplacement m; mouvement m; [民族, 鳥の] migration f; [蜂の] essaimage m. 家具の~ déplacement des meubles. 人口(部隊)の~ mouvement de la population (de troupes). ¶~する bouger; se déplacer; [民族, 鳥の] émigrer. ~させる déplacer; transporter. 家具(役人)を~させる déplacer des meubles (un fonctionnaire). ‖前進(後退)~ travelling m avant (arrière). ~キャンプ camp m volant. ~劇団 comédiens mpl ambulants. ~撮影 travelling. ~証明 certificat m de déplacement.

~性 mobilité f. ~性の mobile; migrateur (trice); [移動できる] meuble; volant. ~性高気圧 anticyclone m migratoire. ~棚 rayon m mobile. ~図書館 bibliothèque f ambulante.

いとおしむ plaindre qn; avoir pitié de qn; [可愛がる] chérir qn; [愛惜する] regretter qn.

いときり 糸切歯 canine f.

いとく 威徳 la dignité et la vertu.

いとく 遺徳 ¶父の~を思う se remémorer les mérites de son père défunt.

いとくず 糸屑 brin m de fil; [布地についている] effilochure f.

いとぐち 糸口 amorce f. ~をつける amorcer. ~を見つける chercher l'amorce de qc. 交渉の~を見つける amorcer des négociations. この会合が本交渉の~になるかもしれない Cette rencontre pourrait être l'amorce d'une négociation véritable.

いとぐるま 糸車 rouet m à filer.

いとけない ¶~子供 petit(e) enfant mf.

いとこ 従兄弟(従姉妹) cousin(e) m(f). 実の~ cousin(e) germain(e) m(f). ¶あの二人は~同士である Ils sont cousins.

いどころ 居所 endroit m; [住所] adresse f. ~を知らせる donner son adresse. ~を知らせてやる faire connaître l'adresse de qn. 彼の~が分からない Son adresse est inconnue. ¶虫の~が悪い être de mauvais poil.

いとしい 愛しい chéri; cher(ère). ~おまえ Ma poule!/Mon poulet! 愛しく思う chérir qn.

いとすぎ 糸杉 cyprès m.

いとだま 糸玉 pelote f; peloton m. ~を作る rouler du fil en pelote.

いとなむ 営む [職業を] exercer; [行事を] célébrer; [経営] tenir. 美容院を~ tenir un salon de coiffure. 記念祭を~ célébrer un anniversaire. 医業を~ exercer (pratiquer) la médecine.

いとのこ 糸鋸 scie f à découper (à chantourner).

いとま 暇 ¶お~致します Permettez-moi de prendre congé. ⇒ ひま(暇).

いとまき 糸巻 bobine f [de fil]; canette f; [棒状の] fuseau(x) m.

いとまごい 暇乞い ¶~に行く faire une visite d'adieu. ~する prendre congé de qn; dire au revoir à qn; faire ses adieux à qn.

いどむ 挑む braver; défier; provoquer. 敵(危険)に~ braver l'ennemi (le danger). 友達と競走を~ défier un camarade à la course. …に戦争を~ provoquer qn au combat. 挑みかかる braver qn. 彼は憤然と兄貴に挑みかかった Il a osé braver son frère aîné. ¶挑みかかるような態度 attitude f provocante (agressive).

いとめ 糸目 ¶金に~をつけない dépenser sans compter.

いとめる 射止める tuer à coup de fusil; [手に入れる] conquérir. 女(人の心)を~ conquérir une femme (les cœurs).

いとやなぎ 糸柳 saule m pleureur.

いとわしい 厭わしい répugnant; dégoûtant; ennuyeux(se); déplaisant. …するのが厭わしくてならない éprouver une invincible répugnance à inf. そんなことでお前と話をするのは厭わしくてならん Ça me répugne beaucoup (Ça m'ennuie beaucoup) de t'entretenir d'un pareil sujet.

いな 否 non. ~と言う dire non.

いな 鯔 petit muge m.

いない 以内 ¶…で(に) en moins de. 1時間~で en moins d'une heure. 1週間~に dans les huit jours. 10日~に戻る Je reviendrai avant dix jours. 温度を20°~に調節する limiter la température à vingts degrés.

いない 居ない ¶~~、ばあ Coucou, me voilà! ⇒ いる(居る).

いなおす 鋳直す refondre. ¶鋳直し refonte f.

いなおる 居直る devenir brusquement menaçant.

いなか 田舎 campagne f; champs mpl; [都会に対して] province f; [故郷] pays m natal. ~に行く aller à la campagne. ~に永住する s'installer [à demeure] à la campagne. 僕の~では dans ma province. ¶~の rural(aux); rustique; champêtre; [田舎に住む] campagnard. ~の生活 vie f champêtre. ~臭い(じみた) campagnard; provincial(aux); paysan(ne). ~風の rustique; campagnard. ~風の家具 meuble m rustique. ~風に rustiquement. ~らしさ rusticité f. ¶~言葉 provincialisme m. ~紳士 gentilhomme m campagnard; hobereau(x) m. ~っぺい péquenaud(e) m(f); péquenot m. ~訛り accent m provincial. ~者 campagnard(e) m(f); paysan(ne) m(f); rustre m. ~者らしい rustaud.

いなご 蝗 sauterelle f.

いなさく 稲作 [栽培] culture f du riz; riziculture f; [収穫] récolte m du riz.

いなずま 稲妻 éclair m; feu m du ciel; fulguration f. ~かする(走る) Il fait des éclairs. ¶~のように速い(光る) fulgurant. ~のように速く comme un éclair.

いなせ いなせ ¶~兄い gaillard m plein d'allure. ~一恰好をしている avoir fière allure.

いなだ [魚の] jeune sériole f.

いななく †hennir. ¶いななき †hennissement m.

いなびかり 稲光 ⇒ いなずま(稲妻).

いなほ 稲穂 épi m de riz.

いなむ 否む [否認] nier; [拒否] refuser. …ということができない Il est indéniable que ind./ On ne peut pas nier que ind.

いなむら 稲叢 moyette f.

いなや 否や ¶…するや aussitôt (dès) que…; à peine…que. 彼は私を見るや逃げ出した Dès qu'il m'a vu, il s'est enfui./A peine m'a-t-il vu qu'il s'est enfui. 彼は眠るや~いびきをかきだした A peine endormi, il s'est mis à ronfler. 車に乗るや~微睡んだ A peine (Aussitôt) dans la voiture, il s'est endormi.

いならぶ 居並ぶ être assis en ligne. ~高官達 une brochette de hauts fonctionnaires.

いなん 以南 ¶…に(で) au sud de….

イニシアチブ initiative f. ~を取る prendre

l'initiative de qc.
イニシアル initiale f; lettre f initiale.
いにゅう 移入 ¶〜する introduire.
いにん 委任 procuration f; mandat m; délégation f. ¶〜する donner mandat à qn; mandater qn; charger qn de qc; déléguer qn; se faire représenter par qn. 農地の購入を公証人に〜する donner mandat à un notaire pour l'achat d'une ferme. 全権を〜する déléguer les pleins pouvoirs à qn. 〜を任せられる être chargé de qc (inf); être le (la) mandataire de qn. 私はあなたのことを彼らから〜されている Je suis son mandataire auprès de vous. 〜された délégué. 〜者 mandant(e) m(f). 〜状 procuration. 白紙〜状 procuration en blanc. 〜統治 mandat. 〜統治国 puissance f mandataire. 〜統治領 territoire m sous mandat.
いぬ 犬 chien(ne) m(f); 〚俗〛 cabot m; 〚スパイ〛 mouchard m. 月に吠える〜 chien qui aboie à la lune. あいつらはまるで〜と猿だ Ils sont comme chien et chat.「〜も歩けば棒に当る」«Qui reste à la maison ne rencontre jamais la fortune». 〜を飼っている avoir un chien. 〜を仕込む dresser un chien. 〜に芸を仕込む dresser un chien à faire des tours. ¶〜の canin. 〜の品評会 exposition f canine. ¶あれは負〜の遠吠えさ C'est des rodomontades. 〜小屋 niche f [à chien]. 〜族 race f canine. 彼は〜畜生にも劣る Il vaut moins qu'une bête. 〜屋 marchand(e) m(f) de chiens.
いぬかき 犬掻き ¶〜をする nager comme un chien.
いぬく 射抜く ¶見ていろ, あの的の真ん中を射抜いてみせるから Regardez, je vais planter ma flèche au beau milieu de la cible.
いぬくぎ 犬釘 crampon m.
いぬじに 犬死 ¶〜する mourir inutilement (pour rien); mourir en vain.
いね 稲 riz m. 〜を刈る moissonner le riz. 〜をこく battre le riz. ¶〜科 graminacées fpl. 〜刈り moisson f du riz. 〜こき battage m. 〜こき機 batteuse f de riz.
いねむり 居眠り assoupissement m. ¶〜する sommeiller; somnoler; s'assoupir. 〜運転する s'endormir au volant; somnoler en conduisant la voiture.
いのこり 居残り〚学校の〛 retenue f. 二時間の〜 deux heures de retenue. あの子は〜だ Cet enfant est en retenue.
いのこる 居残る rester; rester après les autres; être en retenue.
いのしし 猪 sanglier m. ¶〜武者 guerrier m téméraire; sabreur m.
いのち 命 vie f. 〜の恩人だ Il est mon sauveur./Je lui dois la vie. 〜に賭けてsur son âme. 人の〜には変えられない La vie humaine n'a pas de prix. 〜を落とす perdre la vie; mourir. 〜を賭ける risquer sa vie. 〜を賭けて au péril (risque) de sa vie. 〜を〜に捧げる mourir pour qn; consacrer sa vie à qn. 〜を助ける sauver la vie à (de) qn; 〚生かしておく〛 laisser vivre. 〜を縮める abréger sa vie. 〜を取る tuer qn; ôter la vie à qn. 〜にかかわる傷 blessure f mortelle. それは人の〜にかかわる問題だ C'est une question de vie ou de mort./Il y va de la vie de l'homme. 〜を馬鹿な真似はよしなさい, あっての物種じゃないか On n'a qu'une vie: ne faites pas de bêtises. 〜がけの企て tentative f désespérée. 〜からがら逃げ出す se sauver de justesse; l'échapper belle. 〜を乞いかう casseur m de vie. 〜知らず casse-cou m inv; risque-tout mf inv. 〜知らずの若者 jeune homme m casse-cou (risque-tout). 〜綱 corde f de secours. 〜取りの一撃 un coup fatal. 〜拾いをする échapper de justesse à la mort. お前はこんな冥加な奴だ Tu peux t'estimer heureux d'être encore en vie.
いのり 祈り prière f; 〚神〛 oraison f; 〚願い〛 vœu(x) m; 〚食前の〛 bénédicité f. 〜をささげる adresser une prière. 〜を唱える dire ses prières; 〚祈祷〛 dire une oraison.
いのる 祈る prier. 神に〜 prier Dieu. 死者のために〜 prier pour les morts. ...するよう〜 souhaiter que sub; espérer que ind. 成功するように祈ります Je souhaite que vous réussissiez./Je vous souhaite de réussir./Tous mes vœux pour votre succès.
いはつ 衣鉢 ¶〜師の〜を継ぐ hériter les arcanes mpl (secrets mpl) de son maître.
いはつ 遺髪 mèche f laissée en souvenir (d'un défunt).
いばった 威張った impérieux(se); †hautain; magistral(aux). ¶威張って impérieusement; magistralement; avec orgueil.
いばら 茨 ronce f; épine f. ¶キリストの〜の冠 couronne f d'épines du Christ. 〜の道 chemin m de croix. 〜の道を歩く porter sa croix. 〜のおい茂った土地 ronceraie f.
いばる 威張る être hautain; prendre de grands airs; faire l'important; se rengorger; 〚自慢する〛 être fier(ère) de; se vanter de; 〚いばり散らす〛 monter (se dresser) sur ses ergots; bomber le torse. ¶いばった口調で話す parler d'un ton impérieux. いばって歩く marcher avec orgueil; 〚尊大そうに〛 marcher avec de grands airs. ¶空〜する はったり屋 esbroufe. いばり屋 crâneur(se) mf.
いはん 違反 〚法律〛 violation f; infraction f. 〚規則〛 transgression f; contravention f; outrage m. ¶〜する 〚法律に〛 violer; 〚規則に〛 contrevenir à; transgresser; enfreindre. 憲法に〜する violer la constitution. 規則に〜する contrevenir au règlement; transgresser le règlement. 約束に〜する manquer à sa parole. ¶規則〜 transgression des règles. 交通〜 infraction au code de la route. スピード〜 contravention pour excès de vitesse. 選挙〜 délit m électoral. 駐車〜 stationnement m illégal. 法律〜 violation de la loi; infraction à la loi. ¶〜者 violateur(trice) m(f); contrevenant(e) m(f).
いびき 鼾 ronflement m. 〜をかく ronfler. ¶〜かき ronfleur(se) mf.
いびつ 歪 ¶〜な déformé. 〜になる se déformer.
いひょう 意表 ¶〜をつく prendre qn au

いびょう 胃病 embarras *m* gastrique; maladie *f* de l'estomac. ‖ 彼は~持ちだ Il a toujours des ennuis d'estomac.

いびる tourmenter; torturer. ‖ いびり出す faire fuir *qn* à force de mauvais traitements.

いひん 遺品 objet *m* laissé par un(e) défunt(e).

いふ 異父 ‖ ~兄弟 demi-frère *m*. ~姉妹 demi-sœur *f*.

いぶ 慰撫 apaisement *m*; réconfort *m*. ¶~する apaiser; calmer.

イブ 《聖》Eve *f*.

いふう 威風 ‖ ~堂々たる imposant; majestueu*x(se)*. ‖ ~堂々と d'un air majestueux.

いふう 異風 coutume *f* curieuse.

いふう 遺風 ancienne coutume *f*; legs *m*; tradition *f*. 明治時代の~を残している conserver les coutumes de l'ère de Meiji. 祖先の~を守る suivre les coutumes de nos ancêtres.

いぶかしい 訝しい douteu*x(se)*; suspect. ‖ 訝しそうに d'un air méfiant.

いぶかる 訝る douter de *qc*.

いぶき 息吹き souffle *m*. 生命の~ souffle vital (de la vie). 春の~が感じられる Ça sent le printemps.

いふく 衣服 habit *m*; vêtement *m*; 《俗》fringues *fpl*; 〔男性用スーツ〕 costume *m*; complet *m*. ¶~の vestimentaire. ‖ ~売場 〔デパートの〕 rayon *m* des vêtements. ~費 dépense *f* vestimentaire.

いぶしぎん 燻し銀 argent *m* mat. ¶~のような男 un beau dur.

いぶす 燻す 〔虫など〕 enfumer; 〔金, 銀を〕 amatir.

いぶつ 異物 《医》corps *m* étranger.

いぶつ 遺物 relique *f*. ‖ ~箱 reliquaire *m*.

イブニング 〔ドレス〕 robe *f* de soirée.

いぶりだす 燻り出す 〔狐を穴から〕 ~ faire sortir un renard de son terrier en l'enfumant. うまい手で犯人を~ obliger un malfaiteur à se livrer par un moyen ingénieux.

いぶる 燻る 〔炭, 薪が〕 fumer.

いぶん 異聞 légende *f* secrète.

いぶんし 異分子 élément *m* hétérogène.

いへき 胃壁 paroi *f* de l'estomac.

イベリア ‖ ~半島 péninsule *f* Ibérique.

イペリット ypérite *f*.

いへん 異変 〔自然界の〕 phénomène *m* anormal; 〔出来事〕 grands événements *mpl* anormaux; 〔目立った変化〕 changement *m* remarquable. ‖ 暖冬~ hiver *m* anormalement doux. 天候~ changement anormal de temps.

イベント manifestation *f*. ‖ 《スポ》メイン~ match [*matj*] *m* vedette.

いぼ 異母 ‖ ~兄弟 demi-frère *m*. ~姉妹 demi-sœur *f*.

いぼ 疣 verrue *f*. ~をとる enlever (faire disparaître) une verrue. 手に~が出来た J'ai (Il m'est venu) une verrue à la main. ¶~だらけの verruqueu*x(se)*.

いほう 違法 illégalité *f*. ¶~の illégal(*aux*); délictueu*x(se)*; illicite. ‖ ~行為を犯す commettre un acte illégal. ~所持 détention *f* illégale.

いほうじん 異邦人 étranger(*ère*) *m(f)*.

いほく 以北 ¶...に(で)~ au nord de....

いぢ 痔疾 hémorroïdes *fpl*.

いぼた 水蠟〔木〕 troène *m*. ¶~の木の垣根 † haie *f* de troènes.

いほん 異本 variante *f*.

いま 居間 pièce *f* de séjour; salle *f* commune; living-room *m*; living *m*.

いま 今 〔現在〕 maintenant; en ce moment; à cette heure. ~から dès maintenant; dès à présent; désormais; à partir de maintenant; dorénavant. ~から明日の朝まで d'ici demain matin. ~からでもまだ遅くない Il n'est pas encore trop tard. ~こそ…すべき時だ Il est temps de *inf*. ~だから言えるんだ A présent, on peut en parler. ~でも同じだ; 今もって même à présent; maintenant encore; encore toujours. ~でも今も使っている Je m'en sers encore (toujours). ~でもあなたが好きだ Je vous aime encore. ~となってはもうおそい C'est trop tard. ~まで jusqu'à présent; jusqu'ici. ~までよりずっとあなたが好きだ Je vous aime plus que jamais. ¶~の présent; actuel(*le*); d'aujourd'hui. ~の子供 enfant *m* d'aujourd'hui. ~のような状態では会合に参加しない方がよい Dans les circonstances présentes, il vaut mieux s'abstenir d'assister à la réunion. ~までにない sans précédent; 〔前代未聞の〕 inouï. それは~までにない事件だ C'est un événement sans précédent. 私は~までになかったほど悲しい気持だ Je me sens malheureux comme je ne l'ai jamais été. 彼はよく遅刻をするが, それは~に始まったことではない Il est souvent en retard, mais ce n'est pas nouveau. ~のところ pour le moment. 公害は~現在の問題だ La pollution est un problème actuel. ~か~かと人を待つ attendre *qn* d'un moment à l'autre (avec impatience). ~にも…しそうだ être près de *inf*; aller *inf*. ~にも雨が降りそうだ Il va pleuvoir. ◆〔今すぐに〕 tout de suite; immédiatement; dès cette heure. ~行きます J'y vais tout de suite. ◆〔たった今〕 ¶~…したばかりだ venir de *inf*. ~着いたばかりです Je viens d'arriver. ~ニュースを知りました Je viens d'apprendre la nouvelle.

いまいちど 今一度 une fois de plus; encore une fois. ¶~あの映画が見たい J'aimerais voir ce film encore une fois. / J'aimerais revoir ce film.

いまいましい 忌々しい vexant; exaspérant; irritant; maudit; 〔憎むべき〕 détestable. ~天気 temps *m* détestable. ~, 電車に乗り遅れた J'ai raté le train, c'est vexant. ¶忌々しさ agacement *m*.

いまごろ 今頃 à cette heure; à cette époque. 去年の~ l'an dernier à pareille (à la même) époque. ~はよく雨が降るころだ Il pleut souvent à cette époque. 彼は~何処にいるだろ

いまさら 今更 maintenant; à présent; trop tard. ～しようがない C'est trop tard, on n'y peut rien. ～諦める訳にもいかない A présent on ne peut plus abandonner.

いましがた 今しがた tout à l'heure. ～...したばかりだ venir de *inf*. ～彼に会ったばかりだ Je l'ai vu tout à l'heure./Je viens de le voir.

いましめ 戒め [訓戒] précepte *m*; leçon *f*; [警告] avertissement *m*; [小言] remontrances *fpl*; [こらしめ] punition *f*. 師の～を守る suivre les préceptes (leçons) de *son* maître. お前の～のためだ,デザートをやらない Pour ta punition, tu seras privé de dessert. それはお前にとっていい～となるだろう Cela te donnera une bonne leçon. それを今後のいき～とするのですよ Je veux que cela vous serve de bon exemple pour votre avenir.

いましめ 縛め ligotage *m*. ～を解く délier.

いましめる 戒める [警告する] donner un avertissement; [忠告する] faire entendre raison à *qn*; [諭す] faire entendre raison à *qn*; [叱る] faire des remontrances à *qn*; [罰する] punir *qn*. きつく～ faire des remontrances sévères. 間違えないように自らを～ se surveiller pour ne pas faire d'erreur. 生徒たちの怠慢を～ reprocher aux élèves leur paresse.

いまだ 未だ ⇨ まだ. ～かつて...したことがない...jamais. ～かつてこんな怖い目にあったことがない Je n'ai jamais eu une telle peur. ～かつてないような sans précédent; inouï; incomparable.

いまどき 今時 ¶～珍しい話 histoire *f* inhabituelle de nos jours. ～の présent(e); d'aujourd'hui; de nos jours.

いまに 今に [やがて] bientôt; tarder; tôt ou tard; [すぐに] à l'instant. それは～分る On le verra. あの子は～偉くなる Cet enfant ira loin. ～いいことがある [皮肉に] Touchez du bois! ～見てろ, 僕だって一流のピアニストになってみせるから Qui vivra, verra: je finirai par devenir un pianiste de première classe.

いまは 今際 ¶～のきわに à *ses* derniers moments; sur *son* lit de mort.

いまひとつ 今一つ ¶このワインは～だね Il pourrait être meilleur, ce vin. ～調子が出ない Ce n'est pas la superforme.

いまわしい 忌わしい détestable; répugnant; odieux(se); fatal(s); [恐ろしい] abominable. ～遺産争い sombre querelle *f* d'héritage. あの～事件 cet événement abominable. あの～一夜 cette nuit fatale.

いみ 意味 signification *f*; sens *m*; [話の]acception *f*. ～をつかむ saisir le sens. ～を取り違える se méprendre sur le sens. まず本来の～を, 次に比喩的な～を調べなさい Cherchez d'abord le sens propre, puis le sens figuré. よい(悪い)～で prendre *qc* en bonne (mauvaise) part. ある～では dans un certain sens. 狭い(広い)～で au sens étroit (large) du mot. 本来の～で au sens propre. その言葉はどんな～で使われているのですか Dans quelle acception le mot est-il employé? 彼は～もなく喋っている Il parle pour ne rien dire. ～する signifier; vouloir dire; entendre. この言葉は何を～するのですかどんな～ですか Que signifie (veut dire) ce mot? 何を～するのですか(どういうことですか) Qu'entendez-vous par là? ～のある significatif(ve). 二重の～のある言葉 mot *m* à double sens. ～ありげな眼差し regard *m* significatif (expressif). ～のない insignifiant; vain. ～のないことで pour un rien. ～のない言葉 mot vide de sens; de vains mots. ...は～のないことではない Ce n'est pas pour rien que *ind*. そんなに早く出掛けたって～ないよ Ça n'a pas de sens de partir si tôt. ‖～深長な mystérieux(se).

いみきらう 忌み嫌う exécrer; abhorrer; détester.

いみことば 忌み言葉 mot *m* tabou.

いみじくも avec justesse; admirablement; [巧みに] habilement. 彼が～言ったように comme il dit si bien.

イミテーション imitation *f*. ¶～の宝石 bijou (x) *m* d'imitation; faux bijou.

いみょう 異名 surnom *m*; sobriquet *m*. フィリップ三世は「大胆王」という～で知られている Philippe III est connu sous le surnom de Le Hardi.

いみん 移民 transplantation *f*; [外国への] émigration *f*; [外国からの] immigration *f*; [人] émigrant(e) *m(f)*; immigrant(e) *m(f)*. ～する émigrer; immigrer. 日本に～する immigrer au Japon. 米国へ～する émigrer en Amérique. ～させる [民族を] transplanter. 日本人をアルゼンチンに～させる transplanter des Japonais en Argentine. ‖～政策 politique *f* de l'émigration (l'immigration).

いめい 威名 grand renom *m*; grande réputation *f*. 天下に～をとどろかす jouir d'une réputation mondiale.

イメージ image *f*. ‖～ダウンする se dégrader; se déconsidérer. ～チェンジ(アップ)する faire peau neuve. ～トレーニング entraînement *m* mental.

いも 芋 [さつま芋] patate *f* douce; [じゃが芋] pomme *f* de terre; [里芋] taro *m*. ～を掘る arracher des pommes de terre. ～を洗うように混む être serrés comme des sardines.

いもうと 妹 sœur *f*; petite sœur; cadette *f*.

いもづる 芋蔓 tige *f* de patate douce. ‖～式に検挙する arrêter *qn* les uns après les autres.

いもの 鋳物 pièce *f* de fonte. ¶～の en fonte. ‖～工 fondeur *m*.

いもむし 芋虫 chenille *f* verte.

いもり 蠑螈 triton *m*.

いもん 慰問 consolation *f*. 老人ホームに～に行く aller distraire des vieillards dans *leur* asile. ～する [なぐさめる] consoler *qn*; [元気づける] réconforter *qn*. ～の consolateur (trice). ～の手紙を書く écrire une lettre de consolation. ～の言葉をかける adresser à *qn* quelques paroles consolatrices. ‖～者 consolateur(trice) *m(f)*.

いや 嫌(厭) ¶～な mauvais; [不快で] désagréable; déplaisant; dégoûtant; répugnant; ennuyeux(se); [憎むべき] abomina-

いやble; détestable. ～な男 vilain bonhomme m; homme m dégoûtant (répugnant); salaud m. ～な味 goût m désagréable. ～な仕事 tâche f déplaisante; corvée f. ～な天気 mauvais temps m; temps affreux. なんて～な天気なんだ Quel temps détestable! ～な臭い odeur f qui déplaît. ～な臭いがする sentir mauvais. ～な顔をする faire la grimace; faire grise mine. ～な目にあう avoir une histoire bien ennuyeuse. あの先生は私達に～な質問ばかりする Ce professeur ne nous pose que des questions embarrassantes. 事件は～な様相を呈してきた Les événements ont pris une tournure qui me déplaît. おお～だ! Pouah! …するのは～だ ne pas aimer (ne pas vouloir) inf; répugner inf; c'est dégoûtant de inf (que sub). その仕事をするのは～だ Je ne veux pas faire ce travail./Je répugne à faire ce travail./Ce travail me répugne (dégoûte). ～でたまらない avoir horreur de; exécrer; détester. 私はエーテルの臭いが～でたまらない J'ai horreur de l'odeur de l'éther. ～になる se dégoûter de; [無関心になる] être blasé; [居心地悪くなる] se déplaire. 何もかも～になる être blasé sur tout. 彼はいつも同じことばかり言うので～になる Il redit toujours la même chose, c'est ennuyeux. 私はパリ(自分の家)が～になってきた J'ai commencé à me déplaire à Paris (dans ma maison). それが～なら si cela vous contrarie.

いや 否 non. ～そうじゃない Non, ce n'est pas vrai. それは我がクラスの，～学校全体の恥だ C'est un déshonneur pour notre classe, non, que dis-je, pour toute l'école. ～，驚いたのなんのって Quelle n'a pas été ma stupéfaction!

いやいや 嫌々 [渋々] à regret; malaisément. …～をする montrer (mettre) de la mauvaise volonté à inf; se montrer très réticent à inf. ～引き受ける accepter à regret. ¶～ながら à contrecœur; avec répugnance; en rechignant; malgré soi.

いやおうなしに 否応なしに de force; de gré ou de force; bon gré mal gré; sans le vouloir; involontairement. ～…させる obliger (forcer) qn à inf. ～…させられる être obligé (forcé) de inf.

いやがうえにも ⇒ ますます(益々).

いやがらせ 嫌がらせ vexation f. ～を言う avoir une parole vexante pour qn. ～をする vexer qn.

いやがる 嫌がる répugner à qc; rechigner à qc; se dégoûter de. 仕事をするのを～ répugner à faire un travail. ～のを無理に…させる forcer qn à à inf. 母親は一子供を無理矢理に幼稚園に連れていった La mère a emmené de force son enfant à l'école maternelle. ～がらせる déplaire à qn; contrarier qn. 彼のうぬぼれは周りの者みんなに嫌がられている Sa vanité déplaît à tout son entourage.

いやく 意訳 traduction f libre. ¶～する traduire librement.

いやく 違約 manque m de parole; dédit m. ～の場合には en cas de débit. ¶～する manquer à sa parole; se dédire d'une promesse. ¶～金 dédit.

いやく 医薬 médicament m. ¶～分業 séparation f des services de médecine et de pharmacie.

いやけ 嫌気 aversion f; répulsion f; dégoût m. ～がさす avoir de l'aversion (du dégoût); être blasé. こんな退屈な仕事にはもう～がさした J'ai déjà de l'aversion pour ce travail ennuyeux./Ce travail ennuyeux m'inspire déjà de l'aversion. 動詞の変化が難しくてフランス語に～がさして来た Comme la conjugaison des verbes est difficile, ça m'a dégoûté d'apprendre le français. ～を起こさせる inspirer de l'aversion (du dégoût) à qn; rebuter qn; ennuyer qn; dégoûter qn.

いやしい 卑しい bas(se); vil; vilain; abject; ignoble; vulgaire; mesquin; méprisable; [生れの] humble. ～生れ basse origine f; humble naissance f. ～手口 procédé m abject (vilain). ～奴(ふるま) individu m (conduite f) ignoble. 彼は品性が～ C'est un être méprisable. 彼は口が～ Il a toujours quelque chose sous la dent. 彼は金に～ Il n'a d'yeux que pour l'argent. 身なりの卑しくない紳士 un gentleman m qui a toujours une mise soignée. 彼は人品卑しからざる青年だ C'est un jeune homme comme il faut. 卑しく mesquinement; ignoblement. 目上の者に卑しく振舞う agir avec mesquinerie (mesquinement) envers un supérieur. 卑しさ abjection f; bassesse f; mesquinerie f; petitesse f.

いやしくも 苟も si; puisque; maintenant que. ～学生たるものは辞書の一冊ぐらい持つべきである Tout étudiant digne de ce nom doit être muni d'un dictionnaire. ～引き受けた以上しの仕事を完成させなければいけません Maintenant que vous avez accepté ce travail, vous devez l'achever.

いやしむ 卑しむ mépriser; dédaigner. ¶～べき ignoble; ignoble. ～べき人々 gens mpl méprisables.

いやしめる 卑しめる ⇒ いやしむ(卑しむ).

いやす 癒す apaiser; assouvir; [渇を] étancher; [病を] guérir. 渇を～ apaiser (étancher) sa soif. 病を～ guérir une maladie.

いやに [妙に] étrangement; [とても] terriblement. ～に寒気がする J'ai étrangement froid.

いやはや Mon Dieu!/Nom de Dieu!/Bon Dieu!

イヤホーン écouteur m.

いやみ 嫌味 sarcasme m; fiel m; ironie f. ～を言う dire des paroles sarcastiques (fielleuses). ¶～のある sarcastique; fielleux(se). ～のない naturel(le). 彼などのお世辞 compliment m plein de fiel. 彼女は～たっぷりに笑った Elle a eu un rire plein de sarcasme.

いやらしい 嫌らしい [不愉快な] désagréable; [下劣な] vilain; sale; [みだらな] impudique; indécent. ～奴 vilain individu m. 女に～真似をする faire des gestes impudiques avec

イヤリング une femme.

イヤリング boucles *fpl* (pendants *mpl*) d'oreilles.

いゆう 畏友 mon vénérable ami *m*.

いよいよ ⇨ ますます(益々), ついに(遂に).

いよう [呼びかけ] Tiens!

いよう 威容 allure *f* majestueuse (imposante); aspect *m* (apparence *f*) majestueux(se). アルプスの～ aspect *m* majestueux des Alpes.

いよう 異様 étrange *m*; étrangeté *f*. ～な étrange; singulier(ère); bizarre; [怪奇な] grotesque. ～な身なり accoutrement *m*. 彼は何ともへんな出立ちで我々のところへやって来た Il est arrivé chez nous dans un accoutrement indescriptible.

いよく 意欲 volonté *f*; désir *m*; [熱心さ] zèle *m*; ardeur *f*. ～するへがある avoir la volonté de *inf*. ～する～に燃える être animé du désir de *inf*; désirer ardemment *inf*. ～を高める stimuler le désir (l'ardeur). 彼らには勉強する～がない Ils manquent d'ardeur au travail.

いらい 以来 depuis; à partir de. それ～ depuis. その時～ depuis ce temps; dès cette époque. 彼が死～ depuis sa mort. ...して～ depuis que *ind*. 彼が出発して～ depuis qu'il est parti; depuis son départ.

いらい 依頼 demande *f*. ～を受ける(断わる) recevoir (rejeter) une demande. 私は彼から就職斡旋の～を受けた Il m'a demandé de chercher un emploi. ...の～により à (sur) la demande de *qn*. ¶～を demander *qc* à *qn*; [助けを] recourir à *qn*. ...するように～を demander à *qn* de *inf*; prier *qn* de *inf*. アパートを売るように代理店に～する recourir à une agence pour vendre un appartement. ∥～状 demande. ～心 besoin *m* (désir *m*) de recourir. ～心が強い compter trop sur les autres. ～人 [事件などの] client(e) *m(f)*.

いらいら 苛々 nervosité *f*; irritation *f*. ¶～する s'irriter; s'énerver; s'agacer; s'exciter; s'impatienter; ～させる irriter; énerver; agacer; impatienter; taper sur les nerfs de *qn*. 人の神経を～させる crisper (irriter) les nerfs de *qn*. ～した irrité; énervé; agacé; impatienté. ～した nerveusement; avec impatience.

いらくさ 刺草 ortie *f*.

イラストレーション illustration *f*.

イラストレーター illustrateur *m*.

いらだたしい 苛立たしい ⇨ いらいら(苛々).

いらだち 苛立ち irritation *f*; agacement *m*; énervement *m*; impatience *f*.

いらだつ 苛立つ ⇨ いらいら(苛々).

いらっしゃい ¶どうぞ Soyez le bienvenu. また～ Revenez me voir.

いり 入り∥[入ること]政界～ entrée *f* dans le monde politique. ◆[入場者] public *m*; [音楽会, 講演会の] auditeurs *mpl*; [劇場, 映画の] spectateurs *mpl*. ～がいい Le public est nombreux. その芝居は～がよかった Cette pièce a eu un grand succès. 彼の講演は～が悪かった Son discours n'a pas passé la rampe. ◆[日没] 日の～ coucher *m* du soleil. ◆[始まり] ¶彼岸の～ premier jour *m* de la semaine d'équinoxe. ◆[容量] ¶1 リットル～の瓶 bouteille *f* d'une contenance d'un litre.

いりあい 入相 ¶～の鐘 sonnerie *f* de cloche du soir.

いりあいけん 入会権 droit *m* communal.

いりえ 入江 baie *f*; anse *f*; crique *f*.

いりぐち 入口 entrée *f*; [部屋の] porte *f* d'entrée; [洞穴, 坑道の] ouverture *f*; bouche *f*; [川の] embouchure *f*.

いりくむ 入組む se compliquer. 入組んだ compliqué; enchevêtré; emmêlé; embroussaillé. 入組んだ思想 pensée *f* très complexe. 入組んだ筋 intrigue *f* enchevêtrée (compliquée). 筋の入組んだ芝居 imbroglio *m*. この小説の筋はひどく入組んでいる L'intrigue de ce roman est très compliquée.

いりこむ 入込む s'enfoncer; pénétrer. 敵陣深くへ pénétrer profondément dans les lignes ennemies. ¶陸地に入込んでいるフィヨルド fjord *m* qui s'enfonce dans les terres.

イリジウム iridium *m*.

いりひ 入日 soleil *m* couchant.

いりびたる 入浸る courir *qc*; fréquenter habituellement. 酒場に～ courir les bistrots. ¶カフェに入り浸りの人 coureur(se) *m(f)* de cafés.

いりふね 入船 bateau(x) *m* entrant.

いりまじる 入混じる se mêler; se mélanger; se confondre. 群衆に～ se mêler à la foule. 彼の心中には怒りと苦しみとが入混っている Dans son cœur, la colère se mêle à l'amertume.

いりみだれる 入乱れる se mêler confusément; se mettre pêle-mêle. ¶入乱れて戦う se battre dans un désordre complet. 場内には弥次と激励の叫び声が入乱れて飛び交った Dans la salle des huées se mêlaient aux exclamations d'encouragement.

いりむこ 入婿 homme *m* qui épouse une héritière. ～に入る épouser une héritière et entrer dans sa famille.

いりゅう 慰留 ¶～する persuader *qn* de demeurer en fonction; dissuader *qn* de quitter ses fonctions.

いりゅうひん 遺留品 objet *m* oublié (laissé). ～から犯人の足がついた Les traces du criminel ont été découvertes grâce à un objet qu'il avait laissé.

いりよう 入用 ¶～な nécessaire. 旅行に～なお金 argent *m* nécessaire pour le voyage. さしあたり5万円～だ Il me faut cinquante mille yen pour le moment.

いりょう 衣料 vêtements *mpl*; habits *mpl*. ∥～費 dépenses *fpl* vestimentaires.

いりょう 衣糧 les vêtements *mpl* et les vivres *mpl*.

いりょう 医療 soins *mpl* médicaux; traitement *m* médical. ～を受ける suivre un traitement médical. ∥～機械 instrument *m* médical. ～施設 centre *m* médical. ～費 frais *mpl* médicaux. ～品 articles *mpl* médicaux. ～保険 assurance *f* médicale.

いりょく 偉力 grande puissance *f*.

いりょく 威力 pouvoir *m*; puissance *f*;

いりょく force *f*; autorité *f*; empire *m*. ~を発揮する montrer *sa* puissance. 経済界に~をふるう exercer une autorité sur le monde économique; être très influent dans le monde économique. 金の~で par la puissance de l'argent. ¶~のある puissant.

いりょく 意力 force *f* de volonté.

いる 居る être; se trouver; il y a; [留まる] rester; [住う] demeurer; habiter; [滞在する] séjourner; rester. テーブルの上に猫が1匹~ Il y a un chat sur la table. 彼は部屋に~ Il est (se trouve) dans la chambre. 彼はまだここに~ Il est encore ici. 彼は動かずに~ Il reste immobile. 彼はここ(家)には居ない Il n'est pas ici (chez lui). 彼はパリには居ない Il est absent de Paris. 私は2日しかパリに居ない Je ne reste (séjourne) que deux jours à Paris. 誰も居ない Il n'y a personne. ¶...して~ se tenir; rester. 静かにして(直立して、じっとして)~ rester (se tenir) tranquille (droit, immobile). …せずにはいられない ne pas pouvoir s'empêcher de rire. 私は笑いをこらえられなかった Je n'ai pu m'empêcher de rire.

いる 射る tirer; décocher. 矢を~ tirer une flèche.

いる 煎る griller. 豆を~ griller des pois.

いる 要る *inf*; avoir besoin de; [主語-物] exiger; demander; nécessiter; être nécessaire. 僕は金が~ Il me faut de l'argent./J'ai besoin d'argent. それには大金が~ Cela va coûter cher./Cela va nécessiter une forte somme. これを読むには細心の注意が~ Cette lecture nécessite beaucoup d'attention./Il faut beaucoup d'attention pour cette lecture.

いるい 衣類 vêtements *mpl*; habillement *m*; effets *mpl*.

いるか 海豚 dauphin *m*.

いるす 居留守 ¶~を使う n'être là pour personne.

イルミネーション illumination *f*. ~で飾る(つける) illuminer. ¶~で飾られた illuminé.

いれあげる 入れ揚げる faire de folles dépenses pour celui (celle) qu'*on* aime.

いれい 慰霊 ¶~祭 cérémonie *f* pour les morts (en souvenir des morts). ~祭を行う célébrer une cérémonie pour les morts. 戦没者~祭 cérémonie pour les morts de la guerre. ¶~碑 monument *m* aux morts.

いれい 異例 cas *m* exceptionnel. ¶~の exceptionnel(le).

いれかえ 入替 remplacement *m*; substitution *f*; renouvellement *m*; [車輌の] triage *m*. ¶車輛~ triage des wagons.

いれかえる 入れ替える remplacer *qc* par *qc*; substituer *qc* à *qc*; renouveler; [車輛を] trier. 古い家具セットを新しいのと~ renouveler un mobilier ancien par un neuf. 部屋の空気(人)を~ renouveler l'air de la chambre (le personnel). 文中の2語を~(intervertir) deux mots dans une phrase. ◆[心を]s'amender; se corriger. これからは心を入れ替えてもっと素直になれ A partir de maintenant corrigez-vous et soyez plus franc.

いれかわり 入れ替り ¶彼と~に女教師が赴任してきた Une maîtresse l'a remplacé à son poste. ¶~に立つ Les uns après les autres. ~立替り客がやって来た J'ai reçu des visiteurs les uns après les autres.

いれかわる 入れ替わる remplacer; changer de place avec; [持ち場を] permuter avec. 仲間と~ permuter avec un collègue. 流行は絶えず[次の流行と] Les modes sont sans cesse remplacées par d'autres. 君と入れ替わろう Je te remplacerai.

いれげ 入毛 faux cheveux *mpl*; cheveux *mpl* postiches.

いれこ 入子 objets *mpl* emboîtés (en gigogne). ¶~箱 caisses *fpl* emboîtées.

いれこむ いれ込む s'exciter. ¶入れ込んでいる馬 cheval(*aux*) *m* excité.

いれずみ 入墨(刺青) tatouage *m*. ¶~する tatouer. 胸に~している水夫 marin *m* qui se fait tatouer la poitrine; marin qui a un tatouage sur la poitrine. ¶~師 tatoueur *m*.

いれぢえ 入知恵 suggestion *f*; instigation *f*. ...の~で sous l'instigation de *qn*. ¶~する à *qn*; suggérer une idée à *qn*.

いれちがい 入違い ¶彼と彼女が入って来た Elle est entrée aussitôt qu'il est sorti. 手紙が~になった Nos lettres se sont croisées.

いれば 入歯 dent *f* artificielle. ~を入れる se faire mettre une fausse dent. ~をはずす extraire (enlever) une fausse dent. ¶総~ dentier *m*.

イレブン [スポ] onze *m* inv.

いれもの 入物 [容器] récipient *m*; [袋] sac *m*. ~に入れる mettre *qc* dans un récipient. 何か~はありませんか Auriez-vous quelque chose pour mettre ceci?

いれる 入れる mettre. 葡萄酒を壜に~ mettre du vin en bouteille. 車を車庫に~ rentrer *sa* voiture au garage. 風を~ laisser entrer le vent. 絵を額に~ encadrer une peinture. 入れておく garder *qc*; tenir *qc*. たんすに入れておく garder *qc* dans une armoire. 入れるのを怠る négliger (oublier) de mettre *qc*. ◆[人を入らせる] faire entrer. ~を部屋(病院)に~ faire entrer *qn* au salon (à l'hôpital). ◆[差し込む·挟む] insérer; inclure; introduire; intercaler. 一項目を~ insérer (inclure) une clause. 家具と壁との間に板を~ intercaler une planchette entre un meuble et le plancher. ◆[含める] comprendre. ~をリストの中に~ comprendre *qn* dans une liste. ~を入れて(入れずに) y compris (non compris). チップを入れて y compris le pourboire; le pourboire y compris. ◆[収容する]; 三百名入れる病院, 大学 recueillir *qn*; [部屋などが] contenir. 2,000人以上入れられるホール salle *f* qui peut contenir plus de deux mille personnes. ◆[聞き入れる] exaucer. 願いを~ exaucer une demande (un voeu).

いろ 色 [色彩] couleur *f*. 明るい~ couleur claire. 濃い~ couleur foncée. ~が褪せる défraîchir; perdre sa fraîcheur. ~が落ちる se décolorer; déteindre. ~が変る virer;

changer de couleur. ～をつける [着色] colorer; [値引] faire (accorder) un rabais. ～を落す décolorer. ¶～褪せた délavé; défraîchi. ～褪せた布 tissu m délavé. ～褪せたドレス robe f défraîchie. ～とりどり multicolore. ¶…の～ couleur de qc. …～を帯びた teinté de qc. 薔薇(ばら)～のドレス robe f couleur de rose (de paille). ◆[顔色] teint m. ～が白い顔に現われている La fatigue se manifeste (se peint) sur son visage./Son visage accuse la fatigue. ◆[情事・色事] ¶～に溺れる se vautrer dans la luxure. ～を好む aimer les femmes; avoir un tempérament amoureux. ¶～話 propos m galant. ◆[情人] [男] amant m; [女] maîtresse f.

いろあい 色合 coloris m; coloration f; nuance f. 赤の～ nuances du rouge. ¶見事な～の生地 étoffe f aux riches coloris.

いろあげ 色揚 avivage m (rafraîchissement m) des couleurs. ¶～する aviver (rafraîchir) la couleur.

いろいろ 色々 ¶～な(の) divers; différent; varié; plusieurs; [多くの] nombreux(se); beaucoup de. ～な種類 différentes espèces fpl. その他の～の物 et d'autres choses encore. 一つの語の～な意味 divers sens mpl d'un mot. ～な人が発言した Diverses personnes ont pris la parole. デザートには～な物が出た Il y avait un choix varié de desserts. 音楽, 絵画と～な方面に趣味を持っている Il a des intérêts aussi divers que la musique et la peinture. ～に理由で pour plusieurs raisons. ～に解釈される Cette phrase est diversement interprétée. その文章は～に解釈される Cette phrase est diversement interprétée. ～に評価されている作家 écrivain m diversement estimé. ～とやってみる essayer qc par différents moyens. 話すことが～とある J'ai beaucoup de choses à vous dire.

いろう 慰労 récompense f. ¶～する récompenser qn. ¶～会を催す donner un dîner pour remercier des services rendus. ～休暇 congé m donné en récompense de services rendus. ～金 gratification f.

いろう 遺漏 omission f. 万～なきを期する s'attendre à ce que tout se passe sans erreur ou omission; être paré contre toute éventualité. 万～なく sans erreur ou omission.

いろえんぴつ 色鉛筆 crayon m de couleur.

いろおとこ 色男 [美男子] beau garçon m; [ふざけて] galant m; [情夫] amant m.

いろか 色香 beautés fpl (charmes mpl) de la femme. ～が褪せる perdre ses charmes. 彼女の女の～に迷った Il a été captivé par la beauté de cette femme. ¶～の褪せた passé; fané.

いろがみ 色紙 papier m de couleur.

いろガラス 色～ verre m coloré.

いろがわり 色変わり décoloration f. ¶～する se défraîchir; [変色] se déteindre; [褪色] se décolorer. ～した décoloré; déteint; défraîchi.

いろけ 色気 charmes mpl; [色情] érotisme m; [色合い] coloris m; [関心] intérêt m. 多少～がある avoir quelque intérêt. 女に～を示す s'intéresser à une femme. ¶～のある séduisant. ～のない女 femme f sans charmes.

いろけし 色消し achromatisme m. ～な achromatique. ¶～レンズ lentille f achromatique. ◆[興味をそぐ] ¶～である gâcher le plaisir; refroidir qn. 下手な演技で全く～だった L'interprétation était si mauvaise qu'elle nous a gâché le plaisir.

いろごと 色事 aventure f; galanterie f; intrigue f amoureuse (galante). ¶～師 séducteur m; don Juan m; [ふざけて] bourreau(x) m des cœurs.

いろごのみ 色好み lasciveté f; [男] homme m lascif. ¶あいつは～な男だ C'est un homme qui court (aime) le jupon.

いろじかけ 色仕掛け ¶～で en jouant de ses charmes.

いろじろ 色白 ¶～である avoir le teint clair (blanc). ～の女性 femme f au teint clair (blanc); de nos jours.

いろずり 色刷り impression f en couleur; [着色活版] chromotypographie f. ¶～にする imprimer en couleurs.

いろづく 色付く se colorer; [果物] mûrir. 密柑が色づき始めた Les mandarines commencent à se colorer. ¶色づいた coloré.

いろづけ 色付け [彩(着)色] coloration f.

いろっぽい 色っぽい séduisant; érotique; galant. ～話 propos m galant. ¶色っぽく érotiquement.

いろつや 色艶 coloris m; [血色] teint m; carnation f. 梨(頬)の～ coloris d'une pêche (des joues). ～がよい avoir une jolie carnation; avoir un teint coloré. ¶色艶の～のよい男だ C'est un homme vigoureux au teint coloré.

いろどり 彩 [彩色] coloris m; coloration f; [色の配合] nuance f; combinaison f de couleurs. 様々な～ diaprure f. 春の野の様々な～ diaprure des prés au printemps. この料理は～がいい Le jeu des couleurs de ce plat est très réussi. ～をそえる enjoliver. 数々の挿話を入れて話に～をそえる enjoliver un récit de quelques anecdotes intéressantes.

いろどる 彩る colorer; colorier; peindre. 様々に～ diaprer; peindre qc de plusieurs couleurs. 入日が西の空を赤く彩っている Le soleil colore le couchant en rouge. 空は薔薇色に彩られている Le ciel se colore de rose. 牧場は花で様々に彩られていた Les fleurs diapraient les prés. ¶様々に彩られた伽藍のガラス窓 vitraux mpl multicolores d'une cathédrale.

イロニー ironie f.

いろは alphabet m japonais; [初歩] abécé

いろまち 色町 quartier *m* de plaisir.

いろめ 色目 œillade *f*; regard *m* polisson. ～を使う lancer (jeter) une œillade à; jeter un regard polisson à; faire du charme à. 彼女は男を誰にでも～する Elle fait du charme à n'importe quel homme.

いろめがね 色眼鏡 lunettes *fpl* à verres fumés; [サングラス] lunettes *f* de soleil. ～で見る voir *qc* à travers un prisme.

いろめく 色めく [色う] se colorier; [活気うく] s'animer. ¶色めき立つ s'animer de.

いろもの 色物 [織物] tissu *m* teint.

いろよい 色好い ¶～返事 réponse *f* favorable.

いろり 囲炉裏 foyer *m* creusé dans le sol. ‖～ばたで au coin du feu.

いろわけ 色分け [分類] classement *m*; [色付け] coloriage *m*. ¶～する classer; colorier; coloriser; peindre de couleur. 地図を～する colorier une carte.

いろん 異論 ⇒ いぎ(異議).

いわ 岩 roche *f*; roc *m*; [岩壁] rocher *m*. ～の角 saillie *f* d'un rocher. ¶～の多い rocheux(se). ～に付く植物 plantes *fpl* rupestres. ～に刻まれた絵 peintures *fpl* rupestres.

いわい 祝い fête *f*; célébration *f*; [祝辞] compliment *m*; félicitations *fpl*. ～の手紙 lettre *f* de félicitations. お～を言う faire un compliment; adresser des félicitations. ‖誕生(結婚)～ célébration de naissance (de mariage). 誕生(結婚)～の贈り物 cadeau (x) *m* de naissance (de noce). 今日は何か～事でもあるのですか Avez-vous une fête chez vous?

いわいび 祝火 feu *m* de joie. ～を焚く allumer un feu de joie.

いわう 祝う fêter; célébrer; féliciter *qn* de *qc*. 誕生日を～ fêter (célébrer) l'anniversaire de *qn*. …の成功を～ féliciter *qn* de son succès.

いわかん 異和感 désaccord *m*; manque *m* d'harmonie. …に～を覚える sentir un manque d'harmonie avec. このかつらは非常によく出来ているので少しも～を覚えない Cette perruque est tellement bien faite que je ne sens pas la moindre gêne.

いわく 曰く [仔細・事情] raison *f*. その話には何かへがありそうだ Il doit y avoir quelque raison cachée dans cette histoire. 何かの～があって pour certaines raisons. ¶～ありげな顔(言葉) visage *m* (parole *f*) qui cache quelque chose (quelques raisons). ¶～つきの女 femme *f* qui a un passé. ～つきの品 objet *m* qui a une histoire. ◆ [言うことには] ¶諺に～ comme dit le proverbe.

いわごけ 岩苔 scolopendre *f*.

いわし 鰯 sardine *f*. ～の缶詰 boîte *f* de sardines.

いわしみず 岩清水 eau *f* fraîche ruisselant entre les roches.

いわじしまい 言わじしまい ¶～にする [俗] rengainer. 挨拶を～にする rentrer *ses* compliments; rengainer *ses* compliments.

いわずもがな 言わずもがな ¶～のことを云う dire ce qu'il vaudrait mieux taire. ～のことかも知れぬが… Cela va probablement sans dire, mais…

いわたおび 岩田帯 ceinture *f* de grossesse.

いわつばめ 岩燕 hirondelle *f* de fenêtre.

いわな 岩魚 omble *m*.

いわのぼり 岩登り varappe *f*. ～をする faire de la varappe.

いわば 岩場 rocher *m*. ～をよじ登る faire du rocher; escalader des rochers; faire de la varappe.

いわば 言わば pour ainsi dire; comme qui dirait; en quelque façon. 彼は～この運動の中心人物だ Il est pour ainsi dire l'âme de ce mouvement. ～彼は馬鹿も同然だ Il est autant dire un sot./Autant dire qu'il est un sot.

いわや 岩屋 caverne *f*; grotte *f*.

いわゆる 所謂 prétendu; soi-disant *inv*; [本来の] proprement dit. ～思想の自由 la soi-disant liberté de pensée; la prétendue liberté de pensée. ～パリっ子と郊外に住む人達 les Parisiens proprement dits et les banlieusards. これが～宝石というものだ Voilà ce qu'on appelle une pierre précieuse.

いわれ 謂れ [理由] raison *f*; motif *m*; [由来] origine *f*. 伝説の～ origine d'une légende. 僕が妙な身なりをしている～もう分ったでしょう Vous comprenez maintenant la raison pour laquelle je m'habille avec tant de bizarrerie. ¶～なき gratuit; sans raison; immotivé. ～なく sans raison; sans motif.

いわんや à plus forte raison; [a] fortiori. 彼は賃金が安いのでその仕事を断ったくらいだから, ～ただ引き受ける筈がない Il a refusé ce travail à prix réduit, à plus forte raison, il n'acceptera jamais de le faire gratuitement.

いん 印 sceau(x) *m*; cachet *m*. ～を押す mettre (apposer) son sceau. ¶消～ timbre *m*. 日付～ timbre du jour.

いん 陰 ¶～にこもった sourd. ～にこもった怒りが彼の中にくすぶっている Une colère sourde couve en lui. ～に陽に au su et à l'insu de tout le monde; à chaque occasion.

いん 韻 rime *f*. この語とその語とは～を踏んでいる Ce mot-ci rime avec ce mot-là. ～を踏む rimer. ¶男(女)性～ rime masculine (féminine).

いんいん 殷々 ¶～たる grondant. ～たる砲声 grondement *m* des canons. ～と grondement. ～ととどろき渡っていた大砲の～ととどろき渡っていた Le grondement des canons retentissait.

いんうつ 陰鬱 ¶～な triste; maussade; morne; sombre. ～な天気 temps *m* morne.

いんえい 陰翳 [言葉、考えの] nuance *f*. ～をつけて nuancer; [ことばに] rehausser; accentuer. 考えに～をつける nuancer *sa* pensée. ～のある文体 style *m* plein de nuances. 強烈な色彩の～のある肖像画 portrait *m* rehaussé de couleurs vives.

いんか 引火 inflammation *f*. ¶～する s'enflammer. 火はカーテンに～して見る間に部屋中に燃え広がった Le feu a gagné un rideau et s'est propagé rapidement dans toute la pièce. ～しやすい inflammable. 乾燥した木は～しやすい Le bois sec s'enflamme facilement (est très inflammable). ‖ ～点 point *m* d'inflammation. ～物 matière *f* inflammable.

インカ Inca *m*. ‖ ～族 les Incas *mpl*. ～帝国 (文明) Empire *m* (civilisation *f*) inca.

いんが 印画〔写真〕épreuve *f*. ‖ ～紙 papier *m* photographique.

いんが 因果〔運命〕fatalité *f*; destinée *f*; destin *m*; sort *m*; [不運] malheur *m*. 身の～を嘆く déplorer *son* mauvais sort. ～を含めろ persuader *qn* qu'il faut se résigner à *son* sort. ～と諦める se résigner à *son* sort. 「親の～が子に報い」«Les pères ont mangé des raisins verts et les dents des enfants en ont été agacées». ¶～な fatal(s); [呪われた] infortuné. ¶～な子 enfant *mf* infortuné(e). ～なことに par malheur. 何の～で par quelle fatalité. ¶～関係 causalité *f*; rapport *m* de cause à effet. ～律 loi *f* de causalité.

いんが 陰画〔写真〕négatif *m*; épreuve *f* (image *f*) négative.

いんがいだん 院外団 groupe *m* extraparlementaire.

いんかく 陰核 clitoris *m*.

いんかしょくぶつ 隠花植物 cryptogame *f*.

いんかん 印鑑 sceau(x) *m*; ‖ ～証明 légalisation *f* (certification *f*) de sceau. ～を届ける dépôt *m* de *son* sceau personnel.

いんき 陰気 ¶～な triste; maussade; sombre; morose; mélancolique. ～な様子 air *m* maussade (funèbre). ～な顔をする avoir une figure sombre (maussade); faire une longue figure. ～な天気だ Il fait un temps morne. ～になる devenir sombre; [表情が] se rembrunir. 彼の表情は～になって来た Son visage se rembrunissait./Il en faisait une tête. ～に tristement; mélancoliquement; funèbrement.

いんぎ 院議 décision *f* parlementaire.

いんきょ 隠居 retraite *f*; [人] retraité(e) *m* (*f*). 横町の～ vieux sage *m* d'un quartier. ¶～する se retirer du monde. ‖ ～生活 vie *f* retirée. ～暮しをする mener une vie de retraite.

いんきょく 陰極 pôle *m* négatif; cathode *f*. ¶～の cathodique. ‖ ～線 rayons *mpl* cathodiques. ～板 plaque *f* négative.

いんきん 陰金〔病気〕teigne *f*.

いんぎん 慇懃 politesse *f*; courtoisie *f*; [女に対する] galanterie *f*. ¶～な poli; courtois; galant. ‖ 彼は～無礼だ Il fait de grands salamalecs./Il est trop poli pour être honnête.

インク encre *f*. ～で書く écrire *qc* à l'encre. …に～を塗る encrer *qc*. ‖ 印刷用～ encre *f* d'impression. ～消し [液] correcteur *m*; [ゴム] gomme *f* à encre. ～びん encrier *m*. 印刷機の～ローラー rouleau *m* encreur d'une presse.

いんけい 陰茎 pénis *m*; phallus *m*; verge *f*.

いんけん 引見 audience *f*; entrevue *f*. ¶～する donner audience à *qn*.

いんけん 陰険 sournoiserie *f*. ¶～な sournois; tortueux(se). ～なやり口 manœuvres *fpl* tortueuses. ～ふっつ～なやつだ C'est un sournois. ～に sournoisement; tortueusement.

いんげん 隠元 †haricot *m*; 《俗》fayot *m*. ‖ 白～ haricots blancs. 莢～ haricots verts. 青～ haricots flageolets.

いんこ 鸚哥 perruche *f*.

いんご 隠語 argot *m*; langue *f* verte; jargon *m*. ～で話す parler en argot; jargonner. ¶～的な argotique.

いんこう 咽喉 gosier *m*; gorge *f*. ¶～の pharyngé; 《医》pharyngien(ne). ～音 voix *f* gutturale. ～カタル pharyngolaryngite *f*.

いんごう 因業 ¶～な dur; impitoyable; sans cœur. ～なことをする se comporter sans cœur. ‖ ～婆 vieille harpie *f*.

インコース [競技] piste *f* intérieure.

インゴール [サッカー] en-but *m*.

いんこく 印刻 gravure *f* de sceau.

インサイダー ‖ ～取引 délit *m* d'initiés.

いんさつ 印刷 impression *f*; presse *f*; tirage *m*. ¶～する imprimer *qc*; mettre *qc* sous presse. ～の typographique. ‖ ～機 presse *f*. ～工 typographe *m*. ～術 imprimerie *f*; [活版] typographie *f*. ～中である être sous presse. ～物 imprimé *m*.

いんさん 陰惨 ¶～な lugubre. ～な雰囲気 atmosphère *f* lugubre. ～に lugubrement.

いんし 印紙 timbre *m*. ～を貼る timbrer *qc*; coller un timbre. 領収書に～を貼る timbrer un reçu. ‖ 収入～ timbre *m* fiscal; timbre de quittance. ～税 droit *m* de timbre.

いんし 因子 facteur *m*.

インジウム indium *m*.

インジゴ [藍色] indigo *m*.

いんじゃ 隠者 ermite *m*; reclus(e) *m*(*f*). ～の érémitique. 彼は～の生活をしている Il vit en reclus.

いんしゅ 飲酒 ¶～に耽る s'adonner à la boisson. ‖ ～家 buveur(se) *m*(*f*). ～テスト [運転手の] alcootest *m*. ～癖 boisson *f*.

いんしゅう 因習（襲）conventions *fpl*; usages *mpl* anciens; routine *f*. ～を打破する détruire les conventions. ¶～的な conventionnel(le); routinier(ère). ～的に conventionnellement; par convention.

インシュリン insuline *f*.

いんじゅん 因循 ¶～な [不決断な] irrésolu; indécis; [保守的な] conservateur(trice). ‖ ～姑息な temporiseur(euse).

いんしょう 印章 sceau(x) *m*; cachet *m*; marque *f*. 本のページに～を押す mettre une marque à la page d'un livre.

いんしょう 印象 impression *f*; effet *m*. ～を受ける éprouver une impression. あの青年には～を受けなかった Ce jeune homme ne m'a pas fait une bonne impression. ～を与える donner une impression; faire effet. 聴衆に悪い～を与える donner mauvaise im-

いんしょう pression (faire mauvais effet) sur l'auditoire. 日本についてどんな～をお持ちですか Quelle impression vous a laissée le Japon?/Quelles sont vos impressions sur le Japon? ¶～的な impressionnant; frappant. 第一～ première impression. ～主義 impressionnisme *m*. 後期～主義 néo-impressionnisme *m*. ～派 école *f* impressionniste. ～派の画家 impressionniste *mf*. ～批評 critique *f* impressionniste.

いんじょう 引証 citation *f*. ¶～する citer *qc*.

いんしょく 飲食 ¶～する boire et manger. ‖無銭～ grivèlerie *f*. ～税 taxe *f* sur les aliments et les boissons de luxe. ～店 restaurant *m*. ～物 le boire et le manger.

いんしん 陰唇 lèvres *fpl* de la vulve. ‖小(大)～ petites (grandes) lèvres.

いんしん 殷賑 prospérité *f*. ～を極める être en pleine prospérité. ‖～産業 industrie *f* prospère.

いんすう 因数 [数] facteur *m*. ～に分解する mettre en facteur. ¶～factoriel(le). ‖～分解 mise *f* en facteur.

いんずう 員数 nombre *m* requis (qu'il faut). ～をそろえる atteindre le nombre. ～が足りない Le nombre requis n'est pas atteint.

インスタント ‖～コーヒー café *m* instantané. ～写真 photographie *f* instantanée.

インストール installation *f*. ¶～する installer.

インストラクター moniteur(*trice*) *m(f)*. スキーの～ moniteur de ski.

インスピレーション inspiration *f*.

いんする 淫する s'adonner à; se vautrer dans; [夢中になる] être épris de. 酒色に～ se vautrer dans la débauche.

いんせい 陰性 ¶～の négati(ve); [性格が] sombre. 彼の性格は～だ Il a un caractère sombre/Il n'est pas expansif. ‖～反応 réaction *f* négative. ～反応を示す La réaction est négative; représenter une réaction négative.

いんせい 隠棲 ¶～する vivre en reclus.

いんぜい 印税 droits *mpl* d'auteur. ～は普通1割だ Les droits d'auteur sont généralement de 10% du prix de vente.

いんせき 姻戚 parent(e) *m(f)* par alliance. ‖～関係 parenté *f* par alliance; alliance *f*. 我々は～関係にある Nous sommes parents par alliance.

いんせき 引責 ¶～辞職する donner *sa* démission en assumant la responsabilité de *qc*.

いんせき 隕石 météorite *f*; aérolithe *m*; pierre *f* météorique. [大きな] bolide *m*.

いんぜん 隠然 ¶～たる latent (e). …に～たる勢力を持つ avoir beaucoup d'influence en coulisse sur.

いんそつ 引率 ¶～する conduire; emmener; accompagner. ～されて guidé par *qn*. ‖～者 accompagna*teur*(*trice*) *m(f)*.

インターカレッジ compétition *f* scolaire.

インターセプト interception *f*. ¶～する intercepter.

インターチェンジ échangeur *m*.

インターナショナル [国際労働者同盟] Internationale *f*.

インターネット internet *m*. ‖～カフェ cybercafé *m*.

インターバル intervalle *m*.

インターフェアー [スポ] interférence *f*.

インターフェイス [コンピュータ] interface *f*.

インターフェース [コンピュータ] interface *f*.

インターフェロン [医] interféron *m*.

インターポール [国際刑事警察機構] Interpol *m*; Organisation *f* internationale de police criminelle (OIPC).

インターホーン interphone *m*. ～で秘書を呼ぶ appeler *sa* secrétaire à (par) l'interphone.

インターン [期間] internat *m*; [学生] interne *mf*.

いんたい 隠退 retraite *f*. ¶～する prendre *sa* retraite; se retirer de la vie active. ～している être à la retraite.

インダス ～川 l'Indus *m*. ～文明 civilisation *f* de l'Indus.

インダストリアルデザイナー designer *m*.

インダストリアルデザイン design *m*.

インタビュアー interviewer *m*.

インタビュー interview *f*. 記者団の～を受ける donner une conférence de presse; accorder une interview à la presse. ¶～する [記者団が] faire une interview; interviewer *qn*; [記者団に] donner une interview. 大臣と～する faire l'interview d'un ministre.

インチ pouce *m*.

いんちき tromperie *f*; fraude *f*; trucage *m*; [賭者の] tricherie *f*. ～に引っ掛かる être trompé. ¶～する falsifier; frauder à (sur); truquer; tricher sur. 試験で～する tricher à l'examen. トランプで～する tricher avec des cartes. 食糧品の目方を～する tricher sur le poids des denrées. ‖～拳闘試合 combat *m* de boxe truqué. ～な品物 article *m* falsifié. ‖～業者 escroc *m*. ～裁判 procès *m* qui n'est qu'une mascarade. ～酒場 bouge *m*. ～療法 médecine *f* improvisée.

いんちょう 院長 [病院, 学校の] directeur(*trice*) *m(f)*.

インディアペーパー Papier *m* bible (indien).

インディアン indien(ne) *m(f)* d'Amérique; peau(x)-rouge(s) *mf*.

インディーズ indépendant *m*.

いんてつ 隕鉄 fer *m* météorique.

インデックス index *m*; table *f* alphabétique.

インテリ intellectuel(le) *m(f)*. ‖～階級 classe *f* des intellectuels.

インテリア ‖～デザイン décoration *f* d'intérieur. ～デザイナー décora*teur*(*trice*) *m(f)*.

インテリジェントビル immeuble *m* high-tech.

インテル [印刷] interligne *f*. ¶～を入れる ajouter une interligne.

インテルサット [国際電気通信衛星機構] Intelsat; Organisation *f* internationale de télécommunications par satellites.

いんでんき 陰電気 électricité *f* négative.
いんでんし 陰電子 négaton *m*.
インド Inde *f*. ‖ ~西=諸島 les Indes occidentales; les Antilles *fpl*. ~シルク tussor *m*. ~モスリン nansouk *m*. ~洋 l'océan *m* Indien. 西~洋 la mer des Antilles.
いんとう 咽頭 pharynx *m*. ¶~の pharyngien(ne). ‖~炎 pharyngite *f*.
いんとう 淫蕩 luxure *f*; débauche *f*; paillardise *f*. ~に耽る s'adonner à la luxure; se vautrer dans la débauche. ¶~的な luxurieux(se); vicieux(se). ~的な生活 vie *f* luxurieuse.
いんどう 引導 ¶~を渡す [死者に] prier pour le repos de l'âme d'un défunt; [辞職勧告をする] annoncer un renvoi définitif; [最後通牒をつきつける] déclarer sa résolution définitive; [諦めさせる] dissuader *qn* définitivement.
いんとく 陰徳 ¶~を施す faire le bien en secret.
いんとく 隠匿 recel *m*. ¶~する receler. ~された recélé. ‖~者 [盗品の] receleur(se) *m*(*f*).
インドシナ Indochine *f*. ¶~[人]の indochinois. ‖~半島 péninsule *f* indochinoise.
イントネーション intonation *f*.
いんとん 隠遁 retraite *f*. ¶~する se retirer du monde. ‖~者 ermite *m*; anachorète *m*. ~生活 vie *f* d'ermite (de reclus). ~生活をする vivre en ermite (reclus); vivre dans un ermitage.
いんない 院内 intérieur *m* de la Chambre.
いんにく 印肉 pâte *f* pour cachet; [ゴム印用の] tampon *m* encreur.
いんにん 隠忍 patience *f*; endurance *f*. ¶~する endurer *qc*; supporter *qc*. ‖~自重する se maîtriser avec patience.
いんねん 因縁 [宿命] fatalité *f*; destinée *f*; sort *m*. ~と諦める se résigner à *son* sort. ◆ [ゆかり] affinité *f* mystérieuse. 僕たちの間には深い~がある Il y a entre nous des affinités profondes et mystérieuses. ◆ [言掛り] ~をつける chercher chicane à *qn*; chicaner; chercher des raisons. 彼は何かにつけて~をつける Il chicane sur tout.
いんのう 陰嚢 bourses *fpl*; scrotum *m*.
インパクト [ゴルフ] impact *m*.
いんぶ 陰部 les parties *fpl* [honteuses].
いんぷ 淫婦 vamp *f*.
インファイト [ボクシング] corps à corps *m*; combat *m* de près.
インフォメーション information *f*.
インプット entrée *f*. ⇨ にゅうりょく(入力).
インフルエンザ influenza *f*; grippe *f*. ~にかかる attraper la grippe. ¶~の grippal (*aux*).
インフレ inflation *f*. ~を押える lutter contre l'inflation. ~を醸す provoquer l'inflation. ~になりそうだ L'inflation va se produire. ¶~の inflationniste. ~の危険 danger *m* d'inflation. ~の傾向 tendance *f* inflationniste (à l'inflation). ~による平価切下げ dévaluation *f* consécutive à l'inflation. ‖~景気 économie *f* inflationniste. ~主義 inflationnisme *m*; politique *f* qui mène à l'inflation. ~政策を講じる prendre des mesures contre l'inflation.
インフレターゲット cible *f* inflationniste.
いんぶん 韻文 vers *mpl*. ~で書く écrire en vers; rimer. ¶~の en vers.
いんぺい 隠蔽 dissimulation *f*. ¶~する dissimuler; cacher; couvrir.
インボイス 〖商〗 facture *f*. ~を作成する faire (dresser) une facture.
いんぼう 陰謀 complot *m*; conspiration *f*; conjuration *f*; intrigue *f*; cabale *f*; machination *f*. ~の首領 chef *m* d'une conspiration. ~の裏をかく déjouer une intrigue (un complot). ~を企てる tramer (nouer) un complot; comploter; conspirer; monter une cabale. ~を見破る découvrir un complot. ‖~者 comploteur *m*; conspirateur(trice) *m*(*f*); conjuré(e) *m*(*f*).
インポテンツ impuissance *f* sexuelle.
いんぼん 淫奔 lubricité *f*; débauche *f*. ¶~な lubrique; débauché.
いんめつ 湮滅 suppression *f*. ¶~する supprimer. 証拠を~する supprimer des preuves.
いんもう 陰毛 poils *mpl* du pubis.
いんもん 陰門 vulve *f*. ¶~の vulvaire.
いんゆ 隠喩 métaphore *f*.
いんよう 引用 citation *f*. ¶~する citer *qc*; faire état. 或る思想家の意見を~する faire état de l'opinion d'un penseur. 彼は自分自身の言葉を~した Il a cité ses propres paroles. ‖~句 verset *m*. ~符 guillemet *m*. ~符をつける(閉じる) ouvrir (fermer) les guillemets. ~を入れる mettre entre guillemets.
いんよう 飲用 ¶~に適する(適さない) potable (non potable). ‖~水 eau *f* potable.
いんよう 陰陽 l'élément négatif et l'élément positif. ¶~説 doctrine *f* qui englobe tous les phénomènes de ce monde dans les deux éléments négatifs et positifs.
いんよく 淫欲 désirs *mpl* charnels.
いんらく 淫楽 plaisirs *mpl* charnels.
いんらん 淫乱 débauche *f*; lubricité *f*. ¶~な débauché; luxurieux(se).
いんりつ 韻律 [詩句] mètre *m*. ‖~学 métrique *f*. ~法 métrique; prosodie *f*. ~法の métrique; prosodique.
いんりょう 飲料 boisson *f*. ⇨ いんよう(飲用).
いんりょく 引力 attraction *f*; force *f* attractive; gravitation *f*. ‖万有~の法則 lois *fpl* de la gravitation universelle.
いんれき 陰暦 calendrier *m* lunaire.
いんわい 淫猥 impudicité *f*; obscénité *f*; grivoiserie *f*. ¶~な impudique; obscène; licencieux(se); égrillard.

う

う 鵜 cormoran *m*. ¶~飼い pêche *f* aux cormorans. ~匠 pêcheur *m* aux cormorans.

ウイークエンド week-end [wikend] *m*. ¶~に en week-end. ~毎に tous les week-ends.

ウイークデー jour *m* de semaine. ¶~なので人通りも少ない Comme nous sommes en semaine, il y a peu de passants. ¶~に en semaine.

ウイークポイント point *m* faible.

ウイークリー hebdomadaire *m*.

ウイークリーマンション appartement *m* hôtel.

ういういしい 初々しい naïf(ve); ingénu. ~娘 jeune fille *f* ingénue. ¶初々しさ ingénuité *f*; naïveté *f*; fraîcheur *f*.

ういきょう 茴香 fenouil *m*.

ういざん 初産 premier accouchement *m*.

ういじん 初陣 première campagne *f*. ~に出る faire *sa* première campagne. ~を飾る [手柄を立てる] se distinguer (faire des exploits) au cours de *sa* première campagne.

ウイスキー whisky, whiskey (*ies*) *m*. ¶~ソーダ whisky-soda.

ういた 浮いた [色事の] galant. ~話 aventure *f* galante. 彼には~話はない Il n'a jamais d'histoires de femmes. ~話のひとつなのかね Tu n'es même pas capable d'avoir la moindre petite aventure?

ウイット esprit *m*. 彼は~がある Il est plein d'esprit. ¶~のある言葉 mot *m* d'esprit; bon mot.

ういてんぺん 有為転変 vicissitude *f*; les hauts et les bas. 人生の~ vicissitudes *fpl* de l'existence. ~は世の習い On a des hauts et des bas, c'est la vie.

ウイルス virus *m*. ¶~性肝炎 hépatite *f* à virus.

ウインカー [自動車の] feu(x) *m* clignotant.

ウインク clin *m* d'œil. ¶~する cligner (faire) de l'œil.

ウイング 《スポ》 aile *f*; ailier *m*.

ウインタースポーツ sports *mpl* d'hiver.

ウインチ treuil *m*; cabestan *m*.

ウインドー fenêtre *f*.

ウインドーショッピング lèche-vitrines *m*. ¶~をする faire du lèche-vitrines.

ウインドサーフィン planche *f* à voile. ¶~をする faire de la planche à voile. ~をする人 véliplanchiste *m*.

ウインドブレーカー blouson *m*; anorak *m*.

ウインナコーヒー café *m* viennois.

ウインナソーセージ saucisse *f* de Vienne.

ウーマンリブ mouvement *m* de libération des femmes; MLF.

ウール laine *f*. ¶~の服 vêtement *m* de (en) laine.

ウーロンちゃ 烏龍茶 thé *m* de Chine.

うえ 飢え faim *f*; famine *f*. ~を訴える crier famine. ~をしのぐ calmer (tromper) *sa* faim.

うえ 上 haut *m*; dessus *m*. 暖炉の~ le dessus de la cheminée. 山の~ haut de la montagne. ~から du haut; de haut; dessus; par-dessus. ~から5行目 cinquième ligne *f* à partir du haut. ~から見る voir qc de haut. シャツの~からセーターを着る mettre un chandail par-dessus une chemise. ~からの命令 ordres *mpl* qui viennent d'en haut. ~から下 de haut en bas. ~を見る regarder en l'air; lever la tête. 雲の~を飛ぶ voler au-dessus des nuages. 飛行機はいま海の~を飛んでいる L'avion est en train de survoler la mer. ~の [上位の] plus élevé; supérieur; [...以上の] au-dessus de. ~の階 étage *m* du dessus. ~の歯 dents *fpl* du haut. ~のクラス classe *f* supérieure. 6歳より~の子供 enfant *mf* au-dessus de six ans. ~に dessus; au-dessus; par-dessus; en haut; [上記の] ci-dessus; plus haut. 部屋の~にある Les chambres sont au-dessus. ~に述べた通り comme on l'a mentionné ci-dessus (plus haut). …の~に au-dessus de; sur. その~に座りなさい Asseyez-vous dessus. ここに紙があるからその~に書きなさい Voici du papier, écrivez là-dessus. ぼくのトランクは頑丈だからその~にあなたのを乗せなさい Ma valise est solide, mettez la vôtre dessus. 学校は丘の~にある L'école est sur la colline. 人の~に立つ être à la tête des autres. 人の~に立つ者は広い視野を持たねばならぬ Les supérieurs doivent avoir une vue large. 裾を~に上げる relever le pan de la robe. ~には~がある On peut toujours trouver mieux (pire). ◆ ¶~を下への大騒ぎ remue-ménage *m inv*. そのニュースで家中が~を下への大騒ぎだ Cette nouvelle a mis la maison sens dessus dessous./Cette nouvelle a fait du remue-ménage dans la maison. ◆[…の結果] 熟慮の~ après mûre réflexion; réflexion faite. 調査の~ après enquête. 酒の~でしたことだから彼を許してください Il a fait cela sous l'effet de l'alcool: il faut lui pardonner. こういた~は puisqu'il en est ainsi.

ウエイトトレーニング musculation *f*.

ウエイトリフティング poids *mpl* et haltères *mpl*; haltérophilie *f*.

ウエーター garçon *m*; groom *m*.

ウエーデルン [スキーの] godille *f*.

ウエートレス serveuse *f*.

ウエーブ [髪の] ondulation *f*; frisure *f*. 軽い~ frisure légère. ~をかける onduler; friser; [自分の髪に] se friser. ~をかけてもらう se faire onduler (friser). 彼女の髪は自然に~がかかっている Ses cheveux frisent naturellement. ¶~した髪 cheveux *mpl* ondulés.

うえかえ 植え替え ⇨ いしょく（移植）.

うえき 植木 arbre *m*. 庭に~が植えてある Le jardin est planté d'arbres. ¶~鉢 pot *m* à

うえこみ (de) fleurs. ～鉢の飾り蔽い cache-pot *m inv.* ～屋 jardinier(ère) *m(f).*

うえこみ 植込み bosquet *m*; [茂み] buisson *m.*

うえじに 飢死 ¶～する mourir de faim.

ウエスタン [西部劇] western *m.*

ウエスタンブーツ bottes *fpl* western (de cowboy).

ウエスト [服の] taille *f.* ～を測る mesurer le tour de la taille. ‖ ハイ～のドレス robe *f* à taille haute. ～ポーチ sac *m* banane; banane *f.*

うえつけ 植付け plantation *f*; [苗の] repiquage *m.*
‖ ～期 saison *f* des plantations.

うえつける 植付ける planter; [苗を] repiquer; [思想, 勢力を] implanter; [種, バクテリアを] ensemencer. 偏見を～ inculquer des préjugés à. 培養液にバクテリアを～ ensemencer des bactéries dans un bouillon de culture.

ウエット ¶～な compatissant; au cœur sensible. あいつは～な奴だ Il a trop de cœur.

ウエットスーツ vêtement *m* isothermique.

ウエディング ‖ ～ケーキ gâteau(x) *m* de noce. ～ドレス robe *f* de mariage. ～マーチ marche *f* nuptiale.

ウエハース gaufrette *f.*

うえる 飢える être affamé; être assoiffé; avoir faim. 金(血)に～ être assoiffé d'argent (de sang). 愛情に～ avoir faim (être affamé) de tendresse; avoir soif d'affection. 飢えさせる affamer. 国民を飢えさせる affamer le peuple.
‖ 飢えた affamé; assoiffé. 飢え細った猫 chat *m* famélique.

うえる 植える planter *qc*; [苗を] repiquer. 通りに木を～ planter une avenue. 植えられる(植わる) être planté. 庭に木が植わっている Le jardin est planté d'arbres.

ウエルターきゅう 一級 poids *m* mi-moyen.

ウエルダン ¶～の肉 viande *f* bien cuite.

うえん 迂遠 ¶～な détourné. ～な手段 moyen *m* détourné; biais *m.* ～な手段を弄する prendre des moyens détournés (un biais); biaiser.

うお 魚 poisson *m.* ¶ 水を得た～のようにcomme un poisson dans l'eau. ‖ ～市場 marché *m* aux poissons. ～河岸 halle *f* aux poissons. ～座 les Poissons.

うおうさおう 右往左往 ¶～する aller et venir en tous sens; courir de côté et d'autre; [忙しく] s'agiter. レストランは満員で, ボーイちが～している Le restaurant est plein et les garçons s'agitent.

ウォーキートーキー walkie(s)-talkie(s) *m.*

ウォーキング marche *f* à pied. ‖ ～シューズ chaussures *fpl* de marche.

ウォークマン baladeur *m*; walkman [wokman] *m.*

ウォーターシュート toboggan *m.*

ウォーターポロ water-polo *m.*

ウォーミングアップ exercices *mpl* d'assouplissement; réchauffement *m.*

ウォッカ vodka *f.*

ウォッチング observation *f.* ‖ バード～ observation d'oiseaux.

うおのめ 魚の目 cor *m*; œil(s)-de-perdrix *m.* 足に～が出来る avoir un cor au pied.

うかい 迂回 détour *m*; déviation *f.* ¶～する [遠廻り] faire un détour; [船などが] éviter; parer; doubler. 岬を～する doubler un cap. 道は～している La route fait des détours.
‖ ～路 déviation *f.* ～路を通る [車が] emprunter (prendre) une déviation.

うかい 鵜飼い (する鵜).

うがい 嗽 gargarisme *m.* ¶～する se gargariser. ‖ ～薬 gargarisme.

うかうか ¶～している être distrait. ～時をすごす passer *son* temps dans l'oisiveté.

うかがい 伺い ¶ご機嫌～に上る faire une visite pour présenter *ses* hommages à *qn*. ～を立てる [尋ねる] s'enquérir de *qc* auprès de *qn*; demander; [神に] consulter l'oracle; [指令を仰ぐ] demander des instructions. ちょっとお～してもよろしいですか Permettez-moi de vous demander un petit renseignement.

うかがう 窺う [人の様子を] épier; [狙う] guetter; être à l'affût de *qc*. 人の顔色を見てその反応を～ épier les réactions de *qn* sur son visage. 彼は好機を窺っている Il est à l'affût des bonnes occasions. 彼は～ばかり窺っている Il passe sa vie à se demander ce qu'on pense de lui. ¶窺いしれない impénétrable; incompréhensible.

うかがう 伺う [訪問する] rendre visite; faire une visite; aller voir *qn*; [立ち寄る] passer. お宅に伺いましよう Je passerai chez vous. ◆ [尋ねる] demander; [聞く] écouter. ちょっと伺いますが Pardon, monsieur.

うかされる 浮かされる 熱に～ avoir le délire. 競馬熱に～ être fou de courses de chevaux.

うかす 浮かす [節約する] économiser. 経費を～ économiser les frais. 出張旅費を～ rogner sur les frais de déplacement.

うがちすぎ 穿ち過ぎ ¶～た trop recherché; [過度] outré; exagéré; excessif(ve). ～の解釈 interprétation *f* trop recherchée. それは～だ C'est un peu fort./Vous cherchez trop loin.

うかつ 迂闊 distraction *f*; inattention *f.* ¶～な distrait; inattentif(ve); étourdi. それは少し～だったね Vous manquez un peu de prudence. それは僕が～だった C'est une faute d'inattention de ma part. ‖ ～に étourdiment; à la légère.

うがつ 穿つ [掘る] creuser; [穴を明ける] percer. 人情の機微を～ pénétrer les secrets du cœur humain. ¶穿った juste; judicieux (se); pénétrant. 穿った批評 critique *f* judicieuse. 穿った言葉 mot *m* juste. 穿ったことを言う dire des choses très justes.

うかぬかお 浮かぬ顔 visage *m* allongé. ～をする allonger le visage; avoir une mine maussade. どうした, ～をしているじゃないか Qu'est-ce que tu as? Tu en fais une tête!

うかばれる 浮かばれる ¶それで彼も〜 Avec ça, son âme reposera en paix. それで私も〜[面目が立つ]Cela sauve mon honneur. それで僕が浮かばれない Cela met en péril ma réputation./Je vais perdre la face.

うかびでる 浮かび出る [くっきり] se découper; se profiler. 花模様がはっきり浮かび出ている Le dessin des fleurs se découpe sur le fond. 木々が澄んだ空にくっきり浮かび出ているのが見えた On voyait les arbres se profiler sur le ciel pur.

うかぶ 浮かぶ flotter; surnager. 水面に機械油が浮かんでいる Du mazout flotte (surnage) sur l'eau. 彼の目に涙が浮かんだ Les larmes lui montèrent aux yeux. ¶浮かび上る remonter; [苦境から] se remettre à flot. 水面に浮かび上る remonter à la surface de l'eau; [潜水艦などが] faire surface. 彼の名前が捜査線上に浮かび上った Son nom a émergé dans le cours de l'enquête. ◆[心に] venir (se présenter) à l'esprit; [記憶が]revoir. ...という考えが〜 L'idée vient à qn que ind.../Il vient à qn l'idée que ind.../L'idée vient à qn de inf. 今でも子供時代に住んでいた場所が目に〜 Je revois les lieux de mon enfance. その場の光景が目に〜 Je vois la scène d'ici. 二人の名前がすぐ心に浮かんだ Deux noms se sont présentés aussitôt à l'esprit. あの頃の思い出だけが浮かんで来る Seuls les souvenirs de cette époque surnagent. ¶彼の困った様子が目に〜ようだ Il est facile d'imaginer son embarras.

うかべる 浮かべる [水面に] faire flotter; [主語に物] flotter. 筏を〜 faire flotter un radeau. 目に涙を〜 avoir les larmes aux yeux. 彼は顔に喜びの色を浮かべている La joie fait rayonner son visage. 彼は口もとに微笑を浮かべている Un sourire flottait sur ses lèvres./Il avait un sourire aux lèvres.

うかる 受かる [試験に]〜 réussir (être reçu, passer) à l'examen.

うかれめ 浮かれ女 femme f galante.

うかれる 浮かれる s'égayer; s'émoustiller. 浮かれ騒ぐ faire la fête (la noce); folâtrer. 私は浮かれ騒ぐ気持になれない Je ne suis pas d'humeur folâtre. 浮かれだす commencer à s'émoustiller. 彼は御機嫌になって浮かれだした Sa bonne humeur a commencé à s'émoustiller. ¶浮かれている être gai (émoustillé); être en fête. なんでそんなに浮かれているんだ Qu'est-ce qui te réjouit comme ça? 我々は浮かれて町を練り歩いた Nous nous sommes promenés en bande dans la rue, en nous sentant très émoustillés. 浮かれ騒ぐごとの好きな人 fêtard m.

うがん 右岸 rive f droite.

うき 雨季(期) saison f des pluies; saison pluviale.

うき 浮き [釣りの] bouchon m; flotteur m; [浮標] bouée f.

うきあがる 浮き上る [水面に] remonter; émerger; [姿, 映像が] se découper; [遊離] perdre le contact avec; [除け者にされる] être court-circuité. 水面に〜 remonter à la surface de l'eau. 金魚は死んで浮き上っていた Le poisson rouge mort flottait à la surface. 彼はみんなから浮き上っている Il est coupé de tout le monde. ⇨ うきでる(浮き出る).

うきあし 浮足 〜立つ être prêt à s'enfuir.

うきうき 浮き浮き ¶〜する s'égayer; s'épanouir; devenir radieux(se); s'égayer; émoustiller. 〜した radieux(se); [喜びにあふれた] joyeux(se); réjoui; [快活な] allègre. 〜した顔 visage m radieux. 〜した足どりで歩く marcher d'un pas allègre. 〜して joyeusement; gaiement; allègrement.

うかがし 浮貸し prêt m illicite.

うきくさ 浮草 plantes fpl flottantes. ¶こんな〜みたいな生活はいやだ J'en ai assez de mener cette vie de nomade. ‖〜稼業[人]forain m; [生活] existence f foraine.

うきぐも 浮雲 nuages mpl flottants.

うきごし 浮腰 ¶〜になる[逃げ腰]être prêt à s'enfuir.

うきしずみ 浮き沈み [盛衰] les hauts et les bas; vicissitudes fpl. 世の〜 vicissitudes de la vie.

うきしま 浮島 [水草の] amas m de plantes flottantes; [蜃気楼の] île f flottante.

うきだし 浮出し [模様の] gaufrure f. 〜をつける gaufrer. ‖〜模様 dessin m en relief. 〜模様の紙 papier m gaufré.

うきたつ 浮き立つ ⇨ うきうき(浮き浮き).

うきでる 浮き出る se découper. 空にくっきり浮き出ている山々 montagnes fpl qui se découpent nettement sur le ciel.

うきな 浮名 réputation f de mœurs légères. 〜を流す faire jaser avec ses aventures galantes.

うきばかり 浮秤 hydromètre m.

うきぶくろ 浮袋 ceinture f de natation; [救命用の] ceinture de sauvetage; [魚の] vessie f natatoire.

うきぼり 浮彫 relief m; [食器の] bosselage m; bosselure f. 浅(深)い〜 bas-relief m (haut-relief m). 〜をつける graver en relief sur. ¶〜の花飾り guirlande f. 〜にする[金銀細工で] bosseler; [明白にする] mettre en relief; donner du relief à qc. ‖〜細工 relief.

うきみ 浮身 [水泳] planche f. 〜をする faire la planche.

うきみ 憂身 ¶恋に〜をやつす se consumer d'amour.

うきめ 憂目 épreuves fpl pénibles; inconvénient m. 〜を見る(に会う) essuyer (subir) des épreuves pénibles; éprouver de la peine; subir les inconvénients. 失恋の〜を見る souffrir d'une déception amoureuse. 〜を忍ぶ supporter (endurer) un malheur. 〜に会えば〜を見るのは君なんだぜ C'est toi qui en subira les inconvénients.

うきよ 浮世 le monde; la vie. 〜を捨てる renoncer au monde. 〜の荒波にもまれる être ballotté par les orages de la vie. 〜の塵を落す vivre loin des embarras de la vie. 〜は夢だ La vie n'est qu'un rêve. とにかく〜はままならぬ En tout cas, ce monde ne conforme pas à nos désirs. これが〜というものさ

うきょく 迂曲 ¶～する serpenter; [遠回り] faire des détours. ～した sinueux(se); tortueux(se).

うく 浮く flotter; surnager. ⇨ うかぶ(浮かぶ). ◆[節約になる] ¶それalmostは千円～ On peut ainsi économiser (gagner) mille yen.

うぐい 石斑魚 vandoise f.

うぐいす 鶯 rossignol m.

ウクレレ ukulele m.

うけ 受け [評判] réputation f.; popularité f. ～がいい être bien vu de qn; plaire à qn; jouir de la faveur de; être populaire. 彼女は主人の～がいい Elle est bien vue par le patron. 彼女のお家では～がいい Il jouit de la faveur de cette maison-là. ～が悪い être mal vu (famé). ¶～がいい曲 morceau(x) m populaire. ◆[剣道, 囲碁] garde f; défensive f. ～に回る être (se tenir) sur la défensive.

うけ 有卦 ¶～に入る avoir le vent en poupe (dans le dos).

うけあう 請け合う [保証する] garantir qc à qn; assurer qn de qc; répondre de; certifier qc à qn; [確約する] promettre qc à qn; [引受ける] se charger de qc. …することを～ assurer (garantir, certifier) que ind. それは私が請合います Je vous le certifie./Je vous l'assure./Je vous en réponds. うまく行くかどうかは請合えない Je ne peux pas vous assurer si cela se passera bien.

うたい 右傾 ¶～する se pencher à droite; évoluer vers la droite.

うけいれ 受入れ réception f; accueil m; [承諾] réception. ¶～施設 service m d'accueil. ～態勢 préparatifs mpl d'accueil.

うけいれる 受入れる [承知する] accepter; accueillir; admettre; [人を] recevoir; accueillir. 要求を暖かく～ accueillir une demande. 孤児を暖かく～ accueillir (recevoir) un orphelin avec chaleur. 招待を～ accepter une invitation de qn. 御指摘の正当性は受入れなければなりません Il faut admettre le bien-fondé de vos remarques. ¶受入れられる recevable; acceptable. その言い訳は受入れられない Cette excuse n'est pas recevable./Cette excuse est inacceptable.

うけうり 受売り ¶～する propager des idées empruntées. ～の知識 connaissances fpl d'emprunt. それは新聞の～だ Ce n'est qu'un écho du journal.

うけおい 請負 entreprise f; forfait m. ¶～の forfaitaire. ～で à forfait; par entreprise. ～で仕事をする travailler au forfait. ¶～師 entrepreneur(se) m(f). ～仕事 travail(aux) m à l'entreprise (à forfait). ～値段 prix m forfaitaire.

うけおう 請負う entreprendre qc; prendre qc à forfait; [引受ける] se charger de qc; s'engager à qc.

うけくち 受け口 ¶彼女は～だ Sa lèvre inférieure est proéminente.

うけこたえ 受答え réplique f. ～がうまい avoir la réplique facile.

うけざら 受皿 soucoupe f; [小皿] godet m.

うけだす 請出す [質草を] dégager; retirer. 質屋から時計を～ dégager sa montre du mont-de-piété. 芸者を～ racheter une geisha.

うけだち 受太刀 ¶～になる être réduit à la défensive; être acculé.

うけたまわる 承る [聞く] entendre; écouter; [聞き知る] apprendre. 承れば御病気だったで J'ai entendu dire que vous étiez malade. ◆[受け] recevoir. 注文を～ recevoir un ordre (une commande). 御用はなんなりと承ります A vos ordres./Je suis à votre entière disposition.

うけつぐ 受継ぐ succéder à qn; [相続する] hériter de qc. 財産を～ hériter d'une fortune. 仕事を～ prendre la suite d'une affaire. 故人の遺志を～ réaliser les espérances d'un défunt. 彼は父の後を受継いで会社を経営している Il succède à son père à la tête de l'entreprise. この祭りは最古の民俗伝承を受継いでいる Cette fête vient des plus anciennes traditions populaires.

うけつけ 受付 réception f; [ホテルの] bureau (x) m de renseignement; [門番小屋] loge m; [窓口] guichet m. 先に～に行って下さい Passez d'abord au guichet. ¶～係り guichetier(ère) m(f). ～番号 [病院などの] numéro m d'ordre (d'appel); [登録の] numéro m matricule (d'inscription).

うけつける 受付ける accepter; recevoir. 申し出を～ accepter une proposition. 受付けない repousser; rejeter; être impénétrable. 要求を受付けない repousser une demande. 外国の影響を受付けない être impénétrable à l'influence étrangère. 食物を受付けない病人 malade qui rejette ses aliments.

うけとめる 受止める attraper; arrêter; [支える] supporter; soutenir; [心で] recevoir. ボールを～ attraper (bloquer) une balle. 敵の攻撃を～ supporter (soutenir) une attaque de l'ennemi. あなたはこの事実をどう受止めますか Comment recevez-vous ce fait?

うけとり 受取り [領収書] reçu m; [商] quittance f; [受取り記] récépissé m. ～を出す donner un reçu. ¶～人 [郵便物の] receveur (se) m(f); destinataire mf; [為替など] porteur m; preneur(se) m(f); [保険金の] bénéficiaire mf; [荷受人] consignataire mf; [法] partie f prenante.

うけとる 受取る recevoir; accepter; [金, 料] toucher; empocher; [商品を] réceptionner. 電報(手紙)を～ recevoir un télégramme (une lettre). 彼女は私の贈り物を受取ろうとしなかった Il n'a pas voulu accepter mon cadeau. ◆[解する] 人の話を真面目に～ prendre qn au sérieux. この文章は二様に受取れる Cette phrase est susceptible de deux interprétations.

うけながす 受流す ¶太刀を～ parer un coup de sabre. 質問を～ éluder (tourner, escamoter) une question. 冗談として～ tourner en plaisanterie. 彼の言うことなど受け流しておけよ Ne prenez pas trop au sérieux ce qu'il a dit.

うけみ 受身 [態度, 性格の] passivité *f*; [文法の] voix *f* passive; passif *m*. ¶〜の(的な) passif(ve). 〜的な attitude *f* passive; passivité. ◆ [柔道の] brise-chute *f*.

うけもち 受け持ち ‖ 数学の〜教師 professeur *m* chargé des mathématiques. 〜区域 [警官などの] secteur *m* de surveillance; [郵便配達の] circulation *f* postale; [歩哨の] zone *f* de surveillance. 〜時間 heures *fpl* de cours.

うけもつ 受け持つ se charger de; être chargé de. 一年のクラスを〜 être chargé de la classe de première année. ...を受け持たせる charger *qn* de *qc*.

うけもどす 請戻す [抵当物などを] dégager.

うける 受ける [もらう・得る] recevoir; obtenir; [受止める] recueillir; attraper. ボールを〜 attraper une balle. 雨漏りをたらいで〜 recueillir l'eau d'une fuite dans un seau. 命令(賞)を〜 recevoir un ordre (un prix). 許可を〜 obtenir une permission. 尊敬を〜 jouir de l'estime de *qn*; jouir d'une bonne réputation. 私は行く先々で厚いもてなしを受けた J'ai été très bien reçu partout où je suis passé. ◆ [被る] essuyer; subir; encourir. 損害(非難)を〜 essuyer des pertes (des reproches). 長い訊問を〜 subir un long interrogatoire. 罰を〜 encourir (recevoir) un châtiment. 影響(手術)を〜 subir une influence (une opération). ◆ [...に応ずる] ¶ 相談を〜 être consulté(e) par *qn*. 試験を〜 passer (subir) un examen. 口頭(筆記)試験を〜 se présenter à l'examen oral (écrit). ◆ [好評である・認められる] être populaire; jouir d'une popularité; avoir du succès. その歌手はフランスよりアメリカで受けている Ce chanteur est plus populaire en Amérique qu'en France. その芝居は受けた Cette pièce a eu du succès. ◆ [性質を帯ぶ・授かる] venir de *qc*; participer de *qc*; tenir *son* caractère de. 父の気性を〜 tenir *son* caractère de *son* père; tenir de *son* père. シェパードは狼の血を受けていると言われる On dit que le berger allemand participe du loup. ⇒ うけつぐ (受け継ぐ).

うけわたし 受渡し [商品] livraison *f*. ¶〜[を]する livrer. ¶〜日 jour *m* de livraison.

うげん 右舷 tribord *m*. ¶〜に傾く pencher à (par) tribord. 〜へ寄せる serrer à tribord.

うご 雨後 ¶〜の筍のように出る pousser comme champignons après la pluie.

うごうのしゅう 烏合の衆 foule *f* bigarrée; cohue *f*.

うごかす 動かす [手足, 頭を] remuer; agiter; mouvoir; [機械を] actionner; animer; mettre en mouvement; [操縦する] manœuvrer; [移動する] déplacer; bouger; rouler. 機械を〜 actionner une machine. 手足を〜 mouvoir (remuer) *ses* membres. 自動車のハンドルを〜 manœuvrer le volant d'une automobile. 家具を〜 déplacer (bouger) un meuble. ◆ [感動させる] émouvoir; toucher; attendrir; frapper; [感動的な] émouvant; touchant; attendrissant. 心を動かされる s'émouvoir; s'attendrir. ◆ [行動させる] faire agir; pousser. 彼を動かした動機は何か Quels sont les mobiles qui l'ont fait agir? ◆ [変更する] ¶ それは決定したことだからもう動かせない C'est une chose déjà décidée, on ne peut plus la modifier. 動かし難い inébranlable; irrévocable; indéniable.

うごき 動き mouvement *m*; [器官, 機械の動き具合] jeu(x) *m*; fonctionnement *m*. ばねの〜 jeu d'un ressort. ◆ [運動・行動] ¶ 〜がとれない [何も出来ない] être réduit à l'impuissance; [進退きわまる] être dans une impasse; être coincé. ◆ [動向] marche *f*; orientation *f*; [変動] fluctuation *f*. 世論の〜 fluctuations de l'opinion publique.

うごきだす 動き出す commencer à bouger; démarrer; entrer en fonction; entrer dans le jeu; se mettre en marche. 自動車が急に動き出した La voiture démarra brusquement. 組合が動き出した Les syndicats ont commencé à bouger.

うごきまわる 動き回る s'agiter; se démener; [水, 泥の中を] barboter. ホールは一杯で子供たちが動きまわっていた Dans la salle bondée, les enfants s'agitaient. あひるが池の中を動きまわっている Les canards barbotent dans la mare. 栗鼠が籠の中を動き回っている Un écureuil se démène dans sa cage.

うごく 動く bouger; se déplacer; [振子が] osciller; [ぐらぐら動く] ébranler; [機械が] fonctionner; marcher; [変化する] changer. この時計は正確に〜 La pendule marche bien (est juste). 動かない ne pas bouger; rester immobile. 動かないようにする maintenir; immobiliser. 彼は倒れてしばらく動かなかった Il est tombé, et il est resté quelques secondes sans bouger. 動かなくなる [機械, 道具が] s'immobiliser; se bloquer; se coincer. エンジンが動かなくなった Le moteur s'est bloqué. [可動性の] mobile. [機械の]〜部分 pièce *f* mobile [d'une machine].

うこさべん 右顧左べん ¶〜する être indécis(e).

うごめかす 得意気に鼻を〜 se gonfler d'orgueil.

うごめく grouiller; fourmiller. 〜群衆 foule *f* grouillante. 群衆が広場にうごめいている La foule grouille sur la place. ¶ うごめき grouillement *m*; fourmillement *m*.

うさ 憂さ tristesse *f*; mélancolie *f*; chagrin *m*. 〜を晴らす dissiper (se distraire de *son* chagrin.) 酒で〜を紛らす tromper *son* chagrin en buvant; noyer *son* chagrin dans l'alcool. ‖ 〜晴らし divertissement *m*; distraction *f*.

うさぎ 兎 [飼兎] lapin(e) *m(f)*; lapin de chou; [野兎] lièvre *m*; [雌]hase *f*. ‖ 〜狩り chasse *f* au lièvre. 〜小屋 cage *f* à lapin. 〜座 le Lièvre.

うさんくさい 胡散臭い suspect; louche. 〜奴 individu *m* suspect; 胡散臭そうに d'un air méfiant; avec méfiance.

うし 牛 bœuf *m*; taureau(x) *m*; [雌] vache *f*; [子牛] veau(x) *m*. ¶〜の bovin. ‖〜科

bovidés mpl; races fpl bovines. ～皮の靴 chaussures fpl en box-calf. ～小屋 étable f à vaches.

うじ 氏 [生れ] naissance f; origine f; [家名] nom m de famille. ～より育ちだ L'éducation importe plus que la naissance.

うじ 蛆 [幼虫] ver m; larve f; [蠅の] asticot m. ～がわく grouiller (fourmiller) de vers. このチーズには～がわいている Ce fromage grouille de vers.

うじうじ ¶～する être indécis; rester hésitant.

うしお 潮 marée f; vague f. ～の如く押し寄せる déferler comme des vagues.

うしかい 牛飼 bouvier(ère) m(f); vacher(ère) m(f). ¶～座 le Bouvier.

うじがみ 氏神 divinité f locale.

うじこ 氏子 fidèle mf de la divinité locale.

うしなう 失う perdre. 気を～ perdre connaissance; s'évanouir. 機会を～ laisser échapper une occasion. 行動の自由を～ s'entraver; être entravé; être bloqué. その事故で多くの人命が失われた Cet accident a fait de nombreuses victimes. ¶～まいとする être jaloux(se) de qc. 地位を～まいとする être jaloux de sa position.

うしみつどき 丑三つ時 vers deux heures du matin; en pleine nuit. 草木も眠る～ à l'heure où tout dort.

うじむし 蛆虫 ver m; [人] vermine f; canaille f; excrément m de la terre.

うじゃうじゃ ⇨ うよう よ。

うしろ 後ろ arrière m; [背中] dos m. 前と～ l'avant et l'arrière. ～から par derrière. ～か ら蹴とばす donner un coup de pied par derrière. ～から行く marcher derrière; suivre qn par derrière. ～から見ると vu de dos. 衝立の～から出てくる sortir de derrière le paravent. ～で手を組む se croiser les mains derrière le dos. 敵に～を見せる montrer (tourner) le dos à l'ennemi. ～を見る regarder en arrière. ～をふりむく se retourner. 家の～を通る passer derrière la maison. ¶～の de derrière; arrière inv. ～の車輪 roues fpl arrière; roues de derrière. ～にずれる aller en ～. 壁の～に derrière le mur. ～にさがる aller en arrière; reculer. 一歩～にさがる faire un pas en arrière. ～へ倒れる tomber à la renverse.

うしろあし 後脚 pattes fpl de derrière.

うしろがみ 後髪 ¶～を引かれる思いで別れる se séparer avec un pincement au cœur.

うしろぐらい 後暗い ¶～ことはなにもない n'avoir rien à se reprocher. ～ことはなにもしていない ne pas agir contre sa conscience. 後暗く思う n'avoir pas la conscience tranquille; avoir la conscience troublée.

うしろすがた 後姿 silhouette f vue de dos. ～を見送る suivre des yeux qn qui s'éloigne. 彼女の～が美しい Vue de dos, elle a une belle silhouette.

うしろだて 後盾 [支持者] soutien m; [庇護者] patron(ne) m(f); 〖俗〗 piston m. ...を～にしている avoir qn derrière soi. 出世するには～が必要だ Pour réussir il faut du piston.

うしろで 後手 ¶～にしばられる avoir les mains liées derrière le dos.

うしろはちまき 後鉢巻 ¶～をする porter (mettre) un serre-tête noué par derrière.

うしろまえ 後前 ¶セーターを～に着る mettre un chandail à l'envers (sens devant derrière).

うしろむき 後向き ～の [消極的] rétrograde. ～の経済政策 politique f économique rétrograde. ～に歩く marcher (aller) à reculons. ～になる montrer le dos; tourner le dos. ～になって le dos tourné.

うしろめたい 後めたい se sentir coupable; avoir un poids sur la conscience.

うしろゆび 後指 ～をさす montrer qn du doigt. ～をさされる se faire montrer du doigt.

うす 臼 meule f; [搗臼] mortier m. ～でひく broyer qc avec une meule; moudre. ～で米をつく décortiquer du riz dans un mortier.

うず 渦 tourbillon m; gouffre m; remous m. ～に呑みこまれる s'engloutir dans un tourbillon. ～を巻く tourbillonner; tournoyer. 風で木の葉が～を巻いている Le vent fait tournoyer les feuilles. ¶～を巻いている河 fleuve m tourbillonnant. ～を巻いて en tourbillon.

うすあかり 薄明り pénombre f; lumière f faible; lueur f; demi-jour m; clair-obscur m.

うすあかるい 薄明るい sombre; [灯火で] faiblement éclairé. 薄明るくなる s'éclaircir faiblement.

うすあじ 薄味 saveur f [un peu] fade.

うすい 薄い [厚さが] mince; peu épais(se); fin; [濃度が] faible; léger(ère); [味が] un peu fade; [髪が] clairsemé; [色が] clair; peu foncé. ～紅茶 thé m léger. ～の布地 étoffe f claire. 望みはちょっと～ね Il vaut mieux ne pas y compter. 薄くなる s'amincir; s'affaiblir; [髪] s'éclaircir. 長いことはいたのでズボンがすり切れて薄くなった Le pantalon s'est aminci, frotté par l'usage. 髪が薄くなった La chevelure est devenue clairsemée. 影が薄くなる laisser éclipser. 彼のために競争相手はみんな影が薄くなった Il a éclipsé tous les concurrents./Tous les concurrents se sont laissés éclipser par lui. 望みが薄くなる Il y a peu d'espoir. 薄くする [厚さを] amincir; amenuiser; [濃度, 味を] ⇨ うすめる(薄くする). 板を薄くする amincir une planche. ¶薄く切る couper qc en tranches minces. 池に水が薄く張っている Il y a une mince couche de glace sur l'étang./L'étang est légèrement gelé (couvert de glace). 薄さ minceur f.

うすいた 薄板 plaque f; [金属の] feuille f. 鉄の～ feuille d'acier; tôle f.

うすうす 薄々 vaguement. ～感づく sentir vaguement; s'en douter un peu; pressentir. ～うわさを聞いている avoir vent d'une nouvelle; en être plus ou moins informé. そのことは～聞いている J'ai eu vent de cette nouvelle.

うずうず ¶～する griller; être impatient de. 彼女は喋りたくて～している Il meurt de parler.

うすがみ 薄紙 papier *m* fin (mince).

私は薄しくて〜している Je frétille de joie. 私たちはまたあなたに会いたくて〜しています Nous grillons de vous revoir.

うすかわ 薄皮 pellicule *f*; [牛乳の] peau *f*. ¶病状は〜をはぐように日一日とよくなっていく L'état du malade s'améliore doucement (graduellement) de jour en jour.

うすぎ 薄着 〜する s'habiller légèrement.

うすきいろ 薄黄色 jonquille *m*. ¶〜の jonquille *inv*.

うすぎたない 薄汚い malpropre; sale; [性質, 行為が] vilain; sale. 〜着物 vêtement *m* malpropre. 〜奴 sale individu *m*; sale bête *f*.

うすぎぬ 薄絹 étoffe *f* de soie fine.

うすきみわるい 薄気味悪い inquiétant; sinistre; lugubre. 〜音 bruit *m* sinistre. 〜人 sinistre personne *f*; personnage *m* inquiétant. 〜家 maison *f* lugubre. 薄気味悪く思う sentir une vague terreur.

うすぎり 薄切り tranche *f*; [輪切り] rondelle *f*. お菓子の〜 tranche de gâteau. ソーセージの〜 rondelle de saucisson. ¶〜にする couper en tranches minces; émincer. 肉(玉葱)を〜にする émincer une viande (des oignons). ソーセージを〜にする couper un saucisson en rondelles minces.

うずく 疼く lanciner à *qn*. 指のかかに〜 L'abcès à mon doigt me lancine. 悔恨の情に心が〜 avoir des remords lancinants. ¶〜ような痛み douleur *f* lancinante.

うずくまる 蹲る s'accroupir; [ちぢこまる] se blottir; [動物が] se tapir. 猫は打たれるのが嫌で隅に蹲っていた Le chat se tapissait dans un coin pour éviter les coups. ¶蹲った(て) accroupi; blotti. 彼はベッドに蹲って耳をふさいでいた Blotti dans son lit, il se bouchait les oreilles.

うすぐも 薄雲 nuages *mpl* légers.

うすぐもり 薄曇り ¶〜だ Le ciel est légèrement couvert.

うすぐらい 薄暗い mal éclairé; sombre; faible. 〜部屋 chambre *f* mal éclairée. 〜光 faible lumière *f*; 〜灯 ampoule *f* faible. 空が薄暗くなって来た Le temps se couvre. 〜所で dans la pénombre; dans un endroit mal éclairé. 〜うちから dès le petit jour (demi-jour).

うすくらがり 薄暗がり pénombre *f*. 〜の中に人影を見る apercevoir une silhouette dans la pénombre.

うすぐろい 薄黒い [肌, 顔色が] noirâtre; noiraud.

うすげしょう 薄化粧 ¶〜する se maquiller (se farder) légèrement. 〜した légèrement maquillé (fardé).

うすごおり 薄氷 glace *f* mince. 〜が張る être légèrement gelé.

うすじ 薄地 fond *m* mince. ¶〜の fin; mince.

うすじお 薄塩 ¶〜の peu salé.

うすずみ 薄墨 ¶〜色の gris.

ウスターソース sauce *f* anglaise.

うずたかい 堆い mis en pile. 〜空箱の山 pile *f* de caisses vides. 〜ごみの山 tas *m* (montagne *f*) d'ordures. ¶堆く積む empiler; entasser. 堆く積まる s'empiler; s'entasser.

うすちゃ 薄茶 〜色 beige; marron clair *inv*.

うすっぺら 薄っぺら ¶〜な [薄い] mince; peu épais(se); [軽薄な] léger(ère); superficiel(le); frivole; insignifiant. 僕の〜な知識では分らない Mes maigres connaissances ne me permettent pas de comprendre.

うすで 薄手 ¶〜の [紙, 布地, 板などの] mince.

うすば 薄刃 lame *f* fine. ¶〜のナイフ couteau *m* à lame fine.

うすばかげろう 薄羽蜻蛉 fourmilion *m*.

うすび 薄日 faible rayon *m* de soleil. 〜がさして来た Le ciel s'éclaircit vaguement. 雲間から〜が洩れている Un faible rayon de soleil perce les nuages.

うすべに 薄紅 [色] rouge *m* léger. 〜をさす se mettre un peu de rouge.

うすべり 薄縁 natte *f* de paille.

うずまき 渦巻 tourbillon *m*; gouffre *m*; remous *m*. ¶〜形の [螺旋形の] en volute; en spirale. 〜形階段 escalier *m* en spirale (en colimaçon). 〜装飾 volute *f*.

うすまく 薄膜 pellicule *f*.

うずまく 渦巻く tourbillonner; tournoyer.

うずまる 埋まる être enseveli; être enfoui. 雪崩で多くの村が埋まった Plusieurs villages ont été ensevelis sous l'avalanche. 地すべりで〜恐れのある村 village *m* menacé d'ensevelissement par un glissement de terrain. 本に埋まって暮す vivre enfermé (enfoui) dans les livres.

うすむらさき 薄紫 ¶〜色 mauve *m*. 〜色の mauve.

うすめ 薄目 ¶〜を開く entrouvrir les yeux. ◆[多少薄く] ¶〜に切る couper en tranches minces.

うすめる 薄める [液体で] diluer; [味を] adoucir. シロップを水で〜 diluer le sirop avec de l'eau. 少し水を入れて味を薄めて下さい Mettez un peu d'eau pour adoucir l'assaisonnement. ¶薄めた dilué. 薄めたアルコール alcool *m* dilué. このシロップは水で薄めてある Ce sirop se dilue dans l'eau.

うずめる 埋める ensevelir; enfouir; enterrer. 枕に頭を〜 enfoncer sa tête dans l'oreiller. 長椅子に身を〜 s'enfoncer dans son fauteuil. ¶プラットホームを埋める旅行者たち voyageurs *mpl* qui bondent le quai.

うすもの 薄物 [布地] tissu *m* léger; [着物] vêtement *m* léger.

うずもれる 埋もれる [埋まる] être enseveli. 世に埋もれた天才 génie *m* méconnu. 世に埋もれて暮す vivre dans l'obscurité; vivre dans l'ombre. 〜て死ぬ s'ensevelir dans la solitude.

うすよごれた 薄汚れた vilain; sale. 〜老人 vieillard *m* crasseux.

うずら 鶉 caille *f*.

うすらぐ 薄らぐ [減る] diminuer; s'amenuiser; [痛みが] s'apaiser. 時がたつにつれて悲しみが薄らいでくる Le chagrin diminue avec le temps. 彼女の愛情は急速に薄らいで来

うすらさむい 薄ら寒い frisquet. 今朝はうすら寒い Il fait frisquet, ce matin.

うずらまめ 鶉豆 †haricot *m* tacheté de brun.

うすれる 薄れる [減る] s'amenuiser; diminuer; [消える] s'effacer; s'estomper. その記憶も薄れて来た Ce souvenir commençait à s'estomper. 霧が薄れて周囲の山々が見えて来た Le brouillard s'éclaircit et on peut voir les monts d'alentour. 彼のためにみんな影が薄れてしまった Tout le monde s'est laissé éclipser par lui./Il a éclipsé tout le monde. ¶靄に薄れた風景 paysage *m* qui est estompé par la brume.

うすわらい 薄笑い ¶~を浮べる [皮肉な] avoir un sourire ironique; [あいまいな] avoir un sourire vague; [軽蔑の] sourire dédaigneusement.

うせつ 右折 ¶~する tourner à droite. ¶「~禁止」«Interdiction de tourner à droite.»

うそ 嘘 mensonge *m*. 真っ赤な~ gros (grossier) mensonge. 尤もらしい~ mensonge spécieux. 見えすいた~ mensonge transparent. ~をつく mentir. ~を言いふらす faire courir toutes sortes de mensonges. ~を教える donner une fausse explication. 「~は泥棒の始り」«Qui vole un œuf vole un bœuf.» 「~も方便」«Il y a des mensonges pieux.» 君の~はばれたよ Ton mensonge est découvert. 彼はただ続けに~をつく Il ment comme il respire. ¶~[つき]の mensonger (ère). ~のような invraisemblable. 「~から出た誠」«La vérité naît parfois du mensonge.» ¶~つき menteur(se) *m(f)*. ~発見器 détecteur *m* de mensonge.

うそ 鷽 bouvreuil *m*.

うぞうむぞう 有象無象 [大衆] masse *f*; [能無し] gens *mpl* insignifiants; mollusque *m*. そこらの~どもの言うなどと気にするな Il n'y a pas à tenir compte de ce que racontent tous ces mollusques-là.

うそっぱち 嘘っ八 frime *f*; [俗] boniment *m*. ~を言う bonimenter; raconter des boniments. お前の言うことはみんな~だ Tous ce que tu m'as raconté, c'est de la frime.

うそはっぴゃく 嘘八百 ¶~を並べたてる débiter des tas de mensonges.

うそぶく 嘯く †hurler; [とぼける] faire l'innocent; [豪語する] fanfaronner.

うた 歌 chant *m*; [歌謡曲] chanson *f*; [歌詞] poème *m*; [歌曲] mélodie *f*; air *m*. 歓喜の~ hosanna *m*. ~を習う apprendre le chant. ~を口ずさむ fredonner une chanson.

うたいもんく 謳い文句 ¶~にだまされる se laisser tromper par un slogan publicitaire. それがあいつの~さ C'est son refrain.

うたう 歌う chanter. 歌を~ chanter une chanson. 調子外れに~ chanter faux. 声をかぎりに~ chanter à tue-tête; chanter fort. 小声で~ chantonner; chanter à voix basse. 大声で~ chanter à voix forte.

うたう 謳う [ほめたたえる] célébrer; honorer; [表明する] proclamer *qc* (que *ind*); déclarer *qc* (*inf* que *ind*).

うたがい 疑い [疑念] doute *m*; [不信] méfiance *f*; [嫌疑] soupçon *m*. ~を抱く avoir un doute (des doutes) sur. ~をかける soupçonner *qn* de *qc* (de *inf*); tenir *qn* pour suspect. ~を招く attirer les soupçons (les doutes). ~を晴らす dissiper les doutes. …の(する)~がある être suspect de *qc* (*inf*). 公平を欠く~がある être suspect de partialité. 彼に~がかかった Le soupçon est tombé sur lui. 彼に盗みの~がかかっている On le soupçonne de vol (d'avoir volé). まさか私に~がかかろうとは思わなかった J'étais à mille lieues de penser qu'on me soupçonnerait. その証言で容疑者の~は晴れた Ce témoignage a blanchi l'inculpé. 一点の~もない Il n'y a pas l'ombre d'un doute. ~のない incontestable; indiscutable. それらは~のない事実だ Ce sont des faits incontestables. …は~の余地がない Il est indiscutable que *ind*. ~もなく sans aucun doute. ~の目で見る regarder *qn* avec méfiance.

うたがいぶかい 疑い深い méfiant; soupçonneux(se). ~人 personne *f* méfiante. ¶~様子で d'un air méfiant (soupçonneux).

うたがう 疑う [疑念] douter de *qc* (de *inf*, que *sub*); mettre en doute; [不信] se méfier de; se méfier de; [嫌疑] suspecter *qn*; soupçonner *qn*. 自分の目を~ ne pas croire ses yeux. 私は彼の善意を~ Je suspecte sa bonne foi. 私は彼の成功を疑っている Je doute de son succès. 私は彼が窃盗犯だと疑っている Je le soupçonne d'avoir volé. 出所の不確かな風説は疑ってかかるべきだ Il faut se défier des rumeurs non confirmées. ¶疑われる être soupçonné de; être suspect. 彼は盗みに加わったと疑われている Il est soupçonné d'avoir participé au vol. 彼はその筋から疑われている On le suspecte en haut-lieu.

うたがわしい 疑わしい [疑問] douteux(se); problématique; peu sûr; [嫌疑] suspect. ~人物(証言) personnage *m* (témoignage *m*) suspect. 彼には~ところは全くない Il est au-dessus (hors) de tout soupçon. 彼の成功は~ Son succès est douteux. …か どうか~ douter si *ind*; Il est douteux que *sub*. 今晩彼が来るかどうか~ On doute s'il viendra ce soir./Il est douteux qu'il vienne ce soir.

うたごえ 歌声 chant *m*. ~が聞える On entend un chant./On entend chanter quelqu'un. ¶~運動 mouvement *m* en faveur du chant choral.

うたごころ 歌心 goût *m* pour la poésie; âme *f* de poète; [歌の本質] essentiel *m* de la poésie.

うたたね 転寝 assoupissement *m*; 《俗》 roupillon *m*. ~から覚める sortir de *son* assoupissement. ~をする s'assoupir; sommeiller; 《俗》 faire un roupillon.

うだつ 梲 ¶~が上らない ne pas sortir d'une situation obscure. お前はいつまでたっても~が上らないなあ Plus ça va, moins tu arrives à

うたひめ 歌姫 cantatrice f.

うだる 茹る ¶暑さに~ être accablé de chaleur. ~ような暑さ chaleur f accablante (d'étuve).

うたれる 打(撃)たれる ¶ピストルで~ recevoir un coup de revolver. 雷に~ être foudroyé. 雨に~ être battu par la pluie. 恐怖に~ être saisi de terreur. 心を~ être touché de (par). 心を~話 paroles touchantes (émouvantes).

うち 内(中) [内部] intérieur m; dedans m. 家の~ l'intérieur de la maison. ~からは何も見えない De l'intérieur, on ne peut rien voir. 心の~で au-dedans de soi-même; au fond du cœur. ◆[家] maison f; chez-soi. ~に帰る rentrer à la maison (chez soi). ~に心配事がある avoir des soucis familiaux. 誰しも~に自分の~がほしい Chacun voudrait (Je voudrais) un chez-soi (un chez-moi). ¶~の人 [夫] mon mari. ~のこと affaires fpl du ménage; affaires privées (familiales). ~のことが心配である [家の人たち]に se faire du souci pour les siens; [家事] s'inquiéter des soins de son ménage. ~のことをうちで精一杯です Avec le ménage, j'ai plus qu'assez de travail. ◆[間に] pendant; pendant que; au cours de; en. 若い~に pendant la jeunesse; tant qu'on est jeune. その日の~に au cours de la journée. 1時間の~に en une heure. 数日の~に d'ici quelques jours; dans quelques jours. ...しない~に avant; avant que sub. 日が暮れない~に avant la nuit; avant que la nuit [ne] vienne. ...していくる~に au fur et à mesure que ind. ~[...の内で(の、から)] de; d'entre; parmi; sur. ¶収入の~から貯金する économiser sur ses revenus. 彼はクラスの~で一番背が高い Il est le plus grand de sa classe. 我々の~で parmi (d'entre) nous. 10人の~9人まで neuf personnes fpl sur dix. ◆~の会社 [我々の] notre société f [entreprise f].

うちあい 撃ち合い [銃の] échange m de coups de feu. ¶撃ち合う échanger des coups de feu.

うちあげ 打上げ lancement m. ロケットの~ lancement d'une fusée. 会談の~ ◆[完了] ¶入学試験の採点は今日で~だ Aujourd'hui nous avons terminé la correction des examens d'entrée. 今日で~だ C'est aujourd'hui la dernière représentation.

うちあけばなし 打明話 confidence f. ~をする faire confidence de qc à qn.

うちあける 打ち明ける confier; s'ouvrir; épancher. 秘密を友達に~ confier un secret à un ami. 心(胸のうち)を~ ouvrir (épancher) son cœur à qn; s'ouvrir à qn. 恋を~ avouer son amour à qn. ¶打ち明けにくい秘密 secret m inavouable.

うちあげる 打上げる tirer; lancer; faire partir. 花火を~ tirer un feu d'artifice. ロケットを~ lancer une fusée. 月ロケットを~ en-voyer une fusée sur la Lune. 波が漂流物を岸辺に打上げた Les vagues ont rejeté une épave sur la côte.

うちあわせ 打合せ arrangement m préalable; consultation f préalable; [多数での] concertation f préalable; [悪事の] aboutement m./[衣服の] croisure f. ¶~会 réunion f préliminaire (préalable).

うちあわせる 打合せる concerter qc avec qn; [互いに] se concerter; [悪事を] s'aboucher avec qn. 別に打合せた訳でもないのに私たちは一様な反応を示した Sans nous être concertés, nous avons eu la même réaction.

うちいり 討入り intrusion f à main armée.

うちいる 討入る faire irruption. 敵陣に~ faire irruption dans le camp ennemi.

うちいわい 内祝 fête f intime. ¶~する fêter entre intimes (dans l'intimité).

うちうち 内々 ¶~のこと C'est une affaire privée. ~で dans l'intimité; en famille. 結婚は~でとり行われた Le mariage a eu lieu dans l'intimité.

うちうみ 内海 mer f intérieure.

うちおとす 打(撃)落す abattre; [獲物を] rabattre; [首を] décapiter. 飛行機を~ abattre un avion.

うちかえす 打返す [球を] renvoyer; rejeter; [綿を] battre.

うちかた 撃ち方 [射撃] tir m; [射撃方法] jeu m de tir. ボールの~ manière f de frapper la balle. ~始め Feu! ~止め Cessez le feu!

うちかつ 打勝つ vaincre; triompher de qn; surmonter qc; l'emporter sur. 敵に~ vaincre (triompher de) ses adversaires. 病気に~ vaincre (surmonter) la maladie. ¶打勝ち難い invincible.

うちかね 打ち金 [銃の] percuteur m.

うちがわ 内側 intérieur m.; [壁] paroi f. 壺の~ paroi d'un vase. ~から戸を閉める fermer la porte de l'intérieur. ¶~に折る(開く) plier (ouvrir) en dedans.

うちき 内気 timidité f. ¶~な timide; farouche. ~な子供 enfant mf farouche. ~な たち caractère m farouche.

うちきず 打傷 contusion f; meurtrissure f. ~ができる être contusionné.

うちきる 打切る interrompre; clore; fermer; arrêter. 会話を~ briser une conversation. 交渉(討議)を~ clore une négociation (une discussion). 支払を~ arrêter ses paiements. 予約を~ fermer une souscription. ¶打切り clôture f.

うちきん 内金 acompte m. ~を払う verser un acompte. ~として en acompte. ある金額の~として à valoir sur telle somme. 私は買った車の~として 20 万円を支払った J'ai versé deux cent mille yen d'acompte pour l'achat de cette voiture.

うちくだく 打ち砕く rompre; briser. 粉々に~ briser en morceaux. 心を~ briser le cœur.

うちくび 打首 décapitation f. ~にする décapiter qn.

うちけす 打消す nier; démentir. ¶打消し négation f; démenti m.

うちこむ 打込む enfoncer; ficher; planter.

うちころす 撃ち殺す tuer d'une balle.
うちこわす 打壊す détruire; abattre; démolir. 塀を～ abattre un mur. 建物を～ détruire un édifice.
うちじに 討死 ¶～する mourir (être tué) en combattant.
うちじゅう 家中 ¶～を探す chercher dans toute la maison. ～大喜びだ Toute la famille est au comble de la joie. これで～の者はんなな揃いました Maintenant la famille est au grand complet.
うちすえる 打据える battre qn comme plâtre.
うちそこなう 打(射)損う rater. テニスで球を～ rater une balle au tennis. 兎を～ rater un lièvre.
うちたおす 打倒す battre.
うちだす 打出す [発砲する] commencer le feu. ◆[模様を] faire qc en repoussé. ◆[公表する] lancer; annoncer. 新政策を～ lancer une nouvelle politique.
うちたてる 打立てる établir.
うちつける 打付ける [固定する] attacher; [打込む] enfoncer; planter. 釘で～ fixer qc avec des clous. 釘を～ planter un clou. 雨が鎧戸をはげしく打付けていた La pluie battait violemment contre les volets.
うちつづく 打続く durer longtemps; [相次ぐ] se succéder; se suivre. ～日照り sécheresse *f* interminable. ～不幸 malheurs *mpl* qui se succèdent. ～長雨 pluie interminable.
うちつどう 打集う se réunir.
うちづら 内面 ¶～が悪い Il se montre désagréable avec ses proches.
うちつれて 打連れて ensemble; [みんなで] en compagnie. ～旅に出る voyager de compagnie. 家族一同～出かける sortir avec toute *sa* famille.
うちでし 内弟子 apprenti(e) *m(f)*.
うちでのこづち 打出の小槌 maillet *m* magique.
うちとける 打解ける ouvrir *son* cœur; devenir franc(che). 打解けた ouvert(e); franc(che); sans réserve. 打解けた様子で d'un air franc. 打解けて話す parler avec abandon (à cœur ouvert). 打解けない fermer *son* cœur; [内向的な] fermé; renfermé; réservé. 打解けない性格 caractère *m* renfermé. 彼は打解けない様子をしている Il a l'air fermé.
うちどころ 打所 ¶頭の～が悪い se faire une mauvaise blessure à la tête. 一点非の～ない Il n'y a rien à blâmer. 一点非の～のない行為 conduite *f* irréprochable.
うちとめる 打止める ¶～にする [興行] clore un spectacle.
うちとめる 撃止める abattre; tuer.
うちとめる 打取る [殺す] abattre *qn*; [負かす] vaincre. 敵の大将を～ abattre le chef ennemi. 強敵を～ vaincre un rival puissant.
うちにわ 内庭 ～の cour (de) ⇒ なかにわ (中庭).
うちぬく 撃抜く [弾が] frapper. 弾が彼の胸の真中を撃抜いた La balle l'a frappé en pleine poitrine.
うちぬく 打抜く percer; perforer; traverser. 壁をつるはしで～ percer (traverser) un mur à coup de pioche.
うちのめす 打のめす terrasser; rosser; [打撃を与える] abattre; briser. 敵を～ terrasser *son* adversaire. 不幸が彼を打ちのめした La malchance (Le malheur) l'a abattu (brisé).
うちのり 内法 dimension *f* intérieure. ～をはかる mesurer les dimensions intérieures.
うちばらい 内払い paiement *m* partiel. ¶～する payer partiellement.
うちはらう 打払う chasser; repousser.
うちひしぐ 打拉ぐ écraser; accabler; terrasser. うちひしがれる se faire écraser (accabler) de; être accablé de. ¶うちひしがれた écrasé; accablé.
うちひも 打紐 [真田紐] tresse *f*.
うちぶところ 内懐 ¶～を見透かされた Mes intentions secrètes ont été percées à jour.
うちふる 打振る brandir. 小旗を～ brandir de petits drapeaux.
うちべんけい 内弁慶 ¶彼は～だ Il est terrible seulement chez lui./Il est timide dans le monde.
うちポケット 内- poche *f* intérieure.
うちぼり 内堀 fossé *m* (douve *f*) intérieur(e).
うちまく 内幕 intrigues *fpl* secrètes; dessous *mpl*; coulisses *fpl*. 政治の～を知っている connaître les coulisses (les dessous) de la politique.
うちまた 内股 ～で歩く marcher les pieds en dedans. ‖～膏薬 homme *m* à deux visages. あいつは～膏薬だ Il nage entre deux eaux.
うちみ 打身 contusion *f*. 単なる～で済む s'en tirer avec de simples contusions; se relever seulement contusionné. 私は事故で腕に～を負った Je me suis contusionné le bras dans l'accident.
うちみず 打水 ¶庭に～をする arroser le jardin.
うちもも 内股 intérieur *m* de la cuisse.
うちもらす 討ちもらす ¶敵を～ laisser un ennemi s'échapper.
うちやぶる 打破る [戸、囲みを] enfoncer; défoncer; [負かす] battre; abattre; vaincre. 戸を～ défoncer (enfoncer) une porte. 敵を～ battre l'ennemi.
うちゅう 宇宙 univers *m*; cosmos *m*; espace *m*. ¶～の cosmique; de l'univers. ‖小～ microcosme *m*. 小～的な microcosmique. ～開発 exploitation *f* spatiale. ～空間 espace cosmique. ～空間の spatial(aux). ～航空学 astronautique *f*. ～時代 ère *f* spatiale. ～人 extra[-]terrestre *m*. ～塵 poussière *f* cosmique. ～ステーション station *f* spatiale. ～生成論 cosmogonie *f*. ～船 as-

うちょうてん 有頂天 ravissement *m*; transport *m*; extase *m*. ~になる être transporté par; être ravi de; ne plus se sentir de joie. ~になっている être dans le ravissement; être au comble de la joie.

うちよせる 打寄せる [波, 群衆が] déferler; [敵が] venir attaquer en masse. 波が岸辺にひたひたと打ち寄せている Les vagues déferlent doucement sur la plage.

うちわ 団扇 éventail *m*. ~をつかう s'éventer. …を~であおぐ éventer *qn* avec un éventail.

うちわ 内輪 ¶~の [家庭内の] familial(aux); domestique; [私的な] privé; [親しい者の] intime. ~のこと affaires *fpl* privées. ~の集り réunion *f* familiale. ~で entre *soi*; [親しい者同士で] dans l'intimité; entre intimes. ¶我々は~同士じゃないか Nous sommes de la même famille (du même parti), n'est-ce pas? ~もめ [家庭内の] querelles *fpl* domestiques; [会社関係の] querelles intestines. 彼らは~もめている Ils se querellent entre eux./Il y a de la mésintelligence entre eux. ◆ ~に [控え目に] avec réserve. ~に見積る évaluer *qc* avec réserve. ~に見積っても 10 minimum.これは~に見積っても千円かかる Cela vaut mille yen au minimum.

うちわく 内枠 bordure *f* intérieure.

うちわけ 内訳 détail *m*. ~をつくる établir (faire) le détail.

うちわた 打綿 vieille ouate *f* battue.

うつ 撃つ [銃で] tirer au fusil. 鉄砲(ピストル)を~ tirer un coup de fusil (de revolver). 飛んでいる鳥を~ tirer un oiseau au vol. やたらに~ tirer des coups au hasard. 撃て! Feu!/Tirez! ◆[攻撃する] attaquer. 敵を~ attaquer l'ennemi. 不意を~ attaquer *qn* au dépourvu.

うつ 打つ frapper; battre; [心を] émouvoir; frapper; toucher; [打ち込む] enfoncer; planter; [打ちつける] fouetter. 鉄を~ battre le fer. 釘を~ enfoncer (planter) un clou. 太刀を~ forger un sabre. ころんで頭を~ se heurter la tête en tombant. 手紙をタイプに~ taper une lettre à la machine. 電報を~ envoyer un télégramme. 時計が11時を打った L'horloge sonne onze heures. 雨脚が殴りに私の顔を打った La pluie me fouettait le visage. 脈はかすかに打っている Le pouls bat très faiblement. 私はその話にすっかり胸を打たれた J'ai été très touché de cette histoire. ¶打つ se battre.

うつ 討つ [征伐] battre; vaincre. 敵を~ battre l'ennemi. 父の仇を~ venger *son* père.

うつうつ 鬱々 ¶~としている être triste (sombre, mélancolique); avoir le cafard.

うっかり [不注意に] par inattention; par mégarde; par inadvertance; [ぼんやりして] par distraction; par oubli; par étourderie; [軽卒に] à la légère. ~口をすべらせる laisser échapper une parole. ~秘密を喋る lâcher *son* secret. つい~から commettre un oubli. 彼は~その言葉を口に出してしまった Il a laissé échapper (a lâché) ce mot./Ce mot lui a échappé. ¶~する se distraire. ~していたよ Je m'en suis distrait. ~して手紙を出し忘れた J'ai oublié par mégarde d'envoyer la lettre. ¶~者 étourdi(e) *m(f)*.

うつくしい 美しい beau(x); bel(le); joli; [輝くばかりに] ravissant. ~風景 beau paysage *m*. ~木 bel arbre *m*. ~女 belle (jolie) femme. ~もの beau *m*. 美しくなる(する) embellir. ¶美しさ beauté *f*; joliesse *f*. 自然の美しさ beauté de la nature.

うつけ 空け ¶~た顔をしている avoir l'air étourdi; avoir une expression absente. ¶~者 étourdi(e) *m(f)*.

うっけつ 鬱血 engorgement *m*. ¶~する s'engorger. ここの所が~している Cette organe s'engorge. ~させる engorger.

うつし 写し copie *f*; [副本] double *m*; duplicata *m*. 送り状の~ double d'une facture. ~を取る copier; prendre copie de *qc*.

うつしかえる 移しかえる [語句を] rejeter; reporter; [他の容器に] déplacer; transvaser. ⇒ うつす (移す). ~を文の始めに~ rejeter (reporter) un mot à la fin d'une phrase.

うつす 移す [移転させる] transporter; transférer; déplacer; [他の容器に] transvaser. ワインを他の容器に~ transvaser du vin dans un autre récipient. 病気を~ passer une maladie. 戸籍を~ faire un transfert d'état civil. ¶時を移さず sans perdre le temps. ◆[病気を] passer; donner. 風邪を~ donner *son* rhume.

うつす 映す [反映する] réfléchir; [投影する] projeter; 姿を~鏡 glace qui réfléchit une image. 映画を~ projeter un film. ¶鏡に映して見る se regarder (se mirer) dans une glace.

うつす 写す [写真を] photographier; prendre en photo; [透して写す] copier; calquer; [転写] recopier; [書物を] transcrire; 写真でコピーする] photocopier.

うっすら légèrement. ~目をあける entrouvrir les yeux. 山々には~雪が積っている Les montagnes sont légèrement couvertes de neige.

うっせき 鬱積 ¶~する couver. 彼の怒りは長いこと~していた Son colère couvait depuis longtemps. ~した怒憎 rage *f* couvant dans *son* cœur.

うっそう 鬱蒼 ¶ ~とした ombreux (se); touffu; ~とした森 forêt *f* ombreuse. 森は~と茂っている Les bois sont touffus et ombreux.

うったえ 訴え [訴訟] procès *m*; poursuite *f*; [告発] accusation *f*; [嘆願] plainte *f*; [懇願] prière *f*; sollicitation *f*; [訴えかけ] appel *m*.

うったえる 訴える [告訴する] porter une plainte contre; poursuivre *qn* en justice; [告発する] dénoncer; [抗議する] se plaindre à; [苦痛で] se plaindre de. 頭痛を~ se plaindre de maux de tête. 課長に仕事がきっ

いと~ se plaindre au chef de bureau d'une surcharge de travail. 心に~ parler au cœur. 彼は原爆の悲惨を万人に訴えた Il a mis sous les yeux de tous l'horreur de la bombe atomique. ¶ ~ような声で歌う chanter d'une voix plaintive. ~ように plaintivement. ◆[頼る] recourir à; faire appel à. 暴力に~ faire appel (recourir) à la violence (la force).

うっちゃらかす 打っちゃらかす négliger; délaisser; laisser qc de côté. 仕事を~ négliger (delaisser) son travail. ¶椅子の上に打っちゃらかしてある着物 vêtements mpl qui traînent sur une chaise.

うっちゃり 打っちゃり ¶彼から土壇場で~を食った Il m'a abandonné au dernier moment.

うっちゃる 打っちゃる [捨てる] jeter; rejeter; [見捨てる] délaisser qn; abandonner qn; négliger qn. 打っちゃっといてくれ Laissez-moi tranquille.

うつつ 現 [正気] ¶~を抜かす s'engouer (pour); s'adonner à; se passionner de (pour); être fou (folle) de. 踊り子に~を抜かす s'engouer d'une danseuse de ballet. ~[現実] ¶夢か~か Est-ce un rêve ou la réalité?

うって 打手 moyen m (mesure f) nécessaire. ~がない ne trouver aucun moyen; être à court de ressources. こうなっては~がない Arrivé à ce point, il n'y a plus rien à faire.

うって 討手 ¶~を差し向ける envoyer une troupe à la poursuite de qn.

うってかわる 打って変わる changer complètement. 今日は昨日とは打って変わってよい天気だ Aujourd'hui le temps a changé comme par miracle. ¶打って変わった態度をとる changer complètement d'attitude; prendre une attitude tout à fait différente.

うってつけ 打って付け [~の] qui convient à qn; propre à. これは彼に~の仕事だ C'est un travail qui lui convient./Il est taillé pour faire ce travail. 体力をつけるのに~の運動 exercices mpl propres à développer la force physique.

うってでる 打って出る [出撃] faire une sortie. 代議士に~ se présenter à la députation. 政界に~ se lancer dans la politique.

うっとうしい 鬱陶しい maussade. ~天気 temps maussade. ¶~様子で d'un air maussade.

うっとり ¶~する s'extasier sur; se gorger de; être enchanté de; être ravi de. 宝石の輝きに~する s'extasier sur l'éclat d'un bijou. ~させる enchanter; ravir; griser. ~するほど美しい風景 paysage m ravissant. ~した enchanté; ravi; extasié. ~した様子で d'un air extasié. ~として avec ravissement. ~としている tomber (rester) en extase. 聴衆は彼女の歌に~と聴き惚れていた L'auditoire était sous le charme de son chant.

うつびょう 鬱病 dépression f nerveuse.

うつぶせ 俯せ ¶~になる se coucher sur le ventre.

うっぷん 鬱憤 rage f sourde; colère f rentrée; ressentiment m. ~を晴らす assouvir sa rage sourde (son ressentiment). ~をぶちまける décharger sa colère sourde.

うつぼ 鱓 murène f.

うつぼかずら 朝顔 népenthe m.

うつぼつ 鬱勃 ¶~たる気概 vigueur f irrésistible. ~たる野心 ambition f dévorante. ~たる闘志を抱く être chauffé à blanc.

うつむき 俯き ¶~に la face contre terre. ~に寝る se coucher sur le ventre.

うつむく 俯く baisser la tête. ¶俯いて la tête baissée.

うつらうつら ¶~する dormir à moitié; s'assoupir; somnoler; dormir d'un demi-sommeil.

うつり 写り・映り [写真] ~がよい être photogénique. テレビの~が悪い L'image de la télévision n'est pas nette.

うつりかわり 移り変わり changement m; passage m; [推移] évolution f. 季節の~ changement de saison. 昼から夜への~ passage du jour à la nuit. 世の~ évolution du monde. 流行の~にも敏感である être sensible à l'évolution de la mode.

うつりかわる 移り変わる changer; passer; évoluer. 流行は目まぐるしく~ La mode change (passe) rapidement. 時代は~ Le monde évolue.

うつりぎ 移り気 caprice m; versatilité f. 子供の~ versatilité infantile. ¶~な capricieux (se); ondoyant; inconstant; changeant; versatile. ~な性格 caractère m changeant. ~な人 capricieux(se) m(f); girouette f.

うつる 移る passer; [転任する] être transféré; [引越して行く] aller s'installer; déménager; [引越して来る] emménager; [推移する] évoluer. イギリスからフランスに~ passer d'Angleterre en France. 隣家に~ passer à la pièce voisine. 大通りに~ [転任] être transféré dans la grande rue. 人手に~ être entré dans la possession de qn. 他の問題に移ろう Passons à un autre sujet. ¶この学校に移って来た先生 professeur m qui a été transféré à cette école. 時代の~につれて selon l'évolution du monde. 時が~につれて à mesure que le temps passe (s'écoule). ◆[病気が] s'attraper; attraper; [悪習が] contracter. 彼の家で風邪が移ったらしい Je crois bien que j'ai attrapé un rhume chez lui. 彼の場合は兄貴の悪習が移ったのだ Quant à lui, il a contracté les mauvaises habitudes de son frère. この病気は移りやすい Cette maladie est contagieuse. ◆[関心が] reporter sur qn. 彼の愛情は他の女に移ってしまった Il a reporté son affection sur une autre femme. ◆[色、臭いが] ¶毛糸の色がシャツに移った La couleur de la laine a déteint sur la chemise. 石鹸の臭いの移っている箱 boîte f imprégnée d'une odeur de savon. ◆[延焼する] ¶火が隣家に移った Le feu a gagné la maison voisine.

うつる 映る se réfléchir; se mirer; [投影] se projeter. 水に～己れの姿 son image f qui se réfléchit (se mire) dans l'eau. 塀に～己れの影 son ombre f (sa silhouette) qui se projette sur le mur. ◆[配合がよい] aller bien; être assorti; [似合う] aller bien. この赤は君によく～ Ce rouge vous va bien. 彼女の外套は服によく～ Son manteau et sa robe sont bien assortis.

うつる 写る ¶このカメラはよく～ Cet appareil marche bien. この写真はよく写っている Cette photographie est bien prise. 君だけがよく写ってないじゃないか Il n'y a que toi qu'on voit mal sur cette photo.

うつろ 虚ろ ¶～な creux(se); vide; absent. ～な音 son m creux. ～な心 cœur m vide. ～な様子で d'un air absent. ～な咳をするあなたを覚くような avoir une toux creuse. 彼今日も～な顔をしている Aujourd'hui également il a l'air absent.

うつろいやすい 移ろい易い fugitif(ve). ～美しさ beauté f fugitive; beauté f éphémère.

うつわ 器 récipient m; vase m; [能力] capacité f; [素質] étoffe f. 彼は～が大きい He is doué d'une grande capacité. 彼は大臣の～だ Il a l'étoffe d'un ministre.

うで 腕 bras m; [前腕] avant-bras m; [起重機の] flèche f. ～に抱える porter qc dans ses bras. ～にすがる être au bras de qn; [援助を乞う] recourir à qn. ～を杖にする se casser le bras. ～を貸す donner (offrir) le bras à qn; [助力する] prêter son aide à qn. ～を組む [二人が] se donner le bras; [自分の] se croiser les bras. ころばないように～をささえる retenir qn par le bras pour l'empêcher de tomber. ～を取る prendre (saisir) qn par le bras. ～を延ばす tendre un bras. ¶～を延ばして bras tendu. ～をこまねいて les bras croisés. ～を組んで歩く marcher bras dessus, bras dessous (en se donnant le bras). ～をつかって歩く marcher en s'appuyant sur le bras de qn. ～にすがって引きとめる arrêter qn en se cramponnant à son bras. ～に抱えて(持って)帰る ramener (porter) qc à plein bras. ‖ ～一本で [独力で] par ses propres forces. ‖ [技量] capacité f; habileté f; [技能] métier m; technique m; [才能] talent m. ～が上がる faire des progrès. ～が鳴る être impatient de déployer son talent. ～に自信がある être sûr de soi. ～をあらわす faire ses preuves; montrer ses capacités. ～を振う déployer son talent. ～を磨く se faire la main; améliorer sa technique. 君は～が違うよ Je suis bien plus fort que toi. 彼は～は立つが工夫がない Il a du métier, mais pas de génie. ¶～のある(いい) capable; habile; adroit; expérimenté. 彼は～のいい工員だ C'est un ouvrier très capable. ～に自信がある者はやってごらん Que ceux qui se croient capables essayent! ～のない incapable; maladroit.

うであて 腕当て [袖カバー] manchettes fpl. 黒い～ manchettes noires.

うでぎ 腕木 [電柱の] barreau(x) m; [信号機の] bras m.

うできき 腕利き homme m capable (habile).

¶～の habile; capable; adroit.

うでぐみ 腕組み ¶～をする se croiser les bras. ～をして les bras croisés.

うでくらべ 腕比べ ¶～をする rivaliser avec qn.

うでずく 腕ずく ¶～で avec force. ～でとる prendre qc de vive force (avec force).

うでずもう 腕相撲 ¶～をする lutter au bras de fer.

うでたてふせ 腕立て伏せ appui m sur les bras fléchis; {俗} pompe f.

うでだめし 腕試し ¶～をする mesurer sa capacité.

うでっぷし 腕っ節 ¶～が強い avoir des muscles d'acier.

うでどけい 腕時計 bracelet(s)-montre(s) m; montre f.

うでまえ 腕前 ¶～を見せる donner sa mesure. ～[腕].

うでまくり 腕まくり ¶～する retrousser ses manches.

うでわ 腕輪 bracelet m.

うてん 雨天 temps m pluvieux. ¶～の場合は en cas de pluie. ～にも拘らず bien qu'il pleuve. ～順延 ajournement m pour cause de pluie. ～体操場 préau m.

うど 独活 [木] aralia m. ¶彼は～の大木みたいな奴だ Il est grand et creux.

うとい 疎い [知らない] ne pas être au courant de; ignorer. 世事に～ ignorer les choses de la vie. ～ [疎遠な] s'aliéner qn; devenir étranger. 彼らはお互に疎くなっている Ils deviennent étrangers l'un à l'autre. 彼は親戚一同と疎くなった Il s'est aliéné toute sa parenté. ¶「去る者は日々に疎し」《Loin des yeux, loin du cœur.》

うとうと ¶～する s'assoupir; sommeiller; somnoler; dormir d'un demi-sommeil.

うとましい 疎しい ¶見るも～やつ individu m répugnant.

うどん 饂飩 nouilles fpl. ¶～粉 farine f. ～粉病 [葡萄の] rosée f de farine.

うとんじる 疎んじる [遠ざける] tenir qn à l'écart; [さげすむ] éloigner qn avec dédain; refuser l'estime à qn; disgracier. ¶疎んじられる être tenu à l'écart. そんなことをするから友達に疎んじられるのだ Cette conduite vous a aliéné l'estime de vos amis.

うながす 促がす [すすめる] exhorter qn à inf (qc); [しむける] inviter qn à inf; inciter (pousser) qn à inf (qc); [催促する] presser qn. 決起を～ inciter qn à agir. 注意を～ appeler l'attention de qn sur qc. 返済を～ réclamer le remboursement. 返事を～ presser qn de répondre. 車を運転する人に用心を～ exhorter les automobilistes à la prudence. ¶…に促されて sur les instances de qn.

うなぎ 鰻 anguille f. ‖物価が～上りに上る Les prix montent en flèche.

うなされる 魘される avoir un cauchemar; être tourmenté par un rêve pénible.

うなじ 項 nuque f.

うなずく 頷く approuver de la tête (en hochant la tête).

うなずける 頷ける pouvoir comprendre (approuver). それは頷けない Je ne puis l'approuver.

うなだれる 項垂れる [頭を] baisser la tête; [旗が] pendre. ¶項垂れて la tête baissée; le front baissé.

ウナでん -電 ¶～を打つ envoyer un télégramme urgent.

うなばら 海原 mer f; océan m.

うなり 唸り [モーター, 機械などの] ronflement m; vrombissement m; [弾丸の] sifflement m; [風の] gémissement m; †hurlement m; [轟音] grondement m. モーターの～ vrombissement d'un moteur. こまの～ ronflement d'une toupie. 大砲の～ grondement du canon. ¶～を立てて avec un vrombissement. ‖～声 [うめき声] gémissement; [猛獣の] rugissement m; [犬などの] grondement; [ライオンなどの] feulement m.

うなる 唸る [うめく] gémir; [風などが] mugir; †hurler; [モーター, 機械など] vrombir; ronfler; [猛獣が] rugir; [弾丸が] siffler; [犬が] gronder; [蜂などが] bourdonner. 聴衆を唸らせる transporter d'admiration des auditeurs. 大向うを～らせる faire crouler la salle sous les applaudissements./La salle croule sous les applaudissements. ¶～ほど金がある être tout cousu d'or.

うに 海胆(雲丹) oursin m; †hérisson m (châtaigne) de mer.

うぬぼれ 自惚れ suffisance f; fatuité f; prétention f; outrecuidance f; vanité f. ¶～ suffisant; prétentieux(se); infatué; ～の強い vaniteux(se); outrecuidant; vain, trop confiant. あんな～の強い奴は見たことがない C'est l'homme le plus vaniteux que j'ai jamais rencontré. ‖～屋 prétentieux(se) m(f); vaniteux(se) m(f).

うぬぼれる 自惚れる avoir bonne opinion de soi-même; se flatter; se vanter. 彼女は自分の美しさに自惚れている Elle se vante de sa beauté. 彼は自分の力に自惚れている Il a trop confiance dans ses forces. ¶彼は我慢のならぬほど自惚れようだ Il est d'une vanité insupportable.

うね 畝 sillon m; [畝溝] sillon. ～をつくる sillonner; labourer.

うねうね ¶～する serpenter. ～した sinueux(se); tortueux(se); en lacet. ～した道 chemin m sinueux. ～と en serpentant; tortueusement.

うねおり 畝織 tissu m à côtes. ‖絹～ grosgrain m.

うねり ondulation f; [髪の] vague f; [道の屈折] sinuosité f; détours mpl; [大波の] †houle f. 髪の～ ondulations de chevelure. ¶～の高い houleux(se).

うねる [波, 髪などが] onduler; [川が] serpenter; faire un détour.

うのみ 鵜呑み ¶～にする avaler; gober; engloutir. 彼は私の話を～にした Il a avalé mon histoire. ～にする者 gobeur(se).

うのめたかのめ 鵜の目鷹の目 ¶～で捜す chercher qc avec des yeux d'aigle.

うは 右派 droite f.

うば 乳母 nourrice f; nurse f.

うばいさる 奪い去る emporter; enlever. 台風が通過して全てを奪い去った Le typhon a tout emporté sur son passage. 君は僕の希望を全て奪い去った Vous m'avez enlevé tout espoir.

うばいとる 奪い取る enlever qc à qn; s'emparer de; arracher qc à qn; ravir qc à qn./ôter. 母親から子供を～ enlever un enfant à sa mère. 棍棒を～ s'emparer d'un bâton.

うばう 奪う prendre qc; priver qn de qc; ôter qc à qn. 人から公民権を～ priver qn de ses droits civils. 命を～ ôter la vie à qn; enlever (emporter) qn. 死が彼の命を奪った La mort me l'a enlevé (emporté). 強盗が私から宝石全部を奪った Le cambrioleur m'a pris tous mes bijoux. 奪われる être privé de qc; se priver de qc. ¶～い合う se disputer qc. 奪い取る enlever qc à qn; s'emparer de; arracher qc à qn; ravir qc à qn./ôter. 彼は私からあらゆる希望を奪い取った Il m'a enlevé tout espoir. ◆[心を] transporter qn; ravir qn; enchanter qn; charmer qn; [目を] éblouir. 聴衆の注意を～ subjuguer son auditoire. 我々はその光景に目を奪われた Nous avons été éblouis par ce spectacle. 彼の雄弁に私は心を奪われた Son éloquence m'a transporté. ¶目を奪うばかりの美しさ beauté f éblouissante.

うばぐるま 乳母車 voiture f d'enfant; [折りたたみ式の] poussette f.

うばざくら 姥桜 femme f bien conservée.

うひょう 雨水 givre m; verglas m. ～で覆う givrer; verglacer. ¶～で覆われた窓 fenêtre f givrée (verglacée).

うぶ 初 ¶～な naï(ve); ingénu; innocent.

うぶぎ 産着 layette f; maillot m.

うぶげ 産毛 duvet m; poil m follet(s).

うぶごえ 産声 premier cri m d'un nouveau-né. ～をあげる naître; voir le jour.

うぶすな 産土 ⇒ うじがみ(氏神).

うぶゆ 産湯 premier bain d'un nouveau-né. 赤ん坊に～を使わせる faire prendre son premier bain à un nouveau-né.

うま 馬 cheval(aux) m; [雌馬] jument f; [種馬] étalon m; [乗用馬] monture f. ～がいななく Le cheval hennit. ～で行く aller à cheval; chevaucher. ～に乗る monter à cheval. ～にまたがる enfourcher un cheval. ～の手入れをする panser un cheval. ～を飛ばす lancer son cheval à toute vitesse. ～の～ hippique. ～のコンクール concours m hippique. ‖～科 équidés mpl. ～小屋 écurie f. ～マニア hippomane m; †hippomane m. ◆[相性] …と～が合う s'entendre avec qn. 彼らは～が合っている Ils s'entendent bien.

うまい 旨い [美味] bon(ne); délicieux(se); exquis; excellent; savoureux(se). ～物を食べる bonnes choses fpl; [料理] mets m exquis. 旨くない fade; insipide; peu ragoûtant. 旨そうな appétissant; alléchant. 旨そうな匂 odeur f alléchante. 旨そうに食べる manger avec appétit. 旨さ saveur f. ◆[巧みな] habile; adroit; expert; fort; [すぐれた] bon(ne); excellent. …が～ avoir l'art de inf;

うまいち 馬市 foire f aux chevaux.

うまかた 馬方 charretier(ère) m(f).

うまく 旨く [上手で] bien; habilement; adroitement; excellemment; [器用に] ingénieusement; [思い通りに] à souhait. 着物を～着る bien s'habiller. 時間(力)を～使う bien utiliser son temps (ses forces). ～が行く(行く) marcher bien; se passer bien; s'arranger; réussir. 事は～行っている Les affaires marchent bien./Je réussis dans les affaires. 万事～行くだろう Tout va s'arranger./Tout se passera bien. 事は～行っているLíaffaire est dans le sac. そんなことで事が～運ぶ訳はないじゃないか Voilà qui n'arrange pas les choses! ～やる [成功させる] mener qc à bien; [処理する] arranger qc. ～やったじゃないか Tu vois, tu as réussi! 彼なら世の中に出ても～やって行くだろう Il sera capable de se débrouiller dans la vie.

うまごやし 馬肥やし luzerne f.

うまずめ 石女 femme f stérile.

うまづら 馬面 visage m chevalin.

うまとび 馬飛び saute-mouton m. ¶～[を]する jouer à saute-mouton.

うまのあしがた 毛茛 [植] renoncule f.

うまのほね 馬の骨 ¶あいつはどこの～とも分らない Je ne le connais ni d'Eve ni d'Adam. どこの～とも分らない奴に大事な娘をやれない Je ne vais tout de même pas donner la main de ma fille chérie à un je ne sais qui.

うまのり 馬乗り ¶～になる se mettre (monter) à califourchon sur. 椅子に～になる enfourcher une chaise.

うまみ 旨味 [味] saveur f; [妙味] charme m; attrait m. ¶～のある savoureux(se); [儲けのある] lucratif(ve). もっと～のある解決法はないのかね N'y a-t-il pas de solution plus élégante? ～のない fade; insipide; peu lucratif(ve).

うまや 厩 écurie f.

うまる 埋まる être enseveli; être enfoui; [覆われる] être couvert; [泥水で] être envasé (s'envaser). 雪崩に～ être enseveli sous une avalanche. 花に～ être couvert de fleurs. 広場は群衆で埋った La foule a envahi la place./La place est noire de monde. 埋まっている rester enseveli (enfoui). ¶泥に埋った雌疑船 barque f échouée dans la vase (qui s'est envasée).

うまれ 生れ [出生] naissance f; [家柄] naissance; origine f; [出生地] lieu(x) m de naissance; [国] pays m d'origine. ～がよい être de bonne famille. ～が悪い(卑しい) être de basse naissance (extraction). ¶彼はフランス～だ Il est d'origine française. 彼はマルセイユ～だ C'est un natif de Marseille. ¶～故郷 pays natal.

うまれかわり 生れ変わり réincarnation f.

うまれかわる 生れ変わる renaître; [宿定により] se refaire. 俺はこんな人間さ、～訳にはいかない Je suis comme ça, je ne peux pas me refaire. 彼はすっかり生れ変った Il a changé complètement./Il est devenu un autre homme.

うまれつき 生れつき ¶彼は～の働き者だ Il est travailleur par nature. それは～だ C'est dans le sang. 彼女は～やさしい(体が弱い) Elle est d'une nature douce (délicate). 母親が子供に抱く愛は～そなわったものだ L'amour que les mères portent aux enfants est naturel. 彼は～商才がある Il est doué pour le commerce. 彼は～好運(不運)の星の下にある Il est né sous une bonne (mauvaise) étoile.

うまれながら 生れながら ¶～の de naissance. 彼女には～の忍耐力がある Elle a une patience naturelle. 彼は～の詩人(音楽家)なのだ Il est né poète (musicien)./C'est un poète-né (musicien-né).

うまれる 生れる naître; venir au monde; [花開く] éclore; fleurir. 彼は良家に生れた Il est né dans une bonne famille. 昨日赤ん坊が生れた Nous avons eu un bébé hier. その時代には多くの天才が生れた Cette époque a vu naître beaucoup de grands talents. 恋が生れた Un rêve d'amour éclôt. 生れたばかりの子 [enfant mf] nouveau-né(e) m(f). 生れて初めて pour la première fois de sa vie. 生れてこの方 depuis sa naissance.

うみ 海 mer f; [大洋] océan m. ～に泳ぎに行く aller se baigner à la mer. ～の marin; maritime. ～の家 villa f balnéaire. ～の旅 voyage m par mer. ～の猛者 [船乗り] loup m de mer. ここまで来るともう～の香がする Quand on arrive ici, on sent déjà l'air marin. ◆[慣用的に] ¶火(血)の～ une mer de feu (de sang). 辺り一面火の～だ Dans tout le voisinage, c'est une mer de flammes. 彼はまだ～のものとも山のものとも分らない On ne sait rien de son avenir.

うみ 生み ¶～の親 ses vrais parents; [創立者] fondateur/trice) m(f).

うみ 膿 pus m; abcès m. ～を出す crever l'abcès. ～を出さなければならない [比喩的にも] Il faut crever l'abcès. ～が出る Du pus s'écoule.

うみかぜ 海風 brise f de mer; vent m marin (de mer).

うみがめ 海亀 tortue *f* de mer.
うみせんやません 海千山千 ¶ ～の人間(遣手) fin (vieux) renard *m*; vieux routier *m*; vieux (vieille) roué(e) *m(f)*; vieux (vieille) matois(e) *m(f)*.
うみだす 生み出す ⇨ うむ(生む).
うみづき 産み月 terme *m* d'accouchement.
うみつける 生み付ける ¶ 卵を～ déposer (pondre) des œufs.
うみつばめ 海燕 pétrel *m*.
うみどり 海鳥 oiseau *m* marin.
うみなり 海鳴り mugissement *m* (grondement *m*) de la mer. ¶ ～の聞こえる町 ville *f* où parvient le grondement de la mer.
うみねこ 海猫 [海鳥] goéland *m*.
うみびらき 海開き ouverture *f* de la saison de mer.
うみべ 海辺 [海の側] bordure *f* de mer; [海岸] bord *m* de la mer. 彼の土地は～にある Ses terres sont en bordure de la mer. ～を散歩する se promener au bord de la mer (sur la plage).
うみへび 海蛇 serpent *m* de mer. ‖ ～座 la Hydre.
うみぼうず 海坊主 monstre *m* marin.
うむ 倦む s'ennuyer. ¶倦まずたゆまず infatigablement; inlassablement.
うむ 生む [子を] accoucher; mettre *qn* au monde; donner le jour à; procréer; [卵を] pondre. 彼女は医院で男の子を出した Elle a accouché d'un garçon dans une clinique. ◆[生み出す] produire; engendrer; faire naître; enfanter. 多くの傑作を～ produire beaucoup de chefs-d'œuvre. 利子を～ rapporter de l'intérêt. 利子を～資本 capital *m* productif d'intérêts. その時代は多くの科学者を生み出した Cette époque a produit beaucoup d'hommes de science. 戦争は必ず不幸を～ La guerre engendre (produit) toujours le malheur.
うむ 膿む suppurer; abcéder. ¶傷が膿んでいる La blessure suppure./Du pus s'amasse dans la plaie.
うむ 有無 ¶「経験の～を問わず」《Aucune expérience exigée». ～を言わせず sans laisser [à *qn*] le temps de protester.
うめ 梅 prunier *m*. ～の実 prune *f*. ‖ ～酒 liqueur *f* de prune. ～酢 vinaigre *m* de prunes.
うめあわせ 埋合わせ compensation *f*; dédommagement *m*. ～をする compenser *qc*; réparer *qc*; dédommager *qn* de *qc*; se dédommager de *qc*. 損失の～をする compenser (réparer) une perte. 君にその～をするよ Je vous en dédommagerai. ¶その～にお礼を言う pour compensation. その～に映画に連れていってあげる Pour compenser, je vous emmènerai au cinéma.
うめき 呻き gémissement *m*; plainte *f*. ‖ ～声 voix *f* gémissante; gémissements *mpl*; plaintes *fpl*. 負傷者は悲痛な～声を上げていた Les blessés poussaient des plaintes déchirantes.
うめく 呻く gémir; pousser des gémissements; se plaindre. ¶呻いている病人 malade *mf* gémissant(e) (qui gémit).
うめくさ 埋草 bouche-trou *m*. この記事はどうやら～らしい Cet article fait figure de bouche-trou. ‖ ～記事を書く écrire un article bouche-trou.
うめたて 埋立て remblaiage *m*; comblement *m*. ‖ ～工事 travaux *mpl* de remblai. ～地 terrain *m* remblayé; [海岸の] polder *m*.
うめたてる 埋め立てる remblayer; faire un remblai sur *qc*. 海を～ faire un remblai sur la mer. 沼を～ faire un remblai sur un marais; combler un marais.
うめる 埋める enterrer; enfouir; ensevelir; [ふさぐ] boucher; combler; [くぼ地、堀割を] remblayer; [一杯にする] remplir. 墓に～ enterrer *qn* au cimetière. 溝を～ combler (boucher, remblayer) un fossé. ホール(ページ)を～ remplir la salle (des pages). 穴を～ boucher un trou. ◆ ¶風呂を～ attiédir un bain chaud.
うもう 羽毛 plume *f*. ‖ ～布団 édredon *m*.
うもれぎ 埋れ木 bois *m* fossile. ‖ ～細工 objet *m* de bois fossile.
うもれる 埋れる ⇨ うずもれる(埋もれる).
うやうやしい 恭々しい respectueux(se). ～態度 attitude *f* respectueuse. ～恭しく pieusement; respectueusement.
うやまう 敬う respecter; vénérer; révérer; honorer. 神を～ révérer Dieu. 師を～ vénérer *son* maître. ～べき respectable; vénéré; révéré. ～べき人 personne *f* respectable. ～べき聖者たち saints *mpl* vénérés.
うやむや 有耶無耶 ¶～な返事 réponse *f* ambiguë (vague). ～に終る n'aboutir à rien. 事件を～に葬る étouffer une affaire.
うゆう 烏有 ¶～に帰す être réduit en cendres; être anéanti.
うようよ ¶～する grouiller; fourmiller. この枝には虫が～している Cette branche grouille d'insectes. ～している grouillant; fourmillant. 人が～している通り rue *f* grouillante de monde.
うよきょくせつ 紆余曲折 avatars *mpl*. ¶～を経て par bien des avatars; après bien des péripéties. 憲法草案は～を経て通過した Le projet de constitution est passé par bien des avatars.
うよく 右翼 [政党] droite *f*; [飛行機、陣形の] aile *f* droite. ～の新聞 journal(aux) *m* de droite. ‖ ～運動 mouvement *m* de droite. ～党員 droitier *m*.
うら 浦 baie *f*; [小さな入江] anse *f*.
うら 裏 revers *m*; [布地、皿などの] envers *m*; [貨幣の] pile *f*; [靴の] semelle *f*; [衣類の裏地] doublure *f*; [紙、印刷物の] verso *m*; dos *m*; 葉(メダル)の～ revers d'une feuille (d'une médaille). 足の～ dessous *m* du pied; plante *f* du pied. 着物に毛皮の～を付ける doubler un vêtement de fourrure. 靴の～を張り替える ressemeler des chaussures.「～を見よ」《Voir au verso». 「～に書かれし」《Ne rien écrire sur le verso». ～に続く Tournez, s'il vous plaît (T.S.V.P. (TSVP)). ¶絹の～のついたタキシード smoking *m* à revers (doublé) de soie. ～つきの上衣

うらうち veste *f* doublée. 〜のすりきれた着物 vêtement *m* à la doublure usée. ◆[背後] derrière *m*; dessous. 事件の〜[内幕] dessous de l'affaire. 家の〜を通る passer derrière la maison. 監視(巨ら*n*)の〜をかく déjouer la surveillance (une intrigue). 〜を読む lire entre les lignes. 〜を読まなければ駄目だ Il faut aller au fond des choses. 〜には〜がある Les dessous sont complexes. 〜の意味 sens *m* caché. 〜の庭 jardin *m* de derrière. 家の〜(に) derrière la maison. 〜で遊びなさい Jouez derrière. 〜で誰かが糸をひいている Il y a quelqu'un qui tire les ficelles.

うらうち 裏打[布地の]entoilage *m*. ¶〜する[布で]entoiler; [補強する]renforcer. 地図を丈夫な紙で〜する renforcer une carte d'un papier fort.

うらおもて 裏表[裏と表]envers *m* et endroit *m*; [両面]deux côtés *mpl*. 何事にも〜がある Chaque médaille a son revers. あいつには〜がある Il a deux visages./C'est un homme à double face. ¶〜に書く écrire recto verso. 〜を〜に着る mettre qc à l'envers.

うらかいどう 裏街道 ¶私は人生の〜ばかり歩いて来た J'ai toujours mené ma vie en restant dans l'ombre.

うらがえし 裏返し ¶〜に着る mettre qc à l'envers. 〜に置く placer qc face en dessous.

うらがえす 裏返す retourner. 布団を〜 retourner un matelas.

うらがき 裏書[商]endos *m*; endossement *m*. ¶〜する endosser. 小切手に〜する endosser un chèque. 〜人 endosseur *m*. ◆〜する[立証する]confirmer. 結果が彼の正しかったことを〜している Les résultats confirment qu'il avait raison.

うらかた 裏方[芝居]machiniste *m*.

うらがなしい うら悲しい mélancolique; sombre.

うらがね 裏金 caisse *f* noire.

うらがわ 裏皮 suède *m*; cuir *m* suédé; daim *m*.

うらがわ 裏側[裏]envers *m*; revers *m*; [紙, 印刷物の]dos *m*; verso *m*; [背面]derrière *m*. 貨幣の〜 revers d'une pièce. 生地の〜 mauvais côté d'une étoffe. 月の〜 face *f* cachée de la lune. 家の〜がひどく傷んでいる Le derrière de la maison est bien délabré. チリは日本の丁度〜にある Le Chili se trouve aux antipodes du Japon.

うらきど 裏木戸 porte *f* de derrière.

うらぎり 裏切り trahison *f*; traîtrise *f*; [上司への]félonie *f*. ¶〜行為 traîtrise *f*. その〜行為は如何にも彼らしい Cette traîtrise est digne de lui. 〜者 traître(sse) *m(f)*; faux frère *m*; [上司への]félon(ne) *m(f)*. 〜者の traître; félon. 〜者の下臣 vassal *m* félon.

うらぎる 裏切る trahir; [売る]vendre; [あざむく]tromper. 友(期待)を〜 trahir son ami (l'espérance). ユダはイエスを裏切った Judas vendit Jésus. 彼はしばしば彼女に裏切った Il l'a souvent trompée. 彼女は祖国を裏切ったと責められた On accusa cette femme d'avoir trahi sa patrie.

うらぐち 裏口 porte *f* de derrière. 〜から入る entrer par une porte de derrière (les derrières); [こっそり]entrer par une porte dérobée. ¶〜営業 commerce *m* clandestin. 〜営業をしている faire du commerce sous le manteau. 〜入学 admission *f* illégale.

うらこうさく 裏工作 intrigue *f* (démarche *f*) clandestine.

うらごえ 裏声 fausset *m*. ¶〜で歌う chanter en fausset.

うらごし 裏漉し[道具]passe-purée *m* inv. じゃが芋の〜 purée *f* de pommes de terre. 〜にかける passer *qc*.

うらさく 裏作 culture *f* secondaire après la récolte de riz. 稲の〜に麦を作る cultiver du blé après la récolte de riz.

うらさびしい うら寂しい[もの悲しい]triste; [さびれた]désert.

うらじ 裏地[生地の]doublure *f*.

うらだな 裏店 logement *m* de faubourg loué à bas prix.

うらづけ 裏付け[確証]preuve *f*; corroboration *f*; [根拠]fondement *m* confirmé; base *f*. 彼の言い分には何の〜もない Son opinion n'a aucun fondement. 〜のない sans fondement; mal fondé.

うらづける 裏付ける appuyer *qc* de preuves évidentes; corroborer. 自説を〜 appuyer *son opinion* de preuves évidentes. 証人の話は被告の陳述を裏付けている Le récit du témoin corrobore les déclarations de l'accusé. その論証が私の意見を裏付けてくれる Cet argument constitue une corroboration de mon opinion. 〜に裏付けられた fondé sur *qc*, corroboré par *qn*. 経験に裏付けられた証明 démonstration *f* fondée sur l'expérience.

うらて 裏手 derrière *m*. 家の〜は川に面している Le derrière de la maison donne sur la rivière. ¶家の〜に derrière la maison.

うらどおり 裏通り ruelle *f*.

うらとりひき 裏取引[政治の]grenouillage *m*. ¶〜[を]する grenouiller.

うらない 占い divination *f*; prédiction *f*; [手相の]chiromancie *f*; [トランプの]cartomancie *f*. ¶〜師 diseur(se) *m(f)* de bonne aventure; devin *m*; devineresse *f*; [素人の]augure *m*; [手相の]chiromancien(ne) *m(f)*; [トランプの]cartomancien(ne) *m(f)*.

うらなう 占う deviner (prédire) l'avenir de *qn*, dire la bonne aventure à *qn*. トランプで〜 tirer les cartes. 易者に占ってもらう consulter un devin; se faire dire la bonne aventure par un devin.

うらながや 裏長屋 cité *f* ouvrière dans un bas-quartier.

うらなり 末成(生)り fruit *m* mal venu; [青瓢箪]personne *f* chétive au teint pâle.

ウラニウム ⇒ ウラン.

うらにわ 裏庭 arrière-cour *f*.

ウラノス『ギ神』Ouranós *m*.

うらばなし 裏話 ¶文壇(政界)の〜 coulisses *fpl* des milieux littéraires (politiques).

うらはら 裏腹 ¶〜なことを言う dire le con-

うらびょうし 裏表紙 plat *m* verso (inférieur).

うらぶれる devenir pauvre. ¶彼はうらぶれた身なりをしていた Il était pauvrement vêtu. 彼はうらぶれた酒場で独り酒を飲んでいた Dans un bar minable, il sirotait un verre en solitaire. うらぶれて果てて, 昔日の面影はなかった Réduit à la misère, il avait perdu l'éclat de sa jeunesse.

うらまち 裏町 bas-quartier *m*; quartier *m* populaire. ¶～人生 vie *f* sans soleil.

うらみ 憾み [残念・不満] regret *m*. 少し結論を急ぎすぎたーがある Je regrette qu'on se soit hâté un peu de tirer la conclusion.

うらみ 恨み ressentiment *m*; rancune *f*; rancœur *f*. ～を抱く avoir de la rancune contre; garder rancune à. ～を買う s'attirer le ressentiment de *qn*. ～を含む contenir *son* ressentiment; étouffer (ravaler) *sa* rancune. ～を晴らす venger *qn*; exercer *sa* vengeance sur *qn*. ～を晴らすために *qc* をする se venger de *qn* sur *qc*. 父の～を晴らす venger *son* père. 侮辱の～を晴らす venger *qn* d'un affront. ～っぽい rancunier(ère). ～っぽい性分 caractère *m* rancunier; humeur *f* rancunière. ～っぽい女 femme *f* rancunière. ～たらたらの(がましい) fielleux(se); plein de fiel. ～がましいことを言う Cesse de dire des acrimonies. ¶～こなしだ Sans rancune! これっこなしだ [あいこだ] Nous sommes quittes. ～っこなしに公分配する distribuer *qc* impartialement.

うらみごと 恨み言 plainte *f*; grief *m*. ～を言う exposer *ses* griefs; se plaindre. 彼はその事で彼女に～を述べた Il lui a exposé ses griefs./Il s'en est plaint à moi.

うらみち 裏道 chemin *m* de derrière; [抜道] chemin *m* de traverse. ～を抜ければ5分で駅へつく En prenant le chemin de traverse, il faut cinq minutes à pied jusqu'à la gare.

うらむ 恨(怨)む avoir du pressentiment (de la rancune) contre; garder rancune à, en vouloir à *qn*. 我が身を～ se reprocher. 奴は世の中を恨んでいる Il boude le monde. 彼は私が嘘をついたといって恨んでいる Il m'en veut d'avoir menti. 俺を～なよ Ne m'en veuille pas. ◆[残念に思う] regretter. 彼が来ないのが恨まれる Je regrette (Il est regrettable) qu'il ne vienne pas.

うらめ 裏目 ¶私の計画は～に出た Mon projet a causé (produit) un résultat défavorable. 私の期待は～に出た J'ai été trompé dans mon attente.

うらめしい 恨(怨)めしい [恨む] avoir de la rancune contre; en vouloir à; [残念に思う] regretter *qc*; se reprocher. 私は自分に勇気がなかったことが～ Je me reproche (regrette) d'avoir manqué d'audace. 私を裏切った人が～ J'ai de la rancune contre celui qui m'a trahi. あなたのその仕打ちが～ Je vous reproche d'employer une telle tournure. この理論で私が恨めしく思うのはその通俗性だ Ce que je regrette dans cette théorie, c'est sa banalité. ¶恨めしそうな目つきor顔 regard *m* chargé de rancune. 恨めしそうに言う dire *qc* d'un ton de reproche. 恨めしそうに見る regarder *qn* d'un air de reproche.

うらもん 裏門 porte *f* de derrière.

うらやましい 羨ましい enviable; [羨む] envier. ～境遇 situation *f* enviable. 君が～ Je vous envie. あなたの成功が～ J'envie votre succès. あなたがもうこの仕事を終えたのが～ Je vous envie d'avoir déjà fini ce travail. ¶羨ましがる envieux(se). 他人の幸福を羨ましがる être envieux du bonheur d'autrui. 羨ましがらせる exciter l'envie de *qn*. 君はみんなから羨ましがられている Tout le monde vous envie/Vous êtes un objet d'envie pour tout le monde. 羨ましがる性分 caractère *m* envieux. 羨ましがり屋 envieux(se) *m(f)*. 羨ましそうな目つきで見る regarder *qc* avec un œil d'envie.

うらやむ 羨む envier. それしきのことで何も彼を～ことはないじゃないか Pour si peu de choses, il n'y a pas de quoi l'envier. みんな君の成功を羨んでいる Tout le monde envie votre succès.

うらら(か) 麗らか ¶～な[天気が] beau(bel, belle, beaux); radieux(se); serein; [顔色, 気持が] radieux. ～な太陽 soleil *m* radieux. ～な一日 journée radieuse. ～な顔 visage *m* radieux. 空は～に晴れている Il fait un beau ciel radieux. ～に radieusement.

ウラル ¶～山脈 la chaîne de l'Oural; les monts *mpl* Oural.

うらわかい うら若い ¶～女 femme *f* jeune et fraîche.

ウラン uranium *m*. ¶～資源 ressources *fpl* en uranium.

うり 瓜 melon *m*. ¶～畑 melonnière *f*. 彼らは～二つである Ils se ressemblent comme deux gouttes d'eau. 母と娘は～二つだ La mère et la fille sont exactement pareilles. ～二つの人 sosie *m*. 彼はあなたと～二つだ C'est votre sosie. あなたと～二つの人がいる Vous avez un sosie.

うり 売り ¶～に出す mettre *qc* en vente. ～に出ている être en vente. ～に回る [株] spéculer à la baisse.

うりあげ 売上げ recette *f*; produit *m* des ventes; ventes *fpl*; [一期の] chiffre *m* d'affaires. 当日の～ recette des ventes journalières. 一日の～ recette (produit) des ventes d'une journée. ～の1割を貰う toucher 10 pour cent sur la recette. ～総高 chiffre brut. ～勘定 compte *m* des ventes.

うりあるく 売歩く colporter. 商品を～ colporter des marchandises.

うりいえ 売家 maison *f* à céder (à vendre).

うりいそぐ 売急ぐ se hâter de vendre.

うりおしむ 売惜しむ ne pas vouloir vendre; ne pas tenir à vendre.

うりかい 売買 ⇒ ばいばい(売買).

うりかけ 売掛 vente *f* à crédit. ¶～勘定 compte *m* à crédit. ～代金 prix *m* des

うりかた 売方 art m de vendre; [売手] vendeur(se) m(f). ～に回る [株] spéculer en baisse (à la baisse).

うりきる 売切る épuiser son stock.

うりきれ 売切れ épuisement m.

うりきれる 売切れる être épuisé. その品物は売切れました Cet article est épuisé.

うりぐい 売食い ¶～する vivre en vendant ses affaires.

うりこ 売子 vendeur(se) m(f); [女店員] fille f de boutique. 百貨店の～ vendeuse de grand magasin. 新聞の～ vendeur (marchand m) de journaux.

うりごえ 売声 cris mpl. 新聞売りの～ cris des vendeurs de journaux.

うりことば 売言葉 ¶これに買い言葉 Ce n'est qu'un prêté pour un rendu.

うりこみ 売込み [広告,宣伝の] promotion f des ventes. ‖～合戦(競争) concurrence f des ventes.

うりこむ 売込む [商品を] pousser la vente; [名前] faire sa propre propagande.

うりざねがお 瓜実顔 visage m ovale.

うりさばく 売捌く vendre. 一手に～ vendre exclusivement.

うりだし 売出し [売物の] mise f en vente; [安売り] solde f; [証券の] émission f.

うりだす 売出す mettre qc en vente; [証券, 公債を] émettre; [名前を] lancer qn; se lancer. その小説で彼は一躍売り出した C'est ce roman qui l'a brusquement lancé. 彼は売り出そうと懸命だ Il cherche à se lancer. ～近頃売出しの小説家 romancier m lancé récemment.

うりたたく 叩く [株を] jouer à la baisse; [安売りする] vendre au rabais.

うりち 売地 terrain m à vendre.

うりつける 売付ける forcer qn à acheter qc.

うりて 売手 vendeur(dresse) m(f). ～と買手 le vendeur et l'acheteur. ‖製品の～ m vendeur d'un produit.

うりとばす 売飛ばす se débarrasser de; 《俗》 bazarder; [安く] brader. 女(奴隷)を～ faire la traite des femmes (des esclaves). 新車を買うために私は古い車を売飛ばした Je me suis débarrassé de (J'ai bazardé) ma vieille voiture pour en acheter une neuve.

うりね 売値 prix m de vente.

うりば 売場 [デパートの] rayon m. ‖切符～ guichet m. ～主任 chef m de rayon.

うりはらう 売払う se défaire (se débarasser) de; 《俗》 [安く] brader. 捨て値で家屋敷を～ brader sa propriété.

うりもの 売物 article m de vente; [提示] 《A vendre》. この品は～ではない Cet article n'est pas à vendre. ¶～になる vendable. この品はまだ～になる Cet article est encore vendable. その品は～にならない Cet article est difficile à vendre. 彼女は自分の美貌を～にしている Elle met sa beauté en valeur.

うりょう 雨量 pluviosité f; précipitations fpl. ～を量る mesurer les précipitations. 昨日の～は20ミリだった Il est tombé 20 millimètres de pluie hier. ‖～計 pluviomètre m.

うりわたし 売渡し vente f; [譲渡] cession f. ‖～証書 acte m de vente. ～人 vendeur(se) m(f).

うりわたす 売渡す vendre; [故買人に] fourguer; [譲渡する] céder.

うる 得る ⇨ える(得る).

うる 売る vendre. 高く(安く)～ vendre cher (à bon marché). 100円でまとめて～ vendre qc 100 yen (en gros). 身を～ se vendre. [裏切る] ¶友を～ vendre son ami. 国を～ trahir sa patrie. [しかける] ¶喧嘩を～ chercher querelle à qn. ◆[広める] ¶名を～ se faire une réputation.

うるう 閏 ¶～の bissextile. ‖～年 année f bissextile.

うるおい 潤い [情操] douceur f; charme m; [ゆとり] aisance f. この町は賑やかだけれど少しも～がない Ce quartier est très animé, mais manque de charme. ～のある [声, 音が] moelleux(se); [文体が] savoureux(se). ～のある声 voix f moelleuse. ～のある生活 vie f pleine d'aisance. ～のある眼差し regard m plein de douceur. ～のある文体 style m savoureux. ～のない文体 style sec.

うるおう 潤う [しめる] s'humecter; se mouiller. ◆[豊かになる] devenir riche. このところ彼はぼろ儲けで懐が潤っている Ces jours-ci, sa bourse s'est arrondie de gros profits. この土地は新しい産業で潤っている Ce pays s'enrichit par sa nouvelle industrie.

うるおす 潤す [しめらす] humecter; mouiller. 喉を～ se désaltérer; [一杯やる] s'humecter le gosier. ◆[豊かにする] enrichir; rendre riche. 国を～ enrichir le pays. 生活を～ rendre la vie plus riche. ナイル川の水がエジプトを潤している Le Nil abreuve (irrigue) l'Egypte.

ウルカーヌス ⇨ バルカン.

ウルグアイラウンド cycle m de l'Uruguay.

うるさい [音が] agaçant; énervant; assommant; [騒々しい] bruyant; tapageur(se). ～音 bruit m agaçant. ～蜂の羽音どもcoassements mpl bruyants. あの音がうるさくてたまらない Ce bruit m'agace./Je suis agacé de ce bruit. Ce bruit me tue. あのざわめきで頭がくらくらする Ce brouhaha m'étourdit. ～ぞ Tais-toi!/Fiche-moi la paix!/La ferme! ◆[迷惑な] ennuyeux(se); importun; embêtant; [迷惑をかける] importuner qn. ～訪問者 visiteur m importun. ～隣人 voisin m ennuyeux. ～奴を追い払う se débarrasser d'un importun. ちっともうるさくありません Vous ne m'importunez pas du tout. ◆[厄介な] embarrassant; embêtant; contrariant. 我々にとっては～のだ Un incident embarrassant est venu nous contrarier. それは仲々～問題だ C'est une question embarrassante (ennuyeuse). ◆[口やかましい] exigeant; pointilleux(se); [きびしい] sévère; exigeant. 万事に～ très exigeant. ～ことばかり言っている父親 père m qui fait toujours des remontrances. 小～ことを言って怒らせる asticoter qn. 彼は料理に～ Il est exigeant pour la cuisine. 母は行儀のことになると～ Ma mère est

うるさがた うるさ型 crtiqueur(se) *m(f)*.

うるさがる s'agacer; trouver ennuyeux(se). 彼は君に会うのをうるさがっている Il trouve ennuyeux de vous voir. 彼は仕事中あんたがうろうろするのをうるさがっている Ça l'énerve de te voir tourner autour de lui pendant qu'il travaille.

うるし 漆 laque *f*; [木] laquier *m*. 〜にかぶれる faire de l'allergie aux laques. 〜を塗る laquer; vernir à la laque. 白木の家具に〜を塗る laquer un meuble de bois nu. ‖〜工 laqueur *m*. 〜質(色の) laqueux(se). 〜塗りの verni; laqué.

ウルトラシー -C figure *f* acrobatique.

ウルトラマリン bleu *m* outremer.

うるむ 潤む se mouiller. 目が涙で〜 Les yeux se mouillent de larmes. 声が〜 avoir des larmes dans la voix. ¶潤んだ mouillé. 潤んだ眼差しで d'un regard mouillé.

うるしい 麗しい beau (bel, belle, beaux); charmant; [感動的な] émouvant. 〜声 voix *f* charmante. 〜情景 scène *f* émouvante. 御機嫌うるわしく何よりす結構です【御健勝で】Je suis heureux de vous voir en si bonne santé.

うれい 憂(愁)い [心配] souci *m*; inquiétude *f*; anxiété *f*; [悲しみ] chagrin *m*; tristesse *f*. 〜に沈む être plongé dans la tristesse. 〜のある soucieux(se); inquiet(ète); anxieux(se). 〜顔をしている avoir la mine soucieuse; paraître soucieux(se).

うれえる 憂(愁)える s'inquiéter; être inquiet(ète). 将来を〜 s'inquiéter de l'avenir de qn. 友の健康を〜 s'inquiéter de la santé d'un ami. ¶憂うべき情勢 situation *f* inquiétante.

うれくち 売れ口 débouché *m*. 〜が見つからない ne pas trouver de débouchés. 〜を開拓する ouvrir des débouchés.

うれしい 嬉しい être content (heureux(se), bien aise, enchanté, ravi); se réjouir. あなたに〜知らせがあるのですが J'ai une joyeuse nouvelle à vous annoncer. 私には海で泳ぐど〜ことはない Rien ne me fait plus plaisir que de nager dans la mer. 〜ことを言うじゃないか Tu me mets du baume sur le cœur. お目にかかれて〜 Je suis content de vous voir./Je suis bien aise de vous voir. 彼女てくれるのが〜 Je me réjouis qu'il vienne. そ の仕事を終えてさぞ〜でしょうね Vous devez être content que ce travail soit fini. 私達故国に帰れると思うと嬉しくてたまらない Je suis content à la pensée de retourner dans mon pays. つまらないものですが受けていただければ嬉しゅうございます Ça me fait plaisir de vous offrir ce petit cadeau. ¶嬉しそうな réjoui; joyeux(se); ravi. 〜顔つき mine *f* réjouie; visage *m* joyeux (riant). 嬉しそうに joyeusement; d'un air content. 〜ことに à ma grande joie; heureusement;

うれしがる 嬉しがる [喜ぶ] se réjouir de qc (de *inf*, que *sub*); [打ち興じる] s'amuser. みんなあなたの成功を嬉しがっている Tout le monde se réjouit de votre succès. 彼らは私をからかって嬉しがっている Ils s'amusent à se moquer de moi. 嬉しがらせる flatter qn. 嬉しがらせて気をもたせる flatter qn d'une fausse espérance. ¶嬉しがらせ flatteries *fpl*. 嬉しがらせを言う flatter qn.

うれしさ 嬉しさ joie *f*; bonheur *m*. 〜で一杯だ être au comble de la joie; être inondé de joie. 〜に我を忘れる être transporté de joie; ne plus se sentir de joie. ¶〜の余り par un excès de joie.

うれしなき 嬉し泣き ¶〜する pleurer de joie; pleurer des larmes de joie.

うれしなみだ 嬉し涙 ¶〜を流す pleurer de joie.

ウレタン uréthan[n]e *m*.

うれっこ 売れっ子 ¶〜の très lancé; très populaire. 〜の歌手 chanteur(se) *m(f)* très populaire. 〜になる se lancer. 彼女はあの歌で一躍〜になった Cette chanson l'a brusquement lancée.

うれのこり 売れ残り ¶〜の invendu. 〜の商品 marchandises *fpl* invendues; invendus *mpl*. 〜になった娘 jeune fille *f* pas encore mariée.

うれのこる 売れ残る rester invendu.

うれゆき 売行き écoulement *m*; [小売の] débit *m*. 〜がいい se vendre bien; s'écouler facilement. 〜が悪い se vendre mal; avoir peu de débouchés. ¶のよい(悪い)品 article *m* de bon (faible) débit. 〜のよい店 boutique *f* qui a beaucoup de débit. ‖〜不振 mévente *f*; insuffisance *f* des ventes.

うれる 熟れる mûrir. ¶熟れた mûr. 熟れすぎた avancé; blet(te). 熟れすぎた梨 poire *f* blette.

うれる 売れる se vendre. よく〜(売れない) se vendre bien (mal). 飛ぶように〜 se vendre comme des petits pains. ¶よく〜 boutique *f* bien achalandée. ◆[有名になる] ¶彼は名はよく売れている Son nom est bien connu.

うろ 雨露 ⇒ あめつゆ(雨露).

うろうろ ⇒ うろたえる, うろつく.

うろおぼえ 疎覚え vague mémoire *f*. ¶〜に覚えている garder un faible souvenir de; ne se rappeler *qc* que vaguement.

うろこ 鱗 écaille *f*. 〜を落とす écailler. その言葉で目から〜が落ちた Ces paroles ont fait tomber les écailles de mes yeux. ¶〜のある (状の) écailleux(se).

うろたえる se troubler; se démonter; se déconcerté. 弁士は場内の度々の妨害にうろたえた L'orateur se troubla devant les fréquentes interruptions de la salle. うろたえさせる troubler; démonter; déconcerter. ¶うろたえた様子で d'un air troublé (déconcerté). うろたえぶり trouble *m*; effarement *m*. 彼のうろたえぶりが目に見えるようだ Il est facile à imaginer son trouble.

うろちょろ ¶〜する tourniceter devant qn (autour de qn).

うろつく tourniquer; [うろつき回る] rôder; [ぶ

うろつく flâner. 部屋の中を～ tourniquer dans la chambre. 人のまわりを～ tourner (rôder) autour de qn.

うろん 胡乱 ¶～な奴 individu m suspect; suspect m.

うわあご 上顎 mâchoire f supérieure.

うわがき 上書 suscription f.

うわかわ 上皮 [表皮] épiderme m; [薄皮] pellicule f; [牛乳などの] peau f. 傷は～だけだった La coupure n'a entamé que l'épiderme.

うわがわ 上側 [上部] dessus m; [表面] surface f.

うわき 浮気 amourette f; flirt m. 一時の～ flirt sans lendemain. ～をする avoir un flirt avec qn. ¶～な volage. ‖～な女 femme f volage. ～心 cœur m volage.

うわぎ 上着 veste f, veston m; [水夫などの] vareuse f; [毛皮裏の] canadienne f. ～を着るmettre sa veste.

うわぐすり 釉薬 vernis m; enduit m; émail (aux) m. ～をかける vernisser; émailler. ¶～をかけた vernissé; émaillé.

うわくちびる 上唇 lèvre f supérieure.

うわぐつ 上靴 chaussons mpl d'intérieur.

うわごと 譫言 divagation f; délire m. 病人の～ divagations d'un malade. ～を言う avoir le délire; délirer.

うわさ 噂 bruit m; rumeur f; [風説] ouï-dire m inv; [世評] on-dit m inv. 彼の逮捕の～が流れている Le bruit court (se répand) qu'il a été arrêté. その～はもう私の耳に入っている Ce bruit est déjà arrivé à mes oreilles. あらぬ～を打ち消す démentir de faux bruits. ～をする parler de. 「～をすれば陰」«Quand on parle du loup, on en voit la queue.» ～を立てる faire courir (répandre) un bruit sur. あらぬ～を撒きちらす colporter de faux bruits. 町中に～を広める [吹聴する] emboucher la trompette par toute la ville. ¶～になる faire du bruit. その発見が非常な～になっている On fait beaucoup de bruit autour de cette découverte. …ということを～に聞いている On parle de moi. 人の～にのぼる faire jaser qn. 彼の続く様の訪問が隣人たちの～にのぼった Ses visites continuelles ont fait jaser les voisins. その～で持ちあがた(それが専らの～だ) Il n'est bruit que de cela./On ne parle que de cela. ～で知っているだけです Je ne le sais que par ouï-dire.

うわすべり 上滑り ¶～のする glissant. 道は凍って～がする Le chemin est gelé et glissant.

うわずみ 上澄み partie f claire. ～を取り除く décanter.

うわずる 上擦る s'exciter; s'énerver. 彼は喧嘩の様子を話してくれながら上擦っていた Il s'excitait en racontant son altercation. ¶上擦った声 d'une voix criarde.

うわぜい 上背 taille f. ～がある être de grande taille.

うわつく 浮付く être dans tous ses états. 彼はいつもと違って浮付いていた Il n'était pas dans son calme ordinaire. ¶浮付いた調子で d'un ton léger.

うわちょうし 上調子 ¶～な léger(ère). ～な若者 jeune homme m léger.

うわづつみ 上包み enveloppe f.

うわっつら 上面 彼は問題の～だけしか見ない Il n'a fait que survoler la question.

うわっぱり 上っ張り blouse f; [短い] sarrau(s) m; [職工の] salopette f, vareuse f.

うわづみ 上積み [荷物の] marchandises fpl chargées par-dessus. ～する [荷物を] charger qc par-dessus; [金額を] ajouter un surplus à la somme fixée.

うわて 上手 ¶～である précéder qn. 彼はその道にかけてはあなたより～であった Il vous a précédé dans cette voie. 僕より彼の方が一枚～だ Il est d'une autre trempe que moi. ～に出る prendre un ton hautain vis-à-vis de qn.

うわに 上荷 [荷物] charge f; [上の荷物] chargement m du dessus.

うわぬり 上塗り glacis m. ～をする étendre (poser) les glacis. 壁の～をする couvrir un mur d'une couche finale. ◆[比喩的に] ¶恥の～をする redoubler de honte.

うわね 上値 [高値] prix m plus élevé; [株] hausse f.

うわのせ 上乗せ ～を augmenter. 料金を8%～する augmenter le tarif de 8%.

うわのそら 上の空 ¶～である être absent; être distrait; être dans la lune. ～で air distrait; distraitement. ～で聞く n'écouter que d'une oreille.

うわばき 上履き pantoufles fpl; chaussons mpl d'intérieur.

うわばみ 蟒 serpent boa m.

うわべ 上辺 [表面] superficie f; [外面] extérieur m; dehors m; [外見] apparence f; [みせかけ] faux-semblant m; façade f. ～を繕う sauver les apparences. 物事の～しか見ない survoler (ne s'arrêter qu'à) la superficie des choses. ¶～の apparent; extérieur; de façade. ～の親切(美徳) amabilité f (vertu f) de parade (de façade). ～の愛国主義 patriotisme m de façade. それは～だけってCe n'est qu'une façade. 彼は～だけそう言っているさ Il dit ça pour la galerie. ～は apparemment; en apparence.

うわまえ 上前 ～をはねる [俗] rabioter; [女中が買物を] faire danser l'anse du panier. 彼は分け前の～をはねている Il rabiote une portion. ～をはねる癖がある Il a l'habitude de rabioter sur tout.

うわまわる 上回る dépasser; excéder; surpasser. 結果は私の予想を上回った Les résultats ont dépassé (excédé) mes prévisions.

うわむき 上向き tendance f à la hausse. 相場は～ Les cours sont en hausse. ¶上向く tendre à la hausse.

うわめ 上目 ¶～を使う couler un regard à qn. ～を使って人の様子を窺う guetter les réactions de qn. ¶～使いに見る regarder par dessous.

うわやく 上役 supérieur m [hiérarchique]. ～に相談する consulter son supérieur hiérarchique. ～にぺこぺこする se mettre à plat ventre devant *son* supérieur.

うん ¶〜と言う dire oui. 〜ともすんとも言わない ne dire ni oui ni non; ne pas prononcer une syllabe. 〜ともすんとも言ってこない ne donner aucune nouvelle. 彼は床の中で〜〜うなっている Il pousse des gémissements de douleur dans son lit.

うん 運 [運命] fortune *f*; sort *m*; [偶然] hasard *m*; [幸運] chance *f*;《俗》veine *f*. 〜がいい avoir de la chance; être chanceux (se); être favorisé. 〜が悪い n'avoir pas de chance; 《俗》avoir la guigne. 〜に任せる laisser (livrer) qc au hasard. 〜を試す hasarder *sa* fortune; tenter (chercher) fortune. 〜を天に任せる s'abandonner au hasard. なんて〜だ! Quelle chance!/ Quel veinard! おれも〜がつきたな La chance m'a abandonné! 彼も遂に〜がつきた[死んだ] Il est finalement passé de vie à trépas./Son heure est venue. 私に〜が向いて来た La chance m'a favorisé. 彼は生涯に見放されて いた Il n'a pas eu de chance dans sa vie. 彼はいつも〜に恵まれている Il a toujours la chance. マージャンは〜ばかりではない（一次第じ） Aux mah-jongs, il n'y a pas que du (c'est une question de) hasard. 〜のいい chanceux (se); fortuné. 〜のよい人 chanceux(se) *m(f)*. 〜の悪い malchanceux (se); malheureux(se). 〜よく heureusement; par chance (bonheur). 〜よく私はそこに居なかった Par bonheur, je n'y étais pas. 〜悪く malheureusement; par malheur (malchance). ‖〜試しにやってみる tenter *sa* chance.

うんえい 運営 gestion *f*; administration *f*; direction *f*. 〜会社の〜 administration (direction) d'une entreprise. ¶〜する administrer; diriger; gérer. ‖〜資金 fonds *mpl* de roulement.

うんか 雲霞 ¶〜の如き大軍 troupes *fpl* innombrables. 〜の如く押し寄せる déferler en grande multitude.

うんか 浮塵子 [昆虫] cicadelle *f*.

うんが 運河 canal(aux) *m*. 〜を作る creuser un canal. ある地方に〜を開く canaliser une région.

うんかい 雲海 mer *f* de nuages.

うんきゅう 運休 [汽車, 電車, バスなどの] suspension *f* de service; [機械の] arrêt *m* des machines. 〜する suspendre le service; arrêter les machines. 幹線列車は全線〜して いる Tous les services de grandes lignes sont suspendus.

うんこ《俗》caca *m*. 〜をする faire caca.

うんこう 運航 navigation *f*. ¶〜する faire le service.

うんこう 運行 mouvement *m*; [天体の] révolution *f*; [列車] acheminement *m*. 天体の〜 révolution des astres. 列車の〜 acheminement des trains.

うんざり ¶〜する se fatiguer de; s'ennuyer de; en avoir assez;《俗》se faire suer; en avoir ras le bol. 彼の長話には〜した Il me fait suer avec ses histoires interminables.

〜している être fatigué; être assommé; être las(se). あなたの忠告には〜した Vous me fatiguez (embêtez, assommez) avec vos conseils./Je suis fatigué (las) de vos conseils. 君には〜だ Tu m'embêtes. 君のずぼらには〜だ J'en ai assez de votre paresse. 〜させる fatiguer; ennuyer; assommer; embêter; 《俗》casser les pieds. 〜させるような fatigant; embêtant; assommant; ennuyeux (se).

うんざん 運算 opération *f*; calcul *m*. ¶〜する faire une opération; opérer un calcul.

うんさんむしょう 雲散霧消 ¶〜する se dissiper; s'évanouir.

うんしん 運針 maniement *m* de l'aiguille.

うんすい 雲水 bonze *m* en pèlerinage; bonze. 彼は〜の身でありながら女色に溺れている Bien qu'il soit bonze, il s'abandonne aux plaisirs de l'amour.

うんせい 運勢 sort *m*; destin *m*; étoile *f*. 〜がよい(悪い) être né sous une bonne (mauvaise) étoile. 本日の〜を見てもらいたい Je veux consulter l'horoscope du jour.

うんそう 運送 transport *m*; messagerie *f*; [輸送] acheminement *m*. ¶〜する transporter. ‖〜会社 compagnie *f* de transports. 〜業 entreprise *f* de transports. 〜業者 entrepreneur(se) *m(f)* de transports. 〜費 frais *mpl* de transports. 〜屋 [引越しの] déménageur(se) *m(f)*; [荷物配達人] facteur(trice) *m(f)*.

うんだめし 運試し ⇨ うん(運).

うんちく 蘊蓄 vaste (profonde) érudition *f*; vastes connaissances *fpl*. 〜を傾ける mettre toute *son* érudition dans; consacrer toute *son* érudition à.

うんちん 運賃 frais *mpl* de transports; port *m*; fret *m*. ‖〜込値段 coût et fret *m*. 〜先払いで en port dû. 〜支払済み port payé; franc de port. 〜込みで expédié franc de port (franco de port). 〜こちら持ちで小包を発送する expédier un colis franco.

うんてい 雲泥 ¶〜の差がある Il y a une distance considérable./C'est comme le jour et la nuit.

うんてん 運転 [自動車, 船, 汽車の] conduite *f*; [機械の] manœuvre *f*; fonctionnement *m*; [操縦] direction *f*. 機械の〜を中止する suspendre le fonctionnement d'une machine. 列車の〜は中止となった Le service des trains est suspendu. ¶〜する conduire; [機械を] faire travailler (fonctionner); mettre en mouvement; [操縦] diriger; manœuvrer. 〜しはじめる entrer en fonction. 〜しやすい maniable. 〜しやすい自動車 voiture *f* maniable. ‖列車の〜系統 ligne *f* de trains. 〜手 conducteur(trice) *m(f)*; [タクシー] chauffeur *m*; [遊覧バス] automobiliste *mf*. 乱暴な〜手 écraseur(se) *m(f)*; chauffard *m*. 「〜手に話しかけぬこと」《Défense de parler au conducteur.》〜台 siège *m* de conducteur. 〜免許 permis *m* de conduire. ◆ [資金の] roulement *m*. 〜資金 〜をする faire fructifier un capital. ‖〜資金 fonds *m* de

うんと [ひどく] fort; [大いに] beaucoup; [数多く・多量に] beaucoup à foison; en masse; 〖俗〗des tas; [きびしく] vivement; sévèrement. ~を持っている en avoir à foison.

うんどう 運動 [物体の] mouvement m. 物体の~ mouvement d'un corps. ~の方向 direction f d'un mouvement. 円~ mouvement circulaire. ~量 quantité f de mouvement. ◆[肉体の] exercice m; mouvement. これは足のにとてもよい C'est un très bon exercice pour les jambes. ~をする prendre de l'exercice; prendre (se donner) du mouvement. あなたはもう少ししなければいけません Vous avez besoin de vous donner un peu plus d'exercice (de mouvement). ‖~神経 nerfs mpl moteurs. 彼は~神経が抜群だ Il est adroit comme un singe./Il a une grande souplesse physique. ~中枢 centre m moteur. ~不足 manque m d'exercice. 彼は~不足だから青い顔をしているのだ Il est pâle, parce qu'il ne fait pas assez d'exercice (parce qu'il manque d'exercice). ~[競技] sport m; athlétisme m. ‖~家 athlète mf. ~会 fête f sportive. ~着 costume m de sport. ~競技場[スタジアム] stade m. ~場 [学校の] cour f. ◆[奔走] démarche f; [組織活動] campagne f; mouvement. ~する faire des démarches; tenter une démarche; se mettre en campagne. 私は彼の就職口を探すためにいろいろ~してやった J'ai fait des démarches pour lui trouver un emploi. 彼の友達はみんな彼のために必要資金調達の~をしている Tous ses amis se mettent en campagne pour lui procurer les fonds nécessaires. ‖~革命(組合) mouvement révolutionnaire (syndical). 就職~

démarches pour un emploi. 選挙~は今は汝なわである La campagne électorale bat son plein. 選挙~員 courtier m électoral. 値下~ campagne anti-hausse [des prix]. 平和~ campagne pacifiste.

うんのう 蘊奥 ¶~を極める pénétrer les secrets (les mystères) de la science.

うんぱん 運搬 transport m; [トラックで] camionnage m; roulage m; [背負って] portage m. ‖~する transporter; [車で] voiturer; véhiculer. ~人 porteur(se) m(f). ~費 frais mpl de transport.

うんめい 運命 destin m; destinée f; fatalité f; sort m; fortune f. ~のいたずら caprices mpl de la fortune. ~と諦める se résigner à son sort. ~に任せる s'abandonner à son sort. 人の~を掌握する tenir entre ses mains la destinée de qn. ~を共にする partager le sort de. そういう~だった C'était écrit au ciel./C'était fatal. [...するように]~づけられる être destiné à inf. ~的な fatal. ~的に fatalement. ‖~論 fatalisme m. ~論者 fataliste mf.

うんも 雲母 mica m. ‖~板 mica.

うんゆ 運輸 transport m. ‖~省(大臣) Ministère m (ministre m) des Transports.

うんよう 運用 application f; placement m; [資金の] mise f en valeur. 資金の~ placement de fonds. ‖~する appliquer; [資金を] faire valoir; mettre en valeur. 資金を~する faire (mettre en valeur) les fonds. 法律は厳正に~しなければならぬ Il faut appliquer la loi dans sa rigueur. ‖~方法 moyen m d'application.

うんりん 暈輪 [発光体の] ¶halo m. ランプの~ [光輪] halo d'une lampe.

え

え 餌 ⇨ えさ(餌).

え 絵 peinture f; tableau(x) m; [油絵の] toile f; [デッサンの] dessin m; [絵本の] image f. 彼は~をたしなむ Il fait de la peinture. ~を描く faire une peinture; peindre. 風景(人物)を~に描く peindre un paysage (une personne). それは~になる Ça ferait un tableau. ¶~入りの雑誌 revue f illustrée. ~の景色 site m pittoresque. まるで~のようだ On dirait une peinture. ~のように pittoresquement.

え 柄 [道具類の] manche m; [水差し, 籠などの] anse f; [杓の] hampe f; [羊歯, 茸の] stipe m. 箒(バイオリン, 包丁)の~ manche à balai (de violon, de couteau). ~が抜ける se démancher. ~をつける emmancher qc. ~の抜けた柄 manteau(x) m démanché.

エアガン fusil m à air comprimé.
エアクリーナー purificateur m d'air.
エアコン ⇨ エアコンディショナー.
エアコンディショナー climatiseur m.
エアコンディショニング climatisation f. ~を行なう climatiser. ~をした部屋 salle f climatisée (à air conditionné).
エアコンプレッサー compresseur à air.
エアゾール aérosol m.
エアターミナル aérogare f.
エアバス airbus [ɛrbys] m.
エアバッグ sac m gonflable.
エアブレーキ frein m aérodynamique; aérofrein m./frein m à air comprimé.
エアポケット trou m d'air; poche f d'air.
エアメール ¶~で par avion.
エアリアル sauts mpl.
エアロバイク vélo m d'appartement.
エアロビクス aérobic f.
えい 鱏 raie f.
えい Eh bien!/Alors. ~とうにでもなれ Eh bien ! Arrive que voudra!/A Dieu vat! ~勝手にしろ Eh bien ! Fais comme tu voudras.
えい 栄 ¶~の~を賜わる faire à qn l'honneur de inf; faire à qn l'honneur de inf. ~を我ども私ども の会に御臨席の~を賜わりたい Faites-nous l'honneur d'assister à notre réunion.
えい- 嬰 ¶~記号 dièse m. ~記号をつける diéser. ~ヘ長調のプレリュード prélude m

fa dièse majeur.

えいい 鋭意 avec acharnement; avec zèle. 我々はその問題を〜検討中である Nous sommes en train d'examiner sérieusement la question.

えいえい 営々 ¶〜として働く travailler laborieusement (diligemment).

えいえん 永遠 éternité f; perpétuité f; [不滅] immortalité f. 〜の éternel(le); immortel(le); perpétuel(le); [果てしなく続く] sempiternel(le). 〜の愛 amour m éternel. 〜に éternellement; perpétuellement; à jamais; pour toujours; [果てしなく] sempiternellement. 〜に残す éterniser; immortaliser; perpétuer. 〜に残る s'immortaliser; se perpétuer. その発見はこの大学者の名を〜に残すだろう Cette découverte immortalisera (perpétuera) la mémoire de ce grand savant. 彼の名はそれらの発見で〜に残った Il s'est immortalisé par ses découvertes. 我々は彼の功績を〜に記念する On perpétue le souvenir de son exploit.

えいが 映画 cinéma m; cinématographe m; film m; [映写] projection f. 〜にとる filmer. 暴行の場面を〜にとる filmer une scène de violence. 〜に出る faire du cinéma; jouer dans un film. 〜を監督する réaliser un film. 〜をとる prendre (tourner) un film. 〜を見に行く aller voir un film; aller au cinéma. 〜はもう始まっていた La projection avait déjà commencé. ¶〜的な filmique. そのシーンはとても〜的だ Cette scène est très filmique. 〜の cinématographique; [映画の] ciné. 大スペクタル〜 production f à grand spectacle; superproduction f. 長篇(短篇)〜 film de long (de court) métrage. 天然色〜 film en couleurs (Technicolor m). ニュース(漫画, 記録, ドキュメント)〜 film d'actualité (d'animation, de reportage, documentaire). 無声〜 film muet. 立体〜 film en relief. 〜化 adaptation f cinématographique. 〜化する mettre (porter) qc à l'écran. 〜界 l'écran m; monde m du cinéma. 〜(研究)filmologie f. 〜館 cinéma m. 〜監督 réalisateur (trice) m(f). 〜脚本 scénario m. 〜脚本作者 scénariste mf. 〜作品 œuvre f filmique. 〜撮影 tournage m; filmage m. 〜撮影技師 opérateur m. 〜集 filmographie f. 〜人 cinéaste m. 〜スター vedette f de l'écran. 〜製作 production cinématographique. 〜製作会社 société f productrice. 〜製作者 directeur m de production. 〜俳優(女優) acteur m (actrice f) de cinéma. 〜ファン cinéphile mf. 〜保存館 cinémathèque f. 〜物語 ciné-roman m.

えいが 栄華 opulence f; prospérité f; [栄誉] gloire f. ぜいたくと〜を極める nager dans le luxe et l'opulence. 彼が〜を極めていた頃 dans toute sa gloire; à l'apogée de sa gloire.

えいかく 鋭角 angle m aigu. ¶〜の acutangle. 〜三角形 triangle m acutangle.

えいかん 栄冠 couronne f de laurier; lauriers mpl. 勝利の〜を得る remporter la palme (les lauriers de la victoire).

えいき 英気 ¶〜を養う faire provision d'énergie.

えいき 鋭気 ardeur f; [精力] énergie f; force f. 〜をくじく déprimer l'ardeur de qn.

えいきゅう 永久 ¶〜運動 [物] mouvement m perpétuel. 〜歯 dents fpl définitives. ⇨ えいえん(永遠).

えいきょう 影響 influence f; emprise f; ascendant m; conséquences fpl. 〜を受ける subir l'influence (l'ascendant) de qn. 〜を及ぼす agir sur; exercer (avoir) une influence sur; influencer qn; influer sur; avoir de l'effet sur. 環境因子供に非常に〜を及ぼす Le milieu exerce une grande influence sur l'enfant. 政治危機は経済状態に直接〜を及ぼす Une crise politique influe directement sur la situation économique. 若い時に両親をなくしたので, その〜が彼にはいまだに残っている Ses parents sont morts quand il était jeune, et il en est resté encore affecté. 幸いにして大した〜はなかった Heureusement, il n'y a pas eu de conséquences. ¶〜され易い influençable; malléable. 〜され易い性格 caractère m malléable. 彼は人から〜を受け易い Il se laisse facilement influencer par les autres. 〜力 emprise f; influence; pouvoir m. 我々に及ぼす精神的〜力 pouvoir moral qu'il a sur nous.

えいぎょう 営業 [商売] commerce m; affaires fpl; [運営] exploitation f. 〜この店は9時から〜しています Cette boutique est ouverte à partir de neuf heures. ¶〜時間 heures fpl d'ouverture. 〜資本 capital m d'exploitation. 〜所 bureau(x) m. 〜税(許可)patente f. 〜成績 chiffre m d'affaires. 〜停止 interdiction f d'exploitation. 〜部 service m commercial. 〜報告 rapport m sur les opérations commerciales. 〜方針 orientation f d'une exploitation.

えいこ 栄枯 ¶〜盛衰 vicissitudes fpl; les hauts et des bas. 〜盛衰は世の習い Il y a des hauts et des bas dans la vie.

えいご 英語 anglais m; langue f anglaise. 〜ができる(できない)être fort (faible) en anglais. 〜で話す parler en anglais. 〜を話す parler anglais. 〜を上手に話す parler un excellent anglais. 〜の先生 professeur m d'anglais. ¶〜学者 angliciste mf. 〜国民 anglo-saxons mpl; peuple m de langue anglaise. 〜化する angliciser.

えいこう 曳航 remorque f. ¶〜する remorquer.

えいこう 栄光 gloire f; auréole f; [名誉] honneur m. 殉教者の〜 couronne f du martyre. 〜に輝く être paré d'une auréole. 〜につつまれる se couvrir de gloire. 勝利の〜を克ち取る remporter une victoire glorieuse. ¶〜ある glorieux(se).

えいごう 永劫 éternité f. 〜未来へ pour toujours; à jamais. 〜不変の éternel(le); perpétuel(le).

えいこうだん 曳光弾 balle f traçante.

えいこく 英国 Angleterre f. ¶〜嫌い anglophobie f; [人] anglophobe mf. 〜国教 anglicanisme m. 〜国教の anglican. 〜心酔

えいさい 英才 talent *m* merveilleux; génie *m*; [人] homme *m* de génie; prodige *m*. ‖〜教育 éducation *f* spéciale pour les enfants doués.

えいし 英姿 belle (noble) prestance *f*. 立派な軍服に身をかためた我が子の〜 noble prestance de son fils revêtu d'un bel uniforme.

えいし 衛視 huissier *m*.

えいじ 嬰児 [enfant *mf*] nouveau-né(e) *m* (*f*). ‖〜殺し infanticide *m*.

えいじ 英字 ‖〜新聞 journal(*aux*) *m* rédigé en anglais.

えいしゃ 映写 projection *f*. ¶〜する projeter. フィルムを〜する projeter un film. ‖〜機 appareil *m* de projection; projecteur *m*; [映画の] cinématographe *m*; cinéproducteur *m*. 〜技士 opérateur(*trice*) *m*(*f*). 〜時間 durée *f* de projection d'un film. 〜室 cabine *f* de projection. 〜幕 écran *m*.

えいしゅ 泳者 ‖第一〜 premier(*ère*) nageur (*se*) *m*(*f*).

えいじゅう 永住 résidence *f* permanente. ¶〜する s'installer définitivement. 田舎に〜する s'installer [définitivement] à demeure de la campagne. ‖〜地 lieu *m* de résidence permanente.

えいしょう 詠唱 aria *f*. ‖小〜 ariette *f*.

エイズ sida (Sida, SIDA) [syndrome immunodéficitaire acquis] *m*. ¶〜にかかった sidatique. ‖〜ウイルス virus *m* du sida. 〜患者 sidéen(*ne*) *mf*; sidatique *mf*.

えいせい 永世 中立 neutralité *f* perpétuelle. 〜中立国 état *m* perpétuellement neutre.

えいせい 衛星 satellite *m*. 月は地球の〜である La lune est le satellite de la Terre. 気象〜 satellite *m* météorologique. 試験〜 satellite expérimental. 人工(通信)〜 satellite artificiel (de télécommunication). 人工〜を打上げる lancer un satellite artificiel. 人工〜を軌道にのせる mettre un satellite en orbite autour de la Terre. 〜国(都市) pays *mpl* (villes *fpl*) satellites. 〜中継 retransmission *f* par satellite; [全世界への] mondiovision *f*. 〜放送 [télé]diffusion *f* par satellite.

えいせい 衛生 hygiène *f*; salubrité *f*. 〜に害がある être contraire à l'hygiène; être peu hygiénique. 〜に注意する avoir soin de l'hygiène. ¶〜的 hygiénique. 非〜的 peu hygiénique. ‖〜的に hygiéniquement. ‖公衆〜 hygiène publique. 食品〜 hygiène alimentaire. 精神〜 hygiène mentale. 〜家 personne *f* qui a soin de l'hygiène. 〜学 hygiène. 〜管理者 hygiéniste *mf*. 〜局 commission *f* d'hygiène. 〜状態 état *m* sanitaire; condition *f* d'hygiène. 〜設備 installation *f* sanitaire. 〜用品 articles *mpl* d'hygiène. 〜措置 mesures *fpl* de salubrité.

えいぜん 営繕 ¶〜課 section *f* de construction et de réparation.

えいそう 営倉 locaux *mpl* disciplinaires; prison *f* militaire. 〜に入れられる être mis dans un prison militaire.

えいぞう 営造 construction *f*. ‖〜物 bâtiment *m*; construction; édifice *m*.

えいぞう 映像 image *f*. 鮮明な〜 image nette. ‖現代は〜文化の時代である Nous vivons dans la civilisation de l'image.

えいぞく 永続 perpétuité *f*; perpétuation *f*; permanence *f*. ¶〜する durer longtemps; se perpétuer. こんな状態が〜するはずはない Cette situation n'est pas éternelle. 〜的な perpétuel(*le*); permanent. 〜的に perpétuellement. ‖〜性 durabilité *f*; pérennité *f*; perpétuité *f*. 〜性のある durable.

えいたい 永代 ¶〜供養する prendre soin de perpétuité de l'âme d'un défunt.

えいたつ 栄達 ¶〜を求める ambitionner de réussir (d'occuper un poste élevé).

えいたん 詠嘆 exclamation *f*. ¶〜する pousser des exclamations. 〜的な exclamati(*ve*).

えいだん 営団 régie *f*. ‖〜地下鉄 métro *m* de la Régie.

えいだん 英断 décision *f*. 〜を下す prendre une décision. 〜を欠く manquer de décision.

えいち 叡智 sagesse *f*.

えいてん 栄典 distinction *f*. 〜に浴する obtenir une distinction. ‖〜制度 système *m* de distinction.

えいてん 栄転 ¶〜する être promu. 営業課長に〜する être promu chef de service commercial. 彼は課長となって北海道に〜した Il a été muté à Hokkaido comme chef de bureau.

エイト [ボート] †huit *m*.

えいびん 鋭敏 ¶〜な vif(*ve*); pénétrant; perspicace; [鋭敏な] fin; sensible. 〜な観察 observation *f* perspicace (pénétrante). 〜な想像力 vive imagination *f*. 〜な頭脳 esprit *m* fin (délié); intelligence *f* vive. 〜に finement; avec perspicacité. ‖〜さ vivacité *f*; perspicacité *f*; [敏感] finesse *f*.

えいふつ 英仏 ‖〜海峡 la Manche. 〜辞典 dictionnaire *m* anglais-français.

エイプリルフール Poisson *m* d'avril.

えいぶん 英文 texte *m* anglais. 〜を和訳する traduire de l'anglais en japonais. ¶〜で書かれた手紙 lettre *f* en anglais. ‖〜科 section *f* de la littérature anglaise. 〜学 littérature *f* anglaise.

えいへい 衛兵 garde *m*. ‖〜勤務 service *m* de garde. 〜交替 relève *f* de la garde. 〜所 poste *m* (corps *m*) de garde.

えいべい 英米 l'Angleterre *f* et l'Amérique *f*. ‖〜人 les Anglais *mpl* et les Américains *mpl*. 〜文学 littérature *f* anglo-américaine.

えいべつ 永別 séparation *f* définitive; [死別] séparation éternelle.

えいほう 泳法 art *m* de nager; natation *f*.

えいほう 鋭峰 sommet *m* pointu.

えいほう 鋭鋒 ¶相手方の〜を巧みに避ける

えいまい 英邁 ¶~な君主 souverain *m* prodigieux (sage).

えいみん 永眠 sommeil *m* [repos *m*] éternel. ¶~する s'endormir du sommeil éternel. 安らかに~する s'endormir dans le Seigneur.

えいめい 英明 ¶~な sage; prodigieux(se).

えいもん 営門 porte *f* d'entrée d'une caserne.

えいやく 英訳 traduction *f* en anglais.

えいゆう 英雄 héros *m*. ¶~的 héroïque. ~的行為 action *f* héroïque; héroïsme *m*. ‖~主義 héroïsme. ~崇拝 culte *m* des héros.

えいよ 栄誉 honneur *m* insigne; [名誉] gloire *f*. ~を讃える rendre gloire à qn; glorifier qn. ~礼 cérémonie *f* de prise d'armes.

えいよう 栄養 nutrition *f*. ~を与える donner des aliments nourrissants. 肉で~を取る se nourrir de viande. 牛乳は~になる Le lait est nourrissant. ¶~のある nourrissant; nutritif(ve). ~のない peu nourrissant. ~のいい(悪い) bien (mal) nourri. ‖~価 valeur *f* nutritive. ~過剰 suralimentation *f*. ~士 diététicien(ne) (*f*). ~失調 carence *f* alimentaire; dénutrition *f*. ~障害 troubles *mpl* de la nutrition. ~摂取 nutrition. ~物 substance *f* nutritive. ~不良 mauvaise nutrition; 《医》hypotrophie *f*. ~分 éléments *mpl* nutritifs. ~量 quantité *f* nutritive.

えいようえいが 栄耀栄華 ¶~を極める être au zénith de *sa* gloire (prospérité).

えいり 営利 gain *m*. ~に汲々としている être avide de gain. ¶~的な lucratif(ve). ~会社 société *f* commerciale. ~事業 entreprise *f* lucrative. ~主義 mercantilisme *m*. ~団体 association *f* à but lucratif.

えいり 鋭利 ¶~な [尖って切れる] acéré; [よく切れる] tranchant. ~な刃(刃) lame *f* (griffe *f*) acérée. ~なナイフ couteau *m* tranchant. ~な道具 instrument *m* tranchant.

エイリアン extraterrestre *mf*.

えいりょう 英領 territoire *m* anglais.

えいりん 営林 administration *f* des forêts. ‖~局 Direction *f* des Eaux et Forêts. ~署 service *m* des forêts.

えいりん 映倫 commission *f* de censure des films. 映画を~にかける soumettre un film à la [commission de] censure. ~許可[印] visa *m* de censure.

えいれい 英霊 âme *f* d'un mort; [死者] mort(e) *m(f)*.

えいわ 英和 ‖~辞典 dictionnaire *m* anglais-japonais.

えいん 会陰 périnée *m*. ¶~の périnéal(aux).

ええ [肯定] Oui. ◆[驚き] Quoi? ◆[聞き返し] Comment?/Vous dites?/Plaît-il? ◆[さしず く] hé!/hein? 来るんだろう、~ Tu viendras, hein?

エーエーかいぎ AA 会議 [アジア・アフリカ会議] Conférence *f* des pays afro-asiatiques.

エーエムほうそう AM 放送 émission *f* en modulation d'amplitude.

エーカー acre *f*.

エークラス A- première classe *f*. ~に入る se classer parmi les meilleur(e)s.

エーゲ ‖~海 mer *f* Égée. ~海の égéen(ne).

エージェント [店] agence *f*; [代理人] agent *m*.

エース [トランプ, 選手の] as *m*.

エーティーエス ATS [自動列車停止装置] [système *m*] d'arrêt automatique des trains.

エーティーエム ATM [現金自動預金支払機] guichet *m* automatique de banque (GAB).

エーテル 《化》éther *m*. ¶~の éthéré. ‖~中毒 éthéromanie *f*. ~中毒患者 éthéromane *mf*.

エープリルフール poisson *m* d'avril.

エール cris *mpl* d'encouragement. ~を交換する échanger des cris d'encouragement.

えがお 笑顔 visage *m* souriant. ~で迎える accueillir qn en souriant. ~を浮べる avoir le sourire.

えかき 絵描き peintre *m*.

えがく 描く dessiner; peindre; [図形を] tracer; [表現する] représenter; [叙述する] décrire; peindre; [心に] s'imaginer; se figurer. ある場面を~ décrire une scène. 鉛筆で線(円)を~ tracer une ligne (un cercle) au crayon. その絵は廃墟を描いている Ce tableau représente des ruines. バルザックは様々な人間像を描いた Balzac a peint des types variés d'hommes. ¶描き出す représenter. 着物の皺の一つ一つまで細かく描き出す détailler tous les plis du vêtement.

えがたい 得難い difficile à obtenir; [貴重な] précieux(se); [稀な] rare. ~品 article *m* très précieux.

えがら 絵柄 dessin *m*.

えがらっぽい âcre. ~煙草の煙 fumée *f* âcre d'une cigarette. 口の中が~ Je sens une saveur âcre dans ma bouche.

えき 易 divination *f*. ~を見る deviner l'avenir; dire la bonne aventure. ¶~の divinatoire.

えき 液 [液体] liquide *m*; [液汁] jus *m*; [樹液] sève *f*. ~をしぼる presser. 果物の~をしぼる presser un fruit. ~状の liquide. ~状になる passer à l'état liquide; se liquéfier.

えき 益 profit *m*; bénéfice *m*; avantage *m*; [有効] utilité *f*. 何の~もないことだ C'est inutile./Ça ne sert à rien. それは害があって~のないことだ Cela ne fait que du mal./Cela fait plus de mal que de bien. ¶~する profiter à qn; tirer avantage de qc. 彼の忠告はわれわれにとって~するところが多々あった Ses conseils nous ont beaucoup profité./Nous avons tiré beaucoup d'avantages de ses conseils.

えき 駅 gare *f*. ~に迎えに行く aller chercher (rencontrer) qn à la gare. ‖終着~ gare *f* terminus. ~ビル immeuble *m* surmontant une gare; immeuble-gare.

えきいん 駅員 employé(e) *m(f)* de gare.

えきか 液化 liquéfaction f. ¶~する liquéfier; se liquéfier; passer à l'état liquide. ガスを~する liquéfier un gaz. タールは熱を加えると~する Le goudron se liquéfie sous l'action de la chaleur. ~できる liquéfiable. ¶~ガス gaz m liquéfiable.

えきがく 易学 science f divinatoire.

えきがく 疫学 épidémiologie f. ‖~者 épidémiologiste mf.

エキサイト ¶~する s'exciter. ‖~ゲーム match m serré (acharné).

エキジビション ‖~マッチ match m de démonstration.

えきしゃ 易者 devin(eresse) m(f); diseur(se) m(f) de bonne aventure. ~に見てもらう consulter un devin.

えきしょう 液晶 cristal(aux) m liquide. ‖~テレビ télévision f à cristaux liquides.

エキス essence f; extrait m. コーヒーの~ essence de café.

エキストラ [役] figuration f; [人] figurant(e) m(f). ~に出る figurer dans un film.

エキスパート ¶...の~だ être expert en qc (à inf). 剣の道にかけては~だ être expert à manier une arme; être une bonne (fine) lame.

エキスパンダー extenseur m.

エキセントリック ¶~な excentrique.

エキゾチシズム exotisme m.

エキゾチック ¶~な exotique.

えきたい 液体 liquide m. ~にする liquéfier. ~になる devenir liquide; se liquéfier. ~の liquide. ‖~空気 air m liquide. ~燃料 combustible m liquide.

えきちゅう 益虫 insecte m utile.

えきちょう 益鳥 oiseau(x) m utile.

えきちょう 駅長 chef m de gare.

えきでん 駅伝 ‖~競走 course f de relais sur route.

えきどめ 駅止め [表示] «En gare.» ¶~にする faire délivrer qc à la gare. ‖~荷物 colis m en gare.

えきぬ 絵絹 soie f pour peinture.

えきばしゃ 駅馬車 diligence f.

えきびょう 疫病 épidémie f. ~が蔓延している (発生した) Une épidémie règne (s'est déclarée). ~にかかる être atteint d'épidémie. ‖~対策 mesures fpl pour enrayer une épidémie.

えきべん 液便 selles fpl liquides.

えきべん 駅弁 panier-repas m vendu à la gare.

えきむ 役務 ‖~賠償 réparation f en service.

エキュー ECU [欧州通貨単位] Unité f monétaire européenne.

えきり 疫痢 dysenterie f infantile. ~にかかる attraper une dysenterie infantile.

エクスタシー extase f.

えくぼ 靨(笑窪) fossette f. ~が出来る avoir des fossettes.

えぐる 抉(刳)る évider; [抉り取る] arracher; extirper. 腫物を~ arracher une tumeur. 目を~ arracher les yeux à qn. わき腹を短刀で~ percer le flanc de qn avec un poignard. 問題の核心を~ extraire l'essentiel d'une question. 胸を~ percer (crever) le cœur de qn; transpercer son cœur. 本質を抉り出す extraire l'essentiel. 悲しみに胸を抉られる思いだった J'ai l'impression que le chagrin ma percé le cœur.

エクレア [菓子] éclair m.

えげつない canaille; vulgaire. ~態度 manières fpl canailles. ‖えげつなさ canaillerie f; vulgarité f.

エゴ égoïsme m.

エゴイスト égoïste mf.

エゴイズム égoïsme m.

えこう 回向 ¶~する prier pour les morts.

エコー 【千岬】Echo m; [こだま] écho m. ‖~造影 échographie f.

えごころ 絵心 ¶~がある avoir du talent pour la peinture; 《俗》avoir la bosse de la peinture. 彼には~がない Il n'a pas une âme de peintre. ~が湧いてくる éprouver (ressentir) l'envie de faire un tableau.

えこじ 依怙地 ⇒ いじ(依怙地).

エコシステム écosystème m.

エコノミー [経済] économie f. ‖~クラス classe f touriste. ~クラス症候群 syndrome m de la classe économique.

エコノミック ‖日本人は~アニマルと言われている Le Japonais passe pour être un animal économique.

えこひいき 依怙贔屓 partialité f; prédilection f; favoritisme m. ¶~する être partial (aux); avoir une prédilection pour qn; favoriser qn. ~して partialement; avec partialité. ~のない impartial(aux). ~なく sans partialité.

エコロジー écologie f. ¶~の écologique.

エコロジスト écologiste mf;《俗》écolo mf. ¶~の écologiste.

えさ 餌 nourriture f; pâture f; [魚の] amorce f; [まき餌] appât m; [釣の] èche (aiche) f. 釣針に~をつける amorcer son hameçon. ~で鳥(魚)を誘きよせる appâter des oiseaux (poissons). ~で人を釣る appâter qn par de belles promesses.

えさがし 絵捜し dessin(s)-devinette(s) m.

えし 絵師 peintre m.

えじき 餌食 proie f; [犠牲] victime f. ...の~となる devenir la proie de qc; devenir la victime de qn.

エジプト Egypte f. ‖古代~語 égyptien m [ancien].

えしゃく 会釈 salut m. ¶~[を]する saluer qn. ~を交す se saluer.

エシャロット échalote f.

えず 絵図 [図面] plan m.

エスイー SE ingénieur m système; génie m logiciel.

エスエフ SF ‖~小説(映画) roman (film) m de science-fiction. ⇒ サイエンス(サイエンスフィクション).

エスオーエス SOS SOS m. ~を送る envoyer un SOS.

えすがた 絵姿 portrait m.

エスカルゴ escargot m.

エスカレーション escalade *f*.

エスカレーター escalator *m*; escalier *m* roulant (mécanique); trottoir *m* roulant.

エスカレート ¶戦争が～して来た La guerre s'étendait (s'aggravait). 両国間の紛争が～して戦争にまで発展した Le différend entre les deux pays a dégénéré en guerre.

エスキモー Esquimau(x) *m*; Esquimaude *f*. ¶～の esquimau(de). ¶～犬 chien *m* esquimau. ～語 esquimau.

エスクード [貨幣] escudo *m*.

エスケープ escapade *f*; fugue *f*. ¶～する faire une escapade.

エスコート escorte *f*. ¶～する escorter.

エステティック soins *mpl* de beauté. ¶～サロン salon *m* de beauté.

エストラゴン [植] estragon *m*.

エスばん S判 petit patron *m*.

エスピーレコード SP- disque *m* de 78 tours.

エスプレッソ [café *m*] express *m*.

エスペラント espéranto *m*. ¶～主義(研究)者 espérantiste *mf*.

えせ- 似非 ¶～学者 faux (soi-disant) savant *m*. ～君子 personne *f* hypocrite; hypocrite *mf*. ～信者 tartufe *m*.

えそ 壊疽 gangrène *f*; nécrose *f*. ¶～性の gangreneux(se).

えぞぎく 蝦夷菊 reine(s)-marguerite(s) *f*.

えそらごと 絵空事 chimère *f*.

えだ 枝 branche *f*; [集合的] ramure *f*; [小枝] rameau(x) *m*. ～を張る étendre ses branches. ～を下す ébrancher. ～を出す se ramifier. 何本も～を出している木 arbre *m* qui se ramifie. 血管は～に分れている Les veines se ramifient. ¶～から～へ de branche en branche.

えたい 得体 ¶～の知れない énigmatique; mystérieux(se); [奇妙な] étrange; bizarre; 彼は～の知れない人物だ C'est un personnage énigmatique.

えだは 枝葉 ramée *f*; branchage *m*. ¶～の多い話 histoire *f* touffue; racontar *m*. ¶～模様 ramages *mpl*. ～模様の生地 étoffe *f* à ramages.

えだぶり 枝振り forme *f* d'une branche. ¶～の良い木 arbre *m* à belles branches.

えだまめ 枝豆 soja *m* vert.

えだみち 枝道 [別れ道] embranchement *m*.

エダム [チーズ] edam *m*.

えたり 得たり ¶～とばかり...す profiter d'une occasion de *inf* comme si *on* l'avait prévue. ～や応と反論する répliquer à un coup right.

エタン éthane *m*.

エチケット étiquette *f*; bonnes manières *fpl*. ¶～を守る respecter l'étiquette; se plier aux exigences de l'étiquette.

エチュード étude *f*.

エチル éthyle *m*. ¶～アルコール alcool *m* éthylique.

エチレン éthylène *m*. ¶～の éthylénique. ¶～系炭化物 carbure *m* éthylénique.

えつ 悦 ¶～に入る ne plus se sentir de joie; [ほめられて] boire du [petit] lait. 彼は一人～に

入っている Il rit tout seul. ～に入った顔をする avoir une face épanouie.

えっ Quoi!/Comment! ～何だって Quoi?/Tu dis?

えっきょう 越境 ¶～する franchir la frontière. ¶～入学する entrer dans une école d'un autre district scolaire.

エックス ¶～形の en X. ¶～線 rayon *m* X. ～線療法 radiothérapie *f*.

えづけ 餌付け ¶～する amadouer par la nourriture. 餌付く se laisser amadouer par la nourriture.

えっけん 謁見 audience *f*. ～を許される être admis à l'audience. ¶～する [王などが] donner audience.

えっけん 越権 [法] excès *m* de pouvoir. ¶～行為をする outrepasser ses droits (pouvoirs); excéder ses pouvoirs (son pouvoir).

エッジ [スキーの] carre *f*.

エッセイスト essayiste *mf*.

エッセー essai *m*. ～を書く écrire un essai.

エッセンス essence *f*.

えっちらおっちら ¶～歩く marcher d'un pas mal assuré (lourdement).

エッチング gravure *f* à l'eau-forte. ¶～師 graveur *m* à l'eau-forte.

えっとう 越冬 hivernage *m*. ¶～する [人や動物が] hiverner. 極地遠征隊は2年続けて～した L'expédition a hiverné deux ans de suite. ¶～隊 troupes *fpl* d'hivernage.

えつどく 閲読 ¶～する lire attentivement.

えつねん 越年 ¶～する passer la fin d'année. ¶～生植物 plante *f* bisannuelle.

エッフェル ¶～塔 la Tour Eiffel.

えっぺい 閲兵 ¶～する passer des troupes en revue. ¶～式 revue *f*; prise *f* d'armes.

えつらく 悦楽 délices *fpl*; joies *fpl*; plaisirs *mpl*; volupté *f*; délectation *f*. ～に耽る délecter à; prendre *son* plaisir à.

えつらん 閲覧 lecture *f*. ¶～する consulter; feuilleter. ¶～室 salle *f* de lecture. ～者 lecteur(trice) *m(f)*.

えて 得手 ¶彼は地理が～だ Il est fort en géographie./La géographie est son fort.

エディター éditeur *m*.

エディプス [ギ神] Œdipe *m*. ¶～コンプレックス complexe *m* d'Œdipe.

えてかって 得手勝手 ¶～な真似をする [好きなように振舞う] agir à *son* gré; [自分本位に振舞う] se conduire égoïstement.

えてして 得てして ¶～...しがちだ être sujet à *inf*. 自慢していると～間違いを犯しやすい Quand on est orgueilleux, on est sujet à se tromper.

エデン ～の園 [聖] l'Eden *m*; paradis *m* terrestre.

えとく 会得 ¶～する comprendre.

エトス éthos *m*.

エトセトラ et cetera (etc).

えどっこ 江戸っ子 personne *f* née à Tokyo. 彼は～だ [俗] Il est [né] natif de Tokyo. ¶～気質 caractère *m* des gens de Tokyo.

エトナ ～山 l'Etna *m*.

えどむらさき 江戸紫 violet *m* pourpre

(foncé).
えな 胞衣【医】arrière-faix *m*.
エナメル émail(aux) *m*; [皮の] vernis *m*. ~を塗る émailler; vernir. ‖~靴 souliers *mpl* vernis. ~工 émailleur(se) *m(f)*.
エニシダ genêt *m*; cytise *m*.
エヌジー NG【映】chutes *fpl* du filmage.
エヌジーオー NGO organisation *f* non gouvernementale (ONG).
エヌピーオー NPO organisation *f* à but non lucratif.
エネルギー énergie *f*. ¶~の énergétique. ‖原子力(熱, 運動)~ énergie atomique (thermique, cinétique). ~資源 ressources *fpl* énergétiques. ~論 énergétique *f*.
エネルギッシュ ¶~な énergique.
えのき 榎 micocoulier *m*.
えのぐ 絵具 couleurs *fpl*. ~を塗る peindre (mettre) de la couleur. ‖油(水彩)~ couleurs à l'huile (à l'eau). ~皿 godet *m* (à couleurs); palette *f*. ~箱 boîte *f* de couleurs. ~筆 pinceau(x) *m*.
えはがき 絵葉書 carte *f* postale illustrée.
えび 海老(蝦) [いせえび] langouste *f*; [ほまーる] homard *m* épineux (de roche); [小型のもの] langoustine *f*; [小えび] crevette *f*. ~で鯛を釣る donner un œuf pour avoir un bœuf; donner un pois pour avoir une fève.
えびあし 蝦足 pied *m* bot. あいつは~だ Il a un pied bot.
エピキュリアン épicurien(ne) *m(f)*.
エピゴーネン épigone *m*; imitateur(trice) *m* *(f)*.
えびすがお 恵比寿顔 mine *f* hilare (réjouie).
エピステーメー【哲】épistémè *f*.
エピソード épisode *m*. ¶~風の épisodique. ~風に épisodiquement.
えびちゃ 海老茶 ‖~色 brun *m* rouge (foncé). 色の brun rouge *inv*; marron *inv*.
えびら 箙 carquois *m*.
エピローグ épilogue *m*.
エフェドリン éphédrine *f*.
エフエムほうそう FM 放送 émission *f* en modulation de fréquence. ~を聞く écouter la modulation de fréquence.
えぶくろ 餌袋 [鳥の] jabot *m*.
えふだ 絵札 [トランプ] figure *f*.
えふで 絵筆 brosse *f*; pinceau(x) *m* [de peintre].
エフビーアイ FBI Police *f* judiciaire fédérale.
エプロン tablier *m*. ‖~ステージ avant-scène *f*.
エフワン F1 ⇨ フォーミュラ.
エペ épée *f*.
エベレスト ‖~山 l'Everest *m*.
えへん Hem!
エポック ¶~メーキングな qui fait date (époque).
エボナイト ébonite *f*.
エホバ【聖】Yahvé *m*; Jahvé *m*; Jéhovah *m*.
えほん 絵本 livre *m* d'images.
えま 絵馬 ex-voto *m inv*. ~をかける suspendre des ex-voto.
えまきもの 絵巻物 tableau (x) *m* en rouleau.
えみ 笑み sourire *m*. ~を浮べる [avoir un] sourire. ¶~を浮べて avec un sourire; en souriant.
エムディー MD (mini-disque) *m*.
エムばん M 判 patron *m*; demi-patron.
エムピー MP police *f* militaire.
エムぼたん bouton *m* de culotte.
エメラルド émeraude *f*. ¶~色の émeraude *inv*. ~グリーン vert *m* émeraude.
えもいわれぬ indescriptible; inexprimable; ineffable; indicible. ~優しさ douceur *f* inexprimable (indicible).
えもじ 絵文字 [象形文字] hiéroglyphe *m*; [影絵] figurine *f*. ¶~の hiéroglyptique.
えもの 獲物 [狩猟の] gibier *m*; [略奪品] butin *m*; prise *f*; [食餌] proie *f*. 大きな~ [鹿など] gros gibier. 小さな~ [鹿など] menu gibier. ~の肉 [鹿, 猪などの] venaison *f*. ~を追う poursuivre le gibier. ~を追い出す lever le gibier. 猫が~を狙っている Le chat épie sa proie. ¶~の多い gibroyeux(se). ~の多い土地 contrée *f* giboyeuse. ~の多い河 rivière *f* poissonneuse. ‖~入れ(袋) gibecière *f*; carnassière *f*; carnier *m*.
えもんかけ 衣紋掛け cintre *m*.
えら 鰓 branchies *fpl*; ouïes *fpl*. ¶~の branchial(aux). 彼は~の張った顔をしている Il a les maxillaires proéminents./Il a des machoires fortes. ‖~呼吸 respiration *f* branchiale.
エラー erreur *f*. ‖~メッセージ message *m* d'erreur.
えらい 偉い [偉大な] grand; [有名な] célèbre; [立派な] éminent; remarquable. ~人 grand homme *m*; homme remarquable. それが彼の~所だ Voilà sa grandeur. 彼は学者として偉かった Comme savant, il était grand. 彼は今に偉くなる [成功する] Il ira loin./Il promet un bel avenir. ~ぞ Bravo! ¶偉さ grandeur *f*. ◆[はげしい] violent; épouvantable. [大変な] terrible; horrible; [つらい] pénible; dure; [重大な] grave. ~人出 grande affluence *f*. ~嵐だ C'est un violent orage. ~暑さ(寒さ)だ Il fait une chaleur (un froid) terrible. ~ことをしてくれたね C'est du beau. 彼は~ことをしでかした Il a fait du beau travail./Il en a fait de belles. そんなことしたら, ~ことになるよ Si vous le faites, cela peut avoir des conséquences terribles. ~ことになった Nous voilà dans de beaux draps./L'affaire est grave. ~目にあったよ J'ai eu une histoire terrible./J'ai eu un coup dur./J'en ai vu.
えらがる 偉がる [威張り屋] bravache *m*; vantard(e) *m(f)* ⇨ えらぶる(偉ぶる).
えらそうな 偉そうな imposant; [横柄] arrogant; hautain. ~風をする prendre de grands airs; se donner des airs imposants. ~ことを言う se vanter; faire le fanfaron (le malin); se permettre des propos fanfarons. 彼は一番えらくなることを言っていたが, びりだった Il s'était vanté de gagner et il

えらぶ 選ぶ choisir; faire choix de; [選出する] sélectionner; [選定する] opter pour qc; [選挙する] élire; [選別する] trier. コンクールに出場する生徒を～ sélectionner des élèves pour un concours. 大統領(大議士)を～ élire un président (un député). …を代議士に～ élire qn député. 人々は彼をその役に選んだ On l'a choisi pour ce poste. 二つのうち一つを～ choisir (opter) entre deux choses. フランス国籍を～ opter pour la nationalité française. この二冊の本のうちどちらをお選びになりますか Lequel préférez-vous de ces deux livres? 種を一つ一つ選び出す trier des semences une à une. よく吟味して選びなさいよ Triez sur le volet. ¶選ばれた choisi; de choix; élu. 選ばれた人たちだけの集い réunion f de personnes choisies. 選ばれた者 [当選者] élu(e) m(f).

えらぶた 鰓蓋 opercule m.

えらぶつ 偉物 grand homme m; homme éminent; homme prodigieux.

えらぶる 偉ぶる faire le fier; se prendre pour quelqu'un; se croire quelqu'un; [自慢する] se vanter; bomber le torse.

えり 襟 ¶～飾り garniture f de nuque.

えり 襟 [衿] col m; [シャツの] col m; [服の] collet m. ワイシャツの～ col de chemise. ～の折返し revers m. ～をつかまえる prendre qn au collet. ◆[比喩的に] ¶～を正す bander son esprit; se réformer. ¶～を正して聞く écouter respectueusement.

エリア région f; zone f.

えりあし 襟足 nuque f. 彼女は～の美しい女だ La naissance de sa nuque est gracieuse.

エリート élite f. ¶～意識を持つ se prendre pour l'élite.

えりがみ 襟髪 ¶～をつかむ saisir qn par les cheveux.

えりくび 襟首 ¶～をつかむ prendre qn par la nuque.

えりごのみ 選り好み ¶～をする se montrer (être) très difficile; être exigeant. 彼は食べ物に～をする Il se montre très difficile sur la nourriture. 彼女は何に関しても～が激しい Il se montre pointilleux sur tout.

えりしょう 襟章 écusson m de col.

えりすぐる 選りすぐる ¶フランスチームの選りすぐった選手たち joueurs mpl sélectionnés de l'équipe de France.

えりぬき 選抜き ¶～の sélectionné; meilleur. ～の選手たち joueurs mpl sélectionnés. ～の人物 personne f éminente (hors de pair, d'élite).

えりまき 襟巻 écharpe f; cache-nez m; cache-col m lino; [毛, 羽毛の] boa m.

えりもと 襟(衿)元 nuque f; [着物の] col m.

えりわける 選り分ける [分類] trier; classer; [選] sélectionner. 種を～ trier des semences; sélectionner des graines. 植物を～ classer les plantes. 彼は書類を～のに忙しかった Il était occupé à trier (classer) ses papiers.

える 得る [取得する] obtenir; acquérir; se procurer qc; gagner; [受け取る] recevoir; recueillir. 学位を～ obtenir son diplôme. 金を～ gagner (se procurer) de l'argent. 名声を～ acquérir de la notoriété. 報酬を～ recevoir une récompense. 尊敬(同情)を～ conquérir l'estime (la sympathie). 勝利(成功)を～ remporter une victoire (un succès). 賞を～ remporter (recevoir) un prix. 彼はその事で何も～ところがなかった Il n'y a rien à gagner (grignoter) dans cette affaire. 愛は努力なしには得られない L'amour ne s'obtient pas sans efforts.

エルエスアイ LSI intégration à grande échelle.

エルエスティー LST [上陸用舟艇] barge f (canot m) de débarquement.

エルグ《物》erg m.

エルディー LD [レーザーディスク] disque m laser.

エルニーニョ ¶～現象 phénomène m El Niño.

エルピー L判 grand patron m.

エルピーレコード LP- microsillon m.

エルビウム erbium m.

エルベ《川》l'Elbe m.

エレキギター guitare f électrique.

エレクトロニクス électronique f.

エレクトロン électron m.

エレジー élégie f.

エレベーター ascenseur m; lift m. ～で昇る monter par l'ascenseur. ～に乗る prendre l'ascenseur. ¶～係 liftier m; garçon m d'ascenseur. ～ボックス cabine f d'ascenseur; cage f de l'ascenseur.

エロ érotisme m. ¶～本[雑誌, 写真] livre m (revue f, photo f) pornographique. ～文学 pornographie f.

エロス《ギ神》Eros m.

エロチシズム érotisme m.

エロチック ¶～な érotique. ～にする érotiser.

えん 円 [円形] cercle m; rond m. ～を描く tracer un cercle (un rond). ¶同心～ cercle concentrique. 半～ demi-cercle m. ～運動 mouvement m circulaire. ～形の circulaire; rond. ◆[貨幣] yen m inv. 100～で買うacheter qc pour 100 yen. ¶～相場 cours m du yen.

えん 宴 banquet m. …のために～を張る donner un banquet en l'honneur de …

えん 縁 [関係] relations fpl; rapports mpl; [男女関係] liaison f; [絆] lien m; [血縁] parenté f; [結婚による] alliance f; [宿縁] destinée f; fatalité f; †hasard m. 親子(夫婦)の～ lien de famille (conjugal). このことと金には～がない Ces jours-ci, ma bourse crie famine. ～のゆかりもない n'être rien pour qn. ～を切る rompre toutes les relations avec qn; [男女が] rompre une liaison; [夫婦が] divorcer. 彼は家の者とは一切～を切った J'ai tranché tous les liens avec ma famille. ～を結ぶ s'allier (s'unir) à. ¶不思議な～で par un heureux hasard. これをご～にまたいらして下さい J'espère

えん 塩《化》sel m.

えんいん 延引 retard m. 工事の〜 retard des travaux. ¶〜している être en retard. 工事の完成が〜している L'achèvement des travaux est en retard.／Il est en retard pour achever des travaux.

えんいん 遠因 cause f lointaine.

えんえい 遠泳 nage f de longue distance. ¶〜する nager sur une longue distance.

えんえき 演繹 déduction f. ¶〜する déduire. 〜的な déductif(ve). 〜的に déductivement. ‖〜法 déduction.

えんえん 奄々 [気息]である être sur le point d'expirer; être à la dernière extrémité; [困り果てている] être réduit à l'extrémité.

えんえん 延々 〜たる長蛇の列 longue file f de gens. 彼の話は〜と続いた Son discours s'est prolongé sans fin (interminablement). 道は〜と続いている Le chemin continue à perte de vue.

えんえん 炎々 〜たる焔 flamme f violente. 〜と燃えしきる家 maison f tout en flammes.

えんえん 蜿蜒 〜たる sinueux(se); serpentin. 〜と sinueusement. 川は〜と流れている La rivière fait de méandres (serpente).

えんか 円価 valeur f (cours m) du yen.

えんか 演歌 cantilène f; chanson f sentimentale. ‖〜師 chanteur m des rues.

えんか 塩化 〜ナトリウム(ビニール, クロム) chlorure m de sodium (vinyle, chrome). 〜物 chlorure.

えんか 嚥下 déglutition f. ¶〜する déglutir; engloutir; avaler.

えんかい 宴会 banquet m; festin m. 〜を催す donner un banquet. ‖〜場 salle f de festin (de banquet).

えんかい 遠海 haute mer f. ¶〜の pélagique. 〜魚 poisson m pélagique. 〜漁業 pêche f pélagique; grande pêche [au large].

えんがい 煙害 dégâts mpl de la fumée.

えんがい 塩害 dégâts mpl du sel.

えんかく 沿革 historique m; développement m. 事件の〜を述べる faire l'historique d'une affaire.

えんかく 遠隔 éloignement m. ¶〜の éloigné. ‖〜操作 télécommande f. 〜操作する télécommander. 〜操縦 téléguidage m. 〜操縦する téléguider. 〜測定 télémétrie f. 〜地 pays m lointain. 〜地にある être aux antipodes.

えんかつ 円滑 ¶〜に sans à-coup; sans heurt (encombre). 万事が〜に運んだ Tout s'est fait sans heurt.／《俗》Tout a marché comme sur des roulettes. 彼らの協力は〜にいっている Leur collaboration va sans heurts. 二人の仲は〜にいっていない Il y a du tirage (des frottements, des tiraillements) entre les deux.

えんがわ 縁側 véranda f.

えんかん 鉛管 tuyau(x) m de plomb. ‖〜工 plombier m.

えんがん 沿岸 côte f; rivage m; littoral (aux) m. 〜を航行する faire du cabotage. ¶〜の côtier(ère); littoral(aux). 地中海〜 littoral méditerranéen. 〜漁業 petite pêche f [côtière]. 〜警備隊 garde(s)-côte(s) m. 〜航海 navigation f côtière; cabotage m. 〜航海船 caboteur m. 〜航路 ligne f de cabotage. 〜地方 région f côtière. 〜都市 villes fpl côtières. 〜貿易 commerce m de cabotage.

えんき 延期 remise f; ajournement m; renvoi m. ¶〜する retarder; ajourner; remettre; différer. 仕事を一週間〜する renvoyer l'affaire à huitaine. 出発を〜する retarder le départ. 支払を一月〜する (différer) un payment d'un mois. 選挙を〜する ajourner les élections. 翌日まで〜する remettre qc au lendemain. 〜される s'ajourner; se remettre; se différer.

えんき 塩基 base f. 〜は酸と化合して塩をつくる La base forme un sel en se combinant avec un acide. ¶〜性の basique.

えんぎ 演技 jeu(x) m; interprétation f; exécution f. 彼女優はこの役で非常に違った〜を見せた L'actrice a donné de ce rôle une interprétation très différente. あいつは〜をしている Il joue la comédie. そりゃ〜だ C'est de la comédie. ‖最優秀〜賞 prix m de la meilleure interprétation. 男優(女優)〜賞[映画の] prix de la meilleure interprétation masculine (féminine). この映画は彼の〜名で有名だ C'est son jeu remarquable qui a rendu ce film célèbre.

えんぎ 縁起 augure m; présage m; [由来] histoire f de l'origine. 〜をかつぐ croire aux présages (du diable). 〜がいい(悪い) C'est de bon (mauvais) augure. 〜でもない Coquin de sort!／Bon Dieu!／Nom de Dieu! ‖〜直しに pour conjurer le mauvais sort (les démons). 〜物 porte-bonheur m inv.

えんきょく 婉曲 ¶〜な détourné; euphémique. 〜な言い方 circonlocution f; périphrase f. 〜な方法を用いる prendre des moyens détournés. 〜に par euphémisme (périphrase); euphémiquement. 〜に言う parler par circonlocution; périphraser. 申し出を〜に断る refuser l'offre de qn par des voies détournées. ‖〜法 périphrase f; euphémisme m.

えんきょり 遠距離 grande (longue) distance f. ¶〜飛行 vol m de long cours. 〜列車 train m de grande ligne.

えんきり 縁切り rupture f; [離婚] divorce m. 〜を宣言する déclarer son divorce.

えんきん 遠近 [遠距離の〜を問わず] sans tenir compte de la distance. ‖〜画法 perspective f. 両用眼鏡 lunettes fpl bifocales.

えんぐみ 縁組 alliance f; apparentage m. ¶〜する s'allier; s'apparenter. 〜させる allier; apparenter. 〜した allié; apparenté. ‖養子〜 adoption f. 養子〜する adopter qn.

えんぐん 援軍 renforts mpl; secours mpl. 〜を送る envoyer des renforts.

えんけい 円形 cercle m; rond m. ¶~の circulaire; rond. ‖~競技場 [ローマの] le Colisée. ~劇場 amphithéâtre m.　~建造物 rotonde f. ~脱毛症 pelade f. ~動物 némathelminthes mpl. ~広場 rond(s)-point(s) m. ~窓 [教会の] rosace f. ~模様 dessin m circulaire.

えんけい 遠景 lointains mpl; fond m; [絵画の] arrière-plan(s) m.

えんげい 園芸 horticulture f; jardinage m. ¶~の horticole; jardinier(ère). ‖~家 horticulteur(trice) m(f); jardinier(ère) m(f). ~学部 faculté f d'horticulture. ~植物 plante f horticole. ~品 exposition f horticole. ~用具 outil m de jardinage.

えんげい 演芸 spectacle m. ‖~会 séance f récréative. ~娯楽 spectacle [et distractions]. ~場 salle f de spectacle. ~放送 émission f théâtrale. ~欄 page f des spectacles.

エンゲージリング bague f de fiançailles.

えんげき 演劇 théâtre m; art m dramatique. ¶~の théâtral(aux); dramatique. ‖~愛好家 amateur m de théâtre. ~界 monde m de théâtre. ~学校 conservatoire m d'art dramatique. ~活動 activités fpl théâtrales. ~クラブ club m de théâtre. ~評論家 critique m dramatique. ~論 essai m sur l'art dramatique.

エンゲル ‖~係数 coefficient m d'Engel.

えんげん 淵源 origine f; source f. 教育の~を訊ねる chercher l'origine de l'éducation.

えんこ 円弧 ⇒ こ(弧).

えんこ ~する [幼児al] s'asseoir; [車が] avoir une panne.

えんこ 縁故 [関係・つながり] relations fpl; rapports mpl; [血縁] parenté f. ~を頼って上京する aller (venir) à Tokyo en comptant sur sa parenté. ‖~関係 relations personnelles; piston m. 出世するには~関係が必要だ Pour réussir, il faut avoir du piston. ~者 parent(e) m(f); relations fpl.

えんご 掩護 protection f. ~する couvrir; protéger. 友軍の退却を~する couvrir la retraite de ses troupes. ‖~射撃 tir m de protection; rideau(x) m de feu.

えんご 援護 assistance f; secours m; aide f. ¶~する assister; secourir; aider. ‖~会 société f d'assistance.

エンコーダー encodeur m.

エンコード encodage m.

えんこん 怨恨 rancune f; rancœur f. ~を抱く avoir de la rancune (rancœur) pour (contre) ~; nourrir (entretenir) sa rancune. これは~による犯行だ C'est un crime commis par rancune.

えんさ 怨嗟 ‖~の声 plaintes fpl. ~の的となる être la cible des plaintes.

えんざい 冤罪 fausse accusation f. ~を被る être accusé injustement (à tort). ~をそそぐ se justifier d'une fausse accusation.

えんさき 縁先 bord m de véranda.

えんさん 塩酸 acide m chlorhydrique.

えんざん 演算 opération f. ~する opérer.

えんし 遠視 hypermétropie f; [老眼] presbytie f. ¶~の hypermétrope. ~の人 hypermétrope mf; presbyte mf. ~の眼鏡 lunettes fpl d'hypermétrope (presbyte). 彼は~だ Il est hypermétrope (presbyte).

えんじ 園児 enfant mf d'une école maternelle.

えんじ 臙脂 rouge m foncé. ¶~の rouge foncé inv.

エンジニア ingénieur m. ‖~機械~ [ingénieur] mécanicien m.

えんじゃ 縁者 parent(e) m(f). ~親類~ tous les parents proches ou éloignés. 親類~がみんな集っていた Toute la parenté était réunie.

えんしゅう 円周 circonférence f. ‖~率 pi m. ~の長さは直径掛ける~率である La longueur de la circonférence est égale au produit du diamètre par pi.

えんしゅう 演習 [練習] exercice m; [軍隊の] manœuvre f; mouvement m. 射撃の~ exercice de tir. 文学の~ exercices (travaux mpl) pratiques de littérature. [合同]~ mouvement m d'ensemble. 大~ grandes manœuvres. ~場 champ m de manœuvres.

えんじゅく 円熟 maturité f. ~の境地に達する atteindre à la maturité de ~; mûrir; arriver à sa maturité (sa perfection). ~した mûr; perfectionné. ~したテクニック technique f perfectionnée. 彼の文体は~している Son style est arrivé à sa maturité.

えんしゅつ 演出 mise f en scène. ~する mettre qc en scène. ‖~家 metteur m en scène.

えんしょ 炎暑 grande chaleur f; chaleur brûlante (torride, caniculaire). ¶~の候 canicule f; saison f de grande chaleur.

えんじょ 援助 aide f; assistance f; [支持] appui m; support m; [金の] subvention f. ~を求める demander l'aide (le secours) de qn. この劇場は国の~を受けている Ce théâtre est subventionné par l'Etat. ~する aider qn; apporter son aide à qn; assister qn; supporter qn; [国が] subventionner. ‖軍事~ aide militaire. 精神的(物質的)~ aide spirituelle (matérielle).

えんしょう 延焼 propagation f de l'incendie. ~を防ぐ empêcher le feu de se propager. ~を免れる échapper au feu. ¶火は隣家に~した Le feu a gagné une maison voisine. ‖~中である Le feu est en train de se propager.

えんしょう 炎症 inflammation f; 【医】fluxion f. ~を起す s'enflammer. 傷口が~を起している La blessure est enflammée. ~性の inflammatoire; fluxionnaire. ひどく~を起している扁桃腺 inflammation aiguë des amygdales.

えんしょう 煙硝 poudre f.

えんじょう 炎上する flamber; prendre feu. ‖~中である être en flamme.

えんじる 演じる jouer; interpréter. 役割を~ jouer un rôle. ハムレットの役を~ interpréter (jouer) le rôle d'Hamlet; faire Hamlet.

えんしん 遠心 ‖~脱水器 essoreuse f centrifuge. ~分離器 centrifugeur m. ~力 force f centrifuge.

えんじん 円陣 ~を作る faire (former) un cercle.

えんじん 猿人 Australopithèque m.

エンジン moteur m. ~を止める arrêter un moteur. ~をかける mettre un moteur en marche; allumer le moteur. ~がかかった Le moteur s'est mis en marche (à tourner). ガソリン~ moteur à essence. 始動~ moteur de lancement. 熱~ moteur thermique. ロケット~ moteur-fusée m. 6気筒~ moteur à 6 cylindres. ~ブレーキ frein m moteur.

エンジンキー clef (clé) f de contact.

えんすい 円錐 cône m. ‖~曲線 section f conique; coniques fpl. ~形の conique; en cône. ~形にする faire en forme de cône. ~台 tronc m de cône. 台状の troncconique.

えんずい 延髄 bulbe m. ¶~の bulbaire.

エンスト ~させる caler son moteur. ~だ Le moteur cale.

えんせい 厭世 ‖~的な pessimiste. ¶~家 pessimiste mf. ~観 philosophie f pessimiste. ~主義 pessimisme m.

えんせい 延性 ductilité f. ‖~金は他の金属より ~に富む La ductilité de l'or est supérieure à celles des autres métaux. ‖~金属 métaux mpl ductiles.

えんせい 遠征 expédition f; [軍隊の] campagne f. ナポレオンのエジプト~ Campagnes d'Egypte de Napoléon; Expédition d'Egypte. ¶~する faire une expédition. ‖~軍 corps m [軍隊の] (armée f) expéditionnaire. ~チーム équipe f visiteuse.

えんせき 宴席 banquet m. ~に出る assister à un banquet.

えんせき 縁戚 ⇨ しんるい(親類), しんせき(親戚).

えんぜつ 演説 discours m; allocution f; speech m; [講演] conférence f; exposé m; [長ったらしい] †harangue f. ~がうまい〈へた〉 être un bon (mauvais) orateur. ~の仕方を心得ている connaitre l'art oratoire. ¶~する prononcer (faire) un discours; †haranguer. 工場の出口で労働者に~する haranguer les ouvriers à la sortie de l'usine. ‖街頭~ harangue f de rue. 政治~ discours politique. 選挙~ discours de campagne électorale. 追悼~ oraison f funèbre. ~口調 débit m oratoire. ~口調で oratoirement. ~者 orateur m.

エンゼルフィッシュ scala[i]re m.

えんせん 沿線 région f près d'une ligne de voie ferrée. ~の住民 habitants mpl qui demeurent le long d'une ligne de voie ferrée.

えんぜん 艶[嫣]然 ¶~と笑う faire un sourire séduisant.

えんぜん 婉然 ‖~たる容姿 prestance f gracieuse.

えんそ 塩素 chlore m. ~を含む chloré.

えんそう 演奏 exécution f; jeu(x) m m. 華やか な~ jeu brillant. ¶~する exécuter; jouer. ピアノを~する jouer du piano. ベートーベンの交響曲を~する exécuter une symphonie de Beethoven. 音楽を~する faire de la musique. ショパンの曲を~する jouer du Chopin. ‖~家 exécutant(e) m(f). ~会 concert m. ~会場 salle f de concert. ~曲目 programme m d'un concert. ~旅行 tournée f musicale.

えんそく 遠足 excursion f; pique-nique m; course f; randonnée f. ~に行く aller en excursion; faire une excursion; aller faire un pique-nique. 山に~に行く faire une excursion (course) en montagne. 自転車で~に行く faire une randonnée à bicyclette.

エンターテイメント divertissement m; amusement m.

えんたい 延滞 retard m. 支払の~ retard dans ses paiements. ¶支払が~している ses paiements sont en retard. 利子が~している L'intérêt n'a pas été versé à l'échéance. 家賃が1月分~している Le loyer est en retard d'un mois. ‖~金 arriéré m. ~利子 intérêts mpl moratoires.

えんだい 演題 sujet m; titre m. どんな~で講演するのですか Quel est le sujet de votre conférence?

えんだい 縁台 banc m. ~に~で涼む prendre le frais sur un banc.

えんだい 遠大 ‖~な grand; vaste; †haut. ~な計画を立てる établir de vastes projets. ~な志を抱く avoir une grande (haute) ambition.

エンダイブ 【植】 endive f.

えんだか 円高 hausse f de la valeur de yen. ~が進んでいる Le cours du yen augmente (monte). ‖~差益 profit m tiré de la montée du yen. ~差益を還元する redistribuer des profits dus au yen fort. ~ドル安 hausse du yen et baisse f du dollar. ~不況 dépression f due à la hausse du yen.

えんたく 円卓 table f ronde. ‖~会議を開く organiser une table ronde.

えんだて 円建て règlement m en yen du commerce extérieur.

えんだん 演壇 tribune f; estrade f. ~にのぼる monter à la tribune.

えんだん 縁談 proposition f de mariage. うちの娘に~がある On propose un mari à notre fille. ~が決まりそうだ Les pourparlers de mariage sont sur le point d'aboutir. 両家の~をまとめる arranger un mariage entre deux familles.

えんちゃく 延着 retard m. ¶~する arriver en retard. 汽車が~時間~した Le train a eu une heure de retard.

えんちゅう 円柱 colonne f. ‖~形の cylindrique.

えんちょう 園長 [動物園の] directeur(trice) m(f) d'un jardin zoologique; [幼稚園の] directeur(trice) m(f) d'une école maternelle.

えんちょう 延長 [空間] prolongement m; [時間] prolongation f. [期間] prorogation f. 高速道路の~ prolongement d'une autoroute. 期限(条約)の~ prorogation du délai (du traité). 休暇の~を貰う obtenir de

えんちょく 鉛直 verticalité f. ~cal(aux). ~に à plomb; d'aplomb; verticalement. ~線 ligne f verticale.

えんづく 縁付く se marier. 娘は実業家の息子と~付いた Ma fille s'est mariée avec le fils d'un industriel. ‖縁付ける marier qn.

えんつづき 縁続き parenté f. ~になる(である) être apparenté; s'apparenter. 彼は田舎の大金持ちと~になった Il s'est apparenté à la grande bourgeoisie provinciale.

えんてい 園丁 jardinier m.

えんてん 炎天 ~下 sous le soleil brûlant.

えんでん 塩田 marais m salant; saline f.

エンド ‖ハッピー~ heureux dénouement m. ~ライン ligne f de fond.

えんとう 円筒 cylindre m. ~形の cylindrique.

えんどう 沿道 ~に au bord de la route. 子供たちが~に並んで小旗を振っていた Des enfants faisaient la haie en agitant de petits drapeaux.

えんどう 豌豆 pois m. ‖莢~ mange-tout m inv.

えんどおい 縁遠い [結婚の縁] avoir peu de chance de se marier; ne pas trouver à se marier; [関係が薄い] être étranger(ère) à qc. 彼とは縁遠くなって来た Nos relations se sont beaucoup relâchées.

えんどく 鉛毒 nocivité f du plomb; saturnisme m.

えんとつ 煙突 cheminée f; [ストーブの] tuyau (x) m de poêle. ~を掃除する ramoner une cheminée. ‖~掃除 ramonage m. ~掃除器 hérisson f. ~掃除人 ramoneur m.

エントリー ‖~される être inscrit sur la liste des participants.

エンドレス ~の interminable; inépuisable.

エントロピー 〖物〗 entropie f.

えんにち 縁日 jour m de foire.

えんねつ 炎熱 grande chaleur f; chaleur brûlante (torride). ~の夏 été m de grande chaleur.

えんのした 縁の下 ‖あいつは~の力持ちさ Il ne travaille pas pour la gloire. 結局は~の力持ちさ En fait, c'est un travail obscur. ~に sous la véranda.

えんばく 燕麦 avoine f.

えんぱつ 延発 ~する prolonger l'heure de départ.

えんばん 円盤 disque m. ~を投げる lancer le disque. ~型の discoïdal(aux); discoïde. ‖空飛ぶ~ soucoupe f volante. ~投げ lancement m du disque. ~投げ選手 discobole m.

えんばん 鉛版 cliché m en plomb. ~をとる clicher. ~エ clicheur m.

えんぴ 猿臂 ‖~を伸ばす allonger le bras.

えんぴつ 鉛筆 crayon m. ~の芯 mine f. ~で書く écrire au crayon. ~でメモを走り書きする crayonner des notes. ~を削る tailler un crayon. ~をなめる mouiller une mine avec la langue. ‖~色 crayon de couleur. ~画 crayonnage m. ~削り taille-crayon(s) m.

えんびふく 燕尾服 habit m [noir, de soirée, à queue de pie]; frac m; 〖俗〗 queue(s) -de-morue f. ~を着た紳士 gentleman (men) m en habit.

えんぶ 円舞 ronde f. ‖~曲 valse f.

えんぶ 演舞 ~場 salle f de spectacle.

えんぷくか 艶福家 homme m à bonnes fortunes.

えんぶん 艶聞 ‖~が多い avoir beaucoup d'histoires d'amour; avoir plus d'un amant. 彼には~が絶えない On entend souvent parler de ses aventures galantes.

えんぶん 塩分 salinité f; salure f. ~を含む contenir du sel. ~を含んだ salé.

えんぺい 掩蔽 ~する couvrir. ‖~壕 abri m.

えんぺい 援兵 ⇨ えんぐん（援軍）.

えんぼう 遠望 ‖アルプスの~ les Alpes vues de loin. ~する voir au loin. ~のきく場所 lieu m d'où on peut voir au loin (à perte de vue).

えんぼう 遠謀 ‖~深慮の人 personne f qui a des vues profondes.

えんぽう 遠方 ~を眺める regarder au loin. ~から来る venir de loin. ~に au loin; dans le lointain. ~に行く aller au loin.

えんま 閻魔 Yama m; Roi m (dieu m) des enfers. ‖~帳 carnet m de notes.

えんまく 煙幕 rideau(x) m de fumée; nuage m artificiel. ~を張る émettre un nuage artificiel; [真実を蔽い隠す] tirer le rideau sur qc.

えんまん 円満 ~な [平和な] paisible; [完全な] parfait; [温和な] doux(ce); [幸福な] heureux(se); [満足すべき] satisfaisant. ~な解決 solution f satisfaisante. ~な家庭 famille f très heureuse. ~な常識 parfait bon sens m; intelligence f ronde. ~な性格 caractère m facile. あの家は家庭面が~である Une parfaite harmonie règne dans cette famille. あの夫婦は~である Ces époux font bon ménage. 仲よく~に暮す vivre en bonne intelligence. ~に紛争を解決する régler le différend à la satisfaction générale; donner au différend une solution satisfaisante.

えんめい 延命 ‖~をお上に乞う demander au prince d'exercer son droit de grâce. ‖政府は~策に必死である Le gouvernement s'efforce de subsister à tout prix.

えんやす 円安 baisse f de la valeur de yen.

えんゆうかい 園遊会 garden-party(ies) f.

えんよう 援用 ~する citer en exemple.

えんよう 遠洋 ‖~漁業 grande pêche f [au large, en haute mer]. ~航海 navigation f au long cours.

えんらい 遠来 ‖~の客をもてなす accueillir un visiteur(se) qui est venu(e) de loin.

えんらい 遠雷 tonnerre m lointain. ~の音

えんりょ roulement *m* (grondement *m*) de tonnerre lointain.

えんりょ 遠慮 [控え目] réserve *f*; modestie *f*; retenue *f*; [気がね] gêne *f*; [慎み] discrétion *f*. ¶～する [気がねする] se gêner; [かしこまる] faire des façons; [自制する] se contraindre; [座をはずす] se retirer; [断わる] refuser. 彼は～しぼくに質問しない Il garde une vieille rancune./Sa rancune ne l'a pas encore quittée. 何も～することはないよ Tu ne devrais pas te priver. ぼくのことなら～しなくていいよ Ne te prive pas pour moi. ～しないで自分の家にいるようにして下さい Faites comme chez vous, ne vous gênez pas. ～せずに sans se gêner; sans contrainte; [ためらわずに] sans hésiter. ～のない indiscret(ète); sans gêne; sans réserve. ～のないところ franchement parlant. ～なく御用を申しつけて下さい Je suis à votre disposition. ～深い discret(ète); réservé; modeste. ～深く discrètement; modestement. ◆[さし控える] s'abstenir. 「車内で煙草はご～下さい」 «Prière de ne pas fumer dans le wagon.»

えんるい 塩類 sels *mpl*.

えんろ 遠路 ¶彼は～はるばるやって来た Il est venu de très loin.

お

お 尾 queue *f*. 猫(海老)の～ queue d'un chat (d'une langoustine). 彗星の～ queue (trainée *f*) lumineuse d'une comète. ～を垂れる avoir la queue basse. ～を引く trainer; laisser une trace; rester encore. 彼にはあの時の恨みがまだ～を引いている Il garde une vieille rancune./Sa rancune ne l'a pas encore quittée. 病気がまだ～を引いている La maladie traine. ～を振る [動物の尾] remuer sa queue; [へつらう] flatter *qn*. ¶～を立てて la queue relevée (en trompette). ～をぴんと立てて la queue à l'air. ～を垂れて(まいて) la queue basse.

オアシス oasis *f*.

おい Hé!/Ecoute!/Ecoutez! ～君 Mon [petit] vieux.

おい 甥 neveu(x) *m*. ～の子供 petit(s)-neveu(x); petite(s)-nièce(s) *f*.

おい 老い vieillesse *f*. ～の一徹 entêtement *m* des vieux. ¶～も若きも les jeunes comme les vieux.

おいあげる 追上げる remonter. 相手が追上げて来た Le concurrent remonte.

おいうち 追打ち poursuite *f*. 敵に～をかける s'acharner sur un ennemi.

おいえ 御家 ¶～の一大事だ C'est une grave affaire domestique. ‖～芸 violon *m* d'Ingres. ～騒動 troubles *mpl* dans la famille.

おいおい 追々～泣く pleurer bruyamment.

おいおい 追々 [段々] graduellement; par degrés; [日ましに] de jour en jour; [時がたつにつれて] avec le temps; [やがて] bientôt; [少しずつ] petit à petit. ¶～よくなる aller de mieux en mieux.

おいかえす 追返す renvoyer.

おいかける 追い掛ける courir après; poursuivre. 彼は借金取りに追い掛けられている Il est poursuivi par ses créanciers.

おいかご 負籠 ¶hotte *f*.

おいかぜ 追風 vent *m* arrière. ～を受ける avoir le vent en poupe.

おいこし 追越し dépassement *m*. 危険な～ dépassement dangereux. ‖「～禁止」 «Défense *f* de doubler.»

おいこす 追越す dépasser; [車が] doubler; [凌ぐ·越える] surpasser *qn*. 車を～ dépasser une voiture. 荷車を～自動車 voiture *f* qui double une charrette. 彼は競走相手をあっという間に追越した Il a dépassé ses concurrents dans (en) un clin d'œil.

おいこみ 追込み [競技で] sprint *m*; [最後の段階] phase *f* finale; [印刷で] alinéa *m* à supprimer; [劇場の] poulailler *m*. ～をかける [スパートする] piquer un sprint. 仕事は～に入った Le travail est entré dans sa phase finale.

おいこむ 追い込む acculer. 鶏を鳥小屋に～ faire entrer les poules dans le poulailler. 窮地に～ mettre *qn* aux abois. ¶彼は袋小路に追い込まれて逃げ場がない Il est dans une impasse, sans espoir de fuite. ～で sprinter. 追い込んで勝つ gagner au sprint. [競馬] gagner au (sur le) poteau. 追込まれて負ける être battu par le sprint de *qn*. ◆[印刷で] faire suivre sans alinéa.

おいこむ 老い込む vieillir; devenir vieux. 彼はそれほど年をとっていないのにすっかり老い込んで見える Il n'est pas très âgé et cependant il semble tout à fait sénile.

おいさき 生い先 ¶～が長い avoir encore beaucoup d'années à vivre.

おいさき 老い先 ¶～が短い avoir peu d'années à vivre.

おいしい 美味しい bon(ne); excellent; délicieux(se). ～果物 fruit *m* délicieux. ～もの de bonnes choses *fpl*. ～料理 mets *m* délectable. 学生食堂の料理は余りおいしくない Les repas ne sont pas très bons au restaurant universitaire. ¶おいしそうな appétissant. おいしそうに食べる manger avec appétit.

おいしげった 生い茂った dru(e); épais(se).

おいすがる 追い縋る s'accrocher à *qn*.

オイスターソース sauce *f* d'huitre.

おいせん 追銭 ～をくれる ≒だよ C'est donner de l'argent à un voleur qui vous a volé.

おいそれ ¶～と facilement. ～と承諾できない ne pas consentir facilement.

おいだす 追い出す chasser; mettre (jeter) dehors (à la porte); [俗] envoyer promener (paître) *qn*; envoyer *qn* sur les roses; [解雇] renvoyer; congédier; chasser. 先生は彼を教室の外へ追出した Le maître l'a expédié

おいたち 生立ち enfance *f*. ～を語る raconter un souvenir de *son* enfance.

おいだし 追出し expulsion *f*;《法》éviction *f*. ～を食う être expulsé; être chassé.

おいだす 追出す expulser; bannir; chasser; évincer.

おいちらす 追散らす disperser; mettre en fuite. 群衆を～ disperser la foule.

おいつく 追付く atteindre; rattraper; rejoindre. 彼は級友に～のに一生懸命だ Il fait tous ses efforts pour rattraper ses camarades. 後悔しても追い付かない Il est trop tard pour se repentir.

おいつづける 追続ける poursuivre. 理想を～ poursuivre *son* idéal.

おいつめる 追詰める traquer; acculer. 敵を海に～ acculer l'ennemi à la mer. 相手を～［ボクシングで］presser *son* adversaire.警察に追い詰められた男 homme *m* traqué par la police.

おいて 於曲て《こちらに》Venez ici. また～なさい Revenez me voir. よく～なさいました Soyez le bienvenu. そら～なさった Nous y voici (voilà). ～～を呼ぶ appeler *qn* par un geste de main.

おいてきぼり 置いてきぼり ¶～にする laisser *qn*; partir sans *qn*. ～にされる être laissé seul. 母は私を暗い部屋に～にして出ていった Ma mère est sortie en me laissant dans une chambre obscure.

オイデプス ⇨ エディプス.

おいとま お暇 ¶～いたします Permettez-moi de prendre congé.

おいぬく 追抜く dépasser; distancer; 〔車で〕doubler. …を頭だけ～〔背が〕dépasser *qn* de la tête. 車を～ dépasser une voiture. 競争相手を～ devancer tous *ses* rivaux. 追い抜かれる se faire distancer par *qn*.

おいはぎ 追剝〔人〕brigand *m*; bandit *m*; voleur(se) *m(f)* de grand chemin;〔行為〕brigandage *m*. ～をする se livrer au brigandage; dévaliser *qn*.

おいはらう 追払う se débarrasser (se défaire) de; renvoyer; chasser; expulser; éconduire. 押し売りを～ éconduire un colporteur importun. 体よく追い払われる se faire poliment éconduire.

おいひも 負紐 bretelle *f*.

おいぼれ 老いぼれ radoteur(se) *m(f)*; gâteux(se) *m(f)*; barbon *m*.

おいぼれる 老いぼれる devenir gâteux(se) (sénile); [re]tomber en enfance; se décatir. なんと彼女は老いぼれたことか Comme elle s'est décatie!『老いぼれた gâteux(se); sénile.

おいまくる 追いまくる poursuivre avec obstination.

おいまわす 追回す pourchasser; poursuivre partout;〔付けまわす〕s'accrocher à. 女の尻を～ courir le jupon.

おいめ 負目 dette *f*. ～がある garder une dette de reconnaissance à *qn*. ～を感じる se sentir le débiteur de *qn*.

おいもとめる 追求める poursuivre. 利益を～ poursuivre *son* intérêt.

おいやる 追いやる chasser; repousser; expédier *qn*. 休暇の間息子を両親の家に～ expédier *son* fils chez *ses* parents pour les vacances.

おいらく 老いらく ¶～の恋 passion *f* crépusculaire.

おいる 老いる vieillir. ¶老いてますます盛んである être en excellente santé malgré *son* âge.

オイル huile *f*. ¶～タンク réservoir *m* d'huile; 〔石油の〕réservoir *m* de pétrole.

おいわい お祝 félicitations *fpl*. ～の手紙 lettre *f* de félicitations. ～を言う faire (adresser) des félicitations à *qn*. ～申し上げます Toutes mes félicitations.

おう 王 roi *m*. 百獣の～ roi des animaux. ¶～の royal(aux)).『石油～ roi du pétrole. ⇨ キング.

おう 追う courir après; poursuivre. 牛を～ pousser les bœufs devant *soi*. 理想を～ poursuivre l'idéal. 流行を～ suivre la mode. 同時に二兎を追ってはならぬ Il ne faut pas courir deux lièvres à la fois. 警察に追われる être poursuivi par la police. 借金〔仕事〕に追われる être accablé de dettes (de travail).『日を追って de jour en jour. 順序を追って par ordre.

おう 負う〔背負う〕porter sur le dos;〔責任を〕endosser. 責任を～ porter (prendre, accepter, assumer) la responsabilité de *qc*. 結果の責任を～ endosser les conséquences de.
◆〔恩恵を受ける〕¶…に～所が大きい〔主語・物〕devoir beaucoup à *qn*. 私が成功したのは彼に～所が大きい Mon succès lui doit beaucoup.

おうい 王位 trône *m*. ～につく monter (s'asseoir) sur le trône. ～につかせる placer (mettre) *qn* sur le trône. ～を争う se disputer (usurper) le trône. ～を退く renoncer au trône.『～継承者 héritier(ère) *m(f)* du trône.

おういつ 横溢 débordement *m*; exubérance *f*. ¶～する déborder. 活気が～する déborder de vie (de vitalité). ¶活気～ débordement de vie.

おういん 押印 ⇨ なついん（捺印）.

おういん 押韻 rime *f*.

おうえん 応援 aide *m*; assistance *f*; 〔援護〕appui *m*; 〔交換〕échange *f*; 〔声援〕encouragement *m*; 〔支持〕soutien *m*. ～を求める demander du secours. ¶～する aider; accorder *son* aide à; soutenir; encourager. ‖～演説をする faire un discours pour soutenir *qn*. ～団 groupe *m* de supporters.

おうおう 往々 parfois; quelquefois.

おうおう 怏々 ¶～として楽しまない se plonger dans la mélancolie.

おうか 欧化 européanisation *f*. ‖～主義 européanisme *m*.

おうか 謳歌 ¶～する exalter; célébrer; chanter. 青春を～する célébrer la jeunesse. 武勲を～する célébrer (chanter) les exploits. 自然の美を～する詩人 poète *m* qui

おうが 横臥 ¶～する se coucher sur le flanc (sur le côté).
おうかくまく 横隔膜 diaphragme *m*.
おうかん 王冠 couronne *f*; diadème *m*; [口金] capsule *f*.
おうぎ 奥義 ⇨ おくぎ(奥義).
おうぎ 扇 éventail(s) *m*. ～の要 [中心人物] personne *f* centrale; pivot *m*. ～であおぐ éventer; [自分を] s'éventer. ～を使う agiter un éventail. ¶～形の en éventail.
おうきゅう 応急 ¶～措置をとる prendre des mesures d'urgence. ～手当をする donner les soins temporaires.
おうきゅう 王宮 palais *m* royal.
おうぎょく 黄玉 topaze *f*.
おうけ 王家 famille *f* royale. ～の生まれである être né dans la pourpre. ‖ブルボン～ famille *f* de Bourbon.
おうこう 横行 ¶～する [荒す, 出没する] infester; [うろつく] rôder; parader. この地方には山賊が～している Cette région est infestée de bandits. 町にはやくざが～している Les voyous rôdent autour du (paradent dans le) quartier.
おうこく 王国 royaume *m*; [君主国] monarchie *f*.
おうごん 黄金 or *m*. ¶～の d'or; en or; [色が] d'or. ～時代 âge *m* or.
おうごんぶんかつ 黄金分割 nombre *m* d'or.
おうざ 王座 trône *m*; [第一位] suprématie *f*; prééminence *f*. ～につく monter (s'asseoir) sur le trône. ヘビー級の～につく devenir le champion des poids lourds. ～につかせる placer (mettre) sur le trône. ～を争う disputer à *qn* la suprématie. [大勢が] se disputer la suprématie (la prééminence). 実業界の～を占める avoir la suprématie (l'hégémonie *f*) dans l'industrie. ¶～決戦 finale *f* d'un championnat.
おうさま 王様 ⇨ おう(王).
おうし 横死 ¶～する mourir accidentellement. 寒さのために～する mourir de froid.
おうし 牡牛 taureau(x) *m*; [子] taurillon *m*. ‖～座 le Taureau.
おうじ 往時 autrefois; jadis. ～をしのぶ regretter les jours anciens. ¶～の風習はもうない Il n'y a plus de mœurs d'autrefois.
おうじ 王子 prince *m*.
おうじ 王室 famille *f* royale.
おうじて 応じて ¶…に～ selon (suivant, conformément à) *qc*; [比例して] à proportion de *qc*; à raison de *qc*; à mesure de *qc ind*; au fur et à mesure de *qc* (que *ind*). 資力に～出費する dépenser selon *ses* moyens. 要求に～ à la demande de *qn*. 注文に～ sur commande. 状況に～ conformément aux circonstances.
おうじゃ 王者 roi *m*. ¶～のような生活をする vivre en roi.
おうしゅう 応酬 réplique *f*; riposte *f*. ¶～する répliquer; riposter. 敵の夜襲に～する riposter à une agression nocturne de l'ennemi. 激しい言葉を言い合う se disputer vivement.

おうしゅう 押収 saisie *f*; confiscation *f*. ～する saisir *qc*; confisquer *qc* à *qn*.
おうしゅう 欧州 Europe *f*. ¶～の européen(ne). ‖～諸国 pays *mpl* d'Europe.
おうじょ 王女 princesse *f*.
おうしょう 応召 ¶～する être appelé sous les drapeaux. ‖～兵 recrue *f*.
おうじょう 往生 fin *f*. 立派な～ bonne (belle) fin *f*. ¶～する [死ぬ] mourir; [屈従する] céder; [あきらめる] se résigner à; [閉口する] être très gêné ou très embarrassé. 頭が痛くて～した Le mal de tête m'a beaucoup gêné. 熱くて～した La chaleur m'a accablé. いいかげんに～しろよ Résigne-toi, à la fin. ‖大～を遂げる faire une bonne (belle) fin; mourir paisiblement. ～際が悪い avoir du mal à se résigner.
おうしょく 黄色 ¶～人種 race *f* jaune.
おうしん 往診 visite *f* à domicile. ¶～する visiter les malades; faire *sa* tournée. ‖～時間 heures *fpl* de visite à domicile. ～中である être en tournée. ～料 honoraires *mpl* pour une visite à domicile.
おうじる 応じる [返答, 応戦する] répondre à. 招待(頼み)に～ répondre à une invitation (une demande). 挑戦に～ relever le défi. 暴力に暴力で～ répondre à la violence par la violence. ◆[受入れる] accepter; se prêter à. 相談に～ accepter de donner un conseil. 話し合いに～ se prêter à un accommodement. ◆[従う] se rendre à; se soumettre à. 命令に～ se rendre aux ordres de *qn*. ◆[適える] accéder à; satisfaire. 客の注文に～ satisfaire aux commandes des clients. 要求に～ accéder à (satisfaire) une demande de *qn*. 喜んであなたの要求に応じましょう Je vais répondre favorablement à votre demande. ◆[申込む] souscrire; participer à. 教会建設の募金に～ souscrire à la construction d'une église. コンクールに～ [応募する] participer à un concours. ◆[ふさわしくする] ¶分に応じた生活 vie conforme à *ses* moyens.
おうすい 王水 eau(x) *f* régale.
おうせ 逢瀬 rendez-vous d'amoureux. …と～を楽しむ avoir un rendez-vous d'amour avec *qn*.
おうせい 旺盛 ¶～な人 personne *f* pleine de vigueur (d'énergie). 食欲が～である avoir un bon appétit (beaucoup d'appétit).
おうせい 王政 gouvernement *m* monarchique. ¶～復古 la Restauration.
おうせつ 応接 réception *f*. ～にいとまがない Je suis assiégé d'une foule de visiteurs. ¶～する recevoir *qn*. ‖～室 [学校, 修道院の] parloir *m*. ～間 salon *m*.
おうせん 応戦 ¶～する répondre à. 攻撃に～する répondre à des attaques.
おうせん 横線 ¶小切手に～を引く tirer deux barres sur un chèque; barrer un chèque. ‖～小切手 chèque *m* barré.
おうぞく 王族 famille *f* royale.
おうだ 殴打 coup *m*; bourrade *f*. ¶～する battre; donner un coup (des coups) à.

おうたい 応対 réception *f*; accueil *m*. ¶~[を]する recevoir qn. 親切な(不親切な)~をする faire une bonne (mauvaise) réception à qn. ‖彼女の~振り堂に入ったものだ Elle a de l'entregent.

おうたい 横隊 rang *m*. ¶~になる former les rangs. ~で en rangs. ‖一列になって進む avancer sur une même ligne.

おうたい 黄体~ホルモン lutéine *f*.

おうだん 横断 traversée *f*; franchissement *m*. ¶~する traverser; franchir. 通りを~する traverser la rue. ~できる traversable; franchissable. ‖~橋 passerelle *f*. 大陸~鉄道 chemin *m* de fer transcontinental. ~歩道 passage *m* clouté. ~幕 banderole *f*. ~面 section *f* transversale.

おうだん 黄疸 jaunisse *f*; [医] ictère *m*. ~にかかる attraper une jaunisse. ¶~にかかった ictérique. ‖~患者 ictérique *mf*.

おうちゃく 横着 ¶~な paresseux(se); fainéant(e); [厚かましい] effronté(e); impertinent(e).

おうちょう 王朝 dynastie *f*; monarchie *f*. ¶~の dynastique; monarchique. ‖~文学 littérature *f* de l'ère monarchique.

おうて 王手 [チェス] échec *m*; [掛け声] «Echec!». ~をかける faire échec [et mat *m*]. ~詰めだよ Vous êtes échec et mat.

おうてっこう 黄鉄鉱 pyrite *f*.

おうてん 横転 ¶~する se renverser (tomber) sur le côté; [飛行機の演技で] faire un tonneau. 自動車は急坂を何度も~して谷間に落ちた La voiture est tombée dans un ravin, en faisant plusieurs tonneaux sur la pente.

おうと 嘔吐 nausée *f*; haut-le-cœur *m inv*. ~を催す avoir mal au cœur. ~を催させる donner des nausées à. ~を催すような nauséabond; écœurant; émétique; vomitif(ve). ~を催すような悪臭 forte odeur *f* nauséabonde.

おうど 黄土 ocre *f*. ‖~色の ocre *inv*; de couleur ocre.

おうとう 応答 réponse *f*. ¶~する répondre.

おうとう 王党 ¶~派 royaliste *mf*. ~派の royaliste.

おうどう 王道 politique *f* vertueuse.

おうどうこう 黄銅鉱 chalcopyrite *f*.

おうとつ 凹凸 aspérités *fpl*; rugosités *fpl*; [土地の] accidents *mpl*. ¶~のある raboteux(se). ~のある岩角で掌を切る se couper la paume de la main à l'angle d'un rocher raboteux (aux aspérités d'un rocher). ~の多い海岸線 côte *f* découpée.

おうねん 往年 autrefois. ¶~の d'autrefois. ~の名選手 grand(e) champion(ne) *m(f)* d'autrefois.

おうのう 懊悩 tourment *m*; torture *f*. ¶~する se tourmenter.

おうひ 王妃 reine *f*.

おうふく 往復 aller et retour *m inv*. ¶~する aller et revenir. ‖~運賃 prix *m* d'un aller et retour. ~運動 mouvement *m* alternatif; va-et-vient *m inv*. ピストンの~運動 va-et-vient d'un piston. ~切符 [billet *m*] d'aller et retour. 京都までの~切符を買う prendre un aller et retour pour Kyoto. ~書簡[集] correspondance *f*. ~葉書 carte *f* postale avec réponse payée.

おうぶん 応分 ¶~の conforme à ses moyens. ~の寄付をする contribuer selon ses moyens.

おうぶん 欧文 langue *f* européenne. ¶~タイプ machine à écrire à caractères européens. ~タイピスト dactylo *f*. ~電報 télégramme *m* rédigé dans une langue européenne.

おうへい 横柄 arrogance *f*; hauteur *f*; insolence *f*. ¶~な arrogant; hautain; insolent; impératif(ve); impérieux(se). ~な男 homme *m* hautain. ~な口調 ton *m* arrogant; impérieux. ~に avec arrogance; avec hauteur; avec insolence; magistralement; impérativement. ~にする se donner des airs arrogants. ~に答える répondre avec arrogance.

おうべい 欧米 l'Occident *m*. ¶~の occidental(aux). ‖~人 les Occidentaux *mpl*.

おうぼ 応募 [予約、寄付、債券への] souscription *f*; [コンクールなどへの] inscription *f*. ¶~する souscrire; s'inscrire. 記念碑建立の寄付に~する souscrire à la construction d'un monument. コンクールに~する s'inscrire (participer) à un concours. ‖~金額 somme *f* souscrite; inscription *f*. ~作品 ouvrages *mpl* soumis au concours. ~者 souscript*eur(trice)* *m(f)*; participant(e) *m(f)*; inscrit(e) *m(f)*.

おうぼう 横暴 despotisme *m*; tyrannie *f*. ¶~な despotique; tyrannique. ~な振舞いをする se conduire en despote.

おうむ 鸚鵡 perroquet *m*; [雌] perruche *f*. ¶~返しに言う répéter mot à mot (mot par mot); répéter comme un perroquet.

おうめん 凹面 ¶~鏡 miroir *m* concave.

おうよう 応用 application *f*. ¶~する appliquer. それらの問題にはこの定理を~しなければ駄目だ Tu dois appliquer ce théorème à ces problèmes. ~される s'appliquer. ~できる(できない) applicable (inapplicable). ‖~数学 mathématiques *f pl* appliquées. ~範囲 champ *m* d'application. ~問題 exercices *mpl* d'applications.

おうよう 鷹揚 ¶~な généreux(se); munificent; magnanime. ~に avec générosité (munificence). ~にみえる se donner des airs généreux; se montrer magnanime. ~さ générosité *f*; munificence *f*; magnificence *f*.

おうらい 往来 [通り] rue *f*; [行き来] va-et-vient *m inv*; allées et venues *fpl*; [通行] circulation *f*. 絶え間ない貨車の~ continuel va-et-vient de fourgons. 車の~がはげしい ‖ y a une forte circulation de voitures. ~の絶えた通り rue où l'on ne voit plus de passants.

おうりつ 王立 ¶~の royal(aux).

おうりょう 横領 appropriation *f*; frustration *f*; usurpation *f*; empiètement *m*. ¶~する s'approprier; s'emparer de; frustrer

おうりょくしょく 黄緑色 jaune *m* vert. ¶~の jaune vert *inv*.

おうりん 黄燐 phosphore *m* blanc.

おうれい 王令 édit *m*.

おうレンズ 凹-lentille *f* concave.

おうろ 往路 ¶~は徒歩で帰路はバスだった J'ai fait l'aller à pied, mais je suis revenu par l'autobus.

オウンゴール but *m* contre son camp.

おえつ 嗚咽 sanglot *m*. ¶~する sangloter.

おえらがた お偉方 [hautes] personnalités *fpl*. 政界の~ hautes personnalités de la politique. ~のお通りで群衆がひしめいている La foule se presse sur le passage des personnalités.

おえる 終える finir; terminer; achever; [完成させる] accomplir; [急いで片付ける] expédier. 授業を30分そこそこで~ expédier *son* cours en trente minutes. 仕事を~ finir *son* travail; accomplir *son* travail. 学業を ~ terminer *ses* études. 生涯を~ achever *sa* vie.

おお 嗚 Oh!/Ô! ¶~なんと美しいことか Oh! que c'est beau! ~我が子よ Ô, mon fils!

おおあきない 大商い ¶~をする faire un gros commerce.

おおあじ 大味 ¶~の au goût fade. この魚は~だ Ce poisson a un goût fade.

おおあせ 大汗 sueur *f* abondante. ~をかく être couvert de sueur.

おおあたり 大当たり gros lot *m*; [大成功] grand succès *m*. ¶~する [くじで] gagner le gros lot; [大成功] remporter un grand succès.

おおあな 大穴 [欠損] grand (important) déficit *m*; [大損] creuser un grand trou. ◆ ¶~を当てる [競馬で] gagner beaucoup en jouant un outsider. ~が出た Le grand favori a perdu./La course a été gagnée par un grand outsider.

おおあめ 大雨 forte pluie *f*. ~が降る Il pleut à verse (à torrents).

おおあれ 大荒れ ¶天気は~だ On a de la tempête. 海は~だ La mer est houleuse (agitée par la houle). 今日の国会は~だった La séance était houleuse à la Chambre aujourd'hui.

おおい Ohé!/Holà!/Hep!/Ho!/Psitt!/Pst! ¶~こっちへ来いよ Ohé! Viens par ici! ~タクシー, 空いているかい Hep! taxi! Vous êtes libre?

おおい 多い nombreux(se); abondant(e); [一杯である] plein de; rempli de; fourmiller de; [頻度が高い] fréquent. 君の答案にはミスが~ Votre copie d'examen est remplie de fautes. 彼の伝記には露骨な挿話が~ Sa biographie fourmille d'anecdotes scabreuses. 多ければ~ほどよい Plus il y en a, mieux ça vaut. 去年は雨が多かった Il a plu fréquemment (Nous avons eu beaucoup de pluie) l'année dernière. 今年は収穫が~かった Cette année la récolte a été abondante. ¶多くの beaucoup de; bien des; un grand nombre de; une [grande] quantité de; nombreux(se). 多くの場合 dans la plupart des cas. 他の多くの人達 bien d'autres. 我々の多くは la plupart d'entre nous. 多くとも tout au plus. 彼らは多くとも 20人ぐらいだった Ils étaient tout au plus une vingtaine.

おおい 覆い couverture *f*; enveloppe *f*; [家具などの] housse *f*; [雨よけの] bâche *f*; [本の] couvre-livre(s) *m*; [ボンネットの] capot *m*. 本に~をかける couvrir un livre. 車に~をかける bâcher une voiture. ~をとる ôter une couverture; [車の] débâcher. ¶~をかけたトラック camion *m* bâché.

オーイーシーディー OECD [経済協力開発機構] OCDE (Organisation *f* de coopération et de développement économiques).

おおいかくす 覆い隠す envelopper; tirer le rideau sur. 彼らは執拗に真実を覆い隠そうとした Il a obstinément tenté de voiler la vérité.

おおいそぎ 大急ぎ ¶~の pressant; pressé; urgent. ~の仕事 travail *m* pressant; besogne *f* pressée. 早くこの仕事をやってくれ, ~なんだ Dépêche-toi de finir ce travail, c'est très pressé. ~で en toute (grande) hâte; d'urgence. ~で走る courir (filer) comme un zèbre.

おおいに 大いに beaucoup; grandement; fortement; puissamment. ~貢献する contribuer grandement (puissamment) à *inf* (*qc*). 我々は~飲み~食べた Nous avons bu et dîné copieusement.

おおいばり 大威張り ¶それだけやれば~だ Ce n'est pas la peine de vous faire petit, parce que vous avez fait ce que vous deviez faire. ~で [威張りくさって] d'un air crâne; [意気揚々と] triomphalement.

おおいり 大入り ¶映画館は~満員だった Le cinéma était bondé (plein) de spectateurs.

おおう 覆う couvrir; recouvrir; envelopper; [隠す] voiler; cacher; dissimuler. 木の葉が地面を覆っていた Les feuilles couvraient le sol. 覆われる être couvert de. 月は雲に覆われている Des nuages voilent la lune. ¶涙で覆われた眼 yeux *mpl* voilés de larmes. 花で覆われた墓 tombe *f* couverte de fleurs. 屋根が雪で覆われている Les toits sont enneigés.

おおうけ 大受け ¶~する jouir d'une grande popularité; [大当り] obtenir un grand succès.

おおうつし 人写し [映] gros plan *m*. ¶~にする prendre *qc* en gros plan. ~になる apparaître en gros plan sur l'écran.

おおうなばら 大海原 vaste étendue *f* des mers; océan *m*.

おおうりだし 大売出し grande vente *f*; soldes *mpl*.

オーエー OA [オフィスオートメーション] bureautique *f*; informatisation *f*. ¶~化する informatiser. ~化される s'équiper de bureautique.

オーエス [綱引の掛け声] Oh! hisse!

おおおじ 大伯(叔)父 grand(s)-oncle(s) *m*.

おおおとこ 大男 homme *m* de

おおおば 大伯(叔)母 grand(s)-tante(s) f.

おおおんな 大《俗》grande bringue f.

おおがかり 大掛り ¶～な演習 manœuvre f de grande envergure. ～な捜査をする faire des recherches sur une grande envergure. ⇨ おおじかけ(大仕掛).

おおかぜ 大風 vent m violent. ～が吹き荒れている Le vent fait rage.

おおかた 大方 [大部分] pour la plupart; presque; la plus près; [多分] probablement; peut-être. 使用人は～年に4週間の休暇をとっている Les employés bénéficient pour la plupart de quatre semaines de vacances par an. 宿題は～終った Les devoirs sont presque finis. ¶～の人々はそれを知っている La plupart des gens le connaissent.

おおがた 大型 ¶～の grand; gros(se). ‖～台風 grand typhon m. ～長距離トラック poids m lourd. ～冷蔵庫 réfrigérateur m de grand modèle.

オーガニック ¶～の biologique.

おおかみ 狼 loup m; [雌] louve f. ‖～一匹～ solitaire ¶ 彼は一匹～だ Il fait cavalier seul. ～座 le Loup.

おおがら 大柄 ¶～な[模様]à grands dessins;[体格]de grande taille; petit. ¶～[柄]de grande taille; petit.

おおかれ 多かれ ¶～少なかれ plus ou moins.

オーガンジー [織物] organdi m.

おおきい 大きい grand; énorme; colossal; gigantesque; [太い] gros(se); [幅の広い] large; [体格] volumineux(se); [音、金額が] fort. ～ことを言う se vanter; vanter ses mérites. ～顔をする se donner des airs importants. 彼はずいぶん～口をしている Il a une bouche très grande. ～ばかりが能じゃない Ce qui compte, c'est le contenu. ～声 d'une voix forte. ～声では言えないが Ceci entre nous, mais.... ‖大きくする agrandir; faire agrandir; [ひろげる] élargir; étendre; [増やす] grossir; accroître; [煽って] attiser. 運動場を大きくする faire agrandir un terrain de sport. 店を大きくする agrandir son magasin. 道を大きくする élargir un chemin. 身代を大きくする grossir sa fortune. 喧嘩を大きくする attiser une querelle. 再軍備が戦争の可能性を大きくする Le réarmement accroît les risques de guerre. 虫めがねは文字を大きくする La loupe grossit les lettres. 大きくなる grandir; s'accroître; grossir; [増大する] s'accroître. 彼の人気は日増しに大きくなる Sa popularité s'accroît de jour en jour. あの子は大きくなった Cet enfant a grandi (grossi). ¶窓を大きく開ける ouvrir la fenêtre toute grande. 大きく構える(書く) risquer (écrire) gros. 大きく取引きをする faire ses affaires en grand; faire un gros commerce.

おおきさ 大きさ grandeur f; dimension f; [容積] grosseur f; volume m; [重量、損害が] importance f; [災害などの] étendue f; [本などの] format m. 家具の～をはかる prendre les dimensions d'un meuble. ¶こぶしくらいの～の穴 un trou de la grosseur du poing. 同じ～の皿 plat de la même taille (grosseur). これくらいの～の魚を釣った J'ai pêché un poisson grand comme ça. ～の順に並べる disposer qc par rang de taille.

オーク 【植】chêne m.

おおぐい 大食い gourmandise f; gloutonnerie f; goinfrerie f; [人] gourmand(e) m (f); glouton(ne) m(f); goulu(e) m(f). ～である se goinfrer; 《俗》s'empiffrer; manger comme quatre. ¶～の gourmand; glouton(ne); goulu.

オークション [vente f aux] enchères fpl; [vente à la] criée f.

おおぐち 大口 ～をたたく se vanter; fanfaronner; faire le fanfaron. ～をあけて見ている regarder qc la bouche grande ouverte. ～をあけて笑う rire à gorge déployée. ◆[大量・多額] ¶～の買物 achat m en gros. ～の寄付 donation f importante. ～の注文 grosse commande f. ～の申込みをする souscrire pour une large part.

おおぐま 大熊座 la grande ourse; le grand Chariot.

おおくら 大蔵 ¶～省 Ministère m des Finances; [英国の] Echiquier m. ～大臣 ministre m des Finances; [英国の] chancelier m de l'Echiquier.

オークル ocre m. ‖～色の ocre. ～化粧をする se mettre de la poudre ocre.

オーケー OK./D'accord!/Ça va! ～を取る obtenir l'approbation de qn. 万事～ Tout est bien.

おおげさ 大袈裟 ¶～な exagéré; emphatique; [文体、讃辞など] hyperbolique. ～に exagérément; avec exagération; emphatiquement; avec emphase. ～に話す exagérer qc.

オーケストラ orchestre m. ～を指揮する diriger un orchestre. ¶～に編曲する orchestrer. ～用編曲 composition f d'un orchestre. ～ボックス fosse f d'orchestre.

おおごえ 大声 ¶～をあげる crier. ～で d'une voix forte; fort. ～で話す parler fort. ～で笑う rire à gorge déployée (à grands éclats). ～で叫ぶ crier à pleine gorge (à plein gosier).

おおごしょ 大御所 grand maître m; [実業界の] magnat m; [皮肉に]《俗》pontife m. ～ぶる pontifier. 彼は弟子たちに囲まれて～ぶっている Il pontifie, entouré de ses disciples.

おおごと 大事 affaire f grave. ¶そいつは～だ C'est grave.

おおざけ 大酒 ¶～を飲む boire comme un trou;《俗》picoler. ‖～飲み grand(e) buveur(se) m(f);《俗》picoleur(se) m(f).

おおざっぱ 大ざっぱ ¶～な [概算の] approximatif(ive); [人間の] peu méticuleux(se). ～な人間 homme m peu méticuleux (peu scrupuleux). ～に approximativement; en gros. ～に言う dire en gros. ～に見積もって100万円くらいかかる Grosso modo, ça vous coûtera environ un million de yen. ～でいいからどうなったか言ってください Dites-moi seulement en gros comment ça s'est passé.

おおざら 大皿 plat m.

おおさわぎ 大騒ぎ ¶通りは〜だ Il y a eu dans la rue un vacarme épouvantable. みんな飲めや歌えの〜だった On a fait un terrible sabbat en buvant et en chantant. 〜する faire un tapage (du vacarme) épouvantable; faire des histoires. 〜するに当らない Il n'y a pas de quoi faire tant d'histoires.

おおしい 雄々しい mâle; viril; courageux (se); vaillant. 〜決断 mâle résolution f. 〜態度 attitude f virile. 雄々しく courageusement; vaillamment. 雄々しく敵に立ち向う affronter les ennemis vaillamment. 雄々しさ vaillance f.

オーシーアール OCR [光学式文字読み取り装置] lecteur m optique de caractères.

おおしお 大潮 grande marée f.

おおじかけ 大仕掛 ¶〜de grande envergure. 〜な計画 projet m de grande envergure. 〜な脱税 fraude f fiscale pratiquée sur une grande échelle. 〜な舞台装置 décor m pour un grand spectacle. 〜に en grand; sur une grande (vaste) échelle.

おおしごと 大仕事 ¶それは〜だ Voilà qui n'est pas une petite affaire.

おおじだい 大時代 ¶〜な démodé; périmé. 〜な言い方 expression f périmée.

おおすじ 大筋 grandes lignes fpl; aperçu m. 〜を述べる expliquer qc dans les grandes lignes. 〜を通して saisir les grandes lignes. この要約でその本の〜は分るだろう Ce résumé donnera un aperçu du livre.

おおせ 仰せ instruction f; ordre m. ¶〜に従って conformément à vos ordres. 〜の通りです Vous avez raison. 〜の通り致します J'obéis à vos ordres.

おおぜい 大勢 beaucoup de m inv; nombreuses personnes fpl. 〜の人がやってきた Beaucoup sont venus. ¶〜の nombreux (se); grand nombre (de); beaucoup de; une (des) masse(s) de. 〜の群衆 foule f nombreuse. 〜の旅行者 masses fpl de touristes. 〜で beaucoup; en nombre; en masse. 志願者が〜来た Les candidats se sont présentés en nombre. 彼らは〜でやって来た Ils sont arrivés en masse (en nombre).

おおせつけ 仰せ付け instructions fpl; ordre m. 〜には受け兼ねます Je ne peux pas recevoir vos instructions. ¶何なりと〜下さい Je me tiens à votre entière disposition. 〜通りに conformément à vos instructions.

おおそうじ 大掃除 ¶家の〜をする faire le ménage.

おおそうどう 大騒動 [混乱] grand tumulte m; grande agitation f; grands troubles mpl; [大騒ぎ] grand tapage m. 〜が持上がる Un grand tumulte s'élève. 家中に〜をまき起す provoquer une grande agitation dans toute la famille.

オーソドックス ¶〜な orthodoxe.

おおぞら 大空 ciel m; firmament m; espace m (voûte f) céleste. ¶〜に dans le ciel. 〜に鷲えた塔 tour f qui s'élance vers le ciel. 鷹が〜高く舞っている Un faucon plane très haut dans le ciel.

オーソリティ autorité f. 彼は数学の〜である Il fait autorité en matière de mathématiques.

おおぞん 大損 de grosses pertes. 〜する faire de grosses pertes; [ひどい目にあう]《俗》 avaler un bouillon.

オーダーメード ¶〜の sur commande; sur mesure.

おおだい 大台 ¶株価は4,000円の〜に乗った(を割った) Le cours des actions a atteint le cap (est tombé au dessous) de 4.000 yen.

おおだてもの 大立物 grande figure f; grand personnage m; gros bonnet m; [財界, 業界の] magnat m. 政界の〜 grande figure d'Etat. 財界の〜 magnat de la finance. 彼はその時代の〜の一人である C'est une des lumières de son temps.

おおだな 大店 grande maison f.

おおだる 大樽 barrique f; tonne f. 葡萄酒の〜 barrique (énorme tonne) de vin.

おおちがい 大違い ¶見ると聞くとは〜 Il y a une grande différence entre ce qu'on dit et la réalité.

おおづかみ 大掴み ⇒ おおざっぱ (大ざっぱ).

おおうち 大槌 masse f.

おおっぴら ¶〜に ouvertement; publiquement.

おおづめ 大詰め [劇, 事件の] dénouement m; [悲劇の] catastrophe f; [終り] fin f; terme m. 交渉も〜に近づいた Les négociations approchent du dénouement.

おおて 大手 ¶〜五社 cinq grands commerçants. 〜筋 [取引所の] spéculateurs mpl; [取引店舗] grand commerçant m (trafiquant m).

おおて 大手 ¶〜を広げて en étendant les bras. 〜を振って se pavaner; marcher avec orgueil.

オーディオビジュアル audio-visuel m. ¶〜の audio-visuel(le).

オーディション audition f. 〜をする auditionner qn. 〜を受ける passer une audition. 審査員は予選で多くの応募者の〜を行なった Au cours des éliminatoires, le jury avait auditionné un grand nombre de candidats.

おおでき 大出来 ¶〜だ C'est très bien. あの作者は今度の芝居は〜だ Cet auteur s'est surpassé dans cette pièce. 君にしては〜だ Vous vous êtes surpassé cette fois.

オーデコロン eau f de Cologne.

オーデル ¶〜川 l'Oder f.

おおどうぐ 大道具 [芝居の] décors mpl.

おおどおり 大通り avenue f; rue f principale.

オートクチュール haute couture f.

オートさんりん 〜三輪 camionnette f à trois roues.

オートジャイロ autogire m.

オートトワレ eau(x) f de toilette.

オートバイ moto f. ¶〜で行く aller à (en) moto. 〜に乗る人 motocycliste mf; 《俗》 motard m.

オートフォーカス ¶〜カメラ [appareil m

オードブル †hors-d'œuvre *m inv*.
オートマチック ¶〜の automatique. ‖〜カーvoiture *f* à boîte automatique. 〜カメラ appareil *m* automatique.
オートマトン [ロボット] automate *m*.
オートミール flocons *mpl* d'avoine; [かゆ] bouillie *f* de flocons d'avoine.
オートメーション automation *f*. ‖〜化 automatisation. 〜化する automatiser.
オートレーサー pilote *m* de course.
オートレース course *f* de motos./course d'automobiles.
オートロック ¶〜のドア porte *f* à verrouillage automatique.
オーナー propriétaire *mf*. ‖〜ドライバーautomobiliste *mf* ayant sa propre voiture.
おおなた 大鉈 ¶〜を振る faire une coupe sombre. 〜を振って人員を整理する(予算を削る) faire une coupe sombre dans le personnel (dans le budget).
オーバー [男の] pardessus *m*.
オーバーオール 《服》salopette *f*.
オーバーシューズ protège-chaussures *mpl*.
オーバータイム heures *fpl* supplémentaires; [バスケットなど] reprise *f* de dribble.
オーバートレーニング surentraînement *m*.
オーバーヒート surchauffe *f*.
オーバーブッキング surréservation *f*. ¶〜する surréserver.
オーバーヘッドキック [サッカー] retourné *m*.
オーバーヘッドプロジェクター rétroprojecteur *m*.
オーバーホール révision *f*. ¶〜する réviser.
オーバーラップ 《映》surimpression *f*; 《スポ》dédoublement *m*.
オーバーワーク surmenage *m*.
おおばこ 車前草 plantain *m*.
おおはば 大幅 ¶〜な値上げ(値下げ) forte augmentation (baisse) *f* des prix. 予算の〜削減 réduction *f* considérable du budget. 物価が〜に上る Les prix augmentent vertigineusement. 〜に譲歩する faire une importante concession.
おおばん 大判 ¶〜の紙(本) papier *m* (livre *m*) de grand format.
おおばんぶるまい 大盤振舞 ¶〜をする donner un grand festin en l'honneur de *qn*.
オービー OB [卒業生] ancien(ne) élève *mf*; [ゴルフ] hors limites *m*.
おおびけ 大引け [取引場の] clôture *f*. ‖〜相場 cours *m* de clôture; dernier cours.
おおひろま 大広間 grande salle *f*.
オープニング inauguration *f*; ouverture *f*.
おおぶね 大船 ¶〜に乗った気持だ Je me sens en toute sécurité. 〜に乗った気持でいなさい Rassurez-vous, vous êtes en toute sécurité.
おおぶり 大降り forte pluie *f*. ¶〜だ Il pleut à verse.
おおぶろしき 大風呂敷 jactance *f*. ¶〜を広げる [大言を吐く] parler avec jactance; se vanter; 《俗》attiger. 〜を広げていて誰もお前の話など信じやしない Tu attiges! mais per-sonne ne croira ton histoire. ¶〜を広げる人 personne *f* pleine de jactance.
オーブン [ガスの] four *m* au gaz; [電気の] four électrique.
オープンカー voiture *f* découverte.
オープンセット décor *m* monté.
オーペア au pair.
おおべや 大部屋 grande salle *f* commune; [劇場の] foyer des artistes; [宿舎などの] dortoir *m*. ‖〜の役者 acteur(trice) *m(f)* de second rang.
オーボエ †hautbois *m*. ‖〜奏者 †hautboïste *mf*.
おおまか 大まか ⇨ おおざっぱ(大ざっぱ).
おおまけ 大負け ¶〜に負ける brader *qc*. あのチームは〜したことがない Cette équipe n'a jamais essuyé de défaite inavouable.
おおまた 大股 ¶〜で進む avancer à grands pas (à grandes enjambées).
おおまちがい 大間違 ¶その考えは〜だ Cette opinion est complètement erronée.
おおまわり 大回り ¶〜をする faire un grand détour.
おおみず 大水 inondation *f*. ¶昨夜の豪雨で〜が出た La grosse pluie d'hier soir a produit une inondation. この雨降りでは〜になる Avec des pluies pareilles, il y aura une inondation (une inondation se produira).
おおみそか 大晦日 le dernier jour de l'année. ¶〜の晩にle veille du jour de l'an.
おおみだし 大見出し [新聞の] manchette *f*. ¶〜で報道される être annoncé en gros titre.
オーム ohm *m*. ‖〜の法則 la loi d'Ohm.
おおむかし 大昔 la plus haute antiquité; les temps immémoriaux. ¶〜の antique; très ancien(ne). 〜の人は穴居生活をしていた Les hommes des temps très reculés vivaient dans des cavernes. 〜から de temps immémoriaux; de toute éternité. 〜に aux temps immémoriaux.
おおむぎ 大麦 orge *f*. ビールは〜とホップで作られる On fait la bière avec l'orge et le houblon.
おおむこう 大向う galerie *f*. ¶〜をうならせる épater (amuser, impressionner) la galerie. 拍手は鳴りやまず、〜はやんやの大騒ぎだった Les applaudissements ne finissaient plus, tant la galerie était enthousiaste. ‖〜受けをねらう jouer pour la galerie.
おおむね 概ね ⇨ だいたい(大体).
おおめ 多目 ¶少しにしてあります J'ai été généreux. 幅を〜にとる couper large.
おおめ 大目 ¶〜に見る passer sur *qc*; fermer les yeux sur *qc*. 過ちを〜に見る passer sur les fautes de *qn*.
おおめだま 大目玉 ¶〜を食う recevoir un savon. 〜を食わせる passer un savon à *qn*.
おおもうけ 大儲け ¶〜をする réaliser des gains énormes; faire des gros bénéfices; [賭事] gagner beaucoup.
おおもじ 大文字 lettre *f* majuscule; majuscule *f*. ¶〜の majuscule.
おおもて 大持て ¶〜に持て recevoir une grande faveur auprès de *qn*.

おおもと 大本 [根源] origine *f*; [根本] principe *m*; essentiel *m*. 教育の～ essentiel de l'éducation.

おおもの 大物 grande figure *f*; grand personnage *m*; gros bonnet *m*; [財界, 業界の] magnat; [猟, 捕り物の] belle prise *f*.

おおや 大家 propriétaire *mf*.

おおやけ 公 ¶～の public(que); [公式の] officiel(le). ～の生活 la vie publique. ～の席で話す parler en public. ～にする publier; [秘密のものを] divulguer. 新聞社は容疑者たちの名を早めに～にした La presse a divulgué prématurément les noms des suspects. 事件は～になった L'affaire est devenue publique. ～に public; publiquement; officiellement.

おおやすうり 大安売り liquidation *f*. 在庫品の～ liquidation du stock. ¶～する liquider; solder. 在庫品を～する liquider le stock. ～の品 soldes *mpl*; article *m* mis en solde; marchandises *fpl* en solde.

おおよそ ⇨およそ.

おおよろこび 大喜び allégresse *f*; exultation *f*. ¶～する exulter; être au comble de la joie (de l'exultation); être ravi de. 結果が予想とぴったり一致したので彼は～していた Il exultait en voyant que les résultats confirmaient exactement ses prévisions. ～で avec une grande joie; avec des transports d'allégresse.

オーラ aura *f*.

オーライ Ça va!/D'accord!/Entendu!

おおらか ¶～な généreux(se).

オール aviron *m*; rame *f*. ～を漕ぐ ramer.

オールインワン [服] combiné *m*.

オールウエーブ ¶～の受信機 récepteur *m* à toutes ondes.

オールスターキャスト brillante (bonne) distribution *f*.

オールスパイス quatre-épices *m inv*.

オールドミス vieille fille *f*.

オールナイト toute la nuit.

オールバック ¶髪を～にしている avoir les cheveux lissés en arrière.

オールマイティ [トランプ] atout *m* maître.

オールラウンド ¶～の complet(ète). ¶～プレイヤー joueur *m* complet.

オーレオマイシン auréomycine *f*.

オーロラ aurore *f* boréale.

おおわらい 大笑い grands éclats *mpl* de rire. ¶～する rire aux éclats; se tordre de rire; [俗] se fendre la pipe; se bidonner.

おおわらわ 大童 ¶～になる faire tous ses efforts. 各の歓迎に～になる faire tous ses efforts pour faire bon accueil aux clients. ～になって avec frénésie. ～になって働く travailler avec frénésie (comme un fou).

おか 丘 [岡] colline *f*; coteau *m*; [hauteur *f*; [小さな] butte *f*. モンマルトルの～ la butte de Montmartre; la Butte. ～にのぼる monter sur une colline.

おか 陸 terre *f*. ⇨りく(陸).

おかあさん お母さん mère *f*; maman *f*.

おかえし お返し ¶～をする faire un cadeau en retour; [仕返し] rendre la pareille à *qn*. ...の～に en retour de *qc*.

おがくず 鋸屑 sciure *f* [des bois].

おかげ お陰 ¶...の～である devoir *qc* à *qn*. 私が成功したのは彼の～です Je lui dois d'avoir réussi./C'est à lui que je dois ma réussite. ...の～で grâce à; [原因で] à force de; à cause de. 忍耐力～で彼はやっと成功した A force de patience, il a fini par réussir. ¶～様で grâce à vous (à Dieu). ～様でうまくいきました Grâce à Dieu, tout s'est bien passé.

おかしい [こっけいな] comique; ridicule; risible; [おもしろい] amusant; plaisant. おかしくてたまらない se tordre de rire. おかしくてたまらない話 histoire tordante. 何がそんなに～の Qu'est-ce qui vous fait tellement rire? 君の話はちっともおかしくない Ce que vous nous racontez n'a rien de risible. 止せよお前, おかしくもないよわよわ Cesse, tu n'es pas comique du tout! ◆[変な] étrange; singulier(ère); curieux(se); bizarre; drôle. 彼が来ないのは～ C'est étrange qu'il ne vienne pas. 病人の容体が～ L'état du malade est préoccupant. 今朝は君ちょっと～よ, どうしたの Tu as un air bizarre ce matin, qu'est-ce que tu as? 彼の言っていることは少し～よ J'ai l'impression qu'il est un train de raconter des histoires. あの二人の仲は～よ Ces deux-là ont de drôles de relations. ちっともおかしくない Ce n'est pas drôle du tout. ¶～ことに誰もしらない Chose curieuse, personne n'en sait rien. ◆[不適当な] impropre; inconvenable. その表現は～ Cette expression est impropre. ◆[頭が] fou (folle); [俗] toqué. 彼の頭は少し～と思う Je le crois un peu fou./Je crois qu'il est toqué.

おかしがる s'amuser de; beaucoup rire, その話を聞いておかしがらない人は誰もいなかった Tout le monde riait beaucoup en écoutant ce récit.

おかしさ drôlerie *f*; ridicule *m*; [こっけいさ] comique *m*; [笑いたい気持] envie *f* de rire. ～をこらえる se retenir de rire. ◆[奇異] bizarrerie *f*; étrangeté *f*; singularité *f*.

おかしな ⇨おかしい. [こっけいな] あの人は～鼻をしている Il a un nez comique. ◆[変な] ～人 C'est une personne plaisante./[奇妙な] [不可解] C'est un homme étrange. 今日は～空模様だ Le temps est bizarre aujourd'hui. 今日はまた何で～天気だろう Quel drôle de temps fait aujourd'hui! ～臭いがしている Il y a une odeur curieuse. ～光が見える On voit une lumière douteuse. あの地方にはまだ～風習が残っている Il reste encore des mœurs étranges dans cette région. 彼の書体には～癖がある Il a une drôle d'écriture. 奴は～ことを言っている [くだらない] Il dit des faribolles. ～奴が家のまわりをうろついている Un homme suspect rôde autour de la maison.

おかす 犯す [罪などを] violer; commettre; [法, 規則を] violer; enfreindre; transgresser. 憲法を～ violer la constitution. 罪(過失)を～ commettre un crime (une faute). ◆[汚す] 女を～ violer (abuser de).

une femme. 神聖にして~べからざる sacré et inviolable. ◆[侵害する] empiéter sur qc. 人の権利(権限)を~ empiéter sur les droits (les attributions) de qn. 利益を侵される être lésé dans ses intérêts. ◆[侵入する] envahir; empiéter sur. 隣国を~ envahir (empiéter sur) un pays voisin. 国境を~ violer les frontières.

おかす 冒す ¶~に[危険などを] s'exposer à; affronter; braver. 危険を~ affronter (braver) le danger; s'exposer au danger. 生命の危険を~ risquer sa vie. 生命の危険を冒して au risque de la vie. 嵐を冒して malgré (en dépit de) la tempête. ◆[病気などが] attaquer. 作物は霜に冒された La récolte a subi des dégâts à cause de la gelée. 彼は肺が冒されている Son poumon est attaqué (atteint)./Il est atteint de la poitrine.

おかず お菜 plat m. ~に何 Qu'est ce qu'on mange?/Qu'est ce qu'il y a?

おかっぱ ¶~にする se faire couper les cheveux à la chienne. ~にしている porter des chiens. ¶~頭の女の子 fille f coiffée à la chienne.

おかどちがい お門違い ¶私に相談するのは~だ[見当違いだ] Vous vous adressez à la mauvaise personne./[私の専門外だ] C'est en dehors de ma spécialité. それは全く~だ C'est tout le contraire.

おかぶ お株 spécialité f. ~を奪う usurper la spécialité de qn. ~を奪われる se faire usurper sa spécialité.

おかぼ 陸稲 riz m sec.

おかぼれ 岡惚れ ¶ひとの女に~する aimer une maîtresse sans espoir et en secret.

おかまい お構い ¶その件については~なしだ On ferme les yeux (passe l'éponge) sur cette affaire. ~なことなど~なし sans se soucier de cela. ◆[もてなし] 御滞在中は何も~できませんでした Nous n'avons rien fait pour vous durant votre séjour. どうぞ~なく Ne vous dérangez pas.

おかみ 御上 ¶~の御用で pour une affaire officielle.

おかみ 女将 patronne f; [宿屋の] hôtelière f.

おがみたおす 拝み倒す fléchir en suppliant. 彼はうまいこと父親を拝み倒して自転車を買ってもらった A force de supplications, il a réussi à se faire acheter une bicyclette par son père. 彼女子供たちに拝み倒された Il a fléchi devant les supplications des enfants.

おがむ 拝む adorer; [祈る] prier. 手を合わせて~ prier les mains jointes. アフリカでは石と泉を~習慣がある On a l'habitude d'adorer les pierres et les sources en Afrique.

おかめ お亀[おたふく] femme f joufflue.

おかめはちもく 岡目八目 On ne voit pas ce qui saute aux yeux des autres.

おかやき 岡焼き ¶~半分に悪口を言う invectiver qn par envie.

オカリナ ocarina m.

オカルト occulte f. ¶~信仰 occultisme m.

おがわ 小川 ruisseau(x) m.

おかわり ¶~をする reprendre d'un plat; [頼む場合] redemander d'un plat. ~をお願いします Donnez-m'en encore, s'il vous plaît.

おかん 悪感 frisson m de fièvre; un chaud et froid; [医] algidité f. ¶~がする frissonner de fièvre; attraper (prendre) un chaud et froid.

おかんむり 御冠 ¶~である être de mauvais poil; être de mauvaise humeur.

おき 沖 haute (pleine) mer f; large m. ~に出る gagner le large. 品川沖~ので au large de Shinagawa. ~合いで en pleine mer; au large.

おき 燠 braise f.

-おき 置き ¶1日(2日)~に tous les deux (trois) jours. 10メートル~に à dix mètres d'intervalles. 電車は15分~に出発する Le train part toutes les quinze minutes.

おきあがりこぼし 起上り小法師 poussah m.

おきあがる 起き上る se relever; [上体を起す] se redresser. ベッドの上に~ se redresser dans son lit.

おきかえ 置換え substitution f; interversion f; transposition f; [語の] ~ interversion (transposition) des mots. ¶~可能な transposable.

おきかえる 置換える [場所を] substituer; remplacer; changer de place; [順序を] transposer; intervertir. 語の順序を~ intervertir l'ordre des mots. 花びんを別なものと~ remplacer un vase par un autre. その言葉を別の言葉に置き換えなさい Substituez ce mot à un autre.

おきがけ 起掛け ¶~に aussitôt levé; au saut du lit.

おきざり 置去り ¶~にする planter là qn. 彼は彼女を一人にして逃げ出した Il l'a plantée (laissée) là et s'est enfui en courant.

オキシダント oxydant m.

オキシフル eau f oxygénée.

おきちがえる 置違える mal placer; se tromper de place.

おきっぱなし 置っ放し ¶~にする laisser traîner.

おきづり 沖釣り pêche f au large.

おきて 掟 [法] loi f; [規則] règle f; règlement m; [戒律] précepte m. 教会の~ préceptes de l'église. ~を守る(破る) observer (violer) les lois.

おきてがみ 置手紙 ¶~をする laisser une lettre (un mot) pour qn.

おきどけい 置時計 pendule f [de cheminée].

おきどころ 置所 ¶身の~もない Je ne sais plus où me mettre.

おぎない 補い [補足] supplément m; complément m; [埋合せ] compensation f; dédommagement m. ~を compenser. 儲けで損失の~をする compenser une perte par un gain. ~として pour compenser.

おぎなう 補う [補足する] compléter; suppléer; [埋合せる] ~ suppléer (ajouter) ce qui manque. 損失を~ réparer une perte. 彼の長所は短所を十分に補っている Ses qualités compensent amplement ses défauts.

おきなおす 置直す remettre. 元の所に～ remettre en place.

おきなおる 起直る se dresser. 母は床の上に起き直った La mère s'est dressée sur son lit.

おきにいり お気に入り préféré(e) m(f); favori(te) m(f). 彼は先生の～だと思っている Il se croit le préféré de son maître. ¶～の préféré; favori(te). 彼の～のレコード son disque préféré.

おきぬけ 起抜け ¶～に aussitôt levé; au saut du lit. 私は～に公園を散歩した Aussitôt levé, j'ai fait un tour dans le parc.

おきば 置場 dépôt m; [材料などの] chantier m. 何も～もない Il n'y a pas de place ici pour mettre cela. 私は～に困ってこれらのがらくたをみんな売ってしまった Je ne savais plus où mettre tout ce bric-à-brac, alors je l'ai vendu. ごみ～ dépôt d'ordures. 材木～ chantier de bois. 自動車～ [車庫] garage m; dépôt.

おきびき 置引き vol m de bagage. ¶待合室で～に遭う se faire voler des bagages dans la salle d'attente.

おきふし 起き伏し ¶～故郷を思う penser jour et nuit à son pays.

おきまり お決り ¶～の habituel(le); coutumier(ère); conventionnel(le). ～の小言を始める faire son sermon habituel.

おきみやげ 置土産 ¶～にこの本をあげよう Je vous donne ce livre en (comme) souvenir. 彼はこんなやっかいな仕事を～として置いていった Il est parti en nous laissant sur les bras ce pensum.

おきもの 置物 bibelot m. 陶器の～ bibelot de porcelaine. あの人はただの～にすぎない C'est un pot de fleurs.

おぎゃあ ¶～と泣く vagir; pousser des vagissements.

おきゃん 御侠 ¶～な娘 petite garce f.

おきる 起きる [起床する] se lever; [目覚める] se réveiller; s'éveiller. 早く～ se lever de bonne heure. 私は毎朝6時に～ Tous les matins, je me lève à six heures. あなたの足音で赤ん坊が起きてしまった Le bruit de vos pas a réveillé le bébé. 起きている éveillé; rester éveillé; [眠らずに] rester sans dormir. 遅くまで起きている veiller tard. その時私はまだ起きていた Je n'étais pas encore endormi à ce moment-là. 起きたばかりなので何も食べたくない Au saut du lit, je n'ai pas d'appétit. ◆[事件, 問題などが] arriver m; se passer. 何が起きたの Qu'est-ce qui se passe?/Qu'est-ce qu'il y a? 思わぬ事件が起きた Il est arrivé un accident imprévu. 騒ぎが起きた Le tumulte a éclaté. 火事が起きた Le feu s'est éteint.

おきわすれる 置忘れる laisser; oublier. 映画館に傘を～ oublier son parapluie au cinéma.

おきわたし 沖渡し franco allège f.

おく 奥 [内部] fond m; intérieur m. [深奥] profondeur m. 心の～ profondeur du cœur. この事件には～が深い Cette affaire a des ramifications profondes. ～の間 chambre f du fond. 店の～に au fond de la boutique.

おく 億 ¶1～円(年) cent millions de yen (d'années). 10～ milliard m. 数～ quelques centaines de millions.

おく 置[措]く mettre; placer; poser. 本をテーブルの上に～ mettre un livre sur la table. 筆を～ déposer la plume. それは床に置きなさい Posez cela par terre. 暖炉の上に立派な壺が置いてある Il y a un beau vase sur la cheminée. 借りた本はあなたのテーブルの上に置いておきました J'ai laissé sur votre table le livre que je vous avais emprunté. これは置いといて本題に入ろう Laissons cela pour l'instant et entrons dans le vif du sujet. ◆[とっておく] この肉はあしたまで置けば Cette viande se conservera jusqu'à demain. 明日までとっておけ Gardez-en pour demain. ◆[人, 物を据える] ¶下宿人を～ prendre (recevoir) des pensionnaires. 女中(召使)を～ avoir une bonne (une domestique). 支店を～ établir (créer) une succursale. ◆[...のままにしておく] ¶窓を開けて～ laisser (tenir) la fenêtre ouverte. 遊ばせて～ laisser jouer. 犬をしばって～ maintenir le chien attaché. 頭を水の中につけて～ maintenir la tête au-dessous de l'eau. ...せずに～ se garder de inf; se priver de inf. そのことを彼に言わずに置いた Je me suis gardé de le lui dire. ◆[前以って...しておく] ¶買って～ acheter qc d'avance. 注意して～ prévenir qn. そう言っておいた筈だ Je te l'avais dit d'avance. ◆[除く] それが出来るのは彼を措いて他にない Il n'y a que lui qui puisse le faire.

おくがい 屋外 extérieur m. ¶～で(に) à l'extérieur; dehors; en plein air; au grand air. ～の d'extérieur. ～プール piscine f en plein air. ～遊技 jeux mpl au grand air (de plein air).

おくぎ 奥義 arcanes mpl; secret m. ～を究める posséder (pénétrer) les arcanes. 芸術の～を伝授する initier qn aux arcanes d'un art.

おくざしき 奥座敷 pièce f du fond.

おくさま 奥様 [女主人] maîtresse f; [既婚人] dame f; [呼びかけ] madame (mesdames) f(pl). あのひとは～ですかお嬢さんですか Est-ce une dame ou une jeune fille? 今日は～ Bonjour, madame. 加藤さんの～ Madame Kato.

おくじょう 屋上 ¶～で sur le toit. ～屋を架す porter de l'eau à la mer. ビルのガーデン brasserie f sur la terrasse d'un immeuble.

おくする 憶する s'intimider; [躊躇する] hésiter. ～する色がない ne pas avoir froid aux yeux; ne pas paraître troublé. ～ことなく sans crainte.

おくせつ 憶説 théorie f conjecturale; hypothèse f. ～を述べる énoncer une hypothèse.

おくそく 憶測 supposition f; conjecture f. ～で判断する juger par conjecture. ～をたくましくする faire de nombreuses suppositions. それは単なる～ではない Ce n'est pas une simple supposition. ¶～する supposer; conjecturer; faire une supposition; conjecturer; faire des

おくそこ 奥底 fond m; profondeur f. ¶~の知れない人 personne f impénétrable. 心の~で au plus profond du cœur; dans le secret de son cœur.

オクターブ octave f. ¶~で弾く faire des octaves. ~上げて弾く jouer à l'octave supérieure.

おくだん 臆断 jugement m conjectural. ¶~する juger de qc par conjecture.

オクタンか -価 indice m d'octane.

おくち 奥地 région f reculée; terres fpl lointaines. ~に分け入る pénétrer dans les terres lointaines.

おくづけ 奥付 notice f des droits réservés.

おくて 奥手 ¶~の[果実, 野菜が] tardif(ve); [人間が] attardé; arriéré. ~の果実 fruit m tardif. ~の子供 un enfant attardé (arriéré).

おくない 屋内 intérieur m (dedans m) d'une maison. ¶~の d'intérieur. ~で(に) à l'intérieur d'une maison. ‖~運動場 gymnase m. ~プール piscine f couverte. ~遊戯 jeu(x) m de salle (d'intérieur).

おくに お国 ¶~言葉 parlers mpl; parlers régionaux. ~自慢 panégyrique m de son pays. ~自慢をする se vanter de son pays natal. ~訛り parlers mpl; accent du terroir.

おくのいん 奥の院 sanctuaire m.

おくのて 奥の手 ¶~を出す jouer sa dernière carte. ~を授ける initier qn aux secrets (arcanes). こちらには色々と~がある Nous avons plus d'un tour dans notre sac.

おくば 奥歯 molaire f. ¶…が~にはさまる avoir qc entre les molaires. ¶~に物のはさまった言い方をする parler entre ses dents; ne pas parler franchement.

おくび 噯気 rot m; renvoi m; [医] éructation f. ¶~が出る roter. ¶~にも出さない faire comme si on ne savait pas.

おくびょう 臆病 timidité f; poltronnerie f; pusillanimité f; couardise f. ¶~な timide; poltron(ne); peureux(se); couard. ~にも lâchement. ¶~風に吹かれる être pris de peur (de panique). ~者 poltron(ne) m(f); peureux(se) m(f); couard(e) m(f); lâche mf.

おくふかい 奥深い profond. ~森 forêt f profonde. ¶森の奥深くに au plus profond de la forêt.

おくまった 奥まった retiré; écarté. ~座敷 pièce f du fond. 通りから~所 endroit m écarté de la rue. ~静かな町に住んでいる habiter dans un quartier retiré et tranquille.

おくまんちょうじゃ 億万長者 milliardaire mf.

おくめん 臆面 ¶~もない impudent; effronté. ~もなく impudemment; avec impudence; effrontément. ~もなく…する avoir l'impudence de inf; [俗] avoir le culot de inf. ~もなく嘘をつく mentir avec impudence. あいつは~もなく僕の前に顔を出した Il a eu l'impudence de se présenter devant moi.

おやま 奥山 ¶~に au fond de la montagne.

おくゆかしい 奥ゆかしい modeste et gracieux(se); modeste et élégant. ~態度 attitude f modeste et gracieuse. ¶奥床しさ élégance f discrète.

おくゆき 奥行 profondeur f. 引き出しの~ profondeur d'un tiroir. ~が5メートルある avoir cinq mètres de profondeur.

おくら 秋葵[野菜] ambrette f.

おくらせる 遅らせる [延期する] retarder; différer; ajourner. 時計を~ retarder une montre. 出発を~ différer (retarder) son départ. 工事を秋まで~ ajourner des travaux à l'automne. あなたを遅らせたくない Je ne veux pas vous retarder.

おくり 送り[印] chasse f.

おくりかえす 送り返す renvoyer; retourner; remettre. 手紙を~ renvoyer (retourner) une lettre.

おくりこむ 送り込む ¶ホテル(病院)に~ conduire à l'hôtel (à l'hôpital). 会社に~ placer (faire entrer) dans une entreprise.

おくりさき 送り先 destination f; [人] destinataire mf.

おくりじょう 送り状 [商品の] facture f. ~をつくる facturer; faire une facture.

おくりだす 送り出す ¶子供を学校に~ envoyer son enfant à l'école. 友達を門まで~ reconduire (raccompagner) un ami à la porte.

おくりちん 送り賃 frais m de transport; [郵便, 荷物の] port m.

おくりとどける 送り届ける [人を] reconduire; [物を] faire parvenir.

おくりな 諡 titre m posthume.

おくりにん 送り人 expéditeur(trice) m(f); envoyeur(se) m(f).

おくりむかえ 送り迎え ¶客の~をする accueillir et reconduire les clients. 子供の~をする mener un(e) enfant à l'école et le (la) ramener à la maison.

おくりもの 贈りもの présent m; cadeau(x) m; [進物] offrande f. ~をする faire un cadeau. ~を持参する apporter son offrande.

おくる 送る envoyer; expédier; adresser. 手紙を~ envoyer (adresser) une lettre. 商品を~ expédier des marchandises. ◆[見送る] reconduire; accompagner. 駅まで~ accompagner à la gare. 両親を駅まで送って行く conduire ses parents jusqu'à la gare. 友達を駅まで送って行く escorte à qn; escorter qn. 両親を駅まで送って行く conduire ses parents jusqu'à la gare. ◆[過ごす] passer; vivre. 幸福な日々を~ passer (vivre) des jours heureux. 辛い生活を~ mener une existence difficile.

おくる 贈る offrir; faire cadeau de qc à qn; [授与] conférer. お祝に花を~ offrir des fleurs pour sa fête. 称号を~ conférer un titre.

おくるみ [頭巾つきの] burnous m.

おくれ 遅れ ¶~をとる se laisser dépasser par qn. ~を取り戻す rattraper (combler) son retard.

おくれげ 後れ毛 mèches fpl folles.

おくればせ 後れ馳せ ¶~の tardif(ve). ~ながらよくあることだが遅く bien qu'avec retard. ~ながら駆けつける arriver en courant quoiqu'un peu en retard. ~ながら御礼を申上げます Veuillez accepter mes remerciements tardifs.

おくれる 遅れる être en retard; retarder. 学校に(支払いが)~ être en retard à l'école (pour payer). 汽車に~ manquer le train. この時刻に~ Le pendule retarde. 悪天候のために飛行機は遅れた L'avion a été retardé par le mauvais temps. 学業が友達より遅れている être en retard sur ses camarades dans ses études. 汽車が遅れている Le train a du retard. 時刻に遅れて retarder (être en retard) sur son temps. 時計が5分遅れている Ma montre retarde de cinq minutes. 返事が遅れてすみません Excusez mon retard à vous répondre. 飛行機は3時間遅れて離陸した L'avion a décollé avec trois heures de retard. 遅れた attardé; retardé. 遅れた者 attardé(e) m(f). 知恵の遅れた子供 enfant mf attardé(e) (retardé(e), arriéré(e)). 開発の遅れた国 pays m sous-développé; sous-développement m.

おけ 桶 seau(x) m; baquet m; cuve f; bac m. ¶一杯の水 un seau d'eau. ‖洗濯~ bac à laver. ~屋 tonnelier m.

おけら 蟪蛄 ¶~になる être sans le sou (dans la dèche).

おける 於ける dans; en; à. 家庭に~彼の亭主ぶりはどうか Quel est son comportement de mari dans la vie familiale? 読書の精神に~は食物の身体に~が如し La lecture est à l'esprit ce que la nourriture est au corps.

おこえがかり 御声掛かり ordre m; [推薦] recommandation f. ¶社長の~で grâce à la recommandation du président.

おこがましい [差出がましい] présomptueux (se); [ばかげている] absurde; ridicule; risible. 僕から言うのも~ Venant de ma part, cela semble présomptueux, mais....

おこす 起(興)す lever; relever; redresser; soulever. 転んだ子を~ relever un enfant qui est tombé. 病人を~ soulever (redresser) un malade. 木を~ [真直ぐに] redresser un arbre. ベッドに体を~ se redresser sur son lit. ◆[目を覚まさせる] réveiller. 6時に起して下さい Vous me réveillerez à six heures. ◆[開始する・引起す] produire; causer; soulever; provoquer. 行動を~ agir. 訴訟を~ faire (former) un procès. 火事を~ causer (provoquer) un incendie. 抗議(いぎ)を~ soulever des protestations (des difficultés). 発作を~ provoquer une crise; être pris d'une crise. 電気を~ produire de l'électricité. 事故を起した Il a eu un accident. ◆[創始する] fonder; établir; créer. 新事業を~ établir (fonder) une nouvelle entreprise. 会社を~ créer une société. 身代を~ faire fortune. 卑賎より身を~ partir de rien. ◆[火を~] faire un feu; [燃え立たせる] ranimer le feu. ◆[掘り返す] ¶土を~ retourner la terre. 畑を~ labourer un champ.

おこぜ 鰧 vive f.

おごそか 厳か ¶~な auguste; majestueux (se); solennel(le). ~に majestueusement; solennellement.

おこたる 怠る négliger; manquer à. 義務(約束)を~ manquer à son devoir (sa parole). 学業を~ négliger ses études. ~癖のある négligent; oublieux(se). 義務を怠り勝ちである être oublieux de son devoir; être porté à négliger son devoir.

おこない 行い [行動] action f; acte m; comportement m. 勇敢な~ acte de courage; action courageuse. 教室に於ける生徒の~ comportement d'un élève en classe. 良い~をする faire une bonne action. 悪い~をする commettre une mauvaise action. 君の~は正しかったと思う Je crois que tu as bien agi. ~[身持ち] conduite f. 日頃の~ conduite habituelle. ~[よい悪い] se conduire bien (mal). ~を改める se corriger; amender (améliorer) sa conduite. ~を慎しむ prendre garde à sa conduite; être prudent dans sa conduite. 日頃の~が悪いからそんな目にあうのだ C'est l'inconduite habituelle qui produit ce genre de résultat.

おこなう 行う [実施する] faire; procéder à; effectuer; exécuter; [挙行する] célébrer; [犯す] commettre; [行動する] agir. 悪事を~ commettre une mauvaise action. 改革を~ effectuer des réformes. 結婚式を~ célébrer le mariage. 試験を~ faire un examen. 手術を~ pratiquer une opération. 調査を~ procéder à (faire) une enquête. ¶行われる se faire; être effectué (exécuté, accompli); s'effectuer; s'exécuter; s'accomplir; se pratiquer; [挙行される] être célébré; avoir lieu; [施行される] être en vigueur. そんなことは今日ではもう行われていない Ça ne se fait plus aujourd'hui. 結婚式は近親者と親しい人達だけで内輪でとり行われる Le mariage se célébrera dans la plus stricte intimité. 行い澄ます faire le saint.

おこのみ お好み ¶~料理 plats mpl à la demande des clients.

おこぼれ お零れ restes mpl de qn. ¶~にあずかる se contenter des restes de qn. ~にあずかりたいものだ Je vous envie.

おこり 起り [起源] origine f; source f; [原因] cause f. 喧嘩の~ cause d'une querelle. 事の~はちょっとした口論からだ Cela vient de ce qu'ils se sont disputés pour un rien. 事の~はこうだった Voilà la cause du problème.

おごり 奢り [ぜいたく] luxe m; [高慢] orgueil m; fierté f; arrogance f. ~をきわめる vivre dans le grand luxe. ¶[御馳走] ~は私の~だ C'est moi qui régale. ~/酒の~ C'est ma tournée. 課長の~で飲む boire aux frais de son chef.

おごり 驕(傲)り ¶~高ぶった orgueilleux(se); arrogant. 彼の~高ぶた態度は許せない Son attitude orgueilleuse est inexcusable.

おこりっぽい 怒りっぽい coléreux(se); irritable; bilieux(se); ~性質 tempérament m coléreux. ~女 pie(s)-grièche(s) f. ~人 bilieux(se) m(f); rageur(se) m(f). あの子は~ Cet enfant est coléreux (prompt à la colère)./Cet enfant a la tête chaude.

おこりんぼう 怒りん坊 rageur(se) m(f).

おこる 起る [発生する] arriver; se passer; se produire; avoir lieu; [偶発する] advenir; [突発する] survenir; [火事、戦争、病気などが] éclater; se déclarer; [風が] s'élever; se lever; [火が] prendre. 摩擦で電気が~ L'électricité se produit par un frottement. 事件が起こった Il est arrivé un accident./Un accident est arrivé. 戦争(火事)が起った La guerre (L'incendie) a éclaté. 大きな変化が起った Il s'est produit un grand changement. もし火が起ったら quand le feu prend feu (aura bien pris). どんなことが起ころうとも quoiqu'il arrive (advienne); arrive que pourra. ◆ [起因] venir de; provenir de; être causé (provoqué). 事故はしばしば不注意から~ Un accident est souvent causé par une inattention./Un accident vient souvent du manque d'attention.

おこる 怒る se mettre en colère; s'irriter; se fâcher; [怒鳴る] rager; s'emporter; s'exaspérer; [憤慨する] s'indigner de (contre). かっとなって~ exploser de colère. ぷんと~ se fâcher brusquement. 真っ赤になって~ se fâcher tout rouge. 怒り出す se mettre en colère. 怒らせる mettre en colère; irriter; faire rager; exaspérer. 怒った fâché; rageur(se); enragé; furieux(se). 怒った目付き 怒った顔 regard m de colère. 怒った様子をしている avoir l'air fâché. 怒っている être en colère. 怒った調子で d'un ton rageur. 怒って avec colère; furieusement; rageusement. ⇨ しかる(叱る).

おごる 奢る régaler; payer; [奮発する] [俗] se fendre de qc. 夕食を~ payer un dîner à qn. みんなに酒を~ payer (offrir) une tournée. 今日は僕が~ Aujourd'hui c'est moi qui régale (paie). 彼女は彼らに菓子を奢った Elle les a régalés d'un gâteau. あの けちん坊は一壜奢った Cet avare-là s'est fendu d'une bouteille. ◆ ¶奢った [ぜいたくな] luxueux(se); fastueux(se). 奢った飾り f; fastueux décor m. 奢った造作 installation f luxueuse. 奢った生活をする vivre dans le luxe. 口が奢っている faire la fine bouche.

おごる 驕る s'enorgueillir de. ~心をいましめる punir l'orgueil de qn. 驕れる者久しからず Un orgueilleux ne dure pas.

おさ 筬 [織物] peigne m.

おさえ 押え [重し] poids m; [権威] autorité f. ~がきく avoir de l'autorité sur qn; en imposer à qn.

おさえこみ 押え込み [柔道, レスリングの] prise f. ある種の~の技は許されていない Certains prises ne sont pas autorisées. ¶押え込む faire une prise. 私は彼の首を押え込んだ Je lui ai fait une prise à la nuque.

おさえつける 押え付ける immobiliser; oppresser; [抑圧する] réprimer; étouffer. 相手を地面に~ immobiliser son adversaire à terre. 相手を塀に~ acculer son adversaire contre un mur. 首根っこを~ immobiliser qn en le maintenant fortement par la nuque. 反対意見を~ réprimer l'opinion adverse. ¶子供は鉛筆で押え付けるようにして字をかく Les enfants écrivent en appuyant sur leur crayon. 胸を押え付けられような気持がして目が覚めた Un sentiment d'oppression m'a réveillé.

おさえる 押[抑]える tenir; retenir; maintenir; appuyer sur; [掴む] prendre; saisir. 頭を~ se prendre la tête dans les mains. 腕を~ tenir (retenir) qn par le bras. 梯子を~ tenir (maintenir) une échelle. 額を~ poser la main sur le front. 両手で胸を~ se croiser les bras sur la poitrine. 文鎮で紙を~ poser un presse-papiers sur une feuille. 耳を~ se boucher les oreilles. 要点を~ saisir le point essentiel. 弱味を~ connaître le point faible de qn. 僕が押えていなければ彼は落ちていた Il serait tombé, si je ne l'avais pas retenu. [捕り押える] arrêter; saisir; tenir. いれ込んでいる馬を~ maintenir fortement un cheval excité. 現場を~ prendre qn sur le fait. [抑制する] retenir; contenir; étouffer; refouler; maîtriser; brader; résister à; [抑圧する] dominer. 怒りを~ retenir (maîtriser) sa colère. 己れを~ se contraindre. 涙を~ refouler (contenir) ses larmes. 笑いを~ étouffer un rire. 激情を~ résister à une passion. 出費(値段)を~ contrôler les dépenses (les prix). 共産党の候補者は他の候補者を完全に抑えた Le candidat communiste a nettement dominé ses concurrents. ¶抑え難い欲求 désir m irrésistible. 抑え得る maîtrisable. 抑え切れない ne pas pouvoir résister à qc.

おさおさ 怠る~怠りない faire soigneusement les préparatifs.

おさがり お下り ¶この服は父の~だ C'est un vêtement usagé de mon père.

おさき お先 ¶~にどうぞ Après vous. ~に失礼します Excusez-moi de partir (de me retirer) avant vous. ¶~真暗だ J'ignore tout de ce qui va se passer (arriver).

おさきぼう お先棒 ¶~をかつぐ être un simple instrument au service de qn.

おさげ お下げ natte f; cheveux mpl nattés. ~にする natter ses cheveux. 彼女は~にしている Elle porte des nattes.

おさだまり お定まり ¶~の habituel(le). ~の長談義 sermon m habituel.

おさと お里 ¶~が知れる trahir sa naissance.

おさない 幼い petit; en bas âge; [幼稚な] enfantin; puéril. ~子供 petit(e) enfant m; enfant m en bas âge. 私が幼かった頃 quand j'étais petit; dans mon enfance.

おさなおもかげ 幼面影 ¶~を残している garder certains traits de son visage d'enfant.

おさなご 幼子 petit(e) enfant m(f); bébé m. ¶~イエス petit Jésus.

おさなごころ 幼心 cœur m d'enfant. 彼にはまだ~が残っている Il conserve encore un cœur d'enfant. ¶~に覚えている Tout enfant que j'étais, je m'en souviens.

おさななじみ 幼馴染み ami(e) m(f) d'enfance.

おざなり お座なり ¶～な [陳腐な] banal; [ぞんざいな] bâclé; sans soin. ～な計画 projet *m* banal. ～な仕事 travail *m* bâclé. ～なことを言う débiter des banalités. ～な挨拶を交す échanger des compliments pour la forme. ～な仕事をする faire un travail bâclé; bâcler un travail. ～な会話に私はもううんざりしてしまった La banalité de la conversation a fini par m'écœurer.

おさまり 収り ¶～がつく être arrangé (réglé). ～がつかない ne pas être arrangé. 事件の～をつける arranger une affaire. こう書いた方が文章の～がいい Tournée de cette façon, la phrase tombe mieux.

おさまる 治まる [静まる] s'apaiser; se calmer; [解決される] être arrangé; s'arranger; [終る] prendre fin. 嵐も治まった La tempête s'est déjà apaisée. 彼の気持は治まった Il s'est calmé. 火事が治まった L'incendie a pris fin. 万事うまく治まった Tout s'est bien arrangé. 腹の虫が治まらない Je ne puis calmer mes nerfs.

おさまる 修まる ¶素行が～ amender (améliorer) *sa* conduite. 彼の素行は修まらない Sa conduite ne s'améliore pas./Il n'améliore pas sa conduite./Il ne se corrige toujours pas.

おさまる 納(収)まる [入る] entrer dans; [納得する] être content; être satisfait. 仲が～ parvenir à se réconcilier. 社長に～ s'asseoir dans le fauteuil présidentiel. 納まる所に～ être arrangé pour le mieux. 長椅子に悠々とおさまっている se carrer dans un fauteuil. それはこの箱にうまく～ C'est bien entré dans cette boîte. それでは彼は～まい Il n'en sera pas satisfait./Il en sera pas mécontent.

おさめる 治める [統治する] gouverner; [君主が] régner; [静める] calmer; apaiser. 喧嘩を～ apaiser une querelle.

おさめる 修める étudier. 学問を～ étudier les sciences. 義務教育を～ faire *ses* études obligatoires. 身を～ bien ordonner *sa* vie; se donner de bonnes règles de conduite.

おさめる 納(収)める [税金などを] payer; [品物を] fournir. 税金(金)を～ payer l'impôt (une somme). 店に商品を～ fournir des marchandises à un magasin; fournir un magasin de marchandises. 彼は大きなレストランのことごとくに肉と野菜を納めている Il fournit tous les restaurants en viande et en légumes. ◆[しまう] mettre dans. 遺骨を寺に～ confier les cendres d'un mort à un temple. 刀を鞘に～ remettre l'épée au fourreau. 金を金庫に～ mettre (enfermer) de l'argent dans un coffre-fort. 胸に～ garder *qc* au fond de son cœur. ～[得る] gagner; obtenir; [勝利などを] remporter; [手中に] enlever; conquérir. 勝利を～ remporter la victoire. 莫大な利益を～ gagner (obtenir) de gros bénéfices. 地位を手中に～ enlever une position. ～[受納する] accepter. どうぞこれを納めて下さい Veuillez accepter ceci.

おさらい お浚い répétition *f*; [試験のための] révision *f*. バレエの～ répétition d'un ballet. ～をする préparer; répasser; faire des révisions. レッスンの～をする préparer (répéter) *sa* leçon. バイオリンの～をする travailler *son* violon. 役者たちは～をしている Les acteurs sont en train de répéter. ¶～会 représentation *f* artistique d'amateurs.

おさらば adieu *m*. ¶君とも～だ Je dois te dire adieu. 今日で懐かしい故郷とも～だ Aujourd'hui, je dois prendre congé de mon cher pays natal.

おさん お産 ⇒ さん (産).

おさんどん ¶～をする s'occuper de la cuisine. ⇒ じょちゅう (女中).

おし 押(圧)し ¶～がきく avoir de l'influence sur; être influent sur. ～が強い avoir de l'audace (de l'aplomb). ～の一手だ Il n'y a qu'à pousser. ～の強い audacieux(se); entreprenant. ～の強い奴 esprit *m* entreprenant.

おじ 伯父(叔父) oncle *m*. 父方の(母方の)～ oncle paternel (maternel). 義理の～ oncle par alliance. ¶大～ grand(s)-oncle(s) *m*.

おしあい 押し合い bousculade *f*. ～をする se bousculer; s'écraser; s'étouffer mutuellement.

おしあう 押し合う se presser; se pousser; se bousculer. 子供たちが入り口で押し合っていた Les enfants se pressaient à l'entrée.

おしあける 押し開ける ¶ドアを～ pousser une porte; [無理に] forcer (enfoncer) une porte.

おしあげる 押し上げる repousser en l'air; soulever.

おしあてる 押し当てる appliquer (appuyer) *qc*; coller *qc*. 戸に耳を～ appuyer *son* oreille contre une porte; coller *son* oreille à une porte. 胸に手を～ presser *sa* main contre la poitrine.

おしい 惜しい [残念な] regrettable. 何も ものはない Je ne regrette rien. ああ～ことをした C'est dommage! こんなにきれいな木を切り倒して～じゃないか Quel dommage d'abattre de si beaux arbres. ¶惜しそうに à regret; à contrecœur; avec parcimonie; parcimonieusement. 彼はいつも惜しそうに物をくれる Quand il donne quelque chose, c'est toujours à regret. ～ことに malheureusement. ～所で負けた être battu au dernier moment. ～所で話をやめる interrompre *son* récit juste au moment le plus intéressant. ◆[貴重な] précieux(se); cher(ère). ～人を失う perdre un homme précieux; [前途有望な] perdre un homme plein de promesse. 私は命より～ L'argent vaut plus que la vie pour moi. 時間が～ ne pas vouloir perdre de temps.

おじいさん お祖父さん [祖父] grand(s)-père (s) *m*; grand(s)-papa(s) *m*.

おじいさん お爺さん [年寄り] vieillard *m*.

おしいただく 押し戴く recevoir respectueusement.

おじいちゃん お祖父ちゃん bon(s)-papa(s) *m*; [幼児語] pépé *m*. ～とお婆ちゃん pépé *m* et mémé *f*.

おしいる 押し入る entrer de force. 家に～ pénétrer dans une maison par effraction.

おしいれ 押入れ placard m.

おしうり 押売り [人] colporteur m importun. 好意の〜する imposer son amitié. ¶〜を vendre de force; forcer qn à acheter qc.

おしえ 教え [教訓] enseignement m; leçon f; instruction f; édification f; [教養] doctrine f; [戒律] précepte m; [範例] exemple m. 〜に従う suivre les leçons. 〜を受ける recevoir l'enseignement de qn. これらは人生の良き〜である Ce sont de beaux exemples de la vie. 彼の模範的な善行は隣人たちへの良き〜だ Sa conduite exemplaire est un sujet d'édification pour ses voisins. ¶一方〜 manière f (méthode f) d'enseignement.

おしえご 教え子 élève mf; disciple m.

おしえこむ 教え込む inculquer qc à qn; faire entrer qc dans la tête de qn.

おしえる 教える apprendre; enseigner; instruire qn; [示す] montrer; indiquer; [知らせる] faire connaître (savoir); renseigner qn; [通知する] informer qn de qc; mettre qn au courant de qc; [説明する] expliquer; [明らかにする] éclairer. 駅への道を〜 montrer le chemin de la gare. 会合の日時を〜 indiquer l'endroit et l'heure de la réunion. 子供たちに計算(フランス語)を〜 apprendre à compter (le français) aux enfants. 子供を〜 instruire les enfants. ピアノを〜 donner des leçons de piano. 秘密を〜 révéler un secret. その点を教えて下さい Eclairez-nous sur ce sujet. 受付に行けば誰かが教えてくれますよ Allez à la réception. Il y a quelqu'un qui pourra vous renseigner. ストのことを誰も私に教えてくれなかった Personne ne m'avait mis au courant de la grève.

おしかえす 押し返す refouler; repousser; faire reculer.

おしかける 押し掛ける [訪問する] s'inviter; [押し寄せる] se ruer; se précipiter; arriver en foule. 大勢で(一人で)〜 s'inviter en foule (tout seul) chez qn. 窓口に〜 se ruer (se précipiter) vers la porte. 新聞記者が毎日押し掛けて来る Les journalistes arrivent en foule tous les jours.

おしがる 惜しがる ⇨ おしむ(惜しむ).

おじぎ お辞儀 salut m. 〜する saluer qn; s'incliner. 祭壇の前で〜をする s'incliner devant l'autel. 丁寧に〜をして挨拶する s'incliner profondément pour saluer.

おしきせ 御仕着せ livrée f.

おじぎそう 含羞草 sensitive f.

おしきる 押し切る briser. 反対を〜 briser la résistance. 過半数で〜 briser l'adversaire en obtenant la majorité. そのままで〜 aller de l'avant. 反対を押し切って malgré l'opposition.

おしげ 惜しげ ¶〜もなく与える donner libéralement. 〜もなく金をつかう dépenser sans compter. 長い髪を〜もなく切る couper de longs cheveux sans broncher.

おじけづく 怖気づく être intimidé (épouvanté); se laisser impressionner par; [あがる] avoir le trac. 彼の言うことなんかに〜ことはない Ne te laisse pas impressionner par ce qu'il va te dire. この役者は上演の前にいつも怖気づいている Ce comédien a le trac (est intimidé) avant chaque représentation. ¶怖気づいた effarouché; épouvanté; inquiet.

おじける 怖ける [恐がる] s'effrayer de; avoir peur de; [臆病になる] être intimidé; s'effaroucher.

おしこみ 押込み effraction f. ¶〜強盗 vol m avec effraction; cambriolage m; [人] cambrioleur(se) m(f).

おしこむ 押し込む [突込む] [詰め込む] fourrer; bourrer. 袋の中にめちゃくちゃに物を〜 fourrer des objets dans un sac. 彼女はパンを彼の口の中に押し込んだ Elle l'a bourré de pain.

おしこめる 押し込める enfermer; parquer. 牛を柵の中に〜 enfermer des bœufs dans un parc. 我々は狭い部屋に押し込められた On nous a fourrés dans une pièce étroite.

おしころす 押し殺す [感情を] étouffer; refouler.

おじさん 小父さん monsieur (messieurs) m.

おしすすめる 押し進める pousser; faire avancer. 計画を〜 faire avancer un projet.

おしせまる 押し迫る s'approcher tout près.

おしたおす 押し倒す faire tomber qn en poussant; renverser qn par terre.

おしだし 押し prestance f. 彼は〜がいい Il a de la prestance. ¶〜のいい qui a de la prestance. 〜のいい奥さん matrone f.

おしだす 押し出す pousser dehors; faire sortir en pressant. 膿を〜 faire sortir du pus en pressant.

おしたてる 押し立てる ¶旗を押し立てて進む avancer en brandissant un drapeau.

おしつけがましい 押しつけがましい insistant; pressant; 〜お願い demande f insistante. 〜話ですが... Excusez-moi d'insister, mais..../Je ne vous pas vous importuner, mais.... ¶押しつけがましく d'une manière pressante.

おしつける 押しつける presser; pousser; coller; appuyer. 壁に〜 presser contre un mur. 耳を口に〜 coller son oreille à une porte. 彼女は私の肩に顔を押しつけた Elle a appuyé son visage sur mon épaule. ◆[強制する] imposer; forcer (obliger) qn à inf. 自分の意見を〜 imposer son opinion. ...に議長を〜 imposer qn comme président. 責任を〜 rejeter une responsabilité sur qn. 彼はつまらない仕事ばかり私に〜 Il me force toujours à faire un travail (Il me charge toujours d'un travail) ennuyeux.

おしっこ pipi m. 〜をする faire pipi.

おしつぶす 押し潰す écraser; broyer; [圧倒する] accabler. 数を頼んで敵を一挙に〜 écraser d'un seul coup l'ennemi sous le nombre. ¶押し潰される s'écraser. 雪で家が押し潰された La maison s'est effondrée sous le poids de la neige. 彼は歯車に指を二本押し潰された Il a eu deux doigts broyés (écrasés) dans l'engrenage.

おしつまる 押し詰まる ¶年の瀬も押し詰まった L'année touche à sa fin. 今年もあと二、三日に押し詰りました Il ne reste que deux ou trois jours jusqu'à la fin de cette année.

おしつめる 押し詰める [要約] résumer. 両者の議論を押し詰めていけば結局は同じことになる Quand on résume les deux opinions, elles reviennent au même.

おして 押して [強いて] de force. 病を〜出動して会社に行く se rendre à son travail en dépit de sa maladie. そこを〜お願いします Je me permets de demander cela avec insistance.

おして 推して [私の経験から〜] si j'en juge par mon expérience. 血色から〜彼は具合が悪い La vue du sang lui fait tourner de l'œil. 他は〜知るべし On peut en inférer tout le reste.

おしとおす 押し通す persister. 彼は最後まで自説を押し通した Il a persisté dans son opinion jusqu'à la fin.

おしどり 鴛鴦 canard m mandarin. 〜夫婦 époux mpl qui s'entendent bien.

おしながす 押し流す charrier; entraîner; emporter. 洪水が橋を押し流した L'inondation a emporté un pont. 増水した川が木の枝を押し流して行く Le fleuve en crue charrie des branches d'arbres. 時流に押し流される être entraîné par le courant de l'époque. 舟は流れに押し流された Le bateau a été entraîné par le courant.

おしなべて 押し並べて [総じて] en général; généralement; [一様に] tout ensemble; [平均して] en moyenne; [到る所] partout.

おしのける 押し退ける repousser; bousculer; écarter; [競争相手を] supplanter; évincer. 野次馬を〜 écarter les curieux. 競争相手を〜 supplanter son rival. 群衆を押し退けて進む écarter la foule pour se frayer un passage; se frayer un passage à travers la foule.

おしのび お忍び 〜で incognito.

おしば 押し葉 feuille f séchée; [標本] herbier m.

おしはかる 推し量る [推量する] conjecturer; [見抜く] pénétrer. 人の考えを〜 pénétrer les intentions (les idées) de qn. 推し量れない impénétrable; impondérable.

おしばな 押し花 fleur f séchée.

おしひろめる 押し広める diffuser; faire circuler (courir); [拡大する] élargir.

おしべ 雄蕊 étamine f.

おしボタン 押しボタン bouton m. 呼鈴の〜 bouton d'une sonnette.

おしまい 仕舞 f. 〜だ C'est fini./Tout est fini. 外人から日本語を教わるようじゃ〜 Apprendre le japonais d'un étranger, c'est la fin de tout.

おしみなく 惜しみなく 〜拍手を送る applaudir qn frénétiquement.

おしむ 惜しむ [出し惜しむ・節約する] épargner; être économe de; marchander. 金(労)を〜 épargner de l'argent (ses forces, de la peine). 寸暇を〜 être économe du moindre instant. 骨身を〜 s'épargner; épargner ses efforts. 名を〜 sauver le renom de qn (sa réputation). 費用を惜しまない ne pas regarder à la dépense. 骨身を惜しまない prodiguer; ne pas marchander ses efforts. 讃辞を惜しまない prodiguer ses éloges; ne pas marchander ses éloges. 推薦の労を惜しまない prodiguer à qn des recommandations. 警察は犯罪人の捜索にいかなる努力も惜しまない La police n'épargne aucun effort pour retrouver les criminels. 行動しなければならぬ時きは骨身を惜しむな Ne te ménage pas quand il faut agir. 惜しまずに与える donner libéralement. ◆[残念に思う] regretter; avoir le regret de. 友の死(過ぎし日)を〜 regretter la mort de son ami (le temps passé). 別れを〜 regretter la séparation; avoir le regret de se séparer. 皆に惜しまれながら惜しまれて死んだ Il est mort regretté de tout le monde. 彼の死は惜しみても余りあるものがある On ne peut trop regretter sa mort. 〜べき regrettable. 〜らくは…だ Il est regrettable (Il est à regretter) que sub.

おしむぎ 押し麦 orge f perlée.

おしめ lange m; couche f; couche(s)-culotte (s) f. 赤ん坊に〜をする mettre la couche à un bébé; langer un bébé. 〜をかえる changer les langes. 〜を汚す salir sa couche (ses langes).

おしめり お湿り 〜いい〜だ Voilà une belle ondée!/Quelle bonne ondée!

おしもおされぬ 押しも押されぬ 〜党の主脳 chef m incontesté du parti. 彼は〜一流作家だ C'est un des auteurs dont la réputation est le mieux bien établie./C'est un des auteurs les plus distingués (éminents). 彼は〜地位を築いた Il a une position inébranlable.

おしもどす 押し戻す repousser; faire reculer.

おしもんどう 押し問答 vif échange m de paroles. 〜する échanger des propos enflammés.

おしゃか 〜こんな〜になった製品は売り物にならぬ Cet article défectueux est invendable. 私の車は〜になった Ma voiture est complètement rétamée. ⇨ おじゃん、できそこない(出来損い).

おしゃく お酌 〜をする verser à boire à qn.

おしゃぶり sucette f.

おしゃぶる 押し破る 〜戸を〜 enfoncer une porte.

おしゃべり お喋り babillage m; bavardage m; caquet m; papotage m; causerie f. 〜する babiller; bavarder; caqueter; causer; faire la causette. ぺちゃくちゃ〜する jacasser. 〜な人 bavard(e) m(f); phraseur(se) m(f); jacasseur(se) m(f).

おしゃま 〜な小娘 fillette f avancée pour son âge.

おしゃれ お洒落 coquetterie f; dandysme m; [人] coquette f; dandy m. 〜をする se faire beau (belle); être pomponné. 〜な coquet(te). 〜な小娘 petite fille coquette. 〜である être coquet(te); avoir le goût de la toilette. 彼女はひどく〜 Il est d'une coquetterie exagérée.

おじゃん 〜になる être fichu. 計画は〜だ Le projet est fichu.

おしょう 和尚 bonze m; [住職] chef m d'un temple.

おじょうさん お嬢さん demoiselle f; [呼びかけ]

mademoiselle (mesdemoiselles) *f*. あなたの～ votre fille *f*. ¶～育ちの娘 jeune fille élevée comme une oie blanche.

おしょく 汚職 malversation *f*; [贈収賄] corruption *f*; [役人の] concussion *f*. ～で訴えられる être accusé de concussion. ～する commettre une malversation. ‖～官史 fonctionnaire *m* coupable de malversation. ～事件に巻き込まれる être impliqué dans une affaire de corruption.

おじょく 汚辱 humiliation *f*. ～を受ける essuyer (subir) une humiliation.

おしよせる 押し寄せる [軍隊などが] marcher sur; serrer de près; [殺到する] se ruer; déferler; [詰めかかる] assiéger; se presser. 砦に～ marcher sur la forteresse. 人々は出口に押し寄せた Les gens se ruaient vers la sortie. 乗客が駅長室に押し寄せた Des voyageurs ont assiégé le bureau du chef de gare. ファンが彼女のまわりに押し寄せた Des fans se sont pressés autour d'elle. 敵軍が我が陣地に押し寄せてきた L'armée ennemie a déferlé sur notre camp.

おしろい 白粉 poudre *f*; fard *m*. ～をつける se mettre de la poudre (du fard); se poudrer; se farder. ～をおとす se démaquiller. ～を塗りたくる se plâtrer. ¶～をつけた女 femme *f* poudrée. ‖～入れ poudrier *m*. ～ばけ †houppette *f*. ～花 belle(s)-de-nuit *f*.

オシログラフ oscillographe *m*.

オシロスコープ oscilloscope *m*.

おしわける 押し分ける écarter; fendre. くさむらを～ écarter des herbes touffues. 群衆を押し分けて進む traverser la foule; fendre la foule pour se frayer un passage.

おす 押す pousser; presser; appuyer sur; [判を] imprimer. ベルのボタンを～ presser (appuyer sur) le bouton d'une sonnette. 車を～ pousser une voiture devant *soi*. 判を～ imprimer la marque d'un cachet. 押さないで下さい Ne poussez pas! ¶みんな判で押したように同じ返事をした Tous, comme s'ils s'étaient donné le mot, ont fait la même réponse.

おす 牡(雄) mâle *m*. ～と牝 le mâle et la femelle. ¶～の mâle.

おす 推す [推論する] conjecturer; [推薦する] recommander; [任命する] nommer *qn*. 市会は彼を市長に推した Le conseil municipal l'a nommé maire. 彼が私を熱心に推してくれるのでその仕事を引き受けることにした Il m'a recommandé chaudement, et j'ai fini par accepter ce travail.

おすい 汚水 eaux *fpl* sales; [下水の] eaux d'égouts; [台所の] eaux ménagères. ‖～溜 cloaque *m*.

おずおず craintivement; timidement. ¶～した craintif(ve); peureux(se); timide. ～した様子で avec un air timide (craintif). ～している être craintif.

オスカーしょう ～賞 [prix *m*] oscar [Oskar] *m*.

おすすめ お奨め [オンライン・ショッピングで] Nos sélections.

おすそわけ お裾分け ¶～する partager un don.

おすなおすな 押すな押すな ¶店は～の盛況だ Le magasin est bondé. ホールは～の混雑である La salle est pleine de monde.

オスミウム osmium *m*.

オセアニア Océanie *f*. ¶～の océanien(ne). ‖～人 Océanien(ne) *m(f)*.

おせおせ 押せ押せ ¶仕事が～になっている[立込んでいる] être pris sous une avalanche de travail. ◆[【俗】勢い気味の] この試合は～ムードだ Dans ce match, nous avons le vent en poupe.

おせじ お世辞 compliments *mpl*; [おべっか] flatterie *f*. 見えすいた～ de fades compliments. ～がいい se montrer affable (accueillant) avec *qn*. ～がうまい savoir tourner des compliments. ～を言う dire des compliments; flatter *qn*. ¶～抜きで sans compliment. ‖～たらたらである faire mille flatteries. ～屋 complimenteur(se) *m(f)*; flatteur(se) *m(f)*. ～笑い sourire *m* de flatterie.

おせっかい お節介 empressé *m*. ～を焼く faire l'empressé; [口出しする] se mêler de; s'immiscer dans. 他人の仕事に～を焼く se mêler des affaires des autres. ～はよして下さい Mêlez-vous de ce qui vous regarde. ¶～な empressé; [口出しをする] qui se mêle de tout. ～な友達 ami *m* empressé. ‖～な者 importun(e) *m(f)*; [出しゃばり屋] touche-à-tout *mf inv*.

おせっきょう お説教 homélie *f*; sermon *f*. ～を聞かされる subir des homélies. ‖～好き sermonneur(se) *m(f)*. ⇨ せっきょう(説教).

おせん 汚染 pollution *f*; viciation *f*; contamination *f*. 放射能による～ pollution par radio-activité; contamination radio-active. ¶～する [汚す] polluer; vicier. 工場の煙が空気を～する Des fumées d'usine vicient (polluent) l'air. 空気は～される L'air s'est vicié. ～された pollué; vicié. ～されていない impollué. ‖水質(海水)～ pollution des eaux (des mer). 大気～ pollution atmosphérique (de l'air). ～水 eaux *fpl* polluées.

おぜんだて お膳立て ⇨ぜんだて(膳立て).

おそい 遅い [時間が] tardi(ve). 帰りが～ revenir tard; tarder à revenir. 過ちに気がつくのが～ s'apercevoir tardivement d'une erreur. 来るのが～ tarder à venir. 子供が出来るのが～ avoir tardivement un enfant. 今年は秋が来るのが～ L'automne est en retard cette année. もう～ Il est trop tard. 夜が～ La nuit est avancée./Il est déjà tard. もう～ので、そろそろおいとま致します Comme il se fait tard, nous ne resterons pas plus longtemps. ¶～時間に帰る rentrer à une heure tardive. ◆[【のろい】lent. 進歩が～ faire de lents progrès. 返事が～ tarder à répondre. 分りが～ être lent à comprendre. 知恵の～子供 enfant *mf* attardé(e). ¶～スピードで à vitesse réduite.

おそいかかる 襲いかかる se précipiter (se jeter, fondre) sur; s'abattre sur; courir sus à; assaillir. 敵に～ fondre sur *son* adver-

おそう 襲う [襲撃する] attaquer; assaillir; fondre sur; [侵入する] envahir; [病気, 死が] frapper; [暴風雨的] surprendre qn. 敵を背後から~ attaquer l'ennemi par derrière. 悪人どもに襲われる être assailli (attaqué, agressé) par des malfaiteurs. 嵐に襲われる être surpris par la tempête. これから奴が家を襲おうじゃないか [押しかける] Faisons une descente chez lui! 眠気が私を襲い始めた Le sommeil commençait à me gagner.

おそく 遅く tard. ~起きる se lever tard. ~まで au plus tard. 毎晩~まで働く travailler très tard chaque soir. ~なる s'attarder; [スピードが] se ralentir; [遅刻する] être en retard. 友達の家で~なる s'attarder chez un ami. ~ならないうちに avant qu'il [ne] soit trop tard. 帰りの~なった通行人 passant m attardé. 遅かれ早かれ tôt ou tard.

おそざき 遅咲き ¶~の花 arrière-fleur f; fleur f tardive.

おそなえ 御供え ¶~をする faire des offrandes sur l'autel.

おそばん 遅番 ¶~である [遅出である] se rendre au travail plus tard que d'ordinaire; [夜勤である] être de l'équipe de nuit; être de service de nuit.

おそまき 遅蒔き ¶~の tardif(ive). ~の野菜 légumes mpl de production tardive. ~ながら tardivement. ~ながら後悔する avoir des remords tardifs.

おそまつ お粗末 ¶~な mauvais; détestable; 《俗》fichu. ~な奴だ Il a un fichu caractère.

おそらく 恐らく peut-être; sans doute; probablement. ……だろう Peut-être que ind./Il est probable que ind. 彼は来るだろう Peut-être viendra-t-il./Il est probable qu'il viendra.

おそるおそる 恐る恐る peureusement; craintivement; [うやうやしく] avec vénération; [用心して] avec précaution; prudemment. ~進み出る s'avancer craintivement.

おそるべき 恐るべき terrible; formidable; redoutable. ~終末 terrible catastrophe f. ~力 force f formidable. ~人 personne f redoutable.

おそれ 恐れ [恐怖] peur f; épouvante f; frayeur f; effroi m; terreur f. ~をなす s'épouvanter; être saisi de frayeur; [閉口する] être effrayé. 値段が高いのに~をなす être effrayé du niveau d'un prix. 彼の話の長いのに~をなす être effrayé par la longueur de son discours. ~をなして逃げる s'enfuir épouvanté (effrayé). ¶~を知らぬ sans peur; [大胆な] intrépide. ~を知らぬアルピニスト alpiniste m intrépide. ◆[懸念・危険] peur f; crainte f; appréhension f. 将来への希望と~ les espoirs et les craintes de l'avenir. ~する恐れがある il y a [un] danger de inf (que sub). 線路を歩くとひかれる~がある Il y a danger de se faire tuer en suivant la voie ferrée. 嵐(戦争)になる~がある Une tempête (Une guerre) menace. 彼が来る~はない Il n'y a pas à craindre qu'il vienne.

おそれいる 恐れ入る [恐縮する] être confus. お待たせして恐れ入ります Je suis confus de vous avoir fait attendre. 御親切まことに恐れ入ります Je suis tout confus de vos bontés. 恐れ入りますがその新聞を取って下さい Passez-moi ce journal, s'il vous plait. ◆[感謝する] ¶お心遣い恐れ入ります Je vous suis très reconnaissant de votre sollicitude. ◆[驚く・あきれる] être surpris; être stupéfait; [驚嘆する] s'émerveiller. 彼の馬鹿力には恐れ入る Je suis surpris de sa force formidable. あれで詩人とは恐れ入った Comment peut-il être poète avec ça! あの芸術家の才能には誰でも恐れ入ってしまう Tout le monde s'émerveille du talent de cet artiste. 彼の馬鹿さかげんに一同恐れ入ってしまった Tout le monde a été stupéfait (frappé de stupeur) de sa bêtise. ¶恐れ入った話だ C'est une histoire stupéfiante (incroyable). ◆[参る] ¶彼の長話には~よ Je suis effrayé par la longueur de son discours. その質問には恐れ入った Cette question m'a embarrassé.

おそれおおい 恐れ多い [ありがたい] bienveillant. ~お言葉 paroles fpl bienveillantes. 恐れ多く思う être rempli de sentiment respectueux. 申すも~ことだが Permettez-moi de dire très respectueusement que.... ¶恐れ多くも……する daigner gracieusement inf.

おそれおののく 恐れ戦く trembler (frissonner) de peur.

おそれながら 恐れながら ¶~申し上げます Je me permets de vous dire que....

おそれる 恐れる avoir peur de qc (de inf, que ne sub); craindre (redouter) qc (de inf, que ne sub); s'effrayer de. ひどく~ mourir de peur. 見つかるのを~ craindre d'être découvert. 彼は死を恐れない Il ne craint pas la mort./Il n'a pas peur de la mort. 恐れられている être redouté de. 恐れさせる faire peur à qn; terrifier (effrayer, terroriser) qn. ~を恐れて dans la crainte de; de crainte (peur) de. 失敗するのを恐れて dans la crainte d'échouer. 彼はスキャンダルを恐れて姿を隠していた Il se cachait par peur du scandale. 恐れもなく sans crainte; [堂々と] sans être troublé.

おそろい お揃い ¶~で ensemble. ⇨ そろい(揃い).

おそろしい 恐ろしい terrible; redoutable; formidable; effrayant; [ぞっとする] horrible; épouvantable; affreux(se); [ひどい] atroce; cruel(le); [激しい] farouche. ~敵 ennemi m terrible (redoutable). ~面構え mine f farouche. ~光景(話) spectacle m (récit m) terrifiant. ~苦しみ souffrances atroces. ~罪を犯す commettre un crime horrible (abominable). ~ことを言う dire des horreurs. ~目にあう faire une rencontre terrifiante. 彼は見るも~ような顔をしている Son vi-

おそろしく sage est affreux (horrible) à voir. それは見るも〜光景だったCela faisait horreur à voir. …は…ことだ Il est horrible de inf (que sub). ⇒おそれる(恐れる).

おそろしく 恐ろしく [非常に] extrêmement; excessivement; terriblement; prodigieusement; affreusement; effroyablement; horriblement. 〜く暖い Il fait terriblement chaud. 〜く安い être extrêmement bon marché. 〜く頭が痛い avoir affreusement mal à la tête. 〜でかい(金持ち) être prodigieusement grand (riche). 〜く醜い être affreusement laid; être laid à faire peur.

おそろしさ 恐ろしさ épouvante f; effroi m; frayeur f; horreur f; peur f. 〜で口がきけない être muet(te) d'épouvante. 〜で真っ青になる être vert de peur; pâlir d'effroi. 〜で震える trembler d'effroi.

おそわる 教わる ⇒ ならう(習う).

おそん 汚損 ¶〜する [汚す] salir; [傷める] abimer.

オゾン ozone m. ¶〜層の破壊 destruction f de la couche d'ozone. 〜ホール trou m d'ozone.

おたおた ¶〜する être déconcerté (troublé). 〜した déconcertant.

おたがい お互い ¶〜様ですよ On est à la même enseigne.

おたかく お高く ¶〜とまる se guinder; se montrer prétentieux(se). 〜とまった prétentieux(se); guindé. 〜とまった女 donzelle f.

おたく お宅 ¶〜の votre (vos). 御主人は〜ですか [在宅] Monsieur est-il chez lui?

おだく 汚濁 souillure f; saleté f. ¶〜の世の中 monde m plein de souillures.

おたけび 雄叫び ¶〜をあげる pousser le cri de guerre.

おたずねもの お尋ね者 personne f recherchée par la police.

おだて 煽て [へつらい] flatterie f; [煽動] incitation f. 〜にのる se laisser prendre aux flatteries. ¶〜にのり易い sensible à la flatterie.

おだてる 煽てる flatter; [煽動する] inciter. 〜だてて…させる exciter qn à inf. そうおだてるなよ Ne me faites pas rougir. 人はおだてられていると知りながらも、 〜させられるものだ Même quand on pense que c'est une flatterie, on se laisse quand même duper.

おたふく お多福 [顔] visage m joufflu; [女] femme f joufflue. ¶〜風 oreillons mpl. 〜風にかかる attraper les oreillons.

おだまき 苧環 ancolie f.

おたまじゃくし 御玉杓子 têtard m.

おたまや お霊屋 mausolée m.

おためごかし お為ごかし ¶〜を言う amadouer qn. 〜を言って娘を手に入れる amadouer qn pour obtenir sa fille. 〜に sous l'apparence de la bienveillance; en feignant la bienveillance.

おだやか 穏や ¶〜な doux(ce); calme; tranquille, [平和な・静かな] paisible; placide; serein; débonnaire; [温和] modeste; bénin(gne). 〜な風 vent m léger (doux). 〜な眠り sommeil m tranquille. 〜な人 personne f paisible (débonnaire). 〜な日々 jours mpl sereins. 〜な批評 critique f bénigne. 〜な様子 air m modeste. 〜になる s'apaiser; se calmer; s'adoucir. 悪口を言われても〜にしている rester placide sous les injures. 今年の冬は〜だった Cette année, l'hiver a été doux. 彼の死顔は〜だった Son masque mortuaire était serein. ¶〜に calmement; doucement; tranquillement; paisiblement. 〜に眠る dormir tranquillement. 〜に話す parler calmement. ¶〜さ douceur f; sérénité f.

おだわらひょうじょう 小田原評定 délibération f vaine et interminable. ¶結局は〜に終った Les délibérations interminables n'ont rien apporté.

おち 落ち [手落ち] omission f; [脱落] oubli m; [話の] dénouement m. そんなことしたら失敗するのが〜さ Tout cela ne vous mènera qu'à un échec./En agissant ainsi, vous finirez par essuyer un échec.

おちあう 落ち合う rejoindre qn; prendre rendez-vous à qn; [互いに] se retrouver; se revoir; [川が] se joindre; se rejoindre. 橋は二つの川が〜所にかかっている Le pont est au confluent des deux rivières. パリで落ち合おう Nous nous rejoindrons à Paris.

おちいる 陥る tomber; [敗れる] céder; succomber; [陥落する] tomber; être pris. …の手中(罠)に〜 tomber dans les mains de qn (un piège).

おちうど 落人 fugitif(ve) m(f); fuyard(e) m(f).

おちおち ¶〜眠れない ne pas pouvoir dormir tranquillement.

おちこむ 落ち込む tomber dans; [くぼむ] se creuser. 景気が落ち込んだ L'activité économique a baissé (est tombée dans le marasme). 川の流れが轟々と音を立てて滝壺に落ち込んでいた Le cours d'eau tombait avec un grondement dans le bassin d'une cascade. 頬が落ち込んでいる Ses joues se creusent. ¶落ち込んだ目 yeux mpl caves (enfoncés). 落ち込んだ頬 joues fpl creuses. ◆[気分が] se déprimer. ¶彼は少し落ち込んでいる Il est un peu déprimé.

おちつき 落着き calme m; sang-froid m; présence f d'esprit; sérénité f. 心の〜 calme de l'âme. 〜を失う perdre son calme. 〜を取り戻す retrouver son calme; se ressaisir; se remettre de son trouble. 彼は一瞬呆然としたが、 すぐに〜を取り戻した Un instant affolé, il n'a pas tardé à se ressaisir. ¶〜を払う garder tout son sang-froid. 〜のある calme; tranquille; posé; serein. 〜のない remuant; agité; énervé. 〜のない子 enfant mf remuant(e).

おちつく 落着く [静まる] se calmer; se remettre; [安定する] se stabiliser; [気楽になる] être (se sentir) à son aise; [おとなしくなる] s'assagir. 彼女は結婚して落着いた Elle s'est assagie depuis son mariage. 落着きなさい Calmez-vous./Remettez-vous. 落着かな

おちつける se sentir inquiet. 彼らと一緒だと落着かない Je ne me sens pas à mon aise avec eux. ¶ 落着いた tranquille; calme; posé. 落ち着いた人 personne f de sens rassis; esprit m posé. 落着いた部屋 chambre f calme et confortable. 落着いた着物 vêtement m de coup sobre. 落着いている rester calme; garder *son* sang-froid. 相場は落着いている Les cours de la Bourse se sont stabilisés. 落着いて tranquillement; calmement; posément. 落着いて話す parler posément. 落着いて仕事がしたい Je veux travailler en paix. ◆ [一定の場所に] s'installer; [定住する] s'installer; s'établir; se fixer. 新しい家に～ s'installer dans *sa* nouvelle maison. パリに～ se fixer (s'installer) à Paris.

おちつける 落着ける ¶ 心を～ se calmer; calmer *son* esprit. 椅子に腰を落着けてゆっくり読む s'installer dans un fauteuil pour lire à *son* aise. 腰を落着けて勉強する étudier sérieusement. さあ、気を落着けて Allons, remettez-vous.

おちど 落度 faute f; erreur f. ～ない être sans faute. 人の～にする imputer *qc* à *qn*; donner tort à *qn*. それは私の～になる Ce sera de ma faute./J'en serai responsable. 交渉の失敗は代表者の～だとみんな思っている On impute l'échec des négociations aux délégations.

おちのびる 落延びる réussir (parvenir) à s'enfuir.

おちば 落葉 feuille f morte.

おちぶれる 落ちぶれる tomber dans la misère; descendre bien bas. 落ちぶれて乞食になる s'abaisser à (jusqu'à) mendier; être réduit à mendier. 彼はすっかり落ちぶれた Il est tombé bien bas.

おちぼ 落穂 glane f; glanure f. ～を拾う glaner. ¶ ～拾い glanage m.

おちむしゃ 落武者 guerrier m en fuite.

おちめ 落目 déclin m de la fortune; [不幸] adversité f. ¶ ～になる baisser. あれほど～になっても彼の勇気はくじけない Même dans une telle adversité, son courage n'a fléchi pas. 彼の晩年は～だった Il avait bien baissé pendant les dernières années de sa vie.

おちゃ お茶 ¶ ～を濁す user de faux-fuyants. ～の子さいさい Rien n'est plus nullement difficile. ～の会を催す donner un thé. …を～に招く inviter *qn* au thé. ⇒ ちゃ(茶).

おちゃっぴい gamine f bavarde.

おちうど 落行く s'enfuir; prendre la fuite. ¶ ～先 but m de la fuite.

おちょうしもの 御調子者 étourdi(e) $m(f)$.

おちょこ 御猪口 verre m à liqueur. ¶ 風で傘が～になった Le vent a retourné mon parapluie.

おちょぼぐち 御ちょぼ口 petite bouche mignonne; 《俗》bouche f en cul de poule.

おちる 落る tomber; [くずれ落ちる] s'écrouler; s'effondrer; [ころげ落ちる] dégringoler; [日が] baisser; se coucher; descendre; [しずくが] dégoutter. 馬から～ tomber de cheval. 日が西の空に～ Le soleil disparaît au couchant. 洪水で橋が落ちた Le pont a été emporté par l'inondation. 城は落ちた La citadelle est tombée. 汗の額から落ちた La sueur lui dégouttait du front. ◆ [試験に] échouer (être refusé, être collé) à. 彼は試験に落ちた Il a été collé à son examen. ◆ [下がる] baisser; tomber; diminuer; se ternir. 視力が落ちて来た Ma vue baisse. 彼の名声は地に落ちた Sa réputation s'est complètement ternie./Il a complètement perdu de réputation. 客足がめっきり落ちた La clientèle a notablement diminué. 彼の人気(信用)は落ちたね Sa popularité (Son crédit) a baissé. ◆ [劣る] être inférieur. この品はあの品より～ Cet article-ci est inférieur à celui-là. 彼の実力は僕より一枚～ Il n'est pas à la même hauteur que moi. この品は質が落ちます Cet article est d'une qualité inférieure. ◆ [色が] déteindre; se faner; passer. この種の布地はすぐ色が～ Une étoffe de ce genre déteint facilement. ◆ [しみ、ペンキ、ボタンなどが] se détacher; s'enlever; partir; disparaître. 喧嘩して上衣のボタンが二つ落ちた Deux boutons de ma veste étaient partis (s'étaient détachés) dans la bagarre. 油のしみは落ちない Les taches d'huile ne s'enlèvent pas. 洗濯して染みが～ tache f qui est partie à la lessive. ◆ [脱落する] 一字落ちている Une lettre manque (a été omise).

おつ 乙 ¶ 一方を甲、他を～と呼ぶ On appelle l'un A et l'autre B. ◆ ～な [気の利いた] spirituel(le); [しゃれた] chic *inv*; coquet(te); [味が] exquis; fin. ～な味 goût m fin. ～な化粧(い) toilette f (type m) chic. ～な身なりをしている être élégamment habillé; être chic. ～な料理 plat m exquis. ～なことを言う dire un bon mot (une chose spirituelle). ～にかすえる prendre une attitude guindée (affectée). ～にすます avoir un air guindé; se guinder. ～にすました guindé; affecté; collet monté *inv*. あんなに～にすました奴と一緒では気が重い On ne se se sent pas à l'aise en compagnie de gens aussi collet monté. そのドレスは～だね Cette robe a du chic.

おつぎ 御付持 suivant(e) $m(f)$; suite f; [護衛] escorte f. ⇒ おとも(お供).

おっくう 億劫 ～がる se sentir ennuyé de *inf*. ～な ennuyeux(se). 出かけるのが～だ Ça m'ennuie de sortir. ¶ ～がり屋 indolent(e) $m(f)$.

おつげ お告げ révélation f; [神の] message m divin; [宣託] oracle m. ～を受ける recevoir une révélation (un oracle).

おっしゃる ¶ ～通りです Certainement./Vous avez raison.

オッズ cote f.

おっちょこちょい ～な étourdi; léger(ère); frivole; tête en l'air.

おっつかっつ ¶ ～に à peu près égal(aux). 彼らの実力は殆ど～だ Ils sont presque de même force.

おって 追って [後で] plus tard; bientôt. ¶ ～沙汰のあるまで jusqu'à nouvel ordre.

おって 追っ手 poursuivant m. ～をかける envoyer (lancer) des gens à la poursuite de qn. ～を引き離す distancer ses poursuivants. 巧みに～をまく réussir à dépister ses poursuivants.

おっと Oh!/Holà. ～危ない Attention!/Holà, prenez garde./Gare à vous!／失礼 Oh! Pardon.／～待った Attends rien qu'un moment!／～どっこいそうはさせない(そうはいかない) Holà, je ne vous laisserai pas faire./Ça ne se passera pas comme ça.

おっと 夫 mari m; époux m. ¶～の marital (aux). ～のある(ない) mariée (non mariée). ～の許可なしに sans autorisation f maritale.

おっとせい 膃肭臍 otarie f.

おつとめ 御勤め [僧侶の] office m. 日曜の～ office du dimanche. ～する célébrer un office.

おっとり ¶～かまえる se montrer calme (tranquille). ～した ton(ce); calme; serein. ～した性格 caractère m doux. ～した顔 visage m serein.

おっとりがたな 押取刀 ¶～で en grande hâte;《俗》à la va-vite.

おっぱい ⇨ ちぶさ(乳房).

おつまみ お摘み amuse-gueule m inv.

おつゆ 御汁 soupe f japonaise.

おてあげ お手上げ ¶～だ Il n'y a rien à faire./Je n'y peux rien.

おでき [腫物] furoncle m; bouton m; [腫瘍] tumeur f. 首に～ができている avoir un bouton au cou. ～がされてきた Un bouton est en train de se former.

おでこ [額] front m; [突き出た額] front bombé. ¶彼は～だ Il a le front bombé.

おだま 御手玉 ¶～をする jouer aux osselets mpl japonais.

おてつだい 御手伝い servante f; bonne f.

おてつだいさん お手伝いさん ⇨ てつだい(手伝い).

おてて お手々 [幼児語] menotte f.

おてのもの お手の物 le fort. 歌は彼(彼女)の～だ Le chant est son fort.

おもり 重盛り ¶～の favorable à soi; avantageux(se). ‖政府の～予算 budget m favorable au gouvernement.

おてやわらか お手柔らか ¶～に願います Ne me malmenez pas.

おてん 汚点 tache f; souillure f. ～をつける tacher; souiller. ～を残す faire tache. それが彼の評判に～をつけた C'était une tache à sa réputation. あの無作法な女が我々の立派な社交界に～を残した Cette femme aux manières vulgaires a fait tache dans notre société élégante. ¶～のない sans tache.

おてんきや お天気屋 personne f lunatique (capricieuse).

おてんば お転婆 garçon m manqué. ¶あの娘は何て～なんだ Cette fillette est un vrai garçon manqué!

おと 音 [音響] son m; [騒音] bruit m; [轟音] grondement m. エンジンの～ vrombissement m d'un moteur. 皿(コップ)のがち合う～ cliquetis m des assiettes (des verres). 銃砲の～ détonation f d'un coup de fusil. せせらぎの～ murmure m d'un ruisseau. 太鼓の～ roulement m de tambour. 戸の鳴る～ claquement m d'une porte. 波(風)の～ mugissement m des vagues (du vent). 葉ずれの～ bruissement m des feuilles. ～を立てる faire du bruit. ～を出す rendre (émettre) un son. ¶～を立てて(もなく) avec (sans) bruit.

おとうさん お父さん père m; papa m.

おとうと 弟 petit frère m; [軽] cadet m.

おどおど ¶～する s'intimider; s'effarer; troubler. 彼はいつも先生の前で～している Il est toujours intimidé par les professeurs. ～した intimidé; effaré; craintif(ve). ～した目 yeux mpl effarés (craintifs). ～した人 peureux(se) m(f). ～した様子 air m intimidé. ～して craintivement; peureusement. 彼女は～しながら私を見つめていた Elle me regardait effarée.

おどかす 威かす ⇨ おどす(威す).

おとぎ お伽 ¶～の国 féerie f. ‖～話 conte m de fées.

おどけ [冗談] plaisanterie f; [道化] bouffonnerie f. ¶～者 plaisantin m; bouffon m; farceur(se) m(f).

おどける [冗談] plaisanter; badiner; [道化る] bouffonner; faire le bouffon. 先生の真似をして～ plaisanter en singeant son maître. 彼は喜劇役者にしてはそれほど～ていなかった Il n'était pas tellement drôle pour un acteur comique. ¶～た comique; bouffon(ne); burlesque; badin. ～て話をする tenir des propos badins. ～て en plaisantant; burlesquement.

おとこ 男 homme m. あわれな～ pauvre homme. 立派な～ homme de qualité. 彼は～の中の～だ C'est un vrai homme. 彼は何もしかねない～だ Il est homme à tout tenter. あれが例の～ Voilà mon (notre) homme. ¶～の d'homme; masculin; viril. ～の一言 parole f d'homme. ～の子 garçon m; [少年] garçonnet m; [息子] fils m. ～の仕事 métier m d'homme. ～の友達 ami m homme. ～のような garçonnier(ère); viril;《俗》hommasse. ～のような物腰をした女 femme f aux manières garçonnières (aux allures viriles). 彼女はちょっと～みたいだ Elle est un peu hommasse. ‖～嫌い aversion f pour les hommes. ～狂い nymphomane f. ～に～いで être folle d'un corps masculin. ～同士で話す parler d'homme à homme. その服を着ると～振りが一層上がる Avec ce complet, tu auras l'air encore plus viril. ◆[慣用的に] ～を立てる sauver (garder) la face. ～を上げる(下げる) gagner (perdre) en dignité. ～を磨く chercher à être un vrai homme. ～が立たない perdre la face. ～と見込んで頼む faire appel aux sentiments chevaleresques de qn. ～ならやってみろ Ose le faire, si tu es un homme. [情夫] amant m. ～を作る avoir un amant.

おとこぎ 男気 caractère m mâle (viril); [義侠心] esprit m chevaleresque. ～を出す agir comme un homme; se montrer homme. ¶～のある viril; chevaleresque.

おとこごころ 男心 sentiment m mâle.

おとこざかり 男盛り ¶彼は~である Il est dans la force de l'âge.
おとこずき 男好き ¶~の女 femme *f* qui aime les hommes. ~のする女 femme appétissante (qui attire les hommes).
おとこだて 男の侠客 justicier *m*.
おとこたらし 男誑し coquette *f*; enjôleuse *f*.
おとこで 男手 ¶~が必要だ Il faut des bras d'homme. 子供を~ひとつで育てる élever tout seul *son* enfant.
おとこなき 男泣き ¶~する verser des larmes d'homme.
おとこぶり 男振り ¶彼は~がいい C'est un beau garçon. ~が上がる avoir l'allure plus virile.
おとこまさり 男勝り ¶~の女 amazone *f*; maîtresse femme *f*;《俗》virago *f*.
おとこもち 男持ち ¶~の雨傘 parapluie *m* pour homme.
おとこもの 男物 [衣類] vêtement *m* masculin. ~の masculin; d'homme. ~の売場 rayon *m* pour hommes.
おとこやもめ 男鰥 veuf *m*. ~に蛆が湧く ⇨ やもめ (寡婦, 鰥夫).
おとこらしい 男らしい digne d'un homme; mâle; viril. ~の男 un vrai homme. 厳めしく~声 voix *f* grave et mâle. ~態度 attitude *f* virile (digne d'un homme). ~態度をとる se montrer homme. 男らしくない indigne d'un homme; peu viril. 彼は男らしくない Il n'est pas viril. 男らしくしろ Soyez [un] homme. 男らしく virilement; en homme. 互いに男らしく闘う se battre homme à homme. 男らしく振舞う se conduire en homme; agir comme un homme. 男らしさ virilité *f*.
おとさた 音沙汰 ⇨ たより (便り).
おどし 威し menace *f*; intimidation *f*; [恐喝] chantage *m*. ~をかける user de menaces. ~がきかない Les menaces ne font pas peur à qn. ~にのるなよ Ne te laisse pas impressionner. ¶~文句 parole *f* menaçante.
おとしあな 落し穴 trappe *f*; [罠] embûches *fpl*; traquenard *m*; piège *m*. ~に落ちる tomber dans une trappe; [罠] tomber dans un piège. ¶~の多い問題会 question *f* pleine d'embûches (de traquenards).
おとしいれる 陥れる faire tomber; [だます] prendre au piège. 罠に~ faire tomber dans un piège. 国を無政府状態に~ plonger un pays dans l'anarchie. ~を絶望に~ précipiter qn dans le désespoir.
おとしご 落し胤 bâtard(e) *m(f)*.
おとしだま お年玉 étrennes *fpl*; cadeau(x) *m* de nouvel an. ~に…をやる donner (offrir) qc pour étrennes. 彼はすばらしい~を貰った Il a eu de belles étrennes.
おとしぬし 落し主 propriétaire *mf* d'un objet trouvé.
おとしまえ 落し前 compensation *f*. ~をつけて払って償う payer pour une offense. この~をつける Il faut payer pour cette offense.

おとしもの 落し物 objet *m* perdu. ~をする perdre quelque chose (un objet).
おとしより お年寄り vieux bonhomme (vieux bonshommes) *m*; vieille bonne femme *f*.
おとす 落す laisser tomber; [打ち落す] abattre; [ふるい落す] éliminer. コップを~ laisser tomber un verre. 飛ぶ鳥を~ abattre un oiseau au vol. 水面に影を~ projeter son ombre sur l'eau. 志願者を~ coller (refuser) un candidat. 今や彼は飛ぶ鳥を~勢いだ En ce moment, tout lui réussit. 彼は思わず花瓶を落してしまった La vase lui a échappé des mains. [低下させる] baisser; abaisser. 声を~ baisser la voix. スピードを~ ralentir (réduire) la vitesse. 品質を~ diminuer la qualité. 乞食にまで~ s'abaisser jusqu'à mendier. ◆[失う] perdre. 財布を~ perdre (laisser tomber) *son* porte-monnaie. フランス語の単位を~ ne pas obtenir *ses* unités de valeur de français. 信用(命)を~ perdre *son* crédit (la vie). [取り除く] 垢を~ se décrasser. 石の角を~ enlever les angles d'une pierre. 泥を~ enlever la boue. 靴の泥を~ décrotter les souliers. しみを~ enlever une tache. ◆[抜かす] omettre; [語なども] sauter; passer. 編物の目を~ lâcher des mailles. ~を~ sauter (passer) une ligne. うっかりして君の名を落してJ'ai omis votre nom par mégarde. ◆[競売で] adjuger. 一万円で~ adjuger à dix mille yen. ◆[攻略する] prendre d'assaut. 城を~ prendre une citadelle d'assaut.
おどす 威(脅)す menacer; montrer le poing à qn. ステッキで~ menacer de *sa* canne. 殺すぞ(首にする)といって私を脅した Il m'a menacé de mort (de me renvoyer). ¶威し取る obtenir qc par la menace; user de menaces pour obtenir qc. 威されて引き下がる se retirer sous la menace. 威されてやってしまったんです J'ai agi sous la pression d'autrui. 威してもすかしても ni par les menaces ni par les flatteries.
おとずれ 訪れ [訪問] visite *f*; [来復] retour *m*. 春の~ retour du printemps.
おとずれる 訪れる visiter; [人を] visiter qn; rendre (faire une) visite à qn. パリを~ visiter Paris. 不幸せ続が彼を訪れた On a eu la visite. 私に好機会が訪れた La chance m'a favorisé. もしその機会が訪れたら早速に実行に移す積りだ Si l'occasion se présente, j'ai l'intention de passer aux actes tout de suite. ¶誰も訪れたことのない島 île *f* inabordée.
おととい 一昨日 avant-hier. ~の朝(晩) avant-hier matin (soir). [比喩的に] ¶~来い Revenez la semaine des quatre jeudis.
おととし 一昨年 ¶彼には~会ったきりだ Je l'ai vu pour la dernière fois il y a deux ans. ~の大火で町は全焼した Tout le quartier a été détruit dans le grand incendie d'il y a deux ans.
おとな 大人 adulte *mf*; grande personne *f*; homme *m* fait. ¶~の読み物 livre *m* pour les adultes. ~になる devenir grand

おとなしい 大人しい [静かな] tranquille; calme; [従順な] docile; [温順な] gentil(le); [行儀のよい] sage; gentil(le); [温和な] doux(ce). ～子 enfant mf docile. ～色 couleur f douce. 人形のように～お嬢ちゃん petite fille f sage comme une image. 大人しくしている être sage (gentil); se tenir tranquille. 彼女も結婚してからずいぶん大人しくなった Elle s'est bien assagie depuis son mariage. 彼の性格は年と共に大人しくなる Son caractère s'assouplit avec l'âge. 大人しくしろ [静かにしろ] Reste tranquille!/[じたばたするな] Pas de bêtises! ¶ 大人しく docilement; sagement; gentiment. 大人しく遊ぶ s'amuser gentiment (sagement). 大人しく従う obéir docilement. 大人しさ douceur f; docilité f.

おとめ 乙女 jeune fille f. ¶ ～心 cœur m de jeune fille. ～座 la Vierge. ～時代 du temps de sa jeunesse.

おとも お供 [随行員] cortège m; [お付き] suivant(e) m(f); [一行] suite f. ～の一行 membre m de la suite. ～をつれて avec sa suite. 彼は多勢の～を引き連れてやって来た Il est venu, accompagné d'une suite importante. ¶ ～する accompagner qn. その辺まで～しましょう Je ferai un bout de chemin avec vous.

おとり 囮 appeau(x) m. ～になる servir d'appeau à qn. ～に使う employer comme appeau. 女を～に使う se servir d'une femme comme appât.

おどり 踊り danse f. ～がうまい danser bien. ～を習う apprendre à danser. ～の先生 professeur m (maîtresse f) de danse.

おどりあがる 踊(躍)り上る ¶ 喜んで～ sauter (bondir) de joie.

おどりかかる 踊り掛る se jeter (sauter) sur.

おどりこ 踊り子 danseuse f; [バレリーナ] ballerine f; [ラインダンスの] girl f; [端役の] petit rat m.

おどりこむ 躍り込む ¶ 敵中に～ s'élancer dans les lignes ennemies. 乱闘の中に～ se jeter dans la mêlée; s'élancer au milieu de la mêlée.

おどりでる 躍り出る ¶ 先頭(トップ)に～ prendre la tête.

おどりば 踊り場 [階段の] palier m.

おとる 劣る ¶ ...に～ être inférieur à qn; le céder à qn. 彼は数学が劣っている Il est faible en mathématiques. 策略にかけては彼は誰にも劣らない Pour l'intrigue, il ne le cède à personne.

おどる 踊る danser. ワルツを～ danser une valse. 子供は喜んで踊った L'enfant se mit à danser de joie. ¶ 踊らせる faire danser; [あやつる] manœuvrer; manier. 熊を踊らせる faire danser un ours. 彼は組合員に踊らされている Il se laisse manœuvrer par les syndiqués. ～ような足取りで d'une démarche ondoyante (ondulante).

おとろえ 衰え [衰退] affaiblissement m; dépérissement m; étiolement m; déclin m; [減退] diminution f; baisse f. 肉体の～を感じる se sentir le corps affaibli.

おとろえる 衰える faiblir; s'affaiblir; [衰退する] décliner; dépérir; [減退する] diminuer; baisser. 外国貿易は衰えた Le commerce avec l'étranger a dépéri (baissé). 彼の健康も衰えた Sa santé a décliné. 彼の体力は衰えた Ses forces s'affaiblissent (dépérissent). 彼女の容色も衰えたね L'éclat de sa beauté se fane./La beauté de son visage se flétrit. 風が衰え始めた Le vent a commencé à faiblir (tomber). 私の気力も年と共に衰えて来たように思える J'ai senti ma volonté s'amollir avec l'âge. 彼の記憶力は決して衰えていないSa mémoire (Son intelligence) ne baisse pas du tout. ¶ 容色の衰えた女 femme f passée.

おどろき 驚き surprise f; étonnement m; [驚嘆] émerveillement m; [狼狽] trouble m. ～の目を見張る ouvrir de grands yeux étonnés; écarquiller des yeux étonnés. ¶ 彼の～のようだったSon étonnement était indescriptible.

おどろく 驚く s'étonner de qc (de inf, que sub); être surpris de qc (de inf, que sub); [驚嘆する] s'émerveiller de; [怯える] s'effaroucher; s'effaroucher de. これは驚いた Cela m'étonne./C'est incroyable. 彼があの難問に答えたとは驚いた Ça m'étonne qu'il ait répondu à cette question difficile. 彼の頭の回転の早さには皆が驚いた Sa vitesse d'esprit a émerveillé tout le monde. ¶ 驚かす surprendre (étonner); [驚嘆させる] émerveiller; [怯えさせる] effrayer. ～べき étonnant; surprenant; merveilleux(se); prodigieux(se). ～べき才能 talent m prodigieux. ～べき知能 merveilleuse intelligence f. ～べきニュース nouvelle f étonnante. ...は～に当らない Il n'est pas étonnant que sub. そんなこと～に当らない Rien d'étonnant à cela./Cela n'a rien d'étonnant. 驚いて口がきけない être muet(te) d'étonnement. 驚いて逃げる s'enfuir (se sauver) effrayé. ～ほど étonnamment; prodigieusement. 彼は～ほど老けた Il a étonnamment vieilli. 彼は～ほど頭がいい Il est prodigieusement intelligent. 驚いたことに sa surprise; à son étonnant.

おないどし 同い年 ¶ 彼らは～だ Ils sont du même âge.

おなが 尾長 pie f bleue. ¶ ～猿 singe m à longue queue; 【動】 cercopithèque m. ～鶏 coq m à longue queue.

おながれ お流れ ¶ ～になる être annulé. 彼の結婚は～になった Son mariage a été annulé. 計画は～になった Le projet a avorté.

おなぐさみ お慰み ¶ 巧く行ったら～ N'applaudissez que si ça réussit.

おなさけ お情 ¶ ～で par tolérance.

おなじ 同じ [同一の] même; [等しい] égal(aux); [同価値の] équivalent; [共通の] commun; [類似の] semblable; analogue. ~物 (事, 人) le (la) même; les mêmes. ~趣味 même goût m. ~容積 volumes mpl équivalents. ~ものがもう一つ欲しいのです J'en voudrais un autre pareil. この二枚のコピーは~ものですか Est-ce que ces deux copies sont pareilles? 働いているのはいつも~人たちだ Ce sont toujours les mêmes qui travaillent. 何度も~ことを言わせるものではない Ne faites pas répéter 36 fois la même chose! それは~ことだ C'est du pareil au même. 結局~ことだ Cela revient au même. ~こだから僕の代りに行っていいよ Tu peux y aller à ma place, ça revient au même. 終ったも~だ [同然] Autant dire que cela est fini. 彼はいつも~だ Il est toujours le même. どこの国でも子供たちはみな~だ Les enfants de tous les pays se ressemblent. それは悲劇についても~だ Il en est de même de la tragédie. ぼくの親父だって~さ C'est comme mon père. 僕たちはみな~意見だ Nous sommes tous du même avis. 彼女姉妹と~色のドレスを着ている Elle porte une robe de même couleur que sa sœur. 意見を~くする partager l'opinion (l'avis) de qn. ¶~の pareil(le); semblable; analogue. ~ような家 maisons fpl pareilles. ~ような話 histoire f semblable. ~ようなものを探す trouver une chose semblable. 昨日と~ような時刻に hier à pareille heure. 僕も君と~ような立場に立っている Je me suis trouvé dans une situation pareille à la tienne. ¶~ように pareillement; également; de même; [同程度に] aussi...que; autant que. 彼らはみな~ように不満だ Ils étaient tous pareillement (également) mécontents. 彼も私と~ように臆病だ Il est aussi peureux que moi. 私も君と~ように考える Je pense comme vous. ~ほど(くらい) [同数の・同量の] autant que; autant de qc. その街には白人と黒人が~ (くらい)居る Il y a autant de noirs que de blancs dans ce quartier. 君と~ほどつらいよ J'en souffre autant que vous. ~間隔で à intervalles égaux.

おなじみ お馴染み [親しい人] intime mf; [客] habitué(e) m(f). ¶~の [お気に入りの] favori(te); préféré. ~の歌手 canteur(se) m(f) favori(te). ~のモリエールの「人間嫌い」le célèbre *Misanthrope* de Molière.

オナニー onanisme m.

おなら pet m. ~をする péter; faire un pet.

おなんど 御納戸 [~色 gris bleu inv.

おに 鬼 ogre (ogresse) m(f); [悪魔] démon m; diable m; [鬼ごっこの] chat m. ~のように心を鬼にする s'endurcir le cœur.「~のいぬ間に洗濯」«Chat parti, les souris dansent.» ~の目にも涙 Les hommes les plus cruels versent aussi des larmes. ~が出るか蛇が出るか Que va-t-il en sortir, la Belle ou la Bête? 来年のことを言うと~が笑う Nul ne sait ce que l'avenir nous réserve. ¶~のような diabolique; démoniaque; [残忍な] cruel(le); inhumain. ~に金棒だ Voilà qui double *ses* forces./Voilà qui rend tout-puissant. 彼は~の首を取ったように威張っている Il se vante démesurément d'une action toute simple./[俗]

Il pète plus haut que son cul. ¶~将軍 général(aux) m au cœur de lion; [皮肉に] foudre f de guerre. ~検事 procureur m impitoyable. ~婆 ogresse f.

オニオンスープ soupe f à l'oignon.

おにがわら 鬼瓦 grande faîtière f (tuile f) à figure de démon.

おにぎり お握り boule f de riz.

おにごっこ 鬼ごっこ jeu m du chat perché; [目隠しの] colin-maillard m inv. ~をする jouer au chat perché.

おにび 鬼火 feu(x) m follet(s).

おにゆり 鬼百合 lis m tigré.

おね 尾根 arête f d'une chaine de montagne.

おねじ 雄螺子 vis f mâle.

おねしょ ¶~をする faire pipi au lit; mouiller *son* lit.

おの 斧 [hache f; [大斧] cognée f; [屠牛用の] merlin m. ¶手~ hache à main; 'hachette f.

おのおの 各々 chacun(e). ⇨ それぞれ, めいめい (銘々).

おのずから 自ずから ⇨ ひとりでに, しぜん (自然).

おののく 戦く frémir; trembler. 恐怖に~ frémir de peur.

おのぼりさん お上りさん provincial(ale, aux) m(f, pl) qui va visiter une grande ville.

おのれ 己 soi; soi-même. ~に勝つ se maîtriser. ~を知れ Connais-toi toi-même. ~をもって人を計る mesurer les autres à *son* aune. ~の欲せざるところを人に施すなかれ Ne faites pas à autrui ce que vous ne voudriez pas qu'on vous fît à vous-même.

おば 伯(叔)母 tante f. 父方(母方)の~ tante paternelle (maternelle). 義理の~ tante par alliance. ¶大~ grand(s)-tante(s).

おばあさん お祖母さん grand(s)-mère(s) f; grand(s) maman(s) f.

おばあさん お婆さん vieille femme f (dame f).

おばあちゃん お婆ちゃん bonne(s)-maman(s) f; [幼児語] mémé f.

オパール opale f.

おばけ お化け fantôme m; spectre m; apparitions fpl; revenant m; [怪物] monstre m. ここに~が出る Il y a des revenants ici. この山には~が出る Cette montagne est hantée de revenants. ¶~屋敷 maison f hantée.

おはこ 十八番 [得意芸] numéro m; [好きな話題] dada m. ~を~に出す débiter *son* dada. また彼の~が始まった C'est encore son dada!/Le revoilà sur son dada.

おばさん 小母さん dame f; [愛称] mère f. アンヌ~ la tante Anne.

おはじき お弾き bille f. ~をする jouer aux billes.

おはち お鉢 [私に]~が回って来た C'est mon tour maintenant.

おばな 雄花 fleur f mâle.

おはなばたけ お花畑 champ m de fleurs alpines.

おはよう お早う [挨拶] Bonjour. ~を言う dire bonjour.

おはらい お祓い [悪魔の] exorcisme m; [物の怪の] conjuration f. ~をする exorciser; faire une conjuration.

おはらいばこ お払い箱 ¶~にする congédier; renvoyer; chasser. ~になる être congédié (renvoyé).

おはり お針 couture f. ¶~子 couturière f.

おび 帯 ceinture f; [日本の] obi m; [書物の] bande f. ~をしめる(結ぶ, 解く, ゆるめる) mettre (nouer, dénouer, desserrer) une ceinture. ~に短したすきに長し être ni trop ni assez. ¶~状に延びた土地 bande f de terre. 油が~状になって海面に漂っていた Une nappe de mazout flottait sur la mer. ~止め cordon m pour maintenir l'obi. ~留め fermoir m d'obi.

オビ ¶~川 l'Obi m.

おびえる 怯える s'effrayer; s'effaroucher; s'épouvanter. なんでもないことに~s'effaroucher d'un rien. 怯えさせる effrayer; effaroucher; épouvanter; terrifier. 彼らの叫び声を怯えさせた Leurs cris ont effrayé (terrifié) l'enfant. ¶怯えた(て) effrayé; apeuré. 怯えた眼差し regards apeurés. 子供は怯えて泣きだした L'enfant, effrayé, s'est mis à pleurer.

おびきいれる 誘き入れる attirer (faire entrer) par une ruse.

おびきだす 誘き出す attirer dehors (faire sortir) par une ruse; [連れ出す] entraîner par ruse.

おびきよせる 誘き寄せる appâter; attirer par (avec) un appât; amorcer. 獲物を~ appâter (amorcer) un gibier.

おびじゃく 帯刀送り ¶~願います Serrez-vous, s'il vous plaît.

おびただしい 夥しい considérable; [数えきれない] incalculable; innombrable. ~群衆 foule f considérable. ~出血 hémorragie f considérable (abondante). ¶夥しく beaucoup. 夥しく心証を害する donner à qn une impression très déplaisante.

おひつじ 牡羊 bélier m. ¶~座 le Bélier.

おひとよし お人好し débonnaire mf; bon enfant m; de bonnes gens fpl. ¶~の débonnaire; [間抜けの] bonasse.

オピニオン opinion f. ¶~リーダー meneur m de l'opinion publique.

おびのこ 帯鋸 scie f à ruban.

おびふう 帯封 bande f. 新聞の~ bande f de journal. 新聞に~をする mettre un journal sous bande.

おひや お冷や eau f fraîche.

おびやかす 脅かす menacer; [脅かされる] être menacé. 我が家の平和が脅かされている Le bonheur de ma famille est menacé. ⇨ おどす(威す).

おひゃくど お百度 ¶~を踏む faire des démarches répétées.

おひょう 大鮃 flétan m.

おひらき お開き ¶~になる se terminer; ~にする clore; terminer. さあ、これで~にしよう Bon! Je crois qu'il est temps de lever la séance.

おびる 帯びる [身につける] porter. 刀を~ porter une épée. ◆[含む] se teinter; [色を] tirer sur; [様相を] avoir (prendre) un aspect; revêtir. 黒味を~ tirer sur le noir. 国際的様相を~ prendre (avoir) un aspect international. 彼の注意は少し皮肉味を帯びている Sa remarque se teinte d'un peu d'ironie. 彼の顔は憂いを帯びている Son visage reflète la tristesse. 紛争は危険な様相を帯びてきた Le conflit commençait à revêtir un caractère dangereux. ¶憂いを帯びた顔 visage m empreint de mélancolie. 赤味を帯びた光 lumière f rougeâtre. ◆[任務を] être chargé. 使命を~ être chargé d'une mission.

おひれ 尾鰭 ¶話に~をつける ajouter du sien à un récit; en rajouter. 彼はありのままを話すだけでは気がすまなくて、それに~をつける Il ne se contente pas de raconter ce qui s'est passé, il en rajoute.

おひろめ 御披露目 ¶~する ひろめ(披露).

オフ ¶~の [スイッチの入っていない] coupé; fermé; éteint. 火曜日は~だ Je ne travaille pas le mardi. 50パーセント~ réduction f (rabais m) de cinquante pour cent.

オファー offre f.

オフィス bureau(x) m. ¶~ガール employée f de bureau.

オフィスオートメーション ⇨ OA.

おぶう 負う porter sur le dos.

オブザーバー observateur(trice) m(f).

オフサイド [サッカー, ラグビーの] ¶hors-jeu m inv. ゴールキーパーは~だった On a marqué un but sur hors-jeu. ¶~した選手 joueur m hors-jeu.

おぶさる se faire porter sur le dos; [頼る] être (vivre) aux crochets de qn; vivre aux dépens (frais) de qn. 母の背におぶさって vivre sur le dos de sa mère.

おふせ 御布施 aumône f faite aux bonzes.

オフセット offset m.

おふだ お札 amulette f; talisman m.

おぶつ 汚物 ordure fpl; immondices fpl; saletés fpl. 台所の~ ordures ménagères. ~の山 tas m d'ordures. ~処理場 voirie f.

オフピーク en dehors des heures de pointe; en période creuse.

オブラート cachet m. ~に包む enfermer dans un cachet.

おふれ お触れ [動令] édit m; [命令] ordre m; [通達] avis m officiel; [告示] proclamation f [officielle, publique]; annonce f. ~を出す proclamer; annoncer. ...に~を出す donner ordre de inf; donner avis de inf (que ind). ¶何らかの~が出るまで jusqu'à nouvel ordre (avis).

オフレコ ¶~で話す dire qc en aparté (confidentiellement).

オフロードしゃ -車 véhicule m tout terrain (tous terrains).

おべっか flatterie f; adulation f; flagornerie f. ~を使う flatter qn; aduler (flagorner) qn. ¶~使い flatteur(se) m(f); adulateur(trice) m(f); flagorneur(se) m(f).

オペック OPEC OPEP (organisation des pays exportateurs de pétrole).

オペラ opéra m. ¶~歌手 [男性] chanteur m

オペラコミック opéra-comique m.

オベリスク obélisque m.

オペレーションズリサーチ recherche f opérationnelle.

オペレーター opérateur(trice) m(f); [コンピューター] pupitreur(se) m(f).

オペレーティングシステム [情報] système m d'exploitation.

オペレッタ opérette f.

おぼえ 覚え [記憶] mémoire f; [回想] souvenir m. ~のある を覚えている se rappeler (se souvenir de) inf. 身に~がある(ない) avoir une conscience chargée (nette). ◆ [記憶力] ¶~がいい(悪い) avoir une bonne (mauvaise) mémoire. ¶ [理解力] compréhension f. ¶~が早い être prompt à comprendre; comprendre vite. ¶~が悪い être lent à comprendre; comprendre difficilement. ◆ [自信] ¶腕に~がある avoir confiance en ses capacités. ◆ [信任・寵愛] ¶~がめでたいめでたくない être en faveur (en défaveur) auprès de qn; être n'(être pas) en odeur de sainteté auprès de qn; être bien vu (mal noté) par qn. 彼女はみんなの~がいい Elle est bien vue de tout le monde.

おぼえがき 覚え書 [回想記] mémoires mpl; [ノート] note f; [意見書] mémoire m; [外交上の] mémorandum m. ~にしておく prendre en note; noter.

おぼえる 覚える [記憶にとめる] retenir; [暗記する] apprendre par cœur; [学ぶ] apprendre. 日本語を~ apprendre le japonais (à lire et à écrire). 覚えている se rappeler; se souvenir de. それは昨日のことのように覚えている Je m'en souviens comme si c'était hier. 話は一言半句も洩さず覚えている se rappeler mot à mot un entretien. パーティで二、三回彼らに会ったのを覚えている Je me rappelle (me souviens de) les avoir rencontrés deux ou trois fois dans des réceptions. 覚えていますか、鎌倉に泳ぎに行った時のことを Vous vous rappelez, n'est-ce pas, que nous allions nager à Kamakura? 彼女について覚えていることと言えば、歌が好きだということだ Tout ce que je me rappelle d'elle, c'est qu'elle aimait chanter. 覚えていたまえ Tu me le payeras! 私の言うことをよく覚えておけ Retiens bien ce que je vais te dire. ¶ 覚えている限り de mémoire d'homme. 私の覚えている限りでは autant que je m'en souvienne, autant que je me souvienne. 覚えている限りこんな洪水は見たことがない De mémoire d'homme, on n'avait pas vu de pareilles inondations. ¶ [感じる] sentir; éprouver. 痛みを~ sentir une douleur. 疲労を~ se sentir fatigué.

オホーツク mer f d'Okhotsk.

おぼこ 未通女 jeune fille f naïve (ingénue); [処女] vierge f.

おぼしい 思しい ¶犯人と~男 homme m qui paraît être le coupable. 真夜中と~ころだった C'était vers minuit, me semblait-il./Il pouvait être minuit.

おぼしめし 思召し [希望] votre désir m; dessein m. 神の~ desseins de Dieu. ~に叶えば幸いです J'espère que vous en serez satisfait. ¶~通りに致します Je fait à votre gré (comme vous voudrez). ◆ [好意] ¶~で結構です [寄付の場合] Je laisse cela à votre discrétion./Je m'en remets à votre discrétion. ...に~がある [気がある] avoir le béguin pour; ne pas être indifférent à.

おぼつかない 覚束無い [疑わしい] douteux(se); incertain; [頼りない] mal assuré; peu sûr; hésitant; [見込みのない] peu d'espoir. ~天気 temps m incertain. ~返事をする donner une réponse hésitante. 彼の成功は~ Son succès est douteux./Il est douteux qu'il réussisse./On ne croit pas à son succès. 彼の全快は~ Nous avons peu d'espoir qu'il se remette complètement. ¶~足取りで歩く marcher d'un pas chancelant (hésitant). ¶~手つきで d'une main peu sûre. ~日本語で話す baragouiner le japonais.

おぼれる 溺れる se noyer. ~者はわらをもつかむ Celui qui va se noyer se raccroche même à un brin de paille. ¶ [耽る] s'abandonner à; se vautrer dans. 女の色香に~ se livrer aux charmes d'une femme. 放蕩に~ se vautrer dans la débauche. 策に~ être victime de ses propres combines.

おぼろ 朧 ¶~な人影 vague silhouette f. ~な人影が闇の中をうごめく On distingue une vague silhouette dans l'obscurité. 月も~な春の宵 soirée f de printemps où la lune pleurait. ¶~月夜 nuit f de lune voilée.

おぼろげ ¶~な vague; confus; flou. ~な思い出 souvenir m vague. ~な考え idée vague (floue). ~に vaguement; confusément. あたりが~に霞んで来て彼女は気を失った Tout devint ~ autour d'elle et elle perdit connaissance. ~ながらあなたの言っていることが分かるような気がする Je crois vaguement comprendre ce que vous me dites.

オマージュ hommage m.

おまいり お参り ~する [参詣] visiter(参詣).

おまえ お前 toi; [妻に] ma chérie f; [子供に] mon petit (ma petite). ¶~自身 toi-même. ~は(が) tu. ~の ton (ta, tes). ~に(を) te. ~[たち]のもの le(s) tien(s) m; la (les) tienne(s) f. ~[たち]自身 vous-même(s).

おまけ supplément m gratuit. ~をする faire un rabais; [計り売りで] faire bonne mesure. ~にくれる donner en prime.

おまけに [その上に] en outre; on plus; par surcroît; [更に悪いことに] pour comble de malheur; comme surcroît de malheur.

おまちどおさま お待ち遠様 Excusez-moi de vous avoir fait attendre.

おまつりさわぎ お祭り騒ぎ bastringue m; fête f; riboulding ue f. ~をする faire la fête (la ribouldingue). ¶~の好きな人 fêtard(e) m(f).

おまもり お守り amulette f; talisman m; porte-bonheur m inv.

おまる [病人用の] bassin m.

おみき お神酒 saké m offert aux dieux; [副] saké m. ~を供える offrir du saké aux dieux.

おみくじ 御神籤 ¶~をひく consulter l'horoscope.

おみそれ お見それ ¶~してすみません Excusez-moi de ne pas vous avoir reconnu. お見事な腕前、~しました Je vous avais sous-estimé, j'en suis confus.

オミット omission *f*. ¶~する omettre.

おみなえし 女郎花 patrinia *m*.

おむつ ⇨ おしめ。¶紙~ couche(s)-culotte(s) *f*. ~カバー culotte *f* plastique.

オムニバス ¶~映画 film *m* à sketchs [sketʃ].

オムレツ omelette *f*.

おめ お目 ¶~にかかる voir *qn*. ~にかける montrer *qc* à *qn*. ⇨ め(目).

おめい 汚名 déshonneur *m*; infamie *f*; mauvaise réputation *f*. ~を被る être couvert d'infamie. ~を雪ぐ rétablir *son* honneur. ~を着せる faire déshonneur à *qn*; déshonorer *qn*. 彼は泥棒の~を着せられた On lui a imputé le titre de voleur.

おめおめ[と] [恥じげもなく] sans honte; [不甲斐ない] lâchement; [破廉恥にも] sans vergogne. ~と引き下る reculer lâchement. ~帰れるものか Pourrais-je rentrer sans honte? よく~やって来られたね Tu as du culot de venir chez moi!

おめし お召し ¶~物 [着物] vêtements *mpl*. ~列車 train *m* impérial.

おめずおくせず 怖おず憶せず sans la moindre hésitation; nullement intimidé; courageusement.

おめだま お目玉 ¶~を頂戴する recevoir une réprimande de *qn*; être grondé (réprimandé, sermonné) par *qn*.

おめでた [祝事] heureux événement *m*. ~ですか [出産] Vous attendez un bébé?/[結婚] Vous allez vous marier?

おめでたい [間抜けな] naïf(ve); niais. ~奴 jobard(e) *m(f)*. 彼はちょっと~ Il n'a pas inventé le fil à couper le beurre.

おめでとう Félicitations!/Toutes mes félicitations!/Je vous en fais mes félicitations! 成功~ Toutes mes félicitations pour votre succès! 誕生日~ Bon anniversaire!/新年~ Bonne année!/合格~ Je vous félicite de votre succès au concours!

おみえ お目見得 ¶~する se présenter.

おもい 思い [考え] pensée *f*; idée *f*; [熟考] méditation *f*; réflexion *f*. ~半ばにすぎる On peut facilement imaginer que *ind*. ~に耽る être pensif(ve); être plongé dans *ses* pensées (dans une profonde méditation). ~をこらす méditer sur *qc*; réfléchir profondément à. 仮面舞踏会では各人~の~をこらした身なりをしていた Au bal masqué, chacun s'était costumé à sa fantaisie. ◆[気持ち・感じ] 辛い(怖い)~をする éprouver de la peine (de la peur). 故郷に帰る~がする se sentir au pays natal. 死ぬ~がした J'ai cru mourir. 天にも昇る~がした Je me croyais au septième ciel. ◆[愛] ¶~を打ち明ける épancher *son* cœur; s'épancher; se confier à *qn*; s'ouvrir à *qn*. ~を寄せる aimer *qn*; res-

sentir de l'amour. ◆[欲望・願い] désir *m*; vœu(x) *m*. ~をとげる satisfaire *ses* désirs. 人の~を叶えてやる remplir (exaucer) les vœux de *qn*. ~を晴らす [愛] dissiper la mélancolie; [恨み] assouvir *sa* vengeance.

おもい 重い [目方が] lourd; pesant; [重大な] sérieux(se); grave; [重要な] important. ~地位 poste *m* important. ~トランク lourde malle *f*. ~責任 forte (lourde) responsabilité *f*. ~罰 châtiment *m* sévère (rigoureux). ~病気 maladie *f* grave. 足が~ se sentir les jambes lourdes. 頭(胃)が~ avoir la tête lourde (l'estomac lourd). ~足取りで歩く marcher d'un pas pesant. 重くする alourdir; [病気, 罪を] aggraver. 国の負担を重くする alourdir la charge de l'Etat. 罪を重くする aggraver la peine. 重くなる s'alourdir (être alourdi); s'appesantir; s'aggraver. オーバーが雨で重くなった Le manteau est alourdi par la pluie. まぶたが重くなってきた Ses paupières s'alourdissaient (s'appesantissaient). 病状が急に重くなった L'état du malade s'est brusquement aggravé. ¶重く lourdement. 責任が彼に重くのしかかって来た Les responsabilités ont lourdement pesé sur lui. 重く用いる donner à *qn* un poste important. 重く用いられる être nommé à un poste important.

おもいあがり 思い上り orgueil *m*; vanité *f*; fatuité *f*; infatuation *f*. 鼻持ちならぬ~ infatuation insupportable. 彼女の~も甚だしい Elle est remplie de vanité.

おもいあがる 思い上る s'infatuer (être infatué) de; être trop fier(ère) de. 彼は成功して思い上っている Il est trop infatué de *son* succès./Le succès lui a tourné la tête. 思い上った orgueilleux(se). 思い上っている男 homme *m* bouffi d'orgueil (très infatué).

おもいあたる 思い当る se rappeler *qc*; se faire une idée de *qc*. そう言われると一節がある Je m'en fais une idée en vous écoutant. 少しも思い当らない n'avoir pas la moindre idée; n'avoir aucune idée. 彼が何処にいるか全く思い当らない Je n'ai aucune idée de l'endroit où il est.

おもいあまる 思い余る ne savoir que faire. どうしていいか思い余っている Je ne sais plus que faire. 思い余って ne sachant que faire; n'y pouvant rien.

おもいあわせる 思い合わせる rapprocher; associer. 色々~と tout bien considéré. これら二つの事実を~と quand on associe ces deux faits.

おもいいれ 思い入れ ¶ちょっと~があって après une petite mimique théâtrale.

おもいうかぶ 思い浮かぶ venir à l'esprit à *qn*. あの時の光景が私の心に~ L'image de ce moment-là me vient à l'esprit. ⇨ うかぶ(浮かぶ).

おもいうかべる 思い浮かべる revoir; évoquer; se faire une image de *qc*; imaginer. 子供の頃に住んでいた家を~ revoir les lieux de *son* enfance. ⇨ おもいだす(思い出す).

おもいえがく 思い描く rêver [de]; s'imaginer. それは私が思い描いていた暮しではないか

Ce n'était pas la vie que j'avais rêvée. 彼女のことを一晩中思い描いていた Je rêvais d'elle toute la nuit.

おもいおこす 思い起こす se remettre qc en mémoire; évoquer. 行方不明の友を~ évoquer un ami disparu. 私はあの事件を思い起こす Je me remets cette affaire en mémoire (en esprit). 我々は今は亡き友を思い起しながら夕べの一時を過ごした Nous avons passé une soirée à évoquer nos amis qui étaient déjà morts. 思い起せば 3 年前のことだった Quand j'y pense, c'était il y a trois ans. 思い起こすse remettre en esprit (en mémoire); évoquer; rappeler. その色紙の模様は田舎芝居の舞台を思い起こさせる Les dessins du papier peint évoquent des scènes rustiques.

おもいおもい 思い思い [みんなそれぞれ~のことを言っている Chacun dit ce qui lui plaît. ~に chacun(e) à sa guise; [別々に] chacun de son côté. 子供たちは~に遊んでいる Les enfants s'amusent comme ils veulent. 会が終るとみんな~に家に帰っていった Après la réunion, chacun rentrait chez lui.

おもいがけない 思い掛けない inattendu; imprévu; inopiné; [偶然の・突然の] accidentel(le); fortuit; [望外の] inespéré. ~惨事 coup m de tonnerre. ~死 mort f accidentelle. ~事故 accident m imprévu. ~知らせ nouvelle f inattendue. ~成功 succès m inespéré. ~こと imprévu m; inattendu m. ~ことが起こった L'inattendu est arrivé. …とは全く~ことだった Je ne m'attendais pas du tout à inf (à ce que sub). ~ことに彼は急死した Chose surprenante, il est mort soudainement. ¶思いがけなく inopinément; à l'improviste; accidentellement; [偶然に] par hasard; fortuitement.

おもいきった 思い切った [大胆な] ⇨hardi; [断固たる] énergique; résolu. ~計画 projet m hardi. ~手段をとる prendre les grands moyens; employer les grands moyens. ~ことをする faire un coup d'audace. ¶思い切って [断固として] résolument; décidément; [大胆にも] hardiment. 思い切って…する oser inf; avoir l'audace (le courage) de inf; se hasarder à; prendre la hardiesse de. 思い切って質問する oser poser une question. 思い切って危険に身をさらす s'exposer hardiment aux dangers.

おもいきり 思い切り [諦め] résignation f; [決断] résolution f; décision f. ¶~のよい tranchant. ぼくは~のよい青年が好きだ J'aime les jeunes gens tranchants. ~を~する renoncer à qc résolument. ~のよさ hardiesse f. ◆[力一杯] de toutes ses forces; à toute volée; [好きなだけ] autant qu'on veut; tout son soûl. ~投げる lancer qc de toutes ses forces. ~食べる manger autant qu'on veut (tout son soûl). ~遊ぶ (楽しむ) s'amuser (s'en donner) à cœur joie. ~金をつかう dépenser sans compter. ~甘えなさい Fais ton câlin autant que tu veux.

おもいきる 思い切る ⇨ あきらめる(諦める).

おもいこむ 思い込む [諦める] être persuadé(e) que ind. …と~ n'avoir aucun doute que [ne] sub. 彼女は身を犠牲にすることが自分の義務だと思い込んでいる Elle est persuadée que son devoir est de se sacrifier. ¶思い込ませる persuader qn de qc (que ind). …を…と思い込ませる donner pour. 彼は自分が誠実であると私に思い込ませようとしている Il va persuader de sa probité. みんなは私に彼が天才(利口)だと思い込ませた On m'a donné pour un génie (pour intelligent).

おもいしる 思い知る [気がつく] avoir (prendre) conscience de qc; s'apercevoir de qc. 思い知ったか Ça t'apprendras. ¶思い知らせる châtier (punir) qn; faire payer qc à qn. 思い知らせてやるぞ Tu me le paieras.

おもいすごし 思い過ごし chercher loin; [考え違い] se faire des idées. 彼のことについては君の~だ Vous vous faites des idées sur lui.

おもいだす 思い出す se rappeler (inf, que ind); se souvenir de (de inf, que ind); se remémorer qc; évoquer qc. 私はよくあの恐ろしい事件のことを~ Je me rappelle souvent cet horrible événement. あなたが夜遅く奥さんとやって来たことを~ Je me rappelle que vous êtes venu avec votre femme fort tard dans la nuit. 思い出させる rappeler qc à qn; évoquer qc en qn; faire penser à. 彼女を見ると彼の母のことを思い出させる Elle me fait penser à ma mère. ¶…を思い出して au rappel de…. 彼はあの事件を思い出して顔を赤らめた Il a rougi au rappel de cette aventure. 思い出したように par à coups. 彼は思い出したように仕事をする Il travaille par à coups.

おもいたつ 思い立つ projeter qc (de inf). 旅を~ projeter un voyage. 「思い立ったが吉日」 «Il ne faut pas remettre à demain ce qui peut faire aujourd'hui».

おもいちがい 思違い ⇨ かんちがい(勘違い).

おもいつき 思い付き [気紛れ] boutade f; [考え] idée f. いい~ね。 ~ bonne idée. それはいい~だ C'est une bonne idée (idée géniale.) 彼の言うことを真面目に考えるな、あれは~にすぎないんだ Ne prenez pas au sérieux ce qu'il dit, ce n'est qu'une boutade.

おもいつく 思い付く [発見] trouver qc; [考え出す] inventer (forger) qc. うまい考えを~ trouver une bonne idée. 休むロ実を~ inventer une excuse pour s'absenter. …しようと~ Il vient à qn l'idée (L'idée vient à qn) de inf (que ind). ¶~ままに喋る parler à sa fantaisie.

おもいつめる 思い詰める n'avoir que qn dans sa tête (en tête). 彼は一人の女を頭の中にしか~ Il n'avait qu'une femme dans sa tête. 思い詰めて自殺した Ne pouvant prendre d'autres moyens, il a fini par se tuer. ¶~な Ne prenez pas cela trop au sérieux./ N'en faites pas une montagne.

おもいで 思い出 souvenir m. ~に耽る se plonger dans ses souvenirs. ~の糸をたぐる suivre le fil de ses souvenirs. ~多き plein de souvenirs. …の~ en souvenir de. ¶~話をする parler de ses souvenirs.

おもいどおり 思い通り ¶~の satisfaisant. ~の結果 résultat m satisfaisant. ~に

おもいとどまる 思い止まる renconcer à qc (inf); se dissuader de qc (inf). ¶思い止まらせる dissuader qn de qc (inf). 私は彼にこの旅行を思い止まらせた Je l'ai dissuadé de ce voyage.

おもいなおす 思い直す se raviser; changer d'idée.

おもいなし 思いなし ~か彼は悲しげな様子をしていた Il m'a semblé qu'il avait un air sombre.

おもいなやむ 思い悩む ⇒ ronger d'inquiétude; se tourmenter pour.

おもいのこす 思い残す ~ことはなにもない Je n'ai rien à regretter./Je ne regrette rien. ~ことなく死ねる pouvoir mourir paisiblement (sans regrets).

おもいのたけ 思いの丈 tout *son* cœur. ~を伝える exprimer tout *son* amour.

おもいのほか 思いの外 [案外] contre toute attente; au delà de toute attente. ~よかった(悪かった) Cela dépassait (trahissait) toutes mes espérances. ~やさしい(やさしくない) être plus (moins) facile qu'on ne s'y attendait (qu'on ne l'[e] croyait). 感謝された~彼は怒りだした Loin de me remercier, il s'est mis en colère.

おもいのまま 思いのまま ¶人を~にする mener qn à *son* gré; tenir qn à *sa* merci. ~になる être à la merci de qn. ⇒ おもいどおり(思い通り).

おもいまよう 思い迷う hésiter; être ballotté. ああでもないこうでもない~ être ballotté entre des sentiments contraires. 彼は行こうか戻ろうかと思い迷った Il s'est demandé s'il continuerait ou retournerait.

おもいめぐらす 思い巡らす ruminer; promener *sa* pensée sur; méditer sur; réfléchir sur (à). 計画を~ ruminer un projet.

おもいもよらない 思いも寄らない 「…だとは~ Je n'ai jamais pensé à *inf* (que *sub*). ⇒ おもいがけない(思い掛けない).

おもいやり 思い遣り [同情] pitié *f*; compassion *f*; [親切・心遣い] prévenance *f*; charité *f*. ~がある avoir de la compassion; avoir de la charité; être prévenant. 彼は~がある Il a bon cœur./Il est prévenant. ~がない n'avoir pas de cœur; être sans cœur. 彼は他人の不幸に~がない Il ne pense pas aux malheurs des autres. ¶~のある compatissant; prévenant; charitable. ~のある言葉 paroles *fpl* compatissantes. 世話好きで~のある青年 garçon *m* serviable et prévenant.

おもいやる 思い遣る [考える] songer à. 往時を~ songer au temps passé. ◆[案ずる] compatir à. 被害者の身が思い遣られる compatir au malheur des victimes. 息子の行く末が思い遣られる s'inquiéter de l'avenir de *son* fils.

おもいわずらう 思い煩う ⇒ おもいなやむ(思い悩む).

おもう 思う(想う) [考える] penser; songer; croire; [判断する] juger; trouver; [推測する] supposer; présumer; [想像する] imaginer; [感じる] sentir; se sentir. 故郷を~ songer (penser) à *son* pays natal. それについてどう思いますか Qu'en pensez-vous? それは馬鹿げたことだと~ Je le juge (trouve) absurde. 彼は来ると~ Je crois (pense) qu'il viendra. 彼を恐ろしく怒っていると~ Je présume (suppose) qu'il est vexé. 君は自分を利口だと思っているのか Tu te crois intelligent? 私は大学者だと思っていると Je me crois un grand savant./Je m'imagine être un grand savant. ¶…~ようになる en arriver à croire que *ind*. 思っていることをはっきり言う dire clairement ce qu'on pense. ◆[見做す] …を…と~ prendre comme; tenir pour; [誤認する] prendre pour. 欲求を現実と~ prendre des choses pour des réalités. 僕を馬鹿だと思うのかね Vous me prenez pour un imbécile? 彼を学者だと思っていたと Je le prenais pour un savant. 私を誰だと思っているのかね Pour qui me prenez-vous? 悪く思われたる être mal vu de (par) qn. 彼女は誰からもよく思われている Elle est bien vue de tout le monde. ◆[期待する] espérer que. うまく行くと~ J'espère que tout ira bien. ¶思った通りに comme on s'y attendait. 思ったよりうまく行く réussir au delà de *ses* espérances. ◆[予測する] prévoir que *ind*. 彼が失敗しようとは思わなかった Je n'ai pas prévu qu'il échouerait. ◆[希望、願望する] désirer (souhaiter, vouloir) *inf* (que *sub*); [積りである] penser *inf*; compter *inf*; avoir l'intention de *inf*. 旅に出かけようと思っている J'ai l'intention de voyager. ◆[怪しむ] soupçonner; se douter; craindre (avoir peur) que *ne sub*. 彼が盗んだのだと~ Je le soupçonne d'avoir volé. 彼が匿名の手紙の主だと~ Je soupçonne qu'il est l'auteur des lettres anonymes. そうではないかと~ Je m'en doute. 雨が降りはしないかと~ Je crains qu'il ne pleuve. ◆[回想する] se rappeler qc (de *ind*); se figurer; se représenter. 楽しかった昔を~ se rappeler du bonheur des jours anciens. ◆[愛する] aimer; penser à. 思われる être aimé de (par) qn.

おもうぞんぶん 思う存分 autant qu'on le veut; à discrétion; tout *son* soûl; jusqu'à satiété. ~手腕を発揮する déployer tous *ses* talents. ~食べて下さい Mangez tout votre soûl.

おもうつぼ 思う壺 ~にはまる tomber dans le piège. 万事~だ Tout va à souhait.

おもおもしい 重々しい grave; imposant. 重重しく構える se donner des airs imposants. ¶重々しく gravement; avec gravité. 重々しさ gravité *f*.

おもかげ 面影 [顔立ち] traits *mpl*; [幻影] vision *f*; [姿] image *f*; [名残り] restes *mpl*. 昔の~がない n'être plus que l'ombre de soi-même; [主語・物] ne pas garder *son* ancien aspect. 息子に父の~が認められる On retrouve chez le fils les traits du père. 彼女はまだ美人の~をとどめている Elle a encore des

おもかじ 面舵 [号令] À droite! 〜を取る mettre la barre à tribord.

おもき 重き ¶〜をなす avoir une grande influence; jouir d'un immense prestige (autorité が). …に〜を置く attacher de l'importance à qc. …に〜を置きすぎる donner trop d'importance à qc.

おもくるしい 重苦しい lourd; pesant; alourdissant; étouffant. 〜天気 temps m étouffant (alourdissant). 〜な文体 style m pesant. 〜空気が会場にみなぎっていた Une atmosphère lourde pesait sur la salle. 胃(気分)が〜 J'ai l'estomac (le cœur) lourd. 重苦しくする alourdir. その言回しが文章を重苦しくしている Cette tournure alourdit la phrase. ¶重苦しさ lourdeur f; pesanteur f.

おもさ 重さ pesanteur f; poids m; [重大性] importance f. 責任の〜 poids des responsabilités. 病気の〜 gravité d'une maladie. 〜が10キロある peser 10 kilos. 〜を計る peser qc. 秤で(手で)〜を計る peser qc avec une balance (dans sa main).

おもし 重し poids m. …[の上]に〜を置く mettre un poids sur.

おもしろい 面白い [興味のある] intéressant; attachant; [おかしい] plaisant; amusant; divertissant; [愉快な] agréable; [滑稽な] comique; drôle. 〜話 récit m plaisant (divertissant). 〜小説 roman m intéressant. …するのが〜 C'est intéressant de inf. その小説はさほど〜とは思わなかった Je n'ai pas trouvé ce roman tellement intéressant. その映画は大変面白かった Ce film m'a beaucoup intéressé. 彼は〜鼻をしている Il a un nez comique. 彼はいつも〜話をしてくれる Il a toujours une histoire drôle à raconter. この漫画は実に〜 Cette bande dessinée est vraiment amusante. ¶面白くする rendre qc amusant (attrayant). 挿話を入れて話を面白くする agrémenter ses récits d'anecdotes. 面白くない [つまらない] sans intérêt; ennuyeux(se); [不愉快な] déplaisant; désagréable; [不満な] mécontent; [腹の立つ] fâcheux(se); [不利な] douteux(se); défavorable. 面白くない知らせ fâcheuse nouvelle f. 面白くない噂 réputation f douteuse. 面白くない状勢 circonstance f défavorable. あなたが来なかったのは面白くない Je suis mécontent que vous ne soyez pas venu. 全然面白くなかった Cela ne m'a pas amusé du tout. 面白く[興味深く] avec intérêt; avec plaisir; [愉快に] agréablement. 話を面白く聴く écouter un récit avec intérêt. 話を面白く話す raconter un récit d'une manière (façon) amusante. 面白可笑しく comiquement. 面白可笑しく生きる vivre sans s'en faire. ¶面白さ interêt m; [魅力] attrait m; charme m.

おもしろがる 面白がる s'amuser; se divertir à; prendre plaisir à; se complaire dans qc (à inf). つまらないことを〜 s'amuser d'un rien. …の無知を〜 se complaire dans son ignorance. 子供たちはサーカスを〜 Le cirque amuse les enfants. 今は面白がっている場合じゃない Il ne s'agit pas de s'amuser maintenant. 面白がらせる amuser; divertir; distraire. 面白がって avec intérêt. 彼は面白がってそんなことを言っている Il se complaît (s'amuse) à dire cela.

おもしろそう 面白そう ¶〜な qui semble intéressant. 〜に avec intérêt; [楽しげに] avec plaisir; de grand cœur.

おもしろはんぶん 面白半分 ¶〜に en plaisantant; pour s'amuser, pour rire. 彼は〜にそんなことを言ってるんだ Il ne dit cela que pour s'amuser.

おもしろみ 面白味 intérêt m; [魅力] attrait m; charme m. それでは面白味がない Alors, ça perd tout son charme. それでは面白味が半減するど Ça perd la moitié de son intérêt. 〜のある intéressant; 〜のない sans intérêt; peu intéressant; fade; insipide. 〜のない人 personne f fade.

おもだち 面立ち かおだち(顔立).

おもだった 重立った principal(aux); notable. 町の〜人々 notables mpl de la ville.

おもちゃ 玩具 jouet m; joujou m. 〜を faire de qn son jouet. 〜にされる [慰みものにされる] être le jouet de qn. ¶〜屋 [人] marchand(e) m(f) de jouets; [店] magasin m de jouets.

おもて 表 [布地, 紙の] endroit m; dessus m; [貨幣, メダルの] face f; [紙, 印刷物の] recto m; [外面] apparence f; extérieur m. 〜か裏か [貨幣の賭] Pile ou face? 葉書の〜 recto d'une carte postale. 〜[戸外] dehors m; extérieur; [往来] rue f. 彼はまだ〜にいる Il est encore dehors. 〜に出る aller dehors; sortir. ◆[建物の正面] façade f; devant m. ¶〜側の門はいつも開いています La porte de devant est toujours ouverte.

おもて 面 visage m. 〜をあげる lever la tête. 感情を〜に出す trahir ses sentiments. 喜びが彼の〜に現われている Зa јule rayonne sur son visage./Son visage trahit la joie.

おもてあみ 表編み tricot m avec endroit.

おもてがき 表書き suscription f; adresse f d'une lettre; adresse écrite sur l'enveloppe.

おもてがまえ 表構え façade f; [外観] apparence f.

おもてかんばん 表看板 affiche f de théâtre. 進歩主義[者]を〜にする afficher un progressisme bon teint.

おもてぐち 表口 porte f d'entrée; porte principale.

おもてざた 表沙汰 ¶〜にする [公表] mettre au grand jour; [訴訟] soumettre à la justice. スキャンダルが〜になった Le scandale a été étalé au grand jour. この件を〜にしなければこちらの言う通りにすることだ Si vous ne voulez pas que cette affaire soit rendue publique, il faudra vous plier à nos conditions.

おもてだった 表立った remarquable; notable. 〜動き mouvement m remarquable. ¶表立って [公然と] publiquement; ouvertement.

おもてどおり 表通り rue f principale. 〜に面した部屋 chambre f sur le devant.

おもてにほん 表日本 régions fpl du Japon

おもてむき 表向き [正式に] officiellement. ¶~の officiel(le); public(que). 病気を~の理由にして sous le faux prétexte d'une maladie. ~は soi-disant. 彼は~はすぐ戻ると言って出掛けていた Il est parti soi-disant pour revenir aussitôt.

おもてもん 表門 porte f d'entrée (principale).

おもな 主な principal(aux); [目立った] remarquable; marquant; [重要な] important. ~理由 raison f principale. ~事件 événement m remarquable.

おもながの 面長の ¶~な visage m ovale.

おもに 主に [主として] principalement; généralement; [たいてい] le plus souvent; [大部分は] pour la plupart. 会食者たちは~アメリカ人だった Les convives étaient, pour la plupart, des Américains.

おもに 重荷 [重さ] lourd (pesant) fardeau(x) m; charge f. ~を背負う être chargé d'un lourd fardeau. ~を降す être soulagé d'une charge; être déchargé du fardeau d'une responsabilité. 良心の~を下す décharger sa conscience; se décharger d'un poids sur la conscience. 子供たちが彼には~だ Ses enfants lui pèsent.

おもねる 阿る [へつらう] flatter qn; flagorner qn; [卑下する] ramper. 彼は目上の人の前ではおもねばかりいる Il rampe toujours devant ses supérieurs.

おもはゆい 面映ゆい そんなにほめられては~ C'est gênant de recevoir tant d'éloges. ¶面映ゆそうにする prendre une contenance gênée; avoir un air gêné. 面映ゆそうに笑う sourire d'un air gêné; avoir un sourire gêné.

おもみ 重み [重さ] poids m; [威厳] dignité f; gravité f. 良心の~に耐えかねる être accablé par un poids sur la conscience. 彼の発言には中々~がある Sa parole a assez de dignité. ¶~のある grave; imposant; plein de dignité. ~のある声 voix f grave. ~のない manque de dignité. 年月の~で sous le poids des années.

おもむき 趣 [内容] contenu m; teneur f. 書面の~ teneur d'une lettre. ◆ [様子] air m; aspect m. いつもと~を異にしている avoir un autre aspect qu'à l'ordinaire. 雨が普段は賑やかなこの町にうらさびれた~を与えている La pluie donne un aspect triste et désolé à cette ville habituellement si colorée. ◆ [風情] saveur f; charme m; [雅趣] goût m; élégance f. 雪がひとしお此の景色に~をそえている La neige ajoute encore au charme du paysage. ¶~のある(ない) plein de (sans) saveur.

おもむく 赴く aller; se rendre; se diriger; se porter à. 異国に~ se rendre à l'étranger. ¶欲望の~ままに au gré de ses désirs.

おもむろに 徐に [ゆっくり] lentement; [静かに] tranquillement; doucement.

おももち 面持ち mine f; visage m; [様子] air m. ~待ちきれない~で d'un air impatient.

おもや 母屋 corps m de logis; bâtiment m principal.

おもやつれ 面窶れ ¶~している avoir un visage amaigri.

おもゆ 重湯 bouillon m de riz.

おもり お守 bonne f d'enfant; [留守中の] baby-sitter f. ~をする garder un enfant.

おもり 錘 [釣糸の] plomb m; [秤の] poids m. 釣糸に~をつける plomber une ligne.

おもわく 思惑 [考え] pensée f; [意向] intention f; [期待] attente f; [予想] calcul m; prévision f; [投機] spéculation f. ~が外れる se tromper dans ses prévisions (ses calculs). ...で~が外れた Mon attente a été déçue par.... ~通りに tourner bien comme on s'y attendait. 万事~通りだ Tout marche comme prévu. ¶~買いをする jouer à la hausse.

おもわしい 思わしい satisfaisant; favorable. ~結果 résultat m satisfaisant. ~返事 réponse f favorable. 思わしくない人物 personne f indésirable. 事業が思わしくない Les affaires ont mal (ne marchent pas bien). 近頃体の具合が思わしくない Ces temps-ci je ne me porte pas bien. ...することは思わしくない Il n'est pas souhaitable que sub.

おもわず 思わず [無意識に] inconsciemment; machinalement; [想い起せば] sans le vouloir; malgré soi; involontairement; [本能的に] instinctivement; d'un mouvement spontané; [不注意にも] par mégarde. ~知らず malgré soi; sans le vouloir. 彼は~叫び声をあげた Il a laissé échapper un cri. ~口に出した言葉 parole f qui échappe à qn (qn'on prononce par mégarde).

おもわせぶり 思わせ振り insinuation f; [女の] coquetterie f. ¶~な insinuant; coquet(te). ~な物腰 façons f pl insinuantes. ~なことを言う donner de faux espoirs à qn.

おもわせる 思わせる [考えさせる] faire penser à; [想い起させる] évoquer; rappeler. ...と~ donner pour.... 彼は我々にその情報が確かなものだと思わせようとしていた Il a cherché à nous donner cette information pour certaine.

おもわれる 思われる [...のように見える] ~ように(~思われない) Il semble (paraît) que ind (Il ne semble pas que sub). 情勢は非常に悪いと私には~ Il me semble que la situation est très mauvaise. それは私には本当らしく~ Cela me paraît vraisemblable.

おもんじる 重んじる [重視する] faire grand cas de; attacher de l'importance à; avoir de l'estime pour; [尊敬する] respecter; estimer. 人命を~ respecter la vie humaine. ~を重んじない faire peu de cas de. 彼は会社で重んじられている On fait grand cas de lui (Il est estimé) dans sa compagnie. ¶重んずべき estimable; respectable.

おもんぱかり 慮り considération f; réflexion f; [用心] prudence f. 遠き~ prévoyance f. [諺]«遠き~あれば近き憂いなし» «Qui peut le plus peut le moins.»

おもんぱかる 慮る tenir compte de; réfléchir à (sur); [心配する] s'inquiéter de. ¶万一~を慮って en tenant compte du cas éché-

おや Tiens!/Hé bien!/Ah! ～君か Tiens! c'est toi./Ah! te voilà. ～もう昼だ Tiens! il est déjà midi. ～まあ Mon (Grand) Dieu!

おや 親 [両親] parents *mpl*; [動物の] parent (e) *m(f)*; [父] père *m*; [母] mère *f*. 自分の～ ses propres parents; [創立者] fondateur (trice) *m(f)*. 育ての～ parents nourriciers. ～の脛をかじる vivre aux dépens de *ses* parents. ¶～の des parents; parental (aux). ～の権威 autorité *f* parentale. ～のない orphelin; sans parents. ～のような paternel(le). 生徒たちにとって～のような先生 professeur *m* paternel avec ses élèves. ～のように忠告してくれる conseiller *qn* paternellement. 「～はなくとも子は育つ」«La nature est une bonne mère.» 「この～にしてこの子あり」«Tel père, tel fils.» ～の欲目で avec l'amour aveugle d'un père (d'une mère). ◆[トランプの] donneur(se) *m(f)*; [賭の] banquier *m*. ～になる faire la donne; tenir la banque. 君から～だ A toi, la donne.

おやおもい 親思い ¶～の子 enfant *mf* dévoué(e) à ses parents. 私の伜は大変～です Mon fils se dévoue beaucoup pour moi.

おやおや 《俗》Fichtre!/Foutre!

おやがいしゃ 親会社 maison *f* mère.

おやがかり 親掛かり ¶彼はまだ～だ Il est encore à la charge de ses parents./Il vit encore aux dépens de ses parents.

おやかた 親方 chef *m*; patron *m*; maître *m*.

おやかぶ 親株 《商》action *f* ancienne.

おやがわり 親代わり ¶～となる servir à *qn* de père. 彼は私の～となって育ててくれた Il m'a servi de père pour m'élever.

おやきょうだい 親兄弟 parents *mpl* et frères *mpl*; [家族の者] parents *mpl*. ～に見放される être rejeté (renié) par toute la famille.

おやこ 親子 parents *mpl* et enfants *mpl*. ～の縁 relations *mpl* qui lient les parents et les enfants. ～の情 affection *f* entre parents et enfants; voix *f* du sang. ¶～関係 filiation *f*. ～電球 lampe *f* avec une veilleuse.

おやこうこう 親孝行 piété *f* filiale. ¶～する pratiquer la piété filiale; être dévoué à ses parents.

おやごころ 親心 affection *f* des parents (parentale, paternelle).

おやごろし 親殺し parricide *m*; [人] parricide *mf*.

おやじ 親父(爺) père *m*; papa *m*; 《俗》paternel *m*. 気をつけろ，～が来たぞ Attention! Voilà mon paternel! 彼は～になった Il est devenu un bon papa. ◆[老人] vieux *m*. 見知らぬ～が僕に話しかけた Un vieil inconnu m'a adressé la parole.

おやしお 親潮 courant *m* froid provenant des îles Kouriles.

おやしらず 親知らず [歯] dent *f* de sagesse.

おやすい お安い [簡単な] ¶～御用です C'est la moindre des choses. [男女が] ¶二人とも お安くないね Vous me rendez jaloux tous les deux. 二人とも お安くない仲だ Ils sont amoureux l'un de l'autre.

おやすみ お休み [挨拶] Bonne nuit. ～を言う dire bonne nuit.

おやだま 親玉 chef *m*; 《俗》caïd *m*.

おやつ お八つ goûter *m*. ～を食べる goûter; manger *son* goûter. ～をやる donner à goûter.

おやばか 親馬鹿 père *m* (mère *f*) trop indulgent(e).

おやふこう 親不孝 ¶～者 enfant *mf* ingrat (e).

おやぶね 親船 [母船] ravitailleur *m*. ¶～に乗った気でいなさい Vous êtes en toute sûreté.

おやぶん 親分 chef *m*; 《俗》caïd *m*. ¶彼はクラスで～風を吹かしている Il s'impose comme le caïd de la classe. ～肌の généreux comme le chef.

おやま 女形 ⇒ おんながた (女形).

おやもと 親元 maison *f* paternelle. ～に帰る retourner chez *ses* parents.

おやゆずり 親譲り ¶～の héréditaire. ～の財産 patrimoine *m*; biens *mpl* patrimoniaux. ～の性格 caractère *m* héréditaire. ¶彼の才能は～だ Son talent tient à (provient de) ses parents./Il tient son talent de ses parents.

おやゆび 親指 [手，足の] pouce *m*; [足の] gros orteil *m*.

およぎ 泳ぎ nage *f*; natation *f*. ～に行く aller se baigner. ¶～の上手な人 bon(ne) nageur (se) *m(f)*. ¶背～する nager sur le dos. 立～する nager debout. 平～する nager de la brasse. ～手 nageur(se).

およぐ 泳ぐ nager. 海で～ nager (se baigner) dans la mer. 100 メートル～ nager 100 mètres. クロール(抜手)で～ nager le crawl (à l'indienne). 潜って～ nager entre deux eaux. 世の中を巧く泳ぎ回る savoir nager. あなたは泳げますか Est-ce que vous savez nager? 私はまるで泳げません Je nage comme un chien de plomb. ¶泳いで～ à la nage; en nageant. 泳いで岸にたどりつく gagner la rive à la nage.

およそ environ; à peu près; [概算で] approximativement. ～20 分ある Il y a à peu près vingt minutes. ～500 円ぐらいの本 un livre *m* de quelque cinq cents yen. ～10 年前 il y a environ (à peu près) dix ans; il y a quelque dix ans. ¶～の approximatif (ve). ～の見積りをする estimer approximativement. ◆[全然] pas du tout. ～面白くない Cela ne m'amuse pas du tout. ～意味のない Cela n'a aucun sens.

およばずながら 及ばずながら autant qu'il est en mon pouvoir. ～力之りしましょう Je vais faire tout mon possible. ～お手伝いします Je vais vous aider dans la mesure du possible.

およばれ 呼ばれ ¶～する être invité(e) chez *qn*.

および 及び et; ainsi que.

およびごし 及び腰 [姿勢] posture *f* instable; [態度] attitude *f* hésitante. ¶～で dans une posture instable; avec hésitation.

およびたて お呼び立て ⇒ よびたてる (呼び立てる).

およぶ 及ぶ [達する] atteindre; s'élever; [人

およぼす　囲屋] s'étendre; [時間が] se prolonger; durer. 損害は十万円に～ Les dommages s'élèvent à cent mille yen. この丘は海抜千メートルに～ L'altitude de cette colline atteint 1.000 mètres. 討議は深夜に及んだ Le débat s'est prolongé (a duré) jusqu'à minuit. 私の知識もそこまでは及ばない Mes connaissances ne s'étendent pas jusque là. それは私の力では及ばない Cela dépasse mes capacités./Cela est au-dessus de mes forces. 想像も及ばないほどの dépasser l'imagination. ¶～限りのことをする faire tout son possible; faire de son mieux. 私の力の～限り autant qu'il est en mon pouvoir. 及ばずながら～することすべて tout en sachant que ce n'est pas à sa portée. ◆ ¶[匹敵する] ¶体力にかけては彼に～者はない Pour la force physique, il n'a pas d'égal (son pareil). 彼の心の高貴さに～ものはない Rien ne peut égaler la grandeur de son âme. 私は肉体的には到底彼に及ばない Physiquement, je suis de beaucoup inférieur à lui. ◆ ¶[引起こす] rejaillir sur; [立ち至る] en venir à. 殴り合いに～ en venir aux mains (aux coups). 彼の不名誉が我々みんなに及んだ Sa honte a rejailli sur nous tous. ◆ ¶…するに及ばない [必要ない] Ce n'est pas la peine de inf (que sub). それには及びません Ce n'est pas la peine. 何も恐れるには及ばない Il n'y a rien à craindre.

およぼす　及ぼす [影響を] exercer; [もたらす] causer; produire. 周囲の者に大きな影響を～ exercer une grande influence sur son entourage. 人に～ [迷惑] causer des ennuis à qn.

オラトリオ　oratorio m.
オランウータン　orang(s)-outan[g](s) m.
オランダ　†Hollande f; Pays-Bas mpl. ‖～水仙 tubéreuse f.
おり　織り ‖ 機械～ tissage m mécanique. 手～ tissage à la main.
おり　折 ¶～を待つ attendre l'occasion (le bon moment). ～があれば(を見て) à l'occasion. ～があり次第 à la première occasion. ～があり次第…する saisir la première occasion de (pour) inf. …の～に à l'occasion de …. ～いうかい～に au moment favorable. お目にかかれたこのの～に感謝の意を申し上げます Puisque je vous vois, je profite de l'occasion pour vous dire ma gratitude. ～を見て食事にいらっしゃい A l'occasion, venez dîner./Venez dîner, si vous en avez l'occasion. ¶～よく opportunément; à propos; à point nommé. [幸いに] heureusement; par chance. ～よく通りかかった人に助けられる être heureusement sauvé par un passant. ～よく彼がやって来た Il est arrivé à point nommé. ～悪しく inopportunément; mal à propos; à contretemps; au (dans un) mauvais moment.

おり　澱 [沈殿物] sédiment m; [酒などの] dépôt m; lie f. 葡萄酒の～ dépôt des vins; lie de vin. ～が溜っている Il y a du dépôt.

おり　檻 cage f.
-おり　折 ‖ 二(三)つにする plier en deux (trois). 二つ～の本 in-folio m inv. 四つ～判の本 in-quarto m inv.

おりあい　折合 [間柄] relations fpl; rapports mpl; [妥協] compromis m; [同意] accord m; entente f. ～をつける [解決する] arranger; [和解する] transiger. 事件の～をつける arranger une affaire. …と～がいい(悪い) être en bons (mauvais) termes avec; entretenir de bonnes (mauvaises) relations avec. ～がつく consentir à un compromis; s'accorder; se concilier. その事件の責任を私が引き受けることで～がついた Nous nous sommes accordés pour faire tomber la responsabilité de l'affaire sur moi. 10万円の賠償でどうやく～がついた On a fini par s'accorder sur un dédommagement de 100.000 yen.

おりあう　折合う s'arranger; s'accorder; s'entendre; [妥協] transiger; se concilier; se faire des concessions réciproques. 値段が～ s'accorder sur le prix. 訴訟するより折り合った方がよい Il vaut mieux transiger que plaider. その点に関しては折り合えない ne pas pouvoir transiger sur ce point.

おりいって　折入って instamment. ～お願いする prier instamment. ～お願いしたいことがあるので Je voudrais instamment vous demander une faveur spéciale. 妻の～の願い prière f (demande f) instante. 妻の～の願いで sur l'instance de ma femme.

オリーブ　olive f. ～の木 olivier m. ‖～油 olive. ～色の olive inv. ～色がかった olivâtre. ～栽培 oléiculture f; culture f de l'olive. ～畑 oliveraie f. ～油 huile f d'olive.

おりえり　折襟 col m rabattu.
オリエンテーリング　exercice m d'orientation sur le terrain.

おりおり　折々 quelquefois; [時たま] parfois; [時々] de temps en temps; par moments. ‖ 四季～の花 fleurs fpl de chaque saison.

オリオンざ　-座 Orion m.
おりかえし　折返し [衣服, 袖の] ourlet m; parement m; [衣服, ズボンの] revers m. ズボン(コート)に～をつける faire un ourlet au pantalon (manteau). ◆ ¶～返事をする répondre par retour du courrier. 到着の電車に～出発します Le train arrivé repartira aussitôt. ‖～運転する faire la navette. ～地点 [マラソン] point m de retour.

おりかえす　折返す [引き返す] faire demi-tour; rebrousser chemin; [折りたたむ] replier. ズボン(袖)を～ retrousser son pantalon (ses manches).

おりかさなる　折重なる s'entasser; se superposer. ¶折重なって倒れる tomber les uns sur les autres. 折重なった死体 cadavres mpl entassés pêle-mêle.

おりかさねる　折重ねる plier en deux. 幾重にも～ plier et replier qc.

おりがみ　折紙 papier m de couleur pour pliage. ～をする faire des pliages. ◆ [保証書] ¶～をつける garantir; certifier. 彼が正直なことは僕が～をつけてもいい Je le garantis honnête. ～付きの [保証された] garanti; avec garantie; [名代の] fieffé; fameux(se).

～付きの品 article *m* garanti. ～付きの悪党 fameuse (fieffée) canaille *f*.

おりから 折柄 juste à ce moment-là; juste alors. 気候不順の～お体を大切に Par ce temps changeant, prenez bien soin de votre santé.

おりくち 降り口 sortie *f*; porte *f*; descent *f*.

おりこ 織子 tisserand(e) *m*(*f*); tisseur(se) *m*(*f*).

オリゴとう ー糖 oligosaccharide *m*.

おりこみ 折込み [新聞の] prospectus *m* inséré dans un journal. ‖ー広告 encart *m* publicitaire.

おりこむ 織込む ¶金糸を～ brocher une étoffe de fils d'or. 面白い挿話を～ introduire des épisodes intéressants. 金糸を織込んだ布 tissu *m* lamé d'or; brocart *m*.

おりこむ 折込む [縁を] replier les bords en dedans; [新聞などに] insérer.

オリジナル ⇨ どくそう(独創), げんさく(原作), げんぶん(原文).

おりしも 折しも ⇨ おりから(折柄).

おりたたみ 折畳み ‖ー椅子 siège *m* pliant; pliant *m*. ー式年表 dépliant *m* chronologique. ー地図 carte *f* dépliante. ーベッド lit *m* pliant.

おりたたむ 折畳む plier. 下着を～ plier du linge. ¶折畳める pliant; repliable.

おりたつ 下り立つ descendre. プラットホームに～ descendre sur le quai.

おりど 折戸 porte *f* aux vantaux repliables.

おりなす 織成す tisser. ¶幾つかの意外な事件が～不思議な物語 récit *m* mystérieux tissé d'aventures imprévues.

おりまげる 折曲げる plier; courber. 枝を～ plier une branche. 体を二つに～ se plier (se courber) en deux. ¶彼は足を折曲げて眠っている Il dort les jambes repliées.

おりめ 織目 tissu *m*. ¶ーのつんだ(粗い)布 étoffe *f* d'un tissu serré (lâche).

おりめ 折目 pli *m*. アイロンをかけて～をつける marquer les plis en repassant. ¶ーのついたスカート jupe *f* à plis. よくーのついたズボン pantalon *m* au pli bien marqué. ー[行儀作法] politesse *f*. ¶ー正しい人 personne *f* bien élevée. ー正しく振舞う se montrer très poli; se comporter comme il faut. ¶彼はだらしないが, ーけじめは心得ている Il est paresseux, mais il sait bien se tenir quand il le faut. 「ーけじめは, はっきりと」« Les bons comptes font les bons amis. »

おりもと 織元 fabricant(e) *m*(*f*) de tissu.

おりもの 下り物 [こしけ] leucorrhée *f*; [月経] menstrues *fpl*; [産後の] arrière-faix *m*.

おりもの 織物 tissu *m*; étoffe *f*. ¶ーの製造 textile. ‖ー原料 matières *fpl* textiles; textile *m*. ー工業 industrie *f* textile; tissage *m*. ー工場 usine *f* textile.

おりる 降りる descendre; [着陸する] atterrir; [幕が] tomber. 木(車)から～ descendre d'un arbre (de voiture). エレベーター(パラシュート)で～ descendre par l'ascenseur (en parachute). ◆[賭事で] se retirer d'un enjeu; passer.

オリンピック ‖国際ー委員会 Comité *m* international olympique. ー競技 jeux *mpl* olympiques. ースタジアム stade *m* olympique. ー選手 champion(ne) *m*(*f*) olympique. ー大会 Jeux *mpl* Olympiques.

おる 織る tisser. 布を～ tisser une toile. 羊毛(綿)を～ tisser de la laine (du coton). 機を～ tisser au métier. ¶織り方 art *m* (technique *f*) du tissage.

おる 折る casser; briser; rompre. 枝を～ briser (casser) une branche. 腕を～ se casser (se fracturer) le bras. ◆[折曲げる] plier. 二つに～ plier en deux. 指を～ plier les doigts. ¶指を折って数える compter sur ses doigts.

オルガスムス orgasme *m*.

オルガン harmonium *m*; [パイプオルガン] orgue *m*. ～を弾く jouer de l'harmonium. ‖手回しー orgue de Barbarie. 電気ー orgue électrique. ー奏者 organiste *m*.

オルグ organisateur *m*.

オルゴール boîte *f* à musique.

おれ 俺 ⇨ わたくし(私).

おれい 御礼 remerciement *m*. ～を言う remercier *qn* de *qc*. ご丁寧なお手紙を～を申し上げます Je vous remercie de votre lettre cordiale. ‖～参りをする [神社に] visiter un temple en signe d'actions de grâces; [やくざの] venir faire trinquer *qn*.

オレガノ [植] origan *m*.

おれきれき 御歴々 notables *mpl*; personnages *mpl* importants; 《俗》gros bonnets *mpl*. 政界のー notables du monde politique.

おれくぎ 折釘 [鉤形の釘] clou *m* à crochet; [折れ曲った釘] clou *m* tordu.

おれる 折れる être cassé; casser; [曲る] tourner. 腕を～ avoir le bras cassé. 枝が風で折れた La branche a été cassée par le vent. ◆[譲歩する] céder. その辺で折れた方がよい Il serait temps de céder. 遂に彼も折れて出て来た Il a fini par céder du terrain.

オレンジ orange *f*. ～の木 oranger *m*. ～色 orange *m*; orangé *m*. ～色の orange *inv*; orangé. ～エード orangeade *f*. ～ジュース jus *m* d'orange. ～畑 orangerie *f*.

おろおろ ¶～する s'effarer; se troubler; être déconcerté. ～した effaré, égaré. ～した様子 un air effaré. 彼は～して何も答えられない Déconcerté, il est incapable de répondre. ‖～声 voix *f* alarmante.

おろか 愚か ¶～な sot(te), stupide, imbécile; insu. ～なことをしでかす faire (commettre) une sottise. ～に sottement; stupidement; bêtement. ～にも...する avoir la bêtise de *inf*. ‖～さ sottise *f*; stupidité *f*; bêtise *f*.

‖～者 sot(te) *m*(*f*); imbécile *mf*. ◆[言うまでもなく] ¶彼はフランス語は～英語も知らない Il ne connaît même pas l'anglais, sans parler du français. 彼は一週間は～一月たっても やらないだろう Il ne fera pas cela dans un mois, et encore moins dans une semaine.

おろし 卸ろし commerce *m* en gros. ‖～売 vente *f* en gros. ～売市場 marché *m* de

おろし 下ろし ‖ 大根～ radis *m* râpé. ～金 râpe *f*.

おろし 嵐 ‖ 筑波～ vent *m* violent venant du mont Tsukuba.

おろす 卸す vendre en gros.

おろす 降(下)ろす descendre; [下げる] baisser; abaisser; [下に置く] déposer. 荷物を～ descendre des bagages. 日除けを～ baisser le store. 帆(垂線)を～ abaisser les voiles (une perpendiculaire). 重荷を～ déposer un fardeau. 錨を～ jeter l'ancre. 長椅子に深く腰を～ s'enfoncer dans un fauteuil. 人を車から～ déposer *qn*. ここで降ろして下さい Déposez-moi ici. ◆ [外す] décrocher; [取去る・取出す] retirer; enlever. 絵を～ décrocher un tableau. 鞍を馬から～ retirer *sa* selle à un cheval. 鍋を火から～ retirer (enlever) une marmite du feu. ‖銀行からお金を～ retirer de l'argent de la banque. 木の枝を～ [切取る] ébrancher un arbre. ◆ [初めて使う] étrenner. 着物を～ étrenner une robe; porter une robe pour la première fois. ‖ 降ろされた着物 habit *m* flambant neuf. ◆ [堕胎する] avorter; faire un avortement. ◆ [すり下ろす] ‖ おろし金でにんじんを～ râper une carotte.

おろそか にする oublier; négliger. 家族を～にする oublier *sa* famille. 仕事を～にする négliger *son* travail.

おわい 汚穢 vidanges *fpl*. ～を汲む vider une fosse d'aisances. ‖～屋 vidangeur *m*.

おわせる 負わせる [背負わせる] charger *qn* de *qc*; [罪, 責任などを] imputer (attribuer) *qc* à *qn*; [役目などを] investir *qn* de *qc*. ...の責任を～ faire retomber sur *qn* la responsabilité de *qc*. 交渉失敗の責任を代表に～ imputer l'échec des négociations aux délégations. 人々は彼に全権を負わせた On lui a investi de tous les pouvoirs.

おわり 終わり fin *f*; terme *m*; [会期(合)の] clôture *f*; [満期] expiration *f*; [結末・結果] issue *f*; [列, 着順の] queue *f*. ～がいい(悪い) finir bien (mal). ～に近づく approcher de *sa* fin; toucher à *sa* fin (à *son* terme). ～まで読む lire jusqu'au bout (jusqu'à la fin). 研究を～まで立派になしとげる mener à bonne fin une étude. ～を全うする faire jusqu'au bout; achever. ～を美事に finir en beauté. ～を告げる arriver à *son* terme; sonner le glas de *qc*. その流行も～を告げた Cette mode est arrivée à *son* terme./On a sonné le glas de cette mode. いいかげんに～にしてほしい Je veux qu'on en finisse. 「～よければ全てよし」«Tout est bien qui finit bien.» ‖～の数小節 mesures *fpl* finales. ～に臨んで pour terminer; finalement. 五月の～に à la fin de mai; fin mai.

おわりね 終値 cours *m* de clôture.

おわる 終る finir; prendre fin; se terminer; [期限が] expirer; [会期が] être clos; [完成する] achever; accomplir. 時間通りに～ se terminer à l'heure. 会期が終った La session est close. 仕事は終った Le travail est fini. 昨夜の雷雨で梅雨も終った L'orage d'hier soir a terminé la saison des pluies. 彼との付合いは1年で終った J'en ai terminé avec lui depuis un an. 夏もいよいよ終った Nous voilà au bout de l'été. 交渉は誤解に終ってしまった Les négociations ont fini sur un malentendu. 終ろうとしている être sur *sa* fin; tirer (toucher) à *sa* fin. 議論はなかなか終りそうにない Nous sommes loin d'avoir terminé notre discussion. この仕事を急いで終らせよう Essayons d'en finir avec ce travail. 事業は失敗に終った L'affaire a abouti à un échec. ¶ 上巻は読み終ったが, まだ下巻は残っている J'ai fini le premier tome, mais il me reste le second.

おわん 御椀 petite coupe de bois; [乞食の] sébile *f*.

おん 恩 [善行] bienfait *m*; [恩義] obligation *f*. 親の～ bienfaits de *ses* parents. ～をこうむる avoir une dette de reconnaissance envers *qn*; être redevable à *qn*; avoir une obligation envers *qn*. ～を売る créer une obligation à *qn*. ～を返す s'acquitter d'une obligation. ～を仇で返す rendre le mal pour le bien. ～を施す faire une faveur à *qn*; combler *qn* de bienfaits (faveurs). ～を知らない être ingrat envers *qn*. ¶～に着せる faire valoir de bons services. ～に着る éprouver de la reconnaissance pour *qn*.

おん 音 son *m*.

おんあい 恩愛 affection *f* profonde. ～のきずな liens *mpl* du sang. ～の情[親子の] voix *f* du sang.

おんいき 音域 étendue *f*; diapason *m*; [声域] registre *m*; tessiture *f*.

おんいん 音韻 phonème *m*. ¶～の phonétique. ‖～論 phonologie *f*. ～論的な phonologique.

おんかい 音階 gamme *f*. ～[長(短)] ～ gamme majeure (mineure). ～の練習をする faire des gammes.

おんがえし 恩返し ～をする s'acquitter d'une obligation; revaloir. あなたにその～をします Je vous le revaudrai.

おんがく 音楽 musique *f*. ～を演奏する jouer (exécuter) de la musique. ～を聞く écouter de la musique. ～好きな mélomane. ～好きな国民 peuple *m* mélomane. ～の(的な) musical(aux). ～の夕べ soirée *f* musicale. ‖映画～ musique de film. クラシック～ musique classique. 室内～ musique de chambre. ～愛好家 amateur *m* de musique. ～家 musicien(ne) *m(f)*. ～会 concert *m*; [独奏会] récital (s) *m*. ～会場 salle *f* de concert. ～学校 école *f* (conservatoire *m*) de musique. ～狂 mélomane *mf*. ～教師 professeur *m* de musique. ～性 musicalité *f*. ～堂 kiosque *m* de musique. ～批評 critique *f* musicale. ～放送 émission *f* musicale. ～理論 musicologie *f*. ～理論家 musicologue *mf*.

おんかん 音感 ¶～が正しい avoir de l'oreille; avoir l'oreille musicale. ‖～教育 éducation *f* de l'oreille.

おんがん 温顔 doux visage *m*.

おんぎ 恩義 obligation *f*. ~に感じる être sensible aux bienfaits. ~に報いる rendre à *qn* ses bienfaits; récompenser *qn* de ses bienfaits. ~を知る reconnaître les bienfaits. …から～を受ける avoir des obligations envers *qn*.

おんきせがましい 恩着せがましい ¶～ことを言うな Ne te vante pas de tes bienfaits.

おんきゅう 恩給 pension *f* [de retraite]; retraite *f*. ～をもらう recevoir une pension. 幾ばくかの～を受け取る percevoir une petite retraite. ～を与える pensionner *qn*. ‖ ~生活者 pensionné(e) *m(f)*. ~局(制度) bureau *m* (régime *m*) des pensions.

おんきょう 音響 son *m*; [騒音] bruit *m*. ¶大～とともに爆発する exploser avec fracas. ‖～学 acoustique *f*. ～効果 effets *mpl* acoustiques; [劇, 映画, ラジオの] bruitage *m*; [部屋, ホールの] acoustique *f*.

オングストローム angstrœm *m*.

おんけい 恩恵 faveur *f*; grâce *f*; bienfait *m*. 文明の～ bienfait de la civilisation. 文明の～に浴する jouir des bienfaits de la civilisation. ～を施す accorder des faveurs (bienfaits) à.

おんけん 穏健 ¶～な modéré; mesuré. ～な処置をとる prendre des dispositions mesurées. 彼の主張は～だ Il est modéré dans ses prétentions. ‖～派 modéré(e) *m(f)*. ～派の modéré.

おんこ 恩顧 ¶～に報いる répondre aux bienfaits de *qn*. ～を受ける jouir de la bienveillance de *qn*.

おんこう 温厚 ¶～な doux(*ce*); gentil(*le*).

おんさ 音叉 diapason *m*.

オンザロック verre *m* de whisky avec glaçons.

おんし 恩師 maître *m* vénéré; [旧師] ancien professeur *m*.

おんし 恩賜 ¶～の時計 montre *f* offerte par l'empereur.

おんしつ 温室 serre *f*. ¶～で花を育てる mettre (faire pousser) des fleurs dans une serre. ‖～効果 effet *m* de serre. ～栽培 culture *f* en serre. ～栽培農家 serriste *m*. ～育ちの en (de) serre chaude. ～育ちの果物 fruit *m* de serre. ～作りの花 fleurs *fpl* sous serre.

おんしつ 音質 sonorité *f*. この楽器は～がいい Cet instrument a une bonne sonorité.

おんしゃ 恩赦 amnistie *f*. ～に浴する être amnistié.

おんしゅう 恩讐 l'amour et la haine. ¶～を越えて oubliant l'amour et la haine.

おんしつ 温湿 ⇒ おさつい(temp.)

おんじゅん 温順 ¶～な docile; doux(*ce*).

おんしょう 恩賞 récompense *f*. ～にあずかる être récompensé; recevoir une récompense.

おんしょう 温床 [苗床] pépinière *f*; [悪の] foyer *m*; officine *f*. 悪の～ foyer de vices.

おんじょう 温情 bienveillance *f*; cordialité *f*. もはやあなたの～におすがりするより他にない Je n'ai plus d'autre secours que de m'en remettre à votre bonté. ¶～ある bienveillant; cordial(*aux*). ～ある人 personne *f* affectueuse et cordiale. ～をもって avec indulgence; avec cordialité. ‖～主義 esprit *m* d'indulgence.

おんしょく 音色 timbre *m*. フルートの～ timbre de la flûte. ¶～のよい harmonieux(*se*).

おんしらず 恩知らず ingratitude *f*; [人] ingrat(*e*) *m(f)*. ¶～な ingrat.

おんしん 音信 [たより] nouvelle *f*. ¶その後彼とは～不通だ Depuis je n'ai pas de ses nouvelles.

おんじん 恩人 bienfai*teur*(*trice*) *m(f)*. あなたは命の～です Vous êtes mon sauveur./Je vous dois la vie.

オンス [重量単位] once *f*.

おんすい 温水 eau *f* tiède. ‖～プール piscine *f* chauffée.

おんせい 音声 voix *f*; son *m* de voix. ‖～学 phonétique *f*. ～学の phonétique. ～学者 phonéticien(*ne*) *m(f)*. ～学的に phonétiquement.

おんせつ 音節 syllabe *f*. 語を～に分ける diviser un mot en syllabes. ¶～を区切って話す parler en détachant les syllabes; articuler. ‖単(多)～ monosyllabe *m* (polysyllabe *m*). 2(3)～語 dissyllabe *m* (trissyllabe *m*).

おんせん 温泉 eaux *fpl*. ～に行く aller aux eaux. ～に入る prendre les eaux. ‖～場 station *f* thermale. ～町 ville *f* d'eaux. ～宿 thermes *mpl*; [一軒の] hôtel *m* thermal. ～療法 cure *f* thermale.

おんそ 音素 phonème *m*.

おんぞうし 御曹子 fils *m* de famille excellente.

おんそく 音速 vitesse *f* sonique. ‖超～の supersonique. ～～ ⇒ な subsonique.

おんでん 穏便 ¶～する avoir (tenir) en réserve.

おんたい 温帯 zone *f* tempérée. ‖～気候 climat *m* tempéré. ～地方 régions *fpl* tempérées.

おんたいし 御大 chef *m*.

おんたく 恩沢 bienfait *m*. ⇒ おんけい(恩恵).

おんだん 温暖 douceur *f*; clémence *f*. ¶～な doux(*ce*); tempéré; clément. ‖地球の～化 réchauffement *m* de la Terre. ～前線 front *m* chaud.

おんち 音痴 ¶～である n'avoir aucune oreille; ne pas avoir d'oreille. ‖方向～である ne pas avoir le sens de l'orientation.

おんちゅう 御中 ¶田中商会～ Messieurs Tanaka et C*ie*.

おんちょう 恩寵 [神の] grâce *f*; [君主の] faveur *f*. 君主の～を受ける jouir de la faveur du souverain.

おんちょう 音調 [調子] ton *m*; [抑揚] modulation *f*.

おんてい 音程 intervalle *m*. ～が狂っている jouer (chanter) faux. このピアノは～が狂っている Ce piano est désaccordé.

おんてき 怨敵 ennemi(*e*) *m(f)* haïssable.

オンデマンド ¶～で sur demande.

おんてん 恩典 faveur *f* spéciale. ～に浴する

おんと 音吐 ¶~朗々と d'une voix sonore (retentissante).

おんど 温度 température f. ~を上げる(下げる) élever (baisser) la température. ~を調節する modérer la température. ~を計る vérifier la température. ~が10度上がった La température s'est montée (s'est élevée) de 10 degrés. ~が零度に下がった La température est descendue à zéro. ~は30度です La température est de trente degrés. ¶絶対~ température absolue. ~計 thermomètre m. ~測定 thermométrie f.

おんど 音頭 ¶[踊り(会)の]~を取る mener une danse (une réunion). 歌の~を取る entonner un chant (un air). 彼が~の歌の~を取ってみんなが後を続けた Il a entonné le chant et tout le monde a suivi. 彼の~で乾杯した Sur son invitation, nous avons trinqué. ¶~取り meneur(se) m(f).

おんとう 穏当 ¶~な convenable; juste; raisonnable. ~な(でない)処置 mesures fpl raisonnables (peu convenables). ...と言うのは~でない Ce n'est pas bien de dire que ind. あなたの言ったことは~だ Vous avez dit des choses sensées.

おんどく 音読 ¶~する lire à haute voix.

おんどり 雄鶏 coq m.

おんな 女 femme f; [情婦] maîtresse f. ~を漁る courir les filles. ~を囲う entretenir (avoir) une maîtresse. 彼はもう一人前の~だ A présent, c'est une femme. ¶«~三人寄ればかしましい》«Où femme y a, silence n'y a.» 《~の一念岩をも通す》«Ce que femme veut, Dieu le veut.» ~の子 [幼女] petite fille; [少女] jeune fille. ~らしい féminine; de femme. ~らしくない peu féminine. ~っぽい青年 garçon m aux manières efféminées. 彼女はとても~らしい Elle est très féminine. しばらく見ないうちに彼女は~らしくなった Elle est devenue très femme depuis la dernière fois. ~らしさ féminité f.
¶ ~友達 amie f.

おんなあそび 女遊び ¶~をする avoir des aventures galantes; 《俗》courir le jupon (guilledou); draguer.

おんながた 女形 acteur m qui joue un rôle féminin.

おんなぎらい 女嫌い misogynie f. ~の misogyne. ~の人 misogyne mf.

おんなぐるい 女狂い folies fpl pour les femmes. 彼はいい年をしてまだ~している Il lui faut toujours les femmes malgré son âge.

おんなごころ 女心 cœur m de femme. 「~をくすぐる toucher le cœur d'une femme. 「~と秋の空》«Souvent femme varie, bien fol est qui s'y fie.»

おんなざかり 女盛り ¶~である être à la fleur de l'âge. ~を過ぎる être sur le retour.

おんなずき 女好き ¶~の qui court le jupon (les filles). ~の男 homme m à femme;

coureur m de jupon. ~のする男 homme séduisant; homme qui attire les femmes.

おんなたらし 女誑し séducteur m; bourreau(x) m des cœurs; don Juan m; tombeur m.

おんなで 女手 main f de femme. ~がほしい J'ai besoin de l'aide d'une femme. ~の手紙 lettre f écrite d'une écriture féminine. ¶子供を~ひとつで育てる élever toute seule ses enfants.

おんなどうらく 女道楽 débauche f des femmes. ~をする se débaucher avec des femmes;《俗》courir le guilledou.

おんなもじ 女文字 écriture f féminine.

おんなもち 女持ち ¶~の雨傘 parapluie m pour dames.

おんなもの 女物 [衣服] vêtement m féminin. ¶~の féminin; de femme. ~の売場 rayon m pour femmes.

おんぱ 音波 ondes fpl sonores.

オンパレード [大行進] grande parade f; [勢揃い] rassemblement m; [続出の] distribution f. スター~ brillante distribution.

おんぴょうもじ 音標文字 alphabet m phonétique.

おんびん 穏便 ¶~な解決 règlement m à l'amiable. ~な処置 mesures fpl peu sévères. ~に事をすませる régler une affaire à l'amiable.

おんびん 音便 euphonie f. ¶~で par euphonie. ~の euphonique.

おんぶ 音符 ¶~を背負う porter sur son dos. ◆[頼る] ¶ ...を頼りにする se reposer sur qn.

おんぷ 音符 note f. ¶~を読む lire des notes. ¶全~ ronde f. 2 分~ blanche f. 4 分~ noire f. 8 分~ croche f. 16(32) 分~ double (triple) croche.

おんぷく 隠匿 employé m de four crématoire.

おんぼろ ¶~の vieux (vieil, vieille); [すりきれた] usé. ~の衣裳 vêtement m usé (en lambeaux). ~の靴 chaussures fpl en lambeaux. ~の車 tacot m.

おんみつ 隠密 espion(ne) m(f); [スパイ] agent m secret. ¶~の [内密の] souterrain; caché; obscur. ~の計画 projet m souterrain.
¶~裡に事を解決する arranger une affaire à la dérobée.

おんよう 温容 ¶~な顔 visage m doux et calme.

オンライン ¶~で en ligne. ¶~システム commande f par ordinateur; système m interconnecté. ~情報処理 traitement m interconnecté des informations [données]. ~ゲーム jeux mpl en ligne. ~ショッピング achat m en ligne. ~書店 librairie f en ligne.

おんりょう 怨霊 fantôme m; spectre m; revenant m.

おんりょう 音量 volume m des sons. ~を調節する régler le volume.

おんわ 温和 ¶~な calme; doux(ce); paisible; placide. ~な気候 climat m doux. ~な性質 caractère m placide (paisible, calme).

か

か【疑問】 ¶これは何です〜 Qu'est-ce que c'est? この人は誰です〜 Qui est-ce? これはあなたの本です〜 Est-ce votre livre? 猫はお好きです〜 Aimez-vous (Est-ce que vous aimez) les chats? 御両親は御在宅です〜 Vos parents sont-ils chez eux? これとあれとどちらがお好きです〜 Lequel (Laquelle) préférez-vous, celui-ci ou celui-là (celle-ci ou celle-là)? ¶【又は】もなく 4人〜5人 quatre ou cinq personnes. 父親〜母親がその子を引きとるだろう Le père ou la mère aura la garde de l'enfant. イエス〜ノー〜 oui ou non. 死ぬ〜生きる〜 vivre ou mourir. ◆【…かどうか】si. 彼が来る〜どうか誰も知らない Personne ne sait s'il vient ou non. ◆【…するかしないうちに】à peine; à peine...que. 車に乗る〜乗らないうちに彼は寝てしまった A peine dans la voiture, il s'est endormi.

か 可 ¶〜もなく不可もない ni bon(ne) ni mauvais(e); passable. 〜もなく不可もなく ni bien ni mal; passablement. ◆【評点】passable. 試験で〜をとる avoir la mention «passable» à un examen.

か 科【生】famille f; 【分科】faculté f; 【課程】cours m. 【文】【理】~ faculté des lettres (des sciences). 初(中, 高)等〜 cours élémentaire (moyen, supérieur).

か 課【機構の】section f; service m; 【学課】leçon f. ¶第一〜 première leçon f. 広報〜 service d'information.

か 蚊 moustique m. 〜をいぶす enfumer des moustiques. 〜にさされる être piqué par un moustique. 〜にさされた跡 piqûres fpl de moustiques. 〜の鳴くような声で d'une voix grêle.

が【しかし】mais; cependant; pourtant; néanmoins; 【そして】et. 彼はちびだ〜走るのはとても早い Il est petit, mais court très vite. 箱根に行った〜とても楽しかった Je suis allé à Hakoné et je m'y suis beaucoup amusé. 【所有格】わが国 mon pays; notre pays. ◆【主格】犬が吠える Le chien aboie. 雪が降る Il neige. 今日は良い天気だ Il fait beau jour. 船がゆっくりと遠くのが見える On voit approcher lentement le bateau. ◆【目的格】そのりんごが欲しい Je veux cette pomme. ◆【その他】頭が痛い J'ai mal à la tête. 腹がへった J'ai faim. 顔がきれいだ Elle a un joli visage. 胸糞が悪くなる Ça m'est écœurant./Cela m'écœure. 勉強したがだめだった J'ai travaillé, mais ça n'a pas marché. 三日かかろうが四日かかろうが Même si ça prend trois jours, j'y parviendrai. 今日は参れませんが… Je ne peux hélas pas venir aujourd'hui...

が 我【頑固】obstination f; opiniâtreté f; 【自我意識】égoïsme m. 〜を通す s'obstiner (s'entêter) dans son opinion. 〜の強い obstiné; opiniâtre.

が 蛾 papillon m de nuit (nocturne).

が 賀 ¶〜を述べる féliciter qn. 米寿の〜を祝う fêter le 88ᵉ anniversaire de naissance.

カー voiture f; auto f; 《俗》bagnole f. ‖マイ〜 voiture personnelle.

があがあ ¶〜鳴く【蛙】coasser; 【ちょう】cacarder; 【あひる】cancaner. 〜言う【小言】faire du bruit. 其位のことで〜言うことはない Ce n'est pas la peine de faire tant de bruit pour si peu de chose.

カーキ ¶〜色 couleur kaki. 〜色の kaki.

カーステレオ autostéréo m.

カースト caste f.

ガーゼ gaze f. ‖消毒〜 gaze stérilisée.

カーソル【ワープロ, コンピューターの】curseur m.

ガーター【靴下どめ】porte-jarretelles m inv. ‖〜勲章 ordre m de la Jarretière.

カーチェイス poursuite f en voiture.

カーディガン cardigan m.

ガーデニング jardinage m. ¶〜をする jardiner.

カーテン rideau(x) m. 鉄の〜 rideau de fer. 〜を開ける(閉める, 引く) ouvrir (fermer, tirer) les rideaux. 窓に〜をつける mettre des rideaux à la fenêtre. ¶〜のついた窓 fenêtre f garnie de rideaux. 〜コール rappel m.

ガーデン jardin m. ‖ビア〜 brasserie f de plein air.

カート chariot m. ‖【空港の】手荷物用〜 chariot m à bagages.

カード fiche f; 【トランプ】carte f. 〜に記入する mettre en fiche; ficher. ‖索引〜 fiche. パンチ〜 carte perforée. 〜ボックス fichier m.

ガード【陸橋】pont m; passerelle f; viaduc m; 【スポーツ】défense f; 【人】défenseur m. 〜を固める avoir une bonne garde (défense).

ガードマン garde m; gardien m; 【ボディガード】garde du corps; 《俗》gorille m.

カートリッジ【万年筆などの】cartouche f; 【レコードプレーヤー用の】tête f de lecture.

ガードル gaine f. ‖パンティー〜 gaine(s)-culotte(s) f(pl).

ガードレール garde-fou m inv; 【鉄道の】contre-rail m.

カートン carton m; 【煙草の】cartouche f.

カーナビ système m de navigation automobile.

カーニバル carnaval(s) m.

カーネーション œillet m.

ガーネット grenat m. ‖〜色の grenat inv.

カービンじゅう 〜銃 carabine f.

カーブ courbe f; 【道の】virage m; coude m; tournant m. 〜をきる prendre un virage. 〜を切る prendre un virage; 【自動車が】braquer. 右へ〜を切る braquer vers la droite. 〜している La route fait une courbe (un coude). ‖急〜 virage dangereux. ヘアピン〜 virage (tournant) en épingle à cheveux.

カーフェリー car-ferry(-ferries) [karferi, -feriz] m(pl).

カーペット tapis m; 【小さな】carpette f.

カーボン charbon *m*; carbone *m*. ‖~紙 papier *m* carbone; papier *m* au charbon.

カーラー rouleau(x) *m*.

カーラジオ autoradio *m*; radio de voiture.

カーリーヘア cheveux *mpl* frisés.

ガーリック ail *m*. ‖~味の aillé.

ガーリックソース sauce *f* à l'ail.

カーリング 〚スポ〛 curling [kœrliŋ] *m*.

カール 〚巻毛〛 boucle *f*; frisure *f*. 髪に~をかける friser (boucler) ses cheveux. ~をとる défriser. 軽く~をかける frisotter; friser légèrement. ‖~している髪の毛 cheveux *mpl* frisés (qui frisent, bouclés). 彼女の髪は自然に~している Ses cheveux bouclent (frisent) naturellement. ‖~ごて fer *m* à friser. ~クリップ bigoudi *m*. ~クリップをした女 femme *f* en bigoudis.

ガール ‖~ハント drague *f*. ~ハントする draguer. ~フレンド [petite] amie *f*.

ガールスカウト [団員] éclaireur *f*; guide *f*.

カーレーサー coureur(se) *m(f)* automobile.

カーレース course *f* automobile. ~に出場する faire de l'automobile.

カーレンタル location *f* de voitures.

かい 下位 rang *m* inférieur. …より~にいる(位する) être placé au dessous de *qn*; occuper un rang inférieur à *qn*. ~の下 au-dessous.

かい 会 [会合] réunion *f*; assemblée *f*; [政治, スポーツ] meeting *m*; [遊び] partie *f*. マージャンの~ partie de mah-jong. お茶の~がある Aujourd'hui nous avons une réunion de cérémonie du thé. ~はあした開かれる La réunion aura lieu demain. ~に出席する assister à une réunion. ~を催す tenir une réunion (un meeting). ◆英国の~ association *f*; société *f*; club *m*. ~に入る entrer dans une association. ~を創設する fonder une association. ‖医師~ association *f* des médecins. 競技~ meeting d'athlétisme; réunion sportive.

かい 回 [度数] fois *f*; [スポーツ] tour *m*; manche *f*; [拳闘] round *m*. ~を重ねることに巧くなる faire des progrès à chaque tentative. ‖1年に1~ une fois par an. 3~目(に) à la troisième fois. 3~ 勝負 match *m* (partie *f*, jeu *m*) en trois manches. 10~戦 [拳闘] combat *m* en dix rounds. 数に亘って à plusieurs reprises. 数~続けて plusieurs fois de suite.

かい 界 milieu(x) *m*; monde *m*; cercle *m*; 〚生〛 règne *m*. ‖社交~ beau monde. 動(植)物~ règne animal (végétal). 文学~ milieux littéraires.

かい 階 [階層] ‖1~ rez-de-chaussée *m*. 2~ premier étage *m*. 3~に住む habiter au deuxième (étage). 10~建の ビル immeuble *m* à neuf étages. 地~で en sous-sol *m*.

かい 貝 coquillage *m*; [貝殻] coquille *f*. ~のように黙る s'enfermer dans sa coquille. ‖~細工 ouvrage *m* en coquillages; coquillages *mpl*. ~細工の首飾り collier *m* de coquillages. ~類 mollusques *mpl* testacés; testacé *m*. ~類学 conchyliologie *f*.

かい 甲斐 ‖勉強した~があった Mon travail a été bien récompensé. 忠告した~がなかった L'avertissement n'a pas produit l'effet voulu. 我々の努力も~がなかった Nos efforts ont été vains. ~のある仕事だ C'est un travail qui vaut (mérite) la peine d'être fait. ~のない qui ne vaut pas la peine; ingrat. ~のない努力 vain effort *m*. ~のない務 tâche *f* ingrate. 努力の~もなく malgré *ses* efforts.

かい 買い ‖~に廻る [相場で] spéculer à la hausse.

かい 櫂 rame *f*; aviron *m*; [木片舟の] pagaie *f*; payaye *f*. ~で漕ぐ ramer; pagayer. ~をつける armer les rames.

がい 害 mal(aux) *m*; atteinte *f*; préjudice *m*; [損害] dommage *m*; dégâts *mpl*. アルコールは健康に~がある L'alcool nuit à la santé. ~を与える(及ぼす) faire du mal (du tort) à *qn*; porter préjudice à *qn*; nuire à *qc* (*qn*); endommager *qc*. ~を蒙る subir un préjudice. ‖~のある nuisible; préjudiciable, nocif(ve); pernicieux(se). ~のない inoffensif(ve); anodin. 彼は健康を~した Il a nui à sa santé. 彼の中傷は僕の気分を~した Sa calomnie m'a blessé.

かいあく 改悪 changement *m* en mal; mauvaise révision *f*. ~する changer en mal; rendre pire. ‖憲法~ mauvaise révision de la constitution.

がいあく 害悪 mal(aux) *m*; préjudice *f*; influence *f* nuisible (pernicieuse). ~を及ぼす porter préjudice à; porter atteinte à.

かいあげ 買上げ achat *m*; [政府による] expropriation *f*. ~する acheter; exproprier. ‖~価格 prix *m* d'expropriation.

かいあさる 買漁る faire la chasse à; rafler. 稀覯本を~ faire la chasse aux livres rares. 値も見ずに物を~ rafler les choses sans regarder au prix.

がいあつ 外圧 pression *fpl* extérieures.

かいい 怪異 phénomène *m* surnaturel. ~な étrange; surnaturel(le); mystérieux(se).

かいい 魁偉 ‖容貌~である avoir un visage taillé à la serpe.

かいいき 海域 ‖この~で dans ces parages. ‖日本~ eaux *fpl* territoriales du Japon.

かいいぬ 飼い犬 ‖~に手を噛まれる se réchauffer un serpent dans *son* sein.

かいいれる 買入れる acheter; faire l'acquisition de *qc*; [輸入] importer. ‖買入れ achat *m*; acquisition *f*.

かいいん 会員 membre *m*; adhérent(e) *m*(*f*); associé(e) *m*(*f*). 私はこの会の~である Je suis membre de cette association. 組織の~になる être admis dans (adhérer à) une organisation. …の~にする admettre *qn* dans. ~を募集する recruter des membres. ‖正(準, 特別, 名誉)~ membre titulaire (associé, spécial, honoraire). ~名簿 liste *f* des membres. ~証 carte *f* de membre (d'adhérent). ~券 ticket *m* de membre.

かいいん 改印 ‖~する changer *son* sceau. ‖~届 déclaration *f* de changement de sceau.

かいいん 海員 marin *m*. ~になる devenir marin. ‖~組合 union *f* des marins.

かいいん 開院 ouverture *f*. ‖~式 cérémonie *f* d'ouverture.

かいうん 海運 messageries *fpl* maritimes. ‖~会社 messageries maritimes. ~業 service *m* des affaires maritimes. ~業者 entrepreneur(se) *m(f)* de messageries maritimes.

かいうん 開運 ¶~のきざし bon augure *m*. ~のきざしがある être favorisé par le sort. ~のお守り fétiche *m* porte-bonheur.

かいえん 開園 ouverture *f*. 幼稚園(公園)の~ ouverture d'une école maternelle (d'un parc). ¶~する s'ouvrir; être ouvert. ‖~式 inauguration *f*.

かいえん 開演 ouverture *f*. ¶~する lever le rideau. ~される être ouvert. ‖~時間 heure *f* d'ouverture.

がいえん 外延【哲】extension *f*. ¶~的 extensif(ve).

がいえん 外苑 parc *m* extérieur.

カイエンヌペッパー poivre *m* de cayenne.

かいおうせい 海王星 Neptune *m*.

かいおき 買置き provision *f*. 野菜の~ provision de légumes. ¶~する faire provision de *qc*.

かいか 怪火 feu(x) *m* (incendie *m*) suspect; [鬼火] feu follet.

かいか 開化 civilisation *f*. ~の時代 siècle *m* des lumières. ⇨ ぶんめい(文明).

かいか 開花 floraison *f*; éclosion *f*; épanouissement *m*. ¶~する fleurir; éclore; s'épanouir. ‖~期 floraison.

かいか 階下 dessous *m*. ¶~の [d']en bas; [一階の] du rez-de-chaussée. ~の下宿人 locataires *mfpl* en bas. ~の人達 gens *mpl* du dessous. ~に en bas; [一階に] au rez-de-chaussée. ~に降りる descendre (aller) en bas. ~に住む habiter en bas. ~には誰もいない Il n'y a personne au-dessous (en bas).

かいが 絵画 peinture *f*. [作品] tableau(x) *m*. ¶~的 pittoresque; [画風] pictural(aux). ‖~館 musée *m* de peinture; pinacothèque *f*. ~芸術 art *m* pictural. ~展 exposition *f* de peinture.

がいか 凱歌 chant *m* de victoire (de triomphe); [勝利] victoire *f*; triomphe *m*. ~をあげる remporter une victoire; triompher de; [かちどき] chanter victoire; [勝って喜ぶ] se réjouir d'une victoire (d'un triomphe).

がいか 外貨 monnaie *f* étrangère; [外国為替] devise *f* étrangère. ~を獲得するse procurer des devises étrangères. ‖~手持ち~ réserve *f* de devises.

ガイガー ‖~計数管 compteur *m* Geiger.

かいかい 開会 ouverture *f*. ~の辞 discours *m* d'ouverture. ~を宣する déclarer la séance ouverte. ¶~中である être en séance. ~する ouvrir (commencer) une séance. ただいまから~致します La séance est ouverte. ‖~式 cérémonie *f* d'ouverture; inauguration *f*.

かいがい 海外 pays *mpl* étrangers (d'outre-mer); extérieur *m*. ~の d'outre-mer; extérieur; étranger(ère). ~の事情 circonstance *f* extérieure. ~に à l'étranger; à l'étranger; outre-mer. 原料を~に求める acheter des matières premières à l'extérieur. ‖~移住 émigration *f*. ~移住者 émigrant(e) *m(f)*. ~進出 expansion *f* à l'extérieur. ~政策 politique *f* extérieure. ~特派員 correspondant *m* (envoyé *m*) spécial à l'étranger. ~ニュース nouvelles *fpl* de l'extérieur (de l'étranger). ~派兵 déploiement *m* d'une armée outre-mer. ~貿易 commerce *m* extérieur. ~放送 émission *f* étrangère. ~領土 territoires *mpl* d'outre-mer. ~旅行 voyage *m* à l'étranger.

がいかい 外海 haute (pleine) mer *f*.

がいかい 外界 monde *m* extérieur; extérieur *m*. ¶~の extérieur.

かいがいしい 甲斐甲斐しい actif(ve); diligent. ~いでたちで [武装して] en tenue *f* belliqueuse. ¶甲斐甲斐しく [きびきびと] vivement; ardemment; [まめまめしく] diligemment; [元気よく] avec entrain. 甲斐甲斐しく働く travailler diligemment; [忙しそうに] s'affairer. 若妻が台所で甲斐甲斐しく立ち働いていた Une nouvelle mariée s'affairait à faire la cuisine. 甲斐甲斐しく世話をする s'empresser auprès de *qn*; être aux petits soins pour *qn*.

かいかえる 買い換える (s')acheter un(e) nouveau (nouvelle)...; changer de *qn*; [新しくする] renouveler *qc*.

かいかく 改革 réforme *f*; réformation *f*; innovation *f*; rénovation *f*. ¶~する réformer; innover; rénover. 制度を~する réformer les institutions. ~すべき réformable. ¶~的(的) novateur(trice); innovateur(trice)). ~の精神 esprit *m* novateur. 社会~ réforme *m* social. 宗教~ La Réforme. ~案 projet *m* de réforme. ‖~者 réformateur(trice) *m(f)*, innovateur(trice) *m(f)*; rénovateur(trice) *m(f)*. ~主義 réformisme *m*. ~派 réformiste *mf*; [宗教上の] réformé(e) *m(f)*.

がいかく 外角【数】angle *m* extérieur.

がいかく 外郭 [周囲] contour *m*; [囲い] enceinte *f*; [城の] remparts *mpl*. ‖~団体 organisation *f* affiliée; 官庁の~団体 organisation affiliée à l'administration.

かいかぶ 買方 [相場の] spéculateur(trice) *m(f)* à la hausse. ~に回る spéculer à la hausse. 彼は物の~を知らない Il ne sait pas acheter.

かいかつ 快活 ¶~な gai, joyeu(x)se); jovial (aux, als); allègre. ~に joyeusement; gaiement; allègrement. ‖~さ gaieté *f*; jovialité *f*; enjouement *m*.

がいかつ 概括 généralisation *f*; [要約] résumé *m*. ¶~する généraliser; [要約] résumer. ~して言う exposer sommairement son idée. ~して言うと en résumé. ¶~的な général(aux); sommaire.

かいかぶる 買被る surestimer; présumer de. 自分の力を~ surestimer (présumer de) ses forces. 自分を~ se surestimer. 買被られた surestimé; surfait.

がいかよきん 外貨預金 dépôt *m* en mon-

かいがら 貝殻 coquille *f*; [貝殻の一枚] valve *f*. ムール貝の～ valves d'une moule. ‖～追放《史》ostracisme *m*.

かいかん 会館 maison *f*; foyer *m*. ¶学生～ foyer d'étudiants. 区民～ centre *m* culturel d'un arrondissement. 日仏～ Maison Franco-Japonaise. 文化～ maison de la culture.

かいかん 快感 sensation *f* agréable; vif plaisir *m*; [幸福感] euphorie *f*. 勝利の～にひたる être en pleine euphorie de la victoire. ～を覚える éprouver une sensation agréable.

かいかん 怪漢 individu *m* louche; sinistre individu.

かいかん 開巻 ¶～に en tête de volume. ～第一頁に à la première page du livre.

かいかん 開館 ouverture *f*. ～している être ouvert. ～時間 [美術館などの] heures *f* d'ouverture. ～式 inauguration *f*. 美術館の～式を挙行する inaugurer un musée.

かいがん 海岸 bord *m* de la mer; plage *f*; côte *f*. ～で(に) au bord de la mer. ～に打ち上げられる être jeté (échouer) à la plage. 小舟が～に打ち上げられた Une barque a échoué sur la plage. 嵐で船が一隻～に打ち上げられた La tempête a jeté un navire à la côte. 船を～に乗り上げる jeter un navire à la côte. ～の côtier(ère). ～線 ligne *f* côtière. 地方 région *f* côtière; régions *fpl* de la côte.

かいがん 開眼 illumination *f*; révélation *f*. ¶～する être illuminé; avoir la révélation de *qc*. ～させる illuminer *qn*.

がいかん 外患 menaces *fpl* extérieures (qui viennent du dehors). ⇨ ないゆう(内憂).

がいかん 外観 apparence *f*; aspect *m*; air *m*; dehors *mpl*; extérieur *m*. ～によって一見を呈する avoir une bonne apparence. ～で sur les apparences. ～だけで判断しな ne juger que sur les apparences. ～を信じる se fier aux apparences. ～をつくろう garder (ménager, sauver) les apparences. ～を良くする améliorer l'apparence. ¶事態は～的にはよくなっている La situation ne s'améliore qu'en apparence. ～上 en apparence.

がいかん 概観 vue *f* d'ensemble; aspect *m* général. ¶状況を～する donner une vue d'ensemble de la situation; faire un survol de la situation.

かいき 会期 session *f*. ～の延長 prolongation *f* d'une session. ～中に au cours d'une session.

かいき 回忌 anniversaire *m* de la mort. ¶今年は母の三～に当る Le deuxième anniversaire de la mort de ma mère tombe cette année.

かいき 回帰 [天体] révolution *f*. 地球の～ révolution de la Terre. ‖～線 tropique *m*. 北(南)～線 tropique du Cancer (du Capricorne); tropique du nord (du sud). ～熱 fièvre *f* périodique.

かいき 怪奇 ¶～的な fantastique; grotesque. 複雑～な extrêmement compliqué. ¶～劇 Grand-Guignol *m*. ～小説 conte *m* fantastique.

かいき 買気《株》tendance *f* à la hausse. ～を誘う solliciter la tendance à la hausse.

かいぎ 会議 congrès *m*; conférence *f*; assemblée *f*; réunion *f*; conseil *m*. ～が開かれている Une conférence est en séance. 経済問題を～にかける délibérer sur des questions économiques. ～に出席する assister à une conférence. ～を招集する convoquer une assemblée. ～を開く(閉じる) ouvrir (lever) la séance; tenir (clôturer) la conférence. ‖国際～ congrès international. 親族～ conseil de famille. 頂上～ conférence au sommet. 平和～ conférence de la paix. ～室 salle *f* de conférence.

かいぎ 懐疑 doute *m*; scepticisme *m*. ¶～的な sceptique. ‖～家 sceptique *mf*. ～論 scepticisme. ～論者 sceptique.

がいき 外気 air *m*. ～にあたる prendre l'air; [涼を取る] prendre le frais. ～にあてる mettre à l'air.

かいきいわい 快気祝 fête *f* de la guérison. ～をする fêter la guérison de *qn*.

かいきしょく 皆既食 éclipse *f* totale.

かいぎゃく 諧謔 humour *m*. ～を弄するbadiner. ¶～的な humoriste. ‖～家 humoriste *m*. ～精神 sens *m* de l'humour.

かいきゅう 懐旧 ¶～の rétrospectif(ve). ～の情 sentiments *mpl* rétrospectifs; regrets *mpl* nostalgiques; nostalgie *f*. ‖～談に花が咲かせる se raconter (échanger) des souvenirs du bon vieux temps.

かいきゅう 階級 [階層] classe *f*. ‖下層～ bas étage *m* (peuple *m*). 社会～ classe sociale; rang *m* social; étage social. サラリーマン～ les salariés *mpl*. 資本家～ classe capitaliste. 知識～ les intellectuels *mpl*. 中流～ classe moyenne. 特権～ classe privilégiée. ブルジョア～ classe bourgeoise; bourgeoisie *f*. 労働者～ classe ouvrière (laborieuse). ～意識 conscience *f* de classe. ～闘争 lutte *f* des classes. ◆ [位階・等級] rang *m*; étage *m*. 二～昇進するavancer de deux rangs (grades). ¶～順に †hiérarchiquement. ‖～制度 †hiérarchie *f* sociale. 社会に～制度を設ける †hiérarchiser la société. ひどく～制度の社会 société fortement hiérarchisée.

かいきょ 快挙 beau geste *m*; action *f* louable. ～をとげる faire un beau geste. それは近未来に～だ Il y a longtemps qu'on n'a pas vu un si beau geste.

かいきょう 回教 islam *m*; islamisme *m*; mahométisme *m*; mahométanisme *m*. ¶～の islamique; musulman; mahométan. ‖～国 pays *m* musulman. ～寺院 mosquée *f*. ～徒 mahométan(e) *m(f)*; musulman *m* (*f*). ～文化圏 Islam.

かいきょう 懐郷 ¶～の nostalgique. ～の念 nostalgie *f*; mal *m* du pays. ～の念を抱く avoir le mal du pays.

かいきょう 海峡 détroit *m*; canal(aux) *m*; bras *m* de mer. ‖ドーバー～ Pas de Calais. イギリス～ [le Canal de] la Manche.

かいぎょう 改行 alinéa *m*. ¶～する aller (re-

かいぎょう 開業 ouverture f. ¶~する ouvrir. 彼は長いこと医者を〜している Il exerce la médecine depuis de longues années. パン屋を〜する(している) ouvrir (tenir) une boulangerie. ‖~医 praticien(ne) m(f).

がいきょう 概況 situation f générale; aspect m général. 天気〜 aspect général des conditions atmosphériques; situation f météorologique.

かいきょく 開局 fondation f. 放送局の〜 fondation d'une station émettrice. ~20周年記念 fête f de vingtième [anniversaire] de la fondation.

がいきょく 外局 service m détaché du Ministère.

かいきる 買切る accaparer. 商品を〜 accaparer des marchandises. バスを〜 louer un autobus tout entier.

かいきん 解禁 [狩猟などの] ouverture f; [金・商品] levée f d'embargo. 狩(狩猟)の〜 ouverture de la pêche (la chasse). 狩猟が〜になった La chasse est ouverte. 金の輸出が〜になった L'embargo sur l'or est levé. ¶~する ouvrir; lever l'embargo.

かいきん 皆勤 ¶~する assister assidûment; ne pas manquer une seule fois. 講義に〜する assister assidûment à un cours. ‖~賞 prix m d'assiduité.

がいきん 外勤 voyageur(se) m(f) de commerce; représentant(e) m(f).

かいきんシャツ 開襟- chemise f à col ouvert.

かいくい 買食い ¶~する dépenser sa monnaie en friandises.

かいぐん 海軍 marine f militaire (de guerre); forces fpl navales; armée f navale (de mer). ~的 naval. 〜基地 base f navale. 〜工廠 arsenal(aux) m de la marine. 〜士官 officier m de marine. 〜省(大臣) Ministère m (ministre m) de la marine. 〜大将 amiral(aux) m. 〜病院 hôpital(aux) m maritime. 〜力 puissance f navale; forces maritimes.

かいけい 会計 compte m; comptabilité f. 〜は合っている Le compte est juste. 〜を検査する vérifier (apurer) un compte. 一般(特別)〜 compte général (spécial). 〜課 comptabilité; [出納] caisse f. 〜係 comptable mf; [出納] caissier(ère) m(f). 〜検査 vérification f des comptes. 〜検査院 Cour f des comptes. 公認〜士 expert(s)-comptable(s) m. 〜主任 chef m de la comptabilité. 〜年度 année f financière. 〜簿 livre m de comptabilité; livre de comptes. ◆[ホテルなどの] note f; [レストランの] addition f. 〜を payer la note; régler l'addition. ボーイさん、お〜 Garçon, l'addition!

かいけい 塊茎 tubercule m. 食用〜 tubercules comestibles.

がいけい 外形 forme f (figure f) extérieure. ¶~的 extérieur.

かいけつ 解決 résolution f; solution f. ¶~する résoudre; solutionner; régler; arranger; [うまくゆく] s'arranger; être arrangé. 問題を〜する résoudre un problème. 紛争(事件)を円満に〜する arranger un conflit (une affaire) à l'amiable. 彼の提案ではことは〜しないだろう Sa proposition n'arrangera pas les affaires. 状況は微妙だが結局は〜するだろう La situation est délicate, mais elle finit par s'arranger. 万事〜した Tout s'est bien arrangé. ‖問題は未〜のままである La question reste entière. ~策 moyen m de résoudre.

かいけつ 怪傑 homme m extraordinaire; † héros m énigmatique.

かいけつびょう 壊血病 scorbut m. ¶~患者 scorbutique mf.

かいけん 会見 entrevue f; interview f. ¶~する avoir une entrevue avec qn; [記者が] interviewer qn; soumettre qn à une interview; [記者に] donner une interview. 組合代表が大臣と〜した Les délégués syndicaux ont eu une entrevue avec le ministre. ‖記者〜 conférence f de presse. 記者〜する donner une conférence de presse.

かいけん 懐剣 poignard m; dague f; stylet m.

かいげん 改元 changement m de règne.

がいけん 外見 ¶~上は apparemment; en apparence. 〜をよさそうにして sous des dehors inoffensifs. ⇨ がいかん（外観）.

かいげんれい 戒厳令 état m de siège. 町には〜が敷かれている La ville reste en état de siège. 〜を敷く(解く) proclamer (lever) l'état de siège.

かいけんろんしゃ 改憲論者 partisan m de la révision de la Constitution.

かいこ 解雇 renvoi m; congédiement m; licenciement m; débauchage m. ¶~する renvoyer; congédier; licencier; débaucher; se défaire de; mettre à pied. 使用人を〜する renvoyer (congédier) un employé. 〜される être renvoyé (congédié, remercié); recevoir son congé. ‖~手当 indemnité f de renvoi (licenciement).

かいこ 回顧 rétrospection f; évocation f rétrospective. ¶~する faire un retour sur; évoquer. 少年時代を〜する évoquer son enfance. ~的 rétrospecti/f(ve). ‖~展 exposition f rétrospective; rétrospective f. ~録 mémoires mpl; souvenirs mpl.

かいこ 懐古 nostalgie f. ¶~する avoir la nostalgie. 青春時代を〜する avoir la nostalgie de sa jeunesse. ~の念 nostalgie. ‖~趣味 pensées fpl nostalgiques; amour m du passé. 彼には〜趣味がある Il aime se souvenir nostalgiquement du passé.

かいこ 蚕 ver m à soie. 〜を飼う élever des vers à soie. ‖~部屋 magnanerie f.

かいご 悔悟 résipiscence f; repentir m; contrition f; remords m; regret m; [宗教的] pénitence f. 〜の涙を流す verser des larmes de repentir. ¶~する se repentir de; avoir regret de; venir à résipiscence. 〜させる amener qn à résipiscence. ~した罪人

かいこう 回航 ¶～する amener un navire. 母港に～する amener un navire au port d'attache.

かいこう 改稿 ¶～する récrire un manuscrit; [加筆] remanier un manuscrit.

かいこう 海港 port m maritime (de mer).

かいこう 海溝 fosse f [abyssale].

かいこう 開口 ¶～一番 tout d'abord. 彼は一番政府の経済政策を攻撃した Il a commencé par attaquer la politique économique du gouvernement.

かいこう 開校 ¶～する ouvrir une école. ‖～記念日 anniversaire m de l'ouverture d'une école.

かいこう 開港 ¶～する [港] ouvrir un port; [空港] ouvrir un aéroport. ‖横浜は外国貿易の～場である Yokohama, c'est un port ouvert au commerce extérieur.

かいこう 開講 ¶～する commencer un cours; [新設] ouvrir un nouveau cours.

かいごう 会合 réunion f; assemblée f; [政治, スポーツ, 学界などの] meeting m; assises fpl. ～の約束がある avoir un rendez-vous avec qn. ～の約束(場所) rendez-vous m inv. ～の約束をする donner un rendez-vous. ～を開く organiser une réunion; tenir une assemblée; [党大会など] tenir ses assises. ¶～する se réunir.

かいこう 邂逅 rencontre f. ¶～する rencontrer qn par hasard; [互いに] se rencontrer par hasard.

がいこう 外交 diplomatie f. ¶～[上] の diplomatique. 彼には～の手腕がある Il est diplomate. 彼はこの微妙な状況で非常に巧みの手腕を見せた Il s'est montré très diplomate dans cette situation délicate. ～的に diplomatiquement. ‖～関係を結ぶ(断つ) établir (rompre) des relations diplomatiques. ～交渉 négociations fpl diplomatiques. ～辞令を弄する manier une formule diplomatique. ～政策 politique f extérieure. ～団 corps m diplomatique. ～文書 note f diplomatique. ～問題 problèmes mpl diplomatiques. ～ルートで問題を解決する régler des problèmes par la voie (le canal) diplomatique. ◆ [保険などの] métier m de représentant de commerce. ～をする faire de la représentation. ～員 représentant(e) m (f); voyageur(se) m(f) de commerce.

がいこう 外向 expansif(ive); [心] extroverti (extraverti). 彼は～な性格だ Il est d'un naturel expansif. ～的でない人 personne f peu expansive. ～的性格 [心] extraversion f.

がいこう 外項 [数] extrême m.

がいこうかん 外交官 diplomate mf; agent m diplomatique. ～になる entrer dans la diplomatie. ‖～試験 concours m diplomatique. ～補 attaché m diplomatique.

かいこく 戒告 avertissement m; semonce f; [叱責] réprimande f. ～を与える(受ける) donner (recevoir) un avertissement. ¶～する donner un avertissement à qn; faire une semonce à qn.

かいこく 海国 pays m maritime.

かいこく 開国 ¶～する ouvrir son pays aux étrangers.

がいこく 外国 étranger m; pays m étranger. ～で暮す vivre à l'étranger. ～へ行く aller à l'étranger. ～産の d'origine f étrangère. ～製の de fabrication étrangère. ‖～為替 devise f étrangère. ～市場 marché m d'outre-mer. ～電報 télégramme m international. ～貿易 commerce m extérieur. ～向け郵便 courrier m pour l'étranger.

がいこくご 外国語 langue f étrangère.

がいこくじん 外国人 étranger(ère) m(f). ‖～びいき xénophilie f; [人] xénophile mf. ～嫌い xénophobie f; [人] xénophobe mf. ～嫌いの xénophobie (xénophile). ～登録 enregistrement m des étrangers.

がいこつ 骸骨 squelette m; [動物] carcasse f. ～のように痩せた squelettique. ～のように痩せている n'avoir que les os et la peau; n'être qu'un paquet d'os.

かいごほけん 介護保険 assurance f soins des personnes âgées.

かいこむ 掻い込む tenir serré sous le bras.

かいこむ 買込む [多量に] acheter en grande quantité; [仕入れる] s'approvisionner de qc.

かいごろし 飼い殺し ¶～にする ne laisser à qn que de quoi vivre; laisser vivoter qn. ～にされている vivoter dans un emploi subalterne.

かいこん 悔恨 remords m; repentir m; regret m. ～の涙を流す pleurer de remords; verser des larmes de repentir. ～の念にかられる être bourrelé de remords. ～の念につきまとわれる être poursuivi de remords.

かいこん 開墾 défrichage m; défrichement m. ¶～する défricher. 土地(森)を～する défricher une terre (une forêt). ‖～地 terrain m défriché; défrichage m; défrichement m. 未～地 terrain m inculte.

かいさい 快哉 ¶～を叫ぶ pousser des cris de joie.

かいさい 皆済 ¶～する tout rembourser; s'acquitter de qc.

かいさい 開催 [催し] organisation f; [開始] ouverture f. ¶～する organiser; tenir; donner; [開始] ouvrir. 講演会を～する organiser une conférence. 国際会議を～する organiser (tenir) une conférence internationale. 舞踏会を～する donner un bal. ～される être organisé (tenu); avoir lieu; être ouvert. ‖～期間 durée f d'ouverture. ～国(地) pays m (lieu m) d'accueil. ～日 jour m d'ouverture.

かいざい 介在 ¶～する s'interposer; se dresser. 彼の計画が実現されるまでには様々な障害が～していた Des obstacles se sont interposés entre ses projets et leur réalisation.

がいさい 外債 emprunt m extérieur. ～を募る émettre (lancer) un emprunt à l'étranger.

かいさく 改作 remaniement m; [徹底的な] refonte f; [剽窃] plagiat m. ¶～する re-

かいさく 開鑿 percement *m*. トンネルの〜 percement d'un tunnel. ¶〜する percer; creuser.

かいさつ 改札 contrôle *m* des billets. ¶〜する contrôler (poinçonner) un billet. ‖〜係 [駅の] poinçonneur(se) *m*(*f*). 〜口 contrôle; accès *m* aux quais.

かいさん 解散 [議会, 会社の] dissolution *f*; [呼びかけ] Rompez [les rangs]! 議会の〜を宣する prononcer la dissolution d'une assemblée. ¶〜する dissoudre; [別れる] se séparer; se disperser. 議会を〜する dissoudre la Chambre. 会議は午前中に〜した La séance a été levée dans la matinée. 〜させる disperser. 群集を〜させる disperser la foule. ‖流れ〜する se disperser à *son* gré.

かいざん 改竄 falsification *f*; altération *f*. ¶〜する falsifier; altérer. 証書の日付を〜する falsifier une date sur un acte. この原文はひどく〜されている Le texte a subi de graves altérations (a été violenté). ‖〜者 falsificat*eur*(*trice*) *m*(*f*); altérat*eur*(*trice*) *m*(*f*).

がいさん 概算 approximation *f*; évaluation *f* globale; calcul *m* approché. ¶〜する compter en gros; estimer approximativement. 〜の approximati*f*(*ve*). 〜で approximativement; par approximation. ‖〜支払額 [示談, 譲渡の] cote *f* mal taillée. 損害の〜見積 évaluation approximative des dégâts.

かいさんぶつ 海産物 produits *mpl* de la mer.

がいさんようきゅう 概算要求 demandes *fpl* budgétaires initiales.

かいし 会誌 bulletin *m*.

かいし 怪死 mort *f* mystérieuse. 〜をとげる mourir mystérieusement.

かいし 開始 commencement *m*; ouverture *f*; début *m*. 授業の〜 ouverture *f* de la classe. 授業時間の〜 commencement de la leçon. ¶〜する commencer; entamer; débuter. 交渉を〜する entamer (ouvrir) des négociations; se mettre à négocier.

かいじ 海事 affaires *fpl* maritimes. ‖〜裁判所 tribunal(*aux*) *m* maritime.

がいし 外資 capital(*aux*) *m* étranger. 〜を導入する introduire des capitaux étrangers. ‖〜導入 introduction *f* de capitaux étrangers.

がいし 碍子 isolateur *m*.

がいじ 外事 ‖〜課 département *m* (section *f*) des affaires étrangères.

がいじ 外字 ‖〜新聞 journal(*aux*) *m* en (de) langue étrangère.

がいじ 外耳 pavillon *m* [de l'oreille]; 〖医〗 pavillon auriculaire. ‖〜炎 otite *f* externe.

がいして 概して ordinairement; généralement; en général.

かいしめ 買占め accaparement *m*. ¶〜する accaparer. 〜る人 accapareur(se) *m*(*f*).

かいしゃ 会社 entreprise *f*; société *f*; firme *f*; compagnie *f*. 〜に勤める travailler dans une entreprise; [通勤] se rendre à *son* travail. 〜を解散する dissoudre une entreprise. 〜を設立する fonder une société. ¶〜の social(*aux*). ‖親(子)〜 société mère (filiale). 株式〜 société anonyme. 合名〜 société en nom collectif. 商事〜 société commerciale. 有限〜 société à responsabilité limitée (SARL). 〜員 employé(e) *m*(*f*) d'une entreprise *f*. 〜厚生施設 établissements *mpl* de bienfaisance d'une entreprise. 〜更生法 droit *m* de la réhabilitation des sociétés commerciales. 〜法 droit *m* des sociétés commerciales. 〜名 raison *f* sociale.

かいしゃ 膾炙 ¶人口に〜する être très populaire (connu); être dans toutes les bouches.

がいしゃ 外車 voiture *f* d'importation (étrangère).

かいしゃく 解釈 interprétation *f*; 〖聖書の〗 exégèse *f*. 〜に苦しむ ne pas savoir comment interpréter. ¶〜する interpréter; traduire; [理解] comprendre. 彼女はその沈黙を告白と〜した Elle a interprété (traduit) ce silence comme un aveu. この文章をどう〜しますか Comment comprenez-vous cette phrase? よく(悪く)〜する prendre en bonne (mauvaise) part. 間違って〜する mal interpréter. この言葉はいろいろに〜できる Ce mot prête à différentes interprétations./Ce mot peut se comprendre de diverses manières. 二重に〜できる言葉 mot *m* ambigu (à double sens).

がいじゅ 外需 demande *f* étrangère.

かいしゅう 回収 récupération *f*. ¶〜する récupérer. 鉄屑(廃品)を〜する récupérer de la ferraille (du rebut). 資金を〜する rentrer dans *ses* frais (fonds); faire rentrer *ses* fonds.

かいしゅう 改宗 conversion *f*. 無神論者の〜 conversion d'un athée. カトリックへの〜 conversion au catholicisme. ¶〜する se convertir qn. 〜させる se convertir. 〜者 converti(e) *m*(*f*).

かいしゅう 改修 réparation *f*; réfection *f*; reconstruction *f*. 道路の〜 réfection d'une route. ¶〜する réparer; refaire; reconstruire. ‖〜工事 travaux *mpl* de réfection.

かいじゅう 怪獣 animal(*aux*) *m* fabuleux (monstrueux); monstre *m*; [伝説的] tarasque *f*.

かいじゅう 懐柔 ¶〜する amadouer; capter la confiance de qn; gagner. 〜される se laisser amadouer (gagner). ‖〜策 démarche *f* de conciliation.

かいじゅう 海獣 〖鯨など〗cétacé *m*. 〜を銛で仕止める harponner un cétacé.

がいしゅういっしょく 鎧袖一触 ¶〜する abattre qn d'un seul coup.

がいしゅつ 外出 sortie *f*. ¶〜する sortir. 彼は〜している Il est sorti. 「〜中」 «Sorti.

かいしゅん させる laisser (faire) sortir. ～着 costume *m* de ville. ～許可 permis *m* de sortir. ～禁止 interdiction *f* de sortir; [学校で] retenue *f*. ～禁止を喰う écoper une retenue.

かいしゅん 改悛 repentir *m*;【カト】pénitence *f*. ～の情が積もる se repentir sincèrement. ¶～する se repentir. 罪(罪を犯したこと)を～する se repentir d'une faute (d'avoir commis une faute). ～させる faire repentir.

かいしょ 楷書 écriture *f* moulée.

かいじょ 介助 assistance *f*; aide *f*. ‖～犬 chien *m* d'assistance (pour handicapés).

かいじょ 解除 levée *f*; [契約などの] résiliation *f*. ～する lever; résilier. 包囲を～する lever le blocus. 賃貸契約を～する résilier un bail. 敵の武装を～する désarmer l'ennemi. 任務を～する dégager *sa* mission; dégager (relever) *qn* d'une mission. 封鎖を～する déblocage *m*; levée *f* de blocus.

かいしょう 解消 dissolution *f*; annulation *f*; rupture *f*. 危機の～ liquidation *f* d'une crise. 契約の～ annulation du contrat. 婚約の～ rupture de fiançailles. 発展的～ dissolution en vue d'une réforme. ¶～する dissoudre; défaire; annuler; rompre. 契約を～する annuler un contrat. 結婚を～する dissoudre (défaire) un mariage. 婚約を～する rompre des fiançailles.

かいしょう 回章 ⇒ かいじょう(回状).

かいしょう 快勝 belle victoire *f*. ¶～する remporter une belle victoire. 強敵に～する remporter une belle victoire sur un rude adversaire. 我々はその試合に～した Nous avons gagné ce match en beauté.

かいしょう 改称 changement *m* de nom. ¶～する changer de nom. …と…と改称する le nom en ….

かいしょう 海嘯 mascaret *m*.

かいしょう 甲斐性 activité *f*. 彼は年をとって～がなくなった Il a perdu le goût du travail en vieillissant. ¶～のある actif(ve); travailleur(se). ～のない inactif(ve); paresseux(se). ‖～なし veulerie *f*; [人] homme *m* veule (mou); 【俗】lavette *f*.

かいじょう 会場 lieu *m* (salle *f*) de réunion. ‖講演～ salle de conférence. 展覧～ salle (galerie *f*) d'exposition.

かいじょう 回状 circulaire *f*; [法王の] encyclique *f*. ～を回す faire circuler une lettre.

かいじょう 塊状 ～の massif(ve).

かいじょう 海上 ～の maritime. ‖～自衛隊 Forces *fpl* maritimes de Défense. ～生活(勤務) vie *f* (service *m*) à bord. ～封鎖 blocus *m* maritime. ～保険 assurance *f* maritime. ～保安庁(官) Agence *f* (agent *m*) de la sûreté maritime. ～輸送 trafic *m* maritime.

かいじょう 開城 reddition *f* d'une forteresse. ¶～する rendre (livrer) une forteresse; [降服する] capituler.

かいじょう 開場 ouverture *f*. ¶～する [始める] ouvrir; [式] s'ouvrir.

かいじょう 階上 dessus *m*. ¶～で en haut. ～の en haut; du dessus. ～の住人 voisins *mpl* du dessus.

かいじょう 階乗【数】factorielle *f*.

かいしょう 外傷 blessure *f*;【医】traumatisme *m*. ～を受ける recevoir une blessure. ～を負わせる faire une blessure à *qn*. ‖～性の traumatique. ～治療部門 service *m* de traumatologie d'un hôpital.

かいしょう 外科 ⇒ がいか(外科).

がいしょう 街娼 fille *f* de trottoir (des rues); prostituée *f*;【俗】grue *f*; péripatéticienne *f*.

かいしょく 会食 ¶～する dîner (déjeuner) ensemble. ～者 convive *mf*; commensal (ale, aux) (m(f, pl).); [集合的] tablée *f*.

かいしょく 解職 ¶～する révocation *f*; destitution *f*; [解雇] renvoi *m*. ¶～する révoquer; destituer. ～された裁判官 magistrat *m* destitué de ses fonctions. ‖～処分 mesure *f* punitive de révocation (de destitution).

がいしょく 外食 ¶～する prendre *son* repas en ville.

かいじょけん 介助犬 chien(ne) *m(f)* d'assistance.

かいしん 回心 conversion *f*. ¶～する se convertir. ～させる convertir. ‖～者 converti(e) *m(f)*.

かいしん 回診 visite *f* médicale. ¶～する faire une tournée de visites. 病人を～する visiter les malades. ‖～時間 heures *fpl* de visite.

かいしん 改心 repentir *m*. ～の情が濃い se repentir sincèrement. ¶～する se repentir; s'amender. ～させる amender. 彼はすっかり～した Il s'est sérieusement amendé.

かいしん 改新 réforme *f*; rénovation *f*. 大化の～ Réforme de l'ère Taika.

かいしん 海深 profondeur *f* de la mer. ～を測定する sonder la profondeur de la mer.

かいじん 怪人 homme *m* diabolique. ‖～面[柱頭の] mascaron *m*.

かいじん 海神 dieu(x) *m* marin; Neptune *m*.

かいじん 灰燼 cendre *f*. ～に帰す se réduire (être réduit) en cendres. ～に帰せしめる mettre (réduire) en cendres.

がいしん 外信 nouvelles *fpl* étrangères; télégramme *m* étranger. ‖～部 département *m* des nouvelles étrangères.

がいじん 外人 étranger(ère) *m(f)*. 変な～ rastaquouère *m*; métèque *mf*. ‖在留～ résident(e) étranger(ère) *m(f)*. 不良～ étranger indésirable. ～嫌い xénophobie *f*; [人] xénophobe *mf*. ～商社 compagnie *f* étrangère. ～びいき xénophilie *f*; [人] xénophile *mf*. ～部隊 légion *f* étrangère. ～部隊兵 légionnaire *m*. ～墓地 cimetière *m* des étrangers.

かいず 海図 carte *f* marine; [海深図] carte *f* bathymétrique.

かいすい 海水 eau *f* de mer. ‖～着 maillot *m* [de bain]. ～パンツ slip *m* (maillot) de bain. ～帽 bonnet *m* de bain. ～療法 thalassothérapie *f*.

かいすいよく 海水浴 bain *m* de mer. ～に行く aller à la plage. ～をする prendre un bain

かいすい de mer; se baigner dans la mer. ‖~客 baigneur(se) m(f). ~者 plagiste mf. ~場 plage; station f balnéaire.

かいすう 回数 nombre m de fois; [頻度] fréquence f. 彼が訪ねて来る~が次第に多くなる Ses visites se font de plus en plus fréquentes. 彼が訪ねてきた~は何回ですか Combien de fois vous a-t-il rendu visite? 雨が降った~を勘定する compter les jours de pluie. ‖出席(欠席)~ nombre des présences (des absences). ~券 carnet m.

がいすう 概数 nombre m approximatif.

かいする 介する ¶意に小さない [気にしない] ne pas se soucier de; [無視する] se moquer de. 私はそんなことに少しも意に介さない Je ne m'en soucie guère. ◆[仲人] ¶人を介して par l'intermédiaire de qn.

かいする 会する ¶一堂に~ se réunir dans une salle.

かいする 解する comprendre; entendre; saisir; [鑑賞する] apprécier. 善意(悪意)に~ prendre en bonne (mauvaise) part; interpréter en bien (mal).

かいする 害する faire du tort (du mal) à; nuire à. 視力を~ s'abîmer la vue. 感情を~ se blesser (se froisser, se vexer). なんでもないことで感情を~ se vexer pour rien. 彼は健康を害した Il a nui à sa santé. 彼は酒を飲みすぎて健康を害した L'abus de l'alcool a abîmé sa santé. 彼はその出に感情を害した Il s'est froissé de cette remarque.

かいせい 快晴 beau temps m; temps m superbe. 天気は~だ Le temps est superbe. ~が続いている Le temps est au beau fixe.

かいせい 改正 [修正] révision f; modification f; amendement m; [改革] réforme f. ¶~する réviser; modifier; amender; réformer. 条約を~する réviser une convention. ‖憲法~ révision f de la constitution. 憲法~論者 révisionniste mf.

かいせい 会席 salle f de réunion.

かいせき 解析 analyse f. ‖~幾何 géométrie f analytique.

がいせき 外戚 parents mpl du côté maternel.

かいせつ 解説 commentaire m; explication f. ¶~する commenter; expliquer. ニュースを~する commenter les nouvelles. ‖~者 [ニュースの] commentateur(trice) m(f).

かいせつ 回折 [光の] diffraction f.

かいせつ 開設 fondation f; création f; établissement m; ouverture f. ¶~する créer; fonder; établir; ouvrir.

がいせつ 外接 ¶~した circonscrit. 多角形に~した円を描く circonscrire un cercle à un polygone. ‖~円 cercle m circonscrit.

がいせつ 概説 explication f générale; exposition f sommaire. ¶~する exposer sommairement. ‖~書 précis m.

カイゼルひげ ~髭 moustache f retroussée.

かいせん 会戦 rencontre [de deux armées] f; bataille f.

かいせん 回線 circuit m. ‖電気~ circuit électrique.

かいせん 回船 caboteur m. ‖~問屋 agence f de cabotage.

かいせん 改選 renouvellement m. ¶~する renouveler. 委員を~する renouveler des membres.

かいせん 海戦 combat m naval; bataille f navale.

かいせん 開戦 ouverture f des hostilités. ¶~する entrer (se mettre) en guerre; engager les hostilités.

かいせん 疥癬 gale f. ¶~にかかった galeux (se). ~にかかった人 galeux(se) m(f).

かいぜん 改善 amélioration f; perfectionnement m. ¶~する améliorer; perfectionner. ~される s'améliorer; se perfectionner.

がいせん 凱旋 triomphe m. ¶~する rentrer en triomphe; remporter une victoire. ~の triomphal(aux). ‖~行進 marche f triomphale. ~将軍 général(aux) m triomphateur. ~門 arc m de triomphe.

がいせん 外線 [屋外の電線] fil m extérieur. [電話] communication f urbaine.

がいぜんせい 蓋然性 probabilité f.

かいそ 改組 réorganisation f; remaniement m. ¶~する réorganiser.

かいそ 開祖 fondateur(trice) m(f). ヘロドトスは歴史の~である Hérodote est le fondateur de l'histoire.

かいそう 会葬 assistance f de funérailles. ¶~する assister aux funérailles. ‖~者 assistants mpl de funérailles.

かいそう 回想 mémoire f; souvenir m. ¶~する se souvenir; se rappeler. 往時を~する se souvenir du temps passé. ‖~録 mémoires mpl.

かいそう 回漕 ¶~する transporter par bateau. ‖~業 industrie f de trafic maritime.

かいそう 回送 [手紙の] transmission f. ¶~する faire suivre. 電車を~する mettre un train sur une voie de garage. バスを~する ramener un autobus au garage. 「~を乞う」《Faire suivre.》 ¶~電車 train m sur une voie de garage.

かいそう 快走 ¶~する courir vite; filer comme une flèche.

かいそう 改装 transformation f; rénovation f. ¶~する faire des transformations; rénover; remettre à neuf. 店を~する remettre une boutique à neuf; rénover une boutique.

かいそう 海草 algue f; plante f marine; goémon m; [藻類の] varech m.

かいそう 階層 couches fpl (classes fpl) [sociales]. ~別に selon (suivant) les couches sociales.

かいそう 潰走 déroute f; débâcle f; [歩兵の] dandade f. ¶~する s'enfuir en désordre. 算を乱して~する fuir à la débandade. 敵を~させる mettre l'ennemi en déroute.

かいぞう 改造 transformation f; réorganisation f; [改革] réforme f; [改組] remaniement m. 家の~ transformations de la maison. ¶~する transformer; réorganiser; remanier. 家を~する faire des transformations dans une maison. 社会を~する réor-

がいそう ganiser la société. 内閣を~する remanier le cabinet. 店を~する transformer un magasin. ‖社会~ réforme *f* sociale. 内閣~ remaniement ministériel.

がいそう 外層 couche *f* extérieure.

がいそう 外装 [建物の] parement *m*.

かいぞうど 解像度 [レンズの] résolution *f*.

かいぞえ 介添え aide *mf*; assistant(e) *m(f)*; auxiliaire *mf*; [決闘の] témoin *m*. ‖~役 rôle *m* d'assistance. ~役をつとめる servir d'aide à *qn*.

かいそく 会則 statuts *mpl*; règlements *mpl*. ~を作る rédiger les statuts.

かいそく 快足 ¶~を飛ばして d'un pas rapide. ‖~ランナー coureur(se) *m(f)* très rapide.

かいそく 快速 grande vitesse *f*. ¶~の rapide; à grande vitesse.

かいぞく 海賊 pirate *m*; forban *m*; corsaire *m*; écumeur *m* [de mer]. ~を働く exercer la piraterie; écumer la mer (les côtes). ‖~船 bateau(x) *m* pirate; corsaire. ~行為 piraterie *f*. ~版 édition(s)-pirate(s) *f*.

かいそふ 外祖父 aïeul *m* du côté maternel; aïeul maternel.

かいそぼ 外祖母 aïeule *f* du côté maternel; aïeule maternelle.

かいそん 海損 avarie *f*. 積荷は~を受けた La cargaison a subi des avaries.

かいたい 解体 démontage *m*; démolition *f*; démembrement *m*. 車の~ démontage d'une voiture. 財閥の~ dissolution *f* des zaibatsu. ¶~する mettre en pièces; démonter; démolir; défaire; démembrer. 車を~する démolir (démonter) une voiture. 設備を~する défaire une installation. 国有地を~する démembrer un domaine national. ~できる玩具 jouet *m* démontable. ◆ [解剖] dissection *f*. ¶~する disséquer.

かいたい 懐胎 conception *f*. ¶~する concevoir. ‖~期間 gestation *f*.

かいだい 改題 changement *m* de titre. ~する changer un titre.

かいたく 開拓 [開発] exploitation *f*; [開墾] défrichement *m*; défrichage *m*. ¶~する exploiter; défricher. 土地を~する exploiter une terre; mettre une terre en valeur. 荒地(広野)を~する défricher une lande; essarter une friche. 新分野を~する défricher un nouveau domaine. ~し得る exploitable; défrichable. ‖~者 exploiteur(se) *m(f)*; défricheur(se) *m(f)*; pionnier *m*. ~者精神 esprit *m* de pionnier. ~地 exploitation *f*; terres *fpl* exploitées.

かいだく 快諾 ¶~を与える donner de bon cœur *son* consentement. ~を得る obtenir le consentement de *qn*. ~する consentir sur-le-champ (de bon cœur).

かいだし 買出し achat *m* au marché. 市場へ~に行く faire *ses* courses au marché.

かいだす 掻い出す écoper; vider. ボートの水を~ écoper l'eau d'un bateau; écoper un bateau. 池の水を~ vider un étang.

かいだめ 買溜 réserves *fpl*; provision *f*. 食糧の~ réserves de vivre. ¶米を~する faire provision de riz.

かいだん 会談 entretien *m*; conférence *f*; conversation *f*. ¶~する s'entretenir avec *qn*; avoir un entretien avec *qn*. 三者~ conférence tripartite. 頂上(巨頭)~ conférence au sommet.

かいだん 快談 ¶~する converser gaiement (agréablement).

かいだん 怪談 conte *m* fantastique.

かいだん 階段 escalier *m*; [正面玄関の] perron *m*. ~を昇る(降る) monter (descendre) l'escalier. ‖非常~ escalier de secours. 螺旋~ escalier tournant (en escargot, en colimaçon). ~桟敷(教室) amphithéâtre *m*.

がいたん 慨嘆 ¶~に堪えない ne pouvoir s'empêcher de se plaindre. ~する déplorer *qc*; se plaindre de *qc*; se lamenter sur *qc*. ~すべき déplorable.

かいだんじ 快男児 gaillard *m*.

ガイダンス orientation *f*. ¶~をする orienter *qn*; guider *qn*. 学生に課目選択の~をする guider des étudiants dans le choix des cours.

がいち 外地 territoire *m* extérieur; étranger *m*. ~で à l'étranger. ‖~勤務 service *m* à l'étranger. ~勤務を命ぜられる être nommé dans un poste à l'étranger.

かいちく 改築 reconstruction *f*. ¶~する rebâtir; reconstruire; [一部修理] retaper. 古い家を~する retaper une vieille maison. ~中の家 maison *f* en reconstruction. ‖~工事 travaux *mpl* de reconstruction.

かいちゅう 懐中 ¶~で à la poche vide; avoir la bourse plate; être fauché; être dans la dèche (dans la purée). ‖~電灯 lampe *f* de poche; [棒状の] torche *f* électrique. ~時計 montre *f* de gousset (de poche). ~物 [財布] portefeuille *m*. ~物御用心 Attention aux pickpockets (voleurs à la tire).

かいちゅう 改鋳 refonte *f*. ¶~する refondre.

かいちゅう 海中 ¶~に沈むs'abîmer dans la mer. ~の marin. ‖~撮影 tournage *m* sous-marin.

かいちゅう 蛔虫 ascaride *m* lombricoïde; ver *m* intestinal. ‖~病 ascaridiose *f*.

がいちゅう 害虫 insecte *m* nuisible; vermine *f*.

かいちょう 会長 président(e) *m(f)*. ~に選ばれる être élu président. ~になる devenir président. ‖副~ vice-président(e) *m(f)*. 名誉~ président(e) honoraire.

かいちょう 回腸 〖解〗 iléon *m*. ‖~炎 iléite *f*.

かいちょう 快調 ¶~である être en bon état; être en forme; aller bien; [機械などが] marcher (fonctionner) bien. ~に走っている [馬や選手が] courir en pleine forme.

かいちょう 開帳 ¶~する [賭博で] tenir une séance de jeu.

かいちょう 諧調 harmonie *f*. ¶~的 harmonieux(se). ‖~音 harmonisation *f*.

がいちょう 害鳥 oiseau(x) *m* nuisible.

かいちん 開陳 ¶～する exposer; expliquer; exprimer. 意見を～する donner son opinion; dire son avis; exposer sa pensée.

かいつう 開通 ouverture f. ¶～する être ouvert. トンネルが～した Le tunnel est ouvert. 道路の不通個所が～した On a réouvert une section fermée au trafic de la route. ～式 inauguration f.

かいづか 貝塚 amas m de coquillages préhistorique; [かたつむりの] escargotier m; [考古] kjøkken-mœdding m.

かいつけ 買付け [仕入れ] approvisionnement m. ¶～る acheter; s'approvisionner de; se fournir de. いつもあの店で～ている Je me fournis habituellement dans ce magasin-là. ～の店 le fournisseur. ～の肉屋で boucher.

かいつぶり 鸊鷉 grèbe m.

かいつまむ 掻い摘む résumer; abréger. 掻い摘んで言えば en un mot; en abrégé; en résumé; en raccourci.

かいて 買手 acheteur(se) m(f); acquéreur (se) m(f); preneur(se) m(f); [客] client(e) m (f). ～がつく trouver un acheteur.

かいてい 改定 révision f. ¶～する réviser.

かいてい 改訂 révision f. ¶～する remanier. ～版 édition f revue. ～増補版 édition f revue et augmentée.

かいてい 海底 fond m de la mer. ～に沈む s'abimer (s'enfoncer) au fond de la mer. ¶～の sous-marin. ‖～火山(トンネル) volcan m (tunnel m) sous marin. ～電信電信 télégraphie f sous-marine. ～電線 câble m sous-marin. ～油田 gisement m pétrolifère sous-marin.

かいてい 開廷 ouverture f de l'audience. ¶～する tenir (ouvrir) audience f. ～中である Le tribunal est en séance (en jugement). ‖～日 jour m d'audience.

かいてき 快適 ¶～な bon(ne); agréable; confortable. ～な休暇 bonnes vacances fpl. ～に agréablement. ここは～だ Il fait bon ici.

がいてき 外敵 ennemi m.

がいてき 外的 ¶～な extérieur. ～条件 condition f extérieure.

かいてん 回転 tour m; roulement m; [自転] révolution f; rotation f; [旋回] virage m. 資本の～ roulement de fonds. 頭の～が早い avoir l'esprit agile. ¶～する tourner; pivoter; virer. 1分間に1000～する faire mille tours à la minute. ～式の tournant; pivotant; rotatif(ve). ～椅子 fauteuil m pivotant (tournant). ～運動 mouvement m rotatoire. ～儀 gyroscope m. ～競技 slalom m spécial; [総称] slalom. 大～競技 slalom géant. ～資金 fonds m de roulement. ～軸 axe m de révolution. ～数 nombre m de tours; [機械の] régime m. ～ドア tourniquet m; porte f tournante. ～盤 [レコードプレーヤー] plateau (x) m. ～木馬 [manège m de] chevaux mpl de bois. ～レシーブ réception f en roulé-boulé.

かいてん 開店 ouverture f d'un magasin.

¶～する [開業] ouvrir un magasin; [営業] ouvrir le magasin. 毎日9時に～します Nous ouvrons tous les jours à neuf heures. 当店は日曜も～しています La maison ouvre le dimanche. ‖店は～休業の状態です C'est un magasin très peu fréquenté. ～日 (時間) jour m (heures fpl) d'ouverture.

かいでん 皆伝 initiation f à tous les secrets d'un art. ¶～する initier qn à tous les secrets de qc. ～免許の腕前である être initié à qc.

がいでん 外伝 anecdote f; petite histoire f.

がいでん 外電 télégramme m [de l'] étranger. パリ発の～によれば D'après le télégramme de Paris, ...

カイト [凧] cerf(s)-volant(s) m.

ガイド guide m; [海] pilote m. ～をつとめる servir de guide. ～を雇う prendre un guide. ¶～する guider qn. ～ブック guide.

かいとう 会頭 ⇒ かいちょう(会長).

かいとう 解凍 décongélation f. ¶肉を～する décongeler de la viande.

かいとう 解答 réponse f; solution f; résolution f. 問題の～ solution d'un problème. 方程式の～ résolution d'une équation. 生徒の～を採点する noter les réponses d'un élève. 問題の～を出す résoudre un problème. ¶～する [返事] répondre; [解決] résoudre. ‖模範～ corrigé m. 模範～集 recueil m de corrigés.

かいとう 回答 réponse f. ¶～する répondre. 至急ご～下さい Veuillez répondre dans les plus brefs délais.

かいとう 快刀 ¶～乱麻を断つ trancher (couper) le nœud gordien.

かいどう 会堂 salle f publique.

かいどう 怪童 [grand] crack m.

かいどう 街道 [grande] route f.

がいとう 外套 manteau(x) m; pardessus m; [頭巾つきの] capote f; [毛皮の] pelisse f. ～掛 portemanteau(x) m; [鉤形の] patère f.

がいとう 街灯 réverbère m.

がいとう 街頭 ¶～で dans la rue. ‖～演説 discours m dans la rue. ～募金 quête f publique. ～録音 interview f radiophonique dans la rue.

がいとう 該当 ¶～する correspondre à; s'appliquer à; convenir à; tomber sous. ヒジラ1年は西暦622年に～する L'an 1 de l'hégire correspond à l'an 622 de l'ère chrétienne. それは彼の場合には～しない Cela ne s'applique pas à son cas. それは憲法第5条に～する Cela tombe sous l'article 5 de la Constitution. ～条項 article m concerné. ～者 personne f adéquate.

かいどく 解読 déchiffrement m; [暗号の] décodage m. ¶～する déchiffrer; décoder. ～できる(できない) déchiffrable (indéchiffrable). ～者 déchiffreur(se) m(f); décodeur(se) m(f).

かいどく 回読 ¶～する lire à tour de rôle.

がいどく 害毒 poison m. ～を流す empoisonner qc. 社会に～を流す empoisonner la société. [社会に]～を流す人 empoisonneur(se) m (f) [public(que)].

かいどくひん 買得品 solde *m*.

ガイドライン directives *fpl*; ligne *f* de conduite. 〜を決める(に従う) établir (se conformer à) la ligne de conduite.

かいとる 買取る [s']acheter; acquérir.

かいならす 飼い馴らす apprivoiser; dompter; domestiquer. 飼い馴らされる s'apprivoiser.

かいなん 海難 accident *m* maritime; [難破] naufrage *m*. 〜に会う [船が] faire naufrage. 〜に会った船(船員) bateau(x) *m* (marin *m*) naufragé. ¶〜救助 sauvetage *m*. 〜救助船 bateau *m* de sauvetage. 〜信号 signal(aux) *m* de détresse; SOS *m*. 〜審判所 tribunal (aux) *m* maritime.

かいにゅう 介入 intervention *f*. 国家の〜 intervention de l'Etat. ¶〜する intervenir dans; se mêler de. 他人の仕事に〜を mêler des affaires des autres; intervenir dans les affaires des autres.

かいにん 解任 révocation *f*; destitution *f*. ¶〜する révoquer; destituer.

かいにん 懐妊 conception *f*; gestation *f*. ¶〜する concevoir. 〜している être enceinte.

かいぬし 飼主 propriétaire *mf*; maître(sse) *m(f)*.

かいぬし 買主 acheteur(se) *m(f)*; acquéreur (se) *m(f)*.

かいね 買値 prix *m* d'achat; [原価] prix coûtant.

がいねん 概念 notion *f*; concept *m*; conception *f*; idée *f*. 善悪の〜 notion du bien et du mal. 数の〜 idée de nombre. 〜を(得る) donner (se faire) une idée de *qc*. ¶〜的な conceptionnel(le). ¶〜作用 conception. 〜論 conceptualisme *m*.

かいば 飼葉 foin *m*; fourrage *m*. 〜を与える donner du foin. 〜を集める faire les foins. ¶〜桶 mangeoire *f*; [特に豚の] auge *f*.

かいはい 改廃 révision *f*; modification *f*. ¶〜する réviser; modifier.

がいはく 外泊 〜する découcher. ¶〜許可[兵士の] permission *f*; 《俗》 perme *f*. 〜許可を得た兵士 permissionnaire *m*; soldat *m* en permission.

がいはく 該博 ⇨ はくがく(博学). ¶〜な知識 connaissances *fpl* étendues (vastes).

かいばしら 貝柱 ligament *m*.

かいはつ 開発 exploitation *f*; mise *f* en valeur. ¶〜する exploiter; mettre en valeur; [土地を] défricher; [新製品を] élaborer; créer. 〜できる exploitable. ¶〜者 exploiteur(se) *m(f)*. 低〜国 (〜途上国) pays *m* sous-développé (en voie de développement).

かいばつ 海抜 altitude *f*. この村は〜500メートルです Ce village est à une altitude de 500 m.

かいひ 会費 [会員の] cotisation *f*; [会合の] quote(s)-part(s) *f*; part *f*. 組合の〜を納める verser (payer) sa cotisation syndicale.

かいひ 回避 〜する éviter; échapper à; esquiver. 責任を〜する esquiver une responsabilité. 戦争を〜する éviter la guerre. 〜で(できない) évitable (inévitable).

がいひ 外皮 [皮膚の] épiderme *m*; [果物・野菜] pelure *f*; peau *f*; [植物の] écorce *f*; [地球などの] croûte *f*.

かいびゃく 開闢 〜以来 depuis la création du monde.

かいひょう 解氷 fonte *f* des glaces; dégel *m*; [川の] débâcle *f*. ¶〜する dégeler. 〜期 saison *f* de dégel.

かいひょう 開票 dépouillement *m* du scrutin. 〜の結果 résultat *m* du scrutin. ¶〜する dépouiller un scrutin. ¶〜立会人 scrutateur(trice) *m(f)*. 〜速報 flash *m* sur les résultats provisoires du scrutin.

がいひょう 概評 observation *f* (remarque *f*) générale. 〜をお願いする prier *qn* de faire une observation générale.

かいひん 海浜 rivage *m* de la mer; plage *f*.

がいひん 外賓 hôte *mf* étranger(ère) [en visite officielle].

かいふ 回付 envoi *m*; transmission *f*. ¶〜する envoyer; transmettre. 書類を〜する envoyer des papiers.

がいぶ 外部 extérieur *m*; dehors *m*. 家の〜が少し損傷を受けた L'extérieur de la maison est un peu endommagé. ¶〜の extérieur; externe; du dehors. 〜の人 étranger(ère) *m(f)*; [学校・病院] externe *mf*. 〜に à l'extérieur; au dehors.

かいふう 開封 ¶〜で出す envoyer dans un pli ouvert. 〜する décacheter; ouvrir. 手紙を〜する ouvrir une lettre; décacheter une enveloppe (un pli).

がいぶきおくそうち 外部記憶装置 [コンピュータ] mémoire *f* externe.

かいふく 回復 recouvrement *m*; rétablissement *m*; relèvement *m*; [病気の] guérison *f*. 信用の〜 recouvrement d'une confiance. 経済の〜 relèvement (rétablissement) d'une économie. ¶〜する recouvrer; rétablir; reprendre; [病気が] guérir; se remettre. 病気(疲労)が〜する [主語・人] se remettre d'une maladie (de *ses* fatigues). 交通渋滞が〜した La circulation redevient fluide. 意識を〜する reprendre *ses* esprits. 健康(信用)を〜する recouvrer la santé (l'estime publique). 元気を〜する reprendre *ses* forces; réparer *ses* forces. 失地を〜する reconquérir le terrain perdu. 自由を〜する rétablir (restaurer) la liberté. 名誉を〜する se réhabiliter. ¶名誉〜 réhabilitation *f*. 〜期 convalescence *f*. 〜期に入る entrer en convalescence. 〜期の患者 convalescent(e) *m(f)*.

かいふく 開腹 ¶〜手術 laparotomie *f*.

かいぶつ 怪物 monstre *m*. 奴は〜だよ Il sort du commun! ¶〜のような monstrueux(se).

がいぶん 外聞 réputation *f*; qu'en-dira-t-on *m inv*. それでは〜が悪い Ça ne doit pas se savoir. 〜にかかわる nuire à *sa* réputation. 恥も〜もなく sans honte ni vergogne. 〜をはばかる craindre pour *sa* réputation. 〜を気にする(気にしない) avoir peur (se moquer) du qu'en-dira-t-on. 〜を気にせずに sans souci du qu'en-dira-t-on. ¶〜の悪い honteux(se); scandaleux(se). 〜の悪い不始末 inconduite *f* scandaleuse.

かいぶんしょ 怪文書 pamphlet *m* de source douteuse.

かいぶんぴ 外分泌 sécrétion *f* externe. ‖ ~腺 glandes *fpl* à sécrétion externe.

かいへい 海兵 sous-officier *m* de marine; marin *m*. ‖ ~隊 infanterie *f* de marine. ~隊員 fusilier *m* marin.

かいへい 皆兵 ‖ 国民~ système *m* de conscription *f* universelle.

かいへい 開平 【数】 extraction *f* d'une racine carrée. ¶~する extraire la racine carrée.

かいへい 開閉 ¶ドアの自由~ fermeture *f* automatique des portes. ~する ouvrir et fermer.

がいへき 外壁 rempart *m*.

かいへん 改変 innovation *f*; changement *m*. ¶~する innover; changer; modifier.

かいへん 改編 ¶~する [団体を] réorganiser; [本を] remanier.

かいほう 介抱 soins *mpl*. ¶~する soigner *qn*.

かいほう 会報 bulletin *m*.

かいほう 解放 libération *f*; délivrance *f*; émancipation *f*; affranchissement *m*. ¶~する libérer; délivrer; émanciper; affranchir. ~される se libérer; se délivrer; s'émanciper. 義務から~される se libérer (se dégager) d'une obligation. 恐怖から~される se délivrer (être délivré) d'une crainte. 負債から~される s'affranchir d'une dette. ‖~軍 armée de libération. ~者 libérateur (trice) *m(f)*; émancipateur(trice) *m(f)*; affranchisseur *m*. ~地区 zone *f* libérée. ~奴隷 esclave *mf* affranchi(e).

かいほう 回報 [回覧状] circulaire *f*.

かいほう 快方 ¶~に向う aller mieux; être en voie de guérison.

かいほう 海法 droit *m* maritime.

かいほう 開放 ¶~する laisser ouvert; ouvrir. 校庭を~する mettre une cour d'école à la disposition du public. 門戸を~する ouvrir *sa* porte. ~される être ouvert au public. ~的な expansif(ve); ouvert. ~的な人間 personne *f* expansive. ‖門戸~主義 politique *f* de la porte ouverte.「~禁止」« Prière de ne pas laisser la porte ouverte. »

かいほう 開方(法) ⇒ かいへい(開平).

かいぼう 解剖 dissection *f*; [人体の] anatomie *f*; [死体の] autopsie *f*. ¶~する disséquer; anatomiser; faire l'anatomie (l'autopsie) *de*. 作品を~する dissequer un ouvrage. 死体を~する faire l'autopsie d'un cadavre. 動物を~する disséquer un animal. 生体~ dissection pratiquée sur un être vivant. ~学 anatomie *f*. ~学教室 amphithéâtre *m* d'anatomie. ~学者 anatomiste *mf*. ~学的に anatomiquement. ~学の anatomique. ~台 table *f* de dissection.

かいぼう 海防 défense *f* côtière. ‖~艦 garde-côte *m* inv.

がいほう 外報 nouvelle *f* (information *f*) étrangère. ‖~部 service *m* des informations étrangères.

がいぼう 外貌 apparence *f*; aspect *m*; [顔付] mine *f*; 【俗】 frimousse *f*; gueule *f*.

かいほうせき 海泡石 écume *f* de mer.

かいぼり 搔い掘り ¶~する assécher. 井戸(池, 川)を~する assécher un puits (un étang, une rivière).

がいまい 外米 riz *m* d'importation.

かいまき 掻巻 couverture *f* avec des manches.

かいまく 開幕 lever *m* du rideau; [開始] ouverture *f*; commencement *m*. ~のベルが鳴る On frappe les trois coups. ¶~する lever le rideau. ‖~時間 heure *f* d'ouverture.

かいまみる 垣間見る entrevoir.

かいむ 皆無 ¶~の nul(le). 収穫は~だ La récolte est nulle./ll n'y a aucune récolte. 彼は英語の知識が~だ Il n'a aucune connaissance de l'anglais.

がいむ 外務 affaires *fpl* étrangères. ‖~省(大臣) Ministère *m* (ministre *m*) des Affaires étrangères. ~書記官 secrétaire *mf* au Ministère des Affaires étrangères.

かいめい 解明 élucidation *f*; éclaircissement *m*; débrouillement *m*. 事件の~ élucidation (éclaircissement) d'une affaire. ¶~する éclaircir; élucider; débrouiller. 動機を~する éclairer les motifs. 謎を~する débrouiller (élucider, éclaircir) une énigme. ~しうる explicable.

かいめい 改名 ¶~する changer de nom; débaptiser; rebaptiser. この通りは~された Cette rue a changé de nom (a été rebaptisée).

かいめつ 壊滅 écrasement *m*; anéantissement *m*. ¶~させる écraser; anéantir; détruire complètement. ~する être complètement détruit; être écrasé (anéanti). わが軍は~的状態にある Nos troupes sont presque écrasées. 敵に~的な打撃を与える porter un coup décisif à l'adversaire.

かいめん 海綿 éponge *f*. ¶~状(質)の spongieux(se). ‖~状組織 tissu *m* spongieux.

かいめん 海面 surface *f* de la mer.

がいめん 外面 extérieur *m*; aspect *m* extérieur; [うわ面] superficie *f*. ~しか見ない ne considérer que la superficie. ~をとりつくろう sauver (garder, ménager) les apparences. ¶~の externe; extérieur. ~的な [うわ面の] superficiel(le); extérieur. ~は en apparence; extérieurement. 彼は~だけは陽気だ Il n'est gai qu'en apparence./Sa gaieté est tout extérieure. ~だけでは人は分らない L'habit ne fait pas le moine.

かいもどす 買戻す racheter. ¶買戻し rachat *m*; [買戻しの約款 réméré *m*.

かいもの 買物 achat *m*; emplette *f*. ~に行く aller faire les courses; aller faire *ses* achats (emplettes). ~する faire *ses* achats. ‖~籠 cabas *m*. ~で一杯の~籠 cabas rempli d'achats. ~袋 sac *m*; [網の] filet *m*.

かいものかご 買い物かご [オンライン・ショッピングで] Mon panier. ¶~に入れる Ajouter à votre panier.

かいもん 開門 ouverture *f* de la porte. ¶〜する ouvrir la porte.

かいやく 解約 annulation *f*; résiliation *f*. ¶〜する annuler; résilier. 契約を〜する annuler un contrat. 賃貸契約を〜する résilier un bail.

かいやく 改訳 nouvelle traduction *f*. ¶〜する traduire de nouveau; améliorer une traduction.

かいゆ 快癒 guérison *f*; rétablissement *m*. ご〜の一日も早いことをお祈りします Je vous souhaite une prompte guérison. ¶〜する guérir (se rétablir, se remettre) complètement.

かいゆう 回遊 circuit *m*; tour *m*; [魚の] migration *f*. ¶〜する faire le tour; [魚の] migrer. 〜券 billet *m* circulaire. 〜旅行 voyage *m* circulaire; circuit touristique. ロワールの城の〜旅行をする faire le circuit des châteaux de la Loire.

がいゆう 外遊 voyage *m* à l'étranger. ¶〜する voyager à l'étranger.

かいよう 海洋 océans *mpl*; mers *fpl*. ¶〜性の océanique. 〜性気候 climat *m* océanique. 〜画 marine *f*. 〜学 océanographie *f*. 〜学の océanographique. 〜学者 océanographe *mf*. 〜気象台 station *f* de météo maritime. 〜博物館 musée *m* maritime.

かいよう 潰瘍 ulcère *m*. ¶〜性の(にかかった) ulcéreux(se). 胃〜 ulcère à l'estomac.

がいよう 外洋 †haute mer *f*; océan *m*.

がいよう 外用 ¶〜薬 médicament *m* à usage externe.

がいよう 概要 aperçu *m*; précis *m*; [劇, 文学の] argument *m*. 問題の〜 aperçu de la question. 喜劇の〜 argument de la comédie. 事件の〜 précis des événements.

かいらい 傀儡 fantoche *m*; marionnette *f*; pantin *m*. あの男は〜にすぎない Cet homme n'est qu'un fantoche. ¶〜政府 gouvernement *m* fantoche. 〜師 montreur *m* de marionnettes.

がいらい 外来 ¶〜の étranger(ère); d'origine étrangère; externe. ¶〜患者 malade *mf* externe. 〜語 mot *m* d'origine étrangère. 〜思想 idées *fpl* importées.

かいらく 快楽 plaisir *m*; jouissance *f*; joies *fpl*. ¶〜に耽る s'adonner aux (se vautrer dans les) plaisirs. 〜主義 hédonisme *m*; épicurisme *m*. 〜主義者 hédoniste *mf*; épicurien(ne) *m(f)*.

かいらん 解纜 démarrage *m*. ¶〜する démarrer.

かいらん 回覧 circulation *f*. ¶〜する faire circuler.

かいらん 潰乱 ¶風俗の〜 corruption *f* des mœurs. ¶風俗を〜する corrompre les mœurs. ¶軍は〜状態に陥った L'Armée s'est enfuie dans un grand désordre (à la débandade).

かいり 解離 dissociation *f*. ¶〜させる dissocier. 〜し得る dissociable. ¶電気〜 dissociation électrique.

かいり 海里 mille *m* [marin].

かいり 乖離 écart *m*; éloignement *m*.

かいりき 怪力 force *f* herculéenne. 彼は〜の持主だ C'est un hercule. ¶〜の herculéen(ne).

かいりく 海陸 ¶敵を〜両面から攻める attaquer l'ennemi par terre et par mer. ¶〜共同作戦 opérations *fpl* [militaires] amphibies.

かいりつ 戒律 commandement *m*; précepte *m*; observance *f*. 聖書の〜 préceptes de la Bible. 〜を守る observer les commandements.

がいりゃく 概略 aperçu *m*; résumé *m*; sommaire *m*. あなたの意向の〜は分りました J'ai une idée approchée de vos intentions. ⇒ ほぼ(略). ¶〜の sommaire; approché; approximatif(ve). 〜の結末 résultat *m* approché. 〜の報告 exposé *m* sommaire.

かいりゅう 海流 courant *m* marin.

かいりゅう 開立 〚数〛 extraction *f* de la racine cubique.

かいりょう 改良 amélioration *f*; perfectionnement *m*; [改革] réforme *f*. ¶〜する améliorer; perfectionner; réformer. 〜される s'améliorer; se perfectionner; se bonifier. 〜できる améliorable; réformable. 〜社会主義 socialisme *m* réformiste.

がいりょく 外力 force *f* de l'extérieur. 〜を加える appliquer une force de l'extérieur.

がいりんざん 外輪山 chaîne *f* de montagnes qui borde un cratère.

かいれい 回礼 ¶新年の〜をする faire des visites du nouvel an. 〜する faire des visites pour témoigner *sa* reconnaissance.

かいれき 改暦 réforme *m* du calendrier.

かいろ 回路 circuit *m*. ¶集積〜 circuit imprimé. 電磁〜 circuit magnétique.

かいろ 懐炉 chaufferette *f* de porche.

かいろ 海路 voie *f* maritime. 「待てば〜の日和あり」«Tout vient à point à qui sait attendre.» ¶〜で par la voie maritime; par mer.

がいろ 街路 rue *f*; avenue *f*. ¶〜樹 arbres *mpl* qui bordent le chemin; bordure *f* d'arbres.

かいろう 回廊 portique *m*; galerie *f*.

カイロプラクチック chiropraxie *f*. ¶〜医 chiropraticien(ne) *m(f)*.

がいろん 概論 précis *m*; [入門] introduction *f*; [本] traité *m*; manuel *m*. ¶物理学〜 manuel de physique. 文学〜 traité de littérature.

かいわ 会話 conversation *f*; [対話] dialogue *m*. 〜がうまい(まずい) être fort (faible) en conversation; avoir de la conversation (n'avoir guère de conversation). 〜に加わる participer (se mêler) à la conversation. 〜を交わす faire la conversation avec; converser (parler) avec. 英〜を習う apprendre à parler anglais. 〜体 style *m* parlé.

かいわい 界隈 environs *mpl*; quartier *m*. この〜で(に) dans les environs; dans ce quartier; dans ces parages.

かいわん 怪腕 bras *m* herculéen. 〜をふるう déployer (montrer) une force extraordi-

かいん 下院 [仏] Chambre f des députés; Assemblée f nationale; [英] Chambre des Communes; [米] Chambre des représentants. ‖～議員 membre m de la Chambre des députés (Communes, représentants).

カイン [聖] Caïn m.

かう 支う ¶木(家)に支柱を～ donner un appui (étai) à un arbre (une maison); étayer un arbre (une maison). テーブルの足に詰め木を～ mettre une cale sous le pied d'une table. この家具の下に何か支わなければいけない Il faut mettre quelque chose sous ce meuble.

かう 飼う élever; nourrir. 動物を～ nourrir des animaux. 犬を飼っている avoir un chien.

かう 買う acheter. 安く(高く)～ acheter qc [à] bon marché (cher). 現金で～ acheter comptant. 100ユーロで～ acheter qc pour cent euros. にせの証人を金で～ acheter de faux témoins. 私はこの本を彼から(彼のために)買った Je lui ai acheté ce livre. ヨーロッパ旅行で何を買って来たの Qu'est-ce que tu as rapporté de ton voyage en Europe? ◆ ～恨みを～ s'attirer de la haine. 歓心を～ flatter qn. 喧嘩を買って出る accepter la lutte; relever un défi (le gant). 仲裁を買って出る s'offrir comme arbitre. 誰もあの人を買ってない Personne ne l'aime. 私はあの人の才能を高く買っている J'apprécie beaucoup son talent.

ガウス [磁束密度の単位] gauss [gos] m.

カウボーイ cow-boy m.

かうん 家運 fortune f d'une maison. ～が傾く La fortune d'une maison décline.

ガウン robe f de chambre; †houppelande f; [法372] toge f.

カウンセラー conseiller(ère) m(f).

カウンセリング orientation f personnelle.

カウンター [帳場] caisse f; [人] caissier(ère) m(f); [酒場] comptoir m; [俗] zinc m; [ボクシング] contre m. ～を打つ appliquer un contre. ¶～アタック contre-attaque f; contre m. ～カルチャー contre-culture(s) f. クロス～ cross-contre m.

カウント compte m. ¶～をとる compter les points. ～アウトを宣せられる rester au tapis pour le compte.

カウントダウン compte m à rebours. ¶～する faire le compte à rebours.

かえ 替え ¶～の下着 linge m de rechange ‖～ズボン pantalon m de rechange.

かえうた 替え歌 parodie f d'une chanson; chanson f parodiée. 彼は～がうまい Il parodie bien une chanson.

かえぎ 替着 vêtement m de rechange.

かえす 返す rendre; [戻す] renvoyer; [金を] rembourser; [元の場所に] reporter. 贈物を～ renvoyer un cadeau. 言葉を～ répliquer; riposter. 借金を～ rembourser une dette; s'acquitter d'une dette. 生徒を家に～ renvoyer des élèves chez eux. 本を～ rendre un livre. 本を元の場所に～ remettre un livre à sa place. 傘を返しに行く aller reporter un parapluie. 本を読み終えたら,ちゃんと図書館に返しなさい Quand vous aurez lu ce livre, n'oubliez pas de le rapporter à la bibliothèque.

かえす 孵す faire éclore; [卵を抱く] couver. 卵を～ faire éclore des œufs. 卵を孵している雌鳥 femelle f qui couve les œufs. ‖孵る éclore. 卵が孵った L'œuf est éclos.

かえだま 替玉 remplaçant(e) m(f). ～を使って employer un remplaçant. 試験に～を使う se faire remplacer par un autre étudiant pour passer l'examen.

かえち 替地 terrain m reçu en échange d'une expropriation.

かえって 却って [逆に] au contraire; [むしろ] plutôt. むきになって否定するから～疑われるのさ On vous suspecte d'autant plus que vous vous obstinez à nier. 彼は喜ぶどころか～怒り出した Au lieu de s'en réjouir, il s'est mis en colère. それでは～誤解を招く Cela va provoquer plutôt un malentendu. 歩くより車の方が～時間がかかる Il faut beaucoup plus de temps en voiture à pied. それは～悪い Ce sera pire.

かえで 楓 érable m.

かえば 替刃 lame f de rechange.

かえり 帰り retour m. 彼はいつも～が遅い Il rentre toujours très tard. ¶～がけに au moment de rentrer. ～にあなたの家に寄ります Je passe chez vous au retour. ～の切符 billet m de retour. ～道 sur le chemin de retour.

かえりうち 返討ち ¶～に会う se faire tuer en cherchant vengeance. ～にする tuer son adversaire qui cherche vengeance.

かえりがけ 帰り掛け [帰る時に] au moment de retour; [帰り道に] sur le chemin de retour; en rentrant.

かえりざき 返咲き rentrée f. 政界への～を狙う préparer sa rentrée politique. ¶返咲きする rentrée f. パリの舞台に華々しく返咲く faire sa rentrée triomphale sur un théâtre parisien.

かえりみる 顧みる [回顧] réfléchir; [考慮に入れる] tenir compte de; avoir égard à (pour). 過去を～ réfléchir sur son passé; se pencher sur le passé. 家庭を～暇がない n'avoir pas le temps de tenir compte de sa famille. 自分自身を～ réfléchir sur soi-même. 顧みない négliger; ne pas tenir compte de. 健康を顧みない négliger sa santé. ...を顧みるに sans tenir compte de (sans égard pour) qc.

かえる 蛙 grenouille f; [ひき蛙] crapaud m; [雨蛙] rainette f. ～の鳴き声 coassement m. ～が鳴いている Une grenouille coasse. 「～の面に水」être insensible comme un roc. 「～の子は～」《Tel père, tel fils.》 ‖青(赤)～ grenouille verte (rousse). 食用～ grenouille mugissante; grenouille(s)-taureau (x) f.

かえる 帰る revenir; rentrer; retourner; [辞去] partir; s'en aller. 家に～ rentrer chez soi (à la maison). 親元に～ revenir au bercail. 帰ったらお訪ねします Quand je serai

かえる retour (De retour chez moi), je vous rendrai visite. 彼は明晩には帰っているでしょう Il sera de retour demain soir. もう一回、もう少しいろよ Tu te sauves déjà? Reste encore un peu. 学校から～と彼はまた出ていった A peine rentré de l'école, il est reparti. もう帰らなければならない Il faut que je parte.

かえる 代(換, 替)える [交換] changer; échanger. 金を米に～ échanger de l'argent contre (pour) du riz. 古い車をライトバンに～ échanger sa vieille voiture contre une commerciale. この金をユーロに換えて下さい Changez cet argent en euros. 赤ちゃんのおむつを替えてくれないか Veux-tu changer les langes du bébé? ◆ [更新] renouveler; changer. 部屋の空気を～ renouveler l'air d'une chambre; aérer une chambre. 電車を買い～ changer de voiture. ◆ [入れ換え] remplacer; substituer. こわれたガラスを～ remplacer une vitre cassée. 年寄りの召使を若いのに～ remplacer un vieux serviteur par un jeune.

かえる 変える [変更・修正] changer; transformer; modifier. 考え(態度)を～ changer d'avis (d'attitude). 法律を～ modifier une loi. 顔色を～ changer de couleur. 兵舎を病院に～ transformer une caserne en hôpital. 趣向を～ changer de goût. 姿を～ [変装] se déguiser en; [扮装] se travestir en. 電流(波長)を～ moduler. ソファーの位置を変えたの Vous avez changé votre sofa de place? ¶人は自分をつくり～ことが出来ない On ne peut se refaire.

かえる 返る rentrer; revenir; [戻る] redevenir; retourner. 子供に～ redevenir enfant. 元の職場に～ retourner à (regagner) son ancien poste. われに～ reprendre connaissance (ses esprits); revenir à soi.

かえる 孵る かえす(孵す).

かえん 火炎 flamme f; feu m. ～に包まれる être en flammes. 燃えさかる～の中で dans le brasier. ～形の [美] flamboyant. ～瓶 cocktail m Molotov. ～放射器 lance-flammes m inv.

かえんせい 可延性 ductilité f; malléabilité f. 金は金属の中で一番～がある L'or est le plus malléable des métaux. ¶～の ductile; malléable. ‖～金属 métaux mpl ductiles.

かお 顔 visage m; figure f; face f. 彫正な～ profil m grec. 長い(円い)～ visage allongé (rond). 端正で美しい～ beau visage aux traits réguliers. ふた目と見られない～ visage hideux; groin m. 彼女は～に似合わず欲張りだ Elle est avare, bien qu'elle n'en ait pas l'air. ～を赤らめる rougir. ～を洗う se laver la figure. ～を合わせる rencontrer qn; [スポーツで] disputer un match avec qn. ～をおおう se couvrir le visage. ～をしかめる grimacer. ～を知っている connaître qn de vue. ～をそむく détourner le visage (la tête). ～を出す [訪問] se présenter; aller saluer. 社交界に～を出す fréquenter le monde. ～をつき合わせる face à face; nez à nez. ～を殴る frapper qn au visage. ～をほころばせる se dérider. ～を見ても名前が思い出せない être incapable de mettre un nom sur un visage. ◆ [顔付き] mine f; physionomie f. 嫌(御機嫌)な～をする faire mauvaise (bonne) mine. 浮かぬ～をしている avoir l'air sombre. 嬉しそうな～をしている avoir une mine joyeuse. がっかりした～をする avoir la mine longue; avoir triste mine. 何くわぬ～をして sans en avoir l'air; comme si de rien n'était; 《俗》mine de rien. 妙な～をする [おかしな顔] faire une drôle de tête; [ふくれ面] 《俗》faire une bobine. ◆ [比喩的に] ～が立つ sauver sa face. ～が広い avoir beaucoup de relations. ...に～がきく avoir de l'influence à (auprès). ～が売れている être bien connu. 彼には合わせる～がない Je n'ose plus le regarder en face. ～に泥をぬる déshonorer le nom de qn. ～を立てる sauver la face de qn. ぼくの～を立てて何とかして下さいよ Faites quelque chose pour sauver ma face. ～をつぶす [自分の] perdre la face; [他人の] faire perdre la face à qn. 大きな～をする prendre un air hautain; faire l'important. ...のために～をきかせる user de son influence en faveur de qn. ～を貸してくれ J'ai besoin de toi.

かおあわせ 顔合せ rencontre f. ¶～をする rencontrer qn; [スポーツで] disputer un match avec qn; [共演] jouer ensemble.

かおいろ 顔色 couleur f; teint m; mine f. ¶～がよい avoir bonne mine; avoir des couleurs. ～が悪い avoir mauvaise mine. ...の～をうかがう faire le chien couchant auprès de qn; flatter qn. ～を変える changer de couleur (de face, de visage); [蒼白になる] pâlir. ～を変えて [血相] le visage bouleversé. ～を読む lire sur le visage de qn.

かおう 花押 parafe m; paraphe m. ¶～をする parafer; parapher.

かおく 家屋 immeuble m; maison f. ‖～税 impôt m sur les immeubles.

カオス chaos [kao]m.

かおだし 顔出し ¶～をする se présenter; aller saluer. しばしば～する fréquenter chez qn. ちょっと～する faire son apparition chez qn.

かおだち 顔立ち traits mpl; physionomie f; profil m. 端正な～ profil régulier. 醜い～ traits hideux. いかつい～ traits durs.

かおつき 顔付き physionomie f; mine f. 精力的な～ physionomie énergique. ～で人を判断してはいけない Ne jugez pas les gens sur (d'après) la mine. 立派な～をしている avoir un visage noble; avoir une belle tête.

かおつなぎ 顔繋ぎ ～に行く(飲む) rendre visite (boire ensemble) pour entretenir des relations.

かおなじみ 顔馴染 ¶僕達は～だ Nous nous connaissons depuis longtemps.

かおパス 顔- ¶彼はどこでも～だ Sa notoriété lui ouvre toutes les portes.

かおぶれ 顔触れ membres mpl; [スタッフ・集合] personnel m; [配役] distribution f des rôles. チームの～ membres d'une équipe. この大学の教授陣は～がそろっている Il y a une belle brochette de professeurs dans cette université. いつもの～が揃ったね La bande habituelle est au complet.

かおまけ 顔負け ¶～する être embarrassé; rougir; ne pas en revenir. この子の聡明には大人も～だ La sagesse de cet enfant fait rougir les grandes personnes. 彼の図々しいのには～だ Je n'en reviens pas de son insolence.

かおみしり 顔見知り ¶我々は～である Nous nous connaissons de vue.

かおみせ 顔見世 ¶～をする [役者が] se montrer en scène au grand complet. ¶今月は～興業だ Ce mois-ci, tous les acteurs apparaissent en scène. ～狂言 pièce f à distribution brillante.

かおむけ 顔向け ¶僕は彼に～が出来ない Je ne peux pas me montrer devant lui.

かおやく 顔役 personnage m influent; manitou m. 暗黒街の～ roi m du milieu. この辺の～は誰だ Qui commande ici?

かおり 香 senteur f; odeur f agréable; parfum m; baume m. ¶～のよい odorant; balsamique.

かおる 薫る embaumer; parfumer; répandre une odeur agréable. 薔薇の香が部屋に薫っている Des roses embaument la chambre./La chambre est parfumée de roses.

がか 画家 peintre m. ¶肖像～ peintre de portraits; portraitiste mf. 女流～ femme peintre f. 抽象～ peintre abstrait. 風景～ peintre de paysages; paysagiste mf.

がか 画架 chevalet m.

がが 峨々 ¶～たる山 monts mpl puissants; montagnes fpl à pic.

かかあ 嚊 ¶この家は～天下だ Dans ce ménage, c'est la femme qui commande.

かがい 課外 ¶～活動 activités fpl parascolaires. ～授業 cours m complémentaire.

かかい 瓦解 effondrement m; écroulement m. ¶～する s'effondrer; s'écrouler. ～させる faire [s']effondrer.

かがいしゃ 加害者 auteur m d'un attentat; criminel(le) m(f).

かかえる 抱える porter; tenir; [雇う] employer; engager. 腕に～ porter dans ses bras. 脇に～ porter sous le bras. 胸に～ porter sur son sein. 頭を～ tenir la tête dans ses mains. 大勢の家族を～ avoir une grande famille à nourrir. 腹を抱えて笑う se tenir les côtes; se tordre. 一杯抱えて pleins bras. 彼女は花を一杯抱えて入って来た Elle est entrée, les bras tout chargés de fleurs.

カカオ cacao m. ¶～の種(粉) cacao. ～の木 cacaotier m; cacaoyer m.

かかく 価格 prix m; [価値] valeur f. ¶～を上げる augmenter (élever) le prix. ～を維持する entretenir le prix. ～を決める fixer un prix; [政府別] taxer. ～を下げる abaisser le prix. ～を据えおく bloquer les prix. ¶公定～ taxe f. 生産(消費)者～ prix à la production (la consommation). 見積り～ valeur estimée. ～表示 indication f du prix.

かがく 化学 chimie f. ¶～的の chimique. ～的に chimiquement. ¶応用～ chimie appliquée. 合成～ chimie synthétique. 生～ biochimie f. 物理～ physico-chimie f. 無機

～ chimie minérale. 有機～ chimie organique. ～記号 symbole m [chimique]. ～式 formule f [chimique]. ～者 chimiste mf. ～製品 produits mpl chimiques. ～繊維 [糸] fibres fpl synthétiques; [布地] textile m synthétique. ～反応(変化) réaction f (formation f) chimique.

かがく 科学 science f. ～と文学 les sciences et les lettres. ¶～の(的) scientifiques. ～的に scientifiquement. ¶応用(精密)～ sciences appliquées (exactes). 社会(自然)～ sciences sociales (naturelles). 人文～ sciences humaines. ～史 histoire f des sciences. ～者 scientifique mf; homme m de science. ～博物館 musée m des sciences naturelles. ～万能主義 scientisme m. ～万能主義者 scientiste mf. 空想～小説 science-fiction f.

ががく 雅楽 musique f de cour.

かかげる 掲げる élever; [旗など] hisser; arborer. 槍を～ brandir une lance. スローガンを～ lancer un slogan.

かかし 案山子 épouvantail m. 彼は単なる～ Ce n'est qu'un mannequin.

かかす 欠かす manquer de. 私は毎朝散歩を欠かさない Je ne manque pas de me promener chaque matin. ¶欠かせない indispensable. 水は生物に欠かせないものである L'eau est indispensable aux êtres vivants./Les êtres vivants ne peuvent pas se passer d'eau.

かかずらう 係う ⇨ かかりあう.

かかだいしょう 呵々大笑 ¶～する rire aux éclats.

かかと 踵 talon m. ～の曲った(すり減った)靴 souliers mpl à talons tournés (usés). ～の高い(低い)靴 souliers à talons hauts (bas).

かがみ 鑑 modèle m; exemple m. 貞女の～ modèle de la femme vertueuse. 彼の行動は我々の～とすべきだ Sa conduite doit être un modèle (exemple) pour nous.

かがみ 鏡 miroir m; glace f. ～を見る se regarder (se mirer) dans un miroir. ～に映る se réfléchir dans un miroir (une glace). ¶懐中～ miroir de poche. 手～ miroir à main. ～職人 miroitier(ère) m(f). ～屋 miroiterie f.

かがみいた 鏡板 panneau(x) m; lambris m. ～を張る revêtir qc de lambris (panneaux); lambrisser qc. 天井に～を張る lambrisser le plafond.

かがむ 屈む se baisser, se courber; [うずくまる] se blottir.

かがめる 屈める ¶身を～ s'incliner; se pencher; [身を伏せる] s'aplatir. 背中を～ se courber le dos. 腰を～ fléchir (plier) les reins. 腰をかがめて歩く marcher courbé. 猫が垣根の後で身をかがめて獲物を狙っている Le chat s'aplatit derrière la haie pour épier une proie.

かがやかしい 輝かしい brillant; éclatant. ～成功 succès m brillant (splendide). ～勝利 victoire f éclatante (glorieuse). ～才能 talent m brillant.

かがやかす 輝かす illuminer; [国威・名] illustrer. 国威(名)を～ illustrer son pays (son

かがやき 輝き éclat m; brillant m; étincellement m. 星の〜 éclat (scintillement m) d'une étoile. 鋼鉄の〜 brillant de l'acier. 目の〜 étincellement des yeux.

かがやく 輝く briller; luire; resplendir; [反映して] étinceler; reluire; [顔などが] s'illuminer; rayonner. 羨望に〜眼差し regards mpl qui luisent d'envie. きらきら〜ダイヤモンド diamant m très brillant. 太陽が燦々と輝いている Le soleil brille (resplendit) de tout son éclat. 雪が太陽に輝いている La neige étincelle au soleil. 彼の顔は喜びに輝いている Son visage s'illumine (rayonne) de joie. ¶〜ばかりの éclatant; radieux(se); [顔などが] resplendissant. 〜ばかりの美しさ beauté f éclatante.

かかり 係 [担当] service m; département m; [人] préposé(e) m(f); commis m. あなたがその〜ですよ Vous en êtes chargé. 私のこのテーブルの〜です C'est moi qui m'occupe de cette table. あなたのは私です Je suis à votre service. ¶携帯品預り〜 préposé au vestiaire. 発送〜 service expéditionnaire; [人] commis expéditionnaire. ◆ [費用] dépense f; frais mpl. それは〜がかかるよ Cela entraînera beaucoup de dépenses. ¶〜のかかる coûteux(se); dispendieux(se).

-がかり 3 人〜で avec (par) trois personnes. 3 日〜で en trois jours. 芝居〜で d'un air théâtral. 彼はまだ親〜だ Il est encore à la charge de ses parents. 通りに〜に en passant. 通りの〜の人に助けられる être sauvé par un passant.

かかりあう 掛合う être impliqué dans; se mêler à; se laisser entraîner dans. 悪事に〜 être impliqué (mêlé) dans une affaire criminelle. ¶掛合い [連座] implication f; [関係] relation f. そんなことに掛合いを持ちたくない Je ne veux pas me laisser impliquer (entraîner) dans une pareille affaire.

かかりいん 係員 préposé(e) m(f); commis m; employé(e) m(f).

かかりかん 係官 agent m; responsable mf; fonctionnaire mf spécialisé(e).

かかりきり 掛かり切り ¶〜になる se consacrer entièrement à; s'occuper entièrement de; être tout(e) à.

かかりきる 掛切る s'occuper de. 病人に掛切る s'occuper d'un malade.

かかりちょう 係長 chef m de service; premier commis m.

かかりつけ 掛付け ¶〜の医者 médecin m de famille. 〜の医者を呼びにやる envoyer chercher le médecin.

かがりび 篝火 feu(x) m de torchère; [露営の] feu de bivouac; [祝の] feu de joie. 〜を焚く allumer un feu de torchère.

かかる 掛(懸)る [さがる] être suspendu; [覆われる] être couvert; se couvrir de. 壁に絵が懸っている Le tableau est accroché au mur. 山に雲が懸っている Les nuages couvrent les montagnes. 山々が雲で覆われている Les montagnes sont couvertes de nuages. ◆ [水, 泥などが] éclabousser. 自動車のはねが通行人に掛った La voiture a éclaboussé (aspergé) les passants. 葡萄酒が私のズボンに掛かった Le vin a éclaboussé mon pantalon. スキャンダルのとばっちりを彼にも食った Le scandale m'a éclaboussé. ◆ [帯びる] 彼のすることは芝居がかっている Sa conduite est théâtrale./Il se donne des airs de théâtre. 彼の言うことは神がかっている Il vaticine. 鼻にかかった声 voix f nasillarde (un peu nasale). ピンクがかった赤 rouge m teinté de rose. ◆ [正に...する] ¶通りへ〜 passer par hasard. 日が暮れかかっている La nuit allait tomber./Le jour mourait. 言葉が喉まで出かかっている avoir un mot sur le bout de la langue. 死にかかっている être moribond; être sur le point de mourir. 涙が出かかっている être au bord des larmes. ◆ [要する] falloir. これは時間が〜 Cela prend du temps./Il faut assez de temps. 自動車はいいが金が〜 Une voiture, c'est agréable, mais cela coûte cher. 金の〜 coûteux(se); dispendieux(se). この小説を書くのに 3 年かかった Il m'a fallu trois ans pour écrire ce roman./J'ai mis trois ans à écrire ce roman. ◆ [依存] dépendre de. それは君の決心いかんにかかっている Ça dépend de votre résolution. 全責任は彼の双肩にかかっている Toute la responsabilité pèse sur ses épaules. ◆ [着手する] ¶仕事に〜 se mettre au (attaquer un) travail. 新製品の製造に〜 commencer à fabriquer un nouveau produit. ◆ [医者に] 〜 consulter un médecin. 川に橋がかかっている Un pont enjambe une rivière. 嫌疑が僕にかかった Les soupçons se sont portés sur moi. その品物には税金はかかりません Cet article est exempt de taxe. その責任はぼくにかかってきた La responsabilité en est retombée sur moi. 僕に電話がかかってきた On m'a téléphoné.

かかる 斯る tel(le); pareil(le).

かかる 罹る [病気に] être atteint; attraper. 病気に〜 attraper une maladie. 伝染病に〜 être atteint d'une épidémie. 肺病に罹っている souffrir d'une malaidie de poitrine. ¶病気に罹り易い子 enfant mf maladif(ive). 頭痛(船酔)に罹り易い女 femme f sujette à la migraine (au mal de mer).

かがる [へりを] ourler; [ボタン穴を] arrêter; [綴り合せる] recoudre. ハンケチの縁を〜 ourler un mouchoir; faire un ourlet à un mouchoir. ボタン穴を〜 arrêter une boutonnière. 鉤裂きを〜 repriser un accroc.

かかわらず 拘わらず ¶...にも〜 en dépit de; malgré; malgré que sub; bien que sub; quoique sub; nonobstant. それにも〜 malgré cela; néanmoins. 若いにも〜 quoiqu'il soit jeune; en dépit de sa jeunesse. 命令を受けたにも〜 malgré les ordres reçus; bien qu'il ait reçu des ordres. 晴雨にも〜 quelque temps qu'il fasse; qu'il fasse beau ou qu'il pleuve; par tous les temps.

かかわり 関わり implication f. ¶〜がある importer à qn; regarder qn; toucher qn. それは私に何の〜もないことだ Cela ne m'importe guère./Cela ne me regarde (touche) en rien. それが君に何の~があるのかね Qu'est-ce que cela peut vous faire? ¶~合う se frotter à (frayer avec) qn; [巻込まれる] être impliqué dans. あんな奴らとは~合わない方がいい Il vaut mieux ne pas frayer avec ces gens-là.

かかわる 関(係)わる concerner; regarder; toucher à; intéresser. それは公の秩序に~問題だ Voilà un problème qui intéresse (concerne) l'ordre public. 彼の名誉に~ことだ Son honneur est en jeu.

かかん 果敢 †hardiesse f; audace f. ¶~な †hardi; audacieux(se); intrépide. ~に †hardiment; audacieusement; intrépidement. 勇猛~に avec vaillance.

かかん 花冠 corolle f.

かかんき 過換気 《医》hyperventilation f. ~症候群 syndrome m d'hyperventilation.

かき 牡蠣 huître f. 養殖の~ huître d'élevage. ~をむく écailler (ouvrir) une huître. ¶~売り écailler(ère) m(f). ~養殖 ostréiculture f. ~養殖場 centre m d'ostréiculture; huîtrière f. ~養殖業者 ostréiculteur(trice) m(f).

かき 下記 ¶~の mentionné; ci-dessous; [署名の場合] soussigné. ~の通り comme [il] suit. ~の者 soussigné(e) m(f).

かき 夏期 été m. ¶~の d'été; estival(aux). ~学校 colonie f [de vacances]; école f (cours mpl) d'été. ~休暇 vacances fpl d'été; grandes vacances.

かき 火器 arme f à feu.

かき 火気 feu(x) m. ¶「~厳禁」 «Défense de faire du feu».

かき 垣 clôture f; [生垣] haie f. ~をめぐらす entourer qc de haies.

かき 柿 [果実] kaki m.

かぎ 鍵 clef f; clé f; [錠前] serrure f; [手がかり] clef; clé. 謎(暗号)を解く~ clef de l'énigme (du chiffre). このドアは~がかかっている Cette porte est fermée à clef. この~は合わない Ce n'est pas la clef de cette serrure. ドアに~をかける fermer la porte à clef. ~をかけてしまっておく garder sous clef; enfermer à clef. ~を閉める tourner la clef. ~をこじあけて開ける forcer une clef. ¶~穴 trou m de serrure. ~を~穴にさし込む mettre (introduire) la clef dans la serrure. ~束 trousseau(x) m de clefs.

かぎ 鉤 crochet m; croc m; [衣類掛けの] patère f; [接岸用の] grappin m. 絵を~にかける suspendre un tableau à un crochet. ¶~形の crochu; en croc.

がき 餓鬼 [亡者] âmes fpl affamées en enfer; [子供] gosse m; gamin m; garnement m. ~のようにがつがつ食べる manger gloutonnement; manger avidement comme un enfant glouton. ¶~大将 meneur m (chef m) d'une bande de garnements.

かきあげる 掻き上げる ⇨ かく(書く).

かきあげる 掻き上げる 髪を~ relever les cheveux avec ses mains.

かきあつめる 掻き集める amasser; rassembler; [集めて山にする] amonceler. 落葉を~ amonceler des feuilles mortes. 資料を~ recueillir des documents.

かぎあてる 嗅ぎ当てる deviner juste. 香水のにおいを~ deviner l'odeur d'un parfum.

かぎあみ 鉤編 tricotage m par crochet. ~のレース dentelle f au crochet. この編物は~です Est-ce un tricot fait au crochet?

かきあやまる 書き誤る écrire incorrectement; faire un lapsus. ¶書き誤り faute f d'orthographe (de graphie); lapsus m.

かきあらためる 書き改める écrire à nouveau; récrire.

かきあらわす 書き表わす décrire; peindre; exprimer; représenter. ~ことの出来ない indicible; inexprimable; indescriptible.

かきいれ 書き入れ interpolation f. ¶~る[加筆] interpoler; [記入] inscrire. 余白に~ écrire (inscrire) dans la marge. ~時 moments mpl d'activité intense.

かきうつす 書き写す copier; transcrire. テキストを~ transcrire un texte.

かきおき 書置 dernier message m; [遺言] testament m. ~を残す laisser un dernier message (mot).

かきおくる 書き送る écrire à qn.

かきおとし 書き落し omission f; lacune f. ¶書き落す omettre; oublier d'écrire (d'inscrire). ~のある lacunaire.

かきおろし 書き下し ~300枚の小説 un nouveau roman de 300 pages de manuscrit.

かきかえ 書替 [作品の] remaniement m; [名義の] transfert m; [更新] renouvellement m. ¶~る remanier; transférer; renouveler. 名義を~ transférer le nom. 名簿を~ renouveler ma liste.

かきかた 書方 façon f d'écrire; [書法] écriture f; [書式] formule f; [綴字法] orthographe f; [習字] calligraphie f.

かききる 掻き切る 腹を~ s'ouvrir le ventre.

かきくどく 掻き口説く essayer de persuader qn obstinément.

かきくもる 掻き曇る ¶一点俄かに~ Le ciel s'assombrit soudain de nuages noirs.

かきくわえる 書き加える ajouter; [挿入] insérer. 一言~ ajouter un mot.

かきけす 書き消す faire disparaître; effacer. ~ように姿を消す disparaître comme par enchantement. 彼の叫び声は騒音に掻き消された Ses cris se sont noyés dans le tumulte.

かきことば 書き言葉 langue f écrite; langage m écrit.

かきこみ 書き込み note f marginale.

かきこむ 書き込む inscrire; noter. 手帳に日付を~ inscrire la date sur son carnet.

かぎざき 鉤裂き accroc m; déchirure f. ズボンに~をつくる faire un accroc à son pantalon.

かぎじゅうじ 鉤十字 croix f gammée.

かきしるす 書き記す écrire; noter.

かきそえる 書き添える ajouter; écrire en post-scriptum.

かきだし 書き出し début m; commencement m; première ligne f. ¶書き出す commencer à écrire; [拾い出す] relever; noter. 必要経費(問題点)を書き出す noter les frais mpl nécessaires (les points capitaux).

かきだす 掻き出す évacuer. 水を～ évacuer les eaux. 池の水を～ assécher un étang.

かぎだす 嗅ぎ出す ⇨ かぎつける(嗅ぎつける).

かきたてる 書き立てる ⇨ かく(書く).

かきたてる 書き立てる exciter; ranimer; allumer; attiser; raviver. 好奇心を～ exciter la curiosité. 古傷(火)を～ raviver une douleur ancienne (le feu). 欲情を～ allumer le désir. 熱情を～ attiser une passion.

かぎたばこ 嗅煙草 tabac m à priser. ～の一服 prise f. ～をかぐ priser.

かきちらす 書き散らす ⇨ かく(書く).

かきつけ 書付 [勘定書] note f; [見積書] mémoire m; [明細書] bordereau(x) m; [書類] papiers mpl; [表] feuille f; liste f.

かきつける 書き付ける noter.

かぎつける 嗅ぎつける flairer; renifler; subodorer; [犯罪者を] dépister. 犬が獲物を～ Le chien flaire le gibier. 巧い仕事を～ flairer une bonne affaire. 陰謀を～ subodorer une intrigue.

かぎって 限って ¶彼に～そんなことはしない Lui surtout ne ferait pas une chose pareille.

かきとめ 書留 recommandation f; [書状] lettre f recommandée. ～にする recommander. ¶～料金 taxe f de recommandation.

かきとめる 書き留める noter; prendre note de; enregistrer.

かきとり 書取 dictée f. ～をする faire une dictée.

かきとる 書き取る noter; prendre note de. ¶書取らせる dicter. タイピストに手紙を書き取らせる dicter une lettre à sa dactylo.

かきなおす 書き直す récrire; écrire à nouveau; recopier; [清書] copier au propre; mettre au net.

かきながす 書き流す écrire d'un trait; écrire au courant de sa plume.

かきなぐる 書きなぐる griffonner; gribouiller. 名前を～ griffonner son nom.

かきならす 掻き鳴らす racler; pincer. バイオリンをきいきい～ racler un violon. ギターを～ pincer une corde de guitare.

かきにくい 書き難い difficile à écrire. そのテーマは～ C'est un sujet difficile à traiter. この万年筆は～ Ce stylo écrit mal.

かきぬき 書抜 extrait m. ¶～する faire des extraits; prendre des notes.

かきね 垣根 ᵗhaie f.

かきのける 掻き退ける [どける] débarrasser; dégager. ⇨ かきわける(掻き分ける), おしのける(押し退ける).

かきのこす 書き残す laisser. 遺言(遺書)を～ laisser un testament (un dernier message). ⇨ かきおとし書き落し).

かぎばな 鉤鼻 nez m aquilin (crochu).

かぎばり 鉤針 crochet m.

かきはん 書判 parafe m; paraphe m. ～をparafer; parapher.

かきまくる 書きまくる [作家などが] pisser de la copie.

かきまぜる 掻き混ぜる mêler; brouiller; retourner; brasser; [卵を] battre. トランプを～ brouiller (battre) les cartes. サラダを～ brasser (retourner) la salade.

かきまわす 掻き回す tourner; remuer; [卵を] battre; [クリームなど] fouetter; [引っ掻き回す] fouiller, trifouiller; [混乱させる] embrouiller; mêler; mélanger. コーヒーを～ remuer son café. ソースを～ tourner une sauce. 書類を～ fouiller (trifouiller) des papiers. 引出しを～ fouiller dans le tiroir. 余計なことを言ってこれ以上問題を掻き回しちゃいけない N'embrouillez pas davantage la question par des digressions.

かきみだす 掻き乱す mettre en désordre; brouiller (embrouiller); mêler. 考えを～ brouiller ses idées. 掻き乱した髪 cheveux mpl en désordre (en broussaille).

かきむしる 掻き毟る arracher; gratter; déchirer. 髪の毛を～ se gratter (s'arracher) les cheveux. 悲しみでぼくの胸は掻きむしられた Le chagrin m'a déchiré le cœur.

かきもの 書物 écrit m. ～にして残す laisser qc par écrit. ～をする écrire; faire de l'écriture.

かきもらす 書き漏らす oublier de noter; omettre.

かぎゃく 可逆 ‖～性 réversibilité f. ～性の réversible. ～反応 réaction f réversible.

かきゃくせん 貨客船 cargo m mixte.

かきやすい 書易い facile à écrire (traiter). この万年筆は～ Ce stylo écrit bien.

かきゅう 下級 ‖～の inférieur; subalterne; bas(se). ～官吏 fonctionnaire mf subalterne; rond(s)-de-cuir m. ～クラス [格下の] rang m inférieur; [低学年の] petites classes fpl. ～将校 officier m [de rang] inférieur. ～生 élève mf de petites classes.

かきゅう 火急 urgence f; imminence f. ‖～の urgent; imminent. ～の仕事 affaire f urgente. ～の場合に en cas d'urgence. ～の場合に間に合わない A ce compte-là, on sera pris de court en cas d'urgence.

かきゅうてき 可及的 ¶～速やかに le plus tôt possible.

かきょう 佳境 ¶話が～に入る Nous en arrivons au passage le plus intéressant.

かきょう 架橋 construction f de pont. ‖～工事 travaux mpl de construction de pont. ～工事をする construire un pont.

かきょう 華僑 commerçant m chinois à l'étranger.

かぎょう 家業 métier m de famille. 父の～を継ぐ succéder au métier de son père.

かぎょう 稼業 métier m; profession f. ～に励む avoir le cœur au métier; être assidu au métier. ‖教師～をしている vivre du professorat.

かきょく 歌曲 [メロディー] air m; mélodie f; [歌] chant m. ‖～形式 forme f lied.

かぎり 限り [際限] limite f, borne f. [終り] fin f; terme m. 本日～有効 être valable ce jour seulement. 大売出しは本日～ C'est le

かぎる dernier jour des soldes. 人間の命には～ぁる La vie de l'homme est limitée. 可能な～ autant que possible. 声の～ à pleine voix. 金のある～ tant que j'aurai de l'argent. 事情の許す(私の分る)～ autant que le permettront les circonstances (je sache). 出来る～ やる faire de son mieux. 野原は見渡す一面に広がっていた La plaine s'étendait à perte de vue. 町は見渡す一焼野原だ Où qu'on porte le regard, la ville est un désert de cendres. …しない～ à moins que (de); sauf si. 雨が降らない～ à moins qu'il ne pleuve; sauf s'il pleut. 増額しない～ à moins d'une augmentation. ¶～ある limité; borné. ～ない sans bornes; infini; illimité; éternel(le); interminable; perpétuel(le). 彼には～ない感謝の念を抱いている Je lui garde une reconnaissance éternelle. ～なく sans fin; sans infiniment; interminablement; éternellement; perpétuellement.

かぎる 限る [制限] limiter; borner; restreindre. 発言時間を～ limiter la durée de parole. …とは限らない ne pas…toujours. いつまでも生きられるとは限らない On ne vivra pas pour toujours. 必ずしも尊敬している人を愛しているとは限らない Nous n'aimons pas toujours ceux que nous respectons. いつもそうとは限らない Ce n'est pas toujours ainsi (le cas). ¶限られる se limiter à; se borner à; être restreint à. 入室は社員に限られている L'entrée est restreinte au personnel. 限られた limité; borné; restreint. 子供たちは限られた場所でしか遊べない Pour jouer, les enfants ne disposent que d'un espace restreint. 限られた時間内に dans un temps limité; en temps limité. ◆[一番よい]「これに～ Voilà ce qu'il y a de meilleur. 黙っているに～ Le mieux est de se taire. 白ワインはアルザスに～ Rien ne vaut le vin blanc d'Alsace.

かぎわける 掻き分ける fendre. 群衆を～ fendre la foule. 群衆を掻き分けて進む se frayer un chemin à travers la foule; traverser la foule.

かぎわける 嗅ぎ分ける flairer (deviner) juste.

かきわり 書割 toile f de fond.

かきん 家禽 basse(s)-cour(s) f; volaille f. ‖～飼養 aviculture f. ～飼養場 basse(s)-cour(s); poulailler m. ～飼養人 aviculteur (trice) $m(f)$; éleveur(se) $m(f)$ de volailles; volailleur m.

かく 画 [文字の] trait m, 5～の字 caractère m chinois à cinq traits.

かく 各 chaque. ～将兵士ともその義務をつくすべし Chaque officier et chaque soldat feront leur devoir. ‖～人 chaque personne f.

かく 格 rang m; grade m; classe f. ～が上(下)がる être promu (dégradé). ～が違う être d'un rang (ordre) différent. ～を上げる promouvoir qn. ～を上げられる être d'un rang supérieur. この人は他の者に一一段、上である surclasse tous ses concurrents (tous les autres). ～下げ [官吏, 軍人の] rétrogradation f. ～下げする rétrograder

---

かぐ

qn. ◆[文法] cas m. ‖主～ nominatif m; cas sujet. 目的～ accusatif m; cas régime. ～変化 déclinaison f. ロシア語やドイツ語には～変化がある Le russe et l'allemand conservent des cas (la déclinaison).

かく 核 noyau(x) m. ¶～の nucléaire. ～の傘 parapluie m nucléaire (atomique). ～粒子～ noyau atomique. ～エネルギー énergie f nucléaire. ～拡散防止条約 traité m de non-prolifération des armes nucléaires. ～査察 inspection f des installations nucléaires. ～実験 [核の] expérience f (arme f) nucléaire. ～戦争 guerre f nucléaire. ～弾頭 ogive f atomique (nucléaire). ～燃料 combustible m nucléaire. ～爆発 explosion f nucléaire. ～反応 réaction f nucléaire. ～武装 armement m nucléaire. ～物理学 physique f nucléaire. ～分裂 fission f nucléaire. ～保有国 puissances fpl nucléaires. ～融合 fusion f nucléaire. ～抑止力 force f de dissuasion (frappe).

かく 角 [角度] angle m. ‖鋭～ angle aigu. 直～ angle droit. 鈍～ angle obtus. ◆[四角] carré m. 四～に切る couper en carré. 5センチ～ cinq centimètres carrés.

かく 欠く [こわす] casser; briser; [不足] manquer de; être dépourvu de; être dénué de. 皿を～ casser une assiette. 資格を～ être dépourvu des qualités requises. 義理を～ manquer à son devoir (à sa parole). 人情を～ manquer de compassion. 礼を～ manquer de respect. 彼はエスプリが欠けている Il est dénué d'esprit. ¶～くからざる(欠かせない) indispensable. 空気は生物に欠かせないものである L'air est indispensable aux êtres vivants.

かく 書く écrire; décrire; [線図] tracer. インクで～ écrire à l'encre. 小説を～ écrire un roman. 自分の気持ちを～ décrire ses sentiments. 図(線)を～ tracer un plan (une ligne). ¶書き上げる achever d'écrire. 論文を書き上げる achever un essai. 書き立てる faire mousser. 週刊誌が彼のスキャンダルを書き立てている Les hebdomadaires font mousser son scandale. その話は新聞に書き立てられた Cette histoire a fait couler beaucoup d'encre. 書き散らす [乱暴に] gribouiller; griffonner; [濫行する] écrivailler. 書き散らし griffonnage m.

かく 掻く gratter. 頭を～ se gratter la tête. 雪を～ balayer la neige.

かく 描く [絵を] dessiner; peindre. 油絵(水彩画)を～ peindre à l'huile (à l'aquarelle). 下手な絵を～ barbouiller des toiles. 動物を～ dessiner un animal. 風景画を～ peindre des paysages.

かぐ 家具 meuble m; ameublement m; [家財道具] mobilier m. ～一式 ensemble m mobilier. ～を入れる(備えつける) meubler. 家に～を入れる meubler sa maison. ¶～付の meublé; garni. 貸しアパート meublé m; appartement m meublé (garni). ～師 menuisier m [de meubles]. 高級～師 ébéniste m. ～屋 marchand m de meubles.

かぐ 嗅ぐ †humer; [動物が] flairer; [鼻を鳴

がく して] renifler. 香りを～ humer une odeur (un parfum). 魚の匂いを～ humer une odeur de poisson. 主人の手を嗅いでいる犬 chien qui flaire la main de son maître.

がく 学 étude *f*; [学識] savoir *m*; connaissances *fpl*; [教養] érudition *f*; instruction *f*. ～を修める faire *ses* études. ¶～がある être savant (instruit). ～のない人 personne *f* instruite (sans instruction). 君は～がないな Tu es complètement inculte!/Quelle inculture!

がく 楽 ¶～の音が聞える On entend de la musique.

がく 額 [額縁] cadre *m*; [神社に納める] ex-voto *m inv*; [金額] somme *f*. ～に入れる encadrer. 絵を～に入れる encadrer un tableau. ～をかける suspendre des ex-voto.

がく 萼 calice *m*. ～の一片 sépale *m*. ～のある caliché.

かくい 各位 [聴取者～] tous les auditeurs *mpl*. 読者～ tous les lecteurs *mpl*.

かくい 隔意 ¶～のない sans réserve; franc (*che*). ～ない意見 opinion *f* sans réserve. ～なく franchement; à cœur ouvert.

がくい 学位 titre *m* universitaire; grade *m* universitaire; [博士の] doctorat *m*. ～をとる prendre *ses* grades. 文学博士の～を授与される être admis au grade de docteur ès lettres. ～論文 thèse *f* [de doctorat].

かくいつ 画一 ¶～的な uniforme. ～的に uniformément. ‖～化 uniformisation *f*; unification *f*; [商品の] normalisation *f*. ～化する uniformiser; normaliser. ～性 uniformité *f*.

かくいん 各員 chacun(e); chaque membre *m*; [全員] tous les membres.

かくいん 客員 membre *m* honoraire. ‖～教授 professeur *m* invité.

がくいん 学院 académie *f*; institut *m*. ‖日仏～ Institut Franco-Japonais.

かくう 架空 ¶～の fictif(ve); imaginaire; fantastique. ～の物語 conte *m* imaginaire; fiction *f*.

かくう 仮寓 résidence *f* temporaire. ¶～する séjourner provisoirement.

かくえき 各駅 ¶この電車は～に停車する Ce train s'arrête à toutes les stations. ‖～停車列車 train *m* omnibus.

がくえん 学園 école *f*.

がくおん 楽音 son *m* musical.

かくかい 各界 ¶～の名士 célébrités *fpl* de chaque monde.

かくがい 閣外 ¶～で(に) en dehors du cabinet.

かくかく 赫々 ¶～たる éclatant; brillant. ～たる勝利 victoire *f* éclatante.

かくかく 斯く斯く ¶～の tel(le); tel(le) ou tel (le). ～の理由で pour telle ou telle raison.

かくかく ¶～する trembler [comme une feuille]. 寒さで～する trembler de froid. 歯が～する claquer des dents. 膝が～している Les genoux s'entrechoquent.

かくかぞく 核家族 famille *f* nucléaire.

かくがり 角刈り cheveux *mpl* en brosse. ～にする se faire couper les cheveux en brosse. 彼は髪を～にしている Il porte la brosse.

かくぎ 閣議 conseil *m* de cabinet (du ministre).

がくぎょう 学業 études *fpl*. ～を終える(放棄する) achever (abandonner) *ses* études.

がくげい 学芸 sciences *fpl* et arts *mpl*. ‖～会 séance *f* récréative des élèves. ～大学 université *f* des Arts libéraux. ～欄 chronique *f* des sciences et des arts.

がくげき 楽劇 drame *m* musical; opéra *m*.

かくげつ 隔月 ¶～の bimestriel(le). ～に tous les deux mois.

かくげん 格言 maxime *f*; aphorisme *m*; adage *m*; sentence *f*. 確かそんな意味の言葉が～にあったように思う Il me semble qu'il y a une maxime qui dit à peu près la même chose. ¶～風の sentencieux(se); proverbial(aux). ～風に sentencieusement.

かくげん 確言 affirmation *f*; assertion *f*; attestation *f*; protestation *f*. ¶～する affirmer; attester; protester. 私には何もできない Je ne peux rien affirmer.

かくご 覚悟 [決心] résolution *f*; décision *f*; [諦め] résignation *f*. ¶～の一戦を交える livrer un baroud d'honneur. ～する～できている être résolu à *inf*; se sentir prêt à *inf*. 一戦を交える～を固める être bien résolu à livrer [une] bataille. ～を決める prendre une résolution; se décider; [諦める] résigner; se soumettre. その嫌な仕事をやることに～を決めたよ Je me suis décidé à faire ce travail ennuyeux. ～死を～する se résigner (se soumettre) à la mort.

かくさ 格差 différence *f*. 両者の間に～をつける faire des différences entre deux personnes.

かくざ 擱坐 ⇨ ざしょう(座礁).

かくざい 角材 bois *m* d'équarrissage; bois *m* équarri.

がくさい 学才 don *m* pour les études. ～がある avoir des dons scientifiques; être doué pour les études.

がくさい 楽才 talent *m* musical.

かくさく 画策 [策謀] combinaison *f*; intrigue *f*; [奔走] démarche *f*. 政治的～ combinaisons (intrigues) politiques. ～は不成功に終った L'intrigue a été déjouée. ¶～する faire une combinaison; comploter; faire des démarches. 建築許可を得ようところ～する faire de nombreuses démarches pour obtenir un permis de construire.

かくざとう 角砂糖 sucre *m* en morceaux. ‖～挟み pince *f* à sucre.

かくさん 拡散 diffusion *f*. ¶～する se diffuser. ～性の diffusible. ‖[核兵器の]～防止 non-prolifération *f* des armes nucléaires. 核～防止条約 traité *m* de non-prolifération des armes nucléaires.

かくさん 核酸【生】acide *m* nucléique.

かくじ 各自 chacun(e); ～がその責任を持たねばならぬ Chacun doit avoir sa responsabilité. ～自分の席に帰りなさい Retournez chacun à votre place. 彼らは～ワインを一壜あけた Ils ont bu chacun sa (leur) bouteille du vin. ～一つずつお持ち帰り下さい Que chaque personne en emporte un. ¶～の chaque; respectif(ve). 夫婦～の権利 droits mpl respectifs des époux. ～に respectivement.

がくし 学士 licencié(e) m(f). ¶～号 licence f. 日本～院 Académie f des sciences du Japon. 文～ licencié(e) m(f) ès lettres.

がくし 楽士 musicien(ne) m(f); exécutant (e) m(f).

かくしがね 隠金 caisse f noire.

かくしカメラ 隠しカメラ caméra f dissimulée.

かくしき 格式 rang m; dignité f; formalité f. ～を守る tenir (garder) son rang. ¶～の高い d'un rang élevé. ～張る faire des façons. ～張った cérémonieux(se). ～張らずに sans façons (formalité).

がくしき 学識 connaissances fpl; savoir m; érudition f. ¶～のある savant; érudit. ～のある人 savant m; érudit m. ¶～経験者 hommes mpl de grand savoir.

かくしげい 隠芸 talent m caché.

かくしご 隠子 enfant mf naturel(le); bâtard(e) m(f).

かくしごと 隠事 secret m; cachotterie f.

かくしだて 隠立 dissimulation f; cachotterie f. ～をする faire des cachotteries; cachotter; dissimuler. ～をする人 cachottier(ère) m(f); dissimulateur(trice) m(f).

かくじつ 確執 dissentiment m; différend m; discorde f; désaccord m. ～をもつ avoir un différend avec qn. その点について我々の間で～があった Il y a eu un désaccord entre nous sur ce point.

かくしつ 角質 kératine f. ¶～の corné; kérati[ni]que. ‖～化する se racornir; se kératiniser; ～化した racorni; kératinisé.

かくじつ 確実 certitude f. ¶～な certain; sûr; assuré; positif(ve). ～な人物(事業)personne f (entreprise) f sûre. ～な証拠 preuve f positive. それは単なる噂ではなくて～なことだ Ce n'est pas un simple ouï-dire, c'est une certitude. ～に certainement; sûrement; assurément. ...は～である Il est certain que ind. ～なことは...である Ce qui est certain, c'est que.... ‖～性 certitude f. [信憑性] authenticité f. 情報の～性 authenticité d'une nouvelle.

かくじつ 隔日 ¶～に tous les deux jours.

かくしどり 隠し撮り ¶～する photographier (filmer) en cachette.

かくしマイク 隠しマイク microphone m caché.

がくしゃ 学者 savant(e) m(f). ¶～ぶる se donner des airs de savant; faire le savant. ～ぶった pédant; pédantesque. ‖～ぶる人 pédant(e) m(f). ‖～気どり pédantisme m; pédanterie f.

かくしゃく 矍鑠 ¶～としている porter bien son âge. ～とした老人 vieillard m encore vert.

かくしゅ 各種 ¶～の divers; différent; varié. ～の産物 produits mpl de toute(s) sorte[s].

かくしゅ 鶴首 ¶～して待つ attendre avec impatience; attendre comme Anne.

かくしゅ 馘首 renvoi m; congédiement m; licenciement m. ～する renvoyer qn; congédier qn.

かくしゅう 隔週 ¶～の月曜日に un lundi sur deux. ～毎に tous les quinze jours.

かくじゅう 拡充 développement m; accroissement m. ～する développer; accroître. 工業生産を～する accroître la production industrielle.

がくしゅう 学習 étude f. ～する étudier; apprendre. ‖～課程 programme m d'étude. ～指導要領 directives fpl d'enseignement.

がくじゅつ 学術 sciences fpl. ¶～上の scientifique; technique. ‖日本～会議 Conseil m national de la recherche scientifique du Japon. ～研究 recherches fpl scientifiques. ～用語 terme m technique (académique).

かくしょ 各所 ¶～に partout; ça et là. 日本中～に dans tout le Japon. 火の手は～から起った Le feu a éclaté çà et là.

かくしょう 確証 preuve f incontestable (évidente). ～をつかむ(見せる) saisir (fournir) des preuves incontestables.

がくしょう 楽章 mouvement m. 第1～ premier mouvement.

がくしょく 学殖 connaissances fpl profondes. ¶～豊かな savant; érudit.

かくしん 核心 nœud m; point m essentiel; fond m. 事件の～ nœud de l'affaire. ～に触れる toucher au fond (à l'essentiel, au point sensible). 議論の～に入る entrer dans le vif du débat.

かくしん 確信 conviction f; assurance f; certitude f. ～を得る acquérir une conviction. ～を持つ avoir la conviction; avoir l'assurance. ～を持って avec conviction; avec assurance. ～する être convaincu (persuadé, sûr) de qc (que ind).

かくしん 革新 rénovation f; innovation f. ¶～する rénover; innover. 教育を～する rénover un enseignement. ～的な rénovateur(trice); progressiste. ～の教義 doctrine f rénovatrice. ～政党 parti m progressiste (de gauche).

かくす 隠す cacher; dissimuler; [隠匿] receler; [ひそまう] dérober; [ごまかす] tricher. 喜びを～ cacher (dissimuler) sa joie. 手のうちを～ cacher son jeu. 盗品を～ receler des objets volés. 犯人を～ cacher un criminel. 身を～ se cacher. 顔を～ se cacher (couvrir) le visage. 会社は公害を隠している L'entreprise dissimule sa pollution.

かくすい 角錐 pyramide f. ¶～形の pyramidal.

かくする 画する délimiter; tracer. 一線を～ tracer une ligne. 一時代を～ faire époque; marquer une époque.

かくせい 覚醒 éveil m; réveil m; [迷いからの] désabusement m. ¶～する se désabuser;

かくせい se détromper. 〜させる détromper qn; ouvrir les yeux sur qc. ‖〜剤 excitant m; stimulant m.

かくせい 隔世 〜の当時のことを思うと〜の感がある Quand on se souvient du passé, on sent que les temps sont bien changés. 〜遺伝 atavisme m; 〜遺伝の ataviqu.

がくせい 学制 système m scolaire (d'enseignement).

がくせい 学生［大学］étudiant(e) m(f). ⇨ せいと(生徒). 〜の étudiant; estudiantin. ‖〜運動 mouvements mpl d'étudiants. 〜語 argot m scolaire (de collège). 〜時代 années fpl scolaires (d'études). 〜生活 vie f étudiante (estudiantine). 〜証 carte f d'étudiant. 〜服 uniforme m d'étudiant.

がくせい 楽聖 grand maître m de la musique.

かくせいき 拡声器 haut-parleur(s) m.

がくせき 学籍 immatriculation f scolaire. 〜を失う être rayé du registre de l'école. ‖〜番号 numéro m d'immatriculation scolaire. 〜簿 registre m scolaire.

かくぜつ 隔絶 séparation f; isolement m. 〜する séparer; isoler. 〜した世界 tout à fait éloigné (différent); [比類のない] incomparable; sans égal. 〜した世界 monde m impénétrable.

がくせつ 学説 doctrine f; théorie f. 〜を立て établir une théorie. ‖〜上の doctrinal (aux); théorique.

かくぜん 画然 〜と nettement; distinctement. 彼の考え方は他の者とは〜と違っている Sa pensée tranche net avec celle des autres.

がくぜん 愕然 〜とする être stupéfait (extrêmement surpris); tomber des nues; être atterré (abasourdi, ahuri, consterné). 〜とさせる stupéfier qn. 彼は試験に落ちたのを知って〜とした Il a été consterné d'apprendre qu'il était refusé à son examen. 〜して avec stupéfaction. 〜としてしばし黙っている rester muet de stupeur.

がくそく 学則 règlements mpl scolaires.

かくだい 拡大 agrandissement m; élargissement m;［倍率の］amplification f; grossissement m. 〜する agrandir; élargir; amplifier; grossir. 写真を〜する agrandir une photo[graphie]. 工場を〜する élargir (agrandir) une usine. 影像(音)を〜する amplifier une image (le son). 100倍に〜する grossir qc cent fois; faire paraître qc cent fois plus grand. 戦線が〜してきた Le front prend de l'étendue. 〜する s'élargir; s'amplifier. ‖〜解釈 interprétation f élargie (extensive). 〜鏡 verre m grossissant (amplifiant). 〜政策 politique f d'expansion. 〜レンズ lentille f amplificatrice.

がくたい 楽隊 ［ブラスバンド］fanfare f; musique f. ‖〜軍 musique militaire.

かくたん 喀痰 crachement m. 〜する cracher; expectorer.

かくだん 格段 〜の sensible; marqué; considérable. 〜の進歩 grand progrès; progrès remarquable. 〜の相違 différence f considérable.

がくだん 楽団［管絃］orchestre m;［吹奏］fanfare f. …とその〜 …et son ensemble. ‖交響〜 orchestre philharmonique; philharmonie f.

がくだん 楽壇 monde m musical; cercle m des musiciens.

かくち 各地 chaque endroit m; divers (différents) endroits. 〜で(を) partout. 日本(フランス)の〜 partout au Japon (en France). 全国〜で dans tout le pays; en divers lieux du pays. 世界〜から来る venir de partout dans le monde; venir de toutes les parties du monde. 〜の天気 conditions météorologiques du pays (de la région).

かくちく 角逐 concurrence f; rivalité f. 勢力の〜に破れる échouer dans une lutte d'influence.

かくちょう 拡張 élargissement m; agrandissement m; extension f; développement m; expansion f. 道路の〜 élargissement d'une rue. 事業の〜 extension (développement) d'une entreprise. 〜する élargir; agrandir; étendre; développer. アフリカとの取引を〜する développer son commerce avec l'Afrique. 運動場を〜する agrandir un terrain de sport.

かくちょう 格調 tournure f; ton m. 文章の〜 tournure d'une phrase. ‖〜高い文章 phrase d'un ton élevé.

がくちょう 学長 recteur m. ‖〜代理 vice-recteur m. 〜職 rectorat m.

かくづけ 格付け classement m; classification f. あの二人の〜はもうすんでいる De ces deux-là, on sait bien qui est le meilleur. 〜する classer; classifier.

かくて 斯くて ainsi; de cette façon; c'est ainsi que ind.

かくてい 画定 délimitation f; bornage m; démarcation f. 〜する délimiter; borner; démarquer. 両国の国境を〜する délimiter la frontière entre deux Etats.

かくてい 確定 détermination f; fixation f; décision f. 結果の〜 détermination d'un résultat. 麦の値段の〜 fixation du prix du blé. 〜する déterminer; fixer; décider. 〜される se déterminer; se décider; être décidé. 〜的な définitif(ve); final(aux).

カクテル cocktail m. ‖〜ドレス robe f de cocktail. 〜パーティーを開く donner un cocktail.

がくてん 楽典 grammaire f musicale.

かくど 角度 angle m. 45度の〜 angle de 45 degrés. 或る〜から見る voir sous un certain angle. 〜を測る mesurer un angle. ‖〜計 goniomètre m. 〜測定 goniométrie f. 〜計で測定 mesuré au goniomètre f.

がくと 学徒 étudiant(e) m(f). ‖〜動員 mobilisation f des étudiants.

かくとう 格闘 lutte f; ［乱闘］rixe f; mêlée f. 〜する lutter (combattre) corps à corps.

かくとう 確答 réponse f nette. 〜を避ける faire une réponse évasive. 〜する répondre nettement (exactement).

かくとう 角灯［大型の］falot m.

がくどう 学童 écolier(ère) m(f).

かくとく 獲得 acquisition *f*; obtention *f*. 学位の～ obtention du diplôme. ¶～する acquérir; faire l'acquisition de; obtenir; gagner; se procurer. 勝利を～する remporter la victoire. ¶～物 acquisition *f*; gain *m*; butin *m*.

かくとく 学徳 science *f* et vertu *f*. ～を兼ね備える être doué autant de science que de vertu.

かくない 閣内 ¶～で dans le cabinet. ～大臣 chaque ministre *m* du cabinet.

かくにん 確認 confirmation *f*; vérification *f*; constatation *f*; contrôle *m*. 約束の～ confirmation d'une promesse. 身元の～ vérification (contrôle) d'identité. ¶～する confirmer; vérifier; constater. 結果を～する confirmer les résultats. 事実の確実性を～する contrôler l'exactitude des faits.

かくねん 隔年 ¶～の bisannuel(le). ～に tous les deux ans.

がくねん 学年 année *f* scolaire. 1～ première année. 高～ grandes classes *fpl*; classes supérieures. 低～ petites classes *fpl*.

かくのうこ 格納庫 hangar *m*.

がくは 学派 école *f*; secte *f*.

がくばつ 学閥 clan *m* (cénacle *m*) universitaire; [学者間の] coterie *f* des savants.

かくばった 角張った anguleux(se). ～顔 visage *m* anguleux.

かくはん 各般 ¶～の事情により pour des raisons diverses.

かくはん 攪拌 mélange *m*; brassage *m*. ～する brouiller; brasser; battre. ¶～器 batteur *m*. 卵(クリーム)～器 batteur à œufs (à crème).

がくひ 学費 frais *mpl* d'études. ～をかせぐ gagner de quoi faire ses études. ～を出してやる subvenir aux frais d'études de *qn*.

かくひつ 擱筆 ¶～する poser la plume; cesser (s'arrêter) d'écrire.

がくふ 学府 ¶最高～ université *f*.

がくふ 岳父 beau-père *m*.

がくふ 楽譜 musique *f*; [総譜] partition *f*. ～なしで演奏する jouer sans partition (de mémoire, par cœur). ～を写す copier de la musique.

がくぶ 学部 faculté *f*. ¶文(理, 教養)～ Faculté des Lettres (des Sciences, des Arts libéraux). ～長 doyen(ne) *m(f)*.

がくふう 学風 esprit *m* d'une école.

がくぶち 額縁 cadre *m*. ～に入れる encadrer *qc*. ¶～に入れない non encadré *m*.

かくへき 隔壁 cloison *f*; [建物] mur *m* de cloison; paroi *f*; 【生・化】diaphragme *m*. ～を設ける cloisonner; séparer par des cloisons.

かくべつ 格別 ¶彼を～として excepté (à part) lui. ～の particulier(ère); spécial (aux); exceptionnel(le). ～の配慮 soins *mpl* particuliers. ～の理由もなしに sans raison spéciale. ～に particulièrement; spécialement; exceptionnellement. これと言って～に言うことは何もない Je n'ai rien de spécial à vous dire.

かくほ 確保 ¶～する [s']assurer; [保持] détenir. 安全を～する assurer la sécurité. 協力を～する s'assurer le concours. 権力を～する détenir le pouvoir. 座席を～する garder une place; [予約] réserver une place.

かくほう 確報 ¶～を待つ attendre un rapport certain.

かくぼう 角帽 casquette *f* carrée [d'étudiant].

がくぼう 学帽 casquette *f* [d'écolier].

かくほうめん 各方面 ¶～から de tous les côtés. ～に dans chaque direction; partout; en tous sens; [分野] dans tous les domaines. 彼の研究は～に及んでいる Son étude s'étend à tous les domaines. 私は～に知合いがある J'ai des relations un peu partout.

かくまう 匿う cacher *qn*; receler *qn*; [隠れ場所を提供する] donner asile à *qn*.

かくまく 角膜 cornée *f*. ¶～の cornéen(ne). ¶～炎 kératite *f*. ～切開術 kératotomie *f*. ～白斑 taie *f*. ～瘤 kératocèle *f*.

かくめい 革命 révolution *f*. ～が起った La révolution a éclaté. ～を起す révolutionner; bouleverser. 蒸気機関は産業に～を起した La machine à vapeur a révolutionné l'industrie. ¶～の(的な) révolutionnaire. ¶産業(文化)～ révolution industrielle (culturelle). 反～ contre-révolution. 反～的な contre-révolutionnaire. ～運動 mouvement *m* révolutionnaire. ～家 révolutionnaire *mf*. ～理論 théorie *f* révolutionnaire.

がくめい 学名 nom *m* scientifique.

がくめん 額面 [株] valeur *f* nominale; [給料] salaire *m* nominal. ～を越える dépasser le pair. ～を割る être au dessous du pair. ¶～で au pair. ～通りに受けとる prendre à la lettre (au sérieux). ¶～金額 [valeur *f* au (du)] pair *m*.

がくもん 学問 science *f*. ～がある avoir de l'érudition; être savant. ～に専念する se consacrer à l'étude. ～をする étudier; faire des études. ¶～的 scientifique. ～的に scientifiquement; au point de vue scientifique. ～のある érudit; instruit; savant. ～のある人 personne *f* de savoir. ～のない人 instruit; ignorant; inculte. ¶～有害論 ignorantisme *m*.

がくや 楽屋 loge *f*. ¶～裏 coulisses *fpl*; [内幕] coulisses; dessous *mpl*. ～話 histoire *f* de coulisse.

かくやく 確約 promesse *f* formelle. ～を取りつける réussir à obtenir une promesse formelle de *qn*. ¶～する assurer; garantir; promettre formellement. 彼は全面的に協力すると私に～した Il m'a assuré de son entière collaboration.

かくやす 格安 ¶～な avantageux(se); bon marché *inv*. ～に à bon marché; au rabais. どの店よりも～の値段 prix *m* défiant toute concurrence.

がくゆう 学友 camarade *mf* d'école; compagnon *m* (compagne *f*) d'étude. ¶～会 amicale *f* des étudiants.

かくよう 各様 ¶各人～の different. 各人～

がくようひん のスタイルで en différents costumes; vêtu chacun différemment.

がくようひん 学用品 fournitures *fpl* scolaires.

かくらん 攪乱 perturbation *f*; trouble *m*; désordre *m*. 大気の〜 perturbation atmosphérique. ¶〜する troubler; perturber; mettre en désordre. 敵の背後を〜する jeter la confusion dans les arrières de l'ennemi. ¶〜戦術 guerre *f* d'embuscade.

かくり 隔離 isolement *m*. ¶〜する isoler; mettre à l'écart (en quarantaine). ¶〜期間 quarantaine *f*. 〜病棟 pavillon *m* des contagieux.

がくり 学理 théorie *f*. ¶〜上 théoriquement; en théorie. それは〜上は正しい C'est juste en théorie.

かくりつ 確率 probabilité *f*. 〜は 10 分の 1 だ La probabilité est de un pour dix. ¶〜論 théorie *f* des probabilités; [数学的] calcul *m* des probabilités.

かくりつ 確立 établissement *m*; consolidation *f*; affermissement *m*; fondation *f*. ¶〜する établir; consolider; affermir; fonder. 原理を〜する établir (poser) un principe. 権威を〜する affermir (asseoir) *son* autorité.

かくりょう 閣僚 membre *m* du cabinet; ministre *m* [d'État]. 〜になる entrer dans un ministère.

がくりょう 学寮 pension *f*.

がくりょく 学力 connaissances *fpl*; force *f*; niveau *m*. この子は数学では 2 年生の〜もない Cet enfant n'est même pas du niveau de deuxième année en mathématiques. この 2 人の生徒は〜がまるで違う Ces deux élèves ont un niveau scolaire complètement différent. 〜を一層 approfondir *ses* connaissances. ¶〜の進んだ élevé; avancé. 〜の遅れた arriéré. 〜遅れの生徒 élève *mf* arriéré(e).

がくれい 学齢 [義務教育期間] âge *m* scolaire; [就学年齢] âge *m* scolaire. ‖この子も〜期を迎えた Cet enfant a atteint l'âge scolaire.

かくれが 隠家 refuge *m*; asile *m*; cachette *f*; [動物, 悪人などの] repaire *m*; tanière *f*. 悪人どもを〜からひっぱり出す faire sortir des malfaiteurs de leur repaire.

がくれき 学歴 curriculum *m* scolaire; carrière *f* scolaire. 彼は〜がない Il n'a pas reçu d'éducation régulière.

かくればしょ 隠場所 cachette *f*; cache *f*.

かくれみの 隠れ蓑 ¶...を〜に sous le couvert de *qc*.

かくれもない 隠れもない [明白な] évident; manifeste; frappant; [有名な] bien connu; célèbre; renommé; notoire. 〜証拠 preuve *f* frappante (évidente). 天下に〜大学者 grand savant *m* bien connu dans le monde entier. それは〜事実である Le fait est notoire.

かくれる 隠れる se cacher; se dissimuler; [うずくまって] se blottir; [見えなくなる] disparaître; [待伏せして] s'embusquer. 母の腕の中に〜 se blottir dans les bras de *sa* mère. 陽は雲の間に隠れた Le soleil a disparu derrière un nuage. ¶隠れた caché; secret(ète); [無名の] inconnu; ignoré; [認められない] méconnu. 世に隠れた人材 talent *m* méconnu. 隠れて en cachette; à la dérobée; secrètement. 親に隠れて煙草を吸う fumer en cachette de *ses* parents.

かくれんぼ 隠れん坊 cache-cache *m inv*. 〜をする jouer à cache-cache.

かくろん 各論 exposé *m* détaillé. 〜に入る entrer dans le détail.

がくわり 学割 réduction *f* étudiants.

かくん 家訓 préceptes *mpl* de famille.

かけ 掛 crédit *m*. 〜で買う acheter à crédit.

かけ 賭 pari *m*; jeu(x) *m*; gageure *f*. 〜に応ずる tenir un pari. 〜に勝つ(負ける) gagner (perdre) un pari. 〜をする faire un pari; parier. ¶〜金 enjeu(x) *m*; mise *f*.

かげ 陰 ombre *f*; [木蔭] ombrage *m*. 彼の過去には〜がある Il y a des ombres sur son passé. この木が〜が強過ぎる Cet arbre donne trop d'ombrage. 木の〜で涼む prendre le frais à l'ombre d'un arbre. 塀の〜にかくれる se cacher derrière un mur. 〜をつける [濃淡を] mettre des ombres. ◆[背後] ¶〜で糸を引く tirer les ficelles. 〜で笑う se moquer de *qn* derrière son dos. 彼らは〜で何やら画策している Ils doivent comploter quelque chose dans l'ombre. 叔父さんはいつも日向になり私の面倒を見てくれる Mon oncle est toujours à mes côtés en cas de besoin.

かげ 影 ombre *f*; silhouette *f*. 〜と光 les ombres et les clairs; l'ombre et la lumière. 〜が延びていく L'ombre s'allonge. 〜の形に添うごとく comme l'ombre suit son corps. 〜におびえる avoir peur de son ombre. 木々がテラスに〜を落としていた Les arbres ombrageaient une terrasse. 〜を投げる jeter une ombre. 〜をひそめる disparaître. ◆[姿] ¶〜の薄い 影のうすい effacé. 臆病で〜の薄い娘 jeune fille *f* timide et effacée. 彼は兄貴のために〜が薄い Il vit (reste) dans l'ombre de son frère. 〜でしかない être plus que l'ombre de *soi*-même. 破損して見る〜もない être dans un état de délabrement. ◆[映像] image *f*. 岸辺の木々が静かな水面に〜を映している Les arbres de la rive se reflètent dans l'eau tranquille. 〜も形もない ne laisser aucune trace.

かげ 鹿毛 ‖この馬は〜だ Ce cheval est bai./ C'est un cheval bai. ¶〜色の bai.

がけ 崖 escarpement *m*; rocher *m* à pic; précipice *m*; [海岸辺の] falaise *f*. ¶〜くずれ éboulement *m*; glissement *m* de terrain. 〜っぷちの道 chemin *m* en corniche; chemin bordé de précipice.

-がけ 掛け ¶ 7〜で売る vendre à soixante-dix pour cent du prix. 行き〜に en chemin. 帰り(出)〜に en rentrant (sortant). 通り〜に en passant. 命〜で au risque de *sa* vie. 2人〜の腰掛け banc *m* pour deux.

かけあい 掛合い [交渉] négociation *f*. ¶〜で

かけあう 掛合う négocier avec; discuter avec.

かけあがる 駆上る monter en courant.

かけあし 駆足 pas m de course; [馬] galop m. ¶〜で au pas de gymnastique (course).

かけあわせる 掛合わせる [掛算] multiplier; [交配] accoupler; croiser; [異種の交配] hybrider.

かけい 家系 généalogie f; race f. ¶〜の系譜 généalogique. 〜図 généalogique.

かけい 家計 économie f domestique. 〜を切りつめる économiser sur les dépenses ménagères. ¶〜簿 livre m de comptes. 〜簿をつける tenir ses comptes.

かけい 火刑 [supplice f du] feu(x) m; [宗教裁判の] autodafé m. 〜に処せられる être condamné au feu. ¶〜台 bûcher m.

かけうり 掛売 vente f à crédit. ¶〜する vendre à crédit.

かげえ 影絵 silhouette f. ¶〜芝居 théâtre m d'ombres chinoises.

かけおち 駆落ち fuite f d'amoureux. ¶〜する fuir avec son amoureux (sa belle); se faire (laisser) enlever par qn. 恋人たちは〜した Les amoureux ont fui ensemble. ¶〜結婚 mariage m par enlèvement.

かけおりる 駆下りる descendre en courant; dégringoler. 階段を〜 dévaler l'escalier.

かけがえ 掛替 ¶〜のない協力者 collaborateur(trice) m(f) irremplaçable. 〜のない証人 [唯一の] seul témoin m. 〜のない生命だからね On n'a qu'une vie.

かけがね 掛金 loquet m; clenche f; targette f. 〜を掛ける mettre la targette. ドアの〜を外す soulever le loquet de la porte; lever la clenche de la porte.

かげき 歌劇 opéra m. ¶〜台本 livret m d'opéra. 〜団 opéra.

かげき 過激 ¶〜な [激しい] violent; [極端な] extrême; [急進的な] extrémiste; radical (aux); outrancier(ère). 〜な運動 exercice m violent. 〜な思想を抱く avoir des idées extrémistes (radicales). 〜な労働 travail (aux) m dur. ¶〜分子 extrémiste mf. 〜論者(派) extrémiste mf; outrancier(ère) m(f); ultra m.

かけきん 掛金 [保険の] prime f; [月賦の] mensualité f. 〜を払う payer les primes (les mensualités).

かけきん 賭金 enjeu(x) m; mise f. 〜を倍にする doubler sa mise. 〜をまきあげる gagner la poule.

かげぐち 陰口 cancan m; [俗] ragot m. 〜を叩く(言う) dire (colporter) des cancans sur qn; cancaner sur qn; taper sur qn. 〜の多い cancanier(ère). 〜の多い人 cancanier (ère) m(f).

かけごえ 掛声 cri m; appel m. ¶〜だけで終る faire beaucoup de bruit pour rien. 〜をかける crier; appeler; [拍子をとる] battre la mesure.

かけごと 賭事 pari m; jeu(x) m. 〜にうつつを抜かす s'adonner au pari. ¶〜師 parieur(se) m; joueur(se) m(f).

かけことば 掛詞 calembour m; jeu(x) m de mot.

かけこむ 駆込む se précipiter dans; se jeter dans; enter en courant. 電車に〜 se jeter dans un train. ¶駆込み訴えをする porter plainte avec précipitation.

かけごや 掛小屋 baraque f; [大道芝居の] tréteaux mpl.

かけざん 掛算 multiplication f. 〜をする multiplier; faire une multiplication. ¶〜の multiplicatif(ve). 〜の記号 signe m de multiplication.

かけす 懸巣 [鳥] geai m.

かけず 掛図 carte f murale.

かけすて 掛捨て [保険] prendre une assurance à perte.

かけずりまわる 駆けずり回る courir [çà et là]; [奔走] faire de nombreuses démarches; se démener pour qc (inf).

かけぜん 掛膳 ¶〜をする réserver à une table la place d'un absent. 死者に〜をする conserver à sa table la place d'un mort.

かけだし 駆出し débutant(e) m(f); novice mf. ¶〜の débutant; inexpérimenté; novice.

かけだす 駆出す se mettre à courir; prendre sa course.

かげち 陰地 terrain m mal ensoleillé (exposé).

かけちがう 掛違う manquer qn. ちょっとのところで掛違って彼と会えなかった Je l'ai manqué de peu.

かけつ 可決 adoption f. ¶〜する adopter; passer; faire passer. 〜される passer; être adopté. 動議は賛成100票反対50票で〜された La motion a été adoptée (votée) par 100 voix contre 50.

かけつけ 駆付け [〜三杯] 遅れた人は〜三杯の罰 Le retardataire est pénalisé par trois coupes de saké qu'il doit ingurgiter coup sur coup.

かけつける 駆付ける accourir; arriver en courant. 私は急いで駆付けた Je suis vite accouru.

かけっこ 駆けっこ course f. 〜をする courir. 〜で1着になる arriver premier (première) à la course.

-かけて ¶東京から横浜に〜 depuis Tokyo jusqu'à Yokohama. 法律に〜 en fait de (quant au, en matière de) droit. 名誉に〜 sur l'honneur. 名誉に〜誓う donner sa parole d'honneur. 神に〜誓う jurer devant Dieu.

かけどけい 掛時計 horloge f.

かけとり 掛取り recouvrement m. 〜に廻る faire une tournée pour ramasser les recettes.

かげながら 陰ながら ¶〜君の成功を祈る Je te promets une petite prière pour ton succès.

かけぬける 駆抜ける traverser en courant.

かけね 掛値 ¶〜で売る vendre au prix fort. 〜する [誇張] exgérer. これが〜のないところです C'est mon dernier prix. 〜なしで売る ven-

かけはぎ〜なにし言えば franchement parlant; à franchement parler.

かけはぎ 掛矧 stoppage *m*. ¶〜する stopper.

かけはし 掛橋 petit pont *m* de planches; [仲介人] intermédiaire *mf*. 〜となる servir d'intermédiaire.

かけはなれる 掛離れる s'écarter de; être loin (éloigné) de; diverger; [対立] se contredire; s'opposer. 彼等の考えはかなり掛離れている Il y a entre eux des divergences assez profondes./Leurs opinions divergent considérablement.

かけひ 筧 conduite *f* d'eau.

かけひき 駆引 tactique *f*; astuce *f*; diplomatie *f*; manœuvre *f*; méandre *m*. 政治の〜 méandres de la politique. 選挙の〜 manœuvre électorale. ¶〜する user de diplomatie; manœuvrer. 〜の上手な manœuvrier(ère); astucieux(se). 〜の上手な人 manœuvrier(ère) *m(f)*; diplomate *mf*.

かけひなた 陰日向 ¶〜のある à deux visages. 〜のある人 personne *f* équivoque (à deux visages). 〜のない honnête. 〜なく honnêtement.

かけぶとん 掛布団 couverture *f*; courtepointe *f*.

かげべんけい 陰弁慶 bravache *m*. 彼は〜だ C'est un bravache de salon.

かげぼうし 影法師 ombre *f*; silhouette *f*. 夕日を浴びた彼の〜がくっきりと私の足元まで延びていた Le soleil couchant envoyait son ombre pure jusqu'à mes pieds.

かげぼし 陰干し séchage *m* à l'ombre. ¶洗濯物を〜する faire sécher du linge à l'ombre.

かけまわる 駆回る parcourir; courir çà et là; [奔走する] faire des démarches.

かげむしゃ 影武者 [替玉] homme *m* de paille; [黒幕] personne *f* qui tire les ficelles; homme *m* de coulisses.

かけめぐる 駆け巡る ¶いろいろな考えが頭の中を駆け巡った Plusieurs idées sont passées par la tête.

かけもち 掛持 cumul *m*. 職務の〜 cumul des fonctions. ¶〜する cumuler. 二つの学校を〜する enseigner dans deux écoles.

かけもの 掛物 kakémono *m*.

かけよる 駆寄る accourir; se précipiter. 彼女は私に駆寄って来た Elle est accourue vers moi.

かけら 欠片 fragment *m*; débris *m*; bribe *f*; [パン, 菓子の] miette *f*; [壁の] tesson *m*. 彼にはひとつの友情もない Il n'a pas l'ombre d'un sentiment amical. 希望の〜もない n'avoir pas une miette d'espoir.

かける 掛(懸)ける [吊る] pendre; suspendre; accrocher; [掛し] poser; couvrir. 窓に洗濯物を〜 pendre du linge aux fenêtres. 着物を〜 accrocher *ses* vêtements. 手を肩に〜 mettre la main sur l'épaule. あらゆる希望を将来に〜 fonder tous *ses* espoirs sur l'avenir. 掛布団を〜 mettre une courtepointe. 眼鏡を〜(掛けている) mettre (porter) des lunettes. 眼鏡を掛けた婦人 dame *f* à lunettes. 秤に〜 peser (mettre) *qc* sur la balance. 包にひもを〜 ficeler un paquet. 塀に梯子を〜 appuyer une échelle au (contre lui) mur. ◆[水などを] ¶水を〜 [冷やす] jeter (flanquer) de l'eau sur. 如露で花に水を〜 arroser des fleurs avec un arrosoir. 車に泥水を掛けられた La voiture m'a éclaboussé. ◆[掛算] multiplier. 3〜5は15 Trois multiplié par cinq (Trois fois cinq) font quinze. ¶...〜[しようとする] aller *inf*. 死に〜 aller mourir; se mourir. 眠りに〜 aller s'endormir. 危うく転び〜 faillir tomber. ランプが消えかけている La lampe se meurt.

かける 駆ける courir; [馬が] trotter.

かける 欠ける [不足] manquer de (à) *qc*; manquer *imp*; être absent. 忍耐に〜 manquer de patience. 彼は礼節に欠けている Il manque de politesse. 君の本は2ページ欠けている Il manque deux pages à votre livre. この報告は正確さに欠けている Ce rapport manque de précision. 月が欠き始めた La lune commence à diminuer. ◆[破損] se briser; se casser. 歯が〜 se casser (s'ébrécher) une dent. 刃が〜 s'ébrécher. 刃の欠けたナイフ couteau(x) *m* ébréché. 皿が欠けた L'assiette s'est brisée.

かける 賭ける parier; jouer. あの馬に〜 parier sur ce cheval-là. 有金全部〜 mettre tout en jeu. おれの首を〜 mettre ma tête en jeu. 金運を〜 jouer de l'argent (*sa* fortune). この仕事に一生を〜 aventurer *sa* vie dans ce travail. 1,000円〜 mettre une mise de 1.000 yen. 命を賭けて au risque (au péril) de *sa* vie. 彼女は命を賭けて子供を救った Elle a risqué sa vie pour sauver son enfant. 彼は一か八か賭けた Il a risqué le tout pour le tout. 彼がやったのだと賭けてもいい Je parie que c'est lui qui a fait cela.

かげる 陰る s'obscurcir; devenir sombre; s'assombrir. 空(日)が〜 Le ciel (Le soleil) s'obscurcit. あの大きな木で部屋が〜 Ce gros arbre obscurcit la pièce.

かげろう 陽炎 miroitement *m* dû à la chaleur; miroitement de l'air. 〜が立つ L'air miroite de chaleur.

かげろう 蜉蝣 éphémère *m*.

かげん 下弦 ¶〜の月 lune *f* à son dernier quartier.

かげん 加減 [健康状態] ¶〜がいい(悪い) se sentir bien (mal). お〜はいかがですか Comment vous sentez-vous? 〜がよくなる aller mieux; reprendre *ses* forces. ◆[調節] ¶あいつは〜を知らない Il manque de mesure. 〜する modérer; régler; mesurer; ménager. 力を〜する ménager *ses* forces. 支出を〜する mesurer *ses* dépenses. 速度を〜する modérer la vitesse. 〜して物を言う modérer (mesurer, ménager) *ses* expressions; parler avec modération. ¶味〜 goût *m*; saveur *f*. 味〜を見る goûter de (à) *qc*. ちょっと味〜を見て下さい Goûtez-moi de ça un peu. 湯〜はいかがですか La température du bain est-elle bien réglée?/Est-ce que la température du bain vous convient? ◆[影響, 原因]

かげん fluence *f*; cause *f*. それは陽気の～だ C'est peut-être à cause du temps. ひょっとした～で par hasard (chance).

かげん 加減 ¶～乗除 quatre opérations *fpl*; opérations fondamentales. ～抵抗器 rhéostat *m*.

かげん 寡言 ¶～の taciturne; silencieux (se). あの人は～だ C'est un homme qui parle peu.

かこ 過去 [temps *m*] passé *m*. ～数年間 ces dernières années. ～に生きる vivre dans le passé. ～を懐しむ regretter le [temps] passé. ～をふりかえる jeter un regard sur son passé. ¶～の passé; d'autrefois; ancien (ne). ～に dans le passé; autrefois; jadis. ◆[文法] passé *m*. ‖複合(単純, 前)～ passé composé (simple, antérieur). 半～ imparfait *m*. 大～ plus-que-parfait. ～分詞 participe *m* passé.

かご 加護 protection *f* divine (du ciel). 神の～で sous la protection divine; protégé par Dieu; grâce au ciel (à Dieu).

かご 駕籠 [東洋の] palanquin *m*; chaise *f* à porteurs. ～で行(往)く se faire porter en palanquin.

かご 籠 [柄のない] corbeille *f*; [柄のある] panier *m*; [負い籠] †hotte *f*; [魚類運搬用の] bourriche *f*; [野菜運搬用の] cageot *m*. ～一杯のイチゴ un plein panier de fraises. ～の鳥 oiseau(x) *m* en cage. ‖買物～ panier à provisions. 屑～ corbeille à papier. 裁縫 (編物)～ panier à ouvrage. ～細工 vannerie *f*. ～細工屋 vannerie. [人] vannier *m*.

かご 雅語 langage *m* élégant (classique, de cour).

かこい 囲い clôture *f*; enceinte *f*; enclos *f*; [動物の] parc *m*. ～に入れる [動物を] parquer. ～をする entourer; [塀, 垣で] enclore. 土地に～をする enclore un terrain. 庭に塀で～をする entourer un jardin d'un mur. ‖～地 enclos. ～者 femme *f* entretenue; concubine *f*.

かこう 囲う ¶女を～ entretenir une femme. 野菜(麦)を～ mettre des légumes (du blé) en grange; garder des légumes (du blé) en réserve. ⇨ かこむ(囲む).

かこう 下降 descente *f*; chute *f*. ¶～する descendre. ～運動 mouvement *m* descendant. ～線をたどる aller en déclinant; décliner.

かこう 加工 façonnage *m*; transformation *f*. ¶～する façonner; travailler; transformer. 原料を～する travailler (transformer) des matières premières. ～し易い maniable; malléable. 金は金属のうちで一番～し易い L'or est le plus malléable des métaux. ‖～業 industrie *f* de transformation. ～品 produit *m* fabriqué.

かこう 河口 embouchure *f*; bouche *f*; [湾状の] estuaire *m*. ‖セーヌ～ embouchure de la Seine.

かこう 河港 port *m* fluvial.

かこう 火口 cratère *m*. ‖～湖 lac *m* de cratère.

かごう 化合 combinaison *f*. ¶～する se combiner avec. ～させる combiner *qc* (à). ～した combiné. ‖～物 corps *m* composé.

かごう 雅号 pseudonyme *m*; nom *m* de plume (guerre).

かこうがん 花崗岩 granit[e] *m*. ¶～の granitique. ～状の granité.

かこく 苛酷 ¶～な dur; sévère; rigoureux (se); cruel(le). ～な待遇 traitement *m* cruel (inhumain). ～な判決 sentence *f* sévère. ‖～に durement; sévèrement; cruellement.

かちょう 過去帳 rubrique *f* nécrologique; nécrologie *f*.

かこつ 託つ se plaindre de; déplorer *qc*. 不運を～ se plaindre de *sa* mauvaise fortune.

かこつける 託つける prendre prétexte de *qc*. ¶…に託つけて sous prétexte de *qc* (que *ind*). 彼は雪に託つけてやって来なかった Il n'est pas venu sous prétexte qu'il neigeait./Il a pris prétexte de la neige pour ne pas venir.

かこみ 囲み encerclement *m*; siège *m*; blocus *m*. ～を解く lever le siège. ～を破る rompre l'encerclement; forcer le blocus.

かこむ 囲む entourer; environner; encercler; [塀, 垣で] enclore; clôturer; [閉じめる] enserrer; enfermer; [包囲] cerner; assiéger. テーブルを～ se mettre autour d'une table. 家は木に(警官に)囲まれている La maison est entourée d'arbres (par les agents). 焔に囲まれて彼女は窓から飛び下りた Surprise par les flammes, elle s'est jetée par la fenêtre. 建物に囲まれた小さな中庭 petite cour *f* enserrée entre des immeubles.

かこん 禍根 ¶～を断つ couper le mal à sa racine. ～を残す ne pas extirper la racine du mal; laisser pousser le germe du mal.

かごん 過言 ¶…と言っても～ではない [間違い] Il n'est pas faux de dire que *ind*./[言い過ぎ] On peut dire sans exagération que *ind*.

かさ 笠 [ランプの] abat-jour *m inv*; [冑の] chapeau(x) *m*. 人の権威の～に着る s'abriter sous l'autorité de *qn*.

かさ 傘 [雨傘] Parapluie *m*; [折たたみの] parapluie pliant; [日傘] parasol *m*; ombrelle *f*; [晴雨兼用の] en-cas *m inv*. ～の袋 fourreau(x) *m* de parapluie. ～の骨 baleines *fpl* (manche *m*) de parapluie. ～をすぼめる fermer *son* parapluie. ‖雨～を持っている porter un parapluie. ～を開く ouvrir *son* parapluie; s'abriter sous un parapluie. ～立て porte-parapluie *m*.

かさ 嵩 [体積] volume *m*; [量] quantité *f*. 水の～ quantité d'eau. ¶～のある volumineux (se); encombrant. ～にかかる prendre des mesures oppressives. ～にかかって攻めたてる profiter des faiblesses de l'adversaire.

かさ 暈 †halo *m*. 月に～がかかっている Il y a un halo autour de la lune.

かさ 瘡 [皮膚病] dermatose *f*; [梅毒] syphilis *f*; vérole *f*. ‖～かき syphilitique *mf*.

かさい 火災 feu(x) *m*; incendie *m*. ～が起る Un incendie éclate. ～を起す causer (pro-

かざい 家財 meubles *mpl*; [集合] mobilier *m*. ¶〜道具 [一式] ameublement *m*.

がざい 画才 talent *m* de peintre; don *m* de la peinture. 〜がある avoir du talent pour la peinture.

かさいりゅう 火砕流 coulée *f* (écoulement *m*) pyroclastique.

かさかさ ¶〜した [乾いた] sec (sèche); desséché. 〜した音を立てる faire un léger bruissement. 喉が〜する avoir la gorge sèche.

がさがさ ¶〜した rude; rugueux(se); fruste. 〜した肌 peau(x) *f* rugueuse. 〜した人間 personne *f* grossière. 〜してぎこちない物腰 manières *fpl* frustes et gauches.

かざかみ 風上 ¶〜に au vent. 〜にいる être au vent. 〜に向って進む marcher contre le vent. 〜にも置けない奴だ C'est un individu méprisable. 〜を利する profiter de l'avantage du vent; gagner le dessus du vent.

かさく 佳作 bel ouvrage *m*. ¶選外〜 bel ouvrage qui n'a pas reçu de prix.

かさく 家作 maison *f* de rapport.

かざぐるま 風車 moulin *m* à vent.

かさご 笠子 [魚] scorpène *f*; rascasse *f*; truie *f* de mer.

かささぎ 鵲 pie *f*; 《俗》jacasse *f*.

かしも 風下 ¶〜に sous le vent. 〜に立つ se tenir sous le vent.

かざす 翳す ¶手を〜 faire un abat-jour de la main. 火に手を〜 tendre les mains au-dessus du feu.

がさつ ¶〜な grossier(ère); rude; malotru. ¶〜者 malotru(e) *m(f)*; grossier personnage *m*; manant *m*; 《俗》ours *m* mal léché.

かさなる 重なる se superposer; s'empiler; s'amonceler. 〜不幸 série *f* de malheurs. 不幸が〜 Des malheurs se succèdent. 祭日が日曜と〜 La Fête tombe un dimanche. ¶重くて倒れる tomber l'un(e) sur l'autre. 重なって見える voir double. 思い出が記憶の中で重なり合う Des souvenirs se superposent dans la mémoire.

かさねがさね 重ね重ね ¶〜残念だ regretter beaucoup. 〜の不幸 série *f* de malheurs; série noire.

かさねて 重ねて de (à) nouveau; encore une fois; [何度も] à plusieurs reprises (fois). 〜言うな dire encore une fois; répéter. 〜注意を〜 faire des remarques à plusieurs reprises.

かさねる 重ねる [積み重ねる] superposer; empiler; entasser; accumuler; [繰返して] répéter; renouveler; recommencer. 同じ過ちを〜 répéter la même faute. 愚行を〜 accumuler les sottises. 皿を〜 empiler des assiettes. 版を〜 rééditer (réimprimer) *qc*; [主語・物] être réédité.

かさばる 嵩ばる être volumineux; être volu-

mineux(se). 〜嵩ばった荷物 paquet *m* encombrant.

かさぶた 痂(瘡蓋) croûte *f*. 〜が出来る La croûte se forme. 〜を取る ôter (faire tomber) la croûte.

かざみ 風見 girouette *f*. ¶〜鶏 [girouette de] coq *m*; [人] girouette *f*. あいつは〜鶏みたいな奴だ C'est une girouette.

かざみどり 風見鶏 coq *m*; coq girouette.

かさむ 嵩む augmenter; accroître; s'accumuler. 仕事が〜 avoir une montagne de travail. 借金が〜 Les dettes s'accumulent. 費用が〜 Les frais augmentent.

かざむき 風向 direction *f* du vent; [形勢] situation *f*; conjoncture *f*; [機嫌] humeur *f*. 〜がいい(悪い) [形勢] La situation est favorable (défavorable). 〜が変る Le vent tourne./Le vent change de direction./[形勢] Les choses changent de face. 〜はわれわれに有利だ Nous avons le vent en poupe. きょうはあの人の〜はいい(悪い) [機嫌] Aujourd'hui, il est de bonne (mauvaise) humeur.

かざよけ 風除 abri *m* du vent; [窓, 入口, 煙突の] abat-vent *m inv*; [農作物用の] abrivent *m*; brise-vent *m inv*. ¶〜のある abritée. 〜のあるテラス terrasse *f* abritée.

かざり 飾 décoration *f*; ornement *m*; [衣裳の] parement *m*; [装身具] parure *f*; accessoire *m*; [飾物] garniture *f*; enjolivure *f*; enjolivement *m*. クリスマスの〜 décorations de Noël. 室内の〜 décor *m* d'une pièce. 帽子の〜 garniture d'un chapeau. レースの〜のついた衣裳 robe *f* à parements de dentelle. ¶〜気ない simple; [華麗な] franc(che); [衣裳の] uni. 〜気のないドレス robe unie. あいつは〜物にすぎない C'est un vrai pot de chair.

かざりしょくにん 飾職人 menuisier *m* d'art; ébéniste *m*.

かざりつけ 飾付 décoration *f*; ornementation *f*; embellissement *m*. クリスマスの〜 décor *m* de Noël.

かざりひも 飾紐 [軍服, 婦人服の] soutache *f*; ganse *f*; [カーテンなど] galon *m*. 〜をつける galonner.

かざりまど 飾窓 vitrine *f*.

かざる 飾る orner; parer; décorer; enjoliver; agrémenter; embellir. うわべを〜 sauver les apparences. 袖をレースの刺繍で〜 orner (garnir) une manche de broderies de dentelles. 話を〜 enjoliver (agrémenter) un récit. 部屋を〜 décorer une pièce. 窓を花で〜 orner une fenêtre de fleurs. 身を〜 se parer. ¶飾り立てる orner trop; [身なりを] se parer; être attifé; [文章, 話を] enjoliver. 彼女は飾り立てている Elle est parée de ses plus beaux atours. 飾り立てた trop orné (paré); enjolivé; fleuri. 飾り立てた文章 style *m* fleuri (enjolivé, surchargé).

かさん 加算 addition *f*. ¶〜する ajouter; additionner. 利子を〜する ajouter les intérêts. ¶〜税 taxe *f* supplémentaire.

かさん 家産 biens *mpl* de famille; [世襲財産] patrimoine *m*.

かざん 火山 volcan *m*. 〜が爆発した Le vol-

かさんめいし 可算名詞 nom *m* comptable.

かし 下肢 jambe *f*; membres *mpl* inférieurs.

かし 仮死 syncope *f*; léthargie *f*; coma *m*. ¶～の syncopal(aux); léthargique. ‖～状態に陥る tomber en syncope (léthargie); avoir une syncope; entrer dans le coma.

かし 可視 ¶～の visuel(le); visible. ～光線 rayons *mpl* visuels. ～性 visibilité *f*.

かし 歌詞 paroles *fpl*. シャンソンの曲と～ l'air et les paroles d'une chanson.

かし 河岸 quai *m*. ～を散歩する se promener sur les quais. ～を変える changer de place; aller ailleurs. ‖魚～ halle *f* aux poissons.

かし 華氏 ¶～の目盛り échelle *f* Fahrenheit. ～40度 40 degrés Fahrenheit. ‖～寒暖計 thermomètre *m* Fahrenheit.

かし 菓子 gâteau(x) *m*; [ケーキ] pâtisserie *f*; [糖菓] friandise *f*; sucreries *fpl*. ‖～屋 [店] pâtisserie *f*; confiserie *f*; [人] pâtissier(ère) *m(f)*; confiseur(se) *m(f)*.

かし 樫 chêne *m*. ～の林 chênaie *f*. ～の実 gland *m*.

かし 貸 prêt *m*; [信用貸] crédit *m*. ¶君には千円～がある Vous me devez 1.000 yens. 彼には～がある Il doit me payer. ～借なしだ Nous sommes quittes.

かじ 家事 ménage *m*; affaires *fpl* domestiques. ～に追われる être pressé par les travaux ménagers. ～に精を出す s'occuper des (vaquer aux) affaires domestiques. ～を切盛する tenir son ménage. ¶～の ménager (ère). ‖～仕事 travaux *mpl* domestiques.

かじ 火事 feu(x) *m*; incendie *m*. ¶～が起る Un incendie éclate. ～になる [家が] prendre feu. 子供たちの不始末で～になった L'imprudence des enfants a provoqué l'incendie. ～だ Au feu! ～を起す causer (provoquer) un incendie. ～を消す éteindre le feu. ～を消し止める maîtriser un incendie. ‖山～ incendie de forêt. ～場 lieu(x) *m* de l'incendie. ～場泥棒を働く profiter d'un incendie pour voler; [比喩的に] pêcher en eau trouble.

かじ 舵 gouvernail *m*. ～の柄 barre *f* du gouvernail. ～を取る [導く] tenir à la barre; tenir la barre; bien manœuvrer *qn*. 左に～を取る mettre la barre à gauche (bâbord). ‖取(面)～一杯 Toute la barre à bâbord (à tribord).

がし 餓死 ¶～する mourir de faim. ～させる faire mourir de faim.

かしいしょう 貸衣装 costume *m* louage. ‖～屋 loueur(se) *m(f)* de costumes.

かしうり 貸売 ⇨ かけうり(掛売).

ガジェット [アイデア商品] gadget [gadʒɛt] *m*.

カシオペア ～座 Cassiopée *f*.

かじか 河鹿 grenouille *f* de ruisseau.

かじか 鰍 chabot *m* [de rivière].

かしかた 貸方 crédit *m*; avoir *m*; [帳簿の] passif *m*; [債権者] créancier(ère) *m(f)*; créditeur(trice) *m(f)*. 金額を貸借表の～に記入する porter une somme au passif (crédit) d'un bilan.

かじかむ s'engourdir. 手が～ avoir les mains gourdes. ¶かじかんだ engourdi; gourd.

かしかり 貸借 le crédit et le débit. ～のバランス balance *f* du crédit et du débit. ～勘定 (計算) solde *m*. ～勘定をする solder le compte du crédit et du débit.

かしかん 下士官 sous-officier *m*; gradé *m*.

かじき 旗魚 espadon *m*. ‖～釣り pêche *f* à l'espadon.

かじきとう 加持祈祷 incantation *f*.

かしきり 貸切 affrètement *m*. 席を～にする louer des places. ～の affrété. ¶～自動車 autocar *m* affrété. ～席 place *f* réservée.

かしきん 貸金 somme *f* prêtée; prêt *m*. ～を取り立てる recouvrer (récupérer) un prêt.

かしぐ 傾ぐ pencher. 彼の字体は傾いている Son écriture penche. その絵は斜に傾いているから直さなくちゃいけない Le tableau penche un peu à droite, il faut le redresser. ～を傾ける pencher; incliner. 首を傾げる pencher la tête.

かしこい 賢い intelligent; [思慮深い] sage; prudent. あまり賢くない人 personne *f* peu intelligente. 賢くする [思慮深く] rendre sage; assagir. 試練が彼を賢くした Les épreuves l'ont rendu prudent (sage). 賢くなる devenir sage. 彼女は結婚以来賢くなった Elle s'est bien assagie depuis son mariage. ¶賢さ sagesse *f*; intelligence *f*; sagacité *f*.

かしこしかんじょう 貸越 solde *m* créditeur.

かしこまる 畏る ～する se rendre respectueux (se); se faire petit; [窮屈になる] se gêner. 畏まりました Je suis à vos ordres./A vos ordres./Compris./C'est entendu. そんなに畏らないで下さい Ne vous gênez pas ainsi. ¶畏まって respectueusement.

かしじどうしゃ 貸自動車 voiture *f* de louage (de location). ‖～屋 loueur(se) *m(f)* de voiture.

かししぶり 貸し渋り [銀行の] crise *f* de liquidité; prêt *m* retreint.

かじむしょ 家事事務 bureau(x) *m* à louer (de location).

カシス cassis *m*. ‖～杯の～酒 un verre de cassis.

かしせき 貸席 salle *f* de banquets.

かしだおれ 貸倒れ créance *f* irrécouvrable (irrécupérable). ¶～を ne pas pouvoir recouvrer (récupérer) une créance.

かしだし 貸出 prêt *m*. 本の～ prêt de livres. ‖～[図書館の] service *m* de prêt; [人] bibliothécaire *mf*. «～禁止» «Exclu du prêt.»

かしち 貸地 terrain *m* à louer.

かしちん 貸賃 prix *m* de location; [家賃の]

かしつ 加湿 humidification f. ‖〜器 humidificateur m.

かしつ 過失 faute f; erreur f. 不注意による業務上の〜 erreur d'inattention de service. 〜を犯す commettre une faute. 〜を認める reconnaître sa faute. ‖〜責任を問う définir la responsabilité de la faute de qn. 〜致死(傷害) homicide m (blessures fpl) par imprudence.

かじつ 果実 fruit m. ‖〜の fruitier(ère). ‖〜酒 alcool m de fruits.

かしつき 加湿器 humidificateur m.

かしつけ 貸付 prêt m; avance f. 高利の〜 prêt m usuraire. 年利4%の〜 crédit m assorti d'un intérêt annuel de 4%. [信用] [crédit à] découvert m; 〜担保つき〜 prêt sur gage. 長期〜 prêt à long terme. 〜期間 terme m d'un prêt. 〜金 prêt; dettes fpl actives. 残高 solde m débiteur.

かしつける 貸付ける prêter; avancer.

かしぬし 貸主 prêteur(se) m(f); [土地, 家の] propriétaire mf.

カジノ casino m. 〜を開く(経営する) ouvrir (gérer) un casino.

かば 火場 ‖火葬場のばか vaillance f dans la difficulté.

かしパン 菓子- pain(s)-chocolat m; petit pain m; croissant m.

かしビル 貸し- immeuble m en location; [賃貸マンション] immeuble de rapport. 〜を経営する louer des immeubles.

かじぼう 梶棒 timon m. ‖〜取り timonier m.

かしボート 貸- canot m de louage.

かしほん 貸本 livre m à prêter. ‖〜屋 cabinet m de lecture.

かしま 貸間 chambre f à louer.

かしましい 姦しい ⇨ やかましい(喧しい).

カシミールふんそう -紛争 conflit m du Cachemire.

カシミヤおり -織 cachemire m. 〜の肩掛 châle m de cachemire.

かしや 菓子屋 [店] pâtisserie f; confiserie f; [人] pâtissier(ère) m(f); confiseur(se) m(f).

かしや 貸家 [一軒建] maison f à louer; [maison de rapport; [アパート] meublé m à louer.

かしゃ 貨車 fourgon m; wagon m de marchandises. ‖有蓋〜 fourgon; wagon couvert. 無蓋〜 plate(s)-forme(s) f; wagon ouvert.

かじや 鍛冶屋 [店] forge f; [人] forgeron m.

かしゃく 仮借 ‖〜ない impitoyable; implacable. 〜なく impitoyablement; implacablement; sans pitié.

かしゃく 呵責 reproche m. 良心の〜 remords mpl; reproche de la conscience. 良心の〜に悩む être en proie au remords; être bourrelé de remords.

かしゅ 歌手 chanteur(se) m(f); [オペラ] chanteur(se) d'opéra; [歌姫] cantatrice f.

かしゅ 火酒 eau(x)-de-vie f; vodka f.

かじゅ 果樹 arbre m fruitier (à fruits). ‖〜園 jardin m fruitier; verger m. 〜栽培 arboriculture f fruitière.

カジュアル ‖〜な ordinaire; de loisir. ‖〜ウエア vêtement m (tenue f) de semaine. 〜ウエアで en tenue décontractée.

かしゅう 歌集 [詩集] recueil m de poèmes; [歌曲集] recueil m de chants (chansons).

カシュー acajou m [à pommes]; cajou m. ‖〜ナッツ [木] anacardier m; [実] anacarde m; noix f d'acajou (de cajou); cajou m.

かじゅう 加重 alourdissement m; appesantissement m; aggravation f. ‖〜する [重くする] alourdir; appesantir; [悪化させる] aggraver. 刑を〜する aggraver la peine.

かじゅう 果汁 jus m de fruit.

かじゅう 荷重 [poids m de] charge f. ‖安全〜 charge f permise (de sécurité).

かじゅう 過重 surcharge f. ‖〜な trop lourd. ‖〜労働 surcharge de travail.

がしゅう 我執 attachement m à soi-même; égotisme m. 彼は〜が強い Il est égotiste.

がしゅう 画集 livre m d'arts (de reproductions).

かしょ 箇所 [部分] partie f; [場所] endroit m; lieu(x) m; point m; [文章などの] passage m. ‖不通〜 [道路] section f fermée au trafic.

かしょう 仮称 nom m provisoire.

かしょう 河床 lit m de rivière.

かしょう 過小 ‖〜評価 sous-estimation f. 〜評価する sous-estimer; rabaisser; déprécier. 自分の才能を〜評価する se sous-estimer.

かしょう 下情 vie f du peuple. 〜に通じる bien connaître le [bas] peuple.

かじょう 箇条 article m; clause f. ‖〜書きにする écrire qc article par article.

かじょう 過剰 excès m; surabondance f; pléthore f; profusion f. ‖〜の surabondant; excédentaire; excessif(ve); pléthorique. ‖〜自意識 excès de conscience de soi-même. 自意識〜である être trop conscient de soi-même. 人口〜 surpopulation f. 生産〜 surproduction f. 消費に対する生産〜 excédent m des productions sur les consommations. 精力〜 surabondance d'énergie. 装飾〜 surabondance (profusion) d'ornements.

がじょう 画商 marchand(e) m(f) de tableaux.

がじょう 牙城 citadelle f. 敵の〜に迫る attaquer la citadelle de l'ennemi.

がじょう 賀状 carte f de vœux.

かしょうりょく 歌唱力 expressivité f de chanter.

かしょく 華燭 ‖〜の典 noces fpl. 〜の典をあげ célébrer ses noces.

かしょくしょう 過食症 boulimie f.

かしら 頭 [首長・指導者] tête f; [首謀者] meneur(se) m(f); [長] chef m; capitaine m; [長男・長女] le (la) plus aîné(e). ここの〜は誰だ Qui commande ici? この子ども に 3 人子供が いる J'ai trois enfants et celui-ci est l'aîné. …の〜に立つ être à la tête de.... 〜に立つ人 dirigeant(e) m(f). 〜右 [号令] Tête à droite! ‖給仕〜 maître m d'hôtel. 〜文字

[大文字] majuscule f; [1番目の字] initiale f.

かじりつく 齧り付く [しがみつく] s'accrocher à; se cramponner à; [ぶらさがる] se pendre à; [離れない] être pendu. 岩に〜 s'accrocher à un rocher. 人の首に〜 se pendre (se cramponner) au cou de qn. 彼はいつも電話にかじりついている Il est tout le temps pendu au téléphone.

かじる 齧る ronger; mordre; mordre à (dans); [音を立てて] croquer. 林檎(パン)を〜 mordre dans une pomme (une tranche de pain). チョコレートを〜 croquer du chocolat. 犬が骨を〜 Le chien ronge un os. ばりばりと〜 mordre à belles dents à (dans) qc. ◆[一部だけ知る] ¶彼は法律を齧っている Il fait un peu de droit.

かしわ 柏 chêne m.

かしん 下臣 vassal(aux) m; sujet m.

かしん 過信 confiance f excessive; surestimation f. ¶〜する avoir trop de confiance; présumer de; surestimer. 彼は自分の力を〜しすぎた Il a présumé de ses forces./Il s'est surestimé.

かじん 佳人 belle f; beauté f. ‖「〜薄命」 «La vie d'une belle est éphémère.»

かじん 歌人 poète m. ‖女流〜 femme f poète; [軽蔑的に] poétesse f.

かす 貸す prêter; [賃貸] louer. 担保つきで〜 prêter sur gage. 手を〜 prêter la main (son aide). 知恵(腕)を〜 apporter l'appoint de ses connaissances (de ses forces). 本(金)を〜 prêter un livre (de l'argent). 耳を〜 prêter l'oreille. 人の言うことに耳を貸すともしない fermer l'oreille (les oreilles) à qn. 1年契約で家を〜 louer une maison à l'année. 火を貸して下さい [煙草の] Donnez-moi du feu.

かす 粕 [醸造の] drèche f.

かす 滓 [沈澱物] dépôt m; fèces fpl; [浮き滓] écume f; [しぼり滓] tourteau(x) m; [鉱滓] crasse f. 葡萄酒の〜 dépôt (fèces) du vin; lie f [de vin]. 人間の〜 rebut m (déchet m, lie) du genre humain.

かず 数 nombre m. 住民の〜 nombre d'habitants. 3桁の〜 nombre de trois chiffres. 〜が合っている Le compte y est. 〜で負ける succomber sous le nombre. 安くても〜でこなせば儲かる Même en vendant à bas prix, on peut gager sur la quantité. 大した物の〜でない Cela ne compte pas. 〜に加える mettre au nombre de qc; compter parmi qc. あなたも招待客の〜に入っている Vous êtes du nombre des invités. この子は〜の勘定もろくにできない Cet enfant ne peut même pas compter sur ses dix doigts. 〜を数える dénombrer; compter le nombre. 〜をこなす avoir l'expérience de. あの人は〜をこなしていない C'est un homme sans expérience. 〜をこなさなければ上達しない On ne progresse qu'à force d'expérience./C'est en forgeant qu'on devient forgeron. ¶〜ある中で parmi tant d'autres 〜ある中には dans le nombre. 〜多い nombreux(se). 〜少い peu nombreux(se); rare. 〜限りない innom-brable. 〜からいって numériquement. 〜から見て優勢な敵に勝つ vaincre un ennemi numériquement supérieur. 〜の力 force f numérique.

ガス gaz m; [腸内の] flatuosité f; vent m; [濃霧] brouillard m épais. 〜が漏れる Le gaz s'échappe. 山頂に〜がかかっている Un brouillard épais couvre le sommet de la montagne. 今日, 山に〜っている [山中で] Aujourd'hui, il y a du brouillard dans la montagne. [遠望] Aujourd'hui, les montagnes sont dans la brume. 腹に〜がたまる avoir des vents. 〜を引く s'abonner au gaz. ¶〜性の gazeux(se). ‖催涙〜 gaz lacrymogène. 笑気〜 gaz hilarants. 毒〜 gaz asphyxiants. 〜エンジン moteur m à gaz. 〜オイル gas-oil m. 〜化 gazéification f. 〜化する gazéifier. この車, 〜欠だ Cette voiture est en panne d'essence. 〜コンロ réchaud m à gaz. 〜会社 compagnie f du gaz. 〜屋 [ガス工・集金人] gazien m; contrôleur m du gaz. 〜ストーブ radiateur m à gaz. 〜タンク gazomètre m. 〜中毒する être intoxiqué par le gaz. 〜灯 bec m de gaz. 〜メーター compteur m à gaz. 〜レンジ cuisinière f à gaz.

かすい 仮睡 assoupissement m.

かすい 加水 ‖〜分解 hydrolyse f. 〜分解する hydrolyser.

かすい 河水 eau f de rivière.

かすか 微か 〜な faible; léger(ère); imperceptible. 〜な声で d'une voix faible; d'un filet de voix. 〜な記憶 souvenir m vague; réminiscence f. 〜な微笑 sourire m imperceptible. 〜な脈 pouls m faible (filiforme). 〜に faiblement; légèrement.

かすがい 鎹 crampon m. ¶〜で留める cramponner.

かずかず 数々 〜の plusieurs; divers(es); [様々の] différent; varié. 〜の飾物 bibelots mpl variés.

カスタードクリーム crème f anglaise.

カスタードプリン flan m; crème f au caramel (renversée).

カスタネット castagnettes fpl.

カスタマーサービス service m clientèle.

カスタムカー voiture f [fabriquée] sur commande.

かすづけ 粕漬 aliment m conservé dans la drèche du saké.

カステラ gâteau(x) m mousseline.

かずのこ 数の子 œufs mpl de hareng.

カスバ casbah f.

カスピかい 〜海 mer f Caspienne.

ガスマスク masque m à gaz. 〜を着用する mettre un masque à gaz.

かすみ 霞 brouillard m; brume f. 〜がかかっている Il fait du brouillard. 〜が晴れる Le brouillard se dissipe. ¶〜のかかった brumeux(se); embrumé.

かすむ 霞む être brumeux(se); être embrumé; [目が] s'obscurcir; être assombri; avoir la vue trouble (obscurcie); [ぼんやりする] devenir flou. 空が〜 Le ciel est embrumé. 煙で目が〜 Les yeux se troublent par la fumée. ¶霞んだ brumeux(se); em-

かすめとる 掠め取る subtiliser qc à qn.

かすめる 掠める effleurer; frôler; raser; friser. 弾の破片が彼の足を掠めた L'éclat d'obus lui a effleuré (rasé) la jambe. ボールがネットを掠めた La balle a frôlé le filet. ある考えが彼の脳裏を掠めた Une idée lui est passée par la tête. 妻の目を掠めて逢引する avoir rendez-vous d'amour à l'insu de sa femme.

かずら 葛 liane f; [つた類] lierre m.

かすりきず 掠傷 éraflure f; écorchure f; égratignure f; [軽傷] blessure f légère. ～をつくる s'érafler; s'écorcher; s'égratigner. 彼は釘で手に～をつくった Il s'est éraflé la main avec un clou./Le clou lui a fait une éraflure à la main.

かする 化する [変る] changer; transformer; [変わる] se changer; se transformer. 町を焦土と～ transformer (réduire) une ville en cendres. 全身耳と～ être tout oreilles. デモ隊は暴徒と化した La manifestation a dégénéré en émeute. 不幸が彼を別人と化した Le malheur l'a complètement changé.

かする 科する [罪など] infliger; frapper. 罰を～ infliger (appliquer) une peine à qn; frapper qn d'une peine. 罰金を～ infliger une amende; frapper qn d'une amende.

かする 課する imposer. つらい仕事を～ imposer une lourde tâche. 税金を～ imposer qn. 厳罰を～ infliger à qn un châtiment très sévère. 莫大な収入に重税を～ frapper lourdement les gros revenus. 国民に重税を～ accabler le peuple d'impôt; faire suer le peuple sang et eau. 生徒に宿題を～ donner un devoir aux élèves. 自分に...することを～ s'imposer de inf.

かする 掠る ⇨ かすめる (掠める).

かすれる 掠れる [声が] devenir rauque; [輪郭が] devenir flou (indécis); [ペンが] gratter. このペンじゃ～ Cette plume gratte. この字は掠れている Cette lettre est floue. ¶ 掠れた rauque; flou; indécis. 掠れた声 voix f rauque. 掠れた筆跡 écriture f floue (indécise).

かせ 枷 [束縛] fers mpl; liens mpl. ～をはめる mettre les fers à qn. ‖ 足～ entraves fpl. 手～ menottes fpl. 首～ carcan m.

かぜ 風 vent m; air m; courant m d'air. 一陣の～ un souffle (une bouffée) de vent. ～が吹いている Le vent souffle./Il vente./Il y a (Il fait) du vent. ～がやんだ Le vent est tombé (s'est calmé). ～が吹き荒れている Le vent fait rage. そよと吹く～もない Il n'y a pas un souffle de vent. ～に当てる exposer qc au vent. ～の便りに聞く apprendre qc par ouï-dire; avoir vent de qc. どうした～の吹き回しでいらしたの Quel bon vent vous amène? 部屋に～を入れる aérer une chambre. 肩で～を切って歩く se pavaner. ～

を切って飛ぶ fendre l'air. ～を喰って逃げる filer comme le vent. 社長～を吹かす s'enorgueillir (se vanter) d'être président.

かぜ 風邪 rhume m; grippe f; froid m. しつこい～ rhume opiniâtre. ～を移す donner son rhume à qn. ～をひいている être enrhumé (grippé); avoir la grippe. ～をひく prendre (attraper) un rhume; s'enrhumer; attraper la grippe. ～気味である être légèrement (un peu) grippé. ‖ 鼻～ rhume de cerveau. ～薬 médicament m antigrippe.

かぜあたり 風当り ～が強い être exposé au vent; [批判的の] s'attirer des critiques sévères; être exposé à des critiques sévères.

かせい 加勢 [援助] aide f; secours m; [支持] appui m; soutien m. ～する aider qn; secourir qn; porter (prêter) secours à qn; donner son aide à qn. 彼に～してやってください Prêtez-lui votre aide.

かせい 家政 ménage m; économie f domestique. ～をみる s'occuper de son ménage. ‖ ～婦 femme f de ménage. ～科 enseignement m ménager.

かせい 火勢 feu(x) m. ～が衰える Le feu perd de son activité. ～が強まる Le feu augmente d'intensité.

かせい 火星 Mars m. ¶～の martien(ne). ‖ ～人 Martien(ne) m(f).

かせい 苛性 ¶～ソーダ [hydrate m de] soude f; soude caustique. ～カリ [hydrate de] potasse f.

かぜい 課税 imposition f; taxation f. ～する imposer; frapper qc d'un impôt; mettre un impôt sur qc; taxer. サラリーマン(収入)に～する imposer les salariés (les revenus). 贅沢品に～する taxer les objets de luxe. ～すぎる imposable. ‖ 累進～ imposition progressive. ～基準 assiette f d'un impôt; bases fpl d'imposition. ～基準を決める asseoir l'impôt. ～免除 exemption f d'impôt. ～品 produit m imposable.

かせいがん 火成岩 roches fpl ignées.

カゼイン caséine f. ～をつくる(化する) caséifier.

かせき 化石 fossile m. 貝の～ fossile de coquillages; coquillages mpl fossiles. ～になる se fossiliser. ¶～の fossile. ‖～化 fossilisation f.

かせぎ 稼ぎ gain m; revenu m. 彼は～が少ない Il gagne peu. ～の多い仕事 métier m qui rapporte beaucoup. ¶～のよい [仕事など] fructueux(se). ‖～手 gagne-pain m inv. この子だけが一家の～手で Cet enfant est le seul gagne-pain de ma famille.

かせぐ 稼ぐ gagner; [働く] travailler [pour vivre]. 金を～ gagner de l'argent. 時間を～ gagner du temps. 生活費を～ gagner sa vie.

かせつ 仮設 ¶～する établir provisoirement. ‖～テント tente f dressée (établie) provisoirement.

かせつ 仮説 hypothèse f. ～を証明する vérifier une hypothèse. ～を立てる faire (poser) une hypothèse. ¶～的な hypothétique. ～

かせつ 架設 pose *f*; installation *f*; construction *f*. 電話の〜 installation (branchement *m*) du téléphone. 橋の〜 construction d'un pont. ¶〜する poser; installer; construire. 電線を〜する brancher un fil électrique.

カセット cassette *f*. ‖〜デッキ platine *f* de cassettes; magnétocassette *m*. 〜テープ cassette *f*. 〜テープレコーダー magnétophone *m* à cassettes.

かぜとおし 風通し aération *f*; ventilation *f*. ¶〜の良い(悪い)部屋 chambre *f* bien (mal) aérée. 〜の悪い奴だ C'est un esprit bouché. 部屋の〜を良くする bien aérer (ventiler) une chambre.

かせん 下線 ¶〜を ouligner. 〜の部分 passage *m* souligné. 〜を引く souligner *qc*.

かせん 化繊 tissu *m* synthétique.

かせん 加算 [楽譜の] ligne *f* ajoutée.

かせん 架線 câble *m*; fil *m* électrique. ‖〜工事 installation *f* de câble.

かせん 河川 fleuve *m*; cours *m* d'eau. ¶〜の fluvial(aux). ‖〜交通 navigation *f* fluviale. 〜輸送業 batellerie *f*.

がぜん 俄然 soudain; tout à coup.

かせんじき 河川敷 berge *f*; bord *m* d'un cours d'eau.

かそ 可塑 ¶〜的な plastique. ‖〜性 plasticité *f*.

かそ 過疎 dépeuplement *m*. ¶〜化 dépeuplement. 〜現象 dépeuplement par exode rural. 〜地帯 zone *f* (région *f*) dépeuplée.

がそ 画素 pixel *m*.

かそう 下層 couche *f* inférieure. ¶〜階級 basses classes *fpl*. 〜社会 bas-fonds *mpl* de la société. 〜民 bas peuple *m*; petites gens *fpl*; populace *f*; plèbe *f*.

かそう 仮想 imagination *f*, supposition *f*. ¶〜の imaginaire; figuré. ‖〜敵国 ennemi *m* hypothétique.

かそう 仮装 travestissement *m*; déguisement *m*. ¶〜に...〜する se travestir en; se déguiser en; se costumer en. 騎士に〜する se costumer en chevalier. 〜した travesti; costumé. ‖〜行列 défilé *m* travesti. 〜舞踏会 bal *m* costumé (travesti, masqué).

かそう 家相 ¶〜がいい(悪い) L'orientation de la maison est de bonne (mauvaise) augure.

かそう 火葬 crémation *f*; incinération *f*. ¶〜にする incinérer. 〜の crématoire. ‖〜場 [four *m*] crématoire *m*.

がそう 画像 figure *f*; [テレビ, 映画の] image *f*. このテレビは〜が鮮明だ L'image de ce téléviseur est très nette.

かぞえどし 数え年 ¶〜20歳になる entrer dans *sa* vingtième année.

かぞえる 数える compter; calculer; faire le compte. 数を〜 compter le nombre. この絵は国宝のうちに数えられている Ce tableau compte parmi les trésors nationaux. 数え上げる énumérer. 数え違える mal compter; se tromper dans un calcul. 数え直す recompter. 間違っていないかどうかもう一度数え直してごらん Compte-les encore une fois pour voir si tu ne t'es pas trompé. ¶数えられない innombrable; incalculable. 母が私に数え方を教えてくれた C'est ma mère qui m'a appris à compter.

かそく 加速 accélération *f*. ¶〜する accélérer; augmenter la vitesse.

かぞく 家族 famille *f*. 3人〜 une famille de trois. 私たちは3人〜です On est trois chez nous. 彼はわが家の〜も同然だ Il est de la famille. ¶〜の familial(aux). 〜の絆 liens *mpl* familiaux. 〜の面倒をみる avoir soin des *siens*. ‖〜会議 conseil *m* de famille. 私たちは〜ぐるみの付合いだ Nous sommes en famille. 〜計画 planning *m* familial. 〜制度 système *m* familial. 〜連れで en famille. 〜手当 allocation *f* familiale.

かぞく 華族 noble *mf*; aristocrate *mf*; [集合的] noblesse *f*; aristocratie *f*.

かそくど 加速度 accélération *f*. 〜を増す accélérer l'allure (la vitesse). ‖〜運動 mouvement *m* accéléré.

ガソリン essence *f*. ¶〜エンジン moteur *m* à essence. 〜罐 bidon *m* d'essence. 〜スタンド poste *m* d'essence; station(s)-service(s) *f*.

かた 過多 excès *m*; surabondance *f*; exubérance *f*; [医] pléthore *f*. ‖脂肪〜 obésité *f*. 胃酸〜 hyperchlorhydrie *f*.

かた 潟 lagune *f*.

かた 形 [型] [形状] forme *f*; [踊などの] pose *f*. ラグラン〜のコート manteau(x) *m* [forme] raglan. 芝居の〜 pose théâtrale. 〜が崩れる se déformer. ◆[大きさ] dimension *f*; format *m*. 実用の〜のトランク valise *f* d'un format pratique. 大(小)の〜 d'un grand (petit) format. 大〜タンカー gros pétrolier *m*. 大〜の台風 grand typhon *m*. 小〜カメラ appareil *m* de petit format; petit format. ◆[様式] modèle *m*; genre *m*; style *m*; façon *f*. この〜が流行しています C'est un modèle à la mode. アメリカ〜リムジン limousine *f* façon américaine. ◆[ひな型] modèle *m*; [鋳型] moule *m*; [型紙] patron *m*. 〜をとる mouler; prendre l'empreinte de *qc*. 体に合せて〜をとる prendre les mesures. 鍵の〜をとる prendre l'empreinte d'une clef. ...を〜にして造る faire *qc* sur le modèle de.... ‖菓子〜 moule à pâtisserie. ◆[慣例] convention *f*. 〜にはまった表現 expression *f* conventionnelle (toute faite); cliché *m*. 〜にはめる [形式ばる] y mettre les formes. 〜を破る rompre avec les conventions. ¶〜通り [に] conventionnellement; conformément aux usages. 〜通りの お悔み en bonne [et due] forme; conventionnel(le); [全く形式的な] de pure forme. 〜通りの契約 contrat *m* en bonne et due forme. 〜通りの検討後我々は本論に入った Après des considérations de pure forme, nous sommes entrés dans le vif du sujet. 〜破りな extraordinaire; [独創的な] original(aux). ◆ [抵当] gage *m*; garantie *f*. 借金の〜に取る prendre *qc* en gage. 時計を〜に入れる mettre *sa* montre en gage.

かた 肩 épaule *f*. 〜が軽くなる se sentir le

かた 177 **がたがた**

épaules légères. ~が凝る avoir les épaules courbaturées. ~で風を切る rouler les épaules; marcher des épaules. ~にかつぐ porter *qc* sur les épaules. ~にのしかかる peser sur les épaules. ~の荷がおりる se sentir dégagé (libéré) d'une responsabilité. その仕事を終えて~の荷がおりたような気がする C'est un grand soulagement pour moi d'avoir achevé ce travail. ~の凝らない読物 lecture *f* facile. ~をいからす redresser les épaules. ~をすぼめる hausser les épaules. ~を並べる [匹敵] égaler *qn.* ~を並べて歩く marcher de front avec *qn;* marcher épaule contre épaule. ~を持つ être (se ranger) du parti (côté) de *qn.* ~なで épaules tombantes. ~入れる épauler *qn.* ~をたたく donner un coup de main à *qn.* ~越しに par-dessus l'épaule. ~幅 largeur *f* d'épaules. ~幅が広い(狭い) être large (étroit) d'épaules.

かた 片 ¶~をつける en finir avec *qc;* mettre fin à *qc.* この事件に~をつける時だ Il est temps de mettre fin à cette affaire. いかがわしい~をつけてほしい Je veux qu'on en finisse. ◆[一方] ¶~やそびえる岩, ~や千尋の谷の~ un côté une paroi rocheuse, d'un autre côté un précipice vertigineux.

かた 方 [仕方] manière *f;* façon *f.* 生き(考え, 見)~ manière de vivre (de penser, de voir). 歩き~ façon de marcher; allure *f;* démarche *f.* 使い~ mode m d'emploi. やり~[作法]を心得てない ne savoir comment se conduire. 彼のやり~は良くない La manière dont il s'y prend n'est pas bonne. ◆[側] côté *m;* partie *f;* [方向] direction *f.* 相手~ autre partie; [訴訟の] partie adverse. 父(母)の~ du côté paternel (maternel). こちら~の人 personne *f* de ce côté-ci. ◆[気付] ~気付 aux bons soins de *qn;* chez *qn.*

がた ¶~を取れば体にも~がくる Avec l'âge, la santé se détériore.

かたあげ 肩あげ ourlet *m* aux épaules. ~をする(おろす) faire (défaire) les ourlets aux épaules.

かたあし 片足 un pied; une jambe. ¶~で立つ se tenir sur une jambe. ~で跳ぶ sauter à cloche-pied. ~スケート [子供の] trottinette *f.*

かたあて 肩当 épaulette *f.*

かたい 堅(固, 硬)い dur; solide; [肉, 野菜] coriace; [体が] raide; rigide; [ごわごわした] rude. ~金属 métaux *mpl* durs. ~肉 viande *f* dure (coriace). ~ひげ barbe *f* rude. 頭が~ être têtu (borné); manquer de souplesse d'esprit. 体が~ manquer de souplesse; avoir le corps ankylosé. 口が~ savoir garder un secret. 身のこなしが~ des gestes raides (rigides). この牛肉は固くて噛めない Ce bœuf est dur à mâcher. ◆[強固な] solide; ferme. ~信念 conviction *f* solide. ~決意 résolution *f* ferme. 我々二人の間に~友情で結ばれている Il existe une solide amitié entre nous deux. ◆[まじめな] sûr; honnête; sérieux(*se*). ~人 personne *f* sûre. あいつは~人間だ C'est un type sur lequel on peut compter. そんな~ことは言わな

で Ne vous montrez pas si à cheval sur l'étiquette. ◆[確実] sûr; certain. …は~ C'est sûr (certain) que *ind.* 彼の当選は~だ Il sera élu, c'est sûr et certain.

かだい 歌題 titre *m* d'un poème.

かだい 課題 [題目] sujet *m;* thème *m;* [仕事] tâche *f;* [宿題] devoir *m.* 当面の~ tâche pressante. それは今後の~である C'est le problème auquel nous allons faire face. ¶~曲 morceau(x) *m* obligatoire.

かだい 過大 ~な excessif(*ve*); exagéré; démesuré; outré. ~な要求 demande *f* excessive. ¶~評価 surestimation *f;* [資産, 商品] majoration *f.* ~評価する surestimer; majorer.

かたいじ 片意地 opiniâtreté *f.* ~になる se raidir. ~を張る s'obstiner à. ~な opiniâtre; obstiné; têtu; entêté. ~な反対 opposition *f* opiniâtre. ~な人 personne *f* têtue (opiniâtre); mule *f.* ~に opiniâtrement; obstinément.

かたいなか 片田舎 coin *m* perdu. ~に引っこむ se retirer dans un coin perdu (un recoin) de la campagne.

かたうで 片腕 un bras; [助手] bras *m* droit. …の~である être le bras droit de *qn.* 父親の~となって働く servir de bras droit à son père.

かたうらみ 片恨み ressentiment *m* sans motif.

がたおち がた落ち [値段, 相場の] baisse *f* importante. effondrement *m.* ¶~する s'effondrer. 相場は~だ Les cours s'effondrent. 彼の人気は~だ Sa popularité s'est effondrée.

かたおもい 片思い amour *m* sans retour. ~をする aimer *qn* sans être payé de retour.

かたおや 片親 un de ses parents. ~しかいない n'avoir qu'un de *ses* parents; être orphelin de père (de mère). ~に育てられる être élevé par un de *ses* parents.

かたがき 肩書 titre *m.* 今日でもまだ~が物を言う Même de nos jours, les titres ouvrent bien des portes. ~を与える titulariser *qn.* 教師の~を与える titulariser un professeur. ~を偽るse donner un faux titre; s'arroger un titre. ¶~のある titré. ~のない sans titre.

かたかけ 肩掛 écharpe *f;* châle *m;* [三角形の] fichu *m.*

かたかた ~音がしている On entend un tac-tac. ~する音 bruit *m* sec.

がたがた 旁 ¶商用旅行~君を訪ねたんだ Je vous ai rendu visite en profitant d'un voyage d'affaires./J'ai profité d'un voyage d'affaires pour vous faire une visite.

がたがた ~する trembler; [椅子, 歯など] branler. ~する歯 dent *f* qui branle. 窓(扉)が~している La fenêtre (La porte) tremble. ~震える trembler; frissonner; grelotter. 寒さで~震えた Je tremblais (frissonnais) de froid. ~音を立てる claquer. ~揺れる [車が] cahoter. ~なる se détraquer. 風で窓が~いっている Le vent fait vibrer la fenêtre. 部

かたがみ 屋の中で何か~音がする On entend des craquements dans la pièce.

かたがみ 型紙 [洋裁の] patron m.

かたがわ 片側 un côté. ¶~の unilatéral (aux). 道の~で sur un côté de la route. ‖~交通 circulation f unilatérale. ~駐車 stationnement m unilatéral.

かたがわり 肩代り ~を[をする se charger de qn; assumer qc. 僕が彼の~をする Je me charge de lui. …の責任を~する assumer la responsabilité de qn. …の借金を~する payer les dettes de qn.

かたき 敵(仇) ennemi(e) m(f); adversaire m(f); rival(ale, aux) m(f). 父の~を討つ venger son père. ‖恋~ rival [d'amour]. 商売~ concurrent(e) m(f). ~討ち vengeance f.

かたぎ 気質 caractère m; esprit m; âme f. ‖フランス人~ caractère français. 学生~ caractère estudiantin. 職人~ esprit artisanal. 芸術家(名人)~ âme d'artiste (de maître). 昔~ esprit traditionnel. 昔~の人 personne f vieux jeu.

かたぎ 堅気 ¶~な honnête; sérieux(se); rangé. あたりまえな女だすよ Je suis sérieuse. ~になる reprendre une vie sérieuse (rangée); s'assagir.

かたく 家宅 [住居の]~侵入 violation f de domicile. ~侵入する violer un domicile. ~捜査 visite f domiciliaire; perquisition f au domicile. ~捜査する perquisitionner à; opérer une perquisition au domicile; fouiller. …の家(ホテルの各部屋)を~捜査する perquisitionner à son domicile (à toutes les chambres de l'hôtel). ~捜査令状 mandat m de perquisition.

かたく 堅(固, 硬)く solidement; fermement; [きっぱりと] nettement; [きびしく] strictement. ~しばる lier solidement. ~決意する se décider fermement. ~なる [se] durcir, se raidir. このパンはすぐ~なる Ce pain durcit rapidement. 人前で~なる se sentir gêné en présence des autres. この俳優は出演の前にはいつも~なる Cet acteur a le trac avant chaque représentation. 少し~なったパン pain m rassis.

かたくち 片口 bol m à bec.

かたくち 肩口 bout m de l'épaule.

かたくな 頑 ¶~な entêté; opiniâtre; obstiné; têtu. ~になる s'obstiner, s'endurcir. ~に obstinément. ~に口をつぐむ se taire obstinément.

かたくり 片栗 [木] dent(s)-de-chien f. ‖~粉 fécule f de dont de chien. [しゃかいもの] fécule de pomme de terre.

かたくるしい 堅苦しい [取りすました] gourmé; guindé; [いばった] cérémonieux(se); [気詰りな] gêné. ~挨拶 salutation f cérémonieuse. ~な人 personne f gourmée. ~様子 air m guindé. 今日は~ことは言いっこなしにしましょう Aujourd'hui, laissons les formalités au vestiaire. ‖いつまでも堅苦しくして少しも彼らしくない Il n'est jamais lui-même: il est toujours guindé. 堅苦しさ raideur f.

かたぐるま 肩車 ¶~をする porter qn sur ses épaules.

かたこと 片言 balbutiement m; bégaiement m; ânonnement m. ~を言う balbutier; bégayer; ânonner. この赤ん坊はもう~を言う Ce bébé balbutie déjà quelques mots. ~交じりに日本語を話す ânonner le japonais.

がたごと à-coup m. モーターは二三度~したと思ったら止ってしまった Le moteur a eu quelques à-coups, puis s'est arrêté.

かたこり 肩凝り ¶~を~ masser les courbatures aux épaules.

カタコンブ catacombes fpl.

かたさ 堅(固, 硬)さ dureté f; fermeté f; raideur f; solidité f.

かたじけない 忝い ⇒ありがたい(有難い).

かたず 固唾 ¶~をのむ retenir son haleine.

かたすかし 肩透かし ¶~を食わせる [身をかわす] esquiver un coup; [はぐらかす] esquiver qn; donner le change à qn.

カタストロフィー catastrophe f. ‖[数学]~理論 théorie f des catastrophes.

かたすみ 片隅 coin m; recoin m; réduit m. 街の~で暮す vivre dans un coin d'un quartier.

かたたたき 肩叩き tapotage m aux épaules. [勧奨退職] incitation f au départ; retraite anticipé avec prime.

かたち 形 forme f. この壺は見事な~をしている Ce pot est bien formé. その問題はそういう~で処理してもらいたい Je ne veux pas que vous régliez l'affaire de cette manière. あなたから頼んだという~にして下さい Faites comme si cette requête venait de vous. 粘土の塊が彫刻家の手で段々~をなして来た Petit à petit, la masse d'argile prenait forme sous les doigts du sculpteur. 腎臓は隠元豆の~をしている Le rein a la forme d'un haricot. ¶~のよい足~ pieds fpl bien galbées. ~の悪い mal fait (proportionné).

かたちづくる 形作る former; [構成する] composer; constituer. ¶形作られる se former. この砂丘は風で形作られたものだ C'est une dune qu'a formée le vent.

かたづく 片付く [整頓] être mis en ordre; [解決] s'arranger, se régler; finir; se terminer; [稼ぐ] se marier. 部屋は片付いている La chambre est mise en ordre. 事件は円満に片付いた L'affaire s'est réglée à l'amiable.

かたづける 片付ける [整頓] mettre en ordre; [元の位置に置く] remettre à sa place; ranger; [処理 解決] arranger; régler; [廃除する] se débarrasser de; débarrasser; [終らす] finir; terminer; achever; mettre fin à; en finir avec; [嫁がせる] marier; caser. 部屋を~ mettre une chambre en ordre; ranger une pièce. 事件を~ régler une affaire. 要らないものを~ se débarrasser d'un objet inutile. 宿題を5分間で~ expédier ses devoirs en cinq minutes. この部屋を片付けてダンスが出来るようにしよう Débarrassons cette pièce pour pouvoir danser. その仕事が片付いたら次の仕事にとりかかってくれ Quand tu en auras fini avec ce travail, commence un autre.

かたっぱし 片っ端 ¶~から l'un(e) après

l'autre.
かたつむり 蝸牛 escargot *m*.
かたて 片手 une main. ¶~に(で) dans (d') une main. ~で運転する conduire d'une main. 辞書を~に外国語を勉強する étudier une langue étrangère avec un dictionnaire.
かたておち 片手落ち partialité *f*. ¶~な partial.
かたてま 片手間 ¶~な仕事 occupation *f* pour les moments de loisir (à temps perdu). ~に à temps perdu; à *ses* moments de loisir.
かたとき 片時 ¶~も pas un instant. 私はそれを~も忘れたことがない Je ne l'oublie pas un instant.
かたどる 象る imiter; prendre comme modèle; [表わす] représenter. この模様は波を象ったものです Cette figure imite la forme des vagues. ...を象って 作る mettre sur le modèle de *qc*.
かたな 刀 sabre *m*; épée *f*. ~の柄 poignée *f* de sabre. ~の切先(背, 腹) pointe *f* (dos *m*, plat *m*) de sabre. ~に手をかける mettre la main à l'épée. ~を差す porter un sabre. ~を鞘に納める rengainer [*son* sabre]. ~を抜く dégainer [*son* sabre]. ‖~鍛冶 forgeur *m* de sabres. ~疵 [顔の] balafre *f*. ~疵のある顔 visage *m* balafré.
かたなし 形無し ¶雹で葡萄も~さ Les vignobles sont perdus à cause de la grêle. 失敗続きで彼も~さ Il a perdu la face par une série d'échecs.
かたならし 肩慣し exercice *m* d'assouplissement. ちょっと~をする faire un peu d'échauffement.
かたば 片刃 lame *f* à un tranchant. ¶~の à un tranchant.
かたはだ 片肌 ¶~脱ぐ se découvrir une épaule; [手助けする] apporter *son* aide à *qn*; aider *qn*.
かたはば 肩幅 carrure *f*. ~が狭い(広い) être étroit (large) d'épaules. ~の足りない上着 veste *f* trop étroite de carrure. ~の広い人 personne *f* d'une belle carrure.
かたばみ 酢漿草 oxalide *f*; oxalis *m*.
かたはら 片腹 ¶~痛い ridicule; risible. ~痛い Ne me faites pas rire.
カタパルト catapulte *f*.
かたパン 堅パン biscuit *m*; galette *f*.
かたひざ 片膝 ¶~を立てる dresser un genou. ~をつく mettre un genou en terre; fléchir un genou.
かたひじ 肩肘 ¶~張る se guinder. ~張った様子をする avoir un air guindé.
かたひじ 片肘 ¶~をつく s'appuyer sur le coude.
がたぴし ¶~音を立てる produire un bruit sec; claquer. ~音を立てて戸を閉める faire claquer la porte. この戸は~している Ce porte joue.
かたびら 帷子 kimono *m* en toile de chanvre. ¶~ cotte *f* de mailles. 経~ linceul *m*; suaire *m*.
かたぶつ 堅物 personne *f* trop sérieuse.
かたほ 片帆 ¶~を上げる †hisser obliquement une voile.
かたほう 片方 [一方] [1°]un(e); [他方] l'autre. 靴下の~ l'un des bas; l'une des chaussettes.
かたぼう 片棒 ¶~を担ぐ prendre part à *qc*; collaborer avec *qn* à *qc*. 陰謀の~を担ぐ prendre part à un complot.
かたぼうえき 片貿易 commerce *m* extérieur mal équilibré.
かたまり 塊 masse *f*; bloc *m*; [土状の] motte *f*; [粒状の] grumeau(x) *m*; [群] groupe *m*. 石の~ bloc de pierre. 大きな岩の~ énorme masse de rocher. 嘘の~ tissu *m* de mensonges. バターの~ motte de beurre. ソースに~が出来た La sauce a fait des grumeaux. あいつは欲の~だ Il est avare jusqu'à la moelle. ¶ひと~の学生 un groupe d'étudiants. ひと~になって en masse; en bloc; en groupe.
かたまる 固まる [固くなる] devenir dur (solide); se solidifier; [凝結が] se figer; [se] coaguler; [血, 牛乳などが] se cailler; [ジャム, クリームが] prendre. ソース(油)が~ La sauce (L'huile) se fige. 血が~ Le sang se caille (coagule). クリームが固まった La crème a pris. 通行人がショーウインドウの前に固まっていた Les passants s'agglutinaient devant une vitrine. 彼の決心は固まった Sa résolution s'est affermie./Il s'est affermi dans sa résolution.
かたみ 形見 souvenir *m*; relique *m*. これは死んだ母の~の指輪です Cette bague est un souvenir de ma mère morte. 私の~にどうぞこれをお受取り下さい Veuillez garder ceci en souvenir de moi. ¶~分けをする partager les souvenirs de *qn*.
かたみ 肩身 ¶...で~が広い se sentir fier de *qn* (*qc*, *inf*). ~が狭い se sentir honteux de *qn* (*qc*, *inf*); ne pas savoir où se mettre. あんな出来の悪い弟がいるのでまったく~が狭いよ J'ai très honte d'avoir un frère si incapable.
かたみ 肩身 [魚の] filet *m*.
かたみち 片道 aller *m*. ¶~切符 billet *m* d'aller. ~料金 prix *m* de l'aller.
かたむき 傾き [傾向] inclination *f*; penchant *m*. ⇒けいこう (傾向).
かたむく 傾く [s']incliner; pencher; [衰える] décliner; [船が] donner (prendre) de la bande. 10度~ incliner de 10 degrés. 左に~ s'incliner sur la gauche. 横に~ pencher d'un côté. 陽が傾いた Le jour décline. この壁は傾いている Le mur penche. 傾きかけた商売をもりかえす redresser un commerce qui avait périclité. ¶ 傾いた incliné; penché; oblique. 傾いた柱 pilier *m* incliné (penché). ◆[傾向] incliner à (vers); avoir du penchant pour; pencher à (pour) *qc*; pencher à *inf*; tendre à (vers). 彼は強行解決に傾いている Il incline vers les solutions extrêmes.
かたむける 傾ける [斜めにする] incliner; pencher. 杯を~ vider une coupe. 愛情を~ verser toutes *ses* affections. 仕事に心身を~ s'appliquer à un travail. 全力を~ concentrer tous *ses* efforts. 注意を~ prêter

かたむすび 片結び nœud *m* double.

かため 固め [城の～] défenses *fpl* d'un château. 夫婦～の盃を交す échanger les coupes en guise de serment de mariage.

かため 片目 un œil *m*. ～になる perdre un œil; s'éborgner. 危うく～になるところだった J'ai failli m'éborgner. ¶～の borgne. ～の人 borgne *mf*.

かためる 固める rendre dur (solide); durcir; [強固にする] affermir; consolider; [安全にする] assurer. 拳を～ serrer le poing. 決意を～ affermir *sa* résolution. 地位を～ assurer *sa* position. 身を～ [定職につく] être bien établi (s'établir); [結婚する] se marier. 試練が二人の友情を固めた L'épreuve a consolidé leur amitié. ◆[防備]défendre; fortifier. 町を～ fortifier une ville. 甲冑に身を～ se revêtir d'une armure.

かためん 片面 un côté *m*; une [autre] face.

かたやぶり 型破り ¶～な peu conventionnel(le); non-conformiste; hors du commun. ～な考え idée *f* extraordinaire (insolite).

かたよる 片寄る se ranger sur le côté; s'écarter du milieu; [進路が] dévier. ¶片寄った裁判官 juge *m* partial. 片寄った食事 aliment *f* mal équilibrée.

かたらい 語らい causerie *f*; entretien *m*. 親子水入らずの～ tête-à-tête *m inv* intime entre un père et son fils.

かたらう 語らう causer avec *qn*; s'entretenir avec *qn*; [誘う] proposer à *qn* de *inf*. 友人を語らってスキーに行く proposer à *son* ami d'aller faire du ski.

かたり 騙り escroquerie *f*, [行為] imposture *f*; [人] escroc *m*; imposteur *m*. ⇨ さぎ(詐欺).

かたりあう 語り合う causer ensemble de *qc*; s'entretenir avec *qn* de *qc*; se parler. ¶～暇がない n'avoir pas le temps de se parler. 我々は大学時代の思い出を語り合って夕べを過した Nous avons passé la soirée à nous raconter des souvenirs du temps d'université.

かたりあかす 語り明かす causer toute la nuit; passer la nuit à causer.

かたりぐさ 語り草 それは～になるだろう On en parlera.

かたりて 語り手 narrateur(trice) *m*(*f*).

かたる 語る parler; dire; [物語る] raconter; réciter; narrer; conter. 戦争の思い出を～ raconter *ses* souvenirs de guerre. 政治(音楽)を～ parler politique (musique). 事実がそれを語っている Les faits en parlent d'eux-mêmes. ¶～に落ちる être trahi par *sa* langue. それは～に足らぬ Cela ne vaut pas la peine d'en parler.

かたる 騙る [だましとる] escroquer *qc* à *qn*; escroquer *qn* de *qc*. 名(肩書)を～ s'arroger le nom (le titre) de *qn*. ¶彼に金を騙られた Il m'a escroqué de l'argent.

カタル catarrhe *m*. ¶～性の catarrhal(aux). ‖腸～ catarrhe intestinal.

カタルシス catharsis *f*.

カタレプシー catalepsie *f*.

カタログ catalogue *m*; prospectus. *m*. ¶～ショッピング achat *m* par correspondance.

かたわら 傍 [わき] ～に; ～に côté de; [en] auprès de. 道の～に腰を下す s'asseoir au bord (sur le bas-côté) de la route. ～に寄る se ranger de côté. ◆[...する一方] tandis que; en même temps [que]. 彼は大学でフランス語を教える一家で小説を書いている Il écrit un roman chez lui, tout en enseignant le français à l'université.

かたわれ 片割れ un (une) de *qn*; [生き残り] survivant(e) *m*(*f*). 賊の～ un des brigands.

かたん ¶～という音がした On a entendu un clic.

かたん 加担 participation *f*. ¶～する participer à; prendre le parti de *qn*; prendre part à *qc*. 詐欺に～する tremper dans (prendre part à) une escroquerie.

かだん 果断 ¶～な décidé, décisi(ve). ～な人 personne *f* décidée (de décision). 敏速～な処置 mesure *f* rapide et décisive.

かだん 花壇 parterre *m*; plate(s)-bande(s) *f*.

がだん 画壇 monde *m* de la peinture.

カタンいと 一糸 fil *m* de coton.

かち 価値 valeur *f*; prix *m*; mérite *m*. ～がある avoir de la valeur; mériter; valoir. このルビーは10万円の～がある Ce rubis a une valeur de cent mille yen. この問題はよく考えて見る～がある Ce problème mérite réflexion. その絵は見るだけの～がある Ce tableau mérite (vaut la peine) d'être vu. それは大した～がない Cela ne vaut pas grand-chose. ～のある(ない) de valeur (sans valeur). これは大して～のある物じゃない Cet objet n'est pas tellement précieux. ‖市場～ valeur marchande. 使用(交換)～ valeur d'usage (d'échange). ～判断 jugement *m* de valeur.

かち 勝 victoire *f*; triomphe *m*. ～に乗じる profiter de la victoire. ～を得る remporter la victoire sur *qn*. ～を急いではいけない Il ne faut pas brûler les étapes. ～を制する triompher de *qn*. ...の方に～を認める [訴訟, 議論で] donner raison à *qn*. ¶早い者～ «Premier arrivé, premier servi.» 我々に逃げ出す fuir à qui mieux mieux.

がち 雅致 élégance *f*. ¶～に富んだ plein d'élégance. ～のある être élégant; de bon goût.

-がち ¶...～である être enclin (porté, incliné, sujet(te)) à; avoir un penchant à; avoir une disposition à. 過ちを犯し～で être enclin à faire des fautes. 風邪を引き～だ avoir une disposition à s'enrhumer; s'enrhumer facilement. かっとなり～な人 personne *f* sujette à de violentes colères. なまけ～だ avoir un penchant à la paresse. それはあり～なことだ Ça arrive souvent. 傘はえてして忘れ～なものだ Il arrive souvent que l'on oublie son parapluie. 彼は留守し～だ Il sort très souvent de chez lui. 彼は遠慮～な人だ C'est un modeste. 遠慮～に timide-

かちあう 搗ち合う [衝突] se heurter; s'opposer; [重なり合う] tomber. 来週は日曜と祭日が~ La semaine prochaine, la fête tombe un dimanche. 意見が~ avoir des avis opposés. あの二人が僕の家で搗合ってしまった Ils se sont retrouvés nez à nez chez moi.

かちあげる 搗上げる bousculer *qn* d'un coup d'épaule.

かちいくさ 勝戦 victoire *f*; triomphe *m*; bataille *f* gagnée. 味方の~だ La victoire est à nous./Nous avons gagné la bataille.

かちえる 勝ち得る acquérir; obtenir; se procurer; remporter. 成功を~ remporter un succès. 名声を~ acquérir de la réputation. …の心を~ conquérir le cœur de *qn*.

かちかち ¶~になる durcir. このパンはすぐ~になる Ce pain durcit rapidement. 地面が凍って~だ Le sol est durci par la gelée. ~に凍している Ce poisson gèle comme la pierre. ~の dur. ~のパン pain *m* dur. ◆ [時計などの音] tic-tac *m inv*. ~鳴らす faire tic-tac. 歯を~鳴らす claquer des dents. 恐怖で歯が~鳴っていた La terreur me faisait claquer des dents./Je claquais des dents de peur.

かちき 勝気 ¶~な fier(ère); courageux(se); fort. ~な女 forte femme *f*; femme courageuse (forte). 彼女は~な性質だ Elle a un tempérament fort.

かちく 家畜 animal(aux) *m* domestique; [集合的] bétail *m*; bestiaux *mpl*. その農場には30頭の~がいる Dans cette ferme il y a trente têtes de bétail. ~のように扱き使う traiter comme du bétail. ~を飼育する élever du bétail. ¶~小屋 bétail *f*.

かちこす 勝越す avoir une majorité de victoire. 3対0で勝越している mener [par] trois [buts] à zéro. 僕の方が君より三番勝越している J'ai trois victoires d'avance sur toi.

かちすすむ 勝ち進む allonger *sa* série de victoires; [予選で] gagner des éliminatoires.

かちっぱなし 勝放し ¶~である continuer à gagner.

かちどき 勝鬨 cri *m* de victoire. ~をあげる crier (chanter) victoire; pousser des cris de victoire.

かちとる 勝(克)取る arracher; remporter; acquérir. 勝利を~ arracher (remporter) la victoire. 勝利の栄冠を~ remporter les lauriers de la victoire.

かちにげ 勝逃げ ¶~をする refuser de mettre *sa* victoire en jeu (de relever le gant).

かちぬく 勝抜く remporter une série de victoires. 3人~ triompher de *ses* trois adversaires. 3試合~ gagner trois matchs de suite. ¶~試合 tournoi *m*.

かちのこる 勝残る passer une épreuve. 決勝に~ rester en finale.

かちほこる 勝誇る triompher (être triomphant). 大成功に~ être fier(ère) de *son* grand succès. ¶勝誇った triomphant. 勝誇って triomphalement.

かちまけ 勝負 ¶~の勝負にはなるだろう Il n'est pas impossible qu'il y ait une vraie bataille.

かちめ 勝目 chance *f* de gagner. ~はある(ない) Il y a des chances (peu de chances) de gagner. ~のない戦 combat *m* désespéré.

がちゃがちゃ ¶~いう音 cliquetis *m*. タイプの~いう音 cliquetis d'une machine à écrire. 台所で皿が~いう音が聞える On entend cliqueter la vaisselle dans la cuisine. ~鳴る cliqueter. ~鳴らす faire cliqueter *qc*.

がちゃん ¶~と割れる se briser avec fracas. ~と電話を切る accrocher un combiné avec violence.

かちゅう 渦中 ¶~に巻込まれる se laisser entraîner dans une affaire (une querelle).

かちゅう 家中 ¶~一同 toute la famille.

かちゅう 火中 ¶~に身を投じる se jeter dans les flammes; [危険の中に] se jeter dans la gueule du loup. ~の栗を拾う tirer les marrons du feu pour *qn*.

かちょう 家長 [家の] chef *m* de famille; [族長] patriarche *m*. ¶~の paternel(le); patriarcal(aux). ~権 autorité *f* paternelle. ~制 patriarcat *m*.

かちょう 花鳥 ¶~風月を友とする se plonger dans la contemplation de la nature.

かちょう 課長 chef *m* (responsable *mf*) de bureau. ~になる être nommé chef de bureau.

がちょう 画帖 cahier *m* de croquis (dessins).

がちょう 鵞鳥 oie *f*; [雛] oison *m*; [雄] jars *m*.

かちり ¶~という音がして, タクシーのメーターが上がった Clic! (Clac!) le taximètre a passé.

かちん ¶~と鳴る faire clic (un déclic). 頭に~と来る choquer *qn*. そのやり口が頭に~と来た Cette façon d'agir m'a choqué.

かつ 活 ¶~を入れる [気絶した者に] faire revivre *qn*; [元気つける] donner de la vigueur à *qn*; remonter le courage (le moral) de *qn*; encourager *qn*. 死中に~を求める faire une sortie désespérée.

かつ 渇 soif *f*. ~を癒す apaiser *sa* soif.

かつ 且 et; aussi… que; à la fois; d'ailleurs. 飲み~歌う boire et chanter. 背が高くて~美しい être aussi grand que beau. 彼女は理知的で~慎しい Elle est intelligente, d'ailleurs elle est modeste. 我々は驚き~喜んだ Nous sommes à la fois étonnés et réjouis.

かつ 勝つ gagner; vaincre *qn*; l'emporter sur *qn*; remporter (gagner) la victoire; triompher de *qn*. 賭に~ gagner le pari. 戦争(訴訟)に~ gagner la bataille (le procès). 敵に~ vaincre (battre) *son* ennemi; triompher de *son* ennemi. 5対3で~ remporter la victoire par 5-3. 困難に打ち~ vaincre (surmonter, triompher) des difficultés. ◆ [まさる] dominer; dépasser; prévaloir sur (contre). 教育もまだ本能には勝てない L'éducation ne prévaut pas encore sur les instincts. 私には荷が勝ちすぎる Cela dépasse mes forces./Cela est trop lourd pour moi. ウイ

スキーの味がバニラの香りに勝っている Le whisky domine le parfum de la vanille. 我がチームの方が勝っている Notre équipe a le dessus.

かつあい 割愛 ¶～する omettre *qc* à regret.

かつお 鰹 bonite *f*. ‖～節 bonite séchée.

かっか 閣下 Son Excellence *f*; [二人称] Votre Excellence. 大臣～ Son Excellence Monsieur le ministre.

がっか 学科 [科目] matière *f*; discipline *f*; [課程] programme *m* d'étude; [学問課程] section *f*. ‖ 仏文～ section de la littérature française.

かっかい 各界 chaque monde. ～の名士 célébrités *fpl* de chaque monde.

がっかい 学会 société *f* [académique]; congrès *m*; institut *m*. ～に出席する assister à un congrès. ‖ 仏文～ Société de la Littérature Française. ～発表 communication *f* présentée à un congrès.

がっかい 学界 monde *m* des savants; cercles *mpl* académiques. ～に貢献する contribuer au progrès des sciences.

かっかく 赫々 ¶～たる éclatant; glorieux(se); brillant. ～たる功績 exploits *mpl* brillants.

かっかざん 活火山 volcan *m* actif (en activité).

がつがつ avidement (avec avidité); voracement; gloutonnement. ～食べる manger avidement (à belles dents, de toutes ses dents); 《俗》se goinfrer. ¶～した être avide de *qc*; avoir grand faim. 金に～する être avide d'argent. ～した avide; vorace.

がっかり ¶～する se décourager; se démoraliser; [期待はずれ] être déçu (désappointé). 彼は試験に落ちた.母親はどんなに～することだろう Il a été refusé à l'examen. Comme sa mère va être déçue! ～させる décourager; démoraliser; décevoir; désappointer; frustrer. ～した知らせ nouvelle *f* décourageante. ～した様子で d'un air découragé (abattu); la mort dans l'âme. ～して par découragement.

かつがん 活眼 yeux *mpl* pénétrants (perçants). ～の士 homme *m* perspicace. ～を開いて見る regarder avec des yeux perçants.

がっかん 学監 surveillant(e) *m(f)* général(e).

かっき 活気 vigueur *f*; vivacité *f*; animation *f*; mouvement *m*; vie *f*. この町には～がある Il y a de l'animation dans cette ville. ～に溢れた作品 œuvre *f* pleine de vie. ¶～のある vivant; animé; vif(ve). ～のないinanimé; sans animation; mou (mol, molle); mort; qui manque de vivacité. ～のない町 ville *f* sans mouvement (sans animation, morte). ～のない様子 air *m* mou (veule). ～づける animer; activer; vivifier. ～うく s'animer; reprendre la force; [話,議論など] s'échauffer.

がっき 学期 [3か月の] trimestre *m*; [6か月の] semestre *m*. ～始め rentrée *f* [des classes]. ‖～試験 examen *m* trimestriel (semestriel).

がっき 楽器 instrument *m*. 絃(管)～ instrument à cordes (à vent). 打～ instrument de percussion. ～店 magasin *m* d'instruments [de musique].

かつぎだす 担出す [em]porter dehors sur le dos; [推す] élever *qn*. 知事を会長に～ élever un préfet à la position de président.

かっきてき 画期的 ¶～な事件(発見) événement *m* (invention *f*) qui fait époque. その計画が実現されれば～なものになるだろう Le projet fera époque, quand il aura été réalisé.

かつぎや 担屋 [迷信家] superstitieux(se) *m(f)*; [運搬人] colporteur(se) *m(f)*.

がっきゅう 学究 ～の徒 homme *m* d'étude; chercheur(se) *m(f)*; savant *m*. ‖～生活 vie *f* de savant. 彼は～肌の人でない Il n'a pas l'étoffe d'un savant.

がっきゅう 学級 classe *f*. ‖ 夏期～ cours *m* d'été.

かっきょ 割拠 ¶～する se cantonner dans *sa* [propre] seigneurie. ‖ その時代は群雄～の時代だった A cette époque, plusieurs seigneurs rivaux se disputaient la souveraineté.

かっきょう 活況 activité *f*; animation *f*; prospérité *f*. ～を呈する présenter une animation. ～を呈した animé; en pleine activité.

かつぐ 担ぐ [背中に] porter sur le dos; [肩に] porter sur les épaules; [重い荷物を] coltiner. 銃を担いで le fusil sur l'épaule. 鞄を駅まで担いで行く coltiner *son* sac jusqu'à la gare. ◆～[だます] tromper; rouler; 《俗》mener en bateau; faire marcher; posséder. 担がれる se faire posséder (avoir, rouler). 巧く担がれた On m'a bien eu (possédé). ◆～縁起を～ être superstitieux(se).

がっく 学区 circonscription *f* scolaire; [大学] académie *f*.

かっくう 滑空 vol *m* plané. ～する planer.

がっくり ¶～する être découragé (déçu, abattu). ～うなだれる baisser la tête.

かっけ 脚気 béribéri *m*. ～に罹る souffrir du béribéri; attraper le béribéri. ‖～衝心 syndrome *m* asystolique dû au béribéri.

かつげき 活劇 [映画] film *m* d'action. ～を演じる [殴り合い] faire une bagarre (une rixe); se battre à coup de poings; faire un pugilat.

かっけつ 喀血 crachement *m* de sang; hémoptysie *f*. ¶～する cracher du sang. ～の hémoptysique.

かっこ 各個 chacun(e). ¶～に [一人一人] individuellement; [別々に] séparément; chacun à part. ～に見れば子供達は皆従順だ Pris individuellement, chacun des enfants sont obéissants. 我々は～にそこに行くことにしました Nous avons décidé d'y aller chacun à part. ‖～撃破する battre *qn* un(e) par un(e).

かっこ 各戸 ¶～に à chaque maison (porte).

かっこ 確固 ¶～たる ferme; résolu; décidé; inébranlable. ～たる決心 résolution *f* ferme. ～たる信念 conviction *f* ébranlable

かっこ ~な調子で d'un ton décidé.
かっこ 括弧 parenthèses *fpl* 〔( )〕. ~に入れる mettre entre parenthèses. ~を開く(閉じる) ouvrir (fermer) la parenthèse. ‖大~ 〖数〗 accolades *fpl* 〔{ }〕. 中~〔角~〕〖印〗 crochets *mpl* 〔[ ]〕. 引用~ guillemets *mpl* 〔《 》〕.
かっこう 郭公 coucou *m*.
かっこう 恰好 [形] forme *f*; figure *f*; [外観, 様子] apparence *f*; tournure *f*; [姿, 姿勢] attitude *f*; posture *f*; tenue *f*; position *f*. この計画も〜が出来て来た Ce projet commence à prendre tournure (forme). こんな〜でお迎えしてごめんなさいね Je m'excuse de vous recevoir dans cette posture. 彼は飲むとだらしない〜になる Quand il boit, il manque de tenue. 蛙飛びの〜をする prendre la position de grenouille qui va sauter. ~をつける sauver les apparences; [もったいぶる] faire des cérémonies. ¶~のいい bien fait; bien conformé; [衣類] bien taillé; [粋な] chic *inv*. ~のいい青年 jeune homme *m* bien fait. ~の悪い mal fait; mal conformé. 40~の人 personne *f* dans la quarantaine. ◆ ~な [適当な] raisonnable; [理想的な] idéal(aux). ~な値段 prix *m* raisonnable (honnête). 子供にはぴったな運び場 terrain *m* de jeux idéal pour enfants.
かっこう 滑降 [スキー] descente *f*. ¶~する descendre. 直(斜)~ descente en tracé *m* direct (oblique). ~競技 descente. ~競技で優勝する gagner en descente.
がっこう 学校 école *f*; [授業] classe *f*. ¶9時に~が始まる Les classes commencent à neuf heures. ~が退けてから後は休み. 明日は~はない Il n'y aura pas de classe demain. ~から帰る rentrer de l'école. ~に入る entrer dans une école. ~に行く aller à l'école (en classe). ~を出る [卒業] sortir d'une école. 夏期~ école *f* d'été. 公立~ école communale. 小~ école primaire. 中~ école secondaire; lycée *m*; collège *m*. 美術(音楽)~ académie *f* de dessin (de musique). ~給食 [制度] demi-pension *f*. ~教育 enseignement *m* scolaire. ~生活 vie *f* scolaire. ~友達 camarade *mf* (d'école).
かっこく 各国 chaque pays *m*. 世界~ tous les pays du monde.
かっこむ 掻っ込む avaler sans mâcher.
かっさい 喝采 applaudissement *m*; acclamation *f*; bravo *m*. 熱狂的の~ bravos enthousiastes. 万雷の~ tonnerre *f* d'applaudissements. ~を巻起す [博する] soulever (obtenir) des applaudissements. 観客は俳優たちに~を送った Les spectateurs ont applaudi les acteurs. 割れんばかりの~を送る applaudir à tout rompre. 彼の演技は非常な~を受けた Son jeu a été très applaudi. 場内は大いに湧いた De vigoureux (grands) applaudissements ont retenti dans toute la salle. ¶~する applaudir *qn*(*qc*); acclamer *qn*. ~者 applaudisseur *m*.
がっさく 合作 collaboration *f*; trav*ail*(*aux*) *m* en commun. ¶~する collaborer avec *qn* à *qc*. ‖~者 collaborat*eur*(*trice*) *m*(*f*).
かっさつ 活殺 ‖~自在である avoir (tenir) le sort de *qn* entre *ses* mains; faire la pluie et le beau temps.
がっさん 合算 addition *f* totale. ¶~する totaliser. ~すると au total. ‖~高 grand total *m*.
かつじ 活字 caractère *m* [d'imprimerie]. ~の誤り faute *f* d'impression. ゴチック体の~ caractère gothique. 8ポの~ caractère de huit points. 太い(細い)~ caractère en gros caractères (en maigres). ~で刷る imprimer en gros caractères (en maigres). ~に組む composer; imprimer. 原稿を~に組む composer un manuscrit. ~にする [印刷する] faire imprimer.
かっしゃ 滑車 poulie *f*. ~で持ち上げる hisser *qc* par une poulie. ‖定(遊動, 動, 単, 複)~ poulie fixe (folle, mobile, simple, double).
ガッシュ gouache *f*. ‖~画 tableau(x) *m* peint à la gouache.
がっしゅうこく 合衆国 les États-Unis *mpl* [d'Amérique].
がっしゅく 合宿 [スポーツ] camp *m* d'entrainement. ¶~する vivre en commun; faire un camps (un stage). ‖強化~ stage *m* d'entraînement intensif. ~所 établissement *m* de stage.
かつじょう 割譲 cession *f*. ¶~する céder *qc* à *qn*.
がっしょう 合唱 chœur *m*. ¶~の choral(s). ‖二(三, 四)部~ chœur à deux (trois, quatre) voix. ~曲 chant *m* choral; chœur. ~団 chœur; chorale *f*. 児童~団 chœur d'enfants.
がっしょう 合掌 ¶~する joindre les mains; prier à [les] mains jointes.
かっしょく 褐色 brun *m*. ~にする(になる) brunir. ¶~の brun. ~がかった brunâtre. ~の髪の女 brunette *f*. ~の髪の人 brun(e) *m*(*f*).
がっしり ¶~した solide; robuste; [体の] 〖俗〗 costaud; baraqué. 彼はとても~した体格をしている Il est bien bâti. ~した構えの家 maison *f* solidement bâtie.
かっすい 渇水 sécheresse *f*; manque *m* (disette *f*) d'eau. ¶~する souffrir d'une sécheresse; manquer d'eau. ‖~期 période *f* de sécheresse; temps *m* sec.
がっする 合する ⇨ あわせる(合せる).
かっせい 活性 ~の actif(ive). ‖~炭素 charbon *m* actif. ~ビタミン vitamine *f* active. ~化 activation *f*. ~化する activer.
かっせき 滑石 talc *m*.
かっせん 割線 sécante *f*.
かっせん 合戦 combat *m*; bataille *f*. ¶~する se battre; se livrer [un] combat; s'affronter. ‖歌~ concours *m* de chants. 雪~ bataille de boules de neige.
かつぜん 豁然 ¶~と soudain; d'un coup. ~と視界が開ける Soudain, la vue s'étendit (s'élargit). 私は~と悟りを開いた J'ai été brusquement illuminé.
かっそう 滑走 glissement *m*; glissade *f*; [飛行機の] vol *m* plané. ¶~する glisser; faire

une glissade; [空中を] planer; faire du vol plané. ‖ ~路 piste f; terrain m d'atterrissage.

がっそう 合奏 concert m. ~する jouer de concert. 姉と私はバイオリンとピアノで~した Ma sœur et moi, nous avons joué un duo pour violon et piano. ‖ ~曲 concert. ~者 concertant(e) m(f). ~団 ensemble m.

カッター [船] cotre m; [機械] coupeuse f; coupoir m.

カッターナイフ cutter[kœtœr, kyter] m.

がったい 合体 union f; fusion f. ~する s'unir à; se fusionner avec; se fondre avec; faire corps avec qc.

かったつ 活達 ‖ ~な généreux(se); facile; magnanime. ~な性格 caractère m généreux (facile). 自由~な人 personne f franche et ouverte. ~に振舞う se comporter avec aisance. 態度の~さ aisance f dans l'attitude.

かったん 褐炭 lignite m.

がっち 合致 ⇨ いっち(一致).

かっちゅう 甲冑 armure f; arme f. ~をつける porter (se vêtir d')une armure.

がっちり [しっかり] fermement; solidement. ~掴む tenir qc solidement. 節約して~ためむ économiser beaucoup à force de privations. ‖ ~した [抜目ない] fin; rusé; [けちな] avare; économe; regardant; [堅固な] solide; fort; robuste. ‖ ~屋 avare mf; [俗] radin(e) m(f).

ガッツ cran m. ~のある avoir du cran. ‖ ~ポーズをとる faire un geste de victoire.

がっつく dévorer goulûment; manger en glouton; ~く勉強 bûcher; potasser. ‖ ~がっつき屋 bûcheur(se) m(f); [皮肉に] très bon(ne) élève mf.

かつて 嘗て [昔] jadis; autrefois; anciennement; dans le temps; [今までに] jamais; une fois. ~栄えた町 ville f jadis prospère. それは~見たことがある Je l'ai vu une fois. そんなものは~見たことがない Je n'en ai jamais vu de pareil.

かって 勝手 [台所] cuisine f. ‖ ~口 porte f de service. ~道具 ustensiles mpl de cuisine.

かって 勝手 [事情] circonstance f. ~が分っている bien connaître. この家の~によく知っている Cette maison m'est familière./Je suis un familier de cette maison./Je connais cette maison de tous les coins. ◆[具合] état. ~が悪い部屋 chambre f qui n'est pas commode. いつもと~が違う Ça ne va pas comme d'habitude. ◆[随意] ‖ ~な[わがままな] capricieux(se); [独断的な] arbitraire; [利己的な] égoïste. ~に [自由に] à sa guise; à sa fantaisie; librement; [独断的に] arbitrairement; [無断で] sans permission. ~に振舞う agir à sa guise (à son gré). ~にしなさい Faites à votre guise (comme vous voudrez). ~に...を許可する Se permettre de inf. あんたは~に私の服を着たのね Tu t'es permis de mettre une de mes robes! ~に...させておく laisser faire qc à qn. ~に泣かせておきなさい Laissez-le pleurer. ~に召し上がれ Servez-vous vous-même. それはあなたの~です C'est votre affaire./Ça ne me regarde pas.

カッティング [服] coupe f. ~が素晴らしいドレス robe f bien coupée.

カッテージチーズ cottage m cheese.

かってでる ⇨

がってん 合点 ~だ Entendu!/D'ac[cord]!/OK.

かっと ~なる perdre son sang-froid; [我を忘れる] s'oublier; [怒る] se monter la tête; s'emporter; bouillir de colère; [俗] se hérisser; se mettre en boule. あの人はすぐ~なるんだ C'est une véritable soupe au lait. 些細な注意に~なる se hérisser à la moindre remarque. ああしたことには私はすぐ~となる Mon sang bout quand je vois de pareilles choses. ~なって furieux(se); dans un accès de colère. 彼に~なって彼女を殴った Il s'est oublié jusqu'à la frapper. 彼女は~なって髪をかきむしった Furieuse, elle s'est arraché les cheveux. ~目を見開いて écarquiller les yeux tout grands.

カット [本の] petites gravures fpl; [映画の] scène f; [削除] coupure f; coupe f. ~する couper; supprimer. ボールを~する [テニス] couper une balle. ‖ ~アンドペースト couper-coller.

ガット [ラケットの] corde f. ~を張る corder.

ガット [関税貿易一般協定] GATT Accord m Général sur les Tarifs Douaniers et le Commerce.

かつとう 葛藤 désaccord m; conflit m; différend m; tiraillements mpl. 組合間に~が生じた Un désaccord a surgi entre des syndicats. この小説は愛の~を描いたものだ Ce roman décrit les drames secrets de l'amour.

かつどう 活動 action f; activité f; [企業等の] opération f. ~する travailler activement; se montrer actif; [政治的に] militer. 党のために~する militer pour un parti. ~的な actif(ve); énergique; militant. ‖ 組合(政治)~ action f syndicale (politique). 商業~ opération (activité) commerciale. ~家 homme m d'action; [政治的な] militant(e) m(f). ~範囲 sphère f d'activité. ~力 [force f d']activité.

カットグラス cristal(aux) m taillé.

カットワーク [刺繍] broderie f à jour[s].

かっぱ 河童 ‖ 彼が陸に上った~も同然だ Il est comme un poisson hors de l'eau. 彼の泳ぎは~も顔負けだ Il nage comme un poisson.

かっぱ 喝破 ‖ 真相を~する dénicher la vérité; dire la vérité.

かっぱ 合羽 [雨] ~ cape f imperméable.

かっぱつ 活発 ‖ ~な actif(ve); vif(ve); animé; sémillant. ~な会話 conversation f animée. ~な子供 enfant mf vif(ve). ~な想像力(議論) vive imagination f (discussion f). ~に actively, vivement; avec animation; d'une façon active. ~にする activer; animer. 議論が~になってきた La discussion s'anime.

かっぱらい 掻払い [行為] barbotage m; chapardage m; [人] barboteur(se) m(f);

かっぱらう 掻払う chaparder (barboter, chiper) qc à qn. 掻払われる se faire barboter.

かっぱん 活版 typographie f. ¶～印刷 imprimerie f typographique.

がっぴょう 合評 critique f collective. ¶～する faire une critique collective. ‖～会 cercle m de critique.

カップ [茶碗] tasse f; [杯] coupe f; godet m; [湯飲、うあいみ] gobelet m. 計量～ verre m gradué. デビス～ coupe Davis.

かっぷく 割腹 hara-kiri m. ¶～する [se] faire hara-kiri; s'éventrer; se suicider en faisant hara-kiri.

かっぷく 恰幅 prestance f. 彼は～がいい Il a de la prestance. ～が悪い manquer de prestance.

カップル couple m. 似合いの～ couple bien assorti.

がっぺい 合併 union f; fusion f; fusionnement m; [併合] annexion f; rattachement m. 企業の～ fusion des entreprises. 銀行の～ fusion bancaire. ¶～する fusionner; se réunir avec; s'incorporer à (dans). 二つの会社を～する fusionner deux entreprises. A社はB社と～した La société A s'est incorporée à la société B. 二つの組合は遂に話し合いがついて～した Les deux syndicats ont fini par s'entendre et par fusionner. ～させる unir; fusionner; annexer; rattacher qc à qc. ‖この病気は～症を起し易い Cette maladie entraîne fréquemment des complications.

かっぽ 闊歩 ¶～する [大またで] marcher à grands pas (à grandes enjambées); [いばって] marcher le front haut; se pavaner.

かつぼう 渇望 ambition f; convoitise f. ¶～する ambitionner; être avide (assoiffé) de; désirer ardemment; convoiter qc; être désireux de qc.

かっぽうぎ 割烹着 tablier m de cuisine.

がっぽり ¶～儲ける gagner beaucoup.

がっぽん 合本 ¶～する relier les livres en un volume.

かつまた 且又 et; outre cela; d'ailleurs; du reste; de plus.

かつもく 刮目 ¶～して待つ attendre avec un vif intérêt. 今度出る彼の小説は～に値する Son roman qui paraîtra bientôt mérite toute notre attente.

かつやく 活躍 activité f. 目覚しい～をしている manifester (faire montre d')une brillante activité. ～する se montrer actif(ve).

かつやくきん 括約筋 sphincter m. ¶肛門～ sphincter de l'anus.

かつよう 活用 utilisation f; exploitation f. 太陽エネルギーの～ utilisation de l'énergie solaire. 独創的なアイディアの合理的な～ exploitation rationnelle d'une idée originale. ¶～する utiliser; exploiter; faire valoir; faire usage de qc; tirer parti de qc. ◆ [動詞の] conjugaison f; [性、数、格の] déclinaison f. ¶～する se conjuguer; se décliner. ～させる conjuguer; décliner. 動詞を～させる conjuguer un verbe.

かつようじゅ 闊葉樹 arbre m latifolié (à larges feuilles).

かつら 桂 arbre m de Judée; arbre d'amour.

かつら 鬘 perruque f. ～をかぶる porter une perruque; [常用する] porter perruque. ‖～師 perruquier m.

かつりょく 活力 vitalité f; force f vitale; énergie f; dynamisme m. ～に溢れている être plein de vitalité. 明日への～をつける prendre des forces en vue des efforts du lendemain. ‖彼の～源はどこにあるのだろう D'où est-ce qu'il tire son dynamisme?

かつれい 割礼 circoncision f; excision f du prépuce. ～を行う circoncire qn. ～を受けた人 circoncis m.

カツレツ côtelette f; escalope f panée.

かつろ 活路 ¶～を開く se frayer une issue à travers qc.

かて 糧 nourriture f; [食べ物] aliment m. 日々の～ aliment m (pain m) quotidien (de chaque jour). ～になる nourrir qc; donner de la nourriture. 読書は精神の～になる La lecture nourrit l'esprit.

かてい 仮定 supposition f; [仮説] hypothèse f. ¶～する supposer; admettre. ～として à supposer (en supposant, en admettant) que sub; dans l'hypothèse où cond. 線分ABがBCに等しいとして Le segment AB étant par hypothèse égal à BC, …. ～的な hypothétique.

かてい 家庭 famille f; foyer m; ménage m. ～で chez soi; en famille. ～で作ったハムjambon m [de] maison. ～を持つ [結婚する] fonder un foyer; se mettre en ménage. ¶～の familial(aux); domestique. ～の仕事 travaux m domestiques. ～の主婦 femme f au foyer. ～的な男 homme m de foyer. ～的な女 femme f d'intérieur. ～新婚 ～ foyer de nouveaux mariés. ～経済 économie f domestique. ～教育(生活) éducation f (vie f) familiale. ～教師 précepteur(trice) [à domicile] m(f). ～教師をする donner des leçons à domicile. ～教師を頼む prendre un précepteur à domicile. ～裁判所 tribunal(aux) m d'affaires familiales. ～争議 querelles fpl familiales. ～用 articles mpl de ménage. ～用品を買い揃える monter son ménage. ～用ガス器具 appareil m à gaz à usage domestique. ～用電気器具 appareil électro-ménager. ～欄 page f familiale. ～料理 cuisine f de ménage (maison).

かてい 課程 cours m; programme m d'études. 義務教育の～を終える terminer ses études obligatoires. 高等科の～を修了している être titulaire d'un diplôme supérieur. ‖修士(博士)～ cours de maîtrise (de doctorat).

かてい 過程 processus m. …の～にある être en cours (en voie) de qc. …の～において au cours de qc. 植物の成長～を研究する étudier le processus de la croissance des végétaux.

カテーテル 〘医〙 cathéter m.

カテゴリー catégorie f. ...の～に属する être de (se classer dans) la catégorie de qc.

カテドラル cathédrale f.

-がてら ¶散歩～彼の家に寄った J'ai profité d'une promenade pour passer chez lui.

かでん 家伝 ¶～の transmis des (par les) ancêtres; ancestral(aux). ～の妙薬 remède m transmis des ancêtres. ～の宝物 trésor m familial.

がてん 合点 ¶～がいく comprendre qc; consentir à qc. ～のいかない incompréhensible.

がてんいんすい 我田引水 ¶～する raisonner (argumenter) pour soi (dans son propre intérêt);《俗》prêcher pour son saint. 彼の論証は～というものだ C'est un argument intéressé.

カデンツァ cadenza f; cadence f.

かと 過渡 ¶～的な transitoire. ～的現象 phénomène m transitoire. ‖～期 période f transitoire (de transition).

かど 過度 excès m; exagération f; outrance f; immodération f. ¶～の excessif(ve); exagéré; démesuré; immodéré. ～の飲酒 boisson f excessive. ～の飲食 excès de table. ～に excessivement; à l'excès; outre mesure; démesurément; avec exagération; outrageusement. 何事も～にわたらぬように Soyez modéré en toute chose.

かど 角 angle m; [関] coin m; [曲り角] tournant m; coude m. テーブルの～ angle (coin) de la table. そう言っては～が立つ Ces manières de parler sont blessantes. ／ Tu parles d'un ton blessant. ～から二軒目の家 deuxième maison f après le tournant. ～の家 maison du coin. ～のある人 personne f difficile. ～のとれた人 personne affable (indulgente). ～を左に曲る tourner à gauche (à droite) au coin. 目に～を立てる faire les gros yeux à qn. 目に～を立てて怒る entrer en folle colère. ‖街～で au coin (à l'angle) de la rue.

かど 門 porte f. ～を叩く frapper à la porte. ～ごとに à chaque porte (maison).

かど 廉 ¶...の～で pour cause (à cause) de qc. 殺人～で逮捕される être arrêté sous l'inculpation de meurtre. 彼は怠情の～で罷免された Il a été renvoyé pour cause de paresse.

かとう 下等 ¶～な [下劣な] bas(se); vulgaire; [低級な] inférieur. ‖～動物 animaux mpl inférieurs.

かとう 果糖 sucre m de fruit;《化》fructose m.

かとう 過当 ¶～競争 concurrence f excessive (outrancière). ⇒ かど(過度).

かどう 可動 ¶～の mobile. ‖～性 mobilité f.

かどう 稼動(働) ¶～時間 [機械の] heures fpl de fonctionnement des machines. ～人口 population f active. ～日数 nombre m de jours ouvrables.

かどう 花(華)道 ⇨ いけばな(生け花).

かとく 家督 [héritier(ère) m(f) de] patrimoine m. ～を譲る céder le patrimoine à qn. ～を相続する succéder à son père; recueillir la succession du chef de famille. ‖～相続人 héritier(ère) de patrimoine.

かどで 門出 départ m; début m. 人生(結婚生活)の～ au seuil de la vie (de l'union). ～を祝う fêter le départ. ～を見送る souhaiter bon voyage à qn.

かどばん 角番 ¶～に立つ être au pied du mur.

カドミウム cadmium m.

カドリール quadrille f.

かとりせんこう 蚊取線香 encens m insecticide.

カトリック catholicisme m; religion f catholique. ¶～の catholique. ～の教義 dogme m catholique. ～教会(教団) église f (pays m) catholique. ～教徒 catholique mf.

ガドリニウム gadolinium m.

カトレア cat[t]leya f.

かどわかす enlever. 子供をかどわかして身代金を要求する enlever un enfant pour exiger une rançon.

かとんぼ 蚊蜻蛉 tipule f. ～のように痩せている être maigre comme un clou.

かな 仮名 ¶～で書く écrire en caractères japonais.

かなあみ 金網 toile f métallique; treillis m métallique; [垣根, 窓などの] grillage m. 蠅よけの～ treillis métallique d'un garde-manger. ～を張る(とりつける) grillager; treilliser. 窓に～を張る treilliser une fenêtre. ～を張った窓口 guichet m grillagé.

かない 家内 [妻] ma femme. ¶一同 toute la famille. ‖～工業 industrie f domestique. ～工業的な artisanal(aux). 日本の伝統的な～工業製品 articles mpl traditionnels de l'artisanat japonais.

かなう 叶う être exaucé; se réaliser. 願いが叶った Mes vœux sont exaucés. 願ったり叶ったり Voilà ce que je désirais. 叶わぬ恋(恋をする) amour m (aimer) sans espoir. 叶わぬ願いだ Ce n'est qu'un désir irréalisable.

かなう 敵う égaler qn; être l'égal de qn; rivaliser avec; être de force à lutter avec qn. 葡萄酒ではフランスに～国はあるまい Pour le vin, aucun pays ne saurait rivaliser avec la France./Rien ne vaut le vin de France. 彼に～者はない Il n'a pas son pareil, 彼に敵わない Je ne suis pas de force à lutter avec lui./Je ne peux pas rivaliser avec lui. あの店の値段の安いのにはどんな店も敵わない Les prix de ce magasin-là défient toute concurrence. 暑くて敵わない Il fait une chaleur insupportable.

かなう 適う convenir; se réaliser; [応じる] répondre. 規則に～ être conforme aux règlements. 希望に～ répondre aux espérances. これは僕の好みに～ Ça convient à mon goût./Ça me va (convient). 礼儀に適った conforme à l'étiquette. ‖道理に適った(適わない) raisonnable (irraisonné). 法規に適った(適わない) légal(aux) (illégal(aux)).

かなえ 鼎 marmite *f* à trois pieds. ～の軽重を問う discuter l'autorité de qn. 彼の～の軽重が問われている Son prestige (Son autorité) est en question.

かなえる 叶える exaucer; remplir; satisfaire; [希望を] réaliser. 要望を～ satisfaire le désir de qn. 願いを～ exaucer les vœux de qn. 希望が叶えられた L'espoir s'est réalisé.

かなきりごえ 金切声 glapissement *m*; voix *f* perçante (stridente, criarde); cri *m* aigu. ～を上げる glapir; faire entendre une voix perçante; pousser des cris aigus.

かなきん 金巾 percale *f*.

かなぐ 金具 ferronnerie *f*; ferrure *f*.

かなくぎりゅう 金釘流 ¶～で書く griffonner; gribouiller. ～で書いた手紙 lettre *f* griffonnée.

かなくず 金屑 ferraille *f*.

かなくそ 金屎[冶金] scories *f pl*.

かなけ 金気[化工業] résidu *m* métallique; [臭味] odeur *f* de métal. ～のある水 eau *f* qui a un goût de métal; eau qui sent le métal.

かなしい 悲しい triste; mélancolique; [悲しませる] affligeant; attristant; [嘆かわしい] lamentable; déplorable; navrant. ～結果 conséquence *f* navrante. ～ニュース nouvelle *f* affligeante; triste nouvelle. ～思いをする attrister. 僕は～ Je suis triste./J'ai le cœur gros. 哀れにもその男は陋屋で悲しく死んでいった Le pauvre homme eut dans son taudis une fin déplorable. 悲しげな triste; mélancolique; dolent; plaintif(ve). 彼は悲しげな様子をしている Il a l'air triste. 悲しげに tristement (avec tristesse); d'un air triste.

かなしばり 金縛り ¶～になる être réduit à l'impuissance (à l'inaction totale); avoir pieds et poings liés; [金力で] être perdu de dettes.

かなしみ 悲しみ tristesse *f*; chagrin *m*; [苦悩] douleur *f*; peine *f*; affliction *f*; désolation *f*; [哀惜] regrets *m pl*; [悲嘆] lamentation *f*; plainte *f*. 彼はまだその～から立ち直っていない Il ne s'est pas encore remis de cette peine. ～で胸が一杯である avoir le cœur gros. ～に沈む se plonger dans la tristesse. ～の余り dans l'excès de son chagrin. ～を酒にまぎらす noyer son chagrin dans l'alcool.

かなしむ 悲しむ éprouver du chagrin; s'affliger; s'attrister de *qc*; se désoler de *qc* (de *inf*, que *sub*); [哀惜する] regretter *qc* (de *inf*, que *sub*); [嘆く] déplorer *qc*; se lamenter. …の死を～ regretter la mort; se lamenter sur la mort. 父の死を～ se désoler (s'affliger) de la mort de *son* père. 風俗の頽廃を～ déplorer la dégradation des mœurs. 彼はひどく悲しがっている Il a un gros chagrin. 彼は奥さんの死をひどく悲しんでいる Il est fortement affecté de la mort de *sa* femme. ¶悲しませる attrister *qn*; chagriner *qn*; affliger *qn*; affecter *qn*. 両親を悲しませる causer du chagrin à *ses* parents. 君を悲しせたくないんだ Je ne voudrais pas te faire de la peine. ～べき [悲しい] triste; [嘆かわしい] lamentable; déplorable; [惜しい] regrettable.

ガナシュ ganache *f*.

かなた 彼方 [向う側] ～に au-delà; au-delà de; [遠く] là-bas; au loin. 山の～に au-delà de la montagne. 恩讐の～に au-delà de l'amour et de la haine.

かなだらい 金盥 cuvette *f* (bassin *m*) de métal.

カナッペ canapé *m*. キャビアの～ canapé de caviars.

かなつぼまなこ 金壺眼 yeux *m pl* enfoncés; yeux caves. 彼は～だ Il a des yeux caves.

かなてこ 鉄梃 levier *m* de fer.

かなでる 奏でる jouer. ギターを～ jouer de la guitare. 舞を～ danser au son de la musique.

かなとこ 金床 enclume *f*. 靴屋の～ bigorne *f* (billot *m*) de cordonnier. ¶二角～ enclume à deux cornes; bigorne *f*. 一台 billot d'enclume.

かなぶつ 金仏 statue *f* en métal du Bouddha; [冷たい人] personne *f* insensible et dure. あの人は～だ C'est un cœur de marbre.

かなぼう 金棒 barre *f* de fer. これで鬼に～だ Avec ça, rien ne m'effraie. ¶～引き colporteur(se) *m(f)* [de nouvelles].

かなめ 要 nœud *m*; [中心人物] pivot *m*; pierre angulaire. 扇の～ nœud d'éventail. 鉄道網の～ centres *m pl* de réseaux ferroviaires (des voies ferrées). 彼がその仕事の～だ Il est le pivot de cette affaire. そこがその問題の～である Voilà le nœud du problème.

かなもの 金物 quincaillerie *f*; ferronnerie *f*. ¶～屋[人] quincailler(ère) *m(f)*; ferronnier(ère) *m(f)*; [店] quincaillerie.

かならず 必ず certainement; sûrement; à coup sûr; [必然的に] inévitablement; nécessairement; [ぜひとも] à tout prix. ～…する ne pas manquer de *inf*. ～君に知らせよう Je ne manquerai pas de t'informer. ～しも …でない ne pas toujours (nécessairement) …. 金持～しも幸福とは限らない Le riche n'est pas toujours heureux. それは～しも彼が正しいことを意味しない Cela ne veut pas nécessairement dire qu'il a raison. 光るもの～しも金ならず Tout ce qui brille n'est pas or.

かなり 可成り assez; passablement; sensiblement. ～いい長い assez bien (long). 彼は～酒を飲んだ Il a passablement bu. 温度は～下った La température a sensiblement baissé. ¶～の assez de; pas mal de; raisonnable; respectable. ～の金額 somme *f* raisonnable (respectable). ～の収入 assez de revenu; revenu *m* raisonnable. ～の成績 note *f* correcte; résultats *m pl* satisfaisants. 駅までまだ～の道程がある Il y a encore pas mal de chemin jusqu'à la gare.

カナリア canari m; serin m. ‖〜諸島 îles fpl Canaries.

かに 蟹 crabe m. 〜の甲 carapace f. 〜のはさみ pinces fpl. 〜のように横ばいする marcher en crabe. ‖〜罐 conserve f de crabe. 〜座 le Cancer.

カニバリズム cannibalisme m.

がにまた 蟹股 jambes fpl arquées. 〜の男 homme m aux jambes arquées.

かにゅう 加入 entrée f; affiliation f; adhésion f; [電話などの] abonnement m. ‖〜する entrer dans; s'affilier à; adhérer à; s'abonner à. 会に〜する entrer dans une société. 政党に〜する s'affilier (adhérer, s'inscrire) à un parti politique. ‖〜者 affilié(e) m(f); adhérent(e) m(f); abonné(e) m(f); titulaire mf d'un abonnement. 電話〜者 abonné au (du) téléphone.

カヌー canoë m.

かね 金 [金銭] argent m; [金額] somme f. ‖〜がある avoir de l'argent; être riche. 〜が唸るほど roulé sur l'or; nager dans l'or. 〜がない n'avoir pas d'argent; être pauvre. 〜が全然ない n'avoir pas un sou; [俗] être fauché (dans la dèche). 船旅は〜かかる Le voyage en bateau est coûteux. 「〜は幸福のもとならず」《L'argent ne fait pas le bonheur.》「〜は天下の回り物」《Plaie d'argent n'est pas mortelle.》 ¶〜に飽かして sans regarder à l'argent. 〜に糸目をつけない ne pas regarder à l'argent. ...を〜に換える faire de qc. 〜に汚い être âpre au (avide de) gain. 〜に困る manquer d'argent; être dans la gêne (purée); être à court d'argent. 〜になる lucratif(ve). この仕事は〜になる Ce travail rapportera beaucoup. 〜にまかせて à force d'argent. 〜に目がくらむ être ébloui par l'argent. 〜に目のない人 [欲張り] avare m(f); radin(e) m(f). 〜の出る人 personne f vénale. 〜のかかる coûteux(se). 〜の出し甲斐がある en avoir pour son argent. 〜の亡者 homme m d'argent; esclave mf de l'argent. 〜をかせぐ gagner de l'argent. 〜をかけて à grands frais. 〜を崩す faire de la monnaie. 〜を貯める faire des économies; amasser (économiser) de l'argent; [小金] amasser un pécule. 〜を払う donner (verser) de l'argent; payer. 〜を出す [出資] placer son argent; [寄付] souscrire à [une collecte]. 別荘を買うのに大枚の〜を出す payer une grande somme pour une villa. 高い〜を出して à prix d'or. 〜を使う dépenser [de l'argent]. 湯水のように〜を使う gaspiller son argent. 〜を窓から投げる jeter par les fenêtres. 彼(彼女)は湯水のように〜を使う L'argent lui fond entre les mains. どんなに〜を積まれてもできない Je ne ferais pas cela pour tout l'or du monde. ¶「時は〜なり」《Le temps, c'est de l'argent.》◆[金属] métal(aux) m. ¶〜の métallique.

かね 鐘 cloche f; [大鐘] bourdon m; [小さな] clochette f; [組になった] carillon m; [ドラ] gong m. 〜が鳴る La cloche sonne (tinte).

〜の音 carillon m; sonnerie f. 〜を鳴らす sonner une cloche. ‖〜つき堂 clocher m; beffroi m. 〜つき守 sonneur m.

かねあい 兼合い ¶予算との〜で支出を決める régler les dépenses en fonction du budget. その〜がむずかしいんだ Le difficile, c'est de ménager les deux.

かねかし 金貸 prêteur(se) m(f); [高利貸] usurier(ère) m(f). 〜する prêter à gage.

かねがね depuis longtemps. 〜御名前は存じておりました Je connaissais votre nom depuis longtemps.

かねぐり 金繰 finances fpl. 〜が難しい avoir du mal à joindre les deux bouts. この頃〜が悪い Ces jours-ci mes finances ne sont pas bonnes. 〜に忙しい s'occuper à réunir de l'argent.

かねずく 金ずく ¶〜で問題を解決する régler (trancher) un problème à force d'argent.

かねそなえる 兼備える ¶知恵と勇気を〜 être doué à la fois de sagesse et de courage; être aussi sage que courageux; joindre (mêler) la sagesse au courage.

かねつ 加熱 chauffage m; [工学] chauffe f; [料理] cuisson f. 〜する chauffer qc. ‖〜機具 appareils mpl de chauffage. 〜分解 décomposition f par chaleur.

かねつ 火熱 chaleur f du feu.

かねつ 過熱 surchauffe f; chauffage m excessif; [モーターの] échauffement m. 〜する chauffer à l'excès. モーターが〜している Le moteur chauffe. 〜した surchauffé. ‖〜景気 surchauffe. 〜蒸気 vapeur f surchauffée. 〜状態 surchauffe.

かねづかい 金遣い ¶〜が荒い dissiper son argent; prodiguer son argent. 〜の荒い dépensier(ère); prodigue.

かねづまり 金詰り manque m d'argent; gêne f; besoin m [pécuniaire]; [金融市場の] resserrement m de l'argent (financier). 〜になる manquer d'argent. 金融市場は〜だ Le marché financier est inactif. このところ僕は〜だ Ces jours-ci, je manque d'argent.

かねづる 金蔓 filon m; [人] soutien m (appui m) financier. 〜をつかむ trouver le filon.

かねて 予 [既に] déjà; [以前から] depuis quelque temps; [前もって] par avance; d'avance. ¶彼の失敗は〜から分っていた Son échec était prévu d'avance. 〜の計画通り selon le plan prévu.

かねばなれ 金離れ ¶〜がいい être largo être généreux(se). 〜が悪い être près de ses sous; être dur à la détente.

かねまわり 金回り ¶〜がいい(悪い) avoir la bourse pleine (plate). あいつはとても〜がいい Il regorge d'argent. 〜はどうですか Comment vont vos finances?

かなめ 金目 ¶〜の物 objet m de valeur; objets précieux.

かねもうけ 金儲け gain m. 〜が巧い avoir l'art de gagner de l'argent. 〜をする gagner de l'argent. ‖〜主義 mercantilisme m; esprit m mercantile. 〜主義の mercantile.

かねもち 金持 riche mf. 〜である être riche. 〜と結婚する faire un riche mariage. 〜にす

かねる 兼ねる [兼職] cumuler. 二つの役を〜cumuler deux fonctions. 当分は首相が外相を〜ことになるだろう Pour quelque temps, le premier ministre va remplir les fonctions de ministre des Affaires étrangères. [兼用] servir aussi de qc. 大は小を〜 Qui peut le plus peut le moins. 客間と書斎を兼ねた部屋 pièce f servant de salon et cabinet de travail. 攻防を兼ねた砦 citadelle f offensive et défensive. 台所を兼ねている La cuisine sert aussi de salle à manger. ◆ ...し〜 [不可能] ne pas pouvoir inf; Il est impossible de inf; être dans l'impossibilité de inf; [不決断] n'oser pas inf; hésiter à inf; 決心し〜 n'oser pas (ne pas) se décider. あなたの要求はお受け致し兼ねます Je ne peux pas accepter votre demande. ...し兼ねない être capable de qc inf. 彼は何でもし兼ねない Il est capable de tout. 人殺しも し兼ねない男 homme m qui serait capable de commettre un meurtre.

かねんせい 可燃性 combustibilité f. ¶〜の combustible. ‖〜物質 matière f combustible.

かのう 化膿 purulence f; suppuration f; abcès m. ¶〜する suppurer; abcéder. 腋の下の傷が〜してしまった La blessure de l'aisselle a suppuré. 〜した(性)の purulent; suppurant. 〜した傷口 plaie f purulente. ‖〜菌 microbe m pyogène. ‖〜止め [薬] antiseptique m. ‖〜剤 suppuratif m.

かのう 可能 ¶...とーである Il est possible de inf(que sub)./Il se peut que sub. この文章は二通りの解釈が〜である Cette phrase est susceptible de deux interprétations. もし〜ならば si cela se peut; si [c'est] possible. ¶〜な possible. 実行〜な exécutable; réalisable. 〜な限り dans la mesure du possible; autant que possible. 私は〜な限りやってみた J'ai essayé dans la mesure du possible. 〜な事 possible m. 〜な手段 possibilités fpl. ‖〜性 possibilité f; [見込み] chance f. あらゆる〜性を検討する envisager toutes les possibilités. 彼が成功する〜性は大いにある(少ない) Il a beaucoup de chances (peu de chances) de réussir.

かのこ 鹿の子 ‖〜まだら fauve m taché de blanc. 〜まだらの生地 tissu m fauve taché de blanc.

かのじょ 彼女 elle. ¶〜は(が) elle. 〜の son (sa, ses). 〜に lui; à elle. 〜を la. 〜のもの le (les) sien(s) m; la (les) sienne(s) f. 〜自身 elle-même. 〜ら elles. 〜らは(が) elles. 〜らに leur. 〜らの leur(s). 〜らを les. 〜ら自身 elles-mêmes. 〜らの間で la leur, la leurs. ‖まだ彼女はいないのかい [女友達] Tu n'as pas encore de petite amie?

カノン [楽] canon m.

かば 河馬 hippopotame m.
かば 樺 bouleau(x) m. ‖〜色の brun rouge inv.

カバー couverture f; [家具, 機械の] †housse f; [雨除けの] bâche f. 椅子(タイプライター)の〜housse de chaise (machine à écrire). 本の〜 couvre-livre(s) m; [広告, 装飾用] jaquette f. 〜をかける couvrir; †housser; bâcher. 本に〜をかける couvrir un livre d'une couverture. トラックに〜をかける bâcher un camion. ‖ベッド〜 couvre-lit(s) m. 防水〜 couverture imperméable. ポット〜 couvre-théière m. ◆[補う] ¶〜する couvrir; compenser. 費用(至らぬ所)を〜する couvrir les frais (ses faiblesses). ...で損失を〜する compenser la perte par qc.

カバーガール cover-girl(s) [kɔvœgœrl] f; pin-up [pinœp] f inv.

かばいろ 樺色 〜の [en] kaki; かっしょく(褐色).

かばう 庇う [庇護] protéger; couvrir; [弁護] défendre. 身を〜 se protéger de; s'abriter de; se défendre.

がはく 画伯 [画家] peintre m; [一流の] peintre célèbre; grand maître m de la peinture.

がばと ¶〜起きる se lever d'un bond (en sursaut).

かばね 屍 ⇒したい(死体).

かばり 蚊鉤 mouche f [artificielle].

かはん 河畔 rive f. セーヌの〜 quais mpl de la Seine. 〜で au bord de la rivière.

かばん 鞄 serviette f; [書類入れの] portefeuille m; carton m; [旅行用] sac m de voyage; valise f; [学童用] cartable m; [集金人などの] sacoche f.

がばん 画板 planche f à dessin.

かはんしん 下半身 partie f inférieure du corps.

かはんすう 過半数 majorité f. 投票(出席者数)の〜 majorité des suffrages (des membres présents). 彼は〜で議長に選ばれた Il a été élu président à la majorité. 〜を得る avoir la majorité. ‖絶対〜 majorité absolue.

かひ 可否 le pour et le contre; le oui et le non. 〜を論ずる discuter le pour et le contre. ...の〜を考える peser le pour et le contre de qc.

かひ 果皮 péricarpe m.

かび 華美 luxe m; faste m; pompe f; apparat m. 〜に流れる se laisser aller au luxe. ¶〜な luxueux(se); fastueux(se); somptueux (se); pompeux(se). 〜な服装 costume m d'apparat. 〜な生活をする mener une vie fastueuse; vivre dans le luxe.

かび 黴 moisissure f; moisi m; taches fpl d'humidité. チーズの〜 moisissure du fromage. ¶〜臭い qui sent le moisi; [部屋などが] qui sent le renfermé. 〜臭い香 goût m de moisi. この部屋は〜臭い Cette chambre sent le renfermé. 〜の臭い odeur f de moisi (de renfermé). 〜の生えた moisi. 〜る moisir. このパンは黴ている Ce pain a moisi.

かひつ 加筆 retouche f; [かきこみ] ajout m; [訂正] remaniement m. 〜だらけの校正

がひつ épreuves fpl surchargées d'ajouts. ¶〜する ajouter; retoucher; remanier.

がびつ 画筆 pinceau(x) m; brosse f.

がびょう 画鋲 punaise f. 〜でとめる fixer qc par des punaises.

かびん 花瓶 vase m [à fleurs]; [花差し] porte-bouquet(s) m.

かびん 過敏 ¶〜な trop sensible; hypersensible; [神経質な] nerveux(se); [傷つき易い] susceptible; vulnérable. ‖ 神経〜 susceptibilité f; sensibilité f pathologique; hypersensibilité f. 神経〜症 hyperesthésie f. 〜症 [薬などに対する] anaphylaxie f; [興奮性] éréthisme m.

かふ 下附 ¶〜する accorder; donner. ‖〜金 subvention f; [手当] allocation f.

かふ 寡婦 veuve f.

かふ 火夫 chauffeur m.

かぶ 下部 partie f inférieure; bas m; dessous m. ‖〜構造《経》infrastructure f.

かぶ 歌舞 ¶〜音曲 musiques et danses fpl.

かぶ 株 action f; titre m de porte. 〜が上る(下る) Les actions montent (baissent). 〜の値上り(下り) hausse f (baisse f) d'une action. 〜の売買 transaction f d'une action. 〜で儲ける(損する) gagner (perdre) à la Bourse. 〜を買う acheter des actions; [店の権利] payer un pas de porte. 〜を発行(募集)する émettre (lancer, faire souscrire à) des actions. 〜をやる jouer à la Bourse. 記名(無記名)〜 action nominative (au porteur). 上場〜 actions cotées à la Bourse. 新〜 nouvelle action. 人気〜 action (valeur) populaire. 無償〜 action gratuite. 〜価 cours m d'une action. 〜券 action; titre m d'action. ◆[人気·信用]彼の〜が上がった(下った) Ses actions ont monté (baissé). 〜を奪う éclipser les talents de qn.

かぶ 株 [切株] souche f; [植物の根] pied m. 二〜のレタス deux pieds de laitue. ‖ 〜分けをする diviser les pieds.

かぶ 蕪 rave f; navet m.

かぶ 無 radis m.

がふ 画布 ⇨ カンバス.

かふう 家風 traditions fpl de la famille; coutumes fpl de la maison. 〜に合う[主語·物] s'accorder (cadrer, aller bien) avec les coutumes de la maison. 嫁が我が家の〜に合わない Ma belle-fille s'accommode (s'adapte) mal à nos coutumes familiales.

がふう 画風 style m de peinture; pinceau(x) m [d'un peintre]. 力強い〜 pinceau puissant.

カフェ café m; estaminet m. 〜の常連 habitué(e) m(f) d'un café; pilier m d'estaminet.

カフェイン caféine f. ¶〜のない décaféiné.

カフェオレ café m au lait.

カフェテラス terrasse f [de café].

カフェテリア cafeteria (caféteria, cafétéria) f.

カフェラテ café m au lait.

がぶがぶ ¶〜飲む boire à grandes gorgées (à longs traits).

かぶき 歌舞伎 kabuki m. ‖〜役者 acteur m de kabuki.

かふく 禍福 vicissitudes fpl. 人生の〜 vicissitudes de l'existence. 「〜はあざなえる縄の如し」《Tel qui rit vendredi, dimanche pleurera.》

かふくぶ 下腹部 bas-ventre m; région f inférieure de l'abdomen;《医》hypogastre m. ¶〜の hypogastrique.

かぶさる 被さる [主語·物] couvrir qc; envelopper qc; [責任が] incomber à (retomber sur le dos de) qn. 長い髪が額に被さって, 彼の顔がよく見えない Je ne peux bien voir son visage, parce que ses longs cheveux lui couvrent le front. 裁判費用は私に被さって来るだろう Les frais du procès retomberont sur moi.

かぶしき 株式 action f; titre m. 〜の発行 émission f d'action. ‖〜会社 société f anonyme. 〜市場 Bourse f; marché m boursier. 〜相場 cours m de la Bourse. 〜取引所 Bourse. 〜取引所員 boursier(ère) m(f). 〜仲買人 agent m de change. 〜配当金 dividende m [d'action].

カフス manchette f; poignet m. ‖〜ボタン bouton m de manchette.

かぶせる 被せる couvrir; [帽子を] coiffer; mettre; porter; [鉄板類を] plaquer. ベッドにベッドカバーを〜 couvrir un lit d'un couvre-lit. 歯に金を〜 couronner une dent d'or. 勝者に栄冠を〜 couronner les vainqueurs. 責任を〜 faire retomber la responsabilité de qc sur qn.

カプセル capsule f. ‖ 宇宙〜 capsule f spatiale.

カプセルホテル hôtel m capsules; hôtel m ruche.

かふそく 過不足 ¶〜なく ni plus ni moins; convenablement.

カプチーノ cappuccino m.

かぶと 兜 †heaume m; [ヘルメット] casque m. 「勝って〜の緒を締めよ」《Il ne faut pas se reposer sur ses lauriers.》〜を脱ぐ [降参] se rendre à qn; 《俗》 mettre les pouces.

かぶとがに 兜蟹 crabe m des Moluques;《動》limule m.

かぶとむし 甲虫 lucane m; grand cerf(s)-volant(s) m.

かぶぬし 株主 actionnaire mf. ‖〜総会 assemblée f générale des actionnaires. 定時(臨時)〜総会 assemblée générale ordinaire (extraordinaire) des actionnaires. 〜名簿 liste f des actionnaires.

がぶのみ がぶ飲み ¶〜する boire comme une éponge (un trou);《俗》siffler; pomper.

かぶや 株屋 agent m de change; courtier m.

かぶら 蕪 ⇨ かぶ(蕪).

かぶり 頭 ¶〜を振る †hocher (secouer) la tête.

がぶり ¶〜と呑込む avaler d'un trait. 〜と噛む †happer. 犬が私の足を〜と噛んだ Un chien m'a mordu brusquement la jambe.

かぶりつき fauteuil m d'orchestre.

かぶりつく planter les dents dans; mordre dans; [犬などが] †happer qc. 肉片に〜 hap-

カプリッチオ caprice *m*.

かぶりもの 被り物 coiffure *f*.

かぶる 被る se couvrir de; mettre sur *sa* tête; [水を] se verser [de l'eau]. 帽子を~ se couvrir (d'un chapeau); mettre un chapeau. ほこりを~ se couvrir de poussière. 他人の罪を~ s'imputer (endosser) une faute d'autrui. 帽子をちゃんと被りなさい Mets ton chapeau correctement!

かぶれ 〚医〛 derm[at]ite *f*; [熱中] engouement *m*. ‖ 彼は西洋~している Il est engoué pour l'Occident. フランス(アメリカ)~の人 personne *f* francomane (américanisée).

かぶれる [中毒] avoir de la derm[at]ite due à *qc*. うるしに~ avoir de la dermite due à la laque. ◆[熱中] s'imprégner de; s'engouer de; être imbu (influencé, entiché) par. 西洋文化に~ s'enticher de la civilisation occidentale.

かふん 花粉 pollen *m*. ¶ ~の pollinique. ‖ ~管 tube *m* pollinique. ~症(アレルギー) allergie *f* aux pollens; rhume *m* des foins. 彼は~症だ Il est allergique aux pollens.

かぶん 寡聞 ¶ ~にして存じません Excusez mon ignorance.

かぶん 過分 ¶ ~の trop de. ~の讃辞 trop d'éloge; éloge *m* immérité. ~に [充分に] grassement. 女中に~に給金を払う rétribuer grassement une bonne.

かべ 壁 mur *m*; [仕切壁] mur mitoyen; cloison *f*; paroi *f*. ~の装飾 décoration *f* murale. ~絵を掛ける mettre des tableaux aux murs. ~に掛けた絵 tableau *m* mural. ~にぶつかる se heurter (se cogner) à (contre) un mur; [障害] se heurter à des difficultés. [~に耳あり] «Les murs ont des oreilles.» ~を塗る plâtrer un mur.

かへい 寡兵 ¶ ~を以って大敵に当る affronter de nombreux ennemis avec une poignée d'hommes.

かへい 貨幣 monnaie *f*; ~を鋳造する frapper de la monnaie. ¶ ~の monétaire. ‖ 外国~ monnaie étrangère. 贋~ fausse monnaie. 補助~ monnaie d'appoint. ~価値 valeur *f* monétaire. ~制度 système *m* monétaire. ~単位 unité *f* monétaire. ~鋳造 monnayage *m*; frappe *f*. ~鋳造機 presse *f* monétaire.

かべい ¶ ~に帰するavorter; n'aboutir à rien; être réduit à rien; finir en pure perte.

かべかけ 壁掛 tapisserie *f*. ゴブラン織の~ tapisseries des Gobelins.

かべがみ 壁紙 papier *m* peint (à tapisser); tenture *f*. ~を貼る tapisser un mur.

かべしんぶん 壁新聞 journal *m* mural; nouvelles *fpl* murales.

かべつち 壁土 torchis *m*.

かへん 可変 ¶ ~の variable; transformable.

かべん 花弁 pétale *m*.

かほう 下方 bas *m*; dessous *m*. ‖ ~修正 rectification *f* à la baisse. ⇨ 〔下〕.

かほう 加俸 prime *f*; supplément *m* de salaire. ‖ 年功~ prime à l'ancienneté.

かほう 加法 addition *f*. ‖ ~定理 théorème *m* d'addition.

かほう 家宝 trésor *m* de famille.

かほう 果報 bonne fortune *f*. ¶「~は寝て待て」«La fortune vient en dormant.» ~者 personne *f* fortunée; veinard(e) *m(f)*.

かほう 火砲 arme *f* à feu.

かほう 画報 revue *f* illustrée; magazine *m*.

かほう 画法 art *m* de peindre.

かほうわ 過飽和 sursaturation *f*. ‖ ~溶液 solution *f* sursaturée.

かほご 過保護 protection *f* à l'excès; soin *m* excessif. ~の子供 enfant *mf* gâté(e). ~な親 parents qui gâtent leurs enfants.

かぼそい か細い frêle; grêle; gracile. ~声 voix *f* grêle. ~体 corps *m* frêle. この少女は~体つきをしている Cette fillette a des formes graciles.

かぼちゃ 南瓜 potiron *m*; citrouille *f*; [総称] courge *f*.

ガボット gavotte *f*.

かま 釜 marmite *f*; chaudière *f*; [汽罐] chaudron *m*; [かまど] four *m*. ~に入れる enfourner *qc*. パン(陶器)を~に入れる enfourner du pain (des poteries). [圧力]~ autocuiseur *m*; [marmite] autoclave *f*.

かま 鎌 faucille *f*; [長柄の] faux *f*. ~で刈る faucher *qc*. ~をかける tirer les vers du nez à *qn*; plaider le faux pour savoir le vrai.

がま 蝦蟇 crapaud *m*.

がま 蒲 massette *f*; typha *m*.

かまう 構う [気を遣う] se soucier de *qc*; regarder à *qc*; s'occuper de; [からかう] taquiner *qn*. 身なりは~ ne se soucier de sa tenue (sa mine). 勘定のことなら構わないで下さい Ne vous occupez pas de payer. 構いませんか Vous permettez? どんか Je m'en fiche! そんなことどうでも構わない Cela n'a pas d'importance. どうぞお構いなく Ne vous dérangez pas. どこ(誰, いつ, 何)でも構わない N'importe où (qui, quand, quoi). ...しようと構わない Qu'importe (Peu importe) que *sub* (ce que *ind*)./Il importe peu que *sub*. 彼が来ようと来まいと構わない Qu'importe qu'il vienne ou non. ...など構わずに sans égard (regarder) à *qc* (à *inf*, que *ind*); quitte à *inf*. すっからかんになっても構わないから最後までやりますよ J'irai jusqu'au bout, quitte à tout perdre.

かまえ 構え [構造] structure *f*; [外見] apparence *f*; [姿勢] posture *f*; position *f*; [態度] attitude *f*. 貧相な~の家 maison *f* de pauvre apparence. 攻め(守り)の~ position offensive (défensive). そんな~じゃ駄目だ Cette posture-là ne vaut rien. 敵を迎え撃つ~はできている être prêt à (être d'attaque pour) affronter un ennemi. 防御の~をする se mettre en position de défense. 強気の~を見せる se montrer agressif(ve). 彼は~だけ見れば強そうだが, その実まったく臆病だ En apparence il paraît très fort, mais en fait il est très poltron.

かまえる 構える [態度をとる] prendre une at-

かまきり

titude; [身構える] se mettre en garde. 横柄に～ prendre une attitude insolente (arrogante); se montrer insolent. 斜に～ prendre une attitude maniérée. 上段(下段)に～ avoir (tenir) la garde haute (basse). 辛抱強く～ s'armer de patience. 呑気に～ rester insouciant. 半身に～ [フェンシング] effacer le corps. 一家を～ s'établir; se mettre en ménage. 店を～ tenir (avoir) une boutique; [開店] ouvrir une boutique.

かまきり 蟷螂 mante *f*.

がまぐち 蝦蟇口 porte-monnaie *m inv*.

かまくび 鎌首 [蛇が～をもたげる Un serpent dresse sa tête.

かまける être absorbé; être occupé à *inf*. 赤ん坊の世話にかまけて何もできない Absorbée par les soins d'un bébé, je ne peux rien faire.

かます 魳 brochet *m* de mer.

かます 叺 sac *m* de paille.

かまたき 罐焚 chauffage *m*; [人] chauffeur *m*.

かまち 框 [上り口] seuil *m*; [窓や戸の枠] chambranle *m*.

かまど 竈 four *m*; fourneau(x) *m*; [大きな] fournaise *f*. ～に入れる mettre au four; enfourner.

かまとと sainte nitouche *f*. 彼女は～だ Elle fait la sainte nitouche./C'est une sainte nitouche.

かまぼこ 蒲鉾 ¶～形の hémicylindrique. ‖～兵舎 baraquements *mpl* (militaires) hémicylindriques.

がまん 我慢 patience *f*; endurance *f*; persévérance *f*; [寛容] tolérance *f*. お前の気違い沙汰には～がならぬ Je n'en peux plus (J'en ai assez) de tes folies./Tu m'énerves avec tes folies. ～にも限度があるよ La patience a ses limites. ¶～する [辛抱] supporter; endurer; se retenir; prendre patience; persévérer; [自制] se maîtriser; se retenir; se forcer; [満足] se contenter de; s'accommoder de; [諦める] se résigner à; [寛容] tolérer *qc*. 一日一食で～する se contenter d'un repas par jour. この部屋で～するよ Je m'accommode de cette chambre. ～するのは嫌だ Je n'aime pas me forcer [à la patience]. 暑さ(寒さ)を～する supporter la chaleur (endurer le froid). 痛みを～する endurer la douleur. 虐待を～する endurer (prendre en patience) les mauvais traitements. 二人は互いに～しているだけで愛し合ってはいない Ils se supportent [mutuellement] mais ne s'aiment pas. ～しきれずに彼を殴ってしまった A bout de patience, j'ai fini par le battre. ～できない(できなくなる) perdre patience; être à bout de patience; s'impatienter de *qc* (contre *qn*); supporter mal. もう～出来ない Je ne peux plus me retenir. もうこんな生活には～出来ない Je ne peux plus tolérer cette existence. 彼があれこれ注意するのだんだん～できなくなってきた Il me fait des remarques que je supporte de moins en moins. 数日前から歯痛をこらえて来たが、もう～できない Je n'en peux plus. Je supporte ce mal de dent depuis plusieurs jours. ¶～強い endurant; patient; tolérant. ～強い人 personne *f* patiente. ～強く avec patience; patiemment. ～できる supportable; tolérable. ～のならぬ insupportable; intolérable. ～のならぬ小娘 《俗》 petite peste *f*.

カマンベール [チーズ] camembert *m*.

かみ 加味 ¶～する incorporer; mêler; ajouter. この報告書にはあなたの意見も～してあるVotre opinion est incorporée dans ce rapport.

かみ 紙 papier *m*. 一枚の～ une feuille de papier. ～の大きさ [型] format *m* du papier. ～に包む envelopper *qc* de papier. ～を漉く fabriquer du papier. ‖～コップ gobelet *m* de papier. ～容器 [三角形の] berlingot *m*.

かみ 上 [上部] partie *f* supérieure; dessus *m*; [川上] amont *m*. ～は社長から下は給仕に至るまで depuis le président-directeur jusqu'aux garçons de bureau.

かみ 神 dieu(x) *m* (déesse *f*); Le Très-Haut; divinité *f*; [キリスト教の] Dieu *m*. ～の子キリスト Le Christ, le fils de Dieu. ～に祈る prier Dieu. ～も照覧あれ Le ciel m'est témoin. ～も仏もない Il n'y a pas de bon Dieu. 成行きは～のみぞ知る Dieu sait ce qui en arrivera. ～を信ずる croire en Dieu. ～にかけてそんなことは言わなかった Je jure mes grands dieux que je n'ai pas dit cela. ～の divin; céleste. ～の思召し providence *f*. ～のお召しがあると思う avoir la vocation.

かみ 髪 chevelure *f*; [髪の毛] cheveu(x) *m*; [髪型] coiffure *f*; [髪の房] mèche *f*. アップにした～ coiffure dégageant la nuque. 白い(黒い)～ chevelure blanche (noire). ちりちり(せのない)～ cheveux frisés (plats). 短く刈られた～ cheveux tondus. ～が薄い(濃い)・密な～ cheveux clairsemés (abondants). ～の毛が立っている Les cheveux se dressent. ～をかきむしる s'arracher les cheveux. ～を切らせる se faire tailler (couper) les cheveux. ブロンドの～をした少女 petite fille *f* aux cheveux blonds; petite blonde *f*. ～をとかす se peigner. ～を解く se décoiffer. ～を束ねる nouer les cheveux. ～を長く伸ばしている avoir (porter) les cheveux longs. ～を乱している avoir les cheveux en désordre (broussailles); être décoiffé. ～を結う se coiffer. ～を横で(真中で)分ける faire la raie sur le côté (au milieu). ‖～洗い剤 shampooing *m*. ～型を変える changer de coiffure. 今の～型の方が彼女にはよく似合う Cette nouvelle coiffure lui va mieux.

かみあい 嚙合 [歯車の] engrenage *m*; [機械類の] enclenchement *m*.

かみあう 嚙合う se mordre; [歯車が] s'engrener; [機械類が] s'enclencher. 歯車よく嚙み合っている Les pignons s'engrènent bien. 議論が嚙み合わない La discussion tourne en rond.

かみあぶら 髪油 brillantine *f*.

かみあわせる 嚙合せる [歯車を] engrener; [機械類を] enclencher; [争わせる] faire lutter (rivaliser).

かみいれ 紙入 portefeuille *m*.

かみがかり 神懸り ¶〜的な考え方 raisonnement *m* très chimérique. 〜の人 possédé(e) *m(f)*; halluciné(e) *m(f)*; visionnaire *mf*; illuminé(e) *m(f)*. 彼の言うことは神懸っている‖ vaticine.

かみかざり 髪飾り ornement *m* de cheveux.

かみかぜ 神風 tempête *f* providentielle. ‖〜特攻機(特攻隊員) kamikaze *m*.

がみがみ ¶〜言う gronder *qn* d'une voix aigre (d'un ton hargneux).

かみきりむし 髪切虫 capricorne *m*; longicorne *m*.

かみきる 嚙み切る couper avec les dents.

かみきれ 紙切れ bout *m* de papier; [反故] paperasse *f*; chiffon *m*.

かみくず 紙屑 chiffon *m* [de papier]; papier *m*. ‖〜かご corbeille *f* à papier. 〜拾い chiffonnier(ère) *m(f)*.

かみくだく 嚙み砕く mâcher *qc*; briser *qc* avec les dents; broyer *qc*. 嚙み砕いて話す parler avec des mots simples; bien expliquer [pour faire comprendre *qc*].

かみころす 嚙み殺す tuer à coup de dents. あくびを〜 étouffer (refouler) un bâillement. 笑いを〜 retenir *son* rire; se retenir de rire.

かみざ 上座 ¶〜に座る s'asseoir à la place d'honneur.

かみざいく 紙細工 ouvrage *m* en papier.

かみさま 神様 bon Dieu *m*; [名人] virtuose *mf*; maître *m*. 〜にお祈りする prier le bon Dieu.

かみしめる 嚙み締める bien mâcher; [玩味する] apprécier; déguster; savourer; [反省する] méditer; [思い直す] remâcher; ruminer. 悲しみを〜 ruminer (remâcher) *son* chagrin. 親友の助言を〜 méditer sur le conseil d'un ami intime. 家庭生活の喜びを〜 goûter le bonheur de la vie familiale.

かみすき 紙漉き papeterie *f*; [職人] papetier(ère) *m(f)*.

かみそり 剃刀 rasoir *m*. 〜の刃 fil *m* de rasoir; [安全剃刀の] lame *f* de rasoir. 〜を当てる se raser. 髭に〜を当てる se raser la barbe. 〜を砥ぐ aiguiser un rasoir. ‖安全〜 rasoir de sûreté; rasoir mécanique. 電気〜 rasoir électrique. 〜砥 [皮] cuir *m* à rasoir; [石] pierre *f* à rasoir. 〜負け feu *m* du rasoir.

かみだのみ 神頼み ¶〜する prier Dieu. 「苦しい時の〜」《La fête passée, adieu le saint.》

かみたばこ 嚙煙草 chique *f*; tabac *m* à chiquer. 〜を嚙む chiquer; [咀嚼する] mâcher (mastiquer) *sa* chique.

かみつ 過密 ‖〜状態 saturation *f*. 〜ダイヤ horaire *m* trop chargé. 〜都市(地域) ville *f* (région *f*) surpeuplée.

かみつく 嚙み付く mordre [à]; [ばくっと] happer; [くってかかる] avoir une algarade avec *qn*. 餌に〜 mordre à l'appât. 手に〜 mordre *qn* à la main; mordre la main de *qn*. 上役の措置に激しく〜 protester violemment contre des mesures de *son* supérieur. ¶〜ような声で d'une voix mordante (hargneuse).

かみづつみ 紙包 paquet *m* de papier. 〜にす

る envelopper (empaqueter) *qc* dans du papier; en faire un paquet de papier.

かみつぶて 紙礫 boulette *f* de papier.

カミツレ [薬草, 薬湯] camomille *f*.

かみて 上手 [芝居] côté *m* cour; [上流] amont *m*.

かみでっぽう 紙鉄砲 fusil(s)-jouet(s) *m* [à balles de papier].

かみなり 雷 foudre *f*; [雷鳴] tonnerre *m*; [稲妻] éclair *m*. 〜が落ちる La foudre tombe (éclate). 親父の〜が落ちる Le père a fulminé contre nous. 〜が鳴っている Il tonne./Le tonnerre gronde. 〜に撃たれる être foudroyé. 〜のような声 voix *f* retruintante (de tonnerre). 〜の音が聞える On entend des grondements (roulements) de tonnerre.

かみのけ 髪の毛 ⇨ かみ(髪).

かみばさみ 紙挟 portefeuille *m*; carton *m*.

かみはんき 上半期 premier semestre *m*.

かみひとえ 紙一重 ¶天才と気狂いとは〜だ Le génie frôle (côtoie, confine à) la folie. 〜の差だ Il y a peu de différence./La différence est minime. 〜の差で勝つ gagner de très peu (de justesse, d'un cheveu); l'emporter de très peu sur *qn*. 〜の差で負ける perdre de très peu (de justesse). 〜の差で死を免れる friser (frôler) la mort.

かみや 紙屋 [人] papetier(ère) *m(f)*; [店] papeterie *f*.

かみやすり 紙鑢 papier *m* de verre; papier [d']émeri.

かみゆい 髪結 coiffure *f*; [人] coiffeur(se) *m(f)*. 〜の亭主 mari *m* qui vit du travail de sa femme.

かみよ 神代 temps *mpl* mythologiques.

かみわける 嚙み分ける ¶酸いも甘いも〜 connaître bien la vie; en avoir vu [dans *sa* vie].

かみわざ 神業 prodige *m*; miracle *m*; merveille *f*; chose *f* surnaturelle. この仕事をこんなに短時間で仕上げたのはまさに〜だ L'achèvement de ce travail en si peu de temps est un vrai prodige. これはまさに〜だ Ça tient vraiment du prodige.

かみん 仮眠 ¶〜する faire un petit somme.

かむ 擤む 〜鼻を〜 moucher *son* nez; se moucher. 手鼻を〜 se moucher avec les doigts.

かむ 嚙(咬)む [嚙みつく] mordre; [嚙み砕く] mâcher *qc*; [少しずつ] mordiller *qc*; [もぐもぐ] mâchonner *qc*; [咀嚼する] mastiquer; triturer. 唇を〜 se mordre les lèvres. チューインガムを〜 mâcher du chewing-gum. 爪を〜 se mordre les doigts. 彼は考えるときに爪を〜癖がある Quand il réfléchit, il a l'habitude de se ronger les ongles. 蛇に嚙まれる être mordu (piqué) par un serpent. 咬み合う [動物が] se mordre. 嚙んで含めるように子供に数学を教える mâcher les mathématiques à *son* enfant. ‖嚙み傷(痕) morsure *f*.

カム came *f*. ‖〜シャフト arbre *m* à cames.

ガム chewing-gum *m*.

がむしゃら 我武者羅 ¶〜な téméraire; [強引な] pressant. 〜な人 personne *f* téméraire; risque-tout *m inv*. 〜な要求 demande *f*

ガムシロップ sirop m.

カムチャッカ Kamtchatka m. ¶～の kamtchadale. ～の住民 Kamtchadale mf.

ガムテープ [ruban m] adhésif m; scotch m.

カムバック rentrée f. 政界への～を図る préparer sa rentrée politique. ¶～する faire sa rentrée. 華々しく～する faire une rentrée triomphante. パリの舞台に～する faire sa rentrée sur la scène parisienne.

カムフラージュ camouflage m. ¶～する camoufler. 木の枝で装甲車を～する camoufler un automitrailleuse avec des branchages. 分った振りをして動揺を～する camoufler son embarras sous un air entendu.

ガムラン〖楽〗gamelan m.

かめ 亀 tortue f. ～の甲 carapace f de tortue.「～の甲より年の功」《Expérience passe science.》

かめ 瓶 jarre f; vase m; pot m; urne f.

かめい 下名 ¶～の soussigné. ～の証人 témoin m soussigné. ～の者 soussigné(e) m(f).

かめい 下命 ordre m. …の～により par ordre (sur l'ordre) de qn.

かめい 仮名 pseudonyme m; faux nom m. ¶…の～で sous le faux nom de….

かめい 加盟 affiliation f; adhésion f. ¶～する s'affilier à; adhérer à. 連合会(クラブ)に～する s'affilier (adhérer) à une fédération (à un club). ‖～者 affilié(e) m(f); adhérent(e) m(f); membre m. ～国 pays m membre. 準～国 pays associé. ～申請国 pays candidat. 国連～国 pays (Etats mpl) membre de l'ONU. ～店 magasin m affilié.

かめい 家名 honneur m de la famille. ～をあげる faire honneur à sa famille. ～を傷つける déshonorer sa famille; nuire à la réputation de la famille.

カメオ camée m.

がめつい ⇨ がっちり.

かめむし 椿象(亀虫) brachyne m.

カメラ appareil m [de photo]; [映画, テレビの] caméra f. 撮り易い～ appareil maniable. ‖～アイ optique f photographique. ～アングル angle m de prise de vue. この写真は～アングルがいい Cette photo a été prise sous un bon angle. ～マン [新聞社の] photographe mf de presse; opérateur(trice) m(f); [映画の] caméraman(men) m. ～ワーク mouvements mpl de caméra; technique f de caméra; prise f de vue. 彼の～ワークは素晴しい Il a une très bonne technique de caméra.

カメリア〖植〗camélia m.

がめる voler; escamoter. 財布を～ choper (chiper, chauffer) un portefeuille.

カメレオン caméléon m.

かめん 仮面 masque m. ¶～をつけた masqué. ～をつけた盗賊 bandit m masqué. ～をつける se mettre un masque. ～を脱ぐ se démasquer; lever (jeter) le masque. ～を剥ぐ ôter (arracher, enlever) le masque à qn; démasquer qn. ‖～行列 mascarade f. ～舞踏会 mascarade; bal m masqué.

がめん 画面 [絵画] tableau(x) m; [映画, テレビ] écran m. ～に捉える(収める) cadrer. この写真は～にうまく収っている Cette photo est bien cadrée. ‖～構成 [写真, 映画など] cadrage m.

かも 鴨 canard m sauvage; [欺され易い人] dupe f. ～が葱をしょって来た Il est venu se faire plumer. ～にする duper qn. ～にされる être la dupe de qn.

かもい 鴨居 linteau(x) m. ～に頭をぶつける heurter sa tête contre un linteau.

かもく 寡黙 ¶～な taciturne; silencieux (se). 彼は～な人だ Il parle peu./Il est sobre de (en) paroles.

かもく 科目 [各学科目] matière f; [受験(授業)科目] programme m. 三年生のフランス語の～ programme de français de la troisième. あらゆる～についてよく出来る être bon(ne) dans toutes les matières. ‖試験～ programme d'examen. 必修(選択)～ matière obligatoire (facultative).

かもしか 羚羊 chamois m; antilope f; gazelle f. ～の如く速く走る courir comme une gazelle.

-かもしれない [寒くなる～ Il est possible (se peut) qu'il fasse froid./Il fera froid. 恐らく彼は来たの～ Peut-être qu'il est venu. そう～ Cela se peut./C'est possible. 誰がベルを鳴らしているのだろう～友達～ Qui sonne? — C'est un ami, qui sait? ライバルになる～人 rival (aux) m possible. 起る一様々の不幸 malheurs mpl qui peuvent arriver.

かもす 醸す créer; causer; provoquer. 物議を～ causer (provoquer) un scandale public; fomenter des troubles. ～醸し出す créer; provoquer; causer. ただならぬ雰囲気を醸し出す créer une atmosphère menaçante.

かもつ 貨物 marchandise f; [積荷] charge f; fret m; [船] cargaison f. 船に～を積む charger un cargo de marchandises. ～を下す décharger des marchandises. ～を積んだトラック camion m chargé de marchandises. ‖～駅 gare f de marchandises. ～自動車 camion; camionnette f. ～船 cargo m; navire m marchand. ～列車 train m de marchandises. ～輸送 transport m de marchandises. ～運賃 fret.

かものはし 鴨の嘴 〖動〗ornithor[h]ynque m.

カモミール camomille f.

かもめ 鷗 mouette f; goéland m.

かもん 渦紋 volute f; ～ en volute.

かもん 家紋 armoiries fpl; blason m.

かもん 家門 ¶～の誉れ honneur m de la famille.

かや 蚊帳 moustiquaire f. ～を吊る(外す) accrocher (décrocher) une moustiquaire. ～を吊って眠る dormir sous une mousti-

かや 茅 pâturage m. ‖~ぶき屋根 toit m de chaume. ~ぶき屋根の家 chaumière f.

がやがや ~という声 brouhaha m; rumeur f; chahut m. ~騒ぐ chahuter à grand cris; [不満で] pousser des clameurs. ~した bruyant; †houleux(se) ~した会場 salle f houleuse.

かやく 火薬 poudre f [à canon]. 黒色~ poudre noire. 無煙~ poudre sans fumée. ~庫 poudrière f; magasin m à poudre [d'explosifs]. ~製造所 poudrerie f.

カヤック kayac m.

かゆり[ひ] 蚊遣[火] encens m insecticide. ~を焚く brûler de l'encens insecticide.

かゆ 粥 bouillie f de riz.

かゆい 痒い démanger; 《俗》gratter. 背中が ~ Le dos me démange./Ça me gratte dans le dos. 湿疹が~ L'eczéma cause des démangeaisons. ~所に手が届く être aux petits soins pour qn. ~所に手が届くような サービスを rendre un service sans reproche à qn. 彼は~所まで手の届く人だ C'est un esprit très fin./Il est très fin. 痛くも痒くもな い Ça ne me fait ni chaud ni froid.

かゆみ 痒み démangeaison f. ‖~止め [医薬中] antiprurituque m.

かよい 通い ¶~の使用人 employé(e) m(f) non logé(e). アメリカ~の船 bateau(x) m sur la ligne de l'Amérique.

かよいちょう 通い帳 ⇨ つうちょう(通帳).

かよう 斯様な tel(le); pareil(le); semblable. ~に ainsi; de telle (cette) façon.

かよう 通う fréquenter; aller. 図書館(悪所) に~ fréquenter la bibliothèque (les mauvais lieux). そこはバスが通っている L'autobus y passe./Il y a là-bas un service d'autobus. その村には鉄道は通わない Le chemin de fer ne dessert pas ce village. 通 いつめる fréquenter assidûment. 通い馴れた 道 chemin m familier.

かようきょく 歌謡曲 chanson f populaire.

かようし 画用紙 papier m à dessin.

かようび 火曜日 mardi m. ~に伺います Je vais vous voir mardi.

がよく 我欲 égoïsme m. ¶~の強い égoïste.

かよわい か弱い faible; frêle; gracile.

から 殻 [目の] coquille f; écaille f; [卵, 木の 実の] coque f; [動物の] carapace f; [穀物 の] balle f. 燕麦の~が詰ったマットレス matelas m rempli de balles d'avoine. はしばみの~ coque de noisette. ~に閉籠る rentrer (s'enfermer) dans sa coquille. ~をとる [穀類, 木 実] décortiquer; [木の実] écaler; [目] écailler. 牡蠣の~をむく écailler des huitres.

から 空 vide m. ¶~にする vider. 一瓶~にす る vider une bouteille. ~の vide; [意味の] creux(se). ~の財布 bourse f plate. ⇨ か らっぽ.

-から [場所] de; depuis; par. 東京~大阪まで de (depuis) Tokyo à (jusqu'à) Osaka. 家~ 一歩も外に出ない ne sortir jamais de chez soi. 町~町へ de ville en ville. 階段の上~ までころがり落ちる tomber du haut en bas de l'escalier. 窓~眺める regarder par la fenêtre. 穴~のぞく regarder par un trou. 10頁~始める commencer par (à) la page 10. この米はどこ~取り寄せたの D'où avez-vous fait venir ce riz? ◆ [時間] de; depuis; à partir de; dès. 明方~起き出す se lever dès l'aube. 朝~晩まで du matin au soir. 以 前~depuis longtemps. 今は~是が現~ present. 今日~à partir d'aujourd'hui. 初め~ 終りまで du (depuis le) début à (jusqu'à) la fin. 彼が出発して~depuis qu'il est parti. 食 事をして~après avoir dîné; après le dîner. 彼女と知り合って~10年になる Il y a dix ans que je la connais. ◆ [人] de; de la part de qn; par. 母~の手紙 lettre f de ma mère. 上 ~殴られる être frappé par son frère aîné. 先生 ~叱られる être gronder par le professeur. みんな~愛される être aimé de tout le monde. ご両親~あなたへの小包を預っていま す J'ai un paquet à vous remettre de la part de vos parents. 私~もよろしくとお 伝え下さい Saluez-le de ma part. 彼女~電話が かかって来た Il m'a téléphoné. ◆ [素材・要素] de; avec; en. 酒は米~造られる Le saké est fait de riz./On fait le saké avec du riz. ◆ [原因・理由・根拠] par; pour; à cause de; comme; puisque; parce que. 健康上の理由 ~à cause de sa santé. 好奇心~par curiosité. 憎しみ~ par haine. 彼は馬鹿だ~何も 分らない Puisqu'il est stupide, il ne comprend rien. 今日は寒い~外に出ない Comme il fait froid aujourd'hui, je ne sors pas./Je ne sors pas parce qu'il fait froid aujourd'hui. 見~判断する juger par les apparences. 私の目~見れば à mes yeux. 足音 ~彼だと分った Je l'ai reconnu au bruit de ses pas.

がら 殻 ~ carcasse f de poule. 彼は鶏の~みたいに痩せている C'est un squelette.

がら 柄 [模様] dessin m; motif m; [体格] taille f. ‖ 大~な男 homme m de grande taille. 大~の着物 robe f à grands dessins. ◆ [品位・性格] dignité f; caractère m. ~の 悪い vulgaire; grossier(ère); peu raffiné. ~ にもないことを言う dire des choses qui ne lui ressemblent pas. ~にもないことをする faire ce qui n'est pas dans ses cordes. 《俗》péter plus haut que son cul. 彼はそんなことを する~じゃない Faire une pareille chose, ça ne lui ressemble pas.

カラー col m; [取りつけの] faux-col. ¶ソフト ~ col mou. ◆ [色彩] couleur f. ~写真(テレ ビ, フィルム) photo f (télévision f, film m) en couleurs.

がらあき がら空き ¶~で vide. ~の vide. バ スは~のままで出発した L'autobus est parti à vide. ~のホール salle f vide (déserte).

からあげ 空揚げ・唐揚げ friture f. ‖ 鳥の~ poulet m frit.

からい 辛い piquant; âcre; [薬味を利かした] épicé; relevé; [塩辛い] salé; [きびしい] sévère; dur. ~ソース sauce f piquante. ~ 料理 plat m relevé. 点が~ être sévère dans

からいばり 空威張 bravache *m*; fanfaronnade *f*; bluff *m*; vantardise *f*; rodomontade *f*. ¶~する faire le brave (le matamore, le fanfaron); se vanter. ~の bravache; fanfaron(ne). ‖~屋 bravache *m*; fanfaron(ne) *m(f)*; vantard(e) *m(f)*.

からオケ 空~ karaoke *m*. ¶~で歌う chanter avec du karaoke.

からおし 空押し ¶~する [名刺, 本などに] dorer à froid.

からおどし 空威し menaces *fpl* en l'air; bluff *m*. それは~さ C'est du bluff.

からかう taquiner; plaisanter; se moquer de; se jouer de; [女を] lutiner; [俗] blaguer. ~のような微笑 sourire *m* goguenard (moqueur). からかい好きな性格 caractère *m* taquin (persifleur).

からかさ 傘 parapluie *m* en papier huilé.

からから ¶喉が~だ J'ai la gorge toute sèche./[俗] J'ai la pépie. 口の中が~だ La bouche se dessèche. ~天気だから火の用心をしなければいけない La sécheresse oblige à faire attention au feu. ~と音を立てる faire (produire) des bruits secs. ~[乾いた] sec (sèche); [干上った] desséché. ~の池 étang *m* desséché. ~に乾く sécher (se dessécher) complètement.

からがら ¶命~逃げ出す se sauver (échapper) de justesse.

がらがら [玩具] hochet *m*.

がらがら ¶ホールは~だ La salle est presque vide. 通りは~だ La rue est déserte. ~鳴る tinter bruyamment. ~と崩れ落ちる s'écrouler bruyamment (avec fracas). ‖~声 voix *f* rocailleuse (rauque).

がらがらへび がらがら蛇 crotale *m*; serpent *m* à sonnettes (crotale).

からしまう ¶~駄目だった C'était tout à fait en vain. ~気元気がない n'avoir aucun courage.

からくさもよう 唐草模様 arabesque *f*; rinceau(x) *m*.

からくじ 空籤 billet *m* perdant. ~を引く tirer un billet blanc.

がらくた objets *mpl* sans valeur; bric-à-brac *m inv*; [俗] bazar *m*. ~な fatras *m*. ‖~置場 dépotoir *m*. この部屋はまるで~置場だ Cette pièce est un véritable dépotoir. ~物を片づける Range ton bazar.

からくち 辛口 ¶~の relevé; salé, ~のソース sauce *f* relevée. ~の噛煙草 vin *m* sec.

からくも 辛くも ⇒かろうじて(辛うじて).

からくり [機構] mécanisme *m*; mécanique *f*; [策略] machination *f*; manœuvre *f*; manigance *f*; [仕掛] trame *f*. 政治の~ mécanique *f* de la politique; [内幕] coulisses *fpl* de la politique. その推理小説の~は誰にでも分る On saisit facilement la trame de ce roman policier. ~を見抜く démêler les machinations.

からぐるま 空車 voiture *f* vide (libre); [荷車] chariot *m* sans chargement.

からげいき 空景気 prospérité *f* factice; prospérité d'apparence. ~をつける se montrer faussement prospère.

からげる 絡げる enlacer; ficeler; [まくり上げる] relever. 荷物を~ ficeler un paquet. 裾を~ relever *son* vêtement; se retrousser.

からげんき 空元気 fausse gaieté *f*. ~をつける se montrer faussement gai.

カラザ [卵の] chalaze *f*.

からざお 殻竿 fléau(x) *m*. ~で麦を打つ battre du blé au fléau.

からさわぎ 空騒ぎ ¶~する faire beaucoup de bruit pour rien.

からし 芥子 moutarde *f*. ‖粉~ farine *f* de moutarde. ~湿布 sinapisme *m*. ~壺(商人) moutardier *m*.

からす 烏 corbeau(x) *m*; corneille *f*. ~が鳴いている Le corbeau croasse. ~啼いたら笑った C'est Jean qui pleure et Jean qui rit.

からす 枯らす [草花などを] laisser périr; étouffer; [乾かす] dessécher; faire sécher. 花を枯らしてしまう雑草 mauvaises herbes *fpl* qui finissent par étouffer les fleurs.

からす 嗄らす s'érailler; s'enrouer; s'égosiller. 声を嗄して叫ぶ s'érailler la voix à crier.

からす 涸らす [水を] mettre *qc* à sec; tarir; [汲み尽す] tarir; épuiser. 井戸を~ tarir un puits. 資源(才能)を~ tarir des ressources (le talent).

ガラス 硝子 verre *m*; [窓の] vitre *f*; [厚硝子] vitrage *m*. ベランダ(陳列窓)の~ vitrage d'une véranda (d'une devanture). ~の壺 pot *m* en (de) verre. ~曇りの~ verre dépoli. クリスタル~ cristal(aux) *m*. 耐熱~ pyrex *m*. 透明~ verre blanc. 窓~ vitre. ~器具 articles *mpl* de verre. ~切り diamant *m* [de verre]. ~工場 verrerie *f*. ~細工 travail(aux) *m* en verre. ~質(状)の vitreux(se). 質の粒 particule *f* vitreuse. ~職人 souffleur *m*. ~障子 châssis *m* vitré. 製造[法] verrerie. ~製品 verrerie. ~戸棚 porte *f* vitrée. ~戸棚 armoire *f* vitrée. ~体[眼の] corps *m* vitré. ~体液 humeur *f* vitrée; [医] humeur hyaloïde. ~張りにする vitrer. テラスを~張りにする vitrer une terrasse. ~張りの vitré. 政治は~張りの中で行わなければならぬ La politique doit se faire au grand jour. ~膜[眼の] membrane *f* hyaloïde. ~窓 fenêtre *f* vitrée; [色つきの] vitrail(aux) *m*. ~屋(職人) vitrier *m*.

からすがい 烏貝 moule *f* d'eau douce.

がらすき がら空き ⇒あき.

からすうり 烏瓜 [製図の] tire-ligne(s) *m*.

からすみ 鱲子 boutargue *f*; poutargue *f*.

からすむぎ 燕麦 avoine *f*.

からせき 空咳 toux *f* sèche. ~をする avoir une toux sèche.

からせじ 空世辞 compliments *mpl* hypocrites. ~を言う dire des compliments obséquieux.

からだ 体[身体] corps *m*; [肉体] physique *m*. ~が大きい être de grande taille. ~が頑丈である être bien bâti; [俗] être costaud. ~中が痛い avoir mal (souffrir) de partout. 着物を~に合わせる ajuster un vêtement à la taille de *qn*. ¶~の corporel(le); physique.

~の痛み douleur f corporelle. ~の具合 état m physique; santé f. ◆[健康] santé. ~が丈夫 avoir une bonne santé. ~が弱い avoir une petite santé; être chétif(ve); être maladif(ve). ~に自信がない Je n'ai pas une grosse santé. ~にもの言わせて faire parler qn de force. ~にいい bon(ne) pour la santé; salubre. ~に悪い nuisible à la santé. ~の調子がいい(悪い) être bien (mal) portant; se porter bien (mal). ~をこわす perdre (compromettre, abimer, gâter) sa santé; se tuer. 仕事で~をこわす se tuer de travail.

からたち 枳殻 mandarinier m sauvage.

からだつき 体つき formes fpl. 丸々とした~ formes rondes. ~がいい avoir de belles formes; avoir une belle stature. [がっしりした] être bien bâti.

からかぜ 空っ風 vent m froid et sec; bise f.

からけつ 空っ穴 ¶私は~だ Je suis fauché (dans la purée, dans la dèche)./Je suis complètement à sec.

からっと ¶~揚がったフライ friture f croustillante.

カラット carat m. 12~のダイヤモンド diamant m de 12 carats.

からっぽ 空っぽ creux(se); vide. 頭が~である avoir la tête vide. 腹が~だ J'ai le ventre (l'estomac) creux.

からつゆ 空梅雨 sécheresse f inhabituelle de saison des pluies; saison f de pluies à précipitations faibles. 今年は~だ Cette année il pleut peu durant la saison des pluies.

からて 空手 karaté m. ~をやる faire du karaté. ‖~道場 salle f de karaté. ◆[手ぶら] ¶~で帰る rentrer bredouille.

からてがた 空手形 ¶~を出す émettre un billet m de complaisance.

からとう 辛党 buveur(se) m(f).

からに 空荷 ¶~のトラック camion m sans fret.

-からには ¶...する(した)~ puisque...; si... 引き受ける~最後までやる Si je l'accepte, je le ferai jusqu'au bout. 一旦決心した~ une fois que j'ai décidé.

カラビナ [登山] mousqueton m.

からふと 樺太 Sakhaline f.

からぶり 空振り ¶~する taper (frapper) dans le vide. ~に終る [失敗] manquer son coup.

カラフル ¶~な multicolore; coloré(e); pittoresque; bariolé(e). ~な洋服 vêtement m riche en couleur.

からまつ 唐松 mélèze m. ~の林 bois m de mélèze.

からまる 絡まる ⇨ からむ(絡む).

からまわり 空回り mouvement m à vide. ¶~する tourner à vide; [車輪が] patiner; [モーターが] s'emballer. 議論が~している La discussion tourne en rond.

からみ 空身 ¶~で出かける sortir sans bagage.

からみ 辛味 goût m épicé. ¶~の効いた

relevé; épicé. ~を利かす relever; épicer. [塩味で] saler.

-がらみ ¶五十~の男 homme m d'environ cinquante ans (dans les cinquante ans); quinquagénaire m.

からみあう 絡み合う s'enlacer; s'entrelacer. ~蛇のように comme un nœud de serpents. 枝が絡み合う Les branches s'entrelacent. 絡み合った enlacé; entrelacé.

からみつく 絡み付く enlacer. 蔓が窓枠に絡み付いている Des vrilles enlacent les barreaux des fenêtres. 縄が私の足に絡み付いた Un cordon m'enlace le pied.

からむ 絡む ¶[巻きつく] se nouer à; [こんがらかる] s'emmêler; s'enchevêtrer; s'entremêler; [いいがかりをつける] chercher des histoires (raisons) à qn; chercher noise à qn. 糸が絡んだ Les fils s'emmêlent. 血痰が彼の喉に絡んでいる Un caillot de sang lui reste dans la gorge. この事件には色々なことが絡んでいる Dans cette affaire, tout est lié. 蔦が枝にしっかり絡まっている Du lierre enlace inextricablement la branche.

からめて 搦手 arrière m; [しんがり] arrières. ~から攻める attaquer par derrière. ~を守る protéger (assurer) ses arrières.

からめとる 搦め捕る capturer. ~搦め捕られる se faire agrafer.

カラメル caramel m. ¶~ソース sauce f [au] caramel. ~カスタードプリン crème f [au] caramel.

からりと ¶空が~晴れた Le ciel s'éclaircit d'un coup. ~した天気 temps m clair (serein). ~した性格 caractère m franc. ~揚る [揚物が] être bien (légèrement) frit.

からりと ¶[突然] brusquement; tout à coup; soudain. ~態度を変える changer brusquement d'attitude.

かられる 駆られる être poussé (emporté, pris). 欲望に~ être poussé par le désir. 怒りに~ se laisser emporter par la colère. 恐怖に~ être saisi de peur.

がらん 伽藍 [寺院] temple m bouddhique; [大伽藍] cathédrale f.

がらんどう ¶~の部屋 chambre f vide.

がらんどう ¶~の creux(se); [からっぽの] vide.

かり 仮 ¶~の [一時的の] provisoire; temporaire; [束の間の] passager(ère); transitoire; précaire; [代理の] intérimaire. ~の議長 président m intérimaire. ~の所有者《法》possesseur m précaire (à titre). ~の名 nom m d'emprunt; nom emprunté. 人生は~の宿に過ぎない La vie n'est qu'un passage. ¶~に provisoirement; temporairement. ~に...としても supposé (en supposant) que sub; même si ind. ¶~の営業所 bureau(x) m provisoire. ~政府 gouvernement m provisoire (constitué).

かり 雁 oie f sauvage.

かり 借 emprunt m; dette f. ~がある avoir des dettes. 私はあなたにユーロの~がある Je vous dois 1.000 euros. ~に借りがない(なくなる) être quitte envers qn. ~を返す payer (acquitter d') une dette. ~をつくる faire des dettes; s'endetter. 彼はマンションを買って~を

つくった Il s'est endetté pour l'achat de son appartement./L'achat de son appartement l'a endetté.

かり 狩 chasse *f*. ～に行く aller à la chasse. ‖狐～ chasse au renard. 暴力団～ rafle *f* de gangsters. ～場 chasse.

カリ potasse *f*. ～肥料 engrais *m* potassique.

かりあつめる 駆り集める [物を] rassembler; [人を] recruter; [雇う] embaucher. 出来るだけ多くの日雇労働者を～ embaucher le plus grand nombre possible de journaliers.

かりいれ 刈入 moisson *f*; récolte *f*. ～をする moissonner; faire la moisson (la récolte). ‖麦を～る moissonner du blé. ‖～機 moissonneuse *f*. ～脱穀機 moissonneuse-batteuse *f*. ～時 [temps *m* des] moissons. ～人 moissonneur(se) *m(f)*.

かりいれ 借入 emprunt *m*. ‖～金 argent *m* emprunté; emprunt.

かりうど 狩人 chasseur(se) *m(f)*.

カリウム potassium *m*.

ガリウム gallium *m*.

カリエス tuberculose *f* osseuse; [医] carie *f*. ～にかかる être atteint de carie. ‖脊椎～ carie vertébrale.

かりかた 借方 [簿記の] débit *m*; doit *m*; actif *m*; [債務者] débiteur(trice) *m(f)*. ～と貸方 doit et avoir *m*. ～に記入する porter une somme au débit de *qn*; débiter *qn* d'une somme.

カリカチュア caricature *f*. プチブルの～ caricature de la petite bourgeoisie.

かりかり *f*. ¶～噛る croquer. ～した croustillant; croquant. ～したビスケット biscuit *m* croustillant. あいつは今日は～している Il est sur les nerfs aujourd'hui.

がりがり ～噛る croquer. りんごを～噛る croquer une pomme. 頭を～かく oc gialler la tètu.

がりがりもうじゃ 我利我利亡者 égoïste *mf* achevé(e) (parfait(e)).

かりぎ 借着 habit *m* loué; vêtements *mpl* empruntés.

カリキュラム programme *m* d'études.

かりきる 借切る louer *qc* en entier; affréter. 料理屋を～ louer tout un restaurant. バスを～ louer (affréter) un autocar.

かりこしきん 借越金 solde *m* débiteur.

かりこみ 刈込み [植木の] taille *f*; [枝おろし] élagage *m*; émondage *m*; [羊毛, 芝生の] tonte *f*; [髪の] coupe *f*. ‖刈込む tailler; élaguer; émonder; tondre. 羊を刈込む tondre un mouton. ‖～鋏 sécateur *m*.

かりこみ 狩込み rafle *f*; descente *f* [de police]. ～にひっかかる être pris dans une rafle. ～をする faire (effectuer) une rafle.

かりごや 仮小屋 baraque *f*; cabane *f*; [大きな] baraquement *m*. 労働者の寝泊りする～を建てる construire des baraquements pour le logement des ouvriers.

かりさいよう 仮採用 admission *f* (embauche *f*) provisoire. ¶～する admettre (engager, embaucher) *qn* provisoirement. ～の admis (engagé) provisoirement.

かりしっこう 仮執行 exécution *f* provisoire.

かりしゅつごく 仮出獄 libération *f* conditionnelle. ¶～する être mis en liberté sous surveillance.

かりしょぶん 仮処分 《法》jugement *m* exécutoire par provision; [仮の]mesure *f* provisoire. ¶～する prendre une mesure provisoire. 人の財産を～に付ける mettre en (sous) séquestre judiciaire les biens de *qn*.

カリスマ charisme *m*. ¶～的(な) charismatique.

かりずまい 仮住居 demeure *f* provisoire. ホテルに～する loger provisoirement à l'hôtel; faire un séjour provisoire dans un hôtel.

かりそめ 仮初 ¶～の passager(ère); [はかない] précaire. ～の恋 amour *m* passager; flirt *m* amourette *f*. ～の幸福を楽しむ jouir d'un bonheur précaire. それは～にも口に出してはならぬ Ne le dites absolument pas. ～にも日本人たる者はそんなことをしてはならぬ Ne faites pas cela, si vous êtes Japonais.

かりたおす 借り倒す laisser courir (tomber) ses dettes. 奴に借り倒された Il me payera sa dette la semaine des quatre-jeudis./Il ne me remboursera jamais.

かりだす 狩り出す débusquer; débucher; faire sortir; rabattre; [動員する] mobiliser. 獲物を～ débusquer le gibier. デモに狩り出される être mobilisé pour une manifestation.

かりたてる 駆り立てる [動物の群れに] chasser; [人を] pousser; [煽動する] inciter; pousser. 労働者をストライキに～ inciter (pousser) les ouvriers à la grève. 欲望に駆り立てられる être poussé par le désir.

かりたてる 狩り立てる [獲物を] chasser; traquer; poursuivre; courir. 獲物を～ traquer le gibior

かりちん 借賃 [土地, 家屋の] loyer *m*; bail (aux) *m*; [使用料] prix *m* de location (louage). ～を払う payer son bail.

かりて 借手 ⇨ かりぬし(借主).

かりとじ 仮綴 brochage *m*. ¶～にする brocher. ～の小冊子 brochure *f*. ～の本 livre *m* broché. ‖～工 brocheur(se) *m(f)*.

かりとる 刈取る couper; [鎌で] faucher; [刈入れる] moissonner; [羊毛を] tondre. 草を～ faucher de l'herbe. 庭の雑草を～ sarcler un jardin.

かりぬい 仮縫 essayage *m*; faufilage *m*. ¶～する essayer; faufiler; bâtir. ドレスを～する essayer une robe; bâtir une robe [pour l'essayage]. 袖を～する faufiler une manche. ～用の糸 bâti *m*.

かりぬし 借主 [金の] emprunteur(se) *m(f)*; [家の] locataire *mf*; [債務者] débiteur(trice) *m(f)*.

かりね 仮寝 petit somme *m*. ¶～する faire un petit somme.

かりばらい 仮払 paiement *m* provisoire.

がりばん がり版 polycopie *f*. ¶～刷りする tirer à la polycopie; polycopier.

カリフ calife *m*. ‖～位 califat *m*.

かりぶしん 仮普請 construction *f* provisoire (expédiée, hâtive).

カリプソ〖楽〗calypso m.

カリフラワー chou(x)-fleur(s) m.

がりべん がり勉 ~する bûcher;〖俗〗potasser; chiader. ¶~家 bûcheur(se) m(f).

カリホルニウム californium m.

かりめんきょ 仮免許 autorisation f (permission f) provisoire. ¶~証 permis m provisoire.

かりもの 借物 objet m emprunté; emprunt m. ¶~の d'emprunt. その喜劇はモリエールからの~だ Cette comédie est un emprunt à Molière.

かりゅう 下流 aval m. 橋の~に en aval du pont. その川はセーヌの~にある Cette ville est en aval sur la Seine. その川は~に行くほど美しい La rivière est plus belle vers l'aval.

かりゅう 顆粒 granule m.

がりゅう 我流 sa propre manière f; manière personnelle. ~でやる faire à sa manière.

かりゅうかい 花柳界 demi-monde m. ¶~の demi-mondain. ~の女 demi-mondaine f.

かりょう 加療 traitement m. ¶~中の病人 malade mf en traitement.

かりょう 科料 amende f; peine f pécuniaire; contravention f. ~に処する condamner qn à une amende. 千円の~に処する condamner qn à mille yen d'amende.

かりょう 雅量 magnanimité f; générosité f. ...の~に訴える faire appel à la magnanimité de qn. ~に乏しい manquer d'envergure. ¶~のある magnanime; généreux(se); large.

がりょうてんせい 画竜点睛 ¶~を欠く Il manque la dernière touche.

かりょく 火力 pouvoir m calorifique. ¶~発電 production f calorifique de l'énergie électrique. ~発電所 centrale f thermique.

かりる 借りる emprunter qc à qn; 〖賃借〗louer. 友達から金を~ emprunter de l'argent à un ami. 家を~ louer une maison. 銀行の金庫を~ louer un coffre de sûreté à la banque. 知恵を~ prendre conseil (avis) de qn. 助け(力)を~ demander l'aide de qn. お前に千円借りてるよ Je te dois mille yen.

かりん 花梨 néflier m. ~の実 nèfle f.

かりんさん 過燐酸 ¶~石灰 superphosphate m de chaux. ~肥料 superphosphate.

かる 刈る〖鎌で〗couper; faucher; 〖稲などを〗moissonner; 〖枝などを〗tailler; élaguer; émonder; 〖芝生, 羊毛を〗tondre. 髪を~ se faire couper les cheveux. 垣根(植木)を~ tailler une haie (des arbres).

かるい 軽い léger(ère); 〖軽微の〗peu grave; 〖簡単〗facile. 食事 repas m léger; collation f. ~いけが blessure f légère (anodine). ~風邪 rhume m peu grave (bénin). 尻の~女 femme f facile. 口が~ être bavard. そんなの~よ C'est facile comme bonjour./C'est un jeu d'enfant. ¶軽く légèrement; doucement; 〖簡単に〗facilement; aisément. 軽くあしらう ne pas faire grand cas de. 試験に軽く受かる réussir à l'examen sans difficulté. 痛みを軽くする soulager la douleur. 刑を軽くする réduire (commuer) la peine. 税を軽くする alléger (abaisser) les impôts. 話してごらん気持ちが軽くなるから Parlez, ça vous soulagera.

かるいし 軽石〖pierre f〗ponce f. ~で磨く〖金属, 石などを〗poncer.

かるがる 軽々 ~しい〖軽率な〗léger(ère); imprudent. ~しく légèrement. ~しく振舞う se conduire légèrement (à la légère); agir sans réflexion. ~と facilement; avec facilité; sans peine (difficulté). ~と踊る danser légèrement (avec souplesse).

カルキ chlorure m de chaux.

かるくち 軽口 ¶~をたたく badiner.

カルシウム calcium m.

かるた 骨牌(加留多) carte f; 〖かるた遊び〗jeu (x) m de cartes. ~をして遊ぶ jouer aux cartes.

カルダモン cardamome f.

カルチャーセンター centre m d'animations culturelles.

カルテ fiche f médicale.

カルテット quatuor m. ¶~奏者 quatuor; 〖ジャズの〗quartette m.

カルデラ caldeira f. ¶~湖〖lac m de〗caldeira.

カルテル cartel m. ~を結ぶ constituer un cartel. ¶生産(販売)~ cartel de production (de vente).

かるはずみ 軽はずみ étourderie f. ¶~な étourdi; léger(ère). ~な人 étourdi(e) m(f). ~な事をしでかす commettre une étourderie. ~に事を行う agir par étourderie (à la légère, en étourdi).

カルバドス〖ブランデー〗calvados m.

カルビ〖料理〗galbi m.

かるわざ 軽業 〖tour m d'〗acrobatie f; tour d'adresse. ~をする faire des acrobaties. ¶~的な acrobatique. ¶~師 acrobate mf; bateleur(se) m(f); voltigeur m; saltimbanque m.

かれ 彼 lui. ~は(が) il. ~の son (sa, ses). ~に lui; à lui. ~を le. ~のもの le (les) sien(s) m; la (les) sienne(s) f. ~自身 lui-même. ¶私の~の氏です C'est mon homme.

かれい 家令 intendant m; gérant m.

かれい 華麗 ~な splendide; magnifique; brillant; somptueux(se); fastueux(se). ~な一曲(歌) morceau(x) m brillant; air m de bravoure. ~に splendidement; brillamment.

かれい 鰈 limande f; plie f; carrelet m.

カレー curry m. ¶~ライス riz m au curry.

ガレージ garage m. ¶~前駐車禁止《Stationnement interdit, sortie de garage.》¶貸し~ box(es) m〖particulier〗. ~経営者 garagiste m.

ガレージセール brocante f à domicile.

かれえだ 枯枝 branche f morte. 〖葉の落ちた枝〗branche dépouillée; 〖地面に落ちた枝〗bois m mort. ~を集める ramasser du bois mort.

かれき 枯木 arbre m mort; 〖葉の落ちた木〗arbre dépouillé. ¶「~も山の賑い」《Tout fait nombre.》

がれき 瓦礫 décombres mpl; gravats mpl.

～の山 tas *m* de gravats.
かれくさ 枯草 herbe *f* [des]séchée.
かれこれ ¶～言う épiloguer sur; [議論に]ergoter sur. 起ってしまった事を一言ってはじまらない Il ne sert à rien d'épiloguer sur ce qui vient de vous arriver. ¶～する うちに; pendant ce temps; sur ces entrefaites. ～10年前 il y a quelque (environ, à peu près) dix ans. ～お昼だ Il est bientôt (près de) midi. ～3万円払ったことJ'ai dépensé environ trente mille yen.
かれつ 苛烈 ¶～な [激しい] violent(e); [残酷な] cruel(le); féroce.
カレッジ faculté *f*.
かれの 枯野 plaine *f* nue; champs *mpl* déserts.
かれは 枯葉 feuille *f* morte.
かれはざい 枯れ葉剤 défoliant *m*.
かれら 彼等 eux. ～は(が) ils. ～の leur(s). ～に leur; à les. ～のもの le leur m (la leur *f*, les leurs *mfpl*). ～自身 eux-mêmes.
かれる 枯れる [草木が] se faner. ¶枯れた mort; flétri; fané. 枯れた花束 bouquet *m* fané.
かれる 嗄れる s'enrouer. 声が嗄れた La voix s'est enrouée. ¶嗄れた rauque. 嗄れた声 voix *f* rauque.
かれる 涸れる tarir; se tarir; s'épuiser; [池などが] sécher. 水源が涸れた La source se tarit. ひどい暑さつづきで井戸が涸れた Les grandes chaleurs ont tari les puits. 彼の詩魂も涸れた Sa veine poétique s'est tarie. ¶涸れた tari. 涸れない intarissable.
かれん 可憐 ¶～な d'une beauté fragile; mignon(ne); joli.
カレンダー calendrier *m*; [壁に掛ける] calendrier mural.
かれんちゅうきゅう 苛斂誅求 ¶～に苦しむ être écrasé d'impôts sur sang et sur.
カレントヒックス actualités *fpl*.
かろう 家老 vassal(aux) *m* influent.
かろう 過労 travail(aux) *m* démesuré; surmenage *m*. ～で倒れる se détraquer la santé à force de travailler; se surmener. ～で死ぬ mourir à la peine. ～で死にそうだ se tuer de travail comme les galériens. ¶～死 mort *f* par surmenage.
がろう 画廊 galerie *f*.
かろうじて 辛うじて à peine; à grand-peine; difficilement; tout juste; [ぎりぎりに] de justesse. ～歩くことができる arriver à peine à marcher; marcher à grand-peine. ～勝つ gagner de justesse (difficilement). ～危険を免れる échapper de justesse à un danger. ～間に合う arriver juste à temps.
カロチン carotène *m*.
かろやか 軽やか léger(ère). ～に légèrement.
カロリー calorie *f*. ～の多い abondant (riche) en calories. ～があるから食べろよ Mange, ça donne des calories.
ガロン gallon *m*.
かろんじる 軽んじる faire peu de cas de; ne faire aucun cas de; manquer d'égards pour *qn*; [無視する] marcher sur les pieds de *qn*; négliger; mépriser. 命を～ faire peu de cas de la vie; mépriser la vie. 友を～ négliger *ses amis*.

ガロンヌ ¶～川 la Garonne.
かわ 川(河) rivière *f*; [大きな] fleuve *m*; [流れ] cours *m* d'eau. この～は北海に注いでいる Ce fleuve se jette dans la mer du Nord. ～にはまって溺れ死ぬ se noyer dans un cours d'eau. ～を渡る passer (traverser) une rivière. ～を上る(下る) remonter (descendre) une rivière. ¶～の fluvial(aux). ‖～底 fond *m* d'une rivière. ～釣 pêche *f* fluviale.
かわ 皮(革) peau(x) *f*; [なめし皮] cuir *m*; [樹, 果物の] écorce *f*; [果物, 野菜のむいた皮] pelure *f*; épluchure *f*; [パンの] croûte *f*; [薄皮] pellicule *f*. オレンジの～ peau (écorce) d'une orange. 玉ねぎの～ pelure d'un oignon. 葡萄の～ pellicule d'un raisin. ～をなめす tanner une peau. ～をはぐ enlever (détacher) la peau. 兎の～をはぐ dépouiller (écorcher) un lapin. 樹の～をはぐ écorcer un arbre. 動物の～をはぐ écorcher un animal; enlever la peau d'un animal. 化けの～をはぐ démasquer *qn*. ～をむく enlever la peau; [果物など] peler; [大根, にんじん, いも類] éplucher; [樹, みかん類, 玉ねぎ] écosser; ～をむいたアーモンド amande *f* décortiquée. 果物の～をむく enlever la peau d'un fruit; décortiquer un fruit. じゃがいもの～をむく éplucher des pommes de terre. リンゴの～をむく peler une pomme. 猩紅熱で体中の～がむけた Après la scarlatine, tout le corps a pelé. 彼は骨と～ばかりだ Il n'a que la peau et les os. ～'しか'ない on ne dirait que la peau sur les os. ～の付いた肉 un paquet d'os. ¶～製の en (de) cuir. ‖ボックス～ box-calf *m*. モロッコ～ cuir de chèvre, maroquin *m*. ～靴 chaussure *f* de cuir. ～工場 tannerie *f*. ～細工 maroquinerie *f*. ～製品 articles *mpl* de cuir; maroquinerie.
-がわ 側 ¶北～ côté *m* nord. 右～ côté droit. 道の両～ les [deux] côtés de la route. 右～から車に乗る monter dans une voiture par le côté droit. 片～に d'un côté. ...の向う～に de l'autre côté de; [正面に] en face de. ...の南～に au sud de. 敵～に(つく) passer au camp ennemi. 彼は我々～だ Il est de notre côté. 山へ～は村がある Vers la montagne, il y a un village.
かわいい 可愛い joli; gentil(le); mignon (ne); charmant. 食べたくなる程～い joli comme un cœur; mignon à croquer. ～人 mon chéri *m*; ma chérie *f*. 「～子には旅をさせよ」 «Les voyages forment la jeunesse.»
かわいがる 可愛がる aimer; [いつくしむ] chérir; choyer. 目に入れても痛くない程～ aimer comme [la prunelle de] ses yeux. 可愛がられる être aimé (chéri) de *qn*. この子は家中の者に可愛がられている C'est l'enfant chéri de la famille. この子は先生に可愛がられている C'est un chouchou du professeur.
かわいげ 可愛げ ¶～のある naïf(ve) et simple; être candide. ～のない peu sympathique. なんて～のない子だ Qu'il est méchant, ce petit!

かわいさ 可愛さ amour *m*; amabilité *f*; [可愛らしさ] gentillesse *f*. ～余って憎さ百倍 Rien n'est plus proche de l'amour que la haine.

かわいそう 可哀相 ¶～な pauvre; pitoyable; malheureux(se); misérable. ～な子供 pauvre enfant *mf*. ～な奴だ C'est un pauvre type. 彼をいじめるのは～だ C'est cruel de le tourmenter. ～だから乞食に 100 円恵んでやった J'ai donné cent yen à un mendiant par pitié. ～に思う avoir pitié de *qn*; plaindre *qn*.

かわいらしい 可愛らしい joli; gentil(le); mignon(ne). ～小娘 petite fille *f* mignonne. ¶可愛らしく joliment; aimablement; gentiment. 可愛らしさ gentillesse *f*.

かわうお 川魚 ¶～料理 plat *m* de poisson d'eau douce. ⇨ かわざかな(川魚).

かわうそ 川獺 loutre *f*.

かわおび 革帯 ceinture *f* de cuir; [太い] sangle *f*.

かわかす 乾かす sécher; faire sécher. ¶体を～ se sécher. 着物を～ sécher *ses* vêtements. 洗濯物を～ faire sécher du linge.

かわかぜ 川風 brise *f* de rivière.

かわかみ 川上 amont *m*. ¶～に(で) en amont. ～の方へ行く aller vers l'amont (d'une rivière).

かわき 渇き[喉の] soif *f*; envie *f* de boire. 喉の～が激しい avoir grand soif; [俗]avoir la pépie. 喉の～をいやす apaiser la soif; désaltérer; se désaltérer. コーヒーを飲んで喉の～をいやす prendre du café pour se désaltérer. お茶は喉の～をいやすのに大変いい Le thé est très désaltérant.

かわき 乾き sécheresse *f*; dessèchement *m*. 舌の～は熱のある証拠だ Le dessèchement de la langue est un signe de fièvre. ‖草の～具合 dessèchement de l'herbe.

かわぎし 川岸 bord *m* d'une rivière; quai *m*; [土手] berge *f*. セーヌの～ quai de la Seine. ～の家 maison *f* en bordure de la rivière.

かわきり 皮切り commencement *m*; début *m*. ～に pour commencer; d'abord.

かわく 渇く[喉が]avoir soif; être assoiffé. 喉がからからに～ avoir grand soif; avoir la pépie.

かわく 乾く devenir sec (sèche); sécher; se dessécher. 日照り続きで池の水が乾いてしまった L'étang a séché (s'est desséché) par suite de grandes chaleurs. ¶乾いた sec (sèche); desséché. 乾いた地面 sol *m* desséché. 乾いた風 vent *m* desséché.

かわざかな 川魚 poisson *m* de rivière.

かわざんよう 皮算用 ¶「捕らぬ狸の～」《Vendre la peau de l'ours avant de l'avoir tué.》

かわしも 川下 aval *m*. ¶～に(で) en aval. ルーアンはパリの～にある Rouen est en aval de Paris. 橋の～百メートルの所で à 100 mètres en aval du pont.

かわじり 川尻[下流] cours *m* inférieur; [河口] embouchure *f*.

かわす 交す [挨拶を]～ se saluer. 視線を～ échanger un coup d'œil; se regarder. 微笑を～ échanger un sourire.

かわす 躱す esquiver; parer. ～を éviter adroitement. パンチを～ esquiver les coups. 右ストレートを～ parer un direct du droit. 巧みに質問を～ esquiver (se dérober à) une question. ¶身の躱し esquive *f*.

かわず 蛙 ¶「井の中の～大海を知らず」⇨ い(井).

かわすじ 川筋 parcours *m* d'une rivière; [川沿いの土地] bords *mpl* d'une rivière. ～の村 village *m* sur les bords d'une rivière.

かわせ 為替 mandat *m*; change *m*. ～の変動 fluctuation *f* des changes. 百ユーロを～で支払う mandater cent euros. ～を送る envoyer un mandat. ～外国～ devise *f* étrangère. 外国～管理法 loi *f* sur le contrôle des devises étrangères. 電報～ mandat télégraphique. 封緘郵便～ mandat(s)-lettre(s) *m*. 郵便～ mandat postal (de poste). ～受取人 preneur(se) *m(f)*. ～市場 marché *m* des changes. ～相場 [cours *m* du] change. 固定(変動)～相場制度 système *m* des taux de changes fixes (flottants). 今日の～相場 le change au cours du jour. 米ル～相場では au cours du change sur l'Amérique. ～手形 lettre *f* de change. ～手形を振出す tirer une lettre de change sur *qn*. ～取引 transactions *fpl* sur les changes. ～振出人 tireur(se) *m(f)*. ～レート taux *m* de change.

かわせみ 翡翠 martin(s)-pêcheur(s) *m*.

かわぞい 川添(沿) bord *m* de rivière. ～の道 chemin *m* au bord (en bordure) d'une rivière. ～に住む人たち riverains *mpl*. ～を散歩する se promener le long d'une rivière.

かわった 変った [異常な] extraordinaire; [奇妙な] bizarre; étrange; drôle; [奇人の] maniaque; original(aux); excentrique. ～[異常な] quelque chose *f* d'extraordinaire; [珍らしいこと] quelque chose de neuf (de nouveau); neuf *m*. 何も～ことはない Il n'y a rien de nouveau (de neuf). ～娘(少年) drôle de fille (un drôle de garçon). ～人だ C'est un original (une originale).

かわと 革砥 cuir *m* à rasoir.

かわどこ 川床 lit *m* [des cours d'eau].

かわばた 川端 ～で au (sur le) bord d'une rivière.

かわはば 川幅 largeur *f* d'une rivière. ¶ここの～は 50 メートルある Ici, la rivière a cinquante mètre de large.

かわひも 革紐 courroie *f* [de cuir]; lanière *f*; [犬などつなぐ] laisse *f* de cuir. 鞭の～ lanières d'un martinet (fouet). ～でつなぐ sangler, lier *qc* avec une lanière.

かわぶくろ 革袋 [液体用] sac *m* en cuir; outre *f*.

かわぶね 川船 barque *f*; péniche *f*; [集合] batellerie *f*.

かわべり 川縁 berge *f*. ～の道 chemin *m* au bord d'une rivière.

かわむきき 皮むき器 éplucheur *m*.

かわむこう 川向う autre côté *m* de la rivière; côté opposé; autre rive *f*. ～に渡る

かわもや 川霧 ¶〜が立ちこめている Il y a de la brume sur la rivière.

かわや 厠 lieux mpl d'aisances.

かわら 瓦 tuile f. 〜で屋根を葺く couvrir un toit de tuiles. 〜丸(平)〜 tuile ronde (plate). 屋根〜 tuile de toiture. 〜工場 tuilerie f. 〜葺きの家 maison f de tuiles. 〜屋 tuilier m. 〜屋根 toit m de tuiles.

かわら 川原 lit m à sec [d'une rivière].

かわらけ 土器 faïence f en terre cuite; [集合] poterie f de terre.

かわらひわ 河原鶸 verdier m.

かわり 代(替)り 〜の qui remplace. 〜のタイヤ roue f de rechange. 〜の者 remplaçant (e) m(f). 〜の物 ce qui remplace. …の〜に au lieu de; à la place de; en remplacement de; [交換に] en échange de qc. その〜に par contre; en revanche. 父の〜に参りました Je viens à la place de mon père. この品物は少し高いが、その〜に頑丈にできている Cet article est un peu plus cher, mais en échange il est solide. 〜をする prendre la place de; remplacer; [代用] servir de; faire office de. 蜜は砂糖の〜をする Le miel remplace le sucre. 息子が僕の〜をしてくれる C'est mon fils qui me remplace. 蜜柑箱がテーブルの〜になる La boîte d'oranges peut servir de table. 事務所〜になる部屋 pièce f qui fait office de bureau. お〜はいかがですか En voulez-vous encore?/Vous n'en voulez plus?

かわり 変り 〜がない rester (être) inchangé; rester invariable (constant); [変更] ne pas être modifié (changé); [気持ちに] être constant. 決心に〜はない être ferme dans sa résolution. 情勢に〜はない La situation est inchangée. われわれの友情に〜はない Nous sommes constants dans notre amitié. 何も〜はない Il n'y a rien de nouveau. 彼の私に対する友情に〜はない Il reste pour moi un ami constant. お〜ありませんか Vous vous portez bien? ◆ [相違] différence f. 外交政策については両国ともに〜はない En politique étrangère, il n'y a pas de différence entre les deux pays.

かわりだね 変り種 variété f; exception f; [変り者] original(le) m(f).

かわりばえ 代り映え ¶彼は何を着ても〜がしない Quoi qu'il mette, c'est du pareil au même.

かわりはてる 変り果てる être tout à fait changé; être méconnaissable. しばらく会わないうちに変り果てた Je ne l'avais pas vu depuis longtemps, il est tout à fait méconnaissable. 彼女は変り果てて見る影もない Elle a changé au point de devenir méconnaissable. こんな姿に変り果てて Pourquoi faut-il que tu sois réduit à cet état lamentable?

かわりみ 変り身 ¶彼は〜の早い奴だ Il est prompt à tirer profit d'une situation.

かわりめ 変り目 changement m; [moment m de] transition f; passage m. 気候の〜 changements de saison. 暑さと寒さの〜 transition (passage) entre le froid et la chaleur.

かわりもの 変り者 original(e) m(f); fantaisiste mf; excentrique mf; [俗] phénomène m. あいつは一だ C'est un original. お前何という〜 Toi, tu es un phénomène.

かわりやすい 変りやすい changeant; variable; [心, 考えが] inconstant; instable; versatile. 〜天気 temps m changeant (variable). 気の〜性分 humeur f changeante. 気の〜子供達は教えにくい Les enfants instables sont difficiles à instruire. ¶変り易さ variabilité f; inconstance f; mobilité f; instabilité f; versatilité f. 天候の変り易さ variabilité du temps.

かわる 代(替)る prendre la place de qn; remplacer; se substituer à; faire place à. 僕が君に代ろう Je prendrai votre place./Je vous remplacerai. 喜びが恐怖にとって代った La joie fait place à la crainte. 誰かに代ってもらうう se faire remplacer par quelqu'un(e). …に代って pour qn; à la place (au nom, au lieu) de qn. みんなに代って罪を受ける être puni pour tous les autres; s'imputer la faute de tous les autres. 御出席の皆さんに代って au nom de tous les assistants. 〜と替り合う alterner avec. これら二人の使用人が一ヶ月毎に替り合う Ces deux employés alternent tous les mois.

かわる 変る changer; être changé; [変更] se modifier; [悪く] s'altérer; [異る] varier. ¶…に〜 se changer en; tourner à (en); se transformer en. 霧が雨に変った Le brouillard s'est changé en pluie. つきが変った La chance a tourné. 天気が急に変った Le temps changea soudain. 町名が変った La rue a changé de nom. この生地は色が変ってしまった Les couleurs de cette étoffe se sont altérées. 彼の考えは年をとっても変らない Ses idées ne se modifient pas avec l'âge. 時間表は変っていない L'horaire n'est pas modifié (changé). ¶変らない inchangé; constant; invariable; [不易] immuable. 変らない関心 intérêt m constant. 変らぬ自然の法則 lois fpl immuables de la nature.

かわるがわる 交る交る tour à tour; alternativement; l'un(e) après l'autre. 私たちは〜歌を歌った Nous avons chanté tour à tour.

かん 冠 ¶日本のトランジスターは世界に〜たるものである Les transistors japonais sont sans rivaux dans le monde.

かん 寒 période f des grands froids. ¶〜中 Ⅱ au cœur de l'hiver.

かん 勘 finesse f; flair m. 〜がいい avoir de la finesse; avoir du flair (du nez); être fin d'esprit. 〜が鈍い avoir l'esprit lourd. 〜が狂う(を失う) perdre la finesse. 〜で par instinct; [俗] au pifomètre; à vue de nez. 〜で選ぶ choisir au pifomètre. この事件では彼の〜は冴えていた Il a eu du flair dans cette affaire.

かん 巻 tome m; volume m; [映画の] bobine f; rouleau(x) m. ¶〜 le premier tome. 二〜本 livre m publié en deux volumes.

かん 官 fonction f publique. 〜を辞す quitter une fonction publique.

かん 感 [感覚] sens m; sensation f; [気持ち] sentiment m. 〜極まる être profondément ému. 〜に堪えない être touché au vif. [空腹] 〜 sensation de faim. 五〜 les cinq sens. 責任〜 sentiment de responsabilité. 道徳〜 sens moral. 読後〜 impression f après [une] lecture.

かん 棺 cercueil m; bière f. 棺に納める mettre en bière.

かん 管 tube m; [導管] conduit m; tuyau(x) m. ガス〜 tuyau à gaz. ガラス〜 tube de verre. 水道〜 conduit (conduite f) d'eau. 胆〜 [胆汁の] canal m biliaire. 尿〜 canal urinaire; voie f urinaire. 排気(排水)〜 tuyau d'échappement (de décharge).

かん 観 [様相] aspect m; [見方] idée f; vue f; conception f. 〜を呈する offrir (présenter) l'aspect de. その恐しい光景は地獄の〜を呈していた Le spectacle effrayant nous a offert l'aspect de l'enfer. 雨が降っていつも賑かな町もうらさびれた〜を呈している La pluie donne un aspect triste et désolé à cette ville habituellement si animée. 彼は別人の〜がある On ne le reconnaît plus. ‖社会〜 idées sur la société. 人生(恋愛)〜 conception de la vie (de l'amour).

かん 間 [ほどの] pendant ce temps. 3 年〜 pendant trois ans. 東京大阪への距離 distance f de Tokyo à Osaka. 両国〜の関係 relations fpl entre les deux pays. 〜髪を入れずに答える répondre tout de suite (séance tenante, du tac au tac, au champ).

かん 燗 〜をつける [faire] chauffer du saké.

かん 癇 fougue f. 〜にさわる donner sur les nerfs de qn; piquer qn au vif. その言葉が私の〜にさわった Ce mot m'a piqué au vif. 〜の強い fougueux(se). 〜の高ぶった énervé.

かん 鑵(缶) boîte f; [ブリキの] bidon m. ガソリン(牛乳)の〜 bidon d'essence (de lait). 〜入りの mis en boîte. 〜ビール bière f en boîte.

がん 癌 cancer m. 〜の(に罹った) cancéreux(se). その男は我々の組織の〜だ Il est la peste de notre organisation. ‖発〜性の cancérigène; cancérogène; carcinogène; carcinogénétique. 〜患者 cancéreux(se) m (f). 〜細胞 cellule f cancéreuse. 〜センター centre m anticancéreux. 〜予防の anticancéreux(se).

がん 雁 oie f sauvage.

がん 願 prière f; vœu(x) m. 〜がかなった Mes vœux sont comblés (exaucés). 〜をかける prier Dieu de inf; faire vœu de inf. 事業の成功のために〜をかける faire des vœux pour le succès d'une entreprise. 〜をかなえる exaucer les vœux de qn.

ガン fusil m; [拳銃] pistolet m; revolver [revolver] m.

かんあん 勘案 〜する tenir compte de; prendre qc en considération; compter avec.

かんい 官位 [等級] rang m officiel; [官職] fonction f. 〜を剥奪する priver qn de sa fonction (son poste); [軍] dégrader qn.

‖〜剥奪 [軍] dégradation f.

かんい 簡易 ¶〜な simple; facile; [手軽な] commode. 〜な方法 moyen m (méthode f) simple. 〜さ simplicité f; facilité f; commodité f. 〜化 simplification f. 〜化する simplifier. 〜裁判官 juge m de paix. 〜裁判所 tribunal m de canton. 〜食堂 restaurant m bon marché. 〜住宅 [プレハブ] maison f préfabriquée. 〜宿泊所 pied-à-terre m inv.

かんいっぱつ 間一髪 ¶〜で難を免れる échapper de justesse à un danger; l'échapper belle. 〜で間に合う arriver juste à temps. 〜のところで Cela ne tenait qu'à un cheveu (qu'à un fil).

かんいん 姦淫 adultère m. 〜を commettre un adultère. 汝〜するなかれ Tu ne commettras pas d'adultère. 〜の adultère. 〜の確証をあげる dresser un constat d'adultère. 〜関係 relation f adultère.

かんいん 官印 sceau(x) m; cachet m officiel. 〜を押す apposer (mettre) son sceau à.

かんいん 館員 ¶大使〜 personnel m d'ambassade; [集合] personnel m d'une ambassade. 図書〜 bibliothécaire mf.

かんえい 官営 régie f nationale (d'Etat). 工場を〜化する nationaliser une usine. 〜の en (de la) régie. ‖〜化 étatisation f; nationalisation f. 〜事業 travaux mpl en régie; [集合的] secteur m nationalisé (public).

かんえつ 簡閲 appel m. ¶〜する faire l'appel. ‖〜点呼 appel.

かんえつ 観閲 inspection f de l'armée. ¶〜する faire une inspection. ‖〜式 revue f.

かんえん 肝炎 hépatite f. ‖〜患者 hépatique mf.

がんえん 岩塩 sel m gemme.

かんおう 観桜 ¶〜会を催す tenir une partie pour admirer les fleurs des cerisiers.

かんおけ 棺桶 cercueil m; bière f. 〜に入れる mettre dans un cercueil (en bière). 〜に片足をつっこむ avoir un pied dans la tombe.

かんか 感化 influence f. 友人の〜で sous l'influence de son ami. 〜を受ける se laisser influencer; subir l'influence de qn. 悪の〜を受ける recevoir une mauvaise influence; être sous la mauvaise influence de qn. ¶〜する influencer; exercer une influence sur qn. 〜され易い influençable. 感受性の強い女は〜され易い Une femme sensible est influençable. ‖〜院 maison f de correction; centre m d'éducation surveillée.

かんか 看過 ⇨ みのがす(見逃す).

がんか 眼下 ¶〜に sous les yeux. 〜に海を見下す丘 colline f ayant vue sur la mer; colline qui domine (donne sur) la mer. 広大な平野が〜に広がっていた Les vastes plaines s'étendaient sous mes yeux.

がんか 眼科 ophtalmologie f. ¶〜の ophtalmologique. 〜医 ophtalmologiste mf; ophtalmologue mf; oculiste mf. 〜医院 clinique f ophtalmologique.

がんか 眼窩 orbite f.

かんかい 官界 monde m des fonction-

かんがい 感慨 émotion f. ~に堪えない en proie à de profondes émotions. ~にふける s'abandonner à l'émotion; être pris d'émotion. ¶~無量である être rempli de mille sentiments. その知らせを聞いて～深かった Cette nouvelle m'a causé une grande émotion. ～深げに思い出を語る raconter ses souvenirs avec émotion.

かんがい 旱害 dégâts mpl causés par la sécheresse. 今年の～はひどかった Cette année la sécheresse a causé des dégâts importants.

かんがい 灌漑 irrigation f. ¶～する irriguer. ～用運河 canal(aux) m d'irrigation. ～用水 eau f d'irrigation.

がんかい 眼界 vue f. ⇨ しや(視野).

かんがえ 考え [思考] pensée f; idée f; [思慮] réflexion f; [考慮] considération f; [意図] intention f; dessein m. ～が甘い manquer de réalisme. ～が浮かぶ trouver une idée. ～が浮かぶだろう En cherchant ensemble, on trouvera une bonne idée. ～はいが実現不可能だ C'est une bonne idée, mais irréalisable. ～が足りない manquer de réflexion. 下手な～休むに似たり Cessez de vous casser la tête./Ça ne vous avance à rien. 同じような～から私たちもその問題の検討に意を用いた Dans le même ordre d'idées, nous sommes attachés à examiner ce problème. ...する～である avoir l'intention de inf; compter inf; penser que ind. ～に入れる prendre en considération; tenir compte de; compter avec. 雨が降ることも～に入れなくてはならない Il faut compter avec la pluie. ～に耽る se laisser aller à ses pensées. ～深い人 personne f réfléchie. ～の浅い人 personne f irréfléchie (inconsidérée). 前後の～もなく sans réflexion (discernement); inconsidérément. ～を述べる exprimer ses idées; s'exprimer; [発言する] se prononcer. ～をまとめる mettre ses idées en ordre. 我々の～をまとめよう, 決定はそれからだ Mettons nos idées en commun. On décidera après. ～を見抜く(読みとる) lire dans la pensée de qn. ¶～方 façon f de penser (voir); tour m de pensée; [思考方法] mentalité f. 私は今の若い人の～方が分らない Je ne comprends pas la mentalité des jeunes d'aujourd'hui. 私の～方は彼(彼女)の～方とは違う Ma façon de voir est différente de la sienne. ◆[意見] idée; avis m; opinion f. あなたのお～は? Quel est votre avis? ～を変える changer d'idée (d'avis). ～を聞く demander à qn son avis. ～をまとめる résumer tous les avis. 僕にも～がある J'ai mon opinion personnelle./Moi aussi, j'ai mon idée là-dessus. 君とは～が違う Je ne suis pas d'accord avec toi. こっちにも～がある Je suis aussi de votre avis. 私の～は à mon avis; d'après ce que je pense; d'après mon opinion; d'après moi. 私の～では彼は間違っている Mon opinion est qu'il a tort. ◆[予想, 期待] attente f; prévision f. ～通りに行かない ne pas répondre à l'attente de qn. ¶～も及ばない impensable; inimaginable; qui dépasse l'imagination. ◆[判断] jugement f.; décision f. 君の～にまかせる Je soumets cela à votre jugement./Je m'en remets à votre décision.

かんがえごと 考え事 préoccupations fpl; soucis mpl. ～をする méditer; réfléchir; s'absorber dans ses réflexions.

かんがえこむ 考え込む s'absorber dans ses pensées; se plonger dans ses pensées (réflexions). 彼は突然だまって考えこんだ Tout à coup, il s'est tu et il s'est mis à réfléchir. 考え込んだ様子で窓に肘をついてじっと考え込んでいた Elle était accoudée à la fenêtre, immobile et pensive. 彼はちょっとしたことで深く考えこんでしまう Un rien le plonge dans de profondes réflexions.

かんがえだす 考え出す [考案する] inventer; imaginer; concevoir. 計画を～ concevoir un projet.

かんがえなおす 考え直す reconsidérer; changer d'idée; revenir sur qc. この問題は別に考え直してみるまでのことはない Il est inutile de revenir sur ce problème.

かんがえもの 考え物 ¶それは～だ C'est discutable./Il vaut mieux y réfléchir à deux fois.

かんがえよう 考え様 ¶ 物は～だ Tout dépend du point de vue. ～によっては en (dans) un certain sens.

かんがえる 考える [思考する] penser; [熟慮, 反省する] réfléchir; considérer; [想像する] imaginer; croire; [判断する] juger. ～人 penseur (se) n m (f). 人は～葦である L'homme est un roseau pensant. ¶...と～ penser que ind. ...とは考えてもみない ne pas penser même que sub; n'avoir jamais idée que sub. それは必要だと～ Je le juge (pense) nécessaire. どう考えますか Qu'en pensez-vous? ¶...のことを～ penser (songer) à. ...について～ penser (réfléchir) sur. 彼は結婚を～にはまだ若すぎる Il est trop jeune pour songer au mariage. 彼は遊ぶことしか考えていない Il ne pense qu'à s'amuser. 自分自身について～ réfléchir sur soi-même. この問題についてはもう少し考えさせて下さい Laissez-moi un peu réfléchir à cette question. 私もやっと人生の意義について～ようになった Je me suis enfin mis à réfléchir sur le sens de la vie. ¶それが真実だと考えられない Cela passe pour vrai. それは考えられないことだ Cela est impensable. そういうことも考えられるね Cela se peut./Cela est possible. ...ということは考えられない Il est impossible de penser que sub. ¶それは人が考えているほどむずかしくない Ce n'est pas si difficile qu'on l'imagine (qu'on le croit). 考えただけでも背筋がぞっとする Rien qu'à y penser, ça me fait froid dans le dos. ...のことを考えただけで à la seule idée de qc. よく考えてから 話を言え Réfléchissez avant de parler. よく考えた上で彼は反対することに決めた En fin de compte il s'est résolu à s'opposer. よく考えてみると(考えた上で) tout compte fait; au bout de compte; en fin de compte; à la réflexion. よく考えて見ると彼は悪い奴ではなかった Tout compte fait, ce n'était pas un mauvais type. これらの問題は考えなおす必要がある Nous devons bien réfléchir à ces problèmes. それはちょっとした出来事だったがみんなの考えさせられた C'est un petit incident mais qui a fait réfléchir tout le monde. 考えれば～ほどわからない Plus on y pense, moins on comprend. ◆[意図する] compter; avoir l'intention de inf. 私は世界一周しようと考えている J'ai l'intention de faire le tour du monde.

かんかく 感覚 sens m; sensation f; [感受性] sensibilité f. 美的～ sens esthétique. 鋭い～ sensibilité vive. 寒さで指の～がなくなった Le froid m'a engourdi les doigts. ～を失う perdre sa sensibilité. ‖～過敏 [医] hyperesthésie. ～器官 organes mpl sensoriels. ～中枢 sensorium m.

かんかく 間隔 intervalle m; distance f; [へだたり] écartement m; espacement m. レールの～ écartement des rails. 同じ～をおいて à intervalle égal; à égale distance. 電車は5分で出発する Le train part toutes les cinq minutes. 5メートルに～置く poser qc tous les cinq mètres. 1メートルに～植木を植える planter des arbres à un mètre d'intervalle. 行の～をあける(つめる) espacer (serrer) les lignes; augmenter (réduire) l'intervalle des lignes. 一定の～を保つ garder un certain intervalle. 列の～をつめる serrer les rangs. 樹と樹との～をつめる réduire l'espacement (l'intervalle) entre deux arbres.

かんがく 官学 école f publique. ‖～派 académicien m.

かんがく 漢学 sinologie f. ‖～者 sinologue mf.

かんかつ 管轄 ressort m; [裁判所の] juridiction f. ...の～に属する être du ressort de; ressortir à. その事件は控訴院の～に属する Cette affaire est du ressort de (ressort à) la cour d'appel. それは僕の～じゃない Ce n'est pas de mon ressort. ‖～を exercer un contrôle sur; exercer sa juridiction dans. ‖～裁判所 tribunal m compétent.

かんがっき 管楽器 instrument m à vent.

かんがみる 鑑みる ‖...に鑑みて en considération de; étant donné qc (que inf); eu égard à. 現状に鑑み vu (étant donné) les circonstances présentes.

カンガルー kangourou m.

かんかん ‖～照りつける日 soleil m ardent (brûlant). ～おこっている炭火 charbons mpl ardents. 日が～照っている Le soleil darde ses rayons. ～におこる être furieux(se); être dans une colère noire; [俗] être furax. ‖～照りの日が続いている Des journées caniculaires se succèdent.

かんがん 汗顔 ‖～の至りです Je suis tout à fait honteux.

かんがん 宦官 eunuque m.

がんがん ‖～音を立てる faire un bruit assourdissant (abasourdissant). 鐘が～鳴る Les cloches sonnent à toute volée. 頭が～する Ma tête va éclater. 耳が～する Les oreilles me tintent. 耳を～させる assourdir (abasourdir) qn. 道路工事の騒音でまだ耳が～している Je suis encore abasourdi par le bruit des travaux dans la rue.

カンカンおどり ‒踊り cancan m.

かんかんがくがく 侃々諤々 ‖～の議論 discussion f opiniâtre. ～の議論をする discuter avec persistance (acharnement, opiniâteté); rompre des lances avec (contre) qn.

かんかんしき 観艦式 revue f navale.

かんかんぼう かんかん帽 [chapeau (x) m] canotier m.

かんき 乾季(期) saison f sèche.

かんき 寒気 ¶今朝は～がきびしい Le froid est vif ce matin. ‖～一団 masse f d'air froid.

かんき 勘気 ‖～にふれる tomber (être) en disgrâce; être disgracié par qn.

かんき 喚起 ‖世論を～する éveiller l'opinion. 注意を～する éveiller (attirer) l'attention de qn.

かんき 官紀 discipline f des fonctionnaires. ‖～粛正 rétablissement m de la discipline des fonctionnaires.

かんき 換気 aération f; aérage m; ventilation f. この映画館は～が悪い La ventilation de cette salle de cinéma laisse à désirer. ～する aérer; ventiler. ～のよい部屋 chambre f bien (mal) aérée. ‖～孔 prise f d'air. ～扇 aspirateur m. ～装置 ventilateur m; aérateur m. ～窓 [地下室の] soupirail(aux) m.

かんき 歓喜 joie f; allégresse f; exultation f. ～に酔う être ivre de joie. ～の頂上にある être au comble de l'exultation (de la joie). 彼女は～の余り泣き出した Elle a commencé à pleurer de joie. ～する exulter. 結果が予想と完全に一致したのを見て我々は～した Nous avons exulté en voyant que les résultats confirmaient complètement nos prévisions.

かんぎく 観菊 ‖～会 partie f pour admirer les fleurs de chrysanthème.

かんきつるい 柑橘類 agrumes mpl.

かんきゃく 観客 spectateur(trice) m(f); public mpl; assistants mpl. 場場の～が拍手を送った Toute la salle a applaudi. 会場は～で一ぱいだった La salle était bondée de spectateurs. ‖～席 [劇場の] salle f de théâtre; [競技場の] gradin m; tribune f. ～層が広い avoir un vaste public.

かんきゅう 感泣 ‖～する pleurer d'émotion; verser des larmes de reconnaissance.

かんきゅう 緩急 ‖一旦～あれば en cas d'urgence; le cas échéant. ～自在である agir avec tact.

かんきょ 閑居 [静かな住い] résidence f tranquille; [閑] oisiveté f. ‖～する vivre retiré; vivre dans l'oisiveté. 小人～として不善をなす L'oisiveté est [la] mère de toutes les vices.

かんきょう 感興 intérêt m. ～が湧く(湧かない) avoir de l'(manquer d')inspiration. ～の赴くままに書く écrire sous l'inspiration; écrire d'inspiration. それには何の～も湧かない Cela

かんきょう ne m'inspire aucun intérêt. ~を覚える s'intéresser à; prendre intérêt à. 深い~を覚える (éveiller) un intérêt profond. ~をそぐ gâter tout intérêt.

かんきょう 環境 milieu(x) m; ambiance f; environnement m.［気候，風土］climat m. 人間［地理］的~ milieu humain (géographique). ここは~がよい Il fait bon vivre ici. 化学製品工場が出来てこの家の~は悪くなった Les usines de produits chimiques ont rendu peu plaisant l'environnement de notre maison. ~に順応する s'adapter à son milieu; s'acclimater. いい(悪い)~の中で dans un milieu favorable (défavorable). ‖ 社会~ milieux sociaux. ~衛生 hygiène f sociale. ~基準 normes fpl de l'environement. ~省 Ministère m de l'Environnement. ~大臣 ministre m de l'Environnement. ~プラン plan m de protection de l'environnement. ~問題 problèmes mpl de l'environnement.

かんきょう 艦橋 passerelle f [de commandement].

かんぎょう 勧業 ‖ ~銀行 banque f pour le développement de l'industrie et du commerce.

がんきょう 頑強 ¶ ~な opiniâtre; obstiné. ~に opiniâtrement; obstinément; avec persistance. ~に...する persister à inf. 彼は万事うまく行くと~に信じている Il persiste à croire que tout va s'arranger. ~に抵抗する résister avec opiniâtreté. ~さ opiniâtreté f.

かんきょうほご 環境保護 protection f de l'environnement. ¶ ~の écologiste. ~の観点から écologiquement. ~運動 mouvement m écologique. ~運動家 écologiste mf.

かんきり 缶(罐)切 ouvre-boite(s) m.

かんきん 換金 ¶ ~する réaliser qc.［小切手など］toucher qc.‖ ~可能の réalisable. ~作物 récolte f réalisable.

かんきん 監禁 détention f; emprisonnement m. ¶ ~する détenir; emprisonner. ‖ 不法~ détention arbitraire; séquestration f. 不法に~する séquestrer.

がんきん 元金 capital(aux) m; fonds mpl; ［利子に対する］principal(aux) m. 利子と~ intérêt m et principal (capital).

かんく 甘苦 ~を共にする partager les joies et les peines.

かんく 管区 district m;《カト》diocèse f.

かんく 難苦 rudes épreuves fpl. ~に耐える supporter de rudes épreuves.

がんぐ 玩具 jouet m. ¶ ~商［人］marchand(e) m(f) de jouets; ［店］magasin m de jouets.

がんくび 雁首 [きせるの] fourneau(x) m. ~がそろう être au grand complet. ~がそろった Nous voilà au [grand] complet.

かんぐる 勘繰る soupçonner injustement (arbitrairement, à tort). ¶ ~った soupçonneux(se). 勘繰り下った解釈 interprétation f arbitraire.

かんぐん 官軍 armée f impériale (gouvernementale). 「勝てば~」《La raison du plus fort est toujours la meilleure.》

かんけい 関係 relation f; rapport m; liaison f. 肉体と精神との~ rapports mpl du physique et du moral. 音楽と詩との~ rapports entre la musique et la poésie. ...と~がある être en rapport avec; avoir rapport à (avec); se rapporter à; avoir trait à; avoir à voir avec. 政界と~がある avoir des relations avec les milieux politiques. ~がない être étranger(ère) à. 私はこの事件とは全く~がない Je suis totalement étranger (sans rapport) à cette affaire. 君の答えは質問と全く~がない Votre réponse n'a aucun rapport avec la question. 相互に~のない phénomènes mpl sans liaison entre eux. ...の~で［原因］à cause de; par; ［目的］pour. 位置の~で par sa position. 天候の~で à cause du temps. 仕事の~でパリにいます Je suis à Paris pour mon travail. 私は全く~ないことだ Cela n'a rien à voir. 僕には~ないことだ Cela ne me regarde (concerne) pas. ...に~なく sans égard à; indépendamment de. ~を断つ rompre les relations. ~を持つ(結ぶ) avoir (nouer) des relations avec. ¶ ~づける rattacher qc à. ある問題を別の問題と~づける rattacher une question à une autre. ‖ 教育の人たち éducateurs(trices) m(f)pl. 愛人~ liaison [amoureuse]. 外交~ relations diplomatiques. 交友~ liaison d'amitié. 前後~［文章の］contexte m. 相関~ corrélation f; ［数学］fonction f. 敵対~ rivalité f. 肉体~ relations sexuelles. ~官庁 autorités fpl compétentes. ~者 intéressé(e) m(f). ~諸国 pays mpl intéressés. ~書類 dossier m. ~代名詞 pronom m relatif. ~副詞 adverbe m relatif. ［関与］¶ ~する participer à; prendre part à; se mêler à; ［悪事に］être impliqué (s'immiscer) dans. 私はその仕事に~していない Je ne participe pas à ce travail. 彼はその詐欺に~している Il est impliqué dans (prend part à) cette escroquerie. ◆［影響］¶ ~する exercer (avoir) une influence. その失敗は彼の将来に何ら~がない Cet échec n'exercera aucune influence sur son avenir.

かんけい 奸計 ruse f; machination f; intrigue f; guet(s)-apens m. ~に陥る tomber dans un guet-apens. ~を弄する user de ruses. ~をめぐらす former (nouer) une intrigue contre qn; ［謀議］machiner une conspiration contre qn.

かんげい 歓迎 bon accueil m; réception f; bienvenue f. 熱烈な~ accueil chaleureux. ~の挨拶をする souhaiter la bienvenue à. ~の祝辞を述べる faire un discours de bienvenue (de réception). ~を受ける recevoir un bon accueil. ¶ ~する bien accueillir; faire bon accueil à; recevoir; souhaiter la bienvenue. 両手をあげて~する accueillir à bras ouverts. いつでも~しますよ Vous serez toujours le bienvenu. ~される être bien accueilli. あなたはどこでも~されている Vous êtes partout le bienvenu. ‖ ~会 réception f.

かんけいこ 寒稽古 ¶～する s'exercer dans le froid.

かんけいどうぶつ 環形動物 annélides *fpl*.

かんげき 感激 émotion *f*; [熱狂的な] enthousiasme *m*. 会場は出ても～は醒めなかった Même une fois sorti de la salle, mon émotion ne s'est pas refroidi. ～で胸が一杯だ L'émotion m'étouffe. ～を新たにする revivre une émotion. ¶～する s'émouvoir; être ému (impressionné) de. ～しやすい facile à s'émouvoir. ～させる émouvoir *qn*. ～的な émouvant; touchant; impressionnant. ～的な状景 scène *f* touchante. ‖～屋 enthousiaste *mf*; fanatique *mf*; exalté(e) *m(f)*.

かんげき 観劇 ¶～に行く aller au théâtre. ～に招待する inviter *qn* au théâtre.

かんげき 間隙 [すき間] interstice *m*; fente *f*; [合い間] intervalle *m*. 人ごみの～を縫って se faufiler à travers la foule. 敵軍の～を縫って潜入する s'infiltrer à travers les lignes ennemies. ～をつく敵の～をつく profiter de petites faiblesses de l'ennemi.

かんけつ 完結 accomplissement *m*; achèvement *m*. ¶～させる achever; terminer; accomplir. ～する s'achever; se terminer. 彼は小説を～させずに死んだ Il est mort sans avoir achevé son roman. この全集はあと一巻で～する Avec la publication du prochain volume, cette collection sera complète.

かんけつ 簡潔 ¶～な concis; laconique; [短い] bref(*ve*). 明快～な思想 pensée *f* claire et concise. ～な文体 style *m* concis (laconique). ～な文体の作家 écrivain *m* concis. ～に laconiquement; bref. お話をどうぞ, でも～にお願いします Parlez, mais soyez bref (succinct). ～さ concision *f*; [表現の] laconisme *m*.

かんけつ 間歇 ¶～的な intermittent; ～的に par intermittence; par à-coups. ‖～温泉 geyser *m*. ～泉(熱) source *f* (fièvre *f*) intermittente; geyser *m*.

かんけん 官憲 autorités *fpl*; [警察] police *f*.

かんけん 管見 opinion *f* personnelle. ～によれば d'après mon opinion personnelle.

かんげん 換言 ¶～すれば d'autres mots; autrement dit.

かんげん 甘言 paroles *fpl* mielleuses; boniment *m*; de belles paroles *fpl*; douceurs *fpl*; enjôlement *m*. ～に乗せる enjôler *qn*; embobiner *qn*. ～に乗せられる être enjôlé (pris) par des paroles mielleuses. 女に～をささやく conter (dire) des douceurs à une femme. ～をもって承服させる dorer la pilule à *qn*. ～を以って人に取り入る gagner la faveur de *qn* par l'enjôlement (la flatterie). ～を以って人を籠絡する enjôler *qn* par de belles paroles. ～を弄する dire de belles paroles; faire des boniments. ～を弄する人 enjôleur(*se*) *m(f)*.

かんげん 還元 〖化〗 réduction *f*. ¶～する réduire. 元の状態に～する rendre *qc* à *son* état primitif. 白紙に～ faire table rase. ～し得る réductible. ‖～剤 réducteur *m*.

かんげん 諫言 remontrance *f*; semonce *f*; réprimande *f*. ¶～する faire des remontrances (des réprimandes); donner (adresser) une semonce.

がんけん 頑健 ¶～な robuste; vigoureux (*se*); solide; 〖俗〗costaud.

かんげんがく 管弦楽 musique *f* d'orchestre (orchestrale). ¶～に編成(曲)する orchestrer. ～の orchestral. ‖～曲 morceau *m* d'orchestre. ～団 orchestre *m*. 室内～団 orchestre de chambre. ～法 orchestration *f*. ～編成 orchestration.

かんこ 歓呼 cri *m* de joie; acclamation *f*; ovation *f*. ～の声 acclamation *f*; hourra *m*. ～の声をあげる pousser des acclamations. 彼は～の声をもって迎えられた Il s'est fait ovationner. ～の声で迎える acclamer *qn*; ovationner *qn*.

かんこ 鹹湖 lac *m* salé.

かんご 漢語 mot *m* d'origine chinoise.

かんご 看護 soins *mpl*. 病人の～をする soigner un malade. ‖～人 infirmier(*ère*) *m(f)*; garde(s)-malade(s) *mf*. ～室 infirmerie *f*. ～室に運ばれる être transporté à l'infirmerie. ～婦 infirmière *f*. ～婦養成所 centre *m* de formation des infirmières.

がんこ 頑固 ¶～な obstiné; opiniâtre; tenace; têtu; entêté; buté. ～な性格 caractère *m* opiniâtre. ～な子 enfant *mf* buté(e). ～に têtu comme un âne. ～に obstinément; opiniâtrement; avec ténacité (entêtement). ～に拒否する(沈黙を守る) s'entêter dans *son* refus (*son* silence). ～になる s'entêter; se buter. ～さ obstination *f*; opiniâtreté *f*; ténacité *f*; entêtement *m*. ‖～者 entêté(e) *m(f)*; têtu(e) *m(f)*.

かんこう 刊行 publication *f*. ¶～する publier; éditer; faire paraître. ～される être publié; paraître. ‖～物 publication. 定期～物 publication périodique; périodique *m*.

かんこう 官公 ‖～立の学校 école *f* publique. ～庁 Administrations *fpl*; organisations *fpl* publiques. ～吏 fonctionnaire *mf*.

かんこう 感光 ¶～する s'impressionner. ‖～剤 sensibilisateur *m*. ～紙 papier *m* sensible (impressionnable). ～性 sensibilisation *f*. ～性の impressionnable; sensible à la lumière. ～度 sensibilité *f*; impressionnabilité *f*.

かんこう 慣行 coutume *f*; tradition *f*. ～にならって conformément aux [anciennes] coutumes.

かんこう 敢行 ¶～する oser *inf*; se risquer à *inf*; risquer *qc*. 攻撃を～する risquer une attaque. 強行軍を～する oser faire une marche forcée.

かんこう 観光 tourisme *m*. ¶～の touristique. ‖～案内 guide *m* touristique. ～案内所 bureau(x) *m* de tourisme. ～客 touriste *m*. ～協会 syndicat *m* d'initiative. ～都市 ville *f* touristique. ～バス autocar *m* de tourisme. ～旅行 voyage *m* touris-

がんこう 眼光 regard m. ¶～の鋭い au regard perçant. ～の鋭い目 yeux mpl d'aigle. ～紙背に徹す lire entre les lignes.

がんこう 眼孔 orbite f.

がんこう 雁行 ¶～する aller parallèlement. 電車が～して走っている Les trains circulent parallèlement sur les voies ferrées.

かんこうへん 肝硬変 cirrhose f [du foie].

かんこうれい 箝口令 ¶～を敷く bâillonner. 新聞に～を敷く bâillonner la presse.

かんこく 勧告 recommandation f; conseil m; exhortation f. …の～に従って sur la recommandation de qn. ¶～する recommander; conseiller. 降伏を～する recommander la reddition à qn. 辞職を～する engager (exhorter) qn à donner sa démission. …するよう～する engager qn à qc (à inf). 新政策を公表するよう政府に～する engager le gouvernement à publier une nouvelle politique. ‖～者 conseiller(se) m(f).

かんこく 韓国 Corée (du Sud). ¶～の coréen(ne). ‖～語 coréen m. ～人 Coréen (ne) mf.

かんごく 監獄 prison f; cachot m. ～にいる être au cachot. ～に入れられる être mis en prison (aux cachots); être emprisonné.

かんこつ 顴骨 os m jugal (zygomatique); apophyse f zygomatique; zygoma m.

かんこつだったい 換骨奪胎 adaptation f libre. ¶～する adapter librement. この小説はバルザックの小説を～したものである Ce roman est une adaptation libre de Balzac.

かんこどり 閑古鳥 ¶その店先には～が鳴いている La boutique est peu fréquentée.

かんこんそうさい 冠婚葬祭 grandes occasions fpl.

かんさ 監査 inspection f; contrôle m; vérification f. ¶～する inspecter; contrôler; vérifier. ‖～役 inspecteur m; contrôleur m. 会計～役 commissaire m aux comptes. 財政～役 inspecteur des finances.

かんさい 完済 remboursement m; acquittement m. ¶～する rembourser; s'acquitter. 借金を～する s'acquitter d'une dette; rembourser ses dettes. 金額を～する parfaire la somme totale.

かんさいき 艦載機 avion m de bord.

かんざいにん 管財人 administrateur(trice) m(f) judiciaire.

かんさく 間作 culture f mixte.

かんさく 奸策 ruse f; finesse f; finasserie f; 《俗》entourloupette f; combine f. ～をめぐらす finasser; comploter; recourir à la ruse; combiner (machiner, manigancer) un mauvais coup; faire une entourloupette. ～を弄する user de finesse. …にひっかかる être pris par les ruses de qn.

がんさく 贋作 contrefaçon f.

かんざし 簪 parure f de coiffure. ～をさす fixer une parure dans les cheveux.

かんさつ 監察 inspection f; surveillance f; contrôle m. ¶～する inspecter; surveiller. ‖～官 inspecteur m; surveillant(e) m(f).

かんさつ 観察 observation f. ¶～する observer; considérer. 天体の軌道を～する observer le cours des astres. 病状を～する mettre un malade en observation. ～の仕方を教える apprendre à observer. ‖保護～ liberté f surveillée. ～者 observateur(trice) m(f). ～力 esprit m d'observation. ～力が強い avoir l'esprit d'observation.

かんさつ 鑑札 [営業の] patente f; [免許証] permis m. 犬の～ plaque f d'identité d'un chien. 店舗に～を与える patenter une boutique.

かんさん 換算 ¶～する convertir. 分数を少数に(ユーロをドルに)～する convertir une fraction en nombre décimal (des euros en dollars). ‖～表 [通貨の] table f d'échange; [度量衡の] table de conversion. ～率 [為替レートの] cours m du change.

かんさん 閑散 ¶～としている être peu animé (fréquenté). 店は～としている La boutique est peu fréquentée. 市場は～としていた Le marché était peu animé.

かんし 冠詞 article m. ‖定(不定, 部分)～ article défini (indéfini, partitif).

かんし 環視 ¶衆人の中で sous les yeux de tout le monde. ～の的になる devenir (être) la cible de tous les regards.

かんし 監視 surveillance f; garde f; observation f. ¶～する surveiller; garder; observer; épier. 油断なく～する surveiller avec un soin jaloux. 国境を～する faire la garde des frontières. 警察は彼らの行動を～していた La police a surveillé (épié) leurs allées et venues. ～されているのを感じる se sentir surveillé. …の下にある être sous la surveillance de qn. ‖～所(室) poste m d'observation; [船, 機関車] vigie f. ～船 garde-côte m. ～人 surveillant(e) m(f); garde m; gardien(ne) m(f); guetteur m. 漁業～人(船) garde(s)-pêche m. 密猟～人 garde(s)-chasse m.

かんし 鉗子 fers mpl; forceps m; [抜歯用の] davier m. ～で歯を抜く extraire une dent avec un davier. ‖～分娩 accouchement m avec les fers (au forceps).

かんじ 幹事 secrétaire mf; [世話役] organisateur(trice) m(f); ordonnateur(trice) m(f). ‖～会 commission f des membres exécutifs. ～長 secrétaire mf général(e).

かんじ 感じ [印象] impression f; [感覚] sensation f. ～…のような～がする J'ai l'impression que ind./Je sens que ind./Il me semble que ind. 足の裏がやけたような～がするんだ J'ai une sensation de brûlure à la plante des pieds. ～のいい agréable; sympathique. ～のいい人 personne f sympathique. ～のいい部屋 chambre f agréable. ～易い sensible; [神経過敏な] émotif(ve). ～易い娘 jeune fille f émotive. 教師のような～の人 personne f qui a des airs de professeur. いい(悪い)～を与える donner une bonne (mauvaise) impression à; produire

かんじ un bon (mauvais) effet. いい〜を受ける éprouver une bonne impression pour. その青年にはいい〜を受けなかった Ce jeune homme ne m'a pas fait (donné) une bonne impression. どんな〜でしたか Quelle est votre impression? ◆ [気持ち・感情] sentiment *m*. 優しい〜 tendresse *f*. この詩はよく〜が出ている Ce poème est très expressif. 〜を出す montrer *ses* sentiments. 私の兄のその女に対してどんな〜をもっているのかはっきりしない Les sentiments de mon frère à l'égard de cette femme ne sont pas clairs. 〜を出して歌う chanter d'une manière expressive; s'épancher dans un chant. 先ずこの歌の〜を掴まねばならん D'abord, il faut saisir l'esprit de cette chanson.

かんじ 漢字 caractère *m* chinois. ‖常用〜 caractère chinois d'usage courant この字は常用〜にはない Ce caractère n'est pas officiellement admis. 常用〜表 liste *f* officielle de caractères chinois.

かんじ 監事 inspect*eur*(*trice*) *m*(*f*).

かんじ 莞爾 ‖〜と笑う sourire avec satisfaction. 〜として死ぬ mourir l'âme en paix.

かんじいる 感じ入る être pris (pénétré) d'admiration; être profondément ému (touché). お見事な腕前にはほとほと感じ入りました Votre habileté m'a profondément émerveillé.

がんじがらめ 雁字搦め ‖〜にする garrotter solidement.

かんしき 鑑識 identification *f*; examen *m*. 〜の結果指紋は一致した L'examen a permis d'établir la similitude des empreintes digitales. ‖〜する identifier. 死体(指紋)を〜する identifier un cadavre (des empreintes digitales). ‖〜課 identité *f* judiciaire. 〜眼 goût *m*. …について〜眼のある être connaisseur en *qc*; avoir du goût pour *qc*. 〜眼のある人, connaisseur(*se*) *m*(*f*).

かんじき 樏 raquette *f*.

がんしき 眼識 [芸術作品に対する] jugement *m*; goût *m*. 彼は絵について〜がある Il est connaisseur en peinture.

ガンジス ‖〜川 le Gange.

カンジダきん ‒菌 candida *m*.

がんじつ 元日 jour *m* de l'an.

かんして 関して ‖…に〜 de; sur; à propos de; au sujet de.

かんしゃ 官舎 logement *m* (habitation *f*) pour les fonctionnaires.

かんしゃ 感謝 reconnaissance *f*; gratitude *f*; remerciement *m*. 〜の意を表す témoigner de la reconnaissance; exprimer *ses* sentiments reconnaissants; se montrer reconnaissant envers *qn*. 〜のしるしとして en témoignage de *sa* reconnaissance. 心から〜をこめて avec toutes *ses* reconnaissances. 神に〜を捧げる rendre grâce à Dieu. ‖〜する remercier *qn*; faire *ses* remerciements à *qn*; éprouver de la reconnaissance. 〜している être reconnaissant; être bien obligé à *qn*. 私を救けて下さって大変〜しております Je vous suis très reconnaissant de m'avoir aidé. ご親切に〜しています Je vous suis très obligé de votre bonté. ‖〜状 lettre *f* de remerciement.

かんじゃ 患者 client(*e*) *m*(*f*); [病人] malade *mf*; [手術を受ける] patient(*e*) *m*(*f*). [特殊な] cas *m*; [急患] cas urgent. ‖コレラ〜 cas de choléra.

かんしゃく 癇癪 emportement *m*; accès *m* de colère; bile *f*. 〜を起させる échauffer la bile de *qn*. 〜を起す enrager; [子供に] faire une colère (des colères). ‖〜持ちの coléreux(*se*); colérique. ‖〜玉 pétard *m*. 〜玉を鳴らす faire claquer des pétards. 〜玉を破裂させる [比喩的] décharger *sa* bile sur *qn*.

かんしゅ 看取 ‖〜する ⇨ みぬく(見抜く).

かんしゅ 看守 gardien *m*; geôli*er*(*ère*) *m*(*f*).

かんしゅ 艦首 proue *f*.

かんじゅ 甘受 ‖〜する prendre *son* parti de *qc*; se résigner à. 非難を〜する prendre *son* parti des reproches de *qn*; endurer (supporter) les reproches de *qn*. 侮辱を〜する supporter une injure.

かんしゅう 慣習 coutume *f*; usage *m*. 〜に従う se soumettre à l'usage. 〜に従い selon (conformément à) l'usage. ‖〜的な coutumi*er*(*ère*). ‖〜法 droit *m* coutumier. [法] coutume.

かんしゅう 監修 direction *f*. …の〜により(よる) sous la direction de *qn*. ‖〜する diriger une publication (édition).

かんしゅう 観衆 spectateurs(*trices*) *m*(*f*)*pl*; public *m*.

かんじゅせい 感受性 sensibilité *f*. 〜の強い sensible; impressionnable; émoti*f*(*ve*). 〜の異常に鋭い hypersensible.

かんしょ 漢書 [œuvre *f*] classique *m* de Chine.

かんしょ 甘蔗 canne *f* à sucre.

かんしょ 甘藷 patate *f* [douce].

かんじょ 官女 dame *f* d'honneur.

かんじょ 寛恕 ‖〜を請う faire appel à l'indulgence de *qn*; prier *qn* de prendre une mesure clémente.

かんしょう 願書 demande *f* [d'emploi]; [就職の] [acte *m* de] candidature *f*. 〜を出す présenter (déposer) une demande (*sa* candidature). 入学〜 demande d'admission.

かんしょう 完勝 victoire *f* complète. ‖〜する vaincre complètement; remporter une victoire complète sur.

かんしょう 干渉 intervention *f*; ingérence *f*; immixtion *f*; [物] interférence *f*. ‖〜する intervenir; s'ingérer; s'immiscer; interférer; se mêler de *qc*. 論争に〜する intervenir dans un débat. 彼は君のためを思って〜したんだ S'il est intervenu, c'est pour ton bien. 他人の私生活に〜する s'ingérer (s'immiscer) dans la vie privée d'autrui. 人のことに〜するな Mêlez-vous de vos affaires./Ne vous mêlez pas des affaires d'autrui./[俗] Mêle-toi de tes oignons. ‖武力〜 intervention armée (militaire). 〜主義 interventionnisme *m*. 〜主義者 interventionniste *mf*. 不〜主義 non-interventionnisme *m*. 不〜政策 politique *f* de non-intervention.

かんしょう 感傷 sentimentalité *f*; sentimentalisme *m*. ¶～的な sentiment*al(aux)*; fleur bleue. 彼は非常に～的だ Il est très sentimental./Il est très fleur bleue. ～的に sentimentalement. ¶～主義(癖) sentimentalisme. 安っぽい～主義 sensiblerie *f*.

かんしょう 環礁 atoll *m*.

かんしょう 管掌 ¶政府の～事項 affaire *f* qui est du ressort du gouvernement. ¶～する ⇒ つかさどる(司る).

かんしょう 緩衝 ¶～器(物) tampon *m*; butoir *m*. 機関車の～器 tampon d'une locomotive. ～器の役をする servir de tampon. ～国 état *m* tampon. ～装置 amortisseur *m*. 自動車の～装置 [バンパー] amortisseurs d'une automobile. 線路の～装置 butoir de chemin de fer. ～地帯 zone *f* neutre (tampon).

かんしょう 観照 contemplation *f*. ～に耽る se plonger dans la contemplation.

かんしょう 観賞 ¶～する admirer. ¶～用植物 plante *f* ornementale (décorative, d'appartement).

かんしょう 鑑賞 appréciation *f*. ¶～する apprécier; goûter. ¶～眼 goût *m*. ～の眼のある人 connaisseur(se) *m(f)*. 彼女は絵の～眼がある Elle est connaisseuse en peinture./Elle connaît la peinture. ～者 appréciateur (trice) *m(f)*.

かんしょう 癇性 ¶～な nerveux(se); irritable; coléreux(se).

かんしょう 冠状 ¶～動脈(静脈) artères *fpl* (veines *fpl*) coronaires.

かんじょう 勘定 [計算] compte *m*; calcul *m*. ～が合っている(いない) Le compte y est (n'y est pas)./Le compte n'est (n'est pas) juste. ～ずくで動く se comporter par calcul (dans *son* intérêt). ～を間違える se tromper dans un calcul. この子は100まで～できる Cet enfant sait compter jusqu'à 100. 彼は数の～もろくにできない Il ne peut même pas compter sur ses dix doigts. ¶～する compter; faire un compte; calculer. ～高い calculat*eur (trice)*. ～に入れる [考慮] compter avec; tenir compte de. ◆[支払] paiement *m*. ～...の～につける porter *qc* au compte de *qn*. ～を払う payer [*sa note*]; régler (donner) *son* compte. ～を持つ se charger des frais; régler la note. べらぼうに高い～だ C'est le coup de fusil. ボーイさんお～ Monsieur, l'addition, s'il vous plaît. ¶～書 addition *f*; [計算書] facture *f*. ガス(一)書 facture *f* du gaz. 洗濯屋(ホテル)の～書 note de blanchissage (d'hôtel).

かんじょう 感情 sentiment *m*; [感動] émotion *f*; [激情] passion *f*; [心情] cœur *m*. 人の～に訴える faire appel au cœur de *qn*. ～におぼれる faire de sentiment. 一時の～にかられる céder à l'impulsion du moment. ～に走る s'abandonner à *ses* passions. ～を押える réprimer (contenir) *ses* sentiment; étouffer *ses* passions. ～を害する vexer; s'offusquer; se froisser; se formaliser; [他人の] vexer (froisser) *qn*. ～をこめて話す parler avec sentiment. ¶～的(の) sentimental

(aux); affecti*f(ve)*; émoti*f(ve)*; émotionnel (le); [衝動的] impulsi*f(ve)*; [神経質] sensible. 単なる～的反発 réaction *f* purement affective (passionnelle). この夫婦は夫の方が妻より～的だ Dans ce ménage, le mari est plus émotif que la femme. ～的に sentimentalement. ¶～移入 objectivation *f* du moi. ～家 personne *f* passionnelle. ～論で物を言ってはいけない Il ne faut pas discuter sous l'effet de la passion.

かんじょう 感状 [軍隊の] citation *f*. 戦闘で最高の～をもらう rapporter d'une campagne les plus brillantes citations.

かんじょう 環状 ¶～の circulaire. ¶～線 [電車] chemin *m* de fer circulaire. ～道路 route *f* circulaire; [都市を取巻く] route *f* périphérique; [パリの] boulevard *m* extérieur.

かんじょう 管状 ¶～の tubulaire; tubulé; [植] tubuleu*x(se)*.

がんしょう 岩礁 ⇒ あんしょう(暗礁).

がんしょう 岩漿 magma *m*.

がんじょう 頑丈 ¶～な [人が] fort; robuste; vigoureu*x(se)*; solide; bien charpenté; [物が] costaud; [物が] fort; solide; robuste; bien construit. ～に solidement.

がんじょうきん 桿状菌 bacille *m*.

かんしょく 官職 fonction *f* publique. 高い～に就く assumer une haute fonction.

かんしょく 感触 toucher *m*. ¶～がよい être dou*x(ce)* au toucher.

かんしょく 間食 en-cas *m*; collation *f*. ¶～する manger entre les repas; collationner.

かんしょく 閑職 sinécure *f*. ¶～に就く occuper une sinécure.

がんしょく 顔色 ¶競争者すべてを～ならしめる éclipser tous *ses* concurrents. ～なし (を感じる) se sentir parfaitement éclipsé. ⇒ かおいろ(顔色).

かんじる 感じる sentir; ressentir; éprouver. 怒りを～ ressentir de la colère. 恩を～ éprouver de la gratitude pour. 幸福だと～ se sentir heureu*x(se)*. 不便を～ éprouver des inconvénients. 指に痛みを～ sentir (ressentir) une douleur aux doigts. 喜びを～ sentir (éprouver) de la joie. 二人の恋愛は長続きしないだろうと何となく感じている J'ai comme la vague impression que leur amour ne durera pas. ¶感じ易い sensible; émoti*f(ve)*. 感じ易い人(心) personne *f* (cœur *m*) sensible. 感じ易い年頃 âge *m* tendre.

かんしん 寒心 ¶～すべき lamentable; déplorable. 彼の暮しを考えるだけでも～に堪えない Je frémis à seule pensée de son existence.

かんしん 感心 ¶～する admirer; avoir de l'admiration pour; être admirati*f(ve)* pour; être émerveillé par. 彼(彼女)の行いにみんなが～した Son courage a fait l'admiration de tout le monde./Tout le monde a été émerveillé par son courage. 君のね人しには～するよ Ta naïveté est vraiment louable./J'admire ta naïveté. ～させる inspirer de l'admiration à *qn*; faire l'admiration de

かんしん qn; émerveiller. 〜して聴く écouter avec admiration (émerveillement). 〜した眼差しで d'un regard admiratif. よく勉強して(約束を破らなくて)〜だ C'est bien, tu as bien travaillé (n'as pas manqué à ta parole). あなたのやったことは余り〜できない Je ne peux pas vous féliciter pour votre conduite. 彼女があの不幸に堪えたのは全く〜だ Il est vraiment admirable qu'elle n'ait pas été abattue par ce malheur. ¶〜な estimable; [利口な] sage; [模範的な] modèle. 〜な人(少年) personne *f* (garçon *m*) exemplaire. この子は〜な子だ Cet enfant est sage.

かんしん 歓心 ¶人の〜を買う s'empresser auprès de *qn*; témoigner de l'empressement auprès de *qn*; chercher à plaire à *qn*.

かんしん 関心 intérêt *m*. 〜を抱く(持つ) s'intéresser à; prendre intérêt à. 人に〜を示す témoigner (porter) intérêt à *qn*. 彼は私の計画に大変な〜を示してくれた Il a montré beaucoup d'intérêt pour mon projet. 〜を引く éveiller (susciter) l'intérêt de *qn*; intéresser *qn*. 〜を以って聞く écouter avec intérêt. ¶〜事 préoccupation *f*. それは私の最大の〜事だ C'est ma principale préoccupation.

かんじん 勧進 ¶〜元 organisa*teur*(*trice*) *m* (*f*).

かんじん 肝心 ¶〜な essentiel(le); capital(aux); important. 〜な点 point *m* essentiel. 〜な時に au moment décisif (crucial, critique). …が〜である Il importe de *inf* (que *sub*). 〜なのは…することである Ce qui importe (compte), c'est de *inf* (que *sub*). 〜なのは成功することだ Le principal (L'important, L'essentiel), c'est de réussir.

かんすい 冠水 submersion *f*; inondation *f*. ¶〜する être submergé (inondé); être recouvert d'eau. 畑が〜した Les champs sont submergés. 川が増水して野原は〜した Le fleuve en crue a submergé (inondé) la plaine. 〜した submergé; inondé.

かんすい 完遂 accomplissement *m*; achèvement *m*. ¶〜する accomplir; achever. 義務を〜する accomplir *son* devoir.

かんすい 鹹水 eau(x) *f* salée. ¶〜湖 lac *m* salé. 〜魚 poisson *m* de mer.

がんすいたんそ 含水炭素 hydrate *m* de carbone.

かんすう 関(函)数 fonction *f*. y は x の〜である y est fonction de x. 〜の〜 fonction du deuxième. 導(微分)〜 fonction dérivée (différentielle).

かんする 関する ¶…に〜 sur; relati*ve* à; concernant; touchant. 歴史に〜研究 étude *f* sur l'histoire. 役者の演技に〜批評 critique *f* concernant (qui concerne) le jeu des acteurs. 私に〜限り en ce qui me concerne (regarde); quant à moi.

かんせい 乾性 ¶〜の [乾いた] sec (sèche); [乾きやすい] siccati*ve*. 〜の肌 peau *f* sèche. ¶〜油 huile *f* siccative; 〜剤 siccatif *m*. 〜肋膜炎 pleurésie *f*; pleurite *f* sèche.

かんせい 喚声 cri *m*; exclamation *f*.

かんせい 完成 achèvement *m* accomplissement *m*; perfectionnement *f*. 工事の〜 achèvement des travaux. 彼(彼女)の芸術は〜の域に達した Son art a atteint (s'est élevé) à la perfection. 〜間近の en cours d'achèvement. 工事の〜までまだ半年はかかるだろう L'achèvement des travaux demandera encore six mois. ¶〜する achever; accomplir; perfectionner; parachever. 自己を〜する se perfectionner. 仕事を〜する achever un ouvrage. 小説を〜する parachever un roman. 経済的統合を強化に〜する renforcer et perfectionner son intégration économique. 〜される s'achever; se perfectionner. 〜された achevé; consommé; parfait. 〜された技術 art *m* consommé. 〜された技術 art *m* parfaite. 未〜の inachevé; [未熟の] en herbe. 未〜のピアニスト pianiste *mf* en herbe. ¶〜品 produit *m* fini.

かんせい 官制 ¶〜を定める(改革する) établir (réformer) les statuts d'organisation administrative.

かんせい 官製 ¶〜の d'Etat; gouvernemental(aux). ¶〜はがき carte *f* postale d'Etat.

かんせい 感性 sensibilité *f*.

かんせい 慣性 inertie *f*. ¶〜の法則 loi *f* d'inertie.

かんせい 歓声 cri *m* (exclamation *f*) de joie. 〜をあげる pousser des cris de joie.

かんせい 管制 contrôle *m*. ¶〜する contrôler. 灯火〜 black-out *m inv*; contrôle des lumières. 報道〜 contrôle des informations. 〜塔 tour *f* de contrôle. 空港〜官 contrôleur(*se*) *m*(*f*) d'aéroport.

かんせい 閑静 〜な calme; paisible; tranquille. 彼の家の回りに林があって〜な佇まいです Les bois d'alentour donnent un aspect paisible à sa demeure. この界隈も冬になると〜だ Ce quartier devient tranquille en hiver.

かんせい 陥穽 ⇒ おとしあな(落し穴), わな(罠).

かんせい 喊声 cri *m* de guerre.

かんぜい 関税 droits *mpl* de douane; douane *f*. 〜のかかる(かからない)商品 marchandise *f* soumise à douane (exemptée de douane). 〜をかける imposer une taxe douanière. 〜を払う payer des droits de douane. ¶〜の douanier(*ère*). 特恵〜 préférence *f* douanière. 保護〜 tarif *m* protecteur [des droits de douane]. 〜条約 convention *f* douanière. 〜同盟 union *f* douanière. 〜壁 barrière *f* douanière. 〜率 tarif *m* douanier.

がんせき 岩石 roche *f*; rocher *m*. ¶〜の多い rocheux(*se*). ¶〜学 pétrographie *f*.

かんせつ 冠雪 ¶昨日, 北海道の山々に初めて〜を見た Hier, à Hokkaido, on a vu les cimes couvertes de première neige.

かんせつ 間接 ¶〜の indirect. 〜に indirectement. 〜に聞く apprendre indirectement (par ricochet). ¶〜手段 biais *m*; moyen *m* indirect (détourné). 〜税 impôt *m* indirect. 〜[目的]補語 complément *m* [d'objet] indirect. 〜話法 discours *m* (style *m*) indirect.

かんせつ 関節 articulation f; 〖解〗jointure f. リューマチで～が固くなる avoir les articulations nouées par les rhumatismes. 腕の～がはずれる se démettre le bras; avoir le bras démis. ～をはずす désarticuler. ¶～の articulaire. ‖～液 synovie f. ～炎 arthrite f. ～炎の arthritique. ～水腫 hydarthrose f. ～リューマチ rhumatisme m articulaire.

かんぜつ 冠絶 ¶世界に～する être sans égal dans le monde entier.

がんぜない 頑是無い ¶～子 enfant mf innocent(e).

かんせん 官選 ¶～の nommé d'office. ‖彼がこの事件の～の弁護人です C'est un avocat nommé d'office dans cette affaire. ～知事 préfet m désigné par le gouvernement.

かんせん 幹線 〖鉄道〗ligne f principale; grande ligne. ‖新～ nouvelle ligne; ligne f de super-express. ～道路 artère f.

かんせん 感染 infection f; contagion f; contamination f. ¶伝染病に～する attraper une maladie contagieuse. はしかが兄弟達に～した La rougeole a été transmise à ses frères./La rougeole a contaminé (infecté) ses frères. 天然痘が村の大部分に～した La variole a contaminé une grande partie du village. ～させる infecter; contagionner; contaminer; transmettre. ～性の contagieux(se); transmissible.

かんせん 汗腺 glandes fpl sudoripares.

かんせん 艦船 bateaux mpl (navires mpl, vaisseaux mpl, bâtiments mpl) [de guerre].

かんせん 観戦 ¶～する [試合を] assister à un match; [戦争を] suivre des opérations militaires. ‖～記 journal(aux) m de bataille; [スポーツ, 将棋など] journal de match.

かんぜん 完全 perfection f. ¶～な parfait; complet(ète); total(e); [完成された] accompli. ～な演奏 exécution f parfaite. ～な自由 liberté f totale. ～な勝利 victoire f complète. ～な沈黙 silence m absolu. 彼はもう～な外交官だ Il est déjà un diplomate accompli. ～なものにする perfectionner; compléter. 絵を～なものにするために細かい部分に手を加える ajouter un détail pour compléter un tableau. ～に parfaitement; complètement; pleinement; totalement. ～無欠な parfait; exhaustif(ve); impeccable. ～無欠な人間はいない Aucun homme n'est parfait. ～食 aliment m complt. ～犯罪 crime m parfait.

かんぜん 敢然 ¶～と hardiment; résolument; courageusement. ～と危険に立ち向う affronter hardiment (sans peur) des dangers. ～と戦う se battre courageusement.

かんぜん 間然 ¶～するところがない être parfait; être impeccable (irréprochable).

かんぜんちょうあく 勧善懲悪 encouragement m au bien et répression f du mal; moralisation f. ¶～の moralisateur(trice). ～の物語 histoire f moralisatrice. ‖～思想 moralisme m.

かんそ 簡素 ¶～な simple; modeste. ～な生活 vie f simple (modeste). ～に simplement; modestement. 結婚式を～に行う célébrer un mariage dans la simplicité. ～さ simplicité f. 文体の～さ simplicité du style. ‖～化 simplification f. ～化する simplifier.

がんそ 元祖 [祖先] ancêtre m; souche f; [創始者] fondateur(trice) m(f). 王朝の～ souche d'une dynastie.

かんそう 乾燥 [乾すこと] séchage m; [乾いた状態] sécheresse m; aridité f. 材木の～ séchage du bois. 土地の～ dessèchement du sol. ～する devenir sec (sèche); sécher; se dessécher. 空気が～している L'air est desséché. ～させる faire sécher. ～させる faire sécher des fruits. 薬草を～させる dessécher des plantes médicinales. 果物を～して保存する conserver des fruits par dessiccation. ～した sec (sèche); séché; desséché; desséchant. 「～した所に置くこと」 «Craint l'humidité.» ～器 sécheuse f; séchoir m. ～季 saison f sèche. ～期 temps m de sécheresse. ～剤 dessiccatif m; siccatif m. ～室 séchoir m. ～地 endroit m; sec m. ～野菜 légumes mpl déshydratés (secs). ～果実 fruits mpl desséchés.

かんそう 完走 ¶～する aller jusqu'au bout.

かんそう 感想 impressions fpl; sentiments mpl; [意見] avis m; opinion f. ～はいかがです Quelles sont vos impressions?/Qu'en pensez-vous? ～を述べる raconter (dire) ses impressions; donner (dire) son avis.

かんぞう 甘草 〖薬草〗réglisse f.

かんぞう 肝臓 foie m. ～の hépatique. ‖～癌 cancer m du foie. ～病 maladie de foie; [総称] hépatisme f. ～病患者 hépatique mf; ～炎 hépatite f.

かんぞう 贋造 contrefaçon f; falsification f. ¶～する contrefaire; falsifier. 紙幣を～する contrefaire un billet de banque. ～された contrefait; falsifié; faux(sse). ‖～貨幣 fausse monnaie f. ～紙幣 faux papier(s)-monnaie(s) m. ～者 contrefacteur m; faussaire mf; falsificateur(trice) m(f); [にせ金くり] faux-monnayeur m.

かんそうかい 歓送会 réunion f d'adieu. ～をする se réunir pour fêter le départ de qn; tenir une réunion d'adieu.

かんそうきょく 間奏曲 interlude m; intermède m 〖musical〗; intermezzo m.

かんそく 観測 observation f. ¶～する observer. ～希望的な～ prévisions fpl optimistes. 天体～ observation astronomique. ～気球 ballon m d'essai. ～記録 document m d'observation. ～者 observateur(trice) m(f). ～所 observatoire m.

かんそん 寒村 †hameau(x) m; petit village m perdu.

かんそんみんぴ 官尊民卑 ¶日本にはまだ～の思想がある Au Japon, il reste encore un respect traditionnel pour l'autorité publique.

カンタータ cantate f.

かんたい 寒帯 zone f glaciale. ‖～動物 [植

かんたい [集合的] faune *f* (flore *f*) de la zone glaciale.

かんたい 歓待 bon accueil *m*; hospitalité *f*. ¶～する accueillir *qn* avec chaleur; faire bon accueil à; donner l'hospitalité à.

かんたい 艦隊 flotte *f*; escadre *f*; [小] escadrille *f*. ‖連合～ flotte combinée.━司令官 chef *m* d'escadre.

かんだい 寛大 indulgence *f*; générosité *f*; magnanimité *f*; clémence *f*; noblesse *f* de cœur. ¶～な indulgent; généreux(se); magnanime; clément. ～に avec indulgence (générosité). ～に取り扱う traiter avec indulgence; [大目に見る] épargner (ménager) *qn*; traiter *qn* avec ménagement; tolérer; fermer les yeux. 今のところ警察はこれらの違反を～に扱っている Pour le moment, la police tolère ces infractions. ～ぶる faire le généreux.

がんたい 眼帯 bandeau(x) *m*; couvre-œil *m*. ～をかける porter un bandeau [sur les yeux].

かんだかい 甲高い aigu(ë); perçant. ～声 voix *f* criarde.

かんたく 干拓 assèchement *m*. ¶沼沢地を～する assécher des marais. ‖━工事 travaux *mpl* d'assèchement. ━地 terrain *m* asséché.

かんたん 感嘆 admiration *f*; émerveillement *m*; ravissement *m*. ¶～する s'émerveiller de; avoir de l'admiration pour. ～すべき admirable; merveilleux(se); ravissant. ～させる émerveiller; exciter l'admiration; ravir. ～の admiratif(ve); exclamatif(ve). ～のささやき murmure *m* admiratif. ～の声をあげる pousser des exclamations [enthousiastes]; s'exclamer d'admiration; se récrier d'admiration. ～の念にたえられる être saisi d'admiration. ‖━符 point *m* d'exclamation. ━文 phrase *f* exclamative.

かんたん 簡単 simplicité *f*; [容易さ] facilité *f*; [簡便] commodité *f*. ¶～な simple; facile; [手軽な] léger(ère); commode; sans façon. ～な夕食 petit dîner *m* sans façon; dîner léger. ～明瞭な simple et clair. ～に simplement; facilement; aisément; comme un rien. 彼は2メートルを～と跳ぶ Il saute deux mètres comme un rien (facilement). ～にやっつける ne faire qu'une bouchée de *qn*; triompher de *qn* aisément. ～に言えば bref; en un mot; en abrégé. ～にする simplifier. こうすると仕事が～になる Cela facilite le travail.

かんたん 肝胆 ¶～相照らす s'entendre parfaitement.

かんだん 歓談 conversation *f* agréable; entretien *m* amical. ¶～する causer (s'entretenir) amicalement avec.

かんだん 間断 ¶～なく continuellement; sans interruption; sans cesse.

かんだん 閑談 causerie *f*; bavardage *m*. ¶～する causer; bavarder.

がんたん 元旦 1er janvier; jour de l'an.

かんだんけい 寒暖計 thermomètre *m*. ～は30度を示している Le thermomètre est à 30 degrés./Le thermomètre donne (marque, indique) [une température de] 30 degrés. ‖摂氏(華氏)～ thermomètre centigrade (Fahrenheit). 水銀～ thermomètre à mercure. 最高(最低)～ thermomètre à maxima (à minima).

かんち 完治 ¶～する guérir complètement.

かんち 感知 ¶～する [感付く] pressentir; flairer; [気付く] s'apercevoir de *qc*; [予知する] prévoir. ～できる perceptible; reconnaissable. ～できない imperceptible; [予知] imprévisible.

かんち 換地 terrain *m* de dédommagement.

かんち 閑地 terrain *m* inutilisé.

かんち 関知 ¶君の～するところではない Cela ne vous regarde (concerne) pas./Ce n'est pas votre affaire./Mêlez-vous de ce qui vous regarde.

かんち 奸智 ruse *f*; artifice *m*. ¶～に長けた rusé; artificieux(se).

かんちがい 勘違い méprise *f*; [誤解] erreur *f*; [俗] berlue *f*. ¶～する se méprendre sur; se tromper sur; avoir la berlue. 彼は私を金持ちと～している Il me prend pour un riche. ～して(から) par méprise; par erreur. 確かにあなたを見かけたと思ったが、僕の～だったらしい J'avais cru vous apercevoir, mais c'était une méprise.

がんちく 含蓄 ～のある profond; pénétrant. ～のある言葉 mot *m* pénétrant.

かんちゅう 寒中 ¶～に en plein hiver; au milieu (fort, cœur) de l'hiver. ‖━水泳(稽古) natation *f* (exercice *m*) en plein hiver.

かんちゅう 眼中 ¶～にない négliger; mépriser; ne faire aucun cas de; faire peu de cas de; se moquer de *qc*. 儲けなど～にない faire peu de cas du gain. 人の噂など～にない se moquer du qu'en-dira-t-on.

かんちょう 官庁 bureau(x) *m* de l'administration; [当局] autorités *fpl*. ¶～式の bureaucratique. ‖━関係～ autorités compétentes. ━街 quartier *m* des ministères. ━政治 bureaucratie *f*.

かんちょう 干潮 marée *f* basse. ～時に à marée basse. ～になる La mer est basse./La marée descend.

かんちょう 艦長 commandant *m*. ～になる passer commandant (capitaine). ‖旗艦━ capitaine *m* de pavillon.

かんちょう 間諜 espion(ne) *m(f)*.

かんちょう 館長 direct*eur*(*trice*) *m(f)*. ‖図書(博物, 美術)━ directeur d'une bibliothèque (d'un musée, d'un musée d'art). 国立図書━ Directeur de la Bibliothèque Nationale.

かんちょう 灌(浣)腸 lavement *m*. ¶～する prendre un lavement. ‖━液 lavement; injection *f*. ━器 clystère *m* à lavement.

かんつう 姦通 adultère *m*. ¶～する commettre un adultère; avoir des rapports adultères avec *qn*. ‖━者 adultère *mf*. ━罪 [crime *m*] adultère.

かんつう 貫通 ¶～する [trans]percer. 弾が彼の腸を～した La balle lui a transpercé l'intestin. トンネルが～した Un tunnel a été percé. ‖～銃創を負う se faire trouer la peau par une balle.

カンツォーネ canzone(-zoni) m(pl.).

かんづく 勘(感)付く deviner; flairer; soupçonner; avoir des soupçons; [気付く] s'apercevoir de. うかつにも僕は少しも感付かなかった Je n'en ai pas eu la moindre soupçons. 彼女はまだ自分の息子だとは感付いていなかった Elle n'avait pas encore reconnu son fils. お前の意図は感付かれている On a deviné tes intentions.

かんづめ 罐(缶)詰 conserve f; [罐] boîte f de conserve. 魚(肉)の～ conserve de poisson (viande). ～の肉 viande f en conserve. ～にする mettre en conserve. ～になる [閉込められる] être obligé de s'enfermer. ‖～工場 fabrique f (usine f) de conserve. ～工場 serverie f. ～食料品 conserves alimentaires.

かんてい 官邸 résidence f officielle; palais m. ‖大統領～ palais m présidentiel; [フランスの] [le palais de] l'Elysée m.

かんてい 艦艇 vaisseaux mpl (navires mpl, bâtiments mpl) de guerre.

かんてい 鑑定 expertise f; estimation f; [評価] appréciation f; évaluation f. ～する expertiser; évaluer; estimer; apprécier. 指紋を～する identifier les empreintes digitales. 筆跡を～する vérifier une écriture. 宝石を～してもらう [faire] expertiser un bijou; soumettre un bijou à un expert. ‖精神～ expertise mentale. ～家 juge m; [酒の] dégustateur(trice) m(f); connaisseur m en vin. 筆跡～家 expert m en écriture. ～書 rapport m d'expert. ～人 expert(e) m (f).

かんてつ 貫徹 accomplissement m. ～する accomplir qc. 初志を～する mener à bonne fin son intention première. ～する accomplir son but; atteindre son but. 要求を～する réaliser complètement ses revendications.

カンテラ lanterne f; [坑夫の] lampe f de mineur.

かんてん 寒天 agar-agar m.

かんてん 観点 point m de vue. ...の～からすれば au point de vue de qc. あらゆる～から sous tous les rapports. この問題は利益を上げるという～から検討しなければならない Il faut étudier cette question du point de vue des profits à retirer. ～を変える changer de point de vue.

かんてん 旱天 ～に慈雨 C'est un don du ciel./C'est une bénédiction.

かんでん 感電 commotion f électrique. ‖～する avoir (recevoir) une commotion électrique. ～死 mort f électrique. ～する s'électrocuter; se faire électrocuter.

かんでんち 乾電池 pile f sèche.

かんど 感度 sensibilité f. フィルムの～ sensibilité d'une pellicule photographique. ～がいい(悪い) être très (peu) sensible.

かんとう 巻頭 ～に au début d'un livre; en tête d'un ouvrage. ‖～言 avant-propos m; préface f. ～論文 article m liminaire.

かんとう 敢闘 ～する combattre (se battre) courageusement; lutter jusqu'au bout. ～精神 esprit m combatif.

かんどう 勘当 [追い出すこと] expulsion f; [相続拒否] déshéritement m. ～する expulser de la maison. 息子を～する expulser son fils de la maison; déshériter son fils.

かんどう 感動 émotion f; [あわれみ] attendrissement m; [感銘] impression f. 聴衆に～を与える impressionner (émouvoir) son auditoire. ～する être ému (touché) de; s'attendrir de. 彼の好意には痛く～している Sa bonté me touche profondément. 私達は村人の熱烈な歓迎にことのほかに～した Nous avons été particulièrement émus par l'accueil chaleureux des gens du village. ～しやすい émotionnable; impressionnable; émotif (ve). ～させる émouvoir; émotionner; toucher; impressionner; attendrir. ～的な émouvant; attendrissant. ～的なシーン scène f émouvante.

かんどう 間道 sentier m secret; [近道] chemin m de traverse; raccourci m.

かんとうし 間投詞 interjection f.

かんとく 監督 [監視] surveillance f; [指導] direction f; [管理] contrôle m; [工事の] conduite f; [映画の] réalisation f; mise f en scène; [人] surveillant(e) m(f); directeur (trice) m(f); conducteur(trice) m(f); réalisateur(trice) m(f); [スポーツ] entraîneur m. ～を強化する exercer une surveillance sévère. ...の～下にある être sous la surveillance de qn. ～する surveiller; diriger; prendre la direction; conduire; contrôler; réaliser. 工事を～する conduire (diriger) des travaux. 映画を～する réaliser un film. ‖映画～ metteur m en scène; réalisateur, cinéaste m. 現場～ conducteur de travaux. 舞台～ régisseur m. ～官庁 autorités fpl compétentes. ～不行届よる [～不行届きである] manque m (manquer) de surveillance.

かんどころ 勘所 point m essentiel; nœud m. 問題の～をつかむ saisir le nœud de la question.

がんとして 頑として obstinément; opiniâtrement; avec ténacité (opiniâtreté).

かんな 鉋 rabot m. ～をかける raboter. 板に～をかける raboter une planche; passer le rabot sur une planche. ‖～屑 copeaux mpl.

カンナ [花] canna m; baliser m.

かんない 管内 circonscription f; district m. ～を巡視する faire une tournée d'inspection dans sa circonscription.

かんなん 艱難 épreuve f. ～に打勝つ surmonter une dure épreuve. ‖～辛苦をなめる subir de dures épreuves. 彼は多くの～辛苦をなめてきた Il en a vu de belles dans sa vie.

かんにん 堪忍 patience f. ～する ⇒ ゆるす (許す). ～の袋の緒が切れる perdre patience; être au bout de patience.

カンニング tricherie f à l'examen. ～する tricher (copier) aux examens.

かんぬき 閂 [横木] barre f; [錠前の] verrou

かんぬし 神主 prêtre m shintoïste.

かんねん 観念 idée f; [概念] concept m; conception f; notion f. 美の~ idée de beauté. 善悪の~ notion du bien et du mal. ¶~的 idéal(aux) m [抽象的] abstrait. 固定~ idée fixe. 道徳~ sens m moral. ~形態 idéologie f. ~性 idéalité f. ~連合 association f d'idées. ~論 idéalisme m; idéologie f. ~論者 idéaliste mf; idéologue mf. ~論的な idéaliste; idéologique. ◆[諦め] ~する se résigner à. 私はーしてそれを受け入れることにした Je me suis résigné à l'accepter. ~して彼の不興を受ける subir sa disgrâce avec résignation. 起ってしまったことは仕方がないから~にした J'ai pris mon parti de ce qui est arrivé. いいかげん~しろよ N'insiste pas! Tu ferais mieux de te rendre.

がんねん 元年 ∥明治~ première année de Meiji.

かんのう 完納 paiement m total. ¶~する tout payer; s'acquitter complètement.

かんのう 官能 sens m; sensualité f. ¶~的な sensuel(le); charnel(le) voluptueux(se). ~的な voluptueux(se) m(f). ~的な踊り danse f voluptueuse. ~的に voluptueusement; charnellement. ∥~主義 sensualisme m.

かんのんびらき 観音開き porte f à deux battants.

かんば 悍馬 cheval m fougueux.

かんば 寒波 vague f de froid.

かんぱ 看破 ¶~する deviner; pénétrer; percer; lire. 意図を~する pénétrer (deviner) les intentions de qn. 陰謀を~する percer un complot. いち早く相手の策略を~する ne pas tarder à découvrir des intrigues de l'adversaire. 私は彼の目の中に私に対する怨恨の情を~した J'ai lu dans ses yeux sa haine pour moi.

カンパ quête f; collecte f. ~に応ずる participer (souscrire) à une collecte. ~を求める faire la quête; faire une collecte; collecter. 教会建設資金の~を求める collecter des fonds pour la construction d'une église.

かんぱい 乾杯 toast m. ¶~する porter un toast; trinquer; [健康を祝して] boire à la santé de qn. 友と~する trinquer avec des amis.

かんぱい 完敗 défaite f complète. ¶~する être complètement battu; subir une défaite complète.

かんばしい 芳しい parfumé; odorant; aromatique; [好都合な] favorable; heureux(se); [良い，望ましい] bon(ne); désirable. ~結果 résultat m favorable. 芳しくない peu favorable; défavorable; malheureux(se). 彼の評判は芳しくない Sa réputation n'est pas bonne./Il a une mauvaise réputation. ...するのは芳しくない Il n'est pas bon que sub./Il n'est pas désirable que sub.

かんばしった 甲走った aigu(ë); aigre; strident; criard. ~声 voix f aiguë.

カンバス toile f. ~の枠 châssis m.

かんばつ 旱魃 sécheresse f. 今年はひどい~だ On souffre d'une grande sécheresse cette année.

かんぱつ 間髪 ⇨ かん(間).

かんぱつ 煥発 ¶才気~な人 personne f pleine d'esprit; personne à l'esprit étincelant. 彼は才気~だ Il pétille d'esprit.

カンパニー compagnie f.

かんばり 頑張り persévérance f. ~がきく être persévérant; être infatigable; ne jamais se fatiguer. ~がきかない se fatiguer vite. ∥~屋 personne f persévérante; obstiné(e) m(f); [努力家] travailleur(se) m(f); 《俗》 bosseur(se) m(f); bosseur(se) m(f).

がんばる 頑張る [固執する] insister (persister) à inf; tenir à inf; s'obstiner à inf; [努力する] se forcer; faire des efforts; [辛抱する] tenir bon; ne pas céder; [一所懸命になる] faire de son mieux; travailler avec ardeur; [勉強する] travailler dur; bûcher; bosser. 反対派を支持しようと~ persister à soutenir l'opposition. 私はこの小説を読み終えようと頑張っているところだ Je vais lire à tout prix ce roman jusqu'au bout. 彼は彼らを招待するのだと頑張っている Il tient à les inviter. われわれは試合に勝とうと大いに頑張った Nous avons fait de gros efforts pour gagner la partie. この次はもっと頑張って下さい Tâchez de faire mieux la prochaine fois. もう少し頑張ればうまくいくのに Si tu faisais un effort, tu pourrais réussir. 頑張れ! [辛抱] Tiens bon!/[応援のとき] Vas-y! 頑張っていこよ Bon courage!/Du courage! ⇨ ねばる(粘る).

かんばん 看板 enseigne f. ~を出す mettre une enseigne. ~に偽りなし Cela fait honneur à sa réputation. もう~です C'est fini pour aujourd'hui. ~立て panneau(x) m publicitaire. ~倒れである être inférieur à sa réputation; être en dessous de sa réputation. 彼女はこの店の~娘だ Dans cette boutique son charme attire les clients. ~屋 peintre m d'enseigne.

かんばん 乾板 [写真の] plaque f sensible [photographique].

かんぱん 甲板 pont m. ~に昇る monter sur le pont. 全員~に集合 Tout le monde sur le pont! ∥上(下)~ pont supérieur (inférieur). 前(後)~ gaillard m d'avant (d'arrière). 中~ entrepont m. ~積荷 pontée f.

かんパン 乾- biscuit m.

がんばん 岩盤 ¶~が崩れ落ちた Il y a eu un éboulement de la roche pierreuse./[炭坑内で] La galerie de mine s'est effondrée.

かんび 完備 ¶設備の~したホテル hôtel m bien équipé. 近代設備の~した高級マンション résidence f qui a tout le confort moderne. 冷暖房~の映画館 salle f de cinéma climatisée.

かんび 甘美 ¶~な doux(ce); délicieux(se); suave; mielleux(se). ~なメロディー mélodie f harmonieuse. ~な果実 fruits exquis

かんび 艦尾 poupe f; arrière m [d'un navire de guerre].

かんぴ 官費 frais mpl de l'État (du gouvernement). ～で旅行する voyager aux frais de l'Etat (de la princesse). ～で留学する aller à l'étranger comme boursier [du gouvernement]. ‖～留学生 boursier(ère) m(f) [du gouvernement].

かんびょう 看病 soins mpl. 徹夜の～ veillée f. ～をする soigner. 病人を～する soigner un malade. 徹夜で病人を～する veiller auprès d'un malade.

がんびょう 眼病 ophtalmie f; maladie f de l'œil.

かんぶ 幹部 [集合的] cadres mpl; dirigeants mpl. ～になる(をやめる) être nommé au poste (se retirer) des cadres. ‖彼は中級(上級)の～[幹部の一人] C'est un cadre moyen (supérieur).

かんぶ 患部 partie f atteinte (affectée).

かんぷ 完膚 ～なきまでに [手心を加えずに] sans aucun ménagement. ～なきまでにやっつける battre qn à plate couture (complètement).

かんぷ 還付 [金の] remboursement m; [譲渡物の] rétrocession f. ～を受ける toucher un remboursement; être remboursé. ～する rendre; rembourser; rétrocéder.

カンフー kung-fu {kuŋfu} m inv.

かんぷう 寒風 vent m froid (glacial); bise f. ～肌をさす Le vent glacial lui cingle le visage.

かんぷく 感服 admiration f; émerveillement m. ～する admirer; avoir de l'admiration pour; s'émerveiller de. 彼の行いには皆～している Sa conduite a fait l'admiration de tous. ～して見とれる contempler avec admiration; être en admiration. その若き芸術家の才能には～させられる On s'émerveille du talent de ce jeune artiste. ～させる émerveiller; faire l'admiration.

かんぶつ 乾物 épicerie f. ‖～屋 [人] épicier (ère) m(f); [店] épicerie.

かんぶつ 奸物 狡物 rusé(e) m(f); finaud(e) m(f).

カンブリアき ～紀 cambrien m.

カンフル camphre m. ‖～注射 injection f d'huile camphrée. ～注射の容器 bock m.

かんぶん 漢文 chinois m classique. ‖～学 littérature f chinoise classique; étude f du chinois classique.

かんぺいしき 観兵式 revue f; parade f [militaire].

かんぺき 完璧 perfection f. ～の域に達する atteindre la perfection. ～だ C'est parfait! ～な parfait; sans défaut; irréprochable; exhausti(ve). ～な研究(リスト) étude f (liste f) exhaustive. ～に parfaitement. ～に近い演奏 C'est une exécution qui frise la perfection.

がんぺき 岸壁 quai m. 船は～に繋留中である Le navire est à quai.

がんぺき 岩壁 rocher m; rocher abrupt; falaise f; paroi f. ～をよじ登る escalader un rocher.

かんべつ 鑑別 discernement m. ‖～する discerner. 筆跡を～する discerner l'écriture. 本物と贋物とを～する discerner le vrai du faux (d'avec le faux).

かんべん 勘弁 pardon m; excuse f. ‖～する pardonner qc à qn; excuser qn; faire grâce à qn; [免除する] épargner qc à qn; dispenser qn de qc. 彼の馬鹿正直には～してやらなくっちゃ On lui pardonne sa naïveté, n'est-ce pas? それを忘れたことは～してくれる Je vous excuse de l'avoir oublié. 後悔している人は～してやるのが当然だ Il est juste qu'il faille pardonner à ceux qui se repentent. ～してくれ Pardonnez-moi./Je vous demande pardon. そんなつらい仕事は～してくれ Epargnez-moi un travail si dur. それは～して下さいよ Je vous demande de m'en dispenser.

かんべん 簡便 ～な simple; [便利な] commode; [使い易い] maniable. ～な方法 moyen m simple. ～な道具 outil m maniable.

かんぺん 官辺 ～筋の officiel(le). ～筋の情報 information de source officielle. ～筋では dans les milieux officiels; en haut lieu.

かんぼう 官房 cabinet m. ‖大臣～ cabinet d'un ministre. ～長 chef m de cabinet. 内閣～長官 secrétaire m général de cabinet.

かんぼう 感冒 rhume m; grippe f. ‖流行性～ grippe f. 流行性～にかかる(かかっている) attraper (avoir) la grippe.

かんぼう 監房 cellule f.

かんぼう 観望 ～する temporiser. 時には形勢を～するのもよい Il est quelquefois bon de temporiser. 天下の形勢を～する attendre une conjoncture favorable.

かんぽう 官報 journal m officiel; bulletin m officiel. 4月10日付の～に発表される être publié au Journal Officiel du 10 avril.

かんぽう 漢方 thérapie f chinoise; médecine f chinoise. ‖～医 médecin m chinois. ～屋 [人] pharmacien m herboriste; [店] herboristerie f. ～薬 médicament m chinois.

がんぼう 願望 désir m; souhait m; prière f; vœu(x) m. ～を叶える exaucer un vœu (prière). ～する désirer; souhaiter; faire des vœux.

かんぽうしゃげき 艦砲射撃 bombardement m par les canons de bord. ～を受ける être bombardé par les canons de bord.

かんぼく 灌木 arbrisseau(x) m; arbuste m.

かんぼつ 陥没 affaissement m. 土地の～ affaissement de terrain. ～する s'affaisser; s'effondrer. 地面は所々～していた Le sol s'était affaissé par endroits. 豪雨で道が～した Les fortes pluies ont affaissé la route.

かんぽん 完本 édition f complète.

ガンマーせん ～線 rayons mpl gamma.

かんまつ 巻末 fin f du livre.

かんまん 干満 flux m et reflux m. ここは～の差が大きい Ici la marée est forte.

かんまん 緩慢 lenteur f. ～な lent. ～な動作 mouvement m lent. ～に lentement;

かんみ 甘味 saveur f douce; douceur f; goût m sucré. ~をつける adoucir; édulcorer; sucrer. ~のある doux(ce); sucré; sirupeux(se). ～の強い果物 fruits m très sucré. ¶～料 édulcorant m.

かんみ 玩味 ～する goûter; savourer; déguster. 熟読～する savourer un livre.

かんみん 官民 ～一致して難局に当る La nation, unie à ses chefs, affronte l'épreuve.

かんむり 冠 couronne f. 茨の～ couronne d'épines. ～を授ける couronner qn. 昔は競技の勝利者に～を授けたものだった Jadis on couronnait les vainqueurs des jeux. ¶ 彼はお～だ Il est de mauvais poil.

かんめい 官命 ordre m du gouvernement; mission f officielle.

かんめい 感銘 émotion f; impression f profonde. ～を与える toucher (émouvoir); faire impression à qn; frapper vivement. ～を受ける ressentir une vive impression; être très impressionné (ému); se laisser attendrir. ¶ ～深い profond; touchant. ～深い物語 récit m très émouvant.

かんめい 簡明 ¶～な clair. ～直截な clair et simple. ～直截な言葉で言う dire en termes clairs et francs.

かんめい 頑迷 entêtement m; obstination f; intransigeance f. ¶～な entêté; obstiné. ～である avoir la tête dure.

かんめん 顔面 figure f; visage m. ¶～の facial. ～蒼白になる Le visage pâlit (blêmit). || ～神経 nerf m facial. ～神経痛 névralgie f faciale.

かんもう 冠毛 [植物] aigrette f; [鳥] aigrette; †huppe f. ¶～のある †huppé; aigretté.

がんもく 眼目 [point m] essentiel m. 問題の～ point essentiel d'une question.

かんもん 喚問 citation f; convocation f. ～する citer; convoquer. 証人を～する citer un témoin. || ～状 citation f.

かんもん 関門 barrière f; obstacle m [試練] épreuve f. ～を越える franchir une barrière. 試験の第一～を パスする passer la première épreuve des examens.

かんやく 完訳 traduction f intégrale. ～する traduire totalement.

かんやく 簡約 résumé m. ～する simplifier; abréger; réduire. ～な simplifié; bref (ève); sommaire; court.

がんやく 丸薬 pilule f. ～を飲む prendre (avaler) une pilule.

かんゆ 肝油 huile f de foie de morue.

かんゆう 勧誘 [誘い] invitation f; [募集] racolage m; [懇願] sollicitation f. ～を断る ne pas répondre aux sollicitations; ne pas accepter une invitation. ¶～する inviter; racoler; solliciter. 寄付に応ずるよう～する inviter qn à souscrire à une collecte. 加入者を～する racoler des adhérents. 社会党に投票するように～する solliciter qn de voter pour le parti socialiste. || ～状 lettre f de sollicitation. 保険の～員 démarcheur(se) $m(f)$ d'assurances.

がんゆう 含有 ¶～する contenir. ¶～量 teneur f; [金、銀の] titre m. アルコールの～量 teneur en alcool. 金の～量 titre de l'or. ～量検査 titrage m. ～量を検査する titrer.

かんよ 関与 participation f. ～する participer à qc; prendre part à qc; avoir rapport à qc. 私はこの事件に～しておりません Je ne suis pas mêlé à cette affaire.

かんよう 寛容 tolérance f; indulgence f; mansuétude f. ¶～な tolérant; indulgent. || ～ intolérance f. ～な intolérant.

かんよう 慣用 usage m. ～に従って conformément aux usages. ¶～の usuel(le); habituel(le). || ～句 formule f conventionnelle. ～語 mot m usuel.

かんよう 肝要 ⇒ かんじん(肝心).

かんよう 涵養 culture f. 道徳心を～する cultiver la morale. 体力を～する fortifier le corps.

かんようしょくぶつ 観葉植物 plantes fpl vertes (ornementales, décoratives, d'appartement).

がんらい 元来 [もとは] originairement; [もとから] originellement; dès l'origine; [本質的に] essentiellement; [生来] naturellement; par nature. 我々は～同じ境遇だった Nous étions originairement dans la même situation. この家は～姉のものである Cette maison appartient depuis toujours à ma sœur. 彼は～弓気なんだ Il est naturellement gai.

かんらく 歓楽 plaisir m. ～に耽る s'adonner aux plaisirs. ～を追い求める courir après les plaisirs. ¶～街 quartier m de plaisirs.

かんらく 陥落 [城などの] reddition f; capitulation f; [地盤の] effondrement m. 城(駐屯部隊)の～ reddition d'une forteresse (d'une garnison). ～する tomber; capituler; se rendre; [人が] céder. 城(町)が～する Une forteresse (Une ville) tombe. 熱心な口説きに～する céder aux prières ardentes. 社長の座から～する perdre la poste de président-directeur. 女を～させる 《俗》 tomber une femme.

かんらん 観覧 ～に供する être ouvert au public. || ～席 places fpl; [野外の] tribune f; gradins mpl. ～料 prix m d'entrée.

かんらん 橄欖 olivier m. ～の実 olive f. ～石 olivine f.

かんり 官吏 fonctionnaire mf; agent m du gouvernement. ～になる devenir fonctionnaire; entrer dans l'administration. ～を養成する former les fonctionnaires.

かんり 管理 [行政上の] administration f; [工場、劇場の] direction f; [取締り] contrôle m; [財産、事件の] gestion f; [保管] garde f. ～する administrer; diriger; gérer. 家屋を～する gérer un immeuble. 国の財政を～する administrer les finances de l'État. 工場を～する diriger une usine. || 労務～ régime m du travail. 国際(国家)～下におく mettre sous le contrôle international (de l'État).

〜会計 gestion f. **〜者** administrateur(trice) m(f). **〜職** cadre m. **上(中)級〜職** cadre supérieur (moyen). **〜職になる** passer cadre. **〜人** gérant(e) m(f); **[番人]** garde m; gardien(ne) m(f). **森林〜** garde forestier.

がんり 元利 intérêts mpl et principal m. **〜ともすってしまう** manger le fonds avec son revenu. ‖**〜合計** intérêts et principal réunis.

かんりき 眼力 perspicacité f; pénétration f; clairvoyance f; coup m d'œil. **〜が鋭い** avoir du coup d'œil; être perspicace (clairvoyant). **君の〜には恐れ入った** Ta perspicacité m'a sidéré.

かんりゃく 簡略 simplicité f. brièveté f. **〜な** simple; bref(ève); concis; sommaire; succinct. **明瞭〜な叙述** description f claire et concise. **〜に** sommairement; brièvement; en abrégé. **〜に言うと** bref; en un mot. **〜する** simplifier; abréger. **原文を〜にする** abréger un texte.

かんりゅう 寒流 courant m froid.

かんりょう 完了 achèvement m; accomplissement m; **[文法]** parfait m. **¶〜する** achever; accomplir; finir; terminer; **[事が]** s'achever; s'accomplir. **準備はやがて〜します** On va terminer les préparatifs.

かんりょう 官僚 fonctionnaire m; bureaucrate m(f). **〜的な** bureaucratique. ‖**高級〜** haut fonctionnaire. **〜化する** se fonctionnariser. **〜主義** fonctionnarisme m; bureaucratie f. **〜政治** politique f bureaucratique.

がんりょう 顔料 matière f colorante; **[着色材]** pigment m; **[絵の具]** couleurs fpl.

かんるい 感涙 **¶〜にむせぶ** pleurer d'émotion; être ému jusqu'aux larmes.

かんれい 寒冷 froid m. ‖**〜前線** front m froid. **〜地帯** zone f froide.

かんれい 慣例 usage m; coutume f; les us et coutumes mpl; **[しきたり]** routine f; **[伝統]** tradition f; **[社会通念]** convention f. **〜に従って** selon l'usage; par routine. **〜に従う(破る)** suivre (rompre) l'usage. **国々の〜を尊重する** respecter les habitudes (les us et coutumes) des pays. **...することが〜である** Il est de tradition de inf./C'est l'usage de inf. **〜的な** d'usage, conventionnel(le); **[伝統的な]** traditionnel(le).

かんれいしゃ 寒冷紗 mousseline f de coton.

かんれき 還暦 **¶〜を祝う** fêter son soixantième anniversaire.

かんれん 関連 rapport m; relation f. **それは彼が言ったことと大いに〜がある** Cela a beaucoup de rapport avec ce qu'il a dit. **全く〜がない** être sans rapport avec. **〜する** avoir rapport à (avec) qc; se rapporter à. ‖**〜性** relativité f; relation; rapport; **[類似性]** affinité f. **それら二つの事件の間には何らの〜もない** Il n'y a aucun rapport entre ces deux événements.

がんろう 玩弄 **¶〜する** se jouer de; se moquer de. ‖**〜物** jouet m. **...の〜物になる** servir de jouet à qn.

かんろく 貫禄 dignité f; autorité f. **彼はチャンピオンの〜を充分に持っている** Il porte bien son titre de champion. **彼も部長になったら〜が出て来た** En devenant directeur, son autorité s'est affermie. **¶〜のある** digne; qui a un air digne (de la dignité).

かんわ 緩和 adoucissement m; détente f; modération f. **条件の〜** adoucissement des conditions. **¶〜する** adoucir; atténuer; soulager; tempérer; modérer; **[きびしさを]** relâcher; mitiger. **痛みを〜する** apaiser (calmer) les douleurs. **制限を〜する** adoucir la contrainte. **規則を〜する** relâcher une règle. **交通渋滞を〜する** dégager un embouteillage. **一方通行にして通りの混雑を〜する** décongestionner une rue en établissant un sens unique. **住宅難を〜する** mitiger la crise du logement. **輸入の増大を〜する** ralentir l'accroissement des importations. ‖**国際関係の緊張〜** détente dans les rapports internationaux. **〜策** mesures fpl de neutralisation. **〜剤** **[医]** lénitif m; adoucissant m; calmant m.

かんわ 閑話 **¶〜休題** Revenons à notre sujet (à nos moutons).

かんわじてん 漢和辞典 dictionnaire m [des caractères] chinois-japonais.

き

き 黄 jaune m. ⇒ きいろ(黄色).

き 奇 **¶〜を好む** avoir du goût pour l'excentricité. **〜を衒う** affecter l'originalité; faire l'original. **事実は小説より〜なり** La réalité dépasse la fiction.

き 忌 deuil m. **〜が明ける** Le deuil prend fin. **七回〜** le 7e anniversaire de la mort de qn. **〜明け** fin f de deuil. **〜中である** être en deuil.

き 期 période f; degré m; stade m; **[会期]** session f. ‖**第三〜の結核患者** tuberculeux (se) m(f) au dernier stade.

き 機 **¶〜が熟した** Le temps est venu de inf. **この〜に** à cette occasion. **〜に乗ずる** saisir (profiter de) l'occasion, sauter sur l'occasion. **〜を逸する** manquer (perdre) une occasion; manquer (rater) son coup. **〜をとらえる** saisir (prendre) une occasion. **彼は〜を見るに敏だ** Il le don pour saisir les bonnes occasions.

き 気 **[意図]** intention f; volonté f; dessein m; **[気分]** disposition f; humeur f; **[気持]** esprit m; conscience f; cœur m. **¶〜がある** bien vouloir; être disposé à inf. **彼に〜がある** Il s'intéresse à elle / Elle l'intéresse. **〜がいい** avoir bon esprit; être bon (bienveillant); être brave. **〜が多い** s'intéresser à tout; être capricieux(se) (versatile, changeant, inconstant). ~が置けない ne pas se gêner. ~が利く avoir de l'esprit; avoir l'esprit vif (éveillé); savoir se débrouiller. ~が腐る avoir le cafard; avoir des idées noires; avoir la mort dans l'âme; [うんざりする] en avoir assez (marre). ~が腐るなあ Ça me donne le cafard. ~が差す sentir inquiét(ète). ~が沈む avoir des idées noires; avoir le cafard. ~が進まない être peu disposé (enclin) à inf; ne pas vouloir. ~が済む(晴れる) avoir l'esprit tranquille, avoir la conscience en paix (en repos). ~が散る avoir l'attention dissipée. 生徒達は~が散る Les élèves se dissipent. ~が散るから向うへ行ってろ Tu me déranges, va-t'en ailleurs. ~が付く s'apercevoir que (de qc), s'aviser de (de qc). 彼は細い所にまで~が付く C'est un esprit fin./Il est fin (subtil)./Il pense à tout. 私はすぐに~が付いた Je l'ai tout de suite remarqué./Je m'en suis immédiatement aperçu. ~が付いた Il est revenu à soi./Il a repris connaissance (ses esprits). ~が詰まる être gêné, s'étouffer; être étouffé. ~が遠くなる s'évanouir; se pâmer; tomber en évanouissement (défaillance, pâmoison); défaillir, perdre connaissance. ~が遠くなるような金額 somme f vertigineuse (fabuleuse, astronomique). ~が咎める se sentir coupable, avoir des remords. 私は~が咎める放しです Un remords me harcèle sans répit. ...~がない être peu disposé (enclin) à inf; ne pas vouloir. 彼には働く~がない Il n'a pas envie de travailler./Il ne pense pas à travailler./Il n'a pas le cœur à travailler. ~が抜ける se décourager; être découragé (démoralisé); 《俗》se dégonfler. 酒の~が抜けた Le vin s'est éventé. ~が逸る être impatient (impétueux, fougueux); ronger son frein. ~が張る avoir de la tension d'esprit; avoir l'esprit éveillé. 今は~が張っているからこんな傷なお何ない Dans le feu de l'action, je ne sens pas cette blessure. ~がひける être mal à l'aise; être intimidé (gêné). ~が塞ぐ(滅入る) être déprimé; broyer du noir; avoir le cafard. ~が触れる devenir fou (folle); perdre la raison (l'esprit). ~が触れている avoir le timbre fêlé. ~が触れた人 timbré(e) m(f); fêlé(e) m(f). ~が回る avoir l'esprit vif; être attentif(ve) (vigilant); veiller sur qn (à qc). ~を吐く chasser le cafard (la mélancolie); se distraire. ~が向く être disposé à. ~が向いたらやりますよ Je le ferai si cela me chante. ~が揉める(~が~でない) s'inquiéter de qc; se faire du mauvais sang; se donner du tracas (souci); 《俗》s'en faire; se casser la tête. ~で~で病むを se fatiguer; se donner une peine inutile. ~で病む人 malade mf imaginaire. 彼はすっかり~の~でいる Il y est bien disposé. ¶~に入る plaire à qn; [意向に] revenir à qn. 互いに~に入る se plaire l'un(e) à l'autre. そいつは~に入った Ça me plaît. みんなの~に入るように出来ねえな On ne peut pas contenter tout le monde. ~にかける s'inquiéter de qn;

faire du souci. ~に食わない dégoûtant; désagréable; déplaisant; repoussant; répugnant. あの女は~に食わない Elle me déplait (rebute, 《俗》défrise)./Elle m'inspire du dégoût. 《俗》Elle a une tête qui ne me revient pas. ~に障る froisser qn; blesser qn. ~に障る言葉 parole f blessante (offensante, injurieuse). ~にする(込む) s'inquiéter de; se faire du souci; se casser la tête. 病を~にする écouter son mal. そんな事は少しも~にならない C'est le moindre de mes soucis. 彼の将来が~になる Son avenir me préoccupe (m'inquiète). ~になる空模様 Le temps est menaçant. 私は彼に会いに行く~になった L'idée m'est venue d'aller le voir./Il m'est venu à l'esprit d'aller le voir. ~に病む être inquiet(ète) de; 《俗》se fatiguer; s'en faire. ¶~の病 maladie f imaginaire. ~の病い返事をする répondre vaguement (dans le vague). ~の抜けた [ボールなどが] dégonflé; [料理などが] fade; insipide; sans saveur (goût). ~の抜けたビール bière f éventée. あいつは~の良い男だ C'est un brave homme. ¶~を入れる s'appliquer à; apporter une attention soutenue. ~を失う perdre connaissance; s'évanouir; tomber en pâmoison (syncope); se pâmer. ~を落とす se décourager; se démoraliser; être déçu. ~を挫く décourager; décevoir; désappointer; désillusionner; désenchanter. ~を配る faire attention; veiller à (sur) qn; prendre soin de; s'occuper de. ~を遣う être attentif(ve); se fatiguer; se gêner; 《俗》s'en faire; [自分のことに] s'écouter; s'observer. ~をつける faire attention. 飲みすぎないよう~をつける se garder de trop boire. あの男に~をつけなさい Méfiez-vous de cet individu. ~をつけろ [Faites] Attention!/Gare!/Alerte! 馬鹿野郎、~をつけろ Fais attention, espèce d'empoté!「~をつけ」«Garde à vous!» ~を詰めて...する s'appliquer à inf (qc). ~にとられる être occupé par qc. 彼は一つのことに~をとられていた Une seule idée l'occupait (le captivait). ちょっとしたことにも~をとられて彼は仕事をすることができない Un rien le détourne de son travail. ~を抜く ne pas prendre soin de; manquer d'attention. ~を抜いた仕事をする faire du travail bâclé; négliger son travail. ~を吐く briller; se distinguer; faire des efforts. ~を晴らす chasser le cafard (la mélancolie); se distraire. ~を引く attirer l'attention de qn; [意向を探る] tâter qn; sonder qn. ~をまぎらす se distraire; se divertir; [他人の] distraire; divertir qn. 君は~を回しすぎる Tu cherches trop loin. ~を持たせる donner de faux espoirs à qn. 発表はまだか、ずいぶん~を持たせるな Les résultats tardent à être affichés, on est sur des charbons. ~を揉む se faire du souci; se tracasser; se faire du mauvais sang. あなたを~を揉ませたが結局大した結果にならなかった On nous a promis monts et merveilles, en fait, le résultat n'était pas brillant. ~を揉ませる donner du souci; inquiéter; tracasser. ~

を良くする être flatté (content) de. ～を悪くする se vexer; se froisser; se formaliser; se scandaliser; s'offusquer. ‖～は心 L'important, c'est l'intention.

き 軌 ¶～を一にする être dans la même voie.

き 生 ¶～の brut; pur. ～のシャンパン champagne brut. ～のまま飲む boire sec. ‖～の葡萄酒 vin m pur. ～の娘 vierge f; pucelle f.

き 木 arbre m; [小低木] arbuste m; arbrisseau(x) m; [木材] bois m. りんごの～ pommier m. 梨の～ poirier m. 猿も～から落ちる《Il n'est (Il n'y a) si bon cheval qui ne bronche.》 ～で鼻をくくったような返事をする répondre sèchement (sec). ～に登る monter (grimper) sur un arbre. ～に縁って魚を求める chercher midi à quatorze heures. ‖～の(できた) de (en) bois. ～の茂った boisé. ～の実 noix f; amande f. ‖～箱 coffre m de bois; huche f.

ぎ 義 justice f; droiture f; rectitude f; équité f morale. ～をもってさねばる勇なきなり Il ne faut jamais esquiver un juste devoir.

ぎ 議 ¶～をへて après délibération.

き(こ)のめ 木の芽 bourgeon m; pousse f; [rejet m. ‖～時 saison f de frondaison.

ギア [自転車] braquet m; [自動車] embrayage m. 大きな～に切り換える [自転車] mettre (prendre) un grand braquet. ～を入れる mettre en prise; embrayer. ～をセカンド(サード)に入れる passer en seconde (en troisième). ～を変える changer de vitesse. ～を切る débrayer. ‖ロー(トップ)～ en première (quatrième) vitesse. ～チェンジ changement m de vitesse. ～チェンジする passer les vitesses. ～ボックス boîte f de vitesse. ～コック [自転車] dérailleur m.

きあい 気合 ¶～が足りない manquer d'ardeur. ～を入れる serrer la vis à; visser qn. ～をかける pousser un han. ‖～負けする être intimidé.

きあつ 気圧 pression f atmosphérique. ¶～の谷 zone f dépressionnaire. ‖高～† haute pression f. 低～ dépression atmosphérique; basse pression f. ～計 baromètre m. ～計が晴天(雨、変りやすい天気)だ Le baromètre est au beau fixe (à la pluie, au variable). ～変化 variations fpl de la pression. ～配置 disposition f des zones barométriques.

きあわせる 議案 se rencontrer; venir (arriver) par hasard. 彼らは偶然そこに来合せた Ils s'y sont rencontrés par hasard.

ぎあん 議案 projet m d'acte, [国会の] bill m. ～の審議 prise f en considération d'un projet. ～を可決する adopter (faire passer) un projet. ～を審議する prendre un projet en considération. ～を提出する présenter un projet.

きい 奇異 mystère m; bizarrerie f; singularité f; étrangeté f. ¶～な mystérieux (se); étrange; bizarre; singulier(ère); romanesque; fantastique. ～に感ずる trouver bizarre.

きい 忌諱 tabou m; interdit m. ～に触れる être frappé d'interdit; [機嫌を損ねる] encourir la disgrâce de qn.

キー clé f; clef f; [ピアノ、タイプライターの] touche f; [無線] frappeur m. ¶～[放送] centre m de radiodiffusion-télévision; [電信] centre m de TSF (télégraphie f sans fil). ～ポイント [point m] essentiel m. ～ボード clavier m. ～ホルダー porte-clés m inv. ～ワード mot(s) clé(s) m.

きいきい ¶～いう craquer; crisser; grincer; [赤ん坊などが] glapir. ～いう(うるさい) 人 criard(e) m(f); gueulard(e) m(f). ‖～声 glapissement m; voix f criarde.

ぎいぎい ¶～いう grincer; craquer; gémir. ～いう音 grincement m; gémissement m. ～いうドア porte f qui grince.

きいたふう 利いた風 ¶～な口をきく dire se permettre) des impertinences; parler d'un ton effronté. ～な口をきくな Ne fais pas l'impertinent.

きいちご 木苺 framboise f. ¶～の木 framboisier m; ronce f. ～のジャム confiture f de framboises.

きいっぽん 生一本 ¶～な pur; franc(che); sans mélange. ～な性格である être sans tache; être fait d'une seule pièce.

きいと 生糸 soie f grège. ¶～の grège.

キーノート la m. ～を出す donner le la.

キーパー 《スポ》 gardien m [de but]; goal [gol]m.

キーパーソン personnage-clef m.

キーパンチャー perforeur(se) m(f); perforateur(trice) m(f).

キーボード clavier m.

キール [リキュール] kir m. ‖～ロワイヤル kir royal.

きいろ 黄色 [couleur f] jaune m. ¶～い(の) jaune. ひどく～い[être] jaune comme un coing (citron). ～っぽくする tirer sur le jaune; tourner au jaune. ～っぽい jaunâtre. ～になる jaunir.

キーワード mots-clés mpl.

きいん 起因 ¶～する [pro]venir (résulter, dériver) de qc; prendre sa source dans qc; tirer son origine de qc. 彼の人気は何に～するのだろうか À quoi tient sa popularité?

ぎいん 議員 parlementaire mf; représentant m; membre m de la diète; député m; [仏, 米上院] sénateur m; [市町村議会] conseiller(ère) municipal(e) m(f). ‖～立法 loi f formulée sur la proposition des parlementaires.

ぎいん 議院 parlement m; Chambre f [des députés]; diète f. ‖ ⇨ こっかい

ぎいんうんえいいいんかい 議院運営委員会 Comité m d'organisation de la Chambre.

ぎいんりっぽう 議員立法 proposition f de loi par un (des) parlementaire(s).

きう 気宇 ¶～広大な人 grand esprit m; esprit de grandeur.

キウイ [鳥] kiwi m; aptéryx m; [果物] kiwi m.

きうつ 気鬱 ‖～症 hypocondrie f; mélancolie f. ～症の mélancolique mf; hypocondriaque mf; bilieux(se) m(f).

きうつり 気移り caprice m; versatilité f; in-

きうん constance *f*. ¶～のする capricieux(se); changeant; inconstant; versatile. ～のする人 capricieux(se) *m(f)*; personne *f* versatile.

きうん 機運 ⇨ き(機).

きうん 気運 heure *f*; tendance *f*; climat *m*.

きえ 帰依 fidélité *f*; dévotion *f*. ¶仏門に～している être fidèle au bouddhisme.

きえい 帰営 rentrée *f*. ¶～する faire *sa* rentrée.

きえい 気鋭 ¶～の vif(ve); ardent; fervent. ～の士 esprit *m* vif. ⇨ しんしん(新進).

きえいる 消える ¶彼女は恥かしさに～ばかりだった Elle mourait de honte. ～ような弱い expirant. ～ような声で d'une voix mourante.

きえつ 喜悦 ¶～に堪え能わず être en liesse (au septième ciel). ～の至りです C'est le comble de la joie.

きえる 消える [消滅する] disparaître; s'évanouir; [蒸発する] s'évaporer; [汚れが] partir, s'enlever; [病苦, 怒りが] passer; [逃亡する] filer; s'enfuir; [火が] s'éteindre; [払拭する] s'effacer; [栄光が] s'éclipser; [雪に] fondre; [煙, 疑いが] se dissiper; [噂が] s'apaiser; [泡が] éclater; crever; [音, 姿が] se perdre; [命が] expirer. 彼の微笑が消えた Son sourire s'est effacé. 着くや否や彼の姿は消えた A peine arrivé, il s'est évaporé. しみが消えないLa tache ne part pas. 痛みはすぐに～だろう La douleur va bientôt passer. 消えかけているろうそく bougie *f* qui meurt. ¶消えやすい匂い(記憶) odeur *f* (souvenir *m*) fugace.

きえん 奇縁 ¶何という～でしょう Quelle rencontre! ～で par un coup de hasard.

きえん 機縁 chance *f*; occasion *f*; opportunité *f*. それが～で彼らは知り合った C'est à cette occasion qu'ils se sont connus.

きえん 気焔 ¶～をあげる s'exalter; parler avec animation (véhémence, exaltation). ¶怪～をあげる parler avec emphase.

ぎえんきん 義捐金 collecte *f*. ¶～を募る faire une collecte (une quête) pour *qc*. ～を出す souscrire à une collecte.

きえんさん 希塩酸 solution *f* diluée d'acide chlorhydrique.

きおい 気負い orgueil *m*; amour-propre *m*; fierté *f*; excitation *f*.

きおう 気負う s'exciter; se redresser; se montrer fier(ère); faire le fier; bomber le torse. 彼はちょっと気負いすぎている Il est un peu trop excité.

きおうしょう 既往症 antécédent *m*.

きおく 記憶 mémoire *f*; souvenir *m*; [かすかな] réminiscence *f*. ～がない ne pas avoir de mémoire. ～が良い avoir [une] bonne mémoire; avoir de la mémoire; avoir une mémoire d'éléphant. ～が悪い avoir une courte mémoire; avoir une mémoire de lièvre. ～に新しい rester frais (fraîche) dans *sa* mémoire. ～に留める retenir. 今だに～に残っている事件 événement *m* encore présent à la mémoire. ～に焼きつく être gravé (s'imprimer) dans la mémoire. ～を新たにする rafraîchir (raviver) le souvenir de *qc*; se remettre *qc* en mémoire. ～を喪失する(失う) perdre la mémoire. ～を喪失している(失っている) manquer de mémoire. ¶～する retenir; enregistrer (conserver) dans la mémoire; [暗記する] apprendre par cœur. ～している garder (conserver) le souvenir de; avoir souvenir (mémoire) de; avoir *qc* dans *sa* mémoire; [思い出す] se souvenir de; se rappeler. ‖～作用 mémorisation *f*. ～[方法] mnémotechnique *f*. ～喪失症 amnésie *f*. ～喪失の amnésique. ～喪失[患]者 amnésique *mf*. ～力 mémoire *f*.

きおくれ 気後れ timidité *f*; [舞台などでの] trac *m*. ¶～している être intimidé; être timide; avoir peur (le trac). ～してはいけない Il ne faut pas se laisser intimider.

キオスク kiosque *m*.

きおち 気落ち ¶～する se décourager; se démoraliser.

きおん 気温 température *f*. ～が上昇(下降)中である La température est en hausse (baisse). ～が上る(下る) La température monte (descend).

ぎおん 擬音 bruitage *m*. ～を出す bruiter. ‖～係 bruiteur *m*.

きか 奇禍 accident *m*. 彼は～に見舞われた Il lui est arrivé un accident.

きか 幾何 géométrie *f*. ¶～[学] (の)的な géométrique. ～[学]的に géométriquement. ‖～学 géométrie *f*. 解析(球面)～学 géométrie analytique (sphérique). 平面(立体, ユークリッド)～学 géométrie plane (dans l'espace, euclidienne). ～学者 géomètre *m*. ～学書 géométrie. ～図形 figure *f* de géométrie.

きか 帰化 naturalisation *f*. ¶～する se faire naturaliser. フランスに～する se faire [naturaliser] Français. ‖～人 naturalisé(e) *m(f)*.

きか 気化 vaporisation *f*; volatilisation *f*; évaporation *f*. ¶～する se volatiliser; se vaporiser; se gazéifier; s'évaporer. ～しやすい volatilisable; vaporisable. ‖～器 carburateur *m*.

きか 麾下 ¶…の～で戦うに馳せ参ずる combattre (se ranger) sous la bannière de *qn*.

きが 飢餓 faim *f*; famine *f*;《俗》fringale *f*. ‖～状態である être affamé; avoir faim; crier famine; mourir (crever) de faim.

ぎが 戯画 caricature *f*. ‖～化する caricaturer; faire la caricature de *qc*.

ギガ [度量] giga-. ‖～トン gigatonne *f*.

きかい 器械 appareil *m*; instrument *m*. ‖電～ appareil électrique.

きかい 奇怪 ¶～な étrange; monstrueux(se); grotesque; bizarre. ～な事件 événement *m* mystérieux; ténébreuse affaire *f*.

きかい 機会 chance *f*; occasion *f*; temps *m*. いい～だからこの際君に言っておこう C'est une bonne occasion, je vais en profiter pour te dire ce que je pense. ～があり次第 à la première occasion; chaque fois que l'occasion se présente. またの～に参ります J'irai vous voir à l'occasion. この～に…する profiter de cette occasion pour *inf*. ～に恵

きかい まれる avoir l'occasion de *inf.* 絶好の〜に恵まれる avoir beau jeu de (pour) *inf.* 彼は汚名を晴らす絶好の〜に恵まれた Il a eu beau jeu de venger son honneur. 〜を逸する manquer (rater, perdre) une occasion. 〜をつかむ saisir (prendre) une occasion; sauter sur l'occasion.

きかい 機械 machine *f*; [構造] mécanique *f*; mécanisme *m*. 〜的な machin(al(aux); mécanique. 〜的に答える répondre machinalement. ‖〜織り tissage *m* mécanique. 〜化 motorisation *f*; mécanisation *f*. 〜化する motoriser; mécaniser. 〜化部隊 troupe *f* motorisée. 〜技師 ingénieur *m* mécanicien (mécano). 〜工 mécanicien(ne) *m(f)*; mécano *m*. 〜工学 mécanique *f*. 〜工業 industrie *f* mécanique. 〜仕掛け mécanisme *m*; mécanique *f*; automatisme *m*. 〜的行動 (思考作用) automatisme *m*. 〜人間 automate *m*.

きがい 危害 atteinte *f*; attentat *m*. 〜を加える porter (donner) atteinte à *qn*; blesser *qn*; attenter à *qc*. 生命に〜を加えようとする attenter à la vie de *qn*.

きがい 気概 vigueur *f*; cœur *m*; vaillance *f*. 〜がある avoir de l'allant (du cœur); être brave (vaillant); être d'attaque. 〜に欠ける (を欠く) manquer d'entrain. ‖〜に溢れた弁論 discours *m* énergique (plein de vigueur).

ぎかい 議会 parlement *m*; assemblée *f* nationale; [下院] Chambre *f* [des députés]; [上院] Sénat *m*; [日本の] Diète *f* [du Japon]. 〜は開(閉)会中である La Chambre est en séance (vacances). 〜を召集する convoquer les Chambres. ‖ 県(市町村)〜 conseil *m* général (municipal). 〜制度 régime *m* parlementaire; parlementarisme *m*. 〜制の parlementaire.

きがえ 着替[行為] changement *m* d'habit; [着物] vêtements *mpl* de rechange. ‖ [下着] linge *m* de rechange. 〜がない Je n'ai pas de vêtements de rechange. ¶〜する changer d'habits (de vêtements); se changer. 濡れたから〜なさい Changez-vous, vous êtes mouillé.

きがかり 気掛り préoccupation *f*; souci *m*; inquiétude *f*; anxiété *f*. 〜な様子 d'un air anxieux (soucieux). 〜である se préoccuper (s'inquiéter) de. 彼の健康が〜だ Je me préoccupe de sa santé. この子の将来が〜だ L'avenir de cet enfant me préoccupe. 情況がとても〜だ La situation est très inquiétante.

きかく 企画 projet *m*; plan *m*; planning *m*. ¶〜する projeter; faire des projets; dresser des plans; faire un plan (projet). ‖〜者 dresseur(se) *m(f)* de plans; projeteur(se) *m(f)*.

きかく 規格 norme *f*; standard *m*; 【商】échantillon *m*. 〜に合った conforme à la norme. 〜化 normalisation *f*; standardisation *f*. 〜化する normaliser; standardiser. 〜木材(煉瓦, 瓦) bois *m* (brique *f*, tuile *f*) d'échantillon. 〜品 article *m* normalisé; produit *m* standardisé.

きがく 器楽 musique *f* instrumentale.

きがけ 来掛け ¶〜に en venant. 〜に本屋に寄る passer dans une librairie en venant.

きかげき 喜歌劇 opéra *m* bouffe.

きかざる 着飾る se parer; s'endimancher; se pomponner; [bien] habiller; 《俗》s'attifer. 着飾っている être en grande toilette; être richement habillé. 〜てどこへ行くの Où vas-tu comme ça toute pomponnée?

きかせる 利かせ ¶気を〜 avoir beaucoup de tact; agir avec tact. 気を利かせて [如才なく] avec tact; [遠慮して] avec délicatesse. 塩を〜 ajouter du sel; saler davantage. 幅を〜 avoir du prestige; avoir le bras long.

きガス 稀ーgaz *m* rare [hélium *m*, néon *m*, argon *m*, xénon *m*, radon *m*, krypton *m* の六種].

きかせる 聞かせる faire entendre. 話をして〜 raconter une histoire. 彼に道理がないことを教えて聞かせなさい Faites-lui entendre qu'il n'a pas raison.

きがた 木型 [靴, 帽子の] forme *f*; gabarit *m*; type *m*; modèle *m*.

きかつ 飢渇 famine *f*; faim *f* et soif *f*.

きがね 気兼ね gêne *f*. ¶〜する se gêner. 〜しないで下さい Ne vous gênez pas.

きがまえ 気構え [心構え] état *m* d'esprit; volonté *f*; [決心・覚悟] résolution *f*. ...する〜である être résolu (décidé) à *inf*. 彼は断じて闘う〜である Il est bien résolu à combattre. どんなことにでも〜出来ている Je suis résolu (Je m'attends) à tout. しっかりした〜を〜 manquer de volonté ferme. 〜を見せる faire preuve d'une ferme volonté. しっかり勉強するという〜を示す se montrer résolu à bien travailler. 〜をする se préparer à affronter *qc*; être prêt à. いつでも飛びかかれるように〜ている être tout prêt à se jeter sur *qn*.

きがる 気軽 ¶〜な facile. 彼は〜な人だ Il est d'humeur facile. 〜に sans façon (cérémonie, formalité); à la bonne franquette; facilement. どうか〜に御越し下さい Venez nous voir sans vous gêner. 〜さ facilité *f*; simplicité *f*. [性格] légèreté *f*.

きかん 器官 organe *m*; appareil *m*. ¶〜の organique. 〜呼吸 appareil respiratoire. 視覚〜 organe de la vue. 消化〜 appareil digestif. 生殖〜 organes *mpl* génitaux (sexuels); parties *fpl* [génitales]. 泌尿〜 organes urogénitaux.

きかん 基幹 base *f*. ‖〜産業 grande industrie *f*; industrie clé.

きかん 奇観 site *m* [paysage *m*] extraordinaire; vue *f* fantastique; merveille *f*. ‖ 世界の七大〜 les sept merveilles du monde.

きかん 旗艦 navire *m* amiral; vaisseau(x) *m* amiral.

きかん 既刊 ¶〜号 [雑誌などの] vieux numéro *m*. 〜本 livres *mpl* [déjà] publiés (parus).

きかん 期間 période *f*; temps *m*; durée *f*; époque *f*. 種まきの〜 [période des] se-

きかん mailles *fpl*; semaison *f*. ～を延期する se donner un délai. 決められた～in dans le délai fixé; avant le terme. ‖解雇予告～ délai de congé. ～延長 prolongation *f* de temps.

きかん 機関 [機械] machine *f*; [機構] établissement *m*; organe *m*. 党の～ appareil *m* d'un parti. ‖行政[国家]～ machine administrative (de l'État). 行政～ organe administratif. 内燃～ machine à combustion. 立法～ appareil législatif (des lois). ～室 chambre *f* de machines; machinerie *f*.

きかん 帰還 retour *m*; [兵の] rapatriement *m*; rentrée *f*. ～する se rapatrier; retourner; regagner [*son* pays]; rentrer. ‖～兵 [soldat *m*] rapatrié *m*.

きかん 気管 gosier *m*; 【医】 trachée *f*; 【解】 trachée(s)-artère(s) *f*. ～炎 trachéite *f*. ～支 bronche *f*. ～支炎 bronchite *f*.

きかん 汽罐 chaudière *f*. ‖蒸気～ chaudière à vapeur. ～室 chaufferie *f*.

きかん 季刊 publication *f* trimestrielle. ～の trimestriel(le); saisonnier(ère). ‖～雑誌 revue *f* trimestrielle.

きかん 軌間 ‖～計 gabarit *m* de voie.

きかん 亀鑑 modèle *m*; bon exemple *m*.

きがん 祈願 prière *f*; vœux *mpl*; invocation *f*. ～する prier; faire (former) des vœux pour. 神の加護を～する invoquer l'aide de Dieu.

ぎかん 技官 ingénieur *m* fonctionnaire; technicien(ne) *m(f)* fonctionnaire.

ぎがん 義眼 œil (yeux) *m* artificiel.

きかんき 利かん気 ～の têtu, e; impétueux (se); vif(ve); impulsif(ve).

きかんこ 機関庫 hangar *m* à locomotives.

きかんし 機関士 mécanicien *m*.

きかんし 機関紙 organe *m*. ‖学界～ organe d'une société savante. 政党～ organe d'un parti; journal(aux) *m* d'opinion.

きかんしゃ 機関車 locomotive *f*.

きかんじゅう 機関銃 mitrailleuse *f*; [小型の] mitraillette *f*; fusil *m* mitrailleur; pistolet (s)-mitrailleur(s) *m*. ‖～手 mitrailleur *m*.

きかんほう 機関砲 canon *m* de bord.

きき 危機 crise *f*; phase *f* (moment *m*) critique; période *f* de crise. ～に瀕する être pris d'une crise; être dans une situation critique. ～を脱する l'échapper belle; se tirer d'affaire (d'une situation difficile); se tirer (sortir) d'un mauvais pas; 《俗》 retomber sur *ses* pieds; tirer *son* épingle du jeu. ～の critique. ‖経済(政治)～ crise économique (politique). ～感 sentiment *m* de crise. ～感を抱く se sentir menacé.

きき 嬉々 ～として joyeusement; allègrement; gaiment; [元気よく] avec entrain.

きき 機器 [ensemble *m* des] appareils *mpl* mécaniques; appareils; machines *fpl*.

きき 鬼気 ～迫る effroyable; terrifiant; effrayant; fort *m* sinistre. その光景には～迫るものがあった Ce spectacle avait quelque chose de sinistre.

きぎ 疑義 doute *m*; sens *m* obscur; sens *m* (signification *f*) douteux(se). ～を質す éclaircir un doute; élucider un point controversé.

ききあきる 聞き飽きる être las(se) (se lasser) d'entendre; avoir les oreilles rebattues de *qc*. もうお前の話は聞き飽きた Je suis las (fatigué) de vous entendre./J'en ai assez de vous écouter.

ききいっぱつ 危機一髪 ～だった Je l'ai échappé belle.

ききいる 聞き入る écouter attentivement (de toutes *ses* oreilles); être tout oreilles; prêter une oreille attentive;《俗》être tout ouïe.

ききいれる 聞き入れる entendre; [同意する] accepter; approuver; acquiescer à *qc*; [神が] exaucer. 父は私の願いを聞き入れてくれた Mon père a agréé ma demande. どうぞ我々の願いを聞き入れて下さい Que nos prières soient exaucées.

ききうで 利腕 ‖彼の～は右(左)だ Il est droitier (gaucher).

ききおさめ 聞納め ‖あれが親父の説教の～だった C'était le dernier des sermons de mon père.

ききおとす 聞き落す ‖この箇所を聞き落した Ce passage m'a échappé./Je n'ai pu saisir ce passage.

ききおぼえ 聞覚え ‖～がある名だ C'est un nom qui me dit quelque chose. それには～がある Je me rappelle de l'avoir entendu. ～る retenir (apprendre) à force d'entendre.

ききおよぶ 聞き及ぶ entendre dire (parler); savoir par ouï-dire.

ききかいかい 奇々怪々 ～な extrêmement bizarre (étrange, mystérieux). ～な事件 affaire *f* pleine de mystères; affaire énigmatique (ténébreuse).

ききかえす 聞き返す redemander; demander de nouveau; répéter *sa* question.

ききかじる 聞き齧る entendre (comprendre) vaguement; apprendre *qc* par ouï-dire. ラテン語を～ apprendre (comprendre) un peu le latin.

ききくるしい 聞き苦しい pénible (insupportable) à entendre. ～話 histoire *f* grossière; [恥知らずな] propos *mpl* indécents. さぞお聞き苦しかったと存じます Vos oreilles ont dû souffrir à m'entendre.

ききごま 利駒 【チェス】 pièces *fpl* importantes.

ききこみ 聞込み enquête *f*. ～をする faire une enquête; s'enquérir de; enquêter sur.

ききざけ 利酒 dégustation *f*. ～をする déguster un vin. ‖～人 dégustateur *m*.

ききじょうず 聞上手 ‖あの人は～だ Il sait faire parler les gens. 話上手に～ À bon parleur, bon auditeur.

ききすごす 聞き過ごす laisser passer ce qu'on dit; [しゃべらせておく] laisser dire.

ききすてる 聞き捨てる ‖君のことは～ならない Je ne peux pas laisser passer ce que tu as dit. この言葉には～ならぬ Ces mots exigent une réplique.

ききすてる 聞き捨てる ⇨ ききすごす (聞き過ご

ききそこなう 聞き損う manquer l'occasion d'entendre qc; [誤解する] se tromper; [訊ね損う] manquer l'occasion de demander à qn. 私は彼の言ったことを聞き損っていた Je me trompais sur ce qu'il avait dit. この説明を先生に聞き損った J'ai manqué l'occasion de demander cette explication au professeur. いい講演だったらしいが私は聞き損った On dit que c'était une conférence très réussie mais je l'ai manquée.

ききだす 聞き出す [人から] amener qn à révéler qc; [無理矢理に] arracher qc; dénicher qc. 秘密を~ arracher un secret à qn. 事件がどうなっているのか彼から聞き出してくれ Essayez un peu de le sonder pour savoir où il en est de cette affaire.

ききただす 聞き糺す faire subir un interrogatoire à qn; interroger qn [avec autorité]. それは本人に聞き糺しななければならない Il faut vérifier cela auprès de la personne intéressée.

ききちがい 聞違い malentendu m; méprise f; quiproquo m. ~聞き違える mal entendre; se tromper sur qc; faire un malentendu.

ききつける 聞き付ける être averti (prévenu) de; s'instruire de; s'informer de; [聞き慣れる] être habitué à [entendre] qc. 彼はこの種の噂は聞き付けている Il est habitué à ce sorte de bruit. この噂を聞き付けて彼は急いでやって来た À cette nouvelle, il est (a) vite accouru.

ききつたえ 聞伝え ouï-dire m inv; [伝聞] tradition f orale. ~で par ouï-dire.

ききづらい 聞き辛い pénible (désagréable, difficile) à entendre. ~言葉 mot m qui sonne mal à l'oreille; mot grossier.

ききて 聞手 auditeur(trice) m(f); [質問者] interlocuteur(trice) mf; [集合的] auditoire m.

ききとがめる 聞き咎める réprimander qn sur ses dires; relever les fautes de qn; reprendre qn.

ききどころ 聞所 passage m à ne pas manquer; passage intéressant (émouvant, pathétique).

ききとどける 聞き届ける [願いを] exaucer. ⇒ ききいれる(聞き入れる).

ききとり 聞き取り audition f. ~試験 épreuve f de compréhension orale.

ききとる 聴き取る entendre; saisir le sens; écouter; comprendre. 彼の話は聴き取りにくい Il parle d'une manière indistincte (confuse)./Je comprends difficilement ce qu'il dit. 聴き取れる audible; perceptible; discernable. 聴き取れない inaudible; imperceptible; indiscernable. ほとんど聴き取れないほどの物音 bruit m à peine audible.

ききながす 聞き流す laisser parler (dire, aboyer).

ききほれる 聞き惚れる s'extasier à écouter qc; écouter qc dans un état de transport; être charmé (ravi) d'écouter qc.

ききみみ 聞耳 ~を立てる dresser (tendre, prêter) l'oreille à qc; se tenir (se mettre) aux écoutes.

ききめ 利目 effet m; efficacité f; pouvoir m; vertu f. 薬の~ vertu du médicament. いくらか~が感じられる Des effets se font sentir. 相変らず~がない rester sans effet. ~のある(ない) opérant (inopérant); efficace (inefficace).

ききもの 聞物 morceau(x) m [musical] à ne pas manquer.

ききもらす 聞き漏らす laisser échapper; ne pas saisir. その言葉を聞き漏らした Ce mot m'a échappé.

ききゃく 棄却〖法〗rejet m. 異議申し立ての~ rejet d'une requête. ~する rejeter. 上告を~する rejeter un recours. ‖公訴~ non-lieu (x) m. 上訴~ rejet d'un recours.

ききゅう 危急 alarme f; circonstance f alarmante; alerte f; danger m imminent. ~を告げる donner (sonner) l'alarme; donner l'alerte. ‖~存亡の秋(とき) le moment de la décision; l'heure f H.

ききゅう 希求 souhait m. ~する souhaiter (désirer) qc (que sub). ‖~法 [文法] [mode m] optatif m.

ききゅう 帰休 congé m; [兵隊] permission f; 〖俗〗perme f. ~する prendre un congé. ‖~兵 permissionnaire m; soldat m en permission.

ききゅう 気球 ballon m; aérostat m. ~を上げる envoyer (lancer) un ballon. ‖熱~ montgolfière f. 観測用~ ballon d'essai; sonde f aérienne. ~船 [ballon] dirigeable m.

ききょ 起居 ~を共にする vivre sous le même toit.

ききょう 奇矯 ‖~な bizarre; original(aux); singulier(ère); excentrique.

ききょう 帰郷 retour m. ~する rentrer dans (regagner) son pays natal.

ききょう 気胸 pneumothorax m; pneumo m.

ききょう 桔梗 campanulacées fpl.

きぎょう 企業 entreprise f; industrie f. ‖中小~ petites et moyennes entreprises fpl (PME fpl). ~家 industriel(le) m(f); entrepreneur(se) m(f). ~組合 syndicat m. ~グループ groupe m industriel. ~合同 trust m. ~年金 rente f industrielle. ~秘密 secret m d'entreprise. ~連合 cartel m.

ぎきょう 義侠心. ‖あの人には~がある C'est un brave cœur./C'est un homme de cœur.

ぎきょうだい 義兄弟 frère m juré; [義理の] beau(x)-frère(s) m.

ぎきょく 戯曲 pièce f [de théâtre]; drame m. ~作家 dramaturge mf; auteur m de drames.

きぎれ 木切れ morceau m de bois.

ききわけ 聞分け ‖~がよい entendre raison. ~がない ne pas entendre raison. ~のよい raisonnable; sage.

ききわける 聞分ける [道理を] entendre raison; reconnaître; discerner; distinguer.

ききん 基金 fondation f; fonds m; caisse f.

ききん 減債～ fonds d'amortissement. ～募集 appel m de fonds. 国際通貨～ FMI m.

ききん 飢饉 famine f; disette f; faim f. ¶～の年 année f de disette. ‖水～ sécheresse f; disette d'eau.

ききんぞく 貴金属 métaux mpl nobles (précieux). ～[細工]商 orfèvre m. ～[細工]店 orfèvrerie f.

きく 菊 chrysanthème m.

きく 訊く demander qc; s'informer de; se renseigner sur; s'instruire de; s'enquérir de; [人に] interroger qn; questionner qn; interviewer qn; [人の意見を] consulter qn.

きく 聞く entendre; écouter; [願いを] acquiescer; entendre; écouter; [神が願いを] exaucer. ラジオを～ écouter la radio. 音楽を～ écouter (entendre) de la musique. ...が喋るを～ écouter qn parler. コンサート(講演)を～ écouter un concert (une conférence). 親のいうことを～ obéir à ses parents. 人の忠告を聞かない fermer l'oreille aux conseils des autres. ¶～ところによれば On dit que ..../ J'ai entendu dire que....

きく 利[効]く [利目がある] opérer; faire effet; agir. よく～ 薬 médicament m très efficace. この薬は効かなかった Ce médicament a été inopérant. ◆[よく働く] ¶気が～ ⇨ き(気). 目がよく～ avoir de bons yeux. 鼻が～ avoir du nez (du flair). 無理が～ être résistant; tenir le coup. 彼は元気で無理が～ Il est vigoureux et résistant. 私は鼻も目も～ J'ai bon nez, bon œil. 体が利かない être perclus (paralysé). 右脚が利かない être paralysé de la jambe droite. 利かなくなる [体などが] défaillir; avoir une défaillance. ブレーキが利かなくなる Les freins ont eu une défaillance. 改良の～品種 espèce f susceptible d'être améliorée.

きぐ 危惧 crainte f; peur f; appréhension f. ～の念を抱く avoir peur de inf (que [ne] sub); craindre qc (de inf, que sub); appréhender qc (de inf, que sub).

きぐ 器具 outil m; appareil m; instrument m; engin m; [家庭用品] ustensile m [de ménage, de cuisine].

きくいも 菊芋 topinambour m.

きぐう 奇遇 rencontre f inattendue (fortuite, inopinée); hasard m de rencontre.

きくぎ 木釘 cheville f [de bois].

ぎくしゃく ¶～[と] gauchement; maladroitement; mal à l'aise. ～した文体 style m raboteux.

きくず 木屑 sciure f [de bois]; déchet m de bois.

きぐすり 生薬 remède m organique.

きくずれ 着崩れ ¶～する衣服 robe f qui tombe mal.

きぐち 木口 [木質] qualité f de bois; [切口] section f d'une pièce de bois.

きくしゃ 菊苣 endive f.

きぐつ 木靴 sabot m.

きくにんぎょう 菊人形 poupée f de chrysanthème.

きくばり 気配り prévenance f; attentions fpl; ménagements mpl.

きぐみ 木組 charpente f [de bois].

きぐらい 気位 tenue f [d'esprit]; fierté f; orgueil m; amour-propre m. ～が高い se croire quelqu'un; être fier(ère); [高慢である] être orgueilleux(se);《俗》crâner; bomber le torse.

きくらげ 木耳 oreille f de Judas; hirnéole f.

きぐろう 気苦労 souci m; inquiétude f; fatigue f; peine f. ～が多い avoir un tas de soucis. ～をかける inquiéter qn; donner du souci à; fatiguer qn. ～なしに sans inquiétude (souci). ¶～なことこそ C'est fatigant.

きけい 奇形 difformité f; monstruosité f; malformation f;《動》anamorphose f. ¶～の difforme; monstre; contrefait. ‖～学 tératologie f. ～学の tératologique. ～児 enfant mf monstrueux(se) (difforme).

きけい 義兄 beau(x)-frère(s) m.

ぎけい 技芸 arts mpl [d'agrément].

きげき 喜劇 comédie f; farce f; burlesque m. ～的な comique. ‖～作家(小説) auteur m (roman m) comique. ～性 comique m. ～役者 comédien(ne) m(f); comique mf; acteur(trice) m(f) comique; bouffon m; clown m; baladin m.

きけつ 既決 décision f; [刑の] condamnation f. ¶～の décidé; classé. ～の事件 affaire f classée. ‖～囚 condamné(e) m(f).

きけつ 帰結 conséquence f; aboutissement m; fin f; résultat m. それは当然の～だ C'est une conséquence naturelle (un résultat inévitable). ¶...に～する se ramener à; aboutir à; en venir à.

ぎけつ 議決 décision f; détermination f; résolution f; délibération f; [採決] vote m. ～を経ずに sans délibération. ¶～する prendre une décision; décider; voter; délibérer. ‖～権 [投票権] droit m de vote (de suffrage). ～権を持つ avoir voix délibérative; avoir le droit de voter.

きけん 危険 danger m; crise f; péril m; risque m; menace f. 死の～ danger de mort. インフレ(戦争)の～ menaces inflationnistes (de guerre). ～に立向う affronter les périls. ～に瀕する être en danger; être sur un volcan; se trouver dans une situation critique. ～に身をさらす s'exposer au péril; exposer (risquer) sa vie; se trouver entre deux feux. 流行病の～は去った Le danger de l'épidémie est passé. ～を冒す risquer; courir le risque de; courir le danger de; prendre des risques; jouer un jeu dangereux;《俗》travailler sans filet. ...の～を冒して au risque de.... あらゆる～を冒して à tout risque. ¶～な dangereux(se); critique; périlleux(se); hasardeux(se); [主義などが] pernicieux(se). ～を合わせる exposer à un danger; mettre en danger. 鎮静剤の用い過ぎは～だ L'abus des tranquillisants est pernicieux. そうするのは少し～だ Agir ainsi, c'est un peu risqué. ～に満ちた仕事 entreprise f pleine de risques. ～に満ちたやり方 démarche f risquée. ‖～人物

きけん dangereux (sinistre) individu m. ~物 écueil m.

きけん 棄権 [放棄] renonciation f; [競争] abandon m; [投票] abstention f. ~が5名あった Il y a eu 5 abstentions. ¶~する renoncer à; abandonner; s'abstenir de; abdiquer. ~した者は少なかった Peu d'électeurs se sont abstenus.

きけん 気圏 atmosphère f.

きげん 期限 terme m; limite f. ~が切れる expirer; se périmer. このパスポートは3月1日に~が切れる Ce passeport expire le 1er mars. ~が切れた expiré; périmé. ~が切れたパスポート passeport m périmé. 短い~で à court terme. ‖~切れ expiration f d'un délai. ~内に avant le terme.

きげん 機嫌 humeur f; disposition f. ...の~をとる amadouer qn; flatter qn; s'empresser auprès de qn. 御~を伺う aller voir qn; rendre visite à qn. 御~いかがですか Comment allez-vous?/Comment vous portez-vous?/[俗] Ça va? 彼の~を損ねると大変だ Si vous lui déplaisez, vous aurez des ennuis. ‖上(不)~である être content (mécontent); être de bonne (mauvaise) humeur; être en bonne (mauvaise) disposition. 上~に de bonne humeur; de bon cœur; volontiers (avec plaisir). 不~に de mauvaise humeur. ~直しに一杯やる boire un coup pour retrouver sa bonne humeur.

きげん 紀元 ère f. ‖キリスト~ ère chrétienne. ~前200年 l'an 200 avant Jésus-Christ (J.-C.). ~後 après Jésus-Christ; AD [西暦]~1500年に en [l'an] 1500; AD 1500.

きげん 起源 origine f; source f; naissance f; genèse f; provenance f. ~に遡る remonter à sa source. 日本人の~ L'origine des Japonais. ダーウィンの「種の~」 De l'origine des espèces de Darwin.

ぎこ 擬古 pseudo-classicisme m. ¶~的[な] pseudo-classique; archaïque. ‖~文 phrase f pseudo-classique (archaïque).

きこう 奇行 folie f; manie f; excentricité f; bizarrerie f. ¶~の多い excentrique; original(aux); bizarre; singulier(ère).

きこう 寄港 escale f; relâche f. ¶~する faire escale (relâche); relâcher; escaler; toucher au port; [錨を下ろす] mouiller l'ancre]. ~せずに急ぐ brûler les escales. ‖~地 [port m d'escale]; relâche.

きこう 寄稿 collaboration f. ¶~する [一時的に] envoyer un article à un journal (une revue). ~している [仕事として] collaborer à. 新聞(雑誌)に~している collaborer à un journal (une revue). ‖~家 collaborateur(trice) m(f).

きこう 希覯 ‖~本 livre m de rare édition; livre rare.

きこう 機構 mécanisme m; organisation f; organisme m. 経済~ mécanisme économique. 国際労働~ Organisation internationale du travail (OIT). 政治~ organisation politique.

きこう 機甲 ‖~部隊 blindés mpl.

きこう 帰港 retour m au port d'attache. 船の~ retour m d'un navire à son port d'attache. ¶~する rentrer au port d'attache.

きこう 帰航 voyage m de retour. ~の途につく prendre le chemin du retour.

きこう 気候 climat m; temps m; [時候] saison f. 温暖な~ ciels mpl doux; climat doux. ~が不順だから身体の調子もよくない Le temps est instable, de sorte que je ne me sens pas très bien. ¶~の climatique. かなりの変化の激しい国 pays m soumis à d'importantes variations climatiques. ‖熱帯性~ climat tropical. ~条件 conditions fpl climatiques [des saisons]. ~不順 irrégularité f climatique.

きこう 気孔 pore m; [植物] stomate m.

きこう 紀行 [~文] mémoires mpl de voyage. ネルヴァルの「東方~」 Voyage en Orient de Nerval.

きこう 起工 mise f en chantier. ‖~式 cérémonie f de la pose de la première pierre.

きごう 記号 signe f; marque f; indice m. ¶~の symbolique. ~によって par les signes; symboliquement. ‖~学 sémiologie f. ~論理 logique f symbolique. ~法 notation f. 代数的~法 notation algébrique.

ぎこう 技工 artisan m(f); ouvrier(ère) m (f); mécanicien(ne) m(f).

ぎこう 技巧 [技術] technique f; art m; adresse f; habileté f; [小細工] finesse f; factice m; astuce f. 文体の~ artifices mpl du style. 技巧小説というものは~を必要とする Le roman policier demande du métier. ~を弄する (弄しすぎる) user (abuser) d'artifices. ¶~的[な] artificiel(le); factice; habile; fin. ‖~家 technicien(ne) m(f).

きこうし 貴公子 prince m; [jeune] homme m beau et bien élevé.

きこえ 聞え ¶~が高い être très réputé. そういった方が~が良い Tourné ainsi, ça sonne mieux. それでは~が悪い [外聞] Ça ne doit pas se savoir.

きこえよがし 聞えよがし ¶~に言う parler à la cantonade.

きこえる 聞える [主語・物] se faire entendre; sonner; [主語・人] entendre; [有名である] être connu; être notoire. 足音が~ Des pas se font entendre. 〜 J'entends des pas. 彼の自白は嘘のように~ Ses aveux sonnent faux. 世に聞えた人物 personnage m illustre (notoire). 声の~範囲で à portée de l'ouïe. 声の聞えない程遠く à perte d'ouïe.

きこく 帰国 retour m; [兵士の] rapatriement m. ¶~する rentrer (retourner) dans son pays (chez soi); regagner son pays; [兵士が] se rapatrier.

ぎごく 疑獄 concussion f politique; scandale m (corruption f) politique.

きごこち 着心地 ¶~の良い服 vêtement m qui va bien.

きごころ 気心 intention f. ~が知れない ignorer le vrai motif de qn. ¶~の知れない人 sournois(e) m(f); dissimulé(e) m(f); dissimulateur(trice) m(f); hypocrite mf. 俺達

きこしめす 聞し召す ¶一杯～ s'humecter le gosier (les lèvres).

ぎごちない maladroit; gauche; raide. 彼女の物腰には～ところがある Elle est gauche dans ses manières. 病後でまだ体が～ Je me sens encore tout raide après la maladie. 彼のやり方はぎこちなくて危い Sa manière est maladroite et même dangereuse. ¶ぎこちなく maladroitement; gauchement; d'une façon peu naturelle; avec raideur; [気取って] avec affectation. ぎこちなさ gaucherie f; raideur f. 態度のぎこちなさ raideur de l'attitude.

きこつ 気骨 fermeté f d'esprit; volonté f [ferme]; inflexibilité f; cran m. ～がある être ferme; [俗] avoir du cran; être d'attaque. ¶～のある老人 vieillard m inflexible.

きこなし 着こなし tenue f. ～が良い être en bonne tenue; être en tenue soignée; savoir s'habiller. ～が悪い être en tenue négligée.

きこり 樵 bûcheron m; scieur m [de long].

きこん 既婚 ¶～の marié. ～者 personne f mariée.

きこん 気根 [植] racine f aérienne.

きざ 気障 affectation f; afféterie f; maniérisme m; mignardise f; cabotinage m. ～な affecté; recherché; maniéré. ～な態度 manières fpl affectées. ～な態度をとる faire le poseur. ～な人 poseur(se) m(f); mignard(e) m(f); mijaurée f; gandin m; cabotin(e) m(f). 何て～な奴だ Quel bêcheur! ¶～ったらしく avec affectation.

きさい 記載 inscription f; mention f; enregistrement m; transcription f. ¶～する enregistrer; mentionner; transcrire; noter; porter; insérer. 帳簿に金額を～する porter une somme sur un registre. 名簿に～する faire figurer un nom dans un rôle. ¶～事項 mention f; article m mentionné.

きさい 起債 émission f (lancement m, ouverture f) d'un emprunt. ¶～する émettre (lancer, ouvrir) un emprunt [public].

きさい 鬼才 génie m; prodige m.

きざい 器材(機材) [集合的] matériel m; [建築用] matériau(x) m.

きさき 后 impératrice f; [王妃] reine f.

ぎざぎざ 鋸歯 denteleure f; crénelure f; cran m; [貨幣の] crénelage m. 葉の縁の～ crénelure d'une feuille. ～をつける créneler; denteler; disposer des crans. ¶～の crénelé; [深く] découpé; déchiqueté; dentelé; denté.

きさく 奇策 ruse f; astuce f; artifice m; leurre m; tour m. ～を弄する user d'astuce.

きさく 気さく ¶～な ouvert; franc(che); familier(ère); facile; sympathique; sympa inv. ～である être facile; avoir un caractère facile; être d'humeur facile. ～に facilement; franchement; familièrement. ～さ commodité f; facilité f; franchise f.

ぎさく 偽作 imitation f; contrefaçon f; [模作] pastiche m; [剽窃] plagiat m. ～する imiter; contrefaire; pasticher; faire un pastiche de qc; plagier qc. ～の imité; contrefait; plagié. ～者 [芸術作品の] faussaire mf; [剽窃者] plagiaire mf.

きざし 兆 signal(aux) m; germe m; indice m; symptôme m; augure m. 嵐の～ signes mpl avant-coureurs de la tempête. 春の～ annonce f du printemps. 老いの～ signal de la vieillesse. ¶良い(悪い)～の [吉(凶)兆の] de bon (mauvais) augure.

きざす 兆す germer; naître; se former. 人々の心に悪心が兆した Une mauvaise idée a germé dans les esprits.

きさま 貴様 [mon] salaud m. ～、生かしては帰さぬ Toi, tu ne sortiras pas de chez moi vivant.

きざみめ 刻目 encoche f; coche f; entaille f. ～をつける encocher; cocher; entailler; faire des encoches. テーブルをナイフで～をつける tailler une table avec un canif.

きざむ 刻む [切る・裁つ] tailler; taillader; [彫る] sculpter; graver; [文字を] inscrire; écrire; [形を] figurer; [肉を] hacher; couper en morceaux; dépecer; [跡を残す] empreindre. ¶刻まれる [印象として] s'imprimer; se graver; s'empreindre. 時がゆっくりと刻まれる Le temps s'écoule lentement.

きざら 木皿 écuelle f [de bois].

ぎざわり 気障り ¶～な ennuyeux(se); tracassant; embêtant; [俗] emmerdant. ～な奴 tracassier(ère) m(f); emmerdeur(se) m(f); raseur(se) m(f).

きさん 帰参 réintégration f. ～がかなう obtenir sa réintégration. ¶～する réintégrer (regagner) son poste.

きさん 起算 ¶[…から]～する compter [à partir de]. この年金の利子は10年前から～されている L'intérêt de cette rente court depuis dix ans. 先月から～して à compter du mois dernier.

ぎさん 蟻酸 acide m formique.

きし 岸 rive f; bord m; rivage m; [沿岸] côte f. ～から遠ざかる(に近づく) s'éloigner (s'approcher) du rivage.

きし 旗幟 ¶～鮮明である Son opinion est tout à fait claire. ～鮮明にする préciser sa position.

きし 起死 ¶～回生の一撃(打) coup m qui rend l'espoir.

きし 騎士 chevalier m. ¶～道[精神] chevalerie f.

きじ 記事 article m; entrefilet m; [社会記事] chronique f. 新聞に～を書く écrire un article dans un journal.

きじ 生地 [布] étoffe f; fibre f; tissu m; [素地] limon m; argile f; nature f. [～は出るもの] «La caque sent toujours le hareng.» 粗い(目のつまった)～ tissu lâche (serré). 薄い(厚い)～ étoffe mince (épaisse).

きじ 雉子 faisan m; [雌] poule f faisane; [子] faisandeau(x) m. [～も鳴かずば打たれまい] «Trop parler nuit.»

ぎし 技師 ingénieur m. ¶機械～ ingénieur mécanicien m. 実験～ manipulateur(trice) m

(f) de laboratoire. 録音～ ingénieur de son.

ぎし 擬死 mort f simulée.

ぎし 義肢 prothèse f; appareil m prothétique.

ぎし 義歯 dent f artificielle (prothétique); fausse dent f; prothèse f dentaire.

ぎじ 擬似 ¶～の faux(sse); [接頭語として] pseudo-. ¶～コレラ maladie f choleriforme.

ぎじ 議事 délibération f; débat m. ¶～に上せる mettre en délibération. ¶～を進行させる passer à l'ordre du jour. ‖～堂 Chambre f; parlement m. ～日程 [国会などの] ordre m du jour. ～録 procès-verbal(aux) m.

ぎしき 儀式 cérémonie f; [宗教] rite m; cérémonial(aux) m. ¶～に関する rituel(le). ～ばった cérémonieux(se); formel(le). ～ばって cérémonieusement; avec cérémonie. ～ばらずに sans formalité (cérémonie); franchement; sans façon.

きじく 機軸 [機械] axe m; [中心] centre m; [方法] plan m; moyen m. ¶新～ nouveauté f. 新～を出す trouver une nouvelle manière.

きしつ 気質 caractère m; tempérament m; tour m d'esprit.

きじつ 期日 date f; jour m; [期限] délai m. ～を定める fixer la date (le jour). ¶～内に出来る仕事 travail(aux) m exécutable dans le délai fixé.

きじばと 雉鳩 tourterelle f; [雛] tourtereau (x) m.

きしべ 岸辺 rive f; rivage m; bord m; quai m.

きしむ 軋む grincer; crisser; gémir; [雪など] s'écraser. 足の下で雪が～ La neige crisse sous les pieds. ¶～音 grincement m; crissement m; gémissement m.

きしゃ 喜捨 aumône f; charité f; offrande f. ¶～をする faire l'aumône à qn; faire la charité; offrir.

きしゃ 汽車 [列車] train m; [鉄道] chemin m de fer. ¶～で旅行する voyager en chemin de fer. 1時の～に乗る prendre le train d'une heure.

きしゃ 記者 journaliste mf; reporter m; courriériste mf; chroniqueur m; [編集] rédacteur(trice) m(f); [地方] correspondant m; [社説] éditorialiste mf; [ゴシップ] échotier m; [特派員] envoyé m [spécial]; [集合的に] presse f. 社会部の～ rédacteur de la chronique du jour. ‖～会見 conférence f de presse. ～クラブ galerie f de la presse; club m des journalistes.

きしゃく 希釈 dilution f. ¶～する diluer. ¶～液 dilution f.

きしゅ 旗手 porte-drapeau(x) m; [騎兵の] porte-étendard m inv.

きしゅ 機首 nez m; avant m; cap m. ～を上げる [急激に] cabrer l'avion. ～を下げる baisser le nez; [急激に] piquer du nez. ～を west mettre le cap sur; se diriger vers. ～を立て直す redresser l'avant.

きしゅ 気腫 emphysème m. ‖肺～ emphysème m pulmonaire. ～患者 emphysémateux(se) m(f).

きしゅ 騎手 cavalier(ère) mf; [競馬] jockey m.

きしゅ 技手 sous-ingénieur m.

きしゅ 義手 appareil m prothétique; prothèse f; bras m de prothèse.

きしゅう 奇習 tradition f étrange (bizarre); mœurs fpl curieuses.

きしゅう 奇襲 surprise f; attaque f surprise. ¶～する attaquer à l'improviste (par surprise); surprendre.

きじゅう 機銃 mitrailleuse f. ‖～掃射 mitraillade f. ～掃射をする mitrailler qc.

きじゅうき 起重機 grue f; [ウィンチ] chèvre f. ～を操作する conduire une grue. ‖～船 grue flottante. ～操作員 grutier m.

きしゅく 寄宿 pension f; pensionnat m; internat m. ¶～する être en (prendre) pension chez qn. ～させる [自分の家に] prendre qn en pension. ‖～生 pensionnaire mf; [élève mf] interne mf; [集合的] pensionnat; internat. ～舎 pension; pensionnat; internat. ～舎に入れる mettre qn en pension (internat).

きじゅつ 奇術 magie f; [手品] prestidigitation f; tour m de passe-passe. ‖～師 magicien(ne) m(f); prestidigitateur(trice) m(f).

きじゅつ 記述 description f. ¶～する décrire; faire une description de. ～的 descriptif(ve).

ぎじゅつ 技術 technique f; art m. ¶～の technique. ～的に techniquement. ‖～者 technicien(ne) m(f); [集合的] technocratie f. ～用語 terme m technique.

きじゅん 基(規)準 norme f; critère m; canon m; règle f; standard m; [スポーツ] critérium m. ～から外れる s'écarter de la norme. ～に則して conformément aux règles; sur le modèle de qc. ¶～の normal(aux); régulier(ère); standard inv. ‖～化する normaliser; standardiser; régler; soumettre qc à des normes. 給与～表 barème m des salaires.

ぎじゅん 帰順 soumission f; obéissance f; reddition f; capitulation f. ¶～する se soumettre à; obéir à; se rendre à; capituler. 反乱軍は～した Les troupes rebelles ont fait leur soumission.

きしょう 奇勝 site m extraordinaire.

きしょう 希少 ¶～価値 valeur f due à la rareté.

きしょう 気象 temps m; météore m. ¶～[上] の météorologique. ‖～学 météorologie f. ～学者 météorologue mf. ～観測 observation f météorologique. ～台 station f météorologique. ～庁 bureau(x) m météorologique; météorologie f météo. ～庁に勤める travailler à la météo. ～通報 [bulletin m de] météo f.

きしょう 気性 caractère m; nature f; tempérament m; personnalité f. 彼らは同じ～だ Ils ont le même caractère. 彼は～が激しい Il a un tempérament violent.

きしょう 記章 médaille f; insigne m; [十字の] croix f.

きしょう 起床 lever *m*; [号令] Levez-vous! ¶〜する se lever; sortir du lit. ¶〜時に au (à son) lever. 〜時間 heure *f* de lever. 〜ラッパを鳴らす sonner le réveil.

きしょう 起請 serment *m*. ¶〜文 [lettre *f* de] serment.

きじょう 机上 ¶それは〜の空論だ C'est un projet chimérique./C'est faire des châteaux en Espagne.

きじょう 機上 ¶〜の(で) à bord [d'un avion]. 〜の人となる s'embarquer dans un avion; monter à bord.

きじょう 騎乗 chevauchement *m*. ¶〜する chevaucher; aller à cheval; monter à cheval. ¶〜者 cavalier(ère) *m(f)*.

ぎしょう 偽証 faux témoignage *m*. ¶〜する faire un faux témoignage; témoigner contre la vérité. ¶〜罪 délit *m* de faux témoignage. 〜人(者) faux témoin *m*; témoin de mauvaise foi.

ぎじょう 議場 parlement *m*; chambre *f*; salle *f* de l'assemblée; salle *f* de conférence. ¶〜は大混乱に陥っている La Chambre est en ébullition.

きじょうぶ 気丈[夫] ¶〜な ferme; courageux(se); brave; héroïque. 〜に fermement; avec fermeté; sans défaillance.

きしょうてんけつ 起承転結 composition *f*. 話の〜 charpente *f* (structure *f*) d'un récit. 〜のうまくいっている物語 récit *m* bien monté.

ぎじょうへい 儀仗兵 garde *m* d'honneur; [集合的] garde *f* d'honneur.

きしょうよほうし 気象予報士 météorologue *mf*; météorologiste *mf*.

きしょく 喜色 ¶〜満面である Le réjoui (épanoui). 〜が満面に溢れている Le visage rayonne de joie.

きしょく 寄食 parasitisme *m*. ¶〜する vivre en parasite. 〜[生活] の parasitaire. ¶〜[生活]者 parasite *m*.

きしょく 気色 ¶〜が悪い C'est désagréable (dégoûtant, ennuyeux).

きしる 軋る crisser; grincer. ⇨ きしむ(軋む).

きしん 寄進 don *m*; offre *f*; offrande *f*; oblation *f*. ¶〜する faire don de *qc*; offrir. ¶〜者 donateur(trice) *m(f)*.

きしん 帰心 ¶〜矢の如し avoir une folle envie de revoir (désirer rentrer dans) son pays.

きじん 奇人 original(aux) *m*; fantaisiste *mf*; phénomène *m*; maniaque *mf*; excentrique *mf*. あいつは〜だ C'est un original./Il est bizarre.

ぎしん 疑心 défiance *f*; soupçon *m*. ¶人に〜を起こさせる donner des soupçons à *qn*. ¶〜暗鬼を生ずる Un soupçon entraîne un autre.

ぎじん 擬人 ¶〜化 personnification *f*. 〜化する personnifier. 〜化された personnifié. 〜法 prosopopée *f*; personnification.

ぎじん 義人 juste *m*; homme *m* droit (loyal); justicier *m*; cœur *m* droit.

キス baiser *m*; embrassement *m*; [俗] bise *f*. ¶〜する embrasser; donner un baiser à. 〜の手に〜する baiser la main de *qn*.

きず (疵) blessure *f*; meurtrissure *f*; [顔面の] balafre *f*; estafilade *f*; [打撲傷] bleu *m*; contusion *f*; [擦過傷] écorchure *f*; éraflure *f*; égratignure *f*; griffure *f*; [咬み傷] morsure *f*; [刺し傷] piqûre *f*; [切り傷] coupure *f*; [医] lésion *f*; trauma *m*. ⇨ しずぐち(傷口). 〜が痛む La blessure me fait mal. 〜の手当をする soigner une blessure. 〜を受けた être blessé; recevoir une blessure. 〜を負わせる blesser *qn*. 顔に無惨な〜を負う être atrocement mutilé au visage. ¶〜だらけの体 corps *m* labouré de cicatrices. ◆[木材などの] taillade *f*; entaille *f*; [鏡などの] fêlure *f*; [ひびわれ] fissure *f*; [果物などの] tache *f*; imperfection *f*; défaut *m*. これはすぐ〜がつく Cela s'abîme facilement. 〜のある果物 fruit *m* meurtri (taché). 〜をつける [痛める] abîmer *qc*; endommager *qc*; [刻み目をつける] taillader. ナイフで机に〜をつける taillader une table avec un couteau. ◆[精神的な] atteinte *f*; douleur *f*; froissement *m*; [不名誉] souillure *f*; flétrissure *f*; déshonneur *m*. 家名に〜をつける déshonorer *sa* famille. ¶〜だらけの青春 jeunesse *f* orageuse.

きずあと 傷(疵)跡 cicatrice *f*; meurtrissure *f*; stigmate *m*. 心の〜 meurtrissure du cœur. ¶〜のある stigmatisé.

きずい 奇瑞 bon augure *m*.

きずいせん 黄水仙 jonquille *f*.

きすう 基数 nombre *m* cardinal.

きすう 奇数 nombre *m* impair. ¶〜の impair. ¶〜脚 [作詩] impair *m*. 〜日 jour *m* impair.

きすう 帰趨 aboutissement *m*; conséquence *f* naturelle. 勝負の〜はまだ分らない On ne peut pas encore prévoir la victoire.

きすうほう 記数法 numération *f*.

きずく 築く bâtir; construire; édifier; élever; [基礎、土台を] fonder. 財産(城)を〜 bâtir une fortune (un château). 不可侵条約に基づいて平和を〜 asseoir la paix sur un traité de non-agression.

きずぐすり 傷薬 onguent *m*; [軟膏] pommade *f*; [塗布液] embrocation *f*; [局所用] topique *m*. ¶〜を塗る appliquer un onguent sur une plaie.

きずぐち 傷口 plaie *f*. 開いた〜 plaie béante. 〜が痛む [主語・人] souffrir d'une plaie. 〜がふさがった La plaie s'est fermée.

きずつく 傷付く se blesser; s'abîmer; se couper; [気分的に] se froisser; [俗] s'amocher. 彼の自尊心はひどく傷付いた Son amour-propre a été gravement froissé.

きずつける 傷付ける blesser; faire [du] mal à; meurtrir; atteindre; [俗] abîmer; [打撲] contusionner; frapper; [切傷、裂傷] écharper; entailler; entamer; balafrer; [かすり傷] écorcher; égratigner; érafler; [捻挫] faire une entorse; [動物の角で] encorner. ひたいを〜 se meurtrir le front. 顔を〜 se labourer le visage. 机を〜 taillader une table. 果物を〜 endommager les fruits. 家具を〜 abîmer un meuble. 殴られて傷ついた

きずな 顔 visage m meurtri par les coups. ◆[感情的に] froisser; blesser; atteindre; porter atteinte à; [害する] nuire à; [名声を] flétrir; démolir; entacher; salir; [名なるものを] léser. 自尊心を~ affliger l'amour propre de qn. ~を~ briser le cœur. 人を~言葉 mot m blessant (qui blesse, qui fait du mal). 評判を~ nuire à sa réputation. この非難が彼の心を傷つけた Ces reproches lui ont fait du mal. 自由とは他人を傷つけない限り何をしてもよいということだ La liberté consiste à pouvoir faire tout ce qui ne nuit pas à autrui.

きずな 絆 lien m; nœuds mpl; [拘束] joug m. 愛の~ nœuds d'amour. 夫婦の~ lien conjugal. 友情の~ liens de l'amitié. その不幸は彼らの間の~を固めた Ce malheur a resserré leurs liens.

キスマーク marque f de baiser.

きずもの 疵物 [不良品] article m défectueux; pièce f de rebut. ¶~にする abimer. ~にされた娘 jeune fille déflorée.

きする 期する espérer; désirer. 心に~ものがあ être bien décidé (résolu). 成功を期して en vue d'un succès; pour un succès futur. 正確を期して Soyez précis. 9月1日を期して新法規が施行される Un nouveau règlement entrera en vigueur à partir du 1er septembre.

きする 帰する se ramener à; revenir à; se réduire à; aboutir à; consister en. 全てこれらの問題の~所は一つだ Tous ces problèmes se ramènent à un seul.

ぎする 議する délibérer sur; discuter; mettre qc en délibération (discussion). ⇨ しんぎ(審議).

きせい 奇声 cri m strident (inattendu, bizarre). ~をあげる pousser des cris à tort et à travers.

きせい 寄生【生】 parasitisme m. ¶~する parasiter. 哺乳動物に~する虫 ver m qui parasite un mammifère. ~の家に~する [寄食]être logé et nourri chez qn. ~の parasitaire; parasitique. ‖~[植物(動物)]植物 f (animal m) parasite; parasite m végétal (animal). ~生活 vie f parasitique. ~体(物) parasite. ~虫 ver parasite.

きせい 既成 ¶~の accompli; acquis. ‖~事実 fait m accompli (acquis). ~作家 écrivain m bien établi.

きせい 既製 confection f. ‖~品 article m confectionné. ~品店 maison f de confection. ~服 costume m de confection; habit m tout fait. 高級~服 [高[女]の] prêt-à-porter de luxe. ~服を買う [s']acheter un costume de confection. ~服を着る s'habiller en confection.

きせい 期成 ‖ 国会開設~同盟 assemblée f constituante.

きせい 帰省 retour m. ¶~する rentrer chez ses foyers (son pays); retourner chez soi (dans son pays); regagner son pays [natal].

きせい 気勢 ardeur f; dynamisme m; exaltation f. ~があがらない manquer d'allant. ~をあげる se montrer zélé; s'animer; s'emballer. ~をそぐ dégonfler qn. ~をそがれる se dégonfler.

きせい 祈誓 vœu(x) m; serment m; prière f. ¶~する faire des vœux pour; faire un serment.

きせい 規制 contrôle m; réglementation f; régulation f. ¶~する réglementer; contrôler; régler; [制限する] limiter; freiner. 交通を~する réglementer la circulation. ‖自主~ autodiscipline f. 自主~する se contrôler. 交通~ régulation du trafic.

きせい 規正 correction f; rajustement m; régularisation f. ¶~する corriger; rajuster; régulariser.

ぎせい 偽誓 parjure m; faux serment m. ¶~する se parjurer; faire un parjure (un faux serment).

ぎせい 擬制 fiction f. ‖~資本 fonds m fictionnaire.

ぎせい 擬勢 rodomontade f; bravade f; fanfaronnade f. ~を張る faire le bravache; bomber le torse.

ぎせい 犠牲 sacrifice m; [祭祀] immolation f; [いけにえ] victime f destinée au sacrifice; ~にする faire un sacrifice de qc; sacrifier; immoler. 自分を~にする se sacrifier à qc; se donner à qc; s'offrir en sacrifice. 自分のために...を~にする sacrifier qc à ses propres intérêts. 自分のエゴイズムのために家庭を~にする immoler sa famille à son égoïsme. ~を払う faire des sacrifices. どんな~を払っても à tout (aucun) prix. ‖ 人的~ sacrifice humain; victime f. 自己~ sacrifice de soi; abnégation f. ~者 victime; [海の遭難者] naufragé(e) m(f); [罹災者] sinistré(e) m(f).

きせいかんわ 規制緩和 déréglementation f; dérégulation f.

ぎせいご 擬声語 onomatopée f. ¶~の onomatopéique.

きせき 奇跡(跡) miracle m; merveille f; prodige m; mystère m. ~を行う faire (opérer) un miracle. ¶~的な miraculeux(se); merveilleux(se); prodigieux(se). ~的な巧妙さな miracle d'adresse. ~的に par miracle; miraculeusement.

きせき 軌跡 lieu m géométrique. ある条件を満たす点Pの~ lieu géométrique d'un point P, satisfaisant à certaines conditions.

きせき 鬼籍 ¶~に入る passer le Styx; trépasser; mourir.

ぎせき 議席 siège m. 我が党は20~増えた Notre parti a gagné vingt sièges. ~を持つ siéger. ‖ 補充~ siège à pourvoir.

きせずして 期せずして ¶~々々の答えは同じだった Sans nous être concertés, nous avons eu la même réponse. ~二人の視線が合った Les deux regards se sont rencontrés.

きせつ 既設 ¶~の déjà installé (établi, construit). ~の路線 ligne f déjà installée (en fonction).

きせつ 季節 saison f; temps m. 花(果物)の~ saison des fleurs (fruits). 種まきの~ semailles fpl; semaison f; temps m des se-

きぜつ mailles. 桜桃の~ temps des cerises. 文学賞の~ saison des prix littéraires. ¶~の saisonnier(ère). ‖~風 mousson f. ~労働 [ouvrier m] saisonnier m.

きぜつ 気絶 évanouissement m; syncope f; pâmoison f; défaillance f. ¶~する tomber en évanouissement (pâmoison, défaillance); perdre connaissance; se pâmer; avoir une syncope;《俗》tomber dans les pommes. この知らせを聞いて彼女は~した A cette nouvelle, elle s'est évanouie. ~させる faire évanouir; assommer. ~した évanoui.

きぜつ 義絶 rupture f des liens familiaux (d'amitié). ¶~する rompre avec qn.

キセノン xénon m.

きせる 煙管 pipe f; calumet m. ~する [無賃乗車] resquiller.

きせる 着せる [着物を] habiller (vêtir) qn; couvrir; envelopper; [罪, 責任を] imputer; attribuer; rejeter sur. 人に着物を~ habiller qn. 罪を~ imputer un crime à qn. 濡衣を~ accuser (incriminer) qn faussement (à tort).

きぜわしい 気忙しい affairé; occupé; empressé. ~忙しく立働く s'affairer. 気忙しげに avec l'air affairé. 気忙しさ affairement m.

きせん 機先 ¶~を制する prendre les devants; devancer qn.

きせん 機船 bateau(x) m (navire m) à moteur.

きせん 汽船 bateau(x) m (navire m) à vapeur; vapeur m.

きせん 貴賤 ¶~の別 différence f de classes sociales.「職業に~なし」《Il n'y a pas de sot métier.》

きぜん 毅然 ¶~たる態度 attitude f ferme (résolue). ~たる態度をとる se montrer ferme. ~として avec fermeté. ~としている être ferme sur ses jambes.

ぎぜん 偽善 hypocrisie f; duplicité f; pharisaïsme m; tartuferie f. ¶~的な hypocrite. ~者 hypocrite m(f); tartufe m; pharisien(ne) m(f). ~ぶる faire l'hypocrite.

きそ 基礎 base f; assise f; fondation f; fondement m; [課税の] assiette f; [建物の] embasement m; [学問の] éléments mpl; rudiments mpl; [根幹] racine f. 心の堅固さは美徳の~となる La fermeté d'âme fait la base des vertus. ~をおく asseoir des fondations; poser (établir) les bases sur. ...の~をおく baser (fonder, asseoir, appuyer) qc sur. ~をく がえす saper les bases de. 1 科学の~を打建てる établir (poser, jeter) les bases d'une science. ¶~的な fondamental(aux); [初歩の] élémentaire; rudimentaire. ‖~言葉 vocabulaire m élémentaire. ~工事 fondations. ~控除 abattement m à la base. ~知識 connaissances fpl de base.

きそ 起訴 accusation f; poursuites fpl; poursuite f judiciaire. ~を取下げる retirer l'accusation. ¶~する accuser; lancer (faire, porter, formuler) une accusation contre; poursuivre qn devant les tribunaux (en justice). ‖~状 acte m (carte f) d'accusation. ~状を受理する prononcer la mise en accusation. ~状を読み上げる lire l'acte d'accusation. ~放棄 abandon m de l'accusation. ~猶予 cessation f des poursuites.

きそう 奇想 ¶~天外な fantastique; original; extraordinaire; extravagant; inouï.

きそう 起草 rédaction f. ¶~する rédiger. ‖~者 rédacteur(trice) m(f).

きそう 競う rivaliser de; disputer de; faire assaut de. 競い合う se disputer; se rivaliser; concourir; être en concurrence; concurrencer. 美を競い合う rivaliser de beauté. 彼女達は才智を競って à l'envi Elles font assaut d'esprit. 競って à l'envi qui mieux mieux.

きぞう 寄贈 don m; offre f. ¶~する offrir; faire don (hommage, offre) de qc à qn. ‖~本 exemplaire m en hommage. ~者 donateur(trice) m(f).

ぎそう 偽装 camouflage m; déguisement m; dissimulation f; maquillage m. 盗難車の~ maquillage d'une voiture volée. ¶~する camoufler; maquiller; déguiser; dissimuler. 装甲車を~する camoufler une automitrailleuse. ~した camouflé; maquillé; dissimulé; faux(sse). ‖~攻撃 fausse attaque f. ~殺人 meurtre m maquillé en suicide.

ぎそう 艤装 gréement m; équipement m; armement m. ¶~する gréer; équiper; armer; [新造船を] aménager.

ぎぞう 偽造 falsification f; contrefaçon f; fabrication f. ¶~する falsifier; contrefaire; fabriquer; forger; truquer. パスポートを~する contrefaire (falsifier) un passeport. お金を~する fabriquer de la fausse monnaie; falsifier des monnaies. 紙幣を~する imiter un billet de banque. ~の(された) faux(sse); forgé; contrefait; falsifié; fabriqué. ‖~紙幣 faux billet m. ~者 faussaire m(f); contrefacteur m; fabricateur(trice) m(f); falsificateur(trice) m(f).

きそうほんのう 帰巣本能 instinct m de retour au gîte.

きそく 気息 ¶~奄々としている râler; être agonisant (à l'agonie); n'avoir plus qu'un souffle.

きそく 規則 règle f; [法・文法] loi f; [法規] règlement m. ~にかなった régulier(ère); conforme aux règles; [行為が] licite. ~を守る observer les règles; se conformer aux règles. ¶~的な [正しい] régulier(ère); [時間] ponctuel(le); [図形] géométrique. ~正しい[きちんとした] 人 personne f bien organisée (régulière). ~的に(正しく) conformément aux règles; [時間] ponctuellement. ‖~違反 infraction f. ~違反を犯す commettre une infraction. ~違反の interdit; défendu; illicite. ~書 [文法] grammaire f; [法律] code m. ~ずくめ réglementarisme m. ~動詞 verbe m régulier.

きぞく 帰属 appartenance *f*; rattachement *m*;〖権利, 財産の〗dévolution *f*. アルザス・ロレーヌのフランスへの~ le rattachement de l'Alsace-Lorraine à la France. ¶~する appartenir à; se rattacher à. 我々に~する権利 droits *mpl* qui nous sont dévolus.

きぞく 貴族 noble *mf*; aristocrate *mf*; gentil(s)homme(s) *m*;〖古代ローマの〗patricien(ne) *m*;〖集合的に〗noblesse *f*; aristocratie *f*; race *f*〖sang *m*〗noble;〖大貴族〗grand *m*; seigneur *m*;〖王族〗sang bleu. ~である être noble; être de naissance (race, sang) noble. ¶~の noble; aristocrate; patricien(ne). ~の称号 titre *m* nobiliaire (de noblesse). ~の称号を与える anoblir *qn*. ~的な aristocratique; noble. 小~〖卑しめて〗noblaillon(ne) *m(f)*; nobliau(x) *m*; †hobereau(x) *m*; noble de basse extraction. ~階級 noblesse; aristocratie; race noble. ~政治 aristocratie.

ぎぞく 偽足 pseudopode *m*. アメーバのpseudopodes des amibes.

ぎそく 義足 prothèse *f*; appareil *m* prothétique;〖脚〗jambe *f* artificielle;〖木製〗jambe de bois;〖俗〗pilon *m*.

ぎぞく 義賊 Robin *m* des bois; défenseur *m* des pauvres.

きそん 毀損〖物的〗dommage *m*; endommagement *m*; ravage *m*; dégât *m*;〖芸術作品などの〗mutilation *f*;〖精神的〗atteinte *f*; outrage *m*. 商品の~ détérioration *f* de marchandises. ¶~する〖物的に〗endommager; abîmer; mutiler; détériorer;〖精神的に〗atteindre; diffamer; démolir; outrager. 人の名誉を~する outrager *qn* dans son honneur; porter atteinte à l'honneur de *qn*; diffamer *qn*; entacher l'honneur de *qn*. 名誉を~される être outragé en son honneur. ‖名誉~ diffamation *f*. 名誉~で人を訴える intenter à *qn* un procès en diffamation. 名誉~文書 libelles *mpl* (pamphlets *mpl*) diffamatoires.

きた 北 nord *m*;〖方角〗direction *f* du Nord. ¶~の nord *inv*; septentrional(aux); nordique; boréal(aux). ~向きの部屋 pièce *f* exposée au nord. ~に〈で〉 au nord. ~に回る〖風が〗tourner au nord; [a]nordir. ‖~アメリカ（アフリカ）Amérique *f* (Afrique *f*) du Nord. ~風 vent *m* du nord;〖詩〗bise *f*; aquilon *m*;〖地中海の〗tramontane *f*. ~ヨーロッパ Europe *f* septentrionale.

ギター guitare *f*. ~を弾く jouer de la guitare. ‖~奏者 guitariste *mf*.

きたい 期待 attente *f*; espérance *f*; espoir *m*. ~に副う（背く）répondre à (trahir) l'attente de *qn*. ~に反して contre toute attente. これは~のもてる子だ C'est un enfant qui promet [beaucoup]. ~を抱く nourrir (entretenir, caresser, concevoir) des espérances. ~を抱かせる donner l'espoir à; donner de grandes espérances; promettre [beaucoup]. ¶~する espérer *qc*(*inf*, *que ind*); s'attendre à *qc*(*inf*, ce que *sub*); vouloir *qc*(*inf*, *que sub*); compter sur *qc*; caresser un espoir. 彼女は彼がパリに来てくれることを~している Elle s'attend à ce qu'il vienne à Paris. あなたに会えることを~して参りました J'étais venu dans (avec) l'espoir de vous voir. …を~して dans l'attente de. ~される人 espoir. ‖~外れ déception *f*; désillusion *f*; déboire *m*. まったくの~外れだ Quelle déconvenue!

きたい 機体 corps *m* d'un avion.

きたい 気体 gaz *m*; corps *m* (fluide *m*) gazeux. ~の gazeux(se). ~にする gazéifier. ~になる se gazéifier.

きたい 希代 ¶~の rare en son temps; fieffé; inouï; consommé; achevé. ~の悪党 fieffé coquin *m*.

ぎたい 擬態 mimétisme *m*. カメレオンの~ mimétisme du caméléon. ¶~の mimétique; mimique. ‖~反応 réaction *f* mimétique.

ぎだい 議題 sujet *m* (thème *m*) de discussion; article *m*. ~になる être mis en discussion (délibération). ~にする délibérer sur [les sujets de] *qc*.

きたえる 鍛える〖人, 精神を〗discipliner;〖体を〗fortifier; former; entraîner; exercer;〖金属を〗forger; battre; travailler. ~ 鍛える prendre de l'exercice; se donner du mouvement. フットボールチームを~ entraîner une équipe de football. 読書は精神を~ La lecture exerce l'esprit. スポーツは体を~ Le sport fortifie le corps. ~えられた鋼鉄の体 corps *m* d'acier. 観察者の鍛えられた目 l'œil exercé d'un observateur.

きたかいきせん 北回帰線 le Tropique du Cancer.

きたかぜ 北風 vent *m* du nord〖cf. 北〗.

きたきり 着た切り ¶彼は~雀だ Il n'a pas de vêtement de rechange.

きたく 寄託 dépôt *m*; mise *f* en dépôt;〖法〗séquestre *m*. ¶~する déposer; mettre *qc* en dépôt; séquestrer. ⇨きょうたく(供託).

きたく 帰宅 rentrée *f*; retour *m*. ~する rentrer chez soi〖la maison〗. ~すると彼は電話をよこした De retour chez lui, il m'a téléphoné. ‖~時間 heure *f* de rentrée.

きたす 来す causer; entraîner; occasionner; provoquer; produire. 重大な結果を~ amener de graves conséquences. 破滅を~ déclencher une catastrophe. 事故によって工事はいくらかの遅延を来した Les travaux ont été quelque peu retardés à cause d'un accident./Il est résulté de l'accident quelque retard dans les travaux.

きだて 気立て caractère *m*; cœur *m*. ~が良い avoir [un] bon caractère (cœur); être bon (gentil, aimable, sympathique). あれは~の良い人だ C'est un bon cœur. ~の良さ bonté *f*; gentillesse *f*; amabilité *f*.

きたない 汚い sale; malpropre; dégoûtant; souillé; immonde;〖油で汚れた〗graisseux(se);〖垢だらけの〗crasseux(se);〖泥だらけの〗boueux(se);〖やり方が〗infâme; vilain; impur; laid; sale;〖俗〗moche; dégueulasse;〖言葉が〗grossier(ère); ordurier(ère); obscène;〖汚染された〗pollué. ~仕事 métier *m* salissant. 彼は言葉遣いがとても

est très mal embouché. 彼は金に〜|| Il est près de ses sous. 汚ねえぞ Salaud! ¶汚なくする salir; souiller; tacher; [汚染する] polluer.

きたならしい 汚ならしい sale; malpropre; sordide; laid. 〜人 malpropre mf; [俗] fumier m; goret m; saligaud m.

きたはんきゅう 北半球 hémisphère m nord (boréal).

ギタリスト guitariste mf.

きたる 来たる ¶〜3月3日 le 3 mars prochain.

きたん 忌憚 ¶〜なく franchement; carrément; simplement; sans gêne. 〜のないところを franchement parler.

きだん 奇談 conte m (histoire f) mystérieux (se) (miraculeux, merveilleux extraordinaire).

きだん 気団 masse f d'air. ‖寒〜 masse d'air froid.

きち 危地 [場所] gueule f du loup; roche f Tarpéienne; [状況] situation f critique; position f fâcheuse; mauvaise passe f. 〜に陥る s'exposer au péril (danger); être pris entre deux feux; s'attirer une [mauvaise] affaire; s'embourber, 〜に陥れる mettre qn en danger. 〜に赴く se jeter dans la gueule du loup. 〜を脱する se tirer d'affaire; être hors de danger (péril); échapper au danger.

きち 基地 base f. ‖海軍(空軍, 作戦, 供給)〜 base navale (aérienne, d'opérations, de ravitaillement).

きち 機知 [finesse f d']esprit m; ingéniosité f; astuce f. 〜に富む avoir de l'esprit (beaucoup d'esprit). ¶〜に富んだ spirituel(le); ingénieux(se); malin(gne); astucieux(se); fin. 〜に富んだ返答 repartie f pleine d'esprit. 〜に富んだ人(言葉) homme (mot m, trait m) d'esprit.

きち 吉 bon augure m; bonheur m. 彼の将来の運勢からは¶ 〜 Is Son avenir s'est avéré (révélé) très prometteur.

きちきち juste. ¶〜のズボン pantalon m trop juste (étroit). 丁度〜だ [分配] C'est bien (tout) juste. 人件費と家賃を払払えば〜だ C'est tout juste si j'arrive à payer le personnel et le loyer. 〜に詰ったカバン sac m bourré. 3時〜に着く arriver à trois heures juste.

きちく 鬼畜 ogre(sse) m(f); bête f; homme m cruel. ¶〜のような行為 cruauté f; acte m bestial. 〜も同然だ On dirait une bête. 彼は〜にも劣る Il est pire qu'une bête.

きちじ 吉事 bonheur m; heureux événement m; bons (heureux) auspices mpl.

きちじつ 吉日 jour faste m.

キチネット cuisinette f.

きちゃく 帰着 ¶〜する aboutir à; se ramener à; revenir finalement à; se réduire à; en arriver (venir) à. 全てはそこに〜する Tout revient à cela.

きちゅう 忌中 deuil m; temps m (période f) de deuil. ¶〜の家 maison f en deuil.

きちょう 基調 [作品の] idée f dominante; [音楽の] ton m; [色の] fond m. ヒューマニズムを〜にした文学 littérature f basée (fondée) sur l'humanisme. この絵では赤が〜になっている Dans ce tableau, le rouge est un élément dominant.

きちょう 機長 commandant m [de bord].

きちょう 帰朝 retour m; rentrée f. ¶〜する rentrer. 〜歓迎会を催す donner une réception célébrant le retour de qn.

きちょう 記帳 enregistrement m; [署名] signature f; [簿記] comptabilisation f. ¶〜する enregistrer; signer; comptabiliser.

きちょう 貴重 ¶〜な précieux(se); recherché; rare. 〜品 objet m de [grande] valeur. 〜品を預ける déposer les articles de valeur.

ぎちょう 議長 président(e) m(f). 〜に選ぶ élire qn président(e). 〜を務める présider une séance (un comité). ¶〜の présidentiel(le). 〜の裁決は departager les votes. 〜職 présidence f. 〜選挙 élection f présidentielle. 〜任期 présidence.

きちょうめん 几帳面 exactitude f; régularité f; méticulosité f; [時間的] ponctualité f. ¶〜な précis; exact; consciencieux (se); régulier(ère); [細かい] compassé; méticuleux(se); scrupuleux(se); [時間に] ponctuel(le). 〜な男 homme m précis; homme d'ordre. 彼は〜だ Il a de l'ordre./C'est un homme consciencieux. 〜に exactement; [良心的に] régulièrement; méticuleusement; consciencieusement; scrupuleusement; [時間的に] ponctuellement. 〜に日記をつける tenir soigneusement son journal.

きちんと dûment; exactement; comme il faut; en [bonne et] due forme; correctement; [厳格に] avec rigueur. 服装を〜直す rajuster ses vêtements; arranger sa tenue. 家賃を〜払う payer (régler) exactement son loyer. 子供を〜しつける bien élever (former) son enfant. 〜座る s'asseoir bien droit. 部屋は〜整頓されていた La chambre était tenue proprement. 散らからないで〜しなさい Ne laisse pas trainer tes affaires, range un peu. 〜した人 personne f très comme il faut. 〜した夜会服 tenue f de soirée de rigueur. 〜した身なりをしている être bien mis.

きちんやど 木賃宿 auberge f.

きつい [辛い, 苦しい] pénible; dur; [強い] fort; violent; [狭い] étroit, serré; étriqué; [目付, 顔付が] austère; sévère; dur; rébarbatif(ve); [性格] rigide; corsé. 〜仕事 travail m pénible. 〜酒 vin m fort. 〜ソース sauce f corsée. 〜ズボン pantalon m étroit. 〜目付きの regard m dur. この服は〜 Je suis bridé dans mon costume. この上衣は背中が〜 Ce veston me bride dans le dos. なかなか〜戸 porte f qui ne cède pas. ¶きつく [強く] fortement; sévèrement; austèrement; durement; [きつりと] étroitement.

きつえん 喫煙 ¶〜は悪習だ C'est une mauvaise habitude de fumer. ここでは〜は禁じられている Ici, il est interdit de fumer. 〜する fumer. 〜の習慣がある avoir l'habitude de fumer. ‖〜室 [列車] fumoir m; [ホテルなど] fumoir m. 〜者 [煙草, 阿片など] fumeur m.

きつおん 吃音 bégaiement *m*. ¶〜者 bègue *mf*.

きづかい 気遣い [心配] soin *m*; souci *m*; crainte *f*; [思いやり] sollicitude *f*. 彼がそこに来る〜はない Il n'y a pas à craindre qu'il y vienne. 彼は母親の〜にも心を動かされない Il est peu attendri par les sollicitudes de sa mère.

きづかう 気遣う [心配する] s'inquiéter de; craindre; se tracasser de; se soucier de; appréhender; [思いやる] prendre soin de; [心を配る] veiller à *qc* (sur *qn*). 将来を〜 redouter l'avenir. 子供たちのこと（健康）を〜 veiller sur des enfants (la santé de *qn*). 気遣い召される Ne vous tracassez pas./Ne vous inquiétez pas./Ne vous en faites pas.

きっかけ occasion *f*; amorce *f*. 〜となる être l'occasion (l'amorce). それが〜となって我々は知り合った C'est à cette occasion que nous nous sommes connus. 〜を与える donner l'occasion à. 〜を作る amorcer; entamer; amorcer. 交渉の〜をつかむ amorcer des négociations.

きづかれ 気疲れ fatigue *f*; souci *m*; inquiétude *f*; anxiété *f*. 〜がする se fatiguer à; éprouver de l'ennui.

きっきょう 吉凶 fortune *f*; augures *mpl*. 〜を占う dire la bonne aventure.

キック coup *m* [de pied]. ¶〜する donner un coup de pied. ‖ ドロップ〜 drop *m*; coup de pied tombé. フリー〜 coup franc. ペナルティー〜 coup de pied de réparation. 〜オフ coup d'envoi.

きづく 気付く apercevoir; remarquer; voir; s'apercevoir de (que *ind*); percevoir; se rendre compte de (que *ind*). …の意図に〜 percevoir (deviner) l'intention de *qn*. 何も気付かぬ振りをする faire semblant de ne rien apercevoir.

キックターン [スキー] conversion *f*.

ぎっくりごし ぎっくり腰 lumbago *m*. 〜になる avoir un lumbago.

きつけ 気付 ¶〜薬 [remède *m*] réconfortant *m*; tonique *m*; fortifiant *m*; reconstituant *m*; [強心剤] cordial(aux) *m*; potion *f* cordiale. ちょっと〜薬がほしい J'ai besoin d'un petit remontant.

きつけ 着付 habillement *m*; tenue *f*. 彼女は〜が良い Elle sait s'habiller. 〜が下手である s'habiller mal.

きつけ 気付け aux bons soins de *qn*; chez *qn*.

きっこう 拮抗 ¶〜する égaler *qn* en force. 彼らの力は〜している Ils sont de force égale./Ils se valent.

きっさ 喫茶 ‖ シャンソン〜 café *m* concert. 〜室 café *m*; [ホテルの] caféteria *f*. 〜店 café *m*; salon *m* de thé; [田舎の小さな] estaminet *m*.

きっさき 切先 pointe *f*; extrémité *f*. 剣の〜 pointe de l'épée.

ぎっしゃ 牛車 char *m* à bœufs.

ぎっしり ¶ お客で〜のバス autobus *m* complet (plein). 〜種をまく [密に] semer épais. 〜詰め

を bourrer *qc*. 〜詰った serré; dense; compact; bondé; bourré. がらくたが〜詰まった箱 boîte *f* bourrée de bric-à-brac.

きっすい 吃水 tirant *m* d'eau. ¶〜2メートルである jauger 2 mètres d'eau. ‖〜線 [ligne *f* de] flottaison *f*. この船は〜線が高い（低い）La flottaison de ce navire est haute (basse).

きっすい 生粋 ¶〜の pur; vrai; sans mélange; authentique. 彼は〜のパリジャンだ C'est un Parisien pur sang (cent pour cent). 〜のフランス人 Français(e) *m(f)* jusqu'à la moelle. 彼らは〜の南仏人だ C'est un vrai Méridional.

きっする 喫する ¶ 大敗を〜 essuyer (subir) une grande défaite (un grand revers).

きっそう 吉相 bon augure *m*; heureux présage *m*; bons (heureux) auspices *mpl*; heureuse physionomie *f*.

きづた 木蔦 lierre *m*.

きづち 木槌 maillet *m* [de bois]; mailloche *f*; masse *f*.

キッチュ kit[s]ch [kitʃ] *m*. ¶〜な品物 objets *mpl* kitch.

ぎっちょ gaucher(ère) *m(f)*.

きっちり ¶〜しすぎる上着 veston *m* un peu trop juste. 〜を支払う payer très exactement (rubis sur l'ongle). 〜10時に出掛ける partir juste à 10 heures. 〜測る mesurer exactement. この箱は〜しまる Cette boîte ferme hermétiquement. ここで〜決着をつけよう C'est le moment de trancher.

キッチン cuisine *f*. ¶〜コーナー cuisinette *f*; coin *m* cuisine.

きつつき 啄木 pivert *m*.

きって 切手 timbre[-poste] *m*. 100円〜 timbre à 100 yen. 〜の収集 collection *f* de timbres; philatélie *f*; philatélisme *m*. 手紙に〜を貼る timbrer (affranchir) une lettre. 〜を貼った手紙 lettre *f* timbrée. ‖〜収集家 philatéliste *mf*; philatélique *mf*.

きっと [必ず] à coup sûr; sûrement; sans manquer (faute); assurément; certainement; [多分] sans doute; peut-être. 〜彼は私に手紙をよこすだろう Il ne manquera pas de m'écrire./Sûrement qu'il m'écrira. 僕は君に手紙を書くよー〜? Je vais t'écrire. ― C'est sûr?

◆ [顔付] ¶〜なる [怒る] se formaliser; se vexer; s'offusquer. 〜構える se montrer ferme; se raidir (roidir) contre.

キット kit [kit] *m*; prêt(s)-à-monter *m*. ¶組立家具〜 meuble *m* en kit.

キッド ¶〜の手袋 [上着] gants *mpl* (veste *f*) de kid.

きつね 狐 renard(e) *m(f)*; [子] renardeau(x) *m*. 〜が鳴く Le renard glapit. 〜の穴 renardière *f*; terrier *m*; tanière *f*. 〜の鳴き声 glapissement *m*; jappement *m*. 「〜の嫁入り」《Le diable bat sa femme et marie sa fille.》 ‖〜銀〜 renard argenté. 白〜 renard blanc. 〜色 caramel; brun clair. 〜格子 treillis *m*. 〜つき énergumène *mf*. 〜火 feu (x) *m* follet; furole *f*.

きっぱり nettement; clairement; une fois

きっぷ 気風 ¶~が良い être large (généreux); avoir [un] bon caractère (cœur).

きっぷ 切符 billet *m*; [地下鉄, バスの] ticket *m*. ~を切る poinçonner un billet. ~を予約する retenir un billet. 往復~ [billet d'] aller et retour *m*. 片道~ billet d'aller; aller et retour [simple]. 入場~ billet (ticket de) quai. 優待~ billet de faveur; billet à demi-tarif. ~売場 [鉄道] guichet *m*; [劇場] bureau(x) *m* de location (de contrôle). ~切り [人] poinçonneur(se) *mf*.

きっぽう 吉報 bonne nouvelle *f*. ~をもたらす apporter une bonne nouvelle.

きづまり 気詰り gêne *f*; embarras *m*; incommodité *f*; difficulté *f*; trouble *m*. ¶~な gênant; incommode. ~な雰囲気 atmosphère *m* pénible. ~だ se sentir gêné.

きつもん 詰問 interpellation *f* interrogatoire *m*. ¶~する interpeller *qn*; faire subir un interrogatoire à *qn*.

きづよい 気強い encourageant; réconfortant. 彼がいるので私達にとっても~ Sa présence nous encourage./Sa présence nous apporte du réconfort.

きつりつ 屹立 ¶~する se hérisser; se dresser. ~した hérissé; dressé [à pic].

きてい 既定 ¶~の décidé; tracé; fixé; arrêté; établi. ~の方針通り suivant (selon, d'après) le plan. ...と~の事実と看なす considérer *qc* comme chose établie.

きてい 規定 règle *f*; règlement *m*; prescription *f*; [規約] statut *m*; stipulation *f*. ~を通りに comme prévu (prescrit); réglementairement. 憲法 3 条~により conformément à la disposition de l'article 3 de la Constitution. 法の~に従って se conformer aux dispositions de la loi. ~に違反する transgresser (enfreindre) un règlement. ¶~する régler; réglementer; prescrire; édicter; statuer. 法律によってあらかじめ~されている être prévu par la loi.

ぎてい 義弟 beau(x)-frère *m*.

ぎていしょ 議定書 protocole *m*.

きていもく 奇蹄目 imparidigités *mpl*. ~の imparidigité.

きてき 汽笛 [汽車] sifflet *m*; [船] trompe *f*. ~の音 sifflement *m*. ~を鳴らす siffler; sonner de la trompe. ‖濃霧~ trompe de brume.

きてん 基点 point *m* d'origine. パリを~として半径 50 キロ以内の地帯 région *f* dans un rayon de 50 kilomètres de Paris. ‖方位~ points *mpl* cardinaux.

きてん 機転 présence *f* d'esprit; tact *m*; doigté *m*. ~がきく avoir de la présence d'esprit (du tact); avoir l'esprit d'à-propos. ~がきかない manquer de tact (d'à-propos). こうした仕事には~が必要だ Ce genre d'affaire demande du doigté. ~をきかせて avec tact. ‖~のよくきく人 homme *m* de tact.

きてん 起点 [point *m* de] départ *m*; commencement *m*; début *m*.

ぎてん 儀典 cérémonie *f*; [宗教] cérémonial *m*. ‖~課 [外務省の] [service *m* de] protocole *m*. ~長 maître *m* de cérémonie.

ぎてん 疑点 point *m* douteux (obscur, équivoque, incertain); doute *m*. ~を残す laisser [planer] un doute.

きと 帰途 retour *m*. ...からの~ au retour de; en retournant de *qc*. ~につく prendre le chemin du retour; être sur le retour.

きど 輝度 luminance *f*.

きどあいらく 喜怒哀楽 sentiments *mpl*; émotions *fpl*. 彼は~を表情にあらわす Il est très expansif. 彼の顔は~を少しもあらわさない Son visage ne trahit aucun sentiment.

きとう 汽筒 cylindre *m*. ‖2~発動機 moteur *m* à deux cylindres. 6~の車 une [automobile *f*] 6 cylindres. ~室 bureau(x) *m* à cylindre.

きとう 祈祷 prière *f*; oraison *f*. ¶~する prier; faire (dire) une prière (oraison). ‖~師 exorciseur *m*. ~書 [livre *m* d']office *m*; bréviaire *m*; paroissien *m*; [livre *m* d']heures *fpl*. ~料 honoraires *mpl* de prières.

きどう 軌道 rail *m*; [鉄道] voie *f* ferrée; [天体] trajectoire *f*; orbite *f*. 惑星の~ trajectoire d'une planète. 人工衛星の~ orbite d'un satellite artificiel. ~から外れる sortir (s'écarter, dévier) des rails (de *son* orbite). ~に乗せる [仕事, 計画を] remettre *qc* sur les rails. 人工衛星を~に乗せる placer un satellite artificiel sur son orbite. ¶~の orbital (aux).

きどうしゃ 気動車 diesel *m*; autorail *m*.

きどうたい 機動隊 gendarmerie *f*; [隊員] gendarme *m*. ‖交通~員 motard *m* [de la police routière].

きどうらく 着道楽 ¶~である aimer s'habiller cher.

きどうりょく 機動力 force *f* d'action. 素晴しい~を持つ(発揮する) disposer d'(déployer) une formidable puissance d'action.

きとく 危篤 phase *f* ultime (moment *m*, état *m*) critique. ~である être mourant (près de mourir, dans un état alarmant, dans sa dernière heure). ~状態に陥る tomber dans un état très critique. ‖~状態の人 mourant(e) *m(f)*; moribond(e) *m(f)*.

きとく 奇特 ¶~な人 homme *m* d'une rare générosité (bonté).

きとく 既得 ¶~の acquis. ‖~権 droits *mpl* acquis.

きどり 気取 affectation *f*; manières *fpl*; pose *f*; mièvrerie *f*; maniérisme *m*; [媚態] minauderies *fpl*; [作品などの] recherche *f*; étude *f*; préciosité *f*. オールドミスの~ minauderies d'une vieille fille. ‖~屋 poseur(se) *m(f)*; prétentieux(se) *m(f)*; grimacier(ère) *m(f)*; [俗] bêcheur(se) *m(f)*. ◆ [...の風をする] 彼らは夫婦~だ Ils se prennent

きどる pour des mariés. 彼は文人～だ Il se croit un écrivain.

きどる 気取る poser; faire des façons (des manières); s'afficher; faire (se donner) du genre;《俗》faire des (de l')embarras. 何を気取っているんだ Ne fais pas de manières. 気取った affecté; recherché; étudié; prétentieux(se); sophistiqué. 気取った文体 style *m* maniéré. 気取った言葉 parole *f* mièvre. 気取って avec affectation; avec recherche. 気取って喋る faire des phrases. 気取らずに naturellement; simplement; sans façon[s]; sans cérémonie;《俗》à la bonne franquette. 気取らない naturel(le); simple. 気取らない人 personne *f* sans façon. 気取らない家 maison *f* sans prétention.

きない 機内 intérieur *m* [de l'avion]. ¶～の人となる monter à bord. ‖ ～食 repas *m* de bord.

きなが 気長 patience *f*. ¶～な patient; calme; paisible. ～に patiemment; calmement; paisiblement.

きながし 着流し ¶～で en kimono de tous les jours.

きなくさい きな臭い Ça sent le brûlé.

きなこ 黄粉 farine *f* de soya.

キニーネ quinine *f*.

きにいり 気に入り chouchou(te) *m*(*f*); favori(te) *m*(*f*); préféré(e) *m*(*f*). 彼は先生のお～だ Il est le chouchou du professeur. ¶～の favori(te); préféré.

きにゅう 記入 enregistrement *m*; relèvement *m*; notation *f*; inscription *f*; [簿記] écriture *f*. ¶～する enregistrer; noter; relever; inscrire; consigner; [簿記] comptabiliser. 得点を～する marquer les points. 名簿に名前を～する porter un nom sur un répertoire. ‖ ～係 [書記] greffier *m*. ～装置 enregistreur *m*.

ギニョル [人形] guignol *m*.

きにん 帰任 réintégration *f*. ¶～する regagner (rejoindre, réintégrer) *son* poste; reprendre *ses* fonctions. ～させる réintégrer *qn*.

きぬ 衣 ¶歯に～着せずに言う parler sans ambages (franchement, sans détours).

きぬ 絹 soie *f*. ¶～を裂くような悲鳴 cri *m* perçant (strident). ～の靴下 bas *m* de soie. ～のような soyeux(se). ‖ ～織物 soie; [集合的] soierie *f*. ～織物工業 soierie. ～ずれの音 froufrou. ～ずれの音をさせる froufrouter. ～地 tissu *m* de soie.

きぬずれ 衣擦れ ¶～の音をさせる produire un frou-frou; froufrouter.

きぬた 砧 fouloir *m*.

きね 杵 pilon *m*. ～でつく pilonner. ‖ 昔とった～柄で私はその事に詳しい Je m'y suis adonné jadis et je m'y connais bien.

ギネスブック livre *m* de Guinness. ¶～に載る figurer dans le livre de Guinness.

きねん 記念 souvenir *m*; mémoire *f*; commémoration *f*. ...の～として en souvenir (commémoration) de...; en mémoire de...; à la mémoire de.... ¶～する fêter; com-

mémorer *qc*. ～すべき commémorati*f*(*ve*). ～の commémorati*f*(*ve*); anniversaire; monument*al*(*aux*). ‖ ～切手 timbre *m* commémoratif. ～式典 cérémonie *f* commémorative (anniversaire). ～碑 (像) statue *f*; monument *m*. ～日 [jour *m*] anniversaire *m*. 聖人の～日 jour commémoratif d'un saint. ～品 souvenir *m*. ～物 monument.

ぎねん 疑念 doute *m*; défiance *f*; suspicion *f*; soupçon *m*. ¶～が残る [主語・人] être dans le doute au sujet de *qc*. ～を抱く douter; se défier de. 私は彼の行動に～を抱いている J'ai des soupçons sur sa conduite. 私は彼の妙な態度に～を抱いた Son attitude bizarre m'a mis en défiance. 人に～を抱かせる éveiller (inspirer) la défiance de *qn*; inspirer de la défiance à *qn*.

きのう 機能 fonction *f*; faculté *f*; activité *f*. ¶～を果す remplir une fonction. ...の～を果す [役割] faire fonction de *qc*; servir de *qc*. このカーテンが鎧戸の～を果している Ce rideau fait fonction de volets. ¶～する fonctionner; marcher; travailler; aller. ～的[な] fonctionnel(le). ～的に fonctionnellement. ‖ ～主義 fonctionnalisme *m*. ～主義者 fonctionnaliste *mf*.

きのう 帰納 induction *f*. ¶～する induire; raisonner (procéder) par induction. ～的 inducti*f*(*ve*). ～法 induction *f*. ～命題 proposition *f* inductrice.

きのう 昨日 hier. ¶～の朝 hier matin. ～の晩 hier [au] soir. ～は～今日の話ではない Cette histoire ne date pas d'hier./On en parle depuis longtemps. 私はそれを～のことのようによく憶えている Je m'en souviens (le revois) comme si c'était hier. ～の敵は今日の友 l'ennemi d'hier est aujourd'hui ami

きのう 技能 adresse *f*; art *m*; faculté *f*; talent *m*; technique *f*; métier *m*. 彼は～がすぐれている Il a du métier. ‖ [特殊～] aptitude *f* particulière; talent *m*. ～者 technicien(ne) *m*(*f*); homme *m* de métier. ～オリンピック concours *m* international de formation professionnelle.

きのこ 茸 champignon *m*. 食べられる～ champignon comestible. ‖ 毒～ champignon vénéneux. ～狩り cueillette *f* des champignons. ～狩りに行く aller cueillir (ramasser) des champignons. [原爆の] ～雲 champignon *m* atomique.

きのどく 気の毒 ¶～な pitoyable; pauvre; misérable; malheureux(se); lamentable. ～な知らせ mauvaise nouvelle *f*. ～な人 pauvre homme *m*. ～なことに malheureusement; malencontreusement; fâcheusement. 彼は～な位地で下手だ Il chante à faire pitié. 彼は～だ Il est à plaindre./Il fait pitié. ～がる(に思う) avoir pitié de; plaindre *qn*; s'apitoyer sur; compatir à *qc*. みんな彼の不運を～がっている Tout le monde plaint (s'apitoie sur) son sort malheureux.

きのぼり 木登り ¶～する grimper (monter) sur un arbre.

きのみきのまま 着のみ着のまま ¶～で juste

きのやまい 気の病 maladie *f* imaginaire. ～に罹った人 malade *mf* imaginaire.

きのり 気乗 ¶ …に～がある avoir de l'intérêt (l'inclination) pour…. 大いに～がした様子で avec empressement. ～がしない être peu intéressé (empressé). 私はそれにはあまり～がしない Ça me passionne peu./Ça ne me passionne pas beaucoup. ～がしないまま sans passion.

きば 牙 défenses *fpl*; [犬] dents *fpl*; [虎, 狼, ライオン] crocs *mpl*. ～をむく montrer les dents.

きば 騎馬 ¶ ～の équestre; à cheval. ～で行く aller à cheval; chevaucher. ～行 chevauchée *f*; chevauchement *m*. ～行列 cavalcade *f*. ～戦(試合) tournoi *m*. ～像 statue *f* équestre.

きば 木場 dépôt *m* de bois.

きはい 跪拝 génuflexion *f*; agenouillement *m*. ¶ ～する s'agenouiller; prier à genoux.

きはく 希薄 ¶ ～な peu dense; rare; raréfié. 高山の～な空気 air *m* rare des hauts sommets. ～にする raréfier. ～になる se raréfier.

きはく 気魄 ardeur *f*; entrain *m*; énergie *f* (élan *m*) d'esprit; allant *m*. ～がある avoir de l'allant; 《俗》 être d'attaque. お前達は～が足りない Vous manquez d'entrain. ～に満ちた選手 sportif *m* plein d'initiative et d'allant. ～に欠ける manquer d'énergie.

きばく 起爆 ¶ ～装置(剤) détonateur *m*.

きばさみ 木鋏 sécateur *m*; émondoir *m*.

きはだ 木膚 écorce *f*; grume *f*.

きはつ 揮発 volatilisation *f*. ¶ ～する se volatiliser. ～性 volatilité *f*. ～性の volatil. ～油 benzine *f*.

きばつ 奇抜 ¶ ～な 《hardi; fantastique; original(aux); audacieux(se). ～な人 audacieux(se) *m(f)*. なにしろ～な奴だ Il a toutes les audaces. ～さ fantaisie *f*; excentricité *f*; originalité *f*; 《奔放さ》 ²hardiesse *f*; audace *f*.

きばむ 黄ばむ jaunir. ¶ 黄ばんだ jaunâtre; jauni; jaune.

きばらし 気晴らし divertissement *m*; distraction *f*; passe-temps *m inv*; diversion *f*; délassement *m*. ～をする se distraire; se délasser à; se divertir à; s'amuser à. ちょっと～をする prendre un peu de récréation. ¶ ～になる récréatif(*ve*); divertissant; délassant. 散歩はいい～になる La promenade est un dérivatif efficace à l'ennui.

きばる 気張る tenir bon (ferme); se montrer généreux(se); faire le bon (généreux); être vaniteux(se). 私は気張って 2 万円のネクタイを買った Je me suis payé le luxe d'acheter une cravate de vingt mille yen.

きはん 規範 canon *m*; règle *f*; exemple *m*; norme *f*. ¶ ～文法 grammaire *f* normative.

きばん 基盤 base *f*; fondement *m*; assise *f*. 文明の～ assises *f* d'une civilisation.

きはんせん 機帆船 voilier *m* à moteur.

きひ 忌避 [裁判] récusation *f*; [徴兵] insoumission *f*. ¶ 裁判官を～する récuser un juge. 徴兵を～する faire acte d'insoumission. ～可能(不可能)の récusable (irrécusable). ¶ 徴兵～者 insoumis *m*.

きび 機微 délicatesse *f*; fin *m*; finess *f*. …の～に通じる savoir [le fort et] le fin de *qc*. 人情の～に通じる人 fine *m(f)*; homme *m* qui a beaucoup vu.

きび 黍 maïs *m*; millet *m*.

きび 驥尾 ¶ ～に付す suivre le bon exemple de *qn*.

きびき 忌引 ¶ ～で学校を休む s'absenter de l'école à l'occasion de *son* deuil. ～を認める respecter le deuil de *qn*.

きびきび lestement; allègrement; rapidement; avec agilité (entrain). ¶ ～した leste; allègre; agile; alerte; léger(*ère*). ～した足取で d'un pas dégagé.

きびしい 厳しい dur; sévère; rigoureux(*se*); rude; austère. ～顔立ち traits *mpl* durs. ～気候 climat *m* rude. ～寒さ froid *m* âpre (rigoureux, de loup). ～仕事 travail *m* dur. ～社長 patron *m* exigeant. ～状況 situation *f* difficile. ¶ 厳しく rudement; rigoureusement; sévèrement; à la dure. 厳しく叱る gronder vertement. 厳しさ austérité *f*; rudesse *f*; sévérité *f*; dureté *f*. 冬の厳しさ rigueurs *fpl* (âpreté *f*) de l'hiver.

きびす 踵 ¶ ～を返す revenir sur *ses* pas; [s'en] retourner. ～を接する marcher (être) sur les talons de *qn*; suivre *qn* de très près.

きびょう 奇病 maladie *f* rare (singulière, inconnue).

きひん 気品 grâce *f*; élégance *f*; noblesse *f*; délicatesse *f*; distinction *f*. ～がある avoir de la grâce (distinction); avoir de l'élégance. 彼の顔にはどことなく～がある Il y a un je ne sais quoi de distingué dans son visage. ～のある gracieux(*se*); élégant; noble; délicat.

きひん 貴賓 hôte *m* distingué; personnage *m* de distinction. ¶ ～席 loge *f* réservée aux hauts personnages.

きびん 機敏 agilité *f*; vivacité *f*. ¶ ～な agile; vif(*ve*); leste; alerte. 彼は～だ Ses mouvements sont alertes. ～に agilement; vivement; lestement; avec agilité (vivacité).

きふ 寄付 don *m*; donation *f*; contribution *f*; apport *m*; souscription *f*; [喜捨] offrande *f*; aumône *f*; [小額の] obole *f*. ～に応ずる souscrire à. ～を募る lancer une souscription. ¶ ～する apporter *son* appoint à *qc*; remettre *son* obole; déposer *son* offrande. 教会建設資金を～する souscrire à la construction d'une église. ‖ ～金 fondation *f*; souscription. ～金を払い込む verser une souscription.

ぎふ 義父 beau(x)-père(s) *m*.

ギブアップ abandon *m*. ¶ ～する abandonner.

ギブアンドテイク donnant, donnant. ~で行こう—それじゃ考えさせてくれ Donnant, donnant, n'est-ce pas? — Bon, je réfléchirai.

きふう 気風 caractère *m*; climat *m*; ambiance *f*. この国には質実剛健の~がある Dans ce pays, il y a un climat de sobriété morale.

きふく 起伏 accident *m*; relief *m*; ondulation *f*; dénivellement *m*; mouvement *m*. 土地の~ accidents de terrain. 人生の~をよく知っている connaître des hauts et des bas. ¶~の多い accidenté; ondulé; inégal(aux); bosselé; onduleux(se). ~の多い生涯 vie *f* mouvementée.

きふくれる 着膨れる être ficelé comme une andouille.

きふじん 貴婦人 femme *f* noble; [grande] dame *f*; femme de haute (bonne) naissance.

ギプス gypse *m*; plâtre *m*. 彼は今日~がとれた On lui a enlevé aujourd'hui son plâtre. ~で固める plâtrer *qn*; mettre *qn* dans un plâtre. ~をはめた脚 jambe *f* plâtrée.

きぶつ 木仏 statuette *f* de bois [bouddhique].

キブツ [イスラエルの] kibboutz [kibuts] (複数不変または kibboutzim) *m*. ~で働く travailler dans un kibboutz.

ギフト cadeau(x) *m*. ¶~券 bon[-cadeau] *m*.
ギフトチェック bon *m* de cadeau.

きふるす 着古す user [un vêtement]. ¶着古した usé; vieilli. ‖着古し chiffon *m*; vieil habit *m*; vêtement *m* froissé (fripé).

きぶん 奇聞 conte *m* fantastique.

きぶん 気分 disposition *f*; état *m* d'esprit; humeur *f*. ~が良い(悪い) être bien (mal) disposé; être bien (mal) à l'aise; se sentir bien (mal); être frais et dispos; être en forme. 煙草の煙で彼はちょっと~が悪くなった La fumée lui a causé un malaise passager. ...する~になっている être disposé à *inf*; être d'humeur à *inf*; avoir l'intention de *inf*; avoir l'idée que *ind*. ¶~の悪い奴だ C'est un type désagréable. ‖旅行は~転換になる Le voyage change les idées. ~屋 capricieux(se) *m(f)*; fantaisiste *mf*.

ぎふん 義憤 indignation *f*. 社会不正に~を感ずる s'indigner de l'injustice sociale. ~を感じて avec indignation.

きへい 騎兵 cavalier *m*; [近衛] mousquetaire *m*; [竜騎兵] dragon *m*; [コサック] cosaque *m*; [アフリカ] spahi *m*. ‖軽~ cheva(x)-léger(s) *m*; [ハンガリア] hussard *m*; 槍~ lancier *m*; [ドイツ] uhlan *m*. ~軍曹 maréchal *m* des logis. ~隊 cavalerie *f*; escadron *m*.

きへき 奇癖 manie *f*; tic *m*. ¶~を持った人 maniaque *m*.

きべん 詭弁 sophisme *m*; chicane *f*; arguments *mpl* captieux; [行為] sophistication *f*; chicanerie *f*; ergotage *m*. ~を弄する sophistiquer; chicaner; ergoter. ¶~的 captieux(se); sophistique. ‖~家 chicaneur(se) *m(f)*; sophiste *mf*; ergoteur(se) *m(f)*.

きぼ 規模 échelle *f*; envergure *f*; grandeur *f*; dimension *f*. この会社は~が大きい(小さい) C'est une grosse (petite) entreprise. 彼の会社は私の所とは~が違う Son entreprise a une autre envergure que la mienne. ‖大~な改革 réforme *f* de grande envergure. 大~な工事 travaux *mpl* d'une grande importance. 大~な脱税 fraude *f* fiscale pratiquée sur une grande échelle. 大~に sur une grande échelle; en grand. 国家的~に à l'échelle nationale.

ぎぼ 義母 belle[-mère](s) *f*.

きほう 既報 ¶~の如く conformément à ce qui a été annoncé (publié).

きほう 気泡 bulle *f*; globule *m*; bouillon *m*.

きぼう 希望 espoir *m*; espérance *f*; souhait *m*; aspiration *f*. 君の~ははかなえられないだろう Ton désir ne sera pas exaucé. お前は私の唯一の~だ Tu es mon seul espoir. ~を抱く conserver (caresser) un espoir (des espérances). ~を実現させる réaliser un souhait (son espérance). 万事~通りに進んでいる Ça marche à souhait. ¶~する espérer; désirer que *sub*; souhaiter que *sub*; aspirer à; vouloir que *sub*. ‖~的観測 prévisions *fpl* optimistes.

ぎほう 技法 technique *f*; art *m*; méthode *f*. ¶~的に techniquement.

きぼね 気骨 ¶~が折れる fatigant; pénible; accablant. ~の折れる仕事 besogne *f* harassante.

きぼり 木彫 sculpture *f* en bois. ‖~師 sculpteur *m* en bois.

きほん 基本 éléments *mpl*; base *f*; fond *m*; principes *mpl*; fondements *mpl*. ~をよく知る bien connaître (posséder) les rudiments. ¶~的 élémentaire; fondamental(aux); rudimentaire, essentiel(le); principal(aux). ~的な問題 problème *m* fondamental (capital, cardinal). ‖~給 salaire *m* de base. ~語彙 mots *mpl* élémentaires; vocabulaire *m* essentiel (de base). ~数詞 adjectif *m* numéral cardinal. ~和音 accords *mpl* fondamentaux.

ぎまい 義妹 belle[-sœur](s) *f*.

きまえ 気前 ~があまり良いと破産しますよ Ta bonté te perdra. ~の良い généreux(se); bon(ne); libéral(aux); large. ~の良さ générosité *f*; libéralité *f*; largesse *f*; bonté *f*. ~良く avec générosité (libéralité); libéralement; généreusement. ~良く振舞う faire le généreux; faire des générosités.

きまかせ 気任せ ¶旅は~まかせ voyager au gré de *sa* fantaisie.

きまぐれ 気紛れ caprice *m*; fantaisie *f*; coup *m* [de tête]; lubie *f*; 《俗》 toquade *f*. ~を起す suivre *son* caprice; avoir des caprices (lubies). ¶~な capricieux(se); fantaisiste; fantasque; [よく変る] changeant; versatile; inconstant. ~な天気 temps *m* changeant. ~な大衆 foule *f* versatile. あの娘は~だ C'est une fille à foucades. ~な人 capricieux(se) *m(f)*; fantaisiste *mf*. ~に capricieusement; par foucades; par caprice (fantaisie).

きまじめ 生真面目 probité f; honnêteté f; scruple m. ¶~な probe; honnête; scrupuleux(se). ~に scrupuleusement; honnêtement; consciencieusement.

きまずい 気まずい gênant; froid; inconvenant. ~雰囲気 atmosphère f pénible. ~な思いをする se sentir gêné (mal à l'aise). 気まずくする jeter un froid; froisser; gêner. 彼らは気まずくなっている Il y a un froid entre eux./Ils sont en froid. 気まずさ gêne f; froid m; inconvenance f.

きまつ 期末 [fin f d'un] terme m. ¶~の final; terminal(aux). ‖~試験 examen m de fin de trimestre (semestre).

きまって 決って immanquablement; toujours; ponctuellement; sans exception. ¶~...するな ne pas manquer de *inf.* 私は毎朝~6時に目を覚ます Je me réveille toujours à six heures du matin.

きまま 気儘 ¶~な libre; nonchalant; insouciant; sans contrainte (souci). ~な生活 vie f sans souci. ~に à sa guise; à son gré; à sa fantaisie; par caprice; [勝手に] librement; sans gêne; à [sa] volonté. ~に振舞う suivre (en faire) à sa volonté.《俗》faire ses quatre volontés.

きまり 決(極)り【結末・結着】¶そんなことをしてたら~がつかないか Cela n'en finirait pas. ~をつける mettre fin à; trancher; déterminer; décider; en finir. この問題にはそこらで~つけよう Finissons-en là avec cette affaire. それで~だ C'est décidé. ◆【規則・約束】¶それについて~はあるかね Ce n'est pas réglementé. ~を守る observer la règle. ~によれば selon (d'après) la règle. そういう~です C'est la règle (loi). ◆【体裁】¶~が悪い honteux(se); confus; embarrassé; gêné. ~悪がっている avoir l'air gêné (honteux); éprouver de la confusion (gêne); se sentir troublé. ~悪そうな態度 contenance f gênée. 彼女の前では~が悪くて一言も言えない Devant elle je suis tellement gêné que je ne peux même pas dire un mot. あんなに~が悪かったことはない Il n'y a rien au monde de plus embarrassant. ~悪さ gêne f; †honte f; confusion f; embarras m. ◆【いつもの】¶お~のせりふだ C'est toujours la même chanson (musique). ~文句 lieu (x) m commun; refrain m; cliché m; formule f [toute faite];《俗》rengaine f; ritournelle f; disque m.

きまりきった 決り切った ¶~な事だ C'est une évidence!/Cela va sans dire!

きまる 決る être décidé (déterminé, fixé, résolu, arrêté);【契約などが】être réglé (convenu, conclu);【きっぱりが】être tranché. 出発は明日に決まった Il a été convenu de partir demain. これで決まった C'est convenu!! 決まった席 place f fixée. 決まった収入 revenu m fixe. 決まったように comme convenu. 引取りはまだ決まらない La date n'est pas encore fixée. 彼は決まってここに来る Il ne manque jamais de venir ici. 彼は来ないに決まっている Il ne viendra sûrement pas. 彼女は嘘をついているに決まっている Il est évident qu'elle a menti.

ぎまん 欺瞞 duperie f; fourberie f;【インチキ】trucage m; supercherie f; tromperie f;【詐欺】imposture f. ¶~的な fourbe; trompeur(se); fraudureux(se);【ずるい】rusé; astucieux(se). ~的な人 fourbe mf; trompeur(se) m(f); fraudureux(se) m(f);【ずるい】rusé(e) m(f); astucieux(se) m(f).

きみ 黄味 jaune m [d'œuf];【生】vitellus m.

きみ 気味 ¶いい~だ Ça vous apprendra!/C'est bien fait! 私は少し風邪~です Je me sens un peu grippé. 彼は焦り~だ Il nage./Il perd pied. ~の悪い lugubre; macabre; sinistre; funèbre.

きみ 君[呼びかけ] Dis donc!/Mon vieux!/Ma vieille!/Mon (Ma) cher (chère)! どうだい~ Ça va, mon vieux?

きみつ 機密 secret m. ~にあずかる être dans le secret. ~を暴く(守る, もらす) découvrir (garder, divulguer) un secret. ~の secret(ète).~国家(軍事) secret d'Etat (militaire). ~費 fonds mpl secrets.

きみつ 気密 ¶~室 cabine f étanche. ~性 étanchéité f. ~性の étanche.

きみどり 黄緑 vert m jaune.

きみゃく 気脈 ¶~を通じる correspondre avec; avoir des relations avec; entretenir (pratiquer, avoir) des intelligences avec. ~を通じている être d'intelligence (de connivence) avec.

きみょう 奇妙 ¶~な singulier(ère); bizarre; étrange; original(aux); anormal(aux). ~な子供 un drôle de garçon. ~にも étrangement; chose curieuse; ce qui est curieux. ~さ singularité f; bizarrerie f; étrangeté f;【風変り】originalité f.

ぎむ 義務 devoir m; obligation f; tâche f;【職務】mission f; charge f; office m. ~する~がある devoir *inf.* 親には子供を養育する~がある Les parents doivent nourrir leurs enfants. ~するのは私の~です Il est de mon devoir (office) de *inf.* ~する...を~と心得る se faire un devoir de *inf*; s'imposer de *inf*; se donner pour tâche de *inf.* ~として...する faire qc par devoir. ~を負う contracter une obligation. ~を負わせる créer une obligation à qn. ~を怠る manquer à son devoir. ...に~を課す imposer sa tâche à qn. 自分に~を課す s'imposer une tâche. ~を果す faire (accomplir, remplir) son devoir (ses obligations). ~を[忠実に]遂行する suivre son devoir. ~~つける obliger qn à *inf.* ~的に obligatoirement; par devoir. ‖扶養~ obligation f alimentaire. ~感 sentiment m de devoir. ~感から par devoir. ~教育 enseignement m (scolarité f) obligatoire.

きむずかしい 気難しい difficile; incorrigible; délicat;【やかましい】exigeant; pointilleux(se); sévère. 気難しい人だ Il est d'humeur difficile./C'est un hérisson. 彼は食物に関しては~すごく気難しい~だ Il est exigeant sur la nourriture. ◆[不気嫌である] grincheux(se); †hargneux(se); morose; acariâtre; aigre. ¶気難しくなる s'aigrir; devenir difficile. 気難しさ [不気嫌] mauvaise humeur f; †hargne f; ai-

greur f.

きむすめ 生娘 [fille f] vierge f; 《俗》pucelle f.

キムチ [料理] gim-chi m.

ギムナジウム gymnase m.

きめ 木目 [肌] grain m; [木] veine f. ¶～の細かい fin; à grains fins. ～の細かい仕事 travaux mpl consciencieux. ～の粗い rude; rêche; revêche; à gros grains; [仕事] négligent. ～の粗い花崗岩 granit m à gros grains.

-きめ 極め ‖ 月～で給料を貰う être payé au mois. 月～で部屋代を払う payer la chambre au mois.

きめい 記名 inscription f; signature f; enregistrement m. ¶～する inscrire son nom; signer. ‖～株 action f nominative (nominale). ～債券 créance f nominative. ～(無)証券 [titre m] nominatif m (à ordre, au porteur). ～(無)投票 scrutin m découvert (secret).

ぎめい 偽名 pseudonyme m; faux nom m; nom m d'emprunt (supposé). ¶～で sous un pseudonyme.

きめこむ 決め込む présumer; être persuadé (convaincu); croire d'avance à. 彼は試験に合格できるものと決め込んでいた Il présumait qu'il pourrait réussir à l'examen.

きめだま 決め球 balle f décisive.

きめつける 決め付ける taxer (qualifier) qn de. 人は彼を泥棒と極付けている On le taxe de voleur. ～ように物を言う parler d'un ton autoritaire (impérieux).

きめて 決手 moyen m [de réussir]; atout m; 《俗》combine f. ～を欠く manquer de moyen (d'atout). 金融危機対策に～を欠く manquer de remède contre une crise monétaire.

きめる 極める [格闘技] immobiliser

きめる 決める arrêter; décider; régler; fixer; résoudre; [価格などを] établir; [キッパリと] trancher; [選択する] opter pour; choisir; se prononcer pour; [境界を] marquer; délimiter; définir; circonscrire; [日時を] assigner; fixer; [心を] se décider à; se résoudre à. 話を～ arranger les affaires. ゴール(境)を～ marquer un but (une limite). 会合の場所を～ déterminer le lieu du rendez-vous. くじびきで…を～ tirer qc au sort. リーダーを～ élire (choisir) un chef de file. 人の行動を～ conditions fpl qui déterminent l'action humaine. 彼は父が帰るまで決めている Il croit fermement au retour de son père. 私は朝食抜きに決めている Je suis décidé à ne pas prendre le petit déjeuner. 勝負を決めたのは彼の才能だった Finalement, c'est son talent qui s'est imposé. 私はまだ心を決めかねている Je ne suis pas encore fixé. ¶決められた時間(日)に à l'heure marquée (au jour prescrit).

きめん 鬼面 ¶～人を驚かす horrible en apparence.

きも 肝 ¶～っ玉が太い être brave (courageux, généreux, large, audacieux); avoir de l'audace. ～[っ玉]が小さい être mesquin (étroit, petit d'esprit). ～に銘じる ne pas oublier; bien retenir; conserver (garder) dans sa mémoire. 私のいう事を～に銘じておきなさい Retenez bien ce que je vais vous dire. ～をつぶす s'effrayer; se terrifier; [驚かす] effrayer; terrifier; ahurir; abasourdir; 《俗》ébouriffer. この報せには～をつぶした Cette nouvelle m'a abasourdi.

きもいり 肝煎り ¶…の～で sous les auspices (le patronage, la protection) de qn; par les soins de qn.

きもち 気持 sentiment m; disposition f; humeur f; [感情] passion f; émotion f; cœur m; sensibilité f; envie f; [意見] point m de vue; avis m; opinion f. ～が高ぶる être ému. ～が悪い avoir mal au cœur; avoir des haut-le-cœur. ～が悪くなるような話だ Ça me soulève le cœur. あなたの～は良く分る Je vous comprends parfaitement. ほんの～だけですが Ce n'est rien, mais ce geste est de bon cœur. 笑う～にはなれない Cela ne me donne pas envie de rire./Je n'ai pas envie de (le cœur à) rire. …に対する～を抑える étouffer sa passion envers qn. …についての自分の～を述べる dire ce qu'on pense de qc. ～の良い agréable; charmant; beau (belle); sympathique. 彼は～の良い人だ C'est un bon cœur./Il est sympathique. ここは～が良い Ici, il fait bon. ～の悪い lugubre; sinistre; désagréable. それは～の悪い光景だった Ce spectacle m'a donné mal au cœur. ～よく agréablement; gentiment; [快く] volontiers; avec plaisir; [心地よく] confortablement. ～よく引き受ける accepter qc avec plaisir.

きもったま 肝っ玉 ⇨ きも〔肝〕.

きもの 着物 kimono m; robe f; [衣服] habit m; vêtements mpl; costume m. ～を着る s'habiller; se vêtir; se couvrir; mettre un habit. ～を脱ぐ se déshabiller.

きもん 奇問 question f saugrenue (malséante).

きもん 旗門 [スキー] porte f.

きもん 気門 《昆》stigmate m.

きもん 鬼門 direction f funeste (à éviter).

ぎもん 疑問 question f; doute f; soupçon m; [文法] interrogation f. ～があったら質問しなさい si vous avez des questions. この問題には相変らず～が残る Quant à ce problème, toujours un point d'interrogation. ～の余地がない être hors de doute. 彼がそこにいたことは～の余地がない On ne peut pas douter qu'il a été là./Il est hors de doute qu'il a été là. ～を抱く douter de; concevoir des doutes (soupçons) sur. 全く～を持たない douter de rien. ～である être douteux(se). それは～だ C'est fort douteux./J'en doute. …かどうか～だ Il est douteux que sub. ‖直接(間接)～ interrogation f directe (indirecte). ～代名詞 pronom m interrogatif. ～副詞 adverbe m interrogatif. ～文 phrase f interrogative. ～に付する mettre à la forme interrogative. ～符 point m d'interrogation.

きやく 規約 règlement m; [団体の] statuts

きゃく 客 [招待] invité(e) *m(f)*; [訪問] visiteur(se) *m(f)*; [ホテルの] hôte *mf*; [店の] client(e) *m(f)*; [集合的] clientèle *f*; [飲食店の] consommateur(trice) *m(f)*; [常客] commensal(aux) *m*; convive *mf*; habitué(e) *m(f)*; pilier *m*; [観客] spectateur(trice) *m(f)*; [乗客] passager(ère) *m(f)*; voyageur(se) *m(f)*. ～の少ないダンスホール dancing *m* peu fréquenté. 劇場にはかなりの～がいる Il y a du monde dans la salle de théâtre.

ぎゃく 逆 [反対側] envers *m*; [裏側] revers *m*; [反対方向] [sens *m*]; opposé *m*; rebours *m*; [数学] réciproque *f*; [反意] contraire *m*; [倒置] inversion *f*. 相手の～をつく [スポーツで] prendre un adversaire à contre-pied. ～もまた真 La réciproque est aussi vraie. ～の opposé; contraire; inverse. 彼の理論は我々のとは全く～だ Sa théorie est le contre-pied de la nôtre. ～に au contraire; par contre; contrairement; inversement; par opposition; [反対方向に] en (dans le) sens inverse; à contre-pied de; [遡って] à (au) rebours de; [裏返しに] à l'envers; au revers; [相互的に] inversement; réciproquement; vice versa. 妻は夫に、～にまた夫は妻に忠実でなければいけない Il faut qu'une femme soit fidèle à son mari et réciproquement (vice versa). ～に私はこう考えます Par contre, voici ce que je pense. ‖ ～回転する tourner en sens inverse. ～回転にする retourner; renverser.

ギャグ gag *m*.

きゃくあし 客足 clients *mpl*; clientèle *f*. ～が落ちる La clientèle diminue (se raréfie). この店は～が落ちた Ce magasin a perdu de sa clientèle. / Ce magasin est moins fréquenté qu'avant.

きゃくあしらい 客あしらい entregent *m*. ～がうまい avoir de l'entregent.

きゃくいん 客員 membre *m* invité. ‖ ～教授 professeur *m* invité (libre); hôte *mf* (invité *m*) de l'université.

きゃくいん 脚韻 rime *f*. ～を踏む rimer.

きゃくうけ 客受け ～が良い jouir d'une bonne réputation auprès de *sa* clientèle; avoir une bonne clientèle.

きゃくうん 逆運 mauvais sort *m*; triste destinée *f*.

きゃくえん 客演 ～する jouer un rôle en titre d'hôte.

ぎゃくこうか 逆効果 effet *m* inverse. ～である produire un effet contraire.

ぎゃくコース 逆コース cours *m* à rebours; sens *m* inverse. ～で(の) à rebours.

ぎゃくさつ 虐殺 massacre *m*; tuerie *f*; [大量] génocide *m*; hécatombe *f*; carnage *m*; boucherie *f*. ～する massacrer; tuer sauvagement. ‖ ～者 massacreur(se) *m(f)*.

ぎゃくさん 逆算 compte *m* à rebours. ～する compter à rebours.

きゃくしつ 客室 [ホテル、旅館などの] chambre *f* [d'hôtel]; [汽車、電車の] compartiment *m*; [応接室] salon *m*; [船, 飛行機の] cabine *f* [de passagers].

きゃくしゃ 客車 wagon *m* [de voyageurs]; voiture *f*. 先頭(最後部)の～ voiture *f* de tête (queue).

ぎゃくしゅう 逆襲 contre-attaque *f*; riposte *f*; 〖軍〗contre-offensive *f*; [論争] réplique *f*. ～する contre-attaquer; faire une contre-offensive; riposter; répliquer.

ぎゃくじょう 逆上 emportement *m*; accès *m* (explosion *f*) de colère. ～する être pris de fureur; s'emporter; [激怒する] exploser; fulminer. 彼は～して我を忘れた Furieux, il a perdu le contrôle de lui-même. ～させる mettre *qn* hors de soi.

きゃくしょうばい 客商売 services *mpl*. ～には愛嬌が大切だ Le service du client exige de l'amabilité.

ぎゃくしょく 脚色 adaptation *f*. ～する adapter. ‖ ～家 adaptateur(trice) *m(f)*.

きゃくじん 客人 hôte *mf*; invité(e) *m(f)*.

ぎゃくしん 逆臣 vassal(aux) *m* félon *m*; félon(ne) *m(f)*; déloyal(aux) *m*; sujet *m* traitre.

ぎゃくすう 逆数 réciproque *f*. 5の～は5分の1である La réciproque de 5 est un cinquième.

きゃくすじ 客筋 clientèle *f*. 良い～を持つ avoir une bonne clientèle.

きゃくせき 客席 place *f*; loge *f*; salle *f*. 満員の～ salle *f* pleine. ～から拍手が沸き起こった Des applaudissements se sont élevés dans la salle.

ぎゃくせつ 逆説 paradoxe *m*. ～的な paradoxal(aux) *m*. ～的な言い方だけど Ce que je vais dire semble paradoxal, mais.... ～的に paradoxalement.

ぎゃくぜり 逆ぜり enchère *f* au rabais. ～～する mettre *qc* aux enchères au rabais.

きゃくせん 客船 paquebot *m*.

ぎゃくせんでん 逆宣伝 contre-propagande *f*.

きゃくせんび 脚線美 beauté *f* des jambes. ～の脚 jambes *fpl* d'un beau galbe (bien faites, bien galbées).

ぎゃくぞく 逆賊 insurgé(e) *m(f)*; révolté(e) *m(f)*; rebelle *mf*; félon *m*.

きゃくたい 客体 objet *m*. 主体と～ le sujet et l'objet. ‖ ～視する objectiver. ～化 objectivation *f*.

ぎゃくたい 虐待 brutalité *f*; mauvais traitements *mpl*; mauvais coup *m*; 〖法〗sévices *mpl*. ～する maltraiter; brutaliser; malmener; rudoyer; brimer. ‖ ～者 bourreau (x) *m*.

きゃくだね 客種 ⇒ きゃくすじ(客筋).

ぎゃくたんち 逆探知 dépistage *m* [d'un émetteur clandestin]. ～する dépister.

きゃくちゅう 脚註 note *f* [au bas de la page]. ～をつける mettre des notes (commentaires).

ぎゃくて 逆手 ～に取る ⇒ さかて(逆手). ～を取る(使う) tordre le bras à *qn*.

ぎゃくてん 逆転 renversement *m*; [急変] retournement *m*; revirement *m*; volte-face *f* inv. 価値[状況]の～ renversement des va-

きゃくど 客土 amendement *m*; glaisage *m*. ¶~する amender [une terre]; [粘土を入れる] glaiser [un champ].

ぎゃくと 逆徒 ⇨ ぎゃくぞく(逆賊).

きゃくどめ 客止め «Complet.» ¶満員で~です C'est complet, on ne prend personne.

きゃくひき 客引 [行為] retape *f*; racolage *m*; raccrochage *m*; [人] racoleur(se) *m(f)*; raccrocheur(se) *m(f)*; aboyeur(se) *m(f)*; [バーなどの] entraîneur(se) *m(f)*; [商店の] rabatteur(se) *m(f)*; [売春] fille *f* (femme *f*) de trottoir. ¶~する faire la retape; racoler *qn*; raccrocher *qn*; faire le trottoir.

ぎゃくふう 逆風 ¶~を受ける avoir vent contraire (debout). ~を衝いて contre le vent.

きゃくほん 脚本 [劇] drame *m*; pièce *f* [de théâtre]; [映画] scénario *m*; [オペラ] livret *m*. ¶~家 dramaturge *mf*; scénariste *mf*.

きゃくま 客間 salon *m*; salle *f* de réception.

きゃくまち 客待ち ¶~のタクシー taxi *m* qui attend le client.

ぎゃくもどり 逆戻り marche *f* en arrière; [後退] recul *m*; régression *f*. ~する rétrograder; reculer; régresser. 寒さが~した Il y a un retour du froid.

ぎゃくゆにゅう 逆輸入 réimportation *f*. ¶~する réimporter.

ぎゃくよう 逆用 ¶~する tirer profit de la force adverse; prendre le contre-pied de *qc*.

ぎゃくりゅう 逆流 [潮の] reflux *m*; [空気の] contre-courant *m*; [水道の] contre-foulement *m*. ¶~する refluer.

きゃくりょく 脚力 force *f* des membres inférieurs. ~がある avoir de bonnes jambes.

ギャザー [服] fronce *f*. ¶~をつける froncer. ‖~スカート jupe *f* froncée (à fronces).

きゃしゃ 華奢 ¶~な gracile; fin; mince; délicat; [弱々しい] fragile; frêle.

きやすい 気易い familier(ère); accessible; abordable; accommodant. ~な態度 familiarités *fpl*; manières *fpl* familières. ~男 homme *m* d'un commerce accommodant. 気易く sans se faire prier. 気易くする se permettre des familiarités avec. あまり気易くするな Ne sois pas sans gêne. 気易さ facilité *f*; désinvolture *f*; sans-gêne *m inv*. 過度の気易さは侮りを招く Trop de familiarité engendre le mépris.

キャスター animateur(trice) *m(f)* du journal télévisé.

キャスティングボート ¶彼はこの問題の~を握っている En dernier ressort, c'est lui qui décide.

キャスト distribution *f* [d'un film]; répartition *f* des rôles. ‖ミス~ mauvaise distribution.

きやすめ 気休め ¶~に par acquit de (pour l'acquit de *sa*) conscience.

きゃたつ 脚立 marchepied *m*; escabeau(x) *m*.

キャタピラ chenilles *fpl*. ¶~車 véhicule *m* à chenilles (muni de chenilles, chenillé); [小型の] chenillette *f*.

きゃっか 却下 [法] rejet *m*; débouté *m*. ¶~する rejeter; débouter. 要求を~する débouter *qn* de *sa* demande.

きゃっかん 客観 ¶~的[な] objectif(ve). ~的に objectivement. ‖~性 objectivité *f*. ~化 objectivation *f*. ~化する objectiver. ~主義 objectivisme *m*. ~主義者 objectiviste *mf*.

ぎゃっきょう 逆境 adversité *f*; malheur *m*; infortune *f*. ~に立ち向う faire face à l'adversité. ~にある se trouver dans l'adversité. ~にもめげず malgré l'adversité.

きゃっこう 脚光 [feux *mpl* de la] rampe *f*. ~を浴びる être mis en vedette; être sous les feux de la rampe.

ぎゃっこう 逆光 contre-jour *m*. ~で à contre-jour.

ぎゃっこう 逆行 mouvement *m* (marche *f*) en arrière; régression *f*; recul *m*; rétrogradation *f*. ¶~する marcher en arrière; [車などが] faire marche arrière; reculer; rétrograder; [電車などが] faire machine (marche) arrière. 世論に~して à contre-courant de l'opinion publique. ~的な régressif(ve); rétrograde.

キャッシュ [argent *m*] liquide *m*; espèces *fpl*. ~で払う payer cash (en espèces, en liquide). ~百万円 un million de yen cash. ‖~カード carte *f* cash (bancaire). ~ディスペンサー distributeur *m* [automatique] de billets. ~メモリ mémoire *m* cache; cache *f*.

キャッチ prise *f*; saisie *f*; capture *f*. ¶ラジオ放送を~する capter une émission de radio.

キャッチセールス racolage *m*. ‖~マン racoleur(se) *m(f)*.

キャッチフレーズ slogan *m* [publicitaire]; phrase *f* à effet; mot *m* d'ordre; [カタログなどの] mot(s)-souche(s) *m*.

キャッチホン capteur *m*; système *m* capte-appel téléphonique.

キャッチャーボート baleinier *m*.

キャッツアイ œil-de-chat *m*.

キャップ [万年筆の] capuchon *m*; [職場の] chef *m*; [責任者] responsable *mf*; directeur (trice) *m(f)*. ~をしめる visser le capuchon. ‖ナイト~ bonnet *m* [de nuit, de coton].

ギャップ fossé *m*; [意見などの] divergence *f*. 親子の間の~ fossé *m* entre le père et le fils. ~を埋める(深める) combler (creuser) un fossé.

キャディー caddie *m*.

キャパシティー capacité *f*.

ギャバジン gabardine *f*. ~のレーンコート gabardine. ~のパンタロン pantalon *m* de gabardine.

キャバレー cabaret *m*; boîte *f* [de nuit];

cave f. 〜の支配人 patron(ne) m(f) d'un cabaret; cabaretier(ère) m(f).

きゃはん 脚絆 jambières fpl; †houseau(x) m; molletière f; [ゲートル] guêtre f.

キャビア caviar m.

キャピタルレター [lettre f] capitale (majuscule) f. 〜で書く écrire en capitale (majuscule).

キャビネ ‖〜型 [写真] format m album.

キャビネット [レコード] discothèque f; [ラジオ・テレビ] coffre m.

キャビン cabine f.

キャプション [記事の] sous-titre(s) m; [写真の] légende f.

キャプテン chef m; capitaine m. ラグビーチームの〜 capitaine d'une équipe de rugby.

キャブレター carburateur m.

ぎゃふん ‖〜と言わせる mettre dans de beaux draps; obliger à se rendre.

キャベツ chou(x) m. 〜の葉 feuilles fpl de chou. 花〜 chou(x)-fleur(s) m. 芽〜 chou de Bruxelles. 紫〜 chou rouge.

ギヤマン objet m de verre (de cristal); cristaux mpl; verrerie f.

キャミソール [服] camisole f.

ギャラ [俳優, 音楽家] cachet m. スターの莫大な〜 cachets énormes des vedettes.

キャラクター caractère m; personnage m. ‖〜商品 article m à motif de dessin animé.

キャラコ calicot m.

キャラバン caravane f. ‖〜シューズ chaussures fpl à crampons.

キャラメル bonbon m au caramel.

ギャラリー galerie f.

キャリア carrière f. 〜がある avoir de la carrière. お前とは〜が違うよ Je m'y connais mieux que toi./Je suis plus vieux que toi dans le métier. ¶ エイズウイルスの〜 porteur (se) m(f) du virus du sida.

キャリアウーマン femme f qui fait carrière.

ギャル adolescente f; fille f.

ギャルソン garçon m.

ギャロップ [馬, 舞踏の] galop m. 〜に移る prendre le galop. ¶〜で au galop. 〜で走る aller au (le) galop.

ギャング gangster m. ‖〜団 gang m.

キャンセル annulation f. ‖〜する annuler.

キャンデー bonbon m.

キャンドル bougie f; chandelle f; lampe f de chevet.

キャンパー campeur(se) m(f).

キャンパス campus m.

キャンピング camping m. ‖〜カー caravane f; auto(s)-caravane(s) f; camping-car [kãpiŋkar].

キャンプ camping m; camp m; bivouac m. アルプス山中で〜を張る faire un camp dans les Alpes. 〜をとり払う lever le camp; décamper. ‖〜生活 vie f de camp; camping. 〜生活をする camper; bivouaquer; faire un camp, 《軍》 cantonner. 〜場 terrain m de camping; camp; campement m. 〜ファイヤー feu(x) m) de camp.

ギャンブル ⇒ かけ(賭), ばくち(博打).

キャンペーン campagne f. 〜を繰広げる lancer une campagne pour (contre). ‖ [商品の] 集中〜 matraquage m publicitaire.

きゅう 杞憂 souci m inutile; vaine inquiétude f. 〜を抱く s'inquiéter sans raison. 僕の心配は〜にすぎなかった Mes inquiétudes se sont révélées vaines.

きゅう 急 †hâte f; imminence f; urgence f; alerte f; †alarme f. 〜を知らせる donner l'alarme (l'alerte); alerter; sonner le tocsin. 警察(救助班)に〜を知らせる alerter la police (les secours). 〜を要する urgent. 事態は〜を要する La situation est très grave (critique). 修復は〜を要する La réparation est urgente./Cela a besoin d'une réparation immédiate. ¶〜な [突然の] soudain; subit; brusque; [緊急の] urgent; pressant; pressé; [急速な] rapide; [急勾配の] raide. 〜な帰国 retour m brusque (hâtif). 〜な場合 en cas d'alerte; [緊急の] en cas d'urgence. 〜な山 montagne f abrupte (à pic). 〜な傾斜 pente f repide (escarpée, raide, forte). 〜な坂 raidillon m. 〜な流れ [courant m] rapide m. 〜に駆けだす se mettre à courir brusquement (tout à coup, à la hâte, à l'improviste). 誰しも〜に学者になれるわけはない On ne s'improvise pas savant. 〜に止まる(曲がる) s'arrêter (tourner) court. ‖〜角度 angle m aigu. 〜角度に曲る tourner brusquement. 〜停車 arrêt m brusque. 〜テンポ tempo (rythme) m rapide. 〜で sur un rythme (tempo) rapide. 〜で展開する se dérouler rapidement.

きゅう 灸 cautérisation f; moxa m. 〜をすえる cautériser; appliquer un moxa à.

きゅう 球 balle f; boule f; globe m; [小さな] globule m; [球体] sphère f; [電球など] ampoule f. ‖〜な rond; globulaire; globuleux (se). ‖〜体 globe m; [幾何学] sphère f.

きゅう 級 classe f; grade m; catégorie f; rang m; ordre m. [初〜 classe élémentaire. フライ(フェザー, ライト, ミドル, ヘビー)〜 [classe] poids m mouche (plume, légers, moyens, lourds). フライ〜の選手 poids mouche. 第一〜の人 personne f de premier ordre. 二〜の作品 œuvre f de second ordre.

きゅう 旧 ¶〜の ancien(ne); vieux (vieille); passé. 〜5フラン 5 anciens francs ¶〜型の車 voiture f de vieux modèle. 〜年同様 comme par le passé.

きゅう 九 neuf m.

キュー [玉撞き] queue f. ‖〜架 appui(s)-queue m.

ぎゆう 義勇 ‖〜兵 volontaire mf. 〜兵制度 volontariat m.

きゅうあい 求愛 ‖〜する faire la cour à qn; courtiser qn; poursuivre l'amour de qn.

きゅうあく 旧悪 ancien péché m (méfait m, crime m). 〜を暴露する dévoiler (révéler) un crime du passé.

キューアンドエー Q&A questions-réponses fpl.

きゅういん 吸引(飲) absorption f; succion f; aspiration f; respiration f. ¶〜する [液体

ぎゅういんばしょく を] absorber; sucer; [気体を] respirer; aspirer; ʰhumer. ‖ ～力 force f d'aspiration.

ぎゅういんばしょく 牛飲馬食 gloutonnerie f; gueuleton m. ‖ ～する manger comme un ogre et boire comme un trou; 《俗》faire un gueuleton; gueuletonner.

きゅうえん 休演 relâche f. ‖ ～する faire relâche. ‖ ～日 jour m de relâche.

きゅうえん 救援 secours m; aide f; appui m; [救援活動] sauvetage m; [援助] assistance f; soutien m. ‖ ～する porter (prêter) secours (aide) à; aider qn; secourir qn;《軍》envoyer des renforts. ‖ ～作業 sauvetage m. ～艇 canot m de sauvetage. ～物資 secours mpl.

きゅうおん 旧恩 ‖ ～に報いる répondre à une ancienne faveur.

きゅうか 休暇 congé m; repos m; [長期の] vacances fpl. ‖ ～を与える donner congé. ～を取る prendre congé. 勝手に一週間の～を s'octroyer huit jours de congé. ‖ ～中である en congé. ～で[遊びに]出かける partir en vacances. 病気～ congé de maladie. 有給～ congés payés. 長期・[夏期の] grandes vacances.

きゅうか 旧家 vieille famille f; maison f (famille f) de vieille souche. ‖ ～の出である être d'une vieille famille.

きゅうか 毬果 conifères mpl.

きゅうかい 休会 prorogation f; fermeture f. ‖ ～する proroger. 会議はこれから2日間だけ～されます On suspend la séance pour deux jours.

きゅうかく 嗅覚 odorat m; [犬などの] flair m. ～[作用] olfaction f. ‖ ～が鋭い avoir du flair (du nez). ‖ ～[作用]の olfactif(ve).

きゅうがく 休学 interruption f d'études scolaires (universitaires). ‖ 2年間～する interrompre ses études pendant 3 ans.

きゅうかざん 休火山 volcan m dormant.

きゅうかん 休刊 ‖ 明日は新聞は～だ Demain il n'y a pas d'édition. ～する suspendre la publication. ‖ ～日 jour m férié.

きゅうかん 休館 fermeture f; [掲示]《Fermé.》; [劇場]《Relâche.》 美術館は火曜日～です Le musée ferme le mardi.

きゅうかん 急患 urgence f; cas m urgent.

きゅうかんち 休閑地 [champ m en] jachère f; friche f; guéret m. ‖ ～にする mettre la terre en jachère.

きゅうかんちょう 九官鳥 mainate m.

きゅうき 吸気 souffle m aspiratoire.

きゅうぎ 球戯 jeu(x) m de balle (boule).

きゅうきゅう 救急 ‖ ～患者 urgence f. ～車 ambulance f. ～箱 boîte f de secours.

きゅうきゅう 汲々 ‖ ～としている être soucieux(se) de inf; ne penser qu'à inf (qc.).

きゅうぎゅう 九牛 ‖ ～の一毛 toute petite quantité f; quantité négligeable (infime). ～の一毛にすぎない C'est une goutte d'eau dans l'océan (la mer).

ぎゅうぎゅう ‖ ～いう目に会わせる réprimander qn; donner (passer) un savon à qn; attraper qn. ～いう目に会わされる recevoir un bon savon. ‖ ～詰めである être serré(e)s [comme des harengs, comme des sardines]. バスは～詰めだ L'autobus est plein (bondé).

きゅうきょ 急遽 ‖ ～かけつける accourir en toute (grande) hâte; accourir avec précipitaion (précipitation); se précipiter.

きゅうぎょう 休業 [工場] fermeture f; [労働者] chômage m. ‖ 臨時～ fermeture (chômage) temporaire. ～中である [工場] être fermé; [労働者] être en chômage (sans travail).

きゅうきょく 嬉遊曲 divertissement m.

きゅうきょく 究極 ‖ ～の ultime; final; dernier(ère); essentiel(le). ～の所 en fin de compte; au bout (à la fin) du compte; tout compte fait; finalement.

きゅうきん 球菌 microcoque m; micrococcus m.

きゅうくつ 窮屈 gêne f; incommodité f. ‖ ～な gênant; incommode; gêné; étriqué; étroit; [着物・靴] trop juste. ～な部屋 chambre f (idée f) étroite. ～である se gêner; être mal à l'aise; être gêné aux (dans les) entournures. 規則が厳しくて～だ On se sent à l'étroit dans ce règlement trop strict. 彼は三つ揃いを着て～そうだ Il a l'air mal à l'aise dans son complet-veston.

きゅうけい 休憩 repos m; récréation f; délassement m; [一時の] pause f; [幕間の] entracte m. ‖ ～する prendre (se donner) du repos; se reposer; prendre une récréation; [一時的に] faire une pause. ‖ ～時間 [heure f de] récréation.

きゅうけい 求刑 réquisition f. ‖ ～する requérir [une peine]. 検事は被告に3年の禁固 (死刑) を～した Le procureur a requis trois ans de prison (la peine de mort) contre l'accusé.

きゅうけい 球形 sphère f. ‖ ～の sphérique.

きゅうげき 急激 ‖ ～な [très] rapide; soudain; brusque; instantané; subit; [突発的] foudroyant. ～な苦しみ douleur f éclair. ～な進歩 progrès m fulgurant. ～な変化 changement m brusque; volte-face $f inv$. ～な運動は避けるべきだ Il faut éviter tout mouvement violent. ‖ ～に [très] rapidement; soudainement; brusquement; instantanément; subitement. ～さ soudaineté f; rapidité f.

きゅうけつき 吸血鬼 vampire m; strige f; sangsue f; goule f.

きゅうご 救護 ‖ ～する sauver; secourir; porter (prêter) [du] secours à. ‖ ～所 poste m de secours; [老人, 旅人の] hospice m. ～所に入れる hospitaliser qn. ～班 secours mpl. ～班員 secouriste mf.

きゅうこう 休校 fermeture f [de l'école]; congé m. ‖ ～する fermer provisoirement l'école. ‖ 学校は臨時～だ L'école est fermée provisoirement.

きゅうこう 休耕 jachère f. ～にする laisser la terre en jachère. ‖ ～地 [terre f en] jachère f; guéret m.

きゅうこう 休講 suspension f du cours. ‖

きゅうこう ～する[教授が] suspendre le cours. 今日は先生が病気のため化学の授業は～だった Le cours de chimie n'a pas eu lieu aujourd'hui à cause de la maladie du professeur.

きゅうこう 急行[電車] [train m] express m. ¶～する brûler les étapes; faire un saut chez (dans); se hâter vers; aller en hâte. ～の express. ‖特別～ rapide m. パリ・ボルドー特別～ le rapide Paris-Bordeaux. 特別～の rapide.

きゅうこう 旧交 ～を温める renouer [amitié] avec qn; reprendre des relations interrompues.

きゅうごう 糾合 ralliement m; rassemblement m. ¶～する rallier; rassembler; associer; réunir; regrouper.

きゅうこうか 降下 descente f piquée; piqué m. ¶～する descendre en piqué; piquer du nez. ～で en piqué. ‖～爆撃 bombardement m en piqué.

きゅうこうばい 急勾配 pente f rapide (raide).

きゅうこく 急告 avis m important; information f urgente.

きゅうこく 救国 ¶～の英雄 grand sauveur m de la patrie; †héros m patriotique. ‖～精神 patriotisme m.

きゅうごしらえ 急拵え ¶～の fait à la hâte. ～の山小屋 cabane f fabriquée hâtivement; cabane de fabrication hâtive.

きゅうこん 求婚 proposition f [de mariage]; demande f [en mariage]. ¶娘に～する demander une jeune fille [en mariage]; demander la main d'une jeune fille; faire des propositions à une jeune fille. ‖～者 prétendant(e) m(f).

きゅうこん 球根 bulbe m; oignon m; [ニンニク, ニラなどの] gousse f. ニンニクの～ gousse f d'ail. ～状の bulbiforme. ‖～栽培 bulbiculture f. ～植物 plante f à bulbes.

きゅうさい 休載 suspension f [d'article]. ¶記事を～して翌日に回す suspendre l'article et le remettre au lendemain.

きゅうさい 救済 salut m; secours m; aide f; sauvetage m; assistance f. ¶～する aider; porter secours (remède) à; assister; remédier à; sauver. ～出来る remédiable. ～不能の irrémédiable. ‖～事業 assistance f sociale. ～事業 patronage m. ～者 sauveur m (salvatrice f, sauveuse f).

きゅうさく 旧作 ancien ouvrage m.

きゅうし 臼歯 [dent f] molaire f. ‖大～ grosses molaires. 第三～ troisième molaire.

きゅうし 休止 pause f; arrêt m; relâche mf; stop m; [中断] interruption f; trêve f; suspension f; [休息] repos m; [停止] halte f; cessation f; [合間] intervalle f. ¶～する faire une pause; s'arrêter; stopper; [停止する] faire halte; cesser; [休息する] se reposer. ‖～符 ⇒ きゅうふ (休符).

きゅうし 急使 exprès m; messager(ère) m(f) exprès(esse) f; [軍] estafette f. ～を派遣する envoyer une estafette (un courrier chargé d'une dépêche).

きゅうし 急死 mort f soudaine (subite, imprévue). ¶～する mourir subitement (soudainement); mourir de mort soudaine (accidentelle).

きゅうし 旧師 son ancien maître (professeur).

きゅうし 九死 ¶～に一生を得る échapper de justesse à la mort certaine; l'échapper belle.

きゅうじ 給仕 [行為] service m; [人] serveur (se) m(f); garçon m [酒倉係る] sommelier m; [ホテルの] garçon m; groom m. ‖～頭 maitre m d'hôtel.

きゅうしき 旧式 ancien (vieux) modèle m; ancienne (vieille) mode f. ¶～な ancien (ne); vieux (vieil, vieille); antique; démodé; [pré]historique. ～な考え idée f surannée (vieillotte). 彼女は親切だがちょっと～だ Elle est gentille mais un peu vieux jeu.

きゅうしつ 吸湿 ‖～機 humidificateur m. ～性の hydrophile.

きゅうじつ 休日 [jour m de] congé m; [法律, 宗教で定めた] jour m férié.

きゅうしゃ 厩舎 écurie f.

きゅうしゃ 鳩舎 colombier m; pigeonnier m.

ぎゅうしゃ 牛舎 étable f; vacherie f; bouverie f.

きゅうしゃめん 急斜面 escarpement m; pente f rapide; versant m en pente raide; talus m escarpé. ¶～の raide; escarpé.

きゅうしゅ 鳩首 ‖～協議する tenir chapitre; se rassembler pour délibérer.

きゅうしゅう 吸収 absorption f; assimilation f; digestion f. ¶～する absorber; assimiler; digérer. ～される s'absorber. 再～ résorption f. 再～する résorber. ～性の absorbant; absorpti(ve). ～力 absorptivité f. ～剤 absorbant m.

きゅうしゅう 急襲 attaque f brusque (brusquée); assaut m; offensive f brusque; charge f. ¶～する attaquer brusquement; assaillir; se ruer sur; s'élancer sur.

きゅうしゅう 旧習 vieilles mœurs fpl; vieille coutume f (convention f); ancienne tradition f; routine f. ～を捨てきれずにいる être esclave de la routine. ～を脱する sortir de l'ornière.

きゅうじゅう 九十 quatre-vingt-dix m.

きゅうしゅつ 救出 secours m; sauvetage m. ‖～作業 sauvetage m. ～班 sauveteurs mpl.

きゅうじゅつ 弓術 ⇒ きゅうどう(弓道).

きゅうしょ 急所 point m sensible (névralgique); [point m] vif m; talon m d'Achille. それが彼の～だ C'est son point sensible./C'est là où le bât le blesse./C'est le défaut de son armure. ～を打つ toucher juste; frapper juste; atteindre (blesser, toucher, piquer) au vif. ～を突かれる être piqué au vif. 弾は～を外れた La balle n'a pas atteint les parties vitales.

きゅうじょ 救助 [救援] secours m; sauvetage m; renfort m; [援助] aide f; appui m.

きゅうしょう assistance f; soutien m. ¶～する sauver; secourir; porter [du] secours; envoyer des renforts. ‖水難～ sauvetage m. ~扉 porte f de secours. ~口 issue f (sortie f) de secours. ~船 bateau(x) m (canot f, chaloupe f) de sauvetage. ~梯子 échelles fpl de sauvetage.

きゅうしょう 旧称 ancien nom m.

きゅうじょう 休場 absence f. ¶～する être absent de; ne pas venir (se présenter); s'absenter de. ‖～者 absent(e) m(f).

きゅうじょう 宮城 palais m impérial; résidence f impériale (de l'empereur).

きゅうじょう 弓状 ¶～の arqué; courbe; cambré.

きゅうじょう 球状 ¶～の rond; globuleux (se); globulaire; sphérique; en boule. ~に en boule.

きゅうじょう 窮状 misère f; situation f (condition f) difficile; embarras m; difficulté f; extrémité f. ~を訴える se plaindre de ses difficultés [financières]. ~を救う tirer qn d'embarras.

きゅうじょうしょう 急上昇 ¶物価が～している Les prix montent en flèche. 飛行機が～した L'avion s'est cabré./L'avion a pris rapidement de l'altitude.

きゅうしょく 休職 non-activité f; disponibilité f; inactivité f. ~を命ぜられる être mis en non-activité (disponibilité, inactivité). ¶～中の disponible; en inactivité.

きゅうしょく 求職 demande f d'emploi. ¶～する demander (postuler) un emploi. ‖～者 postulant(e) m(f). 求人より～者の方が多い Il y a plus de demandes que d'emplois. ~欄 petites annonces fpl.

きゅうしょく 給食 aliment m fourni collectivement aux élèves; ration f alimentaire. ¶～する fournir des aliments aux élèves; nourrir les élèves [aux frais de l'Etat]. ~費を払う payer sa demi-pension.

きゅうじる 牛耳る dominer; régner sur; régenter; mener. 全てを牛耳ろうとする vouloir tout régenter. 牛耳られる se laisser dominer par qn.

きゅうしん 休診 ¶本日は～です Le médecin ne reçoit pas aujourd'hui. ‖～日 jour m sans consultations.

きゅうしん 急進 ¶～的[な] radical(aux). ~的に radicalement. ‖～党員 radical(aux) m; extrémiste mf. ~主義 radicalisme m; extrémisme m. ～社会主義 radical-socialisme m. ～社会主義者 radical-socialiste mf. ～社会党 Parti m Radical-Socialiste.

きゅうしん 求心 ¶～的[な] centripète. ‖～力(運動) force f (mouvement m) centripète.

きゅうしん 球審 arbitre m du base-ball.

きゅうじん 求人 offre f d'emploi; [掲示] «Ici, on embauche»; «Offres d'emploi». ¶～広告を出す annoncer une offre d'emploi.

きゅうじん 旧人 [考古学] Homo [sapiens] neanderthalensis.

きゅうじん 九仞 ¶～の功を一簣に欠く échouer en vue du port; faire naufrage [en arrivant] au port.

きゅうす 急須 théière f.

きゅうすい 給水 aspiration f de l'eau./[行為] distribution f (alimentation f, adduction f) d'eau; [水] eau f d'alimentation. ¶～する distribuer (alimenter, fournir) de l'eau; [船が] s'approvisionner en eau douce; aller à l'aiguade. ‖～管 tuyau(x) m d'amenée./tuyau m d'aspiration. ～車 camion(s)-citerne(s) m. ～場 fontaine f ～船 bateau(x)-citerne(s) m. ～塔 château(x) m d'eau. ～ポンプ pompe f aspirante. ~路 canal(aux) m d'amenée; adducteur m hydraulique; aqueduc m. ‖ ［動物用の]～ abreuvoir m; [船舶用の]~ aiguade f./[サイフォン] siphon m.

きゅうすう 級数 progression f. ¶～の progressionnel (le). ‖ 等差～ progression arithmétique. 等比～ progression géométrique.

きゅうする 窮する être à bout de qc; en être [réduit] aux expédients. 金に～ être à court d'argent; être dans le besoin (sans le sou). 返事に～ ne savoir que répondre. 策に～ être à bout de ressources; ne savoir que faire.「窮すれば通ず」«Nécessité est mère d'invention.»

きゅうする 給する distribuer; répartir; rationner; allouer; accorder; attribuer. 国はこの学者にわずかの金額しか給していない L'Etat n'alloue qu'une faible somme d'argent à ce savant.

きゅうせい 急性 ¶～の aigu(ë). ～の病気 maladie f aiguë. ~発作 crise f aiguë. ～肺炎 pneumonie f aiguë.

きゅうせい 急逝 ⇒ きゅうし(急死).

きゅうせい 救世 ¶～軍 l'Armée f du Salut. ~主 Messie m; Sauveur m; Christ m; Sauveur m du monde; Rédempteur m; Notre sauveur m.

きゅうせい 旧制 régime m (système m) ancien. ¶～の ancien; de régime ancien. ‖~高校 lycée m supérieur d'ancien système.

きゅうせい 旧姓 ancien nom m; [結婚前の] nom m de jeune fille. X 夫人、～Y さん Madame X, née Y.

きゅうせかい 旧世界 l'ancien monde m.

きゅうせき 旧蹟(跡) vestiges fpl; ancien monument m; vieille enceinte f.

きゅうせっき 旧石器 ¶～[時代の] paléolithique. ‖～時代 paléolithique m. ~人 paléolithique m.

きゅうせん 休戦 armistice m; trêve f; cessation f des hostilités; arrêt m des combats; cessez-le-feu m. ~を画策する négocier le cessez-le-feu. ¶～する cesser les hostilités (le feu). ‖~条約 traité m d'armistice.

きゅうせんぽう 急先鋒 ¶政府攻撃の～に立つ être à la tête du combat antigouvernemental.

きゅうそ 窮鼠 ¶「～猫をかむ」Le cerf aux

きゅうそう abois mord les chiens. それは〜猫をかむというものだ C'est le dernier sursaut d'un cerf aux abois.

きゅうそう 急送 envoi *m* (expédition *f*) en urgence. ¶〜する envoyer (expédier) sans délai (en hâte, d'urgence).

きゅうぞう 急増 croissance *f* (augmentation *f*) rapide. ¶〜する se multiplier (augmenter) rapidement; exploser. ¶人口〜地帯 région *f* à forte expansion démographique.

きゅうぞう 急造 construction *f* hâtive; [いいかげん] bâclage *m*. ¶〜する construire (bâtir, faire) hâtivement (à la hâte); [いいかげんに] expédier sans soin; bâcler. 〜の論文 thèse *f* bâclée.

きゅうそく 休息 repos *m*; pause *f*; détente *f*; [眠り] sommeil *m*; [気晴し] récréation *f*; délassement *m*. ¶〜する se reposer; faire une pause; se délasser; se détendre; prendre du repos; se récréer. 〜しないで働く travailler sans relâche (répit).

きゅうそく 急速 ¶〜な rapide; prompt; brusque. 〜な進歩 progrès *m* rapide. ¶〜に rapidement; promptement; brusquement; avec rapidité (promptitude). 〜に進歩する faire un progrès sensible. 〜過ぎる発展 développement *m* hâtif.

きゅうたい 球体 boule *f*; globe *f*; [小さい] globule *m*; 《数》 sphère *f*. ¶〜の rond; sphérique; globulaire; globuleux(se).

きゅうたい 旧態 〜依然としている s'obstiner dans la routine (l'ornière); persévérer dans *ses* errements. 村は〜依然としている Le village est toujours le même. 〜依然とした精神 esprit *m* routinier.

きゅうだい 及第 ¶〜する réussir (être reçu) à; être admis. 試験 (バカロレア) に〜する passer l'examen (passer le bachot). 〜だ! Admis!/Reçu! 彼は〜まず〜だろう Il peut être admis. 彼はこれが出来たら〜だ S'il peut faire cela, ça passe! ¶〜点 note *f* (mention *f*) admissible (passable).

きゅうたいせい 旧体制 l'ancien régime *m*.

きゅうたいりく 旧大陸 l'ancien monde *m*.

きゅうだん 糾弾 accusation *f*; réprobation *f*. ¶〜する accuser *qn* de; réprouver *qc*; blâmer *qc* (à *qc* de *qc*); reprendre *qc*.

きゅうち 窮地 〜に陥る tomber dans une situation difficile; s'embourber; être dans un merdier (aux abois, acculé, dans de beaux draps); aboutir à (se trouver dans) une impasse. 〜に追い入れる acculer; mettre au pied du mur. 〜を脱する se tirer (sortir) d'un mauvais pas; se tirer (être hors) d'affaire; se tirer (sortir) d'un bourbier.

きゅうち 旧知 ¶私達は〜の間柄です Nous nous connaissons depuis longtemps./Nous sommes de vieux amis.

きゅうちゅう 宮中 cour *f* [impériale].

きゅうちょう 級長 responsable *mf* de la classe.

きゅうつい 急追 poursuite *f* acharnée (enragée). ¶〜する poursuivre *qn* avec acharnement (rage); poursuivre *qn* de très près; se lancer à la poursuite de *qn*.

きゅうてい 休廷 vacations *fpl* judiciaires; suspension *f* de l'audience. 「〜を宣します」 «L'audience est suspendue.» 法廷は3日から5日まで〜です Le tribunal vaquera du 3 au 5. 〜中です [長期] Les tribunaux sont en vacances.

きゅうてい 宮廷 cour *f*; 〜の貴族 hommes *mpl* (gens *mpl*) de cour. ¶〜人 courtisan (e) *m(f)*; [集合的で] la cour.

キューティクル cuticule *f*.

きゅうていしゃ 急停車 arrêt *m* brusque. ¶〜する s'arrêter court (brusquement, pile).

きゅうてき 仇敵 ennemi *m* juré (déclaré, héréditaire).

きゅうてん 急転 virage *m* brusque; changement *m* brusque (imprévu); évolution *f* rapide. ¶〜する tourner brusquement; évoluer rapidement. ¶〜直下解決に向う évoluer vers une solution rapide.

きゅうでん 宮殿 palais *m*; résidence *f* somptueuse (royale, impériale); [トルコの] sérail *m*.

キュート ¶〜な mignon(ne). *m(f)*. あの娘はとっても〜だ Elle est très mignonne.

きゅうとう 急騰 montée *f* en flèche; †hausse *f* brusque; bond *m*; boom *m*. ¶〜する monter en flèche; marquer une hausse brusque; grimper brusquement. 株式相場は〜した La Bourse a fait un bond. 〜している être en hausse spectaculaire.

きゅうとう 旧套 ¶〜を墨守する persévérer dans *ses* anciens errements; suivre la routine; s'enliser dans l'immobilisme. 〜を脱する sortir de l'ornière.

きゅうとう 弓道 ¶〜をやる pratiquer le tir à l'arc. ¶〜家 archer *m*; tireur *m* à l'arc.

きゅうどう 求道 quête *f* de l'idéal humain. ¶〜者 personne *f* qui cherche la vraie voie.

きゅうどう 旧道 ancienne route *f* (voie *f*); ancien chemin *m*.

ぎゅうとう 牛刀 ¶〜で鶏を割くに〜を用う employer de grands moyens pour une petite fin.

きゅうとうき 給湯器 chauffe-eau *m inv*.

きゅうなん 救難 sauvetage *m*; secours *m*. ¶〜活動 sauvetage. 災害者の〜活動 sauvetage des sinistrés.

ぎゅうにく 牛肉 [viande *f* de] bœuf *m*. 〜の焼肉 rôti *m* de bœuf. 〜を食う manger du bœuf.

ぎゅうにゅう 吸入 aspiration *f*; 《医》 inhalation *f*. ¶〜する aspirer; 《医》 inhaler; faire une (des) inhalation(s). 酸素 (クロロフォルム) 〜 inhalation d'oxygène (de chloroforme). 〜器 [appareil *m*] inhalateur *m*. 酸素〜器 inhalateur d'oxygène.

ぎゅうにゅう 牛乳 lait *m*. 卵入りの〜 lait de poule. ¶〜の laitier(ère). ¶コーヒー〜 café *m* au lait. 生〜 lait cru (bourru). 〜屋 [人] crémier(ère) *m(f)*; laitier(ère) *m(f)*; [店] crémerie *f*; laiterie *f*. 〜配達人 laitier(ère) *m(f)*. ~比重計 lacto-densimètre *m*. ~療法 régime *m* lacté (de lait). ~療法をする se mettre au régime de lait.

きゅうは 急派 ¶特派員を~する dépêcher un envoyé spécial.

きゅうは 旧派 école *f* (secte *f*) ancienne. ~と新派[の人々] les anciens et les modernes.

きゅうば 急場 ¶~に備える parer au plus urgent. ~の処置 palliatif *m*; expédient *m*. ~の処置を講ずる prendre des palliatifs. ~の間に合せに, この箱をテーブル代りにしよう A la guerre, comme à la guerre, cette caisse va nous servir de table. ~を凌ぐ pallier une difficulté; sortir (se tirer) d'un mauvais pas. ~を救う tirer *qn* d'un mauvais pas.

きゅうば 牛馬 ¶~の如くこき使われる se laisser malmener (maltraiter) comme les bêtes.

きゅうはいすい 給排水 canalisation *f* d'eau. ¶~設備 conduite *f* d'eau. ~設備を設ける canaliser *qc*.

きゅうはく 急迫 imminence *f*; urgence *f*. ¶~した imminent; urgent; pressant.

きゅうはく 窮迫 ⇨ きゅうじょう(窮状), きゅうち (窮地).

きゅうばん 吸盤 [動物などの] ventouse *f*; [蛸, 植物などの] suçoir *m*. 蛭の~ ventouse des sangsues.

きゅうひ 厩肥 fumier *m*.

きゅうひ 給費 bourse *f* [d'études]. ~を受ける recevoir une bourse. ¶~生 boursier(ère) *m(f)*. ~生試験 concours *m* de bourses.

キュービズム cubisme *m*. ¶~[派]の cubiste. ~派 cubiste *mf*.

キューピッド Cupidon *m*.

きゅうびょう 急病 maladie *f* aiguë. ¶~人 cas *m* urgent.

きゅうふ 休符 silence *m*. ¶全~ pause *f* [valant une mesure]. 2分~ demi-pause(s) *f*. 4分~ soupir *m*. 8分~ demi-soupir(s) *m*. 16(32)分~ quart *m* (huitième *m*) de soupir.

きゅうふ 給付 allocation *f*; prestation *f*. ¶~する allouer; attribuer; accorder. ~金 allocation *f*. 家族~ allocations (prestations) familiales. 現物~ prestations en nature.

きゅうぶん 旧聞 ¶それは~に属する Ce n'est pas une nouvelle.

きゅうい 旧夢 routine *f*; misonéisme *m*; traditionalisme *m*; vieux errements *mpl*. ~を墨守する suivre la routine; persévérer dans ses [vieux] errements. ¶~な routinier(ère); arriéré; misonéiste. ~な思想 idée *f* arriérée. ~な人 esprit *m* routinier.

きゅうへん 急変 changement *m* brusque; bouleversement *m*; révolution *f*. [思想, 信条の] virage *m* brusque; volte-face *f inv*; [容態の] détérioration *f*; [風向, 温度の] saute *f* [de vent, de température]. ¶~する évoluer (changer) brusquement; [容態が] se détériorer; [態度が] faire [une] volte-face; tourner casaque.

きゅうほ 牛歩 ¶~戦術 moyen *m* de retarder la vote.

きゅうほう 臼砲 mortier *m*.

きゅうほう 急報 information *f* urgente; alerte *f*; alarme *f*. ~を受ける recevoir un message urgent. ¶~する alerter *qn*; informer *qn* d'urgence; donner l'alarme à.

きゅうぼう 窮乏 disette *f*; misère *f*; indigence *f*; privations *fpl*; 〔俗〕 dèche *f*; débine *f*. ~に耐える supporter la misère; endurer les privations. ¶~生活を送る mener une vie de privations; vivre dans la détresse.

キューポラ fourneau(x) *m* de fonte; [工場] fonderie *f*.

きゅうみん 休眠 assoupissement *m*; engourdissement *m*; repos *m*; [冬眠] hivernage *m*. ¶~する s'engourdir; hiverner; se reposer.

きゅうむ 急務 devoir *m* urgent; affaire *f* pressante. 人間を教育することが目下の~である Il est actuellement imminent d'éduquer les hommes.

きゅうめい 救命 secours *m*; sauvetage *m*. ¶~具 appareil *m* de sauvetage. ~[胴の] gilet *m* (brassière *f*) de sauvetage. ~帯 ceinture *f* de sauvetage. ~艇 canot *m* (bateau *m*) de sauvetage.

きゅうめい 究明 éclaircissement *m*; élucidation *f*. ¶~する éclaircir; chercher à expliquer. 謎を~する élucider un mystère.

きゅうめい 糾明 ¶事態の~を計る chercher à élucider une affaire. 罪状[余罪]を~する enquêter sur le crime (d'autres crimes).

きゅうめん 球面 surface *f* sphérique. ¶~鏡 miroir *m* sphérique.

きゅうもん 糾問 interrogatoire *m*; investigation *f*. ¶~する soumettre *qn* à un interrogatoire; interroger *qn*; faire des investigations sur. ¶~委員会 〔宗教〕 tribunal (*uux*) *m* de l'Inquisition.

きゅうやく 旧約 ¶~聖書 l'Ancien Testament *m*.

きゅうゆ 給油 [機械] graissage *m*; huilage *m*; [自動車・飛行機] ravitaillement *m*. ~を受ける [飛行機など] se ravitailler; prendre de l'essence. ¶~する [機械] graisser; huiler *qc*; [自動車, 飛行機] ravitailler *qc*; fournir du carburant à. 満タンに~する faire le plein. ¶空中~ ravitaillement en vol. ~所 poste *m* d'essence; station(s)-service *f*. ~係 pompiste *mf*.

きゅうゆう 級友 camarade *mf* de classe; ami(e) *m(f)* de classe; 〔俗〕 copain *m* (copine *f*) de classe.

きゅうゆう 旧友 [昔の] ancien(ne) ami(e) *m(f)*; [昔からの] vieil(le) ami(e) *m(f)*.

きゅうよ 窮余 ¶~の一策 palliatif *m*; échappatoire *f*; subterfuge *m*. ~の一策を用いる user de subterfuge; recourir à un expédient.

きゅうよ 給与 allocation *f*; rétribution *f*; [俸給] salaire *m*; émoluments *mpl*; gage *f*; [月給] mensualité *f*; [召使いの] gages *mpl*; [公務員の] traitement *m*; [会社員の] appointements *mpl*; [医師, 弁護士, 教師の] honoraires *mpl*; [固定給] fixe *m*; [兵士の]

solde *f*. 高額(僅か)の~ fort (maigre) salaire. 今月は~が上った Je suis augmenté ce mois-ci. ~を受ける toucher *ses* appointements (*son* salaire) [*son* salaire] 基本~ salaire *m* de base. 現物~ prestation *f* en nature. 現金 ~ prestation en argent; allocation en espèce. ~受領者 salarié(e) *mf*. ~証明 feuille *f* de paye.

きゅうよう 休養 repos *m*; délassement *m*; récréation *f*; pause *f*. 彼には少し~が必要だ Il a besoin d'un peu de repos. ~をとる se reposer; se détendre; se délasser; se recréer; se refaire; [田舎で] se mettre au vert. ¶彼には~する暇もない Il n'a pas un moment de détente./Il n'a pas le temps de prendre l'air. ‖~日 jour *m* de repos.

きゅうよう 急用 affaire *f* urgente (pressante). ~の場合 en cas d'urgence.

きゅうらい 旧来 ~の séculaire; très vieux (vieille). ~の陋習を守る suivre une routine séculaire (de vieux errements).

きゅうらく 及落 ~判定会議 conseil *m* de classe. ~判定の結果 résultat *m* du conseil de classe.

きゅうらく 急落 baisse *f* (affaissement *m*, effondrement *m*, chute *f*) brusque. 株価の ~ effondrement des actions. ¶~する s'effondrer; baisser brusquement. 株価が~した Les actions se sont effondrées.

きゅうり 胡瓜 concombre *m*; [小さい] cornichon *m*.

きゅうりゅう 急流 torrent *m*; [courant *m*] rapide *m*; gave *f*. ~のような torrentiel(le); torrentieux(se). ~のように torrentiellement.

きゅうりょう 丘陵 collines *fpl*; coteau(x) *m*; élévation *f*; †hauteurs *fpl*. ‖~地帯 hauteurs *fpl*.

きゅうりょう 給料 ‖~日 jour *m* de paye. ⇒ きゅうよ(給与).

きゅうれき 旧暦 vieux calendrier *m*; calendrier julien.

ギュメ guillemet *m*.

キュラソー [リキュール] curaçao *m*.

キュリー 《物》 curie *m*.

キュリウム curium *m*.

キュロット [服] culotte *f*. ~をはく porter des culottes. ‖~スカート jupe(s)-culotte(s) *f*.

きよ 寄与 contribution *f*. ~する contribuer à.

きよ 毀誉 ‖~褒貶 les louanges *fpl* et les critiques *fpl*. 彼は人に対する~褒貶が甚しい Il est extrême dans ses louanges comme dans ses critiques. 彼に対する人の~褒貶が激しい Il a autant de partisans que de détracteurs.

きょ 居 ¶~を移す changer de logement (domicile); déménager. ~を構える s'installer; se fixer; s'établir; emménager.

きょ 虚 [不注意] inattention *f*; inadvertance *f*; [非現実] irréel *m*. ~と実 le réel et l'irréel. ~をつく surprendre *qn*; prendre *qn* au dépourvu. ~をつかれる être surpris; être pris au dépourvu.

きよい 清い pur; clair; limpide; [空などが] serein; [混り物がない] sans mélange; [汚点がない] sans tache; [潔白である] innocent. 彼らの交際は~ものだ Leurs relations ne donnent aucune prise à la critique./Leurs relations sont pures. あのことは清く忘れて友達になろう Passons l'éponge et restons amis.

きよう 器用 ¶~な habile; adroit; fin; astucieux(se). 大変~である avoir des doigts de fée; avoir le chic pour. ~に habilement; adroitement; finement; avec dextérité. ~さ habileté *f*; doigté *m*; adresse *f*; finesse *f*. chic *m*. ~さを要する仕事 affaire *f* qui demande du doigté. ‖~貧乏 Trop de talent nuit.

きよう 紀要 annales *fpl*; chronique *f*; bulletin *m*; [revue *f*] périodique *m*.

きよう 起用 désignation *f*; nomination *f*. ¶~する désigner; nommer. あるポストに~される être désigné pour un poste.

きよう 凶 mauvais sort *m* (augure *m*, présage *m*). 運勢は~と出た On a tiré un mauvais sort. ¶~の日(年) jour *m* (année *f*) néfaste.

きょう 卿 chancelier *m*; lord *m*. ‖大蔵~ [英国の] chancelier de l'Échiquier.

きょう 境 ~の土地 terre *f* (région *f*, contrée *f*) inhabitée. 我がチームは無人の~を行くが如く進んだ Notre équipe a gagné les mains dans les poches (les doigts dans le nez). 無我の~ détachement *m* (de soi-même). [恍惚] extase *f*. 無我の~に入る se détacher de soi-même.

きょう 興 ¶話に~が乗る La conversation s'anime (s'avive). ~がさめる Le intérêt s'est refroidi. ~に乗じて彼は一気にこの絵を描き上げた Porté par l'inspiration, il a achevé ce tableau d'une seule haleine. あなたの歌が会に一段の~を添えた Grâce à votre chanson, la réunion s'est animée d'un coup.

きょう 経 soûtra *m*; livre *m* sacré du bouddhisme. ~を唱える réciter (déclamer) *son* bréviaire; réciter des prières.

きょう 今日 aujourd'hui; 《俗》 au jour d'aujourd'hui. 先週の~ il y a aujourd'hui huit jours. 三年前の~ il y a trois ans jour pour jour. あれは去年の~のことだ Ça s'est passé il y a un an jour pour jour. ~か明日中に aujourd'hui ou demain; d'ici [à] demain. ~か明日かと待ち受ける l'attendre d'un jour à l'autre. ~から dès (à partir d') aujourd'hui. ~から土曜まで à partir d'aujourd'hui jusqu'à samedi. ~で 3 日[目]になる Aujourd'hui cela fait trois jours. ~の午後 aujourd'hui après-midi; cet après-midi. ~の料理[新聞] plat *m* du jour. ~は何日(何曜)ですか Le combien (Quel jour) sommes-nous aujourd'hui? ~は 5 日です Nous sommes le cinq aujourd'hui.

-きょう 強 ¶5 キロ~ un peu plus de 5 kilos.

ぎょう 業 ¶父の~を継ぐ succéder à *son* père dans *sa* profession (*son* métier); prendre la profession (le métier) de *son* père. ~を

ぎょう 行 ligne *f*; [詩] vers *m*. ～を変える mettre (aller) à la ligne. 「～を変えて」«A la ligne.» ¶一一おきに toutes les deux lignes. ¶四~詩 quatrain *m*; poème *m* de quatre vers. ～間をあき espacer les lignes. ～間を読む lire entre les lignes (en filigrane). ¶[修業] ascèse *f*. ～を積む pratiquer l'ascèse. ¶～者 ascète *mf*; anachorète *m*; cénobite *m*.

きょうあい 狭隘 ¶～な étroit; serré; étriqué; [精神] borné; mesquin; intolérant. ～な精神 esprit *m* intolérant.

きょうあく 凶悪 ¶～な féroce; cruel et brutal(aux); sanguinaire; inhumain. ～な犯罪 crime *m* atroce. ～犯人 criminel *m* capable de tout (sans scrupule).

きょうあつ 強圧 ¶～な oppressif(ve); autoritaire. ¶～的に oppressivement; autoritairement. ‖～策 mesure *f* oppressive; oppression *f*.

きょうあん 教案 plan *m* de cours.

きょうい 強意 renforcement *m*; intensité *f*. ¶～の [文法] tonique; intensif(ve). ‖～語 particule *f* intensive; intensif *m*.

きょうい 胸囲 tour *m* de poitrine. ～メートルある avoir 1 mètre de tour de poitrine. ～を測る prendre *son* tour de poitrine.

きょうい 脅威 menace *f*. ～となる constituer une menace. ～にさらされる être menacé; être sous la menace de *qc*.

きょうい 驚異 prodige *m*; miracle *m*; merveille *f*; surnaturel *m*. ¶～的な prodigieux(se); miraculeux(se); merveilleux(se); surnaturel(le). ～の目で avec *un* regard étonné. ～の目を見張る être très étonné (ahuri, ébahi); avoir les yeux grand ouverts.

きょういく 教育 éducation *f*; instruction *f*; enseignement *m*; [養成] formation *f*; [職業] apprentissage *m*. ～に身を捧げる se vouer à l'enseignement. ～を受ける faire ses études; aller à l'école. ¶～する éduquer *qn*; instruire *qn*; enseigner *qc* à *qn*; apprendre *qc* à *qn*; [養成] former *qn*. ～の éducatif(ve); instructif(ve). ～的見地から見れば au point de vue éducatif. ～のある instruit; cultivé; érudit. ～のある人 personne *f* instruite. 初等(中等, 高等, 職業)～ enseignement primaire (secondaire, supérieur, professionnel). 再～ rééducation *f*. [他人スての] rééducation *m*. 再～する rééduquer. ～委員会 commission *f* régionale d'éducation. ～映画 film *m* éducatif. ～界 enseignement *m*. ～界に入る entrer dans l'enseignement. ～学 pédagogie *f*. ～学の pédagogique. ～学部 faculté *f* de pédagogie et de l'instruction publique. ～施設 maison *f* d'éducation. ～者 éducateur(trice) *m(f)*; pédagogue *mf*; enseignant(e) *m(f)*; [集合的] corps *m* (personnel *m*) enseignant. ～法 pédagogie; méthode *f* pédagogique.

きょういん 教員 enseignant(e) *m(f)*; [集合的] corps *m* (personnel *m*) enseignant; [小学校] institut*eur*(*trice*) *m(f)*. ‖～室 salle *f* de professeurs. ～免状 CAP *m* (certificat *m* d'aptitude pédagogique). 中等～免状 CAPES *m* (certificat d'aptitude pédagogique à l'enseignement secondaire). ～免状取得希望者 capésien(ne) *m(f)*.

きょうえい 競泳 épreuves *fpl* de natation [sportive]. ‖～予戦 épreuve éliminatoire de natation.

きょうえい 共栄 prospérité *f* mutuelle. ‖ 共存～ coexistence *f* prospère.

きょうえきひ 共益費 charges *fpl* communautaires.

きょうえつ 恐悦 ¶～至極に存じます Je vous suis très reconnaissant./Je suis confus.

きょうえん 競演 concurrence *f* de spectacles. ¶～する se disputer le public [avec deux spectacles].

きょうえん 共演 ¶～する jouer ensemble. アラン・ドロンとジャン・ギャバンが～した映画 film *m* où Alain Delon et Jean Gabin ont tenu les premiers rôles.

きょうえん 饗宴 festin *m*; banquet *m*. ～を催す donner (faire) un festin; festoyer; festiner.

きょうおう 供応 accueil *m*; régal *m*. ¶～する régaler *qn*; offrir un bon repas à.

きょうか 強化 [筋肉, 土質, 国力などの] affermissement *m*; [補強] consolidation *f*; [体力, 精神力などの] raffermissement *m*; [軍事力などの] renforcement *m*; [空襲などの段階的] escalade *f*; intensification *f*. ¶～する fortifier; [r]affermir; intensifier; renforcer. 爆撃を～する intensifier le bombardement. 防備を～する consolider la défense. 爆撃が～された Le bombardement s'est intensifié. ‖～合宿 stage *m* intensif.

きょうか 教化 édification *f*; moralisation *f*; humanisation *f*; instruction *f*. オセアニア地方民の～ civilisation *f* des peuplades d'Océanie. ¶～する humaniser; civiliser; édifier; moraliser. 無学な者を～する éduquer les ignorants. ～的な édifiant; humanisant; illuminat*eur*(*trice*); moralisat*eur*(*trice*).

きょうか 教科 matière *f*; discipline *f*; [時間] leçon *f*. どの～も得意でない enfant *m* qui n'est doué(e) en aucune matière. ‖基礎(文科, 理科)～ disciplines *fpl* de base (littéraires, scientifiques). ～書 livre *m* (manuel *m*) scolaire.

きょうか 協会 association *f*; fondation *f*; société *f*. ～を設立する établir une fondation. ‖～員 membre *m* d'une association; [membre] associé.

きょうかい 境界 frontière *f*; limite *f*; bornes *fpl*; [生死の] confins *mpl*; [範囲] circonscription *f*. ～を設定する délimiter; borner; circonscrire; marquer la limite. 両国間の～を決める délimiter la frontière entre deux Etats. ‖領土～ circonscription territoriale. ～画定 délimitation *f*. ～設定 bornage *m*. ～石 borne *f*. ～石を置く planter (poser) une borne (un témoin).

きょうかい 境界 ligne *f* de démarcation (clivage); frontière; délimitation.

きょうかい 教会〘カト〙église *f* [catholique]; maison *f* de Dieu; [礼拝堂] chapelle *f*; [大寺院] basilique *f*; [大伽藍] cathédrale *f*; [洗礼堂] baptistère *m*; [祈祷所] oratoire *m*; [聖殿] sanctuaire *m*; 〘プロ〙église *f* [réformée]; [教会堂] temple *m*; [ユダヤ教] synagogue *f*; [イスラム教] mosquée *f*. ~の ecclésiastique. ‖ 原始~ église primitive. 分裂~ église *f* schismatique. ~法 droit *m* canon. ~分裂 schisme *m*.

ぎょうかい 業界 monde *m* des affaires. ‖ ~紙 journal(*aux*) *m* industriel.

ぎょうかいがん 凝灰岩 tuf *m* [volcanique]. ~でできた壁面 mur *m* en tuf.

きょうかいし 教誨師 aumônier *m* [d'une prison].

きょうかく 俠客 justicier *m*; [やくざ] gens *mpl* du milieu. ‖ ~物[映画] film *m* de cape et d'épée.

きょうかく 胸郭 thorax *m*; cage *f* thoracique. ~の thoracique.

きょうがく 共学 ¶~の mixte. ~の学校(クラス, 授業) école *f* (classe *f*, cours *m*) mixte.

きょうがく 驚愕 étonnement *m*; stupéfaction *f*; stupeur *f*; ahurissement *m*; ébahissement *m*. ~する s'étonner; être frappé de stupéfaction; être stupéfait (ébahi, renversé, ahuri, abasourdi); n'en pas revenir; en être (rester) bleu. このニュースを聞いて私は~した Cette nouvelle m'a stupéfié. ~させる stupéfier; consterner; abasourdir; épouvanter; effarer. ~すべき étonnant; stupéfiant; ahurissant; surprenant. ~する様 étonnamment.

ぎょうかく 仰角 [angle *m* d']élévation *f*.

きょうかたびら 経帷子 suaire *m*; linceul *m*.

きょうかつ 恐喝 chantage *m*. ~する faire chanter *qn*; exercer un chantage. ~者 maître(s)-chanteur(s) *m*.

きょうかん 共感 sympathie *f*. ~を誘う inspirer (attirer) la sympathie. ~を示す montrer (témoigner) de la sympathie à *qn*. ~を寄せる avoir de la sympathie pour *qn*; ressentir une sympathie pour *qn*.

きょうかん 凶漢 malfaiteur *m*. ~の刃に倒れる être d'un coup d'épée d'un malfaiteur.

きょうかん 教官 enseignant *m* d'un établissement public.

ぎょうかん 行間 interligne *m*. ~に記入する interligner *qc*; écrire dans les lignes. ~に書いたメモ notes *fpl* interlinéaires. ~をあける espacer les lignes. ~を読みとる lire entre les lignes (en filigrane).

きょうきゃく 俠客 [esprit *m* de] chevalerie *f*.

きょうき 凶器 arme *f* du crime. ~を持った犯人 criminel *m* armé.

きょうき 狂喜 délire *m*; exultation *f*; transport *m* [de joie]; ravissement *m*. ¶~する exulter; être transporté de joie; être aux anges (au septième ciel); être ravi (fou de joie). ~の涙 larmes *fpl* (pleurs *mpl*) de joie. 彼は~の余り我を忘れた Sa joie l'a transporté hors de lui. ‖ ~乱舞する délirer de joie.

きょうき 狂気 folie *f*; démence *f*; déraison *f*; [錯乱状態] délire *m*; frénésie *f*; 〘医〙aliénation *f* [mentale]. ~に至る devenir fou (folle); tomber en démence (frénésie). つい に彼の情熱は~に至った Sa passion a fini par lui troubler la raison. そんな事を考えるなんて~の沙汰だ Penser des choses pareilles, ça tient du délire. ¶~[のような] fou (fol, folle); démentiel(le). ~のように follement; à la folie; frénétiquement.

きょうき 狭軌 ‖ ~鉄道 chemin *m* de fer à voie étroite.

きょうぎ 競技 épreuve *f*; match(es, s) *m*; jeu(x) *m*; compétition *f*; [競走] course *f*; [トーナメント式] tournoi *m*. ~に参加する participer à une compétition. ~する jouer; faire un match; concourir. ‖オリンピック~ Jeux Olympiques. 水泳~ épreuves de natation. スキー~ compétition de ski. 団体~ sport *m* (jeu) d'équipe. 馬術~ épreuve d'équitation. ~会 compétition *f*; concours *m* sportif; [トーナメント式] tournoi *m*. ~者 joueur(*se*) *m*(*f*); coureur(*se*) *m*(*f*). ~場[陸上] stade *m*; terrain *m* de jeux; [競走] champ *m* (terrain) de courses.

きょうぎ 協議 délibération *f*; conseil *m*; conférence; [論議] discussion *f*; [相談] consultation *f*; [審議] examen *m*. ¶~する délibérer (discuter) sur *qc* avec *qn*; tenir conseil (conférence) avec *qn*; concerter *qc*; [集って] tenir chapitre sur *qc*; [共謀する] se concerter avec *qn*. それにつきましては、ただ今して おります En ce qui concerne cette affaire, nous sommes en train d'en discuter. ‖ ~案 plan *m* concerté. ~事項 article *m* à discuter.

きょうぎ 教義 doctrine *f*; [宗教] dogme *m*. ¶~上の dogmatique; doctrin*al(aux)*.

きょうぎ 狭義 sens *m* étroit (étroit, restreint, limité). ~で[は] au sens strict; stricto sensu; à (au pied de) la lettre.

ぎょうぎ 行儀 manières *fpl*; politesse *f*; tenue *f*. ~が良い avoir une bonne tenue; [子供の] être poli (sage, bien élevé). ~が悪い manquer de tenue. まあいや～だこと [皮肉] En voilà des manières! ~良くしなさい Tiens-toi bien! ~良く並ぶ se bien ranger [en ordre]. ‖他人に~だぞ Tu fais trop de manières. ~作法 étiquette *f*; règles *fpl* de la politesse; [公式行事] protocole *m*; [儀式] cérémonial *m*. ~作法を守る(に従う) observer (respecter) les bonnes manières. ~作法を知らない manquer de manières. ~作法に従って conformément aux règles.

きょうきゃく 橋脚 pile *f*.

きょうきゅう 供給 approvisionnement *m*; alimentation *f*; fourniture *f*; ravitaillement *m*; [経済] offre *f*. 水(石炭)の~ alimentation en eau (charbon). 食糧, 弾薬の~ ravitaillement en vivres et en munitions. 馬糧の~ fourniture du fourrage. ~が需要を上回っている L'offre dépasse la demande. ¶~する pourvoir *qn* de *qc*; fournir *qn* de (en) *qc*; fournir *qc* à *qn*; approvi-

きょうぎゅうびょう sionner qn de (en) qc; alimenter qc. 都会に肉を～する ravitailler les villes en viande. 近くの町に水を～する alimenter en eau les villes voisines. ‖～者 fournisseur m; pourvoyeur(se) m(f); approvisionneur(se) m(f). ～品 provision f; alimentation f; ravitaillement m; [集合] fourniture f. ～システム [ガソリンなど] mécanisme m d'alimentation.

きょうぎゅうびょう 狂牛病 encéphalopathie f spongiforme bovine (ESB); maladie f de la vache folle.

ぎょうぎょうしい 仰々しい ronflant; grandiloquent; [態度が] emphatique; cérémonieux(se); [儀式などが] pompeux(se); ostentatoire; fastueux(se); [肩書き等が] ronflant. ～な言葉 phrases fpl exagérées. ～な肩書きな題名 titre m ronflant. 仰々しく avec emphase (ostentation, cérémonie); cérémonieusement; fastueusement. 仰々しく着飾る se pomponner avec cérémonie. 仰々しさ ostentation f; apparat m; étalage m; faste f.

きょうきん 胸襟 ‖～を開く ouvrir son cœur à; épancher (décharger) son cœur; se confier à.

きょうく 教区 [カト] paroisse f; [司教区] diocèse m. ‖ ～ の paroissial(e)(aux); diocésain(e). ‖～民 paroissien(ne) m(f); diocésain m.

きょうぐう 境遇 [環境] milieu(x) m; climat m; ambiance f; [生活状況] condition f; situation f; [運] état m; destinée f. 悲しい～ triste situation (sort). 新しい～に順応する s'adapter à un nouveau milieu; s'acclimater. あの子の悪いのはこの～のせいだ Si cet enfant est mal élevé, c'est à cause de son milieu.

きょうくん 教訓 leçon f; précepte m; [教え] enseignement m; [寓話などの] morale f. 先生の～に従う suivre les préceptes de son maitre. ～を垂れる faire [de] la morale à; apprendre; enseigner. ～的な moral(aux); didactique. ～的小話 conte m didactique. ‖～談 conte moral; [寓話的] apologue m; fable f.

きょうげき 挟撃 ‖～する prendre qn dans un étau. ～される être pris entre deux feux.

きょうけつ 供血 ‖～する donner du sang. ‖～者 donneur(se) m(f) de sang.

ぎょうけつ 凝結 [血, 牛乳等の] coagulation f; caillement m. ～する se coaguler; [se] cailler; se figer.

ぎょうけつ 凝血 coagulation f (caillement m) du sang. ～する Le sang se coagule./Le sang [se] caille. ‖～剤 coagulant m [du sang].

きょうけん 強権 pouvoir m autoritaire. ～を発動する exercer (user d')un pouvoir [autoritaire].

きょうけん 教権 pouvoir m pontifical.

きょうけん 狂犬 chien(ne) m(f) enragé(e). ‖～病 [大] rage f; [人] hydrophobie f. ～病ワクチン vaccin m contre la rage. ～病にかかった [動物] enragé(e). ～病の(に関する) hydrophobique.

きょうげん 狂言 kyogen m; farce f à l'entre-acte du no. ‖～茶番～farce f. ～自殺 suicide m simulé.

きょうこ 強固 ‖～な fort; solide; vigoureux(se); [意志] ferme; [体] robuste. ～な意志と途中でくじけますA moins d'avoir une volonté à toute épreuve, ils échoueras en cours de route. ～にする [r]affermir; fortifier; solidifier. 精神を～にする tonifier l'esprit. ～になる s'affermir; se raffermir; se fortifier.

ぎょうこ 凝固 coagulation f; caillement m; solidification f; congélation f. ‖～する se coaguler; [se] cailler; se solidifier; se congeler; se figer. ‖～器 congélateur m. ～剤 coagulant m.

きょうごいん 教護院 maison f de correction.

きょうこう 凶行 crime m atroce; [殺人] crime m homicide m; attentat à la vie. ‖～に及ぶ se livrer à un attentat. ‖～現場 lieu(x) m (théâtre m) du crime.

きょうこう 強硬 ‖～な énergique; puissant; vigoureux(se); ferme; résolu; [非妥協的] intransigeant. ～な反対(抵抗) opposition f (résistance f) énergique. この件に関しては彼は～である Il est inflexible sur ce problème. ～に主張する affirmer qc obstinément. ～に反対する s'opposer fermement à. 彼は～に反対している Il tient ferme dans son opposition. ‖～論者 intransigeant(e) m(f).

きょうこう 強行 ‖～する faire qc à tout prix. 悪天候にもかかわらず遠足を～する faire un piquenique en dépit du mauvais temps. 何んでも～する人 personne f à tout oser. ‖法案を～採決する forcer le vote d'une loi. ～法案 loi f adoptée par force.

きょうこう 恐慌 panique f; crise f; affolement m. ～をもたらす jeter (semer) la panique; répandre la terreur. この知らせで彼らは～を来たした Ils ont été pris de panique à cette nouvelle./Cette nouvelle les a affolés. ‖経済～ crise économique.

きょうこう 教皇 ⇒ ほうおう(法王).

きょうごう 競合 concours m; concurrence f. ～する concourir; entrer en concurrence avec; aller (courir, marcher) sur les brisées (plates-bandes) de. ～している être en concurrence avec.

きょうごう 強豪 fort(e) m(f); joueur(se) m(f) redoutable.

きょうごう 校合 collation f; collationnement m. ‖～する collationner.

ぎょうこう 暁光 aurore f; aube f.

ぎょうこう 僥倖 aubaine f; †hasard m heureux; [俗] veine f; pot m. ～を頼みにする compter sur le hasard. 彼に会えたのは～だ C'était une veine de l'avoir rencontré.

きょうこう 強行軍 marche f forcée. ～で à grandes journées; à marches forcées.

きょうこく 峡谷 vallée f; gorge f; ravin m; [小さい] vallon m; [深い] combe f.

きょうこく 強国 puissance f. 世界の五大～

Les cinq grandes puissances du monde.
きょうこつ 胸骨 sternum *m*.
きょうさ 教唆 incitation *f*; provocation *f*; fomentation *f*. ¶～する inciter (provoquer, pousser, amener, entraîner) *qn* à *inf* (à *qc*). ¶～騒動 fomentation de troubles.
きょうさい 共済 mutualité *f*. ‖ ～組合 [société *f* de] mutualité; société de secours mutuels; 《俗》 mutuelle *f*. ～組合員 mutualiste *mf*.
きょうさい 恐妻 ‖彼は～家である Il se fait tout petit devant sa femme.
きょうざい 教材 matériel *m* pédagogique (scolaire).
きょうさく 凶作 mauvaise récolte *f*. 長年の～続きに農民は泣いている Les paysans souffrent d'une longue série de mauvaises récoltes. ～の年 année *f* de mauvaises récoltes. ～を予言する prophétiser de mauvaises récoltes.
きょうさく 狭窄 étranglement *m*; rétrécissement *m*; resserrement *m*. 器管の～ rétrécissement d'un organe. ‖ 胸部～ étranglement du thorax.
きょうざつぶつ 夾雑物 objet *m* hétéroclite; [鉱物] gangue *f*; [邪魔物] obstacle *m*.
きょうざまし 興醒まし décevant. ～な人 trouble-fête *m inv*; gêneur(se) *m(f)*; faiseur *m* d'embarras; 《俗》 casse-pieds *m inv*.
きょうざめ 興醒め déboires *mpl*; amertume *f*; déception *f*. ¶～な décevant. ～なことを言って jeter un froid. 彼の返事には全く～だった Sa réponse m'a beaucoup déçu. それでは～だ Alors, ça n'a plus d'intérêt.
きょうさん 共産 ‖ ～主義 communisme *m*. ～主義の communiste. ～主義者 communiste *mf*. ～主義革命 révolution *f* communiste. ～党 parti *m* communiste. ～圏諸国 pays *mpl* d'obédience communiste.
きょうさん 協賛 concours *m*; collaboration *f*. ～を得て avec l'aimable concours de. ¶～する prêter *son* concours (aide, appui) à.
きょうし 教師 [一般] enseignant(e) *m(f)*; [小学校] institut*eur(trice)* *m(f)*; maître(sse) *m(f)* d'école; [中学以上] professeur *m*; [乗・馬術] instructeur *m*; [スキーなどの] monit*eur(trice)* *m(f)* [de ski]. 体育専門の～ professeur d'éducation physique. 彼女は中学校の数学の～です Elle est professeur de mathématiques au lycée.
きょうじ 凶事 événement *m* maléfique [funeste]; événement de mauvais augure; [死] mort *f*.
きょうじ 教示 [教え] enseignement *m*; leçon *f*; [意見] conseil *m*; avis *m*; [指示] indication *f*; [情報] renseignement *m*. ¶～する enseigner (apprendre) *qc* à *qn*; montrer; indiquer; fournir un renseignement. 最善の方法を～を indiquer le meilleur moyen. 天国への道順を御～下さい Veuillez me montrer le chemin du paradis.
きょうじ 凝視 regard *m* fixe. ¶～する fixer les yeux sur; fixer *qc* (*qn*); regarder fixement. 彼はその物体を～した Ses yeux se

fixèrent sur cet objet. 彼女は長い間彼を～していた Elle le fixait longuement.
ぎょうじ 行司 arbitre *m* [de lutte japonaise].
ぎょうじ 行事 fête *f*; commémoration *f*; [儀式] cérémonie *f*. 1年の～ fête annuelle. 年～表 programme *m* annuel.
きょうしきこきゅう 胸式呼吸 respiration *f* thoracique.
きょうしきょく 狂詩曲 r[h]apsodie *f*. ‖リストのハンガリー～ *Rhapsodies hongroises* de Liszt.
きょうしつ 教室 classe *f*; salle *f* [de classe, d'études]; [階段式] amphithéâtre *m*. フランス語～ salle *f* de français; [大学の科] section *f* de français. 解剖～ amphithéâtre d'anatomie.
きょうしゃ 強者 fort(e) *m(f)*; puissant(e) *m(f)*. ～と弱者 les forts et les faibles.
きょうしゃ 業者 homme *m* de métier; [商人] commerçant(e) *m(f)*. ～関係の intéressé(e) *m(f)*.
ぎょうじゃ 行者 ermite *m*; anachorète *m*; ascète *mf*; cénobite *m*. ¶～の érémitique; anachorétique. ～の生活をする vivre en ermite (anachorète). ‖ ～暮し ascèse *f*; vie *f* anachorétique; érémitisme *m*.
きょうじゃく 強弱 [degré *m* d']intensité *f*. 音の～ intensité *f* du son.
きょうしゅ 教主 fond*ateur(trice)* *m(f)* d'une religion; [イスラム教] commandeur *m* des croyants.
きょうしゅ 興趣 ¶これらの絵を眺めていると～が尽きない Ces tableaux ne cessent d'offrir de l'intérêt.
きょうしゅ 拱手 ‖ ～傍観する rester les bras croisés; se croiser les bras.
きょうじゅ 享受 jouissance *f*. ¶～する jouir de.
きょうじゅ 教授 [行為] enseignement *m*; [人] professeur *m* [d'université]. ¶～する enseigner; professer. 数学を～する professer les mathématiques. ～らしい口振りで d'un ton professoral. ‖ 個人～をする(受ける) donner (prendre) des leçons particulières. 名誉～ professeur honoraire (honoris causa). ～資格 agrégation *f*. ～資格保持者 agrégé(e) *m(f)*. ～陣 corps *m* professoral (universitaire); personnel *m* enseignant.
ぎょうしゅ 業種 classement *m* des industries (professions). ‖ ～別ごとの(の) divisions industrielles (professionnelles).
きょうしゅう 強襲 attaque *f* en force; assaut *m*; charge *f* irrésistible. ¶～する attaquer en force; assaillir brusquement; faire un assaut brusque. 要塞を～して占領する forcer (prendre de force) un bastion.
きょうしゅう 教習 instruction *f*. ‖ 自動車～所 auto-école *f*. ダンス～所 école *f* de danse.
きょうしゅう 郷愁 mal *m* du pays; nostalgie *f*; souvenir *m* nostalgique. 彼女はあの時代に～を抱いている Il a la nostalgie de cette époque.
きょうしゅう 凝集 agrégation *f*. ¶～する s'agréger. ‖ ～力 force *f* d'agrégation.

きょうしゅく 恐縮 ¶～する être confus (confondu) de; être reconnaissant (obligé) de. ～です Je suis confus.

ぎょうしゅく 凝縮 condensation *f*; [圧縮] compression *f*. 水蒸気の～ condensation de la vapeur d'eau. ¶～する se condenser; [凝縮させる] condenser *qc*. ～して水滴になる se condenser en gouttelettes.

きょうしゅつ 供出 ¶～する offrir (fournir) *qc* au gouvernement. ‖～物 approvisionnements *mpl* (fournitures *fpl*) acheté(e)s par le gouvernement.

きょうじゅつ 供述 déposition *f*. ～をノートにとる prendre note d'une déposition. ～を変えない maintenir *sa* déposition. ¶～する faire *sa* déposition. ‖～者 déposant(e) *m* (*f*). ～書 déposition *f*.

きょうじゅん 恭順 soumission *f*; obéissance *f*. ～の意を表する faire *sa* soumission; prêter (rendre) obéissance *f*.

きょうしょ 教書 [大統領] message *m* [du président]; [法皇] bulle *f* [du pape].

きょうしょう 協商 entente *f*. ‖三国～ Triple Entente; l'Entente. 和親～ Entente Cordiale.

きょうじょう 凶状 casier judiciaire; crime *m*. ‖～持ち ex-convict *m*. ～持ちのあるもの avoir un casier judiciaire lourdement chargé.

きょうじょう 教場 [salle *f* de] classe *f*; école *f*.

ぎょうしょう 行商 colportage *m*. ¶～する colporter. ‖～人 colporteur(se) *m*(*f*); marchand(e) *m*(*f*) ambulant(e); déballeur(se) *m*(*f*); [露店の] camelot *m*.

きょうじょう 行状 conduite *f*; mœurs *fpl*; comportement *m*. ～が良い(悪い) avoir de bonnes (mauvaises) mœurs; se conduire (se comporter) bien (mal); avoir une bonne (mauvaise) conduite. ‖～記 mémoires *mpl* biographiques (de la vie); biographie *f*.

きょうじょうしゅぎ 教条主義 dogmatisme *m*. ¶～の dogmatique; doctrinal(aux).

きょうしょく 教職 enseignement *m*; carrière *f* des enseignants; [大学] professorat *m*. ～を志す(に入る) se vouer à (entrer dans) l'enseignement. ‖三年の～経験がある avoir trois ans d'enseignement. ～員 [集合的] personnel *m* enseignant. ⇨ きょうじょういん).

きょうじる 興じる s'amuser à (de); se divertir; se délecter à.

きょうしん 強震 forte secousse *f* sismique (tellurique).

きょうしん 狂信 fanatisme *m* [religieux]; enthousiasme *m* religieux. ¶～的な fanatique. ～的に fanatiquement. ‖～者 fanatique *mf*; énergumène *mf*; cerveau(x) *m* (tête *f*) brûlé(e); maniaque *mf*.

きょうじん 凶刃 ¶～に倒れる tomber sous le fer d'un assassin; périr sous les coups de sabre d'un assassin.

きょうじん 強靱 ¶～な résistant; tenace; inflexible; ferme. ～な綱 corde *f* qui ne cède pas. ～さ tenacité *f*; inflexibilité *f*.

[体] robustesse *f*; [意志] fermeté *f*.

きょうしんかい 共進会 comices *mpl*; foire *f*; exposition *f*.

きょうしんざい 強心剤 cardiotonique *m*; réconfortant *m*; tonique *m*; remontant *m*; stimulant *m*. ～を打つ administrer un cardiotonique.

きょうしんしょう 狭心症 angine *f* de poitrine.

ぎょうずい 行水 ablutions *fpl*. 彼は鳥の～だ Il fait une toilette de chat. 彼は長い～を使う Il s'offre une longue ablution. ¶～する faire *ses* ablutions; se tremper; se laver sommairement.

きょうすいびょう 恐水病 [医] hydrophobie *f*; [犬] rage *f*. ～にかかった犬 chien *m* enragé. ～の hydrophobique. ‖～患者 hydrophobe *mf*.

きょうする 供する servir (présenter) *qc* à *qn*; offrir; fournir; apprêter (préparer) *qc* pour *qn*. 茶菓を～ servir du thé et des gâteaux. 参考に～ offrir un exemplaire. 天覧に供せられる être honoré par la présence de l'Empereur.

きょうせい 共生(棲) [生] symbiose *f*; mutualisme *m*. ¶～する vivre en symbiose. ～的 symbiotique. ‖～片利～ commensalisme *m*. ～者(物) symbiote *mf*; commensal(aux) *m*.

きょうせい 強制 [課すこと] imposition *f*; [拘束] contrainte *f*; astreinte *f*; restriction *f*. ¶～する imposer *qc* à *qn*; forcer (obliger, contraindre, astreindre) *qn* à *qc*. ～される être obligé (forcé, contraint) à *qc* (*inf*). 彼は沈黙を～された Le silence lui a été imposé./Il a été obligé de se taire. 医者に食餌療法を～された Le médecin m'a astreint (soumis) à un régime. ～的に sous la contrainte. ～的な forcé; contraint; obligatoire. ‖～委任 mandat *m* impératif. ～権 coercition *f*; ～執行 exécution *f* forcée. ～処分 contrainte *f*. ～捜査 perquisition *f* [forcée]. ～着陸 atterrissage *m* forcé. ～調停 arrangement *m* forcé. ～労働 travaux *mpl* forcés.

きょうせい 強請 ¶～する forcer [une demande]; demander de force. ‖～寄付 quête *f* (collecte *f*) forcée.

きょうせい 矯正 correction *f*; rectification *f*; redressement *m*; [やり直し] reprise *f*; [訂正] retouche *f*; [病気の] guérison *f*. ¶～する corriger; rectifier; redresser; [訂正する] retoucher; remédier à; porter remède à. 悪癖を～する guérir *qn* d'une mauvaise habitude. ～可能の corrigible; rectifiable; guérissable; remédiable. ‖～院 maison *f* de correction (redressement). ～策 remède *m*.

きょうせい 嬌声 piaillerie *f*. ～をあげる piailler.

ぎょうせい 行政 administration *f*. ¶～の administratif(ve); exécutif(ve). 彼には～の手腕がある C'est un administrateur de génie. ‖～学院 École *f* Nationale d'Administration (ENA *f*). ～官 administrateur

ぎょうせき (trice) *m(f)*; agent *m* exécutif. ～機関 administration; services *mpl* de l'administration. ～区分 division *f* administrative. ～権 pouvoir *m* exécutif (administratif). ～処分 dispositions *fpl* (mesures *fpl*) administratives. ～訴訟(裁判所) contentieux *m* (tribunaux *mpl*) administratif(s). ～都市 cité *f* administrative. ～部 [pouvoir *m*] exécutif *m*.

ぎょうせき 業績 [学術] travaux *m pl*; [仕事, 事業] résultat *m*. ...についての(に於ける)～ travaux sur *qc*. ～を上げる avoir de bons résultats.

ぎょうせき 行跡 conduite *f*; comportement *m*; mœurs *fpl*. ∥不～ mauvaise conduite *f*; inconduite *f*.

きょうせん 胸腺 thymus *m*.

きょうそ 教祖 fondateur(trice) *m(f)* [d'une religion].

きょうそう 競争 compétition *f*; concours *m*; concurrence *f*; lutte *f*; rivalité *f*. ～に勝つ(負ける) sortir vainqueur (être vaincu); gagner (perdre). ¶～する concourir avec; être (entrer) en concurrence avec; lutter; rivaliser avec; faire concurrence à. 他と～出来る価格 prix *m* compétitif. 自由～ libre concurrence. 生存～ lutte pour la vie. ～者 concurrent(e) *m(f)*; rival(aux) *m*; émule *mf*; adversaire *mf*. ～心 émulation *f*. ～心をあおる exciter (encourager) l'émulation.

きょうそう 競走 course *f*. ¶～する concourir; courir. ∥自動車(オートバイ)～ course d'automobiles (de motos). 短距離～ course de vitesse. 長(中)距離～ course de fond (demi-fond). 徒歩～ course à pied. トラック(路上)～ course sur piste (route). 百メートル～ [course *f* sur (de)] cent mètres *m*. リレー(障害物、ハードル)～ course de relais (d'obstacles, de haies). ～者 concurrent(e) *m(f)*; coureur(se) *m(f)*; émule *mf*. ～場 champ *m* de courses.

きょうそう 強壮 ∥～な robuste; fort; [健康な] sain; [体格] costaud. ～にする réconforter; fortifier; [元気づける] remonter. ～にする [形容詞] réconfortant; fortifiant. ∥～剤 fortifiant *m*; réconfortant *m*; remontant *m*; reconstituant *m*.

きょうぞう 胸像 buste *m*.

きょうそう 形相 mine *f*; figure *f*; visage *m*. ～が変わる [主語・人] changer de visage. ただならぬ～をする avoir une mine peu ordinaire, ものすごい～をする faire une mine terrible.

きょうそうきょく 協奏曲 concerto *m*. ∥合唱～ concerto pour chœur et orchestre. バイオリン～ concerto pour violon [et orchestre].

きょうそうきょく 狂想曲 caprice *m*; capriccio *m*.

きょうそく 教則 méthode *f*. ∥～本 [運転] [livre *m* de] code *m*; [音楽] solfège *m*. ピアノ～本 méthode de piano.

きょうそく 脇息 accoudoir *m*.

きょうぞん 共存 coexistence *f*. ¶～する coexister avec. ～の coexistent. 平和～ co-existence pacifique. ～共栄 prospérité *f* mutuelle. 仲よくして～共生していこう Vivons ensemble et en bonne intelligence.

きょうだ 強打 coup *m* fort (violent). ¶～する frapper; donner un coup énergique à. [自分の]頭を～する se cogner violemment la tête.

きょうたい 狂態 conduite *f* scandaleuse; extravagance *f*; démence *f*; folie *f*. ～を演ずる faire des extravagances.

きょうたい 嬌態 coquetterie *f*; agacerie *f*; 彼女の～は見ていられない Sa coquetterie me dégoûte. ～を見せる faire des coquetteries.

きょうだい 強大 ∥～な puissant; grand; influent. ～さ puissance *f*; grandeur *f*.

きょうだい 鏡台 [armoire *f* à] glace *f*.

きょうだい 兄弟(姉妹) [男] frère *m*; [女] sœur *f*; 《俗》frangin(e) *m(f)*. おい～ Vieux frère! ～の誓を結ぶ faire acte de fraternité; fraterniser avec. ¶～の fraternel(le); [女] sororal(aux). ～のように fraternellement. ～愛 amour *m* fraternel; fraternité *f*. ～関係 fraternité *f*. ～殺し fratricide *m*. ～弟子 condisciple *m*. ～分 frère; confrère *m*.

きょうたく 供託 dépôt *m*; consignation *f*; séquestre *m*. ¶～する déposer; mettre en dépôt; consigner; séquestrer; mettre en (sous) séquestre. 裁判所に金を～する consigner une somme d'argent au greffe. 係争物件を～する mettre les biens litigieux sous séquestre. 遺言を公証人に～する déposer un testament chez un notaire. ∥～金 consignation *f*; provision *f*. ～金庫 caisse *f* des dépôts et consignations. ～者 consignateur(trice) *m(f)*. ～物件 consignation; séquestre; dépôt.

きょうたく 教卓 chaire *f*.

きょうたん 驚嘆 émerveillement *m*; éblouissement *m*; admiration *f*. ¶～する s'émerveiller de; s'étonner de; être ébloui (frappé d'admiration). ～させる émerveiller *qn*; éblouir *qn*. ～すべき prodigieux(se); merveilleux(se); extraordinaire; surprenant; étonnant. ～すべき才能 talent *m* prodigieux. ～すべき事柄(行為) prodige *m*; merveille *f*.

きょうだん 凶弾 ～に倒れる être frappé d'une balle mortelle.

きょうだん 教団 congrégation *f*; ordre *m* [religieux].

きょうだん 教壇 chaire *f*; [説教] tribune *f*. ～に立つ entrer dans l'enseignement.

きょうち 境地 milieu(x) *m*; condition *f*; champ *m*; [心境] état *m* d'âme (esprit); horizon *m*. 新しい～を求める chercher des horizons nouveaux. 新しい～を開く ouvrir des perspectives nouvelles (horizons nouveaux). ⇨ きょう(境).

きょうちくとう 夾竹桃 laurier(s)-rose(s) *m*.

きょうちゅう 胸中 cœur *m*; sentiment *m*; pensée *f*. ～を打ち明ける se confier (se livrer) à; s'épancher; faire des confidences à; épancher son cœur. ～を察する lire dans le fond du cœur de *qn*. ～をお察し申し上げます

[Je vous présente] mes condoléances. 〜で は dans (en) son for intérieur.

ぎょうちゅう 蟯虫 oxyure *m* [vermiculaire].

きょうちょ 共著 collaboration *f*. 〜による本 livre *m* en collaboration. …と〜で本を書く écrire un livre en collaboration avec *qn*. ¶〜する collaborer avec. ‖〜者 coauteur *m*; collaborat*eur(trice)* *m(f)*; [集合的] collaboration.

きょうちょう 凶兆 mauvais augure *m* (présage *m*).

きょうちょう 協調 entente *f*; accord *m*; intelligence *f*; harmonie *f*; concorde *f*; accommodement *m*. ¶〜する s'entendre; s'arranger avec; [仲直り] se concilier avec; entrer en accommodement; s'accommoder. 〜して暮す vivre en bonne intelligence (entente) avec. 〜的な conciliant; arrangeant; accommodant; harmonieux (se). 〜的態度で会議に臨む participer à une conférence avec une attitude conciliante. 〜的に harmonieusement. ‖〜精神 esprit *m* d'entente. 〜政策 politique *f* d'entente.

きょうちょう 強調 emphase *f*; accentuation *f*; soulignement *m*; mise *f* en valeur. ¶〜 する accentuer; souligner; mettre *qc* en valeur; mettre l'accent sur. 第3音節を〜する appuyer sur la troisième syllabe du mot. 〜された語 mot *m* souligné (mis en valeur). 平和共存政策の必要性を〜する souligner (mettre l'accent sur) la nécessité d'une politique de coexistence pacifique. 〜して emphatiquement; avec emphase.

きょうつい 胸椎 vertèbres *fpl* thoraciques.

きょうつう 共通 ¶〜の commun à. 〜の興味 を持つ avoir des intérêts communs. その 人に〜な反応 réflexe *m* commun à tous. み んなに〜の話題を話す parler d'un sujet que tout le monde connaît. ‖〜語 langue *f* commune. 〜性 communauté *f*. 精神の〜 性 communauté *f* d'esprit. 〜点 point *m* commun. それが彼らの〜点だ C'est un point commun entre eux. 何の〜点もない n'avoir rien de commun avec *qc*.

きょうてい 競艇 [モーターボート] motonautisme *m*; [競艇] régates *fpl*; course *f* de bateaux. ‖〜場 plan *m* d'eau pour les courses de bateaux.

きょうてい 協定 pacte *m*; accord *m*; entente *f*; traité *m*; convention *f*. 二国間に〜 が成立した Une entente a été conclue (établie, réalisée) entre deux pays. 〜に達 する [私的] aboutir à un arrangement. 〜を 結ぶ pactiser avec; conclure un pacte (accord); passer un traité avec. ¶〜された通り comme convenu. 〜上の conventionnel (le). 〜により par convention; conventionnellement. ‖価格を〜で結ぶ convenir du prix avec *qc*.

きょうてい 教程 programme *m* (plan *m*) [d'enseignement]. ‖〜本 manuel *m*; plan *m* d'études; [運転の] code *m*.

きょうてい 胸底 fond *m* du cœur. 彼の〜で (に)は dans son for intérieur.

きょうてき 強敵 adversaire *mf* (ennemi *m*) redoutable; rival(aux) *m* dangereux.

きょうてき 狂的 ¶〜な fou; †fatard; fanatique; maniaque. 〜な目つきで d'un regard fou (hagard). 〜に à la folie; follement; fanatiquement.

きょうてん 教典 canon *m*; code *m*; règles *fpl*.

きょうてん 経典 livre *m* sacré; [古代インドの] soûtra *m*; [キリスト教] Bible *f*.

きょうてん 強電 haute tension *f*. ‖〜部門 domaine *m* industriel utilisant le courant de haute tension.

ぎょうてん 仰天 ¶〜する être ébahi (ahuri, stupéfait, atterré, consterné, abasourdi); être frappé de stupéfaction; rester bouche bée. まったく〜した Je n'en reviens pas.

きょうてんどうち 驚天動地 ¶〜の大事件だ C'est un événement sensationnel./C'est une affaire époustouflante.

きょうと 教徒 croyant(e) *m(f)*; fidèle *mf*; [集合的, キリスト教] ouailles *fpl*. 司祭と〜 le curé et ses ouailles.

きょうど 強度 robustesse *f*; solidité *f*; intensité *f*; [物理] tension *f*. 壁の〜 force d'un mur. 機構の〜 robustesse d'un mécanisme. 光の〜 intensité de la lumière. 彼は 〜の近視だ Il est myope comme une taupe.

きょうど 郷土 pays *m* natal (d'origine). 〜に 錦を飾る faire un retour triomphant dans son pays. 〜の味 goût *m* de terroir. 〜へ入 りする faire sa rentrée (rentrer) dans son pays [natal]. ‖〜芸能 arts *mpl* régionaux. 〜作家(詩人) écrivain *m* (poète *m*) du terroir. 〜色 couleur *f* locale. 〜料理 cuisine *f* régionale.

きょうど 匈奴 les Huns *mpl*.

きょうどう 共闘 ¶〜する opposer un front uni à *qn*; lutter en accord avec *qn* contre *qn*.

きょうどう 教頭 sous-directeur *m* [d'école].

きょうどう 共(協)同 coopération *f*; collaboration *f*. 〜にする mettre *qc* en commun. ¶〜 する travailler en commun; collaborer avec; coopérer à *inf*. 〜して coopérativement; [一致して] de concert; d'un commun accord; unanimement. ‖〜管理 codirection *f*. 〜組合 société *f* coopérative. 〜組 合員 coopérat*eur(trice)* *m(f)*. 〜作業 travail *m* commun (d'équipe). 〜社会 communauté *f*. 〜生活 cohabitation *f*; vie *f* commune. 〜生活をする faire vie (bourse) commune; vivre en symbiose. 〜製作 coproduction *f*. 〜戦線を張る faire cause commune avec. 〜闘争 opposition *f* commune (concertée). 〜便所 vespasienne *f*; urinoir *m* public; pissotière *f*. 〜謀議 conspiration *f*. 〜基金 collecte *f*. 〜墓地 cimetière *m* public; édification *f*; instruction *f*. ¶〜する édifier; instruire.

きょうどう 共同体 communauté *f*. ‖ヨーロッパ経済〜 Communauté

きょうとうほ 橋頭堡 tête f de pont. ~を築く construire une tête de pont.

きょうねつ 狂熱 enthousiasme m; engouement m. ~する s'enthousiasmer pour. ~した enthousiasmé; délirant; surexcité.

きょうねん 享年 ¶彼は~八十五歳であった Il est décédé à l'âge de quatre-vingt-cinq ans.

きょうねん 凶年 année f de mauvaise récolte (de famine).

きょうは 教派 secte f [religieuse].

きょうばい 競売 vente f aux enchères (à la criée, publique); criée f; enchère f; encan m; [vente f par] adjudication f. ~する mettre (vendre) qc aux enchères (à l'enchère, à l'encan, en adjudication, à la criée). ~で par voie d'adjudication. ‖~人 crieur(se) m(f); adjudicateur m.

きょうはく 強迫 ¶~観念 'hantise f; manie f de la persécution.

きょうはく 脅迫 menace f; [脅喝] chantage m; [威嚇] intimidation f. ~する menacer; faire chanter; intimider. ~的[な] menaçant; intimidant. ~的な言辞 mots mpl de bluff. ‖~状 lettre f de menace.

きょうはん 共犯 [共謀] complicité f; connivence f; 〖法〗 collusion f. 彼は盗みの~である Il est complice d'un vol. ‖~者 complice mf; acolyte m.

きょうふ 恐怖 peur f; horreur f; terreur f; frayeur f; effroi m; épouvante f; [集団的] panique f; [不安] angoisse f. 死の~ affres fpl de la mort. ~に戦く frémir de peur. ~に陥入れる plonger dans l'affolement. ~を抱く avoir peur de; s'épouvanter de; être terrifié. 彼は我々に~を抱いている Il a peur de nous. ~を抱かせる horrifier (terrifier) qn; [集団的] semer la panique. ¶~の horrible; épouvantable; effroyable; horrifiant. ~の叫び cri m angoissé. ~の夜 nuit f angoissante. ~の災 fléau(x) m. ‖~政治 la Terreur; terrorisme m. ~症 phobie f. ~症の phobique. ~症の人 phobique mf.

きょうふ 教父 〖カト〗 parrain m.

きょうぶ 胸部 poitrine f; thorax m; sein m; [彫刻] buste m. ‖~疾患 affection f pulmonaire.

きょうふう 強風 grand vent m; vent violent. ‖~注意報を出す donner l'alerte au vent violent.

きょうへん 共編 collaboration f (coopération f) de rédaction. ¶~する collaborer (coopérer) à la rédaction. ‖~者 collaborateur(trice) m(f); coopérateur(trice) m(f).

きょうべん 強弁 obstination f. ¶~する parler avec obstination; s'obstiner (persister, persévérer) dans son opinion.

きょうべん 教鞭 ¶~をとる enseigner; être dans l'enseignement. 彼は師範学校で~をとった Il a été professeur à l'école normale.

きょうほ 競歩 marche f athlétique.

きょうぼ 教母 〖カト〗 marraine f.

きょうぼう 共謀 complicité f; 〖法〗 collusion f. ~のかどで告訴される être accusé de complicité. ~する être en complicité avec; 〖俗〗 être de mèche avec. ~して de complicité (connivence, intelligence) avec; 〖法〗 collusoirement. ~の complice; collusoire. ‖~者 complice mf.

きょうぼう 狂暴 ¶~な brutal(aux); sauvage; féroce; cruel(le); furieux(se); forcené. ~な人 brute f. ~な目付 regard m hagard. ~に avec furie (fureur); furieusement; sauvagement; cruellement. ‖~性 brutalité f; sauvagerie f; barbarie f; férocité f; cruauté f. ~性を発揮する afficher sa brutalité.

きょうぼく 喬木 [grand] arbre m.

きょうほん 教本 texte m; manuel m; livre m (manuel m) d'études; [教則本] méthode f; [livre de] code m; solfège m.

きょうほん 狂奔 ¶~する s'affairer. 金策に~する chercher un palliatif pécuniaire. 成功を求めて~する courir après le succès.

きょうまく 胸膜 plèvre f. ‖~炎 pleurésie f. ~肺炎 pleuropneumonie f.

きょうまく 鞏膜 sclérotique f. ‖~炎 sclérotite f.

きょうまん 驕慢 ¶~な arrogant; insolent; présomptueux(se); très orgueilleux(se); despotique. ~さ arrogance f; insolence f; présomption f; despotisme m. ‖~な非道な男 homme m despotique; satrape m.

きょうみ 興味 goût m; intérêt m; [好奇心] curiosité f. ~から醒める se désintéresser de; perdre intérêt pour. ~を感じる prendre goût à; s'intéresser à; être curieux(se) de; être attiré par. ~を感じない Cela ne m'intéresse pas./Il n'y a rien de remarquable (d'extraordinaire)./〖俗〗 Ça ne casse rien (pas les vitres). ~をそそる exciter (susciter) l'intérêt de qn. ~を引く intéresser qn; passionner qn. ~を以って聞く écouter avec intérêt. ¶~深い intéressant; curieux(se); attrayant. ~本位の populaire; vulgaire. ~本位で pour s'amuser; par curiosité.

きょうむ 教務 ¶~課 secrétariat m. ~主任 préfet m des études.

きょうむ 業務 office m; service m; devoir m; travaux mpl. 国家(県)の~ service national (départemental). ¶~上の秘密 secret m professionnel. ~上の過失 faute f professionnelle. ‖~給水 service m des eaux. 経理を担当する se charger du service des comptes; être [agent] comptable. ~提携 coopération f. ~提携者 [agent m] coopérateur m. ~部長 responsable mf du service.

きょうめい 共鳴 résonance f. ¶~する résonner; entrer en résonance. ~している être en résonance avec. ~させる faire résonner; faire vibrer (toucher) les mêmes cordes en qn. 私は彼の意見に完全に~してる Je partage entièrement son opinion. ‖~器 résonateur m. ~箱 caisse f de résonance.

きょうやく 共訳 traduction f en collabora-

きょうやく ~する traduire en collaboration; collaborer à une traduction. ‖AとBの~ 本 livre m traduit par A en collaboration avec B.

きょうやく 協約 traité m; contrat m; arrangement m; convention f; [外交] entente f. ~上の conventionnel(le); contractuel(le). ~上 conventionnellement; contractuellement. ‖[経済]~ conventions commerciales. 労資~ convention collective.

きょうゆ 教諭 instituteur(trice) m(f); [中学、高等学校] professeur m.

きょうゆう 共有 propriété f commune;【法】 copropriété f. ~する posséder en commun. 部屋を~する partager la chambre. 財産を~して暮す vivre en communauté de biens. ‖~財産 communauté f; biens mpl en commun. ~者 copropriétaire mf. ~林の communautaire. ‖~林 forêt f communale.

きょうよ 供与 fourniture f; approvisionnement m; ravitaillement m. ~する approvisionner; fournir qn de qc; pourvoir qn de qc.

きょうよう 共用 usage m (utilisation f) en commun. ~する utiliser en commun. ‖~の d'un usage commun.

きょうよう 強要 exigence f; imposition f. ~する exiger qc de qn; réclamer qc; imposer qc à qn.

きょうよう 教養 culture f; éducation f; instruction f; savoir m. 多くの本を読んで~を身につける s'instruire en lisant beaucoup de livres. ~がある(ない) avoir de l'éducation (manquer d'éducation). ‖~のある cultivé; instruit. ~のある人 personne f cultivée (bien éduquée). ~のない inculte; ignorant; ignare. ~のない人 personne ignorante. 君達のような~のない人間には分らないよ Ce n'est pas à la portée d'ignorants comme vous.

きょうらく 享楽 jouissance f. ~する jouir de; savourer; goûter. ~に身を~に身を委ねる s'adonner à cœur joie; s'en donner à cœur joie. ~の主 jouisseur(se). ‖~家 jouisseur(se) m(f); épicurien(ne) m(f); homme m de plaisir. ~主義 épicurisme m.

きょうらん 狂乱 ‖~物価 prix m fou (qui monte en flèche).

きょうり 教理 dogme m; doctrine f. 政治上(宗教上)の~ doctrines politiques (religieuses). ‖~上の dogmatique; doctrinal(aux). ‖~問答《カト》catéchisme m.

きょうり 胸裏 ⇒きょうてい(胸底).

きょうり 郷里 pays m [natal]. ~はどこですか Quel est votre pays d'origine?/D'où êtes-ce que vous êtes originaire?

きょうりゅう 恐竜 dinosaure m; [総称] dinosauriens mpl.

きょうりょう 狭量 ~な étroit; étriqué; borné. ~である avoir l'esprit étroit (étroit, borné). 彼は~な人です C'est un petit esprit.

きょうりょく 協力 collaboration f; concours m; coopération f; [参加] participation f; adhérence f. ~を得て avec l'aimable concours de. ~する collaborer avec; venir en aide; prêter son concours à; concourir à; coopérer à inf; participer à; s'associer à; [お互いに] s'entraider; [権威に] prêter main-forte à. クラブを作るため友達と~する s'unir avec des amis pour former un club. 全てが我々の成功に~しているように感じられた Il a semblé que tout conspirait à notre succès. 彼は非常に~的だ Il se montre très coopératif (solidaire). ‖~者 collaborateur(trice) m(f), coopérateur(trice) m(f); associé(e) m(f); auxiliaire mf.

きょうりょく 強力 ~な fort; puissant; vigoureux(se); énergique; [耐久力がある] résistant; solide; robuste;《俗》costaud. ~なエンジン moteur m puissant. ~な支持 puissants appuis mpl. ~な抵抗 vigoureuses résistances fpl. ~な武器 arme f destructrice. ~にする fortifier; rendre solide.

きょうれき 教歴 carrière f d'enseignement. 彼には3年の~がある Il a trois ans d'enseignement.

きょうれつ 強烈 ~な[強い] fort; vigoureux(se); puissant; [激しい] violent(e); terrible; irrésistible. ~な印象 vive (forte, grande) impression f. ~なパンチ coup m violent. あのことは~に目に焼きついている C'est resté gravé profondément dans ma mémoire.

ぎょうれつ 行列 queue f; file f; cortège m; [お供] suite f; [チェ・軍隊] défilé m; 【カト】procession f; [縦列] rang m; colonne f; [騎馬] chevauchée f; [数学] matrice f; [古代宗教] théorie f. デモ隊の~ défilé de manifestants. 車の~ file de voitures. これは何のですか Pourquoi ces gens font-ils la queue? ~の後について 並ぶ se mettre à la queue (file, suite); prendre la file. ~を作る faire la queue; se ranger en file; [行進する] se former en cortège; défiler; 【カト】faire une procession. ~を作って練り歩く avancer en (à la) file indienne (à la queue leu leu). ‖~計算 calcul m matriciel. ~式 déterminant m.

きょうれん 教練 exercice m [militaire].

きょうわ 共和 ‖~国 république f. 民主(社会主義)~国 république démocratique (socialiste). ~主義 républicanisme m. ~主義者 républicain(e) m(f). ~制の républicain. ~政治 gouvernement m républicain. ~党 parti m républicain.

きょうわ 協和 accord m; harmonie f;【楽】consonance f. ‖~音 accords consonants.

きょえい 虚栄 vanité f; fatuité f; [虚飾] pompe f; ostentation f; faste f; [高慢] orgueil m. 彼女の~のかたまりです Elle est orgueilleuse jusqu'à la moelle. ‖~心 vanité f; gloriole f; ~心の強い vaniteux(se); orgueilleux(se); ostentatoire. ~心から pour la gloriole. 彼はとても~心の強い人です Il est vaniteux comme un paon. ~心をくすぐる flatter (ménager) la vanité de qn.

ぎょえい 魚影 ‖~の濃い河 rivière f poissonneuse.

きょおく 巨億 ¶～の富 immense richesse f; fortune f fabuleuse.

ギョーザ 餃子 raviolis mpl grillés (chinois); jiaozi m.

きょか 許可 permission f; autorisation f; 《法》 perme f; admission f; [行政] licence f. ～を求める(与える, 得る) demander (donner, obtenir) la permission de inf. 彼はこの計画に～を与えた Il a donné le feu vert à ce projet. ¶～する permettre à qn de inf; autoriser qn à inf; [入学など] admettre qn. 彼はアカデミー入りを～された Il a été admis à l'Académie. ～され得る admissible. ～されない inadmissible. ‖ ～輸出(輸入)～ licence f d'exportation (d'importation). 入学～ admission [dans une école]. 建築(外出)～ autorisation de bâtir (sortir). ～証 permis m. 外出～証 permis de sortir.

きょかい 巨魁 meneur m d'une conspiration (d'un complot); chef m d'une bande [de rebelles (brigands)].

ぎょかい 魚介 poissons mpl et coquillage m. ‖～類 poissons et fruits mpl de mer.

きょがく 巨額 ¶～の金 somme f énorme; sommes exorbitantes.

ぎょかく 漁獲 pêche f. ‖ 素晴らしい～量だった On a rapporté une belle pêche. ～高 quantité f des produits pêchés. ～物 pêche.

きょかん 巨漢 colosse m; géant m. 二人の～がリングに上った Deux mastodontes montèrent sur le ring.

きょかん 巨艦 grand vaisseau(x) m (navire m, bâtiment m) de guerre.

ぎょがん 魚眼 ‖～レンズ œil m magique.

きょぎ 虚偽 mensonge m; fausseté f; [いんき] imposture f. ¶～の faux(sse); mensonger(ère); truqué; trompeur(se); [偽造された] falsifié; [ねつ造された] forgé; fabriqué; inventé. ～の資料 document m falsifié (truqué, contrefait, maquillé, altéré). ～の申告 fausse déclaration f. ～の証言 faux témoignage f.

ぎょき 漁期 saison f de pêche.

ぎょぎょう 漁業 pêche f. ‖沿岸～ petite pêche f; pêche littorale (côtière). 遠洋～ grande pêche [au large]. ～権 [droit m de] pêche.

きょきょじつじつ 虚々実々 ¶～のかけひき tactique f (diplomatie f) rusée (astucieuse). ～のかけひきをする employer toutes les astuces.

きょきん 醵金 ¶～[募集]に応じる souscrire à un appel de fonds.

きょく 局 bureau(x) m; office m; [ラジオ、テレビの] station f d'émission; poste m [émetteur]; [郵便の] bureau de poste. ◆[囲碁・将棋の] ～の一部. 条約～ bureau des Traités.

きょく 曲 œuvre f musicale; morceau(x) m. ～を演奏する exécuter un morceau. ‖ 新～を発表する lancer une nouvelle chanson. ピアノ～ morceau de piano.

きょく 極 extrémité f; bout m; [地球, 磁石の] pôle m; [天球の] pôle céleste. 忍耐の～に達する être à bout de patience. ‖～座標 coordonnées fpl polaires.

ぎょく 漁区 pêche f [réservée] pêcherie f; lieu(x) m de pêche. ～監視 garde(s) ·pêche m. ～監視船 [vedette f] garde(s) ·pêche.

ぎょく 漁具 engins mpl [de pêche] [釣り] articles mpl de pêche. 使用禁止の～ engins prohibés.

きょくう 極右 extrême droite f. ‖～思想 pensée f d'extrême droite; extrémisme m droite. ～思想の人 extrémiste mf de droite.

きょくがい 局外 ‖～者 neutre mf. ～中立 [状態] état m neutre. ～中立を保つ rester neutre; se maintenir dans la voie moyenne. ～中立国(国) [pays m] neutraliste mf. ～中立主義 neutralisme m.

きょくがく 曲学 ¶彼～阿世の徒だ C'est un savant qui ne cherche qu'à plaire au public./C'est un flagorneur public.

きょくげい 曲芸 [tour m d']acrobatie f; [綱渡り] équilibrisme m; [空中ブランコ・曲馬] voltige f. 軽業師の～ tour d'un acrobate. ～をする faire des acrobaties. ¶～をする犬 chien m savant. ‖～師 acrobate mf; saltimbanque mf; homme(s)-serpent(s) m; [綱渡り] funambule mf; [空中ブランコ] voltigeur m. ～飛行 acrobatie aérienne.

きょくげん 極言 ¶～する parler cru; ne pas mâcher ses mots. ～すれば à parler sans ménager les mots; à dire les choses crûment; [要するに] bref; en un mot.

きょくげん 極限 [dernière] limite f; [dernière] extrémité f. ‖～状態 [dernière] extrémité; situation f (condition f) extrême. ～状態に追いやられる être réduit aux dernières extrémités; être aux abois; être acculé au pied du mur.

きょくさ 極左 extrême gauche f. ‖～思想 pensée f d'extrême gauche; extrémisme m de gauche. ～主義者 extrémiste mf de gauche.

ぎょくさい 玉砕 ¶～する se faire hacher; se défendre jusqu'à la mort; périr honorablement.

きょくしゃほう 曲射砲 obusier m.

きょくしょ 局所 ⇨ きょくぶ(局部).

きょくしょう 極小 minimum m; limite f inférieure. ¶～の minimum inv.

ぎょくせき 玉石 ‖～混淆である C'est un mélange de bons et de mauvais éléments.

きょくせつ 曲折 détour m; sinuosité f; zigzag m ¶～の～を経て après beaucoup de tours de détours (péripéties).

きょくせん 曲線 [ligne f] courbe f; [アーチ] voussure f. 美しい～を持つ女体 corps m féminin aux courbes harmonieuses. ‖～美 galbe m.

きょくだい 極大 maximum m; limite f supérieure. ¶～の maximum inv.

きょくたん 極端 extrémité f; extrême m; [過度] excès m; outrance f. ～から～へ走る passer du blanc au noir; passer d'un extrême à l'autre; tomber d'un excès dans un autre. ¶～な extrême; excessif(ve); ex-

きょくち 局地 ¶〜い紛争 conflit m localisé (local). 戦争は起こりうる Des conflits locaux peuvent se produire. 紛争が〜化した Le conflit s'est localisé.

きょくち 極地 [点] pôle m; [地帯] régions fpl (zones fpl) polaires; [北極] régions boréales; [南極] régions australes. 〜の polaire.

きょくち 極致 comble m. 美の〜 beauté f accomplie (achevée, idéale, parfaite). 幸福(喜び)の〜にいる être au comble du bonheur (de la joie); pleurer de joie; être au septième ciel.

きょくちょう 局長 responsable mf d'un bureau (une station émettrice). ¶郵便〜 receveur m des postes.

きょくてん 極点 pôle m; [絶頂] comble m; apogée m.

きょくど 極度 〜の excessif(ve); extrême; démesuré; immodéré. 〜の疲労 fatigue f excessive. 〜の暑さ chaleur f extrême. 〜に excessivement; extrêmement; démesurément; à l'excès; au dernier (plus haut) point. 〜に重要な問題 problème m de la dernière importance. 〜に品質の悪い商品 marchandise f de la dernière qualité. 〜に人を憎む haïr qn à mourir (profondément).

きょくとう 極東 Extrême-Orient m.

きょくどめ 局留 poste f restante. 〜で手紙を出す adresser une lettre poste restante.

きょくのり 曲乗 voltige f; acrobatie f. ¶〜師 acrobate mf; voltigeur m「馬の」écuyer (ère) mf; ¶〜飛行 acrobatie aérienne.

きょくばだん 曲馬団 cirque m ambulant (forain); [団員] gens mpl du cirque.

きょくび 極微 〜の microscopique; infinitésimal(aux); minuscule. 〜の世界 monde m microscopique.

きょくひどうぶつ 棘皮動物 échinodermes mpl.

きょくぶ 局部 partie f (zone f) déterminée; lieu(x) m donné;《解》région f. ¶〜の lo-cal(aux); localisé; topique. 〜の痛み douleur f localisée. ¶〜薬 [医薬品] médicament m topique m.

きょくめん 局面 phase f; conjoncture f; tournure f; situation f; face f; stade m. 〜が好転(悪化)する prendre une bonne (mauvaise) tournure. 〜の打開をはかる essayer de se tirer d'affaire. 〜を一変せる donner une nouvelle tournure à qc. ¶新〜 nouvelle conjoncture.

きょくもく 曲目 morceau(x) m (pièce f) du programme.

きょくりょく 極力 avec tous les moyens; de toutes ses forces; à tout prix; de son mieux. 〜...する faire tout son possible pour inf. 〜早く出かけることにします Je parti-rai le plus tôt possible. このことは〜秘密にして下さい Tâchez de bien garder ce secret. 〜摩擦を避ける éviter les frictions.

ぎょくろ 玉露 thé m d'excellente qualité.

きょくろん 極論 raisonnement m par l'absurde. 君の〜だ Tu es extrême dans tes opinions./Tu vas trop loin. ¶〜する raisonner par l'absurde; [ずけずけ言う] ne pas mâcher (ménager) ses mots.

ぎょぐん 魚群 banc m [de poissons]. ¶〜探知機 sonar m.

ぎょけい 魚形 ¶〜水雷 torpille f pisciforme.

きょげんしょう 虚言症 mythomanie f. ¶〜の mythomane. ¶〜患者 mythomane mf.

きょこう 挙行 célébration f. ¶〜する célébrer. 結婚式を〜する célébrer un mariage. 〜される se tenir; avoir lieu.

きょこう 虚構 fiction f; invention f; imagination f. ¶〜の fictif(ve); imaginaire. それは全くの〜だ C'est une pure fiction (invention, imagination). 〜上 fictivement; imaginairement.

ぎょこう 漁港 port m de pêche.

きょこく 挙国 〜一致 coalition f nationale; front m national. 〜一致内閣 cabinet m de coalition nationale.

きょさい 巨細 ¶〜漏らさず en gros et en détail. 〜漏らさず語る donner (raconter) tous les détails.

きょし 巨視 ¶〜的 [な] macroscopique; macrocosmique. 〜的経済学 macro-économie f.

きょし 挙止 ¶〜端正である avoir de la tenue.

きょし 鋸歯 ¶〜状の denté; denté; crénelé; en forme de dents; en dents de scie. 〜状態 denteleure f.

きょじ 虚辞《文法》explétif m. ¶〜の explétif. 〜的に explétivement.

きょしき 挙式 célébration f [d'un mariage]. ¶〜する célébrer un mariage.

きょじつ 虚実 ¶〜とりまぜた話 mélange m de vérités et d'inventions. それは〜とりまぜた話だ Ça tient de la réalité et de l'imagination.

ぎょしゃ 御者 cocher m; [駅馬車, 大型馬車の] postillon m.

きょじゃく 虚弱 ¶〜な faible; frêle; malingre; débile; délicat; chétif(ve). 〜な人 personne f d'une santé fragile. 〜になる [s'a]faiblir; se débiliter. 〜体質である être d'une constitution malingre. 〜児 enfant mf chétif(ve) (débile).

きょしゅ 挙手 ¶〜の礼 salut m militaire. 〜する lever la main. ¶〜投票 vote f à main levée.

きょしゅう 去就 ¶〜に迷う ne savoir s'il faut abandonner ou non; hésiter (être ballotté) entre deux partis à prendre.

きょじゅう 居住 ¶〜する habiter; demeurer; résider. 〜させる domicilier. ¶〜地 domicile m; résidence f; lieu(x) m d'habitation. 〜者 habitant(e) m(f); résident(e) m(f). [借家人] locataire mf. この家の最初の〜者は貴族

きしゅう だった. Le premier occupant de cette maison était un noble. フランスにおけるスペイン人の~者 résidents espagnols en France; 事の~性 habitabilité f d'une voiture.

きじゅう 機自体・機体[飛行機の] bâti m.

きしゅうにゅう 開発途上国にはGNPの0.7%を~する consacrer 0,7 pour cent du PNB à l'aide au développement.

きじゅうしゃ [居所, 居住地] demeure f; 住居所~ maîtres d'autrefois, ancienne demeure. ‖~不定の人 personne f sans domicile.

きしょう 巨匠 [grand] maître m; virtuose m/f; 圧匠的な virtuose. ‖画壇の~ maître (virtuose m) du pinceau.

きしょう 漁場 pêcherie f. ‖~主 maître (patron m) pêcheur; coureur m de pêche.

きしょう 虚飾 vanité f, ostentation f, vanitéuse(se); fastueux(se). ‖~のない sans fard. ‖~愛 vaniteux(se) m/f, paon m.

(?), paon m.

きしょう 巨匠 donjuanisme m. ‖~家 don Juan m inv; coureur m [de femmes]; dragueur m.

きしょうくしょう 拒食症 anorexie f [mentale]. ~する devenir anorexique. ‖~患者 m/f.

きじん 奇人 personne f sans parti pris, ~無なる.

きじん 巨人 géant m; colosse m; titan m; monstre m [異, 巨人]; grand homme m; grand maître m. ‖~のような gigantesque; colossal(aux). ‖~軍 [野] équipe f géante.

きしんすう 虚数 nombre m imaginaire.

きじゅん 従順な docile, obéissant(e); mattable; têtu. ‖~にする assouplir, soumettre; [馬などを] dompter; [馬, 馬車, 群衆, 馬を] mener à la foule (un cheval). [人に] docile. 馴染めぬ obéissant (un peu). [人] indocile, indomptable; têtu.

きじん [陽] chaponnage m; émasculation f, castration f. [陽] chaponner. ‖~する chatrer, castrer; émasculer; [陽を] chatrer; [馬などを] chongner. 効果はない. il est châtré. ~された人 [人] eunuque m, châtré m [宮官] enunuque m, éteint.

きせい 既製 [决意] civilisation f (monument m, culte m, croyance f]. ‖~化 mégalitisation f.

きせつ 拒絶 refus m; [却下] rejet m; [断然] rebuffade f. [強硬な~する] opposer un veto inv. ~する refuser; repousser; décliner; rejeter; [不人気な] rebuffer; [法案などを] mettre son veto à qc. 彼はゆる要求を一拒絶した il a fait son peu d'épate, ‖俗] il a fait un pied de nez. 彼の申し出は~された Votre demande a été repoussée.

---

essuyer des rebuffades. ‖~証書 [手形の] protêt m. ~証書を作成する dresser (lever) un protêt.

きせん 汽船 bateau m (bateaux pl) de pêche; bateau(x) m(pl) pêcheur; sardinier m; barque f; [たら漁船] morutier m, ‖鮪~ thonier m, ‖鰊~ harenguier m.

きぞう 巨象 colosse m; statue f colossale. ‖~のレリーフ [rompesse]; illusion f; vision f [心理] image virtuelle, 画壇の~ image virtuelle trompeuse de lui. Ce n'est qu'une image tompeuse de lui.

きそん 漁村 village m de pêcheurs. 彼はいつも~をぶらつきながら当ている arrive toujours en balançant sa masse.

きだい 巨大 énorme; colossal(aux); géant; [企図などが] gigantesque; immense; [はでなら] démesuré; monstrueux(se); [あら] monumental(ale); grandiose. ‖~な船(船舶) bateau(x) m(pl) monumental(ales); projet m gigantesque.

きだい 日本史上のまた出ることて出来ない ~する dénaturer, altérer, fausser; [人の言葉を] ~する violenter (fausser le sens d'un texte.

きちょうか 極刑 [法] ‖~に処する condamner qn à la peine capitale (de mort).

きだつ 虚脱 [状態] grande faiblesse f, abattement m; épuisement m; torpeur f. ~した abattu; épuisé. ~状態に陥る tomber dans une torpeur.

きたて ~する [医] ~する ~する affabli; ~した.

きたい 虚妄 ‖~を張る(はったりを言う) bluffer; [からいばりをする] agir par bravade; [大言壮語する] faire du tapage; faire le fanfaron; [誇示] esbrouffer; [自慢げに] se manier; se vanter. ‖~を張っている [誇示する] au chiqué. 彼はいつもそれを張っている II fait un peu d'épate, [俗] il fait un pied de nez.

きたる [時が] arriver ~とき à point nommé. その城はある学生の運動の~となる Cette forteresse a été conçue pour abriter des étudiant. ‖事業 base f militaire; [陣地] position f.

きたる 極度 [上限] n extrême.

きたる 喜怒哀楽 confrérence f des quatre Grands, ‖~気運 f [仕事] régime m qui repose sur l'unanimité du parti.

きだっ 挙動 [仕草] geste m; comportement m; [行動] action f; comportement m, conduite f; démarche f. ‖~不審の人 suspect m. ‖~不審で [である] (être m) suspect m. ‖~不審でて呼び止められる être interpellé par un comportement suspect.

きどし 気遣う ‖~顔 l'air inquiet [anxieux]; avec inquiétude. ‖~辺りを見回す regarder anxieusement à droite et à gauche. ~した regard m anxieux.

きとん ‖~とする n'en pas revenir; rester bouche bée [béante]; ne rien comprendre. ~とする avoir l'air absent (distrait). ‖~した bouche bée; les yeux grands[ou]verts; [呆然として] avoir l'air absent. ~とした様

きよらかな 清らかな pur; limpide; [透明] transparent; [自負] limpide; chaste. ¶清らかさ pureté f; limpidité f; chasteté f. 乙女の清らかさ chasteté de jeune fille.

きより 距離 distance f; [開隔] intervalle m; [届く範囲] portée f. 地球から月までのdistance de la Terre à la Lune. 二点間のdistance entre deux points. 手頃の距離にあるêtre à portée de la main de la vue. Combien y a-t-il d'ici là? ここからそこまでどの位のがありますか Com-bien y a-t-il d'ici là? ～がある Ça fait une bonne distance jusque là. C'est assez loin d'ici. ここから富士山までの～は50キロだ Le mont Fuji se trouve à 50 kilomètres d'ici. ～を置く se tenir à l'écart de qc. 全体を判断するあなたの判断します ～を置いて考えてみる. ～判断 concer-nant cette affaire. ¶裁判～ déni de jus-tice. ～権を持つ avoir le droit de veto; avoir voix exclusive. ～権を行使する mettre son veto à; user du droit de veto.

きょしゅつ 巨富 somme f énorme (fabuleuse); trésor m. ～を投ずる dépenser des trésors pour.

ぎょにく 魚肉 [viande f de] poisson m. ～を食う manger du poisson; se nourrir de poisson. ～を食う ichtyophage; piscivore. ～去年 l'an m dernier; l'année f dernière (passée). ～冬 l'hiver m de l'année dernière. ～の冬 aujourd'hui l'an dernier à pareil jour.

きょひ 拒否 refus m; [却下] déni m. ¶～を拒否する refuser; refuser son veto à; mettre son veto à; dénier qc à qn. この件に関するあなたの要求は拒否します Je rejette votre demande concer-nant cette affaire. ～権 droit m de veto; avoir le droit de veto; voix f exclusive. ～権を行使する mettre son veto à; user du droit de veto.

ぎょふ 漁夫 pêcheur(se) m(f). ～の利を占める profiter du conflit des autres. ～の利を占める第三人 le troisième larron m.

きょへい 挙兵 ¶～する lever une armée. 叛徒は～した Les révoltés se sont soulevés.

きょほ 巨歩 ¶～を印する rendre de grands services à; laisser une trace profonde dans.

きょほう 巨砲 canon m de gros calibre; gros canon.

きょほう 虚報 fausse nouvelle f.

きょまん 巨万 ¶～の富 trésors mpl; grande fortune f; richesse f. ～の富を築く amasser de grandes richesses en une seule génération.

きょみん 漁民 pêcheurs mpl.

きょむ 虚無 néant m. ¶～主義 nihilisme m. ～主義の nihiliste. ～主義者 nihiliste mf.

きょめい 虚名 faux renom m; faux titre m; [偽名] faux nom m. それは～にすぎない Ce n'est qu'un faux renom. 私は～を望まない〈ない〉 Je refuse ce titre d'emprunt.

きよめる 清める purifier; [身を] se purifier. 雨は大気を～ La pluie purifie l'atmos-phère.

きょめん 虚妄 ¶～の mensonger(ère); falla-cieux(se); faux(sse); illusoire. ～説 théorie f absurde (contradictoire).

ぎょもう 漁網 filet m de pêche; filet à pois-sons.

ぎょらい 魚雷 torpille f. ¶～を発射する lancer une torpille. ～攻撃 attaque f de torpillage. ～発射装置 lance-torpilles m

---

では彼女は何を言われているのかわかっていないらしい Avec son air absent, il ne semble pas comprendre ce qu'on lui dit.

きょり 巨利 gros profit m; gros bénéfice m. ～を博する faire (tirer) de gros bénéfices.

ぎょるい 魚類 poissons mpl. ¶～学 ich-tyologie f. ～学者 ichtyologiste m.

きょれい 虚礼 formalisme m; protocole m. ～を廃止する abolir les formalités inutiles. ¶～の formaliste; protocolaire.

ぎょろう 漁労 récolte f des produits marins; pêche f.

ぎょろく 漁民 peuplade f qui vit de chasse et de pêche.

きょろきょろ ¶～する regarder de tous cô-tés. ～目をきょろきょろさせる〈ちょうかす〉 faire des yeux. 目を～させる rouler les yeux; d'un regard étincelant; les yeux grands ouverts.

きょろりとした 目をきょろりとした男 homme m aux yeux exorbités (de grenouille).

キラー assassin m; meurtrier(ère) m(f); [セリアル] tueur m d'une série d'assassinats. チャンピオン～ pourfendeur m de champions. ブルレー～ bourreau(x) m des cœurs.

きらい 機雷 mine f. 『遊ぷ mine flottante. ～原 champ m de mines.

きらい 嫌い aversion f; haine f. 私は待つのが～だ Je n'aime pas attendre. [女～] mi-sogynie f; [人～] misanthropie f. 訳もな～ sans raison (fondement); aver-sion mal fondée. 彼は女に関して食わず嫌いだ Il déteste les femmes sans les connaître. 独身～ misogamie mf. プラン～ francophobe mf. ◆嫌いがある avoir tendance (un pen-chant) à qc (à inf.). 彼は物事を誇張する嫌いがある

きらう 嫌う détester; avoir de l'aversion (du dégoût) pour; prendre en horreur (aversion); [憎] ⁺haïr; exécrer; [極度に] abominer. サボテンは湿気を~ Le cactus craint l'humidité. 所嫌わず n'importe où. 彼女は彼を嫌っているのだから会わせない方がいい Comme elle le déteste, il vaux mieux éviter qu'ils se rencontrent. 彼はみんなの嫌われ者だ Il est honni partout./Il est le fléau de la société.

きらぎら ¶~と光る éblouissant; [目などが] luisant. ~と光る太陽(雪) soleil m (neige f) éblouissant(e).

きらく 気楽 aise f; facilité f; sans-souci m. ¶~な aisé; facile; sans souci; insouciant. ~な立場(仕事) position f (travail m) sans responsabilité. ~な調子で d'un ton aisé. ~な人, sans-souci m; insouciant(e) m(f). ~である être à l'aise. ~に à l'aise; à son aise; nonchalamment; facilement; aisément. ~に話す parler à son aise.

きらす 切らす ¶私は煙草を切らしている Je n'ai plus de cigarettes./Je manque de cigarettes./Les cigarettes me font défaut. その品はちょっと切らしております Nous sommes malheureusement à court de cet article.

ぎらつく ⇨ ぎらぎら.

きらびやか ¶~な brillant; fastueux(se); pompeux(se); richement décoré. ~に fastueusement; d'une manière éclatante. ~に着いて richement vêtu (habillé).

きらめき 煌き scintillement m; étincellement m; miroitement m. 星の~ scintillement des étoiles. ...の才能の~ feux mpl de son génie. ¶煌く briller; étinceler; scintiller; [眼、才能が] pétiller; [布、石などが] chatoyer; rutiler. 朝日に煌く海 mer f qui miroite au soleil levant.

きり 桐 paulownia m.

きり 錐 foret m; perçoir m; mèche f; perce[re]tte f; [ねじ錐] vrille f. ~で孔をあける percer avec une mèche; vriller; forer.

きり 切り ¶ここで終りにした方が良い C'est là qu'il conviendrait de mettre le point final. これではいつまでたっても~がない Ça n'en finira pas. ~の無い sans limite; sans fin. ~をつける mettre fin à, en finir avec. この仕事に~をつけよう Finissons-en avec ce travail. ピンから~まで du meilleur au pire.

きり 霧 brouillard m; brume f. 濃い~ brouillard épais. ~が立込める s'embrumer. ~で視界がきかない La visibilité n'est pas bonne à cause du brouillard. ~の立込めた通り rue f brumeuse. ~模様の天候 temps m brumeux (embrumé). ~雨 pluie f fine; crachin m; bruine f; brouillasse f. ~雨が降る Il bruine (crachine)./Il fait du crachin.

-きり ¶ひとり~で暮す vivre seul. 中学~行ってない n'avoir fait que des études secondaires. 私にはもうこれ~しか残っていない Il ne me reste que ça. もうこれ~だぞ Il n'y a rien d'autre./C'est fini. 返事は彼から~もらっていない La seule réponse que j'aie reçue, c'est la tienne. 彼は朝出かけた~まだ戻らぬ Parti ce matin, il n'est pas encore rentré. 彼はアメリカへ行った~向うに住みついてしまった Il s'en est allé aux Etats-Unis, pour s'y installer définitivement. 彼とは去年会った~だ C'est l'an passé que je l'ai vu pour la dernière fois.

ぎり 義理 obligation f; devoir m moral; responsabilité f; dette f. ~がある avoir des obligations à (envers); rester redevable à; être obligé de qn. 彼には~があるから行かねばならない Je suis son obligé, donc je dois y aller. 彼に何かをしてやる~はない Je n'ai aucune obligation à lui rendre service. ~を果す s'acquitter d'une dette; acquitter une dette de reconnaissance. ~を欠く manquer à ses obligations (à son devoir moral). ~を立てる répondre au bienfait (au service) qn'on a reçu des autres. ~を立てることはない Je ne lui dois rien. ¶~堅い être fidèle à ses obligations (devoirs); [良心的] être scrupuleux(se). ~堅く conformément à ses obligations. ~の息子(父、兄弟) beau(x)-fils m (beau-père m, beau-frère m). ~の娘(母) belle(s)-fille(s) f (belle-mère f).

きりあげる 切り上げる [端数を] arrondir au chiffre supérieur. 今日はこの辺で切り上げよう Finissons-en là pour aujourd'hui.

きりいし 切石 [建築] moellon m équarri (taillé).

きりうり 切売 vente f en détail. ¶~する vendre qc en détail. 学問を~する monnayer petit à petit son savoir.

きりおとす 切り落とす couper; [枝葉を] tailler; [鼻などを] tronquer; [枝、手足を] amputer.

きりかえ 切替 [電流・スイッチ] commutation f; permutation f. ¶~する permuter; commuter; [変更する] changer. 頭(計画)を~する changer d'idée (ses projets). ¶~スイッチ commutateur m.

きりかえし 切り返し [剣術] riposte f. ¶~する riposter.

きりかぶ 切株 [木] souche f; [麦] éteule f.

きりきざむ 切り刻む écharper; mettre (couper) en morceaux; mettre en pièces; ⁺hacher; dépecer. ¶切り刻まれるような苦痛 douleur f déchirante.

きりきず 切傷 coupure f; [顔の] balafre f; estafilade f. ~をつける entamer; [木などに] entailler. 顔に~をつける se labourer le visage. ¶~のある顔 visage m balafré. ⇨ きず(傷).

きりきり ¶糸を~巻きつける enrouler solidement du fil autour de qc. 頭が~痛む souffrir de violents maux de tête. 傷口が~痛む éprouver une douleur aiguë à la plaie.

ぎりぎり ¶~の値段で au plus juste prix. ~の暮しをする avoir tout juste de quoi vivre; s'en tirer de justesse. ~の所で衝突を避ける éviter de justesse une collision. ~の所で勝つ gagner de justesse. 彼は~間に合った Il est arrivé juste à temps (à l'heure). もう~一杯だ C'est plein comme un œuf.

きりぎりす 螽蟖 criquet *m*; sauterelle *f*; 【俗】cri-cri *m inv*. ~の鳴き声 stridulation *f* du criquet.

きりきりまい きりきり舞 ¶~をする faire du remue-ménage; être très occupé. レポート作成で~だ Je suis très affairé à rédiger un rapport.

きりくず 切屑 rognures *fpl*; détritus *m*. 【果物】épluchures *fpl*; 【木片】copeau(x) *m*.

きりくずす 切り崩す 砂山を~ démolir une dune. 敵陣を~ entamer (ébrécher, démanteler) le front ennemi. 論拠を~ miner (saper) les fondements de l'argument. 海が岸壁を切り崩していく La mer mine (sape) la falaise.

きりくち 切口 coupure *f*; incision *f*; entaille *f*; encoche *f*; fente *f*. ~をつける faire une incision à; inciser; 【傷をつける】entailler; entamer.

きりこうじょう 切口上 ¶~で話す parler d'un ton cérémonieux.

きりこみ 切り込み incision *f*; entaille *f*. ~を入れる faire une incision; inciser. 接木のために木の皮に~を入れる inciser l'écorce d'un arbre pour la greffe. 一隊 groupe *m* d'assaut armé de sabres.

きりこむ 切り込む inciser; entailler. 敵陣に~ rompre le rang ennemi. 刃がすべって指を深く切り込んだ La lame a glissé et m'a entaillé profondément le doigt. カトリックの論陣に~ entamer les fondements moraux du catholicisme. 切り込め [号令] Rompez [les rangs]!

きりころす 切り殺す tuer à coup de sabre; 【俗】zigouiller.

きりさいなむ 切りさいなむ tuer sauvagement à coups répétés de sabre.

きりさく 切り裂く séparer; 【植物を】inciser; 【木を】fendre; 【刑罰】écarteler; 【布などを】déchirer. ¶切裂きの刑 écartèlement *m*.

きりさげる 切り下げる 【値段】rabaisser; rabattre. フランの平価を~ dévaluer le franc. ¶切下げ【経済】dévaluation *f*; 【値下げ】rabais *m*.

きりさめ 霧雨 ⇨ きり(霧).

きりすてる 切り捨てる couper; trancher; 【木, 布を】tailler; 【端, 端を】rogner; 【端数を】arrondir au chiffre inférieur. 一刀のもとに~ tuer *qn* d'un seul coup de sabre. 小数点以下を~ négliger les décimales.

キリスト Jésus-Christ *m*; 【比喩的】le Crucifié; le Sauveur; le Rédempteur; 【プロ】le Christ. ~り~ L'Antéchrist *m*. ~教 christianisme *m*; religion *f* chrétienne. ~教徒 chrétien(ne) *m(f)*; 【集合的】chrétienté *f*; fidèles *mpl*; ouailles *fpl*. ~教徒 chrétien(ne). ~研究 christologie *f*. ~十字架聖像 crucifix *m*.

きりたおす 切り倒す 【木を】abattre.

きりだす 切り出す 【石を】extraire; 【石炭を】haver. 話を~ entamer (engager, commencer) une conversation; aborder un sujet. 【話の】要点を~ entrer en matière. 山から木材を~ exploiter le bois d'une forêt. その話は彼の方から切り出してきたのだ C'est lui qui a mis le sujet sur le tapis. ¶切り出しナイフ couteau(x) *m* pliant.

きりたつ 切り立つ escarpé; vertical(aux); abrupt. 切り立った山 montagne *f* à pic. 【海岸の】切り立った崖 falaise *f*. 切り立った海岸 côte *f* déchiquetée.

きりつ 規律 discipline *f*; ordre *m*; 【規則】règle *f*; règlement *m*. ~が厳しすぎる La discipline est trop sévère. 厳しい~に服する s'astreindre à une discipline sévère. ¶~正しい discipliné; régulier(ère). ~正しくする discipliner; régler. クラスを~正しくする faire régner l'ordre (de la discipline) dans la classe. ~上 disciplinairement; suivant les règles. ~上の~ disciplinaires.

きりつ 起立 [号令] Debout! ¶~する se mettre debout; se lever. ~している rester (être, se tenir) debout.

きりつま 切妻 pignon *m*; gable *m*; gâble *m*.

きりつめる 切り詰める 【生活, 費用を】[se] réduire; [se] restreindre; se retrancher; se gêner; rogner sur; 【けちけちする】lésiner sur. 出費を~ écourter (raccourcir) les dépenses. 袖を~ écourter (raccourcir) les manches. 切り詰めた生活 vie *f* modeste. 切詰めた生活を余儀なくされる être obligé de réduire son train de vie.

きりどおし 切通し trouée *f*; sentier *m*.

きりとる 切り取る découper; détacher; 【離す】séparer. 腫物を~ exciser une tumeur. ¶切り取り線 pointillé *m*. 切り取り線に沿って~ détacher *qc* suivant le pointillé.

きりぬく 切り抜く découper; 【細工物を】évider. この記事を切り抜いておいてくれ Découpe-moi cet article, s'il te plaît. ¶切抜き【新聞などの】article *m* découpé; coupure *f*. 切抜き帳 album *m* de coupures.

きりぬける 切り抜ける 【窮地】s'en tirer; s'en sortir; se tirer d'affaire; se débrouiller. 困難を巧みに~ tirer *son* épingle du jeu; 【俗】retomber sur ses pieds. 彼はうまく切り抜けた Il s'est bien tiré d'affaire (du danger).

きりはなす 切り離す séparer; détacher; écarter; éloigner. A を B から~ séparer (détacher) A de B. 二つの問題を~ disjoindre les deux problèmes. もやい綱を~ couper les amarres.

きりはらう 切り払う ¶木を~ abattre des arbres. 道路の草を~ débroussailler (dégager, éclaircir) un chemin. 敵を~ disperser les ennemis à coups de sabre.

きりはり 切り貼り 紙に~する coller un morceau de papier sur *qn*; 【当て布をあてる】mettre une pièce à *qc*.

きりひらく 切り開く ¶道を~ dégager (éclaircir) un chemin. 【抽象的】se frayer un chemin. 土地を~ défricher une terre. 科学の一分野を~ défricher le terrain (le domaine) d'une science. 新境地を~ ouvrir de nouveaux horizons. 血路を~ se frayer une issue le sabre à la main.

きりふき 霧吹 atomiseur *m*; vaporisateur *m*. ~で香水をかける pulvériser (atomiser) du parfum.

きりふせる 切り伏せる abattre qn à coups de sabre; combattre qn.

きりふだ 切札 [トランプ] atout m. 金のあることが彼にとって一番の〜だ Son atout principal, c'est l'argent. 〜で切る couper avec l'atout. 〜を欠く manquer d'atouts. 〜を出す jouer atout.

きりまど 切窓 œil(s)-de-bœuf m; lucarne f; oculus(i) m.

きりまわす 切り回す ¶彼女は家事を一人で切り回している Elle s'occupe toute seule du ménage. 彼が全てを切り回している C'est lui qui prend toutes les dispositions. ¶彼女は世帯の切り回しがうまい C'est une bonne ménagère.

キリマンジャロ le Kilimandjaro m.

きりみ 切身 morceau(x) m équarri [de poisson].

きりむすぶ 切り結ぶ croiser le fer avec qn.

きりもみ 錐揉 ‖〜降下 descente f en vrille. 〜降下をする faire la vrille; se mettre (tomber) en vrille.

きりもり 切盛り ¶彼女は家計の〜が下手だ Elle n'est pas douée pour l'économie du ménage. 〜する s'occuper des soins du ménage.

きりゃく 機略 ‖〜縦横の astucieux (se); plein de ressources. 〜縦横の人 personne f de ressource;《俗》combinard(e) m(f).

きりゅう 寄留 séjour m provisoire. ¶〜する séjourner temporairement. ‖〜地 domicile m temporaire.

きりゅう 気流 courant m [atmosphérique]. ‖上層(下層)〜 courant supérieur (inférieur).

きりょう 器量 qualité f; capacité f; talent m; [美] beauté f. 男としての〜 aptitudes fpl d'un homme. 〜の良い Elle est belle. 〜を落とす perdre la face. 〜人 personne f de talent. 〜負けする 器量の余りに良過ぎて不幸になる être trop belle pour être heureuse. 〜良し jolie femme f.

ぎりょう 伎倆 habileté f; talent m. 彼の〜はすばらしい Il a une habileté extraordinaire./Il est très habile.

きりょく 気力 force f morale; moral m; esprit m; [元気] énergie f; entrain m; courage m; allant m. …する〜がない n'avoir pas la force de inf. 〜が充実している être en pleine force (forme); être d'attaque. 〜を欠く manquer d'énergie. 〜を奮い立たせる relever (remonter) le moral (courage) de qn. ¶〜あふれた énergique; plein d'allant; courageux(se) avachi; faible; découragé; mou (molle). 〜のない様子 air m veule.

きりん 麒麟 girafe f. ‖〜児 enfant mf prodige; petit prodige m.

きる 切(斬)る couper; [一刀の下に] trancher; [布、小枝を] tailler; [木を] abattre; [小枝を] émonder; ébrancher; [切りつけて] frapper; [細かく] hacher; [短く] écourter; rabaisser; [余分を] élaguer; [喉を] égorger; [薄く] émincer; [鎖などを] briser; [切符を] poinçonner; [木の縁などを] rogner. 髪の毛を〜 couper les cheveux à qn. 自分の手を〜 se couper [à] la main. 首を〜 décapiter qn; [斬首する] congédier; renvoyer; licencier. 有名人を〜 éreinter une célébrité après l'autre. 球を〜 [カットする] couper une balle. ◆[関係、縁、接続を絶つ] ¶手を〜 rompre avec qn; n'avoir plus rien à faire avec qn. 電気を〜 couper le courant. 電話を〜 [通話をやめる] couper la communication; [受話器を置く] raccrocher. ◆[中を分けて進む] ¶空気(波)を〜 fendre l'air (les vagues). 空を〜 frapper dans le vide. ◆[混ぜる] ¶トランプを〜 couper (faire) les cartes. ◆[水分を除く] ¶水を〜 égoutter. ◆[区切りをつける] ¶言葉を〜 s'interrompre. 人数を〜 limiter le nombre. ◆[下回る] ¶100メートル10秒を〜 courir 100 mètres en moins de 10 secondes. ◆[真っ先に動く] ¶先頭を〜 être à la tête d'un peloton. 口を〜 ouvrir la bouche; commencer à parler. まずAが口を切った C'est d'abord A qui a pris la parole. ◆[起す] ¶小切手を〜 émettre un chèque. ◆[特定の(目立った)振舞をする] ¶しらを〜 faire l'ignorant. 十字を〜 se signer. 札びらを〜 se donner des airs de riche. ◆[左右に動かす] ¶ハンドルを〜 braquer.

きる 着る [物を身につける] se mettre; enfiler; endosser. 着物を〜 s'habiller; se vêtir; se couvrir; se mettre en habit;《俗》se nipper; se fringuer; [見苦しく] se fagoter. セーターを〜 se mettre un pull. 服を〜 enfiler sa veste. 部屋着を〜 endosser sa robe de chambre. このコートはもう着られない Ce manteau n'est plus portable (mettable). 黒服を着た女 femme f en noir. レインコートを〜して porter un imperméable. ◆[負う] 濡れ衣を〜 s'imputer un crime. 罪を〜 être incriminé. 恩に〜 être obligé (reconnaissant) à qn.

ギルダー [貨幣] gulden m; guilder m.

キルティング anorak m; coupe-vent m inv.

キルト [男性用スカート] kilt m.

ギルド corporation f; guilde f; gilde f.

きれ 切れ [切端] fragment m; parcelle f; morceau(x) m; débris m; bribe f; bribes; rognures fpl; [布] pièce f [d'étoffe]; toile f; tissu m. 目の粗い [布] grosse toile. 目の細かい〜 [布] toile f serrée (fine). ‖一〜のパン un morceau (une tranche) de pain; une miette. 木〜 tronçon m; bout m de bois. 紙〜 bout de papier. ‖〜[切れ味] 頭の〜がいい avoir l'esprit éveillé; avoir une bonne tête. ハンドルの〜の悪い車 voiture f qui braque mal. ◆[水捌け] 水の〜が良い物は textile m qui sèche facilement.

きれあじ 切れ味 ¶この包丁は〜がいい Ce couteau de cuisine coupe bien (est bien tranchant).

きれい 奇麗 [美しい] ¶〜な joli; beau (bel, belle); charmant; [庭などが] agréable; [景色などが] pittoresque. 彼女はとても〜だ Elle est belle comme le jour. 壁を塗り変えて家を〜にする embellir sa maison en repeignant le mur. 彼女は〜になった Elle a embelli. ◆[清潔] ¶〜な propre; pur; net(te); [衛生的]

ぎれい 儀礼 cérémonial m; protocole m; [礼儀] étiquette f; [儀式] cérémonie f. ¶〜[な] protocolaire. 〜的訪問 visite f protocolaire. ‖通過〜 rite m de passage; initiation f.

きれぎれ 切々 〜に聞こえる entendre par intervalles (par bribes). ドア越しに隣室の会話が〜に聞こえる On entend à travers la porte des bribes de conversation de la chambre voisine. 嗚咽で〜になりがちな身上話 histoire f entrecoupée de sanglots. 綿くずのような〜の雲 nuages mpl tout effilochés.

きれつ 亀裂 brisure f; cassure f; fente f; [ひび] fissure f; fêlure f; coupure f; brèche f; [岩, 氷の] crevasse f; [地層の] faille f; [骨の] fracture f; [壁の] lézarde f; [人間関係の] rupture f. 〜が生じる se creuser; se fêler; se briser; se fendiller; se fendre. 地面に〜ができた So s'est crevassé. 壁に〜が入っている Des lézardes sillonnent le mur. ¶〜の入った fêlé; craquelé; [地面に] fendillé.

きれなが 切長 ¶〜の目 yeux mpl bridés (en amandes).

きれはし 切端 bout m. ⇨ きれ(切れ).

きれま 切間 ¶雲の〜 échappée f (trouée f) de ciel (soleil); éclaircie f. 雲の〜に青空が見える On voit une trouée d'azur dans le ciel (un coin de ciel bleu).

きれめ 切目 [休止] pause f; interruption f; intervalle f; trêve f. 金の〜が縁の〜 «Point d'argent, point de Suisse.» ¶〜なしに sans cesse (trêve, répit); incessamment. ⇨ きれま(切間).

きれもの 切者 personne f de talent; personne qui s'y connaît.

きれる 切れる ⇨ きる(切る), きれあじ(切れ味). 手の〜ような札 billet m flambant (tout) neuf. ◆[期限が] expirer; arriver à son terme. この旅券は8月1日に〜 Ce passeport expire le 1er août. ◆[なくなる] ¶タバコが切れている Il n'y a plus de cigarettes. バターが切れた Le beurre est épuisé.

きろ 岐路 carrefour m; croisement m; bifurcation f; embranchement m; fourche f; [ロータリー] rond(s)-point(s) m; patte(s)-d'oie f. ¶〜に立つ se trouver à un carrefour.

きろ 帰路 chemin m de retour. 〜につく ⇨ きと(帰途). 〜彼はシンガポールに立ち寄った A son retour (Au retour), il a fait escale à Singapour.

キロ ¶〜カロリー kilocalorie f. 〜グラム kilo [gramme] m. 〜サイクル kilocycle m. 〜メートル kilomètre f. 〜メートル単位で測る kilométrer. 〜メートル毎の kilométrique. 〜リットル kilolitre f. 〜ワット kilowatt m. 〜ワット時 kilowatt-heure m.

きろく 記録 [文書] papiers mpl; document m; [古文書] archives fpl; [事件, 人物について] dossier m; [議事録] actes mpl; [年代別] annales fpl; [日記的] mémoires mpl; mémorial(aux) m; [成績] record m; résultat m; [記入] enregistrement m. 〜を気にするな Ce n'est pas le moment de viser un record. 〜を公認(更新)する homologuer (améliorer) un record. ¶〜を取り; enregistrer; consigner; [ノートをとる] prendre des notes. 手帳に名前を〜する inscrire les noms sur son carnet. 降水を〜する enregistrer (observer) quelques précipitations. 〜的な mémorable; remarquable. 〜的な数字 chiffre m record. 今年は〜的な暑さだ Cette année, on a des températures records. ‖世界〜を破る(樹立する, 保持する) battre (établir, détenir) un record du monde. 男子(女子)の〜 record masculin (féminin). 高度の〜 record d'altitude. 〜映画 [film m] documentaire m. 〜係 enregistreur m; [裁判所の] greffier(ère) m(f). 〜装置 enregistreur. 〜簿 enregistre m; [目録] répertoire m; [学会の] actes mpl. 〜保持者 record man(woman) m(f); détenteur(trice) m(f) d'un record.

ギロチン guillotine f. 〜にかける guillotiner qn.

ぎろん 議論 discussion f; controverse f; débat m; argument m; [論争] polémique f. [言い争い] dispute f. 下らないことはやめよう Pas de balivernes! 人と〜になる entrer en discussion avec qn; soulever un débat. 〜を展開する développer des arguments. 滅茶苦茶な〜をする raisonner comme une pantoufle. ¶〜する discuter; argumenter; disputer contre qn. 下らぬことで〜する discutailler, ergoter (discuter) sur des vétilles. 〜の余地がある discutable. それは〜の余地がある Cela peut se discuter. 〜の余地がない indiscutable; incontestable. それは〜の余地がない Cela ne souffre pas de discussion. 〜好きの discuteur(se); discutailleur(se) m(f); raisonneur(se). 〜好きの人 discuteur(se) m(f); polémiste mf; raisonneur(se) m(f).

ぎわく 疑惑 doute m; [不信] méfiance f; défiance f; [嫌疑] suspicion f; soupçon m. 〜を抱く avoir des doutes sur; avoir de la suspicion à l'égard de qn. 〜を抱く éveiller la méfiance de qn; inspirer une méfiance à qn. 〜を解く apaiser (dissiper) la méfiance.

きわだつ 際立つ se distinguer; se faire remarquer; se signaler; [有名になる] s'illustrer. 際立たせる mettre qc en relief; faire

きわどい 際どい ¶立った prononcé; accusé; remarquable; [明瞭な] distinct; [有名な] illustre. 際立った特徴 trait *m* marqué. 際立った才能 talent *m* prononcé. 際立って remarquablement.

きわどい 際どい [危険な] dangereux(se); périlleux(se); [いかがわしい] équivoque; louche; [卑猥な] licencieux(se); osé; ʰhardi; grivois; corsé; leste. ~掛引 manœuvre *f* louche; intrigue *f* corsée. ~冗談 plaisanterie *f* risquée. ~話 histoire *f* corsée; propos *mpl* raides. ~取引 trafic *m* dangereux. ~勝利を得る gagner de justesse. ~所で免れる l'échapper belle.

きわまり 極まり ¶彼は無礼~ない Il est impoli au possible. 不健全~ない C'est le comble de l'insanité.

きわまる 窮(極)まる ¶~所を知らない n'en plus finir. ~所を知らない強欲さ avarice *f* sans borne. 失礼~話だ C'est la malhonnêteté même. 進退~ être réduit à quia.

きわみ 極み ¶天の~地の果てまで du zénith du ciel à l'extrémité de la terre. 不幸の~ comble *m* du malheur. 贅沢の~を尽す vivre dans le plus grand luxe. 絶望の~だ C'est le comble du désespoir.

きわめて 極めて extrêmement; très; exceptionnellement; particulièrement; remarquablement. 私は~満足です Je suis tout content. それは~よろしい《俗》C'est vachement bon. ~天気が良かったので私達は外出した Il faisait si beau que nous sommes sortis. 彼の具合は~良好である Il va on ne peut mieux. ~良好な状態が続いている Le mieux persiste. ...とは~遺憾である Il est tout à fait regrettable (fâcheux) de *inf* (que *sub*).

きわめる 極める ¶学問の奥義を~ être initié aux secrets de la science; se trouver dans les arcanes de la science. 山頂を~ atteindre le sommet [d'une montagne]. 位人臣を~ s'élever jusqu'au haut de l'échelle sociale. ぜいたくを~ vivre dans le plus grand luxe. 口を極めては賞める louer *qn* à bouche que veux-tu.

きわもの 際物 [時期を限った] article *m* de saison. ¶~的な本 [興味本位な] livre *m* de circonstance.

きをつけ 気を付け [号令] Garde à vous! ~の姿勢をとる(としている) se mettre (se tenir, être) au garde-à-vous.

きん 禁 ¶~を犯す contrevenir à une loi; violer (transgresser, enfreindre) une interdiction.

きん 筋 muscle *m*. ‖随意(不随意)~ muscles volontaires (involontaires). ~力(繊維) force *f* (fibre *f*) musculaire.

きん 菌 microbe *m*; [バチルス] bacille *m*; [バクテリア] bactérie *f*; [ウイルス] virus *m*.

きん 金 or *m*. ~の延棒(ブローチ) barre *f* (broche *f*) d'or. ¶~を含む aurifère. ‖~本位[制度] [système *m* de l']étalon-or *m*.

ぎん 銀 argent *m*. ~の食器 vaisselle *f* d'argent; [集合的] argenterie *f*.

きんいつ 均一 ¶~な(の) uniforme; égal (aux); régulier(ère). ‖料金~の品物 articles *mpl* à prix unique. ~性 régularité *f*; égalité *f*; uniformité *f*.

きんいろ 金色 or *m*. ¶~の doré; d'or. ~にする dorer. ~に実った麦畑 champ *m* de l'or des blés.

ぎんいろ 銀色 argent *m*. ¶~の argenté; d'argent. ~にする argenter. ~に光るアルプスの頂 sommets *mpl* argentés des Alpes.

きんいん 近因 cause *f* immédiate.

きんえん 禁煙 [掲示] «Défense *f* de fumer» ¶~する s'abstenir (se garder) de fumer. ‖~車両 compartiment *m* non fumeur.

きんえんせき 禁煙席 place *f* non-fumeur.

きんか 近火 ¶~お見舞申し上げます C'est avec une grande inquiétude que nous avons appris qu'un incendie du voisinage vous avait menacé.

きんか 金貨 pièce *f* d'or; 《古》écu *m*. ~で支払う payer en or.

ぎんか 銀貨 pièce *f* d'argent.

ぎんが 銀河 voie *f* lactée; galaxie *f*; chemin *m* de Saint-Jacques. ¶~の galactique.

きんかい 欣快 ¶~の至りである C'est pour nous une grande joie.

きんかい 近海 mer *f* près des côtes. 横浜の~で près des côtes (au large) de Yokohama. ¶~漁業 pêche *f* côtière (littorale). ~輸送 cabotage *m*. ~輸送する caboter. ~輸送船 [navire *m*] caboteur *m*. ~物 poisson *m* côtier.

きんかい 金塊 lingot *m* d'or; [天然] pépite *f* [d'or].

ぎんかい 銀塊 lingot *m* d'argent; [天然] pépite *f* d'argent.

きんかぎょくじょう 金科玉条 précepte *m* suprême. 恩師の教えを~としていまだに守っている Je tiens encore à l'enseignement de mon ancien maître comme à la prunelle de mes yeux.

きんがく 金額 somme *f* [d'argent]. 大きな(わずかの)~ grosse (faible) somme d'argent.

きんがしんねん 謹賀新年 Meilleurs vœux pour la nouvelle année.

きんがみ 金紙 papier *m* doré; feuille *f* d'or.

ぎんがみ 銀紙 papier *m* argenté; feuille *f* d'argent (argenté, d'étain).

きんかん 刊刊 parution *f* (publication *f*) prochaine; [広告] «A paraître prochainement.» ‖~図書 livres *mpl* à paraître prochainement (sur le point de paraître). ~予告 annonce *f* de livres sous presse (à l'impression).

きんかん 金冠 [歯] couronne *f* or. ~をかぶせる mettre une couronne d'or sur une dent. ~をかぶせた歯 dent *f* couronnée d'or.

きんかん 金柑 [実] koum-quat *m*.

きんかん 金環 anneau(x) *m* en or. ‖~食 éclipse *f* annulaire.

きんかん 金管 ¶~楽器 instrument *m* à vent en cuivre *m*; [集合的] cuivres *mpl*.

きんかん 近観 ⇨ きんけい(近視).

きんかんばん 金看板 meilleur atout *m*.

きんき 欣喜 ‖~雀躍する sauter (gambader) de joie; exulter.

ぎんき 銀器 vaisselle *f* d'argent; [集合] argenterie *f*.

ぎんぎつね 銀狐 renard *m* argenté.

きんきゅう 緊急 urgence *f*; précipitation *f*. 事態は~を要する La situation est de la dernière urgence. ‖ ~の~ urgent; pressant; pressé; précipité; impérieux(se). ~の仕事 travail *m* urgent (pressant). ~の手紙 lettre *f* urgente (pressée). ~の時に(は) en cas d'urgence. ~に d'urgence. ‖ ~記者会見 conférence *f* de presse improvisée. ~事態 situation *f* critique; coup *m* de feu. ~動議 motion *f* d'urgence.

きんぎょ 金魚 cyprin *m* doré; poisson *m* rouge. ‖ ~草 gueule(s)-de-loup *f*; muflier *m* des jardins; [藻] hydre *f*. ~鉢 bocal (*aux*) *m* à poissons rouges.

きんきょう 近況 nouvelles *fpl* [du jour]. ‖ ~報告 dernières nouvelles *fpl*.

きんきょり 近距離 courte (petite) distance *f*; [射撃] courte (petite) portée *f*. ~で à courte distance. ~で撃つ tirer à bout portant. ~線(電車) petites lignes *fpl*.

きんきん 近々 sous (dans) peu; bientôt; plus tôt que tard; à un de ces jours.

きんぎんざいく 金銀細工 orfèvrerie *f*. ‖ ~師 orfèvre *m*. ~店 atelier *m* (magasin *m*) d'orfèvre. ~品 orfèvrerie *f*.

キンく 禁句 mot *m* tabou (interdit); tabou *m*.

キング roi *m*. ダイヤの~ [トランプ] roi de carreau. ‖ ~サイズ gros module *m*. ~サイズのタバコ cigarette *f* de gros module.

キングサーモン saumon *m* royal.

キングズイングリッシュ anglais *m* royal.

キングダム royaume *m*.

キングメーカー faiseur *m* de rois.

きんけつ 金欠 ‖ ~病だ Je suis dans la dèche (purée, débine)./Je suis fauché.

きんけん 勤倹 ‖ ~して働く travailler et épargner. ~貯蓄の精神 esprit *m* de travail et d'épargne.

きんけん 金権 pouvoir *m* d'argent. ‖ ~政治 ploutocratie *f*; timocratie *f*. ~政治家 ploutocrate *m*; timocrate *m*. ~政治的[な] ploutocratique; timocratique.

きんげん 謹厳 ‖ ~をもって鳴る être réputé pour sa sévérité. ~な grave; austère; sérieux(se); sobre. ~に gravement; austèrement; sérieusement. ~さ gravité *f*; austérité *f*; sérieux *m*. ‖ ~実直な人 personne *f* sérieuse et honnête.

きんげん 金言 maxime *f*; adage *m*; dicton *m*; aphorisme *m*.

きんこ 禁固 emprisonnement *m*; incarcération *f*; [拘留] détention *f*; internement *m*; [重労働] réclusion *f*; [営倉] arrêts *mpl*; [幽閉] immuration *f*. ‖ ~刑 peine *f* de prison. ~刑をくらう [俗] faire de la grosse caisse. ~刑に処す mettre (fourrer) *qn* en prison. 終身~刑 emprisonnement à vie (perpétuel, à perpétuité). ~5年の刑を受け être condamné à ([俗] écoper) 5 ans de prison. ~囚 prisonnier(ère) *m(f)*; emprisonné(e) *m(f)*; reclus(e) *m(f)*; interné(e) *m(f)*; incarcéré(e) *m(f)*.

きんこ 金庫 coffre(s)-fort(s) *m*; coffre *m*; caisse *f*. ‖ 信用~ caisse de crédit.

きんこう 均衡 équilibre *m*; balance *f*; balancement *m*; pondération *f*; [調和] harmonie *f*. 勢力の~ pondération des pouvoirs. ついに~が破られた L'équilibre a fini par se rompre. ~を失う perdre l'équilibre. ~をとる(保つ) mettre (tenir) *qc* en équilibre; faire (garder) l'équilibre. ~を破る déranger (rompre) l'équilibre. ‖ ~のとれた équilibré; balancé; pondéré. ~のとれた harmonieux(se).

きんこう 近郊 banlieue *f*; environs *mpl*. パリ~ banlieue de Paris (parisienne). ‖ ~居住者 banlieusard(e) *m(f)*. ~ベッドタウン banlieue(s-)dortoir(s) *f*.

きんこう 金鉱 [鉱山] mine *f* d'or; [鉱石] minerai *m* d'or; [鉱脈] filon *m* (gisement *m*) d'or.

きんごう 近郷 villages *mpl* voisins (avoisinants, environnants, proches); villages des alentours.

ぎんこう 銀行 banque *f*; [établissement *m* de] crédit *m*; caisse *f*. ~に預金(取引)がある avoir un compte (du crédit) en banque. 血液(眼球)~ banque du sang (des yeux). ~員 employé(e) *m(f)* de banque. ~家 banquier(ère) *m(f)*. ~券 billet *m* de banque (banknote); bank-note *f*. ~小切手 chèque *f* bancaire (de banque).

きんこつ 筋骨 ‖ ~たくましい musclé; musculeux(se); tout en muscle.

きんこん 緊褌 ‖ ~一番 avec [une nouvelle] résolution. ~一番大勝負に出る se lancer ferme dans un grand jeu.

きんこんしき 金婚式 noces *fpl* d'or. ~を祝う célébrer ses noces d'or.

ぎんこんしき 銀婚式 noces *fpl* d'argent.

きんさ 僅差 ‖ ~で勝つ gagner de justesse. 残念ながら~で負けた Malheureusement la victoire m'a échappé d'un cheveu.

きんぱい 近在 ‖ ~の d'un village voisin; en banlieue; aux (dans les) environs.

きんさく 近作 œuvre *f* récente; dernière œuvre.

きんさく 金策 expédients *mpl* [pécuniaires]. ~に奔走する faire le tour des prêteurs. ~に窮する n'avoir personne à qui emprunter de l'argent; se trouver sans ressources pécuniaires. ~を講ずる remédier aux besoins pécuniaires.

きんざん 金山 mine *f* d'or; mine aurifère.

ぎんざん 銀山 mine *f* d'argent.

きんし 禁止 défense *f*; interdiction *f*; prohibition *f*; [廃止・追放] proscription *f*. ~する défendre à *qn* de *inf*; interdire à *qn* de *inf*; proscrire; prohiber; faire défense à *qn* de *inf*; frapper d'interdiction. 病人に酒を~する défendre le vin à un malade. 新教を~する proscrire le protestantisme. 煙草を~する interdire le tabac à *qn*. 雑誌発行を~する mettre l'embargo sur une revue. …は~されている Il est défendu (interdit) de *inf*. 父は彼の外出を~している Son père lui défend

きんし de sortir. ～された interdit; prohibé; défendu; proscrit. ¶～的[な] prohibitif(ve). ～の措置 mesure f prohibitive. 喫煙～ défense de fumer. 使用～ usage m interdit; proscription d'un usage. ある言葉の使用～ usage proscrit d'un mot. 立入り～ défense d'entrer; entrée f interdite. 通り抜け～ passage m interdit. 出港(輸出)～ embargo m. 狩猟～ prohibition f de la chasse. 狩猟～区 chasse f gardée; garenne f; réserve f. 独占～法 loi f antimonopole. ～令を解く lever une interdiction.

きんし 菌糸 hyphe m. ¶～類 hyphomycètes mpl.

きんし 近視 myopie f. ～である être myope; avoir la vue courte. ひどい～である être myope comme une taupe. ¶～の myope. ～の人 myope mf. ～的知性 intelligence f myope.

きんし 金糸 ¶～銀糸 fils mpl d'or et d'argent.

きんじ 近似 ～的[な] approximatif(ve); approché. ～的[に] approximativement; par approximation; à peu près. ¶～計算 calcul m approximatif; approximation f. ～値 valeur f approximative (approchée).

きんジストロフィー 筋― 進行性～ dystrophie f musculaire progressive.

きんしつ 均質 homogénéité f. ¶～的[な] homogène. ¶～化 homogénéisation f. ～化する homogénéiser. ～性 homogénéité f.

きんしつ 琴瑟 ¶～相和す être comme Philémon et Baucis (Laure et Pétrarque, Orphée et Euridice).

きんじつ 近日 ¶～中[に] un de ces jours; prochainement; sous (dans) peu.

きんじとう 金字塔 pyramide f; grand monument m; [業績] travaux mpl de grande valeur. この作品は戦後文学の～ Cette œuvre est un grand monument de la littérature d'après-guerre.

きんしゃ 金紗 crêpe m [de soie].

きんしゅ 禁酒 abstinence f des boissons alcoolisées. ¶～する s'abstenir de l'alcool (de boire). ¶～運動(主義) antialcoolisme m. ～会 société f de tempérance. ～主義者 prohibitionniste mf. ～同盟 ligue f antialcoolique. ～法 loi f de prohibition.

きんしゅ 筋腫 ulcère m musculaire; kyste m.

きんじゅう 禽獣 bêtes fpl; animaux mpl.

きんしゅく 緊縮 ¶～財政 économie f d'austérité; budget m restreint.

きんしょ 禁書 livre m interdit. ～にする interdire; mettre à l'index. この本は～になっています Ce livre est à l'index. ¶～目録【カト】 l'Index m.

きんじょ 近所 voisinage m; [隣人] entourage m; [場所] proximité f; environs mpl. 学校の～ les environs de l'école. ¶～の家 maisons fpl du voisinage. ¶～の人 voisin(e) m(f). ～の連中はみなこのことを知らされた Tout le voisinage en a été averti. ...の～で[に] à proximité de; dans le voisinage de; aux environs de. ～に火事があった Il y a eu un incendie dans le voisinage. ¶～付合い voisinage. ～付合いをする fréquenter ses voisins; voisiner; entretenir un bon voisinage. ～付合いがよい vivre en bon voisinage avec qn.

きんじょう 金城 ¶～鉄壁 forteresse f imprenable (inexpugnable). ～鉄壁の imprenable; inexpugnable. ～湯池 territoire m inexpugnable.

きんしょう 吟唱 récitation f; déclamation f. ¶～する réciter; déclamer; débiter avec emphase. 表情豊かに詩を～する réciter un poème avec expression.

きんしん 謹慎 【法】 confinement m; 【軍】 arrêts mpl. ¶～する se confiner (se cloîtrer) chez soi. ～させる confiner; mettre aux arrêts.

きんしん 近臣 courtisan(e) m(f).

きんしん 近親 proche parent(e) m(f); proches mpl. ...の～ ses proches [parents]. ¶～結婚 mariage m consanguin.

きんずる 禁ずる 私は涙を禁じ得ない Je ne peux m'empêcher (me retenir) de pleurer. ～ない Je ne peux pas retenir mes larmes. ⇨ きんし (禁止).

きんずる 吟ずる réciter; déclamer; [詩, 俳句などを]～ rimer.

きんせい 均整 [釣合] équilibre m; balance f; balancement m; pondération f; [調和・対称] harmonie f; proportion f; symétrie f. ～がとれる s'équilibrer; se balancer. ～を保つ(失う) garder (perdre) l'équilibre. 予算の～をとる équilibrer (balancer) le budget. ¶～のとれた équilibré; balancé; proportionné; pondéré; [調和のとれた] harmonieux(se); [対称的な] symétrique. ～のとれた体 taille f bien proportionnée. ～のとれない déséquilibré; disproportionné; mal équilibré; discordant.

きんせい 禁制 prohibition f; interdiction f. ¶～品 articles mpl prohibés (à l'index). ～行為 activités fpl prohibées.

きんせい 近世 époque f moderne; temps mpl modernes. ¶～史 histoire f moderne.

きんせい 金星 [la planète] Vénus f; Lucifer m; étoile f du matin. ¶～の vénusien(ne).

きんせかい 銀世界 paysage m (monde m) de neige.

きんせき 金石 ¶～[併用]時代 âge m de la pierre et des métaux. ～文 épigraphe f.

きんせつ 近接 ¶～の voisin(e) f. ～する être tout près de qc; avoisiner (confiner à) qc. ¶～過去 passé m récent. ～未来 futur m proche.

きんせん 琴線 ¶心の～に触れる toucher les cordes de l'âme de qn; toucher la corde sensible de qn. この作曲家はしばしば我々の心の～に触れるような曲を作る Il n'est pas rare que ce compositeur écrive de la musique qui va droit au cœur.

きんせん 金銭 argent m; monnaie f; fonds m; [小金] pécule m. ～に細かい être près de son argent (de ses sous). ¶～上の pécuniaire; financier(ère). ～上の援助 aide f pécuniaire. ～上の困窮 embarras mpl pécuni-

きんぜん aires (financiers). ～的に援助する aider qn pécuniairement (financièrement). ‖～登録器 machine f (caisse f) comptable. ～問題 affaire f d'argent. ～欲 cupidité f. ～欲の強い cupide. ～ずく vénalité f. ～ずくの vénal(aux). ～ずくで vénalement; mercenairement.

きんぜん 欣然 ¶～と avec plaisir; volontiers; avec empressement.

きんせんか 金盞花 souci m.

きんそく 禁足 consigne f; défense f de sortir; [学校の] retenue f; 《俗》 colle f. ～を食う être consigné (retenu, collé). ～中の兵隊 soldats mpl en consigne. ‖～令 consigne f.

きんぞく 勤続 ¶20年～する faire vingt ans de service continu. 彼はこの職場に～10年だ Il occupe ce poste depuis dix ans. 彼はこの工場に20年～した後退職した Il s'est retiré après avoir travaillé vingt ans dans cette usine.

きんぞく 金属 métal(aux) m. ¶～性の métallique. ～のような métalliforme. ～性の声(つや) voix f (reflet m) métallique. ‖貴～ métaux précieux. ～工業 [冶金] métallurgie f; industries fpl métallurgiques. ～鉱床 gisement m métallifère. ～細工 menuiserie f métallique. ～板 plaque f de métal. ～被覆 métallisation f; métallisage m.

きんだい 近代 époque f (temps m) moderne. ¶～の moderne. ～化 modernisation f. ～化する moderniser. ～五種競技 pentathlon m moderne. ～史(劇) histoire f (théâtre m) moderne. ～人 [集合的] modernes mpl.

きんたいしゅつ 禁帯出 exclu du prêt.

きんだん 禁断 ¶～の実 fruit m défendu. ～の園 jardin m défendu. ‖～症状 symptôme m d'abstinence.

きんちさん 禁治産 interdiction f [judiciaire, civile]. ¶～の申し立て demande f en interdiction. ～宣告 jugement m d'interdiction. ～宣告をする frapper qn d'interdiction. ～者 interdit(e) m(f).

きんちょう 緊張 tension f; contention f; concentration f; [注意] attention f; 《医》 tonus m. 精神の～ tension (contention) d'esprit. 国際間の～ tension internationale. 筋肉の～ tonus musculaire. ¶～する [筋肉が] se raidir; [関係が] se tendre; [精神が] avoir l'esprit tendu. ～した être tendu (attentif). ～した関係である avoir des rapports tendus avec qn. ～した精神状態 état m d'esprit tendu. 両国間の～状態が続いている La situation reste tendue entre les deux pays.

きんちょう 謹聴 «Attention!»; «Silence!» ¶～する être attentif(ve); être tout oreilles; écouter avec attention.

きんてい 欽定 ‖～憲法 constitution f monarchique.

きんてい 謹呈 dédicace f; offre m. ¶～する dédicacer; dédier; offrir. 著書を～する dédicacer son livre à qn.

きんでい 金泥 dorure f.

きんでい 銀泥 argenture f.

きんてき 金的 ¶～を射止める mettre dans le mille (but); 《俗》 faire mouche; toucher juste.

きんてんさい 禁転載 «Tous droits de reproduction réservés.»

きんとう 均等 égalité f; parité f; [公平] équité f; impartialité f. ¶～な égal(aux); [公平] impartial(aux); équitable. ～に également; impartialement. ～に分配する repartir équitablement. ～にする égaliser; niveler. ‖機会～ égalité f de chances. 交換比率～ parité f de change. ～化 égalisation f; nivellement m.

きんとう 近東 Proche-Orient m.

ぎんなん 銀杏 [amande f de] ginkgo m.

きんにく 筋肉 muscle m. ～をつける muscler. 体に～をつける muscler le corps. ¶～の musculaire. ～隆々とした musclé; musculeux(se). ‖～学 myologie f; sarcologie f. ～腫 sarcose f. ～組織 musculature f; système m musculaire. ～痛 myalgie f; myodynie f. ～労働 travail(aux) m physique. ～労働者 travailleur(se) m(f) physique (de force).

きんねん 近年 ces dernières années.

きんのう 勤皇 royalisme m. ¶～の志士 partisan m des empereurs; royaliste m; [西洋史] gibelin m.

きんば 金歯 dent f plaquée or; dent en or. ～にする aurifier une dent; couronner d'or une dent.

きんばえ 金蠅 mouche f verte (dorée); lucilie f.

きんぱく 緊迫 tension f. ¶～する se tendre. ～している être tendu; être tenu en haleine. ～した関係 rapports mpl tendus. ～した政治状勢 situation f politique tendue.

きんぱく 金箔 feuille f d'or; dorure f. ～で覆う plaquer d'or; couvrir d'une feuille d'or; dorer.

きんぱつ 金髪 cheveux mpl (chevelure f) d'or; cheveux [d'un] blond doré. 彼女は～だ Elle est blonde.

ぎんぱつ 銀髪 cheveux mpl argentés (d'argent).

きんぴ 金肥 engrais mpl artificiels (chimiques, minéraux).

きんぴか 金ぴか ¶彼は～の格好をしている Il a une tenue tape-à-l'œil. ‖～物 [faux] brillant m; clinquant m.

きんぴん 金品 ¶～を受取る recevoir des présents en argent ou en nature. ～を送る faire un présent en espèces ou en nature.

きんぶち 金縁 ‖～眼鏡 lunettes fpl à monture d'or.

ぎんぶち 銀縁 ¶～の眼鏡 lunettes fpl à monture d'argent.

きんぷん 金粉 poudre f d'or.

ぎんぷん 銀粉 poudre f d'argent.

きんべん 勤勉 application f; assiduité f; diligence f; labeur m. ¶～な appliqué; assidu; diligent; travailleur(se); studieux(se); laborieux(se). ～に assidûment; avec application (assiduité); sérieusement; laborieusement.

きんぺん 近辺 environs *mpl*; parages *mpl*; alentours *mpl*; voisinage *m*; proximité *f*. この～で dans ces environs (parages, alentours). この～で彼を見ました Je l'ai vu par ici.

きんペン 金- plume *f* en or.

きんぼうげ 金鳳花 bouton(s)-d'or *m*;《俗》bassinet *m*.

きんぼし 金星 victoire *f* éclatante. ～をあげる réussir un beau coup; réussir *son* coup.

きんほんい 金本位 ⇨ きん(金).

ぎんまく 銀幕 écran *m*; cinéma *m*. ～のスターvedette *f* de l'écran; étoile *f* de cinéma; star *f*.

きんまんか 金満家 millionnaire *mf*; milliardaire *mf*; nabab *m*;《俗》richard *m*.

ぎんみ 吟味 examen *m*; vérification *f*; [酒, 茶]の dégustation *f*. ¶～する examiner; vérifier; passer en revue; déguster. ∥～役 [酒, 茶]の dégustateur(*trice*) *m*(*f*).

きんみつ 緊密 ¶～な étroit; serré; intime. ～な関係 lien *m* étroit; rapports *mpl* intimes. ～な関係を保つ rester en rapports étroits avec. ～に étroitement. ～さ [親しさ] intimité *f*.

きんみゃく 金脈 filon *m* (gisement *f*) d'or; filon [aurifère]; veine *f*. 元大臣の様々な黒い～ divers filons secrets de l'ancien ministre. 彼は～をつかんでいる Il tient le filon.

きんむ 勤務 service *m*; travail(*aux*) *m*. ¶～する travailler; remplir une fonction. ～している être de service; être (rester) en fonction; être (rester) à *son* poste. 彼は行政機関に～している Il occupe un poste à l'administration./Il est dans l'administration. ∥地上～ service à terre. 超過～ travail supplémentaire. ～者 employé(e) *m*(*f*); [集合] personnel *m*. ～先 [adresse *f* du] lieu (x) *m* de service. ～時間 heures *fpl* de travail. ～条件 conditions *fpl* de travail. ～評定 contrôle *m* de l'assiduité de l'enseignant.

きんモール 金- galons *mpl*. ～のついた服 habit *m* galonné d'or.

きんもくせい 金木犀 olivier *m* odorant.

きんもつ 禁物 ¶高血圧に塩は～だ A la tension, il faut s'abstenir de sel. 彼の前で父の話は～だ Devant lui, il ne faut jamais parler de son père. この国で飲酒は～だ Dans ce pays, la boisson alcoolisée est interdite.

きんゆ 禁輸 importation *f* (exportation *f*) interdite. ⇨ きんせい 禁制).

きんゆう 金融 [国] finance *f*; [個人] crédit *m*; commerce *m* d'argent. ∥長期(短期)～ crédit *m* à long (court) terme. ～機関 établissement *m* financier. ～業者 financier *m*; banquier(*ère*) *m*(*f*). ～公庫 crédit *m* national. 農業～公庫 crédit agricole. ～市場 marché *m* financier. ～政策 politique *f* financière. ～引締め政策 mesures *fpl* financières restrictives. ～問題(制度) problème *m* (système *m*) financier.

ぎんゆうしじん 吟遊詩人 trouvère *m*; barde *m*; troubadour *m*; [楽人] ménestrel *m*.

きんゆうちょう 金融庁 Autorité *f* de contrôle des établissements financiers.

きんようび 金曜日 vendredi *m*.

きんよく 禁欲 [物欲] abstinence *f*; privation *f*; [肉欲] continence *f*; ascèse *f*; [主義] ascétisme *m*; stoïcisme *m*. ¶～する vivre dans la privation; vivre stoïque; s'abstenir de. ～的な continent; stoïque; ascétique. ∥～主義者 ascète *mf*. ～生活 vie *f* ascétique.

きんらい 近来 depuis peu; ces derniers temps.

きんり 金利 [利息] intérêt *m*; [利率] taux *m*; [年金] rente *f*. 借金の～ intérêt sur un emprunt. ～で暮す vivre de *ses* rentes. ∥貸付～ taux d'un prêt. 低(高)～で à taux bas (élevé). ～生活 vie *f* de rentier. ～生活者 rentier(*ère*) *m*(*f*).

きんりょう 禁猟(漁) chasse *f* (pêche *f*) interdite. ～を開始する(解く) fermer (ouvrir) la chasse (la pêche). ∥～区 chasse gardée (réservée, interdite); pêche gardée (réservée, interdite); garenne *f*; réserve *f*. ～期 période *f* de chasse interdite. ～期に入る fermer la chasse (pêche).

きんりょく 筋力 force *f* musculaire. ∥～トレーニング musculation *f*.

きんりょく 金力 ¶～に物を言わせる recourir au pouvoir de l'argent. ∥～万能の timocratique; ploutocratique. ～万能主義 timocratie *f*; ploutocratie *f*. ～万能主義者 timocrate *m*; ploutocrate *m*.

きんりん 近隣 voisinage *m*; environs *mpl* entourage *m*; proximité *f*; alentours *mpl*. ¶～の誼を結んでいる être en bon voisinage avec. ∥～諸国 pays *mpl* voisins.

ぎんりん 銀鱗 écailles *fpl* d'argent; [魚類] poissons *mpl*.

きんれい 禁令 prohibition *f*; [loi *f* d']interdiction *f*. ～の下におかれる être frappé d'interdiction.

ぎんれい 銀嶺 sommets *mpl* enneigés.

きんろう 勤労 travail(*aux*) *m*; labeur *m*. ¶～する ⇨ はたらく (働く). ∥～意欲 assiduité *f* [au travail]. ～時間 heures *fpl* ouvrables. ～者 travailleur(*se*) *m*(*f*); ouvrier(*ère*) *m*(*f*). ～者階級 prolétariat *m*; classe *f* travailleuse (ouvrière, laborieuse). ～所得 revenu *m* du travail. ～精神 esprit *m* de travail. ～日 jour *m* ouvrable. ～奉仕 service *m* volontaire.

く

く 九 neuf *m*.

く 句 phrase *f*; tournure *f*; [詩] vers *m*; [語] mot *m*. 上(下)の〜 première (dernière) phrase. ‖慣用〜 expression *f*; locution *f*; idiome *m*; [フランス語の] gallicisme *m*. 二の〜が継げぬ ne savoir que répondre (dire).

く 区 [地区] arrondissement *m*; quartier *m*; [区分] secteur *m*; division *f*. 五〜 [パリの] le cinquième [arrondissement]. 第三〜から出馬する se présenter dans la 3ème circonscription. ‖管轄〜 district *m*. 行政〜 division administrative. 森林〜 secteur *f* de forêt. 選挙〜 circonscription *f* électorale. ラテン〜 quartier latin.

く 苦 peine *f*; douleur *f*; souffrance *f*; tristesse *f*. 「〜は楽の種」«Après la pluie, le beau temps.» 〜にする se soucier de *qc*; se tourmenter; [心配する] s'inquiéter de; se faire des inquiétudes; [俗] s'en faire. 病気を〜にする être contrarié de *sa* maladie. 〜になる importuner *qn*; ennuyer (contrarier) *qn*. 〜にならない C'est sans problème./ Ça ne me fatigue pas. 〜もなく sans difficulté; facilement.

く 具 ¶汁の〜 ingrédients *mpl* de la soupe. スポーツを政争の〜にする politiser le sport. ⇨どうぐ[道具].

く 愚 ¶〜の骨頂だ C'est le comble de la sottise. 〜にもつかぬことを言う(する) dire (faire) des imbécillités (bêtises); dire (faire) des extravagances; dire des fadaises; divaguer.

ぐあい 具合 [状態] tournure *f*; conjoncture *f*; état *m*; allure *f*. この新しい道具は〜が良い Ce nouvel outil est très fonctionnel. この戸は〜が悪い Cette porte s'ouvre (se ferme) mal. この機械は〜が悪い Cette machine ne fonctionne pas bien. 〜の(よい(悪い) favorable (défavorable); convenable (inconvenable, malheureux(se), gênant). 〜良く (悪く)なる prendre une bonne (mauvaise) tournure; prendre bonne (mauvaise) allure; avoir le pied à l'étrier (perdre pied). こういう〜に de cette façon; ainsi. ◆[体調] disposition *f*; condition *f*. 〜が良い(悪い) être bien (mal) disposé; se sentir bien (mal); être en forme (être dans une forme médiocre). 病人は徐々に〜が良くなっている Le malade va mieux. 自動車事故に遭って以来〜が悪い Je ne vais pas bien depuis mon accident de voiture. ◆[都合] ¶きっぱり断るのは〜が悪い Il ne convient pas de refuser net. そいつは他の私生活に関する質問だから〜が悪い C'est gênant, parce qu'il s'agit d'une question sur sa vie privée. 〜が悪くて僕達には言えません Nous ne sommes pas en état d'en parler. 〜の悪いときに彼が来た Il est arrivé au mauvais moment. 〜良く par bonheur; heureusement; comme il convient. 〜悪く malencontreusement.

グアノ [海鳥糞] guano *m*.

くい 悔 ¶あの事は今でも〜が残る Cette affaire-là m'est restée sur le cœur. 〜のない sans regret. 〜のない人生を送る passer une vie sans reproches. 〜を残す se repentir de; être rongé de regrets.

くい 杭 pieu(x) *m*; pilot *m*; piquet *m*. テントの〜 piquet de tente. 馬を〜につなぐ attacher un cheval à un piquet. 〜を打ち込む(抜く) enfoncer (enlever) les pieux. 〜を立てる planter un piquet. 〜打ちをする enfoncer les pilots de fondation.

くいあげ 食上げ ¶おまんまの〜だ On ne peut pas gagner sa croûte./On n'a pas de quoi vivre.

くいあらす 食い荒す ronger; corroder. ¶虫に食荒された家具 meuble *m* rongé par les vers.

くいあらためる 悔改める se repentir de; faire pénitence. 罪を〜 se repentir de *ses* péchés. ¶悔改めた pénitent. 悔改めない impénitent. 悔改め pénitence *f*.

くいあわせ 食合せ ¶〜が悪い食物 aliments *mpl* mal assortis. 腹が痛い、〜が悪かったんだ J'ai mal au ventre, j'ai sans doute mangé des choses qui ne vont pas ensemble.

くいじ 食意地 ¶〜が張っている être vorace (gourmand); être glouton(ne); avoir un gros appétit. どいつもこいつも〜の張った奴ばかりだ C'est une belle bande de gloutons.

くいいる 食い入る ¶〜ような眼差 regard *m* pénétrant. 〜ように見る être tout yeux; regarder attentivement; fixer *qn* des yeux.

クイーン reine *f*; dame *f*. スペードの〜 dame de pique.

くいかけ 食掛け restes *mpl*. ¶〜の缶詰 boîte *f* de conserve entamée. 〜のパン pain *m* entamé. 〜で立ち上る quitter la table.

くいき 区域 circonscription *f*; secteur *m*; [地帯] zone *f*; division *f*; région *f*; [街] quartier *m*; aire *f*; [分野] champ *m*; domaine *m*. ¶〜別の(に) par divisions. ‖活動〜 champ d'activité. 行政(軍)〜 circonscription administrative (militaire). 給水(配電)〜 secteur. 禁止〜 zone réservée. 災害〜 secteur sinistré. 作戦〜 terrain *m* d'opération. 駐車禁止(規制)〜 zone de stationnement interdit (réglementé). 森林〜 secteur de forêt. 分布〜 aire de répartition. 無料配達〜 circonscription de distribution gratuite.

ぐいぐい ¶〜飲む boire à grandes gorgées. 〜引く traîner *qn* par force. 〜引き離す distancer *qn* à vue d'œil; creuser l'écart avec *qn*.

くいけ 食気 appétit *m*. 彼は〜が旺盛だ Il a un bon (robuste) appétit.

くいこむ 食い込む mordre; pénétrer dans; faire une percée (trouée, brèche); s'enfoncer dans; [ひっかかる] s'accrocher à. 敵陣に〜

くいさがる faire une percée dans les lignes ennemies; entamer le front ennemi. 3位に～ se classer à la troisième place. 集会が就業時間に食い込んだ La réunion a mordu sur les heures de travail. 体に食い込んだ弾を摘出する extraire la balle qui a pénétré dans le corps. 車輪が砂に食い込んでいる Les roues s'enlisent dans le sable. ¶食い込み可能の pénétrable. ¶食い込み不可能の impénétrable.

くいさがる 食い下る ne pas céder; se cramponner à; s'accrocher à. 彼は～他の走者たちを引き離した Il a distancé les autres coureurs qui le talonnaient. ¶食いさがって質問する importuner qn de questions.

くいしばる 食いしばる ¶歯を～ serrer les dents. 歯を食いしばって頑張る s'accrocher en serrant les dents.

くいしんぼう 食いしん坊 gourmand(e) m(f); [大食] glouton(ne) m(f); goinfre m. ¶～な gourmand.

クイズ devinette f. ¶～遊びをする jouer aux devinettes. ～番組 jeu(x) m radiophonique (télévisé).

くいだめ 食溜 ¶～する manger une bonne fois pour toutes.

くいちがう 食い違う différer; diverger; se contredire; s'opposer; être en contradiction (désaccord). ～証言 témoignages mpl contradictoires. ～意見 opinions fpl qui divergent. 私の解釈はこの点であなたの解釈と食い違っている Mon interprétation diffère de la vôtre sur ce point. 彼らは意見が食い違って議論がどうにも噛み合ない Un désaccord insurmontable bloque notre discussion. ¶食違い différence f; divergence f; désaccord m; contradiction f.

くいちぎる 食いちぎる arracher (détacher) d'un coup de dent.

くいちらす 食い散らす manger malproprement (sans manières).

くいつく 食い付く mordre à; [しがみつく] se cramponner à; [かじりつく] s'agripper à. 餌に～ [魚が] mordre à l'appât. 魚が水面を飛んでいる蠅にぱくりと食い付いた Un poisson a happé une mouche voltigeant à la surface de l'eau. トップに食い付いて離れないランナー coureur m qui talonne le premier. 彼は一度食い付いたら離さない Une fois qu'il s'accroche à quelqu'un, il ne le lâche plus.

クイック rapide; prompt(e). ¶～ターン volte f rapide.

くいつなぐ 食い繋ぐ consommer petit à petit ses provisions pour survivre. 1か月やっと～ parvenir à peine à boucler son budget du mois; avoir du mal à joindre les deux bouts.

くいつぶす 食い潰す ¶遺産を～ gaspiller son héritage. 財産を～ manger toute sa fortune.

くいつめる 食い詰める se ruiner; être aux abois. 彼は大阪を食い詰めて東京に流れて来た Coincé à Osaka, il est venu à Tokyo.

くいで 食いで ¶これは～がある Il y a de quoi se régaler. ～のある食事 repas m copieux (abondant).

くいどうらく 食道楽 gourmandise f. ¶～の人 gourmand(e) m(f); gourmet m; bec m fin; fine gueule f. 彼は～だ Il est friand de bonnes choses.

くいとめる 食い止める arrêter; stopper; fixer; bloquer; entraver; enrayer. 火事(流行病)が広がるのを～ enrayer la propagation de l'incendie (l'épidémie); empêcher l'incendie (l'épidémie) de se propager. 敵を～ stopper l'ennemi. 被害を最小限に～ réduire les dégâts au minimum; limiter les dégâts. 病気の進行を～ enrayer la progression de la maladie.

くいな 水鶏 râle m [d'eau].

くいにげ 食逃げ ¶～をする s'éclipser sans payer son repas; 《俗》planter un drapeau.

くいのばす 食い延す économiser ses provisions.

ぐいのみ ぐい飲み [器] coupe f; gobelet m.

くいはぐれる 食いはぐれる ne pas avoir de gagne-pain; chômer; [食べこなう] sauter un repas. この仕事なら食いはぐれない Ce métier ne manquera pas de vous nourrir.

くいぶち 食扶持 ¶～を払う payer sa nourriture.

くいほうだい 食放題 ¶3千円で～飲み放題です A trois mille yen, on peut manger et boire à volonté (à satiété).

くいもの 食物 nourriture f; aliment m; comestibles mpl; [食糧] victuailles fpl; vivres mpl; 《俗》 manger m; pâture f. 「～持ち込み可」《Ici on peut apporter son manger (panier).》 ～に関する alimentaire. ～にする exploiter qn; voler qn; gruger qn. ～にされる se laisser exploiter; être la victime de qn. 彼女は男に～にされた Elle a été trompée par son amant.

くいる 悔いる se repentir de; regretter. 私はそのことを悔いている Je regrette d'avoir fait cela.

クインテット quintette m.

くう 空 ¶～を切る frapper dans le vide.

くう 食う [食べる] manger; prendre; absorber; s'alimenter; se nourrir; 《俗》 bouffer; boulotter; croûter; [たらふく] s'empiffrer; se bourrer; se gaver; s'envoyer (se farcir) un bon repas; [がつがつ] avaler; bâfrer; se goinfrer; [まずそうに] chipoter; pignocher; [家畜が草を] brouter; paître; [鳥が] picorer; becqueter; [虫などが] piquer; manger; ronger; [生活する] vivre. 大物を～ vaincre un plus fort que soi. とって～ manger qn. この世は～か食われるかだ Dans ce monde, c'est la lutte pour la vie. ～ために働く travailler pour vivre. ～に事欠かない ne manquer de quoi vivre; avoir son gagne-pain assuré. 食ってかかる attaquer qn de front. 蚊に食われる être piqué par les moustiques. 虫に食われた meuble m piqué(rongé) de vers. 虫に食われた布地 étoffe f mangée par les mites. ¶～や食わずの生活 vie f extrêmement misérable. 人を食った話 canular m; bobard m; blague f. 全く人を食った話だ C'est un vrai attrape-nigaud. 何食わぬ顔で mine de rien; comme si de rien

くうい n'était; sans en avoir l'air. ◆[餌を引く] ¶魚が～ Un poisson pique. ◆[消費する] ¶ガソリンを～車 voiture *f* qui consomme (mange) de l'essence. この車はよくガソリンを～ Cette voiture est gourmande. 資本を～ manger *son* capital. この種の仕事は時間を～ Il faut du temps pour ce genre de travail. ◆[蒙る] ¶お目玉を～ être grondé; recevoir un bon savon. 罰金を～ encourir une amende; être [mis] à l'amende. 総すかんを～ être attaqué de toute[s] part[s]. もうその手は食わない On ne m'aura plus comme ça./On ne m'y prendra plus.

くうい 空位 vacance *f*; place *f* vacante; trône *m* vacant. ¶～時代 interrègne *m*.

ぐうい 寓意 allégorie *f*; sens *m* allégorique; morale *f*. ¶～的な allégorique. ～的に allégoriquement; par allégorie. ¶～化する allégoriser; donner un sens allégorique à. ¶～劇 théâtre *m* allégorique; [中世] moralité *f*.

くうかん 空間 espace *m*; étendue *f*; place *f*. 三次元の～ espace à trois dimensions. ¶～の spatial(aux). ～のある espacé. ‖宇宙～ l'espace.

ぐうかん 偶感 pensée *f* fortuite; impression *f*. ～を書きとめる noter une impression.

くうかんち 空閑地 terrain *m* vague; [林間の] clairière *f*. ⇨ きゅうかんち (休閑地).

くうき 空気 air *m*; vent *m*; [大気, 雰囲気] atmosphère *f*. 全体の～ [雰囲気] ambiance *f* générale. 険悪な～ ambiance hostile. ただならぬ～ atmosphère menaçante. 会場には険悪な～が流れていた L'atmosphère d'hostilité régnait dans la salle. ～が悪い [部屋の] Ça sent le renfermé. 山の～はうまい Il y a de bon air à la montagne. ～にあてる aérer; exposer à l'air (au vent). ～を入れる [タイヤなどに] gonfler; [換気] donner de l'air. 部屋の～を入れ替える aérer une chambre. ～を抜く dégonfler. 哺乳動物は鼻で～を吸う Le mammifère respire par le nez. 人は～を吸って生きている L'homme est un animal aérivore. ¶～の(による) aérien(ne). ～の動き mouvement *mpl* aériens. ～の精 sylphe *m*; elfe *m*. ～の一杯詰まったタイヤ pneu *m* gonflé d'air. ‖圧縮～ air comprimé. 液体～ air liquide. ～入れ gonfleur *m*; [自転車] pompe *f* de bicyclette. ～銃 fusil *m* à air comprimé. ～伝染 contagion *f* par l'air. ～ポンプ machine *f* pneumatique.

くうきせいじょうき 空気清浄機 assainisseur *m*.

くうきょ 空虚 ¶～な vain; vide; futile; insignifiant; nul(le). ～な話 propos *mpl* creux; fadaises *fpl*. ～さ vanité *f*; vacuité *f*; futilité *f*; [無意味さ] insignifiance *f*; nullité *f*. 現代生活の～さ vanités de la vie moderne. 彼の話の～さ insignifiance de ses propos.

ぐうきょ 寓居 domicile *m* provisoire.

ぐうぐう ¶～眠る ronfler; dormir profondément (à poings fermés).

くうぐん 空軍 forces *fpl* aériennes; armée *f* de l'air; [軍団] flotte *f* aérienne. ¶～基地 base *f* aérienne. ～司令官 commandant *m* en chef des forces aériennes.

くうけい 空閨 ¶～をかこつ se plaindre d'être seule dans *son* lit.

くうげき 空隙 lacune *f*; espace *m*; fente *f*. ¶～のある espacé; [不十分な] lacunaire; lacuneux(se).

くうけん 空拳 徒手(赤手)～で par *ses* propres moyens; [武器なしで] sans armes.

くうこう 空港 aéroport *m*; aérogare *f*; centre *m* d'aviation.

くうしゃ 空車 taxi *m* libre. ～ですか Taxi, vous êtes libre?

くうしゅう 空襲 raid *m* aérien; attaque *f* aérienne; [爆撃] bombardement *m* aérien. ¶～警報 alerte *f* aérienne.

くうすう 空数 偶数 nombre *m* pair. ¶～の pair. ～の番号 numéro *m* pair.

グーズベリー [実] groseille *f* à maquereau; [木] groseillier *m* épineux (à maquereau).

くうする 遇する recevoir; accueillir. 彼は～を道も知らない Il ne sait [pas] recevoir.

くうせき 空席 place *f* vacante (libre); [欠員] poste *m* vacant; siège *m* vacant. ¶課長の椅子はいまのところ～のままだ En ce moment, le poste de chef de bureau reste vacant.

くうぜん 空前 ¶～の売上げを記録する réaliser une vente sans précédent. ¶～[絶後] de inouï; extraordinaire; prodigieux(se). ～絶後の数字(生産) chiffre *m* (production) *f* record.

ぐうぜん 偶然 par hasard; par accident; par chance; accidentellement; fortuitement; [運よく] par bonheur; [運悪く] par malheur. カフェを出た所で～は彼に出会った Je suis tombé sur lui en sortant d'un café. ～そうなっただけだ C'est purement dû au hasard. 彼は～にも私の家のすぐそばに住んでいた Il se trouvait habiter tout près de chez moi. ¶～の accidentel(le); éventuel(le); fortuit; contingent. ～の要素が多い aléatoire. ～の出来事 cas *m* [fortuit]; incident *m*; événement *m* contingent. 私が成功したのは～のおかげだよ Mon succès est dû à un pur hasard fortuit./C'est un pur hasard si j'ai réussi. 私たちが知り合ったのはほんの～だった C'est par accident que nous nous sommes connus. ここで君に会うとは何という～だ Quelle coïncidence de te voir ici! ¶～性 hasard *m*; contingence *f*; éventualité *f*; accident *m*.

くうそ 空疎 ¶～な vide; creux(se); futile; vain. ～な言葉 propos *mpl* vides (dénués, dépourvus) de sens; fadaises *fpl*. ～な響きがする sonner creux.

くうそう 空想 imagination *f*; illusion *f*; chimère *f*; songe *m*; fantaisie *f*; [夢] rêve *m*; [理想] idéal *m*. ～に身を任せる se faire des illusions (idées); se repaître de chimères; se forger des chimères; songer creux; rêvasser; être dans la lune. ¶～的な imaginaire; visionnaire; chimérique; fantasque; [お伽話のような] romanesque; fabuleux(se). ～の世界 espaces *mpl* imagi-

ぐうぞう 偶像 idole f; fétiche m. 彼は若者の~である Il est l'idole de la jeunesse. ‖~視する idolâtrer. ~的 culte m des idoles; idolâtrie f; fétichisme m. ~崇拝の idolâtre. ~崇拝者 idolâtre mf. ~破壊主義 iconoclasme m. ~破壊主義の iconoclaste. ~破壊主義者 iconoclaste mf.

ぐうたら ¶~な paresseux(se); fainéant; inactif(ve); bon à rien;《俗》flemmard. ~な人 paresseux(se) m(f); fainéant(e) m(f). あいつはまったく~な奴だ Qu'il est flemmard!

くうちゅう 空中 ¶~で en l'air; dans l'air. ~で旋回する pivoter dans l'air. 飛行機は~で爆発した L'avion a explosé en plein vol. ~の aérien(ne); atmosphérique. ~回路 circuit m aérien. ~滑走 planage m. ~滑走する planer. ~ケーブルカー télé(ph)érique m. ~サーカス acrobatie f aérienne. ~写真 photo f aérienne. ~戦 combat m aérien. ~分解 explosion f en vol. ~楼閣を築く bâtir (faire) des châteaux en Espagne.

くうちょう 空腸 jejunum m.

くうてい 空挺 ¶~部隊 forces fpl aéroportées; parachutistes mpl.

クーデター coup m d'Etat. ~を起こす faire un coup d'Etat.

くうてん 空転 ¶彼の議論は~している Il raisonne à vide./Son raisonnement tourne à vide. 国会は~し続けている L'Assemblée nationale discute dans le vide. ⇒ からまわり (空回り).

くうでん 空電 parasites mpl [atmosphériques].

くうどう 空洞(洞穴) grotte f; caverne f; [肺の] cavité f pulmonaire; [空胞] vacuole f.

ぐうのね ぐうの音 ¶~もでない être réduit à quia; ne savoir que répondre. ~もでないようにしてやる le briserai les reins.

くうはく 空白 vide m; blanc m. 記憶の~ trous mpl de mémoire. ~を埋める remplir le vide; combler une lacune. ~を取戻す [時間的] se rattraper; rattraper un retard. ¶~の blanc(che); vide; manqué. ~の部分を残す laisser des blancs. 記憶に~の部分がある Il y a des blancs dans ma mémoire. ~のページ page f blanche. ~の多い lacuneux(se); lacunaire; plein de vides (trous). ~の多い手記 manuscrit m plein de lacunes.

くうばく 空漠 ¶~たる(とした) vague et vaste; [要領を得ない] ambigu(ë); vague. ~とした人生 vie f sans but.

くうばく 空爆 bombardement m (raid m) aérien. ~を受ける être bombardé ⇒ くうしゅう (空襲).

ぐうはつ 偶発 ¶~する advenir; survenir. ~する事件 événements mpl qui surviennent. もし何らかの事件が~した場合 s'il arrive quelque accident. ~的な accidentel(le); fortuit; éventuel(le); occasionnel(le); contingent; adventice. ~的に accidentellement. ‖~事件 événement m contingent; cas m accidentel; incident m [fortuit]. ~性 éventualité f; contingence f. ~性 éventuel(le); accidentel(le); contingent; adventice. ~性の症状 accident m.

くうひ 空費 perte f; [金銭] gaspillage m. 時間の~ perte de temps. ¶~する perdre; gaspiller.

くうふく 空腹 faim f;《俗》fringale f. ~は聞く耳もたず Le ventre affamé n'a pas d'oreilles. ~に堪えるsupporter la faim. ~を訴える crier famine; se plaindre de la faim. ~をしずめる calmer (apaiser) sa faim. ¶~である avoir faim; avoir l'estomac (le ventre) vide. ひどく~である avoir très (grand) faim; mourir de faim; avoir une faim de loup; avoir l'estomac dans les talons;《俗》avoir la fringale.

くうぶん 空文 ¶~となる devenir lettre morte. ‖この規則はすでに~化している Ce règlement n'est plus en vigueur.

クーペ coupé f.

くうぼ 空母 porte-avions m inv.

くうほう 空包 cartouche f à blanc.

くうほう 空砲 coup m à blanc. ~を撃つ tirer à blanc. ‖~射撃 tir m à blanc.

クーポン billet m; carnet m [de métro].

くうゆ 空輸 transport m aérien; messageries fpl aériennes. ¶~する transporter en avion (par air).

ぐうゆう 偶有 ¶~性 accident m. ~性の accidentel(le).

クーラー climatiseur m; air m conditionné. ¶~のついた車 voiture f à air conditionné. ~のついた部屋 salle f climatisée.

くうらん 空欄 [marge f laissée en] blanc m. ~に書き込む écrire dans la marge. ~を残す laisser des blancs. ~を埋める remplir (combler) les vides.

クーリー [労力] coolie m.

くうりくうろん 空理空論 théorie f fantaisiste (irréalisable). それは~に過ぎない C'est de la théorie. ~に走る tomber dans une théorie inexécutable. ~を振り回す agiter (brandir) des théories inapplicables. ‖~家 faux(sse) théoricien(ne) m(f).

クーリングオフ ‖~期間 délai m de réflexion.

クール ¶~な cool [kul]; calme; froid(e). ‖~ジャズ [jazz m] cool m.

くうれい 空冷 refroidissement m par air. ‖~式エンジン moteur m à refroidissement par air.

くうろ 空路 voie f (route f) aérienne. ~で par voie aérienne; en avion.

くうろん 空論 ¶机上の~ discussion f superficielle (oiseuse, théorique). ⇒ くうりくうろん (空理空論).

クーロン [電気量の単位] coulomb m [略号 C.].

ぐうわ 寓話 fable f; apologue m; conte m allégorique; [聖書] parabole f. ¶~的な fabuleux(se); parabolique; allégorique. ~作家 fabuliste mf. ~詩 fabliau(x) m; poème m allégorique. ~集 fables fpl; fablier m; ysopet m.

クエーカー ‖~教徒 quaker(keresse) m(f).

くえき 苦役 travail(aux) *m* pénible; [懲役] travaux forcés; [夫役] corvée *f*. ‖ ～囚 [集合的に] forçat *m*.

クエスチョンマーク point *m* d'interrogation.

くえる 食える [たべられる] comestible; mangeable; bon à manger. ¶食えない奴 individu *m* à qui on ne peut se fier. ⇒くう(食う).

くえんさん 枸櫞酸 acide *m* citrique.

クオーク [理論上の仮想粒子] quark (kwark) *m*.

クオーター quart *m*; quartier *m*. ‖ ～バック quart-arrière *m*.

クオータリー revue *f* trimestrielle.

クオーツ quartz *m*. ‖ ～時計 [腕時計] montre *f* à quartz; [置時計] horloge *f* à quartz.

クオート [度量] quart *m*.

クオリティー qualité *f*.

くかい 区会 conseil *m* municipal. ～を開く tenir un conseil municipal. ¶～議員 conseiller(ère) *m(f)* municipal(e). ～議長に選ばれる être élu maire.

くがい 苦界 ¶～に身を沈める sombrer dans la prostitution; devenir prostituée.

くかく 区画 quartier *m*; section *f*; division *f*; lot *m*; lotissement *m*; [郵便, 水道] secteur *m*. ¶土地を～する diviser une terre en lots; lotir un terrain. ‖一一の土地 un quartier de terre. ～化 sectionnement *m*; lotissement *m*. ～整理 aménagement *m* [du terrain]. ～整理する aménager un terrain.

くがく 苦学 ¶～する gagner sa vie tout en étudiant. 彼は～して学校を出た Il a achevé ses études tout en gagnant sa vie.

くかたち 探湯 ordalie *f*.

くがつ 九月 septembre *m*.

くかん 区間 [バス・電車] section *f*; [鉄道・航空] tronçon *m*. ¶汽車~ tronçon de chemins de fer. 3～の道程 trajet *m* de trois sections. 高速道路の新～ nouveau tronçon *m* d'autoroute. ～制度 [バス] système *m* des sections.

ぐがん 具眼 ¶～の士 homme *m* à l'œil clairvoyant (pénétrant).

くき 茎 tige *f*; [穀類] chaume *f*; [花茎] † hampe *f*; [穀草切株] éteule *f*. ‖～笛 chalumeau(x) *m*.

くぎ 釘 clou *m*; pointe *f*; [鋲] fiche *f*; rivet *m*; [飾り用] caboche *f*; cabochon *m*; [洋装掛け] patère *f*. ～で絵を壁に固定する clouer un tableau au mur. ～を打つ enfoncer un clou; planter (river) un clou; [飾り釘を] clouter. ～を抜く arracher un clou. 箱の～を抜く déclouer une caisse. ‖ねじ～ boulon *m*; vis *f*. 木～ cheville *f*. 戸に～を付けさせる clouer la porte. ～付けにされた戸 porte clouée. ¶[比喩的に] ◆～をさす dire à *qn* de ne pas agir à sa guise; clouer le bec à *qn*. 彼にその事で～をさしておかねばならぬ Il faut profiter de cette occasion pour lui river son clou. その場に～付けにされる être cloué (rivé, immobilisé) sur place.

くぎぬき 釘抜 tenailles *fpl*; chasse-pointe (-rivet) *m inv*.

くきょう 苦境 embarras *m*; impasse *f*. ～にある être en mauvaise passe. ～に追い込まれる être au pied du mur. ～に陥る être dans l'embarras (dans de beaux draps); s'embourber. ～を脱する se débrouiller; se tirer d'affaire (d'embarras, d'un mauvais pas).

くぎょう 苦行 ascèse *f*; ascétisme *m*; macération *f*; mortification *f*. ～をする se mortifier; mener une vie d'ascète; se macérer. ¶～の ascétique. ～僧 ascète *m*.

くぎょう 公卿 lord *m*; pair *m*; chancelier *m*.

くぎり 区切り [区切ること] division *f*; sectionnement *m*; segmentation *f*; lotissement *m*; partage *m*; [区切った物] division *f*; section *f*; fragment *m*; segment *m*; [文章] paragraphe *m*; tronçon *m*. 数字を3桁～にする diviser les nombres en tranches de trois chiffres. ～をつける mettre un terme à.

くぎる 区切る diviser; sectionner; lotir; tronçonner. 期限を～ marquer un terme; [発音を] articuler.

ぐぎん 苦吟 ¶～の跡が見える Ça sent l'huile. ～する rimer laborieusement (péniblement).

くく 九九 ¶～の表 table *f* de multiplication.

くく 区々 ¶～たる infime; insignifiant; minime; minuscule. ～たる小事 tout petit détail *m*. ～まちまちの divers; sans ordre; qui présente plusieurs aspects.

くぐつ 傀儡 marionnette *f*. ‖～回し(師) montreur *m* de marionnettes.

くぐりど 潜り戸 portillon *m*; porte *f* de service (de derrière).

くくる 括る ficeler; attacher; [しばる] lier; ligoter; [束ねる] nouer. 首を～ se pendre. 長い髪の毛を後で～ nouer de longs cheveux à la nuque. 荷物を～ ficeler un paquet. 罪人を柱に括りつける ficeler un malfaiteur à un poteau. 高を括っていると大変なことになるぞ Si on prend les choses à la légère, on va au-devant de graves ennuis. ¶木で鼻を括った調子で答える répondre sèchement. 木で鼻を括ったような態度をとる se montrer peu hospitalier (accueillant).

くぐる 潜る passer dessous; [水などに] plonger; s'immerger. 門を～ passer sous un porche; franchir une entrée. 人の目(法の網)を～ se dérober aux regards (à la police). 弾雨を潜って進む avancer sous une pluie de balles.

くげ 公卿 courtisan *m*; homme *m* de cour.

けい 矩形 ⇒ちょうほうけい(長方形), しへんけい(四辺形).

ける 絎ける coudre à points perdus; [仮縫] coudre à gros points.

くげん 苦言 conseil *m* amer (difficile à avaler). ～を呈する faire des remontrances; faire avaler la pilule.

ぐげん 具現 incarnation *f*. 神の～ incarnation de Dieu. ¶正義の～をする incarner la justice. 我々の希望はすべて彼の内に～されている Tous nos espoirs s'incarnent en lui.

ぐこう 愚行 folie *f*; bêtise *f*; absurdité *f*; stupidité *f*; extravagance *f*; sottise *f*. それは全くの〜だ C'est de la pure folie. 〜を演ずる faire une folie.

くさ 草 herbe *f*; [雑草] mauvaise herbe; [芝生] pelouse *f*; gazon *m*; [草花] fleurs *fpl*; [秣] foin *m*. 〜を刈る sarcler; [大鎌で] faucher. 庭の〜を取る enlever (arracher) les mauvaises herbes du jardin; désherber (sarcler) le jardin. 〜を食む paître [l'herbe]. 馬に〜をやる donner du foin à un cheval. 〜が生い茂った herbeux(se); herbu. ‖〜刈り sarclage *m*; fauchaison *f*. 〜刈り機 sarcloir *m*; faucheuse *f*. 〜花栽培 jardinage *m*. 〜色の vert.

くさい 臭い puer; sentir mauvais; exhaler (dégager) une odeur désagréable; empester; être puant (infecte, fétide); [腐取して] putride. ひどく〜にほい odeur pestilentielle. 〜飯を食う [服役する] être [fourré] en prison. 彼は5年も〜飯を食った Il a passé 5 ans en taule. ここはひどく〜 Ça pue (empeste) ici. この部屋は〜 Il pue dans cette chambre./[かび臭い] Cette chambre sent le moisi. 口が〜 puer de la bouche. 酒〜 puer l'alcool. タバコ〜 empester (infecter) le tabac. 学者〜 être pédant (puant). どうもあいつが〜 [怪しい] Il est suspect./Il sent la corde. ¶臭くする empuantir; empester; infecter. 臭くなる s'empuantir; s'empester.

くさいきれ 草いきれ odeur *f* (exhalaison *f*) des herbes. 野原は〜でむんむんしている Un lourd parfum d'herbes flotte sur les prés.

くさき 草木 plantes *fpl*; [集合] végétation *f*; [一地方の] flore *f*. 〜も眠る丑三つ時 à l'heure où tout dort. ¶〜のような végétatif (*ve*).

くさくさ ¶〜する s'embêter; 《俗》 s'emmerder; [沈み込む] broyer du noir; avoir le cafard; [嫌になる] 《俗》 en avoir marre.

くさけいば 草競馬 course *f* de chevaux à la campagne.

くさす 腐す bafouer; [嘲弄する] railler; ridiculiser; [非難する] critiquer vivement; injurier; 《俗》 engueuler. 彼は特に人を〜のが好きだ Il aime surtout à vilipender les autres. 腐し合う se critiquer; se vilipender.

くさち 草地 étendue *f* d'herbe; terrain *m* herbeux; prairie *f*; pré *m*; pâture *f*.

くさとり 草取り ⇒くさ(草).

くさのね 草の根 ¶〜を分けても捜す chercher dans les quatre coins du monde; chercher jusqu'en enfer; battre la campagne. 〜を分けてでも奴を捜し出せ Cherchez ce type et s'il le faut, jusqu'au bout du monde.

くさば 草葉 ¶〜の陰から de l'au-delà; de l'autre monde. 〜の陰で親が泣いているぞ Tu fais pleurer les mânes de tes parents.

くさはら 草原 pré *m*; nature *f*; prairie *f*.

くさび 楔 coin *m*; cale *f*. 〜で固定する assujettir avec des coins; coincer. がたつく家具に〜を入れる mettre une cale à un meuble boiteux. 〜を抜く ôter les coins; décoincer *qc*. 〜を打ち込む enfoncer un coin. 敵陣に〜を打ち込む faire une percée dans le camp ennemi. ‖〜形の cunéiforme; sphénoïde. 〜形文字 écriture *f* cunéiforme.

くさぶえ 草笛 chalumeau(x) *m*; pipeau(x) *m*.

くさぶかい 草深い herbeux(se); herbu. 〜小径 sentier *m* herbu. 〜田舎で au fin fond de la campagne.

くさぶき 草葺き ¶〜の屋根 toit *m* de chaume. ‖〜家 chaumière *f*; chaumine *f*.

くさみ 臭み odeur *f*; [胸の悪くなるような] puanteur *f*; [きれたような] relent *m*; [草などの] exhalaison *f*. 〜を抜く débarrasser *qc* de sa mauvaise odeur. ¶〜のある qui sent mauvais; fétide; puant; infecte. 〜の(の)ある人 personne *f* un peu excentrique. 〜が(の)無い inodore. 〜の(の)無い人 personne *f* franche (sans affection).

くさむら 草むら broussaille *f*; brousse *f*; étendue *f* herbeuse; touffe *f* d'herbes.

くさらせる 腐らせる pourrir; décomposer; gâter; putréfier; [水などを] infecter; [汚染する] polluer; [悪くする] corrompre; [がっかりさせる] démoraliser; décourager; démonter; déprimer; abattre. あいつはみんなを〜 Il empoisonne tout le monde./C'est un empoisonneur.

くさり 鎖 chaîne *f*; chaînette *f*; fers *mpl*; gourmette *f*; [足枷] entrave *f*. 金の〜 gourmette d'or. 時計の〜 chaîne de montre; [懐中時計] chaîne de gilet. 〜につなぐ attacher avec des chaînes; enchaîner; mettre des entraves à. 囚人を〜につなぐ river un prisonnier à la chaîne; mettre un prisonnier aux fers. 〜を解く libérer *qn*; délivrer *qn* des chaînes. ‖〜につながれた囚人 prisonnier(ère) *m(f)* enchaîné(e).

くさりかたびら 鎖帷子 cotte *f* de mailles.

くさる 腐る pourrir; se gâter; se décomposer; se putréfier; se corrompre; [気持が] se démoraliser; se décourager; être abattu (déprimé). 雨で野菜が腐ってしまった La pluie a pourri les légumes. 彼は試験に落ちて腐っている Il est déprimé par un échec d'examen. この枝は腐りかけている Cette branche est en train de pourrir. その苺は腐りかけている Les fraises sont en train de se gâter. そう〜な Ne te laisse pas abattre. ¶腐った果物 fruit *m* pourri (avarié). 腐りかけの魚 poisson *m* avancé (pourrissant). 腐り易い (腐らない) putrescible (imputrescible). 鉄は腐り易い Le fer se rouille facilement. ◆[人を嘲って] 何を言い〜 Qu'est-ce que tu radotes?

くされ 腐れ ¶この〜女め! Putain!/Salope! ‖目〜金 radis *m*. 〜縁ができる nouer des relations louches avec *qn*. 〜縁を切る [女との] rompre une liaison inavouable.

くさわけ 草分け défricheur(se) *m(f)*; pionnier *m*; avant-coureur *m*.

くし 駆使 ¶〜する manier [avec adresse]. 得意のフランス語を〜して avec son bon français.

くし 串 broche *f*; brochette *f*; †hâtelet *m*. ‖〜カツ brochette *f* de viande panée. 〜焼きにする mettre (faire cuire) *qc* à la broche.

くし 櫛 peigne *m*; [動物用の] étrille *f*. 〜の歯 dents *fpl* de peigne. 〜の歯が欠けるように一人一人脱落していく Ils disparaissent l'un après l'autre comme dans un jeu de quilles. 髪に〜を入れる se donner un coup de peigne. 馬に〜を入れてやる étriller un cheval.

くじ 籤 sort *m*; loterie *f*; [福引] tombola *f*; [券] billet *m* de loterie. 〜の親玉 gros lot *m*. …を〜で決める tirer *qc* au sort. 〜で選ばれる tirer à la courte paille. 〜に当たる tirer un bon (mauvais) numéro. 当り〜 numéro *m* gagnant. はずれ〜 lot de consolation. 〜運が強い être chanceux(se); 《俗》être veinard. 〜引き tirage *m* au sort.

くしき 奇しき ¶〜めぐり合い rencontre *f* miraculeuse (fortuite). 〜因縁で par fatalité.

くじく 挫く [足を] se tordre (fouler) le pied; se faire une entorse (foulure) au pied; [気持] rabattre; abaisser; abattre; briser; rabaisser; humilier. 勇気を〜 abattre le courage. 相手の出端を〜 stopper l'élan de l'adversaire. 彼がいばっていたらその鼻っ柱を挫いてやる S'il se vante, je l'abaisse. 試合が始まった途端, 彼は出端を挫かれた A peine avait-il commencé le match que son élan fut brisé.

くしけずる 梳る peigner; [自分の髪を] se peigner; [se] donner un coup de peigne; [動物の毛を] étriller.

くじける 挫ける se laisser abattre; se décourager. そんな些細なことで挫けちゃいけない Il ne faut pas te laisser abattre pour si peu.

くしざし 串刺し mise *f* en broche; [刑] empalement *m*. ¶〜にする empaler; piquer; mettre en broche.

ぐしゃ 愚者 idiot(e) *m(f)*; imbécile *m/f*. 「〜も千慮に一得あり」⇔ばか(馬鹿).

くじゃく 孔雀 paon(ne) *m(f)*. 〜が羽を広げる Le paon fait la roue. ¶〜石 malachite *f*.

くしゃみ éternuement *m*; [医] sternutation *f*. さぞかし〜が出たでしょう Les oreilles ont dû vous tinter. ¶〜が出そうな sternutatoire. 〜をする éternuer. 〜を催させる薬 médicament *m* sternutatoire.

くじゅう 苦渋 ¶〜に満ちた人生 vie *f* remplie d'amertume.

くじょ 駆除 destruction *f*; extermination *f*; [毛虫] échenillage *m*. 害虫(ねずみ)の〜 destruction des insectes nuisibles (rats). ¶〜する détruire; exterminer; écheniller. ¶〜鋏 sécateur *m*.

くしょう 苦笑 ⇔にがわらい(苦笑い).

くじょう 苦情 plainte *f*; doléances *fpl*; grief *m*; réclamation *f*. 〜の種 sujet *m* de plainte. 客の〜を検討する examiner les réclamations des clients. 〜を言う faire dire de *qc*. 〜を持ち込む porter (déposer) une plainte contre *qn*; faire grief à *qn* de *qc*; réclamer auprès de *qn* contre *qc*; faire (présenter) ses doléances.

ぐしょう 具象 concret *m*; concret(ète) *m*; figuratif(ve). ¶〜的 concret(ète) *m*; figuratif(ve). ¶〜的 figurativement; concrètement. 〜化 concrétisation *f*. 〜化する concrétiser; rendre concret(ète). 〜絵画 peinture *f* figurative. 〜芸術 art *m* figuratif. 〜名詞 nom *m* concret.

くじら 鯨 baleine *f*; [集合] cétacé *m*. 〜が潮を吹き上げる La baleine rejette l'eau par les évents.

くしん 苦心 peine *f*; mal *m*; travail *m*; labeur *m*; [努力] effort *m*. 〜の跡が見える sentir l'huile. 〜する peiner; se donner du mal. 〜の travaillé; laborieux(se). 〜の作 œuvre *f* travaillée; [戯] élucubration *f*. ¶〜惨憺する se creuser l'esprit. 〜惨憺の末 après tant de peines (avoir bien peiné).

ぐしん 具申 ¶意見を〜する faire un rapport (compte-rendu); dire (donner, exprimer, faire connaître) son avis. 希望を〜する exprimer ses désirs.

くず 葛 marante *f*.

くず 屑 déchet *m*; débris *m*; résidu *m*; rebut *m*; [削り屑] raclure *f*; [裁ち屑] rognure *f*; [繊維] étoupe *f*; [野菜] épluchures *fpl*; [浮き屑] écume *f*; [鉱物] scories *fpl*; [木] copeau(x) *m*; [パン屑] miette *f*; [古着など] chiffons *mpl*. ¶〜屋 chiffonnier *m*. ◆[人, 集合的] racaille *f*; lie *f*. 社会の〜 [人間] déchets de la société; [ろくでなし] bon à rien; vermine *f*. あいつは人間の〜だ C'est le dernier des vauriens. あそこは〜の寄せ集めだ Là-bas, c'est un ramassis de vauriens.

ぐず ¶〜な lourdaud; balourd. 〜である être peu dégourdi; être empoté.

くずいと 屑糸 filasse *f*; étoupe *f*.

くずかご 屑かご corbeille *f* (panier *m*) à papier.

くすっ ¶〜笑う rire tout bas. 〜笑い rire *m* étouffé.

ぐずぐず paresseusement; lentement; indolemment. 隠元豆が煮すぎて〜になっちゃった Les haricots sont trop cuits: ils sont en marmelade (bouillie). 〜する hésiter; flotter; [手間取る] se faire attendre; tarder à *inf*; être lent à *inf*. 〜しないで! Dépêchez-vous!/Ne lambinez pas! 〜せずに sans tarder. なにを〜しているのだろう Qu'est-ce qu'ils ont à traîner comme ça?

くすぐる 擽る chatouiller; titiller; flatter. 娘心を〜 flatter les filles. 彼は一寸擽ってやるとすぐ喜ぶ Un rien de flatterie suffit à le réjouir. ¶そう言われると擽ったいよ Ne me faites pas rougir!/Ça me chatouille. 擽ったいような chatouillant. 擽ったがり屋の chatouilleux(se).

くずす 崩す ébouler; [壁, 権威を] démolir; abattre; saper; [風化させる] effriter. アリバイを〜 saper les alibis. 字を〜 écrire en cursive. 列を〜 Gardez les rangs! 札を小銭に〜 avoir la monnaie d'un billet. どうぞ膝をくずして下さい Mettez-vous à l'aise.

ぐずつく ¶ぐずついた天気 temps *m* incertain (indécis, variable).

くずてつ 屑鉄 ferraille *f*. 〜の山 tas *m* de ferraille. ¶〜商 marchand *m* de ferraille.

くすねる escamoter; subtiliser; escroquer *qn*; filouter.

くすのき 樟 camphrier *m*.

くすぶる 燻る fumer; couver. 焼けた家はまだ燻っていた Les maisons incendiées fumaient encore. 火が灰の下で燻っている Le feu couve sous la cendre. 二年前から燻っている病気の徴候 symptôme *m* de maladie qui couve depuis deux ans. この問題はまだ燻り続けている Ce problème est encore sans solution. ◆ [人が] ¶家の中に燻っていてばかりいないで外へ出たらどう Ne traîne pas ainsi à la maison. 家の中に燻っていないで少しは外へ出たらどう Ne traîne pas ainsi à la maison. Si tu prenais un peu l'air?

くすみ ¶肌の〜をとる éclaircir la peau.

くすり 薬 médicament *m*; [総称] remède *m*; [錠剤] cachet *m*; pilule *f*; [軟膏] onguent *m*; emplâtre *m*; liniment *m*; pommade *f*; [局所用] topique *m*; [気付用] cordial *m*; fortifiant *m*; remontant *m*; [怪しげな] drogue *f*. 〜が効く faire *son* effet. 効きすぎて以前から治まっていた歯が痛み出した Le mal de dent a repris; le remède a cessé de faire de l'effet. あれは毒にもくすりにもならない奴だ C'est un personnage bien anodin. 〜になる [役立つ] être utile (efficace). それはお前にはいい〜になるだろう Ça t'apprendra à vivre./Ça te fera les pieds./Ce sera pour toi une bonne leçon. 〜を処方する ordonner (prescrire) un médicament à *qn*. 〜をつける appliquer un onguent. 〜を飲む prendre un médicament (cachet); [麻薬] se droguer. 惚れ〜 philtre *m*; élixir *m* d'amour. 〜箱 armoire *f* de pharmacie; [armoire à] pharmacie *f*. 携帯用〜箱 pharmacie portative. 〜屋 pharmacie *f*. [人] pharmacien(ne) *m(f)*. 〜湯 tisane *f*. 〜指 annulaire *m*.

ぐずる [不平を言う] grogner; [躊躇する] hésiter; tergiverser; flotter. この子はいつまでもぐずっている Cet enfant n'arrête pas de piailler.

くずれる 崩れる [崩落] crouler; s'écrouler; s'ébouler; s'effondrer; se ruiner; [風化して] s'effriter; [形が] se défaire. アリバイが〜 Son alibi s'edffinit. 地面が足下で崩れ始めた Le sol commence à se dérober sous *ses* pas. この服は形が崩れてきた Ce costume commence à s'avachir. 彼女は泣いてその場に崩れ落ちた Elle s'est effondrée en larmes à cet endroit. ¶形の崩れた靴 chaussures *fpl* avachies (déformées).

くすんだ 燻んだ fumeux(se); fuligineux(se); noirâtre; mat; sale; terne. 〜赤のドレス robe *f* rouge sombre. 病み上りの人の〜顔色 teint *m* cendré d'un convalescent. 煙の〜た天井 plafond *m* noirci par la fumée de tabac.

くせ 癖 habitude *f*; tic *m*; manie *f*; marotte *f*. [傾向] inclination *f*; penchant *m*; pli *m*. 人を非難する〜 propension *f* à critiquer les autres. 良い(悪い)〜がつく prendre une bonne (mauvaise) habitude; prendre un bon (mauvais) pli. ...の〜がある avoir l'habitude de *inf*; être enclin à *inf*; avoir un penchant (une propension) à *inf*. 彼は目をギョロつかせる〜がある Il a le tic de rouler des yeux. そういう〜は直した方がよい Il vaut mieux te corriger de cette habitude. 〜のある男 type *m* (individu *m*) singulier; homme *m* peu commun. 〜のない人 personne *f* de bon sens. ¶〜毛 mèche *f* (boucle *f*) rebelle. 僕は〜毛でヘアスタイルは出来ない Mes cheveux bouclés ne me permettent pas d'adopter cette coiffure.

くせつ 苦節 ¶〜十年にして彼はふうやく部長になることができた Au bout de dix ans de peines, il a enfin été nommé à un poste de directeur.

-くせに quoique (bien que) *sub*; en dépit de (malgré) *qc*. 分っている〜分っらないふりをする faire semblant de comprendre. 金持ちの〜彼はけちだ C'est un riche avare./Quoiqu'il soit riche, il est avare.

くせもの 曲者 dangereux personnage *m*; individu *m* louche. 彼の愛想の良さが〜だ Il faut se méfier de son amabilité.

くせん 苦戦 combat *m* difficile. 彼は〜の末に勝った Il a vaincu à la suite d'un dur combat. 〜を強いられる soutenir un combat difficile. ¶〜する combattre (lutter) péniblement.

くそ 糞 excrément *m*; étron *m*; [人の] déjections *fpl*; matière *f* fécale; fèces *fpl*; merde *f*; [牛の] bouse *f*; [馬, 羊の] crotte *f*; crottin *m*; [鳥の] fiente *f*; [蝿の] chiasse *f*; chiure *f*. ◆ [罵りの(反発を示す)言葉] Merde !/Zut!/Mince! 何〜 Vas-y!/Courage! 〜くらえ Je crache (m'assieds) dessus! ‖ ◆ [罵って(語を強めて)] へた〜 Quel maladroit! 〜婆ぁ Vieille chipie!/Quelle vieille toupie !/Vieille harpie! 〜勉強をする piocher; bûcher; bosser; potasser; chiner. 〜まじめである être sérieux comme un pape.

ぐそく 具足 armure *f*.

くそみそ 糞味噌 ¶...の最新作を〜に言う éreinter la dernière pièce de *qn*.

くだ 管 tuyau(x) *m*; [洗浄用] canule *f*. ガラスの〜 tube *m* de verre. ◆ [比喩的に] 〜を巻く radoter; rabâcher. バーで〜を巻く traîner dans un bar.

ぐたい 具体 ¶〜的[な] concret(ète); matériel(le). 〜的な例 exemple *m* concret. 〜的な証拠 preuve *f* matérielle. 〜的に concrètement; matériellement; en fait; pratiquement. 〜的に語る dire d'une manière concrète. ‖ 〜案 projet *m* concret. 〜化 matérialisation *f*; concrétisation *f*; réalisation *f*. 〜化する rendre concret; concrétiser; matérialiser; réaliser. 計画を〜化する matérialiser un projet. 〜化される se réaliser. 〜性 matérialité *f*. 〜性がない rester (être) théorique.

くだく 砕く [固い物を] briser; casser; rompre; fracasser; fracturer; [すり砕く] broyer; [押し砕く] écraser; [細かく砕く] réduire en miettes (pièces, morceaux); [パンを] émietter; [希望を] éteindre. ◆ [心労を重ねる] ¶心を〜 s'en occuper; se faire mille soucis. [分り易く説く] ¶砕いて話す parler en termes faciles.

くたくた ¶もう〜だ Je n'en peux plus./Je

suis sur les genoux (dents). ~になる être très fatigué; être rompu (fourbu, éreinté, crevé, exténué).

くだける 砕ける se briser; se rompre. 腰が~[腰砕けになる] Le premier élan a fléchi (a été perdu). 希望が砕けた Des espoirs se sont brisés. 砕けた [打解けた] familier (ère); franc(che). 砕けた口調で話す parler d'un ton familier. 砕けやすい friable.

ください 下さい ¶それを私に~ Donnez-le-moi. お座り~ Asseyez-vous. お塩を取って~ Veuillez me passer le sel. 火曜に私の所へ来て~ Venez chez moi mardi. 窓を閉めて~ませんか Voulez-vous fermer la fenêtre?

くださる 下さる […をくれる] accorder. 校長先生は私達に金時計を下さった M. le directeur nous a donné une montre en or. ◆[…して] ¶あの方は私のところへ来て下さった Il a daigné se rendre chez moi./Il a eu la bonté de venir me voir.

くだす 下す [地位を下げる] ¶官位を~ dégrader qn. ◆[遣わす] 使者を~ envoyer un messager. ◆[実行する] 手を~ faire de ses propres mains; exécuter soi-même. ◆[打ち負かす] 敵を~ soumettre l'ennemi. ◆[申し渡す，結論する] ¶解釈を~ donner une explication. 判決を~ prononcer (rendre) un jugement. 命令を~ donner un ordre; ordonner. ◆[下痢する，腹を下す] ¶腹を~ avoir la diarrhée. 虫を~ expulser les vers intestinaux. ◆[続けて...し終える] ¶一気に書き~ écrire d'une haleine. 飲み~ avaler; gober. 読み~ lire d'un seul trait.

くたばる crever; claquer; clamser. ⇨しぬ(死ぬ). 暑さでくたばりそうだ Il fait une chaleur à crever. 空腹でくたばりそうだ Je crève de faim. くたばれ! Va te faire fiche!/Je t'emmerde!/Va au diable!/Va te faire pendre!

くたびれる ⇨ つかれる(疲れる). ¶くたびれた着物 vêtements m fatigués (usés, avachis). 待ち~ être las d'attendre; attendre sous l'orme. ‖くたびれ儲けで On n'en a retiré que des peines.

くだもの 果物 fruit m. ¶~の fruitier(ère). このブランデーは~の風味が強い Cette eau-de-vie est très fruitée. ‖~屋 fruiterie f; [人] marchand m de fruits; fruitier(ère) m(f).

くだらない 下らない [価値の低い] médiocre; pauvre; inférieur, futile; misérable; [馬鹿げた] absurde; ridicule; stupide; bête; idiot; [無意味な] insignifiant; vain; inutile; oiseux(se). ~に関心しか抱かない n'avoir qu'un médiocre intérêt. ~曲 musiquette f. ~こと [馬鹿げたこと] bêtise f; sottise f; fadaise f; [つまらぬ物] bagatelle f; vétille f. ~ことに難癖をつける ergoter sur des vétilles. ~ことに時間をつぶす perdre son temps à des bagatelles. ~ことで言い争う se disputer pour une bagatelle. ~ことでくよくよする se faire de la bile pour un rien. ~話はやめろ Arrête tes balivernes!/~本 méchant livre m. ~問題 question f oiseuse. あれは~奴だ C'est un zéro./ C'est un rien du tout./C'est une vermine.

~奴らだ Ce sont des rien du tout. この本は~ Ce livre n'est pas fameux./Ce n'est pas fameux, ce livre! ◆[少ない] 百万を~額 somme f qui n'est pas inférieure à un million.

くだり 下り descente f; redescente f; [文章などの] passage m. ~は登りより危険な La descente est plus périlleuse que la montée. ‖~坂 pente f descendante; descente f. ゆるやかな~坂になっている道 route f qui descend en pente douce. 彼も~坂だ Il est dans (sur) son déclin./Son étoile commence à pâlir. 天気は~坂です Le temps va se détériorer (se gâter). ~列車 train m en provenance de la capitale. ~腹 diarrhée f.

くだる 下る descendre. 山を~ descendre [de] la montagne. ◆[時代が移る] ¶時代が~ Le temps se déroule. 時代がずっと下って，19世紀の初頭には... Bien plus tard, au début du 19e siècle,... ◆[官職を辞する] ¶野に~ se démettre de ses fonctions publiques; [権力の座を去る] quitter le pouvoir. ◆[下痢する] 腹が~ avoir la diarrhée. ◆[申し渡される] ¶判決が下った Un jugement a été rendu. 命令が下った Un ordre a été rendu. ◆[降参する] 敵に~ se rendre à l'ennemi.

くち 口 [人の] bouche f; 《俗》 bec m; gueule f; [一般的に動物の] gueule f; [鳥の] bec m; [猪などの] museau(x) m; [びんの] ouverture f; goulot m; [袋, 河などの] embouchure f; [管の] orifice m; [吹奏楽器の] bocal(aux) m; pavillon f; [溶鉱炉] gueulard m. ~がうまい être flatteur; être beau (belle) diseur(se). あいつは~がうまいから気をつけろ C'est un beau parleur, méfie-toi. 世間の~がうるさいから気をつけなさい Attention, on va jaser. ~が重い être peu loquace. ~が軽い être jaseur(se); être indiscret(ète). ~が軽くなる devenir loquace. 酒を飲んだら彼の~が軽くなった Sous l'effet de l'alcool, sa langue s'est déliée. ~が固い être discret(ète). ~が利けなくなる perdre la parole. ~が臭い avoir mauvaise haleine; sentir [mauvais] de la bouche. ~が肥えている être une fine bouche (un gourmet). つい彼の~からすべった Ce mot lui a échappé. それ以外は~が裂けても言わぬぞ Je me ferais arracher la langue plutôt que d'en parler. あいた~がふさがらない rester bouche bée; n'en pas revenir. 口は悪いけど, いい奴だ Il est un peu pisse-vinaigre mais c'est un bon type. ~から~へと伝わる passer de bouche à oreille. ~に出して言う prononcer [un mot]; parler. 彼は~も八丁, 手も八丁だ Il se démène autant qu'il parle. ~をきく parler; [仲介の] faire l'intermédiaire. 威張った~をきく parler en maître. ~を開く ouvrir la bouche; prendre la parole. ~を酸っぱくして... を言うを être tuer à répéter; cesser de répéter. ~を出す ⇨ くちだし(口出し). ~をつける ちょっとそれに~をつけて下さい Goûtez-y un peu. ~を噤む ne pas ouvrir la bouche; ne rien dire; rester muet(te); se taire; garder le silence. ~を

ぐち 281 **くちばし**

à parler. ~を割らせる tirer les vers du nez à qn; faire parler (jaser) qn. ¶~の buccal(aux); [口頭による] oral(aux). ~の悪い médisant. ~で par la bouche de bouche; [口頭で] oralement. ‖~くらしをする se débarrasser d'une bouche inutile. ◆[職] poste m;《俗》boulot m. 英語教師の~がひとつあります Il y a un poste de professeur d'anglais. ~を探す chercher un emploi (boulot). 彼には働き~がない Il chôme. ◆[呼出し] ¶~がかかる être appelé. 私に~がかかった On m'a appelé./On a besoin de moi. 彼には誰も~をかけない Personne n'a besoin de lui.

ぐち 愚痴 plainte f; murmure m; gémissement m. ~を言う se plaindre de; bougonner; grogner; grommeler; marmonner; rouspéter; geindre. ¶ 愚痴っぽい grogneur(se); bougon(ne). 愚痴っぽい人 grognon(ne) m(f).

くちあたり 口当り ¶~の良い savoureux(se); moelleux(se); d'un goût agréable. ~の良いワイン vin m moelleux. ~が良くない être âpre (d'un goût désagréable).

くちいれや 口入屋 intermédiaire mf.

くちうつし 口移し ¶~で食物を与える nourrir de bouche à bouche.

くちうら 口裏 ¶ 彼らは~を合せて嘘を言っている Ils s'entendent pour mentir. 証人と被告は~を合せて偽りを述べている Le témoin et l'accusé sont de connivence pour tromper.

くちうるさい 口うるさい ¶~女 femme f criailleuse; [不平を言う] femme ronchonneuse. ⇨ くちやかましい 口喧しい.

くちえ 口絵 frontispice m.

くちかず 口数 ¶ あの男は少し~が多い Il parle un peu trop. ~の多い bavard; verbeux(se); prolixe; loquace. ~の少ない silencieux(se); discret(ète); réservé; [むっつりした] taciturne.

くちがね 口金 [罎] capsule f. ~を抜く enlever une capsule; décapsuler [une bouteille].

くちがる 口軽 ¶~な peu discret(ète); peu réservé; loquace; bavard.

くちきき 口利き ¶...の~で par l'intermédiaire (la médiation) de qn. 彼の~で私はこの会社に入った Grâce à ses bons offices, j'ai pu rentrer dans cette entreprise.

くちぎたない 口汚い grossier(ère) dans ses paroles; [卑しい] vil. ~な口を利く ¶ 彼は~奴 Il a une fort m en gueule; grande gueule m. 彼は~奴 Il s'exprime vulgairement./Ses expressions sont vulgaires (grossières). ¶ 口汚く罵る vitupérer (pester) contre qn.

くちく 駆逐 expulsion f; bannissement m. ¶~する expulser; chasser; bannir. ‖~艦 contre-torpilleur(s) m; destroyer m.

くちぐせ 口癖 propos mpl rebattus. それが彼の~だ C'est ce qu'il répète./C'est son refrain (sa rengaine, son disque).

くちぐち 口々 ¶~に言う dire à qui mieux mieux (à l'envi). 人々は~に彼を称讃した On le louait à qui mieux-mieux. みんなが~に彼のことを噂していた Tout le monde en jasait.

くちぐるま 口車 ¶~に乗せる entortiller; enjoler; cajoler; emberlificoter; prendre;《俗》avoir. そんな~には乗らないぞ On ne m'y prendra pas./Je ne me laisserai pas avoir.

くちげんか 口喧嘩 querelle f; dispute f; altercation f. ¶~する se disputer.

くちごたえ 口答え réplique f; riposte f; raisonnement m. ¶~する répliquer; riposter; faire une réplique. ~せずに言うことを聞け Obéissez sans réplique./Pas de réplique.

くちコミ 口- téléphone m arabe; téléphone de brousse.

くちごもる 口籠る balbutier; bégayer; manger ses mots; bredouiller; murmurer; [言葉に詰まる] ne savoir que répondre.

くちさがない 口さがない cancanier(ère) m(f); diseur(se) m(f) de cancans (ragots). ~な女ども commères fpl cancancières.

くちさき 口先 bec m; museau(x) m. ¶~だけの ronflant; creux(se); peu sérieux(se). ~だけの約束 promesse f de Gascon (en l'air). ~だけの約束で sur parole. あいつは~だけだ Il ne fait que des promesses en l'air./Tout ce qu'il dit, c'est du vent.

くちざわり 口触り ⇨ くちあたり (口当り).

くちずさむ 口ずさむ chantonner; [鼻唄] fredonner.

くちぞえ 口添え recommandation f;《俗》piston m. 市長の~があったので交渉は楽だった La négociation a été facilitée par l'appui du maire. ¶~[を]する recommander qn à qn; pistonner qn.

くちだし 口出し ¶~[を]する parler mal à propos; s'immiscer dans; s'entremettre dans; s'ingérer dans; intervenir dans. 余計な~をするな Mêlez-vous de vos affaires!

くちだっしゃ 口達者 baratineur(se) m(f). ¶~である avoir du bagou[t]; avoir la langue pendue (déliée, agile).

くちづけ 口付け embrassement m; baiser m;《俗》bise f. ¶~する embrasser qn; donner un baiser à qn. 手に~する baiser la main de qn.

くちづたえ 口伝え tradition f [orale]. ¶~の oral(aux). ~に oralement; de bouche à oreille.

くちどめ 口止め silence m (mutisme m) imposé. ¶~する imposer silence à qn; acheter le silence de qn. ‖~料 argent m pour acheter le silence.

くちなおし 口直し ¶ お~にどうぞ Pour relancer l'appétit.

くちなし 梔 gardénia m.

くちならし 口慣し ¶~をする se faire la bouche.

くちのは 口の端 ¶...ということが世人の~にのぼる Le bruit court que.... 逆に彼の陰口が人の~に上り始めた Il est devenu, à son tour, l'objet de ragots.

くちばし 嘴 [鳥] bec m; [昆虫] mandibule f. 奴はまだ~が黄色い Il est né d'hier (inexpérimenté). ~でついばむ becqueter. ~を入れる s'immiscer dans. 彼は何にでも~を入れる Il se mêle de tout. ¶~が黄色い奴 blanc(s)-bec

(s) m; niais(e) m(f). ~の黄色い奴は黙っていろ! Tais-toi, blanc-bec!

くちばしる 口走る dire (parler) sans le savoir. あらぬことを~ divaguer; dérailler; déraisonner; dire des extravagances. 彼はいやらしい言葉を口走った Il lui a échappé un mot grossier.

くちはてる 朽果てる pourrir; [死ぬ] expirer. 無名のうちに~ périr inconnu.

くちばったい 口幅ったい ¶~事を言う dire (se permettre) des impertinences. ~事を申しますが Si j'ose [le] dire.

くちばや 口早 ¶~に言う parler vite (rapidement); articuler très vite les mots; dire à mots précipités. そう~にいわれてはよく聞取れない Vous parlez si vite que je ne peux pas bien vous comprendre.

くちび 口火 allumeur m. ~をつける mettre l'allumeur à feu. ~を切る(つける) se mettre (commencer) à inf. 会話の~を切る entamer la conversation. ある運動の~を切る amorcer (entamer) un mouvement. 攻撃の~を切る déclencher l'offensive. 攻撃の~が切られた L'offensive s'est déclenchée.

くちひげ 口髭 moustache f; 《俗》bac[ch]antes fpl. ~を生やしている porter la moustache (des moustaches). ~をひねり上げる tortiller (retrousser) la moustache. ¶~を生やした男 moustachu m.

くちびる 唇 lèvre f; [動物] babines fpl. ~をかむ se mordre les lèvres. ¶~の labial (aux). ¶上(下)~ lèvre supérieure (inférieure).

くちぶえ 口笛 sifflement m. ~を吹く siffler; sifloter. ~を吹いて犬を呼ぶ siffler un chien.

くちぶり 口振り façon f (manière f) de parler; accent m. 彼の~からすれば彼の話しのしかたから. その~からして彼は白だ Ce qu'il dit prouve qu'il est innocent.

くちべた 口下手 ¶~である parler mal; ne pas être orateur; être piètre parleur.

くちべに 口紅 bâton m (crayon m) de rouge [à lèvres]. ~を薄くつける mettre un soupçon de rouge.

くちべらし 口減らし ¶~の為に赤子を間引き tuer des nouveaux-nés pour se débarrasser des bouches inutiles. ~をする se débarrasser de bouches inutiles.

くちまね 口真似 ¶~をする imiter l'accent (la manière de parler) de qn. 子供はすぐ大人の~をする Les enfants attrapent vite le ton des adultes.

くちもと 口元 [contour m d'une] bouche f. ~に微笑を浮べる avoir un sourire aux lèvres. ~をすぼめる pincer les lèvres; faire la petite bouche. ~をゆがめる faire un rictus.

くちやかましい 口喧しい grondeur(se); coléreux(se); [不平を言う] ronchonneur(se); criailleur(se); bougon(ne); rouspéteur(se); [細かい] pointilleux(se); minutieux(se); [要求が多い] difficile; exigeant. 万事~な男 homme m difficile (exigeant) en tout. うちの親は~ Mes parents sont sévères.

くちやくそく 口約束 paroles fpl; promesse f verbale (en l'air). ~だけでは駄目だ Des promesses ne suffisent pas. ~で sur parole; [約束없] en paroles. ~をする promettre de vive voix (en paroles, en l'air). ~だけに終る payer en paroles.

くちやみ 苦衷 déchirement; tiraillement m. ~を打明ける confier sa douleur à qn; se confier douloureusement à. ~を察する partager la douleur de qn; compatir à la douleur de qn; avoir de la compassion pour qn.

くちゅうざい 駆虫剤 [poudre f] insecticide m; [虫下し] [poudre] vermifuge m; antivermineux m; helminthique m.

くちょう 区長 maire m [d'un arrondissement].

くちょう 口調 [façon f de] parler m; [話し振り] accent m; ton m. 彼の~には何か荒っぽい所がある Son parler a quelque chose de rude. ¶~の良い harmonieux (se); euphonique; agréable à l'oreille. ∥演説~ ton m oratoire.

ぐちょく 愚直 ¶~な aveuglément dévoué (fidèle); naïf(ve); simple; bonasse; 《俗》godiche. ~さ naïveté f; niaiserie f. ~さには愛すべきものがある Il a une naïveté sympathique. ~な人 nicodème.

くちよごし 口汚し amuse-gueule m inv. ほんの~ですが Ce n'est qu'un amuse-gueule.

くちよせ 口寄せ évocation f. ~をする évoquer.

くちる 朽ちる [木が] pourrir; [建物が] crouler; [名声が] périr.

ぐちる 愚痴る se plaindre de; grogner; ronchonner; [くどくど] radoter; rabâcher.

くちわ 口輪 [犬] muselière f; [馬] muserole f. 犬に~をはめる museler (mettre une muselière à) un chien.

くつ 靴 [総称] chaussure f; [短靴] soulier m; [長靴] botte f; [運動靴] chaussure de sport; espadrille f; [木靴] sabot m; galoche f; [上履] pantoufle f; [半長靴] bottine f; [編上靴] bottine à lacets; [舞踊靴] escarpin m; [芝居用] cothurne m; [古靴] savate f; 《俗》gadasse f; godillot m; grolle f. ~を履く chausser des souliers; se chausser. 35サイズの~を履く chausser du 35. ~べらを使って~を履く se chausser avec un chausse-pied. ~を履いている porter des souliers; être chaussé. ~を脱ぐ se déchausser; enlever ses souliers. 子供の~を脱がせる déchausser un enfant. ~をみがく cirer des souliers; [泥を落とす] décrotter des chaussures. ¶~墨 cirage m 《crème》; crème f pour bottines. ~墨を塗る cirer. この~は~擦れがする Ces chaussures me blessent (font mal). ~擦れがしている avoir les pieds blessés par ses chaussures. ~磨き [人] cireur(se) m(f); décrotteur(se) m(f). ~屋 cordonnier(ère) m(f); [高級な] bottier m; chausseur m.

くつう 苦痛 [肉体的, 精神的] mal m inv; peine f; douleur f; souffrance f; supplice m; tourment m; torture f; [精神的] chagrin m; affliction f; ennui m; amertume f;

くつがえす [死ぬ程の] mort f. ~を感ずる avoir mal; ressentir une douleur; être tourmenté (affligé); souffrir; avoir de l'amertume. それは私には一寸～だ C'est un peu trop fort (dur) pour moi.

くつがえす 覆す renverser; démolir; démanteler; détruire. 内閣を～ renverser un cabinet. 学説を～ démolir une doctrine; détruire une théorie. 社会機構を～ détruire une organisation sociale. 教育の基礎を～ saper les fondements de l'éducation. 船を～ couler (chavirer) un navire. 体制を覆そうとする miner un régime.

クッキー gâteau(x) m sec.

くっきょう 屈強 ～の robuste; résistant; fort; énergique; vigoureux(se). 道には～の男が二、三人いた Il y avait deux ou trois gars très costauds dans la rue.

くっきょく 屈曲 fléchissement m; [文法] flexion f. ~する ployer; fléchir; [川などが] serpenter. ～した tortueux(se); sinueux(se); onduleux(se); [川などが] serpentin. ~性の flexible; ployable.

くっきり clairement; distinctement; nettement. ~浮び上る découper; se détacher; se distinguer. 白地に～目立つ赤 rouge m qui ressort sur le fond blanc. 山が青空に～と浮び出ていた La montagne se découpait sur le ciel bleu.

クッキング cuisine f. ~スクール école f culinaire. ~ホイル feuille f d'aluminium de cuisine. ~ワイン vin m de cuisine.

くっさく 掘鑿 excavation f; forage m. ~する excaver; forer; creuser; percer. ~機 excavateur m; excavatrice f; foreuse f; [動力シャベル] pelle f mécanique; pelleteuse f.

くっし 屈指 ～の de premier ordre; excellent; meilleur. 彼は日本では～のテニス選手です C'est un joueur de tennis de première classe au Japon./C'est un des meilleurs joueurs de tennis au Japon.

くつした 靴下 chaussettes fpl; [女性用] bas mpl. ウール(ナイロン)の～ chaussettes de laine (nylon). レース編みの～ bas à jour[s]. 僕の片方の～が見つからない Je ne retrouve pas une chaussette. ～を履く(履いている) mettre (porter) des chaussettes. ~[留め] [サスペンダー] jarretelle f; [ガーター] jarretière f. ~屋 chaussetier m.

くつじゅう 屈従 assujettissement m; soumission f; [隷属] asservissement m; servitude f; sujétion f. ~する s'assujettir à; se soumettre à; ployer (fléchir) devant; plier. 権威に～する baisser pavillon devant l'autorité. ~させる asservir qn; faire passer qn sous le joug; subjuguer qn; dominer qn. ~した assujetti; asservi; soumis.

くつじょく 屈辱 humiliation f; abaissement m; mortification f; [恥辱] honte f; ignominie f; [不名誉] déshonneur m; infamie f; opprobre m. 満身～の塊となる se couvrir d'ignominie. ~を受ける éprouver (essuyer) une humiliation. ~を感じる ressentir une humiliation; se sentir humilié (déshonoré); perdre la face. ~を加える infliger une humiliation à qn. ¶ ~的な humiliant; mortifiant; honteux(se); déshonorant; ignominieux(se). ~的に honteusement; déshonorablement; ignominieusement.

クッション coussin m. ¶ ワン～をおいて avec un intermédiaire; indirectement.

くっしん 屈伸 flexion f et extension f. ¶ 腕の～運動 flexion et extension du bras.

グッズ articles mpl.

くつずみ 靴墨 ⇨ くつ[靴].

ぐっすり ¶ ~眠る dormir profondément (d'un profond sommeil, à poings fermés).

くっする 屈する [屈曲する] fléchir; plier; [se] courber; ployer; [屈服する] se soumettre; succomber; fléchir; [se] plier. 命令に～ plier sous un ordre. 誘惑に～ se laisser séduire; succomber (se laisser aller) à la tentation. 要求に～ se plier aux exigences. 子供達の懇請に～ fléchir devant les supplications de ses enfants.

くつずれ 靴擦れ ⇨ くつ[靴].

くっせつ 屈折 [物] réfraction f; [語] flexion f. 光の～ réfraction [de la lumière]. ¶ ~する dévier; [物] se réfracter. ~させる dévier; réfracter; [形容詞] [物] réfringent. ~角 angle m de réfraction. ~言語 langue f flexionnelle. ~望遠鏡 [télescope m] réfracteur m. ~率 indice m de réfraction. ~力 pouvoir m réfractif; réfringence f.

くつぞこ 靴底 semelle f. ゴムの～は痛い Les semelles de caoutchouc font mal.

ぐったく 屈託 ～の無い nonchalant; insouciant; insoucieux(se); sans-souci inv. ~の無い笑い sourire m innocent. ~が無い 彼は～が無い Il est vraiment sans-souci./Elle ne s'en fait pas. ~無く nonchalamment; sans souci. ~無く暮す vivre dans l'insouciance.

ぐったり ¶ ~している être inanimé (inerte, abattu); être à plat; [疲れて] être épuisé (déprimé). ~している草木 plantes fpl sans fraîcheur.

くっつく s'attacher à; adhérer à; [se] coller à; s'unir à; se lier; s'agglutiner. この紙は二枚～っている Ces deux feuilles sont collées. 先頭のランナーにくっついて離れな Accroche-toi au coureur de tête et ne le lâche plus. 彼はうるさくくっついて離れない Il est collant, on ne peut pas s'en débarrasser.

くっつける attacher qc à qc; coller; unir; lier; agglutiner; accoler. 窓硝子に顔を～ coller son visage contre la vitre. 破れたページをセロテープで～ réparer une page déchirée avec du scotch.

くってかかる se permettre de répliquer. 親に～とは何事だ Tu permets de répliquer à ton père? 彼は教師にくってかかった Il a tenu tête à son professeur./Il a répliqué à son professeur.

ぐっと ¶ ~こらえる tenir bon. ~飲[み込]む boire (avaler) d'une seule gorgée. ~引き立

つ se bien distinguer. ~返答に詰まる ne savoir que répondre. その場面は僕の胸に~来た Cette scène m'a frappé vivement.

グッピイ guppy m.

くっぷく 屈服 soumission f; capitulation f; reddition f. ¶~する se soumettre à; capituler; se rendre à; passer sous le joug de qn; baisser pavillon devant qn. ~させる soumettre; subjuguer; asservir; dominer; conquérir; faire la conquête de; [乱暴者を] dompter.

くつべら 靴箆 chausse-pied(s) m; corne f [à chaussures].

くつろぐ 寛ぐ se délasser; se détendre; se reposer; se mettre à l'aise. ¶寛いだ様子で d'un air dégagé. 寛ぎ délassement m; repos m. 仕事の後は寛ぎが必要だ Après le travail, on a besoin d'une détente.

くつわ 轡 mors m. ~を嚙む prendre le mors aux dents. 馬の~を取る tenir un cheval par le mors. ¶彼らは二人~を並べて討死した Ils ont été tués tous les deux dans la bataille.

くでん 口伝 tradition f orale. ¶~する transmettre (apprendre) qc de bouche à oreille.

ぐでんぐでん ¶~に酔っ払う se soûler complètement; être ivre mort; s'enivrer à mort.

くどい ¶~味 goût m qui traîne (subsiste, ne part pas). ~男 rabâcheur m; ressasseur m. ~質問 question f fastidieuse (filandreuse). ~食物 nourriture f trop épicée. お前も~ね、何度言えばわかるんだ Quel casse-pieds! Quand finiras-tu par comprendre?

くとう 句読 ponctuation f. ¶~点 signes mpl de ponctuation; points et virgules mpl. ~点を打つ ponctuer. ~点を打った文 phrase f ponctuée.

くとう 苦闘 peine f; difficulté f; combat m difficile. 私のこれまでは~の連続だった Je n'ai connu jusqu'à présent qu'une succession de difficultés. ¶~する travailler péniblement; peiner. 難問を前に~する peiner sur un problème difficile.

くどう 駆動 【工】 traction f. ¶前(後)輪~ traction avant (arrière). ~軸 transmission f.

くどく 功徳 bienfait m; mérites mpl; charité f; vertu f. 正直の~で grâce à son honnêteté; en récompense de son honnêteté. ~を施す faire la charité; être charitable.

くどく 口説く essayer de persuader qn de qc; chercher à convaincre qn de qc; [うまいことを言う] faire du baratin; baratiner; [女を] faire la cour à; courtiser qn; conter fleurette à qn; 《俗》faire du plat à qn. 僕はどうしても彼を口説かなければいけない Il faut le persuader de venir. 口説かれる se laisser persuader.

くどくど longuement; fastidieusement; interminablement; sans fin. ~言う épiloguer sur; discourir sur; délayer qc; [聞 飽きたことを] rabâcher; ressasser; rebattre les oreilles à qn; [年寄りが] radoter. そう~言わなくても分りますよ Cesse de me casser les oreilles; j'ai compris. ¶~しい演説 long discours m soporifique; discours prolixe (verbeux). ~しい話 histoires fpl ressassées. ~しい質問 ⇨ くどい.

ぐどん 愚鈍 ¶~な bête; idiot; sot(te); imbécile; simple [d'esprit]; naï / 甚しく~である 《俗》C'est une vraie nouille. ~になる s'abêtir. ~さ idiotie f; stupidité f; naïveté f; ânerie f; imbécillité f.

くないちょう 宮内庁 Agence f de la maison impériale.

くなん 苦難 peine f; misère f; douleur f; épine f; difficulté f. 彼の人生はまったく長い~の道であった Sa vie n'a été qu'un calvaire. ¶~に満ちた人生 vie f de souffrances. 全ての~を乗り越える surmonter toutes les épreuves.

くに 国 pays m; [国民] nation f; [帝国] empire m; [国家] état m; [祖国] patrie f. あなたの~はどこですか Quel est votre pays d'origine?/D'où venez-vous? ~を売る trahir sa patrie. ~を離れる(に帰る) quitter (rentrer à) son pays. ¶~柄 caractère m national (du pays). ~境 frontière f; confins mpl. お~自慢 patriotisme m; chauvinisme m; esprit m de clocher. お~なまり accent m du pays. お~料理 plat m régional; spécialité f du pays.

くにく 苦肉 ¶~の策 expédient m; 《俗》combine f. ~の策を講ずる recourir à un expédient.

ぐにゃぐにゃ ¶お前は少し~している、しっかりしろ Tu es un peu mollasson, sois plus ferme. ~の mou (mol, molle); mollasse. ~になる s'amollir; se ramollir.

くねくね ¶~曲る serpenter; zigzaguer; faire des zigzags. ~曲った山の道 sentier m de montagne qui serpente. ~した ondoyant; ondulé; serpentin. ~した歩き方 démarche f ondulante (dodelinante).

くのう 苦悩 ⇨ くるしみ (苦しみ), くつう (苦痛).

くはい 苦杯 ¶~をなめる(喫する) essuyer un (des) revers. 我々のチームは去年の大会では~をなめた Notre équipe a encaissé une défaite au tournoi de l'an dernier.

くばる 配る distribuer; [分配する] répartir; partager; [普及させる] diffuser. 気を~ [人に] veiller sur qn; être attentif(ve); dispenser à qn ses soins; [警戒する] être sur ses gardes; être vigilant; veiller à qc. 仕事に気を~ être consciencieux (attentif) dans son travail. 万事に気を~ veiller à tout. ◆[トランプで] donner [les cartes]. 君から一番だ C'est à toi de donner. ¶配り手 [トランプ] donneur (se) m(f).

くび 首 cou m; [じんの] col m; goulot m; [馬,らくだの] encolure f; [襟の] nuque f. ~が回らない [借金で] avoir des dettes par-dessus la tête; être endetté jusqu'aux oreilles (par-dessus les oreilles); être dans les dettes jusqu'au cou. ~に縄をつけても連れてくるよ Je l'emmènerai par n'importe quel moyen. 間違ってたら~をやるよ Si je me trompais, j'en mettrais ma tête sur le billot (j'en donnerais ma tête à couper). ~を切る décapiter. ~をくくる se pendre. そんな事に~を突っ込むとろくなことはないぞ Si tu fourres le nez dans cette affaire, tu auras des ennuis. ~を長くして待つ attendre avec impatience. ~を捻る être perplexe. 全く~をひねらざるを得ない J'ai du mal à y croire. 彼があんなことをするなんて僕は~をひねらざるを得ない Moi-même, j'ai du mal à croire qu'il ait fait une chose pareille. ¶~の jugulaire. ‖~囲り 39 のTシャツ chemise f d'encolure 39. ◆[解雇] ¶~にする(を切る) renvoyer; congédier; mettre à la porte; licencier;《俗》sa[c]quer; dégommer; vider;《官僚などを》destituer; limoger.

くびかざり 首飾り collier m. 真珠の~ collier de perles. ダイヤの~ collier (rivière f) de diamants.

くびかせ 首枷 cangue f; carcan m;《制約》contrainte f. ¶~の刑 cangue. ~の刑に処す condamner qn au carcan.

くびき 軛 joug m. 牛に~をつける mettre les bœufs au joug.

くびきり 首切り[刑] décapitation f;《解雇》licenciement m. ¶~台 billot m. ~の役人 bourreau(x) m.

くびく ¶~と飲む boire bruyamment.

くびじっけん 首実検 ¶犯人の~をする confronter un criminel avec les témoins.

くびじろ 麕美人草 ⇒ ひなげし(雛罌粟).

くびす 踵 ⇒ きびす(踵).

くびすじ 首筋 nuque f. ~をつかまえる prendre qn au collet (par le cou). ~をなでる se frotter la nuque.

くびったけ 首っ丈 ¶~になる s'éprendre de qn; s'amouracher de qn; s'emballer.

くびったま 首っ玉 ¶~にしがみつく se pendre (s'accrocher) au cou de qn.

くびっぴき 首っ引 ¶辞書と~で読む lire qc en consultant tout le temps le dictionnaire.

くびつり 首吊り pendaison f; corde f. ¶~をする se pendre.

くびねっこ 首根っこ ¶~を押える prendre qn par le cou; immobiliser. 今度こそ彼の~を押えてやる Ce coup-ci, je vais lui faire mordre la poussière.

くびりころす 縊り殺す étrangler; tuer le cou à qn; tuer par strangulation.

くびれ 括れ rétrécissement m; resserrement m; étranglement. ¶~たウエスト taille f de guêpe.

くびれる 括(縊)れる se rétrécir; s'encaisser;《縊死》se pendre. 真中が括れているびん bouteille f qui se rétrécit au milieu. ‖括れた腰 taille f de guêpe. 頤に括れができている avoir un double menton.

くびわ 首輪[犬, 猫] collier m. ¶~をつけた犬 chien m au collier.

くぶ 九分 quatre-vingt-dix pour cent. ‖成功に~九厘間違いない Il y a cent contre un à parier que ce sera un succès./Le succès est presque certain. 仕事は~通り出来た Le travail est pour ainsi dire terminé.

くふう 工夫[方法] moyen m; procédé m; astuce f; ressource f; tour m; expédient m;《俗》combine f;《発明》invention f. ~が足りない manquer d'imagination. 家の装飾に~をこらす s'ingénier à décorer sa maison. ¶~する chercher un moyen pour. 新しい方法を~する inventer (imaginer, trouver) un nouveau procédé; imaginer un expédient.

くぶん 区分 division f; segmentation f; sectionnement m; fractionnement m;[土地などの]lotissement m;[分割]répartition f;[分類]partage m. ¶~する diviser; lotir; sectionner;[分配する]partager. 土地を~する diviser le terrain en lotissements. ‖行政~ circonscription f administrative; arrondissement m.

くべつ 区別 distinction f; différenciation f;[分離]séparation f;[識別]discernement m;[差別]discrimination f;[人種的]ségrégation f. ¶~する distinguer; différencier; séparer; faire la distinction. AとBを~する différencier A et B; distinguer A de B. 二つの物を~する distinguer (différencier) deux choses. 色を~する discerner les couleurs. 人を動物から~しているもの ce qui distingue l'homme des animaux. ~出来る(出来ない) discernable (indiscernable). ~なしに sans distinction. 反逆者は男女の~なしに全員殺された Les rebelles ont été tous tués sans distinction de sexe.

くべる 薪を火に~ alimenter le feu avec du bois.

くぼち 窪地 terrain m encaissé; cavité f;[r]enfoncement m; creux m;[穴]fosse f; trou m;[じょうろ状の]entonnoir m;[谷間状の]ravin m;[盆地]bassin m; cuvette f. この地方には深い~が多い Il y a beaucoup de dépressions profondes dans cette région.

くぼむ 窪む se caver; s'enfoncer; se creuser; s'enliser. 目が窪んでいる avoir les yeux enfoncés. ¶窪んだ creusé; cave; creux(se); ensellé; [r]enfoncé. 窪み fossette f;[壁などの]niche f. 壁の窪みに身をひそめる se cacher dans le renfoncement d'un mur.

くま 熊 ours m;[牝]ourse f;[仔]ourson m;[贋]ours m brun. ~が唸る grogner. ‖北極(白)~ ours polaire (blanc).

くま 隈[目]cerne m. 心の~ secret m du cœur. 目の囲りに~が出来る avoir les yeux cernés. ¶~無くさがす fouiller; chercher partout (dans les coins et les recoins). そのあたりを~なく探せ Fouillez les environs de fond en comble.

ぐまい 愚昧 ¶~な ignorant; ignare; médiocre; imbécile; idiot.

くまで 熊手 râteau(x) m; fourche f. ~でかき集める râteler qc. ~で秣(堆肥)をかき分ける fourcher le foin (le fumier).

くまどり 隈取り grimage m. ¶~[を]する se grimer.

くまんばち 熊ん蜂 frelon m.

くみ 組 groupe m; bande f;[級]classe f;[運動競技の]équipe f;[班]division f; es-

くみあい 組合 association *f*; syndicat *m*; union *f*; [同業組合] corporation *f*. ~に加入する adhérer à un syndicat. ~を結成する former une union. 仕~の syndical(aux). ‖商業~ corps *m* de commerce. 労働(農業)~ syndicat ouvrier (agricole). ~員 associé(e) *m(f)*; syndiqué(e) *m(f)*; adhérent(e) *m(f)*. ~運動 mouvement *m* syndical. ~活動 syndicalisme *m*. ~代表 délégué(e) *m(f)* syndical(e). ~同盟 union de syndicats.

くみあう 組み合う ⇨ くみうつ(組打ち).

くみあげる 汲み上げる ⇨ くむ(汲む).

くみあげる 組み上げる [印刷] mettre en page; [組版] composer.

くみあわせ 組合せ combinaison *f*; association *f*; composition *f*; [配置] disposition *f*; [二つの物の] accouplement *m*; [模様] entrelacement *m*. 色の~ combinaison des couleurs. 試合の~ tirage *m* au sort des rencontres. 言葉の~ association des mots. ¶組み合わせる combiner; associer; disposer; [物事をうまく] arranger; [模様] entrelacer. 二つの言葉を組み合わせる associer deux mots. ~模様 entrelacs *m*.

くみいれる 組み入れる introduire; incorporer; inclure; intégrer; insérer; [併合] annexer. 支出を一般経費に~ inclure une dépense dans les frais généraux.

くみうち 組討ち combat *m* corps à corps. ~する en venir aux prises avec *qn*; combattre (se battre) corps à corps.

くみかえる 組み替える [再編] reformer; reconstituer. カードを~ reclasser des fiches. ¶組替え réorganisation *f*; réformation *f*; reconstitution *f*; [印刷] recomposition *f*.

くみがしら 組頭 chef *m* d'équipe; brigadier *m*.

くみかわす 酌み交す boire ensemble [en échangeant des coupes]. 友と酒を~ partager une bouteille avec un ami.

くみきょく 組曲 suite *f*. ‖オーケストラ~ suite d'orchestre. 器楽~ suite instrumentale.

くみこむ 組み込む ⇨ くみいれる(組み入れる).

くみしく 組み敷く ⇨ くみふせる(組み伏せる).

くみする 与する embrasser le parti de; s'associer à *qn* (pour *qc*); s'allier à *qn*; se ranger du côté de *qn*; adhérer à; se joindre à *qn*. 陰謀に~ se mêler à un complot. ¶彼は与し易い Il ne me fait pas peur.

くみだす 汲み出す évacuer. 水を~ puiser de l'eau à (dans) *qc*. 船の水を~ écoper (vider) un bateau.

くみたて 組立て [re]montage *m*; assemblage *m*; agencement *m*; ajustement *m*; [構成] composition *f*; charpente *f*; construction *f*. 車の~ assemblage d'une automobile. ラジオの~ montage d'un poste de radio. ~のまずい推理小説 roman *m* policier mal construit. ‖~工 mécanicien *m*; ajusteur *m*; [ajusteur(s)-]monteur(s) *m*. 自動車の~工場 usine *f* d'assemblage d'automobiles.

くみたてる 組み立てる monter; assembler; agencer; ajuster; [組み合せる] combiner; composer; [構成する] composer; bâtir. ラジオを~ monter une radio. 劇そうまく~ bien composer une pièce de théâtre. この子は積木を~のが好きだ Cet enfant aime assembler des cubes de bois. ¶しっかり組み立てられた骨組み armature *f* solidement construite.

くみちょう 組長 chef *m* [d'équipe]; maître *m*; [労働者] brigadier *m*.

くみつく 組み付く en venir aux prises avec *qn*; [飛びかかる] se ruer (se précipiter) sur *qn*.

くみとり 汲取り évacuation *f*; [便所] vidange *f*. ~を[を]する évacuer. 便所の~をする vidanger des fosses d'aisances. ‖~車 voiture *f* de vidange. ~人 vidangeur *m*.

くみとる 汲み取る vider; évacuer; [便所] vidanger; [水垢] écoper; vider. 油を~ vidanger l'huile. 意中を~ saisir (comprendre, discerner, interpréter) une intention. 船の水垢を~ écoper l'eau d'un bateau.

くみはん 組版 [印刷] composition *f*.

くみふせる 組み伏せる immobiliser *qn* à terre; renverser *qn* pour l'immobiliser.

くみほす 汲み干す épuiser *qc*; mettre *qc* à sec; tarir *qc*.

くみん 区民 habitant(e) *m(f)* d'un arrondissement.

クミン cumin *m*.

ぐみん 愚民 populace *f*; racaille *f*; 《俗》 populo *m*. ~の populacier(ère).

くむ 汲む puiser. 川から水を~ puiser de l'eau à la rivière. 泉に水を汲みに行く aller chercher de l'eau à la fontaine. ◆[飲む] ~ 酒を~ verser du vin [dans un verre]. ◆[推し測る] ¶意を~ comprendre (interpréter) une intention.

くむ 組む [協力する] collaborer avec; coopérer avec; [対を成す] faire la paire; former (faire) un couple. 腕[脚]を~ se croiser les bras (jambes). 両手を頭の上で~ joindre les mains au-dessus de la tête. 活字を~ composer; assembler des caractères. 為替を~ envoyer un mandat. 徒党を~ former un clan (une coterie). やぐらを~ dresser un échafaudage. 四つに~ en venir aux prises avec *qn*. 彼と私が組もう Lui et moi, nous faisons la paire. 彼と組んでその小説を翻訳した J'ai collaboré avec lui pour traduire ce roman. 今度は彼女と組んで新しい芝居をしてみたい Cette fois j'aimerais jouer une nouvelle pièce avec elle.

くめん 工面 ¶~がつく parvenir à trouver l'argent [nécessaire]. 何とかして~する trouver un moyen. 何とか~致しましょう[お金を] Je tâcherai de trouver l'argent nécessaire.

くも 雲 nuage *m*; nuée *f*. ~が出る Les nuages se forment. ~の多い nuageux(se); couvert de nuages. ~のようなイナゴの大群 nuage de sauterelles. ~をつかむような話

くも idée f fumeuse (obscure, vague). 全く~をつかむような話じゃないか Tu divagues! ~衝くばかりの巨人 géant m; colosse m. ~を霞と逃げ去る décamper (déguerpir, filer) à toutes jambes. ‖ 雨~ nuage de pluie; nimbus m.

くも 蜘蛛 araignée f. ~が巣を張っている L'araignée tisse (ourdit) sa toile. ~の糸 fils mpl d'araignée. ~の巣 toile f d'araignée.

くもがくれ 雲隠れ ¶ ~する disparaître; s'évanouir; s'éclipser; s'effacer; se cacher. 彼はどこに~したのか Où est-il allé se nicher?

くもがたじょうぎ 雲形定規 pistolet m.

くもつ 供物 offrande f.

くもま 雲間 t; trouée f [de nuages]. ~から太陽が現れる Le soleil apparaît par une trouée de nuages. ~を利用して町を爆撃する profiter d'une éclaircie pour bombarder les villes.

くもまく 蜘蛛膜‖~下出血 congestion f cérébrale.

くもゆき 雲行き course f des nuages; [状況] situation f. ~が怪しい Le temps va se gâter; [状況] La situation va se détériorer./La situation prend une mauvaise tournure.

くもり 曇り ¶ 今日は~です Le temps est nuageux (couvert) aujourd'hui. /Il fait [un temps] nuageux aujourd'hui. ~、のちに雨 ciel m nuageux avec pluies locales. ガラスの~ buée f sur la vitre. 彼らの幸福に少しずつ~が生じてきた Leur bonheur a commencé peu à peu à se ternir.

くもる 曇る ¶ 空が~ Le ciel s'assombrit (s'obscurcit, se brouille, se couvre). 顔色が~ Le visage se rembrunit (s'assombrit). 鏡が~ Le miroir se ternit (se rembrunit). 目が~ Les yeux s'embuent. ガラスが湯気で曇っている Les vitres sont embuées. 曇らせる [表面を] ternir; mater; [湯気など] embuer. 曇った [天候] couvert; nuageux(se); nébuleux(se); gris; brouillé; [艶のない] terne; mat; éteint; [さえない] sombre; obscur; [湯気で] embué. 涙で曇った目 yeux mpl embués de larmes.

くもん 苦悶 angoisse f; agonie f; souffrance f. 死~の affres fpl de la mort. ¶ ~する agoniser; se tourmenter; souffrir cruellement. ~の表情 expression f douloureuse (de douleur).

ぐもん 愚問 question f stupide.

くやくしょ 区役所 mairie f [d'un arrondissement].

くやしい 悔(口惜)しい avoir de chagrin; éprouver (avoir) du dépit; avoir le cœur gros; en avoir gros sur le cœur; être dépité (vexé). 負けるのは~ Il est mortifiant (humiliant) d'être battu. あいつに負けて~ C'est vexant d'avoir été battu par lui. ~けどお前が正しいことを認めるよ J'admets, mais à regret, que tu as raison. どうだ~だろう C'est rageant, non? 彼は口惜しくて一言も言えなかった Dépité, il n'a pu proférer un mot.

くやしがる 口惜しがる ¶ ~させる dépiter qn; chagriner qn; mortifier qn. 彼はとても口惜しがっていたね Il était tout dépité.

くやしなき 口惜し泣き ¶ ~をする pleurer de dépit (chagrin, mortification, humiliation). 彼は一人~にその夜を過ごした Il a passé cette nuit-là à verser tout seul des larmes de dépit.

くやしなみだ 口惜し涙 larmes fpl de dépit. ~を流す verser (répandre) des larmes de dépit.

くやしまぎれ 口惜し紛れ ¶ ~に à force de dépit (chagrin); dépité; par dépit. 彼女は~に私に茶碗を投げつけた De rage, elle m'a lancé une tasse à thé.

くやむ 悔やむ regretter; se repentir de; se mordre les doigts. …の死を~ regretter (pleurer) [la mort de] qn. 罪を~ regretter ses péchés. 喋り過ぎたことを~ se repentir d'avoir top parlé. あいつ今に~ことになるぞ Il s'en repentira./Il le regrettera. 私ああそこに居なかったことが悔やまれてならない Je regrette amèrement de n'avoir pas été là. ¶悔やみを言う présenter (offrir, faire) ses condoléances. お悔やみを申し上げます [Toutes] mes condoléances.

くゆらす 燻らす 〔煙草(葉巻)を〕~ fumer à l'aise une cigarette (un cigare).

くよう 供養 office m des morts. ¶死者の霊を~する célébrer un office pour l'âme des défunts.

くよくよ ¶ ~する s'inquiéter; se faire du souci; s'en faire;《俗》se casser la tête; se faire du mauvais sang. ~するな Ne t'en fais pas! ⇨ き(気).

くら 鞍 selle f. ~にまたがる se mettre en selle. 馬に~をつける(馬から~を下ろす) seller (desseller) son cheval. ~具商(人) sellerie f (sellier m). ~擦れのできた馬 cheval(aux) m frayé aux ars.

くら 蔵(倉)〔穀物〕grenier m; †hangar m à récolte; grange f; [秣の] fenil m; †hangar m à fourrage; [倉庫] magasin m; dépôt; entrepôt m. ‖ ~入れ engrangement m; mise f en dépôt; emmagasinement m. ~入れる mettre qc en dépôt; engranger; emmagasiner.

くらい 暗い sombre; noir; obscur; ténébreux(se); [顔など] rembruni; embrumé; [気持ちが] mélancolique; triste. ~色 [色合] couleur f (caractère m) sombre. ~顔 [色] mine f sinistre (lugubre). ~過去 passé m mal vécu (louche). ~歩道 trottoir m mal éclairé. ~気持ちになる avoir des idées noires; devenir mélancolique; avoir le cafard; broyer du noir. 暗くなる s'obscurcir; s'assombrir; se noircir; [顔色が] s'embrumer; se rembrunir. 空が暗くなって来た Il commence à faire sombre./Le ciel se met à s'obscurcir. 暗くする assombrir; obscurcir. 樅の木が部屋を暗くしている Un sapin assombrit la pièce. あかりを暗くする baisser (diminuer) la lumière. ¶暗さ obscurité f; noirceur f. ◆〔不案内である〕数学に~ ne pas s'y connaître (être ignorant) en mathématiques. 世間に~ ne pas connaître le monde. 暗さ〔無知〕ignorance f.

くらい 位 rang *m*; classe *f*; échelon *m*; position *f*; place *f*; poste *m*; [兵隊の] grade *m*; [数の] ordre *m* numérique; [階級] †hiérarchie *f*; [品位] dignité *f*. [帝] 王の〜 trône *m*. 10の位 ordre numérique de 10. ‖〜倒れに occuper un poste élevé mais peu rémunérateur. 〜取り numération *f*. 〜に負ける être indigne de *son* poste; ne pas mériter *son* poste.

-くらい 位 ‖駅まで十分〜かかります Il faut environ dix minutes d'ici à la gare. 彼は父と同じ〜稼ぐ Il gagne autant que son père. この質問は子供にでも答えられる〜やさしい Cette question est si facile que même les enfants peuvent y répondre./Cette question est même à la portée des enfants. 外国で友達がいない〜悲しいことはない Rien n'est plus triste à l'étranger que de pas avoir d'ami. 嘘〜本当らしいものはない Rien n'a l'air plus vrai que le faux. これ〜の金額では足りません Avec cette somme d'argent, ça ne suffit pas. 十杯〜飲む boire à peu près dix verres. 十人〜の子供 une dizaine d'enfants. この教室にはどの〜の生徒がいますか Combien y a-t-il d'élèves dans cette classe? 電話なんかの暇はありますよ J'ai assez de temps pour téléphoner. こんな忠告をしてくれるのは君〜のものだ Il n'y a guère que toi qui me le conseilles. 裏切る〜なら死んだ方が良い Il vaut mieux mourir que trahir.

くらいこむ 喰らい込む [服役する] être fourré en prison. 三年〜《俗》écoper trois ans de prison. ◆[身に負う] †他人の借金を〜 être obligé de payer les dettes des autres.

クライシス crise *f*.

くらいする 位する se classer; être situé. 3位に〜 se classer troisième; occuper la troisième position. 日本の北に〜 être situé dans le nord du Japon.

グライダー planeur *m*. 〜を操縦する piloter un planeur. 〜飛行 vol *m* plané (à voile).

くらいつく 喰らいつく ⇒ くいつく(食い付く).

クライマックス point *m* culminant; apogée *m*; paroxysme *m*. 熱狂は〜に達した La frénésie a atteint son paroxysme.

クライミング escalade *f* artificielle. ‖ ロック〜 varappe *f*. ロック〜をする faire de la varappe; varapper.

クライモグラフ climographe *m*.

グラインダー polissoir *m* automatique.

くらう 喰らう ¶〜を [食べる] bouffer; boulotter; bâfrer; [受ける] encaisser; 《俗》ramasser; écoper. 二年の役役を〜 écoper deux ans de prison. パンチを〜 encaisser des coups.

クラウチングスタート départ *m* accroupi.

クラウン [王冠、虫歯] couronne *f*. 〜をかぶせた歯 dent *f* couronnée./[ピエロ] clown [klun] *m*.

グラウンド terrain *m* [de sport, de jeux]; [観客席付き] stade *m*. ‖ フットボール〜 terrain de football. ホーム〜の利がある avoir l'avantage du terrain.

くらがえ 鞍替 ¶〜する changer de direction (de service). 彼は違う職業に〜した Il s'est orienté vers une nouvelle profession.

くらがり 暗がり coin *m* mal éclairé; obscurité *f*; ombre *f*.

くらく 苦楽 ¶〜を共にする partager les soucis de la vie avec *qn*; vivre sous le même toit. 〜を共にしてきた仲間 camarades *mfpl* qui ont traversé les mêmes expériences. 彼らは〜を共にしてきた Ils ont partagé les joies et les peines.

クラクション avertisseur *m*; klaxon *m*. 朝7時前の〜の使用は禁止されている Avant sept heures du matin, l'usage des avertisseurs est interdit. 〜を鳴らす donner un coup d'avertisseur; klaxonner; avertir avec le klaxon.

くらくら ¶〜する [目眩] avoir le vertige. 私は頭が〜する La tête me tourne. 〜と倒れる s'affaisser; défaillir; s'effondrer; 《俗》tomber dans les pommes.

ぐらぐら ¶湯が〜沸いている L'eau bout. 地震で立像が〜揺れた Le tremblement de terre a fait vaciller la statue. ⇒ぐらつく.

くらげ 水母(海月) méduse *f*.

くらし 暮し vie *f*; existence *f*. 楽な〜 vie aisée. 〜が苦しい gagner à peine *sa* vie. 〜に困る mener une vie difficile. 豪勢な〜をする mener grand train; vivre dans le luxe. 安楽な〜をする prendre *ses* aises; jouir du confort; 《俗》se goberger. 〜を立てる gagner *sa* vie. 教師として〜を立てる vivre comme professeur. ‖ アパート〜をしている loger dans un appartement. その日〜をする vivre au jour le jour. 貧乏〜をする subsister difficilement; tirer le diable par la queue. 〜振り train *m* de vie. 〜向き vie économique.

グラジオラス glaïeul *m* [de Gand].

くらした 鞍下 [肉] faux-filet *m*.

クラシック ¶〜音楽 musique *f* classique.

くらす 暮す vivre; subsister; exister. ...と仲良く〜 vivre en bonne intelligence avec *qn*. 呑気に〜 se laisser vivre; mener une vie sans souci. パリで〜 vivre à Paris. 平和に〜 vivre en paix. 年金で〜 vivre de *ses* rentes. 幸福に〜 vivre heureux(se) (en paix). ¶〜易い町 ville *f* où il fait bon vivre. ここは〜易い Ici, la vie est facile.

クラス classe *f*. フランス語の〜 classe de français; [授業] leçon *f* (cours *m*) de français. ‖ ファースト〜 première classe. 〜会 réunion *f* de classe. 〜メイト camarade *mf* de classe.

グラス verre *m*. ‖ クリスタル〜 coupe *f* de cristal. 〜ファイバー繊維 fibre *f* de verre. 〜[ファイバー]スキー ski *m* en fibre de verre.

グラス [芝生] gazon *m*; pelouse *f* ‖ 〜コート [court *m* en] gazon *m*. 〜スキー ski *m* sur gazon.

クラスター ¶〜爆弾 bombe *f* à fragmentation.

クラスト [雪の状態] croûte *f*.

グラタン gratin *m*. 〜にする gratiner. ‖ オニオン〜スープ gratinée *f*. チーズ〜 gratin au fromage. マカロニ〜 macaroni *m* au gratin.

クラッカー biscuit *m* au fromage; [爆竹]

ぐらつく pétard *m*. ～を鳴らす faire craquer des pétards.

ぐらつく chanceler; flageoler; tituber. ¶足許が～ vaciller sur *ses* jambes. ¶決心がぐらついている Sa position est menacée. この制度は基盤からぐらついている Ce système est miné par la base. 椅子(歯)がぐらついている La chaise (Une dent) branle. ぐらつかせる ébranler; secouer; [制度などを] miner.

クラッシュ [胴体着陸] crash *m*; [衝突] percussion *f*. ¶飛行機が地面に激突して～した Un avion s'est écrasé au sol.

クラッチ embrayage *m*. ～を入れる(を外す) embrayer (débrayer).

グラニューとう ―糖 sucre *m* granulé.

グラビア photogravure *f*; similigravure *f*; gravure *f*. ¶～ページ page *f* de photo (d'illustration).

クラブ club *m*. ‖スポーツ～ club sportif. ナイト～ club de nuit. ～活動 activité *f* récréative d'étudiants. ◆[トランプの] trèfle *m*. ～を出す(で切る) [トランプで] jouer (couper à) trèfle. ◆ゴルフの] crosse *f* de golf.

グラフ graphique *m*; diagramme *m*; [雑誌] illustré *m*. ～で示す représenter graphique. 統計を～にする mettre en graphique une statistique. ¶～による graphique. ‖帯～ graphique en colonnes. 折れ線～ courbe *f*. ～用紙 papier *m* quadrillé.

グラフィック ‖～デザイナー dessinateur(trice) *m*(*f*) industriel(le); graphiste *mf*. ～デザイン dessin *m* industriel.

グラフィティ graffiti *mpl*.

クラブサン [楽] clavecin *m*.

くらべる 比(較)べる faire la comparaison; comparer *qc* à; mettre *qc* en parallèle avec. ⇨ひかく(比較). ¶～物のないほどの[おいしい] 味 goût *m* sans égal (pareil). この小説は前作に比べて平凡だ Ce roman est médiocre auprès du précédent. 去年に比べて悪天候だった Nous avons eu du mauvais temps en comparaison de l'année dernière.

グラマー ¶彼女は～だ Elle a une belle poitrine./Elle est appétissante.

くらます 晦ます ¶姿を～ se nicher; s'enfuir; s'évanouir; disparaître; 《俗》 s'évaporer. 人の目を～ se dérober aux regards. 先生の目を～ échapper à l'œil du maitre. 俺の目を～ことは出来ないぞ Tu ne m'auras pas!/Je ne suis pas né d'hier. あいつはどこに姿を晦ましたんだ Où s'est-il donc caché?

くらむ 眩む ¶目が～ être ébloui [par une lumière trop vive]; avoir des éblouissements; [目眩がする] avoir (éprouver) un vertige (un étourdissement); [錯覚する] avoir la berlue. 金に目が～ être aveuglé par l'argent. 高い所では目が～ Une grande altitude donne le vertige. 目が～程高い所 hauteur *f* vertigineuse.

グラム gramme *m*. 300～ trois cents grammes.

くらもと 蔵元 château(x) *m* de saké.

くらやみ 暗闇 obscurité *f*; ténèbres *fpl*; ombre *f*; noir *m*. ～の中で dans le noir. ～に慣れる s'accoutumer à l'obscurité.

クラリネット clarinette *f*. ‖～奏者 clarinettiste *mf*; clarinette.

くらわす 喰らわす filer; envoyer. 拳固を～ asséner (balancer) un coup de poing. 平手打ちを～ envoyer une gifle. 私は彼に平手打ちを喰らわした Je lui ai flanqué une gifle.

クラン [一族] clan *m*.

クランク manivelle *f*. ウインチの～ manivelle d'un treuil. ～を回す tourner la manivelle. ‖～軸 [arbre *m* à] vilebrequin *m*.

クランクアップ ¶[映画] ～する faire le dernier tour de manivelle.

クランクイン ¶[映画] ～する faire le premier tour de manivelle.

グランドスラム 《スポ》 grand chelem [ʃlɛm] *m*. ¶～で勝つ faire le grand chelem.

グランプリ Grand Prix *m*. ～を貰う(さらう) recevoir (remporter) le Grand Prix.

くり 栗 marron *m*; châtaigne *f*. ～の木 châtaignier *m*. 火中の～を拾う tirer les marrons du feu. ‖～色 [couleur *f* d'un] marron *m*; couleur d'une châtaigne; châtain *m*. ～色の marron *inv*; châtain *inv*. ～の目 yeux *mpl* marron. 明るい～色の髪 cheveux *mpl* d'un châtain clair.

クリアー ～する [走高跳] franchir; [サッカー] dégager. 条件を～する satisfaire aux conditions. ～な [明確な] clair(e).

くりあげる 繰り上げる ¶帰国の期日を～ avancer la date de *son* retour. 出発を～ hâter *son* départ. 次点者を～ [選挙で] repêcher le meilleur des battus; [試験で] repêcher les meilleurs des recalés.

クリアランスセール soldes *mpl*; coup *m* de balai.

くりあわせる 繰り合せる ¶繰り合せて出席する s'arranger pour se présenter. ‖万障お繰合せの上御出席の程お願い申し上げます Veuillez participer à tout prix à notre réunion.

グリー chant *m* choral à plusieurs voix. ‖～クラブ chorale *f*.

クリーク chenal(aux) *m*.

グリース graisse *f*. ～を塗る graisser.

グリーティング salutations *fpl*; salut *m*. ‖～カードを送る envoyer une carte de vœux.

クリーナー [染み抜き剤] détachant *m*; détergent *m*; [掃除機] nettoyeur *m*.

クリーニング blanchissage *m*; nettoyage *m*. 下着を～に出す envoyer du linge au blanchissage. ‖ドライ～ nettoyage à sec. ～屋 [人] blanchisseur(se) *m*(*f*); [店] blanchisserie *f*. ～屋にシーツを取りに行く aller reprendre *ses* draps chez le blanchisseur.

クリーム crème *f*; [化粧品] crème [de beauté]. ～を分離する écrémer. 靴～ crème pour les chaussures. クレンジング[泡立ち]～ crème démaquillante (fouettée). 生～ crème fraîche. 美顔～ crème *f* de beauté. ひげそり～ crème à raser. 日焼け止

~ crème solaire. ファンデーション~ crème fond de teint. ~色の服 robe f crème. ~コーヒー café m crème. ~サンデー crème fouettée glacée. ~分離器 écrémeuse f.

くりいれる 繰り入れる imputer qc sur; porter qc sur. 負債を前月分の勘定に~ imputer une dette sur l'exercice du mois précédent. 経費を市の予算に~ affecter les frais au budget de la ville. 支出を一般会計に~ inclure une dépense dans le compte général. ¶繰入れ imputation f.

くりいろ 栗色 ⇨ くり(栗).

グリーン [色彩] vert m; [ゴルフ] green [grin] m. ¶~の vert(e).
【エメラルド(オリーブ)~ vert m émeraude (olive). ~で車で旅行する voyager en première. ~党 les Verts. ~ピース [環境保護団体] Green Peace [griːnpiːs] m. ~ベルト ceinture (zone) f verte.

クリーンエネルギー énergie f propre.

グリーンピース petits pois mpl.

クリーンヒット beau coup m; [快挙] exploit m.

グリーンランド le Groenland m.

クリエイター créateur(trice) m(f).

クリエーター ¶ créateur(trice) m(f).

クリエーティブ ¶~な créati(ve); original (aux).

クリエート ¶~する créer.

くりかえす 繰り返す répéter. 耳にたこができる位~ rebattre les oreilles à qn. オーム返しに~ répéter comme un perroquet; se faire l'écho de qn. 先人の過ちを繰り返してはならない Il ne faut pas refaire les fautes des prédécesseurs. 歴史は~ L'histoire se répète. こんなことは繰り返さないようにしよう Souhaitons que cela ne se répète pas. 私の言った通り繰り返しなさい Répétez après moi./Répétez ce que je vais vous dire. 二度繰り返して à deux reprises. 繰り返して se répéter; se renouveler. 絶えず繰り返される議論 discussions fpl sans cesse renaissantes (rebattues). ¶繰返し répétition f; réitération f. つまらない日常生活の繰り返し train-train m de la vie quotidienne.

くりがた 刳形 moulure f. ~をつける moulurer. ‖~模様の円柱 colonne f à torsades.

くりくり ¶~した目 yeux mpl éveillés. ~髪を刈る couper les cheveux à ras. ‖~坊主頭 f tondue; tondu(e) m(f).

ぐりぐり écrouelles fpl; [よこね] bubon m; [手足のたこ] durillon m; [体内] tubercule m.

くりげ 栗毛 [馬] alezan m. ¶~の alezan; châtain.

クリケット cricket m.

グリコーゲン glycogène m.

くりこし 繰越し report m; reversement m. ¶~金 report à nouveau.

くりこす 繰り越す reverser; reporter. 残高を次の予算に~ reverser un excédent sur le budget suivant.

くりごと 繰言 rabâchage m; plainte f; [老いの] radotage m. ~を言う rabâcher; radoter; dévider; se plaindre.

くりこむ 繰り込む [どっと~] entrer (venir) en masse. 続々と~ 諸団体 groupes mpl qui viennent successivement.

くりさげる 繰り下げる [日時] remettre; reporter; ajourner; retarder; renvoyer. 選挙の期日を~ ajourner les élections. 議題を~ remettre la délibération.

クリスタル cristal(aux) m. ‖~ガラス cristal. ~製品 cristaux mpl.

クリスチアナ christiania m.

クリスチャン chrétien(ne) m(f). ‖~ネーム nom m de baptême.

クリスマス Noël m; la [fête de] Noël. 今年の~ le Noël de cette année. ~に à [la] Noël. ~を祝う fêter Noël. ‖メリー~ Joyeux Noël. ~イブ la veille (nuit) de Noël. ~カード carte f de Noël. ~キャロル noël m. ~ツリー arbre m de Noël. ~プレゼント cadeau(x) m de Noël; [petit] noël.

グリズリー [北米の灰色熊] grizzli (grizzly) m; ours m gris.

グリセリン glycérine f.

くりだす 繰り出す [町へ~ se rendre en groupe en ville. 糸を~ dérouler du fil (une bobine de fil). 応援を~ envoyer des renforts. 槍を~ avancer une lance.

クリック ¶ここを~ [ネットワーク上で] Cliquez ici.

グリッド [電気] grille f.

クリッパー [帆船] clipper [klipœr] m.

クリップ trombone m; agrafe f [de bureau]. ~で留める fixer qc avec une agrafe. ¶~を付けた女 femme f en bigoudis. ‖カール~ bigoudi m.

クリニック clinique f.

くりぬく 刳り貫く évider; [穴をあける] trouer; creuser. 木を~ évider une pièce de bois. 目を~ arracher un œil. ‖刳貫き作業 évidage m.

くりのべる 繰り延べる différer; ajourner; remettre; reporter; renvoyer; retarder. 支払いを~ différer un payement.

くりひろげる 繰り広げる dérouler; étaler; développer; déployer. 絵巻物を~ dérouler un rouleau illustré. ~ donner un spectacle somptueux. 意外な場面が次々に繰広げられた Des scènes inattendues se sont déroulées coup sur coup.

クリプトン krypton m.

グリュイエール [チーズ] gruyère m.

くりょ 苦慮 ¶~する se creuser [la tête, la cervelle]; peiner. 長い間~した末~ 解決策を見出した Après m'être longtemps creusé, j'ai enfin trouvé une solution.

グリル grill-room m.

クリンチ clinch m; corps-à-corps m inv; accrochage m.

くる 繰る ¶ 糸を~ bobiner du fil; dévider et enrouler du fil. 数珠を~ égrener un chapelet. 日数を~ compter les jours. ページを~ tourner les pages.

くる 来る venir; se rendre; venir; [着く] arriver; 《俗》 rappliquer. ほら彼が~ Le voilà qui vient (arrive). 彼はもう一頃だ Il ne va pas tarder à venir. ボルドーから~汽車 train m en provenance de Bordeaux.

ぐる ¶あいつも〜だ Il en est. 〜になる se faire complice de; s'entendre avec; se lier avec; s'acoquiner avec.

くるい 狂い [機械] dérèglement m; dérangement m; détraquement m; [ずれ] déviation f; gauchissement m; écart m. 〜がくる [「などに」 jouer; [機械に] se dérégler; se déranger; se détraquer; [ずれる] dévier; gauchir; s'écarter; [反る(曲る)] se voiler. 僕の目に〜はない Je vois juste. ¶〜女〜[人] coureur m [de femmes]; trousseur m de jupons; débauché m. 〜咲き floraison f à contre-saison. 〜死 mort f de folie. 〜死ぬ mourir de folie.

くるう 狂う [気が] perdre sa raison; devenir fou (folle); s'affoler; perdre la tête; [機械、調子が] se dérégler; se détraquer; se déranger; [定ље, 羽目板が] gauchir; [夢中になる] se passionner pour; s'engouer de; s'enticher de; s'emballer pour; se toquer de. 頭の調子が〜 se désaxé. 予想が〜 se tromper dans ses prévisions. 女に〜 courir les femmes (le jupon). この戸は狂っている Cette porte a trop de jeu. 気が狂っている avoir le cerveau détraqué. このひどい暑さで腹(時計)の調子が狂ってしまった Cette chaleur accablante m'a détraqué l'estomac (a détraqué ma montre). ¶狂った fou (folle); [取り乱した] déséquilibré; désaxé; [機械、調子が] dérangé; déréglé; gauchi; désorganisé. 狂ったように affolé; frénétique; endiablé. 狂ったように follement; frénétiquement; éperdument.

クルー équipe f; [乗組員] équipage m; [個人] homme m d'équipage.

クルーザー [巡洋艦] croiseur m; [ヨット] yacht m de croisière.

クルージング croisière f.

グルービー groupie [grupi] f.

グループ groupe m; bande f; [社交, 文人] coterie f; cénacle m; cercle m; [軍] escadron m; détachement m; [競技中の選手の] peloton m. 〜で働く travailler en groupe. 〜に分ける diviser en groupes. 〜を作る se grouper. 先頭グループを走っている courir dans le peloton de tête. ‖〜サウンズ groupe pop.

グルーミング pansement m. ¶〜する panser.

くるくる ¶〜回る tournoyer; tourner sur soi-même (en rond). こまのように〜回る tourner comme une toupie. 彼の意見は〜変る Il change d'idée comme de chemise.

ぐるぐる ¶〜腕を回す faire des moulinets avec le bras.

グルコース glucose m.

くるしい 苦しい difficile; pénible; dur; fatigant; tuant; [肉体的] douloureux(se). 〜立場 situation f difficile. 〜申し訳 mauvaise excuse f. 〜経験を積む en voir de dures. 〜時期を切り抜ける arriver au bout du tunnel. 〜中から en dépit des difficultés financières. 生活を〜 gagner péniblement sa vie. 息(胸)が〜 respirer avec peine. 〜仕事 travail m pénible. ¶彼は苦しそうな顔をしていた Il avait le visage tourmenté.

くるしまぎれ 苦し紛れ ¶〜に答える répondre à tout hasard.

くるしみ 苦しみ douleur f; peine f; souffrance f. 〜を除く soulager (calmer) une douleur. 彼は死の〜を味わった Il a fait l'expérience d'une souffrance atroce. 生みの〜 douleurs f de l'enfantement.

くるしむ 苦しむ souffrir de; avoir de la peine; gémir; pâtir de; être à la torture (tourmenté, affligé); [苦労する] peiner à inf; prendre de la peine; suer; avoir (se donner) du mal. 胃痛で〜 souffrir de l'estomac. 重税に〜 être grevé d'impôts. 騒音に〜 souffrir du bruit. 無理解に〜 souffrir d'incompréhension. あなたの言うことは理解に〜 J'ai du mal à vous comprendre. 彼らは喉の渇きに苦しんだ Ils ont été tenaillés par la soif.

くるしめる 苦しめる faire souffrir; affliger; accabler; donner de la peine; peiner; tourmenter; [主語・物] tenailler; [拷問する] supplicier; mettre qn à la torture; torturer; [うるさがらせる] †harceler; importuner; 【俗】faire suer qn. その噂に私はひどく苦しめられた Cette rumeur m'a beaucoup peiné (tourmenté).

グルタミン ‖〜酸 acide m glutamique.

グルテン gluten m.

クルトン croûton m.

くるびょう 佝僂病 rachitisme m; nouure f. ¶〜の rachitique. ‖〜患者 rachitique mf.

くるぶし 踝 cheville f; 【解】malléole f.

くるま 車 voiture f; [乗物一般] véhicule m; [自動車] auto[mobile] f; [タクシー] taxi m; [クーペ] coupé m; [リムジン] berline f; [車輪] roue f. 〜で行く aller en voiture. 〜を拾う prendre un taxi. 〜を呼ぶ †héler un taxi. 手押し〜 voiture à bras. 荷〜 char m; charrette f; carriole f. 〜椅子 fauteuil m roulant. 井戸 puits m à poulie. 〜座に座る s'asseoir en rond. 〜仕掛け rouages mpl. 〜代 honoraires mpl; [鉄道の] 〜止め butoir m. 〜寄せ porche m.

くるまえび 車海老 grosse crevette f.

くるまる 包まる s'envelopper; s'enrouler. コートに〜 s'emmitoufler dans un manteau.

くるみ 胡桃 noix f. 〜の殻(酒) coquille f

-ぐるみ (brou m) de noix. ～の木 noyer m. ‖～科 juglandacées fpl. ～割り casse-noix m inv; casse-noisettes m inv.

-ぐるみ ¶家族～ toute la famille. 家を土地～買い戻す racheter la maison, le terrain compris. 町の～の歓迎 accueil m de la ville entière.

くるむ envelopper; rouler; enrouler; [暖かく] emmitoufler; [包みにする] emballer; empaqueter. 赤ん坊を産着に～ envelopper son bébé dans les langes. 新聞紙で卵を～ emballer des œufs avec un journal.

グルメ gourmet m. 彼は大変な～だ C'est un fin gourmet.

くるめる [含む] comprendre. 言い～ en faire accroire à qn./embobiner; embellificoter; entortiller; circonvenir. ¶みんなくるめて tout compris.

くるり ¶～と回る faire une pirouette; faire un tour; faire volte-face. ～と後を向く tourner brusquement le dos.

ぐるり ¶家の～ enceinte f de la maison. 町を～と取囲む entourer (encercler, cerner) entièrement une ville. 町の～と見渡せる丘 colline f d'où on peut dominer (commander) toute la ville.

くるわ 廓 quartier m de plaisir.

くるわす 狂わす affoler; faire perdre la tête à qn. 頭を～ tourner la tête à qn. 考えを～ brouiller les idées. 計画を～ déranger (désorganiser) un plan. 時計を～ dérégler une montre.

くれ 暮 fin f de l'année. ⇨ ゆうぐれ(夕暮).

クレー ‖～コート [テニス] court m en terre battue. ～射撃 tir m aux pigeons.

グレー gris m. ¶～の gris.

クレーター [月面の] cratère m.

グレード grade m. ～をアップさせる faire monter (avancer) qc en grade; améliorer la qualité de qc. ‖～アップ amélioration f.

グレートデーン danois m.

グレーハウンド lévrier m; levrette f; [雌] levrette mâle; [雌] levrette [femelle].

クレープ [織物] crêpe m; [菓子] crêpe f. ‖～デシン crêpe de Chine.

グレープ raisin m. ⇨ ぶどう(葡萄).

グレープフルーツ pamplemousse m; grape [-] fruit m; poméло m. ～の木 pamplemoussier m.

クレーム plainte f. ～をつける porter plainte; déposer une plainte contre qn.

クレーン grue f. ‖ [映画撮影の] 移動～ grue de prise de vues. 浮き～ grue f flottante. ～操作員 grutier m.

クレオール Créole mf. ‖～語 créole m.

クレオソート créosote f. 木材が腐敗しないように～を注入する créosoter (injecter de la créosote dans) le bois pour le conserver.

クレオル créole mf. ‖～語 langue f créole; créole m.

くれがた 暮れ方 crépuscule m. ～に à la tombée du jour; au crépuscule; entre chien et loup.

くれぐれも ¶～...によろしく Veuillez me rappeler au bon souvenir de qn. ～娘のことをよ

ろしく Je vous confie ma fille. ～お気をつけ下さい Soyez très prudent!

グレゴリオ ‖～聖歌 chant m grégorien.

グレコローマン ‖～型 [レスリング] lutte f gréco-romaine.

クレジット crédit m. ～で売る vendre à crédit. ‖～カード carte f de crédit.

クレゾール crésol m.

クレソン cresson m.

ぐれつ 愚劣 ¶～な bête; stupide; idiot; imbécile. ～な質問 question f balourde.

くれない 紅 écarlate f; cramoisi m; rouge m éclatant. ¶～の écarlate; cramoisi.

クレバス [氷河の] crevasse f.

クレマチス [植] clématite f.

クレムリン Kremlin m.

クレヨン crayon m de couleur; crayon pastel. ‖～箱 boîte f de crayons de couleur.

くれる 呉れる [娘を妻として] くれてやる accorder à qn la main de sa fille. 彼は私には目もくれない Il ne me prend pas en considération. それを僕に～ Passe (Donne)-le-moi. ◆ [...して] ¶兄が私にこれを買ってくれた Mon frère me l'a acheté. 彼は我々に町を案内してくれた Il s'est donné la peine de nous faire visiter la ville.

くれる 暮れる ¶年が～ L'année s'achève. 日が～ Le jour tombe./La nuit tombe./Il fait nuit. ◆ [見通しが立たない] ¶思案に～ se perdre dans ses réflexions. 途方に～ ne savoir que faire; [金がなくて] être réduit à quia. ◆ [時を過ごす] ¶涙に～ s'abreuver de larmes; vivre dans les larmes.

ぐれる se dévoyer; se fourvoyer. ¶ぐれた若者 jeune dévoyé(e) m(f).

ぐれん 紅蓮 ¶家はまさに～の炎に包まれていた La maison n'était plus qu'un brasier.

クレンザー abrasif m; poudre f à récurer.

クレンジングクリーム [lait m] démaquillant m; crème f démaquillante.

ぐれんたい 愚連隊 blousons-noirs mpl; [俗] loubards mpl; rockers mpl.

くろ 黒 noir m. 黒黒とした tout(e) noir(e); d'ébène. ¶ [有罪] 彼は～だ Il est coupable.

くろい 黒い noir; [顔色が] basané; noirci; noirci; bruni; bronzé; ♰hâlé. ～皮膚 peau f foncée. ～服を着た夫人 dame f en noir. ～霧 [事件] ténébreuse affaire f. 黒っぽい noirâtre; foncé; sombre. 黒ずんだ皮 [手垢などで] cuir m culotté. 黒く焼ける(なる) noircir; [se] bronzer; [se] brunir. 黒さ noirceur f.

クロイツフェルトヤコブびょう -病 maladie f de Creutzfeldt-Jacob.

くろう 苦労 [骨折] peine f; effort m; fatigue f; travail(aux) m; labeur m; [気苦労] souci m; inquiétude f; tracas m; [面倒] ennui m; embarras m; difficulté f. 金の～ ennuis (difficultés) d'argent. 君の～は必ず報われる Tu seras sûrement récompensé de tes efforts. ようやく僕の～も実った A la fin, mes efforts ont porté leurs fruits. ～にやつれる se tuer de fatigue. ～をいとわない prendre de la peine. ～をかける affliger qn; rendre la vie dure à qn; faire souffrir qn. ～を共にする partager la peine (les ennuis) de qn. 御～さま Je vous remercie de la peine que vous avez prise./Je vous en remercie./Merci beaucoup. ¶～する peiner; se fatiguer à inf; se donner de la peine (du mal) pour; [心配する] se faire du souci de (de l'inquiétude); se casser la tête. ～している avoir des ennuis. 生活に～する mener une vie dure. ～して子供を育てる peiner pour élever ses enfants. 彼はぜいぶん～して私に適当なホテルを見つけてくれた Il s'est mis en peine pour me trouver un hôtel convenable. ¶～の多い pénible; difficile; fatigant; tracassant; plein de difficultés. ～のない easy; facile; sans souci. ～のない生活をする vivre sans souci; avoir une vie facile. ～にやられた rongé (ravagé) de soucis. ¶それは取り越し～だ C'est bien la peine de t'en faire! ～性 hypocondriaque mf. ～人 personne f qui en a vu.

ぐろう 愚弄 moquerie f; raillerie f; persiflage m; quolibet m; brocard m. ～の的になる être l'objet des lazzis. ¶～する se moquer de qn; tourner qn en ridicule; bafouer qn; ridiculiser; rire de; 《俗》 se payer la tête de qn. 人を～するはいつう fleur (se); moqueur (se); railleur (se); gouailleur(se).

くろうと 玄人 professionnel (le) m (f); homme m de métier; [専門家] connaisseur (se) m(f); expert(e) m(f); [商売女] professionnelle (f). 彼はそのことにかけては～だ En cette matière, c'est un connaisseur (un expert). ¶～ぶる prendre un air connaisseur (entendu). ‖～筋では selon l'opinion des experts; au dire des experts.

クローク vestiaire m. ‖～係 homme m (dame f) du vestiaire.

クロース [テーブルの] nappe f; [厚布] tapis m. ‖～装の relié en toile. ～装丁 reliure f anglaise (en toile).

クローズアップ gros plan m. 顔の～ gros plan de visage. ¶～される être pris en gros plan; attirer l'attention. ～されてきた Ces derniers temps, ce sujet a été brusquement monté en épingle.

クローゼット placard m; penderie f.

クローネ [貨幣単位] couronne f.

クローバ trèfle m; luzerne f. 四つ葉の～ trèfle à quatre feuilles. ‖～畑 champ m de luzerne; luzernière f.

グローバリズム mondialisme m.

グローバリゼーション globalisation f; mondialisation f.

グローバル ¶～な global(ale).

クローブ [clou de] girofle m.

グローブ [ボクシング] gant m [de boxe]; [野球] gant de baseball. ～をはめる se ganter. ‖～ボックス boite f à gants/coffre à gants m.

クロール crawl m. ～で泳ぐ nager le crawl.

くろこげ 黒焦げ calcination f. ¶～の死体がるいるいとしていた Il y avait une jonchée de cadavres calcinés. ～にする calciner; carboniser. 焼肉の～になった Le rôti est calciné (carbonisé).

クロコダイル crocodile m.

くろざとう 黒砂糖 sucre m brut (non raffiné).

くろじ 黒字 excédent m; bénéfice m; [儲け] gain m. ¶～の excédentaire. 差引～です La balance des comptes se solde par un excédent.

くろしお 黒潮 Kouro-Sivo m; courant m chaud.

くろしょうぞく 黒装束 habillement m tout noir. ¶～の(で) vêtu (habillé) de noir. ～の男 homme m tout en noir.

クロス ¶～する se croiser. ‖～カウンター cross m [en contre]. ～カントリー cross[-country] m. ～カントリースキー ski m de fond. ～ゲーム partie f serrée. ～ワード mots mpl croisés.

グロス gloss m./[12 ダース] grosse f.

クロスコンパイラー [情報] compilateur m croisé.

くろずむ 黒ずむ se foncer; se noircir; se rembrunir. ¶黒ずんだ noirâtre; foncé; noirci; [焦げに焼けた] basané.

クロゼット armoire-penderie f; [cabinet m de] toilette f.

くろだい 黒鯛 daurade (dorade) f noire.

くろちく 黒竹 bambou m noir.

クロッカス crocus m.

クロッキー croquis m.

グロッキー ¶～の groggy; sonné. 仕事に追われてこのところ～だよ Une avalanche de travail m'a mis sur le flanc ces jours-ci. ～になったボクサー boxeur m sonné.

グロッサリー glossaire m; terminologie f; lexique m.

くろっぽい 黒っぽい ⇨ くろい(黒い).

グロテスク ¶～な grotesque. ～に grotesquement.

くろてん 黒貂 [martre f] zibeline f. ～のコート manteau(x) m de zibeline.

クロニクル chronique f.

くろぬり 黒塗り ¶～の verni (laqué) en noir; peint en noir. ～の車 voiture f noire.

クロノメーター chrono[mètre] m. ‖～係 chronométreur m. ～測定 chronométrage m. ～測定をする chronométrer.

くろパン 黒– pain m bis (noir); pain de seigle.

くろビール 黒– bière f brune.

くろびかり 黒光り ¶～している être d'un noir luisant; être noir reluisant.

くろほ 黒穂 ‖～病 nielle f; charbon m; brûlure f. ～病にかかる se nieller.

くろぼし 黒星 le plus récent; erreur f; faute f; défaite f. また警察の～だ La police s'est encore trompée. ◆[射撃の的] mouche f. ～を射つ faire mouche.

くろまく 黒幕 [陰の人] éminence f grise. 彼が～である C'est lui qui est dans les coulisses.

クロマニヨン ‖～人 homme m de Cro-Magnon.

くろみ 黒味 ¶～がかった noirâtre; [noir]

クロム 黒み ⇨ くろい(黒い).
クロム chrome m. ¶～鋼 acier m chromé. ～メッキする chromer. ～メッキした chromé.
くろめ 黒目 prunelle f; pupille f; iris m noir. ¶～がちの目 yeux mpl à la prunelle noire.
くろやま 黒山 ¶～の人だかり une foule de badauds. 交通事故現場は～の人だかりで Des badauds se sont massés sur les lieux de l'accident.
クロレラ chlorelle f.
クロロフィル chlorophylle f.
クロロホルム chloroforme m. ～をかがせる chloroformer qn. ¶～の chloroformique. ‖～水 eau f chloroformée.
クロロマイセチン chloromycétine f.
くろわく 黒枠 [写真] cadre m noir. 写真を～に入れる mettre une photographie dans un cadre noir. ¶～の bordé de noir. ‖～の faire-part m inv de décès; [新聞] annonce f mortuaire.
クロワッサン croissant m. 朝食にコーヒーを～をとり prendre un café et un croissant au petit déjeuner.
ぐろん 愚論 argument m (raisonnement m) absurde (stupide); raisonnement de femme soûle; fadaise f; baliverne f. ～を吐く dire des balivernes.
くわ 桑 [木] mûrier m; [実] mûre f. ¶～酒 vin m de mûres. ～畑 champ m de mûriers.
くわ 鍬 pioche f; †houe f. ¶～で耕す piocher [la terre]; retourner [la terre] avec une houe.
くわい 慈姑 sagittaire f; sagette f; flèche f d'eau.
くわえる 加える [加算する] additionner; ajouter à; joindre à; adjoindre; [混ぜる] mêler; mélanger; allier; [科する] infliger; donner; [加入させる] associer; faire entrer (participer) à (dans); enrôler; embrigader; enrégimenter. ブイヨンに葡萄酒を数滴～ ajouter quelques gouttes de vin au bouillon. 葡萄酒に水を～ additionner d'eau le vin; couper [d'eau] le vin. 刑罰を～ infliger une punition. 作品に手を～ remanier un ouvrage. 打撃を～ donner (porter) un coup à; frapper qn. 速度を～ prendre de la vitesse; accélérer qc. 年齢を～ prendre de l'âge. 我々は彼を仲間に加えた Nous l'avons admis dans nos rangs. この仕事に彼を加えよう Nous allons le mêler à cette affaire.
くわえる 銜える saisir (prendre, attraper, tenir, avoir) qc par la bouche; [ぱくりと] happer. 指に～ avoir un doigt dans la bouche. タバコを～えて話す parler, une cigarette à la bouche. それで君は指をくわえて見ていたのか Alors, tu es resté planté là à ne rien faire?
くわがたむし 鍬形虫 lucane m; cerf-volant m.
くわけ 区分け [郵便物の] routage m. ¶～する [新聞や郵便物を] router [des imprimés]. ⇨ くぶん(区分).
くわしい 詳しい [詳細な] détaillé; minutieux (se); circonstancié; [精通した] connaisseur (se); érudit; expert. ～検査 examen m minutieux. ～事情 détail m. ～事情 circonstances fpl détaillées. ～人 [碩学の] érudit m(f); [専門家] expert(e) m(f); professionnel(le) m(f); homme m de métier; [鑑定家] connaisseur(se) m(f). 料理に～ bien connaître l'art culinaire; être fort en cuisine. 事情に～ être au courant de la circonstance. 音楽理論に～ être versé (féru) en musicologie. ¶詳しく en détail; amplement; minutieusement. もっと詳しく説明して下さい Pourriez-vous nous donner de plus amples explications?
くわずぎらい 食わず嫌い ¶彼は女に関しては～だ Il déteste les femmes sans les connaître. 彼は何でも～だ Il prend tout en aversion sans motif raisonnable.
くわせもの 食わせ物 [事物] faux [brillant] m; imitation f; imposture f; tromperie f; [人] imposteur(se) m(f); trompeur(se) m(f); charlatan m; fourbe mf. あいつは全くの～だ C'est un parfait imposteur. ～を掴ませる faire acheter une imitation.
くわせる 食わせる ～くう(食う). ¶家族を～ nourrir sa famille. 美味い物を～店 bon restaurant m; restaurant où l'on mange bien. あの店はなかなかうまい物を～よ On ne mange pas mal du tout dans ce troquet. ◆[比喩的に] に～ tromper qn; avoir qn; y prendre qn. 一杯くわされた J'ai été joué. けんかを～ flanquer qn.
くわだて 企て [意図] dessein m; intention f; [計画] projet m; plan m; programme m; [不正な] manœuvre f; [事業] entreprise f; opération f; œuvre f; affaire f. ¶～を former le dessein de qc; faire (former) un projet. 暗殺を～ attenter à la vie de qn. 陰謀を～ tramer un complot. 自殺を～ attenter à ses jours; tenter de se suicider. 危険な登山を～ projeter (entreprendre) une ascension périlleuse.
グワッシュ gouache f. ¶～で描く peindre à la gouache. ‖～画 gouache.
くわばら 桑原 ¶～～ Dieu m'en garde!
くわわる 加わる [加入する] adhérer à; s'inscrire à; s'allier; s'associer à; se joindre à; [参画する] participer à; s'engager dans; en être; [増す, 付加される] s'ajouter; s'accroître; augmenter. ～党に～ adhérer à un parti. 陰謀に～ tremper dans un complot. 給料には諸手当が～ Au salaire, s'ajoutent diverses primes. 車に速度が加わった La voiture a pris de la vitesse. あなたは数に加わっているが, 彼は違う Vous êtes du nombre, mais pas lui.
くん 勲 ¶～一等章 médaille f de premier ordre. ～一(二)等の de premier (second) ordre.
-くん 君 ¶山田～ Monsieur Yamada.
ぐん 群 troupe f; ～をなす se grouper; former un groupe; se rassembler. ～を抜く se distinguer; être sans égal; être hors [de] pair. 彼は学識において～を抜いている Il se distingue par son savoir. 彼の作品は～を

ぐん ~を抜いている Son habileté est sans pareille. ¶~をなして en groupe; en masse. 彼女は~を抜いて美しい Elle tranche par sa beauté. ‖バッタの大~ une armée (nuée) de sauterelles.

ぐん 軍 armée *f*; [部隊] troupe *f*; [軍団] régiment *m*. ~を率いる commander un régiment. ¶~の militaire, de l'armée. この機密は~の secret *m* militaire. 女性~ équipe *f* de femmes. 侵入(占領, 解放)~ armée d'invasion (d'occupation, de libération). 戦闘(義勇)~ armée de combattants (volontaires).

ぐん 郡 canton *m*; arrondissement *m*. 県はいくつかの~に分けられる Le département est divisé en un certain nombre d'arrondissements.

ぐんい 軍医 médecin *m* militaire; [médecin] major *m*. ‖~総監 médecin inspecteur général. ~殿 Monsieur le major.

くんいく 訓育 éducation *f* morale.

ぐんか 軍歌 chant *m* militaire (martial); rythme *m* guerrier.

ぐんか 軍靴 chaussure *f* militaire; [半長靴] brodequin *m* militaire; 《俗》godillot *m*; godasse *f*.

くんかい 訓戒 admonition *f*; admonestation *f*; remontrance *f*; semonce *f*; avertissement *m*. ~を与える admonester *qn*.; donner une semonce à *qn*. ~を受ける recevoir une semonce.

ぐんがく 軍学 ⇨ へいがく(兵学).

ぐんがくたい 軍楽隊 fanfare *f* (musique *f*) militaire.

ぐんかん 軍艦 vaisseau(x) *m* (bâtiment *m*, navire *m*) de guerre. ‖~旗 étendard *m*; drapeau(x) *m* militaire. ~衛兵 garde *m* de drapeau.

ぐんき 軍紀 discipline *f* militaire.

ぐんき 軍記 geste *f*; histoire *f* (chronique *f*) de guerre.

ぐんきょ 群居 groupement *m*. ¶~する vivre en groupe ⇨ ぐんせい(群生).

くんくん ~鼻を鳴らす renifler; renâcler.

ぐんぐん [早く] vite; rapidement; [見る見るうちに] à vue d'œil; [勢いよく] vigoureusement; énergiquement; vivement. 先頭ランナーは~他を引き離していた Le coureur de tête ne cessait de creuser l'écart entre lui et ses concurrents.

くんこ 訓詁 critique *f* philologique (textuelle), exégèse *f*. ‖~学者 exégète *mf*; philologue *mf*.

くんこう 勲功 exploit *m*; prouesse *f*; action remarquable; †hauts faits *mpl*. ~を立てる faire des prouesses; se distinguer par ses exploits.

ぐんこう 軍港 port *m* militaire (de guerre).

ぐんこく 軍国 ‖~化 militarisation *f*. ~化する militariser. ~主義 militarisme *m*; bellicisme *m*. ~主義の militariste; belliciste. ~主義者 militariste *mf*; belliciste *mf*.

くんし 君子 saint *m*; sage *m*; idéal(aux) *m*; homme *m* de vertu. 「~危きに近よらず」«Dans le doute, abstiens-toi.»; «Défiance est mère de sûreté.» ‖聖人~ homme idéal.

くんじ 訓示(辞) discours *m*; observation *f*; [退屈な] sermon *m*; †harangue *f*. ~を垂れる donner des observations; faire un discours; [長々しく] †haranguer.

ぐんし 軍使 parlementaire *m*; 《史》héraut *m*. ‖~船 vaisseau(x) *m* parlementaire.

ぐんし 軍師 ⇨ さんぼう(参謀).

ぐんじ 軍事 affaire *fpl* militaires. ¶~的 militaire. ~的に militairement. 土地を~的に占領する occuper militairement un territoire. ‖~化 militarisation *f*. ~化する militariser. ~基地 base *f* militaire. ~教練 exercices *mpl* militaires. ~クーデター coup *m* d'état militaire. ~行動 opération *f* militaire. ~政府(作戦)gouvernement *m* (opération *f*) militaire. ~力 force *f* militaire (armée).

ぐんしきん 軍資金 ressources *fpl* (fonds *mpl*) militaires. 戦争で一番大事なのは~だ L'argent, c'est le nerf de la guerre.

くんしゅ 君主 monarque *m*; souverain(e) *m* (*f*); prince *m*; chef *m* d'État. ¶~の monarchique; princier(ère). ~の称号 titre *m* princier. 専制~ monarque absolu. ‖~国 pays *m* monarchique. ~制 monarchisme *m*. 立憲~制 monarchie *f* constitutionnelle. ~政治 monarchie; principauté *f*.

ぐんじゅ 軍需 commandes *fpl* de guerre. ‖~工場(産業)usine *f* (industrie *f*) de guerre. ~倉庫 entrepôt *m* d'armes et de munitions; arsenal(aux) *m*. ~品 munitions *fpl* [de guerre]; matériel *m* de guerre.

ぐんしゅう 群衆(集) foule *f*; masse *f*; affluence *f*; flot *m* (marée *f*) humain(e); [騒々しい] cohue *f*; troupeau(x) *m*; [大群衆] nuée *f*. ¶~が騒いでいる La foule s'agite. ‖~心理 psychologie *f* des foules.

ぐんしゅく 軍縮 désarmement *m*. ¶~する désarmer. ‖~会議 conférence *f* du désarmement.

くんしょう 勲章 décoration *f*; distinction *f*; médaille *f*; croix *f*; [星形の] étoile *f*; [略綬] cordon *m*; rosette *f*; ruban *m*; 《俗》crachat *m*. ~を授ける décorer *qn*; donner une médaille à *qn*. ~をつけている porter une décoration. ‖文化~ palmes *fpl* académiques. 彼はまもなくレジョン・ドヌールを授けられるだろう Il va être décoré de la Légion d'honneur. ~授与者 médaillé(e) *m*(*f*); décoré(e) *m*(*f*).

くんじょう 燻蒸 fumigation *f*. ¶~する [en] fumer. ~消毒 fumigation. ~消毒の fumigatoire. ~消毒する fumiger. ~装置 fumigateur *m*.

ぐんしょう 群小 ‖~国家 petits pays *mpl*. ~作家 écrivains *mpl* mineurs.

ぐんじょう 群青 ‖~色 bleu *m*] outremer. ~色の空 ciel *m* [d']outremer.

ぐんしん 軍神 dieu(x) *m* de la guerre; Mars *m*; [模範] soldat *m* modèle.

ぐんじん 軍人 militaire *m*; gens *mpl* de guerre; [兵士] soldat *m*; [武士] homme *m* d'épée; [兵卒] homme [de troupe]; 《俗》bidasse *m*; [将校] officier *m*. ¶~らしい

くんずほぐれつ 組んず解れつ ¶～の大げんか mêlée f; bagarre f confuse.

くんせい 燻製 fumage m; boucanage m. ～にする fumer; boucaner. ‖～にしん ʰhareng m saur (fumé). ～ハム jambon m fumé.

くんせい 群生 grégarisme m; vie f en groupes (troupes); groupement m. ¶～する vivre en groupes (troupes); [植物] pousser en touffes. ～の grégaire. ‖野兎の～地 garenne f. ひなげしの～地 champ m de coquelicots. ～本能(心理) grégarisme; instinct m (esprit m) grégaire (moutonnier).

くんせい 軍制 régime m militaire.

くんせい 軍政 gouvernement m militaire. ～を敷く gouverner militairement; instaurer un régime militaire.

くんせい 軍勢 effectifs mpl; troupes fpl; [兵力] forces fpl armées. 我々の～は彼らのより劣る Nos effectifs sont inférieurs aux leurs.

くんせき 軍籍 ¶～から抹消される être rayé d'un rôle. ～にある être de service dans l'armée; être sous les drapeaux. ～に登録する s'enrôler. ‖～登録 enrôlement m. ～登録者 enrôlé m.

くんそう 軍曹 sergent m; [騎, 砲兵] maréchal(aux) m des logis-chef.

くんそう 軍装 armement m; équipement m; [装備一式] fourbi m. ～を解く se déséquiper. ¶～物々しく出発するse mettre en route avec son fourbi.

くんぞう 軍像 sculpture f d'un groupe; figures fpl.

ぐんぞく 軍属 auxiliaire m d'une armée. ～である appartenir à l'armée. ‖～勤務 service m auxiliaire.

ぐんたい 軍隊 armée f; force f [armée]; troupes fpl; forces. ～の飯を食う être nourri à la gamelle. ～に入る entrer dans l'armée; se mettre sous les drapeaux; s'enrôler; endosser l'uniforme. ¶～の militaire. ～式に militairement. ‖～勤務 service m militaire. ～指揮権 commandement m d'une armée. ～輸送 transport m d'une troupe.

-くんだり ¶大阪～まで行く se donner beaucoup de peine pour aller échouer à Osaka.

ぐんだん 軍団 corps m d'armée; troupe f. ‖～司令官 commandant m; chef m de corps.

ぐんて 軍手 gant m d'ouvrier (d'artisan).

くんとう 薫陶 ‖山田氏の～の下で sous la bonne influence (direction) de M. Yamada. 山田氏の～をうける subir l'influence bienfaisante de M. Yamada.

ぐんとう 群島 archipel m; groupe m d'îles. ‖マーシャル～ archipel (îles fpl) Marshall.

ぐんとう 群盗 bande f de voleurs. ～の巣窟 repaire m [de voleurs].

ぐんとう 軍刀 sabre m.

ぐんば 軍馬 [軍用] cheval(aux) m de guerre; [戦闘用] cheval d'armes (de cavalerie, de bataille).

ぐんばい 軍配 éventail m de commandement; éventail d'arbitre. 我々に～が上がったNous sommes déclarés vainqueurs./Nous sommes sortis vainqueurs [d'un match]. ～を返す [相撲で] donner le signal d'un combat.

ぐんばつ 軍閥 clan m militaire. ‖～政治 dictature f militaire.

ぐんぱつ 群発 ‖～[性]地震 séisme m intermittent.

ぐんび 軍備 armement m; préparatifs mpl de guerre. ～を拡張(縮小)する développer (limiter) les armements. 再～ réarmement m. ～拡張競争 course f aux armements. ～縮小 limitation f (réduction f) des armements. ～縮小会議 conférence f de la limitation des armements.

ぐんぴょう 軍票 bon m; [宿泊用] billet m de logement.

ぐんぶ 群舞 danse f en groupe. ¶～する danser en groupe.

ぐんぶ 軍部 autorités fpl militaires.

くんぷう 薫風 vent m printanier.

ぐんぷく 軍服 uniforme m [de soldat]. ‖～姿で en uniforme.

ぐんぼう 軍帽 képi m; casquette f d'uniforme (officier).

ぐんぽう 軍法 [兵法] stratégie f; art m de guerre; [法律] code m militaire. ‖～会議 conseil m de guerre; tribunal m militaire; [臨時] cour f martiale. ～会議にかける passer qn au conseil de guerre; 《俗》passer qn au falot.

ぐんむ 軍務 ¶～に服す faire son service militaire; aller sous les drapeaux.

ぐんもん 軍門 [敵の] ¶～に下る se rendre à (capituler devant) l'ennemi.

ぐんゆう 群雄 ʰhéros mpl; puissances fpl. 封建時代の～ puissances féodales. ‖～割拠の時代 âge m des puissances régionales.

ぐんよう 軍用 usage m militaire. ¶～機 avion m de guerre; [集合] aviation f militaire. ～金 argent m de guerre. ～犬 chien m militaire. ～馬 cheval(aux) m de guerre.

ぐんらく 群落 [町村] agglomération f; [植物] touffe f; étendue f. 広大な樅の木の～ grande étendue de sapins.

くんりん 君臨 règne m. ¶～する régner; dominer. 王は～すれども統治せず《Le roi ne gouverne pas, il règne.》彼は社交界に～している Il trône dans le beau monde. ～は全ヨーロッパに～しようとしていた Napoléon voulait dominer (régner) sur toute l'Europe.

くんれい 訓令 instruction f; ordre m. ～に従って(反して) conformément (contrairement) aux instructions. ～を発する donner des instructions.

くんれん 訓練 exercice m; entraînement m; [軍隊] instruction f; école f; [職業] apprentissage m; éducation f; formation f; [動物] dressage m. ¶～する former; éduquer; dresser; [自分を] s'exercer; s'entraîner. 目を～する exercer l'œil. フットボールチームを～する entraîner une équipe de football. 新兵を

~する former (encadrer) les recrues. 我々は次の試合にそなえて~している Nous nous entraînons pour le prochain match. ‖実弾射撃~をする faire de l'exercice de tir réel; faire de l'école à feu. 職業~をする faire de l'apprentissage; apprendre un métier. ~場 salle f d'entraînement; gymnase m.

くんわ 訓話 leçon f; discours m moralisateur (moralisant); morale f.

け

け 家 maison f; famille f. 山田~ la famille Yamada; les Yamada. ‖宮~ famille princière.

け 気 ¶風邪の~がある se sentir enrhumé (grippé). 火の~のない部屋 chambre f sans feu. 食い~ appétit m. 塩~がある être salé. 眠~をもよおす avoir envie de dormir. 人~のない城 château(x) m inhabité (désert). しゃれ~のない身なり avoir des goûts simples.

け 毛 [動物, 人の] poil m; [集合] pelage m; [毛髪] cheveu(x) m; [集合] chevelure f; [羊毛] laine f; [羽毛] plume f; [産毛] duvet m; [巻毛] mèche f. 筆(ブラシ)の~ poils mpl d'un pinceau (d'une brosse). 癖のない~ cheveux plats. まっすぐな(縮れた)~ poil lisse (frisé). 堅い(軟い)~ cheveux raides (souples). もじゃもじゃの~ cheveux en désordre (en broussaille, emmêlés, broussailleux). ~が伸びる Les cheveux croissent. ~が抜ける perdre ses cheveux. 身の~がよだつ avoir les cheveux dressés sur la tête. ~を切る tondre [le poil]; couper les cheveux. ~を染める se teindre les cheveux. ~を抜く(むしる) épiler; plumer. ¶~の厚いシーツ drap m laineux. ~の生えた poilu; velu; [ひげの] barbu; [産毛] duveteux(se); [植物] velouté. 学生に~の生えたような奴だ C'est un type à peine plus mûr qu'un étudiant. ~の無い glabre; imberbe.

げ 下 ¶~の~だ C'est le comble de la bassesse. ◆[下巻] tome m second (dernier).

-げ 悲し~に d'un air triste; tristement. 苦し~に douloureusement. 彼は用あり~に私に近づいた Il s'est approché de moi avec l'air de me demander quelque chose.

ケア soins mpl. ‖在宅~ soins (exercés) à domicile. スキン~ soins de la peau.

けあな 毛孔 pore m.

ケアレスミス faute f (erreur f) d'inattention.

けい 刑 peine f; punition f; sanction f pénale; [総称] pénalité f. ~に処す rendre qn; châtier qn; soumettre qn à une peine; condamner qn. ~に服する encourir une peine; purger (sa) peine. 6年の~に服する purger une peine de six ans de prison. ~を執行する exécuter un jugement; [死刑] exécuter qn. ~を宣する prononcer [une sentence]; rendre une sentence. 彼告は~が軽い~を言い渡された L'accusé a reçu (a été condamné à) une peine assez légère. ‖死~ peine capitale (de mort). 体~ punition corporelle.

けい 兄 ¶~ら Messieurs! ~たり難く弟たり難し On ne peut pas dire lequel des deux est le meilleur. ‖貴~ Monsieur. 義~ beau(x)-frère(s) m.

けい 景 ⇒ けしき(景色).

けい 系 système m; [党派] parti m; fraction f; clan m; groupe m; [数学の] corollaire m. ~田中の代議士 député m du clan Tanaka. フランス~のカナダ人 Canadien(ne) m(f) français(e). 三井~の会社 société f du groupe Mitsui. ‖太陽~ système solaire.

けい 罫 ligne f droite; raie f; 〖印〗filet m. ~で分けられている欄 colonnes fpl séparées par un filet. 紙に~を引く régler du papier. ‖~紙 papier m réglé (écolier).

けい 計 [計画] plan m; dessein m; projet m. 百年の~を練る élaborer un plan de (pour) cent ans; faire une prospective à long terme. ◆[総計] somme f totale; total m. ~5万円 cinquante mille yen au total.

けい 芸 art m; technique f; [能力] capacité f; [音楽家・俳優] jeu(x) m; [芸能] talent m; [芸当] tour m. ピアニストの~ jeu d'un pianiste. ~がない C'est banal./Ce n'est pas extraordinaire. それでは全く~がない Alors, ça manque totalement d'intérêt. ~は身をたすけず Il n'y a pas de sot métier. ~を身につけている avoir du talent; avoir de métier. ‖離れ~ tour de force. 無~のうち L'ignorance est aussi une forme de sagesse.

ゲイ homo [sexuel] m; tante f; pédé m.

けいあい 敬愛 respect m; estime f; amour m; [聖なるものへの] vénération f. ¶~する estimer; respecter; vénérer.

けいい 敬意 respect m; estime f; déférence f; hommages mpl; honneur m. 深い~を払う avoir de grands égards pour qn. 老人には~を払わなくてはならぬ Il faut respecter les vieilles personnes. ~を払わない manquer de respect à qn. ~を表する faire (rendre) honneur à qn; présenter (offrir, rendre) ses hommages à qn; témoigner du respect à qn; [挨拶する] saluer qn. ~を表して par respect (déférence) pour qn. ~をもって人を遇する traiter qn avec déférence.

けいい 経緯 [事情] [petit] détail m; circonstance f détaillée; circonstance f; situation f. 全ての~に通じる connaître tous les détails. 事の~を詳しく述べる exposer un fait jusque dans ses moindres circonstances.

けいいん 鯨飲 ¶~する boire comme un grenadier (une éponge, un trou). ‖~馬食する faire une gueuleton.

けいえい 経営 [管理] gestion f; gérance f; administration f; [運営] direction f; organisation f; exploitation f. この会社はア

リカ人の～だ Cette société est dirigée par un Américain. ¶～する diriger; administrer; organiser; mener; [管理] gérer. 学校(劇場)を～する diriger une école (un théâtre). 鉱山を～する exploiter une mine. 事業を～する mener ses affaires. ホテルを～する gérer un hôtel. ‖企業～ administration d'une entreprise. 鉱山～ exploitation d'une mine. 個人(共同)の会社 administration f à patron unique (à direction associée). 不動産～ gestion des biens immeubles. ～学 science f de l'administration. ～合理化 rationalisation f de gestion (de direction, d'administration). ～コンサルタント conseil m en gestion. ～参加 participation f. 労働者～参加の会社 société f à participation ouvrière. ～の者 [企業, 学校の] administrateur(trice) m(f); directeur(trice) m(f); [ホテルなどの] gérant(e) m(f); [劇場などの] régisseur m; [鉱山などの] exploitant(e) m(f); exploiteur(se) m(f); [中小企業, 商店の] patron(ne) m(f). 劇場～の者 régisseur d'un théâtre. 小売店の～者 patron d'une boutique. ～者と労働者 le patronat et le salariat; la direction et les travailleurs. ～組織 organisation f de la gestion. ～難に陥る avoir des difficultés financières (de gestion). ～難を乗り越える surmonter (vaincre) les difficultés financières (de gestion). ～方針 plan m de direction (gestion).

けいえん 敬遠 ¶～する tenir qn à distance respectueuse; garder ses distances.

けいえんげき 軽演劇 théâtre m de boulevard.

けいおんがく 軽音楽 musique f légère.

けいか 経過 cours m; [進展] développement m; évolution f; progrès m; [過程] processus m; [時の] écoulement m; fuite f; marche f; [期限満了] expiration f. 時の～ écoulement (marche) du temps. 病気の～ phases fpl d'une maladie. 彼の手術後の～は良好である Après l'opération, son état s'est amélioré. 事件の～はまだ良く知られていない On connaît encore mal les suites de l'affaire. 時の～と共に avec le temps; au cours du temps. ～をよく知る se mettre (se tenir) au courant de. ～をよく知らせる mettre qn au courant de. ¶～する évoluer; s'écouler; se dérouler; se développer; suivre son cours; [時が] fuir; [進展する] faire du progrès; [期限切れとなる] expirer. その後3時間が～した Après cela, trois heures se sont écoulées (il s'est écoulé trois heures).

けいが 慶賀 félicitation f. ¶～の宴を開く faire un banquet (festin).

けいが 繫駕 attelage m. ¶～ 一速歩 trot m attelé. ～馬車 voiture f attelée.

げいか 猊下 monseigneur (messeigneurs, nosseigneurs) m. 大司教～ Monseigneur l'évêque.

けいかい 警戒 [張張り] surveillance f; vigilance f; [用心] garde f; attention f; précaution f; éveil m; [警報] alerte f; alarme f; avertissement m. ¶～する [見張る] surveiller; veiller à; être en sentinelle; faire le guet; être de garde; [用心する] se prémunir contre; être attentif(ve); être éveillé (en éveil); se méfier de. ～すべき人物・人物 personne m louche; sinistre individu m. ～警報を鳴らす sonner (donner) l'alarme. ～水位に達する atteindre la cote d'alerte. 警察の～線を突破する franchir un cordon de police.

けいかい 軽快 ¶～な léger(ère); [敏捷な] agile; alerte; leste; vif(ve); souple; [気分] allègre; frais (fraîche); dispos; rafraîchissant. ～な音楽 musique f légère. ～なスポーツカー voiture f de sport à allure légère. ～なリズムで à un rythme (tempo) rapide. ～な服装で habillé sportivement. ～に légèrement; avec agilité, allègrement.

けいがい 形骸 carcasse f; squelette m; ossature f; charpente f. ～をもとどめない Il n'en reste rien. ‖自治も～化してしまった L'autonomie est minée.

けいがい 謦咳 ¶～に接する avoir l'honneur d'entendre (de voir) qn.

けいかく 計画 projet m; plan m; programme m; [意図] dessein m; intention f. ～がうまくいった(失敗した) Le projet a réussi (a échoué). ～する former le projet de; établir un plan (programme). 旅行の～を立てる projeter (organiser) un voyage. ～を実行する réaliser un programme; exécuter un plan. ～をくつがえす bouleverser (faire échouer) les plans de qn. ～を練る élaborer un plan. ～を立てずに sans plan arrêté. ～的な [秩序ある] systématique; programmé; méthodique; [意図的] prémédité. ～的に intentionnel(le); délibéré; voulu; étudié. ～処置 [経済上の] mesures fpl planificatrices. ～的犯罪 crime m prémédité. ～的[なしわざ]だ C'est voulu./C'est fait exprès. ～的に [故意に] exprès; à dessein; intentionnellement; [秩序正しく] méthodiquement; systématiquement; selon la règle (le programme). ‖家族～ planning m familial (industriel). 経済～ plan économique. 5年～にとりかかる lancer un plan de cinq ans (quinquennal). 都市～ plan d'urbanisme. 労働～ plan de travail; planning. ～化 planification f. ～経済 économie f planifiée. それは～中だ/それは～中の建物 C'est à l'étude./[建設(造)] ～中の建物 bâtiment m en projet.

けいかん 景観 [景色] site m; vue f; spectacle m.

けいかん 桂冠 ¶～詩人 poète m lauréat.

けいかん 警官 agent m [de police]; policier m; [俗] poulet m; flic m. 彼は～たちに捕まった Il s'est fait pincer par les agents. ‖婦人～ femme(s)-agent(s) f.

けいかん 鶏姦 ¶～する(男色).

けいがん 烱眼[慧眼] œil m clairvoyant; clairvoyance f; perspicacité f; pénétration f; sagacité f. ¶～な clairvoyant; perspicace; pénétrant; sagace.

けいき 刑期 durée f de réclusion. ～が満了する La peine expire (arrive à son terme).

の〜は10年だ Sa peine de prison est de dix ans. 10年の〜 dix ans *mpl* de réclusion [criminelle]. 〜をつとめる purger *sa* peine en prison.

けいき 契機 tournant *m*; occasion *f*; motif *m*; cause *f*. 試験の失敗が〜となって彼は別の道を選ぶことになった L'échec à l'examen l'a décidé à choisir une autre carrière. これは彼にとって人生を考え直す良い〜となるだろう Ce sera pour lui une bonne occasion de repenser l'existence.

けいき 景気 conjoncture *f* (situation *f*) économique; affaires *fpl*; activité *f* économique (des affaires); marche./[俗] Ça gaze./Ça boume./[形容詞] florissant; prospère; animé. 〜が良い会社 société *f* en pleine prospérité (en plein essor). 今の所〜は悪い L'économie est stagnante en ce moment. 〜の動向 mouvement *m* de la conjoncture économique. 〜をつける se réconforter. 一杯飲んで〜をつける boire un coup pour se remonter. 〜の良い人 dépensi*er(ère) m(f)*; prodigue *mf*; dilapid*ateur(trice) m(f)*. 〜良く金を使う se montrer prodigue; dilapider *son* argent; faire des dépenses excessives. ‖好〜 prospérité *f* économique; affaires en pleine prospérité; essor *m* économique; [株式] hausse *f* des actions. にわか〜 prospérité soudaine; boom *m*. 不〜 dépression *f*; récession *f*; crise *f*; [株式] baisse *f* [des actions]. 〜対策 mesures *fpl* de relance économique.

けいき 継起 ‖〜する se succéder; se suivre; s'enchaîner; prendre l'un(e) après l'autre. 〜する事件 événements *mpl* qui se succèdent (successifs).

けいき 計器 [車, 飛行機の] instrument *m* de bord; [度量衡の] instruments de poids et mesures. ‖〜板 [車, 飛行機の] tableau(x) *m* de bord; [飛行機の] planche *f* de bord. 〜飛行 vol *m* aux instruments.

けいきへい 軽騎兵 chevau(x)-léger(s) *m*; cavalier *m*; †hussard *m*.

けいきょ 軽挙 ‖〜 妄動 frasque *f*; fredaine *f*; équipée *f*. 〜妄動をする se conduire à la légère.

けいきんぞく 軽金属 métal(aux) *m* léger.

けいく 警句 épigramme *f*; mot *m* (trait *m*) d'esprit; aphorisme *m*; feu(x) *m* d'artifice. ‖〜風の épigrammatique. ‖〜家 épigrammatiste *mf*; auteur *m* d'épigrammes.

けいぐ 敬具 [普通一般に] Veuillez agréer, Monsieur (Madame), mes salutations distinguées; Respectueusement.

けいけい 炯々 ‖眼光〜として le (au) regard perçant (pénétrant).

けいげき 迎撃 défense *f*; [反攻] contre-attaque *f*; [大規模反攻] contre-offensive *f*. ‖〜する se défendre contre; contre-attaquer. ‖〜用ミサイル missile *m* sol-air.

けいけん 敬虔 piété *f*; dévotion *f*. ‖〜な pieu*(se)*; dévoué; fidèle. 〜な信徒 croyant(e) *m(f)* fidèle; pratiquant(e) *m(f)*.

けいけん 経験 expérience *f*; [体験] connaissance *f*. 長年の〜 de longues années *fpl* d'expérience; 〜がある avoir de l'expérience; avoir l'expérience de; être expérimenté. 貧乏をした〜がある savoir ce que c'est que (avoir fait l'expérience de) la pauvreté. 〜のある ne pas être né d'hier. この国は多くの革命の〜がある Ce pays a vu beaucoup de révolutions. 〜がない manquer de l'expérience; être sans expérience. 女の〜がない ne pas connaitre les femmes. 人に嫌われた〜がない n'avoir jamais été haï. こんな〜は初めてだ Ça m'est tout nouveau./C'est la première fois que ça m'arrive. 〜をその失敗が良い〜になるだろう L'échec lui sera une bonne leçon. 〜に基づく se fonder sur l'expérience. 〜に基づいて empiriquement. 私の〜によれば d'après (selon) mon expérience. いろいろな〜を積む acquérir diverses expériences. ‖〜する faire l'expérience de; connaître; voir; éprouver. 彼は様々な苦労を〜した男だ Il en a vu dans sa vie. 〜的な expériment*al(aux)*; empirique. 〜がある人 personne *f* d'expérience; personne qui connaît le monde; vétéran *m*; [苦労の] personne qui en a vu. 〜がない人 personne sans expérience; [新米] blanc(s)-bec(s) *m*; novice *mf*; béjaune *m*. 〜的に empiriquement. ‖事業(職業)の〜 expérience des affaires (professionnelles). 〜科学 sciences *fpl* expérimentales. 〜論 empirisme *m*. 〜論者 empiriste *mf*.

けいげん 軽減 allégement *m*; [緩和] atténuation *f*; modération *f*; abaissement *m*; adoucissement *m*; apaisement *m*. 税金の〜 dégrèvement *m*. 刑の〜 commutation *f* (atténuation) de peine. ‖〜する alléger; atténuer; [スピードを] modérer; [怒りなどを] apaiser; [悲しみなど] adoucir; [刑などを] commuer. 苦痛を〜する atténuer la douleur; adoucir les peines. 公共負担を〜する alléger les charges publiques. 税を〜する alléger (réduire) les impôts; dégrever *qn*.

けいこ 稽古 exercice *m*; leçon *f*; [ピアノなどの] études *fpl*; [スポーツの] entrainement *m*; [芝居などの] répétition *f*. 歌の〜をする prendre des leçons de chant. 泳ぎの〜をつけてやる donner des leçons de natation à *qn*. ‖〜[を]する s'exercer à; s'entrainer à; [役者] répéter. ピアノの〜をする travailler le piano. ‖舞台〜 répétition générale. 〜着 tenue *f* d'entrainement. 〜着を着る se mettre en tenue. 〜場 salle *f* d'entrainement (de répétition). 〜台 partenaire *m* d'entrainement. 〜中の役者 comédien(ne) *m(f)* en train de répéter. 〜日 jour *m* d'entrainement (de leçon, de répétition).

けいご 敬語 [語法] formule *f* de politesse (respect); [語] terme *m* poli (de respect); [言葉] langage *m* poli.

けいご 警護 garde *f*; escorte *f*. 〜の人 garde *m* du corps. ‖〜する [守備] garder; [護衛] escorter. ‖〜艦 navire *m* d'escorte. 〜隊 garde [d'escorte]; corps *m* de garde.

けいこう 傾向 tendance *f*; [性向] penchant *m*; disposition *f*; inclination *f*; propension

けいこう f; prédisposition f; pente f. ～がある pencher pour; avoir une tendance (un penchant) à; être enclin à; avoir une prédisposition pour qc. 怠ける～がある avoir un penchant à la paresse; être enclin à paresser. なんでも誇張する～がある avoir tendance (être porté) à tout exagérer. 太る～がある avoir une disposition à grossir. 彼は病気になりやすい～がある Il a une prédisposition à être malade. ¶～的 tendancieux(se). ‖～文学 littérature f à thèse.

けいこう 携行 port m. ¶～する porter; avoir qc sur soi. 武器を～すると罰せられます Le port d'armes est puni.

けいこう 経口 ‖～避妊薬 pilule f contraceptive (anticonceptionnelle); pilule; contraceptif m [oral]. ～避妊薬を飲む prendre la pilule.

けいこう 蛍光 fluorescence f. ‖～灯 lumière f (lampe f) fluorescente; tube m au néon (fluorescent). ～体 corps m fluorescent.

げいごう 迎合 flagornerie f; flatterie f; adulation f. ¶～する [人に] flagorner; flatter; aduler; encenser; suivre. 時勢に～する se plier aux (suivre les, flatter les) courants de l'opinion. 君の考えは他人に～したのにすぎない Tes idées ne sont qu'un simple écho de celles des autres.

けいこうぎょう 軽工業 industrie f légère.

けいこうきん 軽合金 alliage m léger.

けいこく 渓谷 val (vaux, vals) m; vallée f; gorge f; ravin m; [小さな] combe f; passage m étroit. ‖ ロワール～ le Val de Loire. タルン～ les gorges du Tarn.

けいこく 経国 ¶～の才 art m de gouverner; politique f.

けいこく 警告 avertissement m; avis m; [訓戒] instruction f; admonestation f. ～を与える avertir qn; donner un avertissement à qn.

けいこつ 脛骨 tibia m.

けいこつ 頚骨 vertèbres fpl cervicales; atlas m; axis m.

げいごと 芸事 arts mpl [d'agrément].

けいさい 掲載 publication f. ¶～する faire paraître; publier. 雑誌に記事を～する insérer un article dans une revue. ～される paraître; figurer. その記事は第一面に～された Cet article a fait la une.

けいざい 経済 économie f; [財政] finance f; [節約] épargne f. それは～が許さない L'économie ne le permet pas./C'est économiquement impossible. ‖[事情]～に明るい être au courant des affaires économiques. それは時間の～になる Ça peut épargner du temps. ¶～的[な] économique; [財政] financier(ère). これは～的な料理だ C'est un plat économique. ～的に financièrement. ‖ 家庭～ ménage m. 国民～ économie nationale. ～自給 autarcie f. 資本主義(自由, 統制, 計画)～ économie capitaliste (libérale, dirigée, planifiée). ～援助 aide m économique. ～家 [倹約] économe mf; épargnant(e) m(f). ～界 monde m des affaires; la finance. ～学 économie politique; [sciences fpl] économiques fpl. ～学者 économiste m. ～観念 sens m de l'économie. ～危機 crise f économique (financière). ～協力 coopération f économique. ～原則 principe m de l'économie. 彼は～的にひどい状態にいる Il est dans la misère. ～水域 zone f économique exclusive. ～制裁 sanction f économique. ～政策 politique f financière (économique). ～成長 croissance f économique. ～成長率 taux m de croissance économique. ～大国 puissance f économique. ～白書 livre m blanc (bleu, jaune) de l'économie. ～封鎖 blocus m économique; embargo m. 敵国に～封鎖をかける mettre le blocus économique sur le pays ennemi. ～復興 rétablissement m économique. ～摩擦 frictions fpl économiques.

けいざいざいせいしもんかいぎ 経済財政諮問会議 Conseil m [consultatif] pour la politique économique et fiscale.

けいざいさんぎょうしょう 経済産業省 Ministère de l'Économie, du Commerce et de l'Industrie.

けいさつ 警察 police f. ～に追われている être poursuivi (recherché) par la police. ～に知らせる avertir la police. ～に捕まる se faire arrêter ([俗] pincer) par la police. ～に引渡す remettre qn entre les mains de la police. ～に密告する dénoncer qn à la police. ‖ 国家(地方)～ police nationale (municipale). 司法(行政, 秘密)～ police judiciaire (administrative, secrète). ～官 agent m [de police]. ⇨ けいかん(警官). ～犬 chien m policier. ～国家 état m policier. ～署 commissariat m [de police]. ～署長 commissaire m [central de police]. ～庁 préfecture f de police. ～手帳 carte f de policier. ～力 force fpl de police; force publique; [宗教権力に対して] bras m séculier.

けいさん 珪酸 [無水] silice f. ¶～の silicique. ‖～塩 silicate m.

けいさん 計算 calcul m; [勘定] compte m. ～が合う(合わない) Le compte y est (n'y est pas). ～が上手だ être bon (fort) en calcul. ～に入れる tenir compte de; faire la part de. 彼女は100まで数えられるが, まだ～できない Elle sait compter jusqu'à 100, mais elle ne sait pas encore calculer. ¶～する calculer; faire des calculs; faire le compte de; [数える] compter. どれぐらいかかるか, 大体のところを～していただけますか Pourriez-vous me calculer en gros combien ça va me faire? ～出来る calculable. ～出来ない incalculable. ～高い[人] calculateur(trice) m(f). ‖～器 machine f à calculer; arithmographe m; [レジスター] [appareil m] totalisateur m; machine totalisatrice. 電子～機 [コンピューター] ordinateur m. ～尺 règle f à calcul; arithmomètre m. ～書 facture f; [勘定] note f. ～書を作成する faire ses comptes; facturer. 品物の～書を出す facturer un article. ～表 barème m. ～違

faux calcul; erreur f de calcul.

けいし 刑死 mort f par condamnation. ¶〜する mourir d'une peine capitale; être exécuté.

けいし 罫紙 papier m réglé (ligné); papier écolier.

けいし 警視 commissaire m [de police]. ‖〜総監 préfet m de police. 〜庁 préfecture f de police. 〜殿 monsieur le commissaire.

けいし 軽視 dépréciation f; dévalorisation f. ¶〜する déprécier qn; méconnaître qn; [ことさらに] ravaler qn; rabaisser qn; [無視] négliger qn; faire peu de cas de qc. 〜して no mépris de qc.

けいじ 刑事 inspecteur m [de police]; [英国の] détective m. ¶〜[上の] pénal(aux); criminel(le). ‖〜裁判 justice f pénale; juridiction f criminelle. 〜事件 affaire f criminelle. 〜条項 clause f pénale. 〜責任 responsabilité f pénale. 〜訴訟 procès m criminel. 〜訴訟法 code m de procédure pénale. 〜補償 compensation f légale (judiciaire).

けいじ 啓示 révélation f. ¶〜する révéler qc à qn.

けいじ 形而 ‖〜上の métaphysique. 〜上的に métaphysiquement. 〜上学 métaphysique f. 〜上学者 métaphysicien(ne) m(f). 〜下の physique; corporel(le); positif(ve).

けいじ 慶事 heureux événements mpl; [結婚] mariage m; [出産] naissance f. 町の〜 fête f municipale.

けいじ 掲示 affiche f [murale]; placard m; annonce f; avis m; [立礼] écriteau(x) m; pancarte f. ¶知らせを〜する placarder un avis (une affiche); afficher une notice. ‖〜板 panneau(x) m (tableau d') affichage; pancarte.

けいじ 繋辞 copule f.

けいじ 計時 chronométrage m. ¶〜する chronométrer; mesurer qc au chrono [mètre]. ‖〜官 (途中)〜 chronométrage officiel (du temps intermédiaire). 〜係 chronométreur m.

けいしき 型式 modèle m; type m; standard m. ‖スタンダード(デラックス)〜 modèle standard (de luxe). 製造〜 modèle de fabrique.

けいしき 形式 [内容に対し] forme f; apparence f; [手続き] formalité f; [様式] mode m. ほんの〜だけのことです C'est de pure forme./C'est une simple formalité. 〜だけは en apparence. 〜の〜で sous [la] forme de...; par forme de.... 〜に拘泥する donner dans le formalisme. 〜上式に(上) [être] en bonne et due forme (dans les formes, en forme). 〜を重んずる respecter la forme. 〜的な(上の) formel(le). 〜的に(上) pour la forme. 〜的に formellement. ‖〜化 formalisation f. 〜化する formaliser. 〜主義 formalisme m. 〜主義の formaliste. 〜主義者 formaliste mf.

けいじどうしゃ 軽自動車 voiture f mini.

けいしゃ 傾斜 pente f; déclivité f; inclinai-son f; [坂] rampe f; talus m; [運搬用] plan m incliné; [心情の] inclination f. ゆるやかな(険しい)〜 pente douce (raide). ピサの斜塔の〜 inclinaison f de la Tour de Pise. ¶〜する pencher; être en pente. 〜している屋根 toit m qui penche (est en pente). 〜した en pente; en talus; [en] déclive; en déclivité; penché. ‖〜地 talus m; glacis m; déclivité f; terrain m en pente. 〜度 degré m d'obliquité.

けいしゃ 珪砂 silice f.

けいしゃ 鶏舎 poulailler m.

けいしゃ 芸者 geisha f; ghesha f. 〜をあげる jouer avec des geishas.

けいしゅ 警手 [踏切番] garde(s)-barrière mf.

けいしゅう 軽舟 esquif m; embarcation f légère.

けいしゅう 閨秀 ‖〜作家 femme f écrivain. 〜詩人 femme f poète.

けいじゅつ 芸術 art m; [美術] beaux-arts mpl. 〜は長く人生は短し L'art dure, la vie passe. 〜のための〜 l'art pour l'art. ¶〜的(上の) artistique. 〜上の傑作 chef(s)-d'œuvre m artistique. 〜的に artistiquement. ‖〜院 Académie f des beaux-arts. 〜家 artiste m. 〜家気質 tempérament m artiste. 〜史 histoire f de l'art. 〜[作]品 œuvre f d'art; objet m d'art.

けいしょう 敬称 titre m honorifique. 〜をつけて呼ぶ appeler qn avec ses titres. ‖〜略で sans donner ses titres.

けいしょう 景勝 site m. ¶〜の地 belle vue f; beau site.

けいしょう 継承 [地位] succession f; [遺産] héritage m. 王位の〜 succession à la couronne. ¶〜する succéder à qn; reprendre qc; relayer qn; poursuivre qc. 父の仕事を〜する continuer le travail (les affaires) de son père. 人の名を〜する succéder aux titres de qn. ‖〜権 droit m de succession. 〜者 successeur m; continuateur(trice) m (f); [遺産の] héritier(ère) f (f).

けいしょう 警鐘 cloche f d'alarme; tocsin m; gong m. 〜を鳴らす sonner le tocsin; donner (sonner) l'alarme.

けいしょう 軽傷 blessure f légère (anodine); égratignure f. 〜を負う se blesser légèrement; s'égratigner; s'érafler. 転倒して手に〜を負う s'égratigner la main en tombant. 私は事故に遭ったが〜で済んだ J'ai eu un accident mais je m'en suis tiré avec des égratignures.

けいしょう 軽少 ¶損失は〜なものに止まった Je m'en suis tiré avec des pertes légères.

けいしょう 軽症 ¶彼は手に火傷をしたが〜だった Il s'est brûlé légèrement la main. ‖〜患者 cas m bénin.

けいしょう 刑場 place f d'exécution; lieu(x) m d'exécution. 〜の露と消える périr exécuté.

けいじょう 形状 forme f; [輪郭] contour m. ⇨かたち(形). ...の〜をなす être en forme de qc.

けいじょう 経常 ‖～費(予算) dépense *f* (budget *m*) ordinaire.

けいじょう 計上 ‖～する compter; comprendre *qc* dans un total; include. 予算に～する inclure *qc* dans un budget.

けいじょう 警乗 garde *f*; escorte *f*. ‖～員 garde *m*.

けいじょうそんえき 経常損益 solde *m* d'exploitation.

けいじょうみゃく 頸静脈 veine *f* jugulaire.

けいしょく 軽食 collation *f*; en-cas *m inv*; lunch; repas *m* léger; casse-croûte *m inv*. ～をとる collationner; prendre une collation (un en-cas); casser la croûte.

けいしん 敬神 piété *f*. ‖～の念 dévotion *f*. ～の念 religieuse (*f*); piété. ～の念がない Il n'a aucun penchant religieux./C'est un mécréant.

けいしん 軽信 crédulité *f*. ‖～する croire facilement (à la légère). ～の徒 crédule *mf*.

けいしん 軽震 séisme *m* (tremblement *m* de terre) de faible intensité; secousse *f* faible.

けいず 系図 généalogie *f*; lignée *f*; 〔家族〕filiation *f*; 〔生物〕phylogenèse *f*; 〔系統図〕arbre *m* généalogique. ‖～学 généalogie. ～学者 généalogiste *mf*.

けいすう 係数 coefficient *m*; facteur *m*. ‖数～ facteur numérique. 物価～ coefficient du prix. 膨張(弾性)～ coefficient de dilatation (d'élasticité). ～分析 analyse *f* factorielle.

けいすう 計数 opération *f* numérique; compte *m*; calcul *m*; numération *f*. ～に明るい être fort en calcul.

けいせい 傾城 〔美女〕beauté *f*; 〔遊女〕prostituée *f*.

けいせい 形勢 conjoncture *f*; situation *f*; tournure *f*. 不穏な～ mauvaise tournure; conjoncture qui tend à une sédition. 有利 (不利)な～ conjoncture favorable (défavorable). ～が変った Les choses ont bien changé de face./La balance a changé de camp. ～は我々に有利だ La balance penche de notre côté. ～を見て取る tirer parti des circonstances; être opportuniste.

けいせい 形成 formation *f*. 人格の～ formation d'un caractère. 言語の～ formation d'une langue. ‖～する former. ～される se former. 文明は温暖な風土の上に～される La civilisation se développe dans un climat tempéré. ‖～外科 chirurgie *f* plastique. ～外科医 chirurgien(ne) *m(f)* plastique.

けいせい 経世 ‖～済民 administration *f*; gouvernement *m*.

けいせい 警世 ‖～の avertisseur(se). ～の辞 parole *f* de Cassandre. ～の辞を吐く sonner l'alarme; tirer la sonnette d'alarme.

けいせき 珪石 silice *f*. ‖～を含んだ siliceux (se).

けいせき 形跡 trace *f*; marque *f*; signe *m*; 〔しるし〕indice *m*; indication *f*. この土地には人の住んだ～がない Il n'y a aucune trace d'habitation dans cette contrée. 誰かが僕の部屋に入った～がある Des indices prouvent que ma chambre a été visitée. 何かした～が全くない On n'a laissé aucune trace.

けいせつ 蛍雪 ‖～の功 fruit *m* de longues années de travail (d'études). ～の功を積み重ねて長く勉学する faire de longues et laborieuses études.

けいせん 経線 méridien *m*.

けいせん 繋船 amarrage *m*. ～を解く larguer les amarres. ～する amarrer. ‖～柱 poteau(x) *m* d'amarrage.

けいそ 珪素 silicium *m*. ‖～化合物 silicate *m*; silicium *m*.

けいそう 係争 conflit *m*; 〔法〕litige *m*. ‖～中である être en litige avec *qn*. ～中の contentieux(se); litigieux(se); en litige. ～中の事件(問題) cas *m* (question *f*) en litige. ～物(点) objet *m* (point *m*) en litige (litigieux).

けいそう 珪藻 diatomée *f*.

けいそう 軽装 vêtement *m* léger. ‖～する s'habiller légèrement; se mettre en tenue légère. ～の男 garçon *m* en tenue légère. ～である être légèrement vêtu.

けいそく 計測 mesure *f*; mesurage *m*; 〔重さ〕pesage *m*. ‖～する mesurer; 〔重さを〕peser.

けいぞく 継続 continuation *f*; continuité *f*; 〔更新〕renouvellement *m*; 〔法〕reconduction *f*; 〔延期〕prolongation *f*. ‖～する continuer; poursuivre. 学問を～する poursuivre ses études. 貸借契約を～する reconduire un bail. 新聞購読を～する renouveler l'abonnement à un journal. 戦争を～する continuer la guerre. ～して continuellement; sans répit; d'une manière ininterrompue. 事業は～しています Les travaux sont en cours. ～の〔な〕continu; continuel(le); incessant; ininterrompu; persistant. ‖案件は次期会期に～審議となった La discussion de la question est remise à la prochaine session.

けいそつ 軽率 imprudence *f*; étourderie *f*; légèreté *f*; irréflexion *f* maladresse *f*; sottise *f*. ‖～な imprudent; inconsidéré; irréfléchi; léger; étourdi; écervelé; 〔俗〕braque. ～なことをする commettre des imprudences. ～な人 étourdi(e) *m(f)*; tête *f* de linotte; étourneau(x) *m*; tête *f* imprudent; être tête en l'air. ...するのは～である Il est imprudent que *sub* (de *inf*). ～に à la légère; imprudemment; à la légère. ～にも...する avoir la légèreté de *inf*.

けいたい 形態(体) forme *f* organique; configuration *f*; aspect *m*; apparence *f*. ～〔論〕morphologie *f*. ‖～学〔論〕de morphologique. ～心理学 morphopsychologie *f*. ～発生 morphogenèse *f*. ～発生に関する問題 problème *m* morphogène.

けいたい 携帯 port *m*; portage *m*. 武器の～ port d'armes. ‖～する porter (avoir) *qc* sur soi; être muni de *qc*. ～用〔の〕portatif(ve). ～用衣裳およい housse *f* 〔à vêtement〕. ～用可能の portable; portatif(ve). ～許可量〔煙草など〕tolérance *f*. ～品 affaires *fpl*; effets *mpl* (objets *mpl*) personnels. ～袋 sac *m* à main. ～ラジオ poste *m* de radio portatif.

けいだい 境内 enceinte *f*.
けいたいでんわ 携帯電話 téléphone portable (mobile); portable *m*; téléphone *m* cellulaire.
けいだんれん 経団連 Fédération *f* japonaise des organisations économiques; le Nippon Keidanren.
けいちゅう 傾注 ¶~する consécration *f*; concentration *f*; dévotion *f*; application *f*. ¶研究に全力を~する se consacrer (s'appliquer; se donner, se vouer) aux recherches. 子供に愛情を~する concentrer *son* affection sur *son* enfant; se dévouer à *son* enfant.
けいちょう 傾聴 ¶~する écouter attentivement (de toutes *ses* oreilles); être tout oreilles; prêter une oreille attentive à; ouvrir les oreilles. ~される se faire bien écouter. それは~に値する Ça mérite (Ça vaut la peine) d'être écouté attentivement.
けいちょう 慶弔 ¶~金 enveloppe *f*. ~費 frais *mpl* de cérémonie.
けいちょう 軽重 ¶顯の~を問う mettre en doute l'autorité de *qn*.
けいちょう 軽佻 ¶~浮薄 frivolité *f*; légèreté *f*; futilité *f*. ~浮薄な frivole; léger (*ère*); futile; évaporé.
けいつい 頚椎 vertèbres *f* cervicales.
けいてき 警笛 [車の] avertisseur *m*; klaxon *m*; trompe *f*; cornet *m*; [警官、電車の] sifflet *m*; [霧笛] trompe de brume; [サイレン] sirène *f* d'alerte (d'alarme). ~を鳴らす klaxonner; corner; donner un coup d'avertisseur; [審判、電車の] siffler. ~を鳴らして警告する avertir *qn* par un coup de sonnerie (sifflet).
けいてん 経典 ⇨ きょうてん(経典).
けいと 毛糸 [fil *m* de] laine *f*, laine *f* à tricoter. ~の編物 tricot *m* de laine. ~の靴下 chaussettes *fpl* de laine; [女物] bas *m* de laine. ~のセーター pull *m* de laine. ~玉 pelote *f* (peloton *m*, écheveau *m*) de laine.
けいど 経度 longitude *f*. ¶~学会 Bureau *m* des longitudes.
けいど 軽度 ¶~の léger(*ère*).
けいとう 傾倒 [敬慕] admiration *f*; adoration *f*; culte *m*; [奉仕] dévotion *f*; consécration *f*. ¶~する admirer; adorer; avoir un culte pour; rendre (vouer) un culte à; se vouer; se dévouer.
けいとう 系統 [組織] système *m*; organisme *m*; ordre *m*; [系図] généalogie *f*; lignée *f*; filiation *f*; [党派] parti *m*; fraction *f*; groupe *m*; clan *m*; famille *f*. この天皇山朝の~である Cet empereur est sorti de la dynastie du sud. ~が違う être d'un groupe différent. ~が違う言語 langue *f* d'une autre famille. ¶~立てる systématiser; ordonner. もう少し~立てて話せよ Mettez un peu d'ordre dans ce que vous dites. ~的な systématique; méthodique; ordonné. ~的に説明する expliquer *qc* méthodiquement.
けいとう 鶏頭 [amarante *f*] crête(s)-de-coq *f*. ¶~葉 amarante mélancolique. ~色 amarante *m*. ~色の amarante *inv*.

けいとう 芸当 tour *m* [de force]; tour d'adresse; [いんちき] combine *f*; stratagème *m*; truc *m*. そんなに~は出来ない Personne n'est capable d'en faire autant.
けいどうみゃく 頚動脈 [artère *f*] carotide *f*. ¶~の carotidien(ne).
けいにく 鶏肉 poulet *m*. ~を食う manger du poulet.
げいにく 鯨肉 chair *f* (viande *f*) de baleine. ¶~缶詰 conserve *f* de baleine.
げいにん 芸人 *acteur(trice)* *m(f)*; comédien (ne) *m(f)*; artiste *mf*; fantaisiste *mf*. ¶大道~ [手品師] prestidigit*ateur(trice)* *m(f)*; [軽業師] saltimbanque *mf*; [いかさま師] charlatan *m*; camelot *m*.
げいのう 芸能 arts *mpl* du spectacle. ¶~界 monde *m* [des arts] du spectacle. ~人 artiste *mf*.
けいば 競馬 course *f* de chevaux; course *f* hippique. ~に行く aller aux courses. ~に出場する monter en course. ~をやる [賭ける] jouer (parier) aux courses. ¶~馬 cheval (aux) *m* de course; coureur *m*; [牝馬] jument *f* coureuse. ~界 monde *m* des courses. ~好き turfiste *mf*. ~場 turf *m*; hippodrome *m*; champ *m* de courses.
ゲイバー bar *m* fréquenté par des homosexuels.
けいはい 珪肺 silicose *f*; [塵肺症] pneumoconiose *f*.
けいはい 軽輩 personne *f* insignifiante (sans valeur); [menu] fretin *m*; personnage *m* falot; [集合的に] menu peuple *m*.
けいはく 軽薄 ¶~な léger(*ère*); superficiel (le); futile; frivole; inconsistant. 彼は全く~な男だ C'est un superficiel. C'est un homme qui manque de sérieux. ~な議論 discussion *f* futile. ~な人 caractère *m* léger (pue sérieux). ~さ légèreté *f*; frivolité *f*; inconsistance *f*.
けいはつ 啓発 ¶~する illuminer; éclairer; édifier. 私はこの講演で大いに~された J'ai été beaucoup éclairé par cette conférence./Cette conférence m'a beaucoup éclairé.
けいばつ 刑罰 punition *f*; peine *f*; pénalité *f*. ¶~を課す infliger une punition à. ⇨ けい (刑).
けいばつ 閨閥 parenté *f* du côté maternel. ¶~による出世 promotion *f* par les parents de *sa* femme.
けいはんざい 軽犯罪 délit *m* [correctionnel]; contravention *f*. ¶~法違反 délit contre le code civil. ~法違反に問われる attraper une contravention.
けいひ 経費 frais *mpl*; coût *m* dépense *f*. ~がかかる être coûteux(se); être cher(*ère*). パリの生活は~がかかる La vie est chère (coûteuse) à Paris./La vie coûte cher à Paris. それは~上不可能だ C'est financièrement impossible. ¶~維持 frais d'entretien. ~生活 coût de la vie. ~節減 frais divers. 諸~を払うと何も残らない Tous frais payés, il ne me reste rien. 総~ total *m* des frais.
けいび 警備 garde *f*; [監視] surveillance *f*;

けいび vigilance *f*; [夜警] veille *f*. ¶～する garder; surveiller; [監視] être de garde; être en sentinelle; monter la garde; [護衛] escorter. ‖～員 [監視] garde *m*; surveillant *m*; [夜警] veilleur *m* de nuit; homme *m* de veille; [軍] guetteur *m*; sentinelle *f*. 田園(森林)～員 garde champêtre (forestier). ～隊 corps *m* de garde; escorte *f*. ～艇 vaisseau(x) *m* d'escorte.

けいび 軽微 ¶～な minime; petit; insignifiant; infime. ～な損害 dégâts *mpl* minimes.

けいひん 景品 prime *f*. ～に(として)コーヒーを買う recevoir du café en prime. 買う人は皆～を貰える On donne une prime à tout acheteur./Tout acheteur a droit à une prime.

げいひん 迎賓 ¶～館 hôtel *m* de réception.
けいふ 系譜 ⇨ けいず(系図).
けいふ 継父 beau(x)-père(s) *m*.
けいふ 警部 officier *m* de police (de paix).
けいぶ 頸部 [首] cou *m*; [うなじ] nuque *f*. ‖～の cervical(aux).

けいふく 敬服 admiration *f*; respect *m*. ¶～する admirer; estimer; respecter; honorer. 巨匠たちに～するのはよいが, 彼らを模倣してはいけない Admirez les grands maîtres, mais ne les imitez pas. 全く～した Chapeau [bas]! ‖～すべき admirable; respectable; honorable.

けいべつ 軽蔑 mépris *m*; dédain *m*; moquerie *f*; mésestime *f*. お前がしたことは～に値するCe que tu as fait mérite le mépris. ¶～する mépriser; dédaigner. 私は彼らを全くしていない Je n'ai que du mépris pour eux. 皆に～される tomber dans le mépris général. ～すべき méprisable. ～な人間 misérable *mf*; gredin(e) *m(f)*; [卑劣な] crapule *f*.

けいべん 軽便 ¶～な commode; convenable; pratique; maniable; portatif(ve). ‖～鉄道 chemin *m* de fer vicinal; tortillard *m*.

けいぼ 敬慕 vénération *f*; adoration *f*. ¶～する vénérer; adorer.
けいぼ 継母 belle(s)-mère(s) *f*; marâtre *f*.

けいほう 刑法 droit *m* pénal (criminel); [法典] code *m* pénal; [個々の] lois *fpl* pénales; loi *f* répressive. ～の ～上の pénal(aux); criminel(le). ～上 pénalement. ‖～学者 criminaliste *mf*; juriste *mf* spécialisé(e) dans le droit criminel.

けいほう 警報 alarme *f*; sirène *f* (sonnette *f*) d'alarme; [鉄道] signal(aux) *m* d'alarme; [鉄道] avertisseur *m*. ～を発する donner (sonner) l'alarme; donner l'alerte; lancer des avertissements; alerter *qn*. ‖空襲～ alerte aérienne. ～装置 systèmes *mpl* d'alerte.

けいぼう 警棒 matraque *f*. ～で殴る matraquer *qn*.
けいぼう 警防 ¶～団 garde *f* civile. ～団員 garde *m* civil.
けいぼう 閨房 boudoir *m*; gynécée *m*; †harem *m*; salon *m* de dames.
ゲイボーイ gay boy *m*.

けいみょう 軽妙 ¶～な léger(ère); dégagé; désinvolte; élégant. ～な洒落 trait *m* spirituel. 筆致が～である avoir la plume légère (le style léger).

けいむしょ 刑務所 prison *f*; cachots *mpl*; pénitencier *m*. ～から出る(出す) sortir (tirer *qn*, extraire *qn*) de prison. ～にいる être en prison (aux cachots). ～にぶち込む emprisonner *qn*; mettre (fourrer, jeter) *qn* en prison. ‖～所長 directeur *m* de prison.

げいめい 芸名 nom *m* de guerre (théâtre).

けいもう 啓蒙 illumination *f*; édification *f*; instruction *f*. ¶～する illuminer; éclairer; instruire; édifier. 国民を～する éclairer le peuple. ‖～君主 monarque *m* éclairé. ～時代 siècle *m* des lumières. ～主義 philosophie *f* des Lumières. ～書 ouvrage *m* de vulgarisation.

けいやく 契約 contrat *m*; engagement *m*; accord *m*; [約定] convention *f*; [約束] promesse *f*; [外交, 約款] traité *m*; pacte *m*; [書面] écrit *m*. ～に違反する enfreindre un traité violer un contrat. ～を更新する renouveler un contrat. ～を取り消す(継続する) annuler (continuer, prolonger) un contrat. ～を結ぶ contracter avec; pactiser avec; conclure (signer) un pacte. 家主と～を結ぶ passer un contrat avec le propriétaire. フットボールチームと～を結ぶ signer un contrat avec une équipe de football. ～を守る(履行する, 解く, 破棄する) respecter (exécuter, dissoudre, rétracter) un contrat. ～仮(口頭, 双務, 片務)～ contrat provisoire (verbal, bilatéral, unilatéral). ～違反 violation *f* de contrat. ～者 contractant(e) *m(f)*. ～書にサインする signer un contrat. ～条項(事項) clause *f* (article *m*) d'un contrat. ～締結 signature *f* d'une convention. ～破棄 dédit *m*; rétractation *f*. ～有効期間 validité *f* d'un contrat. ～の有効期限は5年です Ce contrat est valable pour 5 ans.

けいゆ 経由 ¶スエズを～する passer par Suez. ‖シンガポールで～ via (en passant par) Singapour.
けいゆ 軽油 huile *f* légère; [飛行機用] kérosène *m*.
げいゆ 鯨油 huile *f* de baleine.

けいよう 形容 qualification *f*. ¶～する qualifier. この喜びは何と～していかわからない Cette joie est indicible. 彼を～すべき言葉がない Il n'y a pas d'adjectif pour le qualifier. ‖～詞 adjectif *m*. 品詞～詞 [adjectif] qualificatif *m*. 付加～詞 épithète *f*. 彼の話には～詞が多い Son discours abonde en épithètes.

けいよう 掲揚 ¶旗を～する arborer (†hisser) un drapeau.

けいら 警邏 patrouille *f*; ronde *f*. ¶～する faire la ronde; patrouiller; faire une patrouille; aller en patrouille. ‖～隊 patrouille. ～隊員 patrouilleur *m*.

けいらん 鶏卵 œuf *m* de poule.

けいり 経理 comptabilité *f*; économat *m*. ～に明るい être expérimenté dans la comptabilité. ‖～課 comptabilité *f*;

けいりゃく 計略 ruse f; stratagème m; astuce f; artifice m; machination f. 〜にはまる tomber dans le piège; se laisser prendre au piège. 〜を用いる user de ruse.

けいりゅう 係留 amarrage m. 〜を解く larguer les amarres. 気球を〜する amarrer un ballon. 〜場 [車, 馬の] fourrière f.

けいりゅう 渓流 ruisseau(x) m; torrent m.

けいりょう 計量 [長さ] métrage m; [重さ] pesage m; pesée f; [容量] jaugeage m; [厚さ・長さ] mesurage m; [原器に合わせ] étalonnage m. 〜する [長さ] mesurer; [重さ] peser; [容量] jauger. ‖〜カップ verre m gradué. 〜器 [ガス・電気] compteur m; [重さ] appareil m de pesage; [balance f à] bascule f. 〜経済学 économétrie f.

けいりょう 軽量 poids m léger. ‖〜級 poids léger.

けいりん 競輪 cyclisme m; course f de bicyclettes. 〜をやる [賭ける] parier aux courses de bicyclettes. ‖〜選手 [coureur m] cycliste m f. 〜場 vélodrome m.

けいるい 係累 lien m familial; obligation f familiale. 彼には〜が多い Sa famille est nombreuse./Il a une nombreuse famille [à nourrir].

けいれい 敬礼 salutation f; salut m; [号令] Salut! ‖〜する saluer qn; faire un salut à. ‖最〜をする faire une révérence à qn; saluer qn profondément.

けいれき 経歴 antécédents mpl; carrière f; histoire f. 被告の〜 antécédents de l'accusé. 〜が良い(悪い) avoir de bons (mauvais) antécédents. 彼はどんな〜の持主ですか Quelle est sa carrière?

けいれつ 系列 ligne f; filiation f; famille f; groupe m; classe f. この学者はダーウィンの〜 Ce savant est dans la ligne du darwinisme. ...の〜に入れられる se classer dans (parmi). 三井〜の会社 société f du groupe Mitsui. 〜化 classification f; groupement m. 〜化する classer; sérier; grouper.

けいれん 痙攣 convulsion f; crispation f; spasme m; crampe f; tiraillement m; [顔面] rictus m; palpitation f; [収縮] contracture f; contraction f. 胃に〜をおこす avoir une crampe à l'estomac. 〜する se convulser; se contracter; se crisper. 顔が〜する La figure se crispe. 恐怖で顔が〜する La peur crispe le visage. ‖胃〜 crampe d'estomac. 〜性の convulsif(ve); spasmodique; nerveux(se).

けいろ 経路 voie f (chemin m, route f) [par où on a passé]. これらの麻薬はどんな〜で日本に入って来るのか Par quel circuit ces stupéfiants sont-ils importés au Japon? 彼は入手の〜を言わなかった Il n'a pas dit comment il s'était procuré l'objet. このバスはどこを通るの Quel est l'itinéraire de cet autobus? 様々な〜をたどった末に après beaucoup de péripéties.

けいろ 毛色 ‖〜の変った étrange; singulier (ère); original(aux); bizarre; excentrique. あいつは〜の変った奴だ C'est un original.

けいろう 敬老 respect m envers les personnes âgées (les vieillards). 〜の気持ちをあらわす témoigner du respect aux personnes âgées.

けう 希有 ‖〜な rare; peu commun; inouï; exceptionnel(le). 〜な出来事 incident m inouï.

ケーオー K.-O. m; knock-out m. ‖〜する mettre qn knock-out. あのボクサーは〜に負けた Ce boxeur a été battu par K.-O.

ケーキ cake m; gâteau(x) m [à la crème]. ‖バースデー〜 gâteau d'anniversaire.

ケージ cage f; [エレベーターの] cage d'extraction.

ゲージ jauge f. 〜で測る jauger; mesurer qc avec une jauge.

ケース [箱] caisse f; cassette f; coffret m; boîte f; [大きな] coffre m; [鞘] fourreau(x) m; [タバコ] étui m. 〜に入れる mettre qc en caisse (en boîte). ‖宝石〜 boîte à bijoux; écrin m. ◆[場合] cas m. 重大な〜 cas grave.

ケーススタディ étude f de cas; monographie f.

ケースバイケース ‖〜で au cas par cas; selon le cas. 〜だ Cela (Ça) dépend.

ケースワーカー assistant(e) m(f) social(e).

ゲート porte f; entrée f.

ゲートル guêtre f; [長い] molletière f; jambière f. 〜をつける chausser des guêtres.

ケープ pèlerine f; cape f.

ケーブル câble m. 〜を設置する poser un câble. ‖海底〜 câble m sous-marin. 空中〜 câble téléphérique. 高周波〜 câble hertzien. 絶縁〜 câble isolé. 地下〜 câble souterrain. 電話〜 câble téléphonique. 〜カー [tramway m] funiculaire m; chemin m de fer funiculaire. 〜テレビ télévision f par câble(s); télédistribution f.

ゲーム jeu(x) m; match m; partie f; [トーナメント] tournoi m./[テニス] 〜 3〜 連取する faire trois jeux de suite. 〜! Jeu! ‖テレビ〜 jeu(x) m vidéo. ラブ〜 jeu(x) blanc. 〜セットfin f; [同点] match nul. 〜センター salle f de jeu vidéo. 〜ポイント balle f de jeu.

ゲームソフト logiciel m de jeu vidéo (électronique).

けおされる 気圧される être intimidé par qn. ‖〜ような態度 attitude f imposante.

けおとす 蹴落す faire tomber [d'un coup de pied]. ライバルを〜 se débarrasser d'un rival. 人を蹴落してのし上る s'élever aux dépens des autres.

けおり 毛織 ‖〜のワンピース robe f de lainage. ‖〜物 [étoffe f de] laine f. 粗い〜物 gros lainage m. 〜物業(店) lainerie f. 〜物産業 industrie f lainière.

けが 怪我 blessure f; [切傷] coupure f; [擦傷] écorchure f; [骨折] fracture f; [打ち身] contusion f. ⇨きず(傷).「〜の功名」《A quelque chose, malheur est bon.》 ‖〜を する se blesser; être blessé. ナイフで手に〜を

げか ～せる[負わせる] blesser qn. 鋏で彼に～させたのは君か C'est toi qui l'as blessé avec tes ciseaux? ‖～人 blessé(e) m(f). ～を出す faire des blessés. ～負けする essuyer un revers inopiné.

げか 外科 chirurgie f. ¶～の chirurgical (aux). ‖～的に chirurgicalement. ‖神経～ neurochirurgie f. 心臓～ chirurgie du cœur. 形成～ chirurgie esthétique (plastique). ～医 chirurgien(ne) m(f). ～用器具 instruments mpl chirurgicaux. ～手術[解剖] opération f (anatomie f) chirurgicale. ～助手 assistant(e) m(f) [d'un chirurgien]. ～治療 [手術による] intervention f chirurgicale.

げかい 下界 [この世] le monde; ce [bas] monde; [上から見た] terre f vue d'en haut. ～と天界の両者 l'un et l'autre. ～の景色はすばらしい Vu d'en haut, le paysage est splendide.

けかえす 蹴返す renvoyer qc d'un coup de pied. ボールを～ renvoyer une balle d'un coup de pied.

けがす 汚す souiller; tacher; entacher; [名声などを] galvauder; avilir; déshonorer; [冒瀆する] profaner; [女性を] violer. 栄光を～ galvauder (avilir) la gloire de qn. 処女を～ déflorer une fille. 末席を～ occuper la dernière place. 耳を～ choquer les oreilles pudiques. それは彼の名声をものだ C'est une tare à sa réputation.

けがらわしい 汚らわしい [汚い] sale; malpropre; souillé; poisseux(se); immonde; infect; sordide; [不名誉・単しい] infâme; fangeux(se); [猥褻な] indécent; licencieux(se); obscène; grossier(ère); cochon(ne). あれは～奴だ C'est un salaud. 私は～女ではありません Je ne suis pas une femme si méprisable. ‖汚らわしさ saleté f; saloperie f. 下種の汚らわしさ cochonnerie f d'un salaud.

けがれ 汚れ impureté f; souillure f; [空気・水] pollution f; [腐敗] corruption f; [名声] tare f. ～のない non pollué. ～のない素姓 naissance f sans tache.

けがれる 汚れる être souillé (entaché; sali; contaminé; avili). 心が～ L'esprit est contaminé. 耳が～ Les oreilles sont choquées. お手が汚れますよ Vous allez vous y salir les mains. 私の身体は汚れてしまった Mon corps a été souillé. ¶汚れた impur; souillé; taré; pollué; contaminé.

けがわ 毛皮 peau(x) f; [商品] fourrure f. 兎の～ peau de lapin. ～の外套 pelisse f; fourrure f. ～商 pelletier(ère) m(f); fourreur m. ～業 industrie f de fourrure. ～服 fourrure.

げかん 下疳 chancre m. ‖軟性(硬性)～ chancre mou (syphilitique).

げき 劇 drame m; pièce f [de théâtre]. ¶～的 dramatique; [芝居がかった] théâtral (aux). ‖～化 dramatisation f; adaptation f au théâtre. ～化する dramatiser; adapter au théâtre. ～作家 dramaturge mf. ～作法 dramaturgie f. ～詩 poème m dramatique; épique f; épopée f. ～評 feuilleton m dramatique. ～映画 film m dramatique. ～中劇 théâtre dans le théâtre. ～中人物 personnage m.

げきえつ 激越 ¶～な passionné; orageux (se); fanatique; fervent; violent; excédé. ～な口調で d'un ton virulent; avec virulence; violemment.

げきか 激化 intensification f. ¶～する [風力・戦闘・議論] s'intensifier; s'envenimer; être de plus en plus acharné (enragé, furieux).

げきが 劇画 dessin m dramatisé. ‖～作家 auteur m d'un dessin dramatisé. ⇨ まんが (漫画), アニメーション.

げきげん 激減 diminution f (décroissance f) spectaculaire (vertigineuse). ¶～する diminuer rapidement (à vue d'œil).

げきご 激語 langage m (propos m) excédé. ～を発する proférer des paroles excédées; vociférer.

げきこう 激昂 ⇨ げきど (激怒).

げきしょう 激賞 panégyrique m; louange f outrée; éloge m emphatique. ¶～する porter (mettre) qn aux nues; louer avec enthousiasme (emphase); ne pas tarir d'éloges sur qc (qn); faire l'éloge emphatique de qn (qc). 新作を～する prôner sans réserve une nouvelle pièce.

げきじょう 劇場 [salle f de] théâtre m. ‖円形～ théâtre en rond; amphithéâtre m. 水上～ théâtre d'eau. 野外～ théâtre de verdure.

げきじょう 激情 passion f; ardeur f; fièvre f; feu(x) m. ～にあらがう résister à ses passions. ～に駆られる se laisser entraîner (être entraîné) par la passion. ～を抑える maîtriser (dompter, contenir, vaincre) ses passions. ¶～な passionné; fanatique; fervent; ardent. ～的に passionnément; ardemment; fiévreusement.

げきしん 激震 violente secousse f.

げきじん 激甚 ¶～な violent; désastreux (se). ～な被害 dégâts mpl catastrophiques.

げきする 激する [口調などが] s'exacerber; devenir acerbe (violent, virulent); [平静さを失う] perdre la tête (son sang-froid); [興奮する] s'emballer. 話が～ La conversation s'envenime. 彼は話しながら次第に激してきた En parlant, il s'échauffait de plus en plus. 激している avoir la tête échauffée (en feu); être emporté. ¶激した口調で喋る parler d'un ton virulent. 激した心をしずめる apaiser un cœur exalté.

げきせん 激戦 lutte f (bataille f) acharnée (chaude, âpre, dure, sanglante). ～を勝ち抜く sortir vainqueur de matchs très disputés. ¶次期選挙で P 町は～地となるだろう Dans les prochaines élections, la ville de P sera un point chaud.

げきぞう 激増 augmentation f (croissance f) rapide (spectaculaire, brusque, vertigineuse). 人口の～ rapide expansion f démographique. 軽犯罪者の～ croissance

げきたい 撃退 rapide de la délinquance. ~する augmenter (se multiplier) rapidement (à vue d'œil). 失業者は～している Le nombre des chômeurs augmente à vue d'œil.

げきたい 撃退 ～する repousser (refouler, culbuter) l'ennemi.

げきだん 劇団 troupe f (du théâtre).

げきだん 劇壇 monde m du théâtre. ～に登場する débuter dans (quitter) le monde du théâtre.

げきちん 撃沈 ～する couler un navire par bombardement (torpillage). ～する飛行機から abattre un avion.

げきつう 激痛 douleur f aiguë (lancinante); élancements mpl. ～がする élancer; causer des élancements. 首に～がする Le cou m'élance lancinée.

げきてき 劇的 dramatique; théâtral (aux). ～に dramatiquement. ⇨ げき(劇).

げきど 激怒 ～する être rouge (blême) de colère; étre(出る) en colère contre; être hors de soi; 其の言葉が彼を～させた Ces paroles l'ont fait sortir de ses gonds.

げきとう 激闘 combat m (lutte f) acharné(e). ～する se battre avec acharnement; lutter furieusement.

げきどう 激動 révolution f, bouleversement; changement m brusque; agitation f. ～する évoluer rapidement; s'emporter; se mettre en révolution. 一時の～に揉まれて 居た Nous avons survécu à une époque de bouleversements.

げきどく 劇毒 poison m (toxique m) violent(puissant), mortel, virulent).

げきとつ 激突 collision f (percussion f) violente; heurt m terrible. ～する cogner (se heurter) violemment contre; percuter avec violence contre. 飛行機は地面に～した L'avion a percuté contre le sol. ～する汽車 Les deux voitures sont entrées en collision (se sont tamponnées violemment).

げきは 撃破 ～する enfoncer l'ennemi.

げきはつ 激発 explosion f; effusion f. ～する éclater. ～する怒り accès m [de colère].

げきひょう 劇評 critique f [d'une pièce de théâtre]. ～を与える faire la critique d'une pièce de théâtre.

げきぶん 檄文 pamphlet m dramatique; ～を発する lancer un pamphlet. || ～家 pamphlétaire m/f; libelliste m/f.

げきへん 激変 changement m brusque; altération f complète; revirement m; volte-face f inv. ～する changer totalement. 彼の生活が～した Il s'est fait des revirements dans sa vie.

げきむ 激務 fonction f absorbante; occupation f accablante; service m fatiguant; ～に疲れる s'épuiser dans un travail pénible. ～を全うする s'acquitter d'une fonction absorbante.

げきめつ 撃滅 écrasement m; anéantissement m. ～する écraser; anéantir; détruire complètement. 無敵艦隊は英国海軍に～された L'Armada a été anéantie par la flotte anglaise.

げきやく 劇薬 médicament m dangereux.

げきゆう 激湯 torrent m [courant m], rapide m; cours m d'eau à forte pente.

げきらい 激勵 encouragement m; exhortation f. ～する encourager; exhorter; réconforter. ～して一生懸命勉強させる exhorter qn à étudier sérieusement.

げきれつ 激烈 violent; acharné; impétueux(se); orageux(se); véhément. ～な烈しい discussion f acharnée (orageuse); violente discussion; (polémique f) vive [controverse f]. ～を戦わかせる discuter violemment avec.

げきろん 激論 ⇨ げきれつ(激烈).

げこ 下戸 Il ne boit pas. Il ne supporte pas l'alcool.

げこう 下校 ～する rentrer de l'école.

げこくじょう 下剋上 下剋上 Le monde renversé (à l'envers), C'est le monde renversé (à l'envers).

げこむ 梗込 ～顔をする avoir un air interrogateur.

げさ 今朝 ★彼は～だ Il fait froid ce matin.

げざ 下座 ～する faire entrer qc d'un coup de pied.

げざい 下剤 purgatif m; évacuant m; laxatif m; [瀉下]drastique m; 苛人に～を与えるpurger (administrer un purgatif à) un malade. ～油 huile f purgative. ～を以て取る prendre un purgatif.

げさげ 下げ付 ⇨ げさげ(提げ).

げさ 袈裟 étole f; robe f de bonze. ～懸に斜に oblique (de biais. ～に切る donner un coup de sabre en echarpe; mauvais [un navet]. ～を charpe.

げさく 戯作 [下作](un navet). ～な絵 mauvais [roman m]; burlesque m. ～する

げさく 戯作 ぐ～する écrire pour le plaisir. ‖ ～者〔戯作家〕gribouilleur(se) m(f); écrivailleur(se) m(f). ～の山 descente f d'une montagne. ¶～しこ lieu saint.

げざん 下山 descendre d'une montagne.

けし 芥子 罌粟 pavot m; œillette f. ¶～油 huile f d'œillette.

げし 夏至 solstice m d'été.

けしいん 消印 cachet m d'oblitération f; cachet (de la poste); timbre m. ¶この切手の～がすれている le cachet de ce timbre n'est pas nette. 切手に～を押す oblitérer un timbre. 手紙に～を押す cacheter (apposer un cachet de la poste) sur une lettre. パリの～を押した手紙 lettre f cachetée (oblitérée de Paris).

けしかける そそのかす inciter qn à inf.; pousser à inf. 犬を～ exciter un chien. 彼を私にけしかけての仕業だ C'est elle qui lui monte la tête contre moi.

けしからん 〔許さない〕impardonnable; inexcusable; 〔卑劣な〕lâche; laid; 〔忌々しい〕impertinent; effronté; 全く～ことだ C'est du joli!/C'est du propre!; 〔俗〕odieux(se); 〔俗〕C'est une crapule. ‖ ～眉をひそめる froncer les sourcils mpl en broussailles.

けしき 気色 air m; humeur f. ¶ ～ばむ se formaliser; s'offusquer; se piquer; prendre la mouche.

けしき 景色 paysage m; vue f; site m. 田舎の～ paysage champêtre (montagneux). 陰欝な～ grisaille f. ¶ 〔山〕の～の良い site m pittoresque.

けしごむ 消しゴム scolopendre f; mille-pattes m inv. ¶ ～のような人 exécrable; détestable; abominable; odieux(se). ‖ ～な人でなし la crapule. ¶ ～コム～ gomme f. ～で消す effacer qc d'un coup de gomme; gommer qc.

けしずみ 消炭 braise f. ¶ けしずみに火をつけ faire du feu sur les braises.

けしつぼ 消壺 étouffoir m.

けしとめる 消し止める 〔この事件で起こった時の〕火事を～ étouffer un incendie. 他の話からでしょった A cause de cet incident, mon projet de voyage a été évanoui (volatilisé).

けしとめる 消し止める 〔噂を～ étouffer des rumeurs. 火事を～ maîtriser un incendie.

けじめ distinction f; limite f. ¶～をつける C'est un règle de bien agir. 彼は女～〔悪口男女〕の混乱し ない男だ 公私〔義憲〕の～をつける faire la distinction entre la vie publique et la vie privée (entre le bien et le mal). どこの～もわからない Il faut tracer une limite quelque part.

けしゃく 下車 ¶ ～する descendre d'une voiture (d'un train).

げしゅく 下宿 pension f 〔de famille〕. ¶～する prendre pension chez qn; 〔三食宿付〕prendre une chambre avec demi-pension (pension complète). ～す dre qn chez soi en pension. ‖ ～人 pensionnaire mf. ～屋 〔下宿している人〕être chez un particulier. ～屋 pension. ～代を払う payer sa pension.

ゲシュタポ Gestapo f. ～に捕まる se faire arrêter par la Gestapo.

ゲシュタルト 下宿人 〔心理学〕gestaltisme m.

げしゅにん 下手人 assassin m; auteur m d'un meurtre.

げじゅん 下旬 derniers jours mpl du mois. 来月〔五月〕の～頃 vers la fin du mois prochain (de mai).

けしょう 化粧 toilette f; soins mpl de beauté; 〔メーキャップ〕maquillage m; grimage m. ～をして濃い化粧をした C'est une femme outrageusement fardée. ¶～する se farder; se peindre le visage; se maquiller; 〔雪が積もった〕les yeux mpl faits. ～を塗った雪頂きの plaine f couverte de neige. ～箱 peignoir m. ～室 cabinet m 〔savon m〕 de toilette. ～石鹸 〔戸棚〕 meuble m de toilette. ～箱 nécessaire m de toilette. ～煉瓦 brique f de parement. ～品 produits mpl de beauté. ～ mpl de parement.

けしん 化身 incarnation f; personnification f. 彼女は慈悲の～ Elle est la personnification de la charité. Elle est la charité même (incarnée), en personne, en chair et en os).

けす 消す 〔火を〕éteindre; 〔明りを〕éteindre; 〔拭く〕effacer; enlever; gommer; 〔消用する〕rayer; biffer; raturer; 〔抹消する〕rayer; biffer; barrer; raturer; 〔電気、ガスを〕fermer; couper; 〔殺す〕assourdir; 〔臭味を〕masquer; 〔音を〕étouffer; se débarrasser de, avoir la peau de; liquider. ¶この所信を消したくない Rayez cette ligne. ～を思わせる Trop de poivre étouffe la saveur. 足音を～ étouffer les pas. 姿を～ disparaître; s'éclipser; s'esquiver; s'évaporer. 黑い～ bas; grossier(ère); vile; misérable; damnée.

げすい 下水 eaux fpl d'égout (de rebut). ‖ ～管 tuyau m d'égout. ～口 bouche f d'égout. ～溝を穿通する égouttier m; rat m d'égout. ～道 〔système m d'égout m; canalisation f des eaux de rebut. ‖ ～工事 canaliser(trice) m(f).

ゲスト invité(e) m(f); hôte mf. ‖ ～カード carde f. ～ハウス maison f d'hôtes./foyer m d'accueil.

げすばる 毛脛 jambe f poilue (velue).

けずる 削る 〔引搔〕gratter; racler; rogner; 〔切りそろえる〕affûter; 〔開削する〕tailler; 〔削り取る〕retrancher; enlever; ôter; 〔削除する〕rayer; biffer; barrer; raturer; 〔数を減らす〕réduire. 板を～ raboter une planche. 鉛筆を～ tailler un crayon. 余分を

げせない 〜 retrancher l'excédent. 名簿から名前を〜 rayer un nom d'une liste. 予算を〜 réduire (rogner) le budget. 列車の本数を〜 réduire le nombre de trains. ¶ 削り屑 copeau(x) m; rognure f.

げせない 解せない incompréhensible; bizarre. そいつは全く〜 C'est tout à fait incompréhensible./J'ai du mal à le croire.

ゲセルシャフト société f; compagnie f.

げせわ 下世話 ¶〜に言う通り comme on dit [vulgairement]. 〜に言えば en termes vulgaires.

げせん 下船 débarquement m. ¶〜する débarquer; descendre à terre; quitter un navire.

げせん 下賤 な ⇒ いやしい(卑しい).

げそう 懸想 ¶〜する soupirer auprès de qn; être amoureux(se) de qn; être épris de qn; s'éprendre de qn.

げそく 下足 chaussures fpl laissées à l'entrée. ‖〜番 gardien(ne) m(f) des chaussures. 〜番する surveiller les chaussures.

けぞめ 毛染め teinture f des cheveux. ¶〜する teindre [les cheveux]. ‖〜薬 colorant m.

けた 桁 [数字] unité f. 二(三, 数)〜の数字 chiffre m de deux (trois, plusieurs) unités. ひと〜あげる mettre un zéro de plus. ひと〜間違える se tromper d'un zéro. ◆[規模] 『彼は他の人とは〜が違う』Il tranche sur les autres./Il faut le mesurer avec une autre échelle que les autres. ‖〜れた extraordinaire; hors [de] pair; sans comparaison (égal, pair); inouï. 〜れに extraordinairement; démesurément. 〜れに大きい démesuré; démesurément grand; colossal (aux). ◆[建築] poutre f. 金属製の〜 poutre métallique. ‖大〜 maîtresse poutre.

げた 下駄 chaussure f japonaise en bois. 〜を預ける [処置一任する] donner carte blanche à; s'en remettre (s'en rapporter) à qn. 私はあなたに〜を預けます Je m'en remets à vous. 〜をはかせる [水増しする] arrondir; majorer. 請求書に〜をはかせる majorer une facture. 点数〜をはかせる [成績に] arrondir une note en y ajoutant quelques points.

けだい 外題 titre m [d'une pièce de théâtre].

けたおす 蹴倒す renverser d'un coup de pied.

けだかい 気高い [高貴な] noble; sublime; élevé; beau (bel, belle); [威厳のある] magnanime; majestueux(se). 〜人 grand esprit m; âme f élevée. 〜眼差し regard m olympien. ¶気高さ noblesse f; noble sentiment m; élévation f; magnanimité f; grandeur f. 犠牲の気高さ beauté f d'un sacrifice.

けだし 蓋し [多分] probablement; [確かに] certainement; sûrement; à coup sûr. 〜名言と言って宜しい/Vous l'avez bien dit. 〜彼が最適任者と言うべきでしょう A ce qu'il me semble, il faut dire que c'est une personne toute désignée.

けたたましい aigu(ë); perçant; criard; éclatant. 〜笑い声 rire m strident.

げだつ 解脱 détachement m; désintéressement m; [諦め] résignation f. 〜の境地に至る parvenir à l'état de sainteté.

けたてる 蹴立てる ¶波を〜 fendre les vagues. 数頭の馬が土を蹴立てて急斜面を駆け下りて行く Les chevaux descendent une pente rapide en soulevant un nuage de poussière.

けだもの 獣 bête f; animal(aux) m; [猛獣] bête f féroce; fauve m. 〜のような animal(aux); bestial(aux). 〜のような行い acte m bestial. 〜のような奴 brute f; bête humaine. ‖〜扱いする traiter qn de bête.

けだるい 気怠い alangui; mourant; indolent; mou (molle); [物憂い] morne; paresseux(se); mélancolique; [悩みが] languissant; languide; [無気力] inerte; inactif(ive); apathique. 〜眼 yeux mpl languissants; regard m indolent. 〜様子 air m alangui. 〜様子で働く travailler indolemment (paresseusement, mollement). ¶気怠さ indolence f; langueur f; mollesse f; paresse f; mélancolie f; [無気力] inertie f; apathie f; inactivité f.

げだん 下段 [階段・梯子] marches fpl (échelles fpl) inférieures; [寝台車] couchette f inférieure.

けち 吝嗇 avarice f; parcimonie f; pingrerie f; [貪欲] cupidité f. ¶〜する lésiner sur; 《俗》mégoter. 買物の時は彼女は〜〜しない Quand elle achète, elle ne regarde pas à la dépense. 〜である être près de ses sous; lésiner. 〜な avare; pingre; parcimonieux(se); chiche; 《俗》 radin; regardant. 〜ん ぼ grippe-sou[s] m inv; grigou m; rat m. ◆[卑しさ] petitesse f; mesquinerie f; bassesse f. ¶〜な petit; piètre; étriqué; mesquin. 〜な家 pauvre maison f. 〜な根性 esprit m étriqué. 〜〜くさい真似をする agir avec mesquinerie. 彼はそんな〜くさいことをする奴じゃないと思う Je ne le crois pas capable d'une telle mesquinerie. ◆[悪い縁起] ¶〜がつく être éclaboussé. 彼の名声に〜がついた Sa réputation a été souillée. こんなへ〜をつけられては黙っちゃおれない Je ne peux pas encaisser ce mauvais coup. 〜をつける chicaner sur; chipoter (pointiller, vétiller) sur.

ケチャップ ketchup m.

けちょんけちょん ¶〜にされる être mis en charpie; être réduit à l'inaction.

けちらす 蹴散らす disperser [à coups de pied]; chasser; balayer. 敵を〜 disperser l'ennemi.

けちる lésiner sur; 《俗》mégoter sur. 食事代を〜 lésiner sur la nourriture.

けつ 欠 absence f. 5名の〜 cinq absents (absences).

けつ 決 décision f. 〜をとる procéder au vote.

けつ 穴 [尻] cul m; derrière m; croupe f; fesse f; postérieur m; 《俗》pétard m; [びり] lanterne f rouge; dernier(ère) m(f). 〜をまく monter sur ses ergots.

けつあつ 血圧 tension f (pression f) artérielle (veineuse, du sang). 平均より高い(低い)~ tension supérieure (inférieure) à la normale. ~が高い avoir de la tension. ~が下った Ma tension a diminué. 高(低)~ hypertension f (hypotension f). ~を計る prendre la tension de qn au sphygmomanomètre (sphygmotensiomètre).

けつい 決意 décision f; détermination f; résolution f. ~を新にする prendre une nouvelle décision. 私の~は揺がない Ma décision est inébranlable. 新しい~を以って avec une nouvelle résolution. ¶~する se décider à inf; prendre la décision (le parti, la détermination) de. 私は彼に二度と会わないと~している Je fais le vœu de ne plus le voir.

けついん 欠員 vacance f; poste m vacant. 教授の~がある Il y a une chaire vacante.

けつえき 血液 sang m. ~の sanguin. 汚染~ sang m contaminé. ~学 hématologie f. ~学者 hématologue mf; hématologiste mf. ~型 groupes mpl sanguins; types mpl de sang. ~型 AB groupe I(AB). ~型 O groupe IV(O). ~銀行 banque f de sang. ~供給者 donneur(se) m(f) de sang. ~凝固 coagulation f du sang. ~採取 prise f du sang. ~疾患 maladie f du sang.

けつえん 血縁 lien m du sang; lien de famille; [人] personne f de son sang.

けっか 結果 conséquence f; résultat m; suite f; issue f; [結論] conclusion f; [効果] effet m. 試験(トーナメント)の~ résultat de l'examen (du tournoi). 勉強するだけの~が試験に出るものだ Les examens ne donnent de résultats qu'autant qu'on les prépare. その~...ということになる Il en résulte que.../Il résulte de ceci que.../Il ressort de là que.../Il s'ensuit de là que... みじめな~に終る avoir une fin misérable; finir piteusement. 満足すべき~に達する arriver (parvenir) à un résultat satisfaisant. 重大な~を招く amener (entraîner, impliquer) de sérieuses conséquences. 風紀の乱れは公徳心の退廃したその当然の~である Le relâchement des mœurs est la conséquence normale de la décadence de l'esprit civique. 原因なくして~なし Point d'effet sans cause./Pas de fumée sans feu. その~の~として cela. 意見を交換した~我々は同意の見通しを得るに至った Il est ressorti de nos échanges de vues que nous aboutirons à un accord. ~として経済的困難を招く avoir pour résultat des difficultés financières; entraîner des difficultés financières.

けっかい 決壊 rupture f. 堤防の~ rupture d'une digue (d'un barrage). ¶~する se rompre. 堤防が洪水で~した Les digues sont rompues (défoncées) par l'inondation.

けっかい 血塊 caillot m; sang m coagulé.

けっかく 結核 tuberculose f. ~にかかる être atteint de la tuberculose. ¶~の tuberculeux(se). ~性の phtisique. ‖皮膚(骨髄, 腎臓, 大腸)~ tuberculose cutanée (osseuse, rénale, intestinale). リンパ腺~ scrofules fpl. 療養中の~患者 tuberculeux(se) m(f) en traitement. ~菌 bacille m tuberculeux. ~療養所 sana[torium] m; préventorium m. ~予防運動 campagne f antituberculeuse. ~専門医 phtisiologue mf.

げつがく 月額 somme f mensuelle (du mois); somme payée (perçue) chaque mois; mensualité f. ~三千円 mensualité de trois mille yen; trois mille yen chaque mois.

けっかん 欠陥 déficience f; imperfection f; défectuosité f; défaut m; [誤り] faute f; [きず] tare f; [穴] trou m; [建物などの] vice m. 心理学とその~ la psychologie et ses défauts. 精神の~ insuffisances fpl de l'esprit. 組織上の~ défaut d'organisation. 建物の構造上の~ vice de construction d'un bâtiment. 記憶に~がある avoir des trous (lacunes) de mémoire. ¶~のある défectueux(se); imparfait; taré; vicieux. ~した~だらけの déficient. ~のある知性 intelligence f déficiente. ‖~車 voiture f défectueuse.

けっかん 血管 vaisseaux mpl sanguins. ¶~の vasculaire. ‖毛細~ veines fpl (vaisseaux) capillaires; capillaires mpl. ~系統 système m vasculaire (sanguin).

げっかん 月刊 publication f mensuelle. ¶~の mensuel(le). ‖~誌 revue f mensuelle.

けっき 決起 soulèvement m. ¶~する s'élever; se dresser; [反乱を起す] se soulever; se révolter. 彼らは不当な決定に対して~した Ils se sont élevés contre une décision injuste. ‖~集会 assemblée f de protestation.

けっき 血気 ardeur f; fougue f; impétuosité f; véhémence f. ¶~のある fougueux(se); impétueux(se); ardent; enthousiaste; pétulant. ~にはやりすぎて失敗する échouer par excès de fougue. ~にはやる若者たち jeunes mpl fougueux. ~にはやって impétueusement; fougueusement; ardemment. ~にはやっている être tout enthousiaste; ronger son frein. ‖~盛りに dans la force de l'âge. ~盛んな âme f de feu.

けつぎ 決議 décision f. ¶~する décider par un vote; arrêter; fixer. 投票で法案を~する voter une loi. ‖~事項 article m définitif. ~文 décision écrite.

けっきゅう 結球 boule f; globe m; [根] bulbe m. ¶~したキャベツ chou(x) m cabus (pommé).

けっきゅう 血球 globule m du sang (sanguin). ‖赤~ hématie f; globule rouge. 白~ leucocyte m; globule blanc.

げっきゅう 月給 salaire m [mensuel]; appointement m mensuel; mois m; mensualité f; paye f. ~を貰う toucher son mois (sa paye). ‖~取り salarié m(f); mensuel(le) m(f); [役人] gagne-petit m inv. ~日は 20 日です Le vingt, c'est le jour de paye.

けっきょ 穴居 [住居] grotte f; caverne f; [動物] antre m; repaire m; tanière f; terrier m. 先史時代の~ grotte préhistorique.

けっきょく 結局 finalement; en fin de compte; tout compte fait; après tout; en conclusion; somme toute; en somme; pour en finir; en définitive. ~誰も行かなかった Résultat, personne n'y est allé. これらの言葉は~の所一つの簡単な表現に要約される Toutes ces formules se ramènent à une expression toute simple. 彼の年収も~のところ大したものではなかった Ses revenus annuels se réduisaient à peu de chose.

けっきん 欠勤 absence f. この店員は~が多すぎる Les absences de cet employé sont trop nombreuses. ¶ ~する manquer; s'absenter [du service].

げっけい 月経 règles fpl; menstrues fpl; menstruation f. ~がある avoir ses règles. ‖ ~期 période f de règles. ~周期 cycle m menstruel. ~[閉止]期 ménopause f. 不順 menstrues irrégulières. ~時の障害 troubles mpl de la menstruation.

げっけいかん 月桂冠 couronne f de laurier. ~を授与された[人] lauréat(e) [m(f)].

げっけいじゅ 月桂樹 laurier m.

けつご 結語 épilogue m; conclusion f.

けっこう 欠航 suspension f du service [de navigation]. 唯今~中 Le service est suspendu. ¶ ~させる suspendre le service.

けっこう 決行 oser faire; exécuter à tout prix. ストを~する se mettre en grève. 運動会は雨天~です La fête sportive aura lieu même en cas de pluie. ‖ スト~中 En grève.

けっこう 結構 [構成] construction f; charpente f. 小説の~ charpente d'un roman. ◆ [すばらしい] ¶ ~な joli; bon(ne); beau (belle); bien. ~なことだ C'est du joli (du beau)!/Voilà du joli! ~な人柄 caractère m comme il faut; caractère sans défauts. ~なお庭ですね Il est beau, très beau, votre jardin. りんごですか、~ですね Des pommes, je veux bien. お元気で~ですね Je me réjouis de vous voir en bonne santé. ~ずくめだ Tout est (va) bien. ◆ [よろしい] Bon!/Soit!/Bien!/Tant mieux! 言うことが信じられないで、~、それなら、~、みんなに聞いてごらんなさい Tu ne veux pas me croire? Fort bien. Demande à tout le monde. ¶ ~ [いらない] Non, merci. もう~です C'est assez./Ça suffit. 金はもう~だ J'ai assez d'argent. ¶ [相当に、何とか] ~うまいワイン vin m buvable; vin qui n'est pas mauvais. ~役に立つ男 garçon m plus utile qu'on ne pense.

けっこう 血行 circulation f du sang. この薬は~をよくする Ce médicament facilite la circulation du sang.

けつごう 欠号 numéro m manquant [d'une série].

けつごう 結合 union f; association f; [縁組・同盟] alliance f; coalition f; [化] liaison f; combinaison f. 水は酸素と水素の~によってできる L'eau est produite par la combinaison de l'oxygène et de l'hydrogène. ¶ ~する s'unir; s'associer; se joindre; s'allier; se coaliser; [化] se combiner. ~した joint; uni. ‖ ~点 jointure f.

げっこう 激昂 ⇨ げきど(激怒).

げっこう 月光 clair m de lune.

けっこん 結婚 mariage m; union f; noces fpl; [縁組] alliance f. ~の約束をする(許しを得る) demander (obtenir) la main de qn. ~の申し込みをする demander qn en mariage. ~を承諾する donner sa main à qn. 身分違いの~をする se mésallier; faire une mésalliance. ¶ ~する se marier avec; épouser qn; [縁組] s'allier avec; [身を落着ける] s'établir. 関係のあった女と~する rendre l'honneur à une femme. 彼女はとても良い家の息子と~した Elle s'est alliée avec une très bonne famille. ~している être marié. ~させる marier qn avec qn; unir qn. ~の matrimonial(aux). ~のきずな lien m matrimonial (conjugal). ‖ 自由~ union libre. 恋愛(打算)的~ mariage d'amour (d'intérêt). ~式 cérémonie f nuptiale (du mariage); noces. ~式場 salle f de noces et banquets. ~生活 vie f conjugale. ~相談所 agence f matrimoniale. ~通知 faire-part m inv de mariage. ~通知を出す faire part d'un mariage. ~披露宴 repas m de noces; banquet m. ~指輪 anneau(x) m nuptial (de mariage). ~適齢の nubile. ~適齢期 nubilité f. ~前の身元調査 examen m prénuptial. ~率 nuptialité f.

けっこん 血痕 tache f de sang. ~のあるシャツ chemise f tachée de sang.

けっさい 決済 liquidation f; règlement m; apurement m. ¶ ~する apurer [un compte]; [清算] liquider (régler) [un compte]. ‖ 当日(次期)~ liquidation courante (prochaine). ~勘定 comptes mpl apurés.

けっさい 決裁 décision f. ¶ ~する décider. ⇨ きめる(決める). ‖ ~権 pouvoir m de décision. ~権を持つ avoir le pouvoir de décision. 議長が~権を持つ La voix du président est prépondérante./La décision appartient au président.

けっさく 傑作 chef(s)-d'œuvre m; prodige m; merveille f. 初期の~ chef-d'œuvre de jeunesse. こいつは~だ C'est bien amusant (drôle, rigolo, marrant).

けっさん 決算 règlement m; liquidation f; apurement m. ¶ ~する régler (liquider) [un compte]; dresser le bilan; faire état de compte. ‖ 月末~ liquidation de fin de mois. 収支~ balance f des comptes. 本年度~を終える se dresser le bilan de l'année. ~期 terme m. ~期までに支払うべき金額 somme f due au terme. ~者 liquidateur m. ~書 état m de compte. ~日 jour m de liquidation. ~報告書 rapport m (état) de compte.

げっさん 月産 production f mensuelle; [農業] rendement m mensuel.

けっし 決死 ¶ ~の覚悟で avec une volonté irrévocable (bien arrêtée); au risque de sa

けつじ vie. ~の覚悟である計画に身を投ずる se jeter à corps perdu dans une entreprise. ~の形相で avec une mine résolue; résolument. ‖~一隊 brigade *f* d'une mission dangereuse; commando *m*.

けつじ 欠字 caractère *m* (lettre *f*, mot *m*) qui manque.

けっしきそ 血色素 hémoglobine *f*.

けつじつ 結実 fructification *f*; formation *f*; fruit *m*; résultat *m*. ¶~する fructifier; se former; se produire. ‖~期 [époque *f* (saison *f*) de la] fructification.

けっして 決して jamais [de la vie]; en aucune façon (manière); de la (*sa*) vie; absolument pas. ~…でない ne…jamais. ~怪しい者ではありません, 御安心下さい Rassurez-vous, je n'ai rien d'un personnage malhonnête. もう~彼には会うまい Je ne le verrai plus jamais.

けっしゃ 結社 association *f*; société *f*; compagnie *f*; corporation *f*; organisation *f*. ~の自由 liberté *f* d'association politique. ~を作る former une association; se grouper. ‖政治(秘密)~ association politique (secrète).

げっしゃ 月謝 frais *mpl* de scolarité [mensuels]; [先生への] honoraires *mpl*.

けっしゅ 血腫 hématome *m*.

けっしゅう 結集 ralliement *m*; groupement *m*; rassemblement *m*; réunion *f*. ¶~する se rallier; se grouper; se rassembler; se réunir. ある組織の下に~する se rallier à une organisation. …の計画の下に~する se joindre aux projets de…. 艦船を~する rallier la flotte. 総力を~する réunir toutes les forces.

げっしゅう 月収 revenu *m* mensuel. 私の~はとても少ない Je gagne très peu par mois.

けっしゅつ 傑出 ¶~した éminent; remarquable; distingué; supérieur; brillant; hors [de] pair. あいつは~した奴だ C'est la crème des hommes./C'est un homme sans pair (égal). ~した人 personne *f* de valeur; [集合] élite *f*.

けっしょ 血書 écrit *m* de sang; lettre *f* [écrite avec] du sang.

けつじょ 欠如 absence *f*; lacune *f*; déficience *f*; manque *m*; défaut *m*. 政治能力の~ carence *f* du pouvoir; incompétence *f*. 注意力の~ manque d'attention. ¶~する faire défaut; manquer. 彼には知性が少しない L'intelligence lui fait un peu défaut.

けっしょう 決勝 ¶~[戦] [épreuve *f*] finale *f*; dernière épreuve. ~を争う(に勝つ) disputer (remporter) la finale (la belle). ‖準(準々)~ demi-finales (quarts *mpl* de finale). ~点 point *m* final (d'arrivée). ~リーグ championnat *m*. ~リーグA [ラグビー] poule *f* A. ~出場選手 finaliste *mf*.

けっしょう 結晶 cristal(aux) *m*; [努力, 愛の] fruit *m*. 砂糖の~ sucre *m* cristallisé. ¶~させる cristalliser. ~の[ような] cristallin. ‖~作用 cristallisation *f*. ~水 eaux *fpl* cristallines. ~石 spath *m*. ~面 plan *m* d'un cristal.

けっしょう 血漿 plasma *m* sanguin.

けっじょう 欠場 [試合に] manquer [à un match]; ¶~する [試合に] ne pas se présenter [à un match]; déclarer forfait; s'abstenter. 相手の~によって試合に勝つ gagner un match par forfait.

げっしょう 月商 ~50万円の小さな商売 petit commerce *m* de cinq cents mille de revenu mensuel.

けっしょうばん 血小板 thrombocyte *m*.

けっしょく 欠食 ¶~児童 enfant *mf* mal nourri(e); enfant sous-alimenté(e).

けっしょく 血色 carnation *f*; couleurs *fpl*. ~が良い avoir une belle carnation; avoir un teint éclatant; être haut en couleur. ~の良い顔付 visage *m* au teint coloré.

げっしょく 月食 éclipse *f* de Lune. ‖皆既(部分)~ éclipse totale (partielle) de Lune.

げっしるい 齧歯類 rongeurs *mpl*.

けっしん 決心 résolution *f*; décision *f*; détermination *f*. 私はまだ~がつかない Je ne suis pas encore fixé./Je ne me prononce pas encore. 私の~ははっきりしている Ma détermination est bien arrêtée./Je suis bien décidé. ~を曲げない persister dans *sa* résolution. 今になってお前は~を翻すのか Ce n'est pas le moment de trahir ta résolution. ¶~[を]する être décidé (fixé); se résoudre à *inf*; se décider à; prendre la décision de; se déterminer à *inf*; prendre la détermination de; prendre le parti de; résoudre de *inf*; décider de *inf*. 私は一人で旅行をする~をした J'ai résolu de voyager seul. 彼はどんなことでも~だ Il est bien prêt à tout.

けっしん 結審 clôture *f* des débats. この訴訟は今日~になりました Ce procès a pris fin aujourd'hui par la prononciation de la clôture des débats.

けっする 決する ¶意を~ ⇨ けっしん(決心). 運命を~ décider du sort (du destin) de *qn*. 勝負を~一戦 combat *m* décisif. 運命は決した Le sort en est jeté. 意を決しかねる ne pouvoir se prononcer.

けっせい 結成 formation *f*; création *f*; fondation *f*; [一つにまとめる] unification *f*. 新チームの~ constitution *f* d'une nouvelle équipe. ¶~する former; créer; fonder; établir; constituer. 新党を~する former (fonder) un [nouveau] parti.

けっせい 血清 sérum *m*. 狂犬病(ジフテリア)の~ sérum antitétanique (antidiphtérique). ‖~肝炎 hépatite *f* sérique. ~注射 injection *f* de sérums. ~反応 réaction *f* sérique. ~療法 sérothérapie *f*.

げっぜい 月税 impôts *mpl*. ~を払う payer de lourds impôts. 国民の~を浪費する gaspiller le tribut de sang du peuple.

けっせき 欠席 absence *f*; 《法》 contumace *f*. ¶~する s'absenter; être absent; manquer; ne pas se présenter; 《法》 faire défaut; ne pas comparaître. 学校を~する s'absenter (de l'école); manquer à l'école. ‖~者 absent(e) *m(f)*; manquant(e) *m(f)*; 《法》 défaillant(e) *m(f)*. ~裁判 jugement *m* par défaut.

けっせき 結石 calcul m; concrétion f; lithiase f; gravelle f. ～腎臓の～ calcul des reins; concrétion rénale. ～症 lithiase f; lithiase. ～症の患者 lithiasique mf.

けっせつ 結節 nodosité f; [結核性] tubercule m. ¶～状の nodulaire; noduleux(se); tuberculeux(se). ～リューマチ性～ nodosité rhumatismale.

けっせん 決戦 combat m final; bataille f décisive;《スポ》épreuve f finale. ～をす る livrer la dernière bataille; se battre pour mettre fin à qc;《スポ》disputer la finale.

けっせん 決選 décision f. ¶～投票 vote m décisif (final). ～投票をする faire un vote final.

けっせん 血栓 embolie f; thrombus m. ¶脳 ～ embolie cérébrale. ～症 thrombose f. ～症で死ぬ mourir d'une embolie.

けつぜん 決然 と [きっぱりと] fermement; résolument; délibérément; avec fermeté; péremptoirement; [しっかりと] de pied ferme; la tête haute; le front haut. ～とこ とわる refuser net (carrément). ～とした口調で 喋る parler d'un ton ferme. 恐れずに～と強硬 に立ち向う affronter sans peur de rudes adversaires.

けっそう 血相 ¶～を変える changer de visage (de couleur); perdre son sang-froid. ～を変えて飛びかかる se précipiter sur qn au visage bouleversé.

けっそく 結束 groupement m; assemblage m; ralliement m; consolidation f. ～を固め る se consolider; consolidre une alliance. ¶～する se [re]grouper; se rassembler; se joindre. 一党に～する se rallier à un parti.

けつぞく 血族 famille f [du sang]; liens mpl du sang; parenté f. 彼は我々の～ではない Il n'est pas de notre sang. ¶～関係 liens de parenté. ～結婚 faire un mariage consanguin.

けっそり ¶～と痩せる s'émacier; maigrir; [衰弱] se déprimer; [目や頬が落窪む] se creuser. 彼の類は～やつれている Il a les joues creuses. ～した émacié; creux(se); déprimé; [衰弱した] dépéri; étiolé. ～した顔 visage m émacié. ◆[失望した] ¶～した désappointé. ～した様子で d'un air désappointé (déçu).

けつぞん 欠損 perte f; dommage m; [赤字] déficit m. 数百万の～ déficit de plusieurs millions. ～を埋める combler un déficit. ¶～家庭 famille f orpheline.

けったく 結託 connivence f; complicité f; intelligence f; collusion f. ¶～する se liguer. ...と～している être d'intelligence avec qn; entretenir des intelligences avec qn. ～して行動する agir de connivence (en complicité) avec qn.

けったん 血痰 crachats mpl mêlés de sang; [医] expectorations fpl sanguinolentes. ¶～を吐く cracher du sang.

けつだん 決断 décision f; détermination f. ¶～を下す prendre une décision. ¶～力 réso-

lution f. ～力を欠く manquer de résolution.

けっちゃく 決着 dénouement m; fin f; conclusion f; règlement m. 新局面が生れて戦い に～がついた Une nouvelle conjoncture a mis fin au conflit. その問題には～がついた La question est réglée. ～をつける régler; mettre fin à; en finir avec; terminer; conclure; décider. この事件に～をつけなくてはならない Il faut en finir avec cette affaire. ¶～ のついた事件 affaire f terminée.

けっちょう 結腸 côlon m. ¶～炎 inflammation f du côlon.

けっちん 血沈 vitesse f de sédimentation [sanguine].

けってい 決定 décision f; détermination f; conclusion f; résolution f; [法的] jugement m; arrêt m; édit m; ordonnance f; verdict m. ～された Une décision est prise./Les dés sont jetés. ¶～する décider; déterminer; fixer; établir; prendre une décision; arrêter. 日時(場所)を～する fixer la date (le lieu). 政策を～する définir une politique. 会議を二日延期することに～した On a décidé que la réunion serait remise deux jours après. どちらに～していいか分らない On hésite entre deux partis. ¶～的[な] décisif(ve); déterminant; fatal; écrasant. ～的勝利 victoire f décisive (écrasante). ～的瞬間 moment m décisif. ～的に définitivement; fatalement. ¶～内閣 arrêt du Conseil d'Etat. 司法(行政)～ décision judiciaire (administrative). 最終的～ décision irrévocable (finale). ～版 édition f définitive. ～論 déterminisme m. ～論者 déterministe mf.

けってん 欠点 défaut m; imperfection f; travers mpl; tare f; faiblesse f; faute f; vice m. 人それぞれ長所と～がある Chacun a ses qualités et ses travers (défauts). あの人にはあまり～がない Il est difficile de lui trouver des défauts. ～を改める se corriger de ses défauts. ～をさがす chercher (relever) les défauts. 彼は自分の～を棚上げている Il ne s'est pas regardé. ¶～のある défectueux(se); imparfait; mauvais; vicieux(se); taré.

けっとう 決闘 duel m; affaire f d'honneur; rencontre f. ピストルによる～ rencontre au pistolet. ～の条件を定める fixer les conditions de la rencontre. ～をする se battre en duel; aller sur le pré (terrain). ～にいどむ provoquer qn en duel; jeter le gant. ～を承知する accepter le duel; ramasser (relever) le gant. ¶～[好きの]者 duelliste m. ～好き bretteur m; ferrailleur m. ～介添人 témoin m du duel.

けっとう 結党 formation f d'un parti [politique]. ¶～する former un parti (groupe).

けっとう 血糖 glycémie f. ¶～値 taux m de sucre dans le sang.

けっとう 血統 race f; sang m; origine f; famille f; [系譜] généalogie f; lignage m. ～よい être racé (de bonne lignée, de bonne extraction). ⇨ちすじ(血筋). ¶～書 certificat m d'origine; [犬など] pedigree m.

ゲットー ghetto *m*. ~で暮らす vivre dans un ghetto.

けつにく 血肉 chair *f* et sang *m*. ¶~の間柄 liens *mpl* du sang; parenté *f*.

けつにょう 血尿 hématurie *f*; pissement *m* de sang. ¶~を出す pisser du sang.

けっぱく 潔白[無実] innocence *f*; [魂などの] pureté *f*. ¶~な innocent; pur; [宗教的] immaculé. ~である avoir les mains nettes; [良心に恥じない] avoir la conscience nette.

けつばん 欠番 [numéro *m*] manquant *m*. 4番は~です Le numéro 4 manque (fait défaut).

けつばん 血判 signature *f* de sang. ~を押す signer de *son* sang.

けつび 結尾 fin *f*; épilogue *m*; 【楽】coda *f*.

けっぴょう 結氷 gel *m*; congélation *f*. ¶~する geler; se congeler. ‖~期 saison *f* du gel; gel.

げっぴょう 月評 critique *f* du mois (mensuelle).

げっぷ éructation *f*; renvoi *m*; rot *m*. ~を出す faire un rot (des rots); 〖俗〗roter; éructer.

げっぷ 月賦 mensualité *f*. ~で払う payer par mensualités; s'acquitter en plusieurs versements. ‖~販売(購入) vente *f* (achat *m*) à tempérament.

けつぶつ 傑物 homme *m* supérieur; prodige *m*. あいつは~だ C'est un aigle.

けっぺき 潔癖 ¶~な propre; sans tache; scrupuleux(se). 彼はまことに~な人である Il est d'une probité à toute épreuve (d'une rare probité). ~さ [誠実] honnêteté *f*; probité *f*. 彼には極度な~さがある [不潔を嫌う] Il a une propreté maladive.

けつべつ 訣別 séparation *f*; rupture *f*. ¶~する dire adieu à l'injustice; renoncer à l'injustice. 旧習と~する rompre avec (abandonner, se séparer d')une vieille routine; sortir de l'ornière.

けつべん 血便 selles *fpl* (matières *fpl* fécales) sanguinolentes.

けつぼう 欠乏 manque *m*; pénurie *f*; absence *f*; indigence *f*; disette *f*; carence *f*; rareté *f*; [食糧の] famine *f*. ~に耐える résister à la pénurie. ~を訴える crier famine. ¶~する manquer; faire défaut. この国では多くの物かが~している Il manque beaucoup de choses dans ce pays. ‖鉄分~症 maladie *f* de carence de fer.

げっぽう 月報 bulletin *m* mensuel.

けっぽん 欠本 ¶この巻は~です Ce volume manque.

けつまく 結膜 conjonctive *f*. ‖~炎 conjonctivite *f*. ~顆粒性~炎 trachome *m*; conjonctivite granuleuse.

けつまつ 結末 fin *f*; dénouement *m*; aboutissement *m*; [結論] conclusion *f*; [結果] résultat *m*; [小説の] épilogue *m*; [演説の] péroraison *f*. ~がつく s'achever; se terminer; aboutir à une fin. ~をつける mettre fin à; [en] finir; mettre un terme à *qc*. ある問題に~をつける en finir avec une question. 万事うまく~がついた Tout s'est bien arrangé.

げつまつ 月末 fin *f* [bout *m*] du mois. ~まで jusqu'au bout du mois. ~を切抜けるのに苦労する avoir du mal à joindre les deux bouts [du mois]. ‖~会計 payement *m* à la fin du mois.

けづめ 蹴爪 ergot *m*; éperon *m*. 鶏の~ ergots du coq. 闘鶏の~ éperons d'un coq de combat. ~で蹴る éperonner. ~を持った鳥 oiseau(x) *m* ergoté.

けつめい 血盟 serment *m* par le sang.

げつめん 月面 surface *f* de la lune; sol *m* lunaire. ‖~着陸 alunissage *m*. ~着陸する alunir.

けつゆうびょう 血友病 hémophilie *f*. ‖~患者 hémophile *mf*.

げつようび 月曜日 lundi *m*. ある~の朝 un lundi matin. 毎~ tous les lundis; le lundi. 今週(来週, 先週)の~ lundi (lundi prochain, lundi dernier). じゃ, ~に A lundi.

けつらく 欠落 manque *f*; lacune *f*; trou *m*. ~部分 lacune de quelques lignes. ¶~する manquer; faire défaut; être absent. ‖歴史の~部分を補う combler des lacunes de l'histoire.

けつるい 血涙 ¶~をしぼる verser des larmes de sang.

けつれい 欠礼 manque *m* à la politesse (à la forme, à l'étiquette). ¶~する manquer à l'étiquette; se passer de formalités; être sans égards pour *qn*.

げつれい 月例 ¶~の mensuel(le). ‖~会 réunion *f* mensuelle (du mois).

げつれい 月齢 âge *m* de la lune.

けつれつ 決裂 rupture *f*. 外交関係の~ rupture des relations diplomatiques. ¶~する rompre avec *qn*. 会談は~した Les pourparlers ont abouti à une rupture.

けつろ 血路 ¶~を開く se frayer un chemin en combattant; [苦境を脱する] se dégager; se dépêtrer; se tirer d'affaire.

けつろん 結論 conclusion *f*; [演説] péroraison *f*; [寓話] moralité *f*; [結果] résultat *m*. ~に達する arriver (aboutir) à une conclusion. 問題に~をつけて早く片付けよう Il est temps de régler une affaire. この事実からは何も~を下せない On ne peut rien arguer de ce fait. ~を引き出す tirer une conclusion. ~を下す(を下して) conclure. ~として[en] conclusion; pour conclure; en définitive.

げてもの 下手物 ‖~趣味 goût *m* [pour le] grotesque (bizarre).

げどう 外道 déraison *f*; [異端] hérésie *f*; [人] hérétique *mf*; immoral(aux) *m*. それは~のすることだ C'est une saloperie.

げどく 解毒 désintoxication *f*. ‖~剤 contrepoison *m*; antidote *m*. ~剤を打つ administrer un contrepoison. ~作用 désintoxication *f*. ~治療をする désintoxiquer *qn*.

けとばす 蹴飛ばす donner [chasser, administrer, flanquer] un coup de pied à *qn*; [申し入れなどを] repousser; rejeter. ⇨ 上を(蹴る).

けなげ 健気 ¶~な courageux(se); brave; [殊勝な] louable. ~な気持ち sentiments

けなす ... 年に似ず~な courageux pour *son* âge. この子は~だ Cet enfant a du courage. ~さ courage *m*.

けなす critiquer; ravaler; rabaisser; décrier; [悪口を言う] médire; parler mal de; lapider; [人の長所などを] dénigrer; déprécier. 上役を~critiquer ses supérieurs. いつも他人をけなしてばかりいる passer *son* temps à critiquer les autres.

けなみ 毛並み [動物の毛] poil *m*; pelage *m*. 灰色の~をした loup *m* au pelage gris. ~の良い racé. ~の良い人 personne *f* de bonne famille (naissance, carrière).

けぬき 毛抜き pince *f* à épiler; épiloir *m*.

けねつ 解熱 ¶~[用]の fébrifuge; antithermique; antipyrétique. ~剤 fébrifuge *m*; antipyrétique *m*; antithermique *m*. ~剤を打つ administrer un fébrifuge.

ゲネプロ répétition *f* générale.

けねん 懸念 appréhension *f*; crainte *f*; souci *m*. 道を間違える~など全くない Il n'y a aucune crainte de nous tromper de route. 彼がやって来る~がある Il est à craindre qu'il ne vienne. ~する craindre (appréhender) *qc* (que *sub*); s'inquiéter de (que *sub*); se donner du tracas. 私は彼が来るのではないかと~していた Je crains qu'il ne vienne pas. それは御~なく Ne craignez rien.

ゲノッセンシャフト association *f*; coopérative *f*.

ゲノム [生] génome *m*.

けば 毳 peluches *fpl*. ¶~立つ p[e]lucher. ~立たせる lainer [le drap]. ~立った peluché; pelucheux(se). ~立った布地 étoffe *f* pelucheuse (qui peluche).

げば 下馬 ¶~する descendre de cheval. ‖~評 bruit *m*; potin *m*; commérage *m*. ~評が…だ Le bruit court que....

けはい 気配 apparence *f*; air *m*; signe *m*; trace *f*; ombre *f*. 春の~ signes précurseurs du printemps. ここには人の住んでいる~がない Il n'y a ici aucune trace d'habitation. /Ce lieu semble inhabité. 抵抗の~はない Il n'y a pas l'ombre d'une résistance. 今までそんなはなかったのだが彼は急に病気で倒れた Il est tombé malade sans qu'il y ait eu le moindre signe avant-coureur.

けはえぐすり 毛生え薬 lotion *f* capillaire.

けばけばしい clinquant; voyant; criard; éclatant; tape-à-l'œil *inv*. ~色 couleur *f* criarde. ~をした派手な décoration *f* clinquante (tape-à-l'œil). ~化粧 toilette *f* voyante. ¶~化粧をする se farder outrageusement; [俗] se peinturlurer; se barbouiller. ¶~ばけばしく avec de faux éclats; d'une façon voyante. けばけばしさ faux éclat (brillant) *m*; clinquant *m*.

けばり 毛鉤 mouche *f* [artificielle]. ~で釣る pêcher à la mouche. ‖~釣り pêche *f* à la mouche.

ゲバルト violence *f*; lutte *f* armée.

けびょう 仮病 maladie *f* feinte (de commande). ~を使う faire le malade; [俗] se faire porter pâle. ‖~使い [俗] tire-au-flanc (cul) *m inv*.

げびる 下卑る ¶下卑た ⇨ げひん (下品).

げひん 下品 vulgarité *f*; grossièreté *f*; [卑猥] indécence *f*; cochonnerie *f*; [無礼] impolitesse *f*. ¶~な bas(se); vil; vulgaire; grossier (ère); [卑猥な] licencieux (se); grivois; indécent; scabreux(se); [低劣] ignoble; infâme; odieux(se). ~な会話 conversation *f* indécente. ~なことを口走る laisser échapper des grossièretés.

けぶかい 毛深い poilu; velu. ~足(手) jambes *fpl* (mains *fpl*) poilues.

ケプラー ¶~の法則 lois *fpl* de Kepler.

ゲマインシャフト communauté *f*; collectivité *f*.

ケミカル chimique. ‖~シューズ chaussures *fpl* chimiques. ~ピーリング peeling *m* chimique.

けみする 閲する ¶幾星霜を~ voir couler des mois et des années; voir passer beaucoup d'eau sous les ponts.

けむ 煙 ¶~に巻く avoir *qn*; prendre *qn*; entortiller *qn*. 公衆を~に巻く mystifier le public.

けむい 煙い La fumée m'étouffe (me suffoque). 煙くないですか La fumée ne vous gêne (dérange) pas?

けむくじゃら 毛むくじゃら ¶~の poilu; velu. 彼の身体は~だ Il a un corps velu./Il est tout poilu (velu).

けむし 毛虫 chenille *f*. 植木の~をとる écheniller un arbre. ¶~のような人 crapule *f*; salaud *m*; dégueulasse *m*. ‖~取り échenillage *m*. ~取機 échenilloir *m*.

けむたい 煙たい ⇨ けむい (煙い). ¶~人 personne *f* gênante. 煙たがる n'oser approcher *qn*. 皆な私を煙たがる Tout le monde me tient à l'écart.

けむり 煙 fumée *f*; [湯気] buée *f*. 煙突から~が出ている La fumée se dégage d'une cheminée./Une cheminée fume. 「火のない所に~は立たぬ」« Il n'y a point de fumée sans feu. » ~を出す fumer; dégager de la fumée. ~を鼻から出す rendre la fumée par le nez. ~を除去する avaler (absorber) de la fumée. この換気扇はよく~を吸込む Ce ventilateur absorbe bien la fumée. ~を吐いて進む機関車 locomotive *f* qui roule en fumant. ~を出している火山 volcan *m* qui fume. [砂(土)] ~ poussière *f* de sable (terre). 水~ poussière *f* d'eau. 雪~ poudre *f* de neige; tourbillon *m* de neige poudreuse.

けむる 煙る s'embrumer; [湯気, 霧で(に)] s'embuer; s'obscurcir. ◆ [霞んでいる] ¶~地平線 horizon *m* embrumé.

けもの 獣 bête *f*; [哺乳類] mammifère *m*; [野獣] bête *f*; fauve *m*; [動物一般] animal (aux) *m*. ⇨ けだもの(獣).

げや 下野 ¶~する quitter (se libérer de) *ses* fonctions publiques.

けやき 欅 orme *m*.

けやぶる 蹴破る ¶戸を~ enfoncer (défoncer, forcer) une porte à coups de pied. 敵を~ disperser l'ennemi.

ゲラ ¶~刷り épreuve *f*.

けらい 家来 homme *m*; vassal(*aux*) *m*; serviteur *m*; valet *m*; [臣民] sujet *m*. 主人と~le seigneur et ses hommes.

げらく 下落 baisse *f*; abaissement *m*; chute *f*; effondrement *m*; [通貨価値の] dévalorisation *f*; dépréciation *f*; avilissement *m*. 株価の~ baisse (fléchissement *m*) des cours en Bourse. 通貨価値の~ dépréciation de l'argent. ¶~する baisser; fléchir; diminuer de valeur; [通貨が] se déprécier; se dévaloriser; s'avilir. 野菜の値が~した Les légumes ont baissé. 株価が急激に~した Les cours des actions se sont effondrés. 価値の~した商品 marchandises *fpl* dévalorisées (avilies). 価値の~した通貨 monnaie *f* qui s'est dépréciée.

げらげら ~笑う rire à gorge déployée; [俗] rire comme un bossu (une baleine); se gondoler; se poiler.

けり ¶~がつく se terminer; finir; être réglé (résolu). ~をつける mettre fin à; achever; terminer; en finir [avec]; régler. もうつける時期だ Il est temps d'en finir.

げり 下痢 diarrhée *f*; flux *m* alvin (de ventre). ひどい~ diarrhée violente. ¶~をする avoir la diarrhée. ~を伴う痛み douleurs *fpl* accompagnant la diarrhée.

ゲリラ [兵] guérillero *m*; partisan *m*. ¶~戦 (guerre *f* de) guérilla *f*; guerre de partisans (harcèlement).

ける 蹴る donner un (des) coup(s) de pied à *qn*; envoyer (flanquer) un coup de pied; [俗] botter; [馬が] ruer; lancer (décocher) une ruade. …の尻を~ botter le derrière à *qn*. 申し入れを~ décliner (repousser, rejeter) une offre. 席を蹴って立つ partir en claquant la porte.

ゲル gel *m*. ¶~化する gélifier *qc*.

ケルト ¶~[人, 語]の celte; celtique. ¶~語学者 celtisant(e) *mf*; ¶~人 Celte *mf*.

ゲルマニウム germanium *m*.

ゲルマン ¶~[人, 語]の germanique. ¶~化 germanisation *f*. ~化する germaniser. ~語 [langue *f*] germanique *m*. ~語学者 germaniste *mf*. ~人 Germain(e) *m*(*f*).

ケルン [石積] cairn *m*.

けれつ 下劣 ¶~な vilain; vil; grossier(*ère*); ignoble; infâme. ~な人間 salaud *m*; gredin(e) *m*(*f*); goujat *m*; mufle *m*; crapule *f*. ~な行為 basses actions *fpl*. あいつは本当に~な奴だ C'est la dernière des crapules. 彼のやったことは実に~だ C'est moche, ce qu'il a fait.

けれど[も] ¶彼女はかなりの歳だ~, 魅力に溢れている Elle a déjà un certain âge mais elle est pleine de charme. 近くを通った~それに気がつかなった Bien que je sois passé tout près, je ne l'ai pas remarqué. 金もない~ひまもない Je n'ai ni le temps ni l'argent. ◆[婉曲]あすも天気だといいんだ~ J'aimerais bien qu'il fasse beau demain aussi. そろそろ出かけたいのです~ Si on partait? ちょっとお願いしたいことがあるのです~ Je voudrais bien vous demander quelque chose.

ゲレンデ piste *f* skiable (pour skieurs); piste; descente *f*.

けんみ けん味 ¶~たっぷりに avec affectation; en cherchant des effets. ~なしに sans ostentation; sans chercher des effets.

ケロイド chéloïde *f*.

けろり[と] [すっかり] entièrement; complètement; tout à fait; totalement; [平然として] comme si de rien n'était; sans se troubler; paisiblement; tranquillement; sans émotion. ~を忘れる oublier complètement; effacer *qc* de *sa* mémoire. ¶あの子はさっき泣いていたのに, もう~している Le petit pleurait tout à l'heure mais son chagrin s'est envolé. 何を言われても彼は~している On peut lui dire tout ce qu'on veut, il ne bronche pas.

けわしい 険しい [山, 坂が] raide; abrupt; escarpé; rapide; ardu; [困難である] difficile; épineux(*se*). ~峡谷 ravin *m* encaissé. ~坂 pente *f* raide. ~状況 conjoncture *f* difficile. 彼の将来は非常に~ Son avenir est hérissé d'épines. これから道は険しくなる A partir d'ici, la route devient rude. ◆[とげしい・きつい] ¶~目つき regard *m* noir (sévère, perçant, sinistre).

けん 件 matière *f*; affaire *f*; question *f*; cas *m*; problème *m*. 例の~ l'affaire; la chose en question. 例の~を彼に Revenons à notre problème. 一日に三~の事故 trois accidents en un jour. この~については pour [quant à] cette question; en ce qui concerne notre problème; en la matière. 私はこの~に関しては云々する資格がない Je suis incompétent en cette matière.

けん 兼 ¶彼は首相~外相だ Il cumule les fonctions de Premier ministre et de ministre des Affaires étrangères.

けん 券 ticket *m*; fiche *f*; [入場券] billet *m*; [食券, 受講券など] carte *f*; cachet *m*. 乗車 (乗船, 搭乗) ~ billet de train (de bateau, d'avion). 周遊~ billet circulaire. 座席指定~ billet de location. 診察~ fiche médicale. 入場~ [鉄道の] ticket de quai; [地下鉄の] ticket de métro. 優待~ billet de faveur. 片道(往復)~ billet d'aller (d'aller et retour). 半額~ billet à demi-tarif.

けん 剣 épée *f*; [片刃の] sabre *m*; [決闘用] rapière *f*; [練習用] fleuret *m*. ~を吊る porter le sabre. ~を抜く tirer son sabre; dégainer. ~を交える croiser le fer avec *qn*. ¶~士 épéiste *m*; escrimeur(*se*) *m*(*f*). 素晴らしい~さばき C'est une fine lame.

けん 県 département *m*; préfecture *f*. ¶~[立]の départemental(*aux*) *m*. ¶~庁 préfecture. ~道 route *f* départementale. ~民 habitants *mpl* du département.

けん 軒 ¶この村には家が30~しかない Il n'y a que 30 feux (familles, foyers) dans ce village.

けん 鍵 [ピアノ] touche *f*. ¶黒~をたたく frapper une touche noire.

けん 険 ¶美人だがちょっと目に~がある Elle est très belle mais son regard a quelque chose de froid. ~のある顔 visage *m* sinis-

けん 腱 tendon *m*. ‖アキレス～ tendon d'Achille.

げん 元 [貨幣単位] yuan *m*; yen-min-piao *m*.

げん 弦 corde *f*. ～を張る tendre les cordes. ～を鳴らす faire vibrer une corde. ‖～楽器 instrument *m* à cordes.

げん 減 diminution *f*; baisse *f*; réduction *f*. ～一割の～ dix pour cent de diminution.

げん 舷 bord *m*. ‖右(左)～ tribord (bâbord *m*). ～～相摩す se mettre bord à bord.

げん 言 ［専門家の～］によれば au dire d'un expert. ～を左右にする tergiverser; atermoyer. ～を待たない Il va sans dire (de soi) que...

げん- 現- actuel(le); présent(e). ‖～内閣 le cabinet actuel.

けんあく 険悪 ¶～な vilain; méchant; sinistre; menaçant; funeste. ～な空模様 temps *m* vilain (menaçant). ～な雰囲気 atmosphère *f* sinistre. 彼らは今～な仲です Leurs relations sont actuellement au plus bas. 雰囲気が～になりそうだ L'atmosphère va se gâter (se détériorer, se dégrader). 世界情勢が～になってきていた La situation internationale s'assombrissait.

げんあつ 減圧 décompression *f*. ¶～する décompresser.

けんあん 懸案 question *f* pendante. ～を解決する régler une affaire pendante.

げんあん 原案 [project *m*] original *m*. ～を修正する modifier un projet initial.

けんい 権威 autorité *f*; prestige *m*; empire *m*; souveraineté *f*; compétence *f*. 彼は考古学の～である C'est une sommité de l'archéologie. 宗教は徐々にその～を失いつつある La religion perd de plus en plus son empire. この学説は～を失った Cette théorie est tombée dans le discrédit. ～を振う user de son ascendant sur *qn*. ¶～ある(主義的な) autoritaire; compétent; [有無を言わせぬ] impérieux(se). ～ある批評家 critique *m* compétent. ～主義的な人間 personne *f* autoritaire.

けんいん 検印 marque *f*; estampille *f*; [書者] cachet *m*. 税関の～ marque de douane. ～を押す apposer un cachet (une marque); marquer *qc* d'une estampille.

けんいん 牽引 traction *f*; remorquage *m*; remorque *f*. ¶～する remorquer; traîner; tirer. 車(船)を～する prendre en remorque une automobile (un bateau). ‖～索 [câble *m* de] remorque *f*. ～車 tracteur *m*; remorqueur *m*; locotracteur *m*. 彼はチームの～車だ Il est la locomotive de l'équipe.

げんいん 原因 cause *f*; origine *f*; [動機] motif *m*. 紛争(戦争)の～ cause de conflits (guerre); casus belli *m inv*. 革命をもたらした～ origine d'une révolution. 予知不能の～ [facteurs *mpl*] impondérables *mpl*. ...に～がある avoir son origine dans *qc*; avoir pour origine *qc*; [pro]venir de *qc*. 同じ～から違う結果が生じることはあり得る Une même cause peut produire des effets différents. ...の～となる être cause (origine) de *qc*; causer; provoquer; motiver; occasionner; produire; donner lieu à *qc*. 食べすぎが～で気になる tomber malade par excès de table. ¶～のない結果はない Il n'y a pas d'effet sans cause. ‖～不明の火事 incendie *m* dont la cause est mal éclaircie.

げんいん 減員 réduction *f* (diminution *f*) du personnel; dégraissage *m*. ¶～する réduire (diminuer) le personnel; dégraisser.

げんいん 現員 personnel *m* actuel.

けんうん 巻雲 cirrus *m*.

けんえい 県営 ‖～競馬場 champ *m* de course (hippodrome *m*) départemental.

げんえい 幻影 illusion *f*; mirage *m*; hallucination *f*; chimère *f*; fantasme *m*; [夢] rêve *m*; songe *m*; vision *f*. 成功の～ mirage du succès. ～を抱く avoir (se faire) des illusions; caresser une illusion; avoir une illusion. ～を追い払う dissiper les rêves. ¶～の hallucinatoire. ～のような fantomatique; visionnaire; chimérique; [束の間の] éphémère *m inv*. ～を見る人 visionnaire *mf*; halluciné(e) *m(f)*; songe-creux *m inv*.

けんえき 検疫 contrôle *m* sanitaire; service *m* sanitaire (de santé). ～を受ける subir une quarantaine. ¶～する mettre en quarantaine; soumettre à une quarantaine de sécurité; faire subir une quarantaine. ‖～官 sanitaire *mf*; [集合的に] personnel *m* sanitaire. ～所 établissement *m* de contrôle sanitaire; lazaret *m*.

けんえき 権益 droits et intérêts *mpl*. ～を守る conserver (maintenir) *ses* droits et intérêts.

げんえき 原液 [発酵前の] moût *m*. ビールの～ moût de bière.

げんえき 減益 chute *f* des bénéfices; pertes *fpl*. ‖～決算 balance *f* des comptes en perte.

げんえき 現役 service *m* actif; activité *f*. ～から退く se retirer de l'activité. ～に復帰する reprendre le cours de l'activité. ‖～軍 armée *f* active. ～将校 officier *m* d'active.

けんえつ 検閲 contrôle *m*; inspection *f*; [映画・文学・演劇] censure *f*. ～を行う exercer un contrôle; contrôler. 厳しい～を受ける être sévèrement censuré. ¶～の censorial(aux). ‖～官 censeur *m*. ～機関 [commission *f* de] censure *f*. ～制度 régime *m* censorial (préventif).

けんえん 犬猿 ¶～の仲である s'accorder comme chien[s] et chat[s]; être comme l'eau et le feu.

けんえんけん 嫌煙権 droit *m* des non-fumeurs. ‖～運動 campagne *f* (lutte *f*) antitabac.

けんお 嫌悪 répugnance *f*; répulsion *f*; aversion *f*; dégoût *m*; horreur *f*; exécration *f*. ～の情を抱かせる faire horreur à *qn*; dégoûter *qn*; répugner à *qn*; inspirer de la

けんおん répugnance à qn; horrifier qn. ¶〜する prendre qn en horreur (en grippe); détester; exécrer qn; avoir de l'aversion pour (contre) qn; avoir de la nausée; avoir du dégoût pour qn; répugner à inf. 嘘を極度に〜する avoir une grande répugnance pour le mensonge. 自己を〜する se hair. ‖〜感を催すような écœurant; répugnant; [俗] dégueulasse; moche. 彼の態度には〜感を催す Ses attitudes me rebutent.

けんおん 検温 ¶〜する prendre la température. 〜器 thermomètre m médical.

げんおん 原音 [楽] son m fondamental; [発音] pronunciation f originale.

けんか 喧嘩 [口論] querelle f; dispute f; altercation f; démêlé m; discussion f; 《俗》engueulade f; grabuge m; [論争] controverse f; polémique f; [殴り合い・取っ組み合い] bagarre f; mêlée f; rixe f; lutte f; [紛争] conflit m; 〜の種 pomme f de discorde; sujet m de dispute. 〜を売る chercher noise (querelle, des raisons) à qn; faire une scène à qn; 《俗》chercher les poux dans la tête de qn. 〜を買う accepter un défi; relever (ramasser) le gant. 〜[を]する se quereller avec qn; se disputer; se battre; se chamailler; [つまらないことで] se chamailler. ‖ 夫婦〜 scène f de ménage. 〜騒ぎになりそうだ Il va y avoir de la bagarre./Ça va chauffer. 〜好き [性質] agressivité f. 〜好きな chamailleur(se); querelleur(se); agressif(ve); bagarreur(se). 〜好きな子 gamin m belliqueux. 〜両成敗 Dans une dispute, les deux parties doivent partager leurs torts.

けんか 堅果 noix f.

けんか 献花 ¶〜する offrir des fleurs à qn; [墓などに] fleurir [une tombe].

けんか 鹼化 [化] saponification f. ¶〜する saponifier.

げんか 原価 prix m de revient; [買価] prix d'achat. 〜で売る vendre à prix coûtant. ‖〜計算 établissement m des prix de revient.

げんか 減価 ‖〜償却 amortissement m.

げんか 厳下 ¶〜に断る refuser net (sur place).

げんが 原画 tableau(x) m original; original (aux) m. 〜を蒐集する faire collection d'originaux; collectionner des originaux.

けんかい 見解 vue f; opinion f; avis m; point m de vue; idée f. 〜が一致する se mettre (tomber) d'accord; aboutir à l'unanimité; avoir la même opinion; partager l'opinion (les opinions) de qn. その会合では様々な〜が出された Dans la réunion, on a émis divers points de vue. 〜の一致 accord m; unanimité f; conformité f d'opinions. 〜の相違 différences fpl (divergences fpl) d'opinions; désaccord m. はっきりした〜を持つ avoir des idées arrêtées sur qc. 〜を異にする différer (diverger) sur qc. 彼女は子供の教育について夫と〜を異にしている Elle n'est pas du même avis que son mari pour l'éducation de leur enfant. 〜を聞く

(求める) demander l'avis de qn. 君の〜を聞かせてくれ Donne-moi ton avis. 〜を公表する exprimer son opinion.

けんかい 狷介 ¶〜な difficile; obstiné très orgueilleux(se). ‖〜な孤高である s'isoler dans son orgueil.

けんがい 圏外 ¶それは問題の〜だ C'est en dehors de la question. 彼は〜だ [数に入らぬ] Il n'est pas du nombre. あのチームは優勝争いの〜に去った La victoire n'est plus à la portée de cette équipe. ‖彼は競争〜に去った Il s'est retiré de la compétition (de la course).

けんがい 懸崖 précipice m; à-pic m inv; falaise f; flanc m abrupt.

げんかい 厳戒 surveillance f étroite (serrée). 〜をくぐり抜ける tromper (déjouer) une étroite vigilance. ¶〜する faire bonne garde; tenir qc sous bonne garde; surveiller qc étroitement.

げんかい 限界 limite f; extrémité f; borne f; frontière f; confins mpl; [期限] terme m. 人間の知力には〜がある L'intelligence humaine a des limites. 忍耐にも〜がある La patience a des bornes. 力の〜まで行く aller jusqu'au bout de ses forces. 〜をおく fixer des limites; [限定する] limiter qc; circonscrire qc. ¶私の力ではこれが〜だ Je suis arrivé à la limite de mes forces. 〜の無い sans limite (borne). ‖〜角 angle m limite. 〜効用 [経] utilité f marginale. 〜状況 extrémités; situation f extrême.

げんがい 言外 ¶〜の意味 sous-entendu m. 〜の意を読み取る lire entre les lignes; deviner (lire) ce qui est sous-entendu. 〜に匂わせる insinuer; faire allusion.

げんがい 限外 ¶〜顕微鏡 ultramicroscope m.

けんかく 剣客 bonne épée f; fine lame f; bon escrimeur m. あの人は〜だ C'est une bonne épée.

けんかく 懸隔 différence f; divergence f; écart m. 意見の〜 divergence d'opinions.

けんがく 建学 fondation f [d'une école]. 〜の精神 esprit m de fondateur.

けんがく 見学 visite f. ¶〜する visiter. 工場を〜する visiter son usine.

げんかく 厳格 ¶〜な sévère; austère; dur; spartiate; rigoureux(se). ⇨きびしい(厳しい). ‖〜主義 rigorisme m. 〜主義者 rigoriste mf.

げんかく 幻覚 illusion f; hallucination f; vision f; ph(f)antasme m. 死の〜 vision de la mort. 〜を抱く avoir des visions; se faire des illusions. 〜を起こさせる halluciner qn. ¶〜による hallucinatoire; fantasmatique. 〜剤 [drogue f] hallucinogène m.

げんがく 弦楽 ‖〜器 [instrument m à] cordes fpl. 〜器製造人 [販売] luthier m. 〜四重奏 quatuor m [à cordes].

げんがく 減額 réduction f; diminution f. 支出の〜 réduction des dépenses. ¶〜する réduire; [faire] diminuer; restreindre. 〜された給料 salaire m diminué.

げんがく 衒学 pédanterie f; pédantisme m; demi-savoir m inv. ¶〜的な pédant

けんかしょくぶつ 顕花植物 phanérogames *fpl*.

けんがみね 剣が峰 ¶成否の~ moment *m* critique. ~に立つ être acculé (au pied du mur); danser sur la corde raide.

けんがん 検眼 optométrie *f*; [眼底] ophtalmoscopie *f*. ~器 optomètre *m*. ~鏡《医》 ophtalmoscope *m*.

げんかん 厳寒 froid *m* rigoureux; fort *m* de l'hiver. ~の候 saison *f* des grands froids.

げんかん 玄関 entrée *f*; porte *f* principale; [ロビー] vestibule *m*; [車寄せ] porche *m*; [控えの間] antichambre *f*. ~で待つ attendre dans un vestibule. ‖~払いを食わす fermer la porte à qn au nez de qn. ~番 concierge *mf*; portier(ère) *m(f)*; gardien(ne) *m(f)*; [書生] étudiant(e) *m(f)* au pair.

けんぎ 嫌疑 suspicion *f*; soupçon *m*. 不当な ~ soupçon injuste (mal fondé). ~は彼にかかっている Les soupçons se portent sur lui. ~をかける tenir qn en suspicion; soupçonner qn; suspecter qn; tenir qn pour suspect. 彼はその傷害事件に加わったという~をかけられている Il est soupçonné d'avoir participé à l'attentat. ~を晴らす dissiper les soupçons. ~を他人に向ける détourner les soupçons sur un autre. ¶~がかかっている人 suspect(e) *m(f)*.

けんぎ 建議 proposition *f*. ¶~する faire une proposition; présenter une opinion; faire une pétition. 立憲議会召集を~する proposer la convocation de l'Assemblée Constituante.

げんき 元気 ¶~がある être plein d'énergie (de vitalité); avoir de l'allant; être en [bonne] forme; se bien porter; [若人が] avoir de la verdeur. ~がない être sans énergie; être inerte (abattu, découragé); se trainer; 《俗》 manquer de culot. それで私も~が出た Ça m'a remonté. 一杯のコーヒーで~が出た Une tasse de café m'a ravigoté. その言葉で私は~が出た Ces paroles m'ont remonté [le moral]. さあ~を出せよ Allons, du courage!/Allons, réveille-toi (secoue-toi)! 一杯飲んで~をつける prendre un verre pour se remonter. ~づく se remonter; reprendre des forces; [老人が] reprendre courage; se ravigoter; [大胆になる] s'enhardir. ~づける revigorer; remonter; réconforter; encourager; ranimer; 《俗》 ragaillardir. みんなで彼を~づけてやろう Allons lui remonter le moral. ¶~な vigoureux(se); alerte; énergique; ardent; courageux(se); [陽気な] guilleret(te). ~でいきいきと好きな子 gamin *m* vif et malicieux. ~の良い顔色 teint *m* florissant. ~になる se sentir ragaillardi; revivre; [病気などが直る] retrouver *sa* forme (santé); se remettre; 《俗》 se requinquer; se retaper. 彼はしばらく見ないうちに~になったIl est bien remis depuis la dernière fois que je l'ai vu. お~ですか Comment allez-vous?/Alors, ça va? 私はまったく~です Je suis en parfaite santé. ~に avec entrain;

énergiquement. ~よく手足をうごかす agiter énergiquement les bras et les jambes. ~さ entrain *m*; vigueur *f*; ardeur *f*; énergie *f*; force *f*; [気持ちの] fermeté *f*; courage *m*.

げんき 原基 étalon *m*. ‖メートル~ mètre *m* étalon. キログラム~ kilogramme *m* étalon.

げんぎ 原義 sens *m* original.

けんきゃく 健脚 ¶~を誇る être bon marcheur; avoir de bonnes jambes.

けんきゃく 剣客 ⇒ けんかく(剣客).

けんきゅう 研究 recherche *f*; étude *f*; travaux *mpl*. ~に没頭する se consacrer à l'étude de *qc*. ~を再開する reprendre *ses* études. ~を断念する abandonner *ses* recherches. ¶~する faire des recherches (études) sur *qc*; étudier *qc*. [特殊~] monographie *f*. ~室 salle *f* d'études. ~者 chercheur(se) *m(f)*; [科学者] travailleur(se) *m(f)* scientifique. ~所 centre *m* de recherche [scientifique]. [実験所] laboratoire *m*. ~テーマ thème *m* de recherche (d'étude).

けんぎゅう 牽牛 [星] le Bouvier.

げんきゅう 原級 [文法] positif *m*. ◆ [学年] ¶~にとめおく faire redoubler une classe. ~にとめおかれる redoubler une classe; être recalé.

げんきゅう 減給 diminution *f* (réduction *f*) de salaire. ¶~する diminuer (réduire) le salaire. ~されたと On m'a diminué.

げんきゅう 言及 mention *f*; allusion *f*. ¶~する faire mention de *qc*; faire allusion à *qc*.

けんきょ 検挙 arrestation *f*. ~にふみきる procéder à l'arrestation de *qn*. ¶~する arrêter; mettre *qn* en arrestation; mettre la main sur *qn*. ~される se faire arrêter (attraper, épingler).

けんきょ 謙虚 modestie *f*; humilité *f*; discrétion *f*. ¶~な modeste; humble; discret; réservé; effacé. ~に modestement; humblement; avec modestie; sans affectation.

けんぎょう 兼業 cumul *m*. ¶~する cumuler deux (plusieurs) professions; avoir droit à différents titres. ‖~農家 agriculteur *m* qui exerce un autre métier.

げんきょう 元凶 [扇動者] auteur *m*; fauteur (trice) *m(f)*. 彼が事件の~に違いない Il doit être l'auteur du crime.

げんきょう 現況 situation *f* (condition *f*, conjoncture *f*) actuelle. ~では dans cet état de choses; dans ces conditions; en l'occurrence; du train où vont les choses.

げんぎょう 現業 travail(aux) *m* manuel. ‖~員 travailleur(se) *m(f)* manuel(le); ouvrier(ère) *m(f)*. ~部門 service *m* de l'exploitation (du matériel de l'intendance).

けんきょうふかい 牽強付会 それは~だ C'est tiré par les cheveux.

けんきん 献金 contribution *f*; cotisation *f*; quote-part *f*. ¶~する apporter *sa* contribution; se cotiser; faire *sa* quote-part; offrir de l'argent. ‖政治~ collecte *f* pour un parti politique. ~箱 [教会] tronc *m*.

げんきん 厳禁 interdiction *f* formelle (catégorique, absolue, expresse). この部屋では喫煙は～です Il est expressément interdit de fumer dans cette salle. ¶～を defendre (interdire) expressément (formellement). ‖「喫煙～」《Défense expresse de fumer.»

げんきん 現金 argent m comptant (liquide); espèces fpl. ～で払う payer (régler) comptant; payer en espèces (en numéraire). ～で買う(売る) acheter (vendre) au comptant. かなりの～を動かす manier des fonds considérables. ‖～買い made au comptant m (vente f) au comptant. ～書留め mandat (s)-lettre(s) m. ～書留めで送る mandater qc. ～集金人 encaisseur m; garçon m de recettes. ～収入 revenu m en espèces. ～出納係 caissier(ère) m(f). ～取引き transaction f au comptant.

げんくん 元勲 ⁺haut personnage m de l'Etat.

けんけい 県警 police f départementale.

げんけい 原型 original(aux) m; archétype m; prototype m; modèle m (type m) original (principal).

げんけい 原形 forme f primitive. ‖～質 protoplasma m.

げんけい 減刑 commutation f [de peine]. ～に浴する bénéficier d'une commutation de peine. ¶～する commuer une peine. 死刑は～されることがある La peine de mort peut être commuée. ‖～嘆願 appel m de commutation de peine.

げんけいしつ 原形質 protoplasme m; protoplasma m. ¶～の protoplasmique.

けんげき 剣劇 pièce f chevaleresque; pièce de cape et d'épée.

けんげき 剣戟 combat m à l'arme blanche. 突如起る～の響き Voilà qu'on entend un cliquetis de sabres.

けんけつ 献血 don m de sang. ¶～する donner du sang. ‖～者 donneur(se) m(f) de sang.

げんげつ 弦月 croissant m; lune f échancrée; lune dans son premier (dernier) quartier.

けんげん 権限 droit m; pouvoir m; capacité f; faculté f; attributions fpl; ressort m; compétence f. ～を越える sortir des limites de son droit. これは私の～外だ Cela n'entre pas dans mes compétences./Cette affaire n'est pas de ma compétence (de mon ressort, de ma juridiction). それは彼の～外のことだ Cela est en dehors de ses pouvoirs. ...の～である ressortir à qc; dépendre de qn; concerner qn.

けんけんごうごう 喧々囂々 à grand bruit; bruyamment; en grand émoi. ¶～たる批判 violente critique f.

けんご 堅固 ～な solide; fort; robuste; résistant; [意思が] inébranlable; ferme; raffermi; inflexible. ～な要塞 forteresse f imprenable (inexpugnable). ～[なもの]にする fortifier; consolider; renforcer; [意思を] raffermir; [信仰を] confirmer. ‖彼は志操～だ Il est ferme dans sa résolution. 道心～な scrupuleux(se); consciencieux(se); cor-

recte.

げんご 原語 langue f originale. ～で en [texte] original; dans l'original. ‖～版 [映画] en version originale.

げんご 言語 langage m; langue f; idiome m; [口語] parole f; [個人・地方的] parler m. ～と思考との関係 rapports mpl entre le langage et la pensée. ～に関する langagier (ère). ～に絶する indicible; inexprimable; indescriptible. ～に絶する事件 affaire f qui dépasse toute description. 人工(国際)～ langue artificielle (internationale). ～学 linguistique f. 機能(構造, 応用)～学 linguistique fonctionnelle (structurale, appliquée). 比較史的, 一般)～学 linguistique comparée (historique, générale). ～学の linguistique. ～学者 linguiste mf. ～障害 troubles mpl d'articulation (du langage); [失語症] aphasie f; [失読症] cécité f verbale; alexie f. ～障害者 aphasique mf. ～喪失の現象を失語症と呼んでいる On appelle aphasie le phénomène de la perte du langage. ～表現 expression f verbale.

げんこ[つ] 拳固(骨) [coup m de] poing m. ～で脅す montrer le poing à qn. ～を固める serrer le poing. ～をくらわす donner (allonger) un coup de poing à qn.

けんこう 健康 santé f. ～がすぐれない se porter mal; être en mauvaise santé. ～を害する détruire (perdre, compromettre, détériorer, délabrer, abimer) sa santé; s'abimer la santé. ～を回復する recouvrer la santé; se rétablir; se retaper; se remonter; [病気が直る] guérir. ～を保つ conserver une bonne santé; se garder (se maintenir) en santé. ～な bien portant; gaillard; valide; bien en forme. ～である être en bonne santé (forme); se bien porter; jouir de la bonne santé; respirer la santé; avoir une grande santé. もっと～だったら、スポーツが出来るんだが Si j'étais en meilleure santé, je pourrais faire du sport. ～そうですね Vous avez l'air en [bonne] santé. ～に良い sain; favorable (bon) pour la santé; [衛生的に] hygiénique; salubre. 田舎の空気は～によい L'air de la campagne est sain. ～に悪い malsain; insalubre; mauvais pour la santé; antihygiénique. ～状態 état m de santé. ～食品 aliment m naturel; alimentation f biologique. ～診断 examen m médical; visite f médicale. ～診断書 certificat m médical. ～相談 consultation f médicale. ～相談所 bureau(x) m de conseils médicaux. ～美容 beauté f saine. ～保険 sécurité f social; assurances fpl sociales. ～保険証 carte f de sécurité sociale.

けんこう 兼行 ～昼夜～で工事を進める faire des travaux nuit et jour (jour et nuit).

けんこう 軒昂 ‖意気～と avec entrain; énergiquement; courageusement.

けんごう 剣豪 maître m d'armes; bonne épée f; fine lame f.

げんこう 原稿 manuscrit m. ‖～用紙 papier m à écrire. ～料で暮す vivre de sa plume.

げんこう 原鉱 minerai *m* avec sa gangue.

げんこう 現行 ¶〜の existant; actuel(le); en cours. ‖〜制度 régime *m* actuel (en cours). 〜犯で逮捕される être pris en flagrant délit;《俗》être pris sur le tas (la main dans le sac). 〜法 loi *f* en vigueur. 〜料金 tarif *m* existant.

げんこう 言行 faits *mpl* et dits *mpl*; actes *mpl* et paroles *fpl*. 〜一致でなさねば Les actes doivent correspondre aux paroles. 彼の〜は一致しない Il ne fait pas ce qu'il dit.

げんこう 肩甲骨 omoplate *f*;《俗》palette *f*.

げんこく 建国 fondation *f*; création *f* d'un Etat. 〜する fonder un Etat. 〜の精神 esprit *m* de fondateur [de l'Etat]. 彼は〜の父だ Il est le père de la patrie. ‖〜者 fondateur(trice) *m(f)* d'un Etat.

げんこく 原告 plaignant(e) *m(f)*; demandeur(eresse) *m(f)*; partie *f* plaignante.

げんこつ 拳骨 poing *m*. 〜を食らわす donner un coup de poing.

げんこん 乾坤 〜一擲の挙に出る jouer *son* va-tout.

げんこん 現今 〜の状勢 situation *f* (conjoncture *f*) actuelle (en cours).

けんさ 検査 examen *m*; visite *f*; test *m*; [試験] test *m* épreuve *f*; [検閲] inspection *f*; contrôle *m*; [調査] investigation *f*; fouille *f*; [確認] vérification *f*; pointage *m*; révision *f*; [会計の] apurement *m*. 帳簿の〜 contrôle d'une comptabilité. 〜を受ける passer la visite. 〜する examiner; faire la revue de; tester; passer *qc* en revue; [ためす] mettre *qc* à l'épreuve; [捜索の場合] fouiller; [会計を] apurer. ‖血清〜 examen sérologique. 知能〜 test d'intelligence pratique. 適性〜 test d'aptitude. 透視〜 [examen à la] radioscopie *f*. 〜員(官) examinateur(trice) *m(f)*; contrôleur(se) *m(f)*; inspecteur(trice) *m(f)*; [会計などの] réviseur(se) *m(f)*; vérificateur(trice) *m(f)*. 〜基準 critère *m*. 〜証 [車の] carte *f* grise. 〜済み《révisé》.

けんざい 健在 ¶〜である vivre (exister) sans encombre; se bien porter; marcher (fonctionner, aller) bien. 七十になっても彼の頭脳は相変らず〜である A soixante-dix ans, il a encore toute sa tête.

けんざい 建材 matériaux *mpl* [de construction]. ‖加工(非加工)〜 matériaux travaillés (bruts). 人工〜 matériau artificiel.

けんざい 顕在 ¶〜する visible; manifeste; évident. ‖〜化する se manifester. 〜失業 chômage *m* manifeste.

げんさい 減殺 ¶ 興味を〜する diminuer l'intérêt. 喜びを〜する gâcher le plaisir.

げんざい 原罪 péché *m* originel.

げんざい 現在 [temps *m*] présent *m*; moment *m* actuel; [文法] présent. 〜だけを生きる vivre dans le présent. 〜まで [の所] jusqu'ici; pour le moment. 〜の actuel(le); présent; contemporain. 〜の問題 problème *m* d'aujourd'hui. 〜の所 à l'heure actuelle; dans les circonstances actuelles; dans la situation actuelle. ‖〜高 montant *m* actuel. 〜地 adresse *f* actuelle; lieux *mpl*. 〜地はここだ Nous sommes ici. 〜分詞 participe *m* présent. ◆[副詞] aujourd'hui; maintenant; à présent; actuellement; en ce moment. 〜分っているのはそれだけです C'est tout ce qu'on sait pour l'instant. 彼が苦労している、助けてやるのが当然だ Maintenant qu'il est acculé au mur, il est normal que je lui prête secours.

けんさく 検索 recherche *f*. ¶〜する rechercher; consulter. ‖〜エンジン moteur *m* de recherche. 〜込み recheche *f* approfondie. 〜詳細 recheche *f* détaillée.

げんさく 原作 original(aux) *m*; [édition *f*] originale *f*.

げんさく 原索 ¶〜動物 proc[h]ordés *mpl*.

けんさつ 検察 ¶〜官 membre *m* du parquet; procureur *m*; [集合的] magistrature *f* debout. 〜官代理 substitut *m*. 〜庁 parquet *m*; ministère *m* public. 〜庁長官 procureur général.

けんさつ 検札 contrôle *m* des billets. ‖〜係 contrôleur(se) *m(f)*; [地下鉄などの] poinçonneur(se) *m(f)*.

けんさつ 賢察 ¶…を御〜下さい Veuillez bien comprendre (vous rendre compte) que…. 御〜の通り comme vous l'avez bien remarqué (vu).

けんさん 研鑽 〜を積む poursuivre *ses* études; travailler sérieusement pendant de longues années.

けんざん 検(験)算 preuve *f*; vérification *f*. 引き算[掛け算]の〜をする faire la preuve d'une soustraction (multiplication).

げんさん 原産 ¶この果物はアフリカ〜である Ce fruit est un produit africain. ‖〜地 pays *m* d'origine (de provenance).

げんさん 減産 réduction *f* de la production. ¶〜する réduire la production.

けんし 剣士 escrimeur *m*; épéiste *m*. ⇒けんかく(剣客). ‖〜名 bonne épée *f*; fine lame *f*.

けんし 検死 examen *m* de cadavre. ¶〜する procéder à l'examen d'un cadavre.

けんし 犬歯 [dent *f*] canine *f*.

けんじ 堅持 ¶〜する observer fermement; tenir rigoureusement à. 自分の立場を〜する persister (persévérer) dans *sa* position.

けんじ 検事 procureur *m*; membre *m* du parquet. ¶〜局 ministère *m* public; parquet *m*. 〜総長 procureur général.

けんじ 献辞 dédicace *f*. 〜を書く dédicacer.

けんじ 顕示 ¶〜する manifester; mettre en évidence. 自己〜欲 désir *m* de se faire remarquer.

げんし 原始 ¶〜の primitif(ve); premier(ère); rudimentaire; [原初の] originel(le). ‖〜時代 premiers temps *mpl*; temps primitifs; âge *m* primitif. 〜社会 société *f* primitive. 〜宗教 religion *f* primitive. 〜人 homme *m* primitif; primitif(ve) *m(f)*; premiers hommes. 〜林 forêt *f* vierge.

げんし 原子 atome *m*. ¶〜の atomique; nucléaire. ‖〜価 valence *f*. 〜核(量) noyau

げんし (x) m (poids m) atomique. ~核分裂 fission f nucléaire. ~爆弾 bombe f A (atomique). ~爆弾被災者 atomisé(e) m(f). ~番号 nombre m (numéro m) atomique. ~物理学 microphysique f; physique f nucléaire (du noyau). ~物理学者 microphysicien(ne) m (f). ~兵器 arme f (engin m) nucléaire (atomique). ~砲 canon m atomique. ~力 énergie f atomique (nucléaire). ~力戦争 guerre f atomique (nucléaire). ~力船 navire m à propulsion atomique. ~力潜水艦 sous-marin m atomique. ~力発電所 centrale f nucléaire. ~炉 pile f atomique; réacteur m nucléaire.

げんし 原紙 [謄写] stencil m; papier m paraffiné.

げんし 幻視 ⇨ げんかく (幻覚).

げんじ 言辞 parole f; langage m; propos m. 不遜な~を弄する tenir des propos insolents; dire des impertinences.

げんしき 見識 perspicacité f; clairvoyance f; sagacité f; discernement m. 彼は~が高い Il voit loin.《俗》Il a le nez fin (du nez). ~を欠く manquer de perspicacité. ~を示す faire preuve de perspicacité. ¶~を張る se donner des airs importants. ~ある perspicace; sagace; prévoyant. ~の高い女 femme f un peu fière.

けんじつ 堅実 ¶~な [変らない] constant; [堅い] consistant; [安定した] stable; ferme; solide; inébranlable; [確かな] sûr; certain; immanquable; infaillible. ~な性格 caractère m constant; constance f. ~な人 personne f sûre. ~な方法 moyen m sûr (infaillible). ~に暮す vivre honnêtement. ~に得点する ne pas manquer l'occasion de gagner des points. ~さ constance; stabilité f; consistance f; sûreté f; certitude f.

げんじつ 現実 réalité f; vérité f; actualité f. 理想と~ l'idéal et la réalité. これが真の~というものだ C'est la vérité vraie. ¶~の(的) réel (le); vrai; véritable; actuel(le); réaliste. ~の状況 actualité f; situation f actuelle (en cours). ~的政策 politique f réaliste. ~に [は] réellement; en réalité; [この場で] sous nos yeux; [現に] en ce moment; actuellement; [本当に] vraiment. ¶~化 réalisation f; actualisation f. ~化する réaliser; actualiser. ~性 réalité f; [時間的] actualité. ~主義 réalisme m. ~主義者 réaliste mf.

げんじてん 現時点 heure f actuelle; moment m actuel. ¶~では actuellement; à présent; maintenant; dans la conjoncture actuelle; à l'heure actuelle. ~ではそれは不可能だ En ce moment c'est impossible.

けんじゃ 賢者 sage m; philosophe mf.

けんじゅ 犬儒 ¶~学説 cynisme m. ~学派の cynique. ~派 l'école f cynique; cyniques mpl.

げんしゅ 元首 chef m de l'Etat (du gouvernement).

げんしゅ 原種 espèce f d'origine.

げんしゅ 原酒 moût m.

げんしゅ 厳守 observation f stricte (étroite). ¶~する observer strictement (étroitement, de près); se soumettre à; obéir étroitement à. 時間を~する être [exact] à l'heure; être ponctuel(le). 消灯時間は~して下さい Observez l'heure du couvre-feu.

けんしゅう 研修 exercice m [pratique]; études fpl pratiques; stage m. ~する faire un stage. ¶~期間 stage. ~生 stagiaire mf. ~制度 système à instituer un stage.

けんじゅう 拳銃 pistolet m; [回転式] revolver m;《俗》pétard m. ~を打つ tirer au pistolet (un coup de revolver). ¶始動~ pistolet de starter. 自動~ pistolet automatique; pistolet(s)-mitrailleur(s).

げんしゅう 減収 baisse f des revenus. 今年の収穫は去年に比べ 20％の~だ Nos récoltes de l'année ont diminué de vingt pour cent par rapport à l'année dernière.

げんじゅう 厳重 ¶~な sévère; rigoureux (se); strict. ~な警戒 surveillance f (vigilance f) étroite. ~に調べる examiner de près (à fond). ~に抗議する protester catégoriquement; formuler une protestation vigoureuse (catégorique).

げんじゅうしょ 現住所 domicile m actuel; adresse f actuelle.

げんじゅうみん 原住民 indigène mf; [集合的に] population f indigène.

げんしゅく 厳粛 ¶~な sérieux(se); solennel (le); grave. ~な儀式 cérémonie f solennelle. ~な顔付 mine f grave. ~な事実 fait m sérieux. ~に gravement; solennellement. ~さを保つ garder le sérieux.

けんしゅつ 検出 détection f; extraction f; découverte f. エキスの~ extraction d'une essence. 毒素の~ détection d'un élément toxique. ¶~する détecter; trouver; découvrir; extraire. シアン化合物を~する déceler l'existence de cyanure.

けんじゅつ 剣術 escrime f. ~の達人 fine lame f; bonne épée f. ~をする faire de l'escrime; faire de l'épée; tirer [des armes, les armes]. ¶~家 escrimeur m; [師範] maître m d'armes. ~好き amateur m de la lame. ~道場 salle f d'armes.

げんじゅつ 幻術 magie f; sorcellerie f. ¶~家 magicien(ne) m(f); sorcier(ère) m(f).

げんしょ 原書 [texte m] original(aux) m.

けんしょう 憲章 charte f [constitutionnelle]; principe m politique.

けんしょう 懸賞 prix m. ¶~金 prix; prime f. 人の首に~金を掛ける mettre à prix la tête de qn.

けんしょう 検証 visite f; examen m; enquête f; [証書など] recoupement m. ¶~する vérifier; faire un recoupement.

けんしょう 肩章 galon m; épaulette f.

けんしょう 顕彰 ¶~する exalter; glorifier. 師の功徳をしのんで記念碑を立てる dresser un monument en l'honneur de son maître défunt.

けんじょう 献上 ¶~する offrir (présenter) respectueusement; dédier; faire hommage de qc à qn. ¶~物 tribut m; offrande f; cadeau(x) m; don m.

けんじょう 謙譲 ¶～の美徳を発揮する faire preuve de modestie. ～な modeste; humble; réservé; discret(ète). うわべばかりの～な fausse modestie f. ～語 terme m de politesse. ～表現 locution f polie.

げんしょう 減少 diminution f; décroissance f; réduction f; amoindrissement m. 資本の～ amoindrissement du capital. 生徒数の～が続いている Le nombre des élèves ne cesse de diminuer. ¶～する diminuer; décroître; s'amoindrir; se réduire; aller décroissant. ダムの水量が～した Le niveau des eaux du barrage a baissé. 体重を～させる se faire fondre (maigrir).

げんしょう 現象 phénomène m; apparence f; fait m. ～的 phénoménal(aux). それは～的な事実にすぎない Ce n'est qu'un fait d'apparence. ～的には phénoménalement; en apparence. ‖社会(生理)～ phénomène social (physiologique). 物理(付随)～ phénomène physique (accessoire). ～学 phénoménologie f. ～学者 phénoménologue mf. ～学的[な] phénoménologique. ～論 phénoménalisme m; 《哲》phénoménisme m.

げんじょう 原状 état m primitif; premier état. ～に復元する restaurer qc en son état primitif (originaire).

げんじょう 現状 état m actuel; situation f actuelle. 我が国の経済の～ situation économique actuelle de notre pays. ～を維持する maintenir le statu quo; se maintenir; [保守する] suivre l'ornière; [無気力に] végéter. ～を打破する rompre le statu quo; sortir de l'état actuel des choses. ～を維持しているだけの病人 malade mf qui végète. ‖～維持の保守派 conservateurs mpl qui sont pour le statu quo. 給料は上らず, 生活は～維持が精一杯だ Avec un salaire qui n'augmente pas, j'arrive tout juste à joindre les deux bouts.

けんしょく 兼職 ⇨けんにん(兼任), けんむ(兼務).

げんしょく 原色 couleurs fpl fondamentales (primaires); [刺激的な色] couleur voyante (vive, criarde, éclatante).

げんしょく 減食 diète f; privation f partielle de nourriture. ¶～する se mettre à la diète; suivre un régime; se priver partiellement de nourriture.

げんしょく 現職 situation f (profession f) actuelle. ¶～の警官 agent m de police en fonction. 彼は～の校長です Actuellement, il est [en poste de] directeur.

けんじる 献じる ⇨ けんじょう(献上).

げんじる 減じる ⇨ げんずる(減ずる).

けんしん 堅信 ‖～礼 《カト》 confirmation f.

けんしん 検診 visite f [médicale]. ～を受ける passer la visite [médicale]. ‖結核～ dépistage m de la tuberculose. 集団～ visite médicale collective.

けんしん 検針 relevé m de compteur. ¶～する relever le compteur. ‖～員 releveur (se) m(f) de compteurs. ～日 jour m de relevé de compteur.

けんしん 献身 ¶～する se dévouer à; se sacrifier à; se consacrer à. 身障者の看護に～する se dévouer aux soins des handicapés. ～的な dévoué; fidèle; loyal(aux). ～的に avec dévouement; par abnégation.

けんしん 堅陣 ¶敵の～を抜く déjouer (tromper) les défenses étroites de l'ennemi.

げんしん 原審 jugement m en premier ressort (de première instance). ～を破棄する casser (annuler) le jugement de première instance.

げんじん 原人 Homo m erectus. ‖北京～ pithécanthrope m pékinois.

げんず 原図 plan m original(aux) m.

けんすい 懸垂 ¶～をする faire une (des) traction(s).

げんすい 元帥 maréchal(aux) m; [海軍] amiral(aux) m [commandant] en chef. ‖～夫人 madame la Maréchale.

げんすい 減水 décrue f; baisse f des eaux. ダムが～を始めた Le barrage-réservoir a commencé à se vider. ¶～する baisser; diminuer. 貯水池はかなり～した Les eaux du réservoir ont considérablement décru. ‖～線 échelle f d'étiage.

げんすいばく 原水爆 bombe f atomique (bombe A) et bombe à hydrogène (bombe H). ‖～禁止運動 mouvement m contre les expériences nucléaires.

けんすう 件数 nombre m d'événements (d'accidents, d'incidents). ‖死亡～ nombre de cas mortels; mortalité f. 死亡～が著しく減った Il y a eu une baisse spectaculaire de la mortalité.

げんずる 減ずる [減らす] diminuer; réduire; amoindrir; [力を] modérer; [痛みを] atténuer; amortir; [速度を] ralentir; [差し引く] soustraire; ôter; retrancher; enlever. 衝撃を～ amortir un choc. 死～命を～ commuer la peine capitale (de mort). 雨が風の勢いを減じた La pluie a rabattu la force du vent.

けんすん 原寸 grandeur f nature; dimension f réelle. ‖～大の像 statue f grandeur nature.

げんせ 現世 le monde; ce [bas] monde. ～の御利益をうける bénéficier des biens de ce monde.

けんせい 憲政 régime m constitutionnel; [政策] politique f constitutionnelle. ～を敷く(擁護する) adopter (défendre) un régime constitutionnel.

けんせい 権勢 influence f; pouvoir m; empire m; autorité f. ～におもねる se faire petit devant l'autorité (le pouvoir). 彼の～は大したものだ Il est très influent/Il règne dans son milieu. ～をほしいままにする abuser de son pouvoir. ～を振う prendre (avoir) de l'empire sur; être influent; être dominant; avoir de l'autorité sur. ～を利用する user (faire trafic) de son influence. ‖～家 personnage m influent; homme m d'influence. ～家である avoir le bras long. ～欲 soif f de pouvoir.

けんせい 牽制 ¶～する [妨げる] entraver;

げんせい freiner; [探る] épier. 首切りをほのめかしてストの動きを～する bloquer un mouvement de grève par des menaces de renvoi. 発議を～する entraver les initiatives. ～し合う s'épier mutuellement. ‖～攻撃を行う opérer une diversion.

げんせい 原生 ¶～代 ère *f* primaire. ～動物（植物）protozoaire *m* (protophyte *m*). ～林 forêt *f* primaire; [処女林] forêt vierge.

げんせい 厳正 rigueur *f*; exactitude *f*; [公平] justice *f*; équité *f*; impartialité *f*. ¶～に avec rigueur; [公平に] équitablement; avec justice. ～さを欠く論理 logique *f* qui manque de rigueur. ～中立を守る observer (garder) une stricte neutralité.

げんぜい 減税 dégrèvement *m* [d'impôt] réduction *f*; remise *f*. ¶～[の恩恵]に浴する obtenir un dégrèvement; [される] dégrever *qn* (*qc*); faire remise [d'un impôt]; faire une réduction d'impôt. ‖～法案 projet *m* de loi portant dégrèvement d'impôt.

けんせき 譴責 blâme *m*. ¶～する blâmer *qn*; infliger un blâme à *qn*; punir *qn* d'un blâme. ～すべき blâmable. ‖～処分にする (を受ける) donner (recevoir) un blâme; infliger (encourir) un blâme. 生徒を～処分にする infliger un blâme à un élève.

けんせきうん 巻積雲 cirro-cumulus *m inv*.

けんせつ 建設 construction *f*; fondation *f*; édification *f*; établissement *m*. ¶～する construire; bâtir; édifier; [創立] fonder; [樹立] établir. 新しい町を～する bâtir une nouvelle ville. 家を～する construire une maison. ¶～[の] constructi*f*(*ve*); créateur(trice). ～的な提案 proposition *f* constructive. ‖～者 construct*eur*(*trice*) *m*(*f*); bâtisseur(se) *m*(*f*); [創立者] fondat*eur*(*trice*) *m*(*f*). ～資材 matériaux *mpl* de construction. ～省(大臣) ministère *m* (ministre *m*) de l'Equipement. ～中の道路 route *f* en construction.

げんせつ 言説 discours *m*. 不穏当な～を弄する tenir des propos inconvenants (déplacés, mal choisis).

けんぜん 健全 sain *m*; salubre; salutaire. ～な判断 jugement *m* sain. 「～な精神は～な肉体に宿る」 «Un esprit sain dans un corps sain.»; «Mens sana in corpore sano.» 心身共に～である être sain de corps et d'esprit. ～な社会 santé *f*; salubrité *f*. 精神の～さ santé *f* d'esprit. ～化 assainissement *m*. 財政を～化する assainir la situation financière.

げんせん 厳選 choix *m* rigoureux; triage *m*. ¶～する choisir (sélectionner) rigoureusement; faire une sélection rigoureuse; trier.

げんせん 源泉 source *f*; point *m* d'eau. ¶～課税 imposition *f* à la source [sur le revenu salarial]. ～[徴収] 票 attestation *f* de salaire imposable.

げんぜん 厳然 ¶～たる(とした) [動かない] immuable; inflexible; implacable. ～たる事実 fait *m* incontestable (indéniable). ～たる証拠 preuve *f* flagrante (patente, évidente,

certaine). ～たる態度で implacablement. ～たる調子で impérieusement. ～として物に動じない rester de pierre.

けんそ 険阻 ¶～な escarpé; à pic; abrupt; raide; rapide.

げんそ 元素 élément *m*; corps *m* simple. ‖金属～ élément métallique. ～記号 symbole *m* chimique. ～分析 analyse *f* élémentaire.

けんそう 喧騒 bruit *m*; tapage *m*; tumulte *m*; fracas *m*; vacarme *m*. 街の～ agitation *f* de la rue. 町の～がここまで聞える La rumeur de la ville s'entend d'ici. 彼の叫び声も～の中にかき消された Ses cris se sont perdus dans le tumulte. ¶～の巷 ville *f* bruyante.

けんぞう 建造 construction *f*. 船を～する mettre sur le chantier un bâtiment (en chantier); construire un bâtiment. ‖船を一覧～中である Un navire est en construction. ～物 bâtiment *m*; construction; édifice *m*.

げんそう 幻想 fantaisie *f*; illusion *f*; chimère *f*; rêve *m*; vision *f*. ～ばかり追っていても甲斐がないだろう A quoi ça sert de nourrir des illusions? ～を抱く avoir une illusion; se nourrir (se repaitre) d'illusions; rêver; se faire des illusions vaines; [bâtir] des châteaux en Espagne. ¶～的な fantastique; fantaisiste; rêveur(se). ～的なもの fantastique *m*. ～家 fantaisiste *mf*; rêveur(se) *m*(*f*); visionnaire *mf*; songecreux *m inv*. ～曲 fantaisie *f*. ～交響曲 symphonie *f* fantastique.

げんそう 舷窓 ¹hublot *m*.

げんぞう 現像 [写真] développement *m*. フィルムを～に出す donner une pellicule à développer. ¶フィルムを～する développer une pellicule. ‖～液 révélateur *m*.

けんそううん 巻層雲 cirro-stratus *m inv*.

けんそく 検束 détention *f*. ¶～する détenir *qn*.

けんぞく 眷属 famille *f*; parents *mpl*; [家来] ses hommes *mpl*; ses vassaux *mpl*. 彼とその～ lui et toute sa famille.

げんそく 原則 principe *m*; théorie *f*; fondement *m*; norme *f*. ～に従う observer les principes. ～を欠く manquer de principes. ¶～的な de principe. ～的な合意に達する parvenir à un accord de principe. ～として théoriquement; en principe; d'après les principes.

げんそく 減速 ralentissement *m*; réduction *f* de vitesse. ¶～する ralentir; réduire sa vitesse; freiner; [機関を] démultiplier; [ギアチェンジをして] rétrograder. ‖～装置 démultiplicateur *m*; réducteur *m*.

げんそく 舷側 bord *m*; [船首の] joues *fpl*. ¶～を借りる bord à bord. ‖～砲 bordée *f*.

げんぞく 還俗 ¶～する se défroquer; quitter le froc; jeter le froc aux orties. ‖～者 défroqué *m*.

けんそん 謙遜 humilité *f*; modestie *f*; discrétion *f*; réserve *f*. ¶～する s'humilier; être modeste. あなたは～しすぎている Vous êtes bien trop modeste. ～[的]な modeste.

げんぞん 現存 existence f; présence f. ¶〜する exister actuellement; être présent. 〜する作家の中から parmi les écrivains encore en vie.

けんたい 倦怠 lassitude f; langueur f; ennui m; spleen m. 〜を覚える éprouver de l'ennui. 〜を催させる engendrer l'ennui; [形容詞] languissant; ennuyeux(se). ¶〜気分の ennuyé; alangui; las(se); fatigué. ‖〜期 période f de lassitude.

けんだい 見台 pupitre m; [譜面台] lutrin m.

げんたい 減退 (減少) diminution f; décroissance f; [衰退] affaiblissement m; défaillance f; affaissement m; [スピードの] ralentissement m. ¶〜する diminuer; défaillir; décliner; décroître; se perdre; [スピードが] ralentir; [精力などが] [s']affaiblir; [熱意などが] se refroidir; baisser. 皆んなの熱意がーした La ferveur du public s'est refroidie. 視力が〜した。そのうち眼鏡をかけねばならなくなる Ma vue baisse. Je vais devoir porter des lunettes.

げんだい 原題 titre m original.

げんだい 現代 temps mpl modernes; époque f moderne; notre temps; période f contemporaine; époque contemporaine. ¶〜の contemporain; moderne. 〜の風俗 mœurs fpl du temps. 〜の[的な] moderne. 〜では de notre temps; de nos jours; actuellement; maintenant. ‖〜化 modernisation f. 〜化する moderniser. 〜史 histoire f contemporaine. 〜人 modernes mpl; nos contemporains; [集合的] génération f actuelle. 〜性 modernité f. 〜風に à la moderne. 〜文学 littérature f contemporaine.

けんだま 剣玉 bilboquet m. 〜をする jouer au bilboquet.

けんたん 健啖 ¶〜家 gros mangeur m; bonne fourchette f. 彼は〜家だ Il a un joli (bon) coup de fourchette.

げんたん 減反 mise f en jachère; réduction f de surface cultivable. ¶〜する augmenter les jachères.

げんだんかい 現段階 conjoncture f actuelle. 〜では dans la situation actuelle; à présent; actuellement.

けんち 見地 point m de vue. この〜から de ce point de vue. 正しい(新しい, 大局的)〜から… を見る considérer qc sous son vrai jour (sous un jour nouveau, dans son ensemble). ‖芸術的〜からすれば au (du) point de vue artistique. 道徳的〜から du point de vue de la morale.

げんち 現地 ¶〜で sur les lieux; sur place. 〜に赴く se rendre sur place. 〜採用する embaucher sur les lieux (sur place). 〜調査 enquête f sur les lieux. 〜報告 reportage m sur les lieux. 〜渡し[値段] [à prix] loco.

げんち 言質 ¶〜を与える donner sa parole; promettre; engager sa parole. 〜を取る faire promettre; obtenir un engagement de qn.

けんちく 建築 construction f. ¶〜する construire; bâtir; établir; [壮大なものを] édifier. ‖〜家 architecte m. 〜会社 entreprise f de construction; société f immobilière. 〜学 architectonique f; art m de construction. 〜学(上)の architectural(aux). 〜技師 ingénieur m du bâtiment. 〜現場 chantier m. 〜術 architecture f. 〜中の家 maison f en construction. 〜物 construction; bâtiment m; édifice m; architecture f; [粗末な] bâtisse f. 〜用地 terrain m à bâtir.

けんちじ 県知事 ⇨ ちじ(知事).

けんちょ 顕著 ¶〜な manifeste; éclatant; notable; [優れた] remarquable; éminent; distingué. 〜な類似 ressemblance f frappante (saisissante). 〜な特徴 trait m marquant.

けんちょう 堅調 ¶株価は〜である Les actions montent (sont en hausse).

けんちょう 県庁 préfecture f. ‖〜所在地 chef(s)-lieu(x) m de département; préfecture.

げんちょう 幻聴 hallucination f auditive. 聞えたと思ったが、〜に違いない J'ai cru l'entendre, mais je dois avoir eu des hallucinations.

けんつく 剣突 ¶〜を食う se faire secouer; recevoir un bon savon. 〜を食わす secouer [les puces à] qn; tancer; attraper; critiquer vivement; rudoyer; donner (passer) un savon à qn.

けんてい 検定 examen m. ¶〜する soumettre qc à un examen. ‖〜教科書 manuel m scolaire autorisé. 〜試験 examen probatoire (blanc) [d'Etat]. 〜者 examinateur(trice) m(f).

けんてい 献呈 offre f; don m; [本の] dédicace f. ¶〜する offrir; faire hommage de qc à qn; [本を] dédier; dédicacer.

げんてい 限定 limitation f; restriction f; définition f. ¶〜する limiter; restreindre; [意味・日付] définir; préciser. 語の意味を〜する déterminer le sens d'un mot. 〜された数 nombre m limité. 〜できない indéfinissable; qu'on ne peut définir (déterminer). 〜詞 déterminant m. 〜選挙 suffrage m restreint. 〜版 édition f à tirage limité.

けんでん 喧伝 ¶〜する crier [sur les toits]; trompeter.

げんてん 原典 [texte m] original(aux) m. ¶〜通りに textuellement.

げんてん 原点 point m de départ; source f. 己れの〜に帰る se connaître soi-même; retourner à son origine. 〜に戻って問題を再検討する réexaminer un problème à la base. ◆[座標] origine f.

げんてん 減点 point m de pénalisation. ¶〜する ôter (retirer, enlever) des points; pénaliser.

ケント ‖〜紙 papier m Kent.

げんど 限度 limite f; bornes fpl; [最大] maximum (maxima, maximums) mpl; [上昇] plafond m. 忍耐にも〜がある La patience

けんとう a des limites. 自分の~を知る connaître ses limites. ~を越える dépasser la limite; crever le plafond.

けんとう 健闘 ¶~する se bien battre.

けんとう 拳闘 boxe f. ⇨ ボクシング.

けんとう 検討 examen m; étude f; analyse f. 問題の~ étude d'une question. ~に~を重ねる tourner et retourner [une question]. ¶~する examiner; étudier; analyser. 資料を~する dépouiller un document. 法案を~する mettre à l'étude un projet de loi. ‖再~する réexaminer. ~委員会 commission f d'étude.

けんとう 見当 [方角] direction f; sens m; ligne f; côté m. 彼の家はこちらの~だ Sa maison doit être par ici (de ce côté-là, dans ces parages). ~にある筈だ Vous pouvez le trouver dans cette direction. [判断] jugement m; point m de vue; opinion f; avis m; [推量] supposition f. 大体そんな~だ [そんな所だ] C'est à peu près cela. そんな~でプランを立てて下さい Elaborez le plan dans cette ligne. ~が外れる se tromper dans ses calculs; manquer son coup. ~をつける arrêter son jugement sur qc; [見積る] évaluer; estimer. いいかげんに~をつける juger au hasard (à l'aveuglette). ¶~のつかない話 histoire f vague (extravagante). ‖彼は~違いばかりしている Il ne cesse de taper à côté. ~違いの hors de propos; inopportun; malséant; inconvenable. 彼は~違いもはいしい Il se trompe du tout au tout. ~で [大体] 40歳~の男 homme m sur ses quarante ans. 2千万~のマンション appartement m d'environ vingt millions de yen.

けんどう 剣道 escrime f. ⇨ けんじゅつ(剣術).

けんどう 県道 route f départementale.

げんとう 幻燈 projection f de diapositives. ‖~機 lanterne f à projections; lanterne magique; projecteur m. ~室 salle f de projection.

げんとう 眩燈 falot m.

げんどう 原動 ¶~機 moteur m. 内燃~機 moteur à combustion interne. ~機付自転車 vélomoteur m. ~力 force f motrice; ressort m. 彼が勝利への~力となった Il a été le principal artisan de la victoire.

げんどう 言動 faits et dits mpl; conduite f. 奇矯な~ extravagances fpl. ~を慎む être réservé; être sobre en paroles.

けんどじゅうらい 捲土重来 ¶~を期す chercher à prendre sa revanche [après une défaite].

けんない 圏内 ‖それは彼の行動(勢力)~にある C'est dans sa sphère d'action (d'influence). 彼は当選~にある Une victoire électorale reste à sa portée. 彼はまだ優勝~にある Il a encore des chances de gagner.

げんなま 現生 argent m liquide (comptant). ~が全くない n'avoir pas un sou vaillant. ~で払う payer [au] comptant (en espèces). ⇨ げんきん(現金), かね(金).

げんなり ¶彼の甘ったるい調子には~するよ Je suis dégoûté de son ton douceâtre. ~している être fatigué; être las(se). 犬もこの暑さで~している Cette chaleur a mis le chien aussi à plat.

げんに 厳に sévèrement; rigoureusement; strictement; catégoriquement; absolument. ...することは~禁じられている Il est formellement interdit de inf.

げんに 現に actuellement; réellement; en réalité. ~君がここにいるじゃないか Mais tu es ici!

けんにょう 検尿 analyse f d'urines. ¶~する analyser les urines.

けんにん 兼任 cumul m de fonctions (de charges). ¶二つの職を~する cumuler deux fonctions. ‖~講師 chargé(e) m(f) de cours [non titulaire].

けんにんふばつ 堅忍不抜 ¶~の patient (persévérant); bien arrêté (ferme) dans sa résolution. ~の精神 persévérance f; fermeté f d'esprit.

ケンネル niche f [à chien]; chenil m.

けんのう 権能 compétence f; pouvoir m [légal]; qualité f. ⇨ けんげん(権限).

けんのう 献納 contribution f; offre f; tribut m. ¶~する offrir; faire don de qc. ‖~品 don m; offrande f.

けんのん 剣呑 ¶~~ Dieu m'en garde!

けんぱ 検波 détection f des ondes. ¶~する détecter les ondes.

げんば 現場 lieu(x) m; endroit m; place f. ~に(で) sur place; sur les lieux. ~に居合せる se trouver sur le lieu. ~に急行する se hâter sur les lieux. ~をおさえる prendre qn sur le fait (en flagrant délit); surprendre qn. 盗みの~をおさえる surprendre qn en train de voler. ‖工事~ chantier m; lieu(x) m de construction. ~監督 contremaître(sse) m(f); chef m; [坑内] porion m. ~検証する faire une enquête sur place (visite des lieux).

けんぱい 献杯 ¶~する offrir un verre [de saké]; faire hommage d'un verre à qn.

げんぱい 減配 réduction f de dividende. ¶~する réduire le dividende.

けんぱく 建白 ¶~書 pétition f. ~書に署名する signer une pétition adressée au gouvernement.

げんばく 原爆 bombe f atomique (A). ‖~症 maladie f causée par des radiations atomiques. ~症患者 atomisé(e) m(f). ~積載艦 [潜水艦] sous-marin m atomique; [航空母艦] porte-avions m inv atomique.

げんばつ 厳罰 châtiment m sévère; punition f (correction f) sévère. ~に処す punir (corriger) sévèrement; châtier rigoureusement; infliger une peine sévère à qn. ~に処される recevoir (subir) une punition sévère.

けんばん 鍵盤 clavier m.

げんばん 原版 [写真] cliché m [sur pellicule]; [印刷] composition f originale; [初版] édition f originale (princeps).

げんばん 原盤 [レコード] matrice f.

げんはんけつ 原判決 jugement m de première instance (en premier ressort). ~を破棄する casser le jugement précédent.

けんび 兼備 ‖ 才色～である réunir la sagesse et la beauté; joindre la sagesse à la beauté; être aussi sage que belle.

けんびきょう 顕微鏡 microscope *m*. 倍率1000の～ microscope qui grossit mille fois. ～の倍率 grossissement *m* (puissance *f*) d'un microscope. ～で調べる examiner (étudier) *qc* au microscope. ‖～でしか見えない microscopique. ‖限外～ ultramicroscope *m*. 電子～ microscope électronique. ～検査 examen *m* (étude *f*) au microscope. ～写真 microphotographie *f*.

けんぴつ 健筆 ‖～を振う savoir écrire; écrire bien et beaucoup. ‖～家 écrivain *m* qui a la plume facile.

げんぴん 現品 ‖～限りです Nous n'avons que cet exemplaire.

けんぶ 剣舞 danse *f* du sabre. ～を舞う exécuter la danse du sabre.

けんぷ 絹布 étoffe *f* (tissu *m*) de soie.

げんぷう 厳封 ‖～する sceller *qc*; cacheter *qc*.

げんぶがん 玄武岩 basalte *m*; roche *f* basaltique. ～の basaltique.

げんぷく 元服 ‖～する [成人になる] atteindre la majorité.

けんぶつ 見物 visite *f*. 市内の～ visite touristique de la ville. ‖～[を]する visiter *qc*; faire une visite; [芝居などを] voir; assister à. 東京を一日で～する visiter Tokyo en un jour. 高見の～をする regarder *qc* en simple badaud. ‖～席 place *f*; [桟席] loge *f*; [スタンド] gradin *m*; tribune *f*. ～人 visiteur(se) *m* (*f*); [芝居などの] assistant(e) *m*(*f*); spectateur(trice) *m*(*f*); [野次馬] badaud *m* (*f*); [集合的に] public *m*; galerie *f*. ～客 touriste *mf*.

げんぶつ 現物 現物 ‖～で支払う payer *qc* en nature. ‖会社が倒産して退職金は～支給された L'entreprise ayant fait faillite, l'indemnité de licenciement est réglée en biens de nature.

けんぶん 検分 enquête *f*; examen *m*; inspection *f*; revue *f*; visite *f*. ‖ 実地～をする faire une enquête sur place.

けんぶん 見聞 ‖～を広げる s'instruire; enrichir *ses* connaissances.

げんぶん 原文 [texte *m*] original(aux) *m*. ～と離れた訳 traduction *f* qui s'éloigne de l'original. ‖～通りに textuellement. ～のまま [記号に] sic.

げんぶん 言文 langue *f* parlée et langue écrite. ～を一致させる rapprocher la langue écrite de la langue parlée.

けんぺい 憲兵 gendarme *m*; [集合的に] gendarmerie *f*; police *f* militaire; 《俗》 maréchaussée *f*.

けんぺいずく 権柄ずく ‖～の autoritaire; impérieux(se); impérial(ive). ～で autoritairement; impérativement; impérieusement. ～で物を言う parler de haut.

けんぺいりつ 建坪率 surface *m* construisable.

けんべん 検便 analyse *f* de selles. ‖～する analyser les selles (matières fécales).

げんぼ 原簿 original(aux) *m* d'un livre des bilans (de commerce). ～を参照する consulter l'original.

けんぽう 憲法 constitution *f*. ～に定められる (違犯する) être écrit dans (violer) la constitution. ～を改正る réformer (réviser) la constitution. ～を定める établir une constitution. ‖～の constitutionnel(le). ～に適した constitutionnel(le); conforme à la constitution. ～に反した anticonstitutionnel(le); inconstitutionnel(le).

けんぽう 減俸 baisse *f* (réduction *f*) de traitement. ～になる avoir *son* salaire diminué (réduit). ⇔ げんきゅう (減給).

けんぽうじゅつすう 権ม術数 machiavélisme *m*; ruse *f*; machination *f*; manœuvre *f*. ～に富んでいる être plein de ruses. ～をめぐらす ourdir (tramer, machiner) un complot; nouer une intrigue. ～を弄する recourir à la ruse; user de ruses. ‖～に富んだ rusé; intrigant.

けんぼうしょう 健忘症 amnésie *f*. ‖～の oublieux(se); [病気] amnésique.

けんぽん 献本 livre *m* dédié (dédicacé). ‖～する dédier (dédicacer) *son* livre; faire hommage d'un livre à *qn*.

げんぽん 原本 [写本に対し] [texte *m*] original(aux) *m*; [証書] dossier *m* original. ‖ 判決～ minute *f* d'un jugement.

けんま 研磨 polissage *m*; fourbissage *m*; ponçage *m*; brunissage *m*; astiquage *m*; [研ぐこと] aiguisage *m*; affilage *m*. ‖～する polir; poncer; fourbir; brunir; astiquer; [磨き粉で] gréser; [研ぐ] aiguiser; affiler. ‖～機 aléseuse *f*; [小刀などを] affiloir *m*. ～剤 abrasif *m*. ～盤 machine *f* à poncer (polir). ～用～ [歯医者の] meule *f*.

げんまい 玄米 riz *m* décortiqué.

けんまく 剣幕 ‖ものすごい～で入って来る entrer avec un air furieux.

げんみつ 厳密 ～な strict; exact; rigoureux(se); étroit; précis. ～な論証 démonstration *f* rigoureuse. ～な意味で au sens strict; stricto sensu. ‖～に rigoureusement; exactement; strictement. ～に言えば en toute rigueur; à strictement parler. 事実を～に分析する analyser rigoureusement les faits. ～さ exactitude *f*; rigueur *f*; précision *f*. 彼の報告書は～さを欠いている Son rapport manque de rigueur.

げんみょう 玄妙 ‖その道の～をきわめる être dans le secret de cet art. ～な profond; secret(ète); ésotérique.

けんむ 兼務 cumul *m* [de charges, fonctions]. ‖～する cumuler. 二つの職を～する cumuler deux fonctions. 一人の大臣と学長とを～することは好ましくない Il n'est pas souhaitable qu'un homme cumule les fonction de ministre et de recteur.

けんめい 懸命 ‖～の努力をする faire tous les efforts pour; faire de *son* mieux. ～を振って de toutes *ses* forces; avec acharnement; [熱心に] avec ardeur. ～に応援する encourager avec enthousiasme. ～に勉強する étudier avec ardeur. 家族を養うために～に働く tra-

けんめい 賢明 ¶~な sage; sensé; avisé; perspicace; [節度ある] mesuré; réfléchi; judicieux(se); raisonnable. ~な意見 remarque f pertinente. ~でない impolitique. ~に raisonnablement; judicieusement. ~さ sagesse f; pertinence f; perspicacité f.

げんめい 原名 [映画, 小説などの] titre m original.

げんめい 厳命 ordre m impératif; ukase (oukase) m. ¶~する ordonner qc expressément; donner un ordre impératif; enjoindre qc (de inf) à qn.

げんめい 言明 déclaration f; affirmation f; aveu(x) m; proclamation f; manifeste m. ¶~する déclarer; proclamer; affirmer.

げんめつ 幻滅 désillusion f; désenchantement m; déboire m; déception f; désappointement m. ~を感ずる éprouver des désillusions. ~を味わう essuyer des déboires; se désenchanter; se désappointer; être déçu; [俗] déchanter.

げんめん 原綿 coton m brut.

げんめん 減免 réduction f; remise f. 税の~ dégrèvement m. ¶税を~する dégrever qn. 税を~される obtenir un dégrèvement. ‖~委員会 commission f de dégrèvement.

げんもう 原毛 laine f brute.

けんもほろろ ¶~の bourru; brusque; brutal(aux); rude; sec (sèche). ~の挨拶 accueil m très froid. ~の返答 réponse f très brusque (brutale). ~に追い返す renvoyer (chasser) avec brusquerie.

けんもん 検問 contrôle m; visite f. ¶~する [取り締る] contrôler; [検査する] visiter; examiner. ‖~所 poste m de contrôle.

けんもん 権門 famille f puissante.

げんや 原野 plaine f; [荒野] terre f sauvage; lande f; brande f; garrigue f; [不毛の] terrain m aride (inculte).

けんやく 倹約 économie f; épargne f. 爪に火をともすような~ économie f de bouts de chandelles. ¶~する économiser; épargner; regarder à la dépense. ガソリンを~する ne pas gaspiller de l'essence. ~して暮す vivre économiquement. ‖~家 économe mf; épargnant(e) m(f).

げんゆ 原油 pétrole m brut (naturel).

げんゆう 現有 ¶~勢力 puissance f (force f) actuelle; pouvoir m actuel. 政党の~勢力 force actuelle d'un parti.

けんよう 兼用 ¶この部屋は寝室と勉強部屋との~です Cette pièce sert à la fois de chambre à coucher et de cabinet de travail. ‖晴雨~の傘 en-tout-cas m inv. 晴雨~のコート [manteau(x) m] imperméable m.

けんよう 顕揚 illustration f; distinction f; mise f en vedette. ¶~する illustrer; distinguer; mettre en vedette; glorifier.

けんようすい 懸壅垂 luette f; [解] uvule f. ¶~の uvulaire.

けんらん 絢爛 ¶~さ pompe f; magnificence f; splendeur f. 豪華たる face触れ [芝居など] brillante distribution f. ~豪華な sompteux(se); riche et beau (belle); magnifique; fastueux(se). ~豪華な王侯の部屋 sompteux appartement m royal.

けんり 権利 droit m; faculté f; [特権] privilège m; prérogative f. 民法上の~ droits civils. ...する~がある avoir le droit de inf; être en droit de inf. ...する~を与える accorder à qn la faculté de inf. 他人の~を犯す violer les droits des autres. ~を譲り受ける succéder aux droits. ~を獲得する acquérir un droit. ~を失う perdre un droit. ~を行使する faire valoir ses droits. ~をはく奪する priver qn de ses droits. ~を要求する revendiquer son droit. ~を主張する soutenir son droit. ‖~金 pas m de porte. ~継承者 ayant(s) cause m. ~保有者 ayant(s)-droit m; auteur m d'un droit.

げんり 原理 principe m; cause f première; loi f; [初歩の] rudiment m. 中庸の~ loi du milieu. 人間社会の~は社会的 selon les principes de la société humaine. 多数決~に従って conformément au principe de la majorité. ¶~的な [初歩の] rudimentaire. ‖彼は自分の行動の~をもっている Il a ses principes d'action.

けんりつ 県立 ¶~の départemental(aux). ‖~図書館 bibliothèque f départementale.

けんりゅう 検流 ‖~計 galvanomètre m.

げんりゅう 源流 source f; courant m latent. 日本民族の~ origine f du peuple japonais.

けんりょう 見料 [運勢判断などの] honoraires mpl de consultation.

げんりょう 原料 matière f première; matériaux mpl; [金属] étoffe f. ~を輸入する importer des matières premières.

げんりょう 減量 diminution f en quantité; [体重を] perte f de poids. あのボクサーは~で苦労している Ce boxeur éprouve des difficultés à perdre du poids. ¶~する diminuer [en quantité]; perdre du poids; [体操などとして] se faire fondre.

けんりょく 権力 pouvoir m; autorité f; puissance f; empire m; [暴力的의] griffe f. ~の座につく(ある) parvenir (être) au pouvoir. ~の座を維持する se maintenir au pouvoir. ~の座につかせる porter qn au pouvoir. ~にべったりである coller au pouvoir; tremper dans le pouvoir. ~を握る prendre (saisir) le pouvoir. ~を握っている disposer d'un pouvoir. ~を振う exercer son pouvoir; régner sur; dominer. ~を濫用する abuser de son pouvoir. ¶~のある puissant; influent. ~絶対~ pouvoir absolu. ~争い lutte f pour le pouvoir. 人を自分の~下においておく avoir qn en sa puissance. 人の~下にある être au pouvoir de qn; être assujetti à qn; être sous la domination de qn. ~側につく être (se ranger) du côté du pouvoir. ~者 autorité f; homme m influent.

けんるい 堅塁 ~を抜く prendre une forteresse réputée inexpugnable. ~を誇る avoir une défense de fer.

けんろう 堅牢 ¶~な solide; résistant; incassable; indestructible; [攻略できない] inexpugnable; imprenable.

げんろう 元老 patriarche *m*; ancien *m*. ‖~院 [ローマ史] sénat *m*. ‖~院議員 sénateur *m*.

げんろん 原論 principe *m*. ‖地理学~ principes de géographie.

げんろん 言論 ¶~の自由は絶対に守らなければならない Il faut absolument sauvegarder la liberté d'opinion. ‖~活動 activités *fpl* (campagne *f*) de presse. ~弾圧 oppression *f* de la liberté d'expression.

げんわく 眩惑 fascination *f*; éblouissement *m*. ¶~される être charmé (émerveillé, fasciné, ébloui, ravi, ensorcelé). 敵の動きに~される être intrigué (troublé) par le mouvement ennemi. 彼の妄説に~されてはならない Il ne faut pas vous émerveiller de ses divagations.

こ

こ 個 [個数] pièce *f*; morceau(x) *m*; individu *m*. 1~50 円 50 yen la pièce. ◆ [個人] ¶~[自己]を生かす se faire valoir. ‖各~その務めを果せ Que chacun accomplisse son devoir.

こ 弧 arc *m* [de cercle]. ~を描く [s']arquer. ~を描いた en arc de cercle; courbe; arqué; [建築] cintré.

こ 戸 foyer *m*; feu(x) *m*; famille *f*; maison *f*.

こ 故 défunt; feu; décédé. ‖~王妃 feu la reine; la feue reine. ~母堂 *sa* défunte mère.

こ 子 [子供] enfant *mf*; [男子] garçon *m*; [女子] fille *f*; demoiselle *f*; [息子] fils *m*; [娘] fille. いい~である être sage. ~を生む faire des enfants; mettre un enfant au monde; enfanter; accoucher de; [動物] faire des petits. ~をこくす perdre un (des) enfant(s). ¶~としての filial(aux). ~の務め devoir *m* filial. ~として filialement. ‖~会社 filiale *f*.

こ 粉 poudre *f* (japonaise).

こ‐ 小 ‖~一時間 une petite heure. ~一里 une petite lieue. ~ぎれいな propret(te).

ご 五 cinq *m*.

ご 語 [単語] mot *m*; terme *m*; vocable *m*; [言葉] langage *m*; parole *f*. ~を改める s'exprimer autrement; dire en d'autres termes. ~を本来の意味で(比喩的に)用いる employer un mot au propre (au figuré). ~を継いで話す reprendre la parole. ¶~一~繰り返す répéter mot à mot. ‖現代(古代)~ langue moderne (ancienne). 日常~ [単語] mot courant. 共通(日本)~ langue *f* commune (japonaise).

‐ご 後 après. 3 年~ trois ans après. 数分~ au bout de quelques minutes. その~ [あと] depuis [lors]; dès lors; plus tard; ensuite. 2 週間~ [今から] dans quinze jours. ‖食~ après le repas.

コア cœur *m*; noyau(x) *m*; [コンピューター] tore *m*. ‖フェイライト~ tore de ferrite. ~タイム *f* fixe.

こあきない 小商い petit commerce *m*.

こあきんど 小商人 petit commerçant *m* (marchand *m*).

コアラ koala *m*.

こい 故意 dessein *m*; intention *f*; 《法》 préméditation *f*. ¶~の intentionnel(le); délibéré; voulu; volontaire; prémédité. ~に involontairement. ~に exprès; à dessein; intentionnellement; avec intention; sciemment; 《法》 avec préméditation. ~に...する faire *qc* exprès. ~に下品な表現を用いる employer une expression vulgaire (délibérément). それは~にしたことだ C'est fait exprès.

こい 鯉 carpe *f*; [小さな] gardon *m*; carpeau(x) *m*; carpillon *m*.

こい 濃い [色] foncé; profond; sombre; [毛] épais(se); dru; [密度] compact; serré; [味] fort; consistant; corsé. ~霧 brouillard *m* dense. ~緑 vert *m* foncé. ~毛髪 chevelure *f* épaisse. ~ソース sauce *f* consistante. 密度の~議論 argument *m* serré. 濃くする rendre plus compact; [色を] épaissir; corser; donner de la consistance; [色を] foncer. 霧が濃くなる Le brouillard s'épaissit. ¶~さ profondeur *f*; épaisseur *f*; consistance *f*; densité *f*.

こい 恋 amour *m*; affection *f*; inclination *f*; tendresse *f*; [熱烈な] passion *f*; flamme *f*; [浮気] flirt *m*; amourette *f*; béguin *m*; caprice *m*; [純情な] idylle *f*. 仮初の~ flirt; amour sans conséquence. 「恋は盲目」 «L'amour est aveugle.» ~の苦しみ chagrin *m* d'amour. ~の告白 déclaration *f* d'amour. ...と~におちる tomber amoureux (se) de *qn*; s'éprendre de *qn*; 《俗》 s'amouracher de *qn*; se toquer de *qn*. ~を打明ける faire *sa* déclaration à *qn*; déclarer *son* amour; faire l'aveu de sa passion. 「たわむれに~はすまじ」 «On ne badine pas avec l'amour.» ¶~にまつわる事件 affaire *f* amoureuse. ‖~物語 histoire *f* d'amour.

ごい 語彙 vocabulaire *m*; lexique *m*. 彼は~が豊かな(乏しい) Il a un vocabulaire très étendu (limité). ~を豊かにする enrichir *son* vocabulaire. ‖~集 glossaire *m*; lexique *m*; dictionnaire *m*. ~論 lexicologie *f*.

こいうた 恋歌 romance *f*; chanson *f* d'amour.

こいがたき 恋敵 rival(aux) *m* [d'amour]; [女] rivale *f*.

こいき 小粋 ¶~な chic *inv*. ~な別荘 villa *f* coquette. ~である avoir du chic.

こいこがれる 恋い焦がれる brûler d'amour; languir (mourir) d'amour.

こいごころ 恋心 amour *m*; flamme *f*; passion *f* [d'amour]. ~を抱く avoir de l'affection pour *qn*; porter de l'affection à *qn*.

こいさぎ 五位鷺 bihoreau(x) *m*.

こいし 小石 caillou(x) *m*; petite pierre *f*. ~を敷く caillouter *qc*; empierrer *qc*; garnir (couvrir) qc de pierres. ‖~を敷いた小道 allée f caillouteée. ~だらけの cailloute(ux)(se); pierreux(se).

こいしい 恋しい brûler (languir) d'amour pour. 私は故郷が恋しくてたまらない Je regrette mon pays./Mon pays me manque. このような場所では人恋しくなるのは当然だ Il est bien naturel dans cet endroit de vouloir fréquenter les hommes. ‖彼女は子供を恋しがっている Elle veut voir ses enfants./Ses enfants lui manquent.

こいする 恋する être amoureux(se) de qn; tomber amoureux(se) de qn; s'éprendre de qn; avoir (porter) de l'affection pour (à).

こいつ 此奴 [人] ce type-là; cet individu; ce gars; ce mec; [物] cet objet; ce fourbi; ce truc; [話] cette histoire; [間投詞的に] Salaud! ~ら Tas (Bande) de salauds!/[愛着をこめて] Mon vieux!/Ma vieille! ~はいい C'est pas mal./[良く言った] Tu l'as [bien] dit. ~は何だ [人] Qu'est-ce que c'est que ce bonhomme-là?/[物] Qu'est-ce que c'est que ce machin-là?

こいなか 恋仲 ~である s'aimer [l'un l'autre]; être amoureux l'un de l'autre. 彼らは~である Ils s'aiment [mutuellement].

こいにょうぼう 恋女房 femme f chérie [de son mari].

こいぬ 子犬・小犬 petit(e) chien(ne) m(f); chiot m.

こいねがう 乞い願う demander qc; prier qn de inf; solliciter qc. …の臨席を~ souhaiter la présence de qn.

こいびと 恋人 amoureux(se) m(f); amour m; bien-aimé(e) m(f); petit(e) ami(e) m(f); [俗] femme f; [俗] homme m; [情夫(婦)] amant(e) m(f). ‖~同士 amoureux pl.

こいぶみ 恋文 billet m doux; lettre f d'amour. ~を渡す passer un billet doux à qn.

コイル bobine f. ‖感応~ bobine d'induction.

こいわずらい 恋患い maladie f d'amour. ~をする languir d'amour.

コイン pièce f [de monnaie]. ‖~ランドリー laverie f [automatique]. ~ロッカー consigne f automatique.

こう ainsi; comme cela. 彼がこう強いとは思わなかった Je ne croyais pas qu'il était si fort. ~して de cette façon. ‖~と知ってたら来るんじゃなかった Si je l'avais su, je ne serais pas venu. ~した手合が成功するものだ C'est cette espèce de type qui réussit.

こう 公 ‖~的生活 vie f publique. ‖~人 homme m public. ~務 services mpl publics.

こう 功 exploit m; prouesse f; action f remarquable; †hauts faits mpl. ~成り名遂げ réussir (arriver) dans la vie. ~をあせる être trop pressé de réussir. ~を奏する faire de l'effet; produire son effet. ~を立てる réaliser un exploit; se distinguer.

こう 孝 piété f filiale. ⇒こうこう(孝行).

こう 幸 ‖~か不幸か par bonheur ou par malheur; soit bonheur, soit malheur; soit en bien, soit en mal.

こう 校 ‖~を重ねる multiplier les corrections d'épreuves.

こう 甲 [亀] carapace f; [手] revers m; dos m [de la main]; [靴] empeigne f; [いか] os m de seiche. ‖この二人は~乙つけがたい Tous les deux ont les mêmes qualités./Impossible de choisir entre ces deux./[皮肉] Ces deux-là se valent.

こう 稿 ‖~を改める refaire son manuscrit. ~を起す prendre la plume.

こう 鋼 [生] classe f.

こう 項 [数] terme m. ⇒こうもく(項目).

こう 香 parfum m; encens m; baume m; arôme m. ~をたく brûler de l'encens; [香りをつける] embaumer qc; aromatiser qc. 祭壇に~を焚く encenser l'autel.

こう 功 ‖~を経た狐 vieux renard m rusé.

こう 請(乞)う solliciter; prier; souhaiter. 許しを~ demander pardon à qn. ‖「~回答」 «Prière de répondre». ‖~ 御期待] Je vais répondre à votre attente./Vous ne serez pas déçu.

こう 恋う 母を~ se souvenir avec amour de sa mère; regretter sa mère.

-こう 候 ‖諸~ les seigneurs. 蜂須賀~ Marquis m de Hachisuka.

-こう 公 コンデ~ duc m de Condé.

-こう 港 横浜~ le port de Yokohama.

-こう 考 地名~ étude f (monographie f) sur les noms de lieux.

ごう 郷 ‖~に入りては~に従え Il faut se conformer aux coutumes du pays.

ごう 業 karma m. ~が深い avoir commis beaucoup de méfaits. ~を煮やす s'irriter d'impatience contre qn (de qc); s'échauffer la bile. ‖~を煮やして à bout de patience.

ごう 剛 ‖「柔よく~を制す」 «Petite pluie abat grand vent.» ~の者 [homme m] brave m; valeureux m; courageux m; vaillant m.

ごう 号 [筆名] nom m de plume; [変名] pseudonyme m; [芸名] nom m de guerre; [雑誌の] numéro m. その~は売切れです Ce numéro est épuisé. ‖雑誌の最新~ dernier numéro d'une revue.

ごう 壕 fossé m; [軍事] tranchée f; sape f; retranchement m. ~を掘る creuser (ouvrir) une tranchée. ‖水~ fossé. 戦車~ tranchée antichar.

こうあつ 高圧 †haute pression f; [電気] †haute tension f. ‖~的(な) oppressif(ve); autoritaire. ~的~な措置を取るに訴える) prendre (recourir à) des mesures oppressives. ~的に autoritairement. そんな~的に出たって無駄だ Tu as beau monter sur tes grands chevaux. ‖~ガス(酸素) gaz m (oxygène m) à haute pression. ~機関 machine f à haute pression. ~電流 courant m électrique de haute tension.

こうあん 公安 ‖~委員 membre m du comité national de la sécurité publique. ~官 agent m de la Sûreté. ~条例 loi f de sécurité publique.

こうあん 考案 invention *f*; création *f*; imagination *f*. ¶～する inventer; imaginer; créer; avoir une idée de *qc*. ‖～者 inven*teur(trice)* *m(f)*; créa*teur(trice)* *m(f)*.

こうい 好[厚]意 bonté *f*; bienveillance *f*; amabilité *f*; faveur *f*; bonnes intentions *fpl*. ～を示す témoigner de la complaisance (de l'amitié) à *qn*; se montrer aimable. 人の～を無にする briser la bonne volonté des autres. ¶～的[な] bienveillant; aimable; bénévole; favorable. ～的な目で見る voir d'un œil favorable. ～的でない peu favorable; froid. どちらかといえば非～的な待遇 accueil *m* plutôt froid. ～的に avec bienveillance. 御～に感謝します Je vous remercie de votre gentillesse.

こうい 攻囲 siège *m*; investissement *m*; [封鎖] blocus *m*. ～を解く lever le siège; débloquer *qc*. ～を始める assiéger *qc*; mettre le siège devant *qc*; [包囲する] investir *qc*; encercler *qc*; cerner *qc*; [封鎖する] bloquer; mettre le blocus. ‖～軍 armée *f* d'investissement; assiégeants *mpl*. ～戦 guerre *f* de siège.

こうい 校医 médecin *m* scolaire (de l'école).

こうい 行為 acte *m*; action *f*; fait *m*; conduite *f*; comportement *m*. このような～は罰せられてしかるべきだ Cette conduite doit être punie. 人は其の～で判断される Chacun sera jugé selon ses œuvres. 人の～にけちばかりつけるな ne faire que critiquer le comportement des autres. 英雄的～ exploit *m*; action d'éclat. 慈善～ bonnes œuvres *fpl*; bienfait *m*. 不法～ infraction *f* [à une loi]; violation *f* d'une loi.

こうい 高位 ‖～高官 hauts fonctionnaires *mpl*. ～聖職者 prélat *m*.

ごうい 合意 accord *m*; consentement *m*; entente *f*; [外交] accord *m*. 金(きん)で払うことで～に達する s'accorder pour payer en or. 会談はある～に達したらしい Les pourparlers auraient abouti à un accord. ～を与える donner *son* agrément à *qn*. ～を得る avoir l'agrément de *qn*. ¶～する(を見る) se mettre d'accord; tomber d'accord; s'entendre; convenir de *qc*; s'accorder avec *qn*.

こういき 広域 ‖～経済圏 grande circonscription *f* économique. ～捜査 enquête *f* de grande envergure.

こういしつ 更衣室 vestiaire *m*.

こういしょう 後遺症 séquelles *fpl*; conséquences *fpl* [d'une maladie]. 事故の～に悩む souffrir des conséquences tardives d'un accident.

ごうい 合一 union *f*; [哲学] synthèse *f*.

こういっつい 好一対 paire *f* bien assortie. この二人は～だ Ces deux font la paire. ¶～の夫婦 couple *m* bien assorti.

こういってん 紅一点 ¶佐藤さんは私達のクラスの～だ Mlle Sato est la seule fille dans notre classe.

こういん 光陰 ¶～矢の如し Le temps file.

こういん 工員 ouv*rier(ère)* *m(f)* [d'usine]; mécan*icien(ne)* *m(f)*; mon*teur(se)* *m(f)*. ‖～服 bleu *m* (combinaison *f*) de travail.

こういん 拘引 ¶～する amener de force [à la police, au tribunal]. ‖～状 mandat *m* d'amener; [収監状] mandat *m* de dépôt.

こういん 行員 employé(e) *m(f)* de banque.

ごういん 強引 ‖～な forcé; [非論理的] déraisonnable. ～な論理 argument *m* tiré par les cheveux; raison *f* forcée. ～に [力ずくで] de force; [しつこく] avec opiniâtreté. ～に扉を開ける forcer la porte. ～に外に連れ出す faire sortir de force. ～にくさるがる s'accrocher avec opiniâtreté.

ごうう 豪雨 pluie *f* diluvienne (torrentielle, battante); trombe *f* d'eau; averse *f* brutale; cataractes *fpl* de pluie.

こううつやく 抗鬱薬 antidépresseur *m*.

こううりょう 降雨量 précipitations *fpl*. ～が少ない(多い) Les précipitations sont faibles (abondantes). ‖年間～ précipitations annuelles.

こううん 幸運 bonheur *m*; [bonne] chance *f*; bonne fortune *f*; prospérité *f*; [僥倖] veine *f*; aubaine *f*. ～に恵まれる avoir de la chance; jouer de bonheur; prospérer. ～を祈る souhaiter bonne chance. ～をもたらす porter bonheur (chance); donner de la chance. ¶～な heur*eux(se)*; fortuné; chanc*eux(se)*; 《俗》veinard. ～な星の下に生れる naître sous une bonne étoile. ～な状況にある être dans une situation prospère. 奴は～だった《俗》Il a eu du pot. ～に par bonheur; par chance. ～にも彼に出会うことができた J'ai eu la chance de le rencontrer.

こううんき 耕耘機 motoculteur *m*; mototracteur *m*.

こうえい 後衛 arrière-garde(s) *f*; 《スポ》arrière *m*. あのチームの～は巨漢揃いだ Les arrières de cette équipe sont tous des colosses.

こうえい 後裔 descendance *f*; postérité *f*. 古い家系の～である descendre d'une vieille famille (souche).

こうえい 光栄 gloire *f*; honneur *m*; éclat *m*. ～に浴する avoir l'honneur de *inf*. ～に思う se faire un honneur de *inf* (*qc*); tenir à l'honneur de *inf*; se faire un point de l'honneur de *inf*. あなたの～です 私にはこの～は過ぎます 私にはこの～に値しません Je n'ai pas mérité cet honneur!/C'est trop d'honneur que vous me faites! ¶ある honorable; glorieux(se); illustre; prestigi*eux(se)*; auréolé [de gloire].

こうえい 公営 ¶～の publi*c(que)*; fonctionnarisé; gouvernement*al(aux)*; officiel(le). ‖～運動場(劇場) stade *m* (théâtre *m*) municipal. ～化 fonctionnarisation *f*; nationalisation *f*. ～化する fonctionnariser; nationaliser. 企業を～化する nationaliser une entreprise. ～事業 [専売] régie *f*; [交通・郵便] service *m* public; [産業] secteur *m* public.

こうえき 交易 échange *m* [commercial]; commerce *m*; opération *f* commerciale. ¶～する commercer avec *qn*; faire du commerce avec *qn*; avoir des relations com-

こうえき 公益 utilité *f* publique; bien *m* public (commun). ‖~事業 travaux *mpl* d'utilité publique.

こうえつ 校閲 révision *f*. ¶~する réviser *qc*. ‖~者 réviseur *m*.

こうえん 後援 patronage *m*; protection *f*; appui *m*; parrainage *f*; [文芸の] mécénat *m*. ...の~によって sous le patronage (la protection, les auspices, l'égide) de *qn*. 大使館の~を得て avec l'aimable concours de l'ambassade. ¶~する patronner; protéger; appuyer; prendre *qn* sous *sa* protection (*son* égide); apporter *son* patronage à *qc*; 《俗》pistonner. ‖~会 comité *m* de parrainage (de patronage). ~事業 œuvre *f* de bienfaisance; patronage *m*. ~者 protec*teur*(*trice*) *m*(*f*); patron(ne) *m*(*f*); [文芸] mécène *m*.

こうえん 公園 parc *m* [public]; jardin *m* [public]. ‖国立~ parc national. 柱石~ enclos *m* des pierres levées. サボテン[植物] ~ jardin des cactus (des plantes, botaniques).

こうえん 公演 représentation *f*. ¶~する donner une représentation. ‖定期~ représentation d'abonnement; [音楽] concert *m* d'abonnement. 初~ première *f* [représentation]. ~中[の] en représentation.

こうえん 好演 bonne interprétation *f*; [音楽] bonne exécution *f*. ¶~する bien jouer (interpréter) [un rôle]. 彼は実に~した Il a vraiment bien joué son rôle.

こうえん 講演 conférence *f*; [話] discours *m*; [小規模な] causerie *f*. ¶~する conférer; parler; faire un discours; [小さな集まりで] causer. ‖~会 conférence; entretien *m*; colloque *m*. ~会を開く faire (donner) une conférence. ~会場 salle *f* de conférence. ~者 conférenci*er*(*ère*) *m*(*f*); orateur *m*.

こうえん 高遠 ¶~な transcendant; supérieur; sublime.

こうお 好悪 ¶彼は~の感情が激しい Il a des goûts extrêmes./Il est extrême dans ses goûts.

こうおん 喉音 son *m* guttural (laryngal); [voix *f*] gutturale (laryngale) *f*.

こうおん 恒温 ‖~動物 animaux *mpl* à sang chaud (à température fixe).

こうおん 高音 [son *m*] aigu *m*; [音楽] soprano *m*. ~と低音 son aigu et ton grave. ¶~の aigu(ë); perçant; strident. ‖~ soprano.

ごうおん 轟音 détonation *f*; tonnerre *m*; bruit *m* assourdissant (fracassant). 走って行く電車の~ bruit abasourdissant du train qui passe.

こうか 黄禍 péril *m* jaune.

こうか 効果 effet *m*; efficacité *f*; action *f*. ~をあらわす produire *son* effet; faire de l'effet; [薬などが] agir; opérer. ~を及ぼす avoir de l'effet; chercher à rechercher de l'effet;《俗》faire du flafla. ¶~のある(的な) efficace; actif(ve); bon(ne); opérant; agissant. それは~的なやり方ではない Ce n'est pas un procédé efficace./Ce n'est pas un bon procédé. ~をねらった言葉 phrases *fpl* à effet. ~のない inefficace; inactif(ve); inopérant; bénin(igne). ~のない処置 mesures *fpl* sans effet. 外科手術の~がなかった L'intervention chirurgicale a été sans effet.

こうか 工科 génie *m*; arts *mpl* mécaniques; technologie *f*. ‖~学校 école *f* des arts et métiers; école de technologie. ~大学 faculté *f* de technologie.

こうか 校歌 hymne *m* d'une école.

こうか 硬化 durcissement *m*; [医] induration *f*. 態度の~ durcissement d'une attitude. ¶~する se durcir; se raidir; se scléroser. ~した durci; raidi; sclérosé. ‖動脈~ sclérose *f* des artères.

こうか 硬貨 pièce *f* [de monnaie].

こうか 降下 descente *f*; chute *f*; [価格, 血圧の] baisse *f*. ¶~する descendre; baisser;《俗》chuter; [急激に] dégringoler; [飛行機が] piquer; descendre en piqué. 落下傘で~する sauter en parachute. 気温が~している La température baisse. ‖飛行機級が~する Un avion pique [du nez]. ~部隊 commando *m* de parachutistes.

こうか 降嫁 mésalliance *f*. ¶~する se mésallier.

こうか 高価 cherté *f*; prix *m* élevé. ¶~な ch*er*(*ère*); coûteu*x*(*se*); dispendieu*x*(*se*); onéreu*x*(*se*); [貴重な] précieu*x*(*se*). ~な品物を買う acheter un article coûteux (à un prix élevé). ~なものにつく payer cher *qc*. ~なものにつく Ça te coûtera cher. ~である être ch*er*(*ère*); coûter cher. ~に売りつける vendre cher.

こうか 高架 ‖~線 circuit *m* aérien. ~鉄道 voie *f* ferrée aérienne.

こうが 黄河 le Houang-Ho.

こうが 高雅 ¶~な élégant; noble; magnanime; gracieu*x*(*se*).

ごうか 業火 feu(x) *m* infernal(aux); feu d'[de l']enfer. ~に焼かれる être consumé par les feux de l'enfer.

ごうか 劫火 embrasement *m*; brasier *m*. ~に焼かれる être consumé dans un brasier.

ごうか 豪華 ¶~な luxueu*x*(*se*); princi*er*(*ère*); magnifique; somptueu*x*(*se*); fastueu*x*(*se*). ~な食事 dîner *m* fantastique (d'apparat). ‖~版 édition *f* de luxe.

こうかい 後悔 regret *m*; remords *m*; repentir *m*. 「~先に立たず」«Il faut tourner sept fois la langue dans sa bouche avant de parler.»; «Il faut mûrement réfléchir avant d'agir.» ¶~する regretter *qc* (de *inf*, que *sub*); se reprocher de *inf*; se repentir de *qc* (de *inf*); avoir des (être pris de) remords; ressentir le regret de *qc*. ...したを~する s'en vouloir d'avoir fait *qc*. 今に~するぞ Tu t'en repentiras./Tu le regretteras.

こうかい 公海 eaux *fpl* internationales.

こうかい 公開 ¶~する ouvrir (exposer) au public; rendre public; publier. ~で pub-

こうかい liquement; en public; ouvertement. 非～で à huis clos. ～の public(que); ouvert [au public]; accessible (à tous). ‖～講義 cours m public. ～集会(販売) réunion f (vente f) publique. ～状 lettre f ouverte; [反駁文] factum m.

こうかい 更改 renouvellement m. ¶契約を～する renouveler un contrat.

こうかい 航海 navigation f maritime; voyage m sur mer. ¶～する naviguer; voyager (aller) en bateau. ～可能の navigable. ～に関する nautique. ‖遠洋(処女)～ longue (première) traversée f. 沿岸～ navigation côtière. ～士 navigateur m. ～術 navigation; art m nautique. ～地図 carte f nautique. ～日誌 journal(aux) m (livre m) de bord.

こうがい 公害 pollution f [de l'air, des eaux]. ～の原因 facteur m de pollution. を引き起こす causer (provoquer) des pollutions. ‖医薬～ pollution pharmaceutique. 騒音～ nuisance f causée par le bruit. ～反対運動 campagne f antipollution. ～病 maladie f causée par la pollution. ～病患者 victime f de la pollution.

こうがい 口外 ¶～する divulguer. 秘密を～する divulguer (révéler) un secret.

こうがい 口蓋 palais m. ¶～の palatal(aux). ‖硬～ palais dur; voûte f du palais. 軟～ palais mou; voile m du palais. ～音 palatale f. ～化 palatalisation f. ～化した palatalisé. ～垂 luette f. ～母音 voyelle f palatale.

こうがい 梗概 résumé m; abrégé m; [項目だけの] sommaire m. ¶～を述べる résumer; faire un résumé; exposer un résumé; abréger (raccourcir) [une histoire].

こうがい 郊外 banlieue f; quartier m périphérique; périphérie; environs mpl; [場末] faubourg m. パリの～に住む habiter dans les environs de Paris. ¶～の suburbain; périphérique. ～の家 maison f en banlieue. ‖～居住者《俗》banlieusard(e) m(f). ～電車 train m de banlieue.

ごうかい 豪快 ¶～な beau (belle); admirable; incomparable; héroïque. ～な笑い beau rire m gai et franc. ～なキック beau shoot m (coup m de pied). ～な人 personne f de grande envergure.

ごうがい 号外 numéro m spécial (extraordinaire).

こうかいどう 公会堂 salle f [de réunion ouverte au public].

こうかがく 光化学 ‖～スモッグ smog m photochimique.

こうかく 口角 ¶～泡を飛ばす discuter bruyamment (à grand bruit).

こうかく 広角 ¶～撮影 prise f de vue(s) à grand angle. ～レンズ objectif m grand angulaire (à grand angle).

こうかく 甲殻 carapace f; bouclier m. ‖～類 crustacés mpl.

こうがく 後学 ¶～のために [将来のために] pour l'avenir; [後輩のために] pour sa postérité. ～のためにこの本を読みなさい Lisez ce livre pour votre gouverne. ～のためにあなたは今何を読んでいるのが伺いたいのですが Je voudrais m'informer pour ma gouverne sur ce que vous lisez actuellement.

こうがく 光学 optique f. ‖医療(電子)～ optique médicale (électronique). ～器械 appareil m (matériel m) d'optique.

こうがく 向学 ¶～の念に燃える brûler du désir de s'instruire. ‖～心 amour m des études; ardeur f à l'étude.

こうがく 好学 ¶～の士 amateur m d'études.

こうがく 工学 technologie f; génie m. ¶～の教育(情報, 電気)～ technologie pédagogique (informatique, électronique). ～技師 ingénieur m technologique. ～博士 docteur m en technologie. ～部 faculté f de technologie.

こうがく 高額 grosse (forte) somme f [d'argent]; somme élevée; fort montant m. ‖～の利益 gros bénéfice m. ‖～～所得 gros revenu m. ～所得者 grosse fortune f.

ごうかく 合格 admission f; succès m. ¶～する être admis; réussir. 5人の候補者のうち2人が～した Il y avait cinq candidats dont deux reçus. ～させる admettre qn. ‖～発表日 jour m du résultat.

こうがくねん 高学年 ¶～の grand. ～になる passer dans le deuxième cycle [scolaire]. ‖～生 grands mpl.

こうかつ 狡猾 ¶～な rusé; fourbe; cauteleux(se); [したたかな] finaud; futé; madré; [うまい] malin(gne); astucieux(se); fin. ～なやり方 manières fpl retorses; ruse f; astuce f. ¶～な手段を用いる jouer d'adresse; jouer au [plus] fin; recourir à la ruse; user d'artifice.

こうかん 交換 échange m; réchange m. ¶...と～する échanger qc pour (contre) qc; donner qc pour qc. 友達と指輪を～する échanger des timbres avec son ami. 指輪を～する se donner des bagues. 鉛筆3本とノート一冊を～する échanger trois crayons contre un cahier. ¶～可能の échangeable; [経済・言語] interchangeable; permutable. この二つの語は～可能だ Ces deux mots peuvent s'interchanger. ‖部品～ échange de pièces. ～手 standardiste m/f; téléphoniste m/f. ～台 standard m. ～部品(タイヤ) pièce f (roue f) de réchange.

こうかん 交歓 fraternisation f. 新入生と卒業生との～が行なわれた Les nouveaux ont participé à une réunion d'amitié avec les anciens. ¶～する fraterniser. 兵士達は市民と～した Les soldats ont fraternisé avec les citoyens.

こうかん 公刊 publication f; parution f. ¶～する publier; éditer; faire paraître. ～される être publié (édité); paraître. ‖「近日～」A paraître prochainement.

こうかん 好感 bonne impression f; sympathie f. ～を抱く avoir (éprouver, ressentir) une bonne impression; avoir (éprouver) de la sympathie pour qn; sympathiser avec qn. 私は君に～を抱いていた J'étais

こうかん prévenu en ta faveur. ～を与える faire (donner) bonne impression. ¶～のもてる(もてない)男 homme m aimable (peu aimable).

こうかん 好漢 gaillard m; brave m; homme m brave; homme qui promet.

こうかん 巷間 ¶～伝えるところによれば on dit que…; selon un bruit qui court.

こうかん 浩瀚 ¶～な書 gros volume m; livre m volumineux.

こうかん 高官 †haut fonctionnaire m; dignitaire m; [集合] †haute dignité f; personnalité f.

こうがん 厚顔 ¶～［無恥］な effronté; éhonté; impertinent; insolent; dévergondé; impudent. ‖～［無恥］ effronterie f; impertinence f; dévergondage m; impudence f.

こうがん 紅顔 ¶～の美少年 beau garçon m aux joues roses (au teint vermeil).

こうがん 睾丸 testicule m; bourses fpl. 《俗》couilles fpl.

ごうかん 強姦 viol m; attentat m à la pudeur. ¶～する violer; violenter; faire subir les derniers outrages à; abuser de.

ごうがん 傲岸 ¶～［不遜］な arrogant; orgueilleux(se); insolent; †hautain. ‖～不遜 insolence f; arrogance f; orgueil m; morgue f; †hauteur f. ¶～不遜に avec arrogance (insolence, hauteur); orgueilleusement.

こうがんざい 抗癌剤 anticancéreux m.

こうかんしんけい 交感神経 [grand] sympathique m; nerf m sympathique. ¶～の orthosympathique. ‖副～ parasympathique m.

こうかんど 高感度 ¶～フィルム pellicule f rapide.

こうき 後期 dernière époque (période) f; [学期] dernier semestre m. ¶江戸時代の～に dans les dernières années de l'ère d'Edo. ‖～ロマン派 postromantiques mpl.

こうき 後記 postface f; [手紙] postscriptum (P.-S.) m.

こうき 光輝 éclat m; brillant m; gloire f. ～をそえる illustrer qc; prêter de l'éclat à qc. ¶～ある伝統 tradition f glorieuse (brillante).

こうき 公器 organe m public. 新聞は天下の～である Le journal est un organe public.

こうき 好奇 ¶～の目 regard m curieux. ‖～心 curiosité f. ～心をそそる piquer la curiosité; attirer l'attention; intéresser. ～心をそそる curieux(se); intéressant. ～心を満足させる satisfaire la curiosité de qn.

こうき 好機 [bonne] chance f; [bonne] occasion f; occasion (moment m) propice. 思わぬ～ occasion inespérée. ～を逸する perdre (laisser échapper) l'occasion. ～を逃すな Ne manque pas ta chance. ～をとらえる prendre (saisir) l'occasion; profiter de la circonstance. ¶～到来 Voilà une bonne occasion qui se présente.

こうき 広軌 voie f large. ‖～鉄道 chemin m de fer à voie large.

こうき 校旗 drapeau(x) m d'école.

こうき 校紀 discipline f scolaire. ～の乱れ indiscipline f. ～を守らせる faire régner la discipline.

こうき 綱紀 ordre m; discipline f administrative. ～の乱れ indiscipline f. désordre m. ～の粛正 renforcement m de la discipline. ～を粛正する faire régner l'ordre.

こうき 香気 arôme m; bonne odeur f; parfum m; [食物] fumet m. ～を放つ répandre (exhaler) une odeur agréable; embaumer; sentir bon. ¶バラの～を持った香水 parfum qui fleure la rose.

こうき 高貴 ¶～な noble; élevé; soutenu; grand; sublime. ～な精神の持主 esprit m noble. ～な生れである être de naissance (sang) noble.

こうき 交誼 amitié f; liens mpl amicaux. ～を結ぶ nouer des liens étroits avec qn.

こうぎ 広義 sens m large. ¶～では au sens large du terme; 《ラ》lato sensu.

こうぎ 抗議 protestation f; [要求] réclamation f; [抗弁] récrimination f. 口頭(文書)による～ protestation verbale (écrite). ～する protester contre; s'élever contre; 《俗》gueuler; faire du foin; [要求] réclamer. 口頭(文書)で～する protester oralement (par écrit). 激しく～する jeter (pousser) les hauts cris. ‖～集会(デモ, 文) réunion f (manifestation f, lettre f de protestation.

こうぎ 講義 cours m. ～をする donner (faire) un cours. ～を聴く suivre un cours. 美術史の～を聴く suivre un cours de l'histoire de l'art. ¶公開～ cours public. 文学～ cours de littérature. ガリ版～ cours polycopié.

ごうぎ 剛毅 ¶～な ferme; inébranlable; inflexible; dur; intransigeant. ‖～朴訥な honnête et sincère; simple et ferme.

ごうぎ 合議 délibération f; entretien m; conseil m; [交渉] négociation f; pourparlers mpl; [討議] débat m; discussion f. ～に入る entrer en pourparlers. ¶～する tenir conseil (chapitre); délibérer; s'entretenir sur; discuter; [交渉] négocier. ～した上での決定 décision f prise après délibération. ‖～制 régime m délibératoire. ～制 délibératoire.

こうきあつ 高気圧 †haute pression f atmosphérique.

こうきゅう 後宮 pavillon m des femmes; †harem m; gynécée m.

こうきゅう 公休 congés mpl payés. ‖～日 jour m de congé payé. ～日を利用して旅行する profiter des congés payés pour voyager.

こうきゅう 恒久 ¶～的[な] éternel (le); perpétuel(le); permanent. ～的に éternellement; pour toujours; à perpétuité; 《俗》à perpète. ‖～性 perpétuité f; permanence f; éternité f. ～平和を確立する établir la paix permanente.

こうきゅう 考究 étude f; recherche f. ¶～する étudier; chercher; approfondir; creuser; [検討] examiner. 問題を別の観点から～する envisager un problème sous un autre

こうきゅう 高級 ¶~な de [haute] qualité; de première classe; de luxe. ‖~既製服 vêtement m de confection de haute qualité; prêt-à-porter m inv de qualité. ~車 voiture f de marque (de luxe). ~将校 officier m supérieur. ~品 article m de luxe (de prix); produit m de marque.

こうきゅう 高給 salaire m élevé; ᵗhaut salaire. ~を貰っている bénéficier d'un salaire élevé. ‖~取りの社員 employé(e) m(f) de haut salaire.

ごうきゅう 号泣 sanglot m. ¶~する sangloter; éclater en sanglots; pleurer à grands cris.

こうきょ 皇居 palais m impérial; résidence f impériale.

こうきょう 交響 ‖~楽 symphonie f. ~楽作曲者(団員) symphoniste mf. ~楽団 orchestre m symphonique. ~詩 poème m symphonique.

こうきょう 公共 ¶~の public(que); commun. ~の敵 ennemi m public. ~の福利 bien m commun. ‖~企業体 entreprise f publique; régie f. ~建造物 établissement m public. ~事業 travaux mpl (services mpl) publics. ~団体 communauté f; corps m public. ~道徳 moralité f publique. ~福祉 bien m public. ~放送 radiodiffusion f nationale. ~物 propriété f publique. ~料金 tarif m public.

こうきょう 好況 prospérité f. ‖~時 période f de prospérité.

こうぎょう 興行 représentation f; exhibition f; [催し物] spectacle m. ‖慈善~ représentation de bienfaisance. ~権 droit m de représentation. ~師 impresario m.

こうぎょう 工業 industrie f. ¶~の industriel(le). ~の中心 centre m industriel. ~的に industriellement. ‖化学(軽,重,鉱,繊維,食品)~ industrie chimique (légère, lourde, minière, textile, alimentaire). 精密~ industrie de précision. ~化 industrialisation f. ~化する industrialiser. ~学校 (地帯, 化学) école f (région f, chimie f) industrielle. ~主義 industrialisme m.

こうぎょう 鉱業 industrie f minière (extractive); exploitation f minière; [精錬] métallurgie f; [製鉄] sidérurgie f.

こうぎょく 硬玉 jade m.

こうぎょく 紅玉 rubis m.

こうぎょく 鋼玉 corindon m.

こうきん 公金 deniers mpl publics (de l'Etat); revenus mpl (biens mpl) de l'Etat. ~を横領する détourner des biens publics; commettre une déprédation. ‖~横領 déprédation f; malversation f; détournement m des deniers publics; concussion f; péculat m. ~横領の罪でつかまる se faire arrêter pour avoir commis une déprédation.

こうきん 抗菌 ‖~性 propriété f antibiotique. ~性の antibiotique. ~性物質 antibiotique m.

こうきん 拘禁 incarcération f; emprisonnement m; détention f. ¶~する incarcérer; emprisonner; détenir. ‖不法~ détention arbitraire.

ごうきん 合金 alliage m. 鉄(銅)とアルミの~ alliage ferreux (cuivreux). ‖ニッケル~ alliage de nickel.

こうく 鉱区 bassin m (district m) minier; concession f minière.

こうぐ 工具 outil m; instrument m. ~一揃い panoplie f [d'outils]. ‖~箱 boîte f à outils.

ごうく 業苦 géhenne f. ~を受ける souffrir la géhenne.

こうくう 航空 aviation f; navigation f aérienne. ¶~の(に関する) aérien(ne); aéronautique. ‖民間~ aviation civile. ~会社 compagnie f d'aviation (de navigation aérienne). ~学 aéronautique f. ~機 avion m; appareil m. ~基地 base f aérienne. ~勤務員 personnel m navigant. ~券 billet m d'avion. ~士 officier m de navigation. ~写真 photographie f aérienne. ~標識 balise f. ~部隊 forces fpl aériennes; aviation militaire; flotte f aérienne. ~母艦 porte-avions m inv. ~便 poste f aérienne; [手紙] lettre f par avion; aérogramme m. ~輸送 transports mpl aériens. ~力学 aérodynamique f. ~路 ligne f [de navigation] aérienne.

こうくう 高空 ᵗhaut m du ciel. 飛行機は20,000メートルの~を飛んでいる L'avion vole à une altitude de 20.000 m. ¶~を飛ぶ鳥 oiseau(x) m de haut vol.

こうぐう 厚遇 traitement m de faveur; accueil m chaleureux (aimable); hospitalité f. ~を受ける être bien accueilli; bénéficier d'un traitement de faveur.

こうぐう 皇宮 palais m impérial. ‖~警察 police f du palais impérial.

こうぐん 行軍 marche f. ~を続ける poursuivre sa marche; continuer de marcher. ¶~する marcher. ‖強~ marche forcée.

こうけい 光景 spectacle m; scène f. 見るも無惨な~ spectacle pénible à voir. ある~を目撃する être témoin d'une scène.

こうけい 口径 [レンズ] ouverture f; [銃] alésage m; calibre m. ~を計る calibrer; aléser. ¶8ミリのピストル revolver m de 8mm de calibre. 大~の砲 canon m de gros calibre. ~100ミリの砲 canon m de [calibre] 100. ‖~測定器 calibreur m. ~調整器 calibrateur m.

こうけい 肯綮 ‖~に当る toucher au point sensible; frapper juste.

こうげい 工芸 arts mpl et métiers mpl. ‖~学校 école f des arts et métiers. ~師 menuisier m d'art; [装飾家具などを作る] ébéniste m. ~品 objet m d'art.

ごうけい 合計 total m; montant m. 経費の~ montant des frais. ¶~する faire le total; additionner le tout; totaliser qc. ~すれば en tout; au total; [全体として] dans l'ensemble. ‖~収入 revenu m total.

こうけいき 好景気 prospérité f; euphorie f économique; [突然の] boom m. ~が続いている La prospérité se maintient. ~に酔う

こうけいしゃ 後継者 successeur *m*; héritier *m*; continua*teur(trice)* (*m*(*f*)). ~がない n'avoir pas d'héritier. ~を指名する désigner *son* successeur. 彼は~を探している Il est en quête d'un successeur.

こうげき 攻撃 attaque *f*; assaut *m*; charge *f*; offensive *f*; [出撃] sortie *f*; [暴力的] agression *f*; attentat *m*; [非難] critique *f*; imputation *f*; [中傷] calomnie *f*; [告訴] accusation *f*. ~の火蓋を切って落とせる une attaque. ~に移る passer à l'offensive. ¶~する attaquer; assaillir; faire une attaque; prendre l'offensive; [人を] s'en prendre à *qn*; prendre *qn* à partie; incriminer; [悩ます] harceler; [突然] porter une botte à *qn*; [暴力的に] aggresser; [陰険なやり方で] torpiller. ~的[な] agressif(ve); offensif(ve). ~可能の attaquable. ~不可能の inattaquable. ‖ ~軍 armée *f* offensive; assaillants *mpl*; assiégeants *mpl*. ~方法 mesures *fpl* offensives.

こうけつ 青血 ¶人民の~で肥った人々 gens *mpl* engraissés par la sueur du peuple. 人民の血を絞りとる faire suer le peuple.

こうけつ 高潔 ¶~な probe; honnête; noble; intègre; distingué. ~な人 grand esprit *m*. そこにあなたの~なところです Vous avez là un sentiment noble.

ごうけつ 豪傑 héros *m*; colosse *m*; hercule *m*. 彼はなかなかの~だ C'est quelqu'un./C'est un type.

こうけつあつ 高血圧 hypertension *f*. ¶~の hypertendu. ~の人 hypertendu(e) *m*(*f*). ‖ 本態性~症 hyperpiésie *f*. ⇨ こうあつ (血圧).

こうけん 後見 [保護] tutelle *f*; [保護] protection *f*; patronage *m*. ~を受ける se mettre (être) en tutelle. ¶~する tenir (avoir) *qn* en tutelle (sous *sa* tutelle); protéger *qn*; patronner *qn*. ~を受けているを離れた〕子供 enfant *mf* en (hors de) tutelle. ‖ 行政的~ tutelle administrative. ~人 tu*teur(trice)* (*m*(*f*)); protec*teur(trice)* (*m*(*f*)); patron(ne) *m*(*f*).

こうけん 貢献 contribution *f*; apport *m*; concours *m*; appoint *m*; service *m*. ¶~する contribuer à; apporter *son* appoint à; rendre service à. パスツールは人類に~すること ろ大であった Pasteur a rendu de grands services à l'humanité.

こうげん 光源 source *f* lumineuse (de lumière).

こうげん 公言 déclaration *f*; proclamation *f*. ¶~する déclarer; proclamer; dire ouvertement (publiquement). 彼は無政府主義者であることを~している Il fait profession d'anarchisme.

こうげん 巧言 belles paroles *fpl*; flatterie *f*; adulation *f*; flagornerie *f*. ~をもって人をだ ふかす tromper *qn* avec des boniments. ‖ ~色 adulations *fpl*; cajoleries *fpl*; flatteries. 「~令色少し仁」 «Diseur de bons mots, mauvais caractère.»

こうげん 広言 vantardise *f*; fanfare *f*. ~を 吐く se vanter de *inf*; fanfaronner;〖文〗se targuer de *inf*. ¶~を吐く人 vantard(e) *m*(*f*); fanfaron(ne) *m*(*f*).

こうげん 抗原 antigène *m*.

こうげん 高原 plateau(x) *m*; hauteurs *fpl*. ~を歩き回る se promener sur les plateaux.

こうげん 剛健 ¶~な robuste; fort; solide; vigoureux(se). ~さ robustesse *f*. ‖ 質実~ である être aussi brave que robuste.

ごうけん 合憲 ¶~の constitutionnel(le); conforme à la constitution. この法律は~で はない Cette loi n'est pas constitutionnelle. ~的に conformément à la constitution; constitutionnellement. ‖ ~性 constitutionnalité *f*.

こうげんびょう 膠原病 collagéose *f*.

こうこ 後顧 ¶~の憂いがない n'avoir aucun sujet d'inquiétude; n'avoir plus à s'inquiéter. こうしておけば~の憂いがない Ainsi, n'y a plus de quoi s'inquiéter.

こうこ 公庫 caisse *f* nationale (de l'Etat). ‖ ~貸付 prêt *m* consenti par l'Etat. 住宅~ 貸付 prêts à la construction.

こうご 交互 ¶~に alternativement; tour à tour. ~の alternatif(ve).

こうご 口語 langue *f* parlée. ‖ ~体 style *m* parlé. ~文法 grammaire *f* de la langue parlée.

ごうご 豪語 fanfaronnade *f*; vantardise *f*. ¶~する fanfaronner; se vanter de *inf*; se targuer de *inf*. 50人をやっつけた~する se vanter d'avoir battu 50 adversaires.

こうこう 口腔 cavité *f* buccale (orale). ¶~ の buccal(aux); oral(e). ~医 stomatologiste *mf*; stomatologue *mf*. ~医学 stomatologie *f*. ~母音 voyelle *f* orale.

こうこう 孝行 piété *f* filiale; dévotion *f*. ¶~する servir *qn*; aimer *qn*. ~親~ dévotion aux parents. ~息子 fils *m* dévoué (serviable).

こうこう 航行 navigation *f*. ¶~する naviguer; voguer; aller sur mer. 南に向かっ て~する porter au sud. ~可能の navigable. ‖ 河川(沿岸、遠洋)~ navigation fluviale (côtière, hauturière). 有視界~ navigation à vue.

こうこう 高校 lycée *m* supérieur.

こうこう 煌々 ¶~たる brillant; lumineux(se); d'un vif éclat; étincelant. ~と briller d'un vif éclat. ~と輝くライト lumière *f* vive.

こうこう 皓々 ¶~たる月光 beau clair *m* de lune.

こうごう 皇后 impératrice *f*. ‖ ~陛下 Sa Majesté l'Impératrice.

ごうごう ¶~たる非難 reproche *m* violent; clameur *f*. ~たる非難を浴びせる crier haro sur *qn*; hurler des reproches. ~たる非難を受け る être la cible de reproches violents.

ごうごう 轟々 ¶~たる grondant; assourdissant; abasourdissant. ~たる奔流の 音 grondement *m* d'un torrent. ~と鳴る [風、風が] hurler; rugir.

こうこうさ 光行差 aberration f.

こうごうしい 神々しい divin; saint; céleste. ～美しさ beauté f divine. ¶神々しさ sainteté f.

こうごうせい 光合成 photosynthèse f. ¶～の photosynthétique.

こうごうや 好々爺 vieux bon(s)homme(s) m. ¶～になる devenir vieux bonhomme.

こうこがく 考古学 archéologie f. ¶～の archéologique. ‖～者 archéologue mf.

こうこく 公告 avis m [au public]; annonce f. ¶～する annoncer au public.

こうこく 公国 principauté f. ¶モナコ～ la principauté de Monaco.

こうこく 広告 publicité f; réclame f; annonce f [publicitaire]; [貼紙] affiche f; [折込み] encart m; [ちらし] prospectus m. ¶～をする faire de la publicité (de la réclame). ～を出す [ポスター] afficher; [折込みを] insérer une annonce. 新聞に～をはさむ encarter un prospectus dans un journal. ¶～に関する publicitaire. ¶求人～を出す annoncer une offre d'emploi. ～業者 agence f de publicité. ～取次人 agent m de publicité. ～デザイン家 dessina*teur*(*trice*) m(f) publicitaire. ～欄 [新聞の] petites annonces fpl.

こうこく 抗告 appel m; recours m; pourvoi m. ¶～する faire appel; recourir; se pourvoir en appel.

こうこつ 硬骨 ¶～の inflexible; inébranlable; implacable. ‖～漢 homme m inflexible; homme de volonté.

こうこつ 恍惚 ravissement m; transport m; extase f; béatitude f. ¶～とした extasié; ravi. ～となる être ravi; s'extasier; tomber en extase; être dans l'enchantement; délirer. ‖～境にいる être au septième ciel.

こうさ 交差 croisement m; entrecroisement m; intersection f; jonction f. ¶～する se croiser avec; se couper avec; s'entrecroiser. 鉄道と道路が～する地点 point m où la voie ferrée croise la route; point où la route traverse la voie ferrée. 二つの道が直角に～している Les deux chemins se coupent à angle droit. この道はもう一つのと～している Ce chemin en coupe un autre. ～した croisé. ‖～点 [point de] jonction f; croisée f; croisement; point d'intersection; carrefour m. ～点で立ち止まるな Ne vous arrêtez pas au croisement.

こうさ 考査 examen m; test m; épreuve f. ¶期末～ examen trimestriel (semestriel).

こうざ 口座 compte m. ～を開く faire ouvrir un compte. ～を持つ avoir un compte en banque. ‖振替～ compte chèque postal.

こうざ 講座 [講義] cours m; [ポスト] chaire f; [講演] conférence f. 文学の～を受持つ être titulaire d'une chaire de littérature. ～を新設する créer une nouvelle chaire. ‖夏期～ cours de vacances. 通信～ cours par correspondance.

こうさい 交際 fréquentation f; relation f; rapport m; société f; liaison f. ～を始める entrer en relation avec qn; commencer à fréquenter qn. ～を求める rechercher la société de qn. ¶～する fréquenter; frayer avec; avoir des relations (des rapports) avec; se mettre en rapport (en relation) avec. いかがわしい人と～する avoir des fréquentations équivoques. ‖～好きの sociable. 彼女は～好きだ Elle aime la société. ～費 frais m de représentation.

こうさい 光彩 illustration f; lustre m; éclat m; distinction f. ～を添える donner du lustre à; illustrer; donner de l'éclat (du relief) à. ～を放つ s'illustrer; exceller; se distinguer; briller. 唯一～を放つ美しい建物 une belle construction qui éclipse toutes les autres. ～を放っている très distingué.

こうさい 公債 emprunt m [public]; [国家] emprunt d'État; effets mpl publics; [地方公共団体] emprunt communal. ～に応じる souscrire à un emprunt. ～を発行する émettre (lancer, ouvrir) un emprunt. ‖短期 (長期)～ emprunt à court terme (à long terme).

こうさい 鉱滓 scories fpl; déchets mpl; mâchefer m.

こうさい 虹彩 iris m.

こうざい 功罪 彼の～は相半ばする Il a fait autant de mal que de bien./Ses mérites et ses fautes s'équilibrent.

こうざい 鋼材 matériaux mpl métalliques.

こうさく 交錯 mélange m; entrecroisement m. ¶～する s'entrecroiser; se mêler; se mélanger. 希望と絶望とが～する L'espoir alterne avec le désespoir.

こうさく 工作 travaux mpl [manuels]; [修繕] réparation f; [日曜大工] bricolage m; [裏面の] manœuvre f; machination f; démarche secrète. ¶～する travailler; bricoler; [裏面で] manœuvrer; machiner. 密かに～する tramer qc dans les coulisses. ‖～員 [組立て工] monteur(se) m(f). 秘密～員 agent m secret. ～機械 machine(s)-outil(s) f. ～道具 outils mpl. ～破壊～ menées fpl (activités fpl) subversives.

こうさく 耕作 labour[age] m; culture f. ¶～する labourer; cultiver qc. ～可能の arable; labourable; cultivable. ‖～地 terres fpl cultivées (de labour); cultures; labours.

こうさつ 絞殺 étranglement m; strangulation f. ¶～する étrangler qn; tuer par strangulation. ‖～者 étrangleur(se) m(f).

こうさつ 考察 remarque f; observation f; réflexion f; étude f. ¶～する étudier; réfléchir sur qc. あらゆる可能性を～する considérer toutes les éventualités. 充分に～した上で toute considération faite.

こうさん 公算 possibilité f; éventualité f; probabilité f. この計画が実現される～はないと私は思う Je ne vois pas la possibilité de réaliser ce projet. その～は大だよ C'est hautement probable.

こうさん 鉱産 ～資源 ressources fpl (richesses fpl) minières. ～物 produits mpl miniers. ～資源の豊富な国 pays m riche en minerais.

こうさん 降参 soumission f; reddition f. ¶

~する se rendre; se soumettre à; rendre son épée (les armes); avouer sa défaite; mettre les pouces. どうだ、～したか Tu mets les pouces? お前の頑固には～したよ Ton obstination m'a vaincu.

こうざん 鉱山 mine f. ～を採掘する exploiter une mine. ¶～の minier(ère). ‖鉄(ウラニューム)～ mine de fer (d'uranium). ～地帯 pays m (district m) minier; région f riche en mines. ～労働者 mineur m [de fond].

こうざん 高山 haute montagne f; grande altitude f. ‖～植物 plantes fpl alpines. 亜～植物 plantes alpestres. ～病 mal m des altitudes (d'altitude, des montagnes).

こうし 格子 grille f; barreaux mpl; claire(-)voie(s) f; [金網] treillis m; grillage m; treillage m. 戸に～をつける poser un grillage à une porte. ‖～縞 carreaux mpl. ～縞の布 étoffe f à carreaux. ～戸 porte f à claire-voie. ～窓 fenêtre f treillagée (grillagée).

こうし 光子 photon m.

こうし 公使 ministre m [résident]. ‖代理～ chargé m d'affaires; ministre par intérim. 特命全権～ ministre plénipotentiaire. ～館 [résidence f d'une] légation f. ～館員 [集合的に] personnel m de légation.

こうし 公子 [petit] prince m.

こうし 公私 ～にわたり aussi bien dans sa vie publique que dans sa vie privée. ～を混同するне pas distinguer sa vie publique de sa vie privée; mêler ses intérêts privés aux intérêts publics; confondre sa vie publique et sa vie privée.

こうし 行使 exercice m; pratique f; usage m; emploi m; utilisation f; application f. ¶～する exercer; pratiquer; employer; utiliser; user de. 権力を～する user d'un droit. 権力を～する exercer son pouvoir. 暴力を～してはいけない Il ne faut pas recourir à la violence. ‖実力～に移る recourir à la force.

こうし 講師 professeur m délégué; [大学] chargé(e) m(f) de cours; [専任] maître m de conférences; titulaire mf; [外人] lecteur (trice) m(f) [étranger]; conférencier(ère) m(f).

こうし 嚆矢 commencement m; début m. それを考えたのは彼をもって～とする C'est lui qui en a eu le premier l'idée.

こうじ 後事 ¶～を託す confier à qn le soin de sa famille (son affaire); demander qu'on s'occupe des siens après soi.

こうじ 公示 avis m au public. ¶～する publier; annoncer au public; [掲示する] afficher publiquement.

こうじ 好餌 appât m. ～をもっておびき寄せる appâter qn.

こうじ 好事 ¶「～魔多し」 Le malheur succède au bonheur. ‖「～門を出ず」 La bonne réputation ne court pas.

こうじ 工事 travaux mpl; ouvrages mpl; [橋・トンネル] ouvrages d'art. ～を監督する surveiller les travaux. ‖ガス(電気)～ installation f du gaz (de l'électricité). 家の基礎～が終わった Le gros œuvre [de la maison] est terminé. 下水(道路)～ construction f des égouts (des routes). 公共土木～ travaux (ouvrages) publics. 道路改修～ travaux de réfection des routes. ～監督 conducteur m de travaux; chef m de chantier. ～現場 chantier m [de travaux]. 「～中」 «Travaux.»

こうじ 高次 ～[元]の de haut degré; à haute échelle. ‖～方程式 équation f de haut degré.

こうじ 麹 riz m levé; levain m. ‖～菌 enzyme f; levure f.

こうじ 小路 ruelle f; passage m; petite rue f. ‖～袋 impasse f. 袋～につき当る déboucher sur une impasse.

ごうし 郷士 gentil(s)homme(s) m de province; †hobereau(x) m.

ごうし 合資 ¶～する commanditer. ‖～会社 [société f en] commandite f. 株式～会社 [société en] commandite par actions.

こうしき 公式《数》formule f. ¶～の officiel (le). 非～の officieux(se). ～に officiellement; à titre officiel. 非～に officieusement. ‖～化 formulation f. ～化する formuler. ～記録 record m officiel. ～主義 formalisme m. ～主義者 formaliste mf. ～集 formulaire m. ～声明 communiqué m officiel. ～訪問 visite f officielle.

こうじけつしょう 高脂血症 hyperlipémie f.

こうしせい 高姿勢 attitude f hautaine (agressive). ～をとる prendre une attitude agressive; se dresser (monter) sur ses ergots.

こうしつ 皇室 famille f impériale.

こうしつ 硬質 ～の dur; incassable; solide. ‖～ガラス verre m incassable. ～ゴム caoutchouc m durci.

こうじつ 口実 prétexte m; [逃げ口上] excuse f; dérobade f; échappatoire f; faux-fuyant m. そんな～は通らない Cette excuse ne tient pas. それは巧い～だ C'est une excuse commode. それは立派な～になる C'est un excellent prétexte. 頭痛を～にする prendre prétexte de ses migraines. 病気で欠席しなかったことを自分が負けた～にした Pour excuser sa défaite, il a allégué qu'il n'avait pas dormi du tout. 雨を～にして en prétextant le (sous prétexte du) mauvais temps. 雨を～にして来ない prendre prétexte de la pluie pour ne pas venir. 貧乏を～にして寄付に応じない tirer argument de sa pauvreté pour ne pas souscrire à une collecte. ～をさがす chercher un prétexte (une excuse) pour. ～を見つける trouver un prétexte (une excuse) pour. ～を与える fournir (donner) des prétextes. 我々のほんの少しの遅刻が彼らに拒否する～を与えた Notre petit retard leur a servi de ～ pour refuser. ¶...という～で sous prétexte de inf (qc); sous prétexte de (que inf). 病気を～にして sous prétexte de maladie; sous prétexte qu'on est malade. 彼女はフランス語を習うことを～に毎日出かける Elle sort tous les jours, sous prétexte de prendre des

こうじつ leçons de français.
こうじつ 好日 beaux jours *mpl*; belles journées *fpl*. パリ〜 belles journées à Paris.
こうじつせい 向日性 héliotropisme *m*; phototropisme *m*. ¶〜の héliotropique. ‖〜植物 [plantes *fpl*] héliotropes *fpl*.
こうしゃ 後者 ce (le) dernier *m*; cette (la) dernière *f*; [前者 (celui-là, celle-là) に対し] celui-ci; celle-ci.
こうしゃ 公社 régie *f* de. 〜交通〜 agence *f* de tourisme. 専売〜 régie avec monopole. フランス専売〜[煙草]の régie française des tabacs.
こうしゃ 巧者 ‖彼は喧嘩〜だ Il est fort en bagarre.
こうしゃ 校舎 école *f*; locaux *mpl* des écoles.
こうしゃ 降車 descente *f* [de voiture]. ¶〜する descendre [de voiture]. ‖〜口 issue *f*, sortie *f*.
ごうしゃ 豪奢 ¶〜な luxueux(se); fastueux(se); opulent; somptueux(se); magnifique. 〜な生活 vie *f* large. 〜に luxueusement; dans le luxe. 〜に暮す vivre (nager) dans l'opulence; vivre comme un coq en pâte; mener grand train. ☞ごうせい(豪勢).
こうしゃく 侯爵 marquis *m*. ‖〜夫人 marquise *f*. 〜領 marquisat *m*.
こうしゃく 公爵 duc *m*. ¶〜の ducal(aux). ‖〜夫人 duchesse *f*. 〜領 duché *m*.
こうしゃく 講釈 explication *f*. ¶〜する expliquer (commenter) [prétentieusement] *qc*.
こうしゃさい 公社債 emprunts et obligation *mpl*. ‖〜市場 marché *m* obligataire.
こうしゃほう 高射砲 canon *m* contre-avion (antiaérien). ‖〜隊 artillerie *f* antiaérienne; la DCA (Défense contre avions).
こうしゅ 好守 bonne défense *f*; bonne garde *f*.
こうしゅ 攻守 offensive *f* et défensive *f*. 〜所を変える L'offensive change de camp. ‖〜同盟 alliance *f* (ligue) offensive et défensive.
こうしゅ 絞首 étranglement *m*; strangulation *f*; [刑] pendaison *f*. ¶〜刑 [supplice *m* de la] pendaison; corde *f*. 〜刑に値する méritant la corde. 〜刑にする pendre *qn*; mettre à *qn* la corde au cou. 〜刑になる être condamné à la potence. 〜刑を免れる échapper au gibet. 〜索 [家畜] licou *m*. 〜[刑] 台 gibet *m*; potence *f*. 〜台に送る condamner (envoyer) *qn* au gibet.
こうじゅ 口授 enseignement *m* oral. ¶〜する enseigner oralement.
こうしゅう 公衆 public *m*. ¶〜の public (que). 〜の敵 ennemi *m* public. 〜の[面]前で à public; publiquement; à la vue de tous. ‖〜衛生 hygiène *f* publique. 〜電話 taxiphone *m*. 〜電話ボックス cabine *f* téléphonique. 〜道徳 civisme *m*.
こうしゅう 口臭 mauvaise haleine *f*; relent *m* de la bouche. 〜がひどい avoir mauvaise haleine; sentir [mauvais] de la bouche.

こうしゅう 講習 cours *m*; classe *f*; leçon *f*. 〜を受ける suivre un cours. 生け花の〜をする donner un cours d'arrangement de fleurs. ‖〜会を催す donner une conférence.
こうしゅうは 高周波 †haute fréquence *f*. ‖〜電流 courant *m* à haute fréquence.
こうじゅつ 後述 ¶〜の mentionné ci-dessous (plus bas, ci-après). 〜のように comme on le verra plus loin.
こうじゅつ 公述 déposition *f*. ¶〜する déposer. ‖〜人 déposant(e) *m(f)*; témoin *m*.
こうじゅつ 口述 dictée *f*. …の〜の下に手紙を書く écrire une lettre sous la dictée de *qn*. ¶手紙を〜する dicter une lettre. 〜で oralement; verbalement. 〜の oral(aux); verbal (aux). ‖〜試験 [examen *m*] oral *m*. 〜試験に失敗する échouer à l'oral.
こうしょ 高所 †hauteur *f*; †haut *m*; point *m* élevé. 〜から話をする parler du haut de la tribune. ‖〜恐怖症 acrophobie *f*.
こうじょ 控除 [天引] prélèvement *m*; retenue *f*; précompte *m*. ¶〜する prélever; précompter; retenir. 給料の10パーセントを〜する faire une retenue de dix pour cent sur le salaire. ‖基礎〜 abattement *m* à la base. 〜額 somme *f* prélevée.
こうじょ 皇女 princesse *f* [impériale]. ‖第一〜 première princesse impériale.
こうしょう 交渉 négociation *f*; [公的] pourparlers *mpl*; [闇取引] tractation *f*; [関係] liaison *f*; relation *f*; rapport *m*; commerce *m*. 〜を持つ [関係] se mettre en rapport avec *qn*; avoir (entretenir) une liaison avec *qn*. 緊密な〜を持つ nouer des liens étroits avec *qn*; former une liaison étroite avec *qn*; rester (se tenir) en liaison constante avec *qn*. 女と〜を持つ avoir des rapports avec une femme. [人との]〜を避ける fuir le commerce des hommes. 〜を断つ rompre une liaison avec *qn*. 〜を始める engager des négociations; entrer en pourparlers. ¶〜する avoir des négociations; négocier *qc* avec *qn*; entrer en communication avec *qn*. 和平〜をする négocier la paix. ‖〜委員 négocia*teur(trice)* *m(f)*. 〜開始 ouverture *f* des négociations.
こうしょう 公傷 accident *m* de travail.
こうしょう 公娼 fille *f* (femme *f*, prostituée *f*) en carte; fille publique. ‖〜制度 prostitution *f* en carte.
こうしょう 公称 ¶〜では à titre officiel (nominal); officiellement; nominalement. ‖〜資本 capital(aux) *m* nominal.
こうしょう 口承 tradition *f* orale. ‖〜文学 littérature *f* de tradition orale.
こうしょう 考証 recherches *fpl*; documentation *f*; examen *m*. 昔の神殿を〜によって復元する restituer par documentation un temple ancien. ¶〜する examiner; se documenter sur; faire des recherches. ‖時代〜 [劇など] reconstitution *f* historique. 〜家 documentaliste *mf*.
こうしょう 鉱床 gisement *m*; gîte *m*; bassin *m*; [鉱脈] veine *f*; filon *m*. ‖金属(鉄)〜

こうしょう 高尚 élévation *f*; distinction *f*. ¶~な élevé; noble; distingué; relevé; raffiné. ~な文体 style *m* soutenu. あの人は趣味が~だ Il a un goût raffiné.

こうしょう 哄笑 rire homérique *m*; rire éclatant (bruyant); gros rire. ~の渦 hilarité *f* générale. ~の渦をまきおこす provoquer une tempête de rire. ¶~する rire aux éclats.

こうじょう 厚情 ¶御~に感謝致します Je vous remercie de votre amabilité (bonté, gentillesse).

こうじょう 口上 débit *m*; propos *m*; prologue *m*; [香具師の] boniment *m*; baratin *m*. ~を述べる tenir des propos; débiter le prologue; [うまいことを言う] dire des boniments; faire du baratin; [月並みな] débiter des lieux communs.

こうじょう 向上 [進歩] progrès *m*; [前進] avancement *m*; marche *f*; [改良] amélioration *f*; [進展] développement *m*; [高揚] élévation *f*. ¶~する faire des progrès dans; s'élever; se développer. ~させる faire progresser; avancer; améliorer; développer; élever. 教育程度を~させる élever le niveau d'enseignement. 精神を~させる élever l'esprit. モラルを~させる relever la morale. 体力を~させる développer la force physique; fortifier le corps.

こうじょう 工場 usine *f*; établissement *m* industriel; [小さい] fabrique *f*; atelier *m*; [手工業] manufacture *f*. ¶~を usiner (*er*). ~オートメーション~ usine automatisée. 精製~ raffinerie *f*. 製鉄~ fonderie *f*. 繊維~ usine textile. 鉄~ forge *f*; aciérie *f*. ~街 quartier *m* à usiner. ~価格 prix *m* de fabrique. ~労働者 ouvrier(*ère*) *m*(*f*) d'usine. ~主 patron(*ne*) *m*(*f*); chef *m* d'un atelier; fabricant *m*; industriel *m*. ~閉鎖 lock-out *m*.

こうじょう 恒常 [恒常性] constance *f*; éternité *f*; [安定] stabilité *f*; permanence *f*; pérennité. ¶~的な constant; permanent; éternel(le); [普段の] habituel(le); ordinaire. 彼の不気嫌は~的なものだ Sa mauvaise humeur est chronique. ~的平和の維持 maintien *m* de la paix perpétuelle.

ごうしょう 豪商 grand marchand *m*; gros négociant *m* (commerçant *m*).

ごうじょう 強情 opiniâtreté *f*; ténacité *f*; entêtement *m*; obstination *f*. ~を張る s'entêter; s'obstiner. そんなに~を張るんじゃないよ Ne sois pas si obstiné. ¶~な opiniâtre; tenace; têtu; obstiné; entêté; [俗] cabochard. ~な馬 cheval *m* récalcitrant. ~である avoir la tête dure; être têtu comme un âne.

こうじょうせん 甲状腺 [glande *f*] thyroïde *f*; corps *m* thyroïde. ¶~の thyroïdien(ne). ~腫 goitre *m*. ~腫患者 goitreux(*se*) *m*(*f*). ~肥大 hypertrophie *f* thyroïdienne. ~ホルモン hormone *f* thyroïdienne.

こうしょうにん 公証人 notaire *m*; [俗] tabellion *m*. ~に依頼する confier *qc* à un notaire. ~立会いの下で署名する signer *qc* pardevant [le] notaire. ¶~の notarial(*aux*). ~の職 charge *f* notariale; notariat *m*.

こうしょく 公職 fonction *f* publique; [弁護士など] office *m* public. ~から身を引く se démettre de *ses* fonctions publiques. ~から追放される être exclu (chassé) de la fonction publique. ~についている occuper une fonction publique. ¶~選挙法 loi *f* électorale.

こうしょく 好色 luxure *f*; lascivité *f*; lubricité *f*; [卑猥] paillardise *f*; grivoiserie *f*. ¶~な luxurieux(*se*); lascif(*ve*); lubrique; sensuel(le); impudique. ¶~漢 paillard *m*; libidineux *m*. ~爺 vieux paillard. ~文学 pornographie *f*; littérature *f* pornographique.

こうじる 講じる ⇨ こうずる(講ずる).

こうじる 嵩じる [熱狂] s'exalter; [悪化] s'envenimer; empirer; [病気が] s'aggraver. わがままが嵩じた結果 par excès d'égoïsme. フランス熱が嵩じた結果，彼女は娘をフランス人と結婚させた Trop francophile (Par excès de francophilie), elle a marié sa fille avec un Français.

こうしん 興信 ¶~所 agence *f* de renseignements. ~所員 agent *m* de renseignements; détective *m*. ~録 mémoire *m* de renseignements privés.

こうしん 後進 successeur *m*; continua*teur* (*trice*) *m*(*f*); [集合] postérité *f*. ~に道を譲る laisser la voie à *ses* jeunes successeurs. ¶~国 pays *m* sous-développé.

こうしん 交信 communication *f* [téléphonique (télégraphique)]. ~を断つ couper (rompre) une communication. ¶~する se mettre en communication avec *qn*.

こうしん 孝心 piété *f* [filiale]. ¶~の厚い pieux(*se*); dévoué.

こうしん 昂(亢)進 exaltation *f*; exacerbation *f*; aggravation *f*; paroxysme *m*. ¶~する s'exacerber; s'exalter; atteindre le paroxysme; [悪化] s'aggraver. ‖心悸~ éréthisme *m* cardiaque.

こうしん 更新 renouvellement *m*; rénovation *f*; remise à neuf; reconduction *f*. ¶~する renouveler; rénover; reconduire; remettre à neuf; [記録など] améliorer. 契約を~する renouveler (reconduire) un contrat. 記録を~する améliorer un record. ~可能のパスポート passeport *m* renouvelable.

こうしん 紅疹 érythème *m*.

こうしん 行進 défilé *m*; [カト] procession *f*. ¶~する marcher [en file]; défiler; [カト] faire une procession. ‖たいまつ~ défilé aux flambeaux. デモの~ défilé de manifestants. ~曲 marche [militaire].

こうじん 後塵 ~を拝する suivre *qn*; marcher sur les pas de *qn*.

こうじん 公人 homme *m* public.

こうじん 幸甚 ¶~に存ずる être enchanté (très honoré, très heureux). 拙宅へおいで下されば~に存じます Je vous serais fort obligé de bien vouloir venir chez moi.

こうじん 行人 passager(ère) m(f); voyageur (se) m(f).

こうしんじゅつ 降神術 évocation f [de dieux]; incantation f; [死者を起す] nécromancie f. ‖~者 nécromancien(ne) m(f); nécromant m.

こうじんぶつ 好人物 bon(s)homme(s) m; brave homme m; [ろくでなし] bon à rien.

こうしんりょう 香辛料 épice m.

こうず 構図 composition f. この絵は～がよい(悪い) Ce tableau est bien (mal) composé.

こうすい 硬水 eau f dure (crue).

こうすい 鉱水 eau f minérale.

こうすい 降水 précipitations fpl [atmosphériques]. ‖~量 précipitations; pluviosité f.

こうすい 香水 parfum m. ~をつける se mettre du parfum; se parfumer; [人, 物に] parfumer qn (qc). ハンカチに～を数滴つける parfumer (mettre quelques gouttes de parfum sur) son mouchoir. ~を売る vendre de la parfumerie. ‖~業(店) parfumerie f. ~業者 parfumeur(se) m(f). ~スプレー vaporisateur m (atomiseur m) de parfum.

こうずい 洪水 inondation f. 情報の～ flot m d'informations. 台風の後で～が起った Après le typhon, il s'est produit une inondation. ~に見舞われた地方 région f inondée. ~に押し流される être emporté par l'inondation. ~を引起す provoquer une inondation. ‖~のような雨 pluie f diluvienne. ‖大～ déluge m.

こうすいかくりつ 降水確率 taux m de pluviosité.

こうずか 好事家 amateur m d'objets; curieux(se) m(f).

こうする 抗する résister à; s'opposer à; se révolter contre; désobéir à. 不正に抗して立上がる s'élever contre l'injustice.

こうずる 講ずる [教授する] ¶ 文学を～ professer la littérature. ◆[考える・図る] ¶ 策を～ prendre des mesures. 最良の策を～ prendre (employer) le meilleur moyen. 万全の策を～ se préparer à tout.

こうせい 後世 postérité f; générations fpl futures (postérieures). ~に名をとどめる passer à la postérité; s'immortaliser.

こうせい 後生 ¶ ～に授る子 enfant mf qui promet beaucoup. ‖~動物 métazoaire m.

こうせい 公正 ¶ ~な juste; équitable; intègre; impartial(aux); droit; [手段など] honnête. ~な裁判官 juge m impartial. ~な処置 mesure f honnête. ~に équitablement; impartialement; honnêtement; avec justice. ~さ justice f; équité f; impartialité f; rectitude f; honnêteté f. ‖~証書 actes mpl notariés.

こうせい 厚生 ¶ ~局 bureau(x) m de bienfaisance. ~事業 œuvre f de bienfaisance. ~施設 établissement m de bienfaisance. ~省(大臣) Ministère m (ministre m) de la Santé publique. ~年金 allocation f sociale.

こうせい 恒星 étoile f [fixe].

こうせい 攻勢 offensive f. ～に転ずる reprendre (passer à) l'offensive; prendre la contre-offensive. ～をかける déclencher l'offensive. ～をとる prendre l'offensive. ‖外交～ offensive diplomatique. 再～ retour m offensif.

こうせい 更正 rectification f. 予算の～ rectification d'un budget. ¶ ~する rectifier.

こうせい 更生 régénération f; reconstitution f. ~の機会を与える donner à qn l'occasion de se racheter (s'amender). ~の手をさしのべる aider qn à se régénérer. ¶ ~する se régénérer; se racheter. 彼はすっかり～した Il s'est parfaitement régénéré. ~させる régénérer; rétablir; [立ち直らせる] racheter qn; ramener qn dans la bonne voie. 会社～法 loi f de réhabilitation des sociétés. ~会社 entreprise f réhabilitée.

こうせい 校正 correction f [des épreuves]. ¶ ~する corriger les épreuves. ‖~係 correcteur(trice) m(f). ~刷り [feuille f d'] épreuve f.

こうせい 構成 formation f; constitution f; composition f; construction f; [小説・劇] plan m; charpente f; structure f; ossature f; architecture f. ¶ ～する former; constituer; composer; construire. 全体を～する 要素 parties fpl qui constituent un tout. ～される se composer de; se former de. 委員会は10人の委員によって～される Le comité se compose de dix membres. ‖再～ reconstitution f; recomposition f; reconstruction f. 再～する reconstituer; recomposer; reconstruire. ～メンバー [クラブの] membres mpl [d'un club]. ～要素 [élément m] constituant m; composant m.

こうせい 合成 assemblage m; réunion f; composition f; [化] synthèse f. ¶ ～する réunir; composer; assembler; monter. ～の [化] synthétique. ‖光～ photosynthèse f. ～語 [mot m] composé m. ～写真 photo (s-robot)s m; [方法] photomontage m; montage m de photographies. ～樹脂 résine f synthétique. ～繊維 textiles mpl synthétiques.

ごうせい 豪勢 faste m; opulence f; magnificence f; luxe m. ¶ ～な fastueux(se); somptueux(se); magnifique; splendide; luxueux(se). ～な邸宅 résidence f somptueuse; maison f superbe. 新車を買ったよ—それは～だね Je me suis acheté une nouvelle voiture. — Ah, ça, c'est magnifique. ～に暮す vivre dans l'abondance (le luxe); mener une vie opulente; mener la grande vie; mener grand train.

こうせいしんやく 向精神薬 【医】 psychotrope m.

こうせいせき 好成績 ¶ ～を収める obtenir de bons résultats; réussir; [企画など] arriver à un bon résultat.

こうせいとりひきいいんかい 公正取引委員会 Commission f pour l'équité des pratiques commerciales.

こうせいのう 高性能 ¶ ～の performant(e); de haute performance.

こうせいぶっしつ 抗生物質 antibiotique m.

〜を飲む prendre de l'antibiotique. ¶〜の antibiotique.
こうせいろうどうしょう 厚生労働省 Ministère m de la Santé, de l'Emploi et de la Protection sociale.
こうせき 功績 mérite m; grand service m; [武勲] ✝haut fait m; fait d'armes; exploit m; prouesse f. 彼の〜は無視できない Ses mérites ne sont pas négligeables. 彼は最初にその発見を認めた点で〜があった Il a eu le mérite d'avoir reconnu le premier cette découverte. 〜をあげる rendre de grands services; réaliser un exploit. ¶〜のある méritoire. ある分野で〜のある人 personne f qui a rendu de grands services dans un domaine.
こうせき 洪積 ‖〜世 époque f diluvienne; diluvium m. 〜層 diluvium m. 〜地 terrains mpl diluviaux.
こうせき 航跡 sillage m. 〜を残す laisser un sillage.
こうせき 鉱石 minerai m. ‖ 〜ラジオ poste m à galène.
こうせきうん 高積雲 altocumulus m.
こうせつ 交接 coït m; copulation f; [動物] accouplement m. ¶〜する s'accoupler; s'unir sexuellement; accomplir l'acte sexuel. ‖〜不能 impuissance f [sexuelle]. 〜不能者 impuissant m.
こうせつ 公設 ¶〜する installer (créer) publiquement. ‖〜市場(球戯場) marché m (bouloudrome m) public.
こうせつ 降雪 chute f (tombée f) de neige; enneigement m. 今年は冬の初めに充分〜があった Il y a eu suffisamment d'enneigement au début de l'hiver. ‖〜量 précipitations fpl de neige.
こうせつ 口舌 ¶〜の徒 bavard(e) m(f); jaseur(se) m(f); babillard(e) m(f); 《俗》caquet m; moulin m à paroles.
ごうせつ 豪雪 fortes précipitations fpl de neige; fort enneigement m. ‖〜地帯 région f de fortes précipitations de neige.
こうせん 交戦 ¶〜する livrer [une] bataille; livrer combat à; faire la guerre; engager les hostilités. ‖〜期間 durée f des hostilités. 〜国 belligérant m; nation f (pays m) en guerre; puissance f belligérante. 非〜国 non-belligérant m. 〜状態 état m de guerre; état belligérant; belligérance f. 〜中 belligérant. …と〜中である être en guerre avec.
こうせん 光線 rayon m; [照明] éclairage m; [稲妻] éclair m. 〜を発する émettre (lancer) des rayons. 〜を嫌う fuir les lumières. 死〜 rayon de la mort. 自然(人工)〜 lumière naturelle (artificielle).
こうせん 公選 élection f; suffrage m universel. ‖総裁〜 élection d'un président. 〜知事 préfet m élu.
こうせん 口銭 commission f; courtage m; remise f; rémunération f. 15パーセントの〜を取る toucher quinze pour cent de commission.
こうせん 好戦 ¶〜的な belliqueux (se); 〜的国民 peuple m belliqueux. 〜的な人 belliciste mf; esprit m belliqueux (guerrier). ‖〜主義 bellicisme m.
こうせん 工船 navire(s)-usine(s) m.
こうせん 抗戦 [guerre f de] résistance f. ¶〜する résister à; se défendre contre. ‖徹底〜主義 jusqu'au-boutisme m. 徹底〜主義者 jusqu'au-boutiste mf. 徹底〜する lutter jusqu'au bout.
こうせん 鉱泉 source f minérale. ‖ラジウム〜 source [thermale] à radium.
こうぜん 公然 ¶〜の事実 fait m connu de tous. 〜の秘密 secret m de Polichinelle (de comédie). 〜と ouvertement; publiquement; franchement; ✝hautement; [露骨に] ostensiblement. 〜と反対を表明する se déclarer hautement contre qn.
こうぜん 昂然 ¶〜と fièrement; sans crainte; orgueilleusement; ostentatoirement. 〜とうそぶく se vanter ostensiblement.
こうぜん 浩然 ¶たまには〜の気でも養ってくるか Pour une fois, je vais aller me mettre au vert.
ごうぜん 轟然 ¶〜たる fracassant; assourdissant. 〜たる音を立てて爆発する exploser avec un grand bruit. 〜と avec un bruit fracassant; avec éclat.
ごうぜん 傲然 ¶〜たる orgueilleux(se); arrogant; insolent; impérieux(se). 〜と orgueilleusement; arrogamment; insolemment; avec orgueil (arrogance, insolence). 〜と言い放つ déclarer impérieusement. 〜と構える prendre de grands airs.
こうそ 公訴 action f publique. 〜を棄却する déclarer un non-lieu. ¶〜する intenter une action publique à qn. 〜されたらあなたを一ばこになるだろう Il vous poursuivra en justice. ‖〜棄却 non-lieu m. 〜棄却の決定 ordonnance f de non-lieu. 〜棄却になる bénéficier d'un non-lieu.
こうそ 控訴 appel m; [上訴] recours m [en cassation]; pourvoi m en appel. 〜を棄却する rejeter l'appel. ¶〜する faire appel [d'un jugement]; se pourvoir en appel (en cassation). ‖〜院 cour f d'appel. 〜棄却 rejet m de recours.
こうそ 酵素 enzyme f; [アルコール] zymase f; [酵母] ferment m. ¶〜の enzymatique; zymotique. ‖凝乳〜 présure f. 消化〜 diastase f.
こうぞ 楮 broussonétie f à papier.
こうそう 宏壮 ¶〜な grand; large; immense; magnifique. 〜な邸宅 grande résidence f somptueuse.
こうそう 抗争 conflit m; antagonisme m; opposition f; rivalité f; querelle f. ‖内部〜 guerre f (querelle) intestine.
こうそう 構想 [計画] plan m; projet m; dessein m; programme m; [小説, 芝居の] charpente f; ébauche f; canevas m. 申し良い〜が浮かばない Je cherche en vain un canevas intéressant. 〜を練る élaborer un plan.
こうそう 高僧 prélat m; grand bonze m; [集

こうそう 高層 ¶〜雲 altostratus *m*. 〜建築 édifice *m* à haute structure; gratte-ciel *inv*. 〜団地 grand ensemble *m*. 〜ビル gratte-ciel.

こうそう 構造 structure *f*; mécanisme *m*; constitution *f*; [組織] organisation *f*. 時計の〜 mécanisme d'une horloge. 花の〜 constitution d'une fleur. ¶〜の structural (*aux*); [機械] mécanique. 下部〜 [経済] infrastructure *f*. 原子(核)〜 structure de l'atome (du noyau). 産業〜 structure de l'industrie. 社会〜 structures sociales. 人体〜 conformation *f* du corps humain. 分子〜 structure moléculaire. 〜インフレ(不況) inflation *f* (récession *f*) structurelle. 〜改革 réformes *fpl* de structure. 〜言語学 linguistique *f* structurale. 〜主義 structuralisme *m*. 〜主義者 structuraliste *mf*.

こうそう 豪壮 ¶〜な grandiose; grand; majestueux(se).

こうそく 拘束 contrainte *f*; entrave *f*; joug *m*; empêchement *m*. ¶〜する mettre *qn* sous le joug; imposer un joug à *qn*; retenir *qn*; lier *qn*. 身柄を〜する arrêter *qn*. 〜から逃れる rompre le joug. 〜される être mis sous le joug; être retenu. 約束はしても君を〜されることにはならないよ La promesse ne t'engage à rien. 〜されている être entravé (sous la contrainte). 〜されずに avec (en toute) liberté; sans entraves; librement. ‖ 身柄〜 [法] contrainte *f* par corps. 〜時間 heures *fpl* de service. 〜力 force *f* [contraignante].

こうそく 校則 règles *fpl* scolaires.

こうそく 梗塞 obstruction *f*; engorgement *m*. ¶〜する s'engorger; s'obstruer. ‖ 心筋〜 infarctus *m* du myocarde.

こうそく 高速 grande vitesse *f*. 〜で à grande (pleine, toute) vitesse; à grande allure; [俗] à tout casser; en quatrième vitesse. フィルムを〜で映す projeter un film en accéléré. 〜機械 machine *f* à vitesse accélérée. 〜撮影 tournage *m* accéléré. 〜道路 autoroute *f*. 〜度鋼 acier *m* [à coup] rapide. 〜練習 [ピアノ] exercice *m* de vélocité.

こうぞく 後続 suite *f*. ¶〜の suivant(e). ‖〜部隊 troupe *f* qui suit.

こうぞく 皇族 prince(sse) *m(f)* du sang; [集合] famille *f* (maison *f*) impériale. ¶〜らしく princièrement.

こうぞく 航続 autonomie *f* [d'un avion, d'un navire]; rayon *f* d'action.

ごうぞく 豪族 famille *f* puissante [de province].

こうそふ 高祖父 trisaïeul *m*.

こうそぼ 高祖母 trisaïeule *f*.

こうた 小唄 chansonnette *f*. 〜を歌う chantonner; fredonner.

こうたい 後退 recul *m*; marche *f* arrière; [景気] récession *f*; [軍隊] repli *m*; retraite *f*; [逆行] rétrogradation *f*. ¶〜する reculer; marcher en arrière; rétrograder; [軍隊] se replier; [車が] faire marche arrière.

こうたい 交替 remplacement *m*; substitution *f*; [人員] relève *f*; alternance *f*; roulement *m*./[軍隊] 朝の〜 relève du matin. ¶〜する remplacer *qn*; relayer *qn*; se substituer à; se relayer; [軍隊] prendre la relève. 〜で alternativement; tour à tour. 〜で働く travailler par roulement. 世代〜 alternance des générations. 〜作業 travail *m* par roulement (relais). 〜要員 [集合] personnel *m* de relais; relève.

こうたい 抗体 anticorps *m*.

こうだい 後代 postérité *f*. 〜に名を残す passer à la postérité.

こうだい 広大 ¶〜な [無限の] infini; illimité; sans limite; [広い] grand; immense; vaste. 〜な面積を占める occuper une grande (vaste) surface. ‖ 〜無辺の空間 espace *m* in[dé]fini.

こうたいごう 皇太后 impératrice mère *f*.

こうたいし 皇太子 prince *m* héritier du trône; premier fils *m* de l'empereur; [仏 史] Dauphin *m*. ¶〜妃 princesse *f*; femme *f* du prince héritier.

こうたく 光沢 poli *m*; lustre *m*; éclat *m*; luisant *m*; brillant *m*. 〜を出す polir; lustrer; [ガラス] éclaircir; [金属] brunir. 〜のある poli; lustré; brillant. 〜のある髪 cheveux *mpl* lustrés. 〜のない terne; mat; sombre.

ごうだつ 強奪 pillage *m*; brigandage *m*; détroussement *m*; extorsion *f*; rapine *f*. ¶〜する voler de force; piller; détrousser *qn*; ravir *qc* à *qn*; extorquer *qc* à *qn*. 〜される se faire piller. 彼は持ち物を全部〜された On l'a dépouillé de tout ce qu'il avait. ‖ 〜者 pillard(e) *m(f)*; brigand(e) *m(f)*. 〜品 rapine; proie *f*; butin *m*.

こうたん 降誕 naissance *f* [d'un saint]. ‖ [キリスト]〜祭 Noël *m*; Nativité *f*.

こうだん 公団 collectivité *f* [nationale]. ‖ 道路〜 collectivité nationale pour la construction de routes. 〜住宅 grand ensemble *m* (immeuble *m*) construit par une collectivité; †HLM *m(f)* (habitation *f* à loyer modéré).

こうだん 講壇 chaire *f*; tribune *f*; estrade *f*. 〜に立つ monter en chaire. ¶〜から話すような口調で d'un ton oratoire.

ごうたん 豪胆 bravoure *f*; vaillance *f*; audace *f*; intrépidité *f*. ¶〜な brave; vaillant; audacieux(se); intrépide; impavide. ‖ 〜シャル〜王 Charles le Téméraire.

こうだんし 好男子 [美男] bel homme *m*; beau garçon *m*; [好漢] gaillard *m*.

こうち 拘置 détention *f*; mise *f* en dépôt. ¶〜する détenir *qn*; mettre *qn* en dépôt; retenir *qn* en captivité; incarcérer *qn*. ‖ 〜所 maison *f* de détention; dépôt *m*. 〜所に入れられる être détenu (incarcéré).

こうち 耕地 terrain *m* cultivé; terre *f* [cultivée]; cultures *fpl*; labours *mpl*. ‖ 〜権 droit *m* de culture. 〜面積 superficie *f* (étendue *f*) de terrain cultivé.

こうち 高地 †hauteur *f*; éminence *f*; éléva-

こうちく 構築 constitution *f*; construction *f*; architecture *f*; établissement *m*. ¶~する construire; architecturer; établir. 地下された城砦 citadelle *f* bien construite.

こうちゃ 紅茶 thé *m* [noir]. レモン~ thé au citron. ~を入れる faire du thé; préparer le thé. ~を飲む prendre du thé. ‖~入れ théière *f*. ~こし passoire *f* à thé.

こうちゃく 膠着 agglutination *f*; adhésion *f*; immobilisation *f*. ¶~する s'agglutiner; se coller; s'immobiliser. 戦線は~している Le front s'immobilise. ‖~語 langue *f* agglutinante. ~状態 situation *f* sans issue; impasse *f*. ~状態にある être dans une impasse. ~状態から脱け出す sortir d'une impasse.

こうちゅう 甲虫 coléoptères *mpl*.

こうちょう 好調 bonne condition *f*; [体調] bonne santé *f*. ¶~である être en [bonne] forme; marcher bien; être en bonne voie; [健康] se bien porter; aller bien. 私の事業は~です Mes affaires marchent bien.

こうちょう 校長 directeur(trice) *m(f)* [d'école]; [リセ] proviseur *m*.

こうちょう 紅潮 ¶~する devenir rouge; rougir. 頬が~する rougir.

こうちょう 腔腸 ‖~動物 coelentérés *mpl*.

こうちょうかい 公聴会 audition *f* (séance *f*) publique. 証人に~を開いて procéder à l'audition publique des témoins.

こうちょく 硬直 raidissement *m*; raideur *f*; rigidité *f*. ¶~する se [se] raidir; devenir raide (roide). ~した raide (roide); rigide; raidi. ~した思考 pensée *f* rigide. ‖死後の~ rigidité cadavérique.

ごうちょく 剛直 ¶~な inflexible; intransigeant; ferme; dur.

こうちん 工賃 frais *mpl* de main-d'œuvre; [賃金] salaire *m* des ouvriers.

こうつう 交通 circulation *f*; trafic *m*; [伝達] communication *f*; correspondance *f*. 激しい~ trafic intense. ~が麻痺している La circulation est paralysée. 雪のため~が麻痺してしまった La neige a paralysé (bloqué) les communications. この町の便が良い C'est une localité bien desservie. ¶~可能の praticable; [水路が] navigable. ~の激しい道路 route *f* à circulation intense. ~一方通行 circulation à sens unique. 道路(海上)~ trafic routier (maritime); transports *m* urbain. ~違反 contravention *f*. ~禍 accident *m* de la circulation. ~機関 moyen *m* de transport; transports *m*. 二つの町の間には~機関がない Il n'y a aucune correspondance entre ces deux villes. ~整理 réglementation *f* de la circulation. ~渋滞 embouteillage *m*; encombrement *m*; bouchon *m* de circulation. ~渋滞を起す boucher la circulation. ~巡査 agent *m* de circulation; agent pivot. ~信号 signaux *mpl* routiers. ~止め circulation interdite; [立札] passage *m* interdit. ~法規 code *m* routier (de la route). ~網 réseau(x) *m* de transport. ~路 voie *f* de communication. ~量の多い道路 route à grande circulation.

こうつごう 好都合 ¶~な convenable; favorable; opportun; propice; [便利] commode. 釣には~な天気 temps *m* propice à la pêche. そこはキャンプをするのに~な場所だ C'est un endroit idéal pour le camping. ~な時に in un moment propice; opportunément; à propos. ~である convenir à *qn*. それは私には実に~だ Cela me convient parfaitement.

こうてい 公定 ¶~価格 prix *m* fixé par l'Etat. ~歩合 taux *m* d'escompte officiel.

こうてい 公邸 résidence *f* officielle.

こうてい 工程 [製造] procédé *m* [technique] de fabrication; [オートメーション] chaîne *f* [de fabrication]. ~作業 travail (aux) *m* à la chaîne.

こうてい 校庭 cour *f* [d'une école].

こうてい 校訂 collation *f*; collationnement *m*; [古書の] recension *f*. ¶~する collationner.

こうてい 皇帝 empereur *m*; [ローマ] césar *m*. ~陛下 Sa Majesté impériale. ¶~の impérial(aux). ~らしく impérialement. ‖~政治 césarisme *m*.

こうてい 肯定 affirmation *f*. ¶~する affirmer; répondre par l'affirmative. ~も否定もしない ne répondre ni par l'affirmative ni par la négative. ~的な affirmati(ve); positi(ve). ~的な批評 critique *f* positive. ~的に affirmativement; positivement. ‖~文 proposition *f* affirmative.

こうてい 行程 trajet *m*; parcours *m*; [一日の] étape *f*; itinéraire *m*. そこまではたった1日の~だ Il ne faut qu'un jour pour y aller. 長い~を走る courir une longue étape. つらい~を踏破する parcourir un pénible trajet.

こうてい 高低 le haut et le bas; [高さ] hauteur *f*. 土地の~ accidents *mpl* de terrain; [起伏] ondulation *f*. 物価の~ variations *fpl* des prix. 音の~ hauteur d'un son. ~をはかる mesurer la hauteur (l'altitude). ¶~のある [土地] accidenté; ondulé; [値段] flottant; varié.

こうていえき 口蹄疫 fièvre *f* aphteuse.

こうてき 公的 ¶~な officiel; public(que). ‖~機関 organe *m* public.

こうてき 好適 ¶~な convenable (favorable, propice) à. ハイキングに~な季節 saison *f* propice aux excursions.

こうてきしきん 公的資金 ‖~の投入 injection *f* de fonds publics.

こうてきしゅ 好敵手 rival(aux) *m*; émule *mf*; bon(ne) adversaire *m(f)*. ~を得る trouver *son* homme.

こうてつ 更迭 changement *m* de poste; mutation *f*. 大臣の~ remplacement *m* d'un ministre. ¶~する remplacer. 役人を~する muter un fonctionnaire.

こうてつ 鋼鉄 acier *m*. ~を被せる aciérer. ¶~で出来たような男 homme *m* d'acier.

こうてん 交点 point *m* de section; [point d'] intersection *f*.

こうてん 公転 révolution f. 地球の～ révolution de la Terre. ¶～する tourner régulièrement son orbite. ～軌道を進む parcourir sa révolution. ～軸 axe m de révolution. ～周期 période f. 十年の～周期 période décennale.

こうてん 好天 beau temps m. ～に恵まれる bénéficier d'un beau temps. ‖ このところ～続きだ Ces derniers jours, le temps est au beau fixe.

こうてん 好転 ¶～する s'améliorer; bien tourner; prendre une bonne tournure. 景気が～した Les affaires ont repris. 事態は～した La situation a bien tourné.

こうでん 香典 offrande f [en espèces] aux mânes.

こうでんかん 光電管 cellule f photoélectrique.

こうでんし 光電子 photo-électron m.

ごうてんじょう 格天井 plafond m en caissons.

こうでんち 光電池 photopile f.

こうてんてき 後天的 acquis; a posteriori. ¶～な方法 procédé m a posteriori. ～に posteriori. ‖ ～性質 caractères mpl acquis.

こうど 光度 luminosité f [des étoiles]. ‖ ～計 photomètre m; actinomètre m. ～測定 photométrie f; actinométrie f.

こうど 硬度 [degré m de] dureté f. ダイヤの～ dureté du diamant. 水の～ dureté de l'eau. ‖ ～検定 hydrotimétrie f. ～検定器 hydrotimètre m.

こうど 高度 altitude f; †hauteur f; élévation f. ～を上げる(下げる) prendre (perdre) de l'altitude (de la hauteur). 飛行機は～5,000 メートルを飛んでいる L'avion vole à une altitude de 5.000 m. ～な †haut; perfectionné supérieur. ～な文明 civilisation f supérieure. ～な技術を要する仕事 travail m d'une haute technicité. ～成長 développement m accéléré.

こうとう 公党 parti m [officiel].

こうとう 口頭 ¶～の oral(aux); verbal (aux). ～で oralement; verbalement; de vive voix. ‖ ～試問 oral m; épreuves fpl orales. ～試験を受ける passer l'oral. ～試験に受かる passer à l'oral. ～報告 rapports mpl verbaux.

こうとう 喉頭 larynx m. ¶～の〖語〗 laryngal(aux). ‖ ～炎 laryngite f. ～炎 affections fpl du larynx; laryngite f. ～鏡 laryngoscope m. ～結核 phtisie f laryngée. ～検査 laryngoscopie f. ～を病んだ[の] laryngé; laryngien(ne).

こうとう 高(昂)騰 élévation f; [物価] hausse f; renchérissement m; [増大] augmentation f. 生活費の～ †hausse du coût de la vie. ¶～する s'élever; monter; être en hausse; augmenter. 物価が～している Les prix montent en flèche.

こうとう 高等 ～な supérieur m; grand; † haut; élevé. ¶～学校 lycée m [supérieur]. ～官 †haut fonctionnaire m. ～教育 enseignement m supérieur. ～裁判所 cour f d'appel. ～数学 mathématiques fpl supérieures. ～専門学校 collège m supérieur. ～動物(植物) animaux mpl (végétaux mpl) supérieurs.

こうとう 高踏 ¶～的(な) idéal(aux); distingué; [文学] parnassien(ne). ‖ ～派〖仏文学〗 le Parnasse. ～派詩人 parnassien(ne) m(f); poète m du Parnasse.

こうどう 黄道 écliptique m. ¶～の écliptique. ‖ ～帯 zodiaque m. ～帯の zodiacal(aux).

こうどう 公道 voie f publique; grand chemin m. 天下の～ [正道] voie de la justice; justice f publique. 天下の～を歩む se ranger du bon côté.

こうどう 坑道 galerie f [de mine]; passage m souterrain; [細い] boyau(x) m [de mine].

こうどう 行動 action f; conduite f; comportement m; attitude f; [行動の仕方] manière f d'agir. 彼の～は非の打ちどころがない Sa manière d'agir est irréprochable. ～に移る passer à l'action. ～に移す mettre en action. 彼は容疑者のあらゆる～について尋問した Il a interrogé le prévenu sur ses faits et gestes. ～を開始する engager l'action. 生徒の～を監督する surveiller le comportement des élèves. ～する agir; se conduire; se comporter. 真面目な人間として～する agir en honnête homme. 彼らはまるで子供のように～する Ils se conduisent comme des enfants. ～的な actif(ve). ～的な人間 homme m d'action. ‖ 政治～ action politique. 統一～ unité f d'action. ～家 homme m d'action. ～主義〖哲〗 behaviorisme m; [政治] activisme m; [学派] école f du comportement. ～範囲 champ m (rayon m) d'action. ～方針を決める fixer la ligne de conduite (d'action).

こうどう 講堂 salle f de conférence (de cours). ‖ 階段～ amphithéâtre m.

ごうとう 強盗 [行動] cambriolage m; brigandage m; vol m à main armée; [集合的] banditisme m; pillage m; [人] brigand m; bandit m; pillard m; voleur(se) m(f) à main armée. 昨日我家に～が入った Hier un cambrioleur a pénétré dans ma maison. ～を働く se livrer au brigandage; cambrioler; voler à main armée; piller qn. ‖ 押込み～ cambrioleur(se) m(f).

ごうどう 合同 union f; fusion f; fusionnement m; unification f; [国・企業・政治] intégration f; annexion f; incorporation f; [図形] congruence f. ¶～する s'unir; s'unifier. 二つの党派の間に～しようとする傾向がある Il y a une tendance unificatrice dans ces deux partis. ～させる unifier; fusionner; unir; [同化] intégrer; annexer; incorporer. ‖ ～裁判所 tribunal(aux) m mixte. ～三角形 triangles mpl congruents.

こうとうしき 恒等式 identité f.

こうとうぶ 後頭部 partie f postérieure de la tête; 〖解〗 occiput m. ～を強く打つ se cogner fortement la partie postérieure de la tête. ¶～の occipital(aux).

こうとうむけい 荒唐無稽 ¶~な extraordinaire; inouï; extravagant; chimérique. ~な話 histoire f fantaisiste.

こうどく 講読 lecture f; explication f de texte. ¶~する expliquer un texte.

こうどく 購読 abonnement m. 雑誌の~を中止する se désabonner d'une revue. ¶新聞を~する prendre un abonnement (souscrire) à un journal. 週刊紙を~する s'abonner à un hebdomadaire. ‖~料金 tarif m d'abonnement.

こうとくしん 公徳心 civisme m.

こうどくそ 抗毒素 antitoxine f. ¶~性の antitoxique.

こうない 坑内 intérieur m d'une mine; galerie f [de mine]. ~から出る sortir de la galerie. ~の作業 travail(aux) m dans la galerie. ~の火災 incendie f dans une galerie. ~労働者 mineur m de fond.

こうない 校内 intérieur m de l'école; [敷地] campus m. ~で dans l'école. ‖~放送 émission f radiophonique interclasse. ~暴力 violences fpl scolaires.

こうない 構内 enceinte f; champ m clos; [駅の] hall m. 駅の~で dans le hall de la gare; dans la gare.

こうないえん 口内炎 stomatite f.

こうなん 後難 ¶~を恐れる craindre des conséquences (suites) fâcheuses. ~を恐れて何も言わない se taire pour s'éviter de fâcheuses suites.

こうにゅう 購入 achat m; acquisition f. ¶~する acheter; se procurer par achat. ‖~能力 pouvoir m d'achat.

こうにん 後任 ¶AをBの~に据える remplacer B par A. Aを自分の~にする se faire remplacer par A. ‖~者 successeur m; remplaçant(e) m(f); héritier(ère) m(f); continuateur(trice) m(f).

こうにん 公認 autorisation f (permission f) officielle; légalisation f; [スポーツ記録] homologation f. ¶~する autoriser (permettre) officiellement; légaliser; [スポーツ記録] homologuer. 新記録を~する homologuer un nouveau record. ‖~会計士 expert m comptable. ~記録 record m homologué.

こうねつ 高熱 forte fièvre f. ~に苦しむ souffrir d'une forte fièvre.

こうねつひ 光熱費 [frais mpl de] chauffage m et éclairage m. ~を含んで chauffage et éclairage compris.

こうねん 後年 quelques années (longtemps) plus tard; dans quelques années.

こうねん 光年 année f lumière.

こうねんき 更年期 âge m critique; ménopause f; retour m d'âge. ¶~の女 femme f à l'âge critique. ‖~障害 complications fpl de santé à l'âge critique.

こうねんそう 高年層 personnes fpl âgées; âgés pl; le troisième âge.

こうのう 効能 effet m; efficacité f; vertu f; pouvoir m; force f. 医学的(治療的)~ vertu médicale (curative). ~を示す donner de l'effet. ~を並べ立てる faire étalage des vertus de qc. ¶~のある薬 remède m puissant (efficace). ‖~書き légende f des vertus médicales.

ごうのう 豪農 grand (riche) fermier [influent] m.

こうのとり 鸛 cigogne f.

ごうのもの 剛の者 brave m; vaillant m.

こうは 光波 ondes fpl lumineuses (de la lumière).

こうは 硬派 intransigeants mpl; inflexibles mpl; [宗教, 道徳] rigoristes mpl.

こうはい 後輩 jeune mf; cadet(te) m(f); [部下] sous-ordre m inv; homme m. ~を激励する réconforter les jeunes.

こうはい 交配 accouplement m; croisement m; [異種間の] croisement m; métissage m hybridation f. ¶~する accoupler; croiser; faire mâtiner par. 二種の牛を~する croiser deux races de bœufs. ‖~種 race f métissée (hybride).

こうはい 光背 nimbe m; auréole f. ¶~のある nimbé; auréolé.

こうはい 荒廃 ravages mpl; dévastation f; ruine f; délabrement m. ¶~する être dévasté (ravagé, délabré); [精神的] se dégrader; dégénérer. ~させる dévaster; ravager; ruiner; délabrer; [精神] dégrader; corrompre. ~した国土 pays m dévasté. ~した精神 âme f corrompue (perverse).

こうばい 公売 vente f aux enchères [publiques]. ~に付す mettre (vendre) aux enchères (à l'encan).

こうばい 勾配 pente f; inclinaison f; talus m; rampe f. 土地の~ déclivité f d'un terrain. 10度の~ pente de dix pour cent. ゆるやかな(急な)~ montée douce (raide). ~をつける mettre en pente. きつい(ゆるい)~の屋根 toit m à forte (faible) inclinaison. ~になる aller en pente.

こうばい 購買 [acquisition f par] achat m. ¶~する acheter; obtenir à prix d'argent. ‖~組合 coopérative f de consommation. ~部 boutique f; magasin m. ~力 pouvoir m d'achat.

こうばいすう 公倍数 commun multiple m. ‖最小~ le plus petit commun multiple (PPCM m).

こうはいち 後背地 arrière-pays m inv.

こうはく 紅白 rouge m et blanc m. ‖~リレー course f de relais disputée entre deux équipes.

こうばく 広漠 ¶~たる vaste; illimité; in[dé]fini; immense. ~たる松林 pinède f de très grande étendue.

こうばしい 香ばしい ¶このせんべいは~匂いがする Ces fouaces sentent bon (exhalent une odeur agréable).

こうはつ 後発 ‖~隊 troupe f de deuxième vague. ~メーカー entreprise f qui a commencé tardivement.

ごうはら 業腹 ¶~な fâcheux(se); irritant; embêtant. 逃げたのも~だ Cela m'ennuie de fuir.

こうはん 後半 dernière (seconde) moitié f. ‖~戦 seconde mi-temps f d'un match.

こうはん 公判 audience f publique. ~を開く(行ろ, 中止する, 再開する, 閉じる) ouvrir (tenir, suspendre, reprendre, lever) une audience. ~中 en audience publique. ‖~日(記録) jour m (feuille f) d'audience.

こうはん 広汎 ‖~な large; étendu; vaste; extensif(ve). ~な[層の] 視聴者を集める réunir un grand public [de toutes les classes sociales]. 被害は~にわたっている On signale des dégâts dans de nombreux secteurs.

こうばん 交番 poste m [de police]. ~に連れて行く conduire au poste de police.

ごうはん 合板 contre-plaqué m. ‖~製造 contre-placage m.

こうはんい 広範囲 grande étendue f (portée f). ~にわたる被害状況 dégâts mpl sur une grande étendue. ~に largement.

こうひ 公妃 princesse f. ‖大~ Madame la princesse.

こうひ 公費 dépenses fpl de l'Etat. ~で aux frais de l'Etat. ~で旅行する voyager aux frais de la princesse.

こうひ 口碑 tradition f orale; légende f.

こうひ 工費 frais mpl de construction. ~は2千万であった Cette construction a coûté vingt millions.

こうび 後尾 queue f; arrière m; derrière m. 船~ arrière d'un navire; poupe f. 列の~につく prendre la queue. ~車輛に乗る monter en queue. ~灯 [船] feu(x) m de poupe; [車] feux arrière.

こうび 交尾 accouplement m; copulation f. ‖~する s'accoupler; s'unir. ~させる accoupler qc et (à) qc. ‖~期 saison f des amours; [犬] rut m; [馬] monte f; [鳥] pariade f. ~期のメス femelle f en chaleur.

ごうひ 合否 résultat m [d'un examen]. ~を決定する établir les résultats. ~を発表する proclamer (publier) les résultats.

こうヒスタミンざい 抗-剤 antihistaminique m.

こうヒスタミンやく 抗-薬 antihistaminique m.

こうひょう 公表 proclamation f; mise f au jour (en lumière); [掲示] affichage m. ‖~する proclamer; publier; afficher; mettre qc au jour (en lumière). ~の原稿は~できる(今は~できない) Ce manuscrit est publiable (impubliable dans son état actuel).

こうひょう 好評 bonne réputation f; estime f; renommée f; popularité f. ~を博する jouir (bénéficier) d'une bonne réputation (d'une grande renommée); acquérir une grande popularité.

こうひょう 講評 examen m (explication f) critique. ‖~する faire l'explication critique de; faire des observations critiques sur.

こうひょう 高評 ‖御~を請う Je compte sur vos critiques.

ごうびょう 業病 [不治の] maladie f inguérissable (incurable); [遺伝の] maladie héréditaire; [呪われた] maladie maudite.

こうびん 後便 ‖~にて par le prochain courrier. ‖委細~ De plus amples détails suivent.

こうふ 交付 délivrance f. パスポートの~ délivrance des passeports. ‖~する délivrer. 身分証明書を~する délivrer une carte d'identité. ‖~金 [手当] allocation f; [援助金] subvention f.

こうふ 公布 proclamation f officielle; promulgation f. ‖~する promulguer; proclamer officiellement; publier (proclamer) urbi et orbi.

こうふ 坑夫 mineur(se) m(f); [見習い] galibot m.

こうふ 工夫 ouvrier m; terrassier m; [道路] cantonnier m.

こうぶ 後部 arrière m; partie f postérieure. ‖~の arrière m; postérieur. ~車輛(座席) roue f (siège m) arrière; roue (siège) de derrière.

こうふう 校風 tradition f d'école. ‖~に反する行為を厳罰に罰する punir sévèrement une conduite qui n'est pas conforme à la tradition de l'école.

こうふく 幸福 bonheur m; félicité f; [集合的] bien-être m inv; [満足] contentement m; satisfaction f; [快感] euphorie f; [至福] béatitude f. ~をもたらす porter bonheur à qn. ‖~な heureux(se); bienheureux(se); content; satisfait. ~である être heureux (content, ravi). ~にする rendre qn heureux; faire le bonheur de qn. ‖~感 euphorie. ~感に満ちた euphorique.

こうふく 降伏 capitulation f; reddition f. ‖~する capituler; se rendre; déposer (rendre) les armes; ouvrir ses portes. 無条件~ capitulation sans conditions.

こうぶつ 好物 morceau(x) m de choix; mets m préféré. ~である aimer; avoir une préférence marquée pour qc; monter une prédilection pour. 彼は甘いものが~だ Il est friand de sucreries.

こうぶつ 鉱物 minéral(aux) m; [鉱石] minerai m. ‖~の minéral(aux). ‖~学 minéralogie f. ~学者 minéralogiste mf. ~資源 ressources fpl minières.

こうふん 興奮 excitation f; fièvre f; enthousiasme m; agitation f; [過度の] exaltation f; emportement m; transport m; surexcitation f; [感動] émoi m; échauffement m; ferveur f; effervescence f. 革命の~ bouillonnement m révolutionnaire. ~が静まる L'exaltation s'apaise. ~から醒める être remis d'une exaltation. ‖~する s'exciter; s'échauffer; se monter la tête; [感動] s'émouvoir; se mettre en émoi. あの人はすぐ~する Il perd facilement la tête. ~するな Ne t'échauffe pas! その知らせで町中が~した Cette nouvelle a mis toute la ville en effervescence. ~させる exciter; monter la tête à qn; [熱狂] exalter; enthousiasmer; [感動させる] mettre qn en émoi; émouvoir. ~して avec transport; avec exaltation;

こうふん fiévreusement. 彼は～して頭にすぐ血がのぼる Le sang lui monte facilement la tête. ‖ ～剤 stimulant *m*; excitant *m*; doping *m*. ～剤を飲む prendre un doping; se doper. ～剤を与える administrer un doping. ～剤使用 emploi *m*; doping.

こうふん 公憤 indignation *f* soulevée par l'injustice publique. ～を感ずる éprouver une indignation publique. ～を感じて立上る s'élever contre l'injustice sociale.

こうぶん 構文 structure *f* (tournure *f*) de phrase; syntaxe *f*; construction *f*.

こうぶんし 高分子 macromolécule *f*. ‖ ～化学 chimie *f* macromoléculaire. ～化合物 macromoléculaire *m*.

こうぶんしょ 公文書 acte *m* officiel; note *f* (pièce *f*) officielle; charte *f*. ¶～の diplomatique. ‖ ～学 diplomatique *f*.

こうべ 頭 ～を垂れる baisser la tête. ～をめぐらす tourner la tête.

こうへい 公平 impartialité *f*, équité *f*; objectivité *f*; justice *f*; [公明正大さ] loyauté *f*. あなたは～を欠いている Vous manquez d'objectivité. ～な impartial(aux); juste; équitable; objectif(ve); [公明正大] loyal(aux). ～である être juste à (envers, pour) qn; rendre justice à qn. それは～だ C'est de bon jeu. ～に impartialement; équitablement. あの審判は不～だった L'arbitre a été partial.

こうへい 工兵 [soldat *m* du] génie *m*; sapeur *m*. ‖ ～士官 officier *m* du génie.

こうへん 後編 seconde partie *f*, dernière moitié *f*.

こうべん 抗弁 objection *f*; [異議] protestation *f*; contestation *f*; [法] exception *f*; contradiction *f*; contredit *m*; [口答え] réplique *f*, riposte *f*; [反駁] démenti *m*; réfutation *f*. ～を行う [法] exciper. ¶～する protester; faire objection contredire. ～したって無駄だ Vous avez beau contredire. ～せずに sans contredire.

ごうべん 合弁 collaboration *f* avec le capital étranger. ¶事業を～にする administrer l'entreprise en collaboration. ‖ ～会社 compagnie *f* en association. 日仏～会社 entreprise *f* commune franco-japonaise.

◆[植物] ～の gamopétale. ‖ ～花冠 corolle *f* gamopétale.

こうほ 候補 [人] candidat(e) *m(f)*; postulant(e) *m(f)*; prétendant(e) *m(f)*; [資格] candidature *f*. ‖ 公認～ candidat *m* officiel. ～権 éligibilité *f*. 被～権者 éligible *mf*. 選挙に立～する poser *sa* candidature (se présenter) aux élections.

こうぼ 公募 ～する recruter publiquement; recruter par voie de concours public.

ここのか 九日 ⇨ 付録.

こうほう 後方 arrière *m*; partie *f* postérieure. ～の arrière *inv*. ～に à l'arrière; par derrière. ～に en arrière; derrière; en poupe. ～に風をうける avoir vent arrière (le vent en poupe). ‖ ～勤務 services *mpl* de l'arrière. ～部隊 arrière-garde(s) *f*; derrières *mpl*.

こうほう 公報 bulletin *m* officiel; communication *f* officielle; [新聞に対する] communiqué *m*.

こうほう 公法 droit *m* public.

こうほう 工法 art *m* de construction; [工学] génie *m*.

こうほう 広報 propagande *f*; publicité *f*; informations *fpl*; annonce *f*. ‖ ～課 bureau(x) *m* d'informations; service *m* des informations. ～課員 agent *m* d'informations. ～活動 activités *fpl* d'informations. [ピーアール] relations *fpl* publiques. ～紙 journal(aux) *m* d'information.

こうぼう 興亡 péripéties *fpl*; [運命] destinée *f*; sort *m*; vicissitudes *fpl*. 国の～を決する décider du sort de l'État. ¶国の～がかかっている戦い bataille *f* dont dépend le sort du pays. ‖ ローマ～史 Histoire *f* de Rome.

こうぼう 工房 atelier *m*.

こうぼう 弘法 ¶～は筆を選ばず Le bon calligraphe n'est pas difficile sur le choix du pinceau. 「～も筆の誤り」《Homère lui-même sommeille quelquefois.》

こうぼう 攻防 offensive *f* et défensive *f*. 両軍の～が激しい Les deux camps lancent offensives sur offensives.

ごうほう 合法 ¶～的[な] légitime; légal(aux); licite; régulier(ère); conforme aux règles. ～的である être en règle; être de jeu. ～的手段 voie *f* légale. ～的に légalement; régulièrement; conformément à la loi. ‖ 非～の illicite; illégal(aux); illégitime; irrégulier(ère). ～化する légaliser; légitimer; rendre légal. ～性 légitimité *f*; légalité *f*. ～性を疑う contester le bien-fondé de qc.

ごうほう 豪放 ¶～[磊落]な majestueux(se); olympien(ne). ～な性格 caractère *m* généreux et large. ～な笑い rire *m* olympien.

こうぼく 坑木 poteau(x) *m*; [整える内] dosse *f*. コンクリートの～ poteau de béton.

こうほん 校本 édition *f* (texte *m*) critique; [集注本] [édition] variorum *m*.

こうほん 稿本 manuscrit *m*; [異本] variante *f*.

こうま 小馬 poney *m*; [若駒] poulain *m*; pouliche *f*. ⇨ 馬.

こうまい 高邁 ¶～な ʰhaut; idéal(aux.); sublime; élevé; supérieur. ～な思想 ʰhaute (grande) idéal *f*, pensée *f* élevée.

こうまん 高慢 orgueil *m*; fierté *f*; ʰhauteur *f*; [軽蔑] dédain *m*; morgue *f*; arrogance *f*, insolence *f*; [うぬぼれ] fatuité *f*; vanité *f*; suffisance *f*; enflure *f*; [生意気] impertinence *f*. ～の鼻をへし折る rabaisser l'orgueil de qn. ¶～な orgueilleux(se); ʰhautain; arrogant; insolent; ʰhautain; impertinent; [うぬぼれた] fat; infatué; enflé; gonflé. 彼の答えには何か～なところがある Je crois noter une nuance d'arrogance dans sa réponse. ～ちきでない être gonflé d'orgueil.

ごうまん 傲慢 orgueil *m*; fierté *f*; arrogance *f*, insolence *f*. ～な insolent; arrogant. 彼は鼻もちならぬほど～だ Il est d'un

こうみゃく 鉱脈 filon m; veine f; mine f; gisement m. 金の～ filon d'or. ウラニュームの～を掘る exploiter des mines d'uranium. ～を見つける(掘る) découvrir (exploiter) un filon.

こうみょう 光明 lumière f; rayon m; [ひと筋の] lueur f; [解明の糸口] jour m; éclair m. ～を与える jeter un rayon de lumière (dans) qc. ～を見出す trouver un espoir.

こうみょう 功名 exploit m; ¶hauts faits mpl; prouesse f. 怪我の～ «À quelque chose, malheur est bon.» ～を立てる réaliser un exploit; se distinguer. 抜け駆けの～を立てる se signaler aux dépens des autres. ‖～争い course f aux exploits. ～心 émulation f.

こうみょう 巧妙 ¶～な adroit; habile; fin; astucieux(se); génial(aux); malin(gne). うまい仕掛け truc m ingénieux. ～な手口を用いる《俗》employer une combine (le système D). ～な策略 ruses fpl de Sioux. ～さ adresse f; habileté f; finesse f.

こうみん 公民 citoyen(ne) m(f); [集合] public m. ‖～館 maison f de la culture. ～教育 instruction f civique. ～権 droits mpl civiques. ～権停止 privation f de droits civiques. ～精神 civisme m.

こうむ 公務 fonction f publique (administrative). ～を辞する se démettre de ses fonctions publiques. ‖～員 fonctionnaire mf. ～員法 statut m de la fonction publique. ～執行妨害 entrave f à l'exercice de la fonction publique.

こうむ 校務 administration f scolaire; service m scolaire. ‖～員 employé(e) m(f) d'école. ～主任 responsable mf des affaires scolaires.

こうむてん 工務店 entreprise f de construction; société f immobilière (de construction).

こうむる 被る ◆愛顧を～ recevoir une faveur. 非難を～ encourir des reproches. 敗北を～ essuyer un revers. 損害を～ être endommagé; subir (éprouver) un dommage. 損害を被らせる faire des dégâts; donner des dommages. ◆[賜る] ¶私は御免を～ Je ne veux pas de cela.

こうめい 公明 ¶～[正大]な loyal (aux); juste; impartial(aux); équitable. ～[正大]に en toute (avec) impartialité; impartialement; en bonne justice; loyalement; [率直に] franchement; [誠実に] rondement; honnêtement.

こうめい 高名 nom m illustre. 御～はかねがね伺っております J'ai déjà entendu parler de votre illustre nom. ¶～な illustre; fameux (se); célèbre; distingué grand.

ごうめい 合名 ¶～会社 entreprise f collective; compagnie f de responsabilité collective.

ごうも 毫も pas (point) du tout; nullement; en aucune façon; aucunement.

ごうもう 剛毛 poil m raide; [豚, 猪の] soie f. ～が密生した胸 poitrine f couverte de poils raides.

こうもく 綱目 《生》classe f et ordre m.

こうもく 項目 article m; chapitre m. ‖～別に article par article.

こうもり 蝙蝠 chauve(s)-souris f; chouan m. 「鳥無き里の～」 «Au royaume des aveugles, les borgnes sont rois.» ‖～傘 parapluie m; 《俗》pépin m.

こうもん 校門 porte f de l'école.

こうもん 肛門 anus m./《俗》fondement m ¶～の anal (aux.).

こうもん 閘門 [porte f de l'écluse f. ～を開く(閉じる) ouvrir (fermer) l'écluse.

ごうもん 拷問 torture f; supplice m; géhenne f. ¶～する torturer qn; mettre qn à la torture; supplicier qn; mettre qn au supplice. ～の tortionnaire. ～道具(部屋) instruments mpl (chambre f) de torture.

こうや 荒野 terre f sauvage; lande f; brande f; garrigue f.

こうや 紺屋 teinturerie f; [人] teinturier (ère) m(f). 「～の白袴」 «Les cordonniers sont les plus mal chaussés.»

こうやく 公約 promesse f électorale. ～を破る(果たす) manquer à (tenir) ses promesses électorales. ¶～する promettre publiquement.

こうやく 膏薬 pommade f; onguent m; emplâtre m; liniment m. やけどに～を塗る appliquer un onguent sur une brûlure.

こうやくすう 公約数 commun diviseur m. ‖最大～ le plus grand commun diviseur.

こうゆ 鉱油 huile f minérale.

こうゆ 香油 huile f aromatique (aromatisée).

こうゆう 交友 fréquentations fpl; relations fpl amicales; amitiés fpl. 彼(女)との～は楽しい Sa société est agréable. ‖～関係がある(を結ぶ) avoir (nouer) des liens amicaux avec qn. ～関係を調べる examiner les relations de qn.

こうゆう 公有 ¶～の public(que); communal(aux). ‖～漁場 pêche f communale. ～林 forêt f communale. ～財産 biens mpl publics.

ごうゆう 豪勇 bravoure f; prouesse f. ¶～の brave; vaillant. ～の騎士 preux chevalier m. ‖～無双の男 hercule m.

ごうゆう 豪遊 ¶～する faire le grand seigneur; faire preuve de prodigalité; [御馳走を食べる] festoyer; faire bombance.

こうよう 公用 ～で旅行する voyager pour une mission officielle. [官費で] voyager aux frais de l'État (aux frais de la princesse). ‖～語 langue f officielle. ～文 formule f officielle.

こうよう 効用 effet m; efficacité f; pouvoir m; action f; [薬] vertu f. ～をあらわす agir; avoir (faire, produire) son effet; faire de l'effet. ～をあらわさない rester sans effet.

こうよう 孝養 ¶～をつくす bien servir (se dévouer à) ses parents.

こうよう 紅葉 jaunissement m (rougissement m) des feuilles. ¶～する jaunir; rougir; se colorer.

こうよう 綱要 principe *m*; essentiel *m*; précis *m*.

こうよう 高(昂)揚 exaltation *f*. ¶士気を~する(させる) relever (remonter) le moral; relever le courage de *qn*; encourager (exalter) *qn*. 軍の士気を~する(させる) exalter le moral d'une armée. ~した exalté.

こうようじゅ 広葉樹 arbre *m* à feuilles latifoliées.

ごうよく 強欲 avarice *f*; rapacité *f*; avidité *f*; cupidité *f*;《文》ladrerie *f*. ¶~な avare; rapace; cupide; rapiat; regardant;《俗》radin *inv*. ‖~者 vautour *m*; requin *m*; pirate *m*. 彼は大変な~者として通っている Il passe pour un avare invétéré.

こうら 甲羅 carapace *f*. 亀の~ carapace d'une tortue. ~を経る avoir beaucoup d'expériences. ‖~干しをする se coucher au soleil sur le ventre.

こうらく 行楽 sortie *f*; promenade *f*; excursion *f*; partie *f* de campagne (de plaisir); pique-nique *m*. ¶~に出掛ける faire une sortie; aller en excursion (promenade); faire une partie de compagne. ‖~日和 temps *m* favorable (propice) à une excursion.

こうらん 高覧 ¶本日御~戴きますのは Et maintenant, ce que vous allez voir, c'est ….

こうり 公理 axiome *m*. ¶~の axiomatique.

こうり 功利 utilité *f*. ¶~的[な]utilitaire. ~的な人物 esprit *m* calculateur. ‖~主義 utilitarisme *m*. ~主義的[な]utilitariste. ~主義的論理 théories *fpl* utilitaristes.

こうり 行李 malle *f* d'osier.

こうり 高利 usure *f*; intérêt *m* [de taux] usuraire (excessif). ¶~で貸す prêter à usure. ‖~貸し usurier(ère) *m*(*f*); vautour *m*.

こうり 小売り [vente *f* au] détail *m*; débit *m*. ¶~する vendre *qc* au détail; faire de la vente au détail; détailler *qc*; débiter. ‖~商 commerce *m* de détail. ~商人 commerçant(e) *m*(*f*) au détail; détaillant(e) *m*(*f*). ~値 prix *m* de détail.

ごうり 合理 raison *f*; [論理] logique *f*. ¶~的な rationnel(le); logique; sensé; [妥当な] raisonnable. ~的に raisonnablement; rationnellement; logiquement. ‖~化 rationalisation *f*. 経営~化 rationalisation de la gestion. ~化する rationaliser. ~主義 rationalisme *m*. ~主義者 rationaliste *mf*. ~性[哲] rationalité *f*.

ごうりき 強力 porteur *m* [de montagne].

こうりつ 公立 ¶~の municipal(aux); public(que); communal(aux). ‖~学校 école *f* communale. ~大学 université *f* municipale. ~病院 hôtel(s)-Dieu *m*.

こうりつ 効率 rendement *m*; efficacité *f*. 労働の~が悪い Le rendement du travail est faible. ~をよくする améliorer le rendement.

こうりゃく 攻略 prise *f*; conquête *f*; enlèvement *m*; [攻撃] attaque *f*. ¶~する prendre; conquérir; enlever; attaquer. 最強のチームを~する battre la meilleure équipe. ‖~不能の imprenable. ~不能の砦 forteresse *f* inexpugnable.

こうりゅう 興隆 floraison *f*; épanouissement *m*; prospérité *f*; [発展] développement *m*; essor *m*. 文化~ floraison culturelle. ¶~する fleurir; s'épanouir; être prospère; se développer. ~した prospère; épanoui. ‖~期の産業 industrie *f* en plein essor.

こうりゅう 交流 [電気] courant *m* alternatif; [人間関係] relations *fpl*; rapports *mpl*; commerce *m*; liaison *f*; communication *f* [réciproque]; fréquentations *fpl*. ¶~がある avoir des relations (des rapports, des liaisons) avec *qn*; être en contact (en rapport, en communication) avec *qn*; être lié avec *qn*; communiquer avec *qn*. 二国間の経済~が盛んである Les échanges commerciaux sont intenses entre les deux pays. 知的~ commerce intellectuel. 文化(経済)~ échanges *mpl* culturels (commerciaux). ~回路 cycles *mpl* alternatifs. ~周波数 fréquences *fpl* alternatives. ~発電機 alternateur *m*.

こうりゅう 勾(拘)留 détention *f*; arrestation *f*; emprisonnement *m*. ¶~する détenir; procéder à l'arrestation. ~される se constituer prisonnier. ~されている être écroué au dépôt. ‖未決~ détention préventive. 未決~期間 [période *f* de] prévention *f*. 未決~中である être en état de prévention.

ごうりゅう 合流 rencontre *f*; jonction *f*; confluence *f*. ¶~する se rejoindre; se rencontrer; se réunir; [河が] confluer; [軍が] opérer une jonction. ‖二つの河の~点 confluent *m* (point *m* de rencontre) de deux cours d'eau.

こうりょ 考慮 considération *f*; réflexion *f*; délibération *f*. ~の余地はない Il n'y a pas lieu d'en tenir compte. ~に入れる faire la part de *qc*. ~に入れない faire abstraction de *qc*. ~に入れないで sans égard à *qc*; sans tenir compte de *qc*. ¶~する réfléchir à *qc*; considérer *qc*; tenir compte de *qc*; prendre *qc* en considération. 悪天候を~すると出発は延期すべきかもしれない En raison du mauvais temps, il faudrait différer le départ. ~して eu (pour) égard à *qc*; en raison de *qc*; en tenant compte de *qc*; en considération de *qc*; par égard pour. あらゆる点を~して[も] à tous [les] égards; sous tous *ses* aspects. よく~した末 toute réflexion (considération) faite. ~すべき事がまだ色々ある Il y a encore plusieurs choses à considérer (dont on doit tenir compte).

こうりょう 校了 bon *m* à tirer. ~にする donner le bon à tirer.

こうりょう 綱領 [政党] programme *m*; [原則] principe *m*; précis *m*; essentiel *m*; fondement *m*. 哲学~ principes de la philosophie.

こうりょう 荒涼 ¶~とした désert(e); désolé(e).

こうりょう 香料 aromate *m*; [料理用] épice *f*; condiment *m*; [debris] parfum *m*; encens *m*. ～を加える [料理] épicer.

こうりょく 効力 vertu *f*; effet *m*; efficacité *f*; force *f*; pouvoir *m*. ～を発揮する agir; opérer; produire (faire) son effet. ～を発生する prendre effet; [法律] entrer en vigueur. ¶～のある efficace; agissant; actif(ve); opérant; [証明書など] valide. ～のない inefficace; inopérant; impuissant. このパスポートは既に～がない Ce passeport n'est plus valide (valable).

こうりょく 合力 [理] résultante *f*.

こうりん 後輪 roue *f* arrière (de derrière).

こうりん 光輪 nimbe *m*; auréole *f*.

こうりん 降臨 arrivée *f*; venue *f*; descente *f*. キリストの～ avènement *m* de Jésus-Christ. 天皇陛下の御～を賜った Nous avons été honorés par la présence de sa Majesté l'Empereur.

こうるい 紅涙 ¶～をしぼる arracher des larmes aux belles.

こうれい 好例 ¶～となる devenir un bon exemple.

こうれい 恒例 ¶～により selon la coutume. ～の habituel(le); traditionnel(le); coutumier(ère); [毎年の] annuel(le). ～の行事 fête *f* annuelle.

こうれい 高齢 âge *m* avancé; grand âge. ～になってきた être d'un âge avancé. ¶～の avancé en âge. 彼は～だ Il est vieux (très âgé). ¶～者 personne *f* avancée en âge.

こうれい 号令 commandement *m*. ～に従って動く agir sous les commandements de *qn*. ～をかける donner un commandement.

こうれいじゅつ 交霊術 spiritisme *m*; évocation *f* des morts. ¶～師 spirite *mf*.

こうろ 航路 route *f*; [海路] ligne *f* maritime; [空路] ligne aérienne. ¶定期～ service *m* régulier. ハワイ～ ligne de Hawaï. ～標識 balise *f*. ～標識を設置する installer des balises. 港に～標識を設置する baliser un port.

こうろ 行路 voie *f*; chemin *m*; route *f*. ¶人生～ [chemin de] la vie.

こうろ 香炉 encensoir *m*; cassolette *f* [à parfum]; brûle-parfum *m inv*.

こうろう 功労 mérite *m*; [奉仕] service *m*; [武勲] exploit *m*; ¶hauts faits *mpl*. 医学における彼の～は大である Il a rendu de grands services à la médecine. それはみな彼の～です C'est tout à son mérite. ～に報いる récompenser les mérites. 人をその～によって報いる récompenser *qn* selon ses mérites. ¶～者 personne *f* qui a rendu de grands services. ～章 mérite *m*; médaille *f*. 農事～章 mérite agricole.

こうろん 口論 querelle *f*; altercation *f*; dispute *f*; chamaillerie *f* 激しい～ vive discussion. ～をする se chamailler; [口汚く] s'engueuler. 友と～する se disputer avec un ami.

こうわ 講和 paix *f*; pacification *f*. ¶～条約を結ぶ conclure un traité de paix; conclure la paix. ～条約批准国 nations *fpl* qui ont ratifié la paix.

こうわ 講話 discours *m* instructif; leçon orale; causerie *f*; cours *m*.

こうわん 港湾 port *m*. ¶～施設 installations *fpl* portuaires; équipement *m* portuaire. ～労働者 docker *m*; débardeur *m*.

こえ 声 voix *f*; [子供の片言] babil *m*; [鳥の声] gazouillis *m*; pépiement *m*; gazouillement *m*. よく通る～ voix forte. 「民の～は神の～」 «Vox populi, vox dei.» «Voix du peuple, voix de Dieu.» ～の出ない状態 aphonie (sans voix). あの人の～はよく通る Sa voix porte bien. 驚きの余り～も出ない être muet(te) de stupeur. 大 (低い) ～で話す parler d'une voix forte (faible). ～を落とす baisser *sa* voix. ～をかける adresser la parole à *qn*; appeler *qn*. ～を呑む rester stupéfait. いい～をしている avoir de la voix. この歌手はいい～をしている Cette chanteuse a un bel organe. ¶～を限りに叫ぶ crier à pleine gorge (à pleins poumons, à plein gosier, à tue-tête). ～をからして叫ぶ s'égosiller. ～をそろえて en chœur; à l'unisson. ～を出して数える compter haut. ～を低めて (ひそめて) 話す parler à mi-voix. ¶彼は地～が大きい Il a une voix de stentor. ～変わり altération *f* de la voix; mue *f*. ◆ ¶秋の～を聞くと [気配を感じる] aux premiers signes de l'automne.

こえ 肥 fumier *m*; engrais *m* humain. 畑に～をまく épandre du fumier sur un champ; fumer un champ. ¶水～ purin *m*. ～溜 fosse *f* (trou *m*) à fumier (à purin). ～びしゃく louche *f*.

ごえい 護衛 garde *f* escorte *f*; [人] garde *m*. ¶～する garder *qn*; escorter *qn*; protéger *qn* sous l'escorte de *qn*. ～されて sous l'escorte de *qn*. ¶～艦 escorteur *m*; [哨戒] aviso *m*. ～兵 garde *m*.

ごえいか 御詠歌 cantique *m* de pèlerins.

こえがわり 声変わり ⇒ こえ (声).

ごえつどうしゅう 呉越同舟 panier *m* de crabes.

こえる 越(超)える franchir; passer par-dessus (outre); aller au-delà de *qc*; [障害などを] surmonter; vaincre; [禁止線など] dépasser; brûler; [森・原野などを] traverser. 山を～ franchir (passer) une montagne. 国境を～ traverser la frontière. 年齢制限を～ passer la limite d'âge. 追い越し禁止線を～ franchir la ligne jaune. 30度を～暑さ chaleur *f* de plus de 30 degrés. 常人を～力量 compétence *f* hors du commun. …を超えることができない infranchissable; insurmontable.

こえる 肥える ⇨ ふとる (太る). 舌が肥えている avoir le palais fin. 肥えた土地 terre *f* fertile.

ゴー [合図] Partez!/Vas-y!

ゴーイングマイウェイ ¶～, それが彼の信条だ Sa devise, c'est de vivre sa vie.

こおう 呼応 correspondance *f*; [共謀] complicité *f*; connivence *f*. ¶～する correspondre à. ～して d'intelligence avec *qn*; de concert (connivence) avec *qn*.

ゴーカート kart m.

コーカサス ‖～山脈 le Caucase m.

コーカソイド caucasoïde mf.

コーキング goudronnage m.

コーク ～ハイ mazout m.

コークス coke [kɔk] m. ‖～オイル coke m de pétrole. ～化 cokéfaction f. ～化する cokéfier.

ゴーグル [スキー] lunettes fpl de protection; lunettes de ski; [潜水] lunettes de plongée.

ゴーサイン ‖～を出す donner le feu vert.

ゴージャス ‖～な luxueux(se); somptueux(se); magnifique; splendide.

コース cours m; chemin m; voie f; [行程] itinéraire m; trajet m; course f. ⇨ しんろ(進路). マラソンの～をたどる suivre les étapes tracées. 順調な～をたどる suivre son cours. ～を外れる se dévoyer; [迷う] se fourvoyer; se perdre. ‖ 医学～ cycle m d'études médicales. ジグザグ～ route f en zigzag. セパレート～ couloir m. 直線～ piste f rectiligne. フル～ menu m (repas m) complet. 遊覧～ itinéraire d'une excursion. ～レコード record m de parcours.

コースター tapis-soucoupe m.

ゴースト fantôme m; apparition f; revenant m. ‖～タウン ville f abandonnée (déserte, fantôme). ～ライター nègre m.

コーダ [楽] coda f.

ゴーダ [チーズ] gouda m.

コーチ entraînement m; [人] entraîneur(se) m(f); instructeur m; moniteur(trice) m(f). スキーの～ moniteur de ski. ¶～する entraîner qn.

コーチゾン [医] cortisone m.

コーディネーター coordinateur(trice) m(f).

コーディネート coordination f. ¶～する coordonner.

コーティング revêtement m. ¶ガラスを薄い膜で～する mettre un mince revêtement sur le verre.

コーデュロイ velours m côtelé. ‖～のズボン pantalon en velours côtelé.

コート [テニス・バレー] court m.

コート [外套] manteau(x) m; pardessus m; [雨天用] imper[méable] m; ciré m. ～を着る mettre un imper.

コード [電気] fil m électrique (conducteur); [符号の体系] code m; système m; [コンピュータ] code m; [弦] corde f. ～化する mettre en code; codifier.

ゴート ‖～[人・語]の gothique. ‖～語 gothique m. ～族 Goths mpl. 西～族 Wisigoths mpl. 東～族 Ostrogoths mpl.

こおとこ 小男 nabot m; homme m de petite taille.

こおどり 小躍り ‖～する sauter (gambader, sautiller) de joie.

コードレスでんわ -電話 téléphone m (poste m) sans cordon (sans fil).

コーナー [写真, ボクシング] coin m; [売場] rayon m; [サッカー] corner [kɔrnɛr] m; [走路・アルバム] coin m. ～に追いつめられる être coincé. ‖～キック corner; coup m de pied de coin. ～クリップ coin. ～シートを予約する retenir une place de coin. ～ストーン pierre f angulaire. ～テーブル table f de coin.

コーヒー café m. 一杯の～ une tasse de café. ～の木 caféier m. ～を入れる faire le (du) café; passer le café. ～を飲む prendre un café. ～を挽く moudre du café. ‖エスプレッソ～ café express. ブラック(クリーム、アイス)～ café noir (crème, glacé). ミルク～ café au lait. ～カップ tasse f à café. ～スプーン cuiller f à café. ～ブレイク pause[-]café f. ～ミル moulin m à café. ～メーカー cafetière f.

コーポ[ラス] ensemble m d'appartements; résidence f; habitation f collective.

コーポレーション société f coopérative.

コーラ ⇨ コカコーラ.

こおらす 凍らす congeler.

コーラス chœur m. ～で歌う chanter en chœur. ～隊 chorale f. ～隊員 choriste mf.

コーラン [al]coran m.

こおり 氷 glace f; [塊] glaçon m; [川にたまる] embâcle m; [～が張る] geler; être gelé. セーヌ川に～が張った La Seine est gelée. 池に～が張った L'eau de l'étang a pris. 海にはめったに～が張らない La mer ne gèle que rarement. 飲物を～で冷やす glacer une boisson; refroidir une boisson à la glace. ¶～の glaciaire. ～のような glacial(aux). ～のような心 cœur m de marbre. ～のような手 main f glaciale. ～のような目付 regard m glaçant. ～のように冷い être froid comme la glace (le marbre). ～が張った海 mer f gelée. ‖～菓子 bonbon m glacé; fruit m confit. ～砂糖 [sucre m] candi m.

コーリャン gāoliang m.

こおる 凍る geler; se glacer; prendre; [血が] se figer; [冷たくなる] se refroidir. 血も～話 histoire f qui glace le cœur du lecteur. セーヌ川が凍った La Seine a pris. 凍った河 fleuve m gelé.

ゴール but m. ～に達する atteindre (toucher) le but. ～を狙う [サッカー・ラグビーで] viser le but. ～を失敗する manquer le but. ¶～する marquer un but. ‖～エリア surface f de but. ～キック coup m de pied de but. ～キーパー goal m; gardien m de but. ～ライン ligne f de but.

ゴールイン [運動競技] ‖～する franchir la ligne d'arrivée; [球技] marquer un but; [結婚] finir par se marier.

コールガール call-girl f; respectueuse f.

コールサイン indicatif m d'appel (du poste).

コールタール goudron m de houille; coaltar m. ¶～を敷いた道路 chemin m goudronné.

コールテン velours m côtelé (cannelé, de chasse).

ゴールデン ‖～アワー heures fpl de grande écoute. ～ウィーク semaine f d'or.

ゴールデンゴール but m en or.

コールド ‖～クリーム cold-cream m; crème f de beauté. ～チェーン chaîne f du froid. ～パーマ permanente f à froid. ～ビーフ rosbif

コールドバレエ corps *m* de ballet.
ゴールドメダリスト médaillé(e) *m(f)* d'or.
ゴールドラッシュ ruée *f* vers l'or.
コールローン prêt *m* mutuel à court terme (entre établissements financiers).
こおろぎ grillon *m*; cri(-)cri *m inv*; criquet *m*.
コーン [アイスクリーム] cornet *m*. ‖ 〜スターチ maïzena *f*; farine *f* de maïs. 〜フレーク corn-flakes [kɔrnfleks] *mpl*; flocons *mpl* de maïs.
コカ coca *m(f)*.
こが 古雅 grâce *f* antique. ¶ 〜な antique et gracieux(se); d'une élégance antique.
こがい 戸外 extérieur *m*; dehors *m*. 〜で [au] dehors; en plein air; à ciel ouvert; à l'air libre. 〜で夜を過ごす coucher dehors (à la belle étoile). 〜に出る sortir dehors. ‖ 〜授業 classe *f* (cours *m*) en plein air.
こがい 子飼い 〜の élevé (formé) depuis l'enfance. 〜の郎党 hommes *mpl* (domestiques *mpl*) de la maison; smala *f*.
ごかい 誤解 malentendu *m*; contresens *m*; [人違い] quiproquo *m*; méprise *f*; [間違い] erreur *f*; mauvaise interprétation *f*. 〜から par erreur (méprise). 〜を解く dissiper un malentendu. 〜を招く prêter à équivoque. ¶ 〜をする se tromper; faire un contresens; [人違いする] se méprendre sur *qn*. A を B と 〜する prendre A pour B. 人の言葉を〜する prendre les paroles de *qn* à contresens; faire un faux sens.
ごかい 沙蚕 arénicole *f* [des pêcheurs].
こがいしゃ 子会社 filiale *f*; [支店] succursale *f*; comptoir *m*.
コカイン cocaïne *f*; 《俗》came[lote] *f*. 〜注射 injection *f* de cocaïne. 〜中毒 cocaïnomanie *f*. 〜中毒者 cocaïnomane *mf*.
ごかく 互角 〜の[力が]ある être de force égale. 〜の勝負をする faire jeu égal. 数では〜の軍を相手にして contre une armée égale en nombre. 能力に於いては〜である être en compétence.
ごがく 語学 linguistique *f*; étude *f* des langues [étrangères]. 彼には〜の才がない Il n'a pas la bosse des langues. ¶ 〜的[な] linguistique. 〜的に linguistiquement. 〜教師 professeur *m* de langue moderne (étrangère). 〜者 spécialiste *mf* des langues; linguiste *mf*. 〜ラボ laboratoire *m* de langues.
ごかくけい 五角形 pentagone *m*.
こかげ 木陰 ombre *f* (d'un arbre); ombrage *m*. 〜で休息する se reposer à l'ombre. 庭に〜を作っている木 arbre *m* qui ombrage le jardin. その庭では一本の大木が心地よい〜を作っていた Dans le jardin, un grand arbre donnait une ombre agréable. ¶ 〜の ombreux 《se.》; ombragé. 〜になった公園の一角 un coin ombragé d'un parc.
コカコーラ coca-cola *m inv*. 〜を飲む boire (prendre) du coca-cola.
こがす 焦がす brûler; griller; [夜空を] embraser; incendier. ズボンを〜 se brûler le pantalon. 夜空を〜大火 grand incendie *m* qui embrase le ciel nocturne.
こがた 小型 ¶ 〜の petit; de petit format. ‖ 〜車 petite voiture *f*. 〜トラック camionnette *f*; fourgonnette *f*. 〜帆船 tartane *f*. 〜本 livre *m* de petit format (de poche).
こがたな 小刀 canif *m*.
こかつ 枯(涸)渇 tarissement *m*; épuisement *m*; usure *f*. 泉の〜 tarissement d'une source. 才能の〜 usure du talent. エネルギーの〜 épuisement de l'énergie. ¶ 〜する tarir; être épuisé. 書過ぎて才能を〜させる tarir *son* inspiration à force d'écrire.
こがつ 五月 mai *m*. 〜に en mai.
こがね 黄金 or *m*. ‖ 〜色 [couleur *f*] d'or. 〜色の doré. 〜色の麦畑 champ *m* d'or des blés. 〜色に熟した jaunissant. 〜虫 hanneton *m*; [くそこがね] scarabée *m*.
こがね 小金 petite épargne *f*; bas *m* de laine; pécule *m*. 〜をためる faire *sa* pelote; amasser un pécule; économiser patiemment; faire *sa* petite épargne.
こがら 小柄 petite taille *f* (stature *f*). ¶ 〜な 男 petit homme *m*; homme de petite taille.
こがらし 木枯し bise *f*; vent *m* froid du début de l'hiver.
こがれる 焦れる brûler; languir après *qc*; soupirer après *qn*. 恋に〜 brûler pour *qn*. 焦れ死ぬ mourir d'amour.
ごかん 五官 les organes *mpl* des cinq sens.
ごかん 五感 les cinq sens *mpl*.
ごかん 互換 ‖ 〜機 appareil *m* compatible 〜性 compatibilité *m*. 〜性がある compatible avec *qc*.
ごかん 語幹 radical(aux) *m*.
ごかん 語感 sens *m* linguistique; sens de la langue; [語のニュアンス] nuance *f* d'un mot. 鋭い〜の持ち主 possesseur *m* d'un sens très raffiné de la langue.
ごがん 護岸 ‖ 〜工事 endiguement *m* 川に〜工事を施す endiguer une rivière.
こかんせつ 股関節 articulation *f* des hanches. ‖ 〜脱臼 désarticulation *f* des hanches. 〜痛 coxalgie *f*. 〜痛患者 coxalgique *mf*.
こき 古稀 〜を祝う fêter *ses* soixante-dix ans.
こき 呼気 expiration *f*; haleine *f*. 吸気と〜 aspiration *f* et expiration. ¶ 〜による expiratoire. ‖ 〜筋 [muscle *m*] expirateur *m*.
ごき 語気 〜を荒げる élever la voix; † hausser le ton. 〜荒く sur (d')un ton dur.
ごき 誤記 notation *f* erronée (fautive); [文字の誤り] faute *f* d'orthographe (d'impression). 〜をする faire une note erronée; noter erronément; [文字の誤り] faire une faute d'orthotgaphe.
ごぎ 語義 sens *m* (signification *f*) d'un mot.
コキール coquille *f*.
こきおろす égratigner; dénigrer; décrier; éreinter; démolir; échiner. くそみそに〜 accabler *qn* d'injures. 最新作を〜 éreinter la dernière pièce.
こきざみ 小刻み ¶ 〜に petit à petit; gradu-

こぎだす 漕出す se mettre à voguer; démarrer.

こきつかう こき使う surmener *qn*; épuiser; éreinter; maltraiter.

こぎつける 漕ぎつける ¶支払いに～ parvenir à payer (régler *sa* facture).

こぎって 小切手 chèque *m*. ～で払う payer par chèque. ～を振り出す émettre (tirer, libeller) un chèque. ‖銀行～ chèque bancaire. 支払い保証～ chèque certifié. 指図人(持参人)払い～ chèque à ordre (au porteur). 不渡り～ chèque sans provision. 旅行者用～ chèque de voyage. ～持参人 porteur *m* d'un chèque. ～帳 carnet *m* de chèques; chèquier *m*.

ごきぶり blatte *f*; cafard *m*; [いやな奴] bête *f* noire.

こぎみ 小気味 ¶～よい habile; adroit(e); [生き生きした] vif(ve).

こきゃく 顧客 client(e) *m(f)*; [集合的に] clientèle *f*.

コキュ cocu *m*.

こきゅう 呼吸 respiration *f*. 互いの～が合わない s'entendre mal. ～をとめる retenir *son* haleine. ～する respirer. ～の respiratoire. ¶深～をする respirer à pleine poitrine (à pleins poumons); prendre une profonde respiration. 人工(肺)～ respiration artificielle (pulmonaire). 皮膚(えら, 気管)～ respiration cutanée (branchiale, trachéale). ～器 voies *fpl* respiratoires. ～困難 respiration difficile. ～代謝 échanges *mpl* respiratoires.

こきょう 故郷 pays *m* [natal]; foyers *mpl*. ～が懐しい avoir le mal du pays. ～に帰る rentrer dans *ses* foyers. ～に錦を飾る faire un retour triomphal au pays. ¶～の人 pays(e) *m(f)*; compatriote *mf*.

こぎれい 小奇麗 ¶～な propret(te); coquet(te).

こく ¶～をつける corser *qc*. ～がある酒 saké *m* qui a du corps (de la consistance); saké corsé.

こく 扱く ¶稲を～ égrener des épis du riz.

こく 酷 ¶～な cruel(le); impitoyable; méchant; [厳しい] sévère; rude; dur; implacable; [見るに耐えぬ] affligeant; atroce; insupportable; pénible. ～な仕打ち mesure *f* sans pitié. ...するのは～だ C'est cruel de *inf*. それは～だ C'est trop fort! ...を～に扱う traiter *qn* avec cruauté; malmener *qn*; maltraiter.

こぐ 漕ぐ ramer; manier l'aviron; [丸木舟を] pagayer; [力一杯] souquer; [ゆっくり] mollir. オールをそろえて～ nager ensemble. 雪を～ marcher dans la neige. ブランコを～ donner le branle à une balançoire. ボートを～ faire du canot; canoter. ボートを漕いで遊ぶ faire une partie de canotage. ‖漕ぎ手 rameur(se) *m(f)*.

ごく 極く très; extrêmement; tout à fait. ～普通の家 maison *f* tout à fait ordinaire.

ごく 語句 formule *f*; expression *f*; phrase *f*. ～の訂正 rectification *f* [d'une phrase].

ごく 獄 ⇨ かんごく(監獄). ¶～につながれる constituer prisonnier(ère). ‖～中生活 vie *f* en prison; emprisonnement *m*.

ごくあく 極悪 ¶～[非道]な scélérat; cruel (le); abominable. ～な男 scélérat *m*. ～非道なことをする commettre une scélératesse.

こくい 国威 prestige *m* national; gloire *f* (puissance *f*) nationale. ～を宣揚する rehausser le prestige national.

こくい 黒衣 habit *m* noir; soutane *f*. ¶～の婦人 dame *f* en noir. ～を着た vêtu de noir; habillé en noir; [喪服] en deuil.

ごくい 極意 secret *m*; arcanes *mpl*. ～をきめる se trouver aux arcanes de *qc*. 禅の～をきわめる s'initier aux secrets du Zen. ～をきわめた人 adepte *mf*. 歌道の～をきわめた人 initié(e) *m(f)* de la poésie.

こくいっこく 刻一刻 d'heure en heure; d'une heure à l'autre; de moment[s] en moment[s]; sans cesse; graduellement. 事態は～と悪化して行く(変りつつある) La situation s'aggrave d'heure en heure (évolue rapidement).

こくいん 刻印 empreinte *f*; frappe *f*; impression *f*. ～を押す frapper *qc* d'un sceau. 貨幣に～を押す frapper des pièces d'argent. 馬に～を押す marquer un cheval [d'une empreinte].

ごくいん 極印 empreinte *f* ineffaçable; marque *f*; frappe *f*. ～を押される être marqué. スパイの～を押される être marqué comme espion.

こくう 虚空 ¶～を切る frapper dans le vide. ～をつかむ s'accrocher au vide.

こくうん 国運 sort *m* (destin *m*) du pays. ～は隆盛の一途をたどっている Le pays est en plein essor. ～を賭す mettre en jeu le sort national.

こくえい 国営 régie *f*. ¶～の national(aux); étatisé; nationalisé. ～化 étatisation *f*; nationalisation *f*. ～化する nationaliser; étatiser. ～企業 entreprise *f* nationalisée. ～独占企業 monopole *m* d'État. ～放送 radiodiffusion nationale.

こくえき 国益 profit *m* national. ～に反する (副う) nuire (contribuer) au profit national.

こくえん 黒煙 fumée *f* noire. 家から～を上げて燃えている La maison brûle en dégageant une fumée noire.

こくえん 黒鉛 plombagine *f*; mine *f* de plomb; graphite *m*. ¶～の graphiteux(se); graphitique.

こくおう 国王 roi *m*; monarque *m*; souverain *m*. ¶～の royal(aux). ‖～殿下 Son Altesse royale.

こくがい 国外 ¶～に à l'étranger; en dehors du pays. ～に亡命する s'expatrier; s'exiler. ～に追放する expatrier (exiler) *qn*. ‖～追放 expatriation *f*. ～追放者 expatrié

こくぎ 国技 sport m national.

こくげん 刻限 limite f du temps; heure f [indiquée]. 〜が近づく L'heure approche. ¶〜ぴったりに着く arriver juste à l'heure (à temps).

こくご 国語 langue f nationale. 〜の教師 professeur m de la langue nationale. 〜を教える enseigner la langue nationale. ¶〜学 linguistique f (philologie f) nationale. 〜学者 philologue mf de la langue nationale. 〜審議会 conseil m de la langue nationale.

こくこく 刻々 ⇨ こくいっこく(刻一刻), こっこく(刻々).

こくさい 国債 emprunt m public (d'État); dette f publique; fonds mpl publics (d'État); rente f sur l'État. 〜を買う acheter une rente sur l'État. 〜を発行する émettre (lancer, ouvrir) un emprunt d'État.

こくさい 国際 ¶〜的[な] international (aux); cosmopolite. ¶〜化 internationalisation f. 〜化する internationaliser. 〜会議 congrès m (conférence f) international(e). 〜関係 relations fpl internationales. 〜機構 organisations fpl internationales. 〜空港 aéroport m international. 〜結婚 mariage m international. 〜語 langue f internationale. 〜港 port m international. 〜交流 échanges mpl internationaux. 〜交流基金 Fondation f du Japon. 〜収支 balance f des paiements. 〜主義 internationalisme m. 〜色 couleurs fpl internationales. 〜人 cosmopolite mf. 〜親善 amitié f internationale. 〜性 internationalité f. 〜政治 politique f internationale. 〜通貨 monnaie f internationale. 〜都市 ville f cosmopolite; caravansérail m. 〜法 droit m international; loi f des nations; droit des gens. 〜貿易機構 Organisation Internationale du Commerce (OIC). 〜連盟 Société f des Nations. 〜連合 Organisation des Nations Unies (ONU). 〜労働歌 l'Internationale f. 〜労働者組織 Association f internationale des Travailleurs; Internationale.

ごくさいしき 極彩色 ¶〜の peinturluré; [多色] multicolore; bariolé; [派手] aux couleurs vives (criardes). 〜の絵画 tableau(x) aux couleurs variées.

こくさいせきじゅうじ 国際赤十字 Croix-rouge f internationale.

こくさく 国策 politique f nationale. 〜に影響しかねない諸問題 problèmes mpl à l'échelle de la politique nationale.

こくさん 国産 production f nationale. ¶〜の national(aux). ¶〜車 voiture f nationale. 〜品 produit m national (du pays).

こくし 酷使 surmenage m. 児童の〜の禁止 interdiction f du surmenage des enfants. ¶〜する surmener; accabler; échiner; écraser; fatiguer. 頭脳を〜する surmener son cerveau. 土地を〜する fatiguer la terre. 〜されている人 souffre-douleur m inv.

こくじ 告示 annonce f; avis m [au public]; proclamation f; affiche f. ¶〜する proclamer par affiche; afficher qc.

こくじ 国事 affaires fpl d'État. 〜に関する qui concerne les affaires d'État. ¶〜行為 acte m d'État. 〜犯 prisonnier(ère) m(f) d'État.

こくじ 国璽 sceau(x) m(pl). ¶〜尚書 garde des Sceaux. 〜尚書に任ぜられる(を辞す) recevoir (rendre) les sceaux.

こくじ 酷似 ressemblance f parfaite; grande ressemblance. ¶〜する se ressembler comme deux gouttes d'eau; ressembler à qn comme un frère. 互いに〜している se ressembler comme deux œufs.

こくし 獄死 ¶〜する mourir en prison (emprisonné).

こくしびょう 黒死病 peste f [noire].

こくしょ 国書 livre m japonais; [外交] lettre f de créance.

こくしょ 酷暑 chaleur f caniculaire (tropicale, torride); chaleur f d'étuve. 〜の夏 été m de grande chaleur.

こくじょう 国情 situation f [politique et sociale] du pays. 〜に通じる se mettre au courant de la situation intérieure d'un pays. ¶〜不安の国 pays m politiquement instable.

ごくじょう 極上 ¶〜の extra inv; extra-fin; supérieur; premier(ère). 〜のワイン vin m [de qualité] extra. 〜のチョコレート chocolat m extra-fin. ¶〜品 article m de premier choix.

こくしょく 黒色 ¶〜人種 race f noire.

こくじょく 国辱 opprobre m national; † honte f publique; déshonneur m national. ¶〜的行動 acte m qui déshonore le pays.

こくじん 黒人 noir(e) m(f); 《俗》 nègre (négresse) m(f). 〜と白人 les noirs et les blancs. 〜嫌い négrophobe m(f). ¶〜国 pays mpl noirs. 〜種 race f noire; peuple m noir. 〜崇拝 négrophile. 〜問題 problème m noir. 〜の霊歌 négro-spiritual m.

こくすい 国粋 ¶〜主義 chauvinisme m; patriotisme m; nationalisme m. 〜主義の(人) chauvin(e) m(f); xénophobe mf.

こくぜ 国是 raisons fpl d'État. 〜の名の下に個人の利益を侵す léser des intérêts particuliers au nom de la raison d'État.

こくせい 国勢 ¶〜調査 recensement m [de la population]. 〜調査を行う recenser la population.

こくせい 国政 politique f d'État; gouvernement m. 〜を司る gouverner un pays.

こくぜい 国税 droits mpl fiscaux. ¶〜庁 fisc m.

こくせき 国籍 nationalité f. フランスの〜を得る acquérir la nationalité française; se faire naturaliser français. 〜を失う perdre sa nationalité. 〜を失わせる dénaturaliser qn. ¶日本〜 nationalité japonaise. 彼はフランス〜だ Il est de nationalité française. 〜剥奪 dénaturalisation f.

こくそ 告訴 accusation f; plainte f. 〜を取り下げる retirer une accusation; se désister d'une accusation. ¶～する accuser qn; porter (déposer une) plainte contre qn; porter (faire) une accusation contre qn; traduire qn en justice; faire un procès à qn. ‖～取下げ désistement m. ～人 accusateur(trice) m(f); plaignant(e) m(f).

こくそう 国葬 obsèques fpl (funérailles fpl) nationales. ～にする faire des obsèques nationales à qn.

こくそう 穀倉 grenier m; grange f. ‖～地帯 pays m fertile; grenier. フランスの～地帯, ボース地方 La Beauce, grenier de la France.

ごくそう 獄窓 prison f. ～の日々 jours mpl de prison. ～の日々を送る passer la vie en prison; vivre emprisonné (prisonnier); être sous les barreaux.

こくぞうむし 穀象虫 calandre f du riz; charançon m du riz.

こくぞく 国賊 ennemi(e) m(f) public(que); personne f qui a vendu son pays.

ごくそつ 獄卒 geôlier m; guichetier m.

こくたい 国体〔体育会〕fête f sportive nationale;〔政体〕régime m.

こくたん 黒檀〔材〕ébène f;〔木〕ébénier m.

こくち 告知 annonce f; avis m; notification f. ¶～を通知する faire savoir. ‖～板 tableau(x) m [des annonces].

こぐち 小口 petite somme f [d'argent]. ¶～の預金をする mettre une petite somme d'argent dans son compte. ‖～取引き petit commerce m; petite opération f [commerciale].

ごくちゅう 獄中 emprisonnement m; prison f. ¶～記 journal(aux) m d'un prisonnier.

ごくつぶし 穀潰し bouche f inutile; vaurien(ne) m(f). 彼はまったくの～だ Il ne vaut pas le pain qu'il mange.

こくてい 国定 ¶～の officiel(le); établi (institué) par l'Etat. ‖～教科書 livre m scolaire autorisé par l'Etat. ～公園 parc m délimité par l'Etat.

こくてつ 国鉄 Société f National des Chemins de fer Français (SNCF). ‖～職員 cheminot m. ～線 lignes fpl nationales.

こくてん 黒点 macule f; tache f. 太陽の～ macule (du soleil); tache solaire.

こくど 国土 territoire m. ‖～開発 aménagement m du territoire. ～開発計画 plan m d'aménagement du territoire.

ごくどう 極道 débauche f;〔人〕débauché m; prodigue m. ～をきめこむ se montrer prodigue. ～息子 fils m prodigue.

こくどこうつうしょう 国土交通省 Ministère m de l'Aménagement du territoire, de l'Equipement et des Transports.

こくない 国内 territoire m [national]; intérieur m du pays. ¶～の national(aux) m; domestique. 〔フランス〕～で sur le territoire français. ～産業 industries fpl nationales. ～市場(商業) marché m (commerce m) intérieur. ～政治 politique m intérieur (?). ～線 lignes fpl domestiques.

こくないしょう 黒内障 amaurose f. ‖～患者 amaurotique m.

こくなん 国難 péril m (danger m) national. ～に殉じる se sacrifier pour le salut de sa patrie.

こくはく 告白 confession f; aveu(x) m; déclaration f. ¶～する avouer; confesser. 秘密を～する avouer un secret; faire l'aveu d'un secret. 過ちを～する confesser son erreur. 恋を～する déclarer son amour. ～できない秘密 secret m inavouable.

こくはく 酷薄 ¶～な cruel(le); sans pitié. ～な人 sans-cœur m inv; personne f au cœur de marbre.

こくはつ 告発 accusation f; dénonciation f. ¶～する accuser qn; dénoncer qn; déférer qn en justice; crier haro sur qn. ‖～者 accusateur(trice) m(f);〔密告者〕dénonciateur(trice) m(f); sycophante m.

こくばん 黒板 tableau(x) m [noir]. ～に書く écrire au tableau. ～に向う passer (aller) au tableau. ‖～ふき éponge f.

こくひ 国費 dépenses fpl nationales; charges fpl fiscales (de l'Etat). ‖～留学生 boursier(ère) m(f) [du gouvernement].

こくび 小首 ～をかしげる pencher la tête; avoir (concevoir) un doute.

ごくひ 極秘 secret m [d'Etat]. ¶～のうちに confidentiellement; en secret; sans cri(?). ～にしておく tenir qc en secret. ‖～情報 informations fpl secrètes.

こくびゃく 黒白 ¶～をつける mettre fin à un différend; juger qui a tort. ～を弁ぜず ne rien distinguer.

こくひょう 酷評 hypercritique f; diatribe f; démolissage m; éreintage m. ¶～する éreinter; échiner; démolir; se lancer dans une diatribe contre qn. ‖～家 hypercritique m; critique m éreinteur.

こくひん 国賓 hôte mf d'Etat; invité(e) m(f) d'Etat. ～として招待される être invité comme hôte du pays.

ごくひん 極貧 extrême misère f; indigence f;《俗》dèbine f. ～の中にある être dans la misère (la dèche); vivre dans la détresse. ¶～の人 indigent(e) m(f).

こくふ 国富 richesse f nationale. ‖～論 De la richesse des nations.

こくふく 克服 ¶～する surmonter; vaincre; dominer. 困難を～する vaincre les obstacles. 自己を～する se surmonter. ～できないない困難 obstacle m surmontable (insurmontable).

こくぶん 国文 littérature f nationale; lettres fpl japonaises. ‖～学を専攻する se spécialiser dans la littérature nationale. ～学者 spécialiste mf de littérature nationale. ～法 grammaire f de la langue nationale.

こくべつ 告別 adieu(x) m; séparation f. ¶～する faire ses derniers adieux à qn; se séparer définitivement de qn; prendre congé pour jamais de qn. ‖～式 obsèques fpl.

こくほう 国宝 trésor m national (du pays).

こくぼう 国防 défense *f* nationale. 〜を強化する renforcer la défense nationale. ‖〜軍[集合] défense nationale. 〜省 Ministère *m* de la Défense nationale; [アメリカの] le Pentagone. 〜色 kaki *inv*.

こぐま 小熊座 la Petite Ourse.

こくみん 国民 nation *f*; peuple *m*; population *f*. 〜の national(aux). 〜の祝日 jour *m* de fête nationale. ‖日本〜 peuple japonais; nation japonaise. 〜休暇村 village *m* de vacances. 〜軍 milice *f*. 〜健康保険 Sécurité *f* sociale. 〜性 nationalité *f*; caractère *m* national. 〜総生産 produit *m* brut du pays. 〜総所得 revenu *m* national. 〜体育大会 fête *f* sportive nationale. 〜投票(審査) référendum *m*. 〜投票[信任]плébiscite *m*./〜[選挙] vote *m*. (élection *f*) national(e). 〜投票にかける soumettre *qc* à (au) référendum. 〜年金 rente *f* sur l'Etat.

こくむ 国務 affaires *fpl* de l'Etat; affaires intérieures. 〜に専念する s'occuper des affaires de l'Etat. ‖〜省(長官) [米国] département *m* (ministre *m*) d'Etat.

こくめい 克明 〜な minutieux(se); détaillé; [良心的] scrupuleux(se); consciencieux(se). 〜な記録 mémoires *mpl* détaillés. 〜に minutieusement; consciencieusement. 〜に調べる examiner *qc* de près. 〜に述べる raconter en détail; donner des détails de *qc*.

こくもつ 穀物 grains *mpl*; céréales *fpl*. ‖〜を食用とする鳥 [oiseaux *mpl*] granivores *mpl*. 〜用植物 plantes *fpl* céréales. 〜倉 grenier *m*; grange *f*.

こくもん 獄門 porte *f* de prison. ‖〜台 potence *f*; gibet *m*. 〜台に送られる être envoyé au gibet.

こくゆう 国有 ‖〜の national(aux); domestique. 〜化 nationalisation *f*; étatisation *f*. 〜化する nationaliser; étatiser. 〜企業 entreprises *fpl* de l'Etat. 〜財産 biens *mpl* de l'Etat; biens domaniaux. 〜鉄道 chemin *m* de fer national. 〜地 domaine *m* de l'Etat. 〜林 forêts *fpl* domaniales.

こくようせき 黒曜石 obsidienne *f*; pierre *f* des volcans.

ごくらく 極楽 paradis *m*; éden *m*; septième ciel *m*. 〜に行く aller au (en) paradis. 〜の être au septième ciel. ああ、〜だ! Ah! c'est le paradis. 「聞いて〜見て地獄」 Il y a un abîme entre entendre et voir. 〜のような paradisiaque. ‖〜往生をとげる mourir de *sa* belle mort. 〜浄土 paradis. 〜鳥 paradisier *m*.

ごくり 獄吏 geôlier *m*;《古》guichetier *m*.

こくりつ 国立 〜の gouvernemental(aux); national(aux). ‖〜劇場 théâtre *m* national. 〜公園 parc *m* national. 〜大学 université *f* gouvernementale (d'Etat). 〜図書館 bibliothèque *f* nationale.

こくりょく 国力 puissance *f* nationale. 〜を誇示する faire montre (parade) de la force du pays.

こくるい 穀類 céréales *fpl*; grains *mpl*;

plantes *fpl* céréales.

こくれん 国連 Organisation *f* des Nations Unies (ONU). 〜に加盟(脱退)する s'affilier (à se retirer de) l'ONU. 〜安全保障理事会 Conseil *m* de Sécurité. 〜[非]加盟国 pays *m* [non] affilié à l'ONU. 〜軍 armée *f* des Nations Unies; troupes *fpl* onusiennes; casques *mpl* bleus. 〜憲章 Charte *f* des Nations Unies. 〜事務総長 secrétaire *m* général des Nations Unies. 〜総会 Assemblée *f* générale de l'ONU. 〜大学 université *f* des Nations Unies. 〜平和維持軍 (PKF) Forces *fpl* des Nations Unies chargées du maintien de la paix. 〜平和維持活動 (PKO) opération *f* de maintien de la paix des Nations Unies. 〜本部 siège *m* des Nations Unies.

こくろん 国論 opinion *f* publique; [国是] raison *f* d'Etat. 〜が真二つに分れた L'opinion publique s'est partagée en deux camps. 〜を分裂させる(統一する) diviser (rallier) l'opinion publique. 〜を指導する diriger l'opinion publique.

こぐん 孤軍 troupes *fpl* isolées; troupes sans renfort. 〜奮闘する lutter seul [sans faire appel au renfort].

こけ 苔 mousse *f*; [地衣類] lichen *m*. 〜に覆える être couvert de mousse. 〜が生えた舌 langue *f* chargée. 〜むした moussu; couvert de mousse. 〜むした寺 vieux temple *m*. 「転石〜むさず」《Pierre qui roule n'amasse pas mousse.》

ごけ 後家 ⇒みぼうじん(未亡人).

こけい 固形 〜の solide; dur; concret(ète); résistant. ‖〜食物 nourriture *f* solide (aliment *m*) solide. 〜燃料 combustible *m* solide. 〜物 matière *f* (corps *m*) solide.

こけい 孤閨 〜をかこつ se plaindre de *son* veuvage. 〜を守る rester fidèle à *son* mari absent (mort).

ごけい 互恵 ‖〜の mutuel(le); réciproque. ‖〜条約 traité *m* de réciprocité.

ごけい 語形 forme *f* du mot. ‖〜論 morphologie *f*. 〜論の morphologique.

こけおどし 虚仮威し vantardise *f*; bluff *m*; esbroufe *f*. そんなのはただの〜に過ぎない Ce n'est que du bluff. 〜をする faire de l'esbroufe; bluffer; esbroufer. 〜をする人 bluffeur(se) *m(f)*; esbroufeur(se) *m(f)*.

こげくさい 焦臭い sentir le brûlé; graillonner. 〜匂い odeur *f* de brûlé; graillon *m*; roussi *m*. 〜ぞ Ça sent le brûlé!

コケコッコー cocorico *m*. 〜と鳴く pousser des cocoricos.

こげちゃ 焦茶 ‖〜色の brun; roux(sse); marron foncé *inv*; tête-de-nègre *inv*.

こけつ 虎穴 ‖〜に入るを得ずば虎子を得ず」《Qui ne risque rien n'a rien.》

こげつく 焦げつく ‖御飯が焦げついた Le riz a attaché. 貸した金が焦げ付いた Les créances sont devenues irrécupérables.

コケット ‖〜な coquet(te).

コケットリー coquetterie *f*.

コケティッシュ ‖〜な coquet(te).

こけらおとし 柿落とし inauguration *f* d'un nouveau théâtre.

こける [やせる] se creuser; s'émacier; maigrir. ¶こけた頬 joues *fpl* creuses. こけた顔 visage *m* émacié.

-こける [眠り〜] sombrer dans le sommeil; continuer de dormir. 笑い〜 ne cesser de rire; ne faire que rire; se tordre [de rire]. 《俗》se poiler; se gondoler.

こげる 焦げる brûler; [色] roussir; [匂い] graillonner.

こけん 沽券 ¶私の〜にかかわります Mon honneur est en jeu./Il y va de mon honneur.

ごけん 護憲 ‖〜運動 mouvement *m* pour défendre la constitution.

ごげん 語源 étymologie *f*; origine *f* [d'un mot]. 〜を同じくする語 mots *mpl* de même origine (source). ¶〜的[な] étymologique. 〜的に étymologiquement. ‖〜学 étymologie. 〜学者 étymologiste *mf*.

ごけんろんしゃ 護憲論者 partisan *m* du maintien de la Constitution.

ここ 個々 ¶〜の chaque; particulier(ère); individuel(le). 〜の問題 chaque problème *m*. 〜の人間 chaque personne *f*; chacun(e) *m(f)*. 〜に individuellement; personnellement; respectivement. 〜に行動する[自由に] agir chacun à sa guise.

ここ 此処 [場所·場面] ici; [en] ce point; [dans] cet endroit. 〜がおかしい Ceci est mauvais./Ce point est discutable. 〜からそこまで だけが ici jusque là. 〜からパリまで d'ici à Paris. 〜で ici; en cet endroit; [場面] en 〜で私の手紙を終りとします Je finis ici ma lettre. 〜らで休むことにしよう Reposons-nous par ici (dans ces parages). 〜に来なさい Viens [par] ici. 〜にいるのが父です Voici mon père. 事〜に至っては dans cette situation; dans ces conditions. 〜まで jusqu'ici. 今日は〜まで Restons-en là pour aujourd'hui. ¶〜だけの話ですが ceci [dit] entre nous; soit dit entre nous. ‖〜一番という時に光る se distinguer dans un moment crucial. 〜や ここに ici et là; par ici et par là. ◆[時間]〜数日 ces derniers temps. 〜3 週間ばかり ces trois dernières semaines. 〜2 か月雨の日が多かった Ces deux derniers mois, nous avons eu souvent de la pluie. 〜2,3 日のうちに à un de ces jours, dans deux ou trois jours. 〜のところ ces jours-ci.

ここ 呱々 ¶〜の声をあげる voir le jour; naître.

ここ 古語 [言語] vieux langage *m*; vieille langue *f*; langue morte; [単語] vieux mot *m*; mot archaïque.

ごご 午後 après-midi *mf inv*. 「牧神の〜」 *L'après-midi d'un*) *faune*. 午前と〜 le matin et l'après-midi. 今日の〜から à partir de cet après-midi.

ココア cacao *m*; [飲物] chocolat *m*. 〜の木 cacaoyer *m*. 〜を一杯飲む prendre une tasse de chocolat.

ここう 孤高 ¶〜を持す s'isoler; garder ses distances.

ここう 糊口 ¶〜を凌ぐ gagner péniblement sa vie. 〜を凌ぐための仕事 gagne-pain *m inv*.

ここう 虎口 ¶〜を脱する s'échapper de la gueule du loup.

ごこう 後光 nimbe *m*; auréole *f*. 〜がさす s'auréoler de; rayonner de. 彼の頭に〜がさしている Sa tête est nimbée d'une auréole. 〜のさした(を帯びた) nimbé; auréolé.

こごえ 小声 ¶〜で à voix basse; à [de] mi-voix. 〜でささやく chuchoter.

こごえじに 凍死 mort *f* de froid. ⇨ とうし(凍死).

こごえる 凍える geler; être refroidi (transi); s'engourdir. ここはまったく凍えそうだ On gèle ici.

ここく 故国 pays *m* [natal]; pays d'origine; patrie *f*. 〜に帰る rentrer au pays (dans ses foyers); regagner *son* pays natal. ¶〜の人 [同国人] compatriote *mf*.

ごこく 五穀 céréales *fpl*. 〜豊饒 bonne récolte *f* (moisson *f*).

ごこく 護国 salut *m* de la patrie. ¶〜の鬼となる se sacrifier pour *sa* patrie. 〜の精神 patriotisme *m*. ‖〜神社 temple *m* de la patrie.

ここち 心地 ¶生きた〜がしない se sentir plus mort que vif. 〜が良い C'est une maison où il fait bon vivre. この靴ははき〜が良い Je me trouve à l'aise dans ces chaussures. 夢見〜である être rêveur(se); être dans la lune.

ここちよい 心地よい confortable; agréable; doux(ce). 耳に〜声 voix *f* mélodieuse. この場所は〜 Ici, je suis à l'aise (à mon aise)./Il fait bon ici./Je me sens bien ici. 散歩するのは〜 Il fait bon se promener.

こごと 小言 réprimande *f*; observations *fpl*; remontrance *f*. 〜を言う gronder; tancer; réprimander; reprocher *qc* à *qn*. 〜を食う être grondé; être tancé (réprimandé, 《俗》secoué). 先生に〜を食う se faire attraper par *son* maître.

ココナッツ [noix *f* de] coco *m*.

ここのか 九日 ⇨ 付録.

ここのつ 九つ neuf *m*.

ココム COCOM [対共産国輸出統制委員会] Comité *m* coordinateur pour le contrôle multilatéral des échanges Est-Ouest.

ココやし 椰子 cocotier *m*.

こころ 心 cœur *m*; âme *f*; esprit *m*. 〜が動く se laisser aller par *qc*. 互いに〜が通い合う s'entendre; se comprendre. 〜が変る changer d'idée. 〜がねじけている avoir l'esprit de travers. 〜がはずむ se réjouir; être joyeux(se). 〜が晴れる avoir la conscience nette (le cœur net). 〜が乱れる se troubler. 〜に抱く concevoir; [...の憶い出を]chérir le souvenir (la mémoire) de *qc*. 〜に浮ぶ [主語·事物] venir à l'esprit à *qn*; [主語·人] se souvenir de *qc*. 〜に描く imaginer; se représenter *qc*. 〜に決める se décider à *inf*. 〜に留める ne pas oublier; bien retenir. 〜を入れかえる se corriger. 〜を動かされる être touché. 〜を落着ける se calmer. 〜を鬼にする durcir *son* cœur. 〜を配る veiller sur; prendre soin de. こまごまと~を配る être aux petits soins de. ~をこめる s'appliquer à *qc*; deviner [la pensée de] *qn*. 見抜かれる se laisser deviner. ¶~あるはらい accueil *m* aimable. ~ない insensible; cruel (le); sans pitié. ~ない仕打ち coup *m* inhumain. ~ない人 sans-cœur *mf inv*. ~のこもった贈物 cadeau(x) *m* offert de bon cœur. ~の狭い étriqué; étroit. ~の広い généreux (se); large. ~の糧になる読み物 bonne lecture *f* spirituelle. ~にもないことを言う parler à contre-cœur. ~から sincèrement; de toute *son* âme; de tout *son* cœur. ~のおくまでに à *son* gré. ~の底では au fond de *son* cœur; dans *son* for intérieur. ~の底まで感動する être ému jusqu'au fond de l'âme. ~の優しい ⇒ こころね(心根).

こころあたり 心当り ¶この名前には~がない Ce nom ne me dit rien. その男には~がある Cette tête me dit quelque chose. ~をあたる s'adresser à *ses* connaissances.

こころいき 心意気 zèle *m*; fougue *f*; ferveur *f* d'esprit. ~に感心する être touché de l'ardeur (du courage) de *qn*.

こころえ 心得 ce qu'il faut savoir; connaissances *fpl* élémentaires (préalables). ¶~がある avoir l'expérience de *qc*; savoir *qc*; avoir déjà pratiqué *qc*. 彼は剣術の~がある Il a pratiqué de l'escrime. ¶課長~ chef *m* de bureau par intérim. 受験~ avis *m* aux candidats.

こころえがお 心得顔 ¶~をする faire l'entendu; prendre un [petit] air entendu.

こころえちがい 心得違い ¶~をする faire des malentendus; se méprendre sur; se tromper sur. お前は何か~をしているのではないか Je crois que tu es en train de t'égarer. ~を正す corriger les erreurs de *qn*; détromper *qn*; [自分の] se détromper; revenir de *son* erreur; se corriger.

こころえる 心得る retenir; [知っている] savoir; avoir des connaissances de; [経験ある] s'y entendre; [詳しく] s'y connaître. 事情を~ connaître la situation. 機械のことは多少心得ている Je m'y entends un peu en mécanique. 彼女はみんなの気持をほぐす術を心得ている Elle sait s'y prendre pour mettre tout le monde à l'aise. 前もって心得えておいて retenir *qc*. 私の言うことを良く心得ておきなさい Retiens bien ce que je viens de te dire. 心得た OK./D'accord./Entendu.

こころおきなく 心置きなく sans regret; [心配なく] sans souci; sans inquiétude; [自由に] sans entrave; sans obstacle; librement; sans se gêner; à *son* aise; à *sa* guise. ~泣く donner libre cours à *ses* larmes. どうぞ~召し上って下さい Je vous en prie, mangez tout ce que vous voulez.

こころがけ 心掛け ¶~が良い être attentif (ve); être appliqué; être bien attentionné. 彼はいつも~が良い Il s'attend toujours à tout. それは日頃の~が悪いからだ C'est le fruit d'un laisser-aller habituel.

こころがける 心掛ける ¶...するよう~ veiller à *qc* (*inf*). 太らないよう~ veiller à ne pas grossir. 将来に備えるべく~ se préparer à l'avenir. ¶ N'oubliez pas d'être toujours aimable envers les vieillards. 老人にいつも優しするよう心掛けなさい ¶ 病気にならないよう心掛けている Gardez-vous de tomber malade.

こころがまえ 心構え ¶~ができている être prêt à; être préparé pour; être disposé à. しっかりとした~ができている être bien arrêté dans *sa* décision. 出征の~ができている être prêt à partir en guerre.

こころがわり 心変り versatilité *f*; inconstance *f*. ¶~[を]する changer d'idée. ~をしやすい être versatile (inconstant, changeant, volage).

こころくばり 心配り prévoyance *fpl*; bienveillance *f*; petits soins *mpl*. 彼女は貧しい人々に優しい~を示した Elle a eu pour les pauvres des attentions délicates.

こころぐるしい 心苦しい gêné (embarrassé, confus, troublé). こんなまでしていただいて誠に心苦しく思います Vous êtes trop aimable, je suis tout confus.

こころざし 志 intention *f*; volonté *f*; dessein *m*. 彼の~は遂げられなかった Ses vœux ne sont pas exaucés. 御~有難うございます Je suis heureux de recevoir toutes vos bontés. ~を立てる faire vœu de; former le dessein de. ~を達する atteindre (accomplir) *son* but. ¶志すを vouer à; se destiner à. 学問を志す se vouer à des études.

こころして 心して attentivement; avec attention *f*.

こころじょうぶ 心丈夫 ¶~である se sentir encouragé. 君といると~だ Avec toi, je ne me sens pas seul.

こころづけ 心付け ⇒ チップ.

こころづもり 心積り [意図] intention *f*; dessein *m*; [予想] prévision *f*; [目的] but *m*. そんな~で言ったのではない Je ne l'ai pas dit dans cette intention. 万一の場合に対する~はしておく必要がありましょう Il faudrait envisager le pire.

こころづよい 心強い ⇒ こころじょうぶ(心丈夫).

こころならずも 心ならずも à contre-cœur; malgré *soi*; malgré *ses* intentions; à regret.

こころにくい 心憎い ¶この小説は~ほど巧い Ce roman est d'une réussite étonnante.

こころね 心根 の優しい~ humain; compatissant et tendre. あの子はいい優しい子 C'est un enfant au cœur tendre.

こころのこり 心残り regret *m*. ~して(avec) regret. ~それは全くなことだ C'est vraiment dommage. 彼女に会えなかったのが~だ Je regrette de n'avoir pu le voir.

こころぼそい 心細い se sentir seul. 一人では~ Tout seul, je n'ai pas confiance. こんな給料に一家を養うには~ Ce salaire me suffit pas pour nourrir toute ma famille.

こころまち 心待ち ¶~にする être dans l'attente de *qc*; attendre après *qc*.

こころみ 試み essai *m*; tentative *f*; épreuve

こころみる 試みる ｆ; test ｍ. 新しい〜 nouvel essai. ¶〜に pour essayer; pour voir. 〜に乗ってみよう Essayons de monter./Si on montait pour voir? 〜に新しい機械を使ってみる mettre à l'épreuve une nouvelle machine.

こころみる 試みる essayer; mettre à l'essai; tester; tenter. 何度も〜 essayer (tenter) plusieurs fois. 色々な方法を〜 essayer de différents moyens. 悪魔は常に我々を過ちに引き込もうと〜のだ Le diable cherche toujours à nous induire en erreur. 囚人は脱走を試みた Le prisonnier a tenté de s'évader.

こころもとない 心許ない peu sûr; faible; frêle. 〜成績 résultat ｍ peu rassurant. 〜頭脳 faible cerveau(x) ｍ. 将来が〜 L'avenir est peu sûr. 独りで行かせるのは〜 気がする Envoyer tout seul cet enfant, ça ne me rassure pas beaucoup.

こころやすい 心安い familier(ère). 〜関係 relations ｆpl familières; intimité ｆ. 〜友 ami(e) ｍ(ｆ) intime. 心安く dans l'intimité; dans le privé; familièrement. 心安く人を呼ぶなよ Ne vous montrez pas trop familier avec moi. 過度の心安さは侮りを招く Trop de familiarité engendre le mépris.

こころゆく 心行く ¶〜まで食べる(飲む) manger (boire) tant qu'on veut; manger (boire) tout son content; [飽きる程] se rassasier (se désaltérer); manger (boire) jusqu'à satiété. 〜まで楽しむ s'amuser tout son content.

こころよい 快い agréable; doux(ce); confortable; douillet(te); [人柄] charmant; aimable; gentil(le). 〜返事 bonne réponse ｆ. 〜もてなし accueil ｍ. 快く agréablement; de bon cœur; avec bienveillance; avec bonté. 快く引き受ける accepter avec plaisir (volontiers, avec empressement). 快くもてなす accueillir aimablement.

ここん 古今 ¶〜の ancien(ne) et moderne. 〜にわたる名作の数々 grandes œuvres ｆpl du passé et du présent. ‖〜東西の哲人 tous les philosophes du monde. 〜未曾有の大事件 événement ｍ inouï (historique). 〜未曾有の大災害 grande catastrophe ｆ sans précédent.

ごこん 語根【語】 racine ｆ.

ござ 誤差 erreur ｆ; [偏差] écart ｍ.

ござ 茣蓙 rabane ｆ; natte ｆ de paille.

ごさい 後妻 seconde femme ｆ. 〜の子 enfant ｍｆ né(e) de sa seconde femme; enfant du second lit.

こさいく 小細工 artifice ｍ; combinaison ｆ; astuce ｆ; truc ｍ;【俗】combine ｆ. 〜を弄する user d'artifice.

コサイン cosinus ｍ; cos. ｍ.

こざかしい 小賢しい ¶あれは〜奴だ C'est un type un peu effronté. 〜口をきく se permettre (dire) des impertinences.

こざかな 小魚 fretin ｍ; petit poisson ｍ.

こさく 小作 ferme ｆ; fermage ｍ; [折半] métayage ｍ. ¶土地を〜する(させる) prendre (donner) une terre à ferme. 〜の fermier (ère). ‖〜制度 [af]fermage ｍ; métayage. 〜地 ferme, fermage; métairie ｆ. 〜人 fermier(ère) ｍ(ｆ); métayer(ère) ｍ(ｆ). 〜料 fermage; loyer ｍ d'une ferme. 〜料を貰う toucher ses fermages.

こさじ 小匙 petite cuiller ｆ (cuillère ｆ). ¶〜1杯の… une cuillerée de qc.

コサック【人】cosaque ｍ.

こざっぱり ¶〜とした propre; propret(te); convenable; bien mise (vêtue comme il faut). 〜した人 personne ｆ bien mise (vêtue comme il faut).

こさめ 小雨 petite pluie ｆ; pluie fine; [霧雨] bruine ｆ; crachin ｍ. 〜が降る Il pleuvote (bruine, crachine, pleuvine).

こざら 小皿 petite assiette ｆ.

こさん 古参 ¶〜の ancien(ne); vieux (vieil, vieille). 彼はこの道十年の〜だ Il a dix ans d'ancienneté dans ce domaine. ‖〜兵 vétéran ｍ; vieux routier ｍ.

ごさん 午餐 déjeuner ｍ. 〜をとる déjeuner; prendre le déjeuner. ‖〜会 déjeuner ｍ.

ごさん 誤算 erreur ｆ [de calcul]; faux calcul ｍ; mécompte ｍ. 〜がないとすれば sauf erreur. 重大な〜を犯す essuyer de graves mécomptes.

こし 腰 reins ｍpl; †hanche ｆ. 〜が痛む avoir mal aux reins. 〜が砕ける perdre pied; chanceler; vaciller; [比喩的に] se décourager; perdre courage; défaillir. 〜が強い avoir les reins solides; [肉体的に] être robuste. この麺は〜が強い Ces pâtes sont fermes. 〜が弱い avoir les reins fragiles; [肉体的に] être fragile. 〜が低い avoir les reins souples; être soumis (humble, modeste). 〜が曲がる être plié en deux; se voûter; se courber. 〜がくびれている avoir la taille de guêpe. 〜に剣を下げる porter son épée aux reins; ceindre son épée. 〜を上げる se lever. 〜を折る [話の] brouiller [la conversation]. 〜を下ろす s'asseoir. 〜をすえる [しっかりする] prendre pied; [身を落着ける] s'implanter; s'installer. 〜をすえてかかる travailler d'arrache-pied. 〜を抜かす être stupéfait; être ébahi; tomber des nues; n'en pas revenir. 〜を振る [歩く時] rouler (balancer) les hanches; tortiller des hanches. 〜を曲げる courber (arquer) les reins. ¶〜の曲がった voûté; courbé. 〜のすわった議論 argument ｍ bien fondé (solide).

こし 輿 palanquin ｍ; chaise ｆ à porteurs. 玉の〜に乗る épouser (se marier avec) un prince.

こじ 固持 ¶目説を〜する persister dans (tenir à) son opinion.

こじ 固辞 ¶〜する persister à refuser; maintenir son veto; tenir au refus.

こじ 孤児 orphelin(e) ｍ(ｆ). ¶〜の orphelin. 〜になる perdre ses parents. ‖〜救済 pupille ｍｆ de la Nation. 〜院 orphelinat ｍ; Assistance ｆ.

こじ 故事 légende ｆ; histoire ｆ; mythe ｍ. ‖〜来歴 histoire.

こじ 誇示 étalage ｍ; démonstration ｆ; parade ｆ; déploiement ｍ; exhibition ｆ. 〜する faire parade (montre) de qc; faire étalage de qc; exhiber; faire démonstration de qc. 力(富)を〜する déployer ses

-ごし 越し ‖一年~の交渉 négociation f poursuivie depuis plus d'un an. 壁~に話をする parler à travers le mur.

ごじ 誤字 faute f d'orthographe.

こじあける こじ開ける 〖戸を~ forcer une porte; [鉤で] crocheter une porte; [破壊] enfoncer (briser) une porte.

こしかけ 腰掛け banc m; banquette f; [一人用] tabouret m; siège m; escabeau(x) m; escabelle f; [路上折りたたみ] pliant m; [バス用折りたたみ] strapontin m; [三脚] trépied m. ~に座る s'asseoir sur un banc.

こしかた 来し方 passé m. ‖~と行く末を考える méditer sur le passé et sur l'avenir.

こじ 古式 ‖~にのっとる se conformer à la vieille tradition. ~ゆかしく conformément à la vieille tradition.

こし 濾器 passoire f.

こし 漉き [コーヒー] filtre m.

こし 轂 moyeu(x) m.

こじき 乞食 mendiant(e) m(f); gueux(se) m(f); [路上生活者] clochard(e) m(f); sans-logis mf inv; vagabond(e) m(f);〖俗〗mendigot(e) m(f). ~に身を落とす être réduit à la mendicité. ‖~[を]する mendier [sa vie]. ‖~稼業 mendicité f.

こしぎんちゃく 腰巾着 acolyte m. いつも~を連れている être toujours flanqué de ses acolytes.

こしくだけ 腰砕け ‖~に終る finir en queue de poisson; avorter. その計画は~に終った Le projet a tourné court.

こし 白帯下 pertes fpl [blanches]; leucorrhée f.

こしだか 腰高 ‖~に帯を締める porter haut sa ceinture.

こしたんたん 虎視眈々 ‖~としている être vigilant; être tout yeux tout oreilles; veiller attentivement; guetter; être à l'affût (aux aguets);〖俗〗loucher sur. 彼らは皆その ポストを~と窺っている Ils lorgnent tous ce poste.

こしつ 個室 chambre f particulière (privée).

こしつ 固執 ‖~する tenir à qc; être fidèle à qc; persister dans qc; s'obstiner à qc (inf); s'entêter dans qc. 彼はこの問題に~している Il s'obstine sur cette question. 彼はあくまでも自分の意見に~している Il persiste dans son opinion.

こじつ 故実 vieilles légendes fpl (lois fpl; traditions fpl); anciens usages mpl.

ごじつ 後日 plus tard; un autre jour; après; [近いうちに] à un de ces jours. そのことはまた~お話しいたします Je vous en reparlerai un autre jour. ~の参考のために Pour l'avenir. ‖~談 suites fpl.

こしつき 腰付き reins mpl; †hanches fpl; tour m de hanches. 細い(丸い)~ hanches étroites (rondes). 彼女はいい~をしている Elle a une belle chute des reins. しっかりした~をしている avoir les reins solides. ほっそりした~をしている avoir une taille de guêpe.〖家鴨のようによたよたした~で歩く se dandiner comme un canard.

ゴシック gothique m. ‖~風の gothique. ~芸術(様式) art m (style m) gothique. ~建築 [architecture f] gothique m. ~字体 gothique f. ~文体で en gothique.

こじつけ ‖~の議論 argument m tiré par les cheveux.

こじつける forcer. 意味を~ forcer le sens. テキストの意味を~ [曲解する] violenter (dénaturer, forcer, torturer) un texte.

ゴシップ propos mpl familiers; [中傷的] potin m; cancan m; [下らない] commérage m; [新聞の] écho m. 社交界の~ petites nouvelles fpl mondaines. ~を広める faire des potins sur qn; potiner. ‖~記者 échotier m. ~欄 [新聞の] écho.

ごじっぽひゃっぽ 五十歩百歩 ‖~だ Au fond, la différence n'existe pas./〖俗〗C'est du pareil au même./C'est kif-kif./C'est du kif au même.

こしぬけ 腰抜け poltron(ne) m(f); couard(e) m(f); peureux(se) m(f); [卑怯] lâche mf; pusillanime mf;〖俗〗froussard(e) m(f); trouillard(e) m(f).〖あいつはとんだ〜野郎だった C'était un véritable poltron.

こしべん 腰弁 [安月給取り] infime employé m; gagne-petit m inv.

こしぼね 腰骨 os m de la hanche. ~が強い avoir les reins solides; avoir de la force dans les reins; [我慢強い] être patient; bien résister. ⇨ こし(腰).

こしまわり 腰回り tour m de hanches.

こしもと 腰元 demoiselle f [d'honneur (de compagnie)].

ごしゃ 誤射 tir m par erreur.

こしゃく 小癪 ‖~な effronté; impertinent. 何を~な On fait le malin?

こしゆ 腰湯 bain m de siège. ~を使う prendre un bain de siège.

こしゅ 固守 ‖~する garder (défendre) étroitement; persister dans sa position. ある主義(伝統)を~する s'attacher (tenir) étroitement à un principe (une tradition).

こしゅ 戸主 chef m de famille; maître m de maison.

こしゅ 鼓手 tambour m; tambourinaire m. ‖~長 caporal-tambour m.

こしゅう 固執 ⇨ こしつ(固執).

ごじゅう 五十 cinquante m. ‖~代の人 cinquantenaire mf. ~周年記念[日] cinquantenaire m.

ごじゅう 五重 ‖~の塔 pagode f à (de) quatre étages. ‖~奏曲 quintette m. ~奏団 quintette.

ごしゅうしょうさま 御愁傷様〖このたびは~です Je vous présente mes condoléances. それは~ [皮肉に] Ça vous apprendra./C'est bien fait.

ごじゅうと [小姑] beau(x)-frère(s) m; [小姑] belle(s)-sœur(s) f.

ごしゅきょうぎ 五種競技 pentathlon m. ‖近代~ pentathlon moderne. ~選手 spécialiste m du pentathlon; pentathlonien m.

ごじゅん 語順 ordre m des mots.

こしょ 古書 vieux livre m; livre ancien; vieil ouvrage m.

ごしょ 御所 palais *m* impérial; résidence *f* impériale.

ごじょ 互助 aide *f* mutuelle; mutualisme *m*. ¶〜会 société *f* de secours mutuels; mutuelle *f*; mutualité *f*.

こしょう 呼称 appellation *f*; appel *m*; dénomination *f*. ¶〜する appeler [par *son* nom]; dénommer *qn*.

こしょう 故障 panne *f*; détraquement *m*; dérangement *m*; dérèglement *m*; [支障] empêchement *m*. 〜の[原因]cause *f* d'une panne. 〜を直す réparer. ¶〜する tomber en panne; avoir une panne. 肩が〜する avoir l'épaule dérangée. 飛行機のエンジンが〜した L'avion a eu une panne de moteur. ラジオが〜した Le poste de radio est détraqué. 〜している être en panne; être détraqué (dérangé, déréglé). エレベーターは〜している L'ascenseur est hors de service. 〜した機械 machine *f* déréglée (en panne). 〜がちである [体が] avoir une petite santé; être fragile (délicat). ¶〜 hors de service *m*.

こしょう 湖沼 [lacs *mpl* et] marais *mpl*. 〜の lacustre. ¶〜学 limnologie *f*. 〜学者 limnologue *mf*. 〜地帯 contrée *f* lacustre.

こしょう 胡椒 poivre *m*; [木] poivrier *m*. 〜の利いた poivré. 〜を入れる mettre du poivre; poivrer *qc*. 白(黒)〜 poivre blanc (noir). 〜入れ poivrière *f*. 〜挽き moulin *m* à poivre.

こしょう 小姓 page *m*; damoiseau(x) *m*.

こじょう 古城 vieux château *m*.

ごしょう 後生 ¶〜を願う prier pour la vie future. 〜だから pour l'amour de Dieu; au nom de Dieu. 〜だから今度だけは頼むよ Je te prie une fois pour toutes. ¶〜大事にする chérir *qc*.

ごじょう 互譲 ¶〜の精神 esprit *m* de réconciliation.

こしょく 古色 〜蒼然たる antique; archaïque; vieux (vieil, vieille). 〜蒼然たる建物 grande construction *f* séculaire.

ごしょく 誤植 faute *f* d'impression; erreur *f* (faute) typographique; coquille *f*; erratum(a) *m*; [重複] doublon *m*. 〜を直す corriger une coquille. ¶〜だらけの校正刷り épreuve *f* pleine de coquilles.

こしらえ 拵え ¶〜顔の〜 toilette *f*. 〜のしっかりした家 maison *f* à la charpente solide. ¶急〜の家 maison construite à la hâte. ¶〜事 fiction *f*; mensonge *m*. 〜事の factice; ficti(ve); mensonger(ère).

こしらえる 拵える faire; fabriquer; composer; créer. 子供を〜 faire un enfant. 話を〜 inventer une histoire. 顔を〜 [化粧] faire *sa* toilette. 洋服を〜 [注文] commander un complet; [製作] confectionner un complet. 金を〜 se faire de l'argent. 壁に窓を〜 pratiquer des fenêtres dans les murs. ⇨〜る(作る).

こじらせる 拗らせる envenimer; aggraver; empirer; infecter. 病気を〜 aggraver une maladie. 問題を〜 compliquer un problème. 人間関係を〜 envenimer les rapports humains. 風邪をこじらせちゃ大変だよ Il ne faut surtout pas que votre rhume s'aggrave.

こじり 鐺 embout *m*.

こじる 抉る percer avec une vrille; entailler.

こじれる 拗れる se compliquer; s'aggraver; s'envenimer. 話が拗れた La conversation s'est envenimée. こうじこしてしまってはもう彼らの関係は元に戻らない Envenimées à ce point, leurs relations ne pourront plus revenir à ce qu'elles étaient.

こじわ 小皺 petite ride *f*; patte(s)-d'oie *f*.

こじん 個人 individu *m*; particulier *m*. 〜の権利と義務 droits *mpl* et devoirs *mpl* de l'individu. 〜の(的な) individuel (le); privé; particulier(ère); personnel(le). 〜の利益 intérêts *mpl* privés. 〜の資格で à titre privé. 〜の名で en son nom [propre et] privé. これは私の〜的な意見です C'est mon opinion personnelle. 〜的に personnellement; individuellement. あなたに〜的にお話ししたいのです Je veux vous parler en particulier (en privé). 彼は私を〜的に招待してくれた Il m'a envoyé une invitation personnelle. 〜としては en tant que personne privée. 私〜としては決してこの案に反対のりません En tant qu'individu, je ne m'y oppose pas du tout. ¶〜企業 entreprise *f* privée. 〜教授 leçon *f* particulière. 〜攻撃 critique *f* personnelle. 〜差 différence *f* personnelle. 〜主義 individualisme *m*. 〜主義者 individualiste *mf*.

こじん 故人 décédé(e) *m(f)*; défunt(e) *m(f)*. 〜を追善する invectiver le mort. ¶〜となる mourir; trépasser; décéder.

ごしん 誤審 erreur *f* de jugement (d'arbitrage); [判例] sentence *f* erronée. ¶〜する commettre une erreur de jugement; se tromper dans *ses* jugements.

ごしん 誤診 erreur *f* de diagnostic. ¶〜する faire une erreur de diagnostic; se tromper dans *son* diagnostic (*ses* pronostics, *ses* prévisions).

ごしん 護身 défense *f*. ¶〜術 arts *mpl* martiaux de défense. 〜用武器 arme *f* de défense.

こじんじょうほうほご 個人情報保護 protection *f* des données personnelle.

こす 越す passer [outre, par-dessus] *qc*; franchir; [渡る] traverser. 峠を〜 franchir un col. 難関を〜 franchir un passage difficile. 30度を〜 暑さ chaleur *f* de plus de 30 degrés. [怒りの]度を〜 [主語・人] sortir de *ses* gonds. 五十の坂を〜 avoir cinquante ans passés. 奴に先を越された Il m'a pris de vitesse. ¶〜ことが出来ない何 fleuve *m* infranchissable. それに越した事はない Je ne demande pas mieux.

こす 濾(漉)す filtrer; passer. ¶濾し器 filtre *m*; passoire *f*. 濾し布 étamine *f*.

こすい 湖水 [eau *f* de] lac *m*. ¶〜の lacustre.

こすい 鼓吹 ¶士気(愛国心)を〜する exalter le courage (le patriotisme).

こすう 個数 nombre m; quantité f.
こすう 戸数 nombre m de maisons (feux).
こずえ 梢 faîte m; cime f; †haut m; sommet m [d'un arbre].
コスチューム costume m.
コスト frais mpl; coût m; prix m de fabrique. ~を下げる réduire les frais de qc. 労賃の~を引き下げる baisser le coût de la main d'œuvre. ~高 †hausse f des prix de matériaux. その方法だとかなり~高になる Ce procédé va entraîner de gros frais.
コストインフレ inflation f due à la hausse des coûts.
ゴスペル évangile m. ǁ~ソング negro[-]spiritual [negrospiritʃʊɔl] m.
コスミック cosmique m.
コスメチック cosmétique m.
コスモス cosmos m.
コスモポリタン citoyen(ne) m(f) du monde; cosmopolite mf. ¶~的[な] cosmopolite.
こする 擦る frotter; [やすりなどで] râper; [擦り取る] racler. 目(手)を~ se frotter les yeux (les mains). 馬の体を~ bouchonner un cheval. 車のフェンダーを~ accrocher l'aile de sa voiture contre qc. 靴をマットに~ frotter ses souliers sur l'essuie-pieds. 歩道の端で~ raboter ses pneus contre le trottoir; racler le bord du trottoir avec les pneus.
ごする 伍する égaler qn. 列強に~ figurer parmi les puissances du monde. 力において他に~ égaler les autres en force. このチームなら外国チームに伍して行ける Cette équipe peut faire jeu égal avec les étrangères.
こせい 個性 personnalité f; caractère m; individualité f; [特異な] originalité f. ~を欠く manquer de personnalité (d'étoffe). ~を確立する(伸ばす) affirmer (développer) sa personnalité. 強い~を持つ avoir une forte personnalité; avoir de l'étoffe. ¶~的[な] original(le); individuel(le); caractéristique. ~の無い sans personnalité (originalité); impersonnel(le). ~の無い人 personnage m sans étoffe.
こぜい 小勢 ¶~である être peu nombreux. ~で en petit nombre.
ごせい 互生 [植] alternance f; disposition f alterne. ¶~の alterne. ǁ~葉 feuilles fpl alternes.
ごせい 悟性 entendement m; logos m.
こせいだい 古生代 ère m primaire; le primaire.
こせいぶつ 古生物 être m vivant préhistorique. ǁ~学 paléontologie f. ~学の paléontologique. ~学者 paléontologue mf; paléontologiste m.
コセカント [数] cosécante f cosec.
こせき 古蹟 vestiges mpl historiques; ruines fpl; traces fpl. ~を訪ねる visiter les traces d'une ancienne civilisation.
こせき 戸籍 état m civil. ~を失う perdre son état civil. ǁ~係 officier m de l'état civil. ~原簿 registre m d'état civil. ~抄本 extrait m d'actes de l'état civil. ~謄本

actes mpl de l'état civil; preuves fpl de l'état.
こせこせ ¶~する être mesquin (étroit, rigué); ergoter sur des vétilles. そう~するな Ne coupez pas les cheveux en quatre. ~した petit; tatillon(ne); vétilleux(se); pointilleux(se). ~した人 tatillon(ne) m(f).
こぜに 小銭 [petite] monnaie f; menue monnaie; 《俗》ferraille f; mitraille f. ~で払う faire l'appoint. 千円札を~に替える faire la monnaie de mille yen. 千円を~に替えてください Donnez-moi la monnaie de mille yen. ǁ~入れ porte-monnaie m inv.
こぜりあい 小競合 accrochage m; escarmouche f; mêlée f; échauffourée f. ~を演ずる se colleter; s'attraper; s'empoigner; s'accrocher.
こせん 古銭 monnaie f ancienne. ǁ~学 numismatique f. ~学者 numismate mf.
ごせん 五線 ǁ~紙 papier m à musique. ~譜 portées fpl.
ごせん 互選 élection f mutuelle. ¶~する élire qn parmi ses membres.
ごぜん 午前 matin m; [午前中] matinée f. 明日(昨日)の~ demain (hier) matin. 翌日の~ le lendemain matin. ~1時 une heure du matin. ~中に来て下さい Venez le matin, s'il vous plaît. 彼は~中ずっと留守でした Il était absent toute la matinée.
ごぜん 御前 ǁ~会議 conseil m tenu en présence de l'Empereur. ~試合 rencontre f disputée en présence d'un haut personnage.
こせんきょう 跨線橋 passage m supérieur; passerelle f.
こせんじょう 古戦場 champ m de bataille historique.
-こそ [強調] ¶今度~成功してみせる Cette fois-ci, je n'y manquerai pas. 私に~責任があります C'est moi qui suis responsable. 君だから~相談するのです [Ce n'est pas à n'importe qui, mais] c'est à toi que je demande conseil. これ~私が期待していたものだ C'est justement ce que nous attendions. やってみて~はじめて習熟するのです C'est en forgeant qu'on devient forgeron. 愛すれば~あらゆる欠乏に耐えられるのだ L'amour fait oublier toutes les privations. ◆[対比的強調] ¶感謝~すれ怒る気は毛頭ありません Au lieu de me fâcher, je suis plutôt reconnaissant. 苦しみ~あれ、ほぼ毎日ではあったが Faite de peines, c'était cependant une vie agréable. 家の名~ないが、頭は良さがある Certes, il est d'humble origine mais il a une intelligence brillante. ◆[慣用的に] ¶情け容赦もあらば~ C'est un véritable cœur de marbre.
こぞう 小僧 jeune bonze m; [初心者] novice m; [子供] gamin m; galopin m; garçon m; garçonnet m; [餓鬼] gavroche m; titi m; lardon m. [はなたれ~め! Ce morveux! ◆[徒弟] apprenti m. ~に出す mettre qn en apprentissage.
ごそう 護送 escorte f. ¶~する escorter qn; convoyer qn; faire (servir d')escorte à qn.

ごうろっぷ 囚人を～する conduire un prisonnier sous escorte. ～されて sous l'escorte de qn. ‖～艦 navire m (bâtiment m); escorteur m. 〔囚人〕～車 voiture f cellulaire; 〖俗〗 panier m à salade. ～隊 escorte f; convoi m. 犯人は～中に逃走した Le criminel s'est enfui au cours de son transfert.

ごぞうろっぷ 五臓六腑 entrailles fpl; intestins mpl. ああ、この一杯が～にしみわたる Ah ! Ça fait du bien par où ça passe.

こそく 姑息 ¶～な palliatif(ve). ～な手段 palliatif m; expédient m; truc m 〖俗〗. ～に訴える recourir à un expédient; prendre une demi-mesure.

こぞく 古俗 ancienne tradition f; anciennes mœurs fpl.

ごぞく 語族 famille f [de langues]. ‖ロマンス～ langues fpl romanes. ～関係 parenté f de langues.

こそこそ en cachette; secrètement; à l'échappée; à la dérobée; furtivement; en catimini. ¶[人] secrètement; agir en dessous (dans le dos de qn); trafiquer. ～と退出する sortir à l'anglaise. あいつはまだ何か～やってるんだ Qu'est-ce qu'il traficote encore?

ごそごそ ¶ねずみが台所で～動き回っている Les souris font la sarabande dans la cuisine. 何を言っているのか Qu'est-ce que tu marmonnes? そこで何を～やっているのだ Qu'est-ce que tu trafiques là?

こそだて 子育て ¶～に追われる être très occupée à élever ses enfants.

こぞって 挙って ensemble; à l'unisson; à l'unanimité; unanimement. 委員は～この処置に賛成した Tous les membres ont adhéré à cette mesure.

こそどろ こそ泥 larcin m; petit vol m; escroquerie f; [人] petit(e) voleur(se) mf; escroc m. ～を働く commettre un larcin. ～が入った Un petit voleur s'est introduit.

こそばゆい ⇒ くすぐる(擽る), おもはゆい(面映ゆい).

ごぞんじ 御存知 ¶～の通り comme vous le savez. それは誰もが～だ Cela est de notoriété publique. 皆様の～の X 氏 M. X qui est bien connu de vous tous. その事を～ですか Vous êtes au courant de cela?

こたい 個体 individu m. ‖～異変 anomalie f non-génétique des individus; différence f des individus. ～発生 ontogenèse f.

こたい 固体 [corps m] solide m; substance f solide. ¶～の solide. ～にする solidifier. ～になる se solidifier; durcir. ‖～燃料 combustible m solide.

こだい 古代 antiquité f; temps mpl anciens. ギリシャの～ antiquité grecque. ～の antique; ancien(ne); archaïque. ‖～ギリシャ l'ancienne Grèce. ～史 histoire f ancienne. ～人 anciens mpl. ～人と現代人 les anciens et les modernes. ～都市 cité f antique.

こだい 誇大 ¶～な exagéré. ‖～広告 publicité f exagérée; battage m. 本を～広告する faire beaucoup de battage autour d'un livre. ～妄想狂 mégalomane mf; mythomane mf. ～妄想癖 mégalomanie f; mythomanie f.

ごたい 五体 ¶～満足に生まれる naître en bon état physique.

こたえ 答 réponse f; 〔解答〕 solution f. ～ができない rester muet (sans réponse). ～ができない ne savoir que répondre; 〖俗〗 rester sec.

こたえる 応える ¶期待に～ répondre à une attente; contenter un désir. 呼びかけに～ répondre (faire écho) à un appel. 奉仕に[報いる] récompenser un service rendu. 親の援助に息子が応えた Le fils a su tirer profit de l'aide du père. ◆[強く感じる・ひびく] ¶寒さが～ Il fait un froid sévère. /Je souffre du froid. 病気あがりだから少し動いても体に～ Je relève de maladie, le moindre mouvement me fatigue. この言葉は胸に～えた Cette parole m'est allée droit au cœur.

こたえる 堪える ¶堪えられない味 goût m exquis.

こたえる 答える répondre; faire une réponse. 質問に～ répondre aux questions. 難問に～ trouver une solution. 何にでもすらすらと～ trouver réponse à tout. こだまが～ L'écho répond (se répercute).

こだかい 小高い ¶～丘 petite colline f (élévation f); butte f.

こだから 子宝 trésor m d'enfant; perle f d'enfant. ～に恵まれる avoir un trésor d'enfant. ～に恵まれない n'avoir pas d'enfant.

ごたく 御託 ¶～を並べる baratiner; faire du baratin; radoter. ～を並べるのはその辺にしろ Cesse ton radotage.

こだくさん 子沢山 ¶～な女 mère f Gigogne. ～である avoir de nombreux enfants.

ごたごた [不和] trouble m; [もめごと] brouille f; complications fpl. ～が絶えることがない Il y a toujours des conflits internationaux. 家の中の～は大嫌いだ J'ai horreur des complications de famille. 人と～を起す avoir des histoires avec qn. 彼はいつも兄弟たちと～を起している Il se brouille tout le temps avec ses frères. 家の中に～を持込む jeter le trouble dans une famille. ¶～する [もめ事がある] se brouiller avec qn. 部屋の中はひどく～している Dans ma chambre, tout est pêle-mêle (en désordre). ～している [不和である] être en brouille.

こだし 小出し ¶～に petit à petit; graduellement; au compte-gouttes. ～に支払う payer à long terme. 知識を～に debiter son savoir.

こだち 木立 bosquet m; boqueteau(x) m; petit bois m.

こだぶん 御多分 ¶～に漏れず comme on peut s'y attendre; comme on peut le prévoir. 彼も～に漏れず事大主義の男だ Lui aussi, c'est un homme autoritaire.

こだま 木霊 écho m. ～が返る L'écho répond. ～となって返って来た声は～となって返って来た Une voix a fait écho à un appel. 私の声が谷に～した Ma voix s'est répercutée dans la vallée.

ごたまぜ ご多混ぜ ¶[mélange m] pêle-mêle m

こだわり 拘り ¶~の無い facile; accommodant; conciliant. ~の無い人 personne f de caractère facile.

こだわる 拘る s'en occuper; s'en faire; se casser la tête; s'y arrêter. 枝葉末節に~ tenir aux détails. つまらぬことに拘って難癖をつけるergoter sur les vétilles. 外見などに~な Il ne faut pas s'arrêter aux apparences.

コタンジェント 〖数〗cotangente f (cot).

こち 故知 ¶~に倣う suivre l'exemple des anciens.

こち 東風 vent m [d']est.

こちこち ¶~の raide; dur. ~の頭 〖頑迷〗tête f bornée. ~になる〖硬化〗se raidir; 〖緊張〗être tendu; [あがって] avoir le trac. ~になった雪 neige f durcie. ~になったパン pain m durci (dur). ~に凍った池 étang m tout gelé.

ごちそう 御馳走 bon repas m; régal m; bonne chère f; gourmandises fpl; 〖俗〗gueuleton m. 只の~[無料の] franche lippée f. ~を食べる〖俗〗gueuletonner. ~を作る préparer un festin. ¶~様 C'était très bon. ~様でした offrir un bon dîner à; régaler qn; faire bonne chère à.

ゴチック ⇨ ゴシック.

ごちゃごちゃ ¶~の pêle-mêle; en désordre (fouillis, gâchis, vrac). ~にする brouiller; [em]mêler; enchevêtrer; embrouiller; mettre tout en salade. 彼はすべてを~に混同している C'est une vraie salade; il confond tout. ~に並べてある商品 marchandises fpl présentées pêle-mêle. ⇨ ごっちゃ.

こちょう 誇張 exagération f; emphase f; enflure f; grossissement m. ¶~する exagérer; enfler; grossir; amplifier; 〖感情的〗forcer la note; 〖俗〗en remettre. ~し~する renchérir sur tout. ~するなよ Tu exagères! ~した exagéré(e); enflé(e); grossi(e). ~した文体 style m boursouflé (ampoulé). ~して emphatiquement; exagérément; avec emphase (exagération). ~して言う dire des exagérations. ~なしに sans exagération. ¶~法 hyperbole f. ~法による hyperbolique. ~法を用いて hyperboliquement.

ごちょう 伍長 sergent m; [砲, 騎兵] maréchal(aux) m des logis.

ごちょう 語調 ton m; accent m; intonation f. ~を高める élever (†hausser) le ton. ~を変える changer de ton. ¶激しい(穏やかな)~ d'un ton acerbe (doux).

こちら 〖物〗ceci; 〖場所〗[de] ce côté; ici. ~においで下さい Venez par ici. いつ~にいらっしゃいましたか Quand est-ce que vous êtes venu ici? ¶~のテーブルは予約されています Cette table [-ci] est réservée. ‖あちら~と par-ici, par-là (deçà là, de-ci de-là). 道の~側に[も]いなさい Restez en deçà de la rue. テーブルの~側に来なさい Venez de ce côté de la table. ◆ [人] celui-ci (ceux-ci) m; celle-ci (celles-ci) f. ~は弁護士です Celui-ci, c'est un avocat. /

Il est avocat. もしもし, ~は田中です [電話で] Allô, ici [c'est] Tanaka [qui parle].

こぢんまり ¶~とした coquet(te); petit(e) et confortable. ~した家 petite maison f coquette.

こつ art m; truc m; système m; coup m de main; [仕掛] secret m. この戸を開けるのには~がいる Pour ouvrir cette porte, il faut le coup de main. 泳ぐ~を心得る avoir l'art de courir. 泳ぐ~を知っている savoir [comment] nager. 仕事の~を知っている connaître les ficelles du métier. 私はその~を知っている Je connais le système. 彼から~をおそわった Il m'a appris le truc.

こつ 骨 ¶~を拾う recueillir les cendres de qn.

ごつい raide; rude. ~男 homme m fruste (mal dégrossi). ~顔 figure f rude.

こっか 国家 Etat m; nation f; 〖帝国〗empire m. ~に奉仕する servir l'Etat. ~的(の) national(aux). ~的見地では au point de vue national. ‖中央集権~ Etat centralisé. 連邦~ Etat fédéral (fédératif). ~機密 secret m d'Etat. ~元首 chef m de l'Etat. ~公務員 fonctionnaire mf [de l'Etat]; agent m du gouvernement. ~財政 finances fpl de l'Etat. ~財産 biens mpl nationaux. ~事業 entreprise f de l'Etat. ~試験 examen m d'Etat; concours m national. ~社会主義 national-socialisme m. ~主義 nationalisme m. ~主義者 nationaliste mf. ~統制 étatisme m. ~叛逆罪 crime m d'Etat. ~防衛 défense f nationale. ~予算 budget m de l'Etat.

こっか 国歌 hymne m national.

こっか 国花 fleur f nationale.

こっかい 国会 parlement m; chambre f [des députés]; 〖上院〗sénat m; 〖フランス〗Assemblée f nationale; [日本・ポーランド・スェーデンなど] diète f. ~に議席を持つ siéger à la Chambre. ~を召集(解散)する convoquer (dissoudre) le Parlement. ‖イギリス~は下院と上院からなっている Le Parlement britannique est composé de la Chambre basse et de la Chambre haute. ~議員 député(e) m(f); parlementaire mf; 〖上院〗sénateur m. ~議事堂 Chambre du Parlement. ~召集(解散) convocation f (dissolution f) du Parlement. ~討論 débats mpl parlementaires.

こっかい 黒海 mer f Noire.

こづかい 小遣い ¶~稼ぎをする gagner un peu d'argent. ~銭 argent m de poche.

こづかい 小使 garçon m; commis m.

こっかく 骨格 ossature f; squelette m; charpente f. 良い~をしている avoir une charpente solide (une constitution robuste, de gros os).

こっかこうあんいいんかい 国家公安委員会 Commission f nationale de la sûreté de l'Etat [publique].

ごっかん 極寒 〖époque f des〗grands froids mpl. ¶~の季節が終ると間もなく春だ Au sortir des rigueurs de l'hiver, c'est le printemps.

こっき 克己 maîtrise f de soi; contrôle m de

こっき 国旗 drapeau(x) m national; couleurs fpl nationales. ～を掲げる arborer un drapeau national.

こっきょう 国境 frontière f; confins mpl; limite f. ～を越える passer la frontière. ～の frontière inv; frontalier(ère); limitrophe. ～の町 ville f frontalière (frontière). |人工(自然)～ frontière artificielle (naturelle). ～の画定 délimitation f d'une frontière. ～地帯 région f frontière; province f limitrophe. ～紛争 conflit m de frontière.

こっきょう 国教 religion f d'Etat; [英国] anglicanisme m.

こっきょうなきいしだん 国境なき医師団 Médecins mpl sans frontières (MSF).

こっきん 国禁 prohibition f d'Etat; défense f (interdiction f) légale. ～を犯す violer une loi de l'Etat. ～の書 livre m à l'Index.

こっく 刻苦 ‖～精励する travailler laborieusement (dur); prendre (se donner) de la peine.

コック [水道・ガス] robinet m. 非常用～ poignée f à tourner en cas d'urgence.

コック [料理人] cuisinier m. 下手な～ gâtesauce(s) m inf. 上手な～ cordon bleu m. ～長 cuisinier en chef. ～見習 marmiton m.

こづく 小突く donner un coup de coude. 小突き回す malmener; maltraiter; rudoyer. 学長は学生に小突き回される Le recteur s'est fait malmener par les étudiants.

コックス barreur(se) m(f).

コックピット cockpit [kɔkpit] m; habitacle m du pilote; [キャビン] carlingue f; cabine f (de pilotage).

こっくり ‖～する [うなずく] †hocher la tête; [居眠りする] sommeiller; somnoler.

こづくり 小作り ‖～の男 homme m de petite taille (stature); petit homme; nabot m.

こっけい 滑稽 ‖～な drôle; comique; burlesque; bouffon(ne); drolatique; humoristique. ～の絵 dessin m caricatural. ～な顔付をする faire des grimaces. それは～な話だね C'est une chose bien amusante (risible). あの男は何となく～だ Il a quelque chose de ridicule./Il prête à rire. それは～極まりない C'est d'un ridicule parfait.

こっけん 国権 pouvoir m d'Etat. ～を濫用する abuser du pouvoir public. ‖～濫用 abus m du pouvoir public.

こっこ 国庫 fisc m; trésor m public; caisses fpl de l'Etat. ～の fiscal(aux). ‖～債券 bons mpl du trésor.

こっこう 国交 relations fpl diplomatiques (internationales). ～を結ぶ nouer des relations diplomatiques. ～を断絶(回復)する rompre (renouer) les relations diplomatiques. ‖～断絶 rupture f des relations diplomatiques.

ごうごうしゅぎ 御都合主義 opportunisme m. ～の opportuniste. ～の人 opportuniste mf.

こつこく 刻々 ‖～と d'heure en heure; de moment en moment. ～と変化する changer à chaque instant (rapidement).

こつこつ [戸を叩く音] toc toc. ‖～と部屋の戸を叩く faire toc toc à la porte de la chambre. ◆[勤勉に] ‖～と assidûment; laborieusement. ～と努力する travailler continuellement (sans cesse).

ごつごつ ‖～した rude; rêche; rugueux(se); grossier(ère); fruste; [性格的] bourru; †hérissé; revêche; farouche; [文体などが] †heurté; rocailleux(se) raboteux(se). ～した体つき carrure f mal dégrossie. ～した指 doigts mpl noueux. ～した布 étoffe f grossière. ～した文体 style m raboteux (fruste).

こつざい 骨材 matière f osseuse.

こっし 骨子 essentiel m; élément m; principe m; plan m; ébauche f. 法案の～は次の通り L'essentiel de la loi est comme suit. ‖～通りに d'après le plan (le canevas).

こつずい 骨髄 moelle f. 恨みに徹する †haïr qn jusqu'à la moelle. ‖～の médullaire. ‖～炎 ostéomyélite f.

こっせつ 骨折 fracture f; [外圧による] impaction f. 腕(足)の～ fracture du bras (de la jambe). ～する se casser (se fracturer) qc. 腕(足)を～する se casser le bras (la jambe). ‖単純(複雑)～ fracture simple (compliquée). 頭蓋～ fracture du crâne.

こつぜん 忽然 ‖～と soudain; tout à coup. ～と消える disparaître soudain; s'évanouir.

こっそう 骨相 forme f du crâne. ‖～学 phrénologie f. ～学の phrénologique. ～学者 phrénologue mf./phrénologiste mf.

こつそしょうしょう 骨粗鬆症 ostéoporose f.

こっそり en cachette; secrètement; à la dérobée; en catimini. ～見る regarder furtivement; [物欲しそうに] 《俗》guigner; reluquer. ～消える s'en aller à pas de loup (sur la pointe des pieds); [挨拶せずに] sortir à l'anglaise. ⇨ こそこそ.

ごっそり ～持って行かれた On a tout emporté. その選手は～賞をさらった Ce champion a raflé tous les prix.

こった 凝った recherché; fignolé; tarabiscoté. ⇨ こる (凝る).

ごったがえす ごった返す être plein de monde; affluer. 父親が死んだため彼の家はごった返している Comme son père est mort, c'est plein de monde chez lui. 家の中はごった返している La maison est sens dessus dessous./La maison est un vrai capharnaüm. 駅は人でごった返している La gare est encombrée de monde.

ごったに ごった煮 [煮込み料理] ratatouille f.

こっち ici; [物] ceci; celui-ci.

こづち 小槌 petit marteau(x) m.

ごっちゃ ‖～にする brouiller; tout confondre; tout mélanger; mettre tout sens dessus dessous. 哺乳類と両生類を～にする [混同] confondre les mammifères et les amphibiens. ～になる s'embrouiller; s'enchevêtrer. 論旨が～になる [語句・人] s'enchevêtrer dans un raisonnement.

こっちょう 骨頂 ¶それは愚の〜だ C'est le comble du ridicule.

こつつぼ 骨壺 urne *f* cinéraire. 〜に骨をひろう recueillir dans une urne les cendres de *qn*.

こづつみ 小包 paquet *m*; colis *m*. 〜を作る faire un colis. 〜を紐でくくる ficeler un colis. 〜を郵便で送る envoyer (expédier) un paquet par la poste. ¶郵便〜 colis (paquet) postal.

こってり ¶しぼらくる se faire passer un bon savon. 〜した味 goût *m* relevé (consistant). 〜したスープ bouillon *m* gras.

こっとうひん 骨董品 curiosité *f*; antiquité *f*; objet *m* curieux; [下らない] bibelot *m*; bric-à-brac *m* inv; antiquaille *f*; vieillerie *f*. 〜を集める collectionner des objets anciens. ¶〜的存在 [人] sommité *f* à la retraite. 〜蒐集家 amateur *m* d'antiquités. 〜店 magasin *m* de curiosités. 〜屋 [人] antiquaire *mf*; marchand(e) *m(f)* de bibelots.

ゴッドファーザー parrain *m*.

コットン coton *m*.

こつにく 骨肉 ¶〜の familial(aux). 〜の争い conflit *m* de famille; querelle *f* intestine. 〜の情 voix *f* du sang. 彼らは〜の間柄だ Ils sont du même sang.

こっぱ 木端 débris *m* de bois; copeau(x) *m*; sciure *f*; [火付け用の] bûchette *f*. 〜微塵にする mettre en pièces (éclats); pulvériser *qc*. 〜微塵になる voler en éclats. 敵を〜微塵にやっつける tailler l'ennemi en pièces; pulvériser l'ennemi.

こつばん 骨盤 bassin *m*; pelvis *m*. ¶〜の pelvien(ne).

こっぴどい ¶〜目にあわせる donner un coup terrible à *qn*. 今に〜目にあわせてやるからな Tu vas voir!

こつぶ 小粒 granule *m*; petit grain *m*. ¶〜の錠剤 pilule *f* granulaire. 〜な人 [小柄な] personne *f* de petite taille; [小人物] petit esprit *m*.

コップ verre *m*; [タンブラー] gobelet *m*; [小型の] godet *m*; [足付きで細長い] flûte *f*. 一杯の水を飲む boire un verre d'eau.

こっぷん 骨粉 poudre *f* d'os.

こっぺん 骨片 morceau *f*; os *m* brisé.

こつまく 骨膜 périoste *m*. ¶〜炎 périostite *f*.

こづれ 子連れ ¶〜の再婚はむずかしい Le remariage est difficile lorsqu'on a des enfants.

こて 籠手 gantelet *m*; [スポ] gant *m*. 〜をはめる ganter.

こて 鏝 [洋服] fer *m* [à repasser]; [左官] truelle *f*; spatule *f*; [髪] fer [à friser]. 〜をあてる donner un coup de fer à *qc*. ¶はんだ〜 fer à souder. 焼〜 fer rouge.

ごて 後手 ¶〜に回る agir à retardement. すべてが〜に回っている Tout se fait à retardement.

こてい 固定 fixation *f*; [定着] fixage *m*; [資本の] immobilisation *f*; [船舶] embossage *m*. 〜する fixer; immobiliser; assujettir; [梁や釘で] caler; coincer; clouer; river; [船を] embosser. 〜した fixé; immobile. 〜していない assujetti; erratique. ¶〜観念 idée *f* fixe; obsession *f*. 〜客 client *m*; [集合的に] clientèle *f*. 〜給 appointements *mpl* fixes; fixe *m*. 〜制 fixatif *m*; fixateur *m*. 〜資産 immobilisations *fpl*; actif *m* immobilisé. 〜票 voix *f* fixe.

こてい 湖底 fond *m* du lac. 〜に沈める immerger *qc* au fond d'un lac.

コテージ cottage *m*; cabane *f*; chalet *m*.

こてきたい 鼓笛隊 tambours *mpl* et flûtes *fpl*.

こてごて ¶顔に〜と白粉を塗りたくる se farder outrageusement. 皮膚にワセリンを〜と塗る s'enduire outrageusement la peau de vaseline. 〜した色 couleurs *fpl* trop voyantes. 〜した装飾 décoration *f* trop chargée.

こてさき 小手先 ¶〜が利く bien se débrouiller; être débrouillard. 〜だけの仕事 travail(aux) *m* fait du bout des doigts.

こてしらべ 小手調べ coup *m* d'essai. ¶〜にこれをまずやってみよう Faisons d'abord cela pour voir.

ごてる [不平を言う] ronchonner; rouspéter; murmurer; grogner; bougonner; [理屈を言う] ergoter; vétiller; chipoter; déraisonner. ¶それはごて得というものだ C'est le plus bougon (râleur) qui gagne.

こてん 個展 exposition *f* consacrée à un seul artiste. 〜を開く faire une exposition.

こてん 古典 classique *m*. 〜となった本 livre *m* devenu classique. ¶〜の classique. ¶〜音楽(劇) musique *f* (théâtre *m*) classique. 〜研究 études *fpl* classiques; humanités *fpl*. 〜研究者 humaniste *m*. 〜語 langues *fpl* classiques. 〜作家 classique *m*; écrivain *m* classique. 〜主義 classicisme *m*.

ごてん 御殿 palais *m*; résidence *f* royale (princière, impériale). ¶〜女中 dame *f* d'honneur.

こてんこてん ¶〜にやっつける mettre *qn* en marmelade (en charpie); passer un tabac à *qn*; réduire *qn* à quia. 〜にやっつけられる se faire passer un tabac.

こと 琴 cithare *f*; lyre *f*. ¶〜座 la Lyre.

こと 古都 vieille ville *f*; ancienne métropole *f* (capitale *f*).

こと 糊塗 ¶〜する recourir à un palliatif. 一時的に場を〜する pallier la situation. 事実を〜する cacher la vérité.

こと 事 fait *m*; [問題, 事件] affaire *f*; [物] chose *f*. 大した〜ではない C'est bien peu de chose./Ce n'est rien. 彼は音楽に関する〜に詳しい Il s'y connaît en musique. 大変な〜になった Nous voilà [dans de] beaux [draps]. 僕の言う〜を聞いてくれ Ecoutez-moi. / Ecoutez ce que je vais vous dire. ¶慣れた〜と puisque je n'en ai pas l'habitude. 休み中の〜と誰も人に会うことはできなかった Comme c'était pendant les vacances, je n'ai pu voir personne. 不思議な〜 chose curieuse. 驚いた〜には à ma surprise. 私とした〜が C'est ma faute à moi. 〜無く済む finir sans encombre. ◆[場合] cas *m*. 一朝〜あれ

ば le cas échéant, ...; si l'occasion se présente, ... ~と次第によっては selon le cas. ~によると彼は死んでいるのかも知れない Il se peut (Il est possible) qu'il soit mort. ~によるとそうかも知れない Cela se peut./C'est possible. ~によると彼は家にいないかも知れない Il est probable qu'il n'est pas chez lui./Il est possible qu'il ne soit pas chez lui. ~によったら彼女の身に何かあったんじゃないか Elle a peut-être eu un ennui. ◆[経験・習慣など] 私は洋行した~がある J'ai déjà été à l'étranger. 私は時々ここで下車する~がある Il m'arrive parfois de descendre ici. 私はすぐ出発する~にした J'ai décidé de partir tout de suite. ◆[必要] 食うう~に欠く n'avoir même pas de quoi manger. 言う~に欠く ne trouvant pas de quoi il faut dire. 私は時間には~欠かない Le temps ne me manque pas.

-ごと 皮ごと食べる croquer une pomme sans la peler.

-ごと 毎 ¶月~の祭 fête f mensuelle (de tous les mois). バスは十分~に出ます Il y a un autobus toutes les dix minutes. 日~精進する s'exercer quotidiennement (tous les jours, chaque jour). 雨~に à chaque pluie; chaque fois qu'il pleut. 門~に à chaque maison. 事ある~に Il se fait bougonner à propos de tout. 彼女は会う人~にそれを言う Elle le dit à tout venant.

ことあたらしい 事新しい ¶事新しく言うまでもない Il n'y a pas à le redire./On n'a pas besoin de le répéter./Cela va sans dire.

ことう 孤島 île f isolée. 絶海の~ île perdue.

こどう 鼓動 battement m; palpitation f. 心臓の~ battement du cœur. 心臓の~が激しい avoir des palpitations; avoir le cœur palpitant. ~をする battre; palpiter.

こどうぐ 小道具 accessoires mpl. ~を扱う s'occuper des accessoires. ‖~方 fournisseur m d'accessoires; accessoiriste mf.

ことがら 事柄 affaire f; chose f; sujet m. それはなかなか扱いにくい~だ C'est un sujet assez difficile à traiter.

ごとき 如き ¶ナポレオンの~人物 un Napoléon. 山の~да une montagne d'eau. 彼の~大学者 grand savant m comme lui. 昨日の~はまるで夏の様な暑さだった Hier par exemple, il a fait une chaleur d'été.

こときれる 事切れる expirer; rendre le dernier soupir; s'éteindre.

こどく 孤独 solitude f; isolement m; [打ち棄てられた状態] déréliction f; délaissement m. ‖~な seul; solitaire; esseulé; délaissé. ~に生きる vivre dans la solitude.

ごとく 五徳 [器具] trépied m.

ことごとく 悉く entièrement; complètement; totalement; sans rien laisser. ~破壊する tout détruire. ~滅ぼす anéantir; exterminer. 庭の害虫を~退治する exterminer tous les insectes nuisibles du jardin. ~殺される tous tués.

ことごとしく 事々しく ⇒ ぎょうぎょうしい(仰々しい).

ことこまかに 事細かに en détail; par le menu.

ことさら 殊更[わざと] exprès; à dessein; [それ以上] plus; davantage; [特に] spécialement; particulièrement. 奇妙な身なりをしていたので彼女は~目立った Une curieuse tenue l'a particulièrement singularisée. ~反対する必要もない Il n'est pas besoin de faire de l'opposition pour le plaisir.

ことし 今年 cette année. ~の冬 cet hiver. ‖~中に avant la fin (au cours) de cette année.

ことたりる 事足りる être suffisant(e).

ことづかる 言付かる ¶あなたに手紙を言付かってきました J'ai sur moi une lettre pour vous.

ことづけ 言付け message m; [手紙] lettre f; billet m; mot m. ~を受ける(伝える) recevoir (transmettre) un message. ~を託されている être chargé (muni) d'un message. 父に~をお願いします Je vous prie de transmettre un mot à mon père.

ことづける 言付ける confier un mot à qn.

ことなかれ 事勿れ ‖~主義 conformisme m. ~主義者 conformiste mf.

ことなる 異なる différer de qc; se différencier de qc; être différent de qc; se séparer; diverger. 私の意見は彼のとは~ Mon opinion diffère de la sienne. そこが彼と私の~ところ C'est sur ce point que vous, lui et moi, nous divergeons. 政治は倫理と~ものではない La politique n'est pas distincte de la morale. ‖異なった différent; autre; dissemblable. 彼はいつも他人とは異なった考え方をする Il a toujours des idées différentes de celles des autres.

ことに 殊に surtout; particulièrement; notamment; spécialement; en particulier. ~優れている se distinguer (exceller) tout particulièrement.

-ごとに 毎に ⇒ -ごと(毎).

ことのほか 殊の外 [非常に] particulièrement; exceptionnellement; [思いの外] contre toute attente. ~かわいがる choyer qn tout particulièrement. ~高かった C'était plus cher que je ne le pensais. ~寒くて当てが外れた Quant au froid, on s'est trompé dans les prévisions optimistes.

ことば 言葉 langage m; [文句] parole f; [話し方] parler m; [体系としての] langue f; [話] propos m; [語] mot m; vocable m; [表現] expression f; [会話] conversation f; [地の文] parole f descriptive; [言葉遣い] terme m. 意味のわからない~ galimatias m. 大げさな~ grand mot m. 下品な~ langage des halles; mots grossiers; gros mot. 推薦の~ mots de recommandation. その場限りの~ parole en l'air. 無礼な~ propos offensant. ~だけは勇ましい Il est courageux en paroles. 人の~に聞きほれる boire les paroles de qn. 慰めの~をかける adresser des paroles de consolation. ~を返す répliquer à qn. 激しく~を返す river son clou à. 二言三言~を交す échanger quelques mots. ~を遮る couper la parole à; interrompre qn. あなたの~をそのまま信じます Je vous crois sur parole. 彼の~を信ずるなら à l'en croire. ~を濁す tourner autour du pot. ~の langagier

ことほぐ 寿ぐ féliciter qn; fêter qc. 皇太子誕生を〜 fêter la naissance du prince héritier.

こども 子供 enfant mf; petit(e) m(f); gosse mf; [男の子] garçon m; gamin m; garçonnet m; [女の子・娘] fillette f; fillette f; [息子] fils m; [俗] mioche mf; môme m(f); marmot m. デュラン家の〜達 les petit(e)s Durand. 〜がない n'avoir pas d'enfant. 〜ができるのを待つ attendre un héritier. 〜をつくる faire un enfant. 〜っぽい enfantin; puéril; enfant inv. 〜っぽい所がある avoir quelque chose de puéril. 〜っぽさ puérilité f; enfantillage m; gaminerie f. ‖〜心 cœur m d'enfant. 〜心にも事の重大さがわかった Tout enfant que j'étais, j'ai compris ce qu'il y avait de sérieux. 〜心をくすぐる flatter les enfants. 〜時代 enfance f. 〜だまし[ょい]〜 d'enfant; attrape-nigaud(s) m.

こともなげ 事も無げ 〜な désinvolte. 〜な態度 désinvolture f. 〜に avec désinvolture.

ことよせる 事寄せる ¶病気に事寄せて sous prétexte d'une maladie; en alléguant une maladie.

ことり 小鳥 petit oiseau(x) m; [雛鳥] oisillon m. 〜を飼う garder (avoir) un oiseau dans une cage.

ことわざ 諺 proverbe m; dicton m; locution f proverbiale; [古い] adage m. 〜になる passer en proverbe. ¶〜[風]の proverbial (aux). 〜風に proverbialement.

ことわり 断り refus m; rejet m; [許可] permission f. 〜の手紙 lettre f de refus. 〜なしに入り込む entrer sans permission; s'introduire sans crier gare.

ことわる 断る refuser qc (de inf); se refuser à qc; se faire excuser; [人の要求などを] repousser; éconduire qn; [丁寧に] remercier qn; [許可を求める] demander la permission. 招待を〜 décliner une invitation. 申入れを〜 rejeter une proposition. うるさい客を〜 éconduire un visiteur importun. 夕食に招待されたが断った On m'a invité à dîner, mais je me suis fait excuser. そういう申し出は断れない Une telle offre ne se refuse pas. 体よく断られた J'ai été poliment éconduit (remercié). ¶[通り抜けお断り] 《Passage interdit.》「喫煙お断り」《Défense de fumer.》

こな 粉 poudre f; [穀物] farine f; [ほこり] poussière f; [果実の表面に吹出し] pruine f. 〜にする réduire (mettre) en poudre; piler; moudre; mettre en miettes; broyer; pulvériser. ¶〜のような [粉状の] poudreux(se); farineux(se); pulvérulent. 〜のふいた [果物が] couvert de pruine. ‖〜薬 médicament m pulvérulent; poudre. 〜石鹸 lessive f en poudre. 〜ミルク lait m en poudre. 〜屋[人] meunier(ère) m(f); [製粉所] moulin m.

こなごな 粉々 ¶〜にする pulvériser; mettre en pièces (poudre); réduire en poussière; mettre en éclats (morceaux). コップを〜にする casser un verre en mille morceaux. 〜になる tomber en morceaux; se briser en mille pièces; s'en aller en morceaux; être réduit en pièces (capilotade, miettes). 〜になったクリスタル製品 cristallerie f en capilotade. 彼の希望は〜に打ち砕かれた Son espoir s'est effondré.

こなし 身の〜 allure f; démarche f. 身の〜が軽い avoir une allure légère. ¶着〜がよい savoir s'habiller.

こなす ¶仕事を〜 faire tant bien que mal son travail. 馬を乗り〜 dompter un cheval.

こなみじん 粉微塵 ⇒ こなごな(粉々).

こなゆき 粉雪 neige f poudreuse.

こなれ ¶〜の悪い食物 aliment m qui se digère mal. 〜た訳 traduction f bien faite (élaborée, bien digérée).

こなれる être effondré.

コニーデ ‖〜火山 volcan m conique.

こにもつ 小荷物 petit bagage m; paquet m; valise f. ‖〜預り所 consigne f. 〜を預り所にスーツケースを預ける mettre sa valise à la consigne.

コニャック cognac m. 美味い〜を味わう déguster un bon cognac.

ごにん 誤認 erreur f; quiproquo m. ¶〜する se tromper; se méprendre sur. AをBと〜する prendre A pour B. ¶〜逮捕 arrestation f par erreur.

こにんずう 小人数 petit nombre m [de personnes]; poignée f de personnes. ¶〜で出かける partir en petit nombre.

こめか 小糠 son m de riz. ¶〜雨 pluie f fine; bruine f; crachin m. 〜雨が降る Il bruine.

コネ ¶〜がある avoir des appuis (des relations, du piston). 〜で par le piston. 彼は〜でその地位にまで昇った Il est arrivé à cette situation grâce au piston.

コネクション liaison f; relations fpl d'affaires.

コネクター [電] connecteur m; jonction f.

こねこ 子猫 chaton m; petit(e) chat(te). m (f)

こねる 捏ねる pétrir; malaxer; [漆喰やモルタルを] gâcher. 粘土を〜 pétrir de l'argile. つまらないことに理屈を〜 raisonner sur un rien.

ごねる ⇒ ごとる.

この 此の ce (cet, cette, ces). 〜手紙 cette lettre[-ci]. 〜人とあの人 celui-ci (celle-ci) et

このあいだ 此の間 l'autre jour; il y a quelques jours; voilà quelques jours. つい～彼に会った Je l'ai vu récemment (dernièrement, il y a peu). ～から depuis peu (quelques jours).

このうえ 此の上 davantage. ～私に何をしろというのか Qu'est-ce que vous voulez que je fasse encore? ～望むものはない Je ne désire plus rien. ～何かを言わや A quoi bon maintenant? ¶～ない incomparable; sans égal; †hors de pair. ～ない悪党 coquin m s'il en est (fut); coquin achevé. ～ない名誉 sommet m des honneurs. ～なく extrêmement; incomparablement. ～なく美しい être beau (belle) comme le jour. 彼は～もなくよくやった Il a fait on ne peut mieux. ～は maintenant; désormais; alors. ～は一刻も早く出発しなさい Donc, partez le plus tôt possible.

このえ 近衛 l~ garde m impérial (royal); soldat m de la garde impériale.

このかた 此の方 ¶三年～ ces trois dernières années; voici trois ans.

このかん 此の間 pendant ce temps-là; sur ces entrefaites. ¶～の事情 situation f en question (dont il s'agit). ～の事情を説明して下さい Mettez-moi au courant de ce qui se passe.

このくらい 此の位 comme cela. ¶～の大きさ の grand comme ça; de cette taille.

このご 此の期 ¶～に及んで何を言うか Qu'est-ce que tu veux dire maintenant (encore)?/Allons donc, tu divagues!

このごろ 此の頃 récemment; dernièrement; actuellement; ces jours-ci; ces derniers temps; depuis peu. ¶～の天候 temps m de ces derniers jours.

このさい 此の際 en cette occasion; dans cette circonstance./dans l'état actuel (présent); maintenant; vu l'état des choses. ～計画はあきらめた方がよい Il vaut mieux, dans l'état actuel des choses, abandonner le projet. ～だから言っておこう Puisque l'occasion se présente, j'ai deux mots à vous dire.

このさき 此の先 [方向] dans cette direction; de ce côté-là; [時間] dans (à) l'avenir; après; désormais; à partir de ce moment [-là]. ～人家しかない Plus loin, il n'y a pas de maison habitée. ～希望はない Nous sommes sans avenir.

このたび 此の度 cette fois[-ci]; maintenant. ⇨ こんど(今度).

このつぎ 此の次 ¶～の駅 station f suivante. ⇨ つぎ(次).

コノテーション 【語】connotation f.

このとおり 此の通り ainsi; comme cela; de cette façon. ～私は一文無しです Je suis sans le sou comme vous le voyez.

このとき 此の時 [à] cette occasion; [à] ce moment[-là]; [à] cette heure[-là]; [à] cet instant[-là]. ¶～以来 depuis [ce moment-là]; à partir de ce moment; dès lors.

このは 木の葉 feuille f [d'un arbre]; [集合] feuillage m. ～が落ちる Les feuilles tombent.

このぶん 此の分 ¶～では à (de) ce train-là; au (du) train où vont les choses; à ce compte-là. ～では雨になりそうだ Le temps va se mettre à la pluie. ～では彼は成功するだろう A ce train-là, il réussira.

このへん 此の辺 [場所] par ici; dans ces parages; dans ces environs; dans ce voisinage; aux alentours. 今日は～でやめておきましょう Arrêtons-nous là aujourd'hui./Ça suffit pour aujourd'hui.

このほか 此の外 en dehors (outre) de cela.

このほど 此の程 cette fois-ci; ces jours-ci. ⇨ こんど(今度).

このま 木の間 ¶～隠れに湖が見える On voit un lac à travers les arbres.

このまえ 此の前 ¶～の月曜 lundi m dernier. ～のときついていなかった La dernière fois, je n'ai pas eu de chance.

このましい 好ましい préférable; désirable; souhaitable; [感じの良い] joli; charmant; gentil(le); délicieux(se); aimable. ～青年 bon (gentil) garçon m; garçon sympathique. ～人間像 modèle m. ～町 ville f de bon accueil (accueillante). この候補者の方が前者より好ましく思える Ce candidat me paraît préférable au premier. ¶好ましくない人 indésirable mf; intrus(e) $m(f)$.

このまま 此の儘 dans l'état présent des choses. ～生き長らえても仕方がない Survivre dans ces conditions, ça n'a plus de sens. ～ではどうにも仕方がない On ne peut pas laisser cela dans cet état. ～では彼は駄目になる Du train où vont les choses (A ce compte-là) il sera perdu. ～にしておきなさい Laissez les choses telles quelles.

このみ 好み goût m; préférence f; penchant m; [特別の] prédilection f. 音楽に対する～ penchant pour la musique. それは私の～ではない Ce n'est pas à mon goût. あの人の～は難しい Il a des goûts difficiles. それは私の～に合う Je le trouve à mon goût. …に対してはっきりした～を示す avoir (témoigner) une préférence marquée pour qc. ¶～のタイプ type m préféré (favori). お～の料理 plat m préféré.

このみ 木の実 noix f; amande f; [果実] drupe f; fruit m [d'arbre].

このむ 好む aimer; préférer; avoir (témoigner) une préférence (une prédilection) pour qc; être amateur de qc. それは～よりはこっちを J'aime mieux ceci que cela./Je préfère ceci à cela. ～と好まざるとにかかわらず bon gré mal gré; qu'on veuille ou non. 好まれる plaire beaucoup à qn. ¶好んで de préférence; volontiers; avec plaisir. 好んで書を読む aimer lire. 好んで事をかまえることはない Il ne faut pas s'attirer des ennuis.

このよ 此の世 ce [bas] monde; cette terre; la vie terrestre; le monde. ～とあの世 ce

このよう 此の様 ¶～な tel(le); pareil(le). ～な場合には en pareil cas. ～な卑劣なやり方を見たことがない Je n'ai jamais vu une telle (pareille) lâcheté. 結局～なことになってしまった Voilà où nous en sommes venus. ～に ainsi; comme cela; de cette façon (manière). ～にして彼は話を終えた C'est ainsi qu'il a terminé son histoire. ⇨ こんな.

ごばい 故買 recel m d'objets volés; achat m d'objets d'un receleur. ¶～する acheter des objets volés. ¶～人 receleur(se) m(f). ～品 objet m recelé.

こはく 琥珀 ambre m [jaune]; succin m. ～の首飾り collier m d'ambre. ～色 couleur f d'ambre. ～色の ambré. ～酸 acide m succinique.

ごばく 誤爆 bombardement m par erreur.

ごはさん 御破算 ¶～にする [計画など] annuler; casser. 結婚を～にする annuler un mariage. その計画は～になった Ce projet a avorté.

こばしり 小走り ¶～で(に) à petits pas; au trot. ¶～に歩く trotter; trottiner; marcher à petits pas pressés.

こばな 小鼻 ¶～を動かす faire palpiter les narines.

こばなし 小話 conte m; historiette f; anecdote f.

こはば 小幅 ¶～な値動き petits écarts mpl de cotation (boursière).

こばむ 拒む refuser qc; se refuser à inf (qc); rejeter; ne pas accepter. 解決策を～ se refuser à une solution. 申し出を～ décliner (repousser) une proposition. 交渉再開を～ s'opposer à la reprise des négociations.

コバルト cobalt m. ¶～照射 radiocobalt m. ～爆弾 bombe f au cobalt. ～ブルー bleu m de cobalt.

こはるびより 小春日和 été m de la St. Martin; petit été.

こはん 湖畔 bord m d'un lac.

こばん 小判 ancienne pièce f d'or. ¶猫に～ jeter des perles aux pourceaux.

ごはん 御飯 riz m [cuit]. ¶～を食べる manger du riz; [食事をする] prendre son repas.

ごばん 碁盤 [チェス] échiquier m. ¶～縞の布 étoffe f à carreaux; tissu m en damier (échiquier).

こび 媚 coquetterie f; [へつらい] flatterie f; coup m d'encensoir; flagornerie f. ～を売る se livrer à la prostitution. ～を含んだ微笑 sourire m mielleux.

ごび 語尾 finale f; terminaison f; [変化語尾] désinence f. 動詞の～ désinences verbales. ～をそうや小さく言う manger ses mots. ¶～の final. ～の省略 apocope f. ～の変化 [名詞] flexion f; [動詞] conjugaison f. ～母音(子音) voyelle f (consonne f) finale.

ゴビ ¶～砂漠 désert m de Gobi.

コピー [photo]copie f; fac-similé m; double m; [透し] calque m. ～をとる photocopier qc; fac-similer qc. ¶～機 photocopieur m; photocopieuse f; copieur m. ～ライター rédact*eur*(*trice*) m(f) publicitaire. ～アンドペースト copier-coller.

こびき 木挽き [人] scieur m [de long].

こびと 小人 nain(e) m(f); nabot(e) m(f); [ガリバー旅行記の] lilliputien(ne) m(f). のっぽと～ échalas m (perche f) et nabot.

ごびゅう 誤謬 erreur f; faute f; [文法] solécisme m. 人間の裁きには～があるが神にはない La justice humaine est faillible mais Dieu est infaillible. ～を犯す commettre une erreur (faute); se tromper; être induit en erreur; tomber dans l'erreur. ¶～だらけの議論 argument m plein de fautes.

こびりつく coller à qc. すすが壁にこびりついている La suie colle à la marmite. 一つの考えが彼の頭にこびりついている Une idée lui trotte par la tête./Une idée le préoccupe.

こびる 媚びる faire des coquetteries à qn; [へつらう] flatter qn; aduler qn; courber (plier) l'échine; flagorner qn; 《俗》passer de la pommade; lécher le cul à qn. 権力に～ se plier au pouvoir.

こぶ 鼓舞 exaltation f; encouragement m; exhortation f. ¶士気を～する encourager qn; exalter l'esprit de qn; exhorter qn.

こぶ 瘤 bosse f; gibbosité f; [人体の] excroissance f; 《医》loupe f; [動植物の結節] gibbosité f; galle f; nodosité f; [結び目] nœud m. らくだの～ bosse[s] du chameau. ぶつかって頭に～をつくる se faire une bosse à la tête en se cognant. ～だらけの頭 tête f couverte de bosses. ～だらけのゲレンデ piste f de ski bosselée. ～ [比喩的に] ¶目の上の～ [邪魔物] bête f noire. ¶～付きである avoir des enfants à nourrir.

こぶ 護符 porte-bonheur m inv; talisman m; charme m; amulette f; gris-gris m.

ごぶ 五分 ¶～勝負 la partie est égale. 彼らの力量は～だ Ils se valent. ～に戦う combattre à forces égales.

こふう 古風 ¶～な archaïque; antique; ancien(ne); traditionnel(le). ～な家 maison f de style ancien. ～な言い回し expression f (tournure f) archaïque; archaïsme m. ～な人 esprit m classique. ～さ archaïsme m. ～さを保つ maintenir les mœurs anciennes.

ごぶがり 五分刈 ¶～髪を～にして貰う se faire couper court les cheveux.

ごふく 呉服 étoffe f; tissu m; [着物] vêtements mpl; habits mpl; kimono m. ¶～屋 marchand m d'étoffe; drapi*er*(*ère*) m(f); [店] draperie f.

ごぶごぶ 五分五分 ⇨ ごぶ(五分). ¶儲けは～にしよう Partageons les bénéfices par moitié (en deux parts égales)./Faisons moitié-moitié. 彼になるか私になるか～だ J'ai autant de chances que lui. ～に(で) [対等に(で)] d'égal à égal.

ごぶさた 御無沙汰 ¶～お許し下さい [手紙] Excusez mon long silence.

こぶし 拳 poing m. ～で殴る envoyer son poing à qn; donner un coup de poing à qn. ～を握る serrer le poing. ～を振り上げる lever

こぶし son poing. ~を握って à poings fermés; à main fermée. ‖~大の石 pierre f grosse comme le poing.

こぶし 古武士 ¶~の風格がある avoir l'air d'un vrai guerrier (samouraï).

こぶつ 古物 objet m d'occasion; objet ancien; antiquaille f; bric-à-brac m inv. ‖~業 brocante f. ~業をいとなむ brocanter. ~商 marchand m de bric-à-brac; brocanteur(se) m(f); chineur(se) m(f); antiquaire mf. ⇨ こっとうひん(骨董品).

こぶとり 小太り ¶~の potelé; rondelet(te); rebondi; dodu. 一寸~の男だった C'était un homme avec un léger embonpoint.

こぶね 小舟 petit bateau(x) m; embarcation f légère; esquif m; barque f.

コブラ cobra m; naja m; serpent m à lunettes.

コプラ [ヤシ] copra[h] m. ‖~油 huile f de copra.

ゴブラン ¶~織り gobelin m.

こぶり 小降り ¶雨は~だ Il pleuvine (pleuvote).

こふん 古墳 tumulus m inv; mound m; cairn m; tertre m préhistorique.

こぶん 古文 lettres fpl classiques; écriture f ancienne. ~を学ぶ étudier les lettres classiques du Japon.

こぶん 子分 homme m; subalterne mf; suppôt m. 親分と~ le patron et ses hommes.

ごぶん 胡粉 blanc m de Chine.

ごへい 御幣 ¶~をかつぐ être superstitieux(se). ‖~かつぎ superstition f; [人] superstitieux(se) m(f).

ごへい 語弊 ¶~があるかも知れませんが Si j'ose le dire.

こべつ 個別 ¶~の individuel(le); personnel(le). ~に individuellement; personnellement. ~で attaquer un(e) à un(e). ~折衝 négociation f personnelle.

こべつ 戸別 ¶~に de porte en porte; de maison en maison. ‖~訪問 porte à porte m inv. ~訪問する faire du porte à porte.

コペルニクス ¶~的回転 révolution f copernicienne.

ごへん 五辺 ¶~の pentagonal(aux); à cinq côtés. ‖~形 pentagone m.

こぼう 語法 grammaire f; syntaxe f; [言回し] tournure f; expression f; locution f. 誤った~ solécisme m.

ごぼう 誤報 fausse nouvelle f; information f erronée; faux bruit m.

ごぼう 牛蒡 bardane f.

こぼうず 小坊主 jeune bonze m; petit apprenti m; acolyte m.

こぼく 古木 arbre m séculaire.

ごぼごぼ glouglou m. ~音を立てる faire glouglou; glouglouter; gargouiller. ¶~いう音 gargouillement m; gargouillis m.

こぼす 零す [水などを] répandre; renverser; faire fuir. 涙を~ verser des larmes; pleurer. テーブルクロスに水を~ répandre de l'eau sur une nappe. ◆ [愚痴を言う] se plaindre de qc à qn; grommeler; grogner;

bougonner. 放蕩息子のことを~ se plaindre de son fils prodigue. 仕事が多いと~ se plaindre d'avoir trop à faire.

こぼね 小骨 [魚の] [petite] arête f. ~を喉に引っ掛ける s'étrangler avec une arête.

こぼればなし 零れ話 anecdote f.

こぼれる 零れる se répandre; se déverser; [水などが漏れる] fuir; s'écouler. 涙が~ Des larmes coulent. コップから水がこぼれている L'eau déborde du verre.

こぼれる [刃の] s'ébrécher. ¶破れた刃 sabre m ébréché.

こぼんのう 子煩悩 amour m aveugle pour ses enfants. ~な親 parents mpl qui choient leurs enfants.

こま 駒 [馬] cheval(aux) m. ¶若~ poulain m; poney m. 牝~ jument f. ‖ [将棋] pièce f. ~が足りない [人手] manquer de main d'œuvre. ¶持ち~ pièces dont on dispose. ◆ [弦楽器] chevalet m.

こま 独楽 toupie f; [紐などで打つ] sabot m; [六角の] toton m. ~がまわっている(澄んでいる) La toupie tourne (dort).

こま 齣 [映画] image f. ¶それは人生の一ーである C'est une petite scène de la vie.

ごま 胡麻 sésame m. ~をする piler du sésame; [へつらう] passer de la pommade à qn. ‖~油 huile f de sésame.

コマーシャリズム commercialisme m. ~に乗る faire du commercialisme.

コマーシャル publicité f; réclame f; [テレビのスポット広告] message m publicitaire. ‖~ソング chanson f publicitaire.

こまかい 細かい [小さい] petit; menu; minime; [雨などが] fin; [詳細が] minutieux(se); détaillé; méticuleux(se); [無視できるよう] négligeable; infime. ~雨 pluie f fine; crachin m; bruine f. ~雨が降る Il bruine. ~心遣い attentions fpl délicates. ~事柄 détail m. ~事に理屈をつける ergoter sur rien. ~所まで面倒を見る être aux petits soins pour (avec) qn. ~仕事 [精緻な] travail(aux) m de précision. 彼は仕事が~ Il est méticuleux dans son travail. ~埃 menus grains mpl de poussière. ¶細かく描く décrire avec minutie. 細かく語る raconter qc par le menu (minutieusement, en détail); se lancer dans des détails. 細かく切る hacher; dépecer. ◆ [勘定高い] ¶金に~ être regardant sur l'argent.

ごまかし 誤魔化し tromperie f; tricherie f; fraude f; faux semblant m; [俗] frime f. ¶~の faux(sse); fallacieux(se); frauduleux(se); trompeur(se).

ごまかす 誤魔化す tromper; tricher; duper; attraper; piper. 口先で~ baratiner. 数字で~ jongler avec les chiffres. 音を~ [楽器で] escamoter une note. 帳簿を~ fausser les comptes. 税関を~ frauder la douane. その場を~ fuir la place. 見張りを~ déjouer la garde. 年齢を~ tricher sur le poids (l'âge). 誤魔化される se laisser attraper (duper). もう誤魔化されないぞ On ne m'y prendra plus. On ne m'aura plus. 誤魔化して frauduleusement; mensongèrement;

こまぎれ 細切れ [物] miette f; pièce f; morceau(x) m. 豚肉の〜 †hachis m de porc. 〜にする couper [mettre] en morceaux (charpie); dépecer; [肉を] hacher.

こまく 鼓膜 tympan m. 〜が破れる Le tympan crève. 〜が破れるような大音響 bruit m assourdissant (à crever le tympan).

こまごま 細々 〜と en détail; par le menu; minutieusement; méticuleusement. 〜と説明する expliquer qc en détail (avec minutie). 〜とした指示 indication f minutieuse. 〜とした事は省略します Je me passe des détails.

ごましお 胡麻塩 彼の頭も〜になった Ses cheveux grisonnent./Il grisonne. 〜頭 [tête f aux] cheveux mpl poivre et sel (gris, grisonnants).

こましゃくれた [生意気な] impertinent. 〜子供 enfant mf sans naïveté (franchise); enfant fourbe.

こまた 小股 〜で歩く trottiner. ◆ [比喩的に] 〜が切れ上っている avoir la taille svelte et charmante. 〜の切れ上っていい女 belle femme f svelte; belle femme qui a du galbe. 〜を掬う [油断につけ込む] profiter d'une inattention de qn; faire un croc-en-jambe à qn; jouer (faire) un tour à qn.

こまづかい 小間使い domestique f; servante f; bonne f; femme f (fille f) de chambre; femme de ménage.

こまどり 駒鳥 rouge-gorge(s) m.

こまねく 拱く 手をこまねいて見る observer les bras croisés; rester spectateur(trice) oisif(ve); hésiter.

こまめ 小まめ 〜な diligent; appliqué; travailleur(se). 〜に diligemment.

ごまめ それは〜の歯ぎしりというものだ C'est la mouche du coche. 〜の歯ぎしりをする s'agiter beaucoup mais inutilement.

こまもの 小間物 accessoires mpl de toilette; [集合的に] mercerie f. 〜屋 [店] mercerie f; [人] mercier(ère) m(f).

こまやか 濃やか 〜な délicat; fin; raffiné; subtil. 〜な愛情 délicatesse f; amour m tendre.

こまる 困る avoir (s'attirer) des ennuis (des difficultés); être ennuyé (embarrassé); être en difficulté. 女房がいなくて〜 souffrir de l'absence de sa femme. 住居に〜 ne savoir où s'installer. そんなことでは〜 Je n'approuve pas. 金に困っている être dans la misère (dans la gêne); avoir des ennuis pécuniaires; [俗] être sur la paille; être dans la débine (dans la dèche). 彼は身の置き所に困っている Il est embarrassé de sa personne. 困り果てる être à bout de ressources; ne savoir que faire; être réduit à quia. 困らせる ennuyer; embarrasser; contrarier; gêner; donner du mal (des ennuis) à; [どぎまぎさせる] rendre qn perplexe; donner du fil à retordre à qn; donner de la tablature à qn. 困った [厄介な] embarrassant; ennuyeux(se); fâcheux(se). 困った様子 air m perplexe; fâcheux(se). 彼らは辛抱がなくて困ったものだ Leur manque de patience est déplorable. 困った事がまた一つ増えた En voilà un ennui de plus. 全く困った事 C'est vraiment désolant (ennuyeux). 困った事にce qui est embêtant, c'est .... 困った立場に追込まれる se mettre dans une situation fâcheuse. 困り者 cause f de soucis.

こまわり 小回り 〜がきく être capable de faire un petit détour; [比喩的に] s'adapter aux changements.

コマンダー commandant m.

コマンド [命令] ordre m; commandement m; [決死隊] commando m.

こみ 込み 〜で 2000円 deux mille yen tout compris. ¶サービス〜で 5000円 cinq mille yen, service compris. 土地を家屋〜で売る vendre ses terres, la maison [y] comprise.

ごみ ordures fpl; immondices fpl; déchet m; saleté f; détritus m; balayures fpl. 家庭の〜 ordures ménagères. 〜をさらう enlever les ordures. 「〜捨てるべからず」≪Défense de déposer des ordures.≫ ¶〜捨場 dépôt m d'ordures; décharge f publique. 〜箱 poubelle f; boîte f à ordures. 〜屋 [é]boueur m; boueux m.

こみあげる [吐き気が] avoir un haut-le-cœur; avoir un soulèvement de cœur (d'estomac). 怒りが〜 sentir monter la colère. 感情が〜 être très ému. 涙が込み上げてきた Des larmes me viennent aux yeux.

こみいる 込み入る se compliquer; s'enchevêtrer; s'embrouiller. 話が込み入ってきた L'affaire commence à se compliquer. 込み入った compliqué; enchevêtré; savant; difficile; confus.

コミカル 〜な comique. 〜な効果 effet m comique.

ごみごみ 〜した sale; sordide.

みだし 小見出し titre m de section.

ごみため ごみ溜め ⇒ ごみ.

こみち 小道・小路 sentier m; allée m.

コミック [漫画] comics mpl. ¶彼には〜な所がある Il a quelque chose de comique./Il prête à rire. ¶オペラ〜 opéra-comique(s) m. 〜シャンソン(ダンス) chanson f (danse f) comique.

コミッション commission f; courtage m; remise f. 20%の〜を取る toucher vingt pour cent de commission.

コミット [問題に]〜する s'engager (se compromettre) dans une affaire.

こみみ 小耳 〜にはさむ entendre parler de qc; entendre dire que ind; savoir qc par ouï-dire. ちょっと一小耳にはさんだのですが C'est venu à mes oreilles....

コミューン commune f. ¶パリ〜 la Commune [de Paris].

コミュニケ communiqué m. 報道陣に〜を発

コミュニケーション communication f. ～があ
る se tenir en contact (relation) avec qn;
communiquer avec qn. 彼らは相互に～がない
Ils ne communiquent pas entre eux. ‖マス
～ communication de masse.

コミュニケート ¶～する communiquer. 動物
と～する communiquer avec les bêtes.

コミュニスト communiste mf.

コミュニズム communisme m.

こむ 混(込)む ¶そこは混んでいる Là, il y a du
monde. 道路は車で混んでいる La route est
encombrée de voitures. 電車は混み合ってい
る Le train est plein (bondé)./Il y a beaucoup de monde dans le train./Le train est
comble. デパートは買物客で非常に混み合ってい
る Les grands magasins sont pleins à
craquer de clients. ‖混んだ時間に aux
heures d'affluence (de pointe). 大変手の込
んだ作品 ouvrage m d'une grande minutie.
手の込んだ計画 plan m savamment monté.

ゴム caoutchouc m; gomme f; [紐など]élas-
tique m. ～の木 arbre m à caoutchouc;
arbre gommeux. ～を引く[塗る]caout-
chouter; gommer. ‖合成～ caoutchouc
synthétique. 輪～ élastique. ～
印 tampon m de caoutchouc. ～質 substance f gommeuse. ～質の caoutchouteux
(se); gommeux(se). ～長 bottes fpl de
caoutchouc. ～糊 mucilage m. ～ボート
canot m pneumatique. ～まり balle f de
caoutchouc.

こむぎ 小麦 blé m. ～を蒔く semer du blé.
‖～粉 farine f;[上質の]froment m. ～畑
champ m de blé.

こむずかしい 小難しい difficile; acariâtre;
contrariant. ～理屈をこねる ergoter (discuter) sur des vétilles.

こむすめ 小娘 fillette f; petite fille f;《俗》
gosse f.

こむらがえり 腓返り ¶～を起こす avoir une
crampe au mollet.

こめ 米 riz m. ～を食う(搗く) manger (moudre) du riz. ‖～俵 sac m à riz. ～搗き場
rizerie f. ～粒 grain m de riz. 新潟は日本の
～所だ Niigata est le grenier du Japon. ～
びつ récipient m de riz.

こめかみ 顳顬 tempe f. ～に血脈が浮き出てい
る Les veines se dessinent sous la peau des
tempes.

こめくいむし 米食虫 calandre f du riz;
charançon m du riz.

コメット comète f.

コメディアン acteur m comique; comédien
m.

コメディー comédie f; pièce f comique. ～を
演ずる jouer la comédie; chausser le soc-
que.

こめる 込める ¶弾を～ charger à balles. 鉄
砲(ピストル)に弾を～ charger un fusil (un
revolver). 心を～ se consacrer à; se vouer à.
力を～ concentrer toutes ses forces. 心を込
めて sincèrement; avec dévouement; de
tout son cœur. 力を込めて de toutes ses
forces. 税金も込めて4万円 quarante mille
yen, taxes comprises.

ごめん 御免 ¶～なさい Excusez-moi./[je
vous demande] pardon./Pardonnez-moi.
お気を悪くしたら～なさい Pardon, si je vous ai
froissé. ～下さい Bonjour./[別れる時] Au
revoir./Bonsoir. 僕は～だ Moi, je refuse (je
n'en veux pas). ‖お役～になる être congédié (renvoyé, licencié, remercié).

コメンテーター commentateur(trice) m(f).

コメント commentaire m. ¶～することはあり
ません [Il n'y a] pas de commentaires.

こも 薦 natte f grossière de paille. ‖～かぶ
り tonneau(x) m de saké garni d'une natte
de paille.

こもごも 交々 alternativement; successivement; tour à tour. ¶悲喜～だ Il y a des
joies et des peines./Les joies alternent
avec les peines.

こもじ 小文字 [lettre f] minuscule f.

こもち 子持ち ¶～である avoir des enfants à
nourrir. ～の魚 [卵んだ] poisson m plein;
poisson qui a des œufs.

こもの 小物 affaires fpl; accessoires
mpl; [人] menu fretin m. ¶奴は～の不良にす
ぎない Ce n'est qu'un petit voyou.

こもり 子守 nurse f; baby-sitter f; bonne f
d'enfant. ～をする garder (prendre soin d')
un enfant; bercer un enfant. ‖～歌 ber-
ceuse f. ～熊 koala m. ～ねずみ sarigue f.

こもる 籠る s'enfermer; se cloîtrer; se retirer. 家に～ rester chez soi. 自室に～ s'enfermer dans sa chambre. [病気で] garder
la chambre. 身体に熱が籠ってれない La
fièvre couve. 匂いが部屋に籠っている L'odeur
imprègne la chambre. ‖籠った声 voix f
empâtée (sourde). 心が籠った待遇 accueil m
cordial (chaleureux). 悲しみの籠った眼差し
regard m imprégné de tristesse. 籠りがちの
生活 vie f casanière (claustrale).

こもん 顧問 conseiller(ère) m(f); consultant
(e) m(f). 法律～ conseiller juridique. ～
弁護士 avocat m conseil (consultant).

こもんじょ 古文書 archives fpl; documents
mpl anciens; écritures fpl anciennes. ‖～
学 paléographie f. ～学者 archiviste mf;
paléographe mf.

こや 小屋 cabane f; cahute f; baraque f;
loge f; case f; gourbi m; [山小屋] chalet m;
[hutte f; buron m; [草ぶきの] chaumière f;
[家畜, 特に牛] étable f; [馬] écurie f; [鶏]
poulailler m; [豚] porcherie f; [そまくるし
家] taudis m; galetas m; réduit m; bouge
m; [差掛けの] appentis m. ～掛け f baraque en planches.

こやく 子役 rôle m d'enfant; [人] acteur
(trice) m(f) enfant.

ごやく 誤訳 erreur f de traduction; traduction f erronée; mauvaise traduction. ¶～
する mal traduire; faire une mauvaise traduction.

こやくにん 小役人 petit fonctionnaire m;
gratte-papier m inv; rond(s)-de-cuir m.
‖～根性 esprit m de rond-de-cuir.

こやし 肥し engrais m; [amas m de] fumier

こやす 畑に〜をやる épandre du fumier sur un champ; engraisser (fumer) un champ.

こやす 肥やす [土地を] engraisser; fertiliser; enrichir; [家畜を] engraisser; appâter; gaver. 土地を〜 rendre fertile une terre. 畑を〜 enrichir un champ. 家禽を〜ためにむやみに食べさす gaver des volailles pour les engraisser. 私腹を〜 s'enrichir par des moyens peu honnêtes; se mettre de l'argent de côté. ◆[力をつける] 目(耳)を〜 s'exercer les yeux (oreilles).

こやすがい 子安貝 porcelaine f.

こやま 小山 monticule m.

こやみ 小止み [風が]〜になる Le vent tombe; [酔も] Le vent se calme.

こゆう 固有 ¶〜の propre à; particulier (ère); caractéristique; [生れつきの] inné; naturel (le). 日本人の〜の性格 caractère m propre aux Japonais. ‖〜性 propre m; apanage m; particularité f; caractéristique f. 〜名詞 nom m propre.

こゆび 小指 auriculaire m; [手の] petit doigt m; [足の] petit orteil m.

こよう 雇用 emploi m; embauche f; embauchage m; engagement m. ¶〜する prendre; employer; embaucher; engager qn à un service. ‖完全〜 plein[-]emploi m inv. 不完全〜 sous-emploi m. 終身〜 emploi à vie. 〜関係 relations fpl entre employeurs et employés. 〜契約 contrat m de travail. 〜契約を結ぶ contracter un engagement. 〜者 patron(ne) m(f); employeur(se) m(f). 被〜者 employé(e) m(f); salarié(e) m(f).

こよう 御用 ¶何の〜ですか Que désirez-vous?/De quoi s'agit-il? ¶〜は何なりと A vos ordres./[Je suis] à votre service./Je suis à vous./Qu'y a-t-il pour votre service? ‖宮内庁〜達 fournisseur m de l'empereur. 〜納 clôture f annuelle des services administratifs. 〜学者 savant m asservi aux pouvoirs. 〜聞き fournisseur(se) m(f); pourvoyeur(se) m(f). 〜組合 syndicat m patronal. 〜新聞 journal(aux) m ministériel. 〜邸 villa f de la famille impériale.

ごよう 誤用 usage m fautif; mauvais emploi m; [文法] solécisme m. 〜の文法 grammaire f des fautes.

コヨーテ coyote m.

こよみ 暦 calendrier m; [本] almanach m; [日めくりの] éphéméride f.

こより 紙縒 ¶〜紙 ficelle f en papier.

コラーゲン collagène m.

コラージュ collage m. ‖〜作品 [œuvre f en] collage.

コラール choral(s) m.

こらい 古来 ¶〜の風習 mœurs fpl traditionnelles.

こらえる 堪える ¶怒りを〜 réprimer sa colère. 痛みを〜 supporter une douleur. 感情を〜 cacher (étouffer, contenir) ses émotions; se contenir. 涙を〜 retenir (contenir) ses larmes. 尿意を〜 retenir ses besoins. 笑いを〜 retenir son rire. 最後まで〜[頑張る] tenir jusqu'au bout. こらえきれない 笑い rire m irrésistible; fou rire. もうこらえきれない Je n'en peux plus. もう笑いをこらえきれない Je ne peux plus me retenir (m'empêcher) de rire.

ごらく 娯楽 distraction f; amusement m; récréation f; divertissement m; passe-temps m inv; [興業] attractions fpl. ‖健全な〜 saine distraction. 大衆〜 distractions pour le public. 〜室 salle f de distraction; foyer m [de distraction]. 〜街 lieu(x) m d'amusement. 〜本 livre m d'agrément.

こらしめる 懲らしめる punir; sanctionner; châtier; [子供を] corriger; [尻を打って] donner une leçon (une correction) à; fesser. 彼をうんと懲らしめてやる Je vais lui donner une bonne fessée. 見せしめに懲らしめてやろう Nous leur donnerons une correction exemplaire. ‖懲らしめ punition f; sanction f; châtiment m; [子供などの] correction f.

こらす 凝らす ¶思いを〜 se recueillir; méditer; [集中させる] se concentrer; s'absorber. 工夫を〜 s'ingénier à (pour) inf. 耳を〜 être tout oreilles (ouïe); écouter de toutes ses oreilles. ひとみを〜 être tout yeux; regarder de tous ses yeux. 装いを〜 soigner sa toilette.

こらす 懲らす ⇨ こらしめる (懲らしめる).

コラム [欄] colonne f; [記事] entrefilet m. ‖〜ニスト courriériste mf.

ごらん 御覧 ¶〜下さい Voyez!/Regardez! 〜の通り comme vous le montre. 書いて〜 《俗》 Ecrivez voir. 羊の絵を描いて〜 Dessinez-moi un mouton. それ〜なさい Regardez-moi ça!/Voilà!

こり 凝り courbature f. 肩の〜をもみほぐす masser les épaules.

こり 梱 malle f; balle f; [小さい] ballot m; coffre m de voyage.

コリアンダー [植] coriandre f.

コリー colley m.

こりかたまる 凝り固まる [凝固] se coaguler; se figer; se cailler; se grumeler; prendre; [信仰] manifester une dévotion outrée et étroite; être bigot. 宗教に〜 être imbu d'une religion. ‖宗教に凝固まった人 esprit m infatué (imbu) d'une religion. 信心に凝固まった老女 vieille femme f bigote (tombée dans la bondieuserie).

こりごり 懲り懲り ¶〜する se mordre amèrement les doigts; regretter amèrement; se repentir vivement. もう〜だ J'en ai assez./Je ne recommencerai plus jamais.

こりしょう 凝り性 ¶〜である se passionner pour [tout] ce qu'on fait.

こりつ 孤立 isolement m. ¶〜する s'isoler. 〜無援である être sans appui. 〜させる isoler. ‖〜主義 isolationnisme m.

ごりむちゅう 五里霧中 ¶〜である ne pas voir clair; être dans le brouillard; n'y voir que du brouillard. この問題の解決については〜である Pour la solution de ce problème, on est dans le brouillard.

ごりやく 御利益 bienfait m; faveur f; vertu f; avantage m. 神の〜 bienfait de Dieu. 〜

があらわれた Les bienfaits se sont manifestés.

こりょ 顧慮 considération f; égard m; estime f; respect m. ¶〜する tenir compte de; prendre en considération; avoir égard à. …を〜して eu égard à; par égard pour ici; en tenant compte de. …を〜せずに sans égard pour; sans respect de.

ごりょう 御料 ‖〜地 domaine m impérial. 〜林 bois m impérial.

こりょうり 小料理 ‖〜屋 bistro[t] m; petit restaurant m.

ゴリラ gorille m.

こりる 懲りる se repentir de qc; regretter qc; se mordre les doigts. 今に〜ぞ Tu le regretteras!

コリントス ¶〜式〔建築〕corinthien m. 〜式円柱 colonne f corinthienne.

こる 凝る ¶ 背中が〜 avoir le dos courbaturé; être courbaturé dans le dos. 体中が〜 être tout courbaturé; être plein de courbatures. 風邪をひくと体が〜 La grippe donne des courbatures. 肩が凝っているようだ Je pense avoir une courbature dans les épaules. ◆[熱中する] se passionner de [de]; s'engouer de; s'enticher de; se toquer de; se prendre d'une passion pour. 服装に〜 s'habiller avec recherche; fignoler sa mise. 文体に〜 mettre de la recherche dans le style. ヨガに〜 s'enticher de yoga. 彼の新しい物に対する凝り様はまったくおかしい Son engouement pour la nouveauté est tout à fait ridicule. あまり凝りなさんな Ne fignolez pas trop. ¶ 凝った家具 (文体) meuble m (style m) tarabiscoté (recherché). 凝った作品 ouvrage m fignolé. 凝りすぎた文 phrase f alambiquée.

コル〔登山〕col m.

こるい 孤塁 ¶〜を守る défendre une forteresse isolée; se défendre isolément. 〜を守って奮戦する combattre avec acharnement pour défendre une forteresse sans secours.

コルク liège m. 〜で覆う liéger qc; couvrir de liège. 〜の木〔arbre m de liège〕. ‖ 合成〜 liège agglomeré. 〜樫 chêne(s)-liège(s) m. 〜質の liégeux(se). 〜栓 bouchon m de liège.

コルサージュ〔服〕corsage m.

コルシカ ‖〜島 la Corse.

コルセット corset m; gaine f. 医療用〜 corset orthopédique (médical). 〜をつける mettre un corset.

コルチゾン cortisone f.

コルト ¶〜式拳銃 colt m.

コルネット cornet m à pistons. 〜を吹く jouer du cornet. 〜奏者 cornettiste m/f.

コルヒチン〔医〕colchicine f.

ゴルフ golf m. 〜をする jouer au golf. ‖ 〜クラブ〔用具〕crosse f de golf; club m. 〜場 terrain m de golf.

ゴルファー golfeur(se) m(f).

コルホーズ kolkhoze m. ‖〜作業員 kolkhozien(ne) m(f).

これ〔物〕ceci; ça;〔人・物〕celui(ceux)-ci m; celle(s)-ci f. 〜は(が) ce. 〜[ら]は何ですか Qu'est-ce que c'est? 〜[ら]は木です C'est un arbre./Ce sont des arbres. 〜が私の長男です C'est mon fils aîné. 私はそれは知っているが〜は知らない Je connais cela mais pas ceci. 〜じゃあんまりだ Ça, c'est trop fort. 〜位のリンゴ une pomme comme ça. 〜位のところでやめておこう Arrêtons-nous là. 〜といった特徴もない男 homme m quelconque (ordinaire, insignifiant). では〜で失礼 Alors, au revoir.

これから〔どう〕maintenant; désormais; dorénavant; à partir du moment présent (de ce moment). 〜出かける所だ Je vais partir. 〜出かけようとしていた所だった J'allais partir. 〜万事うまくいくよ [A partir de] Maintenant, tout ira bien. ¶〜の大学 université f de l'avenir. 〜という時に彼は死んでしまった Il est mort au moment où il allait se lancer.

これきり pour la dernière fois; pour cette fois-ci; plus jamais; une fois pour toutes. 〜帰って来ることはないだろう Je ne reviendrai plus jamais. 君と会うのも〜だ Ce sera la dernière fois que je te vois. 頼みを聞いてやるのも〜だよ J'accepte ta demande, mais c'est pour la dernière fois.

コレクション collection f; 切手の〜 collection de timbres; philatélie f; philatélisme m.

コレクター collectionneur(se) m(f).

コレクトコール paiement m contre vérification (PCV). 〜で電話する téléphoner en PCV.

コレクトマニア collectionneur(se) m(f) maniaque.

これこれ ¶〜の人 monsieur m un tel. 〜の夫人 madame f une telle. 〜の理由で pour telle et telle raison. 〜の日、〜の時間に着きます Nous arriverons tel jour, à telle heure. 〜の事を言う dire telle et telle chose. 〜の割合を貰う recevoir le tant pour cent sur qc. 月々〜と決めて金を払う payer à tant par mois.

これしき ¶〜のことで pour si peu [de chose]. 〜のことでへたれるな Ne vous découragez pas pour si peu.

コレステロール cholestérol m; cholestérine f. 〜がたまった Du cholestérol s'est formé (déposé).

これだけ ¶〜だ C'est tout./Voilà tout. おまえの仕事は〜だ C'est tout ce que tu as à faire. ⇒ こればかり.

こればかり[これっぽっち] ¶〜の事で弱音を吐くな Ne vous plaignez pas pour si peu. 〜の金では何も買えぬ On ne peut rien acheter avec si peu d'argent. 〜もない Il n'a pas un grain de bon sens. ◆[これだけ] 〜はお許し下さい Je ferai tout ce que vous m'ordonnerez, sauf cela. 〜は言って置いていかない C'est qu'il ne faut jamais dire.

これだけは Tiens! / Mon Dieu! /〔俗〕Fichtre!/Diable! 〜[おめでとう] Vous l'êtes voilà! 〜良くいらっしゃいました Soyez le bienvenu!

これほど これ程〔jusqu'à〕ce point-là. 〜大き

これまで ¶な鯨は見たことがない Je n'ai jamais vu de baleine aussi grosse. ~確かなことはない Il n'est rien de plus sûr. ¶~の人物を探し出すのは難しい Il est difficile de trouver une pareille personne.

これまで jusqu'à maintenant (présent). ~に彼はずい分苦労した Il a eu bien des revers jusqu'ici. ¶[最後]〜もう~だ Tout est fini (perdu)./Je suis perdu.

これみよがし これ見よがし ¶~の態度 attitude f ostensible (ostentatoire). ~の服装 habit m de parade. ~に ostensiblement; avec (par) ostentation. ~に歩く parader; se pavaner. ~に知識をひけらかす étaler ses connaissances.

コレラ choléra m. ¶~の chronique.‖擬似~ cholérine f. ~患者 cholérique mf.

ころ 頃 [時期] temps m; époque f. 刈入れの~ temps des moissons. もう太陽が現れる~だ C'est l'heure où le soleil apparaît. 彼はそろそろ来る~だろう Il ne va certainement pas tarder à venir. ¶クリスマスの~ aux environs de Noël. 18歳の~ sur ses 18 ans. 私が若かった~ quand j'étais jeune; en mon temps. 彼の全盛の~ dans son temps. 霧が出る~ quitter le port par le temps de brume. 人間がまだ狩猟で生活を立てていた~には au temps où les hommes chassaient pour vivre. ◆[時機] ¶~を見て au moment propice (opportun, favorable); en temps opportun. ⇒ころあい(頃合).

ごろ 語呂 ¶~がよい euphonique; agréable à l'oreille; harmonieux(se); qui sonne bien. ¶~合せ calembour m; jeu(x) m de mots.

-ごろ 頃 ¶5時~ vers [les] cinq heures. 正午~ sur le midi. 人生の半ば~ vers le milieu de sa vie. ⇒ころ(頃).‖丁度食べ~だ C'est le bon moment pour manger.

ころあい 頃合 moment m [propice, favorable]; bon moment. ~をはかる choisir le moment propice. 在宅の~をはかる choisir le moment où l'on est chez soi. ~を見て政界に出馬する attendre son heure pour se lancer dans la politique. ¶~の大きさ [手頃な] grandeur f convenable. ~の夫婦 couple m bien assorti. ~の値段 prix m raisonnable.

コロイド colloïde m.‖~性の colloïdal(aux).

ころがす 転がす rouler; faire tourner; [倒す] faire tomber; terrasser. 樽を~ rouler un tonneau. 球を~ faire rouler une balle.

ころがりこむ 転がり込む échoir; tomber. 私の手に大金が転がり込んだ Il m'est échu une grosse somme d'argent. 思いがけぬ遺産が私に転がり込んだ Un héritage m'est tombé du ciel. ¶[逃込み・世話になる] 官憲に追われて彼women達の所へ転がり込んだ Poursuivi par la police, il est allé chercher refuge chez un ami. 友人が私の家に転がり込んだ Un ami est venu s'installer chez moi.

ころがる 転がる [se] rouler; tomber; [ひっくり返る] culbuter. どこにでも転がっている話 histoire f qui court les rues. ¶坂を~ように下る dégringoler une pente.

ころく 語録 ana m inv; recueil m de pensées; maximes fpl; adages mpl. ¶毛沢東~ pensées fpl de Mao Tsé-Toung.

ころげおちる 転げ落ちる dégringoler; débouler; dévaler. 屋根から~ dégringoler d'un toit.

ころげまわる 転げ回る ¶泥の中で~se vautrer dans la boue.

ころげる 転げる ⇒ころがる(転がる).‖笑い~ pouffer [de rire]; se tordre [de rire];《俗》se poiler; se gondoler.

ころころ ¶~[と][se] rouler allégrement. ~と笑う rire à petite voix (interminablement); glousser. ◆[丸味を持って] ¶~とした女 femme f potelée.

ごろごろ ¶[喉を]~鳴らす faire ronron; ronronner. 目が~する avoir une poussière dans l'œil. ◆[方々にある] ¶小石の~している道 chemin m caillouteux. こんな話は世間に~している Ce genre d'histoire court les rues. ◆[無為に過ごす] ¶家で~する perdre son temps à la maison. ~して暮す vivre en fainéant; fainéanter; passer son temps inutilement;《俗》flemmarder.

ころし 殺し ⇨ さつじん(殺人).‖~~文句を言う [脅し] dire des menaces; [男女間] dire des douceurs. ~文句に引っ掛かる se laisser prendre à des paroles mielleuses. ~屋 tueur m [à gages]; tueur professionnel; nervi m.

コロシアム Colisée m.

ころす 殺す tuer; faire mourir; mettre à mort; donner la mort à; immoler; faire périr; [毒で] empoisonner; [喉を切って] égorger; couper la gorge à;《俗》expédier; liquider; envoyer dans l'autre monde. ~人を殺してしまった[亡くした] On a perdu un homme de bien. 殺し合う s'entretuer; s'égorger; s'étriper. 殺される être tué;《俗》se faire bousiller. ◆[抑える・押し殺す] ¶息を~ retenir son haleine. 臭みを~ atténuer (adoucir) l'odeur. 声を~ baisser la voix. 才能を~ ruiner le talent. 感情を~ rester impassible; contenir son émotion. 感情を殺した顔 visage m impassible.

コロタイプ phototype m.‖~印刷術 phototypie f.

ごろつき 破落戸 canaille f; fripouille f; crapule f; gredin m; voyou m. 札付きの~ coquin m achevé.

コロッケ croquette f.

コロナ couronne f.

コロニー colonie f.

ころね ごろ寝 ¶~する coucher tout habillé sur un tapis. 夏休みは~ばかりしていた J'ai passé mes grandes vacances à flemmarder.

ころぶ 転ぶ tomber;《俗》se casser la figure; [信者が] abandonner sa religion. すべって~ tomber en glissant. もんどり打って~ culbuter. 彼は転んでもただじゃ起きない Il a plus d'un tour dans son sac.「転ばぬ先の杖」«Prudence est mère de sûreté.»; «Mieux vaut prévenir que guérir.»

ころも 衣 [僧衣] froc m; soutane f; habit m monacal. ~を脱ぐ se déshabiller; se

ころり ¶~と参る se laisser prendre facilement. ~と死ぬ mourir d'un coup. それを~と忘れてた Cela m'échappait complètement.

ごろり ¶~と横になる s'étendre de tout son long.

コロン deux-points *mpl*.

コロン ⇨ オーデコロン.

コロンブス ~の卵 œuf *m* de Christophe Colomb [kɔlɔ̃b].

こわい 怖い, 強い, 「怖い」effrayant; effroyable; horrible; épouvantable; terrible; [厳しい] sévère; austère; dur; impitoyable; exigent; [手強い] redoutable; rude. ...à~ avoir peur de. ...が~ので de (par) peur de *qc* (que *sub*). 恐くて死にそうだ(震える) mourir (trembler) de peur. 恐くなる avoir (prendre) peur. ⇨ こわがる(恐がる). ~相手 rude adversaire *m*. ~先生 maître(sse) *m(f)* sévère. ~物 horreur *f*; épouvante *f*. ~物がない ne pas avoir froid aux yeux. ¶~物なしの intrépide; téméraire; impavide; sans peur. ~ほどの美しさ beauté *f* à faire peur. ◆ [固い] dur; solide; rigide; empesé; rude. ~シーツ drap *m* empesé.

こわいけん 強意見 ¶~をする donner un avertissement sévère.

こわいろ 声色 ton *m*; voix *f*; manière *f* de parler; accent *m*. ~を使う imiter l'accent de *qn*; contrefaire la voix de *qn*.

こわがる 恐がる avoir (prendre) peur de; craindre; redouter; s'effrayer de; avoir froid dans le dos; [俗] serrer les fesses; avoir chaud aux fesses; avoir les foies (les jetons); [ギョッとする] s'épouvanter; s'alarmer; [恐いふりをする] faire semblant d'avoir peur; feindre la peur. ~な N'ayez pas peur. ¶恐がらせる effrayer; effaroucher; épouvanter; apeurer; faire peur (horreur) à; faire froid dans le dos à *qn*.

こわき 小脇 ¶~にかかえる porter *qc* sous le bras. ノート類を~にかかえて学校へ行く se rendre à l'école avec *ses* cahiers sous le bras.

ごわごわ 恐々 craintivement; peureusement. ~語る parler d'un air timoré.

ごわごわ ¶~した dur; empesé; raide; rude. ~したひげ barbe *f* dure. ~したシーツ drap *m* empesé.

こわす 壊す [ガラスなどを] briser; casser; fracturer; fracasser; mettre en pièces; [建物などを] détruire; démolir; [ぎょうとする] esquinter. ラジオ(自転車, 錠前)を~ casser la radio (la bicyclette, la serrure). エンジンを~ détériorer (détraquer, endommager) un moteur. 家具を~ abîmer un meuble. 皿の縁を~ ébrécher une assiette. ¶[損う・駄目にする] ¶体を~ détériorer (ruiner) *sa* santé; [俗] s'esquinter la santé. 結婚話を~ casser un projet de mariage.

こわだか 声高 ¶~に d'une voix forte. ~にのしる crier fort.

こわだんぱん 強談判 ¶~で交渉を成立させる imposer *sa* solution dans une négociation.

こわばる 強張る [se] raidir; devenir raide; [緊張する] se tendre; se durcir. この知らせに彼の顔がこわばった A cette nouvelle, son visage s'est durci. ¶こわばった [態度が] raide; tendu; rigide.

こわもて 強 (恐)持て ¶~である se faire obéir au doigt et à l'œil. 彼は~だ Il a un air intimidant.

こわれもの 壊れ物 objet *m* fragile.「~」《Fragile.》

こわれる 壊れる se casser; se briser; se fracturer; se détériorer; s'abîmer; se détraquer; tomber en panne. テレビが壊れた La télévision ne marche plus. ¶こなごなに壊れた茶碗 tasse *f* brisée en mille morceaux. エンジンが壊れている Le moteur est déréglé (en panne). 壊れやすい fragile; frêle; faible. 壊れない imbrisable; incassable. ◆ [計画などが] ¶計画が壊れてしまった Le plan a échoué (avorté). 縁談が壊れた Le projet de mariage est tombé à l'eau.

こん 根 [数] racine *f*. 方程式の~を求める extraire la racine d'une équation. ¶平方(立方)~ racine carrée (cubique). 10の平方(立方)~ racine carrée (cubique) de 10; $\sqrt{10}$ ($\sqrt[3]{10}$).

こん 根 ◆ [根気] ¶~が続く être persévérant (patient). ~のいる仕事 travail *m* de patience. ~のない sans persévérance; impatient. ~のない人 personne *f* qui manque de fond.

こん 紺 bleu *m* marine; [bleu d']azur *m*. ¶~の着物 kimono *m* bleu mauve.

こんい 懇意 ¶~なつき合い fréquentations *fpl*. ~な仲 amitié *f*; relation *f* intime. ~にする se lier d'amitié avec *qn*; avoir des relations intimes avec *qn*; être étroitement lié avec *qn*; être intime avec *qn*; se fréquenter; devenir familier. ~にしてもらう entrer dans l'intimité de *qn*.

こんいん 婚姻 mariage *m*. ~証明 acte *m* de mariage. ~届 déclaration *f* de mariage.

こんか 婚家 famille *f* de son mari (*sa* femme); belle-famille *f*.

こんかい 今回 ⇨ こんど(今度).

こんかぎり 根限り ¶~努力する faire tous *ses* efforts; faire de *son* mieux.

こんがらがる s'enchevêtrer; s'emmêler; s'embrouiller; se compliquer; s'entortiller. 話が~ La conversation se complique. 記憶がこんがらがって Ma mémoire s'est troublée. ¶こんがらがった complexe; compliqué; enchevêtré. こんがらがった事柄 complication *f*. こんがらがった事件 affaire *f* inextricable. 糸がこんがらがっている Les fils sont emmêlés. これらの考えが皆彼の頭の中でこんがらがっている Toutes ses idées s'enchevêtrent dans *sa* cervelle.

こんがり ¶~焼く roussir; [faire] rissoler; dorer. ~焼ける se dorer. ~焼けた匂いがする Ça sent le roussi.

こんかん 根幹 principe *m*; essentiel *m*; fondement *m*. 問題の~ essentiel (fond *m*) de

こんがん 懇願 supplication f; prière f; imploration f. …の～により à la sollicitation de qn. ¶～する implorer; supplier qn de inf; prier qn de inf; adjurer qn de inf; conjurer qn de inf; solliciter (à) qn de (à) inf. 他人の援助を～する implorer l'appui d'autrui.

こんき 今期(季) [国会, 会期] session f présente; [学期] semestre m (trimestre m) actuel; [今の時期] cette époque; cette saison.

こんき 婚期 nubilité f; âge m nubile. ～を逸する passer l'âge nubile [sans se marier]. ～に達した娘 fille f nubile.

こんき 根気 patience f; persévérance f; endurance f. この種の仕事には…がいる Il faut de la patience pour cette sorte de travail. ～のよい patient; persévérant; endurant; inlassable. ～のない impatient; sans persévérance; qui se lasse facilement. ～のない人 personne f qui manque de fond. ～よく patiemment; infatigablement; inlassablement. ～よく働く travailler avec patience. ～仕事 travail(aux) m de patience.

こんきゅう 困窮 difficulté f; gêne f; misère f; nécessité f; pauvreté f. ～のうちに暮す vivre dans l'indigence (les privations, le besoin). ¶～している être dans la difficulté (gêne, misère); être dans la dèche (débine). ‖～者を救済する assister les indigents (nécessiteux, besogneux).

こんきょ 根拠 fondement m; motif m; base f; [正当性] justesse f; [始元] origine f; raison f. ⇨ 根拠 (理由). 彼の主張には何の～もない Cette affirmation ne repose sur rien. 彼は私が悪意を持っているとー＝もなく̄̄̄prête gratuitement (sans raison) des intentions mauvaises. 何を～にそんなことを言うのか Sur quoi vous basez-vous (vous fondez-vous) pour dire cela? 確たる～のある議論 raisonnement m fondé sur des bases solides. ～のない疑い soupçon m sans motif. ～のない噂 rumeur f sans fondement. ～のない推測 supposition f gratuite. ～のあるものとして退けられた Mon opinion a été repoussée comme dénuée de fondement. ‖～地 base.

ごんぎょう 勤行 office m; service m religieux; dévotions fpl. 夜の～ office de nuit. ～をする faire ses dévotions. ～を怠る manquer l'office.

こんく 困苦 difficulté f; [貧乏] pauvreté f; gêne f; misère f; [不幸] peine f; malheur m; détresse f; [苦しみ] souffrance f; tourment m. ～に打ち勝つ vaincre (surmonter) des difficultés.

コンク [濃縮液] concentré m.

ゴング gong m. 第１ラウンド開始の～ coup m de gong annonçant le commencement du premier round.

コンクール concours m; compétition f. ～に出る se présenter à un concours; concourir. ‖ピアノ～ concours de piano.

コンクリート béton m. ～で…を作る construire qc en béton; bétonner qc. ‖鉄筋～ béton armé. ～製の橋 pont m en béton. ～ブロック parpaing m. ～ミキサー bétonneuse f; bétonnière f; malaxeur m à béton.

コングロマリット conglomérat m.

ごんげ 権化 incarnation f; personnification f. 美徳の～ vertu f incarnée; incarnation de la vertu. 美徳の～となる incarner la vertu.

こんけつ 混血 sang m mêlé; métissage m. 白人と黒人の～ métis(se) m(f) [née(e)] d'une Blanche (d'un Blanc) et d'un Noir (d'une Noire); mulâtre(sse) m(f). ¶～の sang-mêlé. ～の人 sang-mêlé(e) m(f) inv; métis(se) m(f). ‖～児 [enfant mf] métis(se).

こんげつ 今月 ce mois[-ci]. ¶～の終りに à la fin du mois; fin courant. ～の初めに au début du mois. ‖～中に au (dans le) courant du mois.

こんげん 根元 [根本] principe m; essentiel m; [始元] source f; origine f; source f; racine f. ¶～的な principal(aux); essentiel(le); radical(aux). ～的な問題 question f essentielle; question de fond (de base, de principe).

こんご 今後 désormais; dorénavant; à partir de maintenant (du moment présent); à l'avenir; ci-après; plus tard. その問題については…話し合うつもりです Nous reparlerons ultérieurement de cette question. ¶～の futur; ultérieur. ～の需要 besoins mpl futurs.

こんごう 混淆 [言] contamination f.

こんごう 金剛 ¶～砂 [poudre f d']émeri m. ～石 diamant m. ～石の diamantin; adamantin. ～力 force f herculéenne. ～力の男 hercule m.

こんごう 混合 mélange m; mixture f; brassage m. ¶～する [em]mêler; mélanger; entremêler; [化合] combiner; amalgamer. ～した mélangé; amalgamé; mixte; combiné. ‖～語 hybride m. ～種 [雑種] hybride m. ～ダブルス double m mixte. 英仏～チーム équipe f mixte anglo-française. ～物 mélange; [薬品] mixture.

コンコース [空港・鉄道・駅などの] salle f des pas perdus; pas mpl perdus.

ごんごどうだん 言語道断 ¶～な男 homme m qui a honte de dire son nom. ～な行為 acte m inexcusable (impardonnable). 彼が悪意をもっていると考えるなんて～だ Il est hors de propos (raison) de lui prêter de mauvaises intentions.

コンコルド [超音速旅客機] Concorde m. ‖～広場 place f de la Concorde.

こんこん ～ と湧き出る couler d'une source; gicler (jaillir) à profusion. 彼の頭からは常に新しいアイディアが～と湧き出て来る Il lui vient toujours de nouvelles idées.

こんこん 懇々 ¶～と諭す faire entendre raison à qn; persuader doucement qn de qc. ～と諭されて彼は改心した Après avoir été longuement sermonné, il a fini par s'amender.

こんこん 昏々 ¶～と眠る dormir d'un profond sommeil (profondément); [病気]être en léthargie (dans le coma).

コンサート concert m. ¶野外～ concert donné en plein air. ～ホール salle f de concert. ～マスター premier violon m.

こんさい 根菜 racines fpl (tubercules mpl) comestibles.

こんざつ 混雑 tumulte m; affluence f; encombrement m; [交通] embouteillage m; [混乱] désordre m. ¶～に巻込まれる [車] se faire prendre dans des embouteillages. 道路の～を緩和する dégager une rue encombrée; désencombrer une rue. ¶野次馬で～した広場 place f encombrée de curieux. 通りは人で～している Il y a du monde dans la rue. ¶～時には車で来ないようにしなさい Evitez de venir en voiture aux heures d'affluence.

コンサルタント consultant(e) m(f); conseiller(ère) m(f). ¶医事～ médecin m consultant. 法律～ conseiller juridique.

こんじ 根治 guérison f complète; rétablissement m total. ¶～する guérir complètement. 結核が～する [主語・人] se remettre totalement de la tuberculose.

こんじき 金色 [couleur f d']or m. ¶～の doré; d'or. ～の麦畑 champ m doré de blé.

こんじゃく 今昔 le présent et le passé. ¶～の感に堪えない Je n'en reviens pas que tout soit ainsi changé.

こんしゅう 今週 cette semaine. ¶～の木曜日に主ですAbk jeudi. ¶～中に dans le courant de la semaine.

こんじょう 今生 ¶～の思い出 souvenirs mpl de la vie terrestre. ～の思い出に avant de quitter ce monde. ～の別れを告げる se séparer pour toujours de; faire ses derniers adieux à.

こんじょう 根性 caractère m; tempérament m; fermeté f d'esprit. ¶～がある avoir du caractère; avoir du tempérament. ～がない manquer de caractère. ～が曲っている avoir l'esprit de travers. ～が悪い être méchant; avoir [un] mauvais caractère. ‖島国～ insularité f; caractère ~. 役人～ bureaucratie f.

こんじょう 紺青 bleu m marine (lapis); azur m. ¶～の bleu d'azur. ～の海 mer f bleu marine (de lapis-lazuli).

こんしん 混信 brouillage m. ¶～させる brouiller les communications télégraphiques.

こんしん 渾身 ¶～の力で de toutes ses forces.

こんしんかい 懇親会 ¶～を開く organiser une [réunion] amicale.

コンス (公司) société f commerciale.

こんすい 昏睡 coma m; [人工的に起した] hypnose f; [失神] évanouissement m; torpeur f; [病的] léthargie f. ¶～状態に陥る tomber dans le coma; tomber en léthargie; [失神] s'évanouir; perdre connaissance. ～状態から覚める sortir de sa léthargie; reprendre connaissance. ～状態の comateux(se); léthargique.

コンスタント ¶～な成績を上げる réaliser un résultat régulier (constant).

コンストラクション construction f; structure f.

こんせい 混成 ¶～団 troupe f (groupe m) mixte. ～チーム équipe f mixte.

こんせい 混声 ¶～合唱 chœur m mixte. ～合唱団 chorale f [à voix] mixte.

こんせき 痕跡 trace f; empreinte f; marque f; [しみ] tache f; [名残り] vestiges mpl. ¶～を残す laisser des traces. 僅かに記憶に～をとどめる n'être imprimé que dans la mémoire.

こんせつ 懇切 ¶～丁寧な aimable et consciencieux(se). ～丁寧なお手紙 votre lettre très cordiale. ～丁寧に aimablement; consciencieusement.

こんぜつ 根絶 extermination f; extinction f; extirpation f; destruction f totale (complète). ¶～する détruire complètement; exterminer; extirper. 雑草を～する extirper les mauvaises herbes. 悪弊を～する déraciner tous les abus. この世から悪人を～する purger la terre de mauvais sujets.

コンセプション conception f.

コンセプト concept m; idée f. 時間の～ concept du temps.

こんせん 混戦 mêlée f [confuse]. 敵味方入り乱れての～となった Le combat a dégénéré en mêlée confuse.

こんせん 混線 ¶電話が～している La communication téléphonique est brouillée (troublée). 会話はお互いに～して筋がわからなくなった La conversation s'est compliquée et on en a perdu le fil.

こんぜん 渾然 ¶～と溶け合う fondre (se mêler) harmonieusement. ¶～一体となる se confondre. 湖の水と霧が～一体となっていた On ne pouvait pas distinguer le lac du brouillard. ～一体となって en accord parfait; dans une parfaite harmonie.

コンセンサス consensus m; accord m; consentement m. ¶～を得る obtenir un consensus. 国民の～を得る obtenir un consensus national.

コンセント prise f [de courant]. 電気スタンドを～につなぐ brancher une lampe de bureau sur la prise.

コンソール console f. ¶～テレビ poste m de télévision à console.

コンソメ consommé m.

コンソレーション ¶～ゲーム partie f (jeu(x) m) de repêchage m.

こんだく 混濁 ¶～した trouble; brouillé obscur; confus. この～した世の中 ces temps troublés. 彼の意識は～して来た Sa conscience est tombée dans un état de confusion.

コンダクター [指揮者] chef m d'orchestre; [添乗員] accompagnateur(trice) m(f).

コンタクト contact m. ¶～を取る prendre contact avec qn; contacter qn.

コンタクトレンズ verre m (lentille f) de contact; lentille (cornéenne). ¶～をはめている porter des verres de contact.

こんだて 献立 ¶今日の～ plat m (menu m)

こんたん 魂胆 arrière-pensée *f*; intention *f* secrète. 人の～を推し量る sonder les intentions de *qn*. 彼の～は何だろう Quelles sont ses intentions?

こんだん 懇談 entretien *m* familier; causerie *f*. ¶～する avoir un entretien *m*; s'entretenir avec; causer avec. ¶～会 causerie; entretien.

コンチェルト concerto *m*. ¶ピアノ～ concerto pour piano et orchestre.

コンチネンタル continental(ale, aux). ∥～タンゴ tango *m* continental.

こんちゅう 昆虫 insecte *m*. ¶～学 entomologie *f*. ～学の entomologique. ～学者 entomologiste *mf*.

コンツェルン konzern *m*.

コンテ [crayon] Conté *m*.

こんてい 根底 fond *m*; base *f*. 問題の～に触れる toucher au fond de la question. ...の～をくつがえす saper (renverser) les bases (les fondements) de *qc*. ¶～の fondici(ère); fondamental(aux); essentiel(le). ～にある問題 problème *m* fondamental. ～から foncièrement; fondamentalement; [すっかり] de fond en comble; complètement. ～から間違った議論 argument *m* qui pèche par la base. 彼の悪癖を～から叩き直す corriger à fond sa mauvaise habitude.

コンディショニング conditionnement *m*; [スポ] mise *f* en condition.

コンディション condition *f*. ～が良い [体調] être en [bonne] forme; se porter bien. ¶悪～にもかかわらず熱戦が展開された Malgré des conditions très difficiles, il y a eu un match très acharné.

コンテキスト contexte *m*.

コンテスト concours *m*. ～に出る se présenter à un concours. ∥美人～ concours de beauté.

コンテナー container *m*; cadre *m* [de déménagement]. ∥～船 porte-containers *m inv*.

コンデンサー 《電》condensateur *m*; [冷却] condenseur *m*.

コンデンスミルク lait *m* condensé (concentré).

コンテンツ contenu *m*.

コンテンポラリー ¶～な contemporain(e).

コント sketch(es) *m*.

こんど 今度 [今・近いうち・この間] cette fois [-ci]; prochainement; dernièrement. ～私はアメリカへ行きます Sous peu, je vais me rendre aux Etats-Unis. ～一緒に飲もう Allons prendre un verre à la prochaine occasion. ～だけですから [依頼] Ce ne sera que pour cette fois. ～は彼の番だ Il a parlé à son tour. さあ～は君の番だ Maintenant, c'est [à] ton tour. ～という～はもう許さないぞ Ce coup-ci, je ne te pardonnerai pas. ¶～の大戦 la dernière guerre mondiale. ～の家の住み心地はどう Que dites-vous de votre nouvelle maison? ～限り pour cette fois [-ci]. ～限りですよ [許可] Ça passe pour cette fois. ◆[この次]¶また～にしましょう Ce sera pour la prochaine fois (pour un autre jour). バスは出てしまったから、～来るのに乗るしかない L'autobus est parti, on n'a qu'à prendre le prochain. ¶～の prochain; suivant. ～の駅で下車して下さい Descendez à la prochaine station. ～から dès maintenant; désormais; dorénavant. ～こそ勝つぞ Ce coup-ci, je vais gagner.

こんとう 昏倒 évanouissement *m*; syncope *f*; pâmoison *f*. ¶～する tomber en syncope; s'évanouir; se pâmer; perdre connaissance;《俗》tomber dans les pommes.

こんどう 混同 confusion *f*; [勘違い] méprise *f*. ¶AをBと～する prendre A pour B. 二つ〔二人〕を～する confondre les deux. 本質と～する confondre les détails avec l'essentiel.

コンドーム préservatif *m*; diaphragme *m*; capote *f* anglaise.

ゴンドラ gondole *f*; [飛行船] nacelle *f* [d'un ballon]. ¶～こぎ gondolier *m*.

コントラスト contraste *m*. 色の～ contraste des couleurs. 見事な～ contraste frappant (saisissant). ～をなす contraster avec *qc*; faire (être en) contraste avec *qc*. ～をつける mettre *qc* en relief; faire ressortir un contraste.

コントラバス contrebasse *f*. ∥～奏者 [contre-] bassiste *mf*; contrebasse.

コントラルト contralto *m*.

コンドル condor *m*; [禿鷹] vautour *m*.

コントローラー [装置] contrôleur *m*; [経営] gérant *m*.

コントロール contrôle *m*; maîtrise *f*; réglementation *f*. ～を受ける se faire contrôler. ¶～する maîtriser; contrôler; régler; réglementer. きびしく～する exercer un contrôle sévère. ¶セルフ～ contrôle de soi. バース～ contrôle (limitation) des naissances. ～タワー tour *f* de contrôle. ～パネル tableau *m* de bord.

こんとん 混沌 chaos *m*; pêle-mêle *m inv*; tohu-bohu *m inv*;《俗》salade *f*. ～[状態]から抜け出す sortir du chaos. ¶～とした chaotique. ～としている être dans le chaos. 事態は～としていて何も予測できない La situation est chaotique, on ne peut rien prévoir.

こんな tel(le); pareil(le); semblable; cette sorte (espèce) de; ce genre de. ～人々 ces gens[-là]. 彼は～ことを言った [次のような] Il a dit les choses suivantes. ～事があろうか As-tu jamais vu chose pareille? ～物はいまだかって見たことがない Je n'en ai jamais vu de tel (pareil, semblable) dans ma vie. ¶～時に en pareille (telle) circonstance; en pareil cas; dans une condition semblable. ¶～に難しい問題 question *f* aussi difficile. ～に勉強する人は見たことがない Je n'ai jamais vu quelqu'un de si travailleur. ～に彼女が私を好きだったとは知らなかった Je ne savais pas qu'elle m'aimait jusqu'à ce point-là (à tel point). ～風に ainsi; comme cela; de cette façon.

こんなん 困難 difficulté f; peine f; [邪魔, 障害] obstacle m; gêne f; épine f; contrariété f; empêchement m. ～に遭う rencontrer (se heurter à) un obstacle. ～に陥る tomber dans une difficulté; patauger dans la boue. ～に打ち勝つ vaincre (surmonter) un obstacle. ～に立ち向かう braver (affronter) les difficultés. ～を避ける éluder (tourner, éviter) la difficulté. ¶～な difficile; pénible; ardu; rude; épineux(se). ～な調査 recherches fpl laborieuses. 登るのが～な山 montagne f difficile à gravir. それは～ C'est difficile. それはちっとも～ではない Cela ne fait aucune difficulté; C'est facile. 呼吸が～である avoir de la difficulté à respirer; respirer difficilement; avoir la respiration difficile. 理解が～である éprouver de la difficulté à comprendre. ～極まりない仕事 travaux mpl d'Hercule. 我が社は経営～を抱えて(頻して)いる Ma compagnie a des difficultés financières (est en difficulté financière).

こんにち 今日 [現在] aujourd'hui; actuellement; en ce moment; à présent; à l'époque actuelle; de nos jours; à l'heure qu'il est. 今日～があるのも彼のお蔭じゃないか Si tu en es arrivé là, c'est grâce à lui. ～から dès (à partir d') aujourd'hui. ～まで jusqu'ici; jusqu'au moment présent; jusqu'à aujourd'hui. ～までの所きょうまで moment. ～の人々 hommes mpl d'aujourd'hui. ⇨ きょう(今日). ◆[挨拶] ～は Bonjour.

こんにゅう 混入 ¶～する[混ざる] se mêler à qc; se mélanger à (avec); se confondre avec; [混ぜる] mêler; entremêler; mélanger. 飲物に毒物を～する mêler du poison à un breuvage.

コンパ réunion f amicale d'étudiants. ～を開く organiser une réunion amicale.

コンバーター convertisseur m.

コンバート ¶～する[ラグビー] transformer un essai; [守備位置を変える] faire changer de position.

コンパートメント compartiment m.

コンパイラー [情報] compilation f.

コンバイン moissonneuse(s)-batteuse(s) f.

コンパクト poudrier m. ¶～な [小型の] compact; petit; [詰まった] dense; serré; étroit. ‖ ～カー petite voiture f; petit modèle m de voiture.

コンパクトディスク disque m compact. ‖ ～プレーヤー lecteur m de disques compacts.

コンパス compas m. ～の脚 branches fpl d'un compas. ～で測る compasser qc. ◆ [脚] ¶～が長い avoir de longues jambes; être bien fendu. 長い～で à grands pas; à grandes enjambées.

コンパニオン compagne f; [男] compagnon m.

こんばん 今晩 ce soir; cette nuit; cette soirée. ◆ [挨拶] ¶～は Bonsoir./Bonjour. ～はを言う dire (souhaiter) bonsoir (bonjour).

こんぱん 今般 ⇨ こんど(今度).

コンビ couple m; paire f. ¶名～ une bonne paire. 彼らは名～だ Ils font la paire.

コンビーフ bœuf m à mi-sel; corned-beef m.

コンビナート combinat m.

コンビニエンス ‖ ～ストア supérette f. ～フーズ aliments mpl instantanés (surgelés).

コンビネーション [衣服] combinaison f.

コンピューター ordinateur m; calculateur m électronique; machine f mécanographique. ～のプログラム programme m [d'un ordinateur]. データをーにかける traiter les données sur l'ordinateur. ～による計算 ordination f. ‖ ～ウイルス virus m informatique. ～化 informatisation f. ～化する informatiser. ～回路 circuits mpl électroniques. ～係り mécanographie mf. ～グラフィックス infographie f; images fpl de synthèse. ～ゲーム jeu(x) m électronique. ～言語 langage m informatique. ～ネットワーク réseau(x) m informatique.

コンピュータネットワーク réseau m informatique.

こんぶ 昆布 laminaire f; algue f; goémon m.

コンプレックス complexe m. ～を持つ(がある) avoir des complexes. […に対して]～を持たない ne pas avoir de complexes [devant qn]. ‖ 劣等(エディプス)～ complexe d'infériorité (d'Œdipe).

コンプレッサー compresseur m. ‖ エア～ compresseur à air.

コンペ ゴルフの～ compétition f de golf.

こんぺき 紺碧 ¶～の海 mer f d'azur; mer glauque; mer lapis[-lazuli]. ～の空 ciel m bleu foncé.

コンベヤー convoyeur m; transporteur m automatique. ‖ ベルト～ tapis m roulant.

コンベンション [しきたり] convention f; [大会] rassemblement m; congrès m.

コンボ [ジャズ] combo m.

コンポ composant m. ‖ ハイファイ～ chaîne f hi-fi.

こんぼう 混紡 [織物] [tissu m] métis m; toile f métisse. ～のシャツ chemise f de métis.

こんぼう 棍棒 gourdin m; massue f; rondin m; trique f; [警官用] matraque f. ～で殴る matraquer qn.

こんぽう 梱包 emballage m empaquetage m; [ひもで] ficelage m. ¶～する emballer; empaqueter; ficeler. ‖ ～係 emballeur(se) m(f); empaqueteur(se) m(f). ～紙 papier m d'emballage.

コンポート [果物の砂糖煮] compote f.

コンポーネント élément m; pièce f.

コンポジション composition f.

こんぽん 根本 [本質] essentiel m; principe m; essence f; [根幹] fond m; source f; origine f; racine f; base f. 道徳の～ principe de la morale. ～をくつがえす renverser les fondements de qc. ～を理解する comprendre l'essentiel de qc. ¶～の[な] essentiel(le); principal(aux); foncier(ère); radical(aux); fondamental(aux). ～的不均衡 disproportion f radicale. ～的問題 ques-

コンマ virgule *f*. ～をおく mettre une virgule. ‖～以下の minime; négligeable; infime. ～以下の誤差 erreur *f* infime.

こんまけ 根負け ¶～する finir par céder à *qn*; ne plus résister. 彼には～したよ Il nous a bien eus.

こんみょうにち 今明日 aujourd'hui ou demain. ‖～中にも aujourd'hui ou demain; d'ici à demain.

こんめい 混迷 confusion *f*; désordre *m*; pêle-mêle *m inv*; trouble *m*; chaos *m*. ¶政局は～している (～の度を加えるばかりである) La situation politique est dans un chaos (ne fait que se compliquer). 現在の文学界はかなり～した状態にある La situation actuelle du monde littéraire est assez complexe.

こんもう 懇望 ¶～もだしがたく ne pouvant résister aux sollicitations pressantes.

こんもり ¶～と茂った森 forêt *f* touffue. ～と盛り上がった乳房 seins *mpl* arrondis (d'une rondeur parfaite).

こんや 今夜 ce soir *m*; cette nuit. ⇨ こんばん (今晩).

こんやく 婚約 fiançailles *fpl*. ～を祝う célébrer ses fiançailles. ¶～する se fiancer à (avec). ‖～期間 fiançailles. ～者 fiancé(e) *m(f)*; promis(e) *m(f)*.

こんゆう 今夕 ce soir. ～8時に ce soir à huit heures.

こんよく 混浴 ‖～場 salle *f* de bain pour hommes et femmes.

こんらん 混乱 désordre *m*; confusion *f*; trouble *m*; tohu-bohu *m inv*; pêle-mêle *m inv*; [精神的] désarroi *m*; embarras *m*; affolement *m*; égarement *m*; [社会的] anarchie *f*; pagaïe *f*; perturbation *f*;《俗》embrouillamini *m*. 経済界の～ anarchie du monde des affaires. 政治の～ pagaïe politique. ～を収拾する réprimer les désordres. ¶～する se troubler; s'embrouiller; s'emmêler; s'enchevêtrer; se désordonner; se compliquer; [心が] perdre la raison (la tête); s'affoler; s'égarer. 頭が～している avoir la cervelle embrouillée. ～させる mettre le désordre dans *qc*; perturber *qc*; brouiller *qc*; troubler *qn*. 全てを～させる mettre tout sens dessus dessous. ～した confus; troublé; désordonné. ～している être en désordre (en pagaïe, en désarroi). ストで交通が～している La grève perturbe les transports. 嵐のため電話回線が～している La tempête a perturbé les communications téléphoniques. それらの記憶が僕の頭の中で全く～している Tous ces souvenirs sont très confus dans ma tête. ‖戦争の～期 temps *mpl* troublés de la guerre.

こんりゅう 建立 édification *f*; construction *f*; érection *f*; élévation *f*. 御堂の～ érection d'une chapelle. ¶～する édifier; ériger; élever; construire; bâtir.

こんりんざい 金輪際 jamais de la vie. 彼には～会うまい Je ne le reverrai plus jamais.

こんれい 婚礼 noces *fpl*. ⇨ けっこん (結婚).

こんろ 焜炉 réchaud *m*. ‖電気(ガス, 石油)～ réchaud électrique (à gaz, à pétrole).

こんわかい 懇話会 causerie *f*.

こんわく 困惑 embarras *m*; ennui *m*; confusion *f*; trouble *m*. ⇨ とうわく (当惑). ¶～する être embarrassé; être troublé. 思わぬ人からプロポーズされて私は～した Le garçon auquel je pensais le moins m'a demandée en mariage; j'en ai été toute confuse.

さ

さ 差 différence *f*; [へだたり] écart *m*; [不均衡] inégalité *f*; disparité *f*. 需要と供給の～ inégalité entre l'offre et la demande. 値段の～ écart de prix. 年齢による～ différence d'âge. 給料の～ disparités de salaires. 寒暖の～が激しい Il y a de grands écarts de température. 月によって収入の～がある Mon revenu varie suivant les mois. あの選手は日によって好不調の～がある Ce joueur a ses bons et ses mauvais jours. 両チームは力の～が殆んどない Ces deux équipes jouent égal. ～をつける [差別する] faire des différences. 自分の生徒の取扱いに～をつけてはいけない Il ne faut pas faire de différences entre ses élèves. ¶3点～で勝つ gagner un match de trois points. 10票の～で当選する être élu avec une majorité de dix voix. 首の～で勝つ [競馬] gagner d'une encolure. 鼻の～で勝つ devancer du nez.

ざ 座 [席] place *f*; siège *m*. 議長の～ fauteuil *m* présidentiel. 司教の～ chaire *f* épiscopale. ～につく prendre place; se placer. 権力の～につく parvenir au pouvoir. ～を白けさせる jeter un froid dans l'assemblée. ～を立つ se lever [de son siège]. ～を賑わす amuser le tapis. ～を外す sortir d'une pièce; quitter la pièce. ◆[黄道十二宮の] signe *m* du zodiaque. ¶あなたは何の～の生れですか Quel est votre signe du zodiaque?

さあ Allons (Allez)!/ Tenez (Tiens)!. ～この傘をどうぞ Tenez, prenez ce parapluie. ～出かけよう Allons (Eh bien), partons! ～召し上って下さい Servez-vous, je vous prie. ～やっと終わった Ouf! Enfin c'est fini. ～やろう Allons-y! ～行くぞ Ouf! nous y voilà! ◆[当惑] Oh!/Mon Dieu! 困った Ça, c'est embêtant. ～どうしよう Mon Dieu! que faire?

サーカス cirque *m*.

サーキット autodrome *m*.

サークル club [klœb] *m*; groupe *m*; cercle *m*. ～の会員 membre *m* d'un cercle. ‖文学(芸)～ cercle (groupe) littéraire.

ざあざあ 水を～掛ける verser abondamment de l'eau. 水道の水を～出す faire jaillir violemment de l'eau du robinet. 雨が～降る Il pleut à verse. ‖～降りの雨 pluie *f* battante.

サージ [布地] serge *f*. ～の制服 uniforme *m* en serge.

サーチライト projecteur *m*. ～場 terrain *m* de football.

サーディン [オイル～] sardines *fpl* à l'huile.

サーバー [テニスなどの] serveur(se) *m*(*f*).

サービス service *m*. この店は～が良い On est bien servi dans ce magasin. これは～です C'est gratuit. ～エース [テニス] ace [εs] *m*. ～エリア aire *f* de service. ～ステーション station(s)-service *f*. ～ライン [テニス] ligne *f* de service. ～料 service *m*. ～料込みで service compris.

サーブ [テニスの] service *m*. ～をする servir; lancer une balle de service. ‖～ミス faute *f* de service.

サーフィン surf *m*; planche *f*. ¶～をする faire de la planche.

サーフボード surf *m*.

サーブル [スポ] sabre *m*.

サーベル sabre *m*. ¶～で斬る sabrer.

サーボ ～機構 servomécanisme *m*. ～ブレーキ servofrein *m*. ～モーター servomoteur *m*. ～弁 servovalve *f*.

サーモグラフィー thermographie *f*.

サーモスタット thermostat *m*. ～付きオーブン four *m* à thermostat.

サーモン ‖スモーク～ saumon *m* fumé. ～ピンクの saumon *inv*; saumoné(e).

サーロイン aloyau(x) *m*. ～ステーキ bifteck *m* dans le filet (le faux-filet).

さい 再 さ(差).

さい オ [素質] talent *m*; disposition *f*; don *m*; génie *m*; [才智] génie. 事務の～がある avoir la bosse des affaires. 彼には音楽の～がある Il est doué pour la musique. 彼には絵の～がある Il a du génie pour la peinture. ～に溺れる être victime de *son* talent. ～をたのむ avoir trop de confiance en *ses* propres talents. ～～～走った人 personne *f* sagace.

さい 歳 ～何ですか Quel âge avez-vous? 20～です J'ai vingt ans./Je suis âgé de vingt ans. 10～の子供 enfant *mf* âgé(e) de dix ans. 私は来年30～になる L'année prochaine j'aurai trente ans.

さい 犀 rhinocéros *m*.

さい 際 [この～] en cette occasion; dans cette circonstance./dans l'état actuel (présent); maintenant; vu l'état des choses. この～ひとこと言わせてもらおうか Puisque l'occasion se présente, j'ai deux mots à vous dire. こんなだから仕方がない Nous n'avons pas d'autres moyens en pareilles circonstances. 出掛けようとした～に彼がやって来た Au moment où j'allais partir, il est arrivé. 娘の結婚～して à l'occasion du mariage de ma fille. 父の出発～して au moment du départ de mon père. 火急の～には en cas d'urgence.

さい 骰子 (dé) *m*. ～を振る agiter les dés; [投げる] jeter les dés. ～は投げられた Les dés sont jetés. ¶～の目 points *mpl* d'un dé. ～の目に切る couper *qc* en petits cubes (en morceaux cubiques). ～筒 cornet *m* à dés.

さい 再― re-; ré-.

ざい 在 [田舎] province *f*; [付近] banlieue *f*. 私はこの町の～の～に住んでいる J'habite dans la banlieue de cette ville. ‖ ◆[滞在] 彼は～日 (仏) 中です Il est maintenant au Japon (en France). ～日中に pendant *son* séjour au Japon. ～仏邦人 résidents *mpl* japonais en

ざい 財 [財産] fortune f; biens mpl; propriété f; [富] richesses fpl. ~を成す faire fortune; se faire une fortune; s'enrichir.

-ざい 罪 [違警~] contravention f. 軽犯~ délit m. 重~ crime m.

さいあい 最愛 ¶~の bien-aimé; chéri; très cher(ère). 我が~の妻 ma femme chérie.

さいあく 最悪 ¶~の le (la) pire; le (la) plus mauvais(e). ~の事態になった Le pire est arrivé./C'est le pire qui puisse arriver. ~の事態に立ち至る être réduit aux extrémités. ~の場合に備える parer au pis. ~の場合には au pis aller. ~の場合を覚悟する s'attendre au pire. ~の場合を考える mettre les choses au pis. 景気はこれまでなく~になりそうだ L'activité du marché risque d'aller pis que jamais.

ざいあく 罪悪 crime m; [宗教上の] péché m. ‖~感 sens m du péché; sentiment m de culpabilité. ~感を覚える se sentir coupable.

ざいい 在位 ¶~する régner; être sur le trône. ~20年にして après avoir régné pendant vingt ans; après les vingt ans de son règne. ‖~中に sous (pendant) le règne de.

さいいんざい 催淫剤 aphrodisiaque m.

さいえき 再役 ¶~軍人 rengagé m.

さいえん 再演 reprise f; deuxième représentation f. 芝居の~ reprise d'une pièce. ¶~する reprendre à la scène; représenter à nouveau; jouer de nouveau.

さいえん 再縁 ⇨ さいこん(再婚).

さいえん 才媛 femme f de talent. 彼女は~の誉れが高い Elle est très connue pour son talent.

さいえん 菜園 jardin m maraîcher. ‖~経営者 jardinier(ère) m; maraîcher(ère) m(f). ~栽培 culture f maraîchère.

サイエンス science f. ‖~フィクション science(s)-fiction(s) (SF) f.

さいか 最下 ¶~位に落ちる déchoir au dernier rang. ~級にランクされる être classé au dernier rang. ~級品 article m de moindre qualité. 社会の~層 bas-fonds mpl (classe f la plus basse) de la société.

さいか 裁可 sanction f impériale (royale). ~を仰ぐ demander la sanction impériale. ¶~する sanctionner; donner sa sanction à. 法案を~する sanctionner un projet de loi.

ざいか 罪科 crime m; [宗教上の] péché m; [刑罰] peine f. 重い~を課する condamner qn à de peines graves.

さいかい 再会 retrouvailles fpl. ~を祝う fêter ses retrouvailles. ~を祝って一杯やろう Arrosons ces retrouvailles! ~を約束する promettre à qn de se revoir. ¶~する revoir; se revoir; retrouver; se retrouver. 20年ぶりで~する revoir qn après vingt ans de séparation. 私は生長した彼と~した Je l'ai retrouvé grandi.

さいかい 再開 reprise f; réouverture f; recommencement m; [休暇後の] rentrée f. 劇場の~ réouverture d'un théâtre. 交渉の~ reprise des négociations. 授業の~ rentrée des classes. 議会の~ rentrée parlementaire. ¶~する reprendre; recommencer. 交渉を~する reprendre des négociations. 講義は来月~される Les cours reprendront le mois prochain.

さいがい 災害 désastre m; calamité f; fléau (x) m. ~を蒙る subir un désastre. ‖~救助 aide f aux victimes. ~対策 mesures fpl contre les accidents. ~地 lieux mpl du sinistre; district m sinistré. ~保険 assurance f contre les accidents. ~補償 indemnisation f des sinistrés.

ざいかい 財界 [経済界] monde m économique; [金融界] finance f; monde m de la finance. ~の大立物 magnat m de la finance. ~に入る entrer dans la finance. ‖~人 financier m; [集合的に] finance f.

ざいがい 在外 ¶~の résidant à l'étranger. ‖~研究生 chercheur(se) m(f) à l'étranger. ~資産 fonds mpl à l'étranger. ~商社 maison f de commerce à l'étranger. ~邦人 Japonais mpl à l'étranger.

さいかいもくよく 斎戒沐浴 ¶~する faire ses ablutions.

さいかく 才覚 [能力] ressources fpl; [金の工面] expédients mpl. 金の~をする trouver des expédients. 何かの~をして暮す vivre d'expédients. ¶~のある人 [敏腕家・工面の巧い人] homme m de ressources.

ざいがく 在学 ¶~している être à l'école; [大学に] être inscrit à l'université. あなたはどこの学校に~しているのですか Quelle école fréquentez-vous? ‖~期間 durée des études. ~証明書 certificat m de scolarité. ~生 [小, 中学校] écolier(ère) m(f); [高校] lycéen(ne) m(f); [大学] étudiant(e) m(f). ~中に pendant ses études scolaires; pendant le temps qu'on était à l'école.

さいかくにん 再確認 ¶~する réaffirmer; s'assurer de nouveau. ...の考えを~する s'assurer des intentions de qn.

さいがつ 早月 [植] févier m.

さいかん 再刊 réimpression f; réédition f; reprise f de la publication. ¶~する réimprimer; faire un nouveau tirage; rééditer; recommencer à publier.

さいかん 才幹 ⇨ さいのう(才能).

さいかん 債鬼 ‖~に責められる être harcelé par son créancier.

さいき 再帰 ‖~動詞(代名詞) verbe m (pronom m) réfléchi.

さいき 再起 rétablissement m; relèvement m. ¶~する se rétablir; se relever. ~不能である être perdu.

さいき 才気 ¶~ある avoir de l'esprit. ~をてらう faire de l'esprit. ~のある人 personne f d'esprit. ~溢れた spirituel(le); plein d'esprit. ~に溢れた講演 discours m pétillant d'esprit (plein d'esprit). ~煥発 vivacité f d'esprit. あの人は~煥発だ Il a de la vivacité d'esprit./Il a l'esprit vif.

さいぎ 猜疑 ¶~の目で見る regarder avec méfiance; porter un regard soupçonneux sur qn. ‖~心 soupçon m; méfiance f. ~心

さいきょ が強い être soupçonneux(se); être méfiant; d'un naturel méfiant.

さいきょ 再挙 nouvelle tentative f. 〜を図る tenter de se relever.

さいきょう 最強 ¶〜の le (la) plus fort(e). 〜のチーム(軍隊) équipe f (armée f) la plus forte.

ざいきょう 在京 ¶〜の友人 ami m qui habite à Tokyo. ǁ〜中に pendant son séjour à Tokyo.

さいきょういく 再教育 rééducation f. 〜を受ける subir une rééducation. ǁ〜する rééduquer.

さいきん 最近 récemment; nouvellement; ces derniers temps. 〜5年間 pendant ces cinq dernières années. 〜彼に会わない Je ne le vois pas ces derniers temps. 彼女は〜結婚した Elle s'est mariée récemment. 彼は〜着任した Il est nouvellement arrivé. 〜、〜 dernièrement; depuis peu. 彼はついこ引越した Il a déménagé depuis peu. ¶〜の récent; dernier(ère); de nouvelle (fraîche) date. 〜のニュース dernières nouvelles fpl. 〜の発見 découverte f récente. 〜得た知識 acquisition f de fraîche date. 〜まで jusque tout récemment; il y a peu de temps.

さいきん 細菌 [バクテリア] microbe m; bactérie f; [桿状の] bacille m. ¶〜の bactérien(ne); microbien(ne). ǁ〜学 bactériologie f; microbiologie f. 〜の bactériologique. 〜学者 bactériologiste mf. 〜検査 analyse f bactériologique. 〜戦争(兵器) guerre f (arme f) bactériologique. 〜培養 culture f microbienne.

ざいきん 在勤 ¶〜する travailler; être de (en) service. ⇨ きんむ(勤務).

さいく 細工 façonnage m; façonnement m. この品は〜がよい Cet article est bien travaillé. これは見事な〜 C'est un ouvrage magnifique. ǁ〜[を]する façonner; travailler. 大理石を〜する façonner du marbre. 貝から〜 coquillages mpl. ガラス〜 articles mpl de verre; verrerie f. 金銀〜 orfèvrerie f. 竹〜 ouvrage m en bambou. 宝石〜 bijouterie f. 〜品 ouvrage m (article) façonné. ◆[策略] artifice m; ruse f. 〜は流々仕上げを御覧じろ Faites-moi confiance et vous verrez que tout ira bien. ¶〜[を]する user d'artifice. 勘定に〜をする falsifier une addition. 陰で〜をする intriguer; comploter. 彼は陰で何やら〜をしている Il complote quelque chose. 小〜 finasserie f.

さいくつ 採掘 extraction f; [開発] exploitation f. 川砂の〜 extraction du sable de rivière. ¶〜する extraire; exploiter. 石切り場から石を〜する extraire la pierre d'une carrière. 新しい鉱山を〜する exploiter une nouvelle mine. ǁ〜権 concession f minière.

サイクリング cyclisme m. 〜に行く faire du vélo.

サイクル cycle m. ¶周波数3キロの音波 ondes fpl d'une fréquence de 3 kilo-hertz. 50〜の電流 courant m électrique à 50 cycles par seconde (à 50 hertz). 4〜のエンジン moteur m à quatre temps. ǁ[情報] メモリー〜 cycle m mémoire. 〜タイム cycle de base.

サイクロトロン cyclotron m.

サイクロン cyclone m.

さいぐんび 再軍備 réarmement m; remilitarisation f. ¶〜する réarmer; remilitariser.

さいけいこく 最恵国 nation f la plus favorisée. ¶〜条款 clause f de la nation la plus favorisée. 〜待遇を与える traiter un pays comme la nation la plus favorisée.

さいけいれい 最敬礼 ¶〜する faire une salutation respectueuse.

さいけつ 採決 vote m. 〜の結果は賛成20、反対10だった Le résultat du vote était vingt oui contre dix non. 〜に入る aller aux voix. ¶〜する voter. 挙手(起立)で〜する voter à main levée (par assis et levé).

さいけつ 採血 prise f (prélèvement m) de sang. ¶腕から〜する faire une prise de sang au bras.

さいけつ 裁決 décision f. 〜を仰ぐ solliciter le jugement de qn. ¶〜する donner (prononcer) une décision. ǁ〜権 droit m de décision; [賛否同数の時の] voix f prépondérante.

さいげつ 歳月 temps m. 10年が過ぎた Dix ans ont passé. 〜人を待たず«Le temps (La marée) n'attend personne.»

サイケデリック psychédélique. 〜な絵(音楽) peinture f (musique f) psychédélique.

さいけん 債券 [titre m d']obligation f. 〜を発行する émettre des obligations. ǁ国庫〜 bon m du Trésor. 電話〜 obligation des P. et T. 無記名〜 obligation au porteur. 6分利付〜 obligation à six pour cent. 〜所有者 obligataire mf.

さいけん 債権 créance f. ǁ〜国 nation f créancière. 〜者 créancier(ère) m(f). 〜者に追いかけられる être poursuivi par ses créanciers. 〜者に支払う payer ses créanciers. 〜者会議 conférence f des créanciers. 〜譲渡 cession f de la créance.

さいけん 再建 [建物, 町の] reconstruction f; [国家, 経済などの] redressement m; rétablissement m. 財政の〜に乗り出す entreprendre le rétablissement des finances. ¶〜する reconstruire; rétablir; redresser. 国を〜する redresser une nation.

さいげん 再現 reproduction f. ¶〜する reproduire; faire renaître. 絵画によって自然を〜する reproduire la nature par la peinture. 往年の黄金時代を〜する faire renaître l'âge d'or.

さいげん 際限 ¶〜のない sans bornes (limites); illimité. 〜がない être sans bornes (limites); être illimité; ne pas avoir de bornes; dépasser les bornes. 彼の野心には〜がない Ses ambitions dépassent les bornes./Ses ambitions ne connaissent pas de bornes. これはいつまで議論しても〜がない C'est une discussion à n'en plus finir. 〜なく sans fin; à l'infini; interminablement; 〜な

ざいげん 財源 ressources *fpl* financières; ressources; [資金] fonds *m*. ～が豊富である posséder des richesses. ～が許す限り autant que ses ressources lui permettront. ～に窮する être à court de (manquer de) ressources.

さいけんさ 再検査 nouvel examen *m*; nouvelle inspection *f*. ～する réexaminer; examiner de nouveau; revoir.

さいけんとう 再検討 révision *f*; réexamen *m*; reconsidération *f*. このプランは～を要する Ce projet doit être révisé. ¶～する réviser; réexaminer. テキストを～する réexaminer un texte. ～した後 après réexamen.

さいこ 最古 ¶～の le (la) plus ancien(ne).

さいご 最期 fin *f*; [行列の] queue *f*. 彼は～から3番目の車両にいる Il est dans la troisième voiture à partir de la queue. ¶～の dernier(ère); final; ultime. ～の試みをする faire une ultime tentative. ～の5分間 les cinq dernières minutes. ～の仕上げをする mettre la dernière main à *qc*. ～の授業 leçon *f* (classe *f*) dernier(ère) *m*(*f*). ～の審判 jugement *m* dernier. ～の一切れ [器に残った] morceau *m* honteux. ～の努力をする faire un dernier effort. ～の瞬間に au dernier moment. ～の手段として en dernière ressource. ～に en dernier lieu; finalement; enfin; à la fin; pour finir; le (la) dernier(ère). シーズンの～に à la fin de la saison. ～に来た人 le (la) dernier(ère) venu (e). 彼が～に到着した日 Il est arrivé le dernier. ～に一言申し上げたい Pour finir, je voudrais ajouter un mot. ～に彼に会ったのは秋の終りであった C'était à la fin de l'automne que je l'ai vu pour la dernière fois. ～まで jusqu'au bout; jusqu'à la fin. ◆[～度…していたら] ～出かけたら、彼は夜中にしか帰らない Une fois parti, il ne reviendra qu'à minuit.

ざいこ 在庫 stock *m*. ～がある(ない) être (manquer) en magasin. ～を抱えている avoir un stock de *qc*. ～をさばく écouler un stock. ¶～商品 marchandises *fpl* en magasin. ～調べ inventaire *m*. ～調べをする faire l'inventaire. ～品 stock; marchandises en magasin. ～リスト livre *m* de stock.

サイコアナリシス psychanalyse *f*.

さいこう 再興 relèvement *m*; rétablissement *m*. ¶～する relever; rétablir. 一家を～する relever sa maison; rétablir une famille.

さいこう 再校 deuxième épreuve *f*; [印] seconde *f*.

さいこう 再考 reconsidération *f*. ～の余地がない On n'a pas besoin d'y revenir. その件についてあなたに～をうながしたい Je voudrais vous pousser à reconsidérer cette affaire. この問題は～を要する On doit reconsidérer ce problème./C'est un problème à reconsidérer. ¶～する reconsidérer; repenser.

さいこう 最高 ¶～の le (la) plus haut(e); le (la) plus élevé(e); du plus haut degré; [至上の] suprême; [最大限の] maximum(s, maxima); maximal(aux). ～の水準に達する atteindre le niveau le plus élevé. これは～の出来栄えだ C'est le meilleur ouvrage. この車はアフリカでの売行きを示す C'est la voiture la plus vendue en Afrique. ～千ユーロ mille euros au maximum. ¶～温度 température *f* maximale. ～会議(機関) conseil *m* (organe *m*) suprême. ～価格 prix *m* maximum. ～寒暖計 thermomètre *m* à maxima. ～権 suprématie *f*. ～裁判所 Cour *f* suprême. ～司令官 commandant *m* en chef. ～速度 vitesse *f* maximum. ～点で当選する être élu le plus grand nombre des voix. 試験で～点をとる obtenir la meilleure note à l'examen. ～度に au plus haut point; au suprême degré. ～度に能力を発揮する déployer (montrer) tous ses talents. ～利潤 rendement *m* maximum.

さいこう 採光 éclairage *m*.

さいこう 採鉱 abattage *m*; extraction *f* minière. ¶～する extraire des mines. ‖～夫 mineur *m* de fond.

さいこう 砕鉱 bocardage *m*. ¶～する bocarder.

ざいこう 在校 ¶～生 élèves *mfpl* présents. ～生を代表して au nom de tous les élèves.

ざいごう 在郷 ¶～軍人 ancien combattant *m*. ～軍人会 association *f* des anciens combattants.

さいこうちょう 最高潮 sommet *m*; apogée *m*; zénith *m*; [苦痛・激情] paroxysme *m*. 怒り(苦痛)は～に達した La colère (La douleur) a atteint son paroxysme./La colère (La douleur) était à son comble. ‖ 祭(選挙戦)は今が～だ Maintenant, la fête (la campagne électorale) bat son plein.

さいこうふ 再交付 ¶旅券の～を申請する demander la délivrance d'un nouveau passeport. 身分証明書を～する délivrer une nouvelle carte d'identité.

さいこうほう 最高峰 point *m* culminant. アルプスの～ point culminant des Alpes; le plus haut sommet des Alpes./[比喩的に] ¶文壇の～ le plus éminent des hommes de lettres. 音楽界の～ le plus grand maître dans le monde musical.

サイコキネシス psychokinésie *f*.

さいこく 催告 sommation *f*. ～する sommer. 債務者を～する sommer un débiteur.

サイコセラピー psychothérapie *f*.

さいごつうちょう 最後通牒 ultimatum *m*. ～を出す adresser (envoyer) un ultima-

さいによう 再雇用 remploi *m*; réemploi *m*. ¶~する remployer; réemployer.

さいころ 骰子 ⇨ さい(骰子, 賽).

サイコロジー psychologie *f*.

さいこん 再婚 remariage *m*. ¶~する se remarier avec.

さいさい 再々 ⇨ さいさん(再三).

さいさき 幸先 ¶~が良い(悪い) Cela commence bien (mal)./C'est de bon (mauvais) augure. ~の良いスタートを切る faire des débuts prometteurs. ~良く(悪く) sous les meilleurs (de malheureux) auspices.

サイザルロープ〚植〛agave *m* d'Amérique.

さいさん 再三 ¶~を再四 à plusieurs reprises; maintes (plusieurs) fois. ~を再四お願いする demander plusieurs fois; réitérer *sa* demande.

さいさん 採算 ¶~が合う(とれる) être rentable; être rémunérateur(trice). それでは~が合わない C'est peu rentable. ~がとれる仕事 affaire *f* rentable. ~独立制 autofinancement *m*; autonomie *f* financière.

ざいさん 財産 bien *m*; fortune *f*; richesses *fpl*; propriété *f*; [世襲の] patrimoine *m*. ~がある avoir de la fortune. ~を差押える saisir des biens. 全~を遣う dépenser tout *son* bien (toute *sa* fortune). ~を継ぐ hériter d'une fortune. ~をためる accumuler des richesses. ~をつくる faire fortune. ~目当の結婚をする faire un mariage d'intérêt. 私有(公有, 国有)~ bien privé (public, d'État). ~家 homme *m* fortuné. ~管理 gestion *f* des biens. ~差押え saisie *f* des biens. ~譲渡 transmission *f* de biens. 〔債権者への〕cession *f* de biens. ~税 impôt *m* sur la fortune. ~目録 inventaire *m*.

さいし 妻子 *sa* femme et *ses* enfants. ~を養う nourrir *sa* famille. ¶~のある男 père *m* de famille.

さいし 才士 homme *m* de talent; homme d'esprit. «~才に溺れる» «Trop d'esprit nuit.»

さいし 祭司 officiant *m*.

さいし 祭祀 office *m*. ¶~を執り行なう officier; célébrer un office. ‖~料 honoraire *m* d'office.

さいじ 細字 écriture *f* fine.

さいしあい 再試合 match *m* rejoué. ¶~を行なう rejouer (refaire) un match (une rencontre).

さいしき 彩色 coloriage *m*. ¶~する colorier; peindre. ~した colorié.

さいしけん 再試験 examen *m* de repêchage. ¶~をする(受ける) faire (passer) un examen de repêchage.

さいじつ 祭日 jour *m* de fête; [休日] jour férié; [国民的祝日] fête *f* nationale.

ざいしつ 材質 matière *f*; matériau *m*.

さいして 際して ⇨ さい(際).

さいしゅ 採取 extraction *f*. ¶~する extraire. 川砂を~する extraire du sable d'une rivière. 血液を~する faire une prise de sang.

さいしゅう 最終 ¶~の dernier(ère); final(s);

~的 définiti(ve). 論争に~的結論を下す apporter la conclusion définitive d'un débat; mettre le point final à un débat. ~的に finalement; définitivement. ‖~駅 terminus *m*. ~回〔演劇〕dernière séance *f*; 〚スポ〛dernière manche *f*. ~楽章 mouvement *m* final. ~決定 décision *f* définitive. 交渉の~段階 phase *f* d'une négociation. ~列車に乗る prendre (attraper) le dernier train.

さいしゅう 採集 collection *f*; 〔植物〕herborisation *f*. ¶~する collectionner; faire collection; herboriser. 資料を~する recueillir des documents. ‖~家 collectionneur(se) *m(f)*. 植物~家 herboriste *mf*.

ざいじゅう 在住 ¶~する résider; habiter. 日本に5年以上~する者 personne *f* qui habite au Japon depuis plus de 5 ans. ‖パリ~の友人 ami *m* qui habite à Paris; ami domicilié à Paris. パリの日本人~residents *mpl* japonais à Paris.

さいしゅうしょく 再就職 ¶~する reprendre du travail; retrouver un emploi; 〚俗〛se recaser.

さいしゅつ 歳出 dépenses *fpl* annuelles; charges *fpl* de l'État.

さいしゅっぱつ 再出発 nouveau départ *m*. あなたの~を祝って乾杯しよう Portons un toast à votre nouveau départ. ¶~する repartir; recommencer. ~から~する repartir à zéro.

さいしょ 最初 commencement *m*; début *m*. ~から des le commencement; dès l'abord. ~から終りまで du début à la fin. ~から話して下さい Racontez-le depuis le début. 彼は~から馬鹿にしている Il me prend pour un idiot de toute façon. ~からそんなことは分っていた On l'a déjà prévu. ¶~の premier(ère); initial(aux); [初歩的] primaire; [原始的] primiti(ve). 月の~の日 le premier jour du mois. ~の三か月 les trois premiers mois. ~の段階では dans le stade primaire. ~に premièrement; d'abord; pour commencer. ~に着いたのは彼女だった C'est elle qui est arrivée la première. ~に彼女に会ったのは冬の初めだった C'était au commencement de l'hiver que je l'ai vue pour la première fois. ~は au commencement; au début; dans (pendant) les premiers temps; [元は] primitivement. 彼は~はしばらく黙っていた Au début, il est resté silencieux. この家は~はアパートだった Cette maison était primitivement un appartement.

さいじょ 才女 femme *f* d'esprit; femme de talent.

さいしょう 最小 ¶~の le (la) plus petit(e); minimum(s, minima); minimal(aux). ‖~限 minimum(s, minima) *m*. 被害を~限にとどめる réduire les dégâts au minimum. ~公倍数 le plus petit commun multiple (p. p.c.m.).

さいじょう 最上 ¶~の le (la) meilleur(e); excellent; de première qualité. ~の葡萄酒 le meilleur vin. これは~の品です C'est de première qualité./C'est un article de premier choix. ‖~級 [文法] superlatif *m*. ~

さいじょう 最上 rang m le plus élevé.
さいじょう 祭場 place f des fêtes.
さいじょう 斎場 place f des funérailles.
ざいじょう 罪障 péché m. ‖~消滅 absolution f.
ざいじょう 罪状 culpabilité f. 彼(彼女)の~は明白だ Sa culpabilité est évidente. ~を告白する confesser son crime. ~を取り調べる interroger qn sur un crime. ~を否認する nier sa culpabilité.
さいしょく 才色 ¶~兼備の belle et intelligente. 彼女も~兼備だ Elle est aussi belle qu'intelligente./Son esprit égale sa beauté.
さいしょく 菜食 ¶~の végétarien(ne). ~主義 végétarisme m. ~主義者 végétarien(ne) m(f). ~療法 régime m végétarien.
ざいしょく 在職 ¶~する occuper un poste; être en service; [在官] être en fonction. ~20年以上の人 personnes fpl qui ont plus de vingt ans de service. 私は~20年です J'ai vingt ans d'ancienneté dans mon emploi. ‖~期間 durée f de services. ~中 pendant la période de son service. ~年限 ancienneté f.
さいしん 再審 révision f. ~を申請する(命じる) demander (ordonner) la révision. ¶~する réviser un procès. ‖~請求 demande f en révision.
さいしん 最新 ¶~の tout nouveau (toute nouvelle); dernier(ère). ~の流行 dernière mode f. ~の技術 technique f de pointe. ~の情報 dernières nouvelles fpl. ‖~型自動車 voiture f dernier cri (du dernier modèle). ~流行のドレス robe f de la dernière mode.
さいしん 細心 ¶~の scrupuleux(se); minutieux(se). [慎重な] prudent. ~の注意を払う apporter une attention minutieuse. ~の注意して avec beaucoup de soin; minutieusement; avec une grande attention. ~の注意を以って事件を調査する examiner minutieusement une affaire. ~なまでの正確さ exactitude f poussée jusqu'au scrupule.
さいじん 才人 homme m de talent; [小器用な人] homme d'esprit.
サイズ [洋服] taille f; mesure f; [靴・手袋・帽子] pointure f; [家具類] dimension f. 帽子(襟)の~ tour m de tête (de cou). あなたの服の~はいくつですか Quelle taille portez-vous? あなたの靴の~はいくつですか ─ 42 です Quelle pointure chaussez-vous? ─ Je chausse du 42. ¶~を合せて買う acheter qc à sa taille (sa pointure).
さいせい 再生 [音, 映像の] reproduction f; [録音の] play-back m; [廃品の] rafistolage m. ¶音を~する reproduire un son. 廃品を~する rafistoler (remettre à neuf) un article usé. ‖~ゴム caoutchouc m régénéré.
◆ [動物の] régénération f. とかげの尾を~する La queue des lézards se régénère./Les lézards régénèrent leur queue.
さいせい 再製 reproduction f. ¶~する reproduire. ‖~品 article m de reproduction.
ざいせい 財政 administration f des finances; finances fpl. ~の建直し rétablissement m (redressement m) financier. 彼は~に通じている Il est versé dans les finances. ~を建て直す rétablir les finances. ¶~上の financier(ère). ~上の援助をあおぐ appeler une aide financière. 彼は~的に困っている Il a des embarras financiers. ‖赤字~ finances déficitaires (malsaines). 健全~ finances bien équilibrées (saines). 地方~ finances locales. ~家 financier m. ~学 science f financière. ~計画 programme m financier. ~資金 ressources fpl budgétaires. ~状態 état m des finances. ~状態が良い(悪い) Les finances sont en bon (mauvais) état. ~投融資 financement m d'État. ~危機に陥る tomber dans des embarras financiers. ~年度 année f financière. ~万針 politique f financière.
さいせいき 最盛期 apogée m; âge m d'or; [出盛り] saison f. ~に達する atteindre son apogée. ¶いま葡萄は~だ Maintenant c'est la pleine saison des raisins.
さいせいさん 再生産 reproduction f.
さいせいし 再生紙 papier m recyclé.
さいせき 採石 extraction f de la pierre. ‖~場 carrière f [de pierres].
ざいせき 在籍 ¶~する être inscrit à.
さいせつ 細説 explication f minutieuse. ¶~する expliquer en détail.
さいせん 再選 réélection f. ¶~する réélire. ~された議長 président m réélu. ‖~資格 rééligibilité f. ~資格がある rééligible.
さいせん 賽銭 obole f; aumône f. ~をあげる donner son obole. ‖~箱 tronc m.
さいぜん 最前 il y a quelques temps. ~から depuis quelques temps. ~申した通り comme je l'ai dit tout à l'heure.
さいぜん 最善 ¶~をつくす faire de son mieux; faire tous ses efforts. ¶~の le (la) meilleur(e). ~の策 le meilleur moyen.
さいせんきょ 再選挙 réélection f. ¶~を行なう procéder à la réélection.
さいぜんせん 最前線 front m. ¶~で闘う combattre au front.
さいせんたん 最先端 pointe f. 進歩の~に立つ(ある) être à la pointe du progrès. ‖~技術 technique f de pointe.
さいぜんれつ 最前列 premier rang m.
さいそく 催促 [督促] sommation f; mise f en demeure; [要求] réclamation f. 負債返済の~を受ける recevoir la sommation de payer une dette. ¶~する sommer; réclamer. 支払いを~する réclamer le paiement. 返事を~する sommer qn de répondre.
さいそく 細則 règlements mpl détaillés. ~を設ける fixer des règlements détaillés.
ざいぞく 在俗 ¶~の séculier(ère). ‖~司祭 prêtre m séculier.
サイダー limonade f.
さいたい 妻帯 ¶~する prendre femme; se marier. ~している avoir femme. ‖~者

さいたい 臍帯 cordon *m* ombilical. ‖〜血 sang *m* de (du) cordon ombilical. 〜血移植 transplantation *f* de sang de cordon ombilical.

さいだい 最大 ¶〜の le (la) plus grand(e); maximum(s, maxima); maxim*al*(*aux*). 世界〜の都市 la plus grande ville du monde. ‖〜圧力 pression *f* maximum (maxima). 〜限 maximum(s, maxima) *m*. 〜限に au maximum; autant que possible. 自己の地位を〜限に利用する profiter de *son* poste autant que possible. 〜公約数 le plus grand commun diviseur (p.g.c.d.). 〜出力（速力）puissance *f* (vitesse *f*) maximum. 〜多数の〜幸福 le maximum de bonheur du plus grand nombre. 〜風速 vitesse *f* record du vent.

さいだい 細大 ¶〜もらさず jusqu'aux moindres détails; minutieusement; sans rien négliger. 〜もらさず報告する rapporter *qc* jusqu'aux moindres détails (dans tous les détails).

さいたく 採択 adoption *f*. ¶〜する adopter.

ざいたく 在宅 ¶〜する être à la maison (chez *soi*). 御主人は家に〜ですか Votre mari est-il chez lui? ‖〜勤務 télétravail(*aux*) *m*.

さいたる 最たる sans pareil(le); qui n'a pas *son* égal. 彼(彼女)は欲張りの〜者 Son avarice n'a pas son égal(e). 彼は筆不精の〜者だ Il déteste écrire.

さいたん 最短 ¶〜の le (la) plus court(e). ‖〜距離 distance *f* la plus courte. 〜距離を行く prendre le chemin le plus court.

さいたん 採炭 extraction *f* de charbon. ‖〜夫 mineur *m*. 〜量 production *f* houillère.

さいだん 祭壇 autel *m*. ¶〜を設ける dresser (élever) un autel. ‖主〜 maître-autel *m*. 〜飾り parement *m* [d'autel].

さいだん 裁断 ［衣服の］coupe *f*; taille *f*. ¶〜する ［洋裁で］couper; tailler; ［製本で］massicoter; rogner; ［布, 革, 金属を］découper. ‖〜器 ［写真用］coupe-épreuves *m inv*. 〜機 ［製本用］rogneuse *f*; massicot *m*; ［布, 革, 金属の］découpeuse *f*. 〜工 ［製本の］rogneur(*se*) *m*(*f*); ［布, 革, 金属の］découpeur(*se*) *m*(*f*). 〜師 coupeur(*se*) *m*(*f*). ◆［断定］décision *f*; jugement *m*. ...の〜に任せる s'en rapporter à *qn*. 〜を仰ぐ soumettre *qc* à la décision de *qn*. 〜を下す décider; trancher sur. あなたの〜を待っています Je m'en rapporte à vous (à votre jugement).

ざいだん 財団 fondation *f*. ‖ロックフェラー〜 Fondation Rockefeller. 〜法人 fondation d'utilité publique.

さいち 才知 esprit *m*; intelligence *f*. ¶〜に富んだ plein d'esprit; spirituel(le); intelligent.

さいち 細緻 ¶〜な minutieux(*se*). 〜な研究 étude *f* minutieuse.

さいちゅう 最中 ¶仕事の〜である être en plein travail. 今は会議の〜だ Nous sommes en pleine séance du conseil. ...の〜に au milieu de.... 嵐の〜に au plus fort de l'orage; au cœur de la tempête. 寒さの〜に en plein froid. 彼は喧嘩のまっ〜にやって来た Il est arrivé au beau milieu (en plein milieu) de la querelle.

ざいちゅう 在中 ¶一万円〜の財布 portefeuille *m* contenant dix mille yen. ‖「写真〜」«Photographies.»「見本〜」«Echantillons.»

さいちょう 最長 ¶〜の le (la) plus long(gue). 世界〜の川 fleuve *m* le plus long du monde. ‖彼は〜不倒距離を出した Il a fait (réalisé) le meilleur saut.

さいちょうさ 再調査 réexamen *m*. ¶〜する réexaminer; examiner de nouveau. この事件は〜する必要がある C'est une affaire à réexaminer.

さいづち 才槌 ‖〜頭 crâne *m* allongé.

さいてい 最低 ¶〜の le (la) plus bas(se); ［最低限の］minimum(s, minima); minim*al* (*aux*). 〜の生活を営む vivre dans la dernière misère; mener une vie de chien. 彼は〜の奴だ C'est le dernier des vauriens. 〜に見積る estimer au minimum; au plus bas. 月に〜10万円はかかる Il faut au moins cent mille yen par mois. ‖全産業一律スライド制〜賃金 salaire *m* minimum interprofessionnel de croissance (SMIC). 保証〜賃金 salaire minimum interprofessionnel garanti (SMIG). 〜音〔楽〕basse(s)-contre *f*. 〜温度〔計〕température *f* minimum (thermomètre *m* à minima). 〜生活費 minimum *m* vital. 〜速度 vitesse *f* minimum. 〜賃金 salaire *m* minimum. 〜賃金を保証する garantir les bas salaires. 〜値段 prix *m* le plus bas. 〜料金 minimum de frais.

さいてい 裁定 arbitrage *m*; ［決議］décision *f*; jugement *m*. 〜の誤り erreur *f* d'arbitrage. 紛争の〜を仰ぐ soumettre un différend à l'arbitrage de *qn*. 〜する arbitrer; décider; trancher. 紛争を〜する arbitrer un conflit.

さいてき 最適 ¶〜な le (la) plus convenable (favorable); le (la) plus approprié(e); idéal; le (la) meilleur(e); optimum (s, optima); optim*al*(*aux*). 健康に〜な土地（環境）endroit *m* (milieu *m*) le plus approprié pour la santé. この避暑地 meilleure station *f* estivale. この村は〜の避暑地だ Ce village est idéal comme station estivale. 彼はこの職業に〜だ Il est fait (né) pour cette profession. ‖〜温度 température *f* optimum (idéale). 〜条件 optimum *m*.

さいてん 採点 notation *f*; note *f*; point *m*. 宿題の〜 notation des devoirs. 〜が甘い(辛い) être généreux (sévère) dans *ses* notations (*ses* points). 〜する noter; donner des notes; ［人物を評価する］évaluer *qn*.

さいてん 祭典 fête *f*.

サイト ［インターネット］site *m*.

さいど 再度 de nouveau; encore une fois; pour la deuxième fois. 〜試みる essayer de nouveau. ¶〜の deuxième; second; renouvelé. 〜の呼出 convocation *f* renouvelée; une autre (une nouvelle) convocation.

さいど 済度 salut m. ‖衆生を～する sauver tous les hommes (tous les êtres vivants). ～し難い incorrigible. 彼は～し難い愚か者だ Il n'y a pas de remède à sa bêtise.

サイド ‖キャンプ～ site m d'un camp. プールの～ bord m de la piscine. これはワン～ゲームだ C'est une partie inégale. ～カー side-car m. ～ビジネス travail(aux) m d'appoint. ～ブレーキ frein m à main. ～ミラー rétroviseur m [extérieur]. ～ライン ligne f de touche./[テニス] ligne f de côté simple (double)./[サッカーなど] バック～ lateral m. 左(右)～ arrière m latéral gauche (droit).

さいどく 再読 relecture f. ¶～する relire.

さいとつにゅう 再突入 ‖大気圏～ rentrée f atmosphérique.

サイドボード buffet m.

さいなむ 苛む torturer; tourmenter; dévorer. 嫉妬に～まれる être torturé par la jalousie. 悔恨の情に～まれる être dévoré de remords.

さいなん 災難 mésaventure f; accident m; [不運] malchance f; malheur m. 彼の身に～がふりかかった Il lui est arrivé un malheur. とんだ～だ Quel malheur! ～だと思って諦めなさい Prenez-le comme un mauvais rêve. ～に遭う subir une mésaventure; être victime d'un accident. ～を免れる échapper à un accident. ‖このところ～続きだ Ces jours-ci, j'ai eu une série de malchances.

ざいにち 在日 ‖～米軍 armée f américaine stationée au Japon.

さいにゅう 歳入 recettes fpl annuelles. ‖～総額 recettes globales.

さいにゅうがく 再入学 réadmission f à l'école. ¶～する être réadmis à l'école.

さいにん 再任 réinstallation f. ¶～する renommer (réinstaller) qn. ～される être renommé [dans son poste]. 彼は元の職に～された On l'a réinstallé (remis) dans son ancien poste.

さいにん 在任 ⇒ さいしょく (在職).

ざいにん 罪人 criminel(le) m(f); coupable mf; [宗教上, 道徳上の] pêcheur(eresse) m(f). ‖大～ grand(e) criminel(le); grand(e) pêcheur(eresse).

さいにんしき 再認識 nouvelle appréciation f. ¶～する avoir une nouvelle appréciation sur; apprécier (reconnaître) qc une fois de plus.

さいねん 再燃 ¶～する [問題が] revenir (être remis) sur le tapis.

さいねんしょう 最年少 ¶～の le (la) plus jeune. ‖～者 le plus jeune.

さいねんちょう 最年長 ¶～の le (la) plus âgé(e). ‖～者 le (la) plus âgé(e); l'aîné(e) m(f); doyen(ne) m(f) [d'âge].

さいのう 才能 talent m; génie m; [天賦の] don m. ～がある avoir du talent. ...する～がある avoir le don (le talent) de inf. 彼は数学の～がある Il est doué pour les mathématiques. ～をみがく cultiver son talent. ～を伸ばす développer son talent. ～を発揮する faire preuve de talent. ¶～のある de talent; doué. ～のある人 personne f de talent.

さいのめ 賽の目 ⇒ さい（骰子, 賽).

さいはい 采配 directives fpl. ...の～を振る commander; donner ses directives à qn. ～を仰ぐ recevoir des directives de qn.

さいばい 栽培 culture f. 花の～ culture des fleurs. ¶～する cultiver. ‖果樹～ culture fruitière. 促成～ forçage m; culture en serre. 促成～する cultiver par forçage. 同時～ polyculture f. ～法 méthode f de culture.

さいはつ 再発 ‖戦争の～ retour m de la guerre. 病気の～ récidive f; rechute f. ～する réapparaître; répéter; se rallumer; [病気が] récidiver; rechuter. 東南アジアで戦争が～した La guerre s'est rallumée dans le Sud-Est asiatique. 持病のリューマチが～した Mon rhumatisme a récidivé (ma reprise)./ J'ai fait une rechute de rhumatisme. 彼は癌が～して死んだ Il est mort d'un cancer récidivé. あんな事故はもう～しないだろう Un accident ne se répète plus. リューマチは～し易い Le rhumatisme est sujet à récidiver.

ざいばつ 財閥 trust m; [日本の] zaibatsu m inv. ‖～解体 démembrement m des zaibatsu.

さいはっけん 再発見 redécouverte f. ¶～する redécouvrir.

さいはっこう 再発行 ¶パスポートを～する délivrer (établir) un nouveau passeport.

さいはて 最果て confins mpl. ‖～の町 ville f aux confins.

サイバネティックス cybernétique f.

さいはん 再版 réimpression f; [二版] deuxième édition f. ¶～する réimprimer.

さいはん 再犯 récidive f; rechute f. ～の場合刑は加重される La récidive est une cause d'aggravation des peines. ～を繰り返す récidiver. ‖～者 récidiviste m(f).

さいばん 裁判 justice f; jugement m; [訴訟] procès m. この事件の～は5月に開かれる Cette affaire sera jugée en mai./Le procès de cette affaire sera ouvert en mai. あの～はいんちきだ La justice est à l'encan./C'est un procès truqué. 事件を～にかける(付する) porter une affaire devant le tribunal. 人を～にかける mettre qn en jugement. ～に勝つ (負ける) gagner (perdre) un procès. ～する juger. ‖軍事～ justice militaire. 欠席～ jugement par défaut. 秘密～ huis clos m. ～権 juridiction f. ～記録 dossier m. ～沙汰にする recourir à la justice. ～沙汰になる être porté devant le tribunal. その事件は～中だ Le procès de cette affaire est en cours. ～長 président m. ～費用 frais mpl judiciaires.

さいばんかん 裁判官 juge m; magistrat m; tribunal(aux) m; [集合] magistrature f assise. ～になる faire carrière dans la magistrature.

さいばんしょ 裁判所 tribunal (aux) m; palais m de justice; cour f de justice. ‖一審～ tribunal de première instance. 家庭～ tribunal des affaires familiales. 簡易～ tribunal de police. 高等～ cour d'appel. 最

高～ cour suprême. 地方～ tribunal de grande instance (d'arrondissement). 民（刑, 軍, 海）事～ tribunal civil (criminel, militaire, maritime). ～書記 greffier m. ～書記課 greffe m.

さいひ 採否 adoption f ou rejet m. ～を通知する informer qn s'il est admis ou non. 法案の～を決める voter un projet de loi.

さいひ 歳費 [議員の] indemnité f parlementaire; [年間出費] dépense f annuelle.

さいひつ 才筆 ¶～を振う avoir une belle plume féconde.

さいひょうか 再評価 réévaluation f; réestimation f; revalorisation f. ¶～する réévaluer; réestimer; revaloriser. 土地を～する réestimer un terrain. 古典主義を～する revaloriser (réhabiliter) le classicisme.

さいひょうせん 砕氷船 brise-glace m inv.

さいふ 財布 [入れ] portefeuille m; [小銭入れ] porte-monnaie m; [巾着] bourse f. ～の底をはたく dépenser jusqu'au dernier sou. ～の紐を締める (緩める) serrer (desserrer) les cordons de sa bourse. ～を預かる tenir les cordons de la bourse.

さいぶ 細部 détail m. ¶～にわたって説明する expliquer en détail; détailler qc. ～にわたって描く détailler qc. その画家は衣裳の襞まで～にわたって描いている Le peintre a détaillé tous les plis du vêtement.

さいふく 祭服 vêtement m sacerdotal.

さいぶそう 再武装 réarmement m. ¶～する réarmer.

さいぶん 細分 morcellement m; [極めて細く] émiettement m. ¶～する morceler; émietter. 田舎の地所を～する morceler la propriété rurale. ¶土地の～化 morcellement de la terre. 政治的～化 morcellement politique.

さいぶんかつ 再分割 subdivision f. ¶～する subdiviser.

さいべつ 細別 subdivision f. ¶～する subdiviser.

さいへんせい 再編成 réorganisation f. ¶～する réorganiser.

さいほう 裁縫 couture f. ～がうまい être bonne couturière. ～をする faire de la couture. ¶～箱 (籠, 台) boîte f (corbeille f, table f) à ouvrage. ～用具 mercerie f. ～用具店 mercerie. ～用具商 mercier(ère) m(f).

さいぼう 細胞 cellule f. ～の多核化 [神経] cellule nerveuse. 単核（多核）～ cellule à un seul noyau (à plusieurs noyaux). ～遺伝学 cytogénétique f. ～学 cytologie f. ～質 cytoplasme m. ～分裂 division f cellulaire. ◆[党の] cellule; noyau(x) m. 共産党の～ noyau m cellule communiste. ¶～工作 noyautage m. ～工作をする noyauter.

ざいほう 財宝 trésor m; richesses fpl.

さいほうそう 再放送 rediffusion f. ¶～する faire une rediffusion. この番組は次の火曜日に～されます Cette même émission sera rediffusée mardi prochain.

サイボーグ cyborg m.

サイホン siphon m. ～の原理 théorie f de siphon.

さいまつ 歳末 fin f d'année. ¶～大売出し vente-réclame f de fin d'année.

さいみつ 細密 ¶～な minutieux(se). ～な検査 examen m minutieux. ¶～画 miniature f. ～画家 miniaturiste m.

さいみん 催眠 ¶～術 hypnotisme m; magnétisme m. ～術にかける hypnotiser (magnétiser) qn. ～術にかけられる magnétisable. ～術の hypnotique; magnétique. ～術師 hypnotiseur(se) m(f); hypnotiste m(f); magnétiseur(se) m(f). ～状態 hypnose f. ～状態に陥る tomber dans l'hypnose. ～療法 cure f hypnotique.

さいむ 債務 dette f; obligation f; redevance f; 【商】 passif m. ～がある avoir une dette; être redevable à qn. ～を果たす s'acquitter de ses obligations (de ses dettes). ¶～国 nation f débitrice. ～者 débiteur (trice) m(f). ～不履行 inexécution f d'une obligation.

ざいむ 財務 finance f; affaires fpl financières. ¶～官 trésorier(ère) m(f). ～管理 administration f des affaires financières. ～行政 trésorerie f. ～局 bureau(x) m des finances. ～顧問 (理事) conseiller m (administrateur m) financier. ～省 Ministère m des Finances. ～長官 ministre m des Finances. ～部 service m de trésorerie.

ざいめい 罪名 crime m. ¶～の～で pour (de) crime de. あの人はどんな～で告発されたのか De quel crime est-il accusé?

さいもく 細目 détail m. ¶～にわたって en détail; dans tous les détails. ～にわたって調べる examiner qc dans tous ses détails. ¶授業～ programme m détaillé des cours.

ざいもく 材木 bois m. ¶建築用～ bois de construction. ～置場 chantier m de bois. ～屋 marchand(e) m(f) de bois.

ざいや 在野 ¶～の sans fonction officielle. ～の党 [parti m de l'opposition]; opposant m.

さいゆ 採油 extraction f de pétrole. ¶～する [石油を] extraire du pétrole; [動植物の油を] extraire de l'huile.

さいゆうしゅう 最優秀 ¶～賞 prix m du meilleur champion. ～選手 champion(ne) m(f) le (la) plus distingué.

さいよう 採用 [物の] adoption f; [人の] admission f; engagement m; [労働者の] embauchage m. ¶～する admettre; adopter; engager; prendre; embaucher. 新しい方法を～する adopter une nouvelle méthode. 当工場ではもう誰も～しない On n'embauche plus personne à l'usine. ¶仮に～する employer (prendre) qn à l'essai. ～の条件 condition f d'admission. ～試験 examen m (concours m) d'admission. ～人員 places fpl mises au concours. ～通知 lettre f d'engagement; [物の] avis m d'adoption.

さいらい 再来 retour m. 冬の～ retour de l'hiver. ◆[生れ変り] 彼はヒットラーの～だ C'est un second Hitler.

ざいらい 在来 ¶～の [普通の] ordinaire; courant; [伝統的な] traditionnel (le). ～の

ざいりゅう 在留 ¶日本~のフランス人 résidents mpl français au Japon. ‖~邦人 résidents japonais.

ざいりよう 再利用 [資源の] recyclage m. ¶廃品を~する recycler des déchets.

さいりよう 最良 ¶~の le (la) meilleur(e). ~の葡萄酒 le meilleur vin. ~の品 article m de premier choix. ~の方式 meilleure formule f. 生涯~の時期 la plus belle époque de la vie.

さいりょう 裁量 ¶…の~に任せる s'en remettre (s'en rapporter) au jugement de qn. そのことはあなたの~に任せます Je m'en rapporte à vous pour le faire. 私の~でやってもよろしいですか Puis-je le faire sous ma responsabilité?

ざいりょう 材料 matière f; matériaux mpl; [原料] matière première (brute); [小説, 論文などの] étoffe f; [データ] donnée f. 正確な報告を作るには~が不足だ Il manque de documents (de données) pour faire un rapport précis. 小説の~を集める rassembler la matière (les données, l'étoffe) d'un roman. 話の~を提供する fournir des sujets de conversation. ‖建築~ matériaux de construction. 写真~店 magasin m de fournitures (accessoires) photographiques. 悲観的の~ élément m défavorable. そのことに関しては悲観的の~はどこにも見当らない Rien ne permet de mettre en doute le succès de cette affaire. ~費 frais mpl de matériaux.

ざいりょく 財力 puissance f financière; [財源] capacité f financière; ressources fpl.

ザイル corde f.

さいるい 催涙 ¶~ガス gaz m lacrymogène. ~弾 obus m lacrymogène.

ザイルパーティー [登山] cordée f.

さいれい 祭礼 fête f.

サイレージ [農] ensilage m.

サイレン sirène f. 工場の~ sirène d'une usine. 昼の~ sirène annonçant midi m. 警戒警報の~ sirène d'alerte. ~を鳴らす donner un coup de sirène.

サイレンサー [消音器] silencieux m.

サイレント [~映画] film m muet.

サイロ silo m. ~に入れる ensiler.

さいろく 再録 ¶~する reproduire.

さいろく 採[載]録 ¶~する noter.

さいわい 幸 bonheur m; [幸運] chance f. 怪我だけですんだのは不幸中の~だった Ce qui me consolait, c'était que je m'en suis tiré avec une simple blessure. それはもっけの~だった C'était un bonheur inespéré. 何になるか分らない Le bonheur vient au hasard. お役に立てば~です Je serais heureux si cela vous rendait service. お怪我がなくて~でした Vous avez eu de la chance de ne pas vous blesser. ~に heureusement; par bonheur; par chance. 私にとって~なことに heureusement pour moi. これ~と profitant de l'occasion. 窓が明いているのをこれ~と泥棒が家の中に忍び込んだ En profitant d'une fenêtre ouverte, un voleur s'est introduit dans la maison.

サイン [署名] signature f; autographe m. 人気スターの~ autographe d'une vedette. ¶~する signer; mettre sa signature. 契約書に~する signer un contrat. ¶~入りブロマイド portrait m autographe. 著者の~入りの本 livre m dédicacé par l'auteur. ◆[合図] signe m. ~を送る faire signe à qn.

サイン [数] sinus m.

サインペン crayon m à feutre; feutre m.

ザウアークラウト [料理] choucroute f.

サウスポー gaucher(ère) m(f).

サウナ sauna m.

サウンドトラック piste f sonore.

さえ 冴え [頭の] perspicacité f; [腕の] maestria f; virtuosité f; [明晰さ] lucidité f. 頭(腕)の~を見せる faire preuve de perspicacité (maestria).

-さえ [すらも] même. 子供たちで~知っている Les enfants même (Même les enfants) le savent. 彼は下宿代~払えない Il n'a même pas de quoi payer sa pension. 彼はさようなら~言わずに出て行った Il est parti sans même dire au revoir. 彼は食べようと~しない Il ne veut même pas manger. ◆[だけ] seulement. 金~あればよい J'ai besoin seulement d'argent./Je n'ai besoin que d'argent. 必要なもの~あれば人は満足する Pourvu qu'on ait le nécessaire, on est content. 彼は暇~あれば本をよんでいる Chaque fois qu'il trouve du loisir, il lit un livre. …~すればいい n'avoir qu'à inf. あとは帽子をかぶり~すればいいんだ Je n'ai qu'à mettre mon chapeau. …~すれば pourvu que sub. やりたい事をさせてくれ~すればあなたの要求をきく J'accepte votre demande, pourvu que vous me laissiez faire ce que je veux. ◆[その上に] même; en plus; en outre. 寒い上に雪~降り出した Il faisait froid, et de plus il a commencé à neiger. 彼は遠慮深いばかりか臆病で~ある Il est réservé et même timide.

さえぎる 遮る [道断する] arrêter; barrer; intercepter; [邪魔する] empêcher; [中断する] interrompre. 視界を~ barrer la vue. 光を~ arrêter (intercepter) la lumière. 人の話を~ interrompre qn; couper la parole à qn. 岩が行く手を遮っている Des roches nous barrent la route./Des roches nous empêchent de passer. 樹々に遮られて山が見えない Les arbres nous empêchent de voir la montagne.

さえずり 囀り chant m; gazouillement m; [小鳥の] pépiement m.

さえずる 囀る chanter; gazouiller; pépier.

さえる 冴える [光, 色などが] ¶冴えた空 ciel m limpide. 冴えた鐘の音 son m limpide d'une cloche. 冴えた(冴えない)色 couleur f éclatante (terne). 冴えた(冴えない)音 son pur et clair (sourd). 冴えた夜空に星が降る Une myriade d'étoiles scintillent dans le froid du ciel nocturne. 月が冴えている Il fait un très beau claire de lune. あの鐘の音は冴えて

いる La cloche a un tintement clair. ◆【頭が働く・すっきりする】 ¶頭が～ avoir l'esprit clair. 気分が冴えない avoir la tête lourde. 顔色が冴えない avoir triste mine; avoir l'air sombre. 頭の冴えた人 personne f fine et perspicace. 彼の頭は冴えている Son esprit est clair (lucide)./Il a l'esprit clair. 今日は冴えている(いない) Ça marche (ne marche pas) aujourd'hui. 目は冴えてるよ Vous êtes en forme. ◆【腕前が】 ¶腕が冴えている avoir beaucoup de virtuosité. 腕の冴えた職人 artisan m à la main sûre. ◆【目が】 ¶目が冴えて眠れない ne pas trouver le sommeil.

さお 竿 perche f; gaule f; 【ボール】mât m; 【舟の】hampe f. ～で舟を進める faire avancer un bateau à la perche. ～で栗を落とす abattre des châtaignes avec une perche; gauler des châtaignes. ‖竹～ perche en (de) bambou. 釣～ gaule; canne f à pêche.

さおばかり 竿秤 balance f romaine.

さか 坂 pente f; 【年齢の】cap m. ゆるやかな(急な)～ pente douce (rapide). ～を上る(下る) monter (descendre) une pente. ¶道は～になっている Le chemin est en pente. これから先は道は～になる Au delà le chemin va en pente. ～を下りきった所に au bas de la descente. ‖上り～ montée f. 下り～ descente f. ◆【比喩的に】 ¶五十の～を越える franchir le cap de la cinquantaine.

さか 茶菓 ～を供する servir du thé et des gâteaux.

さかい 境 【地所】détermination f; limite f; délimitation f; 【国境】frontière f. ～を決める déterminer; définir les bornes; délimiter. 地所の～を決める déterminer la propriété de qn. 生死の～をさまよう être entre la vie et la mort. ～を接する être contigu(ë); se toucher. 彼の家は私の家と～を接している Sa maison est contiguë à la mienne. ¶～の【境界の】mitoyen(ne). 庭の～にある塀 mur m mitoyen qui sépare les jardins.

さかいめ 境目 limite f. あの生垣は隣家の地所との～だ Ces haies servent de limite entre ma propriété et celle du voisin. 生きるか死ぬかの～だ Il s'agit de vivre ou de mourir.

さかうらみ 逆恨み ¶～する reprocher à qn sa gentillesse; réchauffer un serpent dans son sein. 彼は私を～している Il me reproche ma gentillesse./Il ne m'a pas payé de retour.

さかえ 栄え prospérité f; 【栄光】gloire f. 祖国に殉じた人々～あれ Gloire à tous ceux qui sont morts pour la patrie.

さかえる 栄える prospérer; fleurir. ルイ14世治下には諸芸術が栄えていた Sous Louis XIV, les arts fleurissaient. ¶栄えている港町が florissant. 彼の商売は栄えている Son commerce prospère (est florissant). 栄え行く御代 règne m florissant.

さがく 差額 différence f; supplément m; 【貿易】balance f. ～を支払う payer le supplément (la différence). ‖貿易～ balance f du commerce.

cave f 【à vin】.

さかげ 逆毛 épi m de cheveux.

さかご 逆子 enfant mf qui se présente par le siège.

さかさ[ま] 逆さ(逆様) ¶～に【反対の方向に】à (au) rebours; en sens inverse; 【裏表, 上下を逆に】à l'envers; 【前後を逆に】sens devant derrière. ～に落ちる tomber la tête la première. 着物を～に着る 【裏返しに】porter un kimono à l'envers. 額を～に掛ける tenir un cadre à l'envers. 世の中～じゃないか Dans ce monde, tout va à l'envers!

さがしあてる 捜(探)し当てる découvrir; trouver. ようやく～ finir par découvrir; dénicher. 私はようやく彼の住居を捜し当てた Finalement, j'ai pu trouver où il habitait.

さがしまわる 捜(探)し回る fouiller; chercher partout; 《俗》retourner. 家中を～ fouiller toute la maison; retourner toute la maison.

さがしもの 捜(探)し物 objet m perdu. 何かですか Cherchez-vous quelque chose?

ざがしら 座頭 directeur(trice) m(f) 【d'une troupe】.

さがす 捜(探)す chercher; rechercher; 【さぐる】fouiller. 子供を～ chercher son enfant. なくした本を～ chercher un livre perdu. 職を～ chercher un emploi. 部屋中を～ chercher dans sa chambre. 引出しの中を～ fouiller dans un tiroir. 手さぐりで～ chercher à tâtons. 草の根を分けても～ rechercher qn par tous les moyens. ベッドの下を探してごらん Regarde sous le lit. 私たちは一日中お互いを捜し合った Nous nous sommes cherchés toute la journée. ご自分の捜し方がまずいから見つからなかったのだ C'est parce que tu as mal cherché que tu ne l'as pas trouvé.

さかずき 盃(杯) coupe f; 【グラス】verre m. ～を飲み干す vider une coupe. ¶～を交しながら話をする bavarder autour d'un verre en partageant une bouteille.

さかせる 咲かせる faire fleurir. 菊を～ faire fleurir un chrysanthème. ◆【比喩的に】¶もうひと花～ avoir une deuxième jeunesse. 我々は思い出話に花を咲かせた On a parlé de bons vieux souvenirs.

さかだち 逆立ち ¶～する faire la verticale; 【頭をつけて】faire le poirier. ～したって君には出来やしない Tu as beau te démener, tu n'y arriveras jamais. ～して歩く marcher sur les mains.

さかだつ 逆立つ se hérisser. 二羽の雄鶏が闘っているとき, その羽毛は逆立っている Quand deux coqs se battent, leurs plumes se hérissent.

さかだてる 逆立てる 【毛, 羽を】hérisser; se hérisser; 【髪の毛を】rebrousser. 猫が怒って毛を～ Le chat hérisse ses poils de colère. 風が彼の髪の毛を逆立てた Le vent rebroussait ses cheveux.

さかだる 酒樽 tonneau(x) m 【de saké】. ～を抜く mettre un tonneau en perce.

さかて 逆手 【短刀を】～に持つ tenir un poignard la pointe en bas.

さかて 酒手 pourboire m. ～をはずむ donner

さかな 魚 poisson m. 白(赤)身の～ poisson à chair blanche (rouge). この池(川)には～が一杯いる Cet étang (Cette rivière) est très poissonneux (poissonneuse). この～は身がしまっている Ce poisson a une chair ferme. ～を食べる manger (prendre) du poisson. ～をつかまえる prendre (attraper) un poisson. ～を釣る pêcher du poisson. ¶水を得た～のようだ être comme un poisson dans l'eau. ‖～屋 poissonnerie; poissonnier(ère) m(f); [店] poissonnerie f.

さかな 肴 ¶キャビアを～に酒を飲る boire du saké avec du caviar. 友達の失敗談を～に酒を呑む Nous vidons une bouteille en l'assaisonnant de quolibets sur les malheurs d'un ami.

さかなで 逆なで ¶人の神経を～する prendre qn à rebrousse-poil.

さかね 座金 rondelle f; [指輪の] monture f.

さかねじ 逆捩じ ¶～をくわす riposter. 私は彼の抗議に～をくわせた J'ai riposté à sa protestation.

さかのぼる 遡る remonter. 川を～ remonter un fleuve. 源[流]まで～ remonter jusqu'à la source. 法律の効力は原則として過去に遡らない Les lois n'ont pas, en principe, d'effet rétroactif. ¶住居手当を4月まで遡って支給する allouer une indemnité de logement payable à partir du mois d'avril.

さかば 酒場 bistro m; bar m; café m. ～の亭主 patron(ne) m(f). ‖～音楽 café-concert m.

さかまく 逆巻く ¶～波 vagues fpl déchaînées; ʰhoules fpl orageuses.

さかみち 坂道 ⇨ さか(坂).

さかむけ 逆剥け envies fpl.

さかもり 酒盛 beuverie f; [宴会] festin m; bombance f. ～を開く avoir une beuverie; faire bombance.

さかや 酒屋 marchand m de saké (de liqueurs); magasin m de comestibles.

さかやけ 酒焼け ¶～した顔 trogne f rouge.

さかゆめ 逆夢 songe m mensonger. 『夢は～』«Songe, mensonge.»

さからう 逆らう ¶世論に～ aller contre l'opinion publique. 父権に～ se rebeller contre (désobéir à) l'autorité paternelle. 流行に～ réagir contre une mode; s'opposer à une mode. 誰ひとり敢て彼に逆らおうとしない Personne n'ose lui résister. ...に逆らって contre; à contre-courant. 流れに逆らって泳ぐ nager contre le courant. みんなの意見に逆らって contre l'avis de tous.

さかり 盛り [植物などの] [pleine] saison f; [暑さの] pleine chaleur f; [人生の] fleur f de l'âge. 菊も～が過ぎた La saison des chrysanthèmes est passée (finie). ～が過ぎた Il a passé le bel âge. ～の過ぎた女 femme f un peu mûre. いちごは今から～だ C'est maintenant la pleine saison des fraises./Maintenant les fraises sont de saison. 桜は今が～だ Les cerisiers sont en pleine floraison. 暑さの～に en pleine chaleur. 若い～に死ぬ mourir dans le bel âge. 彼は今が男～だ Il est maintenant en pleine force de l'âge. ◆[発情] rut m. ～がつく entrer (être) en rut. ¶～のついた犬 chien m en rut (en chaleur).

さかりば 盛り場 [歓楽街] quartier m des plaisirs; [繁華街] quartier fréquenté.

さがる 下る [垂れ下る] pendre; suspendre; être pendu (suspendu). ◆[低下する] baisser; descendre; diminuer; tomber; [品位, 値打ちが] s'avilir. 寒暖計が1度下った Le thermomètre est descendu d'un degré. 購買力が下った Le pouvoir d'achat a diminué. 値段が下って来た Le prix baissait. やがて熱も下るだろう La fièvre va tomber (baisser). 臆病さの故に彼の値打も下った Il s'avilit par sa lâcheté. ◆[後退する] reculer. 一歩～ reculer d'un pas. 下れ! Arrière!/Reculez! ◆[退出する] se retirer. もう下ってよい Vous pouvez vous retirer.

さかん 左官 officier m supérieur.

さかん 左官[屋] plâtrier m.

さかん 盛ん ¶～な [活発な] actif(ve); [熱心な] chaleureux(se); [旺盛な] vigoureux(se); énergique. ～な歓迎 accueil m chaleureux. ～な食欲 grand appétit m; appétit vigoureux. ～な政治活動 activité f politique très dynamique. ～な拍手を送る saluer qn d'applaudissements enthousiastes. ～である [隆盛である] être actif(ve); être développé; prospérer; fleurir; [流行している] être populaire; être à la mode; [旺盛である] être vigoureux(se). 意気～である avoir le moral élevé. わがチームの意気は～である Le moral de notre équipe est très haut. 食欲～である avoir un bon appétit. この港は外国貿易が～である Le commerce extérieur est très florissant (actif) dans ce port. 日本では野球が～だ Le base-ball est très populaire au Japon. 祖父は年齢の割にはまだまだ～だ Mon grand-père est encore vigoureux pour son âge. 昔は彼の商売も～だった Autrefois son commerce prospérait. ¶～に [熱心に] vivement; chaleureusement; [間断なく] sans cesse; [猛烈に] intensivement; avec véhémence. ～に議論する discuter vivement. ～に抗議をする protester avec véhémence. ～に宣伝する faire une publicité tapageuse. ～に練習する s'entraîner intensivement. 雪は～に降りしきっている La neige tombe dru. 子供達が～に小旗を振っていた Les enfants agitaient vivement un petit drapeau. 赤ん坊が～に手足を動かしている Le bébé remue sans casse ses membres. 彼は～に若い娘たちに取り入っていた Il s'empressait auprès des jeunes filles.

さがん 左岸 rive f gauche.

さがん 砂岩 grès m. ～[質]の gréseux(se).

さき 左記 ¶～の mentionné ci-dessous; susmentionné; qui suit. ～のように comme suit. ～の通りに (のように) 決める décider comme suit. その理由は～の通りである En voici la raison.

さき 先 [先端] bout m; extrémité f; [とがった] pointe f. 指の～ bout du doigt. 針の～ pointe d'une aiguille. ～がとがっている finir en pointe; avoir un bout pointu. ～が円く

なっている s'arrondir au bout; avoir un bout arrondi. ◆[順位] ¶～を争う disputer le pas à qn. 人の～を越す gagner qn de vitesse. ～に [前に] avant; [より早く] plus tôt; [先決的に] au préalable; préalablement; [前もって] d'avance; par avance. ～に支払う payer d'avance. ～に出発する partir en avant. ...より～に着く arriver avant qn; arriver plus tôt que qn. この問題を～に解決しよう Résolvons au préalable ce problème. ～に行かせる céder le pas à qn. お～にどうぞ Veuillez passer devant. お～に失礼します Excusez-moi de me retirer si tôt. ～を争って逃げ出す s'enfuir à qui mieux mieux. ～ [前方] avant; loin. これからは～は泳がなければならない Au delà il faut nager./Il faut nager à partir d'ici. もう～は見えた On voit le bout. ～を急ぐなよ [結論に] Ne te hâte pas de conclure. そう～を急がなくても今すぐ話します Patientez un peu, je vais te raconter tout de suite. ～を急ぎますから失礼します J'ai à faire ailleurs./On me permet de prendre congé. 彼は我々より数歩～を歩いていた Il nous devançait (précédait) de quelques pas. 一寸～も見えない On ne voit pas à deux pas. ¶彼の家はここから10メートル～だ Sa maison est à dix mètres plus loin. もっと～に行く aller plus avant (loin). ◆[未来] avenir m; futur m. この子の～が思いやられる craindre fort pour l'avenir de cet enfant. ～が見える voir loin; prévoir. ～を見抜く prévoir l'avenir. それは一年～のことだ Ce sera pour l'année prochaine. ～のことは分らない On ne sait rien de ce qui arrivera dans l'avenir./On ne peut pas tout prévoir. それは～の話だ Ce n'est pas pour bientôt. ～の見通し perspectives fpl d'avenir. ～の見通しは明るい avoir un bel avenir en perspective. これから～は à l'avenir; désormais; dès maintenant. ◆[続き] suite f. その～はどうなったか知りません J'ignore ce qu'il en est advenu par la suite. その～を話して下さい Racontez-moi la suite de cette histoire. ¶～[出先] 彼は旅～で死んだ Il est mort au cours de son voyage. ～[以前] ¶～の首相 ancien premier ministre m.

さぎ 詐欺 fraude f; tromperie f; escroquerie f; [法] dol m; [瞞着] tromperie f. ～にかかる se laisser duper; être victime d'une escroquerie. ～を働く frauder; commettre une fraude (escroquerie). ¶～的な frauduleux(se). ～の手段で frauduleusement; en fraude. ～罪 [法] escroquerie m. ～行為 escroquerie f; tromperie. ～師 fraudeur(se) m(f); escroc m; aigrefin m; trompeur(se) m(f); imposteur m.

さぎ 鷺 †héron m; [白鷺] aigrette f. ～を烏と言いくるめる faire prendre des vessies pour des lanternes.

さきおととい 一昨々日 il y a trois jours.
さきおととし 一昨々年 il y a trois ans.
さきがい 先買 préemption f. ¶～権 droit m de préemption.
さきがけ 先駆け annonciateur(trice) m(f); [物] avant-coureur m; [人] précurseur m. つばめは春の～だ L'hirondelle est une annonciatrice du printemps. ...の～となる frayer la voie à. 近代医学の～となる frayer la voie à la médecine moderne. 流行の～となる être précurseur de la mode. ¶～の(となる) annonciateur(trice); avant-coureur. ～のとなる鴨 canard m sauvage annonciateur de l'hiver.

さきごろ 先頃 récemment; il y a quelque temps; [先日] l'autre jour. ～から depuis quelques temps; ces derniers jours.

さきざき 先々 [将来] avenir m; [到る所] partout. ¶～のことを考える songer à l'avenir. 行く～で歓迎される être bien accueilli partout (où l'on va).

サキソホン saxophone m; saxo m. ¶～奏者 saxophoniste mf; saxo mf.

さきだつ 先立つ ¶旅行はしたいが～ものはず金だ Je voudrais faire un voyage, mais ce qui compte d'abord, c'est l'argent. ...に先立って avant. 出発に先立って avant de partir; avant le départ. 人に先立って働く mener le travail en précédant d'autres personnes. ¶ [先に死ぬ] ～不幸をお詫します Pardonnez-moi de me tuer sans dire adieu. 妻に先立たれる survivre à sa femme.

さきどり 先取り ¶～する toucher à l'avance des honoraires d'auteur. 質問を～する devancer la question. ¶～特権 privilège m. ～特権者 privilégié(e) m(f).

さきに 先に ⇒ さき(先).

さきばしる 先走る agir avec précipitation. 彼先走ってばかりいる Comme il est tête en l'air, il accumule les bévues. ¶先走った [でしゃばりな] envahissant; [早計な] hâtif(ive); prématuré. 先走った人 personne f envahissante. 先走った結論 conclusion f hâtive.

さきばらい 先払い [給料などの] paiement m d'avance; avance f. ¶～する payer d'avance. 月給を～する avancer à qn son salaire. ‖運賃を～で発送する [先方払いで] expédier qc en port dû; [払い込みで] expédier franco de port. 代金～ envoyer contre remboursement.

さきぶれ 先触れ ⇒ まえぶれ(前触れ).

さきぼそり 先細り ¶この商売も～だ Ce commerce va de mal en pis./Ce commerce décline.

さきほど 先程 tout à l'heure. つい～彼に会った Je l'ai vu tout à l'heure. ～から待っている attendre depuis quelques temps.

さきまわり 先回り ¶～する prendre les devants; gagner qn de vitesse. ～して待っている attendre qn en prenant les devants.

さきもの 先物 ¶～を買う acheter qc à forfait; spéculer sur qc. ～相場 cotation f à forfait. ～取引 opérations fpl à terme.

さきゅう 砂丘 dune f; [サハラの] erg m.

さきゆき 先行き avenir m; futur m. 我が子の～を心配する s'inquiéter de l'avenir de son enfant.

さぎょう 作業 travail(aux) m; opération f. ～を始める se mettre au travail; commencer le travail. 共同～ travail

ざぎょう d'équipe. 流れ〜 travail à la chaîne. 〜員 membres m de l'équipe; ouvrier(ère) m(f). 〜時間 heures fpl de travail. 〜所(場) atelier m; [現場] chantier m; 〜班 équipe f. 〜服 vêtement m de travail; [上下続きの] combinaison f; [上に着る] salopette f. 〜帽 casquette f [d'ouvrier]; [ヘルメット] casque m de protection.

ざきょう 座興 divertissement m. 〜に pour divertir la compagnie; [面白半分に] pour s'amuser; par fantaisie. 〜にひとつ歌って下さい Chantez-nous une chanson pour nous amuser (divertir).

ざぎょう 坐業 travail m sédentaire.

さきわたし 先渡し livraison f à terme.

さきん 砂金 paillette f d'or; sable m aurifère.

さきんず(じ)る 先んず(じ)る devancer qn; prendre les devants sur qn; passer avant qn. 時代に〜 devancer son siècle. 「先んずれば人を制す」«Premier arrivé, premier servi.» Il ne faut pas se laisser dépasser par autrui.

さく 咲く fleurir; éclore; s'épanouir. 菊が咲いている Les chrysanthèmes sont en fleur. 薔薇が咲いていた Les roses fleurissaient. 咲きかけた花 fleur f à peine éclose. 咲き始める commencer à fleurir (éclore). 桜の花が咲きそろう Tous les cerisiers sont en fleurs. 咲き匂う fleurir avec éclat. 桜の花が咲き誇っている Les cerisiers sont en pleine floraison. 咲き乱れる fleurir en abondance. 一面に咲き乱れる fleurir partout.

さく 作 [作品] œuvre f; ouvrage m; [農産物の] récolte f. この絵はミレーの〜だ Ce tableau est de Millet. 二毛〜 double récolte annuelle. 米〜 récolte du riz. 平年〜 récolte moyenne.

さく 柵 barrière f; clôture f; [鉄格子の] grille f; [通行止めの] barrage m; [囲い] parc m; enclos m. 牛を〜の中に入れる parquer des bœufs dans un enclos. 庭に〜をめぐらす entourer le jardin d'une clôture. 〜を飛び越える sauter [par-dessus] une barrière. 通りの入口に〜を設ける établir un barrage à l'entrée d'une rue.

さく 策 moyen m; mesure f; [術策] artifice m; ruse f; [方策] ressource f. 彼と一緒なら何とか〜がありそうだ Avec lui, il y aura de la ressource. それでは〜がなさすぎる Tu es à court d'artifice. もはや〜の施しようもない/〜がない Il n'y a plus de remède./Il n'y a rien à faire. 〜に窮する ne pas savoir comment s'y prendre. 〜をめぐらす rechercher un moyen. 〜を講じる prendre des mesures.

さく 裂(割)く déchirer. シャツを〜 déchirer une chemise. 仲を〜 brouiller qn; semer la discorde entre. ¶絹を〜ような叫び声 cri m perçant. 生木を〜ように二人の仲を〜 trancher dans le vif des liens intimes. ◆[時間を]〜 あなたのために多くの時間を〜訳にはまいりません Je ne peux pas vous consacrer beaucoup de temps. 一時間ほど時間を割いて下さい Arrangez-vous pour m'accorder environ d'une heure.

さくい 作意 dessein m; intention f; [たくらみ] artifice m.

さくい 作為 artifice m. 別に〜があった訳じゃない Cela n'était pas intentionnel. 〜の跡が見られる sentir les artifices. ¶〜的な intentionnel(le).

さくいん 索引 index m. 本に〜をつける faire l'index d'un livre. ‖〜カード fiche f.

さくがら 作柄 récolte f. 〜が良い(悪い) La récolte s'annonce bonne (mauvaise). 今年は〜が良かった Nous avons eu une bonne récolte cette année.

さくがんき 鑿岩機 perforatrice f; marteau (x)-piqueur(s) m.

さくげん 削減 diminution f; réduction f. 労働時間の〜 réduction du temps de travail. ¶〜する diminuer; réduire. 人を〜する diminuer le personnel. 費用を半分に〜する diminuer les frais de moitié. 予算を〜する réduire le budget.

さくご 錯誤 aberration f; [間違い] erreur f; faute f. 試行〜 essais mpl et erreurs fpl. 時代〜 anachronisme m.

さくさく ¶〜と音を立てて林檎をかじる croquer une pomme à belles dents.

さくさく 嘖々 ¶名声〜たるものがある s'attirer une haute réputation.

ざくざく ¶子供が雪を〜踏んで行く Un enfant marche dans la neige qui crisse sous ses pieds. 金が〜ころがり込む Il m'arrive une pluie d'argent.

さくさん 酢酸 acide m acétique. ‖〜塩 acétate m.

さくし 作詞 paroles fpl. ¶〜する écrire des paroles. ‖山田氏〜作曲の歌 chanson f avec [les] paroles et [la] musique de M. Yamada. 〜者 parolier(ère) m(f); auteur m des paroles; [オペラの] librettiste mf.

さくし 作詩 versifier. ¶〜する versifier; faire des vers. ‖〜家 versificateur m; 〜法 versification f.

さくし 策士 homme m de ressources; manœuvrier(ère) m(f).

さくじつ 昨日 hier m (昨日).

さくしゃ 作者 auteur m; [女性] femme f auteur. ‖〜不明の作品 œuvre f anonyme.

さくしゅ 搾取 exploitation f. ¶〜する exploiter qn; pressurer qn. 悪辣な手段で国民から〜する pressurer le peuple par des moyens violents. 〜し得る exploitable. ‖〜者 exploiteur(se) m(f). 被〜者 exploité(e) m(f). 被〜階級 classe f sociale exploitée.

さくじょ 削除 suppression f; retranchement m; rature f. ¶〜する supprimer; retrancher; raturer; [名簿などから] rayer; radier. 一語を〜する supprimer un mot. 彼の名は名簿から〜された On l'a radié (rayé) de la liste. この条項には多くの〜すべき部分がある Il y a beaucoup à retrancher (à élaguer, à amputer) dans cet article. 〜だらけの原稿 manuscrit m surchargé de ratures.

サクション succion f. ‖〜ポンプ pompe f aspirante.

さくず 作図 [幾何の] construction f. ¶～する construire.

さくせい 作成 élaboration f.; [議事録などの] rédaction f. ¶～する élaborer; établir; rédiger; dresser. 法案を～する élaborer (rédiger) un projet de loi. 名簿(契約書)を～する dresser une liste (un contrat). ‖～者 rédacteur(trice) m(f).

サクセス succès m.

さくせん 作戦 [軍事行動] opération f.; [戦略] stratagème m.; stratégie f. ～に当った Le stratagème a réussi. ～の主導権を握る avoir (prendre) l'initiative des opérations. ～を指揮する diriger une opération. ～を立てる établir un stratagème. ‖選挙～ stratégie électorale. 基地 base f opérationnelle. 計画 plan m d'opération.

さくぜん 索然 ¶～たる気持ちになる être déçu par. 彼の新作を大いに期待していたが、興味はうたれるものだった J'attendais beaucoup de sa nouvelle œuvre, mais elle m'a bien déçu.

さくそう 錯綜 ¶～した compliqué; enchevêtré; inextricable. ～した事件を解明する élucider une affaire compliquée; débrouiller l'écheveau d'une affaire. そこは路地が～している Il y a là un labyrinthe de ruelles.

サクソン Saxon(ne) m(f). ¶～[族・語]の saxon(ne). ‖～族 Saxons mpl.

さくつけ 作付け plantation f. ‖～面積 surface f plantée.

さくどう 策動 manœuvre f.; intrigue f.; cabale f. ¶～する cabaler; manœuvrer. 人を排斥しようと～する faire (montrer) une cabale contre qn. ‖～家 cabaleur(se) m(f).

さくにゅう 搾乳 traite f.; [しぼった乳] lait m trait. ¶～する traire. ‖～器 trayeuse f. ～場 laiterie f.

さくねん 昨年 l'année f dernière; l'an m dernier.

さくばく 索漠 ¶～たる désolé; morne. ～たる風景 paysage m morne. ～たる人生 vie f morne. 全く～とした気持ちだよ C'est vraiment désolant!

さくばん 昨晩 hier soir; la nuit dernière.

さくひん 作品 œuvre f.; ouvrage m; [劇・音楽] pièce f.; [集合的に] production f.; 《音》 opus m inv. シューベルトの～ pièce de Schubert. バッハの～ [映画] production de Pathé. ベートーベンの～105番 Beethoven, opus 105. ‖17世紀の劇～ production dramatique de XVIIe siècle. 文学～ œuvre littéraire.

さくふう 作風 style m; manière f; art m. 一風変った～ style original (extraordinaire).

さくぶん 作文 composition f.; [翻訳の] thème m. ～の題を出す donner un sujet de composition. ～を書く faire une composition sur. ‖自由～ composition libre. 仏～ thème français.

さくぼう 策謀 intrigue f.; stratagème m. ～をめぐらす nouer (former) une intrigue contre. ¶～する intriguer; comploter; cabaler.

さくもつ 作物 produit m agricole; [収穫] récolte f. この天候で～は大損害を受けた Les récoltes ont beaucoup souffert de ce temps. この土地に～は実らない Ces terres rendent peu. ～の育生 croissance f des produits agricoles.

さくや 昨夜 ⇨ さくばん(昨晩).

さくら [大道商人の] compère m; [劇場の] claqueur(se) m(f); [集合的に] claque f.

さくら 桜 [木] cerisier m; [花] fleurs fpl de cerisier. 満開の～ cerisier en pleines fleurs. 咲き初めた～の花 fleurs de cerisier à peine écloses (efflorescentes). ‖～色 rose m pâle. ～色になる rosir. 彼女の顔はぱっと～色になった Son visage a rougi légèrement.

さくらそう 桜草 primevère f.

サクラメント sacrement m.

さくらん 錯乱 délire m; aliénation f.; égarement m d'esprit; folie f. ‖精神に～をきたす avoir le délire; perdre l'esprit; avoir l'esprit troublé. ～した délirant; fou (folle). ¶～状態に陥る tomber dans un état de délire.

さくらんぼ 桜桃 cerise f.; [野生の] merise f.

さぐり 探り ¶～を入れる sonder les intentions de qn; tâter qn. ...の計画に～を入れる sonder qn au sujet de ses projets. 彼女は僕の考えに～を入れている Elle me tâte mon opinion./Elle me tâte sur mon opinion.

さぐりあし 探り足 ¶～する 暗い部屋の中を～で行く marcher à tâtons dans la pièce obscure.

さくりゃく 策略 ruse f.; artifice m. ～を用いる user de ruses; ruser. ～に長けた rusé. 彼は古狐のように～に長けている Il est rusé comme un vieux renard.

さぐる 探る [手などで] tâtonner; fouiller. ポケットの中を～ fouiller dans ses poches. ステッキで道を探りながら行く s'avancer en tâtonnant le chemin avec une canne. ◆ [密かに] espionner; épier; sonder. 敵の動静を～ épier les mouvements de l'ennemi. 意中を～ sonder (tâter) qn. 探り合う s'épier. 痛くもない腹を探られる être soupçonné à tort. ¶～ような眼差しで見る dévisager qn avec un regard scrutateur.

さくれつ 炸裂 éclatement m; explosion f. ¶～する éclater; exploser. 砲弾が私のすぐそばで～した Un obus a éclaté tout près de moi. ‖～音 bruit m d'éclatement; détonation f.

ざくろ 柘榴 [木] grenadier m; [実] grenade f. ‖～石 grenat m. ～石花 grenadine f.

さけ 鮭 saumon m. ～の燻製 saumon fumé. ‖塩～ saumon salé. ～罐 boîte f de saumon.

さけ 酒 saké m; [酒類] alcools mpl; boissons fpl alcooliques; [葡萄酒] vin m. 強い(弱い)～ alcool fort (léger). 頭に来る～ saké capiteux. この～は頭に来る Le vin lui fait tourner la tête./Le vin lui monte à la tête. 彼の～は陽気だ Il a le vin gai. ～の力で par la force de l'alcool. ～に溺れる se noyer dans le vin; s'abandonner à l'alcool. ～に憂いを紛らす noyer ses soucis dans l'alcool. ～に強い(弱い) supporter bien (mal) le vin. ～に飲まれる être esclave de l'alcool. ～を断つ

さけい s'abstenir d'alcool. ～を飲む boire [du saké, du vin]. 彼は～を一滴もやらない Il ne boit que de l'eau. ¶～臭い息 haleine *f* vineuse. 彼はいつも～臭い Il pue toujours l'alcool. ～の上の喧嘩(冗談) querelle *f* (plaisanterie *f*) d'ivrognes.‖～癖が悪い avoir le vin mauvais. 彼は～好きだ Il aime boire. ～浸りになる s'alcooliser.

さけい 左傾 ¶～する tendre (s'orienter) vers la gauche; se pencher à gauche.

さけかす 酒粕 lie *f* de saké.

さけすむ 蔑む mépriser; dédaigner; cracher [son mépris] à la face de qn.

さけのみ 酒飲み buveur(se) *m(f)*. 彼は大～だ C'est un grand buveur.

さけび 叫び cri *m*; [どよめき] clameur *f*. 悲痛な～を上げる pousser un cri déchirant. 歓喜の～を上げる pousser une exclamation de joie. ¶～声 cri; [咆哮] hurlement *m*. 耳を裂くような～声 cri perçant. 群衆の間に大きな～声が上がった On a entendu s'élever une grande clameur dans la foule. 皆が一斉に感嘆の叫び声を上げた Tous comme un seul homme se sont exclamés d'admiration.

さけぶ 叫ぶ crier; pousser des cris; [反対(感激)して] se récrier; [主張する] proclamer; [感嘆して] s'exclamer. 大声で～ crier fort. 声を限りに～ crier à pleins poumons (de toutes ses forces). 助けてくれ(泥棒だ)と～ crier au secours (au voleur). 安保反対を～ se récrier contre le traité de sécurité nippo-américain. 一斉に値上げ反対を～ élever un cri unanime de protestation contre la hausse des prix. それは嘘だと彼は叫んだ Il s'est écrié que c'était un mensonge. 彼告は無実を叫んだ L'accusé a proclamé son innoncence.

さけめ 裂目 fente *f*; [小さな] fissure *f*; [大きな] crevasse *f*. 壁の～ fente d'un mur. ポケットの～ déchirure *f* d'une poche. 大地の～ crevasse du sol. 舗道の～から水が漏れている L'eau passe par la fente d'un pavé.

さける 避ける éviter; fuir; [かわす] éluder; esquiver; se dérober à. 雨を～ s'abriter de la pluie; se mettre à l'abri de la pluie. うるさい質問を～ éluder une question embarrassante. 危険を～ éviter le danger. パンチを～ esquiver les coups. 訪問客を～ fuir in invité. 人目を～ se dérober aux regards. ¶避けられない inévitable; fatal; inéluctable. 避けられる évitable. 人目を避けて暮す vivre caché. 避けて通る esquiver *qc*; passer au travers. 彼はいやな事は避けて通る Il esquive la difficulté. ◆[控えむ] s'abstenir de. 言明を～ éviter de se prononcer. ラジオは一切の論評を避けている La radio s'est abstenue de tout commentaire.

さける 裂ける se fendre; [布地が] se déchirer. 大地が～ La terre se fend. 落雷で樹の幹が裂けた La foudre a fendu le tronc de l'arbre. ドレスが裂けた Ma robe s'est déchirée. 風で僕たちのヨットの帆が二つに裂けてしまった Sous la force du vent, notre voile s'est déchirée en deux. 耳まで裂けた口 bouche *f* fendue jusqu'aux oreilles. 腹の～ほど食う manger tout *son* soûl.

さげる 下げる baisser; abaisser; rabaisser; diminuer. 頭を～ baisser la tête. 頭を深々と～ s'incliner profondément. 温度を～ baisser (abaisser) la température. 程度を～ abaisser le niveau. 値段を～ diminuer le prix. 品位を～ [主語・物] avilir *qn*; rabaisser la dignité de *qn*. ◆[吊り] pendre. 腰にサーベルを～ porter un sabre au côté. ◆[料理を] desservir; ôter. 皿を～ ôter les assiettes. ◆[後退させる] reculer; faire reculer. たんすの位置を後に～ reculer une armoire. 警官が群衆を後に下げた Les agents ont fait reculer la foule. ◆[位, 階級を] déclasser. 彼は新しい職場で地位を下げられて嘆いている Il se plaint d'être déclassé dans un nouvel emploi.

さげる 提げる porter; tenir. カンテラを～ porter (tenir) une lanterne. 肩からカメラをさげた観光客 touriste *m* muni d'un appareil de photo en bandoulière.

さげん 左舷 bâbord *m*. ～から par bâbord. ～に傾く pencher à bâbord.

ざこ 雑魚 fretin *m*. ‖～寝をする coucher pêle-mêle. ◆[小物(者)] menu fretin. 馬鹿を見るのはいつも～ばかり C'est toujours le menu fretin qui trinque.

ざこう 坐高 ¶彼は～が80センチある Il mesure 80 centimètres de la tête au coccyx.

さこく 鎖国 fermeture *f* d'un pays aux étrangers; isolement *m* d'un pays. ¶～する se fermer aux étrangers. ‖～主義 isolationnisme *m*. ～主義者 isolationniste *mf*. ～政策 politique *f* d'isolement.

さこつ 鎖骨 clavicule *f*.

ざこつ 坐骨 ischion *m*. ‖～神経 nerf *m* sciatique. ～神経痛 sciatique *f*.

ささ 笹 bambou *m* nain.

ささい 些細 ¶～な minime; insignifiant; sans importance. ～な金額 somme *f* minime. ～なこと chose *f* sans importance; bagatelle *f*. それは～なことだ C'est peu de chose. ～なことで言い争をする se disputer pour un rien (une bagatelle).

ささえ 支え soutien *m*; support *m*; appui *m*. 心の～ soutien moral. 彼は一家の～だ Il est soutien de famille. …の～となる servir de soutien à *qn*.

ささえ 栄螺 turbo *m* cornu.

ささえる 支える soutenir; [物で] étayer; [動かないように] maintenir. 一家を～ soutenir *sa* famille (une maison). ぐらぐらした塀を支柱で～ étayer (soutenir) un mur branlant avec des piliers. 敵の攻撃を～ supporter (soutenir) une attaque de l'ennemi. 座った病人を二つの枕が支えている Deux oreillers maintenant the malade assis. ダムは水圧を支え切れずに決潰した Le barrage, n'ayant pas résister à la pression de l'eau, a cédé.

ささくれ 笹くれ envies *fpl*. 指に～が出来た J'ai des envies au doigt.

ささげ 大角豆 *haricot *m*.

ささげつつ 捧げ銃 [号令] Présentez armes! ～をする présenter les armes.

ささげもの 捧げ物 offrande *f*. ¶～をする

ささげる 捧げる vouer; consacrer; [贈呈する] offrir; [献呈する] dédier. 花を~ offrir des fleurs. 神に祈りを~ prier Dieu; faire ses prières à Dieu. …に身を~ se vouer à; se dévouer à; se consacrer à; se donner tout entier(ère) à. 教育に身を~ se dévouer à l'éducation. 一生を哲学の研究に~ vouer (consacrer) son existence à l'étude de la philosophie. 私はこの本を亡き母に捧げることにした J'ai décidé de dédier ce livre à ma défunte mère. 亡き母に捧ぐ [本など] A ma défunte mère.

ささつ 査察 inspection f. ¶~する faire une inspection; inspecter.

さざなみ 漣 rides fpl. 風が水面に~を立てていた Le vent formait des rides sur l'eau./Le vent ridait la surface de l'eau.

ささみ 笹身 blanc m de poulet.

ささやか 細やか ¶~ petit; humble; modeste. ~な幸福 petit bonheur m. ~な贈り物 humble présent m; petit cadeau m. ~な儲けのために pour un mince profit. ~modestement. ~に暮す mener un train de vie modeste.

ささやき 囁き murmure m; chuchotement m. 悪魔の~ suggestion f du démon.

ささやく 囁く chuchoter; murmurer. 人の耳元で何かを~ murmurer (chuchoter) quelque chose à l'oreille de qn. 愛を~ parler d'amour à qn.

ささる 刺さる タイヤに釘が刺さった Un clou a percé le pneu. 指にとげが刺さった J'ai une écharde au doigt.

さし 差し ¶~で飲む boire en tête à tête avec qn. ~で勝負する disputer une partie à qn.

さじ 匙 cuiller f; cuillère f. ~でポタージュを飲む manger le potage avec une cuiller. ~を投げる [諦める] renoncer à; quitter le dé; [医者] condamner. 医者も~を投げた Le médecin l'a condamné. ‖ 茶~ cuiller à café. 大(中, 小)~ cuiller à soupe (à dessert, à café). 砂糖を3~分加える ajouter trois cuillerées de sucre. ~加減 dosage m; [料理] assaisonnement m; [手加減] ménagement m. ~加減をする(しない) traiter qc avec (sans) ménagement. そんなことは上司の~加減ひとつでどうにでもなる Cette affaire peut s'arranger par un mot d'en haut.

さじ 瑣(些)事 chose f sans importance; détail m peu important; bagatelle f. ~にこだわる se préoccuper de bagatelles.

ざし 坐視 ¶~する regarder avec indifférence; être (rester) indifférent à. 友の悲しみを~するに忍びない Je ne peux rester indifférent aux chagrins d'un ami.

さしあげる 差し上げる lever; élever. 子供を高々と~ élever un enfant au-dessus de sa tête. ◆[与える] donner; offrir; présenter.

さしあし 差足 ~を使って勝つ [競馬] gagner sur le poteau. ‖ 抜足~ ⇨ ぬきあし(抜足).

さしあたり 差当り pour le moment; pour l'heure; pour l'occasion. ~私には何もできません Pour l'heure, je ne peux rien faire. ~それで間に合う Cela me suffit pour le moment.

さしいれる 差し入れる [差し込む] introduire; glisser. ドアの下へ新聞を~ glisser un journal sous la porte. ¶差入れをする apporter un paquet. 囚人に差入れをする approvisionner un détenu.

さしえ 挿絵 illustration f; [版画] gravure f. ~を入れる illustrer. 本に10枚の~を入れる illustrer un livre de dix dessins. この本には10枚の~がある Ce livre est illustré de dix dessins. ‖ ~入りの雑誌 revue f illustrée. ‖ ~画家 illustrateur m.

サジェスチョン suggestion f.

サジェスト ¶~する suggérer.

さしおく 差し置く [放置する] laisser qc de côté; mettre qc à part; [無視する] ne pas compter de; [除外する] exclure qn. 君達は僕を差し置いて事を進めている Vous arrangez les choses en m'en excluant. そのことは一応差し置いて議論を進めよう Laissons ce problème de côté pour le moment et poursuivons la discussion. ¶~を差し置いて tout d'abord; avant toute autre chose.

さしおさえ 差押え saisie f. 不動産の~ saisie immobilière. ‖ ~解除 mainlevée f. ~物件 objet m saisi. ~令状 acte m judiciaire de saisie.

さしおさえる 差し押える saisir. 差し押えられる être saisi; subir une saisie; [物件が] être objet de saisie.

さしかかる 差し掛かる approcher de qc; aborder qc. カーブに~ aborder un virage. 汽車が踏切に差し掛かった時, 突然子供が飛び出して来た Comme le train approchait du passage à niveau, un enfant a surgi brusquement.

さしかける 差し掛ける ‖ 傘を~ abriter qn sous son parapluie.

さしがね 差金 [大工の] équerre f. ◆[教唆] instigation f. ~の下(し)で (à) l'instigation de qn. その盗みは仲間の目上の奴の~だった Le vol a été commis à l'instigation du plus âgé de la bande.

さしき 挿木 bouturage m. ~の枝 bouture f. ¶~する bouturer.

さじき 桟敷 [劇場の] loge f. ‖ 一階~ baignoire f. 二階~ balcon m. 二階正面~ premier balcon; mezzanine f. 天井~ paradis m; poulailler m.

ざしき 座敷 salon m. ~に通す introduire au salon.

さしきず 刺傷 piqûre f. 針の~ piqûre d'épingle.

さしきる 差し切る [競馬] gagner sur le poteau.

さしこ 刺子 étoffe f de coton piquée.

さしこみ 差込み [挿入] insertion f; [コンセント] prise f de courant. ‖ ~広告 encart m publicitaire. ◆[痙攣] crampe f. 胃の~ crampe d'estomac; douleur f gastrique.

さしこむ 差し込む [挿入する] insérer; introduire; glisser; [光が] entrer; pénétrer. 鍵穴

に鍵を～ introduire une clé dans la serrure. 戸のすき間に手紙を～ glisser une lettre par la fente de la porte. 日が部屋に差し込んでいる Le soleil pénètre dans la chambre.
◆[痙攣する] être pris d'une crampe; avoir une crampe. 胃が～ avoir une crampe d'estomac.

さしころす 刺し殺す tuer *qn* d'un coup de couteau.

さしさわり 差障り empêchement *m*; inconvénient *m*. ～があるといけないから de crainte d'offenser. ～があるといけないから何も言いますまい Je ne dirai rien qui puisse offenser quelqu'un. ¶～のあることを言う dire des paroles offensantes. ～のない返事をする répondre évasivement. ⇨ さしつかえ(差支).

さししめす 指し示す désigner (indiquer, montrer) du doigt.

さしず 指図 instructions *fpl*; ordre *m*. ～に従う obéir à un ordre. 生徒たちはあの先生の～に忠実に従っている Ce maître est toujours obéi de ses élèves. ～を受ける recevoir des instructions. 君の～は受けない Je ne dépends pas de toi. 次の～があるまで jusqu'à nouvel ordre. …の～の下に sous les ordres (les instructions) de *qn*. …の～通りに conformément aux instructions de *qn*. ¶～する donner des ordres (instructions) à *qn*; commander; diriger. 他人に～する commander aux autres.

さしせまる 差し迫る approcher; menacer. 時間が差し迫っている L'heure approche. 危険(戦争)が差し迫っている Le danger (La guerre) menace. ¶差し迫った imminent; urgent; pressant; menaçant. 差し迫った危険 danger *m* imminent (menaçant). 差し迫った仕事 affaire *f* urgente. 差し迫って金が必要だ J'ai un pressant besoin d'argent.

さしだしにん 差出人 expéditeur(*trice*) *m*(*f*); expéditionnaire *mf*.

さしだす 差し出す ¶[手を] tendre; [提出する] présenter. 手を～ tendre (avancer) la main. 願書を～ présenter une demande. 辞表を～ donner sa démission.

さしちがえる 刺し違える ¶刺し違えて死ぬ s'entre-tuer à coups d'épée.

さしつかえ 差支え [障害] empêchement *m*; [不都合] inconvénient *m*; difficulté *f*. ～が出来る être retenu par un empêchement. ちょっと～があって参れません Je ne peux pas venir chez vous, j'ai un petit empêchement. ¶歩くのに少しも～ない n'éprouver aucune difficulté à marcher. 私個人としては～ないと思います Personnellement, je n'y vois pas de difficulté. 女が酒を飲んでも一向に～ない Rien n'empêche qu'une femme boive de l'alcool. 部屋に入っても～ありませんか Puis-je entrer dans votre chambre? 少しも～ありません(ないと思います) Il n'y a (Je n'y vois) aucun empêchement. …～なければ(ない限り) si cela ne vous dérange pas.

Cela vous empêcherait de réussir.

さして 指手 [チェス・将棋の指し方] coup *m*; [人] bon(ne) joueur(*se*) *m*(*f*).

さしでがましい 差出がましい [でしゃばりな] importun; indiscret; [図々しい] impertinent; effronté. ～口を利く importuner *qn* de *ses* conseils. ～事をする se mêler des affaires d'autrui; s'immiscer (s'ingérer) dans les affaires d'autrui. ～奴だ C'est un indiscret. ～ことですが Excusez mon impertinence, mais…/Permettez-moi de vous importuner, mais…

さしとめる 差し止める interdire; refuser. 出入りを～ refuser *sa* porte à *qn*; interdire à *qn* de venir chez *soi*. 記事(報道)を～ interdire un article (une information).

さしね 指値 [競売の] prix *m* limité; mise *f* à prix.

さしのべる 差し伸べる tendre. 手を～ tendre la main. 援助の手を～ accorder *son* aide à *qn*; venir en aide à *qn*.

さしはさむ 差し挟む ¶言葉を～ placer un mot. 疑いを～ mettre en doute. 彼の誠実さには疑いを～余地はない Sa sincérité est hors de doute (ne peut être mise en doute). 一言も口を差し挟ませない ne pas laisser placer un [seul] mot.

さしひかえる 差し控える s'abstenir de *qc*; se garder de *qc*. 言葉を～ retenir *sa* langue; se taire. 批判を～ se garder de critiquer. 飲むのは差し控えております Je m'abstiens de boire.

さしひき 差引き [控除] déduction *f*. ～千円の得をした Tout compte fait, on gagne mille yen. ¶～残高 balance *f* [d'un compte].

さしひく 差し引く déduire; prélever. 勘定書の中から今迄に払った分を～ déduire d'un compte les sommes déjà versées. 月給から税金を～ prélever les impôts sur le salaire. 諸経費を～ faire déduction de frais divers. 諸経費を～と千円しか残らない Tous frais déduits, il ne me reste que mille yen.

さしまねく 差し招く appeler *qn* de la main; faire signe à *qn* de venir.

さしまわし 差回し ¶大臣～の自動車で dans une voiture envoyée par le ministre.

さしみ 刺身 sashimi *m*. ～の盛り合わせ assortiment *m* de sashimis.

さしむかい 差向い ¶～で tête à tête. ～で話す causer en tête à tête. ～に座る être assis vis-à-vis (face à face).

さしむける 差し向ける envoyer; adresser. 自動車(専門家)を～ envoyer une voiture (un expert). 急拠援軍を～ dépêcher un renfort.

さしもどす 差し戻す renvoyer. 第一審に～ renvoyer au tribunal de première instance.

さしものし 指物師 menuisier *m*.

さしゅ 詐取 escroquerie *f*; [俗] flouerie *f*. ¶～する escroquer *qc* à *qn*.

さしょう 査証 visa *m*. ～を与える donner un visa. 旅券の～を受ける faire viser *son* passeport. ¶旅券を～する viser un passeport.

さしょう 詐称 ¶〜する se donner pour. 警官と〜する se donner pour un policier. 貴族と〜して se donner le faux nom de noblesse.

さじょう 砂上 〜の楼閣 château *m* de cartes. 〜に楼閣を築く bâtir sur le sable.

ざしょう 座礁 échouement *m*; échouage *m*. ¶〜する échouer; s'échouer. 船が海岸の近くで〜した Un bateau a échoué près du rivage. 〜させる échouer; faire échouer.

ざしょう 挫傷 contusion *f*.

さじん 砂塵 poussière *f*. 〜を巻き上げて突っ走る filer en soulevant des nuages de poussière.

さす 差す [光が] entrer; pénétrer. 窓から陽が差している Des rayons de soleil entrent par la fenêtre. 陰が差してきた Les ombres s'allongeaient. ◆西日の一部屋 chambre *f* exposée au soleil couchant. ◆[満ちる・現れる] 潮が〜 La marée monte. 彼(女)の顔に赤味が差してきた Son visage commence à reprendre des couleurs. 気(魔)が〜 ⇨ き(気), ま(魔). ◆ | 傘を〜 ouvrir son parapluie. ◆ | 将棋を〜 jouer aux échecs.

さす 刺す [刃物で] percer; piquer. 短刀で〜 transpercer *qn* d'un coup de couteau; poignarder. 針で指を〜 se piquer le doigt avec une aiguille. 蜂に刺される être piqué par une abeille. | 肌を〜ような寒さ froid *m* perçant. 〜ような痛み douleur *f* lancinante.

さす 指す indiquer; marquer, montrer. この代名詞は何を指しているか Que représente ce pronom? 寒暖計は零下5度を指している Le thermomètre marque cinq au-dessous de zéro. 〜を指して vers; dans la direction de. 南を指して進む se diriger vers le sud. ◆[指名する] nommer *qn*; prononcer le nom de *qn*. 彼は僕を指してこう言った Il a dit cela en me montrant du doigt.

さす 挿す | 花瓶に花を〜 mettre des fleurs dans un vase. 簪を〜 fixer une parure dans les cheveux.

さす 注す verser; mettre. 花瓶に水を〜 verser (mettre) de l'eau dans un vase. 目薬を〜 se mettre des gouttes dans les yeux. 油を〜 graisser; huiler. 紅を〜 se mettre du rouge.

さすが 流石 [やはり] | 北海道は〜に寒い C'est bien ça. | à Hokkaido, il fait froid. 〜に彼は日本一の男 Il est bien le meilleur du Japon. 〜は彼の息子 Ce fils est bien digne de son père. 〜は彼が自慢するだけの傑作だ Il a raison d'être fier de ce chef-d'œuvre. 〜は君だ Ça, c'est bien toi. 〜に大学者と言われるだけのことはある Il mérite bien d'être appelé un grand savant. | [そうは言うものの] ¶〜に断れなかったよ Comment aurais-je pu refuser? 〜に疲れた Je suis fatigué pour de bon. 〜に平気な彼も心配し出した Malgré sa nonchalance habituelle, il a tout de même commencé à s'inquiéter.

さずかりもの 授かり物 don *m* du Ciel; grâce *f* divine.

さずかる 授かる recevoir; être donné (conféré, accordé); [賦与] être doué. 秘伝を〜 être initié aux arcanes. 天賦の才を〜 être doué d'un don naturel. 我々は子供をさずかることが出来た Dieu nous accorde un enfant.

さずける 授ける donner; accorder; conférer. 資格(博士号)を〜 conférer un titre (le grade de docteur). 特権を〜 accorder (donner) un privilège. 秘伝を〜 initier *qn* aux arcanes. 自然は彼に偉大な資質を授けた La nature l'a pourvu (doué) de grandes qualités.

サスペンション [自動車などの] suspension *f*.

サスペンス suspense *m*. この探偵小説はもっと〜を利かさなければいけない Il faut introduire beaucoup plus de suspense dans ce roman policier.

サスペンダー bretelles *fpl*.

さすらい 流離 vagabondage *m*. ¶〜の vagabond; nomade. 〜の民 peuples *mpl* vagabonds. 〜の旅をする mener une vie vagabonde.

さすらう 流離う vagabonder; errer; vaguer.

さする 摩る frotter; [やさしく] caresser. 背中を〜 frotter (caresser) le dos de *qn*.

ざせき 座席 place *f*; siège *m*; [汽車, 電車の] banquette *f*. 〜は満員だ Il n'y a pas de places assises. 〜を取る réserver une place. ‖〜指定券 billet *m* de location. 〜指定車 wagon *m* réservé. 〜表 [劇場の] plan *m* de la salle. 〜料金 *m* de place.

させつ 左折 ¶〜する tourner à gauche. ‖「〜禁止」《Interdiction de tourner à gauche.》

ざせつ 挫折 avortement *m*; échouement *m*. ¶〜する avorter; échouer; se briser. 反乱は〜した La révolte a avorté. 計画は〜した Le plan est tombé. 彼の計画は途中で〜した Il a échoué à mi-chemin dans son projet.

させる [使役] ¶看護婦に負傷者の手当を〜 faire soigner les blessés aux infirmières. この家はあの大工に建てさせた J'ai fait bâtir cette maison par (à) ce charpentier-là. ◆[強制] forcer *qn* à *inf*. 情状矢印彼にあのことを白状させた Je l'ai forcé à avouer son passé. ◆[許可・放任] laisser *inf*. 彼の好きなようにさせてやろう Je vais le laisser faire ce qui lui plaît. 明日まで考えさせて下さい Laissez-moi réfléchir jusqu'à demain. 先生は私を三年生に進級させてくれるだろうか Je me demande si mes professeurs vont me laisser monter en troisième année.

させん 左遷 | 彼の転任は明らかに〜だ Son changement de poste est clairement une relégation. 〜する reléguer *qn*. 地方支店に〜される être relégué dans une succursale de province.

ざぜん 坐禅 zazen *m*. 〜を組む faire du zazen.

さぞ ¶〜美しいでしょう Comme cela doit être beau! 〜お疲れでしょう Vous devez être très fatigué, n'est-ce pas? 〜寒かったでしょう Je suis sûr que vous avez eu bien froid! Vous avez dû avoir bien froid! 彼も〜喜ぶでしょう Je suis sûr qu'il en aura un grand plaisir.

さそい 誘い [誘惑] tentation *f*; entrainement *m*; [勧誘] invite *f*. ~に乗る céder aux tentations. まんまと~に乗る être entrainé facilement; mordre à l'hameçon. ~をかける tendre un piège. ~をかけたら彼はすぐ乗ってきた Il a tout de suite marché dans ma combine.

さそいこむ 誘い込む entrainer *qn*.

さそいだす 誘い出す sortir *qn*.

さそいみず 誘い水 amorce *f*; amorçage *m* [d'une pompe]; occasion *f*. ⇨ よびみず (呼び水).

さそう 誘う [招待する] inviter; [勧誘する] proposer; [誘惑する] tenter; séduire. 映画に~ proposer à *qn* d'aller au cinéma. 舞踏会に~ inviter *qn* au bal. 悪の道に~ pousser (inciter) *qn* au mal. ◆[うながす] ¶涙を~ tirer des larmes à *qn*.

ざそう 坐像 figure *f* assise.

さそくつうこう 左側通行 circulation *f* à gauche. 日本では~である On roule à gauche au Japon.

さそり 蠍 scorpion *m*. ǁ~座 le Scorpion.

さそん 差損 perte *f*. 為替~ perte *f* due au cours du change (des changes).

さた 沙汰 [知らせ] nouvelle *f*; [指示・命令] ordre *m*; instructions *fpl*. 追って~があるまで待て Attendez jusqu'à nouvel ordre./Attendez de nouvelles instructions. 何の~もない ne recevoir aucune nouvelle. 「地獄の~も金次第」《Argent comptant porte médecine.》 ǁ その計画に~はなくなった Ce plan a été abandonné. その話もいつの間にか~止みとなった On a cessé de parler de ce sujet au bout de quelques jours. ◆[しわざ] ǁ それは狂気の~だ C'est une folie. ǁ それは人間~でない C'est une conduite inhumaine. ◆ ǁ それは~の限りだ [論外である] Inutile d'en discuter.

さだか 定か ǁ そうかも知れぬが~ではない C'est possible, mais ce n'est pas certain. ~に; clairement; distinctement. 闇の中にも~に見える On peut voir distinctement dans l'obscurité. ~には知らぬ Je ne le sais pas précisément.

さだまる 定まる ǁ 私の決心は定まった Ma décision est prise./Je me suis décidé. 天気が定まって来た Le temps devient stable. 天気が定まらない Le temps est changeant.

さだめ 定め destinée *f*; fatalité *f*. これも人の世の~である La fatalité veut qu'il en soit ainsi. ǁ ~なき浮世 ce monde *m* inconstant.

さだめし 定めし ⇨ さぞ.

さだめる 定める fixer; déterminer; [法律に] établir; [予め決める] prévoir. 日を~ fixer la date. 居を~ s'installer; se fixer. 法律を~ établir une loi. 彼はパリに居を定めた Il s'est fixé à Paris. 国は本年度に建てる住宅戸数を100,000戸と定めた L'Etat a prévu la construction de 100.000 logements cette année. ǁ ...であるに定められている être prévu pour.... 法律で定められた範囲内で dans les limites fixées par la loi. 法律の~ところにより comme prévu par la loi.

サタン Satan *m*.

ざだん 座談 conversation *f*; causerie *f*; entretien *m*; propos *mpl* de table. 彼は~がとてもうまい C'est un brillant causeur. ǁ ~会 entretien. ~会を開く organiser un entretien.

さち 幸 [幸福] bonheur *m*. ~を多かれと祈る souhaiter le bonheur à *qn*. ǁ ~[産物] produits *mpl*; fruits *mpl*. 海の~山の~ fruits *mpl* de la terre et de la mer.

ざちょう 座長 [劇団] directeur(trice) *m(f)*; [会の] président(e) *m(f)*. ~に選ばれる être élu président. 会談の~を務める présider un entretien. ǁ 彼が~格だ Il tient le rôle de directeur.

さつ 冊 ǁ その本なら2~持っている Si c'est ce livre, j'en ai deux./J'ai deux exemplaires de ce livre. ǁ 3~本 ouvrage *m* en trois volumes.

さつ 札 billet *m* [de banque]. 手の切れるような~ billet de banque tout neuf. ǁ 千円~ billet de mille yen. 偽~ faux billet de banque. ~入れ portefeuille *m*. ~束 rouleau(x) *m* (liasse *f*) de billets de banque.

さつ 雑 ǁ ~な grossier(ère); peu soigné; bâclé. ~な仕事 travail *m* grossier (bâclé). ~な言葉 langage *m* rude. あいつは~な奴だ C'est un homme rude. ~に sans soins; grossièrement; négligemment. ◆[その他] ǁ ~の部 varia *nm*.

さつい 殺意 ǁ ~を抱く avoir des intentions meurtrières.

さつえい 撮影 [映画] prise *f* de vues; tournage *m*; filmage *m*; [写真] photographie *f*. ǁ ~する tourner un film; photographier *qc*; prendre des photos. 空中(水中)~ photographie aérienne (sous-marine). ~会 concours *m* de photographie. ~機 caméra *f*. ~技師 opérateur *m*. ~所 studio *m*.

ざつおん 雑音 bruit *m*; [電波の] parasites *mpl*; friture *f*. ラジオに~が入る Le poste de radio émet des parasites.

さっか 作家 auteur *m*; écrivain *m*. ǁ 三流~ écrivain mineur. 女流~ femme *f* auteur (écrivain). 流行~ auteur à la mode. 彼は~志望だ Il désire être écrivain.

ざっか 雑貨 articles (frais) *mpl* divers. ǁ ~屋 marchand(e) de couleurs.

サッカー football [futbol] *m*. ~をする jouer au football. ǁ 国際~連盟 Fédération *f* internationale de football association (FIFA).

さつがい 殺害 meurtre *m*; homicide *m*. ǁ ~する tuer; assassiner.

さっかく 錯覚 illusion *f*. 目の~ illusion visuelle (d'optique). ~を抱く s'illusionner. ~を起こす avoir une illusion; se faire des illusions. ~を起こさせる produire une illusion; donner l'illusion. 書割は本当の遠景であるかのような~を起こさせる Le décor donne l'illusion de la perspective réelle. ǁ 彼は自分の実力を~している Il s'illusionne sur ses

capacités réelles. 彼は私を説得したかのように〜している Il a l'illusion d'avoir réussi à me persuader.

さっかく 錯角 angles *mpl* alternatifs.

ざつがく 雑学 connaissances *fpl* de dilettante.

サッカリン saccharine *f*.

ざっかん 雑感 impressions *fpl* diverses.

さつき 皐月 azalée *f*.

さっき tout à l'heure; à l'instant; il y a un instant.

さっき 殺気 [極度の緊張] surexcitation *f*; extrême tension *f*; [不気味さ] atmosphère *f* menaçante. 〜みなぎっている Il y a une atmosphère menaçante. 彼の顔に〜が現われている Il a un visage hagard. ¶〜立つ devenir farouche. 会場に〜立っていた La salle était dans un état de surexcitation. 〜立つ menaçant; surexcité; ‛hagard. 〜立った群衆 foule *f* surexcitée. 〜立った目で見る regarder *qn* d'un œil hagard.

ざっき 座付き ‖〜作者 auteur *m* attaché à une troupe de théâtre.

ざっき 雑記 ‖身辺〜 cahiers *mpl* intimes. 〜帳 cahier.

さっきゅうに 早急に [間をおかずに] sans délai *m*; sans [plus] tarder.

ざっきょ 雑居 cohabitation *f*; [状態] promiscuité *f*. ¶〜する vivre ensemble (dans la promiscuité); cohabiter. 二世帯が一部屋に〜していた Les deux familles cohabitaient (vivaient ensemble) dans une seule pièce. ‖我家の〜状態には閉口している Je souffre de la promiscuité de ma maison. 〜ビル immeuble *m* à vocations multiples.

さっきょく 作曲 composition *f* musicale. 作詞〜 paroles *fpl* et musique *f*. 〜する composer (écrire) de la musique. 交響曲を〜する composer une symphonie. ヴェルレーヌの詩に〜する mettre en musique les vers de Verlaine. ¶〜家 composit*eur(trice) m (f)*.

さっきん 殺菌 stérilisation *f*; pasteurisation *f*; désinfection *f*; aseptisation *f*. ¶〜する stériliser; pasteuriser; aseptiser. 〜した stérilisé; aseptique. 〜乾燥室 étuve *f* à stérilisation. 〜剤 microbicide *m*. 〜消毒器 stérilisateur *m*. 〜包帯 pansement *m* aseptique. 〜力 pouvoir *m* stérilisant.

ざっきん 雑菌 germes *mpl* infectieux.

サック [入れ物] étui *m*; [避妊用] préservatif *m*. メガネの〜 étui à lunettes. ‖指〜 doigtier *m*.

ざっくばらん ¶〜な人 personne *f* sans façon (manières). 〜に sans façon[s]; franchement. 〜に話す parler franc; parler sans détour. ‖〜に言うと franchement parler.

ざっくり ¶傷口が〜開いている La plaie est béante. 私は太股を〜切った Je me suis entaillé profondément la cuisse.

ざっけん 雑件 affaires *fpl* diverses.

ざっこく 雑穀 céréales *fpl*; grains *mpl*. ‖〜商 marchand(e) *m(f)* de céréales (de grains).

さっこん 昨今 ces jours-ci; récemment. ⇨ ちかごろ(近頃).

ざっこん 雑婚 polygamie *f*. ¶〜の polygame.

さっさと rapidement; vite; promptement; [すぐに] tout de suite. 〜歩く marcher rapidement. 〜出て行く se hâter de sortir. 〜出て行け Sors d'ici, et vite. 〜返事をしろ Répondez tout de suite. 〜[やれ(歩け)] Dépêche-toi. ◆[手際よく] adroitement. 仕事を〜やってのける régler adroitement ses affaires.

さっし 察し compréhension *f*. およそ〜がつく pouvoir deviner à peu près. これだけ言えば〜がつくだろう N'avez-vous pas encore compris ce que je voulais dire? お〜の通り comme vous le pensez (l'imaginez). お〜の通りです Vous avez bien deviné. ¶彼は〜がいい Il comprend vite. 彼は〜の悪い奴だ Il est lent à comprendre.

サッシ [窓枠] châssis *m* [de fenêtre]. ‖アルミ〜 châssis en aluminium.

ざっし 雑誌 revue *f*; [絵入りの] magazine *m*. 〜に書く écrire dans une revue. 〜を購読する publier une revue. 〜をとる [予約] s'abonner à une revue. ¶月(季)刊〜 revue mensuelle (trimestrielle). 受験〜 annales *fpl* des examens d'entrée. 婦人〜 magazine féminin. 文芸〜 revue littéraire. 〜社 éditeur *m* de revues.

ざつじ 雑事 menues occupations *fpl*; petites affaires *fpl*; occupations *fpl* diverses. 〜に追われる être pris par de menues occupations personnelles.

ざっしゅ 雑種 race *f* croisée; mélange *m* ethnique; [物] hybride *m*. 〜を作る croiser; métisser; hybrider. ¶〜の métis(se); croisé; hybride. 〜の犬 chien *m* métissé (bâtard). 〜の馬 cheval *m* croisé.

ざっしゅうにゅう 雑収入 revenus *mpl* divers.

さっしょう 殺傷 ¶〜する blesser et tuer.

ざっしょく 雑色 bigarré.

ざっしょく 雑食 ¶〜の omnivore. 犬は〜だ Les chiens sont omnivores. ‖〜動物 omnivores *mpl*.

さっしん 刷新 rénovation *f*; renouvellement *m*; réforme *f*; épuration *f*. 〜する rénover; renouveler; réformer. 行政を〜する épurer (réformer) une administration. 人事を〜する renouveler le personnel. 風俗を〜する réformer (régénérer) les mœurs. ‖〜委員会 comité *m* d'épuration.

さつじん 殺人 meurtre *m*; 〖法〗 homicide *m*. 〜[罪]を犯す commettre un meurtre (un homicide). ¶〜的な meurtri*er(ère)*. 〜的な暑さ(混雑) chaleur *f* (bousculade *f*) meurtrière. 電車は〜的な混みようだった Le train était archibondé (plein à craquer). ‖肉親〜 parricide *m*. 〜罪(事件) homicide *m*. 〜犯 homicide *mf*. 〜兇器 arme *f* meurtrière. 〜未遂 tentative *f* de meurtre.

さっする 察する deviner; imaginer; supposer; [理解] comprendre. 御多忙のこととお

ざっぜん 察します J'imagine que vous devez être très occupé. あなたの苦しみのほどお察しします Je compatis à votre peine. どんなに驚いたか察しくれ Jugez quelle a été ma surprise. 少しは僕の気持ちも察してくれ Essayez de me comprendre./Mettez-vous un peu à ma place. ¶君の言動から〜 A en juger par tes actes et tes paroles…. あなたの苦表は〜に余りある Votre douleur dépasse mon entendement. 〜ところ…らしい Il me semble que ind; Je suppose que ind; A ce qu'il me semble, …

ざつぜん 雑然 ¶〜とした désordonné; confus. 〜とした考え fouillis m d'idées. 〜とした部屋 chambre f désordonnée. 〜とした本の山 amas m confus de livres. 〜とした話(話) souvenir m (discours m) confus. 彼の家はいつも〜としている Chez lui, c'est toujours en désordre. 君の考え方は〜としている Vous n'avez aucune suite dans les idées./Vous avez des idées confuses. 〜と混ぜてに ranger sans ordre; en désordre. 〜と並べる ranger sans ordre.

さっそう 颯爽 ¶〜とした fringant. 年齢の割にはまだ〜とした老人だ C'est un vieillard encore fringant pour son âge. 〜たる勇姿 figure f vaillante. 〜と入ってくる entrer tout fringant. 通りを〜と闊歩する marcher fièrement dans la rue. 彼は〜と出掛けて行った[張り切って] Il partit avec entrain.

ざっそう 雑草 herbes fpl folles; mauvaise herbe. 〜をとる arracher les mauvaises herbes. 庭(畑)の〜をとる sarcler un jardin (un champ). ¶〜の生い茂った小路 sentier m couvert d'herbes folles.

さっそく 早速 tout de suite; sans tarder; immédiatement; promptement. 〜する ne pas perdre de temps pour inf; ne pas tarder à inf; se hâter de inf. 〜伺います J'irai tout de suite (sans tarder). 明日から〜始めることにします Je le commencerai dès demain. ¶〜の御承諾感謝致します Je vous remercie de votre prompt acquiescement.

さっそざい 殺鼠剤 mort-aux-rats f.

ざった 雑多 ¶〜な varié; divers; multiple; mélangé; bigarré. 〜な言葉を話す parler une langue bigarrée (diverse). 〜な知識 connaissances fpl acquises de bric et de broc. ¶種々〜な色の混じったセーター chandail m bigarré. 種々〜な人々 toutes sortes de gens. 種々〜な参列者 assistance f très mélangée.

ざつだん 雑談 causerie f; bavardage m. 〜する bavarder; papoter; parler de choses et d'autres.

さっち 察知 ¶〜する deviner. 身振りから彼の言いたいことが〜できた J'ai pu deviner à ses gestes ce qu'il voulait dire.

さっちゅうざい 殺虫剤 insecticide m.

さっと ［突然］soudain; brusquement; ［素早く］promptement; ［勢よく］vivement. 〜顔を赤らめる rougir soudain (subitement). 〜通り過ぎる passer promptement. 〜戸を開けて ouvrir la porte brusquement (soudainement). 一陣の風が〜吹いてきた Il souffle un coup de vent. 子供が横から〜飛び出して来た Un enfant a brusquement surgi de côté.

ざっと ［大ざっぱに］en gros; approximativement; ［簡単に］brièvement; en passant. 〜帰除する nettoyer à la hâte (rapidement). 〜見積る évaluer approximativement. 本に〜目を通す lire un livre en diagonale; parcourir un livre rapidement. 〜要点を説明する expliquer brièvement (en gros) ce dont il s'agit. 〜描く(作る) esquisser; ébaucher. 絵の輪郭だけ〜描く ébaucher un tableau.

さっとう 殺到 afflux m. ¶〜する se ruer à (vers); se précipiter vers; arriver en foule. 出口に〜する se ruer (se précipiter) vers la porte. 注文が〜する recevoir une foule de commandes. 応募者が〜している Les candidats arrivent en foule. 客が〜して僅かの間に店一杯になった Un afflux des clients a envahi en quelques instants la boutique.

ざっとう 雑踏 ［人込み］affluence f; bousculade f; ［交通の混雑］encombrement m. スタンド入口の〜 affluence à l'entrée du stade. 通りの〜 encombrement des rues. 〜にもまれる être pris dans la bousculade. 〜にまぎれて姿を消す profiter de l'affluence pour disparaître. この売場は〜だ Il y avait trop de monde à ce rayon. ¶〜する affluer; ［うようよする］grouiller. 広場は群衆で〜していた La foule encombrait la place./La foule affluait sur la place.

ざつねん 雑念 distraction f. どういう訳か仕事中に〜が浮かんでくる J'ai des distractions pendant mon travail sans savoir pourquoi. 〜を去る chasser les distractions.

ざつのう 雑嚢 musette f.

ざっぱく 雑駁 ¶〜な imprécis; confus; incohérent; décousu. 〜な推論 raisonnement m incohérent (sans méthode). 〜な説明 explication f décousue (confuse). 〜な知識 connaissance f imprécise. 〜な頭脳の持主 esprit m confus.

さつばつ 殺伐 ¶〜な brutal(aux); cruel(le); féroce; ［血なまぐさい］sanguinaire. 〜な闘い combat m sanguinaire (violent). 〜な話 récit m cruel. 〜な人間 homme m brutal.

さっぱり ［まるで/全然］¶〜が分らない Je n'y comprends rien du tout. 数学は〜分らない Je ne comprends rien aux mathématiques. 〜顔を見せないじゃないか Tu ne viens pas du tout me voir. ◆ ¶〜する［気分爽やかになる］se sentir frais (fraîche); ［気分が楽になる］se sentir soulagé. 湯に入って〜した Après ce bain, je me sens frais. 話してしまえ、〜するから Parlez, ça vous soulagera. 〜した［清潔な］propre; ［和らげた］franc(he); ouvert; ［味が］léger(ère). 〜した料理 Plat m léger. 〜した着物を着る mettre un habit propre. あの人は〜した人だ C'est une personne franche.

ざっぴ 雑費 frais mpl divers. ‖下宿代は諸〜を含めて 6 万円が Avec le loyer et les petites dépenses, ça fait 60.000 yen.

さつびら 札びら ¶〜を切る dépenser avec ostentation; faire valser l'argent.

さっぷうけい 殺風景 ¶〜な nu; ［没趣味の］

ざつぶん 雑文 mélanges *mpl*. 〜を書く écrire des mélanges. ‖〜家 auteur *m* de mélanges littéraires. ‖〜集 mélanges *mpl*; miscellanées *fpl*.

ざっぽう 雑報 petites nouvelles *fpl*; [新聞の] faits *mpl* divers. ‖〜欄 colonne *f* des faits divers.

さつまいも 薩摩芋 patate *f* douce.

ざつむ 雑務 petits travaux *mpl*. 〜に追われる être pris par de petits travaux.

ざつよう 雑用 ⇨ ざつじ(雑事).

さつりく 殺戮 carnage *m* massacre *m*; tuerie *f*; [みな殺し] hécatombe *f*. 〜する massacrer; égorger. ‖〜者 massacreur(se) *n* (*f*); égorgeur(se) *n* (*f*).

ざつろく 雑録 variétés *fpl*; écrits *mpl* divers.

さて eh bien; maintenant; or. 〜困ったな Ça, c'est embêtant. 〜どうしよう Et maintenant, que faire? 〜どうなるか見物だぞ Ça vaut la peine de voir comment les choses vont tourner. その仕事を引受けたものの、〜難しくて困ってしまった J'ai accepté ce travail, mais me voilà bien ennuyé pour le faire: il est bien difficile.

さてい 査定 évaluation *f*; estimation *f*; [税金などの] cote *f*. 不動産の〜 cote immobilière. 〜する évaluer; estimer; coter. 私の収入は 500 万円と〜された Mon revenu est évalué à cinq millions de yen. ‖〜価格 valeur *f* cotée.

サディスト sadique *mf*.

サディズム sadisme *m*.

さておき 〜 avant tout; tout d'abord. それは〜 laissant (mettant) cela de côté. 冗談は〜 Plaisanterie mise à part. 費用は〜 sans compter les frais.

さてさて comme; vraiment. 〜この世はせちがらい Comme ce monde est amer!/Il est vraiment amer, ce monde! 〜困った C'est embêtant!

さてつ 砂鉄 limaille *f* de fer.

ざてつ 蹉跌 échec *m*. 〜を来す échouer. 彼の試みはすべて〜を来した Toutes ses tentatives ont échoué.

さては [それでは・きっと] 〜お前だな C'était donc toi. 〜謀られたか Nous voilà pris au piège. ◆[揚句には・ついには] 〜泣き出す末なんだ Et puis, le (la) voilà qui se met à pleurer.

サテライト satellite *m*. ‖〜スタジオ studio(s) satellite(s) *m*.

サテン satin *m*. 〜の服 robe *f* de satin.

さと 里 [村] village *m*; [故郷] pays *m* natal. ◆[実家] maison *f* de ses parents. 家内は今〜に帰っています Ma femme est maintenant chez ses parents. お〜が知れる [生れが分る] trahir ses origines.

さとい 聡い [賢い] intelligent. ◆[敏感である] fin; prompt. 耳が〜 avoir l'ouïe (l'oreille) fine. 利に〜 être prompt au gain.

さといも 里芋 taro *m*.

さとう 砂糖 sucre *m*. 〜を入れる mettre du sucre. 〜入りの sucré. 〜粉 sucre en poudre de sucre. ‖ 氷(角、赤、黒、白)〜 sucre candi (en cube, roux, brun, blanc). ‖菓子 sucreries *fpl*. ‖〜黍 canne *f* à sucre. 〜水 eau *f* sucrée. ‖〜大根 betterave *f* à sucre. ‖〜壺 sucrier *m*. ‖〜漬けの confit au sucre. 〜漬けにする confire *qc* au sucre. ‖〜挟み pince *f* à sucre.

さどう 作動 fonctionnement *m*; marche *f*. 〜する marcher. 〜させる faire travailler; faire fonctionner (manœuvrer); [始動する] se mettre en marche; démarrer. 機械を〜させる faire démarrer une machine; mettre une machine en marche. ‖〜中の en action.

さどう 茶道 cérémonie *f* du thé.

サトゥルヌス Saturne *m*.

さとおや 里親 père *m* (mère *f*) nourricier (*ère*); parents *mpl* nourriciers; [女の場合] nourrice *f*.

さとがえり 里帰り ⇨ さと(里).

さとかた 里方 famille *f* de l'épouse.

さとご 里子 enfant *m* en nourrice. 子供を〜に出す mettre un enfant en nourrice.

さとごころ 里心 〜がつく avoir le mal du pays; avoir la nostalgie de son pays.

さとす 諭す faire entendre raison à *qn*; faire reconnaître à *qn*. 過ちを〜 prouver (faire reconnaître) à *qn* son erreur. 淳々と〜 persuader *qn* avec patience de *qc*. 厳しく〜 [説論] admonester *qn*. 今後は遅刻することのないようにと先生は厳しく生徒を諭した Le professeur a admonesté un élève en lui disant de ne plus être en retard désormais.

さとり 悟り 〜を開く être illuminé; avoir une révélation. 〜の境地に達する atteindre à l'illumination.

さとる 悟る [理解する] comprendre; entendre; [感づく] flairer; sentir; [認識する] reconnaître; [察知する] deviner. 危険を〜 flairer le danger. 非を〜 reconnaître sa faute. 彼は死期を悟っていた Il sentait qu'il allait mourir. ‖悟られないように à la dérobée; furtivement; de telle sorte qu'on ne sache rien. ‖ [悟りを開く] 〜 引掛けるに顔をする se donner des airs de petit saint. 悟ったような口を利く parler comme un sage. 彼は不幸のさ中にあっても毛切ったような様子をしていた Il me semblait imperturbable même dans le malheur.

サドル selle *f*.

さなか 最中 ⇨ さいちゅう(最中).

さながら 〜まるで、ちょうど[丁度].

さなぎ 蛹 chrysalide *f*; nymphe *f*. 〜になる se chrysalider.

さなだひも 真田紐 tresse *f* de coton.

さなだむし 真田虫 ténia *m*; ver *m* solitaire.

サナトリウム sanatorium *m*; 《俗》sana *m*.

さにあらず nenni.

さのう 砂嚢 sac *m* de sable; [鳥の] gésier *m*.

さは 左派 gauche *f*. ‖社会党の〜 la gauche du parti socialiste. 中道〜 centre *m*

さば 鯖 maquereau(x) *m*. ◆ ¶～を読む[数量をごまかす] tricher. ～を読んで値段をつける tricher sur les prix.

さはい 差配 ⇒ かんり(管理).

サバイバル survie *f*.; [人] survivant(e); rescapé(e).

さばき 裁き justice *f*. ～を受ける être jugé; se présenter devant la justice; comparaître devant le tribunal.

さばき 捌き ¶足～がうまい[サッカーなど] avoir un bon jeu de jambes. 手綱～がうまい être bon cavalier. 手～がいい avoir des mains habiles.

さばく 砂漠 désert *m*.

さばく 裁く juger; [判決を下す] prononcer une sentence. 犯罪者を～ juger un criminel. 争いを～ juger un différend.

さばく 捌く [売る] vendre; [処理する] régler; [解決する] démêler; débrouiller; [操作する] manœuvrer. 商品を～ vendre des marchandises. 紛争を～ régler un conflit. ややこしい事件を～ démêler une affaire délicate. 警官が群衆の波をうまく捌く Les agents font bien circuler la foule. この仕事は私一人では捌ききれない Je ne peux pas manœuvrer cette affaire à moi seul. 仕事が多過ぎて彼らだけでは捌ききれない Ils ne pourront pas, à eux seuls, venir à bout de ce travail.

さばける 捌ける [売れる] se vendre; s'écouler. ¶～がよく～ Cet article se vent (s'écoule) bien. ◆ ¶彼は捌いた人だ[物分りの良い] C'est un homme compréhensif. あの人も捌けてきた Il commence à connaître le monde.

さばさば ¶～をる se sentir libre (délivré). この仕事を終えて～したよ Ce travail fini, je me suis senti libéré./Ce travail est fini: quelle délivrance! ～した男 homme *m* franc.

サバティカル sabbatique. ‖～イヤー année *f* sabbatique.

さはんじ 茶飯事 ‖そんなことは日常～だ C'est monnaie courante./C'est une chose très fréquente.

サバンナ savane *f*.

さび 錆 rouille *f*.; [緑青] patine *f*. 「身から出た～」《On récolte ce qu'on a semé.》～を落として洗う dérouiller; enlever la rouille. ～を止める empêcher *qc* de se rouiller. ¶～ついた rouillé rongé de rouille; qui se rouille. ‖～色の rouillé; rouilleux(se); d'un rouge-brun. ～止め antirouille *m*. ～止めの inoxydable.

さび 寂 [静けさ] quiétude *f*.; [古色] patine *f*. ¶～のある声で d'une voix *f* basse et grave.

さびしい 寂しい [物悲しい] triste; [人通りのない] désert; [へんぴな] isolé; solitaire. ～町 ville *f* triste. ～村 hameau *m* isolé (solitaire). ～通り rue *f* déserte. ～晩年 vieillesse *f* triste (solitaire). 懐が～ [金がない] avoir la bourse légère (peu garnie). 口～ [物足りない] avoir envie de se mettre quelque chose sous la dent. この部屋の壁は少し何か～ Le mur de cette pièce est un peu nu. ¶寂しさ tristesse *f*.; solitude *f*. 寂しさを酒にまぎらす noyer *sa* solitude dans l'alcool.

さびしさ 寂しさ [悲しさ] tristesse *f*./[孤独] solitude *f*.

さびつく 錆び付く ¶錆び付いた rouillé(e); rongé(e) de rouille. ～する(錆びる).

ざひょう 座標 coordonnées *fpl*. 縦の～ ordonné *f*. 横の～ abscisse *f*. ‖～軸 axes *mpl* de coordonnées.

さびる 錆びる se rouiller; s'oxyder. 鉄はすぐ～ Le fer s'oxyde rapidement. ¶錆びない inoxydable.

さびれる 寂れる perdre *son* animation. この界隈は年々寂れていく Ce quartier perd son animation d'année en année. ¶寂れた 私営 d'animation; désert.

サブ [次長] sous-chef(s) *m*.

サファイア saphir *m*.

サファリ safari *m*. ‖～ジャケット safarienne *f*.

サブカルチャー subculture *f*.

サブグループ sous-groupe *m*.

ざぶざぶ ¶水を～かける arroser abondamment *qc*. ～洗う laver *qc* à grande eau.

サブジェクト sujet *m*.

サブタイトル sous-titre *m*.

ざぶとん 座布団 coussin *m*.

サブマリン sous-marin *m*. ‖原子力～ sous-marin nucléaire.

サフラン safran *m*. ‖～色の safrané.

ざぶり ¶～と水をかぶる se verser d'un grand coup d'eau.

サブリミナル subliminal(ale).

サブロック ‖～ミサイル missile *m* anti-sous-marin.

ざぶん ¶～という音 plouf *m*. ～と水に飛び込む plonger dans l'eau avec un plouf.

さべつ 差別 différence *f*.; discrimination *f*. ¶～[を]する faire des différences. 彼は自分の子供達をひどく～する Il fait des différences scandaleuses entre ses enfants. 人を～してはいけない Il ne faut pas faire acception de personnes. ～的 inégal(aux); partial (aux); discriminatoire. ～的措置 mesures *fpl* discriminatoires. ～なしに(せずに) sans préférence; sans distinction. 男女の～なく sans distinction de sexes. ¶人種～ discrimination raciale; racisme *m*. ～関税 droit *m* différentiel. ～待遇 traitement *m* partial. ～待遇する traiter *qn* avec partialité. ～待遇せずに sur un pied d'égalité.

さほう 作法 étiquette *f*.; manières *fpl*.; usage *m*. 食卓の～ étiquette de table. …するのが～だ Le bon usage veut que *sub*./Le bon usage est de *inf*. ～に適っている [様になっている] avoir des formes; être en bonne forme; être dans les formes. ～に適ってない sortir de l'usage. ～を心得ていない manquer d'usage (de manières). ～を学ぶ apprendre les belles manières. ～を観察する les usages. ¶～に適った conforme à l'étiquette (à la politesse). ～を心得た人 personne *f* de bonnes manières.

さぼう 砂防 ¶～工事 construction *f* de murs de soutènement. ～壁 mur *m* de soutènement (d'appui).

サポーター protège-tibia(s) m; [サッカーチームの] supporter [syporte(œ)r] m; suppor*teur* (*trice*) m(f).

サポート ¶~する aider; soutenir.

サボタージュ sabotage m; grève f perlée. ~に入るを se mettre en grève perlée. ¶~する faire du sabotage; saboter.

サボテン cactus m.

さほど ⇨ それほど(それ程).

さぼる ¶授業を~ sécher un cours. 仕事を~ ne pas faire *son* travail; ne pas aller au travail. さぼり屋 paresseux(se) m(f); sabo*teur*(se) m(f); tire-au-flanc m inv.

ザボン pamplemousse m; grape[-]fruit m.

さま 様 彼女の着物姿は~になっている Le kimono lui va bien./Elle est bien en (avec son) kimono.

-さま 様 Monsieur; [既婚女性] Madame; [未婚女性] Mademoiselle.

ざま 様 何だその~は De quoi as-tu l'air! ~を見ろ Ça t'apprendras!/C'est bien fait!

サマータイム heure f d'été.

さまざま 様々 ¶~な [多くの] divers; multiple; [いろいろな] varié; variable; différent. ~な意見 opinions fpl diverses (variées). 芸術の~な形式 formes fpl variables de l'art. ~の原因 causes fpl multiples. ~な花 fleurs fpl de toutes sortes. ~な人々 différentes personnes fpl. ~な面から問題を検討する examiner un problème sous ses multiples aspects. 人の心は~だ Autant de personnes, autant d'avis. 世は~だ Dans ce monde il y a toutes sortes d'individus. 習慣は国によって~だ Les habitudes varient selon les pays. お値段は~です Il y en a à différents prix.

さます 覚[醒]す ¶目を~ se réveiller; être réveillé; [他人の] réveiller qn. ベルの音に目を~ être réveillé par la sonnerie. 酔を~ dégriser qn; [《俗》] dessoûler qn. 迷いを~ désabuser qn; détromper qn. 外気は彼の酔を醒ました Le grand air l'a dessoûlé. 彼はまだ何やら迷っていたので目を覚まさせてやった Il gardait encore quelques illusions; je l'ai désabusé. 少しは目を覚ませよ Ouvre un peu les yeux!

さます 冷ます refroidir. 熱湯を~ refroidir de l'eau brouillante. 興を~ gâter le plaisir.

さまたげ 妨げ obstacle m; empêchement m; entrave f. ...の~となる gêner (empêcher) qn de inf; faire obstacle à qn dans qc; nuire à qn dans *son* travail. 勉強の~となる gêner qn dans son travail. 交渉の~となる nuire aux négociations. 彼女の年齢がこの結婚の主な~となっている Son âge est l'obstacle principal à ce mariage. 関税壁が貿易の~となっている Une barrière douanière constitue une entrave au commerce.

さまたげる 妨げる empêcher; entraver; gêner; contrarier. 出世を~ empêcher qn de réussir. 計画を~ contrarier le projet. 安眠を~ troubler le sommeil de qn. 海の見晴しを~ gêner (barrer) la vue sur la mer. ...するのを~ empêcher qn de inf.

さまよう 彷徨う errer; vaguer. 町を~ errer dans les rues. 生死の境を~ être entre la vie et la mort. ¶彷徨えるユダヤ人 Le Juif errant. 彷徨える魂 âme f errante.

サマリア ¶~人 Samaritain(e) m(f). よきサマリア人 le bon Samaritain.

サマリウム samarium m.

さみしい 寂しい ⇨ さびしい(寂しい).

サミット conférence f [internationale] au sommet; sommet m. ~を取材する couvrir le sommet. 先進7か国~ sommet des sept (du G7 (groupe des sept)). ~会議 réunion f au sommet.

さむい 寒い; [身体が] avoir froid. ~朝 matin m froid. 今日は~ Il fait froid aujourd'hui. 肩が~ avoir froid aux épaules. 寒くないように着物を着て行きなさい Couvre-toi bien pour ne pas prendre froid. 寒くなるせ refroidir; devenir plus froid. ここ二三日寒くなった Le temps s'est refroidi depuis quelques jours. ¶彼女は寒そうに膝に毛布をかけ直した Elle a ramené frileusement la couverture sur ses genoux.

さむがる 寒がる se plaindre du froid. ¶寒がり frileux(se) m(f). 彼女は寒がりだ Elle est frileuse.

さむけ 寒気 froid m. ~がする avoir pris froid; être refroidi.

さむさ 寒さ froid m. きびしい~ froid rigoureux (âpre). 身を切るような~ froid perçant (glacial). 今朝はひどい~だ Il fait un froid mordant (de loup) ce matin./Le froid est vif, ce matin. [《俗》] Ça pince dur, ce matin. ~に備える se munir contre le froid. ~に強い(弱い) résister bien (mal) au froid. ¶~のきびしい冬 hiver m très rude.

さむざむ 寒々 ¶~とした [寒そうな] froid; [荒涼たる] triste; désolé. ~とした星空 ciel m froid plein d'étoiles. ~とした部屋 [味気ない] chambre f austère.

さむぞら 寒空 ¶この~に par ce temps froid.

さむらい 侍 samouraï m.

さめ 鮫 requin m; squale m. ¶小判~ rémora m. ~皮 peau f de requin; galuchat m. ~肌 peau f rêche.

さめざめ ¶~と泣く pleurer à chaudes larmes.

さめる 覚[醒]める [目が] se réveiller; [迷いが] se détromper; se désabuser; [酔が] se dégriser. 夢から~ sortir d'un rêve; revenir dans la réalité. 目が~ on se réveille; à *son* réveil. 冷気にあたって彼はすっかり酔が醒めた L'air frais l'a enfin dégrisé. 失敗してみて初めて彼は目が醒めた Le premier déboire l'a dégrisé (désabusé). ¶目の~ような色 couleur f éclatante (brillante). 目の~ような白さ blancheur f éblouissante. 寝ても醒めても jour et nuit.

さめる 冷める devenir tiède (froid); [se] refroidir; s'attiédir; [愛情, 関心が] se refroidir; devenir froid; tomber. 彼の熱意も冷めて来た Son zèle s'est refroidit (s'attiédit, tombe). ¶冷めたコーヒー café m tiède (refroidi).

さめる 褪める passer; se faner; perdre son

さも ¶〜悲しそうに d'un air vraiment triste. 〜ありそうなことだ Cela devait être ainsi./Je m'en doutais bien. 〜ないと(なければ) ou; ou bien; sinon; autrement. 言うことを聞けば、〜ないひとりが上あうぞ Tu vas m'écouter, sinon tu seras puni.

さもしい vil; bas(se); mesquin; méprisable. 〜おべっかつかい vil flatteur m. 〜根性 mesquinerie f. 〜奴だ C'est un homme vil (méprisable).

ざもと 座元 régisseur m d'un théâtre; impresario m.

サモワール samovar m.

さもん 査問 enquête f. ¶〜する s'enquérir; faire (ouvrir) une enquête sur. ∥〜委員会 commission f d'enquête.

さや 鞘 fourreau(x) m; gaine f. 〜を払う(に収める) dégainer (rengainer) son épée (son sabre). ◆[比喩的に] ¶元の〜におさまる se réconcilier. ∥[差額] marge f [bénéficiaire]; [手数料] commission f. 不当な〜をとる toucher une commission malhonnête.

さや 莢 cosse f; gousse f. 隠元の〜をむく écosser un haricot.

さやあて 鞘当て rivalité f amoureuse. 〜をする rivaliser avec qn en amour.

さやいんげん 英隠元 †haricot m vert; mange-tout m inv.

さやえんどう 英豌豆 mange-tout m inv.

ざやく 座薬 suppositoire m.

さゆう 左右 droite f et gauche f; [両側] deux côtés. 敵を〜から攻める attaquer l'ennemi de droite et de gauche (des deux côtés). 〜を見て道路を横断する traverser la rue en regardant à droite et à gauche. ¶〜する influencer qc; agir (influer) sur qc. 人の運命を〜する décider du sort de qn. 言を〜にする user de faux-fuyants. 感情に〜される agir selon ses émotions; se laisser traîner par ses sentiments. 状況に〜される être influencé par les circonstances. 〜され易い être facilement influencé par. ∥〜対称 symétrie f. 〜対称の symétrique.

ざゆう 座右 ¶〜の銘 devise f favorite. 〜の書 livre m de chevet. 〜に置く garder qc à sa portée.

さよう 作用 [活動] action f; activité f; opération f; [機能] fonction f; [影響] influence f; [効果] effet m. 放射能が人体に及ぼす〜 influence de la radio-activité sur le corps humain. ...の〜によって par l'action de; sous l'effet de. ¶〜する(を及ぼす) agir; opérer; fonctionner; faire fonction de. 相互に〜する réagir réciproquement. ...の〜を及ぼす [役割] faire fonction de qc. ...に〜を及ぼす influer sur qc; agir (opérer) sur qc. 決心する上で様々な動genが私に作用を及ぼした Diverses causes ont influé ma décision. ∥化学〜 activité chimique. 消化〜 [opération de la] digestion f. 相互〜 action réciproque.

さようなら Au revoir; A bientôt; Au plaisir [de vous revoir]; [夕方] Bonsoir; [夜] Bonne nuit; [永別] Adieu. 〜を言う dire au revoir.

さよく 左翼 [左派] gauche f; [飛行機、陣形の] aile f gauche. 〜の思想を持っている être de (à) gauche. 〜がかった学生 étudiant(e) m(f) aux tendances communistes. 〜作家 écrivain m de gauche. 〜シンパ gauchisant(e) m(f). 〜思想 gauchisme m.

さら 皿 assiette f; [大皿] plat m; [前菜用の] ravier m; [受皿] soucoupe f; [集合的に] vaisselle f; [医] rotule f. 浅い(深い)〜 assiette plate (creuse). ...を〜に盛る garnir une assiette de qc. 〜を洗う laver (faire) la vaisselle. 〜を拭き取る essuyer la vaisselle. 〜を片付ける desservir; enlever le couvert. ¶目を〜のようにして見る regarder qc avec des yeux écarquillés. ∥スープ(野菜)〜 assiette à soupe (à légumes). 〜洗い[人] laveur(se) m(f); [レストランの] plongeur(se) m(f). 〜洗い機 lave-vaisselle(s) m. 〜敷 porte-plat(s) m.

ざら ¶そんなのは〜にある Cela se trouve partout./Il y en a à la douzaine (à la pelle). 〜にあることじゃない Cela ne court pas les rues. この品は〜にあるものではない Cet article ne se trouve pas à tous les coins de rues. あの人は〜にいるような人じゃない Ce n'est pas une personne ordinaire.

さらいげつ 再来月 ¶〜[に] dans deux mois.

さらいしゅう 再来週 ¶〜[に] dans deux semaines; dans 15 jours.

さらいねん 再来年 ¶〜[に] dans deux ans. 私は来年か〜フランスに行く J'irai en France dans un an ou deux.

さらう 攫う enlever; emporter; voler; [誘拐する] kidnapper. 子供を〜 enlever (kidnapper) un enfant. 人気を〜 monopoliser la popularité. 金をさらって逃げる s'enfuir avec (en emportant) l'argent de qn. 彼は賞金を全部さらって意気揚々と帰って来た Ayant remporté tous les prix, il est revenu triomphalement. 波にさらわれる être emporté par les vagues.

さらう 浚う [浚渫する] draguer. 溝(井戸)を〜 curer un fossé (un puits). 川を〜 draguer une rivière.

ざらがみ ざら紙 papier m de mauvaise qualité.

さらけだす trahir. 心の中を〜 découvrir (épancher) le fond de son cœur. 秘密を〜 trahir son secret. 無知を〜 montrer (trahir) son ignorance.

さらさ 更紗 ¶インド〜 indienne f; perse f.

さらさら 〜という絹ずれの音 frou-frou m d'une robe. 〜というせせらぎの音 murmure m argentin d'un ruisseau. 木の葉が〜と音を立てている Les feuilles bruissent. 小川が〜と流れている Un ruisseau gazouille (coule en murmurant). ¶〜と aisément. 〜と手紙を書く écrire une lettre aisément (avec facilité). ◆[少しも] → さらに(更に).

ざらざら ¶〜した rugueux(se); rêche; rapeux(se); grenu. 〜した皮(紙) cuir m (pa-

さらし 晒 étoffe f de coton blanchie.
さらしくび 晒首 [行為] exposition f publique d'une tête décapitée; [首] tête f décapitée qui est exposée en public. ～にする exposer une tête décapitée en public.
さらしこ 晒し粉 poudre f à blanchir; chlorure m décolorant (de chaux).
さらしもの 晒し者 [罪人] criminel(le) m(f) au pilori. 罪人～にする condamner qn au pilori. ¶～になる [笑者にされる] être un objet de risée; s'exposer à la risée du public.
さらす 晒す exposer. 日光に～ exposer au soleil. 危険に身を～ s'exposer à un danger; risquer sa vie. 恥を～ être un objet de risée; s'exposer à la risée. 生き恥を～ survivre à la honte. 恥を～まいとして, まったんだ J'ai fait cela, à ma honte. 風雨に晒される être exposé aux intempéries. ¶何という恥さらしだ Quelle honte!/C'est une honte! ◆ [漂泊する] blanchir. 布地を～ blanchir de la toile. 晒してない écru.
サラセン ¶～の侵攻 invasion f sarrasine. ‖～人 Sarrasin(e) m(f).
サラダ salade f. ¶～オイル huile f à salade. ～菜 salade. ～ボール saladier m.
サラダバー buffet m de crudité.
さらち 更地 terrain m vague.
ざらつき [表面] rugosité f; aspérité f.
さらに 更に [もっと] davantage; encore; [その上に] en outre; de plus; par surcroît; [どうせ] aussi; [少しも] pas du tout; nullement. ～進む s'avancer encore plus. ～三か月支払を延期する retarder son paiement de trois mois encore. ¶～悪いことに ce qui est pis. ～不幸なことに彼の父親も病に倒れた Par surcroît de malheur, son père aussi tomba malade. ¶[少しも]～君を疑う気などない Je n'ai aucune intention de vous soupçonner. ～意に介さない ne pas se soucier du tout (ne se soucier nullement) de qc; être tout à fait indifférent.
さらば ¶青春よ, ～ Adieu, ma jeunesse! ◆ [それならば] s'il en est ainsi; dans (en) ce cas; alors.
さらばかり 皿秤 ⇒ はかり(秤).
サラバンド sarabande f. ～を踊る danser (faire) une (la) sarabande.
サラブレッド [cheval] pur-sang m inv.
サラミソーセージ saucisson m sec; salami m.
ざらめ 粗目 sucre m cristallisé.
サラリー salaire m; traitement m. ～がいい être bien payé. ¶～生活 salariat m. ～マン salarié(e) m(f); [集合的に] salariat.
さらりと [思いきりよく] sans hésitation; sans regret; sans arrière-pensée; [すっかり] complètement; entièrement; [あっさり] aisément (avec aisance); facilement. ～諦める renoncer sans regret. ～未練を捨てる renoncer aisément à une liaison. 彼は自分の言ったことを～忘れている Il a complètement oublié ce qu'il a dit. 彼はこの難しい仕事を

やってのけた Il a achevé ce travail difficile avec aisance. ¶～した肌 peau f douce. ～した髪の毛 cheveux mpl lissés. ～した味 saveur f légère.
サリー [インド婦人の] sari m; saree m.
ざりがに 蝲蛄 écrevisse f.
さりげない 然り気無い ¶～風を装う feindre un air indifférent. さりげなく sans faire semblant de rien; d'un air indifférent. さりげなく振舞う feindre l'indifférence.
サリチルさん 酸 acide m salicylique.
サリドマイド thalidomide [talidɔmid] f.
サリン sarin m.
さる 猿 singe m; [牝の] guenon f. ¶「～も木から落る」《Il n'est si bon cheval qui ne bronche.》¶手長～ gibbon m. 天狗～ nasique m. ～知恵が働く être malin comme un singe. ～芝居 jeux mpl de singe. ～真似 singerie f; calque m. ～真似をする calquer qc; singer qn. 彼は友達のやっていることを～真似しているのだ Il calque sa conduite sur celle de son ami./Il singe son ami.
さる 去る quitter; s'en aller; partir. 故郷を～ quitter son pays natal. ¶「～ば日々に疎し」《Loin des yeux, loin du cœur.》彼は去って行った Il s'en est allé./Il est parti. 嵐は去った L'orage est passé. 希望は永遠に去った L'espoir est perdu à jamais. 痛みは去った La douleur m'a quitté (s'est dissipée). その考えが仲々念頭から去らない Je suis toujours obsédé de cette idée. ◆ ¶政界を～[引退する] se retirer de la politique. 王位を～[譲る] abdiquer le trône. ◆ [隔る] ¶～5日 le cinq de ce mois; [先月の] le cinq du mois dernier. 今から～5年前 il y a cinq ans. 東京を～こと50キロの地点 endroit m à 50 kilomètres de Tokyo.
さる 然る [或は] certain. ～御婦人 une certaine dame. ～場所で à un certain endroit.
ざる 笊 panier m de bambou. ‖～法 loi f lâche.
さるぐつわ 猿轡 bâillon m. ～をはめる bâillonner qn.
サルサ [音楽] salsa f.
サルジニア ‖～島 la Sardaigne.
さるすべり 百日紅 Lagerstrœmia m.
サルタン sultan m.
サルバルサン salvarsan m.
サルビア sauge f.
サルファざい ～剤 sulfamide m.
サルページ renflouement m; renflouage m. ¶～船 bateau(x) m à renflouer.
さるまた 猿股 caleçon m.
さるまわし 猿回し [人] montreur m de singe.
サルモネラきん ～菌 salmonella f inv.
さるもの 然る者 ¶敵も～ Nous avons affaire à un rude adversaire./《A bon chat bon rat.》
-ざるをえない être obligé (forcé) de inf. 行か～ être obligé d'y aller. そう信じ～ Je suis bien forcé de le croire./Je ne peux m'empêcher de le croire. 承諾せ～ Il m'est impossible de refuser./Je suis obligé de l'accepter.

されき 砂礫 gravier m.

されこうべ 髑髏 ⇨ どくろ (髑髏).

サロン salon m. [マレー人の腰布] sarong m.

さわ 沢 torrent m; ravin m. ～を渡る traverser un torrent de vallée. ～を登る escalader une montagne en suivant un ravin.

さわかい 茶話会 thé m. ～を催す donner un thé.

さわがしい 騒がしい bruyant; tapageur(se); [人が] turbulent; [騒々しい] tumultueux (se). ～の通り a rue bruyante. ～の喧 mf tapageur(se) (turbulent(e)). ～の集会 assemblée f tumultueuse. 通りの方が～ Il y a du remue-ménage dans la rue. 場内が騒がしくなってきた La fièvre monte dans la salle. ¶騒がしく bruyamment; tumultueusement; tapageusement.

さわがす 騒がす mettre en agitation; exciter. 世間を～ faire grande sensation. ロッキード事件は全世界を騒がせた L'affaire de Lockheed mit le monde entier en agitation. 血(胸)を～ embraser qn. 彼女からの恋文が彼の胸を騒がせた Les billets doux qu'il recevait d'elle, l'enflammaient d'amour. ¶世間を騒がせたニュース nouvelle f à sensation.

さわぎ 騒ぎ vacarme m; tapage m; [喧噪] tumulte m. 通りはひどい～だ Il y a dans la rue un vacarme épouvantable. ～を起す causer du tumulte. ～を静める apaiser le tumulte. その知らせが～を大きくした Cette nouvelle redoubla le tumulte. ‖町は大～だった Une grande effervescence régnait dans la ville./La ville était sens dessus dessous. 馬鹿～ orgie f. 馬鹿～にうつつを抜かす se livrer à une véritable orgie. 胸～がする ⇨ さわぐ (騒ぐ). ◆ [そんな程度] ¶笑うどころの～じゃない Il n'y a pas de quoi plaisanter.

さわぎたてる 騒ぎ立てる faire du tapage (vacarme); faire grand bruit; 《俗》faire du potin; [わめく] crier; [非難する] faire (causer) de l'esclandre. 泥棒だと～ crier au voleur. つまらぬことで～ faire beaucoup de bruit pour rien. 何も～ことはない Il n'y a pas de quoi s'agiter.

さわぐ 騒ぐ faire du tapage (vacarme); [動揺して] s'agiter; [不満で] élever des clameurs; [あわてる] se troubler; perdre son sang-froid; [浮かれて] faire la fête (la bombe); s'amuser; [学生や兵隊などで] chahuter; faire du chahut. 飲んで大いに～ faire un beau tapage en buvant. 国民は騒ぎはじめた Le peuple a commencé à s'exciter (s'agiter). これしきのことで～ Ne vous troublez pas pour si peu de chose! ¶少しも騒がずに others big plus grand calme; garder son sang-froid. 騒いでいる群衆 foule f excitée (agitée, en effervescence). ¶[燃え立つ・沸き立つ] ¶青春の血が～ Le cœur de la jeunesse s'embrase (s'exalte). ◆ [穏やかでない] ¶胸が～ éprouver une inquiétude.

ざわざわ ～さわぐ、さわめく。

ざわつく s'agiter; [騒々しい] faire du bruit. 会場がざわついている La salle est agitée. 通りが大層ざわついている On fait beaucoup de bruit dans la rue.

ざわめき [動揺] agitation f; bruissement m; frémissement; [騒音] bourdonnement m; murmure m; rumeur f; [騒ぎ] tumulte m. 風の～ bruissement (frémissement) du vent. 群葉(木の葉)の～ agitation de la foule (des feuilles). 波の～ murmure des vagues. 胸の～ tumulte du cœur (des passions). 町の～が聞こえる On entend la rumeur de la ville. 激しい～と怒号が場内に起こった Une violente agitation et des cris menaçants se sont élevés dans la salle.

ざわめく murmurer; bourdonner; bruire; frémir. 蜂が巣箱のまわりでざわめいている Les abeilles bourdonnent autour de la ruche. それを聞いて生徒がざわめいた A cette annonce, les élèves ont murmuré. 木の葉が風にざわめいている Le vent murmure dans les feuilles./Les feuilles bruissent dans le vent. 場内は大層ざわめいていた Une grande agitation régnait dans la salle.

さわやか 爽やか ¶～な frais (fraîche); rafraîchissant. ～な微風 brise f rafraîchissante. ～な味 saveur f rafraîchissante. ～な気分である se sentir frais et dispos. ～な弁舌 éloquence f coulante. 風が～になった Le vent se rafraîchit. ～に couramment; avec éloquence.

さわり 障り ⇨ しょう (支障), さしさわり (差障り).

さわり 触り [文章, 音楽などの] passage m émouvant; [要点] point m capital. ¶～の場面 clou m du spectacle.

さわりま 触り魔 attoucheur m.

さわる 障る nuire à. 体(胃)に～ nuire à la santé (à l'estomac). 神経に～ porter sur les nerfs de qn; agacer les nerfs de qn. 耳に～不協和音 sons mpl discordants qui blessent l'oreille. 気に～ être irrité; être blessé; déplaire à qn. あなたの態度が社長の気に障ったのだ Votre attitude a déplu au directeur. 私は彼の非難がひどく気に障った J'ai été profondément blessé par ses reproches. お気に障りましたか Je vous ai heurté?

さわる 触る toucher; tâter; [軽く触れる] tâter. この子は目につく物は何にでも～ Cet enfant touche [à] tout ce qu'il voit. ¶「触らぬ神に祟りなし」«N'éveillez pas le chat qui dort.»

さん 三 trois m.

さん 桟 [横木] traverse f; [椅子, 梯子の] barreau(x) m. 窓の～ traverses d'une fenêtre. 梯子(鳥籠)の～ barreau d'une échelle (d'une cage).

さん 産 [出産] accouchement m; couches fpl; délivrance f. お～は1か月後になるでしょう Elle accouchera dans un mois. 彼女のお～は重かった(軽かった) Elle a eu un accouchement difficile (facile). [産出・産地] ¶この葡萄酒はどこの～か D'où vient ce vin? アメリカ～の林檎 pommes fpl d'origine américaine (provenant d'Amérique). 彼は栃木の～だ Il est originaire (natif) de Tochigi. [財産] fortune f. ～をなす faire fortune; s'enrichir; devenir riche.

さん 算 ¶敵は～を乱して退却した L'ennemi a été mis en déroute.

さん 酸 acide m.

さんい 賛意 approbation f. ～を表わす donner son approbation.

さんいつ 散逸 dispersion f. ¶～する être dispersé. 彼の死後，その遺稿は全て～した Tous ses manuscrits ont été dispersés après sa mort.

さんいん 産院 centre m d'accouchement; maternité f.

サンオイル huile f solaire.

さんか 傘下 ¶…の～に馳せ参ずる se ranger sous la bannière de. ～の企業 entreprise f affiliée. ‖総評～の組合 syndicat m affilié au Comité général des Unions Ouvrières.

さんか 参加 participation f; engagement m; [参与] association f. 会議への～ participation à un congrès. 労働者の企業経営への～ association des travailleurs à l'entreprise. 競技への～は自由です La participation à la compétition est ouverte à tous. ¶～する participer à; prendre part à; s'engager dans. オリンピックの～することに意義がある Le sens des Jeux Olympiques, c'est d'y participer. ‖～国 nations fpl participantes. ～者 participant(e) m(f). コンクールの～者の数は非常に多かった Le nombre des participants au concours a été très élevé.

さんか 惨禍 ¶戦争の～ horreurs fpl (désastres mpl) de la guerre.

さんか 産科 maternité f. ‖～医 accoucheur (se) m(f). ～専門医 médecin m spécialiste des accouchements. ～学 obstétrique f.

さんか 讃歌 hymne f. 愛の～ hymne à l'amour.

さんか 酸化 oxydation f; oxygénation f. ¶～する s'oxyder; s'oxygéner. ～させる oxyder; oxygéner. ‖～鉛(銅) oxyde m de plomb (de cuivre). ～剤 oxydant m. ～物 oxyde. 過～物 peroxyde m.

さんかい 参会 ¶～者 assistant(e) m(f); [集合] assistance f.

さんかい 山塊 massif m. ‖モンブラン～ Le massif du Mont-Blanc.

さんかい 山海 ¶～の珍味 régal m de toutes sortes. ～の珍味を食べる faire bonne chère.

さんかい 散会 levée f d'une séance. ～する lever (clore, terminer) une séance. 委員会は10時に～した Le comité a levé la séance à dix heures.

さんかい 散開 [軍] déploiement m; [分散] dissémination f. ¶～する se déployer. ～させる déployer; disséminer. 部隊を～させる déployer des troupes.

さんがい 三界 ¶～に家なし n'avoir ni feu ni lieu.

ざんがい 残骸 débris mpl; [骨組だけの] carcasse f; [建物の] décombres mpl. 爆撃された建物の～ décombres d'un immeuble bombardé. 難破船の～ débris d'un naufrage. 数年前に坐礁した木造船の～ carcasse d'une barque échouée depuis plusieurs années. 町は爆撃で見るも無残な～をさらしていた La ville bombardée présentait un spectacle désolant.

さんかく 三角 ¶～[形] の triangulaire; en triangle. ～に切る couper en triangle. ～になっている former un triangle. ‖正(直角, 二等辺, 不等辺)～形 triangle m équilatéral (rectangle, isocèle, scalène). 鈍角(鋭角)～形 triangle obtusangle (acutangle). ～関係にある former un ménage à trois. ～函数 fonction f trigonométrique. ～筋 [muscle m] deltoïde m. ～形 triangle m. ～定規 triangle. ～州 delta m. ～測量 triangulation f. ～点 point m géodésique. ～波 onde f pyramidale. ～帆 voile f triangulaire. ～法 trigonométrie f. ～帽 tricorne f.

さんかく 参画 ¶草案の作成に～する s'associer à l'établissement d'un projet.

さんがく 山岳 montagne f. ‖～会 club m alpin. ～地帯 région f montagneuse (de montagnes).

さんがく 産額 production f.

ざんがく 残額 reste m; restant m. 一か月後には～をお支払します Je vous paierai le restant dans un mois.

さんがくきょうどう 産学協同 coopération f de l'université et de l'industrie.

さんがつ 三月 mars m. ¶～に en (au mois de) mars.

さんかん 参観 visite f. 一般に～が許される être ouvert au public. ～する visiter; aller voir. ‖～人 visiteur(se) m(f).

さんかん 山間 ¶～の僻地 endroit m isolé en montagne. ‖～部 région f montagneuse.

ざんき 慚愧 ¶～に堪えない être accablé de honte; rougir de honte.

さんぎいん 参議院 Chambre f des Conseillers; Sénat m. ‖～議員 membre m de la Chambre des Conseillers; sénateur m.

さんぎゃく 三脚 trépied m.

ざんぎゃく 残虐 ¶～な cruel(le); atroce; brutal(aux); inhumain. ～さ cruauté f; atrocité f; inhumanité f; brutalité f. ‖～行為を行う commettre des atrocités. ～行為を目のあたりに見る assister à des atrocités; être témoin d'une scène atroce.

さんきゅう 産休 congé m d'accouchement.

さんきょう 山峡 gorge f.

さんぎょう 三行 ¶～広告 petite annonce f. ～広告を出す faire insérer une petite annonce. ～詩 tercet m.

さんぎょう 産業 industrie f. ～を興す exploiter une industrie. ～を盛んにする développer l'industrie. ¶～の industriel (le). ‖基幹～ industrie clef. 自動車～ industrie automobile. 花形～ industrie de pointe. ～界 milieux mpl de l'industrie. ～革命 révolution f industrielle. ～組合 société f coopérative industrielle. ～資本 capital(aux) m industriel. ～スパイ espion m industriel. ～廃棄物 déchets mpl industriels. ～別労働組合 syndicat m ouvrier par industrie. ～部門 secteur m [industriel]. 第1次(第2次, 第3次)～部門 secteur primaire (secondaire, tertiaire). ～用ロボット robot m d'industrie. ～労働者 ouvriers mpl d'industrie.

ざんぎょう 残業 heures *fpl* supplémentaires;《俗》rabiot *m*. 2時間の~ deux heures supplémentaires. ¶~する faire des heures supplémentaires; faire du rabiot. ‖~手当 indemnité *f* (prime *f*) d'heures supplémentaires.

ざんきん 残金 [残高] reliquat *m*; [未払いの金] reste *m*; restant *m*. ~を支払う payer le restant. ~に手をつける s'attribuer un reliquat.

サングラス lunettes *fpl* de soleil.

さんけ 産気 ¶~づく se mettre dans les douleurs; commencer à sentir des contractions.

さんげ 懺悔 confession *f*. ~を聞く confesser *qn*; entendre la confession de *qn*. その僧は私の~を聞いてくれた Ce prêtre m'a confessé. ¶~する confesser; se confesser de. 罪を~する confesser *ses* péchés. 色~ confession d'amour. ~僧 confesseur *m*. ~録 confessions.

さんけい 参詣 ¶~に行く aller prier an temple. ‖~人 fidèle *mf*; [参観人] visiteur(*se*) *m*(*f*) d'un temple.

さんけい 山系 chaîne *f* de montagne.

さんげき 惨劇 accident *m* tragique; événement *m* horrible.

さんけつ 酸欠 désoxydation *f*; manque *m* d'oxygène. ¶~の désoxydé; désoxygéné. ‖~にかかる attraper un mal causé par la désoxydation.

ざんげつ 残月 lune *f* matinale.

さんきづく 産気づく être en travail. ¶産気ついた女 femme *f* en travail.

ざんげん 讒言 calomnie *f*; médisance *f*; [誣訴] fausse accusation *f*. ~に惑わされる être trompé par des calomnies. ¶~する faire une fausse accusation.

さんげんしょく 三原色 couleurs *fpl* fondamentales; trois couleurs primaires.

さんけんぶんりつ 三権分立 séparation *f* des pouvoirs.

さんご 珊瑚 corail(*aux*) *m*. ‖~礁 récif *m* corallien; banc *m* de corail.

さんご 産後 ¶~の肥立ちがよい(わるい) se remettre vite (lentement) de son accouchement.

さんこう 参考 référence *f*. ~にする se référer à; se reporter à; consulter *qc*. この生産計画はあなたの御意見も~にして決めました Nous avons décidé ce programme de fabrication, en tenant compte de votre avis. ~になる être utile; renseigner bien; servir bien. この本は大変~になる Ce livre est très utile./Ce livre me sert (renseigne) beaucoup. ~までに(のために)訊ねる demander à titre de renseignement. 御~までに注意しておきましょう Je vous fais ces remarques pour votre gouverne. ‖~書 ouvrage *m* à consulter; ouvrage de référence. ~資料 documents *mpl*. ~人 témoin *m*; [専門家] expert *m*. ~目録 bibliographie *f*.

ざんごう 塹壕 tranchée *f*. ~を掘る creuser une tranchée. ‖~戦 guerre *f* de tranchées.

さんこうしき 三項式《数》trinôme *m*.

さんごく 三国 ‖~一の sans égal; sans pareil. ~一の花嫁 épouse *f* idéale. ~会談(協定) négociation *f* (accord *m*) tripartite. ~同盟 pacte *m* tripartite.

ざんこく 残酷 ‖~な cruel(le); brutal(*aux*); féroce; impitoyable. ~な運命 destin *m* cruel. ~な人間 personne *f* cruelle (féroce). ~な仕打をする traiter *qn* cruellement (avec cruauté). 人生はしばしば厳しく時には~なものである La vie est souvent dure et parfois cruelle. 動物(弱い者)に~な真似をしてはいけない Ne soyez pas cruel avec les animaux (pour les faibles). ~に(も) cruellement; brutalement; impitoyablement. ~さ cruauté *f*; brutalité *f*; férocité *f*. ‖~物語 contes *mpl* cruels.

さんさい 山菜 plantes *fpl* comestibles.

さんざい 散在 éparpillement *m*. ¶~する être éparpillé; se trouver çà et là. 村の周囲に~する湖 lacs *mpl* disséminés autour d'un village. この地方では小さな都市が~している Cette région est parsemée de petites villes./Dans cette région sont éparpillées de petites villes. ~した(する) épars.

さんざい 散財 dépense *f*; gaspillage *m*. とんだ~でしたね Ça vous coûte les yeux de la tête! ~をかける faire faire des dépenses à *qn*. ¶~する dépenser beaucoup d'argent; gaspiller.

ざんざい 斬罪 ¶~に処す décapiter *qn*; condamner *qn* à la décapitation.

さんざし 山査子 aubépine *f*.

さんさしんけい 三叉神経 nerf *m* trijumeau; trijumeau *m*.

ざんさつ 惨殺 meurtre *m* brutal; tuerie *f*; [集団の] massacre *m*; carnage *m*. ¶~する tuer *qn* sauvagement. 一家を~する massacrer toute une famille. ‖~死体 corps *m* affreusement mutilé.

ざんさつ 斬殺 ¶~する tuer *qn* d'un coup de sabre.

さんさろ 三叉路 bifurcation *f*; croisement *m* en trèfle.

さんさん 燦々 ¶~と輝く briller avec éclat. 太陽は~と光を降り注いでいた Le soleil répandait sa lumière avec éclat.

さんざん 散々 [ひどく] beaucoup; bien; [きびしく] rudement; durement; sévèrement; [存分に] tant qu'*on* veut. ~苦労する souffrir beaucoup;《俗》manger de la vache enragée. ~叱られる être grondé vertement. ~油をしぼられる se faire fortement sermonner. ~飲み食いする manger et boire tout *son* soûl (jusqu'à satiété). ~迷惑をかける causer à *qn* beaucoup d'ennuis (bien des ennuis). ~な目にあう en voir de belles; être dans de beaux draps.

さんさんごご 三々五々 par petits groupes.

さんし 蚕糸 fil *m* de soie. ¶~試験所 laboratoire *m* de sériciculture.

さんじ 参事 conseiller *m*. ‖~会 conseil *m*. ~官 conseiller.

さんじ 惨事 accident *m* tragique (affreux). もうすこしで大~になるところだった Nous avons

さんじ frôle la catastrophe. ～を引き起こす provoquer un accident affreux.

さんじ 賛辞 éloge *m*; louange *f*. ～を述べる faire l'éloge de *qn*; parler de *qn* en termes élogieux. ¶～をこめて élogieusement; en termes élogieux.

ざんし 惨死 ¶～する périr de mort violente; mourir d'une mort affreuse. ‖～体 dépouille *f* affreusement mutilée.

ざんし 慙死 ¶～する mourir de honte.

ざんじ 暫時 ⇨ しばらく(暫く).

サンジカリスム syndicalisme *m*.

さんじげん 三次元 ¶～の世界 monde *m* à trois dimensions.

さんしすいめい 山紫水明 ¶当地は～、人情豊かだ Ici le paysage est pittoresque et le cœur des habitants est tendre et généreux.

さんじせいげん 産児制限 contrôle *m* des naissances. ¶～する contrôler les naissances.

さんしつ 産室 salle *f* d'accouchement.

さんしつ 蚕室 magnanerie *f*.

さんしゃ 三舎 ¶～を避ける fuir *qn* frappé d'horreur. 鬼神も～を避ける勢で avec une vigueur à mettre le diable en fuite.

さんしゃ 三者 ¶第一に聞く apprendre *qc* en tiers. ～会議 entretien à trois; trialogue *m*.

ざんしゅ 斬首 décapitation *f*. ～の刑に処する condamner *qn* à la décapitation. ¶～する décapiter *qn*.

さんしゅう 参集 ¶～する se rassembler; se réunir. デモ隊は駅前に～した Les manifestants se sont rassemblés devant la gare.

さんじゅう 三十 trente *m* ¶19 世紀の～年代 les années trente du XIXᵉ siècle.

さんじゅう 三重 ¶～の triple. ‖～衝突 triple collision *f*. ～奏 trio *m*.

さんしゅつ 産出 production *f*. ¶～する produire. ‖～量 production totale.

さんしゅつ 算出 calcul *m*; supputation *f*. ¶～する calculer; supputer. 収支を～する supputer les revenus et les dépenses.

さんじゅつ 算術 arithmétique *f*. 彼は～が得意(苦手)だ Il est fort (faible) en arithmétiques. ¶～の計算 calcul *m* arithmétique.

さんじょ 賛助 ¶～会員 membre *m* bienfaiteur. ～出演 rôle *m* de bienfaiteur. ～出演する prêter *son* concours bénévole à *qn*.

ざんしょ 残暑 ¶今年は～が酷しい Cette année, les chaleurs de l'été débordent sur l'automne.

さんしょう[う] 山椒 poivre *m* japonais. 「～は小粒でぴりりと辛い」《Dans les petits sacs sont les bonnes épices.»; 《En petite tête gît grand sens.》

さんしょう 三唱 ¶万歳を～する pousser trois ovations *f* (hourras *m*).

さんしょう 参照 référence *f*. ¶～する se référer à; se rapporter à; conférer. 原文を～するse rapporter au texte. 10 ページ～のこと Conférez page dix./Cf. p.10.

さんじょう 三乗 [数] cube *m*. 2 の～は 8 である Le cube de 2 est 8. ～の cuber;

さんじょう ～ cube. ‖～根 racine *f* cubique.

さんじょう 参上 ¶～する se présenter.

さんじょう 山上 ¶～の垂訓 le Sermon sur la montagne.

さんじょう 惨状 spectacle *m* horrible; [貧困の] état *m* misérable. ～は目をおおうばかりであった L'horreur du spectacle m'a fait détourner le regard. ～を呈する présenter un spectacle horrible (affreux).

ざんしょう 残照 reflet *m* d'une dernière lueur; dernière lueur *f* du soleil couchant. 山は～に照り映えていた Les montagnes brillaient dans les dernières lueurs du soleil couchant.

さんしょううお 山椒魚 salamandre *f*.

さんじょうき 三畳紀 trias *m*.

さんしょく 三色 ¶～の tricolore. ‖～旗 drapeau *m* tricolore. ～菫 pensée *f*. ～刷り trichromie *f*. ～刷りの trichrome.

さんしょく 三食 ¶一日に～する prendre trois repas par jour. ‖下宿代は～つきで 6 万円だ Le prix de la pension complète est de soixante mille yen par mois. ～分の食料 provision *f* journalière.

さんしょく 蚕食 empiètement *m*. ¶～する empiéter sur.

さんじょく 産褥 couches *fpl*. ～についている être en couches. ‖～熱 fièvre *f* puerpérale.

ざんしん 斬新 ¶～な neuf(ve); [奇抜な] original(aux). ～なアイディア idée *f* neuve.

さんすい 山水 paysage *m*. ¶～画 peinture *f* de paysages. ～画家 peintre *m* de paysages; paysagiste *m*.

さんすい 撒水 arrosage *m*. ¶～する arroser. ‖～器 arroseur *m*. ～車 arroseuse *f*. ～夫 arroseur(se) *m(f)*.

さんすう 算数 arithmétique *f*; calcul *m*. ¶～の先生 arithméticien(ne) *m(f)*.

サンスクリット sansc(k)rit *m*. ¶～の原典 texte *m* sanscrit. ‖～学者 sanscritiste *mf*. ～研究 sanscritisme *m*.

さんずのかわ 三途の川 Styx *m*; Achéron *m*. ～の渡し守 nocher *m* du Styx; Charon *m*. ～を渡る passer le fleuve des Enfers.

さんする 産する produire. 大量の鉄鉱を～produire une grande quantité de minerai de fer.

さんずん 三寸 ¶舌先～で avec de belles paroles. すべては君の胸～にある Tout dépend de vous.

さんせい 賛成 approbation *f*; consentement *m*. ～が 30 票反対が 5 票だった Il y a eu trente pour et cinq contre. ～を得る obtenir l'approbation de *qn*. 一般の～を得る enlever (obtenir) les suffrages du public. ～を求める rechercher l'approbation de *qn*. ¶～する consentir à; approuver *qc*; donner *son* approbation. 娘の結婚に～する consentir au mariage de *sa* fille. 原案に～する soutenir un projet primitif. 予算案に～する approuver le projet de budget. ～の意を表明する manifester *son* approbation pour. 彼が来ることに～だ Je consens à ce qu'il vienne. 君の意見に～だ Je suis d'accord

さんせい 酸性 acidité f. ¶~の acide. ~にする acidifier. ~になる s'acidifier. ‖~雨 pluie(s) f(pl) acide(s). ~化 acidification f. ~岩 roche f acide. ~土壌 sol m acide. ~反応 réaction f acide.

さんせい 参政権 droits mpl politiques; [選挙権] droit de vote. ~を与える accorder le droit de vote.

さんせき 山積 ¶~する s'entasser; s'accumuler. 机の上に本が~している Les livres s'accumulent sur ma table. 問題(仕事)が~している avoir un tas de problèmes (de travail).

ざんせつ 残雪 ¶山にはまだ~がある Il y a encore de la neige dans la montagne.

さんせん 三選 ¶市長に~される être élu maire trois fois de suite.

さんせん 参戦 participation f à la guerre. ¶~する participer à la guerre; entrer en guerre.

さんぜん 燦然 ¶~たる brillant; éclatant. ~と brillamment; avec éclat. ~と輝く briller avec éclat. 勝利の栄冠は彼の頭上に~と輝いた Il était auréolé de la gloire de la victoire.

さんぜん 産前 ¶~の prénat*al(aux)*. ‖~産後の休暇 congé m d'accouchement.

さんそ 酸素 oxygène m. ~の欠乏で窒息する étouffer par manque d'oxygène. ~吸入 inhalation f d'oxygène. ~吸入する faire des inhalations d'oxygène. ~吸入器 inhalateur m d'oxygène. ~ボンベ bouteille f d'oxygène; [病人用の] ballon m d'oxygène. ~マスク masque m d'oxygène. ~溶接 soudure f oxyacétylénique.

ざんそ 讒訴 fausse accusation f. ~を受ける être victime d'une fausse accusation. ¶~する accuser faussement; porter une fausse accusation contre.

さんそう 三相 ¶~の triphasé. ‖~電流 courant m triphasé.

さんそう 山荘 chalet m.

ざんぞう 残像 image f restant sur la rétine.

さんぞく 山賊 brigand m; bandit m. この地方には~が横行する Des brigands infestent cette région./Cette région est infestée de brigands. ~の巣窟 repaire m de brigand. ‖~行為 acte m de brigandage.

さんそん 山村 village m montagnard.

ざんそん 残存 ¶~する rester; subsister; demeurer; [生き残る] survivre. ‖~者 survivant(e) m(f). ~部数 exemplaires mpl qui restent encore.

さんだい 参内 ¶~する se présenter au palais impérial.

ざんだか 残高 reste m; [貸借りの] solde m. 預金の~はいくらある Combien vous reste-t-il en banque? ‖借越(貸越)~ solde débiteur (créditeur). 差引~ balance f d'un compte; ~表 bilan m.

サンタクロース Père m Noël.

さんだつ 篡奪 usurpation f. ¶王位を~する usurper un trône. ‖~者 usurpat*eur(trice) m(f)*.

サンタマリア Sainte Vierge f; Sainte Marie.

サンダル sandale f.

さんたん 惨憺(胆) ¶~たる déplorable; misérable; lamentable. ~たる結果に終る se solder par un échec lamentable. ~たる敗北 défaite f complète. ¶苦心~して avec des peines infinies.

さんたん 讃嘆 émerveillement m; vive admiration f. ~措く能わず être rempli d'une vive admiration. ~の声をあげる se récrier d'admiration. ¶~する s'émerveiller de; admirer profondément (vivement).

さんだん 散弾 cendrée f. ‖~銃 fusil m à plombs.

さんだん 算段 [手段] moyen m; [一時しのぎの] expédient m. ...する~がつく trouver le moyen de inf. ¶金を~する trouver de l'argent. ‖やりくり~して暮す vivre d'expédients.

さんだんとび 三段跳び triple saut m.

さんだんろんぽう 三段論法 syllogisme m. ~で論じる argumenter par syllogisme. ¶~の syllogistique.

さんち 山地 pays m montagneux.

さんち 産地 [原産地] origine f; pays m producteur. この米の~はどこですか D'où vient ce riz?/Où pousse ce riz? ボルドーは葡萄酒の~として有名だ Bordeaux est très connu pour sa production de vins. ‖~名 appellation f d'origine.

サンチーム [貨幣] centime m.

さんちゅう 山中 ¶~の寒村 petit village m montagnard; 'hameau m de montagne. ~深く分け入る s'enfoncer fort avant dans les montagnes.

さんちょう 山頂 sommet m d'une montagne; [切り立った] pic m. ¶富士に立って雲海を眺める contempler la mer de nuages du haut du mont Fuji.

さんてい 算定 calcul m; supputation f; [評価] évaluation f. ~を誤る faire une erreur de calcul; se tromper dans ses calculs. ¶~する calculer; supputer; évaluer. 収益を~する supputer (calculer) les revenus. 専門家に絵を~してもらう faire évaluer un tableau par un expert.

ざんてい 暫定 ¶~的 provisoire; temporaire; transitoire. ~的に provisoirement; temporairement. ‖~政府(予算) gouvernement m (budget m) provisoire. ~措置をとる prendre des mesures provisoires (temporaires).

さんど 三度 trois fois. 仏の顔も~だぞ Ma patience a des limites. 「二度あることは~ある」 «Jamais deux sans trois.» ¶彼は~の飯より麻雀が好きだ Il sacrifie ses repas pour jouer du mah-jong. ~に一度は une fois sur trois. ¶~目の正直だ La chance sourit à la troisième fois. ~目に [à] la troisième fois. ~目に成功した J'ai réussi [à] la troisième. ◆[音楽] tierce f. 長~ tierce majeure.

さんど 酸度 [酸性度] acidité *f*; [水素基] pH *m*. 血液の〜を測る calculer le pH sanguin.

ざんど 残土 gravats *mpl*. 〜を取り片付ける débalayer les gravats.

サンドイッチ sandwich *m*. ¶〜マン homme (s)-sandwich(s) *m*.

さんとう 三等 troisième classe *f*. ¶競走で〜になる arriver troisième à la course. ‖〜船客 passager(ère) *m(f)* de troisième classe.

さんどう 参道 allée *f* d'accès au temple.

さんどう 山道 sentier *m* de montagne.

さんどう 桟道 passerelle *f* bordée de précipices.

さんどう 賛同 adhésion *f*; [同意] consentement *m*; [承認] approbation *f*. 〜を得る obtenir l'approbation. ¶〜する donner son adhésion; consentir à; approuver. ‖〜者 adepte *mf*. 〜者を集める faire des adeptes.

ざんとう 残党 restes *mpl*; survivants *mpl*. 豊臣の〜 derniers partisans *mpl* de Toyotomi.

サンドウエッジ [スポ] cocheur *m* de sable.

さんとうきん 三頭筋 triceps *m*.

さんとうこく 三等国 Etat *m* de troisième ordre.

さんとうせいじ 三頭政治 triumvirat *m*.

サントニン santonine *f*.

サンドバッグ sac *m* de sable.

サンドペーパー papier *m* de verre; papier d'émeri.

さんにん 三人 ¶〜寄れば文殊の智恵 «Deux avis valent mieux qu'un.» ¶女一寄ればかしましい «Où femme y a, silence n'y a.» ‖〜組 trio *m*.

ざんにん 残忍 ¶〜な cruel(le); féroce; atroce; brutal(aux). 〜な人 personne *f* féroce. ‖〜性 cruauté *f*; férocité *f*; atrocité *f*; brutalité *f*.

さんにんしょう 三人称 la troisième personne. ¶〜で書かれた小説 roman *m* écrit à la troisième personne.

さんねん 三年 trois ans. ¶〜おきの輪作 assolement *m* triennal. 〜毎(間)の triennal (aux). 〜毎に tous les trois ans. 〜続きの不作 mauvaise récolte pendant trois années consécutives. ‖〜計画 plan *m* triennal. 〜生 élève *mf* de troisième année. 〜任期 charge *f* triennale. 〜任期職 fonction *f* triennale.

ざんねん 残念 ¶〜な regrettable; fâcheux (se); déplorable. …は〜なことだ Il est regrettable (à regretter) que *sub*; Quel dommage *m sub*. 〜に思う(である) regretter; avoir du regret; [がっかりする] déplorer; [遺憾である] être fâché (désolé); [くやしい] éprouver du dépit. 彼が居なくて〜だ Je regrette qu'il soit absent. 我々の中に彼が居ないのが〜だった Nous avons déploré son absence. お伴できなくて…でした Je suis désolé (J'ai du regret) de n'avoir pu vous accompagner. お助けできなくて〜です Je suis bien fâché de n'avoir pu vous aider. 〜だなあ C'est dommage! Quel dommage! 〜でたまらない être rongé de regrets. 〜そうに別れを告げる dire au revoir avec regret. 〜ながら御要求に応じられません J'ai le regret de vous informer que votre demande est irrecevable. 〜ながらここでお別れしなければなりません A mon grand regret, je dois vous quitter ici.

さんば 産婆 sage(s)-femme(s) *f*. 〜を呼びにやる envoyer chercher une sage-femme. ‖〜術 [ソクラテスの] maïeutique *f*. 〜役を務める collaborer beaucoup avec; concourir beaucoup à.

サンバ samba *f*.

さんばい 三倍 triple *m*; trois fois.

ざんぱい 惨敗 défaite *f* complète. 〜を喫する subir (essuyer) une défaite complète; être battu complètement.

さんぱいきゅうはい 三拝九拝 ¶〜する s'incliner devant *qn* à plusieurs reprises. 〜して頼む demander *qc* à genoux (à deux genoux). 〜して謝る demander pardon à genoux.

サンバイザー [自動車の] pare-soleil *m inv*.

さんばし 桟橋 quai *m*. ¶〜に着く [船が] arriver à quai. 船が〜に横付になっている Le bateau est à quai. 船を〜に横付けにする mettre un bateau à quai. ‖〜使用料 droits *mpl* de quai (de jetée).

さんぱつ 散発 ¶〜的な sporadique. 〜的な抗議 protestations *fpl* sporadiques. 〜的に sporadiquement. 〜的に起る se produire sporadiquement.

さんぱつ 散髪 coupe *f* de cheveux. ¶〜する couper les cheveux. 〜してもらう se faire couper les cheveux.

サンパン 舢板 sampan[g] *m*.

ざんぱん 残飯 restes *mpl*; 《俗》rogatons *mpl*. 〜しか食わせてくれないんだ On ne me donne à manger que des rogatons.

さんはんきかん 三半規管 canaux *mpl* semi-circulaires.

さんび 賛美 glorification *f*; louange *f*. ¶〜する glorifier; exalter; louer. 自由を〜する glorifier la liberté. 祖国に殉じた勇士の徳を〜する exalter les vertus des combattants morts pour la patrie. 〜をこめて à la gloire (la louange) de… 自由を〜した詩 poème *m* à la gloire de la liberté.

さんび 酸鼻 ¶〜をきわめた extrêmement affreux(se); extrêmement atroce. その光景は〜をきわめたものであった C'est un spectacle extrêmement affreux.

さんぴ 賛否 le pour et le contre; les oui et les non. 〜を問う demander à *qn* de se prononcer pour ou contre; [投票で] mettre *qc* aux voix. ‖〜相半ばしている Les oui et les non sont égaux en nombre; Il y a autant de oui que de non. 〜同数の場合は en cas de partage des voix. 〜両論ある Il y a du pour et du contre.

さんびか 賛美歌 hymne *f*; cantique *m*. ‖〜集 livre *m* de cantiques.

さんびゃくだいげん 三百代言 avocassier *m*.

さんびゃくねんさい 三百年祭 tricentenaire *m*. ‖生誕〜を祝う fêter le tricentenaire de la naissance.

さんぴょう 散票 voix fpl (votes fpl) dispersées.

さんびょうし 三拍子 ¶健康, 知性, 美貌と彼女は～揃っている Santé, intelligence, beauté: il n'y a rien à redire à cette fille. ⇒ ひょうし(拍子).

さんぴん 産品 produit m. ‖第一次～ matière f première. 第三次～ produit m industriel très raffiné.

さんぴん 残品 marchandises fpl invendues; invendu m; [見切り品] solde m. ～を整理する liquider les invendus.

さんぶ 三部 ～会 [史] Etats mpl généraux. ～合唱 chœur m à trois parties (voix). ～合奏 trio m. ～形成 [楽] forme f ternaire. ～作 trilogie f.

さんぶ 散布 [噴霧状態の] pulvérisation f; [種子の] dissémination f; [肥料の] épandage m. 殺虫剤の～ pulvérisation de produits insecticides. ¶～する répandre; pulvériser; disséminer; épandre. 水(粉)を～する pulvériser de l'eau (de la poudre). 肥料を～する épandre du fumier. 風が植物の種子を～する Le vent dissémine les graines d'un végétal. ～機 [農薬の] poudreuse f.

さんぷ 産婦 accouchée f.

ざんぶ 残部 reste m; [印刷物の] bouillons mpl. その本は～が僅かしかありません Quant à ce livre, il ne reste que peu d'exemplaires. ～を bouillonner. 新聞は時には発行部数の 20 パーセントもの～を出す Les journaux bouillonnent parfois à plus de vingt pour cent de leur tirage.

サンフォライズ ～の織物 tissu m irrétrécissable. ⇒ ぼうしゅく(防縮).

さんぷく 山腹 flanc m d'une montagne. ～の別荘 villa f à flanc de montagne.

さんぷくつい 三幅対 triptyque m.

さんふじんか 産婦人科 gynécologie f obstétrique. ‖～医 gynécologue (gynécologiste) mf obstétricien(ne).

さんぶつ 産物 produit m. ～を展示(輸出)する exposer (exporter) un produit. ‖主要～ produit principal. 農～ produit agricole (du sol). ‖ [結果] conséquence f; [成果] ～ fruit m. 経験の～ fruit de l'expérience.

サンプリング échantillonnage m; prélèvement m d'échantillons. ¶～をする échantillonner.

サンプル échantillon m; spécimen m.

さんぶん 三分 ¶～する diviser en trois.

さんぶん 散文 prose f. ～で書く écrire en prose. ¶～的な prosaïque. ～的に prosaïquement. ‖～作家 prosateur(trice) m (f). ～詩 poème m en prose.

さんべつ 産別 ～会議 réunion f du syndicat ouvrier par industrie.

さんぽ 散歩 promenade f; [散策] flânerie f. ～に行く aller en promenade. ¶～する se promener; faire un tour. ちょっと公園まで～して来る Je vais faire un tour dans le parc. ‖～者 promeneur(se) m(f); flâneur(se) m(f). ～道 promenade f; allée f.

さんぼう 参謀 officier m d'état-major; état-major(s) m. ‖本部付き～ attaché à l'état-major. 彼はこの仕事の～格である Il est le responsable dans cette affaire. ～長 chef m d'état-major. ～本部 état(s)-major (s).

さんぽう 三方 ¶～から敵を攻める attaquer l'ennemi sur trois fronts. ～を山に囲まれる être entouré de montagnes sur trois côtés.

さんまい 三昧 ‖読書～に余暇を費す consacrer ses loisirs à des lectures. ぜいたく～に暮す vivre en grand seigneur.

さんまいめ 三枚目 acteur m comique.

さんまん 散漫 ¶～な [注意力の] distrait; inattentif(ve); [しまりのない] décousu; lâche; [とりとめのない] imprécis. ～な文体 style m lâche. ～な話 récit m décousu. ～な思考 idée f imprécise. ～な仕事 travail m bâclé.

さんみ 酸味 acidité f; aigre m; aigreur f. レモンの～ acidité du citron. ～が足りないな Ça manque de vinaigre. ～を帯びる s'aigrir; tourner à l'aigre. ¶～を帯びた acide; aigrelet(te).

さんみいったい 三位一体 Trinité f.

さんみゃく 山脈 monts mpl; chaîne f de montagnes. ‖アルプス～ la chaîne des Alpes. ピレネー～ les monts Pyrénées.

ざんむ 残務 ～を整理する liquider les affaires qui restent en suspens.

さんめんきじ 三面記事 faits mpl divers.

さんめんきょう 三面鏡 miroir m à trois glaces.

さんもうさく 三毛作 triple récolte f annuelle.

さんもん 三文 ～の値打もない ne pas valoir un sou. ‖～作家 écrit m sans valeur. ～記者 folliculaire m. ～紙 [俗] feuille f de chou. ～小説(オペラ) roman m (opéra) de quatre sous. ～文士 barbouilleur m de papier.

さんや 山野 ～を跋渉する parcourir les monts et les vaux.

さんやく 三役 trois personnages mpl les plus importants. ‖一人～をつとめる jouer trois rôles différents.

さんゆこく 産油国 pays m pétrolier.

さんよ 参与 participation f; [職名] conseiller(ère) m(f). ¶～する participer à; prendre part à.

ざんよ 残余 reste m; restant m; [残高] reliquat m.

さんようすうじ 算用数字 chiffre m arabe.

さんようちゅう 三葉虫 trilobites mpl.

さんらん 散乱 éparpillement m; dispersement m. ～ている être éparpillé (dispersé). ～した épars. ～した飛行機の破片 débris mpl épars de l'avion. ～させる éparpiller; disperser.

さんらん 産卵 ponte f; frai m. 亀の～ ponte des tortues. ～する pondre; [魚が] frayer. よく卵を生む雌鶏は年に 120 から 150 個を～す Une bonne poule peut pondre (fournir) de 120 à 150 œufs par an. ‖～期 saison f de la ponte; ponte f; [魚] frai.

さんらんし 蚕卵紙 carton m.

さんりゅう 三流 ～の de troisième ordre;

ざんりゅう 残留 ¶〜する rester.
さんりょう 山稜 arête f [d'une chaîne de montagne]. 岩場の〜をよじ登る grimper le long de l'arête rocheuse.
さんりん 山林 forêt f. ¶〜の forestier(ère). ‖〜監視人 garde m forestier. 〜行政 administration f forestière.
さんりんしゃ 三輪車 tricycle m.
サンルーフ lanterneau(x) m; toit m ouvrant.
サンルーム véranda f vitrée.
さんれつ 参列 assistance f; présence f. お え ら方の〜 présence de hautes personnalités. ¶〜する assister à. 儀式に〜する assister a une cérémonie. ‖〜者 assistants mpl; [集合] assistance f. 〜者一同 toute l'assistance.
さんれんおんぷ 三連音符 triolet m.
さんろく 山麓 ¶〜に au pied d'une montagne.

し

し 史 histoire f. ⇒ れきし(歴史). ¶〜的な historique. ‖現代〜 histoire contemporaine. 中世〜 histoire du Moyen Age. フランス〜 histoire de France.
し 四 quatre m.
し 士 ¶好学の〜 amateur m de la science.
し 市 ville f. パリ〜 ville de Paris. ¶〜の municipal(aux). ‖〜条令 loi f municipale. 〜制 municipalisme m. 〜有化 municipalisation f. 〜有化する municipaliser.
し 師 maître m; [俗] mentor m.
し 死 mort f; [詩] trépas m. 不慮の〜 mort inopinée (soudaine). 〜に瀕している être à la mort; être sur le point de mourir. 〜をいと む déplorer la mort de qn. 〜を覚悟する prêt à mourir. 〜をみとる assister qn dans ses derniers moments. 〜をまぬがれる échapper à la mort. 何人も〜を免れない La mort n'épargne personne./Tous les hommes sont soumis à la mort. 過労が彼の〜を早めた Le surmenage a hâté sa mort. ¶〜の雨(灰) pluie f (retombées fpl) radio-active(s). 〜 の床にいる être sur son lit de mort. 〜の町 ville f morte. それは生か〜かの問題だ C'est une question de vie ou de mort. ‖安楽〜 euthanasie f. 餓〜する mourir de faim. 急 〜 mort subite. 事故〜 mort accidentelle. 自然〜 mort naturelle. 生〜の境には être entre la vie et la mort. 戦〜する mourir au champ d'honneur. 頓〜する mourir soudainement. 〜出の旅路につく faire le grand voyage.
し 氏 ¶デュポン〜 Monsieur (M.) Dupont. デュポン, ルグラン両〜 Messieurs (MM.) Dupont et Legrand. 〜の言う如く au dire de qn; d'après ce qu'il a dit.
し 詩 poésie f; [詩作品] poème m; [詩句] vers m. 奴には〜は分らない Il ne comprend rien à la poésie. 〜の朗読は X 氏です Le récit de poèmes est M. X. 〜を朗読する réciter des vers (un poème). 〜を作る écrire un poème; faire de la poésie. ¶〜的な poétique. 〜的な文体 style m poétique. 〜の句 切り césure f. ‖散文〜 poème en prose. 自由〜 vers m libres. 象徴〜 poésie symboliste. 叙事〜 poésie épique; épopée f. 抒情 〜 poésie lyrique. 定形〜 poème à forme fixe. 武勲〜 geste f. 〜才 talent m poétique. 〜集 recueil m de poèmes. 〜節

strophe f. 〜法 art m poétique; versification f.
-し [並列] 彼女は頭もいい〜気立てもいい Elle est non seulement intelligente mais aimable. 金もない〜着る物もない Je n'ai ni argent ni de quoi m'habiller. ◆[...だから] 近 いんだ〜遊びに来いよ Puisque c'est tout près venez vous amuser.
シ [楽] si m inv.
じ 字 lettre f; [文字, 字体] caractère m; [語, 句] mot m; [筆跡] écriture f. 読みにくい〜 écriture illisible. 〜が上手(下手)である avoir une belle (mauvaise) écriture. 〜を書く écrire. 〜も書けない人 illettré(e) m(f). ‖一〜 訂正(削除) un mot corrigé (supprimé). 大 (小)文〜 lettre majuscule (minuscule). 〜 間をあける(詰める) espacer (rapprocher) l'intervalle.
じ 時 ¶何〜ですか Quelle heure est-il? 1〜 です Il est une heure. 2〜半です Il est deux heures et demie. 3〜10分 trois heures dix. 4〜15分 (15分前) です Il est quatre heures et quart (moins le quart). 12〜で す Il est midi./[夜] Il est minuit. 何〜にでも n'importe quelle heure.
じ 次 ¶三〜方程式 équation f du troisième degré. 第一(二)〜世界対戦 la première (seconde) guerre mondiale.
じ 痔 [痔核] hémorroïdes fpl; [痔瘻] fistule f anale. 〜が出る(になる) avoir des hémorroïdes. ¶〜の hémorroïdal(aux). 〜の患者 hémorroïdaire mf.
じ 辞 ¶開(閉)会の〜を述べる prononcer le discours d'ouverture (de clôture). 〜を低く して modestement; poliment.
じ 地 [土地] terre f; sol m; terrain m. ⇒ じめん(地面). ◆[布施] fond m. 〜のつんだ(あら い) 布 tissu m serré (lâche). ‖絹〜 fond de soie. スカート〜 étoffe f pour jupes. ◆[本 性・生れつき] nature f; naturel m. 地の出 た Il s'est trahi. 〜を出す montrer sa vraie nature; se révéler; révéler son naturel. ◆ [碁] territoire m. ◆[実地] 地figu〜を歩いて 見ると vivre un vrai roman. ◆[文章の] ¶〜の passage m narratif. ◆[布, 紙などの] 白〜 の上に sur fond blanc; en champ blanc.
じあ 次亜 ‖〜塩素酸 acide m hypochloreux.
しあい 試合 match m; partie f; rencontre f;

じあい [対抗試合] compétition *f*; [競技] épreuve *f*. ボクシングの～ match de boxe; combat *m* de boxe (boxeurs). テニスの～ partie de tennis. ～が行われる se disputer. ～に勝つ(負ける) gagner (perdre) la partie. ～に出る participer à un match. ～をやったじゃないか Je ne t'ai pas vu dans le match d'hier. ～を行う disputer un match. 国際～ championnat *m*. 国際～ en match international.

じあい 慈愛 affection *f*; tendresse *f*. ¶～に満ちた affectueux(se). ～をこめて affectueusement.

じあい 自愛 ¶御～下さい Prenez soin de votre santé.

じあい 地合 [織物] texture *f*.

しあがり 仕上り いい～だ C'est du travail bien fini.

しあがる 仕上がる 染めものがよく仕上がった La teinture a été bien faite. 長年の努力の末の計画がようやく仕上がった Ce plan s'est élaboré après de longs efforts. 君の論文は仕上がったか Ta dissertation est achevée (finie, terminée)?

しあげ 仕上げ finition *f*; [手による] finissage *m*; [念入りな] élaboration *f*; [最後の] fini *m*. 念入りな～ élaborer. 最後の～をする donner du fini à *qc*; donner le coup de pouce à *qc*. ¶～のまずい仕事 travail mal fini. ‖～工 finisseur(se) *m(f)*. ‖～工場 atelier *m* de finition.

しあげる 仕上げる finir; achever terminer; accomplir. 母は私のドレスを一日で仕上げた Ma mère a fini (achevé) ma robe en un seul jour.

しあさって 明々後日 après après-demain; dans trois jours.

ジアスターゼ diastase *f*.

ジアゾ ¶～の diazoïque. ‖～化合物 combinaison *f* diazoïque.

シアター théâtre *m*.

しあつ 指圧 ¶～をする faire (pratiquer) le pointillage. ‖～師 masseur(se) *m(f)*.

しあつりょうほう 指圧療法 pointillage *m*.

しあわせ 幸[仕合]せ bonheur *m*. それは彼女にとって大きな～でした C'était un grand bonheur pour elle. ¶～な heureux(se). 人を～にする faire le bonheur de *qn*; rendre *qn* heureux(se). どうぞお～に Soyez heureux (se). あの人となら彼女も～になるだろう Elle va être heureuse avec ce garçon. ～なことに par bonheur; heureusement. ～にも完成することが出来た Je suis heureux d'avoir pu terminer. ～に暮す vivre heureux.

しあん 思案 réflexion *f*; méditation *f*. 恋は～の外 L'amour est aveugle. 彼は～に暮れる程忙しい Il est perdu dans *ses* réflexions. それは私の～に余る Cela me dépasse. ¶～する réfléchir à *qc*; méditer sur *qc*. あれこれ～する tourner et retourner une idée. ～の末 tout bien réfléchi. 長い～の後 après une longue réflexion. ～顔 air *m* inquiet. ～投げ首 ne savoir que faire.

しあん 私案 idée *f* personnelle; plan *m* personnel.

しあん 試案 projet *m*; [草案] ébauche *f*. まだ～の段階である rester à l'état de projet. ～を練る élaborer un projet.

シアン cyan(o)-. ‖～ cyanogène *m*. ～化水素の cyanhydrique. ～化物 cyanure *m*.

しい 屍衣 linceul *m*.

しい 思惟 pensée *f*; idée *f*. ¶～する méditer; penser.

しい 椎 pasanie *f*.

しい 恣意 arbitraire *m*. 人の～に任せる laisser *qc* à l'arbitraire de *qn*. ¶～的な arbitraire. ～的に arbitrairement.

じい 侍医 médecin *m* attitré.

じい 次位 deuxième *mf*. ～を占める tenir la deuxième place.

じい 示威 démonstrations *fpl*. ¶～運動 manifestation *f*; [軍] démonstration. ～運動をする manifester.

じい 自慰 masturbation *f*; onanisme *m*. ～をする se masturber.

じい 辞意 intention *f* de démissionner. ～が固い avoir la ferme intention de démissionner. ～を決意する se décider à donner *sa* démission. ～をひるがえす revenir sur son désistement. ～を洩らす exprimer *son* intention de démissionner.

シーアールティー CRT cathode *f*; tube *m* cathodique.

シーアイエフねだん CIF 値段 CAF (coût, assurance, fret).

シーアは -派 chiisme *m*. ¶～教徒 chiite *mf*.

ジーエヌピー GNP PNB (Produit *m* National Brut).

シーエム CM テレビで～を流す passer une publicité à la télévision. ‖～放送 spot *m* (message *m*) publicitaire.

シーオー CO [一酸化炭素] oxyde *m* de carbone.

しいか 詩歌 ⇨ し(詩).

しいぎゃく 弑逆 régicide *m*. ¶～の 弑虐者 régicide. ‖～者 régicide *mf*.

しいく 飼育 élevage *m*. ¶～する élever; faire de l'élevage. ‖～者 éleveur(se) *m(f)*.

シークエンス séquence *f*.

シーシー cc [度量] centimètre *m* cube.

シージーエス CGS [～単位系 système *m* des unités cgs (centimètre-gramme-seconde)].

じいしき 自意識 conscience *f* de soi[-même]. ¶～過剰である être trop conscient de soi.

シースルー ¶～のブラウス blouse *f* transparente.

シーズン saison *f*. 海水浴の～ saison des bains de mer. いよいよスキーの～だ C'est bientôt la saison du ski. ¶～たけなわの La saison bat son plein. 演劇～ saison théâtrale. ～オフ [演劇] relâche *m*; [スポ] ✝ hors saison; [,]オフに入った Nous voilà dans la saison morte du football. ～末 fin *f* de saison.

シーソー bascule *f*; balançoire *f*. ‖～ゲーム match *m* serré.

しいたげる 虐げる maltraiter; tyranniser; brimer; opprimer; persécuter. 住民を～ tyranniser les habitants. ¶虐げられた人々

シーツ drap *m* [de lit].
しいて 強いて ¶~言えば si j'ose [le] dire; si j'ose m'exprimer ainsi. ~お望みならば si vous y tenez absolument. ~彼女に会いたければ si vous insistez pour la voir. ~とは申しませんが出来れば御承諾いただきたいのです Je ne veux pas [vous] y [y] obliger, mais j'aimerais bien que vous donniez votre accord. ⇨あえて(敢えて).
シーティー CT [コンピューター断層撮影] scanographie *f*; tomodensitométrie *f*. ‖~スキャナー scanner [skanɛr] *m*; scanographe *m*; tomodensitomètre *m*.
シーディー CD compact-disc [kɔ̃paktdisk] *m*; CD [sede] *m*; disque *m* compact. ‖~プレーヤー lecteur *m* de disque compact.
シーディーロム CD-ROM CD-ROM [sederɔm] *m*; disque *m* optique compact; DOC [dɔk].
シート siège *m*; [切手] feuille *f*. ~オーダー bulletin *m* de commande. 作業~ semainier *m*. バランス~ bilan *m*. バランス~を作成する dresser le bilan. ~ベルト ceinture *f* de sécurité. ~ベルトをつける attacher *sa* ceinture.
シードル cidre *m*. ‖発泡性~ cidre bouché.
ジーパン blue-jean [bludʒin] *m*
シーピーユー CPU [中央演算装置] unité *f* centrale [de traitement].
ジープ jeep *f*.
シーフード fruits *mpl* de mer.
シームレス bas *m* sans coutures.
シーラカンス cœlacanthe [selakɑ̃t] *m*.
しいる 強いる forcer; contraindre; obliger. 人に...することを~ forcer (contraindre, obliger) *qn* à *inf*. 誰もお前に医者になることを強いている訳ではない Personne ne te force à devenir médecin. 強いられた forcé; contraint. 強いられた服従 obéissance *f* forcée.
しいる 誣いる calomnier.
シール timbre *m*.
しいれ 仕入れ réassortiment *m*; approvisionnement *m*. ‖~係 acheteur(se) *m(f)*. ~帳 journal *m* originaire des achats. ~値段で売る vendre au prix de facture.
シーレーン couloir *m* (voie *f*) de navigation maritime.
しいれる 仕入れる [se] réassortir; [se] rassortir; s'approvisionner de *qc*. 在庫品を~ réassortir ses stocks. 新知識を~ acquérir une nouvelle connaissance. ¶品物を豊富に仕入れてある食料品店 épicerie *f* bien achalandée.
じいろ 地色 couleur *f* de fond.
しいん 子音 consonne *f*. ¶~の consonantique. ‖[母音の]~化 consonantification *f*. ~字 lettre *f* consonne.
しいん 死因 cause *f* de la mortalité (de la mort).
しいん 試飲 dégustation *f*. ¶~する déguster.
シーン scène *f*. ‖クライマックス~ scène à faire. 劇的な~ scène dramatique. ラスト~ dernière scène. ラブ~ scène d'amour.
じいん 寺院 temple *m*; chapelle *f*; [小寺院] édicule *m*.
ジーンズ jean *m*. ‖ブルー~ blue-jean(s) *m*.
じう 慈雨 pluie *f* bienvenue (opportune, bienfaisante). まさに旱天の~だ C'est providentiel.
しちう 仕打ち traitement *m*. 何という~だ Quel mauvais traitement. ひどい~をする traiter *qn* durement; maltraiter *qn*.
じうん 時運 ¶~に乗る vivre avec son temps.
しうんてん 試運転 [モーター、自動車の] rodage *m*; [汽車などの] parcours *m* de garantie. ~をする faire l'essai de *qc*; roder. ‖~中の車 voiture *f* en rodage.
シェア [市場占有率] part *f* de marché; couverture *f* du marché. ¶40%の~を持つ couvrir 40% du marché.
しえい 市営 ¶~の municipal(aux). ‖~化 municipalisation *f*. ~化する municipaliser. ~住宅に住む habiter un 'HLM *m(f)* (habitation *f* à loyer modéré) municipal.
しえい 私営 ¶~の privé. ~の学校 école *f* privée.
しえい 自営 ¶~業をする [企業経営] diriger une [petite] entreprise; [商店経営] tenir un magasin. ‖~農 exploitants *mpl* agricoles.
じえい 自衛 défense *f*.; autodéfense *f*. 国の~ défense de *son* pays. ¶~する se défendre. ‖~官 militaire *m* des Forces de Défense. ~手段 moyens *mpl* défensifs. ~隊 Forces *fpl* de Défense (海上、航空)~隊 Forces de Défense terrestres (maritimes, aériennes). ~本能 instinct *m* d'autodéfense.
シェーカー shaker *m*.
シェード [電灯] abat-jour *m* inv; [日除] store *m*.
シェーバー rasoir *m* électrique.
シェービング・クリーム crème *f* à raser.
シェーブアップ ¶~する retrouver *sa* forme.
しえき 使役 emploi *m*. ¶~する faire travailler; mettre *qn* au travail. ‖~動詞 verbe *m* factitif.
しえき 私益 intérêts *mpl* privés.
ジェスチュア geste *m*. それは単なる~にすぎない Ce n'est qu'une attitude. ¶~たっぷりに話す faire beaucoup de gestes en parlant. ‖~ゲーム charade *f* en action.
ジェット ‖~エンジン moteur *m* à réaction. ~機 avion *m* à réaction; jet *m*. 四発~機 quadriréacteur *m*. ~気流 jet-stream *m*; courant(s)-jet *m*. ~コースター montagnes *fpl* russes. ~戦闘機 chasseur *m* à réaction.
ジェネレーション génération *f*.
シェパード chien(s)-loup(s) *m*; berger *m* allemand.
シェフ [料理] chef *m* [cuisinier]. ~のおすすめ料理 spécialité *f* du chef.
ジェラニウム géranium *m*.
シェリー sherry *m*.
ジェル gel *m*.
シェルター abri *m*. ‖核~ abri antiatomique.

シェルパ sherpa *m*.

しえん 支援 aide *f*; assistance *f*; appui *m*. ~を求める demander l'aide (l'appui) de *qn*. ¶~を offrir son aide à *qn*; prêter assistance à *qn*. ‖~軍 armée *f* de soutien. ~団体 association *f* de soutien.

しえん 私怨 rancune *f*. ~を抱く avoir de la rancune contre; avoir rancune à.

しえん 紫煙 fumée *f* d'une cigarette. ~をくゆらす émettre des volutes de fumée blanc.

しえん 試演 étude *f*. 劇の~をする mettre une pièce à l'étude.

じえん 耳炎 otite *f*.

ジェンダー gender *m*.

しお 塩 sel *m*. ~一つまみ une pincée de sel. この料理は~が足りない(利きすぎている) Ce plat manque de sel (est trop salé). ~の製造販売 saunage *m*. ~で味をつける saler; assaisonner avec du sel. ~を作る sauner. ~をふりかける saupoudrer *qc* de sel. ¶~辛い 塩辛い; saumâtre. ‖粗~ gros sel. ~入れ salière *f*. ~風 air *m* salin. ~気がない être bien assaisonné. ~商人 saunier *m*.

しお 潮 marée *f*; eau(x) *f*; [潮流] flot *m*; courant *m*. ~が引く(下がる) La marée recule (descend). ~が満ちている La mer est pleine. ~の干満 le flux et le reflux. ‖上げ~ marée montante. 引き~ marée basse.

しおあじ 塩味 sel *m*. ¶~いい~のハム jambon *m* d'un bon sel. ~の利いた salé. ~だけで食べる manger à la croque au sel.

しおき 仕置 punition *f*; pénitence *f*; châtiment *m*. その子はお~を受けた Cet enfant a eu une punition. ¶~[を]する donner une punition à *qn*; punir *qn*. 子供を~する mettre un enfant en pénitence.

しおくり 仕送り envoi *m* de fonds (d'argent). ¶~[を]する envoyer de l'argent. 月にいくら~してもらってるんだい Tu te fais envoyer combien d'argent par mois?

しおけ 塩気 [塩分] salure *f*; salinité *f*. ~のある [味] salé; saumâtre; [塩分を含んだ] salin.

しおざかな 塩魚 poisson *m* salé.

しおさめ 仕納め ¶これが悪事の~だ C'est le dernier de mes méfaits.

しおじ 潮路 lit *m* de la marée.

しおしおと par découragement. 彼は~出て行った Il est sorti tout découragé.

しおだし 塩出し dessalage *m*. ¶~[を]する dessaler. 水につけて~をする dessaler *qc* en le faisant tremper.

しおづけ 塩漬 salaison *f*. ¶~にする mariner; saler. ‖~食品 salaisons *fpl*. ~肉 viande *f* marinée. ~壺 saloir *m*.

しおどき 潮時 heure *f* du flux et du reflux. 何事にも~がある Il y a un temps pour tout. …する~だ Il est temps de *inf*. ~を逸する laisser échapper une bonne occasion. ~をとらえる saisir le temps; choisir son temps. ~を見て退散する se retirer au moment propice.

シオニスト sioniste *mf*.

シオニズム sionisme *m*; mouvement sioniste.

ジオプトリ 〖光〗 dioptrie [djoptri] *f*.

しおみず 塩水 eau *f* salée; [漬物用] saumure *f*.

しおやき 塩焼き ¶~の魚 poisson *m* grillé au sel.

しおらしい touchant; attendrissant; [従順] docile; obéissant. ~言葉 paroles *fpl* touchantes. 彼もたまには~ことを言う Il lui arrive de dire des choses touchantes. ¶~しく〈言うことを聞く〉obéir docilement.

ジオラマ diorama *m*.

しおり 栞 signet *m*. ~をはさむ insérer un signet. ◆ [案内書] guide *m*.

しおれる 萎れる se flétrir; se faner; se défraîchir; dépérir; languir; [がっかりする] se décourager; [憔悴する] dépérir; languir. 暑さで花が~ La chaleur flétrit les fleurs. ~れさす flétrir; faner; défraîchir. ¶~れた flétri; défraîchi; fané; découragé. 破産して彼は萎れきっている La faillite l'a complètement découragé.

しおん 子音 ⇒ しいん(子音).

しおん 歯音 dentale *f*. ¶~の dental(*aux*).

しか seulement; ne... que; seul. 百円~持っていない Je n'ai que cent yen. 葡萄酒しか飲まない Je ne bois que du vin./Je bois seulement du vin. パリまで~行けない On ne peut aller que jusqu'à Paris. 半分~聞いていない Je n'en ai écouté que la moitié. 彼~真実を知らない Lui seul sait la vérité./Il n'y a que lui qui sache la vérité. 彼は一言~言わなかった Il n'a dit qu'un seul mot. それ~出来ない C'est tout ce que je peux faire./Je ne peux pas faire autre chose.

しか 市価 prix *m* courant. ¶~の一割引で買う acheter au prix courant. ~の一割引で買う acheter *qc* avec 10 pour cent de rabais sur le prix courant.

しか 歯科 chirurgie *f* dentaire. ‖~医 (chirurgien) dentiste *m*. ~医師会 Ordre *m* des chirurgiens-dentistes. ~医院 dentisterie *f*. ~学 odontologie *f*. ~大学 école *f* dentaire.

しか 鹿 cerf *m*; [牝] biche *f*. ~が鳴く bramer. ‖大~ [北欧(米)の] élan *m*. 小~ faon *m*.

しが 歯牙 ¶~にもかけない ne tenir aucun compte de; n'accorder aucune importance à; ne pas prêter la moindre attention à.

じか 時価 prix *mpl* actuels; prix sur place; prix courant. この壺は~2,3百万円はするだろう Cette poterie doit atteindre les 2 ou 3 millions de yen sur le marché actuel. ~で見積る évaluer *qc* au prix courant. ‖~総額 [株式] capitalisation *f* boursière.

じか 磁化 aimantation *f*; magnétisation *f*. ¶~する aimanter; magnétiser. ~した aimanté; magnétisé.

じか 自家 ‖~経営 entreprise *f* privée. ~消費 autoconsommation *f*. ~撞着 contradiction *f* avec soi-même. ~撞着に陥っている être en contradiction avec soi-même. ~発電機 dynamo *f* privée.

じが 自我 moi *m inv*; ego *m*. 彼は~が強い Il

est égocentrique (individualiste). ~に目覚める s'éveiller à soi. ~を意識する avoir conscience de son moi. ‖ ~礼讃 culte m du moi.

シガー cigare m.

しかい 司会 ¶~する présider; [討論の] diriger. 座談会を~する présider un entretien. ‖ ~者 maître m de cérémonie; présidence f; [テレビ, ラジオ, 演芸などの] meneur (se) m(f) de jeu. ~者を務める assumer la présidence.

しかい 市会 conseil m municipal. ‖ ~議員 conseiller(ère) m(f) municipal(e). ~議員選挙 élection f municipale.

しかい 斯界 domaine m. 彼は~の権威である Il fait autorité dans ce domaine.

しかい 死海 la mer Morte.

しかい 視界 champ m visuel; vue f; horizon m. 良好な~ bonne visibilité f. 霧で~がきかない On manque de visibilité dans le brouillard. ~は海までひらけている La vue s'étend jusqu'à la mer. 飛行機が~から去る L'avion est hors de vue. 彼の~の広さが皆を驚かせた La profondeur de ses vues a étonné tout le monde. ~をさえぎる boucher (barrer) la vue. 山が~をさえぎっている Les montagnes limitent l'horizon. ~の きかないカーブ virage m sans visibilité. 有~飛行 pilotage m à vue. ~ゼロ visibilité nulle.

しがい 市外 banlieue f. ‖ ~電話 [長距離] inter m. ~電話をかける téléphoner par l'interurbain.

しがい 市街 rues fpl; ville f. ~に住む demeurer en ville. ‖ ~戦 combats mpl de rues. ~電車 tramway m; 《俗》 tram m.

しがい 死骸 cadavre m; corps m; restes mpl. 焼跡には~が累々としていた Les lieux de l'incendie étaient jonchés de cadavres.

じかい 次回 la prochaine fois. ~はいつが御都合よろしいですか Quelle est la date qui vous convient le mieux pour la prochaine fois? ~に回す remettre à la fois suivante. ¶~の prochain; suivant. ~の会合 prochaine assemblée f.

じかい 磁界 champ m magnétique.

じかい 自戒 ¶~する se surveiller. 他人の行動を見て自ら~していた Voyant la conduite des autres, il se surveillait.

じかい 自害 suicide m. ¶~する se suicider.

しがいせん 紫外線 rayons mpl ultra-violets; ultra-violet m.

しかえし 仕返し vengeance f; revanche f. ¶~を[を]する tirer (prendre) vengeance de qn; exercer sa vengeance sur qn; prendre sa revanche sur qn; venger. 侮辱の~をする tirer vengeance d'une injure; venger qn d'une injure. 同じことをして~をする rendre la pareille à qn. 彼にはいつか~をしますよ Je le lui revaudrai./Il me le paiera.

しかく 刺客 assassin m; meurtrier(ère) m (f); [雇われた] spadassin m. ...に~を差し向ける mettre un tueur sur la piste de qn.

しかく 四角 carré m. ¶~い carré; quadrangulaire. ~にする(切る) équarrir. ~張る se tenir raide comme un piquet; faire des cérémonies. ~張った顔 visage m carré. ~張らずに sans cérémonies.

しかく 死角 angle m mort. そこが~だ C'est dans un angle mort.

しかく 視覚 perception f visuelle; vue f; [視覚の働き] vision f. 良い(悪い)~ vision nette (indistincte). ¶~の optique; visuel (le). ~的に optiquement; visuellement. ‖ ~的教育 enseignement m par méthodes visuelles. ~障害 troubles mpl de la vision.

しかく 視角 angle m optique (visuel). この~いで彼女の口が大きく見える Sous cet angle sa bouche paraît grande.

しかく 資格 qualité f; [肩書] titre m; [資格の獲得] qualification f. プロの~ qualification professionnelle. ...する~がある avoir qualité pour inf; avoir le droit de inf; être fondé à inf; avoir habilité à inf; [権限] être compétent pour inf. 相続の~がある avoir habilité à hériter. 彼には不平を言う~は無い Il n'a pas le droit de se plaindre. ~を与える qualifier; conférer un titre à qn; habiliter qn à inf. ~を失う être disqualifié pour; perdre le droit de. ~を得る se qualifier pour; gagner (obtenir) le titre pour. 決勝戦進出の~を得る se qualifier pour la finale. ~を僭称する s'arroger le titre. ¶~のある qualifié de, attitré; titré. ...の~で en [sa] qualité de; à titre de. 同等の~で au même titre. 職権上の~で à titre d'office. 校長の~で en qualité de directeur. 正当な~で compétemment ‖ 大学卒業同等~ titre équivalent à la licence. 有~者 personne f qualifiée. ~試験 examen m probatoire.

しがく 史学 histoire f. ‖ ~者 historien(ne) m(f).

しがく 私学 école f libre (privée).

しがく 詩学 poétique f; [詩法] art m poétique.

じかく 耳殻 pavillon m de l'oreille.

じかく 自覚 conscience f. 責任の~ prise f de conscience d'une responsabilité. 職業的な~を促す éveiller la conscience professionnelle. ¶~する prendre (avoir) conscience de qc; s'apercevoir de. 自分の欠点を~する s'apercevoir de ses défauts. そのことは既に~しています J'en ai déjà pris conscience. 彼は自分の立場を~している Il est conscient de sa situation. ~した conscient. 無~の inconscient. 子供は自己の行為に無~である L'enfant est inconscient de ses actes. ‖ ~症状 symptôme m subjectif. 何処か~症状がありますか Vous avez mal quelque part?

しかくかん 視学官 inspecteur(trice) m(f).

しかけ 仕掛け mécanisme m; dispositif m. 機械の~ mécanisme d'une machine. 奇術の~ mystère m. そんな~になっていたか Ah, c'est ça le dessous de l'affaire. ‖ 大~に sur une grande échelle. この玩具は電気~で動く Ce jouet marche à l'électricité. ばね~の~ ressort. ~花火 feu(x) m d'artifice à grand spectacle.

しかける 仕掛ける [働きかける, 挑む] défier;

しかざん 死火山 volcan m éteint.

しかし[ながら] mais; cependant; néanmoins; pourtant; toutefois.

しかじか 然々 ¶彼は私にかくかく〜の話をした Il m'a raconté telle et telle histoire.

じがじさん 自画自讃 ¶〜する chanter ses propres louanges; se louer.

しかしゅう 詞華集 anthologie f; florilège m.

じかじゅせい 自花受精 autofécondation f.

しかず 如かず valoir mieux. 「三十六計逃げるに〜」 Le meilleur remède est la fuite. 「百聞は一見に〜」 «Un coup d'œil vaut mieux que cent paroles.»

じかせい 自家製 ¶〜の fait à la maison. 〜の菓子 gâteaux mpl faits à la maison. 〜のパン pain m de ménage.

じかせん 耳下腺 parotide f. ¶〜炎 parotidite f. 流行性〜炎 oreillons mpl.

じかせんでん 自家宣伝 réclame f.

じがぞう 自画像 autoportrait m. 〜を描くpeindre.

しかた 仕方 façon f; manière f; guise f; [手段] moyen m; [方法] méthode f. 挨拶の〜 façon (manière) de saluer. その人の〜でぁさまぎまな manière (guise). 様々な〜で de mille façons. ¶〜がないじゃないか Tant Pis!/Que voulez-vous!/C'est la vie! 背中がかゆくて〜がない Le dos me démange atrocement. 背中がかゆくて〜がない Le dos me démange atrocement. 暑くて〜がない La chaleur est intolérable (insupportable). …しても〜がない Cela ne sert à rien de inf. 〜があるまい Cela n'y fera rien. あきらめるより〜がなかった Force lui fut (Il a été obligé) d'y renoncer. 〜なく faute de mieux; à défaut de mieux; [万策つきて] en désespoir de cause; [仕方を得ず] de guerre lasse. 〜な〜…する faire qc faute de mieux; [強制されて] être forcé (obligé) de inf; [無理にでも] s'astreindre à inf. 〜なく早起きする s'astreindre (se forcer) à se lever tôt.

じかため 地固め damage m. ¶〜する damer.

じかだんぱん 直談判 ¶〜する entrer directement en pourparlers.

しがち ¶…である avoir une tendance (propension) à inf; avoir un penchant à inf.

じかちゅうどく 自家中毒 auto-intoxication f. 〜にかかる attraper une auto-intoxication.

しかつ 死活 ¶それは〜の問題だ C'est une question de vie ou de mort.

しがつ 四月 avril m. ¶〜に en avril; au mois d'avril. ‖〜馬鹿 poisson m d'avril.

じかつ 自活 ¶〜する gagner de quoi vivre; gagner sa vie (croûte). ‖家を出て〜しなけた Il a quitté sa famille et s'est mis à voler de ses propres ailes.

しかつめらしい 鹿爪らしい prétentieux(se); sentencieux(se); cérémonieux(se). 〜様子をする [勿体ぶる] avoir une allure prétentieuse; [えらぶる] faire l'important; prendre de grands airs; se guinder. 〜口調でしゃべる parler d'un ton sentencieux (cérémonieux).

しかと clairement; distinctement. 〜見る voir qc de ses propres yeux. この目で〜と mes yeux vu.

しがない humble; simple; pauvre. 〜暮し vie f obscure. 一介の〜教師 un simple (humble) professeur.

じかに 直に directement. 手紙を〜手渡す passer une lettre directement. 〜地面に寝る coucher à même le sol. 〜靴をはいている être chaussé à cru. 〜買う acheter de première main. 〜聞く tenir (apprendre) de première main. 瓶から〜飲む boire au goulot.

じがね 地金 corps m de métal. ◆[本性] vraie nature f; naturel m. 〜をあらわす révéler son naturel.

しかねない ¶あの様子では彼は自殺〜 A ce train-là, il le mènera peut-être au suicide. 何でも〜男 homme m capable de tout (qui est prêt à tout faire).

しかばね 屍 cadavre m; corps m. 生ける〜 cadavre vivant.

しかばん 私家版 édition f privée.

じかび 直火 ¶〜で à feu nu.

しがみつく s'agripper à; se cramponner à; se retenir à; s'accrocher à. 首に〜 se cramponner au cou de qn. ボートのへりに〜 s'accrocher au bordage d'un canot. 落ちないように枝にしがみついていた Il s'agrippait à la branche pour ne pas tomber.

しかめっつら 顰めっ面 grimace f; 《俗》binette f; bobine f. ¶〜をする grimacer; faire des grimaces; faire la moue.

しかめる 顰める ¶〜顔をする grimacer; se renfrogner; [渋い顔をする] rechigner. 眉を〜 froncer les sourcils.

しかも 而も [その上] en (de) plus; bien plus; en outre; d'ailleurs. 彼女は美人で〜賢い Elle est belle et de plus, intelligente. ◆[にもかかわらず] malgré cela; cependant.

じかよう 自家用 ¶〜の飛行機 avion m privé. 〜の車がある avoir sa voiture à soi. ‖〜自動車 voiture f particulière. 〜米 riz m pour la consommation

しがらみ 柵 ¶人情の〜に動きがとれない Un réseau d'obligations humaines me paralyse.

しかりつける 叱りつける admonester; morigéner; tancer. こっぴどく〜 réprimander vertement. 使用人を〜 admonester un employé.

しかりとばす 叱りとばす †houspiller; 《俗》 donner un savon à qn; savonner [la tête

しかる 叱る gronder; réprimander; gourmander;《俗》attraper; disputer. あの先生は生徒を叱ってばかりいる Ce professeur n'arrête pas de gronder ses élèves. 叱られる être grondé (réprimandé); se faire gronder (attraper). あれは叱られるのをとても嫌がる子です C'est un enfant qui ne peut pas supporter d'être grondé. 彼は先生に叱られた Il s'est fait disputer par le maître.

しかるべき convenable; approprié. ~時期に en temps utile (voulu). ~人物を推薦する recommander une personne convenable. ~返事をする faire une réponse appropriée.

シガレット cigarette f. ‖~ケース porte-cigarettes *m inv*; étui *m* à cigarettes. ~ペーパー papier *m* à cigarettes. ~ホルダー fume-cigarette *m inv*.

しかん 仕官 ¶~する se mettre au service du seigneur.

しかん 史観 conception *f* de l'histoire. ‖唯物~ conception matérialiste de l'histoire.

しかん 士官 officier *m*;《俗》galonné *m*. ‖陸 (海, 空)軍~ officier de l'armée de terre (de mer, de l'air). ~学校 école *f* militaire.

しかん 子癇 éclampsie *f*.

しかん 私感 impression *f* personnelle.

しかん 弛緩【医】relâchement *m*. ¶~する se relâcher.

しがん 志願 demande *f*. ¶~する poser (annoncer) sa candidature à; postuler. 自分から…することを~する s'offrir à *inf*. ‖大学の入学~をする demander l'admission dans une université. ~者 candidat(e) *m(f)*; postulant(e) *m(f)*. ~兵 engagé *m* [volontaire]; volontaire *m*. ~兵と召集兵 les volontaires et les appelés. ~兵として軍隊に入る s'engager comme volontaire.

じかん 時間 temps *m*; heure *f*. …する~がある avoir le temps de *inf*. お手伝いしたいが~があるかな Je veux bien vous aider, mais je ne sais pas si j'aurai le temps. まだ充分~ありますよ Nous avons tout le temps. …するのに~がかかる rester des heures à *inf*. この仕事は~がかかる Ce travail demande (prend) du temps./Il faut du temps pour accomplir ce travail. この本を見つけるのにかなり~がかかった J'ai mis du temps à trouver ce livre. この小説を読むにはけっこう~がかかる Ça prend pas mal de temps pour lire ce roman. ~がたつ Les heures passent./Le temps passe. ~がたつにつれて avec le temps. 完成する~がない Je n'ai pas le temps de l'achever. 自分の~が少しもない ne pas avoir une heure à *soi*. ~の余裕がある avoir du temps devant *soi*. ~に余裕があったらお立寄り下さい Si vous avez un peu de temps, venez me voir. ~をかけて…する mettre beaucoup de temps à *inf*. ~をさく accorder (donner) du temps à. 子供たちのために多くの~をさいてやる J'ai beaucoup de temps à donner pour mes enfants. …して~を過ごす passer *son* temps à *inf*. 読書で~を過ごす passer *son* temps à lire. ~を有効に使う employer bien *son* temps. ~を無駄にする perdre *son* temps. 自分の~を持つことは大切だ Il est important d'avoir du temps à *soi*. …する~を求める demander un peu de temps pour *inf*. ‖~つぶしの議論 discussions *fpl* byzantines. ~切れで仕事が終わらなかった Je n'ai pas eu assez de temps pour terminer le travail. ¶【時刻】¶~が早すぎる Il est trop tôt pour partir. …する~だ Il est (C'est) l'heure de *inf*. そろそろ~だ Il va être l'heure. 英語の~です C'est la classe (l'heure) d'anglais. 彼(彼女)は~に正確である Il (Elle) est ponctuel (le). ~を合わせる[時計] mettre *sa* montre à l'heure. 出発の~を3~遅らせる retarder *son* départ de trois heures. 人と会う~を決める fixer l'heure d'un rendez-vous. 相手の都合の好い~を決める se régler sur l'heure de *qn*. ~を間違えるse tromper d'heure. ~を厳守する être à l'heure; être exact (ponctuel(le)). ~どおり(前, 後)に着く arriver à temps (en avance, en retard). ~に遅れて着く arriver en retard. 決った~に食べる manger à heure fixe. 何でも決めた~にする faire tout à l'heure. ¶~厳守のこと Prière d'être ponctuel. ◆【単位】¶半~ une demi-heure. たっぷり1~ une bonne heure. 小1~ une petite heure. 毎~ d'heure en heure; toutes les heures. 1日8~勤務 les huit heures; une journée de huit heures [de travail]. 1週40~ une semaine de quarante heures. 東京から大阪まで飛行機で1~ Osaka est à une heure de Tokyo par avion. …するのに1~かける mettre une heure pour *inf*. 私は彼に1~さいてやった Je lui ai accordé une heure. ¶1~おきに toutes les heures. 2~おきに toutes les deux heures. ~で人を傭う engager *qn* à l'heure. 1~に2度 deux fois par heure. 1~に5ユーロで cinq euros [à] l'heure. 3~以内で en moins de trois heures. ‖現地~ heure locale. 執務~ heures de bureau. 食事~ heures des repas. 制限~内で dans les limites du temps. 夏~ heure d'été. ~外勤務 service *m* d'heures supplémentaires (hors cloche). ~外手当 indemnité *f* d'heures supplémentaires. ~給 salaire *m* horaire. ~給でもらう être payé à l'heure. ~料金 tarif *m* horaire. ◆【授業時間】heure de classe. ¶~表[学校, 交通] horaire *m*. ~割 emploi *m* du temps. ~割外の授業 leçon *f* hors-programme.

じかん 次官 [事務] vice-ministre *m*; [各省] sous-secrétaire *m* d'État.

しき 四季 quatre saisons *fpl*. ~を通して en toute saison. ¶~咲きの花 fleur *f* des quatre saisons.

しき 士気 moral *m*; mordant *m*. ~が盛んである avoir du mordant (le moral élevé). ~が低下している avoir le moral bas. ~を鼓舞する exalter (relever) le moral. ~を沮喪させる démoraliser.

しき 指揮 direction *f*; commandement *m*. オーケストラの~ direction d'un orchestre. ~の仕方が荒い avoir le commandement

しき ~をとる avoir (prendre) le commandement. ¶~する diriger; commander. オーケストラを~する diriger un orchestre. 軍隊を~する commander une armée. ‖…の~の下で働く travailler sous la direction de qn. ~官 commandant m.; ~権〔軍〕commandement; pouvoir m de direction. 発動 exercice m du pouvoir de direction. …に対し~権を持つ avoir le commandement sur…. ~者〔軍〕conducteur m; [オーケストラ] chef m d'orchestre. ~棒 baguette f (bâton m) de chef d'orchestre.

しき 死期 dernière heure f; moment m de la mort. ~が迫った Sa dernière heure est venue (a sonné). 過労が彼の~を早めた Le surmenage a hâté sa mort.

しき 式 cérémonie f. ¶~は昨日挙行された La cérémonie a eu lieu hier. ~に出席する assister à la cérémonie. ‖結婚~ cérémonie (du mariage); ~次第 programme m de la cérémonie; cérémonial m. ◆〔数学〕expression f; ~代数 expression algébrique. 方程~ équation f. ◆〔方式〕…のやり方に. 日本~ à la japonaise.

しぎ 鴫 bécasse f.

しき 時期 période f; temps m; époque f; 雨の~ saison f des pluies. 失意の~ période d'abattement. 長雨の~ longue période de pluie. 収穫の~ temps des moissons. 桜の~ temps des cerisiers. 桜の実の熟する~ saison des cerises. …する絶好の~だ Le moment est favorable pour inf. 今が~である(旬)~だ Le temps est de saison. ~の選び方が良い(悪い) Le temps est bien (mal) choisi. 適切な~に en temps utile. ~を画する faire époque. ‖~の果物 fruit m de saison (pleine saison). ¶葡萄の収穫~ temps des vendanges. 牡蠣は~外れだ Les huîtres sont hors de saison.

しき 時機 temps m; occasion f; moment m convenable (favorable). 何事にも~がある Il y a un temps pour tout. 適当な~と場所で en temps et lieu. 適当な~に…する faire qc en son temps. ~を逸する prendre mal son temps; perdre (manquer) l'occasion de inf. ~を得ている時 en son temps. ~を失している Il n'est plus temps. ~を捉える prendre bien son temps; prendre occasion pour (in f) attendre l'occasion de inf. ~(つうかがう) attendre (guetter) le moment favorable. ‖~尚早である Il n'est pas encore temps de inf.

しき 次期 ¶~の prochain. ‖~大統領 le prochain Président. ‖~選挙 les prochaines élections fpl. ~半期 semestre m prochain.

じき 磁器 porcelaine f.

じき 磁気 magnétisme m. ¶~を帯びた磁気の. ‖動物(地)~ magnétisme animal (terrestre); ~嵐 orage m magnétique. ~カード carte f magnétique. ~学 magnétisme m; ~測定 magnétométrie f. ~テープ bande f (ruban m) magnétique. ~ディスク disque m magnétique.

じき 自記 ‖~温度計 thermomètre m enregistreur.

じき 直 tout de suite; immédiatement; tout à l'heure; bientôt; dans un instant. もうすぐクリスマスだ Noël approche. ~行きます J'y vais tout de suite. ~お昼だ Il est presque midi. ¶駅は~だ La gare est tour près.

じぎ 児戯 enfantillage m; puérilité f. それは~に等しい Ce sont des jeux [d'enfant]. ~に類した enfantin; puéril. ~に類した理屈 raisonnements mpl enfantins. ~に類したことを言うな Ne dis pas d'enfantillages.

じぎ 字義 sens m littéral. ¶~通りの littéral (aux). 余りにも物事を~通りに解釈する人 personne f trop littérale. 人の言うことを~通りに受取るな Ne prenez pas à la lettre ce qu'on vous dit. ~に拘泥して(~通りに) littéralement; à la lettre.

じぎ 時宜 opportunité f. ¶~に適した opportun; convenable; de circonstance. ~に適った時に en temps opportun. ~に適っている être de saison; être opportun. それは~に適っている C'est de circonstance. ~に適わない inopportun; inconvenable. あなたの忠告は~に適っていない Vos conseils ne sont pas de (sont hors de) saison. ~を得たことを言う dire qc à propos. ~を得た言葉 parole f dite à propos. …するのは~を得ている Il est à propos de inf.

じぎ 辞儀 ‖お~する saluer qn en s'inclinant.

しきい 敷居 seuil m; pas m de la porte. 彼のところは~が高い Je n'ose pas aller chez lui. ~をまたぐ franchir le seuil (la porte). もう我家の~をまたがないでくれ Ne passez plus ma porte.

しきいし 敷石 dalle f; pavé m; carreau(x) m. ~を敷く dalle; paver; carreler. 通路の~を剥ぐ dépaver une rue. ~をはずす arracher les pavés. ‖~工 carreleur m.

しきいた 敷き板 [家具の下の] cale f; [堀道, 塹壕などの] caillebotis m. ぐらぐらする家具に~を敷く mettre une cale à un meuble boiteux. ぬかるみに~を敷く mettre un caillebotis sur le sol boueux.

しきうつし 敷き写し 〔複写〕calque m; 〔剽窃〕imitation f servile; plagiat m. これは彼の作品の~だ C'est le calque de son œuvre. ¶敷き写す calquer; décalquer; 〔剽窃する〕plagier.

しぎかい 市議会 conseil m municipal.

しきかえる 敷き替える reposer. 線路を~ changer les rails d'une voie ferrée.

しきがわ 敷革 semelle f [intérieure]. ~を敷く mettre des semelles.

しきかん 指揮官 commandant m. ‖総~ commandant en chef.

しきぎょう 私企業 entreprise f privée.

しききん 敷金 arrhes fpl. ~を払う verser (donner) des arrhes.

しきけん 識見 discernement m; jugement m. ~がある avoir du discernement (jugement); être perspicace. ~に欠ける manquer de discernement.

しきさい 色彩 couleur f; [色彩効果] coloris m; [色調] teinte f. 政治的~を帯びる prendre une couleur politique. ¶政治的な~のない団体 organisation f apolitique. デリケートな~だ Le coloris est délicat. スペイン的な~を帯びた絵画 peinture f teinté d'espagnolisme. ‖~画家 coloriste mf. ~感覚 [色感] sens m des couleurs.

しきざら 敷皿 soucoupe f.

しきじ 式辞 discours m; [短い] allocution f. ~を述べる faire (prononcer) un discours.

じきじき 直々 ¶~に [直接に] directement; [本人自身で] en personne. ~に原因を作る causer directement avec qn. ◆[自分自身で] ¶~に出向く venir en personne.

しきしゃ 識者 personne f compétente; compétence f; personne instruite. ~の意見を求める demander (prendre) l'avis des personnes (compétentes).

しきじゃく 色弱 daltonisme m léger.

しきじょう 式場 salle f de cérémonie. ‖結婚[宴会]~ salle de banquet.

しきじょう 色情 lubricité f; concupiscence f. ‖~狂 érotomanie f; [女の] nymphomanie f; [人] érotomaniaque mf; nymphomane f. ~妄想 délire m érotique.

しきそ 色素 pigment m. ‖~細胞 cellule f. pigmentaire.

じきそ 直訴 [請願] pétition f directe. ¶~する adresser directement une pétition.

しきたり 仕来り routine f; habitude f; usage m; convention f. それが~です C'est l'usage. ...するのが~である Il est d'usage de inf. ~に従う suivre la routine. ~に従って par routine.

ジギタリス digitale f.

しきち 敷地 emplacement m; terrain m. ‖~内に sur le terrain.

しきちょう 色調 ton m; tonalité f; couleur f; teinte f. 濃淡のない~ teinte plate. ‖赤~の絵 tableau(x) m avec une tonalité rouge.

しきつめる 敷き詰める recouvrir. 床に敷物を~ recouvrir le plancher d'(avec) un tapis.

じきでし 直弟子 disciple m.

しきてん 式典 manifestation f. 盛大な~がパリで行われることになる Une manifestation solennelle aura lieu à Paris.

じきでん 直伝 ¶X氏の腕前を見せてやろう Je vais montrer ce que sait faire un vrai disciple de M. X.

じきひつ 直筆 autographe m. ~の原稿 autographe; manuscrit m de la main même de qn. ~の遺言状 [法] testament m olographe.

しきふ 敷布 drap m [de lit].

しきふく 式服 tenue f [de cérémonie]. ¶~で en [grande] tenue.

しきべつ 識別 discernement m; départ m; discrimination f. 真実と虚偽の~ discernement du vrai d'avec le faux. ¶~する discerner; distinguer. 真実と虚偽を~する discerner (distinguer) le vrai du faux; faire le départ entre le vrai et le faux.

しきま 色魔 satyre m.

しきもう 色盲 daltonisme m; achromatopsie f. ‖赤緑~ daltonisme pour le rouge et le vert. ~患者 daltonien(ne) m(f); achromatope mf.

しきもの 敷物 tapis m; [部屋全体に敷く] moquette f; [小さい] carpette f; [座ぶとん] coussin m. ベッドの横に置く~ descente f de lit.

じぎゃく 自虐症 masochisme m.

しきゅう 子宮 utérus m; matrice f. ‖~炎 métrite f. ~外妊娠 grossesse f extra-utérine. ~切開 hystérotomie f.

しきゅう 支給 allocation f; prestation f. 社会保証の~ prestation de la Sécurité sociale. ¶~する payer; fournir; allouer. 住宅手当を~する allouer une indemnité de logement. ‖一時~ allocation temporaire. 現金~ allocation en espèces.

しきゅう 至急 d'urgence; immédiatement; à toute vitesse; (à) grande vitesse; en toute hâte; promptement; sans délai; sans retard. ~...する s'empresser de inf; se hâter de inf. ...することを要する Il est urgent que sub./avoir un besoin urgent de inf. ~御回答願います Veuillez répondre dans les plus brefs délais. ~送金します Je m'empresse d'envoyer une somme d'argent. 大~来い Venez de toute urgence. ‖~の urgent; pressé. ~の仕事 travaux mpl urgents. ~の手紙 lettre f urgente. ~便 [封筒の表書] Urgent. ~電報 télégramme m urgent.

じきゅうじそく 自給自足 autarcie f. ¶~する vivre en autarcie; se suffire à soi-même. ‖~の autarcique.

じきゅうせん 持久戦 guerre f d'endurance. ~になる C'est une question d'endurance. ~に持ち込む faire durer le combat.

じきゅうりつ 自給率 taux m d'autosuffisance.

じきゅうりょく 持久力 résistance f; endurance f. 彼は~がある Il a de la résistance./Il est endurant. ¶~のある résistant; endurant.

しきょ 死去 décès m; trépas m. ¶~する décéder; mourir; passer de vie à trépas.

じきょ 辞去 ¶~する se retirer; prendre congé de qn.

しきょう 司教 évêque m; [高職の僧] prélat m. ¶~の épiscopal(aux). ‖大~ archevêque m. 主任~ curé m. 助任~ vicaire m. ~区[職, 館] diocèse m; évêché m. ~区会議 synode m. ~職[団] épiscopat m.

しきょう 市況 situation f du marché; marché m. このところ~は思わしくない En ce moment les cours sont en baisse. ~に応じて suivant la situation du marché. ‖株主~ cours m de la Bourse.

しきょう 詩興 inspiration f poétique. ~がわく(湧く) avoir de l'inspiration poétique.

しきょう 試供 ‖~品 échantillon m; cadeau (x) m publicitaire.

しぎょう 始業 [仕事] commencement m du travail; [学校] rentrée f des classes. ‖~式 cérémonie f de rentrée des classes.

じきょう 自供 aveux mpl. 容疑者の~を得る arracher des aveux à un suspect. ¶~する avouer; faire des aveux. 犯行を~する

じぎょう 事業［商売］affaire *f*；［企業］entreprise *f*；établissement *m*；［経営］exploitation *f*. 彼の~はうまくいっている(いない) Ses affaires vont bien (mal). ~はうまく行っていますか Comment vont les affaires? ~に成功 (失敗)する réussir (manquer) une affaire. ~を興す lancer une entreprise. ~を導く prendre les rênes d'une affaire. ¶公共~ établissement d'utilité publique; entreprise publique. 給水~ service d'eaux. 慈善~ bonnes œuvres *fpl*. 奉仕~ service *m*. 彼は~家だ Il est dans les affaires. ~銀行 banque *f* d'affaires. ~所得 recette *f* d'une entreprise. ~費 frais *mpl* d'exploitation.

しきよく 色欲 désir *m* [de la chair]; concupiscence *f*; appétits *mpl* charnels (sensuels, sexuels). ~に耽る s'adonner à la luxure. ~に耽る sensuel(le) *m(f)*. ¶~な charnel(le); sensuel(le). ~の罪 péché *m* de la chair (immonde). ~をそそる appétissant.

しきょく 支局 régionale *f*. 新聞社の~ bureau(x) *m* local d'un journal.

じきょく 時局 situation *f* [actuelle]; état *m* de choses. 重大な~ crise *f*; période *f* de crise. ~は重大である La situation est grave. ~の推移を見守る épier les circonstances. 重大な~に立ち到る se trouver devant (se heurter à) une situation critique. ~に便乗する profiter de la situation. ~に対処する faire face à la situation. ~を収拾する sauver la situation.

じきょく 磁極 pôle *m* magnétique.

しきり 仕切り compartiment *m*; case *f*; [家の内部] cloison *f*; paroi *f*. 二つの部屋の~ cloison qui sépare deux pièces. ¶仕切る[部屋と部屋を] cloisonner; [部屋を]compartimenter. ~のある引出し tiroir *m* à compartiments (cases). ¶~板 Simple[小屋などの] bat-flanc *m inv*. ~席［劇場の］loge *f*.

しきりちょう 仕切帳 facturier *m*.

しきりに 頻りに fréquemment; souvent; [熱心に] ardemment; vivement; instamment. ~頼む prier avec instance. 雨が~降っていた Il pleuvait sans cesse. 彼は~上役に取り入ろうとしている Il s'empresse auprès de ses supérieurs.

しきる 仕切る ¶部屋を~ diviser une pièce.

しきわら 敷藁［家畜の] litière *f*; paille *f*; [畑の果物の] paillis *m*.

しきん 資金 fonds *m*; [資本金] capital(aux) *m*. ~の回転 roulement *m* de fonds. 莫大な~を動かす manier des fonds considérables. 企業に~を出す faire les fonds d'une entreprise. ~を回収する rentrer dans ses fonds. ¶運転~ fonds de roulement. 営業~ capital *m* d'opération. 財政~ fonds de finances publiques. 自己~ fonds propre. ~難 difficultés *fpl* de trésorerie. ~ぐり opération *f* de trésorerie. ~募集 appel *m* de fonds.

しきんえん 歯齦炎 gingivite *f*.

しきんより 至近距離 ¶~から de près./［銃など] à bout portant.

しきんせき 試金石 pierre *f* de touche.

しく 詩句 vers *m*. 破格の~ vers faux. ¶十二音綴~ grand vers; alexandrin *m*.

しく 敷く(布く) ¶部屋に敷物を~ recouvrir une pièce d'un tapis. 布団の上に敷布を~ étendre un drap de lit sur le matelas. 座布団を~ s'asseoir sur un coussin. 尻に敷かれる ~ porter la culotte. 尻に敷かれる se laisser mener à la baguette. ◆［配置(設備)する］¶鉄道を~ construire un réseau de chemin de fer. 電話を~ installer le téléphone. 陣を~ prendre position. ◆［行政をとる］¶善政を~ gouverner sagement un peuple. 戒厳令を~ proclamer l'état de siège. 包囲陣を~ mettre le siège.

じく 字句 lettre *f*; [語句] phrase *f*. ~の相違 variante *f*. ~にこだわる [s']en tenir à la lettre. ~を訂正する rectifier une phrase. ~通りに à la lettre.

じく 軸 axe *m*; ［車軸] essieu(x) *m*; [枢(主)軸] pivot *m*; [機械] arbre *m*; [地質] charnière *f*; [筒] rouleau(x) *m*. 筆の~ †hampe *f*. 車の~ axe d'une roue. 政策の~ axe de la politique. ¶~で回転する pivoter. かかとを~に回る pivoter sur *ses* talons. ‖X [数] axe des X. カム~ arbre à cames. クランク~ arbre coudé. 主~［回転機の] arbre (moteur) de couche. 対称~ axe de symétrie. ~受(台) palier *m*.

じくう 時空 espace(s)-temps *m*.

しぐさ 仕草(仕種) geste *m*; 俳優の~［演技] interprétation *f*. ~をする faire (avoir) un geste; gesticuler. 彼女は怒るといついらしい~をする Elle a toujours un geste nerveux quand elle est fâchée.

ジグザグ zigzag *m*. ¶~な道 route *f* en zigzag. ~に歩く zigzaguer; marcher en zigzag.

しくしく ¶~泣く sangloter.

じくじく ¶~流れ出る suinter. 水が壁の割れ目から~流れ出る L'eau suinte d'une fente du mur. ~している傷口 plaie *f* qui suinte.

しくじる échouer; rater; commettre une gaffe; commettre (faire) un impair. 試験を~ échouer à (dans) un examen. ¶しくじり échec *m*; gaffe *f*; impair *m*; bévue *f*.

ジグソーパズル puzzle [pœzl, pœzœl] *m*. ~のピース pièce *f* d'un puzzle.

じぐち 地口 calembour *m*; jeu(x) *m* de mots. ~を弄する faire des jeux de mots.

しくつ 試掘 prospection *f* par sondages. ¶~する prospecter. 石油を~する prospecter le pétrole.

シグナル signal(aux) *m*.

しくはっく 四苦八苦 ¶~する s'évertuer. うまく喋ろうと~する s'évertuer à bien parler.

しくみ 仕組 mécanisme *m*; [組織] organisation *f*. 機械の~ mécanisme d'une machine. 人体の~ organisation du corps humain. ⇒ しかけ(仕掛).

しくむ 仕組む machiner; tramer; ourdir; [調える] arranger. 陰謀を~ machiner (tramer) un complot. 何事かが仕組まれている Il se trame quelque chose. ¶仕組まれた裁判 procès *m* arrangé. 巧みに仕組まれた会見 entrevue *f* habilement arrangée.

シクラメン cyclamen m.

しぐれ 時雨 averse f d'automne. ‖蝉～ chœurs mpl des cigales.

しけ 時化 coup m de mer; gros temps m; grosse mer f.

しけい 死刑 peine f capitale; peine de mort. ～に処する punir qn de mort. ～を宣告する condamner qn à mort. ～執行 exécution f capitale. ～執行人 bourreau(x) m. ～銃殺の fusilleur m. ～執行命令 ordre m d'exécution. ～囚 condamné(e) f(f) à mort. ～宣告 sentence f de mort. ～台 échafaud m.

しけい 私刑 lynchage m; loi f de Lynch. ～を加える lyncher.

しけい 紙型 flan m.

しけい 詩形(型) forme f poétique.

しけい 字形 corps m [d'une lettre].

じけい 次兄 second grand frère m.

じけい 自警 autodéfense f. ‖～団 groupe m d'autodéfense.

しげき 刺戟(激) stimulation f; excitation f. ～が強い La stimulation est forte. ¶～する stimuler; exciter; éperonner; fouetter; [目覚めさせる] éveiller; réveiller; [鋭くする] aiguillonner; aiguiser; [活発にする] activer; [刺す] piquer; [乱す] troubler. 胃を～する exciter l'estomac. 傷を～する aviver une plaie. 好奇心を～する piquer la curiosité. 食欲を～する stimuler (aiguiser) l'appétit. 電気で～する galvaniser. 欲望を～する éveiller (fouetter) le désir. ～的な stimulant; excitant; [刺戟的な] excita*teur*(*trice*); stimula*teur*(*trice*). ～的特性 propriétés fpl stimulantes. ～景気の策 mesure f pour la relance économique. ～剤(物) stimulant m; aiguillon m; excitant m.

しげき 史劇 drame m historique.

しげしげ 繁々 ¶～と très souvent; toujours; fréquemment. ～と通う(行く) fréquenter. ～と芝居に行く fréquenter les théâtres. 人を～と見る dévisager qn; regarder qn.

しけつ 止血 hémostase f. ¶～する arrêter une hémorragie. ‖～の hémostatique. ‖～器 garrot m. ～剤 hémostatique m.

じけつ 自決 ¶～する se déterminer (se décider) par soi-même; [自殺する] se suicider. ‖民族～ autodétermination f. 民族～権 droit m des peuples à disposer d'eux-mêmes.

しげみ 茂み touffe f; fourré m. 灌木の～ massif m. 草の～ touffe f d'herbe. 木の～ fourré d'un bois. ～に隠れる se cacher dans une touffe.

しける 時化る grossir. 海はしけている La mer est orageuse (grosse). ◆[金がない] ¶私はすっかりしけている Je suis complètement fauché. なんてしけた顔をしているんだ Tu en as une mine abattue!

しける 湿気る devenir humide. ‖湿気た humide.

しげる 茂る pousser dru (épais). そこには雑草が生い茂っている Dans cette terre, les mauvaises herbes poussent dru. ‖茂った dru;

épais(se); touffu. 茂った葉枝 feuillage m épais. 鬱蒼と茂った森 forêt f luxuriante.

しけん 私権 droit m privé.

しけん 私見 opinion f personnelle. ～によると d'après mon opinion personnelle; à mon avis.

しけん 試験 [性能の] essai m; épreuve f; [実験] expérience f. ¶～する faire l'essai de qc; essayer; éprouver; faire l'épreuve de; faire une expérience sur; mettre qc à l'épreuve. モーターを～してみる faire l'épreuve d'un moteur. ～的に à l'essai; à titre d'essai. ～的に使ってみる prendre qc à l'essai. ‖耐久～ épreuve d'endurance. ～管(器) éprouvette f. ～管ベビー bébé(s)-éprouvette m. ～紙 papier m réactif. リトマス～紙 papier de tournesol. ～台 banc m d'essai. ～飛行 vol m d'essai. ◆[学校などの] examen m; [選抜] concours m. ～に受かる réussir à un examen; passer un examen avec succès; être admis à un concours. ～に落ちる échouer à un examen. ～を受ける passer un examen; se présenter à un examen (un concours). ～をする examiner; faire passer un examen; ouvrir un concours. ‖口述～ examen oral. 国家～ examen d'Etat. 進級～ examen de passage. 卒業～ examen final. 大学教授者資格～ concours d'agrégation. 追～ examen de repêchage. 入学～ concours (examen) d'entrée. 入社～ concours d'admission. 筆記～ écrit m; examen écrit. ～科目 matières fpl d'examen. ～官 examina*teur*(*trice*) m(f). ～答案 copie f. ～問題 sujet m d'examen.

しげん 至言 ¶～である On ne peut mieux dire./Vous l'avez dit.

しげん 資源 ressources fpl. ～の分布 répartition f des richesses. ～を開発する exploiter les ressources. ～を保有している disposer de ressources. ‖国家～ ressources de l'Etat. この地方は天然～が豊富である Cette région est riche en ressources naturelles. 地下～ ressources du sous-sol. 人的(物的)～ ressources en hommes (en matériel). ～調査 recensement m des ressources.

じけん 事件 événement m; fait m; cas m; [突発的な] incident m; [不慮の] accident m; [意外な] aventure f; [問題] affaire f. 困った～ fâcheuse aventure. 予想外の～ cas imprévu. 外交上の小～ petit (léger) incident diplomatique. ～が起こる Un événement a eu lieu (s'est passé). ～の推移 déroulement m des faits. ～の余波 séquelles fpl. ～を引き起こす provoquer un accident; causer un événement. ‖重大な～ cas grave. 重大な～だ C'est tout un événement. ドレフュス～ l'affaire Dreyfus. ◆[訴訟] cause f. 係争中の～ affaire en cause. ‖民(刑)事～ cause civile (criminelle).

じげん 時限 ¶～ストぐれ ve f à durée limitée. ～弾[obus m] fusant m. ～爆弾 bombe f à retardement. ◆[時間割の単位] ‖第2～の授業 classe f de deuxième heure.

じげん 次元 dimension f. ¶同じ～の問題

しげんエネルギーちょう question *f* de même ordre. 彼は〜の低い話ばかりしている Il tient toujours des propos banals. ‖一(二、三)〜の空間 espace *m* à une (deux, trois) dimension(s). 第四〜 la quatrième dimension. 政治的〜 dimension politique.

しげんエネルギーちょう 資源-庁 Agence *f* des ressources naturelles et de l'énergie.

しげんごみ 資源ごみ déchets *mpl* recyclables.

しこ 指呼 ‖ここからは〜の間にある être tout près d'ici.

しご 死後 après la mort de *qn*. 〜十時間を経過している Dix heures se sont écoulées après la mort. ¶〜の刊行作品 œuvre *f* posthume. 〜の名声 renommée *f* posthume. 父の〜に生れた子供 enfant *mf* posthume. ‖〜硬直 rigidité *f* cadavérique.

しご 死語 langue *f* morte; [単語] mot *m* désuet (inusité).

しご 私語 chuchotement *m*. ¶〜する chuchoter.

しご 詩語 mot *m* poétique; terme *m* poétique.

じこ 事故 accident *m*; incident *m*; [支障] empêchement *m*; [故障] panne *f*; [大災害] catastrophe *f*. 〜が起った Un accident a eu lieu./Il est arrivé un accident. 彼の家のすぐそばで大〜があった Il y a eu un grand accident tout près de sa maison. 不慮の〜が無ければ sauf (à moins d'un) accident. 〜で死ぬ trouver la mort (être tué, périr) dans un accident. 〜の犠牲者 accidenté(e) *m(f)*. 〜の際に en cas d'accident. 〜に遭う avoir (subir) un accident. 〜をおこす déclencher (provoquer) un accident. ¶〜に遭った車 voiture *f* accidentée. ‖人身〜 accident corporel. 飛行機で多くの死傷者が出た Un accident d'avion a fait beaucoup de victimes. 〜現場 lieu(x) *m* de l'accident. 〜死 mort *f* accidentelle.

じこ 自己 soi; [自己自身] soi-même. 〜に満足している être content de *soi*. ‖〜暗示 autosuggestion *f*. 〜暗示にかかる se suggestionner soi-même. 〜犠牲 abnégation *f*. 〜犠牲によって par abnégation. 〜欺瞞 mensonge *m* envers soi. 〜嫌悪 dégoût *m* de soi. 〜嫌悪の念を抱く avoir du dégoût pour soi-même. 〜色情 autoérotisme *m*. 〜紹介をする se présenter. 〜中心の égocentrique. 〜中心主義 égocentrisme *m*. 〜中心主義の égotiste. 〜批判 autocritique *f*. 〜批判する faire son autocritique. 〜負担で à son compte. 〜弁護 apologie *f* de soi-même. 〜弁護する se justifier. 〜防衛 autodéfense *f*. 〜忘失 oubli *m* de soi-même; abnégation [de soi]. 〜満足 autosatisfaction *f*. 〜満足した béat. 〜満足の人 béat(e) *m(f)*. 〜融資 autofinancement *m*. 〜誘導 self-induction *f*. 〜誘導回路 circuit *m* à self-induction. 〜流に à *sa* manière (façon).

じご 事後 ¶〜の ultérieur. ‖〜承諾 approbation *f* ultérieure. 〜報告をする rendre compte ultérieurement de *qc*.

じご 爾[而]後 [それ以来] depuis lors; depuis; dès lors; [今後] dès maintenant; désormais; dorénavant.

しこう 思考 pensée *f*. ¶〜する penser. ‖〜体系を把握する découvrir un système de pensée. 〜方法 méthode *f* de pensées. 〜力 faculté *f* de penser.

しこう 施行 application *f*;【法】administration *f*. 規則の〜 application des règles. ¶〜する appliquer; administrer; mettre en vigueur. 法を〜する mettre une loi en vigueur. 〜される être (entrer) en vigueur. この条例は4月1日付を以って〜される Ce règlement entrera en vigueur à partir du 1er avril. ⇨ じっし(実施).

しこう 至高 ¶〜の suprême; souverain. ‖〜善 le souverain bien. 〜存在(神) l'Être *m* suprême.

しこう 嗜好 goût *m*. 〜に合う être à *son* goût. ...に対する〜を持っている avoir du goût pour *qc*.

しこう 事項 article *m*; sujet *m*; chapitre *m*. この〜に関しては sur cet article (ce chapitre, ce sujet).

じこう 時候 saison *f*. いい〜になりましたね Nous voilà dans la belle saison.

じこう 時効 prescription *f*. 〜で債務をまぬかれる prescrire une dette. 〜を援用する invoquer la prescription. 〜になる se prescrire. それは5年で〜になる La prescription joue au bout de cinq ans. ‖取得(消滅)〜 prescription acquisitive (extinctive).

じこう 辞項【言】terme *m*.

じごう 次号 prochain numéro *m*. 〜で完結します Avec le prochain numéro, la série sera achevée.

しこうさくご 試行錯誤 essais *mpl* et erreurs *fpl*.

じごうじとく 自業自得 «Comme on fait son lit, on se couche.»; «Qui sème le vent récolte la tempête.» 〜だよ Vous l'avez voulu./C'est bien fait.

しこうしゃ 持香者 thuriféraire *m*; encenseur(se) *m(f)*.

しこうしょく 紫紅色 pourpre *m*. ¶〜の pourpre.

しこうせい 指向性 directivité *f*. ‖〜アンテナ antenne *f* directionnelle.

しごき 扱き brimade *f*.

しごく 扱く ¶実を〜 égrener. ひげを〜 se tirer la barbe. ◆[厳しく訓練する] faire passer *qn* au laminoir; faire marcher *qn* à coups de trique. [新入兵(新兵)を〜] brimer les nouveaux. ‖しごき brimade *f*.

しごく 至極 extrêmement; exceptionnellement; infiniment; très extraordinairement. 私は〜健康だ Je vais parfaitement bien. 私は〜満足です Je suis extraordinairement content. あなたの言うことは〜尤もだ Vous avez tout à fait raison.

じごく 地獄 enfer *m*. 「地獄の沙汰も金次第」L'or est un passeport universel. 〜に落ちる aller en enfer. 〜に落とす damner; condamner *qn* à l'enfer. ¶〜の[ような] infernal. 〜の苦しみを味わう souffrir comme un damné.

じこくひょう

～の責苦 damnation *f*. ～に落ちた人 damné(e) *m(f)*.

じこくひょう 時刻表 [鉄道の] horaire *m*. ‖国鉄公式～ indicateur *m* officiel de SNCF.

しごせん 子午線 méridien *m*. ～を通る passer le méridien.

じこそうしつ 自己喪失 aliénation *f*.

しこたま ¶～もうける gagner gros.

しこつ 指骨 phalange *f*.

しごと 仕事 travail(aux) *m*; [為すべき] besogne *f*; [職業] métier *m*. ～馬 cheval (Romain). ～の手を抜く bâcler sa besogne. ～が手につかない n'avoir pas la tête à l'ouvrage. ～が山ほどある Je suis surchargé de travail. さあ～だ Au travail! ～にかかる se mettre au travail (à l'œuvre, à l'ouvrage); mettre la main à la besogne. 彼は口は達者でなくしはしない Il fait plus de bruit que de besogne. 人に～をあてがう donner de la besogne à *qn*. ～を早く片付ける abattre (expédier) de la besogne. ～をする travailler; [俗] turbiner. どえらい～をする [皮肉に] faire du beau travail. 熱心に～をしている avoir du cœur à l'ouvrage; avoir le cœur au métier. 何も～をしない se tourner les pouces. ～をせきたてる pousser la besogne. ～を引き受ける se charger d'un travail. ～を止めさ cesser le travail. ‖～着 blouse *f*, bleu *m* [de travail]; [上っ張り] salopette *f*. ～台 établi *m*. ～中である être au travail (à l'œuvre). ～師 ouvrier sur le tas. ～場 atelier *m*; studio *m*; [建築などの] chantier *m*. 手～ travail à la main; métier *m* manuel. 畑～ travail aux champs. 針～ travail à l'aiguille. ◆ [職業] profession *f*; métier *m*; emploi *m*; [職業] fonction *f*; [課業] tâche *f*; [商売, 事業] affaire *f*; [身すぎ世すぎの] gagne-pain *m inv*; [任務] tâche *f*. ～が無い être sans emploi (ouvrage, travail). それは儲けだ C'est une affaire d'or. …するの～をする prendre à tâche de *inf*. ～に就く prendre ses fonctions; entrer en fonction. ～に行く se rendre au travail. ～は～ Les affaires sont les affaires. お～は何ですか Quelle est votre profession? ～をうまく exercer ses fonctions. ～を覚える apprendre un métier. ～を変える changer de métier (de profession). ～を探す chercher du travail. ～を休む [日曜・祭日など] chômer. 明日は～を休ませて下さい Laissez-moi prendre un congé demain. ～を辞める quitter sa place. ～中に死ぬ mourir à la tâche. 賃～ travail à la tâche. 賃～をする 職人 ouvrier(ère) *m(f)* à la tâche. 日雇～ ouvrage à la journée. ◆ [作品] œuvre *f*; [成果] ouvrage *m*.

しこみ 仕込み ¶料理の～ apprêts *mpl*. 酒の～ fermentation *f*. ～のよい召使 domestique *mf* stylé(e). ‖～杖 canne(s)-épée(s) *f*.

しこむ 仕込む [酒を] brasser du saké; faire cuver du saké; [しつけ] former; éduquer; [召使, 馬などを] styler. 子供を～ former (éduquer) un enfant. 犬を獲物をとって来るように～ dresser un chien à rapporter le gibier.

しさつ

しこめ 醜女 ⇨ しゅうじょ（醜女).

しこり [筋肉の] induration *f*; [リンパ腺などの] bubon *m*. 精神的な～ gêne *f*; embarras *m*. 彼らの間には何か～がある Ils éprouvent une gêne inexpliquée entre eux. そのことが夫婦の間に～を残した Cette affaire a semé une cause de brouille entre les époux.

ジゴロ gigolo *m*.

しこん 紫紺 ¶～色の bleu violet.

しこん 詩魂 poésie *f*; âme *f* poétique.

しこん 歯根 racine *f* des dents.

しさ 視差 parallaxe *f*. ¶～の parallactique.

しさ 示唆 suggestion *f*. ¶～する suggérer; [暗示に] dicter; insinuer. …するように～する suggérer à *qn* de *inf*. 人に答えを～する dicter à *qn* la réponse. ～に富む suggestif(ve).

じさ 時差 décalage *m* horaire. 東京とパリの間には 8 時間の～がある Il y a huit heures de décalage horaire entre Tokyo et Paris. ‖同一～地帯 fuseau(x) *m* horaire. ～通勤 étalement *m* des horaires de travail.

しさい 仔細 [細部] détail *m*. ～を語る donner tous les détails. ¶～に物語る raconter en détail. ◆ [事情] raison *f* secrète; motif *m* secret. ～があって pour certaines raisons. 私がすぐに出掛けたのはそれだけの～があってのことだ J'ai assez de motifs pour partir tout de suite. ¶～ありげな笑い sourire *m* significatif.

しさい 司祭 prêtre *m*. ¶～の sacerdotal(aux). ‖主任～ curé *m*. 助任～ vicaire *m*. ～館 presbytère *m*. ～職 prêtrise *f*; sacerdoce *m*.

しさい 詩才 don *m* poétique. 彼には～がある Il est doué d'un talent poétique.

しざい 死罪 péché *m* mortel. ⇨ しけい（死刑).

しざい 私財 fortune *f*; biens *mpl* privés. ～を投げる consacrer *sa* fortune à *qc*. ～を投じて à *ses* propres frais.

しざい 資材 matériaux *mpl*. ‖建設～ matériaux de construction. ～置場 dépôt *m* de matériel. ～課 service *m* d'approvisionnement.

じざい 自在 facilité *f*. ¶～に avec facilité. ～に話す avoir une grande facilité pour parler. ‖～鉤 crémaillère *f*. ～継手 joint *m* de cardan. ～戸 porte *f* à bascule.

しさく 思索 pensée *f*; méditation *f*; réflexion *f*. ～にふける s'absorber dans la méditation; se livrer à la méditation; être plongé dans *ses* réflexions.

しさく 詩作 ¶～する composer (faire) un poème.

しさく 試作 essai *m*. ¶～する fabriquer à l'essai; [農産物] cultiver à l'essai. ‖～品 essai; échantillon *m*.

じさくのう 自作農 faire-valoir *m* direct; cultivateur(trice) *m(f)* propriétaire.

じざけ 地酒 vin *m* de pays (du cru). ¶～特有の味 goût *m* de terroir.

しさつ 刺殺 ¶～する poignarder.

しさつ 視察 inspection *f*. ¶～する inspecter; faire une inspection. 学校を～する procéder à l'inspection d'une école. ‖～員 inspecteur(trice) *m (f)*. [役人の] ～旅

じさつ 自殺 suicide *m*. ~に見せかける faire croire à un suicide. ~を企てる attenter à *sa* vie (à *ses* jours). ¶~する se suicider; se tuer; se détruire; se donner la mort; se supprimer. 金に困って~する se suicider pour des problèmes d'argent (à cause d'une maladie). 喉を切って~する se trancher la gorge. ~しなくてもよかったのに Pourquoi faut-il qu'il s'est suicidé? 首吊りを~する se pendre. 投身を~する se suicider par noyade. ピストル~をする se suicider d'un coup de revolver. 服毒~をする s'empoisonner. ~者 suicidé(e) *m(f)*. ~狂 suicidaire *mf*. それは~行為だ C'est du suicide. ~未遂 tentative *f* de suicide.

しさん 四散 ¶~する s'égailler; se disperser; s'éparpiller. 群集は~した La foule s'est égaillée. ~させる égailler; disperser; éparpiller.

しさん 試算 vérification *f* d'un calcul. ‖~表 balance *f* de vérification.

しさん 資産 biens *mpl*; fortune *f*; [商業上の] actif *m*. ~がある avoir des biens. ~を譲渡する disposer de *son* bien. ‖固定~税 impôt *m* foncier. 相続~ l'actif d'une succession. ~家 homme *m* fortuné (de fortune). ~目録 inventaire *m* du portefeuille. ~明細書 bilan *m*.

しざん 死産 mortinaissance *f*. ¶~する accoucher d'un(e) mort-né(e). ~児 mort-né(e) *m(f)*. ~率 mortinatalité *f*.

じさん 持参 ¶~する apporter; [用意する] se munir. レインコートを~している se munir d'un imperméable. ~金 dot *f*. ~金目当てに結婚する épouser une dot. ~金を与える doter. ~人 porteur(se) *m(f)*. ~人払いの小切手 chèque *m* payable au porteur.

じさん 自讃 ¶~する se louer; se féliciter.

しさんこうかい 資産公開 [国会議員の] publication *f* des biens personnels des parlementaires.

しし 嗣子 héritier(ère) *m(f)*.

しし 四肢 membres *mpl*.

しし 志士 [愛(憂)国の] patriote *m*.

しし 孜々 ¶~として assidûment; avec assiduité. ~として…に勤める être assidu à *qc* (à *inf*).

しし 獅子 lion(ne) *m(f)*. ‖~子 lionceau(x) *m*. ~座 Lion *m*. ~身中の虫を退ける éliminer *sa* propre vermine. ~鼻 nez *m* camard. ~鼻の camard. ~奮迅の勢いで戦う se battre comme un lion. 彼は~奮迅の働きをした Il a bouffé du lion.

しし 師事 ¶~する avoir *qn* comme maître.

しじ 指示 instruction *f*; directives *fpl*; indication *f*; désignation *f*. 別に~があるまで jusqu'à nouvel ordre. 人の~の下に sous les instructions de *qn*. あなたの~の通りに selon vos instructions. ~に従う se conformer aux instructions. 貴下の~に従い suivant vos instructions. ~を仰ぐ demander des instructions. 上司の~を受ける recevoir des directives de *ses* chefs. ¶~する indiquer; désigner; montrer. 方向を~する indiquer la direction. 指で~する désigner (montrer) *qc* du doigt. やり方を~する tracer le chemin à *qn*. 人に~されて Sur l'indication de *qn*. ~代名詞(形容詞) pronom *m* (adjectif *m*) démonstratif. 方向~灯 clignotant *m*. 矢印の~標 fléchage *m*.

しじ 支持 appui *m*; soutien *m*. 彼は左翼の~で選ばれた Il a été élu avec l'appui de la gauche. あなたの~をあてにしている Je compte sur votre appui. ¶~する appuyer; soutenir; [支持を与える] donner *son* appui; apporter *son* soutien. 候補者を~する appuyer un candidat. 人の立場を~する soutenir la cause de *qn*. ‖~者 partisan(e) *m(f)*; défenseur *m*; gardien(ne) *m(f)*; soutien *m*.

しじ 私事 affaire *f* personnelle. ¶~にわたることですが C'est un problème personnel.

じじ 時事 actualités *fpl*; événements *mpl* actuels. ‖~解説 commentaire *m* des nouvelles. ~解説をする commenter les nouvelles. ~問題に関心を持つ s'intéresser à l'actualité.

じじい 爺 vieux *m*; vieillard *m*; 《俗》croulant *m*.

じじこくこく 時々刻々 de moment[s] en moment[s]. 事態は~変って行く La situation évolue rapidement.

ししそんそん 子々孫々 ‖このことは~に伝えねばならぬ Il faut transmettre cela aux générations futures.

ししつ 私室 pièce *f* privée.

ししつ 脂質 《化》lipide *m*.

ししつ 資質 don *m*; dispositions *fpl* innées; aptitude *f*. 学問に向いた~ don pour les sciences. この子には幼い頃から音楽の~があった Cet enfant est doué pour la musique depuis son enfance. …の~を具えている être doué (avoir des dispositions) pour.

じじつ 史実 faits *mpl* historiques. ¶~に即している話 récit *m* conforme à l'histoire. ‖~性 historicité *f*.

じじつ 自室 chambre *f*. ~にこもる s'enfermer dans sa chambre. ~で dans *sa* chambre.

じじつ 事実 fait *m*; [真実] vérité *f*. ありのままの~ choses *fpl* telles qu'elles sont. ~小説よりも奇なり La réalité dépasse la fiction. ~は~として認めるべきだ Il faut accepter les faits comme ils sont. ~は…である Le fait (La vérité) est que…. ~は全くの~だ C'est un fait; C'est la vérité vraie. …という~によって par le fait que *ind*. 単に…という~によって du seul fait de (que). ~を言う dire la vérité. ~を曲げる déformer les faits. ~上の~ le fait. …は夫婦 époux *mpl* de fait. …は…である C'est (Il est) de fait (un fait, vrai) que *ind*. ~に即(反)した conforme (contraire) à la vérité. ~に基いた理論 théorie *f* appuyée (fondée) sur des faits. ~上 en fait; en réalité; pratiquement; matériellement. それは~上不可能である C'est matériellement impossible. ‖既成~ fait accompli. ~無根の嫌疑 soupçon *m* sans fondement.

じじつ 時日 date f. ～を決める fixer une date. ⇨ じかん(時間).

じじま silence m; calme m. 夜の～ silence de la nuit.

じじむさい 爺むさい vieillot(te).

ししゃ 使者 messager(ère) m(f); envoyé(e) m(f); 〖軍使〗parlementaire mf. 私が～として参りました Je suis venu en tant que messager. ...の～に立てる envoyer qn en messager.

ししゃ 支社 succursale f; 〖支局〗bureau(x) m local. ‖海外～ succursale à l'étranger. ⇨ してん(支店).

ししゃ 死者 mort(e) m(f); 〖事故など〗tué(e) m (f); 〖故人〗trépassé(e) m(f). ～と負傷者 les tués et les blessés. その事故で二人の～が出た Cet accident a fait deux morts./Il y a eu deux tués dans cet accident. ～のための祈り requiem m. ～を埋葬する enterrer (ensevelir) le(s) mort(s). ～に関する mortuaire. ‖～略伝 article m nécrologique.

ししゃ 試射 tir m d'essai.

ししゃ 侍者 laquais m; 〖カト〗 servant m.

ししゃ[かい] 試写[会] avant-première f.

ししゃく 子爵 vicomte m. ‖～夫人 vicomtesse f.

じしゃく 磁石 aimant m. ～の両極 pôles mpl d'un aimant. ‖電～ électroaimant m. 天然(人工)～ aimant naturel (artificiel).

ししゃごにゅう 四捨五入 ¶～する arrondir. ～すると総計100になる Le total se monte à 100 en chiffre rond.

ししゅ 死守 ¶～する défendre qc jusqu'à la mort.

ししゅ 詩趣 poésie f. ¶～をそそる poétique.

じしゅ 自主 ～の精神 esprit m d'indépendance. ～的な autonome; indépendant; volontaire. ～的に volontairement; de sa propre initiative. ～外交 politique f étrangère basée sur l'autonomie. ～管理 autogestion f. ～管理の autogéré. ～規制 〖出版, 報道の〗auto-censure f. ～権 autonomie f; 〖都市, 組合などの〗franchise f. ～性 indépendance f; autonomie f. 彼は～性が強い Il a une grande indépendance de caractère.

じしゅ 自首 ¶～を勧める conseiller qn de se dénoncer à la police. ～する se dénoncer [à la police]; se livrer à la justice.

ししゅう 刺繍 broderie f. ¶～する broder; faire de la broderie. ～をした服 robe f brodée. ‖～機械 brodeur m; machine f à broder. ～工 brodeur(se) m(f).

ししゅう 死臭 puanteur f de cadavre. ～がぷんぷんする Le cadavre empeste.

ししゅう 詩集 recueil m de poésies (de poèmes, poétique). ‖ヴェルレーヌ～ poésies fpl de Verlaine.

しじゅう 四十 quarante m. 彼はもう～の坂を越した Il a déjà dépassé la quarantaine. ¶～がらみの男 homme m de quarantaine.

しじゅう 四重 ‖～唱(奏) quatuor m. 弦楽～奏 quatuor à cordes.

しじゅう 始終 〖いつも〗toujours; sans cesse; constamment; très souvent. 彼女は～おしゃべりしている Elle bavarde toujours. 彼は～旅行している Il voyage très souvent. ◆〖全て〗‖事の一部始を物語る expliquer le déroulement des faits du commencement jusqu'à la fin; raconter tous les détails.

じしゅう 次週 la semaine suivante; 〖来週〗la semaine prochaine. ‖「～上映」«Prochainement».

じしゅう 自習 étude f. ¶～する apprendre tout seul. ～時間 heure f d'études. ～室 salle f d'étude; étude f.

じじゅう 侍従 chambellan m. ‖～長 grand chambellan.

しじゅうから 四十雀 mésange f charbonnière.

ししゅく 私淑 ¶～する respecter qn comme son maître.

じしゅく 自粛 ¶～する s'abstenir de inf; se garder de inf; éviter qc (de inf).

ししゅつ 支出 dépense f; déboursement m. 不時の～ dépense imprévue. 収入と～ recettes fpl et dépenses. ～を減らす(増やす) diminuer (augmenter) les dépenses. ¶～する dépenser; débourser. ‖経常～ dépense de caractère définitif. ～係〖銀行, 官庁の〗payeur(se) m(f). ～総額 montant m de la dépense. ～超過 excédent m des dépenses sur les recettes. ～表 état m des dépenses.

ししゅん 至純 ～の éthéré.

ししゅんき 思春期 puberté f; âge m ingrat. ¶～の pubère.

じしゅんせつ 四旬節 carême m.

ししょ 司書 bibliothécaire mf.

ししょ 支所 bureau(x) m local(aux).

ししょ 支署 commissariat m 〖de police〗de quartier.

ししょ 私署 ⇨ じしょ(自署). ‖～証書 acte m sous seing privé.

しじょ 子女 famille f; enfants mfpl. 良家の～ enfants de bonne famille. ～の教育 éducation f des enfants. ～を養育する élever sa famille.

じしょ 自署 signature f; 〖証書への〗seing m. ¶～する signer. 証書に～する signer un acte.

じしょ 辞書 dictionnaire m; 〖語彙〗lexique m; 〖俗〗dico m. ～を引く consulter un dictionnaire. ～を片手にして外国語を勉強する étudier une langue étrangère, avec un dictionnaire. ‖～執筆者 rédacteur (trice) m(f). ～編集〖法〗lexicographie f. ～編集者 lexicographe mf.

じしょ 地所 terrain m; 〖所有地〗fonds m [de terre]. 〖資産〗propriété f [foncière]; 〖宅地〗terrain à bâtir. ～を買う acheter du terrain. ～を無駄なく利用する ménager le terrain.

じじょ 侍女 dame f d'honneur; dame de compagnie; 〖劇〗suivante f.

じじょ 次女 seconde fille f.

じじょ 自序 préface f de l'auteur.

ししょう 師匠 maître(sse) m(f).

ししょう 支障 difficulté f; 〖俗〗anicroche f; 〖邪魔〗obstacle m; empêchement m. 財政上の～ difficultés financières. 外交上の～

ししょう 私娼 prostituée *f* [putain *f*] non encartée. ‖〜窟 lieux *mpl* des prostituées.

ししょう 史上 ¶〜に dans l'histoire. 〜に名高い者 célèbre dans l'histoire. 〜にその名を残す laisser *son* nom dans l'histoire. ¶〜最高の人出 affluence *f* inouïe.

ししょう 市場 marché *m*. 〜に出す mettre sur le marché. 〜を見つける(開拓する) [販路] trouver (ouvrir) des débouchés. ‖株式〜 Bourse *f*; marché boursier. 共同〜 marché commun. 国際(海外)〜 marchés internationaux (extérieurs). 国内〜 marchés intérieurs. 〜開放 ouverture *f* du marché. 〜価格 prix *m* du marché. 〜価格表 mercuriale *f*. 〜価値 valeur *f* marchande. 〜経済 économie *f* de marché. 〜調査 étude *f* de marché.

ししょう 私情 intérêt *m* personnel. 〜をさしはさんではならぬ (〜は禁物だ) Il ne faut pas laisser parler l'intérêt personnel. ¶〜抜きで行動する se comporter sans intérêt.

ししょう 紙上 ¶〜で空論 théorie *f* inapplicable. ‖新聞〜で読む lire dans un journal. 新聞(雑誌)〜にでかでかと書きたてる faire mousser dans un journal (une revue). 新聞〜を賑わす défrayer la presse.

ししょう 至上 ¶〜の suprême; souverain. ‖〜権 toute-puissance *f*; omnipotence *f*. 〜命令 impératif *m*; [哲] impératif catégorique.

ししょう 詩情 poésie *f*. ¶〜をそそる poétique.

ししょう 誌上 ¶〜で知る apprendre dans une revue.

ししょう 自称 ¶〜...と〜する se donner pour; se prétendre; se donner le titre de. 共産主義者と〜する se donner pour un communiste. 伯爵と〜する s'intituler comte. 〜の prétendu; soi-disant *inv.* 〜伯爵夫人 prétendue (soi-disant) comtesse *f*.

じじょう 事情 circonstance *f*; conditions *fpl*; chose *f*; [立場] cas *m*; situation *f*; [原因] cause *f*; raison *f*. 詳しい〜 détails *mpl*. 特殊な〜 circonstances (conditions) particulières; cas spécial. 〜が判っている être au courant. 〜がどうあろうと sous aucun prétexte. 〜が許せば Si les circonstances le permettent. そんな〜だから (が〜だから) やめた方がいい Dans ces conditions (Puisqu'il en est ainsi), il vaut mieux abandonner. そんな〜では on n'a pas le particulière. 家庭の〜で pour raison familiale. 政界の〜に疎い être mal renseigné sur les milieux de politique. 〜に通じている être au courant de; être [bien] renseigné sur. 〜に応じて selon les cas. ‖〜に通じている人々 les renseignés *mpl*. ‖経済的〜 conditions économiques. 交通〜 situation routière. 国際〜 situation internationale. 住宅〜 conditions du logement.

じじょう 自乗 carré *m*. 9 の〜は 81 である Le carré de neuf est quatre-vingt-un. ¶ある数を〜する élever un nombre au carré.

ししょうきんるい 糸状菌類 hyphomycètes *mpl*.

ししょうじ 指小辞 diminutif *m*.

じじょうじばく 自縄自縛 ¶〜に陥る s'enferrer.

ししょうしゃ 死傷者 accidentés *mpl*; morts (tués) *mpl* et blessés *mpl*; victime *f*. その事故で多くの〜が出た L'accident a fait de nombreuses victimes.

ししょうせつ 私小説 roman *m* intimiste.

ししょく 試食 dégustation *f*. ¶〜する déguster; essayer; goûter à (de) *qc*.

じしょく 辞職 démission *f*. 〜を承認する accepter la démission de *qn*. 〜する donner *sa* démission; démissionner; se démettre de *ses* fonctions; [他人のために] résigner *son* emploi. ¶内閣〜 démission en bloc (collective) d'un cabinet.

じじょでん 自叙伝 autobiographie *f*.

ししょばこ 私書箱(函) boîte *f* postale (BP).

ししん 指針 flèche *f*; [秤の] languette *f*; [磁石の] aiguille *f*; [方角] direction *f*. 今後の〜を示す indiquer la voie à suivre.

ししん 私信 courrier *m* [personnel].

ししん 私心 intérêt *m* personnel. 〜を去る renoncer à l'intérêt personnel. ¶〜のない忠告 conseil *m* désintéressé.

ししん 詩神 Muse *f*.

ししん 私人 personne *f* privée. 〜として言う parler comme personne privée. 〜の資格で à titre privé.

しじん 詩人 poète *m*. 彼(女)は〜だ Il (Elle) est poète. 〜哀歌〜 élégiaque *mf*. 宮廷〜 poète de cour. 抒情〜 poète lyrique. 女流〜 femme *f* poète; poétesse *f*. ‖〜もどき petit poète; rimeur(se) *mf*; rimailleur(se) *mf*.

じしん 時針 grande aiguille *f*.

じしん 磁針 aiguille *f* magnétique (magnétisé).

じしん 自信 confiance *f* [en soi]; assurance *f*. ...という〜がある avoir l'assurance que *ind*. 自分のしたことに〜がある être sûr de son fait. 〜がない manquer de confiance en soi. 〜を持つ avoir confiance en soi. もっと〜を持ちなさい Aie un peu plus confiance en toi-même; Sois moins timide. 〜を失う perdre confiance en soi. 〜をとりもどす reprendre confiance en soi. 〜たっぷりに en (toute) confiance. 〜を持って avec assurance (confiance).

じしん 自身 soi; soi-même. ¶〜の son (sa, ses) propre(s). 〜の目で見る voir avec *ses* propres yeux. それはあなた〜の問題だ C'est votre propre problème. 〜で en personne; personnellement. ‖あなた(私)〜 vous(moi)-même. 彼(女)〜 lui(elle)-même. 彼(女)ら自身 eux(elles)-mêmes. 彼らがやってきた Il est venu en personne. 自分〜を制する être maître de soi. 自分〜を着を rentrer en soi-même. 自分〜に言いきかせている Je parle à ma personne. それは私〜にかかわることだ Cela ne concerne que moi.

じしん 地震 tremblement m de terre; séisme m. マグニチュード６の〜 séisme d'amplitude six. 〜が起こる Un tremblement de terre s'est produit. 昨日の〜によって多くの家が倒壊した Beaucoup de maisons se sont effondrées au cours du tremblement de terre d'hier. ¶〜の sismique. ‖〜学 sismologie f. 〜学者 séismologue mf. 〜観測 sismographie f. 〜計 sismographe m. 〜帯 zone f sismique.

しんしんけい 視神経 nerf m optique (oculaire).

ししんけい 歯神経 nerf m dentaire.

しずい 雌蕊 pistil m.

しずい 歯髄 pulpe f dentaire.

じすい 自炊 ¶〜する faire sa cuisine soi-même; 《俗》 faire sa tambouille.

しすう 指数 《数・経》 indice m; 《数》 exposant m. ‖生活費〜 indice du coût de la vie. 知能〜 quotient m mental (intellectuel). 物価〜 indice des prix. 〜方程式 équation f exponentielle. 〜方程式曲線 courbe f exponentielle.

しずか 静か ¶〜な tranquille; calme; silencieux(se); [平和な] paisible; [不動な] immobile; [冷静な] flegmatique; impassible. 海は〜である La mer est calme (étale). 子供たちは妙に〜だね Les enfants sont un peu trop silencieux, n'est-ce pas? この界隈は昔のように〜でない Ce quartier n'est plus aussi tranquille qu'avant. 〜にさせる faire tenir qn tranquille. 先生は学生達に〜にするように言った Le professeur a demandé aux étudiants de se taire. 〜にしろ Silence!/Paix! ちょっと〜にしていなさい Restez tranquille un moment. 〜に tranquillement; calmement; paisiblement. デモ隊は〜に行進した Les manifestants ont été très paisibles pendant le défilé. 〜に発車する démarrer doucement.

しずく 雫 goutte f. 小さな〜 gouttelette f. 雨の〜 gouttes de pluie. 蛇口から〜が落ちる L'eau goutte du robinet. 〜がたれる Dégoutter. 汗が額から〜のようにたれている La sueur lui dégoutte du front.

しずけさ 静けさ tranquillité f; silence m; calme m; paix f; [心の] quiétude f. 山の〜 calme de la montagne. 墓地の〜 paix des cimetières. 針の落ちる音が聞えるほどの〜だった On aurait entendu voler une mouche.

しずしず ¶〜と silencieusement; doucement; [ゆっくり] lentement. 〜と歩く marcher à pas comptés.

シスター sœur f; [カトリックの呼びかけ] ma sœur.

システマチック systématique.

システム système m. ‖自動データ処理〜 système de traitement automatique de l'information. 信号〜 système de signalisation. ディスクオペレーティング〜 système d'exploitation à disques. 〜アナリシス analyse f d'un système. 〜エンジニア ingénieur m système. 〜マネージメント direction f systématique.

システムハウス constructeur m de systèmes.

ジステンパー maladie f de Carré.

ジストマ distome m; douve f. ‖〜症 distomatose f.

ジストロフィー dystrophie f.

ジスプロシウム dysprosium m.

しずべり 地滑り glissement m [de terrain].

しずまる 静(鎮)まる se calmer; s'apaiser; se modérer; [和らぐ] s'assoupir; se radoucir. 嵐は静まった La tempête s'est calmée (apaisée). 火の手が静まった L'incendie s'est apaisé. 彼の怒りは静まった Sa colère s'est apaisée (calmée, modérée). 時と共に彼の恨みは静まった Avec le temps sa rancune s'est assoupie (apaisée). 騒ぎは静まった L'émeute s'est calmée. 風が静まりだした Le vent mollit. 不気味に静まり返った池 étang m plongé dans un silence inquiétant. 彼の部屋はしんと静まり返っている Un silence profond règne dans sa chambre.

しずむ 沈む se plonger; s'enfoncer; s'abîmer; s'ensevelir; [太陽が] se coucher. 水中に〜 couler; s'enfoncer dans l'eau; s'immerger. 木は水に浮くが石は〜 Le bois flotte mais une pierre coule. 悲しみに〜 s'abîmer (s'ensevelir) dans la douleur. 気が〜 se sentir abattu. 船が沈んだ Le bateau a coulé. ¶沈んだ顔 visage m sombre. 近頃彼は沈んでいる Ces jours-ci, il a l'air mélancolique.

しずめる 静(鎮)める apaiser; calmer; adoucir; radoucir; assoupir; étourdir; détendre; modérer; bercer. 苦痛を〜 apaiser (bercer) sa peine. 怒りを〜 cuver sa colère. 精神を〜 détendre l'esprit. 怒りを〜 modérer (adoucir) sa colère. 気を静めなさい Calmez-vous!/Détendez-vous! ◆ [鎮圧する] réprimer; étouffer. 暴徒を〜 réprimer des émeutiers.

しずめる 沈める plonger; enfoncer; [水中に] immerger. 船を〜 couler un navire.

しする 死する ¶死すべき mortel(le). 死すべき運命 mortalité f. 死すべき所 《宗》 péché m mortel. ⇨ しぬ(死ぬ).

しする 資する être utile à; servir à qc (inf); contribuer à. 電気の発明は工業の発達に大いに〜ところがあった L'invention de l'électricité a beaucoup contribué au développement de l'industrie.

じする 持する ¶正しく身を〜 se comporter (se conduire) bien; rester honnête. 冷静を〜 garder son sang-froid. 満を〜 se tenir prêt.

じする 辞する [暇乞をする] prendre congé de qn; [職を] ⇨ じしょく(辞職). 〜...するのを辞さない [辞意せず...する] ne pas hésiter à inf.

しせい 姿勢 position f; attitude f (du corps); [立っている] station f; [である] pose f; [不自然な] posture f. 座った(横になった)〜 position assise (couchée). ...に対する政府の〜 attitude du gouvernement à l'égard de qc. 〜が悪い se tenir dans une mauvaise attitude. 楽な〜でいる rester dans une position confortable. 直立の〜で en station verticale. 窮屈な〜で座っている être assis dans

しせい une posture inconfortable. 気取った~をとる prendre une pose maniérée. まっすぐな~をとる se tenir droit; se redresser. ~を変える changer de position. 昨今の政治家達は皆そ の政治~を正すべきである Tous nos politiciens doivent repenser leur mission.

しせい 市井 ¶~の人 peuple m. ~の噂では… だ Le bruit court que *ind.*

しせい 市制 régime m de ville.

しせい 市政 administration f municipale.

しせい 施政 administration f; [最高の行政権として] gouvernement m. ‖ ~方針 orientations fpl du gouvernement. ~方針演説 déclaration f de politique générale; discours-programme m.

しせい 詩聖 poète m immortel.

しせい 資性 don m; aptitude f. ¶ 彼は~豊か である Il est très doué.

しぜい 市税 taxes fpl municipales.

じせい 時世 temps m; époque f. 悪い~ mauvaise époque. ~に遅れる être en retard sur *son* temps.

じせい 時制 [文法] temps m.

じせい 時勢 cours m des âges; tendance f de l'époque. ~の赴く所でどうにも仕方がない Les temps sont ainsi, on n'y peut rien.

じせい 磁性 magnétisme m. ¶~の magnétique. ¶~現象 phénomènes mpl magnétiques.

じせい 自省 examen m de conscience; réflexions fpl [sur soi-même]. ¶~する rentrer en soi-même; se replier sur soi-même; réfléchir.

じせい 自制 maîtrise f de soi; retenue f; restriction f mentale. ¶~する se maîtriser; se dominer; se commander; se retenir. ~して喋る parler avec retenue. 笑うのを~出来なかった Je n'ai pas pu m'empêcher de rire. ‖ ~心を失う perdre sa maîtrise. 心を取り戻す retrouver la maîtrise de soi.

じせい 自生 ¶~の sauvage. ~の植物 plante f sauvage. ‖ ~地 habitat m.

じせい 辞世 ¶~の歌 poème m d'adieu.

しせいかつ 私生活 vie f privée; privé m. 彼の~は慎ましいものだ Il est très modeste dans le privé. 他人の~に干渉する s'ingérer (s'immiscer) dans la vie privée d'autrui.

しせいじ 私生児 enfant mf naturel(le) (illégitime, de l'amour). ~を認知する légitimer un(e) enfant.

しせいだい 始生代 archéen m. ¶~の archéen(ne).

しせき 史蹟 monument m historique; [遺跡] vestige m.

しせき 歯石 tartre m. ¶~がつく(たまる) avoir des dents tartrées. ~を落とす détartrer. ~ を歯医者にとってもらう se faire détartrer les dents par le dentiste.

しせき 事跡 [手柄] exploits mpl; prouesse f. [著作] œuvres fpl; [偉業] hauts faits mpl.

じせき 次席 deuxième rang m. ¶~検事 avocat m général.

じせき 自責 remords m; auto-accusation f. ¶~の念に馳られる avoir des remords; être en proie au remords; être pris de remords; être atteint de remords.

しせつ 使節 envoyé(e) m(f). ‖ ~文化(スポーツ) ~ envoyé culturel (sportif). ~団 mission f. ~団に随行する être membre d'une mission. 外交~団 mission diplomatique.

しせつ 施設 établissement m; institution f; [学校・工場などの] matériel m; installation f; [機械設備の] outillage m. ‖ 開発~ matériel d'exploitation. 公共~ services mpl publics; [具体的な] établissement public. 港湾~ installations portuaires. 児童福祉 ~ établissement pour le bien-être des enfants. 農業~ établissement agricole. 友好 ~ institution de relations amicales. ~課 service de matériel.

しせつ 私設 ¶~の privé. ~の幼稚園 école f maternelle privée.

しせつ 詩節 stance f; strophe f.

じせつ 時節 [季節] saison f; [機会] occasion f; moment m; [時代] temps m. ~の到来した Le moment est arrivé. ‖ ~柄 en raison des circonstances actuelles. ~柄体に気をつけて下さい En cette saison prenez soin de votre santé.

じせつ 自説 son opinion f; sa propre opinion, son avis m. ~を固持する persister dans son opinion. ~を述べる donner son opinion; exprimer son avis. ~をひるがえす désavouer son opinion.

しせん 支線 [鉄] embranchement m.

しせん 死線 ¶ 彼は~をさまよった Il a frôlé la mort.

しせん 視線 regard m; vue f. ~が合う croiser les regards. ~を凝らす(走らせる) fixer (promener) ses regards sur qc. ~を逸らす détourner les yeux. ~を投げる jeter la vue sur; lancer un regard à qn (sur qc). 物問いたげな~を投げる lancer à qn un regard interrogateur. ~を向ける porter sa vue (ses regards) sur (vers).

しぜん 至善 souverain bien m.

しぜん 自然 nature f. ~を友とする vivre dans la nature. ¶~の(な) naturel(le); [野生の] sauvage; [自発の] spontané; [普通の] normal; [本能的な] instinctif(ve). ~の理 loi f de la nature. この森が~の風よけになっている Ce bois constitue une protection naturelle contre les vents. ~の成行きで par la force des choses. ~な動作 geste m spontané. 醜いものへの~な嫌悪 répugnance f instinctive pour la laideur. ~な文体 style m naturel (sans artifice). それは~と思う Je trouve cela normal. 不~な [人工的な] artificiel(le); factice; [わざとらしい] affecté; [無理な] forcé. 不~な笑い rire m forcé. ~なこと~だよ Ce n'est pas normal. ~に naturellement; spontanément; instinctivement; [技巧なく] sans artifice; [気どらずに] sans affectation; [ひとりでに] tout(e) seul(e); de soi-même. ~に振舞う se comporter avec naturel. 不~に contre nature; artificiellement. ‖ ~石 pierre f naturelle. ~界 monde m de la nature. ~科学 sciences *fpl* de la nature; sciences naturelles. ～科学者 naturaliste *mf*. ～環境保護 protection *f* de la nature et de l'environnement. ～言語 langage *m* naturel. ～現象 phénomènes *mpl* naturels. ～死する mourir d'une mort naturelle. ～主義 naturalisme *m*. ～主義の naturaliste. ～主義作家 écrivain *m* naturaliste. ～食品 aliments *mpl* naturels. ～神教 déisme *m*. ～神教徒 déiste *mf*. ～数 nombre *m* naturel. ～崇拝 naturisme *m*. ～哲学 philosophie *f* naturelle. ～淘汰 sélection *f* naturelle. ～発火 combustion *f* spontanée; [エンジン] auto-allumage *m*. ～発生 abiogenèse *f*. ～法 droit *m* naturel. ～論者 naturiste *mf*.

じせん 自薦 ¶応募〜は他薦を問いません On est libre de se présenter soi-même ou quelqu'un d'autre.

じせん 自選 ¶〜作品集 recueil *m* d'œuvres choisies par l'auteur.

じぜん 事前 ¶〜の préliminaire; [あらかじめなすべき] préalable. 〜に au préalable; préliminairement; [à l'avance] d'avance; préalablement. 〜に打ち合せる se concerter (consulter) d'avance. ‖〜選挙の〜運動 campagne *f* pré-électorale. 〜調査 enquête *f* préalable. 〜通告 préavis *m*.

じぜん 慈善 bienfaisance *f*; charité *f*. 〜を施す faire la charité. ¶〜好きな婦人 [皮肉に] dame *f* patronnesse. ‖〜興業 représentation *f* au profit d'une œuvre. 〜団体 association *f* de bienfaisance; œuvres *fpl*; œuvres de charité. 〜事業 œuvres sociales.

しそ 始祖 auteur *m*; fondateur(trice) *m*(*f*); [家の] souche *f*. 〜となる faire souche; faire tige.

しそ 紫蘇 sarriette *f*.

しそう 使嗾 fomentation *f*. ¶〜する inciter *qn* à *qc* (*inf*); séduire; fomenter. 〜される se laisser entraîner à *inf*.

しそう 思想 pensée *f*; idée *f*. 〜の相違 divergence *f* idéologique (d'idées). 彼は健全な〜の持主である Il est porteur d'une pensée saine. 自分の〜によって是 son idée. ¶〜的(の) idéologique. この事件には〜的な背景がある Il y a derrière cette affaire des relents d'idéologie. 〜危険〜 idées subversives. 自由〜 libre pensée. 〜家 penseur(se) *m*(*f*); 《俗》 cérébral(ale, aux) *m*(*f*, *pl*). 〜統制 contrôle *m* de l'opinion publique.

しそう 死相 ¶彼の顔に〜があらわれている La mort se lit sur son visage./Son visage trahit la mort.

しそう 試走 ¶〜する faire un parcours d'essai.

しそう 歯槽 alvéole *m* dentaire. ¶〜膿漏 pyorrhée *f* alvéolaire.

しそう 死蔵 ¶〜する garder *qc* sans l'utiliser. 彼は多くの資料を持ちながら、〜している Bien qu'il ait beaucoup de documents, il les laisse dormir.

しそうけんご 志操堅固 ¶〜な honnête; intègre; 彼は〜である Il est ferme dans sa pensée.

シソーラス thé(s)aurus [tezɔrys] *m*; trésor *m*.

しそく 四則 《数》 quatre opérations *fpl*.

しそく 氏族 famille *f*; clan *m*; [支族] tribu *f*.

じそく 時速 vitesse *f* horaire. ¶〜60キロで à 60 (kilomètres) à l'heure. ‖制限(最高)〜 vitesse limitée (maximum). 〜計 indicateur *m* de vitesse horaire.

じぞく 持続 durée *f*; 《文語》 continuation *f*. ¶〜する durer; continuer. この晴天は〜するだろう Le beau temps durera. ‖〜期間 durée. 〜性 durée; continuité *f*. 〜力のある durable.

しそくじゅう 四足獣 quadrupède *m*.

しそん 子孫 descendance *f*; postérité *f*; progéniture *f*; [後裔] filiation *f*; [血統] lignée *f*; [個人] descendant(e) *m*(*f*); fils *m*; fille *f*. 旧家系の〜である descendre (être un descendant) d'une vieille famille. 〜の繁昌 prospérité *f* de la descendance. 〜を残さずに死ぬ mourir sans postérité.

しぞんじる 為損じる ⇒ そこなう(損う).

じそんしん 自尊心 amour(s)-propre(s) *m*; orgueil *m*; dignité *f*; fierté *f*. 私の〜がそれを許さない Ma dignité ne me permet pas de faire cela. 〜を持っている avoir de l'amour-propre. 〜を欠いている manquer de dignité. 〜を傷つける blesser l'amour-propre. ¶〜の強い orgueilleux(se).

した 下 *n* bas *m*; [下側・内側] dessous *m*; [低所] contre-bas *m*; [階下] dessous *m*; étage *m* inférieur. ベッドの〜 dessous d'un lit. ページの(〜の方) bas d'une page. 〜から 〜を; d'en bas; 〜de dessous. 机の〜からひざずりを出す tirer *qc* de dessous la table. 〜から[低い身分から]身をおこす parvenir d'en bas. 〜から降りてくる物音 bruit *m* qui vient d'en bas. 〜から上までの〜を bas en haut. 〜で 〜て attendre en bas. ...の〜で(に, の) sous; au-dessous de; en (au) bas de. 丘の〜で en bas d'une colline. 木の〜で sous un arbre. 階段の下で au bas de l'escalier. 門の〜をくぐる se glisser par-dessous une porte. 〜の〜 bas(se); inférieur; [下位の] subordonné; subalterne. 〜の階 [建物の] étages *mpl* inférieurs d'un bâtiment. 〜のサイズ taille *f* en dessous. 〜の地位 [職業の] poste *m* subalterne. 〜の歯 dents *fpl* du bas. 身分が〜の人 personne *f* d'un rang inférieur. 〜の者 [部下] subordonné(e) *m*(*f*). 〜の方に降りて行く descendre en contre-bas. 頂上から〜の方に町が見える Du sommet on aperçoit une ville en contre-bas. もっと〜の方を見なさい Regardez plus bas! 彼は私より2歳〜だ Il a deux ans de moins que moi. 学識が〜である être inférieur en science. ...より位が〜である être l'inférieur de *qn*. 〜に en bas; en dessous; [au-]dessous; [下記に] infra; ci-dessous. 書類はその〜にある Les papiers sont là-dessous. 〜にある être au-dessous. 値段は〜に印してあります Le prix est marqué dessous. 〜に置く déposer; mettre bas *qc*. 〜に降りる descen-

した 舌 langue *f*; [靴の舌革など] languette *f*; [鐘の舌] battant *m*. ざらざらの〜 langue rêche. 〜がこわばる avoir la langue liée. 〜が回る avoir la langue agile (bien pendue). 〜が回らない avoir la langue grasse (épaisse). 〜を噛む se mordre la langue. 〜を鳴らす faire claquer *sa* langue. 〜をまく s'émerveiller de *qc* (que *sub*). 〜を出す tirer *sa* langue. [嘲笑] tirer la langue à *qn*. 〜先 pointe *f* de la langue. 〜先三寸でまるめこむ embobiner *qn* avec de belles paroles. 〜触りのいい食物 aliment *m* doux au palais.

しだ 羊歯 fougère *f*.

じた 自他 ¶〜共に généralement; communément. ...は〜に認めるところではある Il est communément admis que *ind*.

したあご 下顎 mâchoire *f* inférieure.

したい 姿態 figure *f*; [輪郭] formes *fpl*; [背丈] taille *f*. 彼女は魅力的な〜の持主だ Cette femme *f* remarquablement bien moulée. ¶美しい〜の人 personne *f* bien taillée.

したい 死体 cadavre *m* [mort]. 〜を収容する enlever des morts. 〜を茶毘に付する incinérer un cadavre. ‖〜遺棄 abandon *m* de cadavre. 〜解剖 autopsie *f*. 〜解剖をする autopsier. 〜公示所 morgue *f*.

したい 肢体 membres *mpl*; corps *m*.

-したい vouloir *inf* (que *sub*); avoir envie de *inf*; espérer. ¶...したくて dans l'espoir de *inf*. あなたにお会いしたくて参上しました Je me suis présenté chez vous dans l'espoir de vous voir. ...したくてしようがない brûler du désir de *inf*; mourir d'envie de *inf*. ¶〜放題する faire ses quatre volontés.

しだい 次第 [段階, 成行き] ¶〜式の programme *m* de la cérémonie. 事の〜を語る raconter ce qui s'est passé. 〜によっては selon les circonstances. ◆ [依存] ¶それは事情〜だ Cela dépend des circonstances. 成功するのは君〜だ Il dépend de vous de réussir. それは君の腕〜だ Tout dépend de tes capacités. そうなるかどうかは彼〜だ Il ne tient qu'à lui que cela se fasse. 「地獄の沙汰も金〜」 L'argent est un bon passeport. ◆ [即時] aussitôt que *ind*; dès que *ind*. 着き〜 dès son arrivée. 見つけ〜 aussitôt que je le trouverai. テストが出来〜帰ってよろしい Vous pouvez partir dès que vous aurez terminé l'interrogation.

じたい 事態 situation *f*; circonstances *fpl*; état *m* de choses. 〜は重大だ La situation est grave. 〜が好転(悪化)する prendre une bonne (mauvaise) tournure. 政局は最悪の〜に立ち到った La situation politique a pris la pire tournure. 〜は悪化しつつある Les choses vont de mal en pis. 〜は収拾がつかなくなった Nous sommes tombés dans une situation inextricable. こうした〜にあっては dans cet état de choses. 現在の〜に於ては dans l'état actuel des choses. 困難な〜に直面して en face des circonstances difficiles. 〜を掌握する prendre l'affaire en main. 〜を悪化させる aggraver les choses. 最悪の〜を予想する s'attendre au pire. 〜を収拾する contrôler la situation. ‖緊急〜には en cas d'urgence.

じたい 字体 [活字の] caractère *m*; [筆跡] écriture *f*. ゴチック(イタリック、ローマン)の〜 caractère gothique (italique, romain). 肉太の〜で書く écrire gros.

じたい 自体 〜じしん(自身). 〜 la chose elle-même. それ〜はそんなに悪くはないが... Tel quel, ce n'est pas si mal mais....

じたい 辞退 ¶〜する décliner; se faire excuser. 贈物を〜する refuser un cadeau. 招待を〜する décliner une invitation. 申し出を〜する opposer un refus à *qn*.

じだい 時代 époque *f*; temps *m pl*; âge *m*; [時期] période *f*; [紀元, 年号] ère *f*; [世紀] siècle *m*; [世代] génération *f*. 自由の〜 ère de la liberté. 新しい〜 nouveau siècle. せち辛い〜 temps durs. 過ぎ去った〜 temps passé. 〜が変ると風俗も変る Autres temps, autres mœurs. 〜はすっかり変った Les temps sont changés. 〜の de mon temps; à l'époque de; dans le (au) temps où. 〜の思潮 les idées *fpl* du temps. 〜の流れ courant *m* des âges; cours *m* du temps. その〜の風俗 mœurs *fpl* du siècle. 〜に遅れない être de son siècle (époque). 〜に先んずる devancer son siècle. 〜に遅れる retarder sur son temps. どんな〜にも de tout temps. 〜を画する faire époque. ¶〜遅れの périmé; dépassé; attardé; suranné; démodé. 〜遅れの学説 théories *fpl* dépassées. 〜遅れの設備 installation *f* démodée. 〜に逆行した rétrograde. 〜遅れの服 robe *f* qui date. 〜暗黒〜 âge des ténèbres (de l'ignorance). アンリ四世(奈良)〜 époque de Henri IV (de Nara). 宇宙〜 âge spatial (cosmique); ère de l'espace. 黄金〜 âge d'or. テレビの黄金〜だ C'est l'âge de la télévision. 現代は小型自動車〜で ある L'heure est aux voiturettes. 私の学生〜に au temps où j'étais à l'école. 革命〜 période révolutionnaire. 原子力〜 ère atomique. 昭和〜 ère de Showa. 石器〜 âge de pierre. 全盛〜 période de pleine prospérité. その頃が彼の全盛〜だった C'est en ce temps-là qu'il était au sommet de sa gloire. 〜錯誤 anachronisme *m*. 〜錯誤の anachronique. 〜物 antiquités *fpl*. 〜物の ancien(ne); archaïque; [俗] antédiluvien(ne). 〜物の家具 meuble *m* d'époque.

じだい 次代 ¶〜を背負う若者達 jeunesse *f* responsable de l'avenir.

じだい 地代 loyer *m* d'un terrain.

じだいしゅぎ 事大主義 ¶彼の〜には困ってしまう Il hurle avec les loups, c'est très ennuyeux.

しだいに 次第に par gradation; petit à petit; graduellement; en escalier; progressivement; par degrés.

したう 慕う avoir de l'attachement pour, s'attacher à; [敬う] respecter. 慕っている être attaché à *qn*. 慕われる s'attacher. 彼は

生徒に慕われている Il s'attache ses élèves.

したうけ 下請け ¶仕事を~に出す faire sous-traiter une affaire par qn. ~契約 sous-traité m. ~契約をする sous-traiter. ~仕事 sous-traitance f. ~人 sous-traitant m.

したうち 舌打ち clappement m. ¶~[を]する clapper.

したえ 下絵 ébauche f; esquisse f; linéament m; [構想, 下書] canevas m. 刺繡の~ canevas d'une broderie. ~を描く esquisser; ébaucher [un tableau].

したえだ 下枝 branche f inférieure.

したがう 従う suivre; se conformer à; [尊敬の念を以って] déférer à; [服従する] obéir à; obtempérer à; se soumettre à; céder à. 規則に~ se conformer au règlement; observer le règlement. 道理に~ entendre raison. 人の意見に~ suivre le conseil de qn. 人の意志に~ déférer au désir de qn. 良心に~ écouter sa conscience. 親に~ obéir à ses parents. 命令に~ obtempérer (se soumettre) à un ordre. 部下がよく従ってくれるのが嬉しい Ça me fait plaisir d'être bien écouté par mes subordonnés. 何人にも従わない ne céder à personne. ¶従わせる soumettre (assujettir, ranger) qn à; forcer qn à céder. 規則に従わせる assujettir qn à des règles. ◆[率いて] suivre; [同行する] accompagner. 案内人に~ suivre le guide. 友人に~ accompagner un ami.

したがえる 従える [引き連れる] être accompagné (suivi) de qn. ¶一族郎党を従えてavec sa famille et ses vassaux.

したがき 下書き ébauche f; brouillon m; [広告, ポスターの] maquette f. ~をする faire un brouillon; ébaucher. ¶~職人 maquettiste mf.

したがって 従って [それ故に] donc; alors; ainsi; aussi; par conséquent. もはや仕事もなく, ~一文もない Plus de travail, partant plus d'argent. ◆[によって] selon; suivant; conformément à; d'après. 規則に~ selon le règlement. 状況に~ selon les circonstances. 良心に~ suivant (selon) sa conscience. 法に~ conformément à la loi. 経験に~ d'après l'expérience. …であるに~ suivant (selon) que ind. 老いるに~ en vieillissant. 話すに~ en parlant. 彼も歳をとるに~に人柄が穏やかになってきた Il s'est assagi avec l'âge.

-したがる vouloir inf; désirer inf; avoir envie de inf; être jaloux(se) de inf; pratiquer; avoir envie de inf. ⇨ たがる.

したぎ 下着 linge m (de dessous); vêtements mpl de dessous; sous-vêtement m; [集合的] lingerie f. ~をかえる changer de linge. ¶~置場 lingerie f. ~製造(販売)人 linger(ère) m(f).

したく 支度 préparatifs mpl; apprêts mpl; [準備] préparation f; [手配] arrangement m. 旅の~ préparatifs de voyage. 食事の~ préparation du repas (des plats). 食事の~が出来た Le dîner est prêt./La table est prête. ~をする se préparer à; arranger; 出発の~をする faire les préparatifs du départ; s'apprêter au départ. お見合の~をする arranger la première entrevue. 出かけるの~をしておけ Tenez-vous prêt à partir. ¶身~ toilette f. 身~をする faire sa toilette.

じたく 自宅 son domicile m; sa maison f; chez-soi m inv. ~に(で)à domicile; chez soi; à la maison.

したくちびる 下唇 lèvre f inférieure; [受口の厚い] lippe f.

したげいこ 下稽古 répétition f. ~をする répéter. 踊りの~をする répéter une danse.

したけんぶん 下検分 inspection f préalable. ~をする faire une inspection préalable.

したごころ 下心 arrière-pensée f. ¶~のある tendancieux(se). ~なしに行動する agir sans arrière-pensée (calcul).

したごしらえ 下拵え [準備] préparation f; [絵, 彫刻など] ébauche f. 料理の~ confection f; [魚, 鳥の] habillage m. ~をする préparer. 魚(鳥)料理の~をする habiller.

したざわり 舌触り sensation f palatale (du palais).

したじ 下地 base f. ~がある [素質] avoir l'étoffe de. ~ができている avoir des bases pour qc (inf).

したしい 親しい cher(ère); intime; familier (ère); amical. 私の~友人 mon cher ami. ~者だけの集い une réunion entre intimes. ~関係 bonnes relations fpl; relations intimes. 人と親しくしている être familier (intime) avec qn. ¶親しく語る causer familièrement. ⇨ したしく.

したじいた 下地板 volige f.

じたじ 下敷き ¶~ m inv. [車のになる se faire écraser par une voiture. ~にする [模倣する] calquer. 彼の筋をジイドのそれを~にした Il a calqué son plan sur celui de Gide.

したしく 親しく personnellement; familièrement.

したしみ 親しみ amitié f; familiarité f; sympathie f. ~を持つ avoir de l'amitié (de la sympathie) pour. ¶~の持てる personne f sympathique. ~の持てない peu sympathique.

したしむ 親しむ se familiariser avec qn. 自然に~ se familiariser avec la nature. スポーツに~ faire habituellement du sport. 読書に~ se faire une habitude de lire.

したしや 仕出し屋 traiteur m. ~に料理を頼む commander un dîner à un traiteur.

したじゅんび 下準備 préparation f; amorce f; apprêt m. ~をする préparer; amorcer. 交渉の~をする amorcer des négociations.

したしらべ 下調べ préparation f. 授業の~をする préparer sa leçon.

したたか 強か ¶~な [老練な] émérite; [ずるい] madré. ~に打ちのめす frapper ferme. ~に飲む boire beaucoup. ~に酔った ivre mort. ¶~者 fin renard m.

したたらず ¶~な言い方をする dire les choses à moitié; donner une explication in-

したたる 滴る dégoutter; distiller. 額から汗が～している La sueur lui dégoutte du front. 雨が滴り落ちている髪の毛 cheveux *mpl* dégouttant de pluie. ‖血の一傷口 blessure *f* saignante. 血の～したビフテキ bifteck *m* saignant. 滴り goutte *f*.

したつづみ 舌鼓 ¶～を打って食べる manger avec plaisir;《俗》s'en lécher les doigts.

したっぱ 下っ端 subalterne *mf*;《俗》sousfifre *m*. ¶～の役者 bouche-trou *m*(*f*).

したづみ 下積み ¶～の荷物 charge *f* qui est en dessous. ～でいる rester subalterne. ～に甘んじる se résigner à un emploi subalterne.

したて 下手 ¶～に出る toute humilité. ～に出る s'humilier; s'abaisser. ～に出て話す parler avec toute humilité. ～に出ればいい気になって Quand on se fait petit, il se prend tout de suite pour quelqu'un.

したて 仕立 façon *f*; [既製服] confection *f*. その服は～が良い Cette robe a une belle coupe. ‖～代を払う payer la façon. お～物承ります On prend à façon. ～屋 couturier(ère) *m*(*f*) à façon; [男物] tailleur *m*.

したてる 仕立る façonner; [既製服を] confectionner. 洋服を～ faire un vêtement sur mesure. 息子を商人に～ faire de *son* fils un commerçant. ドレスを～ façonner une robe. ドレスを仕立ててもらう se faire faire une robe à façon.

したどり 下取り reprise *f*. ¶～[を]する reprendre en compte *qc*. 古い車を～してもらう vendre *sa* voiture en reprise.

したなめずり 舌なめずり ¶～をする se pourlécher les babines.

したぬり 下塗り première couche *f*. ニスの～をする mettre (étaler) la première couche de vernis sur *qc*.

したね 下値 bas (faible) prix *m*.

したばむ ¶～する se débattre; [逆らう] regimber. 今更～したって始まらない A quoi bon nous remuer tellement.

したばたらき 下働き ¶～の女中 servante *f* pour les gros ouvrages.

したび 下火 ¶火事が～になる Le feu commence à s'éteindre. ミニスカートの流行は～になった Les mini-jupes sont passées de mode.

したびらめ 舌鮃 sole *f*.

したまご 地卵 œuf *m* frais (du jour).

したまち 下町 faubourg *m*; bas-quartier *m*; quartier *m* populaire.

したまわる 下回る [少数] être moins nombreux(se) que *qc*; [劣る] être inférieur à *qc*. 米の出来は昨年を下回った La récolte du riz a été plus mauvaise que l'année dernière.

したみ 下見 ¶～をする inspecter d'avance. ‖～会 [絵画などの] avant-première *f*.

したむき 下向き ¶相場が～になる Les cours baissent.

したよみ 下読み ¶～する(していく) préparer (lire) texte à l'avance.

じだらく 自堕落 déréglé; désordonné; dissolu. ～な生活 vie *f* déréglée (désordonnée). ～な生活を送る se laisser aller; mener une vie dissolue. ～な女 gueuse *f*.

しりがお したり顔 ¶～をする prendre un petit air entendu. ～で話す parler avec un air suffisant.

しだれやなぎ 枝垂れ柳 saule *m* pleureur.

したん 紫檀 palissandre *m*.

しだん 師団 division *f*. ¶～の divisionnaire. ‖装甲～ division blindée. ～長 chef *m* de division.

しだん 詩壇 cercles *mpl* poétiques; Parnmasse *m*.

じだん 示談 accommodement *m*; compromis *m*. ～にする composer avec *qn*; transiger avec *qn*. ～に同意する consentir à un compromis. ～を～にする arranger *qc* à l'amiable; accommoder *qc*. ¶～で à l'amiable; à titre de transaction amiable.

じだんだ 地団太 ¶～を踏む taper du pied; trépigner; piétiner. 怒って～を踏む trépigner de colère.

しち 七 sept *m*. ¶～音綴の heptasyllabe. ～辺形 heptagone *m*. ～面体 heptaèdre *m*.

しち 質 gage *m*. ¶～入れる engagement *m*. 時計を～入れする mettre *sa* montre en gage; engager *sa* montre au mont-de-piété. ～請け dégagement *m*. ～請けする retirer un gage; dégager *qc* du mont-de-piété. ～草が流れる Le gage est confisqué. ～権者 prêteur *m* sur gage. ～札 reconnaissance *f* du mont-de-piété. ～屋 Mont(s)-de-piété *m*;〔法〕prêteur(se) *m*(*f*) sur gage.

じち 自治 autonomie *f*. ¶～（制）の autonome. ‖学生～会 association *f* autonome des étudiants. ～共和国 république *f* autonome. ～権 [droit *m* à] l'autonomie. ～省(大臣) Ministère *m* (ministre *m*) de l'Autonomie. ～体 collectivité *f* autonome. ～領 territoire *m* autonome. ～論者 autonomiste *mf*.

しちがつ 七月 juillet *m*. ～14 日 le quatorze juillet. ¶～に au mois de juillet; en juillet.

しちぐさ 質草 ⇒ しち（質).

しちじゅう 七十 soixante-dix *m*.

しちじゅうそう(しょう) 七重奏(唱) septuor *m*.

しちてんばっとう 七転八倒 ¶～する se tordre de douleur. ～の苦しみ douleur *f* horrible.

しちめんちょう 七面鳥 [雌, 総称] dinde *f*; [雄] dindon *m*.

しちゃく 試着 essayage *m*. ¶～する essayer. ‖～室 salon *m* d'essayage.

しちゅう 市中 ¶～で en ville. ⇒ しない(市内).

しちゅう 支柱 appui *m*; [仮の] étai *m*; [木製の] étançon *m*; [骨組] charpente *f*; armature *f*; [つっかい棒] béquille *f*;〔建〕support *m*. 家族の～ soutien *m* de famille. ～で支える étayer. 崩れそうな壁の～で支える mettre des étais à (étayer) un mur qui menace de s'effondrer.

シチュー ragoût *m*;《俗》ratatouille *f*; fricot *m*; [牛肉の] navarin *m*; †haricot *m* de mouton. ‖タン～ ragoût *m* de langue de bœuf.

しちゅうちょう ~鍋 casserole f.

しちゅうちょう 司厨長 majordome m.

シチュエーション situation f.

しちょう 市庁 hôtel m de ville.

しちょう 市長 maire m. ‖~夫人 madame f le maire.

しちょう 思潮 courant m des idées. ‖文芸~ idées fpl littéraires.

しちょう 視聴 ‖テレビ~者 téléspectateur (trice) m(f). ~覚教育 enseignement m audiovisuel. ~率 taux m d'audience; pourcentage m d'écoute.

しちょう 試聴 audition f. ¶~してもらう donner une audition. ‖~室 cabine f d'audition.

しちょう 輜重 ¶~隊 train m [des équipages]. ~兵 soldat m du train.

じちょう 次長 sous-directeur(trice) m(f); sous-chef m.

じちょう 自重 ¶~する se retenir; se modérer. ~して avec circonspection; avec précaution (modération).

じちょう 自嘲 ¶~する se moquer de soi-même; se railler soi-même.

しちょうかく 視聴覚 ‖~ライブラリー médiathèque f.

しちょうそん 市町村 municipalité f; [最も小さい単位] commune f. ¶~の municipal (aux); communal(aux). ‖~会議員 conseiller m municipal. ~制 municipalisme m. ~制にする municipaliser. ~長 maire m.

しちく 失口 直言 juge m. ~の手にかかる passer en jugement.

シチリア ‖~島 la Sicile.

じちん 自沈 sabordage m; sabordement m. ¶~する se saborder.

しつ 室 pièce f; chambre f. [解剖学上の] ventricule m. ‖操舵~ kiosque m de la barre.

しつ 質 qualité f. ~が高い avoir de la qualité. 蒲柳の~である avoir une santé fragile. ~を改良する améliorer la qualité. 生活の~を向上させる améliorer la qualité de la vie. ¶~の良い de bonne qualité. ~の悪い商品 marchandise f de mauvaise qualité. ~の qualitatif(ve). ~的に qualitativement. ‖悪~な犯罪 crime m crapuleux.

しっ Chut!/[出て行け] Allez oust.

じつ 実 [事実, 真実] ¶~の母親 sa propre mère. ~を言うと à vrai dire. ‖~に(実に), じつは(実は). ◆[実績] effet m. 改革の~を上げる avoir de l'effet sur la réforme. ◆[誠実] fidélité f; sincérité f; ~のある sincère; fidèle; dévoué; loyal. ~のあるところを見せてくれ Donnez-moi une preuve de votre sincérité. ~のない infidèle; déloyal(aux).

しつい 失意 abaissement m; découragement m; [失望] déception f. ~の中に生きる vivre dans l'abaissement.

じつい 実意 sincérité f; bonté f; bienveillance f. ~のある sincère; constant; dévoué. ~を以って de bonne foi.

しつう 私通 ¶~する avoir une liaison.

しつう 歯痛 mal(aux) m de dents; rage f de dents; odontalgie f.

じつう 耳痛 otalgie f.

じつえき 実益 profit m; avantage m; bénéfice m. 趣味と~を兼ねる joindre l'utile à l'agréable. ¶~のある rémunérateur(trice). ~のある仕事 travail m rémunérateur.

じつえん 実演 [商品, 使用法の] démonstration f; [演劇の] attraction f. 売手が~をする Un vendeur fait une démonstration.

しつおん 湿音 mouillure f. ¶~の mouillé. ‖~子音 consonne f mouillée.

しっか 失火 incendie m involontaire. あの火事は~だった L'incendie est dû à l'imprudence.

じっか 実家 maison f paternelle.

しつがい 室外 ¶~で au dehors (à l'extérieur) de la chambre. ⇨ おくがい(屋外), そと(外).

じっかい 十戒 les dix commandements mpl.

じつがい 実害 dommage [réel] m.

しつがいこつ 膝蓋骨 rotule f. ¶~の rotulien(ne).

しっかく 失格 [スポ] disqualification f. ¶~する se disqualifier. 予選で~になる être éliminé aux épreuves éliminatoires. ~を disqualifier. 大臣に~である être indigne d'un ministre.

じっかくけい 十角形 décagone m. ¶~の décagone; décagonal(ale).

しっかり[と] 確り[と] solidement; ferme; fermement. ~仕事をする travailler ferme. ~と立つ se tenir ferme. ~と自分の立っている être ferme sur ses pieds. ~とつかまる tenir ferme. ¶~した solide; [信頼できる] sûr; [堅固な] ferme; [健全な] sain; [体格の] bien bâti. 体格の~した男 homme m bien bâti. ~した教育 solide éducation f. ~した机 table f bien bâtie (solide). ~した文体 style m ferme. ~した友人 ami m sûr. ~した判断力のある avoir le jugement sain. 彼は~した信仰の持主だ Il a une foi très solide. ~した足どりで d'un pas ferme. あの人は~している C'est un esprit solide. 彼は75歳だけどまだまだ~している Il est encore solide (robuste) malgré ses 75 ans. 足腰が~している avoir les jambes solides.

◆上に立つ者はもう少し~してくれなくては困る Si les supérieurs ne se montrent pas à la hauteur, c'est vraiment ennuyeux. ~しろ Courage! ~させる affermir; consolider. 決心を~させる affermir qn dans ses résolutions. 家の骨組を~と consolider une charpente.

しっかん 疾患 maladie f; affection f; mal m. 軽症の~ maladie bénigne. 皮膚の~ affections fpl de la peau. ‖胸部~ maladie des poumons.

じっかん 実感 sensation f réelle; [印象] impression f. ~がある sentir réellement; éprouver une sensation réelle. そう言われても~が湧かない Tu as beau m'expliquer, je n'arrive pas à me mettre dans ta peau. ~をこめて体験談をする raconter son expérience vécue avec émotion.

しっき 湿気 humidité f; [軽い] moiteur f. 部

しっき 漆器 laque f.
しっき 湿気 ⇒ しっけ(湿気).
しつぎ 質疑 [質問] interrogation f; [議会の] interpellation f. ‖議会での〜応答 débats mpl. 激しい〜応答が交わされた Il y a eu un vif échange de questions et de réponses.
じつぎ 実技 ‖体育〜試験 épreuves fpl d'éducation physique.
しっきゃく 失脚 chute f; déchéance f. ナポレオンの〜 chute de Napoléon. ...の〜を狙う miner (guetter la chute de) qn. 〜する perdre son poste. 〜させる couler qn; entraîner qn dans sa chute.
しつぎょう 失業 chômage m. 〜する perdre sa place; 〜している être sans emploi. 彼は二月来〜している Il chôme depuis deux mois. ‖〜者 ouvrier(ère) m(f) en chômage; chômeur(se) m(f). 潜在〜者 chômeurs non recensés. 〜対策 mesures fpl contre le chômage. 〜中である être sans place (emploi); être en (au) chômage. 〜手当を受取る toucher une allocation de chômage. 〜保険 assurance f contre le chômage. 〜保険受給者 chômeur secouru.
じっきょう 実況 [光景] spectacle m; [実状] circonstances fpl réelles; état m réel. ‖〜放送 radio-reportage m. 現場から〜放送する faire un reportage en direct.
じつぎょう 実業 affaires fpl. 〜に就く entrer (se mettre) dans les affaires. ‖〜家 homme m d'affaires. 彼は〜家である Il est dans les affaires. 〜界 monde m des affaires.
しっきん 失禁 incontinence f. ‖尿〜 incontinence d'urine.
しっく 疾駆 galop m. 〜する aller au (triple) galop; mener un train d'enfer; [馬など] galoper.
シック 〜な chic. 〜な帽子 chapeau(x) m chic. 彼女は〜な身なりをしている Elle a du chic.
しっくい 漆喰 plâtre m; [モルタル] gâchis m. 〜を塗る plâtrer qc; crépir qc. 〜を剥がす déplâtrer. 壁の〜を落とす déplâtrer un mur. 〜の落ちた壁 mur m décrépi. ‖化粧〜 stuc m. 化粧〜を塗る enduire de stuc. 化粧〜左官 stucateur m. 接着用〜 liaison f. 〜の粗塗り crépi m.
しっくり 〜している [仲が良い, 調和している] s'entendre bien; être bien ensemble; [うまが好い] aller bien avec qc. 彼らの仲は〜していない Ils s'entendent mal.
じっくり 〜考える réfléchir à tête reposée (longuement). 〜考えて決心する prendre une décision à tête reposée (après mûre réflexion). 〜仕事をする faire un travail en prenant tout son temps. その点はもっと〜検討してみるつもりです Je suis d'avis que nous en discussions plus à fond.
しつけ 仕付け faufilure f; bâtissage m. ‖〜糸 bâti m; faufil m.

しつけ 躾 éducation f; discipline f. ‖〜の良い(悪い) bien (mal) élevé (éduqué, appris). 〜の良い人 personne f bien élevée.
しっけ 湿気 ⇒ しっき(湿気). 〜た壁 mur m humide. 〜でじくじくした壁 mur suintant. 〜のある土地 pays m humide; mouillère f.
しっけい 失敬 〜な [無礼な] impoli, impertinent. 〜なことを言う(する) faire (dire) des impertinences. ◆[別れの挨拶] Pardon!/ Excusez-moi! それではこれで〜する Alors, je vous dis au revoir.
じっけい 実刑 [体刑] peine f corporelle. 三年の〜に処せられる être condamné à trois ans de prison.
しつづけ 日月 ‖...するのに長い〜がかかる mettre longtemps à inf. ⇒ つきひ(月日).
しつける 仕付ける [やりつける] avoir l'habitude de inf; s'habituer à inf. ◆[裁縫] faufiler; bâtir.
しつける 躾る élever; éduquer; discipliner; façonner.
しつげん 失言 parole f malheureuse. 〜を取消す(撤回する) retirer un mot malheureux. 〜を遺憾とします Je regrette les paroles qui m'ont échappé. 〜[を]する laisser échapper (avoir) un mot malheureux. 彼は不謹慎な〜をした Il lui a échappé un mot inconvenable.
しつげん 湿原 marécage m; marais m.
じっけん 実権 pouvoir m réel; autorité f réelle. 〜を握る posséder (détenir) le pouvoir réel.
じっけん 実見 〜する voir de ses propres yeux.
じっけん 実験 expérience f; [実験作業] expérimentation f; [試験] essai m; épreuve f. 〜する faire (mener) une expérience; expérimenter. 〜[用]の expérimental. それはまだ〜の段階だ C'est encore au stade expérimental. 〜用のモルモット cobaye m expérimental. それはもう〜済みだ On l'a déjà essayé. 〜的に証明される être démontré expérimentalement. ‖化学〜 opérations fpl chimiques. 動物〜 expérience sur des animaux. 〜化の過程にある être en cours de réalisation. 〜科学 sciences fpl expérimentales. 〜劇場 théâtre m d'essai. 〜工場 usine f pilote. 〜式 formule f brute. 〜室 laboratoire m. 〜者 expérimentateur(trice) m(f). 〜主義 expérimentalisme m. 〜助手 préparateur(trice) m(f). 彼が〜台になった Il a servi de cobaye.
じつげん 実現 réalisation f; [具体化] matérialisation f. 〜する réaliser; matérialiser; effectuer. 理想を〜する réaliser son idéal. 彼の夢は〜した Ses rêves se matérialisèrent. 〜される se réaliser; se matérialiser; s'effectuer. 〜可能な réalisable. 〜不可能な impossible à réaliser; irréalisable. ‖〜性 possibilité f.
しつこい [味] lourd; gras(se); [執拗な] importun; obstiné; persistant. 〜頼み importunités fpl. 〜匂 ténacité f d'une odeur. あんたも〜人だなあ Quel casse-pieds tu es! ‖

しっこう obstinément; importunément. **しっこくする** s'obstiner à *inf.* **しっこく喋る** parler longuement. **しっこく訊る** importuner *qn* de *ses* questions. **しっこさ** importunité *f.*

しっこう 執行 exécution *f;* [職務の] exercice *m;* [典礼の] célébration *f.* ¶〜する exécuter. 職務を〜する exercer *ses* fonctions. ミサ[葬儀]を〜する célébrer la messe (les funérailles). ‖強制〜 exécution [forcée]. 公務〜妨害 entrave *f* à l'exercice de la fonction publique. 死刑〜 exécution capitale. 死刑〜命令 ordre *m* d'exécution. 〜委員 membre *m* du comité exécutif. 〜権 pouvoir *m* d'exécution. 〜者 exécu*teur (trice) m(f).* 遺言〜人 exécuteur testamentaire. 〜部 bureau(x) *m.* 〜猶予 sursis *m;* [判決] sentence *f* moratoire. 懲役一年の〜猶予に処せられる être condamné à un an de prison avec sursis. 〜吏 huissier *m* de justice.

しっこう 失効 désuétude *f;*《経・法》déchéance *f.* 著作権の〜 déchéance des droits d'auteur. ¶〜する tomber en désuétude. 〜になった法律 loi *f* tombée en désuétude.

じっこう 実効 effet *m;* efficacité *f.* ¶〜のある effecti*f(ve).* 〜のない sans effet.

じっこう 実行 exécution *f;* [実現] accomplissement *m;* réalisation *f;* [適用] application *f;* [活動] action *f.* 計画の〜 exécution d'un plan. ¶〜する pratiquer; exécuter; accomplir; réaliser; [実行に移す] mettre *qc* en pratique (en action, à exécution, en application). 人の意見を〜する pratiquer les conseils de *qn.* 我が師の教えを〜しようと努力しています J'essaie de mettre en pratique l'enseignement de mon maître. 〜される se pratiquer; s'exécuter. 一般に〜されているように comme cela se pratique généralement. 〜可能な praticable; exécutable. 〜困難な計画 projet *m* difficilement réalisable. 〜委員会 comité *m* exécutif. 〜人 homme *m* d'action (d'exécution). 〜値《経》valeur *f* effective. 〜中の en voie d'exécution. 〜力がある avoir la force d'agir; être de force à agir. 〜力のある人 personne *f* efficace (capable).

しっこく 漆黒 ébène *f.* ¶〜の noir de jais (d'ébène). 〜の髪 cheveux *mpl* noirs.

しっこく 桎梏 entrave *f;* joug *m.* 悪法の〜 entrave d'une mauvaise loi. 〜を逃れる secouer (rompre) le joug de *qn.*

しつごしょう 失語症 aphasie *f.* ¶〜の aphasique. ‖〜患者 aphasique *mf.*

じっこん 昵懇 intimité *f.* ¶〜の intime. 人と〜である être très intime avec *qn.*

じっさい 実際 fait *m;* pratique *f.* ⇨ じつじ(事実). 理論と〜 la théorie et la pratique. ¶〜の(的な) pratique; vrai; véritable; réel(le); effecti*f(ve);* positi*f(ve).* 〜的な考え method *f* pratique. 〜に即した忠告をする donner des conseils pratiques. 〜には en fait; pratiquement; véritablement; de fait; dans les faits; dans le réel; réellement; en vérité; en réalité. 彼が〜に果たした役割にたいして重要でなかった Son rôle effectif a été d'une importance très limitée. それは〜にやってみなければ分らない C'est une chose dont on ne se rend compte que dans la pratique. 彼は〜以上に悪人呼ばわりされている On le fait plus méchant qu'il n'est. 〜は au (dans le) fond. ‖〜男 homme *m* pratique (positif). 〜化する rendre *qc* praticable. 〜問題として dans la pratique. ◆[本当に・全く] 〜〜そうなったのはこの人である Voilà ce qui en est. 〜〜馬鹿気ている C'est vraiment ridicule.

じっざい 実在 existence *f;* être *m;* réalité *f.* 〜そのもの être en soi. ¶〜する exister. 〜の réel(le). この小説の主人公の〜の人物とは一切関係ない Les héros de ce roman n'ont rien à voir avec des personnes réelles. ‖〜界 monde *m* réel. 〜論 réalisme *m.*

しっさく 失策 erreur *f;* faute *f;* maladresse *f.* 大〜を犯す commettre une grossière erreur; 《俗》faire une gaffe (bourde).

しつじ 執事 intendant *m;* majordome *m.*

じっし 実子 vrai fils *m;* vraie fille *f.*

じっし 実施 exécution *f;* mise *f* en pratique (en vigueur). ¶〜する exécuter; mettre en vigueur; pratiquer. 法律を〜する appliquer une loi. 手術を〜する pratiquer une opération. この計画を〜するためには莫大な費用を要する Pour réaliser ce projet il faudra de sommes colossales. 〜される s'exécuter; entrer en vigueur. 規則が〜される Un règlement entre en vigueur. 〜中の cours d'exécution (de réalisation).

じっし 十指 ¶90点以上をとった学生は〜にあまる Plus de dix étudiants ont obtenu une note supérieure à 90.

しつじつ 質実 frugalité *f.* ¶〜な frugal (aux). 〜に暮す vivre avec frugalité.

じっしつ 実質 substance *f;* [本質] être *m;* essence *f.* ¶〜的な [内容ある] substantiel(le); [有効な] effecti*f(ve);* [現実的] réel(le). 〜的な意味 signification *f* réelle. 〜的な利益 avantages *mpl* concrets. 〜的な援助 aide *f* effective. 〜的な食料 aliment *m* substantiel. 〜的に substantiellement; effectivement; réellement. 〜的には同じことだ Cela revient exactement au même. 〜上 en substance. ‖〜賃金 salaire *m* réel.

じっしゃかい 実社会 ¶〜に出る entrer dans la vie réelle. 理屈は〜には通用しない Ta logique ne passe pas dans la vie réelle.

じっしゅう 実収 [収入] revenu *m* net; [収穫] récolte *f* effective. 〜は大したことはない Le revenu réel n'est pas conséquent. 麦作の〜は予想を下回った La récolte de blé est inférieure aux pronostics.

じっしゅう 実習 [練習] exercices *mpl* pratiques; pratique *f;* [期間] stage *m;* [学生の] travaux *mpl* pratiques. 五年間の〜 stage de cinq ans. ¶〜する faire *son* stage; effectuer un stage. 工場で〜をする faire un stage dans une usine. ‖料理〜 exercices pratiques de cuisine. 〜員(生) stagiaire *mf.* 教育〜生 institu*teur (trice) m(f)* stagiaire. 弁護士〜生 avocat *m* stagiaire. 〜中の stagiaire.

じっしゅきょうぎ 十種競技 décathlon *m.*

しつじゅん 湿潤 imbibition f; humidité f. ¶〜な humide; imbibé d'eau. 〜土地 terrain m marécageux.

しっしょう 失笑 彼の駄洒落には〜を買った Son calembour médiocre a prêté à rire. 〜する pouffer de rire.

じっしょう 実証 [確実な事実] fait m positif; preuve f évidente; évidence f. [事実の証明] démonstration f par les faits. 〜を示す apporter (fournir) des preuves. 〜する prouver; démontrer à l'évidence; faire preuve de qc. 勇気のあるところを〜する faire preuve (donner des preuves) de courage. 〜的な positif(ve). 〜的方法 méthode f positive. ‖ 〜主義 positivisme m. 〜主義者 positiviste mf. 〜精神 esprit m positif. 〜哲学 philosophie f positive.

じつじょう 実状[情][現状] circonstances fpl actuelles (présentes); situation f actuelle; [正確な事情] situation exacte. 〜に即ち convenir aux circonstances. 〜を打ち明ける[本心を] épancher son cœur. 〜を調査する inspecter (saisir) la condition exacte. 〜に即した方策を立てる mettre sur pied un projet basé sur la situation réelle.

しっしょく 失職 ⇨ しつぎょう(失業).

しっしん 失神 évanouissement m; défaillance f; 《医》 syncope f. ¶〜する perdre connaissance; s'évanouir; avoir une défaillance (un évanouissement); tomber en défaillance. 〜した évanoui.

しっしん 湿疹 eczéma m; gourme f. ‖〜患者 eczémateux(se) m(f).

じっしんほう 十進法 système m décimal; numération f décimale. 〜化 décimalisation f. 〜化する décimaliser.

じっすう 実数 nombre m exact; [虚数に対し] nombre réel. 集団の〜 [定員数] effectif m. 〜5万の軍隊 bataillon m de cinquante mille hommes effectifs.

しっする 失する[失う・欠ける] [時機を] 〜 perdre son temps. 礼を〜 manquer à la politesse; manquer à qn. ◆ […であり過ぎる] 寛大に〜 être trop indulgent.

しっせい 失声 aphonie f. 〜の aphone.

じっせいかつ 実生活 vie f réelle (pratique); [日常生活] vie f quotidienne (courante).

しっせいかん 執政官 consul m.

しっせき 叱責 réprimande f; [厳しい] gronderie f; [説諭] admonestation f. 〜する réprimander; gronder; [烈しく] moucher.

じっせき 実績 résultats mpl. 〜が物を言う Ce qui compte, ce sont les résultats. 〜を挙げる obtenir des résultats. 〜を買われて部長になる être promu directeur grâce à ses bons services.

しっせつ 実説 histoire f vraie.

じっせん 実戦 〜に参加して participer à un combat réel; [試合] participer à un match officiel. この兵器は〜には役に立たない Cette arme est inutilisable en combat réel.

じっせん 実践 pratique f. 宗教的〜 pratique religieuse. ¶〜(に移す) mettre qc en pratique. 論理は〜に移して見なければならない Il faut joindre la pratique à la théorie. 〜的 pratique. あの人は〜的な人だ C'est un esprit pratique. 〜的認識 connaissance f pratique. 〜的に pratiquement. ‖〜道徳 morale f pratique.

しっそ 質素 modestie f; simplicité f; [飲食の] frugalité f; sobriété f. ¶〜な modeste; simple; frugal(aux); sobre. 〜な身なり tenue f (mise f) modeste. 〜な身なりをしている avoir une mise modeste. 〜な食事をする prendre un repas frugal. 〜で地味な暮らをする mener une petite vie humble et discrète; vivre avec frugalité. 〜に modestement; simplement; frugalement.

しっそう 失踪 fugue f; fuite f; 《法》 absence f. ¶〜する faire une fugue. 〜者 《法》 absent(e) m(f).

しっそう 疾走 ¶〜する courir à toute vitesse; aller à fond de train; [車などが] filer[à une grande vitesse]; aller à un train d'enfer; [馬が] galoper. 車を〜させる lancer une voiture.

じっそう 実相 réalité f.

じつぞう 実像 image f réelle.

しっそく 失速 《空》 perte f de vitesse. ¶〜する perdre de la vitesse.

じっそく 実測 mesure f; [土地の] arpentage m. ¶〜する mesurer; arpenter. ここからの山まで〜で4キロある La distance réelle d'ici à cette montagne est de 4km.

じつぞん 実存 existence f. ¶〜する exister. ‖〜主義 existentialisme m. 〜主義者 existentialiste mf. 〜主義者 existentialiste mf.

しった 叱咤 〜する gronder (réprimander) qn. ¶〜激励する encourager qn avec une grande claque dans le dos.

しったい 失態 faute f; erreur f; maladresse f. 大〜を演じる commettre (faire) une gaffe (erreur déshonorable).

じったい 実体 《哲》 substance f; entité f; [本質] essence f. 物事の〜を知る connaître le fond des choses. 〜に属する substantiel (le). 〜の無い sans substance. 〜を示す substantif(ve). 〜上 substantiellement. ‖〜性 substantialité f. 〜論 substantialisme m. 〜論者 substantialiste mf.

じったい 実態 réalité f; condition f réelle. 〜を調査する enquêter sur les conditions réelles de qc. 〜を見よ Regardez les choses en face.

しったかぶり 知ったか振り 彼の〜が我慢ならぬ Son pédantisme est insupportable. 〜をする faire semblant de tout savoir; prendre un air entendu. 〜をする人 pédant(e) m(f).

したつり 下っつり huissier m.

じつだん 実弾 cartouche f à balle; [砲弾] obus m.

しっち 失地 territoire m (terrain m) perdu. 〜を回復する regagner du terrain.

しっち 湿地 terrain m humide; [沼地の] marécage m. 〜一帯 zone f marécageuse.

じっち 実地 pratique f. 〜の pratique. 〜で dans la pratique. 〜に適用する mettre qc en pratique. 〜に役立つ utile à la pratique.

この理論には~にやって見かけれまならぬ Il faut joindre la pratique à cette théorie. ‖ ~家 praticien(ne) m(f). ~教育 enseignement m pratique. 二年間のタイプの~経験がある posséder deux ans de pratique en dactylographie; avoir pratiqué la dactylographie pendant deux ans. ~検証 [犯罪の] descente f de justice (sur les lieux). ~調査 enquête f sur place.

じっちゅうはっく 十中八九 selon toute probabilité. それは~不可能に近い C'est presque impossible. ~間違いない J'en suis sûr./J'en ai la conviction.

しっちょう 失調 marasme m. ‖ 栄養~症 dénutrition f.

じっちょく 実直 honnêteté f; probité f. 彼は~そのものだ Il est l'honnêteté même. 彼は~で勤勉な人だ C'est un homme d'une parfaite honnêteté. ¶ ~に honnête et diligent.

しっつい 失墜 déchéance f; perte f; ruine f. 父権の~ déchéance de la puissance paternelle. 名声の~ perte de sa réputation. ¶ ~する déchoir. ~させる ruiner; [権威を] discréditer. 競争相手を~させる ruiner un concurrent. ~した君主 monarque m déchu.

じつづき 地続き [隣接地] les tenants mpl et [les] aboutissants mpl. ¶ ~の tout d'un tenant; d'un seul tenant; aboutissant; contigu(ë). ~になっている3ヘクタールの土地 terrains mpl aboutissants. ~になっている3ヘクタールの土地 terrain de trois hectares d'un seul tenant. 日本はかつて大陸と~だった Autrefois, le Japon ne faisait qu'un avec le continent asiatique.

しつっこい ⇨ しつこい, しつよう(執拗).

じっていほう 実定法 droit m positif.

しってん 質的 ¶ ~な qualitatif(ive). ~な変化 changements mpl qualitatifs. 製品の~向上を目ざして鋭意努力中です Nous nous efforçons par tous les moyens d'améliorer la qualité de nos produits. ¶ ~に qualitativement.

しってん 質点 point m matériel.

しってん 失点 point m de pénalité.

しっと 嫉妬 jalousie f. ~に燃える crever de jalousie. 人に~を抱く avoir (concevoir) de la jalousie contre (pour) qn; prendre ombrage de qn. 妻に~を抱く être jaloux de sa femme. ¶ ~する être jaloux(se) de. 他人の幸福を~する envier le bonheur d'autrui. ~深い jaloux(se); ombrageux(se). ~深い性格 caractère m ombrageux. ~深い人 jaloux(se) m(f). ~して(called) jalousement; ombrageusement. ~心を起こさせる porter (donner, faire) ombrage à qn; causer (donner) de la jalousie. 彼女は~心から夫を殺した Elle a tué son mari par jalousie.

しつど 湿度 humidité f; [物] hygrométricité f. ~が高い Il fait très humide. ¶ ~計 hygromètre m. ~測定 hygrométrie f.

じっと ~を我慢する supporter patiemment (avec patience). ~座っている se tenir assis. ~考えこむ se recueillir. ~見つめる regarder longuement (fixement); fixer son regard sur; avoir les yeux fixés sur; [相互に] se regarder dans les yeux. ~聞いている écouter attentivement. ~聞き耳を立てる être (se tenir) aux écoutes. ~している rester immobile; s'immobiliser; se tenir (demeurer) en repos. ~している動物 animal(aux) m au repos. 私は~しているのが嫌いだ J'aime me remuer. ~していられない ne pas tenir en place. ~立っていられない ne plus tenir sur ses jambes.

しっとう 執刀 ¶ ~する faire (pratiquer) une opération.

じつどうじかん 実働時間 heures fpl effectives de travail.

しっとり ¶ ~した [湿った] moite; humide; [落着いた] calme; tranquille; doux(ce). ~した気分になる se sentir attendri et paisible. ~と冷たい朝の空気 air m froid et humide du matin.

じっとり ¶ ~した humide; mouillé; moite. ~したいやな天気だ Il fait un temps moite et désagréable. ~と汗をかく avoir les mains moites. ~汗をかいた体をふく essuyer son corps moite.

しつない 室内 intérieur m (d'une pièce). ~の intérieur. ‖ ~画 tableau m d'intérieur. ~楽 musique f de chambre. ~競技場 palais m des sports. ~装飾 ameublement m; décoration f d'intérieur. 車の~灯 plafonnier m. ~プール piscine f couverte. ~遊戯 jeu(x) m de société (d'intérieur).

じつに 実に [本当に] vraiment; en effet; véritablement; effectivement; réellement; [全く] tout à fait; absolument; [大変] très; beaucoup. ~いい天気だ Il fait très beau./Le temps est superbe. 彼は~親切だ Il est vraiment aimable.

しつねん 失念 oubli m. ~する oublier.

じつは 実は au vrai; en réalité; en vérité; au fond; en fait; [実を言うと] à vrai dire; à dire [le] vrai.

ジッパー fermeture f éclair (à glissière).

しっぱい 失敗 échec m; ratage m; fiasco m inv; erreur f; [不成功] insuccès m; [流産] avortement m; [俗] gaffe f; [芝居などの] [俗] four m; toile m. ~しないよう気を付ける échouer à qc; rater qc; faire fiasco; faire (commettre) une erreur; subir un échec; manquer qc; avorter. 写真撮影に~する manquer (rater) une photo. 全ての試みに~した Toutes les tentatives ont échoué. 試験に~した Il a échoué à l'examen./Il a raté un examen. その計画は~した L'entreprise a fait fiasco (a avorté). この雨で私の計画は~した Cette pluie a fiché par terre mes projets. ~させる faire échouer; tenir (mettre) qn en échec. ~の [失敗した] raté; manqué. その上演は完全な~だった La représentation a été un bide (un four) complet. La représentation est tombée à plat. ~に終わる se solder par un échec. ‖ ~作 œuvre f ratée.

じっぴ 実費 prix m coûtant. ¶ ~で au (à) prix coûtant.

しっぴつ 執筆 ¶～する écrire; [記事を] rédiger; [寄稿する] collaborer à. 新聞の記事を～する rédiger un article de journal. 雑誌に～して collaborer à une revue. ‖～者 auteur m; [寄稿者] collaborateur(trice) m(f).

しっぷ 湿布 embrocation f; compresse f; cataplasme m. ～芥子泥～をする appliquer un cataplasme sinapisé. ～剤 embrocation f.

じっぷ 実父 vrai père m.

しっぷう 疾風 vent m très violent. ¶～の如く進む aller comme le vent. ～のように出て行く sortir en trombe. ¶～迅雷の勢で突撃する lancer un assaut rapide comme l'éclair. 「～怒濤」 orage m et tempête f.

じっぷつ 実物 objet m même; [原物] objet naturel. 彼女は写真よりの方がいい Elle est mieux au naturel qu'en photo. この肖像画は～に似ていない Ce portrait n'est pas ressemblant avec (à) l'original. ¶～の naturel. この絵はそっくりだ Ce tableau est vivant. ‖～教育 leçon f de choses. ～に [芝居の] praticable m. ～大の grandeur naturelle. 大に描く peindre en grand.

しっぺい 疾病 ⇨ びょうき(病気).

しっぺがえし しっぺ返し revanche f. ～をする payer de la même monnaie.

しっぽ 尻尾 queue f; [末端] bout m. 列の～につく se mettre à la queue; prendre la queue. ～を出す montrer le bout de l'oreille. ～を掴む deviner la ruse de qn. ～を掴まれるよ Ne te laisse pas pincer. ～をまく [逃る] s'enfuir; [犬が] serrer la queue.

じっぽ 実母 vraie mère f.

しつぼう 失望 déception f; désappointement m; [落胆] découragement m. 軽い～ léger désappointement. ～を覚える éprouver une déception (un désappointement). ¶～する être déçu (désappointé). 君には～するよ Vous me désappointez. 彼女は～した Elle m'a déçu. ～させる décevoir; désappointer; [期待を裏切る] frustrer. 結果は～すべきものだった Le résultat a été bien décevant. ～した déçu; désappointé. した様子である avoir un air désappointé.

じっぽう 実包 cartouche f à balle.

しっぽうやき 七宝焼 émail(aux) m; cloisonné m.

しつぼく 質朴 simplicité f; modestie f; naïveté f. ¶～な simple; modeste; naïf(ve).

しつむ 執務 service m. ¶～する faire (assumer) un service. ‖～時間 heures fpl de service (bureau). ～中である être de service; [動務中] être en service commandé.

じつむ 実務 pratique f [des affaires]. ～をとる travailler; s'occuper de la pratique. ～の才がある avoir de l'étoffe pour les affaires. ‖～家 homme m pratique. ～感覚 sens m des affaires.

しつめい 失明 privation f (perte f) de la vision; cécité f. ～する perdre la vue; devenir aveugle. ～している être privé de la vue. ‖～者 aveugle mf.

しつもん 質問 question f; interrogation f; pourquoi m inv; [議会での] interpellation f. 難しい～ question difficile. ～に答える répondre à une question. 子供達の「何故」という～の全てに答えるのはとても難しい Il est très difficile de répondre à tous les pourquoi des enfants. ¶～する poser une question à; questionner; interroger. 大臣に～する interpeller un ministre; adresser une interpellation à un ministre. 後で君たちに～するからね Je vous interrogerai après. 先生、～していいですか Monsieur, j'aurais une question à vous poser. ～好きな人 questionneur(se) m(f). ‖～者 interrogateur(trice) m(f); interpellateur(trice) m(f). ～状 questionnaire m.

しつよう 執拗 obstination f; acharnement m; ténacité f. ¶～な obstiné; opiniâtre; acharné; persistant; tenace. ～な熱 fièvre f persistante (obstinée). ～な思い出 ténacité f du souvenir. ～な要求 demande f pressante (obsédante). ～に obstinément; avec persistance (acharnement). ～に…する persister à inf. ～に自説を主張する persister dans son opinion. ～に抵抗する disputer le terrain. ～に拒み続ける persister à refuser.

じつよう 実用 pratique f. ¶～的な pratique; commode. ～的な道具 outil m pratique. ～的政策 politique f pragmatique. それは～的な価値がない Pratiquement ça ne vaut rien. ～化する mettre qc en pratique. ‖～主義 pragmatisme m. ～主義者 pragmatiste m. ～新案 modèle m déposé. ～性 praticabilité f; caractère m praticable; utilisable. ～性のない器具 instrument m inutilisable. ～品 article m d'usage [courant].

じつよう disposer; arranger. 食卓を～ disposer les couverts sur la table. 集合のために会場を～ disposer la salle pour le meeting. 良くしつらえられた部屋 chambre f bien arrangée.

しつり 実利 utilité f; [利益] profit m. ¶～の utilitaire; positif(ve). ～の的な配慮 préoccupations fpl utilitaires. ～的な強み avantages mpl positifs. ～的なの positif m. ‖～主義 positivisme m; [功利主義] utilitarisme m. ～主義者 positiviste mf; utilitariste mf./utilitairien(ne) m (f).

しつりょう 室料 loyer m.

しつりょう 資料 〖哲〗 matière f.

しつりょう 質量 masse f. 重さは～に比例する Le poids est proportionnel à la masse. ‖～数 nombre m de masse.

じつりょく 実力 capacité f; compétence f; faculté f. …する～がある être capable de inf; être de force à inf. フランス語の～がある être fort en français. 彼らは～が同じである Ils se valent. 彼の方が僕よりも～が上である Il est d'une autre trempe que moi. ～に訴える faire appel à la force; recourir à la force. ～を示す montrer ses capacités; faire ses preuves. ～を発揮する donner libre essor à ses capacités; faire jouer ses facultés. ¶～以上のことをする sortir de sa compétence. ～で [力ずくで] de vive force. ‖～行使 recours

しつれい 失礼 impolitesse *f*; grossièreté *f*. ¶～なことを言う dire des impolitesses. ～な態度をとる prendre une attitude impolie. どうも～しました Je vous demande pardon. ～して帰ります Excusez-moi, il faut que je parte. ～! Pardon!/Excusez-moi! ◆ [間投げなど]～ですが明日お伺いします Je me permettrai de venir vous voir demain. ～ですが Pourriez-vous me renseigner? ～ですが, もしかしたら加藤さんでありませんか Pardon, Monsieur, seriez-vous M. Kato, par hasard? ～ながら[を顧みず]...する prendre la liberté de *inf*; se permettre de *inf*; oser *inf*. ～ながら勝手に君の部屋に入らせてもらいます Je me suis permis d'entrer dans ta chambre. ～ながらお尋ねします Nous prenons la liberté de vous demander un renseignement. ～ながら申し上げますが別に気を悪くなさらないでください soit dit sans vous fâcher.... ～を顧みずお手紙を差し上げます Je prends la liberté de vous écrire. ～を顧みず申し上げれば, あなたの帽子はおかしいですね Révérence parler, votre chapeau est ridicule.

じつれい 実例 exemple *m*. 唯一の～ le seul exemple. そんな～は無い Il n'y en a point d'exemple. ～を挙げる citer un exemple. ～として à titre d'exemple.

しつれん 失恋 amour *m* déçu (perdu). ¶彼は～した Son amour a été repoussé./Il a subi un échec amoureux.

じつろく 実録 chronique *f*.

じつわ 実話 histoire *f* vécue (vraie); récit *m* véridique.

して 仕手 ¶～株 actions *fpl* traitées par les spécialistes.

-して [語意を強めて] ¶一瞬にして～消え去る disparaître en un clin d'œil. 今に～思えば馬鹿なことをやったものだ À y réfléchir maintenant, je crois que j'ai fait une bêtise. ◆ [...である割に, ...の立場で] ¶彼の弟に～は立派な奴だ Bien qu'il soit son frère, c'est un type très bien. 私に～みればそうせざるを得なかった Pour ma part, je n'avais pas d'autre choix.

してい 子弟 enfant *mf*. 良家の～ fils *m* de famille; enfants de bonne famille.

してい 師弟 maître *m* et disciple *m*.

してい 指定 désignation *f*; indication *f*. ¶～する désigner; indiquer; assigner; fixer. 場所を～する désigner un endroit (un lieu). 日を～する fixer (assigner) une date. 後継人に～された Il a été désigné comme héritier. ～された時間 heure *f* indiquée. ～された店で買う acheter *qc* à la maison indiquée (inscrite). ～された席につく se placer à *son* rang. ‖～席 place *f* réservée.

してい 私邸 résidence *f* privée.

してかす 仕出かす ¶何を～か分らない Nul ne sait ce qu'il est en train de tramer.

してき 史的 historique. ¶～な現在 [文法] présent *m* historique. ～真実 vérité *f* historique. ～唯物論 matérialisme *m* historique.

してき 指摘 remarque *f*; observation *f*. ¶～する faire remarquer (observer, signaler) *qc* à *qn*; [問違いなどを] relever *qc*; [指定] indiquer; désigner. 欠点を～する relever (faire remarquer) des défauts. 誤りを～せよ Indiquez les fautes. 御～のように comme vous l'avez indiqué.

してき 私的 ¶～(な)の privé; [個人の] personnel(le); individuel(le). これは私の～な意見です Cette opinion m'est personnelle. ～に à titre particulier (privé). 彼女を～に訪問したまででず C'est à titre privé qu'il a fait une visite. ‖～所有物 propriété *f* individuelle. ～生活 vie *f* privée.

してき 詩的 poétique. ¶～に poétiquement. ‖～感動 émotion *f* poétique.

してつ 私鉄 chemin *m* de fer d'entreprise privée.

じてっこう 磁鉄鉱 magnétite *f*.

-しても ¶それに～ tout de même; malgré tout; pourtant; quand même. 仮に彼女が許すに～ même si elle le permettrait. たとえ遅くなるに～ même s'il est tard. たとえどんなに上手く...～ si parfaitement que *sub*.

してやられる être attrapé. これもられた Attrapé! 彼にしてやられた Il m'a bien attrapé./[俗] Il m'a eu.

してん 支店 succursale *f*; ramification *f*; [支部, 小会社] filiale *f*. デパート(銀行)の～ succursales d'un grand magasin (d'une banque). 他の地域にも～を開く fonder des filiales dans d'autres régions. この会社は全国に～を持っている Cette société a des ramifications dans tout le pays. 全国に～のある企業 entreprise *f* qui essaime dans tout le pays. ‖海外～ ramification *f* à l'étranger.

してん 支点 point *m* d'appui *m*.

してん 視点 point *m* de vue.

しでん 市電 tramway *m*; [俗] tram *m*. ¶～で en tram.

じてん 時点 ¶...する～で au moment de *inf* (où *ind*). その～では à ce moment[-là]. その～ではまだ何も結論は出なかった À ce moment-là, il ne s'est dégagé aucune conclusion.

じてん 自転 rotation *f*. ‖地球の～ rotation *f* de la Terre. 地球は～している La Terre tourne sur elle-même.

じてん 辞(事)典 dictionnaire *m*; [用語辞典] lexique *m*; manuel *m* lexique; vocabulaire *m*; [語彙] glossaire *m*. ～を編集する rédiger un dictionnaire. ‖百科～ encyclopédie *f*; dictionnaire encyclopédique. ～編集(法) lexicographie *f*. ～編集者 lexicographe *mf*.

じでん 自伝 autobiographie *f*. ¶～風の autobiographique. ‖～作家 autobiographe *mf*.

じてんしゃ 自転車 bicyclette *f*; vélo *m*; cycle *m*. ～で行く aller à bicyclette (vélo). ～を乗り回す faire de la bicyclette. ¶～に乗る人 cycliste *mf*. ‖原動機付～ [50-125cc] vélomoteur *m*; [50cc以下] cyclomoteur *m*. ～専用道路 piste *f* cyclable. ～競走 course *f* de bicyclette; courses cyclistes. ～競技 cyclisme *m*. ～競技場 vélodrome *m*.

しと 使徒 disciple *m*; [宗] apôtre *m*. デカルト

しと ~の~ disciples de Descartes. ¶~の職 apostolat *m*. ‖十二~ les Douze [Apôtres]. ~行伝 Actes *mpl* des Apôtres.

しと 使途 ‖~不明の出費 dépenses *fpl* non justifiables.

しど 視度 ‖~調節 réglage *m* de vision.

しとう 死闘 combat *m* acharné; lutte *f* acharnée. ~を続ける combattre avec acharnement. 我が軍は~の末にようやく敵陣を占領した Nos troupes, après un combat acharné, ont réussi à envahir le camp ennemi.

しとう 至当 ¶~な raisonnable; juste; [合法の] légitime. ~な取扱い traitement *m* raisonnable. ~に raisonnablement; justement.

しどう 始動 démarrage *m*. ¶~させる démarrer; faire partir. 自動車のエンジンを~させる lancer un moteur. ‖自動~機 autodémarreur *m*. ~スイッチ［ボタン］bouton *m* de démarrage.

しどう 指導 direction *f*; orientation *f*; conduite *f*. …の~の下で sous la direction (la conduite) de *qn*. ¶~する diriger; orienter *qn* vers *qc*; conduire; guider; [助言する] donner des conseils à. 生徒を~する diriger des élèves. ~の prépondérant; [指導する] dirigeant. 組合組織の~的立場にある se trouver (être) à la tête du mouvement syndical. ~的役割を演ずる jouer un rôle prépondérant. ‖研究~ orientation (direction) des études. 職業~ orientation professionnelle. 教習所の~員 moniteur(trice) *m*(*f*). ~階級 classes *fpl* dirigeantes. 論文の~教授 patron(ne) *m*(*f*) de thèse. ~権 prépondérance *f*; [主導権] hégémonie *f*. 政治の~権を掴る prendre (tenir) le gouvernail de l'État. ~者 guide *m*; chef *m* de file; dirigeant(e) *m*(*f*). 党派の~者 meneur *m* d'hommes. ~する規則 règle *f* de conduite. ~路 私道 voie *f* privée.

じどう 児童 enfant *mf*. 小学校の~ écolier (ère) *m*(*f*). ¶~用 pédagogie *f*. ~教育 éducation *f* des enfants. ~心理［文学］psychologie *f* (littérature *f*) de l'enfant (pour enfants). ~福祉 puériculture *f* sociale.

じどう 自動 automatique *m*. ¶~の［的］automatique. 年功による~的な昇進 avancement *m* automatique à l'ancienneté. ~にautomatiquement. ‖~化 automatisation *f*. ~化する automatiser. ~開閉装置 fermeture *f* automatique. ~起動 auto-amorçage *m*. ~警報装置 signalisation *f* automatique. ~券売機 distributeur *m* [automatique] de billets. ~始動 autodémarrage *m*. ~推進 autopropulsion *f*. ~性 automaticité *f*. ~制御 autoréglage *m*. ~制御システム automatisme *m*. ~操縦 [飛行機などの] pilotage *m* automatique. ~装置 automate *m*. ~調整 autorégulation *f*. ~調整器 autorégulateur *m*. ~扉 porte *f* automatique. ~販売機 distributeur *m* automatique. ~筆記 écriture *f* automatique. ~巻き時計 montre *f* automatique. ~誘導 [装置] autoguidage *m*.

じどうぎゃくたい 児童虐待 sévices *mpl* sur les enfants.

じどうし 自動詞 verbe *m* intransitif.

じどうしゃ 自動車 voiture *f*; auto *f*; automobile *f*. 駐車中の~ voiture en stationnement. ~で行く aller en voiture. ~の運転 conduite *f*. ~のエンジンの音 teuf-teuf *m inv*. ~を運転する conduire; rouler. ~を駐車する stationner. ~を止める arrêter *sa* voiture. ‖競走用~ voiture de course. 消防~ motopompe *f*. セダン型~ conduite (s) intérieure(s) *f*. 中古~ voiture d'occasion. ~競技場 autodrome *m*. ~教習所 auto-école *f*. ~工業 industrie *f* automobile. ~事故 accident *m* de voiture. ~修理工 garagiste *mf*. ~修理工場 garage *m*. ~電話 [radio] téléphone *m* de voiture. ~道路 autoroute *f*; route *f* à circulation automobile. ~ナンバー numéro *m* d'immatriculation (de police) d'une voiture. ~部品 pièces *fpl* de rechange. ~保険 assurance *f* automobile. ~保険料 primes *fpl* d'assurance auto. ~輸送 transports *mpl* automobiles. ~レース course *f* automobile.

シトー ‖~修道会 Ordre *m* de Cîteaux. ~修道会の cistercien(ne).

じとく 自涜 onanisme *m*; masturbation *f*.

しとけない débraillé. ~身なり tenue *f* débraillée. 彼女は~恰好で座っている Elle est assise dans une pose débraillée.

しとげる 為遂げる achever *qc* (de *inf*); accomplir; s'acquitter de *qc*.

しとしと ¶~と雨が降る Il pleut doucement.

じとじと ¶~した humide; suintant. ⇨ じっとり（じっとりと）.

しとね 褥 lit *m*; literie *f*.

しとめる 仕留める abattre. 鹿を一発で~ abattre un cerf d'un coup de fusil.

しとやかな gracieux(se); [控え目な] pudique. ~女性 femme *f* pudique. もっと~にしなさい Sois un peu plus féminine. ¶しとやかに pudiquement; avec grâce; gracieusement. しとやかさ grâce *f*.

じどり 地鶏 poulet *m* fermier.

しどろもどろ ¶~になる s'embarrasser; s'embrouiller; patauger. 説明が~になる patauger dans *ses* explications. 彼の話は~になった Il s'est embrouillé dans *son* discours. 奴は酔っ払って，話す言葉も~だった Étant ivre, il ne bégayait que des inepties.

シトロン citron *m*.

しな 科 agaceries *fpl*. ~を作る faire des agaceries; minauder. ¶~を作った coquet(te).

しな 品［品質］qualité *f*. ~が良い avoir de la qualité. ~が悪い être de mauvaise qualité. 上等の~だ être de bonne (première) qualité. ¶~よく踊る danser gracieusement. ‖最近年の衣類は~薄だ Ces temps-ci, les vêtements de lin se font rare. ⇨ しなもの（品物）.

しない 市内 ¶~で en ville. ‖~電車 tramway *m*; 《俗》tram *m*.

シナイ ‖~半島 péninsule *f* du Sinaï.

しなう 撓う se fléchir; ployer. よく～幹 tige f flexible. 桃の枝が実の重みでしなっている Les branches de pêcher ploient sous le poids des fruits. しなわせる fléchir.

しなおす 為直す refaire; recommencer. 計算を～ refaire un calcul.

しなかず 品数 ¶ この店はズボンの～が多い Ce magasin offre un grand choix de pantalons. ～の揃った店 magasin m bien assorti. ～がない売場 rayon m dégarni.

しなぎれ 品切れ épuisement m; [掲示] épuisé. ¶～の商品 marchandise f démunie. ～になる s'épuiser.

しなさだめ 品定め appréciation f. ¶～する juger [de]; apprécier.

しなだれかかる s'appuyer coquettement à (sur) qn.

しなびる 萎びる se ratatiner; se flétrir; se faner. ¶ しなびた ratatiné; flétri; fané. しなびた皮膚 peau f flétrie. しなびりんご pomme f ratatinée. しなびた花束 bouquet m fané.

しなぶそく 品不足 raréfaction f; rareté f. 或る種の食料品は～のために値が高い Certaines denrées coûtent cher à cause de leur rareté. ～になる se raréfier.

しなもの 品物 objet m; [商品] article m; marchandise f; [製品] produit m. 貴重な～ objet précieux. 安売の～ article [à] bon marché. ～の大きさ(形) grandeur f (forme f) d'un objet. 贈りものの～を選ぶ choisir un cadeau.

シナモン cinnamome m; cannelle f.

しなやか ¶～な souple; flexible; mou (mol, molle). ～な動き mouvements mpl souples. ～に avec souplesse; mollement. ～さ souplesse f; flexibilité f. 精神の～さ souplesse f d'esprit.

じならし 地均し règlement m; nivellement m. ¶～する régaler; niveler; préparer le terrain. ～機 niveleuse f.

じなり 地鳴り grondement m de la terre. 無気味な～が聞こえる On entend un grondement sourterrain inquiétant.

シナリオ scénario m. ¶～ライター scénariste mf; cinégraphiste f.

しなん 指南 [人] maître m. ～を受ける prendre une leçon. ¶～する donner une leçon. ～柔道～ maître de judo.

しなん 至難 ¶～の le (la, les) plus difficile (s); extrêmement difficile.

じなん 次男 fils m puîné; puîné m.

シニア [年長者] aîné(e) m(f); 〖スポ〗 senior [senjor] m(f).

しにおくれる 死に後れる survivre à qn.

しにがお 死顔 ¶ 彼の～は穏やかだった Son visage mortuaire était serein.

しにかけた 死にかけた agonisant; moribond. ¶～た兵士 soldat m agonisant.

しにがね 死金 ¶ ただ貯めておくだけでは～じゃないか Il ne suffit pas d'amasser de l'argent, il faut le faire vivre.

しにがみ 死神 Mort f.

シニカル ¶～な cynique.

しにぎわ 死際 ¶ 人～が肝心である Il faut mourir en beauté. ～に au moment de mourir.

しにくい ⇨ ―にくい(難い).

しにざま 死様 ¶ 彼はふた目と見られない～だった Son cadavre offrait un spectacle repoussant.

シニシズム cynisme m.

しにせ 老舗 vieux magasin m.

しにそこなう 死に損う faillir mourir. 彼は事故で死に損った Il a failli mourir d'un accident.

しにたえる 死に絶える ¶ その一族はもはや死に絶えた Cette famille a fini par s'éteindre.

しにはじ 死恥 ¶～をさらす mourir dans l'ignominie.

しにばしょ 死場所 ¶～を選ぶ choisir le lieu de sa mort.

シニフィアン 〖言〗 signifiant m.

シニフィエ 〖言〗 signifié m.

しにみず 死水 eau f morte. ～を取る assister qn au moment de sa mort.

しにめ 死目 ¶～に会う revoir qn dans ses derniers moments.

しにものぐるい 死物狂い ¶～の éperdu; acharné. ～の抵抗 résistance f éperdue. ～で éperdument; avec acharnement; désespérément; à corps perdu; à tombeau ouvert. ～で逃げ出す s'enfuir désespérément (à corps perdu). ～で車を飛ばす rouler à tombeau ouvert.

しにわかれる 死に別れる ¶ 親に～ perdre ses parents.

しにん 死人 mort(e) m(f); cadavre m. 「～に口なし」 Les morts ont toujours tort./ «Morte la bête, mort le venin.» ¶～のような cadavérique; comme un mort. ～のように蒼ざめる être pâle comme un mort.

じにん 自任 ¶～する se prendre pour; se poser en; s'ériger en. 彼は学者を～している Il se prend pour un savant./Il se pose en savant.

じにん 自認 reconnaissance f; [自供] aveu (x) m. 違犯の～ aveu d'un délit. 過失の～ reconnaissance de ses torts. ¶～する reconnaître; se reconnaître. 罪を～する reconnaître son crime.

じにん 辞任 démission f. ¶～する se démettre de; demander son congé.

しぬ 死ぬ mourir; cesser d'être; succomber; rendre l'esprit (l'âme); quitter la vie (le monde); passer (aller) de vie à trépas; [病気以外の原因で] trouver la mort; [逝去する] décéder; trépasser; [動植物が] crever; [人が] périr. 安楽に～ mourir de sa belle mort. 過労で～ mourir à la peine. 少しずつ衰えて～ mourir à petit feu. 事故で～ être tué (se tuer) dans un accident. 毒を飲んで～ se tuer par le poison; s'empoisonner. 安らかに～ bien mourir. 乗組員全員が死んだ Tout l'équipage a trouvé la mort. 負傷者はまもなく死んだ Le blessé a succombé bientôt. 彼は死に、そして埋葬された Il est mort et enterré. 馬鹿は死ななきゃ直らない Quand on est bête, c'est pour la vie. 死にかけている se mourir; être près de mourir; être à l'agonie (la mort); être au bord de la

じむし tombe; agoniser. ¶生きるか~かの問題に C'est une question de vie ou de mort. 疲れて死にそうな~ être mort de fatigue. 死にそうに恐しい être mort de peur. ~ほどに mortellement; à mort. ~ほど愛している aimer éperdument. ~ほど退屈する s'ennuyer mortellement. ~ほど飲む boire à mort. 死んだふりをする faire le mort.

じぬし 地主 propriétaire mf foncier(ère); locateur(trice) m(f).

シネマ cinéma m; cinématographe m.

シネマコンプレックス complexe m cinematographique.

シネマスコープ cinémascope m.

シネマテーク cinémathèque f.

シネラマ cinérama m.

シナリオライター cinéraire f.

しねん 思念 pensée f.

しのぎ 鎬 ¶~を削る combattre avec acharnement.

しのぐ 凌ぐ [我慢する] supporter; endurer; s'en tirer. 寒さ(飢)を~ s'ennuyer (endurer) le froid (la faim). 糊口を~ se débrouiller dans la vie; vivre d'expédients. 金はなかったが、何とかしのいできた N'ayant pas d'argent, je m'en tirais. ‖しのげる(しのぎ難い)苦痛 douleur f supportable (insupportable). しのぎにくい暑さ chaleur f difficile à supporter. ‖暑さしのぎに pour oublier la chaleur. 一時しのぎに provisoirement. それは一時しのぎだ Ce n'est là qu'un expédient. 退屈しのぎに pour tuer le temps. ◆ [凌駕する] dépasser; surpasser; laisser qn bien loin derrière; éclipser. 才能に於て人を~ surpasser en talent. 彼は若者を~元気さで He 彼は dépasse les jeunes gens en vigueur.

しのごの 四の五の ¶~言う [異議を唱える] opposer (faire) des objections; [不平を言う] se plaindre. ~言わずによく聞けよ Laissez-moi parler sans m'interrompre.

しのつく 篠突く ¶~雨 pluie f battante. ~雨を冒して par des trombes d'eau.

シノニム synonyme m.

しのはい 死の灰 ¶~が降る Il y a une chute de poussières radio-actives.

しのばせる 忍ばせる ¶身を~ se cacher. 足音を忍ばせて à pas de loup. ◆ [隠し持つ] ¶小刀を~ tenir un couteau en cachette (à cache-pot).

しのびあい 忍び逢い rendez-vous m clandestin; ランデヴー rancard m.

しのびあし 忍び足 ¶~で à pas étouffés (feutrés); à pas de loup.

しのびがえし 忍び返し chardons mpl; épi m; †hérisson m.

しのびこむ 忍び込む se glisser; s'infiltrer; pénétrer furtivement. 泥棒は窓から忍び込んだ Le voleur a pénétré par la fenêtre. 不安が彼の心に忍び込んだ L'inquiétude s'est glissée dans son cœur.

しのびない 忍びない [主語・物] faire de la peine à inf. ...ということは...に~ Cela fait de la peine à qn de inf. 彼の打ちしおれた様子は見るに~ Son air abattu me fait peine à voir. 口に出して しのびなかった Ça me fait de la peine de dire cela.

しのびなく 忍び泣く pleurer en cachette (en son cœur).

しのびよる 忍び寄る s'approcher en cachette. 幸せな彼らに不幸が忍び寄っていた Le malheur était déjà tapi à l'ombre de leur bonheur.

しのびわらい 忍び笑い rire m étouffé. ~をする rire en cachette (furtivement, dans sa barbe).

しのぶ 偲ぶ [懐しく思う] regretter; [思い出す] se souvenir de; se rappeler. 過ぎ去った時を~ regretter le temps passé. 私はいつまでも彼を~ことだろう Je le regretterai longtemps.

しのぶ 忍ぶ [隠れる] se cacher. 地下室に~ se cacher dans la cave. 世を~ vivre caché. 人目を~ se soustraire aux yeux (regards). ◆ [我慢する] supporter; endurer; souffrir. 侮辱を~ supporter une injure; avaler des couleuvres.

シノプシス synopsis f.

しば 柴 menu bois m. ¶~の束 fagot m. ‖~ 桓 ｢haie f morte (sèche).

しば 芝 gazon m; pelouse f. ¶~を刈る couper le gazon. ~を植える gazonner. ~でおおわれる se gazonner. ‖~刈機 coupe-gazon m inv. ⇨ しばふ(芝生).

じば 磁場 champ m magnétique. ‖回転~ champ tournant.

しはい 支配 domination f; [指揮] direction f; [支配権] empire m; [正義、真理などの] règne m; [統治] gouvernement m. ¶~する dominer sur (dans); régner sur; [制御、統治する] gouverner; [管理、統治、制駁する] régir; [屈服させる] asservir; maîtriser; [指揮する] diriger; [司る] présider à; [抑制する] maîtriser. 海(大陸)を~する dominer sur la mer (un continent). 協調的な精神が~して我々の会談を~していた L'esprit de coopération a toujours présidé à nos entretiens. 工場を~する diriger une usine. 世界を~する dominer le monde. 情念を~する gouverner des passions. 人民を~する gouverner (régir) un peuple. 世論を~する régner sur l'opinion. 与格を~する動詞 verbe m qui régit le datif. 隣国を~する asservir une nation voisine. 人の意見に~される se laisser dominer par l'opinion d'autrui. 何人にも~されない ne dépendre de personne. ¶~的 dominant. ~的な意見 l'opinion f dominante. ~的な役割を演ずる jouer un rôle dominant. 我々の間ではそうした意見が~だった Ces opinions régnaient parmi nous. ‖~下の sous l'empire de; sous la domination de. ~階級 classe f dirigeante. ~者 dominateur(trice) m(f); maître(sse) m(f). 世界の~者 maître du monde. ~力を持つ avoir (prendre) de l'empire sur qn.

しはい 紙背 ¶~眼光に徹する lire entre les lignes.

しばい 芝居 théâtre m; drame m; comédie f; [戯曲、脚本] pièce f [de théâtre]. 三幕の~ pièce en trois actes. こいつはとんだ~だ Quelle comédie! ~の上演 représentation f. ~を見に行く aller au théâtre. ひと~うつ

しはいにん 支配人 directeur(trice) m(f). ‖総～ directeur général.

じはく 自白 aveu(x) m. ¶～する avouer; faire l'aveu de. 一切を～する avouer tout. 罪を～する faire l'aveu d'un crime. ～させる arracher des aveux à qn.

じばく 自爆 ¶～する se faire sauter.

しばしば 屢々 souvent; fréquemment. かなり～ assez souvent.

じはだ 地肌 peau f; [地面] sol m. 山崩れで～が露出していた Un glissement de terrain laissait voir à nu le sol de la montagne.

ばたたく 瞬く ¶目を～ cligner des yeux.

しはつ 始発 ¶～駅 tête f de ligne. ～列(電)車 le premier train. ～電車何時に出ますか Quand part le premier train?

じはつ 自発 ¶～的 volontaire; spontané. ～的な行為 acte m volontaire. ～的な練習 exercices mpl spontanés. ～的に volontairement; spontanément. ～的に…を行う faire qc de son propre mouvement (de sa propre initiative). ‖～性 spontanéité f; initiative f.

じはつしょう 自発性 [医] idiopathie f. ¶～の idiopathique.

しば 芝生 gazon m; pelouse f. ～を植える gazonner. ¶～に入るべからず《Respectez le gazon.》 ¶～を植えた庭 jardin m gazonné.

じばら 自腹 ¶～を切る payer de sa poche. ～を切って à ses [propres] frais.

しはらい 支払い paiement (payement) m; règlement m. 確実な～ paiement sûr. 給料の～ paye (paie) f. 手形(小切手)の～をする honorer un effet (un chèque). ～を請求する réclamer à qn le paiement de qc. ～を拒む refuser de payer. ～を停止する suspendre les paiements. ～を延ばす arriérer (proroger, remettre) un paiement. ‖～延期[予]猶予] atermoiements mpl; délai m pour le règlement; délai de paiement. ～期限 échéance f; terme m. ～条件 condition f de paiement. ～停止 suspension f de paiements. ～伝票 feuille f de présence (paiement). ～人 payeur(se) m(f). ～能力 solvabilité f. ～能力のある得意先 client m de parfaite solvabilité. 給料の～日 jour m de paye. ～不能者 liquidé(e) m(f).

しはらう 支払う payer; compter; [返済する] acquitter; [決済する] régler; solder; [前払いする] avancer; [手形, 証券などを償還する] rembourser; [支弁する] couvrir. …の費用を～ faire la dépense de qc. 人に勘定から～ régler qn. 現金で～ payer comptant. 小切手で残金を～ couvrir (rembourser) le restant de la somme par chèque. 給料を～ faire (distribuer) la paye. 借金を～ payer (rembourser) ses dettes; s'acquitter d'une dette. 分割払いで～ compter la somme en plusieurs versements. …に100ユーロ～ donner cent euros de qc. ホテル代(税金)を～ acquitter une note d'hôtel (ses impôts). 雇人に報酬を～ payer (rémunérer) des employés. 大工に報酬を～ régler le charpentier. 一か月分の金を前払って～ avancer l'argent du mois à qn.

しばらく 暫く ¶～待って下さい Attendez un peu. ～はこの家に住みます J'habite passagèrement dans cette maison. ここ～（前から) depuis peu; depuis quelques jours; ces jours-ci. ～前 il y a peu de temps. それから～して peu après; peu de temps après; au bout de quelques instants. ¶～の間 pour le moment; pour un peu de temps; passagèrement. 彼は～の間じっとしていた Il s'est tenu immobile un bon moment. ‖～ぶりだね Voilà longtemps qu'on ne s'est pas vu./Il y a longtemps que je ne vous ai pas vu.

しばりくび 縛り首 [刑] pendaison f. ¶～にする pendre. ～にされた者 pendu(e) m(f).

しばる 縛る lier; attacher; [紐, なわで] lier avec une corde; corder; [鎖で] enchaîner; [縛り上げる] ligoter; [細紐で] ficeler; [縛りつける] assujettir; garrotter; corder qc. 小包を～ ficeler un paquet. 両手を～ attacher les mains. 囚人を～ garrotter un prisonnier. 包帯で傷を～ bander une blessure. 静脈を～ ligaturer. ふんで～ garrotter qn fortement. 泥棒を縛り上げる ligoter un voleur. ～規則に縛られる être assujetti à des règles. 彼は契約に縛られている Il est garrotté par son contrat. 一人の男が手足を縛られてベッドに横たわっているのが見えた J'ai vu un homme qui s'étendait, pieds et mains liés, sur un lit.

しはん 屍斑 tache f cadavérique.

しはん 市販 これは～の用紙です Ce papier se trouve dans le commerce.

しはん 師範 maitre m. ‖～学校 école f normale primaire. 高等～学校 école normale supérieure.

じばん 地盤 sol m; [土台] fondement m; base f. 堅い～ sol ferme. ～の沈下 affaissement m de terrain. ◆[勢力範囲] sphère f d'influence. 選挙の～ fief m [électoral]. 選挙の～を固める affermir son fief. 自分の～を伸ばす étendre (agrandir) sa sphère d'influence.

しはんき 四半期 trimestre m. ¶～の trimestriel(le). ～毎に par trimestre.

しはんちょう 紫斑病 pourpre m.

しはんぶん 四半分 quartier m. りんごの～ un quartier de pomme.

しひ 私費 ¶～で à ses frais.

じひ 慈悲 miséricorde f; [哀れみ] pitié f; commisération f; [仁愛] clémence f; [慈愛] charité f. 神の～ miséricorde de Dieu. ～にすがる crier (demander) miséricorde; se remettre à la miséricorde de qn. ¶～深い miséricordieux(se); charitable; clément; bienfaisant.

じひ 自費 ¶～で à ses frais. ‖～出版 édition f privée.

シビア ¶～な dur(e); sévère; rigoureux(se).

じビール 地ビール bière f [de production] lo-

じびいんこうか 耳鼻咽喉科 oto-rhino-laryngologie *f*. ¶〜医 oto-rhino-laryngologiste *mf*; otorhino-laryngologiste *mf*.

じびき 字引き dictionnaire *m*. 〜を引く consulter un dictionnaire. 生きた〜 dictionnaire ambulant (vivant); répertoire *m* vivant.

じびきあみ 地引(曳)網 seine *f*.

じひつ 自筆 autographe *m*. ¶〜の autographe. 〜の手紙 lettre *f* autographe. 〜原稿の蒐集 collection *f* d'autographes.

じひびき 地響き grondement *m* de terre. ¶戦車が〜を立てて通った Un char d'assaut est passé en grondant.

しひょう 指標 indice *m*; [対数の] caractéristique *f*.

しびょう 死病 maladie *f* mortelle.

じひょう 時評 commentaire *m* des actualités. ‖ 文芸〜 chronique *f* littéraire.

じひょう 次表 diagramme *m* ci-dessous.

じひょう 辞表 lettre *f* de démission. 〜を提出する donner *sa* démission. 〜を受理(却下)する accepter (refuser) la démission de *qn*.

じびょう 持病 ¶〜に悩む souffrir d'une maladie.

シビリアン civil *m*; [軍人に対して] pékin (péquin) *m*. ¶〜コントロール pouvoir (commandement) *m* civil.

しびん 痺れ engourdissement *m*. 〜がなおる se dégourdir; se dérouiller. 手足に〜を感じる se sentir les membres engourdis. ◆ ¶〜を切らす perdre patience; être à bout (de *qc*). 〜を切れさせる mettre la patience de *qn* à bout.

しびれえい 痺れ鱝 torpille *f*.

しびれる 痺れる s'engourdir. 寒さで手が〜 Le froid lui engourdit les mains. 足が痺れた Mes pieds se sont engourdis. 足まで痺れて来た L'engourdissement envahisse mes jambes. 痺れさせる engourdir; paralyser; [うっとりさせる] ravir. ¶痺れさせるような演奏をする jouer à ravir. 痺れた engourdi; endormi.

しびん 尿瓶 pot *m* de chambre; vase *m* de nuit; [医] urinal(*aux*) *m*.

しぶ 四部 ¶〜合唱 chœur *m* (à) quatre voix (parties). 〜合奏 quatuor *m*.

しぶ 支部 section *f* locale.

しぶ 渋 tan(n)in *m*. ¶〜色の tanné.

じふ 慈父 père *m* affectueux. ¶〜のように可愛がる chérir paternellement.

じふ 自負 ¶〜する se vanter de; se faire fort de *inf*. 才能あるからと〜 trop présumer de *son* talent. 成功すると〜 se faire fort de réussir. ¶〜心 orgueil *m*; outrecuidance *f*; fierté *f*. 〜心の強い fier(*ère*); orgueilleux (*se*).

しぶい 渋い [味が] âcre; rêche; acide; [色調などが] sobre. 〜味の果物 fruit *m* qui a une saveur acide. 〜文体 style *m* sobre. 〜顔をする rechigner à; avoir un air renfrogné. 彼は私の頼みに〜顔をした Il a rechigné à ma demande. ◆ ¶金に〜 être dur à la détente. あいつは〜ね Il est près de ses sous.

ジフィリス syphilis [sifilis] *f*.

シフォン [織物] chiffon *m*. ¶〜ベルベット velours *m* chiffonné.

しぶおんぷ 四分音符 noire *f*.

しぶかわ 渋皮 écorce *f* intérieure. ¶〜のむけた女 femme *f* mûre.

しぶき 飛沫 poussière *f* de gouttelettes; [波しぶき] embruns *mpl*. 波が岩に砕けて〜を上げている Les vagues se brisent contre les rochers et rejaillissent.

しぶきゅうふ 四分休符 soupir *m*.

しふく 私服 vêtements *mpl* civils. ¶〜で (の) en civil. ‖〜刑事 policier *m* en civil.

しふく 私腹 ¶〜を肥やす s'engraisser (s'enrichir) de la sueur d'autrui.

しふく 至福 [宗] béatitude *f*; félicité *f*. ¶〜の bienheureux(se). ‖〜者 bienheureux (se) *m(f)*.

しふく 雌伏 ¶〜する attendre patiemment *son* heure; se réserver pour une autre occasion.

ジプシー bohémien(ne) *m(f)*; tsigane *f*; [スペインの] gitan(e) *m(f)*. ¶〜音楽 musique *f* tsigane.

しぶしぶ 渋々 à regret; à contrecœur; en rechignant; la mort dans l'âme. 〜…する rechigner à *inf*. 〜従う obéir en rechignant. 彼女は〜お茶を出した Elle a servi du thé en rechignant.

しぶつ 私物 objet *m* personnel. ‖ 公共施設を〜化する détourner un établissement public à *son* usage (profit) personnel.

じぶつ 事物 choses *fpl*; objets *mpl*. 〜の本質 nature *f* des choses.

ジフテリア diphtérie *f*. ¶〜の diphtérique. ‖ 咽頭〜 angine *f* couenneuse.

シフト ‖〜キー [タイプライター・ワープロの] touche *f* de majuscules. 〜ダウンする rétrograder.

しぶとい tenace; persistant; entêté. ¶〜男 [俗] dur *m* à cuire. 〜風邪 rhume *m* opiniâtre. 〜抵抗 résistance *f* tenace. ¶しぶとさ ténacité *f*.

しぶる 渋る rechigner à *qc* (*inf*); marchander *qc* (à *inf*); être dur. 仕事を〜 rechigner à la besogne. 支援を〜 marchander *son* appui.

しぶろく 四分六 ¶〜でこっちが有利だ J'ai un avantage assez net sur l'adversaire.

しふん 私憤 colère *f* personnelle.

しぶん 死文 ¶〜化した条約 traité *m* devenu lettre morte.

じふん 時分 ¶今〜 en ce moment; à cette heure. 去年の今〜 l'an dernier à la même époque. 昨日の今〜 hier à la même heure. その〜 alors; à ce moment-là. 若い〜に dans *sa* jeunesse.

じぶん 自分 soi. 〜を大切にする se ménager. 〜を労り過ぎる s'écouter trop. 〜を失っては ならぬ Il faut être soi. 〜に言ってきかせる parler à *sa* personne. ¶〜の son; sa; ses. 〜の時間がない ne pas avoir une heure à soi. 〜のもの le (la) sien(ne). …の〜のものだと思う regarder *qc* comme sien(ne). 〜の物にする s'attribuer *qc*; s'approprier. 〜の家に(で) chez soi. 〜の

しぶんごれつ

ことを考える penser à *soi*. 〜の手柄にする s'attribuer (se donner) le mérite de qc. 〜のことは〜でする se débrouiller tout seul. 各人が〜のために行動する jouer un jeu intéressé. 〜のために行動する agir de (par) *soi*-même. 〜で de (par) *soi*-même; en personne; personnellement. 〜で行く aller *soi*-même (en personne). 〜で判断する juger par *soi*-même. そう彼が〜で言った Lui-même l'a dit. 〜なりに à *sa* manière. 〜なりに暮す vivre à *sa* manière. 〜人 être égoïsme *m*. 〜勝手な égoïste; [図々しい] présomptueux(*se*); égocentrique. 〜勝手な意見 présomption *f*. 〜勝手子供 garçon *m* présomptueux. 〜勝手に présomptueusement; en égoïste; à *sa* guise. 〜自身 *soi*-même. 〜自身の *son* propre. 〜自身の眼で見る voir avec *ses* propres yeux. 〜たち自身 *eux*-mêmes. 〜一人 *soi* seul. 〜一人だけの苦しみ douleur *f* personnelle. 〜一人で考えにる être seul avec *ses* pensées (avec *soi*-même). 〜一人で‥‥する faire qc tout seul. その子は〜一人で着物を脱ぐ Cet enfant se déshabille tout seul. 〜本位な égoïstement. 〜用の品物 article *m* à usage personnel.

しぶんごれつ 四分五裂 dislocation *f*; dispersion *f*. ¶〜の disloqué; dispersé. 〜の状態に陥る tomber dans un état de dislocation. 〜にする se disperser; se disloquer.

しぶんしょ 私文書 document *m* officieux.

しへい 紙幣 billet *m* [de banque]; papier(s)-monnaie *f*;《俗》fafiot *m*. ¶新〜を発行する émettre un nouveau billet. 百ユーロ〜 billet de cent euros.

じへいしょう 自閉症 autisme *m*. 〜にかかる attraper un autisme. ¶〜の autistique.

じべた 地べた ¶〜に座る(寝る) s'asseoir (se coucher) par terre (à même le sol).

しべつ 死別 ¶〜する perdre qn.

しへん 紙片 morceau(x) *m* (bout *m*) de papier.

しへん 詩篇 poésie *f*; poème *m*; [聖書の] psaume *m*. 〜を唱える psalmodier. ¶〜の psalmique. ¶〜集 psautier *m*.

しべん 思弁 spéculation *f*. ¶〜する spéculer sur. 〜的な spéculati(ve). 〜的に spéculativement. ¶〜家 spéculat*eur(trice) m(f)*.

しべん 自弁 à faire *ses* frais. ¶〜で à *ses* propres frais.

しへんけい 四辺形 quadrilatère *m*. ¶〜の quadrilatér*al(aux)*). ¶平行〜 parallélogramme *m*.

しほ 試補 ¶外交官〜 diplomate *m* stagiaire.

しぼ 思慕 attachement *m*; affection *f*. ¶〜する s'attacher à qn. 〜している être attaché à qn. 〜の念を示す montrer der l'attachement pour qn.

じぼ 字母 alphabet *m*.

じぼ 慈母 mère *f* affectueuse.

しほう 司法 justice *f*. ¶〜の judiciaire. 〜上 judiciairement. ¶〜官 magistrat *m*; fonctionnaire *mf* de l'ordre. 〜官職 magistrature *f*; judicature *f*. 〜権 pouvoir *m* judiciaire. 〜試験 concours *m* d'admission de la magistrature. 〜書士 scribe *m*. 〜大臣 ministre *m* de la Justice; Garde *m* des sceaux.

しほう 四方 ¶5メートルの小さな庭 petit jardin *m* de 5 mètres de côté. 〜[八方]に la ronde; dans tous les sens. 〜に目を配る jeter un coup d'œil circulaire. 五里〜に cinq lieues à la ronde. 〜から(に) de tous [les] côtés.

しほう 市報 information *f* municipale.

しほう 私法 droit *m* privé.

しほう 至宝 trésor *m*; [第一人者] as *m*.

しぼう 子房〔植〕ovaire *m*.

しぼう 志望 souhait *m*; désir *m*; [選択] choix *m*; option *f*. 〜をかなえる réaliser un souhait. ¶〜する vouloir (désirer) *inf*; se proposer de; avoir l'intention de; [選択] choisir; opter pour. 小説家を〜する vouloir être romancier. 大学入学を〜する désirer entrer à l'université. 僕は外交官を〜している J'opte pour une carrière diplomatique. ¶〜科目 matières *fpl* au choix. 〜校 école *f* de *son* choix. 〜者 candidat(e) *m(f)*; postulant(e) *m(f)*.

しぼう 死亡 décès *m*; mort *f*; trépas *m*. ¶〜する décéder; mourir. 脳溢血で〜した être mort d'une hémorragie. ¶〜記事 avis *m* nécrologique. 〜者 décédé(e) *m(f)*; mort(e) *m(f)*; défunt(e) *m(f)*; [事故の] tué(e) *m(f)*. 〜者名簿 nécrologie *f*. 〜証明書 acte *m* (déclaration *f*) de décès. 〜通知 faire-part *m inv* de décès. 〜率 mortalité *f*; lét[h]alité *f*. 幼児の〜率 mortalité infantile. 〜率の低下 régression *f* de la mortalité.

しぼう 脂肪 graisse *f*; [動物の] suif *m*. ¶〜酸 acide *m* gras. 〜質 matières *fpl* grasses. 〜質の(分の多い) gras(se); adipeux(*se*). 〜性の graisseux(*se*). 〜組織 tissu *m* graisseux. 〜肥りの gras(se). 彼は〜肥りだよ Il est bouffi de graisse.

じほう 時報 [ラジオの] signal *m* horaire. 〜を告げる annoncer l'heure. ◆ [記事] chronique *f*; courrier *m*; bulletin *m*. ¶演芸〜 courrier des théâtres. 文芸〜 chronique littéraire. 〜サービス [電話の] horloge *f* parlante.

じぼうじき 自暴自棄 ¶〜になる s'abandonner au désespoir.

しぼむ 萎む [花など] se flétrir; se faner; passer; [ふくらんだものが] se dégonfler. ¶萎んだ flétri; fané passé; dégonflé. 萎んだ花 fleurs *fpl* fanées. 萎んだ風船 ballon *m* dégonflé.

しぼり 絞り《写》diaphragme *m*. ¶〜を絞る [レンズを] réduire l'ouverture du diaphragme; diaphragmer.

しぼりかす 絞り糟(柏) marc *m*; [飼, 肥料用] tourteau(x) *m*. 葡萄の〜 marc de raisin. コーヒーの〜 marc de café.

しぼりき 搾り機 presse *f*; [葡萄の] moulin *m*; pressoir *m*; [洗濯の] essoreuse *f*. ¶油(砂糖)〜 moulin à huile (sucre). レモン〜 presse-citron *m*.

しぼる 絞(搾)る [果物などを] presser; [布など

しほん を] tordre. レモン(スポンジ)を～ presser un citron (une éponge). 布を～ tordre une étoffe. 乳を～ traire. 袋の口を～ serrer les cordons du sac. 頭(脳味噌)を～ se creuser la tête (le cerveau). 無い智恵を～ se creuser l'esprit. 絞り出す exprimer. 絞り取る pressurer; exploiter; extorquer. 国民から絞り取る pressurer la population. 胸を絞られる思いだった La tristesse m'a serré le cœur. ◆[整理, 限定する] ¶問題を～ limiter la question. 主題を～ délimiter *son* sujet. ◆[叱る] ¶警官に絞られる se faire sermonner par un agent de police. 昨日は先生にこってり絞られた Hier, le professeur m'a passé un gros savon.

しほん 資本 capital(aux) *m*. 利益を～に繰り入れる capitaliser des intérêts. ～を国外に移す expatrier des capitaux. 企業に～を出す faire des fonds d'une entreprise. 企業の財政援助に～を提供する renflouer une entreprise. ～を投下する investir (placer) un capital (des capitaux). ‖営業～ capitaux d'opération. 金融～ capitaux financiers. 金融～家 financier *m*; homme *m* de finance. 自己～ fonds *mpl* propres. 投資～ capitaux investis. ～化 capitalisation *f*. ～家 capitaliste *m*; classe *f* des capitalistes. ～金 fonds; capital social. 当初～金 capital initial. 我が社の～金は一千万ユーロである Les capitaux dont nous disposons s'élèvent à dix millions d'euros. ～金の募集 appel *m* de fonds. ～金一千万ユーロの会社 société *f* au capital de dix millions d'euros. ～財 biens *mpl* en capitaux. ～主義 capitalisme *m*. 独占～主義 capitalisme monopoliste. ～主義の capitaliste. ～主義経済 économie *f* capitaliste. ～主義国家 pays *m* capitaliste. ～提供 renflouage (renflouement) *m*. ～流出 sortie *f* de capitaux.

しま 縞 raie *f*. ¶～(格子)の布切 étoffe *f* à rayures (à carreaux). ‖格子～ carreaux *mpl*. 縦(横)～ rayures *fpl* verticales (horizontales). ～模様 rayure; zébrure *f*. ～模様の à rayures; rayé; zébré. ～模様をつける zébrer.

しま 島 île *f*; [小島] îlot *m*. ◆[比喩的に] とりつく～も無い返事 réponse *f* sèche (péremptoire). そんな風に言われたら、とりつく～も無い A ce compte-là, il n'y a plus l'ombre d'un espoir.

しまい 姉妹 sœurs *fpl*. ¶～会社 sociétés *fpl* jumelles. ～語 doublet *m*. ～船 navires-jumeaux *mpl*. ～都市 villes *fpl* jumelées.

しまい 終い fin *f*. ～になる finir. 今日はこれおーです C'est tout pour aujourd'hui. もう～だ Tout est fini. 我々の夫婦生活ももう～の～だ C'en est fait de notre vie conjugale. 外国人から日本語をおそわるようじゃお～だ Apprendre le japonais d'un étranger, c'est la fin de tout. ～には finalement. ～には飽きてくる Ça m'ennuiera à la fin. そんなことしてたら～にはろくなことにならないよ Cela finira mal. ～まで jusqu'à la fin; jusqu'au bout.

しまう 仕舞う serrer; [仕舞いこむ] enfermer; [大切に] enchâsser; [収穫物などを] garer; [保存する] garder; [入れる] mettre dans; [片付ける] ranger. 鍵をかけて～ serrer (enfermer) *qc* à clef. 箱に～(仕舞っておく) mettre (garder) *qc* dans une boîte. 食物を～ garder des aliments. 道具類を～ ranger des outils. 倉庫に～ emmagasiner. ◆[終える] finir. 店を～ fermer la boutique. 仕事をして～ finir de travailler.

しまうま 縞馬 zèbre *m*.

しまえ 仕舞え ¶～する [propres] frais.

しまく 字幕 [映] sous-titre *m*; [タイトル] générique *m*. ～を入れる sous-titrer. ‖挿入～ inter-titre *m*.

しまぐに 島国 pays *m* insulaire. ¶～根性 insularité *f*.

しまつ 始末 ¶～がつく s'arranger; se régler. みんな～がつきそうだ Tout va s'arranger. その問題は～がついた Cette affaire est réglée. ～をつける arranger; régler; mettre fin à *qc*. 問題の～をつける arranger une affaire; régler un problème. ～する [片付ける] ranger. 身の回り物を～する ranger *ses* affaires. 廃品として～する mettre *qc* au rebut. 残り物を～しておいてくれ Fais disparaître les restes. ～に負えない insupportable; intraitable; impossible. ～に負えない子供 enfant *mf* odieux(se) (impossible). ‖～書 exposé *m* détaillé sur l'infraction. ～[倹約] ¶彼は～がいい Il est économe. ～してお金を使う épargner de l'argent. ～屋 économe *mf*.

しまった Zut!/Mince!

しまながし 島流し exil *m*; bannissement *m*; expatriation *f*; [特に政治犯] déportation *f*. ¶～の刑 peine *f* de bannissement. ～にする exiler; bannir; expatrier; déporter.

しまめのう 縞瑪瑙 onyx *m*.

しまり 締まり ¶～のない [無気力な] avachi; [ゆるんだ] lâche; mou (mol, molle); [服装の] ～のない生活 vie *f* avachie. ～のない文体 style *m* lâche. ～のない身なり mise *f* (tenue *f*) débraillée. 彼は仕事に～がない C'est un homme mou au travail. この戸は～が悪い Cette porte ferme mal. ‖彼は～屋だ Il est économe.

しまる 締まる ¶相場が～ Les cours montent. 身のしまった魚 poisson *m* à chair ferme.

しまる 閉まる fermer; se fermer. この扉は自動的に～ Cette porte se ferme automatiquement. 店は二時に～ La boutique ferme à deux heures. ‖扉は閉っている La porte est fermée.

じまわり 地回り voyou *m* du quartier.

じまん 自慢 fierté *f*; orgueil *m*. ～ではありませんが sans me vanter. ～の鼻をへしおる rabattre la fierté de *qn*. そいつは鼻もちならん Il n'y a pas de quoi se vanter. 「～高慢馬鹿のうち」«Qui se loue s'emboue». ¶～する être fier(ère) de; s'enorgueillir de; avoir l'orgueil de; se vanter de; se faire valoir; tirer fierté de. 自分の地位を～する avoir l'orgueil (être fier) de *son* rang. 息子の学業成績を～する tirer fierté des résultats académiques

しみ de son fils. ~げに(そうに) fièrement; vaniteusement; orgueilleusement. ‖~話 vantardise f; fanfaronnade f; histoires fpl marseillaises.

しみ 紙(衣)魚 petit poisson m d'argent (d'or); [布地を食う] mite f. ~に食われた服 habit m mangé des mites; habit troué par les mites. ~の食った本 livre m couvert de piqûres.

しみ 染み [汚点] tache f; [印刷のインクの] macule f. 顔に黒い~がある avoir des taches brunes sur le visage. 気をつけなさい、着物に~がつくよ Prenez garde, vous allez vous tacher. ~をつける tacher; [印刷で] maculer. 布地に~をつける tacher une étoffe. 自分の服に~をつける se tacher. ~を抜く enlever des taches. ¶~のある(ついた) taché. ~のある皮膚 peau f tachée. インクの~がついた本 livre m maculé d'encre. ~の無い紙 papier m immaculé. ‖~抜き détachage m. ~抜きをする détacher. ~抜き剤 détachant m.

じみ 滋味 ¶~豊かな succulent; savoureux (se); excellent. ~豊かな作品 œuvre f savoureuse. ~豊かな料理(物語) plat m (récit m) succulent. この作品には~掬すべきものがある C'est une œuvre qui ne manque pas de saveur.

じみ 地味 ¶~な modeste; humble; sérieux (se); sobre; discret(ète). ~な身なり tenue f modeste (discrète). ~に modestement; humblement; sans éclat; discrètement. ~に暮らす vivre discrètement.

しみこむ 浸(染, 滲)み込む pénétrer [dans]; s'infiltrer; s'imbiber; s'imprégner. 雨が私の服に浸み込んだ La pluie a pénétré mes vêtements. 悲しみが私の心に浸み込んだ La tristesse m'a pénétré le cœur. 彼には人種的偏見が骨の髄まで染み込んでいる Il est tout imprégné de préjugés de race. 浸み込ませる imbiber; imprégner. スポンジに水を浸み込ませる imbiber une éponge d'eau. ¶浸み込んだ pénétré de; imbibé de; imprégné de. 油の滲み込んだ紙 papier m imbibé d'huile.

しみじみ ¶~子供時代のことを思い出す se souvenir avec attendrissement de son enfance. ~有難く思う être très touché. ~と家庭の幸福をかみしめる goûter le bonheur de la famille. ~と過ぎし日のことを物語る raconter son passé avec émotion. ~と人の世の空しさを思う méditer sur la vanité de la vie.

しみず 清水 eau f de source. ¶~のように澄んだ clair (limpide) comme de l'eau de source.

じみち 地道 ¶~な研究 étude f sérieuse (sûre). ~な暮しをする mener une vie humble. ~に humblement; sûrement. 彼は~にやっていけばいつかは成功するだろう L'heure de la réussite viendra s'il sait se maintenir dans une voie modeste.

しみつく 染み付く ¶偏見が染み付いている être imprégné (imbu) de préjugés. 苦労が染み付いた顔 visage m qui trahit la fatigue.

しみったれ pingrerie f; mesquinerie f; [人] pingre mf. ~な pingre; mesquin.

しみでる 滲み出る suinter. 壁から水が~ L'eau suinte à travers le mur.

しみとおる 染(浸)み透る pénétrer; traverser. 水が布に~ L'eau traverse la toile.

しみゃく 支脈 branche f.

しみゃく 翅脈 [昆虫の] nervure f. ¶~のある nervuré.

シミュレーション simulation f.

シミュレーター simulateur m. ‖飛行~ simulateur m de vol.

しみる 染(滲)みる ¶インクが紙に~ De l'encre pénètre dans le papier. 寒さが身に~ Le froid me pénètre. / Je suis pénétré de froid. 煙が目に~ La fumée pique (picote) les yeux. 薬が傷口に~ Le médicament me pique la plaie.

-じみる ¶彼は子供(気狂)じみている Il a l'air puéril (fou). 子供じみた enfantin; puéril. 病気のせいで彼は年寄りじみて見える La maladie l'a bien vieilli. 年寄りじみた様子 air m vieillot.

しみん 市民 citoyen(ne) m(f). ‖~の caractère; [市町村の] municipal. ‖名誉~ citoyen d'honneur. ~階級 bourgeoisie f. ~感情を傷つける blesser les sentiments de la population. ~劇場 théâtre m municipal. ~権 droits mpl du citoyen; droits civiques. 長髪も今や~権を得た Les cheveux longs ont acquis droit de cité. ~社会 société f civile (bourgeoise).

しみん 嗜眠 ‖~状態に陥る tomber en léthargie. ~性脳炎 encéphalite f léthargique.

じみんとう 自民党 Parti m Libéral Démocrate.

じむ 事務 travail(aux) m de bureau. 日常の~を片付ける expédier les affaires courantes. ~を処理する administrer. ~を執る travailler dans son bureau. ~を引き継ぐ succéder à qn dans un poste. ¶~的 administratif(ve); pratique. ~的な才能 talents mpl administratifs. ~的段階 étape f administrative. ~的に de façon administrative; [行政的に] administrativement. ‖~員 employé(e) m(f) de bureau; commis m. 「~員入用」« employé demandé ». ~官 fonctionnaire mf de l'administration. ~管理 gestion f d'affaires; contrôle m administratif. ~局 direction f; bureau(x) m; secrétariat m. ~局総長 secrétaire mf général(e). ~室 bureau; cabinet m de travail. ~所 bureau; office m; [公証人などの] étude f. ~処理 administration f d'affaires. ~机 bureau. ~引継ぎ remise f des affaires. ~屋 homme m pratique. ~用品 fournitures fpl de bureau.

ジム gymnase m.

しむける 仕向ける [人を] disposer (amener) qn à inf; entraîner qn à. 決断するように~ disposer qn à prendre une décision. 勉強するように~ inciter qn à étudier. ◆[取扱う] 彼女に~都合のいいように~ tourner qc à son avantage.

じむし 地虫 ver m blanc.

しめあげる 締め上げる serrer la vis à qn; visser qn durement. 人を質問で~ presser qn

しめい 使命 mission *f*; [天職] vocation *f*. ¶…する／がある avoir mission de *inf.* ～を受けて receivoir une mission. ～を帯びている être chargé d'une mission. ～を全うする remplir *sa* mission; suivre *sa* vocation. ¶危険な～を帯びた特派員 envoyé *m* spécial en mission périlleuse.

しめい 指名 désignation *f*. ¶～する désigner; nommer. 人をある地位に～する désigner *qn* pour (à) un poste. 相続人に～する nommer *qn* son héritier. 人を特に～しないで sans nommer personne. 彼は議長に～された On l'a fait président. ‖警察は犯人の～手配をした La police a donné le signalement du criminel.

しめい 死命 ¶～を制する tenir le sort de *qn* dans *ses* mains. ～を制せられる être à la merci de *qn*.

しめい 氏名 nom *m* et prénom *m*.

じめい 自明 ¶～だ évident. それは～のことだ Cela va de soi. ～の理 évidence *f*; vérité *f* d'évidence; truisme *m*. …は～の理である Il est évident que *ind.*/Il est clair comme le jour que *ind.*/Il va sans dire que *ind.*

しめがね 締め金 boucle *f*; [ホック類] agrafe *f*; [鞄, 宝石などの] fermoir *m*. バンドの～ boucle de ceinture. ～で締める boucler; agrafer.

しめきり 締切 [勘定などの] clôture *f*. 勘定(投票)の～ clôture d'un compte (d'un scrutin). 申し込みの～は三月三日です La date limite pour l'inscription est fixée au 3 mars. ～に間に合わせる terminer dans les délais. ‖～日 date *f* limite.

しめきる 締切る ¶窓(戸口)を～ condamner une fenêtre (une porte). 締め切った部屋の中 dans une chambre fermée. ◆[打ち込む, 切りをつける] ¶勘定を～ clôturer un compte. 申し込みは明日締め切られる L'inscription sera close demain.

しめくくり 締括り [結末, 結論] conclusion *f*; [要約] résumé *m*. 問題の～をつける conclure une affaire. ～として pour conclure (terminer).

しめくくる 締括る [結末をつける] conclure; [概括する] résumer. 見事に演説を～ conclure brillamment un discours. 状況を～ résumer la situation.

しめころす 絞殺す étrangler; tordre le cou à.

しめし 示し ¶神のお～だ C'est le précepte. ◆[みせしめ] ¶～がつかない donner un mauvais exemple à *qn*.

しめじ mousseron *m*; tricholome *m*.

しめしあわせる 示し合わせる s'entendre avec *qn*; se concerter avec *qn*; se donner le mot. ¶示し合わせて計画を立てる s'entendre avec *qn* pour entreprendre *qc*. 示し合わせて de connivence (concert) avec *qn*.

しめい Tant mieux!/Ça y est!

じめじめ ¶～した humide; moite; pourri. ～した天気 temps *m* humide. ～した風土 climat *m* pourri. ～した性格 caractère *m* sombre (morne).

しめす 示す [主語・人] montrer; témoigner; prouver; faire preuve de; [指し示す] désigner; indiquer; [表明する] manifester; marquer; [表現する] exprimer; [差し出す] présenter. 手本を～ montrer (donner) l'exemple. 道を～ indiquer (montrer) la voie. なすべきことを～ indiquer à *qn* ce qu'il faut faire. 沈着な態度を～ montrer du sang-froid. 言いたいことを身振りで～ s'exprimer par gestes. 感謝の念を～ prouver (témoigner) *sa* reconnaissance. 恭順の意(敵意)を～ faire acte de soumission (d'hostilité). 自己の意志を～ manifester *sa* volonté. 同意をそれとなく～ laisser voir *son* assentiment. 彼は強硬な態度を示した Il s'est montré intransigeant. 彼は不満だったが, そんな様子は何ひとつ示さなかった Il était mécontent, mais il n'a rien laissé paraître. 切符を～ présenter *son* billet. 腕の冴えを～ témoigner de l'habileté. 能力を～ prouver *sa* capacité. ◆[主語・物] montrer; manifester; témoigner; [証明する] prouver; attester; démontrer; [告げる] annoncer; dénoncer; révéler; dénoter; [呈する] présenter; offrir; [指す] marquer. 寒暖計は 30 度を示している Le thermomètre marque 30°. その資料は彼の無実を示している Le document atteste son innocence. 彼の態度は軽蔑を示している Son attitude exprime le mépris. これらの徴候ははっきりと疾病を示している Ces symptômes dénotent une maladie. この作品は彼の非凡な才能を示している Cette œuvre annonce son merveilleux talent.

しめす 湿す mouiller; humecter; humidifier. アイロンをかけるために布を～ mouiller (humecter) du linge pour repasser. 唇を～ s'humecter les lèvres. 喉を～ se désaltérer.

しめた Ça y est!/Tant mieux!/Ça va bien!/Quelle chance!

しめだす 締め出す exclure; [追い出す] chasser; expulser. 人を～ fermer la porte à *qn*. 仲間から～ exclure *qn* d'une équipe. 外国製品を～ se fermer aux produits de l'étranger; refuser (boycotter) les produits de l'étranger. 締め出される être exclu.

しめつ 死滅 extinction *f*. ¶～する s'éteindre. ～しつつある être en voie d'extinction. ～した種族 race *f* éteinte.

じめつ 自滅 autodestruction *f*; [消滅] disparition *f*. ¶～の道をたどる aller à la ruine. ～を招く entraîner *sa* ruine. ～する s'autodétruire; courir à *sa* perte. あまりに勝ちを急いで彼は～した Croyant gagner, il a couru à sa perte.

しめつける 締め付ける serrer; enserrer; [服が身体を] brider. ¶胸が締めつけられるようだ J'ai le cœur serré.

しめっぽい 湿っぽい humide; moite. ～地下室 cave *f* humide. ◆[陰気な] ¶～話 conversation *f* sombre. ～話はこの辺でやめよう Laissons ce sujet lugubre.

しめやかに ¶～に doucement; tranquillement; silencieusement. ¶～に雨が降る Il pleut doucement. 葬列が～に進む Le cor-

しめり 湿り humidité f; moiteur f. ¶~气のある humide; moite.

しめりけ 湿り気 ⇨ しっけ(湿気).

しめる 絞める ¶首を~ étrangler qn; serrer qn à la gorge; tordre le cou à. 鳥の首を~ tordre le cou à un oiseau.

しめる 湿る devenir humide (moite); s'humecter. 湿らせる ⇨ しめす(湿す).

しめる 占める occuper. 社長の地位を~ occuper le poste de directeur. 一階を~ occuper le rez-de-chaussée. 第一位を~ tenir le premier rang. 過半数を~ avoir (obtenir) la majorité. 聴講生の半数を女子学生が占めていた Les étudiantes ont représenté la moitié des auditeurs.

しめる 締める ¶ネクタイを~ nouer sa cravate. ボルトを~ serrer un boulon. トランクの締金を~ boucler sa valise. 楔を~ caler. 帯を~ serrer sa ceinture. 帯を締め直す resserrer sa ceinture. ◆ [帳を出す] 勘定を~ clore un compte. 締めて au total. 締めて百万円 Au total, cela fait un million./Ça fait un million en tout.

しめる 閉める fermer. 戸(窓, 箱, 引出し)を~ fermer la porte (la fenêtre, la boîte, le tiroir). 入った(出た)あと戸を~ fermer la porte sur (après) soi. 再び~ refermer.

しめわざ 絞め技 étreinte f.

しめん 四面 ¶~を海に囲まれた国 pays m entouré de mer de tous côtés. ‖~楚歌である être encerclé par l'ennemi. ~体 tétraèdre m.

しめん 紙面 page f [d'un journal]. スキャンダルに大きく~を割く consacrer plusieurs colonnes à un scandale. ~を賑わす faire couler beaucoup d'encre dans les journaux. ¶~で大きく扱われた事件 événement m occupant plusieurs colonnes.

じめん 地面 sol m; terre f. 堅い~ sol ferme. ~に寝る se coucher à terre. ~に腰をおろす s'asseoir par terre. ~にじかに置く poser à même le sol. ‖~師 agent m immobilier; [詐欺師] escroc m.

しも 下 ⇨ かもしも(川下). ◆ [下半身] 身体の不自由な人の~の世話をする s'occuper des soins hygiéniques d'un impotent.

しも 霜 gelée f blanche; givre m. ~が降る Il y a de la gelée [blanche]. 頭に~をいただく avoir des cheveux gris; être gris. 初~ la première gelée. ~柱が立つ être couvert de cristaux de givre.

-しも ¶必ず~安全とは言えない On ne peut pas dire que la sécurité soit totale. 誰~言うことだ Tout le monde le dit.

しもがれ 霜枯れ brûlure f par la gelée. ¶~の景色 paysage m désert d'hiver. ‖~時 mauvaise saison f; [商賣] morte saison.

じもく 耳目 ¶世の~をそばだたせる faire un éclat. 世間の~をひく attirer l'attention publique.

しもごえ 下肥 vidanges fpl; matières fpl de vidange.

しもて 下手 [劇] côté m jardin.

じもと 地元 ¶~の local(aux); du pays. ~の新聞 journal m local. ~の人々 gens mpl du pays. ~の特産品 spécialité f d'une région (régionale).

しもどけ 霜解け dégel m. ‖~道 chemin m dégivré.

しもとり 霜取り [冷蔵庫, 飛行機の翼など] dégivrage m. ~をする dégivrer. ‖~機 dégivreur m.

しもはんき 下半期 second semestre m.

しもぶくれ 下膨れ ¶~の joufflu; mafflu. ~の顔をした人 joufflu(e) m(f).

しもふり 霜降り ¶~の肉 viande f persillée (entrelardée). ~の布地 drap m poivre et sel (moucheté de blanc).

しもべ 僕 serviteur m. 神の~ serviteur de Dieu. あなたの~となりたいのです Je voudrais me mettre à votre service.

しもやけ 霜焼け engelure f. ~にかかる avoir des engelures.

しもん 指紋 empreintes fpl digitales. ~をとる(検出する) prendre (relever) des empreintes digitales. ‖~法 dactyloscopie f.

しもん 試問 ‖口頭~ [examen m] oral m.

しもん 諮問 consultation f. ~する consulter qn sur qc. ~の consultatif(ve). ‖~委員会 comité m consultatif.

じもん 自問 ¶~する se demander; se poser une question; s'interroger. 何が起こったのかと~する se demander ce qui s'est passé. ‖~自答 se soliloquer m; monologue m. ~自答する monologuer.

しや 視野 champ m visuel; [展望] vue f. ~を遮る boucher (borner, barrer) la vue; obstruer. 人間精神に新しい~を開く ouvrir de nouveaux horizons à l'esprit humain. ‖~の広い(狭い)人 esprit m ouvert (borné). ~の狭い経験主義 empirisme m à courtes vues.

しゃ 斜 ¶~に構える poser; faire le poseur (la poseuse).

しゃ 紗 gaze f [de soie].

じゃ[あ] ¶~明日ね Et bien, à demain. ~来ないのですね Donc, vous ne viendrez pas? ~出かけましょう Alors, partons! ‖~また A bientôt!

ジャー thermos [termos] m.

じゃあく 邪悪 ¶~な pervers; mauvais; malfaisant; perfide. ~な魂 âme f perverse. ~な企み complot m pervers.

シャーシー châssis m.

ジャージー 【織】 jersey m. ~のトレーニングウェア survêtement m de (en) jersey. ‖~種の牛 jersiaise f.

しゃあしゃあ ¶~と奴は何を言われても~としている On peut lui dire tout ce qu'on veut, c'est comme de l'eau sur les plumes d'un canard.

ジャーナリスト journaliste mf; publiciste mf.

ジャーナリズム journalisme m.

シャープ 【楽】 dièse m. ~をつける diéser.

シャープペンシル portemine m; stylomine m.

シャーベット sorbet m. ‖レモン~ sorbet au citron. ~製造器 sorbetière f.

シャーマニズム chamanisme *m.*
シャーマン chaman *m.*
しゃい 謝意 gratitude *f.* ¶～を表す exprimer *sa* gratitude.
シャイ ¶～な timide.
ジャイロコンパス gyrocompas *m.*
ジャイロスコープ gyroscope *m.* ‖～の gyroscopique.
しゃいん 社員 employé *m*; commis *m*; [出資社員] associé *m.* ‖ 下級(ひら)～ employé subalterne. 幹部～ principal employé. 上席～ associé principal. 匿名～ [合資会社の] associé commanditaire.
じゃいん 邪淫 immoralité *f.* ¶～の罪 péché *m* immonde.
しゃうん 社運 ¶この仕事には～がかかっている Le sort de la société dépend de cette affaire.
しゃえい 射影《数》projection *f.* ‖～幾何学 géométrie *f* projective.
しゃおん 謝恩 reconnaissance *f.* ‖～会 petite fête *f* de reconnaissance.
しゃおん 遮音 insonorisation *f.* ‖～する insonoriser. ～の insonore.
しゃか 釈迦 Çakya-Mouni.
ジャガー jaguar [ʒagwaʀ] *m.*
ジャガード ¶～織[の品] [métier *m*] jacquard *m.*
しゃかい 社会 société *f*; monde *m.* ～に出る débuter dans la vie. ～から追放する mettre *qn* au ban de la société; bannir *qn* d'une société. ～の social(*aux*); [公衆の] public (*que*). ～の一員 membre de la société. ～の敵 danger *m* (ennemi *m*) public. ～の進歩に貢献する contribuer au progrès de la société. ～的な見地から du point de vue social. ～的に socialement; publiquement. ‖ 階級～ société hiérarchisée. 下層～ petit (bas) peuple *m.* 資本主義～と共産主義～ le monde capitaliste et le monde communiste. 消費～ société de consommation. 上流～ monde; †haute société; société distinguée. 上流～に出入りする aller dans le monde. 福祉～ société de bien-être. 文明(未開)～ société civilisée (primitive). ～階級 classe *f* sociale. ～科学 sciences *fpl* sociales. ～学 sociologie *f.* 法(都市)～社会学 sociologie *f* juridique (urbaine). ～学者 sociologue *m*. ～学的 sociologique. ～構造 structure *f* sociale. ～事業 assistance *f* sociale; œuvres *fpl* sociales. ～主義 socialisme *m.* ～主義化 socialisation *f.* ～主義化する socialiser. ～主義者 socialiste *mf.* 国家～主義 socialisme d'Etat. 修正(革命的)～主義 socialisme réformiste (révolutionnaire). ～生活 vie *f* sociale. ～生活を営む vivre en société. ～制度 régime *m* social. ～測定法 sociométrie *f.* ～秩序(契約) ordre *m* (contrat *m*) social. ～党 parti *m* socialiste. ～闘争 conflits *mpl* sociaux. ～道徳 morale *f* civique. ～部 [新聞社の] service *m* des actualités. ～福祉 salut *m* public; bien-être *m* public. ～保障 sécurité *f* sociale. ～民主主義 social-démocratie *f.* ～問題 questions *fpl* sociales.

しゃがい 社外 ¶このことは～に漏してはならない Il ne faut pas que cela se sache à l'extérieur de la société.
しゃかいほけんちょう 社会保険庁 Agence *f* nationale de la sécurité sociale.
じゃがいも pomme *f* de terre; 《俗》patate *f.* ～の皮をむく éplucher une pomme de terre.
しゃかく 射角 angle *m* de tir.
じゃかご 蛇籠 [土] gabion *m.*
しゃがむ 蹲む s'accroupir; se blottir. 彼女は疲れてしゃがみ込んでしまった Fatiguée, elle a fini par s'accroupir par terre. しゃがんだ accroupi.
しゃがれる 嗄れる s'enrouer. 余り叫んだので声がしゃがれた Je me suis enroué à force de crier. ¶しゃがれた rauque; enroué; railleux(*se*). しゃがれた声で話す parler d'une voix enrouée. あの人はしゃがれ声である Il a un chat dans la gorge.
しゃかん 舎監 surveillant(e) *m*(*f*) [d'internat]; 《俗》pion *m.*
しゃかんきょり 車間距離 ¶～は十分にとらねばならない Il faut garder un intervalle suffisant entre les véhicules.
しゃがんたい 遮眼帯 [馬の] œillère *f.*
じゃき 邪気 esprit *m* malin. ¶～を払う exorciser un démon; se débarrasser de mauvaises esprits. ～のない innocent(e).
シャギー [ヘアスタイル] en broussailles.
しゃぎょう 社業 affaires *fpl.* ～の大拡張 extension *f* considérable de *ses* affaires. ～に支障がない Les affaires ne souffrent aucune difficulté.
じゃきょう 邪教 [異端] hérésie *f.*
しゃく 試薬 réactif *m.*
しゃく 癪《医》colique *f.* ◆［癇癪］¶これが～の種なんだ C'est ça l'énervant. ～な(にさわる) [腹の立つ] agaçant; horripilant; exaspérant; irritant; énervant; [いまいましい] vexant. こんな易しい問題が出来なかったな～だ C'est vexant de n'avoir pas pu résoudre une question si facile. ～にさわる s'irriter contre *qn* de *qc*; s'exaspérer de. ～にさわる奴 C'est un type qui me porte sur les nerfs. 全く～にさわる C'est vraiment horripilant (agaçant).
じやく 持薬 remède *m* habituel.
じゃく 弱 ¶百人～ un peu moins de cent personnes.
しゃくい 爵位 titre *m* [de noblesse]. ～を持つ avoir un titre.
じゃくおんき 弱音器 sourdine *f.* バイオリンに～をつける mettre une sourdine à un violon.
しゃくぎ 釈義 [特に聖書の] exégèse *f.*
しゃくさい 借財 dette *f*; emprunt *m.* ⇨ しゃっきん（借金）.
じゃくさん 弱酸 acide *m* faible.
じゃくし 杓子 louche *f.* ‖網～ écumoire *f.* ～定規 réglementarisme *m*; rigorisme *m.* ～定規な formaliste. ～定規な人 réglementariste *mf.* 物事そう～には行かない Les choses ne sont pas réglées comme du papier à musique.
じゃくし 弱視 amblyopie *f.* ¶～の ambly-

ジャグジー jacuzzi m; bain m bouillonnant.
じゃくしゃ 弱者 faibles mpl. ¶~と強者 le faible et le fort. ~に味方する prendre parti pour le faible.
しゃくしょ 市役所 mairie f; [建物] hôtel m de ville.
しゃくじょう 錫杖 crosse f; sceptre m [司教の]; houlette f; [巡礼の] bourdon m.
じゃくしょう 弱小 ¶~な faible et petit. ‖ ~国家 petite nation f.
じゃくしん 弱震 secousse f [sismique] sensible.
しゃくぜん 釈然 ¶~とする voir clair; en avoir le cœur net. そんなことでは~としない Cela ne m'a pas convaincu parfaitement.
じゃくたい 弱体 ¶~の faible; instable; précaire. ‖ ~化 affaiblissement m; extinction f. ~化する s'affaiblir.
しゃくち 借地 terrain m loué; [土地の賃貸借] location f d'une terre. ‖ ~価格 valeur f locative. ~権 droit m du locataire. ~人 locataire mf. ~料 loyer m d'une terre.
じゃぐち 蛇口 robinet m; [給水栓] prise f d'eau. ~を開ける(閉める) ouvrir (fermer) un robinet.
じゃくてん 弱点 faible m; côté m faible; point m faible; [欠点] défaut m. それが彼の~だ C'est son point faible (talon d'Achille). 人の~を捉える prendre qn par son faible.
じゃくでん 弱電 ¶~の électroménager(ère). ‖ ~機工業 industrie f électroménagère.
しゃくど 尺度 mesure f; [基準] critère m. 長さの~ mesures de longueur; mesures linéaires. 共通の~ commune mesure. 明証は真理の~である L'évidence est le critère de la vérité. 善悪を見分ける~というものはない Il n'y a pas de critère qui permette discerner le bien du (d'avec le) mal. AとBを同じ~で測ることは出来ない Il n'y a aucune commune mesure entre A et B.
しゃくどう 赤銅 cuivre m rouge. ‖ ~色の cuivré; basané. ~色の肌 peau f basanée.
しゃくとりむし 尺取虫 arpenteuse f.
しゃくなげ 石南花 rhododendron m; rosage m.
じゃくにくきょうしょく 弱肉強食 ¶所詮この世は~だ Dans ce monde, les gros poissons mangent les petits.
しゃくねつ 灼熱 ignition f; ¶~の torride; incandescent; brûlant. ~の恋 amour m passionné. ~の太陽 soleil m torride (de plomb).
じゃくねん 弱(若)年 âge m tendre.
じゃくはい 若輩 jeune homme m inexpérimenté. ¶~ながら(ですので) en dépit de son manque d'expérience (faute d'expérience). ~ですがよろしくお願いします Je ne suis qu'un débutant, je compte sur vous.
しゃくほう 釈放 mise f en liberté; 《法》 élargissement m; mise f en liberté; délivrer; libérer; [囚人を] élargir. ¶

仮~ libération f conditionnelle. 仮~する mettre en liberté provisoire. ~令状 levée f d'écrou.
しゃくめい 釈明 excuse f; explication f; éclaircissement m; justification f. ¶~する s'excuser; s'expliquer; s'éclaircir. ~の余地がない n'avoir aucune excuse pour se justifier. ~し得る excusable; explicable. ~し得る行動 conduite f explicable (motivée).
しゃくや 借家 maison f louée. ¶~する prendre maison à louer. ‖ ~人 locataire mf.
しゃくやく 芍薬 pivoine f.
しゃっきん 借金 emprunt m. ¶~する emprunter qc à qn. A氏より10万ユーロを~いたしました Je reconnais devoir à (J'ai reçu de) M. A la somme de cent mille euros. ‖ ~金(物) emprunt. ~語 mot m emprunté; emprunt. ラテン語からの~語 mot m emprunté du latin. ~者 emprunteur(se) m(f). ~証書 acte m de prêt; [借金] reconnaissance f de dette.
しゃくりあげる sangloter; éclater en sanglots; pousser des sanglots; pleurer à gros sanglots; hoqueter.
しゃくりょう 酌量 ¶~する prendre qc en considération. ‖ ~して en considération de. 情状~する tenir compte des circonstances atténuantes. 情状~の余地がある Il y a des circonstances atténuantes.
しゃくれた en galoche. ~顎 menton m en galoche.
しゃげき 射撃 《医》 torticolis m.
しゃげき 射撃 tir m; feu(x) m; [銃撃] coup m de feu. ¶~する tirer sur; faire feu. [機関銃で] mitrailler. 一斉~ fusillade f; feu nourri. 援護~ tir de couverture. 直立(膝立, 匍匐)~ tir debout (à genou, couché). 連続~ feu roulant. ~演習 exercices mpl de tir. ~手 tireur(se) m(f). ~場 champ m de tir; [娯楽の] tir forain. ~兵 fusilier m.
しゃけつ 瀉血 saignée f; émission f sanguine. ¶~する faire une saignée; saigner.
ジャケツ chandail m.
ジャケット veste f; [女性の上衣] jaquette f; [替上着] veste; [レコードの] pochette f.
しゃけん 車検 révision f périodique obligatoire des voitures.
じゃけん 邪険 ¶~な méchant; impitoyable; rude; odieux(se). ~にする être méchant avec; être impitoyable pour. ~に rudement; avec rudesse; odieusement. ~に扱う traiter qn avec rudesse; rudoyer.
しゃこ 硨磲 [貝] tridacne m.
しゃこ 蝦蛄 squille f; mante f (cigale f) de mer.
しゃこ 車庫 garage m; dépôt m; remise f. バスの~ dépôt d'autobus. ~に入れる garer; remiser. ‖ ~業者 garagiste m.
しゃこ 鷓鴣 [鳥] perdrix f; [雛] perdreau(x) m.
しゃこう 射倖 ¶~的な aléatoire; spéculatif(ve). ‖ ~心をそそる exciter la passion spéculative.
しゃこう 斜行 ¶~する obliquer. 車が左に~

しゃこう 社交 relation *fpl* sociales; rapport *m*. ¶～的な sociable. 非～的な peu sociable. ～の才がある avoir des talents de société; avoir de l'entregent. ‖～家 homme *m* sociable. ～界 monde *m*; [haute] société *f*; salon *m*. ～界の mondain. ～界の集り réunion *f* mondaine. ～界の人 mondain(e) *m(f)*; homme (femme *f*) du monde. ～界に出入りする avoir *ses* entrées dans le monde; fréquenter les salons. ～性 sociabilité *f*.

しゃこう 遮光 interception *f*. ¶～する intercepter la lumière.

じゃこう 麝香 musc *m*. ‖～鹿 chevrotain *m*. ～匂のある musqué. ～猫 civette *f*.

しゃこく 社告 avis *m* d'une société.

シャコンヌ chacon[n]e *f*.

しゃさい 社債 obligation *f* (emprunt *m*) d'une société. ～の応募 souscription *f* des obligations. ～を発行する émettre des emprunts.

しゃざい 謝罪 excuses *fpl*; [侮辱などの] réparation *f* d'honneur. ～を求める exiger des excuses de *qn*. ¶～する demander pardon à; faire (présenter) *ses* excuses à; faire réparation; [公然と] faire amende honorable. ‖～文 lettre *f* d'excuses.

しゃさつ 射殺 ¶～する tuer d'un coup de feu; fusiller.

しゃし 斜視 loucherie *f*; strabisme *m*. ¶～の qui louche. ～の人 loucheur(se) *m(f)*; [俗] louchon(ne) *m(f)*. ～である loucher; avoir des yeux qui louchent.

しゃし 奢侈 luxe *m*; somptuosité *f*. ～に耽る se donner dans le luxe. ¶～な暮しをする vivre dans le luxe.
‖～税 taxe *f* de luxe. ～取締法 lois *fpl* somptuaires.

しゃじ 謝辞 remerciement *m*. ～を述べる remercier; faire(ses) remerciements.

シャシー châssis *m*.

しゃじく 車軸 essieu(x) *m*. ¶～を流すような雨が降る Il pleut des hallebardes (à seau). ‖前(後)～ essieu avant (arrière).

しゃしゃい 写字生 copiste *mf*; transcripteur *m*.

しゃしつ 車室 compartiment *m*; [客車] wagon *m*.

しゃじつ 写実 réalisme *m*. ¶～的な réaliste. ～的な肖像画 portrait *m* réaliste. ‖～主義 réalisme. ～主義者 réaliste *mf*.

じゃじゃうま じゃじゃ馬 [女性] mégère *f*. ‖「～馴らし」 la *Mégère apprivoisée*.

しゃしゃりでる しゃしゃり出る se présenter impudemment. あの女は何かというとしゃしゃり出て来る Elle vient mettre son grain de sel à tout propos.

しゃしゅ 射手 tireur(se) *m(f)*.

しゃしゅ 社主 chef *m* d'une société.

しゃしゅつ 射出 ¶ロケットを～する lancer des fusées. ‖～座席 [ジェット機などの] siège *m* éjectable.

しゃしょう 捨象 ¶～する éliminer.

しゃしょう 車掌 [鉄道] contrôleur *m*; [電車] receveur(se) *m(f)*.

しゃしん 写真 photographie *f*; photo *f*. 上半身(正面)の～ photo en buste (de face). ～の趣味がある faire de la photo. ～を新聞から切り抜く découper une photo dans un journal. ～をとる prendre une photo; photographier. ～をとってもらう se faire photographier; se faire tirer. ～をとり損う rater (manquer) une photo. ～を現像する développer une pellicule (un cliché). ～を焼付ける tirer une photo. ～を引伸す agrandir une photo. ～による prendre en photo. ¶～の photographique. ～のネガ épreuve *f* photographique. ～のような絵 tableau *m* d'une netteté photographique. ～写りの良い photogénique. ～写りの良い顔 visage *m* photogénique. ‖カラー～ photo en couleurs. 記念～ photo souvenir. 黒白～ photo (en) noir et blanc. 航空～ photographie aérienne. スナップ～ instantané *m*. 証明書用～ photo d'identité. 電送～ phototélégramme *m*; phototélégraphe *m*. ニュース～ photo d'actualité. モンタージュ～ photo(s)-robot(s) *m*. ～家 [プロの] photographe *mf*. 彼女は～顔の方がよい Elle est mieux en photo qu'au naturel. 報道～家 reporter *m* photographe. ～機 appareil *m* [de photo, photographique]. この～機はよく写る Cet appareil marche bien. ～植字機 lumitype *f*. ～製版 photogravure *f*. ～製版工 photograveur *m*. ～測量 photogrammétrie *f*. ～電送 phototélégraphie *f*. ～判定 photo(s)-finish *m*. ～複写 photocopie *f*. ～複写機 photocopieuse *f*. ～屋 [スタジオ] salon *m* de photo; studio *m* de photographie; [町中で速成写真をとる] photostoppeur (se) *m(f)*.

じゃしん 邪心 mauvaises pensées *mpl*. ¶～のない innocent(e).

じゃしんきょう 邪神教 démonisme *m*.

ジャズ jazz *m*. ¶～にアレンジする jazzifier. ‖～バンド orchestre *m* (formation *f*) de jazz. ～マン jazzman(men) [dʒazman,-mɛn]*m*.

じゃすい 邪推 soupçon *m* injuste. ¶～する soupçonner à tort; avoir des soupçons injustes contre *qn*. あなたは私のことを～しているのだ Vous me soupçonnez à tort. ～深い soupçonneux(se).

ジャスト ¶9時～です Il est neuf heures juste (précises).

ジャスミン jasmin *m*. ～の香りがする Ça sent le jasmin.

しゃせい 写生 dessin *m* d'après nature. ¶～する peindre (dessiner) d'après nature. ‖～帳 album *m* de croquis (dessin).

しゃせい 射精 éjaculation *f*. ¶～する éjaculer. ～の éjaculatoire.

しゃせつ 社説 [article *m*] éditorial(aux) *m*; leader *m*. ¶～の éditorial. ‖～担当者 éditorialiste *mf*.

しゃぜつ 謝絶 ⇒ ことわる(断る), めんかい(面会).

じゃせつ 邪説 hérésie *f*; hétérodoxie *f*. ¶～の徒 hétérodoxe *mf*.

しゃせん 斜線 ligne *f* oblique; [バイヤス] biais *m*. ～を引く tracer une oblique. ¶～の部分 partie *f* hachurée.

しゃせん 車線 voie f.

しゃそう 車窓 ¶～の景色を眺める regarder le paysage par la fenêtre du train (de la voiture).

しゃそく 社則 règlement m d'une société; [定款] statut m.

しゃたい 車体 carrosserie f; [シャーシーに対し] caisse f. ～を取付ける carrosser. ‖自動車の～受け [前部] train m avant; [後部] train arrière. ～証 carte f grise. ～製造工 carrossier m.

しゃだい 車台 ¶自転車の～ cadre m de bicyclette. 自動車の～ châssis m.

しゃたく 社宅 logements mpl des employés d'une entreprise.

しゃだつ 洒脱 désinvolture f. ¶～な désinvolte; sans gêne. ‖軽妙な文体 style m désinvolte et sans façons.

しゃだん 遮断 [交通] interruption f; [交通, 光, 蒸気など] interception f. ¶～する intercepter; interrompre. 交通を～する interrompre (couper) la circulation. 道は所々土砂で～されている La route est obstruée de monceaux de boue par endroits. ‖交通の～ suspension f de la circulation. 交通の～をした 路 route f barrée. 踏切りの～器 barrière f. 電流～器 interrupteur m.

しゃだんほうじん 社団法人 société f civile avec la personnalité juridique.

しゃだんめん 斜断面 biseau(x) m.

しゃち 鯱 épaulard m.

しゃちこばる 鯱張る avoir un air gêné (rigide, emprunté).

しゃちゅう 車中 ¶～の人となる monter dans le train.

しゃちょう 社長 ‖[取締役]～ président-directeur général (P.(-)DG, P.(-)D.G.) m. 副～ directeur général adjoint.

シャツ chemise f. ～, ハンカチ類 linge m de corps. ～を脱ぐ (ôter) sa chemise. ¶～一枚の女 femme f seulement vêtue d'un maillot. ～一枚である être en bras de chemise. ‖スポーツ(ポロ)～ maillot m (chemise) de sport. 寝間着用～ chemise de nuit. 半袖～ chemisette f. ～屋 chemisier m. ワイ～ chemise [d'homme]. チェックのワイ～ chemise à carreaux. ～製造(屋) chemiserie f.

ジャッカル chacal m.

しゃっかん 借款 crédit m; prêt m international. ～を供与する ouvrir (accorder) des crédits. ‖長期～ prêt (crédit) à long terme.

じゃっかん 若干 ¶～の quelque; plusieurs; un certain nombre de; un peu de; une certaine quantité de. ～のお金 quelque argent m. ～の人 plusieurs; plusieurs personnes fpl; quelques-uns (unes). ～の本 plusieurs livres mpl. ～の相違はある Il y a un peu de différence. 私にも～の貯えはある J'ai un peu d'argent de côté.

じゃっかん 弱冠 ¶～20歳で À l'âge de vingt ans seulement.

じゃっき 惹起 ¶～する causer; déterminer; produire; provoquer; entraîner.

ジャッキ vérin m; cric m; chèvre f; chevrette f. [自動車修理用] lève-auto m inv.

しゃっきん 借金 dette f; emprunt m. ...に～がある devoir à qn; être en dette (endetté) avec qn. ～が残っている rester en dette (demeurer) en reste avec qn. ～を返す payer (rembourser) une dette. ～を清算する s'acquitter d'une dette. 私はすっかり～を返した Je suis quitte. ～を取りたてる recouvrer son argent. ～を踏み倒す frustrer ses créanciers. ～で首が回らない être obéré (criblé, noyé, perdu) de dettes. ¶～する emprunter de l'argent à; faire des dettes; s'endetter; faire (contracter) un emprunt. ‖～取り créancier(ère) importun(e) m(f).

ジャック [トランプ] valet m; [電話] jack m. スペードの～ valet de pique.

ジャックナイフ couteau(x) m à cran d'arrêt.

しゃっくり hoquet m. ¶～[を]する avoir le hoquet.

ジャッジ arbitre m; juge m.

シャッター [写真] obturateur m. ～を切る appuyer sur le déclencheur. ‖連続を切る mitrailler. ～スピード vitesse f d'obturateur. ～ボタン(レリーズ) déclencheur m. ◆ [建物の] rideau(x) de m de fer; [窓の] volet m de fer; [日除け] store m. ～を降ろす baisser le rideau de fer. ◆[自動車の] 放熱器 ～ volets thermiques.

シャットアウト ¶...を～する [締め出す] exclure qn; fermer la porte à qn.

シャッポ ¶～を脱ぐ tirer son chapeau à qn.

しゃてい 射程 portée f. この弾丸は～五百メートルだ La portée de ces balles est de 500 mètres./Ces balles portent à 500 mètres. 小銃(大砲)の～ portée d'un fusil (d'un canon). ¶～の長い大砲 canon m à longue portée. ‖～内(外)にある être à (hors de) portée de qc. 彼はついに先頭ランナーを～内に捉えた Il a fini par remonter à une position qui mettait le coureur de tête à sa portée.

しゃてい 斜堤 glacis m.

しゃてき 射的 tir m [à la cible]. ～をする faire des cartons. ～をしに行く aller au tir. ‖～場 stand m de tir; tir. ～大会 concours m de tir; tir.

しゃとう 斜塔 tour f penchée. ピサの～ la Tour penchée de Pise.

しゃどう 車道 chaussée f. ～を横切る traverser la chaussée.

じゃどう 邪道 ¶彼のやり方は～だ Ses manières sont hétérodoxes. ～に陥る se dévoyer; se pervertir.

シャドーキャビネット gouvernement m fantôme.

しゃない 社内 ¶彼の～での評判はあまりよくない Sa réputation d'employé n'est pas très bonne. ‖彼と彼女は～結婚だ Ils se sont connus sur leur lieu de travail.

しゃない 車内 [鉄道] ¶～の dans le train. ‖～販売 vente f ambulante.

しゃなりしゃなり ¶～と歩く marcher avec affectation; parader; se pavaner.

しゃにくさい 謝肉祭 carnaval m.

しゃにむに 遮二無二 tête baissée;

じゃねん 邪念. mauvaises pensées *fpl*. 〜を抱く avoir de mauvaises pensées. 〜を払う se défaire (chasser) des pensées impures.

しゃば 車馬 véhicule *m*; équipage *m*. ‖「〜通行止.」《Interdit aux véhicules.》

しゃば 娑婆 ce monde *m*; ici-bas *m*. 〜に出る (出獄する) être mis en liberté. ‖〜っ気がある être attaché au monde.

じゃばら 蛇腹 [カメラの] soufflet *m*; [建] corniche *f*.

ジャパンバッシング campagne *f* antijaponaise. 〜を起こす lancer une campagne antijaponaise.

しゃふ 車夫 tireur *m* de pousse-pousse.

ジャブ [ボクシング] jab *m*.

しゃふく 車幅 empattement *m*. ‖〜灯 feu *f* de position.

じゃぶじゃぶ ‖〜と洗う laver à grande eau.

しゃふつ 煮沸 ébullition *f*. 〜する faire bouillir. ‖〜消毒 stérilisation *f* par ébullition.

シャフト arbre *m*. ‖クランク〜 arbre coudé. 二連クランク〜 arbre à deux coudes.

しゃぶる sucer;《俗》suçoter. 飴を〜 sucer un bonbon. 指を〜 se sucer les doigts. 骨まで〜 sucer *qn* jusqu'à la moelle (jusqu'au dernier sou). 赤ん坊が母親の乳房にしゃぶりついている Le bébé tête le sein de sa mère.

しゃへい 遮蔽 enveloppe *f*; [遮断] interception *f*. 〜する envelopper. 〜される s'envelopper. 垣根に〜された家 maison *f* entourée d'une haie. カーテンで固く〜された窓 fenêtre *f* aux rideaux hermétiquement clos.

しゃべる 喋る parler; causer; bavarder; discuter; [秘密などを] jaser;《俗》discutailler; jacter. 大声で〜 《俗》piailler. ぺちゃくちゃ〜 babiller (jaser) comme une pie. ぺらぺら〜 《俗》avoir du bagou. 口から出まかせに〜 parler pour ne rien dire. よく〜ことだ Quelle langue! 喋りまくる dégoiser; débiter. 下らぬことを喋りまくる dégoiser des âneries. ある問題について大いに喋らせる pousser *qn* sur un sujet. 人に〜な Ne le dis à personne. 〜な喋りをする faire la parlote (la causette) avec.

シャベル pelle *f*; bêche *f*. 〜で掘り返す pelleter. 〜で土をならす bêcher un terrain; aplanir un terrain à la pelle.

しゃへん 斜辺 [数] hypoténuse *f*.

しゃほん 写本 manuscrit *m*.

シャボン savon *m*. ‖〜玉 bulle *f* de savon.

じゃま 邪魔 obstacle *m*; gêne *f*; dérangement *m*; [障害] embarras *m*; encombre *m*; empêchement *m*; [拘束] entrave *f*. 〜を[を]する faire (mettre) obstacle à; gêner; importuner; entraver; empêcher; embarrasser; encombrer; empêcher; troubler. 人の〜をする causer du dérangement à *qn*. 人の計画を〜する faire obstacle aux plans de *qn*; mettre les bâtons dans les roues de *qn*. 進歩の〜をする empêcher le progrès. あの

トラックが交通の〜をしている Ce camion entrave la circulation. お〜をしてすみません Excusez-moi de vous déranger! 上演はゲバの連中に〜された La représentation a été troublée par des manifestants. 〜をしないように pour éviter du dérangement. ‖〜な gênant; encombrant; embarrassant. そこにいると〜になる Pousse-toi, tu me gênes. この鞄が〜になりませんか Cette valise vous gêne-t-elle? 回りの人の〜になるのが分らないのか Tu ne vois pas que tu gênes tes voisins. あの木が〜になってよく見えません Cet arbre-là barre ma vue. ‖〜者 empêcheur(*se*) *m(f)*; gêneur(*se*) *m(f)*; [俗] importun(e) *m(f)*;《俗》casse-pieds *m inv*. 〜者は消せ Faites disparaître les gêneurs!

シャム Siam *m*. ‖〜双生児 frères *mpl* (sœurs *fpl*) siamois(es). 〜猫 chat *m* siamois.

ジャム confiture *f*. ‖苺〜 confiture de fraises.

ジャムセッション jam-session(s) [dʒamsɛsjɔ̃] *f*.

しゃめい 社名 raison *f* sociale. 〜を変更する changer de raison sociale; modifier la raison sociale.

しゃめい 社命 ordre *m* d'une compagnie (entreprise).

しゃめん 赦免 pardon *m*; rémission *f*; relaxe *f*; [恩赦] amnistie *f*; [無罪の判決] absolution *f*. 〜する accorder *son* pardon à; amnistier; relaxer. 〜さるべき amnistiable. ‖〜状 lettres *fpl* de rémission.

しゃめん 斜面 côte *f*; versant *m*; pente *f*; [幾何, 建] plan *m* incliné. 山の〜を登る monter la pente d'une montagne. 〜の道 chemin *m* côtier. 〜の côtier(*ère*).

しゃよう 斜陽 soleil *m* couchant. 〜の dépérissant; déclinant. ‖〜産業 industrie *f* dépérissante (expirante). 〜族 aristocratie *f* en déclin.

しゃよう 社用 affaires *fpl* de *sa* société (compagnie). 〜の金を拝借する payer aux frais de *sa* compagnie. ‖〜族 ceux qui vivent en parasite de leur société.

しゃらくさい 洒落臭い insolent; impertinent; orgueilleux(*se*); effronté. 〜ことを言うな Ne dis pas des impertinences.

じゃらじゃら ‖ポケットの中で小銭が〜する La monnaie tinte dans la poche. 何だそのへした服は Qu'est-ce que c'est que cette tenue tape-à-l'œil?

じゃり 砂利 gravier *m*; [細かい] gravillon *m*; [割石] caillasse *f*; [細かい割石] cailloutis *m*. 〜を敷く cailllouter; recouvrir de cailloutis; ferrer. ‖〜の浜 plage *f* à galets. 〜道 allée *f* cailloutée. ◆[子供]《俗》gamin(e) *m(f)*; marmot *m*.

しゃりょう 車輛 [鉄] matériel *m* roulant; [客車, 貨車] wagon *m*.

しゃりん 車輪 roue *f*. ‖滑〜 rouet *m*.

シャルル ‖〜の法則 loi *f* de Charles.

シャルロット [菓子] charlotte *f*. 梨の〜 charlotte aux poires.

しゃれ 洒落 [言葉の] jeu(x) *m* de mots; bon

しゃれい mot *m*; mot pour rire; mot d'esprit; [語呂合せ] calembour *m*. それは悪い～だ C'est une mauvaise plaisanterie. 彼には一流通じない Il ne comprend pas la finesse d'un bon mot. ～を言う faire de l'esprit. ◆[洒落気] ¶お～をする se faire beau (belle); aimer la toilette. お～な人 dandy *m*; coquette *f*. ¶駄じゃれ jeu de mot malheureux. ～気 goût *m* pour la toilette. ～気がない être indifférent à sa mise. ～者 [通人] snob *mf*.

しゃれい 謝礼 rémunération *f*; [医師, 弁護士などへの] honoraires *mpl*. ～を払う rémunérer; honorer. 協力者にささやかな～を払う rémunérer honnêtement *ses* collaborateurs. …の協力に対して～を払う rémunérer le concours de *qn*. ¶～としての《法》 rémunératoire. お骨折りの～として en rémunération de vos services. ～の多い仕事 travail *m* ¶～多い rémunérateur.

しゃれた 洒落た élégant; chic *inv*; [気のきいた] spirituel(le). ～た別荘 villa *f* coquette. 彼女は～た服を着ている Elle a du chic.

じゃれる jouer. 猫がボールに～ Le chat joue avec une balle.

シャワー douche *f*. ～を浴びる prendre une douche; se doucher.

ジャンク jonque *f*.

ジャンクション carrefour *m*; [高速道路の] échangeur *m*.

ジャングル jungle *f*. ～の奥深く分け入る s'enfoncer dans une jungle.

じゃんじゃん ¶水が～出ている L'eau sort à gros bouillons. ～飲む boire tout *son* soûl. 鐘を～たたく sonner la cloche à toute volée.

シャンソン chanson *f*.

シャンツェ tremplin *m*.

シャンデリヤ lustre *m*.

しゃんと ¶もう少し～しなさい Ayez un peu de caractère! 身体を～しろ Tiens-toi bien!

ジャンパー [服] blouson *m*. ¶皮～ blouson de cuir. ◆[跳躍者] sauteur(se) *m*(*f*).

シャンパン champagne *m*; vin *m* de Champagne. ～の栓を抜く faire sauter le bouchon de champagne.

ジャンプ saut *m*. ¶～する faire un saut. ～の選手 sauteur(se) *m*(*f*). ～台 [スキーの] tremplin *m*. ～ボール [バスケットボールの] entre-deux *m*.

シャンプー shampooing *m*. ¶～する shampooiner. 美容院で～してもらう se faire faire un shampooing dans un salon de coiffure. ¶トリートメント～ shampooing-traitant. 養毛～ shampooing antipelliculaire.

ジャンボジェット gros-porteur(s) *m*; jumbo-jet(s) [dʒœmbodʒet] *m*.

ジャンボリー jamboree [ʒabore, ʒambori] *m*.

ジャンル genre *m*.

しゅ 主 [主人] maître *m*; [首長] chef *m*. 我らの～ [カト] Notre père *m*; Notre-Seigneur *m*; le Seigneur *m*. ¶～の祈り Pater *m inv*. ～の祈りを唱える dire des Pater. ◆[主な] ¶～たる principal(aux); capital(aux). ～たる動機 principal mobile *m*. ～として principalement; surtout; entre autres.

しゅ 朱 cinabre *m*; vermillon *m*. 自分の原稿に～を入れる corriger *son* manuscrit. ‖～色の vermeil(le); vermillon *inv*. ～に塗りかえる vermillonner.

しゅ 種 espèce *f*; sorte *f*. ～の起源 origine *f* des espèces. ¶ある～の [いくらかの] certain. ある～の生徒たちはそれを知っている Certains élèves le savent. この～のこと cette sorte de. この～の本 cette sorte de livres; livre *m* de ce genre.

しゅい 主意 [主目的] but *m* principal; [意向] volonté *f*. ‖～説 volontarisme *m*. ～主義の (者) volontariste *mf*.

しゅい 趣意 [意図] intention *f*; [動機] motif *m*; [目的] but *m*; objet *m*; [意味] signification *f*; sens *m*. ¶～書 prospectus *m*.

しゅい 首位 primauté *f*; première place *f*; tête *f*. 投票で～を占める tenir la tête. ～に立つ être à la tête de (en tête). ～にランクされる se classer en tête.

しゅいん 主因 cause *f* principale; forte raison *f*; [動機] grand motif *m*.

しゅいん 手淫 masturbation *f*; onanisme *m*. ¶～する se masturber.

しゆう 市有 ¶～の municipal(aux). ‖～化する municipaliser. ～地 terrain *m* municipal.

しゆう 私有 ¶～の privé. ‖～財産 propriété *f* privée. ～財産制度 régime *m* de la propriété individuelle. 「～地につき立入禁止」《Propriété privée, entrée interdite.》

しゆう 雌雄 mâle *m* et femelle *f*. ‖～異株 diœcie *f*. ～異株の diöique. ‖～同株 monœcie *f*. ～同株の monoïque. ～同株 hermaphrodisme *m*. ～同体動物(花) hermaphrodite *m*. ～同体の hermaphrodite. ◆[優劣] ¶～を決する rivaliser avec *qn*.

しゆう 周 tour *m*; [円周] circonférence *f*. ¶トラックの一～ circuit *m*. 一～する faire le tour de *qc*; [周航する] circumnaviguer. 世界一～する faire le tour du monde. 世界一～旅行 voyage *m* autour du monde. 月一～の circumlunaire.

しゅう 州 province *f*; [スイスの] canton *m*; [米] état *m*. ¶五大～ les cinq continents *mpl*; les cinq parties *fpl* du monde.

しゅう 衆 ¶博愛を～に及ぼす n'excepter personne de *sa* bienveillance. ～に先んじる devancer les autres. ～にぬきんでる se distinguer des autres. ～を頼む compter sur le nombre.

しゅう 週 semaine *f*. 最後の～ la dernière semaine. ¶～毎に par semaine. ～に一回 hebdomadairement; une fois par semaine. ～一回の hebdomadaire. ‖隔～に toutes les deux semaines; tous les quinze jours. 今～ cette semaine. 先～ la semaine dernière. 毎～ chaque semaine; toutes les semaines. 来～ la semaine prochaine. ～日 jour *m* de semaine.

じゆう 事由 …の～により pour cause de. ⇨ゆう(理由).

じゆう 自由 liberté *f*. 言論の～ liberté d'opinion (de la presse). 公海使用の～ li-

じゅう berté des mers. 個人(人身)の〜 liberté individuelle. 集会の〜 liberté de réunion. 信仰の〜 liberté de conscience (du culte). 〜を奪う priver qn de sa liberté. 個人の〜を尊重する respecter la liberté individuelle. ¶〜な libre; indépendant; franc(che). 〜な公話 conversation f franche. 〜な心 esprit m libre (indépendant). 〜な言論 libre parole f. 〜にする disposer de; [解放する] libérer; affranchir; délivrer; dégager; [精神を] émanciper. 女を〜にする posséder une femme. 〜にし得る être maître de; [処分できる] disponible. 〜になる se délivrer de; s'affranchir de; se dégager de; s'émanciper. 時間が〜になる être libre de son temps. 一寸の間は〜になる disposer de quelques minutes. 彼はあなたの〜になる Il est en votre pouvoir. 10万円ぐらい僕の〜になりますよ Je dispose de cent mille yen. ...するのは〜である être libre de inf. 〜に librement; franchement; sans entrave; en toute liberté. 全く〜に生きる vivre en toute liberté. 〜に議論する discuter librement. 〜に取って食べる se servir librement; 《俗》 taper dans le tas. 〜に振舞う agir sans entrave (à sa guise); avoir les coudées franches. 〜に人の家に出入りする avoir libre accès auprès de qn. 御〜にどうぞ Vous pouvez disposer. 僕の車を〜に使っていいですよ Vous pouvez disposer de ma voiture. 私は自分の時間を〜に使える Je suis maître de mon temps. ¶〜意志 libre (franc) arbitre m; volonté f autonome (libre). 〜医療 médecine f libérale. 貿易の〜化 libéralisation f du commerce. 〜化する libéraliser. 〜化品目 produit m libéré. 〜型泳法 nage f libre. 〜科 arts mpl libéraux. 〜教育 éducation f libérale. 〜競争 concurrence f. 〜経済 économie f libérale. 〜港 port m franc. 〜裁量 libre arbitre. 〜裁量に任せる s'en rapporter (s'en remettre) à l'arbitrage à qn. 〜裁量権 pouvoir m discrétionnaire. 〜作文 composition f libre. 〜詩 vers mpl libres. 〜自在 facilité f. 〜自在な facile. 〜自在に facilement. 〜思想家 libre penseur m. 〜主義 libéralisme m. 〜主義国家 nation f (monde m) libre. 〜主義者 libéral(ale, aux) m(f, pl). 〜主義的にする libéraliser. 〜主義体制 régime m libéral. 〜主義的 libéral(aux). 〜選択 choix m arbitraire. 〜党 parti m libéral. 〜都市 ville f libre. 〜貿易 libre-échange m. 〜貿易主義者 libre-échangiste m. 〜放任 laisser-faire m. 〜放任政策 politique f de laisser-faire. 〜放任にする laisser faire. 〜奔放 †hardiesse f. 〜奔放な †hardi. 〜奔放に †hardiment.

じゅう 十 dix m. 「〜人十色」《Autant de têtes, autant d'avis.》〜年一昔だ Ça fait déjà dix ans.

じゅう 銃 fusil m; [騎兵] carabine f; [歩兵]《俗》flingot m. 〜をかつぐ mettre un fusil sur l'épaule. 〜をかつぎ替える changer son fusil d'épaule. 〜をかついで fusil sur l'épaule. 〜を構える coucher un fusil en joue; épauler un fusil. 〜で撃つ fusiller. ¶空気〜 carabine à air comprimé. 自動小〜 fusil mitrailleur. 小〜の射撃 coup m de fusil. 連発〜 fusil à répétition. 猟〜 fusil de chasse. 〜殺 fusillade f. 〜殺する fusiller.

-じゅう 中 ¶家〜 toute la famille. 一日〜 toute la journée. 一年〜 toute l'année. 顔〜髭の男 homme m tout en moustaches. 国〜で dans tout le pays. 今月〜 tout le mois. 世界〜を旅行する parcourir le monde entier. 日本〜に足跡を残す voyager à travers le Japon. 町〜が燃えている Toute la ville est en feu.

しゅうあく 醜悪 ¶〜な laid; vilain; affreux(se); horrible; †hideux(se). 〜になる s'enlaidir. 〜さ laideur f; †hideur f.

じゅうあつ 重圧 pression f; étreinte f; [圧制] oppression f. 人に〜を加える exercer une pression sur qn. 〜に苦しむ gémir sous l'oppression.

しゅうい 周囲 tour m; pourtour m; [円周] circonférence f; [図形などの] périmètre m; 《幾何》 périphérie f. 胸の〜 tour de poitrine. 広場の〜 pourtour de la place. 町の〜 périmètre de la ville. 円の〜 périmètre d'un cercle. 〜が10キロある avoir 10 kilomètres de tour. ¶〜の circonférentiel(le); périmétrique; périphérique. ◆[周辺] alentours mpl; voisinage m; environs mpl; environnement m; enceinte f; [環境] milieu(x) m. 町の〜 alentours (périphérie) de la ville. 〜を見回す regarder alentour. 〜に目をくばる jeter un coup d'œil circulaire. ¶〜の ambiant; environnant; d'alentour. 〜の影響 influence f ambiante. 〜の人々 entourage m; alentours m. 〜の森 bois mpl environnants. 〜に(を) alentour.

じゅうい 獣医 vétérinaire mf. ¶〜の vétérinaire. ¶〜学 art m vétérinaire.

じゅうい 重囲 encerclement m. 〜を突破する rompre (forcer) l'encerclement.

じゅういち 十一 onze m. ¶〜番目の onzième. 〜日 le onze.

じゅういちがつ 十一月 novembre m. ¶〜に au mois de novembre.

しゅういつ 秀逸 ¶〜な excellent; merveilleux(se); supérieur; †hors ligne; distingué. 彼の演説は〜だった Son discours était hors ligne.

しゅうう 驟雨 averse f; ondée f. 〜に会う être surpris par une averse.

しゅうえき 収益 produit m; [利潤] rapport m; [所得] revenu m; [収入] recette f; [金利] rentes fpl. 年間の〜 rapport annuel. 〜が多い être d'un bon rapport. 大いに〜が上がっている être en plein rapport. 土地からの〜で暮す vivre du produit de ses terres (du rapport du sol).

しゅうえき 就役 ¶〜する être à son poste; [艦船が] entrer en service.

じゅうえき 獣疫 épizootie f. ¶〜性の épizootique.

しゅうえん 終演 ¶「本日~」«On ferme.»

しゅうえん 終焉 fin f; [死] mort f. ~の地 lieu(x) m où l'on est mort. 旧制度の~ la fin de l'Ancien Régime. ~を告げる sonner la fin.

じゅうおう 縦横 ¶~に de long en large; partout; en tous sens; dans tous les sens; [心のままに] à volonté; à discrétion; facilement. パリでは地下鉄が~に走っている Le métro dessert tous les secteurs de Paris. 広野を~に走り回る parcourir en tous sens la vaste plaine en tous sens. ‖~無尽の大活躍をする déployer toutes ses capacités.

じゅうおく 十億 milliard m.

しゅうか 臭化 ¶~銀 bromure m d'argent. ~水素酸 acide m bromhydrique. ~物 bromure.

しゅうか 衆寡 ¶~敵せず軍門にくだる être écrasé sous le nombre de l'ennemi.

しゅうか 集荷(貨) concentration f de marchandises. 食料品の~ concentration de denrées alimentaires. 牛乳(卵)の~ collecte f (ramassage m) du lait (des œufs). 牛乳の~をする collecter le lait.

じゅうか 銃火 feu(x) m; fusillade f; coup m de feu. 敵の~を潜って突撃する donner l'assaut sous le feu de l'ennemi. ~に浴びせる tirer sur; faire feu sur qn. 敵陣に一斉に~を浴びせかける ouvrir un feu nourri sur la ligne ennemie. 腹背に~を浴びる être pris entre deux feux. ~の洗礼を受ける recevoir le baptême du feu. ~に倒れる être tué au feu.

しゅうかい 集会 réunion f; assemblée f; meeting m. ~が持たれた L'assemblée a eu lieu. ~が延期された La réunion s'est prolongée. ~は大荒れだった La réunion était houleuse. ~を開く organiser une réunion; tenir une assemblée (un meeting). ‖不法~ réunion illégale. ~権 droit m de réunion. ~場 lieu(x) m d'assemblée; salle f de réunion; cercle m; [古代ローマの] forum m. 将校~所 cercle militaire; mess m.

しゅうかい 醜怪 ¶~な †hideux(se); dégoûtant.

しゅうかいどう 秋海棠 bégone f; bégonia m.

しゅうかく 収穫 récolte f; [穀物, 特に麦の] moisson f; [葡萄の] vendange f; [作物, 果実の] levée f; [利潤] rapport m; [成果] fruit m. 今年は~がいい(悪い) La récolte est bonne (mauvaise) cette année. 今年は梅の実の~が多かった Les pruniers ont bien donné cette année. この仕事は何の~ももたらさない Ce métier ne rapporte presque rien. ¶~する recueillir; récolter; moissonner; lever; vendanger; faire récolter (moisson, vendange). じゃがいもを~する récolter des pommes de terre. 桜桃は六月に~される Les cerises se récoltent en juin. 私はこの本を読んで~があった J'ai lu avec fruit ce livre. ‖~期 récolte; moisson; vendanges. ~高 [作付面積に対する] rendement m. 総~高 produit m brut.

しゅうがく 就学 scolarisation f. ¶~する entrer à l'école. ‖~年限 scolarité f. ~年齢 âge m scolaire. ~率 taux m de scolarité.

しゅうがく 修学 étude f. ¶~する faire ses études. ‖~年限 années fpl de scolarité. ~旅行 voyage m scolaire.

じゅうがく 従価税 droit m sur la valeur.

じゅうがた 自由型 [水泳] nage f libre. ‖ 200メートル~ deux cents mètres nage libre.

じゅうがつ 十月 octobre m. ~十日 le 10 octobre. ¶~に en (au mois d')octobre.

しゅうかん 収監 emprisonnement m; incarcération f; écrou m. ¶~する emprisonner; incarcérer; écrouer; mettre en prison. ~される être écroué au dépôt. ‖~状 mandat m de dépôt.

しゅうかん 習慣 habitude f; [風習] coutume f; [慣習] usage m; pratique f; rite m; [慣れ] accoutumance f. 日本の~ coutume du Japon. ~のちがい différences fpl habitudes diplomatiques. ~は第二の天性である L'habitude est une seconde nature. ...するのが~である Il est d'usage de inf. それが家族の~です C'est l'usage de la famille. ...する~がある avoir l'habitude de inf; avoir coutume de inf; être accoutumé à inf. 悪い~がつく prendre une mauvaise habitude. ...する~がつく prendre (contracter) l'habitude de inf. ...することが~になった Il est passé en usage que sub. バーゲンセールは日常の~となった La vente au rabais est devenue une pratique courante. ~にそむる contracter une habitude. ~に従う suivre les usages (les coutumes). よい~をつける faire prendre de bonnes habitudes. 子供に勉強の~をつけさせる accoutumer un enfant au travail (à travailler). ~を止めさせる déshabituer. 飲酒の~をやめさせる déshabituer qn de l'alcool. ~をなくす se désaccoutumer; se déshabituer; se défaire de l'habitude. 煙草をのむ~をなくす se déshabituer de fumer. ¶~的 habituel(le); routinier(ère); rituel(le). ~的に habituellement; par routine. ~から par habitude. ~に従って selon (suivant) son habitude. ついでやってしまったんですよ Je l'ai fait par pure habitude. ~性 [薬の] accoutumance. ~法 《法》 coutume f.

しゅうかん 週間 ¶1~ une semaine; †huit jours mpl. 2~ une quinzaine; quinze jours. 1~おきに toutes les deux semaines; tous les quinze jours. 1~前に il y a une semaine (huit jours). あの日から1~前に une semaine avant. 1~後に dans une semaine. 1~かかって in une semaine (huit jours). 1~の予定で pour huit jours. ‖~労働時間 durée f hebdomadaire du travail.

じゅうかん 獣姦 bestialité f.

じゅうかん 縦貫 ¶~する traverser. ‖大陸~鉄道 chemin m de fer transcontinental.

じゅうがん 銃眼 [城壁の] meurtrière f; [城壁の屋上の] créneau(x) m.

しゅうかんし 週刊紙(誌) journal(aux) m (magazine m, revue f) hebdomadaire; hebdomadaire m; hebdo m.

しゅうき 周忌 anniversaire m de la mort.

しゅうき 周期 période f. 振子の~ période

しゅうき 周期 période f d'un pendule. 排卵の〜 période de l'ovulation. 公転の〜 révolution f. 〜的な périodique. 〜的に périodiquement. ‖経済〜 cycle m économique. 〜性 périodicité f.

しゅうき 臭気 fétidité f; puanteur f; mauvaise odeur f. ‖〜を放つ dégager (exhaler) une puanteur. 〜を除く enlever une mauvaise odeur; désodoriser. 〜のある(紛々の) fétide; puant. 〜止め[防臭剤] désodorisant m; déodorant m.

しゅうぎ 宗義 doctrine f d'une religion. ‖〜を守る人 pratiquant(e) m(f).

しゅうぎ 祝儀 fête f; [婚礼] noces fpl; [チップ] pourboire m; [目上から目下への] largesse f. 〜をやる faire ses largesses.

じゅうき 什器 ustensile m. ‖台所用〜 ustensiles de cuisine.

じゅうき 銃器 arme f à feu. ‖〜不法所持 détention f illégale d'armes.

しゅうぎいっけつ 衆議一決 unanimité f. その点については〜した On a fait l'unanimité sur ce point. 〜で à l'unanimité.

しゅうぎいん 衆議院 La Chambre des députés. ‖〜議員 député m; [婦人] femme député f; [集合的・職] députation f. 〜議員に立候補する se présenter à la députation.

じゅうきかんじゅう 重機関銃 mitrailleuse f.

しゅうきゅう 蹴球 football m; foot m. ‖〜選手 joueur m de football; footballeur m.

しゅうきゅう 週休 congé m (repos m) hebdomadaire. ‖〜二日制 semaine f de quarante heures. 我々の会社に〜二日制が Dans notre entreprise, nous avons deux jours de congés payés par semaine.

しゅうきゅう 週給 semaine f; huitaine f; salaire m d'une semaine de travail. 〜を支払う payer à qn sa semaine. 我々は〜をもらっている Nous sommes payés à la semaine.

じゅうきゅう 十九 dix-neuf m. ‖〜番目の dix-neuvième.

じゅうきょ 住居 domicile m; résidence f; logement m; habitation f; maison f d'habitation. 〜を変える changer de résidence. 〜を定める fixer son domicile; se fixer. 〜を選定する[法] élire domicile. 〜の[形] domiciliaire; résidentiel(le). 仮〜 domicile élu. 〜費 frais m de logement. 不定の〜 sans domicile fixe. 〜面積 surface f habitable.

しゅうきょう 宗教 religion f. ある〜に改宗する se convertir à une religion. 〜を禁ずる(弘める) proscrire (répandre) une religion. 〜を捨てる abjurer une religion. ‖〜的な(の) religieux(se). 〜的に religieusement. 〜国定 〜 religion d'État. 自然〜 religion naturelle. 〜音楽 musique f religieuse. 〜画 image f de piété. 〜界 monde m religieux. 〜改革[史] la Réforme; Réformation f. 〜改革家 réformateur(trice) m(f). 〜会議 concile m. 〜教育 éducation f religieuse. 〜教育を施さない学校 école f laïque. 〜裁判所[史] Inquisition f. 〜心 religiosité f. 〜心がある avoir de la religion. 〜心のない irréligieux(se). 〜生活 vie f spirituelle. 〜戦争 guerre f de religion.

しゅうぎょう 就業 ‖〜する se mettre à l'ouvrage (au travail). ‖〜規則 règlement m de service. 〜時間 heures fpl ouvrables. 〜日 jour m ouvrable. 〜人員 effectif m occupé. 〜人口 population f employée. 〜中である être au travail (en service).

しゅうぎょう 修業 étude f. ‖〜する[学ぶ] étudier; s'instruire; [終える] terminer ses études. ‖〜証書 certificat m d'études. 〜年限 scolarité f.

しゅうぎょう 終業 fin du travail; [学校] fin des cours. ‖〜時間 heure f de fermeture.

しゅうぎょう 醜業 prostitution f. ‖〜婦 prostituée f.

しゅうきょく 終局(極) fin f; [結末] conclusion f. 〜に近づく toucher (tirer) à sa fin. 〜を告げる avoir une fin. ‖〜の final. 〜の目的 but m final. 〜的に finalement.

しゅうきょく 終曲 final[e] m.

しゅうきょく 褶曲《地》plissement m. ‖〜作用を受けた plissé. 〜山脈 chaîne f plissée.

しゅうぎょとう 集魚灯 lamparo m.

しゅうきん 集金 encaissement m des recettes; recette f; rentrée f. ‖〜する encaisser les recettes; opérer une rentrée; faire la recette de. 〜係 garçon m de recette. 〜人 encaisseur m.

じゅうきんぞく 重金属 métal(aux) m lourd.

しゅうぐ 衆愚 multitude f. ‖〜政治 démagogie f.

しゅうぐせいじ 衆愚政治 démagogie f.

ジュークボックス juke-box(es) m.

シュークリーム chou(x) m à la crème.

じゅうぐん 従軍 ‖〜する accompagner l'armée; [参戦] faire la guerre. ‖〜看護婦 infirmière f militaire. 〜記者 correspondant(e) m(f) de guerre. 〜商人 vivandier (ère) m(f).

しゅうけい 集計 somme f totale. ‖〜する faire le total des sommes; totaliser. 〜すると幾らになりますか Combien ça fait au total?

じゅうけい 重刑 peine f lourde; [極刑] peine capitale. 〜に処する condamner qn à une peine lourde.

じゅうけいしょう 重軽傷 ‖その事故で多くの〜者が出た Cet accident a fait beaucoup de blessés, graves ou légers.

しゅうげき 襲撃 coup f; attaque f; assaut m; [不意の] raid m. 敵への〜 attaque (assaut) contre l'ennemi. 飛行機の〜 raid aérien. 〜を受ける être attaqué par. 〜を開始する lancer (déclencher) une attaque. ‖〜する attaquer; assaillir; donner (livrer) l'assaut à. ‖銀行〜 † hold-up m inv d'une banque.

じゅうげき 銃撃 coup m de fusil (feu); [一斉射撃] fusillade f; décharge f; [継続射撃] tiraillerie f. ‖〜する faire feu; tirer sur; [機関銃で] mitrailler. ‖〜戦 combat m de feu.

しゅうけつ 終決(結) [結末] fin f; [会などの] clôture f; [決定] décision f; [数・論] conclusion f. 〜に到る arriver à une décision;

しゅうけつ 集結 rassemblement *m*; groupement *m*; [軍] ralliement *m*. ¶～する se grouper; se rallier. ～させる grouper; rassembler; [部隊, 艦隊を] rallier. ‖～点 point *m* de ralliement.

じゅうけつ 充血 congestion *f*; engorgement *m*; hyperémie *f*; affluence *f* du sang. ～をとる décongestionner. ¶～する s'engorger; s'hyperémier. 顔が～している Le sang lui afflue au visage. ～した congestionné. ～した目 yeux *mpl* injectés [de sang]. ～しやすい congestif(ve). ～動脈性～ fluxion *f*. 肺(脳)～ congestion pulmonaire (cérébrale).

じゅうけつきゅうちゅう 住血吸虫 bilharzie *f*.

しゅうけん 集権 ‖中央～ centralisation *f*. 中央～主義 centralisme *m*.

しゅうげん 祝言 noces *fpl*. ～をあげる célébrer un mariage.

じゅうけん 銃剣 baïonnette *f*; épée-baïonnette *f*. ～突撃 charge *f* à la baïonnette.

じゅうご 銃後 arrière *m*. ¶～の士気 moral *m* de l'arrière. ～の人々 ceux de l'arrière; arrière.

しゅうこう 周航 circumnavigation *f*. ¶～する circumnaviguer. ‖世界一周～旅行 voyage *m* de circumnavigation.

しゅうこう 就航 ¶船(飛行機)を～させる mettre un bateau (un avion) en service. ‖～中の飛行機 avion *m* en service.

しゅうこう 修好 amitié *f*; [協商] entente *f*. 二国間の～ amitié entre les deux pays. ‖～条約 traité *m* d'amitié.

しゅうこう 醜行 infamie *f*; vilenie *f*; conduite *f* déshonorante.

しゅうごう 集合 rassemblement *m*; [主として不法の] attroupement *m*; [集会] réunion *f*; assemblée *f*; [部隊, 艦隊の] ralliement *m*; [数] ensemble *m*. ¶～する se rassembler; se réunir; s'attrouper; se rallier. ～する兵士 soldats *mpl* qui se rallient. ～的意味で [文法] collectivement. ‖～体 agrégat *m*. 鉱物の～体 agrégats de minéraux. ～場所 rendez-vous *m inv*. ～名詞 collectif *m*; nom *m* collectif. ～ラッパを吹く sonner le rappel.

じゅうこう 重厚 dignité *f*. ¶～な grave; digne. ～な人 personne *f* digne.

じゅうこう 銃口 bouche *f*. ～を向ける diriger (braquer) *son* fusil sur *qn*.

じゅうごう 重合 [化] polymérisation *f*. ¶～させる polymériser. ～可能の polymérisable. ‖～体 polymère *m*.

しゅうこうき 集光器 condensateur *m*; condenseur *m*.

じゅうこうぎょう 重工業 industrie *f* lourde.

じゅうごうじゅうたく 集合住宅 logement *m* collectif (en copropriété).

じゅうごや 十五夜 [nuit *f* de] pleine lune *f*.

じゅうこん 重婚 bigamie *f*. ¶～の bigame. ‖～者 bigame *mf*.

しゅうさ 収差 [光] aberration *f*. 色～ aberration chromatique.

じゅうざ 銃座 affût *m* de fusil.

ジューサー ¶果物用～ moulin *m* à fruits. 野菜用～ moulin à légumes.

しゅうさい 秀才 personne *f* de grand talent. 彼は～だ Il est très intelligent. ¶～の学生 brillant(e) élève *m*(*f*).

じゅうざい 重罪 [法] crime *m*. ¶～の criminel(le). ‖～裁判所で裁判を受ける être jugé en cour d'assises. ～人 criminel(le) *m*(*f*).

しゅうさく 秀作 chef(s)-d'œuvre *m*.

しゅうさく 習作 étude *f*.

じゅうさつ 銃殺 fusillade *f*. ¶～する fusiller. ‖～刑 fusillade. ～刑執行人 fusilleur *m*.

しゅうさん 集散 rassemblement *m* et distribution *f*. ‖各政党は離合～の繰返しだ Dans les partis politiques les groupes se font et se défont. ～地 centre *m* de commerce; marché *m*.

しゅうさん 集産 ‖～化する collectiviser. ～主義 collectivisme *m*. ～主義者 collectiviste *mf*.

しゅうさん 蓚酸 acide *m* oxalique. ‖～塩 oxalate *m*.

じゅうさん 十三 treize *m*. ¶～番目の treizième.

しゅうし 収支 balance *f*; [収入と支出] recettes *fpl* et dépenses *fpl*; [借方と貸方] actif *m* et passif *m*. ‖国際～ balance *f* des comptes (paiements). 経常～ balance des comptes (paiements) courants. 貿易～ balance commerciale (du commerce). ～決算する dresser *son* bilan; établir la balance. ～決算表 bilan *m*. ～決算表を作成する établir un bilan. ～決算報告 compte *m* rendu des recettes et des dépenses.

しゅうし 宗旨 religion *f*; [宗派] secte *f*. ～を変える changer de religion (secte).

しゅうし 修士 maître *m*. ‖文学～ maître ès lettres. ～課程 cours *m* de maîtrise. ～資格 maîtrise *f*. ～論文 mémoire *m* de maîtrise.

しゅうし 終始 du commencement à la fin; toujours. 会議は～なごやかに進められた Les pourparlers se sont déroulés à l'amiable d'un bout à l'autre. ‖～一貫して constamment; continuellement. 彼は～一貫して拒み続けた Il a persisté à refuser (dans son refus). 彼の意見は～一貫して変らない Il persiste dans son opinion.

しゅうし 終止符 *m*; [楽] cadence *f*.

しゅうじ 修辞 rhétorique *f*. ¶～[学]的に rhétoriquement. ～上の rhétorique. ‖～学 rhétorique. ～学者 rhétoricien *m*. ～学級 classe *f* de rhétorique; [現在の] classe de première.

しゅうじ 習字 calligraphie *f*. ～をする faire des exercices d'écriture. ～を習う apprendre à écrire.

じゅうし 獣脂 graisse *f*.

じゅうし 重視 ¶～する mettre (attacher, donner, prêter) de l'importance à *qc*. 彼の提案をもっと～すべきだ Il faut donner plus

じゅうじ 十字［十字形］croix *f*. ~を切る faire le signe de [la] croix. ¶~の croisé(e); crucial (aux); cruciforme. ~l en forme de croix. ‖南一星 la Croix du Sud. ~架 croix; ［小］croisette *f*; ［首にさげる金の］jeannette *f*. ~架にかける crucifier; mettre *qn* sur la (en) croix. ~架にかけられた crucifié. ~架の刑 supplice *m* de la croix. ~架を背負っている porter *sa* croix. ~架像 crucifix *m*. ~軍 croisade *f*. ~軍に参加して十字を切る; prendre la croix. ~勲章 croix. ［望遠鏡のレンズにある］~線 réticule *m*. ~砲火 feux *mpl* croisés. ~路 croisement *m*; carrefour *m*.

じゅうじ 従事 ¶~する se livrer à; s'occuper de; exercer; pratiquer. 仕事に~する se livrer à un travail. 慈善事業に~する s'occuper de bonnes œuvres. 医業に~する exercer (pratiquer) la médecine. 彼は何に~しているか Que fait-il dans la vie?

じゅうしち 十七 dix-sept *m*. ¶~番目の dix-septième.

じゅうじつ 終日 toute la journée; tout le jour.

じゅうじつ 充実 ¶~させる enrichir; renforcer; fortifier. コレクションを~させる enrichir *sa* collection. 講義の内容を~させる enrichir un cours. 軍隊を~させる renforcer une armée. 精神を~させる nourrir l'esprit. ~した nourri; plein; rempli; riche. ~した一日 journée *f* bien remplie. ~した会話 conversation *f* nourrie. ~した学生生活を送る mener une vie d'étudiant bien remplie.

じゅうしふ 終止符 point *m* [final]; ［楽］cadence *f*. ~を打つ mettre le point final à. 議論に~を打つ mettre un terme aux discussions. 長い戦争にもついに~が打たれた On a enfin mis un point final à cette longue guerre.

じゅうしゃ 終車 ［列車］dernier train *m*; ［バス］dernier bus *m*. ~に間に合う attraper le dernier train.

じゅうしゃ 従者 écuyer suivant(e) *m*(*f*); gens (*m*(*f*) pl.); suite *f*; ［中世の楯持ち］écuyer *m*.

じゅうしゅ 銃手 fusilier *m*. ‖機関［銃］~ fusilier mitrailleur.

じゅうしゅう 蒸気が~音を立てている On entend le chuintement de la vapeur./On entend un jet de vapeur qui chuinte.

じゅうしゅう 収(蒐)集 collection *f*; récolte *f*; ramassage *m*. 切手の見事な~ belle collection de timbres. 資料の~ récolte de documents. ~する collecter; recueillir; ramasser; faire collection de. ‖~家 collectionneur(se) *m*(*f*). ~者 ramasseur(se) *m*(*f*).

じゅうしゅう 収拾 ¶~する remettre en ordre; mettre (donner) bon ordre à. 事態を~する remettre une situation en ordre. 治安を~する rétablir l'ordre public. ~のつかない 事態になる tomber dans une situation inextricable.

じゅうじゅう ¶フライパンの中でビフテキが~いっている Le bifteck grésille dans la poêle.

じゅうじゅう 重々 ¶~お詫びします Je vous demande mille pardons. ~承知しています Je le sais très bien./Je le grave dans mon cœur.

しゅうしゅく 収縮 resserrement *m*; contraction *f*; ［筋肉の］rétraction *f*; constriction *f*; ［布地, 瞳孔の］rétrécissement *m*. ¶~する se resserrer; se contracter; se rétracter; ［布地が］se rétrécir. 寒さで筋肉が~する Les muscles se contractent au froid. ~させる resserrer; contracter; ［布地を］rétrécir. 皮膚を~させるアストリンゼン lotion *f* astringente qui resserre la peau. ‖~自在(性) rétractilité *f*. ~自在の rétractile; contractile.

じゅうじゅん 従順 docilité *f*; malléabilité *f*. ¶~な docile; obéissant; soumis; déférent; malléable; maniable. ~な性格 caractère *m* docile. ~な息子 fils *m* soumis.

しゅうじょ 醜女 femme *f* laide; laideron *m*; maritorne *f*. ~の深情け tendresse *f* d'une laideronne.

じゅうしょ 住所 ［宛名］adresse *f*; ［住居］domicile *m*; maison *f* d'habitation; résidence *f*; logement *m*. ~はどちらです Quelle est votre adresse? ~現~ adresse actuelle. ~不定の sans domicile fixe. ~変更 changement *m* d'adresse. ~録 carnet *m* d'adresses. ~不定者 individu *m* sans domicile fixe.

しゅうしょう 周章 ¶~狼狽する perdre contenance; se décontenancer; être tout décontenancé. ~狼狽した tout décontenancé. 彼は~狼狽するなすところを知らない Tout déconcerté, il ne sait comment s'y prendre.

しゅうしょう 愁傷 ¶御~のこととお察し申し上げます Je sympathise profondément avec vous en ces tristes moments. ‖御~様です Je vous présente (offre) mes condoléances.

じゅうしょう 重傷 blessure *f* grave. ~を負う se blesser gravement. ‖~者 blessé(e) *m*(*f*) grave.

じゅうしょう 重唱 ‖二~ duo *m*. 三~ trio *m*. 四~ quatuor *m*. 五~ quintette *m*. 六~ sextuor *m*.

じゅうしょう 重症 cas *m* grave. ¶~である être gravement atteint. ‖~患者 grand malade *m*. ~心身障害者 †handicapé(e) *m*(*f*) grave.

じゅうしょう 銃床 monture *f*; ［台尻］crosse *f*.

じゅうしょうしゅぎ 重商主義 mercantilisme *m*. ‖~者 mercantiliste *mf*.

しゅうしょく 就職 ¶人に~を頼む faire une démarche auprès de *qn* pour une place. ~する se placer; obtenir (se procurer, prendre) une place (un emploi). 商社に~する se placer dans une maison de commerce. 店員として~したいのです Je voudrais obtenir une place de vendeur. ‖~運動をする faire des démarches pour trouver un poste. ~

しゅうしょく □ emploi *m*; place *f*; situation *f*; poste *m*. ～口を探す chercher une place. ～試験 examen *m* d'entrée. ～難 manque *m* (pénurie *f*) d'emplois.

しゅうしょく 修飾 modification *f*; [名詞の] qualification *f*. ¶～する modifier; qualifier. ‖～語 modificatif *m*; qualificatif *m*.

しゅうしょく 秋色 ¶～を愛でる admirer le paysage automnal. 野山は日一日と～を深めている La nature se pare chaque jour davantage des couleurs de l'automne.

しゅうしょく 重職 poste *m* élevé (important); fonction *f* de responsabilité. ¶～に在る occuper un poste important. ～につく entrer dans une fonction importante. ～についている détenir un poste important.

しゅうしん 執心 attachement *m*. ¶～する avoir de l'attachement pour; être attaché à. 彼はあの女にぞっこん～だ Il est épris (toqué) de cette femme.

しゅうしん 就寝 coucher *m*. ¶～する aller au lit; se coucher.

しゅうしん 修身 morale *f*; morale pratique.

しゅうしん 終審 ～で en dernier ressort. ‖～裁判(判決) jugement *m* en dernier ressort.

しゅうしん 終身 ¶～の perpétuel(le); viager(ère); à vie. ‖～会員 membre *m* perpétuel (à vie). ～刑に処せられる(の判決を受ける) être condamné à perpétuité; être condamné à la détention perpétuelle. ～雇用 emploi *m* à vie. ～懲役 travaux *mpl* forcés à perpétuité. ～年金 viager *m*; rente *f* viagère (perpétuelle, à vie).

しゅうじん 囚人 prisonnier(ère) *m(f)*; [徒刑の] galérien *m*; [拘留の] détenu(e) *m(f)*. ～の身である être dans les fers. ¶～護送車 voiture *f* cellulaire; 〖俗〗 panier *m* à salade. ～服 costume *m* pénal. ～名簿 registre *m* d'écrou.

しゅうじん 衆人 public *m*. ‖～環視の中で en public.

じゅうしん 重心 centre *m* de gravité. ～を失う perdre l'équilibre; basculer. ～をとる(保つ) faire (garder) l'équilibre.

じゅうしん 銃身 canon *m* de fusil. ～を上げる(向ける) relever (diriger; braquer) le canon d'un fusil.

ジュース jus *m*; suc *m*. 果物の～ jus de fruits. 肉の～ suc de viande. ‖トマト～ jus de tomate. ◆［テニスなどの］à deux. ～になる Ça fait à deux de jeu.

じゅうすい 重水 eau(*x*) *f* lourde.

じゅうすいそ 重水素 hydrogène *m* lourd.

しゅうせい 修正 [訂正] correction *f*; modification *f*; rectification *f*; [校閲, 校正] révision *f*; [写真, 絵, 文] retouche *f*; [法案] amendement *m*. 写真に～を施す faire une retouche à une photo. ¶～する corriger; modifier; rectifier; réviser; retoucher. 法案を～する amender un projet de loi. 本分を～する retoucher un texte; faire des retouches à un texte. ～した写真 photo *f* retouchée. ～の（る）rectificati(f)ve). ～液 correcteur *m* [liquide]. ～箇所 retouche. ～社会主義 socialisme *m* réformiste. ～主義 révisionnisme *m*. ～主義者 révisionniste *m*. ～テープ ruban *m* correcteur. ～用具 retouchoir *m*. ～予算 budget *m* révisé.

しゅうせい 終世(生) toute la vie; pour toujours. ¶～忘られぬ感激 émotion *f* à jamais inoubliable. ～変らぬ友情 amitié *f* à la vie [et] à la mort.

しゅうせい 習性 mœurs *fpl*; [習慣] habitude *f*. 蜜蜂の～ mœurs des abeilles. ...する～がある prendre l'habitude de *inf*.

しゅうせい 集成 agrégat *m*; [詩, 法令などの] recueil *m*. ‖～岩 roches *fpl* agrégées.

しゅうぜい 収税 perception *f* [des impôts]. ‖～吏 percepteur *m*.

じゅうせい 獣性 bestialité *f*; animalité *f*. ¶～の bestial(aux); animal(aux).

じゅうせい 銃声 coup *m* de fusil (feu); détonation *f*. 遠くで～が聞こえた On a entendu une détonation au loin.

じゅうぜい 重税 impôts *mpl* excessifs. ～にあえぐ être écrasé (accablé) d'impôts. 国民に～を課する écraser (accabler) le peuple d'impôts.

しゅうせいだい 修整台 〖写〗lecteur *m*.

しゅうせき 集積 accumulation *f*; amas *m*; entassement *m*. 材料の～ accumulation des matériaux. ¶～する accumuler; amasser; entasser. 証拠を～する accumuler (réunir) des preuves. ‖ごみ(資材)の～所 dépôt *m* d'ordures (de matériaux).

じゅうせき 自由席 place *f* non réservée.

じゅうせき 重責 grosses charges *fpl*; [lourd] fardeau(*x*) *m*; responsabilité *f*. ～に堪えられない être inapte aux grosses responsabilités. ～を負っている avoir (porter) de grosses charges. ～を果す remplir (s'acquitter de) ses lourdes responsabilités.

しゅうせきかいろ 集積回路 circuit *m* intégré.

しゅうせん 周旋 entremise *f*. ¶～する s'entremettre. ～人 courtage *m*. ～人, 入 entremetteur(se) *m(f)*; agent *m*. 借家～人 agent de location. 土地売買～人 agent immobilier. 悪徳～屋 courtier *m* malhonnête. ～料 commission *f*; courtage.

しゅうせん 終戦 fin *f* de la guerre. ‖～後 après la guerre. ～直後に dans l'immédiat après-guerre.

しゅうぜん 修繕 réparation *f*; raccommodage *m*; [継ぎはぎの] rapetassage *m*; [ざっとした] rafistolage *m*. ¶～する réparer; raccommoder; refaire; arranger; [仮に] bricoler; [ざっと] rapetasser; rapiécer; rafistoler. ～の出来る réparable. この時計は～の出来る La montre est réparable./Cette montre peut se réparer. ～のきかない irréparable. ‖～費 frais *mpl* de réparation. 不動産の～費〖法〗impenses *fpl*.

じゅうぜん 十全 ¶～な parfait; complet(ète). ～な備え défense *f* parfaite. ～な処置をとる prendre toutes les mesures néces-

じゅうぜん 従前 ¶～通りお付き合い願います J'espère que nous resterons en relation.

しゅうそ 愁訴 plainte f. ¶～する se plaindre. 不定～〚医〛mal (maux) m indéterminé.

しゅうそ 臭素 brome m.

じゅうそう 縦走 ¶山を～する suivre la crête. ～の longitudin*al(aux)*. ‖～渓谷 vallée f longitudinale.

じゅうそう 重奏 ¶二～ duo m; duetto m. 三～ trio m. 四～ quatuor m. 五～ quintette m. 六～ sextuor m. 七～ septuor m. 八～ octuor m.

じゅうそう 重曹 bicarbonate m de soude.

しゅうそく 収束 arrangement m. ¶～する arranger; régler. 争いを～する régler (arranger) un conflit. ◆[数学・物理] convergence f. 光の～ convergence des lumières. ¶～する converger.

しゅうそく 終息 ¶～する finir; prendre fin. ～させる mettre fin à.

しゅうぞく 習俗 [風俗] mœurs fpl; [慣習] [les] us et coutumes fpl.

じゅうそく 充足 ¶～する être suffisant; satisfaire. 条件を～する satisfaire les conditions. ～理由 raison f suffisante.

じゅうぞく 従属 dépendance f; subordination f; [国, 君主への] vassalité f. ¶～した(的) dépendant de; subordonné; tributaire de. ～している être dans (sous) la dépendance de; être dépendant de; se subordonner à. ‖～国 pays m vassal. ～節 proposition f subordonnée (dépendante).

じゅうそつ 従卒 ordonnance f(m).

しゅうたい 醜態 conduite f honteuse. ～を演ずる en être pour sa courte honte. 人前に～をさらす s'exposer à la risée publique.

じゅうたい 渋滞 [遅れ] retard m; [障害] encombrement m; embarras m. ～を来たす(ている) apporter du retard à. ¶この通りはよく車が～する Cette rue est souvent encombrée de voitures. 交通ストで貨物輸送が～している La grève des transports apporte du retard dans le trafic des marchandises. 仕事が～している Les travaux n'avancent pas. ‖交通～ embouteillage m; [急な] bouchon m de circulation.

じゅうたい 縦隊 file f; [行軍] colonne f. ～を作って歩く marcher à la file. ‖四列～ colonne par quatre. 四列～で行進する défiler par quatre.

じゅうたい 重態 ¶～である être très (gravement) malade; [俗] être mal en point. ～になる s'aggraver; empirer. 明け方から彼は～に陥った Dès l'aube son état s'est aggravé (empiré).

じゅうだい 十代 ¶～ともお別れた Adieu l'adolescence! ～の若者 moins mpl de vingt ans.

じゅうだい 重大 ¶～な important; grave; sérieu*x(se)*; lourd; vital*(aux)*; capital *(aux)*. ～な問題 question f importante (vitale). それは大して～な事ではない C'est un petit problème./Cela n'a aucune importance. ...するのが一番～なことである Il est capital de *inf* (que *sub*). ～に gravement; sérieusement. 事は～だ L'affaire est grave. ‖～事件 affaire f sérieuse. ～性 importance f; gravité f. ～点 point m capital. 今年の～ニュース les grands événements mpl de l'année.

じゅうたいせい 集大成 recueil m général; somme f; [言語, 古文書などの] corpus m; [成果] fruit m.

じゅうたく 住宅 logement m; habitation f; maison f; résidence f. 自己資金による～ logement libre. ‖高層～ habitats mpl en immeubles à haute structure. 職員～ logement du personnel. 日本～公団 Régie f japonaise des 'HLM (habitation f à loyer modéré). ⇒ 公団. ～街 quartiers mpl résidentiels. ～金融公庫 Crédit m foncier. ～総合展示場 village/s/-exposition(s) m. ～展示 présentation f de modèles de logement. ～難 crise f du logement. ～問題 problème m du logement. ～ローン prêt m foncier.

しゅうたん 愁嘆 lamentation f. ‖～場を見せる faire voir une scène scandaleuse.

しゅうだん 集団 groupe m; collectivité f; troupe f; masses fpl; [大集団] essaim m. 旅行者の～ grappes fpl de voyageurs. ～を作って歩む former un groupe. ¶～的な(に関する) collecti*f(ve)*. ～にする mettre (réunir) en groupe. ～となって en groupe; en troupe. ‖職能～ collectivités professionnelles. 先頭～ [スポーツ] groupe (peloton m) de tête. ～安全保障 sécurité f collective. ～指導制 collégialité f. ～心理 psychologie f collective. ～心理学 psychologie du groupe. ～中毒 intoxication f en masse. ～労働 travail m collectif.

じゅうたん 絨毯 tapis m; [部屋全体の] moquette f; carpette f. 小型の～ tapis de pied. ベッドわきの小～ descente f de lit. 部屋に～を敷く recouvrir le plancher d'un tapis.

じゅうだん 縦断 ¶～する traverser [longitudinalement (en long)]. ～の longitudin*al (aux)*. ‖～図を描く tracer un plan de profil. ～面 coupe f longitudinale; [幾何・製図] plan m de profil.

じゅうだん 銃弾 balle f.

しゅうち 周(衆)知 ¶～の notoire; connu; évident. ～の事実 notoriété f; ...は～のことである il est notoire que *ind*; il est de notoriété publique que *ind*. 彼らが同棲していたというのは～のことだ C'est bien connu qu'ils vivent en concubinage. ～のように comme tout le monde le sait.

しゅうち 衆知 ¶～を集める demander conseil à tout le monde; prendre conseil de tout le monde.

しゅうち 羞恥 ‖～心 pudeur f; [はにかみ] fausse (mauvaise) honte f. ～心を抱く avoir honte de. ～心を傷つける blesser la pudeur. ～心のない sans pudeur; impudent. ～心から par pudeur.

しゅうちく 修築 reconstruction *f*. ¶～する refaire; reconstruire; rebâtir. 建物の一部を～する refaire une partie d'un bâtiment. ‖～工事 travaux *mpl* de reconstruction. ～費 impenses *fpl*.

しゅうちゃく 執着 attachement *m*; attache *f*. 名声への～ attachement à *sa* réputation. ¶～する être attaché à; s'attacher à; tenir à. 生命に～する tenir à la vie;〚俗〛tenir à la peau. ～している attaché à; fidèle à; jaloux (*se*) de. 金銭に～している男 homme *m* attaché aux richesses. 彼は自分の特権に～している Il est jaloux de ses privilèges. ‖～心を断つ rompre *ses* attaches. 故郷への～が捨てきれない conserver *ses* attaches avec *son* pays natal.

しゅうちゃくえき 終着駅 terminus *m*; gare *f* (station *f*) terminus.

しゅうちゅう 集中 concentration *f*; convergence *f*; centralisation *f*. 精神の～ recueillement *m*. 努力の～ convergence des efforts. 都市人口の～［地帯］grandes concentrations urbaines. ¶～する [se] concentrer; converger; centraliser. 一つの問題に～する se concentrer sur un problème. 精神を～する concentrer *son* esprit; se recueillir. 注意を～する concentrer *son* attention sur. 努力を～する faire converger des efforts. 質問は彼に～した Il était la cible de toutes les questions. ‖～資本 concentration capitaliste. ～管理 gestion *f* intégrée. ～豪雨 pluie *f* diluvienne (torrentielle) locale. ～射撃 feu(*x*) *m* nourri. ～排除 décentralisation *f*. ～砲火 feux convergents. ～砲火を浴びせる faire converger les feux d'une batterie sur *qc*. この仕事には～力が必要である Ce travail exige de la concentration.

しゅうちょう 酋長 chef *m* de tribu.

じゅうちん 重鎮 grand personnage *m*; pilier *m*;〚俗〛magnat *m*; grosse légume *f*. 政党の～ pilier du parti. 財界の～ magnat de la finance.

しゅうちんぽん 袖珍本 livre *m* de poche.

しゅうてい 舟艇 barque *f*; embarcation *f*.

じゅうてい 獣的 bestial(*aux*); animal(*aux*); brutal(*aux*).

しゅうてん 終点 terminus *m*.

じゅうてん 充填 gonflement *m*; [歯] obturation *f*. ¶～する gonfler; obturer.

じゅうてん 重点 point *m* capital; essentiel *m*. そこが～である C'est là le point. その点に～を置く appuyer (insister) sur ce sujet. 教育に～を置く donner (accorder) de l'importance à l'enseignement. ～を論ずる discuter sur un point important. ¶～的に principalement; [優先的に] en priorité.

じゅうでん 充電 charge *f*. ¶～する charger; électriser. バッテリーに～する charger une batterie d'accumulateurs.

しゅうでんしゃ 終電車 dernier train *m* (tram) *m*;〚俗〛balai *m*.

しゅうと ［舅］beau(*x*)-père(*s*) *m*; ［姑］belle(*s*)-mère(*s*) *f*; [集合的に] beaux-parents *mpl*.

しゅうと 宗徒 croyant(*e*) *m*(*f*); fidèles *mpl*.

シュート ¶〚サッカーの〛～ shoot *m*; tir *m* au but. ～する shooter; tirer au but.

ジュート jute *m*.

じゅうど 重度 ⇨ じゅうしょう（重症）.

しゅうとう 周到 circonspection *f*. ¶～な circonspect; attentif(*ve*); scrupuleux(*se*). 用意～な計画 projet *m* attentivement préparé. 辛抱強く用意～な観察者 observateur *m* patient et minutieux. ～に circonspection; scrupuleusement.

じゅうとう 充当 affectation *f*; [支払への] assignation *f*. 修理費への～ affectation d'une somme à une réparation. ¶～する affecter; assigner. 金を建物の維持に～する affecter une somme à l'entretien d'un bâtiment. 支払に収入の一部を～する assigner une part de *ses* revenus au paiement.

じゅうどう 柔道 judo *m*. ‖～家 judoka *mf*.

しゅうどういん 修道院 couvent *m*; abbaye *f*; cloître *m*; monastère *m*. ¶～の conventuel(*le*). ～の生活 conventualité *f*. ‖～長 abbé *m*; abbesse *f*; supérieur(*e*) *m*(*f*).

しゅうどうかい 修道会 ordre *m* religieux.

しゅうどうし 修道士 religieux *m*; frère *m*; moine *m*; [若い] moinillon *m*. ～になる entrer au couvent; se faire religieux; porter (prendre) le froc. ～にする faire entrer en religion. ¶～の monastique; monacal (*aux*). ～の生活 vie *f* monacale; monachisme *m*. ～の生活を送る vivre dans le cloître. ～の服（頭巾）froc *m*.

しゅうどうじょ 修道女 religieuse *f*; sœur *f*; moniale *f*. ～になる entrer au couvent; prendre le voile. ～にする mettre *qn* au couvent.

じゅうとうほう 銃刀法 ‖～違反 port *m* d'armes illicite.

しゅうとく 拾得 ¶～する ramasser; trouver. ‖～物 objet *m* trouvé.

しゅうとく 習得 acquisition *f*. ¶～する apprendre; acquérir des connaissances; s'instruire dans (en). 学問（技術）を～する s'instruire d'une science (d'un art).

じゅうなん 柔軟 ～肉 souple; flexible; élastique. ～な筋肉 muscles *mpl* élastiques. ～な性格 caractère *m* flexible. ～な精神（身体）esprit *m* (corps *m*) souple. ～な態度をとる prendre une attitude flexible. 老獪で～な外交政策 politique *f* extérieure de ruse et de souplesse. 身体を～にする assouplir le corps. ～に avec souplesse. ～さ(性) souplesse *f*; flexibilité *f*; élasticité *f*. 精神の～さ souplesse d'esprit. 子供の性格の～さ plasticité *f* du caractère de l'enfant. ‖～化 assouplissement *m*. 文体の～化 assouplissement du style. ～体操 exercices *mpl* (gymnastique *f*) d'assouplissement.

じゅうに 十二 douze *m*. ¶～音階音楽 dodécaphonisme *m*. ～音節語 dodécasyllabe *m*. 1年の～か月 les douze mois *m* de l'année. ～角形 dodécagone *m*. ～行詩 douzain *m*. 昼（夜）の～時には à midi (minuit). ～使徒 les Douze *mpl*. ～面体 dodécaèdre *m*.

じゅうにがつ 十二月 décembre *m*. ¶～に au

じゅうにきゅう 十二宮 signes *mpl* du zodiaque.

じゅうにしちょう 十二指腸 duodénum *m*. ¶～の duodénal(aux). ‖～炎 duodénite *f*.

じゅうにぶん 十二分 ¶それで～だ C'est plus que suffisant. ～に amplement; largement; grandement. ～に足りている C'est amplement suffisant. ～に飲む boire largement; boire jusqu'à plus soif. ～に時間がある avoir largement le temps.

しゅうにゅう 収入 [所得] revenu *m*; [入金] recette *f*; [収益] rapport *m*; produit *m*. 支出と～ dépenses *fpl* et recettes. 一日の～ recette journalière. 彼は月に百万の～がある Il gagne un million par mois. ～が多い avoir de gros revenus; être d'un bon rapport. この仕事は大した～がない Ce métier ne me rapporte pas beaucoup. ...の～で暮す vivre du rapport de *qc*. ～をもたらす rapporter; produire un revenu. ‖家計～ revenu des ménages. 国庫～ revenu national. 総～ revenu (produit) brut. 雑～ recettes diverses. 実～ revenu (produit) net. 年～ revenu annuel. ～印紙 timbre-quittance *m*; timbre *m* fiscal. ～役 receveur(se) *m(f)*.

しゅうにん 就任 installation *f*; entrée *f* en (prise *f* de) fonction; [司教, 王の] intronisation *f*. ¶～する entrer en charge (fonction). 課長に～する accéder au poste de chef de bureau. 閣僚に～する entrer au ministère. ～させる installer. 司教を～させる introniser un évêque. ～の辞 discours *m* de réception.

じゅうにん 住人 habitant(e) *m(f)*.

じゅうにん 重任 charge *f* (fonction *f*, mission *f*) importante. ～を果たす s'acquitter de (remplir) ses fonctions. ◆[再任] réinstallation *f*; [再選] réélection *f*. ¶～する se réinstaller. ～させる réinstaller; réélire. ～され得る rééligible. ～の会長 président *m* réélu. 役員は～を妨げない Le commissaire est rééligible.

じゅうにんなみ 十人並 ¶～の男 homme *m* ordinaire. ～の収入 revenu *m* assez médiocre. 彼女は～だ Elle n'est pas mal. ～以上(以下)の au-dessus (au-dessous) de la moyenne. 奴は～以下だ C'est un homme quelconque.

しゅうねん 執念 obsession *f*; idée *f* fixe. そういう考えが～となっている Cette pensée devient une obsession. ～にとりつかれている être en proie à une obsession. ～にとりつかれる être obsédé d'une idée fixe. ¶～にとりつかれた人 obsédé(e) *m* (f). ～の深い opiniâtre; obsédant; [恨みの] †haineux(se); rancunier (ère); vindicatif(ve). ～深いライバル rival *m* vindicatif. ～深い恨み rancune *f* opiniâtre. ～深い奴 C'est un type très rancunier. ～深く opiniâtrement; †haineusement. ～深くくっきまとう obséder; †hanter. 悔恨が～深くまとっている Le remords m'obsède.

しゅうねん 周年 ¶10～の dixième anniversaire *m*. 50～の 記念祭を催す célébrer le cinquantième anniversaire. 100～ [祭] centenaire *m*.

じゅうねん 十年 dix ans *mpl*; décennie *f*.

しゅうのう 収納 [税の] perception *f*. ¶～する percevoir. ◆[倉庫への] emmagasinage *m*; emmagasinement *m*. ¶～する mettre (remettre) dans; [倉庫に] entreposer; emmagasiner. ‖～家具 meuble *m* de rangement.

じゅうのうしゅぎ 重農主義 physiocratie *f*. ¶～の physiocratique. ‖～者 physiocrate *m*.

しゅうは 周波 ‖～高(低) †haute (basse) fréquence *f*. 中～ moyenne fréquence. ～変調 modulation *f* de fréquence (MF). ～計 fréquencemètre *m*. ～数 fréquence; nombre *m* de périodes par seconde. ～数1,400キロヘルツで放送する émettre sur la fréquence de 1.400kHz.

しゅうは 宗派 secte *f*. 別に～を立てる faire secte à part. ‖～心 sectarisme *m*. ～心の強い sectaire; ～人 sectaire *m*.

しゅうは 秋波 œillade *f*. ～を送る lancer (faire, jeter) une œillade; lorgner. 女に～を送る lorgner une femme.

しゅうはい 集配 [手紙の] levée *f* et distribution *f*. ‖～人 distributeur(trice) *m(f)*. ～の巡回 tournée *f*.

じゅうばい 十倍 décuple *m*. ¶～にする(になる) décupler. 地価が～になった Le prix du terrain a décuplé.

じゅうばくげきき 重爆撃機 bombardier *m* lourd.

じゅうばこ 重箱 ¶～の隅をほじくる ergoter sur des vétilles (des pointes d'aiguille).

じゅうはち 十八 dix-huit *m*. ¶～番目の dix-huitième. ‖～金 or à dix-huit carats *m*. ～番 [得意の芸] numéro [favori] *m*; [得意の話題] dada *m*. ⇒ おはこ (十八番).

しゅうばん 週番 semaine *f*. ～に当たる être de semaine. ～を務める prendre la semaine. ‖～士官 officier *m* de semaine.

じゅうはん 従犯 complicité *f*; [人] complice *mf*.

じゅうはん 重版 réimpression *f*; réédition *f*. ¶～する réimprimer; rééditer.

じゅうはん 重犯 crime *m*. ¶～の criminel (le). ◆[再犯] récidive *f*. ‖～者 récidiviste *mf*.

しゅうばんせん 終盤戦 ¶～に近づく entrer dans la dernière phase. 試合は～を迎えた Nous sommes dans la dernière phase du match.

しゅうび 愁眉 ¶～を開く se rasséréner; se tranquilliser.

じゅうび 銃尾 culasse *f*.

じゅうびょう 重病 maladie *f* sérieuse (grave). ¶～である être sérieusement (gravement) malade.

しゅうふく 修復 restauration *f*; réfection *f*; [建物] rétablissement *m*. 絵画の～ restauration d'un tableau. 道路の～ réfection d'une route. ¶～する restaurer; refaire; rétablir. ‖～作業 travaux *mpl* de réfec-

じゅうふく 重複 répétition f. ¶～を避ける éviter les répétitions. ¶～する se répéter.

しゅうぶん 秋分 équinoxe m d'automne.

しゅうぶん 醜聞 scandale m; esclandre m. ～を引き起す faire de l'esclandre (du scandale). あなたの行動が～を招き兼ねない Votre conduite va faire scandale.

じゅうぶん 十(充)分 ¶ ～な suffisant; satisfaisant. ～な報酬 récompense f satisfaisante. ～な金(金)がある avoir assez de loisir (d'argent). 暮すのに～などれ丈の財産がある avoir assez de bien pour vivre. ...するのに～な理由のある avoir toute raison de inf. それだけあれば～だ Cela suffit à mes besoins. 宿題を終えるのに1時間もあれば～です Une heure suffit pour que je finisse mes devoirs. ...するのに～だ Il suffit que sub (de inf). 仕事を仕上げるのに一日あれば～だ Un jour suffit pour achever ce travail. それで～だ C'est assez (comme cela)./Ça suffit./Suffit. 一度で～だ Il suffit d'une fois. そうすると～とではないCa me paraît insuffisant. そう言われるだけで私には～すだIl ne m'en suffit que vous le disiez. 一回だけの説明では不～だUne seule explication n'est pas suffisante. ～に assez; amplement; largement; grandement; pleinement; suffisamment; à sa suffisance. ...を～に持っている avoir assez de qc. ～に眠る dormir assez. ～に食べる manger à sa faim.

しゅうへき 習癖 habitude f. ～になる devenir une habitude; prendre l'habitude.

しゅうへん 周辺 environs mpl; abords mpl; approches fpl; [都市の] périphérie f. ¶パリの～にある学校 école f située à la périphérie de Paris. パリの～で aux environs (abords) de Paris. ‖～装置 [コンピューター] périphérique m. ～地区 quartiers mpl périphériques.

じゅうぼいん 重母音 diphtongue f. ～の diphtongal(aux).

しゅうほう 週報 bulletin m hebdomadaire.

しゅうぼう 衆望 ¶～がある avoir la confiance publique; [人気] avoir une grande popularité. ～に応える répondre à l'attente publique. ～を担う jouir de la confiance publique.

じゅうほう 重砲 gros canon m.

じゅうほう 銃砲 arme f à feu. ‖～商 armurier m. ～店 armurerie f.

じゅうぼく 従僕 valet m; domestique m; serviteur m.

しゅうまく 終幕 [劇の最後の幕] dernier acte m; [終演] chute f du rideau; [終りの] fin f du rideau. ¶～を迎える approcher de la fin.

しゅうまつ 終末 fin f. ～を迎える toucher à sa fin. ¶～的な [神学] eschatologique. ‖～論 eschatologie f.

しゅうまつ 週末 fin f de semaine; week-end m. ¶～に旅行する voyager en week-end. ～毎に出かける partir tous les week-ends.

じゅうまん 充満 remplissage m. ¶～させる emplir; remplir. ガスで部屋を～させる remplir une pièce de gaz. ...が～している être rempli de qc.

じゅうまん 十万 cent mille m.

しゅうみん 就眠 coucher m. ¶～する se coucher; aller au lit. ‖～時間 heure f du coucher.

じゅうみん 住民 habitant(e) m(f); [一定地域の] population f. ‖～税 impôts mpl locaux. ～投票 plébiscite m.

しゅうめい 襲名 ¶～する hériter le nom de qn; [芸名] hériter le nom de guerre (de théâtre).

じゅうめん 渋面 grimace f. ～を作る faire des grimaces; rechigner; grimacer.

じゅうもう 絨毛 villosité f. ‖小腸～ villosités intestinales.

しゅうもく 衆目 ¶～が一致する Tout le monde s'accorde sur qc (pour inf). ～の一致するところである Tout le monde sait que ind. ～を集める attirer tous les regards.

しゅうもん 宗門 religion f. [宗派] secte f.

じゅうもんじ 十文字 croix f. ¶～に en croix. ～に置く[重ねる] mettre qc en croix. ～に交叉する [道が] se couper en croix (à angle droit). ‖～形の cruciforme; en forme de croix.

しゅうや 終夜 toute la nuit. ‖「～営業」 «Ouvert la nuit.» ～運転 services mpl de nuit.

しゅうやく 集約 résumé m. ¶ ～ する résumer. ～される se résumer. ‖～農業 culture f intensive.

じゅうやく 重役 administrateur(trice) m(f); [専務] gérant(e) m(f). ‖～会議 conseil m d'administration.

じゅうやく 重訳 retraduction f. ¶英語版から日本語に～する retraduire une version anglaise en japonais.

しゅうゆ 終油 [カト] onction f. ‖～の秘蹟 extrême-onction f.

じゅうゆ 重油 mazout m; huile f lourde. 流出(廃棄)～で汚染する mazouter. ～で汚染された海 mer f mazoutée.

しゅうゆう 周遊 tour m; [旅行] voyage m circulaire. ¶世界を～する faire le tour du monde. ‖～券 billet m circulaire.

しゅうよう 収容 [身柄を] écrou m. ¶～する [身柄を] écrouer; [受入れる] recevoir; [引き取る] recueillir; [監禁する] enfermer. 孤児を養老院に～する recueillir un enfant dans un asile d'indigents. 狂人を精神病院に～する enfermer un fou dans un asile d'aliénés. 百人～出来るホール salle f qui peut recevoir cent personnes. ここは皆を～出来ない Tout le monde ne peut pas tenir ici. ‖～所 (保護所) asile m. 強制～所 camp m de concentration. 捕虜～所 camp de prisonniers. 野犬(駐車違反車)～所 fourrière f.

しゅうよう 収用 expropriation f; [土地の] [法] emprise f. ¶～する exproprier. ‖強制～ expropriation forcée. 被～者 exproprié(e) m(f). ～審査委員会 jury m d'expropriation.

しゅうよう 修養 formation f [du caractère]. お前はまだに～が足りない Tu manques de formation./Tu n'es pas encore mûri de

じゅうよう 充用 ¶～する affecter. 古い建物を事務所に～する affecter un vieux bâtiment à des bureaux.

じゅうよう 重用 ¶～する nommer qn à un poste important; donner à qn un poste élevé.

じゅうよう 重要 importance f. ¶～な important; d'importance; premier(ère); grave; primordial(aux); essentiel(le); [大な] grand; gros(se). 最も～な作品 œuvre f la plus importante. 極めて～な問題 problème m de grande (haute, première) importance. 一身上の～な問題 importante affaire f personnelle. ～な役割を演じる jouer un rôle primordial (un premier rôle). ～なことは, 先ずやって見ることだ Ce qui compte, c'est d'abord d'essayer./L'important est d'abord d'essayer. それをやっておくことは,あなたの将来にとって～な一歩となる C'est une démarche importante à faire pour votre avenir. ～である avoir de l'importance; il importe de *inf* (que *sub*); il est important de *inf* (que *sub*); c'est important de *inf*; compter pour beaucoup. 私にはそれは～でない Peu m'importe./Cela m'importe peu. ～でない問題 question *f* sans importance. ‖ ～視する mettre (attacher, prêter) de l'importance à *qc*. ～人物 personnage *m* (gens *mpl*) important (influent); homme *m* (gens *mpl*) de poids. ～書類 documents *mpl* (papiers *mpl*) importants. ～性を加える prendre de l'importance. ～性を持っている être d'une importance. ～性がない être sans conséquence. ～文化財 biens *mpl* culturels classés.

じゅうよう 収容所 ⇨ しゅうよう(収容).

じゅうよく 獣欲 désirs *mpl* bestiaux.

じゅうよん 十四 quatorze *m*. ¶～番目の quatorzième.

しゅうらい 襲来 assaut *m*; attaque *f*; [侵略] invasion *f*. 嵐の～ assaut de la tempête. 敵の～ attaque de l'ennemi. 敵の～に備える prémunir contre l'invasion de l'ennemi. ¶～する assaillir; envahir. いなごの大群がした Il y une invasion de sauterelles. 嵐がした La tempête a éclaté.

じゅうらい 従来 jusqu'ici; jusqu'à présent. ¶～通りの habituel(le); coutumier(ère). ～通りで結構です Je vous en prie, faites comme toujours. ～通りには行かない Cela ne se passe pas comme d'ordinaire. ～通り l comme d'habitude; comme jusqu'à présent; comme par le passé; comme de coutume.

しゅうらく 集(聚)落 [村] village *m*; [小さな部落] †hameau(x) *m*; [集団] agglomération *f*; [農服, 植物の群] colonie *f*. そこに 30 軒ほどの農家が小さな～を成していた Là, il se trouvait un hameau formé d'une trentaine de fermes.

しゅうらん 収攬 ¶人心を～する rallier tous les suffrages.

じゅうらん 縦覧 visite *f*. 施設の～ visite d'un asile. ¶～する visiter. ‖「～謝絶」 «Visite interdite.»

しゅうり 修理 réparation *f*; réfection *f*; remise *f* en état; [車, 機関の応急な] dépannage *m*; [家具, 衣類の] raccommodage *m*. 時計を～に出す donner une montre à réparer. ¶～する réparer; refaire; remettre en état; dépanner; raccommoder. 自動車を～する dépanner une voiture. ～し得る réparable; raccommodable. ‖ ～工 réparateur(trice) *m(f)*; dépanneur *m*. ～工場 atelier *m* (chantier *m*) de réparation; [自動車の] garage *m*. ～中である être en réparation (réfection).

しゅうりょう 修了 ¶～する terminer ses études. ‖ ～証書 diplôme *m*.

しゅうりょう 終了 [会などの] clôture *f*; levée *f*. 会期の～ clôture d'une séance (session). 会議の～を宣する clore la séance d'une assemblée. ¶交渉を～させる clore (terminer) la négociation. ⇨ おわり(終り), おわる(終る).

じゅうりょう 重量 poids *m*. ～を計る peser; mesurer le poids. ¶～のある d'un grand poids; lourd; pesant. ～のある荷物 fardeau (x) *m* lourd; fardeau qui pèse. ～のない d'un poids faible; léger(ère). ‖ 正味～ poids net. 制限～ poids maximum. 総～ poids brut; [総トン数] tonnage *m* brut. ～挙げ poids et haltères *mpl*; haltérophilie *f*. ～挙げ選手 haltérophile *m*. ～感のある鉄塔 tour *f* en fer massive. ～級 [ボクシング] poids lourd. 手荷物の～超過 excédent *m* de bagages. ～制 [ボクシングの] classement *m* par catégorie de poids.

じゅうりょう 銃猟 chasse *f* au fusil.

じゅうりょうぜい 従量税 droit *m* spécifique.

じゅうりょく 重力 pesanteur *f*; [引力] gravité *f*; force *f* gravitationnelle. ‖ 無～状態 apesanteur *f*. ～計 gravimètre *m*. ～作用 gravitation *f*. ～測定 gravimétrie *f*.

じゅうりん 蹂躙 [侵入] envahissement *m*; [毀損・侵害] atteinte *f*; empiétement *m*. 権利の～ empiétement des droits. 軍隊の～にまかせる laisser ravager un pays par les troupes ennemies. ¶～する envahir; attaquer; violer. 国土を～する envahir (ravager) un pays. 人の名誉を～する porter atteinte à l'honneur de *qn*; fouler l'honneur de *qn* aux pieds. ‖ 人権～ atteinte aux droits de l'homme.

シュール ¶～な surréaliste; extravagant; bizarre.

ジュール [単位] joule *m*.

じゅうるい 獣類 bête *f*; [哺乳類] mammifères *mpl*.

シュールレアリスト surréaliste *mf*.

シュールレアリスム surréalisme *m*.

しゅうれい 秀麗 ¶～な noble; élevé. ～である avoir un beau visage aux traits réguliers.

じゅうれつ 縦列 file *f*; [縦隊] colonne *f*.

しゅうれっしゃ 終列車 dernier train *m*.

しゅうれん 収斂 [医] astriction *f*. ‖ ～剤 astringent *m*. ～性 astringence *f*. ～性の as-

しゅうれん tricti*f(ve)*. ◆〖物〗convergence *f*. ～する converger. ‖～レンズ lentille *f* convergente.

しゅうれん 習(修)練 entraînement *m*; exercice *m*. ～が足りない manquer d'entraînement. ～を?む s'entraîner à. 彼は長いことをつんで人前で喋れるようになった Il a eu un long entraînement à la parole en public.

しゅうろう 就労 ‖～時間は8時間である La journée de travail est de 8 heures.

じゅうろうどう 重労働 travail(aux) *m* dur; [刑期の] travail disciplinaire; [懲役] travaux forcés.

しゅうろく 収録 ‖～する recueillir. 方言を～する recueillir (rassembler) des dialectes. ◆[録音・録画] enregistrement *m*. ‖～する enregistrer.

じゅうろく 十六 seize *m*. ‖～番目の seizième. ‖～分音符 double *f* couche. ⇒ おんぷ(音符). ～分休符 quart *m* de soupir. ⇒ きゅうふ(休符). ～ミリカメラ caméra *m* (de) seize millimètres. ～ミリフィルム film *m* [de] seize millimètres.

しゅうわい 収賄 corruption *f*;〖法〗trafic *m* d'influence. ‖～の容疑で捕まる être arrêté sous l'inculpation de corruption. ‖～する se laisser corrompre; toucher un pot-de-vin.

しゅえい 守衛 garde *m*; gardien(ne) *m(f)*; [議会, 裁判所, 大学などの] huissier *m*; [門番] portier(ère) *m(f)*.

じゅえき 樹液 sève *f*; [したたり落ちる] larme *f*.

じゅえきしゃ 受益者 bénéficiaire *mf*.

ジュエリー bijou(x) *m*.

しゅえん 主演 ‖その映画の～は誰だ Qui joue les premiers rôles dans ce film? ～する jouer un premier rôle. アラン・ドロン～の映画 film *m* avec Alain Delon.

しゅえん 酒宴 banquet *m*. ～を催す offrir (donner) un banquet. ...のために～を催して祝う offrir un vin d'honneur à *qn*; donner un banquet en l'honneur de *qn*.

しゅおん 主音 tonique *f*.

しゅが 主我 ego *m*.

しゅかい 首魁 chef *m*. 陰謀の～ auteur *m* (instigateur *m*) de l'intrigue. 反乱の～ meneur *m* de la révolte.

じゅかい 樹海 océan *m* de verdure.

しゅかく 主格 nominatif *m*; cas *m* sujet.

しゅかく 主客 ‖～転倒する renverser les rôles.

しゅかく 酒客 buveur *m*.

じゅかく 儒学 confucianisme *m*. ‖～者 confucianiste *mf*.

しゅかん 主幹 directeur(trice) *m(f)*; [編集の] rédacteur(trice) *m(f)* en chef.

しゅかん 主管 ～の compétent; ‖～官庁に付託する en référer à l'autorité compétente. 外務省の～事項 affaire *f* ressortissante au Ministère des Affaires étrangères.

しゅかん 主観 subjectivité *f*. ～と客観 subjectivité et objectivité *f*. それは～の相違だ Ma vision diffère de la vôtre./Mon point de vue est différent du vôtre. ～的な subjecti*f(ve)*. ～的な判断 jugement *m* subjectif. ～的意見 opinion *f* subjective. ～的に subjectivement. ～主義 subjectivisme *m*. ～主義の subjectiviste.

しゅがん 主眼 objectif *m*; but *m* premier (principal); [要点] essentiel *m*. この法案の～は公衆衛生の改善である Ce projet de loi a pour objet principal d'améliorer la salubrité publique. ‖～点 capital *m*; point *m* capital.

しゅき 手記 note *f* manuscrite; [覚書] mémoires *mpl*; [回想録] souvenirs *mpl*.

しゅき 酒気 fumées *fpl* du vin (de l'ivresse). ‖彼は～を帯びていた Il était un peu gris.

しゅぎ 主義 principe *m*; [学説] doctrine *f*. ...するのは私の～ではない Il n'est pas dans mes principes de *inf*. ...するのを～とする avoir pour principe de *inf*. ～も節操も無い男 homme *m* sans principes. ～として par principe. ‖～主張を貫く persister dans *sa* doctrine.

しゅきゃく 主客 ⇨ しゅかく(主客).

しゅきゅう 受給 recette *f*. ‖～する recevoir *qc*. 年金を～する toucher *sa* pension (rente). ‖～者 [年金等の] pensionné *m(f)*; rentier (ère) *m(f)*.

じゅきゅう 需給 l'offre *f* et la demande. ～の均衡がとれている L'offre et la demande sont en équilibre.

しゅきょう 主教 évêque *m*.

しゅぎょう 修行 exercice *m*; [見習奉公] apprentissage *m*; [スポーツなど] entraînement *m*; [宗教上の] austérités *fpl*. ‖～する s'exercer; s'entraîner. 先生について～する faire *son* stage chez *son* maître. ～を積んだ expérimenté; exercé; expert. ‖～中のピアニスト pianiste *mf* en stage.

じゅきょう 儒教 confucianisme *m*.

じゅぎょう 授業 classe *f*; [学課] leçon *f*; [講義] cours *m*. 歴史の～ classe d'histoire. ～を受ける suivre la classe (le cours); prendre des leçons. ～をする faire la classe. 今日は～がない Nous n'avons pas de classe aujourd'hui; [休校である] Il n'y pas classe aujourd'hui. ‖～時間 heures *fpl* de classe. ～中に en classe. ～料 frais *mpl* scolaires. ～料を払う payer *ses* scolarités. 補習～ leçon (cours) de rattrapage.

しゅぎょく 珠玉 ‖～のような短篇 conte *m* très raffiné. ‖～篇 recueil *m* de chefs-d'œuvre.

しゅく 粛 ‖～として silencieusement. 満場 ～として声なし Un grand silence règne dans la salle.

じゅく 塾 cours *m* privé; [寄宿学校] pension *f*. ‖大学進学～ four *m* (boîte *f*) à bachot.

しゅくあ 宿痾 maladie *f* invétérée.

しゅくい 祝意 du rideau ‖～を表する féliciter *qn*.

しゅくえい 宿営 [軍隊] cantonnement *m*; logement *m*; [野営] campement *m*; bivouac *m*. ‖～する cantonner. 部隊を～させる mettre des troupes en cantonnement.

しゅくえん 宿怨 vieille rancune *f* (†haine *f*); haine endurcie. ～を抱く nourrir (entretenir) des rancunes. ～を晴らす assouvir une vieille vengeance.

しゅくえん 祝宴 banquet *m*; festin *m*; fête *f*. ～を催す donner un banquet; faire [un] festin. …のために～を張る donner une fête en l'honneur de *qn*. ～に招かれる être convié (invité) à un banquet.

しゅくが 祝賀 félicitations *fpl*; congratulation *f*. ～を交し合う se faire des congratulations. ～の意を表する faire des félicitations. ‖～式 cérémonie *f*.

じゅくご 熟語 [話法] locution *f*; [特有語法] idiotisme *m*. [合成語] mot *m* composé.

じゅっこう 熟考 ⇨ じゅっこう(熟考).

しゅくこんか 祝婚歌 épithalame *m*.

しゅくさいじつ 祝祭日 ⇨ しゅくじつ(祝日).

しゅくさつ 縮刷 ‖～版 petit format *m*; [ポケット版] format de poche. ～本 livre *m* de petit format.

しゅくじ 祝辞 félicitation *f*. ～を述べる faire (adresser) des félicitations à. ～を読む réciter un compliment.

じゅくし 熟思 réflexion *f*; délibération *f*. ¶～する réfléchir à (sur); délibérer de (sur).

じゅくし 熟視 ¶～する contempler; fixer; regarder attentivement. 現実を～する fixer *ses* yeux sur la réalité. ～している [絵などを] être en contemplation devant.

しゅくじつ 祝日 [jour *m* de] fête *f*. [大祭] jour de gala.

しゅくしゃ 宿舎 logement *m*. ～の世話をする assurer le logement à. ～を提供する donner le logement à; héberger *qn*.

しゅくしゃ 縮写 réduction *f*. ¶～する réduire. ～用コンパス compas *m* de réduction.

しゅくしゃく 縮尺 échelle *f* [de réduction]. ¶～五万分の一の地図 carte *f* à 150.000.

しゅくしょ 宿所 logis *m*.

しゅくじょ 淑女 dame *f*. ¶～ぶる faire la prude. ～ぶった態度 pudibond; *fem.* bégueule. ～ぶった女 prude *f*; bégueule *f*.

しゅくしょう 縮小 réduction *f*; diminution *f*; [縮まる] rapetissement *m*; [制限] limitation *f*. 支出(人員)の～ réduction des dépenses (du personnel). 労働時間の～ diminution des heures de travail. ¶～する réduire; diminuer; rapetisser; limiter. 出費を～する réduire *ses* frais. 就業時間を～する diminuer la durée de service. 軍備を～する limiter l'armement. ‖軍備～ désarmement *m*; limitation des armements. ～詞 diminutif *m*.

しゅくず 縮図 copie *f* réduite; raccourci *m*. 小説は人生の～である Le roman est un raccourci de la vie.

じゅくすい 熟睡 sommeil *m* de plomb. ¶～する dormir profondément (à poings fermés). ～している être en plein sommeil. ～できましたか Avez-vous bien dormi? ‖～中に en plein sommeil.

じゅくする 熟する mûrir; être mûr. りんごが～ Les pommes mûrissent. 事がへのを待つ laisser mûrir une affaire. 機は熟した Le moment est arrivé./La poire est mûre. 革命の機は熟した La révolution est mûre. 果物を熟させる mûrir les fruits. 考えを熟させる laisser mûrir une idée. ‖熟し過ぎた果物 fruit *m* trop mûr (talé, blet).

しゅくせい 粛正 ‖綱紀の～ surveillance *f* de la discipline. 綱紀を～する faire régner la discipline.

しゅくせい 粛清 épuration *f*; purge *f*. ¶～する purger; épurer. 党内の～ purger un parti. 危険人物を～する se débarrasser des éléments dangereux. ‖～委員会 comité *m* d'épuration.

しゅくだい 宿題 devoir *m*. ～を直す(出す) corriger (donner) des devoirs. それは次までの～と言う C'est le devoir pour la prochaine fois./C'est une question à étudier la prochaine fois.

じゅくたつ 熟達 ¶～する maîtriser *qc*.

じゅくち 熟知 ¶～する connaître *qc* à fond (complètement, entièrement).

しゅくちょく 宿直 service *m* de nuit. ¶～する prendre le service de nuit. ～医 médecin *m* de garde. ～員 garde *m* de nuit.

しゅくてき 宿敵 ennemi *m* mortel (juré).

しゅくてん 祝典 fête *f*. ～を催す faire *une* fête; faire fête. 皇太子御成婚10周年の～を催す célébrer le 10ème anniversaire du mariage du Dauphin.

しゅくでん 祝電 ¶～を打つ envoyer un télégramme de félicitations.

じゅくどく 熟読 lecture *f* attentive. ¶～する lire attentivement. ‖～玩味する savourer.

じゅくねん 熟年 âge *m* mur. ‖～離婚 divorce *m* à l'âge mur.

しゅくば 宿場 relais *m*; poste *f*; étape *f*. ～に泊らずに先を急ぐ brûler l'étape. ‖～町 ville *f* d'étape.

しゅくはい 祝杯 toast *m*. ～をあげる porter un toast. …の健康のために～をあげる boire à la santé de *qn*.

しゅくはく 宿泊 logement *m*; [滞在] séjour *m*. ¶～する loger; séjourner. ホテルに～する loger (descendre) à un hôtel. ～させる héberger. ‖～者名簿 registre *m* d'un hôtel. ～地 étape *f*. ～人 client(e) *m(f)* de l'hôtel. ～料 frais *mpl* d'hôtel; note *f* d'hôtel.

しゅくふく 祝福 félicitation *f*; 【宗】bénédiction *f*. 神の～がありますように [Que] Dieu vous bénisse! ～を与える donner la bénédiction; bénir *qn*. 司祭は参列者に～を与えた Le prêtre a béni les assistants. ¶～する bénir *qn*; féliciter *qn* de *qc*; adresser des félicitations à *qn*. みんなで彼の成功を～しよう Nous allons le féliciter ensemble de son succès.

しゅくへい 宿弊 abus *mpl* invétérés.

しゅくほう 祝砲 salve *f*. ～を撃つ lancer

(tirer) une salve.

しゅくぼう 宿坊 [僧院の] hôtellerie *f*.
しゅくぼう 宿望 ⇨ しゅくがん(宿願).
しゅくめい 宿命 fatalité *f*; prédestination *f*; destinée *f*; lot *m*. 不幸が彼の〜だ Le malheur est son lot. 〜と考える considérer comme prédestiné. これも〜と言うべきか C'est comme une fatalité! ¶ …するように〜うけられている être destiné à *inf*. 〜の(的な) fatal. 〜の対決 duel *m* (rencontre *f*) fatal(e). 〜的に fatalement. ‖〜論 fatalisme *m*. 〜論者 fataliste *mf*.
しゅくやく 縮約 réduction *f*. ¶〜する réduire. ‖〜版 édition *f* abrégée.
じゅくりょ 熟慮 délibération *f*; réflexion *f*; méditation *f*; maturité *f*. 〜に欠ける manquer de maturité. ¶〜する réfléchir à (sur); délibérer de (sur); mûrir; méditer. 計画を〜する mûrir (méditer) un projet. 〜の末に après avoir réfléchi profondément; après mûre réflexion; tout bien réfléchi. それは〜の末にしたことだ C'est tout réfléchi!
じゅくれん 熟練 habileté *f*; maîtrise *f*; métier *m*. この種の手仕事は〜を要する Cette sorte de métier demande de l'habileté manuelle. ¶ …に〜する acquérir une habileté dans. 〜した habile; émérite; expert. 〜した医者 médecin *m* émérite. 〜している avoir du métier; être habile à; être expert en (dans). ‖〜工 ouvrier(ère) *m(f)* habile. 〜者 expert *m*.
しゅくん 主君 seigneur *m*; prince *m* souverain; souverain *m*; [封建制の] suzerain *m*.
しゅくん 殊勲 exploit *m*; prouesse *f*; mérite *m*. すばらしい〜を立てる réaliser un brillant exploit. ‖この試合の〜者は彼だ C'est lui, le héros du match.
しゅけい 主計 ‖〜官 intendant *m*; [軍隊] intendant militaire. 〜局 direction *f* du budget. 〜将校 officier *m* de détail. 〜簿 livre *m* de compte.
しゅげい 手芸 ouvrages *mpl* manuels [de dames, d'agrément]; travail(aux) *m* pour dames. 〜を習う s'initier aux arts d'agrément. ‖〜品 articles *mpl* de fantaisie.
じゅけいしゃ 受刑者 condamné(e) *m(f)*.
しゅけん 主権 souveraineté *f*. 〜を握る parvenir au pouvoir. ‖国家の〜侵害 atteinte *f* à la souveraineté d'un Etat. 〜在民 souveraineté populaire. 〜在民主義 principe *m* de la souveraineté nationale. 〜者 souverain *m*.
じゅけん 受験 ¶〜に通る être reçu (réussir) à l'examen. 〜に失敗する être refusé à l'examen. 〜する passer (subir) un examen; [入学試験] se présenter à l'examen d'entrée. ‖〜大学〜資格 conditions *fpl* requises pour l'entrée à l'université. 大学〜予備校 boîte *f* à bachot. 〜科目 matières *fpl* d'examen. 〜者 candidat(e) *m(f)*. 〜料 droits *mpl* d'examen.
しゅご 主語 sujet *m*.
しゅご 守護 patronage *m*; protection *f*. ¶〜する patronner; protéger. ‖〜者 patron (ne) *m(f)*; protecteur(trice) *m(f)*. 〜神 divinités *fpl* tutélaires. 家の〜神 dieux *mpl* lares. 〜神の eponymes *mpl*.
しゅこう 手交 ¶〜する remettre *qc* en main[s] propre[s].
しゅこう 趣向 idée *f* ingénieuse; conception *f*; [工夫・創意] invention *f*. 新しい(陳腐な)〜 conception nouvelle (banale). ¶〜 invention ingénieuse. うまい〜だ Bonne idée! 〜を凝らす s'ingénier à (pour) *inf*.
しゅこう 首肯 ¶〜する hocher la tête; consentir à. 〜し難い提案 proposition *f* inadmissible.
しゅごう 酒豪 fameux buveur *m*.
じゅこう 受講 ¶〜する assister à un cours. ‖〜者 audit*eur(rice) m(f)*; [集合的] auditoire *m*. 〜料 scolarité *f*; droits *mpl* d'auditeur.
しゅこうぎょう 手工業 industrie *f* artisanale; [家内工業] petite industrie. ¶生産はまだ〜的段階であった La production était encore au stade artisanal.
しゅさ 主査 président(e) *m(f)* du jury.
しゅさい 主催 ¶〜する organiser. …の〜で à l'initiative de. ‖〜国 pays *m* organisateur. 〜者 organis*ateur(trice) m(f)*.
しゅさい 主宰 présidence *f*. ¶〜する présider; diriger. 会議を〜する présider une assemblée. 雑誌を〜する diriger une revue.
しゅざい 取材 ¶〜する recueillir des renseignements sur *qc*; prendre des informations sur *qn*. 確かな筋から〜する tenir une nouvelle de bonne source. ‖〜活動 activité *f* d'enquête. 〜源 source *f* d'information.
じゅさんじょ 授産所 ouvroir *m*.
しゅし 主旨 objet *m*; but *m*; objectif *m*. 法律の〜 objectif d'une loi. 〜を達成する atteindre *son* objectif. …の〜を有する avoir pour objet (but) *qc* (de *inf*). この〜に副って dans cet objet (ce but).
しゅし 種子 graine *f*; semence *f*. ‖〜植物 spermatophytes *mpl*.
しゅし 趣旨 [意図] intention *f*; dessein *m*; [要点] substance *f*; point *m* essentiel; [意味] sens *m*; [内容] substance; teneur *f*. 講演の〜 substance d'un discours. 御来訪の〜はよく分りました J'ai très bien compris l'objet de votre visite. …の〜で à l'intention (dessein) de *inf*. 同様な〜で行動する agir dans le même sens.
しゅじ 主事 secrétaire *m* général(e); [学校の] intendant(e) *m(f)* universitaire.
しゅじ 主辞 sujet *m*. 〜と賓辞 le sujet et le prédicat.
じゅし 樹脂 résine *f*; [したたり落ちる] larme *f*. 〜を採る résiner. ¶〜の(ような) résineux(se). 〜のような臭い odeur *f* résineuse. ‖合成〜 résine synthétique. 〜科植物 arbres *mpl* résineux.
しゅじい 主治医 médecin *m* traitant.
しゅじく 主軸 axe *m* principal; [主動軸] arbre *m* moteur (principal); transmission *f* principale. 攻撃の〜 [スポ] fer *m* de lance

しゅしゃ 取捨 sélection f. ¶～[選択]する sélectionner; faire (opérer) une sélection.

しゅしゃ 手写 ¶～する écrire (copier) à la main. ～した文書 notes fpl manuscrites. ‖～本 manuscrit m.

じゅしゃ 儒者 confucianiste mf.

じゅしゃく 授爵 anoblissement m. ¶～する anoblir. ～された人 anobli(e) m(f).

しゅじゅ 種々 ¶～様々な divers; différent; varié; de toute sorte. ～様々な意見 opinions fpl variées. ～様々な方法で par différents moyens. ～様々な事件ども事件 événement. この一節は～様々に解釈できる Ce passage peut être diversement interprété.

じゅじゅ 授受 transmission f; passation f. 権力の～ transmission (passation) des pouvoirs. ¶～する s'échanger. 彼らは密かに金品の～をし合っていた Ils ont échangé sous le manteau des biens en nature et en espèces. ¶～する transmettre. 権限を～する transmettre son autorité à qn.

しゅじゅう 主従 ¶～二人が旅をしている Le maître et son valet voyagent ensemble. ‖彼らは～関係にある Ils sont maître et serviteur.

しゅじゅつ 手術 opération f; intervention f. ～を受ける subir une opération; se faire opérer. ～を[を]する opérer. 癌の～をする opérer qn d'un cancer; enlever un cancer à qn. 耳の～をしてもらう se faire opérer de l'oreille. ～の opératoire. ～可能の opérable. ～不可能の inopérable. ‖外科～ intervention chirurgicale. 緊急～ opération à chaud. 切除～ ablation f. 切断～ amputation f. ～後併発症 complication f postopératoire. ～室 salle f d'opération. ～台 table f d'opération; [俗] billard m.

じゅじゅつ 呪術 sorcellerie f; [卑じない] sortilège m; charme m; maléfice m. ～をかける jeter (exercer) un charme; jeter des maléfices sur.

しゅしょう 主唱 ¶～する prendre l'initiative de; donner la première impulsion. ‖～者 promoteur(trice) m(f).

しゅしょう 主将 capitaine m.

しゅしょう 殊勝 ¶～な louable; estimable; méritoire. ～な心がけ effort m louable (méritoire). お前のやったことは仲々～であった Ta conduite a été très louable. ～ぶった benoît. ～ぶった振舞い comportement m benoît. ～ぶって benoîtement.

しゅしょう 首相 premier ministre m; chef m de cabinet.

じゅしょう 受賞 ¶～する remporter le prix. ‖～作品 ouvrage m couronné. ゴンクール～作品を読む lire un Goncourt. ～式 cérémonie f de la distribution (remise) des prix. ～者 lauréat(e) m(f).

じゅしょう 授賞 distribution f des prix. ¶～する décerner un prix.

しゅしょく 主食 aliment m principal.

しゅしょく 酒色 ¶～に耽る vivre dans (s'adonner à) la débauche; se dévergonder.

しゅしん 主審 [スポ] arbitre m; [審査委員長] président m d'un jury.

しゅじん 主人 maître(sse) m(f); [使用人に対し] patron(ne) m(f); [客に対し] hôte(sse) m(f); [夫] mari m; [店主] propriétaire mf. 一家の～ maître de [la] maison. レストランの～ patron d'un restaurant. 宿屋の～ hôtelier (ère) m(f). 御～は出かけますか Monsieur est sorti? 御～によろしく Un bonjour à votre mari. ¶～顔をする faire le maître; s'impatroniser. ～公 [小説など] héros m. 女～公 héroïne f.

じゅしん 受信 réception f. ¶～する recevoir; [キャッチする] capter. ラジオ放送をネする capter une émission de radio. ‖～機 [appareil m] récepteur m. オールウェーブ～機 récepteur toutes ondes. ～局 poste m récepteur. ～人 receveur(se) m(f). ～料 redevances fpl.

しゅす 繻子 satin m. ¶～のような satiné. ‖毛～ drap m satin. 綿～ satinette f.

じゅず 数珠 chapelet m. ～をつまぐる égrener un chapelet. ¶～玉 [植] larme-du-Christ f. 道路では車が～～繋ぎになっていた Il y avait un long chapelet de voitures sur la route.

しゅせい 守勢 défensive f. ～に立つ prendre la défensive. ～をとる se tenir sur la défensive. ～をとって défensivement. ～から攻撃に移る passer de la défensive à l'offensive.

しゅせい 酒精 ⇒アルコール.

じゅせい 受精 fécondation f. ¶～させる féconder. ‖体外～ fécondation in vitro; FIV [fiv]. フランスの法律では体外～は出産不可能な女性に限られる La loi française limite la fécondation in vitro aux femmes stériles. 人工～ fécondation artificielle.

じゅせい 授精 insémination f. ‖人工～ insémination artificielle. 人工～をする inséminer.

しゅぜいきょく 主税局 direction f générale des impôts.

しゅせいぶん 主成分 élément m principal; principal composant m. ‖砒素を～にした薬 médicament m à base d'arsenic.

しゅせき 主席 chef m; [国家の] chef m de l'Etat.

しゅせき 手蹟 écriture f.

しゅせき 酒席 ¶～に侍る assister à un banquet.

しゅせき 首席 premier(ère) m(f). ¶～で入学する entrer premier dans une école. ～で卒業する sortir major. ‖～入学(卒業)生 major m.

しゅせきさん 酒石酸 acide m tartrique.

しゅせつ 主節 proposition f principale.

しゅせんど 守銭奴 avare mf; ladre mf; lésineur(se) m(f).

しゅせんろん 主戦論 bellicisme m. ～者 belliciste m.

じゅそ 呪詛 charme m; sortilège m; maléfice m. ¶～する jeter des maléfices (un charme).

しゅぞう 酒造 fabrication f du saké. ‖～業 fabricant(e) de saké m(f).

じゅぞう 受像 réception *f* des images. ¶～する capter des images. ‖テレビ～機 téléviseur *m*; télé *f*.

しゅぞく 種族 race *f*. ¶～の racial(*aux*). ‖～維持の本能 instinct *m* de conservation des races.

しゅたい 主体 sujet *m*. ¶～の subjecti(*ve*). 労働者を～としたデモ manifestation *f* composée d'ouvriers. ～的に subjectivement. ‖～性 subjectivité *f*; [自律] autonomie *f*; [自発] initiative *f*. ～性に欠ける manquer de subjectivité.

しゅだい 主題 sujet *m*; thème *m*; motif *m*. 小説の～ sujet d'un roman. 絵画の～ sujet (motif) d'un tableau. フーガの～ sujet d'une fugue. その～については sur cette matière. ‖～歌 musique *f* de film; [テーマソング] indicatif *m*.

じゅたい 受胎 conception *f*; [生物] fécondation *f*. ¶～する concevoir. ～している être enceinte. ‖～告知 annonciation *f*. ～調節 contrôle *m* des naissances.

じゅたく 受託 ¶～する recevoir en dépôt. ‖～者 dépositaire *mf*. ～物 dépôt *m*.

じゅだく 受諾 acceptation *f*; consentement *m*; agrément *m*. ¶～する accepter; consentir à; agréer. 提案を～する accepter une proposition. ～し得る acceptable. ～し得る条件 conditions *fpl* acceptables.

しゅだん 手段 moyen *m*; mesure *f*; [困難を切り抜ける] ressource *f*; [便宜] facilité *f*; [方便] expédient *m*. 方策と～ voies *fpl* et moyens. 私にはもう何の～もない Je suis à bout de ressources. どんな～もない Il n'y a plus aucun moyen. 目的のためには～を選ばない La fin justifie les moyens. ～を持っている disposer de moyens. ～を誤る prendre de mauvaises mesures. ～を講じる prendre un moyen (des mesures) contre. あらゆる～を尽くす tenter tous les moyens; mettre tout en œuvre. あらゆる～を尽くして par tous les moyens; sur tous les tons. 節約の～として par mesure d'économie. 最後の～として en dernière ressource, en dernier recours. まわりくどい～で par des voies détournées. ‖それは一時的～に過ぎない Ce n'est là qu'un expédient. 外交～で par voie diplomatique. 強硬～に訴える en venir à un éclat. 輸送～ moyen de transport. 非常～を用いる employer les grands moyens. 表現～ moyens d'expression. 防衛～ moyen de défense. 暴力的～に訴える se livrer aux extrémités.

しゅちしぎ 主知主義 intellectualisme *m*. ‖～者 intellectualiste *mf*.

しゅちゅう 手中 ¶…の～に陥る tomber entre les mains (aux mains) de *qn*. ～に収める tenir (prendre) en main.

じゅちゅう 受注(註) réception *f* d'une commande; commande *f* reçue. 商品の～ commande de marchandises reçue. ¶～する recevoir une commande.

しゅちょ 主著 ouvrage *m* principal; œuvre *f* principale.

しゅちょう 主張 [意見] opinion *f*; [権利の] prétention *f*; [学説] doctrine *f*; thèse *f*. ～を押し通す persister dans *son* opinion. ～を撤回する rétracter *son* opinion. ～をひるがえす changer d'opinion. 君の～には根拠がない Vos intentions n'ont aucun fondement. 彼の～によると à ce qu'il prétend. ¶～する [意見, 学説を] soutenir; [確認を] affirmer; [言い張る] prétendre; maintenir; [権利を] revendiquer; réclamer; avoir des prétentions sur *qc*. …だと～する soutenir (prétendre) *inf* (que *ind*). 自己を～する s'affirmer. 相続の分け前を～する revendiquer (avoir des prétentions sur) *sa* part d'héritage. 無罪を～する protester de *son* innocence. 自分が正しいと～する Il prétend avoir raison. あなたは私が間違っていたと～するのですか Vous voulez que je me sois trompé? 彼は自分のしたことが合法的だったと～し続けている Il maintient qu'il était dans son droit.

しゅちょう 主潮 courant *m* principal [d'idées]. ‖～時代～ courants principaux de l'époque.

しゅちょう 主調 ton *m* dominant; [音楽の] ton. ¶～となる dominer. ～となっている dominant; prépondérant. ～となっている思想 idées *fpl* dominantes. 赤が～となっている絵 tableau(*x*) *m* où le rouge domine.

しゅちょう 腫脹 turgescence *f*. ¶～する s'enfler.

しゅちょう 首長 chef *m*; maître *m*; président *m*; [回教国の] émir *m*.

じゅつ 術 [技術] art *m*; technique *f*; [魔法] magie *f*. ‖雄弁～ art oratoire; art de l'éloquence. ⇨ しゅだん(手段).

しゅつえん 出演 ¶～する jouer un rôle; paraître en scène. テレビ(ラジオ)に～する passer à la télévision (à la radio). 映画に～する jouer dans un film; passer à l'écran. ‖スター総～ brillante distribution *f*. 初～する débuter; faire *son* début. ～者 acteur(*trice*) *m*(*f*); interprète *mf*. ～料 cachet *m*.

しゅっか 出火 ¶～の原因を調査する enquêter sur l'origine de l'incendie. 子供の火遊びから～の原因だった Des enfants jouant avec le feu ont provoqué (causé) cet incendie. 物置小屋から～した Le feu a pris dans une remise.

しゅっか 出荷 expédition *f*; envoi *m* de marchandises; [受・引渡し] livraison *f*. ～を延期する retarder les expéditions. ～の際に dans l'expédition. ‖～する expédier; faire l'expédition. 商品を～する expédier (fournir) les articles. 至急商品を～するよう注文する commander pour livraison immédiate les marchandises. ‖～通知 avis *m* d'expédition.

じゅっかい 述懐 ¶～する raconter en se rappelant le passé.

しゅっかん 出棺 levée *f* du corps. ～は正午行われます La levée du corps aura lieu à midi. ¶～する lever le corps.

しゅつがん 出願 demande *f*; [試験などの記載] inscription *f*; candidature *f*. ¶～する faire demande; adresser (formuler) une demande. 特許を～する demander un brevet

入試に～する s'inscrire à l'examen d'entrée. ‖～期間 délai m d'inscription. ～者 [試験の] candidat(e) m(f).

しゅっきん 出勤 ¶～する aller (se rendre) au travail; aller travailler; aller au bureau. 本日は～しております Il (Elle) s'absente du bureau aujourd'hui./Il (Elle) n'est pas à son poste aujourd'hui. ‖時差～ décalage m des heures de bureau. 8時～である Le bureau ouvre à 8h. ～時間 heure f d'ouverture du bureau. ～簿 feuille f de présence.

しゅっきん 出金 [出費] frais mpl. ‖～伝票 note f de frais.

しゅっけ 出家 prise f d'habit; [僧] moine m. 彼は～の身であながら女遊びをする Bien qu'il soit moine, il court le jupon. ¶～する prendre l'habit; s'enfermer dans une clôture; entrer en religion.

しゅつげき 出撃 attaque f: [籠城軍, 飛行機の] sortie f. 籠城軍は～を試みた Les assiégés ont tenté une sortie. ¶～する attaquer; faire une sortie. 敵機は日に数回～して来た Les avions ennemis ont fait plusieurs sorties par jour.

しゅっけつ 出欠 appel m. ～をとる faire l'appel. ‖～簿 feuille f d'appel.

しゅっけつ 出血 hémorragie f; saignement m. ～を止める arrêter une hémorragie. 鼻から～を saigner du nez. ～性の人 hémophilique mf. ‖偶発性～ hémorrhée f. 内(皮)下～ hémorragie interne (souscutanée). 脳～ apoplexie f; hémorragie cérébrale. ◆ [犠牲・損失] ¶ 資本の～ hémorragie de capitaux. ‖～作戦 opération f qui coûte cher en vies humaines. 本日は～大サービスだ Aujourd'hui, nous ne vendons qu'à perte! ～販売 vente f à perte.

しゅつげん 出現 apparition f; [到来] avènement m; [新思想などの] émergence f. 新しい世の中の～に期待をかける espérer en l'avènement d'un monde nouveau. ¶～する apparaître; faire son apparition. ～させる susciter. 神はわれらのために予言者を～させ給うた Dieu nous suscita des prophètes.

しゅつご 術語 terme m technique; [集合的に] terminologie f. ‖～集 nomenclature f.

しゅつご 述語 prédicat m.

しゅっこう 出向 ¶～させる détacher. ‖～社員 employé(e) m(f) détaché(e).

しゅっこう 出港 départ m. ¶～する partir; quitter le port; prendre la mer; se mettre à la mer. 神戸を～する quitter Kobé. ‖～許可状 lettre f de mer. ～禁止 embargo m. 全ての船に～停止を命ずる mettre l'embargo sur tous les navires. 今月10日に～予定の商船 paquebot m qui doit partir le 10 courant.

しゅっこう 出航 appareillage m; départ m. ¶～する [船] prendre la mer; [飛行機] prendre l'air. ～する船 navire m qui appareille. ‖～準備 appareillage. ～準備をする appareiller.

しゅっこう 熟考 méditation f; réflexion f; délibération f. ～の末に après avoir bien réfléchi; toute réflexion faite; après mûre délibération. ¶～する méditer (réfléchir, délibérer) sur; mûrir. とるべき行動を～する délibérer sur la conduite à tenir. 計画を～する mûrir un projet.

しゅっこく 出国 sortie f de pays. ¶～する sortir de pays; quitter le pays. ‖～手続き formalité fpl d'embarquement.

しゅつごく 出獄 sortie f de prison. ‖仮～ libération f conditionnelle. 満期～ libération. [満期]～させる libérer.

しゅっこんそう 宿根草 plante f vivace.

しゅっさ 術策 ruse f; artifice m; stratagème m. ～に陥る tomber dans le piège; se laisser prendre au piège. ～を用いる user de ruse (d'artifice). ～を使って切り抜ける s'en tirer par des artifices.

しゅっさつ 出札 ‖～係 préposé(e) m(f) au guichet. ～口 guichet m.

しゅっさん 出産 accouchement m; [医] parturition f. ～は予定日通りでした L'accouchement est à terme. ¶男子を～する accoucher d'un garçon; mettre au monde (au jour) un fils; donner le jour à un garçon. ‖～予定日 terme m.

しゅっし 出資 mise f de fonds; financement m; placement m. ¶企業に～する faire les fonds d'une entreprise; financer une entreprise; [合資会社の社員が] commanditer. ‖共同～で à fonds communs. ～金 fonds m; [合資会社員の] commandite f. ～者 bailleur(eresse) m(f) de fonds; [合資会社員の] commanditaire mf.

しゅっしゃ 出社 ¶～する aller au bureau. ⇒ しゅっきん(出勤).

じゅっしゅ 十種 ‖～競技 décathlon m. ～競技の選手 décathlonien m.

しゅっしょ 出所(処) source f; origine f. デマの～をつきとめる enquêter sur l'origine d'une fausse nouvelle. ¶～の確かな(不明の)情報 nouvelle f de bonne source (de source incertaine). ⇒ しゅつごく(出獄).

しゅっしょう 出生 ⇒ しゅっせい(出生).

しゅつじょう 出場 participation f. ¶～する participer à. ‖～資格 [スポ] qualification f. ～資格を与える qualifier. ～資格を剥奪する disqualifier. ～者 participant(e) m(f). ～チーム équipe f participante. ～停止 [騎手の] mise f à pied.

しゅっしょく 出色 ¶～の remarquable; distingué; brillant. 彼はハムレットの役で～の演技を見せた Il a donné une interprétation très brillante du personnage d'Hamlet.

しゅっしょしんたい 出処進退 ¶～を明らかにする prendre position.

しゅっしん 出身 ¶フランス～の画家 peintre m d'origine française. ...の～である être originaire de; être natif(ive) de; être de. 彼はノルマンディの～である Il est de Normandie. 卑しい～である être de basse extraction. 彼は東大～である Il est sorti de l'Université de Tokyo. ¶～校はどちらですか Où avez-vous fait vos études? ～地 pays m d'origine. ～地はどちらですか D'où venez-vous?

しゅつじん 出陣 départ *m* pour le front. ¶～する partir au front.

じゅっしんほう 十進法 numération *f* décimale (à base 10).

しゅっすい 出水 inondation *f*; débordement *m*. ¶～する déborder. ～した河 fleuve *m* qui déborde. ～した土地 région *f* inondée.

しゅっせ 出世 réussite *f* sociale; [昇進] avancement *m*. ～が早い faire une réussite rapide. ～の邪魔をする empêcher *qn* de réussir dans le monde. ¶～する réussir dans le monde; faire *son* chemin (*son* trou); faire carrière. 次第に～する suivre la filière. 彼は財界で目ざましい～をした Il a fait une brillante carrière économique. ‖[異邦人]はカミュの～作である *L'Etranger* est l'œuvre qui a lancé Camus. ～主義 arrivisme *m*. ～主義者 arriviste *mf*.

しゅっせい 出征 ～する s'en aller en guerre; aller au front (feu). ‖～兵士 [召集兵] mobilisé *m*.

しゅっせい 出生 naissance *f*. ‖～証書 acte *m* de naissance. ～地 lieu(x) *m* de naissance; berceau(x) *m*. ～届 déclaration *f* de naissance. ～率 natalité *f*; taux *m* de naissances. ～率の高い(低い)国 pays *m* à forte (à faible) natalité. ～率低下 dénatalité *f*.

しゅっせき 出席 présence *f*. ‖[列席] assistance *f*. 生徒の～を取る faire l'appel des élèves. ～する assister à; être présent; se présenter. 理事会に～する assister au conseil d'administration. 結婚式にご～下さるようお願いします Nous vous prions de nous faire l'honneur d'assister à la cérémonie nuptiale. ～してくれませんか Voulez-vous être des nôtres? ‖～者 personne *f* présente; [集合的] assistance *f*. ～簿 nombre *m* des jours de présence. ～簿 registre *m* d'appel. ～率 cote *f* de présence.

しゅっそう 出走 ～する se présenter à une course. ‖～者 [競輪] partant *m*. ～除外の馬 cheval(aux) *m* déclaré non partant à la dernière minute. ～馬 partant.

しゅつだい 出題 この問題を～したのはXさんです Ce problème a été proposé par M. X.

しゅったんりょう 出炭量 production *f* houillère.

じゅっちゅう 術中 ¶～に陥る tomber dans le piège; se laisser prendre au piège. ⇨ じゅっさく(術策).

しゅっちょう 出張 tournée *f*; [派遣] mission *f*. ～を命じる envoyer *qn* en mission. ¶～する faire *sa* tournée; partir en mission. ～員 commis *m* voyageur; voyageur *m*. ～教授する donner des leçons à domicile. ～先 son lieu de mission. ～所 succursale *f*; ramification *f*; [銀行] agence *f*. ～中である être en voyage d'affaires. ～費 frais *mpl* de déplacement. ～旅行 voyage *m* d'affaires.

しゅってい 出廷 comparution *f*. ¶～する comparaître (paraître) en justice.

しゅってん 出典 source *f*; texte *m* original. ～を明らかにする indiquer la source. 引用の～を示す donner la référence d'une citation.

しゅっとう 出頭 ¶～を命ずる convoquer. 校長は生徒の両親に～を命じた Le proviseur a convoqué les parents de l'élève. ～する se présenter; [法廷へ] comparaître. ‖～命令 convocation *f*.

しゅつどう 出動 [軍隊の移動] mouvement *m*. 軍隊の～を要請する faire appel à l'armée. [派兵] demander un envoi de troupes. ¶～する [軍隊など] intervenir. 国境へ向けて～する faire mouvement vers la frontière.

しゅつにゅうこく 出入国 émigration *f* et immigration *f*. ‖～管理局 bureau(x) *f* d'émigration.

しゅつば 出馬 ¶代議士選挙に～する se présenter à la députation.

しゅっぱつ 出発 départ *m*; [車, 飛行機などの] démarrage *m*; [旅立ち] départ en voyage. ～の合図をする donner le départ. ～の準備をする faire les préparatifs de départ. ～の際に à *son* départ; au moment de *son* départ. ～だ! En route! ¶～する partir; prendre le chemin de; se mettre en route pour; démarrer. パリ(から)～する partir pour Paris. 10分遅れて～する partir avec 10 minutes de retard. まさに～しようとしている être sur le départ; avoir le pied à l'étrier. ～させる faire partir; faire démarrer. その原則から～して en partant de ce principe. ‖～合図 signal(aux) *m* de départ. ～時刻 heure *f* de départ. ～点 point *m* de départ.

しゅっぱん 出帆 appareillage *m*; départ *m*. ¶～する mettre à la voile; lever l'ancre; quitter le port; prendre la mer. ～間際の船 bateau(x) *m* en partance. ‖～旗 pavillon *m* de partance. ～準備をする appareiller un navire.

しゅっぱん 出版 publication *f*; édition *f* presse *f*; [発売] parution *f*. ～の自由 liberté *f* de la presse. ¶～する publier; éditer faire paraître. 彼の本は～されたばかりだ Son livre vient de paraître. その本は～されるとすぐに売り切れた Dès sa partition ce livre a été épuisé. ‖～限定 édition numérotée. 図書～販売業者 libraire(s)-éditeur(s) *m*. ～秘密～ édition clandestine. ～業 édition. ～社 libraire *m* éditant; maison *f* d'édition; librairie *f*; société *f* éditrice. ～部数 tirage *m*. ～法違反 délit *m* de presse. ～物 publication.

しゅっぴ 出費 frais *mpl*; dépense *f*; coût *m* 不時の～ dépense imprévue. ～が嵩む frais augmentent. ～を厭わない ne pas regarder à la dépense. ～を切りつめる diminuer les dépenses. 夕食は百ユーロの～となった Le dîner m'est revenu à cent euros. ¶～[を]する faire des frais. 馬鹿げた～をする faire de folles dépenses.

しゅっぴん 出品 exposition *f*. ¶～する exposer. 展覧会に～する exposer *son* œuvre au salon. 展示会に産物を～する présenter un produit à une foire exposition. ‖～者 exposant(e) *m(f)*. ～物 article *m* exposé.

じゅつぶ 述部 prédicat *m*.

しゅっぺい 出兵 expédition *f*; envoi *m* de troupes. ¶～する envoyer des troupes. ‖

ベリヤ～ expédition de Sibérie.

しゅつぼつ 出没 ¶～する apparaître par moments. しばしば～する fréquenter. この辺りには痴漢が～する Des satyres fréquentent ce quartier.

しゅっぽん 出奔 fuite *f*; fugue *f*. ¶～する s'enfuir; faire une fugue.

しゅつらん 出藍 ¶～の誉れが高い surpasser *son* maître en talent.

しゅつりょう 出漁 ¶～する partir pour la pêche. 遠洋漁業に～する partir pour la grande pêche. ‖～禁止区域 zone *f* de pêche interdite.

しゅつりょく 出力 [電気の] puissance *f*; [コンピューターの] sortie *f*. ‖最大～ puissance maxima. ～装置 périphérique *m* de sortie.

シュテムターン [スキー] virage *m* stem.

しゅと 首都 ville *f* capitale; capitale *f*; métropole *f*. ～圏 région *f* métropolitaine; [パリ] agglomération *f* parisienne.

しゅとう 種痘 vaccination *f*. ～がついた Le vaccin a pris. ～を受ける se faire vacciner. ¶～[を]する vacciner. ～し得る vaccinable. ～の jennérien(ne). ‖～医 vaccinateur *m*. ～証明 certificat *m* de vaccination. ～用メス plume *f* à vaccin; [医] vaccinostyle *m*.

しゅどう 主動 ¶～の役割を演ずる jouer un rôle prépondérant.

しゅどう 主導 ¶～権 initiative *f*. ～権を与え(与えな)い accorder (dénier) l'initiative à. 交渉で～権をとる prendre l'initiative dans les pourparlers.

しゅどう 手動 ¶～する manœuvrer à la main. ‖～ブレーキ frein *m* à main. ～レバー levier *m* à main.

じゅどう 受動 ¶～的 passi*f(ve)*. ～的な態度 attitude *f* passive. ～的に passivement. ‖～性 passivité *f*. ～態 voix *f* passive; passif *m*.

しゅとく 取得 acquisition *f*; obtention *f*. 財産の～ acquisition d'une propriété. ¶～する acquérir; obtenir; s'assurer la possession de. ‖～時効 prescription *f* acquisitive. 不動産～税 impôt *m* sur l'acquisition d'un bien immobilier.

しゅとして 主として ⇨ おもに(主に).

じゅなん 受難 《キリストの》 la Passion. 去年は全く～の年だった L'année dernière, c'était vraiment une année de rudes épreuves pour moi. ‖～曲 Passion *f*. ～劇 la Passion.

ジュニア ¶～向きの junior *inv*. ‖～級[選手] junior *m*. ～級チーム équipe *f* junior. ～サイズ taille *f* pour enfants.

じゅにゅう 授乳 allaitement *m*. ¶～する allaiter; donner le sein (à téter à *son* enfant). 1日に5回～する donner cinq tétées par jour. ‖～期 période *f* d'allaitement.

しゅにん 主任 chef *mf*. ‖売場～ chef (cheffesse) *m(f)* de rayon. クラス～ titulaire *mf* de classe. ～技師 ingénieur *m* en chef. ～教授 [講座の] professeur *m* titulaire.

しゅのう 首脳 [首領] chef *m*; leader *m*; [指導者] dirigeant(e) *m(f)*; [重要人物] personnage *m* important; 《俗》 grosse légume *f*;

huiles *fpl*. ‖～会談 conférence *f* au sommet. 彼は党の一の一人だ Il est un des dirigeants (une des huiles) du parti. ～部 état(s)-major(s) *m*.

じゅのう 受納 réception *f*. ¶～する recevoir. ‖～係 [納品の] réceptionnaire *mf*.

シュノーケル tuba *m*.

しゅばく 呪縛 ensorcellement *m*; enchantement *m*; envoûtement *m*. ¶～する ensorceler; charmer; envoûter.

しゅはん 主犯 meneur(se) *m(f)* d'un crime.

しゅはん 首班 chef *m* du cabinet; premier ministre *m*.

しゅひ 種皮 [植] péricarpe *m*.

しゅび 守備 défense *f*. ～が悪い La défense est mauvaise. ¶～する défendre. ‖～隊 garnison *f*. ～隊長 commandant *m* du poste. ～体制をとる se mettre en défense; prendre la défensive. ～態勢を整える être (se tenir) sur la défensive.

しゅび 首尾 résultat *m*; issue *f*. ～を案じる s'inquiéter du résultat. それがいかなるへになるやらまったく分らぬ Je ne sais pas du tout à quoi cela aboutira. ¶～よく avec succès; heureusement; avec honneur. ～よく…する parvenir à *inf*; parvenir à ce que *sub*. ～よくいく finir bien. ～よく切り抜ける s'en tirer avec succès. ～よく忍びこむ réussir à s'infiltrer. ～よく成しとげる mener *qc* à bonne fin. ‖万事上へ Tout va bien. 不～ échec *m*; insuccès *m*. 不～の sans succès. 不～に終る ne pas réussir à; subir un échec. ～一貫した conséquent; suivi; cohérent. ～一貫した推論 raisonnement *m* conséquent (suivi). ～一貫した行動をとる être conséquent dans *ses* actions. ～一貫して conséquemment; avec cohérence.

じゅひ 樹皮 écorce *f*. ～を剥ぐ écorcer.

しゅひぎむ 守秘義務 secret *m* professionnel.

ジュピター 《ロ神》 Jupiter *m*.

しゅひつ 主筆 rédacteur(trice) *m(f)* en chef.

しゅひつ 朱筆 ‖原稿に～を入れる [訂正する] corriger le manuscrit de *qn*.

じゅひょう 樹氷 givre *m*. ¶～に蔽われた木々 arbres *mpl* givrés.

しゅひん 主賓 hôte *mf* d'honneur. ¶…を～として祝宴を催す donner une fête en l'honneur de *qn*. ～としてお迎えする inviter *qn* en hôte d'honneur. ～席 place *f* d'honneur.

しゅふ 主婦 ménagère *f*; mère *f* de famille.

しゅふ 首府 ville *f* capitale; capitale *f*; métropole *f*; [県所在地] chef(s)-lieu(x) *m*.

しゅぶ 主部 partie principale *f*.

シュプール trace *f* de ski.

じゅぶつ 呪物 fétiche *m*. ‖～崇拝 fétichisme *m*.

シュプレヒコール ¶～をする scander. 米輸入反対に～を叫ぶ scander: «Non à l'importation du riz!»

しゅぶん 主文 [法令, 判決の] dispositif *m*; [書物, 手紙の] corps *m*; [文法] proposition *f* principale.

じゅふん 受粉 fécondation *f*; pollinisation

しゅべつ 種別 classification *f*. ¶～する classer (distribuer) par classes (par catégories).

しゅほう 酒保 cantine *f*.

しゅほう 手法 technique *f*; art *m*; métier *m*. ～を伝授する initier *qn* à un art.

しゅぼうしゃ 首謀者 meneur(se) *m(f)*; moteur *m*; [眼本人] auteur *m*; 陰謀の～ meneur principal d'un complot. ～を逮捕する arrêter les meneurs.

しゅみ 趣味 goût *m*. 音楽の～がある avoir du goût pour la musique. ～が一致している avoir les mêmes goûts. ～が良い(悪い) avoir bon (mauvais) goût; avoir un bon (mauvais) genre. ～に合う être à *son* goût. ～を持つようになる prendre goût à; acquérir un goût pour. 彼女は～がうるさい Elle a le goût difficile. ～は何ですか Quel est votre passe-temps (divertissement) favori? それは～の問題だ C'est affaire de goût. ¶～の良い de bon goût. ～の良い人々 gens *mpl* de goût. ～の良い服装をしている être habillé avec goût. ¶それは悪～だ C'est de mauvais goût. 古典への絵 tableau(x) *m* dans le goût classique.

シュミーズ combinaison *f*.

じゅみょう 寿命 longévité *f*; durée *f* de la vie; [使用年限] durée d'usage. ～がつきる achever *ses* jours. ～を縮める(延ばす) abréger (prolonger) *ses* jours. 彼は～が短かった Il est mort jeune. あの人も～がなかったことだった C'était écrit qu'il mourrait jeune. この服も～が来た Cet habit est hors d'usage. あの歌手の～は短かかった La carrière de ce chanteur a été très courte. ¶私は～が縮まる思いがした Je suis plus mort que vif. ¶平均～ espérance *f* de vie.

しゅもく 種目 genre *m*; catégorie *f*. ¶～別に par catégorie.

しゅもく 撞木 [petit(s)] marteau(x) *m*. ¶～鮫 requin(s) *m* marteau(x).

じゅもく 樹木 arbre *m*. ～の種類 essence *f*. ¶様々な～の生い茂った森 forêt *f* remplie de diverses essences d'arbres. ¶～栽培 arboriculture *f*. ～栽培者 arboriculteur(trice) *m(f)*.

じゅもん 呪文 maléfice *m*; [言葉] formules *fpl* magiques. ～をかける jeter des maléfices sur. ～を唱える prononcer des formules magiques.

しゅやく 主役 rôle *m* principal; premier rôle; [事件の] protagoniste *m*. 芝居の～を務める occuper le devant de la scène. 或る事件の～を演ずる jouer un rôle important dans une affaire. 彼はいつもタルチュフの～を演じていた Il jouait (interprétait) toujours les premiers rôles dans Tartuffe.

じゅよ 授与 distribution *f*; remise *f*; [学位など] collation *f*. ¶～する distribuer; décerner; [恩恵として] octroyer. 学位を～する décerner un diplôme. 特別手当を～する octroyer une prime. ¶賞品の～ distribution des prix. 受賞者への賞品の～ remise des prix aux lauréats. 賞品～式 [cérémonie *f* de la] distribution des prix.

しゅよう 主要 ¶～な principal(aux); capital(aux); dominant. ¶～駅 gare *f* principale. ～人物 principal personnage *m*.

しゅよう 腫瘍 tumeur *f*; néoplasme *m*. ¶悪性(良性)～ tumeur maligne (bénigne).

じゅよう 受容 acceptation *f*. ¶～する accepter *qc*.

じゅよう 需要 demande *f*; besoin *m*. ～と供給 l'offre *f* et la demande. 電気器具の～ besoin en appareils électriques. 外国製品の～ demande de produits étrangers. ～がある être demandé. その商品は～が多い Ces articles sont beaucoup demandés. ～を満たす satisfaire la demande.

しゅよく 主翼 [鳥] rémige *f*; [飛行機] aile *f pl*.

しゅら 修羅 ¶～の巷と化す être une bataille sanglante. ¶～場 scène *f* sanglante.

ジュラ ～紀 période *f* jurassique. ～山脈 *m* Jura.

シュラーフザック sac *m* de couchage.

ジュラルミン duralumin *m*.

しゅらん 酒乱 ¶～である avoir le vin mauvais.

じゅり 受理 acceptation *f*. ¶～する accepter; recevoir. 金品を～する recevoir des dons. 辞表を～する recevoir la démission. 納品を～する réceptionner. ～し得る acceptable.

じゅりつ 樹立 établissement *m*; fondation *f*; création *f*. 新制度の～ établissement d'un nouveau système. 会社の～ fondation de société. ¶～する établir; fonder; créer. 新記録を～する battre un record. 二国間の文化交流を～する établir des relations culturelles entre deux nations.

しゅりゅう 主流 courant *m* principal; tendance *f* générale. ¶～派 majorité [d'un parti]. ～派の党員 majoritaire *mf*. 反～派 minorité *f*.

しゅりゅうだん 手榴弾 grenade *f* à main.

しゅりょう 狩猟 chasse *f*; [犬を使う] vénerie *f*. ～が解禁になる La chasse est ouverte. ～に行く aller à la chasse. ¶～をする chasser. ¶～家 chasseur(se) *m(f)*; veneur *m*. ～期 chasse. ～用具 engin *m* de chasse.

しゅりょう 酒量 ～が上る supporter mieux la boisson. ～が過ぎる faire un excès [de boisson]; boire à l'excès. ～を控える éviter de boire trop.

しゅりょう 首領 chef *m*; meneur(se) *m(f)* d'hommes.

じゅりょう 受領 réception *f*. ～を通知する accuser réception de. ¶～する recevoir. ～証 récépissé *m*; reçu *m*; quittance *f*; [配達物の] décharge *f*. ～証を送る remettre un reçu. ～証を出す décharger. ～人 acceptant(e) *m(f)*.

しゅりょく 主力 gros *m*. 軍(集団)の～ gros de l'armée (l'assemblée). ～を注ぐ concentrer *ses* forces sur. ¶～艦 bâtiment *m* de ligne. ～艦隊 flotte *f* principale.

じゅりん 樹林 forêt *f*. ¶大～ futaie *f*.

しゅるい 種類 espèce *f*; sorte *f*; genre *m*; catégorie *f*; type *m*. 同じ〜の de même espèce (sorte); du même genre (type). 違う〜の d'une autre espèce; d'un autre genre. あらゆる〜の人々 gens *mpl* de toute espèce. あらゆる〜の本 toutes sortes de livres; livres de divers genres. あらゆる〜の読者 toutes les classes de lecteurs. あらゆる〜の感情 toute la gamme de sentiments. あらゆる〜のエネルギー toutes les formes d'énergie. ああいった〜の奴 genre de ce type. そうした〜の雑誌 cette sorte de revue. どんな〜の本がお好きですか Quel genre de livres aimez-vous? 様々な〜の人種 diverses (différentes) espèces de races. 多くの〜の特価品を取揃えております Un éventail d'articles à bon marché vous est proposé.

じゅれい 樹齢 âge *m* d'un arbre. ¶ この木は〜が数百年もっている C'est un arbre séculaire.

シュレッダー destructeur *m* de documents.

しれん 手練 ¶ 彼はその早業で敵を倒した Il a tué son adversaire d'une botte imparable.

しろ 棕櫚 palmier *m*. 〜の葉 palme *f*. 〜の林 palmeraie *f*.

しわ 手話 ¶〜法 chirologie *f*.

じわき 受話器 récepteur *m* [de téléphone]; combiné *m*; [レシーバー] écouteur *m*. 〜を取る décrocher le combiné. 話し中なので〜を置いた La ligne étant occupée, il a raccroché.

しわん 手腕 [能力] capacité *f*; force *f*; compétence *f*; [才能] talent *m*. 〜がある être capable (compétent); être de force à *inf*; avoir du talent. 〜を疑う douter de *sa* capacité. 〜を示す déployer *ses* capacités; faire *ses* preuves. ¶ それは彼の〜に余る Cela n'est pas de sa compétence. ‖〜家 homme *m* capable; [策士] homme d'expédients (de ressources).

しゅん 旬 saison *f*. ¶〜の野菜 légume *m* de saison. 〜である(ない) être de saison (hors de saison).

じゅん 純 ¶〜な pur. 〜な娘 fille *f* innocente. 〜な心 âme *f* (conscience *f*) pure; cœur *m* simple.

じゅん 順 [順番] tour *m*; [順序] ordre *m*. 〜を狂わせる mettre en désordre. ¶〜に tour à tour; au fur et à mesure; l'un(e) après l'autre; par ordre; à tour de rôle; à la ronde. 物事は〜に行われるものだ L'ordre [des choses]. 重要なものから〜に par ordre d'importance. 好きな〜に par ordre de préférence. 〜を追って en bon ordre. ‖ ABC(番号)〜に par ordre alphabétique (numérique). 席〜で selon *son* rang. 先着(大きさ)〜に par ordre de priorité (de grandeur). 年代〜に言えば dans l'ordre chronologique. 身長〜に par rang d'âge (de taille).

じゅんあい 純愛 amour *m* pur.

じゅんい 准尉 [陸, 空軍] adjudant(s)-chef *m*; [海軍] maître *m* principal.

じゅんい 順位 classement *m*; ordre *m*; [着席] préséance *f*. 債権者の〜【法】

ordre utile. 人より〜が上である [上席権] avoir la préséance sur *qn*. リーグ戦の〜はめまぐるしく入れ替っている Le classement du championnat ne cesse de subir des bouleversements. 〜をきめる établir le classement. 試験の〜を示す donner le classement.

じゅんえき 純益 bénéfice *m* net. 〜をあげる retirer un bénéfice net.

じゅんえん 順延 ¶〜する remettre au jour suivant. ¶「雨天〜」«En cas de pluie, remise».

しゅんが 春画 pornographie *f*; dessin *m* pornographique. ‖〜家 pornographe *m*.

じゅんか 純(醇)化 purification *f*; épuration *f*. ¶〜する purifier; épurer. 言語を〜する purifier (épurer) la langue. 〜された魂 âme *f* purifiée.

じゅんか 馴化 acclimatation *f*; [家畜化] domestication *f*; [馴化する] acclimatement *m*. ¶〜する s'acclimater. 〜させる acclimater. 〜し得る acclimatable.

じゅんかい 巡回 ronde *f*; tournée *f*; [パトロール] patrouille *f*. ¶〜する faire la ronde (le tour); patrouiller; faire *sa* tournée. 〜の itinérant. ‖〜信用状 lettre *f* de crédit circulaire. 〜大使 ambassadeur *m* itinérant. 〜中の en tournée; en patrouille. 〜図書館 bibliothèque *f* ambulante. 〜診療車 dispensaire *m* ambulant.

じゅんかいいん 準会員 [membre *m*] associé(e) *m(f)*.

しゅんかしゅうとう 春夏秋冬 quatre saisons *fpl*. ⇨ しき(四季).

じゅんかつ 潤滑 ¶〜剤 lubrifiant *m*. 〜油 huile *f* de graissage. 〜油を注す lubrifier.

しゅんかん 瞬間 moment *m*; instant *m*. その〜に sur le moment; à ce moment. 丁度その〜[に] au même instant. 出ようとした〜に à l'instant de sortir; au moment de sortir. ¶〜的な instantané. 〜的な力 force *f* instantanée. 〜的決定的なをとらえる saisir un moment décisif. 〜写真 photographie *f* instantanée. 〜湯沸し器 chauffe-eau *m inv* instantané.

じゅんかん 循環 circulation *f*. 景気の〜 cycles *mpl* économiques. 季節〜 cycle des saisons. 血液の〜 circulation du sang; rythme *m* cardiaque. 血液の〜をよくする stimuler la circulation du sang. ¶〜する circuler. ‖悪〜 cercle *m* vicieux. 悪〜に陥る tourner dans un cercle vicieux. 血液〜系 appareil *m* circulatoire. 〜期 cycle. 太陽(太陰)〜期 cycle solaire (lunaire). 〜器 appareil circulatoire. 〜小数 fraction *f* périodique. 〜論法 argument *m* circulaire; cercle.

じゅんかん[ごふ] 准看[護婦] aide *f* soignante.

じゅんかんし 旬刊紙 décade *f*.

しゅんきはつどうき 春機発動期 puberté *f*. ¶〜の pubère.

じゅんきゅう 準急 [列車] [train *m*] semi-express *m*.

じゅんきょ 準拠 ¶〜する se conformer à; se

じゅんきょう référer à. 法に～して conformément à la loi.

じゅんきょう 殉教 martyre *m*. ～する souffrir le martyre. ∥時代～ ère *f* des martyrs. ～者 martyr(e) *m(f)*. ～をする se donner des airs de martyr; jouer les martyrs.

じゅんきょう 順境 circonstances *fpl* favorables. ～にある mener une existence heureuse; avoir le vent en poupe. ～にあっても逆境にあっても dans les hauts et les bas de l'existence.

じゅんぎょう 巡業 tournée *f*. 芝居の～ tournée théâtrale. ～する faire une tournée. ∥～中の劇団 troupe *f* en tournée.

じゅんきん 純金 or *m* pur (fin, sans alliage).

じゅんぎん 純銀 argent *m* pur (sans alliage).

じゅんきんちさん 準禁治産 demi-interdiction *f* [judiciaire]. ～を宣告する frapper *qn* en demi-interdiction. ∥～者 demi-interdit(e) *m(f)*.

じゅんぐり 順繰り ～に l'un(e) après l'autre; tour à tour.

じゅんけつ 純潔 pureté *f*; chasteté *f*; [処女性] virginité *f*. ～を保つ conserver *sa* pureté. ～を失う(守る) perdre (garder) *sa* virginité. ～な pur; chaste; vierge; immaculé. ～な女 femme *f* chaste.

じゅんけつ 純血 ∥～種 pur-sang *m inv*. ～種の犬 chien *m* de [pure] race (qui a de la race).

じゅんけっしょう 準決勝 demi-finale *f*. ～に進む(残る) arriver (rester) en demi-finale. ～に勝つ remporter la demi-finale. ～準 quart[s] *m* de finale. ～進出チーム demi-finaliste *mf*.

しゅんけん 峻嶮 ～な山道 sentier *m* abrupt de montagne.

しゅんげん 峻厳 ～な draconien(ne); rigoureux(se); sévère; austère. ～な手段をとる prendre des mesures draconiennes. ～な人 personne *f* austère.

しゅんこう 竣工(功) achèvement *m*. ～する être achevé. ～間近の en achèvement. ∥～式 inauguration *f*.

じゅんこう 巡航 croisière *f*. 遊覧船での～の旅に出る partir en croisière. ～する faire une croisière. ∥～速度 [船, 飛行機の] vitesse *f* de croisière.

じゅんさ 巡査 gardien *m* de la paix; agent *m* [de police];《俗》flic *m*. 立番中の～ agent de vigie. ～交通～ agent [de la circulation]. 騎馬～ police *f* montée. ～派出所 poste *m* de police. ～部長 brigadier(s)-chef(s) *m*.

じゅんさつ 巡察 ⇒ じゅんかい(巡回).

しゅんじ 瞬時 ～にして en un moment (instant); en (dans) un clin d'œil. ～も même un instant.

じゅんし 殉死 suicide *m* à la mort de *son* seigneur. ∥～者 martyr(e) *m(f)*.

じゅんし 巡視 inspection *f*. ～する inspecter. ∥～艇 garde(s)-côte(s) *m*.

じゅんじ 順次 par ordre; en bon ordre.

じゅんしゅ 遵守 observation *f*. 規則の～ observation d'un règlement. ～する respecter; observer.

しゅんじゅう 春秋 ～に富む avoir de l'avenir devant *soi*. ～に富んだ青年 jeune homme *m* plein d'avenir.

じゅんじゅん 逡巡 hésitation *f*; flottement *m*. ～する hésiter; flotter. 何事にも～しない reculer devant rien.

じゅんじゅん 順々 ～に l'un(e) après l'autre; [到着, 名簿の順に] à tour de rôle.

じゅんじゅん 諄々 ～と諭す faire entendre raison à *qn* avec patience.

じゅんじょ 順序 ordre *m*; rang *m*. 物には～がある Il ne faut pas mettre la charrue devant (avant) les bœufs. ～を立てる mettre *qc* en ordre; ranger. ～をつける fixer l'ordre. ～をふむ procéder avec méthode. ～を逆にする renverser l'ordre. 計算の～を間違えたらこの問題は出来ない On ne peut pas résoudre ce problème si on se trompe dans l'ordre des opérations. 年令の～で par rang d'âge. ～を立てて avec ordre; systématiquement; méthodiquement. 下から～に par la voie hiérarchique. ～よく par ordre; en bon ordre. ～よく並んだ bien rangé. ～立った ordonné; coordonné. ～不同に着席する s'asseoir (prendre un siège) sans tenir compte des préséances.

じゅんしょう 准将 [陸軍] général(aux) *m* de brigade; [空軍] général de brigade aérienne; [海軍] contre-amiral(aux) *m*.

じゅんじょう 純情 ～な naï(ve); ingénu; simple. ～な naïveté *f*; candeur *f*.

しゅんしょく 春色 ～に日々に新たなり De jour en jour, ça sent davantage le printemps. ～を愛でる admirer le paysage printanier.

じゅんしょく 殉職 mort *f* à *son* poste. ～する mourir à *son* poste. ∥～者 victime *f* du devoir.

じゅんしょく 潤色 embellissement *m*; enjolivement *m*. ～する embellir; enjoliver; broder; orner. 話を～する enjoliver un récit. ～するのを好む人 embellisseur(se) *m(f)*. ～された話 histoire *f* embellie.

じゅんじる 殉じる mourir pour. 自己の信仰に～ mourir pour ses croyances religieuses. ∥学問に殉じた人 martyr *m* de la science.

じゅんじる 準じる [則る] se conformer à; suivre; obéir à; [比例する] être proportionné à. 先例に～ suivre (obéir à) un précédent. 罰は罪に準ずるべきだ Les peines doivent être proportionnées aux délits. 以下これに～ et ainsi de suite. ∥準じて proportionnellement; en proportion; suivant; d'après. 規則に準じて suivant les règles. 収入に準じて d'après (en proportion) des revenus.

じゅんしん 純真 innocence *f*; naïveté *f*; ingénuité *f*; candeur *f*. ～な innocent; naïf(ve); ingénu.

じゅんすい 純粋 pureté *f*. ～な pur; fin; [混り物のない] sans mélange; [純血の] de race *f* [pure]. ～な心 cœur *m* pur. ～に

じゅんせい 純正 言語の〜さ pureté du langage. ‖〜アルコール alcool *m* absolu. 〜音楽(詩) musique *f* (poésie *f*) pure.

じゅんせつ 浚渫 dragage *m*. ¶〜する draguer. 〜機 drague *f*. 〜船 [bateau *m*] dragueur *m*; cure-môle *m*.

じゅんぜん 純然 ¶〜たる pur [et simple]. それは〜たる形式主義だ C'est du pur formalisme. それこまでに〜たる恐喝行為だ Voilà qui n'est rien moins que du chantage.

しゅんそく 駿足 ¶〜をとばす courir (aller) comme le vent. 〜のランナー excellent(e) coureur(se) *m*(*f*). 彼は〜だ Il semble avoir des ailes.

じゅんたく 潤沢 ¶〜な ample; abondant. 〜な資本 amples capitaux *mpl*; capitaux abondants. 〜に amplement; abondamment.

じゅんち 馴致 ¶〜する apprivoiser; dompter.

じゅんちょう 順調 ¶〜な régulier(ère); normal(aux). 〜な進歩 progrès *mpl* réguliers. 身体の工合が〜である se porter bien; être en bon train. 〜に régulièrement; normalement. 万事〜にいっている Tout va bien. 私達の仕事は〜にいっている Nos affaires sont en train. 〜に進展している être en bonne voie de développement.

じゅんど 純度 [金, 硬貨の] titre *m*; [含有度] degré *m*. 硬貨の〜 titre d'une monnaie. ¶ 〜90%のアルコール alcool *m* à 90 degrés. ‖ アルコール〜 degré alcoolique.

しゅんとう 春闘 luttes *fpl* ouvrières du printemps.

しゅんどう 蠢動 ¶〜する s'agiter; [うごめく] se tortiller.

じゅんとう 順当 ¶〜な normal(aux); raisonnable; juste. 〜な罰 juste punition *f*. 〜な結果 résultats *mpl* normaux. 彼の優勝が〜なところだ Sa victoire ne fait guère de doute. 〜に normalement; naturellement. 万事〜に運んだ Tout s'est passé comme prévu.

じゅんのう 順応 adaptation *f*; [順化] acclimatation *f*. ¶〜する s'adapter à; se conformer à; se plier à; s'accommoder à; s'habituer (s'accoutumer) à; s'acclimater à (dans). 環境に〜する s'acclimater (s'adapter) à un milieu. 状況に〜する se conformer (se plier) aux circonstances. 〜させる adapter; conformer. ...に〜して conformément à. ‖〜性 faculté *f* d'adaptation; acclimatement *m*. 彼には〜性がない Il manque de souplesse.

じゅんばん 順番 tour *m*. 〜を決める fixer l'ordre. 〜を間違える se tromper dans l'ordre; se tromper de tour. 〜を待つ attendre son tour. 私は窓口の前に並んで2時間〜を待った J'ai fait deux heures de queue devant le guichet. 誰の〜ですか A qui le tour? 〜に tour de rôle.

じゅんび 準備 préparation *f*; préparatifs *mpl*; [手筈] dispositions *fpl*. 〜が出来ている être prêt. 出かける〜が出来ている être prêt à partir. 朝食の〜が出来ている Le petit déjeuner est prêt. 〜に手間どる faire traîner les préparatifs. ¶〜[を]する préparer; faire des préparatifs; se mettre en mesure de *inf*; [自分のために] se préparer. 必要な〜をする prendre toutes les dispositions nécessaires. 万一の〜をする pourvoir à une éventualité. 試験の〜をする préparer un examen; se préparer à un examen. 食卓の〜をする dresser (mettre) la table (le couvert). ベッドの〜をする faire le lit. 戦争の〜をする faire des préparatifs de guerre. 〜させる préparer *qn* à *qc*. 学生に試験の〜をさせる préparer un étudiant à l'examen.

しゅんびん 俊敏 ¶〜をもってなる se distinguer par l'agilité de *son* esprit. 〜な動作 geste *m* précis et rapide. 〜に promptement; avec rapidité.

じゅんぷう 順風 vent *m* propice (favorable). 〜に帆を上げる avoir le vent en poupe. ‖〜満帆である avoir le vent dans les voiles.

しゅんぶん 春分 équinoxe *m* de printemps.

じゅんべつ 峻別 ¶〜する distinguer sévèrement. 真実と虚偽を〜する distinguer le vrai du faux.

じゅんぽう 旬報 revue *f* qui paraît tous les dix jours; décade *f*.

じゅんぽう 遵奉 observation *f*. ¶〜する observer; respecter; suivre; obéir à. 法を〜せねばならぬ Il faut observer la loi.

じゅんぽう 遵法 observance *f* de la règle. ¶〜する observer la loi (la régie). ‖〜闘争 grève *f* du zèle.

じゅんぼく 淳朴 ¶〜な simple; naïf(ve). 〜な人 naïf(ve) *m*(*f*). 〜さ naïveté *f*; simplicité *f*.

じゅんぽん 春本 livre *m* pornographique; pornographie *f*. ¶〜作家 pornographe *m*.

しゅんめ 駿馬 coursier *m*.

じゅんめん 純綿 ¶〜の pur coton. ‖〜製である être en pur coton.

じゅんもう 純毛 ¶〜の pure laine. 〜の布地 étoffe *f* [de] pure laine. ‖〜製である être en pure laine.

じゅんよう 準用 ¶ある規則を〜する appliquer une règle momentanément à.

じゅんようかん 巡洋艦 croiseur *m*.

じゅんら 巡邏 ¶〜する patrouiller. ‖〜隊 patrouille *f*.

じゅんり 純理 ¶〜的な見地から au point de vue purement théorique.

じゅんりょう 純良 ¶〜な pur; fin. 〜なバター beurre *m* fin. 〜な酒 vin *m* extra-fin.

じゅんれい 巡礼 pèlerinage *m*. 〜に出る aller en pèlerinage; faire un pèlerinage. ‖〜者 pèlerin(e) *m*(*f*). 〜地 pèlerinage *m*. 〜杖 bourdon *m*.

じゅんれき 巡歴 périple *m*; tournée *f*. ¶ 〜する parcourir; faire la tournée. ギリシア各地を〜する faire un périple en Grèce.

しゅんれつ 峻烈 ¶〜な sévère; dur; rigoureux(se). 〜な罰 châtiment *m* rigoureux. 検事の論告は〜を極めた Le procureur a prononcé un réquisitoire vio-

じゅんれつ 順列 alternation *f*; permutation *f*. ‖~組合せ combinaison *f* de permutation.

じゅんろ 順路 itinéraire *m*. ~を図に示す tracer un itinéraire.

しょ 署［警察］commissariat *m* de police.

しょ 書［書法, 筆跡］écriture *f*;［能書家］calligraphie *f*;［本］livre *m*;［文書］écrit *m*.

しょ- 諸― divers(e); different(e). ‖~問題 (divers) problèmes *mpl*.

じょ 序［序文］préface *f*;［順序］ordre *m*; rang *m*. 長幼~あり La politesse veut que les jeunes cèdent le pas aux anciens.

しょあく 諸悪 ‖それが~の根元だ C'est la source des malheurs.

じょい 女医 femme *f* médecin.

しょいこむ 背負い込む avoir sur le dos; endosser; se charger; prendre en charge. 人の不始末を~ endosser les conséquences de *son* erreur. 厄介な問題を~ se charger des problèmes embarrassants. 彼は裁判の費用まで~ことになった Même les frais du procès sont retombés sur lui.

しょいなげ 背負投げ ‖~を食わす(食わされる)［比喩的に］laisser tomber *qn* (être laissé tomber) au dernier moment.

しょいん 所員 membre *m*. ‖市役所~ membre de la commune.

じょいん 女陰 sexe *m* de la femme.

ジョイント joint *m*.

ジョイントベンチャー entreprise *f* à risques partagés.

しよう 仕様 procédé *m*; moyen *m*; manière *f*. まだ色々~があると思う Je pense qu'il y aura encore bien des moyens. どうにも~がない Il n'y a rien à faire./C'est sans issue. いまさら彼女に会ったって~がない La revoir maintenant, c'est inutile. 悔やんでみても~があるまい J'ai beau le regretter. ‖~がない娘 fille *f* impossible (intraitable). ~なしに malgré *soi*; sans pouvoir faire autrement. ‖~書［建築などの］spécification *f*.

しよう 使用 emploi *m*; usage *m*. ~する employer; faire usage de; se servir de; mettre en usage; user de. うまく(まずく)~する faire un bon (mauvais) usage de. 眼鏡を~する se servir de lunettes. 下品な言葉を~する user de mots grossiers. 不適当な言葉を~する employer un terme impropre. 新しい道具を初めて~する étrenner un nouvel instrument. この薬(機械)を~する際は注意が必要です Il faut faire usage de ce médicament (de cette machine) avec précaution. この工場では100人の労働者を~する Cette usine occupe cent ouvriers. この金は他の目的に使用してはいけない Il ne faut pas utiliser cette somme à d'autres fins. 自由に~させる mettre *qc* à la disposition de *qn*. ~される s'employer. よく~されている(殆んど~されていない)言葉 mot *m* très (peu) usité. 英語は国際的に~されている言葉である L'anglais est une langue internationale utilisée. 余り~されていない表現 expression *f* peu usi- tée (qui n'est plus employée). その言葉はもう~されない Ce mot ne s'emploie plus. この車は~に耐えない Cette voiture est hors d'usage. ‖~価値 valeur *f* d'usage. ~価値がない être hors d'usage. ~禁止 usage interdit. ~禁止の薬 médecine *f* contre-indiquée. ~権［droit *m* d']usage. ~権所有者 usager(ère) *m*(*f*). ~者 employeur(se) *m* (*f*); patron(ne) *m*(*f*);［利用者］usager(ère) *m* (*f*), フランス語の~者 usagers du français. ~者側の利益 intérêts *mpl* patronaux. ~収益権 usufruit *m*. ~済の切手 timbre *m* usagé. ~説明書 mode *m* d'emploi. ~中です C'est occupé. ~人 employé(e) *m*(*f*). ~料 redevance *f*.

しよう 子葉 cotylédon *m*. ‖~のある cotylédoné. ~の~植物 dicotylédones *fpl*. 単~植物 monocotylédones *fpl*.

しよう 枝葉 ‖~末節 ~末節にこだわる s'appesantir sur les détails. ~末節についてとやかく言う discuter sur des vétilles.

しよう 止揚［哲学］dépassement *m*.

しよう 私用［用事］affaire *f* personnelle (privée);［使用］usage *m* personnel. ‖~で外出する sortir pour une affaire personnelle.

しよう 試用 essai *m*. ~する prendre à l'essai; essayer. ‖それはもう~済みだ On l'a déjà essayé. ~見本 essai.

しよう 商［数］quotient *m*.

しよう 省 ministère *m*. ‖~の ministériel (le).

しよう 章 chapitre *m*. ‖第一~ le premier chapitre; chapitre un.

しよう 衝 ‖~に当る se charger de; assumer. 交渉の~に当る se charger des négociations.

しよう 賞 prix *m*. ~を授与する décerner un prix; couronner. ~をもらう(得る) recevoir (remporter) un prix. ~を設ける(出す) fonder (offrir) un prix. その作品(作者)に~を与える couronner cet ouvrage (cet écrivain). ‖品評会で~を得た牛 taureau(x) *m* primé dans un concours. 第一~ premier prix. ノーベル(ゴンクール)~ prix Nobel (Goncourt). 文学~ prix littéraire. 優等~ prix d'excellence.

しよう 性 ‖~が合う convenir à. 互に~が合う se convenir; s'entendre. 私達は~が合っている Nous nous entendons bien. それなんか僕の~に合わない Je ne suis pas fait pour cela. ~に合った仕事 travail *m* qui *lui* convient. ‖彼は苦労~だ Il est soucieux de nature./Il est d'une nature soucieuse.

しよう 背負う ⇨ せおう(背負う), ひきうける(引受ける). ◆［自動れ］‖しょっている être vaniteux(se). まあ, この人しょってるわ Qu'il est bêcheur, ce type!

しよう 頌 hommage *m*. ‖ゲーテへの~ hommage à Goethe.

しよう- 正 ‖~10時に à dix heures précises.

-しよう 勝 ‖5~する remporter cinq victoires. 5~8敗する gagner cinq victoires

じょう 滋養 ¶～をとる prendre de la nourriture. ～になる nourrir. 牛乳は～になる Le lait nourrit. ～のある nutritif(ve); nourrissant. ～の多い substantiel(le). ‖～分 substance *f* nutritive.

じょう 乗 puissance *f*. ‖2～ carré *m*. 3～ troisième puissance; cube *m*. ある数を～する élever un nombre à la n^{ème} puissance. ⇒じじょう(自乗).

じょう 嬢 mademoiselle (mesdemoiselles) *f*. ‖デュポン～ Mademoiselle (Mlle) Dupont.

じょう 情 [感情] sentiment *m*; [愛情] affection *f*; tendresse *f*; [感動] émotion *f*; [情] passion *f*. 親子の～ affection entre parents et enfants. 彼に～が移る s'attacher à. 彼は～というものがない Il n'a pas d'entrailles. 懐旧の～にかられる s'émouvoir en se rappelant le passé. ～にかられる se laisser emporter par passion. 父親らしい～を懐く avoir des entrailles de père pour. ～を通じる avoir des rapports avec qn. ¶～もない très sensible. ～の厚い affectueux(se); tendre. ～の無い sans cœur; sec; impitoyable. ～の深い amoureux(se). ～をこめて avec sentiment; avec tendresse. ～にほだされた片思い d'un air attendri.

じょう 条 article *m*. ～を追って article par article. ‖憲法第九～ article neuf de la Constitution.

じょう 錠 serrure *f*; [窓の掛金] espagnolette *f*; [鍵] clef *f*. 盗難除けの～ serrure anti-vol. ～をかける fermer à clef. ～をおろす mettre sous clef; fermer à clef. ～を破る(こじ開ける) fracturer une serrure. ‖南京～ cadenas *m*. ◆[錠剤] comprimé *m*. アスピリンを一回に 2～ 飲む prendre deux comprimés d'aspirine à la fois.

じょう 帖 [紙1～ une main de papier.

じょうあい 情愛 affection *f*; tendresse *f*. ¶～の深い affectueux(se); tendre.

しょうあく 掌握 ¶～する saisir. 政権を～する prendre (tenir) les rênes du gouvernement; s'emparer du pouvoir. 事態を～する prendre une affaire en main. チームを～する avoir *son* équipe en main.

しょうい 少尉 [陸, 空軍] sous-lieutenant *m*; [海軍] enseigne *m* de vaisseau de 2e classe. ‖～候補生 aspirant *m*.

じょうい 上位 primauté *f*. ～を占める se classer dans les premières places. ¶～の supérieur. ～に立つ primer; l'emporter sur; avoir la primauté (de la supériorité) sur.

じょうい 譲位 abdication *f*. ¶～する abdiquer.

しょういぐんじん 傷痍軍人 mutilé *m* de guerre.

しょういだん 焼夷弾 obus *m* incendiaire; bombe *f* flamboyante.

しょういん 勝因 ¶まず...したことが第一の～だ Ce qui avant tout explique *sa* victoire, c'est que...

しょういん 証印 estampille *f*; sceau(x) *m*. ～を押す estampiller; apposer le sceau.

しょういん 上院 [仏, 米] Sénat *m*; [英] Chambre *f* des Pairs. ‖～議員 sénateur *m*. ～議員の sénatorial(aux).

じょういん 乗員 équipage *m*.

じょういん 冗員 personnel *m* superflu.

しょううちゅう 小宇宙 microcosme *m*. ¶～の microscopique.

しょうえい 上映 ¶映画を～する donner (passer) un film. 今週はどんな映画が～されていますか Qu'est-ce qu'on joue cette semaine au cinéma? ‖「近日～」 «Prochainement.»

しょうえき 漿液 sérosité *f*. ‖～性の séreux (se).

しょうエネ 省― économie *f* d'énergie; économies énergétiques. ～をはかる économiser l'énergie.

しょうえん 硝煙 fumée *f* de poudre.

しょうえん 上演 représentation *f*. 最初の～ première représentation *f*. ¶～する représenter; mettre sur scène; passer. 歌舞伎座で助六が～されている on représente (joue) le *Sukeroku* au Théâtre Kabuki. ‖「無断～を禁ず」 «Tous droits de représentation réservés.» ～権 droit *m* de représentation.

しょうえん 情炎 désir *m* brûlant.

しょうおう 照応 correspondance *f*. ¶～する correspondre à. 互いに～する se correspondre.

じょうおん 常温 température *f* ordinaire (normale); [一定温] température constante; [平均温] température moyenne. ¶～に保つ garder une température constante.

しょうおんき 消音器 amortisseur *m*; [モーター] silencieux *m*; pot *m* d'échappement; [無線] sourdine *f*.

しょうか 商家 famille *f* de marchands (commerçants). ¶～の出である être issu d'une famille de commerçants.

しょうか 商科 faculté *f* de commerce. ‖～大学 école *f* supérieure de commerce.

しょうか 唱歌 chant *m*; chanson *f*. ‖～集 recueil *m* de chansons.

しょうか 娼家 maison *f* close (de prostitution).

しょうか 昇華 sublimation *f*. ¶～する se sublimer. ～させる sublimer. ‖～物 sublimé *m*. ～器 sublimatoire *m*.

しょうか 消化 digestion *f*; [知識などの] assimilation *f*. ～をよくする(助ける) faciliter la digestion. ～する digérer. 知識を～する assimiler des connaissances. 予定の日程をほぼ～した On a réalisé la quasi totalité du programme. ～される se digérer; s'assimiler. ～の良い digestible; léger(ère); facile à digérer. ～の悪い indigeste; dur à digérer; lourd. ～の悪い食物 aliment *m* qui se digère mal. ～を助ける digestif(ve). ‖不～ indigestibilité *f*. ～液 suc *m* digestif. ～器官 appareil *m* digestif. ～不良 trouble *m* digestif; [医] dyspepsie *f*; apepsie *f*. ～薬 digestif *m*. ～率 digestibilité *f*.

しょうか 消火 extinction *f*. ¶～する éteindre le feu. ～用の extincteur(trice). ‖～活動 lutte *f* contre l'incendie. ～活動をする combattre contre le feu. ～器 extincteur *m*; pare-feu *m inv*. ～栓 poste *m* (robinet

しょうか 業果 baie f.
しょうか 頌歌 hymne m.
しょうが 小我 le petit moi.
しょうが 生姜 gingembre m; épice f blanche.
じょうか 情火 flambeau(x) m de l'amour. ¶ ~に身を焼く s'enflammer d'amour.
じょうか 浄化 épuration f; purification f; assainissement m; dépuration f. 風俗の~ épuration des mœurs. ¶ ~する épurer; dépurer; purger; purifier; assainir. 水を~する épurer (clarifier) de l'eau. 汚染された空気を~する purifier l'air pollué. 血液を~する dépurer le sang. ∥ 空気~器 assainisseur m. ~剤 dépuratif(ve) m; [体内の] dépuratif(ve) m. ~槽 fosse f septique. ~装置 épurateur m; dépurateur m.
しょうかい 哨戒 patrouille f. ¶ ~する patrouiller. ∥ ~機 [avion m] patrouilleur m. ~艇 patrouilleur; vedette f; [税関の] vedette de la douane.
しょうかい 商会 firme f; compagnie f; maison f. デュポン~ Dupont et Cie; la maison Dupont et Cie. 小野~は信用がある Ono et Cie est digne de la confiance.
しょうかい 照会 référence f; demande f de renseignements; enquête f. ¶ ~する se renseigner sur; aller aux renseignements; prendre des renseignements sur; faire une enquête sur. 作者に~する faire référence à un auteur. 詳細については受付窓口に~下さい Pour plus amples détails, veuillez vous adresser à la réception. ∥ ~状 demande de renseignements. 「~中」«renseignement demandé.»
しょうかい 紹介 présentation f; recommandation f; introduction f. ¶ ~する présenter; mettre qn en rapport avec; recommander; introduire; [会員として] parrainer. 友人を~する présenter son ami. 流行を~する introduire la mode. ∥ 自己~をする se présenter. 職業~所 agence f (bureau m) de placement. ~者 introducteur(trice) m(f); parrain m; présentateur(trice) m(f). ~状 lettre f de recommandation (d'introduction).
しょうかい 詳解 explications détaillées fpl. ¶ ~する expliquer qc en détail.
しょうがい 傷害 blessure f; [医] lésion f. ~を起こす(与える) [医] léser. ¶ ~に関する lésionnel(le). ∥ 潰瘍性~ lésion ulcéreuse. ~致死刑 coups mpl et blessures [entraînant la mort]. ~保険 assurance f contre les accidents.
しょうがい 渉外 ¶ ~局 bureau m des relations extérieures. ~事務を担当する être chargé des affaires concernant les relations avec l'extérieur.
しょうがい 障害 obstacle m; entrave f; empêchement m; difficultés fpl; encombre m; embarras m. 思わぬ~ pierre f d'achoppement; obstacle imprévu. ~にぶつかる rencontrer (se heurter à) un obstacle. ~を乗りこえる franchir (surmonter) un obstacle; vaincre les difficultés. ~はまだなおっていない On n'est pas sorti de l'auberge. ¶ ~なしに sans entraves (encombre). あらゆる~を冒して contre vents et marées. ∥ 胃腸~ embarras gastrique; troubles mpl gastro-intestinaux. 言語~ embarras (empêchement) de la langue. 身体~者 infirme mf. 精神~ troubles psychologiques. ~物競走 course f d'obstacles (de haie); [競馬の] steeple[-chase] m.

しょうがい 生涯 vie f; carrière f. スタンダールの~と作品 vie et œuvres fpl de Stendhal. 楽しく~を送る mener joyeuse vie. 司法官として~を送る faire carrière dans la magistrature. 華麗な~を送る mener une existence brillante. ~の仕事 travail m de toute sa vie. ~の終りを迎える être au bout de sa carrière. ~を誓い合った友 ami m à la vie et à la mort. ~独身で通す rester célibataire toute sa vie. そのことは~忘れない Je ne l'oublierai pas de ma vie. あんな女と結婚して~悔を残さないか Est-ce que vous ne regretterez pas un jour d'avoir épousé cette femme? ~を通じて durant sa vie; toute sa vie; à la vie [et] à la mort. ¶ ~教育 éducation f permanente; formation f continue.

じょうがい 城外 ¶ ~に撃って出る faire une sortie hors les murs.
じょうがい 場外 [スタンドの] extérieur m du stade; [会場の] l'extérieur de la salle. 観客は~まであふれていた Les spectateurs débordaient hors du stade. ∥ ~馬券売り場 coulissier(ère) m(f). ~馬券場 le PMU (Pari mutuel urbain).
しょうかく 昇格 promotion f; avancement m [au rang]. 異例の~ promotion particulière. ¶ ~する avoir de l'avancement. 彼は部長に~した Il a été promu directeur. ~させる promouvoir. 高い地位に~させる promouvoir (élever) à un poste élevé.
しょうかく 衝角 [軍艦] éperon m.
しょうがく 商学 science f commerciale. ∥ ~部 faculté f de commerce.
しょうがく 奨学 ¶ ~資金 prêt m d'honneur; bourse f d'études. ~生 boursier(ère) m(f).
しょうがく 小額 petite somme f [d'argent]. ¶ ~紙幣 coupure f.
じょうかく 城郭 château(x) m fort; place f forte.
しょうがくきん 奨学金 bourse [d'études] f.
しょうがくせい 小学生 écolier(ère) m(f); élève mf d'une école primaire.
しょうがくぼう 正覚坊 grande tortue f marine.
しょうかせん 松果腺 épiphyse f.
しょうがつ 正月 nouvel an m; [元旦] jour m de nouvel an.
しょうがっこう 小学校 école f primaire. ∥ ~教諭 instituteur(trice) m(f).
じょうかまち 城下町 faubourg m d'un château.
しょうかん 償還 remboursement m. ¶ ~する rembourser. 債権者に~する rembourser ses créanciers. 負債を~する rembourser une dette. ~可能の remboursable.

しょうかん 召喚 assignation *f*; citation *f*. ~に応ずる(を拒否する) obtempérer (refuser) à une assignation. ¶~する assigner; citer. 証人として~される être cité comme témoin. ‖~状 ajournement *m*; mandat *m* de dépôt (comparution); assignation.

しょうかん 召還 rappel *m*. 大使の~ rappel d'un ambassadeur. ¶~する rappeler. ‖~状 lettre *f* de rappel.

しょうかん 商館 ⇨ しょうかい(商会).

しょうかん 将官 officier *m* général; [陸, 空軍] général(aux) *m*; [海軍] amiral(aux) *m*.

しょうかん 小寒 saison *f* de petits froids.

しょうかん 賞玩 ¶~する déguster *qc*.

しょうかん 上官 *son* supérieur. ~の命令に従う obéir aux ordres *son* supérieur.

じょうかん 乗艦 ¶~する s'embarquer sur. ‖~命令 ordre *m* d'embarquement.

じょうかん 情感 [情緒] sentiment *m*; cœur *m*. その表現では季節の~が湧かない Cette expression ne suggère pas l'atmosphère de la saison. 国民の~に訴える en appeler au cœur d'un peuple. ~をこめて avec sentiment.

じょうかん 条款 clause *f*. ‖最恵国~ clause de la nation la plus favorisée.

しょうかんしゅう 商慣習 usage *m* commercial.

じょうかんぱん 上甲板 pont *m* supérieur.

しょうき 勝機 ¶この折を逃したら他に~はないぞ Si vous laissez passer cette occasion, vous n'aurez plus aucune chance de gagner. ~をつかむ(逸する) saisir (perdre) une chance de gagner.

しょうき 商機 ¶~をつかむ(逸する) saisir (laisser échapper) l'occasion de faire une bonne affaire.

しょうき 詳記 ¶~する noter en détail.

しょうき 正気 raison *f*; esprit *m*; [意識] connaissance *f*; [覚醒] lucidité *f*. ~を失う devenir fou (folle); [良識] perdre *son* bon sens. ~に返る revenir à *soi*; reprendre *ses* esprits; reprendre connaissance. 精神病者が~に戻る時 moments *mpl* de lucidité d'un aliéné. ¶失神した人を~づかせる réveiller une personne évanouie. ~である avoir toute *sa* raison; avoir le bon esprit. お前は~でそんなことを言っているのかね Tu n'es pas fou de dire ça? ~の沙汰でない C'est insensé (déraisonnable).

しょうき 瘴気 miasmes *mpl*.

しょうぎ 商議 négociation *f*. ¶~によって par voie de négociation.

しょうぎ 娼妓 prostituée *f*.

しょうぎ 将棋 échecs *mpl*. ~の駒 pièce *f*. ~を指す jouer aux échecs. ‖~盤 échiquier *m*.

しょうぎ 床几 escabeau(x) *m*; tabouret *m*; [3本足の] escabelle *f*.

じょうき 上気 ¶彼は顔が~している Il a le visage en feu. 熱で~した顔 joues *fpl* empourprées de fièvre.

じょうき 上記 ¶~の ledit (ladite, lesdits, lesdites);《法》susdit. ~の家屋 bâtiment *m* susdit. ~の金額 ladite somme *f*. ~の場所に audit lieu *m*. ~の通り comme ci-dessus. ~の商品 lesdites marchandises *fpl*. ~に ci-dessus.

じょうき 常軌 ¶~を逸する s'écarter du bon sens. ~を逸した aberrant; insensé; absurde. ~を逸した行為 conduite *f* aberrante. ~を逸したことを言う déraisonner.

じょうき 蒸気 vapeur *f*. ~を噴出する jaillir (vomir) de la vapeur. ~で指をやけどする se brûler les doigts à un jet de vapeur. ‖~消毒器 autoclave *m*. ~船(機関車, 機関, タービン) bateau(x) *m* (locomotive *f*, machine *f*, turbine *f*) à vapeur.

じょうぎ 情誼 ¶友(師)に~を尽す porter à *son* ami (maître) un dévouement. ~に厚い fidèle; dévoué.

じょうぎ 定規 règle *f*. ~で線を引く tracer des lignes avec (à) une règle. ‖雲形~ pistolet *m* à dessin. 三角~ équerre *f*. T型~ double équerre; équerre en T.

じょうきげん 上機嫌 ¶~な gai; enjoué; joyeux(se). ~である être de bonne (d'excellente, de belle) humeur. ~に gaiement; joyeusement.

しょうきゃく 償却 amortissement *m*; [完済] extinction *f*. ¶~する amortir. ~し得る amortissable. ‖減価~ amortissement.

しょうきゃく 消却 ¶~する user; dépenser; consommer. 負債を~する se liquider.

しょうきゃく 焼却 incinération *f*. ¶~する brûler; incinérer. ‖塵芥~器 appareil *m* à incinérer les ordures. ~炉 incinérateur *m*.

しょうきゃく 上客 bon(ne) client(e) *m(f)*; [集合的] belle clientèle *f*.

じょうきゃく 乗客 voyageur(se) *m(f)*; [船, 飛行機の] passager(ère) *m(f)*; [タクシー, 馬車の] client(e) *m(f)*. 「パリ行の御~の皆様, …」《Les voyageurs pour Paris, …》

しょうきゅう 昇級 promotion *f*; avancement *m*; nomination *f* à un grade supérieur. 年功順の~ avancement à l'ancienneté. ¶~する être promu; avancer en grade.

しょうきゅう 昇給 augmentation *f* de salaire; accroissement *m* d'appointements. ¶今月~した J'ai été augmenté ce mois. ~させる augmenter *qn*.

じょうきゅう 上級 ¶~の supérieur. ‖~官吏 †haut fonctionnaire *m*. ~クラス classes *fpl* supérieures. ~講義 cours *m* supérieur. ~裁判所 cour *f* supérieure. ~将校 officier *m* supérieur. ~生 grand(e) *m(f)*.

しょうきゅうし 小臼歯 prémolaire *f*.

しょうきゅうし 小休止 ¶ちょっと~だ On va faire une petite pause.

しょうきょ 消去 ¶~する éliminer. ‖~法《数》élimination *f*. ~法を用いる procéder par élimination.

しょうきょう 商況 situation *f* [commerciale]. ‖~定期報告書 état *m* périodique.

しょうぎょう 商業 commerce *m*. ~を営む exercer un commerce; être dans le commerce. ¶~の commercial(aux). ‖~学校 école *f* de commerce. ~実務 affaires *fpl*;

pratique *f* commerciale. ～主義 mercantilisme *m*. ～政策 politique *f* commerciale. ～中心地 centre *m* commercial. ～都市 ville *f* marchande. ～文 correspondance *f* commerciale.

じょうきょう 上京 ¶～する monter à Tokyo.
じょうきょう 状況 circonstances *fpl*; situation *f*; état *m* de choses; conditions *fpl*. 敵陣の～ situation de camps ennemis. ～は happsが(悪化している) La situation est grave (se gâte). 抜差しならない～にある être pris dans un engrenage. こうした～では dans ces conditions. 現在の～に於て dans les circonstances (conditions) actuelles. ～に応じた処置 mesures *fpl* de circonstance. ¶今日の気象～は登山には向かない Aujourd'hui, les conditions atmosphériques ne sont pas favorables à l'ascension. ～判断 analyse *f* de la situation. ～補語 complément *m* circonstanciel.

しょうきょく 小曲 petit morceau(x) *m*.
しょうきょく 消極 ¶～的 passi(f)ve); négati(f)ve). ～的な態度をとる prendre une attitude passive (négative). ～的に passivement; négativement. ‖～性 passivité *f*.

しょうきん 賞金 prix *m*; [籤の] lot *m*. ～を手に入れる remporter (offrir) le prix. ...の首に～をかける mettre à prix la tête de *qn*. ‖～稼ぎをする s'enrichir grâce à l'argent de mises à prix.

しょうきん 正金 espèces *fpl*. ⇨ げんきん(現金).

じょうきん 常勤 ¶～の [教師が] titulaire. ‖非～講師 lec*teur(trice)* *m(f)* non-titulaire.

しょうきんるい 渉禽類 échassiers *mpl*.

じょうくう 上空 ¶アルプスの～を飛ぶ survoler les Alpes. 町の～を飛ぶ voler au-dessus de la ville. ～5,000 メートルの所にある寒気団 courant *m* d'air froid situé à 5.000m d'altitude. ～から見おろす regarder du haut du ciel. ～高く舞い上る s'élever très haut dans le ciel. ‖～飛行 survol *m*.

しょうぐん 将軍 général(*aux*) *m*. ‖鬼～ foudre *f* de guerre.

じょうくんきょく 賞勲局 Grande Chancellerie *f*.

じょうげ 上下 ¶背広の～ complet *m*; veste *f* et pantalon *m*. 身分の～を問わずに sans regarder au rang; quel que soit le rang. ～に en haut et en bas; [上から下に] de haut en bas; [垂直に] verticalement; perpendiculairement. ‖～に左右に en tous sens. ～線ともに être le Le trafic est coupé dans les deux sens. ～動 mouvement *m* vertical. 地震の～動 secousse *f* verticale.

しょうけい 勝景 beau paysage *m*; belle vue *f*.

しょうけい 小径 sentier *m*.
しょうけい 小計 chiffre *m* provisoire. ～を取る faire le total provisoire.
しょうけい 象形 ¶～的 figurati(f)ve). ～的に figurativement. ‖～文字 écriture *f* figurative; [古代エジプトなどの] hiéroglyphe *m*.
しょうけい 情景 spectacle *m*. 心を打つ～ scène attendrissante. ¶この作家は～描写が巧い Cet écrivain est doué pour les descriptions. ⇨ こうけい(光景).

しょうげき 笑劇 farce *f*. ‖～俳優 farceu*r(se)* *m(f)*.

しょうげき 衝撃 choc *m*; percussion *f*; coup *m*; †heurt *m*. ～を与える donner un choc (coup); choquer; percuter. ～を受ける recevoir un choc (coup). ～なしに sans heurt. ‖～波 ondes *fpl* de choc.

しょうけつ 猖獗 ¶～をきわめる sévir; faire des ravages. 流感が～をきわめた La grippe a sévi.

しょうけん 証券 valeurs *fpl*; titre *m*; certificat *m*. ～を発行する émettre des certificats. ‖外国～ valeurs étrangères. 株式～ titre d'action. 記名(無記名)～ titre nominatif (au porteur). 公債～ titre de rente 指示～ titre à ordre. 船荷～ connaissement *m*. 保険～ police *f* d'assurance. 有価～ valeurs; titres. ～会社 maison *f* de courtage (de titres). ～市場の変動 fluctuation *f* des valeurs. ～取引所 Bourse *f*. ～仲買人 [公認] agent *m* de change; [非公認] courti*er(ère)* *m(f)* en valeurs mobilières; coulissier *m*.

しょうげん 証言 témoignage *m*; déposition *f*; [鑑定人, 医師の] rapport *m*. ...の～を求めば invoquer le témoignage de *qn*. ...の～によれば selon (sur) le témoignage de *qn*. ¶～[を]する témoigner; déposer; rendre (porter) son témoignage. ...に有利(不利)な～をする rendre témoignage à (contre) *qn* témoigner (déposer) en faveur de *qn* (contre *qn*). ...の無罪を～する témoigner de l'innocence de *qn*. ‖～台 barre *f* des témoins.

じょうけん 条件 condition *f*. 結婚の～ conditions d'un mariage. 人間の～ condition humaine. ～をつける mettre une condition à. ～を呑む accepter les (se soumettre aux) conditions. 好天気が豊作の～である Le beau temps est la condition d'une belle moisson. その～で(ならば) à cette condition. ...という～で à condition de *inf* (que *sub*, *ind*). ‖～つきの á conditionner. ～つきの約束 promesse *f* conditionnelle. それは～次第だ Cela dépend des conditions. ～次第では引受けてもよい Ça dépend des conditions mais je suis prêt à accepter. ～つきで sous condition; conditionnellement. ‖支払い～ conditions de paiement. 生活～ conditions d'existence. 必要～を満たす satisfaire à une condition nécessaire. 無～で sans condition. 無～降服 capitulation *f* sans condition. 敵に無～降服をする se rendre à l'ennemi sans condition. ～反射 réflexe *m* conditionné. ～法 mode *m* conditionnel; conditionnel *m*.

じょうげん 上弦 ¶～の月 lune *f* à son premier quartier.

じょうげん 上限 limite *f* supérieure; [最高限度] plafond *m*.

しょうこ 礁湖 lagon *m*. ‖～の lagunaire.
しょうこ 証拠 preuve *f*; témoignage *m*. 確かな～ preuve solide. 動かぬ～ preuve incontestable (irréfutable). 決定的な～ preuve

しょうご ～を提出する fournir des preuves. 具体的な～を示す démontrer qc preuve en main. それが…の～だ C'est la preuve que...; Ça prouve que.... 彼女が顔を赤らめたのは恥かしがっている～だ Sa rougeur démontre sa honte. ¶～を立てる prouver; attester; faire preuve. 真実を～立てる attester la vérité. ～になる servir de preuve. ～の手紙 lettre f convictionnelle. ～として挙げる donner comme preuve. 確かな～があって sur de bonnes preuves. その～は…である La preuve en est que...../C'est si vrai que.... 彼はどうにもならん怠け者だ、それが～に会社を首になった Il était paresseux comme une couleuvre, c'est si vrai qu'on l'a renvoyé de son entreprise. ‖人的～ preuve vivante. 物的～ preuve matérielle. ～湮滅 suppression f des preuves. ～金 cautionnement m. ～書類 pièce f probante (d'appui). ～不充分のために faute de preuves suffisantes. ～物件 pièce à conviction.

しょうご 正午 midi m. ～(十分過ぎ)だ Il est midi (midi dix). ～が鳴った Il est midi sonné. 私は～が鳴ったときに着いた Je suis arrivé sur le coup de midi. ～から2時まで営業 de midi à deux heures. ¶明日の～に demain à midi.

じょうご 冗語 mot m redondant. ‖～法 pléonasme m.

じょうご 漏斗 entonnoir m; [機械の部分] trémie f.

しょうこう 商工 ¶～会議所 Chambre f de commerce. ～業 l'industrie f et le commerce m. ～信用金庫 Crédit m industriel et commercial. ～年鑑 bottin m.

しょうこう 商港 port m de commerce.

しょうこう 将校 officier m. ‖海軍(陸軍)～ officier de marine (de l'armée de terre). 現役(予備、当直)～ officier en activité (de réserve, de service).

しょうこう 小康 accalmie f; apaisement m momentané. 政争の一時的～ moment m d'accalmie dans les luttes politiques. 戦局の～ paix f relative. 病人は～を得ている Le malade a un moment de calme. ‖政局の危機は～状態を保っている La crise politique connaît quelque accalmie.

しょうこう 症候 symptôme m. ‖～群 syndrome m.

しょうごう 商号 raison f sociale; firme f. ¶…という～で sous la raison sociale.

しょうごう 照合 confrontation f; collation f; collationnement m. ¶～する confronter; collationner; conférer. 二つのテキストを～する confronter deux textes. 原本と～する collationner un écrit avec l'original.

しょうごう 称号 titre m; qualification f. ～を与える donner (conférer) un titre à. ...という～を与える qualifier qn de....

じょうこう 乗降 ¶～口 portière f.

じょうこう 情交 rapports mpl [sexuels]. ...と～をかわす avoir des rapports avec qn.

じょうこう 条項 article m; clause f; disposition f; convention f. 形式上の～ clause de style. ～を守る(犯す) respecter (violer) une clause.

しょうこうい 商行為 acte m de commerce.

しょうこうき 昇降機 ascenseur m; [荷物の] monte-charge m inv.

しょうこうぐち 昇降口 entrée f; [乗物] portière f; [船] écoutille f.

しょうこうぐん 症候群 ⇨ シンドローム.

しょうこうすい 昇汞水 solution f de sublimé corrosif.

しょうこうねつ 猩紅熱 fièvre f scarlatine. ～患者 scarlatineux(se) m(f).

しょうこく 小国 petit pays m.

しょうこく 生国 pays m natal.

じょうこく 上告 pourvoi m en cassation. ¶～する se pourvoir en cassation.

しょうことなしに 仕方 faute de mieux; malgré soi. ～...する être forcé de inf.

しょうこり 性懲り ¶～も無く en dépit de ses échecs; sans être revenu de son erreur; obstinément.

しょうこん 傷痕 cicatrice f.

しょうこん 商魂 esprit m mercantile. ¶～たくましい mercantile.

しょうさ 小差 ¶～で勝つ gagner d'un cheveu (souffle); [競馬] gagner d'une encolure.

しょうさ 少佐 ¶[陸、空軍] commandant m; [海軍] capitaine m de corvette. ‖歩兵(騎兵)～ commandant de bataillon (d'escadron).

しょうさい 商才 彼は～に長けている Il a le sens des affaires.

しょうさい 詳細 détail m; menus détails; particularités fpl. 事件の～ particularités d'un événement; les tenants et les aboutissants d'une affaire. ¶～な détaillé; circonstancié. ～なリポート rapport m circonstancié. ～に亘る s'étendre sur les détails; entrer dans le détail. ～に物語る raconter en détail (minutieusement, tout au long). ～に論じる s'étendre sur./[ネットワーク上で] を見る Plus de détails.

じょうざい 浄財 ¶～を集める faire la quête, quêter. 信者から～を集める recueillir les offrandes des fidèles.

じょうざい 錠剤 comprimé m; pilule f; [小粒の] grain m.

じょうさく 上作 ¶これは～の部類に入る Cela se classe parmi les meilleurs. ⇨ ほうさく(豊作).

じょうさく 上策 bon moyen m. それは～だ C'est la meilleure méthode. ‖最～ le meilleur moyen.

じょうさし 状差し porte-lettres m inv.

しょうさつ 笑殺 ¶～する se rire de; se moquer de.

しょうさっし 小冊子 livret m; plaquette f; brochure f; opuscule m.

しょうさん 勝算 ¶～がある avoir des chances de victoire (succès). ～が少ない avoir peu de chances de réussir. ～のない戦 bataille f sans espoir.

しょうさん 硝酸 eau(x)-forte(s) f; acide m

しょうさん azotique. ‖〜塩 azotate *m*. 〜カリウム salpêtre *m*. 〜銀 nitrate *m* d'argent.

しょうさん 称賛 éloge *m*; louange *f*; admiration *f*; félicitation *f*;〖俗〗encens *m*. 〜を博する s'attirer des éloges. ¶〜する louanger; louer; admirer; féliciter; applaudir. 熱狂的に〜する avoir une admiration sans borne pour. …したことを〜して louer qn d'avoir fait qc. 人々は彼の勇敢な行為を〜した On l'a loué de (pour) son acte de courage. 〜に値する être digne d'éloge. 〜に値する louable; admirable. 〜に値する努力 effort *m* méritoire.

しょうし 小史 petite histoire *f*.

しょうし 焼死 ¶〜する être brûlé(e) vif (vive). ‖〜者 personne *f* brûlée vive. 火の回りが早かったため多くの〜者を出した Pris de vitesse par l'incendie, beaucoup de monde a péri dans les flammes. 〜体 cadavre *m* brûlé (calciné).

しょうし 笑止 〜千万 C'est ridicule!

しょうし 証紙 timbre *m*; [自動車には納税済みの] vignette *f*.

しょうじ 商事 affaires *fpl* commerciales. ‖〜会社 société *f* commerciale; maison *f* de commerce. 〜会社に就職する obtenir une place dans une maison de commerce. 〜契約 contrat *m* commercial. 〜裁判所 tribun*al(aux) m* de commerce.

しょうじ 小事 chose *f* insignifiante; vétille *f*; bagatelle *f*. それは〜だ C'est un détail. 〜に拘泥する s'occuper de vétilles; se perdre dans les bagatelles.

しょうじ 頌辞 éloge *m*.

しょうじ 上梓 ⇨ しゅっぱん(出版).

しょうじ 上司 supérieur(e) *m(f)*.

しょうじ 上肢 membres *mpl* supérieurs.

しょうじ 城趾 [遺跡] vestiges *mpl* d'un château; [廃墟] château *m* ruiné; [敷地] emplacement *m* d'un château ruiné.

しょうじ 情史 histoire *f* de cœur.

しょうじ 情死 ¶あの作家は〜した Cet écrivain s'est suicidé avec sa maîtresse.

しょうじ 常時 看守が〜つめている Le gardien de prison est toujours à son poste. 消防夫はいつでも出動できるように〜待機している Les pompiers sont toujours prêts à intervenir à n'importe quel moment. ⇨ つねに (常に).

しょうじ 情事 aventure *f*; affaire *f* de cœur; intrigue *f* galante.

しょうじいれる 請じ入れる faire passer (entrer) qn; introduire qn.

しょうしか 少子化 baisse *f* de la natalité.

しょうじき 正直 honnêteté *f*; loyauté *f*; probité *f*; droiture *f*; intégrité *f*; véridicité *f*. 〜な honnête; loyal(aux); probe; droit; véridique. 〜な人 brave homme *m*; personne *f* honnête. 〜に honnêtement; loyalement; véridiquement. 〜に言うと à vrai dire; à franchement parler. 〜に言えば Parlez franchement. ‖ 不〜な peu honnête. 馬鹿な〜人 personne foncièrement honnête. 〜は損をする L'honnêteté n'est pas récompensée.

じょうしき 常識 sens *m* commun; [良識] entendement *m*; bon sens; [平凡] banalité *f*. 〜を欠く manquer de sens commun. それは〜だよ Tout le monde le sait. それは〜では考えられないことだ Cela dépasse le sens commun. …するのが〜になっている Il est de règle de *inf*. ¶〜的解釈 interprétation *f* banale. 〜のある raisonnable; sensé; judicieux(se). 〜のある人 personne *f* raisonnable. 〜はずれの déraisonnable; insensé. 〜はずれのことをするを se conduire en dépit du sens commun. 〜的に考えれば分ることじゃないか Avec un peu de bon sens, ça se comprend aisément. ‖非〜 hétérodoxie *f*. 非〜 ne pas avoir le sens commun; être hétérodoxe.

しょうしつ 消失 disparition *f*; perte *f*; évanouissement *m*; extinction *f*; [光、熱] déperdition *f*. 〜する disparaître; perdre; se perdre; se consumer; s'évanouir; dépérir. 死体が〜してしまった Le cadavre a disparu.

しょうしつ 焼失 ¶〜を免れる échapper à l'incendie. 〜する être consumé (détruit) par le feu; être brûlé. その界隈は〜して見るかげもない Le quartier a été complètement dévasté par l'incendie. ‖〜家屋 maison *f* incendiée.

じょうしつ 上質 〜の de bonne (première) qualité.

じょうじつ 情実 favoritisme *m*; considérations *fpl* personnelles. 〜に左右される être influencé par le favoritisme. 〜を拒む refuser le favoritisme. ¶〜に動かされない裁判官 juge *m* impassible.

しょうしみん 小市民 petit(e)-bourgeois(e) *m(f)*. ‖〜階級 petite bourgeoisie *f*.

しょうしゃ 勝者 gagnant(e) *m(f)*; vainqueur *m*. 〜と敗者 le gagnant et le perdant. 準決勝の〜 vainqueur de la demi-finale.

しょうしゃ 哨舎 guérite *f*.

しょうしゃ 商社 maison *f* de commerce; société *f* commerciale; firme *f*.

しょうしゃ 瀟洒 〜な élégant; chic; gracieux(se). 〜な別荘 villa *f* coquette. 〜な身なりをしている être chic.

じょうしゃ 乗車 〜する monter en voiture. 汽車(自動車、タクシー)に〜する monter dans un train (une voiture, un taxi). 御〜願います En voiture! ‖〜口 entrée *f*. 〜券 billet *m*; [地下鉄、バスの] ticket *m*. 〜券を発売する délivrer des billets. 団体〜券 billet de sociétaires. 割引〜券 billet à prix réduit. 〜券売場 guichet *m*.

しょうしゃく 焼灼 [医] cautérisation *f*. 傷口を〜する cautériser une plaie.

しょうしゃく 照尺 [銃の] †hausse *f*.

じょうしゅ 城主 châtelain *m*. 〜の奥方 châtelaine *f*.

じょうじゅ 成就 accomplissement *m*; parachèvement *m*. ¶大願は〜した Mes vœux ardents ont été exaucés (comblés). 事の〜した暁には en cas de réussite. 〜させる accomplir; parachever; mener à bien qc.

しょうしゅう 召集 [集会, 議会] convocation f; [軍隊] appel m; levée f; [動員] mobilisation f. ¶～する assembler; convoquer; [徴兵] appeler; lever; mobiliser. ～し得る convocable. ‖～者 convocateur(trice) m(f). ～状 convocation; circulaire f convocatrice. ～兵 appelé m; mobilisé m. ～猶予 sursis m d'appel. ～猶予者 sursitaire m. ～令状 ordre m d'appel.

しょうじゅう 小銃 fusil m. ～の射撃 coup m de fusil. ～自動 fusil automatique.

しょうしゅう 常習 ¶ 強請を～とする pratiquer le chantage. ～の invétéré. ¶～犯 récidiviste mf. 盗みの～犯 voleur(se) m(f) récidiviste. 彼は嘘つきの～犯だ C'est un fieffé menteur.

しょうしゅうかん 商習慣 usages mpl commerciaux.

しょうじゅつ 詳述 exposition f (description f) détaillée. ¶～する détailler; exposer dans ses moindres détails; donner tous

しょうじゅつ 上述 ～の ledit (ladite, lesdits, lesdites). ～の商品 lesdites marchandises fpl. ～の雑誌 revue f dont j'ai parlé ci-dessus.

しょうしゅび 上首尾 réussite f; beau résultat m. ¶～の réussi. 演奏会は～だった Le concert était très réussi. ～に行く aboutir à un beau résultat. 万事～に運んでいる Tout va très bien./Tout marche à souhait.

しょうじょう 照準 pointage m; visée f; mire f. ¶～を合せる pointer; mirer; prendre sa visée. ‖～角 angle m de visée (mire). カメラの～器 viseur m. ～儀 alidade f. ～線 ligne f de mire (visée).

しょうじゅん 上旬 pendant la première décade du mois. ¶四月の～に au début d'avril.

しょうしょ 証書 acte m; [権利の] titre m; [証書] certificat m; attestation f; [免状] diplôme m; brevet m. ～を作製する rédiger (dresser) un acte. ～を偽造する falsifier un acte. 売渡(譲渡)～ acte de vente (cession). 学業終了～ diplôme m de fin d'études. 公正～ titre authentique; acte notarié. 高等教育終了～ baccalauréat m. 借用～ reconnaissance f de dette. 初等教育修了～ certificat d'études primaires. 初等教育免許～ brevet élémentaire de capacité. 善行～ certificat de bonne conduite. 卒業～ diplôme. 不動産登記～ titre de propriété.

しょうしょ 詔書 édit m impérial.

しょうじょ 少女 petite fille f; fillette f. ‖～時代 enfance f. ～小説 roman m rose.

しょうじょ 浄書 ¶～する mettre qc au net.

じょうじょ 乗除 multiplication f et division f.

しょうしょう 少々 un peu; quelque peu; un petit peu. パンを～下さい Donnez-moi un peu de pain. 私は～疲れた Je me sens quelque peu fatigué. ～お待ち下さい Attendez un peu./Un instant, s'il vous plaît. ¶[電話] Ne quittez pas. ～物を伺いますが Permettez-moi de vous demander quelque chose. ¶彼は～のことではへこたれない Il ne se décourage pas pour si peu.

しょうしょう 少将 [陸, 空軍] général(aux) m de division; [海軍] vice-amiral(aux) m.

しょうじょう 小乗 ‖～仏教 petit véhicule m.

しょうじょう 症状 symptôme m; signe m. 赤痢の～が認められる On reconnaît les symptômes de la dysenterie. コレラの～を示す constituer (présenter) les symptômes du choléra. ～を見て診断は下される C'est sur la connaissance des symptômes qu'est fondé le diagnostic. 主観～ symptôme subjectif. 前駆～ symptôme avant-coureur. ～群 syndrome m.

しょうじょう 賞状 satisfecit m inv. ～を授与する décerner un satisfecit. ‖善行～ certificat de bonne conduite.

しょうじょう 猩々 jocko m; orang(s)-outang(s) m.

じょうしょう 上昇 montée f; élévation f; ascension f; [気温, 物価] hausse f. 大幅な(ゆるやかな)～ forte (lente) hausse. 物価の～ hausse des prix. ～する monter; s'élever; [気温が] †hausser. 気温(物価)が～している La température est (Les prix sont) en hausse. ¶飛行機の急～ cabrage m; [急降下のあとの] remontée f. 飛行機が急～する L'avion prend de la hauteur. 急～させる cabrer. ～運動 mouvement m ascendant (ascensionnel). ～気流 courant m d'air ascensionnel. ～速度 vitesse f en montée.

じょうじょう 上々 ～の首尾を収める obtenir un grand succès. 事態は～だ Ça va très bien./Ça marche à merveille. 彼の身体の調子は～だ Il se porte à merveille.

じょうじょう 上場 ¶～する inscrire les actions à la cote. ‖～株 valeur f cotée (inscrite); actions fpl inscrites à la cote.

じょうじょう 情状 circonstance f. ‖～酌量 circonstances atténuantes. ～酌量する tenir compte des circonstances atténuantes. ～酌量して eu égard aux circonstances.

じょうじょうしゃくりょう 情状酌量 circonstances fpl atténuantes.

しょうしょく 小食 ¶彼女は～だ Elle a un appétit d'oiseau.

じょうしょく 常食 aliment m de base. ¶米を～とする vivre de riz.

しょうじる 生じる [由来する] provenir; procéder; [自然に] découler; [発生する] se produire; arriver; résulter; naître; [植物が] pousser. 彼の裡に変化が生じた Un changement s'est produit en lui. 戦争は利害争いから生じた La guerre est née d'un conflit d'intérêts économiques. この哲学は社会主義理論より生じたものだ C'est une philosophie qui a procédé des doctrines socialistes. 生じさせる faire produire; causer; entraîner; susciter; provoquer. 眠気を生じさせる provoquer le sommeil. ¶躾けから生じた習慣 habitudes fpl qui proviennent de l'éducation. 自然に生じた結果 résultats mpl

じょうじる 乗じる [掛ける] multiplier; [ついる] exploiter; abuser de; profiter de. 人の善意に~ exploiter (abuser de) la bonne volonté de qn. 隙に~ profiter d'un moment d'inattention. ¶闇に乗じて逃げ出す s'enfuir à la faveur de la nuit.

しょうしるい 鞘翅類 coléoptères mpl.

しょうしん 傷心 crève-cœur m inv; déchirement m. ¶~の余り死ぬ mourir de peine.

しょうしん 小心 ¶~な timide; craintif(ve); timoré; pusillanime. ‖~者 esprit m pusillanime; timide m£. 彼はとても人前ではしゃべれない Il est trop timide pour faire un discours en public. ~翼々たる scrupuleux (se). ~翼々と scrupuleusement.

しょうしん 昇進 promotion f; avancement m. ¶~する avancer (monter) en grade; s'élever; être promu. トントン拍子で~する faire une carrière très rapide. 中隊長に~する être promu capitaine. ~させる élever; donner de l'avancement.

しょうしん 焼身 ¶~自殺する se suicider par le feu.

しょうしん 衝心 [脚気~ troubles mpl dus au béribéri.

しょうしん 正真 ¶~正銘の vrai; véritable; authentique; franc(che).

しょうじん 小人 [小人物] esprit m étroit (borné). 「~ 閑居して不善をなす」«L'oisiveté est [la] mère de tous les vices.»

しょうじん 精進 [専心] assiduité f; application f; [献身] dévotion f. ~が足りない manquer d'assiduité. ¶~する s'appliquer à; se consacrer à; se dévouer à. 看病に~する se dévouer pour soigner qn. 勉学に~する s'appliquer à l'étude. ‖~潔斎する se purifier. ◆[菜食] abstinence f. ¶~する faire abstinence. ~揚げ beignet m aux légumes. ~日 jour m maigre (d'abstinence). ~料理 repas m maigre.

しょうしん 上申 ¶~する donner son opinion au supérieur (aux autorités). ¶~書を提出する présenter son rapport à son supérieur.

じょうじん 常人 [正常な人] personne f normale; [普通の人] personne ordinaire. ¶見たところ彼は~と変りない Extérieurement, il paraît normal.

しょうじんぶつ 小人物 ¶彼は~だよ C'est un type borné.

じょうず 上手 ¶~の手から水が洩れる L'erreur est humaine. ~な habile; adroit; ingénieux(se); bon(ne). ~な説明 explication f ingénieuse. ~を言う bon acteur à inf. ...するのが~だ être habile (adroit) à inf. ~に habilement; adroitement; ingénieusement; bien. ~に踊る bien danser.

しょうすい 憔悴 langueur f; émaciation f. ¶~する languir; se consumer; s'émacier. 彼の顔は疲労で~していた Son visage était émacié par la fatigue. ~させる émacier; dévorer; consumer. 彼を~させた不幸 malheur m qui l'a dévoré. ~て languissant; émacié; épuisé.

しょうすい 上水 eau(x) f potable. ‖~道 canal(aux) m adducteur; aqueduc m.

じょうすい 浄水 eau f potable. ‖~場 établissement m de filtrage des eaux. ~処理 clarification f des eaux.

しょうすう 小(少)数 petit nombre m; [投票数の] minorité f. ¶~の peu nombreux(se); un petit nombre de. ~の人々を un petit nombre (une poignée) de personnes. ‖~意見 opinion f minoritaire (de la minorité). ~派 minorité f. ~派に属する être en minorité. ◆[数学] décimale f; fraction f décimale; nombre m décimal. ¶循環~ fraction f périodique. ~点 virgule f décimale.

じょうすう 乗数 multiplicateur m. ‖被~ multiplicande m.

じょうすう 常数 [物] constante f.

しょうする 称する s'appeler; se nommer; [自称] prétendre; se faire passer (se donner) pour. ¶自ら食通と~ se faire passer pour un gourmet. 彼はその事に精通していると称している Il prétend s'y connaître. ベラールと~男(女) un(e) nommé(e) Bérard. 気分が悪いと称して sous prétexte de malaise. 忙しいと称して sous prétexte qu'il est occupé.

しょうする 証する [証明] prouver; attester; [保証] certifier; garantir. ⇒しょうみ(証明).

しょうする 賞する [ほめる] louer; louanger; [楽しむ] admirer; goûter; apprécier.

しょうする 誦する réciter.

しょうする 招請 invitation f. ¶~する inviter. ‖~国 pays m invitant. ~状 lettre f (billet m) d'invitation.

しょうせい 照星 guidon m.

じょうせい 上製 ¶~の de bonne fabrication. ‖~本 reliure f de qualité.

じょうせい 情勢 courant m; état m de choses; circonstances fpl. 世の~ courant des affaires. 好都合な(不安定な)~ situation f favorable (précaire). ~が好転(悪化)する La situation s'améliore (s'aggrave, se détériore). この~では en pareilles circonstances. ‖社会(国際)~ situation sociale (internationale). ~判断 analyse f de la situation.

じょうせい 醸成 [誘発] fomenter; susciter. 不穏な動きを~する susciter des mouvements menaçants. 革命を~する fomenter la révolte.

しょうせき 硝石 nitre m; salpêtre m.

じょうせき 上席 place f d'honneur.

じょうせき 定石 [ゲーム] coup m classique; [規則] règle f. ...するの~ Il est de règle de inf (que sub). そう指すのが~ C'est le coup à faire. ¶~通りに en [bonne] forme; en règle; selon les règles. ~通りにちゃんとやる procéder avec méthode.

しょうせつ 小節 mesure f.

しょうせつ 小説 roman m. 彼の一生はまるで~だ Sa vie est un vrai roman. ~を書く composer (écrire) un roman. ~を地で行く vivre un véritable roman. ¶~風な roma

しょうせつ ~風に書く romancer. ‖新聞〜 [roman(s-)]feuilleton(s) m. 大河〜 roman(s)-fleuve(s). 探偵〜 roman policier. 伝記〜 vie f romancée. 冒険〜 roman d'aventures. 恋愛〜 roman d'amour. 〜家 romancier(ère) m(f). 新聞〜家 feuilletoniste mf. 〜化する romancer.

しょうせつ 詳説 ⇨ しょうじゅつ(詳述).

じょうせつ 常設 ¶〜の窓口 permanence f. ⇨ じょうち(常置).

じょうぜつ 饒舌 loquacité f; jasement m; faconde f; exubérance f; des paroles. ¶〜を振う parler avec faconde. 〜な loquace; babillard; bavard. 〜の徒 bavard m [intarissable].

しょうせっかい 消石灰 chaux f éteinte.

しょうせん 商船 navire m marchand (de commerce); paquebot m. ¶〜学校 école f de la marine marchande. 〜団 marine f marchande.

しょうぜん 承前 suite f.

しょうぜん 悄然 ¶〜とした様子で d'un air abattu. 〜として帰って来る revenir tout abattu.

じょうせん 乗船 embarquement m. ¶〜する s'embarquer; monter à bord. 〜させる embarquer.

しょうぜんてい 小前提 mineure f; proposition f mineure.

しょうそ 勝訴 gain m de cause. ¶〜する avoir gain de cause; gagner le procès.

じょうそ 上訴 pourvoi m; recours m. ¶〜する se pourvoir; recourir à.

しょうそう 少壮 ¶彼は〜有為の青年だ C'est un jeune homme d'avenir (qui promet).

しょうそう 尚早 ¶...するのは時期〜である Il n'est pas encore temps de inf. 〜論を唱える rester dans l'expectative.

しょうそう 焦燥 impatience f; énervement m; irritation f. ¶〜感にとらえられる brûler d'impatience.

しょうぞう 肖像 [絵画・彫刻] figure f; [写真] portrait m. [メダル·貨幣] effigie f. ¶〜入りの本 iconographie f. ‖〜画 portrait. 〜画を描く faire (dessiner, peindre) un portrait. 生写しの〜 portrait parlant. 〜画家 portraitiste mf.

じょうそう 上層 couches fpl supérieures. ‖〜階級 hautes classes f; couches sociales supérieures. 政界の〜部 hautes sphères fpl de la politique. 〜部で en haut lieu.

じょうそう 情操 ¶〜教育 éducation f esthétique (mentale).

じょうぞう 醸造 [醗酵] fermentation f; [葡萄酒] vinification f; [ビール] brassement m; brassage m. ¶〜する faire fermenter. 葡萄酒を〜する vinifier. ビールを〜する brasser. ‖ワイン〜学 œnologie f. 〜桶 cuve f. 〜業 distillerie f. 〜室 cuvage m; cuvaison f. ビール〜所 brasserie f.

しょうそく 消息 nouvelles fpl; information f. ¶〜を伝えるにたずねる porter (demander) des nouvelles de qn. ...から〜がある avoir des nouvelles de qn. ウンともスンとも〜がない ne pas donner signe de vie. それっきり彼の〜はない Depuis, on est sans nouvelles de lui./Depuis lors, je n'ai pas reçu de ses nouvelles. それっきり飛行機からの〜はばったりとだえた Depuis, il n'y a eu aucune liaison avec l'avion. ¶〜に通じている être bien renseigné sur; être informé de (sur); connaître le terrain. ‖〜筋によれば de source bien informée. 〜筋では dans les milieux bien informés; dans les milieux compétents; en lieu compétent. 〜通の人々 personnes fpl bien renseignées. 新聞の〜欄 courrier m.

しょうぞく 束装 ¶〜をつける mettre un costume.

しょうたい 小隊 [歩, 砲兵] section f; [騎兵] peloton m. ‖〜長 chef m de section (peloton).

しょうたい 招待 invitation f. 〜を辞退する (受ける) décliner (accepter) une invitation. ¶〜する inviter (食事(集い)に〜する inviter (convier) à un repas (une réunion). ‖〜客 invité(e) m(f). 〜状 carte f (lettre f) d'invitation; carton m.

しょうたい 正体 ¶酔って〜がなくなる noyer sa raison dans l'ivresse. 〜をあばく révéler sa nature. ぺてん師の〜を現す se révéler comme un trompeur. 〜を失う perdre la raison. 〜なく眠る dormir à poings fermés.

じょうたい 上体 buste m; torse m. 〜を起す redresser le buste.

じょうたい 常態 ¶〜に復する revenir à son état m normal.

じょうたい 状態 état m; condition f; situation f. 危篤(微妙)な〜 position f critique (délicate). ¶良い〜である être en bon état (en bonne condition). 車社良い〜だ La voiture est en bon état. ...出来る〜である(でない) être en état (hors d'état) de inf. 頭が痛くて来客を接待できる〜ではない Avec mon mal de tête, je ne suis pas en état de bien accueillir les clients. 良い(悪い)〜にある運動選手 athlète mf en bonne (mauvaise) forme. 興奮した〜で dans un état de folle excitation. 酩酊〜で en état d'ivresse. ‖経済〜 conditions fpl économiques; [金回り] situation financière. 小企業にとって現在の経済〜は芳しくない Les conditions économiques actuelles ne sont pas favorables aux petites entreprises. 財産〜 situation de fortune. 精神〜 état d'âme. 戦争〜 état de guerre. 未開〜 état de nature.

しょうたく 妾宅 maison f de sa maîtresse.

しょうたく 沼沢 marais m; marécage m. ¶〜の多い marécageux(se).

しょうだく 承諾 [受諾] acceptation f; [同意] consentement m; [権威, 目上のものの] agrément m.「沈黙は〜なり」《Qui ne dit mot consent.》 ¶〜を得る obtenir l'acception (le consentement); avoir l'agrément. 〜を得て(得ずに) avec (sans) le consentement. ¶〜する accepter; consentir à; agréer. すぐに〜する accepter sans se faire prier.

じょうたつ 上達 progrès m; perfectionnement m. 〜が早い faire des progrès ra-

しょうたん pides. ¶～する faire des progrès en (dans); se perfectionner en. 仲間より～している être en avance sur ses camarades.

しょうたん 賞嘆 ¶～する admirer; apprécier.

しょうたん 商談 [交渉] négociation f; [売買契約] marché m; [取引] affaire f. ～をまとめる conclure (faire) un marché; faire affaire avec qn. ～を破棄する rompre un marché. ¶～する négocier (traiter) une affaire.

じょうたん 上端 sommet m; ✝haut m; partie f supérieure.

じょうだん 冗談 plaisanterie f; badinage m; raillerie f; moquerie f; [俗] blague f; astuce f; rigolade f. 馬鹿げた～ facétie f; calembredaine f. 卑猥な～ gauloiserie f. 悪い～ mauvaise plaisanterie. 下品な～ plaisanteries de mauvais goût. ～がすぎる pousser trop loin une plaisanterie. ～を言う plaisanter; badiner; railler; blaguer; faire des farces (des astuces). ～を飛ばす lancer des astuces. ～を真に受ける prendre une plaisanterie au sérieux. ～じゃない Vous me faites rire! ご～でしょう にもほどがある Cela passe la plaisanterie (la raillerie)/Vous vous moquez du monde. ¶～に(で) par plaisanterie (badinage, jeu); pour rire; facétieusement. それは～で言ったまでさ Je vous ai dit cela par plaisanterie (pour rire). ～でそんなことが出来ますか Croyez-vous que j'aie fait cela pour (histoire de) rire? ～を抜きにして plaisanterie (raillerie) à part; sans raillerie. ‖～扱いにする prendre qc à la plaisanterie. ～事にして取り合わない tourner qc en plaisanterie.

しょうち 承知 ¶～する [知る] savoir; connaître; s'entendre. あの人の名前(顔)だけは～している Je ne le connais que de nom (vue). よく～しています Je le sais bien./Je suis parfaitement au courant. 新住所を御～おき下さい Veuillez prendre note de la nouvelle adresse. 御～のように comme vous le savez. ～の上で à bon escient; en pleine connaissance des faits; en connaissance de cause. 充分～の上でやる agir à bon escient. ◆[同意] ¶～する accepter; consentir à. 申し出を～する accepter une proposition. ～した C'est entendu./Entendu!/Tope là. 彼はすぐに～してくれた Il accepta sans se faire prier. ～しないぞ Je ne tolère pas de pareilles bêtises. ～させる persuader qn de qc (de inf).

しょうち 招致 ¶～する inviter; attirer. 観光客を日本に～する attirer les touristes étrangers au Japon. オリンピックを東京に～する solliciter l'organisation des Jeux Olympiques à Tokyo.

じょうち 常置 ¶～する installer en permanence. ～の permanent. ‖～委員会 commission f permanente.

じょうち 情痴 ¶～に溺れる se noyer dans les plaisirs sensuels. ‖～関係 liaisons fpl corrompues.

しょうちゅう 掌中 ¶～の玉のように慈しむ chérir qn comme la prunelle de ses yeux. ...の～に陥る tomber dans les mains de qn. ～に握る avoir qc en main.

しょうちゅう 焼酎 蒸溜酒 ténia m.

じょうちょ 情緒 [心] émotion f; [魅力] charme m. 古きよき時代の～を失う perdre les charmes du bon vieux temps. ～的な émotionnel(le). ～豊かな d'un charme pénétrant. ～てんめんな歌 chanson f douce et charmante. 異国～ exotisme m. 港～ charmes propres à un port.

しょうちょう 小腸 intestin m grêle.

しょうちょう 消長 [勢力の] les hauts mpl et les bas mpl du pouvoir.

しょうちょう 省庁 [関係～] autorités fpl intéressées.

しょうちょう 象徴 symbole m; emblème m. ¶～する symboliser. 月桂樹は勝利を～している On symbolise la victoire par le laurier./ Le laurier symbolise la victoire. ～的な symbolique; emblématique. ～的に symboliquement; emblématiquement. ‖～主義 symbolisme m. ～主義者 (～派詩人) symboliste mf.

じょうちょう 冗長 prolixité f; ～な prolixe; verbeux(se); diffus. ～な文体 style m prolixe (verbeux, exubérant). ～に prolixement; verbeusement.

しょうちょく 詔勅 rescrit m impérial.

じょうてい 上程 ¶法案を～する déposer un projet de loi. 予算を～する présenter le budget. ‖予算案を～中だ Le projet de budget est à l'ordre du jour.

しょうてき 小敵 adversaire mf peu redoutable. ～でも侮るな Ne méprisez pas votre adversaire même s'il paraît faible.

じょうでき 上出来 ¶それは～だ C'est très réussi./C'est parfait. 君としては～だ Pour toi, ce n'est pas mal. それだけ出来れば～だ Si vous arrivez à faire cela, il n'y a plus rien à redire.

しょうてん 商店 magasin m; boutique f. ...の～を経営する tenir un magasin (une boutique, un commerce) de qc. ‖～員 commis m de magasin. ～街 quartier m commerçant.

しょうてん 昇天 [キリスト教の] Ascension f. ¶～する gagner le ciel; monter au ciel; aller en paradis. ‖聖母の被～ Assomption f. ～祭 fête f de l'Ascension.

しょうてん 焦点 foyer m. 問題の～ point m capital de la question. ～をあてる [物理] focaliser. カメラの～を合せる mettre un appareil de photo au point. 注目の～となる être la cible des regards. ‖～の focal(aux). ‖～距離 distance f focale; focale f.

しょうてん 衝天 ¶～の勢で d'un élan (dynamisme) irrésistible.

しょうでん 小伝 notice f biographique.

しょうど 焦土 ¶戦争で国は～と化した Le pays a été dévasté par la guerre. ～と化した町 ville f réduite (mise) en cendres. ‖～戦術 politique f de la terre brûlée.

しょうど 照度 luminosité f. ‖〜計 lucimètre m.

じょうど 譲渡 aliénation f; cession f; transfert m; [所有権・財産] mutation f; [債権] délégation f; [土地など] concession f. ‖〜する aliéner; céder; transporter; déléguer; faire abandon de qc à qn. 〜し得る aliénable; cessible; concessible. ‖財産〜 cession de biens. 〜証 acte m de cession. 〜税 droits mpl de mutation. 〜人 cédant(e) m(f); aliénateur(trice) m(f). 被〜人 cessionnaire mf; aliénataire mf.

じょうど 浄土 paradis m; lieu m de délices.

しょうとう 消灯 extinction f des lumières (des feux). ‖〜する éteindre les feux. 〜時間 extinction des lumières (feux); couvre-feu(x) m.

しょうとう 唱道 ‖〜する promouvoir; préconiser. 繁栄策を〜する promouvoir une politique de prospérité.

しょうどう 衝動 impulsion f. 怒りの〜に駆られて disous l'impulsion de la colère. 私は一時の〜に駆られて彼を殺してしまった Je l'ai tué en cédant à l'impulsion du moment. 〜に負けず抑える céder à ses impulsions. ¶〜的 impulsif(ve); primesautier(ère). 〜的に par impulsion.

じょうとう 上等 ‖〜な bon(ne); fin; de bonne qualité; excellent. …よりも〜で supérieur à (meilleur que). ⇨ じょうでき(上出来). ‖最〜の de première qualité. 〜品 article m de bonne qualité. 〜水兵 quartier(s)-maître(s) m de 2e classe. 〜兵 caporal(aux) m. 〜兵曹 maître m.

じょうとう 常套 ‖〜の formule f conventionnelle; lieux mpl communs. 〜手段 procédé m habituel.

じょうとう 常道 ‖〜からはずれる s'écarter de la voie normale.

しょうとく 生得 ‖〜の inné; naturel(le). 〜の才能 don m inné. ‖〜説 nativisme m.

しょうどく 消毒 désinfection f; [殺菌] aseptisation f; stérilisation f. ‖〜する désinfecter; aseptiser; assainir; [乾燥器などで] étuver. 火で〜する flamber. 煮沸〜 stérilisation par l'ébullition. 〜液 solution f antiseptique. 〜器 appareil m désinfecteur. 〜剤 désinfectant m; antiseptique m. 〜法 asepsie f.

じょうとくい 常得意 client(e) m(f) fidèle mf; habitué(e) m(f).

しょうとつ 衝突 collision f; percussion f; heurt m; télescopage m; impact m; [対立] conflit m; [小競合い] accrochage m; [船] abordage m; [連続衝突] carambolage m; [二つの部隊の] rencontre f; [軍隊・意見・利害] choc m. 利害の〜 collision (conflit) des intérêts. ‖〜する entrer en collision avec; percuter qc; heurter qc; se heurter contre; [船] aborder; [木に] entrer en conflit avec. 彼の自動車は木に〜した Sa voiture a percuté un arbre. 貨物船がタンカーと〜した Un cargo a abordé un pétrolier. 私の意見と彼の意見は〜した Mon opinion s'est heurtée à la sienne. ‖正面〜する heurter de front. 〜事故 [列車, 自動車の] tamponnement m.

しょうとりひき 商取引 affaire f; opération f commerciale; marché m. ‖…と〜[を]する faire le commerce de qc avec qn.

じょうない 場内 [会場] intérieur m de la salle; [競技場] enceinte f du stade. 〜は嵐のような歓声に沸き返った Une tempête d'acclamations s'est élevée dans le stade. ‖「〜禁煙」《Défense de fumer dans la salle.》

しょうに 小児 enfant m f. ‖〜[病]的の infantile. 〜科医 pédiatre mf. 〜科学 pédiatrie f. 〜型性格 infantilisme m. 〜病 maladie f infantile. 〜病 maladie infantile de la gauche. 〜麻痺 polymyélite f; polio f; paralysie f infantile.

しょうにゅう 鍾乳 ‖〜石 stalactite f. 〜洞 grotte f calcaire.

しょうにん 商人 marchand(e) m(f); boutiquier(ère) m(f); [小売の] commerçant(e) m (f); détaillant(e) m(f); [卸の] négociant(e) m(f); grossiste mf. たちの悪い〜 mercanti m. 死の〜 mercanti de guerre. ‖御用〜 fournisseur m. 〜気質 esprit m commerçant. 〜根性 esprit mercantile.

しょうにん 承認 reconnaissance f; consentement m; approbation f; assentiment m; [法律上の] homologation f; [使節, 称号などの] légitimation f; [入会, 入学の] réception f. 〜を求める(得る) demander (obtenir) le consentement. ‖〜する reconnaître; approuver; consentir à; agréer; homologuer. 弟を法定相続人として〜する reconnaître son frère cadet pour héritier légitime. そんな言い訳は〜しかねる Ces excuses ne sont pas admissibles. 日本の提案は国連で〜された La proposition du Japon a été acceptée (approuvée) aux Nations Unies. 〜された事実 fait m reconnu. 習慣上〜されている言葉 mot m sanctionné par l'usage. 〜し得る reconnaissable; admissible; valable.

しょうにん 昇任 promotion f. ¶部長に〜する être promu directeur.

しょうにん 証人 témoin m; déposant(e) m (f). 被告(原告)側の〜 témoin à décharge (charge). 〜の召喚(尋問) assignation f (audition f) des témoins. 結婚の〜になる servir de témoin pour un mariage. 〜として召喚する appeler qn à témoin. 〜として出廷する comparaître comme témoin. 生きた〜 preuve f vivante. 〜席 barre f des témoins.

しょうにん 上人 saint moine m.

じょうにん 常任 ‖〜の permanent(e). ¶〜委員会 commission f permanente. 〜指揮者 chef m d'orchestre permanent (titulaire). 〜理事国 membre m permanent.

しょうね 性根 ¶あれは〜の卑しい男だ Ce type est la vulgarité même. 〜まで腐った男だ C'est un type pourri jusqu'à la moelle. 彼は〜のすわった男だ Il sait ce qu'il veut.

しょうねつ 焦熱 ‖〜地獄 géhenne f.

じょうねつ 情熱 passion f; ardeur f; ferveur f; embrasement m. 芸術への〜 passion de l'art. ～を傾ける se passionner pour. ～をかきたてる souffler sur le feu. ～に燃える brûler de passion. ～に燃える心 cœur m embrasé. ～的な passionné; ardent; fervent. ～的に passionnément; avec ardeur (ferveur). ‖～家 personne f passionnée.

しょうねん 少年 garçon m. ‖青～犯罪 délinquance f juvénile. 美～ beau garçon. 非行～ jeune m délinquant. ～院 maison f de redressement (correction); pénitencier m. ～時代 enfance f. ～団 troupe f de scouts. ～団員 scout m.

じょうねん 情念 passions fpl. ～と理性 les passions et la raison. ～を抑える(に逆う) dominer (résister à) ses passions. ～をかきたてる exciter les passions de qn. ～の passionnel(le). ～に憑かれた状態 états mpl passionnels.

しょうのう 小脳 cervelet m.
しょうのう 小農 [経営] petite culture f.
しょうのう 樟脳 camphre m. ～を含んだ camphré m.
しょうのう 笑納 御～下さい Je vous prie d'accepter.
じょうのう 上納 ～金 cotisation f; redevance f; quote(s)-part(s) f.

じょうば 乗馬 [馬術] équitation f; manège m. ～が上手い être bon écuyer. ～の équestre. ‖～靴 bottes fpl à la hussarde. ～訓練 exercices mpl équestres. ～ズボン culotte f à la hussarde. 婦人用～服 tenue f d'amazone.

しょうはい 勝敗 ‖～は時の運 C'est la chance qui décide de la victoire ou de la défaite. ～を争う disputer la victoire (un match, un combat). 彼のサービスエースが～を一気にきめた Une série de services gagnants firent basculer la victoire de son côté.

しょうはい 賞杯 coupe f.
しょうはい 賞牌 médaille f. ～を授ける médailler qn. ‖～拝受者 médaillé(e) m(f).
しょうばい 商売 commerce m; affaires fpl; [職業] profession f; métier m. ～がうまい(ヘただ) savoir (ne pas savoir) mener ses affaires. ～が繁昌する Les affaires prospèrent (sont en pleine prospérité). ～が行き詰る Les affaires périclitent. ～はうまくいっている Les affaires vont bien. ～はうまくいってますか Comment vont les affaires? 彼の～はうまくいっている Il est bien dans ses affaires. この～は割がいい Ce métier me rapporte bien. ～を始める exercer un commerce; faire des affaires; faire du négoce. ～をやめる se retirer du commerce. 生糸の～をする faire le commerce de la soie grège. 手広く～をする faire un gros commerce. 細々と～をする faire un petit commerce. ～を替える changer de métier. ～敵 concurrent(e) m (f). ～道具 gagne-pain m inv. ～人 commerçant(e) m(f); [実業家] homme m d'affaires; [本職] professionnel(le) m(f). ～熱心である avoir le cœur au métier.

じょうはく 上膊 bras m; ～筋 muscle m brachial. ～骨 humérus m.

しょうばつ 賞罰 ‖～を明らかにする bien récompenser et punir sévèrement; faire régner la justice. 「～なし」《Ni distinction ni condamnation.》

じょうはつ 蒸発 [気化] vaporisation f; évaporation f; [揮発] volatilisation f; [皮膚表面の] exhalation f. ～する se vaporiser; s'évaporer; se volatiliser; [酒など] s'exhaler. 水が～する L'eau s'évapore. 水を～させる faire évaporer de l'eau. ◆[人間の] fugue f. ‖彼はある日突然～してしまった Il s'est évaporé brusquement un jour./Il a fait brusquement une fugue un jour.

しょうばん 相伴 ～する dîner avec qn; [相手をとる] tenir compagnie à qn.

じょうはんしん 上半身 buste m; torse m. ‖～裸であるになる être (se mettre) torse nu.

しょうひ 消費 consommation f. ～する consommer; [浪費] dépenser; user; [濫費] prodiguer. 金を～する consommer de l'argent. この車はガソリンを多く～する Cette voiture consomme trop d'essence. ‖個人～ consommation f privée. 電力～ [量] consommation d'électricité. ～者運動 consumérisme m. ～者運動家 consumériste. ～社会 société f de consommation. ～協同組合 coopérative f de consommation. ～財 biens mpl de consommation; [食料] denrées fpl. ～者 consommateur(trice) m (f). ～者物価 prix m à la consommation. 全国～者物価指数 indice m national à la consommation des familles. ～税 impôts mpl sur la consommation. 大量～地域 région f de forte consommation. ～量 dépense f. ガソリン～量 consommation d'essence. 水の年間～量 consommation annuelle d'eau.

しょうび 床尾 crosse f.
しょうび 焦眉 ‖～の urgent; pressé; pressant; imminent. ～の急 nécessité f pressante. ～の諸問題 problèmes mpl urgents.
しょうひ 上皮 épithélium m.
じょうひ 冗費 dépense f inutile. ～する dépenser inutilement.
じょうび 常備 ‖～の permanent. ～軍 armée f permanente. ‖家庭～薬 pharmacie f familiale.

しょうひょう 商標 marque f [de fabrique]; cachet m d'un fabricant. ～を登録する déposer une marque. ‖当店～の商品 articles mpl de notre marque. ‖登録～ marque déposée.

しょうひょう 証票 vignette f. 納税済みの～ vignette de l'impôt. ～を貼る apposer une vignette.

しょうびょうへい 傷病兵 soldats mpl blessés ou malades; [現役軍人] invalide m.

しょうひん 商品 article m; marchandise f. その～はここでは扱っておりません On ne vend pas cet article ici. ‖委託～ marchandises en consignation. 在庫～ articles en magasin (en stock). ～化 commercialisation f. ～化する commercialiser. ～カタログ catalogue m d'échantillons. ～券 bon m

しょうひん ~見本 échantillon m.
しょうひん 小品 petit ouvrage m; [文学作品] opuscule m; [音楽] petit morceau(x) m; [絵] tableautin m.
しょうひん 賞品 prix m. ~を授与する décerner un prix. ‖~授与[式] distribution f des prix.
じょうひん 上品 ¶~な élégant; distingué; noble; exquis; galant; de goût. 彼女は~な身なりをしている Elle a l'air distinguée. 彼女は起居振舞が~だ Ses manières sont élégantes (raffinées)./Elle a de la distinction dans ses manières. ~に élégamment; noblement; galamment. ~ぶる affecter un air distingué.
しょうふ 娼婦 prostituée f; femme (fille) publique; 《俗》 putain f.
しょうぶ 勝負 partie f; match m; [勝負事] jeu(x) m. いい~ [接戦] match serré. ~をする faire une partie (un match); [賭] jouer. 賭もの無しの~をする jouer l'honneur. ~をつける [結着] trancher qc; [スポーツで] emporter la décision. ~を投げる abandonner la partie. ~に勝つ(負ける) gagner (perdre) la partie. いざとなると彼は~に強い Il déploie sa vraie force au moment décisif. 一方的な~である La partie n'est pas égale. この~は長引く Cette partie pourrait bien durer. ‖ 真剣~ combat m à l'épée nue. 引分~ match nul; partie nulle. 4回~ partie de quatre jeux; partie en quatre manches. 大~をする [賭事で] jouer gros jeu. ここ一番の大~をする jouer son va-tout. ~に運が悪い(いい) être malchanceux (chanceux) au jeu. ~師 joueur(se) m(f) de profession.
しょうぶ 尚武 ¶~の精神 esprit m chevaleresque.
じょうふ 情夫 amant m; ami m; [売春婦の] gigolo m.
じょうふ 情婦 maîtresse f; amante f; amie f.
じょうぶ 上部 haut m; partie f supérieure. ‖~耕造 superstructure f. ~団体 autorités fpl supérieures.
じょうぶ 丈夫 ¶~な [身体] robuste; fort; vigoureux(se); bien portant; vaillant; [物] robuste; fort; résistant; solide. ~な植物 plante f robuste. ~な布地 tissu m résistant. 彼女は体が~でない Elle n'est pas forte./Elle n'a pas une santé solide. 僕は胃が~だ J'ai un estomac solide. 彼は年はとってもまだ~だ Bien qu'il soit vieux, il est encore en pleine santé. 身体が~になる se fortifier; [回復する] recouvrer la santé. ~にする [身体を] [se] fortifier; [物を] consolider; renforcer. 壁の支柱を~にする renforcer les étais d'un mur.
しょうふく 妾腹 ¶~の子 [enfant mf] bâtard(e) m(f).
しょうふく 承服 ¶~する admettre; accepter; reconnaître; [服従する] obéir à. ~させる persuader qn de qc(inf). ~しがたい inacceptable; inadmissible.
しょうふだ 正札 marque f; [値段] prix m marqué. ~をつける marquer le prix. 商品の

~をつけ変える démarquer des articles. ¶~付きのペテン師 fieffé(e) tricheur(se) m(f).
じょうぶつ 成仏 ¶~しろよ Fais ta prière!
しょうぶん 小文 ¶どうかご~をお読み下さい Veuillez parcourir ce petit essai.
しょうぶん 性分 nature f; naturel m; [気質] tempérament m; [性質] caractère m; [素質] disposition f. 彼は陽気な~だ Il est d'un naturel gai./Il a une nature enjouée. 彼は風邪をひきやすい~だ Il a une disposition à s'enrhumer. 彼は損な~だ Il est né sous une mauvaise étoile. 彼はそういう~なんだ Il est fait comme ça.
じょうぶん 上文 ¶~の如く comme il est écrit plus haut (ci-dessus). ‖「~参照」 «cf. (conférez) ci-dessus.»
じょうぶん 条文 texte m. ~に明記する stipuler dans les clauses. ¶契約の~により aux termes du contrat. ~解釈の相違 divergence f sur l'interprétation d'une clause.
しょうへい 将兵 officiers mpl et soldats mpl.
しょうへい 招聘 invitation f. ~に応じる accepter une invitation. ¶~する inviter. ~教授 professeur m invité.
しょうへき 障壁 barrière f; barrage m. ~を設ける(取り除く) mettre (supprimer) une barrière.
じょうへき 城壁 rempart m.
じょうへい 乗冪 《数》 puissances fpl.
しょうへん 小片 morceau(x) m; fragment m. 氷の~ glaçon m.
しょうべん 小便 urine f; [小児語] pipi m; 《俗》 pisse f. ~をする uriner; pisser; faire pipi. ‖「~無用」 «Défense d'uriner.»
じょうほ 譲歩 concession f. ~する céder à mettre pavillon bas devant qn; [妥協する] capituler; [議論で] concéder. この点ではあなたに~します Je vous concède ce point. ¶~節 [文法] proposition f concessive.
しょうほう 商法 code m de commerce.
しょうほう 小胞 vésicule f.
しょうほう 詳報 précisions fpl. ~を待つ attendre de plus amples nouvelles. 事件の~を求める demander des précisions sur un événement.
しょうぼう 消防 ‖~士 [sapeur(s)-] pompier (s) m. ~自動車 autopompe f; voiture f de pompiers. ~署 poste m d'incendie; caserne f de pompiers. ~隊 sapeurs-pompiers. ~艇 bateau(x)-pompe(s) m.
じょうほう 乗法 multiplication f.
じょうほう 情報 renseignement m; information f; nouvelles fpl; 《俗》 tuyau(x) m. 正確な(充分な)~ renseignements précis (satisfaisants). 内密の~ renseignements confidentiels. その事件に関する詳しい~はまだ得ていない Nous manquons d'informations concernant cet événement. コンピューターで~を処理する s'informatiser./[電信・電話などによる] ~の伝達 télétransmission f. ~を裏付ける confirmer une information. 若干の~を得る obtenir (posséder) quelques renseignements sur. 信頼すべき筋からの~を得る tenir une nouvelle de bonne source. ~を

しょうぼうちょう

送る adresser (envoyer) des informations. 〜を提供する fournir des renseignements; donner des informations. 〜を流す diffuser des informations. 最新〜を早く聞く avoir la primeur d'une nouvelle. 間違った〜を与えられる être mal renseigné. 競馬でうまい〜を得る avoir un bon tuyau aux courses. ¶より詳細な〜に関しては pour plus amples renseignements. ...の筋からの確かな〜によれば...で (ある)の模様(である) De source autorisée, on apprend que ind. ‖ 遠隔〜処理 télétraitement m de l'information. 高度〜化社会 société f hautement informée. 専門〜誌 argus m. 〜化可能の informatisable. 〜化時代 âge m de l'information. 〜過多 sur-information f. 〜過多の sur-informé(e). 〜革命 科学者 informaticien(ne) m(f). 〜革命 révolution f informationnelle. 〜機関 services mpl secrets. 〜局 Direction f centrale des Renseignements généraux (RG). 〜源 source f; 《俗》antenne f. 〜検索 recherche f d'informations. 〜公開 accès m public aux informations officielles. 〜サービス services mpl d'information. 〜産業 industrie f informatique. 〜社会 société f à haute information. 〜省 ministère m de l'Information. 〜処理(化) informatisation f. 〜処理技術 informatique f. 〜操作 manipulation f de l'information. 〜提供者 [個人] fournisseur(se) m(f) de services; [機関] serveur m. 〜網 réseau(x) m de renseignements. 〜理論 théorie f de l'information; informatique.

しょうぼうちょう 消防庁 Agence f des sapeurs-pompiers et de la sécurité civile.

しょうほん 抄本 abrègement m. ‖ 戸籍〜 extrait m des registres de l'état civil.

しょうほん 正本《法》texte m; [原本] original(aux) m. 証書の〜 minute d'un acte. 〜を作る minuter.

じょうまえ 錠前 serrure f. ‖ 〜師 serrurier m. 〜屋 serrurerie f.

しょうまっせつ 枝葉末節 ⇒ しよう(枝葉).

じょうまん 冗漫 ¶〜な verbeux(se); diffus; filandreux(se); prolixe. 〜な文体 style m prolixe. 〜な演説家 orateur m diffus. 話が〜である s'exprimer verbeusement.

しょうみ 賞味 ¶〜する déguster; apprécier; savourer. ‖ 〜期間 limite f de consommation.

しょうみ 正味 ¶〜の net(te). 〜10 キロある Le poids net est de 10 kilos. ‖ 〜重量 poids m net.

じょうみゃく 静脈 veine f. ¶〜内の intraveineux(se). ‖ 大〜 veine cave. 〜炎 phlébite f. 〜注射 injection f intraveineuse.

じょうみん 常民 ‖ 〜文化 culture f des masses.

じょうむ 常務 ‖ 〜取締役 administrateur m délégué.

じょうむいん 乗務員 [船・飛行機] équipage m; [鉄道・バス] personnel m roulant.

しょうむかん 商務官 attaché m commercial.

しょうめい 照明 illumination f; éclairage m. この部屋は〜が悪い Cette pièce est mal éclairée. ¶〜する illuminer; éclairer. ‖ 間接〜 éclairage indirect. 投光〜 éclairage par projecteurs. 舞台〜 éclairage de la scène. 〜器具 luminaire m. 〜技師 éclairagiste m. 自動車の〜装置 appareil m éclaireur. 〜弾 bombe f éclairante. 〜度 éclairement m.

しょうめい 証明 [証拠] preuve f; [確証] constatation f; [文書による] attestation f; certificat m; [論証] démonstration f; [正当であることの] justification f; [無罪などの] établissement m; [署名の相違ないことの] légalisation f. ¶〜する prouver; constater; attester; certifier; démontrer; justifier; établir; légaliser. 行為の正当性を〜する constater la justesse d'un acte. 定理を〜する démontrer un théorème. 自分の無罪を〜する prouver son innocence. 人の無罪を〜する justifier qn de son accusation; établir l'innocence de qn. 原本と相違ないことを〜する《法》copie conforme. ...が〜される Il est prouvé que.... 無罪が〜される se faire innocenter. ‖ 身元〜 constatation d'identité. 〜者 démonstrateur m. 〜書を出す donner acte d'un fait. 教員資格〜書 certificat d'aptitude professionnelle (CAP). 血統〜書 [動物の] certificat d'origine. 出産(結婚, 死亡)〜書 acte m de naissance (de mariage, de décès). 卒業〜書 certificat d'études. 善行〜書 attestation de bonne conduite. 身分〜書 carte f d'identité. あなたは身分〜書を持っていますか Êtes-vous pourvu de votre carte d'identité?

しょうめつ 消滅 disparition f; extinction f; effacement m. 著作権の〜 déchéance f de propriété littéraire. ¶〜する disparaître; s'effacer; s'éteindre; s'anéantir. 〜させる éteindre; anéantir. 〜寸前の agonisant(e). ‖ 罪障〜 expiation f. 自然〜する s'anéantir de soi-même.

しょうめん 正面 face f; front m. 建物の〜 façade f; fronton m; [店] devanture f. ¶〜の face; d'en face; frontal(aux). 〜に en face de. 郵便局は私の家の〜にある La poste est en face de ma maison. 〜から face de; de front. 〜から眺める regarder de face. 〜から攻撃する attaquer de front. 〜切って言う dire franchement. ‖ 〜入口 porte f d'entrée. 〜桟敷 loge f de face. 〜衝突する † heurter de front; [両者が] se heurter de front. 〜像 portrait m de face. 〜広場(階段) cour f (escalier m) d'honneur.

しょうもう 消耗 [損耗] usure f; détérioration f; [体力の] exténuation f; consomption f. エネルギーの〜 usure de l'énergie. 資材の〜 consommation f de matériau. ¶〜する s'user; s'épuiser; se consumer; s'exténuer. この仕事ですっかり精力を〜した Ce travail a épuisé toute mon énergie. 悲しみで彼は〜している Le chagrin le mine. 次第に〜していった Il s'épuisait peu à peu. 〜させる user; abattre; miner; exténuer. 〜戦 guerre f d'usure. 〜費 frais mpl d'usure.

じょうもの 上物 article *m* de choix (de qualité).

じょうもん 照門 cran *m* de mire.

じょうもん 証文 acte *m*; [契約書] contrat *m*; [借用書] reconnaissance *f* de dette; acte de prêt; [権利書] titre *m*. ～を入れる passer un acte; [借用書] rédiger une reconnaissance de dette. ～を書き替える renouveler un acte. ～を作る rédiger un acte. 何よりも～の～ 物を言う On a beau dire, il n'y a pas de solide que ce contrat. ¶～なしで(を入れて)金を借りる emprunter de l'argent sans (sur une) reconnaissance de dette.

じょうもん 城門 porte *f* d'une citadelle.

じょうやく 定約 armoiries *fpl*.

じょうやく 抄訳 traduction *f* abrégée. ～する faire une traduction abrégée.

じょうやく 条約 traité *m*; pacte *m*; convention *f*. ～が締結された Un traité a été conclu. この～は来月より効力を発する Cette convention entre en vigueur à partir du mois prochain. ～を締結(批准, 調印, 改正, 廃棄)する conclure (ratifier, signer, réviser, dénoncer) un traité (pacte). ‖平和～ traité de paix. 不可侵～ pacte de non-agression. 友好通商～ convention amicale et commerciale.

じょうやど 定宿 *son* hôtel. あなたの～はどこですか A quel hôtel descendez-vous habituellement?

じょうやとう 常夜灯 veilleuse *f*.

しょうゆ 醬油 sauce *f* de soja (soya).

しょうよ 賞与 gratification *f*; prime *f*. ‖年末に～をもらう recevoir une gratification en fin d'année.

じょうよ 剰余 surplus *m*; excédent *m*; [数] reste *m*. 収穫の～ surplus de la récolte. ‖～価値 plus-value *f*. ～金 boni *m*.

じょうよ 譲与 ⇒ じょうと(譲渡).

じょうよう 従容 ¶～として死ぬ mourir avec calme. ～として動じない ⇒ たいぜん(泰然).

しょうよう 商用 affaires *fpl* [commerciales]. ¶～で出かける sortir pour *ses* affaires.

しょうよう 慫慂 ¶～する inviter à *inf*; exhorter à *inf*.

しょうよう 逍遥 promenade *f*; déambulation *f*. ¶～する déambuler; se promener. ‖～学派 [人] péripatéticien(ne) *m(f)*. ～哲学 péripatétisme *m*.

じょうよう 常用 ¶～する se servir habituellement de *qc*. この薬を～する prendre habituellement ce médicament. ～の usuel(le). ‖麻薬～者 toxicomane *mf*. 麻薬～癖 toxicomanie *f*. ～語 mots *mpl* usuels; langues *fpl* vivantes (courantes). ～対数 [数] logarithme *m* décimal. ～薬 médicament *m* usuel.

じょうようしゃ 乗用車 voiture *f* de tourisme.

しょうよく 情欲 désir *m* [sensuel]; concupiscence *f*; passions *fpl*. ～の虜となる se faire l'esclave des passions. ～に打ち勝つ(を抑える) triompher de (réprimer) *ses* passions. ～をそそる exciter le désir sensuel. ～を満たす satisfaire *ses* passions. ¶～に燃えた目で眺める regarder avec des yeux brûlants de passion.

しょうらい 将来 avenir *m*; futur *m*. 洋々たる～ vaste avenir. ～に期待をかける espérer en l'avenir; compter sur l'avenir. ～を賭する hypothéquer l'avenir. ¶～の計画を立てる faire des projets pour *son* avenir. ～のことは分らない Nul ne sait ce que l'avenir nous réserve. ～のことを考える penser à l'avenir; songer au lendemain. ～の世代 générations *fpl* futures. ～に於て dans le futur; à l'avenir; un jour. 近い～には dans un avenir prochain. ～性がある avoir de l'avenir. ～性のある青年 jeune homme *m* d'avenir (qui promet). ～性のある企業 *f* pleine de promesse. ～性のない職業 carrière *f* sans avenir. 彼は～有望だ Il a de l'avenir.

しょうらい 招来 ¶～する entraîner; appeler; amener; provoquer. 重大な結末を～する entraîner de graves conséquences. その行為は疑惑を～した Cette conduite a fait naître des soupçons.

しょうらん 照覧 ¶神々も～あれ J'en atteste les dieux (les cieux)./Le ciel m'est témoin.

じょうらん 擾乱 désordre *m*; agitation *f*; émeute *f*. ～を起す provoquer une émeute. 重大な～が起った De graves désordres ont éclaté. ‖～罪 délit *m* d'atteinte à la paix publique.

しょうり 勝利 victoire *f*. 輝かしい～ triomphe *m*; victoire éclatante. 犠牲を払った末に得た～ victoire à la Pyrrhus. 議論で～を得る triompher dans une discussion. 人に対して～を得る être victorieux(se) de *qn*; triompher de *qn*. 戦って～を得る combattre victorieusement. 訴訟で～を得る avoir gain de cause. 決定的な～を収める faire *qn* échec et mat. ～をたたえる chanter victoire. ～を博する remporter la victoire. ¶～の女神 Victoire. ‖～金 gains *mpl*. ～者 vainqueur *m*; victorieux(se) *m(f)*. スポーツの～者 vainqueur d'une épreuve sportive. ～品 butin *m*.

じょうり 情理 ¶情を尽して諭す faire entendre raison à *qn* avec patience.

じょうり 条理 raison *f*. ～に服する se rendre à la raison. 人を～に服させる mettre *qn* à la raison. ～をわきまえる entendre raison. ～のある raisonnable. ～に合わない illogique. ～に反した absurde; déraisonnable.

じょうりく 上陸 débarquement *m*. ¶～する débarquer; descendre à terre. 台風は本州に～した Le typhon a abordé à Honshu. ‖敵前～ débarquement. 敵前～する faire un débarquement. ～用船艇 péniche *f* de débarquement.

しょうりつ 勝率 ¶あのチームは～がいい(悪い) Cette équipe a un bon (faible) pourcentage de victoires.

しょうりゃく 商略 opération *f* commerciale.

しょうりゃく 抄略 abrégement *m*. テキストの～ abrégement d'un texte. ‖～版 abrégement.

しょうりゃく 省略 omission *f*; [文法] ellipse *f*; [文字, 語の] abréviation *f*. 母音字の～ élision *f*. ¶～する [削除する] supprimer; [切り捨てる] retrancher; [飛ばす] sauter; omettre; [要約する] abréger. 母音字を～する élider. 大筋を述べるために細部を～する passer sous silence les détails pour ne traiter que les grandes lignes. ～して en abrégé; en raccourci. ～て書くと en abréviation. ‖～体 [文の] ellipticité *f*. ～符号 apostrophe *f*. ～文 phrase *f* abrégée. ～法で(を用いて) elliptiquement.

じょうりゅう 上流 [川] amont *m*. ¶～に amont [de]. ～に向って行く aller vers l'amont (en amont). ‖～地域 pays *m* d'amont. ‖ ◆[社会の]～階級 †hautes classes *fpl*. ～社会 haute société *f*; beau monde *m*. ～社会の人々 gens *mpl* du monde; 《俗》gratin *m*.

じょうりゅう 蒸溜 distillation *f*. ¶～する distiller. ‖～器 alambic *m*. ～酒 eau(x)-de-vie *f*. ～酒製造(販売)業者 distillateur *m*. ～水 eau(x) *f* distillée.

しょうり 焦慮 impatience *f*; irritation *f*; énervement *m*. ¶～する s'irriter; s'énerver; s'impatienter.

しょうりょう 少量 petite quantité *f*. 極く～ grain *m*; brin *m*. ¶～の un peu de qc. ～の酒を加える ajouter un doigt (un peu, une larme) de vin.

しょうりょう 渉猟 ¶文献を～する parcourir des documents.

じょうりょくじゅ 常緑樹 arbre *m* à feuilles persistantes.

しょうれい 奨励 encouragement *m*; exhortation *f*. ¶倹約を～する prêcher l'économie. 産業を～する encourager l'industrie. 貯蓄を～する exhorter *qn* à l'épargne. ‖～金 prime *f*.

しょうれい 省令 arrêté *m* ministériel.

じょうれい 条例 arrêté *m*. ‖県～ arrêté préfectoral.

じょうれん 常(定)連 habitué(e) *m* (*f*); familier(ère) *m*(*f*); [酒場などの] pilier *m*.

しょうろ 松露 truffe *f*. ¶～入りのパテ pâté *m* truffé.

じょうろ 如露 arrosoir *m*. ～で花に水を撒く arroser des fleurs avec un arrosoir.

しょうろう 鐘楼 clocher *m*; beffroi *m*; campanile *m*. ‖～守 gardien *m* d'un clocher.

じょうろう 櫓楼 †hune *f*.

しょうろく 抄録 extrait *m*; résumé *m*. ¶～する extraire; résumer.

しょうろん 小論 petit article *m* (essai *m*); [自分の] mon petit (court) article.

しょうろん 詳論 [議論] discussion *f* minutieuse. ¶～する discuter minutieusement. ⇨ しょうじゅつ(詳述).

しょうわ 唱和 ¶万歳を～する reprendre en chœur des vivats.

しょうわ 小話 petite histoire *f*; historiette *f*.

しょうわ 笑話 histoire *f* comique (pour rire); conte *m* drolatique.

しょうわくせい 小惑星 ⇨ わくせい(惑星).

じょうわる 性悪 ¶～な méchant; vicieux (*se*); malveillant.

しょえん 初演 création *f*; première *f*; première représentation *f*. 戯曲の～ création d'une pièce. ～の日 jour *m* de la première. ¶～する créer. ある役を～する créer un rôle. ‖「本邦～」[映画] «Première projection au Japon.»

じょえん 助演 ¶～する jouer un rôle secondaire. ...の～で avec le concours de *qn*.

ショー spectacle *m*; attraction *f*; show *m*. ‖ヌード～ strip-tease *m*. ファッション～ présentation *f* de la collection.

じょおう 女王 reine *f*; souveraine *f*. お祭りの～ reine de la fête. ¶～らしい avoir un port de reine. ～蜂 abeille *f* reine (mère).

ショーウインドー vitrine *f*. ‖～の中の品物 article *m* exposé en vitrine. ～に並べられた商品 marchandises *fpl* à la devanture.

ジョーカー [トランプ] joker *m*.

ジョーク ⇨ じょうだん(冗談).

ショーケース vitrine *f*.

ジョーゼット georgette *f*.

ショート [電気] court(s)-circuit(s) *m*. ¶～させる court-circuiter.

ショートカット [コンピュータ] raccourci *m*. ¶～の髪 cheveux *mpl* coupés court.

ショートニング ingrédient *m* gras.

ショートパンツ short [ʃɔrt] *m*.

ショービジネス industrie *f* du spectacle; show-business [ʃɔbiznɛs] *m inv*; 《俗》showbiz [ʃɔbiz] *m*.

ショービニスム chauvinisme *m*.

ショーマン ¶彼は偉大な～だ C'est un grand comédien./[比喻] C'est un as pour la mise en scène. ‖～シップ art *m* du spectacle; [比喻] art *m* de la mise en scène.

ショール châle *m*; [スカーフ] écharpe *f*.

ショールーム salle *f* (salon *m*, magasin *m*) d'exposition; salle *f* de démonstration.

しょか 初夏 début *m* (premiers jours *mpl*) de l'été.

しょか 書家 calligraphe *mf*.

しょか 書架 bibliothèque *f*.

しょが 書画 les peintures *fpl* et les calligraphies *fpl*. ‖～骨董 calligraphies, peintures et autres antiquités.

しょかい 初回 ¶～はいくら払うのですか Quel est le montant du premier versement?

じょかい 叙階 ordre *m*.

じょがい 除外 exception *f*. ¶～する excepter. 自分を...から～する s'excepter de. 名簿から人を～する rayer *qn* des cadres. ...をして à l'exception de; à l'exclusion de. 彼の兄を～して excepté son frère.

しょがくしゃ 初学者 débutant(e) *m*(*f*); commençant(e) *m*(*f*).

じょがくせい 女学生 élève *f*; lycéenne *f*; collégienne *f*.

しょかつ 所轄 compétence *f*; [裁判所の] juridiction *f*. ...の～に属する être de la compétence de. ¶～の ressortissant à; relevant de. 控訴院～の事件 affaire *f* ressortissant

しょがっこう 女学校 lycée *m* de jeunes filles; [私立] institution *f* de jeunes filles.

しょかん 所感 impression *f*; sentiment *m*. ~を述べる donner son impression; exprimer ses idées (sentiments).

しょかん 書簡(翰) lettre *f*; missive *f*; épitre *f*. ¶~の épistolaire. ‖~詩 épitre. ~体 style *m* épistolaire.

しょかん 女官 dame *f* d'honneur.

しょき 初期 première période *f* (époque *f*); [段階] première phase *f*. 人生の~ première phase de l'existence. ¶~の primaire; [最初の] premier(ère). ~の作品 premières œuvres *fpl*. 19世紀の~に dans les premières années du XIXe siècle. ‖~症状 accidents *mpl* primaires. ~段階にある être à ses débuts. ~微動 secousse *f* préliminaire.

しょき 暑気 chaleur *f*. ~にあたる être incommodé par la chaleur. ~払いに一杯やる s'humecter le gosier pour tromper la chaleur.

しょき 書記 secrétaire *mf*; [裁判所の] greffier(ère) *m(f)*; [法律事務所] clerc *m*. ‖~外務一 chancelier *m*. 法律事務所の主任 (見習い)~ maître (petit) clerc. ~課 [裁判所の] greffe *m*. ~官 secrétaire. ~官一等 secrétaire de première classe. 大使館~官 secrétaire d'ambassade. ~官補 sous-secrétaire. ~局 secrétariat *m*. ~長 secrétaire général.

しょきゅう 初級 premier degré *m*. ¶~の élémentaire; rudimentaire. ‖英語の~クラス classe *f* élémentaire d'anglais.

しょきゅう 女給 [レストランのウエイトレス] serveuse *f*; [バー] barmaid *f*.

しょきょ 除去 enlèvement *m*; élimination *f*. ¶~する enlever; éliminer; [排除] écarter. 汚点を~する enlever les taches. 障害を~する éliminer (aplanir, supprimer) les obstacles. ‖~し得る éliminable.

しょぎょう 所業 fait *m*. 偉大な~ †hauts faits. けしからぬ~ faits indignes.

しょきょうゆ 助教諭 institut*eur*(*trice*) *m(f)* auxiliaire.

しょきょうゆ 女教員 institutrice *f*.

しょきょうじゅ 助教授 professeur *m* adjoint.

しょきょく 序曲 ouverture *f*; prélude *m*.

ジョギング jogging [(d)ʒɔgiŋ] *m*. ¶~をする faire du jogging; jogger. ‖~愛好者 jogg*eur*(*se*) *m(f)*. ~スーツを着る être en tenue de jogging.

しょゆう 私有 ⇨ しゆう(私有).

しょく 職 [仕事の] trav*ail*(*aux*) *m*; emploi *m*; {俗} boulot *m*; [地位] place *f*; poste *m*; [職業] métier *m*. ~が無い être sans emploi (travail); être au chômage; se trouver sans situation. ~は彼に向いていない Ce métier n'est pas dans ses cordes. いい~にありつく faire son trou. ~に就く obtenir une place; se placer; s'établir. ~に就くことを要請する offrir un poste à *qn*. ~に就けるようあっせんする donner voir à un emploi. ~を与える donner du travail. ~を失う perdre *sa* place (*son* poste). ~を探す chercher du travail (un emploi, du boulot). 手に~をつける apprendre un métier. ‖上(中級)~ cadre *m* supérieur (moyen). ⇨ しょくぎょう(職業).

しょく 食 ¶~が進む avoir un bon appétit. ~が進まない ne pas avoir d'appétit. ~が進みすぎる avoir un appétit de loup. ~が細い avoir un appétit d'oiseau. ‖~生活 contrôle *m* alimentaire. ~休み repos *m* après le repas. ~養生 régime *m*.

しょくあたり 食中り ⇨ しょくちゅうどく(食中毒).

しょくいん 職員 personnel *m*. この課では~の数が不足している(多すぎる) Cette section manque (déborde) de personnel. ‖教~ personnel enseignant. 事務~ employé(e) *m(f)* de bureau. ~組合 syndicat *m* de personnel. ~室 [学校] salle *f* des professeurs. ~録 état *m* nominatif du personnel.

しょくう 処遇 ¶彼は自分に対する~が気に入らない Il n'est pas satisfait de ses conditions de travail.

しょくえん 食塩 sel *m* blanc (fin); sel de table. ‖~入れ salière *f*. ~水 eau *f* salée.

しょくぎょう 職業 profession *f*; métier *m*; carrière *f*; [身分] état *m*; [仕事口] travail (*aux*) *m*; occupation *f*; [勤め口] emploi *m*. 外交官の~ carrière diplomatique. 知的~ métier intellectuel. ~は何ですか Quelle est votre profession? ~は医者である être médecin de *sa* profession. ~は軍人である être militaire de *son* état. ~は時計屋である être horloger de *son* métier. ~の選択 choix *m* d'une carrière. ~に従事する exercer une profession. ~に就く prendre (embrasser) une profession. 「~に貴賎なし」«Il n'est point de sot métier.» ~を選ぶ choisir une carrière (un métier). ¶~[上]の profes-sionel(le). ~上の過失 faute *f* professionnelle. ‖~意識 conscience *f* professionnelle. ~教育 enseignement *m* professionnel. ~指導 formation *f* (orientation *f*) professionnelle. ~紹介所 agence *f* de placement; Bourse *f* du travail. 三十年間の~生活 les trente années de carrière. ~選手 professionnel *m* du sport. ~病 maladies *fpl* professionnelles.

しょくげん 食言 parjure *m*; rétractation *f*. ¶…に対して~する faire faux-bond à *qn*; se rétracter. ‖それは~行為だ C'est un parjure.

しょくご 食後 ¶~に après le repas. ‖~酒 digestif *m*. ~服用のこと A prendre après manger.

しょくざい 贖罪 expiation *f*; rédemption *f*; [キリストによる人類の] Rédemption. ¶~する expier. ‖~者 expiatoire; propitiatoire. ~の供物 sacrifice *m* propitiatoire. ~の羊 bouc *m* émissaire.

しょくさん 殖産 exploitation *f* industrielle; [利殖] enrichissement *m*. ~を計る faire fructifier. ~を勧める encourager à développement industriel.

しょくし 食指 index *m*. ~を動かす être af-

しょくじ 植字 composition *f*. ¶~する composer. ‖~機 machine *f* à composer; compositeur *m*. ~工 typographe *mf*; 〖俗〗typo *m*.

しょくじ 食餌 ‖~療法 régime *m* 〖alimentaire〗; 〖節食〗diète *f*; 〖減量〗〖俗〗régime jockey. 療法なる suivre un régime.

しょくじ 食事 repas *m*. 軽い~ repas léger; casse-croûte *m inv*; en-cas *m inv*. ~の支度をする dresser (préparer) le repas. ~のしたくをする mettre la table. ~に金がかかる dépenser beaucoup pour la nourriture. ~に金を惜しまない ne pas lésiner sur les repas. ~を作る préparer le repas. ~を出す servir le repas. ~を取る(する) prendre un repas. たっぷりとした(十分な)~を取る faire un repas copieux. 軽い~をする casser la croûte (la graine). 外で~をする manger en ville. ~と宿舎を確保する assurer la nourriture et le logement. ~時間 heure *f* du repas. ~中である être à table. ~中の会話 propos *m* de table. ~付の下宿に入る être nourri et logé chez *qn*; être pensionnaire chez *qn*.

しょくしゅ 職種 genre *m* de profession. ¶~別に d'après (suivant, selon) les genres de profession; par catégories socio-professionnelles.

しょくしゅ 触手 tentacule *m*. ~を伸ばす étendre *ses* tentacules vers; 〖目論む〗avoir des visées sur.

しょくじゅ 植樹 plantation *f* d'arbres. ¶~する planter un arbre. ‖~祭 cérémonie *f* de plantation commémorative.

しょくじょ 織女 〖星〗Véga *f*.

しょくしょう 職掌 fonction *f*; charge *f*. ¶~柄やらないわけにはゆかない Je dois le faire par devoir. ~柄それは出来ない Mes fonctions ne me permettent pas de faire cela.

しょくしょう 食傷 ¶~する 〖比喩的に〗en avoir assez; se fatiguer de; en avoir plein le dos.

しょくしん 触診 palpation *f*; percussion *f*. ¶~する palper.

しょくしん 蝕甚 〖天〗grandeur *f* maximale de l'éclipse.

しょくじんしゅ 食人種 cannibale *m*; anthropophage *mf*.

しょくする 蝕する 〖天〗éclipser.

しょくせい 職制 organisation *f* de l'emploi; 〖管理職〗cadres *mpl*.

しょくせき 職責 devoir *m*; charge *f*. …する~がある avoir à la charge de faire *qc*. ~を果す s'acquitter de *son* devoir; remplir *sa* charge.

しょくぜん 食前 ¶~に avant le repas. ‖~酒 apéritif *m*.

しょくぜん 食膳 table *f*. ~に供する servir *qc* à table. ~を賑わす 〖主語・物〗garnir bien la table.

しょくだい 燭台 chandelier *m*; flambeau(x) *m*; 〖大きな〗torchère *f*; lampadaire *m*; 〖枝付きの〗girandole *f*; candélabre *m*.

しょくたく 嘱託 employé(e) *m(f)* provisoire. ‖学校の~医 médecin *m* attaché à une école.

しょくたく 食卓 table *f*. ~の上座に座る présider la table. ~の準備をする(片づける) mettre (ôter) le couvert. ~につく se mettre à table; s'attabler. ~を離れる se lever (sortir) de table. ~を賑わす égayer la table.

しょくちゅう 食虫 ‖~植物 plantes *fpl* insectivores. ~動物 insectivore *m*. ~類 insectivores *mpl*.

しょくちゅうどく 食中毒 intoxication *f* alimentaire. ~にかかる être intoxiqué par des aliments.

しょくつう 食通 gourmet *m*; gastronome *m*; fine bouche (gueule) *f*; friand(e) *m(f)*.

しょくどう 食堂 salle *f* à manger; 〖寮や修道院の〗réfectoire *m*; 〖工場や学校の簡易なカンティーヌ〗cantine *f*; 〖飲食店〗restaurant *m*; bistro(t) *m*; 〖駅や劇場の〗buffet *m*; buvette *f*; 〖安価な〗gargote *f*; 〖カフェ・レストラン〗brasserie *f*. ‖~車 wagon(s)(voiture)-restaurant(s) *m*.

しょくどう 食道 œsophage *m*. ~の œsophagique. ‖~炎 œsophagite *f*.

しょくどうらく 食道楽 ⇒ くいどうらく(食い道楽).

しょくにく 食肉 viande *f*. ¶~の carnivore. ‖~業 boucherie *f*. ~組合 syndicat *m* de boucherie. ~植物 plantes *fpl* carnivores. ~動物 carnivore *m*.

しょくにん 職人 artisan(e) *m(f)*; personne *f* de métier; ouvrier(ère) *m(f)*; 〖賃仕事の〗tâcheron *m*. 一流の~ artisan de premier ordre. ~の(的な) artisanal(aux). ‖~階級 artisanat *m*. ~気質 esprit *m* artisanal. ~芸 métier *m* d'un artisan. 彼は~肌だ Il a la trempe d'un artisan.

しょくのう 職能 fonction *f*. 私は彼の~を疑う Je doute de sa compétence professionnelle. ‖~給 échelle *f* des salaires par fonction. ~代表制 système *m* de représentation par profession.

しょくば 職場 lieu(x) *m* de travail. ~を失う perdre *sa* situation. ~を放棄する quitter *sa* place. ‖~大会 meeting *m* organisé sur le lieu de travail.

しょくばい 触媒 catalyseur *m*. ‖~作用 catalyse *f*. ~作用を起す catalyser.

しょくはつ 触発 ¶~する amener *qc*; causer *qc*; provoquer *qc*.

しょくパン 食~ pain *m* anglais; pain de mie.

しょくひ 植皮 ¶~〖術〗greffe *f* épidermique. ‖~手術をする faire de la greffe épidermique.

しょくひ 食費 frais *mpl* de nourriture. ~が高くなった Les dépenses alimentaires sont élevées. ~を節約する économiser sur la nourriture.

しょくひん 食品 denrées *fpl* alimentaires; nourriture *f*; aliment *m*. 〖自然(加工)~〗nourriture naturelle (préparée). ~衛生 salubrité *f* des denrées alimentaires; hygiène *f* alimentaire. ~工業 industrie *f* alimentaire. ~着色料 colorant *m* alimentaire. ~添加物 ingrédient *m* ajouté à un produit alimentaire. ⇒ しょくりょうひん(食料品).

しょくぶつ 植物 plante f; végétal m; [集合的] végétation f. ¶～の生活 [無為な] vie f végétative. ‖高山～ plantes alpines. 双子葉～ dicotylédones fpl. 単子葉～ monocotylédones fpl. 被子～ angiospermes fpl. 薬用～ plante médicamenteuse. 裸子～ gymnospermes fpl. ～園 jardin m botanique (des plantes). ～界 règne m végétal. ～学 botanique f. ～学者 botaniste mf. ～性バター beurre m végétal; végétaline f. ～相[誌] flore f. ～地帯 zone f de végétation. ～人間 malade mf à l'état végétatif. ～油 huile f végétale.

しょくぶん 職分 fonction f; charge f. ¶～をつくす remplir son devoir (sa charge).

しょくぼう 嘱望 ¶将来を～されている若者 jeune mf qui promet.

しょくみん 植民 colonisation f. ¶～する coloniser. ‖～主義者 colonialiste mf. ～地 colonie f. ～地[風]の colonial(aux). ～地生れの白人 créole mf. ～地化する coloniser. ～地開拓者 colonisateur(trice) m(f). ～地開放運動 mouvement m de libération coloniale. ～地人 colon m; [俗] colonial(aux) m. ～地政策 politique f coloniale.

しょくむ 職務 tâches fpl; office m; charge f; devoir m. ...するのが～である C'est son office de inf. ～に就く prendre ses fonctions; entrer en fonction; obtenir sa place. ～を怠る négliger son devoir. ～を果す s'acquitter de ses charges; accomplir ses fonctions (son devoir); fonctionner. 秘書の～を果す exercer (remplir) la fonction de secrétaire. ‖～上 de (par) ses fonctions. ～上の過失 faute f professionnelle. ～規定 règlement m des employés. ～質問 [警官の] vérification f d'identité. ～怠慢 négligence f professionnelle; [公務員の] prévarication f.

しょくもう 植毛 plantation f des cheveux.

しょくもく 属目 ¶～する donner (prêter) attention à. ～して待つ s'attendre à qc (ce que sub). 万人の～の的である être la cible de tous les regards.

しょくもつ 食物 aliment m; nourriture f; vivres mpl. 腹にもたれる～ 《俗》emplâtre m. ～を摂取する prendre de la nourriture. ～を断つ [絶食] se priver de nourriture. ‖～繊維 cellulose f végétale.

しょくよう 食用 ～の comestible. ～に適する bon(ne) à manger. ～に適さない non comestible; immangeable. ‖～蛙 grenouille f mugissante (taureau). ～油 huile f comestible.

しょくよく 食欲 appétit m. 旺盛な～ bel appétit. ～がある avoir de l'appétit. ～がない avoir peu d'appétit; être sans appétit. ～をそそる donner de (aiguiser) l'appétit. ～を増進させる augmenter l'appétit. ～をそぐ couper l'appétit à qn. ¶～をそそるチーズ fromage m appétissant. 旺盛な～で avec (de bon) appétit. ‖～過多症 boulimie f. ～不振 anorexie f.

しょくりょう 食料 vivres mpl; provisions fpl; victuailles fpl. ～を供給する fournir des provisions. ～を仕入れる faire des provisions. ～を増進する augmenter la production alimentaire. ～を分配する partager les victuailles. ‖～事情 situation f alimentaire. ～調達者 approvisionneur(se) m(f). ～不足 manque m de vivres. ～補給 ravitaillement m. ～問題 problème m d'alimentation.

しょくりょうちょう 食糧庁 Agence f de l'alimentation.

しょくりょうひん 食料品 denrées fpl comestibles (alimentaires); produits mpl alimentaires m; alimentation f. 腐りやすい～ denrées périssables. ‖生鮮～ aliment m cru. ～売場 rayon m d'alimentation. ～店 magasin m d'alimentation (de comestibles); épicerie f.

しょくりん 植林 boisement m. ¶～する boiser. 山に～する boiser une montagne.

しょくれき 職歴 expériences fpl professionnelles; places fpl obtenues; [官庁等の] fonctions fpl occupées. ¶～の如何を問わず sans distinction des expériences professionnelles.

しょくん 諸君 Mesdames, Mesdemoiselles et Messieurs! ～、この意見をどう思うか Messieurs, que pensez-vous de cette opinion?

じょくん 叙勲 remise f de décorations. ¶～する décerner une décoration; décorer qn.

しょけい 処刑 exécution f. ¶～する exécuter. 罪人を～する condamner un coupable à une peine. ～の宣告 condamnation f. ～の宣告を受けた者 condamné(e) m(f).

じょけい 叙景 description f d'un paysage.

じょけい 女系 ⇨ ぼけい(母系).

じょけつ 女傑 héroïne f. あれは～だ C'est une maîtresse femme.

しょげる 悄気る être abattu; baisser l'oreille; avoir l'oreille basse.

しょけん 初見 ¶彼は～がきく Il sait déchiffrer. ～で演奏する jouer en déchiffrant de la musique.

しょけん 所見 opinion f. ～を述べる donner son opinion; dire ce que l'on pense; dire à quoi on pense.

じょけん 女権 droits mpl de la femme. ‖～拡張 féminisme m. ～拡張論者 féministe mf.

じょげん 助言 conseil m; recommandation f. ...の～に従う suivre le conseil de qn. ～を与える conseiller. ～を惜しまない être prodigue de ses (se prodiguer en) conseils. ...の～を求める demander conseil à qn. ¶～する conseiller; recommander; donner un conseil. ～してもらう se faire conseiller par qn. ‖～者 conseiller(ère) m(f).

じょげん 序言 préambule m.

しょこ 書庫 bibliothèque f.

しょこう 初校 première épreuve f.

しょこう 初項 [数] premier terme m.

しょこう 曙光 aurore f. 解決の～ lueur f de solution. 改革の～ aurore de la réforme.

じょこう 徐行 ¶～する aller lentement; ralentir. 自動車が～する Les voitures

じょこうえき 除光液 dissolvant *m*.

しょこく 諸国 ¶〜の大名 seigneurs *mpl* des provinces. 〜を遍歴する parcourir tous les pays. ‖中東〜 pays *mpl* du Moyen-Orient.

しょこん 初婚 premier mariage *m*.

しょさ 所作 [役者の] action *f*; geste *m*; jeu (x) *m*.

しょさい 所載 ¶〜の inséré; paru; mentionné. 新聞の求人広告 offre *f* d'emploi parue dans le journal. カタログ〜の品物 article *m* marqué sur le catalogue.

しょさい 書斎 cabinet *m* de travail (d'étude); bureau(x) *m*.

しょざい 所在 ¶彼は今もって〜が分らない Il demeure introuvable. 〜をくらます se cacher. 責任の〜を明らかにする décider qui doit prendre la responsabilité. 〜の situé; [法] sis. 東京〜の家 maison *f* sise à Tokyo. ‖〜地 siège *m*. 県庁〜地 préfecture *f*. 本部の〜地 siège principal. 〜不明の introuvable; perdu; disparu. 〜不明の脱走者 fugiti(ve) *m(f)*; introuvable. ◆ ¶〜なさに …する [暇つぶしに] faire *qc* par désœuvrement.

じょさい 助祭 diacre *m*.

じょさい 如才 ¶〜ない adroit; habile; ingénieux(se); [愛想のよい] avenant; affable. 彼は〜ない奴だ C'est un astucieux. 〜なく adroitement; avec adresse. 〜なく立回る agir avec tact (adroitement). 〜なさ adresse *f*.

しょさん 所産 ¶これは彼の研究の〜である C'est un fruit de ses recherches.

じょさんぷ 助産婦 sage(s)-femme(s) *f*. ‖〜会 Ordre *m* des sages-femmes.

しょし 初志 ¶〜を貫徹する mener jusqu'au bout une résolution.

しょし 庶子 enfant *mf* naturel(le).

しょし 書誌 bibliographie *f*. ‖〜学 bibliographie. 〜学者 bibliographe *m*.

しょじ 所持 possession *f*; 《法》détention *f*. 武器の〜 port *m* d'armes. ¶〜する avoir (porter) sur *soi*; posséder; détenir. 不法〜 port illégal. 〜者 porteur(se) *m(f)*. 〜品 effets *mpl* personnels.

しょじ 諸事 ¶〜万端ととのっている Tous les préparatifs sont faits./Tout est prêt.

じょし 助詞 particule *f*.

じょし 女史 [既婚] Madame; [未婚] Mademoiselle.

じょし 女子 femme *f*; [若い女] jeune fille *f*. ¶〜の féminin; de jeune fille. ‖〜学生 étudiante *f*. 〜教育 éducation *f* féminine. 〜専用 pour dames. 〜大学 université *f* de jeunes filles.

しょしき 書式 formule *f*. ¶〜通りの en [bonne] forme; dans les formes. 〜通りに書く(作成する) rédiger en *bonne forme*. ‖〜集 formulaire *m*. 〜不備 vice *m* de forme.

じょじし 叙事詩 épopée *f*; épique *m*. ‖〜人 poète *m* épique.

じょしつ 除湿 ¶〜する déshumidifier *qc*. ‖〜器 déshumidificateur *m*.

じょしゃく 叙爵 anoblissement *m*. ¶〜する anoblir *qn*.

じょしゅ 助手 aide *mf*; auxiliaire *mf*; assistant(e) *m(f)*. ‖〜席 [車の] siège *m* avant.

じょしゅう 女囚 prisonnière *f*.

じょじゅつ 叙述 description *f*; narration *f*. 絵画的〜 description pittoresque. ¶〜する narrer; dépeindre. 事実を詳細に〜する exposer un fait en détail. 〜的 descripti(ve). 〜的な節 passages *mp* descriptifs.

しょしゅん 初春 commencement *m* du printemps; [新年] nouvel an *m*.

しょじゅん 初旬 début *m* du mois. ‖秋の〜 頃 vers les premiers jours d'automne.

しょじょ 処女 vierge *f*; 《俗》pucelle *f*. 〜を失う perdre *sa* virginité. 〜を奪う violer une vierge. ¶〜の(らしい) virginal(aux). 〜の純潔 pureté *f* de vierge. 〜の恥らい pudeur *f* virginale. ‖〜懐胎 Immaculée Conception *f*. 〜作 première œuvre *f*. 〜航海 〜わす débuter. 〜性 virginité *f*; 《俗》pucelage *m*. 〜生殖 parthénogénèse *f*. 〜地 so *m* (terre *f*) vierge. 〜膜 hymen *m*. 〜林 forêt *f* vierge.

しょしょう 書証 preuve *f* écrite (littérale).

しょじょう 書状 lettre *f*; [法律用語] lettre missive.

しょしょう 序章 chapitre *m* premier.

じょじょう 抒情 lyrisme *m*. ¶〜的な lyrique. 〜的に lyriquement. ‖〜詩 poésie lyrique. 〜詩人 lyrique *m*; poète *m* lyrique. 〜性 lyrisme.

じょじょうふ 女丈夫 maîtresse femme *f*.

じょしょく 女色 ¶〜に迷う se laisser séduire par les charmes féminins. 〜に溺れる se noyer dans les plaisirs de l'amour. 〜を好む男 don Juan *m*.

じょじょに 徐々に lentement; pas à pas; [少しずつ] peu à peu; petit à petit; [次第に] graduellement; par degré; [ごく僅かずつ] insensiblement; imperceptiblement.

しょほうぼうぼう 所々方々 ¶〜[で、に] un peu partout; çà et là; de tout côté. 〜から de partout. 〜で火の手が上った Le feu a éclaté çà et là. 〜を尋ね回る chercher *qn* de tous côtés.

しょしん 初審 première instance *f*. ¶〜で en premier ressort.

しょしん 初心 ¶〜を忘るべからず Il ne faut jamais oublier *son* enthousiasme de débutant. 〜を貫ぬく ne pas changer sa première résolution. ‖〜者 débutant(e) *m(f)*; apprenti(e) *m(f)*; commençant(e) *m(f)*; novice *mf*. 「〜者歓迎」« On accepte les débutants. » 〜者向けの pour les débutants.

しょしん 初診 première consultation *f*. ‖〜料 frais *mpl* de première consultation.

しょしん 所信 opinion *f*; conviction *f*. 〜を表明する donner (exposer) *son* opinion. 〜を曲げない être fidèle à *sa* conviction. ¶〜に従って行動するagir d'après *ses* convictions.

じょすう 序数 nombre *m* ordinal. ‖〜詞 numéraux *mpl* ordinaux.

じょすう 除数 diviseur *m*. ‖ 被〜 dividende *m*.

しょする 処する [処理する] arranger; traiter. 事を〜 arranger des affaires. 問題を〜 traiter une question. ◆ 身を〜 [切抜ける] se débrouiller; [振舞う] se comporter; [始末を整える] s'arranger. 難局に身を〜 se débrouiller dans une situation difficile. [刑罰を科す] condamner. 死刑に〜 condamner *qn* à mort.

じょする 叙する [授与する] conférer; décerner. 爵位(勲章)を〜 décerner un titre de noblesse (une décoration); anoblir *qn*. ⇒じょじゅつ(叙述).

しょせい 処世 ¶〜訓 leçon *f* qu'on se donne. 〜術 savoir-vivre *m inv*; entregent *m*. 彼は〜術に長けている Il connaît les recettes de la réussite./Il a beaucoup d'entregent.

じょせい 助勢 ¶〜いたします Je suis à vos côtés.

じょせい 助成 encouragement *m*. ¶〜する encourager; favoriser; aider. 計画を〜する encourager un projet. 〜金 subvention *f*; prime *f*. 〜金を与える subventionner. 〜金を受けている劇場 théâtre *m* subventionné.

じょせい 女性 femme *f*; sexe *m* féminin; beau sexe; deuxième sexe; sexe faible. 〜の(的な) féminin. 〜的なしゃべり方をする parler d'un air efféminé. 〜らしさ féminité *f*. ‖〜化する s'efféminer. 〜化した efféminé. 〜解放運動 mouvement *m* de libération des femmes. 〜形[語] féminin *m*. 〜差別 sexisme *m*. 〜名詞 nom *m* féminin. 〜用 pour dames (femmes).

じょせい 女声 voix *f* de femme. ‖〜合唱 chœur *m* de femmes.

じょせい 女婿 gendre *m*; beau(x)-fils *m*.

じょせいじ 初生児 premier(s)-né(s) *m*; première(s)-née(s) *f*.

じょせいと 女生徒 écolière *f*.

しょせき 書籍 livre *m*. ‖〜出版業者 libraire (s)-éditeur(s) *m*. 〜販売業者 libraire *m*.

じょせき 除籍 radiation *f*. ¶〜する radier *qn* d'une liste. 〜される être rayé des cadres.

しょせつ 諸説 opinions *fpl* diverses. ‖[哲] 〜統合 syncrétisme *m*. この点については〜紛々としている Il y a une grande divergence d'opinions sur ce sujet.

じょせつ 序説 introduction *f*; exorde *m*; prologue *m*.

じょせつ 除雪 déblaiement *m* de la neige. ¶〜[を]する déblayer de la neige. 道の〜をする déblayer le chemin obstrué par la neige. ‖〜作業 travail *m* (opération *f*) de balaiement de la neige. 〜車 chasse-neige *m inv*.

しょせん 所詮 enfin; après tout; au fond; en fin de compte. 〜彼女は女なんだ Finalement, c'est bien une femme! 〜そうなるだろうことは分っていた Je savais bien que ça finirait ainsi.

しょせん 緒戦 ¶我がチームは〜で敗れた Notre équipe a perdu dès la première rencontre.

しょそう 諸相 ¶現代政治の〜 facettes *fpl* de la politique d'aujourd'hui.

しょぞう 所蔵 ¶X 美術館〜のゴッホの絵 tableau *m* de Van Gogh appartenant au musée X. Y 氏〜のプルーストの手紙 lettre *f* de Proust aux mains de M. Y.

じょそう 助走 course *f* d'élan. ¶〜する prendre son élan. 〜路 piste *f* d'élan.

じょそう 女装 déguisement *m* en femme. ¶〜する se déguiser en femme.

じょそう 序奏 introduction *f*.

じょそう 除草 sarclage *m*; désherbage *m*; [鍬で] binage *m*. ¶〜する sarcler; désherber; biner. ‖〜機 extirpateur *m*. 〜剤 herbicide *m*.

じょそう 除霜 dégivrage *m*. ¶〜する dégivrer. 〜機 dégivreur *m*.

しょそく 初速 vitesse *f* initiale.

しょぞく 所属 [階級・政党] appartenance *f*. 〜を明らかにする révéler son appartenance. ¶〜する appartenir à; dépendre de; relever de; ressortir à. 日本に〜する島 île *f* qui dépend du Japon. …に〜する dépendant. 大学に〜する施設 établissement *m* dépendant de l'université.

しょぞん 所存 ¶…する〜である avoir l'intention de *inf*. ⇒かんがえ(考え).

しょたい 書体 écriture *f*; [書道] style *m* calligraphique. ‖ ゴシック(イタリック)〜 écriture gothique (italique).

しょたい 世帯 ménage *m*; [家族] famille *f*. 〜を持つ se mettre en ménage. …と〜を持つ faire ménage avec *qn*. ¶〜の ménager (ère). 〜のやりくり économie *f* domestique. ‖大〜を引きつれて avec toute *sa* smala. 新〜 nouveau ménage. 新〜を持つ former un foyer. 〜数 20 戸の部落 †hameau(x) *m* de vingt feux. 〜道具 appareils *mpl* ménagers; ménage. 〜道具をそろえる monter *son* ménage. 〜主 chef *m* de famille. 〜持ち personne *f* mariée. 彼女は〜やつれがして来た Elle commence à être marquée par la vie conjugale.

しょだい 初代 ¶〜大統領 le premier président.

じょたい 除隊 [満期] libération *f*; [俗] quille *f*; [病気などによる] réforme *f*. ‖満期〜させる libérer. 〜兵 libéré *m*.

しょたいめん 初対面 ¶彼とは〜である C'est la première fois que je le vois. 彼女の〜の印象はいかがですか Quelle est votre première impression sur elle?

しょだな 書棚 bibliothèque *f*; [棚板] rayon *m*.

しょち 処置 mesure *f*; arrangement *m*; dispositions *fpl*; [病気の] traitement *m*. 〜に困る ne savoir que faire de *qc*. 〜をとる prendre des mesures (des dispositions) pour *inf* (contre). 物価の高騰に対して有効な〜をとる prendre des mesures efficaces contre la hausse des prix. 〜を誤る prendre mal *ses* arrangements. ‖応急〜 premier traitement. 緊急〜をとる prendre des mesures d'urgence. 〜無しに On est à court de moyens.

しょちゅう 暑中 ‖〜休暇 vacances *fpl* d'été;

じょちゅう [大学などの] grandes vacances.

じょちゅう 女中 bonne f; servante f; domestique f; [俗] boniche f; [小間使] femme f de chambre; [宿屋の] fille f d'auberge.

じょちゅうぎく 除虫菊 pyrèthre m.

しょちょう 初潮 premières règles fpl.

しょちょう 所長 directeur(trice) m(f).

しょちょう 署長 ¶警察～ commissaire m [de police]. 税務～ directeur m du bureau de perception.

じょちょう 助長 encouragement m; [反乱などの] fomentation f. ¶～する encourager; favoriser; fomenter. それでは彼の依頼心をさせるだけだ Cela va le pousser à être encore plus dépendant des autres.

しょっかい 職階 échelon m. 文官の～ les échelons de l'administration. ‖～制 [行政官] † hiérarchie f administrative.

しょっかく 触角 antenne f.

しょっかく 触覚 sens m du toucher; tact m. ¶～し得る tactile.

しょっかく 触客 parasite m.

しょっかん 触感 sensation f tactile. 寒さで手の～がなくなった Le froid m'a insensibilisé (engourdi) les mains.

しょっき 織機 métier m [à tisser].

しょっき 食器 vaisselle f; ustensiles mpl de cuisine; [一人前の] couvert m. 四人前の～を並べる mettre quatre couverts. ～を洗う laver (faire) la vaisselle. ～を片付ける ôter le couvert; desservir la table. ‖～洗い機 lave-vaisselle m. ～台 dressoir m. ～棚 vaisselier m; buffet m.

ジョッキ verre m à bière; [把手付] chope f. ビールを一杯飲む boire un demi.

ジョッキー jockey m.

ショック choc m; coup m. ～を与える donner un choc. それは彼には～だった Cela lui a donné un coup. ‖ショッキングな choquant, inconvenant; shocking. ‖～死 mort f par saisissement.

ショックアブソーバー amortisseur m.

しょっけん 職権 acte m d'autorité; [裁判所などの] compétence f. ～を行使する faire acte d'autorité. ～を濫用する abuser de son autorité. ¶～によって de son autorité. ‖それは私の～外のことだ Cela ne relève pas de ma compétence. ¶～濫用 abus m d'autorité.

しょっけん 食券 ticket m de repas.

しょっこう 燭光 puissance f lumineuse; [単位] bougie f. ‖百～ 100 bougies.

しょっこう 織工 tisserand(e) m(f).

しょっこう 職工 ouvrier(ère) m(f); [集合的] main-d'œuvre f. ‖～長 contremaître m.

しょっちゅう toujours; à tout propos; très souvent; à tout moment.

ショット [映画] prise f de vue. ‖ [テニス・ゴルフ] ナイス～ joli coup m.

しょっぱい salé. ～顔をする faire la grimace.

しょっぱな 初っ端 ～からつまずいた Les choses ont mal tourné dès le début.

しょっぴく emmener qn au violon.

ショッピング shopping[ジョピン]. ¶～[を]する faire du shopping. ‖～カート poussette f. ～センター centre m commercial. ～バッグ sac m à provisions. ～モール galerie f marchande.

ショップ magasin m; boutique f.

しょてい 所定 ¶～の prescrit; fixé; indiqué; [予定の] prévu; [必要な] requis. ～の時間に à l'heure prévue. ～の日に au jour prescrit (fixé). ～の手続きを踏む observer (remplir) les formalités requises (nécessaires).

じょてい 女帝 impératrice f.

しょてん 書店 librairie f.

じょてんいん 女店員 demoiselle f de magasin; vendeuse f.

しょとう 初冬 commencement m de l'hiver.

しょとう 初等 ¶～の primaire; élémentaire. ‖～教育 enseignement m primaire.

しょとう 諸島 archipel m; îles fpl.

しょとう 蔗糖 sucre m de canne.

じょどうし 助動詞 verbe m auxiliaire.

しょとく 所得 revenu m. 多大なる～がある avoir de gros revenus. ‖国民(年間)～ revenu national (annuel). 一人当り～ revenu m par personne. ～税 impôt m sur le revenu.

じょなん 女難 ¶～の相がある avoir des problèmes de femme.

しょにち 初日 [芝居] première f.

しょにん 叙任 ⇒ にんめい(任命).

しょにんきゅう 初任給 salaire m de début. ～をもらう toucher ses premiers appointements. ～は…円である débuter à…yen.

じょにんしさい 助任司祭 vicaire m.

しょねん 初年 ¶明治の～には dans les premières années de Meiji. ‖～度 première année f. ～兵 recrue f.

じょのくち 序の口 ¶戦闘は～だ Le combat ne fait que commencer.

しょは 諸派 [政党] divers mpl.

しょばつ 処罰 punition f. ～を受ける recevoir une punition. ¶～する punir; sanctionner. 怠惰の廉で生徒を～する punir un élève pour sa paresse.

しょはん 初版 édition f originale.

しょはん 初犯 ¶彼は～だったから罪は軽かった Comme c'est sa première condamnation, sa peine a été légère.

しょはん 諸般 ¶～の事情を考慮して en raison (en tenant compte) des circonstances.

じょばん 序盤 ‖～戦は我がチームが優勢だった En début de partie, notre équipe a dominé.

しょひょう 書評 critique f des livres. ¶～[を]する rendre compte d'un livre. ‖～欄 rubrique f de la critique des livres.

しょぶん 処分 disposition f. ～を～に disposer de. …を自由に～する avoir la libre disposition de qc. 自由に～して結構です Vous pouvez en disposer. ～可能 disponible. ～得る財産 biens mpl disponibles. ◆ [処刑する] punition f. ¶～する punir. 退学～にする renvoyer. 彼は退学～を受けた Il a été renvoyé de l'école.

じょぶん 序文 préface f; avant-propos m inv; avertissement m; notice f. ～を書く

しょほ 初歩 rudiments *mpl*; éléments *mpl*; premier pas *m*. 文法の~ rudiments de grammaire. ¶~の(的な) rudimentaire; élémentaire. 彼は音楽については~的な知識しかない Il n'a que des connaissances rudimentaires en musique.

しょほう 処方 [医者] prescription *f*; recette *f* d'un médicament. 医者の~に従う suivre les prescriptions d'un médecin. ¶~する prescrire; formuler. ~を書く prescrire des remèdes. ∥~箋 ordonnance *f*. ~箋を書く formuler une ordonnance.

しょほう 書法 écriture *f*; graphie *f*. ∥草~ écriture anglaise.

じょほう 叙法 mode *m*.

じょほう 除法 division *f*.

しょぼしょぼ ¶雨が~降る Il bruine. 目を~させる cligner des yeux de fatigue.

じょまく 序幕 premier acte *m*.

じょまく 除幕 ¶~する dévoiler. ~式 [cérémonie *f* d']inauguration *f*. ~式を行う inaugurer.

しょみん 庶民 gens *mpl* du peuple; petites gens *fpl*; peuple *m*; vulgaire *m*. ¶~的な populaire. ~的இ環境 milieux *mpl* populaires. 皇太子は~的な方だ Le dauphin est proche du peuple. ∥~階級 classe *f* populaire. ~階級出の男(女) homme *m* (femme *f*) du peuple. ~感情 sentiments *mpl* du peuple. ~性 popularité *f*.

しょむ 庶務 ¶~課 section *f* ([役所] service *m*) des affaires générales.

しょめい 署名 signature *f*; [証書, 手紙の下の] souscription *f*; [郵便の] émargement *m*. ¶~する signer; apposer *sa* signature à; souscrire; émarger. 証書に~する signer un acte; apposer *sa* signature à un acte. ~のある書類 papiers *mpl* signés (revêtus de *sa* signature). ∥~印 griffe *f*. ~を集める recueillir des signatures pour une pétition. ~者 signataire *mf*. 下記~者 soussigné *e* *m(f)*.

しょめい 書名 titre *m* d'un livre. ∥~目録 liste *f* (fichier *m*) des titres [d'ouvrages]. ⇨ だい(題).

じょめい 助命 ¶~を乞う demander grâce; demander la vie. ~する sauver la vie à *qn*; faire grâce de la vie à *qn*.

じょめい 除名 exclusion *f*; expulsion *f*. ¶~を言い渡す jeter l'exclusive contre *qn*. ~する exclure; expulser. ~された人 exclu(e) *m*. (f). ∥~処置 exclusive *f*.

しょめん 書面 ¶~を以って申し入れる faire une demande écrite.

しょもつ 書物 livre *m*.

しょや 初夜 nuit *f* de noces.

しょやく 初訳 ¶この本は本邦~だ C'est un livre qui a été traduit en japonais pour la première fois.

じょやく 助役 [市町村] adjoint *m* au maire; [駅] sous-chef *m* de gare.

しょゆう 所有 possession *f*; [所有権] propriété *f*. ¶~する posséder. 広大な土地を~している posséder une grande terre. ~している être en possession de *qc*; avoir *qc* en sa possession. 彼の~の家 maison *f* à lui appartenante. ∥~形容詞 adjectif *m* (pronom *m*) possessif. ~権 droit *m* de propriété. ~権を得る prendre possession de *qc*. ~権を奪う déposséder *qn* de *qc*. ~権剝奪 dépossession *f*. ~者 propriétaire *mf*; possesseur *m*. ~地 propriété [foncière]; domaine *m*; fonds *m* de terre. ~欲 désir *m* d'avoir.

じょゆう 女優 actrice *f*; comédienne *f*.

しょよう 所用 ¶彼は~で上京中です Il séjourne à Tokyo pour affaires. 校長は~で出席しなかった Le directeur, empêché, s'est excusé.

しょよう 所要 ¶~の nécessaire; requis. ∥~時間 temps *m* requis.

しょり 処理 arrangement *m*; règlement *m*; [管理] administration *f*; conduite *f*; [工学] traitement *m*. この事件の~は君に任せる Je te charge de régler cette affaire. ¶~する arranger; régler; administrer; conduire; traiter. 事務を~する régler des affaires. 彼ならこの問題をうまく~してくれるだろう S'il s'en occupe, il va arranger ce problème avec dextérité. ∥画像~ traitement d'images. 事務~ maniement *m* (gestion *f*) des affaires. 情報~ traitement de l'information. データ~ traitement de données. 熱~ traitement thermique. バックグラウンド~ traitement en arrière-plan. ファイル~ traitement de fichiers. 分散~ traitement distribué. リアルタイム~ traitement en temps réel.

じょりゅう 女流 ¶~作家 femme *f* auteur (écrivain, de lettres).

じょりょく 助力 aide *f*; assistance *f*. ~を求める(受ける) demander (recevoir) de l'aide. 人に~を与える donner (venir en) aide à *qn*. ¶他人の~で avec l'aide d'autrui. ~なしに sans aide (assistance, appui). ∥~者 aide *mf*.

しょるい 書類 papiers *mpl*; pièces *fpl*; [文書] écrit *m*; écritures *fpl*. ~に署名する signer un papier (un écrit). ~を整理する ranger *ses* papiers. ~を作る dresser une pièce; faire un écrit; constituer (établir) un dossier. ¶~一件 dossier *m*. 参考~ document *m*. 証拠~ pièces à conviction. 訴訟~ pièces d'un procès. 必要~を提出する présenter les papiers nécessaires. ~入れ portefeuille *m*; porte-documents *m inv*.

ショルダー ∥~バッグ sac *m* [en] bandoulière. ~ベルト courroie *f* d'épaule.

じょれつ 序列 ordre *m*; rang *m*. ∥年功の~で par (à l')ancienneté. ~数 numéraux *mpl* ordinaux. ~数形容詞 adjectif *m* numéral ordinal.

しょろう 初老 ¶彼はもう~に近い Il commence déjà à prendre de l'âge.

じょろう 女郎 ¶~買いをする payer une prostituée. ~屋 maison *f* de prostitution (passe); mauvais lieu *m*; bordel *m*.

じょろん 序論 introduction *f*; prolégomènes *mpl*.

しょんぼり ¶～帰る rentrer d'un air abattu.
しら 白 ¶～をきる faire l'ignorant.
じらい 地雷 mine f. ～を敷設する poser des mines. ～を除去する déminer. ～を爆発させる faire sauter une mine. ‖～原 champ m de mines.
しらが 白髪 cheveu(x) m blanc. あの歳で彼はすっかり～だ Avec son âge, il a déjà des cheveux blancs. ¶～になる Les cheveux blanchissent. ¶～まじりの毛 cheveux gris. ‖若～ cheveux prématurément blanchis. ～染め teinture f pour les cheveux.
しらかば 白樺 bouleau(x) m blanc.
しらくも 白癬 favus m.
しらける 白ける ¶座が白けた La fête a été troublée. それで座が白けた Cela a jeté un froid dans l'assemblée. 座を白けさせる人 trouble-fête mf inv.
しらこ 白子 [魚] laitance f; laite f; [人] albinos mf.
しらさぎ 白鷺 aigrette f.
しらじらしい 白々しい transparent; [図々しい] effronté; impudent. ～嘘 mensonge m transparent. ¶～しくも avec effronterie.
じらす 焦らす impatienter.
しらずしらず 知らず知らず ¶～に insensiblement; sans le savoir; inconsciemment; à son insu. ～に涙が流れて来た Des larmes se sont mises à couler à mon insu.
しらせ 知らせ annonce f; nouvelle f; [通知状] faire-part m inv. 結婚式の～ annonce (faire-part) d'un mariage. 良い(悪い)～を受ける recevoir une bonne (mauvaise) nouvelle. 良い(悪い)知(寄)らせ～があるんだ J'ai une mauvaise (bonne) nouvelle à t'annoncer. 犯人は駅にいるという～があった Le criminel a été signalé à la gare. 君からの～でこの事件を知った C'est par toi que j'ai appris la nouvelle de cet événement.
しらせる 知らせる informer qn; faire savoir (connaître) qc à qn; faire part de qc à qn; [先のことを] annoncer (apprendre) qc à qn; [予告する] prévenir; aviser; [警告する] avertir; [公表する] publier. 正確に～ [事情を] mettre qn au courant de qc. ...を受取ったことを～ accuser réception de qc. レーダーは船舶の位置を～役目をする Le radar sert aussi à signaler la position des bateaux. 彼は我々の会に出席すると電話で知らせて来た Il m'a téléphoné pour m'annoncer qu'il participerait à notre réunion. 虫が知らせたのか, そんな気がした J'ai eu comme la prémonition que ça arriverait. お知らせいたします avoir l'avantage de porter à votre connaissance que; avoir le plaisir de vous donner avis que; avoir l'honneur de vous aviser que. 値段をお知らせ下さい Veuillez m'indiquer vos prix.
しらなみ 白波(浪) ¶今日の海は～が立っている Aujourd'hui, la mer moutonne.
しらばくれる faire l'ignorant. 自分がやったくせに似はしばくれている C'est lui le coupable et il fait la sainte nitouche. ～んじゃない Ne fais pas l'ignorant!

しらはた 白旗 drapeau(x) m blanc. ～を掲げる sortir (brandir) le drapeau blanc. ～は休戦の意図を示すのである Le drapeau blanc symbolise le désir d'une trève.
しらはのや 白羽の矢 ¶私に～が立った C'est sur moi que le sort est tombé. その役目は彼に～が立った On l'a choisi pour ce rôle.
しらふ 素面 ¶～で恥しくて言えない事があるものだ Il y a des choses qu'on ne peut dire qu'après avoir bu un verre.
シラブル syllabe f.
しらべ 調べ [旋律] mélodie f; air m./[調査, 捜査] enquête f; [検査] visite f [médicale].
しらべる 調べる [調査, 検討する] examiner; [参照する] consulter; [問合せ] se renseigner sur qc; s'informer de qc; [探る] fouiller; [訊問する] interroger. 長所短所を～ examiner les qualités et les défauts. 辞書を～ consulter un dictionnaire. 規則を～ se renseigner sur les règlements. 番地を～ chercher l'adresse. ポケットを～ fouiller les poches. 数を～ compter le nombre. 答案を～ corriger les copies. エンジンをよく見たが, なんの故障も見つからなかった J'ai bien examiné le moteur, je n'ai rien remarqué d'anormal. 警察で調べられる subir un interrogatoire à la police.
しらみ 虱 pou(x) m. ‖毛～ pou de pubis.
しらみつぶし 虱つぶし ¶～に fouiller qc minutieusement. 警察は～にその地区をくまなく捜索した La police a ratissé tout le quartier.
しらむ 白む [明るくなる] 夜が白んできた Le jour commence à poindre. 東の空が白んできた La lumière du matin blanchit l'horizon vers l'est. [興ざめする] ⇨しらげ(白げ).
しらんかお 知らん顔 ¶今更～も出来ない Arrivé à ce point, on ne peut plus faire semblant de ne rien savoir. 彼は～をして行き過ぎた Il m'a croisé sans m'accorder un regard. ～をして(それなら)彼は嘘をついた Mine de rien, il m'a menti.
しり 私利 intérêt m personnel. ‖～私欲の強い人 personne f égoïste. ～の私欲のない人, 私欲を絶った人 personne désintéressée. ～私欲に走る courir après ses intérêts personnels; poursuivre son propre profit. ～私欲で動く agir par intérêt (en égoïste).
しり 尻 fesse f; derrière m; [俗] cul m; fessier m; [馬などの] croupe f. 子供の～を叩く donner une fessée à un enfant. ～を蹴とばす botter le derrière à qn. 人の～について行く accompagner qn. ～から数えて en commençant par la queue. ～の大きい女 femme f fessue. ‖～餅をつく tomber sur le derrière. ◆[比喩的に] ¶～が重い être long (ue) à se mettre en mouvement. ～が長い prendre racine. ～が割れる se dévoiler. 彼は女房の～にしかれている Il est dominé par sa femme. ～に火がつく avoir le feu au derrière. 女の～を追い回す courir le jupon. ～を叩いてせかせる presser qn; faire se dépêcher qn. 人に～を持ち込む rejeter la responsabilité sur qn. ‖～軽な女 femme volage (facile); sauteuse f. ～すぼみになる finir en queue de poisson.

しりあい 知合 connaissance *f*; personne *f* de sa connaissance. 彼は私の～である C'est une de mes connaissances. 我々は昔からである Nous nous connaissons depuis longtemps. ～になる faire connaissance avec [de]; faire la connaissance de qn. [互いに] faire connaissance; se connaître.

しりあがり 尻上り ¶～によくなる s'améliorer vers la fin.

シリアス ¶～な sérieux(se). ～に sérieusement.

しりあて 尻当て ¶ズボンに～をする renforcer (doubler) un fond de culotte.

シリアル [コーンフレークなど] céréale *f*. ∥～ナンバー numéro *m* de série. ～ポート port *m* [de] série.

シリアルプリンター imprimante *f* série.

シリーズ série *f*. ¶～になった切手 une série de timbres.

シリウス Sirius *f*; Canicule *f*.

しりうま 尻馬 ¶～に乗る se mettre dans le sillage de.

しりおし 尻押し [支援] appui *m*; [後楯] piston *m*. ¶～を donner (prêter) son appui; appuyer qn; pistonner qn.

じりおし じり押し ¶～で avec ténacité.

シリカゲル gel *m* de silice.

じりき 自力 ¶～で par ses propres capacités; tout seul; sans aide. ～で切り抜ける s'en tirer sans aide.

じりき 地力 ¶～を発揮する montrer ses vraies capacités.

しりきれとんぼ 尻切れとんぼ ¶彼の研究論文は～だ Son étude n'a pas de conclusion. その計画は～に終った Ce projet n'a été qu'un feu de paille.

しりごみ 尻込み ¶～する hésiter; reculer. 何事にも～しない ne reculer devant rien.

シリコン silicone *f*.

シリコンバレー ¶多くのコンピューター会社が集っているアメリカの町の一角を～と言う On appelle Vallée de Silicone un secteur d'une ville des Etats-Unis où sont concentrées de nombreuses entreprises d'informatique.

しりさがり 尻下がり ¶～に発音する prononcer avec une intonation descendante.

じりじり ¶太陽が～照りつける Le soleil tape dur. ～照りつける太陽 soleil *m* brûlant. この部屋は～と暑い On cuit dans cette pièce. ◆ [少しずつ] ¶～と後退する reculer peu à peu. ◆ [苛立って] ¶～している être impatienté (irrité). ～させる impatienter; irriter. ～しながら avec impatience; d'un air impatient.

しりすぼみ 尻すぼみ ¶～に終わる finir en queue de poisson.

しりぞく 退く reculer. 一歩～ reculer d'un pas. 政界から～ se retirer de la politique.

しりぞける 退ける [遠ざける・追い払う] écarter qn. 攻撃を～ repousser les attaques. ◆[拒否する] refuser; repousser; rejeter. ～要求(申し出)を～ rejeter les demandes (les offres).

じりだか じり高 †hausse *f* progressive. ¶円～の傾向にある La valeur du yen marque une tendance à la hausse progressive.

しりつ 市立 ¶～の municipal(aux). ∥～大学 université *f* municipale.

しりつ 私立 ¶～の privé. ∥～大学 université *f* privée.

じりつ 自律 autonomie *f*. ¶～的な autonome. ∥～語 mot *m* autonome. ～神経 nerfs *mpl* autonomes. ～神経系 système *m* nerveux végétatif. ～神経失調症 dérèglement *m* des nerfs autonomes.

じりつ 自立 indépendance *f*. ¶～する se rendre indépendant. ～している indépendant. ～している女性 [自活] femme *f* qui vit de son travail. ∥～心 indépendance *f*.

しりぬぐい 尻拭い ¶～をする régler une affaire pour autrui. …の失策の～をする réparer une bévue de qn. 息子の借金の～をする régler une dette de son fils. ～をする人 bouc *m* émissaire.

じりひん じり貧 ¶この～では～になってしまう A ce train-là, les choses vont aller de mal en pis.

しりめ 尻目 ¶～にかける ne tenir aucun compte de; ne faire aucune attention à; se moquer de. 彼は追いすがる相手を～にかけて悠々ゴールインした Il a gagné avec aisance sans être inquiété par ses concurrents.

しりめつれつ 支離滅裂 incohérence *f*. ¶～な incohérent; désordonné. ～な話をする divaguer.

しりもち 尻餅 ⇒しり(尻).

じりやす じり安 baisse *f* progressive. ¶相場は～だ Les cours sont en baisse.

しりゅう 支流 affluent *m*.

じりゅう 時流 courant *m* de l'époque. ～に先立つ devancer le courant de l'époque. ～に乗る être favorisé par le courant; [流行] être en vogue. ～に逆らう remonter le courant de l'époque.

しりょ 思慮 réflexion *f*. 彼は～が足りない Il manque de réflexion. ¶～深い réfléchi; prudent. ～深く avec réflexion; réflexion faite. ～を欠いた行動をする agir sans réflexion (discernement).

しりょう 史料 document *m* historique; [古文書] archives *fpl*. ∥～官 archiviste *mf*. ～館 archives.

しりょう 試料 échantillon *m*.

しりょう 資料 document *m*; matériaux *mpl*; [データ] données *fpl*; [集合的] documentation *f*. ～を集める(調べる) recueillir (consulter) des documents. ～を漁る se documenter. ～を提供する documenter. その問題の調査についての～をあなたに提供しましょう Je vais vous documenter sur une enquête concernant ce problème. ¶～として役立つ servir à titre documentaire. その本は～として面白い C'est un livre d'un intérêt documentaire. ∥参考～ document. 参考～の documentaire.

しりょう 飼料 alimentation *f* du bétail; pâture *f*; [家畜の] fourrage *m*. ¶～に適する fourrager(ère).

しりょく 死力 ¶～を尽して de toutes ses forces. ～を尽して闘う combattre désespérément.

しりょく 視力 vue f; vision f. 〜がよい(悪い) avoir bonne (mauvaise) vue. 〜が衰える La vue s'affaiblit (baisse). 私の〜は0.8だ Ma vision est de 0,8. 〜を失う perdre la vue. ‖〜検査 examen m d'activité visuelle.

しりょく 資力 moyens mpl; ressources fpl pécuniaires. …するーがある avoir les moyens de inf. 〜がない manquer de moyens. 私にはその家を買うだけの〜はない Je n'ai pas les moyens d'acheter cette maison. 私には僅かな〜しかない Je n'ai que de maigres ressources. 土地を買うなんてとても私の〜では出来ないことだ Acheter un terrain, c'est au-dessus de mes moyens.

じりょく 磁力 force f magnétique; [磁石の引力] attraction f magnétique. ‖〜計 magnétomètre m.

シリング shilling m.

シリンダー cylindre m.

しる 汁 jus m; suc m. 〜を吸う sucer le jus. うまい〜を吸う [比喩的に] se faire la part du lion; faire son beurre. ‖〜気の多い juteux (se).

しる 知る savoir; connaître; avoir une connaissance de; [教わる] apprendre; [理解する] comprendre. 確かな筋を通じて〜 apprendre qc de bonne source. 風の便りに〜 avoir vent de qc. 経過を〜 se tenir (se mettre) au courant de qc. 彼の不幸を知った J'ai appris son malheur. フランス語を知っている savoir le français. 詳しく知っている en savoir long. 名前(顔)だけは知っている [ne] connaître [que] de nom (de vue). それはよく知っている Je le sais bien. それもよく知っている Je ne connais que cela./Je suis au courant de cela. 彼の性質はよく知っている Je comprends sa nature. 彼が狡いことは知っていた Je le savais rusé. もし知っていたら si j'avais su. …かどうか知らない ignorer si… 彫刻のことは何も知らない Je suis ignare en sculpture. それについては何も知らない Je n'en sais rien. それについては大したことは知らない Je n'y connais pas grand-chose. 誰一人知らないものはない Personne ne l'ignore. 知り抜いている connaître à fond. 汝自身を知れ Connais-toi toi-même! 彼女は文学界ではなかり知られた人だ C'est un personnage assez en vue dans le monde littéraire. その噂は皆に知られている Ce bruit s'est répandu partout. 君の知ったことでない Cela ne vous regarde pas. 私の知る限りでは à ma connaissance; autant que je sache. 知らぬ顔で en douce. そうとも知らずに sans le savoir. 知らず知らずに malgré soi; insensiblement.

シルエット silhouette f.

シルク soie f.

シルクスクリーン 【印】sérigraphie f.

シルクハット †haut(s)-de-forme m.

シルクロード route f de la soie.

ジルコニウム zirconium m.

ジルコン zircon m.

しるし 印 [識別] marque f. 〜をつける mettre un signe; marquer. ◆ [徴候] signe m. それは良い(悪い)〜だ C'est bon (mauvais) signe.

◆ [標識] indice m; [象徴] symbole m. 鳩は平和の〜である La colombe est le symbole de la paix. 良い顔色は健康の〜だ La bonne mine est l'indice d'une bonne santé. ◆ [証] これはほんのお礼の〜です C'est simplement pour vous témoigner ma reconnaissance. 尊敬の〜に en signe de respect. 友情の〜に en témoignage d'amitié.

しるす 記す écrire; noter; inscrire; marquer.

シルバー argent m.

しるべ 指南 indice m; [案内人] guide m.

ジレ 【服】gilet m.

しれい 司令 〜官 commandant m de recrutement. 〜官 commandant. 総(副)〜官 commandant en chef (en second). 〜塔 (潜水艦) kiosque m. 〜部 quartier m général.

しれい 指令 instructions fpl; directives fpl; ordres mpl. 〜を出す donner des instructions. 〜に従う suivre les (obéir aux) instructions. 〜に従って conformément aux instructions. 次の〜があるまで jusqu'à nouvel ordre.

じれい 事例 cas m.

じれい 辞令 nomination f. ‖これは外交ではありません Ce n'est pas protocolaire.

した そんなーのものだ Cela n'est pas grand-chose.

しれつ 熾烈 ‖戦闘はーをきわめた C'était un combat acharné. 〜な acharné; furieux (se). 〜な争い lutte f acharnée.

じれったい agaçant; irritant; énervant. 〜な、早くしろよ C'est agaçant! Dépêche-toi un peu! 彼がいつまでも黙っているのでじれったくなる Son long silence me rend nerveux.

しれる 知れる se savoir. いずれみんなーよ Tout se sait. これは彼に〜とまずい Il faut éviter à tout prix qu'il apprenne cela. それが先生に知れたら大目玉を食うぞ Nous allons recevoir un bon savon, si notre maître le découvre (sait). どうしてそれが知れたか Comment cela s'est-il su? いつ襲ってくるかも知れない Une attaque de l'ennemi peut se produire à tout moment. どんなに辛い目に合ったか知れない J'en ai vu de toutes les couleurs. ‖知れたこと Cela va sans dire. 彼は得体の知れぬ奴だ C'est un oiseau rare.

じれる s'impatienter. ‖知りたくて〜 être impatient de savoir.

しれわたる 知れ渡る ‖その事はすぐに町中に知れ渡った Cette affaire s'est aussitôt répandue dans toute la ville.

しれん 試練 épreuve f. 〜に耐える(打勝つ) soutenir (surmonter) l'épreuve. あらゆる〜に耐えうる être à toute épreuve. 〜を受ける subir l'épreuve.

ジレンマ dilemme m. 〜に陥っている se trouver dans un dilemme. 〜に陥れる enfermer qn dans un dilemme.

しろ 城 château(x) m; [城砦] citadelle f; forteresse f. 難攻不落の〜 château fort. 〜が陥落する(包囲する) s'emparer (assiéger une) forteresse. ‖〜跡 ruines fpl d'un château.

しろ 白 blanc m. ‖〜い blanc(che). 〜い肌

しろあり 白蟻 termite *m*. ～の巣 termitière *f*.

しろあざ 痔瘻【医】fistule *f*.

しろうみ 耳瘻 otorrhée *f*.

しろうと 素人 amateur *m*. 彼は音楽には～だ C'est un profane en musique. ～(として) en (d')amateur. ～の仕事 travail(aux) (*m*) d'amateur. これは～の犯行らしい Ça sent le crime d'amateur. これは～離れがしている Ce n'est pas l'œuvre d'un amateur. ～娘 fille *f* sérieuse.

しろくじ 四六時 ¶～中働く travailler nuit et jour.

しろくばん 四六判 in-douze *m inv*.

しろくま 白熊 ours *m* blanc.

しろくろ 白黒 ¶～眼をーさせる rouler des yeux ahuris. ¶～映画 film *m* en noir et blanc. ◆ [無罪か有罪] ¶～をはっきりさせよう Mettons les choses au clair.

しろじ 地 fond *m* blanc.

しろじろ ¶～見る regarder fixement; [遠慮なく] détailler; regarder indiscrètement; [軽蔑的に] toiser; [好奇心で] regarder avec curiosité; [ためつすがめつ] examiner; contempler.

シロップ sirop *m*. ¶～咳どめの～ sirop contre la toux. メープル～ sirop d'érable.

しろながすくじら 白長須鯨 rorqual *m* bleu.

しろぬり 白塗り ¶～の壁 mur *m* blanchi à la chaux.

しろぼし 白星 ¶～をあげる gagner un match (une victoire).

シロホン xylophone *m*.

しろみ 白身 [卵] blanc *m* d'œuf. ¶～の魚 poisson *m* à chair blanche.

しろみ 白味 blancheur *f*. ¶～を帯びた blanchâtre.

しろめ 白目 blanc *m* de l'œil.

しろもの 代物 ¶奴はとんだ～だ C'est un sale type.

しろり ¶～と見る jeter un regard sévère à *qn* (sur *qc*).

しろん 史論 critique *f* sur l'histoire.

しろん 詩論 art *m* poétique.

しろん 試論 essai *m*.

じろん 持論 ¶それが彼の～だ C'est une opinion qu'il a depuis longtemps. ～を曲げない rester fidèle à (persister dans) *sa* propre opinion.

しわ 皺 [皮膚] ride *f*; [紙・布] pli *m*; fronce *f*. 目尻の～ patte(s) d'oie *f*. 額に～が寄る Les sourcils se froncent. 額に～をよせる froncer les sourcils. ～を伸ばす déplisser. ¶～の寄った ridé. ～の寄った額 front *m* plissé. ～になる se plisser.

しわがれる 嗄れる ¶声が～ La voix s'enroue (s'éraille). 嗄れた声 voix *f* éraillée (enrouée). 嗄れた声で話す parler d'une voix enrouée.

しわくちゃ 皺くちゃ ¶～な顔 visage *m* ridé. ～なズボン pantalon *m* fripé. ～にする froisser; friper.

しわけ 仕分け tri *m*. 手紙の～ tri des lettres. ¶～帳 livre *m* journal.

しわざ 仕業 fait *m*; acte *m*; œuvre *f*. ¶それが彼の～だ C'est lui qui a fait cela./C'est l'œuvre de lui.

じわじわ lentement; pas à pas; peu à peu; petit à petit. 壁の割れ目から水が～にじみ出て来る L'eau suinte à travers les fentes du mur. ～迫る s'approcher pas à pas. 人心に～浸透する s'infiltrer peu à peu dans les esprits.

しわよせ 皺寄せ ¶彼の怠慢の～が私にまで及んで来た Les conséquences de sa paresse me retombent dessus.

じわれ 地割れ fente *f* du sol; [こまかい] fissure *f* du sol. ～がする La terre se fend. 地震で細かい～が生じた Le tremblement de terre a fissuré le sol.

しん ¶～となる Il se fait un grand silence. 会場は～となった Un grand silence a régné dans la salle. それを聞いてみんな～となった Ces mots ont plongé tout le monde dans un grand silence. ～と静まり返った夜 nuit *f* au profond silence.

しん 信 ¶…に～を置く avoir foi en *qn*.

しん 真 ¶～に迫る faire vrai; donner l'illusion du vrai. その肖像は～に迫っている Ce portrait est vivant. あの人の話は～に迫っている Son récit fait vrai. ～の vrai; véritable; réel(le). ～の友情 amitié *f* véritable. ～の英雄 vrai héros *m*. ～に vraiment; véritablement; réellement.

しん 芯, 心 [中心] cœur *m* [野菜, 果物の] trognon *m*; [果物の種] noyau(x) (*m*); [ろうそくの] mèche *f*. 果物の～ cœur d'un fruit. 桃の～ noyau de pêche. 石油ランプの～ mèche d'une lampe à huile. 目の～ pupille *f*. りんごの～ まで食べる manger une pomme jusqu'au trognon. ◆ [鉛筆の] mine *f*. 鉛筆の～を折る(削る) casser (tailler) la mine d'un crayon. 硬い(軟かい)～ mine dure (tendre). ◆ [帯, カラーの] entoilage *m*. ～を入れる mettre (fixer) un entoilage. ◆ [人の本性] あの子は弱々しく見えるが～は強い Ce petit à l'air fragile, mais il a de l'étoffe. 根は～は頑丈なんだ Au fond, il a une santé de fer. ～のある人だ C'est un homme de caractère. ～から堕落する se corrompre (se dégrader) jusqu'à la moelle. 身体の～まで冷えた Le froid m'a glacé jusqu'aux os.

しん- 新 nouveau(el, elle, eaux). ¶～空港 nouvel aéroport *m*. ～校舎 nouveau bâtiment *m* [d'une école]. ～古典主義 néoclassicisme *m*. ～左翼 [理論] gauchisme

しん- m; [人] gauchiste mf. 大学〜卒 diplômé(e) m(f) tout frais émoulu(e) de l'université. 〜批評 nouvelle critique f.

しん 親 ¶〜日の projaponais. 〜日家 japonophile mf. 〜日政策 politique f projaponaise. 〜仏の profrançais. 〜米の proaméricain.

じん 陣 camp m; campement m; position f. 籠城軍の〜は難攻不落だ La situation des assiégés est imprenable. 〜を敷く prendre une position. ‖教授(外交)〜 corps m enseignant (diplomatique). 捜査〜 [équipe f d']enquêteurs mpl de la police.

ジン gin m. ¶〜の入った au gin. ‖〜フィズ gin〜fizz m.

しんあい 親愛 ¶〜なる cher(ère). 〜の情 affection f; attachement m. 変わらぬ〜を抱く garder un attachement durable à qn. 〜感を抱く avoir de la sympathie pour qn.

じんあい 仁愛 charité f; bienfaisance f; bienveillance f.

じんあい 塵埃 poussière f; ordures fpl.

しんあん 新案 ¶〜の d'un nouveau système. ‖〜特許 brevet m d'invention.

しんい 真意 vraie signification f; [本心] véritable intention f; motif m réel. 彼の〜が分からない Je ne comprends pas ses motifs réels.

しんい 神意 volonté f divine.

じんい 人為 ¶〜的な artificiel(le). 〜的に artificiellement. ‖〜淘汰 sélection f artificielle.

しんいき 神域 lieu(x) m saint; [境内] enceinte f du temple. 〜を汚す profaner un lieu saint.

しんいき 震域 étendue f sismique.

しんいり 新入り recrue f; nouveau(x) venu m; nouvelle venue f.

しんいん 真因 vraie cause f. 事件の〜を確かめる examiner la vraie cause d'un événement.

じんいん 人員 nombre m de personnes; personnel m; effectif m. 〜を増やす(減らす) augmenter (diminuer) le personnel. 〜増加〜nombre des participants. 〜過剰である avoir un excès de personnel. 〜整理 réduction f du personnel (d'effectifs). 大幅な〜整理をする faire une réduction considérable du personnel. 〜点呼 appel m. 〜不足 crise f d'effectifs. 〜不足である manquer de personnel.

じんうえん 腎盂炎 pyélite f.

しんえい 新鋭 ¶〜機 nouveau modèle m d'avion de guerre. 〜作家 jeune écrivain m plein de talent. 〜チーム équipe f sélectionnée. 〜部隊 troupe f d'élite.

しんえい 親英 ¶〜の anglophile; proanglais.

じんえい 陣営 camp m; campement m. ‖共産主義〜 camp communiste. 自由(対立)〜 affrontement m du monde libéral et du monde communiste.

しんえいたい 親衛隊 garde f; [ナチス] SS minv. ‖〜員 garde m du corps.

しんえん 深遠 ¶〜な profond. 〜な思想 profondes pensées fpl; idée f profonde.

しんえん 深淵 abîme m; gouffre m.

じんえん 腎炎 néphrite f.

しんおう 深奥 profondeurs fpl. 学問の〜をきわめる pénétrer dans le secret le plus profond d'une science. ‖人間の〜部 profondeurs de l'être.

しんおう 震央 épicentre m [sismique].

しんおん 唇音 labiale f.

しんおん 心音 son m émis par les pulsations cardiaques.

しんか 深化 ‖解釈を〜する faire une interprétation plus profonde. 対立が〜した Le fossé s'est creusé entre les opposants.

しんか 真価 vraie valeur f; valeur réelle (intrinsèque). 〜を発揮する faire preuve de sa valeur; faire ses preuves. 〜を疑う douter de la valeur réelle de. 作品の〜を認める reconnaître la valeur intrinsèque d'une œuvre.

しんか 神火 feu(x) m sacré.

しんか 臣下 sujet(te) m(f); vassal(aux) m.

しんか 進化 évolution f. ¶〜する évoluer. 文明は絶えず〜する La civilisation évolue sans cesse. 〜した évolué. 人間は最も〜した動物である L'homme est l'animal le plus évolué. ‖〜論 évolutionnisme m; théorie f de l'évolution. 〜論者 évolutionniste mf.

じんか 人家 maison f. この辺は〜が密集している Dans ce quartier, les maisons sont serrées. ¶〜の密集した(まばらな)地方 région f très peuplée (peu peuplée).

シンガー ‖ジャズ〜 chanteur(se) m(f) de jazz.

しんかい 深海 grandes profondeurs fpl; [海溝] abysse m. ¶〜の pélagique; abyssal (aux). ‖〜魚 poisson m abyssal.

しんがい 侵害 empiétement m; violation f; usurpation f; [利益の] lésion f. 権利の〜 usurpation (lésion) d'un droit. ¶〜する empiéter sur; usurper; attenter à. 人権を〜する violer les droits de l'homme. 国の安全を〜する attenter à la sûreté de l'État. 利益を〜される être lésé dans ses intérêts. ‖版権(特許権)〜 contrefaçon f.

しんがい 心外 ¶〜な décevant; [残念な] regrettable; [遺憾な] fâcheux(se). 〜な結果 résultat m décevant. …とは〜である Il est regrettable (fâcheux) que sub. まことに〜ですが Je regrette beaucoup. そんな非難を受けるとは〜です Je ne m'attendais pas à m'attirer de tels reproches.

しんがい 震駭 ¶〜させる terroriser; frapper de terreur; épouvanter. その事件は全世界を〜させた Cette affaire a frappé tout le monde de terreur.

しんかい 人海 ¶〜戦術 vagues fpl d'assaut. 〜戦術も我が軍の抵抗に挫折した Les vagues d'assaut se brisèrent contre la résistance de nos troupes.

じんかい 人界 monde m humain.

じんかい 塵芥 ordures fpl; immondices fpl. 〜の山 tas m d'immondices. 〜を焼却する brûler des ordures. 〜焼却 incinération

しんかいち 新開地 quartier *m* nouveau; [開拓地] terre *f* nouvellement défrichée.

しんがお 新顔 nouveau(x) venu *m*; nouvelle venue *f*; nouveau membre *m*; [見知らぬ人] nouveau visage *m*. ‖~を一人見かけた J'ai aperçu une nouvelle tête.

しんがく 神学 théologie *f*. ¶~[上]の théologique. ‖大~校 grand séminaire *m*. 小~校 petit séminaire. ~生 séminariste *m*. ~博士 docteur *m* en théologie.

しんがく 進学 ¶大学に~する accéder à l'enseignement supérieur. 医学部に~する s'inscrire à la faculté de médecine. ‖大学~者 élève *mf* inscrit(e) à l'université.

じんかく 人格 personnalité *f*; caractère *m*. ¶~を形成する former le caractère. ~を尊重(無視)する respecter (négliger) la personnalité. ‖二重~ double personnalité. 二重~者 personne *f* à double face. ~化 personnification *f*. ~化する personnifier *qc*. ~者 personne vertueuse.

しんかくか 神格化 déification *f*; divinisation *f*. ¶~する déifier; diviniser.

じんかくけん 人格権 droit *m* de personnalité.

じんがさ 陣笠 [雑兵] guerrier *m* subalterne; [平代議士] député *m* subalterne.

しんがた 新型 nouveau modèle *m*; nouveau style *m*. ¶それは~の車です C'est un nouveau modèle de voiture. ‖~車 nouveau modèle de voiture; voiture *f* d'un nouveau modèle. ~兵器 nouvel engin *m* militaire.

しんがっき 新学期 rentrée *f*. ¶~が始まる La rentrée [des classes] commence. ¶~に à la rentrée.

しんかぶ 新株 nouvelle action *f*.

しんがら 新柄 ¶~の着物 robe *f* à dessins nouveaux.

しんがり 殿 arrières *mpl*; arrière-garde *f*; [列の] queue *f*; [競走] le dernier (la dernière). ~を守る protéger ses arrières. ~をつとめる fermer la marche. ¶彼はクラスで~の方だ Il est en queue de classe.

しんかん 信管 fusée *f*.

しんかん 新刊 nouvelle édition *f*; [広告などで] «Vient de paraître.» ¶~の qui vient de paraître; récemment paru. ‖~書 livre *m* nouveau(x); nouvelle publication *f*. ~書売場 rayon *m* des nouveautés. ~書紹介 chronique *f* des livres. ~予告 annonce *f* des livres à paraître.

しんかん 新館 nouveau(x) bâtiment *m*; [別館] annexe *f* nouvellement bâtie.

しんかん 森閑 ¶~とした silencieux(se); tranquille. 家の中は~としている Un grand silence règne dans la maison.

しんかん 神官 prêtre *m*.

しんかん 震撼 ¶~させる bouleverser. 全世界を~させる bouleverser le monde entier.

しんがん 心眼 perception *f* pénétrante. ~を開く pénétrer au fond des choses.

しんがん 真贋 ¶~の区別がつかない On ne peut pas discerner s'il s'agit d'un faux ou non.

しんかんせん 新幹線 nouvelle grande ligne *f*. フランスの~ TGV [teʒeve] (train *m* à grande vitesse).

しんき 心機 ¶~一転する changer de peau; faire peau neuve. ‖~一転して仕事にとりかかる se remettre au travail avec une ardeur renouvelée.

しんき 新奇 ¶~を追う(好む) courir après (aimer) les nouveautés. ~な nouveau(el, elle, eaux); [奇抜な] original(aux). ~さ nouveauté *f*; originalité *f*.

しんき 新規 ¶~の nouveau(el, elle, eaux). ~の注文 nouvelle commande *f*. ~に à nouveau. ‖~採用 recrutement *m*. ~採用する recruter. ~まき直しで repartir de zéro. ~まき直しに sur [de] nouveaux frais.

しんぎ 信義 loyauté *f*; fidélité *f*. ~を守る tenir une fidélité à *qn*. 友に対し~を重んじる se conduire avec loyauté à l'égard d'un ami. ~を重んじる友人 ami *m* très fidèle (très sûr). ~に反する行為 conduite *f* déloyale. ‖国際~ loyauté internationale.

しんぎ 審議 délibération *f*. 問題を委員会の~に付託する soumettre une question à la délibération de la commission. 慎重な~の上で après mûre délibération. ¶…を~する délibérer sur *qc*; mettre *qc* en délibération; prendre *qc* en considération. ‖~会 assemblée *f* délibérante. ~権 pouvoir *m* délibérant. ~中である être en délibération (à l'étude).

しんぎ 真偽 ¶~を確かめる vérifier la véracité. ~を見分ける discerner le vrai du (d'avec le) faux. ~のほどは分らない On ne saurait dire si cela est vrai ou faux.

しんぎ 神技 acte *m* merveilleux (prodigieux).

じんぎ 仁義 [道徳] morale *f*; [やくざの掟] loi *f* du milieu. ~に反する être contraire à la morale. ~を重んじる faire cas de la fidélité; respecter la fidélité.

しんきくさい 辛気臭い ennuyeux(se).

しんきこうしん 心悸亢進【医】tachycardie *f*.

しんきじく 新機軸 nouvelle méthode *f*; nouveau système *m*. ~を打ち出す inventer une nouvelle méthode.

しんきゅう 新旧 ¶~の ancien(ne) et nouveau(el, elle). ‖~両議員 députés *mpl* entrants et sortants. ~両思想の対立 affrontement *m* des idées anciennes et des idées nouvelles.

しんきゅう 進級 ¶~する passer. 小学6年に~する passer en sixième [année]. ~させる faire passer *qn*. ‖~試験 examen *m* de passage.

しんきょ 新居 nouvelle demeure *f*; nouveau logement *m*. ~を構える s'installer dans son nouveau logement. 客を招いて~の披露する pendre la crémaillère. いつ~に移るの Quand allez-vous pendre la crémaillère?

しんきょう 信教 ¶~の自由 liberté *f* reli-

しんきょう 心境 état *m* d'âme. ～の変化 changement *m* d'avis. …に～を打ち明けるを confier à *qn*; s'ouvrir à *qn*. 今のご～は如何ですか Que pensez-vous en ce moment? 彼は～に変化を来たした Il s'est produit un changement dans son esprit.

しんきょう 新教 protestantisme *m*. ‖～徒 protestant(e) *m(f)*; réformé(e) *m(f)*.

しんきょう 進境 progrès *m*. 著しい～を示す faire de grands progrès.

しんきょうち 新境地 ～を開拓する ouvrir des horizons nouveaux.

しんきょく 新曲 nouvelle chanson *f*; nouveau morceau (numéro) *m*.

しんきょくめん 新局面 aspect *m* nouveau; nouvelle tournure *f*. その事件は～を迎えた Cette affaire a pris une nouvelle tournure.

しんきろう 蜃気楼 mirage *m*.

しんきろく 新記録 [nouveau] record *m*. ～を樹立する établir un record. ‖世界(日本)～ nouveau record du monde (du Japon). ～保持者 détenteur(trice) *m(f)* d'un nouveau record; recordman(men) *m*.

しんきん 心筋 myocarde *m*. ‖～梗塞 infarctus *m* du myocarde.

しんきん 親近 ‖～感を覚える avoir de la sympathie pour *qn*; {俗} avoir des atomes crochus avec *qn*.

しんぎん 呻吟 gémissement *m*. ¶～する gémir; pousser un gémissement. 獄中に～する languir en prison; gémir sur la paille des cachots. いいメロディーが浮ばなくて～しているところよ Je me creuse en vain la tête pour trouver une bonne mélodie.

しんく 真(深)紅 ¶～の cramoisi; carmin *inv*; vermillon *inv*. ～の夕日が海に沈む Un soleil rougeoyant s'enfonce dans la mer.

しんく 辛苦 épreuves *fpl*; peine *f*. 粒々～する se donner beaucoup de peine; suer beaucoup; suer sang et eau.

しんぐ 寝具 literie *f*; garniture *f* de lit; matériel *m* de couchage.

しんくう 真空 vide *m*. ¶～にする faire le vide. ‖～管 tube *m* à vide; lampe *f* radioélectrique. ～放電 décharge *f* en vide.

ジンクス porte-malheur *m inv*. …という～がある Il y a une fatalité qui peut que…. ～を破る rompre une fatalité.

シンクタンク équipe *m* (pool [pul] *m*) de cerveaux; brain-trust(s) [brɛ̃ntrœst] *m*; groupe *m* (cellule *f*) de réflexion.

しんぐみ 新組み ¶～にする [印刷] composer avec de nouveaux caractères.

シングル simple *m* droite. ‖～盤 disque *m* 45 tours. ～ベッド lit *m* pour une personne. ～ベッドルーム chambre *f* à un lit.

シングルス 《スポ》 simple *m*; single *m*. ‖男子(女子)～ simple messieurs (dames).

シングルマザー mère *f* célibataire.

シンクロトロン synchrotron *m*.

シンクロナイズ [映画] synchronisation *f*; [水泳] ballet *m* aquatique. ¶～する synchroniser.

しんぐん 進軍 marche *f*. ¶～する marcher. ‖～らっぱ clairon *m* de marche. ～らっぱが鳴る Le clairon sonne la marche. ～らっぱを吹く sonner la marche.

しんけい 神経 nerf *m*. ～が細い avoir les nerfs fragiles. ～が太い avoir des nerfs à toute épreuve. ～が高ぶる être à bout de nerfs; être surexcité. 彼は～が動揺している Il est nerveusement ébranlé. ～がぴりぴりしている avoir les nerfs en pelote. 彼の笑いは～にさわる Son rire me porte sur les nerfs. ～を鎮める calmer les nerfs. ～を使う se fatiguer les nerfs à; être attentif(ve) à. ～をとがらせる avoir les nerfs tendus. 歯の～を抜く(殺す) ôter le nerf d'une dent; dévitaliser une dent; tuer le nerf d'une dent. ¶～質な nerveux(se). ～質な人 nerveux(se) *m(f)*. 彼は ひどく～質だ C'est un grand nerveux. ～質に nerveusement. ‖～炎 névrite *f*. ～学 neurologie *f*. ～学者 neurologue *mf*. ～過敏 nervosité *f*. ～過敏な être nerveux(se). ～管 tube *m* neural. ～系統 système *m* nerveux. ～外科 neurochirurgie *f*. ～細胞 cellule *f* nerveuse. ～症(病) névrose *f*. ～症の névropathe. ～症(病)患者 névrosé(e) *m(f)*. ～衰弱 dépression *f* nerveuse; neurasthénie *f*. ～衰弱の neurasthénique. ～衰弱患者 neurasthénique *mf*. ～節 ganglion *m*. ～戦 guerre *f* des nerfs. ～中枢 centre *m* nerveux. ～痛 névralgie *f*. ～痛の起きる être atteint d'une névralgie. 顔面～痛 névralgie faciale. ～痛の névralgique.

じんけい 陣形 formation *f* des troupes. ～を立て直す rétablir la formation des troupes. 戦闘の～をとる ranger l'armée en bataille.

しんげき 新劇 théâtre *m* moderne.

しんげき 進撃 [前進] marche *f*; invasion *f*; [攻撃] attaque *f*; assaut *m*. ドイツ軍の～は早かった L'invasion des troupes allemandes était rapide. ～を開始する partir (s'élancer) à l'assaut. ¶敵陣に向って～する monter à l'attaque du camp ennemi.

しんけつ 心血 仕事に～を注ぐ se livrer à une tâche corps et âme; se dévouer entièrement à une tâche.

しんげつ 新月 nouvelle lune *f*.

しんけん 真剣 ¶～な sérieux(se). ～に sérieusement; avec zèle; [注意深く] attentivement. ～になって…をする mettre tout *son* zèle à *inf*. ～さ(味) sérieux *m*; zèle *m*. ～味が足りない manquer de sérieux. ‖～勝負 combat *m* à l'épée nue. ～勝負する [賭事で] jouer pour de bon.

しんけん 親権 puissance *f* paternelle.

しんげん 進言 conseil *m*; avis *m*. …の～を聞き入れる suivre (écouter) les conseils de *qn*. ¶～する donner conseil à.

しんげん 震源 centre *m* d'un séisme; hypocentre *m*. ‖～地 épicentre *m*.

しんげん 箴言 ⇨ かくげん(格言). ‖旧約聖書の～集 Livre *m* des Proverbes.

じんけん 人権 droits *mpl* de l'homme. 他人の～を尊重する respecter les droits d'autrui. ‖基本的～ droits fondamentaux de

じんけん 人絹 soie f artificielle; rayonne f. ¶～の de soie artificielle.

しんげん 震源地 épicentre m.

じんけんひ 人件費 frais mpl de personnel.

しんご 新語 néologisme m; mot m nouveau. ～の使用 emploi m de néologisme. ～を編み出す inventer un mot nouveau.

じんご 人後 ¶洞察力にかけては～に落ちない Il ne le cède à personne en perspicacité.

じんご 人語 langage m de l'homme. ¶～を解する comprendre le langage de l'homme.

しんこう 信仰 foi f; croyance f; religion f. 力に対する～ culte m de la force. ～の自由 liberté f de conscience. ～を持つ(失う) avoir (perdre) la foi. この人の～は厚い La religion de cet homme est sincère. ～する croire; avoir la foi [religieuse]. 神を～する croire en Dieu. ‖ 無～ incroyance f; irréligion f; athéisme m. ～箇条 article m de foi. ～心の厚い spirituel(le). ～心を持たない personne f qui n'a pas de religion. ～生活 vie f religieuse (spirituelle).

しんこう 振興 développement m. ¶～する développer. 外国との経済交流を～する développer les échanges économiques avec les pays étrangers.

しんこう 新興 classe f ascendante (montante). ～国 jeune pays m. ～宗教 nouvelle religion f. ～勢力 nouvelle puissance f.

しんこう 深更 ¶～に及ぶ se prolonger bien avant dans la nuit (jusqu'à minuit).

しんこう 親交 ¶～がある avoir des relations d'amitié; [皮肉に] avoir des accointances avec qn. 彼は権力者と～がある Il a des accointances avec les hommes au pouvoir. ～を結ぶ se lier d'amitié avec qn.

しんこう 進行 marche f; cours m; avancement m; [発展] progrès m. 病気の～ évolution f d'une maladie. 議事の～ cours des débats. ¶～する avancer; marcher. 仕事は～している L'ouvrage avance. 病気は～している La maladie fait des progrès (est en progrès). 議事を～させる accélérer le débat. ‖ 病気の～過程 phase f d'une maladie. ～係り organis*ateur(trice)* m(f). ～中の列車 train m en marche. 交渉は～中である Les négociations sont en cours. 列車の～方向 sens m de la marche d'un train. 台風の～方向 trajectoire f d'un typhon.

しんごう 信号 signal(aux) m. ～を送る donner le signal. ～を守る respecter le signal. ～を無視する ne pas respecter un signal; brûler un feu rouge. 列車の到着を～で告げる signaler l'arrivée du train. ～が故障している Les signaux ne fonctionnent pas. ‖青(注意, 赤)～ feu m vert (orange, rouge). 危険～ signal d'alarme. 停止(遭難)～ signal d'arrêt (de détresse). 手旗～ signalisation f des drapeaux. 呼出し～ [電話の] signal d'appel. ～機 [道路の] feux; signaux lumineux; [鉄道の] signal. ～旗 [マストの] pavillon m [de signaux]. ～所 [鉄道の] poste m de signaux. ～塔 tour f de signalisation. ～灯 lampe f de signal; fanal (aux) m.

じんこう 人口 population f. ～の変動 mouvement m de la population. ～の減少 diminution f de la population; dépeuplement m. ～の増加 augmentation f (accroissement m) de la population. ～が増加(減少)する La population augmente (diminue). ～が密である La population est dense. 大阪は東京より人口が少ない Osaka est moins peuplé que Tokyo. この町の～は50万である Cette ville compte cinq cents mille habitants./ La population de cette ville est de cinq cents mille habitants. ～の多い très peuplé; populeux(se). ～の少い地方 région f dépeuplée (qui se dépeuple). ‖ 密～ surpopulation f. 農業～ population agricole. 労働～ population active. ～過剰 surpeuplement m. ～過剰の国 pays m surpeuplé. ～増加率 taux m d'accroissement démographique. ～調査 recensement m; dénombrement m des habitants. ～調査をする recenser la population; dénombrer les habitants. ～統計学 démographie f. ～統計学の démographique. ～統計学者 démographe mf. ～ピラミッド pyramide f des âges de la population. ～分布図 carte f démographique. ～密度 densité f de population (démographique). ～密度の高い(低い)地方 région à population dense (clairsemée). ～問題 problème m démographique. ◆[世人の口] ¶～に膾炙した詩句 vers m souvent cité.

じんこう 人工 ¶～の artificiel(le). ～的に artificiellement. ～衛星 satellite m artificiel. ～降雨 pluie f artificielle. ～呼吸 respiration f artificielle. ～受精(孵化) insémination f (incubation f) artificielle. ～授乳 allaitement m artificiel. ～授乳で子供を育てる élever un enfant au biberon. ～頭脳 bionique f. ～知能 intelligence f artifincielle (IA)./[医] ～透析 épuration f extrarénale (du sang). ～美 beauté f artificielle. ～雪 neige f artificielle.

しんこうしょく 真紅色 pourpre m. ¶～の pourpre.

しんこきゅう 深呼吸 respiration f profonde. ¶～する respirer profondément (à pleine poitrine).

しんこく 深刻 ¶～な grave; sérieux(se); profond. ～な不況 dépression f grave. ～な表情 expression f grave; air m sérieux. 事態は～だ La situation est grave. 事態は次第に～になってくる La situation va de mal en pis. そう～に考えるな Ne prend pas les choses trop au sérieux.

しんこく 申告 déclaration f. ¶～する déclarer. 税金を～する faire sa déclaration d'impôts. 所得を～する déclarer son revenus. ‖ ～書 déclaration. ～書に書込む remplir la déclaration. 納税～書 feuille f d'impôts. ～納税 payement m des droits par déclaration de contribuable. ～漏れ

じんこつ 人骨 ossements *mpl* humains.

シンコペーション syncope *f*.

しんこん 新婚 ¶~家庭を営む fonder un foyer. ~時代 lune *f* de miel. ~夫婦 nouveaux mariés *mpl*. ~旅行 voyage *m* de noce[s].

しんさ 審査 examen *m*. ~に合格する réussir à un examen. …の~に当る faire parite d'un jury de *qc*. 専門家の~に委ねる soumettre *qc* à un spécialiste. ¶~する examiner. ‖[学位論文の]公開~ soutenance *f*. 資格~ examen de titres. ~委員 membre *m* de jury; examina*teur(trice) m(f)*. ~委員会 jury *m*.

しんさい 震災 désastre *m* sismique. ~を受ける être victime d'un tremblement de terre.

じんさい 人災 désastre *m* provoqué par l'imprudence des hommes.

じんざい 人材 talents *mpl*; personne *f* de talent; personne compétente. ~が払底している manquer de talents. 有為な~に道をひらく donner l'accès à 〔carrière aux gens compétents. ~を登用する promouvoir des gens compétents. 彼以上の~を見つけることはちょっと難しい C'est assez difficile de trouver des personnes qui soient plus compétentes que lui.

しんさく 新作 œuvre *f* récente; nouvelle création *f*. 有名な服飾デザイナーの~ nouvelle création d'un grand modéliste.

しんさつ 診察 consultation *f*. ~を受ける consulter un médecin; se faire examiner par un médecin. ¶~する examiner. ‖~室 cabinet *m* (salle *f*) de consultation (de médecin). ~日(券) jour *m* (carte *f*) de consultation. ~料 frais *mpl* (tarif *m*) de consultation.

しんさん 辛酸 ¶~をなめる boire la coupe (le calice) jusqu'à la lie; essuyer de rudes épreuves; passer au laminoir.

しんざん 新参 ¶~者 nouveau(el, elle, eaux); [未経験の] novice. 彼はまだ~だ Il est encore bien novice. ¶~者 nouveau(elle) venu(e) *m(f)*; novice *mf*; néophyte *mf*.

しんざん 深山 ¶~幽谷 profondes montagnes *fpl* et vallées *fpl* ombragées. ~幽谷に籠もる(分け入る) vivre (s'enfoncer fort avant) au fond des montagnes.

しんざんもの 新参者 ⇨ しんじん(新人), しんまい(新米).

しんし 真摯 ¶~な sincère et sérieux(se). 私は彼の~な態度に打たれた Je suis très touché de son attitude sincère.

しんし 紳士 gentle*man(men) m*; homme *m* comme il faut. ¶~淑女諸君 Mesdames, Mesdemoiselles et Messieurs. ¶~的な correct; courtois. …に対して~的な態度を取る avoir une attitude très correcte avec *qn* (à l'égard de *qn*). ‖田舎~ 'hobereau(x) *m*. ~協定 accord *m* basé sur la confiance mutuelle. ~服 vêtement *m* d'homme. ~録 Bottin *m* mondain.

しんじ 心耳 〖解〗oreillette *f* [du cœur].

じんじ 人事 administration *f* du personnel. ~をほしいままにする remanier à *son gré* le personnel. ~を刷新する renouveler le personnel. ¶~異動 mutation *f*; mouvement *m* de personnel. ~異動をする remanier (mu*ter*) le personnel. ~院 Commission *f* chargée des problèmes de la fonction publique. ~局 bureau(x) *m* du personnel. ~管理 contrôle du personnel. ~百般の出来事 choses *fpl* humaines. ~問題 questions *fpl* de personnel. ¶[仕業] ¶「~を尽して天命を待つ」《L'homme propose et Dieu dispose.》‖~不省 syncope *f*; perte *f* de connaissance. ~不省に陥る tomber en syncope; perdre connaissance; s'évanouir. ~不省の évanoui.

じんじ 仁慈 miséricorde *f*.

しんしき 新式 ¶~の nouve*au(el, elle, eaux)*; d'un nouveau modèle; moderne. ~のタイプライター machine *f* à écrire d'un nouveau modèle. ~にする moderniser.

しんしき 神式 rite *m* shintoïste.

シンジケート syndicat *m* patronal.

しんじだい 新時代 ère *f* nouvelle. ~を開く ouvrir une ère nouvelle.

しんしつ 寝室 chambre *f* [à coucher]. [夫婦が]~を共(別)にする faire chambre commune (à part).

しんしつ 心室 ventricule *m*. ¶~の ventriculaire.

しんじつ 真実 vérité *f*; vrai *m*. ~を知る(言う) connaître (dire) la vérité. ~を曝ける偽装する déguiser la vérité. ~を隠す(に反する) cacher (être contraire à) la vérité. ~を尊ぶ決心を固める faire un pacte avec la vérité. この本には~が書かれている Ce livre est vrai. ¶~の vrai; véritable; [心からの] sincère. ~の愛 véritable amour *m*; amour sincère. ~の証言 témoignage *m* véridique. ~に即した véridique. ~だからといって言わねば方がいいこともある Toute vérité n'est pas bonne à dire. ‖~性 véracité *f*.

しんしゃ 新車 voiture *f* neuve; [新型] nouveau modèle *m* de voiture.

しんしゃ 深謝 ¶~する [感謝する] rendre grâce[s] à *qn*; [詫びる] présenter ses excuses.

しんじゃ 信者 croyant(e) *m(f)*; fidèle *mf*; [教義, 宗教の] adepte *mf*. 禁欲主義の~ adepte du stoïcisme. ‖カトリック~になる se convertir au catholicisme; devenir adepte du catholicisme.

じんじゃ 神社 temple *m* (sanctuaire *m*) shintô.

ジンジャー gingembre *m*. ‖~エール gingerbeer *m*; bière *f* de gingembre.

しんしゃく 斟酌 ¶…を~する tenir compte de *qc*; compter avec *qc*; avoir égard à *qc*. …を~して en tenant compte de *qc*; par égard pour *qc*; eu égard à. …を~せずに sans tenir compte de *qc*; sans égard pour *qc*.

しんしゅ 新種 nouvelle espèce *f* (race *f*). ¶~のウィルス nouveau virus *m*.

しんしゅ 新酒 vin *m* (saké *m*) nouveau.

しんしゅ 進取 ¶〜の気性 esprit *m* entreprenant. 〜の気性に富む être plein d'esprit d'entreprise; être [très] entreprenant. この仕事の指導者には〜の気性に富む人間が必要だ A la tête de cette affaire, il faut un homme entreprenant.

しんじゅ 真珠 perle *f*. 〜のネックレス collier *m* de perles. 〜の養殖 culture *f* de perles. 〜を採取(養殖)する pêcher (cultiver) des perles. 〜の形をした(で飾られた) perlé. ‖天然〜 perle fine. 模造〜 fausse perle. 養殖〜 perle de culture. 〜色の de couleur *inv* de perle. 〜貝 huître *f* perlière. 〜母 nacre *f*. 〜母色の nacré.

じんしゅ 人種 race *f*. ¶〜の racial(aux). 〜的偏見 préjugé *m* racial. 〜白(黄)色〜 race blanche (jaune). 有色〜 races de couleur. 〜学 ethnologie *f*. 〜学の ethnologique. 〜学者 ethnologiste *mf*. 〜差別 discrimination *f* raciale; racisme *m*. 〜差別主義者 raciste *mf*. 〜問題 problème *m* racial.

しんじゅう 心中 double suicide *m* d'amoureux. ¶〜する se suicider [avec *qn*]. 親子〜する se suicider avec *ses* enfants. 無理〜する forcer *qn* à se suicider avec soi.

しんしゅく 伸縮 ‖〜性 élasticité *f*. 〜性のある élastique. ゴム〜性がある Le caoutchouc est élastique.

しんしゅつ 侵出 invasion *f*; envahissement *m*. ¶〜する envahir. 隣国まで〜する envahir un pays voisin.

しんしゅつ 進出 expansion *f*; implantation *f*; [侵出] envahissement *m*; invasion *f*. ドイツ軍の〜 envahissement des troupes allemandes. 工業の〜 implantation industrielle. 『政界に〜する se lancer dans la politique. 海外市場に〜する élargir (étendre) ses activités sur les marchés extérieurs. 日本製品は外国の到る所に〜している Les produits japonais s'ouvrent des débouchés partout à l'étranger. この世界でも若者が〜して来た Les jeunes gens commencent à étendre leur influence dans ce monde. 今度の選挙で社会党が〜した Dans cette élection, beaucoup de candidats socialistes ont été élus députés. ‖経済的〜 expansion économique.

しんしゅつ 滲出 suintement *m*; [生理] exsudation *f*; [物理] exosmose *f*. ¶〜する suinter; exsuder. ‖〜性湿疹 eczéma *m* exsudatif. 〜性体質 diathèse *f* exsudative.

しんしゅつきぼつ 神出鬼没 ¶〜の怪盗 voleur(se) *m(f)* insaisissable. 彼は〜だ Il apparaît et disparaît comme par enchantement.

じんしゅぶんり(かくり) 人種分離(隔離) ségrégation *f*. ⇨ アパルトヘイト.

しんしゅん 新春 nouvel an *m*; nouvelle année *f*.

しんじゅん 浸潤 infiltration *f*. ¶〜する s'infiltrer. ‖肺〜 infiltration pulmonaire.

しんしょ 信書 lettre *f* personnelle. 〜の秘密 secret *m* de la correspondance.

しんしょ 新書 ‖〜版 format *m* de poche.

しんしょ 親書 ‖大統領の〜 message *m* (lettre *f* personnelle) du Président.

しんしょう 心証 impression *f*. 〜を害する(よくする) donner à *qn* une mauvaise (bonne) impression.

しんしょう 心象 image *f*. ‖〜風景 image intérieure.

しんしょう 身障 ⇨ しんたい(身体).

しんしょう 身上 [財産] fortune *f*; [世帯] ménage *m*. 〜をつくる faire fortune. 〜をつぶす perdre *sa* fortune. 〜持ちがいい(悪い) soigner bien (mal) *son* ménage. 〜持ちのよい女 bonne ménagère *f*.

しんしょう 辛勝 ¶〜する gagner de justesse.

しんじょう 信条 [宗教の] article *m* de foi; credo *m inv*; [信念] principe *m*. 〜を生活の目標(指針)とする avoir pour principe de *inf*. これが僕の生活の〜だ Voilà mes principes de vie.

しんじょう 心情 cœur *m*; sentiment *m*. …の〜を察する partager (comprendre bien) les sentiments de *qn*. 彼の〜は察するに余りある Je comprends trop bien son cœur. 〜的にはよく分るよ Je comprends parfaitement vos sentiments.

しんじょう 真情 sentiments *mpl* sincères. 〜を吐露する épancher *son* cœur. ¶〜のこもった手紙 lettre *f* pleine de sincérité. 〜をこめて話す parler avec *son* âme.

しんじょう 身上 mérite *m*; qualité *f*. 勤勉だけが彼の〜だ La diligence est son unique mérite. ‖〜書 renseignements *mpl* personnels; dossier *m*. 〜書に目を通す voir le dossier de *qn*. 〜調査 renseignements sur les antécédents et la famille. …の〜調査をする se renseigner sur *qn*.

しんじょう 針状 ¶〜の en forme d'aiguille; aciculaire.

じんじょう 尋常 ¶〜な normal(aux); ordinaire. 〜な手段では駄目だ Il faut prendre des mesures exceptionnelles. 〜でない anormal(aux); extraordinaire; étrange. 〜でない精神状態は〜でない Son état d'âme est anormal. 彼の目つきは〜でない Son regard est étrange. 〜に勝負を combattre loyalement. 〜に白状する avouer franchement.

しんしょうしゃ 身障者 handicapé(e) [physique] *m(f)*; infirme *mf*.

しんしょうひつばつ 信賞必罰 ¶〜をモットーとする avoir pour principe de faire régner la justice.

しんしょうぼうだい 針小棒大 ¶〜に話す parler avec exagération; exagérer *qc*; faire d'une mouche un éléphant.

しんしょく 侵蝕 érosion *f*; affouillement *m*. ¶〜する éroder; affouiller; ronger. ‖海水の〜作用 action *f* érosive de la mer. 〜性の érosif(ive).

しんしょく 寝食 ¶〜を共にする vivre ensemble; mener une vie commune. 〜を忘れる en perdre le boire et le manger.

しんじだい 新時代 ¶〜をしたいで he見th.

しんじる 信じる croire; [信頼する] avoir confiance en *qn*; croire en *qn*; croire *qn*; [確信する] être convaincu de. 神(悪魔)を[在を]croire en Dieu (au diable). 私はその話(君

の言うこと)を~ Je crois cette histoire (ce que vous dites). 彼の言を~なら他の人達はみな無能だ A l'en croire, tous les autres sont des incapables. 私もそう~ようになった Je suis porté à le croire. 私はすべてがうまく行くと固く信じている Je crois fermement que tout se passera bien. 彼は友達を信じている Il croit en ses amis. 彼の母は彼がもう一人で分別できる年頃だと信じている Sa mère estime qu'il est assez grand pour se décider par lui-même. 僕は彼の無実を信じている Je suis convaincu de son innocence. 未来を信じている青年 jeune homme m qui a foi en son avenir (croit à son avenir). この人のことは信じていい Vous pourrez croire cet homme. 私には医学(彼の誠実さ)は信じられない Je ne crois pas à la médecine (à sa sincérité). 自分の目(耳)が信じられない ne pas en croire ses yeux (oreilles). 信じさせる persuader qn de qc. ~し信じられる(られない) croyable (incroyable). 彼の証言は~に足りる Ce témoignage mérite d'être cru (est digne de foi). それは信じられない Ce n'est pas croyable. 信ずべき筋の情報によれば selon des sources bien informées (autorisées). 信じやすい人 personne f crédule.

しんしん 心身(身心) ¶~を鍛える fortifier le corps et l'esprit. ~ともに健全だ être sain de corps et d'esprit. ~ともに疲れている être fatigué physiquement et moralement.

しんしん 新進 ¶~の qui vient de débuter. ‖~気鋭の作家 jeune écrivain m plein d'esprit.

しんしん 深々 ¶~と冷えこむ Il fait un froid pénétrant. 夜は~と更けた La nuit est fort avancée.

しんしん 津々 ¶興味~たる話 histoire f captivante. 興味~たるものがある C'est plein d'intérêt./L'intérêt ne tarit pas.

しんじん 信心 foi f; croyance f; piété f; dévotion f. ~が足りない manquer de dévotion. ~する avoir une dévotion à. ~深い pieux(se); dévot. ~深い人 personne f d'une grande piété. 歳をとるにつれて~深くなる devenir dévot (pieux) avec l'âge. ~に凝り固まった老女 vieille f bigote. ‖~家 dévot(e) m(f).

しんじん 新人 nouveau(x) m; nouvelle f; [新顔] nouveau visage m; [俳優, 歌手など] débutant(e) m(f). あの~は有望だ Ce débutant a de l'avenir. ~を売り出し lancer une nouvelle vedette. 政界の~ débutant(e) m (f) politique nouveau. ‖~歌手 chanteur (se) m(f) débutant(e).

しんじん 深甚 ¶~なる謝意を表する témoigner sa profonde reconnaissance.

じんしん 人心 esprits mpl. ~を鎮める(動揺させる) calmer (agiter) les esprits. ~を一新する renouveler l'opinion publique. ~を失う perdre la confiance du peuple. ~を統一る unifier les esprits.

じんしん 人臣 ¶~位を~をきめる parvenir au faîte des honneurs (de la gloire).

じんしん 人身 ¶~攻撃 critique f personnelle. ~攻撃をする faire des attaques per-sonnelles contre; [あてこすり] faire des allusions blessantes. ~事故 accident m entraînant des victimes humaines. ~事故を起す provoquer un accident grave. ~売買 [奴隷の] commerce m des esclaves; [女の] traite f des femmes. ここでは~売買が行われている Ici, on pratique le commerce des esclaves.

じんじん ¶耳が~する J'ai les oreilles qui bourdonnent./Les oreilles me bourdonnent (tintent).

しんしんそうしつ 心神喪失 démence f. ‖~状態に陥る tomber en démence.

しんすい 心酔 enthousiasme m; engouement m; entichement m. その歌手に対する彼の~も束の間のものであった Son entichement pour cette chanteuse n'a duré que peu de temps. ¶~する se passionner pour; s'enticher de; s'engouer de. 彼はあの俳優に~している Il s'entiche de cet acteur. ‖~者 admirateur(trice) m(f).

しんすい 浸水 inondation f; submersion f. ¶~する être inondé. 床上まで~する L'eau dépasse le niveau du plancher. 地下室は豪雨で~した Les caves ont été inondées par la pluie d'orage. 堤防が決壊してあたり一面~した La rupture des digues a inondé (noyé) toute la région. 洪水で二階まで~した L'inondation a noyé le premier étage. 船が~し始めた Le bateau commence à faire eau. ‖~家屋 maison f inondée (submergée). ~箇所をふさぐ boucher la voie d'eau.

しんすい 進水 lancement m; mise f à l'eau. ¶~船が~する prendre la mer. 船を~させる lancer un navire; mettre un navire à l'eau. ‖~式 baptême m d'un navire.

しんずい 真(神)髄 essentiel m; génie m; meilleur m; quintessence f. 音楽の~ essentiel de la musique. キリスト教の~ génie du christianisme. ある作家の~ meilleur d'un écrivain. パントマイムは喜劇の~だ La pantomime est la quintessence de la comédie.

しんせい 新制 ‖~大学 université f du nouveau régime.

しんせい 新星 《天》nova(æ) f; [芸能界の] étoile f montante.

しんせい 申請 demande f; requête f. ¶~する demander; faire une demande de qc. 許可を~する demander la permission (l'autorisation). 特許を~する réclamer un brevet d'invention. 特赦を~する adresser une requête pour obtenir une grâce. 旅券を~する demander un passeport. 再審を~する solliciter la révision d'un procès. ‖~書 demande. ~人 celui (celle) qui demande.

しんせい 真性 ¶~コレラ choléra m morbus.

しんせい 神性 divinité f. キリストの~ divinité de Jésus-Christ.

しんせい 神聖 sainteté f. 教会の~を冒す profaner une église. ¶~な sacré; saint; divin. ~にして冒すべからず sacré et inviolable.

じんせい 人生 vie f. 幸福な~を送る mener une vie (existence) heureuse. それが~というものさ C'est la vie! 彼には~の意義が分ってない

じんせい Il n'a pas d'idées sur la vie. ‖ ～観 conception *f* de la vie.

じんせい 仁政 ¶～を施す gouverner avec bienveillance.

しんせいかつ 新生活 nouvelle existence *f*; vie *f* nouvelle. ～を開始する mener une nouvelle existence; commencer une vie nouvelle.

しんせいじ 新生児 nouveau-né(e)(s) *m(f)*.

しんせいじ 神政政治 théocratie *f*. ～の théocratique.

しんせいだい 新生代〖地質〗cénozoïque *m*.

しんせいめん 新生面 horizon *m* nouveau. ～を開く ouvrir des horizons nouveaux.

しんせかい 新世界 [アメリカ] le Nouveau Monde.

しんせき 親戚 parent(e) *m(f)*. 遠い～ parent éloigné. 近い～ proche parent. 父(母)方の～ parent du côté paternel (maternel). ...と～である être parent avec (de) *qn*. 彼は僕の～だ Il est parent avec moi./Il est de ma parenté. [僕たちは]同志だ Nous sommes parents [entre nous]. ¶～一同 parenté *f*. ～付き合いをする fréquenter *qn* comme un parent. 彼らは～付合いをしている Ils se fréquentent comme s'ils étaient parents. ～関係 parenté; liens *mpl* de parenté.

じんせき 人跡 ¶～まれな peu fréquenté; peu habité. ‖～未踏の地域 région *f* encore inexplorée. ‖～未踏の森 forêt *f* vierge (impénétrable).

シンセサイザー synthétiseur *m*.

しんせつ 新設 ¶～する créer; fonder; établir. 工場を～する établir une usine. ‖～科目 matière *f* nouvellement créée; nouvelle matière. ～工場 usine *f* nouvellement construite (établie).

しんせつ 新説 nouvelle théorie *f*. ～を立てる bâtir une théorie (un système).

しんせつ 新雪 neige *f* fraîche.

しんせつ 深雪 neige *f* profonde.

しんせつ 親切 gentillesse *f*; bonté *f*; obligeance *f*; bienveillance *f*; prévenances *fpl*. ～に甘える accepter la bonté de *qn*. ...の～につけこむ abuser de la bonté de *qn*. ～を売り物にする mettre en avant *sa* gentillesse. ...の～を無にする ne pas répondre à la gentillesse de *qn*. ご～が痛み入ります Vos bontés à mon égard me touchent profondément. ご～まことにありがとうございます Je vous remercie de votre obligeance./Merci des bontés que vous avez eues pour moi. ¶～な gentil(le); aimable; obligeant; bienveillant. ～な人物 manières *fpl* prévenantes. あれはよく気のつく～な子だ C'est un garçon serviable et obligeant. 彼女は本当に～だ Elle est vraiment très gentille. ...に～にする se montrer bienveillant envers *qn*; être gentil (aimable) avec *qn*; avoir des prévenances pour *qn*. あの人は私にとても～にしてくれる Il me comble (m'entoure) de prévenances./Il est très attentionné pour moi. お年寄りには優しく～にしなさい Soyez bons et patients avec les gens âgés. ～に gentiment; amicalement. ～にも...してくれる avoir la bonté de *inf*. ご～に駅まで送って下さってありがとう C'est bien aimable de votre part de m'avoir conduit à la gare. ‖～ごかしに sous le masque (le couvert) de la bonté. ～心 bonne volonté *f*; bonnes intentions *fpl*. ～心から par bonté.

しんせっきじだい 新石器時代 âge *m* néolithique.

しんせん 新鮮 ¶～な frais (fraîche). ～な魚 poisson *m* frais. ～な文体 style *m* tout nouveau. ～の印象を与える donner une impression vivante. 窓を開けて～の空気を入れる aérer la chambre en ouvrant les fenêtres. ～さ fraîcheur *f*. ～味がない être très banal.

しんぜん 親善 amitié *f*; bons rapports *mpl*. ‖ 国際～に寄与する contribuer aux bons rapports internationaux. 日米～ amitié nippo-américaine (entre le Japon et l'Amérique). ～試合 match *m* amical. ～使節 délégation *f* d'amitié. ～訪問 visite *f* amicale.

じんせん 人選 choix *m*; désignation *f*. 選手の～ sélection *f* des joueurs. ～をあやまる choisir mal; faire un choix malheureux. ～を急ぐ se hâter de choisir. ～もれる être oublié dans une désignation. 余分候補者が多くて～に困っている Il y a tant de candidats et je n'ai que l'embarras du choix. ¶～する choisir; désigner. 代表者を～する désigner ses représentants.

しんぜんび 真善美 le Vrai, le Bien et le Beau.

しんそう 新装 ¶～成った [新しい] tout(e) neu(ve); [改装した] remis à neuf. ～成った部屋 appartement *m* remis à neuf.

しんそう 深層 ‖～心理学 psychologie *f* des profondeurs.

しんそう 深窓 ¶～の令嬢 fille *f* de famille; fille élevée dans une famille riche (noble).

しんそう 真相 vérité *f*. ～を明らかにする dévoiler (révéler) la vérité. ～を隠す cacher la vérité. ～をもらす laisser échapper la vérité. ～を究明する faire des recherches sur la vérité. それが～だ C'est un fait. ～はやがて分るだろう La vérité apparaîtra bientôt.

しんぞう 心臓 cœur *m*. ～がどきどきする avoir le cœur battant. ～が丈夫だ avoir le cœur robuste. ～が強い〖図々しい〗être effronté. ～が悪い avoir une maladie de cœur; être malade du cœur. ～の鼓動(手術) battement *m* (opération *f*) du cœur. 過激な運動は～に悪い Les exercices excessifs nuisent (sont nuisibles) au cœur. ¶～の cardiaque. ‖～移植 greffe *f* du cœur. ～炎 cardite *f*. ～外科 chirurgie *f* du cœur. ～手術 opération *f* cardiaque; [開心手術] opération *f* à cœur ouvert. ～肥大 hypertrophie *f* cardiaque; dilatation *f* du cœur. ～病 maladie *f* du (de) cœur. ～病学 cardiologie *f*. ～病患者 cardiaque *mf*; malade *mf* du cœur. ～病専門医 cardiologue *mf*. ～弁膜症 insuffisance *f* valvulaire. ～発作 crise *f* cardiaque. ～麻痺 paralysie *f* du cœur. ◆[中心部] centre *m*. ‖ 日本の商工業

しんぞう 新造 ‖〜語 néologisme *m*. 〜船 bateau *m* nouvellement construit.

じんぞう 人造 ‖〜の artificiel(le); factice. ‖〜絹糸 soie *f* artificielle. 〜湖 lac *m* artificiel. 〜ダイヤ faux diamant *m*. 〜人間 robot *m*; automate *m*. 〜バター margarine *f*.

じんぞう 腎臓 rein *m*. ‖〜が悪い être malade des reins. ¶〜の rénal(aux). ‖人工〜 rein *m* artificiel. 〜移植 greffe *f* du rein. 〜炎 néphrite *f*. 急性〜炎 néphrite aiguë. 〜結石 calcul *m* rénal. 〜病患者 néphrétique *mf*.

しんぞく 親族 parent(e) *m*(*f*). ‖直系(傍系) 〜 parent en ligne directe (collatérale). 〜会議 conseil *m* de famille. 〜関係 parenté *f*; liens *mpl* de parenté. 〜語 langue *f* parente. 〜の離婚のことで〜一同が集った Toute sa parenté s'est réunie au sujet de son divorce.

じんそく 迅速 promptitude *f*; rapidité *f*. 事は〜を要する L'affaire demande de la promptitude. ¶〜な prompt; rapide. 〜に promptement; rapidement. ‖〜に事を運ぶ arranger une affaire avec rapidité.

しんそこ 心底 ‖彼は〜正直者だ Il est foncièrement honnête. 〜から愛する aimer *qn* profondément (du fond du cœur). 彼は〜から遊び人だ Il est joueur dans l'âme. 性根が〜まで腐っている se dégrader jusqu'à la moelle.

しんそつ 新卒 étudiant(e) *m*(*f*) frais émoulu(e).

しんたい 神体 idole *f*. ‖この神社の御〜は何ですか Quelle est l'idole de ce temple?

しんたい 身体 corps *m*; physique *m*. ¶〜の corporel(le); physique. ‖〜の訓練 exercice *m* physique. ‖〜検査を受ける(する) subir (faire subir à *qn*) un examen médical. 〜障害 infirmité *f*. 〜障害児 enfant *mf* handicapé(e). 〜障害者 infirme *mf*; †handicapé(e) *mf*.

しんたい 進退 ‖〜きわまる se trouver dans une impasse; être dans de beaux draps; être au pied du mur. 〜きわまって自殺をを図ろうと思った je ne savais plus comment sortir d'une impasse. ¶〜を決しかねる hésiter à prendre une décision. 〜伺いを出す demander si on doit démissionner.

しんだい 寝台 lit *m*. ‖長椅子兼用〜 lit(s)-canapé(s) *m*. ◆(鉄道, 船の) couchette *f*. 大阪までの〜を取る prendre une couchette pour Osaka. 〜券(料金) supplément *m* de couchette. 〜車 wagon(s)-lit(s) *m*.

しんだい 身代 fortune *f*. 〜を築く faire fortune. 〜を継ぐ hériter d'une fortune. 賭事で〜をつぶす se ruiner au jeu. ‖〜限りになる faire faillite; être réduit à la faillite.

じんたい 人体 corps *m* humain. 煙草は〜に有害である Le tabac est nuisible à l'homme. この薬は〜に無害である Ce remède est inoffensif. ‖〜解剖 dissection *f* du corps humain. 〜解剖学 anatomie *f* humaine.

じんたい 靭帯 〖解〗ligament *m*. ‖〜性の ligamenteux(se).

じんだい 甚大 ‖被害は〜である Il y a des dommages considérables.

じんだいこ 陣太鼓 tambour *m* de guerre.

しんたいせい 新体制 nouveau régime *m*.

しんたいりく 新大陸 Nouveau Monde *m*.

しんたく 信託 投資 gestion *f* de portefeuilles de valeurs mobilières. 投資〜会社 société *f* d'investissement à capital variable. 〜銀行 caisse *f* des dépôts et consignations. 〜統治 régime *m* de tutelle. 〜統治領 territoire *m* sous tutelle.

しんたく 神託 oracle *m*. 〜を下す rendre un oracle.

シンタックス syntaxe *f*.

しんだて 陣立 rétablir la formation des troupes. 〜をととのえる rétablir la formation des troupes.

しんたん 心胆 ‖〜を寒からしめる épouvanter *qn*; terrifier *qn*; terroriser *qn*.

しんだん 診断 diagnostic *m*. 〜を下す émettre un diagnostic. ¶…と〜する diagnostiquer. 腸チフスと〜する diagnostiquer une typhoïde. 経済恐慌だと〜する [判断を下す] diagnostiquer une crise économique. 医者に〜して貰う consulter un médecin. 医者は2時に私を〜しました Le médecin m'a ausculté à deux heures. ‖健康〜 examen *m* médical. 〜書 certificat *m* médical.

じんち 人知(智) intelligence *f* humaine; connaissances *fpl* humaines. 〜の限りを尽す déployer toutes les ressources de son intelligence. ¶〜の及び得ない inaccessible à l'intelligence humaine. それは〜の及ぶところでない C'est au-dessus de l'intelligence humaine.

じんち 陣地 position *f*; camp *m*. ¶〜 position amie (ennemie). 〜を攻撃(放棄) する attaquer (abandonner) une position. 敵の〜を占領する s'emparer du camp ennemi. 〜を敷く prendre position. ‖防禦〜 position défensive.

しんちく 新築 ‖家を〜する se faire bâtir (construire) une maison; se construire une maison. 〜の家 maison *f* neuve. ‖〜祝い inauguration *f* d'une maison. 〜祝いをする pendre la crémaillère.

じんちく 人畜 ‖幸いに〜に被害はなかった Heureusement, ni homme ni bétail n'a subi de dommage. 「〜に無害」 «Sans nocivité pour l'homme et les animaux domestiques.»

しんちしき 新知識 nouvelles connaissances *fpl*. どこでその〜を仕入れたんです Où as-tu pêché cette nouvelle science?

しんちゃく 新着 ‖〜図書 livres *mpl* récemment arrivés.

しんちゅう 心中 ‖〜を察する partager les sentiments de *qn*; connaître le fond du cœur de *qn*. 彼の〜は察するに余りある Sa douleur dépasse mon imagination. ¶〜を打明ける dévoiler (ouvrir) son cœur; s'épancher. 〜をさらけ出す vider son cœur. 〜穏かでない ne pas se sentir tranquille. [ひそかに]〜に期する être bien résolu dans le secret de

しんちゅう 真鍮 laiton m; cuivre m jaune. ¶～の en laiton.

しんちゅう 進駐 occupation f. ¶～する occuper. アメリカ軍は日本に～した Les Américains ont occupé le Japon.∥～軍 armée f d'occupation.

じんちゅう 陣中 camp m. ¶～生活 vie f des camps. ～日誌 rapport m des camps. ～見舞する apporter du réconfort aux troupes. 彼の～を見舞って少々持って行った Je lui ai apporté un peu de nourriture pour le réconforter.

しんちゅうぐん 駐留軍 armée f d'occupation.

しんちょ 新著 dernier livre m; nouvel ouvrage m; nouvelle œuvre f.

しんちょう 伸張 extension f. ¶～する étendre. ∥～性 extensibilité f. ～性のある extensi(ve); extensible. ～力 force f extensive.

しんちょう 慎重 prudence f; circonspection f. この仕事は～の上にも～を要する Il faut faire ce travail avec le maximum de circonspection. ～を期して par précaution. ¶～な prudent; circonspect; avisé. ～な人 personne f prudente (avisée). 彼は判断を下すときは～だ Il est réservé dans ses jugements. ～に avec prudence; prudemment; avec circonspection; avec précaution; avec ménagement. ～に構える prendre ses précautions; veiller au grain; être bien avisé. ～に調べる examiner soigneusement. ～に振舞う agir avec prudence. ～さを欠く manquer de prudence.

しんちょう 新調 ¶服を～する se faire faire un costume neuf. ～の nouveau(el, elle, eaux); neuf(ve). ～の服 costume m neuf. ～のドレス nouvelle robe f; robe neuve. 舞踏会のために～のドレスを着る(着た) étrenner sa nouvelle robe au bal.

しんちょう 深長 ∥意味～な mystérieux(se); significatif(ve).

しんちょう 身長 taille f; stature f. ～の高い(低い) être de grande (petite) taille. ～が伸びる croître en taille. ～を測る mesurer qn; [自分の] se mettre sous la toise. 彼女は～1.6メートルだ Elle mesure un mètre soixante. ～平均～ taille moyenne. ～測定器 toise f. ～順に並ぶ se ranger par rang de taille.

じんちょうげ 沈丁花 daphné m.

しんちょく 進捗 avancement m. ¶～する avancer; marcher. 仕事は非常に～している L'ouvrage avance (marche) très vite. ～させる avancer; faire avancer.∥仕事の～状態はどうだい Où en est [l'avancement de] votre travail?

しんちんたいしゃ 新陳代謝 métabolisme m. ～が進んでいる Le métabolisme augmente.

しんつう 心痛 accablement m; affliction f. 彼の～振りは見るも痛ましかった Son accablement faisait peine à voir. ∥あなたを助けることが出来ずに堪えません Je regrette beaucoup de ne pouvoir vous aider. ～の余り病気になる tomber malade d'une extrême affliction.

じんつう 陣痛 douleurs fpl (travail m) de l'enfantement. ¶～が来る entrer en travail. ～の来ている女 femme f en travail.

じんつうりき 神通力 pouvoir m magique (surnaturel). ～を失う perdre son pouvoir magique; [比喩的に] perdre tout son prestige.

しんて 新手 [碁・将棋] nouveau coup m; [手段] nouveau moyen m. ～を考え出す inventer (créer) un nouveau coup.

しんてい 心底 ～を打明ける mettre son cœur à nu; vider son cœur. ～を見抜く lire dans le cœur de qn. ～を見抜かれる se faire deviner.

しんてい 進呈 ¶～する offrir qc à qn.∥「粗品～」 «Primes offertes». 「見本～」 «Échantillon gratuit envoyé sur demande.»

しんていばん 新訂版 nouvelle édition f révisée.

ジンテーゼ synthèse f.

しんてき 心的 ∥～現象 phénomènes mpl psychiques. ～作用 fonction f psychique (mentale).

じんてき 人的 ∥～関係 relation f mutuelle des humains. ～資源 ressources fpl humaines; main(s)-d'œuvre f. この国は～資源に乏しい Dans ce pays les ressources humaines sont insuffisantes. ～証拠 preuve f [testimoniale] directe d'un témoin.

シンデレラ Cendrillon f.∥～ボーイ chéri m des dieux.

しんてん 伸展 développement m; expansion f. 国力の～ expansion de la puissance d'un pays. ¶～させる développer. 隣国との経済交流を～させる développer des échanges économiques avec les pays voisins.

しんてん 親展 ¶「～」 «Confidentiel»; «Personnel». ～の personnel(le); confidentiel(le). この手紙は～です C'est une lettre personnelle.

しんてん 進展 tour m; tournure f. 事件の～ tour (tournure) des événements. 戦局の～につれて à mesure que la guerre se développe. ¶～する prendre un tour; évoluer; marcher. 討議は彼に有利に～した La discussion a tourné à son avantage. 事件は意外な方向に～した Les événements ont pris un tour inattendu. ～は思わしくない La discussion prend un tour déplaisant.

しんでん 神殿 temple m; sanctuaire m.

しんでんず 心電図 électrocardiogramme m. ～を取る se faire prendre un électrocardiogramme.

しんてんち 新天地 ¶～を開く ouvrir de nouveaux horizons.

しんと 信徒 fidèle mf; adepte mf.

しんと 新都 nouvelle capitale f. 京都に～を定める faire de Kyoto la nouvelle capitale.

しんど 深度 profondeur f. ～を測る sonder (mesurer) la profondeur. 港の～を測る sonder un port. ∥～計 bathymètre m.

しんど 進度 progrès *m*; avancement *m*. ~が早い(遅い) avancer rapidement (lentement). ~の遅い生徒 élève *mf* qui progresse lentement.

しんど 震度 [degré *m* de] sismicité *f*; intensité *f* sismique. ~6 の強震 fort tremblement *m* de terre de degré VI. ‖ ~計 sismographe *m*.

しんとう 心頭 ~に怒りを発する être pris d'une rage violente; être dans une colère terrible.

しんとう 浸透 pénétration *f*; infiltration *f*; filtration *f*; [物] osmose *f*. 新しい思想の~が文化の発展に力を添えた La pénétration d'idées nouvelles favorisa le développement de la culture. ~する pénétrer dans; pénétrer qc; s'infiltrer. 水が石灰質の地面に~する L'eau s'infiltre (filtre) à travers les terrains calcaires. 雨が砂に~する La pluie pénètre le sable. ‖ ~圧 pression *f* osmotique. ~性 perméabilité *f*. ~性のある perméable; [物] osmotique.

しんとう 神道 shintô *m*; shintôïsme *m*. ~の shintô; shintoïste.

しんとう 親等 degré *m* de parenté. ‖ 1~ parenté *f* du premier degré. 親子は1~である Père et fils sont parents au premier degré. 兄弟は2~である Les frères sont parents au deuxième degré.

しんどう 振動 vibration *f*; oscillation *f*. 空気の~ vibration de l'air. 振子の~ oscillation d'un pendule. ~する vibrer; osciller; se balancer. ‖ ~運動 mouvement *m* oscillatoire. ~現象 phénomène *m* vibratoire. ~周期(幅) période *f* (amplitude *f*) d'une oscillation. 音の~数 fréquence *f* d'un son.

しんどう 神童 enfant *mf* prodige.

しんどう 震動 secousse *f*; tremblement *m*; ébranlement *m*; [動揺] cahot *m*; ballottement *m*. 地震の~ secousse du tremblement de terre. このバスは~が激しい On est très secoué dans cet autobus. ~する trembler; cahoter; ballotter. ~させる secouer; faire trembler; ébranler. ‖ ~子音 consonne *f* vibrante. ~板 diaphragme *m*. スピーカーの~板 diaphragme de haut-parleur.

じんとう 陣頭 ~に立つ se mettre à la tête de *ses* troupes; [仕事などの] se charger de la direction de *qc*. ‖ ~指揮をとる [軍隊で] commander à la tête de *ses* troupes; [会社などで] diriger à la tête des autres.

じんどう 人道 humanité *f*. ~にもとる être contraire à l'humanité. ‖ ~的 humanitaire. ~的見地 point *m* de vue humanitaire. ~的に humainement. そんなことは~的見地から許されない C'est indéfendable du point de vue humanitaire. 非~的 inhumain. 非~的な仕打をする faire subir un traitement inhumain à *qn*. ~的に取り扱う traiter *qn* humainement. 非~的に inhumainement. ‖ ~主義 humanitarisme *m*. ~主義者 humanitaire *mf*. ⇒ ほどう(歩道).

じんとうき 神統記 théogonie *f*.

じんとうぜい 人頭税 capitation *f*.

しんどく 親独 ~の germanophile; pro-allemand.

じんとく 人徳 vertu *f*. ~のある vertueux (se). ~の高い人 personne *f* de grande vertu.

じんとく 仁徳 magnanimité *f*; générosité *f*. ~を施す agir avec magnanimité pour *qn*.

じんどる 陣取る camper; prendre position; [腰をすえる] s'installer; se mettre. 山頂に~ prendre position sur la montagne. ストーブの周りに~ s'installer autour du poêle.

シンドローム [症候群] syndrome *m*.

シンナー diluant *m*.

じんにく 人肉 chair *f* humaine.

しんにち 親日 ~的な japonophile *f*. ‖ ~家 ami(e) du Japon *m*(*f*).

しんにゅう 侵入 invasion *f*; envahissement *m*; pénétration *f*. ~する envahir; [賊が] s'introduire; pénétrer dans; s'infiltrer. 敵陣に~する envahir le camp ennemi. 泥棒がその部屋に~した Un voleur s'est introduit dans la pièce. ゲリラ部隊は密かに町へ侵入した Les guérilleros se sont infiltrés dans la ville. ‖ 不法~ violation *f* de domicile. 家に不法~する violer un domicile. 伝染病の~経路 voie *f* de pénétration de l'épidémie. ~者 envahisseur(se) *m*(*f*).

しんにゅう 新入 ‖ ~会員 nouveau membre *m*; [党などの] recrue *f*. ~社員 nouvel(le) employé(e) *m*(*f*); [総称] nouveau personnel *m*. ~生 nouveau(elle) *m*(*f*); nouvel(le) élève *m*(*f*); [大学の] nouvel(le) étudiant(e) *m*(*f*); [俗] bizut *m*. クラスに~が2人来た Il y a deux nouveaux dans ma classe. ~生いじめ bizutage *m*.

しんにゅう 進入 ‖ ~する entrer. ‖ 「~禁止」 « Entrée interdite. »

しんにん 信任 confiance *f*; créance *f*. ...の~を問う avoir la confiance de *qn*. ~を求める poser la question de confiance. ~する avoir la confiance à *qn*. 大使を~する accréditer un ambassadeur auprès d'un chef d'État. 不~案 motion *f* de censure. ~状 [外交官の] lettres *fpl* de créance. ~投票 vote *m* de confiance. ~投票する faire un vote de confiance (d'approbation).

しんにん 新任 ~の nouveau(el, elle, eaux); nouvellement nommé. ‖ ~教授 nouveau professeur *m*.

しんにんしき 親任式 cérémonie *f* de nomination signée l'empereur.

しんねりむっつり ~した morose; maussade. ~している avoir un air morose.

しんねん 信念 conviction *f*; croyance *f*. ~を持つ avoir des convictions. ~をすてる renier *ses* anciennes convictions. ...の~を揺がす ébranler les convictions de *qn*. 彼の固い~もぐらつき始めた Ses convictions solides ont commencé à se branler. ~を持って avec conviction. ~に従って行動する agir d'après *ses* convictions.

しんねん 新年 nouvelle année *f*. ~のあいさつ vœux *mpl* de bonne année. ~を祝う fêter

しんのう 心囊 péricarde *m*.

しんのう 親王 prince *m*.

シンパ sympathisant(e) *m(f)*.

しんぱ 人馬 ¶～の列 cortège *m* de fantassins et de cavaliers. ‖ ～一体となって戦う se battre en faisant corps avec *sa* monture.

しんぱい 心配 inquiétude *f*; préoccupation *f*; appréhension *f*; souci *m*; anxiété *f*; [危険] risque *m*. ～をかける donner du souci à. ～をかけてすみません Excusez-moi de vous avoir inquiété. 彼が失敗するーはない Il n'y a pas de risque qu'il échoue. それ以外に洩れる～はない Ça ne risque pas de se voir. この薬を飲んでも肝臓には全く～がありません Vous ne risquez rien pour votre foie en prenant ces médicaments. 息子が彼の唯一の～の種だ Son seul souci, c'est son fils. ¶～する s'inquiéter de; se préoccuper de; se soucier de; s'alarmer de; avoir peur de. ～するには及ばない Tu n'es pas à être inquiet. ～するな Ne vous inquiétez pas!/N'ayez pas peur (crainte)!/Soyez tranquille! もう～しなくてもいい Vous pouvez être tranquille. こんな些細なことで～しないで下さい Ne vous en faites pas pour si peu. 失敗するのを～して dans la crainte d'échouer. ...ではないかと～して de (par) peur de *inf*; de (par) peur que [ne] *sub*. ¶～なニュース nouvelle *f* alarmante (inquiétante). 彼女が帰って来ないのが～だ Je m'inquiète (Je suis inquiet) de ne pas la voir rentrer. 彼の健康状態が～だ Son état de santé m'inquiète./Je suis inquiet de sa santé. お邪魔ではないかと～です J'ai peur de vous déranger. それらの問題がずっと前から～だった Ces problèmes me préoccupent (tracassent) depuis longtemps. ～でたまらない être accablé de souci. 彼は～そうな様子をしている Il a l'air préoccupé (soucieux). ～そうに d'un air soucieux; anxieusement. ‖ ～事 soucis; ennuis *mpl*. ～事がある avoir des soucis. 彼には～事があるらしい Il doit avoir des ennuis (des soucis).

しんぱいしょう 心配性 ¶彼は～だ Il est d'une nature inquiète./C'est un tempérament bilieux.

しんぱく 心拍・心博 pulsation *f*. ¶～数 nombre *m* de pulsation.

しんばつ 神罰 ¶～をこうむる recevoir une punition divine.

しんはつめい 新発明 ¶～の nouvellement inventé; nouvellement créé. ～の d'invention récente.

しんぼりぼう 心張り棒 barre *f*. 戸に～をかう fermer la porte avec une barre.

シンバル cymbale *f*.

しんぱん 侵犯 outrage *m*. 統帥権の～ outrage à l'autorité du commandement suprême. ¶～する outrager; forcer. 領海を～する violer les eaux territoriales.

しんぱん 審判 arbitrage *m*; jugement *m*; [人] arbitre *m*; juge *m*. 野球の試合の～ arbitre (juge) d'un match de base-ball. 最後の～ le Jugement [dernier]. ～の判定に異議を申し立てる protester contre la décision de l'arbitre. 国際裁判所が領海紛争の～に当る La cour internationale est appelée à arbitrer le conflit sur la limite des eaux territoriales. ¶試合を～する arbitrer un match.

しんぱん 新版 nouvelle édition *f*.

しんび 審美 ¶～的 esthétique. ～的に esthétiquement. ‖ ～眼 vue *f* esthétique.

しんぴ 真否 ¶...の～を確かめる s'assurer de l'authenticité de *qc*.

しんぴ 神秘 mystère *m*. 自然の～ mystère de la nature. ～に包まれる s'entourer de mystère. ～を解き明す dévoiler le mystère. ¶～[的]な mystérieux(se). ～的に mystérieusement. ‖ ～主義 mysticisme *m*. ～主義の mystique.

しんぴ 靱皮 liber *m*.

しんぴつ 真筆 véritable autographe *m*. ¶～の原稿 manuscrit *m* autographe.

しんぴょうせい 信憑性 authenticité *f*; véracité *f*. ～に乏しい manquer de véracité. ...の～を確かめる vérifier l'authenticité de *qc*. ¶～のある authentique; véridique. ～のない mensonger(ère); douteux(se). ～のある(ない) 話 récit *m* véridique (mensonger).

しんぴん 新品 neuf *m*. ¶～同様の à l'état neuf. この古本は～同様だ Ce livre d'occasion est à l'état neuf (comme neuf).

じんぴん 人品 ¶～卑しからぬ très distingué; bien élevé. ¶～骨柄申しからぬ紳士 gentleman(men) *m* très distingué et noble.

しんぶ 深部 profondeurs *fpl*.

しんぶ 新婦 nouvelle mariée *f*.

しんぷ 新譜 nouveau disque *m*.

しんぷ 神父 abbé *m*; père *m*. 加藤～ le père Kato.

しんぷう 新風 ¶～をもたらす apporter une nouvelle idée (un vent nouveau (de l'esprit).

シンフォニー symphonie *f*.

しんぷく 信服 ¶～する avoir une confiance totale en *qn*.

しんぷく 心服 ¶～する obéir à *qn* respectueusement; avoir une grande estime pour *qn*.

しんぷく 振幅 ¶振子(音)の～ amplitude *f* des mouvements d'un pendule (des vibrations d'un son).

しんぷく 震幅 amplitude *f* d'un tremblement de terre.

しんふぜん 心不全 insuffisance *f* cardiaque.

じんふぜん 腎不全 insuffisance *f* rénale.

じんふつ 親仏 francophonie *f*. ¶～の francophile. ‖ ～家 francophile *mf*.

しんぶつ 神仏 ¶～の加護を祈る prier Dieu qu'il nous soit en aide. ～の加護により grâce au ciel; par la protection divine. ‖ ～混淆 culte *m* mixte de shintoïsme et de bouddhisme.

じんぶつ 人物 homme *m*; personne *f*; personnage *m*; esprit *m*; figure *f*. 偉大な～ grand homme; grand esprit; grand personnage. 奇妙な～ singulier personnage. 重要な(有名な)～ personnage important (célèbre). 有能な～を求める rechercher une personne capable. ～を描く décrire une personne. 彼は自分ではいっぱしの～であると思っている Il se croit un personnage./Il se prend pour quelqu'un. ‖彼は危険～だ Il faut se méfier de lui. 登場～ personnage. ～画 peinture f de personnages. ～紹介 présentations fpl. ～評(描写) portrait m. ◆[人柄・人格]～を試す éprouver qn. ～の～を保証する répondre de qn. 彼の～については僕が保証します Je réponds de lui. 彼の～は滅多にいない Un homme de sa trempe ne se rencontre pas tous les jours. 彼は～が大きい C'est un homme d'une grande envergure. 彼は～が小さい Il manque d'envergure.

シンプル ‖～な服装 tenue f simple.

しんぶん 新聞 journal(aux) m; presse f. 非合法の～ presse clandestine. ～の切り抜き coupure f de journaux. ～をとる(やめる) s'abonner à (se désabonner d')un quotidien. ～をひろげる déplier son journal. ～を賑わす ⇒ しめん(紙面). ～で知る apprendre qc par les journaux. ～に書く écrire dans un journal. ～に広告を出す faire insérer une annonce dans un journal. ～に目を通す parcourir un journal. ～に出ている On en parle; ～に出ている On en parle. ～に出ている On annonce cela dans les journaux. その公式声明は～に載っていた Le communiqué a été inséré dans les journaux. ～によれば d'après les journaux. ～の報道によれば…ということだ Les journaux nous informent (annoncent) que ind. この～の発行部数は300万だ Ce journal tire à trois millions d'exemplaires. ‖外字～ journal publié en langue étrangère. 御用～ journal asservi au pouvoir. 国際～界 presse internationale. 大～ grand journal. 地方～ journal local. 日刊～ presse quotidienne; quotidien m. ～売り marchand(e) m(f) de journaux. ～売り子 camelot m. ～売り場 kiosque m à journaux. ～記事 article m de journal. ～記者 journaliste mf. ～記者席 tribune f de la presse. ～広告 annonce f dans un journal. それは今～沙汰になっている On en parle beaucoup dans les journaux. ～紙 papier m de journal. ～社 agence f de presse; journal. ～小説 feuilleton m. ～代 tarif m d'abonnement d'un journal. ～配達 porteur m de journaux.

じんぶん 人文 ‖～科学 sciences fpl humaines. ～主義 humanisme m. ～主義者 humaniste m. ～地理 géographie f humaine.

じんぷん 人糞 matières fpl fécales.

しんべい 親米 ‖～の pro-américain(e). ‖～主義者 pro-américain(e).

しんぺい 新兵 recrue f; conscrit m; 《俗》bleu m. ‖～いじめ brimade f. ～いじめをする brimer.

しんぺん 身辺 ‖～が危いを sentir en danger. ～をうかがう épier qn. ～を警護する protéger qn. ～を整理する mettre ordre à ses affaires. ～の世話をする prendre soin de la vie de qn. ‖～雑記 journal(aux) m intime.

しんぽ 進歩 progrès m; avancement m; [発展] développement m. 科学の～ progrès de la science. 大いなる～ bon (grand, gros) progrès. めざましい～(急速な)～ progrès remarquable (rapide). 人類の～を信ずる croire au progrès de l'humanité. 長足の～をとげる faire de grands progrès; avancer (progresser) à grands pas. ¶～する faire des progrès; Progresser; se développer; avancer. ～している être en progrès. ～的な考え(政策) idée f (politique f) progressiste. ～的精神 esprit m avancé. ～主義 progressisme m. ～主義者 progressiste mf.

しんぼう 信望 confiance f. ～(ある)を失う avoir (perdre) confiance. ¶～の厚い人 personne f de confiance.

しんぼう 心房 auricule f du cœur.

しんぼう 心棒 axe m; essieu(x) m; [機械の] arbre m. 車の～ axe d'une roue. モーターの～ arbre moteur. 羅針盤の～ pivot m d'une boussole.

しんぼう 深謀 ‖～遠慮の人 personne f perspicace et prévoyante. ～遠慮の策を講じる chercher (prendre) une mesure bien réfléchie.

しんぼう 辛抱 patience f; persévérance f. ～にも限度がある La patience a des limites (bornes). ¶～する avoir de la patience; prendre patience. じっと～する patienter. そのところ～しなければならぬ Il faut en passer par là. それはまあ～できる Cela peut passer. ～しかねる supporter impatiemment. ～しきれなくなる perdre patience; être à bout de patience. もうちょっと～して下さい Je vous prie de patienter encore un moment. ～しろ Patience! ～のできない impatient. ～できることとできないことがある Il y a des choses qui dépassent les bornes. ～強い patient; persévérant. 彼女は～強い Elle est patiente./Elle a de la patience. ～強く patiemment; avec patience (persévérance). ～強く構える s'armer (se munir) de patience. ～強く我慢する supporter avec endurance (patiemment). ～強く働く travailler dur. ～強く待つ attendre avec patience; patienter.

しんぼう 信奉 ¶～する professer son adhésion à qc; épouser qc. 新思想を～する épouser une idée nouvelle. ～者 partisan(e) m(f); adepte m. 熱狂的～者 partisan(e) fanatique.

しんぽう 新法 nouvelle loi f.

じんぼう 人望 crédit m; estime f; prestige m; [人気] popularité f. ～を得る gagner du crédit. ～を失う perdre son crédit; se déconsidérer. 彼はみんなの～を集めている Il est aimé (estimé) de tout le monde. ¶～のある estimé; populaire. ひどく～のある人 personne f aux qualités prestigieuses. 生徒に～のある先生 professeur m estimé de ses élèves. あの部長は社内で非常な～がある Ce directeur jouit d'un grand prestige dans son entreprise.

しんぼく 親睦 bonne camaraderie f; relations fpl amicales; bonne entente f.

シンポジウム symposium (*symposia*) *m*.

シンボリズム symbolisme *m*.

シンボル symbole *m*. ¶～マーク symbole *m*; marque *f*; logo *m*.

しんぽん 新本 nouveau livre *m*; nouvelle publication *f*.

しんまい 新米 nouveau riz *m*; [新前] novice *mf*. ¶彼はまだ～だ Il est encore novice. 彼は～にしてはうまくやっている Pour une novice, il se débrouille bien.

じんましん 蕁麻疹 urticaire *f*. あなたは～にかかり易いからこれを食べてはいけない Ne mangez pas cela avec votre urticaire.

しんみ 新味 nouveauté *f*. ¶～のない banal.

しんみ 親身 ¶～になって介抱する entourer *qn* de soins maternels; soigner *qn* de tout *son* cœur.

しんみつ 親密 intimité *f*; amitié *f*. ¶～の度を深める renforcer *son* intimité. ¶～な intime; amical(aux). …と～な間柄である être lié intimement avec *qn*; vivre en bonne intelligence avec *qn*. …と～になる se lier d'amitié avec *qn*; lier amitié avec *qn*. 二人は急速に～になった Ils sont très rapidement liés amitié. ～に intimement.

じんみゃく 人脈 relations *fpl*; [政治的徒党] clique *f*.

しんみん 臣民 sujets *mpl*.

じんみん 人民 peuple *m*; citoyens *mpl*. ¶～の populaire; du peuple. ¶～共和国 république *f* populaire. ～裁判 jugement *m* populaire. ～政府 gouvernement *m* populaire (du peuple). ～戦線 front *m* populaire. ～投票 referendum *m* (vote *m*) populaire; plébiscite *m*. ～投票で票決(選出)する plébisciter.

しんめ 新芽 bourgeon *m*; [nouvelle] pousse *f*; [株、木、枝の] rejeton *m*; [伐採後の] recrû *m*. ¶～が出始める Les bourgeons commencent à pousser. ¶～の候 feuillaison *f*.

しんめい 神明 ¶天地に誓って盗みはしておりません Je jure mes grands dieux que je n'ai pas volé.

しんめい 身命 vie *f*. ～をなげうつ exposer (risquer) *sa* vie. ～を捧げる être dévoué à.

じんめい 人名 nom *m* de personne. ¶～辞典 dictionnaire *m* biographique. ～簿 liste *f* des membres.

じんめい 人命 vie *f* humaine. 大火で多くの～が失われた Un grand incendie a fait de nombreuses victimes. ～を尊重する respecter la vie humaine. ¶～にかかわる病い maladie *f* mortelle. ～にかかわる危険を冒して au risque de *sa* vie. ¶～救助 sauvetage *m*. ～救助する opérer un sauvetage.

しんめいき 申命記《宗》Deutéronome *m*.

シンメトリー symétrie *f*.

しんめん 人面 ¶彼は～獣心だ C'est un cœur de pierre./C'est un sans-cœur.

しんめんもく 真面目 ～を発揮する faire preuve de *ses* vraies valeurs.

しんもつ 進物 présent *m*; cadeau(x) *m*. ～を offrir *qc* à *qn*. ¶これは～用だ C'est pour offrir.

じんもん 人文 ⇒じんぶん(人文).

じんもん 訊問 interrogatoire *m*;《法》audition *f*; [審問の] audience *f*. ～を受ける subir un interrogatoire. 容疑者の～を執り行う faire subir un interrogatoire à un inculpé. ～を始める(中断する、再開する) ouvrir (suspendre, reprendre) l'audience. ¶～する interroger *qn*. ¶公開(非公開)～ audience publique (à huis clos). 証人～ audition des témoins. 職務～ contrôle *m* d'identité. 反対～ interrogatoire contradictoire. 不審～ interpellation *f* par un agent de police. ～台に上る être sur la sellette. ～調書 interrogatoire.

しんや 深夜 ¶～の町 ville *f* endormie dans la nuit. 討議は～にまで及んだ La discussion s'est prolongée fort avant dans la nuit. ¶～営業のカフェ café *m* ouvert toute la nuit. ～放送 émission *f* d'après minuit. ～ミサ messe *f* de minuit.

しんやく 新薬 ～癌への～が出た Un nouveau médicament contre le cancer vient d'être mis en vente.

しんやく 新訳 traduction *f* nouvelle.

しんやくせいしょ 新約聖書 Nouveau Testament *m*.

しんゆう 親友 ami(e) *m*(*f*) de cœur; ami intime; meilleur ami. この人は僕の～だ C'est mon meilleur ami. 僕達は～同志だった Nous étions entre amis.

しんよう 信用 confiance *f*; foi *f*; crédit *m*. 彼は社内で～がある Il a une bonne réputation dans sa société. 彼は主人に～がある Il a du crédit auprès de son maitre. …の～を得る gagner la confiance de *qn*. ～を得ている jouir de la confiance de *qn*. ～を失う perdre la confiance de *qn*; être en discrédit auprès de *qn*; se discréditer. ～を傷つける discréditer *qn*; jeter le discrédit sur *qn*. ～を保つ maintenir *son* crédit auprès de *qn*. 競争相手の～を落とそうとする chercher à discréditer un rival. ～を失墜した男 homme *m* tombé dans le discrédit. ¶～する croire; se fier à; avoir confiance en *qn*; faire confiance à *qn*; croire en. 私はそのニュースを～する J'ajoute foi à cette nouvelle. 私はあなたの言葉を～する Je crois ce que vous m'avez dit. 彼の言うことを～するな Méfiez-vous de ce qu'il dit. 僕の経験を～してくれ、すべてうまく行くから Croyez-en mon expérience: tout ira bien. ～させる laisser croire *qc* à *qn*. その

じんよう ニュースは次第に～されはじめた Cette nouvelle s'est accréditée peu à peu. ～しやすい人 personne f crédule. ～のおける人 personne digne de foi; personne de confiance. ～のおける友 ami(e) m(f) sûr(e). ～のおける店 maison f de confiance. ～できるニュース nouvelle f accréditée. あれは～できる男です C'est un homme de confiance. ～のできない indigne de foi (confiance); peu sûr; douteux(se). ～できないニュース nouvelle sujette à caution. ～するは僕の(店の)～にかかわることだ Cela ferait tort à ma réputation (la réputation de la maison). ～して買う acheter qc de confiance. 君を～してこの件の決着をまかせよう Je me fie à vous pour régler cette affaire. ¶～買い achat m à crédit. ～貸付け crédit à découvert. ～貸しを ouvrir un crédit à qn. ～機関 organisation f de crédit. ～金庫 caisse f de crédit. ～組合 société f (caisse) de crédit mutuel. ～状 lettre f de crédit. 白紙～状 crédit en blanc. ～調査(する) renseignement m (se renseigner) sur le crédit. ～取引 opération f à crédit. ～販売 vente f à crédit.

じんよう 陣容 formation f [des troupes]; [会社などの] personnel m. ～を整える disposer (rétablir) des troupes; renforcer le personnel. 会社の～を一新する renouveler le personnel d'une société.

しんようじゅ 針葉樹 conifères mpl. ¶～林 forêt f de conifères.

しんらい 信頼 confiance f; foi f. ～に応える (を裏切る) répondre à (trahir) la confiance de qn. ¶～する avoir confiance en; faire confiance à qn; se fier à. 彼に心から～する avoir foi (mettre sa foi) en; avoir une confiance absolue en. ～できる人 personne f digne de (de confiance).

しんらつ 辛辣 ¶～な mordant; virulent; incisif(ive); acide. ～な皮肉 ironie f mordante. ～な批評を porter un jugement sévère sur qc. ～な言葉を浴びせる décocher une parole mordante à. ～な口調で d'un ton acerbe. ～に d'une manière (façon) mordante; aigrement. ～さ mordant m; virulence f; acidité f. 批評の～さ virulence f d'une critique.

しんらばんしょう 森羅万象 univers m tout entier; tout ce qu'il y a dans le monde.

しんり 審理 examen m. ¶～する procéder à l'examen. ～予審判事は事実～を続けた Le juge d'instruction a poursuivi son examen des faits. その事件は～中である On est en train d'examiner cette affaire.

しんり 心理 psychologie f; mentalité f; état m d'esprit. ～[的] 的な psychologique. ～[学]的に psychologiquement. ¶深層～ psychologie des profondeurs. ～学 psychologie. 教育～学 psychologie pédagogique. 群衆～[学] psychologie des foules. 実験～学 psychologie expérimentale. 社会(児童)～学 psychologie sociale (de l'enfant). 深層～学 psychologie des profondeurs. 民族～学 psychologie ethnique. ～学者 psychologue mf. ～小説 roman m psychologique. 彼の～状態は異常だ Son état d'esprit n'est pas normal. ～描写 description f psychologique. ～分析 analyse f psychologique.

しんり 真理 vérité f. ～の探求 recherche f de la vérité. ～を探究する chercher la vérité.

じんりきしゃ 人力車 pousse-pousse m inv.

しんりゃく 侵略 invasion f; envahissement m; agression f. ¶～する envahir. ¶～行為 acte m d'agression. ～国 Etat m (pays m d')agresseur. ～者 envahisseur m; agresseur m.

しんりょ 神慮 volonté f divine; providence f.

しんりょう 診療 ¶～する ⇨ しんさつ(診察). ¶無料巡回～車 voiture-dispensaire f. ～所 [私立の] clinique f; [学校、町の] infirmerie f; [無料の] dispensaire m. ～所で手当を受ける recevoir des soins à l'infirmerie. 結核～所 dispensaire antituberculeux.

しんりょく 新緑 feuillage m printanier. ¶～の候である C'est la saison du reverdissement. ～の野原 prés mpl reverdissants.

じんりょく 人力 forces fpl humaines. ¶それは～で可能なことだ C'est humainement possible. それは～の及ぶところではない Cela dépasse les forces humaines.

じんりょく 尽力 ¶...の～で grâce aux bons offices de qn. あなたの～の賜物です C'est dû à vos bons offices./C'est à vous que je dois tout cela. ¶～する [全力を尽す] faire tous ses efforts; [貢献する] rendre de grands services à qn; [奔走する] faire une démarche pour (auprès de) qn.

しんりん 森林 forêts fpl; bois mpl. ¶その土地は～が多く起伏に富んでいる Le pays est boisé et accidenté. ～開発 exploitation f forestière. ～地帯 zone f forestière. ～伐採 déforestation f; déboisement m. ～法 Code m forestier. ～保護 protection f des forêts. ～浴 promenade f en forêt.

じんりん 人倫 morale f; humanité f. ¶～の道 を説く prêcher une leçon de morale. ～に背く insulter (outrager) la morale. ¶～に悖る行為 acte m inhumain.

しんりんはかい 森林破壊 déforestation f.

しんるい 親類 parent(e) m(f); [集合的] parenté f; [近親] proches mpl. 近い～ proche parent. 遠い～ parent éloigné. 彼らは～だ Ils sont parents. ¶～縁者 parents et alliés mpl. ～関係 parenté; liens mpl de parenté. ～付き合いをする fréquenter les gens de la famille.

じんるい 人類 humanité f; genre m humain. ～の de l'humanité; du genre humain. ～の福祉に貢献する contribuer (rendre service) au bien-être des hommes. ¶～愛 amour m de l'humanité. ～学 anthropologie f. 文化～学 anthropologie culturelle. ～学の anthropologique. ～学者 anthropologiste mf.

しんれい 心霊 esprit m. ¶～現象 hallucinations fpl spiritistes; phénomène m spirite.

しんれき 新暦 nouveau calendrier *m*.
しんろ 進路 chemin *m*; direction *f*; passage *m*. 台風の～ passage du typhon. ...の～をはばむ barrer le chemin (passage) à *qn*. 人生の～を誤った Vous vous êtes trompé dans votre carrière. 台風は～を東に変えた Le typhon a changé de direction (s'est dirigé) vers l'est. ‖～指導 orientation *f*.
しんろ 針路 direction *f*; cap *m*. ～を東にとる mettre le cap à l'est; se diriger vers l'est. ～を変える changer de cap. 船は～を右に変えた Le bateau vire à tribord.
しんろう 心労 soucis *mpl*; inquiétude *f*; fatigue *f* mentale. 彼の～はその極に達した Il est mentalement trop fatigué. 御～のほどお察しします Je voudrais partager votre inquiétude. ¶ 彼女は～の余り病気になった Trop fatiguée mentalement, elle est tombée malade.
しんろう 新郎 marié *m*. ‖～新婦 jeunes mariés.
しんわ 神話 mythe *m*; [集合] mythologie *f*. ～の mythologique. ‖ギリシャ～ mythe grec; mythologie grecque. ～学 mythologie. ～学者 mythologue *mf*. ～劇 drame *m* mythologique. ～時代 âge *m* légendaire.
しんわりょく 親和力 affinité *f*.

す

す 洲 [砂の] banc *m* de sable; [泥の] banc de vase; [海浜の] estuaire *m*; [中洲] allaise *f*. ～に乗り上げる s'échouer sur un banc de sable.
す 酢 vinaigre *m*. ～で味をつける vinaigrer *qc*. ¶～と油であえたサラダ salade *f* en (à la) vinaigrette. ‖お～入れ vinaigrier *m*. ～製造(販売)人 vinaigrier *m*.
す 巣 nid *m*; [野獣の] tanière *f*; repaire *m*; [猛禽の] aire *f*; [兎、狐などの] terrier *m*; gîte *m*. 蟻の～ nid de fourmis; fourmilière *f*. 蜘蛛の～ toile *f* (fil *m*) d'araignée. 燕の～ nid d'hirondelle. ～につく [鳥の] couver. 蜘蛛が～を張る Une araignée tisse sa toile. 鳥は森に～をつくる Les oiseaux font leur nid dans les bois. ◆[人が住みつく] ◆愛の～ nid douillet d'amoureux. 泥棒の～ nid de brigands; repaire.
ず 図 figure *f*; dessin *m*; tracé *m*; [設計図] plan *m*; schéma *m*; [挿絵] illustration *f*; image *f*; gravure *f*; [図表] diagramme *m*. ～を描く tracer; dessiner; dresser un plan. ◆[光景] spectacle *m*. 見られた～じゃない C'est un spectacle grotesque. ◆[企み、思うつぼ] ¶～に乗る se gonfler d'orgueil à cause de son succès. 作戦が～に当たった Notre stratégie a réussi (a mis dans le mille).
ず 頭 ～が高い se prendre de haut.
すあし 素足 pieds *mpl* nus; nu-pieds; pieds déchaussés. ¶～の déchaussé. ～で nu-pieds.
ずあん 図案 dessin *m*. ～を描く dessiner; faire un dessin. ‖～化する styliser.
すい 酸い ¶～も甘いも噛み分ける connaître la vie. ～も甘いも噛み分けた人 personne *f* qui a vécu.
すい 粋 [精華] fleur *f*; le meilleur *m*. 科学の～を集める prendre le meilleur de la science. ◆[いき] élégance *f*; chic *m*. ¶～[思いやり] délicatesse *f*. ～をきかす montrer de la délicatesse. ～は身を食う 《Les plaisirs usent.》 ¶～な élégant; chic.
ずい 蕊 [雄] pistil *m*; [雌] étamine *f*.
ずい 髄 moelle *f*. 骨の～まで jusqu'à la moelle des os; [完全に] jusqu'au bout des ongles.
すいあげる 吸上げる aspirer; [ポンプで] pomper. ストローで飲物を～ aspirer une boisson avec une paille. ◆[搾取する] sucer. 有金を みんな～ sucer *qn* jusqu'au dernier sou.
すいあつ 水圧 pression *f* hydraulique. ‖～機 pression *f* hydraulique. ～ブレーキ frein *m* hydraulique.
すいい 推移 évolution *f*; passage *m*; cours *m*; transition *f*; [発展] développement *m*; [時、季節の] marche *f*. 時勢の～につれて人の考えも変える Avec le temps, les idées changent. ¶～する évoluer; marcher.
すいい 水位 niveau *m* des eaux. 川の～が上がる(降る) Le niveau de la rivière monte (descend). ‖警戒～ cote *f* d'alerte. 警戒～に達する atteindre la cote d'alerte.
ずいい 随意 ～の libre; volontaire; facultatif(ve). ～に librement; à *son* gré; à *sa* guise; facultativement. どうぞ御～に Faites comme vous voudrez. 断るのも引き受けるもあなたの御～です Libre à vous d'accepter ou de refuser. 「御～にお入り下さい」 《Entrée libre.》 ‖～筋 muscle *m* volontaire.
すいいき 水域 zone *f* dangereuse.
ずいいち 随一 ～の premier(ère). 彼は当代～のペテン師だ Il est le premier des imposteurs de son temps.
スイートピー pois *m* de senteur.
スイートホーム douceur *f* du foyer (du toit familial).
スイートルーム suite *f*.
ずいいん 随員 suite *f*; [護衛] escorte *f*.
すいうん 水運 transport *m* fluvial (par eau). ～の便をよくする améliorer le transport fluvial.
すいうん 衰運 déclin *m*; décadence *f*. ～に向う décliner; tomber en déclin.
すいえい 水泳 nage *f*; natation *f*. ～をする faire de (pratiquer) la natation. ～を習う apprendre à nager. ‖～競技 épreuves *fpl* de natation. ～パンツ slip *m* de bain.
すいおん 水温 température *f* de l'eau.
すいか 水火 ¶彼女のためなら～も辞さない Je me jetterais dans le feu pour elle.

すいか 西瓜 pastèque *f*; melon *m* d'eau.

すいか 誰何 ¶~する interpeller; crier «qui vive?»

すいがい 水害 dégâts *mpl* de l'inondation. ~に見舞われる subir des dégâts d'inondation. 下町はひどい~を受けた Le bas quartier a été dévasté par les eaux. ‖~地 région *f* inondée.

すいかけ 吸いかけ ¶~の煙草 cigarette *f* à moitié fumée.

すいかずら 忍冬 chèvrefeuille *m*.

すいがら 吸殻 bout *m* de cigarette; 【俗】mégot *m*.

すいかん 吹管 chalumeau(x) *m*.

すいかん 酔眼 ¶~朦朧としている avoir l'œil embrumé par l'alcool.

すいき 吹気 ¶~の涙をこぼす verser des larmes de joie; [有難がる] être ravi de joie.

すいきゅう 水球 water-polo *m*.

すいぎゅう 水牛 buffle *m*.

すいきょ 推挙 ¶~する proposer *qn*; recommander *qn*. 課長に~する proposer *qn* pour poste de chef de bureau.

すいぎょ 水魚 ¶~の交わりを結ぶ nouer une solide amitié.

すいきょう 酔狂 caprice *m*; folie *f*. ¶~な capricieux(se); fantasque. ~な長談をする avoir la folie de *inf*; faire des folies. そんな~な真似はしなさんな Vous n'aurez pas la folie de faire ça.

すいきん 水禽 oiseau(x) *m* aquatique.

すいぎん 水銀 mercure *m*. ¶~を含む mercurifère; hydrargyreux. ‖~中毒(症) hydrargyrisme *m*. ~灯 lampe *f* à vapeur de mercure. ~軟膏 pommade *f* mercurielle.

すいぎんでんち 水銀電池 pile *f* au mercure.

すいくち 吸口 bout *m*. ‖フィルター付~ bout filtré.

すいけい 推計 ¶~する faire une estimation. ‖~学 stochastique *f*.

すいけい 水系 ¶アマゾン~ les cours *mpl* d'eau de l'Amazone.

すいけん 水圏 hydrosphère *f*. ‖~学 hydrographie *f*. ~学者 hydrographe *m*.

すいげん 水源 source *f*. 温泉の~ source thermale. 鉱泉の~ source minérale. 川を~まで遡る remonter une rivière jusqu'à sa source.

すいこう 推敲 élaboration *f*. ¶~する élaborer; polir; cultiver. 詩を~する cultiver la poésie.

すいこう 遂行 accomplissement *m*; exécution *f*. ¶~する accomplir; exécuter; achever. ~される s'exercer.

すいごう 水郷 paysage *m* aquatique. ~の眺めは美しい Un panorama aquatique est très pittoresque.

すいこう 随行 ¶~する accompagner *qn*; faire escorte à *qn*. ‖~員 [集合的] suite *f*; escorte *f*; [個人] membre *m* d'une escorte (suite).

すいこむ 吸い込む aspirer; [空気などを] humer; [水を] absorber; [口唇で] sucer; [海, 渦などが] engouffrer. 新鮮な空気を~ humer l'air frais. 吸い込まれる s'engouffrer. 群衆が地下鉄の入口に吸い込まれていく La foule s'engouffre dans la bouche de métro.

すいさい 水彩 ¶~絵具 couleurs *fpl* à l'eau. ~画 aquarelle *f*; lavis *m*. ~画家 aquarelliste *mf*; peintre *m* à l'aquarelle.

すいさつ 吸差 ¶~mégot *m*.

すいさつ 推察 conjecture *f*. 御~の通りです Vous avez bien deviné. ¶~する conjecturer; supposer; deviner; [同情する] avoir de la compassion (commisération) pour *qn*. 御心中~申し上げます Je vous présente mes sincères condoléances.

すいさん 推参 ¶~する rendre visite à *qn*.

すいさん 水産 ¶~業 industrie *f* de pêche. ~試験所 laboratoire *m* d'aquiculture. ~物 produits *mpl* maritimes.

すいさん 水酸 ¶~化物 hydroxyde *m*. ~化ナトリウム hydroxyde de sodium. ~基 hydroxyde *m*.

すいさんちょう 水産庁 Office *m* des industries de la pêche.

すいし 水死 noyade *f*. ¶~する se noyer.

すいじ 炊事 cuisine *f*; 【俗】tambouille *f*. ¶~する faire la cuisine. ‖~道具 ustensile *m* de cuisine. ~当番 service *m* de cuisine. ~当番である être de service à la cuisine; faire la cuisine à *son* tour. ~場 cuisine. 共同~場 cuisine en commun. ‖~婦 cuisinière *f*.

ずいじ 随時 ¶~facultatif(ve); à *son* gré. ~に n'importe quand; facultativement. ~に退出する se retirer à *son* gré.

すいしつ 水質 qualité *f* de l'eau. この辺は~が良い(悪い) Dans cette région, l'eau est de bonne (mauvaise) qualité. ‖~汚濁 pollution *f* des eaux. ~検査 analyse *f* de l'eau.

すいしゃ 水車 moulin *m* (à eau). ‖~小屋 moulin (à eau).

すいじゃく 衰弱 affaiblissement *m*; abattement *m*; faiblesse *f*; exténuation *f* épuisement *m*; 【医】prostration *f* dépérissement *m*. この病人は~が甚しい Ce malade est à bout de forces. ¶~の余り倒れる tomber de faiblesse. ~する dépérir; faiblir; s'exténuer. 高熱で彼はついに~した La forte fièvre l'a abattu. 子供は手が悪くて~している Cet enfant dépérit faute de soins. ~している émacié; exténué; abattu; 【医】prostré. ~させる abattre; épuiser; exténuer; émacier.

すいしゅ 水腫 hydropisie *f*; 【医】œdème *m*. ¶~性の hydropique. ‖~患者 hydropique *mf*.

すいじゅん 水準 niveau(x) *m*. 同じ~にある être au même niveau; être sur la même ligne. ~を上(下)げる élever (baisser) le niveau. ‖生活~ niveau de vie. 知的~ niveau intellectuel. ~器 niveau (d'eau); échelle *f* d'étiage.

ずいしょ 随所 ¶~に(で) partout; de tout côté. ~に火の手が上がった Des incendies ont éclaté çà et là.

すいしょう 推奨 recommandation *f*. ¶~する recommander. ~し得る recommandable.

すいしょう 水晶 cristal(*aux*) *m* [de roche].

【地】quartz m. 煙～ quartz enfumé. 紫～ améthyste f; pierre f d'évêque. ～体 lentille f cristale; [目の] cristallin m. ～時計 horloge f à quartz.

すいじょう 水上 ‖～機 aéromarin m; hydravion m. ～警察 gendarmerie f maritime. ～スキー ski m nautique; aquaplane m. ～スポーツ sports mpl nautiques. ～生活 vie f sur l'eau. ～飛行場 hydroaéroport m.

すいじょう 瑞祥 bon augure m.
すいじょうき 水蒸気 vapeur f [d'eau].
すいしん 垂心 [幾何] orthocentre m.
すいしん 推進 propulsion f. 原子核による～ propulsion nucléaire. ‖～する [リーダする] mener; diriger; prendre l'initiative. ロケットで～するミサイル missile m propulsé par une fusée. ～させる propulser; pousser. ‖～機 propulseur m; [プロペラなど] hélice f. ～剤 [ロケットの] ergol m. ～力 poussée f; force f de jet; force propulsive. 彼が～力となって事をうまく運んだ Il est la cheville ouvrière (le pivot) qui a mené à bien ce travail.

すいしん 水深 ‖～を測る sonder la profondeur de l'eau. ～10mまで達する（潜る）atteindre (plonger à) dix mètres de profondeur (fond m). ‖～計 sonde f.
すいじん 水神 divinité f de l'eau.
すいじん 粋人 [遊び人] (vert) galant m; [風流人] personne f de bon goût.
すいすい ‖～と泳ぐ nager rapidement.
すいすぎ 吸い過ぎ ‖煙草の～ abus m de tabac.
すいせい 水勢 ‖～に押し流される être emporté par la force du courant.
すいせい 水性 ‖～ペンキ peinture f à l'eau.
すいせい 水生 Mercure m.
すいせい 水生(棲) ‖～植物 plante f aquatique. ～動物 animal(aux) m aquatique.
すいせい 彗星 comète f. ～の尾 chevelure f (queue f) d'une comète. 彼は～の如く音楽界に現われた Il est apparu dans le monde musical à la vitesse d'une comète. ‖ハレー～ grande comète Halley.

すいせいがん 水成岩 roches fpl sédimentaires.
すいせいむし 酔生夢死 ‖～の生活をする vivre comme dans un rêve; manger du lotus. ～の徒 mangeur m de lotus.
すいせん 垂線 ligne f perpendiculaire f. ～を下ろす(引く) abaisser (tirer) une perpendiculaire.
すいせん 推薦 recommandation f; [会員の] parrainage m. ‖～する recommander. ～し得る recommandable. あのホテルは余り～出来ない Cet hôtel est peu recommandable. ～された recommandé. ～者 personne f qui recommande; parrain m. ～状 lettre f de recommandation.
すいせん 水仙 narcisse m. 野生の～ narcisse tazette; ‖黄～ jonquille f.
すいせん 水洗 ‖～式 système m du tout-à-l'égout. ～便所 cabinet m d'aisance à chasse d'eau.
すいぜん 垂涎 ‖～の的となる être l'objet qu'on brûle d'obtenir.

すいそ 水素 hydrogène m. ～と化合する s'hydrogéner. ～と化合させる hydrogéner. ‖～を含む hydrogéné. ～化合物 hydrure m. ～添加 hydrogénation f. ～爆弾 bombe f à hydrogène; bombe H.
すいそう 吹奏 ‖～する jouer sur un instrument à vent; souffler [dans une trompette]. ‖～楽器 instrument m à vent. ～楽団 harmonie f; fanfare f.
すいそう 水槽 couche f aquifère.
すいそう 水槽 bassin m; [貯水槽] citerne f; [魚用] huche f.
すいそう 水草 plante f aquatique (immergée). ‖～槽 aquarium m.
すいそう 水葬 immersion f. ‖～にする immerger.
すいぞう 膵臓 pancréas m. ‖～の pancréatique. ～炎 pancréatite f. ～癌 cancer m du pancréas. ～病 maladie f de pancréas.
すいそう 随想 réflexion f. ‖～録 essais mpl.
すいそく 推測 supposition f; conjecture f; [推定] présomption f; [疑惑] suspicion f. 単なる～ pure supposition. 根拠のない～ supposition gratuite. ‖～する supposer; conjecturer; faire des conjectures sur. あれこれ～する faire des suppositions; se perdre en conjectures. ～出来る présumable; pénétrable. ～に基づく conjectural(aux). ～で par conjecture; conjecturalement. ～で判断する juger par conjecture.
すいそく 水速 vitesse f de courant. ‖～計 hydromètre m. ～測定 hydrométrie f.
すいぞくかん 水族館 aquarium m.
すいたい 衰退(頽) déclin m; décadence f; affaiblissement m; appauvrissement m; étiolement m. 文明の～ déclin d'une civilisation. ‖～する décliner; être sur son déclin; s'étioler; tomber en décadence. 記憶力が～する La mémoire décline. ～の一途をたどる tomber rapidement en décadence; dégringoler sur la pente de la décadence (du déclin); courir à la ruine.
すいたい 酔態 ‖～を演じる avoir le vin mauvais. 彼の～は見るに堪えない Je ne peux pas supporter de le voir en état d'ivresse.
すいだす 吸出す sucer et retirer; retirer en suçant. 膿を～ crever (vider) l'abcès.
すいだま 吸玉 【医】ventouse f. 病人に～をかける poser des ventouses à un malade.
すいだん 推断 ‖周囲の状況を考えて～を下す décider en tenant compte des circonstances ambiantes.
すいちゅう 水中 ‖～の aquatique. ～に dans l'eau. ～撮影 tournage m en plongée. ～電波探知機 sonar m. ～眼鏡 masque m de plongée. ～翼船 hydroglisseur m.
ずいちょう 瑞兆 ⇒ずいしょう(瑞祥).
すいちょく 垂直 aplomb m. ‖～の perpendiculaire; [鉛直な] vertical(aux). ～である être d'aplomb; à pic; verticalement; perpendiculairement. ‖～線 ligne f perpendiculaire. ～二等分線 médiatrice f.

すいつく 吸いつく se coller à; faire ventouse à. 蛭が足に〜 Une sangsue fait ventouse à une jambe. 赤ん坊が母の乳房に吸いついている Un bébé suce un mamelon de sa mère.

すいつける 吸いつける [磁石などが] attirer.

スイッチ bouton m; [エンジンの] contact m; [開閉器] conjoncteur m; [遮断器] interrupteur m; [切換の] commutateur m. 〜を入れる(切る) mettre (couper) le contact. 〜をひねる tourner le bouton. ‖始動〜 bouton de démarrage.

すいてい 推定 présomption f; [推量] estimation f. ¶〜する présumer; estimer. 彼は死んだものとされた On l'a présumé mort. 負傷者の数は〜できない Le nombre des blessés est difficile à estimer. 〜し得る présumable. ‖〜数 nombre m supposé.

すいてき 水滴 goutte f d'eau.

すいでん 水田 rizière f.

すいとう 出納 recettes et dépenses fpl; compte m. ¶〜する faire ses comptes. ‖〜課 économat m; 〜係 caissier(ère) m(f); [銀行の] économe mf; encaisseur m. 〜簿 livre m de compte (de comptabilité).

すいとう 水痘 varicelle f.

すいとう 水筒 gourde f; [軍用] bidon m.

すいどう 水道 eau(x) f. 〜の栓を開く(とめる) ouvrir (fermer) un robinet [d'eau]. 〜の水を出し放しにする laisser couler le robinet. 〜を引く faire mettre l'eau courante. 〜会社 compagnie f des eaux. 〜管 conduite f d'eau. 〜局 service m municipal des eaux. 〜工事 travaux mpl d'adduction. 〜設備 adduction f d'eau. 〜料金 taux m de l'abonnement aux eaux de la ville. 〜料金を払う payer la note d'eau. ◆[海の] passe f; [海峡] détroit m.

すいとりがみ 吸取紙 [papier m] buvard m. 〜でインクを吸いとる faire absorber (enlever) de l'encre avec un buvard. 〜を敷く passer le buvard sur.

すいとる 吸い取る [吸収] absorber; [吸う] sucer; [スポンジで] éponger. 最後の一銭まで〜 sucer qn jusqu'à la moelle (jusqu'au dernier sou). 吸取れるだけ〜 user jusqu'à la corde (la trame).

すいなん 水難 ¶〜に遇う subir des dégâts causés par l'eau.

すいばく 水爆 ⇒ すいそ(水素).

すいはん 垂範 ⇒ そっせん(率先).

すいばん 水盤 bassin m; [泉水の] vasque f.

すいはんき 炊飯器 [marmite f] autoclave m à riz. 電気〜 autoclave électrique à riz.

すいび 衰微 déclin m; décadence f. 文明の〜 déclin m d'une civilisation. ¶〜する décliner.

ずいひつ 随筆 essai m. ‖〜家 essayiste m. 〜集 essais.

すいふ 水夫 marin m; matelot m. ‖見習い〜 apprenti m matelot; mousse m; 《俗》 moussaillon m. 〜長 maître m d'équipage.

すいぶん 水分 partie f aqueuse; eau f; [湿気] humidité f. 〜を除去する enlever l'eau; déshydrater. 〜の多い野菜 légumes mpl aqueux. 〜の多い果物 fruits mpl juteux. 〜の無い sec (sèche.).

ずいぶん 随分 [大層] très; beaucoup; [充分に] assez; suffisamment. 〜暑い日だ Il fait très chaud. 彼女は〜醜い顔だ Elle est d'une laideur horrible. まあ〜ね C'est exagéré. ¶〜な atroce; horrible.

すいへい 水兵 matelot m; marin m d'État; 《俗》 col(s)-bleu(s) m. 〜一等〜 matelot m breveté. 二等〜 matelot. 〜服 costume m marin. 〜帽 béret m de marin. 〜帽の玉飾り pompon m.

すいへい 水平 niveau m; horizontalité f. 〜の horizontal(aux). 〜にする mettre qc à niveau. 〜に horizontalement. ‖〜運動 mouvement m horizontal. 〜線 horizon m. 〜線上に (au dessus de) l'horizon. 〜面 niveau m de la mer. 〜飛行 vol m en palier. 〜飛行をする voler en palier.

すいほう 水泡 bulle f. 〜に帰すると見る aller en fumée; aller à vau-l'eau; n'aboutir à rien; être annihilé. 努力は〜に帰した Les efforts ont été annihilés.

すいほう 水疱 bulle f. 〜性の bulleux(se). ‖〜疹 dartre f.

すいぼう 水防 prévention f des inondations.

すいぼう 衰亡 déclin m; perdition f; décadence f. ¶〜する décliner; se perdre.

すいぼくが 水墨画 lavis m.

すいま 睡魔 ¶〜に襲われる céder (succomber) au sommeil.

すいみゃく 水脈 courant m [d'eau]; [地下の] veine f.

すいみん 睡眠 sommeil m. 深い〜 sommeil profond (de plomb). 〜が足りない mal dormir. 〜をとる dormir. ‖〜剤 somnifère m; hypnotique m. 〜状態 hypnose f. 〜不足 [不眠] insomnie f.

スイミングクラブ club m de natation.

すいめん 水面 surface f de l'eau. 〜に浮かび上がる remonter à la surface.

すいもん 水門 écluse f. 〜を開く(閉じる) ouvrir (fermer) une écluse. ‖〜係 éclusier m. 〜扉 vanne f; porte f d'écluse.

すいやく 水薬 potion f.

すいようえき 水溶液 solution f aqueuse.

すいようせい 水溶性 solubilité f dans l'eau / ‖〜の soluble dans l'eau.

すいようび 水曜日 mercredi m.

すいよく 水浴 bain m. 〜をする prendre un bain; se baigner. 〜させる baigner. ‖〜場 [川] baignade m.

すいらい 水雷 torpille f. 〜を発射する lancer une torpille. ‖〜攻撃をする torpiller. 〜艇 torpilleur m. 〜艇長 marin m torpilleur. 〜発射管 tube m de lancement.

すいり 推理 raisonnement m; [論] illation f; inférence f. ¶〜する raisonner; inférer. ‖〜小説 roman m policier.

すいり 水利 [水運] transport m d'eau; [灌漑] irrigation f. ¶〜の悪い場所 endroit m mal approvisionné en eau.

すいりがく 水理学 hydrologie f. ¶〜の hydrologique. ‖〜者 hydrologiste m.

すいりく 水陸 ¶～の amphibie. ‖～動物 amphibiens *mpl*. ～両用の戦車 char *m* amphibie.

すいりゅう 水流 courant *m*; cours *m* d'eau.

すいりょう 推量 conjecture *f*. ¶～する conjecturer. ‖～当な～をする faire (former) des conjectures sur.

すいりょう 水量 volume *m* [d'eau]. この川は～が豊富である Cette rivière a des eaux abondantes.

すいりょく 推力 poussée *f*. プロペラの～ poussée d'une hélice.

すいりょく 水力 énergie *f* hydraulique; [発電用] houille *f* blanche; [流水力] houille verte. ¶～の hydraulique. ‖～エンジン moteur *m* hydraulique. ～学 hydraulique *f*. ～電気 hydro-électricité *f*. ～発電所 centrale *f* hydro-électrique.

すいれい 水冷 refroidissement *m* par eau. ¶～式エンジン moteur *m* à refroidissement d'eau.

すいれん 睡蓮 nénuphar *m*.

すいろ 水路 canal(*aux*) *m*; voie *f* fluviale; [港、河口の船の] chenal(*aux*) *m*; passe *f*. 航行可能の～ canal navigable. ‖～図 carte *f* hydrographique. ～部 service *m* hydrographique.

すいろん 推論 raisonnement *m*; déduction *f*; inférence *f*. 裁判官はこれらの証拠から彼が有罪だとした Le juge a inféré de ces témoignages qu'il était coupable. ¶～する raisonner; déduire; inférer.

スイング [ダンス・拳闘] swing *m*.

すう 吸う aspirer; pomper; [呼吸] respirer; [飲む] sucer. 新鮮な空気を～ aspirer (respirer) un peu d'air frais. 海の空気を～ prendre un air de mer. 煙草を～ fumer (griller) une cigarette. パイプを～ fumer la pipe; tirer sur *sa* pipe. ストローでジュースを～ sucer (aspirer) un jus avec une paille. 哺乳器を～ téter *son* biberon. 母の乳を～ téter *sa* mère. 水分を～ [紙などが] boire l'eau. 血を～のは蚊の雌である C'est le moustique femelle qui pompe le sang.

すう 数 nombre *m*. ¶～的な numérique. ～的に優勢である être supérieur en nombre (numériquement). ‖概～ nombre rond. 奇(偶)～ nombre impaire (paire). 基(序)～ nombre cardinal (ordinal). 自然～ nombre naturel. 整～ nombre entier. 正(負)～ nombre positif (négatif). 単~ singulier *m*. 実(虚)～ nombre réel (imaginaire). 無(有)理~ nombre irrationnel (rationnel). ～形容詞 adjectif *m* numéral(*aux*). ～表 tableau *m* numérique. ～列 suite *f*; progression *f*. ～の(数の).

すう- 数 ‖ ～回 plusieurs fois. ～回繰返して à plusieurs reprises. ～か国語 plusieurs langues *fl*. ～か国語に通じた人 polyglotte *mf*. ～か国語通訳 interprète *mf* polyglotte. ～日 quelques (plusieurs) jours. ～か月 plusieurs (quelques) mois. ～日後 peu de jours après; après plusieurs jours. ～十(百,千) quelques dizaines *fpl* (centaines *fpl*, milliers *mpl*). ～千(万)の敵 quelques milliers (dix milliers) d'ennemis. ～点の作品 plusieurs pièces *fpl*. [絵] plusieurs tableaux *mpl*. ～人 plusieurs personnes *fpl*. ～年 plusieurs années *fpl*. ...より～倍楽しい être bien (beaucoup) plus amusant que.... ～倍も多い être plusieurs fois plus nombreux(*ses*) que... 兄の方が弟より～倍も頭がいい Le frère aîné est beaucoup plus intelligent que son cadet.

すうがく 数学 mathématiques *fpl*. ¶～的 mathématique. ～的正確さ précision *f* mathématique. ～的に mathématiquement. ‖初(高)等～ mathématiques élémentaires (supérieures). ～科の学生 (俗) matheux(*se*) *m*(*f*). ～者 mathématicien(ne) *m*(*f*).

すうき 数奇 ¶～な romanesque; orageux(*se*). ～な生涯を送る mener une vie orageuse.

すうき 枢機 ¶国の～を司る prendre le timon de l'Etat. ‖～卿 cardinal(*aux*) *m*.

すうこう 崇高 élévation *f*. ¶～な élevé; sublime; suprême.

すうし 数詞 [文法] numéral(*aux*) *m*.

すうじ 数字 chiffre *m*. 記録的な～ chiffre record. 新聞がはじきだした～ chiffres fournis par le journal. ～を挙げて説明する expliquer en donnant des chiffres. ～に於ては en chiffres. ‖アラビア(ローマ)～ chiffres arabes (romains).

すうしき 数式 formule *f*.

すうじくこく 枢軸国 puissances *fpl* de l'Axe.

ずうずうしい 図々しい effronté; impudent; †hardi; présomptueux(*se*). ¶図々しく effrontément; avec aplomb; †hardiment. 図々しく...する avoir l'aplomb de *inf*. 《俗》avoir le toupet (le culot) de *inf*. 図々しくもよく来られたものだ Tu as le culot de venir chez moi. 図々しさ effronterie *f*; aplomb *m*; hardiesse *f*.

すうせい 趨勢 tendance *f*; tournure *f*. 世の～に従う suivre le courant de l'époque; vivre avec *son* époque.

ずうたい 図体 ¶～の大きな人 homme *m* d'une carrure imposante. 彼は見上げるほどの大きな～をしている Il a une stature colossale.

すうだん 数段 [ずっと] beaucoup; bien; [はるかに] de loin.

すうち 数値 valeur *f* [numérique].

スーツ [背広上下・三つ組] complet *m*; [女物] tailleur *m*.

スーツケース valise *f*; mallette *f*.

スーパーインポーズ sous-titre *m*. ～を入れる sous-titrer.

スーパーコンピューター super[-]ordinateur *m*; supercalculateur *m*.

スーパーヘテロダイン superhétérodyne [syperetərɔdin] *m*.

スーパーマーケット supermarché *m*. [大型] hypermarché *m*; [小型] supérette *f*.

スーパーマン surhomme *m*.

すうはい 崇拝 adoration *f*; culte *m*; vénération *f*. ¶～する adorer; vénérer; rendre un culte à; avoir de la vénération pour; être idolâtre de. ~すべき adorable. ¶偶像~ idolâtrie *f*. ~者 adora*teur(trice)* *m(f)*.

スープ soupe *f*; bouillon *m*; potage *m*; consommé *m*. ~を飲む manger de la soupe; prendre du bouillon. ¶オニオン~ soupe à l'oignon. 野菜~ bouillon de légumes. ~皿 assiette *f* à soupe. ~鉢 soupière *f*.

ズームレンズ objectif *m* à focale variable.

すうよう 枢要 ¶~な important; influent. ~な人物 d'importants personnages *mpl*. ~な地位にある occuper un poste important.

すうり 数理 ¶彼は~に明るい Il est doué pour les mathématiques.

すうりょう 数量 quantité *f*. ¶~的 numérique. ~の優位 supériorité *f* numérique. ~的に numériquement.

すうれつ 数列 progression *f*. ¶等差(等比)~ progression arithmétique (géométrique).

すえ 末 extrémité *f*; bout *m*; [終末] fin *f*; [将来] avenir *m*; [末裔] descendant *m*. 年の~ la fin de l'année. ¶~の〔終りの〕final; [最後の] derni*er(ère)*. 夏休み~の一週間 la dernière semaine des grandes vacances. ~の息子 le plus jeune de *ses* frères. それは~の~の問題だ C'est une question futile. ~に après; à la fin. 苦労の~に après beaucoup de peine. 生涯の~に au bout de *sa* carrière. 五月の~に à la fin de mai; fin mai. よく考えた~に tout bien réfléchi. 議論の~に après de longues discussions. そんなことが通用したら世も~だ Si cela arrive, ce sera la fin de tout. ¶月~に支払う payer à la fin du mois. 我が子の行く~が思いやられる Je m'inquiète de l'avenir de mon fils. ~恐ろしい子 enfant *mf* qui va mal tourner. ~頼もしい青年 jeune homme *m* d'avenir (qui promet).

スエード [皮] suède *m*; daim *m*; [布地] suédé *m*. ~の上衣 veste *f* de daim. ¶~織り suédine *f*; tissu *m* suédé.

すえおく 据え置く ¶料金を~ maintenir les tarifs à leur niveau actuel. ¶据置き貯金 dépôt *m* à terme.

スエズ [運河] canal *m* de Suez.

すえぜん 据膳 ¶~食わぬは男の恥 Refuser une nuit d'amour n'est pas digne d'un homme.

すえつけ 据付け installation *f*; [固定] fixation *f*. ¶~る installer; fixer. 電話を~ installer le téléphone. 家具を~を pourvoir à l'installation des meubles. 機械を~る installer une machine.

すえっこ 末っ子 cadet(te) *m(f)*; benjamin(e) *m(f)*; dernier-né (dernière-née) *m(f)*.

スエットスーツ ¶ジャージーの~ survêtement *m* en de jersey.

すえながく 末長く pour toujours. ~よろしくお願い致します Je me recommande désormais à votre bienveillance.

すえひろがり 末広がり ¶~の形に en éventail. 事業は~にうまく行っている Mon entreprise va prospérer à l'avenir.

すえる 据える [置く] poser; [建てる] établir; [据え付ける] installer; [座らせる] asseoir. 像を~ dresser une statue. 演壇を~ établir une estrade. 相続人に~ nommer *qn* son héritier. 腰を据えて飲み込む Restons encore à boire sans nous presser. ◆[比喩的に] 彼の傲慢な態度に腹に据えかねる Je ne peux plus supporter son attitude arrogante. 私は腹に据えかねて彼女の頬を殴った A bout de patience, je l'ai giflée.

すえる 饐える *se* gâter; se décomposer; [腐敗] pourrir. 牛乳が~ Le lait tourne [à l'aigre]. ¶この部屋は饐えた臭いがする Ça pue dans cette chambre.

すおう 蘇芳 sappan *m*. ¶~色 rouge *m* noirâtre.

ずが 図画 dessin *m*; peinture *f*. 子供の~ dessins d'enfants.

スカート jupe *f*. ~をはく(はいている) mettre (porter) une jupe. ¶ジャンパー~ chasuble *f*. ショート~をはいた娘 fille *f* court-vêtue. タイト(プリーツ, フレア)~ jupe droite (plissée, évasée). 膝上~ jupe au-dessus du genou. 巻き~ jupe *f* portefeuille. ミニ~ minijupe. ロング~ jupe longue.

スカーフ écharpe *f*; cache-col *m*; foulard *m*; cache-nez *m*.

スカーレット écarlate *f*.

スカイ ciel *m*. ¶~ダイバー parachutiste *mf*. ~ダイビング parachutisme [sportif] *m*; chute *f* libre. ~ブルー robes *fpl* bleu ciel. ~ライン [ligne *f* d']horizon *m*.

ずかい 図解 illustration *f*. ¶~する illustrer.

ずがい 頭蓋 voûte *f* crânienne; crâne *m*. ~の crânien(ne). ¶~骨 crâne; boîte *f* crânienne. ~骨骨折 fracture *f* du crâne. ~測定 craniométrie *f*.

スカウト débauchage *m*. ¶~する débaucher.

すがお 素顔 visage *m* sans maquillage; visage démaquillé. 日本の~ vrai visage du Japon. あの人の~はきれいだ Au naturel son visage est joli.

すかさず 透かさず immédiatement; tout de suite; sur-le-champ; aussitôt. 彼は~反論した Il a été prompt à la riposte.

すかし 透かし filigrane *m*; [透し彫り] ajour *m*. お札の~ filigrane des billets de banque. ¶~の入った紙 papier *m* filigrané. ¶~細工 ajouré. ~模様 lithophanie *f*. ~レース dentelle *f* ajourée.

すかしっぺ すかし屁 vesse *f*. ~をする lâcher une vesse.

すかす 透かす [機嫌をとる] ¶私は彼をおどしたりすかしたりしてやっと要求を呑ませた A force de cajoleries et de menaces, j'ai enfin réussi à lui faire accepter notre demande. ¶[気取る] ¶彼(彼女)はひどくすかしている Il (Elle) est terriblement doucereux(se)./Il (Elle) fait trop de manières. なんてすかした奴だ Quel poseur!

すかす 空かす ¶腹を~ avoir faim. 運動して腹を~ faire du sport pour se creuser l'appétit.

すかす 透かす [間をあける] espacer. 木の枝を~ élaguer (ébrancher) un arbre. ¶透かして見

すかすか ¶この西瓜は~だ Cette pastèque manque de consistance.

ずかずか ¶~入って来る entrer sans crier gare.

すがすがしい 清々しい frais (fraîche). ~そよ風 un petit air m frais. ~気持する se sentir frais. ¶ 清々しさ fraîcheur f.

すがた 姿 figure f; image f; [形] forme f; [服装] tenue f; [態度] attitude f; [様子] apparence f; [様相] aspect m; [背丈] taille f; [輪郭] contour m; silhouette f. ~が良い être bien proportionné; [風采が] avoir de la prestance; [容姿端麗である] être bien de sa personne. ~を現わす se présenter; se montrer; se faire voir; apparaître. ~を鏡に映す se regarder dans un miroir. ~を変える [装] se déguiser en; [変身] se métamorphoser. ~を隠す se cacher. ~を消す disparaître. 人混みに~を消す se perdre dans la foule. ~を見せる figurer; apparaître. みすぼらしい~をしている faire triste figure; être dans une tenue misérable; être pauvrement vêtu. 人を~で判断しならぬ On ne doit pas juger sur les apparences. ¶そのままの~で tel quel. こんな~でお迎えして申訳ありません Je m'excuse de vous recevoir dans cette posture (cette tenue). そのままの~にしてなら laissez les choses telles quelles. 神は己の~に似せて人を創った Dieu créa l'homme à son image.

すがたみ 姿見 psyché f; glace f.

スカッシュ [スポ] squash m.

すかっと ¶この仕事をやりおえて~した Après avoir achevé ce travail, je me suis senti de bonne humeur.

スカトロジー scatologie f.

すがめ ¶彼は~だ Il a un œil collé.

すがら 図柄 dessin m.

スカラー [数] scalaire m. ‖ ~量 grandeur f scalaire.

スカル (ボート) skiff (skif) m.

すがる 縋る [しがみつく] s'accrocher à; se raccrocher à; [よりかかる] s'appuyer à (sur); [かじりつく] se cramponner à; [当にする] compter sur; [つかまる] se tenir à. 希望に~ se cramponner à un espoir. 人の情に~ dépendre de (implorer) la pitié. 手摺に縋りなさい Accrochez-vous à la rampe. 私の腕に縋りなさい Appuyez-vous sur mon bras.

すかれる 好かれる être aimé(e).

スカロ(ラップ) pétoncle m; [料理] coquille f; [服] feston m. ¶ ~にする festonner.

ずかん 図鑑 dictionnaire m par l'image. ‖ 植物~ flore f; 動物~ faune f.

スカンク mouffette f.

スカンジウム scandium m.

スカンジナビア ‖ ~半島 péninsule f scandinave.

ずかんそくねつ 頭寒足熱 ¶~は健康によいRafraîchir la tête et chauffer les pieds, c'est très bon pour garder la santé.

すかんぴん 素寒貧 pauvre hère m. ¶~である être gueux(se) comme un rat d'église.

être sans (n'avoir pas) le sou.

すかんぽ 酸模 oseille f.

すき 隙 [隙間] interstice m; [割れ目] fente f; [暇] loisir m; [機会] chance f; occasion f. ~を窺う guetter l'occasion. ~を見せる prêter le franc; [フェンシング] ouvrir sa garde. ちょっと~を油断している~につけこむ profiter d'un moment d'inattention. つけこむ~も無い ne pas avoir la moindre chance d'abuser. ¶~の無い [隙間] serré; hermétique; [油断] prudent; inattaquable; vigilant. 一分の~も無い服装である être irréprochable dans sa tenue. 彼の構えには一分の~もない Sa garde est sans défaut. 彼は油断も~もない Il est rusé comme un vieux renard. ~を見て [暇] quand on a du loisir (du temps libre).

すき 好き ¶~な aimé; préféré; favori(te). 彼は~なことしかしない Il ne fait que ce qui lui plait. ~な作家 auteur m favori. ~なものを食べる se régaler de qc. ~になる [愛する] tomber amoureux(se); [好む] prendre goût à. ~である aimer; [気に入る] plaire. 彼は林檎が大~だ Il est friand de pommes. ...するのが~だ aimer inf. 彼は働くのが~だ Il aime travailler. より~である préférer qc (qn) à; aimer mieux; avoir une préférence pour. 彼女は他の花よりバラが~だ Elle préfère les roses aux autres fleurs. パリに住む方が~だ J'aime mieux habiter Paris. ~な順番に列挙する énumérer qc par ordre de préférence. ~なように à son gré; à sa guise; à son choix. ~なように振舞う agir (se comporter) à sa guise. ~なようになさい A votre guise! ~な時にいらっしゃい Venez quand il vous plaira. 誰も~好んでそんなことをしようとはしない Personne ne se permettra de faire cela./Personne ne va faire cela avec plaisir. ‖ ~こそ物の上手なれ《Le goût engendre le progrès.》‖ 映画~ cinéphile mf. 音楽~ mélomane mf.

すき 鋤 bêche f; [牛などの引く] charrue f; [除草用] binette f; [二度鋤き用] binot m. トラックで引く~ charrue tirée par un tracteur.

すぎ 杉 cryptomérie f. ‖ ~糸 ~ cyprès m. 西洋~ cèdre m.

-すぎ 過ぎ ‖ [時間] 11時~です Il est onze heures passées. 2時10分~です Il est deux heures dix. 1週間~に huit jours après. ‖ ◆[過度] それはやり~だ Vous exagérez. ⇨ すぎる(過ぎる).

スキー ski m;《俗》planche f. ~をする faire du ski; skier. ~をはく mettre (attacher) ses skis. ~のジグザグ滑降 feston m. ~可能の skiable. ¶~で行く aller en (à) ski. ‖ アプレ~ après-ski m inv. サンド~ ski de sable. 水上~ ski nautique. 山~ ski de randonnée. ~学校 classe f de neige. ~コーチ moniteur m de ski. ~ジャンプ saut m en skis. ~場 station f de ski. ~ストック bâton m. ~帽 serre-tête m inv; [リフト] téléski m; tire-fesse(s) m; remonte-pente(s) m. ~列車 train m de neige.

すきかって 好き勝手 ¶~なことを言う en parler à son aise; parler à tort et à travers. ~

すきこのし に au choix de qn. ～に振舞う en prendre à son aise.

すききらい 好嫌い préférence f; goût m. 食べ物に～がある être difficile sur les aliments. 彼は～が激しい Il est d'un caractère difficile. ～は人様々だ Tous les goûts sont dans la nature.

すぎこしのまつり 過越の祭 pâque f.

すぎさる 過ぎ去る [時などが] passer; [通り過ぎる] passer; [流れ去る] s'écouler. 青春が～ La jeunesse passe. 過ぎ去った過去; révolu. 過ぎ去った事件 événement m passé. 過ぎ去った時代 époque f révolue. 期待の裡に過ぎ去った時 moments mpl passés dans l'attente. 車窓から過ぎ去り行く景色を眺める contempler le paysage qui défile par la fenêtre du train.

すきずき 好き好き goût m; préférence f. 「蓼食う虫も～」«Chacun son goût.»

ずきずき ¶～する痛み douleur f lancinante. 傷が～痛む être lancé par une blessure.

スキッド [スキー] dérapage m. ¶～する déraper.

スキッパー patron m [de bateau]; [スポ] chef m d'équipe; skipper [skipœr] m.

すきっぱら 空っ腹 ¶～に飲む boire à jeun.

スキップ ¶～する marcher en sautillant.

すきとおった 透通った transparent; clair; pur. ～紙 papier m transparent. ～水 eau f claire (limpide). ～空 ciel m pur (limpide). ～声 de d'une voix claire (cristalline).

すきとおる 透き通る transparaître.

すぎな 杉菜 prêle (prèle, presle) f.

すぎない 過ぎない seulement; ne...que. 我々は三人に～ Nous sommes trois seulement (seulement trois). 彼に彼女に一度会ったに～ Il ne l'a vue qu'une fois. 彼は単なるお人好しに～ない Il n'est guère plus qu'un brave type. 私は一介の教師に～ Je suis un simple professeur.

すきなだけ 好きなだけ à discrétion; à volonté; [俗] à gogo. ～酒を飲む boire du vin à discrétion. ～お取り下さい Prenez-en autant que vous voulez.

すきほうだい 好き放題 ¶～にさせる laisser faire qn à sa guise. ⇨ すきかって(好き勝手).

すきま 隙間 interstice m; [割れ目] fente f; faille f. 雲の～ éclaircie f. ～をつめる calfeutrer; boucher un trou. ～の無い serré; hermétique. ～無く閉ざれた鎧戸 volets mpl hermétiquement clos. ¶～風 courant d'air m; vent m coulis. ～風を嫌う craindre les courants d'air.

スキムミルク lait m écrémé.

すきもの 好き者 vert-galant m. ¶彼は～だ C'est un coureur de jupons./C'est un vert-galant.

スキット [ジャズ] scat m.

スキャナー [コンピューター] scanneur m; scanner [skanɛr] m. ¶イメージ～ scanner d'image. ⇨ CT.

スキャン ¶～する scruter; [スキャナーで] scanner.

スキャンダル scandale m. ～になる faire scandale. 彼の不行跡は～になった Son inconduite a fait scandale. ～を引き起す causer (faire) un scandale.

スキューバ scaphandre m autonome. ¶～ダイビング plongée f sous-marine.

スキル compétence f; capacités fpl.

すぎる 過ぎる [通る] passer; [去る] fuir; s'enfuir; [流れ去る] s'écouler; [横切る] traverser; [超える] dépasser. 日々が～ Les jours s'en vont. 時が～ Le temps s'enfuit (fuit, s'écoule). 大急ぎで行き～ fuir à toutes jambes. 30歳を～ dépasser la trentaine. ¶過ぎた年月 les années fpl écoulées (passées). 過ぎた日々を懐しむ regretter ses jours passés. 過ぎたことは仕方がない Il ne faut pas revenir sur le passé. 11時を過ぎている Il est onze heures passées. ◆ [量などがある(に...する)] ¶飲み～ boire trop (démesurément). 働き～ travailler trop. それは言いすぎだ Tu exagères. 彼は遠慮し～ Il est trop modeste. 10センチが長～ être trop long de dix centimètres. 「過ぎたるはなお及ばざるが如し」«Trop ne vaut rien.» ◆ [勝る・匹敵もない] ¶僕には過ぎた女房だ Je ne mérite pas une telle femme.

スキン [避妊用] préservatif m; [俗] capote f [anglaise].

ずきん 頭巾 capuchon m; [婦人用] capuche f; [修道女の] guimpe f. ～をかぶせる capuchonner; encapuchonner.

スキンシップ intimité f.

スキンダイバー plongeur (se) m (f) autonome.

スキンダイビング chasse f sous-marine.

スキンヘッド ¶～の若者 skinhead m.

スキンローション ¶～をつける faire des lotions de peau.

すく 空く ¶電車は空いている Le train n'est pas rempli (n'est pas bondé). 道路は空いている La route est peu encombrée. 特等席は空いている Il y a beaucoup de fauteuils vides à l'orchestre. ◆ [空腹になる] ¶腹が～ avoir faim. ◆ [暇になる] ¶手が～ avoir du temps libre; être libre. 午前中は手が空いている Je suis libre le matin (dans la matinée).

すく 好く ⇨ すき(好き).

すく 漉く ¶紙を～ fabriquer du papier.

すく 鋤く ¶除草用の鋤で～ biner. シャベルで～ bêcher.

すく 透く [隙間がある] avoir des interstices; [間隔がある] être espacé; [まばらになる] devenir clairsemé; être espacé. 行間が透きすぎている Les lignes sont trop espacées. ◆ [胸が] ¶胸の～ようなシュート shoot m qui excite l'enthousiasme. 胸の～思いだ Je me suis senti délivré. それを見て胸が～ほど嬉しかった A le voir, la joie faisait bondir mon cœur. ⇨ すける(透ける).

すく 梳く [髪を] peigner; démêler; donner des coups de peigne; [自分の髪を] se peigner; se démêler; [髪を間引く] désépaissir; [まばらにする] carder.

-ずく ¶腕～で à force de force. 金銭～で à force d'argent; avec [la force de] son argent. 相談～で de gré à gré. 力～で外に出された On m'a fait sortir de force. 納得～で dans

すぐ[に] 直(じき)に [直ちに] aussitôt; immédiatement; instantanément; à l'instant; sur l'heure; tout de suite; sur le champ (le coup); vite; sans tarder; [俗] illico; [間もなく] bientôt; dans une minute (un instant); tout à l'heure; sous peu. 彼の出発は~だ Son départ est immédiat. ~後で immédiatement (aussitôt, sitôt, dès) après. 出かけた~後で aussitôt après *son* départ. ~に判る comprendre aussitôt. ~に支払う payer sans tarder. ~に戻る revenir aussitôt. ~に解決できる pouvoir résoudre facilement. タクシーに乗れば空港には~に着きますよ En prenant un taxi, vous serez très vite arrivé à l'aéroport. マキシは~に廃れた Le maxi a été abandonné rapidement. ~に行きます J'arrive. 今~に dès maintenant. 生れると~に dès la naissance. 入ると~に sitôt entré; à peine entré. 戻ったら~に dès *son* retour. ~に寝なさい Allez au lit illico. 私は知らせを受けとると~にでかけた Aussitôt (Sitôt, Dès) la réception de la nouvelle, je suis sorti. ~にもしようとしている être sur le point de *inf*. être prêt à *inf*; [俗] être pour *inf*. ◆[極く近く]¶~上[下]に juste au-dessus (dessous) de. ~近くに tout près. 家の~近所で au voisinage immédiat de *sa* maison. 駅の~近くで tout près de la gare. ◆[容易に] facilement. 彼は~怒る Il est prompt à la colère.

すくい 救い secours *m*; [援助] aide *f*; [救済] assistance *f*; [宗教上の] salut *m*. ~を求める demander du secours (de l'aide). ~を呼ぶ appeler au secours. ¶~の手を差し延べる tendre à *qn* une main secourable; prêter secours à *qn*; venir en aide à *qn*.

すくいあみ 掬い網 épuisette *f*.

すくいぬし 救い主 Sauveur *m*. ~はあなただ Le Sauveur, c'est vous!

すくう 掬う puiser; [滓などを] recueillir; [泡を] écumer; [水垢を] écoper; [集めるに] ramasser. ~の水を~ puiser de l'eau à une source. 船の水垢を~ écoper l'eau du bateau. ¶[比喩的に] ¶同僚の足を~ faire un croc-en-jambe à un collègue.

すくう 救う sauver; [救援] secourir; [解放] délivrer. 彼は私の命を救った Il m'a sauvé la vie. 彼は救われた Il est sauvé. 救い上げる repêcher; tirer. 溺れた人を救い上げる repêcher une personne tombée à l'eau. 窮地から救い上げる tirer *qn* d'embarras. 救い出す délivrer; dégager. 身代金を払って捕虜を救い出す délivrer un captif en payant une rançon. 負傷者を救い出す dégager un blessé. **救い難い** [希望のない] désespéré; [扱い難い] intraitable; [直し難い] incorrigible; [不治の] incurable.

すくう 巣食う nicher; faire *son* nid; [幽霊、妄想などが] †hanter.

スクーター scooter *m*.

スクーナー schooner *m*; goélette *f*.

スクープ scoop *m*. ¶~する faire un scoop.

スクール ‖ モデル~ école *f* modèle. ~カラー caractère *m* d'une université. ~バス autobus *m* scolaire.

スクエア place *f*; square [skwɑr] *m*.

スクエアダンス quadrille *m* américain.

すくすく vite; sain et sauf. ~育つ grandir (pousser) sans le moindre accroc.

すくせ 宿世 ¶~の縁 prédestination *f*. 私たちが結ばれたのも~の縁だ Il était écrit que nous unirions dans ce monde.

すくない 少ない [数が] peu nombreux(se); [量が] peu abondant; [稀に] rare; [不足の] insuffisant. ~家族 famille *f* peu nombreuse. ~出費 dépense *f* peu abondante. ~収入 revenu *m* insuffisant. ~時間で en peu de temps. 重要性が~ Cela a peu d'importance. 今年は雨が少なかった Cette année, nous avons eu peu de pluie. 少なからぬ pas mal; considérable. 少なからぬ損害 pas mal de perte. 少なくする diminuer; [削って] amenuiser; [切り下げる] réduire; [稀にする] raréfier. 数を少なくする diminuer le nombre. 会う機会を少なくする amenuiser les chances de rencontre. 支出を少なくする réduire *ses* dépenses. フラスコの空気を少なくする raréfier l'air contenu dans un ballon. 少なくなる diminuer; s'amenuiser; se raréfier. 収入が少なくなる Les recettes s'amenuisent. 貯えが少なくなる Les réserves diminuent. 会う機会が少なくなる Nous avons peu d'occasions de nous voir. 圧力の少なくなったガス gaz *m* raréfié. ~より少なく moins. 他人より少なく払う payer moins que d'autres. 少なくとも au (du) moins; au minimum; pour le moins; tout au moins. 少なくとも月に一度は映画を見る Je vais au cinéma au moins une fois par mois. 少なからず assez; pas mal.

すくなめ 少な目 ¶~に見積る estimer (compter) au minimum.

すくむ 竦む être immobilisé (pétrifié); se pétrifier; [小さくなる] se faire tout petit. 足が~ ne pouvoir bouger. 恐怖で足が竦んだ La terreur (La peur) m'a coupé les jambes. 私は恐怖のあまり竦んでしまった Je suis pétrifié de peur. その場に立ち竦む être figé sur place. びっくりして私はその場に立ち竦んでしまった La surprise m'a figé sur place.

-ずくめ [昨日から嬉しいこと~だ Je suis rempli de joie depuis hier. ‖ 黒~の殺し屋 tueur *m* tout habillé de noir.

すくめる 竦める ¶首を~ †hausser les épaules; engoncer. 身を~ se blottir; se recroqueviller.

スクラッチ [スポ] scratch [skrætʃ] *m*.

スクラップ [金属の] déchets *mpl*; [屑鉄] ferraille *f*; [新聞の] coupures *fpl*. 車を~にする mettre une voiture à la ferraille. ‖ ~ブック album *m* de coupures.

スクラム [ラグビー] mêlée *f*. ~を組む former une mêlée; se donner le bras. ‖ タイト (ルース)~ mêlée fermée (ouverte).

スクラムハーフ [ラグビー] demi *m* de mêlée.

スクランブル [緊急発進] décollage *m* immédiat (sur alerte). ‖ ~交差点 passage *m* en croix; intersection *f* libre. ~[ド]エッグ œufs *mpl* brouillés.

すぐり groseille f. ～の木 groseillier m.
スクリーン écran m. ∥タッチ～ écran tactile. ワイド～ écran géant (large).
スクリプター 〖映〗script-girl f; script f.
スクリプト [テレビなどの台本, 手書き文字] script m.
スクリュー hélice f; propulseur m.
すぐれる 勝(優)れる exceller; primer; prédominer; surpasser; dépasser. 彼の勝れているのは知性だ Chez lui, c'est intelligence qui prime (prédomine). 想像力で人より勝れている dépasser qn en imagination. 勝れた excellent; distingué; éminent; supérieur; remarquable. 勝れた知性 intelligence f supérieure. 人並勝れた頭脳 intelligence hors ligne. 非常に勝れた学位論文 thèse f brillante. 世紀の最も勝れた作家の一人 un des écrivains les plus distingués du siècle. 勝れたアイデアだ Excellente idée! より勝れた meilleur. ...より自分が勝れていると思う se croire supérieur à qn. 勝れて excellemment; éminemment; supérieurement. ◆[気分などが] ¶顔色が勝れない avoir mauvaise mine. 気分が勝れない se sentir mal.
スクロール [コンピューター] déroulement m. ¶～する dérouler l'écran.
すげ 菅 laiche f; carex m. ∥～笠 chapeau (x) m de laîche.
ずけい 図形 〖数〗figure f.
スケーター patineur(se) m(f).
スケート patinage m. ～をする patiner. ∥スピード～ patinage de vitesse. フィギュア～ patinage artistique. ローラー～ patinage à roulettes. ～靴 patins mpl. ～選手 patineur(se) m(f). ～リンク patinoire f; piste f de patinage.
スケートボード planche f à roulettes.
スケープゴート bouc m émissaire.
スケール [規模] étendue f; dimension f; [尺度] échelle f. 彼は～が小さい Il manque d'envergure. ¶～の大きな人 esprit m de grande envergure. ⇨ きぼ(規模).
スケジュール plan m; programme m. ～が詰まっている J'ai un emploi du temps très serré. ～を立てる faire (dresser) un emploi du temps.
ずけずけ franchement; carrément. ～物を言う avoir son franc-parler; ne pas mâcher ses mots.
すけだち 助太刀 aide f. ～をする prêter main-forte à qn. ～を頼む demander de l'aide.
スケッチ esquisse f; croquis m; sketch m; ébauche f. ～をする esquisser; croquer; ébaucher. ∥～ブック cahier m de croquis.
すけっと 助人 ¶～になってくれ J'ai besoin de toi.
すげない froid; peu aimable. ¶すげなく sans cœur; froidement; sèchement. すげなくする accueillir froidement; traiter avec froideur.
すけべえ 助平 égrillard(e) m(f). ¶～な égrillard; libidineux(se); vicieux(se). 彼はへ根性を出して舞台をしくじった Il a fait un four en essayant de jouer le grand jeu. ～爺い vieillard m libidineux.

すける 透ける ¶彼の髪の毛がだいぶ透けて来た Ses cheveux s'éclaircissent déjà clairsemés. 垣根から家の中が透けて見える voir l'intérieur de la maison à travers les haies.
すげる attacher; fixer; [差込む] insérer. 人形の首を～ remplacer la tête d'une poupée. 人の首をすげ替える remplacer qn.
スケルツォ scherzo m.
スケルトン squelette m.
スコア [運動] score m; marque f; [音楽] partition f. ～をつける marquer le score. ～は3対2だ La marque est de 3 à 2.
スコアボード tableau m d'affichage; panneau(x) m d'affichage des résultats; affichage m électronique.
スコアラー marqueur(se) m(f).
すごい 凄い [素晴らしい] formidable; extraordinaire; épatant; gratiné; [恐ろしい] terrible; effrayant; affreux(se); redoutable; [信じられない] incroyable; [激しい] violent; furieux. ～思いつき idée f formidable. ～美人 femme f d'une beauté éblouissante. ～奴だ C'est un type du tonnerre! あれは～奴だ C'est un type énorme. それは～や C'est formidable! ¶凄く formidablement; épatamment; extraordinairement; terriblement; rudement; beaucoup; drôlement. それは凄くいい映画だ C'est un film formidable.
ずこう 図工 peinture f et travaux mpl manuels.
すごうで 凄腕 ¶彼は～だ Il est très ingénieux (débrouillard).
スコール grain m; rafale f de pluie.
スコーン scone m.
すこし 少し un peu; quelque peu; un (tout) petit peu; [ごく僅か, 否定的] peu. ～良い酒を飲む boire du bon vin. たとえ～雨が降っても même s'il pleut un peu. ～待ってください Attendez un peu. もう～大きな声で言ってください Dites-le d'une voix un peu plus forte (haute). もう～我慢すればうまくいった Avec un peu plus de patience, vous auriez réussi. ～ずつ petit à petit; peu à peu. もう～で un peu. もう～で腹を立てるところだった Pour un peu je me serais mis en colère. 彼はもう～したら来る Il arrivera bientôt. 彼はもう～で転ぶところだった Il a failli tomber. ～でもためらえば pour peu que vous hésitiez. ～も nullement; aucunement; pas du tout. ～も邪魔ではない Cela ne me gêne nullement. 僕は～も驚かない Je ne m'en étonne pas autrement. 彼は～も勉強しない Il travaille très peu. ¶～の塩 un peu de sel. ごく～の砂糖 un tout petit peu de sucre. 私の知っている～のこと le peu que je sais.
すごす 過す passer; couler. ～を～ passer le temps à inf. 空しく時を～ perdre son temps. 彼は幸福な時を過ごした Il a coulé une vie heureuse. ◆[程度を越す] ¶度を～ dépasser les bornes. 酒を～ boire trop de vin; abuser d'alcool.
すごすご ¶～出て行く s'en aller d'un air abattu.

スコッチ [ウイスキー] scotch *m*; [服地] tissu *m* écossais.

スコッチテリア terrier *m* d'Ecosse; scottich-terrier *m*.

スコップ pelle *f*. ~で土を掘り起す pelleter de la terre.

すこぶる 頗る très; extraordinairement; infiniment; extrêmement; exceptionnellement.

すごみ 凄味 ¶~をきかす prendre un air menaçant; montrer les dents à *qn*. ~のある menaçant. ~のある顔 visage *m* menaçant.

すごむ 凄む menacer; intimider.

すごもり 巣籠り couvaison *f*; couvage *m*. ¶巣籠る couver; nicher.

すこやか 健やか ¶~な sain. ~に sainement; sain et sauf.

スコラ ¶~神学 théologie *f* scolastique. ~哲学 scolastique *f*; philosophie *f* scolastique. ~哲学者 scolastique *m*.

すごろく 双六 trictrac *m*; jacquet *m*. ~を遊ぶ jouer au trictrac; faire une partie de jacquet.

スコンク ¶~をくらう [零敗する] être battu à plate couture.

すさまじい 凄まじい [恐ろしい] furieux(se); terrible; effroyable; effrayant; formidable; [驚くほど] étonnant; prodigieux(se); [非常識な] extravagant; déraisonnable; incroyable. ~形相をする prendre un air terrible. ~勢いで飛びかかる se précipiter (sauter) furieusement sur. 水が~勢いで押し寄せる L'eau déferle avec une énergie formidable. ¶凄まじく effroyablement; terriblement; avec fureur.

すさむ 荒む décliner; se dépraver; se pervertir. ¶荒んだ生活 vie *f* dépravée.

ずさん 杜撰 ¶~な grossier(ère); fautif(ve). ~な計算 calcul *m* erroné. ~な仕事をする bâcler. それは~な仕事だ C'est du travail bâclé.

すし 鮨 sushi *m*.

すじ 筋 [筋肉の] nerf *m*; [腱] tendon *m*; [靱帯] ligament *m*. ~を痛める se froisser un nerf. ~を違えると se tordre le tendon. [繊維] fibre *f*; [細い筋] filet *m*; [動植物の] fil *m*; [茎の] cannelure *f*. セロリの~ cannelure de céleri. 豆の~を取る enlever les fils des pois. ~のある fibreux(se); filamenteux(se). ~の多い肉 viande *f* filandreuse. ◆ [線] raie *f*; ligne *f*; trait *m*; strie *f*; [ズボンの折目] pli *m*. 手の~ ligne de la main. ~をつける rayer; tracer une ligne; [ズボンなどに] plier; faire un pli. ¶~のついた strié; rayé. きちんと~のついたズボン pantalon *m* avec un pli bien marqué. ◆ [小説, 劇の] action *f*; intrigue *f*; [筋立て] plan *m*. ~を仕組む conduire une intrigue. ~の込み入った喜劇 comédie *f* d'intrigue. ◆ [道理] ~を通す suivre *sa* ligne. ~の通った raisonnable; logique; conséquent. ~の通らない déraisonnable; absurde. ◆ [方面] 確かな~のニュース nouvelle *f* de bonne source. その~の命令で sur l'avis des autorités compétentes. ¶消息~によれば de source bien informée. ◆ [素質] あなたのテニスは~がいい Vous êtes doué pour le tennis.

ずし 図示 illustration *f*. ¶~する illustrer; expliquer au moyen d'images.

すじあい 筋合 ¶そういった~のものではない Les raisons que vous m'avez données ne sont pas valables. 私から頼む~のものではない Je n'ai aucune raison de te demander de ma part. そのくらい給料をもらっていたら文句いう~はない Vous n'avez pas sujet de vous plaindre avec un tel salaire.

すじかい 筋交い 【建】 décharge *f*. ¶~に obliquement; diagonalement; en diagonale; [X型に] en sautoir.

すじがき 筋書 [演劇の] analyse *f*; [映画の] synopsis *f*; [バレーなどの] scénario *m*; [計画] plan *m*; programme *m*; projet *m*. ¶~に従って suivant le plan.

すじがね 筋金 ¶~入りの闘士(性格) combattant *m* (caractère *m*) trempé. あの人は~入りだ Il a de l'assiette.

ずしき 図式 schéma *m*; graphique *m*; [グラフ] diagramme *m*; [幾何, 設計図] épure *f*. ¶~による graphique; schématique. ~的な報告 exposé *m* schématique. ~的に schématiquement.

すじこ 筋子 caviar *m* rouge.

すじちがい 筋違い ¶~の [不当な] déraisonnable; injuste; absurde. 僕を責めるのは~だ Vous avez tort de m'accuser.

すしづめ 鮨詰め ¶~の列車 train *m* bondé. ~にする entasser. 狭い部屋に人を~にする entasser *qn* dans une pièce étroite. ~になる être serrés comme des harengs.

すじみち 筋道 raison *f*; logique *f*. ¶~の立たない illogique; déraisonnable. ~の立たぬ言葉 illogismes *mpl*. ~の立った推論 raisonnement *m* bien suivi. ~を立てて話す parler (expliquer) logiquement. ⇨ すじ(筋).

すじむかい 筋向い ¶~に obliquement; opposé à. 彼の家は私の家の~にある Sa maison est opposée à la mienne.

すじょう 素性 extraction *f*; origine *f*. ~を隠す cacher *son* extraction. ¶~の良い bien né. ~の賤しい de basse origine.

ずじょう 頭上 ¶~に au-dessus de la tête; sur la tête. 栄冠は彼の~に輝いた Il a été auréolé de gloire.

ずしり ¶~と重い peser lourdement.

ずしん boum. ¶~と音がした Ça a fait boum !

ずしんと ⇨ どしん.

すす 煤 suie *f*.

すず 錫 étain *m*. ¶~製の皿 vaisselle *f* en étain. ~箔 étain battu; [料理用] papier *m* d'étain. ~めっきする étamer.

すず 鈴 clochette *f*; grelot *m*; [家畜の頸につける] sonnaille *f*; [呼鈴] sonnette *f*.

すずかけ 鈴掛 platane *m*.

すすぎ 濯ぎ rinçage *m*. ¶~水 rinçure *f*. ~水入れ rinçoir *m*.

すずき 鱸 bar *m*; loup *m* [de mer].

すすぐ 濯ぐ rincer. 口を~ se rincer la bouche.

すすける 煤ける s'encrasser; s'enfumer. ¶

~けた encrassé; enfumé; fuligineux(se); noirâtre.

すずしい 涼しい frais (fraîche). 今日は~ Il fait frais aujourd'hui. ¶涼しくなる Il fraichit. 夕立で涼しくなった L'averse a rafraîchi l'atmosphère. 気候が涼しくなった Le temps s'est rafraîchi. 涼しそうな服を着ている être habillé légèrement. 涼しさ fraîcheur f.
◆[比喩的に] ¶目もとが~ avoir un regard jeune. ~顔をする avoir l'air indifférent.

すずなり 鈴生り grappe f. ¶~になって в grappes. 旅行者がステップに~になっている Des grappes de voyageurs s'accrochent aux marchepieds.

すずみ 涼み ¶~に出かける aller prendre le frais.

すすむ 進む avancer; se diriger; aller. ゆっくり~ avancer lentement. 戸口に向って~ se diriger vers la porte. 二三歩~ faire quelques pas. 前に一歩~ faire un pas en avant. 道を~ faire du chemin. 群衆を分けて~ se frayer un chemin à travers la foule. 目的に向って~ marcher vers un but. 万難を排して~ aller contre vents et marées. なかなか前に進めない C'est à peine si on peut marcher. 前へ進め En avant, marche! ¶[進歩する, 捗る] avancer; progresser; aller; cheminer. 仕事がうまく~ aller bon train; avancer bien. 研究が~ aller (avancer) bien dans son étude. 調査はどこまで進みましたか Où en êtes-vous dans vos recherches? 10頁まで進みました Nous en sommes à la page dix. ◆[時計の] ¶この時計は1日に1分~ Cette montre avance d'une minute par jour. 5分進んでいる avancer (être en avance) de cinq minutes. 私の時計は5分進んでいる Ma montre avance de cinq minutes. 時計を進ませる mettre une montre à l'avance. ◆[病気が] s'aggraver. 夜の中に病状が進んだ L'état du malade s'est aggravé pendant la nuit. ◆[程度が高まる・世間に先んじる] ¶人より進んでいる être en avance sur qn; avoir de l'avance sur qn. この子は年の割に知恵が進んでいる Cet enfant est intelligent pour son âge. 進んだ文化 civilisation f avancée. ◆[食欲が出る] ¶食が~ avoir bon appétit. ◆[乗気になる] ¶気が進まない ne pas être disposé à inf.

すずむ 涼む prendre le frais.

すすめ 勧め [推薦] recommandation f; [勧告] conseil m; avis m; [奨励] encouragement m. 人の~に従う suivre les recommandations (le conseil) de qn. 人の~をきく (sur) la recommandation de qn; selon le conseil de qn.

すずめ 雀 moineau(x) m; [燕雀類] passereaux mpl; [野雀] friquet m; 《俗》piaf m; pierrot m. ~がちゅうちゅうと鳴いている Un moineau pépie. 「~百まで踊り忘れず」《Qui naquit chat court après les souris.》

すずめが 雀蛾 sphinx m.

すずめばち 雀蜂 guêpe f. ~の巣 guêpier m.

すすめる 勧める [推薦する] recommander; [勧告する] conseiller; [奨励する] encourager; [招く] inviter; [促す・そそのかす] solliciter. 椅子を~ proposer à qn de s'asseoir. 飲物を~ inviter qn à boire. 善行を~ solliciter qn à faire le bien. トウモロコシの栽培を~ encourager la culture du maïs. 用心するように~ recommander à qn de prendre garde; recommander la prudence à qn.

すすめる 進める avancer; pousser; [進歩させる] faire progresser; faire avancer. 仕事を~ avancer son travail. 議論を~ faire avancer notre discussion. 結婚話を~ arranger les pourparlers de mariage. ◆[時計] ¶時計を~ avancer une montre. ◆[縫物] ¶針を~ pousser l'aiguille.

すずらん 鈴蘭 muguet m. ¶~祭り fête f du muguet.

すすりなき 啜泣き sanglot m. 彼女は急に~を始めた Elle a commencé à éclater en sanglots. ¶啜泣く sangloter.

すする 啜る sucer; siroter. 粥を~ prendre de la bouillie. 鼻を~ renifler.

すすんで 進んで volontairement; volontiers; avec plaisir; de son plein gré; de propre (de bonne) volonté; de bon cœur; avec empressement. ~厄介な仕事を引き受ける accepter volontiers un travail difficile.

すそ 裾 bas m; [裳裾] pan m; [引裾] traîne f.

すその 裾野 pied m du mont.

スター vedette f; étoile f; [女優] star f. ¶~の卵 starlette f.

スターター [エンジンの] démarreur m; starter m; mise f en marche; 《スポ》starter. ~をかける actionner le démarreur. ‖ キック~ démarreur au pied.

スターダム ¶~に上る monter dans le ciel des vedettes.

スターティングメンバー ¶~で出場する faire partie de la première formation.

スタート départ m; [車の] démarrage m. ¶~する partir; démarrer. 自動車が突然~した La voiture démarra brusquement. ‖ ~係 ~ライン ligne f de départ. ~ダッシュ sprint m de départ.

スターリング sterling [sterlin] m. ‖ ~地域 zone f de sterling.

スタイラス [コンピューター] stylet m; crayon m lumineux.

スタイリスト précieux(se) m(f); dandy m; [文章の] styliste mf; [服飾関係の] styliste mf. お前は~だね Tu es bêcheur!

スタイリッシュ ¶~な beau (belle); élégant.

スタイル [文体] style m; [容姿] taille f. ~が良い avoir une jolie taille; [ほっそりして] avoir la taille bien prise. 彼女はとても~がいい Elle est bien de sa personne. ‖ ~ブック album m de mode.

スタウト [ビール] stout [stawt, stut] m(f).

すだく 集く chanter en chœur. 草葉に~虫の声 chant m des insectes dans les herbes.

スタグフレーション 〚経〛stagflation f.

すたこら ¶~逃げる s'enfuir à toute vitesse; prendre ses jambes à son cou.

スタジアム stade m. ‖ オリンピック~ stade olympique.

スタジオ studio m; [写真の] salon m de

ずたずた ¶～にする mettre en lambeaux (en charpie); réduire en lambeaux. ～になる tomber (s'en aller) en lambeaux. ～に引き裂く déchirer en [mille] morceaux. ～に引き裂かれた心 cœur m déchiré (en charpie). ～になった en lambeaux. ～にカットされた新聞記事 article m mutilé par des coupures.

すだつ 巣立つ [鳥が] quitter son nid; [人が] débuter dans la vie.

スタッカート staccato m.

スタッフ personnel m; équipe f.

スタビライザー stabilisateur m.

ずだぶくろ 頭陀袋 besace f.

スタミナ vigueur f; endurance f physique. ～がない manquer d'endurance. ～をつける développer l'endurance; prendre des forces. ‖～料理 plat m nourrissant.

すたる 廃る ¶男が～ C'est indigne d'un homme.

すだれ 簾 jalousie f; [シャッター] store m.

すたれる 廃れる se perdre; passer de mode; [古くなる] vieillir. その言葉は廃れた Ce mot a vieilli./Ce mot ne s'emploie plus. ミニスカートは廃れた La mini-jupe a passé de mode. ¶廃れた désuet(ète); démodé; suranné; sec [旧式の] périmé. 廃れた言葉 termes mpl vieillis.

スタンガン fusil m hypodermique.

スタンザ stance f; strophe f.

スタンス position f des pieds; posture f. ～を取る se mettre en posture.

スタンダード standard m; norme f. ～の standard; normatif(ve); réglementaire. ‖～型 modèle m standard.

スタンド [観覧席] tribune f; stand m; [円型劇場の] gradin m. ‖ ◆[供給所] ガソリン～ station(s)-service f. ◆[台] 電気～ lampe f de chevet. フロア～ lampadaire m.

スタンドイン cascadeur(se) m(f); [代役] doublure f.

スタンドオフ 【スポ】demi m d'ouverture.

スタントカー [ショー] stock-car(s) [stɔkkar] m.

スタンドプレイ cabotinage m. ～をする caboteur. 彼女は少し～をしすぎる Elle est un peu cabotine./Elle cabotine trop. ¶～をする人 cabotin m.

スタントマン cascadeur m.

スタンバイ stand-by [stɑ̃dbaj] m.

スタンプ timbre m; [ゴム製] tampon m. ～を押す timbrer; tamponner; [消印] oblitérer. ‖日付印～ timbre m dateur. ～台 tampon m encreur.

スチーム [蒸気] vapeur f; [暖房] chauffage m central. ‖～アイロン fer m à vapeur.

スチール ¶～の métallique. ‖～の [戸棚] bureau(x) m (rayonnage m) métallique.

スチールしゃしん ～写真[映画] photo f de film.

スチュワーデス hôtesse f de l'air; stewardess f inv.

スチュワード steward [stjuwɑrd, stiwɑrt] m.

-ずつ ¶一人(一つ)～ un(e) à un(e). 一人に二つ～ deux par tête. 二人～ deux par deux. 少し～ peu à peu; petit à petit. 少し～飲む boire à petites gorgées.

ずつう 頭痛 mal m de tête. ～がする avoir mal à la tête. ¶～の種である être une cause d'ennuis.

スツール tabouret m.

すっからかん ⇒ すってんてん.

すっかり [全く] tout à fait; parfaitement; complètement; de bas en haut; de fond en comble; entièrement; tout; totalement. ～忘れていた Je l'ai tout à fait (complètement) oublié. 彼は～感動した Il est tout ému. 彼女はもう～女っぽくなった Elle fait déjà très femme. ¶[ひとつ残らず] ¶彼は～食べてしまった Il a tout mangé.

ずつき 頭突き coup m de tête.

ズッキーニ [植] courgette f.

すっきり ¶～した clair; net(te). ～した身なり tenue f simple et de bon goût. ～した気分である se sentir léger(ère). あなたの説明はその点が～しない Votre explication est insuffisante sur ce point.

すっく ¶～と立ち上る se dresser brusquement.

ズック toile f; coutil m. ‖～靴 espadrille f.

すづけ 酢漬 conserves fpl au vinaigre. ¶～にした conservé dans du vinaigre. ～の胡瓜 cornichons mpl.

ずっしり ¶～と lourdement; pesamment. 重い荷物が～肩にめり込む Des fardeaux pèsent [lourdement] sur les épaules. ～と荷物を積んだトラック camion m lourdement chargé. ～と金の入っている財布 portefeuille m gonflé d'argent.

すったもんだ [紛争] trouble m; [紛紏] complication f; difficulté f; ennui m. ～と～がある avoir des difficultés avec qn. ¶～のあげく après beaucoup d'ennuis.

すってんころり ¶～と～ところぶ tomber sur le dos en glissant; tomber à la renverse.

すってんてん n'avoir pas un sou; être fauché [comme les blés]. ¶～になるまで jusqu'à sa chemise.

すっと ¶～手を差し出す tendre la main rapidement. 彼は～姿を消した Il a disparu sans qu'on s'en aperçoive. 彼は来たと思ったら～帰っていった A peine arrivé, il est reparti. ～した気持になる se sentir soulagé (délivré).

ずっと [継続して] toujours; de tout temps. 朝から～家にいました Dès le matin je restais chez moi. 僕は君を～愛し続ける Je t'aimerai toute la vie (pour toujours). 週末は～家にいる Je reste à la maison pendant le week-end. 一時間も～君を待っていた Je suis resté toute une heure à t'attendre. ¶～前から depuis longtemps. ◆[段違いに] plus très; beaucoup. 彼は君より～若い Il est beaucoup plus jeune que vous. 山は～遠くに見える Tout au loin, on voit des montagnes. ◆[真直に] ずっと tout droit; directement.

すっとんきょう 素っ頓狂 ¶～な bizarre; ridicule; drôle; un (une) drôle de. 彼は～な奴だ

すっぱい 酸っぱい acide; aigre; sur. 甘～ aigre-doux(ce). ～匂がする sentir l'aigre. ～もの acide m. 酸っぱくなる s'aigrir; s'acidifier; tourner à l'aigre. [葡萄酒が]～になる vin m piqué. 口が酸っぱくなるほど言う répéter 36 fois la même chose. 酸っぱさ aigreur f; acidité f.

すっぱぬく 素っ破抜 révéler; dévoiler. 秘密を～ révéler (dévoiler) des secrets.

すっぱり ¶～と縁を切る rompre sans regret toutes relations avec qn.

すっぽかす manquer; manquer à. デートを～ manquer à son rendez-vous. 約束を～ manquer à sa parole. …するのを～ négliger de inf. すっぽかして帰る fausser compagnie à qn; 《俗》poser un lapin à qn.

すっぽり ¶頭から～蒲団をかぶる s'emmitoufler dans une couverture. [はまる s'emboîter bien. これらこの管に～はまる[ぴったりに] Cela s'emboîte bien dans ce tuyau.

すっぽん 鼈 trionyx m. ¶それは月と～だ C'est comme le jour et la nuit.

すで 素手 ¶～で[何も持たずに] les mains vides; [武器なしで] sans armes.

ステアリン stéarine f.

ステアリング ¶～コラム colonne f de direction.

すていし 捨石 ¶～になる se sacrifier.

スティック bâton m. ¶チョコ～ bâton à chocolat. リップ～ bâton de rouge à lèvres. ～糊 bâton (bâtonnet m) de colle.

ステイトマン homme m d'État.

ステーキ ‖ヒレ～ biftek m dans le filet. ⇨ ビフテキ.

ステージ scène f. ～に立つ entrer en scène.

ステーションワゴン break [brɛk] m.

ステータス statut m [social]; rang m.

ステートメント exposé m; communiqué m; déclaration f.

ステープルファイバー fibranne f.

すてき 素敵 ¶～な excellent; ravissant; remarquable; fameux(se); charmant; 《俗》épatant; chouette; bath inv. ～な奥さん femme f charmante. 彼女は全く～だ Elle est vraiment ravissante. 湖畔の景色は～だった Il y avait un charmant paysage au bord du lac. その服を着ると～に見える Vous êtes chic dans ce costume. ¶～に excellemment; fameusement; à merveille; formidablement.

すてご 捨て子 enfant mf abandonné(e).

すてぜりふ 捨台詞 flèche f du Parthe. ¶～を残し立ち去る se retirer en lançant la flèche du Parthe (une bravade).

ステッカー autocollant m.

ステッキ canne f.

ステッチ piqûre f. ‖ミシン～ piqûre à la machine.

ステップ [乗物の] marchepied m; [ダンスの] pas m; [大草原] steppe f.

すでに 既に déjà. 彼は～出発してしまった Il était déjà parti. それは～述べた通りです Je l'ai dit ci-dessus. 時～遅し C'est trop tard maintenant.

すてね 捨値 vil prix m. ¶～で売る brader; vendre à vil prix. 車を～で売払う brader sa voiture.

すてばち 捨鉢 désespoir m. ¶～な désespéré. ～になる s'abandonner au désespoir; tomber dans le désespoir.

すてみ 捨身 ¶～になって働く travailler au risque de sa vie; se tuer au travail.

する 捨(棄)てる [投げ捨てる] jeter; [無くする] se dépouiller; [否認する] renier; [断念する] abandonner; renoncer à; [犠牲にする] sacrifier; [見棄てる] déserter; [遺棄する] exposer; [放棄する] mettre au rancart. 吸いがらを床に～ jeter un mégot par terre. 自尊心を～ dépouiller de tout orgueil. 信仰を～ renier sa foi. 勝負を～ abandonner la partie. 世を～ renoncer au monde. 命を～ sacrifier sa vie. 地位(村)を～ déserter son poste (le village). 赤ん坊を～ exposer un nouveau-né. 計画を～ mettre un projet au rancart. ¶んざら捨てたものでもない Il a encore du bon.

ステレオ chaîne f hi-fi; stéréo f. ¶～の stéréophonique. ‖～カメラ appareil m stéréoscopique. ～効果 effet m (enregistrement m) stéréophonique. ～コンポ(セット) chaîne f stéréo. ～タイプ stéréotype m; cliché m. ～放送 émission f en stéréo.

ステロイド stéroïde m.

ステロばん 判[印刷] stéréotypie f.

ステンシル stencil m.

ステンドグラス vitrail(aux) m.

ステンレス ¶～の inoxydable. ‖～スチール acier m inoxydable.

スト ⇨ ストライキ.

ストア magasin m. ‖チェーン～ succursale f; chaîne f de super-marchés.

ストア ‖～哲学 stoïcisme m. ～派 école f stoïcienne.

ストイック ～な stoïque.

ストーカー traqueur(se) m(f). ¶～行為をする traquer qn.

ストーブ poêle m; radiateur m. ¶ガス～ radiateur (poêle) à gaz. 石炭～ poêle à charbon. 石油～ poêle à mazout. 電気～ radiateur électrique.

すどおり 素通り ¶パリを～する passer à Paris sans s'y arrêter. 店の前を～する passer devant un magasin sans y entrer.

ストーリー histoire f; récit m; conte m; [筋] intrigue f.

ストール étole f.

ストッキング ⇨ くつした(靴下).

ストック stock m; provision f; réserve f; [花] giroflée f; [スキーの] bâtons mpl. ¶～する stocker; garder qc en réserve. 商品を～する mettre des marchandises en stock; faire une réserve de marchandises.

ストックオプション option f d'achat d'actions.

ストッパー [つっかい棒・留め金など] taquet m.

ストッピング [サッカー] amorti m.

ストップ [間投詞] Stop! ¶～する s'arrêter; [車] stopper. ～させる stopper; arrêter; empêcher. ‖～ウォッチ chronomètre m [à

ストップボレー [テニス] amorti m.

ストどまり 素泊り ¶～3000円 Ça coûte 3.000 yen pour loger seulement.

ストライキ grève f; débrayage m. ～をする faire grève; débrayer. ～を中止する(破る) cesser (briser) la grève. ～を指令する décréter une grève. ～に入る se mettre en grève. ～が長びいている La grève pourrit. ‖交通～ grève des transports. ゼネ～ grève générale. 順法～ grève du zèle. 同情～ grève de solidarité. 波状～ grève tournante. ハンガー～ grève de la faim. 分散～ grève perlée. 無期限～ grève illimitée. 山猫～ grève sauvage. 「～決行中」《En grève.》 ～指令を出す lancer un ordre de grève. ～破り briseur m de grève. ～破りの労働者 renard m.

ストライプ raie f; rayure f. ⇨ しま(縞).

ストラップ courroie f.

ストリート ‖メイン～ rue f (artère f) principale; boulevard m. ～ガール fille f des rues.

ストリートチルドレン enfants mpl de rue.

ストリキニーネ strychnine f.

ストリッパー strip-teaseuse f.

ストリップショー strip-tease m.

ストリングス cordes fpl.

ストレート ¶ウィスキーを～で飲む boire son whisky sec. ¶[ボクシング] direct m.

ストレス stress m. ～がたまる éprouver un sentiment de frustration. ～の解消 défoulement m. 車を飛ばして(おしゃべりをして) ～を解消する se défouler au volant (en bavardant).

ストレッチたいそう 一体操 exercice m d'assouplissement.

ストレッチャー [病院の患者用運搬車] brancard m; civière f.

ストレプトマイシン streptomycine f.

ストロー paille f. ‖紙～ paille en papier.

ストローク [テニス] coup m; [水泳] brasse f; [ボート] coup d'aviron.

ストロベリー fraise f.

ストロボ flash m électronique.

ストロンチウム strontium m.

ずどん Pan!/Boum!

すな 砂 sable m; [細かい] sablon m; [砂利] sable de rivière. 道に～を撒く sabler les allées. ¶～の多い sablonneux(se). ～の多い土地 terre f sablonneuse. ～の混った水 eau f sableuse. ～を噛むような insipide; fade. ‖～煙をあげる soulever un nuage de poussière (de sable). ～地 terre sablonneuse; [干潮時の] laisse f. ～一粒 grain m de sable. ～時計 sablier m; horloge f de sable. ～場 tas m de sable. ～箱 [機関車の] jette-sable m inv; sablière f. ～原 mer f de sable. ～風呂 bain m de sable. ～掘り場 sablière f. ～山 dune f.

すなあそび 砂遊び ¶～をする jouer au sable.

すなあらし 砂嵐 tempête f de sable.

すなお 素直 ¶～な [従順な] docile; obéissant; soumis; [率直な・無邪気な] naïf(ve); simple; ingénu; franc(che); facile; [穏かな] doux(ce); gentil(le). ～に docilement; naïvement; facilement; avec franchise. ～さ naïveté f; franchise f; facilité f.

すなぎも 砂肝 gésier m.

スナック snack[-bar] m.

スナッチ [スポ] arraché m.

スナップ [ボタン] bouton-pression m; pression f. ‖～写真 photographie f instantanée; instantané m. ～写真をとる prendre un instantané.

すなはま 砂浜 grève f; plage f de sable.

すなぼこり 砂埃 poussière f.

すなわち 即ち ou; c'est-à-dire; autrement dit; à savoir que.

スニーカー sneaker [sniːkœːr] m; chaussures fpl de gymnastique; espadrilles fpl.

ずぬける 図抜ける ⇨ ずばぬける(ずば抜ける).

すね 脛 jambe f. [向うずね] tibia m. ～まで水に浸る avoir de l'eau jusqu'à mi-jambe(s). ¶～の jambier(ère). ～の筋肉 muscle m jambier. ‖牛の～肉 crosse f. ◆[比喩的に] 親の～をかじる être à la charge de ses parents. ～に傷を持つ身である avoir un passé trouble.

すねあて 脛当 jambière f.

すねもの 拗ね者 misanthrope m; cynique mf.

すねる 拗ねる bouder contre qn; faire la tête. 世を～ faire le misanthrope; bouder le monde. 拗ねている子供 enfant mf qui boude. 拗ねて何も食べない bouder contre son ventre. ¶拗ねた bouder(se); grognon inv.

ずのう 頭脳 cerveau(x) m; tête f; esprit m. ¶～の intellectuel(le); cérébral(aux). ～が明晰である avoir l'esprit lucide. ～労働者 travailleur(se) m(f) intellectuel(le).

スノー ‖～タイヤ pneu m de neige. ～チェーン chaînes fpl à neige. ～ボート luge f motorisée; snow-boat m.

スノーボード surf m des neiges.

スノーモービル motoneige f; motoski m.

すのこ 簀の子 claie f.

スノッブ snob mf. ～な snob.

スノビズム snobisme m.

スパーク étincelle f électrique. ¶～する lancer (produire) des étincelles électriques.

スパークリングワイン vin m mousseux.

スパート ¶～する sprinter. ‖ラスト～ sprint m; finish m. このランナーはラストスパートが弱い(きかない) Ce coureur n'est pas doué pour le finish (Ce coureur manque de finish). さてラスト～をかけなければならない Il va falloir piquer un sprint.

スパーリング sparring m. ‖公開～ sparring ouvert au public. ～パートナー sparring-partner m.

スパイ espion(ne) m(f); mouchard(e) m(f). ¶～する espionner; moucharder. ‖逆～ contre-espionnage m. 産業～ espionnage industriel. 二重～ espion double. ～行為 espionnage m; mouchardage m.

スパイク pointe f. ‖～シューズ souliers mpl à pointes.

スパイクタイヤ pneu(s) m clouté (à clous).

スパイシー ¶~な épicé(e).

スパイス épice f.

スパゲッティ spaghetti mpl.

すばこ 巣箱 [鳥] nid m artificiel; [蜜蜂] ruche f.

すばしこい agile; alerte; vif(ve); leste; [悪賢い] astucieux(se). ¶すばしこく alertement; lestement; avec agilité; [狡猾に] astucieusement. すばしこさ agilité f.

すぱすぱ ¶パイプを～吹かす tirer beaucoup de bouffées de sa pipe.

ずばずば ¶～言う dire franchement sans hésiter. ⇨ ずばり.

すはだ 素肌 peau f nue. ¶～に着る porter sur la peau nue.

スパッツ demi-guêtre f; guêtre f de ville.

スパナ clef f. ¶自在～ clef anglaise à mâchoires mobiles.

すばなれ 巣離れ ¶～する [一人立ちする] voler de ses propres ailes.

スパニエル [犬] épagneul(e) m(f); chien/chienne épagneul(e) m(f).

ずばぬける ずば抜ける se distinguer particulièrement par. ¶ずば抜けて extraordinairement; remarquablement; extrêmement; 彼はずば抜けて頭がいい Il est doué d'une intelligence sans pareille. 彼は数学がずば抜けて出来る Il est très fort en mathématiques.

すばやい 素早い preste; rapide; prompt. ¶素早く prestement; rapidement; avec rapidité avec promptitude; coup sec; à tire d'aile. 素早さ rapidité f; promptitude f; vitesse f.

すばらしい 素晴らしい admirable; adorable; excellent; superbe; splendide; brillant; merveilleux(se); formidable; étourdissant; mirifique; mirobolant; fantastique; 《俗》épatant. ～会話 conversation f brillante. ～天気だ Il fait un temps magnifique. ～な娘 fille f du tonnerre. 私達は～旅をした Nous avons fait un beau voyage. 彼の～講演をした Il a prononcé une belle conférence. それは～ C'est épatant. ¶素晴らしく admirablement; merveilleusement; à merveille; excellemment; formidablement. 彼は素晴らしく元気だ Il se porte à merveille. 素晴らしさ merveille f; magnificence f; splendeur f. 自然の素晴らしさ les merveilles de la nature.

ずばり clairement; franchement; nettement. ¶～言う dire tout net. ～言うと franchement parlant. ¶そのもの～だ Tu as mis dans le mille.

すばる 昴 pléiades fpl.

スパルタ Sparte f. ¶～的単純さ simplicité f toute spartiate. ‖～式の spartiate. ～式猛訓練 entraînement m spartiate. ～式に la spartiate. ～人 Spartiate mf.

ずはん 図版 illustration f; image f; planche f.

スパンコール paillette f. ¶～で飾る pailleter. ～をちりばめたドレス robe f pailletée.

スピーカー haut-parleur(s) m. ‖ [ステレオ]～システム enceinte f acoustique. 無指向性～システム enceinte f omnidirectionnelle.

スピーチ discours m; allocution f; speech m. ‖ テーブル～ allocution de table.

スピーディー ¶～な rapide; prompt(e).

スピード vitesse f; rapidité f. ～の出し過ぎ excès m de vitesse. ～を上げる accélérer la vitesse. ～を下げる ralentir la vitesse. ¶フル～で à toute vitesse. ～違反 contravention f pour excès de vitesse. ～メーター indicateur m (compteur m) de vitesse.

スピッツ [犬] loulou m.

ずひょう 図表 diagramme m; graphique m. ¶～による graphique. ～によって graphiquement.

スピリット esprit m.

スピロヘータ spirochète m.

スピン [スケートの] pirouettes fpl.

スピンドル broche f.

ずふ 図譜 ⇨ ずかん (図鑑).

ずぶ ¶～の素人 simple amateur m.

スフィンクス sphinx m.

スプートニク spoutnik m.

スプール [カメラ] bobine f [de film].

スプーン cuiller f; cuillère f. ¶～一杯の酢 une cuillerée f de vinaigre. ‖コーヒー～ cuiller à café; petite cuiller. スープ～ cuiller à soupe.

ずぶとい 図太い effronté; audacieux(se) téméraire; †hardi. ¶図太く effrontément audacieusement; sans pudeur. 図太さ audace f; effronterie f; impudence f; insolence f.

ずぶぬれ ずぶ濡れ tout mouillé. ¶～になる être trempé jusqu'aux os; [雨で] être transpercé par la pluie.

スプリング ressort m. ベッドの～ sommier m 自動車の～ ressorts de suspension d'une auto. ‖～ボード [体操] tremplin m; [水泳] plongeoir m. ‖ ◆[春]～コート pardessus m de demi-saison.

スプリンクラー arroseur m automatique.

スプリンター sprinter m; sprinteur(se) m (f).

スプリント sprint [sprint] m.

スフレ [料理] soufflé m.

スプレー bombe f; atomiseur m; pulvérisateur m; vaporisateur m. 香水の～ atomiseur à parfum. ‖ 殺虫～ bombe [à] insecticide. ヘア～ bombe f de laque.

スプロケット [工] †hérisson m.

すべ 術 moyen m; procédé m. 施す～がない I n'y a rien à faire. なす～を知らない Je ne sais comment faire.

スペア pièce f de rechange (détachée). ‖～タイヤ roue f de rechange (de secours).

スペース espace m. ～をあける espacer. 大きな～を占める tenir une grande place. ～が足りないので faute de place.

スペースシャトル navette f spatiale, navette.

スペード pique m. ～のエース as m de pique ～を出して jouer pique.

すべからく 須らく à tout prix; malgré tout; avant tout; coûte que coûte. ～それをせねばならぬ Il faut le faire à tout prix.

スペキュレーション spéculation f. 危険な～

スペクタクル spectacle *m*. ∥～映画 film *m* à grand spectacle.

スペクトル spectre *m*. ¶～の spectral(aux). ∥～光線 raies *fpl* spectrales. ～分光器 spectroscope *m*. ～分析 analyse *f* spectrale.

ずべこう ずべ公 jeune dévoyée *f*.

スペシャリスト spécialiste *mf*.

すべすべ ¶～した lisse; uni; poli; velouté. ～した表面 surface *f* lisse. ～したなめらかな頬 joues *fpl* veloutées. ～にする lisser; polir.

すべて 全(総)て tout *m* (touts *pl*); totalité *f*. ～を売り払う vendre le tout. ～を白状せねばならぬ Il faut tout avouer. ～順調に Tout va bien. それが～です C'est tout. 終りよければ～よし Tout est bien qui finit bien. ～まとめで in totalité. ～でチューロになる Ça fait mille euros en tout. ¶～の tout (toute, tous, toutes). ～の点に於て sur tous les points. ～のものが tout (toute, tous, toutes). ～の人 tout le monde. イエスは～の人のために死んだ Jésus-Christ est mort pour tous. 人は～死ぬものだ Tout homme est mortel.

すべらす 滑らす ¶足を～ faire un faux pas. ⇨ する(滑る).

すべり 滑り〔戸に〕coulissement *m*. 戸の～がよい La porte coulisse bien. ∥横～〔車の〕 dérapage *m*.

すべりおちる 滑り落ちる glisser; échapper; tomber. 彼の手から鉛筆が滑り落ちた Le crayon lui a échappé (glissé) de la main.

すべりこませる 滑り込ませる glisser; faire passer. 郵便をドアの下に～ glisser le courrier sous la porte.

すべりだい 滑り台 toboggan *m*.

すべりだし 滑り出し commencement *m*. ～はかかかったのだが Au début (commencement) tout allait bien, mais... ¶～から dès le début.

すべりどめ 滑り止め ¶～の antidérapant. ～のタイヤ pneu *m* antidérapant.

すべりやすい 滑りやすい glissant. ～歩道 pavé *m* glissant.

スペリング orthographe *f*.

すべる 滑る glisser; [スケートで] patiner; [戸などが] coulisser; [車が] déraper. スケーターが氷の上を滑っている Les patineurs glissent (patinent) sur la glace. 濡れた道でタイヤが滑った Les pneus ont dérapé sur la chaussée mouillée. ¶よく～戸 porte qui coulisse bien. ◆[うっかり言う(書く)] ¶筆が～ faire un lapsus. つい口が滑ってしまった J'ai laissé échapper une parole./Une parole m'a échappé. ◆[落第する] ¶試験に～ échouer à un examen (à un concours).

スペル orthographe *f*.

スペルチェッカー correcteur *m* (vérificateur *m*) orthographique.

スポイト pipette *f*.

スポイル ¶～する gâter; gâcher. 酒が彼を～した L'alcool l'a abîmé.

スポーク rayon *m*.

スポークスマン porte-parole *m inv*. ∥公式～ porte-parole officiel.

スポーツ sport *m*. ～をする pratiquer du sport. ～に熱中する s'adonner aux sports. ¶～に関する sportif(ve). ～の試合 épreuve *f* sportive. ∥ウィンター～ sport d'hiver. ～医学 médecine *f* sportive. ～ウエアー vêtements *mpl* de sport. ～カー voiture *f* de sport. ～界 monde *m* du sport. ～記者 rédacteur *m* sportif. ～キャスター reporter *m* sportif. ～協会(団体) association *f* sportive. ～新聞 journal *m* sportif. ～センター centre *m* sportif. ～放送 émission *f* sportive. ～マン sportif(ve) *m*(*f*). ～マンシップ(マン精神) sportivité *f*; esprit *m* sportif.

スポーティー ¶～な服を着ている être vêtu d'un costume sportif.

ずぼし 図星 ¶～を差される être deviné juste par *qn*. ～に You avez mis dans le mille.

スポット ∥～広告 message *m* publicitaire.

スポットニュース annonce(s)-éclair(s) *f*; flash *m*.

スポットライト spot *m*.

すぼまる 窄まる se rétrécir; rétrécir.

すぼめる 窄める ¶肩を～ hausser les épaules. 傘を～ fermer un parapluie. 口を～ faire une bouche en cul de poule.

ずぼら nonchalance *f*; négligence *f*; indolence *f*. ¶～な nonchalant; inattentif(ve); indolent; négligent.

ズボン pantalon *m*; 《俗》froc *m*; falzar *m*; [くるぶしで絞まる] fuseau *m*. ～をはく mettre *son* pantalon. ～に筋をつける repasser le pli d'un pantalon. ∥半～ culotte *f*. ～下 caleçon *m*. ～吊り bretelles *fpl*.

スポンサー [広告主] annonceur [-publicitaire] *m*; [金主] patron(ne) *m*(*f*); mécène *m*.

スポンジ éponge *f*. ～で拭く éponger. ¶～状の spongieux(se). ∥～ケーキ gâteau(x) *m* mousseline. ～ボール balle *f* de mousse.

スマート ¶～な chic *m inv*; élégant; fin; [ほっそりした] svelte. ～なお化粧 une toilette chic. 彼女は～な身なりをしている Elle a du chic. 彼女は～な体格を保つためにスポーツをしている Elle fait du sport pour rester svelte (garder sa ligne). 彼女は体つきが～だ Elle est (a la taille) svelte.

すまい 住居 maison *f*; logement *m*; demeure *f*; couvert *m*. 食事と～を与える donner le vivre et le couvert à *qn*. お～はどちらですか Où habitez-vous?

スマイル sourire *m*. ～を浮かべる sourire.

すましや 澄まし屋 bêcheur(se) *m*(*f*).

すます 済ます [終える] finir; terminer; [完成する] accomplir; [手早く] expédier; [支払を] régler; acquitter; payer. 税金の払いを～ acquitter *ses* impôts. 日常の仕事を手早く～ expédier les affaires courantes. いい加減で～《俗》bâcler. ◆[間に合わせる・満足する] se contenter de; s'accommoder de; s'arranger de. 持っているもので～ s'accommoder de ce que l'*on* a. 無しで～ se passer de. 酒なしではすまされない Je ne peux pas me passer de saké.

すます 澄ます clarifier; décanter. 酒のにごりを～ laisser reposer du vin. 溶液を～ décan-

スマッシュ coup *m* écrasé; smash *m*. ¶～る écraser; smasher.

すみ 隅 coin *m*; encoignure *f*. 口の～ coin de la bouche. ～の柱 poteau *m* cornier. ～に置けない habile; débrouillard; 《俗》démerdard. ～に置けない奴 individu *m* débrouillard. 町の～で au coin de la rue. ～から～まで coins et recoins; de bout en bout; d'un bout à l'autre. ～から～まで探す chercher dans tous les coins et recoins. ～まで注意を払う être méticuleux(se). ～から～まで知っている connaître dans les coins. この本を～から～まで読みなさい Lisez ce livre d'un bout à l'autre. ‖部屋の四～ les quatre coins d'une chambre.

すみ 炭 charbon *m* [de bois]. ～にする charboniser. ～になる se charbonner. ¶～屋 marchand *m* de charbon; 《俗》bougnat.

すみ 墨 encre *f* de Chine. ‖～絵 dessin *m* à l'encre de Chine.

-すみ 済み ‖これは支払～だ Ce paiement est réglé. この商標は登録～である Cette marque est déposée.

すみか 棲家 repaire *m*; gîte *m*. 山賊の～ repaire de brigands.

すみごこち 住み心地 ¶ここは～がいい Je me trouve bien ici. ～のよい家 maison *f* confortable.

すみこみ 住み込み apprentissage *m* au pair. ¶～の logé(e) et nourri(e).

すみこむ 住み込む se faire apprenti logé et nourri; [無給で] travailler au pair.

すみなわ [墨縄] cordeau(x) *m*.

すみび 炭火 brasier *m*. ¶～を～で焼く faire griller *qc* sur des charbons.

すみません 済みません Je vous en prie!/Pardon!/Mille pardons!/Mille fois pardons!/S'il vous plaît! お待たせて～ Je suis désolé de vous avoir fait attendre. お邪魔して～でした Pardonnez-moi (Excusez-moi) de vous avoir dérangé! ～ても宜しいですか Puis-je sortir, s'il vous plaît? ～が今何時ですか Pardon, monsieur, pourriez-vous me dire l'heure qu'il est? 先生は何処にいるか～教えて下さい Dites-moi, je vous en prie, où est mon professeur.

すみやか 速やか ¶～な rapide; prompt; immédiat. ～に vite; rapidement; promptement; [即座] immédiatement. ～に事を～に解決する régler cette affaire promptement. ～に有効な措置を取る prendre des mesures efficaces immédiatement.

すみやき 炭焼き ¶～小屋 cabane *f*. ～人 charbonnier(ère) *m*(*f*).

すみれ 菫 violette *f*. ¶三色～ pensée *f*. ～色の violet(te).

すむ 済む [終る] finir; se terminer; s'achever. 芝居は十時頃～だろう Le spectacle finira vers dix heures. 食事が済んだら後で [avoir pris] le repas. ¶済んだことは仕方がない Il ne faut pas revenir sur le passé. それは済んだことだ C'est une affaire faite. [切抜ける] s'en tirer; en être quitte. 大したことなく～ en être quitte à bon marché (à bon compte). これは金で～ことでないよ Cela ne s'arrange pas avec l'argent. こわい目にあったため済んだ J'en ai été quitte pour la peur.

すむ 住む habiter; demeurer; résider; loger; vivre; occuper; rester; 《俗》percher [動物が] loger; giter; [兎などが穴に] terrer 郊外に～ habiter en banlieue. 広い家に～ loger à l'aise. パリに～ habiter [à] Paris. ～所が見つかりましたか Avez-vous trouvé où vous loger? 何処に住んでいますか Où habite (demeurez)-vous?/Où résidez-vous?/Où est-ce que tu perches? 私はこの部屋に～でいる J'occupe cet appartement depuis dix ans.「住めば都」≪A chaque oiseau son nid est beau.≫ ¶～に就く s'installer; résider ¶人の住んでいるアパート appartement *m* occupé. 人の住んでいない inhabité. 住み得ない inhabitable. 住み馴れた町 quartier *m* familier. 永年住み馴れた土地を離れる quitter le pays où *on* a longtemps vécu.

すむ 澄む se clarifier; se décanter; devenir clair; [液体が] déposer. ¶澄んだ pur; clair transparent; limpide; cristallin; vif(ve) 澄んだ声 voix *f* claire. 澄んだ泉 source vive. きれく澄んだ目 yeux *mpl* bleus clairs. ～の液は澄んで来た Ce liquide dépose. 澄み切った心境 état *m* d'âme serein.

ずめん 図面 tracé *m*; plan *m*; figure *f* schéma *m*. ⇨ズ(図).

すもう 相撲 lutte *f*. ～をとる lutter avec (contre). ¶彼は～に勝って勝負に負けた Il méritait de gagner. あなたは彼とでは～にならない Vous n'êtes pas de taille à lutter contre lui. ¶一人～をとる se battre contre des moulins à vent.

スモーカー fumeur(se) *mf*. ‖ヘビー～ grand fumeur.

スモーキング ‖ノー～ défense *f* de fumer. ～ルーム fumoir *m*.

スモーク[ド]サーモン saumon *m* fumé.

スモック smocks *mpl*.

スモッグ smog *m*.

すもも 李 prune *f*. ¶～の木 prunier *m*. ‖乾～ pruneau(x) *m*.

スモンびょう -病 subacute-myélo-optico-neuropathie *f*.

すやき 素焼 terre *f* cuite.

すやすや ¶～眠る dormir paisiblement.

-すら ¶名前～書けない Il ne peut même pas écrire son nom. 子供で～知っている Même les enfants le savent.

スラー [楽] liaison *f*.

スライス [テニス] slice *m*. ‖～ハム jambon *m* [coupé] en tranches.

スライド [写真] diapositive *f*. 顕微鏡の～

ずらかる porte-objet *m inv.* ǁカラー～ diapositive en couleur. 顕微鏡の～板 lamelle *f.* ～映写機 projecteur *m.* ◆～制 [スライディングシステム] échelle *f* mobile. ǁ～制にする mettre qc en échelle mobile. ～制最低賃金 salaire *m* minimum de croissance.

ずらかる décamper; s'enfuir.

ずらす [物を] déplacer; [身体を] se déplacer; se mouvoir; [時間, 日付を] décaler; changer. 家具を～ déplacer des meubles. 時間を前に(後に)～ décaler en avant (en arrière).

すらすら couramment. 外国語を～喋る parler couramment une langue étrangère. ～と事が運ぶ Ça marche (va) comme sur des roulettes.

スラックス pantalon *m*.

スラット [スロット] [空] fente *f*.

スラブ ～の [人, 語] de slave. ǁ～語 slave *m*. ～語学者 slavisant(e) *m(f)*. ～人 Slave *mf*.

スラム ǁ～街 bidonville *m*.

すらりと [容易に] facilement; commodément; aisément. ǁ～した [三色の] svelte; mince; fluet(te); bien découplé; élancé. ～した娘 beau brin *m* de fille. 黒い服が彼女を～した姿に見せていた Sa robe noire l'amincissait. ～している être tout d'un jet.

ずらりと ǁ～行商人が品物を～並べている Le marchand ambulant étale sa marchandise. ～並ぶ [人が] se ranger en file indienne; 市場には季節の物が～並んでいる On trouve au marché tous les fruits de saison.

スラローム slalom *m*.

スラング argot *m*.

スランプ marasme *m*. ～に陥る tomber dans le marasme.

すり 刷り impression *f*. ～が良い être bien imprimé. ǁ校正～ épreuve *f*. 三色～ impression tricolore. 見本～ impression de spécimen.

すり 掏摸 pickpocket *m*; voleur(se) *m(f)* à la tire; flibustier *m*; escamoteur(se) *m(f)*. ～に財布をすられる se faire voler son portefeuille par un pickpocket.

すりあし 摺り足 ǁ～で歩く marcher d'un pas ailé.

スリーウェー à trois voies. ǁ～の整流器 soupape *f* à trois voies.

スリークォーター trois-quarts *m inv*.

スリーピングバッグ sac *m* de couchage.

スリーブ [服] manche *f*.

ずりおちる ずり落ちる glisser. 本が私の手からずり落ちた Un livre m'a glissé des mains.

すりおろす 擂り下ろす ǁニンジンを～ râper des carottes. ⇨ おろす(下ろす).

すりかえる 摩り替える substituer; remplacer (secrètement). AをBと～ substituer B à A; remplacer A par B. ǁすり替え substitution *f*. 遺言書のすり替え substitution de testament.

すりガラス 磨り～ verre *m* dépoli.

すりきず 擦傷 écorchure *f*; égratignure *f*; éraflure *f*. ～をつくる s'érafler; s'écorcher; s'égratigner; s'érailler. 転んで足に～をつくった Je me suis écorché la jambe en tombant.

すりきれる 擦り切れる s'élimer; s'user; [着物が] se râper; [ほつれる] s'érailler. この上着は肘が擦り切れている Ce veston est usé aux coudes. ǁ擦り切れた usé; élimé; râpé. 袖口の擦り切れた下着 chemise *f* élimée aux poignets. すり切れ usure *f*; élimage *m*; éraillement *m*.

すりこぎ 擂り粉木 pilon *m*. ～でする broyer qc avec un pilon.

すりこむ 擦り込む ǁクリームを～ frictionner à la crème de beauté.

すりつける 擦り付ける ǁ体を～ se frotter à (contre).

スリット fente *f*. スカートの～ fente d'une jupe.

スリッパ pantoufle *f*; chausson *m*; [婦人用の踵の高い] mule *f*; [はき古した] savate *f*. ～をはく mettre *ses* pantoufles; se mettre en pantoufles. ～で歩く marcher en pantoufles.

スリップ [服装] combinaison *f*; dessous *m* de robe. ◆[車の] dérapage *m*. ǁ～する déraper; glisser; s'échapper.

すりつぶす 擂り潰す piler; pilonner; broyer; écraser; triturer. ニンニクを～ piler de l'ail.

すりぬける 擦り抜ける ǁ指の間を～ glisser entre les doigts. 群集の中を～ se glisser dans la foule.

すりばち 擂り鉢 mortier *m*. ǁ薬品用～ mortier de pharmacien. 料理用～ mortier de cuisine.

すりへらす 擦り減らす user; épuiser; miner. 神経を～ user ses nerfs.

すりへる 擦り減る s'user; s'épuiser; [疲れる] se fatiguer. すぐに～旋盤 machine *f* qui s'use vite. ǁすりへった 靴 épuisé. かかとのすりへった靴 des souliers *mpl* aux talons éculés. 君の靴はすりへっている Tes souliers sont usés. 心配で身も心もすりへっている Il est miné par les soucis.

すりみ 擂り身 [魚の] surimi *m*; pâte *f* à base de poisson.

スリム ～な mince; élancé(e); svelte. ～な胴 taille *f* svelte.

すりむく 擦り剥く s'écorcher; s'érafler. 彼は手を釘ですりむいた Il s'est éraflé la main avec un clou.

すりもの 刷物 imprimé *m*; feuille *f*.

すりよる 擦り寄る se serrer; se coller; se blottir; se glisser.

スリラー ǁ[小説・映画] thriller[triloe:r] *m*.

スリル frisson *m*; suspense *m*. ～を満喫する se donner des frissons de terreur. ǁ～に富んだ探偵小説 roman *m* policier plein de suspense.

する 為る [行なう] faire; [俗] ficher; foutre; fabriquer. 計算を～ effectuer une addition. 買物を～ réaliser un achat. 奉仕を～ rendre des services. 仕事(料理)を～ faire un travail (la cuisine). テニスを～ faire du tennis. 彼は好き勝手なことを～ Il se permet bien des choses. ～ことが沢山ある avoir beaucoup (fort) à faire. ～ことが何もない ne

する rien faire de *ses* dix doigts. ...〜のは気持がよい(嫌なことだ) Il fait bon (mauvais) *inf*. 木陰でうたたねを〜のは気持がよい Il fait bon s'assoupir sous les ombres. ...〜ほうがいい Il vaut mieux *inf*. 君は断念〜ほうがいい Vous ferez mieux de renoncer. ここでは何をしてもいい Ici, tout est permis. 何をしていか判らない ne savoir que faire. 今日は何もしなかった Je n'ai rien fichu aujourd'hui. どう〜べきか Comment faire? ...しようとする essayer de *inf*. そんなことを〜ようとしないで Ne faites rien./Ne fais pas ça. ¶...したばかりのne fait que de *inf*. 彼が外出〜やいなや雨が降り出した A peine était-il sorti qu'il se mit à pleuvoir. ◆[させる・ならせる] ¶自由の身に〜 rendre à *qn* la liberté. 女を幸福に〜 rendre une femme heureuse. 議長に〜 élire président. 財産を私に〜 réaliser *sa* propriété. 私は息子を医者にした J'ai fait de mon fils un médecin. ◆[決める] ¶行くことに〜 se décider à aller. ◆[...の状態である] ¶勿体振った様子を〜 prendre de grands airs. 立派な様子をしている avoir bon air. ◆[...の値段である] ¶いくらしましたか Combien cela vous a coûté? それは千ユーロ Cela coûte mille euros.

する 刷 imprimer; tirer. 200部〜 tirer à 200 exemplaires; imprimer un livre à 200 exemplaires. 版画を〜 imprimer des estampes. 刷り上げる achever d'imprimer. 刷りの汚い bavocheux(se); [校正刷りの] bavoché.

する 擦(摺) frotter; [やすりで] râper; limer. マッチを〜 frotter une allumette. ◆[失う] 賭で百ユーロ〜 perdre 100 euros au jeu.

する 掏 voler à la tire; 《俗》chiper; piquer; barboter.

ずる triche *f*. ¶〜をする tricher.

ずるい 狡い aigu(ë); finaud; futé; malin(gne); matois; madré; ¶〜人 rusé(e) *m(f)*; tricheur (se) *m(f)*; futé(e) *m(f)*. あれは〜奴だ C'est un fin renard.

ずるがしこい 狡賢い ¶〜弁護士 avocat *m* retors.

するする ¶〜と木にのぼる grimper avec agilité sur un arbre.

ずるずる ¶〜後退する être devancé à vue d'œil. 重い袋を〜引きずる traîner avec peine un sac lourd.

ズルチン dulcine *f*.

すると alors; et; donc.

するどい 鋭い aigu(ë); pointu; [感受性の] réceptif(ve); [鋭敏な] subtil; perspicace; fin; [激しい] fort; vif(ve); [眼力の] pénétrant; perçant; [切れる] coupant; tranchant. 〜感覚 sens *m* fin. 〜感受性 sensibilité *f* réceptive. 〜[断固たる] 声 voix *f* coupante. 〜観察 remarque *f* subtile. 〜刃 lame *f* coupante. 〜眼差し regard *m* pénétrant (d'aigle). 〜眼つきをしている avoir des yeux de lynx. 鋭くする [刃を] aiguiser; affiler; affûter. ¶鋭く vivement; intensément; finement. 鋭さ finesse *f*; perspicacité *f*; acuité *f*; force *f*.

ずるやすみ ずる休み ¶会社を〜する carotter une permission. 学校を〜する faire l'école buissonière; sécher la classe.

ずれ décalage *m*; écart *m*; divergence *f*; [印刷の] frison *m*. 時間の〜 décalage horaire. 解釈の〜 divergence des interprétations. 年齢と知恵との間に〜がある Il y a un décalage entre l'âge et le niveau intellectuel.

-ずれ ¶靴ずれ〜する Les chaussures me blessent. 〜した世間〜した奴だ Il est blasé. 彼女はもう都会〜している Elle a déjà subi les mauvaises influences de la ville.

スレート ardoise *f*. 〜で葺く ardoiser. ¶〜工業 ardoiserie *f*. 〜葺の家 maison *f* à toits d'ardoises.

すれすれ ¶彼は落第〜だった Il a failli être collé à l'examen. 〜に à ras; 《俗》rasibus. 〜に通る raser; frôler. 地面〜に飛ぶ voler à (au) ras du sol; voler en rase-mottes; faire du rase-mottes. 水面と〜に à fleur d'eau. 時間〜に間に合う arriver juste à temps. ネット〜に球を打返す renvoyer *sa* balle à ras du filet.

すれちがう 擦れ違う croiser. 互いに〜 se croiser. 私は郵便局のそばで彼とすれ違った Je l'ai croisé près de la poste.

すれっからし 擦れっ枯らし fine mouche *f*; roué(e) *m(f)*. ¶〜の roué; habile et rusé. 彼女は〜だ Elle est véreuse.

すれる 擦れる [se] frotter; [すりきれる] s'user. 車輪が泥除けに〜 La roue frotte contre le garde-boue. 車体と車体がかすれ合った Les deux voitures ont raclé (froissé) leur carrosserie. 〜音 bruissement *m*; [絹や羽の] frou-frou *m*. ◆[悪質くなる] 彼はちょっとすれてきた Il s'est un peu gâté.

ずれる [場所] se déplacer; [食い違う] diverger; se contredire; [外れる] dévier; s'écarter de; [印刷] frisonner. 解釈はこの点でずれている Les interprétations divergent sur ce point. あいつはちょっとずれている Il est un peu faux.

スロー [音楽] slow *m*. ¶〜で au ralenti. ¶〜モーションフィルム film *m* projeté (tourné) au ralenti.

スローイン [ラグビー・サッカー] remise *f* en touche.

スローガン mot *m* d'ordre; slogan *m*; devise *f*. 〜をかかげる lancer un slogan.

ズロース culotte *f*.

スロープ pente *f*; talus *m*; glacis *m*.

スローモーション ralenti *m*. 〜で au ralenti. ビデオを〜で写す faire passer une bande vidéo au ralenti.

スロットマシン appareil *m* à jetons; machine *f* à sous.

スワッピング échangisme *m*; [2組のカップルによる] partie *f* carrée. ¶〜をする人 échangiste *mf*.

スワップ [経済・コンピューター] swap [swap] *m*.

すわり 座り ¶〜が良い(悪い) être bien (mal) assis(e). この椅子は〜心地がいい Cette chaise est confortable.

すわりこみ 座込み ¶〜スト grève *f* sur le

すわりこむ 座り込む faire la grève sur le tas.

すわる 座る s'asseoir. ゆったり～ se carrer; se prélasser. 安楽椅子にゆったり～ se carrer dans un fauteuil. お座りなさい Asseyez-vous! 座り直す se rasseoir. 座らせる faire asseoir qn. あなたのそばに座らせて下さい Faites-moi une petite place près de vous. ¶座った姿勢でいる être sur son séant. 座っている être assis. ◆[比喩的に] ¶目が座っている avoir les yeux fixes. 肝が座っている être imperturbable (inébranlable). あの人の鼻は座っている Il a le nez épaté.

スワン cygne m.

すんか 寸暇 ¶～を惜しんで勉強する consacrer tous ses loisirs à l'étude.

ずんぐりした boulot(te); trapu; empâté. ～人 personne f trapue; personne de forte encolure; boulot(te) m(f).

ずんずん ¶～と進む avancer vite.

すんし 寸志 petit cadeau(x) m.

すんぜん 寸前 ¶発車に間に合う attraper son train de justesse. 破産の～にある être à la veille de la banqueroute. ゴールで差し勝つ gagner au poteau d'arrivée. 自殺の～で救われた Il a été sauvé de justesse du suicide.

すんたらず 寸足らず trop juste. ¶このズボンは～ Ce pantalon est trop juste.

すんだん 寸断 ¶～する fragmenter; couper en morceaux. ～させる se fragmenter. 地震で鉄道が～された Le tremblement de terre a rompu les communications ferroviaires en plusieurs endroits.

すんてつ 寸鉄 ¶身に～も帯びず sans armes.

すんでのことで ⇒ あやうく(危うく), あぶなく(危なく).

すんなり [容易に] facilement; aisément; [簡単に] simplement. その法案は～決った Ce projet de loi a été adopté sans difficulté. ¶～した身体つき taille f svelte (fine).

すんびょう 寸秒 ¶それは～を争うことだ C'est très urgent (pressé).

すんぴょう 寸評 ¶～する faire une petite critique.

すんぶん 寸分 ¶～違わない être rigoureusement (absolument) identique; être exactement (parfaitement) le même.

すんぽう 寸法 mesure f; dimension f; [靴, 帽子, 手袋などの] pointure f. ～をとる mesurer; prendre les dimensions (mesures). 少し～が足りない(短い) C'est un peu juste. ¶～に合せて作る faire qc sur mesure. ∥～書き indication f des mesures. ¶[手順・段取り] ～駅で落合うことになっている Nous nous arrangeons pour nous rejoindre à la gare.

せ

せ 瀬 [川] gué m; [海] haut(s)-fond(s) m. ～を渡る passer un gué. ∥浅～を横切る traverser le gué. 早～ rapide m.

せ 背 dos m; [椅子の] dossier m. ～を曲げる courber le dos. ～を向ける tourner le dos. ～を丸くする [猫が] faire le gros dos. ～をもたせかける s'adosser (être adossé) à (contre) qc. 「～に腹は変えられぬ」«La faim fait sortir le loup du bois.»; «La faim chasse le loup hors du bois.» ¶壁を～にして置く adosser qc au mur.

ぜ 是 ¶～とする approuver. ～を～とし, 非を非とする appeler bien ce qui est bien et mal ce qui est mal; juger en toute impartialité. ～とする者はたった 3 人しかいないよ Il n'y a que trois approbateurs. ⇒ ぜひ(是が非).

せい [い] 背 taille f. ～が高い être de haute taille; être grand. ～が低い être de petite taille; être petit. ～が伸びる grandir. ～が立つ(立たない) [水の中で] avoir (perdre) pied. ここは～が立つ On a pied ici. ～はどのくらい Combien mesurez-vous? ¶～の高い(低い) 男 homme m de grande (petite) taille. ～の順に並べる par ordre de taille. ∥～一高のっぽ [俗] grande perche f.

せい 所為 ¶誰の～だ A qui la faute? それは僕の～だ C'est ma faute. 私が失敗したのは彼の～だ C'est par sa faute que j'ai échoué. 彼の悲しみは息子の出発の～だった Son chagrin était dû au départ de son fils. ～にする attribuer (imputer) à qn. 自分の誤りを他人の～にする attribuer aux autres sa propre faute. …の～で; [お蔭で] à cause de; grâce à; [過失で] par sa faute de. 年の～で à cause de son âge. 寒さの～で à cause du froid. 忍耐の～で à force de patience. よく考えた～で à force d'y réfléchir.

せい 制 système m; régime m. ¶学～ système scolaire. 新～大学 université f de nouveau régime. イギリスはメートル～を採用した La Grande-Bretagne a adopté le système métrique. 1 日 8 時間労働～ journée f de huit heures.

せい 姓 nom m de famille; patronyme m. …の～を名乗っている porter le nom de….

せい 性 [性質] nature f. 人の～は善である L'homme est bon par nature. 習い～となる L'habitude est une seconde nature. ◆[男女の] sexe m; [文法] genre m. ～の目覚め éveil m des sens. ¶～(の)(的) sexuel(le); sensuel(le). ～の関係 relations fpl sexuelles. ～の衝動 impulsion f sexuelle. ～の魅力 sex-appeal m. ～の魅力のある sexy. ～的な意味の強い sexualisation f. 精神分析では～に的な意味を付与した La psychanalyse a sexualisé la psychologie. ～の倒錯 inversion f sexuelle. ～の倒錯者 inverti(e) m(f). ～の本能 sexualité f. ∥～科学 sexologie f. ～の器 sexe. ～教育 éducation f sexuelle. ～行為 acte m sexuel (vénérien).

~病 maladie f vénérienne.

せい 正 ¶〔数〕~の positif(ve). ◆[正式]~会員 membre m titulaire. ~社員 employé(e) m(f) régulier.

せい 生 vie f. ~の歓喜 joie f de vivre. ~を享ける naître. ~しあるもの être m vivant. ‖~死の境にある être entre la vie et la mort.

せい 精 esprit m. 山の~ esprit de la montagne. 水の~ naïade f. ◆[精力] ¶病人に~をつける fortifier un malade. ~のつく食物 nourriture f fortifiante (remontante). ~を出して働く travailler de toute son ardeur.

せい 聖 ¶~なる sacré; saint. ‖~ペテロ Saint Pierre. ~女マリア La Vierge Marie. ~女ブランディーヌ Sainte Blandine.

-せい 製 ¶革~の en cuir. 鉄~の de (en) fer. 布~の en étoffe. フランス~の fabriqué en France.

ぜい 税 contribution f; [国税] impôt m; [主に物品にかかる] taxe f; [作為にかかる] droit m. ~を課する imposer une contribution; taxer; [物に] fiscaliser. ~を納める payer des contributions (des impôts, des taxes). ~を徴収する lever (percevoir) une contribution (un impôt). ~の控除 abattement m. ~の徴収 perception f. ~を徴収し得る perceptible. 印~ redevance f d'auteur. 印紙(通行, 相続, 関)~ droit de timbres (passage, succession, douane). 課~ imposition f; fiscalisation f. 勤労所得~ taxe sur les traitements et les salaires. 減~ modération f d'impôt. 固定資産~ contribution foncière. 住民~ impôt municipal. 地方~ taxe locale. 所得(消費, 法人)~ impôt sur le revenu (la consommation, les sociétés). 直接(間接)~ contributions (impôts) directes (indirectes). 登録~ droits d'enregistrement. 入港~ taxe de port. 付加~ surtaxe f. 累進付加~ surtaxe progressive. 付加価値~ taxe sur la valeur ajoutée. 普通(累進)~ impôt général (progressif). 物品(総額)~ taxe sur les marchandises (le chiffre d'affaires). 無~の franc (che) d'impôt. 無~品リスト liste f d'exemptions. 富裕~ impôt indiciaire. 輸入~ droit d'entrée. ~額 cote f; montant m de l'impôt. ~額の査定 taxation f. ~源 source f d'impôts. ~収 recette f des impôts. ~制改革 réforme f de la fiscalité. ~率 taux m de l'impôt.

ぜい 贅 ¶~を尽した luxueux(se); somptueux(se).

せいあい 性愛 amour m sexuel.

せいあくせつ 性悪説 théorie f du mal originel.

せいあつ 制圧 maîtrise f; domination f; hégémonie f. ¶~する maîtriser; dominer; soumettre. かつてイギリスは海上を制圧していた Jadis, l'Angleterre avait la maîtrise des mers.

せいあん 成案 ¶~を提出する proposer un projet bien élaboré.

せいい 誠意 sincérité f; bonne foi f; loyauté f. ~を示す montrer de la bonne foi. ~のある sincère; de bonne foi. ~ある人 personne f de bonne foi; personne f sincère. ~を以って avec sincérité (loyauté); sincèrement.

せいいき 聖域 sanctuaire m.

せいいき 声域 tessiture f; [音域] registre m. あの歌手は~が広い Ce chanteur a une tessiture étendue.

せいいき 西域 Asie f occidentale.

せいいく 生(成)育 croissance f. ¶~する croître; se développer; grandir; [植物] pousser. ‖~力 viabilité f. ~力のある viable.

せいいっぱい 精一杯 le plus possible; de toutes ses forces; autant que possible. ~生きる vivre à fond (à plein). ~勉強しなさい Travaillez le plus possible. ~努力する s'évertuer à inf. ~のことをする faire [tout] son possible. それが~だ C'est le bout du monde.

せいいん 成員 membre m.

せいいん 成因 cause f; origine f.

せいう 晴雨 ¶~に拘らず quelque temps qu'il fasse. ‖~計 baromètre m.

せいうち 海象 morse m.

せいうん 星雲 nébuleuse f; galaxie f. ¶~の nébulaire.

せいうん 青雲 ¶~の志を抱いて都にのぼる monter à la capitale avec le cœur gonflé d'espoir.

せいえい 精鋭 élite f; [一人] sujet m d'élite. 軍の~ élite de l'armée.

せいえき 精液 sperme m.

せいえん 声援 ¶~を送る pousser des cris d'encouragement. ~が上った Des cris d'encouragement ont jailli.

せいえん 製塩 salinage m. ‖~業 industrie f salinière (salicole). ~業者 salinier(ère) m (f). ~所 saline f.

せいおう 西欧 Europe f [occidentale]. ¶~の européen(ne). ‖~諸国 pays mpl occidentaux. ~文明 civilisation f occidentale.

せいか 成果 fruit m; résultat m. ~をあげる arriver à un bon résultat; porter ses fruits.

せいか 正価 prix m net. ¶~で sans déduction.

せいか 正課 matières fpl obligatoires.

せいか 正貨 numéraire m. ¶~で払う payer en numéraire.

せいか 生家 maison f natale.

せいか 盛夏 plein été m. ¶~に en plein été.

せいか 精華 [fine] fleur f; 〔俗〕 crème f. 騎士道の~ fleur de [la] chevalerie.

せいか 聖化 sanctification f. ¶~する sanctifier.

せいか 聖歌 hymne f; [聖書の] cantique m; [詩篇] psaume m. ‖~集 hymnaire m. ~隊 chœur m [d'une église]; ~隊の少年 enfant m de chœur; [集合的に] maîtrise f; lutrin m. ~隊で歌う chanter au lutrin.

せいか 聖火 feu(x) m sacré. ‖オリンピック~ flambeau m olympique.

せいか 声価 réputation f; renom m; renommée f. ~が高い avoir du renom (de bonne

せいか 製菓 confiserie f; pâtisserie f.∥~業者 confiseur(se) m(f).

せいか 青果 ∥~市場 †halle f aux légumes et aux fruits.

せいが 聖画 peinture f religieuse; [東欧]icône f.∥~研究 iconographie f.

せいかい 政界 politique f; milieux mpl politiques. ~に入る(打って出る) entrer (se lancer) dans la politique.

せいかい 正解 solution f correcte; bonne réponse f. ~者は一人もいなかった Personne n'a trouvé la bonne solution.

せいかい 盛会 ¶本日は~でした Aujourd'hui, il y avait du monde.

せいかいけん 制海権 maîtrise f des mers.

せいがいし 聖骸布 sindon m.

せいかがく 生化学 biochimie f.∥~の biochimique.

せいかく 性格 caractère m; nature f; naturel m; [気質, 気性] tempérament m. 明るい(暗い)~ caractère gai (sombre). 無頓着な~ tempérament nonchalant. 行政的~を持った役所 établissement m public à caractère administratif. 良い(悪い)~だ avoir bon (mauvais) caractère. 彼女は優しい~だ Elle est d'une nature douce. 彼は疑り深い~だ Il est d'un naturel méfiant. ¶~の不一致 incompatibilité f d'humeur. ~のない文体 style m sans caractère. ~に関する caractériel(le). ∥~学 caractérologie f. ~劇 comédie f de caractère. ~障害 trouble m caractériel. ~障害児 caractériel(le) m(f). ~俳優 acteur(trice) m(f) de genre. あの作家は~描写が巧い Cet écrivain est doué pour la peinture des caractères.

せいかく 正確 ~な exact; correct; précis; juste; [忠実な] fidèle; [規則正しい] régulier(ère); [時間に] ponctuel(le); [適応した] adéquat. ~なリズム rythme m régulier. ~な計算 calcul m juste. ~な翻訳 traduction f fidèle (exacte). 高度に~な装置 appareil m de haute fidélité. 極めて~な情報 renseignements mpl d'une grande précision. テキストの~なコピー copie f exacte d'un texte. 文法的に~な文 phrase f grammaticalement correcte. ~な概念を与える説明 explication f qui donne une idée adéquate. 今時刻は何時ですか Quelle est l'heure juste? 彼の文章は全く~だ Son style est d'une correction parfaite. 彼は常に時間に~だ Il est toujours ponctuel (exact). このフルートの音程は~である Cette flûte est juste. ~に exactement; précisément; avec précision; régulièrement; correctement; [きちんと] recta. 非常に~に au plus juste. ~に支払う [きちんと] payer recta. 時計を~に合わせる mettre sa montre à l'heure. 時間に~に到着する arriver ponctuellement. ~に3時だ Il est exactement trois heures. 見たことを~に話して下さい Racontez-moi avec exactitude ce que vous avez vu. 事務所は~に正午に閉まる Le bureau ferme à midi juste. 到着時間を~に知らせて下さい Précisez-moi l'heure de votre arrivée. 更に~に言うと pour mieux dire; plus précisément (exactement). ¶~さ exactitude f; précision f; [几帳面] ponctualité f; [規則正しさ] régularité f; [忠実] fidélité f; [言葉などの] correction f. 脈拍の~さ régularité du pouls. 歴史的~さ exactitude historique.

せいかく 製革 ~業 tannerie f. ~業者 tanneur m.

せいがく 声楽 musique f vocale. ¶~家 chanteur(se) m(f).

せいかぞく 聖家族 Sainte Famille f.

せいかつ 生活 vie f; existence f; [生活手段] subsistance f; [職業] carrière f. ふしだらな~ mauvaise vie. ~を営む mener une vie (un train de vie). ~を改める changer de vie. ~を楽しむ vivre sa vie. 苦しい~を送る mener une existence difficile. ¶~する vivre. 楽し く~する faire la belle vie; mener joyeuse vie. 年金[文筆]で~する vivre de ses rentes (de sa plume). ∥外交官~ carrière diplomatique. 感情~ vie affective. 軍隊~ vie militaire. 結婚~ vie conjugale. 私~ vie privée. 実~ vie pratique. 市民~ vie civile. 集団~ vie de groupe. 精神~ vie mentale (intellectuelle, spirituelle). 都会(田園)~ vie urbaine (rurale). 日常~ vie quotidienne. 文筆~ carrière des lettres. ~環境 milieu m de vie. ~協同組合 coopérative f de consommation. ~水準 niveau m de vie; standing m. ~手段 moyens mpl d'existence (de vivre); subsistance. ~難 vie dure. ~費 coût m de la vie; moyens d'existence. ~費を稼ぐ gagner sa vie. ~費が高い La vie est chère. ~費指数 indice m du coût de la vie. ~必需品 nécessaire m. ~必需品に乏しい manquer du nécessaire. ~様式 mode f (style m, train m) de vie (d'existence). ~力 vitalité f. ~力が旺盛である avoir beaucoup de vitalité.

せいかん 生還 ~する revenir vivant(e). ¶~者 survivant(e) m(f); rescapé(e) m(f).

せいかん 精悍 ~な énergique; vigoureux (se). ~な男 homme m énergique.

せいかん 静観 ¶~する surveiller (observer) sans agir.

せいがん 誓願 vœu(x) m. 清貧(純潔)の~を立てる faire vœu de pauvreté (chasteté).

せいがん 請願 pétition f; [法] pourvoi m; [上奏] adresse f. ¶~する pétitionner; supplier. ~の署名を集める recueillir des signatures pour une pétition. ∥特赦~ pourvoi en grâce. ~書 pétition; supplique f. ~書に署名する signer une pétition. ~人 pétitionnaire mf.

せいかん 税関 douane f. ~を通る passer la douane. ~への申告 déclaration f à la douane.∥~事務所 [bureau m de] douane. ~通過証 carnet m de passage en douane. 商品の~手続をする passer des marchandises en douane. ~吏 douanier(ère) m(f).

せいかんざい 制汗剤 déodorant m [antitranspirant].

せいがんざい 制癌剤 [médicament m] anticancéreux m.

せいかんたい 性感帯 zone *f* érogène.

せいき 世紀 siècle *m*. ‖紀元前3～ le troisième siècle avant Jésus-Christ (av. J.-C.). テレビは20～の発明である La télévision est une invention du XXe (vingtième) siècle. 半～ un demi-siècle. ～病 mal *m* du siècle.

せいき 性器 sexe *m*; parties *fpl* génitales (sexuelles, naturelles); organes *mpl* génitaux; [男の] pénis *m*; [女の] vagin *m*.

せいき 正規 ～の régulier(ère); [法定の] légal(aux); [規則どおりの] réglementaire. ～の手続きを踏む observer (remplir) les formalités légales. ～の手続きをへて par voie légale. ～の手続をへずに clandestinement. ～のパスポート passeport *m* régulier. ～の服装 tenue *f* réglementaire. ～の形式に従って en bonne forme; dans les formes. ～でない clandestin. ～に régulièrement; en forme; en règle. ‖～軍 troupes *fpl* réglées (régulières). ～兵 régulier *m*.

せいき 生 (精)気 esprit *m*; vie *f*. ～を与える animer; aviver. ～を取り戻す se ranimer. ～のない mort; inerte; froid. ～にあふれ plein de vie; énergique; animé. 彼は～にあふれている Il déborde de vigueur (de vitalité).

せいぎ 正義 justice *f*. ～に則って avec justice; justement. ～のために pour la cause de la justice. ‖彼は～感が強い Il ne supporte pas l'injustice. 彼は～派だ C'est un défenseur de la veuve et de l'orphelin.

せいきゅう 性急 précipitation *f*. ～な précipité; †hâtif(ve). 彼の決断はいささか性急だ Sa décision est hâtive. ～に précipitamment; avec précipitation; hâtivement. ～に…する se hâter de *inf*.

せいきゅう 請求 réclamation *f*; demande *f*; [法的な] requête *f*;《商》appel *m*; [当然の権利としての] revendication *f*; 払込みの～ appel *m* de fonds. 勘定書による～ réclamation concernant *son* relevé de compte. …の～により à la requête de…. ～する réclamer; demander; exiger; requérir; revendiquer. 分け前を～する réclamer *sa* part. 遺産の分け前を～する revendiquer *sa* part d'héritage. ～し得る exigible. ‖～書 facture *f*; note *f*. ～書に載せる facturer. ～書に1000ユーロとついている品物 article *m* facturé mille euros. この品は～書についていない Cet article n'a pas été facturé.

せいきょ 逝去 décès *m*. ～する décéder.

せいぎょ 制御 maîtrise *f*; [調整] contrôle *m*. ～する maîtriser; [制限] freiner. 感情を～する maîtriser *son* émotion. ～出来る maîtrisable. 自分を～出来ない perdre *sa* maîtrise. ‖音量～ contrôle de volume. 自己～能力の欠如 manque de soi. 自動～ automation *f*. ～装置 contrôleur *m*.

せいぎょ 成魚 poisson *m* adulte.

せいきょう 正教 ～～会 Église *f* orthodoxe. ～徒 orthodoxe *mf*.

せいきょう 生協 société *f* coopérative; coopérative *f* de consommation.

せいきょう 盛況 ～である avoir grand succès. ‖その芝居は大～だ Cette pièce est un grand succès.

せいぎょう 正業 métier *m* (carrière *f*) honnête. ～を営む mener une vie honnête; gagner honnêtement *sa* vie.

せいぎょう 生業 métier *m*; profession *f*. ～に励む avoir le cœur au métier.

せいきょうと 正教徒 orthodoxe *m(f)*.

せいきょうと 清教徒 puritain(e) *m(f)*.

せいきょうぶんり 政教分離 séparation *f* de l'Eglise et de l'Etat. ～極端な～主義 laïcisme *m*.

せいきょく 政局 situation *f* politique. ～は安定している La situation politique est stable. ‖～の危機 crise *f* politique. ～の危機を収拾する mettre fin à la crise politique.

せいきん 精勤 assiduité *f*. 彼は事務所に～している Il est assidu à son bureau. ‖～賞 prix *m* d'assiduité.

ぜいきん 税金 contribution *f*; [国税] impôt *m*; taxe *f*. ～を申告する faire *sa* déclaration d'impôts. ⇒ぜい(税).

せいく 成句 expression *f* faite (figée); locution *f*.

せいくうけん 制空権 maîtrise *f* de l'air.

せいくらべ 背比べ ～～をする comparer les tailles; comparer la taille avec.

せいくん 請訓 référendum *m*.

せいけい 整形 《美容》 opération *f* esthétique. ～外科 orthopédie *f*. ～外科の orthopédique. ～外科医 orthopédiste *mf*. ～手術をうける subir une opération orthopédique (plastique).

せいけい 生計 vie *f*; subsistance *f*. ～を立てる vivre; gagner *sa* vie (*son* pain). 家族の～を立てる faire vivre *sa* famille; pourvoir à la subsistance du ménage (de *sa* famille). 文筆で～を立てる vivre de *sa* plume. 罹災者の～を保証する assurer la subsistance des sinistrés. ～を立てるだけの金がある avoir de quoi vivre. ～費 moyens *mpl* d'existence; coût *m* de la vie.

せいけい 西経 longitude *f* ouest. ～20度 20° de longitude ouest. ‖南緯60°～40°21′にある島 île *f* située par 60° de latitude sud et 40°21′ de longitude ouest.

せいけつ 清潔 propreté *f*. ～な propre; net(te). ～に保つ tenir net. 値段が安くて～なホテル hôtel *m* modeste mais propre. ～にする nettoyer; rendre propre. 部屋は大変～になっていた La chambre était tenue très proprement. ～に proprement.

せいけい 政権 pouvoir *m* politique. 安定した～ gouvernement *m* stable. ～を握る prendre le pouvoir; arriver (accéder) au pouvoir. ～交代 alternance *f* au pouvoir; alternance politique.

せいけん 政見 opinion *f* politique; programme *m* politique. ～を発表する exposer (déclarer) *son* programme politique. ‖～発表演説会 réunion *f* électorale.

せいけん 聖賢 les saints *mpl* et les sages *mpl*.

せいげん 制限 restriction *f*; limitation *f*. [限度] limite *f*. ～を加える donner des li-

せいげん mites. ¶～する restreindre; limiter; [限界を決める] borner; circonscrire. 支出を～せねばならぬ Il faut limiter (restreindre) *ses* dépenses. 主題の範囲を～する circonscrire *son* sujet. 欲望を～する borner *ses* désirs. ～させる se restreindre; se borner. 支出を～する se restreindre dans *ses* dépenses. ～された restrictif(ve); limité; circonscrit; borné. ～されている条件 condition *f* restrictive. ～出来る limitable. ‖産児～ contrôle *m* des naissances. 出産～ limitation *f* des naissances. 年齢～ limite d'âge. 無～に sans restriction. ～装置 limiteur *m*. ～速度 vitesse *f* limite.

せいげん 正弦 sinus *m*. ‖～曲線 sinusoïde *f*. ～曲線の sinusoïdal(aux).

ぜいげん 贅言 propos *mpl* superflus; redondance *f*. ～をもてあそぶ tenir des propos superflus. 彼の話には～が多すぎる Son discours est lourd de redondances.

せいご 生後 ‖～一週間の赤ん坊 bébé *m* d'une semaine.

せいこう 性交 rapports *mpl* sexuels. ～する avoir des rapports [sexuels] avec.

せいこう 性向 propension *f*; inclination *f*; penchant *m*; tendance *f*. 怠惰の～がある avoir une propension à la paresse (des tendances paresseuses).

せいこう 成功 réussite *f*; succès *m*. 華々しい～ succès retentissant. 勝負に～する remporter une partie gagnée. ～を博する remporter un succès. 雄弁術が彼に～をもたらした Son art oratoire lui a valu des succès. ～を祈る! Bonne chance! ¶～する réussir dans (à *inf*); aboutir; arriver à *ses* fins; parvenir à *inf* (à ce que *sub*); [興業, 出版などに] prendre. 事業に～する réussir dans une entreprise. 我々の計画は～した Nos projets ont abouti. ～させる faire réussir; mener à bien. 交渉を～させる mener à bien des négociations. ～した映画 film *m* à succès (qui prend). ～した人 personne *f* arrivée. ‖大～ grand (vrai) succès; succès fou. 大～を収める remporter un très grand succès. 不～ insuccès *m*; échec *m*. 不～に終る aboutir à un échec.

せいこう 政綱 programme *m* politique.

せいこう 性硬 rudesse *f*. ¶～な rude; [たどたどしい] embarrassé; [窮屈な] gêné.

せいこう 精巧 finesse *f*; [正確] précision *f*. ¶～な fin; précis. ～なメカニズム mécanisme *m* précis. ～に finement. この玩具には出来ている Ce jouet est fabriqué avec beaucoup de finesse.

せいこう 製鋼 élaboration *f* de l'acier. ‖～所 aciérie *f*.

せいこうほう 正攻法 attaque *f* de front. この件については～では駄目だ Il ne faut pas attaquer cette affaire de front.

せいこく 正鵠 それは～を射た言い方である C'est une expression qui va droit au but.

せいごひょう 正誤表 errata *m* inv.

ぜいこみ 税込み ¶～で taxe comprise. ～でなく taxe non comprise.

せいこん 精根(魂) ¶～尽き果てる n'en plus pouvoir. ～を傾ける se consacrer à; concentrer *son* esprit sur.

せいごん 誓言 serment *m*. ～を立てる faire serment de *inf*.

せいざ 星座 constellation *f*.

せいさい 制裁 sanction *f*; punition *f*. ～を下す sanctionner. 社会的～を与える punir *qn* d'une sanction sociale. ‖経済～ sanction économique. アメリカはすぐさま経済～をとる Les Etats-Unis ont tendance à prendre des sanctions économiques.

せいさい 正妻 femme *f* légitime.

せいさい 生(精)彩 ¶～を与える animer; donner du brillant. ～を欠く manquer de brillant (vivacité). ～のある brillant; [生き生きした] animé; [文章などが] imagé. ～のない文体 style *m* pâle (décoloré, terne).

せいさい 製材 sciage *m* [du bois]; débitage *m*. ～する débiter. ‖～業 industrie *f* du bois. ～所 scierie *f*.

せいさく 制作 œuvre *f*. ～にかかる se mettre à l'œuvre. ～する exécuter; produire. 映画を～する produire un film. 彫像を～する exécuter une statue. ‖～中である être à l'œuvre.

せいさく 政策 politique *f*. ～を立てる établir une politique. 友好的～をとる pratiquer une politique amicale. ‖外交～ politique extérieure. 核～ politique nucléaire. 愚民～をとる faire de la démagogie. 国内～ politique intérieure. 支持～ politique de soutien. 社会(経済, 金融)～ politique sociale (économique, financière). 平和共存～ politique de coexistence pacifique.

せいさく 製作 fabrication *f*; [服の仕立て] confection *f*; [絵画, 彫刻などの] exécution *f*; [映画の] production *f*; [建築] construction *f*. ～する faire; fabriquer; confectionner; exécuter; produire; construire; [形成加工する] façonner. 帽子を～する façonner un chapeau. フレスコ画を～する exécuter une fresque. ‖～者 fabricant(e) *m(f)*; faiseur(se) *m(f)*; [映画] produc*teur* (*trice*) *m(f)*; constructeur *m*. ～所 fabrique *f*; atelier *m*; usine *f*; [スタジオ] studio *m*. ～費 frais *mpl* de fabrication.

せいさつ 生殺 ‖～与奪の権を持っている avoir le droit de vie et de mort.

せいさん 凄惨 ¶～な affreux(se); horrible; atroce; effrayant. 事故現場は～な光景を呈していた Les lieux de l'accident offraient un spectacle atroce.

せいさん 成算 ¶～がある avoir confiance dans le succès; pouvoir prévoir le succès.

せいさん 清餐 banquet *m* d'honneur.

せいさん 清算 liquidation *f*. ～する liquider. 貸借勘定を～する liquider un compte. 会社を～する liquider une société. 過去を～する en finir avec *son* passé. ‖～書 exposé *m* de la liquidation. ～人 liquidateur *m*. ～日 jour *m* de la liquidation.

せいさん 生産 production *f*. ～する produire; fabriquer. ‖国民総～ PNB (Produit National Brut). 再～ reproduction *f*. 大量～ fabrication *f* en série. この工場は自動車を

大量～している Cette usine fabrique des automobiles en grande série. **大量～の** de série. **～過剰** surproduction *f*. **～原価** valeur *f* en fabrique. **石油～国** pays *m* producteur de pétrole. **～者** produc*teur(trice)* *m(f)*. **～者価格** prix *m* de revient. **～者連合** pool [pul] *m*. **～性** productivité *f*. **企業の～性を増大する** accroître la productivité d'une entreprise. **～高** rendement *m*. **～高を増やす(減らす)** augmenter (diminuer) le rendement. **～地 lieu(x)** *m* d'origine. **～能力** capacité *f* de production. **～不足** sous-production *f*. **～物** produit *m*. **～力** force *f* productrice.

せいさん 精算 règlement *m*. ¶**～する** régler [un compte]. **まだ～しなければならない請求書がいくつかある** Il me reste plusieurs factures à régler. ‖**～所** bureau *m* d'ajustement des titres de transport.

せいさん 聖餐 eucharistie *f*. ¶**～の** eucharistique. ‖**～式** eucharistie.

せいさん 青酸 acide *m* prussique (cyanhydrique). ‖**～カリ** cyanure *m* de potassium (mercure).

せいざん 青山 ¶**人生至る所～あり** Dans la vie, les oasis ne manquent pas.

せいし 制止 empêchement *m*. ¶**～する** empêcher; arrêter.

せいし 正視 ¶**～するに忍びない** On hésite à le regarder en face.

せいし 生死 ¶**～を共にする** partager le destin de *qn*. **～の境を さまよう** être entre la vie et la mort. **彼の～は不明である** On ignore tout de son sort.

せいし 精子 spermatozoïde *m*.

せいし 製糸 filature *f*; [糸紡] moulinage *m*. ¶**～する** [紡ぐ] filer; [縒る] mouliner. ‖**～業者** fileur*(se)* *m(f)*. **～工場** filature. **～工場主** filateur *m*.

せいし 製紙 papeterie *f*. ‖**～業者** papeti*er(ère)* *m(f)*. **～工場** usine *f* de papeterie.

せいし 誓詞 ¶**～を述べる** rédiger un serment.

せいし 静思 méditation *f*; contemplation *f*; recueillement *m*. ¶**～する** méditer sur; contempler; se recueillir.

せいし 静止 arrêt *m*; immobilité *f*. ¶**～する** s'arrêter; s'immobiliser. **～している** rester immobile. ‖**～軌道** orbite *f* géostationnaire. **～状態** statisme *m*. **～状態の**; **静止的** statique.

せいじ 政治 politique *f*; [統治] gouvernement *m*. **～に携わる** s'occuper (se mêler) de politique. **～に関心を持つ** s'intéresser à la politique. **～に無関心である** être apolitique; être indifférent à la politique. **国家の～を執る** gouverner un Etat. **～を論ずる** parler politique. ¶**～の(的な)** politique. **～的示威運動** manifestation *f* de caractère politique. **～的問題を解決する** régler politiquement un problème. ‖**左(右)翼～** politique de gauche (droite). **自由(保守)～** politique libérale (conservatrice). **～運動** campagne *f* politique. **～家** homme *m* politique; homme d'Etat; [策略家] politicien (ne) *m(f)*; [政治屋] politicard(e) *m(f)*. **～学** politique. **～結社** groupement *m* politique. **論争から～色をなくす** dépolitiser un débat. **集会に～色を帯びさせる** politiser une réunion. **～色のない組合活動** syndicalisme *m* apolitique. **非～性** apolitisme *m*. **～犯 criminel(le)** *m(f)* politique. **新聞社の～部** service *m* politique d'un journal. **～文学** littérature *f* politisée. **～力** pouvoir *m* politique. **[手腕]** talent *m* politique.

せいじ 青磁 porcelaine *f* céladon.

せいしき 正式 ¶**～な** [公式の] officiel(le); [正規の] régulier(ère); [適法の] légal; [任命された] titulaire. **～な会員** membre *m* titulaire. **～な結婚** mariage *m* légal. **～な婚約** fiançailles *fpl* officielles. **～な服装** tenue *f* officielle. **～な旅券** passeport *m* régulier. ¶**～にする** officialiser. ¶**～に** officiellement; légalement; en règle; en bonne et due forme. **～に結婚する** se marier légalement. **～に契約書を作成する** rédiger un contrat en bonne et due forme. **～に任命する** officialiser une nomination. **～に認める** confirmer officiellement.

せいしつ 性質 [本質] nature *f*; [生来の] naturel *m*; [性格] caractère *m*; [気質] tempérament *m*; complexion *f*; humeur *f*; [特性] propriété *f*; caractéristique *f*. **酸の～** propriétés des acides. **おとなしい～である** être d'une nature douce. **疑り深い～である** être d'un naturel méfiant. **デリケートな～である** avoir un tempérament (une complexion) délicat(e). **人の～は子供のとき決まる** Le caractère d'un individu se modèle au cours de son enfance. ¶**問題の～上その件は委員会で検討された** En raison de son caractère, cette question a été étudiée par la commission.

せいじつ 誠実 sincérité *f*; [正直] honnêteté *f*; [廉直] probité *f*; [真実性] véracité *f*; [忠実] loyauté *f*. ¶**～な** sincère; honnête; probe; loy*al(aux)*; fidèle. **～な友** ami(e) *m (f)* fidèle; ami(e) loyal(e). **不～な** malhonnête; déloy*al(aux)*. ¶**～に** sincèrement; honnêtement; en tout honneur; loyalement; de bonne foi. **～に報告する** rapporter avec véracité.

せいしバンク 精子～ banque *f* de sperme.

せいじほう 正字法 orthographe *f*.

せいじゃ 正邪 le bien et le mal; le juste et l'injuste *m*.

せいじゃ 聖者 saint *m*.

せいじゃく 静寂 calme *m*; tranquillité *f*; quiétude *f*; silence *m*. **山の～** silence de la montagne. **～の境地に達する** atteindre à l'état de quiétude. ‖**～主義** quiétisme *m*.

ぜいじゃく 脆弱 fragilité *f*; faiblesse *f*. ¶**～な** fragile; faible. **～な子供** enfant *mf* fragile.

せいしゅ 清酒 saké *m*.

せいしゅく 静粛 silence *m*. ¶**～な** silencieux (se). **～にして下さい** Faites silence!/Un peu de silence!/Silence! ¶**～に** silencieusement.

せいじゅく 成熟 maturité *f*; [果物などの] mûrissage *m*; mûrissement *m*; maturation

せいしゅん ~する(させる) mûrir. ~した mûr. ~した思想 idée f qui vient à maturité; pensée f qui a mûri. ‖未~の immature; [知的に] immature.

せいしゅん 青春 jeunesse f; bel âge m. を謳歌する chanter la jeunesse de cœur. ‖~期 adolescence f; les belles années fpl.

せいじゅん 清純 chasteté f. ¶~な chaste. ~な乙女 rosière f.

せいしょ 清書 net m. ¶~する mettre qc au net. ‖~用 cahier m de net.

せいしょ 聖書 Bible f; l'Ecriture sainte f; les saintes Ecritures fpl; Testament m; livres mpl sacrés. ¶~の biblique. ~の註釈 exégèse f biblique. ‖旧新約 l'Ancien et le Nouveau Testament; Bible.

せいじょ 聖女 sainte f.

せいしょう 政商 marchand m qui a une influence politique.

せいしょう 斉唱 ¶~する chanter à l'unisson.

せいじょう 政情 situation f politique. ~は不安定である La situation politique n'est pas stable. ~は騒然としている La situation politique est confuse.

せいじょう 正常 ¶~な normal(aux). 彼はな状態ではない Il n'est pas dans son état normal. ‖~化する normaliser. 外国との外交関係を~化する normaliser les relations diplomatiques avec un pays étranger.

せいじょう 清浄 ¶~な空気 air m pur. ~野菜 légumes mpl biologiques.

せいじょうき 星条旗 bannière f étoilée.

せいしょうねん 青少年 jeunesse f; jeunes mpl; jeunes gens mpl. ¶~向きの映画 film m pour la jeunesse. ‖~犯罪 délinquance f juvénile.

せいしょく 生殖 génération f; reproduction f; procréation f. ¶~する se reproduire. ~の générateur(trice); reproducteur(trice); génital(aux); procréateur(trice). ‖~器 parties fpl génitales; organes mpl de la génération; organes reproducteurs. ~機能 fonctions fpl génitales. ~細胞 gamète m. ~刺激ホルモン hormones fpl gonadotropes. ~腺 gonade f. ~能力 faculté f génératrice. ~本能 instinct m génésique. ~力のある fécond.

せいしょく 聖職 sacerdoce m. ~につく entrer au service de l'Eglise; prendre la soutane. ~についている être dans les ordres. ‖~者 prêtre m; religieux(se) m(f); ecclésiastique m; [集合的] clergé m; [新教] pasteur m; [志望の学生] clerc m. ~者の ecclésiastique; clérical (aux); sacerdotal (aux). ~者の生涯 vie f ecclésiastique. ~者として ecclésiastiquement; cléricalement.

せいしょほう 正書法 orthographe f.

せいしん 精神 esprit m; [精神状態] moral m; [魂、肉体に対し] âme f. 人間の~と肉体 l'esprit (l'âme) et le corps de l'homme. 健全な~ esprit sain. ~に異常をきたす perdre la raison. 「~一到何事か成らざらん」《Vouloir, c'est pouvoir.》¶~的(の) spirituel (le); mental(aux); moral(aux); psychique.

~的快楽 plaisir m spirituel. ~的肉体的苦痛 douleurs fpl morales et physiques. ~的に spirituellement; moralement; mentalement. ‖~犠牲的~ esprit de sacrifice. ~安定剤 tranquillisant m. ~衛生 hygiène f mentale. ~科学 science f morale. ~活動 activité f mentale. ~鑑定 expertise f mentale. ~教育 éducation f mentale. ~工学 psychotechnique f. ~錯乱 délire m; confusion f mentale. ~状態 état m d'âme; état mental. ~の働きが悪い avoir mauvais moral. ~性 spiritualité f. ~生活 vie f spirituelle. ~年齢 âge m mental. ~年齢15才 Son âge mental est de 15 ans. ~薄弱 débilité f. ~薄弱児 enfant m(f) arriéré (e). ~病 maladie f mentale; psychose f; névrose f; [症状] psychotique. ~病医 psychiatre m; aliéniste m. ~病院 hôpital m psychiatrique; asile m (maison f, hospice m) d'aliénés. ~病学 psychiatrie m; aliénisme m. ~病者 aliéné(e) m(f); psychosé(e) m(f). ~描写 psychographie f. ~病理学 psychopathologie f. ~分析 psychanalyse f. ~分析的 psychanalytique. ~分析する psychanalyser; analyser. ~分析学者 psychanalyste mf. ~分裂 schizophrénie f. ~分裂病患者 schizophrène mf. ~力学 psychodynamique f. ~療法 psychothérapie f. ~労働 travail(aux) m mental(aux).

せいじん 成人 adulte mf; 《法》majorité f. ~に達する atteindre la majorité. ¶~する arriver à l'âge adulte. ‖~向け映画 film m interdit aux moins de 18 ans.

せいじん 聖人 saint(e) m(f). ‖~伝 hagiographie f; vie f des saints.

せいしんせいい 誠心誠意 de tout son cœur.

せいず 星図 planisphère m céleste; catalogue m des étoiles.

せいず 製図 dessin m; [地図] cartographie f. ¶~する dessiner; tracer. ‖~家 dessinateur(trice) m(f); cartographe m. ~工 traceur m. ~板 planche f à dessin. ~用具 instruments mpl de dessin.

せいすい 盛衰 vicissitudes fpl; les hauts et les bas. ~栄枯は世の習い La vie est faite d'inévitables vicissitudes. 彼は三十年間の栄枯~を経てきた Depuis trente années, il est passé par bien des hauts et des bas.

せいすい 聖水 eau f bénite. ‖~盤 bénitier m.

せいずい 精髄 quintessence f; essence f; moelle f; suc m. 作品の~を取り出す tirer tout le suc d'un écrit.

せいすう 整数 nombre m entier; entier m.

せいすう 正数 nombre m positif.

せいする 制する maîtriser; [抑圧する] contenir, réprimer; asservir; [制止する] empêcher; retenir. 怒りを~ maîtriser sa colère. 欲望を~ réprimer son envie. 一国を~ asservir un pays. 自己を~ se maîtriser; se contenir; se retenir; se dominer. 自由に振舞うのを~ empêcher qn d'agir librement. 「先んずれば人を制す」《Premier arrivé, premier servi.》◆[支配する] dominer. 海上を～ dominer la mer. 死命を avoir la vie de qn dans ses mains.

せいする 征する dominer; soumettre.

せいせい 清々 ¶～する [すがすがしくなる] se sentir revivre; [ほっとする] se sentir libéré (soulagé). ひと雨くれば～するんだが Une averse nous rafraîchirait. 借金を返して～している Je me sens soulagé de m'être acquitté de mes dettes. ひと風呂浴びて～した C'est bon de prendre un bain. やれやれこれで～した Bon débarras!.

せいせい 生成 formation f. ¶～される se former. ‖～哲学 philosophie f du devenir. ～物《化》produit m. ～文法 grammaire f générative.

せいせい 精製 raffinage m; épuration f. 石油の～ raffinage du pétrole. ¶～する raffiner; purger. ～された砂糖 sucre m raffiné. ‖～工場 raffinerie f. ～装置 épurateur m.

せいぜい 精々 [多くても] au plus; tout au plus; au maximum; [やっと] à peine; [よくても] [tout] au mieux. ～百ユーロだ Cent euros au plus (au maximum). ～二三人しかいない Il y a à peine deux ou trois personnes. 彼が集めるのは～二千票だろう Au mieux, il réunira deux mille suffrages. ～仕事をする Travaillez de votre mieux. ◆[出来るだけ] autant que possible.

ぜいせい 税制 fiscalité f. ¶～改革 réforme f de la fiscalité.

せいせいどうどう 正々堂々 loyalement. ¶～と戦う combattre loyalement; jouer beau jeu.

せいせき 成績 [点数] note f; [結果] résultats mpl; [競技, 競馬などの] performance f. ～の掲示 affichage m des résultats. 仕事の～が上らない atteindre des résultats peu satisfaisants. 良い～をとる avoir de bonnes notes (de bons résultats). 好～をあげる réaliser (fournir) une belle performance. 試験の～を発表する proclamer les résultats des examens. ‖今月は会社の営業の～が上った Ce mois-ci, l'entreprise a amélioré ses performances. ～簿 carnet m de notes.

せいせつ 正接 tangente f.

せいせっかい 生石灰 chaux f vive.

せいせん 生鮮 ¶～な frais (fraîche). ‖～食品 produits mpl frais; denrées fpl périssables. ～野菜 légumes mpl frais.

せいせん 精選 ¶～する sélectionner; 《俗》 trier sur le volet. ‖～品 article m (produit m) de première qualité (de premier choix).

せいせん 聖戦 guerre f sainte.

せいぜん 整然 ¶～と avec ordre; avec suite. ～とした部屋 chambre f bien ordonnée. ～と行進する marcher en bon ordre. ‖理路～と logiquement.

せいぜん 生前 ¶～に(は) de son vivant. 校長の～にはこんなことは起らなかったろう Ça ne serait pas arrivé du vivant du directeur. 彼は～は無名な作家だった C'était un écrivain inconnu de son vivant. ‖～贈与 donation f entre vifs.

せいぜんせつ 性善説 théorie f du bien originel.

せいそ 清楚 sobriété f; simplicité f. ¶～な simple; sobre. ～な仕立の服装 vêtement m de coupe sobre.

せいそう 政争 luttes fpl politiques. ¶スポーツを～の具に使う politiser le sport.

せいそう 星霜 幾多の～が流れた Plusieurs (De longues) années se sont écoulées.

せいそう 正装 tenue f de cérémonie. ¶～する se mettre en tenue officielle; s'habiller. ～している être en habit de rigueur. 今夜の晩餐会には～で行かなければいけないのかしら Faut-il s'habiller pour le dîner de ce soir? ～で en grande tenue. ～[にて出席]のこと La tenue est de rigueur.

せいそう 清掃 nettoiement m; balayage m; [衛生の] assainissement m. ¶～する nettoyer; balayer; assainir. ‖～業務 services mpl de nettoiement. ～事業 travaux mpl d'assainissement. ～車 balayeuse f.

せいそう 盛装 habit m de parade. ¶～する se mettre en grande toilette; mettre ses plus beaux habits; s'endimancher; 《俗》se mettre sur son trente et un.

せいそう 精巣 testicule m.

せいぞう 聖像 image f sainte; [ギリシア正教] icône f. ‖～学 iconographie f. ～破壊 iconoclaste m; iconoclasme m.

せいぞう 製造 fabrication f; [特に衣服の] confection f; [加工] usinage m; [建造] construction f; [生産] production f; [楽器の] facture f. ¶～する fabriquer; manufacturer; produire; construire. ‖～業者 fabricant m; producteur(trice) m(f). ～中 fabrique f; manufacture f; [工場] usine f. ～費 frais mpl de fabrication. ～品 produit m manufacturé.

せいそうけん 成層圏 stratosphère f. ‖～飛行 vol m stratosphérique.

せいぞうぶっせきにんほう 製造物責任法 [PL 法] loi f sur la responsabilité du fait des produits.

せいそく 生(棲)息 ¶～する exister; habiter; vivre. 水中に～る vivre dans l'eau. ‖～地 habitat m. ～物 habitant m.

せいぞろい 勢揃い ¶～する se réunir; se rassembler. ～している être au [grand] complet.

せいぞん 生存 existence f; [生残り] survivance f. ¶～する exister; vivre; [生残る] survivre. ‖適者～ survivance du plus apte (des mieux adaptés). ～競争 lutte f pour la vie. ～者 vivant(e) m(f); [生残り] survivant(e) m(f); rescapé(e) m(f). 事故の～者 survivants d'un accident.

せいたい 政体 régime m politique; constitution f; état m. ‖共和～ constitution républicaine; régime républicain. 君主～ régime (Etat) monarchique.

せいたい 生体 corps m vivant. ‖～解剖 vivisection f. ～解剖者 vivisecteur m. ～観察 biopsie f. ～物理学 biophysique f.

せいたい 生態 vie f; mode m de vie. ¶～学 écologie (œcologie) f. ～学者 écologiste

せいたい 聖体 eucharistie f; [祭壇の] saint sacrement m. ~のパン hostie f. ~~行列 procession f du saint sacrement. ~拝受(領) communion f. ~受者 communiant (e) m(f). ~拝受をする communier. ~遷曜所 reposoir m.

せいたい 声帯 cordes fpl vocales. ‖~模写 pastiche m vocal.

せいだい 盛大 ¶~な grand; solennel(le); magnifique; pompeux(se). ~な歓迎 accueil m enthousiaste. ~に祝う fêter en grande pompe. ~さ grandeur f; solennité f; apparat m; magnificence f; pompe f. 戴冠式の~さ pompe du couronnement.

せいたいがく 生態学 écosystème m.

せいだく 清濁 ¶~あわせのむ avoir un esprit large (tolérant).

ぜいたく 贅沢 luxe m; somptuosité f; [浪費] prodigalité f. ~を言う demander trop; être exigeant. ~を見せびらかす faire étalage de luxe. ¶~な luxueux(se); somptueux (se); [要求の多い] exigeant. ~な食事 somptueux repas m; repas de luxe. それは~だ C'est du luxe. 私の給料ではそれは~だ C'est un luxe que mon salaire ne me permet pas. ~に luxueusement; somptueusement. ~に暮す vivre dans le luxe; mener un grand train de vie. ¶~品 articles mpl de luxe. ~本 édition f de luxe.

せいたん 生誕 naissance f. ⇒たんじょう(誕生).

せいだん 政談 causerie f politique.

せいだん 清談 ¶~に耽る s'adonner à des entretiens spirituels.

せいち 整地 aménagement m du terrain; [地ならし] nivelage m; [土運び] terrassement m. ¶~する aménager (niveler) le terrain.

せいち 生地 patrie f; lieu m de naissance. ドールはパストゥールの~である Dole est la patrie de Pasteur.

せいち 精緻 finesse f; délicatesse f. ¶~な fin; délicat. ~を極めた装置 appareil m d'une grande finesse.

せいち 聖地 terre f sainte; lieux mpl saints.

せいちゅう 成虫 imago m. ¶~の imaginal (aux).

せいちゅう 精虫 spermatozoïde m.

せいちゅう 掣肘 contrainte f; entrave f. ¶~する [束縛] contraindre; [妨げる] contrarier; entraver; empêcher. 君から~されるいわれはない Il n'y a pas de raison que tu m'en empêches. ~なしに sans contrainte.

せいちょう 成長 ‖経済~ croissance f économique. ~率 taux m de croissance.

せいちょう 整調 réglage m; régularisation f. ¶~する régler; régulariser. 機械を~する régulariser le fonctionnement d'une machine.

せいちょう 清澄 limpidité f. ¶~な limpide.

せいちょう 清聴 ¶御~を感謝します Je vous remercie de votre attention.

せいちょう 生成長 croissance f; [発展] développement m; [増大] accroissement m; [増加] augmentation f; [進展] évolution f; [進歩] progrès m. ¶~する croître; se développer; évoluer; grandir; [植物が] pousser; [子供, 植物などが] profiter; [成熟する] mûrir; progresser. すくすくと~する grandir en bonne santé. 知恵が~する croître en sagesse. その子はよく~した Cet enfant s'est bien développé. 何でもよく~する土地 bon champ m où tout pousse. ~が期待される人 personne f qui promet. ~の止まった子供 enfant m/f arrêté(e) dans sa croissance. ‖高度~ croissance rapide. 最~期の産業 industrie f en plein développement. 植物~ホルモン auxine f. ~過程にある産業 industrie en développement. ~率 taux m de croissance.

せいちょうざい 整腸剤 médicament m intestinal.

せいつう 精通 ¶~する se connaître à; connaître qc à fond; être au courant de; posséder; s'entendre à. 政界の事情に~している être au courant des affaires du monde politique. 彼はそれに~している Il s'y connaît (entend). 彼女は驚くほど中国文学に~している Elle est versée admirablement dans la littérature chinoise. 彼はフランス語に~している Il possède bon français. 彼はその仕事に~している C'est un expert dans ce métier.

せいてい 制定 institution f; établissement m. ¶~する instituer; établir; [法] légiférer. 規則を~する instituer des règlements. 式典綱領を~する établir le programme des cérémonies. 議会は法律を~する Le Parlement légifère.

せいてき 性的 ⇨せい(性).

せいてき 政敵 adversaire (rival(e), concurrent(e)) m(f) politique.

せいてき 静的 ¶~な statique.

せいてつ 製鉄 sidérurgie f. ¶~の sidérurgique. ‖~工 fondeur m. ~所 fonderie f.

せいてん 晴天 beau temps m. ‖~続きである Le temps est au beau fixe.

せいてん 正典 canon m; livre m canonisé. 新約聖書の~ canon du Nouveau Testament.

せいてん 聖典 livre m sacré; [新教の典礼] sacrement m.

せいてん 青天 ¶それは~の霹靂だった C'était un coup de foudre dans un ciel bleu. ‖~白日の身となる être innocenté.

せいてんかん 性転換 changement m de sexe. ¶~する changer de sexe. ‖~手術 opération f de changement de sexe. ~者 transsexuel(le) m(f).

せいでんき 静電気 électricité f statique. ¶~の électrostatique.

せいと 生徒 élève m/f; [小, 中学校の] écolier (ère) m(f); [中, 高等学校の] lycéen(ne) m(f); collégien(ne) m(f). ‖~監 préfet m des études.

せいど 制度 institution f; système m; [政治] régime m. ¶~上の問題 question f institutionnelle. ‖議会~ régime parlementaire. 教育~ système d'enseignement. 現行~ système actuel. 社会~ système so-

せいど 封建～ régime féodal. 民主的～ institutions démocratiques. ～化する institutionnaliser; systématiser.

せいど 精度 degré m de précision. ¶高～の穿孔機 perceuse f de haute précision.

せいとう 政党 parti m politique. ～を結成する former un parti politique. ～を脱退する quitter son parti. ～に加盟を申込む entrer dans (s'affilier à) un parti. ～に入党する(している) s'inscrire (être inscrit) à un parti. ‖二～の biparti[te]. 二大～制 bipartisme m. 保守(革新, 階級, 中道, 共産)～ parti conservateur (progressiste, de classe, du centre, communiste). ～政治 politique f de parti.

せいとう 正当 ¶～な juste; pertinent; [適法の] légitime; [根拠ある] fondé; [正しい判断による] judicieux(se); [手続きを踏んだ] valable. ～な理由 raison f pertinente. ～な費用 coûts m/pl raisonnables. ～な要求 réclamation f fondée (juste). ～に à bon droit; valablement; légitimement. ‖ ～化 justification f. ～化する justifier; légitimer. ～性 pertinence f; bien-fondé m; [権利の] légitimité f. ～防衛 légitime défense f.

せいとう 正統 ¶～の orthodoxe; [合法の] légitime. ～的な意見を持っている avoir une opinion orthodoxe. ‖ ～性 orthodoxie f; légitimité f. ～派と異端派 les orthodoxes m/pl et les hérétiques m/pl.

せいとう 精糖 sucre m raffiné.

せいとう 製糖 fabrication f du sucre. ‖ ～業 industrie f sucrière. ～業者 sucrier(ère) m(f). ～所 sucrerie f.

せいとう 製陶 poterie f. ‖ ～業者 potier m; céramiste m.

せいどう 制動 freinage m; enrayage m. ～をかける freiner; enrayer. 急～をかける bloquer les freins; donner un brusque coup de frein. ‖ ～機 frein m; enrayeuse f; enrayoir m. ～装置 freinage m; amortisseur m.

せいどう 正道 ¶～を歩む suivre le droit chemin. ～を踏み外す se dévoyer.

せいどう 聖堂 sanctuaire m; temple m. ‖ ～騎士 templier m.

せいどう 青銅 bronze m; airain m. ¶～時代 âge m du bronze (d'airain).

せいとうは 青鞜派 bas-bleus m/pl.

せいどく 精読 ¶～する lire soigneusement; décortiquer. テキストを～する décortiquer un texte.

せいとく 生得の inné(e). ⇨ せんてん(先天).

せいとん 整頓 arrangement m; [配置] agencement m; [整備] aménagement m. ¶～する ranger; mettre en ordre; ordonner; aménager; agencer. 部屋を～する mettre une chambre en ordre; ranger une chambre. ベッドを～する retaper un lit. きれいな～された所 être bien en ordre. 全てが～されている Tout est en ordre. よく～された家 maison f bien entretenue. ‖ 彼女は～好きである Elle a beaucoup d'ordre.

せいなる 聖なる sacré; saint; [神に捧げられた] consacré. ～書物 les livres sacrés. ～民 peuple m saint.

せいなん 西南 sud-ouest m. ¶～の(に) du (au) sud-ouest. ‖ ～西 ouest-sud-ouest m.

せいにく 精肉 habillage m. ～にする habiller.

ぜいにく 贅肉 ¶～がつく(おちる) prendre (perdre) de l'embonpoint m.

せいねん 成年 majorité f; [成年者] majeur(e) m(f). ～に達する atteindre la majorité. ‖ 未～ minorité f. 未～者 mineur(e) m(f).

せいねん 生年 ‖ ～月日 date f de naissance.

せいねん 青年 jeune homme m; jeunes gens m/pl; garçon m; adolescent(e) m(f); [集合的] jeunesse f. ‖ ～時代 bel âge m.

せいのう 性能 [特質] qualité f; [効率] rendement m; [能力] faculté f; [効力] efficacité f. 機械の～を検査する mettre une machine au banc d'essai. ¶～の良い(悪い) de bonne (mauvaise) qualité. ～の良い機械 machine f à bon rendement. ～の改善されたモーター moteur m perfectionné. 高～の d'excellente qualité.

せいは 制覇 hégémonie f; [支配] domination f. ¶世界を～する conquérir l'hégémonie du monde. 海上を～する dominer [sur] les mers.

せいばい 成敗 ¶～する [処罰] punir qn; sanctionner qn; [打首] décapiter. ‖ 喧嘩両～ Dans une dispute, les deux partis doivent partager les torts.

せいはく 精白 blanchiment m. ¶～する blanchir. 米を～する blanchir le riz. ‖ ～米 riz m décortiqué.

せいはつ 整髪 coiffure f. ⇨ りはつ(理髪).

せいばつ 征伐 conquête f; subjugation f. ¶～する conquérir; subjuguer; [屈服させる] soumettre. 反乱軍を～する soumettre une troupe rebelle.

せいはん 製版 gravure f; [植字] composition f. ‖ 写真～ photogravure f. ～師 graveur m.

せいはんごう 正反合 thèse f, antithèse f et synthèse f.

せいはんたい 正反対 antipode m; contre-pied m. ¶～の contraire; diamétralement opposé; inverse. ～の方向 direction f inverse. 君の意見は私の～だ Vos êtes à l'antipode de ma pensée./Vos opinions sont le contre-pied des miennes.

せいひ 正否 ¶～を判別する discerner le bien du (d'avec le) mal.

せいび 整備 aménagement m; entretien m; [整頓] agencement m; [調整] réglage m. 機械の～ entretien (réglage) d'une machine. 工場の～ aménagement d'une usine. ¶～する aménager; entretenir; agencer; régler. 道路を～する mettre des chemins en état de viabilité. ～の良い車 voiture f bien entretenue. ‖ ～員 mécanicien m. 地上～員 mécaniciens non navigant. 不良による事故 accident m provoqué par le mauvais entretien.

せいひつ 静謐 sérénité f.

せいひょう 製氷 ¶～皿 [冷蔵庫用の] bac m à glace.

せいびょう 性病 maladie f vénérienne; maladies honteuses; mal m honteux. ～に

かかる attraper une maladie vénérienne. ‖~医学 vénérologie f. ~患者 vénérien(ne) m(f).

せいびょう 聖廟 sanctuaire m; temple m.

せいびょうしつ 製氷室 congélateur m; [冷蔵庫の] freezer m.

せいひれい 正比例 proportion f directe. ¶AとBは~する A varie en proportion directe avec B.

せいひん 清貧 ¶~に甘んじる se contenter de peu.

せいひん 製品 produit m. ¶化学~ produit chimique. 工業~ produit industriel. 半~ produit semi-fini. 副~ sous-produit m; dérivé m. フランス(外国)~ article m de fabrication française (étrangère).

せいふ 政府 gouvernement m. 強力な~ gouvernement à poigne. ¶~(側)の gouvernemental(aux). ~の政策 politique f gouvernementale. ~の要人 haute personnalité f du gouvernement. ~革命~ gouvernement révolutionnaire. フランス~ le Gouvernement français. 無~状態 anarchie f. 臨時~ gouvernement provisoire. ~機関 organes mpl gouvernementaux. ~広報 campagne f d'information du gouvernement. ~当局 autorités fpl; pouvoirs mpl.

せいぶ 西部 Ouest m. ‖~劇 western m.

せいふく 制服 uniforme m. 士官(スチュワーデス)の~ uniforme d'officier (d'hôtesse de l'air). ¶~を着た召使 valet m en livrée. ~を着て en uniforme.

せいふく 征服 conquête f. ¶~する faire la conquête de; conquérir; vaincre. 人心を~する conquérir les cœurs. 病気(悪癖)を~する vaincre la maladie (ses mauvais penchants). ~された conquis. ~された土地 pays m conquis. ‖軍事的~ conquête militaire. ~者 conquérant m; vainqueur m.

せいふく 整復 réduction f. ¶~する réduire. 骨折を~する réduire une fracture.

せいぶつ 生物 être m vivant; organisme m. ‖~学 biologie f. ~学的 biologique. ~学者 biologiste mf. ~変移論 transformisme m.

せいぶつ 静物 nature f morte. ‖~画 nature morte; peinture f d'après-nature.

せいふん 製粉 mouture f. ¶~する réduire en farine. ‖~業 meunerie f; [大企業] minoterie f. ~業者 meunier(ère) m(f); minotier(ère) m(f). ~所 moulin m.

せいぶん 成分 composant m; [混合物の] ingrédient m; [要素] élément m. 薬剤の様々な~ ingrédients divers d'un médicament. 水の~は酸素と水素である Les composants de l'eau sont l'oxygène et l'hydrogène.

せいぶん 成文 ‖~化 codification f. ~化する codifier. ~法 loi f écrite; droit m écrit.

せいぶん 正文 texte m.

せいへき 性癖 prédisposition f; penchant m. ~がある avoir un penchant à inf. 怠惰の~がある être prédisposé à la paresse. 彼女は浪費の~がある Elle a un penchant à gaspiller.

せいべつ 性別 distinction f de sexe.

せいべつ 聖別 consécration f. ¶~する consacrer.

せいへん 政変 coup m d'Etat; [内閣の更迭] crise f ministérielle.

せいぼ 生母 sa propre mère; sa mère selon la chair.

せいぼ 聖母 Nortre-Dame f; La vierge f; La Sainte Vierge. ‖~崇拝 culte m marial; marianisme f.

せいほう 製法 procédé m (méthode f) de fabrication.

せいぼう 制帽 casquette f d'uniforme.

せいぼう 声望 estime f. ~が上がる monter dans l'estime de qn. ~の高い estimable.

せいほう 税法 loi f fiscale. ⇒ぜい(税).

せいほうけい 正方形 carré m. ¶~の carré.

せいほく 西北 nord-ouest m. ‖~西 ouest-nord-ouest m. ⇒ほくせい(北西).

せいぼく 戦没 ‖~者 sinistré(e) mf de la guerre.

せいほん 正本 exemplaire m.

せいほん 製本 reliure f. ¶~する relier. ‖~機 relieuse f. ~屋 relieur(se) m(f).

せいまい 精米 décorticage m du riz. ‖~所 rizerie f.

せいみつ 精密 ¶~な exact; rigoureux(se); fin; précis. これはミリまで測れるとても~な機械だ C'est un appareil très précis qui peut mesurer au millimètre près. ~に avec précision; rigoureusement; exactement; finement; précisément. ~さ précision f; [厳密] rigueur f; [正確] exactitude f; [精巧] finesse f. 数学的~さ précision mathématique. 絶対的な~さで avec une précision absolue. ‖~機械 instrument m de précision. ~検査を受ける être soumis à un examen détaillé. ~器 trébuchet m.

せいみょう 精妙 délicatesse f; raffinement m. ¶~な délicat; raffiné; exquis.

せいむ 政務 affaires fpl de l'Etat. ‖~次官 vice-ministre m parlementaire.

せいむ 聖務 [祭式] [カト] office m férial.

ぜいむ 税務 fisc m. ¶~の fiscal(aux). ~上 fiscalement. ‖~署 [bureau m de] perception f. ~署員 fonctionnaire m des contributions; agent m fiscal; [収税吏] percepteur m.

せいめい 姓名 nom m et prénom m. ‖~判断 divination f par les noms.

せいめい 生命 vie f. ~と財産の保護 protection f de la vie et des biens. 人を救うために~を危険にさらす exposer sa vie pour sauver qn. ~を~にかける risquer sa vie pour son idéal. ~を投げうつ se sacrifier; sacrifier sa vie. ~の vital(aux). ~に~をかける sur sa vie. ‖~線 [手相の] ligne f de vie. ~保険 assurance f décès (sur la vie). ~力 force f vitale; vitalité f. ~力が旺盛である être d'une vitalité vigoureuse (étonnante). ~力に満ちた作品 œuvre f pleine de vie.

せいめい 盛名 ¶~を馳せる avoir une grande renommée.

せいめい 声明 déclaration f; [公式の] com-

せいめん 製麺 ~所(業) entreprise f de pâtes alimentaires.

せいもん 正門 porte f principale.

せいもん 声門 glotte f.

せいやく 制約 restriction f; [制限] réserve f; limitation f; [拘束] contrainte f; entrave f; [条件] condition f. ~をつける imposer une contrainte (limitation); apporter des restrictions. この選手権試合にはアマチュアとプロの～はない Ce match de championnat est ouvert aux amateurs comme aux professionnels. ¶～する restreindre. ~なしに sans restriction (réserve).

せいやく 製薬 pharmacie f. ¶～の pharmaceutique. ‖～会社 compagnie f de produits pharmaceutiques.

せいやく 誓約 serment m; [誓言] parole f; [神への] vœu(x) m. ~を破る rompre (violer) son serment. ~に基いて sur parole. ~する jurer; faire le serment de inf; [神に] vouer. 忠誠を～する jurer fidélité à qn. ¶～書 serment écrit.

せいゆ 聖油 saintes huiles fpl; chrême m. ~を注ぐ oindre.

せいゆ 製油 [原油からの] raffinage m du pétrole; [植物の] extraction f de l'huile. ‖～所(工場) [植物油の] huilerie f.

せいゆう 声優 doublure f.

せいよう 西洋 Occident m; Europe f. ¶～の occidental(aux). ~風に à l'européenne. ~化する occidentaliser. ~人 Occidental(ale, aux) m (f, pl). ~文化 culture f occidentale. ~料理 cuisine f européenne.

せいよう 静養 repos m. ¶～する se reposer; [養生] se soigner.

せいよく 性欲 appétit m sensuel (sexuel); désir m charnel; sexualité f; [心] libido f. ¶～減退 baisse f de l'appétit sexuel. ~亢進剤 aphrodisiaque m.

せいらい 生来 par nature; naturellement. ¶～の natif(ve); de naissance; [生得の] inné. ~の怠け者 paresseux(se) m(f) natif(ve). ~の才能 don m inné. ~の盲人 aveugle mf de naissance. 彼は～の働き者だ Il est travailleur par nature. 彼は～のコメディアンだ C'est un comédien né; Il est né comédien.

せいり 整理 rangement m; mise f en ordre; [配列] agencement m; arrangement m. ¶～する ranger; ordonner; mettre qc en ordre; arranger; mettre de l'ordre dans qc. 頭を～する mettre ses idées en ordre. 身の回りを～する ranger ses affaires. 良く～された戸棚 l'armoire f bien rangée. ‖交通を～する régler la circulation. ～統合 unification f. ◆[除去, 処分] ¶人員を～する réduire le personnel. ストックを～する liquider le stock.

せいり 生理 physiologie f. ¶～的な physiologique. ‖～学 physiologie. ～学者 physiologiste mf. ◆[月経] menstruation f; règles fpl. ¶～の menstruel(le). ‖～休暇 congé m de règles. ~痛 troubles mpl de la menstruation.

せいり 税吏 percepteur m.

せいりきがく 静力学 statique f.

せいりし 税理士 consultant m fiscal.

せいりだな 整理棚 casier m.

せいりつ 成立 conclusion f; formation f. ¶内閣の～ formation d'un cabinet. 契約の～ conclusion d'un traité. 平和条約の～ conclusion d'un traité de paix. 法案の～ adoption d'un projet de loi. ¶国家の統一が～した L'unité nationale s'est formée. 契約が～した Le contrat a été conclu (signé). ~させる [条約, 契約を] conclure; [法案を] adopter; [形作る] former.

せいりつ 税率 taux m de l'impôt. ~を上げる(下げる) élever (abaisser) le taux de l'impôt.

せいりゃく 政略 politique f; tactique f. ‖～結婚 mariage m de raison (convenance).

せいりゅう 整流 redressement m. ‖～管 valve f redresseuse. ~器 redresseur m. ~子 commutateur m; [電話] jack m.

せいりゅう 清流 courant m lipide.

せいりょう 清涼 ¶～飲料 boisson f rafraîchissante; rafraîchissement m. ～飲料を飲むse rafraîchir; prendre un rafraîchissement.

せいりょう 声量 ampleur f (volume m) de la voix. ~がある avoir de bons poumons. 彼には～がない Sa voix manque de volume.

せいりょく 勢力 influence f; pouvoir m; force f; [支配力] empire m; ascendant m; [権力] puissance f. 台風の～ force f du typhon. ~を得る acquérir de l'influence. ~を振う exercer de l'ascendant sur qn. 人に対して～を持つ(失う) avoir (perdre) de l'empire sur qn. ¶～の ある influent; puissant; régnant. ~争い rivalité f d'influence. ~範囲 sphère f (zone f) d'influence; [動物の] territoire m. ~範囲を拡大する étendre (élargir) la zone d'influence. 自分の～範囲に引きずり込む attirer (entraîner) dans son orbite.

せいりょく 精力 énergie f; vigueur f; force f vitale; vitalité f. 彼は仕事で～を使い果した Le travail l'a vidé. ～をつける薬 remède m tonique (énergétique). ¶～的な énergique; vigoureux(se). ～的に avec vigueur (énergie); vigoureusement. ¶～絶倫の老人 vieillard m d'une étonnante vitalité.

せいれい 政令 acte m de gouvernement; décret(s)[-loi(s)] m. 官報に載った～ décret publié au journal officiel.

せいれい 精励 application f. ¶～する s'appliquer à. 数学に～する s'appliquer à travailler; travailler avec application. ‖～恪勤する travailler assidûment. ~恪勤の zélé; assidu.

せいれい 精霊 esprit m. 彼は～を信じている Il croit aux esprits.

せいれい 聖霊 Saint-Esprit m; Esprit-Saint m; Paraclet m; Sanctificateur m.

せいれき 西暦 ère f chrétienne. ¶～1980

せいれつ 整列 alignement *m*; rangement *m*. ¶～する s'aligner; se ranger. 二列横隊に～する se mettre sur deux rangs. ～させる aligner; ranger; mettre en rangs.

せいれつ 清冽 ¶～な谷川の流れ cours *m* frais et limpide d'un torrent.

せいれん 清廉 ¶～な integre; honnête; incorruptible. ‖～潔白な人 personne *f* intègre.

せいれん 精錬 affinage *m*; affinement *m*. ¶～する affiner. ‖～工 affineur *m*. ～所 affinerie *f*.

せいろう 晴朗 ¶～な serein. ～な天気 temps *m* serein.

せいろん 正論 raisonnement *m* juste. ～に従う se rendre à la raison.

ゼウス 《ギ神》 Zeus *m*.

セージ 《植》 sauge *f* officinale.

セーター tricot *m*; [頭からかぶる] pull-over *m*; pull *m*; [厚手の] chandail *m*; [スポーツ用] sweat-shirt *m*. ‖丸首～ pull *m* ras-de(-du)-cou.

セーヌ ‖～川 la Seine.

セーブ ¶～する épargner; réduire.

セーフガードじょうこう 一条項 clause *f* de sauvegarde.

セーフティーネット filet *m* de sûreté.

セーブル 《皮》 zibeline *f*; martre *f* zibeline.

セームがわ 一革 [peau(x) *f*] de chamois *m*.

セーラー marin *m*. ‖～カラー col *m* marin.

セーラーふく ー服 costume *m* marin.

セーリング voile *f*. ‖ヨット～をする faire de la voile.

セール solde *m*; liquidation *f*; [街頭の] braderie *f*. ‖クリアランス～ coup *m* de balai; soldes *mpl*.

セールス vente *f*; placement *m*. ‖～プロモーション promotion *f* des ventes.

セールスマン voyageur *m* de commerce; colporteur *m*; représentant *m*.

せおう 背負う porter sur le dos; [引き受ける] se charger de *qc* (*inf*); endosser; assumer. 責任を～ se charger de (assumer) la responsabilité. 借金を～ s'endetter. 彼は多額の借金を背負いこんでいる Il est fort endetté. 背負わせる charger (mettre) le dos de *qn*.

せおよぎ 背泳ぎ nage *f* sur le dos.

セオリー ¶～通りに行く(行かない) La pratique confirme (infirme) la théorie.

せかい 世界 monde *m*; [宇宙] univers *m*. スポーツ(芸術)の～ monde des sports (des arts). ～を歩き回る courir le monde. ～の果てまで行く aller jusqu'au bout du monde. ～[中]の mondial(aux); universel(le). ～の市場に浸透する envahir le marché mondial. ～的な mondial(aux); universel(le). ～的水準 niveau *m* mondial. ～的名声を博する jouir d'une réputation mondiale. ～的に mondialement; universellement. ～的に有名なピアニスト pianiste *m* mondialement connu. 外部～ monde extérieur. 旧～ monde ancien. 新～ nouveau monde. 全～ le monde entier. 全～の人々 univers. 全～にかけて par tout l'univers. 理想～ monde idéal. ～一周旅行 *m* du monde. ～観(像) conception *f* (vision *f*) du monde. ～記録 record *m* mondial. ～銀行 Banque *f* Internationale [pour la Reconstruction et le Développement]. ～国家 Etat *m* mondial. ～史 histoire *f* universelle. ～主義 cosmopolitisme *m*. ～主義者 cosmopolite *mf*. ～選手大会 championnat *m* du monde. ～戦争 guerre *f* mondiale. 第一(二)次～大戦 la première (seconde) guerre mondiale. ～地図 mappemonde *f*; carte *f* universelle. ～チャンピオン champion *m* du monde. ～平和 paix *f* universelle.

せかいけいざいフォーラム 世界経済— Forum *m* économique mondial.

せかす 急かす presser. 出発を～ presser le départ. 返事を～ presser de répondre.

せかせか d'un air affairé. ～歩く marcher à petits pas pressés.

せかっこう 背恰好[外観] allure *f*; air *m*; [身長] taille *f*. 二人は～が似ている Ils ont presque la même allure.

ぜがひ 是が非 ¶～でも à tout prix; avant tout; de gré ou de force; coûte que coûte.

せがむ mendier; presser. お菓子を～ mendier des gâteaux. 許可を～ presser *qn* de donner *sa* permission.

せがれ 伜 fils *m*; fiston *m*.

セカント 《数》 sécant *f*.

セカンド [ギア] seconde *f*. ギアを～に入れる passer en seconde.

セカンドハウス résidence *f* secondaire.

セカンドハンド ～の車 voiture *f* d'occasion. ～で d'occasion.

せき 堰 [ダム] barrage *m*; [堤] digue *f*; [水門] écluse *f*; [一時的な] batardeau(x) *m*. ～で水を止める retenir l'eau par une écluse. ¶～を切ったように話し出す se lancer dans un flot de paroles. ～を切ったように泣き崩れる fondre brusquement en larmes.

せき 咳 toux *f*. ～をする tousser. 軽い～を toussailler. ¶～こむ graillonner. ～こむ人 tousseur(se) *m(f)*. ～空～ toussottement *m*. 空～をする toussoter.

せき 寂 ¶万場～とした声なし Toute l'assemblée (Toute la salle) est plongée dans un profond silence.

せき 席 place *f*; banc *m*; [役職] poste *m* place; [議席] siège *m*. ～につく prendre place. ～につかせる placer. ～を立つ se lever; [退席] se retirer. ～を譲る céder sa place à *qn*. ～を予約する louer (retenir, réserver) *sa* place. ～を設ける[宴席] donner un banquet en l'honneur de *qn*. ～を外す s'absenter. ～を外して下さい Voulez-vous nous laisser seuls? ～がない Il n'y a pas de place [libre]. 課長の～は空いている Le poste de chef de bureau est vacant. ¶～の暖まる暇がない être très occupé. 公の～で en public. ～大臣 banc des ministres. 立ち～ place debout. 立見～ parterre *m*; 《俗》 poulailler *m*; paradis *m*. 被告～ banc des accusés. 予約～ [列車,劇場の] place réservée; [レストラン] table *f* réservée.

せき 積 produit *m*. 二つの因数の～ produit

せき 籍 [戸籍] état m civil. ～を入れる faire inscrire qn sur le registre de l'état civil. ～を抜く faire rayer le nom de qn du registre de l'état civil. 法学部(ある党)に～を置く s'inscrire à la Faculté de Droit (un parti).

せきうん 積雲 cumulus m.

せきえい 石英 quartz m.

せきがいせん 赤外線 rayons mpl infrarouges. ¶～写真 photo f infrarouge.

せきがく 碩学 érudit(e) m(f).

せきぐん 赤軍 Armée f Rouge.

せきこむ 急き込む se hâter; se presser. ¶急き込んで喋る parler avec hâte.

せきさい 積載 chargement m. ～する charger. ‖～容量 capacité f de charge; contenance f. ～量 charge f. 最大～量 [船舶] port m en lourd. 最大～量500トンの船 navire m qui a 500 tonneaux de port; navire d'un port de 500 tonneaux. このトラックの最大～量は1トンである La charge maximum de cette camionnette est d'une tonne.

せきざい 石材 pierre f de taille; pierre à bâtir.

せきさん 積算 total m.

せきじ 席次 [成績] place f; classement m; rang m. ～が上る(下る) gagner (perdre) une (des) place(s). 人より～が上(下)である avoir rang avant (après) qn. 彼は良い～だった Il a eu un bon classement./Il a tenu un bon rang.

せきじつ 昔日 ¶彼に～の面影はない Il n'est plus que l'ombre de soi-même.

せきじゅうじ 赤十字 Croix f Rouge.

せきじゅん 席順 ¶～を決める placer qn; attribuer des places.

せきじゅん 石筍 stalagmite f.

せきしょ 関所 barrière f.

せきしょく 赤色 ¶～分子 rouge mf.

せきずい 脊髄 moelle f épinière. ～的 spinal(aux). ‖～炎 myélite f. ～神経 nerfs mpl spinaux.

せきせつ 積雪 enneigement m. ～のニュース bulletin m d'enneigement. ～は30センチあった L'enneigement atteignait 30cm. ‖～情報 bulletin m d'enneigement.

せきぜん 積善 ¶～の生活を送る vivre dans la vertu. ～の家に余慶あり Dans un foyer vertueux, la joie déborde.

せきそううん 積層雲 cumulo-stratus m inv.

せきたてる 急き立てる bousculer; presser; hâter; faire se dépêcher. 急き立てられるのは嫌いだ Je n'aime pas qu'on me bouscule.

せきたん 石炭 †houille f; charbon m [de terre, fossile]. ～を燃やす brûler du charbon. ～を掘る extraire de la houille. ‖～を含んだ houilleux(se); carbonifère. ～紀 carbonifère m; période f carbonifère (houillère). ～鉱業 industrie f houillère. ～層 terrain m carbonifère (houiller). ～粉 poussier m.

せきたんさん 石炭酸 carbon m; acide m carbolique; phénol m.

せきちく 石竹 œillet m de Chine.

せきちゅう 脊柱 colonne f vertébrale; échine f; épine f dorsale. ¶～の spinal (aux); rachidien(ne). ‖～彎曲 scoliose f.

せきつい 脊椎 vertèbre f. ¶～の vertébral (aux). ～カリエス carie f vertébrale. ～骨 vertèbre. ～動物 vertébrés mpl.

せきてっこう 赤鉄鉱 oligiste m.

せきどう 赤道 équateur m; ligne f équinoxiale. ¶～の équatorial(aux), équinoxial(aux). ‖～祭 baptême m de la ligne. ～座標 coordonnées fpl équatoriales. ～地帯 régions fpl équatoriales. ～無風地帯 calmes mpl équatoriaux.

せきとめる 塞き止める endiguer; contenir. 川を～ endiguer une rivière.

せきにん 責任 responsabilité f; [義務] devoir m. 刑法上の～ responsabilité pénale. 道義的～ responsabilité morale. ～がある être responsable de qc (pour, envers qn). 政治的の～を負う engager la responsabilité politique. ～を転嫁する rendre qn responsable de qc. ～をとる prendre (porter) la responsabilité de qc. 一切の～をのがれる décliner toute responsabilité. ～を果たす remplir son devoir. 重い～を持つ avoir de lourdes responsabilités. 支払いに～を持つ garantir le paiement. ～のなすり合いをする s'imputer mutuellement la responsabilité. ～は私にふりかかった La responsabilité est retombée sur moi. ¶～ある responsable. ～のある職務 fonction f de responsabilité. 己れの～に於て sous sa propre responsabilité. ‖連帯～ responsabilité collective. 有限～会社 société f à responsabilité limitée (SARL). ～感がある avoir le sens des responsabilités. ～者 responsable mf.

せきねん 積年 ¶～の invétéré. ～の恨みを晴らす décharger une vieille haine invétérée.

せきのやま 関の山 ¶一日に5頁翻訳するのが～だ Traduire 5 pages par jour, c'est la limite. 彼にそんなことを言っても腹を立てるのが～だ Lui dire cela n'aura pour effet que de le mettre en colère.

せきはい 惜敗 ¶～する perdre de justesse.

せきばらい 咳払い toussotement m. ¶～する toussoter; graillonner.

せきはん 赤斑 rougeur f.

せきばん 石版 ¶～画 lithographie f. ～師 lithographe m. ～で刷りにする lithographier.

せきばん 石盤 ardoise f.

せきひ 石碑 stèle f; monument m en pierre; [墓石] pierre f tombale.

せきひん 赤貧 indigence f; pouillerie f. ¶～の indigent; pouilleux(se). ～を洗うがごとし vivre dans l'indigence; manger de la vache enragée.

せきぶん 積分 calcul m intégral; intégration f. 積分 f. ¶～する intégrer. 函数を～する intégrer une fonction.

せきべつ 惜別 ¶～の情に耐えません Ça me serre le cœur de vous séparer.

せきぼく 石墨 graphite m; mine f de plomb; plombagine f. ¶～の graphiteux (se).

せきむ 責務 devoir m; obligation f. ¶~を果たす remplir son devoir (ses obligations). ~を怠る se dérober au devoir (à ses obligations).

せきめん 赤面 ¶~する rougir. 何も知らなくて~の至りです Je suis tout honteux de mon ignorance.

せきゆ 石油 pétrole m; fuel m; [重油] huile f lourde; mazout m; [原油] pétrole brut. ~井戸 puits m de pétrole. ~化学 pétrochimie f. ~罐 bidon m [à pétrole]; [20リットル入り] jerrycan m. ~業者 pétrolier m. ~産業 industrie f pétrolière. ~産出国 pays m pétrolier. ~ストーブ poêle m à pétrole. ~精製 raffinage m du pétrole. ~製品 produit m pétrolier. ~タンク réservoir m de pétrole. ~輸出国 pays m exportateur de pétrole.

せきらら 赤裸々 ¶~な mis à nu. ~な心[こころ] cœur m mis à nu. ~に nûment. ~に心を打ち明ける découvrir son cœur à nu.

せきらんうん 積乱雲 cumulo-nimbus m.

せきり 赤痢 dysenterie f. ‖アメーバー~ dysenterie amibienne. ~患者 dysentérique mf.

せきりょう 席料 [レストラン] couvert m.

せきりん 赤燐 phosphore m rouge.

せきれい 鶺鴒 †hochequeue m; bergeronnette f.

せきろう 石蠟 paraffine f.

せく 急く se †hâter; se presser. ¶急いて hâtivement. 急いて仕事をする se presser de travailler. 「急いては事を仕損ずる」«Qui trop se hâte reste en chemin.»; «Il ne faut rien précipiter.»

セクシー ¶~な séduisant; attrayant; attirant.

セクシュアル ¶~な sensuel(le).

セクショナリズム sectarisme m.

セクションペーパー papier m quadrillé.

セクト secte f. ~主義 sectarisme m. ~信奉者 sectateur(trice) m(f).

セクハラ ⇒ セクシャルハラスメント.

セグメント segment m.

セクレタリー secrétaire mf.

せけん 世間 monde m; [人々] gens mpl; tout le monde; [大衆] public m. ~は狭い Le monde est petit./Comme on se retrouve! 彼は~のことは何も知らない Il ne connaît pas le monde. ¶~の(的な) vulgaire. ~の噂 opinions fpl vulgaires; on-dit m inv. それは~の噂に過ぎない Ce n'est que des on-dit. ~の噂など気にせずに sans souci du qu'en-dira-t-on. ~の物笑いになる s'exposer à la risée publique. ~並みの ordinaire; commun. ‖~知らずである ne pas connaître le monde; être naïf(ve). ~知らずの娘 jeune fille f sans expérience. ~体 apparences fpl. ~体をかまわぬ se moquer du monde. ~体をつくろう sauver les apparences. ~体のために...する faire qc (inf) pour les apparences. ~話をする faire la causette avec qn.

せげん 女衒 proxénète mf; entremetteur

(se) m(f).

せこ 世故 ¶彼は~に長けている Il a du savoir-vivre./Il connaît la vie.

せこ 勢子 rabatteur m; traqueur m.

セコイア 〘植〙 séquoia m.

せこう 施工 ¶~する entreprendre des travaux.

セコハン ⇒ セカンドハンド.

セコンド [ボクシング] soigneur m.

せざるをえない せざるを得ない être obligé de inf. 彼はあきらめざるを得なかった Il a été obligé d'y renoncer./Force lui fut d'y renoncer.

せじ 世事 ¶~に通じている (疎い) connaître (ne pas connaître) la vie; être au courant (être ignorant) des affaires du monde.

セシウム césium m; cœsium m.

せしめる gagner; attraper. 賞金を~ gagner le prix. よい地位を~ réussir à se faire une bonne place.

せしゅう 世襲 hérédité f. ¶~の héréditaire. ~によって héréditairement. ‖~財産 patrimoine m.

せじょう 世情 ⇒ せじ(世事).

せじん 世人 ¶~が何を言おうとも僕は彼を信じている Je lui fais confiance malgré le qu'en dira-t-on.

せすじ 背筋 raie f du dos. ~を伸ばす s'étirer. ~が寒くなる(を寒くさせる) avoir (donner) froid dans le dos.

ゼスチュア ¶それは~にすぎない Ce n'est qu'une attitude.

ぜせい 是正 correction f; rectification f. ¶~する corriger; rectifier; [改良] améliorer. 偏見を~する corriger (rectifier) ses préjugés. 需要と供給の不均衡を~する améliorer le déséquilibre entre l'offre et la demande.

せせこましい étroit; borné. 彼は~男だ Il a l'esprit étroit. 彼は~所に住んでいる Il est logé à l'étroit.

セセッション 〘美〙 sécession f.

ぜぜひひ 是是非非 ¶~の立場で en toute impartialité. ~の立場をとるのを建前とする avoir pour principe de se montrer impartial.

せせらぎ bruissement m de l'eau; gazouillement m; murmure m.

せせらわらう せせら笑う ricaner; avoir un rire sardonique. ¶せせら笑い ricanement m; rire m sardonique.

せそう 世相 mœurs fpl du temps. ~を反映する refléter la société. 18世紀の~を描く peindre les mœurs du XVIIIe siècle.

ぞく 世俗 ¶~を超越する se détacher des affaires du monde. ~の mondain; temporel(le); 〘宗教〙 laïque; profane. ~の幸福 bonheur m temporel. ~の快楽 mondanités fpl. ‖~芸術 art m profane. ~生活 vie f laïque.

せたい 世帯 famille f. ¶~の familial(aux). ‖~主 chef m de famille. ⇒ しょたい(世帯).

せだい 世代 génération f. 現代の~ génération actuelle (présente). 若い~ jeune génération; génération qui monte. ~が違う être d'une autre génération. ‖同一の~の人々 génération. ~交代 alternance f des géné-

せたけ 背丈 taille f. 着物の~ longueur f d'une robe. ~が伸びる grandir.

セダン conduite f intérieure; berline f.

せちがらい 世知辛い ~な esprit m mesquin. ~世の中だ La vie est dure!

せつ 節 [文章] paragraphe m; section f; [文学作品の一節] passage m; [詩] strophe f; [文法] proposition f; [聖書] verset m. ~[節操] principes mpl. ~を曲げる manquer à ses principes. ~を売る se prostituer. ◆[時·折] その~は l'autre jour; dans ce cas. ...する~は quand; au cas (dans le cas) où .... ~の~はお世話になりました Encore merci pour le service de l'autre jour.

せつ 説 opinion f; avis m. ...と~を同じくする avoir la même opinion que qn. 君の~には同意しかねる Je ne peux pas souscrire à votre opinion. お~の通りです Je suis d'accord avec vous. 私の~では... Je suis d'avis que sub; D'après moi. ‖~ 学~ théorie f; doctrine f. 彼は自~を押し通した Il a persisté dans son opinion. 通~ opinion commune.

せつえい 設営 aménagement m; disposition f; [軍隊] campement m. 工場の~ aménagement d'une usine. キャンプの~ établissement m d'un camp. ~をする aménager; disposer; camper. 会場を~する disposer la salle.

ぜつえん 絶縁 [人間関係] rupture f; [電気] isolement m; isolation f; [水, 空気] étanche f. ~ [人と] rompre avec qn; [電気] isoler. ~器 isoloir m. ~ゴム caoutchouc m d'étanchéité. ~体 isolant m. ~テープ ruban m isolant.

ぜつおん 舌音 linguale f.

せっか 赤化 ~する devenir communiste. ‖~し 思想 idées fpl communistes; gauchisme m.

ぜっか 舌下 ~の 〖解〗 hypoglosse m. ‖~炎 hypoglossite f. ~神経 nerf hypoglosse m.

ぜっか 舌禍 ~事件を引き起こす causer un scandale par les propos blessants.

せっかい 石灰 chaux f. ‖~ 生(消)~ chaux vive (éteinte). ~岩 calcaire m; pierre f à chaux. ~の calcaire m. ~消毒 désinfection f à la chaux. ~窒素 chaux azotée. ~塗料 badigeon m.

せっかい 切開 incision f; [表皮の] scarification f. 傷口の~を行う pratiquer l'incision de la plaie. ~する inciser; scarifier. ‖帝王~ césarienne f.

せつがい 雪害 この地方はいつも~がひどい Dans cette région, les dégâts dûs à la neige sont toujours considérables.

せっかく 折角 ~君が忠告したのに en dépit de votre conseil. ~努力したのに bien qu'il ait fait beaucoup d'efforts. ~来たのだから puisque je suis venu. ~の好機会を逃すまい laisser échapper une belle occasion. ~の御厚意ですが malgré votre bonne volonté. ~の御厚意ですので comme vous avez eu la gentillesse. ~の休みに雨とは残念だ Quel dommage! Avoir un jour congé gâché par la pluie. ~だから御馳走になります Puisque vous avez l'amabilité, je vais partager votre table. ~ですが malgré cela.

せっかち ~な impatient. どうして君はそんなに~なんだ Pourquoi es-tu toujours si pressé?

せっかん 石棺 sarcophage m.

せっかん 折檻 correction f; châtiment m; punition f. ~を受ける recevoir une correction. ~する corriger; châtier; punir.

せつがん 切願 supplication f; imploration f; adjuration f. ~する supplier; adjurer; implorer. 人に...することを~する implorer (adjurer, supplier) qn de inf.

せつがん 接岸 accostage m. ~する(する) accoster. 船を埠頭に~させる accoster un bateau le long du quai; mettre un bateau à quai. ~する aborder.

せつがん 接眼 ‖~レンズ oculaire m.

ぜつがん 舌癌 cancer m de la langue.

せっき 石器 outil m de pierre. ‖~時代 âge m de la pierre. 旧~時代 paléolithique m. 新~時代 néolithique m. 中~時代 mésolithique m.

せっきゃく 接客 ‖部長はただいま~中です Le directeur a de la visite.

せっきょう 説教 sermon m; prédication f; [日曜日] prône m; [新教] prêche m; [訓戒] remontrances fpl. くどい~ prêchi-prêcha m inv. あなたの~は聞き飽きた J'en ai assez de vos sermons. ~する sermonner; faire un sermon à qn; prêcher; faire des remontrances à qn. ~好きの prêcheur(se); sermonneur(se). ‖~師 prédicateur(trice) m (f). ~集 sermonnaire m. ~壇 chaire f.

ぜっきょう 絶叫 exclamation f. ~する s'exclamer; pousser des exclamations; s'écrier; se récrier.

せっきょく 積極 ~的な positi(ve); actif(ve); [女に対して] entreprenant. ~的な提案 proposition f positive. 平和のために~的な運動を行うべきだ Il faut mener une action positive pour la paix. ~的に positivement; activement. 仕事に~的にたずさわる être pour beaucoup dans une affaire; s'occuper activement d'une affaire. ‖~性 activité f. ~性に欠ける manquer d'activité.

せっきん 接近 approche f; abord m; rapprochement m. 台風の~ approche du typhon. 仏独間の~ rapprochement franco-allemand. ~する approcher de; accéder à; avoir accès à; se rapprocher de; avoir accès à qn. 二人の実力は~している Leurs capacités sont presque égales.

ぜっく 絶句 ~する oublier son texte (sa réplique).

セックス sexe m. ~する faire l'amour. ‖~チェック contrôle m de sexe. ~チェックを受ける passer au contrôle de sexe.

セックスアピール sex-appeal m.

せっかい 昇天 〖天〗 ascension f droite.

せっけい 設計 plan m; [計画] projet m; [構想] dessein m. 家の~ plan d'une maison. ‖~[を]する dresser un plan. 将来の~をする faire des projets d'avenir. ‖~家 dessi-

せっけい 図計 nateur(trice) m(f). ～図 plan; épure f; tracé m; dessin m. ～図を描く tracer un plan; dessiner; faire le tracé.

せっけい 雪渓 neige f éternelle de vallée.

せっけい 絶景 vue f magnifique.

せっけいもじ 楔形文字 écriture f cunéiforme.

せっけっきゅう 赤血球 hématie f; globule m rouge du sang.

せっけん 席巻 ¶～する envahir. ヨーロッパ全土を～する envahir tous les territoires européens.

せっけん 石鹸 savon m. 1個の～ un pain de savon. ～で洗う laver avec du savon; savonner. 手を～で洗う se savonner les mains. ¶～で洗える布地 étoffe f qui se savonne bien. ¶逆性～ savon inverti. 化粧～ savon de toilette; savonnette f. 洗濯～ lessive f. ひげそり用～ savon à barbe. ～入れ porte-savon(s) m. ～工場 savonnerie f. ～質の savonneux(se).

せっけん 接見 réception f; audience f. 宮中の～ réception à la cour. ¶～する recevoir; donner audience à qn.

せつげん 節減 réduction f. ¶支出を～する réduire les frais.

せつげん 雪原 plaine f couverte de neige.

ゼッケン 背号 dossard m. ¶～番号 dossard; numéro m. ～番号8番の選手 joueur m portant le numéro 8.

せっこう 斥候 [パトロール] patrouille f; [斥候兵] éclaireur m. ¶～に行く patrouiller. ¶～隊 patrouille. ～隊員 patrouilleur m.

せっこう 石工 tailleur m de pierres; maçon m. ¶～仕事 maçonnerie f.

せっこう 石膏 pierre f à plâtre; plâtre m; gypse m. ¶焼～ plâtre cuit. ～細工(像) plâtre.

せつごう 接合 jonction f; [コード] raccordement m; [チューブ] aboutement m. ¶～する joindre; raccorder; aboucher; [パテ, セメントで] mastiquer. ¶[言]～形 forme f conjointe. 一体[生]～体 zygote m. ～部 jointure f.

ぜっこう 絶交 rupture f. ¶～する rompre (briser) avec qn. ～している être en brouille avec qn. 彼らは～している Ils ont rompu. 君とは～だ Je romps avec toi. ¶～状 lettre f de rupture.

ぜっこう 絶好 ¶～の excellent; supérieur; merveilleux(se); magnifique. ...するには～の機会である C'est le meilleur moment pour inf. ～の機会を逃すまい laisser échapper une belle occasion. ～の天気 temps m superbe. 散歩には～の天気だ C'est un temps rêvé pour la promenade. ¶～調である être en parfaite santé; [運動家などが] être en forme; tenir la grande forme.

せっこつ 接骨 reboutement m. ¶～する rebouter. ¶～医 rebouteur(se) m(f).

せっさたくま 切磋琢磨 émulation f. ～の甲斐がわれわれは大成功を収めた Une saine émulation nous a conduit aux grands succès. ¶このクラスでは生徒たちが互いに～している Dans cette classe, il y a de l'émulation.

ぜっさん 絶賛 éloge m; louange f [enthousiaste]. ～を浴びる être comblé d'éloges. ～を浴びせる prodiguer des louanges à; combler qn d'éloges. ～に値する être digne d'éloge. ¶～する faire l'éloge de qn; chanter (célébrer) les louanges de qn.

せっし 摂氏 ～8度である La température marque huit degrés centigrades. ～温度計 thermomètre m Celsius (centigrade).

せつじ 接辞 affixe m.

せつじつ 切実 ¶～な [重大な] sérieux(se); [緊急な] urgent; pressé; [生死にかかわる] vital(aux). ～な感情 passion f irrésistible. ～な気持 sentiments mpl sincères. ～な問題 problème m vital; question f urgente (vitale). ～に vivement; fortement.

せっしゃくわん 切歯扼腕 ¶～する crever de dépit.

せっしゅ 接種 inoculation f. ¶～する inoculer. ¶予防～ vaccination f [préventive, immunisante]. 予防～をする vacciner qn contre qc.

せっしゅ 摂取 assimilation f. 文明の漸進的～ assimilation progressive de la civilisation. ¶～する assimiler. 脂肪分(知識)を～する assimiler les graisses (des connaissances).

せっしゅ 窃取 ¶～する s'emparer de. 財産を～する dépouiller qn de ses biens.

せっしゅ 節酒 tempérance f; sobriété f. ¶～する s'imposer la tempérance. ～している être sobre (tempérant).

せっしゅう 接収 réquisition f. ¶～する réquisitionner.

せつじょ 切除 ablation f; [小部分の] excision f; [手術] résection f. ¶～する exciser; réséquer. ¶～手術をする procéder à l'ablation.

せつじょう 殺生 ¶～な cruel(le); affreux(se). 笑うなんて～な Tu es bien cruel de rire comme ça. 彼を助けもせずに放ったらかすのは～だ C'est affreux de le laisser là sans secours.

せっしょう 摂政 [人] régent(e) m(f); [制度・職・時代] régence f.

せっしょう 折衝 négociations fpl; pourparlers mpl. 国際間の～ négociations internationales. ～を始める engager (entamer) des négociations. ¶～する négocier avec. ¶～中 en négociation.

せっしょうしゃ 雪上車 autoneige f.

せっしょく 接触 contact m. 人間と自然との～ contact de l'homme avec la nature. 人と～を保つ(失う) garder (perdre) le contact avec qn. ¶～する entrer en (établir, prendre) contact avec; [手などで] toucher à; [車が] s'accrocher. 自然と～して生活する vivre en contact étroit avec la nature. ¶～事故 accrochage m. ～点をつくる établir un point de contact. ～[電気の] contact électrique. ～が悪い Le branchement est défectueux.

せっしょく 節食 diète f. ¶～する faire la diète. ～している être à la diète. 病人を～させる mettre un malade à la diète.

せつじょく 雪辱 revanche *f*. ¶～する prendre *sa* revanche. ‖～戦をする jouer la revanche.

ぜつしょく 絶食 diète *f* absolue; jeûne *m*. ¶～する jeûner.

せっすい 節水 ¶～する économiser l'eau.

せっする 接する toucher à; se toucher; [隣接する] border; [面している] donner sur. 彼の家は道に接している Sa maison donne sur la rue. 私の庭は小川に接している Mon jardin borde le (touche au) ruisseau. 私達の地所は互いに接している Nos propriétés se touchent. ¶円に～直線 droite *f* tangente à un cercle. ◆[会う, 見る] voir. 人と～ voir *qn*; entrer en contact avec *qn*. 客に～ recevoir des visiteurs (des clients). 急報に～ recevoir une nouvelle urgente.

せっする 節する réduire. ¶煙草(水分)を～ réduire *sa* consommation de tabac (d'eau). 飲食物を～ [特に酒] s'imposer la tempérance.

ぜっする 絶する ¶想像を～ dépasser toute imagination. 想像を～するような光景 spectacle *m* inimaginable. 言語に～ような苦痛 douleur *f* inexprimable (indicible).

せっせい 摂生 ¶～する se soigner; ménager *sa* santé.

せっせい 節制 modération *f*; tempérance *f*. ～に欠ける manquer de tempérance. ¶～する se modérer; faire preuve de modération.

ぜっせい 絶世 ¶～の美女 beauté *f* sans pareille.

せつせつ 切々 ¶～たる願い souhait *m* sincère. ～と訴える en appeler intensément à *qn*.

せっせと assidûment; sans repos; sans arrêt; sans relâche. ～働く travailler sans relâche (très dur). ¶～通う fréquenter assidûment.

せっせん 接(切)線〖数〗tangente *f*.

せっせん 接戦 partie *f* serrée. ～の末勝つ gagner de justesse. ¶ゴール前は～だった C'était une arrivée serrée.

ぜっせん 舌戦 lutte *f* (joute *f*) oratoire.

せっそう 節操 principes *mpl*. ～がない manquer à *ses* principes. ～を守る rester fidèle à *ses* principes. ～のない人 personne *f* sans principes.

せつぞく 接続 jonction *f*; raccordement *m*; [電気] connexion *f*; [鉄道] correspondance *f*. 二つのルートの～ jonction de deux routes. ¶～する se joindre à; se raccorder avec; [電気] connecter; [鉄道] s'embrancher à (avec, sur); correspondre (être en correspondance) avec. この高速道路に～している Cette route se raccorde à l'autoroute. この列車は急行に～している Ce train est en correspondance avec un rapide. 電話の～線 jarretière *f*. ～駅 station *f* de correspondance.

せつぞくし 接続詞 conjonction *f*.

せつぞくどうぶつ 節足動物 arthropodes *mpl*.

せつぞくほう 接続法 subjonctif *m*; mode *m* subjonctif.

セッター [犬] setter *m*; [バレーボール] distributeur(*se*) *m*(*f*)./passeur *m*.

せったい 接待 réception *f*; accueil *m*. 心からの～ réception cordiale. 下にも置かぬ～ accueil chaleureux. ¶～する recevoir; faire bonne réception à *qn*. 人を快く～する bien recevoir *qn*. 飲物を～する servir à boire à *qn*. 御～有難うございます Je vous remercie de votre aimable accueil. ～日 [面会日] jour *m* de réception.

ぜったい 絶体 ‖～絶命である être aux abois.

ぜったい 絶対 absolu *m*. ¶～的 absolu; [明白な] formel(le); [無条件に] catégorique. ～的な確信がある avoir une certitude absolue. ～的な証拠 preuve *f* formelle. この決定は～的である Cette décision est sans appel. ～的に absolument; formellement; catégoriquement. ¶～温度値 température *f* (valeur *f*) absolue. ～主義 absolutisme *m*. ～主義者 absolutiste *mf*. ～多数で à la majorité absolue. ～反対 opposition *f* catégorique.

ぜったい 絶大 ～な grand; énorme. ～な支援を感謝します Je vous remercie de votre grand appui. 私は彼女の母に～な信用がある J'ai la confiance absolue de sa mère.

せつだん 切断 coupe *f*; [外科] amputation *f*; [手足の] mutilation *f*. ケーブルの～ rupture *f* d'un câble. ¶～する couper; trancher; retrancher; mutiler; [手術で] amputer; [偶然に] sectionner. 右手を～される avoir le bras droit amputé; amputer *qn* du bras droit. 機械で～された指 doigt *m* sectionné par une machine. 手足を～された人 mutilé(*e*) *m*(*f*). ～手術 amputation. 片足の～手術を受ける subir l'amputation d'une jambe. ～面 section *f*.

せっち 設置 installation *f*; mise *f* en place; [創設] création *f*. 機械の～ mise en place (installation) d'un appareil. 大学の～ création d'une université. ¶～する installer; mettre; créer. 委員会を～する organiser une commission. ‖～規準 critérium *m* (critère *m*) d'une fondation.

せっちゃく 接着 collage *m*; encollage *m*; [建築] scellement *m*. ¶～する [糊で] coller; encoller; [セメントなどで] sceller. ‖～剤 adhésif *m*; colle *f* forte.

せっちゅう 折衷 ¶～する concilier. ～の～ bâtard. ‖和洋～のデザイン dessin *m* mélangeant les éléments japonais et occidentaux. ～案 solution *f* bâtarde; milieu *m*. ～式建築 architecture *f* bâtarde. ～主義 éclectisme *m*. ～主義の éclectique.

ぜっちょう 絶頂 [頂点] apogée *f*; comble *m*; [天頂] zénith *m*; [感情の] paroxysme *m*; [山頂] sommet *m*; faîte *m*. ～に達する atteindre *son* apogée. 苦しみが～に達する La douleur atteint son paroxysme. 栄光の～にいる être à l'apogée de *sa* gloire. ¶彼は今得意の～である Le voilà au comble de la satisfaction.

せってい 設定 [決める] déterminer; fixer; [提出する] poser. 日取りを～する fixer

てってん 問題(状況)を～する poser un problème (une situation). 君は問題の～が根本的に間違っている Vous avez mal posé le problème à la base.

せってん 接点《数》point m de tangence. 東西文化の～ points mpl de rencontre entre les cultures orientales et occidentales.

せつでん 節電 ¶～する faire des économies de courant [électrique].

セット [テニスなどの] set m; manche f. ¶第一～を落とす perdre la première manche. ‖5～マッチを行う jouer une partie en cinq sets. ～オールである manche à manche. ～ポイント balle f de set. [髪の]mise f en plis. ¶髪を～する se faire une mise en plis. ◆[一式]série f; ensemble m; attirail m. ～で売られるを se vendre par série. ‖キャンピング～ attirail du campeur. コーヒー(食器)～ service m à café (de table). ◆[劇・映画の]décor m. 実物の～ décor m praticable.

せつど 節度 mesure f; modération f. ～を示す faire preuve de modération. ～を守る garder la mesure. ～がない manquer de mesure; être immodéré. ～のある modéré; tempérant. ～のない immodéré.

せっとう 窃盗 vol m. ～を働く commettre un vol. ‖～狂 kleptomanie f. ～罪 vol. 軽～罪 vol insignifiant. ～罪でつかまる être arrêté pour vol. ～犯 voleur(se) m(f).

せつとうじ 接頭辞 préfixe m. ‖否定～ préfixe privatif. ～法 préfixation f.

せっとく 説得 persuasion f. ¶～する persuader qn de qc (inf); convaincre qn de qc. ～される se laisser convaincre. ～して思いとどまらせる dissuader qn de qc (inf). 私は計画を断念するよう彼を～した Je l'ai convaincu de renoncer à son projet. ‖～力 force f persuasive; [雄弁]éloquence f. ～力のある persuasif(ive); convaincant.

せつな 刹那 instant m; moment m. ¶～的 momentané; provisoire; fugitif(ive). ～的な快楽 plaisir m fugitif. ‖～主義 épicurisme m.

せつない 切ない [つらい]pénible; dur; [耐えがたい]insupportable. ～思いをする avoir du chagrin. ～胸の中を察してくれ Rendez-vous compte de ma peine. 友を失うことは～ものだ Il est dur de perdre un ami.

せつなる 切なる sincère. ～願い demande f (vœu m) sincère; supplication f.

せつに 切に de grand cœur, de tout son cœur; sincèrement; en toute sincérité.

せっぱく 切迫 imminence f; urgence f. 期限の～ imminence de la date limite. ¶～した imminent; urgent. ～した状況 situation f tendue. ～した問題 affaire f imminente (urgente). 事態は～している Il y a urgence.

せっぱつまる 切羽詰る ¶切羽詰って…する en être réduit à inf. 彼は切羽詰らねば何もしない Il ne fait rien, s'il n'y est pas obligé.

せっぱん 折半 ¶～する partager par moitié. ～して人と利益を～ partager les bénéfices avec qn.

ぜっぱん 絶版 édition f épuisée. ‖～にする mettre un livre au pilon. ～になる s'épuiser; être épuisé.

せつび 設備 installation f; [設備]équipement m; outillage m. 工場に近代的～を施す pourvoir une usine d'un outillage moderne. ¶～する installer; équiper; pourvoir. 機械を～する installer des machines. ～の良い(悪い)台所 cuisine f bien (mal) équipée. 近代的な～の備わったアパート appartement m qui a tout le confort moderne. ‖工業～ équipement industriel. 電気～ appareillage m électrique. 過剰～ suréquipement m. ～財 biens mpl d'équipement. ～投資 investissement m d'équipement.

せつびじ 接尾辞 suffixe m. ～をつける suffixer.

ぜっぴつ 絶筆 dernier écrit m. この小説が彼の～だ Ce roman est sa dernière œuvre.

ぜっぴん 絶品 chef(s)-d'œuvre m. これは正に～だ C'est un vrai chef-d'œuvre.

せっぷく 切腹 hara-kiri m. ～[を]する faire hara-kiri.

せっぷん 接吻 baiser m; embrassement m; 《俗》bise f; bécot m. ¶～する donner un baiser; embrasser; baiser; 《俗》bécoter; biser. 子供の頬に～する embrasser un enfant sur la joue. ～し合う s'embrasser.

ぜっぺき 絶壁 précipice m; abrupt m; [海岸の]falaise f; [山の岩壁]paroi f; [深淵]précipice m. ノルマンディーの～ falaises de Normandie. ‖～の escarpé; à pic; abrupt.

せつぼう 切望 désir m ardent. ¶～する désirer; être désireux de inf; aspirer à.

せっぽう 説法 ¶～する prêcher. それは釈迦に～だ C'est faire la morale à un saint.

ぜつぼう 絶望 désespérance f. ～に沈む s'abandonner au désespoir. ～のどん底に突き落す plonger dans un abîme de désespoir. ¶～する désespérer de (que sub). 私はその子に～した Cet enfant me désespère. ～させる désespérer; faire le désespoir de qn. ～的な désespéré. ～的な状態にある être dans une situation désespérée. それは～的だ C'est désespérant. ～的に désespérément.

ぜつみょう 絶妙 ¶～な subtil; merveilleux(se). ～な演技 jeu m merveilleux.

ぜつむ 絶無 ¶そんなようなことは～に近い C'est quasiment sans précédent (exemple).

せつめい 説明 explication f; [解明]éclaircissement m; [開陳]exposé m; [注解]commentaire m. 商品の～ notice f explicative. 状況の～ exposé de la situation. 使用法の～ mode m d'emploi. テキストの～ commentaire m d'un texte. そう考えれば容易に～がつく A ce point de vue, cela s'expliquera aisément. ～には及ばない Cela se passe de commentaire. ¶～する expliquer; éclaircir; faire le commentaire; donner l'explication de qc; exposer. 動機を～する rendre raison de qc. ～し得る explicable. ～のつかない inexplicable. ～的 explicatif(ive). ‖説明書 note f explicative; [理由の]exposé m. 物の写真の～ légende f d'une photo dans un livre. ～係 explicateur(trice) m(f). ～書 note f explicative.

ぜつめい 絶命 ¶～する expirer; mourir.

ぜつめつ 絶滅 [消滅] extinction *f*; disparition *f*; [壊滅] anéantissement *m*; extermination *f*; [破壊] destruction *f*. ある家系の～ extinction d'une famille. ある民族の～ extermination d'une race. ～に瀕する être en voie d'extinction. ¶～し絶えんとする s'éteindre. 悪疫で住民が～した L'épidémie a détruit la population. その動物は日本では既に～した Cet animal a déjà disparu au Japon. ～させる anéantir; exterminer; détruire. ～した種族 race *f* éteinte.

せつもん 設問 question *f*. ⇨ しつもん [質問].

せつやく 節約 économie *f*; épargne *f*. 金銭の～ économie d'argent. 時間の～ économie de temps; gain *m* de temps. ¶～する économiser; épargner; ménager; réduire; [制限] restreindre. 時間を～する économiser (épargner) son temps. 出費を～する restreindre (réduire) les dépenses; faire des restrictions. 衣料を～する ménager ses vêtements. 爪に火をともすように～する faire des économies de bouts de chandelles. ～して par économie; avec économie. ‖～家 épargnant(e) *m(f)*; économiseur(se) *m(f)*. 彼は～家だ Il est économe.

せつゆ 説諭 admonestation *f*; admonition *f*. ¶～する admonester.

せつり 摂理 providence *f*. 神の～ providence de Dieu; divine providence. ～に逆らう aller contre la providence. ¶～による providentiel(le). ～によって providentiellement.

せつりつ 設立 fondation *f*; constitution *f*; formation *f*; [制度・組織の] établissement *m*; [寺院, 像などの] érection *f*. 学校の～ fondation d'une école. スポーツクラブの～ constitution d'un club sportif. 機関の～ établissement d'une institution. 寺院の～ érection d'une chapelle. ¶～する fonder; constituer; former; établir; ériger. 会社を～する lancer une entreprise. 委員会を～する organiser un comité. 1910年に～された会社 compagnie *f* fondée en 1910. ‖～者 fondateur(trice) *m(f)*.

ぜつりん 絶倫 ¶精力の～の男 homme *m* d'une vigueur incomparable.

セツルメント service *m* d'entraide sociale.

せつろう 拙劣 impéritie *f*. ¶～な maladroit.

せつわ 説話 légende *f* populaire; folklore *m*. ‖～文学 littérature *f* folklorique.

せとぎわ 瀬戸際 ¶生きるか死ぬかの～だ Le moment qui va décider de la vie ou de la mort est arrivé.

せとびき 瀬戸引 émail(aux) *m*. ¶～の émaillé. ～にする émailler.

せともの 瀬戸物 céramique *f*; poterie *f* de terre.

せなか 背中 dos *m*. ～を丸める arquer le dos. 猫が～を丸くする Le chat fait le gros dos. ¶～にしみのついた上着 veste *f* tachée dans le dos. ‖～合わせに dos à dos. ～合わせに置く placer dos à dos.

ぜに 銭 picaillons *mpl*; pépètes *fpl*; [現金] grisbi *m*.

ぜにん 是認 approbation *f*. ¶～する approuver; admettre; recevoir. 行動を～する approuver (admettre) *sa* conduite. 弁解を～する recevoir des excuses.

ゼネコン constructeur *m* général.

ゼネスト grève *f* générale.

ゼネレーション génération *f*. ⇨ せだい [世代].

せのび 背伸び ¶～[を]する se hausser sur la pointe des pieds. 彼はいつも～ばかりしているII vise toujours trop haut.

せばまる 狭まる se rétrécir; se resserrer. 視野が～ La vue se rétrécit. 通りはだんだん狭まっている Le passage va en se rétrécissant./Le passage devient de plus en plus étroit.

せばめる 狭める rétrécir; [収縮させる] resserrer. スカートを2インチ～ rétrécir une jupe de deux pouces.

セパレーツ ensemble *m*. ¶～の海水着 ensemble de plage.

セパレートコース couloir *m* (séparé).

せばんごう 背番号 dossard *m*.

せひ 施肥 fumage *m*; fumaison *f*.

ぜひ 是非 bien *m* et (ou) mal *m*. ～を論ずる discuter la vérité (le bien-fondé). ～はともかく à tort ou à raison (à droit); que ce soit un bien ou un mal. ¶～もない désir *m* de mande *f* impérieuse. ～に及ばない Il n'y a rien à y faire. ◆～ [是非とも] ¶～とも à tout prix; de toute force; à toute force; absolument; coûte que coûte; malgré tout. ～とも知らせなければならない Il faut absolument le prévenir. ～とも試験に受からねばならぬ Il faut à tout prix que je réussisse à cet examen.

セピア sépia *f*. ～色 bistre *m*. ～色の bistre. ～紙 papier *m* bistre.

せひょう 世評 opinion *f* publique; rumeur *f* publique. ～を気にする (しない) craindre (mépriser) l'opinion publique.

せびる importuner *qn* de *ses* demandes demander avec insistance. 母親に小遣を～ demander de l'argent de poche à *sa* mère.

せびれ 背鰭 nageoire *f* dorsale.

せびろ 背広 complet *m*; [上衣] veston *m*. 三つ揃いの～ complets-vestons. ～を着ている être en veston.

せぶみ 瀬踏み ¶～する faire un coup d'essai tâter le terrain.

せぼね 背骨 échine *f*; épine *f* dorsale; colonne *f* vertébrale; [魚の] grande arête *f*.

せまい 狭い étroit; [窮屈な] étriqué; [狭過ぎる] exigu(ë); [局限された] restreint; [狭められた] rétréci; resserré; [限られた] borné. ～通路 passage *m* rétréci. ～視野 vue *f* bornée. ～門 porte *f* étroite. ～了見 esprit *m* étriqué (borné, mesquin). ～道 rue *f* resserrée. 身幅の～物 vêtement *m* étriqué. これから先は道が狭くなる Au delà, la rue se rétrécit. ¶狭さ étroitesse *f*; étroit *m*; exiguïté *f*.

せまくるしい 狭苦しい étriqué; restreint. ～所に住む être logé à l'étroit.

せまる 迫る [近づく] approcher; s'approcher. 時が迫っている L'heure presse (approche). 夜が迫っている La nuit approche. ¶～目

前に迫った危険 danger *m* imminent. ◆[急迫する] presser. 敵に～ presser l'ennemi. ¶必要に迫られて sous l'empire de la nécessité; par nécessité. 家庭の事情に迫られてsous la pression familiale. ◆[強いる] réclamer; forcer *qn* à *inf*. 返事を～ réclamer une réponse. 辞職を迫られる être acculé à la démission. ◆[支払を] talonner. 債権者に迫られて être talonné par *son* créancier. ¶[詰まる] ¶胸が～ avoir le cœur serré.

せみ 蝉 cigale *f*. ～が鳴いている Une cigale chante. ¶～しぐれ chœur *m* des cigales.

セミコロン point(s)-virgule(s) *m*.

セミナー séminaire *m*.

ゼミナール séminaire *m*.

セミプロ semi-professionnel *m*.

セム ～[族, 語] de sémitique. ¶～語 sémitique *m*. ～族 Sémites *mpl*.

せめ 責 ⇨ せめる(責る), せきにん(責任).

せめいる 攻め入る envahir. フランス北部に～ envahir le nord de la France.

せめおとす 攻め落とす emporter (prendre) d'assaut *qc*. 城を～ s'emparer d'une forteresse.

せめく 責苦 torture *f*; [地獄の] damnation *f*; [拷問] géhenne *f*. ひどい～を受ける souffrir les tortures de l'enfer.

せめさいなむ 責めさいなむ torturer. 飢えと渇きに責めさいなまれる être torturé par la faim et la soif. 後悔の情に責めさいなまれて bourrelé de remords.

せめたてる 攻め立てる renouveler *ses* attaques.

せめたてる 責め立てる stigmatiser; sermonner.

せめつける 責めつける réprimander; semoncer.

せめて au moins; du moins; à tout le moins; si seulement *ind*. ～週に2度ぐらいは会いたい au moins deux fois par semaine. ～彼が時間間に合ったなら Si au moins il était arrivé à temps! ～手助け出来ればなあ Si seulement je pouvais t'aider! ¶それが～もの楽しみだ C'est mon seul divertissement.

せめどうぐ 責め道具 instruments *mpl* de torture.

せめよせる 攻め寄せる mener une offensive.

せめる 攻める attaquer; [突然] assaillir; [攻囲する] investir; assiéger.

せめる 責める [非難する] reprocher *qc* à *qn*; accuser *qn* de *qc*; blâmer; s'en prendre à *qn* de *qc*; prendre *qn* à partie. …の冷淡さを～ accuser *qn* de froideur. 責め合うを非難する. ¶[追求する] poursuivre; [迫害する] persécuter; [悩ます] talonner. 借金地獄に責められる être persécuté (talonné) par *ses* créanciers. そう自分を責めてはいけない Il ne faut pas s'accabler. ◆[拷問する] torturer. 囚人を～ torturer un prisonnier.

セメント ciment *m*. ¶～製の en ciment. ¶～製造 cimenterie *f*. ～袋 sac *m* de ciment.

せもたれ 背凭れ dossier *m*.

せもつ 施物 aumône *f*.

－せよ ¶いずれに～ quoi qu'il en soit. 彼が来るに～, 私が行くに～ soit qu'il vienne me voir,

soit que j'aille chez lui. 彼が知っていたに～ même s'il l'avait su. 土曜に～日曜に～ soit samedi, soit dimanche.

ゼラチン gélatine *f*. ¶～状の gélatineux(se). ¶～カプセル gélule *f*.

ゼラニウム géranium *m*.

セラピー 〖医〗 thérapie *f*.

セラピスト 〖医〗 thérapeute *mf*.

セラミックス céramique *f*.

せり 競り enchère *f*. ～に出す mettre (vendre) *qc* à l'enchère. ～で値をつける faire une surenchère sur *qn*; renchérir sur *qn*. ¶逆～ enchère au rabais. ～売 vente *f* à la criée. ～手 enchérisseur(se) *m*(*f*); renchérisseur(se) *m*(*f*).

せり 芹 cresson *m*.

せりあい 競合い rivalité *f*; [接戦] lutte *f* serrée; [交戦] engagement *m*. ¶競合う rivaliser avec *qn* de *qc*. 技倆を競る rivaliser d'adresse. ¶小～ escarmouche *f*; accrochage *m*. 小～をする escarmoucher avec.

せりあげる 競り上げる surenchérir. ¶競り上げ surenchère *f*.

ゼリー gelée *f*. ¶卵の～寄せ œuf *m* en gelée.

せりいち 競り市 enchères *fpl*.

セリウム cérium *m*.

せりおとす 競り落とす adjuger. この品は最高値をつけた人に～落とされた Cette marchandise est adjugée au plus offrant.

せりだす 迫り出す ¶お腹が～ prendre du ventre.

せりふ 台詞(科白) dialogue *m*; [長い] tirade *f*; [言葉・言い方] propos *m*. ～を言う débiter *son* rôle. ～を覚える apprendre *ses* répliques (*son* texte, *son* rôle). ～を忘れる manquer *sa* réplique. ～を相手の俳優に渡す donner la réplique à un acteur. 無礼な～を言う dire des impertinences *f*. 奴の～が気にくわぬ Ses propos me déplaisent. ¶～作者 [映画の] dialoguiste *mf*. ～回し diction *f*. あの役者は～回しが下手だ Cet acteur débite mal. ～渡しをする se donner la réplique.

せりもち 迫持 arc *m*. ¶尖頭～ arc ogive. 半円～ arc romain.

せりょういん 施療院 hospice *m*. ～に入れる hospitaliser. ¶～の hospitalier(ère).

セル [織物] serge *f*; [表計算の] cellule *f*

セルフコントロール [技術] autoréglage *m*; [生体] autorégulation *f*.

セルフサービス ～の店 self-service *m*; 磁石 *m* à libre service; libre-service *m inv*. ～の料理店 restaurant *m* self-service. この食堂は～です Ce restaurant est un self-service.

セルフタイマー déclencheur *m* automatique.

セルロイド celluloïd *m*. ¶～製の en celluloïd.

セルローズ cellulose *f*.

セレクター [電気・情報] sélecteur *m*.

セレス 〖ロ神〗 Cérès *f*.

セレナーデ sérénade *f*.

セレン sélénium *m*.

ゼロ zéro *m*. 書取りで～をとる avoir zéro en

ゼロックス orthographe. ¶あいつは～の人間だ C'est un zéro. ～になる se réduire à rien. ‖～点〖軍〗point m zéro.

ゼロックス [商標名] Xérox m.

セロテープ [商標名] scotch [skɔtʃ] m; ruban m adhésif.

セロハン cellophane f. ‖～テープ ruban m adhésif.

セロリ céleri m.

せろん 世論 opinion f [publique]; voix f du peuple. 分裂した～ opinion divisée. ～の支持を得る avoir l'appui de l'opinion; être soutenu par l'opinion. ～に訴える en appeler à l'opinion publique. ～を喚起する créer un mouvement d'opinion. ～を操作する manipuler l'opinion publique. ～を無視するbraver l'opinion. ～を沸かす passionner l'opinion. ‖～操作 manipulation f. 放送による～操作をする procéder à une mise en condition du public par les ondes. ～調査 sondages mpl d'opinion. ～調査を行う réaliser (mener) une enquête d'opinion sur qc (auprès de qn).

せわ 世話 soins mpl; bons offices mpl. ～をする soigner; avoir (prendre) soin de; s'occuper de qn; aider qn à inf. ～を頼む recourir aux bons offices. 病人の～をする soigner des malades. 仕事の～を頼む confier le soin de ses affaires à qn. ～のしがいがない Ça ne vaut pas la peine de s'en occuper. いろいろお～になりました Je vous remercie de vos bons offices (vos services). 大きなお～だ Ça ne vous regarde pas./De quoi vous mêlez-vous? ‖～がやける子供 enfant m/f fatigant(e). ～好きの serviable; obligeant. ‖～人 organisateur(trice) m(f); ordonnateur(trice) m(f). お祭りの～人 ordonnateur m d'une fête.

せわしい 忙しい être occupé [par]; être surchargé de. ～一日 journée f surchargée. 彼は～人だ Il n'arrête pas de remuer. ‖彼はいつもせわしそうにしている Il a toujours l'air affairé. せわしそうに立ち働く s'affairer. ～足取りで à pas précipités.

せん 千 mille m. ‖～年 millénaire m. ～年の伝統 tradition f millénaire. 君がいれば～人力だ Avec vous, plus rien ne nous fait peur.

せん 栓 bouchon m; [ガス, 水道の] robinet m; [樽, 風呂, 流しの] bonde m; [王冠] capsule f. ～を抜く lâcher (lever) la bonde; tirer la fiche. 瓶の～を抜く déboucher une bouteille. ～をする boucher; capsuler. 穴に～をする boucher un trou. ガス(水道)の～をひねる tourner le robinet du gaz (d'eau).

せん 線 ligne f; trait m; raie f; [輪郭] profil m; linéament m; [状況の] fil m. 体の～がきれいだ avoir de la ligne. ～を引く tracer; rayer; faire (tirer) un trait; faire une raie. 下に～を引く souligner. ～を引いて単語を消す rayer un mot. ～[形]の linéaire. 抜け目のない細い男だ C'est un homme un peu trop prudent (un peu timoré). 一直～に en ligne droite. ‖照準～ ligne de mire. 直(曲)～ ligne droite (courbe). 点(実)～ trait discontinu (plein). ‖◆[鉄道の] 駅の3番～ voie f 3. 東海道～ ligne Tokaïdo.

せん 腺 glande f. ‖リンパ～ glandes lymphatiques. 涙～ glande lacrymale.

せん 選 choix m. ～に入る être sélectionné ～に漏れる être refusé.

ぜん 善 bien m. 「～は急げ」 Hâtez-vous de faire le bien.

ぜん 禅 zen m.

ぜん- 前 ‖～委員 membres mpl de comité sortants. ～回 la dernière fois. ～日 le jour précédent; la veille. ～職 précédente fonction f. ～内閣 cabinet m précédent. ～便 lettre f précédente.

ぜん- 全 tout (toute, tous, toutes). ‖～欧 toute l'Europe. バルザックの～作品 tout Balzac. パリの～市民 tout Paris. ～世界 le monde entier. ～日本 tout le Japon. ～フランス tout la France.

-ぜん 前 ‖西暦紀元～ avant Jésus-Christ (av. J.-C.). 生～ de son vivant. 戦～ avant la guerre.

ぜんあく 善悪 bien m et mal m. ～をわきまえる discerner le bien du mal. ～はともかく que ce soit un bien ou un mal.

せんい 戦意 moral m inv. ～を高める remonter le moral. 軍の～を喪失させる démoraliser l'armée. ～が低下している Le moral est bas.

せんい 繊維 fibre f; [長い] fil m; [植物などの細い] filament m. ¶～の多い野菜 légume m filandreux. ‖合成～ fibre synthétique. 神経～ filament nerveux. 工業industrie f textile. ～細胞 fibre-cellule f. ～質の filandreux(se); fibreux(se). ～陣 fibromem. ～製品 [織物] tissu m; [布] étoffe f. ～メント fibrociment m. ～組織 tissu m fibreux; [葉などの] fibration f.

せんい 船医 médecin m du bord.

ぜんい 善意 bonne volonté f; bonne intention f. ～の de bonne foi; bien intentionné. ～の人 personne f de bonne volonté (foi). ～に解釈する prendre qc en bonne part. ～から avec bonne volonté. それはただ～からしたことだ Je l'ai fait par pure bonne volonté.

せんいき 戦域 zone f de combat.

ぜんいき 全域 toute la domaine; toute la zone; toute l'étendue f. ～の地方へに於て dans toute l'étendue du pays.

せんいつ 専一 ‖御自愛や～ Prenez bien soin de votre santé. 勉学に～ Travaillez avant tout.

せんいん 船員 marin m; matelot m; [乗組員]équipage m. ‖高級～ officier m. ～名簿 rôle m de l'équipage.

ぜんいん 全員 tous les membres mpl; tout le monde m; tous (toutes) (m(f)pl.). 招待客～ tous les invités. 我々～ nous tous. ～が知っている Tout le monde le sait. ‖～一致 unanimité f. ～の～ unanime. ～一致で à l'unanimité; unanimement.

せんえい 尖鋭 extrémiste. ‖～化する s'envenimer. 議論が～化する Une querelle s'envenime. ～分子 élément m ex-

ぜんえい 前衛 avant-garde f; [スポーツ] avant m. ‖~絵画 peinture f d'avant-garde.

せんえつ 僭越 ¶~な[傲慢な] insolent; [自分勝手な] présomptueux(se); [無遠慮な] impertinent; [図々しい]† hardi; effronté. ...するとは~だ C'est un peu fort de inf. ~ながら prendre la liberté (la hardiesse) de inf. ~にも présomptueusement; † hardiment.

せんおう 専横 despotisme m. ~をほしいままにする se montrer d'un despotisme effréné. ~な despotique; tyrannique.

ぜんおん 全音 ton m entier. ‖~階 gamme f diatonique. ~階で diatoniquement. ~符 ronde f.

せんか 戦果 ¶~を収める remporter une victoire.

せんか 戦火 guerre f. ¶~が広がる La guerre s'étend.

せんか 戦禍 ravages mpl (désastre m) de la guerre. ~を及ぼす ravager qc. ~を蒙る subir les désastres de la guerre; être ravagé par la guerre.

せんが 線画 dessin m au trait; dessin linéaire.

ぜんか 前科 condamnation f antérieure; [累犯] récidive f. ¶~がない avoir un casier judiciaire vierge. ¶~のある condamné. ~5犯の男 homme m condamné cinq fois. ‖~者 repris m de justice; [累犯者] récidiviste mf.

せんかい 旋回 tournoiement m; tourbillonnement m; giration f; [船, 飛行機の方向転換] virage m. ¶~する tournoyer; faire le tour; tourbillonner; [方向転換する] virer; [重力で] graviter. 右に~する virer à droite. 鳥が空を~している Les oiseaux tournoient dans le ciel. ‖~運動 mouvement m giratoire. ~飛行 vol m circulaire.

せんがい 選外 ¶~佳作 œuvre f méritant une mention.

ぜんかい 前回 ¶~の dernier(ère); précédent. ~の講義 le dernier cours. ~に は la dernière fois; la fois précédente. ¶前~の avant-dernier(ère).

ぜんかい 全会 ¶~一致で à l'unanimité.

ぜんかい 全壊 ¶家屋は~した La maison est entièrement détruite.

ぜんかい 全快 guérison f complète; rétablissement m complet. ¶~する guérir (se rétablir) complètement. ‖~祝いをする féliciter qn de sa guérison.

ぜんかい 全開 ¶栓を~にする tourner le robinet à fond. エンジンを~にして à pleins tubes (gaz).

せんがく 浅学 ¶~非才を顧みず malgré mon ignorance.

ぜんがく 前額 front m. ‖~部 frontal (aux).

ぜんがく 全額 total m; somme f totale. ~支払う payer intégralement. ‖~支払い paiement m intégral.

せんかくしゃ 先覚者 pionnier m; [祖先] aïeul(e) m(f).

ぜんがくれん 全学連 Union f nationale des étudiants japonais.

せんかん 戦艦 cuirassé m.

せんかん 洗桿 écouvillon m.

せんかん 潜函 caisson m. ‖~病 mal m des caissons.

せんがん 洗眼 bain m d'œil. ¶~する [自分で] se baigner les yeux.

せんがん 洗顔 ¶~する se laver la figure. ‖~クリーム crème f de démaquillage (démaquillante). ~料 nettoyant m [visage]

ぜんかん 前官 ¶~礼遇を受ける jouir des honneurs dus à sa fonction précédente.

ぜんかん 全巻 tous les volumes mpl; [全一冊] tout le volume. ¶~通して読む lire qc d'un bout à l'autre (jusqu'à la fin).

せんき 戦機 ¶~が熟する La guerre est mûre.

せんき 戦記 annales fpl (chroniques fpl, mémoires mpl) de guerre. ‖~物 récit m de guerre.

せんき 疝気 colique f.

せんぎ 詮議 enquête f. ~はひどく厳しかった L'enquête était extrêmement serrée. ¶~する [取調べる] enquêter sur; faire une enquête; [討議する] délibérer.

ぜんき 前期 première période f; [前半年] premier semestre m. ‖~繰越高 report m du compte précédent.

ぜんき 前記 ¶~の ledit (ladite, lesdits, lesdites); mentionné ci-dessus; [官庁] précité; susdit. ~の金額 ladite somme f. ~の場所で audit lieu m. ~のごとく comme il est mentionné ci-dessus; comme ci-dessus.

せんきゃく 先客 ¶私が彼を訪ねたとき既に~がいた Quand je lui ai rendu visite, il y avait déjà du monde.

せんきゃく 千客 ¶あのカフェには万来だ Ce café est très fréquenté.

せんきゃく 船客 passager(ère) m(f).

せんきょ 占拠 occupation f; prise f; conquête f. 牢獄の~ occupation f d'une prison. ¶~する occuper. ‖軍事~ conquête f militaire. 不法~ occupation illégale. 不法~する occuper illégalement.

せんきょ 船渠 cale f.

せんきょ 選挙 élection f. ~を実施する procéder aux élections. 次の~に出る se présenter (se porter) aux prochaines élections. ~は来年行われる L'élection aura lieu l'année prochaine. ¶~する élire; [投票する] voter. ~に関する électoral. ~によって électivement. ‖参議院~ élections sénatoriales. 衆議院~ élections législatives. 制限~ suffrage m restreint. 総~ élections générales. 大統領~ élections fpl présidentielles. 直接(間接)~ suffrage m direct (indirect). 普通~ suffrage universel. 補欠~ élection partielle. 無効~ élection annulée. ~違反 violation f de la loi électorale. ~運動をする mener une campagne électorale. ~運動はたけなわである La campagne électorale bat son plein. ~管理事務

せんぎょ 所 bureau m de vote. ~期間 période f électorale. ~区 circonscription f électorale. 小~区 circonscription à scrutin uninominal. ~権 droit m de vote. 被~権 éligibilité f. ~資格 électorat m. ~人 votant(e) m(f). ~人名簿 liste f électorale. ~民 électorat.

せんぎょ 鮮魚 poisson m frais; [海の] marée f. ‖~列車 train m de marée.

せんきょう 仙境 féerie f. ~にいるような féerique.

せんきょう 宣教 mission f. ‖~師 missionnaire m.

せんきょう 戦況 situation f des combats. ‖~報告 rapport m sur l'état des combats.

せんきょう 船橋 passerelle f.

せんぎょう 専業 ~を...をとする vivre du métier de....

せんきょうし 宣教師 missionnaire m.

せんきょく 戦局 phase f de la guerre. ~は一転した Le vent de la victoire a tourné. ~は我が方に有利である La guerre a tourné à notre avantage.

せんきょく 選局 [テレビ・ラジオの] choix m du canal.

ぜんきょく 全局 ensemble m; situation f générale. ~に目を向ける tenir compte de l'ensemble de la situation.

ぜんきょく 全曲 ~を演奏する exécuter une œuvre complète.

せんぎり 千切り ~にする hacher qc menu (finement). ~のキャベツ chou(x) (m(mpl)). haché fin.

せんきん 千金 ~に値する être extrêmement précieux(se). ~も代え難い être hors de prix.

せんきん 千鈞 ‖~彼の一言は~の重みがあった Ses paroles valent leur pesant d'or.

せんぐ 船具 agrès mpl.

ぜんく 前駆 [馬] ~と後駆 train m d'avant et train de derrière; avant-train m et arrière-train m. ‖~症状 prodromes mpl; symptôme m avant-coureur. ~症状の prodromique.

せんくしゃ 先駆者 pionnier m; précurseur m. 現代化学の~ précurseur de la science moderne.

せんくち 先口 ‖僕の方が~だ J'étais là avant vous.

せんぐん 千軍 ‖~万馬の勇者 héros m couvert de gloire.

ぜんぐん 全軍 toute l'armée f.

ぜんけい 前掲 ~の (前記).

ぜんけい 前掲 ⇨ ぜんき(前記).

ぜんけい 前景 [舞台の] premier plan m.

ぜんけい 全景 panorama m; vue f complète.

せんけつ 先決 ‖~の préalable; [法律] préjudiciel (le). ‖~問題 question f préalable. 土地を見つけることが~問題だ Nous devons trouver au préalable un terrain à bâtir.

せんけつ 鮮血 ‖傷口から~がほとばしっていた Du sang frais jaillissait de la blessure.

せんげつ 先月 le mois dernier. ‖~の5日 le cinq du mois dernier.

せんけん 先見 ‖~の明 prévoyance f; clairvoyance f. 彼には~の明がない Il n'est pas prévoyant. ‖~の明のある prévoyant; clairvoyant.

せんけん 先賢 ‖~の業績 réussite f d'un brillant prédécesseur.

せんげん 宣言 déclaration f; proclamation f; [成文の] manifeste m. 廃棄の~ dénonciation f. ~する déclarer; proclamer. 荘重に~する faire une déclaration solennelle. 罪ありと~する déclarer qn coupable. 条約(契約)の廃棄を~する dénoncer un traité. ‖「共産党~」 Manifeste du parti communiste. 人権~ [フランス革命の] Déclaration des droits de l'homme et du citoyen. ~文を起草する rédiger un manifeste. ポツダム~ déclaration de Potsdam.

ぜんけん 全権 pleins pouvoirs mpl. ~を委任する investir qn de pleins pouvoirs. ~を委任される recevoir des pouvoirs illimités. ~を握る avoir pleins pouvoirs. ‖~委員 plénipotentiaire m. ~大使 ministre m plénipotentiaire. 特命~大使 envoyé m extraordinaire et ambassadeur plénipotentiaire.

ぜんげん 前言 ~を取消す(翻す) se dédire; se rétracter. 応諾の~を取消す se dédire (se rétracter) d'une acceptation. 私は~を撤回します Je retire ce que j'ai dit.

ぜんげん 漸減 diminution f (réduction f) graduelle (progressive); décroissement m progressif. ‖~する diminuer (décroître) progressivement.

せんけんたい 先遣隊 détachements mpl précurseurs.

せんけんてき 先験的 ‖~な transcendantal (aux); a priori. ~に a priori. ‖~推理法 apriorisme m.

せんけんろん 先験論 transcendantalisme m. ‖~者 transcendantaliste m.

せんこ 千古 ‖~不滅の éternel(le).

せんご 戦後 après-guerre m inv. ~の時代に à l'époque de l'après-guerre. ~の人口急増 poussée f démographique d'après-guerre. ‖~に après la guerre. ‖~派 [人] gens mpl d'après-guerre.

ぜんご 前後 [場所] devant et derrière; [時間] avant et après. 自分の~を振り返り見て regarder autour de soi. ~を忘れる être hors de soi; perdre conscience. ‖~にゆする balancer d'avant en derrière. 車の~に devant et derrière la voiture. 食事の~に avant et après le repas. ~逆に sens de devant derrière. ~の見境なく sans réflexion. 彼らは相~してやってきた Ils sont arrivés l'un après l'autre. ‖文の~関係 contexte m. ~左右に dans tous les sens. ●[くらい頃] 30歳~の男 homme m d'environ trente ans. 彼女は30歳~である Elle a environ trente ans. それは5千ユーロ~の値打がある Ça vaut environ cinq mille euros. 3時~に vers trois heures.

せんこう 先攻 ‖~する [スポーツ] contrôler le jeu.

せんこう 先行 ‖~する précéder; devancer.

せんこう 時代に～する devancer *son* époque. 人に～する prendre (avoir) le pas sur *qn*. 悪い噂がしていた Sa mauvaise réputation l'avait précédé. 我々に～する世代 génération *f* qui a devancé la nôtre. ～するランナーを追う poursuivre le coureur de tête. ‖～詞 antécédent *m*. ～者 prédécesseur *m*. ～法規 règlement *m* antérieur.

せんこう 専攻 spécialité *f*; [学校] discipline *f*. 学校の～は何ですか Quelle discipline étudiez-vous? ～する faire *sa* spécialité de *qc*; étudier spécialement; se cantonner dans. フランス語を～する se spécialiser (se cantonner) dans l'étude du français. ‖～別に学生を分ける repartir des étudiants par discipline.

せんこう 戦功 exploit *m* [de guerre]. ～を立てる se distinguer par des exploits [guerriers]. ‖～章 médaille *f* militaire.

せんこう 潜航 plongée *f*. ～する naviguer en plongée. ～して en plongée.

せんこう 潜行 ～する se dérober à la surveillance. ‖～生活をする mener une vie clandestine.

せんこう 穿孔 forage *m*; [樹に穿った] térébration *f*; 《医》 perforation *f*. ～する forer; perforer. ‖～機 foreuse *f*; perceuse *f*; 《医》 trépan *m*. ～性の昆虫 insecte *m* térébrant.

せんこう 線香 ｜その運動は～花火のように終ってしまった Ce mouvement n'a été qu'un feu de paille.

せんこう 選考, 銓衡 sélection *f*. ～する sélectionner; faire (opérer) une sélection. ‖～委員会 comité *m* de sélection.

せんこう 選鉱 triage *m*; [ふるい分け] criblage *m*. ～する trier (cribler) du minerai. ‖～夫 trieur *m* de minerai.

せんこう 閃光 éclair *m*. マグネシウムの～ éclair de magnésium. ～を放つ lancer des éclairs. ～を放つ物体 corps *m* fulgurant. ‖～電球 lampe *f* éclair.

せんこう 鮮紅 ‖～色 rouge *m* vif.

せんこう 前項 article *m* précédent.

ぜんこう 善行 bonne action *f*; bonne conduite *f*; bienfaisance *f*; bienfait *m*. ～を積む faire le bien. ‖～証 attestation *f* de bonne conduite.

ぜんこう 全校 [学校全体] école *f* entière; [全ての学校] toutes les écoles.

ぜんごう 前号 numéro *m* précédent.

せんこうし 先行詞 antécédent *m*.

せんこく 先刻 tout à l'heure. ～彼女に会ったJe l'ai vue tout à l'heure. ‖～ご承知のようにcomme vous le savez depuis longtemps.

せんこく 宣告 prononciation *f*; [有罪の] condamnation *f*. 死刑の～を下す condamner à mort. ～する prononcer; condamner. ‖破産～ jugement *m* déclaratif de faillite.

せんごく 戦国 ‖～時代 époque *f* (période *f*) de guerres intestines.

ぜんこく 全国 tout le pays; [全国民] nationaux *mpl*. ～的 national(aux). ～的に dans (sur) tout le pays. ～的規模で à l'échelon national. ‖日本～に拡まる se répandre dans tout le Japon. ～区 cadre *m* national. ～大会 congrès *m* national; [スポーツの] match *m* national.

ぜんこくさく 善後策 ‖～を講じる prendre des mesures contre.

ぜんこん 善根 ‖～を積む accumuler des mérites.

ぜんざ 前座 ‖～を勤める se produire en lever de rideau.

センサー détecteur *m*; capteur *m*.

せんさい 先妻 première femme *f*; épouse *f* de premières noces.

せんさい 戦債 emprunt *m* d'Etat pour la guerre.

せんさい 戦災 dévastations *fpl* (ravages *mpl*) de la guerre. ～を蒙る (免れる) éprouver des (échapper aux) dévastations de la guerre. ‖～孤児 orphelin(e) *m*(*f*) de guerre. ～者 sinistré(e) *m*(*f*) de la guerre. ～地域 régions *fpl* dévastées par la guerre.

せんさい 繊細 finesse *f*; délicatesse *f*. ～な fin; délié; délicat; subtil. ～な心 esprit *m* délié. ～な言い回し expression *f* finement tournée. 余りにも～緻密な quintessencié. ～に finement.

せんざい 千載 ｜悔いを～に残す regretter éternellement. ‖～一遇の好機を掴む saisir la chance qui ne reviendra jamais.

せんざい 洗剤 détergent *m*; détersif *m*; lessive *f*. ～1箱 un paquet de lessive.

せんざい 潜在 latence *f*. ‖危険が～している Le danger demeure à l'état latent. ～している病気 maladie *f* latente. ～的 latent; potentiel(le); virtuel(le). ～的性質 virtualité *f*. ～の犯罪者 délinquant *m* en puissance. それは～的才能だ C'est un talent en puissance. ～的に potentiellement; virtuellement. ～意識 subconscient *m*. ～主権 souveraineté *f* théorique. ～性 potentialité *f*.

ぜんさい 前菜† hors-d'œuvre *m inv*.

せんざいのうりょく 潜在能力 faculté *f* virtuelle.

せんさく 詮索 épluchage *m*; furetage *m*; fouille *f*. ～する éplucher; fureter; scruter; fouiller; épier. 行為の動機を～する scruter les motifs d'une action. ～するような scrutateur(trice); fureteur(se). ～するような目付 regard *m* scrutateur. ～好きな curieux (se).

センサス recensement *m*.

せんさばんべつ 千差万別 ‖～だ Il y a fagot et fagot. 人の顔は～だ Il n'y a pas de visage pareil.

せんし 先史 préhistoire *f*. ‖～学 préhistoire. ～学者 préhistorien(ne) *m*(*f*). ～時代 âges *mpl* préhistoriques.

せんし 戦士 guerrier *m*; combattant *m*. 自由主義の～ champion *m* du libéralisme. ｜女性～ guerrière *f*. 無名～ soldat *m* inconnu.

せんし 戦死 ～[を]する mourir à la guerre

せんじ (au front). 名誉の〜をする mourir (tomber) au champ d'honneur. ‖〜者 mort(e) *m(f)* de la guerre.

せんじ 戦時 temps *m* de guerre. ‖〜体制 régime *m* de guerre. 〜中 pendant la guerre; en temps de guerre.

ぜんし 全紙 [印] in-plano *m inv*; [新聞の全頁] toute une page de journal; [各新聞] tous les journaux.

ぜんじ 漸次 par gradation; graduellement; peu à peu.

せんじぐすり 煎じ薬 tisane *f*; infusion *f*; décocté *m*.

せんしつ 船室 cabine *f*; [飛行船] gondole *f*.

せんじつ 先日 l'autre jour.

ぜんじつ 前日 le jour précédent; la veille; le jour d'avant. ¶〜の夜に la veille au soir. あの事件の〜に à la veille de cet événement. ‖〜付 antidate *f*. 手紙を〜付にする antidater une lettre.

せんじつめる 煎じ詰める ¶ 〜と en un mot. 〜とどうなるか A quoi se réduit tout cela?

センシビリティー sensibilité *f*; émotivité *f*.

センシブル ¶〜な sensible; émotif(ve).

せんしゃ 戦車 tank *m*; char *m* [d'assaut]. ‖対〜砲 canon *m* antichar. 〜兵 tankiste *m*.

せんしゃ 洗車 lavage *m* [d'une voiture]. ¶〜する laver *sa* voiture. ‖〜機 lave-auto *m*.

せんしゃ 選者 membre *m* du jury.

ぜんしゃ 前者 le premier (la première); celui-là (celle-là, ceux-là, celles-là). 〜と後者 le premier et le dernier. ビールとワインとなら私は〜を選ぶ Entre la bière et le vin, je choisis celle-là. 二つのエピソードのうち〜を話そう De ces deux épisodes, je vais raconter le premier.

ぜんしゃ 前車 ¶〜の轍を踏む retomber dans les mêmes ornières; tomber dans (répéter) les mêmes erreurs que d'autres.

せんしゃく 前借 emprunt *m* d'avance. ¶〜する emprunter d'avance.

せんしゅ 先取 ¶1点〜する mener d'un point. ‖〜点をあげる marquer le premier point; ouvrir le score. 〜特権 privilège. 〜特権のある preféntiel(le). 〜特権のある債権者 créancier *m* privilégié.

せんしゅ 船主 armateur *m*.

せんしゅ 船首 avant *m* d'un navire; proue *f*. 〜を右に向ける virer de bord. 〜を向ける mettre le cap sur. 〜から船尾までの étrave à l'étambot.

せんしゅ 選手 champion(ne) *m(f)*; joueur (se) *m(f)*; [陸上競技] athlète *m*; [拳闘] boxeur *m*. ‖水泳〜 nageur(se) *m(f)* de compétition. 〜権 championnat *m*. 〜権保持者 champion(ne). 〜村 village *m* des athlètes.

センシュアル sensuel(le); voluptueux(se).

せんしゅう 先週 la semaine dernière (passée). ¶〜に il y a huit jours.

せんしゅう 千秋 ¶一日〜の思いで待つ attendre avec une grande impatience.

せんしゅう 選集 morceaux *mpl* choisis; œuvres *fpl* choisies; [複数の作家] anthologie *f*; [古典作家から] chrestomathie *f*. ‖現代詩〜 choix *m* de poèmes contemporains.

せんじゅう 先住 ‖〜者 [住居の] précédent(e) occupant(e) *m(f)*; [地域の] précédent(e) habitant(e) *m(f)*. 〜民 autochtone *mf*; indigène *mf*.

ぜんしゅう 全集 œuvres *fpl* complètes.

せんじゅうしゃ 専従者 permanent(e) *m(f)*.

せんじゅうみん 先住民 autochtone *mf*.

せんしゅつ 選出 ¶〜する élire; nommer. 彼は市長に〜された On l'a nommé maire. 東京5区〜の代議士 député *m* élu dans le 5ᵉ arrondissement de Tokyo.

せんじゅつ 戦術 tactique *f*; [戦略] stratégie *f*. 議会の〜 tactique parlementaire. 〜を変える changer de tactique. ‖〜上の tactique; stratégique. 〜上 tactiquement; stratégiquement. ‖〜家 tacticien *m*; stratège *m*. 〜核兵器 armes *fpl* nucléaires tactiques.

ぜんじゅつ 前述 ⇒ ぜんき(前記).

せんしょ 選書 collection *f*.

ぜんしょ 善処 ¶〜する prendre les mesures convenables contre; être assez juste pour *inf*. よろしく〜されたい J'espère que vous serez assez juste pour *inf*.

ぜんしょ 全書 ‖百科〜 encyclopédie *f*. 六法〜 code *m*; recueil *m* de lois.

せんしょう 先勝 première victoire *f* [d'un tournoi].

せんしょう 戦傷 blessure *f* de guerre. ‖〜者 blessé(e) *m(f)* de guerre.

せんしょう 戦勝 victoire *f*; triomphe *m*. ‖〜者 vainqueur *m*.

せんしょう 僣称 ¶〜する s'arroger. 王侯を〜する s'arroger le titre de prince.

せんじょう 戦場 champ *m* de bataille. 〜へ行く aller au feu; partir au front. ‖古〜 ancien champ de bataille.

せんじょう 扇状 ¶〜の en éventail. ‖〜台地 plateau(x) *m* alluvial en éventail. 〜地 éventail *m* alluvial.

せんじょう 洗浄(滌) lavage *m*; [傷の] détersion *f*; [局部, 傷などの] irrigation *f*. ¶〜する laver; nettoyer; purger; déterger. 胃を〜する laver l'estomac. 傷口を〜する déterger une plaie. ラジェーターを〜する purger un radiateur. ‖〜器 irrigateur *m*; [局部の] bidet *m*. 〜剤 détergent *m*.

せんじょう 煽情 ¶〜する provoquer; exciter le désir. 〜的な provocant; excitant; voluptueux(se).

せんじょう 船上 ¶〜で à bord. 乗組員は〜に足止めされた L'équipage était consigné à bord.

ぜんしょう 前哨 avant-poste(s) *m*. ‖〜戦 échauffourée *f* (escarmouche *f*); [転] escarmouche *f*. 選挙の〜戦は既に始まっている La campagne électorale est déjà marquée par plusieurs escarmouches. 〜隊 poste *m* avancé.

ぜんしょう 前章 chapitre *m* précédent.

ぜんしょう 前檣 mât *m* de misaine. ‖〜帆 voile *f* de misaine.

ぜんしょう 全勝 ¶〜する gagner toutes les parties; remporter toutes les victoires.

ぜんしょう 全焼 être brûlé entièrement. その家は〜した La maison a brûlé entièrement. ‖〜家屋 maison f [réduite] en cendres.

ぜんじょう 前条 article m précédent.

せんしょく 染色 teinture f. ¶〜する teindre. ‖〜加工 opérations fpl tinctoriales. 〜用の tinctorial(aux).

せんしょくたい 染色体 chromosome m. ‖性〜 chromosome sexuel.

せんじる 煎じる infuser.

せんしん 先進 ¶〜の avancé(e). ‖〜技術 technique f avancée.

せんしん 専心 absorbement m. ¶〜する s'attacher à; s'adonner à; s'occuper de; se cantonner dans. 研究に〜する s'appliquer à.

せんしん 線審 [スポ] juge m de touches.

せんじん 先人 devancier(ère) m(f); prédécesseur m; [祖先] ancêtres mpl.

せんじん 先陣 avant-garde f; [尖兵] pointe f. ‖〜争いをする se disputer l'offensive.

せんじん 戦陣 camp m de bataille.

ぜんしん 前身 [過去] passé m; [前世] vie f antérieure; [前歴・来歴] antécédents mpl. 彼女の〜はお針子だ Elle était couturière autrefois.

ぜんしん 前進 avance f; progression f; [進歩] progrès m; [号令] En avant! 軍隊の〜 progression d'une armée. 〜する avancer; progresser. 一歩〜する faire un pas. ‖〜陣地 position f avancée.

ぜんしん 漸進 gradation f; progression f. ¶〜する avancer progressivement. 〜的な progressif(ve); graduel(le). 〜的に par gradation; graduellement; progressivement.

ぜんしん 全身 tout le corps. 〜を震わせて trembler (frissonner) de tout son corps. 〜耳と化して聞く Je suis tout oreilles. 〜血まみれになる avoir le corps couvert de sang; être en sang. 毒が〜に回った Le poison s'est répandu dans tout le corps. ‖〜衰弱 cachexie f. 〜全霊を傾ける se donner corps et âme à. 〜像 portrait m en pied. 〜不随 paralysie f générale.

ぜんじん 前人 ‖〜未到の原生林 forêt f vierge inexplorée. 〜未到の記録を樹立する établir un record inégalé. 〜未到の境地をしばらく trouver l'état d'âme que personne n'a jamais atteint.

せんしんこく 先進国 pays m évolué.

せんす 扇子 éventail m. 〜であおぐ éventer; [自分を] s'éventer. ‖〜形に en éventail.

センス sens m. 彼女はユーモアの〜がある Elle a le sens de l'humour. 〜の良い人々 gens mpl de goût. 〜の良い服装をしている être habillé avec goût.

ぜんず 全図 carte f générale; plan m général. パリ〜 plan général de Paris.

せんすい 尖錐 fuseau(x) m. ‖〜形の en fuseau.

せんすい 泉水 bassin m; pièce f d'eau.

せんすい 潜水 plongée f; [潜水艦の] immersion f. ¶〜する plonger; [潜水艦が] s'immerger. ‖〜艦 sous-marin(s) m. 原子力〜艦 sous-marin atomique. 〜速度 vitesse f en immersion. 工事用〜槽 caisson m à plongeur. 〜病 mal m des caissons. 〜夫 scaphandrier m; homme(s)-grenouille(s) m.

せんする 宣する déclarer; proclamer; [知らせる] annoncer. 独立を〜 proclamer (déclarer) l'indépendance. 閉会を〜 [会議の] prononcer la clôture d'une séance.

ぜんせ 前世 vie f antérieure. ‖それらは〜からの因縁だ C'est une sorte de prédestination./C'était écrit.

せんせい 先制 ¶〜する prendre les devants sur qn. ‖敵に〜攻撃をかける mener une attaque préventive.

せんせい 先生 professeur m; maître(sse) m(f); [小学校の] instituteur(trice) m(f); [家庭教師] répétiteur(trice) m(f). ◆ [呼びかけ] Monsieur (Madame); [医者] Docteur; [弁護士など] Maître.

せんせい 占星 horoscope m. ¶〜...の将来を〜する tirer l'horoscope de qn. ‖〜術 astrologie f; horoscopie f. 〜術師 astrologue m.

せんせい 宣誓 serment m; parole f; [法] prestation f de serment. 〜を交す échanger des serments. 〜を破る rompre un serment. ¶〜する prêter serment; donner sa parole. 堂々と闘うことを〜する [選手が] prêter serment de lutter loyalement. 〜に基いて sous serment; sur parole. ‖〜証言する témoigner sous serment.

せんせい 専制 despotisme m; autocratie f. ¶〜的な despotique; autocratique. ‖〜君主 monarque m absolu; despote m; autocrate m; tyran m; potentat m. 〜君主制 monarchie f despotique. 〜政治 autocratie f; absolutisme m; tyrannie f.

ぜんせい 善政 ¶〜を敷く mener une politique pour le bien commun.

ぜんせい 全盛 ¶〜する être en pleine prospérité; être à l'apogée (au zénith, au sommet, au faîte) des honneurs (de la gloire). 当時サラセン文化が〜をきわめていた A cette époque, la civilisation islamique était à son apogée. ‖〜期(時代) période f de pleine prospérité; âge m d'or. その時代絵画は〜期であった A cette époque, la peinture était à son apogée. 彼の〜時代は長く続かなかった Son âge d'or ne dura pas très longtemps.

ぜんせいき 前世紀 siècle m dernier; [有史以前の] époque f préhistorique. ¶〜の怪物 monstre m antédiluvien. 〜の遺物 reliques fpl du passé. 〜の自動車 voiture f antédiluvienne.

せんせいこうげき 先制攻撃 attaque f préventive. ¶〜を仕掛ける effectuer une attaque préventive.

せんせいりょく 潜勢力 potentiel m; [潜在性] potentialité f.

センセーション sensation f. 〜を起す faire sensation. ¶センセーショナルな sensationnel

ぜんせかい 前世界 époque *f* préhistorique; [ノアの洪水以前] monde *m* avant le déluge. ¶～の antédiluvien(ne).

ぜんせかい 全世界 le monde entier. ～から集まる venir des quatre coins du monde. そのニュースはたちまち～に広まった Cette nouvelle s'est répandue dans le monde entier. ¶～の mondial(aux). ～の国 toutes les nations du monde. ～的に mondialement.

せんせき 戦績 ¶まあまあの～をあげる obtenir un résultat passable.

せんせき 戦跡 ancien champ *m* de bataille.

せんせき 船籍 nationalité *f* d'un navire. ¶～港 port *m* d'attache.

せんせき 船跡 sillage *m*.

せんせん 宣戦 ¶～布告 déclaration *f* de guerre. ～布告をする déclarer la guerre à.

せんせん 戦々 ¶～恐々としている s'attendre avec angoisse à *qc*.

せんせん 戦線 front *m*; ligne *f* de bataille. ¶～に向かう partir au (pour le) front. ～を張る faire front commun contre. 人民～ front populaire.

せんぜん 戦前 avant-guerre *mf*. ¶～に avant la guerre. ～にくらべて par rapport à l'avant-guerre. ～派 [人] gens *mpl* d'avant-guerre.

ぜんせん 前線 front *m*. ¶寒冷(温暖)～ front froid (chaud). 最も～にいる être au (sur le) front. ～部隊 troupes *fpl* du front.

ぜんせん 善戦 ¶～をする se battre vaillamment (contre). ～して空しく敗れる perdre avec les honneurs; subir une défaite honorable.

ぜんせん 全線 [鉄] toute la ligne. ¶～不通である Le trafic est interrompu sur toute la ligne.

ぜんぜん 全然 [否定文で] pas du tout; du tout; [まったく] diamétralement; absolument; complètement. 彼は～仕事をしない Il ne travaille pas du tout. 私は～思い出さない Je ne m'en rappelle absolument pas. 私は～忘れた Je l'ai complètement oublié. ¶～反対の意見 opinions *fpl* diamétralement opposées.

せんせんげつ 先々月 avant-dernier mois *m*. ¶～に il y a deux mois.

ぜんぜんじつ 前々日 avant-veille *f*.

せんせんしゅう 先々週 ¶～に il y a quinze jours.

せんぞ 先祖 ancêtre *m*; ascendants *mpl*; ancêtres, aïeux *mpl*; [家系] ascendance *f*. 父(母)方の～ ascendance paternelle (maternelle). 象徴主義の～ ancêtre du symbolisme. ¶～返り atavisme *m*. ～伝来の土地 terre *f* patrimoniale. ～伝来の財産 biens *mpl* héréditaires. ～伝来の風習 vieil atavisme.

せんそう 戦争 guerre *f*; [戦闘] bataille *f*; [敵対行為] hostilités *fpl*; [紛争・戦闘] conflit *m*. 冷たい～ guerre froide. ～をする faire la guerre à (contre). ～を開始する ouvrir les hostilités; entrer en guerre. ～を中止する suspendre les hostilités. ～の停止 cessation *f* des hostilités. ～に勝つ(負ける) gagner (perdre) la guerre. ～が迫っている La guerre nous menace. ～が勃発した La guerre a éclaté. ¶～の最中に en pleine guerre. 核(局地, 国内, 全面)～ guerre nucléaire (locale, civile, totale). 国際～ guerre étrangère. 宗教～ guerre de religion. 受験～ compétition *f* des concours. 神経～ guerre des nerfs. 通商～ guerre du commerce. ～ごっこをする jouer à la guerre. ～状態にある être en état d'hostilités. ～中である être en guerre. ～中に pendant la guerre. ～の挑発者 fauteur(trice) *m(f)* de guerre. ～犯罪 crime *m* de guerre. ～犯罪人 criminel(le) *m(f)* de guerre. ～の便乗者 profiteur(se) *m(f)* de guerre. ～放棄 renonciation *f* à la guerre.

せんそう 船倉(艙) cale *f*; soute *f*. ¶～係 soutier *m*.

せんそう 船窓 hublot *m*.

ぜんそう 禅僧 bonze *m* zen.

ぜんぞう 漸増 gradation *f*; accroissement *m* progressif. ¶～する augmenter graduellement (progressivement).

ぜんそうきょく 前奏曲 prélude *m*.

ぜんそく 船側 flanc *m* (d'un vaisseau); [左] bâbord *m*; [右] tribord *m*.

せんぞく 専属 ¶～の歌手 chanteur(se) *m (f)* engagé(e) chez....

ぜんそく 喘息 asthme *m*. ～の発作 crise *f* d'asthme. ～をわずらう souffrir de l'asthme. ¶～性の asthmatique. ～患者 asthmatique *mf*. 彼は～持ちだ Il a de l'asthme.

ぜんそくりょく 全速力 ¶～で à toute vitesse; à fond de train; [車, 飛行機] à pleins gaz; [船] à toute vapeur. ～で走る [人] courir à toute vitesse; [車] rouler à fond.

ぜんそん 前存 préexistence *f*. ¶～する préexister. ～の préexistant.

センター ¶[中央]～ライン [道路の] ligne *f* jaune. ◆[中心地(機関)] centre *m*. 原子力研究～ centre *m* d'études nucléaires. ショッピング～ centre *m* commercial. ビジネス～ centre d'affaires. ～[スポーツで]～サークル cercle *m* central. ～フォワード avant-centre (s) *m*. ～ライン ligne médiane. ゴールの前で～リングする faire un centre devant les buts adverses.

せんたい 船体 coque *f*.

せんたい 船隊 flotte *f*; [小船の] flottille *f*. ¶商～ flotte de commerce.

せんたい 蘚苔 ¶～学 bryologie *f*. ～学者 bryologiste *m(f)*. ～植物 bryophytes *fpl*. ～類 muscinées *fpl*.

せんだい 先代 époque *f* (génération *f*) précédente; [人] prédécesseur *m*; [亡父] père *m* défunt.

せんだい 船台 cale *f* [de construction].

ぜんたい 全体 tout *m*; [個々の集り] ensemble *m*; [集計] somme *f*; total *m*; [部分に対し] totalité *f*; intégralité *f*; [全貌] tous les aspects *mpl*. 人口の～ toute la nation. 陸地～ ensemble des terres. 問題の～を把握する saisir tous les aspects d'un problème. ¶～の

ぜんだい tout (toute, tous, toutes); entier(ère); [総括的] global(aux); [一般的な] général(aux); [総計の] total(aux). ~の意見 avis m général. ~の所得 revenu m global. ~の傾向 tendance f générale. ~的観点を失わずに sans perdre de vue l'ensemble. ~的に totalement; globalement; généralement. ~的に見て彼らは公正 Pris dans leur ensemble, ils sont intègres. ~として dans l'ensemble; [分割せずに] en totalité; dans sa totalité; dans son intégralité; [つまり] en somme; somme toute; au total. ~としての状勢 situation f dans son ensemble. フランスへ~ dans toute la France. ‖~主義 totalitarisme m. ~主義の totalitaire. ~主義国家 pays m (Etat m) totalitaire.

ぜんだい 前代 ~未聞のできごと événement m inouï.

せんたく 洗濯 lavage m; lessive f; blanchissage m; nettoyage m. ~に出す envoyer au nettoyage. ¶~する laver; faire la lessive; blanchir. ~の出来る布 tissu m lavable. ‖~板 planche f à laver. ~女 lavandière f; buandière f. ~機 machine f à laver; lessiveuse f. ~場 lavanderie f; buanderie f. ~挟み pince f à linge. ~物 lessive. ~物を干す étendre la lessive. ~物をゆすぐ rincer la lessive. ~屋 teinturerie f; blanchisserie f; [人] teinturier(ère) m(f); blanchisseur(se) m(f); [汚れぬき] dégraisseur(se) m(f).

せんたく 選択 choix m; option f; [選抜] sélection f. 場所と日取りの~ choix du lieu et de la date. 資料の~と分類 sélection et classement m de documents. ~を誤る choisir mal. 彼はまずい~をしてしまった Il a fait un mauvais choix. どちらにするか方針の~に迷う hésiter entre deux partis. ~の余地がない No pas avoir le choix. 他に~の道はない Il n'y a pas d'autre choix. 君に~の自由はない Vous n'avez pas le choix. 実用的理由が~の決め手となるだろう Les raisons pratiques dicteront un choix. 改良は~によってなされる L'amélioration se fait par sélection. ¶~する choisir; opter; sélectionner; faire choix de; faire (opérer) une sélection. ~させる donner le choix à qn. ‖[株の]~買い achat m sélectif. ~科目 matière f facultative (à option). ~権 droit m d'option.

せんだつ 先達 [案内人] guide m; [先輩] prédécesseur m; [パイオニア] pionnier m.

せんだって 先だって l'autre jour; un certain jour. ~買った時計 montre f que j'ai achetée l'autre jour.

ぜんだて 膳立て couvert m. ~をする mettre (dresser) le couvert (la table); [計画, 用意] prendre des dispositions pour; préparer; faire des préparatifs. お~は整っている Tout est prêt.

ぜんだま 善玉 bons mpl.

センタリング [スポ] centre m. ~する faire un centre; centrer.

せんたん 先端 bout m; [尖った物の] pointe f; [外れ・果て] extrémité f; [草花の] sommité f; 指の~ bout du doigt. 針の~ pointe d'une aiguille. 杖の~ extrémité de la canne. 時代の~を行く être à l'avant-garde de son temps. ¶時代の~を行く企業 entreprise f de pointe. 流行の~を行く服 vêtements dernier cri (à la dernière mode). ‖~技術 technique f de pointe.

せんたん 戦端 ~を開く commencer la bataille; déclencher la guerre.

せんだん 専断 arbitraire f. ~に陥る tomber dans l'arbitraire. ~によって arbitrairement.

せんだん 栴檀 ~は双葉より芳し L'enfant prodige se distingue par son génie en herbe.

せんだん 船団 flotte f; [小船の] flottille f. ~を組む former une flotte. ‖漁~ flottille de pêche.

ぜんだん 前段 ¶この劇の~は面白くなかった L'exposition de cette pièce n'était pas intéressante. ~の文中で dans une phrase précédente.

せんち 戦地 [戦場] champ m de bataille; [戦線] front m.

センチ ‖~グラム centigramme m. ~メートル centimètre m.

ぜんち 全治 guérison f complète. ¶この傷は~1か月を要する C'est une blessure qui demande un mois pour guérir.

ぜんち 全知 omniscience f. ~の omniscient. ‖~全能の神 Dieu m omniscient et omnipotent; Tout-Puissant m.

ぜんちし 前置詞 préposition f. ¶~の prépositif(ve).

センチメンタリズム sentimentalisme m; [安易な] sensiblerie f.

センチメンタル ¶~な sentimental(aux). 彼はひどく~だ Il est très fleur bleue.

センチメント sentiment f.

せんちゃく 先着 ¶~する arriver le premier (la première). ~者 le (la) premier(ère) venu(e). ~順に par ordre d'arrivée.

せんちゅう 船中 ¶~で à bord; dans le bateau. アメリカ行きの~で彼女と知り合った Je l'ai connue dans le bateau pour l'Amérique.

せんちゅうは 戦中派 génération f de la guerre.

せんちょう 船長 capitaine m.

せんちょう 前兆 présage m; augure m; précurseur m. 不吉な~ mauvais présage (augure). 嵐の~ signes mpl avant-coureurs de l'orage. ~を示す présager. ~を信じる croire aux présages.

ぜんちょう 全長 longueur f totale (hors tout). ¶このトンネルは~3キロある Ce tunnel mesure 3 kilomètres d'un bout à l'autre./La longueur totale de ce tunnel est de 3 kilomètres.

せんて 先手 [将棋] ¶~になる avoir le [premier] trait. ◆[比喩的に] ¶人の~を打つ prendre les devants sur qn. ~を打って...する prendre l'initiative de inf. ~を打って異議を封じる prévenir une objection.

せんてい 船底 carène f. ~を修理する caréner. ‖~修理 carénage m.

せんてい 選定 choix *m*. ~を誤る se tromper dans *son* choix. ¶~する décider (fixer) le choix. 代表者を~する choisir un représentant.

せんてい 剪定 élagage *m*; émondage *m*. ¶~する élaguer; émonder. ‖~ばさみ sécateur *m*.

ぜんてい 前提 présupposition *f*; 【論】prémisse *f*. ¶~とする présupposer. 死は生を~とする La mort présuppose la vie. …を~として à supposer (en supposant) que *sub.* ‖大~ prémisse majeure; majeure *f*. 大~とする poser *qc* en prémisse. 小~ mineure *f*; proposition *f* mineure.

せんてつ 先哲 ¶~の教え sagesse *f* des anciens.

せんてつ 銑鉄 fonte *f* brute.

せんてん 先天 ¶~的 inné; naturel(le); [病気] congénital(aux); [遺伝の] héréditaire. ~的な don *m* inné. ~的に nativement; a priori. ‖~性梅毒 syphilis *f* congénitale.

せんてん 旋転【楽】roulade *f*.

せんでん 宣伝 [広告] publicité *f*; réclame *f*; [布教] propagande *f*. [キャンペーン] campagne *f*. ¶~する faire de la publicité (de la réclame, de la propagande). 派手に~の a faire de la publicité tapageuse. ~の publicitaire. ‖逆~する faire une contrepropagande. ~員 propagandiste(trice) *m(f)*; propagandiste *mf*. ~カー voiture *f* publicitaire. ~費 dépenses *fpl* publicitaires. ~ビラ prospectus *m*; [ポスター] affiche *f* de publicité. ~ビラを配る distribuer des prospectus. ~方法 moyens *mpl* de propagande.

センテンス phrase *f*.

せんと 遷都 京都に~する transférer la capitale à Kyoto.

セント [貨幣] cent *m*.

せんど 先途 ¶ここを~と攻め立てる donner (livrer) l'assaut désespérément.

せんど 鮮度 fraîcheur *f*. 魚の~ fraîcheur du poisson. ~が落ちる(を保つ) perdre (conserver) *sa* fraîcheur. ¶~の良い frais (fraîche). ~の悪い avancé. ~の悪い果物 fruits *m* avancés.

ぜんと 前途 avenir *m*. ~は暗い L'avenir est sombre. ¶~ある青年 jeune homme *m* d'avenir (qui promet). ‖~有望である donner de belles espérances; promettre beaucoup. ~遼遠だ Nous sommes loin de notre but.

ぜんど 全土 tout le territoire. ‖日本~にわたって partout au Japon. 日本~に足跡を残す parcourir tout le Japon. インフルエンザが日本~に蔓延した Une influenza s'est répandue sur tout le territoire du Japon.

せんとう 先頭 tête *f*. ~に立つ prendre (tenir) la tête. 列の~にいる être en tête du défilé. 行列の~を歩く marcher en tête d'un cortège. ‖折り返し点を~で通過する passer en tête au point de retour. 軍隊を~に行進する défiler musique en tête. ‖~集団の中で走る courir dans le peloton de tête.

せんとう 尖塔 flèche *f*.

せんとう 尖頭 ¶~アーチ arc *m* d'ogive. ~穹窿 voûte *f* ogivale. ~形の ogival(aux).

せんとう 戦闘 bataille *f*; combat *m*. ~を開始する engager le combat (la bataille) avec; entrer (se mettre) en campagne; déclencher le combat. ~を交える se livrer combat. 敵と~を交える livrer combat à l'ennemi. ~を中止する suspendre le combat. ¶~的 militant. ‖~員 combattant *m*. 非~員 non-combattant *m*. ~機 chasseur *m*. ロケット~機 chasseur lance-missiles. ~状態に入る entrer en guerre avec. ~隊形をとる se former en bataille. ~体制の軍隊 armée *f* sur le pied de guerre. 一時的~停止 trêve *f*. ~爆撃機 chasseur(s)-bombardier(s) *m*. ~力を失っている être mis hors de combat.

せんとう 銭湯 bains *mpl* [publics]; établissements *mpl* de bains.

せんどう 先導 ¶~する conduire; guider. …の~で guidé par *qn*; sous la conduite de *qn*.

せんどう 煽動 instigation *f*; incitation *f*; excitation *f*; provocation *f*. ¶~する inciter (exciter, provoquer) *qn* à *inf*. 人心を~する travailler les esprits. ~的な incitatif(ve); excitant; provocant. …の~で sous l'instigation de *qn*. ‖民衆~ démagogie *f*. 民衆~の démagogique. ~者 agitateur(trice) *m(f)*; instigateur(trice) *m(f)*; provocateur(trice) *m(f)*. ~政治家 démagogue *m*.

せんどう 船頭 marinier *m*; batelier(ère) *m(f)*; [渡し舟の] passeur(se) *m(f)*.

ぜんどう 善導 édification *f*. スポーツは素行の~に役立つ Le sport est utile à l'édification de la conduite. ¶~する édifier. ~される s'édifier.

ぜんどう 蠕動 [生理] péristaltisme *m*. ‖~運動 péristole *f*; mouvements *mpl* péristaltiques.

ぜんとうよう 前頭葉 lobe *m* frontal.

セントバーナード [犬] saint-bernard *m inv*.

セントラルヒーティング chauffage *m* central.

ゼントルマン homme *m* bien élevé; gentleman(men) [dʒɛntlmən, -men] *m*.

ぜんなん 善男 ‖~善女 fidèles *mfpl*.

ぜんにち 全日 ‖~スト grève *f* de vingt-quatre heures.

せんにゅう 潜入 ¶~する entrer à la dérobée; s'introduire.

せんにゅうかん 先入観 prévention *f*; idée *f* préconçue; [偏見] parti *m* pris; préjugé *m*. ~を抱く avoir des préventions contre. 良い~を抱かせる prévenir *qn* en faveur de. 彼の乱暴な言葉があなたに悪い~を抱かせた Des mauvaises langues vous ont prévenu contre lui. ¶~によって parti pris. ~無しに sans prévention (parti pris).

せんにょ 仙女 fée *f*. ~の[ような] féerique. ~の国 féerie *f*.

せんにん 仙人 ermite *m*; anachorète *m*. ¶彼はまるで~だ C'est un véritable ermite. ‖~生活 anachorétisme *m*.

せんにん 先任 ¶~の précédent. ‖~者

せんにん 専任 ¶~の教授 professeur *m* régulier; titulaire *mf*. ~講師 chargé(e) *m(f)* de cours titulaire. ~職員 [組合などの] permanent(e) *m(f)*.

せんにん 前任 ⇨ せんにん(先任).

せんにん 善人 personne *f* de bien; [おし好し] brave homme *m*.

せんにんりき 千人力 ¶彼が加われば~だ S'il se joint à nous, nos forces seront décuplées.

せんぬき 栓抜き [金属, プラスチック栓の] décapsuleur *m*; [コルク栓の] tire-bouchon(s) *m*.

せんねつ 潜熱 chaleur *f* latente.

せんねん 先年 il y a quelques années. 先生は~お亡くなりになりました Notre professeur est mort il y a quelques années. ¶~来 ces dernières années.

せんねん 専念 ⇨ せんしん(専心).

せんねん 前年 l'année *f* précédente; [去年] l'année dernière; l'an *m* dernier.

せんのう 洗脳 lavage *m* de cerveau. ¶~する laver le cerveau à *qn*.

ぜんのう 前納 paiement *m* d'avance (anticipé). ¶~する anticiper un paiement; payer par anticipation (d'avance).

ぜんのう 全納 paiement *m* intégral. ¶~する payer intégralement.

ぜんのう 全能 omnipotence *f*; toute-puissance *f*. ¶~の omnipotent; tout(e)-puissant(e). 神は~である Dieu est tout-puissant.

せんば 場場 [株取引の] premier cours *m*.

せんばい 先買 préemption *f*. ¶~権 droit *m* de préemption; droit préemptif.

せんばい 専売 monopole *m*. ¶~にする monopoliser. ~権を持つ posséder le monopole de. ~たばこ tabac *m* sous monopole. 日本~公社 Régie *f* japonaise avec monopole. ~者 monopolisateur(trice) *m(f)*. ~特許 spécialité *f*. ~品 article *m* sous monopole.

せんぱい 先輩 devancier(ère) *m(f)*; aîné(e) *m(f)*; ancien(ne) *m(f)*. 我々の~ nos aîné(e)s. 彼は学校で二年~だった Il était mon aîné de deux ans à l'école. この道にかけては僕の方がずっと~だ Je suis beaucoup plus expérimenté que vous en la matière. ~の顔をたてる aider un ancien à sauver la face. ~の行った道を歩む marcher sur les traces de *ses* devanciers. ~面を演じる jouer à l'ancien.

ぜんぱい 全廃 suppression *f* totale; abolition *f* totale. ¶~する supprimer (abolir) totalement.

ぜんぱい 全敗 ¶~する perdre toutes les parties.

せんぱく 浅薄 ¶~な superficiel(le); apparent. ~な知識 connaissances *fpl* superficielles. ~な男 homme *m* superficiel.

せんぱく 船舶 navire *m*. 港は~の出入で賑っている Le port est animé d'un incessant mouvement de bateaux. ¶~の maritime. ~原簿 registre *m* maritime. ~情報 nouvelles *fpl* maritimes. ~登録 immatriculation *f* d'un navire. ~乗組員 marine *f*. ~法 loi *f* maritime.

ぜんぱく 前膊 avant-bras *m inv*.

せんばつ 選抜 sélection *f*; élimination *f*. ¶~する sélectionner; choisir. ~試合 match *m* de sélection. ~試験 épreuves *fpl* éliminatoires. ~選手 sélectionné(e) *m(f)*. ~チーム équipe *f* sélectionnée.

せんぱつ 先発 ¶~する partir en avant. ‖~隊 [軍隊] détachement *m* précurseur.

せんぱつ 洗髪 lavage *m* de tête; shampooing *m*. ¶~する se laver la tête; se faire un shampooing. ~してもらう se faire faire un shampooing.

せんぱん 千万 ¶迷惑~な話だ Cette affaire est extrêmement ennuyeuse. 卑怯~だ C'est une attitude franchement couarde.

せんばん 旋盤 tour *m*. ¶~にかける tourner. ‖~工 tourneur *m*. ~工場 tournerie *f*. ~製品 articles *mpl* tournés.

せんぱん 先般 ¶~御依頼の件につき En ce qui concerne votre demande de l'autre jour.... ¶~来 灯油の値上がりは甚だしい Depuis quelque temps, le pétrole ne cesse d'augmenter de façon vertigineuse.

せんぱん 戦犯 criminel(le) *m(f)* de guerre.

ぜんはん 前半 première moitié *f*; [スポーツ] première mi-temps *f*. 五月の~に première moitié de mai. ‖~戦は我が方が優勢だった Nous avions l'avantage dans la première mi-temps.

ぜんぱん 全般 généralité *f*; général *m*; ensemble *m*. ¶~的な général(aux); global; d'ensemble. ~的考察 observations *fpl* générales; vue *f* d'ensemble. ~の観点から au point de vue globale. ~的に généralement; en général; dans l'ensemble. ~にわたっその問題を考察せねばならぬ Il faut considérer la question sous tous ses aspects.

せんび 船尾 arrière *m*; poupe *f*. ¶~灯 feu (*x*) *m* de poupe.

せんぴ 戦費 dépenses *fpl* de guerre.

ぜんぴ 前非 ¶~を悔いる se repentir de l'erreur qu'*on* a commise.

せんぴょう 選評 compte[-]rendu *m* de jury.

せんびょうが 線描画 ⇨ せんが(線画).

せんびょうし 戦病死 ¶~する mourir au front d'une maladie.

せんびょうしつ 腺病質 [医] scrofule *f*. ¶~の scrofuleux(se). ~の子供 enfant *mf* chétif(ve) (frêle, malingre).

ぜんびん 前便 lettre *f* précédente.

せんぷ 宣撫 ¶~する pacifier; apaiser. ‖~工作 pacification *f*.

ぜんぶ 前部 partie *f* antérieure; devant *m*; avant *m*; [舞台] premier plan *m*. 自動車の~ avant de la voiture. ¶~に荷を積み過ぎた車 voiture *f* trop chargée à l'avant.

ぜんぶ 全部 tout *m*; [個々の集り] ensemble *m*; [集計] somme *f*; total *m*. 住民の~ ensemble de la population. ¶~の tout (toute, tous, toutes); entier(ère). ~の生徒 tous (toutes) les élèves (*m*(f)*pl*.). ~の集計

せんぷう calcul *m* intégral. ～の種類 toutes sortes [de choses]. それで～だ C'est tout. ～で(残らず) en tout; en entier; entièrement; complètement. ～または一部で en tout ou en partie. ～で千ユーロになる Cela fait mille euros en tout. その映画を～見たのではない Je n'ai pas vu le film en entier (jusqu'à la fin).

せんぷう 旋風 tourbillon *m*. ～をまき起こす faire sensation. ¶～をまき起こした小説 roman *m* à sensation.

せんぷうき 扇風機 ventilateur *m*.

せんぷく 潜伏 ¶～する [犯人など] se cacher; se terrer; [病気が] être latent; rester à l'état latent. ～している latent. ～している病気 maladie *f* latente. ～していた病気が再発した La maladie latente a récidivé. ‖病気の～期 incubation *f*.

せんぷく 船腹 ventre *m* [d'un navire]; [積載量] tonnage *m*.

ぜんぷく 全幅 ¶～の absolu; entier(ère). ～の信頼を以って avec une confiance absolue; avec une entière confiance.

せんぶん 線分 segment *m* linéaire.

ぜんぶん 前文 préambule *m*. 法律の～ préambule d'une loi.

ぜんぶん 全文 texte *m* complet (intégral).

せんべい 煎餅 fouace *f*; galette *f* cuite.

せんぺい 尖兵 éclaireur *m*. 彼はヌーベルバーグの～だ Il est à l'avant-garde de la nouvelle vague.

せんべつ 選別 sélection *f*; tri *m*; triage *m*. 穀類の～ triage des grains. ¶～する trier; faire le tri de *qc*; faire un triage; sélectionner. ～機 [穀物の] trieur *m*. ～工 trieur (se) *m(f)*.

せんべつ 餞別 cadeau(x) *m* d'adieu. ～を贈る offrir un cadeau d'adieu.

せんべん 先鞭 ¶～をつける donner l'exemple.

せんぺん 千篇 ¶～一律の stéréotypé; très banal. どの講演者の話も～一律だった Tous les orateurs donnaient le même son de cloche.

ぜんぺん 前編 première partie *f*.

ぜんぺん 全編 œuvre *f* intégrale (complète).

せんぼう 羨望 envie *f*. ～に値する être digne d'envie. ¶～する envier; avoir envie de. みんなが～する自動車 voiture *f* dont tout le monde a envie. ～の眼差しを向ける jeter des regards (un œil) d'envie sur. ～の的となる exciter (attirer) l'envie de *qn*. ～の念を以て avec envie.

せんぼう 先方 [相手] partie *f* intéressée. ～の意見を聞く écouter l'avis de la partie intéressée. ◆ [目的地] destination *f*. ～に着く arriver à [*sa*] destination.

せんぽう 先鋒 ¶政界刷新の～に立つ être à l'avant-garde de la rénovation du monde politique.

せんぽう 戦法 tactique *f*. ～を変える changer de tactique. もっと積極的な～をとらねばならない Il faut recourir à une tactique beaucoup plus ferme.

ぜんぼう 全貌 ¶事件の～を明らかにする élucider tous les aspects de l'affaire.

ぜんぽう 前方 ¶～を見よ Regardez devant vous! ～に devant. 家の～に devant la maison. ～に進む aller en avant; avancer.

ぜんぽうい 全方位 ¶～外交 diplomatie *f* (politique *f* étrangère) tous azimuts. ～防衛 défense *f* tous azimuts.

せんぼうきょう 潜望鏡 périscope *m*.

せんぼつ 戦没 ¶～学徒 étudiant *m* mort à la guerre. ～兵士 soldat *m* mort au champ d'honneur.

ぜんまい [ねじ] ressort *m*. 時計の～ ressort de montre. ～を捲く tendre un ressort. ～をゆるめる détendre le ressort. ～仕掛けの玩具 jouet *m* à ressort. ～秤 balance *f* à ressort. ◆ [植物] osmonde *f*. ‖西洋～ osmonde royale.

ぜんまいどおし 千枚通し mèche *f* d'une perceuse; poinçon *m*.

ぜんみらい 前未来 [文法] futur *m* antérieur.

せんみん 選民 élus *mpl*. ユダヤ人は自らを神の～であると信じている Les Juifs se croient les élus de Dieu.

せんみん 賤民 † hors-caste *mf inv*; [社会の屑] racaille *f*; paria *m*. ¶～として暮す vivre en paria.

せんむ 専務 gérant(e) *m(f)*. ～取締役 administrateur(trice) *m(f)* gérant(e).

せんめい 船名 nom *m* de bateau.

せんめい 鮮明 ～な net(te); vif(ive); tranché; précis. ～な黄色 jaune *m* vif. ～な差異 différence *f* nette. ～な色彩 couleurs *fpl* tranchées. 旗幟を～にする annoncer sa couleur. 彼の旗幟は～だ Sa couleur est très nette. この消印は～だ L'oblitération est nette. ～さ netteté *f*; [図] vivacité *f*. 映像の～さ netteté de l'image. 色合の～さ vivacité du teint.

ぜんめい 喘鳴 râle *m*. ‖死前～ râle de la mort.

せんめつ 殲滅 extermination *f*. ¶～する exterminer.

ぜんめつ 全滅 anéantissement *m*. ¶～する s'anéantir; être anéanti; se ruiner entièrement. ～させる anéantir; ruiner complètement. 部隊を～させる anéantir des troupes. 町を～させる ruiner complètement une ville.

せんめん 洗面 toilette *f*. ¶～する faire *sa* toilette; se laver la figure. ‖～器 cuvette *f*. ～所 lavabo *m*; cabinet *m* de toilette; salle *f* d'eau. ～台 lavabo *m*. ～道具 [入れ] trousse *f* de toilette.

ぜんめん 前面 devant *m*; [隊列, 建物などの] front *m*; [建物の正面] façade *f*; [舞台, 景色などの] premier plan *m*. ¶～で devant; [正面で] en face de. ～に au premier plan. 問題を～に押し出す mettre le problème en relief.

ぜんめんてき 全面的 ¶～な général(aux); complet(ète); total(aux). ～に complètement; totalement; sans réserve. ～に支援する donner (prêter) tous *ses* appuis. ～に賛成する approuver à tous les égards. ‖～

せんもう 繊毛 cil m.

ぜんもう 全盲 cécité f totale. ¶彼女は~だ Sa cécité est totale.

せんもん 専門 spécialité f. ¶~の(~的な) spécial(aux); technique. 刑法~の法律家 juriste m spécialisé dans le droit pénal. ~にする se spécialiser. 化学を~にする se spécialiser dans la chimie. それは彼の~である C'est sa spécialité. ~的に spécialement; techniquement. ‖~家 [médecin m] spécialiste mf; ~家 spécialiste mf; technicien(ne) m(f); expert m. ~化 spécialisation f. ~化された specialisé. ~以外の事については何も知らない En dehors de ma spécialité, je ne sais rien. ~科目 cours m spécialisé. ~教育 enseignement m technique. ~語 terme m technique; [総称] terminologie f. ~歴史~雑誌 revue f spécialisée d'histoire. ~店 maison f spécialisée. ~分野 domaine m; partie f. 文学は私の~分野ではない La littérature, ce n'est pas mon domaine.

ぜんもん 前門 ¶~の虎後門の狼 être pris entre deux feux.

ぜんや 前夜 nuit f précédente; veille f au soir. ¶クリスマス~ veille de Noël. ~祭 veille de fête.

せんやく 先約 ¶~がある Je suis déjà engagé./Je suis déjà pris. 他に~がある J'ai déjà pris un autre engagement.

ぜんやく 全訳 traduction f intégrale.

せんゆう 占有 possession f. 相続財産の~ immixtion f dans une succession. ¶~する posséder. ~に関する《法》possessoire m. ‖~権 droit m de possession; possessoire. ~権によって possessoirement.

せんゆう 専有 possession f exclusive; accaparement m. ¶~する accaparer. ~物 apanage m.

せんゆう 戦友 camarade m de guerre (de combat); frère m (compagnon m) d'armes.

せんよう 宣揚 exaltation f. ¶~する exalter; glorifier. 国威を~する glorifier les couleurs de sa patrie.

せんよう 専用 ~の réservé. 社長~の車 voiture f réservée au directeur. ‖職員門 門 porte f interdite au public. 女子~洗面所 toilettes fpl pour dames. 歩行者~通路 passage m réservé aux piétons.

ぜんよう 善用 ¶~する faire bon usage de qc.

ぜんら 全裸 ¶~の tout nu.

せんらん 戦乱 guerre f. ¶~の時代 période f de troubles.

せんりがん 千里眼 voyance f. ¶~の人 voyant(e) m(f). 彼は~だ Il est doué de seconde vue.

せんりつ 戦慄 frisson m; frémissement m; tremblement m. ひきつるような~に襲われる être pris de tremblements convulsifs. ~が背筋を走った Un frisson lui passa dans le dos. ¶~する frémir; frissonner; avoir le frisson. ~させる donner le frisson à qn; faire horreur à qn. ~すべき horrible; affreux(se); effrayant. ~すべき光景 spectacle m horrible.

せんりつ 旋律 mélodie f. ¶~的な mélodique. ~的な文章 phrase f mélodique.

ぜんりつせん 前立腺 prostate f. ¶~肥大 hypertrophie f de la prostate. ~病患者 prostatique.

せんりひん 戦利品 trophée m; dépouilles fpl; butin m.

せんりゃく 戦略 stratégie f; ruse f de guerre. ¶~上の stratégique. ~上の要点 point m stratégique. ‖~家 stratège m. ~核兵器 armes fpl nucléaires stratégiques. ~爆撃 bombardement m stratégique. ~防衛構想 Initiative f de défense stratégique; IDS.

せんりょ 千慮 ¶~の一失《Il n'y a si bon charretier qui ne verse.》

せんりょう 千両 ¶~役者 grand (e) comédien(ne) m(f).

せんりょう 占領 occupation f; prise f. 要塞の~ prise d'une place forte. ¶~する occuper; prendre; s'emparer de. 町を~する occuper une ville. 要塞を~する s'emparer de la forteresse. 我が軍は多くの村をとった Nos troupes ont pris plusieurs villages. ‖~軍 armée f d'occupation; occupant m. ~国 Etat m occupant. 被~国 Etat occupé. ~地帯 zone f occupée.

せんりょう 染料 teinture f; colorant m; couleur f. ¶毛髪用~ teinture pour les cheveux. ~の材料 matières fpl tinctoriales.

せんりょう 選良 élites fpl. 大学の~たち l'élite de l'université. 国民の~ notre représentant(e) m(f). 代議士は国民の~である Les députés sont les élus du peuple.

ぜんりょう 善良 bonté f; bonhomie f. ¶~な bon(ne); honnête. ~な人々 de braves (bonnes) gens.

ぜんりょうせい 全寮制 ¶~の高校 lycée m internat (à pension complète).

せんりょく 戦力 force f militaire. ~を増強する renforcer une armée.

ぜんりょく 全力 ¶~をつくす faire tout son possible pour; consacrer tout ses efforts à. ~で à toute force; de toute(s) sa (ses) force(s).

ぜんりん 前輪 roue f avant.

ぜんりん 善隣 ¶~の誼 relations fpl de bon voisinage. ~の誼を保っている être en bon voisinage. ‖~外交 pratiquer une politique extérieure de bon voisinage.

せんれい 先例 précédent m. ~にのっとる suivre le précédent. ~を引き合いに出す invoquer un précédent. この判決が~を作ることになろう Cette décision va créer un précédent. ~の無い事件 événement m sans précédent.

せんれい 洗礼 baptême m. ~を施す baptiser qn. 砲火の~を受ける recevoir le baptême du feu. ¶~を受ける人 baptiseur m. ~[用]の baptismal(aux). ~の水 eau f de baptis

ぜんれい ～証明書 baptistaire *m*. ～堂 baptistère *m*. ～盤 fonts *mpl* [baptismaux]; piscine *f*. ～名 nom *m* de baptême.

ぜんれい 前例 ⇨ せんれい(先例).

ぜんれき 前歴 antécédents *mpl*. 悪い～ mauvais antécédents.

せんれつ 戦列 front *m*. ～に加わる aller au front. パルチザンの～に加わる rejoindre les rangs des partisans. ～に復帰する rejoindre son corps; [選手等] rejoindre son équipe. ～を離れる quitter le front.

せんれつ 鮮烈 ¶～な印象をうける(与える) subir (donner) une vive impression.

せんれつ 前列 premier rang *m*.

せんれん 洗練 raffinement *m*. ¶～する raffiner; [思想を] distiller. ～される se raffiner. ～された raffiné. ～された趣味 goût *m* raffiné.

せんろ 線路 rail *m*; [鉄道線路] ligne *f* de chemin de fer; voie *f* ferrée. ～を敷く poser des rails; construire un chemin de fer. ¶～工夫 [保線係] garde(-)voie(s) *m*.

ぜんわん 前腕 avant-bras *m*.

そ

そ 祖 ancêtre *m(f)*.

ソ〖楽〗sol *m inv*.

そあく 粗悪 ¶～な mauvais; grossier(ère); de mauvaise qualité. ～さ grossièreté *f*. ‖～品 produit *m* de mauvaise qualité; pacotille *f*; camelote *f*.

そい 粗衣 ¶～粗食に甘んじている être content (se contenter) d'une vie frugale.

そいとげる 添遂げる [一生を夫婦として] traverser la vie à deux; [夫婦となる] réussir enfin à convoler.

そいね 添寝 ¶子供に～する se coucher à côté de son enfant.

そいん 素因 cause *f*; facteur *m*;〖医〗prédisposition *f*. 革命の～ facteurs de révolution.

そいんすう 素因数 diviseur *m* premier.

そう [肯定] oui. ～ですよ (～だ) C'est ça. ～ですとも Mais oui./Ça oui./Bien sûr./Oui, certes./Que oui./Oui, vraiment./Vraiment, oui./Parfaitement./Parbleu. ～その通り Oui, c'est ça. ～じゃない Mais non./Ce n'est pas ça. ◆[受け答え] ¶ああ～ Bon./Ah bon. ◆[問返し] Oui?/C'est vrai?/Vraiment?/Vous croyez? ◆[そのように] ¶～思います Oui, je le crois./Je crois que oui. ああ～だったですか Ah, voilà! 事情は～ではない Il n'en est rien. ～なるだろう C'est ce qui va arriver. ～なりますように Ainsi soit-il. そうはならなかった Il n'en a pas été ainsi. ～あるからは puisqu'il en est ainsi. ～いっても malgré ça. ～言ってはなんですが Je me permets de vous dire que… おっしゃるなら puisque vous le dites. ～だとすれば s'il en est ainsi. 勉強なさい, ～すれば成功します Travaillez bien, et vous réussirez. ◆[それほど] ¶彼女は～幸福ではない Elle n'est pas si heureuse. 仕事は～残っていない Il ne reste pas tellement de travail. ◆[様子] ¶偉～な顔をする prendre de grands airs. 彼は嬉し～だ Il a l'air content. 彼は満足～だ Il semble content. 彼女は苦し～だ Elle paraît souffrante. ◆[予測・推測] ¶いかにも彼がやり～な事だ Je le reconnais bien là./C'est bien lui. 嵐がやって来～だ L'orage menace. 彼女は危うく溺れ～だった Elle a manqué se noyer. 彼女は泣き～だった Elle a été au bord des larmes. 彼はもう来なさ～だ Il devrait arriver. もうない事なさ～だ Il semble qu'il n'y ait plus rien à faire. 彼の演説は長くなり～だ Son discours risque d'être long. 問題は片づき～だ La question a l'air de vouloir se régler. ◆[伝聞] ¶事故が起きた～だ On dit qu'il est arrivé un accident. ◆[…しかけている] ¶家が崩れ～だ La maison menace ruine. 今にも雨が降り～だ Il va pleuvoir. 天気は変り～だ Le temps semble vouloir changer.

そう 沿う longer; border. 道は川に沿っている La rue longe une rivière. ¶道路に沿った並木 arbres *mpl* qui bordent la route. 湖に沿った家々 maisons *fpl* au bord du lac. …に沿って [tout] le long de; (en) suivant. 沿って歩く côtoyer. 海岸に沿って歩く longer la mer. 舟は海岸に沿って進んで行く Le bateau navigue en longeant la côte.

そう 僧 moine *m*; religieux *m*;〖仏教〗bonze *m*. ～の monacal(aux).

そう 壮 ¶その志は～とすべきだ L'intention est louable.

そう 層 couche *f*;[地層] assise *f*; strate *f*. 大気の～ couches de l'atmosphère. ～をなしている être en couches superposées. ‖社会～ couches sociales. ～状の stratifié.

そう 想 plan *m*; projet *m*. ～を練る ruminer un projet. ～を書きとめる jeter une idée sur le papier.

そう 相 [様子] air *m*; [外観] aspect *m*; apparence *f*;〖人相〗physionomie *f*;〖電・化〗phase *f*. 彼女には淫乱の～がある Elle respire la débauche. ‖気～ phase gazeuse. ～電流 courant *m* de phase.

そう 添(副)う ¶期待に～ répondre à l'attente. 目的に～ convenir au but. 御尊情に～よう全力を尽します Je ferai tout mon possible pour mériter (justifier) votre confiance. ご要望には副いかねます Je ne peux pas satisfaire votre demande. 規約に副って conformément au règlement. 影の形に～ように comme l'ombre et le corps. あの夫婦は影の形に～ようにいつも一緒だ Ces époux sont comme l'ombre et le corps. ◆[結婚する] ⇨ そいとげる(添遂げる), けっこん(結婚).

そう 象 éléphant *m*; [雌] éléphante femelle; [子] éléphanteau(x) *m*. ～の鼻 trompe *f*. ～が叫んでいる Un éléphant barrit. ¶あいつはまるで～みたいに大きくおっとりしている Il a la

ぞう grâce d'un éléphant. ‖アフリカ(インド)~ éléphant d'Afrique (d'Asie). ~使い cornac m.

ぞう 像 figure f; image f; [彫像] statue f; [肖像] portrait m; [小像] figurine f. 自由の女神の~ statue de la Liberté. 生き写しの~ portrait parlant. ‖実(虚)~ image réelle (virtuelle). 全身~ portrait en pied. 立~ statue en pied. 半身~ portrait en buste.

そうあい 相愛 amour m partagé. ~の仲である s'aimer l'un l'autre.

そうあたり 総当たり ‖~戦 poule f.

そうあん 僧庵 cloître m.

そうあん 創案 invention f; [モード] création f. ¶~する inventer; créer.

そうあん 草庵 chaumière f; [隠棲所] ermitage m. 山中に~を結ぶ se construire un ermitage dans la montagne.

そうあん 草案 plan m; esquisse f; ébauche f; [法] avant-projet m. ~を起草する rédiger un avant-projet. ~は出来ている Un projet s'est ébauché dans mon esprit.

そうい 僧衣 soutane f; froc m. ~身をまといながら se couvrir du froc.

そうい 創意 création f; originalité f; invention f. ¶~に富んだ original(aux); [精神が] créateur(trice); inventif(ve). 彼は~に富んでいる Il a beaucoup d'invention.

そうい 相違 différence f; [不一致] divergence f; [多様性] diversité f; [不同] dissemblance f. 意見の~ différence (divergence) d'opinions. 眼に見えない微妙な~ nuances fpl imperceptibles. 彼と私の間には意見の~がある Nos opinions ne s'accordent pas./Son opinion diffère de la mienne. ...というのはあるが à la différence que ind. ¶~する être différent de; différer de. ...と意見が~する différer d'opinion avec qn. 事実に~しない être conforme à la vérité. それに~ない Cela ne fait aucun doute. 彼は嘘をついた(~ない) Il doit avoir menti./Nul doute qu'il (n')ait menti. 本人に~ないことを証する établir son identité. 案に~して contre toute attente. ‖~点が見られる [主語・人] observer des différences; [主語・物] présenter des différences.

そうい 総意 volonté f générale. 会員の~ volonté générale des membres. 国民の~ volonté nationale.

そういう tel (telle, tels, telles); pareil(le); semblable. ~態度 telle attitude f. ~種類の本 cette sorte de livres. ~種類の人々は嫌いだ Je n'aime pas les gens de cette sorte. 彼から~決心だった Telle fut sa décision. ~ことを聞いたかね Avez-vous entendu une chose pareille? ~ことは言わなかった Je n'ai rien dit de semblable. 彼は~人だ Il est comme ça. 人間なんて~ものさ C'est ça, les hommes. 世の中なんて~ものだ C'est ainsi que va le monde. ¶~場合に en pareil cas. ~ことなら s'il en est ainsi. ~としまして C'est ainsi que.... ~風にして C'est pourquoi,...; C'est pour cela que ind; Cela étant. ~訳で出て来られなかったんだ C'est pourquoi je ne suis pas sorti de chez moi. ⇨ そう.

ぞういん 僧院 monastère m; couvent m; [大修道院] abbaye f; [仏教の] bonzerie f.

そういん 総員 [会員] tous les membres mpl; [官庁, 会社, 学校などの] tout le personnel. ¶~[で]百人 cent personnes fpl au total.

ぞういん 増員 augmentation f du personnel. ¶~する augmenter le personnel. 2倍に~する doubler le personnel. 5名~する ajouter cinq membres au personnel.

そううつびょう 躁鬱病 psychose f dépressive; cyclothymie f.

そううん 層雲 stratus m.

ぞうえい 造営 construction f; [宮殿, 寺院などの] édification f. ¶~する construire; édifier.

そうえん 蒼鉛 bismuth m.

ぞうえん 増援 ‖~部隊を送る envoyer des renforts mpl. ~物資 secours mpl.

ぞうえん 造園 dessin m de jardin. ‖~家 jardiniste m.

ぞうお 憎悪† haine f; détestation f; exécration f; abomination f. ~に燃える brûler de haine. ...に対する~から en [par] haine de. ¶~する haïr; détester; avoir en abomination; exécrer. ~している prendre qn en haine; avoir qn en exécration; avoir de la haine contre qn. 裏切られたので彼は彼女を~している Il la hait parce qu'elle l'a trompé. ~すべき† haïssable; détestable. ~に燃えた† haineux(se). ~に燃えて† haineusement.

そうおう 相応 ¶処罰に~する être digne de châtiment. ~な [適当な] convenable; adapté; [相応しい] digne; [釣り合った] proportionné. 子供に~な本 livre m adapté aux enfants. 家は貧相で家具もそれ~だ La maison est misérable et le mobilier est à l'avenant. 身分に~した à l'avenant. 年~な衣服 vêtement m qui convient à l'âge. 年~に見える paraître son âge. 身分に~に conformément à ses moyens.

そうおん 騒音 bruit m; vacarme m; fracas m; tumulte m;《俗》tintouin m. 都会(工場)の~ bruits urbains (industriels). 街の~ tumulte de la rue. 作業場の~ vacarme d'un chantier. ~を立てる faire du bruit. ~で耳ががんがんしている être abasourdi (assourdi) par le bruit. ¶~による障害 affections fpl causées par le bruit. ¶~公害 nuisances fpl dues au bruit. ~防止対策 lutte f contre le bruit; mesure f antibruit.

そうが 爪牙 griffe f. ...の~にかかる tomber sous la griffe de qn.

ぞうか 増加 augmentation f; accroissement m; [倍増] multiplication f; [増大] agrandissement m; [追加] surcroît m. 購買力(学生数)の~ accroissement du pouvoir d'achat (du nombre des étudiants). 輸出の~をはかる chercher à développer ses exportations. ¶~する augmenter; s'accroître; se multiplier. ~しつつある être en augmentation. 都市人口は~している La population urbaine augmente. 学生の数は絶えず~している On assiste à une augmentation constante du nombre d'étudiants. ~させる augmenter; accroître. ‖人口の総~数 ac-

ぞうか 増加 ¶人口の～ croissement global de la population. 自然～ augmentation naturelle. ～量 quantité f accrue. ～率 taux m d'augmentation.

ぞうか 造化 ¶～の神 le Créateur. ～の妙 merveilles fpl de la nature.

ぞうか 造花 fleur f artificielle.

そうかい 爽快 ¶～な frais (fraîche); rafraîchissant; dispos. ～なスポーツ sport m excitant. 僕はとても～な気分だ Je me sens frais et dispos. 気分を～にする rafraîchir qn.

そうかい 掃海 dragage m des mines; déminage m. ¶～する draguer des mines; déminer. ¶～艇 dragueur m de mines.

そうかい 総会 assemblée f générale (plénière). ¶株主～ assemblée générale d'actionnaires. 国連～ Assemblée générale de l'ONU. ～屋 agitateur m.

そうがい 霜害 brûlure f; dégâts mpl causés par la gelée. 今年は～がひどかった La gelée a causé de graves dégâts cette année. その地方は～を被った Cette région a été touchée par la gelée.

そうがかり 総掛り ¶～で応援する soutenir qn en commun.

そうがく 総額 total m; somme f globale (totale). 国民総生産の～ agrégat m du produit national brut. ～は千ユーロに達する Le total s'élève à 1.000 euros. ¶時価～ capitalisation f boursière. ¶～[で]千ユーロ total de 1.000 euros.

ぞうがく 増額 augmentation f; [価格の] majoration f. 5%の～ augmentation de 5%. 税の～ majoration d'une taxe. ¶～する augmenter; majorer. 給料を～する augmenter qn.

そうかつ 総括 globalisation f; résumé m; sommaire m. ¶～する englober; résumer. この研究はフランスの政治情勢を～をしている Cette étude fait le point de la situation politique en France. みんなの意見を～すると Si je résume l'avis de tous, …. ～的な global (aux); général(aux). ¶～的に globalement, généralement. ～的に言うと généralement parlant. ‖～教育法 méthode f globale. ～責任者 responsable mf global(e).

そうかつ 総轄 contrôle m général. ¶～する contrôler (diriger) l'ensemble.

そうかへいきん 相加平均 moyenne f arithmétique.

そうかん 創刊 première publication f; fondation f. ¶～する fonder. 1950年に～された雑誌 revue f fondée en 1950. ‖～号 premier numéro m.

そうかん 壮観 splendeur f; vue f magnifique (superbe). ¶～きわまりない vue d'une grande splendeur. 空から見たアルプスは実に～だ La vue aérienne des Alpes est vraiment splendide.

そうかん 相姦 ¶近親～ inceste m. 近親～ incestueu(se).

そうかん 相関 ¶～的な corrélati(ve); relati(ve). ～的に relativement. ¶～関係 corrélation f. これらの事件に～関係はない Il n'y a aucune corrélation entre ces événements. ～関係にある être en corrélation avec. ～性 relativité f. ～名辞 termes mpl relatifs.

そうかん 総監 inspecteur m général; [軍] surintendant m. ¶警視～ Préfet m de police.

そうかん 送還 [本国へ] rapatriement m. ¶～する renvoyer; [本国へ] rapatrier. 捕虜を～する rapatrier des prisonniers de guerre. ‖本国～者 rapatrié(e) m(f).

そうがん 双眼 ¶～の binoculaire. ‖～鏡 jumelles fpl; [オペラグラス] jumelles de théâtre; lorgnette f; [船員の] jumelle marine. ～視 vision f binoculaire.

ぞうがん 象嵌 incrustation f; [金銀の] damasquinage m. ¶～する incruster; damasquiner. ～した incrusté; damasquiné. ‖～細工 [金銀の] damasquinage m.

ぞうかんごう 増刊号 numéro m spécial.

そうき 想起 évocation f. ¶～する se rappeler; se souvenir de. ～させる évoquer; rappeler.

そうき 早期 [病気の] premier stade m. ¶～に発見する découvrir précocement. ‖～診断(検診) diagnostic m (dépistage m) précoce. 癌の～発見 dépistage précoce du cancer.

そうぎ 争議 conflit m; [ストライキ] grève f. ¶～に入る se mettre en grève. ‖労働～ conflits du travail.

そうぎ 葬儀 funérailles fpl; obsèques fpl; service m funèbre. ～に参列する assister aux funérailles. ～は五日火曜日午後一時に執り行います Les funérailles auront lieu le mardi 5 courant à 13 heures. ‖～屋 [人] entrepreneur m de pompes funèbres; [店] maison f de pompes funèbres. ⇒ そうしき(葬式).

ぞうき 雑木 taillis m. ¶～林 [bois] taillis m.

ぞうき 臓器 entrailles fpl; viscère m. ¶～移植 greffe f (transplantation f) d'organes.

そうきへい 槍騎兵 lancier m.

そうきゅう 早急 ⇒ しきゅう(至急).

そうきゅう 蒼穹 voûte f céleste (azurée, éthérée, étoilée); firmament m.

そうきゅう 送球 passe f de la balle. ¶～する passer la balle.

そうきゅう 双球菌 diplocoque m.

そうぎょ 壮挙 prouesse f; exploit m. ¶～をなしとげる réaliser une prouesse (un exploit).

そうぎょ 躁狂 manie f; [患者] fou m furieux.

そうぎょう 創業 fondation f; création f. 会社の～ fondation d'une société. ¶～する se fonder. 1950年～の会社 société f fondée en 1950. その店は～100年の歴史を持っている Cette maison a cent ans d'histoire.

そうぎょう 操業 travail(aux) m. ¶～を数日間中止する interrompre les travaux pendant plusieurs jours. ¶領海外(200海里内)で～する pêcher hors des eaux territoriales (dans les limites des deux cents mille marins). ‖機械の～開始 démarrage m. ～短縮 réduction f du travail. ～の～の低下 en pleine activité. 工場の～中止 arrêt m

そうぎょう 早暁 aube f. ¶～に à la pointe du jour; à l'aube.

ぞうきょう 増強 renforcement m; consolidation f. ¶～する renforcer; consolider. 兵力を～する renforcer une armée. 会社の生産能力を～する augmenter la capacité productrice d'une société. 土台を～する consolider les fondations.

そうきょくせん 双曲線 hyperbole f. ¶～の hyperbolique. ¶～面 hyperboloïde m.

そうきん 送金 envoi m d'argent. ～を受取る toucher un envoi d'argent. ¶300ユーロを～する envoyer une somme de 300 euros. 為替で～する envoyer un mandat. 現金で～する envoyer de l'argent comptant. 小切手で～する faire parvenir une somme par chèque.

ぞうきん 雑巾 torchon m; [床用の] serpillière f. ～で机をふく donner un coup de torchon sur la table. ～で床を洗う passer la serpillière sur le plancher. ‖～掛け nettoyage m à la serpillière.

そうきんるい 藻菌類 phycomycètes mpl.

そうきんるい 走禽類 coureurs mpl.

そうく 走狗 ¶…の～となる devenir l'instrument de qn.

そうぐ 装具 [装具一式] attirail(s) m; [兵士の] fourniment m; 《俗》fourbi m.

そうぐう 遭遇 rencontre f [inattendue]. ¶～する rencontrer; se rencontrer. 敵に～する rencontrer l'ennemi. 苦難に～する être en butte à de pénibles rencontres. 我々はからずも戦場で～した Nous nous sommes rencontrés sur le champ de bataille. 彼らは嵐に～した Ils ont été surpris par un orage. ‖～戦 [bataille f de] rencontre.

そうくずれ 総崩れ débâcle m; déroute f. ¶～になる être mis en déroute.

そうくつ 巣窟 repaire m; antre m. 猛獣の～ repaire (tanière) de bêtes féroces. 盗人の～ repaire de voleurs. 悪人の～ nid m [repaire] de brigands.

ぞうげ 象牙 ivoire m. ～に細工する travailler l'ivoire. ～の塔にひきこもる se retirer dans sa tour d'ivoire. ‖～色[の] couleur f ivoire. ‖～細工 ivoire. ‖～細工人 ivoirier m. 歯の～質 dentine f. ～質の éburné. ～製の en (d') ivoire.

そうけい 早計 prématurité f. ¶～な prématuré; précipité; ˈhâtif(ve). ～な結論 conclusion f précipitée (hâtive). ～する…じゃないかね Je crains que ce ne soit une démarche prématurée. 結果を発表するのは～だった L'annonce des résultats était prématurée/Il était prématuré d'annoncer les résultats.

そうけい 総計 total m; somme f totale; [総額] intégralité f. ¶～する faire la somme de qc; faire le total; totaliser. 支出を～する totaliser ses frais; faire le total de ses frais. ～して en total. ‖～作業 totalisation f. ⇨ そうがく(総額).

そうげい 送迎 ¶お客の～に落度がないようにして下さい Veillez à ce qu'il n'y ait aucune négligence dans l'accompagnement des clients. ‖～バス service m de bus; [学童の] car m de ramassage scolaire.

ぞうけい 造形 ¶～的に plastiquement. ‖～術 plastique f. ‖～美術 arts mpl plastiques.

ぞうけい 造詣 acquis m; [学殖] érudition f. ¶～の深い versé dans (en); érudit. 彼は文学に～深いが同時に美術にも～が深い Il est très versé en littérature. Il a de profondes connaissances en littérature.

そうけだつ 総毛立つ frissonner de peur; avoir la chair de poule.

ぞうけつ 増結 ¶～する ajouter une voiture [à un train]. ‖～車 voiture f ajoutée.

ぞうけつ 造血 hématopoïèse f. ‖～器官 organe m hématopoïétique. ～剤 médicament m hématopoïétique. ～促進の hématopoïétique.

そうけん 創見 ¶～に満ちた論文 thèse f pleine d'idées originales.

そうけん 双肩 ¶全責任を～に担う avoir (porter) toute la responsabilité sur les épaules. 家族の重荷が彼の～にかかっている Sa famille lui pèse sur les épaules.

そうけん 壮健 ¶～な vigoureux(se); gaillard. ～である être bien portant; être en bonne santé.

そうけん 送検 ¶～する déférer qn. 容疑者を検察庁に～する déférer un inculpé au parquet.

そうげん 草原 prairie f; [南米の大草原] pampa f.

ぞうげん 増減 augmentation f et diminution f. 出席者は多少の～はあるが、30人位だろう On peut compter sur plus ou moins trente participants. ¶～する augmenter et diminuer.

そうこ 倉庫 magasin m; entrepôt m; [保管所] dépôt m; ˈhangar m; [陸揚貨物用の] dock m. ～に入れる mettre en magasin; emmagasiner; entreposer. ‖～係 magasinier m; garde-magasin m. ～管理 manutention f. ～業 magasinage m; entreposage m. ～業者 emmagasineur m; entrepositaire m. ～渡し livraison f à l'entrepôt.

そうご 相互 ¶～の(的) mutuel(le); réciproque. ～の信頼 confiance f réciproque. ～に mutuellement; réciproquement. ～に与え合う se donner qc l'un à l'autre. ～に助け合う s'entraider. ～的に à titre de réciprocité. ‖～安全保障 sécurité f mutuelle. ～依存 interdépendance f. ～関係 mutualité f; réciprocité f. ～銀行 caisse f de solidarité. ～作用 interaction f. ～責任 responsabilité f mutuelle. ～的代名詞 verbe m pronominal réciproque. ～扶助 entraide f; aide f mutuelle. ～扶助組織 mutualité f. ～扶助論 mutualisme m. ～扶助論者 mutualiste mf.

ぞうご 造語 néologie f. ‖～新～の使用 néologisme m.

そうこう ¶～するうちに entre-temps; sur ces entrefaites.

そうこう 奏効 ¶～する produire un bon effet; réussir à.

そうこう 操行 conduite f [morale]. ～がよい avoir de la conduite. ～が悪い avoir une mauvaise conduite. ‖～点 note f de conduite.

そうこう 相好 『そう言われて思わず彼は～をくずした』A ces mots, il n'a pas pu s'empêcher de laisser sur visage s'épanouir en un large sourire.

そうこう 糟糠 ¶～の妻 compagne f d'infortune.

そうこう 草稿 brouillon m; esquisse f; ébauche f. ‖～ノート cahier m de brouillon.

そうこう 装甲 ～する blinder. ～板 blindage m. ～車 voiture f blindée; blindé m. ～列車 train m blindé.

そうこう 走行 parcours m. ¶～距離 parcours. この車の～距離は何キロですか Combien de kilomètres est-ce que cette voiture a parcourus? ～距離メーター compteur à kilométrique. ～区間の運賃を支払う payer le parcours. ～中下車してはいけない Ne pas descendre en marche.

そうごう 総合 synthèse f. ¶～する synthétiser; faire la synthèse de qc. 二つの理論を～する faire la synthèse de deux théories. ～的な jugement m synthétique. ～的方法と分析的方法 méthode f synthétique et méthode analytique. ～的に synthétiquement. ～してみると à tout prendre. ‖～コンサルタント expert-conseil m de synthèses. ～大学 université f. ～的言語 langue f synthétique. ～プラン plan m d'ensemble.

そうごうかい 壮行会 réunion f d'adieu; dîner m d'adieu. ～を催す organiser (donner) une réunion d'adieu.

そうごうげき 総攻撃 attaque f générale. ～を開始する lancer (déclencher) une attaque générale. 彼は皆から～を喰った Il a été la cible de toutes les critiques.

そうこく 相剋 conflit m; opposition f. 理性と情熱の～に悩む(を超越する)être tourmenté par (surmonter) le conflit entre la raison et la passion.

そうこん 早婚 mariage m précoce.

そうごん 荘厳 solennité f; majesté f. ～な solennel(le); majestueux(se); auguste. ～に solennellement; avec apparat; majestueusement; augustement. ‖～ミサ messe f solennelle.

そうこんもくひ 草根木皮 simples mpl.

そうさ 捜査 recherche f; [証拠調べ] enquête f. 警察はこの殺人事件の～を行なった La police a fait une enquête sur ce meurtre. 全ての～は何の成果もなかった Toutes ces investigations n'ont rien donné. ～する enquêter sur; mener (faire) une enquête. ‖～官 enquêteur m. ～線上に浮ぶ apparaître sur la liste des suspects. ～網を張る faire un barrage de police.

そうさ 操作 [取扱い] maniement m; [機械などの] manœuvre f; opération f; manipulation f. 武器の～ maniement d'armes. 車の～ maniement d'une voiture. この機械の～は難しい Cette machine est difficile à manier. ～する manier; manipuler; manœuvrer. 統計を～する manipuler les statistiques. 舵を～する manœuvrer le gouvernail. ～し易い manœuvrable; facile à manier. ～し易い電気器具 appareil m électrique d'un maniement très simple. ‖化学～ opération (manipulation) chimique. 株式～ opération de Bourse. 金融～ opérations financières.

そうさ 走査 exploration f. ¶～する explorer; balayer. ‖～線 ligne f de balayage.

そうさい 造作 ¶～ない facile; aisé; simple. ～なく facilement; aisément.

そうさい 相殺 compensation f. 訴訟費用の～ compensation des dépens. それで～だ Cela fait compensation. ¶～する compenser; fournir en compensation de qc. この損失は別の儲けで～したい Je veux compenser cette perte par un gain.

そうさい 総裁 président m; [銀行, 公社の] gouverneur m. ‖～副 vice-président(e) m (f); vice-gouverneur m.

そうざい 惣菜 charcuterie f. ～料理 cuisine f familiale.

そうさく 創作 création f. ¶～する créer; composer; enfanter. 小説を～する composer un roman. 作品を～する enfanter une œuvre. それは全く～された話だ Pure invention, tout cela! ～意欲 volonté f créatrice. 彼は～意欲に燃えている Il est dans une phase créatrice. ～過程 processus m créateur. ～力 force f créatrice.

そうさく 捜索 recherche f. ～を重ねる mener des recherches inlassables. 警察の～を逃れる échapper aux recherches de la police. 念入りな～にも拘らず en dépit des recherches minutieuses. ¶～する rechercher. 家宅を～する faire une perquisition chez qn; perquisitionner. ‖家宅～ perquisition f. 家出した娘の～願を出す demander à la police de rechercher sa fille fugitive. ～令状 mandat m de perquisition. ～網を張る tendre un réseau de surveillance.

そうさく 造作 menus ouvrages mpl; [建具] menuiserie f. 顔の～ traits mpl. 顔の～が整っている avoir des traits réguliers. この家は～が立派だ Cette maison est d'une belle construction.

そうさつ 増刷 réimpression f. その本の～が出た Une réimpression de ce livre vient de paraître. ¶～する réimprimer. 5,000部～する réimprimer un livre à 5.000 exemplaires.

そうざらい 総浚い [劇] générale f; répétition f générale. ¶～[を]する faire la répétition générale d'une pièce.

そうざん 早産 accouchement m prématuré. ～する accoucher avant terme.

そうさん 増産 augmentation f de la production. ¶～する augmenter la production de qc.

そうし 創始 création f; fondation f. ¶～する créer; fonder. 会社を～する fonder une société. ¶～者 créateur(trice) m(f); fondateur(trice) m(f).

そうじ 掃除 nettoyage m; ménage m; [掃き掃除] balayage m; [埃の] dépoussiérage m; [煙突の] ramonage m; [風呂桶などの] récurage m; [かまど, 銃などの] écouvillonnage m. ¶～する nettoyer; balayer; dépoussiérer; ramoner; décrasser; écouvillonner; [掻き落す] curer. 部屋を～する faire le ménage d'une chambre; nettoyer une chambre; faire la chambre. 部屋をざっと～する donner un coup de balai à une pièce. どぶ(パイプ)を～する curer un fossé (une pipe). 耳を～する se curer les oreilles. ∥電気～器 aspirateur m. 煙突～夫 ramoneur m.

そうじ 似[幾何]similitude f; analogie f; [数] homothétie f. ¶～の semblable; homothétique. この三角形とあの三角形とは～である Ce triangle est semblable à celui-là. ∥～形 figures fpl semblables (similaires). ～三角形 triangles mpl semblables.

ぞうし 増資 augmentation f de capital. ¶～する augmenter le capital.

そうしき 総指揮 direction f générale. ～をとる prendre la direction générale. ∥～官 commandant(e) m(f) en chef.

そうしき 葬式 funérailles fpl; obsèques fpl; [埋葬] enterrement m. ～をする faire (célébrer) les funérailles de qn. ¶～の funéraire; funèbre. ∥～費用 frais mpl funéraires.

そうじしょく 総辞職 démission f collective. ¶～する démissionner en bloc. ∥内閣～ démission collective du cabinet.

そうしそうあい 相思相愛 amour m mutuel. 二人は～の仲だ Ils s'aiment.

そうしつ 喪失 perte f; [剥奪] privation f; [失権・失格] déchéance f. 記憶(視力)の～ perte de la mémoire (la vue). 財産の～ privation de biens. ¶～する perdre. 自己～ = aliénation f. 自信～(する) perte de confiance (se décourager). 心神～ démence f. 心神～者 dément(e) m(f).

そうじて 総じて et; et puis.

そうじて 総じて généralement; communément; en général; pour la plupart. ～言えば généralement (communément) on peut dire.

そうしはいにん 総支配人 directeur m général.

そうしゃ 奏者 joueur(se) m(f).

そうしゃ 掃射 rafale f; tir m rasant; fauchage m. ¶～する tirer en fauchant. ∥機[関]銃～ rafale (tir) de mitrailleuse. 列車に機銃～を浴びせる mitrailler un train.

そうしゃ 操車 triage m. ∥～係 cheminot m chargé du triage. ～場(駅) gare f de triage.

そうしゃ 走者 coureur(se) m(f).

そうしゅ 宗主 suzerain(e) m(f). ∥～権 puissance f suzeraine; suzeraineté f.

そうしゅ 漕手 rameur(se) m(f).

そうじゅう 操縦 [車の] conduite f; [飛行機の] pilotage m; [船の] manœuvre f; [機械, 船などの] direction f. ¶～する conduire; piloter; manœuvrer; prendre les commandes de; [船を] naviguer; [人, 車などを] manier. 車を～する conduire une voiture. カーブで巧みに車を～する manœuvrer bien sa voiture dans les virages. ～しやすい manœuvrable. ～しにくい immanœuvrable. ∥無線誘導～ pilotage téléguidé. ～桿 levier m de commande. ～士 pilote m. 定期航空の～士 pilote de ligne. 副～士 copilote m. ～性 manœuvrabilité f. ～席 poste m de pilotage. ～装置 commande f. 自動(遠隔)～装置 commande f automatique (à distance).

ぞうしゅう 増収 [収入] augmentation f des revenus; [収穫] accroissement m de la récolte. 農産物の～を図る chercher à augmenter la production agricole. ベースアップで1割の～となる Le relèvement du salaire augmente le revenu de 10%.

ぞうしゅうにゅう 総収入 revenu m total (global).

そうじゅうりょう 総重量 poids m brut (total). 旅客機の～ tonnage m.

ぞうしゅうわい 贈収賄 corruption f. 選挙の～ corruption électorale.

そうじゅく 早熟 précocité f; maturité f précoce. ¶～な précoce; †hâtif(ve); prématuré. ～な子供(果物) enfant mf (fruit m) précoce. ∥～発育 croissance f hâtive.

そうしゅん 早春 début m du printemps.

そうしょ 叢書 collection f; série f; bibliothèque f. プレイヤード～ bibliothèque de la Pléiade.

そうしょ 草書 cursive f. ∥～体の cursif(ve).

ぞうしょ 蔵書 bibliothèque f. ～を構成する constituer une bibliothèque. ～を売り払う vendre sa bibliothèque. 彼は厖大な～を持っている Il a chez lui une riche bibliothèque. ∥～[印票] ex-libris m inv. ～家 bibliophile mf. ～狂 bibliomanie f. ～狂の bibliomane. ～目録 répertoire m de bibliothèque.

そうしょう 創傷 coupure f.

そうしょう 相称 symétrie f. ¶～的に symétriquement. ∥左右～の symétrique.

そうしょう 総称 nom m (terme m) générique (général). ¶～すると sous un nom générique.

そうじょう 僧上 évêque m.

そうじょう 相乗 multiplication f. ∥～効果 effet m de multiplication. ～作用 réaction f en chaîne.

そうじょう 騒擾 ⇨ そうらん(騒乱).

そうしようるい 双子葉類 dicotylédones fpl.

そうしょく 僧職 sacerdoce m; [カトリック] prêtrise f; [プロテスタント] ministère m; [仏教] fonction f de bonze. ¶～の sacerdotal (aux).

そうしょく 草食 ¶～の herbivore. ∥～動物 animal(aux) m herbivore.

そうしょく 装飾 décoration f; ornementation f; [家屋, 屋内, 家具の] décor m; [壁など

ぞうしょく　の] parement *m*; [装飾品] ornement *m*; enjolivement *m*; [家具, 壁紙など一式] ensemble *m*. ¶～する orner; décorer; ornementer; enjoliver. ～の(的な) ornemental; décoratif(ve). ‖室内～ ameublement *m*; décoration d'intérieurs. ～音 ornement; fioritures *fpl*. 室内～家 décorateur(trice) *m*(*f*); ensemblier *m*. ～美術 art *m* décoratif. ～品店 marchand *m* enjoliveur.

ぞうしょく　増殖 multiplication *f*; reproduction *f*; [生物] prolifération *f*. 細胞の～ prolifération cellulaire. ¶～する se multiplier; se reproduire; proliférer. ‖～能力 prolificité *f*. ～炉 [réacteur *m*] régénérateur *m*.

そうしるい　双翅類 diptères *mpl*.

そうしれいぶ　総司令部 grand quartier *m* général.

そうしん　喪神(心) évanouissement *m*. ～から正気に戻る revenir à soi; revenir d'un évanouissement. ¶～する s'évanouir; défaillir. ‖～状態 évanouissement.

そうしん　送信 émission *f*. ¶～する émettre; faire des émissions. 波長1900メートルで～する émettre sur 1900m de longueur d'onde. 短波で～する émettre sur ondes courtes. ‖～アンテナ antenne *f* d'émission. ～機 transmetteur *m*; émetteurs *mpl* radiophoniques (de télévision); [電信の~キー] manipulateur *m*. ～局 poste *m* d'émission; poste émetteur; station *f* d'émission (émettrice). ⇨ はっしん(発信), つうしん(通信).

ぞうしん　増進 accroissement *m*. 能率の～ accroissement de l'efficience. ¶～する s'accroître. 学力を～する approfondir *ses* connaissances par l'étude. 健康を～する renforcer la santé. 生産能力を～させる accroître la capacité de production. 食欲を～させる exciter (stimuler) l'appétit. 体力を～させる食物 nourriture *f* fortifiante.

そうしんぐ　装身具 parure *f*; bijou(x); [婦人の] atours *mpl*; [総称的に] bijouterie *f*; [安物の] fanfreluche *fpl*. ‖～店 parurerie *f*. ～屋(商) parurier(ère) *m*(*f*); bijoutier(ère) *m* (*f*).

そうじんこう　総人口 population *f* totale; total *m* de la population.

そうすい　総帥 chef *m* d'État-Major; responsable *mf* en chef.

そうすい　送水 approvisionnement *m* en eau. 町への～を始める commencer à approvisionner une ville en eau. ‖～管 conduite *f* d'eau.

ぞうすい　増水 crue *f*; enflement *m*. ¶～する †hausser; monter; grossir. 昨夜来の雨で川は～した Avec la pluie d'hier soir là, la rivière a monté. ～した monté; gros(se); †haussé; gonflé. 1メートル～した川 fleuve *m* qui a monté d'un mètre. ‖～している La fleuve est en crue. ‖～期 saison *f* des crues. ～時の水嵩 montée *f*.

そうすう　総数 total *m*; nombre *m* total.

そうする　奏する ¶効を～ être efficace.

そうする　蔵する [貯える] garder; [所有する] posséder; [包含する] contenir; comporter. 胸中深く恨みを～ garder rancune au fond du cœur; nourrir des rancunes. 多くの問題を～ comporter beaucoup de problèmes ⇨ ふくむ(含む), ひめる(秘める).

そうせい　早世 mort *f* prématurée. ¶～する mourir jeune.

そうぜい　総勢 totalité *f* des personnes; [軍の] toute l'armée *f*. ～百人 cent personnes *fpl* en tout. ～20万の連合軍 forces *fpl* alliées de 200.000 hommes.

ぞうせい　造成 ¶土地の～ aménagement *m* des terrains. ～する aménager; disposer. 宅地を～する aménager un espace en terrain à construire.

ぞうぜい　増税 augmentation *m* des impôts. ¶5パーセント～する augmenter les impôts de 5%.

そうせいき　創世記 Genèse *f*.

そうせいじ　双生児 jumeau(x) *m*; jumelle *f*. あの兄弟(姉妹)は～だ Ces frères (Ces sœurs) sont jumeaux (jumelles). ¶～の jumeau (elle). ‖一卵性～ vrais jumeaux; jumeaux univitellins. 二卵性～ faux jumeaux; jumeaux bivitellins. ⇨ ふたご(双子).

そうせいじ　早生児 enfant *m* prématuré(e); prématuré(e) *m*(*f*). 保育器の中の～ prématuré en couveuse.

そうせき　僧籍 ⇨ そうしょく(僧職), せいしょく(聖職).

そうせきうん　層積雲 strato-cumulus *m*.

そうせつ　創設 fondation *f*; création *f*; établissement *m*. ¶～する fonder; créer; établir. ‖～費 frais *mpl* de fondation.

そうせつ　総説 généralités *fpl*; [序論] introduction *f*.

そうぜつ　壮絶 ⇨ それつ(壮烈).

ぞうせつ　増設 ¶機械を～する installer un appareil de plus. 学部を～する construire une nouvelle faculté.

そうぜん　騒然 ¶～たる tumultueux(se); agité. ～としている être en agitation. ‖物情～としている Le monde est tumultueux./Le monde est en tumulte.

ぞうせん　造船 construction *f* navale. ‖～技術 technique *f* navale. ～業 industrie *f* navale. ～所 chantier *m* naval.

そうせんきょ　総選挙 élection *f* générale.

そうそう　¶そんなに～と; tellement. ～は行かれない ne pas aller si souvent. ～は働けない ne pouvoir travailler tellement. ◆[そう言えば] ah, oui. ～電話があったよ Ah oui, on vous a téléphoné.

そうそう　早々 ¶～するとすぐ; aussitôt; en hâte. ～に立ち去る se hâter de repartir. 彼は帰る～また出掛けていった Aussitôt rentré, il est reparti. ‖開店～の店 magasin *m* nouvellement ouvert. 新婚～ 彼は海外出張を命ぜられた Il a été muté outre-mer durant sa lune de miel. 到着～ dès (aussitôt après) *son* arrivée. 来月～ dès le commencement du mois prochain.

そうそう　草々(匆々) Sentiments distingués. / Votre affectionné(e). / Amicalement./Cordialement./Bien affectueusement./Je t'embrasse./Bien à toi./Ami-

そうそう 葬送 ¶～行進曲 marche *f* funèbre.

そうそう 錚々 ¶～たる連中が集まった Une brochette de personnalités s'est réunie.

そうぞう 創造 création *f*. 作品の～ création (enfantement *m*) d'une œuvre. ¶～する créer. 神が天地を～した Dieu créa le ciel et la terre. ～的な création. ‖～天地創造 création du monde. ～者 créateur (trice) *m*(*f*). ～主 le Créateur. 被～物 créature *f*.

そうぞう 想像 imagination *f*; [空想] fantaisie *f*; [仮定] supposition *f*. ～に耽る abandonner à l'imagination. ～をたくましゅうする donner libre cours à *son* imagination. それは～に過ぎない Ce ne sont que des idées./ C'est pure imagination. 御～に任せます Je vous laisse deviner. ¶～する imaginer *qc* (que *ind*); s'imaginer *qc* (que *sub*; de *ind*); se représenter; se faire une idée de; [仮定] supposer que *sub*. 私の驚きを～して下さい Représentez-vous ma surprise. 彼がここにいると～してみよう Supposons qu'il soit présent. ～させる faire imaginer; donner l'idée de. ～されるように comme on peut s'imaginer. ～も出来ない(がつかない)ne pouvoir s'imaginer; n'avoir pas l'idée de. 何故か(どれほどか)～もつかない ne pas imaginer pourquoi (comment).... こんな目に遇うなんて～もつかないでしょう Vous ne pourrez jamais imaginer ce qui m'est arrivé. ...と～する supposer que *sub*. ～[上]の imaginaire; fantastique; fictif(ve). ～上の世界 monde *m* imaginaire. 全く～上の事件 aventures *fpl* absolument fantastiques. ～上の動物 animal *m* imaginaire (fabuleux). ～し得る imaginable. ～し得る全ての誤り toutes les erreurs imaginables. ～を絶する(もつかない) inimaginable. それは～もつかないことだ Cela dépasse toute imagination./C'est inimaginable. ～を絶するほどに fabuleusement. こうしてみると彼女は～以上に美しかった A la rencontre, cette femme me parut plus belle que je ne l'avais imaginée. ～で絵に; en imagination. ～で心に描く voir en idée. ～で描いた肖像画 portrait *m* de fantaisie. ‖～力 imagination *f*; faculté *f* (puissance *f*) imaginative; [作家などの] faculté fabulatrice. ～力が乏しい manquer d'imagination. ～力に富む avoir de l'imagination. ～力豊かな人 personne *f* imaginative.

そうぞうしい 騒々しい bruyant; criard; tumultueux(se); tapageur(se). ～子供 enfant *mf* criard(e). ～町 rue *f* bruyante. ～議論 discussion *f* tumultueuse. ～音を立てる faire du bruit. その噂で世間が～ On ne parle que de cela. ¶騒々しく bruyamment; tapageusement; tumultueusement; en tumulte.

そうそく 総則 règles *fpl* générales.

そうぞく 相続 héritage *m*; succession *f*. ～の放棄 renonciation *f* à une succession. ～を放棄する renoncer à une succession. ～する hériter de. 父の遺産を～する hériter de *son* père. 遺産を～する recueillir une succession; faire un héritage. 彼らは莫大な財産を～した Ils ont hérité d'une grande fortune. ～による héréditaire. ～によって héréditairement. ～争い querelle *f* de succession. ～権 droit *f* de succession; droit héréditaire *f*;【法】successibilité *f*. ～財産 biens *mpl* héréditaires; héritage. ～税 droits *mpl* de succession; taxes *fpl* successorales. ～人 héritier(ère) *m*(*f*). 法定(推定)～人 héritier légitime (présomptif). ～人のない【法】jacent. ～分 part *f* d'héritage (de succession). ～法 loi *f* successorale.

そうそぼ 曾祖母 arrière-grand(s)-mère(s) *f*; bisaïeule *f*. ～の兄弟(姉妹) arrière-grand(s)-oncle(s) *m* (arrière-grand(s)-tante(s) *f*).

そうそん 曾孫 arrière-petits-enfants *mpl*; [男] arrière-petit(s)-fils *m*; [女] arrière-petite(s)-fille *f*.

そうだ 操舵 gouverne *f*. ¶～する manœuvrer le gouvernail. ‖～室 timonerie *f*; kiosque *m* de la barre. ～手 timonier *m*.

そうたい 早退 ⇒ はやびけ(早引け, 早退け).

そうたい 相対 relatif *m*. ¶～的な relatif(ve). ～的心理(価値) vérité *f* (valeur *f*) relative. ～的に relativement. ～主義 relativisme *m*. ～主義者 relativiste *m*. ～性 relativité *f*. ～性理論 théorie *f* de la relativité.

そうたい 総体 tout *m*; totalité *f*; ensemble *m*. ¶～的に généralement. ～として en totalité; dans l'ensemble. ～で10キロも avoir un poids brut de dix kilos.

そうだい 壮大 grandiose *m*; magnificence *f*. ¶～な grandiose; magnifique.

そうだい 総代 représentant(e) *m*(*f*).

そうだい 増大 agrandissement *m*; augmentaion *f*; accroissement *m*. 工場の～ agrandissement de l'usine. 権力の～ augmentation du pouvoir. 可能性の～ accroissement des possibilités. ¶～する grandir; augmenter; s'accroître. 工業生産を～して国の収益を増す augmenter le revenu national en accroissant la production industrielle. 不安が～した La crainte a grandi. インフレーションの危険が～した Le danger d'inflation s'est accru. ～させる agrandir; accroître. 福祉を～させる accroître le bien-être. ～する不安 inquiétude *f* grandissante. ～した生産 production *f* accrue.

そうたいきゃく 総退却 retraite *f* générale. ¶～する battre en retraite sur tous les fronts.

そうだか 総高 somme *f* totale.

そうだち 総立ち ¶観客は～になった Tous les spectateurs se sont dressés comme un seul homme.

そうたつ 送達【法】signification *f*. ¶～する signifier.

そうだつ 争奪 ¶～する disputer *qc*; lutter pour *qc*; [主語・複数] se disputer *qc*. ‖デビスカップの～戦 lutte *f* pour disputer la Coupe Davis.

そうだん 相談 consultation *f*; [協議] conférence *f*; [忠告] conseil *m*. ...についての～ consultation de *qc*. ～がまとまる se mettre d'accord avec *qn*. ~に応じる(乗る) aider *qn* de ses conseils. 彼から~を受けた Il m'a consulté. ¶~する consulter *qn*; demander conseil à *qn*; prendre conseil de *qn*; conférer de *qc* avec *qn*. 専門家に~する consulter un expert sur. 弁護士に~する prendre conseil de *son* avocat. 自分の体力に~する consulter *ses* forces. 良心に~する consulter *sa* conscience. 誰にも~する気はない Je ne prends conseil que de moi-même. 弁護士と~した上で après consultation d'avocat. ‖身上~欄 [新聞] courrier *m* du cœur. ~相手 conseiller(ère) *m(f)*. ~相手がない n'avoir personne à consulter. ~で~ à l'amiable. ~役 conseil; conseiller(ère) *m(f)*.

そうち 装置 appareil *m*; dispositif *m*; organe *m*; [機械の] mécanisme *m*; [舞台] décor *m*. ¶ダイナマイトを~する placer une charge de dynamite. 船に~を施す équiper un navire d'un radar. …をした muni (équipé) de *qc*. ‖安全~ dispositif de sûreté. 警報~をとりつける installer un dispositif d'alarme. コンピューターへの取付け installation *f* d'un ordinateur. 操縦~ organes de commande. 転輪~ aiguillage *m*. 伝動~ organes de transmission. 盗聴~ micro *m* camouflé.

ぞうちく 増築 agrandissement *m* d'un bâtiment (d'une maison). ¶2階を~する munir une maison d'un étage. 一部屋~する agrandir un logement d'une pièce.

そうちょう 早朝 ¶~に(から) de bon (grand) matin; de bonne heure. ごく~に de très bon matin; à la première heure. ~のことでした C'était de grand matin.

そうちょう 曹長 sergent(s)-major(s) *m*. ‖特務~ adjudant *m*. 砲(騎)兵~ maréchal *m* des logis-major.

そうちょう 総長 [大学] recteur *m*. ‖事務~ secrétaire *m* général. 大学~ recteur rectorat *m*.

そうちょう 荘重 ~な solennel(le); grave; [儀式張った] cérémonieux(se). ~に solennellement; gravement. ~さ gravité *f*.

ぞうちょう 増長 ¶~する devenir orgueilleux(se); devenir arrogant; avoir de l'arrogance; se gonfler d'orgueil; se donner de l'importance. あいつはどこまで~したら気がすむのだ Son arrogance n'a pas de limite. これ以上彼を~させてはいけない Il faut l'empêcher de s'enorgueillir davantage.

そうで 総出 町中~で優勝チームを迎えた Toute la ville a fait un accueil chaleureux à l'équipe victorieuse.

そうてい 壮丁 [成年] majeur *m*; [兵士] soldat *m*; [徴兵適格者] conscrit *m*; [古代ギリシアにおける] éphèbe *m*.

そうてい 想定 supposition *f*; hypothèse *f*. 単なる~ pure supposition. ¶~する supposer (que *sub*). 様々に~する faire des suppositions. …であると~して dans la supposition que *sub*; dans l'hypothèse que *ind*; en supposant que *sub*.

そうてい 漕艇 canotage *m*; aviron *m*. ‖~クラブ club *m* d'aviron.

そうてい 装丁 [製本] reliure *f*; [体裁] présentation *f*. モロッコ革の~ reliure en maroquin. 仮綴じの~をする brocher. この本の~をしたのはX氏だ C'est M. X. qui a conçu la couverture de ce livre. ~を施す relier. 羊皮で~した本 livre *m* relié en basane. 立派な~の本 livre de bonne présentation.

ぞうてい 贈呈 ¶~する offrir; faire don de. 著書を~する faire hommage de *son* livre à *qn*. ‖賞品~式 cérémonie *f* de remise des prix. ~品 cadeau(x) *m*; don *m*; présent *m*. ~本 [著者用の] exemplaire *m* d'auteur; [新聞社への] service *m* de presse. これは~用です C'est pour offrir.

そうてん 争点 point *m* litigieux (en litige) [論争点] sujet *m* de discussion.

そうてん 装填 charge *f*; [フィルムの] chargement *m*. ¶~する charger un fusil. フィルムを~する charger un appareil.

そうでん 相伝 ~の héréditaire. ‖父子~の秘法 art *m* secret transmis de père en fils.

そうでん 送電 transport *m* de l'électricité. ~を止める couper le courant. ~する transporter l'électricité. ‖~線 câble *m* de transport.

そうと 壮途 ¶彼らはヒマラヤ登攀の~についた Ils ont pris le grand départ pour la conquête de l'Himalaya.

そうとう 双頭 ~の鷲 aigle *m* à deux têtes.

そうとう 掃討 nettoyage *m*. ¶~する nettoyer; balayer. 抵抗組織を~する balayer toute résistance. 町を~する nettoyer une ville.

そうとう 相当 ¶~する [ふさわしい] convenir à; être convenable pour; être proportionné à; [相応ずる] correspondre à; [等しい] égaler; valoir; équivaloir; être assimilé; être équivalent à. 値段に~する être à son prix. 1ドルは120円に~する Un dollar vaut cent vingt yen. 収入に~する支出 dépense *f* proportionnée au revenu. …に~する表現 expression *f* équivalente à. ~な [十分な] suffisant; raisonnable; assez bon(ne); [莫大な] considérable; [身分, 家柄, 財産が] honorable. ~な暮しをする vivre dans une honnête aisance. ~な年齢の男 homme *m* d'un certain âge. ~なチップ [充分な] honnête pourboire *m*. 彼は~な家柄の出だ Il est issu d'une honorable famille. 彼は会社では~なところにいる Il occupe un poste important dans son entreprise. 彼にとっては~な金額だ C'est pour lui une somme considérable. それは~な人物だ C'est quelqu'un. それは~なこと [悪い意味で] C'est quelque chose. 彼は~な奴だ [図太い] Il est audacieux. /[有能な・悪賢い] Il est habile. ~に assez; [十分に] suffisamment; [非常に] très. 彼は~にゆっくり喋る Il parle assez lentement. ‖~官 assimilé(e) *m(f)*.

そうとう 総統 président *m*. ‖ヒットラー~ le führer Hitler.

そうどう 双胴 ~機 avion *m* bipoutre.

そうどう 相同 【生】 homologie *f*. ~の homologique; homologue.

そうどう 騒動 [政治, 社会の] agitation *f*; [動

そうとう [乱] troubles *mpl*; sédition *f*; [騒ぎ] tumulte *m*; vacarme *m*; [暴動] émeute *f*; [スキャンダル] scandale *m*. ～を起す soulever (provoquer) des troubles; causer une agitation (des troubles); déchaîner une émeute; [スキャンダル] causer (entraîner) un scandale publique; faire scandale; faire de l'esclandre. ～を鎮める calmer l'agitation (le tumulte); réprimer (étouffer) les troubles (la sédition, l'émeute, le scandale). ひと～起りそうだ Il y a de la grabuge dans l'air./Il y aura du grabuge. ‖お家～ lutte *f* pour le trône; [相続争い] querelle *f* de succession.

どうとう 贈答 [贈物の] échange *m* de cadeaux (présents). ‖進物を～する se faire des cadeaux. ‖～品 cadeau *m*; présent *m*; don *m*.

そうどういん 総動員 mobilisation *f* générale. ‖～を布告する décréter la mobilisation générale.

そうどうめい 総同盟 [日本] Fédération *f* Générale des Syndicats. ‖労働～ [フランス] Confédération *f* Générale du Travail (CGT).

そうとく 総督 gouverneur [général] *m*. ‖～府 gouvernement *m*.

そうトンすう 総～数 tonnage *m* brut.

そうなめ 総嘗め ‖～にする remporter des victoires en chaîne.

そうなん 遭難 accident *m*; [船, 飛行機の] détresse *f*; [難破] naufrage *m*. 山の～ accident de montagne. ～で死ぬ trouver la mort (être tué) dans l'accident. ～する [人が] être victime d'un accident; avoir un accident; [飛行機船] être en détresse. ‖～者 victime *f*. ～信号 signal *m* de détresse; SOS *m*. ～船(機) navire *m* (avion *m*) en détresse.

そうにゅう 挿入 insertion *f*; introduction *f*; [条項などの] intercalation *f*; [さしこみ広告の] encartage *m*. ‖～する insérer; introduire; [条項を] intercaler. 賃貸契約に一条項を～する insérer (intercaler) une clause dans le bail. 二つの章の間に写真を～する intercaler une photo entre deux chapitres. ～される s'insérer dans (sous); s'intercaler dans (entre). ‖～曲 épisode *m*; ～句 parenthèse *f*; ～文(節) incise *f*.

そうねん 壮年 maturité *f*; âge *m* mûr (adulte); [人] personne *f* d'âge mûr; adulte *mf*. ‖～になる parvenir à la maturité. 彼はもう～に達した Il est déjà en pleine maturité.

そうねん 想念 idée *f*; pensée *f*. ある～が浮んだ Il m'est venu une idée.

そうは 搔爬 curetage (curettage) *m*. ‖～する cureter. ‖～器 curette *f*.

そうは 争覇 ‖このチームはまだ～圏内にある Le championnat est encore à la portée de cette équipe. ‖～戦 championnat *m*.

そうは 走破 ～する parcourir; couvrir. 1時間で7キロを～する couvrir 7 kilomètres en une heure. 列車はその距離を3時間で～出来る Le train peut parcourir cette distance en trois heures.

そうば 相場 [時価] cours *m*; prix *m* courant; [市価] prix du marché. ～の安定 stabilisation *f* des cours. ～を立てる coter. ～に手を出す jouer à la Bourse; spéculer. ～が上る(下る) Les cours montent (baissent). この株の～は今日は2百円である Cette action est cotée à deux cents yen. ‖それが～の値段だ C'est un prix courant. その日の～で au cours du jour. ◆ [比喩的に] ‖6月は雨が多いと～が決まっている Au mois de juin il pleut beaucoup, c'est une vérité de La Palice. ‖株式～ cours de la Bourse; [株価] valeur *f* cotée en Bourse. 為替～ cours du change. 絹～に手を出す spéculer sur les soies. ～師 spéculateur *m*; agioteur(se) *m(f)*. ～表 cote *f*.

そうはく 蒼白 ‖～な pâle; blême; pâlot(te) blafard; [俗] pâlichon(ne). ～になる pâlir; blémir. 恐怖で～なる pâlir d'horreur. 激怒で～になった顔 visage *m* blanc de rage. ～ 死人のような～さ pâleur mortelle.

そうはつ 増発 [紙幣を～する augmenter le tirage des billets de banque. 列車を～する mettre un train supplémentaire en service.

そうはつき 双発機 bimoteur *m*. ‖～の bimoteur.

そうはつせい 早発性 ‖～痴呆症 schizophrénie *f*. ～痴呆症患者 schizophrène *mf*.

そうばな 総花 ‖～的な政治 politique *f* tout azimut (pour plaire à tout le monde).

そうはん 相反 ‖～方程式 équations *fpl* réciproques.

そうばん 早晩 tôt ou tard; un jour; un autre jour; un jour ou l'autre.

ぞうはん 造反 révolte *f*; contestation *f*. ‖～する contester contre. ‖～学生 étudiant *m* contestataire. ～分子 contestataire *mf*.

そうび 装備 [船, 軍艦, 機械などの] équipement *m*; [旅, 戦, 狩の装具一式] attirail *m*; [武装] armement *m*. 工場の～ équipement d'une usine. ～を整える s'équiper. 彼は潜水の～を整えた Il s'est équipé pour la plongée sous-marine. ‖～[を]する équiper; doter; [必要品を備えつける] garnir. 登山の～をする s'équiper pour l'alpinisme. ～した (された) équipé; garni. 十分に～された船 bateau(x) *m* bien équipé. 大砲を～した城砦 remparts *mpl* garnis de canons. 近代兵器を～した軍隊 régiment *m* doté d'armes modernes.

そうひぎょう 総罷業 grève *f* générale. ～に入る se mettre en grève générale.

ぞうひびょう 象皮病 éléphantiasis *f*. ‖～患者 éléphantiasique *mf*.

そうひょう 総評 critique *f* d'ensemble. ‖～する faire une critique d'ensemble de *qc*. ◆ [労働団体] Conseil *m* général des Syndicats.

そうびょう 躁病 manie *f*.

ぞうひょう 雑兵 simple soldat *m*; [俗] troufion *m*.

ぞうひん 贓品 ⇒ そうぶつ(贓物).

そうふ 総譜 partition *f*.

そうふ 送付 envoi *m*; expédition *f*. 郵便による荷物の～ envoi de colis par la poste. 船便

ぞうふ 臓腑 entrailles *fpl*;《医》viscères *mpl*; [主に動物の] tripes *fpl*.

ぞうふく 増幅 amplification *f*. ¶〜する amplifier. 〜される s'amplifier. ‖〜器 amplificateur *m*.

ぞうぶつ 贓物 objets *mpl* volés. 〜を隠匿する receler des objets volés.

ぞうぶつしゅ 造物主 le Créateur; démiurge *m*.

ぞうへい 造幣 monnayage *m*. ‖〜局 [Hôtel *m* de] la Monnaie; Hôtel des Monnaies.

ぞうへいきょく 造幣局 Hôtel *m* de la (des) Monnaie(s); la Monnaie.

ぞうへいしょう 造兵廠 arsenal(aux) *m*. ‖海軍〜 arsenal maritime (de la marine).

ぞうへき 双璧 ¶学識にかけてはあの二人が〜だ Dans le domaine scientifique, ils dominent.

そうべつかい 送別会 réunion *f* (dîner *m*) d'adieu. 〜を催す organiser une réunion d'adieu; donner un dîner d'adieu.

ぞうほ 増補 supplément *m*. ¶〜する augmenter. ‖〜版 édition *f* augmentée. 〜改訂版 édition revue et augmentée.

そうほう 双方 les deux côtés *mpl*; les deux parties *fpl*. 〜で(から) de part et d'autre. 〜で悪口を言い合う se dire des injures de part et d'autre. 〜から歩みよる se faire des concessions mutuelles. 〜の言い分を聞く entendre les opinions des deux parties. ¶〜の mutuel(le); réciproque. 〜の合意で d'un accord mutuel.

そうほう 走法 ¶君の場合は〜に問題がある Il y a des problèmes techniques dans ta manière de courir.

そうぼう 僧坊 cellule *f* [de moine]; [仏教の] logement *m* de bonze.

そうぼう 僧帽 [司教の] mitre *f*. ‖〜弁《解》valvule *f* mitrale.

ぞうほう 増俸 augmentation *f* [de salaire]. 〜を要求する demander une augmentation. 〜が実施された L'augmentation a joué. ¶〜する augmenter *qn*.

そうほうこう 双方向 ‖〜メディア médias *mpl* interactifs.

そうほうこうつうしん 双方向通信 communication *f* interactive.

ぞうほん 造本 reliure *f*. ¶〜する relier.

そうほんざん 総本山 ¶バチカンはカトリックの〜である Le Vatican est le haut lieu du catholicisme.

そうほんしょくぶつ 草本植物 plante *f* herbacée.

そうほんてん 総本店 maison *f* mère.

そうまとう 走馬灯 ombres *fpl* chinoises. ¶様々な思い出が〜の如く私の脳裏をかけめぐっている Une foule de souvenirs tournoient (valsent) dans ma tête.

そうみ 総身 ¶「大男〜に知恵が回りかね」«Grand et bête».

そうむ 双務 ¶〜的な bilatéral(aux). ‖〜契約 contrat *m* bilatéral.

そうむ 総務 ¶〜部(課) service *m* des affaires générales. 〜部(課)長 directeur *m* du service des affaires générales.

そうむしょう 総務省 Ministère *m* de l'Administration générale, de l'Intérieur et des Postes et Télécommunications.

そうめい 聡明 intelligence *f*; sagacité *f*. ¶〜な sage; intelligent. 〜な子供 enfant *m* à l'intelligence éveillée. 彼は〜だ Il a de l'intelligence. 〜に sagement.

そうもく 草木 plante *f*; herbe *f* et arbre *m*

ぞうもつ 臓物 tripes *fpl*; [料理] abats *mpl* [牛, 羊などの] fressure *f*; [魚, 鳥の] vidure *f*. 〜を抜く éventrer; étriper. ‖〜屋 triperie *f*; [商人] tripier(ère) *m(f)*. 〜料理 tripes.

そうゆかん 送油管 pipe-line(s) *m*; oléoduc *m*.

ぞうよ 贈与 don *m*;《法》donation *f*. 公正証書による〜 donation par acte notarié. ¶〜する faire don à *qn* de *qc*. 生前〜 donation entre vifs. 〜者 donataire(trice) *m(f)*. 被〜者 donataire *mf*. 〜証書 donation. 〜税 taxe *f* sur la donation.

そうよう 掻痒 ‖隔靴〜の感がある éprouver de l'agacement. 〜症 prurit *m*.

そうらん 騒乱 émeute *f*; troubles *mpl* désordres *mpl*; soulèvement *m*. 〜を起こす faire (déchaîner) une émeute. 〜を起こさせる soulever une émeute. 〜を煽動する fomenter une sédition. 〜が勃発した Des troubles (Des désordres) ont éclaté. ‖〜罪 crime *m* de sédition (contre la sûreté de l'État). 〜状態である être en sédition.

そうり 層理《地》stratification *f*.

そうり 総理 [内閣総理大臣] Premier Ministre *m*; [仏第三, 第四共和国における] Président *m* du Conseil. 〜に就任する obtenir un portefeuille de Premier Ministre. ‖〜府 cabinet *m* du Premier Ministre.

ぞうり 草履 sandale *f*; sandalette *f* de corde.

そうりえき 総利益 bénéfice *m* brut.

そうりつ 創立 fondation *f*; formation *f*; création *f*; établissement *m*. 会社の〜 création d'une société. 学校の〜 fondation d'une école. 国家の〜 formation d'une nation. ¶〜する fonder; créer; établir. 〜30周年 le trentième anniversaire de la fondation. ‖〜者 fondateur(trice) *m(f)*; créateur(trice) *m(f)*.

そうりょ 僧侶 bonze *m*.

そうりょう 総量 poids *m* brut; quantité *f* totale.

そうりょう 総領 fils *m* aîné; aîné *m*. ¶〜の甚六 dadais *m* d'aîné.

そうりょう 送料 [運賃・郵税] port *m*; [手紙・小包の] affranchissement *m*. 小包の〜を支

そうりょう 払う affranchir un paquet. ‖〜支払済み port payé (perçu); franc de port. 〜着払いで en port dû. 〜前払いの小包 colis *m* expédié franc de port.

そうりょうじ 総領事 consul *m* général. ‖〜館 consulat *m* général.

そうりょく 総力 ¶我が国は〜を挙げて戦ったNotre pays s'est dressé comme un seul homme pour la lutte. ‖〜戦 guerre *f* totale.

そうりん 造林 boisement *m*. ¶山に〜をする boiser une montagne.

そうるい 藻類 algues *f pl*. ‖〜学 phycologie *f*.

そうれい 壮麗 ¶〜な superbe; magnifique; splendide. 〜さ magnificence *f*; splendeur *f*.

そうれつ 壮烈 ¶〜な héroïque. 〜な死 mort *f* héroïque. 〜な戦い combat *m* acharné. 〜に héroïquement.

そうれつ 葬列 cortège *m* funèbre; convoi *m* (funèbre); enterrement *m*.

そうろ 走路 [陸上競技の] piste *f*; [マラソンの] parcours *m*.

そうろう 早漏 éjaculation *f* prématurée.

そうろう 早老 sénilité *f* précoce.

そうろう 蹌踉 ¶〜として en chancelant; en titubant.

そうろん 総論 généralités *f pl*.

そうわ 挿話 épisode *m*; [小説, 戯曲の] incident *m*. ¶〜的な épisodique. 〜的人物 personnage *m* épisodique. 〜的に épisodiquement. ‖〜劇 pièce *f* à tiroirs.

そうわ 総和 somme *f* totale; total *m*.

そうわい 贈賄 corruption *f*. 選挙の〜 corruption électorale. 〜を受ける toucher un pot-de-vin. ¶〜する corrompre *qn*; soudoyer *qn*; donner des pots-de-vin à. 〜して買収する corrompre (acheter) un témoin. ‖〜罪に問われる être accusé de corruption. 〜者 corrupt*eur*(*trice*) *m*(*f*).

そうわき 送話器 transmetteur *m*.

そえがき 添書 [手紙, 書類の欄外の] apostille *f*; [追伸] post-scriptum *m inv*. ¶手紙に〜する ajouter un mot à une lettre. 請願書に〜する apostiller une pétition.

そえぎ 添木 [園] rame *f*; tuteur *m*. 〜を立てる ramer; tuteurer.

そえぎ 副木 [骨折用] attelle *f*; éclisse *f*; gouttière *f*. 腕に〜をする éclisser un bras.

そえもの 添物 [料理] garniture *f*. ¶〜としてじゃが芋の空揚げをつける servir comme garniture des pommes de terre frites.

そえる 添える [付加える] ajouter; [一緒にする] joindre; [添加する] annexer; [料理に] garnir. ¶手紙に一言〜 ajouter un mot à une lettre. 贈物に一冊本を〜 joindre un livre à un envoi. 力(口, 手)を〜 prêter (apporter) *son* aide à *qn*. 必ず出生証明書を〜こと Il faut joindre un acte de naissance. ノーベル賞の受賞が彼の研究に一段と花を添えた Le Prix Nobel a donné de l'éclat à ses recherches. ¶野菜を添えた肉料理 plat *m* de viande garni [de légumes].

loigner de *qn*. 彼らはお互いに〜になっているIls se fréquentent moins.

ソース sauce *f*. 〜に浸す saucer. 〜をのばす allonger une sauce. 〜をかける verser de la sauce. ‖濃厚〜 sauce corsée. ホワイト(トマト, マヨネーズ, バター, クリーム, ベシャメル, ウスター)〜 sauce blanche (tomate, mayonnaise, au beurre, crème, à la Béchamel, anglaise). 〜入れ saucière *f*. ‖〜[出所] source *f*. ニュースを確める vérifier l'origine d'une information.

ソーセージ saucisse *f*; [大型] saucisson *m*; [イタリアの大きな] mortadelle *f*. ‖サラミ〜 saucisson sec; salami *m*. フランクフルト〜 saucisse de Francfort. 〜用のひき肉 chair *f* à saucisses.

ソーダ soude *f*. ‖ウイスキー〜 whisky soda *m*. 苛性〜 soude caustique. 洗濯〜 soude ordinaire; cristaux *m pl* de soude. 〜ガラス verre *m* sodique. 〜水 soda *m*.

ソート [コンピュータ―] tri *m*. ¶〜する trier.

ソーラー ‖〜コレクター capteur *m*. 〜システム système *m* de capteurs solaires. 〜ハウス maison *f* solaire. 〜パネル panneau(x) *m* solaire.

ゾーン zone *f*.

そかい 疎開 évacuation *f*. ¶田舎に〜する se réfugier à la campagne. 〜させる évacuer. 学童を町から〜させる évacuer des élèves d'une ville. ‖強制〜 évacuation forcée. 〜者 évacué(e) *m*(*f*).

そかい 租界 concession *f*.

そがい 疎外 aliénation *f*. 人間の〜 aliénation de l'homme. 〜を克服する dépasser l'aliénation. ¶〜する aliéner. 〜する aliéner; écarter. 人をある計画から〜する écarter *qn* d'un projet. 〜される être aliéné par. 〜された aliéné. 自己〜 aliénation de soi. 自己〜する s'aliéner. 〜感を覚える se sentir mis en quarantaine.

そがい 阻害 entrave *f*; empêchement *m*. ¶〜する entraver; empêcher. 産業の発展を〜する entraver l'évolution de l'industrie. 人の行動を〜する tenir *qn* en échec.

そかく 組閣 formation *f* d'un cabinet (du ministère). ¶〜する former le cabinet; organiser un ministère.

そがん 訴願 recours *m*. ¶〜する recourir à. 特赦を〜する recourir en grâce.

そきゅう 遡及 rétroaction *f*. ¶〜する rétroagir. 法は〜せず La loi n'a point d'effet rétroactif. 〜して rétroactivement. ‖不〜 non-rétroactivité *f*. 〜効(性) rétroaction; rétroactivité *f*. 〜力のある rétroactif(*ve*). 〜力のある法律 loi *f* rétroactive.

-そく 足 ¶1〜の靴 une paire de souliers.

そぐ 削ぐ [削る] tailler; [切る] couper; [端を落す] rogner; [余計なものを除く] élaguer; [料理で] émincer.

そぐ 殺ぐ [減少させる] diminuer; [低める] réduire; [弱める] affaiblir. 敵の力を〜 rogner les ongles (les ailes) à un adversaire. 効能を〜 diminuer l'effet de *qc*. 気勢を〜 décourager (refroidir) *qn*. 興味を〜 affaiblir l'intérêt. 大きなミスが多くて興味がそ

ぞく 俗 ¶～な〔通俗な〕commun; ordinaire; populaire; ban*al(aux)*; 〔卑俗な〕vulgaire; trivi*al(aux)*; 〔俗世間の〕mondain; 〔対して〕laïque. 聖〔なるもの〕と～〔なるもの〕le sacré et le profane. ～表現 expression *f* populaire; tour *m* familier. ～な人間 personne *f* vulgaire. 彼は金持ではあっても、その物腰はひどく～っぽい Il a beau être riche, ses manières sont affreusement vulgaires. ～に communément; ordinairement; vulgairement. テントウムシは～に神の虫と呼ばれる La coccinelle est vulgairement appelée bête à bon Dieu. ‖ 在～の séculier. 在～司祭 prêtre *m* séculier. ～ラテン語 latin *m* vulgaire.

ぞく 属〔生〕genre *m*.

ぞく 賊〔泥棒〕voleu*r(se)* *m(f)*; 〔強盗〕cambrioleu*r(se)* *m(f)*; 〔反逆者〕rebelle *mf*. ～を捕える arrêter le voleur. 昨日我が家に～が押し入った Hier, j'ai été cambriolé.

ぞく 族〔血族〕famille *f*; maison *f*; 〔種族〕race *f*; 〔部族〕tribu *f*; clan *m*. ゲルマン～ race germanique. ～長 chef *m* de clan.

ぞくあく 俗悪 ¶～な vulgaire; trivi*al(aux)*; grossier (ère). ～な漫画本 bandes *fpl* dessinées vulgaires. 奴らは実に～だ Ils sont très frères à terre. ～さ vulgarité *f*; gossièreté *f*. やりくちの～さ ~ *m* vulgaire. ～趣味 goût *m* vulgaire.

そくい 即位 avènement *m*; intronisation *f*. 親王の～ avènement d'un nouveau roi. ¶～する monter sur le trône; trôner. ～させる introniser; placer *qn* sur le trône. 王を～させる introniser un roi. ‖ ～式 couronnement *m*. シャルマーニュの～式は800年に行われた Le couronnement de Charlemagne eut lieu en l'an 800.

そくいん 惻隠 ～の情を抱く avoir pitié de *qn*; avoir de la compassion pour *qn*. ～の情を起させる faire pitié à. ～の気持から par compassion.

ぞくうけ 俗受け ¶～する jouir d'une réputation populaire; plaire au grand public. ～を狙った映画 film *m* qui flatte le public.

ぞくえい 続映 ¶その映画は～中である Ce film tient encore l'écran.

そくえん 測鉛 sonde *f*. ～を投入する jeter la (un coup de) sonde. ¶～しながら航行する naviguer à la sonde.

ぞくえん 続演 ¶この芝居は～されている Cette pièce tient l'affiche.

そくおう 即応 adaptation *f*. ¶～する s'adapter; se conformer à. 君の処置は事態に～している Vos mesures s'adaptent à votre situation. 時代に～した教育 éducation *f* adaptée à l'époque.

そくおん 促音 son *m* assimilé.

そくおんき 測音器 phonomètre *m*.

そくおんき 足温器 chaufferette *f*; chauffe-pieds *m inv*.

そくぎん 即吟 improvisation *f*. ¶～する improviser un poème.

ぞくぐん 賊軍 armée *f* rebelle; troupes *fp* rebelles.

ぞくけ 俗気〔俗臭〕vulgarité *f*. あの男はいつになっても～が抜けない Cet homme n'arrive pas à se débarrasser de sa vulgarité. ～のある〔世俗的な〕mondain; 〔虚栄心の強い〕vanit*eux(se)*; 〔野心的な〕ambiti*eux(se)*. ～を離れた生活 vie *f* coupée du monde.

ぞくげい 俗芸 théâtre *m* profane.

ぞくご 俗語 mot *m* (langue *f*) populaire (vulgaire); 〔日常語〕langue familière; 〔隠語〕argot *m*. ¶～で dans le langage populaire.

そくじ 即時 ～の immédiat. ～の返答 réponse *f* immédiate. ～に immédiatement; à la minute; sur place; sur le moment; sur-le-champ; sans délai; sans retard.

そくし 即死 mort *f* instantanée (immédiate, foudroyante). ¶～する tomber raide mort. 事故で～する être tué sur le coup par un accident. ～を起させる foudroyer. 一発の銃弾がライオンを～させた Le coup de fusil a foudroyé un lion.

そくじ 即時 ⇒ そくざ(即座). ¶～処理〔電算機〕temps *m* réel. ～通話 communication automatique. ～停戦を年え入るに応える demander (accepter) une trêve immédiate. ～払いの payable à vue. ～払い手形 traite *f* à vue; billet *m* à vue.

そくじ 属詞 attribut *m*.

ぞくじ 俗事〔日常雑事〕tâches *fpl* quotidiennes; 〔俗界の事柄〕choses *fpl* terrestres. ～の煩しさから逃れる se retirer du monde. ～に追われている être occupé de tâches terre à terre. ～に通じている être au courant des choses de la terre.

ぞくじ 俗耳 ～に入りやすい être facile à comprendre par le grand public.

そくじつ 即日〔その日のうちに〕dans la journée; 〔同じ日に〕le jour même. ¶～開票が行われた Le scrutin a été dépouillé le jour même de l'élection. ～自動車列車〔旅行者の為の自動車を運ぶ〕Trains-Autos-Jour *mpl*.

そくしゃ 速射 feu *m* accéléré. ¶～で à tir rapide. ¶～砲 canon *m* à tir rapide. ～砲のように質問を連発する faire un jeu roulant de questions.

ぞくしゅう 俗習 coutume *f*; usage *m*; mœurs *fpl*. 失われた古い～ ancien usage qui s'est perdu. ～に従う se soumettre à la coutume (l'usage).

ぞくしゅう 俗臭 ¶～芬々としている puer le petit bourgeois.

ぞくしゅつ 続出 ¶～する se succéder. 事故が～した Les accidents se sont succédés./Les accidents se sont produits en série. その事故で死傷者を～した L'accident a fait une série de victimes.

そくじょ 息女 demoiselle *f*.

ぞくしょう 俗称 surnom *m*; nom *m* vulgaire. ある植物の～ nom vulgaire d'une plante. ル六世は肥満王という～で呼ばれていた Louis VI était surnommé le Gros.

そくしん 促進 accélération f. ¶～する accélérer; faire avancer; [急がせる] †hâter; presser; [活発化する] activer. 計画の実行を～する accélérer l'exécution d'un plan. 仕事を～する activer ses travaux. 消化を～させる stimuler la digestion.

そくしん 測深 sondage m. ¶～する faire des sondages; sonder. ‖～器 bathymètre m.

ぞくじん 賊臣 sujet m rebelle.

ぞくじん 俗人 homme m ordinaire; [聖職者に対し] laïc m, laïque (laïcs pl) mf; séculier (ère) m(f); profane m(f).

ぞくじん 俗塵 ¶～を避ける se retirer du monde; renoncer au monde.

そくする 即する [従う] suivre; [順応する] s'adapter; se conformer. 規則に～ suivre une règle. 法規に～ se conformer aux règlements. ¶自己の能力に即した欲求 besoins mpl qui s'adaptent à ses possibilités. 顧客の要求に即した販売方法 moyens mpl de vente appropriés aux besoins de la clientèle. …に即して [従って] selon; [即応して] en conformité avec. 状況に即して selon les circonstances. 現実に即して計画を立てる établir un projet tenant compte des circonstances. 計画に即して行動する agir en conformité avec ses plans.

ぞくする 属する faire partie de; appartenir à; [加入している] être affilié à; [分類される] se classer; [従属している] dépendre de; relever de. この事件は家庭裁判所の管轄に～ Cette affaire relève du tribunal familial. 彼はその組合に属している Il fait partie de ce syndicat. 立法権は両院に属している Le pouvoir législatif appartient à deux assemblées. キャベツはアブラナ科植物に属している Le chou appartient à (se classe dans) la famille des crucifères. どの党派にも属しないで n'être affilié à (n'être membre d')aucun parti. 何人にも属さないで ne dépendre de personne.

そくせい 促成 ¶～栽培 forçage m. 胡瓜の～栽培をする †hâter la pousse des concombres.

そくせい 速成 formation f accélérée. 技術者の～が急務である La formation accélérée d'ingénieurs est urgente. ‖～教育 enseignement m accéléré.

そくせい 属性 attribut m; qualité f.

そくせき 即席 ¶～の improvisé; impromptu inv; instantané. ～の演説 discours m impromptu. ～の夕食 dîner m improvisé. ～のスープ soupe f instantanée. ～に à l'impromptu; impromptu. ～で演説をする faire un discours impromptu; improviser un discours. ～に作る(行う) improviser.

そくせき 足跡 trace f; empreinte f des pas; [跡, 印] empreinte. …の～をたどる suivre les traces de qn. 政界に～を残す marquer le monde politique de son empreinte. 彼は国中到る処に～を残している Il parcourt tout le pays.

ぞくせけん 俗世間 monde m; ce monde des réalités fpl vulgaires. ～の mondain.

ぞくせつ 俗説 opinion f courante (vulgaire).

そくせん 側線 [鉄道の] voie f de garage; [魚の] ligne f latérale.

そくせんそくけつ 速戦即決 ¶～する lancer un assaut victorieux.

ぞくぞく ¶～する frissonner; avoir le frisson. 嬉しくて～する frissonner de joie. 寒くて～する avoir un frisson de froid. 観衆を感動(恐怖)～させる faire frissonner les spectateurs d'émotion (de peur). 背筋を～させる faire (donner) froid dans le dos à qn.

ぞくぞく 続々 ¶～と successivement; l'un(e) après l'autre; coup sur coup.

そくたつ 速達 ¶～の; [小包] colis m exprès; [手紙] exprès; lettre f exprès; [パリなどにおける気送速達郵便] pneu (pneumatique) m. ¶～で手紙を出す envoyer une lettre par exprès. ‖～料金 tarif m pour un exprès.

そくだん 即断 [決心] décision f sur place; [判断] jugement m sur place (immédiat). ¶～する décider (juger) sur place (sur-le-champ).

そくち 測地 cadastre m. ¶～する cadastrer. ～の cadastral(aux). ‖～学 géodésie f. ～学の géodésique. ～学者 géodésien m.

そくちゅう 側柱 [戸, 窓の] jambage m.

そくてい 測定 mesure f; détermination f; [身長, 体重の] mensuration f. 大きさ(スピード)の～ mesure d'une grandeur (vitesse). 緯度の～ détermination de la latitude. ¶～する mesurer; déterminer. 月と地球の距離を～する mesurer la distance de la terre à la lune. ‖～器 mensurateur m; appareil m de mesure.

そくていぎ 測程儀 loch m. ～で船の速力を測る jeter le loch.

そくど 速度 vitesse f; rapidité f; allure f. ～を変える modifier la vitesse. ～を増す accroître sa vitesse. ～をゆるめる ralentir son train. ～を減じる réduire (diminuer) sa vitesse. 先頭の～について行く [競争で] suivre le train. 仕事の～が上がる Le rythme du travail s'accélère. 私はカーブの手前で～を落とした J'ai ralenti avant le virage. ¶1時間100キロの～で à la vitesse de cent kilomètres à l'heure. 同じ～で進む avancer à la même vitesse. ‖経済～ [車の] vitesse f de croisière. 最高～を出す plafonner. この自動車は最高～200 キロを出す Cette voiture plafonne à 200 km [à l'heure]. 進航～ [船の] erre f. 制限～ allure f réduite. 平均～ vitesse f moyenne. ～計 compteur m (indicateur m) de vitesse. 回転～計 [タコメーター] tachymètre m. ～制限 limitation f de vitesse.

ぞくと 賊徒 [反逆者] rebelles mpl; [盗賊] brigands mpl; voleurs pl; bandits mpl.

そくとう 即答 repartie f; réponse f immédiate. ～の才がある avoir l'esprit de repartie; avoir de la repartie. ¶～する répondre immédiatement.

そくどく 速読 lecture f rapide. ¶～する lire rapidement.

そくばい 即売 vente f sur place. ¶～する vendre sur place.

そくばく 束縛 contrainte f; assujettissement m; joug m; liens mpl; entrave f. 表現の自由に対する〜 entrave à la liberté d'expression. 〜を蒙る subir une contrainte. 法の〜を受ける subir le joug de la loi. 〜を脱する briser (rompre) ses liens (le joug). 彼女は家族の〜を逃れた Elle est en rupture de ban avec sa famille. それらの習慣が〜となっている Ces habitudes deviennent des sujétions. 〜の下で行動する agir sous la contrainte. 何の〜もなく自由に行動する agir sans entrave (sans s'engager à rien). ¶〜する contraindre; entraver; engager; enchaîner. 行動を〜する contraindre (entraver) l'action de qn. 自由を〜する lier les mains; opprimer la liberté. 規則で人を〜する assujettir qn à des règles. 言論の自由を〜する assujettir (enchaîner) la liberté de parole (presse). 私はあなたを〜しようとは思わない Je ne veux pas vous contraindre. 〜される être contraint. 彼は偏見に〜されている Il est prisonnier de ses préjugés. サラリーマンは時間に〜されている L'employé n'est pas maître de son temps.

ぞくはつ 続発 succession f; suite f. 事故の〜 succession d'accidents. ¶〜する se succéder. 事件が〜した Les événements se sont succédés.

そくひつ 即物 ¶〜的 objecti(ve); qui s'en tient aux faits.

ぞくぶつ 俗物 mondain(e) m(f); personne f vulgaire; bourgeois(e) m(f); béotien(ne) m(f); philistin m; 《俗》épicier(ère) m(f). ¶〜根性 esprit m bourgeois. 〜臭がする sentir (puer) le petit bourgeois.

ぞくぶん 仄聞 ¶〜するところによれば On dit que...; J'ai appris par ouï-dire que...; Selon le bruit qui court, ...

ぞくへん 続編 suite f.

そくほ 速歩 [馬術] trot m. ¶〜する trotter.

そくほう 速報 [最新ニュース] dernières nouvelles fpl. 〜によれば aux dernières nouvelles. ¶〜する donner une nouvelle immédiatement. ‖ニュース〜［ラジオ，テレビの］flash(es) m.

ぞくほう 続報 ¶事故の〜が入る avoir des renseignements complémentaires sur l'accident.

そくめん 側面 flanc m; côté m. 船の〜 flanc d'un vaisseau. 軍隊の〜 flanc (aile f) d'une armée. 〜から描く dessiner de profil. 敵の〜を突く attaquer l'ennemi de flanc. 物事の悪い〜ばかり見る ne prendre les choses que par le mauvais côté. 彼には意外な〜があった Il avait certains petits côtés. ¶〜の latéral (aux). 〜の入口 la porte latérale. ‖〜攻撃 attaque f de flanc. 〜を攻撃する attaquer de flanc. 〜図 plan m de profil. 〜図を描く représenter de profil; profiler qc.

ぞくよう 俗謡 chanson f (chant m) folklorique.

ぞくり 俗吏 petit fonctionnaire m; 《俗》rond(s)-de-cuir m.

ぞくりゅうけっかく 粟粒結核 granulie f.

そくりょう 測量 mesure f; mesurage m; [土地の] arpentage m; [河, 海の] hydrographie f; [測深] sondage m. ¶〜する mesurer; arpenter; hydrographier. ‖〜技師 arpenteur m; hydrographe m. 〜図 plan m. 〜図を作る lever un plan; faire un relevé de terrains. 〜船 navire m hydrographe.

ぞくりょう 属領 possession f; dépendance f; [領地] territoire m. 英国の〜 possessions britanniques. ‖〜性 territorialité f.

そくりょく 速力 allure f; vitesse f. 〜を出す accélérer. 〜を落す ralentir. 車の〜は1時間80キロに制限されている La vitesse des véhicules est limitée à 80 km à l'heure. 交差点に来たら〜を落せ Ralentissez en arrivant à un carrefour. ‖最高〜 pleine allure. 最大〜 vitesse limite. 全〜で à toute vitesse; à toute (grande, vive) allure; en quatrième vitesse; à toute vapeur;《俗》à toute pompe.

そくろう 側廊 [教会の] bas-côté m.

ぞくろん 俗論 opinion f vulgaire (banale).

そぐわない ne pas convenir à; ne pas s'accorder avec; ne pas aller avec. その場に〜服装 tenue f mal appropriée aux circonstances. その服はあなたの髪の色に〜 Cette robe ne va pas avec la couleur de vos cheveux.

そけい 素馨 jasmin m.

そけいぶ 鼠蹊部 aine f; région f inguinale.

そげき 狙撃 tir m. ¶〜する tirer sur. ‖〜兵 tirailleur m.

ソケット douille f. 電球を〜に差込む fixer le culot d'une ampoule dans la douille.

そこ 其処［その場所］cet endroit-là. ¶〜から de là. 〜に(で) là; y. 〜にある(いる) voilà. 〜に本がある Voilà un livre. 彼は〜にいる Le voilà./Il est là. 私は〜に行きます J'y vais. 〜に行こう Allons-y. 〜に彼女は住んでいる C'est là qu'elle habite. 〜まで jusque là. 〜までにしておく en rester là. 考えても無駄だ，〜までにしておこう Inutile de réfléchir davantage, restons-en là. 〜までは良かったが Jusque là c'était bien, mais.... 〜にいる男 L'homme que voilà. 〜を通って par là. ◆[その事, その点] 〜が問題だ C'est là la question./Voilà le hic! 〜にもってきて [更に] par surcroît.

そこ 底 fond m. 船の〜 fond d'un bateau. 壺の〜 cul m. 海の〜 fond de la mer. 川の〜 lit m d'une rivière. 靴の〜 semelle f. 〜が抜ける Le fond cède. 足が〜につく reprendre pied. 錨が〜につく L'ancre prend fond. 〜を抜く défoncer. 〜をつく [限界に達する] atteindre la limite. 在庫品が〜をついた Les stocks sont épuisés. 株価が〜をついた Les actions sont au plus bas. 財布の〜をはたく vider sa bourse. 靴の〜を張りかえる ressemeler des chaussures. ¶〜の抜けた défoncé. 〜の抜けた大樽 barrique f défoncée. 〜の知れない insondable. 〜知れぬ驚きのうちに dans un abîme d'étonnement. 腹の〜の分らない人 personnage m impénétrable. 腹の〜を割って話す parler à cœur ouvert. 心の〜(から) au (du) fond du cœur. 〜の〜まで au fin fond de qc; à fond. 〜の〜まで知っている savoir qc à fond. ‖二重〜の箱 boîte f à dou

そこ 船底 fond. 荷物を～積みにする mettre les bagages dans la cale. ～無しの池 étang *m* sans fond. 彼は～無しの大食い(大酒飲み)だ C'est un gros mangeur (buveur). ～無しに酒を飲む boire comme un trou.

そご 齟齬 [意見の衝突] désaccord *m*; [矛盾] contradiction *f*; [失敗] échec *m*; insuccès *m*. 計画に～を来たす Le projet va au devant d'un échec. ¶～する être en désaccord (contradiction) avec.

そこい 底意 arrière-pensée(s) *f*. ～を持っている avoir (cacher) une arrière-pensée. 彼が急に態度を変えたのは～があってのことに違いない Sa volte-face doit cacher quelque arrière-pensée. ～のある tendancieux(se).

そこいじ 底意地 ¶～の悪い narquois; sournois; malintentionné.

そこう 粗鋼 acier *m* brut.

そこう 素行 mœurs *fpl*; [行動] conduite *f*. ～が良い(悪い) avoir de bonnes (mauvaises) mœurs. ～がおさまらない manquer de conduite; être incorrigible. 彼の～には非の打ちどころがない Sa conduite est irréprochable. ～を改める changer de vie. ～を調べる faire une enquête (prendre des renseignements, enquêter) sur les mœurs de *qn*. ¶～調査 enquête *f* sur la conduite de *qn*.

そこう 遡行 ¶～する remonter une rivière (un fleuve).

そこかしこ 其処彼処 çà et là; deçà, delà.

そこがわ 底革 [靴の の～] semelle *f*. ～を取り換える ressemeler des chaussures. ～の取換え ressemelage *m*.

そこく 祖国 patrie *f*; pays *m* natal. ～の土を踏む se rapatrier. ‖～愛 amour *m* de la patrie; patriotisme *m*.

そここ 其処此処 ¶～に(で)çà et là.

そこしれぬ 底知れぬ insondable; abyssal(aux). ～深淵 abîme *m* insondable. ～の怪力 force *f* herculéenne. ～悲しみ tristesse *f* (douleur *f*) sans limite. 彼は～力を持っている Sa force ne connaît pas de limites.

そこそこ ¶彼女は二十歳～だ Elle a à peine vingt ans. 彼は食事も～に出かけた Il eut-il pris son repas qu'il sortit./A peine son repas terminé, il sortit.

そこぢから 底力 ¶～がある avoir de vraies capacités. ～を発揮する déployer (montrer) *ses* vraies forces (capacités).

そこつ 粗忽 étourderie *f*. ¶～な étourdi; distrait; hurluberlu; écervelé. ～に par étourderie; à l'étourdie. ‖～者 étourdi(e) *m(f)*; hurluberlu(e) *m(f)*.

そこで [その時に] alors; à ce moment; [その場所で] là; [それ故] ainsi; donc; aussi. さて～ Et alors.

そこなう 損う détruire; ruiner; détériorer; démolir; dégrader; gâter. 名声を～ nuire à la réputation. 人の感情を～ blesser *qn*. ...の機嫌を～ froisser *qn*. 健康を～ détruire (ruiner, user) *sa* santé. 過労で健康を～ détériorer *sa* santé par des excès. 記念碑を～ dégrader des monuments. 機械装置を～ détériorer un appareil. アルコールは人間を～ L'alcool dégrade l'homme. 私は暑さで健康を損った La chaleur m'a démoli. 彼は仕事で体を損った Il s'est usé au travail. 新しいビルが出来て町の美観が損われた Les nouveaux buildings ont gâté le beau paysage de la ville. 運搬で損われた荷物 colis *m* abîmé par le transport. ◆[...し損う] manquer [de] *inf*; faillir *inf*. 人を叩き損う frapper *qn* à faux. 私は汽車に乗り損った J'ai manqué le train. 彼は危うく車にひかれ損った Il a failli être écrasé par une voiture. 彼女は危うく溺れ損った Elle a manqué [de] se noyer.

そこに 底荷 lest *m*. ～を積む lester. ～を降ろす délester. 船の～を降ろす délester un navire. ～を捨る jeter du lest. ‖～積み lestage *m*.

そこぬけ 底抜け ¶～の大酒飲み soiffard *m*. 彼は～のお人好しだ Il est d'une bonté sans fond. ～騒ぎ orgie *f*. ～騒ぎの orgiaque.

そこね 底値 dernier prix *m*; cours *m* inférieur.

そこねる 損ねる ⇨ そこなう(損う).

そこのけ ¶彼は本職の腕前だ Il fait pâlir les gens du métier.

そこはかとない ¶～悲しみ tristesse *f* vague (indéfinissable). そこはかとなく vaguement; confusément. そこはかとなく悲しい心地がする] être en proie à une tristesse vague; avoir du vague à l'âme.

そこひ 底翳 [白] cataracte *f*; [緑] glaucome *m*; [黒] amaurose *f*.

そこびえ 底冷え ¶～がする Il fait un froid pénétrant.

そこびかり 底光り ¶この柱は～がしている Ce pilier a de la patine.

そこびきあみ 底引(曳)網 chalut *m*.

そこら 其処ら [その辺] ¶～を探しなさい Cherchez [quelque part] par là. ～には誰もいなかった Il n'y avait personne aux alentours. ‖～中に散乱している être éparpillé partout. ◆[その程度] ¶10 キロ～のリュックならおつのは何でもない Un sac à dos d'une dizaine de kilos ne me fait pas peur. 一万円～では買えない Une dizaine de milliers de yen ne suffisent pas à l'acheter.

さい 蔬菜 légumes *mpl*.

そざい 素材 matière *f* [brute]; étoffe *f*; [資材] matériaux *mpl*. ～ を ～ étoffe d'un roman. ～を生かす mettre en valeur des matériaux. ～を集める rassembler des matériaux.

そざつ 粗雑 ¶～な grossier(ère); bâclé; négligé. ～な家具 meuble *m* d'un travail grossier. ～な仕事 travail *m* bâclé. ～に grossièrement; avec négligence. ‖～さ grossièreté *f*.

そし 素志 intention *f* première; premier dessein *m*. ～を貫徹する réaliser *son* premier dessein.

そし 阻止 empêchement *m*. ¶～する arrêter; empêcher; enrayer; juguler. ～の出動をする arrêter (empêcher) *qn* de partir. 敵の前進を～する enrayer la progression de l'ennemi. 病気の進行を～する juguler le mal.

そじ 措辞 tournure *f*; expression *f*. 文の～ tournure d'une phrase. 生彩ある～ expressions imagées.

そじ 素地 ⇒ したじ(下地).

ソシアリスト socialiste *mf*.

ソシアリズム socialisme *m*.

そしき 組織 organisation *f*; constitution *f*; formation *f*; composition *f*; organisme *m*. 内閣の～ formation d'un ministère; composition d'un cabinet. ¶～する organiser; constituer; former; composer. 内閣を～する composer un cabinet; former un ministère. 協会を～する constituer (organiser) une société. 労働者を組合に～する syndiquer les ouvriers. 組合を～する [労働者が] se syndiquer. ‖～委員会 comité m d'organisation. ～者 organisa*teur(trice)* m(f); [催し物などの] ordonna*teur(trice)* m(f). ～労働者 ouvrier(ère) m(f) syndiqué(e). 未～労働者 inorganisé(e) m(f). ～[機構] structure f; constitution f. 物質の～ constitution d'une substance. ～の破壊 désorganisation f. ～を破壊する désorganiser. ‖行政～ organisation administrative. 組合～の代表者 représentant m d'un organisme syndical. 社会～ structure (organisation) sociale. 政治～ organisme politique. 地下～ organisation clandestine. ～図 organigramme m. ～網 réseau(x) m. ◆[体系] système m; ～的な systématique; méthodique; ～的に systématiquement; méthodiquement. ～化 systématisation f. ～化する systématiser. ～化学 histochimie f. ◆[生物の] tissu m; [筋肉などの] contexture f. ‖筋肉～ tissu musculaire. 神経～ système nerveux. 人体～ organisation de l'être humain; organisme. ～学 histologie f.

そしつ 素質 disposition *f*; prédisposition *f*; aptitude *f*; étoffe *f*. 音楽的～がある avoir des dispositions (des aptitudes) pour la musique; avoir l'étoffe d'un musicien. ピアニストの～がある avoir l'étoffe d'un pianiste. ～がない manquer de dispositions. 天性の～を伸ばす cultiver des dispositions innées (naturelles). 君に～があるね Tu as de l'étoffe. ¶音楽的～のある少女 fille *f* douée pour la musique.

そして et; et puis.

そしな 粗品 ¶～ですがお受取り下さい Veuillez accepter ce petit rien en signe de ma reconnaissance.

そしゃく 租借 bail *m*. ¶～する prendre (louer) *qc* à bail. ‖～権 bail *m*. ～地 terrain *m* à bail.

そしゃく 咀嚼 mastication *f*; mâchement *m*. ¶～する mastiquer; mâcher. ‖～筋 muscle *m* masticateur.

そしょう 訴訟 procès *m*; action *f*; [係争問題] contentieux *m*; [訴訟手続] procédure *f*; [係争] litige *m*. ～を起す intenter un procès (une action) à *qn*; actionner *qn*; introduire une instance; poursuivre *qn* en justice. 名誉毀損の～を起す intenter une action en diffamation. ～に勝つ(負う) gagner (perdre) un procès. ～の提起 mise en cause. ¶～好きな procédurier(ère). ‖民事(刑事)～ procès civil (criminel); action civile (criminelle). 民事(刑事)～法 code *n* de procédure civile (pénale). 離婚～ instance *f* en divorce. 離婚～の手続きを始める engager une procédure de divorce. ～依頼人 client(e) *m(f)*. ～形式 formes *fpl* processives. ～原因 cause *f*. ～書類 pièces *fpl* en instance dossier *m*. ～代理人 avoué *m*; [会社などの] agent *m* du contentieux. ～中である être er procès (litige) avec *qn*. ～手続きから必要のない Il n'y a pas lieu à poursuivre. ～手続きを弁護士に尋ねる demander à un avocat la procédure à suivre. ～当事者 partie *f* plaidante. ～費用 dépens *mpl* d'un procès. ～費用保険 assurance *f* de recours. ～用語 terme *m* de pratique.

そじょう 訴状 [告訴] plainte *f*; [請願] pétition *f*.

そじょう 俎上 ¶～にのぼす mettre sur le tapis. ～の鯉のような心境である être prêt à subir n'importe quoi.

そしょく 粗食 frugalité *f*. ～に甘んじている se contenter d'un repas frugal (d'une vie frugale). ¶～な frugal(aux).

そしらぬ 素知らぬ ¶～顔をする [しばらくれる] faire l'innocent(e) (l'ignorant(e)); [見知らぬ 振りをする] faire semblant de ne pas reconnaître *qn*. あいつは他人が困っても～顔だ Le malheur d'autrui le laisse froid. ～顔で er douce.

そしり 謗(誹)り ¶～を招く s'attirer le blâme de *qn*.

そしる 謗(誹)る médire de *qn*; blâmer *qn* dire du mal de *qn*. 誹り合う échanger des injures.

そすい 疏水 canal(aux) *m* de dérivation.

そすう 素数 nombre *m* premier.

そせい 粗製 ⇒ そえく(粗悪). ‖～濫造品 marchandise *f* fabriquée grossièrement en série.

そせい 組成 composition *f*; [空気, 水などの constitution *f*. 水の化学～ composition chimique de l'eau.

そせい 蘇生 résurrection *f*. 死者(過去)の～ résurrection d'un mort (du passé). ¶～する ressusciter. ～させる ressusciter; réanimer. 金がようやく手に入って～の思いをした Je me suis senti revivre quand j'ai fina lement réussi à me procurer de l'argent ‖～術 réanimation *f*.

そぜい 租税 impôt *m*; droit *m*; [行政] contribution *f*; [年貢] tribut *m*. ‖～収入 recettes *fpl* fiscales.

そせき 礎石 pierre *f* angulaire (fondamentale).

そせん 祖先 ancêtres *mpl*; ascendants *mpl* aïeux *mpl*; ascendance *f*. 父(母)方の～ ascendance paternelle (maternelle).

そそう 粗相 ¶～[を]する faire une maladresse (faute) par mégarde. うちの子は ～ばかりするので困ります Mon fils n'arrête pas de faire des maladresses, c'est très en

そそう 沮喪[落胆] découragement *m*; [士気の] démoralisation *f*. ¶意気~する se décourager; se démoraliser. 意気~させる décourager; démoraliser.

そぞう 塑像[粘土] statue *f* en glaise; [石膏] statue en plâtre.

そそぐ 雪ぐ ~を~ laver une injure (un affront); réparer une offense; se réhabiliter.

そそぐ 注ぐ [川が] se jeter; déboucher; affluer; [つぐ] verser; [ふりかける] répandre. 茶碗に茶を~ verser du thé dans une tasse. 涙を~ verser des larmes. 植木に水を~ arroser des plantes. ...に全力を~ consacrer toutes *ses* forces à *qc.* 心血を~ s'adonner de toute *son* âme à; se donner à fond à. 視線を~ regarder fixement; fixer *ses* regards sur. マルヌ川はセーヌ川に注いでいる La Marne se jette dans la Seine. 太陽が光を注いでいる Le soleil répand sa lumière. 彼の視線は彼女に注がれた Son regard se posa sur elle./Il attacha les yeux sur elle.

そそくさ ~と précipitamment; en grande hâte. ~と宿題を済ます expédier *ses* devoirs.

そそっかしい étourdi; hurluberlu. ~人 étourdi(e) *m(f)*; hurluberlu(e) *m(f)*; brise-tout *mf*. ~をする étourderie *f*.

そそのかす 唆す provoquer; inciter; induire; tenter. 悪事を~ induire *qn* au mal (à mal faire). 女を~ [誘惑する] séduire une femme. ¶...を唆して罪を犯させる inciter (provoquer) *qn* au crime. 唆されて ~ à (sur) l'instigation de. 悪魔に唆されてイヴは林檎を食べてしまった Tentée par le démon, Eve a fini par manger une pomme. 他人に唆されて彼はそうしたのだ S'il a agi ainsi, c'est à l'instigation d'un autre.

そそりたつ そそり立つ pointer. ~山 montagne *f* à pic. 尖塔が空にそそり立っている Une flèche pointe vers le ciel.

そそる 唆る exciter. 好奇心を~ exciter (piquer) la curiosité. 食欲を~ exciter (aiguiser) l'appétit. 涙を~ tirer des larmes.

そぞろ 漫ろ ¶結婚を控えて, 彼は気も~だ A l'approche de son mariage, il plane un peu. ~に vaguement; confusément; inconsciemment; sans savoir pourquoi. ~哀れを催す se sentir envahi d'une vague mélancolie.

そぞろあるき 漫ろ歩き flânerie *f*. ~をする flâner.

そだ 粗朶 bûchette *f*; brindilles *fpl*.

そだち 育ち [教育] éducation *f*; [成長] croissance *f*. この木は~が早い Cet arbre pousse vite. ‖この子は~盛り Cet enfant est en pleine croissance. ◆[環境·教育] ¶彼女が いくら上品ぶっても~は争えない Elle a beau prendre de grands airs, elle ne peut faire oublier son origine. 「氏より~」«La naissance ne fait pas la noblesse.» ¶~の良い(悪い)娘 fille *f* bien (mal) élevée. ‖彼は横浜生れの東京~ Né à Yokohama, il a été élevé à Tokyo. 都会(田舎)~の青年 jeune homme *m* élevé à la ville (à la campagne).

そだつ 育つ grandir; se développer; [植物] croître; pousser. 野菜が早く~ Les légumes poussent vite. この子はすくすく育っている Cet enfant pousse bien. 草が生え始める L'herbe a commencé à pousser. ¶のびのび育った青年 adolescent *m* qui s'est bien développé.

そだてる 育てる élever; [養う] nourrir; [世話をする] soigner; [教育を] former; [植物を] cultiver. 子供(犬, 動物)を~ élever un enfant (un chien, des plantes). 弟子を~ former un apprenti. この子を~のは難しかった J'avais beaucoup de mal à élever cet enfant. この子はミルク(母乳)で育てられた Cet enfant a été nourri au biberon (au sein).

そち 措置 mesure *f*; disposition *f*. 適切な~ mesure(s) efficaces. 生半可な~ demi-mesures *fpl*. 衛生上の~ mesures d'hygiène. ~をとる prendre des mesures (dispositions) contre (pour). 緊急の~をとる prendre des mesures d'urgence. そのために は臨機応変の~が必要である Des mesures de circonstance s'imposent pour cela.

そちら [物] celui-là (celle-là *f*, ceux-là *mpl*, celles-là *fpl*). ~の方が好きです Je préfère celui-là. ◆[場所] ¶~に伺います J'irai chez vous. ~を通りなさい Passez par là. ~を探しなさい Cherchez là-bas.

そつ ¶あの人のすることには~がない Il n'y a rien à redire sur sa conduite. 彼は何をやらせても ~がない Il réussit tout ce qu'il fait. ~がない人 personne *f* sur qui on ne peut trouver à redire.

そつい 訴追 poursuite *f*. ¶~する engager des poursuites judiciaires contre *qn*; poursuivre *qn* en justice.

そつう 疎通 entente *f*; communication *f*. 意志の~を図る encourager l'entente mutuelle. 意志の~を欠く manquer d'entente mutuelle. ¶彼らは完全に意志が~している Il règne une entente parfaite entre eux.

ぞくか 俗化 vulgarisation *f*. ¶~する se vulgariser. ~させる vulgariser; populariser. ~した避暑地 station *f* estivale popularisée.

ぞくかい 俗界 ⇨ ぞくせけん (俗世間).

ぞっかく 属格 génitif *m*.

ぞっかん 属官 subordonné(e) *m(f)*.

そっき 速記 sténographie *f*; sténo *f*. ~にとる prendre en sténo. スピーチを~にとる prendre un discours en sténo. ¶~する sténographier. ~者 sténographe *mf*; sténo. ~術 sténographie; sténo. ~タイピスト sténodactylo *f*; sténotypiste *mf*. ~タイプライター sténotype *f*. ~文字 sténogramme *m*; signes *mpl* sténographiques. ~録 procès-verbal (*aux*) *m* sténographique.

そっきぼん ~本 livre *m* soldé. ¶~で売る vendre en solde (solder) des livres.

そっきょう 即興 improvisation *f*. ¶~の impromptu; improvisé. ~的に à l'impromptu; à l'improviste. ~的に作る improviser. 何かひとつ~でやってみて下さい Improvisez-nous quelque chose. ‖~曲(劇)

そつぎょう 卒業 fin *f* d'études. ¶～する terminer *ses* études; sortir d'une école. 大学を～する obtenir *son* diplôme d'études supérieures. ～したばかりの frais émoulu. 彼女は大学を～したばかりである Elle est frais (fraîche) émoulue de l'université. 来たる3月～見込みの in instance d'obtenir le diplôme au mois de mars prochain. ～間近に peu avant la fin des études. ‖～式 cérémonie *f* de la distribution (remise) des diplômes. ～試験 examen *m* de sortie. ～証書 diplôme *m*; 〘俗〙parchemin *m*. 初等教育～証書 certificat *m* d'études primaires. ～生 diplômé(e) *m(f)*; ancien(ne) élève *m f*. ～論文 mémoire *m* de licence.

そつきょぎ 測距儀 télémètre *m*. ～で測る télémétrer.

ぞっきょく 俗曲 chant *m* populaire.

そっきん 側近 membre *m* de l'entourage; [集合的に] entourage *m*. 大臣とその～ ministre *m* et son entourage.

そっきん 即金 argent *m* comptant. ¶～で払う payer en argent comptant; payer comptant. ‖～払い paiement *m* au comptant. ～払いの payable au comptant.

ソックス chaussette *f*; mi-bas *m*; socquette *f*.

そっくり [全部:そのまま] ～1時間 une heure entière. ～写す copier entièrement. ～そのままにしておく garder *qc* intact. 私の部屋は～もとのままだった J'ai retrouvé ma chambre telle quelle. 私は何から何まで～売り払うことにした J'ai décidé de tout vendre. 彼は～食べた(残した) Il a tout mangé (N'a touché à rien). 遺産は～残った L'héritage est resté intact. ◆[相似している] ～の semblable à; semblable en tout joint à; pareil(le) à. 薔薇に～な木 arbuste *m* semblable au rosier. 彼は兄に～だ C'est tout son frère. 彼は父親に～だ C'est père tout craché./Il est tout le portrait de son père. あの二人の兄弟は互いに～だ Ces deux frères se ressemblent comme deux gouttes d'eau (deux jumeaux).

そっくりかえる ⇨ そりかえる(反り返る).

そっけ 素っ気 ¶～味も～もない奴だ C'est un type incolore et sans saveur.

ぞっけ 俗気 ⇨ ぞくけ(俗気).

そっけつ 即決 décision *f* immédiate. ¶～する juger (décider) immédiatement.

そっけない 素っ気ない brusque; sec (sèche); abrupt. ～な返事 réponse *f* sèche. 彼女は彼に素っ気なかった Elle a été brusque avec lui. 素っ気なくする brusquer; rabrouer. 客に素っ気なくする brusquer un client. ¶素っ気なく avec brusquerie (froideur); froidement; abruptement. 素っ気なく答える répondre tout sec (d'un ton sec). 素っ気なく礼を言う remercier froidement. 素っ気なさ brusquerie *f*.

そっこう 即効 effet *m* immédiat. ‖～性がある faire de l'effet immédiatement. ～薬 remède *m* à effet immédiat.

そっこう 測候 observation *f* météorologique. ‖～所 poste *m* (station *f*) météorologique.

そっこう 測高 ¶～学 hypsographie *f*. ～計 hypsomètre *m*. ～術 hypsométrie *f*. ～術の hypsométrique.

そっこう ¶彼は～で相手をノックアウトした Par une attaque foudroyante, il a mis son adversaire au tapis.

ぞっこう 続行 continuation *f*; [再開] reprise *f*. ¶～する continuer; poursuivre; [再開] reprendre. 仕事を～する continuer (poursuivre) *son* travail; continuer à travailler

そっこく 即刻 aussitôt; immédiatement; sur-le-champ; à l'instant; sur le moment; sans délai; sans retard. ～手術せねばならない Il faut opérer d'urgence.

ぞっこく 属国 pays *m* tributaire; [保護領] annexe *f*; [植民地] colonie *f*.

ぞっこん ¶～ほれ込む aimer *qn* follement (à la folie); s'enticher de *qn*.

そっせん 率先 ¶～して de *sa* propre initiative; sans se faire prier. ～して...する prendre l'initiative de *inf*. ～して改革する prendre l'initiative d'une réforme. ‖～垂範する donner (montrer) l'exemple.

そっち [物] celui-là *m* (celle-là *f*, ceux-là *mpl*, celles-là *fpl*). ◆ [場所] là-bas. ～を通りなさい Passez par là. ～は元気かね [そっちの人たち] Comment ça va?/Tout le monde va bien chez toi? ⇨ そちら.

そっちのけ ¶～にする négliger; laisser *qc* de côté. 彼は勉強は～にしている Il néglige son travail. 彼は自分の事は～にして他人に尽くしている Il néglige ses propres affaires pour se dévouer à autrui. あの子は勉強は～で釣りばかりしている Ce garçon laisse son travail de côté au profit de la pêche.

そっちゅう 卒中 coup *m* de sang; apoplexie *f*. ¶～で倒れる(死ぬ) être frappé (mourir) d'apoplexie.

そっちょく 率直 franchise *f*; sincérité *f*. ¶～な franc(che); sincère; ouvert; carré; direct. ～な性格 caractère *m* ouvert (sincère). ～な返事 réponse *f* carrée. ～な人 personne *f* sincère (directe, entière). ～な言葉 franc-parler *m*. もっと～になりなさい Soyez franc. ～に franchement; avec franchise; en toute franchise; carrément; ouvertement; sans détour; sincèrement; sans feinte. ～に話す parler franchement; avoir *son* franc-parler. ～に言うと parler franc; pour être sincère (franc); tranchons le mot. ～に言うと僕は反対だ Pour être franc, je ne suis pas d'accord.

そっと [静かに] doucement; tranquillement; [こっそり] secrètement; furtivement; sans bruit; à la dérobée; en douce; [軽く] légèrement. ～歩く marcher sans bruit. ～出発する partir en douce. ～人を見る regarder *qn* d'un œil furtif; jeter un coup d'œil furtif à *qn*. ～触れる toucher légèrement. ～立ち去る se dérober. ¶～しておく laisse

ぞっ qn tranquille; laisser qn en repos. 彼はよく寝ているから〜しておこう Il dort profondément: laissons-le tranquille. 彼の秘密は〜しておこう Laissons-lui son secret.

ぞっ ¶〜する [恐怖で] s'effrayer; s'épouvanter; [嫌悪, 恐怖で] se glacer; [身震いする] frissonner. 恐怖で〜する frissonner de peur. 背すじが〜する Cela me fait (donne) froid dans le dos. まだまだ歩かなければならぬと思うと〜する Je suis effrayé par la longue distance à parcourir. まったく〜するよ! C'est horrible! そいつは〜しないな [感心しない] Ce n'est pas fameux. 〜させる faire froid dans le dos; épouvanter; glacer; [嫌悪で] répugner; horrifier. その光景は私を〜させた Cette scène m'a glacé. 〜するような affreux(se); effrayant; horrible.

そっとう 卒倒 défaillance f; accès m de faiblesse; [医] lipothymie f; [失神] évanouissement m. ¶〜する s'évanouir; tomber en défaillance.

そっぱ 反っ歯 dents fpl saillantes.

そっぽ ¶〜を向く détourner les yeux; se détourner; délaisser qn. 〜を向かれる être délaissé de qn.

そで 袖 manche f; [舞台の] coulisse f; [建物の] aile f. 〜をまくり上げる relever (retrousser) ses manches. 注意を促すために〜を引く tirer qn par la manche pour attirer son attention. 長(半, ラグラン)〜 manche longue (courte, raglan). 〜カバー fausse manche. 〜口 entrée f d'une manche. 〜ぐり emmanchure f. 〜付け entournure f. ◆ [比喩的に] ¶〜にする [見捨てる] rompre (briser) avec qn. 〜にすがる se cramponner à la manche; [憐れみを乞う] demander une faveur à qn. 無い〜は振れぬ Je ne peux pas donner ce que je n'ai pas. 〜触れ合うも他生の縁 C'était écrit que nous nous rencontrerions.

そてい 措定 thèse f. ¶〜を poser. ...を客体として〜する poser qc comme objet (en tant qu'objet).

ソテー sauté m. ‖ポーク〜 sauté de porc; porc m sauté.

そでしょう 袖章 [軍服] galons mpl [au bras]. 〜をつける galonner une manche.

そてつ 蘇鉄 cycas m.

そでのした 袖の下 pot(s)-de-vin m. 〜をもらう toucher un pot-de-vin. 〜を掴ませる graisser la patte à qn.

そと 外 dehors m; extérieur m. 〜から de dehors; de l'extérieur. 〜から呼ぶ appeler de (du) dehors. 〜から眺める regarder de l'extérieur. 〜からの雑音 bruits mpl du dehors. 〜だけは元気である en apparence. 〜はとても暑い Il fait très chaud dehors. 〜へ出ろ Sortez!/Hors d'ici!/Allez-vous-en! 〜の世界 monde m extérieur; externe. 〜で [戸外で] au grand air; en plein air; à l'extérieur; dehors. 〜で食事をする diner en ville (au dehors); diner hors de chez soi. 〜で寝る coucher dehors. 〜に(で) dehors; au dehors; en dehors; à l'extérieur. 〜に行く aller dehors; sortir. 子供を〜に連れ出す sortir avec son enfant. 〜に身を乗り出す [乗物で] se pencher en dehors. 彼は自分の感情を〜にあらわしてしまう Il extériorise tous ses sentiments. ...の〜に(で) hors de; en dehors de; au-dehors de; à l'extérieur de. 部屋の〜に hors de sa chambre. 国の〜で à l'extérieur du pays. 家の〜に au dehors de sa maison. 彼は町の〜に住んでいる Il habite hors de la ville.

そとう 粗糖 sucre m brut.

そとうみ 外海 océan m.

そとがまえ 外構え aspect m extérieur; apparence f. その家は〜だけは立派だ Cette maison n'est belle qu'en apparence.

そとがわ 外側 dehors m; extérieur m. 箱の〜 dehors d'une boite. 建物の〜 extérieur d'un bâtiment. 蓋の〜と内側 face f externe et face interne d'un couvercle. 箱の〜は青く塗ってある La boite est peinte en bleu extérieurement.

そとづら 外面 ¶彼は〜がいい Il n'est aimable qu'en société.

そとのり 外法 dimension f extérieure.

そとぼり 外堀 fossé m (douve f) extérieur(e). 〜を埋める combler les douves extérieures.

そとまわり 外回り ¶家の〜を掃除する nettoyer les alentours de la maison. ◆ [外勤] ¶〜の仕事 tournée f. 〜の社員 voyageur (se) m(f) de commerce.

そとみ 外見 apparence f. 〜がよい avoir belle apparence. 〜で人を判断する juger qn sur l'apparence. 〜をつくろう sauver les apparences; garder les dehors. 〜は当てにならぬ Les dehors sont trompeurs. ¶〜には en apparence. 〜には健康そうな avoir apparence de la santé.

ソナー [音波探知器] sonar [sɔnar] m.

そなえ 備え [準備] préparation f; préparatifs mpl; [防備] défense f; [警備] garde f; précaution f; [貯え] provision f. 国の〜 défense nationale. 戦争への〜 préparatifs de guerre. ¶「〜あれば憂いなし」«Si tu veux la paix, prépare la guerre.»; «Si vis pacem para bellum.» ¶〜のある muni; doté; garni. 近代兵器の〜のある軍隊 régiment m doté d'armes modernes. 〜のない démuni; dépourvu; [無防備の] sans défense.

そなえつける 備え付ける installer; garnir. 電話を〜[引く] installer le téléphone. 家に家具を〜 meubler une maison; garnir une maison de meubles. 部屋に家具を〜 meubler une pièce. 仕事場に道具を〜 outiller un atelier. ¶備付けの installé.

そなえる 供える offrir; [献じる] dédier; [捧げる] présenter. 墓に花を〜 déposer des fleurs sur une tombe. 食卓に花を〜 orner la table de fleurs. ¶供え物 offrande f.

そなえる 備える [準備する・用意する] préparer; se préparer pour (à); parer à; pourvoir. 家に食糧を〜 pourvoir la maison de vivres. 試験に〜 préparer un examen. 病気に〜 se prémunir contre la maladie. 万一に〜 pourvoir à une éventualité; parer à l'imprévu; se préparer au pire. 寒さに〜 être paré contre le froid. 最善のものを備えておく réserver le meilleur. ◆ ¶備えさせる [整える・供給する] fournir; munir; garnir; pourvoir. 旅行者に必要品を備えさせる munir un voyageur du nécessaire. ◆ [装備する] doter; équiper. ¶近代兵器を備えた軍隊 régiment m doté d'armes modernes. ◆ [具備する] ¶威厳を備えている avoir de la dignité.

ソナタ sonate f. ‖バイオリン～ sonate pour violon.

ソナチネ sonatine f.

そなわる 備る ¶備わっている être garni (fourni, muni) de qc; [能力が] être doué de qc. その部屋に家具が備わっている La pièce est meublée. 彼女は天賦の才が備わっている Il est doué de dispositions naturelles. セントラルヒーティングの備わっていないアパート appartement m dépourvu du chauffage central.

そにん 訴人 accusateur(trice) m(f).

ソネット sonnet m.

そねみ 妬み ⇨ しっと(嫉妬), ねたみ(妬み).

そねむ 妬む ⇨ しっと(嫉妬), ねたむ(妬む).

その 其の ce, cet, cette, ces). ～時計は君に～能力がない Il n'est pas capable.

その 園 jardin m. エデンの～ l'Eden m.

そのうえ 其の上 encore; en outre; outre cela; bien plus; de plus; d'ailleurs; par surcroît; par-dessus le marché; voire même. 彼女は美しくないし～意地悪だ Elle n'est pas belle et même méchante. 彼は病気で～怠けものだ Il est malade, et de plus paresseux. 彼は父を失い～職を失った Son père est mort, et par surcroît il a perdu sa place. ～私に何が出来よう Que puis-je faire de plus? ¶～さらに不幸なことに pour comble de malheur. ◆ [その後] ¶～で après; ensuite. まず私に相談してから～出かけなさい Consultez-moi d'abord, et partez après.

そのうち 其の内 bientôt; un autre jour; prochainement; un de ces jours. じゃあまた～ A bientôt!/A un de ces jours! ～お会いしましょう On se reverra un autre jour. ◆ [その中で] ¶～に三名 trois de entre eux. ～の一人が助かった L'un d'eux a été sauvé.

そのかわり 其の代り en revanche; par contre; [補償として] en compensation; en récompense; [交換に] en échange; en retour. 彼は厳しいが～公平である Il est sévère, mais en revanche il est impartial. 僕が彼に本をやり、～に彼が万年筆をくれた Je lui ai offert un livre, en retour il m'a donné un stylo.

そのくせ 其の癖 cependant; pourtant; néanmoins; toutefois; malgré cela. 彼は成功したが、～満足していない Il a réussi, cependant il n'est pas content.

そのくらい 其の位 ⇨ それくらい(其れ位).

そのご 其の後 après; dès lors; depuis. ～まもなく peu après. ～彼女は彼に会っていない Elle ne l'a pas vu depuis.

そのころ 其の頃 en ce temps-là; alors. ～人生は美しかった En ce temps-là, la vie était belle. ～君は何を考えていたか Que pensiez-vous alors?

ソノシート disque m souple.

そのじつ 其の実 au fond; en réalité; [本当を言うと] à vrai dire.

そのすじ 其の筋 autorités fpl; [警察] police f. ¶～で en haut lieu. ～の語るところでは On dit en haut lieu que.... ～のお達しにより sur l'ordre de la police.

そのた 其の他 ～ A, B, C etc. ～ autre. ～の物(者) le reste. ～のこと le reste ～のことは何も知らない Pour le reste (quant au reste) je n'en sais rien. ～の人々 les autres. 鍋や～の家庭用品 casseroles fpl et [d']autres articles de ménage. ～の様々なかえ ～autres idées fpl. ～何か面白いもの autre chose d'intéressant. ～一切のもの tout le reste. ¶主演二人と～大勢 deux acteurs mpl principaux et bien d'autres.

そのたび 其の度 ¶～に [à] chaque fois toutes les fois. 彼が来る～に私たちは長く話した Chaque fois qu'il venait, nous causions longtemps.

そのため 其の為 pour cela; [結果] donc; par conséquent; [目的] à cette fin; dans ce but. 彼が出かけたのは～です C'est pourquoi il est parti.

そのつど 其の都度 ⇨ そのたび(其の度).

そので 其の手 ¶もう～には食わない On ne m'y prendra plus.

そのとおり 其の通り C'est tout à fait ainsi. C'est [juste] ça./C'est rien de le dire./[俗] Y a pas d'erreur. ¶[君の言う]～だよ Vous avez raison. ～になった C'est exactement comme ça que cela s'est passé.

そのとき 其の時 alors; à ce moment. ¶～だ On verra bien. ～から (以来) depuis; désormais; depuis lors. ～の de cette époque; de ce temps-là. ～まで jusqu'alors. ～君は何をしていましたか Que faisiez-vous alors?

そのば 其の場 ¶彼は～にいた Il s'est trouvé là (sur les lieux). 我々は～に集まった Nous nous sommes réunis à cet endroit. ～で à l'endroit; [すぐに] sur place; sur-le-champ. ～で考えよう J'y penserai le moment venu. ～～で suivant (selon) les circonstances ‖～限りの de fortune; de circonstance provisoire. ～限りの方法 moyens mpl de fortune. ～限りの約束 promesse f en l'air. ～限りのことを言う parier en l'air. ～凌ぎの方便 expédient m. それは～凌ぎに過ぎない Ce n'est qu'un expédient. ～逃れの返事をする répondre par une échappatoire.

そのはず 其の筈 ～である Cela se doit../C'est bien naturel. 彼は行かなかった、それも～だ Il n'y est pas allé et pour cause.

そのひ 其の日 ce jour-là. ¶～～の quotidien (ne); journalier(ère); de chaque jour. ～～の収入 recette f de chaque jour. ～にとれた果物 fruits mpl cueillis le jour même. ～のうちに dans la journée; au cours du même jour; le jour même. ¶～限りの切符 ticket m valable pour un jour. ～暮しをする vivre au jour le jour. ～暮しの労働者 journalier(ère) m(f).

そのへん 其の辺 là; aux alentours; dans le

coin. ~を散歩する se promener aux alentours. ~を探しなさい Cherchez par là. 彼はどこかへ出かけた Il est allé faire un tour dans le coin. ~まで御一緒に Je vous accompagne jusque-là? ¶ 僕にも~の事情がよく分らない Pour moi aussi, ce point-là reste obscur./Moi aussi, je connais mal cette affaire-là. ~で妥協しよう Restons-en là et faisons un compromis.

そのほか 其の外 ⇨ そのた(其の他).

そのまま 其の儘 ¶~にしておく laisser qc de côté. ~お待ち下さい[電話で] Ne quittez pas. どうぞ~仕事をお続け下さい Ne vous dérangez pas. ~の tel(le) quel(le); entier(ère). 開いた本を~にしておく laisser le livre ouvert. 事柄を~にしておく laisser les choses telles quelles. 部屋を~にしておけ Laissez ma chambre telle quelle. 問題は~になっている La question reste entière. ~ではすまないぞ Cela ne se passera pas ainsi. ◆[有りの儘] ¶全部~物語る raconter une histoire en son entier. 彼は私が言った~をしゃべった Il a répété ce que j'avais dit.

そのみち 其の道 ¶~の人 spécialiste mf; expert(e) m(f). ~の専門家である être expert dans ce domaine. 私は~にかけては人後に落ちない Je ne le cède à personne dans ce domaine.

そのもの 其の物 ¶静けさ~ C'était le calme même. 彼は善良~だ Il est la bonté même (en personne). ¶~自体は悪くない Les choses ne sont pas mauvaises en elles-mêmes.

そのみち ⇨ そういう, そんな.

そば 蕎麦 sarrasin m. ¶~粉 farine f de sarrasin (de millet).

そば 側[傍] ¶~に置く mettre qc à côté. ~に寄る s'approcher de. ~から口を出す se mêler de. ~から口を出すな De quoi vous mêlez-vous? ¶[近く] ¶~で de près. もっと~で見る regarder de plus près. ~に près; à côté; auprès; proche. すぐ~に tout près; tout proche. ~にいる être placé près de; voisiner avec. このすぐ~に près d'ici. 彼の~に à ses côtés. 彼は私の~に横になっている Il est couché à mes côtés. 彼はすぐ~に住んでいる Il habite tout près (à côté). ...の~に près de; auprès de; autour de; à côté de; proche de. 駅は町のすぐ~にある La gare est toute proche de la ville. 彼女はいつも私の~にいる Elle est toujours auprès de moi. ここからすぐ~です C'est à deux pas d'ici. ~まで来たので寄ってみました Comme je passais près de chez vous, je suis venu vous voir. ◆[...する間もなく] ¶彼は稼ぐ~から使ってしまう Il dépense d'un côté ce qu'il gagne de l'autre.

そばかす 雀斑 taches fpl de rousseur; lentilles fpl;【医】éphélide f; lentigo m. ¶~のある lentigineux(se). ~だらけの顔 visage m criblé de taches de rousseur.

そばだてる 欹てる ¶耳を~ dresser (tendre) l'oreille (les oreilles); ouvrir de grandes oreilles.

そばづえ 側(傍)杖 ¶...の~を食う recevoir des éclaboussures de qc. 彼はそのスキャンダルの~を食った Le scandale l'a éclaboussé.

そびえる 聳える se dresser; s'élever. 地平に~山 montagne f qui se dresse à l'horizon.

そびやかす 聳やかす ¶肩を~ ↑ hausser (lever) les épaules. 肩を聳やかして歩く marcher en roulant des épaules.

そびょう 素描 croquis m; dessin m; premier jet m;[粗描] esquisse f; ébauche f. ¶~する croquer; dessiner; esquisser; ébaucher.

そびれる 「...し~ manquer (laisser, échapper, perdre) une occasion de inf. そのことを彼に言いそびれた J'ai manqué une occasion de lui en parler.

そふ 祖父 grand(s)-père(s) m; aïeul m;【児】pépé m. 父(母)方の~ grand-père paternel (maternel). 父方と母方の~ aïeuls mpl.

ソファー sofa m; divan m. ‖~ベッド divan (s)-lit(s) m.

ソフィスティケーション sophistication f.

ソフィスティケート ¶~された sophistiqué(e); recherché(e); mondain(e); raffiné(e).

ソフィスト sophiste m.

ソフト ¶~な col m mou. ~ドリンク boisson f non alcoolisée. ~帽 chapeau(x) m mou.

ソフトウェア[コンピューター] logiciel m (d'ordinateur).

そふぼ 祖父母 grands-parents mpl. 父(母)方の~ grands-parents paternels (maternels).

ソプラノ soprano m. ¶~で歌う chanter en soprano. ‖~ボーイ [petit chanteur m] soprano. ~歌手 soprano mf.

そぶり 素振り air m; attitude f; pose f. それとなく~で知らせる faire savoir qc sous en avoir l'air. 勿体ぶる~をする prendre des airs; afficher de grands airs. そっけない~をする traiter qn froidement. 不満そうな~をする prendre un air mécontent. 彼は何くわぬ~をしているが, 実は... Il n'a l'air de rien, mais.... 彼は金がないのに困ったような~すら見せない Il ne laisse pas deviner ses problèmes d'argent. それは~だけだ Ce n'est qu'une attitude. ¶怪しげな~の男 individu m aux allures suspectes.

そぼ 祖母 grand(s)-mère(s) f; aïeule f;【児】mémé f. 父(母)方の~ grand-mère paternelle (maternelle).

そぼう 粗放 ¶~な négligent; négligé; bâclé. ~な態度 allure f négligente. ‖~農業 agriculture f extensive.

そぼう 粗暴 ¶~な brutal(aux); violent. ~な人 brute f. ~な振舞い conduite f brutale. あれは~な男だ Cet homme est une brute. ~さ brutalité f; rudesse f.

そぼく 素朴 ¶~な simple; naïf(ve); primitif(ve). ~な絵 peinture f naïve. ~な風習 mœurs fpl primitives. ~な人 Il est un homme simple. ~さ simplicité f; naïveté f.

そま 杣 montagne f boisée. ‖~人 bûcheron m.

そまつ 粗末 ¶~な grossier(ère); mauvais; humble. ~な贈物 humble (pauvre) pré-

そまる 染まる se colorer; se teinter. 血に~ se souiller de sang. 戦場血に染まっていた Le champ de bataille était teint de sang. 空は赤く染まっていた Le ciel se teintait de rouge. ◆[染料が] ¶この布はよく~ Ce tissu prend bien la teinture. ◆[感化される] ¶悪に~ se laisser aller au vice. 悪い風習に~ se laisser influencer par (contracter) de mauvaises mœurs. 過激思想に~ s'imprégner d'idées extrémistes.

そむ 染む ¶それは私の気に染まない Cela ne me plaît pas.

そむく 背く [服従しない] désobéir à; [裏切る] trahir; [反逆する] se révolter contre; se rebeller contre; [反抗する] offenser; violer; déroger à; outrager; contrevenir à; transgresser; enfreindre. 両親に~ désobéir à ses parents. 命令に~ désobéir à un ordre; transgresser des ordres. 日頃の習慣に~ déroger à ses habitudes. 慣例に~ faire dérogation à l'usage. 道理(正義)に~ violer la raison (la justice). 神に~ offenser Dieu. 良識に~ offenser le bon sens. 法に~ violer (transgresser) une loi; enfreindre une loi. 約束に~ manquer à sa parole; faillir à une promesse; violer sa promesse. ...の信頼に~ trahir la confiance de qn. 子供(友人)に背かれる être trahi par son enfant (ami). ¶...に背いて contre. 良心に背いて contre sa conscience. ...の期待に背いて contre l'attente de qn. 万人の期待に背いて contre toute attente. 両親の意志に背いて行動する agir contre la volonté de ses parents.

そむける 背ける détourner. 眼を~ détourner les yeux. 顔を~ se détourner. 彼女は軽蔑したように顔を背けた Elle s'est détournée d'un air dédaigneux.

ソムリエ sommelier(ère) m(f).

そめ 染め teinture f. 堅牢な~の bon teint. さめやすい~ faux (mauvais) teint. この生地は~がいい C'est un tissu bon (grand) teint. ‖~方 manière f de teindre. ~工合 teint m. ~粉 poudre f tinctoriale.

そめもの 染め物 ‖~屋 teinturier(ère) m(f). ~業 teinturerie f.

そめる 染める colorer; [布などを] teindre. 布を赤く~ teindre une étoffe en rouge. 髪の毛を~ se teindre les cheveux. 手を血で~ teindre ses mains dans le sang. 爪を~ se peindre les ongles. 顔を~ [赤らめる] rougir. 太陽が夕空を赤く染めている Le soleil colore le couchant. 彼女は髪を染めている Elle a les cheveux teints. 染めさせる faire teindre. ‖[掛け合い] ¶...に手を~ se mêler de qc; commencer à s'occuper de.

そもう 梳毛 [羊毛の] jarres mpl.

そもそも [まず第一に] d'abord; pour commencer; [さて] or; donc. ¶~の理由 raison f principale; première raison. 彼女とお茶を 飲んだのが~嘲馴初めだった C'est un thé pri[s] avec elle qui est à l'origine de notr[e] idylle.

そや 粗野 rudesse f; grossièreté f. ¶~な rude; grossier(ère); rustique; brutal(aux barbare; fruste. ~な男 homme m rude rustre m. ~な女 harengère f. ~な態[度] manières fpl rudes (frustes). ~に振舞う s[e] comporter grossièrement.

そよう 素養 [知識] connaissance f; [教養] culture f; [formation f]; [教育] éducation [. 外国語の~がある avoir la connaissance d'une langue étrangère. フランス文学に深い~がある avoir une connaissance approfondie de la littérature française. 彼は科学[の] 深い~がある Il a reçu une solide formation scientifique. 彼には何の~もない Il manqu[e] d'éducation.

そよかぜ 微風 brise f; [詩] zéphyr m. ~[が] 頬を無で行く La brise me caresse les joues. ~に乗って鳥の唄が聞こえてくる L[a] brise m'apporte le chant des oiseaux.

そよぐ 戦ぐ frémir; frissonner; s'agiter. ポ[プ]ラの葉が微風にそよいでいる Les feuilles de[s] peupliers frémissent sous la brise. ¶そよ[い]でいる木の葉 feuilles fpl frémissantes. 風[に] ~旗 drapeau m flottant dans le vent.

そよそよ ¶~と風が吹く Il souffle une petit[e] brise.

そら Allez!/Tiens!/Voyons!/Voilà. ~どう[？] Tiens! ~彼が来た Le voilà.

そら 空 ciel (cieux) m; air m; [詩] azur m[;] firmament m; voûte f céleste (azurée). 抜[?] けるような~ ciel dégagé. ~が明るくなる L[e] ciel se dégage (s'éclaircit). ~を見上げ[る] lever les yeux au ciel; regarder en l'air. ~[鳥] を飛ぶ voler [dans le ciel]. 鳥が~を飛んでい[る] Les oiseaux volent dans le ciel. ~に向っ[て] en l'air. ~に向って射つ tirer en l'air. ¶~[の] 旅 voyage m en avion (aérien). ~の英雄 héros m de l'air. ‖青~ ciel bleu. 曇り~ ciel nuageux (couvert). 星~ ciel étoilé. ~色 azur. ~色の azuré; bleu; bleu ciel. ◆[比喩的に] ¶~で唱える[暗記する] réciter pa[r] cœur (de mémoire). 上の~で[договあてずっぽうに]dis[?] traitement. 上の~で言う réciter. 心も~の状態 d'un air distrait. 旅の~で [途中で] en voy[-] age. ‖[空しい] 望み空~ vain (fol) espoir m. あ[?] れも~頼みとなってしまった Mais finalement c'était un vain espoir.

そらおそろしい 空恐ろしい ¶そんな事をするとは この子は将来が~ S'il fait déjà des choses pa[-] reilles, il y a de quoi être inquiet de l'ave[-] nir de cet enfant.

そらごと 空(虚)言 mensonge m; tromperi[e] f; faux m. ~を言う parler en l'air.

そらす 逸らす [方向を] détourner. 眼(顔)を~ détourner les yeux (la tête). 人の[注意]を~ détourner les soupçons (l'attention) de qn. 川の流れを~ détourner un fleuve. 話を~ détourner la conversation. ‖[避ける] ~ parer. 剣の突きを~ parer une botte. 問題を~ éluder la question. ◆[機嫌を損ねる] ¶人[?] の気を逸らさないように[注意]する veiller à n[e] pas dissiper l'attention d'autrui.

そらす 反らす [体を] se cambrer; [板などを] cambrer; rendre convexe. 胸を反らせて得意がる bomber la poitrine (le torse).

そらぞらしい 空々しい ¶~嘘 mensonge *m* évident. ~言い訳 excuse *f* mensongère (plausible). 彼の笑い声は空々しく響いた Son rire sonnait faux.

そらなみだ 空涙 ¶~を流す verser des larmes *fpl* de crocodile (commande).

そらに 空に ressemblance *f* fortuite. 彼と僕が似てるって, それは他人の~似だ Tu dis qu'il me ressemble? C'est une pure coïncidence.

そらまめ 空豆 fève *f*. ~の莢をむく écosser des fèves.

そらみみ 空耳 ¶私の~だった J'ai cru entendre quelque chose. ~を使う [聞かないふりをする] faire la sourde oreille.

そらもよう 空模様 temps *m*; ciel *m*. 険悪な~ temps menaçant. ~はどうですか Quel temps fait-il? ◆[比喩的に] ¶国会の審議は険悪な~となってきた Les débats de la Diète commencent à tourner à l'aigre.

そらんじる 諳んじる réciter par cœur.

そり 反り courbure *f*; cambrure *f*; [板の] gondolage *m*; [装甲板などの] cintre *m*. 梁の~ cambrure d'une poutre. ◆[比喩的に] ¶彼と彼女は~が合わない Il ne peut pas s'entendre avec elle. 彼らは~が合わない Ils ont des caractères incompatibles.

そり 橇 traineau(x) *m*; [小型] luge *f*. ~で行く aller en traîneau. ‖馬~ traîneau à cheval; traîneau tiré par des chevaux.

そりかえる 反り返る [人が] se rengorger; [板などが] [se] gauchir. ⇨ そる(反る).

ソリスト soliste *mf*.

そりみ 反身 cambrage *m*. ¶~になる se cambrer; cambrer la taille; se rengorger.

そりゃく 疎略 ¶~な négligé; [無作法な] impoli. ~に négligemment.

そりゅうし 素粒子 particule *f* fondamentale.

そる 剃る raser. [自分の] ひげを~ se raser. ひげを剃ってもらう se faire raser. ¶剃り立ての visage *m* rasé de frais.

そる 反る [板などが] [se] gauchir; gondoler; [反身になる] se cambrer. ¶反った板 planche *f* gauchie (gondolée).

ゾル [化] sol *m*.

ソルフェージュ solfège *m*.

それ 其れ [物] cela; ça; [人, 物] celui (ceux) -là *m*; celle(s)-là *f*; [が] ce. ~を le (la, les) *m* (*f*, *pl*). 私は~が好きだ J'aime ça. ~よりかがいい Je préfère ceci à cela. ~でいい Ça suffit. ~に限る Il n'y a que cela./C'est ou rien. ~に違いない Ça doit être ça. ~については quant à cela. ~はさておき à part. ~はそうと à propos. ~と知らず sans le savoir.

それいらい 其れ以来 depuis; depuis lors; dès lors; depuis ce temps-là. ~ずっと私は心配している Depuis je suis inquiet.

それから et; puis; ensuite; après cela (quoi); et puis après. ~どうした Et après?/Et puis après?/Et avec ça? ~間もなく peu après. ~二日後に deux jours après; au bout de deux jours. ~一年になる [それ以来] Il y a un an de cela.

それくらい 其れ位 ¶~で充分だ Comme ça, ça suffit. ~で止めよう Finissons là. ~のことで騒ぐな Ne vous troublez pas pour si peu de chose! ~のところだ C'est à peu près ça. ~は知っている J'en sais autant.

それこそ ¶~僕の考えていることだ C'est à quoi je pense./C'est justement ce que je pense. 嘘をついたのは~彼女の方だ C'est elle[-même] qui a menti.

それしき ⇨ それくらい(其れ位).

それそうおう 其れ相応 ¶~の convenable; suffisant. ~の値段 prix *m* convenable. ~の取扱い traitement *m* suffisant. ~に convenablement. ~に支払う payer convenablement.

それぞれ chacun(e). みんな~自分の家に戻った Chacun est rentré chez soi. 彼女たちは~仕事を持っている Chacune d'elles a son métier. ~いくら受取った Combien chacun a-t-il reçu? ~のは~に百円です Ces livres coûtent 100 yen chacun. 人には~やり方(好み)がある Chacun a sa manière (son goût). 人には~欠点がある A chacun ses défauts. ¶~の chaque; [それぞれに関する] respectif(ive). 人は~の気晴しを持っている Tout homme a son passe-temps. 夫婦の~の権利 droits *mpl* respectifs des époux. ~に respectivement. 私には娘が二人おります, ~二十歳と十五歳になりました J'ai deux filles; elles sont âgées respectivement de vingt et de quinze ans.

それだけ [その分だけ] ¶~更にもう~ encore autant. どっちみち~得になる C'est autant de gagné. どっちみち~多く払うことになるだろう Ce sera autant de plus à payer. ◆[益々] ¶~一層多く(少なく, 良く) d'autant plus (moins, mieux). ~一層多くやることがある J'ai d'autant plus à faire. ~一層出費が増えた Les dépenses ont augmenté d'autant. 人が多くなれば~意見もまちまちだ Autant de personnes autant d'avis. 彼は貧しかった, ~彼は懸命に働いた Il travaillait d'autant plus ardemment qu'il était pauvre. ◆[その事だけ] ¶~のことか La belle histoire! ~です C'est tout./Voilà tout. 私がお願いしているのは~です C'est tout ce que je vous demande. ~で充分美しい C'est déjà bien beau.

それだま 逸れ弾 balle *f* perdue.

それっ Hop! ¶~行け Allez, hop!/Hop là!

それっきり ⇨ それぎり, それいらい(其れ以来). その話は~になってしまった On n'a plus entendu parler de cette affaire.

それで et; donc; et puis; alors. ~どうしたの Et alors?/Eh bien?

それでは ¶~明日3時に電話を下さい Alors, téléphonez-moi demain à trois heures. ~明日会いましょう Eh bien, à demain. ~すぐ出かけましょう En ce cas (Alors), partons tout de suite. ~もうお帰りになりますか Ainsi, vous allez nous quitter? ~もう彼女に会いにやらないのだね Alors comme ça, tu ne veux plus la voir? ~一体誰がそれを持っていったのだろう Qui donc a pu emporter ça?

それでも mais; cependant; néanmoins; tout de même; quand même; toutefois; nonobstant. ~彼はあれほど金持なのに~だと欲がある Il est riche à millions et il court encore après l'argent. ~出かけねばならない Il faut partir quand même. ~彼は成功した Il a réussi tout de même. 昨日は天気が悪かったが~彼は外出した Il faisait mauvais hier. Cela ne l'empêche pas qu'il est sorti.

それどころ ~か [その上に] bien plus; [反対に] au contraire; tant s'en faut. ~彼は私が好きじゃない, ~か私を憎んでいる Il ne m'aime pas, bien plus, il me hait. ~ではない Bien loin de là./Je t'en fiche. 心配で~ではない J'ai trop de sujets d'inquiétude pour y songer. 彼が満足してるって, ~じゃないよ [とんでもない] Lui, content? Il s'en faut. ~の騒ぎじゃない J'ai d'autres chats à fouetter.

それとなく à mots couverts; sans en avoir l'air; sans avoir l'air d'y toucher. この問題について彼の意見を~聞いて下さい Demandez-lui son avis sur cette question, sans avoir l'air d'y toucher.

それとも ou; ou bien.

それなのに malgré ça; cependant; pourtant.

それならば s'il en est ainsi. ~お訊ねします Puisqu'il en est ainsi, je vous pose une question. ⇨ それでは.

それなりに [そのままに] tel(le) quel(le). ¶~しておく laisser qc tel(le) quel(le). ◆[それはそれとして] ¶~に面白い être intéressant dans une certaine mesure (dans un certain sens). 彼は~努力した Il a fait de son mieux.

それに [そして] et; [その上] d'ailleurs; au (du) reste. 私は食べなかった, ~食べる気もなかった Je n'ai pas mangé, d'ailleurs (du reste) je n'en avais pas envie.

それにしても tout de même; quand même. ~やけに興奮して Cependant; néanmoins; tout de même. ~君は可愛いな Vraiment, tu es mignonne!

それはそうと ⇨ それ(其).

それほど それ程 si; autant; aussi; tellement. ~面白い考えではない Ce n'est pas une idée si intéressante. 彼女は~美しくはない Elle n'est pas si belle qu'on le croirait. 彼女が~愛されているとは知らなかった Je ne la savais pas autant aimée. 彼は叫びもしなかったが, ~驚いていたのだ Il ne pouvait plus crier, tant il était étonné. 疲れてますか? — ~でもない Etes-vous très fatigué? — Pas tellement. ~ (の) 仕事. ~の事態になっているのですか Les choses en sont là. 私は~の厚かましさをかつて見たことがない Je n'ai jamais vu une telle impudeur. 私は~の術策を見たことがない Je n'ai jamais vu une telle ruse. 彼女との間には~になっていたのですか Vos rapports avec elle en étaient à ce point?

それまで [その時まで] jusqu'alors; d'ici là. ~には参りましょう Je finirai d'ici là. ⇨ それほど (それ程).

それゆえ それ故 donc; par conséquent; c'est pourquoi; [文頭で] aussi, ainsi. ~彼は成功した C'est pourquoi (ainsi qu')il a réussi.

それる 逸れる dévier; s'écarter de. 道を~ dévier de son chemin; [正道を] se dévoyer. 本題から~ s'écarter du sujet. つい話が逸れてしまう se laisser entraîner à des digressions. 弾丸は逸れた La balle a manqué le but.

ソロ solo (s, soli) m. ~で演奏する jouer en solo. ‖バイオリン~ violon solo.

ゾロアスター ‖~教 zoroastrisme m. ~教徒 zoroastrien(ne) m/f.

ぞろい 揃い ~の uniforme. ~の型 modèle m uniforme. ~の服を着た子供たち enfants mpl vêtus uniformément. ‖ひと~ une série. ひと~のコップ une série de verres. ボタン (皿) のひと~ assortiment m de boutons (vaisselle).

そろう 疎漏 négligence f; omission f. 許されざる~ négligence inadmissible. 客の扱いに~がないようにする éviter toute négligence dans le service des clients.

そろう 揃う ¶みんな揃っている Tout le monde est là./Nous sommes au complet. 家族全員揃っている La famille est au grand complet. 彼のアパートは設備が揃っている Son appartement est bien installé. 条件が揃った Les conditions sont réunies. 品物の揃った店 boutique f bien achalandée. 本がよく揃っている図書館 bibliothèque f bien fournie. ◆[同じである・一致する] ¶高さ (背丈) が揃っている être de même hauteur (taille). きれいに揃って (並んでいる) 本 livres mpl bien rangés.

そろえる 揃える [並べる] ranger. 本 (靴) を~ ranger des livres (des chaussures). 書類を~ mettre de l'ordre dans des papiers. 両足を揃えて跳ぶ sauter à pieds joints. [整える] arranger. 道具を~ s'outiller. 必要な書類を~ se munir de papiers nécessaires. 資料を (取り)~ recueillir (rassembler, se procurer) des documents. ◆[同じにする・合わせる] ¶色調を~ uniformiser une teinte. 帽子を服に~ assortir un chapeau à une robe. 歩調を~ marcher du même pas. 髪を(切り)~ égaliser les cheveux. 家族全員が顔を揃えた La famille était au grand complet. 足並が揃わない perdre le pas. 歩調を揃えて進む pas. …と歩調を揃えて行動する se mettre à l'unisson de qn. 声を揃えて d'une seule voix. 声を揃えて歌う chanter à l'unisson.

そろそろ [静かに] doucement; [ゆっくり] lentement; [少しずつ] peu à peu; petit à petit; pas à pas. ~歩く marcher doucement. …の後を~とついて行く suivre qn pas à pas (doucement). ~[やがて・ぼつぼつ] bientôt. ~お昼だ Il est presque midi. ~仕事にかかろうか On s'y met?

ぞろぞろ [引き続いて] successivement; [次から次へと] l'un après l'autre; les uns après les autres. 子供の集団が~入って来た Un groupe d'enfants est entré à la queue leu leu. 観光客が~歩いている Il passe un cortège de touristes.

そろって 揃って ensemble; [同時に] à la fois; [一致して] à l'unisson; à l'unanimité; unanimement. ~賛成 (反対) する approuver

そろばん (refuser, repousser) à l'unanimité. 彼らは～帰った Ils sont revenus ensemble. 彼らは～同時に着いた Ils sont arrivés en même temps. 揃いも～呆れた連中で Ce sont tous des imbéciles.

そろばん 算盤 boulier compteur m; abaque m. ～をはじく se servir du boulier compteur; [損得を計算する] calculer. ¶～の合う avantageux(se); bien payé. それは～の合う仕事だ C'est un travail bien payé./Cela rapporte bien. ～の合わない désavantageux(se); mal payé. ¶彼は何事も～ずくだ En toutes choses, il calcule ses pertes et profits.

そろめ ぞろ目 ¶～が出る faire coup double aux dés.

ソロモン【聖】Salomon m.

そわせる 添わせる ¶娘を人に～ marier sa fille à (avec) qn.

そわそわ ¶～する frétiller; [動き回る] s'agiter. うれしくて～する frétiller de joie. 待ち切れずに～する avoir des fourmis dans les jambes. ～している être remuant (agité). ～して avec agitation; nerveusement.

ソワレ【服飾で】tenue f de soirée./[夜間興行で]～の部で en soirée.

そん 損 perte f; [欠損] déficit m; [不利] désavantage m. 金銭の～ perte d'argent. 何の～もない ne perdre rien. ～を承知で à son détriment. ¶～[を]する subir une perte; perdre. 株で～する perdre sur une action. 大～を蒙る essuyer de grandes pertes. 十万ユーロの～をする faire une perte de (en cent mille euros. 私は百ユーロをした J'en suis pour cent euros. 待っていても～はしませんよ Vous ne perdez rien pour attendre. あの人を知らないの、知らなくても別に～はしないけど？ Tu ne le connais pas? Tu n'y perds rien. ～をさせる faire subir une perte. 人に～をさせる au détriment de qn. ～な(になる) désavantageux(se); ingrat. ～な努力 tâche f ingrate. 人に～な印象を与える se montrer à son désavantage. ～な仕事をする travailler à perte. ～な条件に à des conditions défavorables. 彼は～な星だ Il est né sous une mauvaise étoile. 彼は～な質(たち)だ La chance ne lui sourit jamais. ¶骨折り～に終わる finir pour sa peine; perdre sa peine. 私は骨折り～をした J'en suis pour ma peine. 丸～ perte sèche.

そんえき 損益 profits mpl et pertes fpl. ¶～勘定 compte m des profits et pertes. ～対照表 bilan m. ～分岐点 seuil m de rentabilité.

そんかい 村会 conseil m municipal. ～を開く tenir le conseil municipal. ¶～議員 conseiller m municipal.

そんがい 損害 dommage m; dégâts mpl; ravage m; [迷惑] préjudice m; tort m; [損失] perte f; [船, 船荷の] avarie f. 火災による～ dommages causés par le feu. ～を蒙る subir des dommages (des dégâts, des pertes); être endommagé; [損傷] être abîmé. ～を取戻す retrouver son compte. ～を認める constater les dégâts. ～を賠償する indemniser (dédommager) qn d'une perte. ～を与える faire du mal à; endommager; ravager; faire du tort à; causer un préjudice à; nuire à. 台風が葡萄園に～を与えた Le typhon a endommagé les vignes. 大した～もなく切抜ける s'en tirer à bon compte. 自己の～に於て à son détriment. ¶～高 montant m des dégâts. ～保険 assurance f contre les dommages.

そんがいばいしょう 損害賠償 dédommagement m; réparation f; hommage m; [敬意] considération f; hommage m; [敬意] considération f; [崇拝] vénération f; révérence f. …に～の念を抱く être respectueux (se) envers qn. ～の念を抱かせる inspirer le respect. ～を受けている jouir de l'estime. ¶～する respecter; estimer; honorer; avoir des égards pour; avoir de l'estime pour; avoir de la considération pour; considérer; avoir du respect pour; mettre en honneur; vénérer; révérer. 両親を～する respecter ses parents. 互いに～する se respecter; s'estimer. 彼はすべての同僚に～されている Il est respecté (a l'estime) de tous ses collègues. ～すべき respectable; estimable; honorable; vénérable. ～に値する人物 personne f digne de respect (vénérable). ～の念に満ちた révérenciel(le). ～の念をもって avec respect.

そんけい 尊敬 respect m; estime f; égard m; considération f; hommage m; [敬意] considération f; [崇拝] vénération f; révérence f. …に～の念を抱く être respectueux(se) envers qn. ～の念を抱かせる inspirer le respect. ～を受けている jouir de l'estime.

そんげん 尊厳 dignité f; majesté f; respectabilité f. 自然の～ majesté de la nature. 法の～ respectabilité de la loi. 人間の～ dignité de la personne humaine. 人間の～を傷つける porter atteinte à la dignité de l'homme.

そんざい 存在 existence f; être m; présence f. 神の～ existence de Dieu. 神の～を信じる croire en Dieu. 彼は～を認められた Il est reconnu. ¶～する exister; être; se trouver. 神は～する Dieu existe. 太平洋に～する島 île f qui se trouve dans l'océan Pacifique. 記憶に～している事柄 affaire f présente à la mémoire. ¶非～ non-être m; non-existence f. ～物者 être m. ～理由 raison f d'être. ～論 ontologie f.

そんざい ～な négligent; grossier(ère); [失礼な] impoli. ～な仕事 travail m bâclé (fait à la va-vite). ～に négligemment; grossièrement; sans soin; à la va-vite; à la diable; par-dessous la jambe; [不作法に] impoliment. 字を～に書く griffonner. 仕事を～にする bâcler un travail.

そんしつ 損失 perte f; dommage m; ravage

m; hémorragie *f*. 人命の〜 pertes en hommes (en vies humaines). 〜を受ける subir une perte (un dommage). 〜を与える infliger des pertes; causer un dommage. 彼の死は国家にとって大きな損失であった Sa mort a été une grande perte pour la nation. 戦争が人命の〜の原因であった Les guerres ont causé des hémorragies. ¶ 会社に〜を与える過失 erreur *f* dommageable (nuisible) à une entreprise.

そんしょう 尊称 titre *m* honorifique (d'honneur).

そんしょう 損傷 détérioration *f*; dommage *m*; [輸送中の] avarie *f*. 〜を与える causer du dommage; détériorer. 〜を賠償する payer les détériorations. 〜を受ける subir des avaries (un dommage). 商品はかなりの〜を受けた Les marchandises ont été considérablement avariées. ¶ 〜した商品 marchandises *fpl* avariées.

そんしょく 遜色 〜[...]に較べて〜がある le céder à *qn* en *qc*; être inférieur à. 彼は体力では誰にも〜がない Il ne le cède à personne en force physique.

そんじょそこら 〜の ordinaire; médiocre. この品は〜の物と訳が違う C'est un article qu'on ne peut pas trouver n'importe où. 彼は〜の者と出来が違う Il est fait d'un autre limon (d'une autre étoffe).

そんじる 損じる ¶ 茶器を〜 briser (abîmer) une tasse à thé. 機嫌を〜 vexer *qn*. ⇨ そこなう(損う).

ぞんじる 存じる [知る] savoir; connaître; [考える] penser; croire.

そんぞく 存続 persistance *f*; [継続] durée *f*. ¶ 〜する subsister; rester; [持続的に] durer; [熱、香りなど] persister; [生き残る] survivre. 古い風習が田舎に〜している De vieilles coutumes subsistent dans les campagnes. 〜させる faire subsister; maintenir. 秩序を〜させる maintenir l'ordre.

そんぞく 尊属 ascendants *mpl*; parents *mpl* en ligne directe. ‖ 〜殺人[罪] parricide *m*. 〜殺人者 parricide *mf*.

そんだい 尊大 arrogance *f*; insolence *f*; morgue *f*; †hauteur *f*. ‖ 〜な arrogant; insolent; †hautain; magistral(aux). 〜な調子で d'un ton magistral. 〜な調子で物を言う prendre un ton hautain. 〜な態度で人をあしらう se montrer arrogant avec *qn*. 〜に arrogamment; avec hauteur; †hautainement. 〜に構える faire l'important. 《俗》bêcher.

そんたく 忖度 ¶ 〜する pénétrer; deviner; présumer; conjecturer. ...の気持を〜する pénétrer les intentions de *qn*. ...の心中を〜する deviner la pensée de *qn*. あれこれと〜する se perdre en conjectures.

そんちょう 尊重 respect *m*; estime *f*; considération *f*. 法の〜 respect de la loi. ¶ 〜する respecter; estimer; apprécier. 人を〜する tenir *qn* en estime. 人のやり方を〜する apprécier les actes de *qn*. 〜すべき respectable; estimable. 〜して avec respect.

そんちょう 村長 maire *m*. 〜を務める exercer les fonctions de maire. ‖ 〜夫人 mairesse *f*.

ゾンデ sonde *f*. ¶ 〜を入れて調べる sonder *qc*. ‖ ラジオ〜 radiosonde *f*.

そんどう 村道 chemin *m* vicinal.

そんとく 損得 profits *mpl* et pertes *fpl*. この際〜など問題ではない A présent, il ne s'agit pas de calculer. ‖ 〜ずくで par intérêt. 〜づくの結婚 mariage *m* d'intérêt. 〜抜きで avec désintéressement.

そんな tel (telle, tels, telles); pareil(le); semblable. 〜こと cela; ça; rien. 〜ことがあるなら si ça se trouve. 〜ことはない Ce n'est pas vrai. / Il n'en est rien. 〜ことは知っている Je n'en sais autant. 〜ことはやりません Je n'en ferai rien. 私は〜ことは言わなかった Je n'ai rien dit de semblable. 〜ことうでもない Cela (Ça) ne fait rien. 〜ことは考えたこともない Je n'en ai aucune idée. 〜こてであったなら Ne te trouble pas pour si peu (de choses). 〜ところは C'est à peu près cela. ¶ 〜時は en un pareil moment; alors. 〜場合は en pareil cas. 彼女の決心は〜風だ Telle est sa décision. 彼女はかつては〜風ではなかった Elle n'était pas alors 〜風に comme ça; ainsi. 〜風に彼は言った C'est ce qu'il a dit. お前達、〜風にするものではないよ Mes enfants, ce n'est pas ainsi qu'on fait. 〜ことなら s'il en est ainsi.

そんなに autant; ainsi; aussi; si; tellement. 〜大きい 〜大きくない Il n'est pas aussi grande. 彼に〜移り気じゃない Il n'est pas si capricieux. 彼は〜は待っていない Il n'en a pas autant. 〜あわてるな Ne t'agite pas ainsi. ¶ 〜までに à tel point.

そんぱい 存廃 maintien *m* ou abolition *f*.

そんぴ 存否 ‖ 制度の〜を議する discuter de l'abolition d'un système. 彼の〜が案じられる Je me demande avec inquiétude s'il est encore vivant.

ゾンビ zombie *m*; zombi *m*.

ソンブレロ sombrero *m*.

ぞんぶん 存分 ¶ 〜に suffisamment; à fond; tout *son* soûl; sans réserve; autant qu'on veut. 〜に...する ne pas se gêner pour *inf*. 〜に飲む boire tout *son* soûl. 〜に食べる manger à *sa* faim. 〜に遊ぶ s'amuser à cœur joie. 〜に調べる examiner à fond.

そんぼう 存亡 ‖ それは我が社に関わる問題だ C'est une affaire qui décide du sort de notre entreprise. ‖ 危急〜の時に au moment critique.

そんみん 村民 villageois(e) *m(f)*.

ぞんめい 存命 〜で être vivant; être en vie. ‖ 〜中 de *son* vivant; du vivant de *qn*.

そんゆう 村有 ¶ 〜の communal(aux).

そんらく 村落 village *m*; †hameau(x) *m*.

そんり 村吏 fonctionnaire *m(f)* communal(e).

そんりつ 存立 existence *f*; persistance *f*. 〜する exister; subsister; se maintenir. 我が社が〜する限り aussi longtemps que durera notre maison.

そんりょう 損料 [prix *m* de] location *f*. 〜を払って借りる prendre *qc* en location.

た

た 他 ¶～は推して知るべし Cet exemple permet de comprendre tout le reste. ～の他. 彼女より幼い～の子供たち d'autres enfants *mpl* plus jeunes qu'elle. ～の人々 les autres *mpl* [personnes *fpl*]. ～の例 autre exemple *m*. ～に…すべき手段がない Il n'y a pas d'autre moyen pour *inf*.

た 多 ¶ご好意を～と致します Je vous sais bon gré de votre bienveillance.

た 田 rizière *f*. ～に水を引く irriguer des rizières. ～を耕す labourer une rizière.

ダーク ¶～な [黒っぽい] sombre. ‖～ブルー bleu *m* sombre. ～スーツ [地味な色の] costume *m* sombre.

ダークホース outsider *m*. この選挙では彼がーだ Dans cette élection, il fait figure d'outsider.

ターゲット cible *f*; but *m*; objectif *m*.

ダース douzaine *f*. 鉛筆1(半)～買う acheter une douzaine (une demi-douzaine) de crayons. 1～単位で売る vendre *qc* à la douzaine.

タータン[チェック] 〘服〙 tartan [tartɑ̃] *m*; écossais *m*. ¶～の巻きスカート kilt [kilt] *m*.

ダーツ pince *f*. ～に～を取る faire des pinces à *qc*; 〘ゲーム〙jeu *m* de fléchettes.

タートルネック ⇨ とっくり(徳利).

ターニングポイント charnière *f*. ¶～となる時 période *f* charnière. ～となる作品 œuvre *f* charnière. あそこが～だった C'était un tournant (un moment décisif).

ターバン turban *m*. ～を巻いている porter un turban.

ダービー derby *m*.

タービン turbine *f*. ‖水力(ガス, 蒸気)～ turbine hydraulique (à gaz, à vapeur).

ターボ turbo *m*. ‖～エンジン turbomoteur *m*. ～ジェット turboréacteur *m*. ～車 turbo *m*. ～チャージャー turbocompresseur *m*.

ターボジェット turboréacteur *m*.

ターボプロップ turbopropulseur *m*.

ターミナル [終点] terminus *m*; gare *f* (station *f*) terminus. ‖バス～ terminus de gare routière. ～デパート grand magasin *m* de la gare. ～ビル [空港の] aérogare *f*.

ターメリック 〘植〙 curcuma *m*.

タール goudron *m*. ～を塗る goudronner.

ターン [水泳] virage *m*. ¶～する virer. Ūする faire demi-tour. ‖バス～を思ってしたことで, それは全くーを成していない Ça ne ressemble à rien.

たい 対 ¶～で勝負する jouer une partie sans handicap; [一対一で戦う] faire un duel. 誰～誰の試合ですか [点数制のゲーム] Qui va jouer?/[ボクシング] Qui va boxer? AB[の試合]です C'est A contre B. 3～1で明治がリードしている Meiji mène [par un score de] trois à un. 決議は 15～9 で可決された La résolution a été votée à quinze voix contre neuf. ‖～米貿易 commerce *m* avec les Etats-Unis.

たい 態 [文法] voix *f*. ‖能(受)動～ voix active (passive).

たい 隊 équipe *f*; groupe *m*; [労働者などの班] escouade *f*; [軍隊] troupes *fpl*; corps *m*. ～を組む former une troupe (un groupe). ～を組んで en troupe (groupe). ‖救援～ équipe de secours.

たい 鯛 dorade *f*; pagel *m*. 「腐っても～」 «Les perles, quoique mal enfilées, ne lissent pas d'être précieuses.»

-たい 〘…し〛 avoir envie de *inf*; désirer *inf*; espérer *inf*; avoir l'intention de *inf*. 私に何をしてもらい～のですか Que voulez-vous de moi? 私達に少し休息を与えてもらい～ Nous désirons qu'on nous permette de prendre un peu de repos. ちょっと話し～ことがあります J'ai quelque chose (un mot) à vous dire. 一言申し上げ～のですが Je désirerais (voudrais) vous dire un mot. 汽車にし～な J'aime mieux prendre le train. 嫌になっちゃった, 死んじまい～よ J'en ai ras le bol, j'ai envie de me flinguer. お話したかったのですが J'aurais voulu vous parler. そうしたければどうぞ Comme il vous plaira. ～に死ぬ mourir d'envie de *inf*. 私はその事を彼に言いたくてたまらなかった Je mourais d'envie de le lui dire. 今夜は外出したくない Je n'ai pas envie de sortir ce soir.

タイ [ネクタイ] cravate *f*. ‖ボー～ nœud *m* de papillon. ◆[スポーツで] ～である [スコアが] être à égalité. ～になる(する) égaliser [le score]. 世界～記録を出す égaliser le record du monde. ‖～ブレーク jeu *m* décisif. ◆[音楽で] liaison *f*.

だい 代 [時期] temps *m*; [治世] règne *m*; [世代] génération *f*. あの店は～が変わった [経営者が] Cette maison a changé de mains; [息子が後を継いだ] C'est le fils qui tient le commerce. あの人の～になってから店は落ち目になった Depuis qu'il est à la tête de cette affaire, elle bat de l'aile. 3～にわたって私のところで この仕事をしている Nous faisons ce métier depuis trois générations. 父親の～に du vivant de *son* père. ルイ14世の～に sous le règne de Louis XIV. ‖これが7分の2～目です Voici mon aîné. 彼は何～目の大統領ですか? －3～目です Combien de présidents y avait-il avant lui? — Il y en avait deux. ‖ ◆[年齢・年代] 同年～である être du même âge. ◆[代金] ¶お～はいくらですか Combien cela coûte-t-il?/C'est combien?/[ホテルなどで] A quel prix? ¶車～[謝礼] petite rémunération f; [交通費] frais mpl de déplacement. 親から本～をもらう recevoir de ses parents un pécule pour les livres. 洋服～ frais d'habillement.

だい 台 [物を載せる] table f; [柱, 彫像, 時計, 花瓶などの] socle m; piédestal(aux) m; [軍用などの飾り台] gaine f; [支え] support m. ‖ 玉突き[賭博, 手術]～ table de billard (de jeu, d'opération).

だい 大 ¶《～は小を兼ねる》«Qui peut le plus peut le moins.» ～の字になる s'étendre (s'étaler) de tout son long. よく～を成す (se rendre) célèbre; se faire connaître. 声を～にする élever (hausser) la voix. ～なり小なり plus ou moins. ‖～芸術家 grand(e) artiste m(f). ～な惨事 terrible (effroyable) accident m; catastrophe f. ～な事業 grande entreprise f. ～な損害 grandes pertes fpl; grands dommages mpl. ～な問題 sujet m grave; affaire f sérieuse. ◆¶～の男がそのさまは何だ Vous n'avez pas honte pour une grande personne! ～の映画ファン grand amateur m de cinéma. ...と～の仲良しである au mieux avec qn. 彼等は～の仲良しだ Ils sont très intimes. ◆[大きさ] こぶし～のかたまり morceau(x) m gros comme un poing. 実物～の銅像 statue f grandeur nature.

だい 題 [題名] titre m; [...という～である S'intituler «......». その映画は～何という～ですか Comment s'intitule (s'appelle) ce film? ～をつける intituler qc; donner un titre à qc. ¶...という～の映画 film m intitulé «......».

だい- 第- ⇒付錄.

-だい ¶このネクタイの値段は千円～だった Cette cravate m'a coûté dans les mille yen. ドルは 200 円～を割りきわだった Le dollar est tombé au-dessous de 200 yen.

たいあたり 体当り ¶～する se jeter (se lancer) contre; [立向う] s'attaquer à qc; [必死で] se jeter (s'élancer) à corps perdu dans qc. 困難に～する s'attaquer à une difficulté. 一か八か～する jouer son va-tout. ～でドアを破る enfoncer une porte avec un coup d'épaule.

タイアップ ¶～する s'associer avec (à) qn; coopérer à qc. ...と～して de concert avec qn.

ダイアナ [ロ神] Diane.

ダイアリー journal(aux) m; [備忘録] agenda m.

ダイアローグ dialogue m.

たいあん 対案 contre-proposition f. ～を練る élaborer une contre-proposition.

だいあん 代案 plan m (solution f) de rechange.

たいい 体位 [体格] constitution f physique; [姿勢] posture f. ‖国民の～向上をはかる améliorer la constitution physique de la population.

たいい 退位 abdication f. ～を迫る obliger qn à abdiquer. ～を余儀なくされる être obligé d'abdiquer. ¶～する abdiquer.

たいい 大尉 [陸, 空軍] capitaine m; [海軍] lieutenant m de vaisseau.

たいい 大意 [要旨] point m essentiel; [概略] aperçu m; [要約] résumé m. ～を述べる raconter qc à grands traits; résumer qc.

たいいく 体育 éducation f (culture f) physique. ～を奨励する encourager l'éducation physique. ‖～会 club m sportif. ～館 gymnase m.

だいいし 台石 socle m; piédestal(aux) m; [小さいもの] piédouche m.

だいいち 第一 ～の premier(ère); [初期の] primaire; [最初の] initial(aux); [原始の] primitif(ve); [主要な] principal(aux); [すぐれた] de premier ordre (rang). ～に premièrement; d'abord; en premier lieu; primo ‖～印象 première impression f. ～義 [肝心な点] point m essentiel; essentiel m. ～義的な問題 question f fondamentale. ～原因 [哲] cause f première. ～次世界大戦 première guerre mondiale. ～段階 la première étape. ～党 majorité f. ～放送 première chaîne f. ～ラウンド [ボクシングで] premier(ère) round m (reprise f). ～[何よりもまず] 何事も忍耐が～だ Ce qui compte avant tout, c'est la patience. ～の彼の態度が気に入らない D'abord il n'aime pas son attitude. ～に avant tout (toutes choses). ～に...する [最初に] être le premier (la première) à inf ‖「安全～」«Sécurité avant tout.»

だいいちにんしゃ 第一人者 le premier personnage; as m; [巧妙な技の] champion(ne) m(f). ～である occuper le premier rang dans qc; n'avoir point d'égal; être le (la) champion(ne) de qc.

だいいっき 第一期 la première période (phase); [医] premier degré (stade). ‖～生 élèves mpl (étudiants mpl) de la première promotion. ～納税分を払う s'acquitter du premier versement partiel de l'impôt.

だいいっせい 第一声 ～彼の帰国の～はであった Dès son arrivée, il a déclaré que ind.

だいいっせん 第一線 ⇒ぜんせん(前線). ～で働いている人達 gens mpl qui travaillent dans une profession de pointe. ～にいる [戦場] être au (sur le) front; [活躍している] être en pleine activité.

だいいっぽ 第一歩 les premiers pas mpl; début m; commencement m. ～を踏み出す faire les premiers pas; débuter dans qc; commencer qc. この歌手はキャバレから歌の世界に～を踏み出した Ce chanteur a fait ses débuts dans les cabarets.

たいいほう 対位法 contrepoint m.

たいいん 退院 ～する sortir de l'hôpital. ‖～時に sa sortie de l'hôpital. ～の～である être membre de; faire partie d'une équipe.

たいいん 代印 ～する apposer (mettre) son sceau à la place de qn.

たいいんれき 太陰暦 calendrier m lunaire.

たいえい 退嬰 ～的な rétrograde; conservateur(trice); réactionnaire.

たいえき 体液 humeurs *fpl*.
たいえき 退役 retraite *f* [du service]. ¶～する quitter le service; prendre *sa* retraite. ～した retraité; ʰhors de service. ‖～将校 officier *m* retraité.
ダイエット diète; régime *m* [amaigrissant]. ¶～する faire la diète (un régime [pour maigrir]). ～している être à la diète; être au (suivre un) régime. ‖～シュガー sucrette *f*. ～食品 aliments *mpl* diététiques.
たいおう 対応 correspondance *f*; [左右均斉] symétrie *f*; [類似] parallélisme *m*; 《数》 homologie *f*. ¶～する correspondre à; répondre à; [対抗する] faire face à. 二つの相似三角形の～する辺 côtés *mpl* homologues de deux triangles semblables. その英語に～する日本語が見つからない Je cherche en vain un mot de notre langue correspondant à ce terme anglais. オーケストラでは，それぞれの楽器が～し合っている Dans un orchestre, les instruments se répondent. 交通事情に～した手を打つ prendre des mesures pour faire face aux problèmes de la circulation. ‖～策を迫られる être acculé à trouver un remède.
だいおう 大王 ¶アレキサンダー～ Alexandre le Grand. フレデリック～ Le Grand Frédéric.
だいおう 大黄 rhubarbe *f*.
だいおうじょう 大往生 ¶～をとげる mourir de sa belle mort; avoir une belle mort.
ダイオード diode *f*.
ダイオキシン 《化》 dioxine *f*.
たいおん 体温 température *f* [du corps]. ¶～が上がる(下がる) La température monte (descend). 彼の～は37度5分ある Sa température est de 37°5 (de 37 degrés). ‖～計で～を計る prendre la température de *qn* avec un thermomètre médical.
だいおんきょう 大音響 ¶～と共に崩れ落ちる s'écrouler avec fracas.
だいおんじょう 大音声 ¶～で d'une voix de stentor; d'une voix tonitruante (tonnante).
たいか 対価 《法》 équivalent *m*.
たいか 耐火 ¶～[性]の résistant au feu; à l'épreuve du feu; ignifuge. ‖～建築 construction *f* à l'épreuve du feu. ～粘土 argile *f* réfractaire.
たいか 大家 [巨匠] grand maître *m*; [専門家] spécialiste *mf*; expert(e) *m(f)*; [特に音楽の] virtuose *mf*. 日本画壇の～たち les maîtres de la peinture japonaise. ...の～である être maître dans le métier de *qc*. ～の絵 tableau(x) *m* de maître. ～の風格 avoir toute la grande allure d'une sommité. その道の～の言によれば au dire des experts.
たいか 大火 grand incendie *m*; embrasement *m*. 私はあの～で焼け出されたのです J'ai perdu mon logement dans ce grand incendie.
たいか 大過 ¶...と言っても～なかろう On n'aurait pas tort de dire que *ind*./Il ne serait pas faux de dire que *ind*. ～なく sans commettre d'erreur (de faute) grave.
たいが 大河 fleuve *m*. ‖～小説 roman-fleuve *m*.
だいか 代価 prix *m*. ⇨ だいきん(代金). ¶～として[...を犠牲にして] au prix de *qc*. 我が軍は高い～を払ってこの勝利を得た Nos troupes ont payé cher cette victoire.
たいかい 退会 départ *m*. ¶～する quitter une association.
たいかい 大会 grande réunion *f*; [政治的, 学術的な] congrès *m*; [総会] assemblée *f* générale. ～を開く tenir (organiser) une grande réunion (un congrès). ‖第30回記念～ trentième tournoi *m* commémoratif. 競技～ grande réunion sportive. 来月, いくつかの政党が毎年恒例の党～を行う Plusieurs partis politiques tiendront leur congrès annuel le mois prochain.
たいかい 大海 océan *m*; [沖] large *m*; ʰhaute mer *f*. ¶「井の中の蛙を～を知らず」 Il bien de son pays./Il n'a jamais vu que son clocher.
たいがい 対外 ¶～的な extérieur; [国際的] international(aux). ‖～関係 relations *fpl* extérieures. ～経済援助 aide *f* économique extérieure. 日本の～経済協力 coopération *f* économique du Japon avec les pays en voie de développement. ～政策 politique *f* extérieure. ～貿易 commerce *m* extérieur.
たいがい 大概 [一般に] généralement; en général; [たいていの場合] le plus souvent. 私達は～12時半に昼食をとる D'ordinaire (En général), nous déjeunons à midi et demi. ～いつも presque toujours. ～の場合は le plus souvent; dans la plupart des cas. ～[あらまし] grandes lignes *fpl*; [大ざっぱに] en gros; presque; à peu près. 彼等なら私は～知っている Je les connais presque tous. ～の peut-être; probablement. ～これでは雨になるだろう Il pleuvra peut-être./Peut-être qu'il pleuvra./Peut-être pleuvra-t-il. ～[程度・分量]～にしてもらいたいね Ça commence à bien faire. ～にしろ Ça suffit.
だいかいてん 大回転 [スキーの] slalom *m* géant.
たいかく 体格 constitution *f* physique; physique *m*. 立派な～をしている être d'une constitution robuste; être de fort corpulence. 貧弱な～をしている être d'une constitution chétive. ‖～検査を受ける passer un examen médical.
たいかく 対角 《数》 angle *m* opposé. ‖～線 diagonale *f*. ～線を引く tracer les diagonales.
たいがく 退学 ¶～する arrêter *ses* études. ‖～処分にする(になる) renvoyer (être renvoyé) *qn* de l'école.
だいがく 大学 [総合] université *f*; [分科

だいがく [短大] collège m universitaire à cycle court. ~に入る(出る) entrer à (sortir de) l'université. ¶~の universitaire f. 国立(私立)~ université d'État (privée). 明治(東京)~ Université Meiji (de Tokyo). ~院 cours m post-universitaires. 博士課程~ cours de maîtrise (de doctorat). ~教育 enseignement m (éducation f) universitaire. ~教授 professeur m d'université. ~生 étudiant(e) m(f). ~総長 recteur m. ~卒業(出) diplômé(e) m(f) d'université. ~出の diplômé m d'université. ~紛争 agitation f universitaire (étudiante). ~町 ville f universitaire; [街] quartier m universitaire.

だいかこ 大過去 [文法] plus-que-parfait m.

ダイカスト moulage m par pression.

たいかつ 大喝 ¶~する fulminer contre qn; tonner contre qn.

たいかん 耐寒 ~[性]の résistant au froid; à l'épreuve du froid. ¶~訓練をする s'entraîner au froid.

たいかん 戴冠 ¶~式 couronnement m. ~式の行なわれた日 jour m où le roi fut couronné.

たいかん 退官 démission f. ¶~する prendre sa retraite; [要職などを] quitter ses fonctions; [辞職する] se démettre de ses fonctions.

たいかん 大患 [心配事] grands soucis mpl. ⇒ たいびょう(大病).

たいかん 大観 [概観] vue f d'ensemble; aperçu m; panorama m; [眺め] ⇒ てんぼう (展望). ¶国際情勢を~する faire un tour d'horizon de la situation internationale.

たいかん 大鑑 [「邦楽~」] Encyclopédie de la musique traditionnelle du Japon.

たいがん 対岸 rive f opposée; l'autre rive. ¶~の火事だと思って勝手なことを言っているね [第三者が] (Elle) en parle à son aise. [相手が] Je voudrais vous y voir.

たいがん 大願 désir m (vœu m) ardent. 彼の~は成就した Son ardent désir a été exaucé.

だいかん 大寒 fort m (cœur m) de l'hiver; époque f des grands froids.

たいき 待機 ¶~する se tenir prêt; [部署につく] être en place. ...するまで~する attendre que sub (de inf). 警官隊はデモにそなえて~している La police est déjà en place pour la manifestation. ¶私は自宅で~を命ぜられた J'ai été mis au chômage temporaire.

たいき 大器 [逸材] grand talent m; [天才] grand génie m. ¶~は晩成す Les grands talents mûrissent tard.

たいき 大気 atmosphère f; [空気] air m. ¶~汚染 pollution f atmosphérique. ~圏 atmosphère f terrestre. ~圏外 dans l'espace. ~中に dans l'air.

たいぎ 大儀 ¶~な [嫌な] ennuyeux(se); embêtant; [疲れる] fatigant. 見るのも~な映画 film m ennuyeux. ~なこと complications fpl. どうも~な Ça ne me dit rien. 何をするのも~なんだ II Je n'ai pas envie de rien faire! ~そうに働く travailler mollement.

たいぎ 大義 grande obligation f morale;

[忠義] loyauté f; [正義] justice f. ¶それでは私の~名分が立たない Ça ne suffit pas à me justifier. それには(のために)~名分がいるだろう II faudrait un bon prétexte (une bonne cause) pour cela. ...という(...するという)~名分で sous prétexte de qc (de inf).

だいぎ 台木 [接木の] sujet m; porte-greffe m inv.

だいぎいん 代議員 représentant(e) m(f); délégué(e) m(f); [集合的] délégation f.

たいぎご 対義語 [反対語] antonyme m; [対語] association f de mots.

だいぎし 代議士 député m; [国会議員] membre m de la Diète([仏, 英]du Parlement, [米]du congrès). ~に立候補する se présenter à la députation. ~に選出される être élu député. ¶前社会党~ ancien député socialiste. 婦人~ femme député f.

だいぎせい 代議制 système m représentatif. ¶~政体 gouvernement m représentatif.

だいきぼ 大規模 ¶~な建築物 édifice m grandiose. ~な計画 projet m de grande envergure.

たいきゃく 退却 retraite f; [後退] recul m; [軍] repli m. 戦略的(予定)の~ retraite stratégique (conforme à un plan préparé). 軍隊の~を援護する protéger la retraite d'une armée. ¶~する battre en retraite; se replier. ~中の軍隊 armée f en retraite.

たいぎゃく 大逆 lèse-majesté f; [スパイなどの国家反逆] †haute trahison f. ¶~事件(罪) affaire f (crime m) de lèse-majesté.

たいきゅう 耐久 [長距離] ~競争 [自動車] épreuve f d'endurance. ~建築 construction f durable. ~力 endurance f; [物の] résistance f. ~力がある avoir de l'endurance (de la résistance); être endurant (résistant). 彼にはこの登山をするのに十分な~力がある II est assez endurant pour faire cette ascension. ~力に欠ける manquer d'endurance (de résistance).

だいきゅう 代休 ¶~をとる prendre un congé compensatoire.

だいきゅうし 大臼歯 grosses molaires fpl.

たいきょ 退去 évacuation f; [撤退] retrait m. ¶~する quitter qc; se retirer. 警官はデモ隊を道路から~させた La police a fait évacuer la rue aux manifestants. 空襲を恐れて, 人々は子供たちを町から~させた Par crainte de bombardements, on a évacué les enfants de la ville. ¶国外~を命ぜられた外国人 étranger(ère) m(f) expulsé(e). ~命令 décret m (ordre m) d'expulsion.

たいきょ 大挙 ¶~して en grand nombre; en foule; en masse; [優勢な力で] en force. 私達は~して彼に会いに行った Nous sommes allés en foule le voir. ~を率いて(押寄せる) attaquer (venir) en nombre (en force).

たいきょう 胎教 ¶子供に対する良い教育は~から始めなければならない Une bonne éducation doit commencer dès le sein maternel.

たいぎょう 怠業 sabotage m; grève f perlée. ¶~する faire la grève perlée.

たいぎょう 大業 grande (vaste) entreprise

たいきょく 対局 ¶...とチェス(碁)の〜する jouer une partie d'échecs (de go) avec qn.

たいきょく 大局 situation *f* générale. 〜を見る ⇨ たいかん(大観). 〜を見る眼 vue *f* dominante de la situation. 〜を見失ってはいけない Il ne faut pas perdre de vue l'ensemble de la situation. ¶状況を〜的見地から検討する examiner la situation dans son ensemble. そんなことは〜的に見れば何ということはない Dans un large contexte, c'est un détail négligeable.

たいきらい 大嫌い ¶〜である détester; exécrer; avoir (prendre) *qc* (*qn*) en horreur; avoir horreur de *qc* (de *inf*); éprouver une grande répugnance pour *qc* (à *inf*).

たいきん 大金 forte (grosse) somme *f* d'argent; somme considérable (importante); fortune *f*. 彼は〜を儲けた Il a gagné une fortune.

たいきん 代金 prix *m*. 〜を支払う payer *qc*. ¶品物の〜を現金で払う payer comptant une marchandise. 修理の〜を払わなければいけない Il faut payer les réparations.

たいく 体軀 [体格] constitution *f* physique; [肉体] corps *m*; physique *m*. 堂々たる〜の男 homme *m* d'une constitution robuste.

だいく 大工 [人] charpentier *m*; [仕事] charpenterie *f*. 〜の棟梁(見習い) maître *m* (apprenti *m*) charpentier. ¶日曜〜 bricolage *m*. 船〜 charpentier de vaisseau. 〜仕事をする faire de la charpenterie; [素人が] faire du bricolage. 〜道具 outillage *m* de charpentier.

たいくう 対空 《軍》contre-avion [s]. ¶〜地〜ミサイル missile *m* sol-air. 〜射撃 tir *m* antiaérien.

たいくう 滞空 [もてなし] 〜する être en vol. ¶〜時間(記録) durée *f* (record *m*) de vol.

たいぐう 対偶 《数》contraposition *f*.

たいぐう 待遇 [もてなし] traitement *m*; accueil *m*; [給料] salaire *m*; paye (paie) *f*; [ホテルなどの] service *m*. 〜がよい [人に対して] être hospitalier(ère) pour recevoir bien. 〜がよい家(宿屋) maison *f* (auberge *f*) accueillante. このホテルは〜がよい(悪い) On est bien (mal) servi dans cet hôtel. 私たちの〜はよくない [給料] Nous ne sommes pas bien payés. 〜を改善する [働く者の] améliorer la condition ouvrière; [昇給させる] augmenter *qn*. 捕虜たちは人間的な〜を受けた Les prisonniers ont été traités humainement. ¶特別〜をする accorder à *qn* un traitement de faveur. 特別の〜を受ける jouir d'un traitement de faveur. 彼は部長の〜を受けている Il est traité comme un directeur. 〜改善を要求する demander l'amélioration de la condition ouvrière.

たいくつ 退屈 ennui *m*; [単調さ] monotonie *f*; grisaille *f*. 〜をまぎらす tromper l'ennui. 〜をまぎらすためむやみに酒を飲む boire par désœuvrement pour tuer le temps et l'ennui. ¶〜する s'ennuyer [à *qc* (à *inf*)]; 《俗》se barber; se raser. 私はすることがなくて〜して いる Je m'ennuie à ne rien faire. 〜な ennuyeux(se); fastidieux(se); monotone; 《俗》assommant. 〜な話 discours *m* soporifique. ⇨ たいぎ(大儀). あれは〜な男だよ C'est un homme ennuyeux. 死ぬほど〜である mourir d'ennui. この映画は死ぬほど〜だ Ce film nous ennuie à mourir. 彼の話は〜だった Son discours a été ennuyeux./Son discours m'a beaucoup ennuyé. こんな単調な仕事は〜でたまらない Ce travail monotone me fera mourir d'ennui.

たいぐん 大群 [人の] grande foule *f* (affluence *f*). いなごの〜 nuage *m* de sauterelles. 鱈の〜 banc *m* de morues. 羊の〜 énorme troupeau(x) *m* de moutons.

たいぐん 大軍 forte armée *f*; [大規模な兵力] forces *fpl* imposantes. 30万の〜 armée forte de trois cent mille hommes.

たいけ 大家 [名家] famille *f* illustre (noble); [金持ち] famille riche (fortunée). ¶〜の出である être de bonne maison (famille).

たいけい 体刑 peine *f* corporelle; [体罰] punition *f* corporelle; châtiment *m* corporel. 〜を加える infliger à *qn* une peine corporelle; corriger *qn*.

たいけい 体型 彼はどんな〜をしていますか Quelle est sa corpulence?

たいけい 体形 ¶〜が良い(悪い) être bien (mal) bâti.

たいけい 体系 système *m*. 哲学の一〜を打ち建てる créer un système philosophique. ¶〜うける(化する) systématiser. 〜的 systématique. 〜的に systématiquement. ¶理論の〜化 systématisation *f* d'une théorie.

たいけい 隊形 formation *f*; ordre *m*. ¶戦闘(行進)〜にある軍隊 armée *f* en ordre de bataille (de marche). 梯形〜 formation en échelon.

たいけい 大系 ¶現代日本戯曲〜 Bibliothèque complète du théâtre moderne du Japon.

たいけい 大計 ¶国家百年の〜を立てる faire (former) un projet à long terme pour l'avenir de l'État.

だいけい 台形 trapèze *m*. 〜の trapézoïdal(aux). ¶等脚〜 trapèze isocèle.

だいげにこ 代稽古 ¶〜をする donner des leçons à la place de *qn*; faire un remplacement.

たいけつ 対決 《法》confrontation *f*; [決闘] duel *m*; [戦い] combat *m*; lutte *f*. これは世紀の〜だ C'est le combat (la rencontre) du siècle. ¶〜をする avoir une confrontation avec *qn*; [雌雄を決する] faire un combat avec *qn*; se mesurer avec (à) *qn*. 証人たちを〜させる confronter des témoins.

たいけん 体験 expérience *f* (vécue). 〜が不足している manquer d'expérience. 〜を積む acquérir de l'expérience. 〜を積んでいる avoir beaucoup d'expérience; être plein d'expérience; être un vétéran. ¶〜する faire l'expérience de; connaître [par expérience]; expérimenter; éprouver. 様々な困難を〜する éprouver (rencontrer) des difficultés. 貧乏を〜する connaître des priva-

たいけん 戦争を～する vivre la guerre. ～によって par expérience. ‖～談 histoire f (expérience) vécue.

たいけん 帯剣 ¶～する ceindre l'épée. ～している porter le sabre.

たいけん 大圏 grand cercle m [d'une sphère]. ‖～航行 navigation f orthodromique; orthodromie f. ～コース chemin m le plus court entre deux points; orthodromie.

たいけん 大権 prérogative f royale (impériale). ～を行使する faire valoir la prérogative. ～を掌握する prendre (s'emparer du) le pouvoir suprême.

たいげん 体現 incarnation f; personnification f. ¶～する incarner qc; personnifier qc. 彼らをに美徳を～している Il est la personnification de la vertu./Lui, c'est la vertu personnifiée.

たいげん 体言 nom m [et pronom m].

たいげん 大言 ¶～壮語 fanfaronnade f; vantardise f; forfanterie f; rodomontade f. ～壮語する faire des fanfaronnades; se vanter; se targuer; se répandre en rodomontades; faire le bravache. ～壮語する人 vantard(e) m(f); fanfaron(ne) m(f); bravache mf.

たいげん 代言 彼は三百～だ C'est un charlatan. ‖～人 だいべん(代弁).

だいげんすい 大元帥 généralissime m.

たいこ 太古 âges mpl (temps mpl) préhistoriques; premiers temps; †haute antiquité f; temps reculés. ～まで遡る remonter à la plus haute antiquité. ～の préhistorique; très ancien(ne). ～の人間 premiers hommes mpl; hommes des temps reculés.

たいこ 太鼓 tambour m; caisse f. ～の音 [son m de] tambour; [どろどろ鳴る] roulement m de tambour. ～を打つ battre du (le) tambour; battre la caisse. 遠くの方で～が鳴るのが聞こえていた On entendait de lointains roulements de tambour. 大～ grosse caisse. 小～ caisse roulante. 一橋 pont m arqué (en dos d'âne). ～腹 ventre m rebondi; 《俗》bedaine f; bedon m. ～判を押す assurer; garantir pour certain; affirmer. ～判を捺した作品 œuvre f sûre. ～持ち bouffon m; fou m; clown m; [お世辞使い] flatteur(se) m(f); adulateur(trice) m(f).

たいこ 隊伍 ¶～を組む former les rangs; se mettre en rang[s]. ～を組んで行進する faire une marche militaire.

たいご 大悟 ¶～徹底する prendre une décision inébranlable; être bien arrêté (ferme).

たいこう 対抗 [競争] rivalité f; concurrence f; compétition f; [敵対関係] antagonisme m; opposition f. ～する s'opposer à; faire front (face, tête) à; [競争] rivaliser avec qn; faire concurrence à; entrer en concurrence avec. この分野で彼に～する者はいない Il est sans rival en ce domaine. ～し合う国 nations fpl rivales. ～している être en rivalité; se trouver en concurrence. ～している企業 entreprises fpl concurrentes. ...～して pour concurrencer qn. ‖都市～[合] match m intercommunal. ～意識 émulation f; rivalité. ～意識をなくす abolir la rivalité; résoudre l'antagonisme. ～者 rival(aux) m; concurrent(e) m(f); adversaire mf; antagoniste m; émule mf. ～馬 rival.

たいこう 対校 ‖～試合 rencontre f inter collèges; match m entre deux écoles.

たいこう 退校 ⇨たいがく(退学).

たいこう 大公 prince m. モナコ～ prince de Monaco.

たいこう 大功 grand service m; exploit m.

たいこう 大綱 essentiel m; principe m; fond m; [概要] notion f; élément m. ～については異議がない Je n'ai pas d'objection au principe. 計画の～を示す montrer les idées du plan. ⇨たいよう(大要).

だいこう 代行 ¶～する remplacer qn dans une fonction. ‖学長～ substitut m de recteur. ～機関 agence f. ～権《法》procuration f. ～者 remplaçant(e) m(f); 《法》procureur m.

だいこう 代講 remplacement m de cours ¶～する remplacer qn à son cours. ‖～者 [professeur m] remplaçant(e) m(f).

たいこうしゃ 対向車 voiture f venant en sens inverse.

たいこうぼう 太公望 pêcheur m invétéré. ～をきめこむ s'absorber dans sa pêche.

たいこく 大国 grand pays m; grande nation f; état m puissant. ‖世界の5大～ cinq puissances fpl du monde. ～意識をちらつかせる faire montre de la puissance du pays.

だいこくばしら 大黒柱 grand pilier m [au centre d'une maison]. ◆ [比喩的に] soutien m de famille; personne f qui assure la subsistance de sa famille; [支えとなる人] pilier; support m.

だいごみ 醍醐味 joie f inégalée; plaisir m exquis. 読書の～ plaisir de la lecture. 釣り～を味わう goûter le plaisir suprême de la pêche.

だいごれつ 第五列《政》cinquième colonne f.

だいこん 大根 gros radis m blanc. ‖砂糖～ betterave f sucrière. 二十日～ radis m. ～おろし[道具] râpe f à radis; [食べ物] radis râpé. ～役者 cabotin(e) m(f).

たいさ 大佐 [陸, 空軍] colonel m; [海軍] capitaine m de vaisseau.

たいさ 大差 grande différence f; grand écart m. 売り値と買い値の間に～がない Il n'y a pas de trop grand écart entre le prix de vente et le prix d'achat. この二つの校訂本の間に～はない Il n'y a pas de grande différence entre ces deux éditions./Ces deux éditions sont à peu près pareilles. 人に～をつける[競争で] dépasser qn d'une grande distance; prendre un net avantage sur qn. 人に～をつけられる se laisser distancer (être distancé) de beaucoup par qn.

たいざ 対座 ¶～する [主語・複数] s'asseoir face à face; [主語・単数] s'asseoir en

たいざ de qn.

たいざ 退座 ⇨ たいせき(退席).

たいざ 台座 [柱, 像] piédest*al(aux)* m; socle m; [小さい] piédouche m.

たいさい 大祭 grande fête f; [宴] raout m; fête de famille impériale.

たいざい 滞在 séjour m. ヨーロッパ5年の経験を生かして grâce à un séjour de 5 ans en Europe. ¶~する rester; demeurer; séjourner; faire un séjour. パリに長い(短い)間~する faire un long (bref) séjour à Paris; rester longtemps (peu de temps) à Paris. 私が田舎に~している間 pendant mon séjour à la campagne. ‖~期間 durée f du séjour. ~地 [lieu(x) m de] séjour. フランス(日本)~中 pendant *son* séjour en France (au Japon). ~費 frais mpl de séjour.

たいざい 大罪 forfait m; crime m énorme; [宗教的] péché m mortel; [大逆罪] crime de lèse-majesté. 七つの~ les sept péchés capitaux. ~を犯す commettre un grand crime (forfait).

だいざい 題材 matière f; [資料] matériaux mpl; [主題] thème m. ~を集める recueillir les matériaux (documents).

たいさく 対策 remède m; moyen m; [処置] mesure f; disposition f; [応急、一時的(中途半端な)]~ demi-mesure f. あきらめる以外に~がない Il n'y a d'autre remède que la résignation./On n'a qu'à se résigner. ~を講ずる porter remède à; remédier à; parer à. 全て必要な~を講ずる prendre toutes les dispositions nécessaires. ‖ 物価~に頭をひねる se creuser la tête sur la politique des prix.

たいさく 大作 grande (belle) œuvre f; œuvre de grande envergure; grand ouvrage m; [絵] grand tableau(x) m. ~を書き上げる achever un grand ouvrage.

だいさく 代作 [作品] ouvrage m écrit par un autre. ¶~する écrire un ouvrage signé par un autre; collaborer anonymement à un ouvrage signé par un autre. ‖~者 [作家の] nègre m; collaborat*eur(trice)* m(f) anonyme.

たいさん 退散 ¶~する partir; s'enfuir; filer; s'en aller; se retirer; [俗] déguerpir; décamper. こそこそ~する filer à l'anglaise. さあ~しなさい Allez vous-en! 悪魔を~させる chasser le démon.

たいさん 大山 ¶~ 鳴動してねずみ一匹 «La montagne accouche d'une souris.»

だいさん 第三 ¶~の troisième; tierce(s). ~に troisièmement; en troisième lieu; tertio. ‖~階級 le Tiers Etat. ~紀 [ère f] tertiaire m. ~紀層 terrain m tertiaire. ~国 pays m tiers. ~者 tierce personne; tiers m. ~勢力 troisième force f. ~世界 le Tiers[-]Monde.

だいさんセクター 第3~ sociétés fpl déconomie mixte.

たいさんぼく 泰山木 laurier (s)-tulipier (s) m.

たいし 大使 ambassad*eur(rice)* m(f). ~を任命する nommer un ambassadeur; nommer qn ambassadeur. ~を派遣する envoyer un ambassadeur. ‖全権(特派)~ ambassadeur extraordinaire (plénipotentiaire). 代理~ chargé m d'affaires. (駐日)フランス~ ambassadeur de France (au Japon). (駐仏)イスラエル~ [女性の] ambassadrice d'Israël (en France). 国連~ ambassadeur à l'ONU. ~館 ambassade f. フランス~館 ambassade de France. ~館員 attaché(e) m(f) d'ambassade. ~館書記官 secrétaire mf d'ambassade. ~館付陸軍(海軍)武官 attaché militaire (naval). ~館文化参事官 attaché culturel. ~夫人 madame l'ambassadrice.

たいし 大志 ¶~を抱く avoir une grande ambition.

たいし 太子 prince m. ‖聖徳~ le Prince Shōtoku.

たいじ 対峙 ¶~する s'opposer front à front; s'affronter; s'immobiliser face à face.

たいじ 胎児 fœtus m; embryon m.

たいじ 退治 ¶~する exterminer; anéantir; détruire; supprimer. お化けを~する anéantir un fantôme. 悪人を~する balayer les malfaiteurs.

だいし 台紙 [写真の] carton m.

だいじ 大事 affaire f importante; affaire de grande importance; [問題] question f cruciale. 国家の~ affaire dont dépend le sort de la Nation; affaire d'Etat. ~の前の小事を無視する négliger les détails au profit de l'essentiel. ~をとる prendre bien des précautions; se montrer prudent; agir avec prudence. ~をとりすぎる être trop prudent. ¶~な important; princip*al(aux)*; capit*al(aux)*; essentiel; vit*al(aux)*. ~な点 point m crucial. ~な人 [重要] personnage m important; [可愛い] chéri(e) m(f). 一生の進路を決める~な時 Voici un moment critique qui va décider de ton destin. 今が~なときだから用心しなさい よ C'est une période difficile, soyez prudent. ~な物 objet m précieux. ~な[重要な] 話 question f grave (sérieuse). ~なことは…である L'essentiel est de *inf* (que *sub*)./Il est capital de *inf* (que *sub*)./Ce qui est capital, c'est de *inf* (que *sub*). ~にする [しまっておく] bien garder; [評価する] apprécier; tenir bien compte de; faire un grand cas; estimer; [子供などを] chérir; choyer. 体を~にする se bien soigner; veiller (prendre bien soin) à *sa* santé. お~に Soignez-vous bien. ~無い ne pas être grave. ~ありません, 心配無用です Ce n'est pas grave, ne vous inquiétez pas. ~に prudemment; soigneusement; attentivement. ~にしまっておく conserver (garder) *qc* soigneusement (précieusement). ~に取扱う traiter avec attention (précaution, soin).

だいじ 題辞 épigraphe f; [絵] légende f.

ダイジェスト digest m; résumé m.

だいしきょう 大司教 archevêque m. ‖~管区 archevêché m.

だいしぜん 大自然 la Nature. ～の力 forces fpl de la nature. ～の懐に抱かれて生活する vivre au sein de la nature.

たいした 大した [素晴しい] merveilleux(se); magnifique; remarquable; splendide; miraculeux(se); [驚くべき] étonnant; extraordinaire; surprenant; prodigieux(se). 彼女は～美人だ C'est une beauté. ～人だ [すばらしい] C'est un prodige./Il (Elle) est prodigieux(se)./Quel type! ～ものだ C'est inouï (extraordinaire). 別に～ことではない Il n'y a pas de quoi s'étonner. ～ことありません, ご心配なく Ce n'est rien, ne vous inquiétez pas. ～ことはありません Non, non! Merci, je n'ai rien. 彼のフランス語は～ものではない Son français n'est pas sensationnel. ～反対はなかった Il n'y avait pas d'objection (d'opposition) grave (sérieuse).

たいしつ 体質 [体] complexion f; constitution f; [組織] structure f; organisation f; composition f. ～を改善する réorganiser la structure de qc. ¶～が弱い [体] faiblesse f physique; [組織] faiblesse organique. 弱い～の人 personne f de constitution maligre (chétive). ‖虚弱～の子 enfant mf d'une complexion délicate. 特異～ 〖医〗 idiosyncrasie f.

だいしっこう 代執行 exécution f forcée.

たいして 対して [向かって] envers; pour; à; avec; contre. 人に～親切にする être gentil (le) avec les autres. 老人に～敬意を表する se montrer respectueux(se) envers les vieillards. …の計画に～反対する s'opposer à son projet. 政府に～反逆する se révolter contre le gouvernement. ◆[一方では] 彼がああ言うのに～彼女はこう言う Il dit cela, tandis qu'elle dit ceci. 昨年の志願者に～今年の志願者は 600 人だ Le nombre des candidats de cette année dépasse d'une centaine les cinq cents de l'an dernier. むこう 500 人に～こちら 100 人で戦わなければならない Nous devons nous battre à un contre cinq. ◆[割合・比率] など: sur. このテーブルは縦 2 メートルに～幅が 1 メートルある Cette table a deux mètres de long sur un mètre de large. 1 人に～10 ユーロ dix euros par tête. 水 1 リットルに～塩を小さじ 1 杯入れる mettre une cuiller à café de sel par litre d'eau. ◆[報いとして] ¶…の労働に～報酬を与える récompenser son travail.

たいして 大して pas beaucoup; pas tant (tellement). ～金はない n'avoir pas beaucoup d'argent. ～見たくも欲しくもない n'avoir pas tellement envie. 映画は～好きではない Je n'aime pas beaucoup le cinéma.

たいしぼう 体脂肪 graisse f du corps. ‖～計 appareil m pour mesurer le pourcentage de graisse du cops. ～率 taux m de graisse du corps.

たいしゃ 退社 ¶～する [帰宅] rentrer du travail; [退職] quitter son poste; [年を取って] prendre sa retraite.

たいしゃ 代謝 ⇒基礎～量 métabolisme m de base. 新陳～ métabolisme. 新陳～の métabolique. ～機能(作用) métabolisme.

たいしゃ 大赦 ⇒おんしゃ(恩赦).

だいじゃ 大蛇 grand serpent m; python m; boa m; anaconda m.

たいしゃく 貸借 emprunt m et prêt m; 〖商〗 actif m et passif m. 土地(家屋)の～ bail (baux) m à ferme (à maison). ‖賃～ bail. ～対照表 bilan m; balance f d'inventaire; état m de compte (des dépenses).

たいしゃりん 大車輪 ¶今は今度の仕事で～の働きを見せた Il a été la cheville ouvrière de cette entreprise. ～で働く travailler de toutes ses forces; rassembler (réunir) ses forces. ◆[鉄棒] ¶～をやる faire le grand soleil à la barre fixe; tourner en soleil faire un soleil.

たいじゅ 大樹 grand arbre m. 「寄らば～の陰」 Il vaut mieux s'abriter sous un grand arbre.

たいしゅう 体臭 odeur f du corps. 彼は～が強い Il sent fort./Il sent des aisselles.

たいしゅう 大衆 [grand] public m; peuple m; multitude f; masse f; foule f. 人気を落とすまいと～に媚びる soigner sa popularité. ～的な populaire. ～的スポーツ sport m populaire. ¶～化する vulgariser; populariser ～性 popularité f. ～小説 roman n (art m) populaire. ～文学 littérature populaire.

たいじゅう 体重 poids m [du corps]. ～が増える(減る) prendre (perdre) du poids. 彼の～は 60 キロだ Il pèse 60 kilos. ～を計る peser qn; [自分の] se peser. ‖～計 pèse-personne (s) m.

たいしゅつ 帯出 ‖「～禁止」«Ne pas emporter.»

たいしゅつ 退出 ¶～する se retirer; sortir de; quitter.

たいしょ 対処 ¶～する prendre des mesures; parer à; remédier à. 地震に～する parer à un tremblement de terre.

たいしょ 対蹠 ～的 contraire [diamétralement] opposé. ‖～点 antipode m. 日本はチリの～点にある Le Japon est aux antipodes (à l'antipode) du Chili.

たいしょ 大所 高所から de haut; à vol d'oiseau.

たいしょ 大暑 chaleurs fpl caniculaires; [暦の] canicule f. 今が～の真最中だ Nous voilà en pleine canicule.

だいしょ 代書 ¶～する écrire à la place de qn. ‖～人 écrivain m public.

たいしょう 対照 contraste m; [比較] comparaison f; [校合] collation f; collationnement m; [写本] confrontation f. ～をなす faire contraste avec; contraster avec; ～を mettre en contraste. 背景と～をなす色 couleur f qui ressort sur un fond. ¶～する confronter; comparer; mettre en contraste; contraster; [校合] collationner. 二つのテキストを～する confronter deux textes. ～的 contrastant. A と B は～的だね A, c'est tout le contraire de B. ～的に par contraste. …と～的に en contraste avec qc. ‖原文～ collation.

たいしょう 対称 symétrie *f*. ～の中心 centre *m* de symétrie. ¶～的な symétrique. ‖～軸(面) axe *m* (plan *m*) de symétrie.

たいしょう 対象 objet *m*; but *m*; destination *f*. 我々の調査の～は老人です Nos enquêtes portent sur les vieillards. …の～となる être (faire) l'objet de qc. 公害対策が議論の～となった La lutte contre la pollution a fait l'objet d'un débat. ¶少年少女を～にした映画 film *m* destiné aux enfants. ¶～を欠いた sans objet. ～をよく見て描け Dessinez en regardant bien le modèle. ¶それは心理学者にとって興味ある研究～だ C'est un objet d'étude intéressant pour les psychologues.

たいしょう 隊商 caravane *f*; [人] caravanier *m*. ¶～宿 caravansérail *m*.

たいしょう 大勝 grande victoire *f*. ¶～を remporter une grande victoire. 我らのチームは敵に～にした Notre équipe a écrasé l'adversaire.

たいしょう 大将 [陸, 空軍] général(aux) *m* [d'armée]; [海軍] amiral(aux) *m*; [団体の長] chef *m*. ‖総～ généralissime *m*; chef suprême des armées; commandant *m* en chef; grand chef d'armées. ◆ ¶おい～ mon vieux! お山の～である être comme un coq sur *son* fumier.

たいしょう 大笑 ¶呵々～する éclater de rire; rire aux éclats.

たいしょう 大賞 grand prix *m*. ～を得る remporter un grand prix.

たいじょう 退場 sortie *f*. ¶～する sortir [de scène]; s'en aller; quitter un lieu. ～しろ Va t'en!/Sors! 会場(ゲーム, グラウンド)から～命令を受ける recevoir l'ordre de quitter la place (le jeu, le terrain).

だいしょう 代償 compensation *f*; [損害の] réparation *f*; dédommagement *m*. ¶～として en compensation (réparation, dédommagement, consolation) de. ～として金を要求する demander de l'argent à titre de dédommagement.

だいしょう 大小 ¶～2つのリンゴ deux pommes *fpl*, une grande et une petite. 大きいのがあったり小さいのがあったり様々だよ Il y a de tout, du plus grand au plus petit. 事の～を問わず que ce soit important ou non. ～とりまぜる rassembler de grands et de petits objets (divers objets). ◆ [刀剣] ¶～を腰にさす porter un sabre et une dague.

だいじょう 大乗 [仏教] grand véhicule *m*. ¶～的見地で d'un point de vue supérieur.

だいじょうだん 大上段 ¶彼はいつも振りかぶった言い方をする Il parle toujours du haut de sa grandeur.

だいじょうぶ 大丈夫 ¶～, あしたは天気です Demain il fera beau, c'est sûr. ～成功するよ Tu réussiras, c'est certain. ～私ひとりで出来ますよ Ne vous en faites pas. J'y arriverai tout(e) seul(e). ～私こしかかせては下さい Faites-moi confiance. ここにいれば我々は～だ Ici, nous sommes en toute sécurité. 彼にまかせておけば～だ On peut lui faire toute confiance. この建物は地震がきても～だ Ce bâtiment n'a rien à craindre des tremblements de terre. 戸締りは～です Toutes les portes et les fenêtres sont bien fermées. この水は飲んでも～です On peut boire de cette eau sans danger./ Cette eau est potable. あんな体で1人で行って～かしら Vous croyez que dans son état il pourra y aller tout seul?

たいじょうほうしん 帯状疱疹 zona *m*.

だいじょうみゃく 大静脈 veine *f* cave.

だいしょうり 大勝利 grande victoire *f*; triomphe *m*.

たいしょうりょうほう 対症療法 traitement *m* des symptômes.

たいしょく 退職 retraite *f*. ¶～する prendre *sa* retraite; se retirer de *ses* fonctions; [辞職] quitter une fonction; se démettre [de *ses* fonctions]; démissionner. 人を～させる mettre qn à la retraite. ～させられる être mis à la retraite (à la porte); être congédié. ～した官吏 fonctionnaire *mf* en (à la) retraite. ～年金 pension *f* de retraite; rente *f*. ‖強制～ retraite forcée. ‖金～

たいしょく 大食 gloutonnerie *f*. ¶～する trop manger; manger avec voracité (avidité); se gaver; 《俗》 bâfrer; se goinfrer. ‖～漢 glouton *m*; goulu *m*.

たいしょく 褪色 décoloration *f*. ¶～する se décolorer; ternir.

だいじり 台尻 [銃の] crosse *f*.

たいしん 対審 《法》 confrontation *f* des parties.

たいしん 耐震 ～の résistant aux séismes. ‖～建築 construction *f* à l'épreuve des tremblements de terre.

たいじん 対人 ¶～関係 relations *fpl* humaines (entre les hommes). ～関係が良い entretenir (avoir) de bonnes relations avec les autres; être sociable. ～関係が悪い être sauvage (inociable). あいつは～関係が良くない Il est sauvage. ～関係がうまくいかない s'entendre mal avec autrui.

たいじん 対陣 ¶～する camper (cantonner) [en face des ennemis]; affronter[l'ennemi]; faire face [à l'ennemi].

たいじん 退陣 [辞職] démission *f*. ～を迫る demander la démission de *qn*. ¶～する donner *sa* démission; se démettre; démissionner.

たいじん 大人 homme *m* hors du commun.

だいしん 代診 ¶～する examiner *qn* à la place de *qn*.

だいじん 大臣 ministre *m*. ～になる devenir ministre; accepter un portefeuille. ～に任命される être nommé ministre. ～に任命する nommer *qn* ministre. ‖内務(外務, 大蔵, 厚生, 文部, 農林, 国務, 無任所)～ ministre de l'Intérieur (des Affaires étrangères, des Finances, de la Santé publique, de l'Education nationale, de l'Agriculture, d'Etat, sans portefeuille). ～職 ministère *m*; fonction *f* de ministre; portefeuille *m*. 外務～職を射止める décrocher le portefeuille des Affaires étrangères. ～任命 nomination *f*

d'un ministre.
だいじん 大尽 〖あれはどこのお～だ D'où sort ce prince-là? ‖～遊びをする mener la grande vie.
だいじんぶつ 大人物 grand homme m (esprit m); esprit de grande envergure.
ダイス [さいころ] dé m.
だいず 大豆 pois m chinois; soj(y)a m. ‖～粉(油) farine f (huile f) de soja.
たいすい 耐水 ‖～性 imperméabilité f; étanchéité f à l'eau. ～性の imperméable; étanche [à l'eau]. ⇒ぼうすい(防水).
たいすう 対数《数》logarithme m. ¶～の logarithmique. ‖～関数 fonction f logarithmique. ～計算 calcul m logarithmique. ～尺 échelle f (règle f) logarithmique. ～表 tables fpl de logarithmes.
だいすう 代数 algèbre f. ¶～の algébrique. ‖～者 algébriste mf. ～関数(曲線, 方程式, 計算) fonction f (courbe f, équation f, calcul m) algébrique.
だいすき 大好き ¶～である aimer beaucoup; adorer; raffoler de; [食物など] être friand de.
たいする 体する ¶目上の意向を～ réaliser (obéir strictement à) le désir d'un supérieur.
たいする 対する [向い合う] faire face (front) à; se mettre face à face; se trouver en face de qn; [相手になる] tenir compagnie à; [試合する] avoir qn pour adversaire; [対立する] s'opposer à. 神(祖国)に～愛 amour m de Dieu (pour sa patrie). 侵入に～防衛 défense f contre l'invasion. 政治に～関心 intérêt m politique. それは私の質問に～答えにはならない Ce n'est pas une réponse./Vous ne répondez pas à ma question.
だいする 題する ⇒だい(題).
たいせい 体制 régime m; système m; organisation f. ¶～に反対する s'opposer au régime. ‖旧～ ancien régime; ancien ordre m des choses. 資本主義(社会主義, 国家管理, ファシズム)～ régime capitaliste (socialiste, étatiste, fasciste). ～側につく se ranger du côté du régime. ～側の人間 homme m du régime.
たいせい 体勢 posture f; attitude f; position f [du corps]. 良い(悪い)～になる se trouver en bonne (mauvaise) posture. ～を立直す redresser la situation. ～をくずす perdre l'équilibre. ⇒しせい(姿勢).
たいせい 対生《生》dichotomie f. ¶～の dichotomique.
たいせい 耐性 [組織の病気に対する] résistance f physiologique; [悪条件の中で生きる] résistance vitale. ‖～菌 microbe m résistant.
たいせい 態勢 ¶～が整っている être prêt à; être préparé pour; se bien poster. ‖攻撃(戦闘, 防御)～ dispositif m d'attaque (de combat, de défense). ⇒たいせい(体勢).
たいせい 泰西 Occident m. ¶～の occidental(aux). ～の名画 chefs-d'œuvre mpl de la peinture occidentale. ～の偉人伝 biographie f des grands hommes occidentaux.

たいせい 胎生 viviparité f. ‖～の vivipare. ～動物 vivipare m.
たいせい 退勢 ‖～を挽回する redresser (améliorer) la situation.
たいせい 大勢 ‖世界の～ tendance f mondiale. 選挙の～は決まった Les élections sont jouées. ～に順応する se conformer aux tendances générales; suivre la mode du jour. それは～に影響ない Cela ne touche pas à l'essentiel.
たいせい 大成 ¶～あいつは駄目だ、～はおぼつかない C'est un avorton, il ne réussira jamais. ～する réussir [dans la vie]; devenir quelqu'un; [完成させる] achever; accomplir.
たいせい 大政 ¶～が奉還された La Restauration s'est accomplie. ‖～奉還 restauration f de la famille impériale.
たいせいよう 大西洋 l'océan m Atlantique; l'Atlantique m. ¶～の atlantique. ‖北(南)～ l'Atlantique Nord (Sud). 北～条約 le Pacte atlantique. 北～条約機構 ⇒ NATO. ～沿岸 littoral(aux) m atlantique. フランスの～岸 côte f atlantique de la France. ～憲章 la Charte de l'Atlantique.
たいせき 体積 volume m; capacité f; [容積] cubage m. この物体の～は2立方メートルである Le volume de cet objet est de 2m³ (2 mètres cube). ～を計る mesurer (évaluer) le volume de qc.
たいせき 堆積 amoncellement m; entassement m; accumulation f; [堆積物] tas m; amas m; monceau(x) m. 貝がらの～ amoncellement de coquillages. ¶～する s'amonceler; s'entasser; s'accumuler; s'amasser. ～した汚物 tas d'ordures. ‖～岩 roche f sédimentaire. ～層 couche f sédimentaire.
たいせき 退席 ¶～する quitter la place (la pièce); se retirer. 彼は～しました Il n'est pas là./Il est parti. 途中で～してはいけない Il est défendu de quitter sa place avant l'heure.
たいせつ 大切 ¶～な [大事な] important; [貴重な] cher(ère); précieux(se); [重んずべき] considérable; remarquable; grave. ～な問題 question f de grande importance (de grand intérêt). ～なもの objet m précieux. それは僕が持っている一番～なものです C'est ce que j'ai de plus précieux. そこから先が～です C'est là le point capital (essentiel). 体を～にする se soigner. 老人を～にする respecter les vieillards. 友情を～にする人 personne f qui fait grand cas de l'amitié. ...が～である Il (C')est important de inf (que sub). 彼にはよく寝ることが～ C'est important pour lui de bien dormir. ～に prudemment; attentivement; soigneusement; précieusement. ～にしまっておく conserver (garder) qc précieusement. ～に扱う traiter avec soin (attention). ～に育てる élever qn avec vigilance.
たいせん 対戦 combat m. 強力な敵と～する combattre un adversaire de taille. ‖～成績は5勝2敗である Le résultat des rencontres est de 5 victoires contre 2

たいせん 大戦 ‖世界～ grande guerre f.
たいぜん 泰然 ¶～とした imperturbable; calme. ～として死に赴く se décider à mourir avec calme. ‖～自若としている garder son sang-froid.
たいぜん 大全 ‖「神学～」 Somme théologique 「料理法～」 Encyclopédie de la cuisine.
だいぜんてい 大前提 majeure f; prémisse f majeure.
たいそう 体操 gymnastique f; exercices mpl gymnastiques. ～をする faire de la gymnastique. 器械～ gymnastique aux agrès. 徒手～ gymnastique suédoise. 柔軟～ callisthénie f ～競技 gymnastique athlétique. ～場 gymnase m. ～用具 appareil m de gymnastique.
たいそう 大層 ¶彼はあなたを～気に入っている Vous lui plaisez beaucoup. ◆[大げさ] ¶～なことを言うね Vous dites des énormités. ～なこなどをなさって C'est trop, vous exagérez!
たいそう 大葬 funérailles fpl impériales.
たいぞう 退蔵 ¶～する garder qc en secret. ‖～物資 approvisionnement m secret.
だいそうじょう 大僧正 archevêque m.
だいそれた 大それた ¶～企み projet m insensé. ～望み抱く des m démesuré. ～振舞い conduite f scandaleuse. ～真似をしてくれたな Vous avez commis un acte téméraire! ～奴 C'est un type audacieux.
たいだ 怠惰 paresse f; [不精] indolence f; [怠慢] négligence f. ‖～な暮しを始めー mener une paresseuse. あれは～な奴だ Il est fainéant.
だいたい 大体 ¶～そんなんだ C'est à peu près comme ça. ～こうだったわけです Voilà, en gros, ce qui s'est passé de. 仕事は～出来上った Ce travail est terminé en grande partie. 彼は～仕事をすませていた Il avait presque fini son travail. ～解決した Ce problème est à peu près résolu. ～の所を説明しましょう Je vous en donnerai un aperçu. ～の人々はそう思っている La plupart des gens croient ça. ◆[そもそも、元とは言えば] ¶～あいつは怪しからん C'est un type insolent, d'ailleurs./Après tout, c'est un type arrogant. ～は、アメリカから来たものだ Ce sont, originairement, des choses américaines.
だいたい 大腿 ‖～骨 fémur m. ～部 cuisse f; région f fémorale.
だいたい 大隊 bataillon m. ‖～長 chef m de bataillon.
だいだい 代々 ¶彼の家は～医者である Dans sa famille, on est médecin de père en fils. ‖先祖～の財宝 trésor m héréditaire. 先祖～の墓地 cimetière m de famille.
だいだい 橙 orange f amère; [木] bigaradier m. ‖～色 orange m. ～色の orange inv. ～酢 vinaigre m d'orange.
だいだいてき 大々的 ¶～に sur une grande échelle. ～に宣伝する [商品などを] annoncer qc à grand renfort de publicité. 事件を～に報道する publier un événement en grand.
たいたすう 大多数 majorité f; plupart f. 日本人の～は字が読める La plupart des Japonais savent lire. ¶クラスの～の連中が風邪をひいている La grande (majeure) partie de la classe a attrapé un rhume.
たいだん 対談 entretien m; entrevue f; [インタビュー] interview f. ¶～する s'entretenir avec qn de qc; interviewer qn.
たいだん 退団 ¶～する se retirer de. 劇団を～する se retirer d'une troupe d'acteurs.
だいたん 大胆 †hardiesse f; audace f; intrépidité f; [不敵] témérité f. ¶～な †hardi; intrépide; audacieux(se). ～な表現をする [作家, 画家が] avoir la plume hardie (lae pinceau hardi). ～にも...する avoir (prendre) la hardiesse de inf. ～に †hardiment. ～にやってのける payer d'audace. ‖～不敵な男 homme m audacieux jusqu'à la témérité.

だいだんえん 大団円 dénouement m. めでたく～となる arriver à son dénouement heureux.
だいち 台地 †hauteur f; terrasse f; plateau (x) m.
だいち 大地 terre f; sol m. 母なる～ notre terre nourricière. ～の恵み bienfaits mpl de la terre nourricière.
たいちょ 大著 grande (grosse) œuvre f. ～を著す réaliser un grand ouvrage.
たいちょう 体調 état m de santé. ¶～がよい être en bon état de santé. ～はどうですか Comment vous portez-vous? ～をくずす se porter mal.
たいちょう 体長 longueur f [d'un animal]. ～10メートルに及ぶ atteindre plus de 10 mètres de long.
たいちょう 退潮 reflux m. ‖～期 période f de reflux. 労働運動は～期にある Le mouvement ouvrier est en période de reflux.
たいちょう 隊長 commandant m; capitaine m. ‖機動隊～ chef m de la gendarmerie mobile. 探検隊～ chef d'exploration (d'explorateurs).
だいちょう 台帳 grand(s)-livre(s) m. ～につける inscrire sur le grand-livre. ‖土地～ [不動産の] cadastre m. 売買～ grand-livre de ventes et d'achats.
だいちょう 大腸 gros intestin m. ‖～カタル côlite f. ～菌 colibacille m.
たいちょうかく 対頂角 〘数〙 angles mpl opposés par le sommet.
タイツ collant m.
たいてい 退廷 ¶～を命ずる expulser qn de la salle d'audience. ～する sortir de la salle d'audience.
たいてい 大帝 grand empereur m. ピョートル～ Pierre le Grand.
たいてい 大抵 ¶～の人はそう思っている La plupart des gens le croient. ～たいがい(大概). ◆[並々] ¶並々じゃない Ce n'est pas facile.
たいてき 対敵 ¶～行動 hostilités fpl.
たいてき 大敵 ennemi(e) m(f) redoutable

(puissant(e)). ‖「油断～」⇨ゆだん(油断).

たいてん 大典 grande cérémonie *f*. ‖御～[即位式] cérémonie *f* d'intronisation.

たいでん 帯電 ¶～する se charger d'électricité. ある物体に～させる électriser un corps.

たいと 泰斗 autorité *f*. 英文学の～ grand(e) spécialiste *mf* (maître *m*) en littérature anglaise.

タイト ‖～スカート jupe *f* serrée.

たいど 態度 attitude *f*; allure *f*; posture *f*; manières *fpl*. 奴は～が悪い Il manque de manières. それが親に向かってとる～か C'est comme ça que tu traites tes parents? ～をかえる changer d'attitude; modifier *son* attitude. 曖昧な～をとる prendre une attitude équivoque. 投げやりな～をとる se montrer indolent. 真面目(横柄)な～で d'un air sérieux (arrogant).

たいとう 対等 égalité *f*. ‖～の égal(aux). …と～の資格がある avoir le même droit que *qn*. ～である être égal à. 我々は皆～である Nous sommes tous égaux. ～に également. ～に扱う traiter *qn* d'égal.

たいとう 擡[台]頭 ¶新勢力の～が目立った La montée des forces nouvelles a été remarquable (frappante). ～する devenir puissant; gagner de l'influence. 新人が～している Les nouveaux l'emportent sur les anciens.

たいとう 駘蕩 ‖奴は春風～としている Il plane.

たいどう 胎動 [医] mouvement *m* fœtal. ～が感じられる reconnaître les premiers indices de *qc*.

だいどう 大同 ‖それは～小異だ C'est à peu près la même chose. ～団結 coalition *f*; ～団結する se coaliser contre.

だいどう 大道 grand chemin *m*; grande route *f*. ～絵かき barbouilleur(se) *m(f)* de trottoir. ～芸人 saltimbanque *m*; bateleur(se) *m(f)*. ～商人 étalagiste *mf*; marchand(e) *m(f)* en plein vent. ◆[人命の道] ¶正義の～を歩む suivre la voie de la justice.

だいどうみゃく 大動脈 aorte *f*. 新幹線は日本の～である La ligne du super-express est l'artère principale du Japon. ‖～の aortique. ‖～系 système *m* aortique.

だいとうりょう 大統領 président *m*. アメリカの～ Président des Etats-Unis. ‖～の présidentiel(le). ‖副～ vice-président *m*. ～官邸 [米の] la Maison Blanche; [仏の] l'Elysée *m*. ～選挙 élections *fpl* présidentielles. ～任期 présidence *f*.

たいとく 体得 ¶～する apprendre par expérience; acquérir une connaissance de; comprendre.

たいどく 胎毒 syphilis *f* congénitale.

だいどく 代読 ¶～する lire au nom de *qn*; lire le discours de *qn*.

だいどころ 台所 cuisine *f*. ～が火の車だ [会社の] avoir des difficultés de trésorerie. ～が苦しい avoir du mal à joindre les deux bouts. ～をする [料理をする] faire la cuisine. ‖～用品 ustensiles *mpl* de cuisine.

タイトル [題名] titre *m*; intitulé *m*; [映画の字幕] sous-titre *m*; [肩書] titre. ～を与える donner le titre de. ～を争う(得る) disputer (remporter) un titre. ～を失う perdre son titre. ～を保持している tenir le titre. ～を防衛する défendre *son* titre. ‖～マッチ championnat *m*.

たいない 体内 ¶～に à l'intérieur du corps. ‖～時計 horloge *f* biologique.

たいない 対内 ¶～の intérieur(e); interne. ‖～政策 politique *f* intérieure.

たいない 胎内 ventre *m*; matrice *f*. 地球の～ entrailles *fpl* de la terre. ～で dans les entrailles. 母の～で dans le sein de *sa* mère.

だいなし 台無し ¶～にする détruire; gâcher; gâter; endommager. にきびが若い女性のきれいな顔を～にする Les petits boutons gâtent le beau visage d'une jeune fille. 女のおかげで彼の一生は～になった Il a gâché sa vie pour une femme. 雨で計画は～になった La pluie a mis notre projet par terre.

ダイナマイト dynamite *f*. ～で爆破する faire sauter *qc* à la dynamite. 列車に～を仕掛ける placer une charge de dynamite dans un train.

ダイナミック ‖～な dynamique.

ダイナモ dynamo *f*. 自動車の～ dynamo d'une automobile.

だいに 第二 ¶～の deuxième; second. ～の故郷 *son* pays d'adoption; *sa* seconde patrie. ‖～次 deuxième(ment); secondement. ～義的な de moindre importance; de sens secondaire. ～組合 second syndicat *m*. ～次的な secondaire. ～次世界大戦 la seconde guerre mondiale. ～審 la seconde instance. ～バイオリン second violon *m*. ～放送 2ème émetteur *m*.

たいにち 対日 ¶～感情 sentiments *mpl* à l'égard du Japon. ～感情がよい(悪い) avoir envers le Japon des sentiments pro-japonais (anti-japonais). ～講和 traité *m* de paix avec le Japon. ～貿易(関係) commerce *m* (relations *fpl*) avec le Japon.

たいにち 滞日 ¶～外人 étranger(ère) *m(f)* qui séjourne au Japon. ～日記 journal (aux) *m* pendant *son* séjour au Japon.

だいにゅう 代入 《数》 substitution *f*. ¶xに3を～する remplacer x par 3.

たいにん 退任 démission *f*. ¶～する se démettre de *ses* fonctions; démissionner.

たいにん 大任 ¶～を負う(果す) être chargé (s'acquitter) d'une mission importante. ～を担う porter une grande responsabilité dans *qc*.

だいにん 代人 ⇨ だいり(代理).

ダイニング ‖～キッチン cuisine(s)-salle(s) à manger *f*.

たいねつ 耐熱 ¶～の résistant à la chaleur. ‖～ガラス verre *m* résistant à la chaleur (aux hautes températures). ～皿 [オーブン用] casse *f*. ～試験 essai *m* de résistance à la chaleur.

たいのう 滞納 retard *m* dans le paiement. ¶税金を～する négliger de payer *ses* impôts. 家賃を～する ne pas payer *son*

だいのう 大脳 cerveau(x) m; [医] encéphale m. ¶〜の cérébral(aux). ‖〜皮質 écorce f cérébrale.

だいのう 大農 ¶〜式 système m agraire à grande échelle.

たいは 大破 dommage m sérieux; grands dégâts mpl. 〜する être gravement endommagé.

ダイバー [潜水・飛込み] plongeur(se) m(f).

たいはい 大敗 défaite f complète. 〜を喫する subir une grande défaite (défaite complète).

たいはい 大杯 grande coupe f. 〜で飲む boire d'une grande coupe.

たいはい 頽廃 décadence f; [腐敗] corruption f; [堕落] dégénération f. 道徳の〜 démoralisation f. 風紀の〜 relâchement m des mœurs. ¶〜する dégénérer; tomber en décadence. 〜的な décadent; dégénératif(ve).

たいばつ 体罰 châtiment m corporel; punition f corporelle. 〜を加える infliger une peine corporelle à qn.

たいはん 大半 majorité f; la plus grande partie. 子供の〜は教室にいた La plupart des enfants étaient dans la classe. 街の〜は破壊された La plus grande partie de la ville a été détruite. それはどうにか〜はやりおえた C'est achevé ou peu s'en faut.

たいばん 胎盤 placenta m.

だいばんじゃく 大盤石 ¶〜の備え défense f sans faille. 〜である être inébranlable comme un rocher. 今や組織も〜だ Maintenant, l'organisation est inébranlable.

たいひ 堆肥 fumier m.

たいひ 対比 contraste m; [比較] comparaison f. 〜する contraster; comparer; confronter.

たいひ 貸費 ¶〜する accorder (allouer) une bourse. ‖〜生 boursier(ère) m(f).

たいひ 退中避 ¶女子供は防空壕に〜した Les femmes et les enfants se sont mis à l'abri des bombardements. ‖〜線 voie f d'évitement.

タイピスト dactylo f. ¶邦文〜 dactylo en japonais.「仏文〜求む」《On demande une dactylo en français.》‖〜学校 école f de dactylographie.

だいひつ 代筆 ¶〜する écrire une lettre pour qn. 友人に手紙を〜してもらった Je me suis fait écrire une lettre par mon ami.

たいびょう 大病 maladie f grave. ¶〜を[で]する tomber gravement malade. 〜で床につく être sérieusement malade.

だいひょう 代表 représentation f; délégation f; [人] représentant(e) m(f); délégué(e) m(f). 〜を送る déléguer un représentant. ¶世論を〜する représenter l'opinion publique. 我家を〜して au nom de ma famille. 〜的な représentatif(ve); [典型的] typique. ‖〜作 chef(s)-d'œuvre m. 〜者に nommer qn représen-

tant. 〜番号 [電話] numéro m principal.

だいひょう 大兵 ¶〜肥満の男 colosse m.

ダイビング plongeon m. ¶〜する plonger./[サッカー] 〜キャッチ plongeon m. ボールを〜キャッチする plonger sur un ballon.

たいぶ 大部 ¶〜の voluminueux(se). 千ページを越える〜の書物 gros volume m contenant plus de mille pages.

タイプ type m; genre m; sorte f. 彼はいつも同じ〜のが好きになる Il aime toujours le même genre de femme. 彼女はそんな〜の男は好きじゃない Elle n'aime pas ce genre (cette sorte) d'hommes. ‖彼は学者〜じゃない Il n'a pas l'étoffe d'un savant. ⇨ タイプライター.

だいぶ 大分 [かなり] assez; [次第に] peu à peu. 〜ひどい打撃を受ける recevoir un coup assez dur. 〜疲れた Je suis assez fatigué. まだ時間は〜ある Nous avons encore beaucoup de temps. 夜も〜更けて来た La nuit est bien avancée. 彼に会わなくなってから〜たつ Il y a (Voici) longtemps que je ne l'ai pas revu.

たいふう 台風 typhon m; cyclone m. ¶〜が発生する Un typhon se forme. 〜は北上して九州を襲った Le typhon s'est déplacé vers le nord, et s'est abattu sur Kyushu. 〜の目 œil m du typhon.

だいぶつ 対物 ¶〜信用 crédit m réel. 〜訴訟 action f réelle. 〜保険 assurance f contre les dommages matériels. ‖〜レンズ lentille f objective.

だいぶぶん 大部分 plupart f. 会食者の〜は商人だった Les convives étaient, pour la plupart, des commerçants. 仕事の〜は済んだ Le plus gros du travail est fait. 〜の人はそのニュースを知っている La plupart [des gens] connaissent cette nouvelle.

タイプライター machine f à écrire. 手紙を〜で打つ taper une lettre à la machine. ‖邦文〜 machine à écrire à caractères japonais. 〜用紙 papier m à machine.

たいぶんすう 帯分数 [数] nombre m hétérogène.

たいへい 泰平 ¶〜を謳歌する glorifier la paix. 〜の世に生れる naître dans un monde en paix. 天下〜な息子だ C'est un fils tout à fait insouciant!

たいへいよう 太平洋 l'océan m Pacifique; le Pacifique. ‖北(南)〜 le Pacifique Nord (Sud). 〜沿岸 côtes fpl du Pacifique. 〜戦争 Guerre f du Pacifique.

たいへいらく 太平楽 ¶〜を並べる tenir des propos insouciants.

たいべつ 大別 ¶〜する diviser qc en gros (grosso modo).

たいへん 対辺 [数] côté m opposé.

たいへん 大変 [大層] 実はそのことで〜困っているのです C'est justement la cause de mes ennuis. 〜お待たせいたしました Je suis désolé: je vous ai vraiment fait attendre trop longtemps. 〜お世話になりました Je vous remercie beaucoup. お話〜面白く伺いました J'ai écouté votre discours avec un vif intérêt. あなたには〜感謝しております Je vous garde une reconnaissance éternelle. 〜な

beaucoup; très. ◆ ¶~な [非常な] grand; remarquable; [激しい] terrible; violent; [やっかいな] ennuyeux(se); [重大な] sérieux(se); grave; [多くの] énorme; important; considérable. ~な暑さ grande chaleur f. ~な風 vent m violent. ~な金額 grosse somme f d'argent. ~な寒さ froid m terrible. ~な被害 dégâts mpl considérables. ~な成功をおさめる remporter un grand succès. ~な評判になる s'attirer une grande réputation. でも~な人がいた Et pourtant, il y en a du monde! いずれにしろ~な奴だ Quoi qu'il en soit, c'est un sacré gaillard! ~なことを引き受けたね Vous vous êtes mis dans une terrible affaire sur les bras. 一人前になるのは~なことだよ Ce n'est pas si simple de voler de ses propres ailes. これは~なことになった Nous sommes dans un grand embarras. ~だ [軽く] Mon Dieu!/[重大なこと] Sauve qui peut! 彼が怒り出したら~だぞ S'il se met en colère, ça va barder.

だいべん 代弁 ¶~する être le porte-parole de qn. ‖ ~者 porte-parole m inv.

だいべん 大便 fèces fpl; excréments mpl. ~をする faire ses besoins.

たいほ 退歩 recul m; rétrogradation f; régression f. 文明の~ recul de la civilisation. ¶~する reculer; rétrograder.

たいほ 逮捕 arrestation f. ¶~する arrêter. 彼は盗みで~された On l'a arrêté pour vol. ‖ ~状 mandat m d'arrêt.

たいほう 大砲 canon m. ~を打つ tirer le canon.

たいぼう 耐乏 ‖ ~生活 vie f de privations. ~生活をする s'imposer des privations; supporter la privation.

たいぼう 待望 ¶~久しい本が出版された Une publication longuement souhaitée vient de paraître.

たいぼく 大木 grand arbre m. ¶あいつはうどの~だ Il est aussi grand que bête.

だいほん 台本 texte m de pièce; [オペラ] livret m; [映画] scénario m.

たいま 大麻 chanvre m.

タイマー chronorupteur m; minuteur m; programmateur m.

たいまい 大枚 grosse somme f d'argent. これは~50万円の時計だよ C'est une montre qui va chercher dans les 500.000 yen.

たいまい 玳瑁 [動] caret m.

たいまつ 松明 torche f; flambeau(x) m. ~をともす allumer une torche.

たいまん 怠慢 négligence f; [怠惰] paresse f. ¶~な négligent; paresseux(se). ‖ 職務~で首になる être congédié pour négligence dans son service.

だいみょう 大名 daïmio m. ‖ ~旅行する faire un voyage de luxe princier.

タイミング ¶~を狂わせる faire perdre le rythme à qn. ~よく juste à temps; à point; à propos.

タイム [スポーツ] ¶~を取る [小休止する] demander un temps mort. ◆ [時間・記録] 彼の~は100メートル10秒5である Il a été chronométré 10,5 secondes (dix secondes cinq (dixièmes)) aux cent mètres. ~を取る [計時する] prendre le temps. 中間の~を取る prendre le temps intermédiaire. ‖ ~キーパー chronométreur m. ~スイッチ interrupteur m de temps. ~レコーダー horodateur m. ラップ~ temps m par tour. ロス~ temps mort. ~アップ fin f de partie. ~トライアル course f contre la montre. [期間] ‖ ~カード carte f de pointage 七月一杯が原稿の~リミットです Le délai pour le manuscrit expire fin juillet.

タイム [植] thym [tɛ̃] m.

タイムカプセル capsule f témoin.

タイムスリップ saut m temporel.

タイムトリップ voyage m dans le temps.

タイムトンネル tunnel m temporel.

タイムマシン machine f à remonter le temps.

タイムリー ¶~な qui vient à point.

たいめい 待命 ¶~になる être mis en disponibilité. ‖ ~中の士官 officier m qui est en disponibilité.

たいめい 大命 ¶~を拝する recevoir un ordre impérial.

だいめい 題名 ⇨ だい(題).

だいめいし 代名詞 pronom m. ‖ 人称(関係、疑問、指示、所有)~ pronom personnel (relatif, interrogatif, démonstratif, possessif).

だいめいどうし 代名動詞 verbe m pronominal.

たいめん 体面 [名誉] honneur m; [評判] réputation f; [見かけ] apparences fpl; [威信] dignité f. 彼の~が傷つく Il perd sa dignité. ~を重んじる tenir à sa réputation. ~を傷つける porter atteinte à la réputation de qn. ~を汚す déshonorer sa famille. ~を保つ conserver son honneur; sauver les apparences. ¶~上 pour sauver (garder) les apparences. ~上そうしなければならない Il faut faire ainsi pour respecter les apparences. それは[私の]~にかかわることだ C'est là un point d'honneur./Il s'agit de mon honneur.

たいめん 対面 entrevue f; [出会い] rencontre f. 3年振りの~ rencontre après trois ans de séparation. ¶~する avoir une entrevue avec qn; [出会い] se rencontrer. ‖ ~交通 croisement m.

たいぼう 大望 ¶~を抱く avoir une grande ambition. ~を果す réaliser son ambition.

だいもく 題目 [表題] titre m; [主題] sujet m; matière f. 下らないから~を並べて dire des bêtises. くどいね~はもういいから、用件を言いなさいよ Ne tournez pas autour du pot: de quoi s'agit-il?

タイヤ pneu(s) m; [車輪] roue f. 前(後)の~ pneu avant (arrière). ~がパンクした Le pneu a éclaté. ~の空気が抜ける Le pneu se dégonfle. ~に空気を入れる gonfler un pneu. パンクした~を修理してもらう faire réparer un pneu crevé. ~をとり変える changer de roue.

ダイヤ [宝石] ⇨ ダイヤモンド. ◆ [トランプ] carreau(x) m. 彼は~の8で私が出したクラブのエー

たいやく ス を切った Il m'a coupé un as de trèfle avec un huit de carreau. ◆[列車] diagramme m de l'horaire des trains. 事故で〜は乱れている La circulation ferroviaire est perturbée à cause d'un accident.

たいやく 対訳 traduction f juxtalinéaire. ¶〜の bilingue.

たいやく 大厄 [厄年] année f climatérique; [災難] grand malheur m.

たいやく 大役 [演] rôle m important; [任務] charge f (mission f) importante. 〜を果たす s'acquitter d'un rôle important. 〜を引き受ける se charger d'une mission importante.

たいやく 代役 [演] doublure f; remplaçant(e) m(f). 〜をつとめる doubler; remplacer. 病気の俳優の〜をつとめる doubler un acteur qui est malade.

タイヤゲージ contrôleur m de pression.

ダイヤモンド diamant m. ¶〜ダスト poussière f de diamant.

ダイヤル [電話, 機械の] cadran m; [ラジオ, テレビの] chaîne f. 〜を回す [電話の] composer un numéro; [テレビ, ラジオの] choisir (capter) une chaîne (station).

たいよ 貸与 prêt m. ¶〜する prêter qc à qn.

たいよう 太陽 soleil m. 〜が昇る(沈む) Le soleil se lève (se couche). 〜がまばゆい Il fait un soleil radieux. 〜の solaire; 〜系の, 〜の solaire. 〜の光 lumière f naturelle (du soleil). 〜の光線 rayon m de soleil. 〜の黒点 tache f solaire. 〜視=時 [天] temps m solaire réel. 平均〜時 temps m solaire moyen. 〜観測 héliescopie f. 〜系 système m (calendrier m) solaire. 〜崇拝 culte m solaire. 〜灯 lampe f à mercure. 〜年 [天] année f solaire. 〜炉 four m solaire.

たいよう 大洋 océan m. ¶〜の océanique.

たいよう 大要 ¶〜を述べる exposer les grandes lignes; faire un résumé. ⇨ たいりゃく(概略), ようてん(要点).

だいよう 代用 substitution f; remplacement m. ...の〜になる servir de qc. 蜜柑箱がテーブルの〜をした La boîte d'oranges sert de table. A を B で〜する substituer B à A; remplacer A par B. ¶〜教員 instituteur (trice) m(f) remplaçant(e). 〜食 ersatz m. 〜品 succédané m. コーヒーの〜品 ersatz de café. どうせ私はあの女の〜品よ Je sais bien, au fond, que je ne suis qu'un bouche-trou pour lui.

たいようしゅう 大洋州 Océanie f. ¶〜の océanien(ne).

たいようねんすう 耐用年数 durabilité f.

たいよく 大欲 ¶〜は無欲に似たり Les grandes passions prennent souvent le masque du désintéressement.

だいよん 第四 ¶〜の quatrième. 〜に quatrièmement; en quatrième lieu; quarto. ¶〜紀 [ère f] quaternaire m. 〜層 terrain m quaternaire.

たいら 平ら ¶〜な plat; [凹凸のない] égal (aux), [水平な] horizontal(aux); de niveau. 〜なグラウンド terrain m égal. ボクサーの鼻の〜 nez m aplati d'un boxeur. 〜な胸 poitrine f plate. 〜にする aplatir; égaliser; niveler. 道〜にする égaliser un chemin. テニスコートを作るために土地を〜にする niveler un terrain pour y installer un court de tennis. 〜に置く poser (mettre) qc à plat. もし地球が〜だったら... Si la terre était plate....

たいらげる 平らげる [食物を] manger (avaler) tout. 料理をきれいに〜 faire plat net. じゃがいも料理をぺろりと〜 engloutir son plat de pommes de terre. ◆[鎮圧する] soumettre; réprimer. 反乱を〜 réprimer une révolte.

たいらん 大乱 ¶国に〜が起った De grands troubles ont éclaté dans le pays.

だいり 代理 suppléance f; [人] suppléant(e) m(f). 今日は僕が先生の〜です Aujourd'hui, je remplace le professeur. 〜する suppléer qn; remplacer qn; représenter; [一定期間] faire l'intérim de qn. 後任が来るまで〜をする assurer (faire) l'intérim jusqu'à l'arrivée de son successeur. 商社の〜をつとめる représenter une maison de commerce. 〜を立てる constituer un fondé de pouvoir. 〜で par procuration; à la place de qn; au nom de. ¶〜の suppléant. 〜の先生 instituteur(trice) m(f) suppléant(e) (chargé(e) d'une suppléance). 〜学長 recteur m par intérim. 〜公大使 chargé m d'affaires. 〜店 agence f. 〜投票 vote m par procuration. 〜人 [法] fondé m de procuration; [商] représentant m de commerce; [一定期間の] personne f intérimaire. 〜判事 juge m suppléant.

だいりき 大力 ¶彼は〜無双だ C'est un vrai Hercule.

たいりく 大陸 continent m. ¶〜的(性)の continental(aux). 〜新[旧]〜 le Nouveau (l'Ancien) Continent. ヨーロッパ〜 continent européen. 〜横断飛行 vol m transcontinental. 〜間弾道[弾] ⇨ だんどう(弾道). 〜性気候 climat m continental. 〜棚 plateau(x) m continental.

だいりせき 大理石 marbre m. ¶〜像 marbre. 美しい〜像 belles statues fpl de (en) marbre. 〜模様 marbre. 〜模様の marbré.

たいりつ 対立 opposition f; antagonisme m. 利益の〜 opposition d'intérêts. 党内に激しい〜が持ち上がった Un violent antagonisme s'est produit dans le parti. ¶〜する s'opposer à. 〜する勢力 forces fpl antagonistes. 証言は最初から〜していた Dès le début, les témoignages étaient contradictoires.

だいりぼ 代理母 mère f porteuse.

たいりゃく 大略 ¶〜を述べる donner un aperçu de qc. 〜の説明 explication f sommaire. 〜の事情はもうお分りでしょう Vous vous en serez déjà fait une idée générale. ⇨ だいたい(大体), たいよう(大要).

たいりゅう 対流 convection f. ¶〜圏 troposphère f.

たいりょう 大漁 ¶鰯の〜 bonne pêche f de sardine. 今年は〜だった Cette année la pêche était meilleure.

たいりょう 大猟 ¶今日は〜だ Aujourd'hui, nous avons fait une bonne chasse.

たいりょう 大量 ¶〜の [grande] quantité

de. その事故で〜の死者が出た Cet accident a fait de nombreuses victimes. 〜に en [grande] quantité. ‖〜生産 fabrication f en série. 〜生産する fabriquer qc en série. この工場ではコップを〜生産している Cette usine fabrique des verres en série. 〜生産の自動車 voiture f de série.

たいりょく 体力 force f (énergie f) physique. 〜を回復する(失う) recouvrer (perdre) ses forces. うまいものを食べて〜をつける se fortifier par une bonne alimentation. 〜を養う développer sa force physique. ‖〜増進剤 fortifiant m.

だいりん 大輪 ¶〜のダリア dahlia m à grand pétale.

タイル carreau(x) m. ‖〜張り carrelage m. 〜張りの carrelé.

たいれい 大礼[大典] grande cérémonie f; [即位式] cérémonie f d'intronisation. ‖〜服 grande tenue f de cour.

ダイレクトメール publipostage m [direct].

たいれつ 隊列 rangs mpl; lignes fpl. 〜を組む former les rangs. ⇨たいご(隊伍).

たいろ 退路 ¶〜を遮断する couper la retraite à qn.

だいろく 第六 ¶〜感 le sixième sens; intuition f.

たいわ 対話 dialogue m; entretien m. ¶〜する avoir un dialogue avec qn. ‖〜体 forme f de dialogue. 映画用に小説を〜体に書きなおす dialoguer un roman pour le porter à l'écran.

だいわれ 台割れ ¶ドルを〜して200円台に落ちた Le dollar est tombé au-dessous de 200 yen.

たいわん 台湾 Formose f.

ダイン [物] dyne [din] f.

ダウ ¶〜式株式価格[ダウ価] prix m des actions selon la formule Dow-Jones.

たうえ 田植 repiquage m (plantation f) du riz. ¶〜[を]する repiquer le riz. ‖〜song chant m des repiquages du riz. 〜時son f du repiquage du riz.

ダウン ¶彼も遂に〜した Lui aussi a fini par s'effondrer. ‖彼女はあのスキャンダルですっかりイメージ〜した A cause de ce scandale, sa réputation s'est complètement effondrée.

タウンウェア habits (vêtements) mpl de ville.

ダウンジャケット doudoune f; blouson m duvet.

ダウンロード [ネットワーク上で] téléchargement. 〜する télécharger.

たえいる 絶え入る ¶絶え入りそうな声で d'une voix mourante. 絶え入らんばかりに泣く étouffer de sanglots.

たえがたい 堪え難い insupportable; intolérable. 〜侮辱を受ける essuyer une humiliation insupportable. 邪魔される のは私には〜ことだ Je ne peux pas souffrir qu'on vienne me déranger. 忍び難きを忍び堪え難きを堪える souffrir tout ce qu'on ne peut supporter.

だえき 唾液 salive f. ‖〜腺 glandes fpl salivaires. 〜分泌 salivation f; sécrétion f salivaire.

たえしのぶ 堪え忍ぶ ⇨たえる(堪える).

たえず 絶えず sans cesse; sans interruption; continuellement. 〜勉強する travailler sans cesse. このおんぼろ自動車は〜故障している Cette vieille voiture tombe continuellement en panne.

たえだえ 絶え絶え ¶息も〜である n'avoir qu'un souffle de vie. 声も〜に d'une voix mourante.

たえて 絶えて ¶彼女とは〜久しく会わない Je ne la vois pas depuis longtemps. その後彼からは〜便りがない Depuis, je n'ai eu aucune nouvelle de lui. こんなうまい料理は〜食べなかった Il y a longtemps que je n'avais pas mangé quelque chose d'aussi bon.

たえなる 妙なる exquis; délicieux(se). 〜調べ air m d'une douceur exquise.

たえはてる 絶え果てる ¶その後彼の消息は絶え果ててしまった A partir de ce moment-là, il a cessé de donner signe de vie. 絶え果てた家系 famille f éteinte. ⇨たえる(絶える).

たえま 絶え間 intervalle f; interruption f. 嵐の〜 accalmie f pendant la tempête. ¶〜ない ininterrompu; incessant; continuel(le). 〜ない車の列 file f interminable de voitures. 〜ない努力 efforts mpl continuels. 〜なく sans cesse (arrêt); sans interruption. 雨は〜なく降る Il pleut sans arrêt. 車が〜なく通る Les voitures passent sans interruption.

たえる 堪(耐)える [我慢する] endurer; supporter; souffrir; tolérer. 飢え, 疲労, 寒さに堪えた兵士たち soldats mpl qui ont enduré la faim, la fatigue, le froid. 痛みに〜 supporter la douleur. 不況に〜 souffrir du marasme économique. 試練に〜 supporter une épreuve. ショックに〜 [主語・人] tenir le coup. 任に〜 être à la hauteur de ses fonctions; tenir bien son rôle (son rang, sa place). 誘惑に〜 résister à la tentation. 侮辱に〜 supporter une injure. 何事にも堪えられる勇気 courage m à toute épreuve. 痛さに堪えられない supporter mal la douleur. もう彼のお喋りには堪えられない Je ne peux plus supporter (tolérer) son bavardage. もう彼の酷評には堪えられない Je ne tolère plus ses critiques impitoyables. 彼女の小言には段々堪えられなくなってくる Je supporte ses remontrances de moins en moins. 〜感に堪えない être bouleversé. 聞くに堪えぬ音楽 musique f inaudible. 見るに堪えない光景 spectacle m insupportable (pénible à voir). とても堪えられない痛み douleur f difficilement endurable. ◆[耐久, 持続力のある] ¶熱に〜 résister à la chaleur; être à l'épreuve de la chaleur; [火に] être à l'épreuve de feu. 酸に〜金属 métal m à l'épreuve des acides. この機械はまだ使用に堪える(もう使用に堪えない) Cette machine est encore en état (hors d'état) de fonctionner.

たえる 絶える [死滅する] s'éteindre; périr; [絶る] finir; cesser; [中断する] s'interrompre; [消滅する] s'anéantir. 足音が〜 Le bruit des pas s'estompe. 送金が〜 On cesse de m'envoyer de l'argent. 飲み水が〜 L'eau pota-

だえん 楕円 ovale *m*; [幾何] ellipse *f*. ¶~の ovale; elliptique. ‖~体 ellipsoïde *m*.

たおす 倒す faire tomber; abattre; [ひっくり返す] renverser; [横にする] coucher; [負かす] vaincre; battre; [壊す] démolir. 椅子を~ renverser une chaise. 一撃のもとに~ abattre d'un seul coup. 体を横に~ fléchir horizontalement le tronc. 梯子を~ coucher une échelle. 政府を~ renverser le gouvernement. ファッシズムを倒せ A bas le fascisme !

たおやか ¶~な gracieux(se). 雪におおわれた白く~な峰 sommets *mpl* élégants tout couverts de neiges.

タオル serviette *f* éponge; essuie-main *m inv*. ~を投げる [ボクシングで] jeter l'éponge. ‖バス~ serviette de bain. ~掛け porte-serviettes *m*. ~地 tissu(s)-éponge(s) *m*.

タオルケット couverture *f* en serviette éponge.

たおれる 倒れる tomber; s'affaisser. 仰向けに~ tomber à la renverse. 椅子に~ s'affaisser sur une chaise. 疲労(病気)で~ succomber à la fatigue (à une maladie). 刺客に~ se faire assassiner. 内閣が~ Le ministère est renversé. 彼は目まいがして歩道に倒れた Pris de vertige, il s'est affaissé (écroulé) sur le trottoir. 塀が倒れた Le mur s'est écroulé (effondré). 台風で木が倒れた Les arbres ont été déracinés par le typhon. 彼女は彼の胸に倒れかかった Elle s'est abattue sur sa poitrine. 半分倒れかかった家 maison *f* qui tombe en ruine.

たか 高 [金額] somme *f*; [数量] quantité *f*. ~をくくる sous-estimer. ¶彼の言うこと)なんか~が知れている On sait ce qu'il vaut (dit). 一日の売上げ~ recette *f* d'une journée. 総売上げ~ chiffres *mpl* d'affaire.

たか 多寡 ⇒たしょう(多少).

たか 鷹 faucon *m*; [若い鷹] fauconneau(x) *m*. ‖~狩 fauconnerie *f*. ~狩をする chasser au faucon. ~匠 fauconnier *m*. [党内の] ~と鳩派 des faucons *m* et des colombes *f*.

たが 箍 cercle *m*; cerceau(x) *m*; [金属製の] fretté *f*. ~がゆるむ Le cercle joue. 樽に~がゆるんでいる Il manque de tenue. ~をはめる cercler; fretter. 樽に~をはめる cercler un tonneau.

だが mais; pourtant; cependant; [それにも拘らず] toutefois; tout de même.

ダカーポ [楽] da capo.

たかい 高い haut; élevé; [値段] cher(ère); [背が] grand; [地位, 値などの] éminent. ~丘 colline *f* élevée. ¶山々 hautes montagnes *fpl*. ~天井 plafond *m* élevé. 背の~男 homme *m* d'une haute taille; homme grand. 波の~海 mer *f* houleuse. 鼻の~ avoir un grand nez; [自慢である] être fier (fière) de qc (de qn, de inf). 私の方が彼より3センチ背が~ Je suis plus grand que lui de trois centimètres. 夏の日はいつまでも高かった Ce jour d'été se prolongeait indéfiniment. 塀を更に1メートル高くする surélever (re-hausser) un mur d'un mètre. 波が高くなる Les vagues se creusent. 彼は2,3センチ背が高くなった Il a grandi de plusieurs centimètres. ¶空高く飛ぶ voler haut dans le ciel. ◆[程度が甚だしい] ¶~水準 niveau(x) *m* élevé. ~理想 idéal(aux) *m* élevé. ~熱がある avoir une (forte) fièvre. ~教育を受ける recevoir une bonne éducation. ~地位を占める occuper haute position. ~緯度の地方 hautes latitudes *fpl*. 身分の~人 dignitaire *m*; personne *f* haut placée. ~家柄の高い所 en haut lieu. 私は彼の研究を高く評価する J'apprécie l'importance de ses travaux. ◆[声,音が] ¶~声をしている avoir la voix haute. ~声で話す parler d'une voix forte. しっ, ~ Chut! Vous parlez trop fort! ◆[値段が] ¶~金を払う payer cher qc. そうしたらーものにつくよ Ce projet te coûtera très cher. 物価が~ La vie est très chère. それは値が~ Cela coûte cher. ~なあ C'est hors de prix! ◆[比喩的に] 私はこの子を高く買っている J'estime beaucoup ce garçon. これは彼が高く買っていた小説だ Il n'avait que des louanges pour ce roman. ◆[高慢な] あいつは高くとまっている Voyez-vous ça!

たかい 他界 ¶~する trépasser.

たがい 互い ¶~の mutuel(le); réciproque. ~に l'un(e) l'autre; mutuellement; réciproquement. ~に愛し合う s'aimer l'un l'autre. ~に手紙を書く s'écrire l'un à l'autre. ~に言い合って l'un en face de l'autre. ~に助け合おう Aidons-nous mutuellement (les uns les autres). お~に年をとりましたね Ça ne nous rajeunit pas. ~は~さまです C'est réciproque./[慰めるために] Nous en sommes tous là.

だかい 打開 ¶困難を~する surmonter des difficultés. ~し得る障害 obstacle *m* franchissable (surmontable). ‖~策を講じる élaborer une solution.

たがいちがい 互い違い ¶~に alternativement. 黒と白を~に塗る alterner les raies blanches et noires.

たかいびき 高鼾 ronflement *m* sonore. ~でいつは何があろうとー Rien ne le fait broncher.

たがう 違う ¶これと寸分違わぬ図を書きなさい Dessinez-moi ça sans omettre un trait. 彼は名声に違わぬ人間であった Il n'a pas trahi sa réputation. 狙い違わず命中した La balle est allée droit au but.

たがえる 違える ¶約束を~ manquer à sa parole. 約束の時間を1分と違えず彼はやって来た Il est arrivé au rendez-vous pile à l'heure fixée.

たかが ¶~学生じゃないか, そう怒るなよ Ce

たかく 多角 ‖ ～形 polygone m. ～経営 exploitation f de plusieurs affaires.

たかく 多額 ‖ ～の金 forte somme f. ‖ ～納税者 gros contribuables mpl.

たかさ 高さ ʰhauteur f; [海抜] altitude f. ～が5メートルある avoir cinq mètres de haut. その山の～は1000メートルだ L'altitude de la montagne est de 1.000 mètres. 水が膝の～まで来る L'eau arrive au niveau des genoux. ¶2メートルの～のある壁 mur m haut de deux mètres.

だがし 駄菓子 amuse-gueule m inv.

たかしお 高潮 marée f haute.

たかだい 高台 élévation f du terrain. 彼の家は～にある Sa maison se trouve sur une hauteur.

たかだか 高々 ‖ ～と持ち上げる soulever qc en l'air. ‖ 鼻～である ⇨ たかい(高い). ◆[精々] tout au plus; au plus. それは～5ユーロだ Cela coûte cinq euros au plus.

だかつ 蛇蝎 ‖ ～の如く嫌う abhorrer qn.

だがっき 打楽器 instrument m à (de) percussion; batterie f. ‖ ～奏者 percussionniste mf; batteur m.

たかとび 高跳び saut m. ‖ 走り～ saut en hauteur. 棒～ saut à la perche. ◆[逃亡] 犯人は国外に～した L'assassin s'est enfui outre-mer.

たかとびこみ 高飛び込み plongeon m de haut vol.

たかなみ 高波 haute vague f; [風で生じる] lame f. ～にさらわれる être emporté par une lame (la houle).

たかなる 高鳴る ‖ 潮が～ Les vagues mugissent. いよいよ試合かと胸が血潮が～ A l'approche du match, le sang s'est mis à bouillir dans les veines. ～胸を押えてグランドに入る to enter sur le terrain, en étouffant les battements de son cœur.

たかね 高値 prix m élevé; [株] ʰhausse f. 君の株は～を呼んでいる Vos actions sont en hausse. ¶～で à un prix élevé.

たかね 高嶺 ‖ 彼女は～の花だ Cette fille est hors de ma portée. 富士の～に積る雪 neige f qui recouvre la cime du Fuji.

たかね 鷹ね ‖ ～で彫る buriner.

たかのぞみ 高望み ‖ 君は～し過ぎるよ Tu vises trop haut. ～していないばかりに二兎を追う者は一兎をも得ず/Un tiens vaut mieux que deux tu l'auras.

たかは 鷹派 ‖ 彼は党内の～だ Il est dans le clan des faucons du parti.

たかひく 高低 ‖ ～のある accidenté; inégal (aux); raboteux(se). ⇨ こうてい(高低). でこぼこ(凸凹).

たかびしゃ 高飛車 ‖ ～な impérieux(se); autoritaire; ʰhautain. ～な調子で d'un ton impérieux; ʰhautainement. ～に出る jouer au roi; le prendre de haut vs qn. 何故彼はあなたに対して～に出るのか分らない Je ne vois pas pourquoi il serait hautain avec vous. ～に話す parler haut et fort.

たかぶる 高ぶる ‖ 神経が～ s'énerver. 神経の

たかぶっている子供 enfant mf énervé(e). 高ぶった態度をとる se donner (prendre) de grands airs; prendre un air hautain.

たかぼり 高彫り ʰhaut(s)-relief(s) m.

たかまくら 高枕 ‖ 今頃彼は油断して～で寝ているだろう Il doit dormir tranquillement sur ses deux oreilles.

たかまる 高まる ‖ 噂が～ La rumeur grandit. 名声が～ se faire un nom. 非難の声が～ La désapprobation publique grandit. 感情が～ L'émotion monte (grandit). みんなの関心が高まっている Tout le monde se passionne. ¶ 感情の高まり montée f de l'émotion. ⇨ たかい(高い).

たかみ 高み ‖ ～の見物をする assister de loin à qc.

たかめる 高める élever; ʰhausser; [改良する] améliorer. 声を～ élever (ʰhausser) la voix. 婦人の地位を～ améliorer la condition féminine. 公徳心を～ restaurer la morale publique. 品質を～ améliorer la qualité. 教養を～ développer sa culture.

たがやす 耕す cultiver. 畑を～ cultiver un champ. 畑は耕やされていない Des champs sont en friche. ¶～人 cultivateur(trice) m(f). 耕しやすい土地 sol m meuble.

たかようし 高楊枝 ‖「武士は食わねど～」«Noblesse oblige.»

たから 宝 trésor m; [富] richesses fpl. 博物館の貴重な～ richesses d'un musée. 子供は彼女にとってまさに～だ Son enfant est pour elle un véritable trésor.

‖「～島」 L'île au trésor ～船 bateau(x) m porte-bonheur.

だから [故に, それで] donc; par conséquent; aussi; ainsi; alors; [...の理由で] puisque; parce que; comme. 天気～散歩しよう Comme il fait beau, allons nous promener. あなた～こう言うのです C'est bien pour vous que je le dis. 彼は意地悪い, ～彼は避けるのだ Il est méchant, aussi (c'est pourquoi) chacun l'évite. ～君に言ったろう Puisque je vous le dis! ～といって彼らを許したわけではない Je ne leur pardonne pas autant.

たからか 高らか ‖ ～に鳴る [鐘が] sonner à la volée. ～に勝利の声を上げる pousser des hourras de victoire. 声～に歌う chanter à pleine voix.

たからくじ 宝くじ loterie f nationale (municipale). ～に当る gagner à la loterie. ～を買う acheter un billet de la loterie nationale.

たからもの 宝物 ⇨ たから(宝).

たかり extorsion f; [人] extorqueur(se) m (f).

たかる 群る ‖ 人が群っている Une foule de gens s'attroupe. 蟻が...に群っている Les fourmis pullulent dans qc. ¶[寄生する] 先生に～ vivre aux crochets de son maître. 仲間にたかられる se faire exploiter par un collègue.

-たがる ‖ 彼は君に会いたがっていたよ Il voulait te voir. この子はテレビばっかり見たがる Cet enfant ne pense qu'à regarder la té-

たかわらい ¶高笑い ¶彼が聞こえてきる On entendait ses grands éclats de rire. ~する rire d'un gros rire.

たかんじゅせい 多感 ¶~な impressionnable; émotif(ve); sensible; [感動的な] sentimental(aux). 彼女は非常にか娘だ C'est une fille très sensible.

たかんしへい 兌換紙幣 billet m convertible.

たき 多岐 ¶人脈が~にわたる avoir des relations étendues. 議論が~にわたった Une foule de problèmes fusaient de la discussion.

たき 滝 cascade f; [大] cataracte f; [小] cascatelle f. ¶雨が~のように降る Il pleut à torrents.

たぎ 多義 ¶~の qui a plusieurs sens; [語] polysémique. ~性 [語] polysémie f.

たき 唾棄 ¶~すべき détestable; †haïssable.

だき 舵機 gouvernail m.

だきあう 抱き合う s'embrasser; s'étreindre. ¶抱き合っている恋人たち amoureux mpl enlacés.

だきあげる 抱き上げる prendre dans ses bras.

だきあわせ 抱合せ ¶~で売る vendre qc en lot avec qc.

だきおこす 抱き起す soulever dans ses bras. 倒れた人を~ relever qn qui est tombé.

だきかかえる 抱き抱える porter (prendre) dans ses bras.

たきぎ 薪 bois m de chauffage; bûche f; [柴東] fagot m. ~を炉にくべる mettre des bûches dans la cheminée. ‖~小屋 bûcher m.

だきこむ 抱き込む [買収する] gagner; [巻添えにする] impliquer; [自分の考えに] endoctriner. 敵を~ attirer l'adversaire dans son camp.

タキシード smoking m.

だきしめる 抱き締める étreindre; serrer dans ses bras (sur son cœur); enlacer. 子供を胸に~ serrer un enfant sur la poitrine.

だきつく 抱きつく ¶首に~ se jeter (se pendre) au cou de qn. その子走って来て父親に抱き付いた Cet enfant s'est jeté en courant dans les bras de son père.

たきつけ 焚き付け allume-feu m inv.

たきつける 焚き付ける ¶~薪を~ allumer des bûches. ◆[煽る] ¶憎しみを~ prêcher la haine. 焚き付けて…させる inciter qn à inf.

たきび 焚火 feu m [de bois]. ~をする faire du feu (de bois).

だきょう 妥協 compromis m; accommodement m; [一致・両立] conciliation f; [互譲] concession f réciproque. ~に達する parvenir à un compromis; entrer en accommodement. ¶~する s'accommoder avec; ~させる concilier; ~的な conciliant. ~案を見出す trouver un modus vivendi. ~点を探る chercher un terrain d'entente.

たきょく 多極 ¶~の multipolaire. ‖~化 multipolarisation f. だきょくか 多極化 multipolarisation f.

だきよせる 抱き寄せる attirer qn dans ses bras.

たぎる [湯が] bouillir. 怒りの血が~ [主語・人] bouillir de colère. 青春の血が~ Le jeune sang bout dans les veines. 湯がたぎっている L'eau bout à gros bouillons.

たく 炊く faire cuire.

たく 卓 table f. ~を囲む s'asseoir autour d'une table.

たく 宅 ¶お~はどこですか Où habitez-vous? デュポン夫人はお~にいらっしゃいますか Madame Dupont est chez elle? 主人はまだお~にお邪魔しているのですか Mon mari est-il encore chez vous?

たく 焚く ¶ストーブを~ allumer un poêle. 香を~ brûler de l'encens. 火を~ faire du feu.

だく 抱く prendre dans ses bras; [抱擁する] embrasser; [鳥が卵を] couver. ¶抱かれたまま眠る dormir dans les bras de qn.

だくあし 跑足 trot m. ~で au trot.

たくあつかい 宅扱い livraison f à domicile. ¶荷物を~にしてもらう faire livrer un paquet à domicile.

たくいつ 類 ¶映画や演劇の~ domaine m du cinéma et du théâtre. この~の在る才能 あの一の人間とはつき合いたくないね Je ne tiens pas à fréquenter les gens de son espèce. ~の無い sans pareil(le); sans égal(aux). ‖~まれな人 personne f rare.

たくえつ 卓越 ¶…えっることについている excceller à inf. 才能(知力)において人より~している surpasser qn en talent (par l'intelligence). ~した excellent; éminent; éminent. 彼はその分野でした才能を持っている Il n'a pas son pareil dans son domaine. 彼女は絵に~した才能を持っている Elle possède un talent unique pour la peinture.

だくおん 濁音 consonne f sonore.

たくさん 沢山 beaucoup; en abondance; abondamment; à foison; à profusion; copieusement. ~食べる manger beaucoup. ~飲む boire largement. ~お食べなさい Bon appétit. ~ある abonder; foisonner. すること~ある avoir beaucoup à faire. この文には誤りが~ある Les fautes abondent dans ce texte. 私は言うこと~ある J'ai tant et tant de choses à dire. 今夜は仕事が~あって外出出来ない J'ai tant de travail ce soir que je ne peux pas sortir. 仕事が~あって月末まで手が放せない J'ai suffisamment de travail pour être occupé jusqu'à la fin du mois. ¶~の beaucoup de; bien du (de la, des); [数] un grand [un bon] nombre de; [量] [une] quantité (des quantités) de; [豊富な] une profusion de. 人が~いた Il y avait beaucoup de monde (un monde fou). ~の料理が並んでいるテーブル table f chargée de nourriture. ◆[充分・結構] ¶もう~だ C'en est assez!(Ça suffit!)

たくしあげる ¶袖を~ retrousser (relever) ses manches.

タクシー taxi m. 流しの~ taxi en maraude. ~の運転手 chauffeur m de taxi. ~を呼ぶ

たくしょ appeler un taxi; [ハイヤーで] faire avancer un taxi. 〜のメーター taximètre *m*. 〜で en taxi. ‖〜代 [代金] prix *m* de la course; [一般的に] tarif *m* taxi.

たくじしょ 託児所 [3歳児までの] pouponnière *f*; crèche *f*; [幼児, 低学年の児童の] garderie *f*.

たくじょう 卓上 ¶色々な御馳走で〜を賑わす garnir la table de plats variés. ‖〜電話 téléphone *m* de table.

たくする 拓殖 mise *f* en valeur. ¶〜する mettre en valeur *qc*. ‖〜銀行 banque *f* d'outre-mer.

たくしん 宅診 consultation *f* chez le médecin.

たくする 託する [世話を] confier; [責任, 仕事を] charger *qn* de *inf*. 子供を隣人に〜 confier des enfants à *son* voisin. 事務管理を〜 charger *qn* de la gestion des affaires. 我が子に希望を〜 porter tous *ses* espoirs sur *son* fils. ¶人に託して par l'entremise de *qn*. ◆[口実にする] 〜に託して sous prétexte de *qc* (de *inf*, que *ind*).

たくせつ 卓説 ⇨ たくけん(卓見).
たくせつ 卓絶 ⇨ たくえつ(卓越).
たくせん 託宣 oracle *m*. ‖御〜が下がる recevoir un ordre d'en haut.

たくそう 宅送 ¶〜する livrer *qc* à domicile.
たくそう 託送 ¶〜する envoyer *qc* par l'entremise de *qn*.

だくだく ¶汗が〜流れる La sueur coule à grosses gouttes.

だくだく 諾々 ¶唯唯〜と人の言うことを聞く se laisser mener par le bout du nez.

たくち 宅地 terrain *m* à bâtir. ¶〜造成 arrangement *m* d'un terrain [en vue d'y construire]. 〜分譲 partage *m* d'un terrain à vendre.

タクト ¶〜をとる(振る) diriger un orchestre.

たくはい 宅配 livraison *f* à domicile. ¶〜する livrer *qc* à domicile. ‖〜業者 commerçant(e) *mf* livrant à domicile. ‖〜サービス service *m* de livraison à domicile.

たくはつ 托鉢 ¶〜に出る devenir un ermite errant. 〜する demander l'aumône. ‖〜僧 ermite *m* errant.

たくばつ 卓抜 ⇨ たくえつ(卓越).
だくひ 諾否 approbation *f* ou refus *m*; oui ou non.

タグボート remorqueur *m*.
たくほん 拓本 ectype *f*.

たくましい 逞しい vigoureux(se); robuste. 彼女は〜腰をしている Elle est forte des hanches. 想像力を逞しくする donner libre cours à *son* imagination. ¶逞しく vigoureusement; énergiquement.

たくみ 巧み habileté *f*; adresse *f*; ingéniosité *f*; [策略] finesse *f*. ¶〜な habile; adroit; ingénieux(se). 〜な口実 prétexte *m* ingénieux. 〜に habilement; avec adresse; adroitement. ‖言葉〜に par des paroles artificieuses. 言葉〜に女をだます emboîner une femme par de belles paroles.

たくむ 巧む ⇨ たくらむ(企む). ¶巧まざる機知 esprit *m* sans artifice.

たくらみ 企み complot *m*; conjuration *f*; machination *f*; intrigue *f*; manigance *f*; conspiration *f*.

たくらむ 企む comploter; machiner; manigancer; [陰謀] conspirer. クーデターを〜 comploter un coup d'État. 謀反を〜 tramer un complot. 奴は何か企んでいるんじゃないか Il mijote quelque chose./Il a une idée derrière la tête. ¶...と企んで de complicité avec *qn*.

だくりゅう 濁流 ¶〜に押し流される(呑まれる) être emporté par (englouti dans) les eaux d'une inondation.

たぐる 手繰る ¶糸を〜 ramener un fil. 記憶の糸を〜 creuser (scruter) *sa* mémoire.

たくろん 卓論 ¶〜を吐く donner un avis lumineux.

たくわえ 貯(蓄)え provision *f*; réserve *f*; provisionnement *m*; [金銭の] économies *fpl*. 食糧の〜がある avoir des provisions. 石炭の〜がある avoir une provision de charbon. 知識の〜がある avoir un fonds de connaissances. 私にも少しの〜はある J'ai un peu d'argent de côté (devant moi).

たくわえる 貯(蓄)える mettre de côté *qc*; mettre en réserve; [金銭を] économiser; épargner; [集積する] amasser; emmagasiner. けちけちと金を〜 amasser de l'argent sou à sou. 知識を〜 accumuler des connaissances. 今のうちに力を貯えておけ C'est le moment de prendre des forces. 道のりはまだあるから, 力を貯えておけ Le chemin sera long, réservez vos forces. ◆[生やす] ¶口髭を貯えている porter la moustache.

たけ 丈 [身長] taille *f*; [長さ] longueur *f*. 〜が大きくなる grandir. スカートの〜をつめる raccourcir une jupe.

たけ 竹 bambou(s) *m*. 〜の皮 écorce *f* de pousse de bambou. 〜を割ったような人 personne *f* simple et droite. ‖〜垣 clôture *f* en bambou. 〜細工 objets *mpl* en bambou. 〜竿 perche *f* en bambou.

-だけ [同じ数量] d'autant; autant. 全く同じ〜 tout autant. 彼はあなたと同じ〜働きます Il travaille autant que vous. 好きな〜食べなさい Mangez autant que vous voulez. 100ユーロ〜彼より給料が少ない Je touche cent euros de moins que lui. 彼女は私より2歳〜年上です Elle est plus âgée que moi de deux ans. それをやれる〜の財力が私にはない Ma situation financière ne me permet pas cette dépense. ◆[相応する] ¶それはやってみる〜のことはある Cela vaut la peine d'essayer. あの映画は見る〜の価値はある Ce film vaut la peine d'être vu. ¶[程度の限界] ¶出来る〜 autant que possible; autant que faire se peut. 出来る〜のことをする faire autant qu'on pourra; faire tout *son* possible. 持って行ける〜持って行けば Emportez tout ce que vous voulez. ¶[...だけに益々] ¶それ〜に益々彼が好きです Je l'en aime d'autant plus. 若い〜あなたには難しい Cela vous sera d'autant plus difficile que vous êtes jeune. 期待が大きかった〜彼の落胆ぶりはひどかった Sa déception était d'autant plus pro-

たげい 多芸 ¶「～は無能」«Qui est propre à tout n'est propre à rien.» ‖～多才の doué; talentueux(se).

たけうま 竹馬 échasse f. ～に乗る monter sur des échasses.

だげき 打撃 coup m; atteinte f; [精神, 神経への] choc m; [損失] dommage m. 私には～だった Cela m'a donné un coup. ～から立ち直る se remettre d'un choc. ～を与える donner des coups. 決定的な～を与える porter (frapper) un coup décisif. ～を受ける recevoir des coups.

たけくらべ 丈比べ ⇨ せ[い](背).

たけだけしい 猛々しい ¶～顔つき mine f effrayante. 盗人～しいとはお前のことだ Ton impertinence dépasse les bornes!

だけつ 妥結 accord m; entente f. ¶交渉は～した Les pourparlers ont abouti. ～させる conclure une entente (des accords).

たけつしつ 多血質 ～の sanguin.

たけなわ 酣 ¶～である battre son plein. 選挙運動(宴)は今や～である La campagne électorale (Le festin) bat son plein.

たけのこ 筍 pousse f de bambou. ¶雨後の～のように comme des champignons. ‖～生活をする mener une vie misérable.

たけやぶ 竹藪 fourré m de bambous.

たけやり 竹槍 lance f de bambou.

たける 長ける exceller à inf. 数学(論争)に～ exceller en mathématiques (dans la polémique). 世故に～ avoir du savoir-vivre.

たける 猛る ¶猛り立つ心を抑える étouffer les battements de son cœur. そこつは猛り狂っているよ Ça l'a mis en rage. 夜通し嵐は猛り狂った La tempête a sévi toute une nuit.

たける 哮る ¶虎は唸って～ Le tigre pousse un feulement.

たけん 他見 ¶「～無用」«Secret.»

たげん 多元 ¶問題の～的要素 divers aspects mpl du problème. ‖～方程式【数】équation f à plusieurs inconnues. ～論 pluralisme m.

たげん 多言 ¶このことに関しては～を要しない A ce propos, il suffit d'un mot.

だけん 駄犬 chien m bon à rien.

たこ 凧 cerf(s)-volant(s) m. ～をあげる lancer un cerf-volant. ¶～をあげる人 cerf-voliste m.

たこ 蛸 pieuvre f; poulpe m.

たこ 胼胝 durillon m; cal m; [足指] cor m. 足に～が出来た J'ai un cor au pied. ¶その話耳に～ができるほどだ J'en ai les oreilles rebattues.

たこう 多幸 ¶御～を祈ります Je vous souhaite bien du bonheur.

だこう 蛇行 [河川の] méandre m. ～する serpenter.

たこうしき 多項式【数】polynôme m.

たこく 他国 autre pays m; [外国] pays étranger. ¶～の人 étranger(ère) m(f).

たこくせき 多国籍 ¶～企業 multinationale f; société (entreprise) f multinationale. ～軍 [forces fpl de la] coalition internationale.

たごさく 田舎作 péquenaud (péquenot) m.

タコス taco m.

たこはいとう 蛸配当 dividende m fictif.

タコメーター tachymètre m.

たこん 多恨 多情～ vie f de cœur tourmentée.

たげん 他言 ¶～無用だよ Entre nous soit dit. ～はしないよ Je serai muet!

たさい 多彩 ¶～なイリュミネーション illuminations fpl multicolores. 今日は～な催しがある Il y a diverses représentations.

たさい 多才 ¶～な人 personne f aux talents variés; esprit m universel.

ダサい ringard(e). 彼は～格好をしている Il a un look ringard.

たさく 多作 fécondité f. ¶～作家 écrivain m fécond; romancier(ère) m(f) prolifique; pondeur(se) m(f) de romans.

ださく 駄作 œuvre f médiocre; four m.

たさつ 他殺 meurtre m; assassinat m. ¶警察では～と見ている La police pense qu'il s'agit d'un homicide. ‖～死体 victime f d'un meurtre.

たさん 多産 fécondité f. ¶～な fécond; [動物] prolifique. 彼は～な～系だからね Chez lui, c'est des vrais lapins.

たざん 他山 ¶～の石とする tirer une leçon de qc.

ださん 打算 calcul m. ～で働く agir par calcul. ¶～的な calculateur(trice). ～的な人 calculateur(trice) m(f).

たし 足し ¶生活費の～にする suppléer au coût de la vie. それが何の～になるのか A quoi cela vous avancera-t-il? それでは腹の～にはならない Avec cela je n'apaiserai pas ma faim.

たじ 他事 ¶～ながらご安心下さい A propos,

たじ 多事 ‖～多端である être très occupé. ～多難な年 année *f* mouvementée et pleine de difficultés.

だし 山車 char *m*.

だし 出し [出し汁] fond *m*; bouillon *m*. ～を取る faire un bouillon. ◆[方便・手段] ¶彼女は義理の弟を～に使って私と一緒にフランス語の勉強をした Sous prétexte d'assister mon frère, elle a appris avec moi le français.

だしあう 出し合う [金を出し合って人に結婚祝いの贈物をする] se cotiser pous offrir un cadeau de mariage à *qn*.

だしいれ 出し入れ [Sous *entrée*] dépenses *fpl* et recettes *fpl*; [預金の] retrait *m* et dépôt *m*. これが邪魔で引出しの中の物の出入れが出来ない Ça empêche de se servir de ce tiroir.

だしおしむ 出し惜しむ épargner *qc*; ne pas donner volontiers; [しぶしぶ出す] donner à regret.

たしか 確か [多分] peut-être; probablement. デモに参加したのは～1000人ぐらいだろう Il y a peut-être mille personnes à la démonstration. そうだと思います Je crois que oui./Peut-être bien que oui. 眼鏡をこの辺に置いたな Je les avais pourtant laissées là, mes lunettes. ◆～な [確かな] certain; sûr; assuré; [明白な] avéré; évident; [真実の] vrai; [心記憶された] reconnu; [正確な] exact. ～な記憶 mémoire *f* fidèle. 彼は～な友だち C'est un ami sûr. 金を～な人の手に託す mettre son argent en mains sûres. 私に～な証拠を見せて下さい Montrez-moi une preuve certaine. その情報をある筋から聞いたJe tiens ce renseignement de bonne source. ～なことは…だ Ce qui est sûr, c'est que… それは～だ C'est sûr et certain. 彼が病気なのは～だ Je suis sûr qu'il est malade. 何言ってるんだい、気は～か Qu'est-ce que tu chantes là? ～に certainement; sûrement; assurément; sans aucun doute; à coup sûr. ～にそうだ Bien sûr! ～に私は承知しましたが… J'ai pas sans doute accepté, mais…. 彼女は～に年の割にはませている Elle est certainement très précoce pour son âge. 彼は～にいい先生だ Il est sans aucun doute un bon professeur. 彼は～に明日来ますよ Pour sûr, il viendra demain./Il est certain qu'il viendra demain. ～に彼だ C'est bien lui. ～に本当です C'est ma foi vrai. 本は明日お貸ししますよ、～に Je vous prête mon livre, demain. C'est promis.

たしかめる 確かめる s'assurer de (*que ind*); constater; vérifier. 事実を～ constater un fait. 荷物の発送を～ s'assurer de l'expédition d'un colis. 計算を～ vérifier un compte. …かどうか～ vérifier si *ind*. 火が消えているかどうか確かめてくれ Peux-tu vérifier si le feu est bien éteint? 私が言ったことを彼がちゃんとやったかどうか確かめてみよう Je vais m'assurer qu'il a bien fait ce que je lui ai dit.

たしざん 足し算 addition *f*. ～をする faire une addition; additionner.

だししぶる 出し渋る そんなに出し渋っていないで早く出せよ Ne fais pas languir le monde: donne ce que tu as à donner.

たしせいせい 多士済々 ‖～な顔ぶれ assemblée *f* de célébrités.

たじたじ ～となる [尻込みする] être effrayé; [ひるむ] hésiter. ～となって後退する reculer effrayé. さすがの彼も～となっていたさ Même lui, il en est resté coi.

たしつ 多湿 ‖～の humide. ‖高温～の地 pays *m* torride et très humide.

たじつ 他日 un autre jour; une autre fois; un jour; [いつかのうち] un jour ou l'autre. ～彼女にお会いになったら Si jamais vous la voyez, ….

だしっぱなし 出しっ放し ‖本を～にする laisser traîner un livre. 水を～にする Ne laisse pas couler l'eau.

たしなみ 嗜み [嗜好] goût *m*; [分別] prudence *f*; [慎しみ] modestie *f*, pudeur *f*. 女の～ pudeur féminine. ピアノを習うぐらい女の～ですよ Apprendre le piano, pour une femme, c'est un minimum. ピアノの～がある savoir jouer du piano. ～の良い(無い)人 personne *f* bien (mal) élevée.

たしなむ 嗜む [好む・打込む] ～酒を～ aimer le vin. 音楽を～ avoir du goût pour la musique. ◆[慎む] ¶少し嗜みなさい [行いを] Soyez prudent!

たしなめる 窘める reprendre *qn*; faire une observation à *qn*. 過失を～ reprendre *qn* de *ses* fautes.

だしぬく 出し抜く devancer les désirs de *qn*; prendre les devants sur *qn*. 俺たちは彼に出し抜かれたよ Il nous a eus.

だしぬけ 出し抜け ‖～の質問に～で面喰った Sa question m'a pris au dépourvu. ～に brusquement; à l'improviste, inopinément; à brûle-pourpoint; au dépourvu.

だしもの 演物 [番組] programme *m*; [演ずる物] [俗] numéro *m*. 今日の～は何 Qu'est-ce qu'on joue ce mois? ～はモリエールのタルチュフだ On joue le *Tartuffe* de Molière. また例の～じゃないか Il nous fait son numéro habituel.

たしゃ 他社 autre entreprise *f*. ‖～株 actions *fpl* d'une autre entreprise. ‖～製品 marchandises *fpl* (articles *mpl*) d'une autre entreprise.

たしゃ 他者 les autres ⇒ **たにん**(他人).

だじゃく 懦弱 ‖～な mou (molle) efféminé; indolent. ～な人 mou *m*. 影響されやすい人だ C'est un mou, facilement influençable. ～にする efféminer; amollir. 余りにも楽なここ数年間の生活が彼を～にした Ces quelques années de vie trop facile l'ont amolli. ～に流れる s'amollir.

だじゃれ 駄洒落 calembour *m* médiocre. ～を言う faire (dire) des calembours médiocres.

たしゅ 多種 ‖～多様な diverses sortes de; très varié. ‖～多様な種族 différentes races *fpl*.

だしゅ 舵手 barreur(se) *m*(*f*).

たじゅう 多重 ‖～の multi-; multiplex; multiple. ‖～債務 accumulation *f* dettes;

たしゅみ 多趣味. 文学趣味 téléxecte *m*.
たじゅう 多重の. ~放送 télétexte *m*. ~人格 personnalité *f* à plusieurs, ~放送 multiplex *m*.
たしゅたよう 多種多様. ~な goûts vastes.
たしゅつ 他出 〔届けず〕……のまま外出する C'est une personne aux goûts vastes.
たしょ 他所〔「届けず……」〕ﾆ行く avoir des dettes multiples. ~債務者 personne *f* ayant des dettes multiples.

たしょう 多少 〔数〕nombre *m*; 〔量〕quantité *f*. この額の金額〜は上向いている Les montants en ~ s'orientent à la hausse. 注文の〜に応じます Dans ce cas il ne s'agit pas de somme d'argent. ◆〔いくらか〕un peu; quelque peu; quelque façon; plus ou moins; en quelque façon, plus ou moins de. あの人の話に〜の誇張があるIl y a toujours quelque peu d'exagération dans ce qu'il dit. 私の手元に〜の金が残っています Je me trouve avec un peu d'argent. 彼はフランス語が〜わかる Je parle un peu le français, ~とも少し風分が勝れないので授業は延期します Pour peu que je sois malade, je remettrai le départ. ◆〔いくらか貢献がある〕Les rumeurs sont plus ou moins fondées. 彼らは〜ともうそをついている Ils y ont tous contribué, qui plus, qui moins.

たしょう 多情. ~に感じやすい sensible. ~な青年時代 jeunesse *f* sensible à l'amour. ‖~多感 frémissement de passions. ◆〔浮気な〕volage, capricieux(euse). ~な女 femme *f* volage (légère, frivole).
たしょう 多生. ~の縁 bouliniquie *m(f)*.
たじょうく 〔躊躇する〕hésiter; reculer; 〔よぶんに〕chanceler. それらに〔〕ことでは〔〕にはならぬ Il ne faut pas reculer devant si peu de chose (hésiter pour si peu).
たしん 打診 auscultation *f*. ‖~する ausculter; 〔はからう〕sonder *qn*.
たしんきょう 多神教 polythéisme *m*. ‖~徒 polythéiste *m/f*.

たす 足す 〔加える〕ajouter; additionner; 〔補う〕suppléer. 塩を足して下さい。少し足りないようですから Ajoutez du sel; il en manque un peu.
たす 出す 〔引き出す〕tirer; sortir; 〔差し出す〕présenter; tendre; 〔前に出す〕avancer. 手を〜 tendre la main. 名刺を〜 présenter sa carte. ギャリソンから〔〕かんから to sortir un mouchoir de la poche. 銀行から金を〜 tirer de l'argent de la banque. 舌を〜 tirer la langue. 首を〜ようよくよく見えるように顔を前に avancer le cou pour mieux voir. ◆〔前に出す〕Avancez un peu votre chaise. 〔外に出す・剥け出す〕〔両手を露わに出して〕montrer son visage à la blanchissage. 窓を〜 mettre dehors des objets inutiles. 〔水〔ガス〕を〜 ouvrir l'eau (le gaz). ~ 〔金を~〕payer; verser. 事業に金を〜 placer de l'argent dans une affaire. 慈善事業に金を〜 souscrire pour (contribuer à) une œuvre de charité. 彼が払ったのでぺリチーフを出したくれた Il nous a payé l'apéritif. 〔与える〕〔発送する〕envoyer; expédier (envoyer *qn*). 発送する 荷包を〜 expédier un paquet; 宿題を〜 [先生が]donner un devoir; 手紙を〜 [手く]écrire une lettre; 結婚通知を〜 adresser un faire-part de mariage à ses amis. 問題を〜 poser une question. 論文を〜 présenter une thèse. [先生、願書を出す] ~ 音吐。電光を〜 produire; émettre. 〔〕発光 〔〕発声 〔〕 〜 Le petit a de la fièvre. 19 世紀ほどの多くの有名な作家を出した Le XIXe siècle a produit beaucoup d'écrivains célèbres. ◆〔陣取り〕喜びの色を顔に〜 La joie se peint sur son visage. 元気を〜 déployer ses capacités, スピードを〜 accélérer; 〔注意〕勇気を〜 s'armer de courage. ◆〔発表・出品する〕絵を展覧会に〜 exposer un tableau. 新聞に広告を〜 faire une annonce dans le journal. 本を〜 publier un livre; 〔出版社から〕tirer un livre; 〔新〕 製品を〕lancer un nouveau produit sur le marché. メッセージを〜 émettre un message. 〔出発させる〕船を〜 lever l'ancre d'un bateau. ボートを〜 mettre un canot à l'eau. 臨時列車を〜 mettre en service un train supplémentaire. 〔他所に行かせる〕娘を工場に働きに〜 envoyer travailler sa fille à l'usine. 〔始める〕店を〜 fonder une maison; 出店を〜 ouvrir un magasin. ◆〔~し始める〕〜 commencer (se mettre) à; 笑い〜, 泣き〜 se mettre à rire (en colère). そこでみんな笑い出した À ce moment-là, tout le monde a éclaté de rire.

たすう 多数 majorité *f*. ~の nombreux(se); ~を占める la majorité. 〜の〔〜を占める〕obtenir la majorité. ~を得る. 大〜 grand nombre de; 〔大部分の〕la plupart. ~の人がそれを知っている La plupart (des gens, le savent). 〔絶対〕~ majorité absolue. 記学生の大部分は不満を表明した La majorité des étudiants s'est montrée mécontente. 〜決 décision *f* prise à la majorité. ~派 majorité. 〜を占める obtenir la majorité. ‖~党 majorité. ‖~意見 opinion *f* de la majorité.

たすかる 助かる être sauvé; échapper à; survivre à; 〔助かり得る〕avoir la vie sauve; 〜 s'en tirer tout juste; l'échapper belle. 危うく〜から出血〔?〕Ce malade est sauvé, mais difficilement [彼の容体に重大な心配はい]. ~ 難破にも物救われた fait naufrage, mais on a pu sauver presque tous les passagers. 船は沈み〔〕子供だけ助かった Le bateau a coulé, mais les enfants seuls ont échappé à cet accident. 彼は逃げたら

たすけ 惰性 lancée f; 〚物〛inertie f. ¶〜で〜を救った Sa fuite (Son silence) l'a sauvé. このΓの台地がありますΓ〜で On peut sauver la vie à peine. もう自分からなくなると思う se sentir perdu. 病人はもう助からないと思う malade est désespéré. ◆ 〚接続〛 ¶あなたが出し てくれれば〜Γ Si vous le payez, あなたでそれをしてくださいましたら助かります Si vous me faites, cela m'épargnera beaucoup de peine. あなたの手を借りて〜かるのであります Votre aide est d'un grand secours.

たすけ 〚援助〛 aide f; assistance f; 〚救助〛 secours m; 〚支援〛 appui m. ...の〜を借りて avec l'aide de qn. 〜を求めるdemander de l'aide à qn. 〜を呼ぶ appeler (crier) au secours.

たすけあい 助け合い entraide f. ¶助け合う s'entraider; s'aider. ‖〜運動 entraide sociale.

たすけぶね 助け舟 perche f à qn.

たすける 助ける 〔助力する〕aider; assister; 〔支持する〕appuyer; 仕事を〜 appuyer qn dans son travail. 選挙で候補者を〜 aider un candidat à l'élection. 消化に〜 faciliter la digestion. 起き上るのを〜 aider qn à se lever. 彼は倒れた老人を助け起こした Il a relevé un vieillard qui était tombé. 〔救助する〕sauver; porter secours à qn. 溺れた人を〜 sauver quelqu'un qui se noyait. 囚人たちの命を〜 épargner un condamné. 瀧れた人を水から助け出す retirer un noyé de l'eau. 負傷者を取けて下から助け出す dégager un blessé des éboulis. 神よ助け給え Que Dieu m'aide! 助けてくれ Au secours!/À l'aide!

ダスター・コート duster m.

ダストシュート vide-ordures m inv.

たずねびと 尋ね人 〚～広告〛 《Personne recherchée.»

たずねる 尋ねる 〔捜える〕porter qc [à la main]. ステッキを携えて〜 avec une canne. 大金を携えて彼は出た Il est sorti muni d'une forte somme d'argent. 二人は相携えて出発した Ils sont partis de concert.

たずさわる 携わる participer à qc; s'occuper de qc. 教育にたずさわっている être dans l'enseignement.

たずねる 尋ねる 〔尋問する〕demander; interroger; 〔訊く〕s'informer de; 〔探す〕chercher; rechercher. 何故と〜 demander pourquoi. 人に道を〜 demander son chemin à qn. 真理を〜 rechercher la vérité. 今朝3階の人あなたのことを尋ねて来ました Un certain monsieur a demandé après toi ce matin. ちょっと再度いしますが, Pardon, Monsieur (Madame), ... 〔訪れる〕〜 aller (passer) voir qn, rendre visite à qn; visiter qc.

たせい 多勢 ¶〜に無勢では勝ち目はない La partie est inégale; je n'ai aucune chance.

たたえる 惰性 lancée f. (Son silence) l'a sauvé. ◆ ...

たたえ 湛え ¶〜を続けて continuer sur sa lancée.

だえき 唾液 salive f; 〚～腺〛 glandes fpl salivaires.

たそがれ 黄昏 crépuscule m; demi-jour m. 人生の〜 crépuscule de la vie. ¶〜時に au crépuscule.

だそく 蛇足 superfétation f; superfluité f. これは〜ですが... Ça va sans dire, mais... ¶〜の superflu.

ただ 多足 ¶〜目 myriapodes mpl.

ただ 多く ¶〜の 〔普通〕ordinaire; commun. 〜の人 homme m ordinaire. 彼は〜の民族ではない Ce n'est pas un homme ordinaire. 〜でない Ce n'est pas un médicament qui se vend à tous les coins de rue.

ただ 只 ¶〜入場 〔入場は〜〕L'entrée est à titre gratuit. 〜で C'est donné. 〜で, gratuitement. それを〜で手に入れた Je l'ai eu pour rien.

ただ 徒 ¶〜の 〔普通〕〜 Rien que ça? 〜の人のことしか彼は考えていない Je ne vous donne rien que mon cœur. 〜金のことだけを彼は考えている Il ne pense qu'à l'argent. Il pense uniquement (exclusivement) à l'argent. 〜笑うばかりいる ne faire que rire. 〔彼がはときどきないいんだが〕 S'il pouvait seulement survivre! そう考えるだけで à cette seule pensée; rien que d'y penser. 彼は〜愛されるだけで尊敬されていない Non seulement on l'aime, mais on ne le respecte pas. 〜一度だけ une seule fois. 〜の例外ひとつもなく Pas un seul n'y pense. 〜として考えない 〜ということもえるない 〜で彼だけが 人として考えない ただ〜として考えない 〜彼だけで

ただ ¶〜 Il est le seul à penser ainsi. 〔回し〕 〜ますは Il est le seul à penser ainsi. 〜に来はするでしょう Viendrez-vous seulement? 〜ではきません 〜こんなにしたら 〜にならないさんが 〔挟する〕 Si tu fais cela, tu auras de mes nouvelles.

ダダ 唯 〔dadaïsme〕 m; dada m.
ダダイズム dadaïsme m.

ただいま 只今 ¶〜〔只今〕Γ〔在宅〕faire l'enfant gâté. 〔大人には〕 faire l'enfant.

ただい 多大 ¶〜の grand; considérable. 〜の厚意 haute bienveillance f. 〜の譲歩 larges concessions fpl. 環境は子供に〜の影響を及ぼす Le milieu exerce une grande influence sur les enfants.

たたい 堕胎 avortement m. ¶〜する avorter. 〜させる provoquer l'avortement; faire avorter qn. 〜医師 médecin m avorteur. 〜薬 remède m abortif.

ただいま 只今 只今 maintenant. 〜出かけます Oui, tout de suite. 〜参ります ただいま帰りました (à l'instant).

ただえる 称える louer; glorifier; faire l'éloge de qn; célébrer; 〔酔える〕 entonner les louanges de qn; rendre gloire à qn.

ただいい 湛える 〔満々と A を B で満たす〕remplir A de B. 満面に喜びを〜 s'épanouir de joie.

たたかい 戦い lutte f; conflit m; 〚戦闘〛 combat m; bataille f; 〚戦争〛 guerre f. 〜に勝つ(負ける) gagner (perdre) une bataille.

たたかう 挑む défier qn au combat.

たたかう 戦う combattre; lutter contre; se battre avec; être en conflit avec; entrer en lutte avec; 〖試合〗faire une partie avec. 敵と～ combattre l'ennemi. 寒々と～ lutter contre le froid. 困難と～ être aux prises avec des difficultés. 我々自身の解放のために～ lutter pour notre propre libération. 彼は病気と戦い続けた Il a lutté contre la maladie.

たたかわす 戦わす ¶議論を～ discuter avec qn. 激しい議論を～ avoir une violente discussion avec qn.

たたき 三和土〖建〗plancher m en ciment.

たたきあげる 叩き上げる ¶弟子を～ former l'apprenti. 彼は叩き上げた人だ Il s'est élevé par son seul travail.

たたきうり 叩き売り vente f au rabais; solde m. ¶～[を]する vendre qc au rabais; solder qc. バナナを～する brader des bananes.

たたきおこす 叩き起こす ¶私はその音に叩き起こされた J'ai été réveillé en sursaut par ce bruit. 時間がない，奴を叩き起こせ Il est l'heure. Va le tirer du lit!

たたきおとす 叩き落す faire tomber qc en frappant.

たたききる 叩き切る ¶彼は一撃の下にその木を叩き切った Il a abattu l'arbre d'un seul coup.

たたきこむ 叩き込む ¶牢に～ fourrer qn en prison. …の…の頭に～ enfoncer (fourrer, ancrer) qc dans la tête de qn. このことを頭にしっかり叩き込んでおけ Fourrez-vous bien ça dans le crâne!

たたきころす 叩き殺す assommer qn. ごきぶりを～ écraser un cafard.

たたきこわす 叩き壊す briser qc rageusement; détruire qc;〖家などを〗démoler qc.

たたきだい 叩き台 ¶この案を～にして en prenant pour base de discussion cette proposition; sur cette proposition.

たたきだいく 叩き大工 gâte-bois m inv.

たたきだす 叩き出す mettre (jeter, flanquer) qn à la porte. 叩き出せ A la porte!

たたきつける 叩き付ける jeter; flanquer. コップを地面に～ jeter (flanquer) un verre par terre. 上役に辞表を～ fourrer sa démission sous le nez de son supérieur.

たたきつぶす 叩き潰す écraser; aplatir. 慢心を～ rabattre son orgueil. ライバルを～ écraser (démolir) son rival.

たたきなおす 叩き直す 彼の性格を叩き直してやる Je vais le dresser.

たたきのめす 叩きのめす terrasser; battre à plate couture; broyer. 敵を～ terrasser son adversaire. 叩きのめされる être terrassé. 彼は彼にチェスで叩きのめされた Il m'a battu à plate couture aux échecs.

たたく 叩く frapper; battre;〖軽く〗taper; tapoter;〖強く〗cogner;《俗》rosser; rouer de coups;〖強く続けて〗marteler. 太鼓を～ battre le tambour. タイプを～ taper. テーブルを拳で～ donner un coup de poing (cogner du poing) sur la table; marteler la table à (d')un coup de poing. 戸を～ frapper à la porte. 手を～ frapper (taper) des mains. …の門を～ se faire le disciple de qn. 雨が横なぐりに私の顔を叩いていた La pluie me giflait le visage. ◆〖比喩的に〗 ¶…の意見を～ demander à qn son avis; consulter qn sur. 新聞で人を～ attaquer (lapider) qn dans le journal. ◆〖値切る〗marchander qc;〖安く売る〗vendre qc à bon marché; solder qc. さんざん値を～ marchander obstinément qc.

ただぐい 只食い grivèlerie f. ¶～する griveler.

ただごと 只事 ¶こんなに遅くまであの娘が帰って来ないとは～ではない Si cette fille n'est pas encore rentrée à cette heure-ci, c'est qu'il a dû se passer quelque chose.

ただし 但し cependant. 入ってもよろしい, ～邪魔をしないでくれ Vous pouvez entrer, seulement ne me dérangez pas.

ただしい 正しい〖道理にかなった〗juste; raisonnable;〖真正の〗vrai; authentique;〖健全な〗sain;〖正確な〗exact; correct; précis;〖正当な〗judicieux(se);〖合法の〗légal(aux);〖時間が〗ponctuel(le). ～計算 addition f juste. ～推論 raisonnement m correct (juste). ～時計 montre f précise (juste). ～道を進む〖方向〗prendre une bonne direction;〖生き方〗suivre le droit chemin. 君の言うことは～ Vous avez raison. …と言うのは～ On dit avec raison que ind. 品行が～ avoir de la conduite. 文法的にはこちらの文が～ Grammaticalement, cette phrase est plus correcte que l'autre. あの人は礼儀の～人だ C'est un homme correct. ¶正しく juste; avec justesse; sainement; authentiquement. 正しく生きる vivre honnêtement; rester dans le droit chemin. 正しく書く écrire correctement. 正しく評価する apprécier qc à son juste prix. 正しさ justesse f; vrai m. 表現の正しさ justesse d'une expression.

ただしがき 但書〖補足的説明〗clause f conditionnelle.

ただす 質す interroger qn sur qc; demander qc à qn;〖調査する〗examiner. 身分を～ vérifier l'identité de qn. 話の真偽を～ vérifier si l'histoire est vraie ou inventée. ¶もとを質せば originairement.

ただす 正す corriger; rectifier. 誤りを～ corriger une erreur. 襟を～ remettre de l'ordre. 姿勢を～ se redresser. 彼女は人前にきちんと服装を正した Elle s'est rajustée avant d'entrer.

たたずまい 佇まい ¶閑静な庭の～ havre m paisible d'un jardin.

たたずむ 佇む rester debout.

たたせる 立たせる ¶生徒を教室の隅に～ mettre un(e) élève au piquet.

ただちに 直ちに aussitôt; immédiatement; sur-le-champ; à l'instant même; tout de suite; sans retard. ⇒すぐ(直ぐ).

だだっこ 駄々っ子 enfant mf gâté(e). ¶～みたいなことを言うな Ne dis pas d'enfantillages!

だだっぴろい だだっ広い ¶～部屋だな, 何もないじゃないか Cette chambre fait très nu. On n'y voit pas un meuble!

ただでさえ 唯でさえ ¶彼は〜不幸だというのに、その上父親までが病気になってしまった Pour surcroît de malheur, son père est tombé malade. 〜暑いのに子供を泣かせるな Par cette chaleur, ne va pas encore faire pleurer le gosse.

ただならぬ 徒ならぬ ¶〜雲行きだ Ça sent l'orage! 彼らは〜仲になってしまった Leur relation a franchi les limites d'une simple amitié.

ただのり 只乗り voyage *m* sans billet. 〜する voyager sans billet;《俗》voyager à l'œil.

ただばたらき 只働き travail *m* pour rien (non relevé).

たたみ 畳 ¶〜の上の水練だ C'est faire le stratège en chambre. 〜の上で死ぬ mourir dans son lit.

たたむ 畳む replier; plier. 4つに〜 plier en quatre. 傘を〜 replier un parapluie. 店を〜 fermer boutique. 万事胸に畳み込む garder tout au fond de son cœur. 畳み込んで得点する marquer une avalanche de buts.

ただもの 只者 ¶あれは〜ではない C'est quelqu'un.

ただよう 漂う flotter; errer;［水面に］nager. 口もとに〜微笑 sourire *m* qui erre sur les lèvres. 〜漂っているもや brume *f* flottante.

たたり 祟り malédiction *f*.「さわらぬ神に〜なし」《Qui s'y frotte, s'y pique.》いや止めておこう、彼の〜が恐い On ferait mieux de s'arrêter là: on ne sait pas ce qui risque de nous arriver. 彼は〜を受けている La malédiction pèse sur lui.

たたる 祟る 悪霊に祟られる être tourmenté par un mauvais esprit. 私はどうも祟られていると La malédiction est sur moi. ◆［比喩的に］〜無理が祟って身体を悪くした Il s'est abîmé la santé à vouloir en faire trop.

ただれ 爛れ ［医］érosion *f*.

ただれる 爛れる s'ulcérer. ¶爛れた生活 vie *f* débauchée (dissolue). 爛れた生活をする vivre dans la débauche.

たち 質［品質］qualité *f*;［性質］caractère *m*; nature *f*;［素質］aptitude *f*; dispositions *fpl*; inclination *f*. 研究に向く〜である avoir des dispositions pour l'étude. …したがる〜である avoir de l'inclination à ¶〜の悪い ¶陰気な〜だ Elle a une nature triste. 彼は〜が悪い Il est méchant./C'est un sale type. 〜の悪い vilain; malin(gne). 〜の悪い発熱 fièvre *f* maligne. 〜の悪い風邪 rhume *m* obstiné, 〜の悪い冗談 mauvaise plaisanterie *f*; plaisanterie de mauvais goût. 〜の悪いいたずらをする jouer un vilain (sale) tour.

たち 太刀 ⇨ かたな(刀).

たちあい 立会 présence *f*; assistance *f*;［取引所の］session *f*. さあ、お〜を Approchez! Approchez! ¶証人〜の上で en présence de témoins. 〜人 assistant(e) *m(f)*;［証人］témoin *m*;［開票立会人］scrutateur *m*.

たちあう 立会う assister à;［証人として］être témoin de *qc*. 討論に〜 assister à une discussion.

たちあおい 立葵 rose *f* trémière.

たちあがり 立ち上がり［開設］début *m*; commencement *m*.

たちあがる 立上る se lever; se mettre debout. 後脚で〜［馬が］se cabrer. 暴政に対して〜 se dresser (s'insurger, s'élever) contre la tyrannie. 立上れ Debout!/Levez-vous

たちい 立居 ¶彼は〜が不自由だ Il a perdu l'aisance de ses mouvements. 〜振舞 manières *fpl*; mouvements *mpl*. 〜をもう少し上品にしなさい Tu devrais soigner un peu plus tes manières.

たちいた 裁ち板 établi *m* (table) *f* de tailleur.

たちいたる 立至る ⇨ いたる(至る).

たちいり 立入り ¶「〜禁止」《Défense d'entrer.》,«Entrée interdite.» 〜検査［船舶などの］arraisonnement *m*. 〜検査する arraisonner.

たちいる 立入る entrer dans;［干渉］intervenir dans. ¶立入ったことをお訊ねしますが… Serait-ce indiscret de vous demander…?

たちうお 太刀魚 ceinture *f* d'argent.

たちうち 太刀打ち ¶〜出来るかね Tu veux croiser le fer avec moi? とても彼には〜できない Je ne suis pas de force à me mesurer avec lui.

たちうち 立ち射ち［射撃の］tir *m* debout.

たちえり 立ち襟 col *m* droit (relevé).

たちおうじょう 立往生 ¶彼はまずいことになり、常に何らかの逃げ道を見つけるから On ne peut jamais le coincer; il trouve toujours quelque échappatoire. 列車は事故のために〜した Le train a été bloqué par un accident. 質問に立往生させられる se faire coincer sur une question.

たちおくれる 立ち遅れる ¶我が国は福祉（住宅）政策の分野で諸外国に立ち遅れている Notre politique sociale (du logement) est en retard sur d'autres pays. ファッションに於ては〜東京はパリに立ち遅れてはいない La mode de Tokyo n'a plus rien à envier à celle de Paris. この立ち遅れを取り戻すためには大変な努力が必要だ Seul un effort exceptionnel permettra de surmonter le retard accumulé.

たちおよぎ 立泳ぎ nage *f* debout. ¶〜する nager debout.

たちかえる 立ち返る ¶本心に〜 revenir à la raison.

たちがれ 立枯れ ¶〜する sécher sur pied.

たちき 立木 arbre *m*.

たちきえ 立消え ¶〜になる［炭などが］s'éteindre. ◆［比喩的に］「〜計画は〜になってしまった」 Le projet s'est perdu dans les sables.

たちぎき 立聞き ¶〜する écouter à la porte (aux portes).

たちきる 断切る trancher; rompre. 絆を〜 rompre ses fers. 家族との絆を〜 briser ses liens avec sa famille.

たちぐい 立ち食い ¶〜する manger debout;［急いで］manger sur le pouce;［カウンターで］manger *qc* au comptoir.

たちくらみ 立ち眩暈 ¶〜する être pris de vertige (d'un éblouissement) en se levant.

たちげいこ 立て稽古［リハーサル］répétition *f*.

たちこめる 〜[を]する répéter.

たちこめる 立ち籠める ¶霧が〜 Un brouillard se lève. 煙が部屋に立ち籠めている Une fumée flotte dans la pièce.

たちさる 立ち去る s'en aller; quitter; partir; se retirer.

たちしょうべん 立小便 ¶壁に向かって〜する pisser contre un mur.

たちすくむ 立ち竦む ¶その場に〜 être figé sur place. 恐怖で〜 être paralysé par la peur; être pétrifié de peur.

たちつくす 立ち尽す ¶彼女が去った後も彼はそこに立ち尽していた Après son départ, il resta planté là à la suivre longuement du regard.

たちどころに 立ち所に ⇨ すぐ(直ぐ). ¶薬を飲んだら〜痛みが止まった Le médicament a absorbé, la douleur s'est aussitôt évanouie.

たちどまる 立ち止まる s'arrêter. 一息入れるために〜 s'arrêter pour se reposer.

たちなおる 立ち直る se relever; se remettre; [病気から] se rétablir. 悲しみから〜 se remettre de son chagrin. ボクサーは最終ラウンドで立ち直った Le boxeur s'est ressaisi au dernier round. 彼はついに立ち直れなかった Il ne s'en est jamais remis.

たちならぶ 立ち並ぶ ⇨ ならぶ(並ぶ). ¶〜家々 suite f de maisons.

たちのき 立ち退き évacuation f; déguerpissement m. 〜を言渡される recevoir un ordre d'expropriation.

たちのく 立ち退く quitter; déguerpir; [明け渡す] évacuer. 立ち退かせる évacuer; faire déguerpir; expulser.

たちのぼる 立ち上る s'élever; monter.

たちのみ 立ち飲み ¶〜する boire debout; [カウンターで] boire au comptoir.

たちば 立場 position f; situation f. 政治的な〜 position politique. 〜を明らかにする exprimer sa position. 僕の〜も考えて下さいよ Tenez compte de ma position. …の〜にある être en situation de inf; être dans le cas de inf. 有利(不利)な〜にある être en bonne (mauvaise) posture pour. 同僚の手前まずい〜になってしまった Je me suis trouvé en mauvaise posture devant mes collègues. 〜を悪くなって追い込まれる mettre en mauvaise posture. 他人の〜になってみる se mettre à la place de quelqu'un d'autre. 大変な〜になりましたね Vous voilà dans de beaux draps! 別な〜から考える considérer qc d'un point de vue différent. あなたの〜だったら à votre place.

たちばさみ 裁ち鋏 ciseaux mpl à tailler.

たちはだかる 立ちはだかる [人の通る所に] barrer le passage (la route) à qn; [邪魔する] dresser des obstacles à qn. 俺の行く手に〜者は誰もいない Personne ne se mettra en travers de mon chemin.

たちばな 橘 oranger m sauvage; [実] orange f sauvage.

たちばなし 立話 ¶〜をする parler (causer) debout avec qc. 〜も何だから喫茶店にでも入ろう Plutôt que de rester là à bavarder, allons nous asseoir à la table d'un café.

たちはばとび 立ち幅跳び saut m en longueur sans élan.

たちばん 立番 garde f; surveillance f; [人] garde m; surveillant(e) m(f). 〜をする être de garde (en sentinelle). 試験の〜をする surveiller un examen.

たちふさがる 立ち塞がる ⇨ たちはだかる(立ちはだかる). ¶邪魔だよ, そんな所に〜な Otez-vous de là: vous gênez!

たちまち 忽ち aussitôt; [突然] tout d'un coup. ¶〜のうちに en un moment; en un éclair.

たちまわり 立回り [喧嘩] rixe f; [乱闘] bagarre f; [芝居の] scène f d'escrime. 〜を演ずる [喧嘩] se battre avec qn; se battre à l'épée. ¶やくざと大〜を演ずる casser le morceau avec des voyous.

たちまわる 立ち回る [行く・現れる] ¶その犯人はその場所に〜可能性がある Il est possible que ce criminel se montre à cet endroit.
◆[人々の間を] ¶うまく〜 jouer bien son jeu.

たちみ 立見 ¶〜する [立って見る] voir qc debout; [立見席で] voir qc du promenoir. ¶〜席 promenoir m; [天井桟敷] paradis m; poulailler m.

たちむかう 立ち向かう affronter; braver; faire front à. 恐しげ強敵に〜 affronter sans peur des adversaires redoutables.

たちもどる 立ち戻る revenir. 〜本心に〜 rentrer dans son bon sens; rentrer en soi-même. 本論に〜 en revenir à notre sujet.

たちもの 裁ち物 coupe f. 〜をする couper; tailler.

たちもの 断ち物 ¶〜をする se plier à une abstinence. ⇨ たつ(断つ).

たちゆく 立ち行く [商売などが] aller; marcher. どうにか生活が〜 gagner tout juste de quoi vivre. 商売が立ち行かない Les affaires ne vont (marchent) pas bien.

だちょう 駝鳥 autruche f.

たちよみ 立読み ¶〜する lire sur place.

たちよる 立ち寄る passer chez qn; [寄港] faire escale à. 一寸立ち寄っただけです Je n'ai fait qu'entrer et sortir. 近くにお出での節はお立ち寄り下さい Si vous passez à proximité, n'hésitez pas à nous rendre visite.

だちん 駄賃 récompense f; [心付け] gratification f; pourboire m. これは小〜よ Voilà pour votre peine! 行きがけの〜にこれももらっていこう [泥棒などが] Tant qu'on y est, emportons ça aussi.

たつ 経つ passer; s'écouler. 時の〜のは早いものだ Comme le temps passe [vite]! 時が〜につれ avec le temps. あの事故から3日経った Trois jours ont passé (se sont écoulés) depuis cet accident. 彼がたってから1週間経った Voilà huit jours qu'il est parti. 1週間経ったら仕事を終えているでしょう J'aurai fini ce travail dans deux heures. それから5分も経たないうちに... Moins de cinq minutes plus tard, ...

たつ 裁つ tailler; couper. 服を〜 tailler (couper) une robe. 本のページの端を〜 rogner les pages d'un livre.

たつ 断(絶)つ ¶切る couper; trancher; [止める] cesser de; ~(de inf); se priver de; s'abstenir de; briser; rompre. 命を~ tuer qn; [自分の] se tuer. 外交関係を~ rompre les relations diplomatiques. 交際を~ rompre avec qn. 退路(行き)を~ couper la retraite (le chemin) à qn. 電流を~ interrompre (couper) un courant électrique. 酒を~ se priver (s'abstenir) de vin. 食を~ jeûner.

たつ 立つ ¶ se mettre debout. 爪先で~ se dresser sur la pointe des pieds. まっすぐに立っている se tenir droit. 家が軒を並べて立っている Il y a une enfilade de maisons. 生徒を立たす mettre un élève au piquet. 立て! Debout! 立ったままでいる se tenir debout. 立ち通しでいる être sur pied; rester debout. ◆[地位を占める] ¶首位に~ tenir la tête. 人の上に~者がそのさまは何だ Ce n'est pas digne d'une personne dans sa position. ◆[離れる・出発する] ¶席を~ quitter sa place. ~鳥あとを濁さずと言うからいい Il faut se retirer sans laisser aucun embarras. パリに~ partir pour Paris. ◆[生じる・上る] ¶煙が~ La fumée monte. 風が~ Le vent se lève. ほこりが立っている Il fait de la poussière.

たつい 達意 ¶~の文 style m lumineux.

だつい 脱衣 déshabillage m. ¶~する déshabiller. ||~室[海の] cabine f de bain. ~所[風呂場の] cabine de déshabillage.

だっかい 脱会 ¶~する cesser d'adhérer; se retirer de.

たっかん 達観 ¶将来を~する porter sa vue loin [dans l'avenir]. 物事を~する voir les choses en philosophe.

だっかん 奪還 reprise f. ¶~する reprendre qc.

だっきゃく 脱却 ¶~する se délivrer de; se dégager de.

たっきゅう 卓球 ping-pong m inv; tennis m de table.

だっきゅう 脱臼 désarticulation f; luxation f; dislocation f. ¶~する se démettre; se déboîter; se disloquer; se luxer. 私は肩を~した Je me suis luxé l'épaule. ~した肩 épaule f démise.

ダッキング [スポ] esquive f.

タック [衣服の] pli m. ~をつける faire des plis.

ダックスフント teckel m.

タックル [ラグビー] plaquage m. ¶~する plaquer.

たっけい 磔刑 ¶キリストの~像 crucifix m; crucifixion f. ⇨ はりつけ(磔).

たっけん 卓見 opinion f lumineuse; perspicacité f; pénétration f. それは~ですね C'est une opinion lumineuse.

だっこ 抱っこ ¶...を~する prendre qn dans ses bras.

だっこう 脱稿 ¶~する achever (finir) d'écrire qc.

だっこう 脱肛 [医] prolapsus m anal.

だっこく 脱穀 battage m. ¶麦を~する battre le blé. ||~機 batteuse f.

だつごく 脱獄 évasion f. ¶~する s'évader; forcer sa prison. ||~囚 évadé(e) m(f).

だつサラ 脱- ¶彼は~してレストランを開いた Il a quitté la vie de salarié pour ouvrir un restaurant.

たっし 達し ordre m; instructions fpl. その筋のお~により par l'ordre (sur l'avis) des autorités compétentes.

だつじ 脱字 mot m sauté (oublié); [脱漏] omission f.

だっしにゅう 脱脂乳 lait m écrémé.

だっしめん 脱脂綿 coton m (ouate f) hydrophile.

たっしゃ 達者 ¶~な[健康な] sain; [頑健な] vigoureux(se); robuste; [上手な] habile; adroit. 歳のわりに~である être bien portant pour son âge. 口(筆)が~である avoir la parole (la plume) facile. 英語が~である être fort en anglais. 手足はまだまだ~だ Mes membres restent alertes. ~でな Portez-vous bien!

だっしゅ 奪取 enlèvement m. ¶~する enlever; emporter; s'emparer de.

ダッシュ [記号] tiret m. A A prime (A'). ¶[突進] élan m. ¶~する s'élancer.

だっしゅう 脱臭 ¶~する désodoriser. ||~剤 déodorant m désodorisant m.

だっしゅつ 脱出 évasion f. ¶~する se sauver; s'évader. ||~装置 éjecteur m. ~装置付きの操縦席 siège m éjectable.

ダッシュボード [車の] tableau m de bord.

だっしょく 脱色 décoloration f. ¶~する décolorer. 髪の毛を~する se décolorer les cheveux. ||~剤 décolorant m.

たつじん 達人 expert m; maître m; virtuose mf. 剣の~ fine (bonne) lame f. 馬術の~ virtuose de l'équitation.

だっすい 脱水 déshydratation f; [洗濯] essorage m. ¶~する déshydrater; essorer. ||~機[洗濯機] essoreuse f.

たっする 達する ¶山頂に~ arriver au sommet de la montagne; parvenir au (atteindre le) sommet. この道は森に~ Ce chemin mène au bois./On arrive au bois par ce chemin. 世界の水準にまで~ atteindre le niveau mondial. 70歳に~ atteindre 70 ans. 高齢に~ parvenir à un âge avancé; arriver à un grand âge. 意見の~ aboutir à un accord général. 計算書は百万円に~ La facture s'élève à un million de yen. 出費は百万円に~ La dépense se monte à un million de yen. 弾丸は骨まで達した La balle a pénétré jusqu'à l'os. ◆[達成する] ¶~目的を accomplir ses fins. 目的を達しようとしている toucher au but.

だつする 脱する ¶窮地を~ se tirer d'un mauvais pas; s'en tirer. くびきを~ secouer (rompre) le joug.

たつせ 立つ瀬 ¶~がない perdre la face. それでは俺の~がないじゃないか Ça me coupe l'herbe sous les pieds.

たっせい 達成 accomplissement m; achèvement m. 欲望の~ accomplissement de ses désirs. ¶~する accomplir; achever; réaliser. 目的を~する atteindre son but.

だつぜい 脱税 fraude f fiscale. ¶～する frauder l'impôt.

だっせん 脱線 déraillement m; [話の] digression f. ～の話はときどき～する Il tombe (se perd) souvent dans des digressions. 列車が～した Un train a déraillé (a quitté les rails).

だっそ 脱疽 gangrène f. ～にかかる [主語・物] se gangrener. ～にかかった(性の) gangreneux(se). ‖～性潰瘍 ulcère m gangreneux.

だっそう 脱走 évasion f; fuite f; [軍隊] désertion f. ¶～する s'évader; s'enfuir; fuir; s'échapper; déserter. ～した évadé(e) m(f); fugitif(ive) m(f). ～兵 déserteur m; soldat m en fuite. 敵前～兵 fuyard m.

たった ¶～一回 une fois seulement. 彼は～一人でやって来た Il est venu tout seul. ～百ユーロしかない Je n'ai que cent euros. 彼は～今出て行きました Il vient de sortir à l'instant [même].

だったい 脱退 ¶彼の～は痛かった Sa démission a été fortement ressentie. ～する cesser d'adhérer; se retirer de. ～国連～ retrait m de l'ONU.

だったん 韃靼 ‖～人 Tartare mf.

タッチ touche f. ¶私はそのことに～していない Cette affaire ne me regarde pas./Ce n'est pas mon affaire. ～の差でバスに間にあった J'ai pu attraper l'autobus de justesse. ◆ [画家, 音楽家の] ¶あのピアニストの～はすばらしい Ce pianiste a un beau toucher. この画家の～は豪放である Ce peintre a le pinceau hardi. 粗い～で描く peindre à larges touches. ‖ ◆ [フットボールなどで] ～ダウンする toucher le ballon à terre. ～ライン ligne f de touche.

だっちょう 脱腸 descente f de boyaux; hernie f. ‖～帯 bandage m herniaire.

ダッチロール serpentage m.

たって d'instant; pressant. ～の願い demande f instante (pressante). ～とおっしゃるなら Si vous y tenez absolument. ～というわけではないです Je n'y tiens pas.

だって [なぜか] parce que ind; C'est que ind; [だが] mais. なぜこれを断るのですか…. Pourquoi refusez-vous cela? — Parce que, ...

だって [...も] 私～ moi aussi. 彼は満足していないし, 私～そうだ Il n'est pas content, et moi non plus. 彼が文章も書くが絵～描く Il écrit, il dessine aussi. 誰～まず自分のことを考える Chacun pense d'abord à soi. ◆ [でも, それでも] ¶動物～恩は知っている Les animaux mêmes ont de la connaissance. 雨～止みそうだ Je sortirai même s'il pleut.

だっと 脱兎 ¶～の如く逃げる s'enfuir comme un dératé (comme un lièvre).

だっとう 脱党 défection f. ¶～する faire défection m.

たっとぶ 尊ぶ ⇒とうとぶ(尊ぶ).

たづな 手綱 rênes fpl; [馬勒] brides fpl. ～をつける(ゆるめる) mettre (lâcher) les rênes. ～をとる tenir un cheval par la bride. 彼は勝手なことをしている, 少し～を締めなければいけない Il

va un peu trop loin. Il va falloir lui serrer la vis.

たつのおとしご 竜の落し子 hippocampe m; cheval(aux) m marin.

タッパーウェアー tupperware [typerwer] m.

だっぴ 脱皮 mue f. ¶～する muer; [変貌する] faire peau neuve.

たつぴつ 達筆 belle écriture f; calligraphie f. これは～だ C'est de la calligraphie. ¶～である avoir une belle écriture; écrire bien.

タップダンス danse f à claquettes. ～をする faire des claquettes en dansant.

たっぷり abondamment; en abondance; amplement. ～一時間 une bonne heure. ～食べる manger abondamment (copieusement); avoir l'estomac plein. ～ある abonder; foisonner. まだ時間は～ある Nous avons tout notre temps. この本には逸話が～ある Les anecdotes abondent (foisonnent) dans ce livre. 私は～眠った J'ai fait un bon somme. ¶～したセーター chandail m ample. ‖ 色気～である [女が] ne pas manquer de charmes; [野心] baver d'envie de inf. 皮肉～の話 discours m plein d'ironie. 彼は何をするのも全て余裕～だ Il est à l'aise dans tout ce qu'il fait.

ダッフルコート duffel(s)-coat(s) m; duffle(s)-coat(s) m.

だつぼう 脱帽 [命令] Chapeau bas! ¶～する se décoiffer; se découvrir. あいつには～するよ Je lui tire mon chapeau.

だっぽう 脱法 ‖～行為 action f d'éluder la loi.

たつまき 竜巻 trombe f; colonne f de sable.

だつもう 脱毛 chute f des cheveux; [動物] mue f; [除毛] épilation f. ¶～する perdre ses cheveux; muer; [除毛] épiler. ‖～クリーム crème f épilatoire. ～症 calvitie f.

だつらく 脱落 [文, 語の] lacune f. ¶革命運動から～する lâcher (abandonner) un mouvement révolutionnaire. ～のある索引 index m lacuneux (lacunaire).

だつりょく 脱力 [医] adynamie f.

たて 殺陣 scène f d'escrime. ‖～師 maître m d'armes.

たて 縦 longueur f. あの人は～も横も大きい Il est grand et épais (gros). ¶～の longitudinal(aux); [垂直の] vertical(aux). ～2メートル横1.5メートルの窓 fenêtre f de 2 mètres de long sur 1,5 mètres de large. ～に longitudinalement; en (dans le sens de la) longueur; verticalement. ～に切る couper en long (longueur). 首を～に振る faire signe que oui; donner son consentement à.

たて 楯 bouclier m. ～にとる alléguer qc; se prévaloir de qc. 原文を～にとる alléguer un texte. ～にとって en alléguant qc; sous prétexte de qc. 彼は先輩たちの賛辞を～にとって自分の作品に箔をつけようとする Il compte alléguer les louanges de ses devanciers pour donner du poids à son propre ouvrage. ～をつく ⇨ たてつく(楯突く). ‖彼にはすごい後～がついている Il a un gros piston.

-たて ‖ もらい～の金 argent m frais. 生み～の

たて 卵 œuf m tout frais pondu. おろし~の着物 habit m tout neuf. 彼のひげはそり~だ Il est rasé de frais. 彼は理工科大学を出~だ Il est tout frais émoulu de l'Ecole Polytechnique. 挽き~のコーヒー café m fraîchement moulu. 「ペンキ塗り~」«Peinture fraîche.»

たで 蓼 ¶「~食う虫も好き好き」«Chacun a son goût.»

だて 伊達 ¶~な coquet(te); chic inv. ~に pour de l'effet; pour rechercher des effets. ~に眼鏡をかけているのではない Je ne porte pas des lunettes pour faire de l'effet. ~で酔狂でやっているのではない Ce n'est pas pour m'amuser que je fais cela. ‖~男 dandy m; gommeux m. 村一番の~男 coq m du village.

-だて 建[立]て ¶4階~の建物 immeuble m à (de) trois étages. 2戸~の家 maisons fpl jumelées. 2頭~の馬車 voiture f à deux chevaux.

たてあな 縦穴 fosse f; [鉱山] puits m de mine.

たてあみ 建[立]網 filet m fixe. ‖~漁業 pêche f à filet fixe.

たていた 立板 ¶~に水を流すように喋る parler avec volubilité.

たていと 建(縦)糸 chaîne f; fil m de chaîne. ~と横糸 la chaîne et la trame.

たてうり 建売 ¶~住宅 maison f à vendre toute faite.

たてかえ 建て替え reconstruction f.

たてかえる 立て替える avancer. 金を~ avancer de l'argent à qn. 立替えた金を返してもらう rentrer dans ses débours. ‖立替金 débours mpl; somme f avancée.

たてかえる 建て替える rebâtir; reconstruire.

たてがき 縦書き ¶~にする écrire verticalement (de haut en bas).

たてかける 立て掛ける appuyer là (contre). それは壁に立掛けておく Appuyez ceci contre le mur.

たてがみ 鬣 crinière f.

たてかんばん 立看板 pancarte f.

たてぐ 建具 cloisons fpl mobiles. ~を入れる installer des cloisons mobiles. ‖~屋 menuisier m.

たてこう 縦坑 puits m de mine.

たてごと 堅琴 harpe f.

たてこむ 立て込む [家が]être serré. この辺は小さな家がごみごみ立て込んでいる De petites maisons sont serrées comme des harengs dans ce district. 立て込んでいます Maintenant je suis très occupé.

たてこもる 立て籠る [城(川向う)に~ se retrancher derrière les fortifications (le fleuve). 部屋に~ s'enfermer dans sa chambre.

たてじく 縦軸 [縦座標] axe m des ordonnées; [Y軸] axe m des y.

たてじま 縦縞 raies fpl verticales. ¶~の à raies verticales.

たてつく 楯突く s'opposer à; tenir tête à

たてつけ 建付 ¶この家は~が悪い Cette maison est mal construite.

たてつづけ 立て続け ¶~に sans interruption (arrêt); coup sur coup; successivement. ~に4回勝つ gagner quatre fois de suite. ~に2時間も喋る faire un discours de deux heures de suite.

たてつぼ 建坪 superficie f bâtie. この家はおよそ20坪だ Cette maison occupe environ 70 m².

たてとおす 立て通す 自説を~ persister dans son opinion jusqu'au bout. 後家を~ rester veuve jusqu'à la mort.

たてなおし 建直し redressement m; relèvement m; reconstruction f. 財政(経済)の~ redressement m des finances (de l'économie).

たてなおす 立(建)て直す relever; redresser; rétablir; refaire. 家を~ rebâtir (reconstruire) une maison. 計画を~ refaire un projet. 国の財政を~ relever les finances d'un pays.

たてね 建値 [経] cote f.

たてひざ 立膝 ¶女が~するものではない Une femme ne doit pas se croiser les jambes.

たてふだ 立札 panneau(x) m indicateur. 立入り禁止の~を立てる dresser un panneau d'interdiction d'entrer.

たてまえ 建前 ¶~を~とする avoir pour principe de inf. 私は常に自分で出来ることは自分でするのを~としている J'ai toujours pour principe de ne jamais faire faire par autrui ce que je peux faire par moi-même ~としては正しいよ Vous avez raison en principe.

たてまし 建増し ¶~する agrandir. 家を~する faire agrandir une maison. 1階~する surélever une maison d'un étage. 2階を~する ajouter un premier étage.

たてまつる 奉る [差し上る] offrir qc à qn offrir qc en hommage à qn. 面倒だから彼をすに奉っておこう Allons au plus simple: il n'y a qu'à lui offrir le fauteuil du patron.

たてもの 建物 bâtiment m; construction f [大きな建物] édifice m.

たてやくしゃ 立役者 protagoniste m; [役者] acteur m principal; vedette f. 彼は通商交渉の~である Il joue le rôle principal dans les négociations commerciales.

たてゆれ 縦揺れ [船・飛行機などの] tangage m.

たてよこ 縦横 ¶~十文字に縛る lier qc de long en large.

-だてら ¶女~に何ですか En voilà des manières pour une fille!

たてる 立(建)てる [直立させる] dresser; [建造する] bâtir; construire; élever; [設立する] fonder; former. 柱を~ dresser une barrière. 旗を~ dresser un drapeau. 記念碑を~ dresser (ériger) un monument. 家を~ se faire construire une maison. 会社を~ former (fonder) une société. ◆[起う] ¶膝を~ lever un genou. 犬が耳を~ Le chien dresse les oreilles. ◆[計画、説などを] établir; former; dresser. 原則を~ établir (bâtir) un principe. 新説を~ émettre une nouvelle théorie. 予算を~ Le gouver

だてん 打電 ¶~する télégraphier; envoyer un télégramme à qn; [無線で] envoyer un radio; [海底電線で] câbler.

だとう 妥当 ¶~な convenable; adéquat; pertinent; [正当な] juste; raisonnable. ~な値段 prix m raisonnable. ...するのが〜である Il convient de *inf* (que *sub*). その断増はこの情況では〜とは思われない Cette déclaration ne paraît pas adéquate (convenable) à la situation.

だとう 打倒 ¶~する mettre à bas; abattre; renverser. 内閣を〜する renverser le ministère. 独裁政治を〜 Au poteau (A bas) la dictature!

たどうし 他動詞 verbe *m* transitif.

たとうるい 多糖類 [化] polysaccharide *m*.

たとえ 仮令 ¶~...であろうと quoi que *sub*; bien que *sub*; même si. ~天気が悪くても(どんなことが起っても) quoi qu'il fasse mauvais (arrive). ~彼が来たとしても私は成功できまい Même si je le voulais, je ne pourrais pas réussir. ~王様でも法を守らなければならない Même les rois doivent respecter les lois.

たとえ 譬 ¶[比喩] comparaison *f*; métaphore *f*; [格言] proverbe *m*; [例] exemple *m*; [寓話] fable *f*; [聖書の] parabole *f*. こんな〜もある Il y a un proverbe qui dit que *ind*. 世の〜にもある通り comme le dit le proverbe. 〜を引く citer un exemple. ∥そんなの〜話にすぎないよ Ce n'est qu'un récit allégorique.

たとえば 例えば par exemple.

たとえる 譬える ¶AをBに〜 comparer A à B. 自分を偉人に〜 se comparer à un grand homme. 心臓の働きはポンプに〜ことが出来る On peut comparer le rôle du cœur à celui d'une pompe. 譬えて言えば par exemple; pour prendre un exemple. 彼の喜びようといったら譬えようもなかった Sa joie était incomparable.

たどく 多読 ¶~する lire beaucoup. ∥~家 grand(e) liseur(se) *m(f)*.

たどたどしい 辿々しい maladroit; gauche; chancelant; 〜文章 style *m* gauche (maladroit). 〜足取り démarche *f* chancelante. 彼はやり方が〜 Il a de la gaucherie dans ses manières./Il manque de délicatesse dans ses actions. たどたどしく歩く marcher d'un pas chancelant. たどたどしく話す s'exprimer maladroitement (gauchement). たどたどしさ maladresse *f*; gaucherie *f*.

たどりつく 辿り着く échouer à; arriver finalement à. 一日中探し回った末に, 私は一軒の小さな旅館に辿り着いた Au bout d'une journée de recherches, j'ai échoué dans une petite auberge.

たどる 辿る suivre. 山路を〜 suivre un sentier de montagne. 家路を〜 prendre le chemin du retour. 滅亡の一途を〜 marcher à la ruine. 縁故を〜 chercher des relations. 記憶を〜 chercher dans *sa* mémoire; scruter *sa* mémoire. 思考の跡を〜 suivre le fil d'une idée de qn. 血筋を辿って行く scruter des degrés de parenté.

たな 棚 étagère *f*; tablette *f*; [戸棚] armoire *f*; [食器棚] buffet *m*; [葡萄棚] treille *f*; [整理棚] casier *m*. 〜からぼた餅 C'est un avantage inespéré. 自分のことは〜に上げる Oublier *ses* propres défauts.

たなあげ 棚上げ ¶商品を〜する garder des marchandises en stock. 法案を〜にする laisser un projet de loi en suspens.

たなおろし 棚(店)卸し inventaire *m*. ¶~[を]する dresser l'inventaire; [悪口] chercher les défauts d'autrui. ∥~品 soldes *mpl*.

たなこ 店子 locataire *mf*.

たなごころ 掌 paume *f*. ¶~を返すように意見を変える changer brusquement *ses* opinions. 〜を指すように明白なことである C'est clair comme le jour.

たなざらえ 棚浚え ¶~大売出し vente *f* de soldes.

たなざらし 店晒し ¶~になる rester longtemps à l'étalage. ∥~品 article *m* défraîchi.

たなびく 棚引く [雲などが] planer; traîner. 煙が屋根の上に棚引いていた La fumée traînait sur les toits.

たなん 多難 ∥前途〜である L'avenir est plein de difficultés./[主語・人] avoir des obstacles à surmonter.

たに 谷 vallée *f*; [小さな谷] vallon *m*. 気圧の〜 creux *m* barométrique. 〜風 brise *f* de vallée. 〜川 ruisseau(x) *m* de montagne. 〜底 fond *m* d'une vallée. 〜間 vallée. その村は〜間にある Ce village est au fond de la vallée.

だに 壁蝨 tique *f*. 町の〜 [比喩的に] vermine *f* du quartier.

たにく 多肉果 fruit *m* charnu.

たにん 他人 les autres *mfpl*; autrui; étranger(ère) *m(f)*; voisin(e) *m(f)*. 遠い親戚より近くの〜 «Mieux vaut son voisin, que longue parenté.» 彼と私は歩の〜である Il n'y a pas l'ombre d'une parenté entre lui et moi. 〜はいざ知らず私は... Je ne sais rien des autres, quant à moi.... 〜の幸福 bonheur *m* d'autrui. 〜の境遇を羨む jalouser le sort du voisin. 〜の空似 ressemblance *f* accidentelle. 〜の出る幕じゃない Occupez-vous de vos affaires. ¶~扱いする traiter qn comme un(e) étranger(ère). 〜行儀である être réservé. 〜行儀な人 homme *m* trop guindé. 〜行儀に traiter qn cérémonieusement.

たにんずう 多人数 grand nombre *m* de personnes; multitude *f*. お連れさんは〜ですか

Vous êtes accompagné de plusieurs personnes?

たぬき 狸 chien *m* viverrin.「捕らぬ～の皮算用」«Il ne faut pas vendre la peau de l'ours avant de l'avoir tué.» あいつは～だ [悪賢い] C'est un rusé. ‖～親爺 vieillard *m* cauteleux. ～寝入りをする faire l'endormi; faire semblant de dormir.

たね 種 [種子] semence *f*; [果物などの核] noyau(x) *m*; [葡萄などの] pépin *m*; [麦などの] graine *f*. ～の桃 noyau de pêche. 西瓜の～ pépin de pastèque. ～を蒔く semer; ensemencer. ～をとる faire la récolte des graines. 果物の～をとる enlever les pépins (le noyau) d'un fruit. ‖～の多い abondant en graines. ～のない asperme. ‖～商人 grainetier(ère) *m(f)*. ◆[牛馬などの] race *f*. ‖～牛 taureau(x) *m* [reproducteur]. ～馬 cheval(aux) *m* reproducteur; étalon *m*. ～取り récolte *f* de la semence. ◆[材料・原因] ¶小説の～ sujet *m* d'un roman. 心配の～ source *f* d'inquiétude. 手品の～ truc *m* d'un tour de passe-passe. パンの～ levain *m*. 話の～が尽きない Les sujets de conversation sont inépuisables.「蒔かぬ～は生えぬ」«On ne gagne rien sans peine.» 笑いの～となる種を蒔く être à rire. ～を明かす révéler un secret. 不和の～をまく semer la discorde. …の～を与える fournir un aliment à qc. よい～を使う [料理] utiliser de bons produits. …を～にして profitant de; sous prétexte de. ～新聞～ matière *f* pour un journal. ～になる paraître dans les journaux. ◆ しゅざい取材).

たねあかし 種明し dévoilement *m*. 手品の～をする expliquer un tour de passe-passe.

たねあぶら 種油 huile *f* de colza.

たねいた 種板 [写真の乾板] plaque *f* photographique (sensible); [陰画] cliché *m*; négatif *m*.

たねいも 種芋 patate *f* (pomme *f* de terre) de semence.

たねぎれ 種切れ épuisement *m*. ¶～である [主語・人] être à court de qc; [主語・物] être épuisé. 話題が～になった Nous avons épuisé tous les sujets de conversation./Tous les sujets de conversation se sont épuisés.

たねつけ 種付け appareillement *m*; [馬の] service *m*. ¶牝馬に～する [種馬が] servir une jument. ¶牝馬にサラブレットを～する faire couvrir une jument par un étalon pur-sang. 牛の～をする accoupler une vache et un taureau.

たねび 種火 veilleuse *f*. ～をつけておく entretenir la veilleuse.

たねほん 種本 original(aux) *m*; source *f*. この本の～が分った J'ai trouvé le livre qui a servi de modèle.

たねまき 種蒔き semailles *fpl*; ensemencement *m*; [麦の] emblavage *m*. ¶～の時期 semailles. ～をする ensemencer un champ. ‖～機 semoir *m*. ～人 semeur(se) *m(f)*.

たねん 多年 ¶～の希望 désir *m* caressé pendant les longues années. ～の辛苦 longues années *fpl* de dur labeur. ‖～生の vivace.

～生植物 plante *f* vivace.

たのう 多能 ¶～な talentueux(se); qui a plusieurs cordes à son arc. ～の人 [多才]

たのしい 楽しい agréable; joyeux(se); amusant; plaisant; réjouissant; gai; égayant délicieux(se); doux(ce). ～な音楽 musique *f* gaie. ～パーティー soirée *f* amusante. ～時を過ごす passer une soirée agréable. ～思いをする avoir de l'agrément. ～滞在 séjour *m* plaisant. その夜のパーティーは私にはとても楽しかった Je me suis bien amusé à cette soirée 音楽を聴くと楽しくなる Ça m'amuse d'écouter de la musique. 楽しげな rieur(se). ‖楽しくすごす avoir du bon temps. 楽しげに話す parler d'une voix joyeuse. 楽しさ gaieté *f*; douceurs *fpl*.

たのしませる 楽しませる amuser qn; divertir qn; faire plaisir à qn. それは目を～ Cela fait plaisir à voir.

たのしみ 楽しみ plaisir *m*; agrément *m*; [娯楽] amusement *m*; [享楽] jouissance *f*; [無上の] délices *fpl*; [気晴し] divertissement *m*; [幸福] bonheur *m*; [期待] attente *f*. ちょっとした～ amusette *f*. 無上の～は...することだ Son plus grand plaisir est de *inf*. ～は良い映画を見るのが～です J'ai (J'éprouve) du plaisir à voir de bons films. ‖あの若者は将来の～だ Ce jeune homme est plein de promesses. 彼の話をきくのが非常に～です Je me délecte à l'écouter. お目にかかるのを～にしています J'espère avoir le (Je me ferais un plaisir de vous voir. お手紙を～にしています Je me réjouis de recevoir de vos nouvelles. 私は子供の成長を～に働いている Je travaille en vue d'assurer le bonheur de mes enfants.

たのしむ 楽しむ prendre plaisir à; se plaire à; jouir de; se divertir; goûter; s'amuser à. 音楽を～ goûter la musique. 人生を～ jouir de la vie. 釣りを～ prendre son plaisir à la pêche. トランプをして～ se divertir à jouer aux cartes. パリ生活を大いに～ bénéficier de la vie parisienne. ひとりで～ avoir l'apanage *f* de qc. 彼女は～ことしか考えない Elle ne pense qu'à s'amuser. その暴君はひたすら流血を楽しんでいる Ce tyran ne se repait que de sang. 彼は苦難を楽しんでいる Il se rit des difficultés. 彼は大いに楽しんでいるようだった Il avait l'air de bien se divertir.

たのみ 頼み [依頼] demande *f*; sollicitation *f*; prière *f*. ちょっと～がある J'ai une demande (prière) à vous faire. あなたの～だけど、何もしてあげられない Malgré vos prières, je ne peux rien pour vous. ～を聞く accepter la demande de qn. 私の～を聞いて下さい Considérez ma demande. ◆ [頼り] ¶あなただけが～なんだ Vous êtes mon dernier recours. ～にする se fier à; compter sur; avoir confiance en. ～になる(ならない) digne (indigne) de confiance. ～になる人 personne *f* de confiance. ‖～の綱 planche *f* de salut. ～の綱が切れる Le dernier espoir s'évanouit.

たのむ 頼む demander qc à qn; prier qn de *inf*; solliciter qn de *inf*. 援助を～ de-

たのもしい 頼もしい [期待] plein d'avenir (de promesses); [信頼] digne de confiance. 頼もしく思う trouver qn digne de confiance. ‖あの青年は末～ Ce jeune homme a un brillant avenir.

たば 束 [わらの] gerbe f; botte f; [薪の] fagot m; [札の, 手紙の] liasse f; paquet m. 鍵の～ trousseau(x) m de clefs. 二十日大根の～ を買う acheter une botte de radis. ～にする mettre (lier) qc en botte. 手紙を～にする faire un paquet d'un tas de lettres. ‖～にかなって攻撃してくれるよう願いておこう Je vais demander qu'on m'envoie ce livre quand il sera en magasin. ¶...にして attaquer qn tous à la fois (en bloc, en masse). ⇒ たばねる(束ねる).

たば 打破 ¶～する détruire; abolir; renverser; écraser. 因習を～する supprimer de mauvaises coutumes. あらゆる障害を～する renverser tous les obstacles.

たば 駄馬 rosse f; [荷馬] bête f (cheval(aux) m) de somme.

たばこ 煙草 [植物] tabac m; [巻煙草] cigarette f; [葉巻] cigare m. ～の火を貸して下さい Du feu, s'il vous plaît. ～に火をつける allumer une cigarette. ～を吸う fumer; [パイプ] fumer la pipe. ～をやめる cesser de fumer. [嗅ぎ～ tabac à priser. 噛み～ tabac à chiquer. 刻み～ tabac haché. フィルター～ cigarette avec filtre. ～入れ [刻み煙草] blague f; [嗅ぎ煙草] tabatière f; [シガレットケース] étui m à cigarettes. ～好き fumeur (se) m(f). ～銭もない n'avoir même pas assez d'argent pour acheter un paquet de cigarettes. ～屋 bureau(x) m (débit m) de tabac; buraliste mf.

たばさむ 手挟む tenir qc sous le bras.

タバスコ tabasco m.

たはた 田畑 sillons mpl; champs mpl; ferme f.

たはつ 多発 ‖そこは車の事故の～地点です C'est un lieu où il y a fréquemment des accidents de voitures.

たばねる 束ねる nouer; embrasser; paqueter; [まきを] fagoter; [わらを] gerber; mettre qc en botte. 新聞を～ mettre des journaux en paquet. 髪を～ se nouer les cheveux. 書類を～ mettre des papiers en paquet.

たび 度 [...毎] ¶...する～に à chaque fois que ind; toutes les fois que ind. 彼のことを思う～せ胸が喜びで狂い出しそうになるのだった Elle ne pouvait penser à lui sans que son cœur défaille de joie. この写真を見る～に父のことを思い出す Cette photo me rappelle toujours mon père. ◆ [時・折] ¶この～ cette fois-ci.

たび 旅 voyage m. 船(汽車, 飛行機)の～ voyage en bateau (en chemin de fer, en avion). ～から戻る revenir d'un voyage. 帰らぬ～に出る faire le grand voyage; partir pour l'autre monde. ～をする voyager; faire un voyage. 急ぎの～をする faire un rapide voyage. ～を続ける continuer sa route. 「可愛い子には～をさせよ」«Qui aime bien, châtie bien.» ¶～の空で病気になる être tombé dans la maladie au cours d'un voyage. ‖～興行 tournée f de représentations. ～興行をする donner des représentations en province. ～商人 marchand(e) m (f) forain(e). ～日記 journal(aux) m de voyage. ～役者[芸人] comédien(ne) m(f) ambulant(e); baladin m.

だび 荼毘 incinération f; crémation f. 死者を～に付す incinérer un cadavre.

タピオカ tapioca m.

たびかさなる 度重なる répété. ～事故 une suite d'accidents. ～ミス erreurs fpl répétées.

たびかせぎ 旅稼ぎ ¶～をする faire sa tournée. ⇒ でかせぎ(出稼ぎ).

たびがらす 旅烏 しがないで身である Je mène une vie errante et insignifiante.

たびさき 旅先 destination f; [滞在地] séjour m. ～で死ぬ mourir en voyage.

たびじ 旅路 ¶死出の～につく partir pour l'au-delà; faire le grand voyage.

たびしたく 旅仕度 habits mpl de voyage. ～をする faire des préparatifs de voyage; se préparer à l'voyage.

たびだち 旅立ち départ m en voyage.

たびだつ 旅立つ partir; partir pour un voyage; partir en voyage.

たびたび 度々 souvent; [何度も] maintes fois; à plusieurs reprise. 私は～彼の家を訪ねた J'ai fréquenté sa maison. 私は～彼女に会ったJe l'ai vue bien des fois.

ダビデ〖聖〗David.

たびにん 旅人 bohème mf.

たびびと 旅人 voyageur(se) m(f); [観光客] touriste mf.

たびまわり 旅回り ¶～の ambulant; forain. ～の一座 troupe f ambulante. ～の芝居 spectacle m forain.

たびょう 多病 ¶～な maladif(ve); [ひよわい] chétif(ve).

ダビング reproduction f; [テープ] repiquage m. ¶～する copier; reproduire; [テープ] repiquer.

タフ ¶～な fort; [頑丈な] solide; [疲れを知らぬ] infatigable. ‖あいつは～ガイだ C'est un dur.

タブー tabou m. ¶～の tabou; inviolable; interdit. その話は～だ C'est un sujet tabou (interdit).

タフタ [織物] taffetas m.

だぶだぶ ¶～な lâche; flottant. ～のズボン pantalon m trop ample. お腹が～だ se noyer l'estomac. その服は～だ C'est un vêtement trop large. ソースを～にかける noyer les

だぶつき ¶市場での牛乳の~ pléthore f de lait sur le marché.

だぶつく surabonder; être surabondant. 物資が~ Les denrées surabondent. あそこの家にはお金がだぶついている Ces gens-là sont richissimes.

だふや だふ屋 trafiquant m de billets.

だふらかす 誑かす tromper; duper emberlificoter. 彼はよく人を~ C'est un emberlificoteur. 彼女さえも騙し通せる être trompé par qn.

ダブリューエッチオー WHO [世界保健機関] Organisation f mondiale de la santé (OMS).

ダブる ⇨ かさなる(重なる). ¶祭日と日曜日がダブっている Un jour de fête tombe un dimanche. 活字をダブらせる doubler un mot. 画面をダブらせる faire de la surimpression; [オーバーラップさせる] faire un fondu enchaîné.

ダブル ¶~の上着 veston m croisé. ‖相手は~スコアで私達を破った L'adversaire nous a battus par un score double. 一幅の布地 étoffe f en grande. ~フォールト [テニス] double faute f. ~ベッド grand lit m pour deux personnes.

ダブルス [スポ] double m. ‖男子(女子)~ double messieurs (dames). 混合~ double mixte.

タブレット [錠剤] tablette f; [鉄道の通票] bâton m pilote.

タブロイド ¶~版の de demi-format.

たぶん 他聞 ¶~をはばかることで C'est une affaire à garder secrète./C'est une affaire entre nous.

たぶん 多分 peut-être; probablement; sans doute; peut-être que. ~明日彼は来るだろう(来ないだろう) Il (ne) viendra peut-être (pas) demain. 彼はそんなことを言ったのだろうか?~ね Il a dit ça? – Peut-être. ◆ ¶御心に洩れず彼は落第した [多くの例にもれず] Il a échoué à l'examen comme on le prévoyait. ◆ [たくさん] ~のお心づかい grosse récompense f.

だぶん 駄文 ¶これはひどい~だ [俗] C'est un torchon.

たべあきる 食べ飽きる en avoir assez de qc; être fatigué de qc. もうじゃがいもは食べ飽きたと Je suis fatigué de pommes de terre.

たべかけ 食べ掛け ¶~のリンゴ pomme f entamée. ~ものはちゃんと最後まで食べなさい Mange jusqu'au bout ce que tu as entamé.

たべかた 食べ方 [方法] façon f de manger; [テーブルマナー] étiquette f de table. 私は…の~が分からない Je ne sais comment on mange qc.

たべごろ 食べ頃 ¶りんごは今が~です C'est la saison des pommes. このりんごは今が~です Cette pomme est mûre.

たべざかり 食べ盛り ¶彼女の家の子供達は~である Ses enfants sont en pleine croissance.

たべすぎ 食べ過ぎ ¶~は身体に良くない Les excès de table nuisent à la santé. ~を faire un excès. ~てしまった J'ai trop mangé.

たべずぎらい 食べず嫌い dégoût m (préjugé m) pour qc. あの人の魚嫌いは~だ Il a un préjugé contre le poisson.

たべつける 食べつける 食べつけている料理 plat m habituel. 食べつけない食物 aliment m dont je n'ai pas l'habitude.

たべのこし 食べ残し restes mpl. 昼食の~で夕食をすます utiliser les restes du déjeuner pour le dîner.

たべほうだい 食べ放題 ¶~のレストラン restaurant m [où l'on mange] à discrétion (à volonté).

たべもの 食べ物 nourriture f; vivres mpl; aliment m; comestibles mpl; [俗] boustifaille f. 軽い~ nourriture légère. 滋養のある~ nourriture fortifiante. ~を与える alimenter; fournir des aliments à qn; donner à qn à manger. ~の配給 ration f alimentaire. ~にやかましい être gastronome; être difficile sur les repas.

たべる 食べる manger; prendre; goûter; [常食にする] se nourrir de. パン(肉)を~ manger du pain (de la viande). 草を~ brouter de l'herbe. がつがつ~ dévorer. 最後に~ garder qc pour le dessert (la bonne bouche). 少しずつ~ grignoter; manger à petites bouchées. 腹一杯~ manger à sa faim. 何か食べ物を下さい Donnez-moi quelque chose à manger. ~物が何もない n'avoir rien à se mettre sous la dent. 昨日は500円の定食を食べた Hier, j'ai pris le menu à 500 yen. 私の下宿は泊って食べて洗濯つきだ Je suis logé, nourri et blanchi dans ma pension. 子供にスプーンで食べさせる nourrir un enfant à la cuiller. 病人にかゆを食べさせる alimenter un malade avec des bouillies de riz. 何も食べずにいる être à jeun. 食べたいだけ食べなさい Mangez jusqu'à satiété./Mangez tout votre content. ¶食べられる bon à manger; mangeable; comestible. 食べられない immangeable. ◆ [生活する] ¶金利で~ vivre de ses rentes. どうにか~だけは稼ぐ gagner juste de quoi vivre. 食べて行ける gagner sa vie. 食べさせる nourrir qn. 家に食べさせてやらなければならない者が5人もいるんだ J'ai cinq bouches à nourrir.

だべる 駄弁る bavarder; papoter.

たべん 多弁 loquacité f; volubilité f. ¶~な loquace; bavard. ~な人 babillard(e) m(f); bavard(e) m(f).

だべん 駄弁 faribole f; baliverne f; sornettes fpl. ~を弄する dire des balivernes; conter (débiter) des sornettes.

たへんけい 多辺形 ⇨ たかく(多角).

たほ 拿捕 capture f; prise f. ¶~する capturer; saisir. 船舶を~する saisir (arraisonner) un bateau.

たほう 他方 l'autre mf (les autres pl); [他方面] autre côté m; [これに反し] par contre. ~では d'autre part. 一方は金持, ~は貧乏だ L'un est riche, l'autre est pauvre. 一方は谷, ~は絶壁である D'un côté, c'est une vallée, de l'autre un à-pic.

たぼう 多忙 ¶~な affairé; occupé. ~な一日 journée f pleine. ~な人 personne f affai-

ぼう 〜である être affairé; avoir beaucoup d'occupations. 〜を極める être très occupé; avoir de très nombreuses occupations. ‖御〜中恐れ入ります Excusez-moi de vous déranger au milieu de vos nombreuses occupations. 御〜ならおじゃまいません Si vous êtes occupé, je ne veux pas vous déranger.

ぼう 多望 ‖前途〜の青年 jeune homme *m* qui promet beaucoup.

ほうめん 多方面 ¶〜に dans plusieurs directions. 〜にわたる universel(le); varié. 彼の活動は〜にわたっています Son activité s'exerce dans des nombreuses directions. 彼の知識は〜にわたっています Il a des connaissances très diverses.

ぼく 打撲 froissement *m*. ‖〜傷 meurtrissure *f*; contusion *f*. 〜傷を負わせる contusionner; meurtrir. 全身〜傷を負う être tout meurtri. 傷だらけの体 corps *m* couvert de meurtrissures.

ぼら 法螺 forfanterie *f*; hâblerie *f*. ⇨ ほら(法螺).

ま ¶〜の rare. 〜の休暇を大いに楽しむ profiter à fond d'une rare occasion de congé. 〜に [時々] de temps à autre; de temps en temps; parfois; [稀に] rarement. 彼は〜にしか来ません Il ne vient que rarement./Il ne vient presque jamais chez moi. 私は〜にしか彼に会わない Je le vois tous les trente-six du mois. 〜には旅行ぐらいいいものです Si je pouvais au moins faire un voyage de temps à autre!

ま 玉(珠, 球, 弾) [球] boule *f*; [球体] globe *m*; [ボール·弾] balle *f*; [玉突きの] bille *f*; [糸の] pelote *f*; [数珠玉] grain *m*. 露の〜 perle *f* de rosée. 眼鏡の〜 verre *m* de lunettes. 〜を投げて遊ぶ jouer à la balle. 〜にする faire une boule de *qc*. ¶〜の汗を流す suer à grosses gouttes. 〜のような汗が彼の額から流れる Quelques gouttes de sueur perlent sur son front. [ガラス(ビー)の] bille en verre. ◆[珠玉] 〜磨かざれば光なし」«Il n'y a pas de génie sans peine.» ¶〜の肌 peau *f* satinée (douce). 〜のような男の子だ C'est un chou. 〜のような声 voix *f* argentine. 掌中の〜のように comme la prunelle de *ses* yeux. 〜が〜に傷だ Son seul défaut est.... ◆[弾丸] [ピストルの〜] balle de revolver. 腕に〜が当る être frappé d'une balle au bras. 銃に〜を詰める charger un fusil. 飛んでくる〜の雨の中を sous une pluie de balles. ¶〜除け [軍] pare-balles *m inv*. ‖〜[人間] あいつは〜〜だ [なかなかの奴だ] Ça, c'est quelqu'un de bien.

たまし 玉石 galet *m*.

たまげる 魂消る ▷ おどろく(驚く), びっくり(仰天).

たまご 卵 œuf *m*; [魚, 両棲類の] frai *m*. 生み立ての〜 œuf frais pondu. 〜の殻 coquille *f* d'œuf. 〜の黄(白)身 jaune *m* (blanc *m*) d'œuf. 〜を産む pondre un œuf; [魚が] déposer *ses* œufs. あの鶏はよく〜を産む(産まない) C'est une bonne (mauvaise) pondeuse. 〜をかきまぜる battre des œufs. ¶〜を孕んだ [魚が] œuvé. ‖生〜 œuf frais. 半熟〜 œuf mollet. ゆで〜 œuf dur. 〜形 ovale *m*. 〜形の ovale; [果実などが] ovoïde. 〜焼き omelette *f*. ◆[人間] ピアニストの〜 pianiste *mf* en herbe.

たまさか ⇨ ぐうぜん(偶然), たまたま(偶々).

たましい 魂 âme *f*; [精神] esprit *m*. 〜を入れかえる redevenir un autre homme. 〜を打ち込む *s'y* mettre de tout son cœur. 〜を奪う ravir *qn*; enchanter *qn*. 〜を揺り動かす remuer l'âme. 仏造って〜入れずである Dans cette œuvre, il manque l'essentiel. 「一寸の虫にも五分の〜」«Il n'y a si petit buisson qui n'ait son ombre.» 「三つ子の〜百までも」«L'enfant est le père de l'homme.» ¶〜が抜けた仕事 œuvre *f* sans vie. 彼は〜が抜けたようだ Il est comme un corps sans âme.

だましうち 騙討ち ¶〜にする abattre *qn* par ruse; attaquer *qn* par surprise.

だます 騙(欺)す tromper; duper; mystifier; abuser; en faire accroire à; rouler. 泣く子を〜 apaiser un enfant qui crie. 騙し取る escroquer *qc* à *qn*; 《俗》carotter *qc* à *qn*. 彼は私の母から金を騙し取った Il a escroqué de l'argent à ma mère. 騙される se laisser tromper; être dupe de *qn*; se laisser attraper (avoir). まんまと騙される se laisser avoir. 俺はすっかり騙された J'ai été bien feinté. 騙されてたまるものか On ne me la fait pas! いかに多くの人がいい加減な約束に騙されていることか Combien de personnes se laissent attraper par des promesses mensongères! ¶騙され易い人 personne *f* facile à tromper; 《俗》pigeon *m*.

たまたま 偶々 par hasard. 談〜...に及ぶ La conversation est tombée sur.... 〜そうなったんだよ, 仕方ないだろう C'est un pur hasard. Que voulez-vous que j'y fasse? 街で〜あなたのお父さんにお会いしました J'ai rencontré votre père dans la rue.

たまつき 玉突き billard *m*. 〜をする jouer au billard. 〜の球 boule *f*. ‖〜場 salle *f* de billard. 衝突 carambolage *m*; collision *f* en chaîne. 〜台 table *f* de billard.

たまてばこ 玉手箱 boîte *f* de Pandore; cassette *f*. 「開けてびっくり(くやしい)〜」 «Ce n'est pas autre chose qu'une boîte de Pandore.»

たまねぎ 玉葱 oignon *m*. ‖〜料理 oignonade *f*.

たまのこし 玉の輿 mariage *m* morganatique. 〜に乗る épouser (se marier avec) un homme riche; faire un bon mariage; trouver un riche parti.

たまのり 玉乗り acrobatie *f* sur boule. 〜を演ずる exécuter une acrobatie sur boule.

たまゆ 玉繭 douppion *m*.

たまむし 玉虫 bupreste *m*. ‖〜[色]の gorge-de-pigeon *inv*; chatoyant; irisé. 〜色 iridescence *f*.

たまもの 賜物 ‖天の〜 don *m* de Dieu. 勉強の〜 fruit *m* du travail. 彼の成功は努力の〜です Son succès est le fruit du travail. 私の今日あるのは偏に彼の援助の〜です Je dois tous mes succès à son aide bienveillante.

たまらない 堪らない ¶嬉しくて～ Je ne me tiens pas de joie. 腹が立って～ Je ne peux m'empêcher d'être en colère (de me fâcher). おかしくて～ C'est à mourir de rire. 友達に会いたくて～ Je suis impatient de voir mon ami. これはいやで～仕事なんど Je déteste cette corvée. こう寒くては～ Le froid est insupportable. こんなにお金がかかっては～ Pareilles dépenses me ruineront! 仕事のあとの一杯は～ Boire un bon coup après le boulot, c'est irrésistible! …したくて～ être impatient de; avoir hâte de inf; être anxieux (se) de inf. 私はそのことを彼に言いたくて～ Je mourais d'envie de le lui dire.

たまりかねる 堪り兼ねる ne plus pouvoir supporter. ¶堪り兼ねて彼女はとうとう泣きだした N'en pouvant plus, elle a enfin éclaté en sanglots. 堪り兼ねて私は席をたった A bout de patience, je suis sorti de la pièce.

だまりこくる 黙りこくる ne pas desserrer les dents; n'avoir point de langue; garder un silence obstiné.

だまりこむ 黙り込む se renfermer dans son silence; rester muet comme une carpe.

たまりば 溜り場 salle f d'attente; lieu(x) f de rencontre; rendez-vous m inv. 学生の～ lieu de rencontre d'étudiants. あのスナックが我らの～です Ce snack-bar c'est notre quartier général. このホテルは町のごろつきの～だ Cet hôtel est le rendez-vous de la pègre du quartier.

たまる 堪る ¶これくらいでへこたれて～もんか Je ne me laisserai pas faire! 幽霊などあって～んか Vous croyez aux fantômes!

たまる 溜る (積る) s'amasser, s'entasser; s'accumuler; [滞る] stagner; rester impayé. ほこりが～ s'encrasser. お金が～ devenir riche, avoir de l'argent de côté. 借金が～ Les dettes s'accumulent. 洪水のあった後で, 地下室に水が溜っている A la suite des inondations, l'eau stagne dans les caves. 私は仕事が溜っている Il me reste de nombreuses affaires sur les bras. ～溜った水 eau f dormante.

だまる 黙る se taire; garder le silence; fermer la bouche; 《俗》la fermer. 黙っているな dire rien; rester silencieux(se); se taire; [答えない] ne pas répondre; [大目に見る] fermer les yeux sur qc; [口外しない] taire qc à qn; [見逃す] laisser passer qc; [我慢する] tolérer qc. 私は黙っているがね Je peux tolérer (laisser passer) cela. 私は人の不幸を見ると黙っていられないよ Je ne peux pas rester indifférent au malheur d'autrui. 奴は黙っていられないたちだ Il dit son mot par tout. 黙っていろよ N'en dites rien. 黙らせる imposer le silence à qn; faire taire qn; clouer le bec à qn. 敵を黙らせる clouer le bec à ses adversaires. 彼女は彼を完全に黙らせた Elle l'a réduit parfaitement au silence. 黙れ! Tais-toi!/Ferme-la!/Vas-tu fermer ta gueule! 黙って silencieusement; sans mot dire; [無断で] sans demander la permission; [内密に] sans se le déclarer; en se-cret. それで黙って帰って来たのか [おめおめと] Tu es rentré sans rouspéter?

たまわる 賜わる ¶私達は陛下に拝謁を賜わった Nous avons eu l'honneur d'obtenir une audience de l'Empereur. 当美術館の開館式に御臨席賜わりたくお願い申し上げます Vous êtes prié d'honorer de votre présence l'ouverture de ce musée.

たみ 民 peuple m; sujets mpl. 選ばれし～ peuple élu. ～の声 voix f du peuple. ～の声は神の声なり La voix du peuple est la voix de Dieu.

ダミー [人] homme m de paille. ‖～会社 entreprise f fantoche (fantôme).

だみごえ 濁声 voix f empâtée (enrouée rauque).

だみん 惰眠 engourdissement m. ～をむさぼる vivre dans l'indolence. ～を覚ます tirer qn de son indolence (sa paresse).

たみんぞく 多民族 ¶～の multiethnique multiracial(aux). ‖～国家 pay m multi ethnique.

ダム barrage m. ～を建設する construire un barrage. ‖～サイト site m de barrage.

たむけ 手向け ¶卒業生一同に～の言葉を贈る dédier des paroles de félicitation à tous les diplômés.

たむける 手向ける ¶神々に供物を～ dédier une offrande aux divinités. 亡き両親に花を～ offrir des fleurs à (aux âmes de) ses parents défunts.

たむし 田虫 teigne f. ¶～にかかった teigneux (se).

ダムダムだん -弾 balle f dum-dum.

たむろする 屯する s'assembler. この辺りは学生の～所だ C'est un lieu de rencontre des étudiants.

ため 為 ◆[利益・幸福] ¶黙っている方が身のだ Vous avez intérêt à vous taire. …の～を思う vouloir du bien à qn; avoir en vue l'intérêt de qn. …の～を計る agir dans son intérêt. こんなことを言うのもあなたの～を思えばこそ C'est pour votre bien que je vous dis cela. それは子供の～の映画ではない Ce n'est pas un film pour les enfants. ～になる avantageux(se); profitable; utile; bienfaisant. ～になる本 livre m instructif (utile). 山の気候は彼の健康の～になる Le climat de la montagne lui est bienfaisant. そんなことをしたらあなたの～にならない Ce ne serait pas votre intérêt de vous conduire ainsi. 何の～になる A quoi bon faire cela? …の～に pour; au profit de; au bénéfice de; en faveur de. 祖国の～に死ぬ mourir pour sa patrie. 祖国の～に尽す servir sa patrie. 罹災者の～に寄金する donner de l'argent au profit (au bénéfice) des victimes. 事業の～に金を出す donner de l'argent au bénéfice d'une œuvre. 彼の～に例外を設けます On a fait une exception pour lui (en sa faveur). 加藤君の～に祝宴を催します On donne une fête en l'honneur de M. Kato. ◆[目的] ¶ただ利益の～にだけ行動する agir uniquement par intérêt. 健康の～に運動をする faire de l'exercice pour sa santé. コンクールに受かる～に

たする travailler en vue de réussir à un concours. 私は仕事の打合せの~に来たのです Je suis venu vous voir pour que nous parlions de nos affaires. 何の~にこのことに首を突込んだのか Pour quelle raison vous êtes-vous engagé dans cette affaire? ¶ [理由] 病気の~ pour cause de maladie. 私には時間がなかった、その~に彼らと一緒に出かけなかったのだ Je n'avais pas le temps; c'est pourquoi je ne suis pas parti avec eux. この嵐の~に何隻かの船が沈んだ À cause de cette tempête, plusieurs bateaux ont sombré. 彼は最年長である~に議長に選出された Il a été élu président au bénéfice de l'âge.

ため 駄目 [悪い・劣る] ¶~な奴 [ろくでなし] vaurien m; nullard(e) m(f). あいつは~な奴だ C'est un bon à rien. なんて~な奴だ Quel salaud, ce type! 彼は教師としては~だ Il est incompétent comme professeur. 数学は全然~だ Je suis nul en mathématiques. 彼は全然~だ、他人の言うことを繰返しているだけだ Il est vraiment nul et ne sait que répéter ce que disent les autres. ~にする gâcher; gâter; pourrir; [損害を与える] endommager. あの母親は終いには彼を~にしてしまう Sa mère finira par le pourrir. 不器用で仕事を~にする gâter une affaire par sa maladresse. 未来(一生, 才能)を~にする gâcher son avenir (sa vie, son talent). ~になる se gâter; [傷む・腐る] s'abîmer; se gâter; [失敗する] échouer; [損害を被る] être endommagé. この生地はすぐ~になる Cette étoffe s'abîme facilement. この果物はすぐ~になる Ce fruit se gâte facilement. 悪天候で収穫物が~になった Le mauvais temps a endommagé les récoltes. ¶ [不可能・無駄な] ¶~なことはいくらやっても~だ Quoi qu'on fasse, l'impossible reste impossible. こんな紙では~だ Avec ce papier, ça ne va pas. そんな呼び方じゃ~だ Cela ne sert à rien de faire comme ça. 泣いても~だ Inutile (Pas la peine) de pleurer! 彼を説得しようとしたが~だった J'ai tenté en vain de le persuader. ◆ [いけない] ¶まだ動いては~ Tu ne dois pas encore bouger. もっと勉強しなくては~だ Il faut travailler davantage. ◆ [終りの] ¶もう~だ C'est fini./Tout est fini./Il n'y a rien à faire. 奴はもう~だ I am done for./He is finished. 俺(その病人)はもう~だ Je suis (Ce malade est) perdu. ◆ ¶~を押す [確認する] s'assurer de; confirmer; vérifier. ~を出す corriger le jeu.

ためいき 溜息 soupir m. 安堵(あきらめ)の~ soupir de soulagement (résignation). ~をつく pousser des soupirs; soupirer. 深い~をつく pousser de profonds soupirs. ~をもらす laisser échapper un soupir.

ためいけ 溜池 réservoir m; citerne f.

ダメージ dommage m. 精神的に~を蒙る(克服する) subir (réparer) un dommage moral.

だめおし 駄目押し ¶~の2点を加える consolider la victoire en marquant deux points de plus.

ためこむ 貯め込む amasser qc; entasser qc; mettre qc en réserve. こつこつと小金を~

faire sa [petite] pelote. 家を買うためこつこつと金を~ amasser sou à sou de l'argent pour acheter une maison.

ためし 試し épreuve f; [coup m d']essai m; tentative f. ¶~に pour voir; à l'essai. 使用人を~に使ってみる prendre à l'essai un (une) domestique. それでも~にやってみよう Essayons quand (tout de) même. ~にこの床屋に行ってみて下さい Essayez ce coiffeur. ¶ワインを~飲みする goûter [d']un vin.

ためし 例し [実例] exemple m; [先例] précédent m. こんなことは今迄~がない C'est un fait sans exemple. 冬がそんなに厳しかった~はなかった Jamais hiver ne fut aussi rude.

ためす 試す essayer; éprouver; mettre à l'épreuve; expérimenter; [確かめる] vérifier. 人を~ éprouver qn. 運を~ tenter sa fortune (sa chance). 装置を試してみる vérifier un mécanisme. まあ一寸試してごらん Essayez un peu. この鍵でもう一度試してごらん Essaie encore une fois avec cette clef.

ためつすがめつ 矯めつ眇めつ ¶~見る regarder d'un œil scrutateur; scruter.

ためらい 躊躇 hésitation f; indécision f. scrupule m; réticence f. ~を示す montrer de l'hésitation. 彼は嘘をつくことに何の~をも感じていない Il ne se fait aucun scrupule de mentir.

ためらう 躊躇う hésiter; se demander; tergiverser. 彼は選択をためらっている Il hésite sur le choix à faire. 行ったものかどうかためらっている Je me demande si j'irai. 証人は全てを告白するのをためらった Le témoin a hésité à dire toute la vérité. ¶ためらいながら scrupuleusement. ためらわずに sans hésitation.

ためる 溜(貯)める amasser; entasser; accumuler; amonceler; [倹約して] économiser. 雨水を~ recueillir l'eau de pluie. 目に涙を~ avoir les yeux pleins de larmes. 金を~ mettre de l'argent de côté (à gauche). こつこつと~ faire sa [petite] pelote. 一銭ずつ~ amasser sou à sou. 切手を~ [収集する] collectionner des (faire une collection de) timbres. ◆ [滞らせる] ¶仕事を~ laisser le travail s'accumuler. 勘定を~ laisser ses comptes impayés.

ためん 他面 autre côté m. ¶~では d'autre part; par ailleurs; [反して] par contre.

ためん 多面 ¶状況(問題)を~的に考察する examiner une situation (une question) sous divers angles (divers aspects). ¶ [正] ~体 polyèdre m (régulier).

たもう 多毛 ¶~の hirsute; velu; poilu. ¶~症 hirsutisme m.

たもうさく 多毛作 ¶この地方は~です Dans cette région, on fait plusieurs récoltes annuelles.

たもくてき 多目的 ¶~ダム barrage m à usages multiples.

たもつ 保つ maintenir; garder; conserver; retenir. 秩序(平和, 地位)を~ maintenir l'ordre (la paix, la position). 平衡(威信)を~ garder l'équilibre (son prestige). 習慣を~ garder ses habitudes; conserver l'habitudes de inf. 健康を~ conserver sa santé.

たもと 効力を～ rester valide (efficace). 体面を～ sauver les apparences. 距離を～ conserver *sa* tête. 平静さを～ conserver (garder) la distance. 昔の美しさを～ garder (conserver) *sa* beauté.

たもと 袂 manche *f*. 橋の～で à l'entrée d'un pont. ～を分つ se séparer de; [絶交する] rompre avec.

たやす 絶やす exterminer; faire périr; détruire; anéantir. 雑草を～ extirper (déraciner) de mauvaises herbes. 弊害を～ extirper (supprimer) les abus. 火種を絶やさない garder les tisons. 火を絶やさないで garder le feu allumé. 僕の家では酒だけは絶やしたことがない Chez moi, on n'a jamais manqué d'alcool (de saké).

たやすい 容易い facile; aisé; simple. まったく～ facile comme bonjour. 言うのは～よ C'est rien de le dire!/C'est vite dit. ～にやすく avec facilité; facilement; aisément; sans peine; sans difficulté.

たゆむ 弛む ║ たゆまず努力する persévérer (persister) dans *ses* efforts. うまずたゆまず avec persévérance (avec opiniâtreté).

たよう 多様 multiplicité *f*; diversité *f*; variété *f*. ～な multiple; divers, varié. ～で複雑な現実 réalité *f* multiple et complexe. ║生活の～性 diversité *f* de la vie.

たよう 多用 ⇨ たぼう(多忙).

たより 便り nouvelle *f*; correspondance *f*; lettre *f*. いい(悪い)～ bonnes (mauvaises) nouvelles. 『～のないのは良い～』 «Pas de nouvelles, bonnes nouvelles.» 最近の～によれば、彼はまだパリにいる Aux dernières nouvelles, il est encore à Paris. ～を出す envoyer de *ses* nouvelles. ～をする écrire à *qn*. 時々～を下さい Ecrivez-moi de temps en temps.

たより 頼り ║ 彼は一家の～だ Il est le soutien de *sa* famille. ～にする avoir confiance en; compter sur; se reposer sur *qn*; recourir à. 彼は私を全面的に～にしている Il se repose entièrement sur moi. 彼は医者などを～にしない Il n'a pas confiance dans les médecins. ～にできる人間が必要だ Il me faut un homme de confiance. あんな奴が～になるものか Vous vous imaginez qu'on peut compter sur un type comme lui? 杖を～に歩く marcher avec (à l'aide d')une canne. 地図を～に進む se diriger à la carte.

たよりない 頼りない incertain; peu sûr; vague; nébuleux; fragile. ～身の上 situation *f* sans aucun appui. ～話 C'est une vague histoire. ～天気だ Le temps n'est pas sûr. 彼1人行かすのは～ Le laisser aller seul, ça me paraît risqué. ║頼りなさ fragilité *f*.

たよる 頼る compter sur; se reposer sur; recourir à; avoir recours à; avoir confiance en. 彼は自分で努力をしようとせず他人に～習慣がついた Il a pris l'habitude de se reposer sur les autres au lieu de faire un effort personnel. 政府は秩序維持のため軍に頼った Le gouvernement a eu recours à l'armée pour maintenir l'ordre. 就職口を探しに友人を頼って上京する monter à Tokyo en comptant sur un ami pour chercher un emploi. 彼は頼れる人物だ C'est un homme de confiance.

たら 鱈 morue *f*. ║干～ stockfisch *m*.

-たら [もし…たら] ║雨が降ろう～ s'il pleut. 僕が金持だっ～この家を買うのに Si j'étais riche, j'achèterais cette maison. もし見つかっ～[不安] Si on me voyait! やってみ～ Si on essayait? ◆[と言ったら] ║面白いっ～ない Que c'est intéressant!

たらい 盥 baquet *m*; cuvier *m*; bassin *m*; cuvette *f*.

たらいまわし 盥廻し ║この党は政権を～にしている Ce parti monopolise le pouvoir.

ダライラマ 〖宗〗dalaï-lama *m*./Grand lama *m*

だらかん だら幹 cadre *m* (dirigeant *m*) incompétent. 奴は～だ Ce cadre est une nullité (une moule).

だらく 堕落 corruption *f*; avilissement *m*; pourriture *f*; déchéance *f*. 道徳(風俗)の～ corruption morale (des mœurs). ║～する se corrompre; se dépraver; se gâter; se dégrader; s'avilir. 悪友のため彼は～した Ses mauvaises fréquentations l'ont perdu. 彼はもう～しきっている Il est perdu. ～させる corrompre; perdre; dépraver; pervertir. 青年を～させる corrompre (dépraver, pervertir) la jeunesse. 過度の快楽は人間を～させる L'abus des plaisirs dégrade l'homme. ～した corrompu; déchu; dépravé. ～した魂 âme *f* perdue. ～した天使 ange *m* déchu.

-だらけ ║～の couvert de; plein de. 穴(しみ)～の criblé de trous (de taches). 石ころ～の道 chemin *m* pierreux (rocailleux). 借金～の criblé de dettes. 血(泥)～の couvert de sang (de poussière). 泥～の boueux(se); couvert de boue. この書取は間違い～だ Cette dictée est pleine de fautes. 彼は全身傷～だ Il porte des blessures (plaies) sur tout le corps. このテキストは誤り～だ Ce texte fourmille d'erreurs. 庭の道は落葉～だ Les feuilles mortes jonchent les allées du jardin.

だらける se relâcher; devenir indolent (paresseux(se)); paresser; flemmarder. この暑さでは少し気分が～ Avec cette chaleur, je me sens un peu flemmard. 永年の無為で頭は少し精神的にだらけている Après tant d'années d'inaction, il y a chez lui une sorte d'avachissement (relâchement) intellectuel. だらけないでで少しは体を動かせよ Ne vous avachissez pas, réagissez un peu. ║だらけた indolent; paresseux(se); lâche; mou (mol, molle). だらけた演奏をするピアニスト pianiste *mf* dont le jeu est mou.

たらこ 鱈子 œufs *mpl* de morue; rogue *f*.

たらしこむ 誑し込む vamper; enjôler; séduire. 誑し込まれる se laisser séduire.

だらしない relâché; négligé; non soigneux (se); désordé; [服装] débauché; désordonné. ～女 [家事などの] femme *f* négligente. ～人 personne *f* désordonnée. かなり tenue *f* débraillée (négligée). ～生活を

送る mener une vie désordonnée (déréglée). 彼は女に～‖ Il est faible devant les femmes. 彼の態度はだらしなかった Son attitude a manqué de fermeté (virilité). おめおめ引下って来るなんて～ぞ N'as-tu pas honte de te retirer sans roupéter? そんなこと知らないの、～ぞ Tu ne sais pas ça? Tu me déçois. 彼は部屋をだらしなくしている Il laisse sa chambre en désordre. 彼は飲むとだらしなくなる Quand il boit, il se laisse aller. ‖～なく négligemment.

たらす 垂らす [下げる] suspendre; laisser pendre. 腕を～ laisser retomber (pendre) ses bras. 髪を額に垂らしている avoir une mèche sur le front. 髪を長く垂らしている avoir des cheveux longs. ◆[滴らす] laisser couler qc [goutte à goutte]; verser qc par gouttes. よだれを～ baver; laisser couler la bave.

-たらず 足らず ¶10人～で avec tout au plus dix hommes. 20分～で着くだろう On y arrivera en moins de vingt minutes.

タラソテラピー thalassothérapie f.

たらたら ¶彼の額から～汗が流れている Son front ruisselle de sueur. 血が傷口から～流れている Le sang coule (dégoutte) de la blessure. 不平～である se lancer dans une litanie de plaintes. お世辞～である inonder qn de flatteries.

だらだら ¶～する languir; traîner. 会話が～してきた La conversation tombe en langueur (languit). こんな所にいつまでも～していられない Je ne languirai pas longtemps ici. ～した lâche; lâché; languissant; traînant. ～した坂 longue pente f douce. ～した文体 style m prolixe. ～と lentement, mollement; sans ardeur; lâchement.

タラップ passerelle f. ～を昇る(降りる) monter (descendre) une passerelle. ～を外す(近づける) enlever (approcher) une passerelle.

たらふく ¶～食う s'empiffrer de; se bourrer de; se gaver de. 菓子を～食う s'empiffrer de gâteaux. ～食わせる gaver qn de qc; empiffrer qn de qc. 子供に菓子を～食わせる gaver un enfant de gâteaux.

だらり ¶腕を～と垂らす laisser pendre les bras. 犬が舌を～と垂らしている Le chien a la langue pendante.

-たり ¶降ったりやんだりする Il pleut par intermittence. 行ったり来～する aller et venir; [往復する] faire la va-et-vient. 彼女は陽気だったり陰気だったり Elle est tantôt gaie, tantôt triste.

ダリア dahlia m.

タリウム thallium m.

たりき 他力 ‖～本願では駄目だ、自分でやらなければ Il faut le faire par vos propres forces, sans compter sur autrui.

たりつ 他律 [倫理] hétéronomie f. ¶～的 hétéronome.

-たりとも ¶一刻～油断は出来ない Cela demande une attention de tous les instants.

たりない 足りない ～奴 niais(e) m(f); lourdaud(e) m(f). 彼は少し～のではないかね J'ai l'impression qu'il lui manque une case.

たりゅう 他流 ‖～試合を申し込む proposer un match à une autre école.

たりょう 多量 ¶～の beaucoup de; une grande quantité de; abondant; une avalanche de; massif(ve). ～の土砂が道を塞いだ Une grosse coulée de terre a obstrué la route. ～の金を含む contenir une forte dose d'or. ～に abondamment; en quantité; largement. ～に石油を産出する produire une grande quantité de pétrole. ‖出血～で死ぬ mourir d'une importante perte de sang (d'une grosse hémorragie).

だりょく 惰力 force f d'inertie.

たりる 足りる suffire; être suffisant. それで～ Cela (Ça) suffit. 費用はその金額で～ Cette somme est suffisante pour les frais. この借金を払うにはこれで～ Cette somme suffira à payer vos dettes. それだけの金ならば彼(女)が暮らして行くのに～ Cette somme lui suffit pour vivre. 足りない manquer; être insuffisant. 経験が足りない manquer (être dépourvu) d'expérience. 幸福であるには金だけは足りない Il ne suffit pas d'avoir de l'argent pour être heureux. 警察も彼を逮捕するには証拠が足りない La police manque de preuves pour l'arrêter. 彼は辛抱が足りない Il manque de patience. 百ユーロでは少し足りない Cent euros, c'est un peu court. 彼にはいくら感謝しても足りない On ne saurait trop le remercier. 彼は体力が足りなかった Ses forces l'ont trahi. 金が足りなくなった L'argent s'est mis à manquer. ◆[価値がある] mériter de; valoir la peine de. 彼は信頼するに～男だ Il est digne de confiance. それは見るに～映画だ C'est un film qui vaut la peine d'être vu. 取るに足りない peu important; insignifiant. 心配いりません、取るに足りないことです Ne vous inquiétez pas, c'est peu de chose. そんなに驚くに足らぬ Il n'y a pas de quoi s'étonner.

たる 足る ‖「～を知る者は幸せ」«Contentement passe richesse.» ⇨ たりる(足りる).

たる 樽 [大樽] tonneau(x) m; tonne f; foudre m; [小樽] tonnelet m; fût m; futaille f. 酒の大～ foudre de vin. ～を詰め替える soutirer. ¶1～の葡萄酒 une pièce de vin. ビア～ tonneau à bière. ～造り職人 tonnelier m. ～詰めの mis en tonneau. ～詰めにする mettre en tonneau. [魚]に～ liter.

だるい 懈い ¶体が～ se sentir lourd. 足が～ se sentir les jambes lourdes. 長椅子の上にだるそうに横になる s'étendre paresseusement sur un divan. だるさ appesantissement m. たっぷり食事をした後の体のだるさ appesantissement qui suit un repas copieux.

タルカムパウダー talc m. 赤ん坊に～をつける mettre du talc sur le corps d'un bébé.

たるき 棰 chevron m.

ダルセーニョ [楽] dal segno.

タルタル ‖～ステーキ [steak m] tartare m. ～ソース sauce f tartare.

タルト tarte f. イチゴの～ tarte aux fraises.

だるま 達磨 ‖全身血～である être tout couvert de sang. ～ストーブ poêle m à charbon. ～船 péniche f; chaland m.

たるみ 弛み détente f; relâchement m; mou

たるむ *m.* 仕事(士気)の〜 relâchement du travail (du moral). 目の下に〜ができている Il y a des poches sous ses yeux. 紐に〜をつける détendre (donner du jeu à) une corde.

たるむ 弛む se détendre; se relâcher. 初めの熱意が〜 rabattre de sa première ardeur; perdre de son ardeur. 電線がたるんでいる Les fils électriques se détendent. お前達近頃たるんでいるぞ Ces derniers temps, vous mollissez. ¶たるんだ mou (mol, molle); flasque. たるんだ頬 joues *fpl* flasques.

たれ 垂れ [かけ汁] sauce *f*; [衣服の] basque *f*; pan *m*.

だれ 誰 qui. この人〜 Qui-est-ce? 〜ですか Qui est là?/Qui vive? あなたは〜ですか—私は山田という者です Qui êtes-vous? — Je m'appelle Yamada. デュボワさんといった〜ですか—弁護士です Qui est-ce donc, M. Dubois? — C'est un avocat. 君たちの中の〜が彼女と会ったの Qui parmi vous l'a vue? 〜だかあててごらんさい Devinez qui? 〜が電話をくれたのかなあ Je me demande qui a téléphoné. 〜がするのか Vous parlez de moi? 〜がそう言ったのか Qui [est-ce qui] a dit cela? 〜と来たのか Avec qui êtes-vous venu? 〜の話をしているのですか De qui parlez-vous?/De qui est-ce que vous parlez? 〜の傘だい[ゲームなどで] A qui le tour de jouer? 〜に会ったんだい Qui as-tu vu?/Tu as vu qui? 〜を探しているのか Qui cherchez-vous?/Qui est-ce que vous cherchez? 〜をお探しているのかは知らない Je ne sais pas qui vous cherchez. ¶それは—あろう私の兄であった C'était, devinez qui? mon frère. 〜[誰か] quelqu'un(e) *m(f)*. 〜か他の人 quelqu'un d'autre. 彼以外の〜か quelqu'un autre que lui. こちらの婦人たちの〜か 1人 quelqu'un de ces dames. 〜か私について来られる人はいませんか Y a-t-il quelqu'un qui pourrait m'accompagner? 〜かこの問題が出来る者はいないか Qui est-ce qui connait la solution? 〜かそこを閉めろよ Il y a quelqu'un qui pourrait fermer là-bas? 〜かがドアをノックしている Quelqu'un frappe à la porte. 〜かがあなたを呼んでいるよ Quelqu'un vous appelle. 〜かさんは違うよ Quelqu'un est en train de se tromper! 〜か呼んでくれ Il faut appeler quelqu'un! ◆[誰でも;誰にも] ¶〜でも, 誰でも n'importe qui; qui que ce soit; [誰彼かまわずに] à tout venant. 〜でもできるよ N'importe qui pourrait le faire. 〜でも芸術家になれるとは限らない Tout le monde ne peut pas être artiste. 〜でもまず自分のことを考える Chacun pense d'abord à soi. 彼は〜でも信用するし n'importe qui, il se confie à n'importe qui. このことは〜にも一言たりとも言うな Pas un mot de cela à quiconque. 欲しい人なら〜にでもやりなさい Donnez-le à quiconque le voudra. 〜も彼も tout le monde; tous *(fpl* toutes); [tout un] chacun. ◆[誰も] ¶〜も来なかった Personne n'est venu. 〜も出かけないろう Aucun d'entre eux ne partira. 〜も成功しかねる Personne n'a réussi. 君達の中でドイツ語を知っている者は〜もいないか Il n'y a

personne qui connaisse l'allemand parmi vous? 通りには〜ひとりいない Il n'y a personne dans la rue. 知らないのは君だけ学校中〜ひとり知らぬ者はいない Tu es le seul à ne pas être au courant; toute l'école en parle!

だれかれ 誰彼 ¶〜の区別なく n'importe qui. 〜の区別なく話しかける parler à tout venant. 〜の区別なく公平に分け与える partager équitablement sans acception de personne.

たれこめる 垂籠める ¶霧が谷に〜 Le brouillard couvre (enveloppe) la vallée. 雲が低く〜 Le ciel est couvert de nuages bas.

たれさがる 垂れ下がる pendre; être suspendu; tomber.

たれそれ 誰それ Un tel *m*; Monsieur un tel *m*; Madame une telle *f*. たとえば彼を僕か〜からもらったとしよう Supposez qu'on me donne cela.

たれながし 垂れ流し ¶工場廃液の〜は社会問題である Le déversement d'eaux industrielles est devenu un grand problème social. 〜にする [大小便を] s'oublier (faire) sous soi.

たれまく 垂れ幕 rideau(x) *m*.

たれる 垂れる pendre; être suspendu. 頭を〜 baisser la tête. 眠くてまぶたが〜 J'ai sommeil: 彼女の長い髪が肩に垂れていた Ses longs cheveux retombaient (tombaient) sur les épaules. 傷ついた彼の腕はダラリと垂れていた Son bras blessé pendait inerte. ¶柳の垂れた枝 branches *fpl* pendantes d'un saule pleureur. 猟犬の垂れた耳 oreilles *fpl* pendantes des chiens de chasse. ◆[示す] ¶身をもって範を〜 prêcher d'exemple.

だれる se relâcher; [劇の筋などが] trainer; s'alanguir; languir. 会話が〜 La conversation languit (traine). ¶市場がだれ気味だ Le marché est inerte.

タレント talent *m*. ¶テレビ〜 vedette *f* (artiste *mf*) du petit écran.

タロいも 〜芋 taro *m*.

タロット tarot *m*.

タワー tour *f*. ¶コントロール〜 tour de contrôle. 東京〜 la Tour de Tokyo. 〜ビル immeuble-tour *m*. 〜ホテル tour-hôtel *f*.

たわいない enfantin; puéril; simple; absurde; niais; insignifiant. 〜話をする dire des niaiseries. 〜問題 problème *m* enfantin (élémentaire). ¶たわいなく facilement; sans effort; futilement. たわいなく眠る dormir innocemment. たわいなく笑いこける rire innocemment.

たわごと 戯言 bagatelle *f*; bêtise *f*; divagations *fpl*; baliverne *f*; [老人の] radotage *m*. 〜を言う divaguer; radoter; déraisonner. 彼は老眼して〜を言い出した Avec l'âge, il commence à radoter. みんな〜さ Tout ça, c'est des histoires!

たわし [食器] lavette *f* [à vaisselle]; [床] brosse *f* à laver; [甲板] lave-pont *m*. ¶金属〜 éponge *f* métallique.

たわむ 撓む courber; se ployer; se courber; fléchir. …の重みで〜 plier (ployer) sous le poids de *qc*. 枝が果実の重みで撓んでいる La

たわむれ branche ployait sous le poids des fruits.

たわむれ 戯れ jeu(x) *m*; divertissement *m*; amusement *m*; plaisanterie *f*; facétie *f*. 言葉の～ caprice *m* de la fortune. 造化(自然)の～ caprice *m* de la nature. ～の恋 flirt *m*. ～の恋をする flirter. ～に par plaisanterie; par jeu; pour rire; pour s'amuser.

たわむれる 戯れる s'amuser; se divertir; se jouer; folâtrer; [ふざける] badiner; plaisanter; [異性と] flirter. 子供と～ jouer avec des enfants. 蝶花と戯れている Les papillons folâtrent de fleur en fleur.

たわめる 撓める courber *qc*; ployer *qc*.

たわら 俵 sac *m* de paille.

たわわ ［枝も］に実る Les branches sont lourdes de fruits.

たん 端 ...に～を発する tirer *son* origine de *qc*; sortir de *qc*.

たん 痰 crachat *m*; 【医】flegme *m*; 【俗】 graillon *m*. ～を吐く cracher; expectorer. ～が詰まった［話している途中で］J'ai un chat dans la gorge. ‖～壺 crachoir *m*.

たん- 短 ‖～音階 gamme *f* mineure. ～音程 intervalle *m* mineur. ～3度 tierce *f* mineure.

タン langue *f* [de veau]. ‖～シチュー langue en sauce.

だん 壇 estrade *f*; [演壇] tribune *f*; [教壇, 説教壇] chaire *f*. ～に上る monter sur une estrade; monter à la tribune. ～上に姿を現わす se montrer sur l'estrade (à la tribune).

だん 断 décision *f*; jugement *m*; résolution *f*. ～を下す décider de *qc*. 最終の～を下す prendre la décision finale.

だん 暖 ‖焚き火で～をとる se chauffer à un feu de bois.

だん 段 [階段, 梯子] marche *f*; montée *f*; degré *m*; [梯子] échelon *m*; [玄関前の] perron *m*; [棚など] étage *m*; étagère *f*. ‖3～に積む empiler (ranger) *qc* en trois couches. ...になった庭 jardin *m* en gradins. 丘の上になって並んだ家 maisons *fpl* qui s'étagent sur le coteau. ‖3～ ロケット fusée *f* à trois étages. ◆[順番などの] colonne *f*. ‖2～組みの辞書 dictionnaire *m* imprimé en deux colonnes. 3～抜き見出し titres *mpl* sur trois colonnes. この記事の続きは, 3ページ4～目にある La suite de l'article est à la troisième page, quatrième colonne. ◆[芝居などの] acte *m*. ‖5～目 le cinquième acte. ◆[局面・場面] ‖書く～になると quand il s'agit d'écrire, ... 出かけから出発という～になって雨が降ってきた Au moment de partir, il s'est mis à pleuvoir. ◆[次第] ‖この～よろしくお願い致します je me permets de m'en remettre à vous au sujet de cette affaire. 寒いのなんという～ではない Il fait un froid indescriptible. ‖[等級] ‖彼は空手2～だ Il est deuxième dan de karaté. ～が違う ⇨だんちがい(段違い).

だん 談 ‖目撃者たちの～によれば d'après des (selon, au dire de) témoins. ～たまたま...に及ぶや Une fois que le sujet de conversation tomber sur *qc*, ... 同日の～ではない ⇨どうじつ(同日). ‖車中～ interview *f* dans le train. 冒険～ récits *mpl* d'aventures. 旅行～をする raconter *son* voyage.

-だん 団 ‖外交～ mission *f* (corps *m*) diplomatique. 科学調査～ mission scientifique. 教授～ corps enseignant. 軍～ corps d'armée. 青年～ escouade *f* de jeunes gens. 日本選手～ équipe *f* du Japon. 旅行～ groupe *m* de touristes. 両院調査～ délégation *f* de parlementaires.

だんあつ 弾圧 oppression *f*; répression *f*. ストライキの～ répression de la grève. ‖～する opprimer; réprimer. 言論を～する réprimer l'opinion. ～的(な) oppressif(ve); répressif(ve). ‖～政策 politique *f* de répression. ～者 oppresseur *m*. ～手段 mesures *fpl* oppressives.

だんあん 断案 décision *f*; conclusion *f*. ～を下す prendre une décision; formuler une conclusion sur.

たんい 単位 unité *f*; [学課の] unité *f* de valeur. 長さ(重さ)の～ unité de longueur (poids). ‖～の unitaire. ‖貨幣(通貨)～ unité monétaire. 基本～ unité fondamentale. 標準～ module *m*. ～ベクトル vecteur *m* unitaire. 申し込み～ unité de souscription.

たんい 単為 ‖～生殖 parthénogénèse *f*.

たんいつ 単一 ～の unitaire; seul; unique; pur; simple; uniforme. ‖～化 unification *f*; simplification *f*. ～化する unifier; simplifier. ～為替レート taux *m* unique de change. ～議院主義 monocamérisme *m*. ～国家 Etat *m* unitaire. ～性 unité *f*; unicité *f*; simplicité *f*. ～製品の製造 production *f* unitaire.

だんいん 団員 membre *m*; équipier(ère) *m* (*f*).

だんう 弾雨 pluie *f* de balles.

たんおん 単音 [語] son *m* simple.

たんおん 短音 son *m* bref.

たんおんせつ 単音節 monosyllabe *m*. ～の monosyllabe; monosyllabique. ‖～語 monosyllabe *m*.

たんか 単価 prix *m* unitaire (de l'unité, à l'unité). ‖～80円で à 80 yen pièce.

たんか 担架 brancard *m*; civière *f*. ～で運ぶ brancarder; transporter *qn* sur un brancard. ‖～兵 brancardier *m* militaire.

たんか 炭化 carbonisation *f*. ‖～する se carboniser; carburer. ～させる carboniser. ～した carbonisé. ‖～カルシウム carbure *m* de calcium. ～作用 carbonisation *f*. ～水素 hydrocarbure *m* carbure d'hydrogène. ～物 carbure.

たんか 啖呵 ‖～を切る dire *ses* quatres vérités à *qn*; [罵る] lancer (jeter) un défi à *qn*; invectiver.

タンカー navire(s)-citerne(s) *m*; [cargo *m*] pétrolier *m*; tanker *m*. ‖スーパー～ supertanker *m*.

だんかい 団塊 ‖～の世代 première génération *f* du baby-boom.

だんかい 段階 degré *m*; étape *f*; grade *m*;

だんかい phase *f*; période *f*; stade *m*. ある〜まで à (jusqu'à) un certain degré. 〜を設ける établir des grades; graduer. ¶〜的な gradué; graduel(le). 〜的強化 escalade *f*. 〜的に par degrés (paliers); graduellement; progressivement. ‖計画は実行の最終〜に入っている Le plan entre dans sa dernière phase (période) d'exécution. 発展の諸〜 étapes (stades) de l'évolution.

だんがい 弾劾 [mise *f* en] accusation *f*; objurgations *fpl*. 〜に屈する céder aux objurgations. ¶〜する accuser; mettre en accusation; faire justice de. ‖〜裁判所 tribunal *m* d'accusation.

だんがい 断崖 précipice *m*; [escarpement *m*] abrupt *m*; [山の] paroi *f*; [海岸の] falaise *f*.

だんかいとう 探海灯 projecteur *m*.

たんかく 単殻 ¶〜の univalve. ‖〜軟体動物 mollusque *m* univalve.

たんかだいがく 単科大学 grande école *f*.

たんかっしょく 淡褐色 ¶〜の [d'un] brun clair.

ダンガリー dungaree *m*.

たんがん 単眼 [昆虫の] ocelle *m*. ¶〜の ocellé(e).

たんがん 嘆願 supplication *f*; sollicitation *f*; instances *fpl*; imploration *f*; adjuration *f*. 妻の〜により sur les instances de *sa* femme. 家族の〜にあって devant les instances de *sa* famille. ¶〜する supplier *qn* de *inf*; implorer *qn* de *inf*; solliciter *qc*; adjurer *qn* de *inf*. 〜者 implorateur(trice) *m(f)*; pétitionnaire *mf*. 〜書 supplique *f*. 〜書を提出する déposer une supplique.

だんがん 弾丸 balle *f*; projectile *m*; [砲弾] obus *m*. ‖〜道路 autoroute *f*.

たんき 短期 ¶〜の de courte durée; [商] à court terme. ‖〜貸付 prêt *m* à court terme. 〜大学 collège *m* universitaire à cycle court. 〜手形 billet *m* à courte échéance.

たんき 短気 impatience *f*; humeur *f* vive. 〜をおこす perdre patience. 「短気は損気」«Qui a temps, a vie.» ¶〜な impatient; peu endurant; irritable.

だんぎ 談義 sermon *m*; [教訓] leçon *f*. ‖御〜を聞かせる faire un sermon à *qn*. ⇨ ながだんぎ(長談義).

たんきかん 短期間 ¶〜の de courte durée; à court terme. 〜で en une courte période de temps; en un court laps de temps; en peu de temps.

たんきとうひょう 単記投票 scrutin *m* (vote *m*) uninominal.

たんきゅう 探究 recherche *f*; étude *f*; investigation *f*; exploration *f*. 真理の〜 recherche de la vérité. ¶〜する rechercher; chercher; explorer; investiguer. ‖〜者 investigateur(trice) *m(f)*; chercheur(se) *m(f)*. 〜心に富む avoir un esprit fin et investigateur.

だんきゅう 段丘 terrasse *f*.

たんきょり 短距離 petite (courte) distance *f*. 〜が強い être fort en course de vitesse. ‖〜競争 sprint *m*; course *f* de vitesse. 〜選手 sprinter *m*; coureur(se) *m(f)* de vitesse.

たんく 短軀 petite stature *f* (taille *f*).

タンク [貯蔵] réservoir *m*; citerne *f*; tank *m*; [戦車] char *m* de combat (d'assaut). ‖ガス〜 gazomètre *m*. ガソリン〜 réservoir d'essence. 給水〜 réservoir à eau; [給水except château(x) *m* d'eau. 〜車 wagon(s)-citerne(s) *m*. 〜ローリー camion(s)-citerne(s) *m*.

ダンクシュート lancer *m* coulé.

タングステン tungstène *m*. ‖〜鋼 acier *m* au tungstène.

たんぐつ 短靴 soulier *m*.

タンクトップ [服] débardeur *m*.

たんげい 端倪 ¶〜すべからざる人物 personnage *m* impénétrable (insondable).

だんけい 男系 ligne *f* paternelle; souche *f* masculine; filiation *f* agnatique. 〜によって de mâle en mâle. ‖〜親 agnation *f*.

だんけつ 団結 union *f*. 堅い〜 union étroite (solide). 〜を強める (維持する) resserrer (conserver) l'union. 「〜は力なり」«L'union fait la force.» ¶〜する s'unir; former une union; se grouper. 共通の敵に対して〜する s'unir (s'allier) contre un ennemi commun. 〜させる unir. ‖〜権 droit *m* d'union (de s'unir). 〜心を示す faire preuve d'esprit de corps.

たんけん 探検 exploration *f*; expédition *f*. ¶〜する explorer. 〜の explorateur(trice). ‖〜家 explorateur(trice) *m(f)*; voyageur(se) *m(f)*. 〜隊 équipe *f* d'exploration. 〜談 récit *m* d'aventures.

たんけん 短剣 poignard *m*; dague *f*; [細身] stylet *m*. 〜符号 croix *f*.

たんけん 短見 vue *f* superficielle.

たんげん 単元 [学校教育の] unité *f* de discipline.

だんげん 断言 assertion *f*; affirmation *f*. 〜はできないが Je n'en suis pas très sûr mais.... ¶〜する affirmer; assurer à *qn* que *ind*; parier; gager. 天地神明にかけて〜する jurer *ses* grands dieux que *ind*; jurer sur les dieux que *ind*. 名誉にかけて〜する affirmer sur l'honneur.

たんご 単語 mot *m*. ‖基本〜 mots fondamentaux; vocabulaire *m* fondamental. 〜カード fiche *f* de vocabulaire. 〜集 vocabulaire; glossaire *m*. 〜帳 cahier *m* de mots.

タンゴ tango *m*. 〜を踊る danser le tango.

だんこ 断固 ¶〜たる(とした) ferme; inébranlable; décisif(ve); péremptoire. 〜たる処置をとる prendre des mesures rigoureuses; trancher dans le vif. 〜たる語調をとる prendre un ton décisif (péremptoire). 〜と fermement; inébranlablement; péremptoirement; résolument; avec détermination. 私たちはこの決定に〜として反対する Nous sommes résolument contre cette décision.

だんご 団子 ¶肉〜 boulette *f* de viande. 〜鼻 nez *m* en patate.

たんこう 探鉱 prospection *f*. ‖地震〜 prospection sismique. 〜者 prospecteur

(trice) m(f).
たんこう 炭坑 ‡houillère f; mine f de houille (de charbon); [坑道] galerie f; puits m. ~を掘る miner. ~内に降りる descendre dans une mine. ~夫 mineur m; ‡houilleur m.
だんこう 団交 négociation f collective. ~に入る entrer en négociation collective avec. ‖~権 droit m de négociation collective.
だんこう 断交 rupture f des relations diplomatiques. ¶~する rompre les relations diplomatiques avec. ‖経済~ rupture des relations économiques.
だんこう 断行 ~する exécuter qc avec résolution; oser inf. 解雇を~する exécuter un licenciement avec résolution.
だんごう 談合 conférence f; arrangement m. 長時間の~の後 après avoir longuement consulté. ¶~する consulter avec; conférer avec.
たんこうしき 単項式《数》monôme m.
たんこうしょく 淡黄色 ~の [d'un] jaune clair.
たんこうしょく 淡紅色 ~の [d'un] rouge clair; rose.
たんこうほう 単行法 loi f unique.
たんこうぼん 単行本 livre m.
たんこうるい 単孔類 monotrèmes mpl.
たんこぶ たん瘤 bosse f; loupe f. ◆[比喩的に] 奴は目の上の~だ Ce type-là est une grande gêne pour nous.
だんこん 弾痕 trace f [d'une balle]. 壁には~が生々しく残っていた Le mur gardait des traces navrantes de balles.
だんこん 男根 membre m viril; pénis m. ‖~崇拝 culte m du phallus.
たんさ 探査 exploration f; expédition f. ¶~する explorer; expédier. ‖極地(へ行)~ expédition polaire.
たんざ 単座 ‖~機 avion m monoplace.
たんざ 端座 ¶~する s'asseoir correctement.
ダンサー danseuse f professionnelle f (de dancing); taxi-girl f; [バレエなどの] danseur (se) m(f).
たんさい 淡彩 ¶~の aux tons clairs. ‖~画 lavis m.
だんさい 断裁 coupe f; découpage m. ¶~する couper.
だんざい 断罪 condamnation f; [斬首] décapitation f. ~の刑を言い渡す condamner qn à la décapitation. ¶~する condamner.
たんさいが 単彩画 camaïeu(x) m. ‖~の風景画 paysage m en camaïeu.
たんさいぼう 単細胞 ¶~の unicellulaire. ‖~動物 unicellulaires mpl. ~有機体 organismes mpl unicellulaires. ◆[比喩的に] ¶奴は~だ Il est simple d'esprit.
たんさく 単作 monoculture f.
たんさく 探索 poursuite f; recherche f. ¶~する poursuivre; rechercher.
たんざく 短冊 ¶~に切る couper en lamelles.
たんさん 単産 syndicat m professionnel.
たんさん 炭酸 acide m carbonique. ¶~の carbonique. ‖無水~ anhydride m carbonique. ~塩 carbonate m. ~ガス gaz m carbonique. ~ガスを含む gazeux(se). ~カルシウム(ソーダ) carbonate de calcium (de soude). ~水 eau(x) f gazeuse. ~同化作用 assimilation f chlorophyllienne de gaz carbonique.
たんし 単子 [モナド] monade f. ‖~論 monadologie f; monadisme m. ~論者 monadiste; monadologique. ~論者 monadiste mf.
たんし 短資 [単期資本] prêt m à court terme.
たんし 端子《電》borne f. ‖入力~ borne de prise de courant. ~電圧 tension f aux bornes.
だんし 男子 [青年] garçon m; jeune homme m; [男] homme m. ¶~の d'homme; mâle; viril; masculin. ~の一言 parole f d'homme. ~の職業 métier m masculin. ‖~シングルス(ダブルス) simple m (double m) messieurs. ~100メートル自由形 le cent mètres nage libre masculin. 「~用」«Hommes.»; «Messieurs.» ~寮 [働く人の] foyer m de travailleurs; [学生の] foyer d'étudiants.
だんじ 男児 garçon m. ‖日本~ vrai Japonais m.
タンジェント《数》tangente f. ¶~の tangentiel(le).
たんじかん 短時間 ¶~で en peu de temps.
たんしき 単式 ‖~火山 volcan m (cône m) simple. ~簿記 comptabilité f en partie simple.
だんじき 断食 jeûne m. ~をやめる rompre le jeûne. ¶~する jeûner. ~する人 jeûneur(se) m(f). ‖~療法 diète f absolue.
たんしきん 担子菌 ‖~類 basidiomycètes mpl.
たんじく 短軸 petit axe m.
たんじつ 短日 ‖~植物 plante f éphémère.
たんじつげつ 短日月 ¶~で en quelques jours (mois); en une courte période de temps.
だんじて 断じて [是非とも] absolument; à tout prix; [決して] jamais; à aucun prix. 今後~嘘はつきません Je ne mentirai plus jamais de la vie. その申し出は~承知してはいけない Il ne faut à aucun prix accepter cette proposition. ~をやりとげてみせる J'achèverai à tout prix. ~そんなことを信じては駄目ですよ Ah! ne croyez pas cela. ~そうでない J'affirme que non. ~そんなことはありませんよ Ah! non, par exemple!.
たんしゃ 単車 motocyclette f; moto f.
たんしゃ 炭車 benne f [de charbon]; wagonnet m.
だんしゃく 男爵 baron m. ‖~夫人 baronne f. ~領 baronnie f.
だんしゅ 断種 stérilisation f. ¶~する stériliser qn.
たんじゅう 短銃 pistolet m; revolver m.
たんじゅう 胆汁 bile f; [動物の] fiel m. ¶~の biliaire. ~の多い bilieux(se). ‖~質 tempérament m bilieux. ~質の人 bilieux(se) m

(f.).

たんしゅく 短縮 raccourcissement *m*; diminution *f*; [要約] abrégement *m*. 労働時間の～ réduction *f* des heures du travail. ¶～する raccourcir; diminuer; réduire; [要約] abréger. 潜在を～する écourter *son* séjour. 発言の時間を～する abréger la durée des interventions. 期間を三日～する raccourcir le délai de trois jours. ¶～版 édition *f* abrégée.

たんじゅん 単純 ¶～な simple; [一面的な] simpliste; [ちょっと足りない] simplet(te). あまりに～な議論 argument *m* simpliste. ～な人 simple *mf*. あれは～な奴だ Il est vraie d'esprit. ～な方法 moyen *m* bien simple. ～に simplement. ～さ simplicité *f*. ¶～化 simplification *f*. ～化する simplifier. ～明快な拒絶 refus *m* pur et simple.

たんしょ 短所 défaut *m*; [弱点] faible *m*. 誰にでも～がある Chacun a ses faiblesses (défauts). 彼の最大の～は誰にでも嘘をつくことだ Son plus grand défaut est de mentir à n'importe qui. 己の～を直す se corriger de *ses* défauts.

たんしょ 端緒 commencement *m*; point *m* de départ. ～をつかむ trouver l'amorce de *qc*. ～となる marquer le début de *qc*; donner lieu à *qc*; faire naître. その事件が我々の不和の～となった Cet incident a marqué le début de nos difficultés.

だんじょ 男女 homme *m* et femme *f*. 「遠くて近きは～の仲」 L'amour ignore les distances. ～各10名 dix personnes *fpl* de chaque sexe. ¶～を問わず sans distinction de sexe; quel que soit le sexe. ¶～関係 relations *fpl* entre les deux sexes. ～共学のクラス classe *f* mixte. ～同権 égalité *f* des sexes.

たんしよう 単子葉 ¶～の monocotylédone. ¶～植物 monocotylédones *fpl*.

たんしよう 単勝 [単馬] gagnant *m*. ～を touche le gagnant.

たんしょう 嘆賞 admiration *f*. ¶～する admirer; applaudir; exprimer *son* admiration pour. ～に値する admirable; digne de louange.

たんしょう 探勝 ¶～する visiter les sites; visiter des lieux pittoresques.

たんしょう 短小 ¶～な petit; court; [発育の悪い] rabougri.

たんじょう 誕生 naissance *f*. ¶～する naître; venir au monde. ～の地 pays *m* natal. ¶～石 pierre *f* porte-bonheur. ～日 anniversaire *m*; jour *m* de naissance. ～日を祝う célébrer l'anniversaire. あなたの～日はいつですか C'est quand votre anniversaire. 今日は私の20才の～日だ C'est aujourd'hui mon vingtième anniversaire. ～おめでとう Bon anniversaire!

だんしょう 断章 fragment *m*.

だんしょう 男娼 [俗] tante *f*; tapette *f*.

だんしょう 談笑 ¶～する causer amicalement. 余談は～の裡に行なわれた Les entretiens se sont déroulés dans une atmosphère souriante.

たんしょうとう 探照灯 projecteur *m*.

たんしょく 単色 monochromie *f*. ¶～の monochrome; monochromatique. ¶～画 monochrome *m*. ～光 lumière *f* monochromatique.

だんしょく 暖色 couleur *f* chaude.

だんしょく 男色 pédérastie *f*; sodomie *f*; homosexualité *f*; uranisme *m*. ¶～家 pédéraste *m*; sodomite *m*; homosexuel *m*; uraniste *m*; 《俗》 pédale *f*.

たんしん 単身 ¶～で tout seul. ～敵中に乗り込む pénétrer en camp ennemi tout seul.

たんしん 短針 petite aiguille *f*.

たんじん 炭塵 poudre *f* de charbon. ¶～爆発 explosion *f* de la poudre de charbon.

たんす 箪笥 commode *f*; armoire *f*. ¶洋服～ armoire à habits; garde-robe *f*.

ダンス danse *f*. ～する danser. ¶～教授(教師) professeur *m* (école *f*) de danse. ～パーティー bal(s) *m*; [昼の] thé *m* dansant; [夜の] soirée *f* dansante. ～ホール dancing *m*.

たんすい 淡水 eau(x) *f* douce. ¶～の[に住む] fluvial(aux). ¶～魚(湖) poisson *m* (lac *m*) d'eau douce.

だんすい 断水 coupure *f* d'eau. 14時から16時まで地区により～がある Il y aura une coupure d'eau de 14 heures à 16 heures dans certaines régions. ¶～している L'eau est coupée.

たんすいかぶつ 炭水化物 hydrate *m* de carbone; glucide *m*.

たんすいしゃ 炭水車 [鉄道の] tender *m*.

たんすいろ 淡水路 [水泳で] piscine *f* de 25 mètres. ¶～記録 record *m* en bassin de 25 mètres.

たんすう 単数 singulier *m*. ¶～の singulier (ère). ¶3人称～ la troisième personne du singulier.

だんずる 談ずる ¶政治を～ parler politique 談じ込む venir chez *qn* pour protester. ～に足る奴は一人もおらぬ Il n'y a pas un homme qui vaille la peine qu'on en parle.

たんせい 丹精 ¶父が～した菊の花 chrysanthèmes *mpl* que mon père a soignés avec affection. ～して子供を育てる élever un enfant avec soin. ～こめて avec bien des efforts; de tout *son* cœur. ～の甲斐あって grâce à *ses* soins.

たんせい 単性 [生] unisexualité *f*. ¶～の unisexué; unisexuel(le). ¶～花 fleur *f* uni sexuée. ～生殖 parthénogénèse *f*.

たんせい 嘆声 soupir *m* [d'admiration]. ～をもらす pousser un soupir; soupirer.

たんせい 端正 ¶～な correct; décent. ～な面立ち traits *mpl* nobles et réguliers. ～な態度 attitude *f* très correcte. 彼は挙止～である Il a une tenue décente.

だんせい 弾性 élasticité *f*. ¶～に富むélastique. ¶～係数 coefficient *m* d'élasticité. ～ゴム gomme *f* élastique; caoutchouc *m*. ¶～体 corps *m* élastique.

だんせい 男性 sexe *m* masculin; [文法] genre *m* masculin. ¶～の(的な) masculin; viril; mâle. ～的な態度 attitude *f* virile. ¶～化する se masculiniser. ¶～人口 popula

だんせい tion *f* masculine. ~美 mâle beauté *f*. ~名詞 nom *m* masculin.

だんせい 男声 voix *f* masculine. ¶~合唱 chœur *m* d'hommes. ~四部合唱 chœur à quatre voix d'hommes.

だんぜん 旦夕 ¶彼は旦夕に迫っている Il n'en a pas pour longtemps [à vivre].

たんせき 胆石 calcul *m* biliaire. ‖~症 cholélithiase *f*.

たんせき 痰咳 toux *f* grasse.

だんぜつ 断絶 interruption *f*; rupture *f*. 親子の~ abime *m* (fossé *m*) entre les parents et leurs enfants. 国交の~ rupture des relations diplomatiques. ¶~する rompre; [絶える] s'interrompre. ◆柄、血筋の] extinction *f*. 旧家の~ extinction d'une ancienne famille. ¶~する s'éteindre.

たんせん 単線 ligne *f* à voie unique. ‖~運転 circulation *f* ferroviaire à voie unique.

たんぜん 端然 ¶~と correctement; décemment.

だんせん 断線 rupture *f* de fils électrique. ¶台風で~した Le typhon a provoqué une rupture de câble.

だんぜん 断然 [絶対に] absolument; [きっぱり] nettement; carrément; [ど違いに] résolument. あなたの方が~正しい Vous avez entièrement raison. そうした方が~得だよ Cette manière sera incontestablement plus profitable. これは~光っている C'est de loin le meilleur. それが~やさしい [問題などで] C'est nettement le plus facile. ~これにきめた Je veux absolument cela. あのランナーが~他を引き離している Ce coureur distance largement (de beaucoup) les autres concurrents. このことに関しては彼が~抜きんでている Sur ce point il se distingue très nettement.

たんそ 炭素 charbon *m*; carbone *m*. ~を含む carboné; carboneux(se). ‖放射性~ radiocarbone *m*.

たんそ 炭疽 〖医〗 charbon *m*.

たんそう 単相 ~の monophasé. ‖~交流 courant *m* alternatif monophasé. ~式 système *m* monophasé.

たんそう 炭層 gisement *m* houiller; bassin *m* houiller; couche *f* de charbon.

たんぞう 鍛造 forgeage *m*; forgement *m*. ¶~する forger. ‖~機 forgeuse *f*. ~術 forgerie *f*.

だんそう 弾倉 barillet *m*. 拳銃の~ barillet d'un revolver.

だんそう 弾奏 ¶~する jouer de.

だんそう 断層 faille *f*;〖地〗 accident *m*;[世代の] rupture *f*; abime *m*; fossé *m*. ‖~撮影 tomographie *f*.

だんそう 男装 ¶~する se déguiser en homme. ~の麗人 beauté *f* déguisée en homme.

たんそく 嘆息 soupir *m*. ¶~する soupirer; pousser un soupir.

だんぞく 断続 ¶~的 intermittent. ~的に par intermittence; par intervalle.

だんそんじょひ 男尊女卑 machisme *m*.

たんたい 単体〖化〗 corps *m* simple.

たんたい 短大 ⇒たんき(短期)

だんたい 団体 organisation *f*; association *f*; société *f*; groupe *m*; groupement *m*. ~に加わる entrer (s'intégrer) dans. ~を結成する fonder (organiser, former) une association. ‖~研究 groupe de recherches. 宗教(政治)~ organisation religieuse (politique). ~競技 sports *mpl* collectifs (d'équipe). ~協約 convention *f* collective. ~乗車券 billet *m* collectif. ~生活 vie *f* en groupe. ~精神 esprit *m* d'équipe; esprit de corps. ~保険 assurance *f* collective. ~旅行をする faire un voyage collectif (en groupe). ~研究 recherche *f* collective (en équipe, en collaboration). ~交渉(権) (droit *m* de) négociations *fpl* collectives.

だんだら 紅白〜縞の幕 rideau(x) *m* à larges bandes rouges et blanches. ~模様の à rayures; rayé.

タンタル〖化〗 tantale *m*.

たんたん 坦々 我が生涯はこの上もなく〜たるものだった Ma vie était la plus unie du monde. 平野が~と拡がっている La vaste plaine se déroule sans accident. 試合は~と進んだ Le match s'est déroulé sans péripéties.

たんたん 淡々 ¶~たる simple; calme; [無欲な] désintéressé. ~としている demeurer calme; garder *son* calme. ~とした態度 attitude *f* désintéressée. ~とした口調で話す parler d'un ton calme. ~と心境を語る s'épancher sereinement.

たんたん 眈々 ¶虎視~として敵(相手)の出方をうかがう chercher à deviner la stratégie de l'adversaire.

だんだん 段々 [次第に] graduellement; par degrés; progressivement; [少しずつ] petit à petit; peu à peu; [一歩一歩] pas à pas. ~多く(良く、悪く)de plus en plus de mieux en mieux, de mal en pis). ~スピードを落す réduire progressivement (peu à peu) *sa* vitesse. 気候が~暖かくなっている Il fait de plus en plus doux. 事態は~悪くなる La situation va de mal en pis (s'aggrave). 潮が~満ちてきた La marée montait peu à peu.

だんだんばたけ 段々畑 champs *mpl* (cultures *fpl*) en terrasses. ローヌ河畔の葡萄の~ vignes *fpl* en terrasses sur les rives du Rhône.

たんち 探知 détection *f*. ¶~する découvrir; détecter. 不法発信所から~する détecter un poste émetteur clandestin. ‖~装置 [ハイジャック防止用] portique *f* [de détection]. 麻薬~犬 chien *m* renifleur. ~機 détecteur *m*. 電波~機 radar *m*. 水漏れ~機 appareil *m* à détecter les fuites d'eau.

だんち 団地 habitation *f* à loyer modéré (^HLM *m*(*f*)); grand ensemble *m*. ~の建設 construction *f* de HLM. ~に住む habiter un HLM.

だんちがい 段違い ¶彼の強さは~だ Il est le plus fort de beaucoup./Personne n'est capable de rivaliser avec lui. ‖~平行棒 bar-

だんちゃく 弾着 impact *m*. ‖~点 point *m* d'impact.

たんちょ 端緒 ⇨ たんしょ(端緒).

たんちょう 単調 ¶~な peu varié; monotone; uni; uniforme. ~な色 couleur *f* unie. ~な歌 chanson *f* monotone. 私は~な日々を送っている Je mène une vie monotone. ~さ monotonie *f*; uniformité *f*.

たんちょう 短調 ton *m* mineur. ‖ト~の弦楽五重奏曲 quintette *m* à cordes en sol mineur.

だんちょう 団長 chef *m*.

だんちょう 断腸 ¶~の思い crève-cœur *m inv*. ~の思いである avoir un crève-cœur; avoir le cœur brisé. ~の思いで私は彼女と別れた Je l'ai quittée le cœur déchiré.

たんちょうづる 丹頂鶴 grue *f* de Mandchourie.

たんつば 痰唾 ⇨ たん(痰).

たんつぼ 痰壺 ⇨ たん(痰).

たんてい 探偵 détective *m*. ~をつける faire espionner *qn*. ~する espionner. ‖私立~ détective privé. ~社 agence *f* de détectives privés; [興信所] agence de renseignement. ~小説 roman *m* policier; policier *m*.

だんてい 断定 [決定] décision *f*; [結論] conclusion *f*. ~を下す tirer une conclusion de *qc*. ¶~する décider; conclure. ~的な tranchant. 彼は~的な口調でそう言ったんだ C'est ce qu'il a affirmé d'un ton tranchant. ~的に catégoriquement.

ダンディー dandy *m*.

たんてき 端的 ¶~な direct; sans détour. ~に directement; sans détours; franchement. ~に所信を言う dire *sa* pensée franchement. ~に言えば franchement parlant. ⇨ あからさま(明らか).

たんでき 耽溺 ¶~する s'abandonner à; se plonger dans; se noyer dans.

たんてつ 鍛鉄 fer *m* forgé.

たんでん 炭田 gite *m* houiller; bassin *m* (district *m*) houiller.

たんとう 担当 charge *f*. ¶~する se charger de; être chargé de; être préposé à. 建物の掃除を~する se charger du (être préposé au) nettoyage de l'immeuble. 私は中学で英語を~している Je suis chargé du cours d'anglais du premier cycle. ~させる charger *qn* de *qc*; préposer *qn* à *qc*. ~者 préposé(e) *m*(*f*).

たんとう 短刀 poignard *m*; dague *f*. ~で刺す poignarder. ~を抜く tirer *son* poignard.

だんとう 弾頭 ogive *f* (tête *f*) d'un obus. ‖核~ ogive nucléaire (atomique); tête nucléaire.

だんとう 暖冬 hiver *m* doux. ‖~異変 hiver exceptionnellement doux.

だんどう 弾道 trajectoire *f*. ‖~学 balistique *f*. ~弾 engin *m* balistique; fusée *f*. 大陸間~弾 fusée intercontinentale.

だんとうだい 断頭台 échafaud *m*; guillotine *f*. ~の露と消える périr guillotiné.

たんとうちょくにゅう 単刀直入 ¶~に sans ambages; sans détour; directement. ~に本題に入る entrer directement dans le sujet. 彼は~に訪問の趣を述べた Il m'a déclaré sans ambages le but de sa visite.

たんとうるい 単糖類 monosaccharide *m*.

たんどく 丹毒 feu(x) *m* céleste; feu St-Antoine; 【医】érysipèle *m*. ¶~性の érysipélateux(se).

たんどく 単独 ¶~の seul; [個々の] individuel(le); [独立の] indépendant. ~で(に) tout seul; individuellement. ~でやる s'y prendre tout seul. ‖~海損 [保険] avaries *fpl* simples (particulières). ~行為 acte *m* unilatéral. ~行動をとる agir seul. ~講和 paix *f* séparée. ~内閣 cabinet *m* d'un seul parti. ~犯 crime *m* sans complicité.

たんどく 耽読 ¶彼は SF 小説を~している Il ne lit que de la science-fiction.

だんどり 段取 arrangements *mpl*; [計画] plan *m*; [方法] moyen *m*. ~を整える prendre des arrangements. ~をきめる(立てる) arrêter (dresser) *ses* plans. ¶どういう~でこの仕事をやるんですか Quels sont vos plans pour traiter cette affaire?

だんな 旦那 [夫] mari *m*; [あるじ] maître *m*; patron *m*; [よびかけ] Monsieur. ‖~芸 amateurisme *m*.

たんなる 単なる simple; pur. ~空想の作品 ouvrage *m* de pure imagination. あの人は~雇い人ですよ Il n'est qu'un simple employé.

たんに 単に simplement; seulement. それは~金だけの問題ではない Il ne s'agit pas seulement d'argent. ~…という理由で simplement parce que *ind*.

たんにん 担任 ¶~の先生 professeur *m* responsable d'une classe; [小学校] maître (sse) *m*(*f*) d'une classe. 私は 1 年 A 組の~です Je suis chargé de la classe A de première année.

タンニン tan[n]in *m*. ‖~酸 acide *m* tannique.

だんねつざい 断熱材 calorifuge *m*.

たんねん 丹念 ¶~な soigneux(se); soigné. ~な研究 soigneuses recherches *fpl*. ~な仕事 travail *m* soigné. 仕事が~な職工 ouvrier *m* soigneux dans son travail. ~に soigneusement; avec un soin minutieux; attentivement. 仕事を~にやる apporter un soin minutieux à *son* travail.

だんねん 断念 ¶~する abandonner; renoncer à *qc* (à *inf*). 計画を~する abandonner un projet. ~させる dissuader *qn* de *qc* (de *inf*).

たんのう 堪能 ¶~な [優れている] fort. ~である être fort en; être doué *pour*. ◆ ¶~する [満ち足りる] être satisfait de. もう十分~いたしました J'ai mangé tout mon soûl (à satiété).

たんのう 胆嚢 vésicule *f* biliaire. ‖~炎 cholécystite *f*.

たんぱ 短波 ondes *fpl* courtes. ‖超~ ondes ultra-courtes. ~放送 émission *f* sur ondes courtes. ~放送を聴く prendre les ondes courtes; écouter une émission sur ondes courtes.

たんぱく 淡白 ¶～な [性質] simple; franc (che); désintéressé; [食物が] simple; peu gras(se). 金銭に～である être indifférent à l'argent. 彼はほんとに～だよ C'est un homme parfaitement désintéressé.

たんぱく 蛋白 ¶尿に～が出る avoir de l'albumine dans les urines. ～を含む albumineux(se). ～性の albuminoïde. ‖～光 opalescence f. ～質 albumine f; 《化》protéine f. 動物性～質 albumine (protéine) animale. ～石 opale f. ～尿 albuminurie f.

たんぱつ 単発 ¶～機 avion m monomoteur. ～銃 fusil m à un coup.

たんぱつ 断髪 ¶～の女性 femme f coiffée à la garçonne.

タンバリン tambour m de basque.

だんぱん 談判 pourparlers mpl; négociations fpl. ¶～する engager des négociations avec; entrer en pourparlers avec; [休戦] parlementer avec.

たんび 耽美 ¶～的 esthétique. ‖～主義 esthétisme m. ～主義者 partisan(e) m(f) de l'esthétisme.

たんぴょう 短評 courte critique f; bref commentaire m. ～を加える ajouter un mot de commentaire.

ダンピング dumping m.

ダンプカー camion m à benne basculante.

タンブラー gobelet m.

たんぶん 単文 [文法] phrase f simple.

たんぶん 短文 phrase f courte. ～で…の手紙を書いた Je lui ai envoyé un mot.

たんぺいきゅう 短兵急 ¶～に brusquement. そう…に言われても困る La brusquerie de votre proposition m'embarrasse.

ダンベル haltère m.

たんぺん 短篇 ¶～映画 court métrage m. ～小説 conte m. ～もの petit ouvrage m; pièce f courte.

だんぺん 断片 fragment m. ¶～的 fragmentaire. ～的に fragmentairement; par bribes.

たんぼ 田圃 rizière f. ‖～道 sentier m bordé de rizières.

たんぽ 担保 garantie f; gage m; 《法》hypothèque f; nantissement m. ～をとる prendre un gage. ～に入れる laisser qc en gage; déposer qc en nantissement. ～にとる prendre qc en garantie. 無～貸付 prêt m sans gage. 無～で sans garantie. 《商》à découvert. ～つきで貸す prêter sur gages. ‖物件 nantissement; couverture f.

たんぼう 探訪 reportage m. ¶～する faire un reportage. ‖テレビ(フィルム)～ reportage télévisé (filmé). ～記者 reporter m.

だんぼう 暖房 chauffage m. ～を入れる(切る) mettre (arrêter) le chauffage. ～が利いていない Cette pièce n'est pas chauffée. どこか～の調子が悪い Le chauffage est détraqué quelque part. ‖～完備の映画館 salle f de cinéma climatisée. ～器 radiateur m. ～器具 appareil m de chauffage. ～装置 installation f de chauffage; calorifère m.

だんボール 段-carton m ondulé.

たんぽぽ 蒲公英 dent(s)-de-lion f; pissenlit m.

タンポン tampon m; [生理用] tampon m hygiénique (périodique).

たんほんいせい 単本位制 《経》monométallisme m.

だんまく 弾幕 barrage m. ¶～射撃を行う effectuer un tir de barrage.

たんまつき 端末機 terminal m [d'un ordinateur].

だんまつま 断末魔(摩) ¶～の苦しみ agonie f. ～の喘ぎ râles mpl de l'agonie (la mort). ～の叫び dernier cri m.

だんまり ¶～で儲ける gagner gros (largement). お礼を～はずむ récompenser qn généreusement.

だんまり [芝居] pantomime f. ～をきめこむ employer la tactique du silence.

たんめい 短命 ¶～である mourir jeune. ◆ [比喩的] ¶～の内閣 cabinet m éphémère.

だんめん 断面 tranche f; section f; coupe f. 人生の～ tranche de vie. ‖縦(横)～ coupe verticale (transversale). ～図 section; coupe; profil m.

たんもの 反物 rouleau(x) m (pièce f) d'étoffe. ‖～売場 rayon m des tissus. ～屋 [人] marchand(e) m(f) de tissus; [店] magasin m de tissus.

だんやく 弾薬 munitions fpl. ¶～入れ cartouchière f. ～庫 dépôt m de munitions.

だんゆう 男優 acteur m.

たんよう 単葉 ¶～[植物] unifolié. ‖～飛行機 monoplan m.

たんらく 短絡 [ショート] court(s)-circuit(s) m. ¶～する se mettre en court-circuit. ～させる court-circuiter; mettre en court-circuit. 彼の考えはいつも～的である Il ne s'embarrasse pas de logique. ‖～器 court-circuiteur m. ～反応 réaction f de circuit.

だんらく 段落 paragraphe m. ～をつける diviser qc en paragraphes. ‖これでやっと一～だ C'est toujours ça de fait.

だんらん 団欒 ¶一家の～ intimité f de la famille. 久し振りの～だな Ça fait longtemps que la famille ne s'est pas retrouvée au complet.

たんり 単利 intérêt m simple. ¶～で計算する calculer à intérêt simple.

だんりゅう 暖流 courant m marin chaud.

たんりょ 短慮 imprudence f; manque m de réflexion. ¶～な imprudent; irréfléchi.

たんりょく 胆力 courage m. ～を鍛える développer son courage. ¶～のある courageux(se); brave.

だんりょく 弾力 élasticité f. ¶～のある élastique; [柔軟な] souple; flexible. ～のない sans élasticité. ‖～性 élasticité; flexibilité f. ～性のある規則 règlement m élastique. ～性のある体 taille f flexible.

たんれい 端麗 ¶～な élégant; gracieux(se). ～さ élégance f. ¶彼女は容姿～である Elle est bien de sa personne.

たんれん 鍛錬 exercice m; entraînement m.

だんろ　暖炉 cheminée f; âtre m. ～に薪をくべる mettre des bûches dans l'âtre.

だんろん　談論 ¶～風発終るところを知らなかった La conversation était très animée et n'en finissait pas. ～風発の人 rhéteur m.

だんわ　談話 entretien m; [公的な] communication f officielle. ～を発表する faire une déclaration. ¶～記事 interview f. ～室 foyer m; salle f; [面会室] parloir m.

~する exercer; [体を] fortifier; [心を] discipliner. 心身を～する exercer son corps et son esprit. 足腰を～する s'exercer les jambes.

ち

ち　血 sang m. 病人の腕から～を採る saigner un malade au bras. ～を止める étancher le sang. ～を流す verser du sang. ～を流さずに sans verser de sang. ～を吐く cracher du sang. ～だらけの ensanglanté. ～だらけの 顔 visage m couvert de sang (sanglant). ～の気の多い(～の色をした) ardent. ～の気のない 病人 malade mf exsangue. ～の滴るような フテキ bifteck m saignant. ◆[比喩的に] ¶～を沸す faire bouillir le sang. ～で手を汚す [殺人を犯す] souiller ses mains de sang; avoir du sang sur les mains. ～の涙を流す verser des larmes de sang. そんなことをしたら ～の雨が降るぞ Si tu fais cela, il y aura du sang! あたり一面～の海だった Tout était rouge de sang. ～のにじむような苦労をする suer sang et eau. ～のめぐりの良い(悪い)人 personne f à l'esprit délié (obtus). ～も涙もない inhumain; impitoyable; cruel(le). ～の 湧き肉躍るスポーツの祭典 fête f sportive excitante. ¶[血脈·血統] ～を引く descendre de. ～は水よりも濃い La voix du sang finit toujours par se faire entendre. ～のつながり liens mpl du sang. ～で～を洗う 兄弟 frères mpl ennemis qui lavent le sang par le sang. ～を分けた兄弟 frère du même sang.

ち　治 ¶～にいて乱を忘れず《Qui veut la paix, prépare la guerre.》

ち　知(智) [知恵] sagesse f; [知能] intelligence f; [計略] stratagème m; ruse f.

ち　地 [大地·地面·陸地] terre f; [土壌] sol m; [地所] terrain m; [場所] lieu(x) m; [地方] région f; [位置] position f; situation f. ～の 利を占める occuper une position avantageuse. 名声が～に落ちる perdre sa réputation. ¶～の果てまで jusqu'au bout de la terre.

チアガール　[バトンガール] majorette f.

チアノーゼ　cyanose f.

ちあん　治安 ordre m public; sécurité f publique. ～を維持する maintenir l'ordre public; faire la police. ～を乱す troubler l'ordre public.

ちい　地位 [身分] position f; rang m; situation f; [職業] poste m; place f. 社会的な ～ position sociale; rang social. ～が一段下が る(上がる) descendre (monter) d'un échelon. ～を失う perdre sa position. ～を去る quitter sa position. 一流の～を占める tenir le haut du pavé. 高い～に ～ occuper un poste (une position) élevé(e). 立派な～に ついている être en place. ¶社会的な～の高い人 personne f haut placée. 彼のような～にある男が危険な真似をするはずがない Un homme dans sa position ne peut pas se compromettre.

ちい　地衣 [植] lichen m.

ちいき　地域 zone f; région f; [場所] endroit m; lieu(x) m. 占領された～ zone occupée. ～ によっては dans certaines régions; par endroit. ¶～的な régional(aux); local(aux). ¶～社会 société f locale.

ちいく　知育 formation f (éducation f) intellectuelle.

チークざい　-材 teck m; tek m.

チークダンス　¶～をする danser joue contre joue.

ちいさい　小さい petit; [些細な] peu important; [狭い] étroit; [矮小な] nain. ～声で à voix basse. ¶小さくする amenuiser; rapetisser; [縮小] réduire. 小さくなる se faire tout petit; s'amenuiser; se rapetisser; [身 をすぼめる] se blottir; [恐縮する] être confus.

チーズ　fromage m. ¶クリーム～ fromage frais. 粉～ [fromage] râpé m. ナチュラル～ fromage m affiné. プロセス～ fromage industriel. レア～ fromage frais. レア～のケーキ tarte f au fromage frais; cheese-cake(s) [(t)fizkek] m. ～工場 fromagerie f.

チータ　guépard m.

チーフ　chef m.

チーム　équipe f. ¶～の一員 équipier(ère) (f). ¶～ワークがよい avoir un bon esprit d'équipe.

ちうみ　血膿 sanie f.

ちえ　知恵 sagesse f; intelligence f. ～がつく grandir en sagesse. ～をしぼる se creuser la tête. ～をつける suggérer une idée à qn. ～を 借りる demander conseil à qn. ～を貸して下 さい Conseillez-moi./Aidez-moi de vos conseils. ¶～のある sage; intelligent; ～のな い intelligent; ～の遅れた retardé. ～くら べ jeu m d'esprit. ～の輪 anneaux mpl magiques. ～歯 dent f de sagesse.

チェアマン　président m.

チェーン　chaîne f. ¶～ストア chaîne f de magasins (supermarchés); [支店] succursale f.

チェーンソー　scie f à chaîne.

ちえきけん　地役権 servitude f.

チェス　échecs mpl; [ゲーム] jeu(x) m d'échecs. ～の駒 pièce f d'échec. ～をする jouer aux échecs. ¶～ボード échiquier m.

チェダー　[チーズ] cheddar m.

ちぇっ　Flûte!/Zut! ～, 終列車に乗り損ねた Flûte alors, j'ai manqué le dernier train.

チェッカー jeu(x) *m* de dames. ‖〜ボード damier *m*.

チェック [小切手] chèque *m*; [格子縞] carreau(x) *m*. ¶〜の布 étoffe *f* à carreaux. ｜タータン〜 écossais *m*. ◆[composé] pointage *m*. ¶〜で名を指す pointer des noms. アウト〜 sortie *f*. 〜イン entrée *f*. 〜ポイント point *m* de contrôle.

チェレスタ《楽》célesta *m*.

チェロ violoncelle *m*. ‖〜奏者 violoncelliste *mf*.

ちえん 遅延 retard *m*. 2時間の〜 deux heures *fpl* de retard. ¶〜する être en retard.

チェンバロ clavecin *m*.

ちか 治下 ¶ルイ14世の〜に sous le règne de Louis XIV. その頃が日本の〜にあった頃 3 à l'époque où ce pays était sous domination japonaise.

ちか 地下 ¶〜に潜る entrer dans la clandestinité. 〜を通る passer sous terre. 〜の souterrain(e); enseveli. 〜2階 second sous-sol *m*. 地上7階〜1階の建物 bâtiment *m* à six étages et un sous-sol. ‖〜運動 mouvement *m* illégal. 〜街 rue *f* souterraine. 〜資源 ressources *fpl* du sous-sol. 〜室 sous-sol(s); [穴倉] cave *f*. レジスタンス運動の〜組織 réseau(x) *m* clandestin de résistance. 〜鉄 métro *m*; métropolitain *m*. 〜道 passage *m* souterrain; galerie *f*. 〜納骨所 hypogée *m*.

ちか 地価 prix *m* d'un terrain. ‖〜騰貴 hausse *f* du prix des terrains.

ちかい 近い [時間, 場所が] près de; proche. 〜将来 proche avenir *m*. 駅(終り)は〜 La gare (La fin) est proche. 正午に〜 Il est près de midi. 映画は終りに近かった Le film approchait de la fin. ¶〜うちに prochainement; un de ces jours; à la première occasion. 〜所に à deux pas. ◆[関係が] ¶〜親戚 proches parents *mpl*. 抒情的散文は詩に〜 La prose lyrique est proche de la poésie. この二つの考え方は〜 Ces deux systèmes de pensée sont proches. ◆[ほとんど] ¶それは不可能に〜 C'est presque impossible. 損害は百万円に〜 Les dégâts avoisinent le million de yen.

ちかい 誓い serment *m*; engagement *m*; foi *f*; [神への] vœu(x) *m*. 〜を立てる prêter serment. 〜を守る respecter *son* serment. 〜を破るse parjurer; violer *son* serment.

ちがい 違い [差異] différence *f*, [不一致] divergence *f*; inégalité *f*; [誤り] erreur *f*. A と B との〜 différence entre A et B. 私より3つ〜です Il est plus (moins) âgé que moi de trois ans. ¶計算〜 erreur de calcul. 一足〜で彼に会えなかった Je l'ai manqué d'un cheveu.

ちがいない 違いない ¶彼は昨日出発したに〜 Il doit être parti (Il a dû partir) hier. 彼の同意はきっと得られるに〜 Je suis certain de son consentement. 彼は戻って来るに〜 Je suis sûr qu'il reviendra.

ちがいほうけん 治外法権 exterritorialité *f*.

ちかう 誓う prêter serment; jurer. 忠誠を〜 jurer [la] fidélité à *qn*. 名誉にかけて〜 jurer sur *son* (l')honneur de *inf*. 聖書にかけて〜 jurer sur la Bible. もう酒を飲むまいと彼は誓った Il a fait le serment de ne plus boire. 彼は彼女に永遠の愛を誓った Il lui a juré un amour éternel. そのことは誓いますよ Je vous en fais le serment. 神に誓って言う jurer *ses* grands dieux que *ind*. ¶秘密を守ることを誓わせる faire jurer le secret à *qn*.

ちがう 違う différer de; être différent de. 意見が〜 être d'un avis différent. 背丈が〜 n'avoir pas la même taille que *qn*. 値段は店によって〜 Le prix diffère selon les magasins. それは事情が〜 Ce n'est pas la même chose. あなたの言うことは〜 Vous avez tort. お前は言うことやることが〜じゃないか Tu fais le contraire de ce que tu dis. ¶違った différent; distinct *de*. 違った条件では結果は全く〜ものになるだろう Dans des conditions différentes, le résultat serait tout autre. それは前とは違った別の問題だ C'est une autre question, distincte de la précédente.

ちがえる 違える [間違える] ¶道を〜 se tromper de route; [邪道に陥る] se dévoyer. ◆[脱臼する] ¶手くびを〜 se fouler le poignet. ⇨ たがえる(違える).

ちかく 近く [場所] voisinage *m*; environs *mpl*; alentours *mpl*. ¶〜の通りで dans les rues avoisinantes. 駅のすぐ〜に à proximité de la gare. パリの〜に aux environs de Paris. ...の すぐ〜に dans le voisinage immédiat de. 彼はすぐ〜に住んでいる Il habite tout près. 〜まで見る regarder de plus près. 私達はフォンテヌブローの〜で止まった Nous nous sommes arrêtés vers Fontainebleau. ◆[時間] ¶正午〜だ Il est vers midi. クリスマスの〜に aux environs de Noël. ¶[近いうちに] avant longtemps; bientôt. ◆[ほとんど] à peu près; presque; environ.

ちかく 知覚 perception *f*; 《哲·心》aperception *f*; [知覚力] sens *m*. 〜する apercevoir. ‖〜過敏 hypersensibilité *f*. 〜減退 hypoesthésie *f*. 〜神経 nerf *m* sensitif.

ちかく 地核 noyau(x) *m* de la terre.

ちかく 地殻 croûte *f* terrestre.

ちがく 地学 science *f* de la terre.

ちかごろ 近頃 récemment; dernièrement; ces jours-ci; ces derniers temps. ¶〜の récent; moderne; de nos jours; d'aujourd'hui. 〜の若者 jeunes *mpl* d'aujourd'hui.

ちかしい 近しい proche; familier(ère); intime. 〜友達 ami(e) *m(f)* intime. 〜間柄同志で entre intimes. 〜人達が集って会を開いた Les intimes se sont retrouvés et ont tenu une réunion. ...と近しくしている être intime avec *qn*.

ちかちか ¶〜する [きらめく] étinceler; scintiller; [点滅する] clignoter. 目が〜する s'éblouir.

ちかづき 近づき ¶〜になる approcher (s'approcher de) *qn*; faire connaissance avec (de) *qn*; se lier avec *qn*. お〜の印に en signe de notre rencontre.

ちかづく 近づく approcher [de]; s'appro-

ちかづける 近づける approcher; s'approcher de; [話しかけようと] aborder qn. 夜が～ La nuit approche. 死が～ La mort est proche. 目標に～ approcher du but. 見知らぬ人が私に近づいた Un inconnu m'a abordé. 警官が～と群衆は四散した L'approche des agents a dispersé la foule. ～近うきやすい abordable; accessible; 近うき難い inaccessible; peu abordable. 近うき難い人 personne f inabordable (d'approche difficile).

ちかづける 近づける approcher; rapprocher. テーブルを窓に～ approcher une table de la fenêtre.

ちかみち 近道 raccourci m; chemin m de traverse. ～[を]する prendre un raccourci; prendre un chemin de traverse.

ちかよる 近寄る ¶もっとストーブの方に近寄りなさい Rapprochez-vous du poêle. ⇒ ちかづく (近づく).

ちから 力 force f; énergie f; vigueur f. ～つきる être à bout de forces. 私にはもう口をきく～もない Je n'ai plus la force de parler. ～に訴える recourir à la force. ～をおとす faiblir; se décourager. ～を取り戻す reprendre des forces. お互の～をあわせて avec nos forces réunies. ～をこめて言う insister; accentuer; souligner. ¶～うける revigorer qn; encourager qn. ～強いデッサン dessin m vigoureux. 君がいるだけで～強い Votre présence seule m'encourage. ～のある fort; énergique; puissant; vigoureux(se). ～のない langoureux(se); impuissant. 大～のある herculéen(ne). ～のこもった文章 style m vigoureux (nerveux, puissant). ～のこもった演技 jeu m impressionnant de force. ‖～関係 rapport m de force. ...とヘくらべをする rivaliser de force avec qn. ～仕事 travail(aux) m physique. ～ずくで de [vive] force; par force. ◆[能力] capacité f, pouvoir m. ...する～がある être capable de inf. フランス語の～がある(ない) être fort (faible) en français. ～を発揮する déployer sa force; [比喩的に] déployer ses talents. その仕事は私の～では出来ない Ce travail est au-dessus de mes capacités. ¶～の及ぶかぎりde toutes ses forces; dans la mesure de ses moyens (forces); autant qu'il est en son pouvoir. それには僕は～不足だと思います Je ne m'en sens pas les capacités. ◆[威力] puissance f. ¶金の～で à force d'argent. ◆[助力·頼み] ～を貸す prêter main forte à qn. ～と頼む compter sur qn. あなたのお～で grâce à vous. ◆[男力] effort m. その点に～を入れてやってくれ Agissez en pportant tous vos efforts sur ce point.

ちからこぶ 力瘤 biceps m. ～をつくる gonfler ses biceps. ～を入れる faire qc de toutes ses forces; se donner à fond à qc.

ちからじまん 力自慢 ¶～する se vanter de sa force. ¶～の男 fier(s)-à-bras m.

ちからぞえ 力添え [援助] aide f; assistance f; secours m./[支持] soutien m; appui m. ⇒ たすける (助ける).

ちからためし 力試し ¶～に pour tester (éprouver) ses propres capacités; pour sa-

voir son niveau.

ちからもち 力持 costaud m. ¶～の fort; [怪力の] herculéen(ne).

ちかん 弛緩 relâchement m; [医] atonie f; [ばねの] détente f. ～する se relâcher; se détendre. ～した relâché.

ちかん 痴漢 satyre m. ～に襲われる être attaqué par un satyre.

ちかん 置換 [数·化] substitution f. ～する substituer qc à qc.

ちき 知己 connaissance f; vieil(le) ami(e) m (f). ～になる faire la connaissance de qn. 彼とは昨日会ったばかりなのに百年の～を得たようだ Notre rencontre ne date que d'hier, mais j'ai l'impression de le connaître depuis un siècle.

ちき 稚気 puérilité f. ¶彼は～愛すべきものがある Sa puérilité a un côté attachant.

ちぎしゅんじゅん 遅疑逡巡 ～する hésiter; atermoiements mpl. ～する hésiter; atermoyer.

ちきゅう 地球 Terre f; globe m [terrestre]. ‖～温暖化 réchauffement m de la terre. ～儀 globe terrestre. ～上に sur la terre. ～全図 mappemonde f. ～物理学 géophysique f.

ちぎょ 稚魚 jeune poisson m; [養魚場の] nourrain m; [放流用] alevin m.

ちきょう 地峡 isthme m. ‖パナマ～ l'isthme de Panama.

ちきょうだい 乳兄弟 frère m (sœur f) de lait.

ちぎり 契り lien m. 夫婦の～ lien qui unit deux époux. 夫婦の～を結ぶ nouer le lien conjugal. ⇒ やくそく (約束).

ちぎる arracher; détacher; [細かく] mettre en pièces; [パンを] rompre.

ちぎる 契る ¶二世を～ jurer sa foi à qn; [互に] se jurer un amour éternel.

ちぎれぐも ちぎれ雲 nuage m floconneux.

ちぎれる se déchirer; se détacher. ¶半分ちぎれたポスター affiche f à demi déchirée. 今朝は耳がちぎれそうなほど寒い Ce matin, il gèle à pierre fendre.

チキン poulet m. ‖～ライス pilaf m au poulet.

ちく 地区 quartier m; secteur m; zone f. ‖占領(非占領)～ zone occupée (libre). ～選挙 élections fpl cantonales.

ちくいち 逐一 ¶～報告する faire un rapport détaillé. ～検討する examiner point par point (article par article).

ちぐう 知遇 ¶～に応える ne pas trahir ses protecteurs. ～を得る avoir la protection de qn; être pistonné par qn.

ちくおんき 蓄音機 phonographe m; [電蓄] électrophone m; [プレーヤー] tourne-disque m. ～の針 aiguille f de phonographe. ～をかける faire marcher l'électrophone.

ちくごやく 逐語訳 traduction f mot à mot. ¶～する traduire mot à mot (textuellement).

ちくさい 蓄財 thésaurisation f. ¶～する thésauriser; économiser. ‖～家 thésauriseur(se) m (f); amasseur(se) m(f).

ちくさん 畜産 élevage *m* [du bétail]. ~を営む faire de l'élevage. ‖~家 éleveur(se) *m* (*f*). ~学 zootechnie *f*.

ちくじ 逐次 l'un(e) après l'autre; successivement.

ちくしょう 畜生 [動物] brute *f*; bête *f*; animal(aux) *m*. ‖あいつは犬～にも劣る奴だ Il est bestial. ◆[間投詞] Nom de Dieu (d'un chien)!/Zut!/Mince!/Flûte!/Bon Dieu!/Merde!

ちくじょう 築城 construction *f* d'un château fort. ‖~する construire un château fort. ‖~術 fortification *f*.

ちくじょう 逐条 ~的に article par article; par chapitres. 予算を～的に採決する voter le budget par chapitres. ‖~審議を する délibérer sur *qc* par chapitres.

ちくせき 蓄積 accumulation *f*; [行為] emmagasinage *m*; [物] amas *m*. 資本の～ accumulation de fonds. ~する accumuler; emmagasiner. ~された知識 accumulation de connaissances.

ちくちく ~と痛みを感じる sentir des aiguilles. ~する piquant; picotant. 腕が～する [しびれる] sentir des fourmis dans les bras. 煙で目が～する La fumée picote les yeux.

ちくでん 蓄電 accumulation *f*. ‖~する emmagasiner de l'énergie électrique. ‖~器 condensateur *m*. ~池 accumulateur *m*; accus *mpl*.

ちくでん 逐電 ‖~する s'enfuir; décamper; [俗] ficher le camp; [金を持って] lever le pied.

ちくのうしょう 蓄膿症 ozène *m*.

ちくば 竹馬 ‖~の友 ami(e) *m(f)* d'enfance.

ちくはく ~な en désaccord; inégal(aux); disparate. ~な飾り[色] ornements *mpl* (couleurs *fpl*) disparates. ~な気持ち sentiments *mpl* confus.

ちくび 乳首『生』mamelon *m*; tétin *m*; [牛, 山羊の] pis *m*; trayon *m*; [哺乳びんの] tétine *f*.

ちくり ‖蚊が～と刺した Un moustique m'a piqué.

チグリス ‖~川 le Tigre.

ちけい 地形 disposition *f* du terrain. ~の起伏 accidents *mpl* de terrain. ~を探る tâter le terrain. ‖~学 topographie *f*; géomorphologie *f*. ~学的 topographique. ‖~図 carte *f* topographique.

ちけい 笞刑 peine *f* du fouet *m*; flagellation *f*. ‖~に処する fouetter; flageller.

チケット ticket *m*; [引換券] bon *m*.

ちけむり 血煙 ‖~を上げて倒れる s'effondrer dans un jet de sang.

ちご 稚児 [小姓] page *m*.

ちこう 地溝 fossé *m*.

ちこく 治国 gouvernement *m* d'un pays.

ちこく 遅刻 retard *m*. ‖約束の時間に～する arriver (être) en retard à un rendez-vous. 今朝私は会社に 15 分～した Ce matin j'ai été en retard d'un quart d'heure au bureau. ‖~者 retardataire *mf*. ~常習犯である être toujours en retard.

ちこつ 恥骨 pubis *m*.

チコリ[植] chicorée *f*.

ちし 地誌 géographie *f* [régionale].

ちし 致死 ‖~の létal. ‖過失～罪 homicide *m* par imprudence. ‖~量 dose *f* létale; toxicité *f*.

ちじ 知事 préfet *m*. ‖広島県～ le préfet d'Hiroshima.

ちしお 血潮 sang *m*.

ちしき 知識 connaissance *f*; savoir *m*; science *f*. 深遠(皮相)な～ connaissances profondes (superficielles). 経験によって得た～ connaissances acquises par l'expérience. 科学の～がある avoir des connaissances scientifiques. …については何の～もない n'avoir aucune connaissance sur *qc*. ～の進歩 progrès *m* des sciences (lumières). ～を広める étendre *ses* connaissances. ～を得る acquérir des connaissances. ～を深める approfondir *ses* connaissances. ～のない ignorant en (dans) *qc*. ‖予備～ connaissances préliminaires (préalables). ‖~階級 intellectuels *mpl*. ~人 intellectuel(le) *m* (*f*). ~欲 soif *f* de connaître.

ちじき 地磁気 géomagnétisme *m*.

ちじく 地軸 axe *m* de la Terre.

ちしつ 知悉 ‖~する avoir tout de *qc*; avoir une connaissance parfaite de *qc*.

ちしつ 地質 nature *f* d'un terrain. ある地方の～ géologie *f* d'une région. ‖~学 géologie. ~学者 géologue *m*. ‖~調査 étude *f* du sol. ~調査をする sonder un terrain.

ちしゃ 萵苣 laitue *f*.

ちしょう 知将 grand stratège *m*.

ちじょう 地上 surface *f* de la terre. ~の terrestre. ~の楽園 paradis *m* terrestre. ～に (par) terre. ～に下りる [列車, 車から] mettre pied à terre; débarquer. ～に腰を下す [倒れる] s'asseoir (tomber) par terre. ～すれすれに飛ぶ faire du (voler en) rase-mottes. ～百メートルまで上がる monter à une hauteur de cent mètres au-dessus du sol. ‖~権 droit *m* de superficie.

ちじょう 痴情 passion *f* aveugle; amour *m* fou. ～の果てに au bout (aux extrémités) de l'amour fou. ‖~関係 lien *m* passionnel. ～沙汰 crime *m* (drame *m*) passionnel.

ちじょく 恥辱 †honte *f*; ignominie *f*; opprobre *m*. ～にまみれる se couvrir d'ignominie. ～を受ける être déshonoré. ～を与える déshonorer *qn*. あんな弱いのに敗けるなんて我がチームの～だぞ Perdre contre une équipe si faible, c'est un vrai déshonneur!

ちじりょう 致死量 ⇨ ちし(致死).

ちじん 知人 connaissance *f*; ami(e) *m(f)*. 政界に～が多ぜいる avoir beaucoup de relations dans le monde politique.

ちじん 痴人 idiot *m*; imbécile *mf*.

ちず 地図 carte *f*; [都市の道路地図] plan *m*; [地図書] atlas *m*. パリの～ plan de Paris. 縮尺 5 万分の 1 ～ carte au (à l'échelle de) 150.000e. ‖~で道を探す chercher *son* chemin sur la carte. ～で調べる consulter

ちすい 治水 aménagement *m* des eaux. ‖ ~工事 travaux *mpl* d'adduction d'eau. ~保林 eaux *fpl* et forêts *fpl*.

ちすじ 血筋 lignée *f*; race *f*. 「~は争えない」«Bon chien chasse de race.»; «Bon chien ne peut mentir.» ‖立派な~の人 personne *f* de haute naissance. 同じ~である être du même sang. ⇨ ち(血), けっとう(血統).

ちせい 治世 ルイ14世の~下に sous le règne de Louis XIV.

ちせい 知性 intelligence *f*; 【哲】intellect *m*. ¶~のある intelligent.

ちせい 地勢 topographie *f*; configuration *f*. ‖~学 topologie *f* ⇨ ちけい(地形).

ちせいがく 地政学 géopolitique *f*.

ちせき 地積 superficie *f* d'un terrain.

ちせつ 稚拙 ~な文章 style *m* enfantin. ~さ puérilité *f*.

ちそ 地租 impôt *m* foncier.

ちそう 地層 couche *f*; strate *f*; assises *fpl*; banc *m*.

ちそう 馳走 ⇨ ごちそう(御馳走).

ちぞめ 血染め ~の trempé dans le sang; maculé (souillé, taché) de sang.

ちたい 地帯 zone *f*; région *f*; pays *m*. 安全~ zone de sécurité. 工業(農業)~ zone industrielle (agricole). 国境(沿岸)~ zone frontière (littorale). 占領(非占領)~ zone occupé (libre). 非武装(軍用, 危険, 中立)~ zone démilitarisée (militaire, dangereuse, neutre). 緑~ zone verte.

ちたい 痴態 ~を演ずる agir sans pudeur.

ちたい 遅滞 retard *m*; délai *m*. 支払いの~ retard dans un paiement. ~なく sans retard; sans délai.

チタン titane *m*.

ちち 遅々 ~たる lent. ~として進まない n'avancer que lentement.

ちち 乳 lait *m*. ~がよく出る Le lait monte bien. ~が出なくなった Le lait a cessé de monter. ~が張る avoir les seins gonflés. 牛から~をしぼる traire une vache. ~を吸う téter. 母親の~を吸う téter sa mère. 子供に~をくませる donner la tétée à (allaiter) un enfant. 1日に6回~をやる donner six tétées par jour. ‖~色の lactescent; laiteux (se). ~しぼり [人] trayeur(se) *m(f)*; [道具] téterelle *f*; [家畜用の] trayeuse *f*; [行為] traite *f*. ⇨ にゅう(乳房).

ちち 父 père *m*; [神] le Père. 一家の~ père de famille. 実証主義の~オーギュスト・コント Auguste Comte, le père du positivisme. 天にまします我らの~よ Notre Père qui êtes aux cieux. 「この~にしてこの子あり」«Tel père, tel fils.» ¶~の paternel(le). ~のような paterne. ~方の du côté paternel. ~方の伯父 oncle *m* paternel.

ちち 千々 心が~に乱れる Le cœur frémit d'angoisse.

ちぢかむ 縮かむ [寒さで手が縮かんでいる] avoir les mains engourdies par le froid.

ちちくさい 乳くさい [幼稚な] enfantin; 《俗》imberbe. ~奴 blanc(s)-bec(s) *m*; garçon *m* imberbe.

ちちくる 乳繰る avoir une amourette avec *qn*; flirter avec *qn*.

ちぢこまる 縮こまる se blottir; [姿勢を低くする] s'aplatir; se tapir. 寒さに~(ベッドの中に)~ se blottir frileusement (dans un lit). 猫が垣根の後で縮こまっている Le chat s'aplatit derrière la haie.

ちぢまる 縮まる se réduire.

ちぢみ 縮 [布地] crêpe *m*.

ちぢみあがる 縮み上がる [恐怖で]~ se sentir transi de peur. 私達は彼の脅しに縮み上がった Nous avons tremblé sous les menaces.

ちぢむ 縮む raccourcir; rétrécir; se resserrer. この布地は洗濯するとすぐ~ Ce tissu rétrécit facilement au lavage. ‖ 洗濯しても縮まない生地 étoffe *f* irrétrécissable au lavage.

ちぢめる 縮める raccourcir; rapetisser; rétrécir; [要約する] abréger; [引っこめる] rentrer. スカートを~ raccourcir une jupe. 滞在を~ écourter *son* séjour. 文章を~ abréger un texte. 差を~ réduire la différence. 仕事が彼の命を縮めた Le travail l'a usé.

ちちゅう 地中 ¶~から掘り出す déterrer; extraire *qc* de la terre. ~に隠れる se terrer. ~に埋める enterrer.

ちちゅうかい 地中海 la mer Méditerranée. ¶~の méditerranéen(ne). ~沿岸諸国 pays *mpl* méditerranéens. ~性気候 climat *m* méditerranéen.

ちぢらせる 縮らせる [髪を] friser; frisotter; [布などを] crêper.

ちぢれげ 縮れ毛 cheveux *mpl* crépus (frisés).

ちぢれる 縮れる [髪が] friser; frisotter.

ちつ 膣 vagin *m*. ¶~の vaginal(aux). ~の粘膜 muqueuse *f* vaginale.

チッキ ~の預り証 bulletin *m* de bagages. 手荷物を東京まで~にする faire enregistrer les bagages pour Tokyo.

ちっきょ 蟄居 ¶~を命ずる condamner *qn* à la résidence surveillée. ~する s'enfermer chez *soi*.

チック cosmétique *m*; 《俗》gomina *f*. ~をつけて髪を整える enduire *ses* cheveux de cosméthique; se gominer. ¶~をつけた髪 cheveux *mpl* cosmétiqués (gominés).

ちつじょ 秩序 ordre *m*. 公の~ ordre public. ~の維持 maintien *m* de l'ordre. ~の回復を図る rétablir l'ordre. ¶~のある ordonné; rangé. ~のない désordonné; sans système. ~正しく en bon ordre. ~立てて avec méthode (ordre); systématiquement. ~立てる mettre *qc* en ordre. ‖ 社会~を乱す troubler l'ordre social.

ちっそ 窒素 azote *m*. ¶~を含んだ azoté. 空中~ azote atmosphérique. ~ガス gaz *m* azote. ~肥料 engrais *mpl* azotés.

ちっそく 窒息 suffocation *f*; étouffement *m*; asphyxie *f*. ¶~する être étouffé (étouffée, asphyxié). ~させる suffoquer; étouffer; asphyxier. ‖~死 mort *f* par étouffement. ~死する mourir asphyxié.

(d'étouffement). ~性ガス gaz *m* asphyxiant.
ちつづき 血統 ¶二人は~だ Ils sont parents entre eux.
ちっとも aucunement; pas du tout. 私には~分からない Je n'y comprends rien du tout. ⇨ すこし(少し).
チップ pourboire *m*; service *m*. ~をやるdonner un pourboire. ボーイに~をおくlaisser un pourboire pour le garçon. ~は含まれている Le pourboire est compris.
チップ [情報] puce *f*.
ちっぽけ ¶~な tout petit; minime; infime; 《俗》petiot; [取るに足りない] insignifiant; négligeable.
ちてき 知的 ¶~な intellectuel(le). ~な人 personne *f* intelligente; [知識人] intellectuel(le) *m(f)*. ~に intellectuellement. ¶~生活 vie *f* intellectuelle. ~能力 facultés *fpl* intellectuelles.
ちてん 地点 point *m*; endroit *m*; lieu *m*; emplacement *m*. 約束の~で落ち合う se retrouver au lieu convenu. ‖折り返し~ point de retour. 出発~ point de départ. 戦略~ position *f* stratégique.
ちどうせつ 地動説 héliocentrisme *m*.
ちどめ 止血 hémostase *f*. ¶~薬 hémostatique. ¶~薬 hémostatique *m*.
ちどり 千鳥 pluvier *m*. ‖~足 titubant. ~足で歩く tituber; marcher en zigzag.
ちどん 遅鈍 lenteur *f*; paresse *f*. 精神の~ paresse d'esprit. ¶~な paresseux(se); imbécile; stupide; lourdaud.
ちなまぐさい 血腥い sanglant; sanguinaire.
ちなみに 因に à ce propos; à cet égard; incidemment; en passant. このチームは今年も優勝した.~で3年連続である Cette année aussi, c'est l'équipe championne. Incidemment, c'est la troisième année consécutive.
ちなむ 因む ¶...に因んで à l'occasion de; en souvenir de.
ちぬる 血塗る ¶あの家の歴史は血塗られている Il y a du sang dans l'histoire de cette famille.
ちねつ 地熱 géothermie *f*. ‖~発電production *f* géothermique de l'électricité.
チノ chino *m*.
ちのう 知能 intelligence *f*; mentalité *f*; capacités *fpl* intellectuelles. 幼稚な~ mentalité primaire. ¶~の intellectuel(le). ~の進んだ avancé. ~の遅れた arriéré. ‖~検査 tests *mpl* mentaux. ~指数 quotient *m* intellectuel. ~犯 criminel *m* astucieux.
ちのみご 乳飲児 nourrisson *m*; enfant *mf* à la mamelle.
ちのみち 血の道 maladies *fpl* de la femme.
ちのり 血糊 sang *m* caillé. べっとり~がついている刀 sabre *m* gluant de sang.
ちはい 遅配 retard *m*. 郵便物の~ retard dans la distribution postale.
ちばしる 血走る ‖血走った眼をしている avoir des yeux injectés de sang.
ちばなれ 乳離れ sevrage *m*. ¶~する cesser de téter *sa* mère. ~させる sevrer.

ちび avorton *m*; nabot(e) *m(f)*; tom-pouce *m*; demi-portion *f*; [小人] nain *m*.
ちびちび ¶~と peu à peu; petit à petit. ~と飲む boire à petites gorgées; siroter. ~と味わいながらコニャックを飲む siroter *son* cognac.
ちひつ 遅筆 ¶あの人は~だ Il écrit lentement.
ちひょう 地表 surface *f* de la terre.
ちびる 禿びる usé. この筆はちびている Ce pinceau est usé.
ちぶ 恥部 parties *fpl* honteuses. 都会の~ misères *fpl* d'une métropole.
ちぶさ 乳房 mamelle *f*; sein *m*; gorge *f*; poitrine *f*; téton *m*; [牛豚の] tétine *f*. 両の~ les seins. 子供に~をふくませる donner le sein à un enfant.
チフス typhus *m*. ‖腸~ fièvre *f* typhoïde. 発疹~ typhus exanthématique. バラ~ paratyphoïde *f*. ~患者 typhique *mf*. ~菌 bacille *m* d'Eberth.
ちへいせん 地平線 horizon *m*; ligne *f* d'horizon. ‖~上に à (au-dessus de) l'horizon.
ちほ 地歩 ⇨ ちい(地位).
ちほう 地方 [地域・区域] pays *m*; région *f*; contrée *f*; canton *m*; localité *f*. 彼はこの~の出だ Il est du pays. ¶~の régional(aux); local(aux). ~一特産の葡萄酒 vin *mpl* du pays. ‖関東~ la région du Kanto. 関東~は明日雨だろう On prévoit de la pluie dans le Kanto. ~議会 conseil *m* régional. ~行政 administration *f* locale. ~行政機関 organe *m* de l'administration régionale. ~公共団体 collectivité *f* locale. ~公務員 fonctionnaire *mf* municipal(e). ~裁判所 tribunal *m* de première instance. ~自治 autonomie *f* locale. ~自治体 municipalité *f*. ~色 couleur *f* locale. ~税 taxe *f* locale. ~選挙 élection *f* locale. ~長官 préfet *m*. ~銀行 banque *f* locale. ~分権 décentralisation *f*. ◆[中央に対して] province *f*. ~で暮らす vivre en province. ~を回る faire une tournée en province. ¶~の provincial(aux). ‖~人 provincial(ale, aux) *m(f, pl)*. ~新聞 journal(aux) *m* régional. ~訛 accent *m*. ~版 édition *f* de province. ~病 endémie *f*. ⇨ ちゅうおう(中央).
ちほう 痴呆 ¶~症 démence *f*. 老人(早発)性~症 démence sénile (précoce).
ちぼう 知謀 ¶~に富む être fertile en ressource[s]. ~に富んだ人 personne *f* de ressource.
ちまた 巷 ¶戦火の~ champ *m* de bataille. 歓楽の~ lieux *mpl* de plaisir. ~の声 on-dit *m inv*; voix *f* du peuple. 怨嗟の声が~にあふれる Des récriminations courent les rues.
ちまつり 血祭 ¶~にあげる immoler *qn*; répandre le sang de *qn*.
ちまなこ 血眼 ¶~になる s'affoler; [夢中になる] s'entincher de. ~になって follement; éperdument. ~になって捜す chercher *qc* avec acharnement.
ちまみれ 血まみれ ¶~の sanglant; ensanglanté; souillé (couvert) de sang.
ちまめ 血豆 ampoule *f* sanguinolente.
ちまよう 血迷う s'affoler; perdre son sang-

ちみ 地味 ¶～の肥えた(やせた)畑 champ *m* fertile (maigre).

ちみち 血道 ¶～をあげる s'amouracher de; s'éprendre de; se toquer de; se passionner de (pour). 奴はつまらない女に～をあげている Il s'est amouraché d'une pimbêche.

ちみつ 緻密 ¶～な compact; fin; minutieux(se). ～な金属 métaux *mpl* compacts. ～な計画 plan *m* détaillé. ～な探究 recherches *fpl* minutieuses. ～な論理 raisonnement *m* serré. ～さ compacité *f*; finesse *f*.

ちみどろ 血みどろ ¶～の sanglant. ～の戦いとなった Le combat est devenu sanglant.

ちみもうりょう 魑魅魍魎 mauvais esprits *mpl*.

ちめい 知名 ¶～の renommé; célèbre; illustre. ～の士 personne *f* célèbre. ‖彼は一度が高い(低い) Il est bien (peu) connu.

ちめい 地名 nom *m* de lieu; 《語》toponyme *m*. ¶～に関する toponymique. ‖～研究 toponymie *f*. ～研究者 toponymiste *mf*.

ちめい 致命 ¶～的な fatal; mortel(le); funeste. ～的打撃を与える(受ける) donner (recevoir) un coup funeste. ～傷 blessure *f* mortelle. ～傷が彼の～傷となった Cela lui a porté un coup fatal.

ちもん 地文 ‖～学 physiographie *f*. ～学者 physiographe *m*.

ちゃ 茶 thé *m* de; 《植》thé; théier *m*. 一杯の～ une tasse de thé. ～を入れる préparer le thé; faire du thé. ～をそそぐ verser du thé dans. ...に～を出す servir du thé à *qn*. ～を飲む boire (prendre) du thé. 濃い(薄い)～を好む préférer le thé fort (léger). ‖赤～ thé [noir]. 紅～わかし théière *f*. 緑～ thé vert. ～筒 boite *f* à thé. ～の湯 cérémonie *f* du thé. ～畑 plantation *f* de thé; théière *f*. 「～腹も一時」《C'est tromper provisoirement sa faim.》⇨ あちゃ(お茶).

チャージ《スポ》charge *f*. ¶～する charger.

チャーター ¶～する noliser; affréter. ‖～機(船) avion *m* (bateau *m*) nolisé.

チャービル cerfeuil *m*.

チャーミング ¶～な charmant; joli; ravissant.

チャールストン charleston *m*.

チャイナタウン quartier *m* chinois.

チャイム carillon *m*; sonnerie *f*. ‖～時計 horloge *f* à carillon.

チャイルドシート siège *m* d'auto pour enfants.

ちゃいろ 茶色 châtain *m*; marron *m*; brun *m*. ¶～の châtain; marron *inv*; brun. ～っぽい roussâtre; brunâtre. ～にする roussir.

チャウチャウ chow(s)-chow(s) *m*.

ちゃがし 茶菓子 gâteau(x) *m* pour le thé.

ちゃかす 茶化す tourner *qc* en plaisanterie; railler *qn* de *qc*; persifler. 彼は何でも～ Il raille tout.

ちゃかっしょく 茶褐色 brun *m*. ¶～の brun.

ちゃがら 茶殻 marc *m* de thé.

ちゃきちゃき ¶～の vrai. ～のパリっ子 vrai(e) Parigot(e) *mf*.

-ちゃく 着 [衣服] ¶背広 1(2)～ un (deux) complet(s). ◆[到着] ¶1～ になる [競争で] arriver le (la) premier(ère). 5時東京～の列車 train *m* qui arrive à Tokyo à cinq heures.

ちゃくい 着衣 vêtements *mpl*; [着付け] habillage *m*.

ちゃくえき 着駅 gare *f* d'arrivée.

ちゃくがん 着岸 ¶～する aborder à.

ちゃくがん 着眼 remarque *f*; observation *f*. ¶～する remarquer; noter. ‖～点 point *m* de vue. 彼の～点は正しい Son point de vue est juste (bon).

ちゃくし 嫡子 héritier(ère) *m(f)*; [嫡出子] enfant *mf* légitime; [長男] aîné *m*.

ちゃくじつ 着実 ¶～な régulier(ère); constant; sérieux(se); solide; consciencieux(se). ～に régulièrement; constamment; sérieusement; solidement. ～に進歩する faire des progrès constants. ～に計画を実行して行く poursuivre un dessein avec constance. ～さ régularité *f*; constance *f*.

ちゃくしゅ 着手 mise *f* en train; début *m* d'exécution. ¶～する mettre la main à; commencer; entamer. 仕事に～する se mettre au travail; mettre un travail en train. 交渉(改革)に～する amorcer des négociations (une réforme).

ちゃくしゅつ 嫡出 ¶～の légitime. ‖～子 enfant *mf* légitime. ～子と認める légitimer.

ちゃくじゅん 着順 ordre *m* d'arrivée. ～は掲示される On va afficher l'ordre d'arrivée.

ちゃくしょく 着色 coloration *f*; coloriage *m*. ¶染料で赤く～する colorer *qc* en rouge avec des colorants. 色鉛筆で～する colorier *qc* aux crayons de couleurs. ‖人工～ coloration artificielle. ～石版 chromolithographie *f*.

ちゃくすい 着水 amerrissage *m*. ¶～する amerrir. ‖～装置 châssis *m* d'amerrissage.

ちゃくせき 着席 ¶～する s'asseoir; prendre place. ～している être assis. 御～下さい Asseyez-vous./Donnez-vous la peine de vous asseoir/Prenez place. ～させる faire asseoir *qn*; placer *qn*.

ちゃくそう 着想 idée *f*; inspiration *f*. 奇抜な～ idée originale. ...から～を得る s'inspirer de *qc*. ～を紙に書きとめる jeter une idée sur le papier. 彼は～が豊かだ Il est plein d'idées.

ちゃくだん 着弾 ¶～距離内(外)にある être à (hors de) la portée (d'un canon).

ちゃくち 着地 《人ス》réception *f*. ～がぴたりと決まる se recevoir sans bavure.

ちゃくちゃく 着々 progressivement; régulièrement. ¶～と点を入れる marquer des points à chaque occasion. ～と仕事は進んでいる Le travail avance bien.

ちゃくに 着荷 arrivage *m* de marchandises. ‖～払いの payable à l'arrivée. ～渡しの à livrer à l'arrivée.

ちゃくにん 着任 ¶～する entrer en fonction; rejoindre son poste.

ちゃくひょう 着氷 [飛行機の] givrage *m*.

ちゃくふく 着服 appropriation *f*; malversation *f*. ¶～する s'approprier; détourner.

ちゃくもく 着目 ⇨ ちゃくがん(着眼).
ちゃくよう 着用 ¶～する mettre; porter; s'habiller de. ‖礼服～のこと L'habit est de rigueur.
ちゃくりく 着陸 atterrissage m; escale f. ¶～する atterrir; se poser; [月に] alunir. 強制～ atterrissage forcé. 月面～ alunissage m. 無～飛行 vol m sans escale. ～甲板 [航空母艦の] pont m d'atterrissage [pour avions]. ～装置 train m d'atterrissage. ～場 terrain m d'atterrissage.
ちゃくりゅう 嫡流 ligne f directe. ¶…の～の子孫 descendant(e) m(f) en ligne directe de.
チャコ craie f de tailleur.
チャコールグレー gris m anthracite.
ちゃこし 茶漉 passoire f à thé.
ちゃさじ 茶匙 cuiller f à thé.
ちゃしぶ 茶渋 dépôt m de thé.
ちゃだい 茶代 [チップ] pourboire m.
ちゃたく 茶托 soucoupe f.
ちゃだんす 茶箪笥 buffet m; bahut m.
ちゃち ¶～な家 maison f de quatre sous. ～な品物 article m de troisième choix.
ちゃちゃ 茶々 ¶～を入れる mettre son grain de sel dans la conversation. ～を入れずに黙って話を聞けよ Ecoute sans mêler ton grain de sel.
チャチャチャ cha cha cha m.
ちゃっかり ¶～した finaud; futé. ～した奴だ C'est un malin.
チャック [ファスナー] fermeture f éclair. ～を開ける(閉める) ouvrir (fermer) la fermeture éclair.
ちゃっこう 着工 commencement m des travaux. ¶～する mettre un travail en chantier. ～式 cérémonie f de la pose de la première pierre. ⇨ きこう(起工).
ちゃづつ 茶筒 boîte f à thé.
チャット tchatche f; chat [tʃat] m; salon m conversation. ¶～する tchatcher.
ちゃつぼ 茶壺 jarre f à thé.
ちゃつみ 茶摘 cueillette f du thé; [人] cueilleur(se) m(f) de thé.
ちゃのま 茶の間 salle f de séjour; living-room(s) m.
ちゃのみ 茶飲 [茶碗] bol m à thé. ¶～友達 compagnon(gne) m(f) de bavardage. ～話をするを bavarder en prenant le thé.
ちゃのゆ 茶の湯 ⇨ ちゃ(茶).
ちゃばしら 茶柱 ¶～が立つ trouver un petit brin de thé flottant verticalement dans la tasse; avoir un signe de bonheur.
ちゃばん 茶番 [茶番狂言] farce f. ¶総選挙はまるで～だった Les élections générales étaient une farce.
ちゃぶだい ちゃぶ台 table f à manger.
チャペル chapelle f.
チャボ bantam m; coq m (poule f) de Bantam.
ちやほや ¶～する faire fête à; caresser; cajoler; [甘やかす] gâter. 彼女はみんなから～されてすっかり生意気になった Choyée par tout le monde, elle est devenue impertinente.

ちゃみせ 茶店 salon m de thé.
ちゃめ 茶目 ¶～をする faire des espiègleries à; faire une farce (une niche) à. ～な espiègle; coquin; malin. この子はすごいお～だ Cet enfant est très espiègle. ～っ気たっぷりの目 yeux mpl pétillants d'espièglerie.
ちゃや 茶屋 [茶商] marchand(e) m(f) de thé; [茶店].
ちゃらんぽらん ⇨ いいかげん(いい加減).
チャリティーショー gala m de bienfaisance.
ちゃりん ¶～と音を立てる tinter; tintinnabuler.
チャレンジ challenge m. ¶～する challenger qn.
チャレンジャー challenger m.
ちゃわかい 茶話会 ⇨ さわかい(茶話会).
ちゃわん 茶碗 [飯の] bol m [à riz]; [コーヒー、紅茶の] tasse f à café (à thé).
チャン 瀝青 bitume m; goudron m. ¶～を塗る bitumer; goudronner. ～を塗った糸 [靴ひも] ligneul m.
チャンス occasion f; chance f. 絶好の～ occasion unique. ～がある(ない) Il y a beaucoup (peu) de chances. ～をつかむ(逃す) saisir (perdre) une occasion. ¶～があれば si l'occasion se présente.
ちゃんと correctement; [正確に] exactement; ponctuellement; [確実に] fidèlement; [完全に] parfaitement; [間違いなく] sans faute; sûrement; [きちんと] en règle; en ordre. ～する mettre qc en ordre. ～座る s'asseoir bien droit. ～約束の時間を守る être exact au rendez-vous. ¶～した服装をする s'habiller comme il faut. ～した仕事 travail(aux) m sérieux. ～した人 personne f respectable. ～した目的 but m bien déterminé. ～した職業 emploi m honorable. これは～した契約書だ C'est un contrat en bonne [et due] forme.
チャンネル [テレビの] chaîne f. 10～に合わせる prendre la dixième chaîne. あまり～をいじるな Ne tripote pas le bouton des chaînes.
ちゃんばら combat m d'épée. ¶～映画 film m de cape et d'épée.
チャンピオン champion(ne) m(f); [選手権保持者] tenant(e) m(f).
ちゃんぽん ¶～にする [混ぜる] mélanger. ～に alternativement; tour à tour. 酒とビールを～に飲む boire tour à tour du saké et de la bière.
ちゆ 治癒 guérison f; rétablissement m. ¶～する guérir.
ちゅう 中 ¶～以上(以下) au-dessus (au-dessous) de la moyenne. ～くらいの moyen (ne).
ちゅう 宙 ¶足が～に浮く avoir le trac. ～を飛んで帰る rentrer à toute vitesse. ‖～吊りになる être suspendu en l'air. ～ぶらりんになる être en suspens.
ちゅう 注 note f; remarque f; [注解] commentaire m. ～テキストに～をつける annoter (commenter) un texte. ‖脚～ note en bas de page. 傍～ note marginale.
ちゅう 駐 ¶～英大使 ambassadeur m au-

près du roi d'Angleterre. ~日フランス大使 ambassadeur de France au Japon. ~仏日本大使 ambassadeur du Japon en France.

-ちゅう 中 ■ [以内] 午前中~に dans la matinée. 今月~に dans le courant de ce mois. 十八、九大丈夫だと思う C'est probablement dans le sac. ‖ ◆ [最中] ...~である être en train de inf. 食事(電話)~である être à table (à l'appareil). 工事(修理)~である être en construction (en réparation). 交渉~である être en cours de négociations. ~ですが、お電話がかかっています Excusez-moi de vous interrompre, mais on vous demande au téléphone. 私の不在(滞在)~に pendant mon absence (séjour). 輸送~に en cours de transport.

ちゅうい 中尉 [陸, 空軍] lieutenant m; [海軍] enseigne m de vaisseau de 1ère classe.

ちゅうい 注意 attention f; remarque f. 細心の~ attention suivie (soutenue). ~を促す appeler (attirer) l'attention de qn sur qc. ~をそらす détourner l'attention de qn. ~を引く se faire remarquer; captiver l'attention. ...に~を向ける diriger son attention sur qc. ~する faire (prêter) attention à; remarquer; noter; observer. ~せよ Faites attention!/Attention!/「~, ペンキ塗り立て」«Attention à la peinture.»; «Attention! Peinture fraîche.» ¶~深い attentif(ve), soigneux(se). ~深く attentivement. ~して attentivement; avec attention. ‖ ~事項 remarques. ~散漫 dissipation f. ~散漫な dissipé; inattentif(ve); distrait. ◆ [用心] garde f; attention f; précaution f. ¶車に~する faire attention (prendre garde) aux voitures. ...するよう~する faire attention à inf (à ce que sub). ...しないよう~する se prendre garde de ne pas inf; se garder de inf. あぶない、~せよ Prends garde à toi! 風邪をひかぬよう~しなさい Prenez garde de ne pas attraper froid. ¶~深い précautionneux(se); prudent; avisé. ~深く avec précaution. ‖ ~人物 personne f surveillée. ◆ [配慮·気配り] ¶不慮の事故が起きないように~を払う veiller à ce que rien ne soit laissé au hasard. ~する veiller à. 身体に~する se soigner. 服装に~する avoir soin de ses habits. 子供の健康に~する veiller à la santé de ses enfants. ...するよう~する prendre soin de inf. ~しなさい Soignez-vous bien. 校正刷を~深く見る vérifier très soigneusement les épreuves. ◆ [忠告] observation f. ~を与える faire une observation (remarque) à qn. ¶私は彼に手が汚れていると~した Je lui ai fait observer que ses mains n'étaient pas propres.

チューインガム chewing-gum m.

ちゅうえい 中衛 [サッカーの] demis mpl.

ちゅうおう 中央 centre m; milieu m. ~の central(aux); médian. ...の~に au milieu de; au centre de. ‖ ~アジア Asie f centrale. ~アメリカ Amérique f centrale. ~権力 pouvoir m central. ~集権 centralisation f. ~集権主義 centralisme m. ~市場 marché m principal; [パリの元の] †Halles fpl. ~部 partie f centrale. ~陛下 [教会の] nef f centrale.

ちゅうおう 中欧 Europe f centrale.

ちゅうおうぶんりたい 中央分離帯 terre-plein(s) m [central].

ちゅうおうろうどういいんかい 中央労働委員会 Commission f centrale des relations du travail.

ちゅうおん 中音 [楽] médium m.

ちゅうか 中華 ■ ~思想 croyance f en la supériorité de sa propre civilisation. ~料理 cuisine f chinoise.

ちゅうかい 仲介 intermédiaire m; entremise f; moyen m. ...のために~の労をとる servir d'intermédiaire à qn. ...の~で par l'entremise (le moyen) de qn. ¶~する s'entremettre; s'interposer; offrir son entremise. ‖ ~者 intermédiaire mf; entremetteur(se) m(f).

ちゅうかい 注解 [注をつけること] annotation f; [注] note f; remarque f; commentaire m; glose f. テキストに~を施す annoter (commenter) un texte. ¶著者による~付きの本 exemplaire m annoté par l'auteur. ‖ ~者 annota*teur* (trice) m(f); commenta*teur* (trice) m(f).

ちゅうかい 鋳塊 lingot m. ‖ ~鋳型 lingotière f.

ちゅうがい 虫害 dégâts mpl causés par des insectes.

ちゅうがえり 宙返り [とんぼ返り] saut m périlleux; [飛行機の] looping m; acrobatie f aérienne. ~をする faire le saut périlleux; faire un looping; boucler la boucle.

ちゅうかく 中核 noyau(x) m.

ちゅうがく 中学 premier cycle m. ‖ ~生 élève mf du premier cycle.

ちゅうがた 中形 ~の de format moyen.

ちゅうかん 中間 milieu(x) m; entre-deux m inv. ~をとる prendre le moyen terme. ~の [中央的] du milieu; [中位的] moyen(ne); [仲介の] intermédiaire. ~の壁 mur m mitoyen. AとBの~の位置を保つ tenir le milieu entre A et B. 真理は二者の~にある La vérité est dans l'entre-deux. 私の家は学校と郵便局の~にある Ma maison se trouve entre l'école et la poste. そのレストランは学校へ行く途中の~にある Ce restaurant se trouve à mi-chemin de l'école. ‖ ~搾取がひどい Les profits intermédiaires sont exagérés. ~試験 examen m de mi-trimestre. ~色 couleur f dérivée. ~層 classe f moyenne. ~報告 rapport m provisoire.

ちゅうかんし 中間子 [物] méson m; méson ton m.

ちゅうき 中期 ¶19世紀の~に au milieu du XIXe siècle. 江戸時代の~に le second tiers de l'époque Edo.

ちゅうき 中気 ⇒ちゅうぶう(中風).

ちゅうぎ 忠義 loyalisme m; fidélité f; allégeance f. ~な loyal(aux); fidèle. ‖ ~を尽す faire le vassal loyal.

ちゅうきゅう 中級 cours m moyen. ‖フランス語~クラス cours moyen de français.

ちゅうきょり 中距離 ~競走 course f de

ちゅうきん 忠勤 dévouement m; assiduité f. ~を励む servir qn avec fidélité (assiduité).

ちゅうきんとう 中近東 Proche-Orient m.

ちゅうくう 中空 ¶~の [がらんどうの] creux(se). ~に en l'air.

ちゅうくらい 中位 ¶~の moyen(ne); ordinaire. ~の背丈の de taille moyenne. クラスでの~の成績で être dans la moyenne de la classe.

ちゅうくん 忠君 ‖~愛国 dévouement m à l'empereur et amour m de la patrie.

ちゅうけい 中継 relais m. ‖宇宙~ transmission f spatiale. テレビの~ retransmission f par la télévision. 生~ retransmission en direct. ~局 [poste m de] relais. ~放送 retransmission. ~放送する retransmettre; diffuser par relais. サッカーの~放送を聴く assister à la retransmission d'un match de football.

ちゅうけん 中堅 ¶彼はあの会社の~幹部だ C'est un cadre moyen de cette entreprise. フランスの~作家たち noyau(x) m des écrivains français.

ちゅうげん 中間 valet m de pied; laquais m.

ちゅうこ 中古 ¶~の d'occasion. ...を~で買う acheter qc de seconde main. ‖~車 voiture f d'occasion.

ちゅうこう 中興 restauration f; relèvement m. ¶彼が王朝の~の祖だ Il a restauré la dynastie.

ちゅうこうねんれんそう 中高年令層 classe f d'âge aînés.

ちゅうこく 忠告 conseil m; avertissement m; recommandation f; [批評] observation f; [叱責] remontrances fpl. ...に~を求める demander conseil à qn. ...の~に従う suivre le conseil de qn. ~に従って sur le conseil de qn. ¶~する conseiller qc à qn (à qn de inf); donner conseil à qn; faire une observation à qn; faire des remontrances à qn. 私はあなたに慎重になるよう~する Je vous conseille la prudence. ~することはありませんが... Je n'ai pas de conseil à vous donner, mais.... ‖~者 conseiller(ère) m(f).

ちゅうごく 中国 Chine f ‖~共産党 le Parti communiste chinois.

ちゅうごし 中腰 ¶~で dans une posture à demi accroupie.

ちゅうさ 中佐 [陸, 空軍] lieutenant(s)-colonel(s) m; [海軍] capitaine m de frégate.

ちゅうざ 中座 ¶~する s'absenter; s'en aller au milieu d'une conversation. ~している間に話は終っていた Pendant que j'ai laissé mon siège vacant, la réunion s'est achevée.

ちゅうさい 仲裁 arbitrage m; entremise f; médiation f. 紛争を~に付する soumettre un différend à l'arbitrage. 人の~に従う s'en tenir à l'arbitrage de qn. ~を頼む demander l'arbitrage de qn. 彼は私達のために~を申し出てくれた Il nous a offert sa médiation. ¶~[を]する s'entremettre; s'interposer; intervenir. 喧嘩の~をする s'entremettre dans une querelle. ‖~契約 compromis m. ~裁判所 tribunal(aux) m arbitral(aux). ~人 arbitre m; médiateur(trice) m(f). ~約款 traité m d'arbitrage.

ちゅうざい 駐在 ¶~する résider. ...に~の résidant à; en poste à. ¶その都市には日本の商社の~員がいる Dans cette ville siègent des représentants d'une société commerciale japonaise. ‖~所 poste m de police. ~武官 attaché m militaire d'ambassade.

ちゅうさんかいきゅう 中産階級 classe f moyenne; bourgeoisie f. ‖~の bourgeois. ‖~化する s'embourgeoiser.

ちゅうし 中止 cessation f; interruption f; suspension f; arrêt m; [取消し] annulation f. 雨のため試合は~になった [延期された] Le match a été remis à cause de la pluie. ¶~する cesser; interrompre; suspendre; s'arrêter de inf; annuler. 仕事を~する cesser le travail.

ちゅうし 注視 observation f; regard m. ¶~する observer; regarder attentivement; fixer ses regards sur; être tout yeux.

ちゅうじ 中耳 oreille f moyenne. ‖~炎 otite f moyenne.

ちゅうじく 中軸 axe m; pivot m. チームの~ piliers mpl de l'équipe.

ちゅうじつ 忠実 fidélité f; foi f; loyauté f. ¶~な fidèle; loyal(aux). 史実に~な歴史家 historien(ne) m(f) fidèle. ~かつ正確な報告書 compte m rendu fidèle et exact. 自分自身に~である rester fidèle à soi-même. ‖~に fidèlement; loyalement.

ちゅうしゃ 注射 injection f; piqûre f. ¶~[を]する injecter qc à qn; faire une injection (une piqûre) à qn; piquer qn. 自分で~する se faire une piqûre; se piquer. モルヒネの~をする piquer qn à la morphine. ~をしてもらう se faire une piqûre. ¶子供にジフテリアの予防~をする faire piquer un enfant contre la diphtérie. ワクチン~ vaccination f. ~液 injection f. [ワクチンの] vaccin m. ~器 seringue f.

ちゅうしゃ 駐車 stationnement m; parking m; garage m. ¶~する [車が] stationner; [人が] garer. 歩道に~する garer sa voiture au bord du trottoir. バス停留所の前に~することは禁止されている Il est interdit de stationner devant les arrêts d'autobus. ‖~違反 infraction f à l'interdiction de stationner. 「~禁止」《Défense de stationner.》 ~場 parc m de stationnement; parking. ~中の車 voiture f en stationnement. ~灯 feu(x) m de stationnement.

ちゅうしゃく 注釈 annotation f; commentaire m; glose f; note f; [略注] notule f; [聖書の] exégèse f. ¶~する commenter; annoter; gloser. ‖~学者 [聖書の] exégète m. ⇨ ちゅうかい(注解).

ちゅうしゅつ 抽出 [サンプリング] échantillonnage m; 《化》extraction f. ¶~する extraire. 標本を~する échantillonner. ~される s'extraire. ‖無作為~ échantillonnage au

ちゅうじゅん 中旬 ¶来月(12月)の~に au milieu du mois prochain (de décembre).

ちゅうしょう 中傷 calomnie f; diffamation f; imputations fpl calomnieuses. ¶~する calomnier; diffamer. ~的な calomnieux (se); diffamant. ~的な批判 critique f calomnieuse. ‖~文 libelle m.

ちゅうしょう 抽象 abstraction f. ¶~する abstraire; faire abstraction de. ~的な abstrait. 彼はいつも~的な議論をする Il discute toujours dans l'abstrait. ~的観念 idée f abstraite. ~的に abstraitement; par abstraction. ‖~芸術 art m abstrait. ~名詞 nom m abstrait.

ちゅうじょう 中将 [陸軍] général(aux) m de corps d'armée; [空軍] général de corps aérien; [海軍] vice-amiral(aux) m d'escadre.

ちゅうじょう 衷情 ¶~を訴える ouvrir son cœur à qn.

ちゅうしょうきぎょう 中小企業 petites et moyennes entreprises fpl (PME fpl). ‖~家 petit(e) entrepreneur(se) m(f).

ちゅうしょうきぎょうちょう 中小企業庁 Agence f des petites et moyennes entreprises.

ちゅうしょく 昼食 déjeuner m. 戸外の~ déjeuner sur l'herbe. ~をとる déjeuner; prendre son déjeuner. ‖~会に招待する inviter qn à déjeuner.

ちゅうしん 中心 centre m; milieu m; cœur m; foyer m; [同心円の] homocentre m. 商業(工業)の~ centre commercial (industriel). この町は文化の~だ Cette ville est un centre culturel. 彼はこの活動の~となっている Il est le centre de cette activité. ¶~的 central (aux). ~から外れた excentrique. ‖~人物 personnage m central; pivot m. 問題の~点 cœur m du problème. フランスの~部にある être au centre de la France.

ちゅうしん 忠臣 féal(aux) m; sujet(s) m loyal(aux).

ちゅうしん 衷心 ¶~より de tout [son] cœur. ~より感謝する remercier de tout cœur. ~よりお悔み申し上げます Je vous prie d'accepter mes condoléances.

ちゅうすい 注水 ¶~する verser de l'eau sur qc; arroser qc.

ちゅうすい 虫垂 appendice m. ‖~炎 appendicite f. 彼は~炎の手術を受けた On l'a opéré de l'appendicite.

ちゅうすう 中枢 centre m; pivot m. ‖~神経系 névraxe m.

ちゅうせい 中世 moyen âge m. ¶~の médiéval(aux). ~風の moyenâgeux(se). ~[風]の服装 costume m moyen âge (moyenâgeux). ‖~研究 médiévisme m. ~史学者 médiéviste mf. ~文学 littérature f du moyen âge.

ちゅうせい 中性 【化】 neutralité f; 【文法】 neutre m. ~の neutre. ‖~洗剤 détergent m neutre. ◆[人] 彼はちょっと~みたいだ Il est un peu efféminé.

ちゅうせい 中正 impartialité f; équité f; intégrité f. ¶~な impartial(aux); équitable; intègre.

ちゅうせい 忠誠 loyauté f; fidélité f. ~を誓う jurer fidélité à qn. ‖~に欠ける manquer de loyauté.

ちゅうせい 中背 ¶~の de taille moyenne.

ちゅうせいし 中性子 【物】 neutron m. ‖~星 étoile f à neutrons. ~爆弾 bombe f à neutrons.

ちゅうせいだい 中生代 ère f secondaire; secondaire m. ¶~の mésozoïque.

ちゅうせき 沖積 ¶三角州は~作用によって出来る L'alluvionnement produit des deltas. ~世 holocène m. ~土 alluvions fpl; atterrissement m. ~平野 plaine f alluviale.

ちゅうせき 柱石 ¶彼らは社会党の~であった Ils étaient les piliers du parti socialiste.

ちゅうせつ 忠節 dévouement m; fidélité f. ¶~を尽す servir qn avec fidélité.

ちゅうぜつ 中絶 cessation f; discontinuation f. ¶~する discontinuer; en demeurer là. ‖妊娠~ avortement m provoqué. 妊娠~する se faire avorter.

ちゅうせん 中線 [三角形の] ligne f médiane f.

ちゅうせん 抽選 tirage m; [宝くじの] tirage au lots. ~に当る(外れる) tirer un bon (mauvais) numéro. ~で決める tirer qc au sort. 入居者は~で決まる Les futurs résidents seront choisis par tirage au sort. ‖~券 billet m de loterie. ~番号 numéro m de tirage. 明日は~日です Demain le tirage!

ちゅうソ 中ソ ¶~の russo-chinois. ‖~国境紛争 conflits mpl frontaliers sino-soviétiques.

ちゅうぞう 鋳造 fonte f; moulage m; [硬貨などの] frappe f. ¶~する fondre; mouler; jeter qc en fonte. 貨幣を~する frapper de la monnaie. ‖~工場 fonderie f; moulerie f.

ちゅうたい 中隊 [歩兵] compagnie f [d'infanterie]; [砲兵] batterie f; [騎兵, 機甲部隊の] escadron m. ‖~長 commandant m de compagnie; chef m de batterie; chef d'escadron.

ちゅうだん 中断 interruption f; suspension f; discontinuité f. ¶~する interrompre; suspendre. 話しを~する s'interrompre de parler. 会議を~します [議長の言葉] La séance est suspendue. 試合は雨のため~された Le match a été interrompu par la pluie.

ちゅうだん 中段 [階段の] échelles fpl du milieu; [劇場車の] couchette f du milieu. ¶剣を~に構える se mettre en garde moyenne. その本は本棚の~に入れて下さい Rangez ce livre sur l'étagère du milieu.

ちゅうちゅう ¶~鳴く [ねずみが] couiner. ~吸う sucoter.

ちゅうちょ 躊躇 hésitation f; incertitude f; tergiversations fpl; indécision f. ¶~する hésiter; tergiverser; flotter. 買うのを~する hésiter à acheter qc. 彼は選択を~している Il hésite sur le choix à faire. ~している ~esto hésitant (indécis). ~せずに sans hésiter (hésitation). ~なく行う agir sans faire de une ni deux.

ちゅうてつ 鋳鉄 [鋳ること] moulage *m* de fer; [鋳った鉄] fonte *f* [de fer]. ~工 fondeur *m*. ~工場 fonderie *f*.

ちゅうてん 中天 ¶月は~にかかっている La lune est à son zénith.

ちゅうと 中途 [数] milieu(x) *m*.

ちゅうと 中途 ¶~で à mi-chemin; à moitié chemin. ~でやめる s'arrêter à mi-chemin. ~で引き返す faire demi-tour à mi-chemin. ‖~退学する arrêter ses études. ~半端な処し方を講ずる prendre des mesures tièdes. 物事を~半端にしておくな Ne fais pas les choses à moitié.

ちゅうとう 中東 Moyen-Orient *m*.

ちゅうとう 中等 ¶~の [品質的に] de qualité moyenne; de seconde classe. ‖~教育 enseignement *m* secondaire.

ちゅうとう 柱頭 [建] chapiteau(x) *m*.

ちゅうどう 中道 juste milieu *m*. ~を保つ se tenir dans le juste milieu. ~右派(左派) centre *m* droit (gauche). ~政治 politique *f* de juste-milieu. ~派 centriste *m*; centre *m*.

ちゅうとうふんそう 中東紛争 conflit *m* du Moyen-Orient.

ちゅうどく 中毒 intoxication *f*; empoisonnement *m*. ‖アルコール~ alcoolisme *m*. ~酸化炭素~ intoxication par l'oxyde de carbone; [中毒死] asphyxie *f* due à l'oxyde de carbone. ガス~にかかる être intoxiqué par le gaz. 自家~ autointoxication *f*. ニコチン~ nicotinisme *m*; tabagisme *m*. 彼はニコチン~だ Il est intoxiqué par le tabac. ~患者 intoxiqué(e) *m(f)*. ~死する mourir intoxiqué. ~症 toxicose *f*.

ちゅうとん 駐屯 [軍] garnison *f*. ¶~する être en garnison à. ⇨ ちゅうりゅう(駐留).

チュートン ~の [人] teuton(ne); teutonique. ‖~人 Teuton(ne) *m(f)*.

チューナー tuner *m*.

ちゅうなんべい 中南米 Amérique *f* latine.

ちゅうにかい 中二階 entresol *m*.

ちゅうにく 中肉 ‖~中背の人 personne *f* de taille et de corpulence moyennes.

ちゅうにち 駐日 ~の ⇨ ちゅう~(駐).

ちゅうにゅう 注入 injection *f*; instillation *f*. ¶~する injecter; instiller. 材木にクレオソート防腐剤を~する injecter de la créosote dans du bois.

ちゅうねん 中年 âge *m* moyen (mûr). ~である être entre deux âges. ~をすぎている être sur le retour. ¶~の男 homme *m* entre deux âges. ‖彼は30代をすぎて~肥りになりはじめた Passé la trentaine, il a commencé à s'épaissir.

ちゅうのう 中脳 [解] cerveau(x) *m* moyen.

ちゅうのう 中農 exploitation *f* agricole moyenne.

ちゅうは 中波 ondes *fpl* moyennes.

チューバ tuba *m*.

ちゅうばい 虫媒花 fleur *f* entomophile.

ちゅうばん 中盤 ¶試合も~に入った Le match est entré dans sa phase médiane.

ちゅうび 中火 ¶~で à feu moyen.

ちゅうぶ 中部 centre *m*. ‖~地方 le Centre; région *f* centrale.

チューブ tube *m*; [タイヤの] chambre *f* à air. ‖~入り歯みがき tube de dentifrice.

ちゅうぶう 中風 paralysie *f*. ~にかかる être frappé (atteint) de paralysie. ¶~の paralytique. ‖~患者 paralytique *m*.

ちゅうふく 中腹 flanc *m*. ¶その町は山の~にある Cette ville est située sur le flanc de la montagne.

ちゅうぶつ 駐仏 ~の ⇨ ちゅう~(駐).

ちゅうぶらりん 宙ぶらりん ⇨ ちゅう(宙).

ちゅうぶる 中古 ⇨ ちゅうこ(中古).

ちゅうべい 中米 Amérique *f* centrale.

ちゅうへん 中編 ¶~小説 nouvelle *f*.

ちゅうぼう 厨房 cuisine *f*.

ちゅうぼく 忠僕 serviteur *m* fidèle.

ちゅうみつ 稠密 ¶人口の~な地域 région *f* très peuplée (à forte densité).

ちゅうもく 注目 attention *f*. ~の的になる être la cible de tous les regards. それは~に値する C'est une chose à noter (digne de remarque). この本は~に値する Ce livre est remarquable. みんなの~をひく attirer tous les regards. ~する fixer son regard sur *qc*; prêter attention à; remarquer. ~すべき remarquable; digne d'attention.

ちゅうもん 注文 commande *f*; ordre *m*. ~の取消 contre-ordre *m*. ~によって引渡す livrer sur demande. ~を受ける recevoir une commande. ~を取る prendre des ordres (la commande). ~を取り消す décommander; annuler une commande. 服の~を取り消す décommander une robe. それは無理な~だよ Vous me demandez la lune! ~する commander; passer une commande; [オンライン・ショッピングで] Valider. コーヒーを~する commander un café (un costume). ~書 bulletin *m* de commande. ~取り commis *m* qui vient prendre les commandes. ~品 marchandise *f* commandée. ~服 vêtement *m* sur mesure. ◆[文句] ~をつける faire une objection; [難癖] trouver à redire à.

ちゅうや 昼夜 jour *m* et nuit *f*. ‖~兼行で働く travailler jour et nuit. ~交代で働く faire les trois huit.

ちゅうゆ 注油 graissage *m*; lubrification *f*. ¶~する graisser; huiler; lubrifier.

ちゅうよう 中庸 modération *f*. ~を守る rester dans une vertueuse moyenne; se tenir dans (garder) le juste milieu. ¶~を得た modéré; raisonnable.

ちゅうりつ 中立 neutralité *f*. ~を守る garder la neutralité. 戦いで~を守る rester neutre dans un conflit. 国家の~を犯す(保証する) violer (garantir) la neutralité d'un Etat. ¶~の neutre. ‖永世~ neutralité perpétuelle. 厳正~ la plus stricte neutralité. 武装~ neutralité armée. ~化 neutralisation *f*. ~化する neutraliser. ~国 Etat *m* (pays *m*) neutre. ~主義 neutralisme *m*. ~主義の neutraliste. ~政策 politique *f* neutraliste. ~地帯 zone *f* neutre. ~労連 Fédération *f* des Syndicats Indépendants.

チューリップ tulipe f.

ちゅうりゃく 中略 abréviation f partielle.

ちゅうりゅう 中流 ¶川の〜 cours m moyen d'un fleuve. 利根川の〜にある町 ville f située sur le cours moyen de la rivière Tone. ‖ ◆[階層] 〜階級 classe f moyenne.

ちゅうりゅう 駐留 〜する être en garnison à. 〜軍 [占領軍] armée f d'occupation.

ちゅうりょうきゅう 中量級 《スポ》 poids m moyen.

チュール [織物] tulle m.

ちゅうろう 中老 〜の d'un certain âge.

ちゅうわ 中和 neutralisation f. ¶〜する neutraliser. 〜させる neutraliser. 〜点 point m de neutralisation.

チュチュ [バレエ用短スカート] tutu m.

チュニック tunique f.

ちゅんちゅん ¶〜とさえずる gazouiller; piailler.

ちょ 緒 ¶その仕事もようやく〜についた Enfin je peux mettre ce travail en train./Enfin ce travail est mis en train.

ちょ 著 ¶デカルト〜「方法叙説」 *Discours de la Méthode* de Descartes.

ちょいちょい [いつも] sans cesse; très souvent; constamment; [時々] fréquemment; de temps en temps.

ちょう 丁 [偶数] nombre m pair. ¶〜か半か pair ou impair.

ちょう 兆 billion m.

ちょう 朝 平安〜 époque f de Heïan. 明〜 dynastie f des Ming.

ちょう 腸 intestin m; [主に動物の] boyaux mpl; entrailles fpl. 〜が弱い avoir les intestins fragiles. 〜の intestinal(aux), entérique. 大〜 gros intestin. 小〜 intestin grêle. 〜炎 inflammation f de l'intestin; [医] entérite f. 〜潰瘍 ulcère m intestinal. 〜カタル catarrhe m intestinal. 〜膜 mésentère m. 〜の癌の手術を受ける être opéré d'un cancer de l'intestin. 〜結石 calcul m intestinal; [医] enterolithe m. 〜骨 [解] ilion (ilium) m. 〜チフス [fièvre f] typhoïde f. 〜捻転症 torsion f intestinale. 〜閉塞症 occlusion f intestinale; iléus m.

ちょう 蝶 papillon m. ¶〜よ花よと育てる tenir sa fille comme à la prunelle de ses yeux.

ちょう 調 ton m; mode m. ‖ ハ〜 ton d'ut. 短(長)〜 mode mineur (majeur). ハ長(ヘ短)〜 ton d'ut majeur (de fa mineur). ハ長(変ロ短)〜 en si bémol majeur (en fa dièse mineur). ‖ ◆[傾向・趣] クラシック〜の音楽 musique f à coloration classique. 翻訳〜の文体 style m de traduction.

ちょう 長 [首領] chef m; commandant m (f); directeur(trice) m(f); maître(sse) m(f). ◆[長所・優位] ¶これに関しては私より彼の方に一日の〜がある Dans ce domaine, il est plus doué que moi. いずれも一〜一短がある Tous ont leur bon et leur mauvais côtés.

ちょう 庁 [医] anthrax m.

ちょう- 超- ¶〜ウラン元素 élément m transuranien. 〜現実的な surréel(le). 〜顕微鏡的な ultramicroscopique. 〜国家的な supranational(aux).

ちょう- 長- ¶〜音階 gamme f majeure. 〜度 tierce f majeure.

-ちょう ¶ほら〜〜あがりだ En voilà un(e de fait(e).

-ちょう 挺 ¶銃 10〜 dix fusils mpl. 鋏 1〜 paire f de ciseaux.

ちょうあい 寵愛 faveur f; bonnes grâces fpl. 〜を得る obtenir (se concilier) les bonnes grâces de qn. …の〜を失う tomber en disgrâce auprès de qn. …の〜を受けている être en faveur auprès de qn; être le favori (la favorite) de qn. この女の子は父親の〜を受けている Cette fillette est la favorite (le chouchou) de son père. 〜する favoriser qn. 〜の favori(te); préféré.

ちょうい 弔意 condoléances fpl. 〜を表す faire (présenter, offrir) ses condoléances à qn. ¶〜を表して半旗を掲げる mettre un pavillon en berne en signe de deuil.

ちょうい 潮位 niveau(x) m de la mer. ‖ 異常〜が見られる Il y a un niveau de marée exceptionnel.

ちょういん 調印 signature f. 〜する signer; apposer (mettre) son sceau à. 平和条約に〜する signer la paix. ヴェルサイユ条約は 1919年に〜された Le traité de Versailles a été signé en 1919. 〜国 pays mpl signataires. 〜者 signataire m.

ちょうえき 懲役 travaux mpl forcés; réclusion f; prison f. 10年の〜に処する condamner qn à dix ans de travaux forcés (de réclusion). 2年の〜に服する purger une peine de deux ans de prison. 無期〜に処せられる être condamné à la réclusion (prison) perpétuelle; être condamné aux travaux forcés à perpétuité. 〜囚 forçat m; réclusionnaire mf.

ちょうえつ 超越 transcendance f. 〜する transcender qc; dépasser qc. 自己を〜する se dépasser; se surpasser. 彼は中института〜している Il est au-dessus de toute calomnie. 〜的な transcendant. 〜数 [数] nombre m transcendant.

ちょうおん 聴音 《軍》 écoute f. ‖ 〜機 appareil m d'écoute. 〜哨 poste m d'écoute.

ちょうおん 調音 《楽》 articulation f.

ちょうおん 長音 voyelle f longue. ‖ 〜符 accent m de longueur.

ちょうおんそく 超音速 〜の supersonique. 〜機 avion m supersonique.

ちょうおんぱ 超音波 ondes fpl ultrasoniques (supersoniques); ultrason m.

ちょうか 超過 excédent m; excès m. 〜する excéder; dépasser. 1時間を〜する演説 discours m qui dépasse une heure. 〜の excédentaire. 支出が収入を〜した La dépense a excédé la recette. 〜手荷物 bagage m excédant de bagages. 〜額 somme f excédante. 〜勤務をする faire des heures supplémentaires. 〜勤務時間 heures fpl supplémentaires. 〜勤務手当 prime f pour

ちょうかい 懲戒 sanction *f* disciplinaire; [叱責] réprimande *f*. ¶~する prendre des sanctions disciplinaires contre *qn*; réprimander *qn*. ~的 disciplinaire; disciplinairement. ‖~処分をとる prendre des mesures disciplinaires. ~免職 révocation *f* disciplinaire. ~免職になる perdre *sa* place par suite d'une mesure disciplinaire.

ちょうかい 潮解《化》déliquescence *f*. ¶~する tomber en déliquescence. ‖~性の déliquescent. ~性の déliquescent.

ちょうかい 町会 [町議会] conseil *m* municipal(aux); [町内会] réunion *f* de quartier. ‖~議員 membre *m* de conseil municipal.

ちょうかく 聴覚 ouïe *f*; sensation *f* auditive. ‖~器官 organes *mpl* de l'ouïe.

ちょうかん 朝刊 journal(aux) *m* du matin; édition *f* du matin.

ちょうかん 長官 préfet *m* gouverneur *m*; chef *m*.

ちょうかんかく 超感覚 ¶~的な suprasensible.

ちょうかんず 鳥瞰図 vue *f* à vol d'oiseau.

ちょうき 弔旗 drapeau(x) *m* en deuil; [半旗] pavillon *m* en berne. ~を掲げる mettre un pavillon en berne.

ちょうき 長期 longue période *f*; long terme *m*. ¶~の long(ue); qui dure longtemps; durable; [期限の長い] à long terme. ~にわたる durer longtemps; se prolonger. ~にわたる旱魃 sécheresse *f* prolongée. 夏休みは2か月以上の~にわたる Les Grandes vacances durent plus de deux mois. ~にわたり政権を握る détenir le pouvoir pour une longue durée. ~貸付 prêt *m* à long terme. ~計画 projet *m* à long terme. ~借款 emprunt *m* à long terme. ~手形 billet *m* à longue échéance. ~予報 [天気の] prévisions *fpl* météorologiques à long terme.

ちょうきょう 調教 dressage *m*; domptage *m*. ¶~する dresser; dompter. ‖~師 dresseur(se) *m(f)*; dompteur(se) *m(f)*.

ちょうきょり 長距離 longue distance *f*; ~電話 communication *f* interurbaine. ~飛行 vol *m* de longue distance. ~砲 canon *m* à longue portée. ~用飛行機 long-courrier *m*. ~ランナー coureur(se) *m(f)* de fond. ~レース course *f* de fond. ~列車 grand train *m*.

ちょうきん 彫金 ciselure *f*. ¶~する ciseler. ‖~師 ciseleur *m*; [金銀細工師] orfèvre *m*.

ちょうく 長駆 ¶~する [遠乗り] faire une longue chevauchée. 犯人を追って~北海道まで飛ぶ poursuivre un criminel jusque dans le lointain Hokkoido.

ちょうけい 長兄 frère *m* aîné.

ちょうけし 帳消し ¶~にする annuler; [相殺する] compenser. 借金を~にしてもらう faire annuler *sa* dette. 彼は口は悪いが心がきれいだ, それで~になる Il a un bon coup de langue, mais un cœur d'or: ceci compense cela. 彼の欠点はそのことで~だ Il compense ses défauts par cela. これで~だよ Nous sommes quittes. これであの時の事は~にしてくれよ Tenez, cela compense ce que je vous devais.

ちょうげんじつ 超現実 ‖~主義 surréalisme *m*. ~の surréaliste. ~主義者 surréaliste *mf*.

ちょうこう 兆候 [しるし] signe *m*; signal(aux) *m*; indice *m*; [特に病気の] symptôme *m*; [前兆] présage *m*. ¶~である être l'indice (le signe) de *qc*; présager *qc*; annoncer *qc*. それは良い~だ Ça s'annonce bien. この事件は政治的危機の~である Cet événement est symptomatique d'une crise politique.

ちょうこう 彫工 [彫刻家] sculpteur *m*; [版画家] graveur *m*.

ちょうこう 聴講 assistance *f* à un cours (à une conférence). ¶~する assister à un cours (à une conférence). ‖~生 auditeur(trice) *m(f)* libre.

ちょうごう 調号 《楽》armature *f* [des modes].

ちょうごう 調合 préparation *f*; mixtion *f*. 薬の~ préparation d'un médicament (d'un remède). ¶~する préparer (doser) [un remède]. ~した薬 préparation [pharmaceutique]. ‖~量 dose *f*.

ちょうこうし 調香師 parfumeur(se) *mf*; [話] nez *m*.

ちょうこうぜつ 長広舌 long discours *m*; †harangue *f*. ~を振う faire une longue harangue (un long discours).

ちょうこうそう 超高層 ‖~ビル gratte-ciel *m inv*; tour *f*.

ちょうこうそくど 超高速度 ‖~撮影《カメラ》 prise *f* de vues (caméra *f*) stroboscopique.

ちょうこく 彫刻 sculpture *f*; [装飾] ciselure *f*. ¶~する sculpter; graver; ‖~家 sculpteur *m*. ~刀 burin *m*; ciselet *m*.

ちょうこっか 超国家 ‖~主義 ultra-nationalisme *m*.

ちょうさ 調査 enquête *f*; examen *m*; investigation *f*; recherches *fpl*; [人口の] recensement *m*. 綿密な~にとりかかる procéder à une investigation minutieuse. 十分に~を進めなさい Poussez assez loin ces investigations. ¶~する faire une enquête sur; examiner; faire des investigations sur; recenser. 事情をよく~してよく調べる bien examiner les choses. ¶ フランスでは国勢は原則として 6 年毎に行われる En France, le recensement de la population se fait en principe tous les six ans. ~委員会 commission *f* d'enquête. ~部 [工場の] bureau(x) *m* d'études. ~団を派遣する envoyer une mission d'enquête. ~中である être à l'étude. ~用紙 feuille *f* d'enquête (de recensement).

ちょうざい 調剤 préparation *f*. ¶~する préparer (doser) un médicament. ‖~師 [薬剤師] pharmacien(ne) *m(f)*. ⇨ ちょうごう (調合).

ちょうざめ 蝶鮫 esturgeon *m*.

ちょうし 調子 [音調] ton *m*. ~が合う être en accord. ~はずれる sortir du ton; détonner. ~を上げる(下る) élever (baisser) le ton. ~を合わせる accorder. ~を変える moduler. ‖~

ちょうし はずれた discordant. ～はずれに演奏する(歌う) jouer (chanter) faux. ～笛 diapason *m* à bouche. ◆[拍子] mesure *f*; rythme *m*. ¶～のいい rythmé; cadencé. 音楽の～に合せて行進する marcher au rythme (en suivant la cadence) de la musique. ～をとって en mesure (cadence). ◆[語調] ton *m*; accent *m*; [色合] nuance *f*. 静かな(強い、冷い)～で話す parler d'un ton calme (fort, froid). 皮肉な～で言う dire avec un accent ironique. 冗談めいた～で sur le ton de la plaisanterie. ～を変える changer de ton. ◆[具合] ¶～がよい(よくない) [体の] se porter bien (mal); [機械などの] marcher bien (mal); ～が狂っている [機械などの] être détraqué (dérangé); [頭の] avoir le cerveau (l'esprit) un peu dérangé. そんなこと言われるとこっちの～が狂うよな Quand on me dit des choses pareilles, je ne sais plus où j'en suis. 私はお腹の～がおかしい Je suis dérangé./J'ai l'estomac dérangé. この～で行くと3日 (de) ce train-là; du train où vont les choses. この～で行く明日には出来る A ce rythme, nous aurons fini demain. この～なら大丈夫だ Dans ces conditions, tout ira bien. 仕事は～よく行っている Les affaires vont bien. いいぞ。その～だ Vas-y. Continue comme ça! ◆ ¶～づく [順風にのる] avoir le vent en poupe. 相手に～を合わせる se mettre au ton diapason de *son* interlocuteur. ～に乗る [いい気になる] être entraîné. ～に乗るんじゃない Ne te laisse pas emporter!/Contrôle-toi. ‖お～者 farceur(se) *m(f)*. ～はずれの事を言う dire des absurdités; faire des coq-à-l'âne.

ちょうし 銚子 flacon *m* à saké.

ちょうし 長子 aîné *m(f)*; premier(s)-né(s) *m*; première(s)-née(s) *f*. ‖～相続法 droit *m* d'aînesse.

ちょうじ 丁字【植】giroflier *m*. ～の芽[香料] clou *m* de girofle.

ちょうじ 寵児 favori(te) *m(f)*. 時代の～ idole *f* (vedette) du jour. この歌で彼は一躍歌謡界の～になった Cette chanson l'a mis en vedette.

ちょうじ 弔辞 oraison *f* funèbre. ～を述べる prononcer quelques mots de condoléances (une oraison funèbre).

ちょうじかん 長時間 ¶～にわたって pendant de longues heures. ‖～レコード [disque *m*] microsillon *m*.

ちょうしぜん 超自然 ¶～の surnaturel(le).

ちょうじゃ 長者 [金持] riche *m*. [億万]～ milliardaire *mf*. 百万～ millionnaire *mf*. ～番付 liste *f* des gros contribuables.

ちょうしゅ 聴取 écoute *f*; audition *f*. ¶～する prendre l'écoute. 事情を～する entendre les témoins de *qc*. 事情～ audition des témoins. ～者 [ラジオの] auditeur(trice) *m(f)*. ～者参加番組 [テレビの] émission *f* avec participation des téléspectateurs. ～テストをする auditionner. ～料 redevance *f* radiophonique.

ちょうじゅ 長寿 longévité *f*; longue vie *f*. ～の秘訣 secret *m* de longévité. ～を保つ jouir d'une longue vie.

ちょうしゅう 徴収 perception *f*; recouvrement *m*; levée *f*; rentrée *f*. ¶～する [税金などを] percevoir; lever; recouvrer. ‖強制～ [土地などの] expropriation *f* forcée.

ちょうしゅう 徴集 réquisition *f*; [兵を] recrutement *m*. 兵力の～ réquisition de la force armée. ¶～する réquisitionner; recruter.

ちょうしゅう 聴衆 auditoire *m*; assistance *f*; assistants *mpl*; public *m*. ～を感動させる(魅了する) toucher (charmer) l'auditoire. ～はその若いピアニストに拍手を送った Le public a applaudi le jeune pianiste. 彼には～がついている Il a son public.

ちょうじゅう 鳥獣 oiseaux *mpl* et animaux *mpl*; bêtes *fpl*.

ちょうしょ 調書 procès-verbal(aux) *m*. スピード違反の～ procès-verbal pour excès de vitesse. ～を作成する dresser un procès-verbal; verbaliser. 警官はその～のドライバーを取った L'agent a dressé un procès-verbal contre cet automobiliste. ‖～作成 verbalisation *f*.

ちょうしょ 長所 mérite *m*; qualité *f*; [強味] fort *m*; [美徳] vertu *f*; [利点] avantage *m*. 生れつきの～ qualités naturelles. ～と短所 le fort et le faible. 誰にでも～と短所がある Chacun a ses qualités et ses défauts. 彼の～は大きいが、だからといって短所を覆い隠していない Ses mérites sont grands, mais ils ne cachent pas ses défauts. 彼は私にない～を持っている Il a des qualités qui me manquent. 彼は忍耐強さという～を持っている Il a le don de la patience. この法案には～より短所の方が多い Ce projet de loi comporte plus d'inconvénients que d'avantages.

ちょうじょ 長女 [fille *f*] aînée *f*.

ちょうしょう 弔鐘 glas *m*. ～を鳴らす sonner le glas.

ちょうしょう 嘲笑 moquerie *f*; ricanement *m*; raillerie *f*; gouaille *f*. ～の的になるを[さ]らす s'exposer à la risée. 彼の息子は町中の～の的であった Son fils était la risée de toute la ville. ¶～する se moquer de; ridiculiser; tourner *qn* en ridicule; faire la nique à. ～的な moqueur(se); narquois; ricaneur(se).

ちょうじょう 長上 ～を敬う respecter ses supérieurs.

ちょうじょう 頂上 sommet *m*; cime *f*; faîte *m*; †haut *m*. ～をきわめる atteindre le sommet; [栄誉に] parvenir à la gloire. 彼は今や～に登りつめた Il est maintenant à son apogée. ‖～会談 conférence *f* au sommet.

ちょうじょうげんしょう 超常現象 phénomène *m* paranormal.

ちょうしょく 朝食 petit déjeuner *m*. ～をとる prendre le (son) petit déjeuner; déjeuner. 美味いい～をととのえる préparer un bon petit déjeuner. フランスでは～に何を出しますか Que sert-on en France au (pour le) petit déjeuner?

ちょうじり 帳尻 bilan *m*; balance *f*. ～が合う Les comptes tombent juste. ～を合わせる arranger les comptes. ～をごまかす falsifier

ちょうしん 寵臣 courtisan *m* favori.

ちょうしん 朝臣 homme *m* de cour; courtisan *m*;【集合的】cour *f*.

ちょうしん 聴診 auscultation *f*. ¶～する ausculter. ‖～器 stéthoscope *m*.

ちょうしん 長身 ¶～の de haute (grande) taille. ～である être haut de taille.

ちょうしん 長針 grande aiguille *f*; aiguille des minutes.

ちょうじん 超人 surhomme *m*. ¶～的な surhumain.

ちょうしんけい 聴神経 nerf *m* acoustique.

ちょうしんせい 超新星 supernova *f*.

ちょうず 手水 ¶～に行く aller aux toilettes (aux cabinets). ～を使う se laver les mains. ‖～鉢 cuvette *f*.

ちょうすいろ 長水路[水泳で] bassin *m* de 50 mètres.

ちょうする 弔する ⇨ とむらう(弔う).

ちょうする 徴する ¶意見を～ consulter *qn*; demander l'avis de *qn* sur *qc*. 史実に～して conformément à l'histoire.

ちょうずる 長ずる [成長する] grandir; [秀でる] exceller dans *qc*.

ちょうせい 調整 réglage *m*; ajustement *m*; mise *f* au point. 最後の～を受ける建設計画 plan *m* de construction qui subit les derniers ajustements. 機械を～する régler une machine; remettre une machine au point. 意見を～する coordonner les points de vue. ‖年末～ ajustement des impôts à la fin de l'année. 物価～ contrôle *m* des prix. ～器 régulateur *m*.

ちょうせい 調製 confection *f*; préparation *f*. ¶～する confectionner; préparer. 服を～する confectionner une robe. 注文品を～する exécuter une commande.

ちょうぜい 徴税 perception *f* (levée *f*, recouvrement *m*) d'un impôt. ¶～する percevoir (lever, recouvrer) les impôts.

ちょうせき 長石【鉱】feldspath *m*.

ちょうせつ 調節 réglage *m*; régularisation *f*. ¶～する régler. ～可能の réglable. ～可能の自動車のシート sièges *mpl* réglables d'une voiture. ‖～筋 muscles *mpl* accommodateurs.

ちょうせん 挑戦 défi *m*; provocation *f*;【スポ】challenge *m*. ¶～に応じる accepter un défi; relever le gant; descendre dans l'arène. ～を lancer (jeter) un défi à *qn*; jeter le gant à *qn*;[競技などで] défier *qn* à *qc*. チャンピオンに～する se mesurer au (défier le) champion. ～的な agressif(ve); belliqueu(se); provocant. ‖～者 [スポーツ] challenger *m*.

ちょうせん 朝鮮 ‖～戦争 la guerre de Corée. ～人参 ginseng *m*. ～半島 péninsule *f* coréenne.

ちょうぜん 超然 ¶～...から―としている s'élever au-dessus de *qc*; rester indifférent à *qc*. 彼は俗事に―としている Il se tient au-dessus des affaires du monde. ～として d'un air désintéressé; avec détachement.

ちょうそ 彫塑 [sculpture *f* et] modelage *m*.

ちょうぞう 彫像 statue *f*.

ちょうそく 長足 ¶～の進歩を遂げる faire de grands progrès; faire un progrès sensible. あなたは～の進歩をしました Vous avez fait un progrès sensible. 日本の工業は～の進歩を遂げた L'industrie japonaise a pris un grand essor.

ちょうぞく 超俗 ¶～的な détaché de ce monde. 彼は～的な暮しをしている Il vit en ermite.

ちょうそん 町村 villes *fpl* et villages *mpl*. ‖～合併 fusion *f* de communes.

ちょうだ 長蛇 ¶～の列 procession *f*. ～の列をなす former une longue queue. ～の列をなして形成する en formant une longue queue; en procession. ～を逸する laisser échapper une chance en or.

ちょうだい 頂戴 ¶贈り物を～ receveir un cadeau. 勝手に～しています Je me sers [moi-même]. 十分に～しました Je me suis déjà amplement servi. お菓子を～ Donne-moi du gâteau. ⇨ いただく(頂く).

ちょうたいさく 超大作 《映》superproduction *f*.

ちょうたいそく 長大息 ⇨ ちょうたん(長歎).

ちょうたく 彫琢 ¶～する polir;[宝石などをカットする] tailler.

ちょうたつ 暢達 ¶～な文章 style *m* aisé.

ちょうたつ 調達 fourniture *f*;[食料の] ravitaillement *m*; approvisionnement *m*. ¶～する fournir (approvisionner) *qn* de *qc*. 軍隊に食糧, 弾薬を～する ravitailler une armée. 資金を～する rassembler des fonds. 彼は必需品をこの店で～している Il se fournit chez ce commerçant. ‖現地～ ravitaillement sur place.

ちょうだつ 超脱 ¶俗事を～している vivre détaché du monde.

ちょうたん 長歎(嘆) ¶～する pousser un profond soupir.

ちょうたん 長短 [長所と短所] le fort et le faible; qualités *fpl* et défauts *mpl*. 「人それぞれ～あり」《Chacun a ses qualités et ses défauts.》 ¶～様々の de diverses longueurs.

ちょうたんぱ 超短波 ondes *fpl* ultracourtes.

ちょうちゃく 打擲 ¶～する frapper *qn*. ⇨ うつ(打つ), なぐる(殴る).

ちょうちょう 町長 maire *m*.

ちょうちょう 蝶々 papillon *m*.

ちょうちょう 長調 mode *m* majeur. ¶～の majeur. ～の曲 morceau(x) *m* en majeur. ‖ハ～ en si bémol majeur.

ちょうちょうなんなん 喋々喃々 ¶～する papoter.

ちょうちょうはっし 丁々発止 ¶～とやり合う [議論する] mener une discussion serrée.

ちょうちん 提灯 lampion *m* vénitien (chinoise). ～に火をともすの火を消す allumer (éteindre) une lanterne. ～に釣鐘 C'est mélanger les torchons et les serviettes. ‖～行列 défilé *m* aux lanternes. ～持ち thuriféraire *m*; flatteur(se) *m(f)*. ～屋 lanternier(ère) *m(f)*.

ちょうつがい 蝶番 charnière *f*; couplet *m*. ～の受金 gond *m*. ¶～の外れた戸 porte *f* sortie des gonds.

ちょうづけ 丁付け foliotage *m*; pagination *f*. ¶～する folioter; paginer.

ちょうづけ 帳付け comptabilité *f*; [会計係] comptable *m*. ～をする tenir la comptabilité (les livres).

ちょうづめ 腸詰 saucisse *f*; saucisson *m*; [臓物の] andouille *f*; [豚の血と脂の] boudin *m*.

ちょうづら 帳面 ⇨ ちょうじり(帳尻), ちょうめん(帳面).

ちょうてい 朝廷 cour *f*.

ちょうてい 調停 médiation *f*; arbitrage *m*; [和解] conciliation *f*; [仲裁] intervention *f*. ～に立つ proposer *sa* médiation. ...の～により par la médiation de *qn*; grâce à l'arbitrage de *qn*. 国連の～により紛争を解決するよう～する régler un conflit par la médiation de l'ONU. ～を依頼する demander l'arbitrage de *qn*. ¶～する arbitrer; concilier. 紛争を～する arranger un différend. ‖～国 puissance *f* médiatrice. ～裁判所 bureau(x) *m* de conciliation. ～者 médiateur(*trice*) *m*(*f*); conciliateur (*trice*) *m* (*f*). ～不成立 non-conciliation *f*.

ちょうてき 朝敵 ennemi *m* de l'Empereur.

ちょうてん 頂点 sommet *m*; point *m* culminant; comble *m*; zénith *m*; apogée *m*. 彼は今喜びの～にいる Il est maintenant au comble de la joie.

ちょうでん 弔電 ¶～を打つ envoyer un télégramme de condoléances.

ちょうでんどう 超伝導 [電] supraconduction *f*; supraconductivité *f*. ¶～性の持つ supraconducteur(*trice*). ‖～体 supraconducteur *m*.

ちょうと 長途 ¶～の旅につく partir pour un long voyage.

ちょうど 丁度 juste; justement; [正確に] exactement; précisément. ～今日 aujourd'hui même. ～8時です Il est huit heures juste. ～ここで事件が起った C'est ici même que l'accident s'est produit. ～それが必要なのです C'est juste ce qu'il me faut. ～は私の求めるものです C'est justement ce que je demande. ～出かけようとしていたところです J'allais justement partir. ～帰って来たところです Je viens tout juste de rentrer chez moi. ～その時彼はここに来た Il vint à son heure. ～よい時に来た、君に用があったんだ Tu arrives à point nommé, je voulais justement te demander quelque chose. 2年後の～同じ日に deux ans après jour pour jour. 汽車は～定刻に着いた Le train est arrivé juste à temps. ～真中に au beau (en plein) milieu de; juste à mi-chemin de. 8時から～に来なさい Venez à huit heures juste (précises). ～よい(悪い)時に着く arriver à propos (mal à propos). その本は～よいときに出た Ce livre vient à son heure. ～よい時に来た、君に用があったんだ Tu arrives à point nommé, je voulais justement te demander quelque chose.

ちょうど 調度 meubles *mpl*; ameublement *m*; [世帯道具] ustensile *m* de ménage. ‖これは趣味のよい～品だ C'est un ameublement de bon goût.

ちょうどうけん 聴導犬 chien(ne) *m*(*f*) guide de malentendant.

ちょうとうは 超党派 ¶～で au-dessus des querelles partisanes. ‖～外交 diplomatie *f* supra-partisane.

ちょうどきゅう 超弩級 ‖～ super dreadnought *m*.

ちょうとっか 超特価 prix *m* choc.

ちょうとっきゅう 超特急 [列車] train *m* ultra-rapide.

ちょうな 手斧 †hachette *f*; herminette *f* doloire *f*.

ちょうない 町内 ¶彼は同じ～の者だ Il est du même quartier. ～に dans le quartier. 私は以前からこの～に住んでいる J'habite ce quartier depuis longtemps.

ちょうなん 長男 [fils *m*] aîné *m*; premier(-né(s) *m*.

ちょうにん 町人 artisans *mpl* et commerçants *mpl*.

ちょうネクタイ 蝶- nœud *m* papillon; [女学生などの] nœud de ruban.

ちょうのうりょく 超能力 pouvoir (don) *m* surnaturel.

ちょうは 長波 grandes ondes *fpl*. ‖～放送 émission *f* sur grandes ondes.

ちょうば 帳場 caisse *f*; [ホテルの] bureau(x *m*.

ちょうば 調馬 manège *f*; dressage *m* d'un cheval. ¶～[を]する dresser (assouplir) un cheval. ‖～師 dresseur(*se*) *m*(*f*) de chevaux.

ちょうば 跳馬 cheval *m* de saut.

ちょうば 嘲罵 injures *fpl*; invectives *fpl*. ...に～を浴びせる injurier *qn*; invectiver *qn*.

ちょうはつ 徴発 réquisition *f*. ¶～する réquisitionner. 馬を～する réquisitionner des chevaux.

ちょうはつ 挑発 provocation *f*; excitation *f*. ～に乗る répondre à une provocation. ¶～する provoquer. ～的な provocant; excitant. ～的な女 femme *f* excitante. ～的な態度を示す avoir une attitude de provocation. ‖～者 provocateur(*trice*) *m*(*f*).

ちょうはつ 調髪 coiffure *f*.

ちょうはつ 長髪 ¶～の aux cheveux longs 最近は～の男性が多い Ces derniers temps beaucoup d'hommes portent les cheveux longs.

ちょうばつ 懲罰 sanction *f*; punition *f* peine *f*; châtiment *m*. ¶～する punir; infliger un châtiment à *qn*. ～的な correctif (*ve*); disciplinaire. ‖～委員会 comité *m* disciplinaire.

ちょうはん 丁半 [偶数と奇数] nombres *mpl* pairs et nombres impairs. ‖～勝負をする jouer à pair ou impair.

ちょうび 掉尾 fin *f*. ¶本年度の～を飾るビッグイベント grande manifestation *f* qui va clôturer l'année.

ちょうふく 重複 répétition *f*, reprise *f*. ～を避ける éviter les répétitions. ¶この書類は～している Ce papier est un double. あなたの言うところと～しているかもしれないが... Il est possi-

ちょうふく ble que je vous répète mais…. ⇨ ダブル.

ちょうふく 調伏 exorcisation *f*. ¶〜する exorciser.

ちょうぶつ 長物 ¶こんな無用の〜は捨てよう Débarrassons-nous de cet objet encombrant.

ちょうぶん 長文 ¶〜の手紙 longue lettre *f*.

ちょうへい 徴兵 conscription *f*; recrutement *m*. ¶〜忌避 insoumission *f*. 〜忌避者 insoumis *m*; réfractaire *m*. 〜検査 révision *f*. 〜検査を受ける passer au Conseil de révision. 〜制度 système *m* de recrutement. 〜免除 exemption *f* du service militaire. 〜免除じる exempter *qn* du service militaire. 〜猶予 sursis *m* d'incorporation. 〜猶予者 sursitaire *m*. 〜審査委員会 Conseil *m* de révision.

ちょうへん 長編 ¶〜映画 long métrage *m*. 〜小説 roman *m*.

ちょうぼ 帳簿 registre *m*; livre *m* de comptes. 〜に記入する inscrire *qc* sur un registre. 〜を検査する examiner les registres. 〜をつける tenir les livres. ‖〜係 teneur(se) *m*(*f*) de livres; comptable *mf*.

ちょうぼ 徴募 recrutement *m*; [兵隊を] enrôlement *m*. ¶〜する recruter; enrôler.

ちょうほう 重宝 ¶あなたからもらった道具は〜しています L'outil que vous m'avez donné me rend de grands services. 彼はみんなから〜がられている Tout le monde a recours à ses services. ¶〜な pratique; commode. 〜な人 personne *f* à tout faire. これは〜だ Ça, c'est pratique. この袋は〜だ, なんでも入れられるから Ce sac est très commode (utile): on peut y mettre tout ce qu'on veut.

ちょうほう 弔砲 salve *f* de canon des funérailles.

ちょうほう 諜報 ‖〜活動 espionnage *m*. 〜機関 service *m* de renseignements. 〜部員 agent *m* secret; espion(ne) *m*(*f*).

ちょうぼう 眺望 vue *f*; panorama *m*; perspective *f*. ここからの町の〜はすばらしい D'ici nous avons une vue magnifique de la ville. ¶〜のよい場所 beau point *m* de vue.

ちょうほうけい 長方形 rectangle *m*. ¶〜の rectangulaire.

ちょうほんにん 張本人 auteur *m*; [陰謀などの] meneur(se) *m*(*f*). 規則を作った〜がそれを破ってどうする Tu violes le règlement que tu as toi-même établi?

ちょうまんいん 超満員 ¶〜の会場 salle *f* archicomble. 列車は〜だった Le train était bondé (comble).

ちょうみりょう 調味料 assaisonnement *m*; condiment *m*. 〜を入れる assaisonner *qc*; condimenter *qc*. ‖化学〜 agent *m* de sapidité.

ちょうみん 町民 habitants *mpl* d'une ville; bourgeois *mpl*.

ちょうむすび 蝶結び nœud *m* papillon.

ちょうめい 長命 longévité *f*; longue vie *f*. ¶〜である jouir d'une longue vie.

ちょうめん 帳面 cahier *m*; [手帳] carnet *m*. 〜につける enregistrer *qc*; prendre note de *qc*; [会計の] mettre *qc* sur le livre de comptes. 〜をつける [会計として] tenir la comptabilité. ‖〜面 (うら) を合わせる trafiquer les comptes; [うわべを繕う] sauver les apparences.

ちょうもん 弔問 ¶〜する faire une visite de condoléances.

ちょうもん 聴聞 ¶〜会 audience *f*. 〜僧 confesseur *m*.

ちょうもん 頂門 ¶〜の一針 leçon *f* cuisante.

ちょうや 朝野 ¶〜の名士 célébrités *fpl* connues dans tout le pays. 〜に信を問う en appeler à la nation.

ちょうや 長夜 longue nuit *f*. ¶〜の夢をさます 出来事 événement *m* qui secoue une longue torpeur.

ちょうやく 跳躍 saut *m*; bond *m*; élan *m*; [馬の] gambade *f*. ¶〜する sauter; bondir; gambader. ‖〜台 tremplin *m*.

ちょうよう 徴用 réquisition *f*. ¶〜する réquisitionner. 〜者 requis *m*.

ちょうらく 凋落 chute *f*; décroissance *f*; décadence *f*. それからは彼は〜の一途をたどった A partir de ce moment-là il a péricité. ¶〜する décroître; tomber en décadence. あの名家も今やひどく〜してしまった Cette grande famille a finalement bien dégringolé.

ちょうり 調理 cuisine *f*. ¶〜する cuisiner; faire la cuisine. ‖〜士 cuisinier(ère) *m*(*f*). 〜場 cuisine. 〜台 table *f* de cuisine.

ちょうりつ 町立 ¶〜の communal(aux); municipal(aux).

ちょうりつ 調律 [楽] accordage *m*. ¶〜する accorder; [オルガンの音栓などを] harmoniser. ‖〜師 accordeur *m*.

ちょうりゅう 潮流 courant *m* marin. 時代の〜に乗る(さからう) suivre (remonter) le courant de l'époque.

ちょうりょう 跳梁 ¶あんな悪党の〜を許すな Il ne faut pas laisser courir cette crapule.

ちょうりょく 張力 tension *f*; force *f* de tension. ‖表面〜 tension superficielle. 〜計 tensiomètre *m*.

ちょうりょく 聴力 acuité *f* auditive. ‖〜計 audiomètre *m*. 〜検査 audiométrie *f*.

ちょうりょくはつでん 潮力発電 production *f* d'électricité à partir de l'énergie des marées. 〜発電所 centrale *f* marémotrice.

ちょうるい 鳥類 oiseaux *mpl*. ‖〜学 ornithologie *f*. 〜学の ornithologique. 〜学者 ornithologiste *mf*; ornithologue *m*.

ちょうれい 朝礼 assemblée *f* du matin.

ちょうれいぼかい 朝令暮改 ¶〜に苦しむ être accablé de consignes aberrantes.

ちょうれん 調練 exercice *m*.

ちょうろう 長老 ancien *m*; doyen *m*; patriarche *m*. ‖〜派 presbytérianisme *m*. 〜派教会 église *f* presbytérienne. 〜派教徒 presbytérien(ne) *m*(*f*).

ちょうろう 嘲弄 moquerie *f*; raillerie *f*; dérision *f*. ¶〜する se moquer de *qn*; railler (ridiculiser) *qn*; tourner *qn* en dérision.

ちょうわ 調和 harmonie *f*; accord *m*. 〜を乱す troubler l'harmonie. ¶〜する s'harmoniser avec; s'accorder avec; être en harmonie avec; s'assortir; aller ensemble. ~する二つの語 deux mots *mpl* qui vont ensemble. 二つの色はよく~している Ces deux couleurs s'allient bien (vont très bien ensemble). この椅子は部屋に~しない Ce fauteuil détonne dans un salon. ~させる harmoniser; accorder. ~のとれた harmonieux (*se*). ~して harmonieusement. ...と~して en accord avec.

チョーク craie *f*. ¶1本の~ un morceau de craie. ~で書く écrire *qc* à la craie.

ちょきん ~と切る couper sec. ~と鋏で切る couper *qc* d'un coup de ciseaux.

ちょきん 貯金 économie *f*; épargne *f*; [金] économies; épargnes. ~をおろす retirer de l'argent [de la banque]. ~に手をつける puiser dans *ses* économies. ~で生活する vivre de *ses* épargnes. ¶~する économiser; épargner; faire des économies. 老後のために~する épargner pour *ses* vieux jours. ‖~通帳 livret *m* d'épargne. ~箱 tirelire *f*.

ちょくえい 直営 ¶~する gérer directement. ホテルのレストランは~ restaurant *m* sous la gestion directe de l'hôtel.

ちょくげき 直撃 coup *m* direct. ¶~を attaquer (frapper) directement [鉄砲で] tirer *qc* de plein fouet. 台風が関東地方を~した Le typhon a frappé la région du Kanto de plein fouet. ‖~弾 coup direct.

ちょくげん 直言 ¶~する parler franchement (sans détours); avoir *son* franc-parler.

ちょくご 勅語 rescrit *m* impérial.

ちょくご 直後 aussitôt après *qc* (que *ind*); immédiatement après. その~に彼らは出かけた Ils sont partis aussitôt après.

ちょくし 勅使 messager *m* impérial.

ちょくし 直視 ¶~する regarder *qc* en face; [じっと見る] dévisager. 現実を~する faire face à la réalité. 彼は自分を~する好奇心に満ちた目に気がついた Il a aperçu deux yeux curieux qui le dévisageaient. ‖~ファインダー iconomètre *m*.

ちょくしゃ 直射 [銃の] tir *m* de plein fouet. ¶~する [銃で] tirer *qc* de plein fouet. 太陽が真上から~する Le soleil tombe d'aplomb. ‖~図法 projection *f* orthogonale. ~日光を受ける être exposé directement aux rayons du soleil.

ちょくしょ 勅書 message *m* impérial.

ちょくじょうけいこう 直情径行 ¶~の impulsif(*ive*). ~の人 personne *f* emportée; impulsif *m*.

ちょくしらい 直翅類 orthoptères *mpl*.

ちょくしん 直進 ¶~する aller (marcher) droit. 目的に向かって~する aller [tout] droit au but. あの十字路までそのまま~しなさい Continuez tout droit jusqu'à ce carrefour.

ちょくせつ 直接 ¶~の direct; immédiat. 事件の~の原因 cause *f* directe d'un événement. ~に directement; immédiatement. ~火にかける mettre *qc* directement sur le feu. ~買う acheter de première main. ...に~会いに行く s'adresser directement à *qn*. ~手に入った情報 information *f* de première main. 郵便配達人は手紙を私に~手渡した Le facteur m'a remis la lettre en main propre. ‖~行動に訴える recourir aux voies de fait. ~税 contributions *fpl* directes. ~選挙 suffrage *m* direct. ~補語 complément *m* direct. ~民主制 démocratie *f* directe. ~話法 discours *m* direct.

ちょくせつ 直截 ¶~な clair; net(te); franc (*che*). ~に clairement; nettement; franchement. もっと~的に表現すれば à s'exprimer plus précisément.

ちょくせつほう 直説法 indicatif *m*.

ちょくせん 直線 ligne *f* droite. ~を引く tracer une ligne droite. ¶~の rectiligne ‖~距離で à vol d'oiseau. ~距離にして10キロあるIl y a dix kilomètres à vol d'oiseau. ~コース [競走の] parcours *m* en ligne droite. [競馬の] [partie *f* de la piste en] ligne droite.

ちょくぜん 直前 ¶~に juste avant. 彼は死の~まで仕事をしていた Il a travaillé jusqu'à la veille de sa mort. ⇨ すんぜん(寸前).

ちょくそう 直送 ¶産地~直送の初物 primurs *fpl* d'arrivage direct.

ちょくぞく 直属 ¶~の sous le contrôle direct de. ‖文部省~の機関 organisation *f* qui dépend directement du ministère de l'Education nationale. ~上官 supérieur *m* immédiat.

ちょくちょう 直腸 rectum *m*. ‖~癌 cancer *m* du rectum.

ちょくちょく ⇨ ちょいちょい.

ちょくつう 直通 ¶この電話はフランスまで~ですか Est-ce qu'on peut téléphoner directement en France avec ce téléphone? 僕の田舎とも~電話で話せる On peut avoir la communication directe avec mon pays. これは東京行きの~列車ですか Est-ce un train direct pour Tokyo?

ちょくばい 直売 ‖メーカー~ vente *f* au prix d'usine.

ちょくほうたい 直方体 parallélépipède *m* rectangle.

ちょくめい 勅命 ordre *m* de l'Empereur.

ちょくめん 直面 ¶~する faire face à; affronter; aller au-devant de. 危険に~する courir un danger.

ちょくやく 直訳 traduction *f* littérale (mot à mot). ¶~する traduire à la lettre (littéralement).

ちょくゆ 直喩 comparaison *f*.

ちょくゆしゅつ 直輸出 exportation *f* directe. ¶~する exporter *qc* directement.

ちょくゆにゅう 直輸入 importation *f* directe. ¶~する importer *qc* directement. フランス~のネクタイ cravate *f* directement importée de France.

ちょくりつ 直立 ¶~する se tenir droit. ‖~猿人 pithécanthrope *m* à station verticale. ~不動の姿勢をとる se mettre au garde-à-vous.

ちょくりゅう 直流 courant *m* continu. ‖~モーター moteur *m* à courant continu.

ちょくれい 勅令 ordonnance *f* impériale;

ちょくれつ 直列〖電〗série f. ¶電池を〜につなぐ coupler des piles en série. ‖〜連結 montage m en série.

ちょげん 緒言 avant-propos m; préface f.

ちょこ 猪口 petit verre m à saké.

ちょこちょこ ¶〜歩く marcher à petits pas; trottiner. そう〜するな Tenez-vous tranquille.

チョコレート chocolat m. ¶〜入りの chocolaté; au chocolat. 〜入りの菓子 gâteau(x) m au chocolat. 〜板〜 tablette f de chocolat. ミルク〜 chocolat au lait. 〜色の chocolat inv. 〜パフェ parfait m au chocolat. 〜ボンボン bonbon m au chocolat; bouchée f.

ちょこんと ¶小鳥が枝に〜ととまった Un oiseau s'est posé un instant sur une branche. 子供が〜おじぎをした L'enfant a fait une légère courbette.

ちょさく 著作 ouvrage m; œuvre f; écrits mpl. ‖〜家 écrivain m; auteur m; homme m (gens mpl) de lettres. 女流〜家 femme f écrivain (auteur, de lettres). 〜権 droit m d'auteur; propriété f littéraire; copyright m. 〜権が切れる tomber dans le domaine public. 〜権を侵す violer les droits d'auteur. 日本〜権協会 Association f japonaise des droits d'auteur. 万国〜権条約 Convention f universelle sur les droits d'auteur. 「〜権所有」《 Tous droits réservés.》〜権所有者 titulaire mf des droits d'auteur.

ちょしゃ 著者 auteur m.

ちょじゅつ 著述 ‖〜家 auteur m; homme (femme f) de lettres. 〜業 métier m d'écrivain.

ちょしょ 著書 ouvrage m; œuvre f.

ちょすい 貯水 ¶〜する retenir (accumuler) de l'eau. ‖〜tank [雨水だめ] citerne f. 〜池 réservoir m d'eau; château(x) m d'eau. 〜能力 capacité f de retenue. 〜量 volume m d'eau retenue.

ちょぞう 貯蔵〔保存〕conservation f; 〔蔵入れ〕emmagasinage m; 〔ストック〕stockage m; 〔たくわえ〕provision f. ¶〜する conserver; emmagasiner; stocker. 石炭を〜する faire provision de charbon. 〜のきく食品 produits mpl alimentaires qui se conservent bien. ‖〜庫 dépôt m; magasin m. 〜食料品 vivres mpl.

ちょたん 貯炭 emmagasinage m du charbon. ‖〜場 dépôt m de charbon. 〜量 quantité f de charbon en stock.

ちょちく 貯蓄 épargne f; économie f; [金] épargnes; économies. ¶〜する épargner [de l'argent]; faire des économies. ‖〜家 épargnant(e) m(f); économiseur(se) m(f). 〜銀行 caisse f d'épargne. 〜小額〜 petits épargnants.

ちょっか 直下 ¶〜に見下す regarder ci juste au-dessous de soi. ‖その国は赤道の〜にある Ce pays est situé juste sous l'équateur. ⇒ きゅうてん(急転).

ちょっかい ¶〜を出す se mêler de; s'immiscer dans. 他人のことに〜を出す s'immiscer dans les affaires d'autrui. 関係ないことに〜を出す Ça ne vous regarde pas./De quoi je me mêle! 俺の女房に〜を出すな Ne te mêle pas de reluquer ma femme.

ちょっかく angle m droit. 三角形の内角の和は2〜である La somme des angles d'un triangle est égale à deux droits. ...と〜をなす former un angle droit avec qc. ¶〜に交る道 chemins mpl qui se croisent à angle droit. 〜に交わる2直線 droites fpl orthogonales. 他の線と〜をなす線を引く tracer une ligne perpendiculaire à une autre. ‖〜三角形 triangle m rectangle.

ちょっかつ 直轄 ‖政府の団体 organisation f sous le contrôle direct du gouvernement. ⇒ ちょくぞく(直属).

ちょっかっこう 直滑降〔スキー〕schuss m; descente f en schuss.

ちょっかん 直観 intuition f. 〜に頼る s'en remettre à sa première intuition. ¶〜する avoir l'intuition de. 〜的な intuitif(ve). 〜的に intuitivement; par intuition. ‖〜力 faculté f d'intuition. 〜力がある avoir de l'intuition. 〜力のある人 intuitif(ve) m(f).

チョッキ gilet m. 〜を着ている porter un gilet.

ちょっけい 直径 diamètre m. この円の〜は20センチである Ce cercle a vingt centimètres de diamètre. ¶〜の diamétral(aux). 〜10センチの円 cercle m d'un diamètre de dix centimètres.

ちょっけい 直系 ¶〜の en filiation (ligne) directe;〖法〗linéal(aux). 彼はあの先生の〜の弟子だ Il est le disciple direct de ce maître. ...の〜である descendre en ligne droite de. 〜として linéalement. ‖〜尊属(卑属) ascendants mpl (descendants mpl) en ligne directe.

ちょっけつ 直結 ¶〜する être lié directement à qc. 生産者と消費者の〜するシステム système m de vente directe du producteur au consommateur. 〜させる mettre qc en rapport direct avec.

ちょっこう 直航 ¶〜する aller directement. ‖〜便 avion m (bateau(x) m) direct.

ちょっこう 直行 ‖〜する aller directement. すぐ現場に〜しろ Rendez-vous immédiatement sur les lieux.

ちょっと〔暫時〕un moment; un instant;〔一時的に〕passagèrement. 〜待って下さい Attendez un moment (une minute)./Attendez une seconde./〔電話で〕Ne quittez pas. 〜耳を貸して下さい Prêtez-moi l'oreille pour un instant. 〜前に il y a un instant. ほんの〜の間に en très peu de temps. 〜前 un instant (moment) après. 彼は〜前までここにいました Il était ici tout à l'heure. ◆〔少量・少し〕un peu; quelque peu. 〜休みましょう Reposons-nous un peu./Prenons un peu de repos. コニャックを〜下さい Un peu de cognac, s'il vous plaît. 〜お話があります J'ai un mot à vous dire. 彼は頭が〜おかしい Il est toqué. 〜考えれば分るだろう Un bout de réflexion, et tu comprendras. 〜見ただけでは分らない Ça ne se voit pas à première vue.

～見ただけで彼と分った Je l'ai reconnu au premier coup d'œil. ～触れるだけでこのテレビは画面が出る Il suffit d'une légère pression pour faire apparaître l'image sur l'écran. 彼女は～で溺れるところだった Elle a manqué [de] se noyer./Elle a failli se noyer. 家はも～で燃え上がるところだった La voiture a failli flamber. もう～というところだった Il n'en s'en est guère fallu./Il s'en est fallu de peu. ～でも口をきいたら張りとばすぞ Une seule parole, et tu auras une gifle. 一も動いたら命はないぞ Un pas, et tu es mort. 彼は～したことで怒り出すI Il s'est mis en colère pour un rien. ～した金銭問題で彼らは仲違いした C'est une simple question d'argent qui les a brouillés. ～したことです, ご心配なく Ce n'est rien, ne vous inquiétez pas. ◆ [かなり] ¶～した金額 bonne somme f. あの店は～したものだ Cette boutique n'est pas mal. ～した人物だ C'est quelqu'un. それは～した物だ C'est quelque chose. あの娘は～したものだ Elle n'est pas mal du tout, cette jeune fille. この料理～したものでしょう Ça se laisse manger, ce petit plat, n'est-ce pas? ◆ [打消しを伴って] ¶～したことは…ないだろう C'est quasi impensable. ～やそっとの金でないんだ [大金だ] C'est une petite fortune. ¶～ [呼びかけ] Tiens !/Tenez!/Pardon, Monsieur (Madame)/ S'il vous plaît./Dites (Dis) donc! ～おかみさん、このメロンいくら Eh, dites donc, la marchande, combien votre melon?

チョップ côte f. ‖ [特に羊・豚の場合] côtelette f. ‖ ポーク～ côtelette de porc.

ちょとつもうしん 猪突猛進 ¶～する foncer dans le brouillard. 敵に向って～する foncer sur l'ennemi. ‖ 彼は～型だ C'est un homme téméraire (tout hardi)./C'est un fonceur (un casse-cou).

ちょびひげ ちょび髭 petite moustache f.

ちょめい 著名 ¶～な célèbre; connu; illustre; renommé; notable.

ちょりつ 佇立 ¶～する se tenir debout.

ちょろい ¶こんなのは～仕事だ C'est un jeu d'enfant. あれは～奴だ On n'en fait qu'une bouchée de ce type.

ちょろちょろ ¶～流れる couler en un mince filet.

ちょろまかす [盗む] dérober (escamoter) qc à qn; escroquer qc à qn; subtiliser qc à qn; [着服する] s'approprier qc.

ちょろん 緒論 introduction f.

ちょんぎる ちょん切る ¶首を～ décapiter; trancher la tête de qn; [解雇] congédier qn; dégommer qn; mettre qn à la porte. ⇨ きる(切る).

ちらかす 散らかす déranger; mettre en désordre. 書類を～ déranger des papiers. ¶部屋を散らかしたままにしておく laisser sa chambre en désordre.

ちらかる 散らかる ¶この家では何もかも散らかっている Tout traîne dans cette maison. 散らかっている寝室 chambre f désordonnée.

ちらし 散らし prospectus m; tract m; papillon m. ～を distribuer des prospectus.

ちらす 散らす disperser; éparpiller. 破った手紙を風に～ disperser au vent les morceaux d'une lettre déchirée. 兵を四方に～ lancer ses troupes dans toutes les directions. 風が木の葉を散らしている Le vent fait tomber les feuilles. 警察隊が群衆を散らした La police a dispersé la foule. ～ずに仕事をする faire son travail sans se disperser. ◆ [やたらに…する] ¶本を読み～ lire beaucoup de livres sans méthode. ～ [退歩せ] ¶腫物を～ résoudre (résorber) une tumeur.

ちらちら ¶～光る [星が] vaciller; [目, 光が] papilloter. 遠方に～燈火が見える On voit une lumière tremblotante dans le lointain. 雪が～降る La neige tombe à légers flocons. 目が～する être ébloui.

ちらつく ¶雪が～ neiger à petits flocons. 目の前に母の顔が～ J'ai devant mes yeux le visage de ma mère. 勝利が目の前にちらついてきた La victoire pointe à l'horizon.

ちらっと ¶～見る [垣間見る] entrevoir; [一瞥する] jeter un coup d'œil. 気になる話を～耳にした entendre dire qc par hasard. 彼ならさっき～姿を見た Il me semble l'avoir entrevu tout à l'heure.

ちらばる 散らばる se disséminer. 玩具が部屋中に散らばっている Des jouets traînent dans toute la pièce. ⇨ ちる(散る), ちらかる(散らかる).

ちらほら ¶桜が～咲き始めた Les fleurs de cerisiers ont commencé à éclore une à une. 人家が～見える On aperçoit des maisons çà et là. 彼の頭にも白いものが～混じり始めた Il commence à grisonner.

ちり 塵 poussière f. ⇨ ほこり(埃). ～を払う épousseter; [機械で] dépoussiérer. 浮世の～を逃れる fuir le monde et ses boues. 「～も積れば山となる」《Les petites économies font les bonnes maisons.》 ¶～の積った覆われた覆われた couvert de poussière.

ちり 地理 géographie f; [地形学] topographie f; [地形] configuration f. ～をやる [学ぶ] faire de la géo. パリの～に詳しい connaître tous les coins et recoins de Paris. この辺の～は全く知らない Je ne suis pas du coin (pays). ¶～[学] de géographique. ～[学的]に géographiquement. ‖ 自然(人文, 言語)～ géographie physique (humaine, linguistique). ～学者 géographe mf.

チリ [～硝石 salpêtre m du Chili.

チリ [ソース] sauce f au piment; chile (chili) m. ‖ ～料理 cuisine f pimentée.

ちりあくた 塵芥 ordures fpl. ¶人を～のように(虫けらのように)取扱う mettre qn plus bas que terre.

ちりがみ 塵紙 [携帯用] mouchoir m de papier; [便所用] papier m hygiénique.

ちりちり ¶～に焼いたベーコン tranche f de lard frite croustillante. ～髪の毛をしている avoir les cheveux crépus.

ちりぢり 散り散り ¶～になる se disperser; [逃げる] se débander. 一家は～になってしまった La famille s'est dispersée.

ちりとり 塵取 pelle f à poussière.

ちりばめる 鏤める incruster; [金銀を] damasquiner. 空には星が〜められている Le ciel est parsemé d'étoiles. ¶金をちりばめた小柄 poignard m incrusté d'or. 宝石をちりばめた王冠 couronne f enrichie de pierreries.

ちりめん 縮緬 crêpe m japonais.

ちりゃく 知略 ⇨ ちぼう(知謀).

ちりょう 治療 traitement m; soins mpl; médication f; [長期的] cure f;《医》thérapie f. 歯の〜をする se faire soigner les dents. 病院で〜を受ける être traité à l'hôpital; recevoir des soins dans un hôpital. 癌の〜を受ける se faire traiter pour un cancer. ¶病気(病人)を〜する [医者が] traiter une maladie (un(e) malade). この病気を〜する traiter (soigner) qn pour qc. 〜の難しい病気 maladie f difficile à soigner. 〜のしようがない Ce sans remède. 〜中の病人 malade mf en traitement. 〜費 frais mpl médicaux.

ちりょく 知力 intelligence f; puissance f intellectuelle; capacités fpl intellectuelles.

ちりれんげ 散り蓮華 cuiller f de porcelaine.

ちりんちりん Drelin! Drelin! ¶〜鳴る faire drelin! drelin!

ちる 散る [四散する] se disperser; s'éparpiller. 群衆が〜 La foule se disperse. デモ隊は四方に散った Le cortège des manifestants s'est débandé. ◆[花, 葉が] tomber; défleurir; 木の葉が散っている Les feuilles des arbres tombent. ◆[気が] se dissiper. ◆[腫物が] se résorber. ◆[参り]ばイングガンで Ce papier boit.

チルド ¶〜食品 semi-conserve(s) f. ¶〜ビーフ viande f frigorifiée.

チロリアンハット chapeau(x) m tyrolien.

ちわ 痴話 ¶〜喧嘩をする faire une scène d'amour.

チワワ chihuahua [ʃiwawa] m.

ちん 亭 pavillon m; kiosque m.

ちん 狆 carlin m; pékinois m.

ちんあげ 賃上げ relèvement m des salaires. 経営者に〜を要求する demander une augmentation à son patron. 当然な〜をかち取る obtenir une juste augmentation de salaire. ¶〜を relever les salaires. ¶〜要求(スト) revendication f (grève f) pour une augmentation de salaire.

ちんあつ 鎮圧 répression f; étouffement m. ¶暴動を〜する réprimer (étouffer) une révolte.

ちんうつ 沈鬱 ¶〜な sombre; chagrin. 〜な顔色 mine f lugubre.

ちんか 沈下 affaissement m; tassement m; dépression f. ¶〜する s'affaisser; se tasser. ‖地盤〜 affaissement de terrain.

ちんか 鎮火 ¶〜する s'éteindre. [消す] maîtriser un incendie.

ちんがし 賃貸し location f; louage m. ¶避暑客に部屋を〜する louer des chambres aux estivants. 農地を〜する louer une ferme à bail. ⇨ ちんたい(賃貸).

ちんがり 賃借り ¶ピアノを〜する prendre un piano en location. ⇨ ちんしゃく(賃借).

ちんき 沈毅 ¶〜な flegmatique; calme.

ちんき 珍奇 ¶〜な rare; bizarre; curieux (se).

チンキ teinture f. ‖ヨード〜 teinture f d'iode.

ちんきゃく 珍客 ¶これは〜の御越しだ Quel bon vent vous amène?

ちんぎん 賃金 salaire m; paie (paye) f. かつかつの〜 salaire de famine (de misère). 〜の水準を引き上げる relever le niveau des salaires. 〜の値上げ ⇨ ちんあげ(賃上げ). 〜を払う payer qn; payer à qn son salaire. 〜をもらう recevoir (toucher) son salaire. 高い〜を取る recevoir un salaire élevé. ‖最低〜 minimum m vital. 実質(名目)〜 salaire réel (nominal). スライド制〜 échelle f mobile [des salaires]. 〜カット diminution f de salaire. 〜鉄則《経》loi f d'airain. 〜表 éventail m des salaires. 〜労働 travail (aux) m salarié.

ちんけ ¶彼は〜な男だ C'est un type minable.

ちんこう 沈降 ‖赤血球〜速度 vitesse f de sédimentation sanguine. 〜海岸 côte f à rias.

ちんこん 鎮魂 ‖〜曲 requiem m inv. モーツァルトの〜曲 le Requiem de Mozart. 〜ミサ [messe f de] requiem.

ちんざ 鎮座 ¶この宮に〜まします我が神 notre dieu qui règne en ces lieux.

ちんじ 椿事 événement m inopiné; incident m imprévu; [珍事] événement curieux.

ちんしごと 賃仕事 travail(aux) m à la tâche (à la pièce). 〜をする travailler à la pièce.

ちんもっこう 沈思黙考 méditation f; contemplation f. ¶〜する méditer [sur]; contempler. 〜している être plongé dans ses réflexions.

ちんしゃ 陳謝 excuses fpl. ¶〜する faire (présenter) ses excuses à qn.

ちんしゃく 賃借 bail(aux) m;[契約] bail(aux) m. ¶〜する louer qc à qn; prendre qc à bail (à loyer). 家を〜する prendre une maison à bail. ‖〜人 locataire mf;《法》preneur(se) m(f). 〜料 [prix m de] location; bail; loyer m.

ちんじゅ 鎮守 dieu m tutélaire.

ちんじゅつ 陳述 exposé m; énoncé m; [証言] déposition f; rapport m. 虚偽の〜 faux énoncé. 証人の〜によれば selon la version du témoin. ¶〜する exposer; faire l'exposé de qc; énoncer. ‖〜書 exposé; mémoire m.

ちんしょ 珍書 livre m rare.

ちんじょう 陳情 requête f; pétition f. ¶〜する adresser (présenter) une requête à qn. ‖〜書 mémoire m; pétition. 知事に〜書を出す adresser un mémoire au préfet.

ちんせいざい 鎮静剤 calmant m;[精神安定剤] tranquillisant m.

ちんせつ 珍説 ¶〜を吐く présenter une idée bizarre (extravagante, extraordinaire).

ちんたい 沈滞 stagnation f; marasme m; langueur f; [無気力] inertie f. ¶〜する stagner; languir. 事業は数年間〜していた Les affaires ont stagné pendant quelques années. ～した stagnant; [無気力] inerte.

ちんたい 賃貸 location f; louage m. ¶～する louer qc à qn; donner qc à loyer (à bail, en location); [土地を] affermer. ～価格 valeur f locative. ～借契約 contrat m de location (de louage); bail(aux) m. ～契約を結ぶ passer un bail avec qn. ～借契約を更新する renouveler son bail. ～人《法》bailleur(eresse) m(f); locateur(trice) m(f).

ちんだん 珍談 histoire f curieuse (plaisante, amusante).

ちんちゃく 沈着 sang-froid m inv; présence f d'esprit; flegme m; calme m inv. ¶～な flegmatique; calme; équanime. ～である garder son sang-froid; avoir du flegme. ～に...する faire qc avec sang-froid. ～に行動する agir avec flegme.

ちんちょう 珍重 ¶～する garder (conserver) qc précieusement.

チンチラ chinchilla m.

ちんちん ¶～鳴る [鈴が] sonner; tintinnabuler. 湯がたぎっているぞ、～いいだてきた L'eau doit bouillir, elle commence à chanter. ¶～する [犬が] faire le beau.

ちんつう 沈痛 ¶～な面持ちで d'un air lugubre. ～な語調で d'un ton douloureux.

ちんつうざい 鎮痛剤 analgésique m; antalgique m; parégorique m.

ちんてい 鎮定 pacification f; [鎮圧] répression f. ¶～する pacifier; rétablir l'ordre; réprimer.

ちんでん 沈殿 sédimentation f; [化] précipitation f. ¶～する se déposer; se précipiter. ‖～物 [地] sédiment m; [鍋底の] effondrilles fpl; [おり] dépôt m; [化] précipité m.

ちんとう 枕頭 ¶～の書 livre m de chevet; [愛読書] bréviaire m. ～に au chevet de qn.

ちんにゅう 闖入 ¶～する faire irruption; faire invasion. ‖～者 intrus(e) m(f).

チンパー ⇒ ティンパニー.

チンパンジー chimpanzé m.

ちんぴら voyou m; galopin(e) m(f).

ちんぴん 珍品 objet m rare; curiosité f.

ちんぶ 鎮撫 ⇒ ちんてい(鎮定), ちんあつ(鎮圧).

ちんぷ 陳腐 ¶～な banal(s); éculé; rebattu; usé. ～な表現 expression f éculée (rebattue). ～な題材 sujet m usé. ～なことを言う dire des platitudes.

ちんぷんかんぷん hiéroglyphe m; jargon m charabia m. 私には～だ C'est de l'algèbre (de l'hébreu) pour moi. 私には彼らの言葉に～だ Je ne comprends pas leur jargon.

ちんべん 陳弁 ¶～これつとめる se confondre en excuses.

ちんぼつ 沈没 submersion f; [船の] naufrage m. ¶～する sombrer; faire naufrage 船は徐々に～していった Le bateau s'enfonçai peu à peu. ～させる couler; envoyer qc par le fond. ‖～船 bateau(x) m coulé.

ちんぽん 珍本 ⇒ ちんしょ(珍書).

ちんまり ¶～した家 maison f coquette. 彼女の鼻は～していて可愛いよ Elle a un petit nez mignon.

ちんみ 珍味 mets mpl délicieux; gourmandises fpl.

ちんみょう 珍妙 ¶～な cocasse; bizarre; un(une) drôle de.

ちんむるい 珍無類 ¶～な très bizarre (drôle); [異常な] extraordinaire.

ちんもく 沈黙 silence m. 「～は金なり」《Le silence est d'or.》 ～を守る(破る) garder (rompre) le silence. あたりに～がただよっていた Partout règne le silence. ¶～する se taire ～させる fermer la bouche à qn; réduire qn au silence.

ちんれつ 陳列 exposition f; étalage m; présentation f. ¶～する exposer; étaler; faire l'étalage. ショーウインドーに～された商品 marchandises fpl à la devanture. ‖～室 salle f d'exposition. ～品 objet m exposé. ～窓 vitrine f; devanture f. ～窓の飾りつけをする décorer des vitrines.

つ

-つ ¶彼らは抜きつ抜かれつしている Les deux coureurs se dépassent l'un l'autre. 差しつ差されつ飲む partager une bouteille. 組んつほぐれつのmêlée f confuse.

ツアー tour m. ‖スキー～に出かける faire une randonnée à ski.

ツァー [ロシア皇帝] tsar m.

つい [ほんの] ¶～さっき tout à l'heure. ～そこで彼に会いました Je l'ai vu tout près d'ici. ～しがた彼(彼女)と別れたばかりです Je l'ai quitté(e) à l'instant. ◆ [思わず] ¶～そんなことを考えてしまう y penser malgré soi. ～笑い出す finir par éclater de rire.

つい 対 paire f; couple m. ～と成す faire pendant à qc. この絵にもう1枚と～を成しているCe tableau est le pendant de l'autre. ¶～にする jumeler; apparier; accoupler. ～になった jumeau(elle); géminé. ～になった茶わん une paire de tasses. ～になった円柱 colonnes fpl géminées. この2枚の絵は～になっている Ces deux tableaux se font pendant[s]. この靴下は～になっていない Ces bas ne sont pas appariés. ‖好一～ couple bien assorti.

ツイード tweed m. ‖～の上着 veste f de tweed.

ついえる 潰える ¶～する s'écouler; se perdre; s'évanouir; s'effondrer. すべての希望が潰えた Tous mes espoirs se sont effondrés. ⇒ついえる(消える).

ついおく 追憶 souvenance f; souvenir m; mémoire f. ～に耽る se délecter dans le passé; se plonger dans les souvenirs. ～する avoir souvenance de qc; se souvenir de qc.

ついか 追加 [物] supplément m; annexe f.

ついき 追記 [事] adjonction *f*; addition *f*. ¶~する ajouter; joindre; annexer. ～の supplémentaire; annexe. ～で en supplément. ‖~書類 pièces *fpl* annexes. ～註文をする demander un supplément. ～配給《俗》rabiot *m*. 切符を～発行する supplémenter un billet. ～予算 crédit *m* supplémentaire. ～料金 supplément à payer. 乗客から～料金をとる supplémenter les voyageurs.

ついき 追記 postface *f*. ¶二三行を～する ajouter quelques lignes.

ついきゅう 追及 poursuite *f*; accusation *f*. ～をかわす déjouer la poursuite. ここで～の手をゆるめてはならない Ce n'est pas le moment de relâcher nos poursuites. ¶~する poursuivre *qn*; accuser *qn*; porter (faire) une accusation contre. 責任を～する poursuivre la responsabilité de *qn*. その所はあまり深く～してくれるな Ne me pousse pas trop loin sur ce point.

ついきゅう 追求 ¶~する pourchasser; poursuivre avec obstination (acharnement). 快楽を～する courir après le plaisir.

ついきゅう 追究 poursuite *f*; recherche *f*. 真理の～ recherche de la vérité. ¶~する poursuivre; rechercher; chercher à connaître (découvrir).

ついきょう 追憶 rappel *m*.

ついく 対句 antithèse *f*; phrases *fpl* contrastées; [対称] phrases qui se font pendant. ～を成す contraster avec; être en contraste avec.

ついげき 追撃 poursuite *f*; chasse *f*. ～を振切る se débarrasser de la poursuite. ¶~する poursuivre; se mettre (se lancer) à la poursuite de; donner la chasse à; [執拗に] s'acharner sur. ～する相手を引き離す distancer les poursuivants.

ついこつ 椎骨 vertèbre *f*.

ついこつ 槌骨 [耳] marteau(x) *m*.

ついし 墜死 ¶~する faire une chute mortelle.

ついし 追試 [確認] vérification *f*; constatation *f*; [学生の] [examen *m* de] repêchage *m*. ～をして学生を救う repêcher les étudiants.

ついしけん 追試験 ⇨ ついし(追試).

ついじゅう 追従 assujettissement *m*; soumission *f*; asservissement *m*. 流行への～ asservissement à la mode. ¶~する se plier à; suivre; obéir à; imiter; se rendre à; s'asservir à. 権力に～する se prosterner devant le pouvoir. 陋習に～する s'asservir à de mauvaises coutumes. ‖~者 suiveu*r* (se) *m*(*f*); satellite *m*; imitateur(trice) *m*(*f*). ～主義 suivisme *m*.

ついしょう 追従 flatterie *f*; cajolerie *f*; flagornerie *f*. ¶~する flatter; donner un coup d'encensoir à; encenser; flagorner; aduler; ～の obséquieux(se); flatteur(se); adulateur(trice). ‖~者 flatteur(se) *m*(*f*); adulateur(trice) *m*(*f*); flagorneur(se) *m*(*f*).

ついしん 追伸 post-scriptum (P.-S.) *m inv*. ～で新住所を書く donner *sa* nouvelle adresse en post-scriptum.

ついずい 随随 ¶~を許さない être inimitable (inégalé). ～する suivre *qn*; suivre les traces de *qn*; imiter *qn*; marcher sur les pas (traces) de *qn*. ⇨ ついじゅう(追従).

ツイスト twist *m*. ¶~を踊る人 twisteur(se) *m*(*f*).

ついせき 追跡 poursuite *f*; recherche *f*; dépistage *m*. 警察の～をまく semer la police. ¶~する suivre la trace de *qn*; [pour] suivre; se lancer (se mettre) à la poursuite de; rechercher. ‖~者 poursuivant(e) *m*(*f*).

ついぜん 追善 ¶~する commémorer la mort de *qn*. ‖~供養 cérémonie *f* commémorative; commémoration *f*. ～興行する représenter *qc* en commémoration de *qn*.

ついそ 追訴 poursuite *f* (accusation *f*) supplémentaire. ¶~する engager des poursuites supplémentaires contre.

ついぞ jamais [de *sa* vie]. ～そんなことは考えたことがない Je n'y ai jamais pensé.

ついそう 追想 ⇨ ついおく(追憶).

ついたち 朔(一日) le premier jour du mois. 一月～ le premier janvier; le jour (le premier) de l'an.

ついたて 衝立 paravent *m*; [火除け] écran *m*.

ついちょうきん 追徴金 ¶~を課する infliger à *qn* une amende supplémentaire.

ついて 就いて [関して] sur; de; pour; quant à. この点に～ sur ce point; à ce propos; là-dessus; en ce qui concerne ce point-là; pour cette question. 恋愛に～ de l'amour. つまらない事に～ à propos de rien. あなたに～は quant à vous; pour vous. これに～は申し上げることはない Il n'y a rien à dire là-dessus. ◆ ¶~は [ところで] à ce propos; à cette occasion.

ついで 次いで puis; après; ensuite; deuxièmement;《法》subséquement. ⇨ つぐ(次ぐ).

ついで 序 ¶お～の折にお立ち寄り下さい Venez chez moi en passant. ～に à cette occasion; à propos; en passant. 事の～に en profitant de cette occasion. ～にあなたに言っておく事がある Et puis j'ai quelque chose à vous dire. ～でいいからこれもやって下さい Puisque vous y êtes, faites aussi cela.

ついてゆく ついて行く [後を追う] courir après *qn*; suivre; [同行する] accompagner; aller avec *qn*.

ついとう 追悼 commémoration *f* [d'un défunt]. ¶~する commémorer la mort de *qn*. ‖~演説 oraison *f* funèbre. ～会 réunion *f* commémorative.

ついとう 追討 ¶~する poursuivre *qn* pour subjuguer; [追手を向ける] envoyer une expédition punitive. ‖~軍を派遣する expédier une armée pour subjuguer.

ついとつ 追突 †heurt *m* par derrière. ¶~する †heurter (cogner) par derrière. 私の車は大きなトラックに～された Ma voiture a été heurtée par derrière par un gros camion.

‖〜事故 collision *f* par derrière.

ついに 遂に finalement; à la fin; enfin; en dernier lieu; en fin de compte. 〜…してしまう finir par *inf.* 〜…するに到る aller jusqu'à *inf.*

ついにん 追認 confirmation *f* (constatation *f*) rétrospective [de faits]. ¶〜する confirmer (constater) rétrospectivement.

ついばむ 啄む picorer; becqueter.

ついぼ 追慕 ¶過ぎ去った時代を〜する chérir la mémoire du temps passé.

ついほう 追放 [国外] expatriation *f*; exil *m*; [放逐] bannissement *m*; expulsion *f*; exclusion *f*; [居留外人などの] déportation *f*; [浄化] épuration *f*; [悪習の] proscription *f*; condamnation *f*. ユダヤ人〜 déportation des Juifs. ¶〜する bannir; expulser; proscrire; condamner; frapper d'ostracisme; chasser; [祖国から] exiler; [流刑にする] déporter. 貴族を〜する exiler les nobles. 国外に〜 chasser *qn* hors de *son* pays. 下卑た言葉を〜する proscrire des mots grossiers. 〜された人 exilé(e) *m*(*f*); banni(e) *m*(*f*); proscrit(e) *m*(*f*).

ついやす 費す dépenser; consommer; employer. 金(労力，時間)を〜 dépenser de l'argent (*ses* forces, *son* temps). 精力を[無駄に]〜 gaspiller *ses* forces. 全財産を[無駄に]〜 manger toute *sa* fortune. うたら暇を〜 perdre inutilement *son* temps. トランプ遊びに時間を〜 passer *son* temps à jouer aux cartes. 勉学に5年の歳月を〜 employer (consacrer) 5 ans aux études.

ついらく 墜落 chute *f*. ¶〜する tomber; faire une chute; 《俗》 se ramasser; chuter. 飛行機が〜した L'avion s'est écrasé. ‖〜事故 [accident *m* de] chute.

ツイン ‖〜ベッド lits *mpl* jumeaux. 〜ルーム chambre *f* à deux lits.

つう 通 connaisseur(se) *m*(*f*); expert(e) *m*(*f*); initié(e) *m*(*f*); [料理] gourmet *m*; gastronome *m*. …で〜である être connaisseur en; se connaître à; être initié à; être dans le secret de. 〜であることをひけらかす exhiber *sa* science; faire parade (montre) de *ses* connaissances. ¶〜ぶる faire l'entendu (le connaisseur).

ついん 痛飲 ¶〜する boire beaucoup; boire comme un trou; 《俗》 lever le coude. 昨日〜して二日酔だ Hier j'ai bu beaucoup et j'ai la gueule de bois.

ついん 通院 ¶〜する aller régulièrement à un hôpital.

つうか 通貨 monnaie *f* de mise; monnaie légale; numéraire *m*; agent *m* monétaire (de circulation). ‖〜危機 crise *f* monétaire. 〜収縮(膨張) déflation *f* (inflation *f*). 〜制度 système *m* monétaire. 〜単位 unité *f* monétaire. 〜問題 questions *fpl* monétaires.

つうか 通過 passage *m*. 赤道〜 passage de l'équateur. ¶〜する passer; [横断] traverser. 山岳地帯を〜する traverser les montagnes; passer à travers les montagnes. 検査を〜する passer un examen. 法案が〜した La loi a passé. ‖急行列車一駅 gare *f* où le rapide ne s'arrête pas. 〜[騒]音 bruit *m* de passage. 〜証 laissez-passer *m* inv.

つうかあ ¶彼らは〜だ Ils sont d'intelligence./Ils s'entendent comme larrons en foire.

つうかい 痛快 ¶〜な男 gaillard *m*; 《俗》 lascar *m*. まったく〜だ Ça me réjouit./[さまあみろ] C'est bien fait. ‖〜小説 roman *m* d'aventures.

つうかく 痛覚 sensation *f* de douleur. ‖〜過敏症 hyperalgie *f*; hyperalgésie *f*. 〜点 point *m* névralgique.

つうがく 通学 ¶〜する fréquenter une école; aller [suivre les cours] à l'école. ‖〜生 [élève *mf*] externe *mf*. 〜制度 externat *m*.

つうかん 痛感 ¶〜する ressentir; éprouver vivement. 必要性を〜する ressentir une nécessité.

つうかん 通観 vue *f* d'ensemble; panorama *m*; vue panoramique. ¶〜する survoler *qc*; donner un aperçu sur *qc*.

つうかん 通関 passage *m* en douane; dédouanement *m*. ¶〜する passer à la douane. 〜させる dédouaner. ‖〜事務 service *m* des douanes. 〜申告 déclaration *f* à la douane. 〜手続 formalités *fpl* de douane.

つうき 通気 ventilation *f*; aération *f*; aérage *m*. 〜を良くする ventiler *qc*; aérer *qc*. 窓を開けて部屋の〜を良くする ouvrir la fenêtre pour aérer la chambre. ‖〜の良い部屋 chambre *f* bien aérée. ‖〜装置 ventilateur *m*; aérateur *m*.

つうぎょう 通暁 ¶〜している être bien au courant de; être versé (ferré) en; être fort (instruit, calé) en.

つうきん 通勤 ¶〜する aller [régulièrement] au travail (au bureau); se rendre au travail. ‖あなたの〜時間はどの位ですか Combien de temps vous faut-il pour aller au travail? 〜列車 train *m* de banlieue.

つうげき 痛撃 ¶〜を受ける recevoir un grand coup; être frappé au point névralgique. 〜する porter un grand coup à; frapper vivement; fustiger; fouetter; éreinter.

つうこう 通航 navigation *f* maritime (fluviale). ¶〜する naviguer; voyager sur mer; [河川] voyager sur un cours d'eau. 〜可能の navigable.

つうこう 通行 circulation *f*. 〜を許す livrer passage à *qn*; laisser passer *qn*. ¶〜する passer; circuler; [横切る] traverser. ⇒とおる(通る). 〜可能の praticable; viable. 〜不能の impraticable. 車輛の〜可能な chemin *m* praticable pour des véhicules. ‖〜規則 réglementation *f* routière. 〜券(証) laissez-passer *m* inv; sauf-conduit *m*. 〜権 droit *m* de passage. 〜税 péage *m*. 〜止め [全般的] circulation interdite; [通り抜け禁止] passage interdit; [工事などで通行不能の道] route *f* barrée. 〜止めにする interdire la circulation; barrer

つうこく 通告 avis *m*; avertissement *m*; annonce *f*; communication *f*; message *m*; notification *f*. ‖~する avertir *qn*; annoncer *qc*; notifier *qc*; communiquer *qc*. 契約の破棄を~する annoncer la rupture d'un contrat. ‖最後~ ultimatum *m*.

つうこん 痛恨 ¶~に堪えない lamentement désappointé. ‖~事 [sujet *m* de] lamentation *f*; profond regret *m*; plaintes *fpl*. 故国を棄てたことは一生の~事である C'est le plus grand regret de ma vie d'avoir abandonné ma patrie.

つうしょう 通商 ¶~省(大臣) Ministère *m* (ministre *m*) du Commerce et de l'Industrie.

つうさん 通算 ¶~する compter globalement. ~すると [平均して] en [faisant une] moyenne; [合計して] en tout.

つうじ 通じ [大便] selles *fpl*; suivre; [便通] déjection *f*; évacuation *f*; [お〜の検査] anlyse d'urine et de selles.

つうしょう 通商 commerce *m*; négoce *m*; trafic *m*. ¶~の commercial(aux). ‖~関係 relations *fpl* commerciales. ~関係を持つ commercer (avoir des relations commerciales) avec. ~条約 traité *m* de commerce (commercial).

つうしょう 通称 ¶ジャンⅡ世、~善王ジャンⅡ Jean II, dit Jean le Bon. コメディフランセーズ、~モリエールの館 La Comédie Française, appelée aussi la Maison de Molière.

つうじょう 通常 ordinairement; à l'ordinaire; d'ordinaire; d'habitude; habituellement; le plus souvent. ¶~の ordinaire; habituel(le); usuel(le); commun. ‖~国会 session *f* ordinaire. ~服 en tenue civile; en civil.

つうじる 通じる [通す・連絡する] ¶電流を~[流す] faire passer le courant électrique. 電話が~ On peut communiquer par téléphone./[敷設] Le téléphone est installé. ローマに~道 chemin *m* qui mène à Rome. 部屋に~廊下 couloir *m* qui aboutit à une chambre. 浴室まで通じいる廊下 couloir qui se prolonge jusqu'à la salle de bain. いくら彼に電話をかけても通じなかったよ J'avais beau lui téléphoner, je n'ai pas obtenu la communication. 彼の何にも電話が通じるようになった Il est abonné au téléphone. ◆[熟達する] 戦略に~ être versé (ferré) en stratégie. ⇨ つうぎょう(通暁). 事情に~ bien connaître (être au courant de la situation. 絵画技術に~(通じている) s'initier (être initié à) à la technique de la peinture. 映画スターの私生活に~ être dans le secret de la vie privée d'une vedette de cinéma. ◆[内通する] 敵方に~ être d'intelligence avec l'ennemi. ◆[関係を持つ] ¶女中と~ se lier avec *sa* domestique; avoir une liaison avec *sa* domestique. よしみを~ entretenir des relations adultères. ◆[理解させる] ¶意志を~ se faire comprendre de. 気脈を~ être d'intelligence avec; se lier secrètement avec. 冗談が通じない人だ Il ne comprend pas la plaisanterie. ◆[通用する] ¶彼の下手なフランス語ではフランスでは通用しまい Il ne pourrait pas se faire comprendre en France avec son mauvais français. これならパリでも通じるだろう Ça peut passer (marcher) même à Paris. ◆[...ある期間を通して] ¶一生を通じて [durant] toute *sa* vie. あんな恐しい目に会ったのは恐らく一生を通じてたった一度のことだろう Des choses aussi terribles, ça ne vous arrive probablement qu'une fois dans la vie. ◆[仲介で] ¶...を通じて par l'intermédiaire (l'entremise, le truchement) de *qn*. テレビを通じて知らせる annoncer par [le moyen de] la télévision.

つうしん 通信 [手紙] correspondance *f*; courrier *m*; [ラジオ・テレビ] télécommunication *f*; [電話] communication *f*; [電報] télégramme *m*. ~を再開する La communication est rétablie (reprise). ¶~する correspondre avec; communiquer; avoir une correspondance avec. ‖~員 correspondant(e) *m(f)*. ~衛星 satellite *m* de télécommunication. ~機関 services *mpl* des communications. ~機関はすべてと絶えた Tous les services des communications ont été rompus. ~教育 cours *mpl* par correspondance. ~教育制度 système *m* d'enseignement par correspondance. ~社 agence *f* de presse. フランス~社 Agence France Presse. ~販売 vente *f* par correspondance. ~簿 carnet *m* de notes; bulletin *m*; livret *m* scolaire. ~網 réseau(x) *m* télégraphique; réseau de communication.

つうじん 通人 ⇨ つう(通).

つうせい 通性 caractère *m* commun. 強欲は人間の~である La cupidité, c'est un caractère propre aux hommes.

つうせき 痛惜 ¶~する regretter amèrement; pleurer amèrement.

つうせつ 痛切 ¶~な vif(ve); fort; violent; aigu(ë). 何とかしなければという~な思い sentiment *m* urgent de faire quelque chose. ~に amèrement; avec acuité; vivement. ~に感じる éprouver vivement; ressentir [profondément]. 教育の必要性を~に感じる ressentir la nécessité de l'éducation.

つうせつ 通説 théorie *f* communément admise; vérité *f* commune. それが社会の~みたいだ Ça ressemble à une opinion courante.

つうそく 通則 règle *f* (loi *f*) générale.

つうぞく 通俗 ¶~な vulgaire; commun; banal(s); populaire; ordinaire. ~的に vulgairement; ordinairement. ‖~化 vulgarisation *f*. ~化する vulgariser. ~劇 vaudeville *m*. ~小説 roman *m* populaire. ~性 vulgarité *f*; popularité *f*; [平凡さ] banalité *f*.

つうだ 痛打 coup *m* violent. ¶~する donner (assener) un coup violent (bien appliqué) à; frapper fort.

つうたつ 通達 avis *m*; avertissement *m*;

つうたん 痛嘆 ¶〜する se lamenter vivement sur; se répandre en lamentations.

つうち 通知 nouvelle f; avis m; information f; communication f; annonce f; avertissement m; [通知状] billet m de] faire-part m inv; lettre f d'avis. 〜がない ne pas avoir de nouvelle. 〜を受ける être avisé (averti) de qc. 追って〜のあるまで自宅謹慎を命じる ordonner le confinement à domicile jusqu'à nouvel ordre. ¶〜する aviser qn de qc; informer qn de qc; communiquer qc; faire part de qc à qn; annoncer qc à qn; [警告] avertir qn de qc. ‖ 結婚(死亡)〜 faire-part de mariage (de décès). 〜表 carnet m (bulletin m) de notes. 〜預金 dépôt m à préavis.

つうちょう 通帳 carnet m; [小切手] carnet de chèque; [預金] livret m de caisse d'épargne.

つうちょう 通牒 ‖ 最後〜 ultimatum m. 最後〜を出す adresser (envoyer) un ultimatum.

ツーディーケー 2DK deux pièces cuisine m.

つうどく 通読 ¶〜する parcourir qc; [ざっと読む] lire en diagonale; survoler.

ツートンカラー ‖〜の車 voiture f à deux teintes.

つうねん 通年 ¶〜4単位の授業 cours m de quatre unités de valeur par année.

つうねん 通念 idée f reçue (courante). ‖ 社会〜 idée reçue de la société. これは社会〜として認められている Cette idée est communément admise.

つうば 痛罵 invectives fpl; injure f. ¶〜する s'invectiver; se répandre en invectives contre; accabler qn d'injures; injurier.

ツーピース deux-pièces m inv; [テーラードのもの] tailleur m.

つうふう 痛風 goutte f. 〜にかかる avoir la goutte. 最近彼の〜もあまり出ないようだ Ces derniers temps, sa goutte semble lui laisser quelque répit. ‖〜患者 goutteux(se) n (f).

つうふう 通風 ventilation f; aération f. 〜をよくする ventiler; aérer. ‖〜器 aérateur m; ventilateur m. 〜筒 conduit m d'aération; conduit de vent.

つうぶん 通分 ¶〜する réduire des fractions au dénominateur commun.

つうへい 通弊 abus m; mauvaise coutume f; tare f commune. 〜をただす réformer un abus.

つうべん 通弁 truchement m. ⇒ つうやく(通訳).

つうほう 通報 information f; signalement m; [通知] communication f; nouvelle f; annonce f; avis m; signal(aux) m. ¶〜する informer (aviser) qn de qc; annoncer qc; signaler. 泥棒を警察に〜する signaler (dénoncer) un voleur à la police. 〜される qn de qc; [告発] être dénoncé. ‖ [火災]〜装置 avertisseur m d'in- cendie].

つうぼう 痛棒 ¶〜をくらう recevoir une correction; être puni (châtié). 〜をくらわす punir; châtier; donner (appliquer, assener) une bonne correction à; [子供に] donner une bonne fessée.

つうぼう 通謀 ¶〜する être de connivence (d'intelligence) avec; 《俗》être de mèche avec.

つうやく 通訳 [人] interprète mf; [行為] interprétation f; truchement m. 数国語の〜 interprète polyglotte. 彼の話には〜がいる Pour le comprendre, il faut un interprète. フランス語の〜をする servir d'interprète de français. ...の〜をしてやる se faire l'interprète de qn [auprès de qn]. 君に〜をしてもらいたいのだが引き受けてくれますか Est-ce que tu accepterais de me servir d'interprète? ‖ 同時〜 traduction f simultanée.

つうゆう 通有 ‖〜の commun. 東洋人〜の心理 psychologie f commune des (propre aux) orientaux. ‖〜性 communauté f [共通点] point m commun.

つうよう 痛痒 ¶ 私はそんなことには一向に〜を感じない Cela ne m'affecte guère./Cela ne me trouble pas du tout./Cela m'est tout à fait indifférent.

つうよう 通用 [使用] usage m; service m; [有効] validité f. ¶〜している [使用されている] être en usage; [有効] être valable; être valide. この古い辞書でもまだ〜する Ce vieux dictionnaire n'a pas encore perdu sa valeur. このパスポートはまだ〜する Ce passeport est encore valide. その手はもう〜しない Ce truc ne marche plus./On connaît ce truc. この議論はもう〜しない Cet argument n'est plus valable. 彼のフランス語は〜しない On ne comprend pas son français. それでは彼の言い分は〜しないだろう Avec cela, il ne pourra pas se faire accepter. ‖〜期間 [durée f de] validité f. 三ヵ月の〜期間 validité de trois mois. 〜門(口) porte f de service.

つうらん 通覧 ¶〜する parcourir; lire qc dans l'ensemble.

ツーリストビューロー agence f de voyage; [地方観光] syndicat m d'initiative.

ツーリング ¶〜する faire une randonnée à moto.

ツール outil m; [ネットワーク上で] Outils.

ツール・ド・フランス le Tour de France.

つうれい 通例 coutume f; [一般的に] ordinairement; en règle générale; généralement; d'ordinaire; en général. それが〜である C'est la règle. ...するのが〜である Il est de coutume (de règle) de inf./Il est de règle que sub.

つうれつ 痛烈 ‖〜な violent; aigu(ë); fort; rude; [皮肉など] mordant; âpre; aigre; caustique. 〜な皮肉 traits mpl mordants. 彼は〜なことを言う人だ Il a l'habitude de dire des choses caustiques. 〜に âprement; violemment. 〜に批判する critiquer violemment; éreinter; démolir qn.

つうろ 通路 passage m; route f; chemin m; accès m; [山の] sentier m; trouée f. 〜を切り

開く se frayer un passage. ～を塞ぐ barrer une route.

つうろん 通論 traité m; précis m.

つうわ 通話 communication f [téléphonique]. ～ができる obtenir une communication; pouvoir parler [au téléphone] avec qn. ‖～する téléphoner à qn. ‖～料 coût m (montant m, tarif m) d'une communication [téléphonique].

つえ 杖 canne f; bâton m. 継ぎ目のない～ canne d'une seule pièce. ～で打たれる recevoir une volée de coups de bâton. ～にすがる s'appuyer sur une canne. ～をついて散歩する se promener la canne à la main. ～なしでは歩けない ne pouvoir marcher sans canne.

ツェツェばえ -蠅 tsé-tsé f.

つか 塚 tertre m; monticule m; butte f; tombe f. 蟻～ fourmilière f.

つか 柄 poignée f. 刀の～ poignée de sabre. 刀の～に手をかける porter la main à l'épée.

つかい 使(遣)い ¶人を～に出す envoyer qn faire une course (commission); envoyer qn en courses. ‖彼は人～が荒い Il mène ses gens à la dure. ¶～走り course f; commission f; [人] garçon m de courses; messager(ère) m(f); coursier(ère) m(f); commissionnaire mf. ～走りをする [aller] faire des courses. お前もいつまでも人の～走りでは仕方がいだろう Tu ne vas tout de même pas rester toute ta vie un garçon de courses.

つがい 番い paire f; couple m. ¶一～のひわ un couple de pinsons.

つかいかた 使い方 [mode m d']emploi m; maniement m. フォークの～を知らない ne pas savoir manier une fourchette. 金の～を知っている savoir employer son argent.

つかいこなす 使いこなす savoir manier (utiliser, employer). 自分の能力をうまく～ faire bon usage de ses propres capacités. 部下をうまく～ savoir bien manier ses hommes. 彼ではあの難しい男を使いこなせないだろう Il n'arrivera certainement pas à manier un caractère aussi difficile.

つかいこみ 使い込み détournement m de fonds; malversation m.

つかいこむ 使(遣)い込む [横領] commettre une déprédation; détourner qc; [収入を当てにして] manger son blé en herbe. 使い込んだ万年筆 son vieux stylo.

つかいすて 使い捨て ¶～のライター(ひげそり) briquet (rasoir) m jetable. ‖～カメラ appareil m jetable.

つかいすてる 使い棄てる jeter après usage.

つかいだて 使い立て ¶お～してみませんが Pourriez-vous me rendre un petit service?

つかいて 使(遣)い手 manipulateur(trice) m(f); opérateur(trice) m(f); [巧者] expert m. 剣の～ bonne épée f; fine lame f. 槍の～である être expert (habile) à manier une lance.

つかいで 使いで ¶～のある石鹼 savon m qui a la vie longue. これは～があるね C'est inusable.

つかいなれる 使い慣れる s'habituer à l'usage de qc; se familiariser avec qc.

つかいのこす 使い残す ne pas épuiser; éviter de trop dépenser.

つかいはたす 使い果す épuiser; tout dépenser. 彼は車を買って貯金を使い果した L'achat d'une voiture a absorbé (engoufré, englouti, dévoré) toutes ses économies.

つかいふるす 使い古す user. ¶使い古しの(た) usé; vieux (vieil, vieille). このズボンは僕の使い古しです Ces pantalons sont usés, mais si vous voulez, je vous les donne.

つかいみち 使い道 emploi m. この種の才能は～がない Il n'y a pas de débouché pour cette sorte de talent. この器具の用途は何か Quel est l'usage de cet appareil?/A quoi sert (est destiné) cet appareil? 金の～に困る ne savoir comment employer son argent.

つかいもの 使(遣)い物 [贈り物] cadeau(x) m. ◆[役立つ物] ¶この機械は～にならない On ne peut rien faire avec cette machine. この男は～にならない On ne peut rien espérer de lui./Il n'y a rien à tirer de ce type.

つかいやすい 使い易い maniable. この小型のカメラはとても～ Cet appareil photo de petit format est très maniable.

つかいよう 使い様 ¶これは～によっては役立つ C'est utile selon l'usage./On peut s'en servir.

つかいわける 使い分ける savoir manier. 三か国語を～ savoir parler trois langues avec une égale facilité. 剣と槍を～ savoir manier le sabre aussi facilement que la lance. 彼は人を見て使い分ける Il fait acception de personnes. 彼は仏語と日本語を～ことが出来る Il manie aussi bien le français que le japonais.

つかう 使う [使用する] utiliser; employer; faire usage de; se servir de. 英語を～ parler anglais. 剣を～ manier l'épée. 自分の時間をうまく～ bien utiliser son temps. 湯を～ prendre un bain. わいろを～ donner des pots-de-vin; graisser la patte à qn. ごきぶりを殺すにはスリッパを～のが一番だ Pour tuer des blattes, le meilleur moyen c'est d'utiliser la pantoufle. ¶ほとんど使われてない語 mot m peu usité. 使い初めのノート cahier m vierge. ◆[操作する] manier; manœuvrer; manipuler; faire fonctionner. 電算機を～ faire fonctionner un ordinateur; [プログラムを作る] établir un programme; programmer. 人形を～ [人形劇で] montrer les marionnettes. ◆[人を] ¶人を～ employer (embaucher) une personne. 人をむやみに何にでも～ employer qn à toutes les tâches. 人を使って…させる engager qn à faire qc.

つがう 番う s'accoupler; s'apparier. ¶とんぼが～ている Deux libellules sont accouplées.

つかえ 支え 胸の～がおりる être soulagé. 全てを告白して胸の～がおりる être soulagé d'avoir tout avoué; vider son cœur. それで胸の～がおりた Ça m'a enlevé un poids.

つかえる 仕える servir qn; être au service de

つかえる qn. 神に〜 servir Dieu. 仕えている être en service chez qn. あちらの御両親にはちゃんとお仕えしなさいよ Dévoue-toi bien à tes beaux-parents.

つかえる 使える être utilisable; être utile; servir. 書斎として一部屋 pièce f sert de cabinet de travail. これはまだ〜 Cela peut encore servir. ¶使えない inutilisable. この機械は使えなくなった Cette machine est devenue inutilisable.

つかえる 支える ¶骨が〜 s'étrangler avec une arête. 胸が〜 avoir la gorge serrée. 頭が天井に〜 Ma tête touche le plafond. 言葉が〜 se troubler (s'embrouiller) dans ses paroles; bégayer. 説明が〜 s'empêtrer dans ses explications. つかえずに暗誦する réciter sans broncher.

つがえる 番える ¶弓に矢を〜 encocher une flèche.

つかさどる 司る diriger; conduire; gouverner; commander; tenir le gouvernail de qc. 国政を〜 gouverner l'Etat; prendre le timon de l'Etat. ミサを〜 célébrer la messe.

つかずはなれず 付かず離れず à distance convenable (respectueuse). ¶ああいう人とは〜のお付合をするのが無難ですよ Il vaut mieux le fréquenter en gardant une saine distance.

つかつか ¶〜と sans hésiter (hésitation); sans se gêner. 〜と歩み出る s'avancer d'un pas décidé.

つかぬこと 付かぬ事 ¶〜を伺いますが Pardon, monsieur./Je vous demande pardon, mais..../A propos, pourriez-vous me dire ....

つかのま 束の間 un moment; une seconde. ¶〜の passager(ère); éphémère; provisoire; temporaire; momentané; fugitif(ve). 〜の幸福 bonheur m éphémère. 〜の快楽 plaisirs mpl sensuels. それはほんの〜の出来事だった Cet événement ne dura qu'un instant. 〜のうちに en un instant (moment); en un clin d'œil; aussitôt.

つかまえどころ 掴まえ所 ¶〜がない rester dans le vague; ne pas préciser ses intentions; [どっちつかずである] n'être ni chair ni poisson (ni figue ni raisin). 〜のない話は divagation f; rêve m; rêverie f. 〜のない話を する divaguer. 〜のない返事をする répondre dans le vague. 〜のない人だ On ne sait pas par où le prendre.

つかまえる 掴まえる ⇨ つかむ(掴む). ¶タクシーを〜 arrêter un taxi. 泥棒を〜 pincer (attraper, prendre, [俗] agrafer) un voleur. 鳥もちで鳥を〜 engluer un oiseau. 動物を罠で〜 prendre un animal au piège. 誰かれなしに〜 saisir qn au (par le) collet. 彼は誰でも掴まえては説教する Il prêche à tout venant.

つかませる 掴ませる faire accepter qc. 人にいろを〜 graisser la patte à qn; donner un dessous-de-table (des pots-de-vin) à qn; 彼には袖の下を〜にぎらせる Il ne marche que si on lui graisse la patte. 私は粗悪品を掴まされた On m'a vendu de la camelote.

つかまる 掴(捕)まる [捕えられる] être pris (arrêté); [囚われる] se constituer prisonnier (ère); se faire prendre; [俗] se faire épingler (pincer, agrafer). 彼は警察に捕まった Il s'est fait prendre par la police./La police l'a arrêté. あの泥棒もついに捕まったらしい Il paraît que ce voleur a fini par se faire arrêter. ◆[とりすがる] ¶取手に〜 se tenir (s'agripper, s'accrocher) à la poignée; [すがる] s'accrocher à. 私の手にしっかり掴まっているんですよ Tiens-moi bien fort par la main. これに掴まって立ちなさい Relevez-vous en vous accrochant à cela.

つかみ 掴み ¶一〜の砂 une poignée de sable. ¶〜のない ⇨ つかまえどころ(掴まえ所).

つかみあい 掴み合い échauffourée f; rixe f.

つかみあう 掴み合う s'empoigner; s'attraper; se colleter; être aux prises avec. 髪を〜合う se tirer par les cheveux.

つかみかかる 掴み掛る s'agripper à; s'accrocher à.

つかみどり 掴み取り ¶景品はキャンディーの〜だ La prime, c'est une poignée de bonbons.

つかむ 掴む prendre qc dans la main; empoigner; attraper; saisir; [re]tenir; [いきなり] s'emparer de. 人の首を〜 empoigner qn au cou; saisir qn au (par le) cou. ナイフを〜 s'emparer du couteau. 腕を〜 saisir qn par le bras. 掌一杯に〜 prendre qc à pleine main. 投げられたボールを素早く〜 attraper la balle qu'on venait de lancer à qn. ◆[比喩的に] ¶意味を〜 saisir le sens. 機会を〜 saisir une occasion. 人の気持を〜 gagner (captiver) qn. 幸運を〜 avoir de la chance; trouver son bonheur; être chanceux(se). 大金を〜 gagner une grosse somme d'argent. 雲を〜ような話だ C'est à n'y rien comprendre.

つかる 漬る se tremper; se baigner. ふろに〜 prendre un bain. 泥に〜 s'embourber; se plonger dans la boue. 頭まで水に〜 être immergé dans l'eau. 〜水に漬かった本 livres mpl trempés d'eau. よく漬かった漬け物 légumes mpl bien conservés dans de la saumure.

つかれ 疲れ fatigue f; lassitude f; [激しい] accablement m; épuisement m. 頭の〜 fatigue intellectuelle (cérébrale). 全身の〜 fatigue générale. 〜をおぼえる sentir la fatigue. 〜を回復する restaurer ses forces. 音楽は心の〜をいやす La musique délasse l'esprit. あまりの〜で足の感覚がない Trop fatigué, je ne sens plus mes pieds. ¶〜を知らない infatigable; inlassable. 子供は〜を知らずに遊んでいる Les enfants ne se lassent pas de jouer.

つかれきる 疲れ切る ¶疲れ切っている être excédé de fatigue; être mort de fatigue; 《俗》être sur le flanc. 足が疲れ切っている Les jambes me rentrent dans le corps./J'ai les jambes rompues. 彼は疲れ切っている Il est brisé de fatigue. あの人は生活に疲れ切っている C'est une personne usée.

つかれる 疲れる se fatiguer de; se lasser de; être fatigué de; [飽きる] s'ennuyer à; être las(se). 〜仕事 travail(aux) m fatigant (en-

つかれる 疲れる être fatigué (de qc). ◆彼と話していると〜 Ça me fatigue de parler avec lui. 私は同じことばかりしていたので疲れた Ça m'a fatigué de faire toujours la même chose. 彼は何時間も喋っても疲れないものだ Il parle des heures entières sans se lasser! 疲れさせる fatiguer qn; accabler qn; excéder qn [de fatigue]. ¶疲れた fatigué; las(se); [極度に] accablé; épuisé; exténué; [figure に] usé. 疲れた様子[顔] air m (figure f) fatigué(e). 疲れた洋服 vêtements mpl fatigués. 私は歩き疲れた Je suis las de marcher.

つかれる 憑かれる être possédé (obsédé) de qc. ◆【単位】1人 possédé(e) m(f); obsédé(e) m(f). 憑かれたように喋る parler frénétiquement.

つかわす 遣わす [人を送る] envoyer qn; [物をやる] donner; accorder.

つき 付き ¶雨天に〜 à (pour) cause de la pluie; en raison de la pluie. 「社員旅行に〜休業」 «En congé: voyage annuel du personnel.» ¶【単位】1人 (1時間) に〜100円 100 yen par tête (heure). タクシーは1kmに〜80円上る Le tarif du taxi monte de 80 yen par kilomètre.

つき 月 [天体] lune f. 〜と地球 la Lune et la Terre. 土星の〜 lune de Saturne. 月が満ちる (欠ける) La Lune croît (décroît). 〜に着陸する atterrir sur la lune; alunir. 〜に吠える aboyer à la lune. 〜に叢雲, 花に風 Le bonheur est éphémère. ¶〜の lunaire. 〜の運行 cours m de la Lune. 〜の満ち欠け croissance f et décroissance f de la Lune. 〜とすっぽん C'est [comme] le jour et la nuit. ¶〜明り clair m de lune; clarté f lunaire. 〜明りで à la lumière (clarté) de la lune. ¶ [暦] mois m; [太陰暦] mois lunaire; lunaison f. 〜に1回の mensuel(le). 〜に2回の bi-mensuel(le). 〜に一度集まる se réunir une fois par mois (mensuellement). 〜毎に tous les mois; mensuellement. 〜毎に部屋代を払う régler sa chambre au mois. 〜が変らないうちに dans le courant du mois. ◆ ¶〜の物がない [月経] n'avoir pas de règles.

つき 尽き ¶運の〜だ C'en est fait./Tout est fini.

つき 突き【剣】botte f; passe f coup m de pointe. 〜を入れる (かわす) allonger (esquiver) une botte.

つき 付 ¶ 白粉の〜が悪い顔 visage m difficile à maquiller. 〜の悪いライター briquet m qui s'allume mal. ◆【運】¶〜が変った La chance a tourné. 〜がない n'avoir pas de chance; 《俗》n'avoir pas de veine (pot); manquer de pot. 今日は〜がない Aujourd'hui, je n'ai pas de veine.

—つき 付 ¶彼は曰く〜の男だ C'est un fameux gredin. 持参金〜の娘 fille f avec une dot. 社長〜秘書 secrétaire f du patron. 条件〜 avec condition. 僕の下宿は食事〜 Dans ma pension, le repas est compris. 大使館〜通訳 interprète mf d'une ambassade. 配当〜 avec le dividende. 保証〜 avec garantie. 保証〜の絵 tableau(x) m garanti.

つぎ 継ぎ rapiéçage m; reprise f; raccomodage m; ravaudage m; [布] pièce f. 〜を当てる mettre une pièce à; rapiécer; [修繕] réparer; raccommoder; [かけはぎ] repriser; ravauder; stopper; 《俗》rapetasser; retaper. ¶〜はぎだらけの知識 connaissances fpl acquises de bric et de broc.

つぎ 次 ¶〜はあなたですよ Vous êtes le suivant, monsieur. 〜の prochain; suivant. 〜の駅 prochaine station f. 〜の人 personne f suivante; [呼び声] Au suivant! 〜の例 exemple m suivant (ci-dessous, ci-après). 〜のことをよく覚えておきなさい Retenez bien ce qui suit. 〜の機会に à la prochaine occasion; la prochaine fois. 〜の日曜に集まろう On va se réunir dimanche prochain. 彼は自分の考えを〜のように表明している Il exprime son idée de la manière (façon) suivante. 〜に ensuite; puis; après cela; en second lieu; deuxièmement; 【法】subséquemment. 〜へ [オンライン・ショッピングで] Continuer.

つきあい 付合 [交際] fréquentation f; compagnie f; rapports mpl. 〜がある (ない) (ne pas) avoir des (de) rapports avec. 彼は同僚とは〜が少ない Il fraye peu avec ses collègues. 彼は〜が広い (狭い) Il a de nombreuses (peu de) fréquentations. ◆【義理上の】¶〜が良い (悪い) être (peu) sociable. 会社の〜だから仕方がないじゃないか Je n'y peux rien; ce sont les obligations du bureau. ¶〜の悪い (よい) 奴だ C'est un caractère difficile (facile). お〜する tenir compagnie à qn. お〜で [人に] pour tenir compagnie à qn; [習慣に] pour se conformer aux usages. 課長との お〜で遅くなった J'ai été retenu par le chef de bureau. ¶世間〜は良くしておいた方がよい Il vaut mieux avoir de bonnes relations avec tout le monde.

つきあう 付合う avoir des rapports intimes avec; fréquenter qn; tenir compagnie à; se mettre en compagnie avec; frayer avec. よい (悪い) 仲間と〜 fréquenter une bonne (mauvaise) compagnie.

つきあかり 月明り ⇒ つき(月).

つきあげ 突上げ ¶部下の〜を食って…する être poussé par ses hommes à inf.

つきあげる 突上げる pousser en l'air. 幹部を突上げて…させる pousser les cadres à inf. 下の者から突上げられる être poussé par ses inférieurs. 私も若い連中に突上げられそうせざるを得ないんだ Les jeunes m'ont mis l'épée dans les reins; j'ai été forcé d'agir ainsi.

つきあたり 突当り ¶廊下の〜 fond m du couloir. 廊下の〜は浴室になっています Le couloir se prolonge jusqu'à la salle de bain. 〜の部屋 chambre f du fond.

つきあたる 突当る [se] cogner à (contre, sur); †heurter qc; se heurter à (contre); [se] buter à (sur); entrer en collision avec; [互に] se tamponner. 壁 (障害物) に〜 se cogner au mur; rencontrer des obstacles; se heurter à des difficultés; buter sur un obstacle.

つきあわせる 突合せる rapprocher; confronter. 鼻を~ se mettre nez à nez. ひざを~ se mettre tête-à-tête. ◆[異同を調べる] comparer; confronter; examiner de près. 古い書類を突合せてみる confronter de vieux papiers.

つぎあわせる 継ぎ合せる unir; joindre; [端と端を] aboucher; ajointer; joindre bout à bout.

つきおくれ 月遅れ ¶~の雑誌 vieux numéro *m*. ~の正月 le nouvel an dans le calendrier lunaire.

つきおとす 突落とす plonger *qn* dans; faire tomber *qn* dans; précipiter *qn* dans. 馬から ~ faire tomber *qn* de cheval. 不幸に~ précipiter (plonger) *qn* dans le malheur.

つきかえす 突返す rendre un coup à *qn*; [物を] repousser. 球を~ renvoyer une balle. 申入れを~ repousser (renvoyer, rejeter) une offre. 貢物を~ renvoyer un tribut.

つきかげ 月影 clair *m* de lune. ¶~白く海を照らす La mer miroite sous le clair de lune.

つきがけ 月掛け ¶~貯金 épargne *f* mensuelle. ~貯金をする mettre mensuellement une somme fixe à la caisse d'épargne.

つぎき 接木 greffe *f*; greffage *m*; [接枝] greffon *m*; ente *f*. ~をする greffer; enter. 苗木を~する greffer des plants.

つききず 突傷 estocade *f*; [打撲] contusion *f*.

つきぎめ 月極め ¶~で給料を貰う être payé au mois (mensuellement). ~払いで払う payer tous les mois (au mois). ¶~駐車場 parking *m* loué au mois. ~払い payement *m* mensuel.

つきくずす 突崩す démolir; détruire; démanteler. 城壁を~ démolir les murailles. 敵の戦線を~ ébrécher (entamer) le front ennemi. 相手の論拠を~ saper les fondements logiques de l'adversaire. 相手の守りを少しずつ突崩していくしかない Il n'y a pas d'autre moyen de grignoter la solide défense adverse.

つきくだく 搗き砕く piler; broyer; écraser; [粉にする] moudre.

つぎこむ 注込む [注ぐ] verser; [移し換える] transvaser; [費用を出す] apporter; employer; consacrer. 大金を~ consacrer beaucoup d'argent à. ある任務に人々を充てるために献身の出来る人間のタスクを consacrer des hommes d'un une tâche. そのためならいくらでも金は~ Si c'est pour cela, je donnerai autant d'argent qu'il faudra.

つきころす 突殺す tuer d'un coup d'[épée]; poignarder. アンリ4世は突殺された Henri IV a été poignardé.

つきさす 突刺す percer; [突通す] transpercer; percer à jour; trouer; perforer; [串刺しにする] embrocher; enferrer; enfourcher; larder; [多くの穴をあける] cribler. 短刀を~ plonger un poignard dans; poignarder *qn*. 心を~ [悲しみが] percer le cœur de *qn*. 剣で突刺される être percé de coups d'[épée]. ¶~ような日付 regard *m* perçant. ~ような寒さ froid *m* perçant. ~ような痛み douleur *f* poignante.

つきしたがう 付従う ¶いつも人の後に~ suivre *qn* comme *son* ombre. ⇨ したがう(従う)

つきずえ 月末 fin *f* du mois. 今月の~ fin courant. ¶~に à la fin du mois.

つきすすむ 突進む ¶障害をものともせず aller de l'avant en se riant des obstacles.

つきせぬ 尽きせぬ inépuisable; intarissable; fécond. ¶~恨み haine *f* inépuisable. ~思い出 souvenir *m* inépuisable.

つきそい 付添 ¶付添い [看護人] garde *f* garde(s)-malade(s) *mf*; [添乗員] accompagnateur (trice) *m(f)*; [後見人] tuteur(trice) *m(f)*; [付添うこと] accompagnement *m*; escorte *f*; [後見] tutelle *f*. ~が必要である avoir besoin d'une tutelle. 母の下で外出を許す permettre à *qn* de sortir sous la surveillance de *ses* parents. ¶~を必要とする病人 malade *mf* qui a besoin d'une garde.

つきそう 付添う accompagner *qn*; escorter *qn*; suivre *qn*; garder *qn*; surveiller *qn*. 病人に~ garder et soigner un malade. 彼女は影のように彼に付添っている Elle le suit comme son ombre. ¶両親に付添われて来る se présenter accompagné de *ses* parents.

つきたおす 突倒す renverser *qn* par terre. faire tomber *qn* par terre.

つきだし 突出し [料理] ¶hors-d'œuvre *m inv*; amuse-gueule *m inv*.

つきだす 突出す mettre dehors; [物が] saillir. ¶突出した胸 poitrine *f* proéminente (saillante). 突出した部分 [partie *f* en] saillie *f*. ◆ ¶警察に~ amener (conduire) à la police.

つぎたす 継足す ajouter *qc* à; [長くする] rallonger *qc*.

つきたてる 突立てる ¶短刀を腹に~ [自分の腹に] se plonger un poignard dans le ventre se poignarder au ventre; [他人の腹に] plonger (enfoncer) un poignard dans le ventre de *qn*.

つきたらず 月足らず ¶~の prématuré. ~の子 avorton *m*; enfant *mf* prématuré(e).

つきづき 月々 chaque mois; mensuellement; par mois. ¶~10万円の収入 revenu *m* mensuel de cent mille yens. ~10万円の収入がある gagner cent mille yen par mois.

つぎつぎ 次々 ¶~に successivement; l'un(e) après l'autre; les un(e)s après les autres; au fur et à mesure; en (à la) file; coup sur coup; [競争で] à l'envi. ~に喋り出す commencer à parler à qui mieux mieux. ~に不幸が起こる Les malheurs se succèdent (se suivent). 噂が~に広まる La rumeur se répand comme une traînée de poudre.

つきっきり 付きっ切り ¶病人に~で看護する soigner un malade avec assiduité; ne pas quitter un malade. ~で子供に勉強を教える faire étudier un enfant sans relâche.

つきつける 突付ける ¶ピストルを~ braquer un revolver sur *qn*, 動かぬ証拠を~ présenter des preuves irréfutables. 抗議文を~ déposer une protestation écrite.

つきつめる 突詰める ¶1つのことを~ se

つぎて 継手 [継目] joint *m*; jointure *f*; [相続人] héritier(ère) *m(f)*; [後継者] successeur *m*.

つきでる 突出る saillir; dépasser; faire saillie; [s']avancer. 岬が海に突出ている Le promontoire [s']avance sur la mer. ¶突出た saillant; proéminent. 突出たあご menton *m* saillant. 突出た腹 ventre *m* rebondi; [俗] bedaine *f* bedon *m*. 突出た額 front *m* bombé. 突出た部分 saillie *f*.

つきとおす 突通す ⇨ つきさす(突刺す).

つきとおる 突通る ⇨ つきぬける(突抜ける).

つきとばす 突飛ばす renverser *qn* en bousculant; bousculer; pousser brutalement; †heurter violemment. 年寄りが通行人に突飛ばされた Une personne âgée a été renversée par un passant.

つきとめる 突止める trouver; découvrir; dénicher. 原因を～ découvrir [à force de recherches] la cause de *qc*. …のアパートを～ dénicher *son* appartement.

つきなみ 月並み ¶～な ordinaire; banal(s); commun; sans originalité. ～な話 banalités *fpl*. ～な文句 cliché *m* lieu(x) *m* commun; poncif *m*. ～な事を言う dire des platitudes. この本には～な事しか書いてない Ce livre ne contient que des banalités. そんな宣伝文句は～でもともとらない Ce slogan publicitaire est banal et ne vaut rien.

つきぬける 突抜ける percer [à jour]; transpercer; pénétrer; passer au travers; traverser. 矢が板を～ Une flèche passe à travers une planche. 痛みが体中を～ La douleur transperce tout le corps. ¶体を突抜けた槍の穂先 pointe *f* d'une lance passée à travers le corps.

つきのける 突除ける repousser; bousculer. ¶群衆を突除けて進む se frayer un chemin à travers la foule.

つきのま 次の間 antichambre *f*; salle *f* d'attente. ～で会うを待つ faire antichambre.

つきのわ 月の輪 disque *m* de la Lune; [暈輪] †halo *m*.

つぎはぎ ¶～だらけの服 habit *m* tout rapiécé. ～だらけの文章 Cet écrit est un rafistolage de plagiats.

つきはじめ 月初め début *m* du mois. ¶～に au (vers le) début du mois.

つきはてる 突き果てる ¶精根～ se consumer; s'épuiser entièrement; être à bout. 私はもう精も根も尽果てた Je suis à bout.

つきはなす 突放す repousser; chasser; écarter brutalement; éloigner; [関係を絶つ] rompre avec; abandonner; délaisser. 彼は他のランナーを完全に突放した Il a pris un avantage (le dessus) définitif sur les autres coureurs.

つきひ 月日 jours *mpl*. 楽しい～ beaux jours. ～のたつのは早い Le temps passe vite./Les jours fuient. …するまでには多くの～がかかるだろう Il passera (coulera) de l'eau sous les ponts avant que *sub*.

つぎほ 接穂 [園] greffon *m* ente *f*. 話の～を見出す réussir à reprendre une conversation; retrouver le fil de la conversation.

つきまとう 付纏う être toujours sur les talons de *qn*; être aux trousses de *qn*; poursuivre; †hanter; s'accrocher à; talonner; [悩む] †harceler; obséder. しつこく女に～ poursuivre une femme avec obstination. 暗い思い出が私に付纏って離れない Un souvenir sombre me hante. 彼女は別れた男が付纏われて困っている L'homme qu'elle a quitté ne cesse de l'ennuyer de ses poursuites. そんなに付纏わないで [子供に] Ne reste pas toujours fourré dans mes jupes.

つきみ 月見 ～をする contempler le clair de lune. ¶～草 œnothère *m*; onagraire *f*.

つぎめ 継芽 écusson *m*. ¶台木に～する écussonner (greffer en écusson) un sujet.

つぎめ 接目 joint *m*; jointure *f*. ～がない être en une seule pièce. ¶～板 [船] jouet *m*; [鉄道] éclisse *f*.

つきもの 付物 propre *m*; apanage *m*; particularité *f*; caractéristique *f*. 学者には貧は～だ Le savant est souvent pauvre. ¶老人に～のリューマチ rhumatismes *mpl*, apanage de la vieillesse; rhumatismes caractéristiques de la vieillesse. 風邪に～の症状 symptôme *m* qui accompagne la grippe.

つきもの 憑物 obsession *f*; †hantise *f* démon *m*. ～が落ちる [主語・人] être délivré d'une obsession; être exorcisé.

つきやぶる 突破る enfoncer; forcer; briser; [底] défoncer. 戸を～ enfoncer (forcer, défoncer) une porte. 壁を～ éventrer un mur. 雪を突き破って咲く花 fleur *f* qui perce (éclot à travers) la neige.

つきやま 築山 terrasse *f* tertre *m*; butte *f* monticule *m*.

つきゆび 突指 foulure *f* du doigt. ¶～[を]する se fouler le doigt.

つきよ 月夜 nuit *f* à clair de lune. 良い～だ C'est un beau clair de lune. ¶～に釜を抜かれる être victime de *son* inattention. ～に提灯 C'est enfoncer une porte ouverte.

つきる 尽きる être épuisé (vidé, consommé); tarir; [終りになる] finir; se terminer; prendre fin; toucher à sa fin. 力が～ [主語・人] être à bout de force; se consumer. 命運が～ être abandonné par la Fortune. 食糧が尽きてきた Les vivres ont commencé à manquer. そこで林が尽きて平野になる Là, finit la forêt et commence la plaine. この問題となると彼の話は…ことを知らない Il ne tarit pas (Il est intarissable) sur ce sujet. ¶尽きない富 fortune *f* inépuisable.

つきわり 月割り ¶～で払う payer par mensualités (mensuellement).

つく 就く [身を置く] ¶帰途に～ être sur le retour. ある職業に～ embrasser une carrière. 床に～ se mettre au lit. 校長の任に～ être nommé à un poste de directeur. 眠り

つく に〜 s'endormir. 壮途に〜 partir en grand voyage. ◆[従う] 弱い方に〜 appuyer le faible. 安きに〜 choisir le plus facile. 先生に就いて〜 être sous la direction d'un professeur. 塀に就いて左に曲がる tourner à gauche en rasant le mur.

つく 着く arriver à; aborder à (dans); atteindre; [腰を][se] reclier; rappliquer; [やっと] parvenir à; gagner; [触る] toucher; effleurer; frôler; [席に] se mettre; s'asseoir. 我が家に〜 regagner *son* foyer. 目的地に〜[たどり] arriver à *sa* destination. 食卓に〜 se mettre (passer) à table. 頭が天井に〜 Ma tête touche le plafond. 足がやっと地面に〜 Mes pieds frôlent le sol. 手紙が着いた Une lettre m'est parvenue. 私が着いたときા旅出発していた A mon arrivée, il était déjà parti. 地に着いた考え方をしろよ Ayez les pieds sur terre.

つく 突く donner un coup; [re]pousser; [角で] encorner; frapper à coups de cornes. 魚を〜 harponner un poisson. 鐘を〜 sonner une cloche. 判を〜 apposer le cachet sur. まりを〜 faire rebondir une balle. 杖を〜 s'appuyer sur une canne. 杖をついて散歩する se promener la canne à la main. 頰杖を〜 s'appuyer sur le coude. ◆[吐く] 溜息を〜 pousser des soupirs. 嘘を〜 mentir; dire des mensonges. ◆[比喩的に] 図星を〜 être d'attaque; se sentir en forme; être frais et dispos. 嵐を突いて出撃する faire une sortie en bravant la tempête.

つく 付く [付着する] être attaché (collé) à; [跡などが] être imprimé (gravé). 赤く色が〜 se colorer en rouge. 床にしみが〜 Le plancher se tache. 染物の色(ワクチン)が〜 La teinture (Le vaccin) prend. 雪の上に足跡がついている Il y a des traces de pas sur la neige. ◆[定着する] 接木が〜 La greffe prend. 根が〜 prendre racine; s'enraciner. ◆[添加される] おまけが〜 avoir une prime. 力が〜 devenir fort; [勧励] faire du progrès. ◆[一緒にいる] 看護婦が病人に〜 L'infirmière garde (est auprès d')un malade. 〜に付いて離れない ne pas quitter qn [d'un pas]; être aux trousses de qn. ◆[現象が生ずる・物事が定まる] かた(決まり)が〜 être décidé (fixé, arrêté). 電気が〜 L'électricité s'allume./On allume l'électricité. 役が〜 [主語・受動的に] être désigné (appelé) pour un rôle. 値が〜 Le prix est fixé (déterminé). 決まりがついた La décision est faite. 道của火に〜 Une route a été construite. 火がついた Le feu a pris. お燗がついた Le saké est chauffé à point. 値が付かない [程高い] être hors de prix. [ある値に該当する] 一個百円に〜 coûter cent yen la pièce. 高いものに〜 couter cher. ◆[良く感じられる] とても目に〜 personne *f* très en vue. どこに行っても人目に〜 Il se fait remarquer partout où il va. 耳に〜音 bruit *m* qui choque l'oreille. 彼の話は鼻に〜 [飽きる] J'en ai assez de l'entendre. ◆[運が] ついている être chanceux(se); avoir de la chance; [俗] avoir de la veine (du pot). ついていない être malchanceux(se); n'avoir pas de chance; avoir de la déveine. まったくついていない Pas de chance!/Quelle malchance!/[俗] Manque de pot!

つく 憑く posséder *qn*; obséder *qn*. 彼女は悪魔が憑いている Le démon la possède./Elle est possédée.

つく 搗く piler; écraser; moudre. 米を〜 décortiquer du riz.

つく 継ぐ [継承する] hériter [de]; succéder à. 財産を〜 hériter d'une fortune. 父の跡を〜 succéder à *son* père. 父の事業を〜 succéder à *son* père à la direction de l'entreprise. ◆[継足す] 炭を〜 fournir du charbon.

つく 告ぐ proclamer; déclarer; lancer une proclamation; annoncer; émettre un avis. 「学生に〜」《Avis aux étudiants.》

つぐ 次ぐ [東京に〜大都市 la plus grande ville après Tokyo. 君はうまさにおいて彼に〜 Tu le suis en habileté. 彼の作品は君に〜 Son œuvre suit la vôtre. この分野で彼に次ぐ者はいない Il est inégalé dans ce domaine.

つぐ 接ぐ souder; unir. 足の骨を〜 remettre le pied. 木に竹を接いだような話だ C'est une histoire qui ne tient pas debout.

つぐ 注ぐ verser. お茶を〜 verser (servir) du thé. グラスに葡萄酒を〜 verser du vin dans un verre; remplir un verre de vin.

‐つぐ 彼女は〜の調子で〜 Il s'emballe pour un rien. 彼女は最近色気づいた Ces derniers temps, elle a embelli. それで彼は怖気づいた Cela l'a rendu timide.

つくえ 机 [事務用] bureau(x) *m*; secrétaire *m*; [食卓] table *f*; [書見台] pupitre *m*. 〜につく se mettre à *son* bureau (*sa* table de travail).

つくし 土筆 tige *f* à sporanges de la prêle.

つくす 尽くす [最善を〜 faire de *son* mieux; faire l'impossible. 手段を〜 employer (épuiser) tous les moyens. 本分を〜 faire *son* devoir. 悪事の限りを〜 se livrer à tous les méfaits; se vautrer dans le crime. ◆[献身する] 夫に〜 se dévouer à *son* mari; être fidèle à *son* mari. ◆[...し切る] 言い〜 tout dire. 彼が言い〜のを待って se contentant qu'il ait tout dit. 池の水を汲み〜 épuiser un étang. 力を使い〜 épuiser *ses* forces; se consumer. 親の遺産を使い〜 dilapider l'héritage des parents. 火は町全体を焼き尽した Le feu a ravagé tout le quartier.

つくづく 〜人の顔を眺める fixer *son* regard sur le visage de *qn*; regarder fixement (attentivement) le visage de *qn*. 私はお前が〜嫌になった Je ne t'aime vraiment pas. 〜考えてみると、私は間違っていたと思う En fin de compte, j'avoue que j'avais tort.

つくつくぼうし cigale *f* mâle.

つぐない 償い compensation *f*; indemnité *f*; dédommagement *m*; [弁償] remboursement *m*; indemnisation *f*; [罪の] expiation *f*; rachat *m*; réparation *f*. 戦争の〜 réparation des dommages de guerre. 侮辱の〜を求める demander raison d'une offense; demander réparation d'un affront. この〜は

つかうなう 償う [損失を] compenser *qc*; dédommager *qn* de *qc* indemniser *qn* de *qc*; rembourser *qc* à *qn*; [罪を] expier; réparer. 損失を〜 compenser une perte par; dédommager d'une perte. 過ちを〜 expier (réparer) une faute. 罪を〜 racheter (expier) un péché. ¶罪を〜方法 moyen *m* expiatoire.

つくねん ¶〜と seul, sans rien faire.

つぐみ 鶇 grive *f*. ¶黒〜 merle *m*.

つぐむ 噤む ⇒くち(口).

つくり 作(造)り ¶料理屋風の〜の家 maison *f* dont les pièces sont disposées comme dans un restaurant. 頑丈な〜の男 homme *m* bien bâti (d'une solide stature); type *m* costaud. 入念な〜をした顔 [化粧] visage *m* bien maquillé. 彼女は顔の〜が良いから化粧のしがいがある Comme elle a des traits réguliers, le maquillage lui va bien. ¶木〜のテーブル table *f* en bois. 国〜 aménagement *m* du territoire. 粘土〜のお面 masque *m* d'argile. 人〜 éducation *f*; formation *f* des hommes. 若〜をする se rajeunir par la toilette; porter des toilettes qui rajeunissent.

つくりあげる 作り上げる [par]achever; [par]faire; [架空のものを] inventer; forger; fabriquer. 作品を〜 parfaire *son* ouvrage. 話を〜 inventer une histoire.

つくりかえる 作り替える changer en; transformer en. 小説を戯曲に〜 adapter un roman pour le théâtre.

つくりごえ 作り声 voix *f* faussée (imitée). 〜をする altérer *sa* voix; [他人の声を真似る] imiter (contrefaire) la voix de *qn*.

つくりごと 作り事 mensonge *m*; fiction *f*. それは全くの〜だ C'est de la pure fabrication.

つくりだす 作り出す [commencer à] produire; inventer; enfanter. 新型の機械を〜 inventer une machine d'un nouveau type. 新語を〜 forger un mot nouveau.

つくりつけ 作り付け ¶〜の家具 meuble *m* préalablement fixé.

つくりなおす 作り直す refaire *qn*. ¶君の寸法から間違っている、最初から作り直さない You t'es trompé dans tes mesures: il faut tout recommencer.

つくりばなし 作り話 histoire *f* fabriquée (inventée); fiction *f*; fable *f*; mensonge *m*; propos *mpl* fictifs. 〜をする raconter (inventer) des histoires; [ra]conter une fable; mentir. すぐ嘘だと分るような〜をするな Cesse de raconter des mensonges aussi transparents. それは全くの〜だ C'est de la pure fiction! ¶〜的な fictif(ve); mensonger(ère); fabuleux[se].

つくりもの 作り物 imitation *f*; faux *m*; factice *m*; [虚構] fiction *f*. ¶これは〜のダイヤだ C'est un faux diamant.

つくりわらい 作り笑い [sou]rire *m* forcé; [sou]rire de commande. 〜をする rire jaune; avoir un rire forcé. 〜をしようとして彼女は顔がひきつった En essayant un rire forcé, elle ne réussit qu'à crisper son visage.

つくる 作(造)る faire; [形成する] façonner; former; [創造, 生産する] créer; produire; [建造する] bâtir; construire; [製作する] fabriquer; confectionner. 学校を〜 construire une école. [創設する] fonder une école. 子供を〜 faire des enfants. 財産を〜 bâtir *sa* fortune. 詩を〜 faire (composer) un poème. 像を〜 modeler une statue. 調書を〜 rédiger (dresser) un procès-verbal. 人間を〜 former (éduquer) les hommes. 橋を〜 bâtir un pont. 道を〜 faire la vie. 本を〜 publier un livre. 道を〜 construire une route. 野菜を〜 cultiver des légumes. 畑(田)を〜 cultiver un champ (une rizière). ◆[見せる・化粧する] ¶若く〜 se rajeunir par la toilette. 顔を〜 se maquiller. 笑い顔を〜 se forcer à sourire; s'efforcer de rire. 彼女は入念に顔を作っている Elle se maquille avec soin. ◆[捏造] ¶話を〜 raconter des histoires; inventer (forger) une histoire. ◆[料理] ¶魚を〜 préparer un [plat de] poisson.

つくろう 繕う réparer; rapiécer; raccommoder; repriser; ravauder; [ざっと] rapetasser; bricoler. ズボンを〜 faire des reprises à un pantalon; mettre (poser) une pièce à un pantalon. 破れを〜 stopper (réparer) une déchirure. ¶縫い reparation *f*; reprise *f*; rapiéçage *m*; ravaudage *m*; raccommodage *m*. 繕い物 affaires *fpl* à raccommoder. ◆[恰好をつける] ¶声を〜 éclaircir *sa* voix. 世間体を〜 s'arranger pour sauver la face. 上役の前を〜 s'arranger pour éviter la critique des supérieurs. 身なりを〜 arranger *sa* tenue.

つけ 付け ¶〜を払う régler *sa* note (*ses* dettes). あの店には5万円の〜がある Je dois cinquante mille yen à ce commerçant. 彼の〜が僕の所に回ってきた C'est moi qui ai dû payer *sa* note. 悪政の〜は結局国民に回ってくる Quand le gouvernement est mauvais, c'est toujours la population qui finit par payer la note.

-つけ 付け ¶かかり〜の医者を呼ぶ envoyer chercher le médecin [de service].

つげ 柘植 buis *m*. ¶〜のパイプ pipe *f* de buis. 〜でできたチェスの駒 jeu(x) *m* d'échecs en buis.

-づけ 付け ¶敬称〜で呼ぶ appeler *qn* par *son* titre. ¶[日付け] ¶4月1日付け手紙 lettre *f* datée du 1er avril. この手紙は1月2日〜である Cette lettre porte la date du 2 janvier.

つけあがる 付け上がる s'enorgueillir; se vanter; se croire quelqu'un. 彼女は少しはめると付け上がる Il suffit de la louer un peu pour qu'elle fasse la bêcheuse. 彼は最近少し付け上がってるんじゃないか Ces derniers temps, il ne fait un peu le prétentieux, non?

つけあわせ 付け合せ garniture *f*. 肉料理の〜 garniture d'un plat de viande; légumes *mpl* qui accompagnent un plat de viande.

つけあわせる 付け合せる ❶肉料理に野菜を～ garnir de légumes un plat de viande. ¶~を添えた肉料理 plat *m* de viande garni; plat de viande accompagné de légumes.

つけいる 付け入る ⇨ つけこむ(付け込む)

つけおとし 付け落し omission *f*. ～をする faire une omission.

つけぐすり 付け薬 onguent *m*; pommade *f*; emplâtre *m*. ～をぬる appliquer un onguent sur.

つけぐち 告口 délation *f* cafardage *m*; médisance *f*; dénonciation *f*. ¶～する rapporter; dénoncer *qn*; 《俗》 cafarder; moucharder. あいつは先生に～ばかりする Il n'arrête pas de cafarder auprès du maître. ‖～屋 délateur(trice) *m*(*f*); mouchard(e) *m*(*f*); rapporteur(se) *m*(*f*); dénonciateur(trice) *m*(*f*); sycophante *m*.

つけくわえる 付け加える [r]ajouter; ajouter; mettre en plus; [r]apporter; accoler. リストに自分の名を～ ajouter *son* nom à la liste. 何か～ことがありますか Avez-vous quelque chose à ajouter? 一言付け加えて下さい Pourriez-vous ajouter un mot?

つけこむ 付け込む tirer profit de; faire *son* profit de; abuser de. 他人の不幸に～ tirer profit des malheurs d'autrui. 人の親切に～ abuser de la bonté d'autrui.

つけたし 付け足し [r]ajout *m*; [補足] supplément *m*. これはただの～です 用事というのは～で本当は釣が目的だったんだ Cette affaire n'était au fond qu'un prétexte; en fait, mon vrai but, c'était la pêche. ¶～の ajouté; supplémentaire. ～のページ pages *fpl* ajoutées.

つけたす 付け足す ajouter. 何か付け足すことはありますか Vous n'auriez pas de quoi rallonger un peu le texte?

つけたり 付け足り [r]ajout *m*; supplément *m*.

つけどころ 付け所 ¶彼の目の～は全く違う Il voit les choses d'un tout autre point de vue./Il est doué de seconde vue. さすが目の～が違いますね On voit que vous êtes du métier.

つけとどけ 付け届け ¶～をする [faire] envoyer un cadeau à *qn*.

つけね 付け根 足(肩)の～ jointure *f* de la jambe (de l'épaule). 葉の～ gaine *f* d'une feuille.

つけね 付け値 ¶～はいくらだい Quel prix v mettez-vous?/Quel est votre prix?

つけねらう 付け狙う guetter; viser; épier; être à l'affût de *qc*. 獲物を～ épier *sa* proie. 人の命を～ préparer un attentat contre *qn*.

つけび 付け火 ¶あれは～だ C'est l'acte d'un incendiaire. ⇨ ほうか(放火).

つけひげ 付け髭 barbe *f* postiche; fausse barbe; [口髭] fausse moustache *f* moustache postiche. ～をしている porter une fausse barbe.

つけびと 付け人 [社交界で若い女性に付添う] chaperon *m*; [護衛] garde *m*; [集合的] escorte *f*; [召使] domestique *mf*; valet *m*; [子守] bonne *f* d'enfant; babysitter *f*.

つけぶみ 付け文 ¶～をする envoyer un billet doux à *qn*.

つけぼくろ 付け黒子 mouche *f*.

つけまつげ 付け睫毛 faux cils *mpl*.

つけまわす 付け回す poursuivre *qn*; être aux trousses de *qn*. 女〔の尻〕を～ courir après une femme; courir le jupon (le cotillon).

つけめ 付け目 ¶それが彼の～だ C'est le but qu'il vise./C'est ce qu'il aimait.

つけもの 漬物 légumes *mpl* conservés dans la saumure; légumes salés. ¶～にする mettre *qn* dans la saumure; saler (saumurer) *qc*.

つけやきば 付け焼刃 ¶～である n'avoir qu'un vernis de connaissances. ～はすぐに剥れる «La caque sent toujours le hareng.» ～の学識 érudition *f* de façade. これは～の知識なんですが Ce ne sont pas des connaissances d'emprunt mais....

つける 漬ける tremper; plonger; baigner; immerger. 野菜を塩水に～ conserver des légumes dans la saumure.

つける 付(着, 就)ける [接着する] coller; attacher; fixer; joindre; [取付ける] fixer; installer. 二つのテーブルを～ joindre deux tables. 端と端を～ joindre bout à bout; abouter *qc*. 糊で～ coller *qc*. 壁に棚を～ fixer une étagère au mur. 電話を～ installer un téléphone. ◆[付着させる・添えさせる] 薬を～ appliquer un médicament sur. 色を～ teindre *qc*; revêtir d'une couleur. 香りを～ parfumer *qc*. 謝礼金に少し色を～ ajouter un petit supplément aux honoraires. 上の句に下の句を～ ajouter le deuxième verset au premier. ◆[点火する] 明りを～ donner de la lumière; allumer une lampe. 部屋に明りを～ allumer une chambre. ガス(電気, テレビ)を～ allumer le gaz (l'électricité, la télé). 火を～ mettre le feu à; [放火] incendier *qc*. ◆[着る・具える] 着物を身に～ s'habiller; se vêtir; mettre des vêtements. 生きる術を身に～ apprendre à vivre. 学問を身に～ faire des études; s'éduquer; s'instruire. 身に着けている porter un ornement. 学問を身につけている être instruit; avoir de l'éducation. ◆[付添わせる・習わせる] ¶病人に看護婦を～ attacher une garde-malade au service d'un malade. 付人を～ faire accompagner *qn* d'un valet. 弁護士を～ faire plaider pour un avocat. 子供に先生を～ faire travailler *son* enfant sous la direction d'un maître. ◆[書き記す] 印を～ mettre une marque. 日記を～ écrire *son* journal. ◆[据える] ¶席に～ faire asseoir *qn*. 味方に～ gagner *qn* à *son* parti. 道を～ ouvrir un passage; frayer passage. ◆[尾行する] ¶人の跡を～ filer (suivre) *qn*; être aux trousses de *qn*. ◆ ¶雨に付け嵐に付け soit pluie ou tempête. いつに付け熊いつに付け bien ou mal; toujours. 何かに付けどうなるを見る s'occuper de tout.

-つける [慣れる] ¶...しつける être habitué (ac-

つげる 告げる annoncer; prononcer; proclamer; publier; dire; faire savoir. 暇を〜 annoncer *son* départ. 時を〜 sonner l'heure. 判決を〜 prononcer (rendre) un jugement. 別れを〜 faire *ses* adieux à *qn*; prendre congé de *qn*. 風雲急を〜 La situation s'annonce très critique.

つごう 都合 condition *f*; circonstance *f*; situation *f*; état *m* de choses. 家庭の〜 affaires *fpl* de famille. 人の〜をきいて consulter les convenances de *qn*. 自分の〜ばかり考える être égoïste; s'écouter. その時の〜で selon les circonstances; selon le cas. 個人的な〜で pour des raisons personnelles. 時間の〜がつけば si j'en trouve le temps. 金の〜がつきしだい送ります Dès que je serai en mesure de vous régler, je vous enverrai la somme. 〜の(が)良い opportun; favorable; propice; convenable; indiqué; [便利な] commode; pratique. 〜の良い時 moment *m* propice. 自分の〜の良いようにする faire *qc* à *sa* convenance. 自分の〜の良いことばかり言う Cesse de prêcher pour ta paroisse. あなたの〜が良ければ si cela vous convient; si ça vous chante. それは色々な点で私に〜よい Cela m'arrange à beaucoup d'égards. 〜の悪い défavorable; inopportun; [厄介な] gênant; encombrant. 彼がいては〜の悪い Sa présence est encombrante. 〜の悪い時にやって来る aller à un moment inopportun. 〜が悪くて旅に出かけられない 〜が悪くて旅に出られない mon voyage à cause d'un empêchement./Un contretemps m'a empêché de partir en voyage. 〜良く favorablement; opportunément; à propos; convenablement; [支障なく] sans encombre (incident). 旅は万事〜良く行きました Le voyage s'est effectué sans encombre. 〜良く私は家に居た Heureusement, j'étais chez moi. 〜悪く inopportunément; malheureusement; mal à propos. ◆[やりくり] 〜する s'arranger. 時間を〜する en trouver le temps. 金を〜する trouver de l'argent. 何とか〜して会に出る s'arranger pour assister à la réunion. 私に 10 万円の金を〜して欲しい Trouvez(Prêtez)-moi cent mille yen. ◆[総計] 〜=10万円 [合計] cent mille yen au total (en tout). ∥御〜主義 opportunisme

m. 御〜主義者 opportuniste *mf*.

つじ 辻 ∥〜占い chiromancien(ne) *m(f)* de trottoir. 〜演説家 prédicateur *m* de trottoir (de place publique).

つじうら 辻占 ∥〜を立てる être diseur(se) de bonne aventure.

つじぎみ 辻君 fille *f* des rues; fille qui fait le trottoir.

つじごうとう 辻強盗 détrousseur *m*.

つじせっぽう 辻説法 prédication *f* de rue.

つじつま 辻褄 ∥〜が合う [être] cohérent (consistant, concordant). 〜が合う話 récit *m* concordant. 彼の言うことは〜が合っている Ce qu'il dit est cohérent. 〜が合わない [être] incohérent; ne pas tenir debout. 〜が合わない事を言う raisonner comme une pantoufle; déraisonner; divaguer.

つた 蔦 lierre *m*.

〜つたい 伝い ∥〜...〜; au(le) long de; tout le long de. 川〜に行く côtoyer (longer) la rivière. 壁〜に行く raser (frôler) les murs.

つたいあるき 伝い歩き 〜をする marcher en se tenant à *qc*.

つたう 伝う ∥〜(伝い). 壁を〜 raser les murs. 屋根を伝って逃げる s'enfuir par les toits.

つたえきく 伝え聞く entendre parler de; apprendre (savoir) *qc* par ouï-dire. 〜所によれば d'après un bruit qui court; Le bruit court (On dit) que *ind*.

つたえる 伝える [伝送る] transmettre. 音を〜 transmettre le son. 振動を〜 imprimer des oscillations. 電気を〜 conduire l'électricité. 熱を〜 transmettre (conduire) la chaleur. 伝え得る transmissible. ◆[伝達(播)する] communiquer; faire savoir *qc* à *qn*; annoncer; apprendre; enseigner; dire. 意図を〜 communiquer *ses* intentions. 思想を〜 se faire l'écho d'une idée. 真実を〜 enseigner la vérité. ニュースを〜 communiquer une nouvelle; transmettre une information; informer *qn* d'une nouvelle. 悪い知らせを〜 annoncer une mauvaise nouvelle. ◆[伝言する] ∥命令を〜 passer les consignes. メッセージを〜 passer un message. 彼によろしくお伝え下さい Transmettez-lui mes amitiés./Dites-lui bonjour de ma part. ◆[後に残す] 伝統を後世に〜 léguer une tradition à la postérité. 奥儀を〜 initier *qn* à un secret. 才能は必ずしも伝えられるものではない Le talent ne s'hérite pas toujours. ◆[もたらす] ∥仏教を日本に〜 importer le bouddhisme au Japon.

つたない 拙い [下手な] maladroit; malhabile; inhabile; gauche; [能力が劣る] incapable; incompétent. 〜踊り danse *f* maladroite. 〜私を導いて下さい Suppléez à mon incompétence. 私の〜芸ですが御覧下さい Ce n'est pas du grand art, mais accordez-moi une minute d'attention. 彼は武運拙く戦死した Le malheur a voulu qu'il meure au front.

つたわる 伝わる [伝送される] se transmettre; passer. 音は空中より水中の方が早く〜 Le son se transmet plus rapidement dans l'eau

つち que dans l'air. 電流が伝わらない Le courant ne passe pas. ◆［伝達される］se communiquer;［伝播する］se propager. 噂が～ Le bruit se propage (se répand, court, circule). その話は私の耳にまで伝わってきた Cela m'est venu aux oreilles. あなたが彼を不満に思っているという噂が伝わってきました Je me suis laissé dire que vous vous plaigniez de lui. ¶口から口へと～噂 bruit m qui passe de bouche en bouche. ◆［相続される］¶伝統が後世に～ Une tradition se transmet (va) à la postérité. 文化は～ものだ La culture s'hérite. 父から子へと伝わった話 histoire f léguée de père en fils. ［もたらされる］¶中国から伝わった仏教 bouddhisme m introduit de la Chine. 外国から伝わった流行 mode f importée (venue) de l'étranger.

つち 槌 marteau(x) m;［木製］maillet m [de bois];［大槌］mailloche f; massue f massue f;［石切用］laie f. ～で打つ frapper avec un marteau; marteler.

つち 土 terre f; sol m. 肥えた～ sol (terre) fertile. 痩せた～ sol (terre) maigre. ～に埋める enfouir qc dans la terre; enterrer qc. ～を掘る(たがやす) creuser (cultiver) la terre. ～を盛る mettre en tas la terre; entasser la terre. 故国の～を踏む fouler le sol natal; regagner son pays natal. 異国の～となる mourir à l'étranger. ¶～を盛っただけの墓 tombe f réduite à un monticule de terre.

つちいじり 土いじり jardinage m. ¶～をする jardiner. ～の好きな人 amateur m de jardinage.

つちいろ 土色 ¶～の terreux(se). ～の顔 figure f (physionomie f) terreuse.

つちかう 土かう cultiver; élever. 強い精神を～ former un esprit ferme.

つちくさい 土臭い terreux(se);［田舎じみた］rustique; paysan(ne). ¶彼女は土臭さが抜けない Elle sent toujours son terroir.

つちぐも 土蜘蛛 mygale f.

つちくれ 土塊 motte f; glèbe f.

つちけいろ 土気色 teint m terreux. ⇒ つちいろ（土色）.

つちけむり 土けむり poussière f. ～を上げる faire (soulever) de la poussière.

つちふまず 土踏まず plante f du pied.

つちほこり 土ぼこり poussière f; ［道路の～］poussière f des routes. ¶～の上がる道路 route f poussiéreuse.

つちよせ 土寄せ ¶葱の～をする butter des poireaux.

つちろう 土牢 cachot m; basse(s)-fosse(s) f. oubliette f.

つつ 筒 tube m tuyau(x) m; conduit m;［銃］canon m.

-つつ ¶酒を飲み～談ずる bavarder autour d'un verre. またお目にかかることを念じ～お別れします Je vous quitte tout en espérant vous revoir. 生活程度向上し～ある La vie va en s'améliorant.

つつうらうら 津々浦々 ¶～に partout [dans le monde]. 彼の名は日本中～にまで知れ渡った Son nom est connu jusque dans les coins les plus reculés du Japon.

つっかい 突っ支い ¶～棒 support m; appui m; soutien m; taquet m. ～棒を立てる mettre un appui à; étayer; appuyer; supporter; soutenir.

つっかえる ⇒ つかえる（支える）.

つっかかる 突っ掛る［反抗］résister à; s'opposer à qc;［喧嘩を売る］chercher querelle à ⇒ くってかかる;［物に］⇒ つまずく（躓く）. あいつはすぐ～ C'est un esprit batailleur (chamailleur, querelleur). 突然牛が突っ掛って来た Brusquement, un taureau s'est mis à foncer. 突然彼は刀を抜いて突っ掛って来た Brusquement, il a tiré son épée et s'est jeté sur moi.

つっかけ 突っ掛け pantoufle f. ～を履く mettre en pantoufles.

つっかける 突っ掛ける スリッパを～ se mettre sommairement en pantoufles.

つつがない 恙無い ¶恙無く sain(e) et sauf (ve); sans encombre. こちらは恙無く毎日を送っております Ici, je mène une vie sans histoire.

つづき 続き suite f continuation f; succession f. ¶雨～ une série de jours de pluie. 不幸～ une série noire. ～柄 lien m de famille (du sang); filiation f. ～番号 numéros mpl qui se suivent. ～物の小説 roman(s)-feuilleton(s) m.

つききる 突っ切る passer de part en part; traverser. 通りを突っ切ってから左へ曲る tourner à gauche après avoir traversé la rue.

つつく picorer; picoter; becqueter. 肘で～ donner un coup de coude à; pousser qn du coude. 鍋を～ se servir [à coup de baguettes] à même le plat. 重箱の隅を～ trouver (chercher) à redire sur des vétilles. ◆［唆す］¶人をつついて...させる inciter (pousser) qn à inf.

つづく 続く［継続する］durer; continuer; se maintenir; persister;［長引く］se prolonger; traîner;［連続する］se succéder; se suivre; se produire l'un[e] après l'autre;［連絡する］mener; conduire. 好天が～ Le beau temps persiste. 平和が～ Le temps est au beau fixe. 平和が～ La paix se maintient. 不幸が～ Les malheurs se succèdent. 人の後に～ suivre qn. 車が一列になって～ Les voitures se suivent à la file. 同志が彼に～ Ses camarades le suivent. 前のページに～ Cette page se rapporte à la précédente. 戦争は10年続いた La guerre dura dix ans. 暑さは9月中旬まで続いた Les chaleurs ont persisté jusqu'au milieu de septembre. 議論はまだ続いている La discussion se prolonge. あのチームは負けが続いている Cette équipe est en train de subir une série de défaites. もうお金が続かない Je suis à court d'argent. 彼の幸運もそんなに続きはしないだろう Sa chance ne va probablement pas durer. ¶国道に～道 chemin m qui aboutit à (débouche sur) une route nationale. この事件に続いて à la suite de cette affaire. 続いてニュースをお送りいたします Notre programme se poursuit avec un bulletin d'informa-

つづけざま 続け様 ¶~に鐘を打ち鳴らす sonner à toute volée (à coups redoublés, coup sur coup). ~に事件が起る Des événements se succèdent.

つづける 続ける continuer; poursuivre; perpétuer; [しつこく] persévérer à *inf*. 学業(旅)を~ continuer (poursuivre) *ses* études. 話し~ continuer à parler. 続けて2日間欠席する s'absenter deux jours de suite. 2日間続けて喋る parler deux heures à la file. ずっと続けて働く travailler continuellement (sans relâche, sans répit). 続けて3通の手紙を受取った J'ai reçu successivement trois lettres. そんなに続けて負けてたまるか Je ne vais tout de même pas continuer à me laisser battre.

つっけんどん 突慳貪 ¶~な rude; sec (sèche); brusque; bourru; revêche. ~な男 homme *m* bourru (renfrogné). ~な態度 air *m* bourru. ~に扱う maltraiter; malmener; rudoyer; traiter *qn* rudement. ~に扱われる se laisser malmener. ~に答える répondre sèchement (brusquement).

つっこむ 突っ込む [突進] se lancer dans; se précipiter dans; s'élancer dans; s'enfoncer dans; se ruer sur. 敵陣に~ se jeter sur les adversaires. ポケットに手を~ fourrer *ses* mains dans *ses* poches. 悪事に首を~ se fourrer dans (se mêler à) une mauvaise affaire. 彼は何にでも首を~ Il se mêle de n'importe quoi. ¶その問題に関して彼はかなり突っ込んだ質問をした Il a posé des questions assez fouillées au sujet de ce problème. 彼はこの問題についてはまだ突っ込み方が足りない Son approche du problème reste encore superficielle.

つっさき 筒先 bout *m*; [銃] bouche *f*; [ホース] jet *m*. 銃の~を空に向ける braquer le canon d'une arme vers le ciel. ホースの~を火に向ける消防士 pompier *m* qui dirige sa lance vers le feu.

つつさき 筒咲 ¶~の tubuliflore.

つつじ 躑躅 azalée *f*.

つつしみ 慎み retenue *f*; réserve *f*; discrétion *f*; modestie *f*; humilité *f*; [慎重] prudence *f*; [敬意] respect *m*. ~を欠く manquer de respect. ¶~のない笑い rire *m* indiscret. ~深い discret(ète); modéré; modeste; réservé; prudent; [表敬] respectueux(se). ~深い人 personne *f* pleine de mesure (modération). 彼はとても~深い Il a beaucoup de retenue.

つつしむ 慎む [...しない] se garder de; se préserver de; se défendre de; s'abstenir de; [謹慎する] être confiné chez *soi*. 言葉を~ mesurer *ses* paroles. 口を~ être sobre en paroles. 酒を~ s'abstenir d'alcool. 煙草を~ s'abstenir de fumer. 今後は行動を慎め La prochaine fois, agis avec plus de discrétion.

つつしんで 謹んで avec respect; respectueusement. ~申し上げます Je me permets de vous dire.... ~新年の喜びを申し上げます Je vous présente mes meilleurs vœux pour la nouvelle année.

つったつ 突っ立つ se planter; se poster. 突っ立っている être planté comme un piquet. そんな所に突っ立っていると邪魔だ Ne reste pas planté là, tu gênes. 突っ立てる planter; poster; ficher. 棒を突っ立てる planter un piquet. ¶地面に突っ立った杭 pieu(x) *m* fiché en terre.

つつぬけ 筒抜け ¶みんなに~の秘密 secret *m* de Polichinelle. 秘密が~だ C'est un secret de comédie. 私達にはそれは~さ Nous en sommes bien prévenus (avertis).

つっぱしる 突っ走る courir d'une haleine (sans se freiner). ¶君ひとりが突走ったら組織はどうなる Si tu n'en fais qu'à ta tête, que deviendra le groupe? そのときからそのチームは一気に突っ走って優勝した À partir de ce moment-là, cette équipe a remporté le championnat d'un seul élan.

つっぱねる 突っ撥ねる rejeter; repousser; refuser; rembarrer. 要求を~ repousser une demande. 彼は突っぱねられて黙ってしまった Il s'est fait rembarrer et s'est tu.

つっぱり 突っ張り ⇒ つっかい(突っ支い).

つっぱる 突っ張る [押す] pousser *qn* de la main; [主張を譲らない] persister (persévérer) dans *son* opinion; s'obstiner dans *son* opinion; insister sur *son* opinion. 筋肉が~ avoir les muscles tendus (contractés). 背中が~ avoir le dos courbaturé. あいつはいつも突っ張っている C'est un bêcheur.

つっぷす 突っ伏す se mettre à genoux (à plat ventre).

つつましい 慎ましい humble; modeste; réservé; discret(ète); [金額] modique; [食事] simple; frugal(aux); sobre. ¶~食事 repas *m* frugal. ~生活をする mener une vie modeste. ¶慎ましく modestement; avec simplicité; humblement. 慎ましさ modestie *f*; humilité *f*; réserve *f*; simplicité *f*.

つつみ 堤 digue *f*; chaussée *f*; levée *f*.

つつみ 包み paquet *m*; enveloppe *f*; ballot *m* colis *m*; [大きな] balle *f*; malle *f*. 衣類の~ ballot d'effets; paquet de vêtements. ~に~する empaqueter *qc*; faire un paquet de *qc*; emballer *qc*. ~を解く défaire un paquet. 本の~を解く dépaqueter des livres. ‖~紙 papier *m* d'emballage.

つつみ 鼓 caisse *f*; tambour *m*. ~を鳴らす battre la caisse (le tambour).

つつみかくす 包み隠す dissimuler; cacher; voiler. 感情(嫉妬の念)を~ dissimuler *ses* sentiments (*sa* jalousie). 包み隠さず全てを白状しろ Avoue tout sans rien cacher.

つつむ 包む envelopper; enrober; fourrer; [包みにする] empaqueter; emballer; emballoter; [藁で] empailler; [産着などで] emmailloter; [すっぽり物で] emmitoufler; [頭巾で] encapuchonner; [隠す] dissimuler; cacher. メロンを紙に~ envelopper un melon dans du papier. 謝礼に千円~ gratifier *qn* avec une enveloppe de mille yen. 霧が町を包んでいる Le brouillard enveloppe la ville. 街は夜の闇に包まれた La nuit a plongé la rue dans l'obscurité. ‖包

みきれない嬉しさ joie f qu'on ne peut dissimuler.

つづめる 約める ¶文章を～ raccourcir les phrases. 約めて言えば [en] bref; en un mot; en résumé.

つづら 葛籠 [grosse] vannerie f; ballot m d'osier.

つづらおり 九十九折 [道] méandre m; détours mpl sinueux (tortueux); route f en zigzag.

つづり 綴り [綴じた物] liasse f. カードを～ liasse de feuilles. ◆[文字] orthographe f. ローマ字の～ orthographe des lettres romaines. ～の誤り faute f d'orthographe. ～を間違える faire une faute d'orthographe; mal orthographier. 名前の～を言う épeler son nom; montrer comment écrire son nom. ‖～方 composition f.

つづる 綴る [文字] orthographier; écrire; composer. 御名前はどうつづるのですか Comment s'orthographie votre nom? ◆[つなぎ合せる] réparer une déchirure. 綴り合わせる [綴りにする] mettre qn en liasse.

つれん 綴 ⇨ぼろ（襤褸）.

つづれおり 綴織 tapisserie f. ～をつくる faire de la tapisserie.

つて 伝 [手蔓] moyen m; [縁故] relations fpl; [後援]〔俗〕piston m. 金を払わずに入る～がある connaître la combine pour entrer sans payer. 有力な～がある avoir des relations; 〔俗〕avoir du piston. ～が多い avoir de nombreuses relations. ～を大事にする cultiver une relation.

つと ¶彼はそこで～立止った Il s'est arrêté là brusquement.

つと 苞 emballage m de paille. 食物を～に入れる emballer des denrées dans de la paille.

つど 都度 ¶その～払う payer chaque fois. 歯をみがく～血が出る saigner des dents chaque (toutes les) fois qu'on se les brosse.

つどい 集い réunion f; assemblée f cénacle m. 文学の～ colloque m littéraire. 映画の～ réunion cinématographique.

つどう 集う se réunir; se grouper.

つとに 夙に [早くから] de bonne heure; tôt; [幼時に] dans son enfance; quand on était jeune; [以前から] depuis longtemps.

つとまる 勤まる ¶彼に～のはこの分野だけだ Il n'est compétent que dans ce domaine. 彼にはこの仕事は勤まらない Il n'est pas en état (à même, en mesure) de remplir cette fonction. それでは彼には主将は勤まらない A ce compte-là il n'est pas qualifié pour le rôle de capitaine.

つとめ 勤(務)め [義務] devoir m; obligation f; charge f; tâche f. 子の～ devoir filial. ～を果たす accomplir sa tâche; [刑を] purger sa peine. 妻の～を果たす remplir les devoirs d'une épouse. ◆[仕事] service m; fonction f; office m; travail(aux) m. ～から帰る rentrer de son travail. ～に出かける aller à son travail; aller travailler. ～を辞める quitter un emploi; donner sa démission;

démissionner d'un emploi; prendre sa retraite. きちんと～をする être à cheval sur le service; 〔俗〕être service-service. お～をする〔僧〕remplir son office. ‖～口 poste m; situation f. ～口が無い être sans travail; chômer. ～口を探す chercher un emploi. 身入りのいい～口を見つける trouver un bon fromage. ボーイの～口を見つける trouver un poste comme garçon. ～先 son lieu de travail. ～先はどこですか Où travaillez-vous? ～人 travailleur (se) $m(f)$; salarié(e) $m(f)$. ～人暮しも楽なものではない Ce n'est pas drôle, la vie d'employé.

つとめあげる 勤め上げる ¶彼は何事もなくその会社で30年間勤め上げた Il a servi trente ans cette entreprise sans la moindre histoire. 彼は刑期を勤め上げ先日出所した Ayant purgé toute sa peine, il est sorti de prison hier.

つとめる 勤(務)める [勤める] travailler; faire sa tâche; être de service; [僧] remplir son office. 学校(役所)に～ être professeur (fonctionnaire). 鉄道に～ être cheminot. 兵役を～ faire son service [militaire]. 40年勤めた後引退する prendre sa retraite après quarante ans de service. ◆[務める] ¶議長を～ assumer la fonction de président. 案内役を～ servir de guide. 今度の芝居では私が主役を～ことになった Dans la prochaine pièce, c'est moi qui vais jouer le rôle principal. ◆[努める] tâcher de inf; s'efforcer de inf; chercher à inf; essayer de inf; s'évertuer à inf; faire des efforts pour; travailler à. 泣くまいと～ faire des efforts pour ne pas pleurer. ¶努めて物を買わないようにする s'efforcer de ne rien acheter.

つな 綱 corde f; [マスト] hauban m; [犬を繋ぐ] laisse f attache f; [馬を繋ぐ] bride f; [集合的] cordage m; [細綱] cordon m; ficelle f fil m; [引き綱] câble m (de remorque). ～で引く remorquer qc; prendre qc en remorque. 犬を～に繋ぐ mettre un chien à l'attache. ◆[比喩的に] ¶命の～ fil auquel la vie tient. 最後の頼みの～も切れた J'ai perdu mon dernier espoir. 首に～をつけても彼を連れて来るよ Je vais le ramener ici même si je dois le traîner avec une corde au cou.

ツナ [まぐろ] thon m.

つながり 繋がり lien m; [関係] rapport m; relation f; liaison f; [類似] parenté f; affinité f; filiation f. 親子の～ lien de famille; filiation. 規則の～ liens de parenté. ～を持つ avoir rapport (des relations) avec. 何の～もない n'avoir aucun rapport avec. 彼とは何の血の～もない Il n'y a aucun lien de consanguinité entre lui et moi.

つながる 繋がる se lier à; se rattacher à; s'embrancher sur; se raccorder à; s'atteler à; [次々に] s'enchaîner. 心を～ s'entendre cœur à cœur. 首が～ ne pas être congédié. 血が繋っている être parent de qn; être du même sang que qn. この道路は高速道路に繋っている Cette route s'embranche sur

つなぎ 繋ぎ ¶次の幕までの～に手品をする faire des tours de prestidigitation à l'entracte.

つなぎあわせる 繋ぎ合わせる ¶2枚の板を～ ajuster deux planches. ロープを繋ぎ合わせる nouer des cordes bout à bout.

つなぎとめる 繋ぎ止める ¶船を～ amarrer un navire. 人の愛情を～ garder l'amitié de qn. 彼女の愛情を～ことは出来なかった Je n'ai pas réussi à garder son amour.

つなぐ 繋ぐ [r]attacher; unir; lier; raccorder; joindre; [船を] amarrer; [管を] embrancher. 手を～ se tenir par la main. 鎖で～ enchaîner. 囚人を鎖に～ river les prisonniers à la chaînes. 牛を車に～ atteler des bœufs à une charrette. 山羊を木に～ attacher une chèvre à un poteau. 二つの大陸を～船の便 ligne f maritime qui unit deux continents. ¶[電話などを] ¶こちらの～ brancher qc sur la prise. 彼から電話が来たら私につないで下さい S'il téléphone, passez-le-moi. ◆ [獄に～] emprisonner qn; mettre qn en prison. 露命を～ s'accrocher à la vie.

つなぐ 綱具 cordage m.

つなばしご 綱梯子 échelle f de corde.

つなひき 綱引 lutte f à la corde de traction. ～をする jouer à la corde de traction.

つなみ 津波 raz de marée m inv; tsunami m.

つなわたり 綱渡り acrobatie f; [人] funambule m/f; danseur(se) m(f) de corde; équilibriste m/f. ～[的な]する danser sur la corde raide (sur un volcan). ～的人生を送る vivre sur la corde raide. ¶～芸人 clown m funambule.

つね 常 ¶毎日朝の散歩を～とする se faire une habitude (avoir pour habitude) de se promener tous les matins. 貧乏したくないのは人の～ Personne ne veut être pauvre. ～ならぬ騒ぎ agitation f inhabituelle; bruit m inaccoutumé. 出席～ならぬ生徒 élève m/f qui s'absente souvent.

つねづね 常々 ¶私は～こう考えていた Je pensais toujours ainsi. ～お前にはそう言ってるだろう Je ne cesse de te le répéter. 偉い人は～から普通の人間とは違う Un grand esprit n'est pas semblable au commun des mortels dans la vie quotidienne.

つねに 常に toujours; tout le temps; sans cesse; constamment; continuellement; [普通] ordinairement; d'ordinaire; habituellement; d'habitude. 彼は～を体を動かしている Il ne cesse de bouger. 私は～早起きします Je me lève toujours tôt le matin.

つねひごろ 常日頃 ¶彼は～の心掛けが良い Il est toujours comme il faut. ⇨ つねづね (常々).

つねる 抓る pincer qn. 腕を～ pincer le bras à qn. ¶抓られた痕 pinçon m.

つの 角 corne f; [昆虫の] antenne f; [鹿の] bois m; [集合的に鹿の] ramure f. 牛(蝸牛)の～ cornes du bœuf (de l'escargot). ～が生える Les cornes poussent. ～で突く frapper à coups de corne; encorner. ～で突き合う se heurter à coups de corne. ～を生やす avoir (porter) des cornes; [女が] être jalouse. ～を折る [比喩的に] mettre de l'eau dans son vin. 彼女は人前では～をかくしている En public, elle fait la sainte-nitouche. 「～を矯めて牛を殺す」« Ne pas voir plus loin que le bout de son nez.» ¶～状のkératoïde. ～のある動物 bêtes fpl à cornes. ～のある悪魔 diable m cornu. ¶～隠し coiffe f de la mariée. ～細工 [objet m fait d'une] corne. ～細工の櫛(ボタン) peigne m (bouton m) de corne. ～突き合わせる se disputer; se quereller.

つのぶえ 角笛 cor m; [象牙の] olifant m. ～を吹く sonner du cor.

つのる 募る ¶暑さ(寒さ、嫌悪感)が～ La chaleur (Le froid, La répugnance) s'intensifie. 欲望が～ Le désir s'exaspère. 病勢は～ばかりだ L'état du malade ne fait qu'empirer. 僕の彼女への思いは～ばかりだ Ma passion pour elle ne cesse d'augmenter. それを聞いての私の不安な気持は一層募った En entendant cela, mon inquiétude n'a fait que s'aggraver. 欲望を募らせる aiguiser (exaspérer) un désir. ◆ [集める] ¶寄付を～ organiser une collecte (quête). 季節労働者を～ embaucher des ouvriers saisonniers. 義勇兵を～ recruter (lever) des [engagés] volontaires. 同志を～ recruter des adhérents (partisans).

つば 唾 [唾液] salive f; [痰] crachat m; [俗] graillon m. ～が出る saliver. ～を飲み込む avaler sa salive. ～を吐く cracher; expectorer. ～を吐きかける cracher sur qc. ～を飛ばして喋る lancer des postillons en parlant; postillonner. ¶天に～する être pris à son propre piège.

つば 鍔 [刀] garde f [d'une épée]; [帽子] bord m. ¶～なし帽 chapeau(x) m sans bord. ～の広い帽子 chapeau à large bord. 刀を～元まで突刺す plonger son sabre jusqu'à la garde.

つばき 椿 camélia m; rose f du Japon (de Chine). ¶～油 essence f de camélia. ～姫 dame f aux camélias.

つばさ 翼 aile f. ¶～のある ailé.

つばぜりあい 鍔迫合 ¶～を演ずる se battre à force égale; [スポーツ] faire jeu égal.

つばめ 燕 hirondelle f. ¶～の巣 nid m d'hirondelle. ¶[情人] ¶若い～ gigolo m.

つぶ 粒 [穀物] grain m; [粒子] granule m; [液体] goutte f; [種] graine f; semence f. ～が揃っている être tous bons. あの学校はスタッフの～が揃っている Cette école a un personnel enseignant à la hauteur. ¶～状の granuleux(se); granulé; graniforme; granulaire. ¶大～の涙を流す pleurer à grosses larmes. ～揃いの人間 personnes fpl qui se valent. これらは全て～揃いの品です Tous ces articles sont de première qualité.

つぶさに 具(備)に en détail; minutieuse-

つぶし 潰し ¶素早く~にかかる [ラグビーなどで] étouffer rapidement une attaque. ~餡 purée *f* sucrée de haricots rouges. ◆ ~がきく [融通がきく] être apte à tout; avoir une grande aptitude à tous les métiers. そんなことをやっていると~のきかない人間になってしまうぞ Ne faire que ça, on ne pourra plus rien tirer de toi.

つぶす 潰す [圧して] écraser; fouler; comprimer; aplatir; [破] écrabouiller; mettre en marmelade; [砕く] broyer; piler; concasser; moudre; pulvériser; triturer. じゃがいもを~ écraser des pommes de terre. ペン先を~ émousser une plume. 腫物を~ percer un abcès. [止暇的に] [時間を~ tuer (occuper) le temps. つまらないに時間を~ perdre *son* temps pour un rien. 鶏を~ saigner (égorger) un poulet. メダルを~ fondre des médailles. 声を~ casser *sa* voix. 人の面目を~ faire perdre la face. 身上を~ se ruiner. 胆を~ような事件 événement *m* suffocant.

つぶて 礫 caillou(x) *m*; pierre *f* balle *f*. 梨(無し)の~ ⇨ なし(梨).

つぶやく 咳く murmurer; marmotter; marmonner; susurrer; [不平] bougonner, ronchonner; grogner. ぶつぶつ~ murmurer des propos indistincts. ¶咳き murmure *m* marmottement *m*.

つぶら 円ら ¶~な瞳をしている avoir de grands yeux.

つぶる 眼る ¶目を~ fermer les yeux. 悪事に目を~ fermer les yeux sur un méfait. 目を瞑っている avoir les yeux fermés.

つぶれる 潰れる s'écraser; [砕かれる] être broyé (pilé, concassé); 鋸の目が~ Les dents de scie s'usent. 声が~ avoir la voix cassée (fêlée). 胸が~ être très affligé (attristé). 面目が~ perdre la face. チャンスが潰れた L'occasion est perdue. 父の事業が潰れた L'affaire de mon père a fait faillite. 家が雪の重みで潰れた Une maison a été écrasée sous le poids de neige.

つべこべ ¶~言う [理屈を言う] ergoter sur des vétilles; [言訳をする] s'excuser en menus propos. ~言わずに仕事する travailler sans se faire prier. ~言わせないで sans forme de procès. ~言いなさんな Remballe ta rhétorique.

ツベルクリン tuberculine *f*; cuti[-réaction] *f*. ~を打つ faire une cuti; tuberculiner. ¶~反応 [陽性] cuti positive; [陰性] cuti négative.

つぼ 坪 ¶~当り百万円の土地 terrain *m* à un million de yen les 3,3 m².

つぼ 壺 pot *m*; terrine *f*; bocal(aux) *m*; vase *m*; [長首] gargoulette *f*; jarre *f*; [水汲み用] cruche *f*. ¶ [急所・図星] ~を押さえる saisir l'essentiel. 彼は話の~心得ている Il sait se faire écouter. ~に嵌まると思い強い II est fort sur son propre terrain. ¶それこそ彼の思う~じゃないか C'est exactement ce qu'il attendait.

つぼまる 窄まる [se] rétrécir; clore.

つぼみ 蕾 bouton *m*; bourgeon *m*. ~をつける pousser des bourgeons; bourgeonner. 花の~ Les fleurs ont bourgeonné.

つぼむ 窄む ⇨ つぼまる(窄まる).

つぼめる 窄める rétrécir; resserrer. ¶傘を~ fermer un parapluie. 口を~ faire la bouche en cul de poule.

つま 妻 femme *f*; épouse *f*; compagne *f*. ~を求める chercher femme. ~を娶る épouser *qn*; prendre *qn* pour femme. ◆ ¶刺身の~ garniture *f* d'un plat de poisson cru. なるほど僕は刺身の~なんだから Je vois, je ne suis là que pour la galerie.

つまぐる 爪繰る ¶数珠を~ égrener un chapelet.

つまさき 爪先 pointe *f* des pieds. 靴の~ pointes [de chaussures]. ~で立つ se dresser sur la pointe des pieds; faire des pointes. ~で歩く marcher sur la pointe des pieds. ¶~の尖った靴 souliers *mpl* à la poulaine.

つまされる ¶身に~話だ C'est une histoire émouvante.

つましい 倹しい humble; modeste; économe; parcimonieux(se). ~暮し vie *f* modeste. ~暮しをする vivre petitement.

つまずく 躓く broncher; trébucher; faire un faux pas; achopper sur. 石に~ buter contre une pierre. 女に~ [俗] se casser le nez avec une histoire de femme. 事業に~ échouer dans une affaire. ¶躓き faux pas *m*; erreur *f*; échec *m*. 躓きの~ pierre *f* d'achoppement. これが彼にとって~の元となった C'est là-dessus qu'il a achoppé.

つまだつ 爪立つ ⇨ つまさき(爪先).

つまはじき 爪弾き ¶~[に]する écarter; éloigner; repousser; exclure. 彼はどこでも~されている Où qu'il aille, on le déteste.

つまびく 爪弾く ¶ギターを~ pincer les cordes d'une guitare. 爪弾き pincement *m*; pizzicato(ti) *m*.

つまびらか 詳らか ¶~な clair; détaillé. 何か~でない事情 quelque circonstance *f* obscure (mal éclaircie). ~にする éclaircir; élucider. その点については~でない Ce point reste obscur.

つまみ 抓(摘)み pince *f*; [ラジオ、テレビの] bouton *m*. 酒の~ amuse-gueule *m* inv. ラジオの~を捻る tourner un bouton d'un poste de radio. ¶ひとつまみの胡椒 une pincée de poivre. ¶~洗いをする laver partiellement. ~食いをする grignoter *qc* en cachette; [金を] se graisser la patte; mettre frauduleusement dans *sa* poche.

つまみだす 抓(摘)み出す faire sortir de force; mettre dehors. 早くはこやつをつまみ出せ Vite, prenez ce type par la peau du cou et mettez-le à la porte! つまみ出される être mis à la porte.

つまむ 抓(摘)む pincer; prendre 耳を~ pincer l'oreille à *qn*. 鼻を~ se boucher (se pincer) le nez. 指で~ prendre *qc* avec ces

つまようじ 爪楊枝 cure-dent *m*.

つまらない [無価値] vain; insignifiant; futile; infime; sans valeur; [ばかばかしい] absurde; dérisonnable; ridicule; stupide; [面白くない] assommant, ennuyeux(se); monotone; insipide. ～小説 roman *m* insignifiant. ～人物 personnage *m* anodin (effacé, terne, falot, insipide). ～話 histoire *f* (affaire *f*) insignifiante. ～物 rien *m*; bagatelle *f*. これは～物ですが… C'est un petit cadeau…. ～奴 [雑魚] [menu] fretin *m*. ～事で言い争う se disputer pour une bagatelle. ～事に時間を潰す perdre son temps à des balivernes. ～事に熱中する s'adonner à des futilités. ～事を言い立てる ergoter sur des vétilles. ～事を気にする s'inquiéter d'un rien. あれは～男だ C'est un homme peu intéressant. 今日は雨が降って～ Comme c'est ennuyeux, un jour de pluie! 貯金しても～ Il est inutile de faire des économies.

つまり [結局・要するに] en fin de compte; après tout; tout compte fait; en somme; somme toute; en conclusion; bref; en un mot; [即ち] c'est-à-dire; à savoir; [言わば] pour ainsi dire; si j'ose dire. ～この問題はこういうことだ Bref, ce problème se réduit à cela. ～彼は行きたくないのだ En fait, il veut pas y aller.

つまる 詰る [一杯になる] être serré (rempli, plein) de; être bourré de; [管などが] être obstrué (bouché, engorgé); [汚物で] s'encrasser. 油で～ s'encrasser d'essence. びっしり～ être serrés comme des harengs. 息が～ s'étouffer; être étouffé(e); suffoquer. 喉が～ avoir la gorge serrée. 鼻が～ avoir le nez bouché; être enchifrené. 胸が～ avoir le cœur serré. 返答に～ ne savoir que répondre. 金に～ être [à] court. 日が～ [期日が迫る] Le terme approche. 日が詰った [昼が短くなる] Les jours ont raccourci. こんなに厳しく管理されては息が～ A être contrôlé de si près, on étouffe. この引出しには何か詰っているんじゃないか Ce tiroir n'est-il pas bloqué par quelque chose? ¶ 詰った樋 tuyau(x) *m* bouché. びっしり詰った日程 journée *f* bien remplie. 中身の詰った箱 boîte *f* pleine à craquer.

つみ 詰み [チェス] ¶～だ Echec et mat!/Le roi est mat.

つみ 罪 [倫理的] péché *m*; faute *f*; [犯罪] crime *m*; [大罪] forfait *m*; [微罪] délit *m*; peccadille *f*; erreur *f*. 重い(軽い)～ péché mortel (véniel). 人類に対する～ crime contre l'humanité. …の～がある être innocent. ～があると認める s'avouer coupable. そうしようと思っただけまだ彼の～は軽い Sa bonne foi permet encore qu'on lui pardonne. ～に落ちる tomber dans le péché. ～に問う accuser *qn* d'un crime. ～に服する purger *sa* peine. ～を贖う expier (racheter) des péchés. ～を犯す commettre (faire) un péché (un crime, une faute). ～を着せる s'imputer un crime. ～を着せる imputer un crime à *qn*; mettre *qn* dans *son* tort. ～を軽減する atténuer (commuer) la peine. 主よ我等の～を許し給え Seigneur, pardonnez nos péchés!「～を憎んで人を憎まず」《C'est le péché qu'il faut haïr et non le pécheur.》お前には自分だけが～を逃れようとするのか Tu crois être le seul à pouvoir t'innocenter? ¶～な事を言う dire des choses pénibles (impitoyables, blessantes). ～な話だ Que Dieu *lui* pardonne. ～のない悪戯 péché mignon. ～のない顔をする prendre un air innocent; faire l'innocent.

-づみ 積み ¶2,000 トン～の船 navire *m* qui jauge 2.000 tonneaux. 2 トン～トラック camion *m* [qui a une capacité] de 2 tonnes.

つみあげる 積上げる entasser; amonceler; accumuler; amasser; [きちんと] empiler. 本を～ entasser des livres. 舗石を積上げてバリケードを作る entasser des pavés pour faire des barricades. ⇨ つみかさねる(積重ねる).

つみおろし 積み降ろし ¶～をする charger et décharger.

つみかえ 積換え transbordement *m*. ¶～を transborder *qc*.

つみかさなる 積重なる s'entasser; s'amonceler; s'empiler; s'accumuler. 戦場には累々と死体が積重なっていた Le champ de bataille était jonché de cadavres.

つみかさねる 積重ねる mettre *qc* en pile; empiler; entasser; amasser; [慎重に] accumuler. 実験を～ répéter des expériences. 証拠を～ accumuler (réunir) des preuves. 藁を～ entasser de la paille. ¶積重ね accumulation *f*; empilement *m*; entassement *m*. 全ての努力の積重ねが彼を成功させた Il doit son succès à la continuité de ses efforts. 努力の～で grâce à un effort soutenu (constant).

つみき 積木 cubes *mpl* [en bois]. ¶～遊び jeu(x) *m* de cubes. ～遊びをする jouer aux cubes.

つみくさ 摘み草 ¶～に出かける aller cueillir des herbes; aller se promener dans les prés.

つみごえ 積肥 ¶畑に～をやる mettre (épandre) du fumier sur un champ.

つみこむ 積込む charger; [船・車輌] embarquer; fréter; [きちんと] arrimer. トラックに荷物を～ embarquer des marchandises dans un camion. 船に荷物を～ charger (fréter) un navire; embarquer une cargaison. ⇨ つむ(積む).

つみだし 積出し expédition *f* (sortie *f*) de marchandises. ¶～港 port *m* d'embarquement.

つみだす 積出す ¶船(汽車)で荷物を～ expédier des marchandises par bateau (par chemin de fer).

つみたてる 積立てる faire des économies en versements réguliers; accumuler des versements. ¶積立金 réserve *f*; pécule *m*; [仲間中の] cagnotte *f*.

つみつくり 罪作り ¶～な inhumain; [残酷な] cruel(le); barbare; méchant; affligeant. ～な人だ C'est un cœur insensible (un sans-cœur). ～な話だ Il ne faut pas jouer avec le feu.

つみなおし 積直し ¶荷の具合が悪い, ～だ L'arrimage est défectueux, il est à refaire.

つみに 積荷 chargef; fret m; [船] cargaison f; [作業] chargement m. ～を降ろす décharger des marchandises. 船の～を降ろす décharger un navire. ～を積んだ船 navire m chargé. ～港 port m d'embarquement. ～保険 assurancef contre les dégâts à la cargaison.

つみのこし 積残し ¶～の乗客 voyageurs mpl qu'on n'a pas pu prendre en surcharge.

つみびと 罪人 [道徳・宗教] pécheur(eresse) m(f); [犯罪] criminel(le) m(f); [犯人] coupable mf.

つみぶかい 罪深い coupable. ～行い acte m punissable (condamnable).

つみほろぼし 罪滅ぼし réparation f d'un péché; expiation f; pénitence f. ～をする réparer (expier) ses péchés; faire pénitence. ¶～に煙草を一年やめなさい Pour ta pénitence, tu t'abstiendras de fumer pour un an. ～に酒をやめる Comme pénitence, je vais me priver d'alcool.

つむ 詰む [チェス] mettre en échec le roi.

つむ 錘 fuseau(x) m.

つむ 詰む [積重ねる] entasser; mettre en tas; amasser; amonceler; empiler; accumuler; [積込む] embarquer; charger. トラックに品物を～ charger [des marchandises] dans un camion. 金を～ présenter beaucoup d'argent. 経験を～ faire des expériences. 100万円の保証金を～ verser une caution d'un million de yen. 善根を～ accumuler de bonnes œuvres. これは長年経験を積んで初め出来ることだ On n'y parvient qu'après de longues années d'expérience.

つむ 摘む [採集する] cueillir; [収穫する] récolter; [あちこち] grappiller; ramasser; [葉, 花弁を] effeuiller; effleurer. 新芽若枝を～ pincer des bourgeons (des rameaux). 悪の芽を～ extirper (arracher, détruire) les vices (les abus).

つむぎ 紬 pongé m.

つむぐ 紡ぐ filer; tisser. 綿を～ filer du coton. 布を～ tisser une étoffe. ¶紡ぎ車 rouet m.

つむじ 旋毛 centre m de la spirale capillaire. ～を曲げる se buter; s'entêter; être buté. ～を曲げる Il se bute facilement. ¶～風 tornade f; ouragan m. あんな～曲り放っておきなさい Laisse tomber ce grincheux. 本当に～曲りなんだから Il est vraiment intraitable.

つむる 瞑る ⇒ つぶる(瞑る).

つめ 詰め ¶～を誤る échouer en vue du port; faire naufrage au port.

つめ 爪 ongle m; [獣の] griffe f; [猛禽の] serre f; [鶏の蹴爪] ergot m; [鉤] crochet m; cran m; croc m; [車輪の] chaton m. 足指の～ ongles des orteils. ～が伸びている avoir les ongles longs. ～が汚ない avoir les ongles sales (noirs); avoir les ongles en deuil. ～で引っ掻く griffer [avec les ongles]; égratigner; donner un coup de griffe. ～で[痒い所を] 搔く gratter avec les ongles. ～の手入れをする se faire les ongles. 少しはあの人の～の垢を煎じて飲んだらよい Tu devrais prendre un peu de graine auprès de lui. ～に火を点す faire des économies de bouts de chandelles. ～を切る se couper les ongles. ～を長くする porter les ongles longs. ～を伸ばす laisser pousser ses ongles. ～を磨く se curer (se brosser, se polir) les ongles. ～を噛む ronger (manger) ses ongles. 「能ある鷹は～を隠す」 «Il n'est pire eau que l'eau qui dort.» 彼は～を研いでじっと機会を待っていた Il fourbissait ses armes en attendant le moment propice. ～を噛んではいけない Ne ronge pas tes ongles! ～を立てるな Ne griffe pas. ¶～のある [動物が] griffu; [蹴爪のある] ergoté. 彼にはかんな気持ち～の垢ほども無い Il n'éprouve pas l'ombre d'un pareil sentiment. ¶～切り coupe-ongles m inv.

-づめ 詰め ¶箱～のリンゴ pommes fpl en boîte. ぎゅうぎゅう～の列車 train m bondé. ◆[...通し] ¶立ち～である être obligé d'être longtemps debout; rester longtemps de bout. 彼はこの一週間働きっ～だ Durant toute cette semaine, il a travaillé sans débrider. ◆[番] 警視庁～の記者 journaliste mf des affaires criminelles.

つめあと 爪痕 [marque f d'un] coup m de griffes; traces fpl d'ongles. 台風の～ dégâts mpl d'un typhon. お前の残した～ traces de ton pinçon. ～を残す laisser la marque de coups de griffes; laisser des traces d'ongles; [災害] laisser des traces. ¶～だらけの身体 corps m labouré de coups de griffes.

つめあわせ 詰合せ ¶チーズの～ fromages mpl variés (assortis). ～を assortir qc. 箱にチーズを～ empaqueter un assortiment de fromages.

つめえり 詰襟 ¶～服 veston m à col montant (à collet monté).

つめかえる 詰替える recharger qc; charger de nouveau. このトランクは詰替えればもっと入る Si tu refaisais ta malle, tu pourrais y mettre beaucoup plus de choses.

つめかける 詰掛ける venir en foule (masse); venir en grand nombre; se presser. そのコンサートには大勢の人が詰掛けた Une grande foule s'est pressée à ce concert.

つめこむ 詰込む ⇒ つめる(詰める). 電車に乗客を～ bourrer le train de voyageurs. ごちそうを～ se bourrer (se gaver, se gorger) de bonnes chères. 生徒に知識を～ bourrer les élèves de connaissances. 旅行鞄に下着を～ emballer du linge dans une valise. ¶詰込み[主義] bourrage m de crâne.

つめしょ 詰所 poste m. ¶警察官～ [poste de] police f.

つめたい 冷たい froid; frais (fraîche); glacé;

gelé; [態度] froid; glacial(aux); glaçant; [性格] froid; peu émotif(ive) (sympathique); distant. ~水 eau f fraîche. ~飲物 boisson f rafraîchissante; rafraîchissement m. ~手 main f froide. ~戦争 guerre f froide. ~人 personne f insensible; cœur m froid (sec); 《俗》sans-cœur m f inv; glaçon m. 低血圧の人は足が~ Les personnes à faible tension ont les pieds froids. 彼等はあいかわらず~戦争を続けている Ils continuent toujours la guerre froide entre eux. あいつはまった〈~奴だ C'est un vrai glaçon. ~なあ[人が] Dis donc, quelle froideur! あの課長は部下に~いという評判だ Le chef de bureau est connu pour être distant avec les subalternes. ~くなる [se] refroidir; se glacer; [大気など] se rafraîchir. 彼は最近冷たくなった Il est devenu froid ces jours-ci. お茶が冷たくなった Le thé s'est refroidi. 冷たく, froidement; glacialement. 彼は冷たく断られた Il a été éconduit sans recours. 冷たさ fraîcheur f; froid m; [性格など] froideur f.

つめて 詰手 [チェスなどの] coup m qui donne échec et mat.

つめばら 詰腹 ¶~を切らせる imputer une faute à qn; forcer (obliger) qn à résigner ses fonctions. 私は~を切らされた On m'a forcé à démissionner.

つめもの 詰物 [パッキング] remplissage m; garniture f; fourrure f; [椅子] bourre f; ouate f; rembourrage m; [料理の] farce f; [鉄鋼] bardeau m. コルク(木, 布)の~ tampon m de liège (bois, tissu). 椅子に~する rempailler des chaises; matelasser un fauteuil. ベッドに~をする rembourrer un lit. 鶏に~をする farcir un poulet. 歯に~をする plomber une dent.

つめよる 詰寄る ¶学生達は学長に詰寄った Les étudiants ont menacé le recteur. その聞捨てならぬ言葉の撤回を求めて私達は詰寄った Nous l'avons acculé à retirer sa déclaration déplacée. 敵が詰寄って来た L'ennemi resserre son étreinte.

つめる 詰める [rem]bourrer; rempailler. 箱に商品を~ emballer (empaqueter) des marchandises. トランクに物を~ bourrer la valise de qc. 鉢に土を~ tasser la terre dans un pot. 壁の割目にしっくいを~ mastiquer les fentes d'un mur; boucher les fentes d'un mur avec du plâtre. パイプに煙草を~ bourrer sa pipe. 歯に金属を~ plomber une dent. ピーマンに肉を~ farcir des piments. 根を~ travailler dur (ferme). ◆ [短縮する・切り詰める] ¶着物の丈を~ raccourcir un vêtement. スカート[の幅]を~ rétrécir une jupe. 指を~ se couper le petit doigt. 列を~ serrer les rangs. 暮しを~ réduire son train de vie. もっと詰めて下さい Resserrez-vous. ◆ [逃げ場を塞ぐ] ¶追い~ mettre qn aux abois. 王将を~ [チェスなどで] mater le roi. 息を~ retenir son haleine; couper le souffle. ◆ [控える] 部署に~ être de service à son poste.

つもり 積り ¶...する~である compter (penser) inf; avoir l'intention (en vue) de inf; se proposer de inf. これから何をする~です か Qu'avez-vous donc en vue?/Qu'est-ce que vous allez faire?/Qu'est-ce que vous avez l'intention de faire? 金を借りる~である compter (vouloir) emprunter de l'argent à qn. 私はまだ2,3日この町にいる~です Je pense rester encore deux ou trois jours dans cette ville. 彼を傷つける~は全くなかったんだ Je n'avais pas le moins du monde l'intention de le blesser. 出発する~になる se décider à partir. 旅行する~でお金を貯めている J'ai pu avoir un projet de voyage. あれで彼は何とかなる~でいるんだから Il pense qu'avec ça les choses devraient s'arranger. 私は本当にその~でいた J'y pensais vraiment./J'y croyais. 私は彼を追い出す~でいた Je voulais le mettre à la porte. お前どういう~なんだ Dis donc, qu'est-ce que ça signifie? これは多分あなたへの嫌がらせの~でしょう C'est peut-être à dessein de vous embêter. 金持になった~で comme si on était riche; en se prenant pour un riche. 転売する~で買う acheter pour revendre. どういう~でそんなことを言ってるの Qu'est-ce qu'il a en tête en disant cela? 死んだ~でもう一度やってみます Dusse-je mourir, je vais essayer une dernière fois.

つもる 積もる s'entasser; s'amonceler; s'empiler; s'accumuler. ⇒つみかさねる(積重ねる). 雪が屋根に~ La neige s'amoncelle sur le toit. 借金が段々~ [主語・人] s'endetter de plus en plus. ¶~胸の思い amour m grandissant; langueur f. 積る~怨みでかっとなった Sa rancune a fini par exploser. ~話もあるし一杯やろう On a des tas de choses à se dire: viens prendre un verre.

つや 艶 lustre m; luisant m; poli m; reflet m. 布の~ luisant d'une étoffe. 髪の~ reflets des cheveux. ~が出る prendre du lustre (de l'éclat). ~を出す lustrer; polir; donner de l'éclat (du lustre) à. 爪の~を出す se polir les ongles. ~を消す ternir; obscurcir; effacer l'éclat. ¶~のある lustré; luisant; poli; lisse. ~のある家具 meuble m luisant. ~のある声 voix f bien timbrée. ~のある皮膚 peau(x) f lisse. 金属性の~を持つ壺 pot m à reflets métalliques. ~のない terne; mat; sans éclat; [面白味のない] fade; insipide. ~のない話 histoire f sans intérêt. ¶~布巾 chiffon m à brasif (à polir); abrasif m.

つや 通夜 veillée f [d'un mort (mortuaire)]. ~をする veiller un mort; passer la nuit à veiller un mort.

つやけし 艶消し dépolissage m; [織物] décatissage m. ¶~する dépolir; ternir; [金属を] amatir; [布を] décatir. この銀器は~されている Ces vaisselles d'argent sont ternies. ~なことを言うな Ne fais pas le trouble-fête. そんなことを言うと全く~だ Ce que vous dites là jette un froid. ¶~ガラス verre m dépoli.

つやごと 艶事 aventure f amoureuse; intrigue f.

つやだし 艶出し polissage m; lissage m; lustrage m; [紙, 布の] glaçage m; satinage m; catissage m. ¶~する lustrer; polir; donner du lustre à; glacer; satiner; catir; [金

つやだね 艶種 ¶最近何かーはないか Tu n'as pas une petite aventure ces temps-ci? この新聞は〜ばかり掲載している Les colonnes de ce journal sont remplies d'histoires de cœur.

つやっぽい 艶っぽい galant; coquet(te); sensuel(le); séduisant. 〜女 femme f coquette. 〜話 galanterie f; aventure f. ¶艶っぽく galamment; d'un air coquet. 艶っぽさ galanterie f; coquetterie f.

つやつや 艶々 ¶〜した fleuri; luisant; poli; lisse. 〜した肌 peau(x) f lisse. ⇨ つや(艶).

つややか 〜な ⇨ つやつや(艶々).

つゆ 汁 liquide m; [植物の] suc m; jus m; [食用] soupe f; [肉汁] bouillon m.

つゆ 梅雨 [saison f des] pluies fpl; saison pluvieuse; temps m pluvieux. 〜が始まった Le temps pluvieux a commencé. 〜明け fin f; [de la saison] des pluies. 〜明けが近い La fin des pluies est proche. 〜入り début m des pluies.

つゆ 露 rosée f; goutte f; gouttelette f [d'eau]. ¶〜に濡れた牧場 pré m humide de rosée. ◆朝〜 rosée du matin. ¶〜の命 vie f éphémère. 〜ほどの情 une goutte de pitié. 〜ほどの情りもかけない être sans une ombre de pitié. 〜ほどの関心も抱かない ne pas avoir l'ombre d'un intérêt pour. そんな事だとは〜ほども思っていなかった Je ne m'en doutais guère (pas du tout). そんなこととは〜知らず失礼いたしました Veuillez m'excuser: j'ignorais tout de cette affaire.

つゆはらい 露払い [先導者] pilote m; pionnier m; guide m. 私が〜としてひと言ごあいさつ申し上げます Permettez-moi de dire un mot en lever de rideau.

つよい 強い [力・勢い] fort; puissant; énergique; violent; [頑丈・頑健] robuste; solide; vigoureux (se); résistant; 《俗》 costaud; [気持] ferme; déterminé; tenace. 〜印象 vive impression f. 〜風 vent m fort. 〜声 grosse voix f. 〜酒 vin m corsé (capiteux). 〜信仰 foi f solide. 〜効果 effet m agissant. 〜打撃 coup m violent. 〜男 homme m à poigne. 〜抵抗を受ける rencontrer une résistance tenace. 〜体をつくる se fortifier; se rendre fort. 〜身を守る caractère. 数学に〜 être fort en mathématique; 《俗》 être trapu en maths. 〜調子で d'un ton ferme; emphatiquement. ¶強くする fortifier; raffermir; rendre fort. 高原の大気は身体を強くする Le grand air des plateaux fortifie le corps. 強くなる se fortifier; se raffermir. 風が強くなる Le vent gagne en force. 強く fort; puissamment; violemment; énergiquement; vigoureusement; vivement; [しっかりと] fermement; [語気] emphatiquement. 強く生きなければいけない [自分に] Dans la vie, il faut faire face. 強く引く tirer avec force.

つよがる 強がる faire le bravache (fanfaron); se dresser (monter) sur ses ergots. ¶強がり air m bravache; rodomontade f; attitude f fanfaronne; bravade f. 強がりを言う dire des vantardises; se vanter.

つよき 強気 autorité f; audace f; caractère m. ¶〜の autoritaire; oppressif(ve). 〜の姿勢をとる prendre une mesure ferme. 見通しは〜である être positi(ve) dans ses prévisions. 奴はいつも〜だ Rien ne lui fait peur. 〜になる se montrer positif; se révéler affirmati(ve).

つよごし 強腰 attitude f implacable (inflexible). ¶〜である avoir de la poigne; demeurer inébranlable; être ferme dans sa résolution. 〜で事に臨んではいけない On ne prend pas les mouches avec du vinaigre.

つよさ 強さ force f; énergie f; vigueur f; [能力] puissance f; capacité f; pouvoir m; [丈夫] robustesse f; solidité f; [気持] fermeté f; dureté f. 岩のような〜 solidité de roc.

つよび 強火 ¶〜で料理する cuire à feu vif.

つよまる 強まる ⇨ つよい(強い).

つよみ 強み [côté m] fort m. 人の〜と弱み Le fort et le faible d'une personne. よく勉強するのが彼の〜だ Bien travailler, c'est son fort. こちらには彼がいるのが〜だ Sa présence nous donne la supériorité.

つよめる 強める fortifier; raffermir; rendre fort; intensifier; renforcer. 音を〜 augmenter le son (le volume). 火勢を〜 aviver (activer) le feu. 語気を〜 élever la voix. 色調を〜 aviver les couleurs. チームの力を〜 renforcer une équipe. 光を〜 intensifier une lumière. ¶語気を強めて話す parler en renforçant le ton.

つら 面 ¶〜の皮が厚い être effronté; 《俗》 avoir du culot (du toupet). でかい〜をするな 一この〜は生れつきだ Ne fais pas le bêcheur! — C'est de naissance. どの〜下げてここへ来た Quoi, vous avez le toupet de vous montrer ici? ∥紳士〜をしている se faire passer pour un gentleman. 仏頂〜をする faire la gueule. 怒ったときの彼はすごい〜付だった Quand il s'est mis en colère, sa tête n'était pas belle à voir.

つらあて 面当て ¶〜をする tenir des propos injurieux (blessants) à qn; injurier qn publiquement. 〜がましいことを言う faire des allusions piquantes. 俺への〜に子供を叱るな Cesse de me viser en grondant les enfants.

つらい 辛い [仕事など] pénible; difficile; fatigant; laborieux(se); ardu; tuant; dur; éprouvant; [悲しい] navrant; triste; douloureux(se); cruel(le); poignant; attristant; affligeant. 〜現実 réalité f amère. 〜仕事 travail(aux) m difficile; gros travaux. 〜別れ séparation f douloureuse. 〜目に遇う avoir la vie dure; en voir [de belles]. 〜目に遇った Cela m'a coûté cher. 子に先立たれることほど〜ことはない Rien n'est plus douloureux pour des parents que d'enterrer leurs enfants. ああ C'est dur! 朝起きるのが〜 C'est dur de me lever le

つらがまえ 面構え physionomie *f*; faciès *m*; mine *f*; [俗] tête *f*; bobine *f*. 奴はふてぶてしい～をしている Il prend des airs arrogants.

つらつら 〜考えてみる réfléchir à loisir à *qc*.

つらなる 連なる [並ぶ] se ranger; [人の後に] suivre *qn*; accompagner *qn*; faire la queue. ～山並 chaîne *f* de montagnes. 家並が連なっている Les maisons sont en enfilade./Il y a une enfilade de maisons. [参列する・加わる] se rallier à; adhérer à; se présenter; assister à. 祝賀会に～ assister à une célébration. 陰謀事件に～ prendre part à un complot. 委員の末席に～ devenir membre d'un comité.

つらにくい 面憎い ¶彼は～な奴だ Il a un air effronté.

つらぬく 貫く passer à travers *qc*; transpercer; traverser; pénétrer; percer. 初志を～ s'en tenir fermement à sa première résolution. 歴史を～思想 idées *fpl* qui se perpétuent à travers l'histoire. 弾丸が壁を貫いた La balle a transpercé le mur. 弾丸が彼の腕を貫いた La balle lui a traversé le bras. セーヌ川はパリを貫いて流れている La Seine traverse Paris.

つらねる 連ねる faire suivre; faire accompagner. 供を～ être accompagné d'un cortège. ¶彼らは袂を連ねて辞職した Ils ont présenté en bloc leur démission. ◆ 〜 [参加する] s'inscrire à; adhérer à; en être. 委員会に名を～ être membre d'un comité.

つらのかわ 面の皮 ¶いい～だ C'est bien fait!/[自嘲] Quelle honte!/Honte à moi! 〜が厚い ～の(面). 〜を剝ぐ infliger un affront à *qn*; humilier *qn*; accabler (couvrir) d'opprobre; jeter l'opprobre sur *qn*.

つらよごし 面汚し déshonneur *m*; honte *f*; opprobre *m*. 家の～である être le déshonneur de la famille. ¶～な déshonorant; †honteux(se). ～なことをしてくれたものだ Tu nous couvres de honte!

つらら 氷柱 ¶〜が下っている Des glaçons pendent au bord d'un toit.

つられる 釣られる être pêché; [誘惑される] se laisser séduire (tenter). 光に～ être attiré par une lumière. 匂いに～ être alléché par une odeur. うまい話に～ mordre à (se laisser séduire par) des boniments. そんな話に

～馬鹿はいよ Où est l'imbécile qui se laissera prendre à de tels boniments? ¶彼の甘言に釣られてつい承諾してしまったんだ Emboîné par ses paroles mielleuses, je me suis laissé convaincre.

つり 釣 pêche *f* [à la ligne]. 〜に行く aller à la pêche. 〜をする pêcher à la ligne. ‖〜糸 ligne *f* [de pêche]; fil *m* de canne à pêche. 〜餌 appât *m*; esche *f*; ver *m*; asticot *m*; mouche *f*. 〜竿 canne *f* à pêche. 〜師 pêcheur(se) *m*(*f*). 〜道具 articles *mpl* (engin *m*) de pêche. 〜針 hameçon *m*. 〜針に餌をつける mettre l'appât à l'hameçon. 〜針に掛かる mordre à l'hameçon. 〜舟 barque *f* de pêche. 〜堀 bassin *m* aménagé pour la pêche. ◆[釣銭] monnaie *f*. 〜を出す rendre la monnaie. 〜がない Je n'ai pas de monnaie. 1万円の〜がありますか Avez-vous la monnaie sur (de) dix mille yen? 〜は取っておいて下さい Gardez la monnaie.

つりあい 釣合 [均衡] équilibre *m*; [調和] harmonie *f*; proportion *f*. 内容と文体の〜 unité *f* du fond et de la forme. 〜を取る(が取れる) [s']équilibrer; [se] mettre en équilibre; [s']harmoniser. 積荷の〜を取る équilibrer la charge. 値段と利益の〜を取る ajuster le prix au (et le) bénéfice. ⇒ へいこう(平衡). 〜のとれた [均衡] équilibré; [調和] harmonieux(se); proportionné; compensé. 〜の取れた顔立ち traits *mpl* réguliers. 〜の取れた結婚 mariage *m* bien assorti. 〜の悪い déséquilibré; mal équilibré; disproportionné; †hors de proportion.

つりあう 釣合う [均衡] s'équilibrer; se mettre en équilibre; faire équilibre; [調和] s'harmoniser avec; se proportionner à; s'assortir à. 勢力が釣合っている Les forces s'équilibrent. 顔に釣合った声 voix *f* qui répond à *sa* physionomie. ネクタイと上着がよく釣合っている La cravate va très bien avec le veston. 釣り合わぬは不縁の因 Une mésalliance est source d'infortune conjugale. ¶彼に釣合った相手だ C'est un adversaire à sa mesure.

つりあがる 吊り上がる ¶目の吊り上がった aux yeux bridés.

つりあげる 釣(吊)上げる soulever; dresser; [高くする] [re]†hausser; relever; surélever. 大魚を〜 pêcher un gros poisson. 値段を〜 faire monter le prix. ¶目を吊上げて怒る se fâcher en faisant les gros yeux.

ツリウム [化] thulium *m*.

つりおとす 釣落す faire retomber; [逃がす] laisser échapper; perdre. ¶釣落した魚はいつも大きい L'occasion manquée est toujours une bonne occasion.

つりかぎ 釣鈎 [肉屋] pendoir *m*.

つりかご 吊(釣)籠 panier *m*; [気球などの] nacelle *f*; [人の] bourriche *f*.

つりがね 釣鐘 cloche *f*. ‖〜草 campanule *f*.

つりかわ 吊革 ¶〜に摑まる se tenir à la poignée.

つりこむ 釣込む ¶人の話に釣込まれる se laisser séduire (attirer, entortiller, embobi-

つりさがる 702 **つれていく**

ner, enjôler) par les paroles de qn. 香具師のうまい言葉に釣り込まれてそれを買ってしまった Alléché par un habile boniment, j'ai fini par l'acheter.
つりさがる 吊下る se tenir suspendu.
つりさげる 吊下げる suspendre; tenir suspendu; pendre. 天井に~ suspendre *qc* au plafond. 人を絞首台に~ pendre *qn* au gibet.
つりだな 吊棚 étagère *f* suspendue.
つりてんじょう 吊天井 plafond *m* suspendu.
つりどうろう 釣灯篭 lanterne *f* suspendue.
つりばし 吊橋 pont *m* suspendu.
つりばしご 釣梯子 échelle *f* de corde.
つりひも 吊紐 bretelle *f*; [革] brassière *f*. 銃を~で肩にかける porter un fusil à la bretelle.
つりほうたい 吊包帯 écharpe *f*.
つりめ 吊目 ¶彼女はひどい~だ Elle a des yeux de chinoise.
つりわ 吊輪 [体操] anneaux *mpl*.
つる 弦(絃) corde *f*. 弓の~ corde de l'arc. 鍋の~ poignée *f* arquée.
つる 吊る [sus]pendre. 首を~ se pendre. 橋を~ [建設する] construire un pont suspendu. 相手を~ [相撲で] soulever *son adversaire*. 腕を包帯で吊っている avoir un bras en écharpe.
つる 釣る [魚を] pêcher [à la ligne]. ここは魚がよく釣れる Ça mord bien dans ce coin. ◆[人を] racoler; raccrocher;『俗』draguer; [人を言葉で] enjôler; emboîner, emberlificoter; séduire *qn* par de belles paroles. 金で人を~ appâter *qn* avec de l'argent. うまい広告文句で人を~ racoler des clients avec un habile slogan publicitaire. 女を~のは甘い言葉に限る Pour draguer les filles, rien ne vaut des mots doux.
つる 鶴 grue *f*. ¶~の一声 mot *m* impérieux (qui tranche) [d'une autorité]. 首相の~の一声でそれは決定した Un mot du premier ministre a décidé l'affaire. 紅~ flamant *m*. ~亀, ~亀 Jésus! Marie!
つる 蔓 [植] tige *f* grimpante; sarment *m*. 眼鏡の~ branches *fpl* de lunettes. 芋の~ cirre *m* de patate.
つる 攣る ¶ふくら脛が~ avoir une crampe au mollet. 顔の筋肉が~ avoir une contraction des muscles du visage.
つるぎ 剣 glaive *m*; épée *f* [à deux tranchants].
つるくさ 蔓草 plantes *fpl* (herbes *fpl*) sarmenteuses.
つるし 吊し pendaison *f*. ¶~の洋服 costume *m* de confection; prêt(s)-à-porter *m* [suspendus dans les rayons].
つるしあげる 吊し上げる [高く吊す] suspendre; pendre en l'air. ◆[責め問う] critiquer violemment en public. 学長は学生たちに吊し上げられた Le recteur a été malmené par les étudiants et il a dû passer un mauvais quart d'heure au recteur.
つるす 吊す ⇨つる(吊る).
つるつる ¶~とすべる glisser; fuir. ~に禿げている être chauve comme un œuf; n'avoir pas un poil sur le caillou. ~の(な) glissant; fuyant. ~の石鹸 savon *m* glissant.
つるはし 鶴嘴 pioche *f*; pic *m*. ~で掘る piocher.
つるべ 釣瓶 seau(x) *m* de puits. ¶~打ち [tir *m* d']enfilade; ~打ちにする soumettre à un tir d'enfilade; prendre en enfilade. 秋の日は~落とし En automne, les crépuscules sont courts.
つるむ s'accoupler. 彼等が~で何をやるか分らない Quand ces deux-là sont ensemble, Dieu sait ce qu'ils vont faire. 2人で~でどこへ行くんだい Où allez-vous comme ça vous deux?
つるも 蔓藻 lacet *m* de mer.
つるり ¶~とした顎 menton *m* glabre. コップが~と手から滑り落ちた Le verre m'a glissé des mains.
つれ 連れ [仲間] compagnon *m*; compagne *f*; [集合的] compagnie *f*. ~がある(ない) (n')être accompagné de *qn* (personne). 子供~である être accompagné de *ses enfants*. 二人~ couple *m*.
つれあい 連合い [女] compagne *f*; épouse *f*; femme *f*; moitié *f*; [男] époux *m*; mari *m*.
つれかえる 連れ帰る ramener.
つれこ 連子 enfant *mf* d'un autre lit. 彼女には 2 人の~がある Elle a deux enfants d'un autre lit.
つれこむ 連込む amener (conduire) avec soi; entraîner. 女を森の中に~ amener une femme dans un bois. ¶連込み旅館 hôtel *m* (maison *f*) de passe.
つれさる 連去る emporter; enlever; [誘拐] détourner; ravir. 幼女を~ enlever (détourner) une fille mineure. この戦争は私から 2 人の息子を連去った Cette guerre m'a enlevé deux fils. ¶子供を連去られた母親 mère *f* à qui on a enlevé ses enfants.
つれそう 連添う être auprès de *sa femme* (*son mari*); être mariés; se marier. この人と 30 年連添っていますが、あなたに 1 度も聞いたことはありません Ça fait 30 ans que je vis avec lui, mais il ne m'a jamais dit un mot de cela.
つれだす 連出す sortir; mener (conduire) *qn* dehors. 子供(犬)を~ sortir un enfant (*son chien*). 身代金目当てに子供を~ enlever un enfant pour exiger une rançon. 友達を映画に~ emmener un ami au cinéma.
つれだつ 連立つ aller ensemble. ¶友と連立って山かけに oortir avec un ami.
つれづれ 徒然 ¶~のまにま à loisir; par désœuvrement; pour passer le temps.
-つれて ¶夏に近づくに~ [au fur et] à mesure que l'été approche. 時が経つに~ avec le temps. 記憶が薄れて来るに~ à mesure que les souvenirs s'estompent. 進むに~ avec le progrès. 面白くなるに~ à mesure que l'intérêt augmente. 歳を取るに~ 金も出来た La fortune est venue avec l'âge.
つれていく 連れて行く emmener [*avec soi*]; [物] emporter [*avec soi*]; [連れ回る]

つれてくる 〖俗〗trimbaler. ...を病院に〜 emmener *qn* à l'hôpital. 子供を学校に〜 [a]mener *son* enfant à l'école. 犬を散歩に〜 mener *son* chien promener. 彼はどこへでも女房を〜 Il traîne sa femme partout.

つれてくる 連れて来る amener [avec soi]; faire venir en *sa* compagnie. 犬を〜[家から] venir avec son chien. 彼は子供を２人連れてきた Il est venu accompagné de deux enfants. ⇨ つれもどす(連戻す).

つれない 冷淡な; froid; insensible. 実際〜な奴だ C'est un vrai glaçon./C'est un cœur de marbre. 〜事を言う dire des cruautés. そうつれなくするな Ne te montre pas si impitoyable. ¶ 人をつれなく扱う traiter *qn* durement (sans aménité); rudoyer *qn*; maltraiter *qn*; rendre la vie dure à *qn*.

つれもどす 連戻す ramener; remmener; reprendre; faire revenir *chez soi*. 子供を親の所へ〜 reconduire des enfants chez leurs parents. 馬を小屋に〜 ramener un cheval à l'écurie.

つれる 連れる se faire accompagner (suivre) de; être accompagné de *qn*; mener. 犬を連れている少女 fille *f* qui promène son chien.

彼は子供を連れている Il est accompagné de ses enfants.

つわもの 兵 vétéran *m*; soldat *m* [de métier]. その方面では中々の〜だ Il est très fort dans son genre. 〜どもの夢の跡 cendres *fpl* de l'histoire.

つわり 悪阻 nausée *f* de femme enceinte. 私は〜がひどい J'ai de fortes nausées.

つんざく ¶ 耳を〜 abasourdir; assourdir. 耳を〜ような assourdissant; abasourdissant. 耳を〜ような悲鳴 cris *mpl* déchirants.

つんつるてん ¶ 〜のズボン pantalon *m* raccourci.

つんつん ¶ 〜している rester sur *son* quant-à-soi; garder *ses* distances; être orgueilleux (se). 彼女はちょっと〜している Elle est un peu collet monté. 〜した様子で d'un air pincé.

つんと ¶ この匂いは〜鼻にくる Cette odeur monte au nez. 〜くる匂い odeur *f* âcre.

ツンドラ 凍原 toundra *f*. シベリヤの〜 la toundra sibérienne.

つんのめる ¶ 彼は酔っていたので道でつんのめってしまった Comme il était ivre, il s'est étalé de tout son long. ⇨ のめる.

て

て 手 main *f*; [おてて] menotte *f*; [腕] bras *m*; [動物] patte *f*. 〜があいている(ふさがっている) être libre (occupé). ...で〜がふさがっている être occupé de; avoir les mains liées par. 〜がつけられない ne pas savoir comment traiter. 〜がつけられていない ⇨ てつかず(手付かず). 〜がとどく atteindre *qc* avec la main. ⇨ とどく(届く). 〜が入る ⇨ ていれ(手入れ). 仕事から〜が離せない Je ne peux pas interrompre mon travail. この子はまだ〜が離せない Cet enfant ne vole pas encore de ses propres ailes. 〜が早い [喧嘩早い] avoir la main leste; [女に] courir le jupon. そんなことをしたら〜が後ろにまわるよ Si tu fais ça, tu vas te faire pincer. 俺のは〜がはいるよ J'ai une belle main. 他に〜がない ne pas avoir d'autre recours (moyen). 黙っているより〜がない Le mieux est de se taire. 奴は酒の〜が上がったよ Il a appris à boire. ¶ 〜で合図する faire signe à *qn* de la main. 〜で編む tricoter à la main. 〜で食べる manger avec *ses* doigts. ¶ 〜に入れる acquérir; obtenir; se procurer de; [買う] acheter; 〖俗〗décrocher. 金を〜に入れる se procurer de l'argent. 許可を〜に入れる obtenir une permission. 遺産で家が〜に入る Il lui échoit une maison en héritage. これはたまたま僕の〜に入ったものだ C'est un article qui m'est tombé sous la main par hasard. それは私の〜におえない Cela dépasse mes forces./Cela me dépasse./Cela n'est pas à ma mesure. 彼は君の〜におえない Il est trop fin pour vous. 〜におえない国民 peuple *m* difficilement gouvernable. 〜におえない子供 enfant *mf* terrible. 城は敵の〜に落ちた Le château est tombé aux mains de l'en-

nemi. 心配で仕事が〜につかない Mes soucis m'empêchent de me mettre au travail. 〜に取る prendre *qc* dans la main. レンブラント自身の〜になる絵 tableau(x) *m* de la main même de Rembrandt. ...の〜に乗る se laisser prendre à *son* jeu. 〜に持つ (porter) tenir *qc* à la main. ...の〜に渡す(渡る) remettre *qc* à *qn* (passer aux mains de *qn*). 〜に汗握る場面(ストーリー) scène *f* (histoire *f*) qui vous donne des sueurs froides. 〜から〜に渡る passer de main en main. 〜に持って運ぶ transporter *qc* à bras. 〜に持って量る soupeser *qc*. 〜を取って顔を見合わせる se regarder en se donnant les mains (les mains dans les mains). 〜に〜を取って駆落ちした Les amoureux ont fui ensemble. 彼の気持ちが〜に取るように分る Ses sentiments sont transparents comme de l'eau de roche. 隣室の話が〜に取るように聞こえる On ne perd pas un mot de ce qui se dit dans la pièce voisine. ¶ 〜の下しようがない n'y pouvoir rien. 〜の届くところにある être à la portée de la main de *qn*. 〜の切れるような紙幣 billet *m* flambant neuf. 〜のこんだ compliqué. これは〜のこんだ品物だ C'est du travail fignolé. 〜のかかる ⇨ てがかる(手数). この〜のネクタイは他にありませんか Vous n'avez pas d'autres cravates de ce genre? ¶ 〜も足も出ない Ça me coupe bras et jambes. 口も八丁〜も八丁な奴だ Il est aussi habile en paroles qu'en actes. ¶ 〜を上げる lever *ses* mains; [降参する] se rendre à *qn*. 〜をあげろ Haut les mains! 私は子供に〜をあげたことはない Je n'ai jamais touché (frappé) un enfant. 〜をあげて à main levée. 〜を洗う se laver les mains. ～をあわせる joindre les mains. ～をあわせて les mains jointes. そんなとこで～を打ちましょう ¶てうち(手打). うまいい)～を打つ [ゲームで] jouer un coup adroit. 早く～を打たないと駄目だ Il faut agir de toute urgence. ～をおろす(さし出, 伸ばす) baisser (tendre, étendre) la main. あの人は品をかえて d'une façon ou d'une autre. 刀に～をかける mettre la main à l'épée. ～を貸す prêter son aide. ～を借りる demander de l'aide à qn. ～を切るか finir avec qn; rompre avec qn. テキストの一部に～を加える retoucher une partie d'un texte. ～を加えた写真 photo f retouchée. ～をこする se frotter la main. ～を拱く rester les bras croisés. ～を染める commencer à s'adonner à qc. ～を出す [殴る] porter la main sur qn. なんにでも～を出すse mêler de tout. 政治に～を出す s'occuper (se mêler) de la politique. 相場に～を出す faire de la spéculation. 彼はせっせと女に～を出す c'est un coureur. お前が先に～を出したのだ C'est toi qui as commencé. そんなことに～を出すな Ne vous en mêlez pas. ～を叩く [拍手でなく] frapper des mains. ～を ⇨ はくしゅ(拍手). ～をついて ⇨ ひざ(膝). ...のために汚い～を使うse servir d'un sale bras pour.... ～をつくす faire tous ses efforts. 八方～をつくす探す mettre en œuvre tous les moyens pour trouver qc. 遺産に～をつける entamer son patrimoine. 仕事に～をつける se mettre à un travail. 女中に～をつける caresser la bonne. 食事に～をつける n'y pas toucher aux plats; ne pas entamer un plat. 一体どこから～をつけようか Par où va-t-on bien pouvoir commencer? ～をつなぐ se donner la main. ～をつないで歩く [主語・複数] se promener la main dans la main. ～を取る prendre la main de (à) qn; prendre qn par la main. ～を取るようにして教える enseigner avec une patience angélique. ～を握る serrer (saisir) la main à (de) qn. 共通の敵に対して共に～を握るを ligeur contre l'ennemi commun. ～を抜く ⇨ てぬき(手抜き). ...から～を引く se laver les mains de qc. ～をひろげる étendre les bras; [商売の] développer ses affaires. ～をぶらぶらさせて à bras ballants. ～を触れる ⇨ ふれる(触れる). ～を回す s'employer à. ～を結ぶ joindre ses forces. 彼は狡い～を用いる utiliser un biais lâche. ～を焼く se faire échauder; s'échauder. あの子には～を焼いた... C'est un enfant qui nous a donné beaucoup de mal.... ～をやる poser la main sur qc. 帽子(頭)に～をやる porter la main à son chapeau (la tête). ‖お～上げだ ne savoir que faire; il n'y a plus de ressources. もう～上げだ J'abandonne. 両～をひろげて à bras ouverts. 両～一杯に持つ porter qc à pleines mains. その～は食わぬ On ne m'a pas comme ça./Ça ne prend pas avec moi. これは女性の～だ [筆跡] C'est une écriture de femme. ‖この花瓶は～がとれている [把手] L'anse de ce vase est cassée.

て出 [出身] ¶彼は卑賎な～である Il est de basse origine. 千葉の～である être originaire de Chiba. 名門の～である être d'origine illustre. ◆[分量] ‖この料理は食べ～がある Ce plat est copieux. この本は読み～がある Ce n'est pas facile de lire parfaitement ce livre. ◆[出巻・出る度合] ¶月の～ apparition f de la lune. 日の～ lever m du soleil. 水の～が悪い L'eau s'écoule mal.

-で [場所] 日本(フランス)～ au Japon (en France). パリ～ à Paris. 街～ dans la rue. 歩道～ sur le trottoir. ◆[時] ¶一週間～ en huit jours. ◆[年齢] ¶20歳～死ぬ mourir à l'âge de vingt ans. ◆[価格] ¶1,000円～それを買った Je l'ai acheté pour mille yen. ◆[手段・材料・方法など] ¶徒歩～ à pied. 汽車～ par le train. 飛行機～ en (par) avion. 日本語～ en japonais. 法律～禁じられている être défendu par la loi. 山は～おおわれている Les montagnes sont couvertes de neige. 酒は米～作る Le saké se fait avec du riz. 3年契約～家を借りる louer une maison pour trois ans. 顔付～判断する juger sur la mine. ◆[原因] ¶不注意～ par mégarde (inattention). 結核～死ぬ mourir de la tuberculose. 用事～人に逢う voir qn pour une affaire. 試験～忙しい être occupé à préparer un examen. ◆[割合] ¶目方～売る vendre qc au poids. このオレンジは1キロ～300円です Ces oranges coûtent trois cents yen le kilo. 時速100キロ～走る rouler à 100 km à l'heure. ◆[状態] ¶ひとり～出来る Je peux le faire tout seul. 彼は頭鈍～なまけ者だ ⇨ そのうえ(其の上).

てあい 手合 [俗] acabit m. 同じような～gens mpl du même acabit. あのような～とは無関係だ Je ne suis pas de cette bande. 彼と同じ～の少年は大勢いる Il y a beaucoup de garçons de son acabit.

てあい 出会 rencontre f; prise f de contact. 思いがけない～ rencontre inattendue (imprévue). ‖～頭に au moment de la rencontre.

であう 出会う rencontrer qn; [主語・複数] se rencontrer. いやな奴と～ faire une mauvaise rencontre. うまい具合に～ faire une heureuse rencontre de qn. 予期せぬ障害に～ rencontrer un obstacle imprévu. 私たちが初めて出会ったのは S さんの家の集まりでだった Nous nous sommes connus lors d'une réunion chez S.

てあか 手垢 traces fpl de doigts. ¶～のついた本 livre m qui a beaucoup servi; livre souvent feuilleté.

てあき 手明き ¶～の人に頼もう Je vais demander à quelqu'un qui est libre.

てあし [四肢] membres mpl. ～がだるい se sentir les membres pesants. ～を縛る lier à qn les bras et les jambes. ‖～となって働く obéir aux moindres volontés de qn; servir qn avec dévouement.

てあし 出足 début m; démarrage m; reprise f. ～が良い(悪い) [車の] démarrer bien (mal). 選挙人の～は良かった Dès l'ouverture des bureaux de vote, beaucoup d'électeurs s'y sont présentés. ¶～の良い車 voiture f qui a de bonnes reprises.

てあたりしだい 手当り次第 ‖～に au

てあつい hasard; à l'aveuglette. ～に買物をする acheter n'importe quoi. ～に利用する utiliser tout ce qui lui tombe sous la main.

てあつい 手厚い hospitalier(ère); accueillant. ～看護を受ける recevoir des soins dévoués. ～もてなしを受ける trouver un chaleureux accueil chez qn. ¶手厚くもてなす donner à qn une cordiale hospitalité. 手厚く患者を見舞う entourer qn de soins assidus.

てあて 手当 [治療・看護] traitement m; soins mpl; [包帯] pansement m. 病人の～をする soigner (traiter) un malade. 負傷者の～をする panser un blessé. ‖応急～ soins d'urgence. 応急の～をする donner à qn les premiers soins d'urgence. [給与] allocation f; [特別給与] prime f. ～を支給する verser une allocation. ‖家族～ allocations familiales; indemnité f de charge de famille. 失業～ allocation de chômage. 超過勤務～ prime d'heures supplémentaires. 通勤～ prime de transport. 特別～ gratification f. 年末～ prime de fin d'année. 夜勤～を貰う toucher un salaire (une prime) de nuit. 臨時～ allocation temporaire.

てあみ 手編み tricot m fait à la main.

てあらい 手荒い violent; dur; brutal(aux); rude; brusque. そんな～ことをしては駄目だ、もっと優しくしてやらなくては Il ne faut pas le brutaliser, traitez-le plus gentiment. ¶手荒く扱う traiter rudement.

てあらい 手洗い [洗面所] lavabo m; [便所] cabinet m de toilette. ～はどこですか Où sont les toilettes (les lavabos, les petits coins) [, s'il vous plaît]? ‖～鉢 cuvette f; lave-mains m.

てあるく 出歩く ¶彼の奥さんはしょっちゅう出歩いている Sa femme s'absente souvent de chez lui. そんなに出歩いてばかりいないで少しは家に居なさい Ne passe pas ton temps à l'extérieur, reste un peu à la maison.

てあわせ 手合せ partie f; [試合] compétition f; match m. ～をする faire (jouer) une partie avec qn. 柔道の～をする faire un match de judo. 碁の～をもう一度お～を願いたいものですね J'aimerais faire une partie avec vous.

てい 体 ¶満足の～で d'un air content. ～のいいことを言う débiter de belles paroles (des boniments). ～よく断る refuser poliment; décliner gentiment. ‖職人～の男 homme m qui a l'air d'un artisan.

ていあつ 低圧 basse pression f. ‖～電流 courant m de bassetension.

ていあん 提案 proposition f; offre f. ～を投票にかける voter une proposition. 私の～は認められなかった On a rejeté ma proposition. ... の～により sur la proposition de qn. ～する proposer à qn de inf; faire une proposition. ‖～者 auteur m d'une proposition.

ていい 位位 trône m. ¶～に就く monter sur le trône. ～を継ぐ succéder au trône.

ティー [茶] thé m. ¶～パーティーを開く donner un thé. ～ルーム salon m de thé; tea-room m. ◆[ゴルフの] tee m. ‖～カップ tasse f à thé.

ディーエヌエー DNA [デオキシリボ核酸] acide m désoxyribonucléique (ADN m).

ティーエヌティー TNT [トリニトロトルエン] TNT m (trinitrotoluène m).

ディーケー DK ‖2～の家 un [appartement de] deux pièces-cuisine. ⇨ ダイニング.

ティーケーオー TKO ⇨ テクニカル.

ティーシャツ T-tee-(T-)shirt(s) [tiʃœrt] m.

ディーゼル ‖～エンジン moteur m Diesel. ～カー locomotive f Diesel.

ティーチング ‖～マシーン machine f à enseigner.

ディーディーティー DDT DDT m (dichlorodiphényl trichloréthane).

ディーピーイー DPE travaux mpl photographiques.

ディーブイディー DVD DVD m; digital versatile (video) disc m. ‖～プレーヤー lecteur m de DVD.

ティーポット théière f.

ディーラー [車] concessionnaire mf; [トランプ] donneur(se) m(f); banquier(ère) m(f). 車のメーカー～ concessionnaire d'une marque d'automobile.

ていいん 定員 nombre m limite (normal); nombre du personnel; [収容力] nombre de places. ～に達する atteindre le nombre limite de personnel. ～に満たない ne pas atteindre le nombre limite. ¶～20名のエレベーター ascenseur m limité à 20 personnes. ‖～以上に en surnombre. ～以上に客を乗せる prendre des voyageurs en surnombre.

ティーンエイジャー adolescent(e) m(f); teenager mf.

ていえん 庭園 jardin m; [大邸宅の] parc m. ‖イギリス(日本)式～ jardin anglais (japonais). 屋上～ jardin-terrasse m. ～設計家 jardiniste mf.

ていおう 帝王 [皇帝] empereur m; monarque m. ～の impérial(aux). ‖～切開 opération f césarienne. [医] hystérotomie f abdominale. ～切開を受ける subir une césarienne.

ディオニソス Dionysos. ¶～的(の) dionysiaque.

ジオラマ diorama m.

ていおん 低温 froid m; basse température f. ‖～寒暖計 cryomètre m. ～殺菌 pasteurisation f. ～殺菌する pasteuriser. ～殺菌牛乳 lait m pasteurisé.

ていおん 低音 grave m; voix f grave. ¶～で歌う chanter avec une voix de basse. ‖～歌手 basse f. ～部 basse. ～部記号 clef f de fa.

ていおん 定温 ¶～に保つ maintenir qc à une température constante.

ていか 低下 baisse f; abaissement m; [衰退] affaissement m; [価値の] dépréciation f; dévaluation f. 道徳の～ baisse de la moralité. 能力の～ amoindrissement m des facultés. ¶～する baisser; s'abaisser; [価値が] se déprécier. 近頃学生の学力が～している Le

ていか 定価 prix *m* fixe. ～を上げる(下げる) élever (baisser) le prix. ～をつける fixer le prix de qc. ¶～の 3 割引にする faire une réduction de trente pour cent. ‖～表 liste *f* (table *f*) des prix; tarif *m*.

ていかい 低回 ～趣味 dilettantisme *m*.

ていがく 低額 ～の minime; modique. ‖～所得 revenus *mpl* faibles. ～所得者 économiquement faibles *mpl*.

ていがく 停学 renvoi *m* temporaire. ‖～処分にする renvoyer temporairement. ～処分になる être renvoyé temporairement de l'école.

ていかん 諦観 résignation *f*; renoncement *m*; détachement *m*. ¶現世を～して暮す vivre dans la résignation.

ていかんし 定冠詞 article *m* défini.

ていき 定期 ¶～的な périodique; régulier (ère); ～的に périodiquement; régulièrement. ‖～刊行物 périodique *m*; journal (aux) *m*; ～券 carte *f* d'abonnement; ～検査 inspection *f* périodique; ～航路 ligne *f* de paquebots; ～試験 examen *m* semestriel (trimestriel); ～総会 assemblée *f* générale régulière; ～便 [船など] service *m* régulier; ～預金 dépôt *m* à terme [fixe].

ていき 提起 ¶問題を～する poser une question.

ていぎ 定義 définition *f*. ¶～する définir; donner la définition de.

ていぎ 提議 ¶議案を～する soumettre une proposition.

ていきあつ 低気圧 dépression *f* atmosphérique (barométrique). ¶～の接近に伴って天気も崩れてくるでしょう Avec l'approche d'une dépression, le temps va se gâter. 今日は社長は～だから明日出直した方がいいよ Aujourd'hui, le patron s'est levé du pied gauche; il vaut mieux repasser demain.

ていきゅう 低級 ¶～な bas(se); [低俗な] vulgaire; [陳腐な] trivial(aux). ～な趣味 mauvais goût *m*. あいつは～な男だ C'est un esprit terre à terre. ～さ bassesse *f*. ‖～品 article *m* de qualité inférieure.

ていきゅう 庭球 tennis *m*. ～をする jouer au tennis.

ていきゅうび 定休日 jour *m* de congé régulier; [店などの] jour *m* de fermeture. 当店は月曜日が～ Nous fermons le lundi.

ていきょう 提供 offre *f*. ¶～する offrir; [供給する] fournir. 金を～する offrir de l'argent. 機会を～する offrir l'occasion. 情報を～する fournir des renseignements. 血を～する donner du sang. この番組は…の～です Cette émission vous est offerte par…. ‖血液の

～者 donneur(se) *m*(*f*) de sang.

ていきんり 低金利 ～政策 politique *f* de crédit à faible taux d'intérêt. ⇨ ていり(低利).

ていくう 低空 ‖～飛行 vol *m* en rase-mottes. ～飛行をする voler à faible altitude.

テイクオフ décollage *m*.

ディクテーション dictée *f*.

ていけい 定形 forme *f* régulière. ¶～のない amorphe; informe; sans forme définie.

ていけい 提携 coopération *f*; [連合] association *f*. ¶～する coopérer avec qn; s'associer avec qn; se solidariser avec …. …と～して de concert avec qn. ‖技術～ coopération technique.

ていけい 梯形 [数] trapèze *m*.

ていけいし 定型詩 poème *m* à forme fixe.

ていけつ 貞潔 chasteté *f*. ¶～な chaste; vertueux(se).

ていけつ 締結 conclusion *f*. ¶～する conclure un traité (de paix) avec.

ていけつあつ 低血圧 [症] hypotension *f*; hypotonie *f*.

ていけん 定見 opinion *f* arrêtée. 君には～がないのか Tu ne sais pas ce que tu veux! ¶～のない amphibie *m*; personne *f* sans conviction.

ていげん 低減 diminution *f*; [値段の] baisse *f*. ¶～する diminuer; baisser.

ていげん 定言 ~的な [哲] catégorique.

ていげん 提言 proposition *f*. ¶～する proposer (une opinion); opiner.

ていげん 逓減 ‖収益～の法則 [経] loi *f* des rendements décroissants. ～税(料金)impôt *m* (tarif *m*) dégressif.

ていこ 艇庫 hangar *m* à canots.

ていこう 抵抗 résistance *f*; [対抗] opposition *f*. 執拗な～ résistance opiniâtre. 頑固な～にあう rencontrer une forte résistance. 彼のやり口には～を感じる Je ne cède pas sans résistance à son procédé. ～を受けずに sans difficulté; sans coup férir. ～する résister à; s'opposer à; réagir contre; [防禦] se défendre. 頑強に～する se défendre obstinément. ～できない力(魅力) force *f* (charme *m*) irrésistible. ‖空気～ résistance de l'air. 電気～ résistance électrique. ～運動 [第二次大戦の] la Résistance. ～器 rhéostat *m*. ～力がある(ない) avoir de la (peu de) résistance. ～箱 [電] caisse *f* de résistance.

ていこく 定刻 ～に à l'heure dite (indiquée, fixée). この列車は～に発車いたしました Le train est parti à l'heure. ～5分後(5分遅れ)に着く arriver cinq minutes en avance (avec un retard de cinq minutes).

ていこく 帝国 empire *m*. ¶～の impérial (aux). ‖～憲法 Constitution *f* impériale. ～主義 impérialisme *m*. ～主義者 impérialiste *mf*.

ていさい 体裁 apparence *f*; façon *f*. ～がよい avoir une belle apparence. ～を繕う sauver les apparences. ～ばかり気にする ne s'occuper que des apparences. この本は～が洒落ている La présentation de ce livre est élégante. ¶~のいいことを言う dire qc pour la galerie. ~ぶる avoir de l'affectation; être poseur(se). ~ぶって出る pour la montre. ‖お-屋 poseur(se) m(f).

ていさつ 偵察 reconnaissance f; patrouille f; observation f. ~に行く patrouiller; aller en patrouille (reconnaissance). ¶~する reconnaître; observer. 敵の動きを~する observer les mouvements de l'ennemi. 敵陣を~する reconnaître une position ennemie. ‖~機 éclaireur m. ~機 avion m éclaireur (de reconnaissance); patrouilleur m. ~隊 patrouille f. ~隊を送る envoyer une patrouille (une reconnaissance). ~飛行 aviation f de reconnaissance. ~兵 éclaireur; patrouilleur.

ていし 停止 arrêt m; pause f; halte f; [中断] interruption f; suspension f. ¶~する [止まる] s'arrêter; faire une pause; faire halte; [止める] arrêter; stopper; [職務の執行を] interdire qn. 支払いを~する arrêter le paiement; cesser les paiements; [銀行取引] bloquer le crédit. 営業を~する interdire les activités commerciales. 運転免許を~する suspendre un permis de conduire. 車は赤信号で~した L'auto s'est arrêtée au feu rouge. 踏切の前で一時~しなければいけない Au passage à niveau, il faut marquer le stop. ‖営業~ arrêt des affaires commerciales. 出航~ embargo m. 出航を命ずる mettre l'embargo. 出航を解く lever l'embargo. ~信号 signal(aux) m d'arrêt; feu(x) m rouge.

ていじ 丁字 ‖~形の en T; en potence. ~形定規 équerre f en T. ~路 jonction f de routes en forme de T.

ていじ 定時 ¶~に帰る rentrer à heure fixe. ‖~制高校 lycée m du soir. ~総会 assemblée f générale régulière.

ていじ 提示 présentation f; exhibition f; 〖法〗 production f. ¶~する présenter; produire; fournir; offrir. 必要書類を~する présenter des papiers nécessaires. 身分証明書を~する montrer sa carte d'identité. ‖〖音楽〗~部 exposition f.

ていしき 定式 forme f régulière; formule f.

ていじげん 低次元 ¶~の話 histoire f terre à terre. ~な事を言う dire des vulgarités. ~で niveau très bas (vulgaire).

ていしせい 低姿勢 ¶~である être humble (modeste); être prêt à céder.

ディジタル ⇨ デジタル.

ていしつ 帝室 ‖~博物館 musée m impérial.

ていじつ 定日 ‖~払い手形 billet m à échéance fixe.

ていしほう 綴字法 orthographe f.

ていしゃ 停車 arrêt m. ¶~する s'arrêter; stopper; desservir. この列車は5分~いたします Ce train va faire un arrêt de 5 minutes. これより先この駅には~いたしません A partir d'ici, ce train devient omnibus. どの急行もこの駅には~しない Aucun rapide ne dessert cette gare. 一時~する faire un arrêt. 各駅の列車 [train m] omnibus m. ~場 arrêt; [大きな] station f; gare f.

ていしゅ 亭主 époux m; mari m; [飲屋などの] patron m. 彼女は~を尻に敷いている C'est la femme qui porte la culotte. ‖~関白 mari despotique. ~持ち femme f mariée.

ていじゅう 定住 ¶~する s'implanter; s'installer; se fixer; s'établir. ~させる fixer. ‖~地 domicile m fixe (permanent).

ていしゅうにゅう 定収入 revenu m régulier (fixe).

ていしゅうは 低周波 onde f à basse fréquence.

ていしゅく 貞淑 sagesse f; honnêteté f. ¶~な chaste; vertueux(se); honnête.

ていしゅつ 提出 présentation f; production f. 資料の~ production (présentation) d'un document. ¶~する proposer; produire; [書類を] fournir. 辞表を~する donner sa démission. 答案を~する remettre sa copie. 証拠を~する apporter (fournir) des preuves. 法案を~する présenter un projet de loi. 論文(宿題)を~する présenter une thèse (son devoir). 新しい計画が~された On a proposé un nouveau projet.

ていじょ 貞女 femme f vertueuse; honnête femme. 彼女は~の鑑である Elle est une des bonnes honnêtes femmes./C'est une femme d'une parfaite honnêteté./C'est vraiment la vertu en personne.

ていしょう 提唱 ¶~する avancer; [提案] proposer. 理論を~する avancer une thèse. ‖~者 auteur m d'une proposition.

ていじょう 呈上 ⇨ しんてい(進呈).

ていじょうは 定常波 〖物理〗 onde f stationnaire.

ていしょうバス 低床- modèle m d'autobus à plancher bas.

ていしょく 停職 suspension f. ¶~にする suspendre qn. ‖~処分 interdiction f. ~処分にする frapper qn d'interdiction. 役人を一年間~処分にする interdire un(e) fonctionnaire pendant un an.

ていしょく 定職 occupation f régulière; emploi m fixe. ~がない être sans emploi fixe.

ていしょく 定食 plat m du jour; menu m à prix fixe. ~を食べる prendre un repas à prix fixe; dîner à la table d'hôte.

ていしょく 抵触 ‖法律に~する déroger (contrevenir) à la loi.

ていしん 廷臣 courtisan m; homme m de cour.

ていしん 艇身 longueur f. ‖1~差で勝つ gagner d'une longueur.

ていしん 逓信 ⇨ ゆうせい(郵政).

ていしんたい 挺身隊 volontaires mpl.

でいすい 泥酔 ivresse f profonde. ¶~する se soûler (se griser) à mort. ~している être soûl comme un cochon (un âne, une bourrique); être ivre mort; 〖俗〗 être rétamé. 彼は~している Il est déjà rétamé. ‖~者 ivrogne mf soûl(e) à mort.

ていすう 定数 nombre m limite. ~を割らない pas atteindre le nombre limite.

ディスカウント ‖~ショップ magasin m de

ディスカッション vente au rabais. ~セール discount-sale m. ⇨ とくばい(特売).

ディスカッション ⇨ とうろん(討論).

ディスク disque m. ‖ ~ジョッキー disk-jockey m.

ディスクロージャー divulgation f; révélation f.

ディスコテーク discothèque f.

テイスティング dégustation f.

ディスプレー [商品の] présentation f; [陳列] étalage m; [パソコンなどの] écran m; affichage m. ‖ ~デザイナー [ショーウインドーなどの] étalagiste mf.

ていする 呈する ¶状況を~ s'animer; être prospère; prospérer. 賛辞を~ décerner des éloges. すばらしい眺めを~ présenter un spectacle splendide. …の様相を~ offrir l'aspect de qc. 惨たんたる様相を~ présenter un aspect affreux.

ていする 挺する ¶身を挺して国難に当る se sacrifier au salut public. 身を挺して災害を防ぐ empêcher à tout prix une catastrophe.

ていせい 定性 ¶~分析 《化》 analyse f qualitative.

ていせい 帝政 empire m; gouvernement m impérial; régime m impérial; [ロシアの] régime tsariste. ‖ 第一~《仏史》l'Empire. 第二~《仏史》le second Empire. ~ロシア Russie f tsariste.

ていせい 訂正 correction f; révision f; rectification f. 選挙人名簿の~ révision des listes électorales. 文章に~を加える faire des retouches un texte; remanier (retoucher) un texte. ¶~する corriger; réviser; rectifier.

ていせき 定積 ¶~比率《物》chaleur f spécifique à volume constant.

ていせつ 貞節 fidélité f; vertu f; chasteté f. ~を守る être fidèle à qn. ¶~な fidèle. ~な女 femme f vertueuse.

ていせつ 定説 théorie f admise (établie). …が~となっている Il est établi que ind.

ていせん 停戦 trêve f; armistice m. ¶~する suspendre (interrompre) les hostilités. ‖~会議 pourparlers mpl d'armistice. ~協定を結ぶ conclure une trêve.

ていせん 停船 ¶~を命ずる ordonner un stop [à un navire]. [検疫のため] 2週間の~を命ずる ordonner deux semaines de quarantaine. ¶~する Le navire s'arrête. ~させる stopper un navire; arrêter [la marche d'] un navire.

ていそ 定礎 ¶~式を行う poser la première pierre [d'un bâtiment].

ていそ 提訴 ¶~する intenter un procès en justice. 事件を法廷に~する porter une affaire devant les tribunaux (la justice).

ていそう 貞操 vertu f; chasteté f; honneur m. ~を守る être fidèle à qn. ~を踏みにじる déshonorer (violer) une femme. ‖~帯 ceinture f de chasteté.

ていそく 低速 ¶「トンネル内は~で走行のこと」《Attention, tunnel. Ralentir!»

ていぞく 低俗 ¶~な vulgaire. ~なことを言う dire des platitudes. ~さ bassesse f; platitude f; vulgarité f. ブルジョワ的~さ bassesse bourgeoise.

ていそくすう 定足数 quorum m. ~に達した Le quorum est atteint.

ていだい 手痛い ¶~打撃を蒙る recevoir un coup dur;《俗》écoper un coup rude. そのことによって経済界は~打撃を受けた Cette affaire a ébranlé d'une forte commotion le monde des affaires.

ていたい 停滞 stagnation f; [遅れ] retard m. 貨物の~ encombrement m de marchandises. ¶~する être en stagnation; stagner. 仕事が~している Les travaux sont en stagnation. 支払が~している Les paiements ont du retard. 貿易が~している Le commerce stagne. 南西部に前線が~している Une dépression stagne sur le sud-ouest. ~した stagnant.

ていたく 邸宅 résidence f. ‖大~ hôtel m [particulier].

ていたらく 体たらく ¶何という~だ C'est un joli (du beau), ce que tu as fait!/Quelle misère!/Te voilà dans de beaux draps! この~ですよ Voilà où nous en sommes réduits.

ていだん 鼎談 entretien m à trois.

ていたん 泥炭 tourbe f. ‖~坑 tourbière f. ~地 marais m tourbeux.

ていち 低地 terrain m bas; bas pays m.

ていち 定置 ¶~網 filet m fixe. ~網漁業 pêche f au filet fixe.

ていちゃく 定着 fixation f;《写》fixage m. 遊牧民の~ fixation des nomades. ¶~する se fixer; s'établir; s'ancrer. この習慣はすっかりこの国に~してしまった Cette habitude s'est solidement ancrée dans ce pays. ~させる fixer. 写真を~させる fixer une image photographique. 色を生地に~させる fixer les couleurs sur le tissu. ‖~液《写》fixateur m;《美》fixatif m.

ていちゅう 泥中 ¶彼女は~の蓮だ C'est une fleur des bas-fonds.

ていちょう 低調 ¶~な inactif(ve); inanimé; languissant. ~な試合である un match peu animé. 事業は~である Les affaires languissent (stagnent). ここ数年映画界は~である Ces dernières années, l'activité cinématographique est dans le marasme.

ていちょう 鄭重 ¶~な poli. ~な御返事痛み入ります Je suis confus de votre réponse si polie. ~に poliment; avec politesse.

ティッシュペーパー kleenex (klineks) m.

いっぱい 手一杯 ¶~の仕事がある J'ai du travail par-dessus la tête. ~に商売をひろげる développer ses affaires tous azimuts.

ていてい 延々 ⇨ ていり(延々).

ディテール détail m. この映画監督は~にこだわっている C'est un cinéaste qui a le souci du détail.

いてつ 蹄鉄 fer m à cheval; [集合的] ferrure f. ~をつける mettre un fer à un cheval. ‖~工 maréchal(aux)-ferrant(s) m.

ていてん 定点 point m fixe. ‖~観測《気象》observation f météorologique station-

ていでん 停電 panne f d'électricité. ¶5分間~した Il y a eu une coupure de courant pendant 5 minutes.

ていと 帝都 métropole f.

ていど 程度 degré m; [水準] niveau(x) m; [限度] limite f. 傷の~ gravité f d'une blessure. 知能の~ niveau mental (d'intelligence). ~を越えた étendue f des dégâts. ~を越える dépasser la limite. これは~を越えている Ça dépasse les limites. それは~の問題だ C'est une question de degré. ある~まで jusqu'à un certain point. ¶~の高い(低い) d'un degré élevé (bas, faible). 非常に~の高い問題 questions fpl d'un niveau très élevé. この~のことが分らなければ見込はないな Si tu ne comprends pas une chose aussi simple, c'est sans espoir. これらの練習問題はほぼ同じ~の難しさだ Ces deux exercices sont du même degré de difficulté. どの~の問題が試験に出るのでしょうか De quel ordre est la difficulté des épreuves d'examen? ¶生活の~を上げる(下げる) élever (abaisser) son niveau de vie.

でいど 泥土 boue f; bourbe f. ‖~層 couche f de boue.

ていとう 低頭 ¶~する se prosterner devant qn. 彼はみんなに平身~して謝った Il s'est mis à plat ventre pour s'excuser devant tout le monde.

ていとう 抵当 gage m; [法] hypothèque f. ~に入れる mettre en gage; grever d'une hypothèque; hypothéquer. 家を~に入れて金を借りる emprunter de l'argent en hypothéquant sa maison. 家屋を~に入れて一時金を調達する prendre une hypothèque sur un immeuble. ~に入っている(いない)家 maison f grevée (libre) d'une hypothèque. ~を受戻す purger une hypothèque; retirer un gage. ~を解除した L'hypothèque est levée. ‖第一(二重)~ première (double) hypothèque. ~貸付 prêt m hypothécaire. ~権 droit m hypothécaire. ~権者 créancier (ère) m(f) hypothécaire. ~債務 dette f hypothécaire. ~物件 bien m hypothéqué.

ていとく 提督 amiral(aux) m.

ていとん 停頓 ⇨ ていたい(停滞).

ディナー dîner m. ‖~ショー dîner(s)-spectacle(s) m.

ディナール dinar m.

ていねい 丁寧 ¶~な poli; courtois; civil; [上品な] gracieux(se); [愛想のよい] aimable. いとも~な言葉を交す échanger des propos aimènes. これは~な仕事だね C'est du travail soigné. そんな馬鹿~なあいさつはやめようよ Laissez là vos salamalecs. ~は過度になると無礼に当る Trop de politesse frise la grossièreté. ~は無礼に帰す Un excès de bonnes manières. 彼は仕事が~だ Il travaille soigneusement. 彼は馬鹿~だ Sa politesse est exagérée. ~にする faire des politesses à qn. ¶~に poliment; avec politesse; [丁寧に] soigneusement.

でいねい 泥濘 ⇨ どろ(泥).

ていねん 丁年 ⇨ せいねん(成年).

ていねん 停年 limite f d'âge. ¶~になる avoir l'âge de [la mise à] la retraite; atteindre la limite d'âge. ‖~制 système m de mise à la retraite à un âge fixe. ~退職 retraite f de la retraite. 去年~退職した人 personne f qui a pris sa retraite l'an dernier.

ディノテーション 【語】dénotation f.

ディバイダー compas m à pointes sèches.

ていはく 停泊 mouillage m. ¶~する jeter (mouiller, lancer) l'ancre; mouiller. ~している être en rade; être à l'ancre. ヨットは~して いる Le yacht danse sur ses ancres. ‖~位置 emplacement m. ~港 port m de mouillage. ~税 droit m d'ancrage. ~地代; ancrage m. 艦隊はブレストに~である La flotte est en rade à Brest.

ていはつ 剃髪 ¶~する prendre la tonsure; se faire raser le crâne.

ティピカル ¶~な typique. ~な例 exemple m typique.

ていひょう 定評 réputation f bien établie. 彼は悪党だという~がある Il passe pour une crapule. 彼は画家として既に~がある Il a déjà une réputation de peintre. ¶~のある reconnu; admis; réputé.

ていふ 貞婦 ⇨ ていじょ(貞女).

ディフェンス défense f.

ディフェンダー défenseur m.

ていぶっか 低物価 ‖~政策 politique f de baisse des prix.

ディベート débat m. ¶...について~を行なう débattre sur (de) qc.

ディベルティメント 【楽】divertissement m.

ディベロッパー [現像液] développeur m; [土地開発業者] agent m de développement.

ていへん 低辺 【数】base f. ¶~の人々 lie f [du peuple]; déchet [de la société]; gens mpl qui sont dans les bas-fonds de la société (dans une extrême misère).

ていぼう 堤防 [海の] digue f; jetée f; estacade f; levée f; [川の] berge f. ~が決潰した La digue a cédé. ~を築く endiguer; construire une digue.

ていぼく 低木 arbrisseau m; arbuste m.

ていほん 定本 texte m authentique; [決定版] édition f définitive.

ていほん 底本 texte m original. ...版を~とする prendre comme base le texte de.

ディミヌエンド ¶~で diminuendo.

ていめい 低迷 ¶ヨーロッパ大陸には暗雲が~していた Des nuages menaçants s'amoncelaient dans le ciel de l'Europe. ◆[比喩的に] あの選手にはここ数年~している Depuis quelques années, ce joueur ne brille plus. フランスのスキーチームはこの所~している L'équipe de ski française est dans un marasme ces dernières années.

ていめん 底面 【数】base f. ~積 superficie f de la base.

ディメンション dimension f.

ていやく 定訳 traduction f autorisée.

ていやく 締約 ‖条約~ conclusion f d'un traité. ⇨ ていけつ(締結). ~国 puissances fpl signataires.

ていよう 提要 manuel m. ‖生物学~ manuel de biologie.

ていよく 礼よく ¶～断わる refuser poliment. 招待を～断わる décliner poliment une invitation. ～逃げる s'esquiver adroitement.

ていらく 低落 baisse f; chute f. 物価の～ baisse des prix. ¶物価はなお～している Les prix baissent encore.

ティラミス tiramisu m.

ていり 低利 intérêt m peu élevé. ¶～でお金を貸す prêter de l'argent à un faible intérêt.

ていり 定理 théorème m. ¶ピタゴラスの～ théorème de Pythagore.

ていり 廷吏 huissier [audiencier] m; audiencier m.

でいり 出入り [人の] fréquentation f; entrée f et sortie f; [金銭の] recettes fpl et dépenses fpl; [喧嘩] bagarre f, rixe f. ～を許されるed avoir ses entrées libres chez. ～を禁ずる interdire sa maison à qn. ～の商人 commerçant(e) $m(f)$ attitré(e); fournisseur(se) $m(f)$. 彼の所は～が多い Sa maison est très fréquentée. ¶～する fréquenter. 悪所に～する courir les mauvais lieux. 自由に～する avoir ses entrées libres. ¶～口 entrée; porte f. ◆[もめ事] 彼女～が多い Il y a beaucoup d'histoires de femmes.

ていりつ 低率 tarif m bas (peu élevé). ¶～で à tarif réduit.

ていりつ 定律 [物・化] loi f.

ていりつ 定率 taux m fixe (légal). ¶～税 impôt m de quotité.

ていりつ 鼎立 ¶～する lutter à trois.

ていりゅう 底流 courant m de fond. ¶世論の～には政治への無関心が存在している L'opinion publique est traversée par un profond courant de défiance à l'égard de la politique.

ていりゅうじょ 停留所 arrêt m; station f.

ていりょう 定量 [化] quantum m. ¶～の… une quantité déterminée de qc. ¶～分析 [化] analyse f quantitative. ～分析をする analyser quantitativement.

ディル [植] aneth m.

ていれ 手入れ [修繕] réparation f; raccommodage m; [世話] soins mpl. この庭は～が行き届いている Ce jardin est bien soigné (maintenu en bon état). ¶～をする soigner; [修繕する] réparer; remettre en état; raccommoder; [掃除する] rafraîchir. 庭の～をする soigner son jardin. 帽子の～をする rafraîchir son chapeau. 車を～して新しく見える remettre à neuf une voiture. 家の～をさせる faire réparer (retaper) sa maison. 彼の車はよく～されている Sa voiture est bien entretenue. ◆[よい意味] bien (mal) entretenu. ◆[警察の] descente f de police. この界隈のホテル全体に警察の～があった Il y a eu une descente de police dans tous les hôtels de ce quartier. ¶～をする faire une rafle.

ていれい 定例 ～な[の] comme d'habitude; suivant l'usage. ～の régulier(ère); ordinaire. ¶～閣議 conseil m ordinaire du cabinet.

ディレクター directeur(trice) $m(f)$.

ディレクトリー répertoire m.

ていれつ 低劣 bassesse f. ¶～な bas(se); infâme.

ディレッタンティズム dilettantisme m.

ディレッタント dilettante mf.

ていれん 低廉 ¶～な ⇨ やすい(安い).

ディレンマ dilemme m. ⇨ ジレンマ.

ティンパニー [楽] timbales fpl. ～を打つ battre des timbales. ～奏者 timbalier m.

てうえ 手植 ¶…お…の木 arbre m planté de la main même de.

てうす 手薄 ¶～な peu abondant; [不十分] insuffisant. ～な守り défense f faible. 警備が～である La surveillance est insuffisante. こちらが少し～だから何人かよこしてくれ Nous manquons de bras, prêtez-nous main forte.

てうち 手打 [商談などで] そこで～になった Le traité commercial a été conclu. [和解] ¶～をする se réconcilier[avec]. ◆[斬殺] ～にする frapper qn de sa propre main de qn. ◆[手製] ¶～うどん nouilles fpl fabriquées à la main.

デー [防火～] jour m de défense contre l'incendie. ～ゲーム match m en diurne.

デージー pâquerette f.

テーゼ thèse f.

データ données fpl; data mpl. ¶～解析 analyse f des données. ～処理 traitement m des données. ～通信 communication f informatique; transmission f des données téléinformatique f. ～バンク banque f de données. ～プラン plan m de comparaison ～ベース base f de données. ～ライン ligne f de repère; ligne (plan) de niveau.

デート rendez-vous m. ～の約束をする donner un rendez-vous à qn. ～をする sortir avec qn; avoir un rendez-vous avec qn.

テーピング bandage m. ¶～をする bander. 彼は膝に～をして試合に出た Il a participé au match avec un genou bandé.

テープ bande f; ruban f. ¶[ゴールの] fil m d'arrivée. ～を切る [競走で] couper le fil d'arrivée; [開通式などで] couper le ruban. ～を投げる lancer des serpentins. [紙～] bande de papier; [投げるための] serpentin m. 接着～ [セロテープ] ruban adhésif; scotch m. タイプ用～ ruban [encreur] d'une machine à écrire. 生～ bande vierge. ◆[録音の] ruban (bande) magnétique. ～に吹き込む enregistrer qc au magnétophone. ¶録音済～ bande enregistrée. ～起こしをする mettre par écrit un enregistrement parlé. ～レコーダー ⇨ テープレコーダー.

テープデッキ [カセットの] magnétophone m à cassettes.

テーブル table f; [一本脚の円テーブル] guéridon m. ～の上[席] haut bout m de la table. ～につく [食事, 討議] se mettre à table; ～を用意する dresser (mettre) la table. ¶ナイト～ table de nuit (de chevet). ～クロス nappe f. ～スピーチをする faire un speech à table. ～センター naperon m. ～チャージを払う payer le couvert

テープレコーダー ~マナー étiquette *f* de table. ~ワイン vin *m* de table.

テープレコーダー magnétophone *m*. ~で録音する enregistrer *qc* au magnétophone. この~には電池, コンセント, どちらでも使える Ce magnétophone marche aussi bien sur pile que sur courant.

テーマ thème *m*; sujet *m*. これら2つの小説は~は同じだ Ces deux romans sont construits sur le même thème. この小説は一人の女の私的生活を~にしたものだ Ce roman est construit sur le thème de la vie privée d'une femme. ‖~音楽 indicatif *m* musical. ~ソング chanson *f* (mélodie *f*) principale; rengaine *f*. ~批評 critique *f* thématique.

テーマパーク parc *m* à thème.

テーラー tailleur(se) *m(f)*. 彼女は~ドレスを着ていた Elle était vêtue d'un tailleur.

テール ‖~エンドの être dernier(ère); être la lanterne rouge. ~ライト feu(x) *m* arrière.

ておい 手負 ‖~の獅子 lion(ne) *m(f)* blessé(e).

ておくれ 手遅れ ‖もう~だ C'est trop tard./[病気が] Le mal est maintenant irrémédiable. 今から考えても~だ Il est trop tard pour y penser.

ておくれる 出遅れる se laisser dépasser par *qn* en *qc*. これから頑張って出遅れた分をとり戻さねばならない Il va falloir y mettre un coup pour rattraper le retard.

ておけ 手桶 seau(x) *m*.

ておし 手押 ‖~車 charrette *f* à bras; [一輪車の] brouette *f*. ~ポンプ pompe *f* à bras.

ておち 手落 faute *f*; [手ぬかり] négligence *f*; inadvertance *f*; [欠陥] défectuosité *f*. それは彼の~だ C'est de sa faute. ‖~なく soigneusement; attentivement; avec soin.

ておの 手斧 *hache *f* à main; [なた] *hachette *f*; [ちょうな] herminette *f*.

ており 手織り ‖~の tissé à domicile (à la main). ~の布 tissu *m* de fabrication artisanale.

デカ [単位] ‖~グラム décagramme *m*. ~メートル décamètre *m*. ~リットル décalitre *m*. ◆ [刑事] ‖~奴は~だ C'est un flic.

てがい 手飼い ‖~の鳩 pigeon *m* domestique.

てかがみ 手鏡 miroir *m* à main.

てがかり 手掛り prise *f*; [岩場などの] prise [de doigt]. ~がない n'offrir aucune prise. ~を探す [登るための] chercher une prise. この壁には~がいくらもないから登ることはできない Cette muraille manque de prises, on ne peut pas l'escalader. ◆ [糸口] clef *f*; [police] piste *f*; voie *f*; indice *m*. ~を得る trouver la clef de *qc*. 警察は何の~もつかめなかった La police n'a pu trouver aucune trace. 犯人は~ひとつ残さなかった Le criminel n'a laissé aucun indice. 現場に残されたハンカチを~として犯人捜査が始まった Un mouchoir laissé sur les lieux du crime a servi d'indice pour démarrer l'enquête.

てがき 手書き ‖~の本 livre *m* écrit à la main. 彼の~のポスター affiche *f* dessinée de sa main.

でがけ 出掛け ‖~に au moment de sortir. ~に彼の家に寄ってみた [ついでに] J'en ai profité pour passer chez lui.

てがける 手掛ける s'occuper de; [養育] prendre soin de *qn*. 3年来手掛けてきた仕事です C'est l'affaire dont je m'occupe depuis trois ans.

でかける 出掛ける partir; [外出する] sortir; [行く] aller. 散歩に~ partir [pour] une tour. 狩に~ partir à la chasse. 買物に~ aller faire les courses. 旅行に~ aller (partir) en voyage.

てかげん 手加減 ‖~を加える montrer de l'indulgence pour *qn*; traiter *qn* avec ménagement. 採点に~をくわえる se montrer indulgent dans *sa* notation. このような学校で教えるのは初めてなので何も分らない Comme c'est la première fois que j'enseigne dans cette école, j'ignore les habitudes disciplinaires. ~する ménager; prendre (mettre) des gants.

てかご 手籠 panier *m*.

でかした 出かした ‖男の子か, ~! Merci de m'avoir donné un fils!

てかず 手数 ‖お~かけて宜しく Toutes mes excuses pour la peine que je vous donne. お~かけてすみません Excusez-moi de la peine que je vous donne.

てかせ 手枷 menottes *fpl*. ‖~足枷をかけられる [比喩的に] avoir les mains liées.

でかせぎ 出稼ぎ travail(aux) *m* en dehors de *son* pays natal. ‖~に行く aller travailler dans un autre pays (une autre région). ‖~人 ouvrier(ère) *m(f)* saisonnier(ère).

てがた 手形 [手の型] empreinte *f* de la main;【商・法】billet *m*; effet *m*; [為替] lettre *f* de change; traite *f*. ~を裏書きする [引き受ける, 割引する] endosser (accepter, escompter) une lettre de change. ~を期日に支払う faire honneur à une traite. ~を振り出す tirer une traite. ~を割引する faire l'escompte. ‖持参人払い~ billet au porteur. 短(長)期~ billet de court (longue) échéance. 不渡~ effet impayé. 無記名~ effet [payable] au porteur. 約束~ billet simple (à ordre). ~受取 bénéficiaire *mf*. ~交換 virement *m*. ~交換所 chambre *f* de liquidation. ~持参人 porteur(se) *m(f)* d'une traite. ~支払人 tiré(e) *m(f)*. ~振出人 tireur(se) *m(f)*. ~割引 escompte *m* [de banque].

でかた 出方 [出具合] jet *m*. 水の~を調節する régler le débit de l'eau. ◆ [態度] attitude *f*. 敵の~を見る être attentif au comportement de l'adversaire. 彼がどう与るのかその~を見てから決めよう Comme nous ignorons tout de l'attitude qu'il va prendre, nous nous réglerons sur son comportement.

てがたい 手堅い solide; sûr; ferme; sans danger. ~投資 placement *m* sans danger. ~人 personne *f* sûre (digne de confiance). ~勝負運びをする jouer serré. ‖手堅く商売す

デカダン る conduire *ses* affaires sans prendre de risques.

デカダン décadence *f.* ¶～の décadent.∥～派の芸術家 décadent(e) *m(f).*

でかでか ¶～の brillant; luisant. ～にする briller; reluire. 奴の頭にはポマードで～している Ses cheveux sont luisants de pommade. ～に brillamment.

でかでか ¶～と書かれる avoir (partager) la vedette; faire la une. 新聞に～と出る être publié dans les journaux en gros caractères. 彼の名前はどの新聞にも～と書かれていた Son nom était écrit en vedette dans tous les journaux.

てがみ 手紙 lettre *f.*; missive *f.*; [短い] billet *m*; message *m* [écrit]; [商] votre honorée *f.* ～を書く écrire à *qn.* ～を出す envoyer une lettre. ～を受けとる recevoir une lettre. …と～で知らせる écrire à *qn ind.* この～には東京の消印がある Cette lettre porte le cachet de Tokyo. 今月1日付のお～確かに受け取りました J'ai reçu votre honorée du 1er courant. 彼は両親にしばしば～を書く Il écrit souvent à ses parents. ¶～を書くのが好きな人 écriveur(se) *m(f).*

てがら 手柄 exploit *m*; prouesse *f*; [武勲] fait *m* d'arme; hauts faits *mpl.* ～を立てる accomplir de grands exploits. 戦で～を立てる se distinguer dans une bataille. そいつはお～だ C'est une belle performance./Tu as bien fait. ∥～顔をする se montrer orgueilleux. ～顔で語る raconter ses actions avec orgueil. ～話をする raconter ses exploits.

てがらし 出涸らし ¶ひどい～の茶だ Ce n'est pas du thé, c'est de l'eau.

てがる 手軽 ¶～な facile; aisé; [簡単な] simple; [略式の] sans cérémonie; [安価な] bon marché; [手頃な] maniable. ～な食事をする prendre un repas simple. 彼は～に承知した Il l'a accepté sans façon./Il a accepté sans se faire prier.

てき 敵 ennemi(e) *m(f)*; adversaire *mf*; [競争者] compétiteur(trice) *m(f)*; rival(ale, aux) *m (f, pl)*; concurrent(e) *m(f).* 人類(民衆)の～ ennemi de l'humanité (du peuple). 公共の～ ennemi public. ～に後を見せる tourner le dos à l'ennemi. ～にまわる prendre parti contre *qn.* ～の手に落ちる tomber entre les mains de l'ennemi. ～の手を逃れる glisser (filer) entre les doigts de l'ennemi. ～をつくる se faire des ennemis. ～をやっつける vaincre l'ennemi. あなたは彼の～ではない Vous n'êtes pas de force à l'affronter. 彼を～にまわすと厄介なことになる S'il passe à l'ennemi, cela va provoquer de sérieux ennuis. 彼のやり方は～をつくるだろう Ses procédés lui attireront des ennemis. ¶～もさることながらすぐに反撃したれた La contre-attaque de l'ennemi n'a pas tardé. ～側に走る passer à l'ennemi.

-てき 滴 [しずく] goutte *f.* 酒を一～もやるない ne pas boire une goutte de saké. ほんの一～ だけ飲もう J'en boirai juste une goutte (larme). ¶一～の水 une goutte d'eau. 二三～の酒 quelques gouttes de saké. ～の～と

goutte à goutte.

でき 出来 ¶試験の～が悪い Les résultats des examens ne sont pas satisfaisants (sont médiocres). あの映画は役者の～が悪い Les acteurs de ce film ne savent pas jouer. 今年は麦の～がよい Nous avons eu cette année une bonne récolte de blé./La récolte du blé est bonne cette année. この服の～は ちょっと不満だ La finition de ce vêtement laisse à désirer. ～のよい(悪い) bien (mal) fait; réussi (mal réussi). ～のよい生徒[よくできる子] élève *mf* fort(e) (brillant(e)). ～のよい子[利口な] enfant *mf* intelligent(e). ～のよい作品(写真) œuvre *f* (photo *f*) réussie. ～のよいドレス robe *f* bien coupée (finie). ～のよい答案 bonne copie *f.* ～の悪い生徒 élève faible (médiocre). この絵は～の上～で Cette peinture est d'une bonne facture. この作品はすばらしい～栄えだ Le fini de cet ouvrage est parfait. ～不～の多い画家 peintre *m* inégal. 私でも日によって～不～があります J'ai mes bons et mes mauvais jours.

できあい 出来合い ¶～を買う acheter du tout fait. ～の服 vêtement *m* tout fait; costumes *mpl* tout faits; prêt(s)-à-porter *m.* ～のドレス robe *f* de confection.

できあい 溺愛 idolâtrie *f.* ∥～する aimer (chérir) éperdument (aveuglément); être fou (folle) de; idolâtrer; aimer à la folie. 子供を可愛がるのはいいが～してはいけない Choyer les enfants, c'est bien mais il ne faut pas les idolâtrer.

できあがり 出来上り achèvement *m*; finition *f.* ～は土曜日です Le travail sera achevé pour samedi.

できあがる 出来上がる s'achever; être fini (achevé, accompli). 申し分なく～ ne laisser rien à désirer. ¶これは出来上がったも同然です C'est pratiquement terminé. ◆[酔っ払う] 彼はもう出来上がっている Il est plein (bourré).

てきい 敵意 hostilité *f*; inimitié *f*; antagonisme *m*; animosité *f.* ～を抱く être hostile à (envers); avoir (concevoir) de l'inimitié pour (contre). ¶～のある(を含んだ) hostile; noir; antagonique; antagoniste. ～のある眼差しを投げる jeter un regard hostile (noir).

てきおう 適応 adaptation *f*; [風土への] acclimatation *f.* ～する s'adapter à; s'accommoder à. 新しい生活に～するように努める s'efforcer de s'adapter à *sa* nouvelle existence. …に～した adapté (approprié) à. ～できない(できにくい) adaptable (inadaptable). 状況にすぐ～できる柔軟さ souplesse *f* qui permet de s'adapter rapidement aux circonstances. 現状に～できないために彼の場合は色々な問題が起こってくる Faute de pouvoir s'adapter aux circonstances, il s'attire de nombreux ennuis. ∥「～症，歯痛，頭痛」«Indications: maux de dent, migraine». ～性 adaptation. 環境に対し～性のある(ない) être capable (incapable) de s'adapter à *son* milieu.

てきおん 適温 ¶部屋を～に保つ maintenir une chambre à une température agréable; conditionner une pièce à une

てがいしん 敵愾心 [敵意] hostilité f; inimitié f; [競争心] émulation f; [反感] aversion f; animosité f. ~に燃る brûler du désir de rivaliser avec. ~を抱く avoir (concevoir) de l'inimitié pour (contre). ~を煽る atiser (exciter, enflammer) l'inimitié (l'émulation).

てきかく 的確 ¶~な juste; exact; précis; judicieux. ~な表現 expression f (très) juste. ~な判断 jugement m précis. あなたのご指摘は非常に~です Votre remarque est très juste (judicieuse). ~に avec justice (précision); sûrement. ~に表現する exprimer qc avec justesse. 質問に~に答る répondre précisément (exactement) à la question. 事の実態を~に把握している Il a une idée très juste de la situation. ~さ justesse f; précision f; exactitude f. 表現の~さ justesse d'une expression. 語彙の~さ précision du vocabulaire.

てきかく 適格 ¶~である être qualifié pour inf. ‖ ~者 [資格のある者] personne f qualifiée. ~審査 contrôle m des capacités.

てきかん 敵艦 vaisseau(x) m ennemi.

てきぎ 適宜 ¶~の convenable; approprié; adapté; de circonstance. ~の処置をとる prendre des mesures adaptées aux circonstances; prendre une mesure de circonstance. ~に [自由に] à discrétion; à (selon) son gré. [状況に応じた] selon (suivant) les circonstances. ~解散することにしましょう Chacun peut se retirer à son gré. ~に飲んだり食べたりして下さい Mangez et buvez (Servez-vous) à discrétion.

てきぐん 敵軍 armée f ennemie; forces fpl hostiles.

てきげん 適言 ¶まさに~だ Très juste!/C'est juste./Rien de plus juste./Tu l'as dit!

てきごう 適合 convenance f; [一致] conformité f; [適応] adaptation f; appropriation f; adéquation f. ¶~する convenir à; se conformer à; être conforme à; être adapté à. 新時代に~した教育 éducation f qui convient aux temps nouveaux. 彼の演説は状況に~している Son discours est approprié aux circonstances. ~させる conformer qc à qc; approprier qc à qc; adapter qc à qc. 文体を主題に~させる approprier son style au sujet. ~した conforme; convenant; adapté; adéquat; approprié.

てきこく 敵国 pays m ennemi.

てきごころ 出来心 caprice m; passade f; fantaisie f; coup m de tête. ~を起す succomber à la tentation; céder à une petite tentation. それは一時の~で C'est une simple passade. ¶~で par coup de tête; par fantaisie (caprice). ほんの~でやったことです J'ai fait cela par caprice.

てきごと 出来事 événement m; fait m; incident m; [変事] accident m. 日常の~ événements quotidiens. 偶然の~ coup m de hasard. 思いがけない~ événement imprévu; accident. ささいな~だ Ce n'est pas mon affaire./C'est un incident sans impor- tance.

てきざい 適材 ¶~を適所に置く harmoniser les capacités et les postes. 彼こそ~だ C'est l'homme qu'il faut. ~適所とはこのことだ C'est une mesure parfaitement adaptée.

てきし 敵視 ¶~する considérer qn comme un ennemi; être hostile à (envers) qn.

てきし 溺死 noyade f; mort f par submersion. ¶~する se noyer. 危うく~しかけ失仕しる failir se noyer. ‖ ~者 noyé(e) m(f). ~者を引き揚げる repêcher un noyé. ~体 cadavre m d'un(e) noyé(e); cadavre noyé.

てきしゃ 適者 ¶~生存 survivance f des mieux adaptés (du plus apte).

てきしゅ 敵手 [相手] adversaire mf; émule mf. ⇒ こうてきしゅ(好敵手).

てきしゅう 敵襲 attaque f (assaut m, charge f) de l'ennemi. ~に抵抗する résister aux assauts de l'ennemi. ~を受ける être attaqué (assailli) par l'ennemi. ~を撃退する repousser l'attaque de l'ennemi.

てきしゅつ 摘(剔)出 extraction f; énucléation f; [外科] extirpation f. 癌の~ extirpation d'un cancer. ¶~する extraire; extirper. 負傷者の脚から弾を~する extraire une balle de la jambe d'un blessé. 文中より誤りを~せよ Relevez les erreurs de ce texte. ‖ 眼球~ énucléation (ablation f) de l'œil. ~手術 exérèse f.

てきしょ 適所 ⇒ てきざい(適材).

てきじょう 敵情 situation f (position f, état m) de l'ennemi. ~を偵察する faire une reconnaissance de l'ennemi. ~を探る tâter (sonder) l'ennemi (l'adversaire). ‖ ~偵察のため分遣隊を派遣する envoyer un détachement en reconnaissance.

てきじん 敵陣 position f ennemie; camp m ennemi. ~を突破する forcer la ligne ennemie.

てきず 手傷 blessure f; [戦傷] blessure de guerre. ~を負う être blessé; recevoir un coup. ~を負わせる blesser; faire une blessure à qn.

テキスト texte m; [教科書] manuel m scolaire.

てきする 敵する ⇒ てむかう(手向う), ひってき(匹敵).

てきする 適する convenir à; s'adapter à; être propre à; être adéquat à; [職業, 能力に] être fait pour; être bon à (pour). この道具はどんな身障者にも適している Cet outil convient même aux plus handicapés. 彼はこの職業に適している Il est fait pour ce métier. この気候は彼に適していない Le climat ne lui va pas. ¶...に適した propre; convenable; adapté; adéquat. 食用に適した à bon à manger; comestible. 飲用に適した(適さない) potable (non potable). 耕作に適した土地 terre f qui se prête (est propre) à la culture. デートに適した(適さない)場所 lieu(x) m propre (impropre) à vos rendez-vous. 学校生活に適さない子供 enfant mf inadapté(e) à la vie scolaire.

てきせい 適性 aptitude f; capacité f. ~がある être apte à; avoir une aptitude à (pour).

‖〜検査 test m (examen m) d'aptitude.

てきせい 適正 ¶〜な convenable; approprié; juste; raisonnable. 〜な価格 prix m raisonnable. 〜な評価を下す estimer des choses à leur juste prix.

てきせつ 適切 ¶〜な juste; propre; pertinent; adéquat; approprié. 〜な語 mot m propre (unique, juste, exact). 〜な注意 remarque f pertinente (juste). 〜な定義 définition f parfaitement adéquate. 〜な例 bon exemple m. 〜な比較(批評) comparaison f (critique f) juste. 〜な表現 expression f heureuse (juste). それこそ今の彼が必要としている〜な忠告だ C'est exactement le conseil dont il a besoin en ce moment. 〜な言葉で en termes propres. 〜さ justesse f; pertinence f.

てきぜん 敵前 ¶〜に上陸する débarquer en face de l'ennemi. 〜上陸を敢行する oser (risquer) un débarquement face à l'ennemi. 〜逃亡 désertion f en présence de l'ennemi.

できそこない 出来損ない [不出来] malfaçon f; [不成功] insuccès m; ratage m; [不良品] pièces fpl de rebut; [人間, 動植物, 作品の] avorton m; [社会の屑] racaille f; déchet m; [奇形] difformité f. あの男は〜だ Il n'est propre à rien./C'est un propre à rien. あいつは芸術家の〜さ C'est un raté. ¶〜の mal fait (réussi); échoué; défectueux(se). 〜の品 article m défectueux. 〜の料理 plat m mal réussi; ratage m d'un plat.

てきたい 敵対 ¶〜する s'opposer à qn; [抵抗] résister à qn. 〜的な hostile. ‖〜行為 (動) acte m hostile; hostilités fpl. 〜に対して〜行為を為す entreprendre des hostilités contre. 〜者 antagoniste mf.

できだか 出来高 [生産高] production f; [収穫] récolte f; [産出高] rendement m; [取引きの] chiffre m d'affaires. 1ヘクタールの〜 rendement à l'hectare. 仕事の〜 chiffre (somme f, total m) d'un travail. 今年の麦の〜が良ければ輸入は少しは押えられるだろう Si les blés donnent bien cette année, on pourra limiter un peu les importations. 〜株数 nombre m de titres traités. 〜金額 [株の] montant m des transactions. 〜仕事(賃金) travail(aux) m (salaire m) à la pièce (aux pièces). 〜払いの労働者 ouvrier(ère) m(f) payé(e) à la pièce (aux pièces). 〜払いで働く travailler à la pièce (aux pièces).

できたて 出来立て ¶〜の tout(e) neuf(ve); tout(e) frais (fraîche); flambant neuf(ve); tout battant neuf(ve); [熱い] tout chaud; [湯気をたてている] fumant. 〜のパン pain m encore tout chaud. 〜を食べる manger qc encore tout chaud.

てきだん 敵弾 projectile m (balle f) ennemi (e). 〜に斃れる être tué par un projectile ennemi (par un ennemi d'un coup de fusil). 〜が彼の左足を撃ち砕いた La balle ennemie lui a brisé (fracturé) la jambe gauche.

てきだん 擲弾 grenade f. ‖〜筒 lance-grenades m inv. 〜兵 grenadier m.

てきち 適地 territoire m ennemi; pays m ennemi. 〜に偵察を出す envoyer une patrouille reconnaître le terrain ennemi.

てきちゅう 敵中 ¶〜横断する traverser les lignes ennemies.

てきちゅう 的(適)中 ¶彼の予言は〜した Ses prédictions se sont réalisées. 〜させる atteindre (toucher) le but; frapper au but; faire mouche. 彼は全弾を〜させた Il a placé toutes les balles au centre de la cible. ⇒めいちゅう(命中).

てきちゅうるい 適虫類 infusoires mpl.

てきど 適度 ¶〜な mesuré; modéré; raisonnable. 〜の温度 température f modérée. 〜の運動をする faire (prendre) de l'exercice mesuré (modéré). 〜に avec modération; convenablement; modérément. 〜に暖められた部屋 pièce f convenablement chauffée. 〜に飲み食いする manger et boire modérément. 〜に飲むようにしなさい Ne buvez qu'avec mesure.

てきとう 適当 ¶〜な convenable; approprié; adéquat; propice; [時宜を得た] opportun; [適任の] compétent; qualifié. 〜な漁場 coin m convenable pour la pêche. 〜な値段 prix m modéré (raisonnable). 老人に〜な食物 aliment m qui convient aux vieillards. 米作に〜な気候 climat m propice à la riziculture. 〜な人 personne f comme il faut. 誰か〜な人を知りませんか Connaissez-vous quelqu'un qui soit qualifié? ...するのが〜である Il convient de inf (que sub). その言葉は〜ではない Ce mot n'est pas de mise./Ce n'est pas le mot qu'il faut. 〜だと思う(判断する) trouver bon (juger convenable). 〜だと思うことをすれば良い Vous ferez ce que vous jugerez expédient./Faites comme bon vous semblera. 〜に convenablement. 〜に返事をしとく répondre évasivement. 〜に返事をしておいて下さい [好きなように] Répondez comme bon vous semblera. 〜にしておかなければ駄目だ Tu tâcheras de ne pas aller trop loin. 奴などへ〜にあしらっておけ Ne vous occupez pas trop de lui. 〜な時に au moment opportun; en temps voulu.

てきにん 適任 ¶〜の propre à; apte à; fait pour; qualifié (compétent) pour. 彼はこの仕事にまさに〜だ Il est fait pour cet emploi. その事については私は〜ではない Je ne suis pas compétent dans cette matière. ‖〜者 personne f qualifiée.

てきね 適値 chiffre m d'affaire.

できばえ 出来栄え ⇒ でき(出来).

てきぱき ¶〜した expéditif(ve). 彼ならば仕事は早い, 〜している Avec lui, ça ne traîne pas, il est expéditif. 〜と rondement; avec diligence. 仕事を〜片付ける être expéditif en affaires. 仕事を〜と処理しなければならない Il faut mener le travail rondement.

てきはつ 摘発 dénonciation f. 〜する dénoncer; dévoiler; révéler. 犯罪(不正, 背任)を〜する dénoncer un crime (une injustice, un abus). 違反者へ〜する dresser contravention à qn.

てきひ 適否 [言葉などの] propriété f; [人間の] aptitude f. 〜を論ずる discuter la proprié-

てきびしい 手厳しい dur; sévère; [情容赦のない] impitoyable; [辛辣] acrimonieux(se). ～非難 amer reproche m. この映画に対する批評は少々～ La critique de ce film est un peu sévère. 中々～事をおっしゃいますね Vous êtes bien sévère dans vos critiques. ¶手厳しく impitoyablement; durement; sévèrement; acrimonieusement. 手厳しく言う(叱責する) en dire de dures à qn. 手厳しさ sévérité f; acrimonie f; dureté f.

てきひょう 適評 critique f propre (exacte).

てきへい 敵兵 soldat m ennemi.

てきほう 適法 ¶～な légal(aux); licite. ¶～性 légalité f.

てきみかた 敵味方 ami m et ennemi m; alliés mpl et adversaires mpl; deux partis mpl opposés. ～に分れる se diviser en deux camps opposés. ～双方に多数の死傷者が出た Il y a eu de nombreux morts et blessés dans les deux côtés.

てきめん 覿面 ¶～に immédiatement; sur-le-champ; instantanément; sans délai; tout de suite. この薬は～に利いた Ce remède a produit un effet immédiat./Ce remède a agi promptement. ¶「天罰～」«Qui fait la faute, la boit.»

できもの 出来物 [腫物] grosseur f; [吹出物] bouton m; [膿疱] pustule f; [腫瘍] tumeur f; [水泡] vésicule f; [ねぶと] furoncle m. ～ができる avoir des boutons. 首に～ができる avoir une grosseur au cou; avoir un furoncle dans le cou. ～にさわると痛い avoir une grosseur sensible au toucher. ～を切開する ouvrir un furoncle. ¶～のできた boutonneux(se).

てきや 的屋 camelot m; charlatan m. ～の口上 boniment m d'un camelot.

てきやく 適役 rôle m [emploi m, fonction f] qui convient à qn. それには彼が～だ Ça lui va comme un gant./Il est fait (né) pour cet emploi (ce rôle)./Il est parfaitement qualifié pour occuper ce poste.

てきやく 適訳 bonne traduction f. ～をつける bien traduire. この語の～が見つからない Je ne trouve pas la traduction exacte de ce mot.

てきよう 摘要 résumé m; sommaire m; abrégé m; précis m. ¶～する résumer. ¶～欄 partie f réservée aux remarques (notes).

てきよう 適用 application f; [mise f en] pratique f. 法の～ application d'une loi. 技術の～ pratique d'une technique. 法の～を誤る mal appliquer une loi. ¶～する appliquer qc à qc. ～される s'appliquer à. この法は外国人には～されない Cette loi n'est pas applicable aux étrangers. ¶～できる(できない) applicable (inapplicable).

てきりょう 適量 quantité f appropriée (convenable). [薬剤] dose f prescrite. ～を飲む(喫う) boire (fumer) modérément. ¶～に抑える limiter la quantité de qc; limiter qc à la quantité modérée.

できる 出来る [能力がある] pouvoir inf; savoir inf; être capable de qc (inf); être en état (à même, en mesure) de inf. ¶500人を収容＝部屋 salle f qui peut contenir cinq cents personnes. 彼女は自動車の運転(泳ぎ)が～ Il sait conduire une voiture (nager). この説明が理解できますか Pouvez-vous comprendre cette explication? …することは私にはできない Je ne peux pas inf./Il m'est impossible de inf./Je suis incapable de inf. 非常に仕事の～役人 C'est un fonctionnaire très compétent. それはなみの頭には理解できない Cela dépasse la portée d'une intelligence ordinaire. 私にはそれはできかねる Cela m'est impossible. そうこなくっちゃ [C'est] impossible! この仕事は彼にはできない Ce travail dépasse ses facultés (ses moyens)./Il n'est pas de force à faire ce travail. ～だけ autant que possible; autant qu'on peut; le plus (moins)…possible. ～だけゆっくり歩け Marche le moins vite que tu pourras. 平和維持のため～だけ尽力する faire tout son possible pour maintenir la paix. ～だけ早く le plus tôt possible; aussitôt (dès) que possible. ～だけ速く le plus vite possible; aussi vite que possible. ～だけたくさんの本 le plus de livres possible. ～だけ読み易く書いて下さい Écrivez lisiblement, autant que possible. ～だけ危険を避けるために pour courir le moins de risques possible. ～だけ行きますよ Je ferai tout mon possible pour y aller. ～だけのことはしなさい Faites votre possible./Faites de votre mieux. ～だけの力を振り絞って donner toute sa mesure; donner la mesure de son talent. ～だけの努力をする faire tout ce qui est en son pouvoir pour; faire [tout] son possible pour; faire l'impossible pour. この生徒は～だけの努力をしたが失敗した Cet élève a fait pourtant son possible, mais sans succès. じゃ～だけのことはやってみよう Bon, je vais voir ce que je peux faire. ◆ [可能である・許される] être possible; ～が[は] possible de inf (que sub). その企画は実現～ Cette entreprise sera possible (réalisable). 断ることも～ Il est possible de refuser. この文は幾通りにも解釈～ C'est une phrase susceptible de diverses interprétations. 改善～計画 projet m susceptible d'être amélioré. その仕事は2日ではできないと彼に言ってやった Je lui ai mis au défi (l'ai défié) de faire ce travail en deux jours. 車をお借りできますか Est-ce que je peux emprunter votre voiture? 今晩は外出できますか Ce soir je n'ai pas la permission de sortir. 仕事の都合で彼は外出できない Ses occupations ne lui permettent pas de sortir. 明日来ますか―それはできません Viendrez-vous demain? ― Impossible. ¶できれば si [c'est] possible; si cela se peut; [可能な範囲で] dans la mesure du possible. できれば明日いらっしゃい Venez demain si [c'est] possible. できれば伺います Je viendrai dans la mesure du possible. ◆ [学科などが] être fort en; [長じている] être calé en (sur); [才能がある] être doué. この生

徒はよく～ Cet élève est très fort. 彼は数学がよく～ Il est fort en mathématiques. 彼は英語が抜群に～ Il excelle (se distingue) en anglais. できない生徒 élève *mf* faible (médiocre). この生徒はあまりできない Cet élève n'est pas brillant. ◆[出来上がる]être fini (achevé, terminé); [用意に]être prêt. 夕食(コーヒー)が～ Le dîner (Le café) est prêt. 宿題が～ Le devoir est fini (achevé, terminé). これは一日では～ Ça ne se fait pas en un jour. 彼はできた人だ Il sait vivre. ◆[作られる]得意客が～ créer une clientèle. チョコレートはカカオと砂糖で～ On fabrique le chocolat avec du cacao et du sucre. 学校(会社)ができた Une école (Une société) a été fondée. 家が沢山できた On a construit beaucoup de maisons. 菓子ができた On a fait (confectionné) des gâteaux. 壁ができた On a fait (construit, élevé) un mur. 候補者のリストができた On a établi (dressé) la liste des candidats. 制度ができた On a créé (constitué, établi) une institution. あの学校は明治の頃にできた Cette école a été fondée à l'époque de Meiji. 日本では今年米が沢山できた Le Japon a produit beaucoup de riz cette année. 紙でできた袋 sac *m* de papier. コンクリートでできた建物 bâtiment *m* [construit] en béton. フランスでできた製品 produit *m* de fabrication française. 煉瓦でできた家 maison *f* de (en) brique. 水は水素と酸素でできている L'eau se compose d'hydrogène et d'oxygène. この菓子は主にミルクと砂糖と小麦粉でできている Ce gâteau est fait essentiellement de lait, de sucre et de farine. 椅子は何でできていますか―木でできています En quoi est la chaise? ― Elle est en bois. ◆[生じる] 吹出物が～ avoir des boutons. 牛乳に膜が～ Une peau (Une pellicule) se forme sur le lait. 私は首に腫物ができた Il m'est venu une tumeur (une grosseur) au cou./Une tumeur (Une grosseur) m'est venue au cou./J'ai une tumeur (une grosseur) au cou. 困ったことができた Il s'est présenté une difficulté. また困ったことができた Nous nous trouvons devant une nouvelle difficulté. 困ったことができたら電話をよこしなさい Si vous êtes en difficulté, donnez-moi un coup de téléphone. 掌にたこ(まめ)ができた Il se forme des cals (des ampoules) aux mains. その話なら耳にたこができた J'ai les oreilles rebattues de cette histoire. どしゃぶりの後あちこちに水たまりができた Après l'averse, il se forme des flaques d'eau un peu partout. 彼女に子供ができた Elle a eu un enfant. 彼らにはとっくに子供ができているよ Et ils ont déjà un enfant. 予定日前にできた子 enfant *mf* né(e) avant terme.

てきれい 適例 ‖ bon exemple *m*; exemple à suivre (bien choisi); modèle *m*. ～を示す donner (montrer) l'exemple de ce qu'il faut faire.

てきれい 適齢 ‖結婚～期の娘 jeune fille *f* nubile (mariable, en âge de se marier). 徴兵～期の青年 garçon *m* en âge de faire son service militaire. 徴兵～者 conscrit *m*.

てぎれきん 手切れ金 ‖～を要求する demander une somme d'argent pour se dédommager de la rupture (la séparation).

てぎわ 手際 ‖～のよい(の悪い) adroit (maladroit). ～よく habilement; avec adresse; [巧みに] adroitement; [見事に] avec maestria (maîtrise); [やすやすと] avec facilité (aisance). 仕事を～よく処理する mener son affaire avec habileté. 交渉は～よく運んだ Les négociations furent habilement conduites. 外科医が見事な～で手術する Le chirurgien opère avec une grande dextérité (habileté).

てきん 手金 arrhes *fpl*; caution *f*. ～を打つ verser des arrhes. 土地売却の～を要求する exiger (demander) des arrhes pour la vente d'un terrain.

てく 木偶 poupée *f* de bois.

てぐす 天蚕糸 crin *m* de Florence; florence *f*.

テクスチャー texture *f*.

てぐすね ‖～引いて待つ attendre *qn* de pied ferme; [機を窺う] épier une occasion; guetter un moment.

てくせ 手癖 ‖～が悪い avoir les doigts crochus (les mains crochues). ～の悪い人 cleptomane *mf*.

てだ 手管 ruse *f*; artifice *m*. ‖手練を弄する user de toutes les ruses possibles.

てぐち 手口 façon *f*; manœuvre *f*; manège *m*; rouerie *f*. 彼のうまい～がよく見える Je vois bien son petit manège. ‖残虐(巧妙)な～で d'une façon cruelle (adroite).

でぐち 出口 sortie *f*; issue *f*; ouverture *f*. 家の～ sortie de la maison. 秘密の～ issue secrète. この台所には煙の～がない Cette cuisine manque de dégagements de fumée. ～を探す(ふさぐ) chercher (fermer) une issue. ～を通って外に出る sortir dehors par une issue.

てくてく ‖～歩く marcher à pied.

テクニカラー 《映》 Technicolor *m*. ‖～映画 film *m* en Technicolor.

テクニカル ‖～ターム terme *m* technique. ～ノックアウトで負ける être battu par knock-out technique.

テクニシャン technicien(ne) *m(f)*; spécialiste *mf*.

テクニック technique *f*.

テクネチウム technétium *m*.

テクノクラート technocrate *m*.

でくのぼう 木偶の坊 ‖あれはただの～だ Il n'est bon à rien./C'est un bon à rien. ⇒ でく(木偶).

テクノロジー technologie *f*.

てくび 手首 poignet *m*. ～をつかむ prendre *qn* par le poignet.

てぐり 手繰り ‖～の糸 fil *m* dévidé à la main.

デクレッシェンド 《楽》 decrescendo *m inv*. ‖～で decrescendo.

でくわす 出くわす ⇨ であう(出会う).

でげいこ 出稽古 ‖～に行く aller donner des leçons particulières. ～に来ていただけませんか

てこ

Pourriez-vous venir chez moi pour me donner des leçons?

てこ 梃子 levier *m*. ~の臂(力) bras (*force f*) de levier. ~で持ち上げる soulever *qc* avec un levier. 鉄の棒を~に使う se servir d'une barre de fer comme levier. ~を使って動く (à l'aide d'un levier). ~~でも動かない [譲らない] ne pas reculer d'une semelle; ne jamais céder; [頑固] ne vouloir rien entendre; [支援] être entêté; avoir la caboche solide. ~でも動かない奴だ Il est cabochard./C'est un homme têtu comme un âne. こうなったら俺は~でも動かないからな Si c'est comme ça, je ne bougerai pas d'ici d'un poil.

てこいれ 梃子入れ renforçage *m*; renforcement *m*; consolidation *f*. ~する renforcer; consolider; [支援] appuyer; donner *son* appui (soutien) à; soutenir. 株価に~する soutenir la cote. 国がX社に~している L'Etat fournit une aide à la société X.

デコーダー décodeur *m*.

てごころ 手心 ~を加える ménager *qn*; avoir de l'indulgence envers (pour) *qn*; montrer des ménagements à l'égard de *qn*. ~を加えない traiter *qn* sans ménagement. 相手に~を加えてはいけない Il ne faut pas ménager son adversaire.

てこずる 手古摺る être embarrassé par (de); avoir beaucoup de mal (peine) à *inf*. あの事件には大分てこずった Cette affaire m'a beaucoup embarrassé./J'ai eu beaucoup de peine à liquider cette affaire. あんな弱いチームにてこずるようではあのチームも大したことはない Si cette équipe a du mal à venir à bout d'une équipe aussi faible, elle n'est pas aussi redoutable qu'on le disait. てこずらせる donner beaucoup d'embarras à *qn*; embarrasser *qn*. この娘はほんとうにてこずらせる Cette fille est vraiment intraitable.

てごたえ 手応え résistance *f*; [反応] réaction *f*; [効果] effet *m*. ~がある sentir (éprouver) de la résistance; être sûr de *son* coup. どうも~がない Je ne suis pas sûr d'y arriver (de mon coup). ~は充分だ Je suis sûr de mon coup. ~を示す réagir; montrer une réaction. ~のない奴 homme *m* sans réaction (aucun ressort).

でこでこ ~の奴 C'est un dandy.

でこぼこ 凸凹 [不揃い] inégalité *f*; irrégularité *f*; [起伏] aspérité *f*; rugosité *f*. 地面の~ aspérités *fpl* du sol (du terrain). 鋼鍋の~ bosselures *fpl* d'une marmite en cuivre. 表面の~ inégalité de la surface. ~がある présenter des inégalités. 地面の~に足をとられながら進む avancer en trébuchant contre les aspérités du sol. 給与の~を直す débosseler une marmite. かんで板の~をなくす enlever les aspérités d'une planche avec un rabot. 土地の~をならす niveler (égaliser, aplanir) un terrain. ~した inégal(aux); irrégulier(ère); raboteux(se); bosselé. ~の舗石 dalles *fpl* inégales. ~した道 chemin *m* raboteux. ~にする déniveler. [めちゃくちゃにする] cabosser. 車体の~にする cabosser une carrosserie de voiture. ~を飛び越す [スキーで] sauter les bosses. ‖~頭 crâne *m* bossué.

てごま 手駒 [将棋] prise *f*; [部下] personnel *m*; subordonné(e) *m(f)*; inférieur(e) *m(f)*; homme *m*. ~が足りない manquer de bras (de personnel).

てごめ 手込め ~にする violer (violenter) [une femme].

デコラ ‖このテーブルは~張りだ C'est une table en similibois.

デコルテ robe *f* décolletée.

デコレーション décoration *f*. ‖~ケーキ pièce *f* montée.

てごろ 手頃 ~な [使い易い] maniable; [便利な] commode. 旅行するのに~な案内書 guide *m* commode pour le voyage. 人数の多い家族に~な家 maison *f* qui convient pour une famille nombreuse. ~な大きさの板 planche *f* d'une dimension commode. ~な値 prix *m* modéré (accessible, abordable, raisonnable). この小型カメラはとても~だ Cet appareil photo de petit format est très maniable (commode).

てごわい 手強い redoutable; dur. ~相手 adversaire *mf* redoutable; rude adversaire; [スポーツ] rude joueur(se) *m(f)*. ~相手に出会う trouver à qui parler. これはなかなか~ぞ C'est un vieux dur à cuire.

デザート dessert *m*. ~に果物が持ってこられた On nous a apporté des fruits comme dessert.

てざいく 手細工 ~の fait (fabriqué) à la main.

デザイナー dessinateur(trice) *m(f)*. ‖服飾~ modéliste *mf*; dessinateur de mode.

デザイン dessin *m*; [服飾] modèle *m*. ~する dessiner *qc*. 新しい夜会服を~する dessiner une nouvelle robe de soirée. ‖グラフィック~ dessin graphique.

でざかり 出盛り ‖桜桃も今が~だ C'est la saison des cerises.

でざかる 出盛る ‖人の~時間 heure *f* d'affluence. 人の~場所 quartier *m* fréquenté.

てさき 手先 ~が器用だ être habile de *ses* doigts; avoir du métier; être adroit de *ses* mains. ~が無器用だ avoir les mains gourdes. ~の manuel(le). ~の仕事 travail (aux) *m* manuel. ~の器用な(仕事をする)人 manuel(le) *m(f)*. ◆ [手下] agent *m*; suppôt *m*; serviteur *m*; créature *f*. 敵の~ agent de l'ennemi. あいつは独裁者の~だ C'est une créature du dictateur. ~に使う se servir de *qn*. ...の~になる devenir l'instrument de *qn*.

でさき 出先 ‖彼の~は分りかねます Je ne sais [pas] où il est allé. 彼の~に連絡してみましょう Je vais essayer de le joindre. ‖~機関 [官庁の] autorités *fpl* sur place (locales); bureau(x) *m* régional(aux) du gouvernement; [会社の] succursale *f*.

てさぐり 手探り tâtonnement *m*. ~する tâtonner; tâter. 辺りを~する tâtonner de tous côtés. いろいろ~した後で après de nom-

てさげ 〜breux tâtonnement. 〜で à tâtons; à l'aveuglette; en tâtonnant. 暗い室内を〜で進む marcher à tâtons dans une pièce obscure.

てさげ 手提 [袋・鞄] sac m; [ハンドバッグ] sac à main; [書類入れ] serviette f; portefeuille m; [学童用の] cartable m; [小ぶりの] réticule m. ¶〜籠 panier m à anse; [買物用の] sac (panier) à provisions. 〜金庫 coffre(s)-fort(s) m portatif.

てさばき 手捌き gestes mpl de la main; jeu (x) m des doigts; activité f manuelle. 器用な〜 adresse f des mains; dextérité f. ¶器用な〜でものをあやつる manier un ciseau avec dextérité.

てざわり 手触り toucher m; tact m; [紙や布の] main f. 〜を楽しむ jouir du toucher de qc. 〜で見分ける reconnaître qc au toucher. それは絹の〜だった Cela avait le toucher de la soie. ¶〜の堅い(柔い) rude (doux(ce)) au toucher. これは〜のいい生地だ C'est une étoffe agréable au toucher.

でし 弟子 élève mf; disciple m; [徒弟] apprenti(e) m(f). キリストの〜たち les Disciples [de Jésus-Christ]. ¶〜入りする devenir l'élève de qn; entrer en apprentissage chez qn; se mettre sous la direction de qn. 〜入りさせる mettre qn en apprentissage.

デシ ¶〜グラム décigramme m. 〜バール décibar m. 〜メートル décimètre m. 〜リットル décilitre m.

てしお 手塩 ¶〜にかけて育てる élever qn avec les soins les plus tendres.

てしごと 手仕事 travail(aux) m manuel; travail de manœuvre (des mains); métier m manuel. 〜をする travailler de ses mains. これは簡単な〜ではない Ce ne sont pas de petits travaux manuels. 〜だから器用じゃなきゃ駄目だ Ce travail exige une grande habileté des mains./Ce travail demande du doigté. ¶〜の fait (fabriqué) à la main; manuel(le).

てした 手下 sous-ordre m inv; [部下] subordonné(e) m(f); homme m; subalterne mf. …の〜である être sous les ordres de qn. 彼らは直ちに〜を差し向けた Ils ont envoyé sur place des sous-ordres. 〜をつれて avec ses hommes.

デジタル ¶〜の digital(ale, aux). 〜方式の numérique. 〜化する numériser. ¶〜計算機 calculateur m numérique. 〜時計 montre f digitale. 〜録音 enregistrement m numérique.

てじな 手品 prestidigitation f; tour m de passe-passe. トランプの〜 tour de cartes. 〜を使う faire des tours de passe-passe. 〜の種明かす expliquer un tour de passe-passe. 〜の種明かす expliquer un tour de passe-passe. ¶まるで〜みたいだ C'est de la prestidigitation! ¶〜師 prestidigitateur(trice) m(f).

でしな 出しな ¶〜に en sortant; au moment de sortir. ⇒ でがけ(出掛け).

てじめ 手締 ¶それではここらで〜をしましょう Restons-en là.

てじゃく 手酌 ¶〜で酒を飲む boire du saké en se servant soi-même.

でしゃばり 出しゃ張り ¶本当にあいつは〜だね C'est un vrai casse-pieds. ¶〜屋 indiscret(ète) m(f); [無作法な] importun(e) m(f).

でしゃばる 出しゃ張る ¶[他人の事に〜] s'ingérer (s'immiscer) dans les affaires d'autrui; se mêler des affaires d'autrui. 何にでも〜 se mêler de tout; fourrer son nez partout. 〜な De quoi vous mêlez-vous?/Occupe-toi de tes oignons!

てじゅん 手順 marche f à suivre; filière f méthode f; [準備] dispositions fpl; arrangements mpl; [料理などの] recette f; [いつもの] errements mpl. 〜を誤る mal prendre ses dispositions; s'y mal prendre. 〜を教える indiquer la marche à suivre. 〜を踏む passer par la filière. 奴のおかげで〜が狂った Son intervention a perturbé nos plans. ¶〜計画を〜よく進める exécuter un projet avec méthode. 仕事は〜よく進んでいる L'affaire marche sans accroc.

てじょう 手錠 menottes fpl. 犯人に〜をかける passer (mettre) les menottes à un criminel.

-でしょう [推量] Je crois (suppose, pense) que ind./[期待] J'espère (Je compte) que ind. ようう彼は家でしょう Il est probablement chez lui./Peut-être qu'il est chez lui. そう〜 Je crois que oui. きっとそれは〜 Je [le] crois bien. 万事うまくいく〜 J'espère que tout ira bien (va s'arranger). ◆[念を押す] これいい〜 Ce n'est pas mal, non?

てしょく 手職 métier m manuel; ¶〜がある savoir travailler de ses mains.

てしょく 手燭 bougeoir m.

でじろ 出城 pavillon m détaché. 〜を包囲(落す) investir (abattre) un pavillon détaché.

デシン crêpe m de Chine.

てすう 手数 ¶〜を惜しまない ne pas épargner sa peine. 〜をかける déranger qn; donner des tracas à qn; donner de la peine à qn. どうも大変な〜をおかけしました Excusez-moi du dérangement. あの子にはきっと大変な〜がかかるでしょう Cet enfant doit vous donner bien du tracas. 〜のかかる qui demande de la peine; pénible; fatigant; épuisant. 〜のかかる仕事 travail(aux) m pénible (fatigant). 〜のかかる子供 enfant mf (difficile) intraitable. 〜のかからない仕事 travail aisé (facile). お〜でも扉を閉めていただけませんか Vous dérangerait-il de fermer la porte?/Vous seriez bien aimable de fermer la porte. お〜でも辛子を取っていただけますか Pourriez-vous me passer la moutarde?

てすうりょう 手数料 commission f; droit m; frais mpl; [仲買の] courtage m. 10%の〜を取る(払う) toucher (payer) dix pour cent de commission. …の〜を引く déduire la commission de. 販売価格から不動産屋への〜を引かなければならない Il faut déduire du prix de vente la commission de l'agence immobilière. ¶登記〜 droit (frais) d'enregistrement.

てずから 手ずから de ses propres mains; soi-

てすき même; en personne. 天皇～お植えになった松 pin m planté de la main même de l'empereur.

てすき 手隙 ¶お～の時で結構ですからこれをお願いします Veuillez [me] faire ceci, si vous avez un moment. ⇨ あき(手明き).

てすきがみ 手漉き紙 papier m fait à la main.

ですぎる 出過ぎる ¶出過ぎる indiscret(ète); inconsidéré. 出過ぎた真似をする commettre une indiscrétion. 出過ぎたことを言う dire des impertinences. 出過ぎた振舞をお許し下さい Excusez mon indiscrétion. ◆[お茶が] ¶出過ぎたお茶 thé m trop fort.

デスク [机] bureau(x) m; [編集局] bureau de rédaction; [編集長] rédacteur(trice) m(f) en chef.

デスクトップパソコン ordinateur m de bureau.

デスクトップパブリッシング publication f assistée par ordinateur; PAO.

てすさび 手遊び amusement m; amusette f; passe-temps m inv; distraction f. ¶～に絵を描く faire de la peinture par passe-temps.

てすじ 手筋 ¶彼は踊の～がいい Il a du talent pour la danse. このピアニストは～がいい Ce pianiste a un excellent doigté. ⇨ すじ(筋).

テスター [appareil m] contrôleur m.

テスト épreuve f; [学業の] examen m; [知能, 適性の] test m; [製品の] essai m. ～にパスする soutenir l'épreuve. ¶～[を] する éprouver; tester; mettre à l'épreuve (à l'essai); essayer. あの先生は来週数学の～をするらしい La semaine prochaine, il paraît que le professeur va donner une interrogation de maths. ‖エンジンを行う procéder à l'épreuve d'un moteur. 耐久～ épreuve d'endurance. 知能～を soumettre qn à un test d'intelligence. メンタル(適性)～ test mental (d'aptitude). 子供を～ぜめにする soumettre un enfant à une batterie de tests. ～パイロット(飛行) pilote m (vol m) d'essai. ～パターン [テレビなどの] mire f. ～フィルム cinéma m d'essai.

テストケース test [test] m. その都市にその方策を適用してみるのは、全国的に適用できるかどうかの～である L'application de cette mesure dans cette ville est un test au niveau national.

デスマスク masque m mortuaire. ～の型を取る mouler le visage d'un mort.

てすり 手摺り garde-fou m; garde-corps m inv; [壁代の] parapet m; [バルコニーなどの] balustrade f; [階段の] rampe f; [甲板の] bastingage m; [エスカレーターの] main f courante. 窓の～ appui m de fenêtre.

てずり 手刷り ¶～のハガキ carte f postale imprimée à la main. ～の木版画 gravure f sur bois tirée à la main.

てせい 手製 ¶～の fait (fabriqué) à la main; [自家製] fait (fabriqué) à la maison (Chez soi). 彼女は～のお菓子を持って来た Elle nous a apporté des gâteaux de sa fabrication.

てぜい 手勢 troupes fpl sous ses ordres. ～を率いて avec ses hommes (ses soldats).

てぜま 手狭 ¶～に étroit; petit. 彼は～な所に住んでいる Il est logé à l'étroit. 彼は段々部屋が～になるように感じていた Il se sentait de plus en plus à l'étroit dans sa pièce.

てそう 手相 lignes fpl de la main. ～を見てもらう se faire examiner les lignes de la main. よい～をしている avoir de belles lignes de la main. ‖～術 chiromancie f. ～見 chiromancien(ne) m(f).

でぞめ 出初め ¶～式 parade f (exercices mpl) des pompiers du nouvel an.

でそろう 出揃う ¶麦の穂が出揃った Le blé est complètement monté en épi. 意見が出揃った Tout le monde a donné son avis. これでメンバーは出揃ったな Nous voilà au complet.

てだい 手代 commis m.

てだし 手出し ¶誰も～をするな Que personne ne touche! 彼は何でも～をしたがる Il veut se mêler de tout. よけいな～をするなよ Occupez-vous de vos affaires!

てだし 出し [導入] introduction f; [開始] commencement m; [出発] départ m. 何事も～が難しいだけだ Il n'y a que le premier pas qui coûte. ～が良かった(悪かった) Il a bien (mal) débuté. ～から終りまで de la première ligne à la dernière. ¶～の悪い仕事 affaire f mal emmanchée (engagée).

てだすけ 手助け assistance f; aide f; main-forte f. ～をする prêter main-forte à; aider; assister. 友人の～で一人で a vécu d'un ami. ⇨ てだつい(手伝い), てだう(手伝う).

てだて 手立て ¶てかず(手数), ほうほう(方法). ¶何かよい～はないか N'y aurait-il pas un bon moyen?

でたとこしょうぶ 出たとこ勝負 ¶こうなったら～だ Alors, il ne me reste plus qu'à me jeter dans l'eau. ～で au hasard; à l'aventure.

てだま 手玉 ¶～に取る mener qn par le bout du nez (à la baguette).

でたらめ 出鱈目 ¶～な fantaisiste; sans fondement. ～ニュース information f fantaisiste;《俗》bobard m; canular m. ～な人 fantaisiste mf. ～なことをう(する) parler (agir) en l'air. ～な生活 une vie une vie déréglée. 彼女は週刊誌の～な記事ばかり信じる Elle croit tous les bobards des hebdomadaires. お前の言うことは～だ Ce que tu dis est plein de mensonges. この報告書は～だ Ce rapport est bourré d'erreurs. ～に au hasard; au petit bonheur; à l'aveuglette. ～に答える répondre au hasard (au petit bonheur).

てぢか 手近 ¶～な所に置く mettre à portée de la main. ～な例を引く citer un exemple familier.

てちがい 手違い erreur f. 仕事に～が生じた Il est survenu un accroc (un contretemps) dans l'affaire. それは私どもの～のようです C'est une erreur de notre part. ¶どうした～でこうなったのだろう Par quelle erreur en sommes-nous arrivés là? ちょっとした～で計画が狂った

Une petite erreur a bouleversé mon projet.

てちょう 手帳 carnet *m* [de poche]; agenda *m*; [手帖] cahier *m*. ~に記入する consigner (noter) sur un carnet. ¶軍隊~ livret *m* militaire (individuel). 警察~ carte *f* d'inspecteur.

てつ 轍 ¶...の~を踏む retomber dans les mêmes erreurs que *qn*. 同じくとも彼と同じ~を踏まないようにしよう En tout cas, on ne va pas tomber dans la même ornière que lui.

てつ 鉄 fer *m*; [鋼鉄] acier *m*; [鋳鉄] fer coulé. 「~は熱いうちに打て」《Il faut battre le fer pendant qu'il est chaud.》 ¶~[製]の de fer; en fer. ~カーテン rideau(x) *m* de fer. ~の肺 poumon *m* d'acier. ~のような体 corps *m* d'acier. ~の意志 volonté *f* de fer. ~のように堅い dur comme le fer. ~を含む ferreux(se). ~[色] ~色 (黒緑色) noir verdâtre *inv*; [灰青色] bleu acier *inv*; [黒赤色] noir rougeâtre *inv*. うちでは色々な~製品を作っています Nous avons une entreprise métallurgique.

てつあれい 鉄亜鈴 haltère *m* [de fer].

てつか 鉄火 ¶~場 tripot *m*. ~肌の女 drôlesse *f*.

てっかい 撤回 rétractation *f*; annulation *f*; 《法》 révocation *f*; mainlevée *f*. ¶~する retirer; rétracter; annuler; révoquer. 提案(要求)を~する rétracter (retirer) une proposition (*sa* demande). 前言を~する désavouer les propos qu'*on* a tenus; rétracter *ses* dires. 命令を~する annuler un ordre.

てっかく 的確 ⇨ てきかく(的確).

てっかく 適格 ⇨ てきかく(適格).

てつがく 哲学 philosophie *f*. 彼は自分の~を持っている Il a des principes. ¶~的 philosophique. ~的に philosophiquement. ~概念 concept *m* philosophique. ~史 histoire *f* de la philosophie. ~者 philosophe *mf*. ~者ぶる faire le philosophe.

てつかず 手付かず ¶~の intact; vierge. ~のままでいる(残る) demeurer (rester) intact. 宝は~のまま眠っている Les richesses dorment intactes. その仕事はまだ~だ Je n'ai pas encore mis la main à ce travail.

てつかぶと 鉄兜 casque *m* [de fer].

てつかみ 手掴み ¶~でむしゃむしゃ食べる manger *qc* avec *ses* doigts comme un glouton; manger en glouton avec *ses* doigts.

てっかん 鉄管 tuyau(x) *m* de fer (de fonte). ~が破裂した Un tuyau de fer a crevé.

てつき 手付き ¶タイピストの慣れた~ doigté *m* d'une dactylo. 危い(慣れた)~で d'une main incertaine (sûre). 熟練した~で de main de maître. 巧みな~で adroitement; habilement.

てっき 摘記 ¶~する résumer.

てっき 敵機 avion *m* ennemi.

てっき 鉄器 instrument *m* de fer. ¶~時代 âge *m* du fer.

デッキ [船] pont *m*; [列車] plate(s)-forme(*s*) [de]. 「全員~に集合せよ」《Tout le monde sur le pont!》 後方~ pont arrière. ~チェア transat[lantique] *m*.

てっきょ 撤去 enlèvement *m*; dégagement *m*; évacuation *f*. 基地の~ suppression *f* d'une base. 軍隊の~ évacuation des armées. 障害物の撤廃(撤去) déblaiement *m* (déblayage *m*) des obstacles. ¶~する enlever; retirer; dégager; déblayer; évacuer; [破壊] démolir; détruire. 障害物を~する dégager (déblayer) un terrain de ses obstacles. 土地の建物を~する dégager (déblayer) un terrain de ses bâtiments.

てっきょう 鉄橋 pont *m* en fer; [鉄道の] pont de chemin de fer.

てっきり ¶~彼は死んでいると思った On l'a bien cru mort. ~彼は約束を守る人だと思っていた Je le croyais homme de parole. 私は彼女を~彼の妹だと思った J'étais persuadé que c'était sa sœur. ~彼が来たものと思った J'étais persuadé que c'était lui qui était venu.

てっきん 鉄琴 glockenspiel *m*.

てっきん 鉄筋 armature *f*. ¶~コンクリートの en béton armé.

てつくず 鉄屑 ferraille *f*; déchets *mpl* de fer.

てづくす 出尽す ¶議論は出尽した Tout le monde a donné son avis. 俺の策も出尽した J'ai épuisé toutes les ressources./Je suis à bout de ressources.

てづくり 手作り ¶~の fait (fabriqué) à la main; [自家製] fait fabriqué à domicile. ~の料理 cuisine *f* de maison. ⇨ てりょうり(手料理).

てつけ 手付 ¶~を打つ verser (donner) des arrhes. ¶~金 arrhes *fpl*; [保証金] caution *f*. ⇨ てきん(手金).

てっけつ 鉄血 ¶~宰相 (ビスマルク) chancelier *m* de fer.

てっけん 鉄拳 ¶~をふるう donner (assener) des coups de poing. ~を顔面には暴を加える envoyer un poing vigoureux dans la figure de *qn*. ¶~制裁 sanction *f* à coups de poing.

てっこう 手甲 mitaine *f* de travail.

てっこう 鉄坑 mine *f* de fer.

てっこう 鉄工 travail *m* du fer. ¶~所 forges *fpl*; tôlerie *f*.

てっこう 鉄鉱 minerai *m* de fer. 褐~ limonite *f*. 磁~ magnétite *f*. 赤~ hématite *f*.

てっこう 鉄鋼 ¶~業 aciérie *f*; industrie *f* sidérurgique. ~業者 sidérurgiste *m*. ~工場 usine *f* sidérurgique. ~製品 produits *mpl* sidérurgiques.

てっこつ 鉄骨 charpente *f* (armature *f*) de fer; charpente métallique. ¶~建築 construction *f* à charpente de fer. ⇨ てっきん(鉄筋).

てつざい 鉄剤 ferrugineux *m*.

てつざい 鉄材 matériaux *mpl* en fer (en acier).

てっさく 鉄柵 grille *f* [en fer]; barrière *f* (clôture *f*) de fer. ~をめぐらす grillager. ¶~を入れた窓 fenêtre *f* grillagée.

てっさく 鉄索 câble *m* métallique (d'acier).

てっさん 鉄傘 ¶大~ †haute structure *f* métallique.

デッサン dessin m; esquisse f. ¶～する dessiner qc; esquisser qc.

てっしゅう 撤収 [部隊, 基地などの] retrait m; retraite f. 進駐軍の～ retrait des troupes d'occupation. ¶～する retirer; lever. キャンプを～する lever un camp. ⇒ てったい(撤退), てっきょ(撤去).

てつじょうもう 鉄条網 [réseau(x) m de] barbelés mpl; [有刺鉄線] fil m de fer [barbelé]; [軍] lacet m. ～を張る établir un réseau de barbelés. ¶～を張りめぐらした基地 base f clôturée de barbelés.

てっしん 鉄芯 noyau(x) m de fer. 誘導コイルの～ noyau d'une bobine d'induction (d'un inducteur).

てつじん 哲人 philosophe mf; sage m.

てっする 徹する ¶[徹底する] ¶学問に～ se consacrer entièrement (se vouer) aux études. 自己の主義に～ garder (ne pas céder sur) ses principes jusqu'au bout; rester fidèle à ses principes. 物事に～ aller jusqu'au fond des choses. 愛国心に～ s'entêter dans le patriotisme. ◆[貫く, しみ通る] ¶眼光紙背に～ lire entre les lignes. 恨み骨髄に～ la haine me pénètre jusqu'à la moelle. ◆[通す] ¶夜を～ veiller; ne pas fermer l'œil toute la nuit. 夜を徹して工事が行なわれている Les travaux se poursuivent pendant la nuit.

てっせき 鉄石 ¶～の ferme comme un roc; dur comme [le] fer. ¶～心 volonté f (croyance f) dure comme fer.

てっせん 鉄扇 éventail m à monture en fer.

てっせん 鉄線 fil m de fer; [花] clématite f à grandes fleurs. ¶有刺～ ⇨ てつじょうもう(鉄条網).

てっそく 鉄則 règle f de fer (inflexible).

てったい 撤退 retrait m; repli m; retraite f; évacuation f; [陣の] levée f. 戦略的の～ repli stratégique. ¶～する se retirer; évacuer. 前線から～する se retirer d'un front. 或る地方から～する évacuer une région. ¶参謀部は前哨に一命令を発した L'état-major a envoyé un ordre de repli aux avant-postes.

てつだい 手伝い aide f; assistance f; [助力] collaboration f; [人] aide mf; assistant(e) m(f); auxiliaire mf. ～を頼む demander de l'aide à qn. ～を求める appeler qn à son aide. 何かお～出来ることはありませんか Je peux vous être utile? ⇨ てつだう(手伝う). ¶おーさん [女中] bonne f; domestique f; [家政婦] femme f de ménage.

てつだう 手伝う [手助け] aider qn; assister qn; prêter main-forte à qn; seconder qn; donner un coup de main à qn. 兄の仕事を～ aider son frère dans son travail. 家事を～ participer aux travaux ménagers. 私は友達が駅まで荷物を運ぶのを手伝った J'ai aidé mon ami à porter ses bagages à la gare. おい, ちょっと手伝ってくれ Donne-moi un coup de main. 手伝ってもらう se faire aider (assister); ...に手伝ってもらう travailler avec l'aide de qn. ◆[原因となる] aider à qc; contribuer à qc. 彼の成功には偶然が大いに手伝っている Le hasard aide beaucoup à son succès. 好奇心も手伝って encouragé par la curiosité. 酒の勢いも手伝って sous l'effet du saké; sous l'empire de la boisson. 過度の疲労も手伝って彼はとうとう病気になった Il a fini par tomber malade par excès de fatigue. 天候不順も手伝って農作物の値が高騰した Les intempéries ont contribué à la hausse du coût des produits agricoles.

でっちあげる inventer; fabriquer; forger; [不正な手段で] truquer. 言い訳を～ forger des prétextes. 話を～ inventer (forger) une histoire. 実験の数付けのない仮説を～ échafauder des hypothèses qui n'ont aucune base expérimentale. 学位論文を何とか半月ででっちあげた J'ai échafaudé vaille que vaille ma thèse en quinze jours. ¶でっちあげ invention f; fable f. でっちあげの inventé; forgé; controuvé; truqué. でっちあげの逸話 anecdote f controuvée (inventée); [でたらめの] racontars mpl. 警察のでっちあげの証拠 témoignage m fabriqué par la police. その話は全くのでっちあげだ C'est une pure invention (fable).

てっちゅう 鉄柱 poteau(x) m (pilier m) de fer.

てっつい 鉄槌 ¶～を下す donner un coup sévère à qn; [罰する] châtier; infliger une punition sévère à qn; punir sévèrement.

てつづき 手続き formalité f; forme f; marche f à suivre; [訴訟などの] procédure f. 贈与(遺言)の～ formalités des donations (des testaments). 正式な～で契約を結ぶ passer un contrat en bonne et due forme. 法律上の～に従う observer les formalités légales (formes judiciaires). ～を踏む remplir les formalités; suivre la procédure. 必要な～を踏む remplir les formalités requises. ～を怠る négliger les formalités. 訴訟の～をとる procéder. 法的～を尊重する respecter la forme légale. 逮捕の～を取る procéder à une arrestation. どんな～をしたらいいのですか Quelle est la procédure à suivre? ～の不備による無効 nullité f pour vice de forme. ～を経ないで sans remplir les formalités. ¶それは～上の問題にすぎない Ce n'est qu'une petite (simple) formalité. ¶一切の裁判～なしに sans aucune forme de procès. 入会～をする remplir les formalités d'inscription. 入学 (入国) ～ formalités d'entrée. 法定～ forme déterminée par la loi. 離婚～ formalités de divorce.

でづっぱり 出突っ張り ¶彼は始めから終りまで舞台に～であった Il n'a pas quitté la scène du début à la fin.

てってい 徹底 ¶～させる faire connaître qc à fond. 命令を～させる faire connaître partout un ordre. 訓戒を～させる faire pénétrer une leçon. フランスは個人主義が～している En France, l'individualisme est invétéré. 私の言ったことがみんなに～していないじゃないか Ce que j'ai dit n'a pas été transmis. ~的[な] (した) exhaustif(ve); complet(ète); parfait; [根本的] radical(aux); [詳細な] minutieux(se). ～的研究 étude f exhaustive (complète, approfondie). ～的破壊 destruction f

complète (absolue, totale); anéantissement *m*. ～した調査が必要だ Il faut faire une enquête plus complète (plus approfondie). ～した悪党 coquin *m* fieffé (achevé, fini). ～した社会主義者 socialiste *mf* convaincu(e). ～に exhaustivement; complètement; entièrement; radicalement; à fond. ～に研究する étudier à fond. ～的にやっつける battre *qn* complètement; anéantir. ～的にやる aller jusqu'au bout (jusqu'à la fin). 一度始めたことは～してやらなくては qu'on a commencé, il faut le mener jusqu'au bout. ‖～抗戦論 jusqu'au-boutisme *m*.

デッド ‖～ヒートを演ずる mener une course serrée. ～ロックに乗り上げる aboutir à une impasse.

てっとう 鉄塔 tour *f* de fer. 高圧線の～ pylône *m* de ligne à haute tension.

てつどう 鉄道 chemin *m* de fer; voie *f* ferrée. ～が開通した La ligne [de chemin de fer] est entrée en service. ～が不通になる La ligne est coupée. この町には～が通じている Le chemin de fer dessert cette ville. ～で旅行する faire un voyage en chemin de fer; par voie ferrée. ～を敷設する construire (une ligne du) chemin de fer; poser (établir) une voie ferrée. ～を利用する prendre le chemin de fer(le train). ‖～の ferroviaire. 幹(支)線～ grande (petite) ligne *f*; chemin de fer d'intérêt général (local). 高架～ chemin de fer aérien. 狭軌(広軌)～ chemin de fer à voie étroite (large). 国有(軍用)～ chemin de fer national (militaire). 日本国有～ Société *f* nationale des chemins de fer japonais. フランス国有～ Société Nationale des Chemins de Fer Français (SNCF). ～案内[時刻表] indicateur *m* (horaire *m*) de chemin de fer. ～案内所 bureau(x) *m* de renseignements [des chemins de fer]. ～運賃 prix *m* du voyage; tarif *m* ferroviaire. ～技師 ingénieur *m* de chemin de fer. ～公安官 agent *m* de sécurité des chemins de fer. ～工事 travaux *mpl* de chemin de fer. ～工夫 ouvrier *m* de la voie. ～事故 accident *m* de chemin de fer; [大事故] catastrophe *f* ferroviaire. ～自殺をする se suicider en se jetant sous un train. ～[従業]員 employé(e) *m(f)* de chemin de fer. ～省 ministère *m*; ～相(大臣) ministre *m* des chemins de fer. ～線路 rail *m*. ～マニア maniaque *mf* du chemin de fer. ～網 réseau(x) *m* de chemin de fer; réseau ferroviaire. ～輸送 transport *m* ferroviaire (par chemin de fer); trafic *m* ferroviaire. ～輸送は従業員のストライキで麻痺している Le trafic ferroviaire est paralysé par la grève des cheminots. ～路線 ligne *f* de chemin de fer; voie ferrée.

てつとうてつび 徹頭徹尾 [完全に] complètement; entièrement; [始終] du début à la fin; de bout en bout, d'un bout à l'autre. ～を認めると persister dans *sa* dénégation.

デッドストック [売れ残り] marchandises *fpl* invendues.

てっとりばやい 手っ取り早い rapide; [要領のよい] expéditi*f(ve)*. ～方法 moyen *m* rapide. 電話でたしかめる方が～ C'est plus rapide de demander par téléphone. 出来上ったのを買った方が～よ On a plus vite fait d'acheter du tout fait. ‖～く rapidement; expéditivement. ～くすませてしまえよ Dépêche-toi d'en finir. ～く言えば...ということだ En un mot....

でっぱ 出っ歯 dents *fpl* saillantes.

てっぱい 撤廃 abolition *f*; suppression *f*. 法(死刑)の～ abolition d'une loi (de la peine de mort). ‖～する abolir (abroger) une loi. 制度(法規)を～する supprimer une institution (loi).

でっぱる 出っ張る saillir; faire saillie; avancer; s'avancer en saillie. ‖～った出っ張った saillant; sailli. 出っ張った岬 cap *m* qui s'avance en saillie. 出っ張ったバルコニー balcon *m* en saillie. 出っ張った胸 poitrine *f* rebondie. 彼は頬骨が出っ張っている Il a les pommettes saillantes. 彼ひどく腹が出っ張っているね Il est très ventripotent. ‖出っ張り saillie *f*; avancée *f*; saillant *m*. 岩の出っ張り saillie de la roche.

てっぱん 鉄板 tôle *f*; plaque *f* de fer. ～を切断(溶接)する découper (souder) une tôle. ‖波形～ tôle ondulée. ～製造(工場) tôlerie *f*. ～で焼く griller *qc* sur une plaque de métal.

てっぴつ 鉄筆 plume *f*; [彫金用] burin *m*.

てっぴん 鉄瓶 bouilloire *f* en fonte.

でっぷり ‖～肥ったおばさん femme *f* obèse. ～した中年男 homme *m* bouffi entre deux âges.

てつぶん 鉄分 ～を含む ferrugineux(se); qui contient du fer; ferreux(se). ～を含む鉱石 minerai *m* ferreux. ～を含む水 eau(x) *f* ferrugineuse.

てつぶん 鉄粉 poudre *f* de fer.

てっぺい 撤兵 retrait *m* des troupes; [場所からの] évacuation *f*. ‖～する retirer les troupes. ついにアメリカはベトナムから撤兵した En définitive, l'Amérique a retiré ses troupes du Việt-Nam.

てっぺき 鉄壁 ～の陣(構え) position *f* inattaquable. ～の要塞 forteresse *f* inexpugnable (imprenable). 鉄壁の守り défense *f* parfaite.

てっぺん 鉄片 morceau(x) *m* de fer.

てっぺん 天辺 sommet *m*; faîte *m*; †haut *m*; cime *f*. 屋根(木)の～ sommet d'un toit (d'un arbre). 頭の～ sommet de la tête. 頭の～から爪先まで de la tête aux pieds; de pied en cap.

てつぼう 鉄棒 barre *f* de fer; [運動用] barre fixe. ‖～運動をする faire des exercices à la barre fixe.

てっぽう 鉄砲 fusil *m*. ～で撃ち殺す tuer d'un coup de fusil. ～で狙う viser avec un fusil. ～に装填する alimenter (charger) un fusil. ～を撃つ tirer un coup de fusil; tirer au fusil; décharger *son* fusil. 色々やってみろよ、下手な～も数撃ちゃ当たるよ A force de

てづまり 手詰り ¶～になる[手段がない] être à bout de moyens (ressources); [金に困る] avoir des embarras d'argent. 商売が～だ Les affaires ne marchent plus bien.

てつめんぴ 鉄面皮 effronterie *f*; impudence *f*; front *m* d'airain; impertinence *f*. ¶～な effronté; impudent; impertinent. ～である effronté; 《俗》avoir du toupet. ～にも effrontément; impudemment. ～にも…する avoir l'effronterie (l'impudence, le front) de *inf*.

てつや 徹夜 veille *f*. これでもう2晩～だよ C'est ma deuxième nuit blanche. ¶～する veiller toute la nuit; être éveillé pendant la nuit. ～で…する passer toute la nuit à … ～で勉強する passer une nuit blanche à étudier. ～の看護 veillée *f*. 病人の枕辺で～の看護をする veiller au chevet d'un(e) malade.

てつり 哲理 philosophie *f*; doctrines *fpl* philosophiques. ～を探究る approfondir (pénétrer) les principes philosophiques.

てづり 手釣 pêche *f* à la main.

てづる 手づる relation *f*; [知人] connaissance *f*. ～がある avoir une connaissance (des relations); avoir du piston. ～で par relations; [引き] à coup de (par le) piston. 伯父の～で grâce à l'appui de *son* oncle.

てつわん 鉄腕 bras *m* de fer (d'Hercule, infatigable, robuste).

ててなしご 父なし子 [私生児] enfant *m* bâtard(e) (naturel(le), illégitime); [父親が死んだ] orphelin(e) *m(f)* de père. あの子は～じゃない Il n'a pas de papa.

でどころ 出処 source *f*; origine *f*. 噂の～ source d'un bruit (d'une rumeur). 確かな～から…を掴む(知る) tenir (savoir) *qc* de bonne source (de source sûre).

テトラサイクリン [薬] tétracycline *f*.

テトラポッド tétrapode *m*.

てどり 手取り [純益] bénéfice *m* net; [給料の] salaire *m* net. 給料は～で20万円である Je touche un salaire net de deux cents mille yen.

とりあしとり 手取り足取り ¶～教える enseigner *qc* à *qn* patiemment.

テナー [声・歌手] ténor *m*.

ないしょく 手内職 ⇨ ないしょく(内職).

てなおし 手直し remaniement *m*; retouche *f*; modification *f*. 計画の～ remaniement d'un plan. この計画は～が必要だ Ce projet demande une mise au point. ¶～する remanier; modifier; retoucher. 絵を少しばかり～する faire quelques retouches à un tableau. 小説を～する remanier un roman. ～のきく remaniable; retouchable.

でなおす 出直す recommencer; refaire. また出直して来ます Je reviendrai (repasserai) plus tard (une autre fois). ¶出直し recommencement *m*; remise *f* en marche. 又出直しだ Bon, on va recommencer.

てながざる 手長猿 gibbon *m*.

てなぐさみ 手慰み passe-temps *m inv*; amusement *m*; distraction *f*; [賭事] jeu(x) *m*.

てなずける 手懐ける apprivoiser; domestiquer; [動物を] dompter. 彼は子供を～のがうまい Il sait se faire obéir par les enfants.

てなべ 手鍋 marmite *f* à anse. ¶～を下げても彼について行くわ Je le suivrai n'importe où.

てなみ 手並 tour *m* [de main]; adresse *f*; habileté *f*. 職人の見事な～ tour de main d'un artisan. ～を示す faire preuve d'une grande adresse. ～を見せる montrer *son* habileté (*son* adresse). では彼のお～拝見といこうか Allons voir ce qu'il sait faire.

てならい 手習 ¶「六十の」～《On apprend à tout âge.》⇨ しゅうじ(習字).

てならし 手慣し exercice *m* préparatoire; [準備] préparatifs *mpl*. ～をする faire des exercices préparatoires.

てなれる 手慣れる ¶そういう類の仕事だったら彼は手慣れている Il est bon dans ce genre de travail. 手慣れた道具 outil *m* fait à *sa* main. 彼は手慣れたものだね Il s'y connaît./Il a du métier.

テナント [賃借人] locataire *mf*. ‖～募集《A louer》

デニール [糸の単位] denier *m*.

テニス tennis *m*. ～の試合 partie *f* (match *m*) de tennis. ～の選手 joueur(se) *m(f)* de tennis. ～をする jouer au tennis. ¶屋内(クレー)～ tennis sur bois (sur terrain battu). ～コート court *m* de tennis; [terrain *m* de] tennis. 手入れの行き届いた～コート tennis bien entretenu. ～シューズ [chaussures *fpl* de] tennis.

デニッシュ pâtisserie *f* danoise.

てにてに 手に手に ¶各自が～武器を持っている Chacun est armé. 子供たちが～小旗を振っている Les enfants agitent chacun un petit drapeau.

デニム treillis *m* de coton. ¶～のズボン [blue-]jean *m*.

にもつ 手荷物 bagage *m* (colis *m*) à main; [チッキ] bagage accompagné. ～を一時預けにする mettre (déposer) *ses* bagages à la consigne; consigner *ses* bagages. ‖ ～預り証 bulletin *m* de consigne. ～一時預り所 consigne *f*. ⇨ チッキ.

てにをは ⇨ じょし(助詞).

てぬい 手縫 cousu *m* à la main.

てぬかり 手抜かり oubli *m*; omission *f*; inadvertance *f*. ～をする(繕う) commettre (réparer) un oubli. 準備に～があった Il y avait de graves lacunes dans les préparatifs. ～があったかも知れない Je crains d'avoir fait un oubli. 万事～なく Tout est prévu. ¶～なく comme prévu; sans rien omettre; sans aucun oubli; attentivement. 万事～なくやれ Faites tout de votre mieux.

てぬき 手抜き ¶～をする expédier sans soin;

てぬぐい bâcler qc; saboter qc; négliger des détails. ‖ ～工事 travail(aux) m fait à la va-vite; travail bâclé. これは一仕事 C'est du travail bâclé.

てぬぐい 手拭 essuie-main[s] m inv; serviette f [de toilette]. ～で手を拭く s'essuyer les mains à (avec) une serviette. ～で人の手を拭いてもらう essuyer les mains de qn avec une serviette. ～を絞る tordre un essuie-main. ‖ ～掛け porte-serviettes m inv.

てぬるい 手緩い trop doux(ce); trop léger(ère); peu sévère; [効果の少ない] peu efficace; inefficace; [あどのない] anodin; [のろい] lent; lambin. そんな一事じゃ駄目だ Avec cette demi-mesure, vous n'arriverez à rien.

てのうち 手の内 [勢力範囲] ‖ ～に丸めこむ avoir qn sans sa manche. その地域はわたしの～にある Cette région est sous mon contrôle. ◆ [トランプで、また比喩的にも] ‖ ～を隠す cacher (couvrir) son jeu. ～を見透かす(探る) percer (sonder) le jeu de qn. ～を見せる découvrir (montrer) son jeu; abattre ses cartes; montrer (démasquer) ses batteries.

てのうら 手の裏 ‖ ～を返すように態度を変える retourner sa veste; faire volte-face (une pirouette).

テノール [声・歌手] ténor m.

てのこう 手の甲 dos m (dessus m) de la main.

てのひら 掌 paume f; plat m (creux m) de la main. ～で水をすくって飲む boire de l'eau dans le creux de la main. ～を返す ⇨ てのうら(手の裏).

デノミネーション ‖ ～を行う changer l'appellation d'une unité monétaire.

てば 手羽 [手羽肉] aile f.

では [それでは] eh bien; alors; s'il en est ainsi; donc. ～あきらめます Eh bien, j'abandonne. ～その話はもう止めましょう Alors, n'en parlons plus. ～始めましょう Eh bien, commençons. ～行きかけます Eh bien, soit. ～また A bientôt. ～また明日 A demain. ～彼はまだ遠くにいってない Donc, il n'est pas allé loin. 事件は片付いたようだ, ～私にもうここですることはないのですね Il paraît que l'affaire est réglée; en ce cas, je n'ai plus rien à faire ici. ～来ないのですね Donc, vous ne pouvez pas venir? ◆ [...であれば] このぶんでは彼は成功するまい S'il en est ainsi (Cela étant), il ne réussira pas. こんな生活をしていたのでは一 à vivre ainsi. ◆ [...においては(よれば)] 東京では一物価が高い La vie est chère à Tokyo. 肉眼では一見えない Cela est invisible à l'œil nu. 私の時計では一3時です Il est trois heures à ma montre. 彼の意見では一 à son avis; d'après lui. 今日では一それはあたり前のことだ De nos jours, c'est normal. この天気では一明日は雨だ D'après ce temps-là, nous aurons de la pluie demain. 私の方では一 de mon côté.

デパート grand magasin m.

てはい 手配 arrangement m; disposition f; préparation f; préparatifs mpl; mesure f. ‖ ～[を]する arranger; prendre ses dispositions; prendre des mesures. 旅行の～をする préparer (arranger) un voyage. ‖ 犯人を指名～する donner (diffuser) le signalement du criminel. ～師 placeur(se) m(f). ～書が回って来た Un avis de recherche est arrivé.

てはい 出入り ⇨ でいり(出入り).

でばかめ 出歯亀 voyeur(se) m(f); [行為] voyeurisme m.

デパグ mise au point. ‖ ～する mettre au point.

てばこ 手箱 coffret m; cassette f. 彫刻入りの～ coffret sculpté. 宝石用の～ coffret à bijoux.

てはじめ 手始め ‖ ～に d'abord; au début; pour commencer. ～に...する commencer par inf. まず～にこれをやってみよう Commençons par là.

てはじめる 出始める ‖ 芽が～ Les bourgeons commencent à pousser. 木の芽が～ Les arbres commencent à bourgeonner. ◆ [出盛る] 苺が～ Les fraises commencent à apparaître sur les marchés.

てはず 手筈 [用意] arrangement m; préparatifs mpl; [計画] plan m; projet m. ～を決める arrêter (dresser) un plan; former un projet. ...する～を整える prendre des dispositions pour inf; faire les préparatifs de qc; s'arranger pour. 明日出発出来る～をしておきなさい Arrangez-vous pour partir demain. 彼らを会わせよう～ Préparons le terrain à leur rencontre. そういう～になっているんだ C'est comme ça que c'est arrangé. すべては一通りに運んだ Tout a marché selon les prévisions. ⇨ てはい(手配), てじゅん(手順).

てはずれる 出外れる ‖ その寺は町を出外れた所にある Ce temple se trouve à la sortie de la ville.

てばた 手旗 petit drapeau(x) m; [小旗] fanion m. ‖ ～信号 sémaphore m à bras.

デバック ‖ ～する déboguer.

てばな 手鼻 ‖ ～をかむ se moucher avec les doigts.

てはな 出端 commencement m; début m; départ m. ‖ ～を挫く décourager (démoraliser, intimider) qn dès le début; faire manquer son entrée (son début) à qn.

でばな 出花 ‖ 番茶も～ ⇨ ばんちゃ(番茶).

てばなし 手離(放)し ‖ ～で自転車に乗る rouler à bicyclette sans tenir le guidon. ◆ [比喩的に] ～で [あけすけに] sans retenue; ouvertement; [無条件に] sans réserve; [率直に] franchement; à cœur ouvert. ～で称賛する louer (admirer) à cœur ouvert. ～で自分の妻をのろける vanter outrageusement sa femme. ～で喜ぶ訳にはいかないな Je ne peux pas m'en réjouir sans réserve.

てばなす 手放す [処分, 譲渡する] céder; abandonner; se défaire de; se dessaisir de; [売る] vendre. 財産を～ se défaire des ses biens. タイトルを～ se dessaisir d'un titre. 宝石を～ céder (vendre) un bijou. 娘を～ marier sa fille à (avec).

でばほうちょう 出刃包丁 couteau(x) m de cuisine; coutelas m.

てばやく 手早(速)く rapidement; promptement

ment; vite; [敏捷に] rondement; avec agilité. 仕事を~処理する mener une affaire rondement; expédier une affaire.

ではらう 出払う [人が] ¶ 皆出払っています Tout le monde est sorti./Il n'y a plus personne ici. ◆[在庫品が] ¶ その品は全部出払っています Cet article est épuisé (entièrement écoulé)./Nous n'en avons plus en stock.

でばん 出番 tour m. ~を待つ attendre *son* entrée en scène. いよいよ我々の~だ Enfin c'est notre tour d'entrer en scène (notre entrée). そろそろ俺の~だな [比喩的に] C'est bientôt l'heure de mon intervention.

てびかえる 手控える [メモする] noter; prendre note de. 住所(電話番号)を~ prendre en note une adresse (un numéro de téléphone). ¶手控え[控え] f; mémorandum m. ◆[抑制する] modérer; [差控える] s'abstenir de. se garder de. 出費を~ modérer les dépenses. 無用な言を~ se garder de paroles inutiles.

てびき 手引 [案内] conduite f; guide m; [入門・案内書] guide; manuel m; [つて] ⇨ てづる (手蔓). 学習の~ guide pour l'étude. 「日本語の~」 Initiation à la langue japonaise. ¶...の~をする guider (piloter) *qn*; servir de guide à *qn*. 盗賊の~をする servir de guide aux cambrioleurs.

デビスカップ [試合] la coupe Davis.

てひどい 手酷い sévère; rude; violent; brutal. ~扱いをする traiter *qn* sévèrement; malmener *qn*; rudoyer *qn*. ~批評をする adresser de sévères critiques à *qn*; éreinter. ~敗北を喫する essuyer un grave revers. 敵軍に~損失を蒙った L'ennemi a essuyé de pertes sévères (graves). ¶手酷く sévèrement; violemment; durement; brutalement. 手酷く叱りつける frapper violemment (brutalement).

デビュー début m. ¶~する débuter; faire *ses* débuts. 舞台(映画)に~する débuter sur la scène (à l'écran). 私が文壇に~した時は華々しいものだった Quand j'ai débuté dans le monde littéraire, j'étais très lancé.

てびょうし 手拍子 ¶~を取る battre la mesure avec les mains.

てびろい 手広い large; étendu. ¶手広く商売する faire un gros commerce; faire du commerce en grand.

でぶ [肥満の] obèse mf; [男] poussa[h] m; [女] dondon f. ~の obèse; gros(se); gras(se); corpulent.

てふうきん 風琴 accordéon m.

デフォルメ ¶~する déformer.

てふき 手拭き essuie-main[s] m *inv*.

てぶくろ 手袋 gant m; [親指が分れた] moufle f; mitaine f. ~を嵌める se ganter; mettre *ses* gants. ~を嵌めている porter des gants. ~を取る enlever (ôter, retirer) *ses* gants; se déganter. ‖ 革(ゴム)~ gant de cuir (de caoutchouc). 毛皮の~ gant de cuir fourré. スキー~ moufles (de skieur). 洗濯用~ gant (s)-éponge(s) m. ~製造 ganterie f. ~屋(製造) gantier(ère) $m(f)$.

てぶしょう 出不精 ¶~な pantouflard; casanier(ère); sédentaire. ~な人 pantouflard (e) $m(f)$.

てぶそく 手不足 ¶~である manquer de bras; être à court de main-d'œuvre. 最近~で困ると Ces derniers temps, j'ai des problèmes de manque de main-d'œuvre.

てふだ 手札 [トランプ] main f. ~がいい(悪い) avoir une belle (mauvaise) main. ~を隠す cacher (couvrir) *son* jeu. ~は7枚ずつ Chaque joueur a sept cartes à la main. ~型の写真 photo f de format 10.8×8.25.

でふね 出船 bateau(x) m qui part; [出帆] mise f à la voile; départ m. ‖ ~入船で港は賑っている Le port est animé par les bateaux qui arrivent ou partent.

てぶら 手ぶら ¶~で帰る(訪ねる) rentrer (rendre visite à *qn*) les mains vides. 狩人たちは~で帰るのが恥かしかった Les chasseurs ont eu honte de rentrer bredouille.

てぶり 手振り geste m; gesticulation f. 彼は~を交えて話をする Il fait beaucoup de gestes en parlant. ⇨ てまね(手真似).

デフレ déflation f. ¶~的傾向 tendance f à la déflation. ‖ ~政策 politique f déflationniste. ~対策 mesures fpl anti-déflationnistes.

デフレスパイラル spirale f de déflation.

テフロン téflon m. [商標名] ‖ ~加工のフライパン poêle f téflonisée.

てぶんこ 手文庫 [書類入れ] écritoire f; coffret m à documents.

でべそ 出臍 nombril m saillant.

てべんとう 手弁当 ¶~で à *ses* [propres] frais; sans être payé.

てほどき 手解き initiation f. ~を受ける s'initier à; apprendre les premiers éléments de *qc*. 仕事の~を受ける s'initier aux pratiques d'un métier. ピアノの~を受ける recevoir *ses* premières leçons de piano. ¶~[を]する initier *qn* à *qc*; enseigner à *qn* les rudiments (premiers éléments) de *qc*. 絵の~をする faire des leçons inaugurales de peinture.

てほん 手本 [模範] modèle m; exemple m. 習字の~ modèle d'écriture; [本] cahier m d'exemples d'écriture. ~に従う se conformer au modèle; suivre un modèle. ~を示す donner (montrer) l'exemple; prêcher d'exemple; [卒先する] commencer le premier; montrer (tracer) le chemin. ~にする prendre pour modèle (exemple); imiter; [人を] prendre exemple sur *qn*; se régler sur *qn*. ~になる servir de modèle à *qn*. ...を~として citer *qc* en exemple. ¶~になるような行い conduite f exemplaire. ...を~にして à l'exemple de *qn*.

デボンき ~紀 [地質] dévonien m. ¶~の dévonien(ne).

てま 手間 [時間] temps m; [労力・苦労] peine f; [賃金] paye f. ~を省く faire une économie de temps (de peines); épargner *sa* peine. 助けてもらって~が省けた Votre aide m'a épargné de la peine. お~はとらせません

Je ne vous ferai pas attendre (perdre de temps). お~をかけてすみません Pardonnez-moi de vous avoir donné tant de peine. ¶~のかかる仕事 travail(aux) m qui demande de la peine. ‖~仕事 travail à la pièce (aux pièces); main(s)-d'œuvre f. ~賃 rémunération f à la tâche; frais mpl de main-d'œuvre. ~賃を払う payer la main-d'œuvre. これは~暇のいった仕事だ C'est du travail minutieux.

デマ faux bruit m. ~を流す propager (répandre, faire courir) de faux bruits.

てまえ 手前 ¶大通りの一つ~の通りを右に曲りなさい Tournez à droite dans la rue parallèle à l'avenue. 千葉の一つ~で降りなさい Descendez une station avant Chiba. …の~に en deçà de; [こちら側] de ce côté-ci; avant. 川の~に en deçà (de ce côté-ci) de la rivière. ◆[体面] ¶…の~ par égard (considération) pour; en tenant compte de. 約束した~ par égard pour sa promesse. お偉方の~上衣を脱ぐ訳にもいかない Je ne peux pas enlever ma veste devant des gros bonnets.

てまえ 出前 service m à domicile. ¶~[を]する servir qc à domicile. ‖~持ち livreur (se) m(f) à domicile.

てまえみそ 手前味噌 ¶~を並べる faire valoir sa marchandise.

てまかせ 出任せ ¶~を言う parler à tort et à travers; parler en l'air; dire n'importe quoi. 奴の~のうまい言葉に惑わされるな Ne vous laissez pas prendre par ses boniments (belles paroles).

てまき 手巻 ¶~の煙草 cigarette f roulée à la main. ~の時計 montre f à remontoir.

てまくら 手枕 ¶~で寝る dormir la tête sur son bras.

デマゴーグ démagogue m.

でまど 出窓 fenêtre f en saillie; bow-window m.

てまどる 手間取る ¶…するのに~ être long (ue) à inf; mettre beaucoup de temps à inf. 手間取らない n'en avoir pas pour longtemps à inf. 何を手間取っているんだろう Qu'est-ce qu'il a à hésiter?

てまね 手真似 geste m. ¶~をする ~で…する よう言う faire signe à qn de inf. ~で話す s'exprimer (parler) par gestes.

てまねき 手招き ¶~する appeler qn d'un signe (d'un geste) de la main; faire signe à qn de venir.

てまめ 手まめ ¶~な assidu; appliqué; diligent; [器用な] adroit. ~に avec assiduité (application); diligemment. ~に仕事をする remplir assidûment sa tâche (ses devoirs). ~に手紙を書く écrire à qn ponctuellement (régulièrement).

てまわし 手回し ¶~をする se préparer à qc (inf); se disposer à qc (inf). ⇨てはい(手配). ~がいいね Vous vous êtes donné du mal! ~のよい人 personne f prévoyante.

てまわり 手回り ¶~品 objets mpl (effets mpl) personnels; affaires fpl. ~お品にご注意下さい Veillez à vos affaires.

でまわる 出回る [流通] entrer (être) en circulation; [売られる] apparaître sur les marchés. もう桜桃が出回っている Les cerises font déjà leur apparition au marché. このところニセモノ商品が出回っている Ces temps-ci, des produits d'imitation sont apparus un peu partout.

てみじか 手短 ¶~に brièvement. ごく~に話す raconter succinctement. ~にかつ正確に願います Soyez bref et précis. 何が起こったか~にお話しします Je vais vous raconter brièvement ce qui m'est arrivé. ~に言えば pour abréger; [en] bref.

でみせ 出店 (分店) succursale f (支店), ろてん(露店).

デミタス demi-tasse f.

てみやげ 手土産 cadeau(x) m; présent m. これは~です C'est pour offrir.

てむかう 手向う résister à qn; s'opposer à qn; tenir tête à qn. ¶~向い résistance f. 親に手向いするのか Tu oses t'attaquer à ton père?

でむかえ 出迎え [歓迎] accueil m. ~に行く aller à la rencontre de qn; aller chercher (attendre) qn. 盛んな~をする faire un accueil enthousiaste. 盛んな~を受ける être accueilli avec enthousiasme.

でむかえる 出迎える recevoir (accueillir) qn.

でむく 出向く ¶俺の方から出向いて行くよ Je vais me rendre moi-même. ⇨いく(行く).

でめ 出目 yeux mpl saillants. ~である avoir les yeux à fleur de tête. ~金 carassin m (poisson m) télescope.

デメテル 『ロ神』Déméter f.

デメリット démérite m.

-ても [天気が良い~悪い~ qu'il fasse beau ou non. その仕事がいかに辛くっ~, 私はそれを引受けるよ Quand même ce travail serait dur, je m'en chargerai. 何といっ~大げさだよ! C'est quand même exagéré! あなたは良く~他のみんなが困る Même si ça vous convient, ça n'arrange pas du tout les autres. 彼に話し~無駄だ Ça ne sert à rien de lui parler. いつ来~いいですよ Venez n'importe quand. レジョン・ドヌール勲章をやると言われ~彼は欲しがらないだろう Même si on lui offrait la légion d'honneur, il ne la voudrait pas. /On lui offrirait la légion d'honneur qu'il ne la voudrait pas. ◆[てさえ] 子供~知っている Les enfants mêmes le savent. 今~ même aujourd'hui. ◆[…であっても] ¶これ~いい [相手に] Ça aussi, ça ira. 彼がどれほど器用~ si adroit (tout adroit) qu'il soit. 結果がどう~ quel que soit le résultat. 彼がどれほど博学~ quelque savant qu'il soit. 彼女が美人で金持~僕は結婚

デモ manifestation f [politique]. ~に参加する aller à une manifestation. ‖~行進する manifester; faire une manifestation. ~参加者 manifestant(e) m(f). ~隊 manifestants.

デモクラシー démocratie f. ⇨ みんしゅ(民主).

てもち 手持 ¶~が五千円しかない Je n'ai sur moi que cinq mille yen. ~の [在庫] in stock; en magasin; [自由に使える] disponible. ~の金 argent m disponible. ~資材 matériau(x) m qu'on a sous la main (à sa disposition). ‖~外貨 réserve f en devises étrangères. ~品 stock m; marchandises fpl en magasin.

てもちぶさた 手持無沙汰 ¶~である s'ennuyer; se tourner les pouces; n'avoir rien à faire. ~で困っている souffrir de l'ennui; se ronger d'ennui.

てもと [身の回り・懐中] ¶~から金がどんどん出て行く L'argent me fond dans les mains. ~にいくらある一いくらも残ってない Combien avez-vous sur vous? — Il ne me reste presque rien. ~に置く avoir (garder) sous la main (à sa portée). 必要な道具を~に置く avoir un outil nécessaire à sa portée. 召使を~に置く garder un(e) domestique à son service. 娘は娘を~において手放そうとしない Il garde sa fille auprès de lui et ne veut pas la marier. 色々と引かれると~にはろくに残らない Avec toutes les retenues, il ne me reste plus grand-chose. ~まで届ける faire parvenir qc jusque chez qn; envoyer qc à domicile. ‖~不如意である être à court d'argent; être dans la gêne. この頃~不如意で… En ce moment, je suis un peu gêné…. ◆ [手さばき] ¶~が狂う manquer son coup; frapper à faux. ~が狂って par maladresse.

てもどり 出戻り [femme f] divorcée f.

てもなく 手もなく ¶彼はあの男に挑戦したが~やられてしまった Il a essayé de se mesurer à cet homme, mais il s'est fait battre à plate couture. ⇨ かんたん(簡単).

てもの 出物 ¶貸してもらいたい~があります J'ai justement une bonne voiture d'occasion à vous présenter. ~の家があったので買った Comme j'ai trouvé une maison à un prix avantageux, je l'ai achetée. ◆ [「~」腫れ物うう嫌いず] 『Nécessité n'a pas de loi. ~物 ⇨ ふきでもの(吹出物), へ(屁).

てもり 手盛り ¶~でやるを se servir de qc. お~で予算を立てる établir le budget en sa faveur.

デモンストレーション ¶空軍(海軍)の~ démonstration f aérienne (navale). ‖~飛行 vol m de démonstration.

デュエット duo m; duetto m. ¶~で歌う chanter en duo.

でよう 出様 ¶それは彼の~による Ça dépend de ce qu'il fera. ⇨ でかた(出方).

てら 寺 temple m bouddhique; bonzerie f. ‖~男 bedeau(x) m; gardien m d'un temple bouddhique. ~参りする aller prier à un temple.

てらい 街い prétention f; affectation f. ¶~のある prétentieux(se); affecté; vaniteux (se). ~のある態度 air m prétentieux. ~のない naturel(le); modeste; simple. ~のない人 personne f sans prétentions.

てらう 街う ¶奇を~ se singulariser; se particulariser. 学を~ être pédant. 他人が持たない物を~ afficher un savoir que l'on n'a pas. 文体で奇を~ se singulariser par son style. 自分の知識を~若い気取屋 jeune mf prétentieux(se) qui fait étalage de son savoir. 彼はあんな恰好をして何を街っているんだ Comment ose-t-il s'exhiber dans cette tenue?

テラコッタ terre f cuite. ¶~のタイル carreau (x) m de terre cuite. ~の壺 cruche f en terre cuite.

てらしあわせる 照し合わせる comparer qc avec qc; collationner qc avec qc; confronter qc à qc. テキストを確定するために幾つかの写本を~ procéder au collationnement des manuscrits pour établir un texte. これら二つのテキストを照し合せてみると、前者が勝れていることが分るだろう En comparant ces deux textes, on remarquera la supériorité du premier.

てらす 照す [光を当てる] éclairer qc; [強く照す] illuminer qc; répandre de la lumière (clarté); [陽光で] ensoleiller. 広間を~電球 ampoule f électrique qui éclaire la salle. 稲妻が空を~ Les éclairs illuminent le ciel. ヘッドライトが路を照している Les phares éclairent la route. ランプが部屋をやさしく照していた La lampe répandait une douce clarté dans la pièce. ¶月に照して au clair de lune; à la clarté de la lune. ⇨ [参照する] ¶経験に照して判断する juger d'après l'expérience. ⇨ てらしあわせる(照し合わせる).

テラス terrasse f; [バルコニー] balcon m.

デラックス ¶~な de luxe; luxueux(se); somptueux(se). 大層~なアパート appartement m de grand luxe.

てらてら ¶着古して~光る衣服 vêtements mpl luisants d'usure. 彼の禿頭は太陽の下で~光っている Son crâne chauve brille au soleil. ~した luisant; lustré; huileux(se). ~した肌 peau(x) f huileuse.

テラマイシン [薬] terramycine f.

てり 照り [日射] rayon m de, lumière f du] soleil m. 今日は~強い Aujourd'hui, ça tape [dur]. ◆ [艶] lustre m; luisance f; brillant m.

デリ ⇨ デリカテッセン.

テリア terrier m. ~は番犬に良い Les terriers sont de bons chiens de garde. ‖グリフォン~ terrier à longs poils; griffon m. スコッチ~

terrier d'Ecosse; scottich-terrier *m*. フォックス～ fox-terrier *m*.

テリーヌ terrine *f*.

てりかえす 照返す [反射する] réverbérer; [光を] renvoyer; réfléchir; refléter. 壁が太陽の光を照返している Les murs réverbèrent le soleil. ¶照返し réverbération *f*; réflexion *f*; reflet *m*. 今日は照返しが強い Aujourd'hui, la réverbération est particulièrement forte.

デリカシー délicatesse *f*.

デリカテッセン épicerie *f* fine.

デリケート ¶～な délicat; fin; subtil; [身体, 健康等] frêle; fragile; malingre. 大変～な子供 enfant *mf* d'une grande sensibilité. 身体つきが～な娘 jeune fille *f* frêle. ～な問題 problème *m* délicat. 犬の嗅覚は非常に～だ Les chiens ont l'odorat très fin (très subtil). ～に délicatement.

てりつける 照りつける ¶太陽がひどく～ le soleil tape dur./Le soleil darde ses rayons. 陽が白いカーテンに照りつけている Un rayon de soleil frappe les rideaux blancs. 太陽は頭の真上からかんかん照りつけている Le soleil lui donne en plein sur la tête.

テリトリー territoire *m*; sphère *f* d'influence; [分野] domaine *m*. 現代音楽はぼく の～ではない La musique moderne n'est pas mon domaine.

てりはえる 照映える ¶夕日が湖に照映えていた Le lac reflétait le soleil couchant. 食堂の銅器が炉の焔に照映えていた Les cuivres de la salle à manger reflétaient la flamme du foyer.

デリバティブ [金融派生商品] instrument *m* (produit *m*) dérivé.

てりやき 照焼 ¶...を～にする griller *qc* avec de la sauce de soya.

てりゅうだん 手榴弾 grenade *f* à main.

てりょうり 手料理 cuisine *f* de maison. 私は彼女の～をごちそうになった Elle m'a cuisiné des petits plats.

デリンジャー ～現象 effet *m* Dellinger.

てる 照る ¶日が～ Le soleil brille. 日が照っている Il fait [du] soleil. 月がこうこうと照っている Il fait un très beau clair de lune. 日が照り始める Le soleil commence à chauffer.

でる 出る [外出する] sortir; [離れる] quitter; [去る] s'en aller. 汽車が～ Le train part (démarre). 買物に～ sortir pour faire des courses. 廊下に～ sortir dans le couloir. 旅に～ partir (aller) en voyage. 社会に～ débuter dans la vie. 車で～ sortir en voiture. 国を～ quitter *son* pays. 刑務所を～ [出獄] sortir de prison. 一番で学校を～ sortir premier(ière) de l'école. 船は沖に出た Le navire a gagné le large. 医者は彼に部屋を～ことを禁じた Le médecin lui a interdit de quitter la chambre. 法廷から~や、彼女は彼にかけよった A la sortie du tribunal, elle s'est précipitée vers lui. 彼は何も言わずに出て行った Il s'en est allé sans rien dire. 出て行け! Va t'en!/Hors d'ici! ¶心から出た言葉 mot *m* qui part du cœur. ◆[流れ出る] couler; s'écouler; [噴出する] jaillir; sortir; [洩れる] s'échapper. 傷口から～血 sang *m* qui coule d'une blessure. 炉から～熱 chaleur *f* qui émane d'un foyer. 工場の煙突から煙が出ている Les cheminées des usines fument (vomissent des fumées). 管から水が出ている [洩れる] S'échapper d'un tuyau. 金が手元からどんどん出て行く L'argent me fond dans les mains. 群衆が駅から出て行く La foule s'écoule de la gare. この本はよく出ます [売れる] Ce livre se vend bien. ◆[突出る] dépasser; passer; excéder. 板に釘が出ている Un clou dépasse d'une planche. 彼女のスカートはコートから少し出ている Sa jupe dépasse un peu de son manteau. 下唇が少し出ている La lèvre inférieure avance légèrement. 「～杭は打たれる」 «Pour vivre heureux, vivons cachés.»; «On ne jette des pierres qu'à l'arbre chargé de fruits.» ◆[越える] それは千円を出まい Cela ne dépassera pas mille yen. 彼は四十を少し (大分) 出たところだ Il a quarante ans passés (plus de quarante ans). ◆[姿を見せる・現われる] [ap]paraitre; se montrer; se présenter; [芽などが] pousser; sortir. 陽(月)が～ Le soleil (la lune) se lève. 文壇に～ débuter dans le monde littéraire. 名が世に～ se faire un nom; se faire connaître; se rendre célèbre. 大統領がバルコニーに～ Le Président parait (se montre) au balcon. この山には山賊が～ Cette montagne est infestée de bandes de pillards. 麦が地から～ Les blés sortent de terre. 苦悩が顔に出ている laisser voir *son* chagrin. 彼の作品は本屋に出ている L'ouvrage est paru en librairie. ¶幽霊の～家 maison *f* hantée. 本屋のウインドーに出ている本 livre *m* exposé à la devanture d'une librairie. 5の目が出た Le cinq est sorti. ◆[出題される・話題になる] ¶その事は議題に出た On a mis cette affaire sur les tapis. 私が入っていったとき彼の話が出ていた On parlait de lui quand je suis entré. 試験に出そうな問題 question *f* qui a des chances de sortir à un examen. ◆[与えられる] ¶コーヒーが～ On sert du café. 免職に～ être congédié (renvoyé). 月給は25日に～ On reçoit (touche) le salaire le 25 du mois. 彼の家でごちそうが出た J'ai été régalé chez lui. 賞が出た On m'a donné un prix. ◆[出席(出演, 立候補)する] assister à; se présenter à. 会議(ミサ)に～ assister à une conférence (à la messe). 映画に～ jouer dans un film. テレビ(ラジオ)に～ passer à la télévision (à la radio). 授業に～ suivre une classe (un cours). 選挙に～ se présenter aux élections. ¶～所に～ en appeler à la justice. ～所に出ようじゃないか Allons nous battre en justice. 私の～幕ではない Ça ne me regarde pas./Ce n'est pas de mon rayon. [電話に] ～ Je vais décrocher. ◆[通じる] ¶この道は浜に～ Cette rue débouche sur la plage. ロワール川は大西洋に～ La Loire se jette dans l'Atlantique. この道は町へ～ Cette route conduit à la ville. まっすぐ行けば駅に出ます Allez tout droit, et vous arriverez à la gare. ◆[発行]

(掲載)される] paraître; sortir; être publié. あ の事故のことが新聞に出ている Les journaux mentionnent cet accident. 彼の名はリストに出ていない Son nom ne figure pas sur la liste. この単語はこの辞書には出ていない Ce mot ne se trouve pas dans ce dictionnaire. 雑誌は昨日出たばかりだ La revue vient de paraître hier. ¶分冊になって〜辞典 dictionnaire *m* qui sort par fascicules. ◆[生じる・産出する] ¶風が〜 Le vent se lève. いい音が〜 rendre un son agréable. いい結果が〜 avoir un bon résultat. 歩くと食欲が〜 La marche donne de l'appétit. この鉱山からは年間30トンのニッケルが〜 Cette mine produit 30 tonnes de nickel par an. 彼は時々痛風が〜 De temps en temps, il a des accès de goutte. そう考えると勇気が〜 Cette pensée me donne du courage. この画家の絵は今に值が〜 Les tableaux de ce peintre sont sur le point de prendre de la valeur. 台所から火が出た Le feu a pris dans la cuisine. このところの雨でひどい水が出た Les pluies de ces derniers jours ont causé de graves inondations. 何ら結論が出なかった La discussion n'a abouti à rien. ◆[…に由来する，…から派生する] ¶ラテン語から出た語 mot qui [pro]vient (dérive) du latin. 確かな筋から出た情報 nouvelle *f* de bonne source. それらは誤訳から出た誤りだ Ce sont des erreurs qui découlent d'une faute de traduction. ◆[態度を示す] ¶彼がどういう見ものだ L'intéressant, c'est de voir comment il va s'y prendre.

デルタ delta *m*. ナイルの〜 delta du Nil.
テルビウム 《化》terbium *m*.
テルミット 《熔接》thermite *f*.
テルル 《化》tellure *m*.
てれかくし 照隠し ¶〜に pour dissimuler *sa* fausse honte (*sa* mauvaise honte, *sa* confusion); pour cacher *son* embarras (*sa* gêne); pour dissimuler *son* timidité. 彼は〜にあんなことをやっているんだ Il fait cela pour cacher son embarras.
てれくさい 照臭い ¶彼女の前だと〜 J'éprouve de la gêne devant elle. 君はあなたに話しに来るのが〜のだ Il a honte de venir vous parler. 照臭そうに d'un air embarrassé.
デレゲーション délégation *f*.
テレコミュニケーション télécommunications *fpl*.
テレタイプ télétype *m*; téléscripteur *m*; téléimprimeur *m*.
テレックス télex *m*. 〜で情報を送る envoyer des informations par télex. 〜を受取る recevoir un télex.
でれでれ ¶彼は会社の女の子と〜している Il flirte avec une collègue de bureau.
テレパシー télépathie *f*.
テレビ télévision *f*; [受像機] poste *m* de, récepteur *m* de] télévision; téléviseur *m*. 《俗》télé *f*; petit écran *m*. 〜をつける(消す) ouvrir (fermer) la télévision. 〜を見る regarder la télévision. 〜を持っている avoir un poste de télévision. 〜を6チャンネルに合わせる prendre la sixième chaîne. 〜でショーを見る regarder un spectacle (un show) à la télévision. 〜に出る passer à la télévision. 〜がうるさい，少し音を小さくしてくれ La télé marche trop fort. Baisse un peu le volume. ‖カラー〜 téléviseur en couleur. ~映画 téléfilm *m*. 〜ゲーム jeu(x) *m* vidéo. 〜映画劇場 télécinéma *m*. 〜作家 téléauteur *m*. 〜視聴者 téléspectateurs *mpl*. 〜対談 télé-dialogue *m*. 〜タレント vedette *f* du petit écran. 〜電話 vidéophone *m*; visiophone *m*. 〜塔(スタジオ) tour *f* (studio *m*) de télévision. 〜討論会 télé-débat *m*. 〜ドラマ dramatique *f*. 連続〜ドラマ feuilleton *m* télévisé. 〜生放送 émission *f* de télévision en direct. 〜番組 programme *m* de télévision. 〜放送局 station *f* [émettrice] de télévision. 〜放送 émission de télévision. 〜放送する téléviser. 〜ルポルタージュ(ニュース) reportage *m* (journal *m*) télévisé.
テレビショッピング téléachat *m*.
テレビン ‖〜油 essence *f* de térébenthine.
テレファックス téléfax *m*.
テレプロセッシング télétraitement *m*.
テレホンカード télécarte *f*.
テレホンコール appel *m* téléphonique; coup *m* de fil.
テレホンサービス [時報] horloge *f* parlante; [天気予報] informations *fpl* météorologiques; [目ざまし] service-réveil *m*.
テレマーク 《スキー》télémark *m*.
てれる 照れる avoir honte; éprouver de la fausse (mauvaise) honte; éprouver de la confusion. …に対して〜 être timide avec *qn*. 照れて赤くなる rougir de confusion. ‖ 彼は照れ屋だ C'est un timide.
てんてこまい 手練て舞 ruse *f*; artifice *m*; rouerie *f*. 〜を弄する user de ruses. 君なんか彼の〜にかかったらいちろだ Toi? Il va te rouler comme un rien.
テロ terrorisme *m*. 〜に倒れた人々 victimes *fpl* du terrorisme. ‖白(赤)色〜 la Terreur blanche (rouge). 報復〜 contre-terrorisme *m*. 〜行為 action *f* terroriste. 〜組織(グループ) organisation *f* (groupe *m*) terroriste.
テロリスト terroriste *mf*.
てわけ 手分け ¶〜して…を探しに行く aller chacun(e) de son côté à la recherche de. 〜して仕事をする se partager le travail.
てわたす 手渡す remettre (passer) *qc* à *qn*. 小包を直接受取人に〜 remettre un paquet en mains propres au destinataire.
てん 天 [空間] ciel (cieux) *m*; [空] firmament *m*; [天意] providence *f*; [神] Dieu *m*; [運命] destin *m*; [本の] tête *f*. 〜を仰ぐ lever les yeux au ciel. 我々を助けますように祈る prier le ciel qu'il nous aide. 彼の魂は〜に昇った Son âme est allée au ciel. 〜に唾すれば己に帰る Crachez en l'air, ça vous retombera sur le nez. 〜に誓って Le ciel m'est témoin, J'en atteste le ciel, ….「〜は自ら助くる者を助く」 Aide-toi, le ciel t'aidera. 〜にまします我らの神よ Notre Père qui êtes aux cieux.「〜に口なし人をして言わしむ」«La voix du peuple est la voix de Dieu.» ¶〜

てん 点 point *m*. ¶～を打つ mettre un point. ¶少数～ virgule *f*. ◆[位置] ¶出発～ point de départ. ◆[成績] note *f*; point. ～が辛い(甘い) noter sévèrement (largement). 答案に～をつける noter (mettre une note à) un devoir. 数学で良い(悪い)～をとる Elle règne dans la maison. avoir une bonne (mauvaise) note en mathématiques. 平均以上の(平均以下の)～をとる avoir une note au-dessus (au-dessous) de la moyenne. 100～満～で60～を取る obtenir 60 points sur 100. 書取で一つの間違い毎に1～引く(引かれる) enlever (perdre) un point par faute dans une dictée. ¶～の良い(悪い)生徒 élève *m* qui a de bonnes (mauvaises) notes. ◆[競技・ゲーム] ¶point; [サッカー, ハンドボール, ホッケーなど] but *m*; [バスケット] panier *m*. 1～入れる marquer un point (un but, un panier). ビリヤード(テニス)の～を計算する compter les points au billard (tennis). ◆[程度・事柄] ¶そこが大事な～だ C'est là le point. 肝腎な～は…である Le grand point, c'est…. その～はご心配なく Sur ce point, vous n'avez pas à vous faire de soucis. あらゆる～で à tous [les] égards. 彼らはこの～で意見が一致している Ils sont d'accord sur ce point. 美人という～では彼女はぬきんでいる Pour la beauté, elle tranche. この～について sur ce point (cet article). ある～では à un certain point; jusqu'à un certain point. ¶[物品展] ¶展覧会に絵を数～出品する exposer plusieurs tableaux.

てん 貂 martre *f*. ～のコート manteau(x) *m* de martre. ‖黒～ [martre] zibeline *f*. 白～ hermine *f*.

-てん 展 彫刻(写真)～ exposition *f* de sculpture (photographie). アンデパンダン～ Salon *m* des indépendants. ヴァン・ゴッホ～ exposition des œuvres de Van Gogh.

でん 伝 ¶聖者～ hagiographie *f*. ランボー～ vie *f* de Rimbaud. ◆[仕方] ¶いつもの～で comme d'habitude (toujours).

でんあつ 電圧 voltage *m*; tension *f* [électrique]. 110ボルトの～ tension de 110 volts. ～を上げる(下げる) survolter (dévolter). 回線の～を下げる dévolter un circuit. ¶～110ボルトの電流 courant *m* de 110 volts. ‖高(低)～ haute (basse) tension. ～計 voltmètre *m*.

てんい 天意 providence *f*; ciel *m*. ～に従う(逆らう) suivre (aller contre) la providence. ～がこの計画に味方してくれた Le ciel a favorisé ce projet.

てんい 転移 《医》métastase *f*; 《心》transfert *m*. 癌の～ métastase cancéreuse. 感情の～ transfert des sentiments. ¶胃癌が肝臓に～した Le cancer s'est étendu de l'estomac au foie.

でんい 電位 potentiel *m* [électrique]. ¶～計 électromètre *m*. ～差 différence *f* de potentiel. ～差計 potentiomètre *m*.

てんいむほう 天衣無縫 ¶～の(な) naturel(le) et franc(che) comme l'or; naïf(ve) et franc; [芸術作品など] simple et naturel.

てんいん 店員 employé(e) *m*(*f*) de magasin; vendeur(se) *m*(*f*); [売子] commis *m* [marchand]. デパートの～ commis d'un grand magasin.

でんえん 田園 campagne *f*; champs *mpl*. ¶～の champêtre; rural(aux); pastoral(aux); [田舎風の] rustique. ‖ベートーベンの「～交響曲」*la Symphonie pastorale* de Beethoven. ～詩 pastorale *f*; églogue *f*; bucolique *f*. ～小説(詩人) roman *m* (poète *m*) pastoral. ～生活 vie *f* champêtre (pastorale). ～生活を送る mener une vie champêtre (pastorale). ～都市 cité(s)-jardin(s) *f*.

てんか 天下 [世界] monde *m* [entier]; [全国] tout le pays *m*; [国民] peuple *m*; [世間] public *m*. ～を取る soumettre tout le pays; prendre le pouvoir; [権力の座に] arriver (parvenir) au pouvoir. 策謀により～を取る parvenir au pouvoir par des intrigues. 家の中は彼女の～だ Elle règne dans la maison. ¶～に dans le (au) monde; sur la terre entière. ～に知られる être mondialement (universellement) connu. ～に名の知れた酒の銘柄 marque *f* d'alcool d'une réputation mondiale. 彼の名声は～に鳴り響いている Sa gloire s'étend aux quatre coins du monde. ‖～一品 unique au monde; incomparable; sans pareil(le) (égal). これは～一品だ C'est unique au monde. ～泰平である La paix règne dans le monde (dans le pays). ～晴れて夫婦になる se marier légalement (publiquement). ～分け目の戦い bataille *f* décisive.

てんか 添加 addition *f*. ¶～する ajouter *qc* à *qc*; [ad]joindre *qc* à *qc*. ‖食品～物 additif *m* alimentaire.

てんか 転化 changement *m*; modification *f*. ¶～する changer; se transformer; se modifier. ‖～糖 《化》sucre *m* inverti.

てんか 転嫁 ¶～する imputer *qc* à *qn*; attribuer *qc* à *qn*; rejeter *qc* sur *qn*; mettre *qc* sur le compte de *qn*. 責任を～するな Ne vous déchargez pas sur d'autres de vos responsabilités.

てんか 転科 ¶～する changer de section.

てんか 転訛 corruption *f*. ¶～する se corrompre. ➪なまる(訛る).

てんか 点火 allumage *m*. ¶～する allumer; mettre le feu à. ‖～器 allumeur *m*; allumoir *m*. ガス～器 allume-gaz *m inv*. ～装置 système *m* d'allumage. ～プラグ bougie *f* d'allumage.

てんが 典雅 ¶～な élégant; gracieux(se); délicat; raffiné.

でんか 伝家 ¶～の宝刀を抜く jouer son va-tout; employer les grands moyens.

でんか 殿下 Son Altesse *f* [Royale, Impériale] le prince (la princesse)…; [呼びかけ] Votre Altesse. ‖皇太子(皇太子妃)～ Son Altesse Impériale le prince (la princesse héritière). 常陸宮両～ Leurs Altesses le prince et la princesse Hitachi.

でんか 電化 électrification *f*. ¶～する électrifier. ‖家庭～製品 appareil m électrique (électroménager).

でんか 電荷 charge f.

てんがい 天界 ciel(cieux) m.

てんかい 展開 développement m; déroulement m; déploiement m; [事の推移・成行き] cours m; train m; tour m; tournure f; [軍隊の] déploiement; [[数]] développement m. ¶～する se développer; se dérouler; [軍隊] se déployer. 物語が～する Un récit se déroule. 意見を～する développer sa pensée. 関数を級数に～する développer une fonction en série. 事は悪い方に～した Cette affaire a pris une mauvaise tournure. 彼らの眼前に高原が～していた Devant eux, s'étendait un plateau. その家で～したドラマ drame m qui s'est déroulé dans cette maison. ～させる développer; dérouler; exposer; déployer. 好ゲームが～されている Un match serré se déroule. ‖立方体の～図 développement d'un cube. 音楽の一部 développement d'un thème.

てんかい 転回 révolution f; [自転] rotation f; [旋回] virage f, pirouette f. ¶～する tourner; virer; pirouetter. くるりと～する faire volte-face. ‖コペルニクス的～ révolution copernicienne.

てんがい 天涯 ¶彼は～孤独の身だ Il est seul au monde.

てんがい 天蓋 dais m; baldaquin m. 寝台の～ ciel(s) m de lit. ¶～を成しておおいかぶさった枝 branches fpl en voûte.

でんかい 電解 électrolyse f. ¶～する électrolyser. ～し得る électrolysable. ‖～器(槽) électrolyseur m. ～質 électrolyte m. 非～質 solution f non-électrolytique.

てんがく 転学 ⇨ てんこう(転校).

てんがくし 田楽刺し ¶～にする transpercer avec une épée (une lance).

てんかふん 天花粉 poudre f végétale de bébé; [poudre f] talc m.

てんから ¶あいつのことなど～相手にしていないよ Je ne tiens aucun compte de lui. お前の言っていることは～なっていない Tu te trompes complètement (du tout au tout). ⇨ まるで, ～(頭).

てんかん 転換 changement m; [革新] innovation f; [語順転換] transposition f. ¶方向を～する changer de direction. 百八十度～する [意見, 政策等] faire volte-face. 事はいい方に～している L'affaire tourne bien. ‖気分を～にスケッチをする dessiner pour se changer les idées. この散歩はあなたにとって仕事の合間の気分～になるでしょう Cette promenade vous fera une diversion parmi vos occupations. 人生(運命)の～期にいる person à un tournant de sa vie (son destin). その戦いは歴史の～を記した Cette bataille a marqué un tournant dans l'histoire.

てんがん 点眼 ¶～する instiller un collyre dans l'œil; appliquer du collyre. ‖～器・瓶 fiole f de collyre. ～水 collyre m.

てんがんきょう 天眼鏡 loupe f; verre m grossissant.

てんき 天気 temps m; [晴天] beau temps. 暑い(寒い, 乾燥した, 雨の多い)～ temps chaud (froid, sec, pluvieux). 荒模様の～ temps menaçant. うっとうしい～ temps lourd (maussade, triste). 曇った～ temps couvert (bouché, gris). 雲の低くたれた(多い)～ ciel m bas (nuageux). じめじめした～ temps pourri. すばらしい～ temps superbe (magnifique). ひどい～ temps affreux (épouvantable). ～がいい(悪い) Il fait beau (mauvais). ～が回復する Le temps se remet au beau. ～が続く Le temps est au beau fixe. ～が良くなる Le temps se met au beau./Le temps s'éclaircit. ～は下り坂だ Le temps se gâte (se détériore). ～は荒模様だ Le temps menace. いやな～だ Il fait vilain. 何ていやな～だ Quel temps de chien!/Quel sale temps! 今にも降りそうな～だ La pluie menace. 雨模様の(はっきりしない)～だ Le temps est à la pluie (est incertain). ～はにわかに怪しい向きの～だ Il fait un temps rêvé pour inf. ¶こんな悪い～に par ce mauvais temps. どんな～でも par tous les temps. ～が良ければ s'il fait beau; si le temps le permet. ‖～概況 conditions fpl météorologiques générales. ～図 carte f météorologique. ～予報 prévisions fpl du temps; prévisions météorologiques; [放送等の] bulletin m météorologique; [電話サービス] informations fpl météorologiques. ～予報が当った(外れた) La météo était juste (s'est trompée). ～予報では夜雨になると言っている Le bulletin météorologique annonce de la pluie pour cette nuit.

てんき 転機 turning [きっかけ] occasion f. 彼は今人生の～にいる Il est à un tournant de sa carrière.

てんき 転記 [転写] transcription f; [簿記など] report m. ¶～する transcrire; reporter.

てんぎ 転義 [派生的意味] sens m dérivé; [比喩的意味] sens figuré.

でんき 伝奇 ¶～的な romanesque; incroyable; inimaginable. ～的な話(物語) histoire f (récit m inimaginable) romanesque.

でんき 伝記 biographie f. ¶～的な biographique. ‖～作者 biographe mf. ～小説 vie f romancée.

でんき 電機 ¶～工業 industrie f d'appareils électriques. 弱～工業 industrie électroménagère.

でんき 電気 électricité f; [電流] courant m (électrique); [電灯] lampe f (électrique); lumière f électrique; [電球] ampoule f (électrique). ～を起こす produire de l'électricité. ～を切る couper le courant (l'électricité). 指に～を感ずる recevoir le courant dans les doigts. ～をつける(消す) allumer (éteindre) l'électricité. ～を引く s'abonner à l'électricité. 私達は家に～を引いた Nous avons fait installer l'électricité dans notre appartement. 窓々には～がついていた Les fenêtres s'allumaient. ～はもう流れていない Le courant ne passe plus. この時計は～で動く Cette pendule marche à l'électricité. ¶～の électrique. ～[仕掛]の qui marche (fonctionne) à l'électricité (électrique-

てんきゅう ment). ~を帯びた électrisé. ‖~椅子 chaise f électrique. ~椅子にかける électrocuter. ~化学 électrochimie f. ~かみそり(時計, コンロ, 釜) rasoir m (horloge f, réchaud m, marmite f à riz) électrique. ~機械學 électromécanique f. ~器具 appareil m électrique. 家庭~器具 appareil électroménager. ~工學 électrotechnique f. ~スタンド lampe f de table. ~洗濯機 machine f à laver. ~蓄音機 électrophone m. ~抵抗(容量) résistance f (capacité f) électrique. ~通信 télécommunication f. ~なまず gymnote m. ~ブラン tord-boyaux m inv. ~分解 électrolyse f. ~分解する électrolyser. ~分解の électrolytique. ~分解器(槽) électrolyseur m. ~麻酔 électronarcose f. ~めっき galvanisation f. ~めっきする galvaniser. ~毛布 couverture f chauffante. ~屋 [技師] électricien(ne) m(f). ~冶金 électrométallurgie f. ~誘導 induction f. ~熔接 soudure f électrique; électrosoudure f. ~力學 électrodynamique f. ~料金 tarif m de l'électricité. ~料金を上げる augmenter le tarif de l'électricité. ~料金を払う régler la note d'électricité. ~療法 électrothérapie f. [精神病のショック療法] électrochoc m. ⇨ でんりゅう(電流).

てんきゅう 天球 sphère f céleste. ‖~儀 globe m (sphère) céleste.

でんきゅう 電球 ampoule f [électrique]; globe m électrique. 100ワットの~ ampoule de 100 watts. ~がげれた,とりかえなければ L'ampoule est grillée (n'allume plus), il faut la changer.

てんきょ 典拠 autorité f; source f; [照会] référence f. ~を示す citer (indiquer, mentionner) ses sources.

てんきょ 転居 changement m d'adresse (de résidence, de domicile, de logement); [移転] déménagement m; emménagement m. ‖~する changer d'adresse (de résidence, de domicile, de logement); déménager. 新しいアパートに~する emménager dans un appartement neuf. このたび下記の住所へ移致しましたので Je vous informe du changement de mon adresse. ~届 私は彼の~先を知らない Je ne connais pas sa nouvelle adresse. ~届 déclaration f de changement de domicile.

てんぎょう 転業 changement m de profession (de métier, d'emploi, de travail); [商売替え] changement de commerce. ‖~する changer de profession (de métier, d'emploi, de travail); changer de commerce. 彼は肉屋から魚屋に~した Il a quitté son métier de boucher pour devenir marchand de poissons.

でんきょく 電極 électrode f; pôle m.

てんきん 天金 ~の本 livre m doré en tête.

てんきん 転勤 changement m de poste; mutation f; [役人の人事異動] déplacement m. ~を命ずる changer qn de poste. 役人に~を命ずる muter (déplacer) un fonctionnaire. ‖~する être changé de poste; être muté. ~先 nouveau poste m.

てんぐ 天狗 [自慢する人] vantard(e) m(f); orgueilleux(se) m(f). ...で~になる se piquer de; se vanter de; être fier(ère) de; s'enorgueillir de.

てんくう 天空 ciel(cieux) m; firmament m. ~を翔るペガサス Pégase m qui parcourt la voûte céleste.

てんぐさ 天草 algue f rouge.

てんぐざる 天狗猿 nasique m.

てんぐたけ 天狗茸 amanite f panthère.

デングねつ ~熱 dengue f.

でんぐりがえし でんぐり返し culbute f; [とんぼ返り] galipette f; cabriole f; [パラシュート降下の] roulé(s)-boulé(s) m. ~を打つ faire une culbute; culbuter.

でんぐりがえる ⇨ ひっくりかえる(引繰返る).

てんけい 典型 type m; [模範] modèle m; canon m; exemple m; [極致] idéal(aux) m; [原型] archétype m. 男性美の~ canon de la beauté masculine. アルパゴンはけちの~だ Harpagon est le type de l'avare. 彼はインテリくずれの~だ C'est le type de l'intellectuel raté. 彼は甘えん坊の~だ Il est le modèle de l'enfant gâté. ‖~的な typique; représentatif(ve). ~的なケース(例) cas m (exemple) typique.

てんけい 天啓 révélation f [divine]; illumination f. ~を与える révéler; illuminer.

てんけい 天恵 faveur f (bienfait m) du Ciel.

でんげき 電撃 choc m électrique. ‖~戦 guerre f éclair. ~作戦で敵地を占領する envahir le territoire ennemi par une opération éclair. ~症 électrochoc m.

てんけん 天険 défenses fpl naturelles.

てんけん 点検 examen m; inspection f; [機械などの] revue f; révision f; [会計・経理の検札] contrôle m; [税関・船の臨検] visite f; [確認] vérification f. 乗物の~ révision d'un véhicule. ‖~する examiner; inspecter; procéder à l'inspection de; réviser; faire la revue de; passer en revue; contrôler; vérifier. 機械(装置)を~する réviser une machine (une installation). 資料を~する examiner des documents.

でんげん 電源 source f d'énergie électrique; [コンセント] prise f de courant; [発電所] centrale f électrique. ~を入れる établir (mettre) le contact. ~を切る couper le contact. ~を...につなぐ brancher qc sur le courant (la prise).

てんこ 点呼 appel m. ~に答える répondre à l'appel. ~を取る faire l'appel.

でんこ 電弧 arc m électrique (voltaïque).

てんこう 天候 temps m. 日照りつづきの~だ Le temps est sec. このところ~が変りやすいね Ces jours-ci, le temps est variable, n'est-ce pas? ⇨ てんき(天気).

てんこう 転向 [思想の] conversion f. ‖~する se convertir. 彼は社会主義に~した Il s'est converti au socialisme. 彼はプロに~した Il est passé pro. ~させる convertir. ~者 converti(e) m(f).

てんこう 転校 changement m d'école. ‖~する changer d'école. X校からY校へ~する passer (se transférer) de l'école X à l'école Y.

てんこう 電光 [稲妻] éclair m; [電気の光] lumière f électrique. ‖~石火の rapide comme l'éclair. ~石火の如く avec la rapidité de l'éclair. ~ニュース journal(aux) m lumineux.

てんこく 篆刻 gravure f de sceaux. ¶~する graver des sceaux (une épitaphe). ‖~家 graveur m de sceaux.

てんごく 典獄 directeur(trice) m(f) d'une prison.

てんごく 天国 paradis m; royaume m éternel (céleste, des cieux, de Dieu); ciel (cieux) m. この世の~ paradis terrestre (sur terre). ~に行く monter au paradis (ciel); gagner le paradis (ciel). ¶~の paradisiaque.

でんごん 伝言 message m; commission f. ¶~を受ける recevoir un message. ~を書きおく laisser un message. ...への~を頼む donner (confier) un message pour qn. n. ~を頼まれる être chargé d'un message. ~を伝える transmettre un message; faire (exécuter) une commission. ¶あの人にこう~して下さい, 重大かつ急を要することですからと Dites-lui qu'il s'agit d'une chose grave et urgente.

てんさ 点差 ¶あの試合は~がついたね Le score s'est creusé dans ce match.

てんさい 天才 génie m; don m; talent m; aptitude f; [人] homme m de génie; prodige m. 彼は数学の~だ C'est un génie des mathématiques. 彼は物を壊すの~だ Il a le génie de la destruction. お前は自分を~だと思っているのか Tu te prends pour un génie? この世に~というものが本当に存在するのだろうか Existe-t-il vraiment des génies dans ce monde? ¶~的 génial(aux); de génie; d'un prodigieux talent; très doué. ~的な閃きを持つ avoir un éclair de génie. あのテニスプレーヤーは~的な身のこなしをする Ce joueur de tennis a une adresse qui tient du génie. ‖~教育 éducation f pour développer (cultiver) les dons des enfants très doués. ~児 enfant mf prodige. 彼は~肌だ Il a la trempe de génie.

てんさい 天災 désastre m (calamité f) naturel(le); fléau(x) m de la nature; sinistre m. ~に遇う subir un désastre (une calamité) naturel(le). ~に遇った人 sinistré(e) m(f).

てんさい 甜菜 betterave f [sucrière, à sucre]. ‖~糖 sucre m de betterave.

てんさい 転載 reproduction f. ¶「~を禁ず」 «Reproduction interdite.»; «Tous droits de reproduction réservés.» ¶~する reproduire.

てんざい 点在 ¶家々が平野に~している Les maisons sont éparpillées dans la plaine. テキストに~している綴りの間違い fautes fpl d'orthographe qui parsèment un texte. 警句が~しているページ pages fpl émaillées (parsemées) de bons mots.

てんさく 添削 correction f. ¶~する corriger; retoucher; remanier. 宿題を~する corriger un devoir.

てんさん 天蚕 [蛾] saturnie f. ‖~糸 fil m de ver à soie sauvage.

でんさんき 電算機 ⇨ でんし(電子).

てんし 天使 ange m. 白衣の~ femme f en blanc. ¶~のような angélique; séraphique; céleste; éthéré. ~ように angéliquement. ‖権~ Principautés fpl. 座~ Trônes mpl. 熾~ séraphin m. 主~ Dominations fpl. 堕~ mauvais ange [déchu]. 大~ archange m. 知~ chérubin m. 能~ Puissances fpl. 力~ Vertus fpl.

てんし 天資 ¶彼は~英明な人だ C'est un prodige d'intelligence. ⇨ てんぶん(天分).

てんじ 展示 exposition f; présentation f; [商品の陳列] étalage m. ¶~する exposer; présenter; étaler. ‖~会 exposition f. [自動車, 農機具などの] salon m. 農産物~会 concours m agricole. ~品 objets mpl exposés.

てんじ 点字 braille m. ~に訳す transcrire qc en braille. ~を習う(読む) apprendre (lire) le braille. ‖~本 livre m en braille.

でんし 電子 électron m. ¶~の électronique. ~陰 négaton m. 陽~ positon m. ~音楽(オルガン) musique f (orgue m) électronique. ~計算機 calculatrice f électronique; [コンピューター] ordinateur m; calculateur m électronique. ~顕微鏡 microscope m électronique. ~光学 optique f électronique. ~工学 électronique f. ~式卓上計算機 calculatrice électronique de poche. ~錠 serrure f électronique. ~ボルト électron-volt (eV) m. ~マネー monnaie f électronique. ~メール messagerie f (courrier m) électronique; télémessagerie f. ~レンジ cuisinière f électronique.

でんじ 田地 ⇨ でんち(田地).

でんじ 電磁 ¶~の électromagnétique. ‖~気学 électromagnétisme m. ~波 ondes fpl électromagnétiques. ~場 champ m électromagnétique.

てんじく 天竺 ‖~葵 pélargonium m; géranium m. ~ねずみ ⇨ モルモット. ~牡丹 dahlia m. ~木綿 coton m écru.

でんじしゃく 電磁石 électro-aimant m.

てんしゃ 転写 transcription f; copie f; [写真, 石版] report m; [透写] calque m; décalque m. ¶~する transcrire; copier; recopier; calquer; décalquer; reporter.

でんしゃ 電車 train m électrique; [市街電車] tramway (tram) m. ~で行く aller par le train (tramway). ~に乗る prendre le train (tramway). [具体的に] monter dans le train (tramway). ~を降りる descendre du train (tramway). ‖~賃 [キップ] billet m du train (tramway). [運賃] tarif m du train (tramway).

てんしゃく 転借 ⇨ またがり(又借り).

てんしゃだい 転車台 【鉄】plaque f tournante.

てんしゅ 天主 Dieu m. ‖~教 ⇨ カトリック.

てんしゅ 店主 patron(ne) m(f); [持主] propriétaire mf.

てんじゅ 天寿 ¶~を全うする mourir de sa belle mort; finir son destin; mourir dans son lit; mourir plein de jours. ~を全うせず

でんじゅ 伝授 initiation *f*; [教授] enseignement *m*. …の〜を受ける recevoir l'initiation à *qc*. 〜する initier *qn* à *qc*; apprendre *qc* à *qn*; enseigner *qc* à *qn*.

てんしゅかく 天守閣 donjon *m*.

てんしゅつ 転出 その他の町へ〜する transférer *son* domicile réel dans une autre ville du département.

てんしょ 添書 [推薦状・紹介状] lettre *f* de recommandation (d'introduction); [そえ書き] apostille *f*. 〜のある贈物 cadeau(x) *m* accompagné d'une lettre.

てんじょう 天井 plafond *m*. 〜を張る plafonner. 〜の高い(低い)部屋 chambre *f* haute (basse) de plafond. 〜を向いた鼻 nez *m* retroussé (en trompette). ‖〜板 planche *f* du plafond; lambris *m*. 〜画 plafond. 〜桟敷 paradis *m*; poulailler *m*. 〜桟敷に席を取る prendre une place au poulailler. 生活費は〜知らずに上っている Le coût de la vie est en hausse continuelle. 〜灯 plafonnier *m*.

てんじょう 天上‖〜界 paradis *m*; royaume *m* céleste (éternel, des cieux). 〜天下唯我独尊 Je suis le grand Tout.

てんじょう 天壌‖〜無窮の éternel(le).

てんじょう 添乗‖〜員 accompagna*teur* (*trice*) *m(f)* [d'un groupe touristique].

でんしょう 伝承 tradition *f*. 〜されたものを[更に]伝える transmettre des traditions. ‖民間〜 folklore *m*; tradition populaire. 〜文学 littérature *f* orale.

でんじょう 電場 ⇨ でんば(電場).

てんじょうびと 殿上人 dignitaire *m* [de la cour]; courtisa*n*(*e*) *m(f)*; homme *m* de cour; [集合的] noblesse *f* de cour; [gens *mpl* de] cour *f*.

てんしょく 天職 vocation *f*; [使命] mission *f*. 自分の〜に従う(逆らう) suivre (contrarier) *sa* vocation. これが私の〜である C'est ma vocation.

てんじる 転じる ⇨ てんじる(転じる).

てんじる 点じる ⇨ てんじる(点じる).

てんしょく 転職 ⇨ てんぎょう(転業).

でんしょばと 伝書鳩 pigeon *m* voyageur. ‖〜飼養(訓練) colombophilie *f*. 〜飼養(訓練)をする人 colombophile *mf*.

てんじる 転じる [変わる] changer de; tourner. 方向を〜 changer de direction. 方向を右に〜 [船, 乗物などが] virer à droite. …の方に思考を〜 tourner *ses* pensées vers *qc*. …の方に目を〜 tourner les yeux (*son* regard) vers *qc*. 話題を〜 changer de propos. 事が良い方に(悪い方に)〜 L'affaire tourne bien (mal). 台風は進路を転じた Le typhon a changé de route. 風は方向を北に転じた Le vent a tourné au nord. 彼女の愛は憎悪に変じた Son amour s'est changé en haine. ◆[移る] passer. プロに〜 passer pro.

てんじる 点じる ‖ランプに火を〜 allumer une lampe. 目薬を〜 ⇨ てんがん(点眼).

てんしん 天心 ‖月〜にありLa lune est à son apogée.

てんしん 転身 彼はサラリーマンから180度〜して商売を始めた Par une volte de 180 degrés, de salarié qu'il était il s'est lancé dans le commerce.

てんしん 転進 [軍隊の] changement *m* de direction; [退却] retraite *f*. 〜する changer de direction; battre en retraite.

てんじん 天人 〜と共に許さざる C'est contre les lois divines et humaines.

でんしん 電信 télégraphie *f*. 〜の télégraphique. 〜で télégraphiquement; par télégraphie. 〜で送る télégraphier. ‖無線〜 télégraphie sans fil. 〜機 télégraphe *m*. 〜技手 télégraphiste *mf*. 〜電話公社 Régie *f* japonaise des télécommunications. 〜柱 ⇨ でんちゅう(電柱).

てんじんひげ 天神髭 moustache *f* à deux pointes.

てんしんらんまん 天真爛漫 naïveté *f*; innocence *f*; candeur *f*; ingénuité *f*. ‖〜な naï*f* (*ve*); innocent; candide; ingénu. ‖彼は〜な人だ Il est candide. ‖[皮肉的に] Il est naïf. 彼はいつも他人にだまされている〜なお人好しだ C'est un naïf (jobard), toujours dupe des autres. 〜に naïvement; innocemment; avec candeur (ingénuité).

テンス ⇨ じせい(時制).

てんすい 天水 〜桶 cuve *f* pour recueillir des eaux de pluie; citerne *f*.

てんすう 点数 [てん点], とくてん(得点). あいつは上役の〜ばかり稼いでいる Il ne pense qu'à plaire aux supérieurs. ‖[品数] 展覧会に出品されるのは何点ですか Combien de tableaux vont être présentés à cette exposition?

でんすけ 伝助 [小型録音機] 市民の声を〜で録音する enregistrer l'opinion de l'homme de la rue au magnétophone portatif. ◆[賭博の一種] ‖〜賭博には手を出さないように Ne te mêle pas à un jeu où les dés sont pipés.

てんずる 転ずる ⇨ てんじる(転じる).

てんずる 点ずる ⇨ てんじる(点じる).

てんせい 天性 de (par) nature; naturellement. 習慣は第二の〜だ L'habitude (La coutume) est une seconde nature. ‖彼は〜憶病だ Il est timide de (sa par) nature./Il est d'une nature timide. ‖彼は〜のおしゃべりだ Il est d'un naturel bavard./Il a de bagou.

てんせい 天成 彼は〜の音楽家だ Il est né musicien./C'est un musicien né.

てんせい 展性 malléabilité *f*; ductilité *f*. ‖〜に富む malléable; ductile. 金属の中には金が一番〜に富んでいる L'or est le plus malléable des métaux.

てんせい 転生 métempsycose *f*.

てんせい 天声 porte-voix *m inv*.

てんせき 転籍 〜する transférer *son* domicile légal.

でんせつ 伝説 légende *f*; tradition *f*; [神話] mythe *m*; mythologie *f*; [民間伝承] folklore *m*. 〜によれば… La légende veut que *sub*. 〜的な légendaire; traditionnel(le). ‖彼は生きているうちに伝説化した Il est entré vivant dans la légende.

てんせん 転戦 〜各地を〜する prendre part à différentes batailles; combattre en divers endroits. バレーボールの日本チームはヨーロッパ各

～んせん 点線 pointillé m. 地図の上に2つの国の国境を～を用いて示す indiquer sur une carte la frontière entre deux pays par un pointillé. ～部分を切取って下さい Détachez suivant le pointillé.

～んせん 恬然 ¶何を言われようと奴は～としている Quoi qu'on dise de lui, il reste froid impassible.

でんせん 伝染 contagion f; contamination f; infection f. あくび(笑い)の～ contagion du bâillement (du rire). 百日咳は～する La coqueluche est contagieuse. ～性の～ contagieux(se); infectieux(se). ～病 maladie f contagieuse (infectieuse); [流行性] épidémie f. 法定～病 maladie contagieuse définie par la loi. ～病患者を隔離する isoler un(e) contagieux(se). ～病発生地 foyer m de contagion (d'infection).

でんせん 伝線 ¶彼女のストッキングは～している Son bas s'est démaillé. ～しないストッキング bas m indémaillable.

でんせん 電線 fil m électrique; [電信の] fil télégraphique. ～を張る poser des fils électriques. 海底～ câble m [électrique] sous-marin.

てんそう 転送 réexpédition f. 「転居先へ～を乞う」[手紙]《Faire suivre.》～する réexpédier.

でんそう 伝送〖電〗transmission f. アナログ～ transmission analogique. 海底ケーブル～ transmission par câble sous-marin. 光ファイバー～ transmission par fibre optique. ファクシミリ～ transmission par facsimilé.

でんそう 電送¶写真～ téléphotographie f. ～写真 phototélégramme m; [ブラン式] bélinogramme m. ～写真機 phototélégraphe m; bélinographe m. ブラン式～写真機で送られた写真 photo f transmise par bélino.

てんそく 天測 ～器械 instruments mpl d'observation astronomique.

てんぞく 転属 mutation f. ～を願い出る demander sa mutation. ～する être muté. ～させる muter; changer de poste.

テンダーロイン faux-filet m.

てんたい 天体 corps m céleste; [星] astre m. ～の運行 cours m des astres. ～を観測する faire des observations astronomiques. ～写真術 astrophotographie f. ～図 carte f astronomique. ～物理学 astrophysique f. ～物理学者 astrophysicien(ne) m(f). ～望遠鏡 télescope m (lunette f) astronomique. ～力学 mécanique f céleste.

てんたい 転貸 か又貸し).

てんたいしゃく 転貸借 sous-location f. ～する sous-louer.

でんたく 電卓 ⇨ でんし(電子).

でんたつ 伝達 transmission f; communication f. 命令の～ transmission d'un ordre. ～する transmettre; communiquer; véhiculer. ...を...に～する donner (faire) communication de qc à qn. 言語は人々の間に思想を～する Le langage véhicule les idées entre les hommes. 思想の～手段である言語 langage m, véhicule de la pensée.

デンタルフロス fil dentaire m.

てんたん 恬淡 ¶彼は俗事に～とした性格だ Il reste serein en toute occasion. 無欲～な人 personne f désintéressée.

てんち 天地 ciel m et terre f; [宇宙・世界] univers m; monde m; terre; sphère f; [自然] nature f; [場所] monde m; [領域] domaine m; [本などの] tranches fpl supérieure et inférieure. 新(自由の)～ monde nouveau (libre). ¶～ほど違う être différent du tout au tout (totalement). 関東地方の風習は関西のそれと～ほど違っている Les mœurs du Kanto diffèrent du tout au tout de celles du Kansaï. ～開闢 commencement m du monde; création f (origine f) du monde. ～開闢以来 depuis que le monde est monde; depuis le commencement du monde. ～神明に誓って Le ciel m'est témoin. ～に誓う J'en atteste le ciel (les dieux, les cieux). ～神明に誓って...だ J'atteste les dieux (le ciel, les cieux) que ind. 「～無用」《Fragile》《Ne pas renverser.》

てんち 転地 changement m d'air. ～をすすめる recommander de changer d'air. ～する changer d'air. ～療養 cure f d'air.

でんち 田地 rizière f. ～田畑を売り払う vendre toutes ses terres.

でんち 電池 pile f. ～が切れた La pile est usée. ～で動く qui fonctionne sur piles. 「乾～ pile [sèche]. 蓄～ accumulateur m; [boite f d']accus mpl.

でんちく 電蓄 électrophone m; phonographe m électrique; pick-up m inv.

てんちゅう 天誅 ～を加える punir qn au nom de Dieu.

でんちゅう 電柱 poteau(x) m électrique (télégraphique); [電話線の] poteau(x) du téléphone.

てんちょう 天頂 zénith m. ～距離〖天〗distance f zénithale.

てんちょう 転調 modulation f. ～する(させる) moduler. この曲はへ長調からニ短調へと～する Cette mélodie comporte une modulation de fa majeur en ré mineur.

てんで ⇨ まるで. ¶～お話にならない C'est au-dessous de tout. ～が分らない Je n'en sais absolument rien./Je n'y comprends absolument rien (que dalle).

てんてい 天帝 Dieu m; Seigneur m; Créateur m; Etre m suprême.

てんてん 点綴 ⇨ てんさい(点在), てんてん(点々). ¶麦畑の中に菜の花が～している Du colza fleurit çà et là dans un champ de blé. 古今の有名な詩を～した詩集 anthologie f des poèmes célèbres de tous les temps.

てんてき 天敵 ennemi m naturel.

てんてき 点滴〖医〗instillation f. ¶「～石をうがつ」《La goutte d'eau finit par creuser le roc.》～薬 gouttes fpl.

てんてこまい 天手古舞 ¶～である ne savoir où donner de la tête; avoir trop d'occupations; être submergé de travail. 彼が来たので家は～だった Sa visite a mis toute la mai-

てんてつ 転轍 ‖ ~器 aiguillage *m*; aiguille *f*. ~手 aiguilleur *m*.

てんてつ 点綴 ⇨ てんてい(点綴).

てんてつ 電鉄 chemin *m* de fer électrique.

てんでに ‖ みな~帰った Chacun est rentré de son côté. みんな~勝手なことをしている Chacun agit à son gré (comme bon lui semble)./Chacun fait ce qu'il veut.

てんてん 転々 ‖ ~とする [さまよう] errer; aller çà et là; [ころがる] rouler. ボールが階段を~ところがって行く La balle roule en bondissant du haut en bas de l'escalier. 彼は職を求めて地中海の港という港を~とした Il a roulé sa bosse dans tous les ports de la Méditerranée, cherchant quelque emploi. あちこちのレストランを~としたコック cuisinier *m* qui a fait plusieurs restaurants. 人から人へ~と渡った芸術品 objet *m* d'art qui a passé de main en main.

てんてん 点々 ‖ ~とあちに; ここに. まだ~と雪に覆われいる所がある Ici et là, il y a encore des plaques de neige. ナプキンに~と脂の跡がある Il y a des taches de graisse çà et là sur la nappe. ◆ ‖ ~としたる [ぼたぼたと] tomber goutte à goutte.

てんてん 輾転 ‖ 彼は~反側してその夜を過ごした Il a passé cette nuit à se tourner et à se retourner dans son lit.

でんでんこうしゃ 電電公社 ⇨ でんしん(電信).

でんでんばらばら ⇨ てんでに.

でんでんむし ⇨ かたつむり escargot *m*.

てんと 奠都 ‖ ~する installer la capitale (dans).

テント tente *f*. ~をたたむ démonter (plier) une tente. ~を張る dresser (monter, tendre) une tente. ‖ ~生活をする vivre sous la tente; camper.

でんと ‖ 中央に~構える s'installer au premier rang.

てんとう 天道 ‖ お~様 [太陽] soleil *m*; [神] Dieu *m*. お~様と米の飯はどこへでもついてまわる Où qu'on aille, il y a du soleil et du pain.

てんとう 店頭 devanture *f*; [陳列窓] vitrine *f*. ~に並べる exposer *qc* à la devanture; mettre *qc* à l'étalage (en vitrine).

てんとう 転倒 renversement *m*; retournement *m*; [気持ちの] bouleversement *m*; [定まった順序などの] interversion *f*; [語順の] inversion *f*. ‖ ~する se renverser; tomber à la renverse; [気が] être bouleversé. 自転車で~する faire une chute de bicyclette. 階段の途中で~する faire une chute au cours d'une descente. 本末を~する mettre la charrue devant (avant) les bœufs. 彼が死んだという知らせで私は全く気が~した La nouvelle de sa mort m'a profondément bouleversé; elle m'a bien secoué, m'a tout retourné. ~させる renverser; bouleverser; retourner; intervertir.

てんとう 点灯 allumage *m*; illumination *f*. ‖ ~する allumer; allumer l'électricité (la lampe). 車のライトを~する allumer les phares d'une voiture.

てんとう 天道 [天体の運行] cours *m* d'un as-tre; [天地自然の法則] voies *fpl* de Dieu (d la Providence); Providence *f*. ⇨ てんどう(道).

でんとう 伝統 tradition *f*; [慣習] coutume *f*; usage *m*. ~に倣う suivre la tradition. ~を守る(破る) maintenir (rompre avec tradition. このような民主主義はフランスの~のっとっていた Cet esprit démocratique éta dans la tradition française. ~的な traditionnel(le). ~的に traditionnellemen ‖ ~校 école *f* qui a une longue et solid tradition. ~主義 traditionalisme *m*. ~ 義者 traditionaliste *mf*.

でんとう 電灯 lampe *f* [électrique]; lumière *f*. ~をつける allumer l'électricité (la lu mière). ~を消す éteindre l'électricité (la lu mière). ~をつけろ, 何も見えない Allume, o ne voit rien. ⇨ でんき(電気).

でんどう 伝導 [熱・電気] conduction *f*. ‖ (電気)を~する conduire la chaleur (l'éle tricité). ‖ ~性(率, 度) conductibilité *f*. 性の conductible. ~体 [corps *m*] con ducteur *m*. 半~体 semi-conducteur *m*.

でんどう 伝道 propagation *f*; mission prédication *f*. ‖ ~する propager la fo prêcher l'Évangile; évangéliser. ‖ ~ prédicat*eur*(*trice*) *m*(*f*); propagat*eur*/*trice m*(*f*) de la foi; [海外の] missionnaire *m*. ~ テスタントの~者 missionnaire protestant.

でんどう 殿堂 palais *m*; [神殿] temple *m* sanctuaire *m*. 司法(学問)の~ temple *n* Thémis (des sciences).

でんどう 電動 ‖ ~機 moteur *m* électrique électromoteur *m*. 直流(交流)~機 moteur courant continu (alternatif). ~機械 ma chine *f* qui marche à l'électricité (électr quement).

でんどうじてんしゃ 電動自転車 bicyclette électrique.

てんどうせつ 天動説 géocentrisme *m* système *m* astronomique géocentrique.

でんどうそうち 伝動装置 transmission *f*.

てんどうむし 天道虫 coccinelle *f*; bête *f* bon Dieu.

てんとして 恬として ‖ ~恥じない être sensible à; ne pas avoir honte de *qc* (de *inf* ~顧みない être indifférent à.

てんとりむし 点取り虫 piocheur(*se*) *m*(*f* bûcheur(*se*) *m*(*f*).

てんにゅう 転入 ‖ この町へ~して来た人 pe sonnes *fpl* qui ont transféré leur domicil dans cette ville.

てんにょ 天女 nymphe *f* céleste; déesse *f* ‖ ~のような女性 nymphe.

てんにん 転任 ⇨ てんきん(転勤).

でんねつき 電熱器 réchaud *m* électrique.

てんねん 天然 nature *f*. ‖ ~の naturel(le); [野生の] sauvage. ~の産物 productions *fp* naturelles. ~の美 beauté *f* naturelle. ~ 要塞 défenses *fpl* naturelles. ‖ ~ガス gaz *m* naturel. ~記念物 [総称] les animaux *mp* les plantes *fpl* et les minéraux *mpl* proté gés par la loi. この木は~記念物に指定されてい る Cet arbre est classé. ~資源 ressource *fpl* naturelles. ~色 couleur *f* naturelle.

てんねんとう 天然痘 variole *f*; petite vérole *f*. ¶～の variolique. ‖～患者 variol*eux(se)* *m(f)*. ～予防ワクチン vaccin *m* antivariolique.

てんのう 天皇 Empereur *m*; mikado *m*; [女帝] Impératrice *f*. ‖明治～ l'Empereur Meiji. ～制 régime *m* impérial. ～誕生日 fête *f* de l'anniversaire de la naissance de l'Empereur. ～杯を争う disputer la coupe de l'Empereur. ～陛下 Sa Majesté l'Empereur; Sa Majesté Impériale.

てんのうざん 天王山 ¶この戦いの～となるだろう Ce combat sera décisif.

てんのうせい 天王星 Uranus *m*.

てんば 天馬 cheval(aux) *m* céleste; Pégase *m*.

てんば 電場 champ *m* électrique.

でんぱ 伝播 propagation *f*; [音・光] transmission *f*; [流布] diffusion *f*. 光の～ propagation (transmission) de la lumière. ニュースの～ propagation (diffusion) d'une nouvelle. ¶～する [広がる] se propager; s'épandre; s'étendre; [伝わる] se transmettre. ～させる propager; répandre; transmettre.

でんぱ 電波 ondes *fpl* électriques (électromagnétiques); [ラジオの] ondes radioélectriques. ～にのせる mettre en ondes. ～で sur les ondes; à la radio. ‖～学 radioélectricité *f*. ～技術 radiotechnique *f*. ～計 ondemètre *m*. ～妨害 brouillage *m*. ラジオの～妨害 brouillage d'une émission radiophonique. ～探知機 radar *m*. ～望遠鏡 radiotélescope *m*.

てんばい 転売 revente *f*. ¶～する revendre. 私は車を～することができた J'ai pu revendre ma voiture.

でんぱた 田畑 ⇨ でんち(田地).

てんばつ 天罰 justice *f* du ciel; châtiment *m* du ciel (de Dieu); [宗教的に] vengeance *f* divine. ～を受ける être puni par le ciel. ～だ C'est un châtiment du ciel!/C'est bien fait.

てんぱん 典範 code *m*; règlement *m*; [儀式の] cérémonial(s) *m*. ‖皇室～ le Code impérial.

てんぴ 天火 four *m*. ～で焼く faire cuire *qc* au four.

てんぴ 天日 ¶魚を～に干す faire sécher du poisson au soleil.

てんびき 天引 prélèvement *m*; précompte *m*; retenue *f*. ¶～する prélever; précompter; retenir; retrancher; déduire. 恩給の～に給料の一割を～する retenir dix pour cent du salaire pour la retraite. ひどいね, 利息が～されているよ C'est incroyable, on me fait payer l'intérêt avant d'avoir touché le prêt. ‖～預金 épargne *f* forcée.

てんびょう 点描 pointillage *m*; [横顔] portrait *m*. ～する pointiller; [比喩的に] esquisser. ‖「パリ生活～」 Scènes de la vie parisienne. ～画法 pointillisme *m*. ～派画家 pointilliste *mf*.

でんぴょう 伝票 facture *f*; note *f*. ～を切る dresser (établir, faire) une facture; facturer. ～を精算する payer (régler, solder) une facture (une note). ‖出金～ note *f* de frais. 入金～ feuille *f* de rentrées. 払込～ [銀行の] feuille de versement.

てんびん 天秤 balance *f*; [精密秤] trébuchet *m*. ～の皿 plateaux *mpl* d'une balance. ～の竿 fléau(x) *mpl* d'une balance. ～で量る peser *qc* avec une balance. ¶2つのものを～にかけて検討する mettre deux choses en balance. あの女は二人の男を～にかけているんだ Elle mise sur les deux amants. ‖両～をかける miser sur les deux tableaux. ～座 la Balance.

てんびん 天秤 ⇨ てんぶん(天分).

てんびんぼう 天秤棒 palanche *f*. ～で運ぶ porter *qc* avec une palanche.

てんぶ 転部 ¶～する changer de faculté.

てんぷ 天賦 ¶～の naturel(le); inné; natif(ve). ¶～の才 don *m* naturel. ～の才がある être doué pour; avoir du talent pour; avoir le don de.

てんぷ 添付 ¶～する joindre *qc* à *qc*; annexer *qc* à *qc*. 願書に出生証明書を～しなければいけません Il faut joindre (annexer) un acte de naissance à votre demande d'inscription à l'examen. あの及～した資料 documents *mpl* ci-joints (ci-annexés, ci-inclus). ～した資料をお受取り下さい Recevez ci-joint les documents.

てんぷ 貼付 ¶～する coller *qc* sur *qc*.

でんぶ 臀部 fesses *fpl*; derrière *m*;【俗】postérieur *m*; arrière-train *m*; cul *m*;【解】région *f* fessière; [馬などの] croupe *f*. ¶～の fessi*er(ère)*. ⇨ しり(尻).

てんぷく 顛覆 renversement *m*; [乗物の] capotage *m*; [船の] chavirement *m*; [国家などの] subversion *f*; bouleversement *m*. 国家の～を謀る comploter le renversement de l'Etat. ¶～する se renverser; culbuter; [乗物が] capoter; verser; [船が] chavirer; couler [bas]. 列車が脱線～した Le train s'est renversé dans un déraillement. ～させる renverser; [内閣を] culbuter. 政府を～させる renverser le gouvernement.

てんぷら 天麩羅 tempura *m*; friture *f* japonaise. ¶～の frit; [メッキの] en plaqué; [偽の] faux(sse). ‖～学生 pseudo-étudiant (e) *m(f)*; étudiant fantôme.

テンプレート gabarit *m*.

てんぶん 天分 don *m*; talent *m*; génie *m*; [素質] aptitude *f*; dispositions *fpl* innées (naturelles). 科学に(言語に, 商売に)své る avoir un don (être doué) pour les sciences (les langues, le commerce). 数学の～がある avoir la bosse des mathématiques; être doué pour les mathématiques. 自分の文学的～を磨く cultiver ses dons littéraires. ¶～豊かな芸術家 artiste *mf* génial(e).

でんぶん 伝聞 ⇨ うわさ(噂).

でんぶん 電文 télégramme *m*; message *m* télégraphique. ‖～体 style *m* télégraphique.

てんぷん 澱粉 amidon *m*; fécule *f*. ¶〜質の féculent; farineux(se). 〜質の野菜 farineux *mpl*.

テンペラ ‖〜絵具 détrempe *f*. 〜画 détrempe.

てんぺん 転変 ⇨ ういてんぺん(有為転変).

てんぺんちい 天変地異 convulsions *fpl* (phénomène *m* extraordinaire) de la nature; cataclysme *m*; catastrophe *f*.

てんぽ 店舗 ⇨ みせ(店).

テンポ tempo *m*; mouvement *m*; [拍子] mesure *f*; rythme *m*; vitesse *f*. 映画の〜 tempo (allure *f*, rythme) d'un film. 〜を早める(緩める) presser (ralentir) le tempo (le mouvement); accélérer (ralentir) l'allure. 全く〜が合っていないじゃないか [演奏で] Vous ne jouez pas en mesure! 彼は現代生活の〜に順応していない Il n'est pas adapté au rythme de la vie moderne. ¶〜の速い(遅い) à un tempo rapide (lent). もとの〜で [楽] a tempo; à la mesure. そんな〜でやっていたのでは私が頼んだことを夜ází ni 仕上まいだろう A cette allure, vous n'aurez pas fini avant ce soir ce que je vous ai demandé.

てんぼう 展望 vue *f*; panorama *m*; perspective *f*; [視野] horizon *m*. 現代文学の〜 panorama de la littérature contemporaine. 政治と経済の〜 horizon (perspectives) politique(s) et économique(s). ここから〜がきく D'ici, on a une belle vue (une vue étendue). この場所からはずっと遠くまで〜がきく D'ici, on peut embrasser (Cet endroit domine) un immense horizon. 我々の将来の〜はどうなっているのか Qu'en est-il de nos perspectives d'avenir? ¶〜する avoir (prendre) vue sur *qc*. 状況を〜する donner un aperçu de la situation. ‖〜車(列車) carrosserie *f* (wagon *m*) panoramique. 〜台 belvédère *m*.

でんぽう 電報 télégramme *m*; dépêche *f* [télégraphique]; [海外へ] câblogramme *m*. 〜で知らせる télégraphier (câbler) *qc*. ニュースを友人に〜で知らせる télégraphier une nouvelle à un ami. 〜を打つ envoyer un télégramme; télégraphier. 彼に〜を打たなければならない Il faut lui télégraphier. …すると(…するとすぐ)〜を打つ télégraphier à *qn* de *inf* (que *ind*). ‖至急(暗号)〜 télégramme urgent (chiffré). 〜を受け取る recevoir une dépêche. 〜局(為替) bureau(x) *m* (mandat *m*) télégraphique. 〜配達人 [factor *m*] télégraphiste *mf*. 〜料金 tarif *m* du télégramme.

でんぽうはだ 伝法肌 ⇨ いさみはだ(勇み肌). あれはちょっと〜の女だ C'est une maîtresse femme.

てんま 天魔 ¶〜に魅入られたような行為 acte *m* inspiré par le démon (le diable).

てんまく 天幕 tente *f*. ⇨ テント.

てんません 伝馬船 allège *f*; chaland *m*; [川船] péniche *f*.

てんまつ 顛末 [事情] circonstance *f*, [詳細] détails *mpl*, particularités *fpl*; [話] histoire *f*; récit *m*. …の〜を語る raconter *qc* d'un bout à l'autre. 事件の〜を逐一報告する rapporter une affaire en long et en large; いきさつ(経緯).

てんまど 天窓 lucarne *f*; fenêtre *f* (châssis *m*) à tabatière; fiatière *f*.

てんめい 天命 destinée *f*; destin *m*; sort *m*; fortune *f*; Providence *f*. 〜とあきらめる résigner (se soumettre) à *son* sort. 〜を果たして〜を待つ 》« Laisser passer de l'eau sous les ponts. »

てんめつ 点滅 clignotement *m*. ¶〜する [燈が] clignoter. 〜する光 lumière *f* clignotante. 〜器 commutateur *m*; interrupteur *m*. 〜信号 feux *mpl* clignotants. 〜方向灯 clignotant *m*.

てんめん 纏綿 ‖情緒〜たる場面に立会う〜 témoin d'une scène attendrissante.

てんもう 天網 ‖〜恢々疎にして漏らさず « La punition boite, mais elle arrive. »

てんもん 天文 ‖〜学 astronomie *f*. 〜学者 astronome. 〜学的数字 chiffres *m* (nombres *mpl*) astronomiques. 〜学者 astronome *mf*. 〜台 observatoire *m*.

てんやもの 店屋物 plat *m* livré à domicile.

てんやわんや ¶〜の騷動 remue-ménage *inv*; branle-bas *m inv*; chahut *m*. 〜の騷ぎをする faire du remue-ménage (chahut). バカンスに出かける前なので隣りの家では〜の大騷ぎだ Avant le départ en vacances, il y a chez *nos* voisins un grand remue-ménage. ⇨ てんてこまい(天手古舞).

てんゆう 天佑 secours *m* du ciel (de Dieu); d'en haut, providentiel). ¶〜によって providentiellement; Dieu merci; grâce à Dieu; heureusement. 〜によって彼は無事救われた Il a été providentiellement (heureusement) sauvé.

てんよ 天与 ⇨ てんぷ(天賦).

てんよう 転用 ¶〜する(流用). ‖副詞を形容詞に〜する employer un adverbe comme adjectif. お金を一時...に〜する affecter provisoirement une somme à *qc*. 農地を宅地に〜する utiliser une terre de labour comme terrain de construction.

てんらい 天来 ¶〜の céleste; divin; merveilleux(se). 〜の妙想 inspiration *f* [d'en haut]. 〜の妙音が聞こえていた On entendait une musique céleste.

でんらい 伝来 ¶〜する être introduit (importé). これらの技術は世紀の初めの頃に〜した Ces techniques se sont introduites au début du siècle. これらの新しい踊りはアメリカから〜したものだ Ces danses modernes sont importées des Etats-Unis. ‖先祖〜の héréditaire; traditionnel(le). 先祖〜の家 maison *f* de *ses* ancêtres.

てんらく 転落 chute *f*; culbute *f*; dégringolade *f*. それから彼女は一の途をたどった partir de ce moment-là, elle n'a cessé de déchoir. ¶〜する tomber; culbuter; [ごろごろと] dégringoler; rouler; [牛膝する] déchoir; [階段から] chuter. ...する迄に〜する s'abaisser (descendre) jusqu'à *inf*.

てんらん 天覧 ¶〜の栄を賜わる être honoré par la présence de l'Empereur. ‖〜試合 rencontre *f* disputée en présence de l'E

てんらん 展覧 ⇨ てんじ(展示). ¶～に供する présenter qc au public; exposer.

てんらんかい 展覧会 exposition *f*; [定期的に開かれる美術の] Salon *m*. ～に出品する participer à une exposition. ～に行く〈を催す〉visiter (donner) une exposition. ‖～場 salle *f* d'exposition; galerie *f*.

てんり 天理 ¶～に反する aller contre la loi du ciel (de la nature). ～に反する悪徳 vices *mpl* contre nature.

てんり 電離 dissociation *f* électrolytique. ‖～層 ionosphère *f*.

でんりゅう 電流 courant *m* [électrique]. ～を切る couper le courant (l'électricité, le circuit). ～を流す faire passer le courant. …が流れる Le courant passe. これには～が流れているからさわらないように C'est branché sur le courant, n'y touchez pas. ‖～計 ampèremètre *m*. ～力計 électrodynamomètre *m*.

でんりょく 電力 énergie *f* électrique; électricité *f*. ～を消費する consommer de l'électricité. …に～を供給する alimenter *qc* en électricité. その地方は火力発電所から～を得ている La région est alimentée en électricité par une centrale thermique. ‖～会社 compagnie *f* d'électricité. ～危機 crise *f* de l'électricité. 今年の夏は～危機に陥るかも知れない Il est possible qu'il y ait une pénurie d'électricité cet été. ～計 wattmètre *m*. 日本の7月の～消費 consommation *f* d'électricité du Japon en juillet.

てんれい 典礼 rite *m*; cérémonial *m*; 《カトリック》liturgie *f*. ‖～[定式]書 cérémonial (s); rituel *m*.

でんれい 伝令 《軍》planton *m*; agent *m* de transmission; [一般的に] porteur(se) *m*(*f*); messager(ère) *m*(*f*); 《史》estafette *f*. ～を飛ばす envoyer un messager.

でんれい 電鈴 sonnerie *f* (timbre *m*) électrique; [ブザー] trembleur *m*; vibreur *m*.

てんろうせい 天狼星 ⇨ シリウス.

でんわ 電話 téléphone *m*. ～がかかる On me téléphone./On m'appelle au téléphone. ～が鳴る Le téléphone sonne. ～で知らせる téléphoner *qc*; annoncer *qc* par téléphone. ～で話す parler avec *qn* au téléphone. ～に出る répondre au téléphone. ～に呼び出す appeler *qn* au téléphone (à l'appareil). ～を切る raccrocher [le récepteur]. ～を引く [faire] installer le téléphone. あなたに～ですよ On vous demande au téléphone. ～が通じました, お話し下さい Vous avez la communication./Vous êtes en communication. もう少し大きい声でお話し願えませんか. ～が遠いのですが Voulez-vous parler un peu plus fort, s'il vous plaît? J'entends mal ce que vous dites. ～は今お話し中です La ligne est occupée. ～をかけて, 僕が出よう Passe-moi l'appareil, je vais lui répondre. ～をお借りできますか Puis-je téléphoner? ～を切らないで下さい Ne coupez pas. ～を切らずにそのまま待って下さい Ne quittez pas. ¶～する téléphoner à *qn* (chez *qn*); donner (passer) un coup de fil à *qn*. すぐ来るように～する téléphoner à *qn* de venir tout de suite. 後でまた～します Je vous rappellerai [au téléphone] plus tard. ‖カード～ téléphone à carte. 携帯～ téphone *m* cellulaire (de poche); radio-téléphone *m*. 国際～ téléphone international. コードレス～ téléphone (poste *m*) sans fil (cordon). ～を申し込む demander une communication téléphonique locale. 自動～ téléphone automatique. 留守番～ répondeur *m*. 留守番～にセットしておく brancher le répondeur automatique. ～加入 entrée *f* de poste. ～加入者 abonné(e) *m*(*f*) de téléphone. ～加入機 appareil *m* [téléphonique]; [受話器] récepteur *m*; écouteur *m*; [送受話器] combiné *m*. ～局 bureau(x) *m* des télécommunications (de téléphone); [交換局] central(*aux*) *m* téléphonique. X嬢を～口にお願いします Voulez-vous me passer Mademoiselle X, s'il vous plaît? ～交換手 téléphoniste *mf*; [内線交換手] standardiste *mf*. ～線 fil *m* (ligne *f*) téléphonique. ～帳 annuaire *m* téléphonique (des téléphones). ～番号 numéro *m* de téléphone. ～ファックス télécopieur *m*. ～ボックス cabine *f* *m* téléphonique. ～網 réseau (x) *m* téléphonique. ～料金がまた上るそうだ Les tarifs du téléphone vont encore augmenter, paraît-il. ～料金を払わなければいけない Il faut que je règle ma note téléphonique.

と

と 戸 porte *f*; [引戸] porte coulissante (à coulisse); [窓の] volet *m*; [車の] portière *f*; [両開きの一方] battant *m*. ～が開く〈閉る〉La porte s'ouvre (se ferme). ～が開いている〈閉っている〉La porte est ouverte (fermée). ひとりでに閉る La porte se ferme toute seule. ～がよく閉まらない La porte [se] ferme mal. ～を開ける〈閉める〉ouvrir (fermer) la porte. ～をこじ開ける forcer la porte. ～をばたんと閉める claquer la porte. ～を叩く frapper à la porte. ◆[比喩的に] ¶人の口に～は立てられない On ne peut pas fermer la bouche aux gens.

と 徒 bande *f*; troupe *f*; clique *f*. 無頼の～ [bande de] voyou[s] *m*. あんな忘恩の～のことは放っておけ Ignorez cet ingrat!

と 途 ¶上京(帰省)の～につく se mettre en route pour Tokyo (vers le pays natal).

と 都 ¶東京～ ville *f* de Tokyo. ～議会議員 conseiller(*ère*) *m*(*f*) municipal(e) de Tokyo. ～知事 gouverneur *m* de Tokyo. ～庁 municipalité *f* de Tokyo; [建物] hôtel *m* de ville de Tokyo. ~バス(民税) autobus m (impôt m) municipal de Tokyo.

ト[楽]sol m inv. ◆~音記号 clef f de sol. ~長(短)調のバイオリンソナタ sonate f pour violon en sol majeur (mineur).

ど 度 [回数] fois f. 1日に3~ trois fois par jour. 何~も plusieurs fois. 何~同じことを言えば分るの Quand finiras-tu par comprendre ce qu'on te répète? ◆[音程]degré f. 3~上げる monter de trois tons. ◆[角度, 温度など] ¶30~の角 angle m de 30 degrés. 30~の傾斜 inclinaison f à 30 degrés. 10~の葡萄酒 vin m de 10 degrés. このウイスキーは43~だ C'est du whisky à 43 degrés. 温度(熱)が1~下る La température (La fièvre) baisse d'un degré. 40~の熱がある avoir 40 degrés de fièvre. 気温が35~もある Le thermomètre est monté jusqu'à 35. パリは北緯48~にある Paris est à 48° de latitude Nord. ◆[程度]degré f; [節度]mesure f; [限度]borne f; limite f. ~を越す dépasser la mesure (les bornes). 彼の冗談は~が過ぎる Il pousse la plaisanterie un peu trop loin. ~が過ぎるぞ Tu exagères. 彼の近視は~が進んだ Sa myopie a augmenté. 彼は~を失った[落着きを失った] Il a perdu la tête (la boussole). ||~の過ぎた浪費 dépense f exagérée (immodérée). ~の過ぎた冗談 plaisanterie f un peu poussée. ~の強い眼鏡 lunettes fpl aux verres forts. ~の外れた自尊心 orgueil m démesuré (effréné). ~を過ごして飲む boire immodérément.

ド[楽]ut m inv; do m inv.

ドア ⇨と(戸). ¶~の下から手紙を差し込む glisser une lettre sous la porte. ‖回転~porte f tournante; tourniquet m. マン~ chasseur m.

どあい 度合 ⇨ ていど(程度).

とあみ 投網 épervier m. ~を打つ lancer l'épervier.

とい 樋 [屋根の] gouttière f; [縦の雨樋][tuyau(x) m de] descente f; [寛] conduit m d'eau.

とい 問 ⇨ しつもん(質問).

といあわせ 問合わせ demande f de renseignements. ~の手紙を書く demander des informations par lettre. ‖「当方にお~下さい」«Adressez-vous ici.». ~中である être aux renseignements.

といあわせる 問合せる ¶...について~ demander des renseignements sur qc; s'informer de qc; s'enquérir de qn; se renseigner auprès de qn (sur qc). 人を雇う前に身元を~ prendre des renseignements avant d'engager qn. ホテルの値段を~ se renseigner sur le prix des hôtels. 受付に問合せて下さい Prière de s'informer à la réception. 係に直接問合せてみよう Je vais m'informer directement auprès du responsable.

といかえす 問返す [もう一度聞直して] répéter sa question; [反問する] répondre par une question.

といかける 問掛ける questionner (interroger) qn; poser une question à qn.

といき 吐息 soupir m. 安堵の~を洩らす pousser un soupir de soulagement. ⇨ ためいき(溜息).

といし 砥石 pierre f à aiguiser; [回転式] meule f. ~で庖丁を研ぐ aiguiser un couteau sur la pierre; affûter (affiler) un couteau sur la meule.

といた 戸板 ¶~で運ぶ transporter qn sur un volet.

といただす 問質す [尋ねてはっきりさせる] ¶それはおかしい, 彼に問質してみよう C'est bizarre; demandons-lui des explications. ◆[追及する] ¶容疑者を~ faire subir un interrogatoire à un suspect. ⇨ といつめる(問詰める).

どいつ ¶こんないたずらをする奴はどこの~だ Quel est le brigand qui m'a joué ce tour? ~もいつも全くしょうがない Les uns ne valent pas mieux que les autres. ⇨ だれ(誰), どれ(何れ).

ドイツ ¶ナチス~ Allemagne f nazie. 西~ Allemagne occidentale (de l'Ouest). 東~ Allemagne orientale (de l'Est). ~航空 Lufthansa f. ~帝国 Empire m allemand.

といつめる 問詰める presser qn de questions; traquer qn par des questions.

トイレ toilettes fpl; W.-C. mpl; cabinets mpl (lieux mpl) d'aisances. ~に行く aller aux toilettes (aux waters, aux cabinets).

トイレットペーパー papier m hygiénique; [ロール式] rouleau(x) m hygiénique.

とう 疾く ¶そんなことはもう~から知っている Je suis parfaitement au courant de cela. ~に彼は行ったII y a un bon moment qu'il est parti. ~の昔に忘れてしまった Il y a belle lurette que je l'ai oublié.

とう 党 parti m. ~に加入する entrer dans (adhérer à) un parti. ~を脱退する quitter son parti. ~をつくる former un parti (un clan). ~の決定に従う se soumettre aux décisions du parti. 我が~の士 membre m de notre parti; notre camarade mf. ‖社会(共産, 自民)~ parti socialiste (communiste, libéral démocratique). ~規約 règlement m du parti. ~務 affaires fpl du parti.

とう 塔 tour f; [教会の鐘塔の]clocher m; [尖塔]flèche f; pinacle m; [回教寺院の尖塔]minaret m. ~に昇る monter à une tour. ‖エッフェル~ La tour Eiffel. 記念~ colonne f. バスティーユの記念~ colonne de la Bastille. 鉄~ [送電用の] pylône m.

とう 当 ¶~を得た [正しい]juste; [理に適った]raisonnable; [適当な]convenable; [時宜に適った]opportun; [有効的な]efficace. ~を得た要求 juste revendication f. ~を得た行動 démarche f opportune. 物価高抑制に~を得た措置を取る prendre des mesures efficaces contre la hausse des prix. ...するのは~を得る C'est juste (injuste) de inf./ Il est raisonnable (peu raisonnable) de inf. 彼の言うことは~を得ている Ce qu'il dit est juste./Il a raison de inf. de cela. ~を得ない [不合理な]injuste, peu raisonnable (convenable); faux (sse). ◆ ¶~[当該の] ce (cet, cette, ces); [当方の] notre (nos); [前記の] ledit (ladite, lesdit(e)s). ~の人物 [問題の] personne f en question. おや、～のご本人がやって来た Voilà notre homme. ‖～劇場［映画館］ce (notre) cinéma.

とう 等［等級］classe *f*; grade *m*; rang *m*. ¶一～の切符 billet *m* de première classe. 競争で1～になる être (arriver) premier(ère) dans une course. 彼の作品は1～になった Son œuvre l'a mis au premier rang./Son ouvrage a eu le premier prix. 1等賞 premier prix *m*. 2～国 puissance *f* de second ordre. 3～星 étoile *f* de troisième grandeur. 勲3～に叙せられる être décoré du troisième ordre du mérite. 刑一～を減ず commuer la peine d'un degré. ◆[など] ⇨ など.

とう 糖 sucre *m*. 尿に～が出る Il y a du sucre dans les urines. ⇨ とうぶん(糖分).

とう 問う［尋ねる］demander. 彼に休んだ理由を～べきだ Il faut lui demander la raison de son absence. ［問題にする］mettre en question. 彼の小説では常に人間全体の価値が問われている Dans son roman, c'est toujours les valeurs de l'homme tout entier qui sont en question. ◆[責任の有無を問罰す る］罪に～ accuser (charger) *qn* d'un crime. 騒擾罪に問われる être accusé d'un crime contre la sûreté d'État. ⇨ たずねる(尋ねる). ――とわず(問わず).

とう 藤 rotin *m*; jonc *m* [d'Inde]; ［幹］canne *f*. ～のステッキ[canne de] rotin; [canne de] jonc. ‖～椅子 chaise *f* en rotin; siège *m* canné.

とう 薹 tige *f*. ～が立つ［盛りを過ぎる, 比喩的にも］monter en graine. 彼も～が立って来たね C'est se faire vieux.

-とう 頭 ¶1～の家畜 une tête de bétail.

どう ［何を］¶～しよう Comment (Que) faire? ～したんだろう Quoi faire? ～しようもない Il n'y a rien à faire. ～してよいか分らない Je ne sais que faire. ～してくれと言うのかね Que me voulez-vous? 今日は～をするの Qu'est-ce qu'on va faire aujourd'hui? 一体～すればいいのかね Mais enfin, qu'est-ce que je dois faire? ～したって Qu'est-ce que vous avez?/Qu'est-ce qu'il y a?/Qu'est-ce qui se passe? それが～した It alors? ◆[どんなふうに] ¶それを～思う Que pensez-vous de cela?/Qu'en pensez-vous? 他人が～言おうと構わないさ Je me moque de ce qu'en dira-t-on. 考えても私には分らない J'ai beau y réfléchir, je n'y comprends rien. ～見ても à tous [les] égards; sous tous les rapports. ～見ても君は間違っている À tous les points de vue, vous avez tort. この単語は～書くの Comment écrivez-vous ce mot?/Quelle est l'orthographe de ce mot? ～なるだろう Que deviendra-t-il? 試験は～だった Comment s'est passé ton examen? 君の考えは～なの Qu'en penses-tu? このネクタイは～ Comment trouvez-vous cette cravate? ［彼が満足しようとしまいと］～だってかまやしない Que m'importe [qu'il soit content ou non]! 理由は～であれ, あなたの態度は遺憾です Quelles que soient vos raisons, votre attitude me chagrine. ◆[問いかけ] ¶～, やってみるかい

Alors! Tu veux essayer un coup? ～, いいだろう C'est pas mal, non? ◆[礼に応えて] ¶有難うございます――いたしまして Merci beaucoup. ― Je vous en prie./Il n'y a pas de quoi.

どう 同［同じ］同 ⇨ おなじ(同じ).; ［上記の］ledit (ladite); ［その］ce (cette). ¶～世代 de la même générations. ～時代の contemporain(e).

どう 堂 ［神仏の］temple *m*; ［礼拝堂］chapelle *f*; église *f*; sanctuaire *m*; ［公会堂］salle *f*. ◆[比喩的に] ¶彼のごまかし振りは～に入っている Il passe pour un maître dans l'art de tromper.

どう 胴 corps *m*; taille *f*; ［衣服の］corps, corsage *m*; ［円柱の］fût *m*; ［楽器の］caisse *f*; corps. 太鼓の～ caisse de tambour. よろいの～ corps d'armure; ［胸甲］plastron *m*. ～がうたい(胴体). ～が長い(短い) avoir la taille courte (longue). ～まで水につかる avoir de l'eau à mi-corps. ⇨ どうまわり(胴回り).

どう 銅 cuivre *m*. ～を着ける cuivrer *qc*. ¶～製の de (en) cuivre. ～製の鍋 casserole *f* en cuivre. ‖～細工 travail *m* du cuivre. ～色の cuivré. ～製品 cuivres. ～線 fil *m* de cuivre. ～板 plaque *f* de cuivre. ―メッキ cuivrage *m*.

とうあ 東亜 Asie *f* orientale; ［極東］Extrême-Orient *m*.

どうあげ 胴上げ ¶～する porter *qn* sur le pavois.

とうあつせん 等圧線［気象］ligne *f* (courbe *f*) isobare; isobare *f*; ［物］courbe isobarique.

どうあっても ⇨ どうしても.

とうあん 答案 copie *f*. ～を集める ramasser les copies. ～を書く rédiger *sa* copie. ～を調べる examiner des copies. ‖白紙～を出す remettre une copie blanche.

とうい 等位. ‖～節［proposition *f*］coordonnée *f*. ～接続詞［文法］conjonction *f* de coordination.

どうい 同位. ‖～角 angles *mpl* correspondants. ～元素 isotope *m*.

どうい 同意 consentement *m*; assentiment *m*; approbation *f*; ［法］acquiescement *m*. ～を得る obtenir l'assentiment (le consentement) de *qn*. ～を示す marquer *son* assentiment. ～を求める demander le consentement de *qn*. 広く世論の～を得る recueillir une large adhésion auprès de l'opinion publique. …について～に達する arriver (aboutir) à un accord sur; tomber d'accord sur. …の～なしに sans le consentement (l'approbation) de *qn*. ¶～する consentir à *qc* (à *inf*, à ce que *sub*); donner *son* consentement (assentiment, approbation, adhésion) à *qc*; acquiescer à; approuver.

どういう ¶この単語は～意味ですか Que veut dire ce mot? ～ことなのか私にはさっぱり分らない Je ne comprends pas de quoi il s'agit. ⇨ どんな, なぜ(何故), どう.

どういけん 同意見 ¶…と～である être du même avis que *qn*; être d'accord avec *qn*.

とういじょう 糖衣錠 dragée *f*.

とういそくみょう 当意即妙 ¶〜の冗談(返答) plaisanterie *f* (réponse *f*) spirituelle. 〜の才 esprit *m* d'à-propos. 〜の返事をする répondre avec à-propos.

とういつ 統一 unité *f*; [まとめ] cohérence *f*; [統一化] unification *f*; uniformisation *f*; standardisation *f*. 人心の〜 unification des esprits. チームの〜 cohérence d'une équipe. 〜を欠く manquer d'unité (de cohérence). 意見の〜をはかる faire la synthèse des opinions diverses. ¶〜する unifier; uniformiser; [規格化] standardiser. 国を〜する unifier un pays. 色調(関税率)を〜する uniformiser une teinte (les droits de douane). 自分の考えを〜する mettre *ses* idées en ordre; mettre de l'ordre dans ses idées. 精神を〜する concentrer *son* esprit. 天下を〜する unifier tout le pays. 〜を欠いたチーム équipe *f* bien unifiée (sans cohérence, sans unité). ¶〜見解 unité d'opinions (de vues). 〜戦線 front *m* commun. 〜戦線を張る faire un front commun.

どういつ 同一 ¶〜の même; identique; [等しい] égal(aux). 〜の歩調で歩く marcher d'un pas égal. ¶...と...とを〜視する assimiler *qc* à *qc*; identifier *qc* à (avec, et) *qc*. 自由と アナーキーを〜視してはならない Il ne faut pas confondre la liberté et l'anarchie. ⇨ おなじ(同じ).

とういん 登院 ¶〜する aller à la Diète.

とういん 党員 adhérent(e) *m(f)*; membre *m*. 〜になる adhérer (s'affilier) à un parti. ¶〜名簿 liste *f* des membres d'un parti.

とういん 頭韻 allitération *f*. 〜を踏む former une allitération.

どういん 動員 mobilisation *f*. 〜を布告する[召集する] décréter la mobilisation. ¶〜する mobiliser. デモに〜される être mobilisé pour manifester. ¶〜解除 démobilisation *f*. 〜を解除する démobiliser. ¶[総]〜令 décret *m* de mobilisation [générale].

どういん 動因 cause *f* directe.

とうえい 投影 projection *f*; [影] ombre *f*; [反映] reflet *m*. ¶〜する projeter une ombre; [映る] se refléter. 壁に〜されたシルエット silhouettes *fpl* projetées sur le mur. ¶〜図 projection. 円錐形(体)の〜図を作る projeter un cône.

とうおう 東欧 Europe *f* orientale. ¶〜諸国 を歴訪する faire une visite officielle des pays de l'Europe orientale.

どうおん 同音 unisson *m*. ¶〜異義 homonymie *f*. 〜異義語 homonyme *m*.

どうおん 導音 [楽] note *f* sensible.

とうおんせん 等温線 ligne *f* isotherme.

とうか 投下 ¶〜する jeter; lâcher; [落す] faire tomber (tomber). ...のためには資本の〜が必要だ Il faut investir pour. ¶爆弾を〜する lancer des bombes sur; bombarder. 資本を〜する investir un capital dans.

とうか 灯(燈)下 ¶〜で làà la lumière (à la clarté) d'une lampe. 母は薄暗い〜で縫物をしている Ma mère est en train de coudre à la faible lueur d'une lampe.

とうか 灯(燈)火 lumière *f* [d'une lampe].

¶〜管制 black-out *m inv*. 〜管制を敷くordonner le black-out. 〜管制する faire le black-out. 町は〜管制下にある La ville est plongée dans le black-out.

とうか 等価 équivalence *f*. ¶...と〜である équivaloir (être équivalent) à *qc*. ¶〜物 équivalent *m*.

とうか 糖化 saccharification *f*. ¶〜する saccharifier.

とうか 透過 ¶X 線は人体に〜する Les rayons X traversent le corps humain. ¶〜性 perméabilité *f*. 〜性がある être perméable à.

どうか [どうぞ] je vous en prie; s'il vous plaît. 〜…して下さい Je vous prie de (Faites-moi le plaisir de) *inf*./Veuillez *inf*. 〜いらっしゃって下さい Venez chez moi, s'il vous plaît. 心ばかりのものですが〜お受け下さい Veuillez accepter ce petit cadeau. 〜健康 だけには留意して下さい Veillez avant tout à votre santé. ◆[普通でない] ¶〜しましたか Qu'est-ce que vous avez? 彼は今日は〜している Il n'est pas dans son assiette aujourd'hui. 何でもないことで腹をたてるなんて彼も〜している Cela ne lui ressemble pas de se fâcher pour un rien. それは〜と思うと Ça me paraît bizarre./Ça me laisse rêveur. 〜する と ときには(時には), とかく(兎角). 〜こうか どうにか. 〜した拍子に足をくじいた Je ne sais pas par quel hasard je me suis foulé la cheville. ◆[かどうか] ¶それが真実か〜私には分らない Je ne sais pas si c'est vrai ou non. 僕のしたことが悪いか〜今に〜分る Vous verrez bien si j'ai mal fait.

どうか 同化 assimilation *f*. ¶〜する assimiler; [自分が] s'assimiler. 移住民を〜する assimiler les immigrants. この地区では移住民は原住民と完全に〜している Dans ce quartier, les immigrants se sont parfaitement assimilés à la population autochtone. 人体は栄養物を〜する L'organisme assimile les substances nutritives. 文明社会と〜できない変り者 original(e, aux) *m(f, pl)* inassimilable par la société policée.

どうか 道家 taoïste *mf*; taoïstete *mf*. ¶〜思想 philosophie *f* taoïste; taoïsme *m*.

どうか 銅貨 pièce *f* (monnaie *f*) de cuivre. ¶10 円〜 pièce de 10 yen.

どうが 動画 dessins *mpl* animés. ¶〜映画 film *m* d'animation.

とうかい 倒壊 effondrement *m*; écroulement *m*. ¶〜する s'effondrer; s'écrouler. ¶〜家屋 maison *f* détruite.

とうかい 韜晦 dissimulation *f*; mystification *f*. ¶〜する dissimuler *ses* véritables pensées; déguiser *sa* pensée. ¶〜趣味がある avoir du goût pour la mystification; s'amuser à mystifier.

とうがい 当該 ⇨ とう(当). ¶〜教室 section *f* concernée. 〜警察署 commissariat *m* intéressé.

とうがい 等外 ¶〜になる n'être pas primé. ¶〜作品 œuvre *f* non classée.

とうかく 倒閣 reversement *m* du cabinet

とうかく (du ministère). ¶〜運動をする(始める) mener (lancer) une campagne pour renverser le cabinet.

とうかく 当確 ⇨ とうせん(当選).

とうかく 等角 ¶〜三角形 triangle *m* équiangle.

とうかく 統覚 ¶〜作用 《哲, 心》 aperception *f*.

とうかく 頭角 ¶〜を現わす se distinguer par; se signaler par. その学者はすぐれた頭脳によって〜を現わした Ce savant s'est distingué par sa vive intelligence. 入社後彼はすぐに〜を現わした Dès son entrée en service, il s'est distingué.

どうかく 同格 [同じ力量, 地位] même rang *m*; [文法] apposition *f*. ¶〜と〜である être du même rang que *qn*. 〜に置かれた語 mot *m* mis en apposition.

どうがく 同学 ¶〜の士 collègue *mf*.

どうがく 同額 ¶〜の金 même somme *f*.

どうがくしゃ 道学者 moralisat*eur(trice)* *m(f)*.

どうかせん 導火線 mèche *f*; [火薬を撒いた] traînée *f* de poudre; [きっかけ] origine *f*; cause *f* directe. ちょっとした事件が叛乱の〜となった Un petit incident a été à l'origine d'une émeute.

とうかつ 統括 ¶全員の意見を〜する résumer tous les avis exprimés.

とうかつ 統轄 gouvernement *m*. ¶〜する gouverner; diriger conduire; assumer la responsabilité de. 大企業を〜する diriger (conduire) une grande entreprise. 一国を〜する君主 monarque *m* qui gouverne un pays. ‖〜者 direct*eur(trice)* *m(f)*; gouverneur *m*; responsable *mf*; chef *m*.

どうかつ 恫喝 menace *f*. ¶〜する menacer; intimider. 〜的な口調で d'un ton menaçant (comminatoire). 〜的手段を用いる user de l'intimidation.

とうから 疾うから ⇨ と(疾う).

とうがらし 唐辛子 piment *m* rouge. ¶〜のよく効いた料理 cuisine *f* très pimentée.

とうかん 投函 ¶〜する mettre une lettre à la poste; poster une lettre; jeter une lettre à la boîte.

とうかん 等閑 ¶〜に付す négliger; faire peu de cas de. ‖そんな風に〜視していていいのか Croyez-vous qu'il soit sage de prendre cela à la légère.

とうがん 冬瓜 courge *f* à la cire.

とうがん 東岸 côte *f* est (orientale); [川, 湖の] rive *f* est (orientale).

どうかん 動感 ¶〜に溢れている絵 tableau *m* plein de vie.

どうかん 同感 ¶〜である être du même avis que *qn*; être d'accord avec *qn*; partager l'opinion de *qn*. 全く〜だねえ Je partage tout à fait votre opinion.

どうかん 導管 conduit *m*; tuyau(x) *m*; [植] vaisseau(x) *m*.

どうがん 童顔 ¶〜をしている garder un visage d'enfant. 彼は年齢に似合わない〜をしている Pour son âge, il a vraiment un visage poupin.

どうかんかく 等間隔 [幾何] équidistance *f*. ¶〜の équidistant. 〜に à intervalles égaux.

どうかんすう 導函(関)数 [fonction *f*] dérivée *f*.

とうき 登記 enregistrement *m*; inscription *f*. ¶〜する enregistrer. 家屋を〜する enregistrer un immeuble. 〜済みの土地 terrain *m* déjà enregistré. 〜所 bureau(x) *m* d'enregistrement. 〜人 enregistreu*r(se)* *m(f)*. 〜簿 registre *m* public des actes civiles. 〜料 droits *mpl* d'enregistrement.

とうき 党紀 ¶〜を乱す dévier de la discipline du parti.

とうき 党規 ¶〜に反する transgresser le règlement du parti.

とうき 冬期(季) ⇨ ふゆ(冬). ¶〜オリンピック Jeux *mpl* olympiques d'hiver. 「〜休業」《Fermé pendant l'hiver》. 〜大会 [スポーツの] fête *f* sportive d'hiver.

とうき 投棄 ¶それは〜処分にされることが決定した Il a été décidé qu'on s'en débarrasserait.

とうき 投機 spéculation *f*. ¶〜する spéculer sur; jouer sur. 〜的な spéculati*f(ve)*. 〜的に par spéculation. ‖〜家 spéculat*eur(trice)* *m(f)*. 〜熱をあおる exciter l'esprit de spéculation.

とうき 当期 ¶〜損益 bilan *m* de la période écoulée.

とうき 陶器 faïence *f*; poterie *f*; [集合的に] faïencerie *f*. ¶〜の de faïence. 〜商 faïenci*er(ère)* *m(f)*; potier *m*. 〜製造人 potier; céramiste *mf*. 〜製造[所] poterie; faïencerie.

とうき 騰貴 †hausse *f*; augmentation *f*; renchérissement *m*. 物価の〜 hausse des prix. ¶〜する hausser; augmenter; renchérir.

とうぎ 党議 ¶〜にかける soumettre *qc* au conseil du parti. それは〜によって決まったことだ Cela a été décidé par la délibération du parti.

とうぎ 討議 délibération *f*; discussion *f*; débat *m*. 〜を打ち切る clore (clôturer) le débat (la discussion). ¶〜する délibérer sur (de); discuter sur (de); débattre; mettre *qc* en délibération (en débat). 和解の条件について〜する délibérer sur (débattre) les conditions d'un accord. 慎重に〜する délibérer à fond sur *qc*. 閣議はこの件について討議した Le Conseil des ministres a discuté cette affaire. 慎重に討議いたしました結果, 〜と決定いたしました Après un débat (une délibération) approfondi(e), il a été décidé que *ind*. 討議は終って判事たちは今最終〜をしている Les débats sont terminés, maintenant, les juges délibèrent.

とうぎ 闘技 ⇨ きょうぎ(競技).

どうき 動機 motif *m*; mobile *m*; raison *f*. 犯行の〜 mobile d'un crime. 不純な〜 motif intéressé. 本当の〜 motif réel; vrai motif. …する〜は十分ある avoir un motif suffisant pour *inf*. …が〜となっている avoir pour motif (mobile) *qc*; être motivé par *qc*. 殺しの〜

どうき 恨めらしい Il paraît que c'est la haine qui a motivé le meurtre. ‖～付け [心] motivation f.

どうき 動悸 palpitation f; [脈拍] pulsation f; battements mpl du cœur. ～する [主語・人] avoir des palpitations; avoir un pouls rapide. 疲れて～がする avoir le cœur qui palpite de fatigue. 余り早く走ったので～がする J'ai couru si vite que mon cœur palpite. 私は心臓が悪いので～がする Comme je suis cardiaque, un rien me donne des palpitations.

どうき 同期 même période f. 売上げは昨年の～より伸びている Les ventes se sont améliorées sur la période analogue de l'an dernier. ‖～生 camarade m de promotion; [同窓生] camarade d'étude (d'école). 彼らは～生だ Ils font partie de la même promotion. ‖～電動機 moteur m synchrone.

どうき 銅器 ustensile m de cuivre; [総称] cuivres mpl.

どうぎ 動議 motion f. ～を可決(否決, 撤回)する adopter (rejeter, retirer) une motion. ～を起草する rédiger une motion. ～を出す présenter (faire) une motion. 緊急～を出す présenter une motion d'urgence. 非難～ motion de censure.

どうぎ 同義 synonyme m; équivalent m. ～語 synonyme m. ～語の synonymique. ～語辞典 dictionnaire m des synonymes. ～性 synonymie f.

どうぎ 胴着 gilet m; [婦人用の] corsage m; [赤ん坊の] brassière f. ‖ 救命～ gilet de sauvetage.

どうぎ 道義 morale f. ～がすたれる Les mœurs se dépravent. ～を重んじる se conformer à la morale. ～にかなっている être conforme à la morale. ～の頽廃 corruption f (dépravation f) des mœurs. ～に反する行動 action f contraire à la morale. ‖～的な moral(aux). ～的に moralement. ～的見地から au point de vue morale (éthique). 彼のやったことは～的に許せない Ses agissements sont moralement indéfendables (impardonnables). ‖～心 sens m moral; conscience f morale. ～心に欠ける manquer de sens moral.

とうきび 唐黍 ⇒ とうもろこし(玉蜀黍).

とうきゃく 等脚. ‖～台形 trapèze m isocèle.

とうきゅう 投球 ～する lancer une balle. ‖ 彼は何事にも全力で～する Il se donne à fond dans tout ce qu'il fait.

とうきゅう 等級 rang m; classe f; [軍隊] grade m; [星の] magnitude f. ～が上がる [軍隊] avancer (monter) en grade. 彼は中尉に～が上がった Il a été élevé au grade de lieutenant. 商品に～をつける classer les marchandises.

とうぎゅう 闘牛 course f de taureaux; corrida f; [牛と牛との] tauromachie f; [牛との戦い] combat m de taureaux; [牛] taureau(x) m. ‖～士 torero m; [牛に止めを刺す] matador m; [馬上で牛を突く] picador m. ～場 arènes fpl. ～場に入る Le taureau entre dans l'arène.

どうきゅう 同級 ‖ 彼とは中学で～だった Lui et moi, nous étions camarades de lycée. ～生 camarade mf de classe. 僕達は～生だ Nous sommes dans la même classe.

どうきゅう 撞球 ⇒ たまつき(玉突き).

とうぎょ 統御 ～する gouverner; régner [sur]: dominer; commander.

とうぎょ 闘魚 poisson m combattant.

どうきょ 同居 cohabitation f. ～する cohabiter; habiter avec qn; loger chez qn; vivre sous le même toit que qn. ⇒ げしゅく(下宿). 彼の家には二家族が～している Deux familles cohabitent dans sa maison. あの家に～している人は何者だい Qui est cette personne qui habite chez eux? ‖～人[下宿人] locataire mf.

どうきょう 同郷 ‖…と～である être du même village (du même pays, de la même ville) que qn. ‖～人 compatriote mf; [俗] pays(e) m(f).

どうきょう 道教 taoïsme m; taoïsme m. ‖～信者 taoïste mf; taoïste m.

どうぎょう 同業 ‖ 彼は私達と～です Il est de la même profession que nous. ‖～組合 corporation f; syndicat m professionnel. ～組合の syndiqué(e) m(f) professionnel(le). ～者 gens mpl de la même profession; [自由業の] confrère m.

とうきょく 当局 autorités fpl; autorités compétentes. ‖ 学校～はどう言っているの Quelle est la position des autorités de l'école à ce sujet? 関係～ autorités intéressées. 警察～の捜査にも拘らず en dépit des recherches de la police. 市～ autorités municipales.

とうきょり 等距離 équidistance f. ‖～の équidistant. ～にある être équidistant de.

とうぎり 当限 [商] opération f à terme livraison mois courant.

どうきん 同衾 ～する coucher avec qn; partager un lit avec qn.

どうぐ 道具 instrument m; outil m; ustensile m; [集合的] outillage m. 新式の～ outillage moderne. 使いやすい～ outil qu'on a bien en main; instrument maniable. ～を使う manier des outils. …の～に使われる [手先である] être l'instrument de qn. 大工仕事には鋸と鉋が不可欠の～である Pour un menuisier, la scie et le rabot sont deux outils indispensables. ‖～のそろった仕事場 atelier m bien outillé. 彼女は夫をまるで～みたいにこき使っている Elle a fait sa chose de son mari. ‖ 化粧～ affaires fpl de toilettes. 釣～ matériel m de pêche. 飛び～ arme f à feu. ～一式 outillage m; [俗] attirail m. 釣～一式 attirail m de pêche. ～方 [芝居の] machiniste m. ～箱 trousse f à outils; nécessaire m à ouvrage. ～屋 ⇒ ふるどうぐ(古道具).

とうぐう 東宮 ⇒ こうたいし(皇太子). ‖～御所 palais m du prince héritier impérial.

どうぐだて 道具立 ～をする [芝居の] monter un décor; [道具をそろえる] s'équiper; s'outiller; [準備する] prendre des disposi-

どうくつ 洞窟 grotte f; caverne f. ‖～壁画 peinture f rupestre (pariétale).

とうけ 当家 [この家] cette maison f (famille f); [私達の家] notre maison (famille). 私が～の主です C'est moi, le maître de céans.

とうげ 峠 [山の] col m; [病気の] phase f critique; acmé. ～を越す [山の] passer (franchir) un col. 病状(寒さ)は～を越した L'acmé (Le grand froid) est passé. 寒さは今が～だ Nous sommes maintenant dans la saison la plus froide (au cœur de l'hiver).

どうけ 道化 ‖～じみた bouffon(ne); burlesque. ‖～師(役) pitre m; clown m; bouffon m. ～芝居 farce f. clownerie f. ～服 accoutrement m burlesque. ～者 bouffon m; farceur(se) m(f); amuseur(se) m(f).

とうけい 東経 longitude f est. ‖～95度30分に à 95°30' (95 degrés 30 minutes) de longitude est.

とうけい 統計 statistique f. ...の～を取る faire les statistiques de qc. 青少年犯罪の～を公表する publier une statistique de la criminalité juvénile. ‖～的 statistique. ～的に statistiquement. ‖～から見て au point de vue statistique. ‖～学 statistique. ～学者 statisticien(ne) m(f). ～局 Bureau m de la statistique. ～表 tableau (x) m statistique. ～理論 théorie f statistique.

とうけい 闘鶏 joute f (combat m) de coqs; [鶏] coq m de combat. ～をさせて楽しむ s'amuser à faire combattre des coqs.

とうげい 陶芸 céramique f. ～家 céramiste mf.

どうけい 同形 [数] isomorphie f. ‖～の 同じ形の même forme (type); [数] isomorphe. ～である avoir la même forme.

どうけい 同慶 ‖御～の至りです Je vous en félicite cordialement.

どうけい 同系 ‖～の de même catégorie (genre). ‖～会社 sociétés fpl affiliées. ～色 couleur f de même ton. 上着と～色のズボンを穿く porter une veste et un pantalon de couleurs assorties.

どうけい 憧憬 ⇒ あこがれ(憧れ).

とうけつ 凍結 [水の] gel m; [資産などの] blocage m. 価格(資本の)～ blocage des prix (des capitaux). ‖～する geler; figer; bloquer. 預金を～する bloquer un compte en banque. 一晩のうちに湖水が～した Le lac a gelé pendant la nuit. ～した gelé (glacé). ‖～資本 capitaux mpl gelés.

どうけつ 洞穴 ⇒ どうくつ(洞窟).

どうける 道化る ⇒ おどける.

とうけん 刀剣 épée f; sabre m; arme f blanche. ‖～商 armurier m. ～不法所持 port m d'armes blanches prohibées.

とうけん 闘犬 combat m de chiens; [犬] chien m de combat.

どうけん 同権 ‖男女は～である Les deux sexes jouissent de droits égaux./Les deux sexes ont les mêmes droits.

とうげんきょう 桃源郷 paradis m terrestre.

どうご 同語 ‖～反復 tautologie f. ～反復的 tautologique.

とうこう 登校 ‖明日の～[時間] は 8 時だ Demain, l'heure de présence à l'école est à huit heures. ～する aller à l'école. ‖最近～拒否の子供がふえている Ces derniers temps, le nombre des enfants refusant d'aller à l'école augmente.

とうこう 刀工 forgeur m de sabres.

とうこう 投稿 ‖これは～原稿です C'est un manuscrit soumis (proposé) à l'éditeur. ⇒ きこう(寄稿), とうしょ(投書).

とうこう 投降 capitulation f; reddition f. ‖～する se rendre; capituler; déposer (rendre, mettre bas) les armes.

とうこう 陶工 portier m; faïencier(ère) m (f).

とうごう 投合 ‖意気～ ⇒ いき(意気).

とうごう 等号 signe m (《＝》). ⇒ イコール.

とうごう 統合 unification f. ‖～する unifier; unir; réunir. 相反するものを～する allier des éléments incompatibles. ⇒ とういつ(統一), がっぺい(合併).

とうこう ⇒ かれこれ, とやかく.

どうこう 動向 orientation f; mouvement m; tendance f. 政治の～ orientation de la politique; tendance politique. 今日の映画の～ tendances du cinéma d'aujourd'hui. 社会の～を見守る surveiller les mouvements de la société.

どうこう 同好 ‖～の士 camarades mfpl qui ont les mêmes goûts. ‖映画～会 société f d'amateurs de cinéma.

どうこう 同行 ‖～する accompagner qn; aller avec qn; [連れ立って行く] faire route avec qn; [護衛する] escorter qn. ‖～者 compagnon m (compagne f) de voyage (de route).

どうこう 瞳孔 pupille f. ～が開く(収縮する) La pupille se dilate (se rétrécit). ‖～反射 réflexe m pupillaire.

どうこう 銅鉱 minerai m de cuivre.

どうこういきょく 同工異曲 ‖彼の今度の作品は前作と～である Sa nouvelle œuvre n'est qu'un remaniement de la précédente.

とうこうき 投光器 projecteur m.

とうこうせん 等高線 courbe f de niveau./ (ligne) isohypse f. ～で表す indiquer le relief par les courbes de niveau. ‖～地図 carte f avec courbes de niveau.

とうごく 投獄 ‖～する emprisonner; mettre (fourrer) qn en prison.

どうこく 同国 ‖～人 compatriote mf; concitoyen(ne) m(f).

どうこく 慟哭 lamentation f; sanglot m. ‖～する pousser (faire entendre) des lamentations; sangloter.

とうこつ 橈骨 [解] radius m.

とうごま 唐胡麻 ricin m.

とうこん 刀痕 ⇒ かたな(刀).

とうこん 当今 ⇒ とうせつ(当節), ちかごろ(近

頃).

とうこん 等根【数】racines *fpl* égales.

とうこん 闘魂 esprit *m* combatif; combativité *f*. 不屈の～ combativité ardente.

とうさ 等差 ‖～級数【数】progression *f* arithmétique.

とうさ 踏査 exploration *f*; [鉱脈など] prospection *f*. ～する explorer; prospecter. 資源調査のためある国を～する explorer un pays pour en examiner les ressources. 油田地帯を～する prospecter une région de gisements pétrolifères. ‖実地～する faire une étude sur le terrain.

とうざ 当座 ‖～の言い逃れ faux-fuyant *m* momentané; échappatoire *f* imaginée sur place. ～の措置 mesure *f* provisoire. ～の用意 demeure *f* temporaire. ～の必要な besoins *mpl* immédiats. ～のことしか考えない ne songer qu'au présent. これは～の小遣いだ Tenez! Voilà un peu d'argent de poche. ～は pour le moment; dans l'immédiat; pendant quelque temps. ～はこれで間に合うだろう Cela devrait vous suffire pour le moment. ‖結婚～は彼女もおとなしかった Pendant les premiers jours de son mariage, elle était docile. ～しのぎにもならない Cela ne me sert pas même d'expédient. ～しのぎの暮しをする vivre d'expédients. ～帳 brouillard *m*; main *f* courante. ～預金 compte *m* courant.

どうさ 動作 mouvement *m*; geste *m*. ～が鈍い (きびきびしている) être lent (vif(*ve*)) dans *ses* mouvements.

とうさい 搭載 ‖～する charger *qc* dans. その軍艦は12インチ砲を10門～している Ce vaisseau est armé de dix canons de 75. 戦闘機を～している空母 porte-avions *m inv* chargé de chasseurs. ミサイルを～しているジェット戦闘機 chasseur *m* à réaction armé de missiles.

とうさい 当歳 ‖～駒 yearling *m*.

とうざい 東西 l'est *m* et l'ouest *m*; [東洋と西洋] Orient *m* et Occident *m*. その道は～に走っている Ce chemin court d'est en ouest. 洋の～を問わず en Orient aussi bien qu'en Occident. 古今～を通じて à travers tous les âges. ～対抗 [スポーツで] compétition *f* est-ouest. ～南北 [les quatre] points *mpl* cardinaux. ～南北から de toutes parts. ～両ům L'Est et l'Ouest.

どうざい 同罪 ‖～に問われる être condamné à une peine identique. 彼らは～だ Ils sont également coupables.

とうさく 倒錯 [性的～] perversions *fpl* sexuelles; [同性愛] homosexualité *f*; inversion *f* sexuelle. 性的～者 pervers(e) *m* (*f*) sexuel(le); homosexuel(le) *m* (*f*); inverti(e) *m* (*f*).

とうさく 盗作 [行為] plagiat *m*; pillage *m*; démarquage *m*; [作品] démarquage. この本はひどい～だ Ce n'est qu'un démarquage servile. ～する plagier; piller; démarquer. 文学作品を～する plagier (piller) une œuvre littéraire. コンクールの作品を～する plagier (piller) les Goncourt. ‖～者 plagiaire *mf*; pilleur(*se*) *m* (*f*); démarqueur(*se*) *m* (*f*).

どうさつ 洞察 pénétration *f*. ～する pénétrer. 語の意味を～する pénétrer le sens d'un mot. 人間心理を深く～する pénétrer très avant dans le cœur humain. ～力 perspicacité *f*; pénétration; clairvoyance *f*. ～力のある perspicace; pénétrant; clairvoyant. 彼は非常に～のある人だ C'est un esprit d'une grande pénétration./Il a beaucoup de clairvoyance.

とうさん 倒産 banqueroute *f*; déconfiture *f*. ～する faire banqueroute; tomber; en faillite (déconfiture). 偽装～ banqueroute frauduleuse.

どうさん 動産 biens *mpl* meubles; meubles *mpl*; propriété *f* mobilière. ～の売却 vente *f* mobilière.

どうざん 銅山 mine *f* de cuivre.

とうし 凍死 ‖～する mourir de froid.

とうし 投資 placement *m*; investissement *m*. ～のために土地を買う acheter un terrain pour placer *son* argent. ～を[る]する placer *son* (de l')argent; investir des capitaux. 有利な～をする faire un bon placement. 国債に～する place *son* argent en fonds d'Etat. 企業に～する investir des capitaux dans une entreprise. ‖長期～ investissement long terme. ～家 investisseur(*se*) *m* (*f*). ～資本 capitaux *mpl* investit. ～信託 gestion *f* de portefeuilles de valeurs mobilières.

とうし 透視 ‖～する ⇒ すかす(透かす). 【レントゲン】【医】radioscopie *f*. ～画法 perspective *f*. 通りを～画法で描く représenter une avenue en perspective. ～力 voyance *f*. ～能力 don *m* de seconde vue.

とうし 闘士 champion(ne) *m* (*f*); militant(e) *m* (*f*). 革命の～ combattant(e) *mf* de la révolution. 共産主義の～ militant communiste. 自由の～ champion de la liberté.

とうし 闘志 mordant *m*; esprit *m* combatif. ～がある avoir du mordant. ～を見せる(失う) montrer (perdre) *son* mordant. ～をむき出しにする faire preuve d'une grande combativité. 満々たる～をもって avec du mordant. ‖～のある qui a du mordant; combatif(*ve*).

とうじ 冬至 solstice *m* d'hiver.

とうじ 湯治 cure *f* thermale. ～に行く prendre les eaux; aller aux eaux. ～をする faire une cure thermale; faire une saison. ヴィシーで～をする faire une saison à Vichy. ‖～客 curiste *mf*. ～場 station *f* thermale.

とうじ 当時 alors; à cette époque; (dans) ce temps-là; à ce moment. ～フランスはイギリスと戦争していた La France était alors en guerre avec l'Angleterre. ～の彼女はまだ小さかった Elle était encore petite à ce moment-là. ～の d'alors; de cette époque; de ce temps-là. ～の人々 hommes *mpl* d'alors. ～の首相 ministre *m* de l'époque. ‖終戦～私は10歳だった J'avais dix ans à l'armistice.

とうじ 等時 ‖～性[の物] isochronisme *m*. ～性の isochrone.

とうじ 答詞 ¶~を述べる prononcer une allocution de réponse. どうぞ、~をお願い致します Veuillez dire quelques mots.

とうじ 統治 ⇨ とうち(統治).

とうじ 統辞 ¶~論(法)【語】syntaxe *f*. ~論(法)の syntaxique.

とうじ 蕩児 enfant *m* prodigue. ~の帰宅 retour *m* de l'enfant prodigue.

どうし 動詞 verbe *m*. ¶~の verbal(aux). ‖規則(不規則)~ verbe régulier (irrégulier). ⇨ じどうし(自動詞), たどうし(他動詞).

どうし 同士 ¶結婚話は親~同志の間で進められている Le mariage se négocie entre les parents des deux familles. 女~の醜い争い hideuse querelle *f* de femmes. 学生~ camarades *mfpl* d'étude. 恋人~ les amoureux *mpl*. 隣~ les voisins *mpl*. 仲間~の喧嘩 querelle *f* entre camarades. 弱い者~じゃないか Nous en sommes au même point. ~討ち lutte *f* intestine (fratricide). ~討ちをする se battre entre *eux*.

どうし 同志 camarade *mf*; compagnon *m* (compagne *f*). ~を裏切る trahir *son* compagnon. レジスタンスの~K もついに捕まった Le camarade de résistance K vient de se faire arrêter. ‖~愛 camaraderie *f*.

どうじ 同時 ¶~に en même temps; à la fois; simultanément; de front. ~にいろんな仕事をする faire (mener) de front plusieurs tâches; faire plusieurs tâches à la fois (simultanément). ...と~に出発する partir en même temps que *qn*. 床につくと~に寝てしまった Je me suis endormi sitôt couché. 彼は厳格であると~に公正でもある [一方では] Il est à la fois (en même temps) sévère et juste. 彼は非常に聡明だが~にひどく純情でもある D'un côté il est très intelligent, de l'autre très naïf. ‖~性 simultanéité *f*. ~通訳 traduction *f* simultanée. ~録音【映】synchronisation *f*; mixage *m*. ~録音する synchroniser.

どうじ 同次【数】¶~式(多項式)【数】expression *f* (polynôme *m*) homogène.

どうちうち 同士討ち ⇨ どうし(同士).

とうしき 等式【数】égalité *f*.

とうじき 陶磁器 poteries *fpl* et porcelaines *fpl*; produits *mpl* céramiques.

どうじくケーブル 同軸ケーブル câble *m* coaxial.

とうじこく 当事国 puissances *fpl* intéressées.

とうじしゃ 当事者 personne *f* intéressée; [訴訟, 契約の] partie *f*; [責任者] responsable *mf*. 私は~ではありませんのでよく分りません Comme je ne suis pas concerné, je ne suis pas au courant. ~の意見も聞かずに sans consulter les intéressés. ‖契約~ parties *fpl* contractantes. 訴訟~ partie en cause.

どうじだい 同時代 même époque *f*. ¶~の contemporain. ~の作家 auteur *m* contemporain. ...と~の人(物)である être contemporain de *qn* (*qc*). ‖~人 contemporain(e) *m* (*f*).

どうしつ 等質 ¶~の homogène. ‖~化 homogénéisation *f*. ~性 homogénéité *f*. ~体 substance *f* homogène.

とうじつ 当日 ce jour-là; le jour; [決められた日に] au jour fixé. 祭りの~ le jour de fête. ~雨天の場合は s'il pleut ce jour-là. ~来られない人 celui (celle) qui ne peut venir au jour fixé. ¶~の催し物 spectacle *m* du jour (de ce jour). ‖~限り有効 être valable seulement le jour même.

どうしつ 同室 ¶~する partager une chambre avec *qn*. ‖~者 compagnon *m* (compagne *f*) de chambre.

どうしつ 同質 ¶~の homogène; de même nature (qualité). ‖~性 homogénéité *f*.

どうじつ 同日 le même jour. ¶~の談ではない Ce n'est pas comparable. 彼と君とでは~の談じゃない Il ne vous est pas comparable.

どうして [どんな方法で] comment; de quelle manière; par quel moyen. ~ワインを作るか知っていますか Savez-vous comment on fait le vin? ~よいか分らない Je ne sais que faire. ◆ [なぜ] ⇨ なぜ(何故). ¶~あんなに片意地になるのか Pourquoi cette obstination? ~彼が休んでいるのか私は知っている Je sais pourquoi il est absent. ~彼は私に知らせなかったのだろう Pourquoi ne m'a-t-il pas averti? ~そうなんですか Comment (Pourquoi) cela? ◆ [それどころか] ¶~、~、そんなに簡単に行くものか Ah, vous croyez donc que c'est si simple que ça?

どうしても [絶対に] absolument; [何としても] à tout prix; à (de) toute force; par tous les moyens. あなたは~出発しなければならない Il faut absolument que vous partiez. ~彼と会いたい Je veux le voir à tout prix. ~彼女に会えない Pas moyen de la voir! ~彼とは会いたくない Je ne veux absolument pas le voir./Je refuse catégoriquement de le voir. ポールは~彼女にもう一度会いたいと言っている Paul insiste pour la voir. 彼は~私達と一緒に行きたいと言っている Il tient à partir avec nous. ~この仕事を今夜中に仕上げなければならない Je dois achever ce travail pendant cette nuit à n'importe quel prix. 彼を納得させなさせる Je suis décidé à le persuader par tous les moyens. 彼は~来ないって Il fait dire qu'il ne pourra absolument pas venir. ~この問題が解けない Malgré tous mes efforts je n'arrive pas à résoudre cette question. 彼は~自説をまげない Il ne veut pas sortir de là. ~嫌だ Non, je te dis que non. ¶ [好むと好まざるとも] bon gré mal gré. ~行かなければならないんど Bon gré mal gré il faut y aller. ◆ [必然的に] forcément; inévitablement; nécessairement. ~そうなるね Il n'y a pas à sortir de là.

どうじめ 胴締め ¶~をかける [柔道で] faire une prise à la taille.

とうしゃ 投射 ⇨ とうえい(投影).

とうしゃ 謄写 polycopie *f*. ¶~印刷する polycopier. ~版 appareil *m* à polycopier. ~版刷りの polycopié(e). ~版原紙 papier *m* stencil.

とうしゃ 透写 calque *m*; calquage *m*. ¶~する calquer; prendre un calque. ‖~用紙 papier(s)-calque(s) *m*.

とうしゅ 党首 chef *m* du parti.
とうしゅ 当主 ⇨ あるじ(主).
とうしゅ 同種 ¶~の du même genre;〖生〗congénère. ~の植物 plantes *fpl* congénères. この動物とその~のもの cet animal et ses congénères.
とうしゅう 踏襲 ¶師匠のやり方を~する suivre le procédé de *son* maître.
とうしゅく 投宿 ¶~する descendre à. ‖~者 client(e) *m(f)* de l'hôtel.
とうしゅく 同宿 ¶~する descendre au même hôtel; [下宿で] loger dans la même pension. ‖~人 compagnon *m* (compagne *f*) d'hôtel; [下宿] camarade *mf* de pension.
とうしょ 投書 ¶新聞に~する envoyer un article à un journal. 匿名の~を送る envoyer une lettre anonyme. ~箱 boîte *f* aux réclamations. ~欄 courrier *m* des lecteurs.
とうしょ 当初 ⇨ さいしょ(最初).
とうしょ 頭書 ¶~の susmentionné; susdit; mentionné ci-dessus. ~の通り comme mentionné ci-dessus.
どうしょ 同所 [前記の場所] endroit *m* (adresse *f*) mentionné(e) ci-dessus. ¶~に [上記引用文中に] loco citato (loc. cit.). ~に於て au lieu-dit.
どうしょ 同書 le même livre; [その本] ce livre. ¶~に引 [用] ibidem *ibid*.
どうじょ 童女 ¶彼女は~の如く無邪気だ Elle garde toute la candeur de l'enfance.
とうしょう 凍傷 engelure *f*;〖医〗froidure *f*. 手が~にかかった J'ai eu les mains gelées./J'ai des engelures aux mains. 寒さで耳が~にかかった Le froid m'a gelé les oreilles.
とうしょう 闘将 [選手] joueur *m* combatif. ⇨ とうし(闘士).
とうじょう 登場 [舞台への] entrée *f* en scène; [出現] apparition *f*. 父親~ [脚本で] Entrée du père. テレビの~以来映画はさびれる一方だ Depuis l'apparition de la télévision, le cinéma ne cesse de péricliter. ¶舞台に~する entrer en scène; faire *son* entrée en scène. 社交界に~する faire *son* entrée dans le monde. この小説は様々の人物が~する Dans ce roman, on voit apparaître beaucoup de personnages. ‖再~ rentrée *f* en scène. ~人物 personnage *m*.
とうじょう 搭乗 ¶~する [飛行機に] monter dans; [船に] monter sur. 戦闘機に~する monter dans un chasseur. ‖~員 équipage *m*.
どうじょう 同上 de même; idem *id*;〖商〗dito.
どうじょう 同乗 ¶私は彼の車に~させてもらった Il m'a pris dans sa voiture.
どうじょう 同情 compassion *f*; commisération *f*; apitoiement *m*. ~の念を抱かせる agir sur; inspirer de la compassion à *qn*. ¶~する avoir de la compassion pour *qn*; plaindre *qn*; compatir à *qc*; s'apitoyer sur *qc*; [憐れむ] avoir pitié de *qn*. ~の言葉 paroles *fpl* compatissantes. ~的な見方をする regarder *qc* avec sympathie. ‖~心から par compassion; par pitié.
どうじょう 道場 salle *f* d'exercice (d'entraînement); gymnase *m*.
とうじょうか 頭状花〖植〗capitule *m*.
どうしょく 同色 ¶~の de la même couleur.
どうしょくぶつ 動植物 animaux *mpl* et végétaux *mpl*.
とうじる 投じる ⇨ とうずる(投ずる).
どうじる 動じる ⇨ どうずる(動ずる).
とうしん 刀身 lame *f* d'épée.
とうしん 投身 ¶~自殺 ⇨ みなげ(身投げ).
とうしん 灯心 mèche *f*. ‖~草 jonc *m*.
とうしん 等身 ¶~大の絵(像) tableau(x) *m* (statue *f*) grandeur nature.
とうしん 答申 ¶~する faire (présenter) un rapport. ~書 rapport *m*.
とうじん 党人 ¶古参の~ vétéran *m* du parti.
とうじん 唐人 ¶~の寝言 [訳の分らない言葉] galimatias *m*; charabia *m*; jargon *m*. まるで~の寝言だ Qu'est-ce que c'est ce charabia?/C'est du chinois.
とうじん 蕩尽 ¶財産を~する dissiper (dilapider) *sa* fortune.
どうしん 同心 ¶~円 cercles *mpl* concentriques.
どうしん 童心 ¶~にかえる retrouver la candeur (l'innocence) de *son* enfance. ~を傷つける blesser le cœur d'un enfant. ~のままである garder intacte la candeur d'enfant.
どうしん 道心 [信仰心] piété *f*; [道徳心] sens *m* moral.
どうじん 同人 [文芸の] membres *mpl* d'un cercle littéraire (d'un cénacle). ‖~雑誌 revue *f* d'amateur de littérature.
とうすい 統帥 ¶~権 autorité *f* du commandement suprême. ⇨ とうそつ(統率).
とうすい 陶酔 enivrement *m*; ivresse *f*; griserie *f*; extase *f*. ¶~する s'enivrer de; se griser de; être (tomber) en extase. 彼は自分の言葉に~している Il se grise de ses propres paroles. ‖自己~ narcissisme *m*.
どうすい 導水 ¶~管 tuyau(x) *m* d'une canalisation; conduite *f* d'eau. ~溝 conduit *m* d'eau; [水車の] bief *m* d'un moulin.
とうすう 頭数 ¶お持ちの牛の~はどれくらいですか? Votre cheptel compte combien de têtes?
どうすう 同数 ¶賛否~でした Les pour et les contre sont égaux en nombre./Il y a autant de pour que de contre.
とうずる 投ずる [投げる] jeter; lancer. 票を~ donner *son* vote (*sa* voix); voter pour *qn*. 絶壁の上から海中を身を~ plonger (se jeter) dans la mer du haut d'un escarpement. 政界に~ se jeter dans la politique. ~ [加わる] 野盗の群れに~ se joindre à une troupe de bandits. ◆[投降する] ~ 敵陣に~ se rendre à l'ennemi. ◆[投資する] investir; placer. 資本を~ investir *ses* capitaux dans. 大金を~ dépenser une grosse somme pour. ◆[乗ずる] 機に~ profiter de l'occasion. 時流に~ suivre le courant; se mettre dans le vent.
どうずる 動ずる ¶物に~ perdre *son* sang-froid; se troubler. 物に動じない ne per-

どうせ [いずれにせよ] de toute façon; en tous cas; [結局] après tout; [疑いもなく] c'est sûr et certain; rien n'est plus sûr. ~しなければならない事じゃないか Il faut le faire de toute façon, n'est-ce pas? ~俺には関係ないよ De toute façon, je m'en fiche. [~この世は涙の種] Ce monde est une vallée de larmes, c'est bien connu. ~彼が勝つにきまっている On sait bien qu'il va gagner. ~そんなことだろうと思っていた Je savais bien qu'il en serait ainsi./Je m'en doutais bien. ~人は死ぬんだから太く短く生きようよ Puisqu'on n'a qu'une vie, profitons-en au maximum. ~やるならでかい事をやれ Tant que tu y es, fais les choses en grand. ◆[投げ遣りに] ~私は馬鹿です Je sais bien que je suis une idiote.

とうせい 当世 ⇨ とうせつ(当節). ~風のスタイル style m actuel (d'aujourd'hui).

とうせい 統制 réglementation f; direction f. 物価の~ réglementation des prix. チームの~ direction d'une équipe. チームの~が乱れる Il trouble à lui tout seul la bonne marche de l'équipe. ~する diriger; réglementer. ~のとれたチーム équipe f bien dirigée contrôlée. ‖~経済 économie f dirigée; dirigisme m.

とうせい 頭声 voix f de tête.

どうせい 動静 [動き] mouvement m; [活動状況] activité f. …の~を探る épier qn. 敵の~を探る épier les mouvements de l'ennemi. 彼の~については全く知らない J'ignore tout de ses activités.

どうせい 同姓 ~の人 homonyme m. ‖あの二人は~同名だ Ils portent le même nom et le même prénom.

どうせい 同性 ~の du même sexe. ‖~愛 homosexualité f; [男性の] sodomie f; pédérastie f; [女性の] saphisme m. ~愛の homosexuel(le). ~愛者 [男] homosexuel m; pédéraste m; [女] homosexuelle f; lesbienne f.

どうせい 同棲 [男女の] concubinage m; cohabitation f. ~する vivre (cohabiter) avec; [主語・複数] vivre en concubinage; vivre ensemble.

どうせい 同勢 ~7人である Nous sommes sept.

とうせき 党籍 ~に入れる inscrire qn à un parti. ~を剝奪する rayer qn de la liste du parti. ~を離脱する quitter *son* parti.

とうせき 投石 ~する jeter (lancer) des pierres sur.

どうせき 同席 ~する s'asseoir en compagnie de qn; prendre place avec qn; [同じ食卓に] s'asseoir à la même table que qn. ある会で彼と~した L'autre jour, j'ai participé à la même réunion que lui. 飛行機の中で偶然彼と~だった Dans cet avion, nous étions par hasard compagnons de voyage. 大臣...~で食事をした J'ai dîné en compagnie d'un ministre. ‖~者 [参会者] assistants mpl; [会食者] convives mpl.

とうせつ 当節 ‖~の若者達 jeunesse f d'aujourd'hui. ~では aujourd'hui; [近頃] ces jours-ci; au jour d'aujourd'hui. ~では誰もテレビを持っている Aujourd'hui, tout le monde a un poste de télévision. こんな本は~はやらない Ces livres ne sont plus d'actualité. ~そんなのはやらない Ça ne passe plus à l'heure actuelle./Ce n'est plus à la mode (dans le vent).

とうせん 当選 élection f. ~する être élu. 代議士に~する être élu député. ‖彼は~確実だ Son élection est certaine (assurée). ~者 élu(e) $m(f)$.

とうせん 当籤 ‖1等に~する gagner un gros lot. ‖~者 gagnant(e) $m(f)$. ~番号 numéro m gagnant.

とうぜん 当然 naturellement; justement; [当然のことながら] comme de juste; [必然的に] nécessairement; forcément; [不可避的に] inévitablement. あなたは~賠償を受けるでしょう Il est tout à fait normal que vous soyez dédommagé. 彼は~試験に受かるものと思っていた Comme de juste, il s'attendait à réussir son examen. ~な naturel(le); juste; inévitable. ~の罰 juste punition f. ~のことと思う trouver naturel que sub. ~のことを言う dire des choses justes. ~のことを言ったまでです Je n'ai dit (fait) que ce qui va de soi. それは~の成行きだ C'est dans la logique des choses. …するのが~である Il est naturel (Il va sans dire) que sub; [人・主語] avoir raison de inf. 彼が怒るのは~だ Il a raison de se mettre en colère./Il est naturel qu'il se mette en colère. 女は結婚したら仕事をやめるのが~だと思っている人がいる Certains croient qu'il est normal pour une femme de s'arrêter de travailler quand elle se marie. 彼の不謹慎は罰せられて~だ Il doit être puni de son indiscrétion. それは~さ C'est tout naturel./Cela va sans dire./[俗] C'est forcé.

どうぜん 陶然 ~とする(なる) s'enivrer de; se griser de. 感動して~となる se griser d'émotions violentes. 彼は彼女の美しさに~としていた Il se laissait aller à l'envoûtement de sa beauté. 私は彼の歌に~と聞き惚れていた J'écoutais sa chanson avec ravissement. ⇨ とうすい(陶酔).

どうせん 同船 ‖~する prendre le même bateau; voyager sur le même bateau.

どうせん 導線 fil m conducteur.

どうぜん 同前 ⇨ どうじょう(同上).

どうぜん 同然 ~は新~だ C'est comme neuf. 彼は馬鹿も~だ C'est un idiot, ou presque. 出来上った~だ C'est pour ainsi dire achevé. この問題は解けたも~だ On peut pratiquement résoudre cette question. ‖紙屑~の値段で売りとばす vendre qc au poids du papier. こんな契約書は紙屑~だ Ce contrat ne mérite pas un chiffon de papier.

どうぞ s'il vous plaît; je vous en prie. ~して下さい veuillez inf. ~おかけ下さい As-

とうそう 党葬 funérailles *fpl* du parti.

とうそう 痘瘡 ⇒ てんねんとう(天然痘).

とうそう 逃走 fuite *f*. ~する fuir; prendre la fuite. ||~中である être en fuite.

とうそう 闘争 lutte *f*; combat *m*; antagonisme *m*. 激しい~が起こった Une violente lutte s'est produite. 人生は~である La vie est un combat. ||~する lutter (combattre) contre. ||階級~ lutte des classes; antagonisme *f* de classe. 政治~ lutte politique. 賃金~ revendication *f* de salaire. ~心 agressivité *f*; combativité *f*. ~本能 instinct *m* agressif.

どうそう 同窓 \|私は彼とは~だった J'ai été dans la même école que lui. ||~会 réunion *f* des anciens élèves. ~生 camarade *mf* d'étude (d'école).

どうぞう 銅像 statue *f* de bronze. …の~を建てる dresser la statue de bronze de *qn*.

とうそく 党則 ⇒ とうき(党規).

とうそく 等速 \|~運動 [力学] mouvement *m* uniforme.

とうぞく 盗賊 bandit *m*; brigand *m*; [泥棒] voleur(se) *m(f)*; cambrioleur(se) *m(f)*.

どうぞく 同族 la même famille; [化] homologie *f*. ~の homologique; homologue. ||~会社 firme *f* familiale. ~元素 éléments *mpl* apparentés. ~体 [化] homologue *m*.

とうそくるい 頭足類 céphalopodes *mpl*.

どうそたい 同素体 allotropie *f*.

とうたい 統率 commandement *m*; direction *f*; conduite *f*. ||~する commander[à]; diriger; conduire. 連合軍を~する commander les troupes alliées. ||~下にある être sous la direction (conduite) de *qn*. ~者 dirigeant(e) *m(f)*. ~力がある savoir diriger.

とうた 淘汰 élimination *f*. ||~する éliminer. 動物界では弱いものは自然に~される Dans le règne animal, les faibles sont éliminés d'eux-mêmes. 放っておけば~されて人数が少なくなりますよ Avec le temps, le nombre des participants se réduira de lui-même. ||人工(自然)~ sélection *f* artificielle (naturelle).

とうだい 灯台 phare *m*. ~の灯 feu *m* d'un phare. 「~もと暗し」«On ne voit mal que ce qui est trop proche.» ||~守 gardien(ne) *m(f)* de phare.

とうだい 当代 ~の[現代の] d'aujourd'hui; de notre temps. ||~随一の巨匠 le plus grand maître de notre temps. ⇒ とうせい(当節), とうじ(当時).

どうたい 動態 [人口]~調査 enquête *f* sur les fluctuations de la population. ~分析 [経] analyse *f* dynamique.

どうたい \|彼等は一心に~だ Ils s'entendent à merveille.

どうたい 導体 *corps m* conducteur.

どうたい 胴体 [飛行機の] fuselage *m*. \|~着陸 atterrissage *m* sur le ventre. ⇒ どう(胴).

とうたつ 到達 \|~する parvenir à; arriver à; atteindre. 合意に~する aboutir (parvenir) à une entente. 結論に~する arriver à la conclusion. 北極点に~する atteindre le pôle Nord. 私たちは山頂に~した Nous sommes parvenus au sommet de la montagne.

とうだん 登壇 \|~する monter à la tribune; monter sur l'estrade.

どうだん 同断 ⇒ どうよう(同様).

とうち 倒置 interversion *f*; [文法] inversion *f*. ||~する inverser; intervertir. この場合主語と動詞を~させなければならない Dans ce cas, il faut faire une inversion du sujet et du verbe.

とうち 当地 cet endroit; cette région; ce pays. ~の人 gens *mpl* d'ici. ~には 3 日滞在する予定です Je reste ici pour trois jours.

とうち 統治 gouvernement *m*; [王の] règne *m*; [支配] domination *f*. ~する gouverner; régner. 一国を~する gouverner un pays; régner sur un pays. 日本は長い間進駐軍の~下にあった Le Japon a été longtemps gouverné par l'armée d'occupation. ~機関 organe *m* de gouvernement. ~権 souveraineté *f*. ~者 gouvernants *mpl*.

とうちゃく 到着 arrivée *f*. \|~する arriver; atteindre; gagner; parvenir. 日本(フランス)に~する arriver au Japon (en France). パリに~する arriver à (atteindre) Paris. 遅れて~する arriver en retard. 5 時の列車で~する arriver par le train de cinq heures. 私が駅に~すると(したとき) à mon arrivée à la gare. ~するとすぐ dès *son* arrivée. ~時間 heure *f* d'arrivée. ~順に並んでください Prenez la file dans l'ordre d'arrivée. ~ホーム quai *m* d'arrivée.

どうちゃく 同着 \|2頭は~だった [競馬で] Deux chevaux sont arrivés ex æquo.

どうちゃく 撞着 ~ じか(自家), むじゅん(矛盾).

とうちゅう 頭注 note *f* marginale. ~をつける mettre une note en haut de la page.

どうちゅう 道中 \|~で pendant le voyage; en cours de route; en chemin. ~気をつけて Bon voyage! ||~記 journal(*aux*) *m* de voyage; [案内] guide *m*.

とうちょう 登庁 \|~する se rendre au ministère.

とうちょう 登頂 \|~する atteindre le (parvenir au) sommet. \|初~に成功する réussir à conquérir le sommet. エベレストは 1953 年イギリスの登山隊によって初~された Le mont Everest a été conquis en 1953 par une expédition britannique.

とうちょう 盗聴 écoute *f* clandestine. ~する écouter clandestinement; [放送, 通信をキャッチする] capter. 電話を~する intercepter une communication téléphonique. \|~器 appareil *m* d'écoute. ~ ぬすみぎき(盗み聞き).

とうちょう 頭頂 [脳]~骨 pariétal(*aux*) *m*. ~部 crâne *m*. ~骨の pariétal.

どうちょう 同調 \|~する se mettre d'accord avec *qn*; se ranger à *qc*; se rallier à *qc*; [無

とうちょく 当直 service *m*; garde *f*; [海] quart *m*. ~である être de service. ‖~医 médecin *m* de garde. ~員 personne *f* de service; homme *m* de quart. ~士官 officier *m* de service (garde). ~日誌 journal(*aux*) *m* de bord.

とうつう 疼痛 élancement *m*. ~ひどい~を伴う病痛の発作 crise *f* de goutte qui cause de violents élancements.

とうてい 到底 [絶対に] absolument; [全く] tout à fait; [どうしても] en aucune façon. ~今日中に着きっこない C'est (Il est) absolument impossible d'y arriver aujourd'hui. ~この難問が君に解ける筈がない Tu ne pourras jamais résoudre cette question difficile. そんなことは~信じられない C'est tout à fait incroyable.

どうてい 童貞 virginité *f*; [人] [俗] puceau (*x*) *m*. ~を守る(失う) garder (perdre) *sa* virginité. 彼はまだ~だ Il est encore puceau. ~の vierge; [俗] puceau(*celle*). ~の男の子 *m* vierge (puceau); puceau.

どうてい 道程 trajet *m*; [コース] parcours *m*. ...への~ acheminement *m* à (vers). 幸福への~ route *f* qui mène au bonheur. ここにきつくまで、ずいぶん長い~だった Ça a été long pour en arriver jusque là.

とうてき 投擲 lancer *m*. 最後の~ dernier lancer. ‖~競技 lancers.

どうてき 動的 ~な dynamique.

とうてつ 透徹 ~した [洞察力のある] pénétrant; [明晰な] clair. ~した精神 esprit *m* pénétrant (clair). ~した理論 théorie *f* claire.

どうでも ~いい insignifiant; peu important; sans importance. ~いい問題 question *f* sans importance. そんなことは~いい Cela n'a pas d'importance./Cela m'importe peu./Peu importe. 私は健康のことなど~いい Je me moque de ma santé. ~いい名誉 Qu'importe la gloire. 彼が成功しようと失敗しようと~いい Qu'il réussisse ou qu'il échoue, il m'importe (peu m'importe). ~いつからこの問題を解いてごらん [どんなふうにでも] Résolvez cette question, n'importe comment. ~構わない Cela m'est égal. ~お好きなように Faites comme vous voudrez.

とうてん 当店 ~では chez nous. ~ではその品物は扱っておりません Nous n'avons pas ces articles dans le magasin. これは~特製のケーキです Ce gâteau est une spécialité de la maison.

とうでん 答電 réponse *f* télégraphique. ~を打って答える répondre par télégramme.

どうてん 動顛 bouleversement *m*; affolement *m*. ~してしまった J'ai été bouleversé. そのニュースに彼は~した La nouvelle l'a affolé (bouleversé). ~させる bouleverser; affoler.

どうてん 同点 [競技で] égalité *f* de points; même nombre *m* de points. 試合は 2 対 2 の~だ Les deux équipes (concurrents) sont à égalité avec deux partout. ‖~[成績] même note *f*. ~の生徒たち élèves *mfpl* ex æquo. 彼らは数学で~だった Ils ont eu la même note (ont été classés ex æquo) en mathématiques. ‖~決勝 partie *f* pour départager les vainqueurs.

とうど 陶土 kaolin *m*; terre *f* à poterie. ~質の(を含む) kaolinique.

とうとい 尊い [高貴な] noble; [尊敬すべき] vénérable; honorable; respectable; [貴重な] précieux(*se*); cher(*ère*); [神聖な] sacré; saint. ~お方 personne *f* vénérable. ~命を失う perdre ce don précieux qu'est la vie. 自由は命より~ものである La liberté est plus précieuse (sacrée) que la vie.

とうとう 到頭 finalement; à la fin. 彼は~先週やって来た Finalement, il est venu la semaine dernière. 彼は~自分が間違っていることを認めた Il a reconnu finalement qu'il avait tort. あの町も陥落したのか…ねえ Cette ville s'est rendue! Enfin!

とうとう 滔々 ~と喋る parler avec abondance (volubilité). ~と流れる couler impétueusement.

とうとう 同等 ~の égal(*aux*); équivalent; [同水準] de même niveau. ...と~の資格がある être l'égal de *qn*. ...と~の実力がある être de même capacité que *qn*. 彼は失ったものの~を受取った Il a reçu l'équivalent de ce qu'il a perdu. ~である être équivalent à; être égal à; être du même niveau que. 女は男と~である La femme est l'égale de l'homme./Les deux sexes sont égaux. 外国の卒業証書の中にはフランスの大学入学資格と~とみなされるものがある Certains diplômes étrangers sont équivalents au baccalauréat. ~に取扱う traiter *qn* sur un pied d'égalité. 彼は生徒をすべて~に扱う [自分と] traite tous ses élèves d'égal à égal./[ひいきせず] Il ne fait pas de différences entre ses élèves.

どうどう 同道 ~する accompagner *qn*; aller avec *qn*.

どうどう 堂々 ~たる [立派な] imposant; majestueux(*se*); magnifique; plein de dignité; [公式な] loyal(*aux*). ~たる風采 air *m* imposant. ~たる体躯の男 homme *m* d'une taille imposante. ~たる態度 avoir de la dignité. ~と majestueusement; dignement; [正々堂々と] loyalement; [公然と] publiquement; ouvertement. ~と意見を述べる déclarer *son* opinion publiquement (sans crainte). ~と戦う ⇒ せいせいどうどう (正々堂々).

どうどうめぐり 堂々めぐり [議論や話の] cercle *m* vicieux. ~する [話が] tourner dans un cercle vicieux; tourner en rond; [議会で] faire la queue pour déposer *son* vote. 議論は~して結論が出ない La discussion tourne en rond et on n'arrive à aucune conclusion.

どうとく 道徳 morale *f*; [倫理] éthique *f*;

とうとつ 752 **どうばん**

[公徳] civisme *m*. 〜を守る observer les préceptes de la morale. ¶〜的(上の) moral(aux) [倫理的な] éthique. 〜的な生活を送る mener une vie morale. ...する〜的責任がある [主語・人] être dans l'obligation morale de *inf*. 〜的でない immoral(aux); amoral(aux). 〜的に moralement; au (du) point de vue morale. 交通を守ろう Respectons les bonnes règles de la circulation. 社会〜 morale sociale. 〜家 homme *m* moral. 〜教育 éducation *f* morale. 〜心(感) sens *m* moral; moralité *f*. 〜心に欠ける manquer de sens moral. 〜哲学 philosophie *f* morale. 〜律 loi *f* morale; précepte *m* moral.

とうとつ 唐突 ¶〜な imprévu; inattendu. 〜に brusquement. ⇨ とつぜん(突然), だしぬけ(出し抜け).

とうとぶ 尊ぶ respecter; révérer; honorer. 他人の自由を〜 respecter la liberté d'autrui. ¶万人に尊ばれている名 nom *m* révéré de tous.

とうどり 頭取 directeur *m*.

とうなす 唐茄子 ⇨ かぼちゃ(南瓜).

とうなん 東南 ¶〜アジア Asie *f* du Sud-Est. 〜アジア(条約)機構 Organisation *f* du Traité de l'Asie du Sud-Est (O. T. A. S. E.). 〜の風 vent *m* de l'est-sud-est.

とうなん 盗難 vol *m*; [空巣] cambriolage *m*. 車の〜 vol de voiture. 〜に会う se faire voler; être victime d'un vol. ¶一連の〜事件 une série de vols. 警察に〜届けを出す déclarer un vol à la police. 〜保険 assurance *f* contre le vol. 〜保険をかける assurer *qc* contre le vol. 〜予防装置 dispositif *m* de sécurité anti-vol.

とうに 疾うに ⇨ とっく(疾っく).

どうにか [からうじて] à peine; [何とかして] d'une manière ou d'une autre. 〜進級できた J'ai pu à peine passer. 今日は〜間に合っています [やりくりがつく] Aujourd'hui, on pourra s'en tirer avec ce qu'on a. ¶〜見られる仕事 travail(aux) à peine passable. 彼女達は〜見られる顔をしている Elles ont des minois qui se laissent à peu près regarder. ¶〜こうにか tant bien que mal. 〜こうにかやっています aller cahin-caha. 彼は〜こうにか目的をとげた Il est parvenu à ses fins tant bien que mal. 〜こうにか人件費と家賃だけは払えそうだ C'est tout juste si je peux payer le personnel et le loyer. ¶〜なんとか.

どうにも ¶〜やりきれない Je ne peux pas le digérer. 〜困った人だ C'est une personne très embêtante. 忙しくて〜ならない Je suis tellement occupé que je ne sais plus où donner de la tête. ¶〜なんとも.

とうにゅう 投入 ¶資本を〜する investir (engager) des capitaux dans. 全兵力を〜する engager toutes les forces d'une armée.

とうにゅう 豆乳 lait *m* de soja.

どうにゅう 導入 introduction *f*. ¶外資を〜する introduire des capitaux étrangers.

とうにょうびょう 糖尿病 diabète *m*. ¶〜の diabétique. 〜患者 diabétique *mf*. 〜の人 respecter les volontés propres de *qn*. ⇨ ほんにん(本人).

どうにん 同人 [同じ人] la même personne; [前述の] ladite (cette) personne. ⇨ どうじん(同人).

とうねつ 透熱 ¶〜性【物】diathermanéité *f*. 〜性の diathermane.

とうねん 当年 ¶彼は〜とって30歳だ Il a [ses] trente ans cette année./Il est dans sa trentième année.

どうねん 同年 [同じ年] même année *f*; [前述の] ladite (cette) année; [同年齢] ⇨ おないどし(同い年).

どうねんぱい 同年輩 ¶〜の à peu près du même âge. 私と〜の男 homme *m* de mon âge. 彼らは〜だ Ils sont à peu près du même âge.

どうのこうの ¶他人のことを〜言うんじゃない Ne vous mêlez pas de ce qui ne vous regarde pas. 君のことを彼が〜言っていたよ Il m'a raconté un tas d'histoires sur toi. ⇨ とやかく.

とうは 党派 parti *m*; groupe *m*; camp *m*; [分派] secte *f*; [流派] école *f*. 政治的〜 groupe politique. 〜を組むor se grouper, former un parti. 君はどの〜かね Dans quel camp êtes-vous? ¶〜心 esprit *m* de parti. 〜心の強い人間 homme *m* de parti. 〜別に分ける classer par parti. ⇨ ちょうとうは(超党派).

とうは 踏破 ¶〜する parcourir; franchir. アルプスを〜する franchir (traverser) les Alpes. ¶〜距離 distance *f* à parcourir.

とうば 塔婆 stoûpa *m*; stûpa *m*.

どうはい 同輩 [仲間] camarade *mf*; confrère *m*; compagnon(gne) *m(f)*; [同僚] collègue *m*.

どうはい 銅牌 médaille *f* de cuivre (bronze).

とうはいごう 統廃合 réaménagement *m*. ¶省庁を〜する réorganiser les ministères.

とうはつ 頭髪 ⇨ かみ(髪).

とうばつ 盗伐 ¶〜する abattre des arbres illégalement.

とうばつ 討伐 expédition *f* punitive. ¶〜する réprimer (étouffer) *qc*. 〜隊 corps *m* expéditionnaire.

とうはん 登攀 escalade *f*; ascension *f*. ¶〜する escalader; gravir; faire l'ascension (l'escalade) de. ¶アイガー北壁の初〜 la première ascension de la face nord de l'Eiger. 〜者 grimpeur(se) *m(f)*. 〜隊 équipe *f* d'alpinistes.

とうばん 当番 service *m*. ⇨ とうちょく(当直). ¶掃除〜 service de nettoyage. 今日は私が掃除〜です Aujourd'hui, c'est mon tour de faire le nettoyage.

どうはん 同伴 ⇨ どうこう(同行). ¶「夫人の〜で»«Avec votre épouse.» 〜者 compagnon(gne) *m(f)*.

どうばん 銅版 gravure *f* en taille douce; [エッチング] gravure *f* à l'eau-forte. ¶〜印刷 impression *f* en taille-douce. 〜画 taille(s)-douce(s) *f*; eau(x)-forte(s) *f*. 〜画師 graveur *m* en taille-douce; aquafortiste

とうひ 当否 ¶その学説の〜を検討する examiner si la théorie est vraie ou non; discuter la vérité de la théorie. ⇒てきひ(適否), ぜひ(是非).

とうひ 等比 ¶〜級数 〖数〗 progression f géométrique.

とうひ 逃避 fuite f; évasion f; dérobade f. ¶〜する fuir; s'évader de. 現実から〜する fuir (s'évader) du réel. 我々は時々現実から〜したくなる Nous voulons de temps en temps nous évader de la réalité. あの人は〜的だ Il fuit toujours devant ses obligations. 恋の〜行 fuite des amoureux.

とうび 掉尾 ¶〜の勇を奮う faire d'ultimes efforts. この成功は彼の生涯の〜を飾るものだった Ce succès a été le couronnement de sa carrière.

とうひょう 投票 vote m; scrutin m; suffrage m; [票] voix f. 〜に行く aller aux urnes. 〜に移る procéder au vote. 〜に付す mettre aux voix. 〜によってきめる mettre qc aux voix. 〜によって選ぶ élire par voie de scrutin (de suffrage). 法案を〜によって可決する voter un projet de loi. 〜の過半数を得る obtenir la majorité des suffrages (des voix). 第1回の〜で au premier tour de scrutin. ¶〜する voter. 或候補者に〜する voter pour (donner sa voix à) un candidat. 〖記名(無記名)〗〜 scrutin découvert (secret). 賛成(反対)の〜をする voter pour (contre). 単記〜 scrutin uninominal. 無効(有効, 白紙)〜 bulletin m nul (valide, blanc). 〜棄権者 abstentionniste mf. 〜権 droit m de vote. 〜者 votant(e) m(f). 〜所 bureau (x) m de vote. 〜総数 total m des votes. 〜立会人 scrutateur m. 〜箱 urne f [de vote]. 〜日 jour m de vote (des élections). 〜用紙 bulletin de vote.

とうびょう 投錨 ancrage m; mouillage m. ¶〜する jeter l'ancre; mouiller [l'ancre].

とうびょう 闘病 ¶長い〜生活をする lutter longtemps contre sa maladie.

どうひょう 道標 poteau(x) m indicateur; [里程標] borne f kilométrique.

どうびょう 同病 ¶「〜相憐れむ」Ceux qui souffrent sympathisent entre eux.

とうひん 盗品 objet m volé; 〖俗〗 fauche f. 〜を売る vendre des objets volés. これは〜だ C'est un fauche.

とうふ 豆腐 tofu m; pâté f de soja. ‖〜屋 fabricant(e) (marchand(e)) m(f) de tofu.

とうぶ 東部 est m. パリ〜郊外 banlieue f Est de Paris. ストラスブールはフランスにある Strasbourg est situé à l'est de la France.

とうぶ 頭部 tête f. 〜を負傷する se blesser à la tête. 弾が彼の〜に当った La balle l'a frappé à la tête. 〖彼はころんで後ろを〗ひどく打った En tombant, il s'est violemment heurté l'occiput.

どうふう 同封 ¶〜する inclure qc dans une lettre; joindre qc à une lettre. 領収書を〜致します Vous trouverez ci-inclus la quittance. 〜の ci-joint; ci-inclus. 〜の手紙

tre f ci-jointe (ci-incluse).

どうふく 同腹 ¶〜の兄弟 frères mpl de la même mère.

どうぶつ 動物 animal(aux) m. ¶〜的な[質の] animal(aux). 〜的本能 instinct m animal. ‖微生〜 animalcule m; animal microscopique. 〜愛護協会 société f protectrice des animaux. 〜園 jardin m zoologique; zoo m. 〜界 règne m animal. 〜画家 animalier(ère) m(f). 〜学 zoologie f. 〜学の zoologique. 〜学者 zoologiste m. 〜相 faune f. 〜質 matière f animale. 〜実験する expérimenter qc sur un animal. 〜崇拝 zoolâtrie f. 〜性 animalité f. 〖獣性〗 brutalité f. 〜性蛋白質 protéine f animale.

とうぶん 当分 pendant quelque temps; d'ici longtemps. 今後は〜彼に会いますまい Je ne le verrai pas de longtemps. これでは〜雨は止まない Nous aurons de la pluie pour un bon moment.

とうぶん 等分 ¶〜する diviser (pattager) qc en parties égales. 費用を〜に分担する partager les frais par portions égales. 油と酢を〜に混ぜる mélanger de l'huile et du vinaigre en quantités égales. 〖菓子を6〜に〗 diviser un gâteau en six parts égales.

とうぶん 糖分 sucre m; 〖化〗 saccharose m; [含有量] teneur f en sucre. 果物の〜 sucre de fruits. 〜を含む contenir du sucre. あなたの尿にはかなりの〜が出ています[医者が] Votre urine contient une forte dose de sucre.

どうぶん 同文 ¶〜通牒 note f identique. 〜電報 télégramme m identique. 日本と中国は〜同種ではないか Les Japonais et les Chinois sont de la même souche.

とうへき 盗癖 kleptomanie f; cleptomanie f. あいつには〜がある Il a la manie de voler. 〜のある kleptomane; cleptomane. 〜のある人 kleptomane mf; cleptomane mf.

とうへん 等辺 ¶〜の équilatéral(aux). ‖二〜三角形 triangle m isocèle.

とうべん 答弁 réponse f; [弁明] explication f. 〜を要求する demander une réponse. あなたの質問には〜の必要を認めない Une telle question ne mérite pas qu'on y réponde. ¶〜する répondre; faire une réponse. [弁明する] s'expliquer sur.

とうへんぼく 唐変木 あいつは〜だ C'est (Il a) une tête de cochon (bois).

とうほう 東方 est m; orient m. ¶〜の oriental(aux). 〜問題 〖史〗 question f d'Orient.

とうほう 当方 ¶〜はみな至って元気です Tout le monde va très bien chez nous. 〜から伺います J'irai vous rendre visite moi-même. そんな人は〜には居りません Cette personne-là n'est pas ici. 〜に何の責任もありません Nous n'en sommes pas responsables du tout. 〜としては pour ma (notre) part; quant à moi (nous); je (nous) n'en ai (avons) pas la charge.

とうぼう 逃亡 fuite f; [牢獄などからの] évasion f; 〖軍〗 désertion f. 〜を企てる tenter une évasion. ¶〜する fuir; s'enfuir; s'évader; s'échapper; 〖軍〗 déserter. 犯人は国外へ〜した Le criminel s'est sauvé à

どうほう l'étranger. ～中である être en fuite. ‖～者 fugiti(ve) m(f). ⇨ だつごく(脱獄).

どうほう 同胞 frère m. ‖[同国人] compatriote mf. すべての人間に～であり相互に助け合わねばならぬ Tous les hommes sont frère et doivent s'entraider. ～のような fraternel (le). ‖～愛 fraternité f. ⇨ はらから(同胞).

とうほく 東北 nord-est m. ‖～東北東 est-nord-est m. ～東の風 vent m d'est-nord-est.

とうほん 謄本 [原本の写し] ampliation f; copie f conforme. ～を作る prendre une ampliation de qc. ‖戸籍～ actes mpl de l'état civil.

とうほんせいそう 東奔西走 ¶～する faire de démarches pour qn; courir partout pour inf. ⇨ ほんろう(奔走).

どうまごえ 胴間声 ¶～を張り上げる crier d'une grosse voix discordante.

どうまわり 胴回り ¶～が80センチある avoir 80 centimètres de tour de taille. …の～を測る mesurer le tour de taille de qn.

とうみ 唐箕 tarare m.

とうみつ 糖蜜 mélasse f.

どうみゃく 動脈 artère f. ‖～の artériel(le). ‖～硬化[医] artériosclérose f; sclérose f artérielle. ～切開 artériotomie f. ～瘤 anévrisme m. ⇨ だいどうみゃく(大動脈).

とうみょう 灯明 cierge m; luminaire m. ～を上げる(灯す) offrir (brûler) un cierge.

とうみん 冬眠 hibernation f. ¶～する hiberner. ‖～動物 animal(aux) m hibernant.

とうみん 島民 habitant(e) m(f) d'une île; insulaire m.

とうめい 透明 ¶～な transparent; limpide; [澄んだ] cristallin. ～な水 eau(x) f limpide. ガラスは～である Le verre est transparent. ～さ transparence f; limpidité f.

どうめい 同名 ¶～である porter le même nom. ‖～異人 間違える confondre qn avec un de ses homonymes.

どうめい 同盟 alliance f; coalition f; ligue f. ¶～する s'allier; se coaliser; se liguer. ‖関税～ union f douanière. 禁酒～ ligue contre l'alcoolisme. 全日本労働総～ Confédération f japonaise du Travail. ～軍 alliés mpl. ～国 allié(e) m(f); puissances fpl alliées. ある国と～条約を結ぶ conclure un traité d'alliance avec un pays. ～罷業 ⇨ ストライキ.

とうめん 当面 ¶～する ちょくめん(直面). ～の [今の] actuel(le); de l'heure; [焦眉の] urgent; pressant. ～の問題 problème m de l'heure. ～の急務 nécessité f urgente. ～の目的は達成された Nous avons atteint notre premier objectif. ～は dans l'immédiat; pour le moment.

どうも [誠に] ¶～ありがとう Merci beaucoup. ～すみません Excusez-moi, s'il vous plaît. ～どうしてよいか分らない Je ne sais comment vous demander pardon. ～困ったことになった Me voilà dans de beaux draps (une position très gênante). ～困った話だ C'est une affaire vraiment ennuyeuse. ◆ [何とも] ¶ 私しにはその話は～分らない Je n'arrive pas à comprendre cette histoire. ◆ [何となく] ¶～気分がすぐれない J'éprouve un vague malaise. ～寒気がする J'ai un peu froid. 彼は～様子がおかしい Je le trouve un peu bizarre. ～気にかかる Je m'en inquiète sans savoir pourquoi. あの男は～虫が好かない Je ne sais pourquoi, mais je ne le trouve pas sympathique. ～ 気に入らない Je ne sais pourquoi, mais il m'inspire du dégoût. ◆ [どうやら] ¶～…らしい Il me semble que ind./Il paraît que ind./J'ai l'impression que ind./Je crois que ind./On dirait que ind. みんな～僕を馬鹿にしているようだ J'ai l'impression que l'on se moque de moi. ～そうらしいですよ Il semble bien qu'il en soit ainsi.

どうもう 獰猛 ¶～な féroce; farouche. ～さ férocité f.

とうもく 頭目 chef m.

どうもく 瞠目 彼の研究論文には～すべきところが多々ある Dans son mémoire de recherches, il y a bien des points qui attirent l'attention.

どうもと 胴元 banquier m. ～を張り方 le banquier et les pontes mpl.

どうもり 堂守 gardien m d'un temple.

とうもろこし 玉蜀黍 maïs m.

どうもん 同門 ～の士 (弟子) condisciple m. 私達は加藤先生の～の弟子です Nous sommes condisciples de M. Kato.

とうや 陶冶 formation f. ¶～する former; façonner; cultiver. 人格を～する former (façonner) le caractère. 精神を～する cultiver l'esprit.

とうやく 投薬 médication f. ¶～する donner (prescrire) des médicaments.

どうやく 同役 ⇨ どうりょう(同僚).

どうやら ¶～どうにか、やっと、どうも.

とうゆ 桐油 huile f d'aleurite. ‖～紙 ～あぶらがみ(油紙).

とうゆ 灯(燈)油 huile f de lampe; huile d'éclairage; pétrole m lampant; kérosène m.

とうよ 投与 don m; prescription f. 抗生物質を～する donner (prescrire) des antibiotiques à qu.

とうよう 登用 ¶当社では、能力のある者には学歴を問わず～の道が開かれている Dans notre entreprise, on donne de l'avancement au personnel capable sans tenir compte des antécédents scolaires. ～する élever qn à; promouvoir qn à. 人材を～する promouvoir le personnel capable à des postes importants. 大臣は彼を省内の重要な地位に～した Le ministre l'a promu à un poste élevé dans son ministère. 彼は重要なポストに～された On l'a nommé à un poste important.

とうよう 東洋 Orient m. ～の oriental (aux). ‖～学 orientalisme m. ～語 orientaliste mf. ～語 langues fpl orientales. ～語学校 [パリの] Ecole f des langues orientales. ～史 histoire f orientale. ～趣味 orientalisme m. ～人 Oriental(ale, aux) m (f, pl). ～人と西洋人 les Orientaux et les Occidentaux mpl. ～風 style m oriental. ～民族 peuples mpl orientaux.

とうよう 盗用 ¶～する user de qc en fraude. 他人のデザインを～する s'approprier un modèle d'autrui.

とうよう 当用 ¶~日記 journal(aux) *m*; agenda *m*.

どうよう 動揺 ébranlement *m*; [船などの] balancement *m*; oscillation *f*; [振動] vibration *f*; [急激な] secousse *f*; choc *m*; [車の] cahot *m*; [船の縦揺れ] tangage *m*; [船の横揺れ] roulis *m*; [乗物の激しい動揺] soubresaut *m*; [心理的] trouble *m*; agitation *f*; émoi *m*; fermentation *f*; 民衆の~ effervescence *f* populaire. 彼は~の色を隠せなかった Il ne put trahir son trouble. ¶~する ゆれる(揺れる). [心理的に] se perdre; s'agiter; s'émouvoir; fermenter. この議論でついに彼の確信は~するに到った Cet argument a fini par ébranler (saper) sa conviction. 人心が~している Les esprits fermentent. この知らせにみんな~した Cette nouvelle a mis tout le monde en émoi. この破談はきっと彼女の心を~させるだろう Cette rupture va l'affecter certainement.

どうよう 同様 ¶~の(な)[同じ]même; [同じような]pareil(le); semblable; analogue. ~の立場 même position *f*. ~な環境 circonstances *fpl* semblables. 彼の意見は私と~だ Il est du même avis que moi. …の場合も~である Il en est (va) de même de (pour). 彼は悲劇の場合も~である Il en est de même de la tragédie. A の場合も B の場合も~である Il en va de A comme de B. ~に également; pareillement; de la même façon. 私も~にそう願っている Je le souhaite également. …と~に aussi bien que; comme; de même que. 彼も奥さんに~に欲張りだ Il est aussi avare que sa femme./Il est aussi avare, tout comme sa femme. 水先案内が船を導くのと~に国の元首は国民を導く Comme (De même que) le pilote conduit le navire, ainsi le chef de l'Etat mène le pays. ¶兄弟の~に扱い合う traiter *qn* en frère. ⇒ どうぜん(同然).

どうよう 童謡 chanson *f* d'enfants. ¶[子供の]~歌手 [petit(e)] chanteur(se) *m*(*f*) de chansons pour les enfants.

どうよく 胴欲 ⇒ どんよく(貪欲). ¶あの~親父め! Ce vieux grippe-sou!

とうらい 到来 venue *f*; arrivée *f*; [出現] avènement *m*. 自由の~を願う espérer en l'avènement de la liberté. ¶~する venir; arriver. 思いがけない好機が~した C'est une occasion (une chance) inespérée. ¶~物 cadeau(x) *m*; présent *m*.

とうらく 当落 ¶東京では今日の午後選挙の~が判明する A Tokyo les résultats des élections vont être connus cet après-midi. 彼が選ばれるとしても~すれすれだろう S'il est élu, ce sera tangent.

とうらく 騰落 fluctuation *f*. 株式市場の~を見守る suivre les fluctuations de la Bourse.

どうらく 道楽 [遊蕩] débauche *f*; libertinage *m*; dévergondage *m*; [不身持] inconduite *f*; [気晴し] distraction *f*; amusement *m*; passe-temps *m inv*; [嗜好] goût *m*. ~をする se livrer à la débauche (au libertinage); mener une vie de débauche; se livrer à un passe-temps. 彼の~は釣だ Son passe-temps est la pêche à la ligne. 彼は~の多い男だ Il a des loisirs très variés. ~に [気晴しに] pour *son* divertissement; pour se divertir; en guise de passe-temps; [素人として] en amateur. ~に…する faire *qc* en guise de passe-temps. 俺だって~でこんなもの書いているわけではない Moi non plus, ce n'est pas pour m'amuser que j'écris ça. ~以外に辞書を作ろうなどとは決して思わぬことだ Confectionner un dictionnaire ne peut être considéré que comme une activité de dilettante. ¶~者 débauché(e) *m*(*f*); libertin(e) *m*(*f*); [趣味人] dilettante *mf*. ~息子 fils *m* prodigue (débauché).

どうらん 動乱 troubles *mpl*; agitation *f*; [反乱] soulèvement *m*; [暴動] révolte *f*; insurrection *f*; [戦争] guerre *f*. 流血の~ troubles sanglants. ~を鎮める réprimer les troubles; apaiser (calmer, étouffer) une révolte.

どうらん 胴乱 boite *f* d'herborisateur.

とうり 党利 ¶今の政治家は~党略に走る者ばかりだ Nos politiciens sont de vrais partisans.

どうり 道理 raison *f*; [良識] bon sens *m*. ~に服する se rendre à la raison. …に~に服させる mettre *qn* à la raison. ~をわきまえる entendre raison. …に~があるとする donner raison à *qn*. 彼の言うことにも~がある Il y a aussi du vrai dans ce qu'il dit. ¶~に適った raisonnable; sensé; judicieux(se); rationnel (le). ~に適ったことを話す parler raison. ~に反した déraisonnable; insensé; irrationnel (le); absurde. ~をわきまえた人 personne *f* raisonnable (sensée); personne de bon sens. あなたが怒るのも~だ Vous avez bien raison de vous indigner. ~で! Ah! je vois. 彼は病気なのか…で来ないのだね Il est malade? Ah, c'est ça qu'il ne vient pas.

とうりつ 倒立 ¶~する さかだち(逆立ち).

とうりゃく 党略 ⇒ とうり(党利).

とうりゅう 逗留 séjour *m*. ¶~する séjourner; faire un séjour. ホテルに~する séjourner (descendre) à l'hôtel. 一週間…の家に~する séjourner une semaine chez *qn*. ¶長く~する séjourner (s'arrêter) longtemps; faire un long séjour. ~客 client(e) *m*(*f*) de l'hôtel. ~地 lieu(x) *m* de séjour.

とうりゅうもん 登竜門 porte *f* du succès. 芥川賞と直木賞は文壇への~である Le prix Akutagawa et le prix Naoki sont les portes du Parnasse littéraire.

とうりょう 投了 ¶~する abandonner la partie.

とうりょう 棟梁 maître *m* charpentier.

とうりょう 当量 [物・化]équivalent *m*. ¶熱の仕事~ 《物》équivalent mécanique de la chaleur.

とうりょう 等量 ¶そこに~の水を加えなさい Ajoutez-y la même quantité d'eau.

どうりょう 同僚 [職場などの] collègue *mf*; [自由業やある種の団体の] confrère *m*; [女性の同僚を皮肉に] consœur *f*. ¶~のよしみで par camaraderie (confraternité).

どうりょく 動力 force f motrice. エンジンの~ puissance f d'une machine. ‖~学 dynamique f. ~計 dynamomètre m.

どうりん 動輪 roue f motrice.

とうるい 糖類 [化] saccharides mpl.

どうるい 同類 [似たもの] semblable m. ⇒ なかま(仲間). 「~と相助く」《Une main lave l'autre.》 小麦粉とその~の物 farines fpl et produits mpl assimilés. ~項 [《数》類 terms mpl semblables. 奴らはいずれも一項上下 Ils sont tous de la même farine (du même acabit).

とうれい 答礼 ‖~する répondre au salut de qn; rendre son salut à qn. ‖政府は~使節団を送ることを決定した La gouvernement a décidé l'envoi d'une mission diplomatique en signe de reconnaissance. ~砲を打って rendre un salut par une salve. ~訪問をする rendre sa visite à qn.

どうれつ 同列 ‖A と B を~に論ずることは出来ない On ne peut traiter de A dans les mêmes termes que de B. あんな奴と~にされてははなはだ迷惑だ Il est tout à fait inadmissible qu'on discute du cas de ce type dans ces termes identiques.

どうろ 道路 route f; [往来] rue f; [公式に] voie f; [車道] chaussée f; [歩道] trottoir m. 一方(両面)交通の~ rue à sens unique (à deux sens). ~を整備する améliorer une route. ~日本~公団 Régie f japonaise du Réseau routier. ~課 service m de voirie. ~工事 travaux mpl de voirie. ~工事をする faire des travaux de voirie. ~交通法 code m de la route. ~工夫 cantonnier m. ~地図 carte f routière. ~標識 poteau(x) m indicateur; panneau(x) m de signalisation. ~標識(x) m routier.

とうろう 灯籠 lanterne f. ~に火を入れる allumer une lanterne. ~石~ lanterne de pierre.

とうろう 蟷螂 ‖「~の斧」《C'est le pot de terre contre le pot de fer.》

とうろく 登録 enregistrement m; inscription f; immatriculation f. ‖~する enregistrer qc; inscrire qn sur; porter qc sur; [兵員など] enrôler; porter qn sur les rôles. 自分名を~する s'inscrire; inscrire son nom, se faire inscrire (immatriculer). 商標を~する déposer une marque [de fabrique]. 役所に出産を~しに行く aller faire inscrire un enfant à la mairie. ~商標 marque f déposée. ~番号 [人の] numéro m matricule; [車の] numéro d'immatriculation (de police) d'une voiture. ~簿 registre m; [人名の] [registre] matricule m; [兵員名簿] contrôle m. ~料 droits mpl d'inscription (d'enregistrement).

とうろん 討論 discussion f; débat m; délibération f; [検討] examen m. ~に加わる prendre part à la discussion. 問題を~にかけるmettre une affaire en discussion (délibération). ‖~する discuter sur (à propos de) qc, débattre qc; délibérer sur (de) qc; examiner qc. ‖~会 conférence f (débat, réunion f) contradictoire. これから(これで)~

会を始めます(終ります) Je déclare ouverts (clos) les débats. 公開~会 débat public. テレビ~会 télé-débat m.

どうわ 童話 conte m pour enfants; [お伽話] conte de fées. ‖~作家 auteur m de contes pour enfants.

とうわく 当惑 embarras m; perplexité f. ~の色が彼の顔に出ている Son embarras (Sa perplexité, Sa gêne) se lit sur son visage./ Son visage trahit son embarras. ‖~する être embarrassé (perplexe); éprouver de la gêne; se sentir gêné; [俗] nager. ほとほと~する être dans le (la) plus terrible embarras (perplexité). ~して顔が赤くなる rougir de confusion. ~したように d'un air embarrassé (gêné).

とえい 渡英 ‖~する aller en Angleterre.

とえい 都営 ‖~の administré par la ville capitale.

とえはたえ 十重二十重 ‖物見高い見物人たちが~に香具師を取囲んでいる Une foule compacte de badauds assiège un camelot.

どえらい extraordinaire; sans comparaison; [常規を逸した] extravagant; [素晴らしい] fantastique; [限度を越えた] exagéré; [大きな] énorme. ~奴だ C'est un type énorme. 彼は~事をやった Il a accompli un exploit. それはこの地方にあっては~事だ C'est un événement tout à fait extraordinaire dans cette région. ~の会にやって来た Il y avait un monde fou à cette réunion. ⇒ とほう(途方).

とお 十 ‖~ずつ数える compter par dizaines. 卵を~ほどもらいます Je prendrai une dizaine d'œufs. あの子は~くらいだ Il a dans les dix ans.

とおあさ 遠浅 ‖~の海岸 côte f de hauts fonds. この海は~になっている Ici, la mer est peu profonde jusqu'au large.

とおい 遠い lointain; éloigné; [時間的に] reculé. ~所から来る venir (arriver) de loin. 火事は~ L'incendie est loin d'ici. そこから~(遠からぬ)所に (non) loin de là. 家から川までは~ Il y a loin de la maison à la rivière. まだ町までは~ぞ Il y a encore un bon bout de chemin jusqu'à la ville. こう遠くては細かいことが見分けられない A cette distance, on ne distingue pas les détails. 遠すぎるから近寄りなさい Vous êtes trop loin, rapprochez-vous. これから学校が遠くなる A partir de maintenant, le chemin de l'école sera plus long. ~遠くなっていく思い出 souvenirs mpl qui s'éloignent. ◆[時間的に] ‖~将来 avenir m lointain. ~祖先 ancêtres mpl éloignés. ~昔 passé m lointain; les temps mpl les plus reculés. ~昔にさかのぼる remonter bien loin. 全て~昔のことだ Tout cela est bien loin. ...するのもそう~ことではない Le temps n'est pas si loin où *ind.* 自由の日が来るのは~ことではない L'avènement de la liberté est proche. その計画の実現するのも~ことではない Le temps n'est pas si loin où ce projet va se réaliser./Ce projet se réalisera bientôt. ◆[程遠い] ‖彼は秀才というには程~ Il s'en faut de beaucoup qu'il soit un

とおう 遠く及ばない Il ne vous va (vient, arrive) pas à la cheville. 当らずとも遠からず C'est ça en gros./Approximativement, c'est ça./Vous y êtes presque. 真実から遠く離れた話 récit *m* éloigné de la vérité. ◆[鈍い] 耳が… ⇒ みみ(耳). 電話が～なあ J'entends mal ce que vous dites. 気が遠くなる(気). ◆[血縁が薄い] ¶「～親より近くの他人」«Mieux vaut bon voisin que longue parenté.»

とおう 渡欧 ¶来月～する予定だ J'ai l'intention de me rendre en Europe le mois prochain.

とおえん 遠縁 ¶～の者 parent(e) *m(f)* éloigné(e). 彼は私の～の者です C'est un parent éloigné (une de mes parents éloignés). 二人は～に当たる Ils sont parents éloignés.

とおか 十日 ¶「～の菊」«C'est de la moutarde après dîner.» ¶～間 pendant dix jours.

とおからず 遠からず bientôt; prochainement; dans un peu de temps; dans quelque temps. ～私はパリへ行って暮らします J'irai bientôt habiter à Paris.

トーキー cinéma *m* parlant (sonore); [個別的に] film *m* parlant (sonore).

とおく 遠く ～する regarder au loin. ～に(で) au loin (lointain); dans le lointain. …に…を見る voir au loin (dans le lointain). ～へ loin; au loin. ～へ旅行する voyager au loin. ここから～へ行っちゃ駄目だよ Ne t'éloigne pas d'ici. 肉眼では～まで見えない A l'œil nu, on ne voit pas loin. ～から見ると何でもずっと簡単に見える A distance, tout paraît plus facile.

トークショー talk-show *m*; causerie *f*.

とおざかる 遠ざかる s'éloigner; [脇へそれる] s'écarter; [疎遠になる] se détacher de. …から～ se tenir à l'écart de. 岸が遠ざかって行く La côte s'enfuit. 彼から友人たちがみな遠ざかって行った Tous ses amis l'ont quitté.

とおざける 遠ざける éloigner; écarter; mettre *qn* à l'écart. 女を～ éviter les femmes. …を世間から～ tenir *qn* à l'écart. 酒を～ s'abstenir (se priver) d'alcool. 彼と話をする間なるべく人を～ようにして下さい Essayez d'écarter les gens pendant que je lui parlerai.

とおし 通し ¶広島行きの～の切符 billet *m* direct pour Hiroshima. 三日間～のコンサートの切符 billet ouvert pour les concerts de trois jours. ¶～番号 numéros *mpl* de série.

どおし 通し 一夜～ toute la nuit. 夜～起きている ne pas dormir de la nuit. 泣き(喋り)～である ne pas cesser de pleurer (bavarder). …まで立ち～である rester debout jusque. 旅の初めから終りまで彼はふざけ通しであった D'un bout à l'autre du voyage, il n'a cessé de plaisanter.

とおしばんごう 通し番号 numéro *m* d'ordre.

～シューズ chaussons *mpl* de danse.

とおす 通す [通過, 貫通させる] faire (laisser) passer. 針の穴に糸を～ passer le fil dans le chas de l'aiguille; enfiler une aiguille. 道(路)を～ construire un chemin; aménager une route. …の体に剣を突き～ passer *son* épée à travers le corps à *qn*. 法案を～[議会が]accepter (adopter) un projet de loi. 筋を～ rester dans la ligne. ガラスは光を～ Le verre laisse passer la lumière. 一寸～して下さい Laissez-moi passer. ¶水を(通さない) perméable (imperméable). 光を～物体 corps *m* perméable à la lumière. 衣服を～ほどのひどいにわか雨 violente averse *f* qui traverse les vêtements. 窓ガラスを通して見る voir à travers les carreaux de la fenêtre. 厚い外套を通して寒さを感じる sentir le froid à travers un manteau épais. ◆[押し通す] 自分の意見を～[承諾させる] faire prévaloir *son* opinion. 我を～ s'obstiner (persister) dans *son* opinion. 言い分を通そうとする chercher à imposer *son* opinion. ◆[最後まで続ける] ¶後家(独身)を～ rester veuve (célibataire). …で～ [いつもは] se faire passer pour. 一年を一着の背広で～ faire durer un complet pendant une année. ラシーヌの全作品を読み～ lire tout Racine. 一晩中泣き～ passer la nuit à pleurer. どんなに難しくても, やり通しなさい Allez jusqu'au bout, quelles que soient les difficultés. 彼のコンサートには3日間通しで行った J'ai assisté à son concert trois jours de suite. ◆[目を] ¶書類にざっと目を～ parcourir les papiers. 身上書に目を～ voir un dossier. ◆[入れる] faire (laisser) entrer. 部屋に風を～ ventiler (aérer) une pièce (chambre). …を客間に～ introduire (faire entrer) *qn* dans le salon. お通しなさい Faites-le (Laissez-le) entrer. 彼を通しては いけない Ne le faites pas entrer. ◆¶…を通して [媒体として] par l'intermédiaire de *qn*; grâce à l'entremise de *qn*. 授業を通して見た学生気質 valeur *f* des étudiants jugée sur une année de cours.

トースター grille-pain *m inv*; toasteur *m*.

トースト pain *m* grillé; toast *m*; rôtie *f*. ¶～にする griller du pain.

とおせんぼう 通せん坊 ¶～をする barrer le passage (la route) à *qn*.

トータル total(aux) *m*. ¶～で au total. ⇒ ごうけい(合計).

トーダンス ¶～をする faire des pointes.

トーチカ blockhaus *m*.

トーチランプ chalumeau(x) *m*.

とおで 遠出 ¶～する aller [au] loin; [散歩する] faire une longue promenade; [遠足的に行く] faire une excursion; excursionner.

トーテム totem *m*. ¶～信仰(崇拝) totémisme *m*. ～ポール mât *m* totémique.

トートバッグ sac *m* fourre-tout.

ドーナツ pet(s)-de-nonne *m*. ¶～盤 disque *m* [de] 45 tours; 45 tours *m*.

トーナメント tournoi *m*. ¶～に優勝する remporter (gagner) un tournoi. ¶テニス～ tournoi de tennis.

とおなり 遠鳴り lointain *m* de *qc*. 雷の～がしている On entend au loin le grondement du tonnerre.

とおのく 遠のく ⇒ とおざかる(遠ざかる). 足が～[人の家から] aller (venir) chez *qn* de moins

とおのける 遠のける ⇨ とおざける(遠ざける).

とおのり 遠乗り ¶~する[自転車で] faire une randonnée (une longue promenade) à bicyclette; [馬で] faire une longue course à cheval.

ドーバー ‖~海峡 le Pas de Calais.

とおび 遠火 ¶~であぶる griller (rôtir) qc à petit feu.

ドーピング dopage m; doping [dopiŋ] m. ‖~検査(チェック) contrôle m antidopage.

ドーベルマン doberman m.

とおぼえ 遠吠え ¶hurlement m. 犬が聞える On entend au loin des hurlements d'un chien. 我は負け犬の~に過ぎない C'est de la rodomontades! ¶~する hurler. 月に向って~する犬 chien(ne) m(f) qui hurle à la lune.

とおまき 遠巻き ¶~に entourer (encercler, cerner) à distance. 狐は~にされ徐々に追い詰められた Le renard a été pris au piège d'un lent encerclement.

とおまわし 遠回し ¶~の indirect; détourné; euphémique. ~な言い方 circonlocution f; détours mpl. ~に indirectement; d'une manière indirecte (allusive). ~に話す parler par circonlocutions (périphrases); [迂言法] parler par périphrases (euphémismes). ~に人の意中を探る sonder qn de biais. ~に何を言ってるんだい Qu'insinuez-vous par là? ~にでなくはっきり言えよ Assez de détours, au fait!

とおまわり 遠回り détour m. ¶~する faire un détour. 散々~した後でやっと私達は目的地に着いた Après bien des détours, nous sommes enfin arrivés à destination. 全くの~をしてしまった J'ai pris le chemin le plus long.

とおみ 遠見 ⇨ とおめ(遠目), えんぼう(遠望), ちょうぼう(眺望). ¶~がきく場所 lieu(x) m d'où la vue s'étend au loin.

とおみち 遠道 ¶~する [遠路] faire (parcourir) un long trajet; effectuer un long parcours; [回り道] ⇨ とおまわり(遠回り).

ドーム dôme m; coupole f.

とおめ 遠目 ¶~がきく Il a de bons yeux. ~である [遠視] avoir la vue longue. ¶[夜目・笠の中] «La nuit, tous les chats sont gris.»

とおり 通り [街道] route f; [往来] rue f; [大通り] boulevard m; [並木のある大通り] avenue f; [車道] chaussée f; [小路] ruelle f. ~に飛び出す[家から] se précipiter dans la rue; [道路を横切る] s'élancer pour traverser la rue. 彼は~で友人の一人にばったり会った Dans la rue, il a rencontré un de ses amis. ‖本~ grand(s)-rue(s) f(pl). 山手~ le Boulevard Yamaté. ◆[車(人)の] ¶こうつう(交通), ひとどおり(人通り). ◆[疎通・通用] ¶管の~をよくする déboucher un tuyau. この部屋は風の~が悪い Cette chambre est mal aérée. 煙突の~がよい La cheminée tire bien. 彼は渾名の方が~がよい Il est plus connu sous son surnom. ~のよい声 voix f sonore (retentis-sante).

とおり 通り [...のように・そのままに] ¶いつもの~ comme d'habitude. 御承知(御覧)の~ comme vous le savez (vous voyez) bien. あなたの言う~ comme vous le dites. その~です C'est ça./En effet./Vous l'avez dit. ~です C'est juste. 思った~だ Je m'y attendais. あなたの言う~だ Vous avez raison. 事実があなたの言う~であれば... Si les faits sont tels que vous dites, ... 言われた~にしなさい Faites ce qu'on vous dit. 手本の~に似せて書く écrire d'après le modèle. どうお思った~に Comme il vous plaira. ¶約束~ comme promis. 時間~に~に l'heure. 予定~ comme prévu; ~通り; [思った通り] comme on s'y attendait. 万事予定~通り Tout s'est passé comme prévu. ‖~[種類] 幾~もの différentes sortes de; plusieurs manières de. この文章は二~に解釈できる Cette phrase est susceptible d'une double interprétation ‖~[程度] 会場は九分~人が入っていた La salle était presque complète.

とおりあめ 通り雨 ondée f; averse f; saucée f. ~に遭う essuyer (être surpris par) une ondée (averse).

とおりいっぺん 通り一遍 ¶~の [皮相な] superficiel(le); [形式的な] pour la forme; [平凡な・無意味な] banal(s); insignifiant. ~の挨拶をする faire les salutations d'usage. 問題への検討 examen m superficiel d'une question. ~に pour la forme; [ざっと] en passant.

とおりがかり 通り掛り ¶~の qui passe par là. ~の客 client(e) m(f) de passage. ~の人 passant(e) m(f). ~に en passant. ~に立ち寄ったまでです Je suis venu vous voir en passant.

とおりかかる 通り掛る passer; [たまたま] venir à passer. 丁度そこを私が通り掛ったんだ J'y passais justement par là.

とおりこす 通り越す passer [devant]; dépasser. 私は降りる駅を通り越してしまった J'ai dépassé ma station. 彼女は質素を通り越してけちだ Il est économe jusqu'à la parcimonie.

とおりすがり 通りすがり ⇨ とおりがかり(通り掛り).

とおりすぎる 通り過ぎる ⇨ とおりこす(通り越す).

とおりそうば 通り相場 prix m courant. こういう場合, 三千円くらいあげるのが~だろう En ce cas, il est d'usage de donner dans les 3 000 yen.

とおりな 通り名 nom m familier. ⇨ つうしょう(通称), またの名(またの名).

とおりぬける 通り抜ける passer; traverser. 門を~ passer (franchir) une porte. トンネルを~ franchir un tunnel; [出る] sortir du tunnel. 町を~ traverser la ville. この路は通り抜けられます Cette ruelle n'est pas une impasse. ¶「通り抜け禁止」 «Passage interdit.»

とおりま 通り魔 ¶また女が~に襲われた Une femme vient encore d'être victime d'un attentat gratuit.

おりみち 通り道 passage *m*. ¶…は…へ行く〜にある se trouver (être) sur le chemin de *qc*. この店は学校へ行く〜だから私が寄ろうComme ce magasin est sur le chemin de l'école, j'y passerai. 〜をふさぐ(ある) ⇨ みち(道).

おる 通る [通過する] passer; [横切る] passer à travers *qc*; traverser *qc*. パリからマルセイユ行くとき通ったのはリヨンを〜 Nous passons par Lyon pour aller de Paris à Marseille. おや、ポールの(車が)〜 Voilà Paul (sa voiture) qui passe dans la rue. 彼が〜とだれでも笑うTout le monde sourit sur son passage. セーヌ川はパリを通って流れている La Seine traverse Paris. …の〜を待つ guetter (attendre) le passage de *qn*. 駅へ行くにはどの道を通ったらよいのでしょうか Quel est le chemin pour aller à la gare, s'il vous plaît? この列車はそこには通りません Ce train ne passe pas par là. お通り ください Passez./Allez-y. お先にお通り下さい Veuillez passer devant./Passez devant, je vous en prie./Allez, passez devant. こちらからお通り下さい Venez passer par ici. ¶車の通れる道 route *f* (chemin *m*) carrossable (praticable en voiture). ◆[室内に入る] ¶客間に〜 entrer dans le salon. ◆[審査等に] ¶試験に〜 réussir à un examen; passer l'oral. 法案は通った La loi a passé. ◆[通じる] ¶電話が通っていない山奥 coin *m* perdu de montagne qui n'est pas desservi par le téléphone. ◆[達する・透る] ¶彼の声はよく〜 Sa voix porte loin. よく火のとおった(あまり火のとおっていない)食物 aliment *m* bien (peu) cuit. ◆[通用する] ¶けちで通っている passer pour un avare. 今時そんな事を言っては通らないよ Vous en êtes encore là. そんな意味の通らないことを言うな Ne raconte pas de sottises.

とか ¶佐藤〜いう人 un certain [Monsieur] Sato. …〜なんとか et patati et patata. 彼が死んだ〜聞きました On dit qu'il est mort. 殺人が行なわれたのは土曜日だ〜 Ce serait samedi que le meurtre aurait été commis. ⇨ など.

と が 咎 [過失] faute *f*; [罪] crime *m*; [宗教的] péché *m*. 〜のない innocent; irresponsable. ⇨ つみ(罪).

とかい 都会 ville *f*. 〜で仕事を探す chercher du travail à la ville. 〜に住む habiter [à] la ville; [町中に] habiter [dans] une ville. ¶〜の(的な) de la ville; urbain; citadin. 〜の楽しみ(騒音) amusements *mpl* (bruit *m*) de la ville. 〜で生まれた personne *f* qui est née dans une ville. 大〜 grande ville. 〜人 gens *mpl* de la ville; citadin(e) *m(f)*. 〜生活 vie *f* urbaine (citadine). 〜育ちの élevé à la ville.

とかい 土塊 motte *f*.

とがいし 度外視 ¶〜する ne pas tenir compte de; ne pas avoir égard à *qc*; faire abstraction de *qc*; [側に置く] laisser de côté. 儲けを〜する ne pas compter sur des bénéfices; ne pas tenir compte de bénéfices. …を〜して sans tenir compte de; sans égard pour *qc*. 気候を〜すればこの国は

快適だ Abstraction faite du climat, ce pays est agréable.

とがき ト書き indication *f* scénique.

とかく 兎角 [ややもすると] ¶〜…しがちだ être enclin (porté, sujet(te)) à *inf*. 人は〜…と考えがちだ On croit volontiers que *ind*. 人間は〜間違いやすいものだ L'homme est sujet à se tromper. 〜世間はうるさいものだ Les mauvaises langues se mêlent de tout. 彼は〜大げさなことを言う Il a tendance à exagérer. 〜船酔い(めまい)のしやすい女性 femme *f* sujette au mal de mer (au vertige). ¶【あれやこれや】 ¶〜言う とやかく. 〜するうちに sur ces entrefaites; [その間に] entre-temps. 彼には〜の噂がある Des bruits défavorables courent à son sujet.

とかげ 蜥蜴 lézard *m*. 〜の尻尾切り mutilation *f* spontanée du lézard. ¶〜皮の財布 portefeuille *m* en lézard.

とかす 溶(解)かす ¶[液体にする] [faire] fondre; [液化させる] liquéfier; [液体で溶かす] dissoudre; délayer; [液体を加えて濃くする] diluer. 粉ミルクを〜 délayer du lait en poudre. 石鹸を水に〜 faire dissoudre du savon dans l'eau. 飲むために氷を〜 dégeler (faire fondre) de la glace pour boire.

とかす 梳(解)かす ¶髪を〜 [自分の] se peigner [les cheveux]; [他人の] peigner [les cheveux à] *qn*; démêler les cheveux à *qn*.

どかす 退かす ¶今椅子の上の本をどかしますよ Je vais ôter les livres de la chaise. 車をどかしてもらえませんか Voudriez-vous ranger votre voiture? ⇨ のける(除ける).

どかっと ¶トランクを〜おろす déposer une malle lourdement. テーブルの中央に〜座る s'installer lourdement au grand bout de la table.

どかどか ⇨ どやどや.

とがにん 咎(科)人 さいにん(罪人).

とがめ 咎め [非難] reproche *m*; blâme *m*; [批判] critique *f*; condamnation *f*; [告発] accusation *f*; [叱責] réprimande *f*. 〜を受ける essuyer des reproches; s'attirer un blâme (une condamnation); être accusé de *qc* (de *inf*).

とがめだて 咎め立て ¶〜する [難癖をつける] trouver à redire à; chercher des torts à *qn*. 何故そう俺のことばかりするんだ Pourquoi ne vous en prenez-vous qu'à moi?

とがめる 咎める [非難する] reprocher à *qn qc* (de *inf*); blâmer *qn*; faire des reproches à *qn*; accuser *qn* de *qc* (de *inf*). 不勉強を〜 accuser *qn* de négliger ses études. 人が恩知らずであることを〜 reprocher à *qn* son ingratitude (être ingrat). ¶〜のような調子(様子) ton *m* (air *m*) de reproche. 〜ような目つき regard *m* réprobateur. 咎むべき blâmable; répréhensible. ◆[自らを] ¶良心が〜 avoir une faute (un poids) sur la conscience; avoir mauvaise conscience. …のことで気が〜 se reprocher de *inf*. お前は少しも良心が咎めないか Ta conscience ne te reproche rien? ◆[悪化させる] ¶腫物を咎めてしまった J'ai laissé un bouton s'envenimer.

とがらす 尖らす aiguiser la pointe de *qc* (*qc* en pointe); façonner *qc* en pointe; [針など を] pointer; [切る] tailler *qc* en pointe. 鉛筆 を~ tailler un crayon. 口を~ [不満そうに] faire la moue. ◆[比喩的に] ¶彼はかっとなって思わず声を尖らせた Sous l'effet de la colère, il s'est laissé aller à durcir le ton. もう少し神経を尖らせて仕事をしろ [気持ちを集中して] Travaillez avec un peu plus d'application.

とがる 尖る pointu; en pointe; [先が細く長い] effilé; [歯、釘など] acéré; [鋭い] aigu(ë). 尖った頂 sommet *m* en pain de sucre. 尖った角 angle *m* saillant. 岩の尖った角 saillie *f* d'un rocher. 彼の鼻は尖っている Il a le nez pointu. ◆[比喩的に] ¶神経が尖り過ぎているから，少し息抜きをしなさい [いらいらしている] Vous êtes tout crispé, détendez-vous un peu!

どかん ¶~と爆発する exploser avec fracas.

どかん 土管 tuyau(x) *m* de terre cuite (de poterie).

とき 時 [時間] temps *m*; heure *f*. ~の流れ cours *m* (marche *f*) du temps. …して~を過ごす passer *son* temps à *inf*. ~をかせぐ gagner du temps. ~が流れる(たつ) Le temps s'écoule (passe). ~が苦しみをやわらげてくれる Le temps adoucit les peines. 「~は金なり」 «Le temps, c'est de l'argent.» ~がたてば忘れる À tout passe avec le temps. ~のたつのは早いものだ Comme le temps passe vite! 愉快で~のたつのを忘れていた On n'a pas vu le temps passer. ~を移らず aussitôt; immédiatement. ◆[時刻] ¶鶏が~をつくる Le coq chante. 大時計が~を告げる L'horloge sonne l'heure. ¶~を違えず ponctuellement. [時点] ¶私が着いた~に à mon arrivée. 初めて(最後に)…した~ la première (dernière) fois que *ind*. …の~に au moment de *qc*; lors de *qc*. …する~に quand (lorsque) *ind*; au moment où *ind* (de *inf*); [の間に] pendant que *ind*. ちょうどよい~に au bon moment. ちょうどよい~に来る arriver au bon moment; tomber bien. …する~はいつも [a] chaque fois que *ind*; toutes les fois que *ind*. ◆[時期・時代・時節] ¶国家存亡の~ moment *m* critique de la nation. 収穫の~ saison *f* (temps) des moissons. 私は彼を若い~から知っている Je le connais depuis ma jeunesse. 私の若い~には quand j'étais jeune; dans (du temps de) ma jeunesse. 平和な~には en temps de paix. 父は30の~に結婚した Mon père s'est marié à l'âge de trente ans. 今は自分の将来のことを考える~だ Il est temps que vous pensiez à votre avenir. それは~と場合によりけりだ Ça dépend du moment et des circonstances. ◆[その時・この時] ¶今の~ homme *m* de l'heure (du jour). ~の首相 [その時の] ~ とうじ(当時). ◆[際・場合] ¶…の~に [際に] à l'occasion de *qc*. …の~(する)~には [場合] au (dans le) cas où *cond*. といような~に en cas de besoin (nécessité). そんな~には [場合] en pareil (tel) cas. 雨の~は en cas de pluie. 都合が悪い~は、電話をします Au cas où j'aurais

un empêchement, je passerai un coup de téléphone. ~に応じて selon les cas (les circonstances). ~が~だからそれで下さい合わせ Pressé par le temps, je me suis contenté de cela. ◆[時期] ¶~を待つ attendre le moment (l'occasion) favorable (propice). ~を逸する laisser échapper une bonne occasion. 今は死ぬ~ではない Ce n'est pas le moment de mourir. ~を得た(得ない) ⇨ じ(時宜). ~の氏神 [仲裁人] arbitre *m* qui tombe à pic.

とき 朱鷺(鴇) ibis *m* japonais. ‖~色のrose pâle. アンヌは~色の服を着ている Anne porte sa robe rose pâle.

とき 鬨 ¶~の声をあげる pousser un cri de guerre. ⇨ かちどき(勝鬨).

とき 伽 ¶…の~をする coucher avec *qn*.

とぎ 研ぎ ¶~に出す ⇨ とぎや(研ぎ屋).

とき 土器 poterie *f*.

どき 怒気 colère *f*; [憤慨] indignation *f*. ~を含んだ indigné; fâché. ~を含んだ顔 visage *m* indigné. ~を帯びて avec colère (indignation).

ときおり 時折り ⇨ ときどき(時々).

ときかた 解き方 solution *f*; façon *f* (manière *f*) de résoudre.

とぎがわ 研ぎ皮 cuir *m* à repasser (à rasoir). ¶~で剃刀の刃を研ぐ repasser la lame d'un rasoir au (sur un) cuir.

とぎすます 研ぎ澄ます ¶感覚を~ raffiner les sens. 研ぎ澄ましたナイフ couteau(x) *m* bien aiguisé (affilé). 研ぎ澄まされた文体 style *m* très soigné. 耳を研ぎ澄まして avec une grande finesse d'ouïe. 耳を研ぎ澄まして聴く prêter tout oreilles.

ときたま 時たま ⇨ ときどき(時々).

どぎつい criard; tapageur(se); voyant. ~化粧 (化粧) couleur *f* (toilette *f*) criarde. ~広告 publicité *f* tapageuse. ~光 lumière *f* crue. ~描写をする faire une description crue. ~話をする [淫らな] en dire des vertes.

ときつける 説き付ける ⇨ せっとく(説得), ときふせる(説き伏せる).

どきっと ⇨ どきん.

ときどき 時々 de temps en temps; d'un temps à autre; par moments; [時折] parfois; quelquefois; des fois; [しばしば] souvent; [稀に] exceptionnellement; rarement. ~船の汽笛が聞えてくる De temps en temps, on entend la sirène d'un bateau. ¶彼は怖くてどきどきしている ~ cœur qui palpite (battant) de peur. 胸を~させて le cœur battant.

ときとして 時として ⇨ ときには(時には), ときどき (時々). ¶四月でも~まだひどく霜のおりることがある Au mois d'avril, il y a encore parfois (quelquefois) de fortes gelées.

ときならぬ 時ならぬ [季節外れの] anormal(e) (aux) (inhabituel(le)) pour la saison; [hors de saison; [折の悪い] inopportun; déplacé; [予期せぬ] inattendu; imprévu; [突然の] soudain; brusque. ~叫び声に彼は驚かされた Un cri inattendu l'a surpris. ~春の大雪に子供たちは大喜びした Une grosse chute de neige imprévue de printemps a fait la joie

ときに 時に [ところで] à propos. ～お宅の娘さんは如何ですか A propos, comment va votre fille?

ときには 時には parfois; quelquefois; des fois; [稀に] rarement; exceptionnellement; [場合によっては] en (dans) certains cas. 彼は～陽気でにこやかであるかと思えば一気難しく不機嫌だったりする Parfois il se montre gai et souriant, parfois il est bourru et morose.

ときのうん 時の運 ‖～勝敗は～だ C'est la chance qui décide de la victoire ou de la défaite.

ときはなす 解き放(離)す ⇨ しゃくほう(釈放), はな(放)す.

ときふせる 説き伏せる persuader; convaincre. ‖説き伏せて…させる persuader (convaincre) qn de inf. 君の弟を私達に加わるよう(加わらないよう)説き伏せてくれよ Tâche de persuader (dissuader) ton frère de se joindre à nous. 彼は友人に説き伏せられて長い旅に出る気になる Il s'est laissé persuader par ses amis de faire un long voyage.

ときほぐす 解きほぐす démêler; débrouiller. 込み入った事件を～ débrouiller une affaire compliquée. 緊張を～ [自分を] se détendre; se délasser; [他人を] détendre qn. 一日の休暇が私の体の疲れを解きほぐした Cette journée de congé m'a permis de me détendre (m'a délassé).

どぎまぎ ⇨ とうわく(当惑), ろうばい(狼狽). ‖彼はすぐ～する Il se laisse déconcerter (décontenancer) facilement. 女に見られて～するような内気な男 homme m timide qu'un regard de femme décontenance m'embrouiller dans ses explications.

ときめく 時めく ‖今を～に l'apogée (au sommet) de sa gloire (sa puissance). 今を一大スター vedette f au zénith de la gloire. 彼は貧農より身を起こし今を一大政治家になった Issu d'une humble famille paysanne, il est arrivé au faîte d'une brillante carrière politique.

ときめく 悸めく あの時のことを思うと今でも胸が～ Ce souvenir me réchauffe toujours le cœur. 私は嬉しくて胸が怦めいていた Mon cœur palpite (frémit) de joie.

どぎも 度肝の ‖～を抜く stupéfier; [茫然させる] abasourdir; [仰天させる] ahurir; ébahir. ～を抜くような stupéfiant; abasourdissant; ahurissant; [あっと言わせるような] foudroyant. 僕はみんなの～を抜くようなことをしてやった Je leur ai coupé le souffle.

ときぎ 研ぎ師 aiguiseur m; affûteur m; rémouleur m; repasseur m. …を～に出す faire aiguiser (affiler, effiler) qc.

どきゅうかん 弩級艦 dreadnought m.

ドキュメンタリー ‖～映画 [film m] documentaire m.

ドキュメント document m.

どきょう 度胸 ‖～がいい avoir du courage (du cran). あいつは～がいいからね [図々しい] Il ne manque pas de culot! ～を据える [勇気を振り起こす] prendre son courage à deux mains; [運を天に任せる] se confier au hasard; s'abandonner à la fortune. ～のある courageux(se); brave; vaillant; †hardi; valeureux(se). ～のない couard; poltron (ne); lâche. ～を据えてかかれよ Prend courage et force! 「男は～, 女は愛嬌」 A l'homme, la hardiesse; à la femme, la tendresse. ‖何という度～ [厚かましさ] Quel culot !

どきょう 読経 récitation f des soûtras. ‖～する réciter des soûtras.

ときょうそう 徒競走 course f de vitesse.

どきり ⇨ どきん.

とぎれとぎれ 跡切れ跡切れ ‖～の intermittent; discontinu; entrecoupé. ～に d'une manière discontinue; par intermittence. 泣きながら彼女は～にそのことを話した Elle en a parlé d'une voix entrecoupée de sanglots. 不気味な音が～に聞えてくる On entend, à intervalles, un bruit sinistre.

とぎれる 跡切れる s'interrompre; s'arrêter; cesser. 話が～ La conversation s'interrompt (tarit). ～ことなく sans arrêt; sans discontinuer. ⇨ とだえる(跡絶える).

ときわ 常磐 ‖～木 arbres mpl [toujours] verts.

ときん 鍍金 ⇨ めっき(鍍金).

どきん ‖悪い知らせに～とする sursauter en apprenant une mauvaise nouvelle. 時ならぬ叫び声に彼は～とした Un cri inattendu (brusque) l'a fait sursauter. 私はその話を聞いて～とした En apprenant cette nouvelle, j'ai eu un coup au cœur.

とく 解く [ほどく] défaire; dénouer; délier; détacher; [縫ったものを] découdre. 包みを～ défaire un paquet; dépaqueter. 靴の紐を～ délacer ses chaussures. ◆[解除する・無くす] …からその任を～ décharger qn de qc; [罷免する] relever qn de ses fonctions. 包囲(封鎖)を～ lever le siège (le blocus). …の怒りを～ apaiser (calmer) la colère de qn. 契約を～ annuler (résilier) un contrat. 誤解を～ dissiper un malentendu. ◆[解決する・答を出す] résoudre (solutionner). 謎を～ résoudre (deviner, déchiffrer) une énigme; avoir le mot de l'énigme.

とく 説く [説明する] expliquer; exposer; [表わす] décrire. 新しい科学理論を～ exposer une nouvelle théorie scientifique. さらに詳細に～ s'étendre sur ce point. 原文の不明な箇所の意味を～ interpréter un passage obscur d'un texte. ◆[説きすすめる] ‖福音(道)を～ prêcher l'Evangile (le droit chemin). …の必要性を～ insister sur la nécessité de qc.

とく 得 profit m; bénéfice m; gain m; avantage m. 私がそんなことをして何の～になるのか A quoi cela sert-il? 僕が嘘をついて何の～になるんだ Qu'est-ce que je gagnerais à mentir? ‖～を[する] tirer profit (bénéfice) de qc; tirer (retirer) un gain de qc; [儲ける] gagner. ⇨ とくする(得する). ～になる(経済). 彼は～している Il y gagne./Ça le favorise. その仕事で彼はずいぶん～をした Il a tiré de grands profits de ce travail./Ce travail lui a beaucoup rapporté. 彼は英語を知っているのですごく～をして

る Sa connaissance de l'anglais lui est d'un grand profit. 〜な profitable; avantageux (se); [利益になり得る] rentable; [安い] bon marché. 〜な買物 achat m avantageux. 〜な暖房 chauffage m économique. この中古車は〜な買物だった En achetant cette voiture d'occasion, j'ai fait une bonne affaire. 〜な性分である [楽観的に] avoir un heureux caractère (caractère optimiste). …した方が〜である Il y a avantage à inf./Il vaut mieux inf. 黙っていた方が〜ですよ Vous auriez avantage à (feriez mieux de) vous taire.

とく 徳 vertu f. 「早起きは三文の〜」«A qui se lève matin Dieu aide et prête la main.» 御好意を〜とします Je vous sais bon gré de votre bienveillance. 〜のある vertueux (se). 〜の高い人 personne f de grande vertu; [集合的] personne de bien.

とく 溶(解)く ⇨ とかす(溶[解]かす). 卵を〜 battre un œuf. 絵具を油で〜 délayer une couleur avec de l'huile.

とく 梳(解)く ⇨ とかす(梳[解]かす). 髪を梳いてもらう se faire peigner.

とく 研ぐ aiguiser (affûter, affiler, repasser) qc; donner le fil à qc; [磨く] polir qc. 米を〜 laver du riz. 爪を〜 [動物が] aiguiser ses griffes.

とく 退く se mettre de côté; s'écarter; s'effacer; se ranger de côté; faire place à qn; s'ôter. 退いて下さい Faites place!/Ecartez-vous (Otez-vous) de là.

どく 毒 poison m; [蛇などの] venin m. 〜が効いてくる Le poison produit son effet. 体中に〜が回る Le poison se répand dans tout le corps. 〜を飲む s'empoisonner; absorber du poison. 飲物に〜を入れる(盛る) mettre du poison dans une boisson. 「〜をくらわば皿まで」«Quand le vin est tiré, il faut le boire.»; «Il n'est qu'à être crotté pour affronter le bourbier.»「〜をもって〜を制す」«A malin, malin et demi.» 〜する nuire à; [堕落させる] corrompre; pervertir. 〜のある [植物・食物] vénéneux(se), vireux(se); [動物] venimeux(se); [有毒な] toxique; intoxicant. 〜を塗った(入れた) empoisonné. 体に〜だよ C'est mauvais pour (nuisible à) votre santé. この論文は〜にも薬にもならないけど, まあ読んでみたらどう Cet essai ne te fera ni chaud ni froid, mais tâche quand même de le lire.

とくい 得意 [自慢] 1 〜の絶頂にある être à l'apogée (au sommet) de sa gloire. …が〜である être fier(ère) de qc ⇨ じまん(自慢). 〜になっている être gonflé d'orgueil; être très satisfait de soi. 彼は微笑んでいたが内心では〜だった Il souriait, flatté dans son orgueil. 〜そうに [誇らしげに] orgueilleusement; [自己満足して] avec complaisance; [見せびらかすように] avec ostentation (affectation). ‖ 彼の〜の顔も台無しだろうよ Il va tomber de son haut. 見ろよ奴を, あの〜満面な様子を Regarde-le, comme il fait le malin. ◆ [得7] point m fort; [十八番] violon m d'Ingres; dada m. 彼女の〜は手芸だ L'ouvrage à la main dame est son violon d'Ingres. ¶ お〜の話をする [いつもの] enfourcher un dada. 数学は私の〜な学科ではない Les mathématiques ne sont pas mon fort. あなたの〜な学科は何ですか En quoi est-ce que tu es fort? あれがあの女性歌手の一番〜な歌だ C'est le cheval de bataille de cette chanteuse. それが彼の〜な分野だ C'est son domaine. …が〜である être fort à (à, sur); être habile à (à inf.); exceller à (en, dans, à inf.). 数学が〜である être doué (fort) en mathématiques; exceller en mathématiques. この画家は肖像画が〜だ Ce peintre excelle dans le portrait. 彼女は歌が〜だ Elle chante bien. ◆ [顧客] client(e) m(f); habitué(le) m(f); [定連] habitué(e) m(f); [集合的] clientèle f. お〜を作る se faire une clientèle. お〜を失う perdre un client (sa clientèle). お〜の数を倍に増やす doubler le nombre de ses clients. アメリカは日本の電気製品のよい〜である Les Etats-Unis sont un bon acheteur des appareils électriques du Japon. あの人には丁寧にね, お〜さんだから Servez-le bien, c'est un client. ‖ お〜廻りをする faire la tournée des clients. ¶ お〜の数を増やす augmenter le nombre des clients.

とくい 特異 ¶ 〜な particulier(ère); spécial (aux); [特別変った] singulier(ère); [無比の] unique. 〜な〜な才能を持っている avoir un talent unique pour inf; avoir le don pour inf. ‖ 〜性 particularité f; singularité f. 〜体質 [医] idiosyncrasie f. …に対して〜体質である être allergique à qc.

とくいく 徳育 éducation f morale.

とくいんがい 特飲街 quartier m réservé.

どぐう 土偶 figurine f en terre cuite.

どくえい 独泳 ¶ 〜する distancer les autres dans une course de natation.

どくえき 毒液 [蛇(さそり)の〜 venin m de serpent (scorpion).

どくえん 独演 ¶ 〜会 récital(s) m. 今日は彼の〜会みたいなものだった [独り舞台] Aujourd'hui, c'est lui seul qui a parlé.

どくが 毒牙 dent f (crochet m) à venin. ¶ …の〜にかかる être victime de qc; [おもちゃにされる] être le jouet de qn.

とくがく 篤学 ¶ 〜の士 personne f appliquée à l'étude.

どくがく 独学 ¶ この作家は〜でここまでになった Cet écrivain est fils de ses œuvres. 〜する apprendre qc tout seul; s'instruire soi-même (tout seul). 〜の autodidacte. ‖ 〜者 autodidacte mf; personne f qui s'est instruite toute seule.

どくガス 毒〜 gaz m toxique (asphyxiant). 〜にやられる être gazé; être intoxiqué par les gaz. ¶ 〜弾 obus m asphyxiant (toxique, à gaz).

どくがん 独眼 ⇨ かため(片目).

とくぎ 特技 ¶ 〜 とくい(得意). ¶ 彼は肝心なときに姿をくらますというのを特技にしている Il a l'art (le don) de disparaître au moment où l'on a besoin de lui. 何か〜を持っているというのかね Est-ce que vous avez un tour à nous montrer?

どくぎん 独吟 ¶ 〜する [詩などを] réciter qc tout seul.

どけ 毒気 exhalaison f toxique; vapeur f méphitique; [毒] poison m; [瘴気] miasmes mpl; [悪意] méchanceté f. 彼の~にあてられちゃった Sa présence me paralyse. ~を抜かれる [度肝を抜かれる] être (rester) stupéfait (abasourdi, renversé). ありの凶々しさに彼は~を抜かれたままだった Il est resté stupéfait devant une telle audace.

どけし 毒消し ⇨ げどく(解毒).

どくごかん 読後感 ¶この本の~はどうですか Quelle est votre impression sur ce livre?

とくさ 木賊 prêle f; prèle f.

どくさい 独裁 dictature f; autocratie f; despotisme m; autoritarisme m; tyrannie f. ¶~的 dictatorial(aux); autocratique; despotique; arbitraire. ~的に despotiquement; arbitrairement. ¶軍事~ dictature militaire; caporalisme m. ~者 dictateur(trice) m(f); autocrate m; despote m; [圧制者] tyran m, oppresseur m; 制~ régime m dictatorial (autocratique, despotique).

とくさく 得策 ¶何も言わない方が~ですよ Vous auriez avantage à (feriez mieux de) vous taire./Mieux vaut vous taire. 一番の~は...することだ Ce qu'il y a de mieux à faire, c'est de inf.

どくさつ 毒殺 empoisonnement m. ¶~する empoisonner; assassiner (tuer) qn par le (avec du) poison. ~される mourir empoisonné. ¶~者 empoisonneur(se) m(f). ブランヴィリエ夫人は17世紀の有名な~魔である La Brinvilliers est une empoisonneuse célèbre du XVIIᵉ siècle.

とくさん 特産 ¶~する production f principale; [名物] spécialité f [du pays].

とくし 特使 messager(ère) m(f) spécial(e). 政府は他の国々に自国の見解を伝えるために~を派遣した Le gouvernement a délégué un envoyé spécial pour faire connaître son avis aux autres Etats.

どくじ 独自 ¶~の particulier(ère); [独創的な] original(aux); [個人的な] personnel(le); propre. 私には私~の考えがある J'ai mon opinion personnelle. 彼がこんな風に行動するのには彼~の理由がある Il a des raisons toutes particulières (personnelles) d'agir ainsi. ~の考えで判断する juger par ses propres sentiments. ¶~性 particularité f, originalité f.

とくし 篤志家 bienfaiteur(trice) m(f); donateur(trice) m(f). あら~の寄付によりこの賞を設けることが出来た Le prix a pu être fondé grâce au don d'un généreux bienfaiteur (donateur).

とくしつ 得失 intérêt m; gain m et perte f; avantages mpl et désavantages mpl (incovénients mpl). 決定する前に~を検討してみる peser le pour et le contre avant de prendre une décision.

とくしつ 特質 ⇨ とくせい(特性).

とくじつ 篤実 な honnête; sincère; fidèle; loyal(aux).

とくてんさ 得点差 écart m de points; [サッカー] différence f de buts; goal-average m.

とくしゃ 特赦 [法令による] amnistie f; [元首による] grâce f. ~を与える amnistier qn; gracier qn; faire grâce à qn. ~を受ける être amnistié; être gracié. ¶国家元首により~を受けた者 condamné(e) m(f) gracié(e) par le chef de l'Etat. ¶~法 lois fpl d'amnistie.

どくしゃ 読者 lecteur(trice) m(f); [定期購読者] abonné(e) m(f); [集合的に] public m. 彼は探偵小説の熱心な~だ C'est un grand liseur de romans policiers. ¶広い~層をつかむ conquérir un vaste public. ~欄 courrier m des lecteurs. 女性週刊誌の~欄 courrier des lectrices d'un hebdomadaire féminin.

どくじゃ 毒蛇 serpent m venimeux.

どくしゅ 独酌 ¶~する boire en suisse.

とくしゅ 特殊 ¶~な particulier(ère); spécial(aux); [特有の] spécifique; [特異な] singulier(ère); [無比の] unique. ⇨ とくべつ(特別). ~のケース cas m spécial (d'espèce). ある~な事情のもとに dans certaines circonstances particulières. ¶~化する particulariser. ~学級(学校) classe f (école f) spéciale. ~鋼 acier m spécial. ~撮影 trucage m de cinéma. ~性 particularité f, caractéristique f.

とくじゅ 特需 ¶~景気 boom m exceptionnel de la demande.

どくしゅ 毒手 ¶...の~にかかる tomber sous la griffe (dans les griffes) de qn.

どくしゅ 毒酒 vin m (whisky m, saké m) empoisonné.

とくしゅう 特集 ¶~号 [雑誌] numéro m spécial (d'une revue). ~番組 émission f spéciale. [定期的な] magazine m.

どくしゅう 独習 ¶~する apprendre tout seul qc (à inf). ¶フランス語~書 manuel m de français pour autodidactes.

どくしょ 読書 lecture f. ¶~につつれる se fatiguer à lire. ~に耽る être absorbé dans sa lecture. ¶~する lire. 熱心に~する lire un livre avec passion; dévorer un livre. 彼は~好きな~家だ C'est un grand liseur (lecteur). ~会 club m de lecture. ~室 salle f de lecture. ~週間 semaine f du livre. ~好きだ aimer la lecture (lire).

とくしょう 特賞 prix m spécial. ~をもらう recevoir un grand prix.

どくしょう 独唱 solo m. ¶~する chanter un solo. ある曲を~する chanter un morceau en solo. ¶~会 récital(s) m. ~者 soliste mf.

とくしょく 特色 ⇨ とくちょう(特徴).

とくしん 得心 ¶~する (納得).

どくしん 涜神 sacrilège m; profanation f; violation f. ¶~的な sacrilège. ~の言葉を吐く blasphémer contre le ciel; maudire le ciel; proférer des blasphèmes contre Dieu. ~することは...~することは C'est un sacrilège de inf. ~行為を犯す commettre un sacrilège.

とくしん 特進 ¶殉職のため二階級~する être promu de deux échelons en mourant à son poste.

どくしん 独身 célibat m. ~で暮す vivre

dans le célibat. ～のままでいる(を通す) rester célibataire (garçon, fille). ¶～の célibataire; non marié. ¶～者 [総称] célibataires *mf*; [男] garçon *m*; [男の老独身者] vieux garçon; [女] fille *f*; [女の老人独身者] vieille demoiselle *f* (fille). 彼は～主義者だ Il est célibataire par principe. ～生活 vie *f* de célibataire.

どくしんじゅつ 読唇術 art *m* de lire sur les lèvres d'autrui.

どくしんじゅつ 読心術 art *m* de lire dans le cœur d'autrui.

どくする 毒する ⇒ どく(毒).

とくせい 徳性 sens *m* moral. ～を養う cultiver le sens moral.

とくせい 徳政【史】moratorium *m*; moratoire *m*; [仁政] gouvernement *m* clément.

とくせい 特性 caractéristique *f*; particularité *f*; propre *m*; apanage *m*; [国民, 言語の] génie *m*; [物質の] propriété *f*. ⇒ とくちょう(特徴). ある国民の～ génie d'un peuple.

とくせい 特製 ¶～する fabriquer *qc* spécialement. ～の [特別注文による] hors série; de fabrication spéciale; [手作りの] de fabrication à la main; [注文服] sur mesure; [贅沢な] de luxe. ¶当店～の菓子 gâteaux *mpl* maison. 当社の～品 produit *m* hors série (article de fabrication spéciale) de notre maison.

どくせい 毒性 toxicité *f*. ～の ⇒ ゆうどく(有毒).

とくせつ 特設 ¶～する installer spécialement; établir spécialement; [委員会などを] constituer spécialement; [講座などを] créer spécialement. 投票所を～する établir spécialement une salle de vote. 委員会が～される Un comité va se constituer spécialement. ¶～会場 salle *f* à usage réservé.

どくぜつ 毒舌 médisance *f*; coup *m* de langue; épigramme *f* cruelle. ～を吐く avoir une langue fielleuse (d'aspic); vitupérer [contre]; tenir des propos caustiques. そんなに～ばかり吐くなよ Arrête de cracher du venin. ¶～家 mauvaise langue *f*; langue de vipère; langue venimeuse. いつも他人のことをこきおろす～家 méchante langue qui médit toujours des autres. ～家である avoir une langue de serpent (de vipère). 彼は～家だからな C'est qu'il a une langue de vipère.

どくぜり 毒芹 ciguë *f* aquatique (d'eau).

とくせん 特選 ¶～の de choix; de premier choix. ¶～品 article *m* de choix; marchandise *f* de bonne (première) qualité; article de luxe. 舶来～品 article importé de choix. ◆[展覧会などの] ¶～を受ける recevoir le prix spécial.

どくせん 毒腺 glande *f* venimeuse.

どくせん 独占 monopole *m*; monopolisation *f*; accaparement *m*; [独占権] exclusivité *f*. ～する monopoliser; accaparer; [占領する] envahir; occuper; [賞などを]《俗》truster; collectionner. 彼らはコンパートメントの座席を～している Ils accaparent (envahissent, occupent) toutes les banquettes d'un compartiment. 彼女は彼を～している Elle l'accapare. ¶～企業 entreprise *f* monopolisatrice. ～禁止法 loi *f* anti-trust. ～資本 capital(aux) *m* monopolisateur (des monopoles). ～資本主義 capitalisme *m* monopoliste (de monopole). この映画は二つの映画館で～上映している Ce film passe en exclusivité dans deux salles de cinéma. ～トラスト trust *m* monopolisateur. 国家が煙草の～販売をしている L'Etat a le monopole des tabacs. 彼女は～欲が強い Elle est accapareuse.

どくぜん 独善 ¶～的な arbitraire; suffisant. ～的に arbitrairement; avec complaisance. ～的に決定する décider arbitrairement.

どくそ 毒素 substance *f* toxique;【医】toxine *f*.【抗～ antitoxine *f*.

とくそう 特捜 ¶～班 équipe *f* d'enquête spéciale.

どくそう 毒草 plante *f* vénéneuse.

どくそう 独創 ¶～的な original(aux); personnel(le); inédit; tout nouveau(elle); [創意のある] inventif(ve); fertile. ～的に originalement. ¶～性 originalité *f*; personnalité *f*; [創意工夫] invention *f*. 作家の～性 originalité d'un écrivain. ～性を欠く manquer d'originalité (de personnalité). 彼には～性がない Il n'a pas d'originalité.

どくそう 独奏 solo *m*. ¶～する exécuter un solo. ある曲を～する jouer un morceau en solo. バイオリン～[曲] solo de violon. ピアノ～会 récital(s) *m* de piano. ～者 soliste *mf*.

どくそう 独走 ¶～する devancer tous *ses* rivaux. 他を大きく引離して～するランナー coureur(se) *m(f)* qui distance largement les autres concurrents. チームの一員である以上～する訳にはいかない Quand on est intégré à une équipe, on ne s'avise pas de faire cavalier seul.

とくそく 督促 sommation *f*. ⇒ さいそく(催促). ¶納税者に税金の支払を～する sommer un contribuable de payer ses impôts. ¶～状を出す adresser une mise en demeure.

ドクター [医師・博士の] docteur *m*; médecin *m*. ¶～山田 [男女とも] le docteur Yamada. ～コース cours *m* de doctorat. ～ストップ K.O. *m* technique.

とくだい 特大 ¶～の de très grande taille; [巨大な] immense; énorme; gigantesque; colossal(aux); [洋服などが] de taille exceptionnelle. ～の靴 chaussures *fpl* de pointure exceptionnelle.

とくたいせい 特待生 boursier(ère) *m(f)*.

とくだね 特種 [新聞の] primeur *f* d'une grosse nouvelle; scoop *m*. ～を手に入れる avoir la primeur d'une information importante.

どくだん 独断 ¶～的な dogmatique; affirmatif(ve). [恣意的な] arbitraire. ～的に dogmatiquement; d'autorité; de *sa* propre autorité; arbitrairement. ～にきめつける dogmatiser. この件については私の～では何も決められない Je ne peux rien décider en cette matière de ma propre autorité. あな

どくだんじょう 独壇場 ¶…することにおいては…の—だ ne pas avoir son (sa) pareil(le) pour inf. この領域においては彼の—だ Dans ce domaine, il est hors de pair. ⇨ ひとりぶたい (独り舞台).

とぐち 戸口 porte f; [家の] seuil m; [入口] entrée f. …—まで見送る accompagner qn jusqu'à la porte. ¶—の所にいる être sur le pas de la porte (devant la porte).

とくちゅう 特注 ¶—品 article m fait sur commande.

とくちょう 特徴 caractéristique f; particularité f; trait m dominant (caractéristique, distinctif); [物の] caractère m; dominante f; cachet m; [個性] personnalité f. 身分証明書に記載された— signes mpl particuliers mentionnés sur une carte d'identité. 彼には—がない Il n'a pas de personnalité. —を捉える caractériser; distinguer. …によって—づけられる se caractériser par qc. —のある particulier(ère); spécial(aux); caractéristique; [変った] singulier(ère); original(aux). 文体に—のある作家 écrivain m qui a un style particulier (spécial). 個性的の—を多く持った教会 église f qui a beaucoup de cachet. —のない sans caractère; [つまらない] plat; banal(s). 彼は—のない作家 écrivain qui n'a pas de style. 彼らはその地方の—のある冠り物を着けている Ils portent des coiffes caractéristiques (particulières) du pays. ¶—表示 [パスポートなどの] signalement m.

とくちょう 特長 ¶この本にも—がない訳ではない Ce livre n'est pas sans mérite. この音楽の—は心を静めてくれることだ Cette musique a une vertu apaisante. ⇨ ちょうしょ (長所).

どくづく 毒づく ¶…に対して— déblatérer contre qn; déclamer contre qn; vitupérer [contre] qn.

とくてい 特定 ¶—の déterminé; précis; fixe; [特別の] spécial(aux). —の住居のない者 vagabond(e) m(f) sans domicile fixe. これといった—の目的もなくぶらぶらする se promener sans but bien déterminé. —の時間に食べる manger à heure fixe.

とくてん 得点 points mpl; marque f; [スポ] score m; [ラグビー, サッカーなどの] but m; [バスケットの] panier m. —を得る [トランプで] marquer les points. —20を上げる marquer vingt points. —は2対0だ La marque est de deux à zéro. —する marquer un point (un but); [バスケット] réussir un panier.

とくてん 特典 privilège m; avantage m; faveur f. —を持つ(得る) avoir (obtenir) un privilège. —を与える accorder à qn un privilège. 教師の—は休みが長いことだ L'avantage d'être professeur c'est la longueur des vacances.

とくてん 特電 dépêche f spéciale.

とくと 篤と ¶—考える réfléchir mûrement. —調べる examiner qc avec attention (attentivement). —考えた上で(検討した上で) après mûre réflexion (mûr examen).

とくど 得度 ¶—する prendre l'habit; se faire bonze (bonzesse). ⇨ しゅっけ(出家).

とくとう 特等 ¶—賞 prix m spécial; grand prix. —席 place f spéciale.

とくとう 禿頭 ¶—病 [医] alopécie f.

とくとく ¶壜の口から—と音を立てて注がれる葡萄酒 vin m qui glougloute du goulot d'une bouteille.

とくとく 得々 ⇨ とくい(得意).

どくとく 独特 ¶—の particulier(ère); spécial(aux); propre; [独創的な] original(aux); personnel(le); [特徴のある] caractéristique; [無比の] unique. 彼の声の響きは—の文体を持っているIl a un style très particulier (spécial). 幼年期には—なものがある, 考え方というのがある L'enfance a des manières de voir, de penser qui lui sont propres.

どくどく ¶血が—と出ていた Le sang coulait en abondance.

どくどくしい ¶—衣装 toilette f tapageuse. —色 couleur f criarde (voyante). —色の茸 champignon m de couleur criarde. —化粧をした女 femme f outrageusement fardée. —言葉 paroles fpl outrageusonnées (fardées). —言葉 paroles fpl empoisonnées (venimeuses).

ドクトル ⇨ ドクター.

とくに 特に [tout] particulièrement; en particulier; spécialement; [とりわけ] surtout; par excellence; entre autres [choses]; notamment; [例外的に] exceptionnellement. 彼は—あなたに会いに来たのです Il est venu spécialement (tout exprès) pour vous voir. 彼は—地理に興味がある Il s'intéresse particulièrement (spécialement) à la géographie. お菓子は好きですか―いや— Aimez-vous les gâteaux? — Pas spécialement. この問題に関しては—フランスの学者の注目すべき書がある Sur cette question, il y a, entre autres, un livre remarquable d'un savant français. 私は全ての芸術が好きですが, —絵 J'aime tous les arts, particulièrement la peinture. いらっしゃるときは私達に知らせて下さることを—お忘れないように Surtout, n'oubliez pas de nous prévenir de votre arrivée. ¶彼が—好きな本 son livre favori (de prédilection). 彼女のために—作られたスカーフ écharpe f fabriquée exprès pour elle. 外国人を—フランス人に対して envers les étrangers, et notamment envers les Français.

どくにんじん 毒人参 ciguë f.

とくに 篤農 ¶—家 cultivateur(trice) m(f) modèle.

とくは 特派 ¶記者を—する envoyer un correspondant. ¶—員 envoyé(e) m(f) spécial(e); correspondant(e) m(f). 巴里在佐藤—員の電報によれば d'après un télégramme de notre correspondant Sato à Paris. —大使 ambassadeur(drice) m(f) (envoyé(e) m(f)) extraordinaire.

どくは 読破 ¶私はボードレールの全巻(「レ・ミゼラブル」)を—した J'ai lu tout Baudelaire (Les Misérables).

とくはい 特配 [配給] distribution *f* spéciale; [配当] dividende *m* spécial. 〜を受ける toucher un dividende spécial.

とくばい 特売 vente *f* de soldes (au rabais); vente(s)-réclame *f*. ¶〜で売る vendre *qc* au rabais (en solde); solder. ‖一場 rayon *m* de solde. ‖一品 soldes *mpl*; articles *mpl* mis en solde.

どくはく 独白 monologue *m*. ¶〜する monologuer. ‖〜劇 monologue. 古典悲劇の〜のシーン monologues des tragédies classiques.

とくひつ 特筆 ¶〜する mentionner spécialement; faire une mention spéciale de *qc*; signaler spécialement *qc* (que *ind*); mettre *qc* en manchette; [強調] souligner. 〜すべき remarquable; notable; marquant; saillant. 今週の〜すべき出来事 événements *mpl* marquants de cette semaine. 〜すべきことなし Rien à signaler. その事実は〜に価する Le fait mérite d'être noté. ‖ 各新聞がその事件を大書している Chaque journal met cet événement en manchette.

どくひつ 毒筆 ¶〜を揮う écrire avec une plume fielleuse (trempée dans le fiel (le poison)).

とくひょう[すう] 得票[数] nombre *m* des suffrages obtenus (des voix obtenues); 〜を計算する compter les voix. 山田氏の〜は50万だった Monsieur Yamada a obtenu (gagné) cinq cent mille voix (suffrages).

どくふ 毒婦 femme *f* fatale; vamp *f*.

どくぶつ 毒物 toxique *m*. ‖〜学 toxicologie *f*. ‖〜学者 toxicologue *mf*.

どくぶん 独文 ¶〜で(の)…を書く écrire *qc* en allemand. 和文を〜に訳す traduire du japonais en allemand. ‖〜学科(学者) section *f* (spécialiste *mf*) de la littérature allemande. ‖〜学史 histoire *f* de la littérature allemande.

とくべつ 特別 ¶〜な(の) particulier(ère); spécial(aux); [例外的な] exceptionnel(le); [臨時の] extraordinaire; [明確な] précis; [上等の] supérieur. 私には断る〜な理由があるので す J'ai des raisons particulières de refuser. この種の人たちは〜である Les personnes de ce genre sont l'exception. 〜に particulièrement; en particulier; spécialement; exceptionnellement. 私は彼に対して〜に同情していない Je n'ai aucune sympathie particulière pour lui. 私は彼を〜に知っている訳ではない Je ne le connais pas particulièrement. 〜の理由なく sans raison précise. ‖〜委員会[国会の] commission *f* spéciale. 〜号 [雑誌など] numéro *m* spécial. ‖〜国会 session *f* extraordinaire de la Diète. ‖〜室 [病院の] salle *f* spéciale. 〜上等の品 article *m* de première qualité. 〜席 [身障者, 予約者の] place *f* réservée; [演壇などの] tribune *f* (siège *m*) d'honneur. 〜待遇 traitement *m* spécial; [好遇] traitement favorable. 〜待遇する traiter spécialement; [好遇] traiter complaisamment; accorder un traitement de faveur à. 〜法[法廷, 処分] loi *f* (tribunal *m*, mesure *f*) spéciale. 〜予算 [臨時の] budget *m* extraordinaire; [追加] budget supplémentaire. 〜列車 train *m* spécial.

どくへび 毒蛇 serpent *m* venimeux; aspic *m*.

とくほう 特報 information *f* (nouvelle *f*) spéciale; reportage *m* spécial; [速報] flash(es) *m* [d'informations]; bulletin *m* spécial. ¶…を〜する [新聞が] tirer un bulletin spécial sur *qc*; [テレビ, ラジオが] diffuser un bulletin spécial sur *qc*.

とくぼう 徳望 ¶〜家 personne *f* de grande vertu. 彼は〜家であるという評判だ Il a la réputation d'être vertueux (honnête)./Il passe pour être vertueux.

どくぼう 独房 cellule *f*; cachot *m*; [狂人などを入れる] cabanon *m*. ¶〜にぶち込む mettre (fourrer) *qn* en cellule (dans un cachot, au cachot). ‖〜拘禁 détention *f* en cellule.

どくほん 読本 livre *m* de lecture; [入門書] introduction *f*. ‖「文章〜」 Introduction à l'art d'écrire.

ドグマ dogme *m*.

ドグマチズム dogmatisme *m*.

どくみ 毒味 ¶〜する [味見する] goûter. 食べ物が傷んでいないか〜する goûter un aliment pour voir s'il est mangeable.

どくむし 毒虫 bête *f* venimeuse; [昆虫] insecte *m* venimeux.

とくむそうちょう 特務曹長 adjudant *m*; 《俗》 juteux *m*.

とくめい 匿名 ¶〜の anonyme; pseudonyme. 〜の手紙 lettre *f* anonyme (non signée). 〜で anonymement.

とくめい 特命 mission *f* spéciale (secrète). ¶〜される être chargé d'une mission spéciale (secrète); avoir la mission spéciale de *inf*. ¶偵察の〜を受けて出発する兵士 soldat *m* qui part en mission spéciale de reconnaissance. ‖〜全権大使 ambassadeur *m* extraordinaire et plénipotentiaire.

とくや 毒矢 flèche *f* empoisonnée.

とくやく 特約 contrat *m* spécial. ¶…と〜する passer un contrat spécial avec *qn*. ‖〜店 magasin *m* de concessionnaire. ‖〜concessionnaire *mf*.

どくやく 毒薬 poison *m*; toxique *m*.

とくゆう 特有 ¶〜の particulier(ère); spécial(aux); propre; spécifique. ある病気に〜の徴候 symptôme *m* particulier (propre) à une maladie. 羊〜の性質 qualités *fpl* spécifiques du mouton. この癖は彼〜のものだ Cette habitude lui est particulière.

とくよう 徳用 ¶こちらの方が〜だ Ce produit-là est plus économique. ‖〜品 article *m* à un prix avantageux (bon marché, économique).

とくり 徳利 ⇒とっくり(徳利).

どくりつ 独立 indépendance *f*; [自治] autonomie *f*. 〜をかち取る conquérir son indépendance (autonomie). ¶〜する devenir indépendant; [一人立ち] voler de ses propres ailes. その国はいつからの〜ですか De quand date l'indépendance de ce pays? 〜した(の) indépendant; [拘束のない] libre; [自治の] autonome. 〜した生活を送る mener

どくりょう 読了 ¶～する ⇨ よむ(読む).

どくりょく 独力 ¶～で tout seul; sans aide; par ses propres moyens. 私は～でそれらのことが出来ると思います Je pourrai le faire tout seul. 彼は～で成功した Il a réussi par ses propres moyens.

とくれい 特例 exemple m (cas m) spécial; [例外] exception f. 彼のために～が認められた On a fait une exception en sa faveur. そういう場合は～を設けて処理すればよい Dans ce cas, cela peut être réglé en faisant une exception.

とくれい 督励 ¶...を～して...させる stimuler qn à qc; encourager (inciter) qn à inf.

とぐろ 蜷局 ¶～を巻く [蛇が] se lover. そんなところで～を巻いていないでさっさと仕事をしろよ Ne reste pas planté là à ne rien faire! ～を巻いた蛇 serpent m enroulé sur lui-même.

どくろ 髑髏 tête f de mort.

どくわ 独和 ¶～辞典 dictionnaire m allemand-japonais.

どくわ 独話 ¶～する soliloquer; monologuer.

とげ 刺 [動植物の] épine f; piquant m; 【植】 aiguillon m; [皮膚に刺さったもの] écharde f. ～を抜く retirer (extraire) une écharde. ～ででひっかく s'égratigner avec une épine. 指に～が刺さった J'ai attrapé une écharde au doigt. ¶～のある épineux(se). ～のない sans épines; 【動】 inerme. ～は [比喩的に] 彼の批評にはいつも～がある Il est toujours aigre dans ses critiques. ～のある言葉 mots mpl piquants (satiriques).

とけあう 溶(解)け合う se fondre; se confondre. いくつかの色が～っている Des couleurs se fondent en une seule.

とけい 時計 [身につける] montre f; [俗] tocante (toquante) f; [大掛置] horloge f; [室内用の] pendule f. 17石の～ montre 17 rubis. ウォータープルーフの～ montre étanche. ～の音 [チクタク] tic-tac m inv; [時を鳴らす音] sonnerie f; carillon m. ～を合わせる mettre sa montre à l'heure; régler sa montre. ～を遅らす retarder sa montre. ～を進める avancer sa montre. ～を巻く remonter sa montre. ～を見る regarder (consulter) sa montre; regarder l'heure à la pendule (à l'horloge). ～が5時を打つ L'horloge (La pendule) sonne cinq heures. ～が止まっている La montre s'arrête (est arrêtée). この～は正確に動く (不正確だ) Cette montre marche bien (mal). 私の～は合っている (いない) Ma montre (n')est (pas) à l'heure. 私の～は進む(遅れる) Ma montre avance (retarde). この～は 3 分進んでいる Cette montre avance (retarde) de trois minutes. ¶～の針の回る(のと逆の)方向に dans le sens (en sens inverse) des aiguilles d'une montre. 駅の～では10時だ Il est dix heures à l'horloge de la gare. あなたの～では何時ですか Quelle heure avez-vous (est-il à votre montre)? ¶腕～ montre(s)[-bracelet(s)]. 置～ pendule [de cheminée]. 掛け～ horloge (pendule) murale. 自動巻き～ montre à remontage automatique. 水晶～ horloge à quartz. 砂～ sablier m. 電気～ horloge électrique. 鳩～ [pendule à] coucou m. 日～ cadran m solaire. 振子～ [horloge à] pendule. 目覚し～ réveil m; réveille-matin m inv. 8 日巻き～ huitaine f. ～工業 industrie f horlogère. ～仕掛 mouvement m d'horlogerie. ～仕掛の時限爆弾 bombe f à retardement. ～屋 [人] horloger(ère) m(f); [店] horlogerie f.

とけい 徒刑 [懲役] travaux mpl forcés; [流刑] transportation f. ¶～場 bagne m. ～囚 forçat m; bagnard m; transporté(e) m(f).

とげうお 棘魚 épinoche f.

とけこむ 溶け込む ¶彼は我々のチームになかなか溶け込まないでいる Il n'arrive pas du tout à s'intégrer à notre équipe.

どげざ 土下座 ¶～する se prosterner devant (aux pieds de) qn; se jeter à genoux aux pieds de qn.

とけつ 吐血 vomissement m de sang; 【医】 hématémèse f. ¶～する vomir du sang.

とげとげしい 刺々しい aigre; acerbe; âpre; âcre. 刺々しくなる s'aigrir. ¶刺々しく話す parler avec aigreur (acrimonie). 刺々しく答える répondre à qn d'une manière mordante. 刺々しさ aigreur f; acrimonie f.

とける 解ける [ほどける] se défaire; se dénouer. ¶解けた結び目 nœud m qui se défait. ◆[疑い, 誤解などが] se dissiper; [怒りなどが] disparaître; s'effacer. ◆[問題, 謎などが] ¶彼にこの謎が～かどうか分らない Je ne sais s'il résoudra (devinera, percera) cette énigme. 今や全てが解けた Maintenant tout s'éclaire. この数学の問題が解けましたか Avez-vous résolu ce problème de mathématiques? ◆[解除になる] ¶包囲(禁止)が～ Le blocus (L'interdiction) est levé(e).

とける 溶(解)ける se fondre; [蝋などが] fuser; [液体に] se dissoudre. 雪(氷)が～ Il dégèle. タールが熱で～ Le goudron fond (se liquéfie) sous l'action de la chaleur. 砂糖は水に～ものだ Le sucre est soluble dans l'eau. 湖の氷が～け始める Le lac commence à dégeler. ¶とけた fondu; [液体に] dissous(te). 熱にとけやすい(にくい) fusible (infusible). 氷の～温度 température f de la glace fondante.

とげる 遂げる [成就する] accomplir; achever; [実現する] réaliser; concrétiser. 目的を～ atteindre son but. 優勝を～ remporter la victoire. 見事な最期を～ mourir de sa belle mort. 長足の進歩を～ faire des progrès à

どける 退ける ⇨ のける(除ける).

どけん 土建 ⇨ どぼく(土木).

とこ 床 [寝床] lit m; [褥] couche f. ～をとる préparer (faire) le lit. ～を離れる sortir du lit; se lever; [病床から] se relever. ～の上に起き上る se dresser dans son lit. ～につく se coucher; se mettre (aller) au lit; [病気で] prendre le lit; s'aliter. ～についている être au lit; être couché. 患者は一週間～についていなければならない Le malade doit garder le lit pendant une semaine. リューマチで～についたきりである être cloué à the par les rhumatismes. ¶死の～で sur son lit de mort.

どこ 何処 ¶お住まいは～ですか Où êtes-vous né? ～が悪いのですか A quel endroit avez-vous mal? きのう彼に会ったよ——～でさ Je l'ai vu hier — Où ça? 列車は～から出ますか D'où partent les trains? ～からあなたの部屋に上るのですか Par où montez-vous dans votre chambre? ～から手をつけてよいか分らない Je ne vois pas par où commencer. ～へ行くのですか Où allez-vous?/Où est-ce que vous allez? ～へ行けばよいか分らない Je ne sais où aller. 旅へ出たいんだ——～へ J'ai envie de voyager. — Où ça? 今さら～へ行くというのだ Où veux-tu que j'aille à présent? ～まで jusqu'où. ～まで歩くの Jusqu'où ça va-t-il marcher? ～まで行きました — 10 ページまでです Où en sommes-nous? — A la page dix. 仕事は～まで進みましたか Où en êtes-vous de votre travail? 彼は～を通ったの Par où est-il passé? ¶～から見ても à tous les points de vue; à tous égards. さあ～からでもかかって来い Vas-y, tu peux t'amener par où tu veux! ～に，へ] tout partout. ～にでも生える植物 plante f qui pousse partout. それは～にでもあるものだ On en voit à la douzaine (à la pelle, en pagaille)./Ça court les rues. それは～にも見つからなかった On ne l'a trouvé nulle part. あなたが～にいようと会いに行きますよ Où que vous soyez, j'irai vous voir. ～へでもお伴します J'irai où vous voudrez./Je vous suivrai partout (n'importe où). 彼は～までもあなたを信頼している Il a en vous une confiance sans limites. ⇨ あくまで(飽くまで). ◆¶そんなことをいているの～のどいつだ Qui est-ce qui se permet de telles choses? ～の馬の骨か分らない奴に娘をくれてやるとはね Donner la main de ma fille à un je ne sais qui! ～かしら ⇨ どこか(何処か). それを～に置いたの(で見つけたの) Où les avez-vous mis (trouvés)? そんなことは～吹く風と彼は聞き流した Il n'en a pas tenu le moindre compte.

どご 土語 langue f vernaculaire.

とこあげ 床上げ [祝い] fête f du rétablissement de qn. ～の祝いをする fêter le rétablissement de qn.

とこいり 床入り ¶～する [新婚初夜] entrer dans la couche nuptiale.

とこう 渡航 voyage m; [船による] passage m. ¶～する aller (passer) à. ‖～者 passager(ère) m(f). マルセイユまでの～賃を支払う payer son passage jusqu'à Marseille. ～手続きをする remplir les formalités requises pour voyager à l'étranger.

どごう 怒号 cri m; rugissement m; †hurlement m; vociération f. この提案は人々の～を呼んだ Cette proposition a soulevé un tollé. ¶～する crier; rugir; †hurler; vociférer. 海が～するのが聞えた J'ai entendu la mer rugir.

どこか 何処か ¶～で(に，へ，を) quelque part; je ne sais où. ～で見た顔だ C'est un visage que j'ai déjà vu quelque part./Ce visage me dit quelque chose. この文章はユーゴーの作品の～で読んだ J'ai lu cette phrase quelque part dans Victor Hugo. 友人は～かへ行ってしまった Mon ami est allé je ne sais où. 彼はここにはいない，～他を探さなければならない Il n'est pas ici, il faut chercher ailleurs.

とこしえ 永え ¶～の éternel(le); perpétuel(le). ～の眠りにつく s'endormir du sommeil de la tombe. ～に éternellement; pour toujours; à [tout] jamais. ～に名を残す s'immortaliser; immortaliser son nom. ～に眠る dormir son (du) dernier sommeil.

とこずれ 床擦れ escarre f provoquée par un alitement prolongé.

どことなく ¶彼はどことなく気品がある Il a quelque chose de distingué.

とことん ¶～まで [飽くまで] sans limites; [最後まで] jusqu'au bout; jusqu'à la fin; [徹底的に] à fond. ～まで調査する pousser une enquête à fond. どんなに難しくても～までやりなさい Allez jusqu'au bout, quelles que soient les difficultés.

とこなつ 常夏 ¶～の国 pays m à l'été perpétuel.

とこばなれ 床離れ ¶～がいい(悪い) être rapide (lent) à se lever.

とこや 床屋 [人] coiffeur(se) m(f); barbier m; [店] salon m de coiffure.

とこやま 床山 coiffeur(se) m(f) pour les acteurs et les lutteurs.

ところ 所 [場所] endroit m; lieu(x) m; [置き場所・座席] place f; [地方] localité f; pays m; région f; contrée f; [空間] espace m. 非常に景色のよい～ endroit (pays, région) très pittoresque. 危険な～だ C'est un lieu dangereux. 木の橋をお渡りになったら，そこの～です Vous traverserez un pont en bois et vous y serez. 書架の棚にいくも空いた～がある Il y a des espaces vides sur les rayons de la bibliothèque. あなたが生れた～はどこですか Quel est votre lieu de naissance? 私のいる～から海が見える De l'endroit où je suis, j'aperçois la mer. 私はあなたが去年行った～で休暇を過します J'irai passer mes vacances là où vous êtes allé l'année dernière. 本を書架の所定の～に戻す remettre un livre à sa place dans la bibliothèque. あなたのお好きな～へ行きますよ J'irai où vous voudrez. ...の～で en présence de qn. 人々のいる～で en public. いたる～ partout; en tous lieux. ¶「～変れば品変る」 «Autres temps, autres mœurs.» ¶静岡はお茶～である Shizuoka est célèbre pour son thé. ◆[相応の地位] ～を得る être à sa place. そんな会話は悲しんでいる人々を前にして～を得ないものだ Cette conversation est déplacée en présence de personnes affligées. ◆[住居・住所] domicile m; [家] maison f; [住所] adresse f. 明確にお～を書いて下さい Ecrivez lisiblement votre adresse. ¶友人の～で(に, へ) chez mon ami.

◆[箇所] endroit; passage m; [側面] aspect m; 側面 m; [点] point m; [部分] partie f. 曲の難しい～を演奏するには exécuter des passages difficiles. ここが重要な～だ C'est là le point important (essentiel). そこが彼の弱い～だ C'est son [point] faible. この本には難しい～がある Il y a dans ce livre des endroits obscurs (difficiles). この本には何か面白い～がある Il y a des choses intéressantes dans ce livre. あなたの言うことには少しオーバーな～がある Il y a quelque peu d'exagération dans ce que vous dites. 彼は旅行で大いに得る～があった Il a beaucoup appris au cours de ses voyages. すぐ泣く～は母親そっくりだ Elle est comme sa mère, elle pleure pour un rien. ¶る～まで [jusqu']à un certain point. 第三幕が見～だ Le clou de la pièce est au 3e acte. ◆[事柄の内容] ¶あなたの言う～によりば d'après ce que vous dites. 聞く～によれば... だ On dit que ind./J'ai entendu dire que ind. 知る～では ⇒かぎり(限り). 見た～からは見～な in apparence; apparemment. そんな～だ C'est à peu près ça. ◆[場合・時] ¶今の～ pour le moment; pour l'heure. この～ ces jours-ci; les temps derniers; ces derniers temps. 彼の口を出す～ではない Ce n'est pas à moi de en parler. 今日の～は勘弁してやろう Bon, ça va pour cette fois. こちらから御挨拶に行かなければならない～ですが... Je devrais passer vous saluer mais.... ◆[動作の進行(完了)を示し] ¶彼の手紙を受取った～だ Je viens de recevoir de ses nouvelles. 彼は出かけようとしている～だ Il est sur le point de partir. 彼は本を読んでいる～だ Il est en train de lire. お仕事をなさっている～お邪魔ではありませんか Est-ce que je ne vous dérange pas dans votre travail? 危なく...する～だ ⇒あぶない(危ない).

◆[ところで] ¶やってみた～意外とやさしかった A le faire, c'était plus facile que je ne pensais. 出かけようとした～財布を忘れているのに気づいた Au moment de partir (où je partais), je me suis aperçu que j'avais oublié mon portefeuille.

-どころ ¶彼は馬鹿ではない, それ～じゃないII n'est pas bête, tant (il) s'en faut. 交通事故は減る～ではない Les accidents de la circulation sont loin de diminuer. こんなに忙しいのに外出する～ではない Occupé comme je suis, ce n'est pas le moment de m'absenter. 今そんな話をする～ではない Ce n'est pas le moment de parler de cela. 彼は無欲では...それ～か Il n'est pas désintéressé, loin de là! 彼はフランス語か～日本語も話せ Lui, parler le français? Il ne sait même pas le japonais. 彼はあなたに敵意を持っている～か, 尊敬していると言っている Bien loin qu'il ait des sentiments hostiles, il proclame son estime pour vous.

ところが mais; cependant; pourtant; [に反し][bien, tout] au contraire. 彼の家へ行った～あいなく彼に会うことは出来なかった Je suis allé chez lui, mais malheureusement je ne l'ai pas vu. 簡単だと思っていた～難しかった C'est à tort que j'ai cru que ce serait facile.

-**どころか** ⇒ -ところ.

ところがき 所書 ¶差出人の～を書き忘れないように N'oubliez pas de mettre l'adresse de l'expéditeur. ⇒ じゅうしょ(住所).

ところきらわず 所嫌わず partout; en tout lieu.

ところせまし 所狭し ¶テーブルの上に不要な書類が～と置いてある Un amas de paperasses encombre la table.

ところで or; eh bien; au fait; à propos. ～お嬢さんはお元気ですか A propos, comment va votre fille? 彼らはベンチに長いこと座っていた. ～時間はすでに10時を回っていた Ils étaient assis depuis un bon moment sur le banc. Or il était déjà dix heures passées. ～私にどうしてもらいたのか Alors, qu'avez-vous à me demander? ¶[...したとしても] ¶そんなに努力してみた～どうなる A quoi bon tous ces efforts? 今更泣言を言った～何になる A quoi ça sert de se plaindre?

ところどころ 所々 ici et là; çà et là; par endroits; en plusieurs endroits. ¶この本は～非常に優れた所があるように思える Ce livre me paraît très bon par endroits. 彼の服は～破れている Son vêtement est déchiré en plusieurs endroits.

ところばんち 所番地 ⇒ じゅうしょ(住所), ところがき(所書).

とざい 吐剤 vomitif m; émétique m.

とさか 鶏冠 crête f. 鶏の～ crête de coq. ¶～に来るね Ça me fait monter les murs.

どくさく ¶～にまぎれて pêchant en eau trouble. 火事の～で家具を盗まれた Dans le branle-bas de l'incendie, on nous a volé des meubles.

とざす 閉ざす fermer; clore. ...に対して心を～fermer son cœur à. 口を閉ざしている avoir la bouche close; fermer la bouche; se taire. 悲しみに閉ざされている être plongé dans la tristesse. ¶氷に閉ざされた船 navire m bloqué par les glaces. 未来は閉ざされている L'avenir est bouché.

とさまわり どさ回り ¶劇団の～ tournée f théâtrale. 日本国中～して歩く faire une tournée au Japon. ～の ambulant. ～の劇団 comédiens mpl ambulants; troupe f en tournée.

どさり ¶彼女はショックで気を失うと～と倒れた Sous le choc, elle est tombée évanouie comme une masse.

とざん 登山 ascension f; [スポ] alpinisme m. ¶～する faire une ascension en montagne; pratiquer l'alpinisme; [よじ登る] escalader; gravir; monter. 彼は富士～をした Il est monté au sommet du Fuji. ～家 alpiniste mf. ～靴 brodequins mpl d'alpiniste. ~クラブ club m alpin. ~電車 chemin m de fer de montagne; [ケーブルカー] funiculaire m; [アプト式] [chemin de fer à] crémaillère f. ~用具 équipement m d'alpinisme.

とし 都市 ville f; cité f; [主要都市] métropole f. ‖大学~ ville universitaire. ~化 urbanisation f. ~化する urbaniser. ~計画 urbanisme m. ~国家 [古代ギリシアの] cité; [自由都市] cité libre. ~対抗野球 match m de base-ball interurbain.

とし 年 ⇨ ねん(年). ¶私の生れた~ année f de ma naissance. 雨の多い~ année pluvieuse. ~が明ける(暮れる) L'année commence (finit). どうぞ良いお~を Bonne année! ¶~の市 marché m de fin d'année. ~の始めに(暮れに) au commencement (à la fin) de l'année. ~毎に année en année; d'une année à l'autre. ワインの質は~と共に変化する La qualité du vin est variable d'une année à l'autre.

とし 年(齢) âge m; an m. ¶~を隠す cacher son âge. ~をたずねる demander à qn son âge. ~をとる vieillir; avancer en âge; prendre de l'âge. ひとつ~をとる avoir un an de plus. お~は Quel âge avez-vous? 彼の~は 30 だ Il a trente ans. 彼の~は分らない On ne lui donne pas son âge. 僕の~はいくつだと思いますか Quel âge me donnez-vous? 俺も~だなあ Ah, je me fais vieux. 私はもうそんなことに手を出す~ではないよ J'ai passé l'âge de m'occuper de cela. あなたくらいの~では用心が肝要です À votre âge, il faut prendre certaines précautions. ~には勝てない On ne peut rien contre l'âge. 彼は 60 の~に死んだ Il est mort à l'âge de soixante ans. 彼はあっという間に 10 歳も~をとったようだ Il a vieilli de dix ans en peu de temps. 彼は病気をして~をとってしまった La maladie l'a bien vieilli. ¶~若い(若く) jeune. ~とった vieux (vieil, vieille); âgé; d'âge. かなりの~の d'un certain âge. ~で腰の曲った courbé par l'âge. ~の分らない男 homme m qui n'a pas d'âge. ~より若く見える Il ne paraît (porte) pas son âge. ~より老けて見える On ne lui donnerait pas son âge. 彼は~より老けて見える Il paraît plus jeune que son âge. 彼は~より老けて見える Il fait (Il paraît déjà) plus vieux que son âge. ~若くして死ぬ mourir jeune. この子は~の割には大人だ Cet enfant est avancé pour son âge. ~の功で彼が選ばれた Il a été élu au bénéfice de l'âge. □ としうえ(年上), としした(年下), おないどし(同い年). ~と共に財産も出来た La fortune est venue avec l'âge. いい~をして恥かしくない On n'as pas honte, à ton âge! □ ~相応に見える(見えない) paraître (pas) son âge.

とし 綴じ ¶背革に~にする relier le dos d'un livre en cuir. ‖~糸 fil m à relier. 和~ livre m à la japonaise.

どじ ¶~を踏む faire (commettre) une gaffe. ~ばかり踏んでいる Il ne fait que des gaffes.

としうえ 年上 ¶~の plus âgé; aîné. 兄弟(姉妹)の中で一番~である être le plus âgé de ses frères (sœurs). 彼は私より 2 つ~だ Il est plus âgé que moi de deux ans./Il est mon aîné de deux ans. 彼は私より 1 つか 2 つ~のはずだ Il doit être mon aîné d'un ou deux ans.

としがい 年甲斐 ¶~もなく声を荒げてしまった Mon âge ne m'a pas permis de modérer le ton.

としかさ 年嵩 ⇨ としうえ(年上).

としがたい 度し難い [手に負えない] intraitable; [直せない] incorrigible; [悔い改めない] impénitent; invétéré; endurci. ~酒飲み buveur m invétéré (endurci). ~欲望 désir m irrésistible.

としかっこう 年格好 ¶あなたぐらいの~の男 homme m de votre âge. 彼等は同じ~だ Ils sont du même âge. 彼は 40 くらいの~だ Il peut avoir quarante ans.

としご 年子 ¶この姉妹は~です Ces sœurs sont nées à un an d'intervalle. 僕には~の弟がいる J'ai un frère qui est moins âgé que moi d'un an.

としこし 年越し ¶~をする passer la dernière nuit de l'année.

としごと 年毎 ⇨ とし(年), ねんねん(年々).

としじ 綴じ ¶~新聞 liasse f de journaux. ‖新聞の~求人広告 page f des petites annonces. 雑誌の~広告 encart m publicitaire d'une revue.

としこむ 綴じ込む ¶雑誌に内容見本の広告を~ encarter un prospectus dans une revue.

としこめる 閉じ込める [renfermer]; retenir; bloquer. 悪天候で私達は一日中家に閉じ込められた Le mauvais temps nous a retenus toute la journée à la maison. 川の氾濫のために住民たちは家に閉じ込められている Les eaux de la rivière en crue assiègent les habitants dans leurs maisons.

としこもる 閉じ籠る s'enfermer; se renfermer; se cantonner; [一人になる] se cloîtrer; s'isoler; se confiner; [隠遁する] se retirer. 自分の殻に~ se renfermer dans sa coquille. 私は書斎に閉じ籠もった Je me suis enfermé (isolé) dans mon bureau. 試験準備のために彼女は 1 週間自分の部屋に閉じ籠った Elle s'est cloîtrée (claquemurée) toute la semaine dans sa chambre pour préparer son examen. ¶家に閉じ籠ったままでいる rester enfermé (claustré) chez soi. 部屋に閉じ籠ったままの病人 malade mf qui garde la chambre.

としごろ 年頃 ¶物心のつく~ âge m de raison (connaissance). ...する~になる(である) arriver à l'âge (être en âge) de inf. ~の娘 fille f nubile (mariable, en âge de se marier); [一人前の女] femme f. 私たちの~は à notre âge nos jours.

としした 年下 ¶~の plus jeune; moins âgé; [弟/妹] cadet(te). 兄弟(姉妹)の中で一番~である être le plus jeune de ses frères (sœurs). 彼は私より 2 つ~だ Il est moins âgé (plus jeune) que moi de deux ans./Il est mon cadet de deux ans. 彼は私より 2 つ~のはずだ Il doit être mon cadet d'un ou deux ans.

どしつ 土質 nature f du sol.

としつき 年月 ⇨ ねんげつ(年月).

-として […の立場(名目)で] comme; en tant que; en qualité de; en; pour. 誠実な人間~振舞う agir en honnête homme. 金持ち~通っている passer pour riche. 年長者~あなたがお話すべきです Comme doyen d'âge, c'est à vous de faire le discours. 彼は後見人~相続の管理を説明しなければならない En qualité de tuteur, il doit rendre compte de l'administration de la succession. 彼は私にあなたの友人~自己紹介した Il s'est présenté à moi en tant qu'ami de votre ami. 私~はそう思います Pour (Quant à) moi, je pense ainsi. ¶贈り物~私が受取った本 le livre m que j'ai reçu en cadeau. ◆ […の割に] ¶この季節~は涼しいね Il fait frais pour la saison. 彼の年齢~は, 彼はしっかりしている Il est assez fort pour son âge. ◆ […は措け] ¶それはいい~, …. それはそれ~話を変えよう Quoi qu'il en soit, passons à autre chose. ◆ […と仮定して] ¶天気が良い~ à supposer (en supposant) qu'il fasse beau. ◆ […さえも] ¶何ひとつ~彼の行動には非難されるところはない Il n'y a rien de blâmable (à lui reprocher) dans sa conduite. 誰一人~来なかった Il n'en est venu aucun./Aucun d'entre eux n'est venu./Personne n'est venu.

どしどし ⇨ どんどん.

としなみ 年波 ¶寄る~で眼が弱くなる La vue s'affaiblit avec l'âge. 寄る~で腰の曲った老人 vieillard *m* courbé sous le poids des années. ⇨ とし(年, 齢).

とは 年端 ¶~の行かぬ子供 enfant *mf* jeune (d'âge tendre, en bas âge, jeunet (te)). ~も行かぬ頃から dès sa première jeunesse; dès *sa* tendre enfance.

としま 年増 femme *f* mûre (adulte). ‖大~ femme *f* qui prend de l'âge. (?)

としまり 戸締り ¶~をする verrouiller portes et fenêtres. 彼はバカンスに出掛ける前にアパートの~をした Il a fermé (verrouillé) son appartement avant de partir en vacances. ~の良い(悪い)家 maison *f* bien (mal) fermée.

としまわり 年回り ¶彼は今年は~が悪いからね Il est dans une année néfaste.

としゃ 吐瀉 vomissement *m*. ¶~する vomir *qc*. ‖~物 vomissure *f*.

どしゃくずれ 土砂崩れ ¶~を起す provoquer un éboulement. ~の恐れにより道路のこの部分は通行止めになった On a barré cette partie de la route par crainte d'éboulements.

どしゃさいがい 土砂災害 dégâts *mpl* causés par l'éboulement de terrain.

どしゃぶり どしゃ降り ¶~である Il pleut à torrents (à verse, à flots, à seaux). ~の雨の中で sous une pluie battante (torrentielle).

としゅ 徒手 ‖~空拳で[丸腰で] sans arme; à mains nues; [元手なしで] sans capital. ~体操 gymnastique *f* suédoise.

としゅ 斗酒 ¶彼は~も辞せずだよ Il boit comme un trou.

としょ 図書 livre *m*. ~を整理する(分類する) ranger (classer) des livres. ‖児童~ livres pour enfants. ~閲覧室 salle *f* de lecture. ~室 bibliothèque *f*. ~目録 catalogue *m* de livres.

としょ 屠所 ¶彼はまるで~の羊だった Il était comme un mouton qu'on mène à l'abattoir.

としょう 徒渉 ¶川を~する passer une rivière *f* à gué. (?)

とじょう 途上 ¶発展~にある国 pays *m* en voie de développement. ⇨ とちゅう(途中).

どじょう 泥鰌 loche *f*. 「柳の下にいつも~は居ない」«Une fois n'est pas coutume.» ‖~髭 moustache *f* à poils rares.

どじょう 土壌 sol *m*; terre *f*; terrain *m*. 粘土質の(やせた)~ sol argileux (aride). 肥沃な~ sol (terre, terrain) fertile. ‖~学 pédologie *f*.

どしょうぼね 土性骨 ⇨ こんじょう(根性).

としょかん 図書館 bibliothèque *f*. ‖公立(私立)~ bibliothèque municipale (privée). 巡回~ bibliobus *m*. ~員 bibliothécaire *mf*. ~学 bibliothéconomie *f*. ~長 directeur (trice) *m(f)* de la bibliothèque.

としょく 徒食 ‖無為~の毎日を送る traîner une existence désœuvrée.

としより 年寄 vieillards *mpl*; [男] vieillard *m*; vieil homme *m*; [女] vieille femme *f*; [集合] vieillesse *f*. ~の vieux (vieil, vieille); âgé; [俗] vioc(que) *m(f)*. ~になる vieillir; se faire (devenir) vieux (vieille). ~くさい vieillot(te); vieilli; démodé; dépassé. ~くさい感じ air *m* vieillot. 彼は~くさい顔をしている Il a les traits du visage vieillis. ~じみたことを言うなよ Ne joue pas les vieux sages.

とじる 綴じる mettre *qc* en liasse; [本を]relier; [仮製にする] brocher; [クリップで] attacher avec une agrafe; agrafer. 領収書はクリップで手紙の下部に綴じてある La quittance est attachée au bas de la lettre par une agrafe. ¶この本は綴じ方が雑だ Ce livre est mal broché.

とじる 閉じる fermer; clore; [閉まる] se fermer. 会を~ clore la séance. ¶閉じた ferme; clos. 目を閉じて yeux clos.

としん 都心 centre *m* (cœur *m*) de la ville.

どしん ¶~と彼は地面に落ちた Paf! (Boum!), il est tombé par terre. 車がスリップして壁に~とぶつかった L'auto a dérapé et est allée s'aplatir contre le mur.

トス ¶~を上げる [バレーボールで] faire une passe aérienne.

どす [短刀] poignard *m*. ~を呑む [懐中に] cacher un poignard dans *son* sein. ◆[凄み] ¶~をきかせた声で d'une voix menaçante.

どすう 度数 ⇨ かいすう(回数), ど(度). ‖~分布 [統] distribution *f* de fréquences.

どすぐろい どす黒い noirâtre. 点々と滴った~血の跡 traînée *f* brunâtre de sang.

どする 賭する ⇨ かける(賭する).

どすん ⇨ どしん.

とせい 渡世 métier *m*; gagne-pain *m inv*; [俗] boulot *m*. ¶彼は大工を~としている Il est charpentier de son métier. ‖~人

とせい 渡世 ⇨ わたし(渡し).

とせい 都政 administration *f* municipale de Tokyo.

どせい 土星 Saturne *m*. ～の環 anneau *m* de Saturne.

どせい 土製 ～の en (de) terre; [テラコッタの] en (de) terre cuite.

どせい 怒声 éclat *m* de voix; cri *m* de colère (de fureur).

とぜつ 途絶 interruption *f*; suspension *f*; arrêt *m*; cessation *f*. ～している Les communications sont interrompues. ⇨ とだえる(跡絶える).

とせん 渡船 ⇨ わたし(渡し).

とそう 塗装 peinture *f*. ¶～する peindre *qc*; enduire *qc* de *qc*. 雨戸を緑に～する peindre ses volets en vert. ‖ 吹付け～ peinture au pistolet. ～工 peintre *m* [en bâtiment[s]].

どそう 土葬 enterrement *m*. ～する enterrer.

どぞう 土蔵 grenier *m*; †hangar *m* bâti à chaux et à sable.

どそく 土足 ¶～で sans se déchausser. あれは他人の心に～で入って来るような奴だ Ce type-là piétine vos sentiments avec ses gros sabots. ‖「～厳禁」《Défense d'entrer en chaussures.》

どぞく 土俗 coutumes *fpl* (mœurs *fpl*) locales.

どだい 土台 もともと(元々), まったく(全く). ¶～筋の通らない話だ Ça ne tient pas debout. ～君には無理だったんだ Je savais d'avance que tu en étais incapable.

どだい 土台 [建物の] fondation *f*; [国, 社会などの] fondement *m*; assise *f*; base *f*; [理論などの] fondement *m*; principe *m*; base. 建物の～を据える (据えない) poser (jeter) les fondations d'un édifice. …は…の～とする fonder (baser) *qc* sur *qc*. 何事も～が肝心である En toutes choses, l'important c'est les bases. この家は～がしっかりしている Les fondations de cette maison sont solides. 君の理論は第一～があやふやだ Les bases de ton raisonnement sont flottantes. 何をもとにしてそんな推論を立てたのか Sur quoi fondez-vous votre argumentation? ～石 pierre *f* angulaire.

とだえる 跡絶える ⇨ とぎれる(跡切れる). ¶話が～ La conversation s'interrompt. 夜になると, この通りも人通りが～ Le soir, cette rue est déserte. 車の流れ(通信)が跡絶えた La circulation (La communication) s'est interrompue. 彼らからの便りは跡絶えたままだ Je suis (Nous sommes) toujours sans nouvelles de lui.

どたぐつ どた靴 godillots *mpl*.

とだな 戸棚 armoire *f*; [壁の中に作られた] placard *m*. 衣裳～ penderie *f*; garde-robe *f*. 食器～ buffet *m*.

どたばた ¶彼は～と大急ぎで出て行った Il est sorti en catastrophe. ‖ ～喜劇 farce *f* bouffonne (burlesque); [映画] film *m* burlesque. ～騒ぎをする faire un bruit infernal; faire du vacarme.

どたり ¶～と倒れる tomber lourdement.

とたん 塗炭 ¶～の苦しみを舐める essuyer (subir, passer par) de dures épreuves; boire le calice jusqu'à la lie.

とたん 途端 ¶出かけようとした～に au moment [même] de partir (où je partais); à l'instant [même] où j'allais partir. テーブルについた～に, 彼は自分の体験談を始めた Sitôt (Aussitôt) attablé, il s'est mis à raconter son aventure. 眠った～に, 彼らは起こした A peine endormi, on l'a réveillé. 私は会った～彼だと分った Je l'ai reconnu aussitôt (dès) que je l'ai vu. 彼女は立った～めまいがした En se levant elle a eu le vertige.

トタン ‖ ～板 tôle *f* galvanisée; fer *m* gaufré. ～製造(販売)業 tôlerie *f*. 屋根を～ぶきにする zinguer un toit; couvrir un toit de tôle ondulée. ～屋 plombier *m* zingueur. ～屋根 toit *m* de zinc (de tôle ondulée).

どたんば 土壇場 ¶～に追い込まれている être aux abois; être réduit à la dernière extrémité. ～で逆転する gagner à l'arraché (sur le poteau). この～の中 dans cette extrémité.

とち 土地 terre *f*; [地所] terrain *m*; fonds *m* [de terre]; [所有地] propriété *f* [foncière]; domaine *m*; [領土] territoire *m*. 100平方メートルの～ cent mètres carrés de terrain. ～を耕す cultiver (labourer) la terre. ～を改良する (掘り返す) amender (retourner) une terre. ～を買う (売る) acheter (vendre) une terre. 2 ヘクタールの～を買う acheter deux hectares de terrain. 東京の～の値段 prix *m* du terrain à Tokyo. ～で儲けを はかる spéculer sur les terrains. ¶～付きの家 maison *f* et le terrain y attenant. ‖ ～改革 réforme *f* agraire. ～家屋 terrains et immeubles *mpl*. ～所有者 propriétaire *m* foncier(ère); propriétaire terrien(ne). ～台帳 cadastre *m*. ～台帳に記入する cadastrer. ～に記入する cadastrer. ◆[地質] sol *m*. 肥えた～ sol (terre, terrain) fertile. やせた～ sol aride; terre stérile (maigre). ◆[地方] ～の言葉 parler *m* régional; dialecte *m*; patois *m*. ～の産物 produit *m* local (du pays). その～の人々は非常に愛想がよい Les gens de l'endroit sont très aimables. ～柄の悪いところ lieu(x) *m* mal famé. ～訛り accent *m* régional (du pays).

とち 栃 ¶～の木 marronnier *m* d'Inde. ～の実 marron *m* d'Inde. ‖ ～の木科〔植〕 hippocastanacées *fpl*.

どちゃく 土着 ¶～の autochtone; aborigène; autochtonne; ～民 autochton *m*; aborigènes *mpl*; indigène *mf*; naturel *m*.

とちゅう 途中 ¶この電車は～の駅には止まりません Ce train ne s'arrête qu'aux gares principales. …している～だ ⇨ ところ(所). ～で en chemin; en [cours de] route; chemin faisant; [中途で] à moitié chemin; à mi-chemin. 私たちは～で彼に会った Nous l'avons rencontré en chemin. ～でやめる s'arrêter à mi-chemin (moitié chemin). …の～で dans le cours de *qc*; au cours de *qc*; en cours de *qc*. 会話の～で dans le cours de la conversation. 散歩の～で au cours d'une promenade. 旅行の～で pendant le voyage. お仕事の～お邪魔ではありませんか Je ne vous

どちら dérange pas dans votre travail? 授業が終って出てくる~私は彼に会った Je l'ai vu à ma sortie de classe. 駅へ行く~、彼は話を続けた Sur le chemin de la gare, il a poursuivi son récit. ~ずっと、彼は一言も言わなかった En route, il n'a pas dit un mot. ~まで御一緒します Je ferai un bout de chemin avec vous. ‖ ~計時 temps *m* de passage. …で~下車を interrompre son voyage à. この切符は~下車前途無効である Ce billet ne permet pas de descendre aux gares intermédiaires.

どちら [二者択一] lequel (laquelle). 2つの~~かを選ぶ choisir entre deux choses. 行くか残るか~かを選ぶ choisir de partir ou de rester; choisir si l'on part ou de rester. これら2つのネクタイのう~がお好きですか Laquelle de ces deux cravates préférez-vous? ~かにさっぱり決めなさい C'est tout l'un ou tout l'autre. ~とも決めかねる [優劣をつけ難い] L'un vaut l'autre; [迷う] hésiter (flotter) entre *qc* et *qc*. ~でもお好きな方を取って下さい Prenez celui des deux qui vous plaira. ~でもよい Cela m'est égal. 彼等は~も来なかった Ils ne sont venus ni l'un ni l'autre. ‖ 彼は~かといえばおしゃべりだ Il est plutôt bavard. 彼は怠け者というより~かといえば呑気なんだよ Il est nonchalant plutôt que paresseux. ~にしても en tout cas; en tous les cas; dans tous les cas; de toute[s] façon[s]. ~[何処] ~のお国は~ですか ~の方ですか/De quel pays venez-vous? ~のお出かけですか Où allez-vous? ~の学校へ行っていらっしゃるのですか Quelle école fréquentez-vous?/[広い範囲で] Quel établissement fréquentez-vous? ~の学校を出られたのですか Où avez-vous fait vos études?/De quelle école sortez-vous? ‖ ~[誰] ~様でしょうか A qui ai-je l'honneur de parler?/[電話で取次ぐ場合] C'est de la part de qui?/[自分が相手を確かめる場合] Qui est à l'appareil?

とちる trébucher; faire un faux pas en parlant; [やりそこねる] faire (commettre) une gaffe. 難しい言葉を~ trébucher sur les mots difficiles.

とっか 特価 prix *m* spécial (de faveur); [見切り価格] prix de solde; [徳用] prix avantageux. ¶ ~で売る mettre *qc* en réclame; vendre *qc* en solde. ‖ ~品 article *m* vendu (mis) en solde; soldes *mpl*; [徳用品] article à un prix avantageux.

トッカータ toccata *f*.

どっかい 読解《政》lecture *f*. ‖ 第一~で可決された法令 loi *f* adoptée en première lecture.

どっかいりょく 読解力 ¶ 外国語に対する~をつける apprendre à lire une langue étrangère.

どっかり ¶ひじかけ椅子に~と座る se carrer (se caler, s'enfoncer) dans un fauteuil. ~とかっと.

とっかん 突喚 ¶ ~する [突撃する] pousser un (son) cri de guerre. 敵陣に~する se ruer sur l'ennemi en poussant un (des) cri(s) de guerre. ‖ 建設は~工事で行われた On a mené les travaux de construction tambour battant.

とっき 特記 ⇒ とくひつ(特筆).

とっき 突起 saillie *f*; protubérance *f*; proéminence *f*; éminence *f*; [瘤] bosse *f*; excroissance *f*. ¶ ~する former saillie; former une proéminence; être proéminent.

どっき 毒気 ⇒ どけ(毒気).

とっきゅう 特急 train *m* rapide; rapide *m*. 東京から博多行きの~ rapide Tokyo-Hakata. ‖ ~券 billet *m* de rapide. ~でひかりで出発する partir par le rapide Hikari.

とっきゅう 特級 ¶ ~の de qualité supérieure (excellente, extra); surfin. ~のワイン vin *m* extra (de qualité extra). ‖ ~酒 saké *m* de classe spéciale.

とっきょ 特許 brevet *m* (d'invention). 発明に~を与える breveter une invention. ~を申請する demander un brevet. ~を登録する déposer un brevet. ~をとる prendre un brevet. ¶ ~をとった breveté. ‖ このことに関しては俺の専売~だ Je m'y connais. 専売~権 propriété *f* industrielle. ~権所有者 détenteur(trice) *m(f)* d'un brevet. 「~出願中」《Demande de brevet a été déposée.》~庁 Office *m* national de la propriété intellectuelle (commerciale).

ドッキング [宇宙船などの] accostage *m*. ¶ ~する s'accoster.

とつぐ 嫁ぐ ¶ …に~ épouser *qn*; se marier avec (à) *qn*. 山田家に~ entrer dans la famille Yamada. 娘を嫁がせる marier *sa* fille à *qn*; donner la main de *sa* fille à *qn*.

ドック bassin *m*; dock *m*. ~に入る entrer dans le bassin. 船を~に入れる mettre un navire au dock. ¶ 浮~ dock flottant. 乾~, 涸~ cale *f* sèche; bassin de radoub. 人間~に入る subir un examen médical complet.

とっくに 疾っくに ⇒ とう(疾う). ‖ 彼は~こっちに着いてるよ Il y a longtemps qu'il est arrivé ici.

とっくみあい 取っ組合い lutte *f* corps à corps; corps à corps *m inv*. ~をする lutter corps à corps avec *qn*; [俗] se colleter avec *qn*; [互に] se battre corps à corps; s'empoigner; [俗] se colleter. 彼等は引き離されなかったら、~をしていただろう Si on ne les avait pas séparés, ils se seraient empoignés.

とっくり 徳利 flacon *m* de saké en porcelaine. ‖ ~セーター chandail *m* (pull-over *m*) à col roulé.

どっくりと ⇒ とくと(篤と).

ドッグレッグ chien *m* de fusil.

とっくん 特訓 entraînement *m* (exercice *m*) spécial. ¶ ~する s'entraîner spécialement *qn*. ~を受ける subir un entraînement spécial.

とっけい 特恵 ¶ ~を受ける bénéficier d'un traitement préférentiel (de faveur). ‖ ~関税 droits *mpl* de douane préférentiels. ~税率 tarif *m* préférentiel.

とつげき 突撃 assaut *m*; charge *f*; attaque *f*; [号令]《A l'assaut!》,《Chargez!》¶ ~する donner (livrer) l'assaut à; charger. 敵に向って~する charger l'ennemi. ‖ 銃剣~ charge à la baïonnette. ~隊 troupe *f* d'assaut. ~らっぱを鳴らす sonner la charge.

とっけん 特権 privilège *m*; prérogative *f*; attribut *m*; [外交官, 議員などの] immunité *f*. ~を与える donner (concéder) un privilège à qn. ...する~を手に入れる avoir (obtenir) le privilège de *inf*. ~を行使する user de *son* privilège. ~を廃止する abolir (supprimer) le(s) privilège(s) de qn. 特赦権は国家元首の~である Le droit de grâce est un attribut du chef de l'Etat. ‖~階級 classe *f* privilégiée. ~階級意識 esprit *m* de caste.

どっこい ‖~その手には乗らないよ C'est inutile. Je lis dans votre jeu. ~そうはいかないよ Vous ne m'aurez pas./Ça ne prend pas avec moi.

どっこいしょ Allez!

どっこいどっこい [どちらも~だ L'un vaut l'autre. ⇒ こう(甲).

とっこう 徳行 action *f* (conduite *f*) vertueuse. ‖~を似って知られている avoir la réputation d'être vertueux(se).

とっこう 特効 ‖...に~のある spécialement efficace pour qc; très bon pour qc. ‖...の~薬 [remède *m*] spécifique pour de qc. 虚栄心に対する~薬は笑いである Le remède spécifique de la vanité est le rire.

とっこう 特攻 ‖~機 avion(s)-suicide *m*; kamikaze *m*. ~隊 commando *m*; bataillon *m* de pilotes-suicide. ~隊員 kamikaze.

とっこう 篤行 bonne action *f* (conduite *f*); conduite honnête.

とっさ 咄嗟 ‖~の instantané; rapide; prompt. ~の気転がきく avoir l'esprit prompt (vif). ~の急を救う sauver qn d'un danger imminent. ~の思いつきで sous l'inspiration (l'impulsion) du moment. ~の間に [短時間に] un instant; [たちまちのうちに] en un clin d'œil; [即座に] immédiatement; [すばやく] très rapidement (promptement); [突然] soudain; brusquement. 彼は~に見事なパンチを相手にくらわせた Rapide comme l'éclair, il a frappé son adversaire d'un formidable coup de poing.

どっさり ⇒ たくさん(沢山).

とっしゅつ 突出 ‖~部 saillie *f*; [壁, 断崖などの] surplomb *m*. ⇒ つきでる(突出る).

とつじょ 突如 ⇒ とつぜん(突然).

どっしり ‖~した massif(ive); épais(se); imposant. ~した扉 porte *f* massive (pesante). ~した本格 taille *f* imposante. ~と massivement. ~と構える prendre une pose imposante. ~と座る ⇒ どっかり, どかっと.

としん 突進 ‖~する se précipiter; s'élancer; [飛びかかる] se ruer (jeter) sur. 全速力で~する foncer à toute allure. 炎が炎を見て出口に~した Dès qu'il a vu les flammes, il s'est précipité (élancé) vers la sortie. ⇒ とびかかる(飛懸る).

とつぜん 突然 tout à (d'un) coup; [急に] soudain, [不意に] soudainement, brusquement; subitement. 私たちの出発しようとするときに彼がやって来た Il est survenu au moment de notre départ. ‖~の soudain; brusque; subit; [予期できぬ] imprévu; inattendu; inopiné; [突然の] ~死 mort *f* soudaine (subite). ~の出来事 événement *m* imprévu (inattendu, inopiné, fortuit). ‖~変異 [生] mutation *f* brusque.

とったん 突端 pointe *f*; extrémité *f*. 島の~でキャンプする camper à la pointe (l'extrémité) de l'île.

どっち ⇒ どちら. ‖暑いか寒いか~~ともつかんね Fait-il chaud ou froid? — C'est entre les deux. ~にするかはっきりさせなさい C'est à prendre ou à laisser. ~も~だ Ils sont aussi mauvais l'un que l'autre. ‖~つかずの mi-figue, mi-raisin. ~つかずの笑い sourire *m* mi-figue, mi-raisin. ~つかずの態度 attitude *f* ambiguë.

どっちみち en tout cas; en tous les cas; dans tous les cas; de toute[s] façon[s]. ~危険を冒すのなら...すればよかった Danger pour danger, j'aurais dû *inf*.

とっちめる secouer [les puces à] qn; attraper; engueuler. 遅刻した者はこっぴどくとっちめられた Les retardataires ont été attrapés (engueulés).

とっつき ‖~やすい人間である être d'un abord (avoir l'abord) facile. ~にくい人間である être d'un abord (avoir l'abord) difficile (sévère). 彼は~やすい人だ C'est un homme d'un abord facile (très abordable). 彼は入り~やすくはない Il est d'un abord difficile (peu accessible). ◆[一番手前] 右手の~の部屋 la première chambre à votre droite.

とって 取手 poignée *f*; bouton *m*; [水差し, 籠などの] anse *f*; [ハンドル] manette *f*; [鍵のいちばん平たい形ハンドル] bec[s]-de-cane *m*; [車の窓ガラスのハンドル] lève-glace[s] *m inv*. ~を回す tourner la poignée. 籠の~をドアの~に引っ掛ける accrocher l'anse du panier à la poignée de la porte.

~とって ‖彼の死は彼女に~新たな打撃だった Sa mort a été un nouveau coup pour elle. それは我々に~は単に金銭の問題ではない Pour nous ce n'est pas seulement une question d'argent.

とってい 突堤 jetée *f*; digue *f*; môle *m*; brise-lames *m inv*.

とっておき 取って置き ‖~のワイン vin *m* de derrière les fagots. ~の手を出す jouer atout. 彼は彼女に~のプレゼントを用意している Il lui prépare une surprise de derrière les fagots.

とっておく 取って置く réserver; garder; [保存する] conserver; [...のために予定する] destiner; [貯えておく] faire provision de qc. ...に席を~ retenir (réserver) une place à qn. 予備に~ mettre (avoir, tenir) qc en réserve. 明日のために取って置きなさい Gardez-en pour demain. この部署をあなたのために取って置きます Je vous destine ce poste.

とってかえす 取って返す retourner (revenir) sur *ses* pas (en arrière); faire demi-tour; rebrousser chemin.

とってかわる 取って代る supplanter; remplacer; évincer qn. ⇒ かわる(代(替)る). 長い

スカートが短いスカートに取って代わった Les jupes longues ont détrôné les jupes courtes.

とってくる 取って来る aller chercher; apporter; amener. 銀行へ行ってお金を取って来ます Je vais chercher de l'argent à la banque. 書斎に置いてきた新聞を取って来てくれ Apporte le journal que j'ai laissé dans mon bureau. 加藤さんの所に寄って，貸してある本を取って来てくれ Passe chez M. Kato prendre le livre que je lui ai prêté. 車を～まで行く Je vais amener ma voiture.

とってつけた ¶～のような affecté; forcé; [態度が] contraint; [作りものの] artificiel(le); factice; [いつわりの] de commande. ～のような笑い rire *m* forcé (factice, de commande). ～のような同情 apitoiement *m* factice (forcé, artificiel, feint). ～のようなお世辞を言う faire des compliments forcés à *qn*. ～ように artificiellement; artificielle.

どっと ¶～涙を流す verser des flots de larmes. ～病の床につく s'aliter subitement. ～拍手が起こる Des applaudissements s'élèvent. ～笑う éclater de rire. 金が～流れる L'argent y coule à flots. 群衆が～銀行の窓口に押し寄せた La foule a pris d'assaut les guichets de la banque. ～疲れが出た Je me suis senti brusquement très fatigué. サンマが～と入荷した Il y a eu un gros arrivage de sardines. 友人たちが～会いに来た Les amis sont venus me voir en foule.

とつとつ 訥々 ⇒ とつべん(訥弁).

とっとと ¶～出て行け Allez!/Sortez!/Ouste !/Fichez-moi le camp!

とつにゅう 突入 ¶～する faire irruption dans; se précipiter dans. ゼネストに～する se mettre en grève générale. 戦争に～する entrer en (dans la) guerre.

とっぱ 突破 [敵陣などの] enfoncement *m*; percée *f*; [障害などの] franchissement *m*. ～する enfoncer; percer; [包囲などを切開く] faire une percée; faire une trouée; [乗り越える] franchir; surmonter; vaincre. 敵陣を～する percer (enfoncer) le front ennemi. 難関を～する triompher d'une difficulté (d'un obstacle). 彼はすべての難関を～した Il a triomphé de toutes les difficultés. ¶～口 brèche *f*; trouée *f*; percée.

トッパー trois-quarts *m*.

とっぱつ 突発 ¶～する survenir; advenir; arriver. 思いがけないことが私たちに～しなければ時間通りに着いていたろう Nous serions arrivés à temps si un incident n'était survenu. ¶～事件(事故) événement *m* imprévu (inattendu, inopiné, fortuit); incident *m* imprévu; contretemps *m inv*; accident *m*.

とっぱん 凸版 ¶～印刷 impression *f* en relief.

とっぴ 突飛 ¶～な bizarre; fantasque; farfelu; [常軌を逸した] extravagant; [異常な] insolite; [非常におかしい] burlesque. ～な考え idée *f* farfelue (fantasque, loufoque). ～な質問(答え) question *f* (réponse *f*) saugrenue. ～な人 personne *f* fantasque. ～な事を

言う(する) dire (faire) des extravagances. 私は彼の～話を聞いている暇はない Je n'ai pas le temps d'écouter ses extravagances.

とっぴょうし 突拍子 ¶～もない ⇒ とっぴ(突飛). ～もない考え idée *f* burlesque (inouïe).

トッピング garniture *f*; nappe *m*.

トップ ¶国の(企業の)～ tête *f* (chef *m*, cerveau *m*) du gouvernement (d'une entreprise). ～を切る prendre (tenir) la tête. ～である être en (à la) tête de; être le premier (la première) de. ～に立つ être le premier (la première) place. クラスで～である être le premier (la première) de *sa* classe; être à la tête de la classe. いつも～で作文ができる生徒 élève *mf* qui est toujours premier(ère) en composition. ～で着く arriver le premier (la première). ページの～に戻る [ネットワーク上で] Haut de page. ¶～会談 entretien *m* au sommet. 新聞の～記事 article *m* à la une du journal. ～クラスの de première classe; de premier rang. ～モードの服を着ている être habillé à la dernière mode.

とっぷう 突風 coup *m* de vent; rafale *f*; bourrasque *f*; [海の] grain *m*. ～が吹く Le vent souffle par rafales. ～が彼の帽子を吹き飛ばした Un coup de vent lui a emporté son chapeau.

トップスピン 《スポ》 lift [lift] *m*. ボールに～をかける lifter une balle.

どっぷり ¶日が～と暮れた Il fait nuit noire.

どっぷり ¶ぬるま湯に～つかったような生活を送る croupir dans la paresse; vivre dans l'indolence.

トップレス ¶～の en monokini *inv*.

とつべん 訥弁 ¶～の人 personne *f* peu diserte (éloquente). ～である n'avoir pas une élocution facile; n'avoir pas la parole (le débit) facile.

どっぽ 独歩 ¶古今の～ sans pareil(le); sans égal(aux); incomparable; unique [au monde]. 独立の～ indépendant.

とつめん 凸面 ¶～鏡 miroir *m* convexe.

とつレンズ 凸～ lentille *f* convexe.

どて 土手 berge *f*; chaussée *f*; levée *f*; digue *f*; [傾斜面] talus *m*. 鉄道線路の両側に沿ってある～ talus qui bordent une voie de chemin de fer.

とてい 徒弟 apprenti(e) *m*(*f*); [女物仕立屋の] 《俗》 arpète (arpette) *f*. ¶～奉公に出る(出す) entrer (mettre *qn*) en apprentissage chez *qn*. ～奉公している être en apprentissage. ～奉公期間 apprentissage *m*.

どてっぱら 土手っ腹 ¶～に風穴をあける crever la paillasse à *qn*.

とてつもない 途轍もない ¶～野心 ambition *f* démesurée. 彼は～ことを言う Il se livre à des élucubrations. ⇒ とほう(途方).

とても ¶～そんなことは言ってはいられない状態だ Je suis dans une situation qui ne me permet pas de dire cela. ⇒ ひじょう(非常), とうてい(到底).

とでん 都電 tramway *m* métropolitain.

とど 胡獱 otarie *f* de Steller.

ととう 徒党 bande *f*; parti *m*; [同盟] ligue *f*; [分派] faction *f*; [利害を共にする] coterie *f*;

どとう clan *m*; cabale *f*; chapelle *f*; [悪事の] clique *f*. ¶～を組む former une bande (une petite chapelle). ¶～を組んで行く aller en bande.

どとう 怒濤 flots *mpl* en fureur (déchainés). ¶～逆巻く大海 mer *f* aux grands flots. ～の如く押し寄せる déferler en raz-de-marée.

どどうふけん 都道府県 ensemble *m* du territoire.

トトカルチョ pari *m* illicite.

とどく 届く [達する] atteindre *qc*; arriver à; s'élever à. 川の水が警戒水位に～ La rivière atteint la cote d'alerte. ここは足が～ [水中で] Ici, on a pied. 彼は間もなく40に手が～ Il va entrer dans sa quarantième année./Il frise (approche de) la quarantaine. 私の息子(娘)の身長はすでに私の肩まで届いている Mon fils (Ma fille) m'arrive déjà à l'épaule. 悲鳴が彼の所まで届いた Des cris sont arrivés jusqu'à lui. この棒では屋根に届かない Avec ce bâton, je ne peux pas toucher le toit. そこにスタンドを置いたら光がここまで届かない Si on met le lampadaire à cet endroit, la lumière n'arrive pas jusque-là. 私の目はそこまでは届かない Ma vue n'atteint pas jusque-là. オレンジは高くてまだ手が～かない Les oranges sont encore à des prix inabordables. ¶手の～所 à portée de la main. …の手の届かない所に置く mettre (placer) hors de la portée de *qn*. 彼の目(声)の～所 à portée de sa vue (voix). この子は親の目が届かないところで悪戯ばかりしている Cet enfant fait sans cesse de bêtises dès qu'on a le dos tourné. ◆[到着する] arriver (parvenir) à. その知らせは悪いときに届いたものだ Cette nouvelle vient bien mal. 私の手紙は届きましたか Ma lettre vous est-elle arrivée (parvenue)? ◆[願いなどが叶う] 私の願いは届いた Mes désirs (vœux) ont été exaucés (comblés). 私の想いはまだ彼女に届かない Elle n'a pas encore répondu à mes avances.

とどけ 届 déclaration *f*. ¶欠席(欠勤)～を出す demander par écrit l'autorisation de s'absenter; présenter par écrit la justification de *son* absence. 出生(子供の出生(婚姻))～を出す déclarer un enfant (son mariage) à la mairie.

とどけさき 届先 destination *f*; [受取人] destinataire *mf*.

とどける 届ける [送り届ける] envoyer (faire parvenir) *qc* à *qn*; [手渡す] remettre *qc* à *qn*; [註文品などを] livrer; [持って行く] porter. 小包を～ [配達する] livrer un paquet. 拾った財布を警察に～ porter un portefeuille trouvé au poste de police. 註文の品が自宅に届けられる Les commandes sont livrées à domicile. 手紙を～ 郵便配達人, facteur(trice) *m(f)* qui distribue le courrier. ◆[届出る] déclarer; faire une déclaration de. 盗難(子供が行方不明になったこと)を警察に～ signaler un vol (la disparition d'un enfant) à la police.

とどこおり 滞り [支払の遅延] retard *m*; [未払分] arriéré *m*; [停滞] stagnation *f*; [支障] obstacle *m*; empêchement *m*. 支払の～ retard dans un paiement. ¶～なく支払う payer ponctuellement. 全ては～なく進行した Tout s'est déroulé sans incident.

とどこおる 滞る ¶彼らの支払が滞っている Il est en retard pour payer./Ses paiements sont en retard. 郵便が滞っている La distribution postale est congestionnée. 仕事が滞っている Je suis en retard dans mon travail./Mon travail est en retard. 交渉が滞っている Les négociations sont bloquées. 滞っている借金を請求する réclamer une dette arriérée. 家賃を滞らせる être en retard pour payer *son* loyer.

とどのう 整う ¶…の準備が整っている être prêt à *inf*. 彼の部屋は全てがきちんと整っている Tout est bien rangé (en ordre) dans sa chambre. 整った顔立 traits *mpl* réguliers. 形の整った口 bouche *f* bien dessinée.

とどのえる 整える mettre *qc* en ordre; ranger; arranger; ajuster; [設備する] monter; [準備する] préparer. 住宅に家具を～ monter un ménage. 髪を～ s'arranger les cheveux; arranger (ajuster, ordonner) *sa* coiffure. 食卓を～ dresser (mettre) la table (le couvert). 書類を～ mettre des papiers en ordre; ranger (classer) des papiers. 服装を～ arranger *sa* tenue.

とどのつまり ⇨ けっきょく(結局). ¶～は…する羽目になるか être réduit à *inf*. ～は同じことだよ Ça revient au même.

とどまる 止(留)まる [停止する] ⇨ とまる(止まる). ◆[残る] rester; rester (redoubler [une classe]). 現職に～ rester (demeurer) à *son* poste. 多くの若者が故郷を出て行ったが, 彼は留まった Beaucoup de jeunes gens ont quitté leur pays, mais il y est resté. ¶～ことのない時の歩み marche *f* éternelle du temps. ¶[範囲を出ない] se borner à *qc*; être limité (restreint) à *qc*; s'en tenir à *qc*. 損害は100万円以内に止まった Les dommages n'ont pas dépassé un million de yen. 彼の活動はこの分野だけに止まらない Sa sphère d'activité ne se limite pas à ce domaine. ¶～ところを知らない勢力 pouvoir *m* sans limites (sans frein, sans restriction). 彼の野心は～ところを知らない Ses ambitions sont sans limites.

とどめ 止め ¶～を刺す donner (porter) le coup de grâce à *qn*; achever *qc*; porter un coup définitif à *qn*; [議論に] réduire *qn* au silence. 牛肉なら神戸に～を刺す [一番だ] De [la] vraie viande de bœuf, il n'y en a qu'à Kobé. ～の一撃 coup *m* de grâce; coup définitif.

とどめる 止(留)める ⇨ とまる(止める). ◆[残す] ¶…の痕跡を～ garder la trace (l'empreinte, la marque) de *qc*; marquer. 顔に火傷の跡を～ avoir sur le visage des traces de brûlure. 記憶に～ garder *qc* dans la (*sa*) mémoire; retenir. ◆[範囲を限る] ¶…にするに～ se borner à *qc* (*inf*); se contenter de *qc* (*inf*); s'en tenir à *qc*. 問題点をあげるに～ se contenter de soulever les points problématiques. 返事として彼は笑うだけに止めた Pour réponse, il s'est contenté de sourire.

とどろかせる 轟かせる ¶天下に名を～ être mondialement (universellement) connu; être réputé; jouir d'un renom universel. 感動を～ être palpitant d'émotion.

とどろき 轟き grondement *m*; retentissement *m*; [風, 海などの] mugissement *m*; [胸の] palpitation *f*. 雷鳴の～ grondement (roulement *m*) de tonnerre.

とどろく 轟く gronder; retentir; éclater; [風, 海などが] mugir. 喜びに胸が～ avoir le cœur qui palpite de joie. 激しい雷鳴が谷間に轟き渡った Un violent coup de tonnerre a retenti (éclaté) dans la vallée. ¶名声が全世界に轟いている être connu dans le monde entier.

ドナー [移植臓器などの提供者] donneur(se) *m* (*f*).

とない 都内 ¶～の小中学校は明日から休みに入る Les écoles primaires de la ville se mettront en vacances demain. ～のあちこちで un peu partout dans la capitale.

ドナウ ∥～川 le Danube.

となえる 唱える ¶万歳を～ pousser des hourras. 念仏を～ réciter (marmonner) des prières. もう～しかないよ Tu n'as plus qu'à faire tes prières en attendant. ◆[主張する] ¶新説を～ présenter (avancer) une nouvelle théorie. 不平を～ se plaindre de; faire grief de *qc* à *qn*. 異議を～ faire une objection; [抗議する] élever une protestation; protester contre.

となえる 称える ⇨ しょうする(称する).

トナカイ 馴鹿 renne *m*. ∥カナダ～ caribou *m*.

どなた 何方 ¶～ですか [そこにいるのは] Qui est là?/[電話で] Qui est à l'appareil?/[電話を取次ぐ時] C'est de la part de qui? ～様でしょうか, お名前は A qui ai-je l'honneur de parler?

どなべ 土鍋 casserole *f* en terre cuite; poêlon *m*.

となり 隣 [隣家] maison *f* voisine (d'à côté); [隣人] voisin(e) *m*(*f*). ¶～の voisin; d'à côté; prochain; attenant; [近くの] avoisinant. 右(左)の～ voisin de droite (de gauche). 一軒おいた右(左)の～の家 la deuxième maison à gauche (à droite). ...の～に腰掛ける s'asseoir à côté de (auprès de) *qn*. ∥～近所[の人々] voisinage *m*; environs *mpl*. ～近所に知れ渡っている être connu dans son voisinage. ～座敷 pièce *f* voisine. ～村 village *m* voisin.

となりあう 隣合う ¶...と～ être voisin de *qc*; être contigu(ë) à *qc*; avoisiner *qc*. 食堂は客間と隣合っている La salle à manger est contiguë (attenante) au salon.

となりあわせ 隣合わせ ¶...と～に住む demeurer porte à porte avec *qn*. 彼等は～に住んでいる Ils habitent porte à porte.

どなる 怒鳴る crier; brailler; †hurler; rugir; 《俗》beugler; gueuler. 怒って～ rugir de fureur (de rage). ...を怒鳴りつける(ちらす) crier après (contre) *qn*; tempêter contre *qn*. 彼は子供たちに怒鳴りちらした Il a tempêté contre ses enfants. 怒鳴り込む venir rouspéter chez *qn*.

とにかく ⇨ ともかく.

とねりこ 秦皮 frêne *m*.

どの 何の quel(le) *m*(*f*); [多くの中の] lequel (lesquels) *m*; laquelle (lesquelles) *f*. ～花がお好きですか Quelle fleur préférez-vous? これらのうちで～花がお好きですか Laquelle de ces fleurs préférez-vous? これだけたくさん本があるのに～本も面白くはない Parmi tant de livres, il n'y en a pas un d'intéressant (aucun ne me plaît). ～女と一緒だったの Avec quelle fille étais-tu? ～道を行きますか Quel chemin prenez-vous? ～辺りまで進んでいますか [仕事など] Où en êtes-vous? ¶～面さげて俺の家に来れるか Vous avez bien du culot de revenir!

-どの 殿 ⇨ さま(様).

どのう 土嚢 sac *m* de terre. ¶～を積み上げ entasser des sacs de terre.

とのがた 殿方 messieurs *mpl*. ¶～用 pour hommes. ∥《～用》[トイレなど] «Messieurs.» «Hommes.»

どのくらい 何の位 ¶あなたに～借りがありますか Combien vous dois-je? ここから駅まで～かかり Combien de temps faut-il pour aller d'ici à la gare? 身長は～ですか Combien mesurez-vous? この橋の長さは～ですか Quelle est la longueur de ce pont? お値段は～ですか Combien [est-ce]?/Quel est le prix? お金は～御入用ですか De quelle somme auriez-vous besoin? 私の荷物は～の重さですか Combien mes bagages pèsent-ils? 昨日は～の雪が降っていましたか Pendant combien de temps la neige est-elle tombée hier? ～前からパリのおられるのですか Depuis quand êtes-vous à Paris?

とのこ 砥粉 poudre *f* à polir.

とのさま 殿様 seigneur *m* [féodal]. ¶～を振舞う faire le grand seigneur; se donner des airs de grand seigneur. ∥～暮しをする vivre en grand seigneur.

とのみち 何の道 ⇨ どっちみち.

-とは ¶ [シャルキュトリー～何ですか—それは豚肉を色々な形で売っている店のことです Qu'est-ce qu'une charcuterie? — C'est un magasin où on vend du porc sous toutes ses formes. よく考えてから～考える ...～何を Réfléchissez bien. — Réfléchir...à quoi? 彼がそんなことを～思えない Je ne le crois pas capable de cela. そう～知らなかった Mais je n'en savais rien!/Je n'étais pas au courant!/Je l'ignorais! 私は彼が頭がいい～思わない Je ne le crois pas intelligent. 本当～思えないな C'est à n'y pas croire! 彼は私を～気がつかなかった Ils n'ont pas pu me reconnaître. ◆[強意・詠嘆] ¶駅へ行くのに5分～ からない Il ne faut pas plus de cinq minutes pour aller à la gare. 彼がまだ来ない～不思議だ Je suis surpris qu'il ne soit pas encore arrivé. そのあげくこう～ Pour en arriver là!

とば 賭場 maison *f* (salle *f*) de jeu; 《俗》tripot *m*.

どば 駑馬 rosse *f*; rossinante *f*. ¶〜に鞭打って…する faire *qc* dans la mesure de *ses* pauvres moyens.

トパーズ [黄玉] topaze *f*.

とはいえ mais; pourtant; cependant; toutefois; néanmoins; en revanche; par contre. お前の親のないことは知っている，〜自力で生きようとしてみるべきだ Je sais que tu n'as pas de parents, toutefois il faut tenter de vivre sans aide. 貧乏である〜，彼は正直者だ Quoi qu'il (Encore qu'il) soit pauvre, il est honnête. 私はほんの子供だった，彼の言うことは大体いつも私にはおもしろかった Tout enfant que j'étais, ce qu'il disait m'intéressait presque toujours. 〜要するに，彼は自由なのだ Après tout, il est libre. 〜彼はそれを望んではいなかった Et encore ne l'a-t-il pas souhaité.

とばく 賭博 jeu(x) *m* [d'argent]; [スポーツなどの] pari *m*. 〜で儲ける (損をする) gagner (perdre) au jeu. 〜に耽る s'adonner au jeu. 〜をする jouer. ¶ルーレット(サイコロ)〜をする jouer à la roulette (aux dés). 〜師 joueur(se) *m(f)*. 〜場 maison *f* de jeux; 《俗》tripot *m*; [カジノ] casino *m*.

とばす 飛ばす faire voler; [投げる] lancer; jeter; envoyer. 矢を〜 lancer des flèches. 空中に帽子を〜 jeter sa casquette en l'air. 鳩を〜 lâcher des pigeons. 風船を〜 [上げる] lancer un ballon [en l'air]; [解き放す] lâcher un ballon. ボールを300ヤード〜 envoyer une balle à 300 yards. ◆[風が] ¶風が砂ぼこりを〜 Le vent soulève de la poussière. 嵐で屋根が吹きとばされた La toiture a été emportée par la tempête. ◆[とばす] ¶車が溝を走って通行人に泥水を飛ばした La voiture en roulant dans un caniveau a éclaboussé les passants. 口角泡を飛ばしてしゃべる envoyer des postillons. ◆[飛ぶように走る(らせる)] ¶馬を〜 lancer un (son) cheval. 彼は車を時速100キロでとばしている Il fonce à cent à l'heure. 車をとばして来ました Je suis ici accouru en voiture. 最初からあまり〜な Ne fonce pas trop au départ! ◆[発する] ¶檄を〜 lancer une proclamation (un appel, un manifeste). 急使を〜 expédier un messager. 冗談を〜 lancer une plaisanterie. デマを〜 répandre (colporter) un faux bruit. よた〜 blaguer; dire des blagues. ¶[抜かす] sauter; passer; omettre. 1行〜 sauter (passer) une ligne. 順番を〜 passer son tour; [他人の順番を取る] prendre le tour de *qn*. 細かいことはとばします Je passe sur les détails. 〜 limoger; mettre au vert. 彼は九州にとばされた Il a été mis au vert à Kyushu.

とびっちり 飛沫 éclaboussures *fpl*; contre-coup *m*. 〜をかけられる [巻添えを食う] être éclaboussé de *qc*. 災害の〜を受ける subir le contrecoup d'un désastre. …の事件の〜を受ける être impliqué (mêlé) dans une affaire de *qc*. 彼はそのいかがわしい事件の〜を受けた Il a reçu quelques éclaboussures de cette affaire louche.

とばり 帳 rideau(x) *m*; [ベール] voile *m*. 夜の〜 voiles de la nuit. 夜の〜がおりる La nuit s'étend sur la terre.

とび 鳶 milan *m* [noir]. ‖〜色の brun; marron *inv*. ⇒とんび(鳶).

どひ 土匪 brigands *mpl* indigènes.

とびあがる 飛上がる ⇒とびたつ(飛立つ). sauter; bondir; faire un saut (un bond); [びっくりして] sursauter; avoir un sursaut; [恐れ，驚きなどで] tressauter. 岸に〜 sauter sur le rivage. 驚いて〜 sauter (bondir) de surprise. 悪いニュースを知って〜 sursauter en apprenant une mauvaise nouvelle. 私は彼の到着を知って嬉しくて飛上った J'ai sauté (bondi) de joie en apprenant son arrivée. 私は痛くて飛上った La douleur m'a fait bondir.

とびあるく 飛歩く ⇒とびまわる(飛回る).

とびいし 飛石 [庭の] pierres *fpl* alignées dans un jardin [japonais]. ‖〜伝いに歩いて行く sautiller de pierre en pierre. 〜連休 chapelet *m* de congés.

とびいた 跳板 tremplin *m*. ‖〜飛び込み plongeon *m* de tremplin.

とびいり 飛入 participation *f* inattendue (sans préavis); [人] participant(e) *m(f)* imprévu(e). ¶〜する participer sans préavis; prendre le train en marche. 〜で申訳ないが私も仲間に加えて下さい J'arrive sans prévenir mais permettez-moi de me joindre à vous. ‖〜自由の競技 jeu(x) *m* à participation libre.

とびうお 飛魚 poisson *m* volant; exocet *m*.

とびうつる 飛移る [枝から枝や(舟から舟へ)] sauter de branche en branche (de bateau en bateau).

とびおきる 飛起きる se lever d'un saut (d'un bond); [はっとして] se lever en sursaut. 誰かが戸をたたくので飛起きた Entendant frapper à sa porte, il s'est levé précipitamment. ¶ベッドから〜なり au saut du lit.

とびおりる 飛下りる sauter de (du haut de *qc*); se jeter de. 馬から〜 descendre de cheval. 電車から〜 sauter du train. ベッドから〜 sauter à bas de *son* lit. 窓から〜 sauter (se jeter) par la fenêtre. 地面に〜 sauter à terre. パラシュートで〜 sauter en parachute. ‖…から飛下り自殺をする se suicider en se jetant de *qc*.

とびかう 飛交う 蛾がランプの周りを飛びかっている Des papillons de nuit volettent autour de la lampe. 木々の間を〜鳥 oiseaux *mpl* qui voltigent dans les arbres.

とびかかる 飛掛かる sauter (bondir) sur; s'élancer sur; foncer sur; se ruer sur; fondre (s'abattre, se précipiter, se jeter) sur. 鷹が獲物に〜 Le faucon fond (s'abat, se précipite) sur sa proie. 虎が獲物に〜 Le tigre bondit (s'élance) sur sa proie. ポールは彼に飛掛かって殴りつけた Paul s'est rué (s'est jeté) sur lui et l'a frappé.

とびきゅう 飛級 ¶一学年〜する sauter une classe.

とびきり 飛切り ¶~頭の良い少年 garçon *m* exceptionnellement intelligent. ~面白い本 livre *m* extrêmement intéressant. ~安い品 article *m* très avantageux. それは~安い C'est très bon marché. 彼は~金持だ Il est immensément (extrêmement, colossalement) riche. ¶~上等の de qualité supérieure (excellente, extra); surfin; extrafin; [ホテルなどの] †hors catégorie. ~上等のワイン vin *m* [de qualité] extra.

とびぐち 鳶口 crochet *m* de pompier.

とびこえる 跳越える sauter; [突破する] franchir. 一段階~ sauter une étape. 二階級~ être promu de deux rangs. 溝(垣根, 障害物)を~ sauter un fossé (une haie, un obstacle). [高跳びなどで] sauter une barre. 彼は2メートルのバーを跳越えた Il a passé la barre à deux mètres. ¶簡単に跳び越えられる小川 ruisselet *m* facile à enjamber.

とびこす 飛び越す ⇨ とびこえる (跳越える).

とびこみ 飛込 [水泳] plongeon *m*. ¶列車に~自殺する se suicider en se jetant sous un train. 一台 plongeoir *m*.

とびこむ 飛込む se jeter dans (à); sauter (se lancer) dans; plonger. 飛板の上から~ plonger du haut du tremplin. ...の腕の中に~ se précipiter (se jeter) dans les bras de *qn*. 政界に~ se jeter (se lancer, s'engager) dans la politique. 彼はやって来るなり洗面所に飛込んだ A peine arrivé, il s'est précipité au cabinet de toilette.

とびさる 飛び去る s'envoler.

とびしょく 高職 ancien pompier *m*; ouvrier *m* de gros œuvre.

とびだす 飛出す sortir précipitamment (à la hâte, dare-dare); [弾丸などが] partir; [突然出てくる] surgir. 鉄砲玉のように~ partir comme une flèche. 外へ~ se précipiter dans la rue. ベッドから~ sauter à bas de son lit. 鳩が手品師の手から飛出した Un pigeon a surgi des mains d'un prestidigitateur. 子供が道に飛出した Un enfant a surgi dans la rue. 彼は令朝あわただしく飛出して行って、まだ帰って来ない Il est sorti dare-dare ce matin et il ne rentre pas encore. ¶飛出しナイフ couteau(x) *m* à cran d'arrêt. ◆[出奔する] ¶家を~ s'enfuir de chez soi. faire une fugue. 故郷(くに)を~ quitter *son* pays natal. ◆[突出する] ⇨ つきでる (突出る). ¶家並から~壁飾りの alignement. 板から飛出している釘 clou *m* qui dépasse d'une planche. 目玉が~ほどの値段 prix *m* exorbitant (fantastique, exorbitant, extraordinaire). 目玉が~ほど高い Ça coûte les yeux de la tête.

とびたつ 飛立つ prendre *son* vol; s'envoler; [飛行機が] décoller. 巣から~ quitter *son* nid; [人間が] voler de *ses* propres ailes.

とびち 飛地 enclave *f*.

とびちる 飛散る se disperser; s'éparpiller; [水, 火花など] jaillir; gicler. 粉みじんに~ voler en éclats. 鑵が落ちて、中のボンボンが全部地面に飛散った La boîte est tombée et tous les bonbons se sont éparpillés sur le sol. 首が切られ、血が辺り一面に飛散った Au moment de la décapitation, le sang a giclé dans toutes les directions. 波が岩に砕けて、しぶきが飛散っていた Les vagues, en se brisant sur les rochers, soulevaient des gerbes d'écume. ¶飛び散った書類 dossiers *mpl* épars. 飛び散った血の跡 éclaboussures *fpl* de sang.

とびつく 飛付く sauter à. ⇨ とびかかる (飛掛かる). ~の首に~ sauter au cou de *qn*. 申し出に~ sauter sur une offre. 餌に~魚 poisson *m* qui mord à l'appât. 女性は流行に飛付きやすい Les femmes deviennent facilement esclaves de la mode.

トピック sujet *m*; thème *m*. ¶カレント~ thème d'actualité; actualités *fpl*.

トピックス [ネットワーク上で] À la une.

とびでる 飛び出る ⇨ とびだす (飛出す).

とびどうぐ 飛道具 arme *f* de jet (de trait); [銃火器] arme à feu.

とびとび 飛び飛び ¶~に par intervalle; de loin en loin; de distance en distance; de place en place; par places; [あちこちに] çà et là; [順序なしに] au hasard. 木を~に植える planter des arbres de distance en distance. ページを~に読む lire une en sautant des pages.

とびぬける se distinguer; se devancer les autres. ¶飛抜けた頭脳に恵まれている être doué d'une rare intelligence; être doué d'une intelligence supérieure (hors ligne, hors de pair). この生徒はクラスで飛抜けている Dans cette classe, cet élève est brillant. 飛抜けて背の高い人 personne *f* d'une taille extraordinaire. 彼は試験が飛抜けてよくできた Il a brillé à l'examen.

とびのく 飛退く s'écarter d'un bond; [後へ] sauter en arrière; [脇へ] sauter de côté. 車が通るので~ s'écarter d'un bond au passage d'une voiture.

とびのる 飛乗る ¶バス(電車)に~ sauter dans un autobus (train); prendre un autobus (train) en marche. 馬(鞍)に~ sauter à cheval (en selle).

とびばこ 飛(跳)箱 cheval (aux) *m* de voltige.

とびはねる 飛跳ねる sauter; bondir; faire un saut (un bond); [跳回る] sautiller; faire des gambades; 嬉しくて~ gambader de joie. 子供たちが庭で楽しそうに飛び跳ねて遊んでいる Les enfants gambadent dans le jardin.

とびひ 飛火 ¶火事が対岸の家に~した L'incendie s'est propagé de l'autre côté de la rivière [par des flammèches]. その財界のスキャンダルは政界へと~した Ce scandale financier a éclaboussé le monde politique. ◆[皮膚病の一種] impétigo *m*.

とびまわる 飛回る [鳥, 蝶, 蛾などが] voltiger; voleter; [跳回る] sautiller; faire des gambades. こうもりが廃墟と化した礼拝堂の中を飛回っている Les chauves-souris voltent dans la chapelle en ruine. ◆[奔走する] courir. 金策に~ courir partout (se démener) pour emprunter de l'argent.

どひょう 土俵 ¶お互いに共通の~の中で議論する

discuter sur un même terrain. 彼はいつも～の外からあれこれ文句を言う癖がある Bien qu'il reste sur la touche, il a la fâcheuse habitude de mêler son grain de sel. ‖ ～際 ⇨ どたんば(土壇場).

とびら 扉 porte *f*; [両開き戸の一方] battant *m*; vantail(aux) *m*; [乗物の] portière *f*; [本の] [page *f* de] titre *m*; frontispice *m*. ‖ ～絵 frontispice. ◆叩き [ノッカー] heurtoir *m*.

どびん 土瓶 théière *f* de porcelaine.

とふ 塗布 ¶～する appliquer (passer, étendre) sur. 火傷に膏薬を～する appliquer un onguent sur une brûlure. ‖ ～薬 onguent *m*; liniment *m*.

とぶ 飛[跳]ぶ voler; [飛び立つ] prendre son vol; s'envoler; [滑空する] planer; [飛び廻る] voltiger; voleter; [風で]s'envoler au vent; être emporté par le vent; [噂などが] courir; circuler. ...の上空を高く(低く)～ voler haut (bas) au-dessus de *qc*. 枯れ葉が風に～ Des feuilles sèches s'envolent au vent. パリ(カナダ, フランス)へ～ [飛行機で] aller en avion à Paris (au Canada, en France). 想いは...へ～ *sa* pensée se porte vers *qc*. ボールがよく飛んだ La balle a été lancée très loin. 風で彼の帽子が飛んだ Le vent lui a emporté le chapeau. 蛾がランプの周りを飛んでいる Un papillon de nuit volette autour de la lampe. 鷲が空を飛んでいる Un aigle plane dans le ciel. ...という噂が飛んでいる Le bruit court (se répand) que *ind*. 町にそういう噂が飛んでいる Ce bruit court la rue. デマが飛んでいる Un faux bruit se répand (court, circule). ‖ 1,000 メートル～銃 fusil *m* qui porte à mille mètres. 飛んでいる鳥(蝶) oiseau(x) *m* (papillon *f*) en vol. 「飛んで火に入る夏の虫」 C'est se mettre la corde au cou. ‖ 空～円盤 soucoupe *f* volante. ◆ ～ように売れている Ça se vend comme des petits pains. ～鳥を落とす勢いであるavoir le vent en poupe. ◆[跳上る] sauter; bondir; [飛跳ねる] sautiller; gambader; [水, 火花などが] jaillir; [泥などが] gicler. シャンペンの栓が天井へ～ Un bouchon de champagne part au plafond. 首が～ [斬首される] être congédié (renvoyé). 栓がとんだ Le plomb a sauté (fondu). ◆[急ぐ] ¶ 広島へ～ se précipiter à Hiroshima. 飛んで行く(来る) courir; accourir; voler; foncer. 飛んで来ました Je suis vite accouru. 彼女は飛んで来て彼を抱きしめた Elle s'est précipitée (est accourue) vers lui pour l'embrasser. ◆[抜ける] ¶この本はページがとんでいる Il manque des pages à ce livre. このリストはいく人かの名前がとんでいる On a oublié quelques noms dans cette liste. ◆[逃走する] ¶犯人は九州に飛んだ Le criminel s'est enfui à Kyushu.

どぶ 下水 fossé *m* [bourbeux]; [下水溝] égout *m*; ruisseau(x) *m*. ‖ ～川 ruisseau *m* fangeux; ～掃除 curage *m* du fossé. ～掃除をする curer un fossé. ‖ ～ねずみ surmulot *m*; rat *m* gris (d'égout). あいつは～ねずみみたいな奴だ C'est un faux-jeton.

とぶつ 渡仏 ¶～する aller (se rendre) en France.

どぶん ¶彼は～と水に飛び込んだ Plouf, il s'est jeté dans l'eau.

とべい 渡米 ¶～する aller (se rendre) aux Etats-Unis. ‖ 彼は現在～中です Il est aux Etats-Unis.

どべい 土塀 mur *m* (muraille *f*) de terre.

とほ 徒歩 ¶～(で) à pied. ～で一時間のところにある être situé à une heure de marche. ‖ ～旅行 voyage *m* à pied.

とほう 途方 [手段・手立て] ¶～に暮れる ne [plus] savoir que faire; être dans une grande perplexité; se sentir désemparé (perdu, déconcerté, décontenancé). 誰にすがっていいか～に暮れる ne savoir à quel saint se vouer. ～に暮れさせる dérouter; déconcerter; décontenancer; désorienter. ～に暮れた様子 air *m* en perplexe. ‖ [条理・筋道] ¶～もない extraordinaire; [突飛な] bizarre; fantasque; [常軌を逸した] extravagant; fantastique; fou (fol, folle); insensé; [限度を超えた] excessif(ve); exagéré; exorbitant; démesuré. ～もない計画 projet *m* insensé. ～もない値段 prix *m* extravagant (fantastique, exorbitant). ～もない冒険 aventures *fpl* rocambolesques. ～もない野心 ambition *f* démesurée. ～もない話をする tenir des discours impossibles. ～もないほらを吹く dire des choses abracadabrantes. ～もない額に達する atteindre une somme fantastique (astronomique). ～もない馬鹿である être d'une rare bêtise. 彼の要求は～もないものだ Ses exigences sont exagérées. ～もなく extraordinairement; extrêmement; excessivement; follement; exagérément; démesurément. ～もなく大きな énorme; immense; monumental(aux); [人間的] colossal(aux); [動物的] gigantesque. ～もなく誇張する exagérer démesurément *qc*.

どぼく 土木 ‖ 公共～事業 travaux *mpl* publics. ～技師 ingénieur *m* des ponts et chaussées; ingénieur civil. ～局(課) les ponts et chaussées; service *m* des travaux publics. ～建築業 entrepreneur(se) *m*(*f*) de travaux publics. ～工学 génie *m* civil. ～工事 travaux publics.

とぼける 惚ける [知らないふりをする] faire l'ignorant; faire semblant (feindre) de ne pas comprendre. ～んじゃない Ne fais pas l'ignorant. ‖ とぼけた奴だ C'est un drôle.

とぼしい 乏しい pauvre; peu abondant; faible; [不十分な] insuffisant; exigu(ë). ～給料 salaire *m* modique. ～資源 ressources *fpl* insuffisantes (exiguës). ～収穫 faible récolte *f*. ～収入 pauvre revenu *m*. 才能の～作家 écrivain *m* d'un petit talent. 娯楽の～村 village *m* pauvre en distractions. 金が乏しくなった Je suis à court d'argent. ...に～ manquer de *qc*; être insuffisant (dépourvu) de *qc*. 若者たちは経験に～ Les jeunes manquent d'expérience. この小説は魅力に～ Ce roman est dénué d'intérêt.

とぼとぼ ¶～歩く marcher d'un pas pesant (pesamment, lourdement). ～と家に帰る rentrer chez *soi* abattu.

とま 苫 natte *f* en jonc tressé. ∥〜chaumière *f*.

とま 土間 [家の中の] sol *m* de terre battue; [劇場の] parterre *m*.

とます 富ます enrichir; rendre riche. 読書は〜 La lecture enrichit l'esprit.

とまつ 塗抹 ¶…で…を〜する appliquer (passer, étendre) *qc* sur *qc*; enduire *qc* de *qc*. 壁の落書を〜する repeindre un mur couvert de graffiti[s].

トマト tomate *f*. ∥〜ケチャップ(ジュース) ketchup *m* (jus *m*) de tomate. 〜サラダ salade *f* de tomate. 〜ソース sauce *f* tomate.

とまどう 戸惑う se troubler; perdre contenance; être déconcerté (désorienté, déboussolé); {俗} être déphasé. 習慣が戻るまで時間を下さい。とても長く留守をしていたので少々戸惑っているのです Laissez-moi le temps de me réhabituer; je suis un peu déboussolé après une si longue absence. 彼は戸惑った様子で答えた Il a répondu d'un air très embarrassé (gêné). 彼の顔に戸惑いが見える Son embarras (Sa perplexité) se lit sur son visage./Son visage trahit un embarras.

とまり 泊まり ¶今夜の〜は京都にしましょう Passons la nuit à Kyoto. 今夜の〜は誰だ[宿直] Qui est de garde cette nuit? ¶私は一週間〜掛けでここに来てます Je suis ici pour huit jours. 〜客(賓) client(e) *m(f)* (frais *mpl*) de l'hôtel.

どまり 止り ¶彼は出世しても部長〜だ Même s'il a de l'avancement, il n'ira pas plus loin que chef de bureau. 費用は1万円〜にしておこう Limitons les frais à 10.000 yen.

とまりぎ 止り木 perchoir *m*; juchoir *m*; [バーなどの] siège *m* de comptoir. ¶[鳥が]〜にとまる se poser sur le perchoir; [se] percher; [se] jucher.

とまる 止(停, 留)まる [s']arrêter; faire halte; [船, 車が] stopper; [人, 車が] stationner. 急に〜 s'arrêter (stopper) net. エンジンが止まった [故障した] Le moteur a calé. 私の腕時計は止まっている Ma montre est arrêtée. 通行止めのため列になったトラックが国道で止まっている Une file de camions est arrêtée sur la route nationale par un barrage. 鉄道は完全に止まっている Le trafic ferroviaire est complètement arrêté (suspendu, bloqué). 「止まれ」 «Halte[-là]»; «Stop!» ◆[止む] 出血が〜 L'hémorragie est arrêtée. 歯の痛みが止まった Ma rage de dents s'est calmée. 笑いが止まらない ⇨ わらい(笑い). ◆[通じなくなる] 水[道]が止まった On a coupé l'eau. ◆[鳥が] [se] percher; se poser. 鳥が電線にとまっている Des oiseaux sont perchés sur les fils télégraphiques. ◆[固定される] ¶留まらない[馬鹿になった] vis *f* folle. ◆[注目を引く] ¶…の目に〜 attirer (éveiller) l'attention de *qn*; attirer les regards de *qn*. 彼女の美しさが彼の目に留まった Sa beauté a attiré ses regards. 目に留まる強い色 couleur *f* criarde qui attire le regard. 誰の目にも留まらずに集りに出る sortir d'une réunion sans être remarqué. ◆[偉ぶる] ¶お高く〜 ⇨ たかい(高い).

とまる 泊る passer la nuit; coucher; loger; descendre. ホテルに〜 descendre (coucher) à l'hôtel. 友人の所に〜 descendre (coucher) chez un ami. 私は一晩叔父の所に泊った J'ai passé une nuit chez mon oncle. どちらにお泊りですか A quel hôtel logez-vous?

どまんじゅう 土饅頭 tertre *m*; [土墳] tumulus *m*.

どまんなか ど真ん中 ¶…の〜に juste au centre de *qc*; au beau (plein) milieu de *qc*. 弾は的の〜に命中した La balle a frappé en plein dans la cible.

とみ 富 richesse *f*; fortune *f*; bien *m*. 自然の〜 richesses naturelles. 〜を得る acquérir de la fortune; faire fortune; s'enrichir. 巨万の〜を築く amasser de grandes richesses. 観光がこの地方の〜の源である Le tourisme est une source de richesse pour ce pays.

とみくじ 富籤 loterie *f*. 〜の賞金 lot *m*. 〜の当り番号リスト liste *f* des numéros gagnants à la loterie. ⇨ くじ(籤). 〜を買う acheter un billet de loterie. 〜を引く tirer une loterie. 〜で空くじを引く tirer un billet blanc. 〜で特等(一等)が当る gagner le gros lot.

とみに 頓に soudain; brusquement; rapidement; en peu de temps. この所〜町の人口が増えた La population de cette ville a augmenté brusquement ces derniers temps. 近頃彼は〜無気力になってきた Ces derniers temps, il se montre particulièrement apathique.

ドミニコ ∥〜修道会 ordre *m* des Frères Prêcheurs. 〜修道士(女) dominicain(e) *f*(*f*).

ドミノ domino *m*.

とむ 富む ¶経験に〜 avoir de l'expérience. 春秋に〜 être jeune. この地方は資源に富んでいる Cette région est riche en ressources. この地方は果実に富んでいる Cette région regorge de (abonde en) fruits. 陰影に富んだ文体 style *m* plein de nuances. ビタミンに〜食物 aliment *m* riche en vitamines.

とむらい 弔い ⇨ そうしき(葬式). ∥〜合戦 revanche *f*. 友人の〜合戦をしてやる Je vais venger mon ami.

とむらう 弔う pleurer [la mort de] *qn*; [葬儀を行なう] célébrer les funérailles de *qn*; [法事を行なう] célébrer un service commémoratif pour *qn*; [弔意を表す] présenter (offrir, exprimer, faire) ses condoléances. 菩提を〜 prier pour [le repos de] l'âme de *qn*.

ドメイン domaine *m*.

とめおき 留置 ¶〜を食う [禁足] être consigné; [学校で] être en retenue. ∥〜郵便 poste *f* restante.

とめおく 留置く [抑留する] détenir; [禁足にする] consigner; [引留める] retenir; [生徒を残す] mettre *qn* en retenue; [書き留める] prendre note de *qc*; noter.

とめがね 留(止)金 agrafe *f*; [本, 首飾りなどの] fermoir *m*. 〜で止める agrafer. 〜を外す dé-

とめだて 止め立て ⇨ とめる(止める).

とめど 止めど ¶～のない continuel(le); [果てしない] interminable; [尽きない] intarissable. ～のない想像力(涙) imagination f (pleurs mpl) intarissable(s). 彼はこのことになると話に～がなくなる Il ne tarit pas sur ce sujet. ～く sans cesse (interruption, arrêt); continuellement; continûment; [常に] toujours; [果てしなく] sans fin. ～なく話す parler (discourir) sans arrêt. 涙が～なく流れる Ses larmes ne tarissent pas.

とめねじ 止螺子 vis f de serrage. ～を締める serrer (visser) la vis (de serrage).

とめばり 留針 épingle f. ～で留める épingler; attacher (fixer) qc avec une (des) épingle(s).

とめる 止(停,停)める [停止する(させる)] arrêter; interrompre; suspendre; couper; stopper. 足を～ s'arrêter. 車を～ arrêter sa voiture. 車を停めておく ⇨ ちゅうしゃ(駐車). タクシーを～ héler (arrêter) un taxi. 交通を～ interrompre la circulation. エンジンを～ couper un moteur. ◆[ガス, ラジオ]を～ fermer le robinet (le gaz, la radio). 電気の回路を修理する前に電気を～ couper le courant avant de réparer un circuit électrique. [抑える] empêcher; faire cesser; étouffer. 痛みを～ calmer (atténuer, ôter) la douleur. けんかを～ faire cesser des querelles. 錆を～ empêcher qc de rouiller. 出血を～ étancher le sang. 熱を～ arrêter (couper) la fièvre. …が…するのを～ empêcher qn de inf. [思い止まらせる] dissuader qn de inf. 彼が一度言い出すと誰にも止められない Une fois qu'il a une idée dans la tête, il n'en démord plus. ◆[禁止する] ¶…に…することを～ défendre (interdire) à qn de inf. 彼は医者にアルコールを止められている Le médecin lui défend l'alcool. 私は煙草をやめられた On m'a interdit le tabac. ⇨ きんえん(禁足), とめおく(留置く). ◆[固定する] attacher (fixer) qc avec; retenir qc avec. 釘で～ clouer. クリップ(ホチキス)で～ agrafer. 写真をピンで壁に～ épingler une photographie au mur. ホックで(留金で)～ agrafer. ボタンを～ [se] boutonner. リボンで髪を～ retenir ses cheveux avec un ruban. ¶ホックでベスコート jupe f qui se ferme avec des agrafes. ◆[引留める] retenir; [話をするために引き留める] agrafer. ああどうぞ行きなさい, 止めはしません Bon, partez, je ne vous retiens pas.

◆[注目する・心に残す] ¶ …を～ fixer son attention sur; arrêter ses regards sur. 心に～ ne pas oublier; retenir; [思い出す] se souvenir de (se rappeler); [気にかける] s'arrêter à qc. そんなに気にも留めなかった Je n'y ai pas fait la moindre attention. 気に留める必要はないですよ N'y faites pas attention. このことはよく心に留めておきなさい Retenez bien ceci.

とめる 泊める héberger; loger; recevoir; donner (offrir) l'hospitalité. 泊めしもうを accepter (recevoir) l'hospitalité. 1晩泊めてもらえますか [ホテルで] Avez-vous une chambre pour une nuit?/Pouvez-vous me donner une chambre pour une nuit? 泊めてくれるように頼む demander l'hospitalité. そこは予約なしでも泊めてくれますか Peut-on avoir une chambre sans réservation? ◆[停泊させる] 港に船を～ faire escale (relâche) dans un port; jeter les amarres dans un port.

とも 供 suivant(e) m(f); [供回り] suite f; escorte f. …を～に連れている être accompagné de (par) qn; être escorté par qn. …の～をする accompagner qn; suivre qn; escorter qn. ¶～なしで sans escorte (suite). ⇨ おとも(お供).

とも 友 ami(e) m(f); camarade mf; compagnon m (compagne f); 【俗】copain (copine) m(f). ⇨ なかま(仲間). 親しい～ ami intime (de cœur). 一番親しい～ son (sa) meilleur(e) ami(e). 生涯の～ ami pour la vie. 信頼出来る～ ami(e) éprouvé(e) (sûr(e)). 真の～ véritable ami. 年来の～ ami de longue date. 正義の～ ami de la justice. まさかの～は真の～ «C'est dans le besoin qu'on reconnaît ses vrais amis.» ～を選ぶ choisir ses amis. 書を～とする passer sa vie dans les livres. ¶～の無い sans ami. ～として ten ami. 私は君に～として言っているのだ Je te parle en ami. ‖音楽の～会 société f des amis de la musique.

とも 艫 arrière m; poupe f.

-とも [もちろん] ¶そう～ mais oui; oui certes; bien sûr (entendu); certainement. そんなことはありません～ mais non; sûrement (certainement) non (pas). よろしいですか―結構です～ Vous voulez bien? ― Mais certainement. そのことを怒っていますか―怒ってなんかいません～ Vous êtes fâché de cela? ― Pas le moins du monde. ¶ …といえども ¶何が起ころう～ quoi qu'il arrive (advienne, survienne). 彼が何を言おう～ quoi que vous disiez. どんな理由があろう～ pour quelque raison que ce soit. どんな口実を設けよう～ sous quelque prétexte que ce soit. 彼らがどんなに金持ちであろう～ quelques riches qu'ils soient. 大金を出そう～彼女は欲しがらないだろう Même on lui offrirait une grosse somme, elle ne la voudrait pas. あなたがこれ以上どう言い張ろう～私は承知しないでしょうよ Quand bien même vous insisteriez encore, je n'accepterais pas. 一目なり～彼女に会いたいものだ Je voudrais la rencontrer, ne serait-ce que pour un instant.

-とも 一共 ¶2人(2つ)～ tous (toutes) [les] deux; ni l'un(e), ni l'autre. [否定] 2人～誤っている Tous deux ont tort. 彼らは4人～来た Ils sont venus tous les quatre. ‖郵送料～200円 200 yen le port compris.

ともあれ ⇨ ともかく. ¶彼は遅いな, 何は～彼女さきじはじめよう Il est en retard: quoi qu'il en soit, commençons sans lui.

ともえ 巴 ¶三つ～の争い lutte f à trois.

ともがい 艪櫂 godille f. ～を使って舟をこぐ godiller.

ともかく en tout cas; dans (en) tous les cas; de toute(s) façon(s); quoi qu'il en soit; en

ともかせぎ 共稼ぎ ¶私たちは～です Nous travaillons tous les deux.

ともぐい 共食い ¶～する s'entre-dévorer.

ともしび 灯 lumière *f*; [ランプ] lampe *f*.

ともしらが 白髪 ¶彼らは～まで生きた Ils ont vieilli sous le même toit.

ともす 点す allumer. 明りを～ donner de la lumière; allumer une lampe (l'électricité). ろうそくを～ allumer une bougie. ¶爪に火を点すような暮しをする vivre très chichement (petitement, modestement). 爪に火を点すうにして金をためる amasser de l'argent sou à sou. ¶灯ともし頃 à la tombée du jour (du jour); à la nuit tombante; au crépuscule.

ともすれば ⇨ とかく(兎角).

ともだおれ 共倒れ ¶あなた方が競争したら～になるでしょう Si vous rivalisez, la chute de l'un entraînera l'autre.

ともだち 友達 ⇨ とも(友), なかま(仲間). 古い～ vieil(le) ami(e). ...と～である être lié d'amitié avec *qn*. ...と～になる se lier d'amitié avec *qn*. 彼らは仲の良い～である Ce sont de grands amis (des amis intimes). 私たちは古くからの～です Nous sommes amis depuis longtemps. ～として語る parler en ami. ¶遊び～ ami (camarade *m f*) de jeu. 学校～ camarade d'école (de collège); compagnon *m* (compagne *f*) d'études; condisciple *m*. 飲み(釣)～ compagnon de bouteille (de pêche). ～付合い fréquentation *f* [amicale]; amitié *f*. 彼とは～付合いしていない Je ne le fréquente pas en ami.

ともづな 纜 amarre *f*. ～を解く larguer les amarres; démarrer.

ともども 共共 ensemble. ⇨ いっしょ(一緒).

ともなう 伴う ～を伴って se faire accompagner par *qn*; traîner *qn* après *soi*; [語法・物] s'accompagner de *qc*; [もたらす] entraîner. 大きな困難を～ comporter de grandes difficultés. 経済の膨張は常に生活のレベルアップを～ L'expansion économique s'accompagne d'un accroissement du niveau de vie. 彼は名ばかりで中身が伴っていない Sa réputation est surfaite et il n'est pas à la hauteur. ¶危険を～仕事 entreprise *f* pleine de risques. この地位に～利益 avantages *mpl* attachés à ce poste. 戦争に～悲惨さ misères *fpl* que la guerre traîne après elle. 実効の伴わない約束 promesse *f* non suivie d'effet.

ともに 共に avec; ensemble; [...と一緒に] en compagnie de *qn*; [協力して] de concert (avec *qn*). 老若～ jeunes *mpl* et vieux *mpl*. 友人達と～行動する agir de concert avec *ses* amis. 私達は～みんなでその問題を考えた Nous avons réfléchi tous ensemble à cette question. ¶喜び(運命)を～する partager (participer) au chagrin de *qn*. 起居を～する vivre ensemble [avec *qn*]; habiter sous le même toit. 彼は大臣と夕食を～した Il a dîné avec (en compagnie d')un ministre. 利害を～する人々 personnes *fpl* qui ont des intérêts communs. ¶[同時に] en même temps; à la fois. 夜明け(時, 年齢)と～ avec le jour (le temps, l'âge). 夏冬～ été comme hiver. 公私～多忙である être très occupé tant dans *sa* vie publique que dans *sa* vie privée. この作家は名実～立派である Cet écrivain est à la hauteur de sa réputation. 彼は厳格であると～公平な人である Il est à la fois sévère et juste. ¶[につれて] à mesure que *ind*. ¶弁士が話し進めると～聴衆はうとうとし始めた A mesure que l'orateur parlait, l'auditoire s'assoupissait.

ともばたらき 共働き ⇨ ともかせぎ(共稼ぎ).

ともまわり 供回り ⇨ とも(供).

ともる 点る s'allumer. ¶仕事部屋に明りが灯っているところを見ると彼は帰って来ている Si le bureau est allumé, c'est qu'il est rentré chez lui.

とや 鳥屋 perchoir *m*; [鶏小屋] poulailler *m*; [檻] volière *f*. ～につく nicher; se tenir dans *son* nid; [卵を抱く] couver.

とやかく ¶～言う jaser; [口を突込む] se mêler de *qc*; s'immiscer dans *qc*; s'ingérer dans *qc*; [難癖をつける] trouver à redire à; [不平を言う] murmurer contre *qc*; [陰口を言う] cancaner. 他人のプライベートな生活を～言う s'immiscer (s'ingérer) dans la vie privée d'autrui. ～するのはもっとのことで～言うだろう Tout le monde en jaserait. あなたが～言うことはない De quoi vous mêlez-vous? ～理屈を言うな Pas de raisonnements! 私はその計画については何も～申しません Je n'ai rien à opposer (objecter) à ce projet. ～言わずに承知する accepter sans murmurer.

とやす 殴る cogner; rosser; rouer *qn* de coups; tabasser; [どなりつける] engueuler *qn*; attraper *qn*.

どやどや ¶生徒たちが教室(電車)に～と入って来た(乗って来た) Les élèves sont entrés (montés) tumultueusement dans la classe (dans le tramway).

どよう 土用 [jours *mpl* de] canicule *f*. ¶～の canicular. ¶～波 grosses houles *fpl* du plein été.

どようび 土曜日 samedi *m*.

どよう brouhaha *m*; rumeur *f*; bruit *m*; [ざわめき] murmure *m*. 聴衆の中から大きな～が起こった Une violente rumeur s'est élevée au milieu de l'assistance.

どよめく [鳴り響く] retentir; résonner; [騒ぐ] faire du bruit (du vacarme, du tapage). 会場は観客の拍手喝采でどよめいた Toute la salle retentissait (résonnait) des applaudissements des spectateurs. 群衆は不満にどよめいた Il y a eu un murmure de protesta-

とら 虎 tigre(sse) *m(f)*. ¶〜の尾を踏んだ心持がする se sentir tomber dans la gueule du loup.「〜の威を借る狐」《Ane vêtu de la peau du lion.»;《Il vaut mieux avoir affaire à Dieu qu'à ses saints.»彼は酔払って〜になった Le vin lui est monté à la tête.

どら ‖ 〜声 grosse voix *f* rauque. 〜猫 chat *m* errant. 〜息子 enfant *m* prodigue.

どら 銅鑼 gong *m*; [中国の] tam-tam *m*. 〜を鳴らす faire retentir le gong. 〜が鳴った Le gong a sonné.

とらい 渡来 ¶〜する venir de; être introduit de; être importé de. ‖ 〜南蛮〜の品 produit *m* importé. ⇨ でんらい(伝来).

トライ [ラグビーの] essai *m*. 〜する marquer un essai.

ドライ ¶〜アイ œil *m* sec; sécheresse *f* oculaire. 〜な sec (sèche); dur; [現実的な] réaliste. 最近の娘は〜だ Les filles d'aujourd'hui sont froides.

ドライアイス neige *f* carbonique.

トライアスロン 《スポ》triathlon *m*. 〜の選手 triathlonien(ne) *m(f)*.

トライアングル traiangle *m*.

ドライクリーニング nettoyage *m* à sec. 〜する nettoyer *qc* à sec.

ドライバー [ねじ回し] tournevis *m*. ◆[ゴルフの] driver *m*; [自動車の] automobiliste *mf*; conducteur (trice) *m (f)*; [職業的な] chauffeur *m*. ‖ 〜オーナー〜 automobiliste propriétaire de sa voiture.

ドライブ randonnée *f* en voiture. 〜する faire une randonnée en voiture. ‖ 〜イン drive-in *m*; restauroute *m*. 〜ウェイ autoroute *f*; route *f* touristique. ‖ 〜[球技で] ボールに〜をかける lifter une balle. 〜のかかったボール balle *f* liftée.

ドライブインシアター ciné-parc(s) *m*.

ドライフラワー fleurs *fpl* séchées. 〜を作る mettre des fleurs à sécher.

ドライミルク lait *m* en poudre.

ドライヤー ヘヤー〜 sèche-cheveux *m inv*; séchoir *m* à cheveux; [ヘルメット形の] casque *m* de séchage.

とらえどころ 捉え所 ¶〜のない vague; fuyant; insaisissable. 〜のない人(性格) personne *f* (caractère *m*) fuyant(e).

とらえる 捕(捉)える prendre; saisir; attraper; pincer; capturer; [つかむ] empoigner. 猛獣を〜 capturer un animal féroce. えり首を〜 saisir (prendre, empoigner) *qn* au collet. …よい好機を〜prendre (saisir, sauter sur) l'occasion aux cheveux. 捕(捉)えられる ⇨ とらわれる(囚われ、捕われる). ◆[視野(画面)に] 進行中の列車をスナップで〜 sauter dans un train en marche. この画家は君の顔を実に巧く捉えている Ce peintre a bien attrapé votre ressemblance. ◆[解釈する] ¶役柄(作者の意味するところ)を〜 saisir le rôle (le sens de l'auteur). ‖ 彼は問題の捉え方がおかしい Il a une manière bizarre d'aborder les problèmes. ◆[支配する] ¶恐怖心(寒さ)が彼を捉えた La peur (Le froid) l'a saisi.

とらがり 虎刈り coupe *f* de cheveux en escalier.

とらがり 虎狩り chasse *f* au tigre.

トラクター tracteur *m*.

ドラクマ [貨幣単位] drachme *f*.

トラスト trust *m*. 〜を組織する organiser un trust. ¶〜によって独占する truster; accaparer par un trust. ‖ 〜禁止法 loi *f* anti-trust.

トラック camion *m*; [小型] camionnette *f*; [大型] poids *m* lourd. 6トンの〜 camion de six tonnes. ¶〜で運ぶ camionner; transporter *qc* par camion. ‖ 砂利〜 [ベンヌ] benne *f* basculante. 〜の運転手 camionneur *m*; [長距離の] routier *m*. 〜輸送 camionnage *m*. ◆[競技場の] piste *f*. ‖ 〜競技 courses *fpl* de (sur) piste. ‖ ◆[映画の] サウンド〜 piste *f* sonore.

ドラッグ 〜する glisser.

トラックスーツ 《スポ》survêtement *m*.

ドラッグストア drug[-]store *m*.

トラッド traditionnel(le) *m(f)*. ¶彼は〜な服を着ている Il s'habille classique.

トラッピング 《サッカー》amorti *m*. 〜する amortir.

トラップ ⇨ トラッピング.

とらねこ 虎猫 chat *m* tigré.

とらのこ 虎の子 petit *m* de tigre; [貯金] pécule *m*. ¶〜のように大事にする soigner *qc* comme la prunelle de *ses* yeux.

とらのまき 虎の巻 note *f* de solutions; [訳本] traduction *f* juxtalinéaire; [教師用] livre *m* (manuel *m*) du maître.

トラピスト ¶〜教団 ordre *m* de la Trappe (des Trappistes). 〜修道院 Trappe *f*; maison *f* (couvent *m*) de trappistes. 〜修道士(女) trappiste(*tine*) *m(f)*.

トラブル brouille *f*; dispute *f*; conflit *m*; ennuis *mpl*; problèmes *mpl*. 〜を起こす causer des ennuis. つまらないことで彼らを起こしたくない Je ne veux pas me brouiller avec lui pour un rien. 両家の一寸した〜が敵意に変った Une petite brouille entre ces deux familles est devenue de l'hostilité. 私は〜が嫌いだ Je n'aime pas les histoires.

トラベラーズチェック chèque *m* de voyage; traveller's check *m*.

トラベリング [バスケットボール] marcher *m*.

トラホーム trachome *m*. 〜にかかる contracter (attraper) le trachome.

ドラマ drame *m*; [戯曲] pièce *f* de théâtre. ‖ テレビ〜 pièce télévisée; dramatique *f*. ラジオ〜 pièce radiophonique. 連続〜 [ラジオ、テレビの] feuilleton *m*. 連続テレビ〜 feuilleton télévisé.

ドラマー drummer *mf*; batteur *m*; percussionniste *mf*.

ドラマチック 〜な dramatique.

ドラマツルギー dramaturgie *f*.

ドラム tambour *m*; caisse *f*; [ジャズ] batterie *f*; drums *mpl*.

ドラムかん 〜 bidon *m*; tonneau(x) *m* métallique.

とらわれ 囚われ ¶〜の身となる se faire em-

とらわれる 囚(捕)われる être pris (saisi, arrêté); se faire prendre; se faire pincer (agrafer). 敵に～ être capturé par les ennemis; être fait(e) prisonnier(ère). 喜び(感慨, 苦悩, 驚愕, 恐怖)の念に～ être saisi de joie (d'admiration, de douleur, d'étonnement, d'horreur). 因襲(偏見)に～ être esclave des conventions (des préjugés). この詩人は内容より形式に捕われている Ce poète est plus attaché à la forme (à l'expression, au style) qu'au fond. 一時の感情に捕われて早まってはいけない Il ne faut pas agir sous l'effet d'une émotion passagère. ¶捕われた人 captif(ve) m(f); prisonnier(ère) m(f). 偏見に捕われることなく sans préjugés.

トランキライザー tranquillisant m.
トランク valise f; [大型] malle f; [小型] mallette f; [車の] coffre m; malle arrière. ～に…を詰める ranger (mettre) qc dans une valise (une malle).
トランクス caleçon court m; [水着] maillot de bain m.
トランシーバー talkie(s)-walkie(s) m.
トランジスター transistor m. ‖～化する transistoriser. ～式の transistorisé. ～テレビ téléviseur m à transistors. ～ラジオ poste m de radio à transistors; transistor.
トランジット transit m; [客] passager(ère) m (f) en transit.
トランス transformateur m.
トランプ cartes fpl [à jouer]; [一組の] jeu m. ～を切る battre (couper) les cartes. ～を配る donner (distribuer) les cartes; faire la donne. ～をする jouer aux cartes; faire une partie de cartes. ～をめくる retourner une carte. ‖～占い cartomancie f. ～占いをする tirer les cartes. ～占者 cartomancien(ne) m(f).
トランペット trompette f. ～を吹く jouer de la trompette. ‖～奏者 trompette m; trompettiste mf.
トランポリン tremplin m.
とり 鳥(鶏) oiseau(x) m; [雛鳥] oisillon m; oiselet m; [家禽] volaille f; volatile m; [雄鶏] coq m; [雌鶏] poule f; [若鶏] poulet m. ～の巣 nid m d'oiseau. ～を飼う élever des oiseaux; [飼馴らす] apprivoiser un oiseau. とりもちで～をつかまえる prendre un oiseau à la glu. ¶「～無き里の蝙蝠」«Au royaume des aveugles, les borgnes sont rois.» 水～ oiseaux aquatiques; palmipèdes mpl. ～籠 cage f. ～肉 volaille; foul. ～肉を食べる manger du poulet. ～肉屋 volailler m; marchand(e) m(f) de volaille. ～屋 oiselier (ère) m(f); marchand d'oiseaux.
とりあう 取合う ⇨ うばう(奪う). 1人の女を友人と～ disputer une femme à un ami. 獲物を～動物たち animaux mpl qui se disputent une proie. ¶手を取合って en se tenant par la main; la main dans la main. ¶[相手にならない] ¶取合わない ne tenir aucun compte de; ne donner (prêter) aucune attention à. ～な N'en tenez aucun compte!

とりあえず 取敢えず [さしあたり] pour le moment; pour l'heure; [先ず] [tout] d'abord; au préalable. ～それだけで結構です Cela me suffit pour le moment. ～仕事にかかろう Mettons-nous d'abord à l'œuvre. ～御返事致します Je m'empresse de vous répondre. ～これだけ渡そう Prenez toujours ceci. 取るものも～ en toute (grande) hâte; dare-dare. 父親が死んだという知らせに, 取るものも～故郷に帰った A l'annonce du décès de mon père, je me suis précipité au pays tel que j'étais.
とりあげる 取上げる [手に取る] prendre; saisir. 取上げておくと床の上に落ちたらこの石ころだった Je l'ai ramassé et à y bien regarder ce n'était qu'un caillou. ◆[奪う] priver (déposséder, dépouiller, spolier) qn de qc; enlever (retirer, ôter, arracher, soustraire) qc à qn; [没収する] confisquer qc à qn; [徴発する] réquisitionner. 子供からデザートを～ priver un enfant de dessert. 仕事を(権利を)～ dépouiller qn de son emploi (ses droits). 母親から子供を～ ôter un enfant à sa mère. 運転免許を～ retirer à qn le permis de conduire. おとなしくしていないと玩具を取上げますよ Sois sage ou je t'enlève tes jouets. 彼の手からあのナイフを取上げてくれ Otez-lui ce couteau des mains. ◆[採用する] accueillir; admettre; adopter; accepter; [聞入れる] agréer; admettre; entendre. …の問題として～ mettre qc en question. プランを～(取消す) adopter (rejeter) un plan. 大臣はあなたの請願を取上げた Le ministre a agréé votre demande. ドレスメーカーたちは今年の流行色として薄紫色を取上げた Les couturiers ont adopté le mauve pour la mode de cette année. ¶～ほどのことではない Ce n'est pas la peine d'en parler. ¶[赤ん坊を] ¶あのお婆さんが彼女の子を取上げた C'est cette sage-femme qui l'a accouchée. ‖取上げ婆さん sage(s)-femme(s) f.
とりあつかい 取扱い [人に対する] traitement m; [道具などの] maniement m; usage m; emploi m; [薬品などの] manipulation f; [商品などの] manutention f; [操作] manœuvre f. 爆発物の～ manipulation (maniement) des explosifs. ～を知っている s'entendre au maniement; [人の] s'entendre à mener qn. 事務の～は 5 時迄です Le bureau est ouvert jusqu'à cinq heures. ¶～の便利なmaniable; commode; d'un usage facile. ～が非常に簡単な電気器具 appareil m électrique d'un maniement (emploi) très simple. ‖小荷物～所 service m des colis. ‖「割れ物～注意」«Fragile.»
とりあつかう 取扱う [人を] traiter; accueillir; [物を] manier; manipuler; [操作する] manœuvrer; [商品を] manutentionner; [管理する] manipuler; gérer. 小荷物を～ manipuler des colis. 大金を～ caissier (ère) m(f) qui manie (manipule) de grosses sommes d'argent. うちではその商品は取扱っておりません Ce produit-là n'est pas dans nos rayons.
とりあつめる 取り集める lever. ¶郵便物を～

時間はポストに示されている Les heures des levées sont indiquées sur les boîtes aux lettres. ⇒ あつめる(集める), しゅうはい(集配).

とりあみ 鳥網 pantière *f*.

とりあわせ 取合わせ assortiment *m*. 色々な豚肉製品の～ assortiment de charcuteries. この生地は色の～が面白い Cette étoffe a des coloris bien assortis. カーテンと壁紙の色の～がうまくいった L'assortiment des couleurs pour les rideaux et les tentures est très réussi. 彼ら二人が一緒には、変な～だねえ Ils forment un drôle de duo.

とりあわせる 取り合わせる assortir. 新しい部屋のためにカーテンと壁紙を色々取り合わせる essayer diverses combinaisons de couleurs pour les rideaux et les tentures d'une nouvelle pièce.

ドリアン《植》durian [dyrjɑ̃, dyrjan] *m*.

とりい 鳥居 torii *m inv*.

とりいそぎ 取り急ぎ hâtivement. ¶～以下のご報告申し上げます Je me hâte de vous rapporter ce qui suit.

トリートメント après-shampooing *m*.

とりいる 取り入る ¶人に～ amadouer (gagner) *qn*; s'insinuer dans les bonnes grâces (la confiance) de *qn*; capter la confiance de *qn*.

とりいれ 取入れ moisson *f*; récolte *f*; [葡萄の]vendange *f*; [納屋に入れること]rentrée *f*. 収穫物の～ rentrée des moissons. ¶～時 [temps *m* de la] moisson; saison *f* des récoltes. 総～高 produit *m* total des récoltes.

とりいれる 取入れる moissonner; récolter; [納屋に入れる]rentrer; [受け入れる]adopter; introduire; importer. 麦を～ moissonner (récolter) du blé; faire la moisson (la récolte) du blé. 葡萄を～ faire la vendange; vendanger (récolter) du raisin. ◆[採用する]～ introduire (adopter) une mode. 流行を～ introduire (adopter) une mode. 彼の意見を取り入れよう Adoptons son opinion. 新しい言葉がフランス語の中に取り入れられた De nouveaux mots ont été introduits (incorporés) dans la langue française.

とりうち 鳥打 ¶～帽子 chasse *f* aux oiseaux; casquette *f* [de chasseur].

トリウム《化》thorium *m*.

とりえ 取柄 [長所]mérite *m*; qualité *f*; [価値]valeur *f*; [強味]point *m* fort *m*. 私の妻の～は健康なことだけです Le seul mérite de ma femme, c'est sa santé robuste. 人間何らかの～はあるものだ Chacun a ses mérites. ¶～のない sans valeur; nul(le). ～のない人 personne *f* nulle; nullité *f*;《俗》nullard(e) *n* (*f*). 彼は本当に～のない男だ C'est un vrai nullard./Il ne vaut rien./Il ne vaut pas à rien./C'est un rien du tout.

トリオ trio *m*.

とりおさえる 取押える [犯人などを]arrêter; appréhender; pincer. 現場を(現行犯で)～ surprendre *qn*; prendre *qn* sur le fait. 盗みの現場を～ attraper *qn* la main dans le sac (en flagrant délit).

とりおとす 取落す laisser tomber (échapper). ⇒ ぬかす(抜かす), とばす(飛ばす).

とりがい 鳥貝 bucarde *f* orientale.

とりかえ 取替 [交換]échange *m*; changement *m*; [入替え]remplacement *m*; substitution *f*; [更新]renouvellement *m*; [物々交換]troc *m*; [両替]change *m*. 衣服の～ substitution de vêtements. シーツの～ changement de draps. ¶バーゲンの品物は払い致しておりません Nous ne reprenons pas de produits soldés. ¶～(得)(損)をする gagner (perdre) au change.

とりかえし 取返し ¶～のつかない irréparable; irrémédiable; [重大な]grave; [許し難い]impardonnable. 彼は～のつかぬことをやってくれた Il a fait quelque chose d'irréparable.

とりかえす 取り返す regagner; recouvrer; récupérer; [奪い返す]reprendre. ¶～とりもどす(取戻す). 友人に貸した金(本)を～ récupérer l'argent (le livre) qu'on a prêté à un camarade. 無駄に過ごした時間を～ rattraper (regagner) le temps perdu.

とりかえる 取替える ⇒ こうかん(交換). ¶服を～ changer de vêtements. 病人(子供)の下着を～ changer un malade (un enfant). 召使を～ remplacer un domestique; [全部を替える]renouveler sa maison (son service). 小銭に～ faire de la monnaie. 私の席と彼の席を取替えたいのだが Je voudrais changer de place avec lui.

とりかかる 取掛かる commencer *qc* (à *inf*); se mettre à *qc* (à *inf*); entamer *qc*; engager *qc*. 仕事に～ se mettre au travail (à travailler). 交渉に～ entamer (engager) des négociations. 書類の作成に～ procéder à l'établissement d'un dossier. なかなか…に取掛からない être long(ue) à *inf*.

とりかご 鳥籠 cage *f*.

とりかこむ 取囲む entourer; environner; [敵などを]envelopper; encercler; cerner; bloquer. 大勢の野次馬が香具師を取囲んでいる Une foule de curieux environne un camelot. 教会は絵のように美しい家々に取り囲まれている L'église est entourée (bordée) de maisons pittoresques.

とりかじ 取り舵 ¶～を取る mettre la barre à bâbord. ¶「～[一 杯]」《A bâbord [toutes]!》

とりかぶと 鳥兜 [aconit] napel *m*.

とりかわす 取交す échanger. 彼らは手紙(贈り物)を交した Ils ont échangé des lettres (des cadeaux)./Ils se sont écrit (donné des cadeaux).

とりきめ 取決め ⇒ きてい(規定), やくそく(約束). 2国家間の～ convention *f* (traité *m*) entre les deux pays. ～を破る rompre un accord (un traité, un engagement). ジュネーヴに集った諸国家は原爆実験禁止についての～を行なった Les divers pays réunis à Genève conclurent un accord (un traité) sur l'arrêt des expériences atomiques. そんな～ではなかったぞ Ce n'est pas dans nos conventions. ¶～により conformément à nos conventions.

とりきめる 取り決める arranger; [決定する]décider; [帰結する]conclure; [約束する]se promettre. 契約を～ passer un contrat.

とりくみ 取組 [試合の組合せ] match([e]s) m; rencontre f. あの二人ならいい～だ Avec ces deux-là, ça va faire une belle rencontre. ¶好～ belle rencontre.

とりくむ 取り組む ¶[互に] lutter; [相手となる] disputer un match avec qn. 難しい問題に～ aborder (affronter, s'attaquer à) un problème difficile. 問題に正面から～ regarder le problème en face. 研究に～ s'attaquer à l'étude de qc.

とりけし 取消し annulation f; résiliation f; révocation f; [認可などの] retrait m; [前言, 約束などの] rétractation f; [取下げ] désistement m. 契約の～ résiliation d'un contrat. 遺言の～ révocation d'un testament. 運転免許の～ retrait du permis de conduire. ¶～できる annulable; résiliable; révocable. ～できない irrévocable; qui ne peut être annulé (résilié).

とりけす 取り消す annuler; résilier; révoquer; [認可などを] retirer; [前言, 約束などを] rétracter; revenir sur; [注文, 会などを] décommander. 契約を～ résilier une convention. 命令を～ annuler une commande. 約束を～ rétracter (annuler, retirer) une promesse (un engagement). 婚約(判決)を～ rompre un mariage (un jugement). ホテルの予約を～ annuler la réservation d'un hôtel. 前言を～ revenir sur sa parole. そういうことなら前言は取消します Si c'est comme ça, je retire ce que j'ai dit. 彼は運転免許を取消された On lui a retiré son permis de conduire.

とりこ 虜 capti(ve) m(f); prisonnier(ère) m(f). 人を～にする faire qn prisonnier; [心を] captiver qn. ～になるを faire emprisonner; [魅惑される] être captivé. 恋の～になっている être captif de son amour. 彼はあの女の～になった Il est devenu l'esclave de cette femme.

とりこしぐろう 取越し苦労 ¶～をする aller au-devant des ennuis; s'inquiéter trop de qc; se faire trop de soucis. まあ～かも知れないが... J'exagère peut-être, mais...

トリコット tricot m.

とりこぼし 取零し ¶～をする se faire battre par un adversaire inférieur.

とりこみ 取込 ¶~詐欺 escroquerie f des marchandises. お～中でしたら, お邪魔いたしません Si vous êtes occupé, je ne veux pas vous déranger.

とりこむ 取り込む ¶洗濯物を～ rentrer le lessive (le linge). ◆[ごたごたする] ¶ちょっと取込んでおりますので... Comme nous avons de petits ennuis..../Comme nous sommes occupés pour l'instant....

とりごや 鳥小屋 [檻] volière f; [鶏小屋] poulailler m; [家禽飼養場] basse(s)-cour(s) f.

とりこわす 取壊す démolir; raser. 建物を～ raser un bâtiment. ¶取壊し démolition f.

とりさげる 取下げる retirer. 告訴を～ retirer une plainte (une accusation). 立候補を～ se désister; retirer sa candidature.

とりざた 取沙汰 ¶…と～される Le bruit court (se répand) que ind./On dit que ind. ⇒うわさ(噂), とやかく.

とりさる 取去る écarter; ôter; enlever; [摘出する] extirper; [出発させる] faire partir; [消去る] effacer. 腫瘍を～ extirper une tumeur. ⇒のける(除ける).

とりしきる 取仕切る ¶家事を～ tenir son ménage. 土木工事を～技師 ingénieur m qui dirige les travaux. 彼がこの地域を取仕切っている親分だ C'est lui qui règne sur ce quartier.

とりしずめる 取鎮める ¶暴動を～ réprimer des émeutes.

とりしまり 取締り contrôle m; direction f; police f; [監視] surveillance f; [交通～ police routière. 交通一月間 mois m de contrôles routiers. ～網 réseaux mpl de contrôle. ～役 administrateur(trice) m(f). ～役会議 conseil m d'administration.

とりしまる 取締まる contrôler; diriger; [管理する] administrer; gérer; [監視する] surveiller. 言論を～ exercer un contrôle sur les opinions. 麻薬の密輸を～ surveiller le trafic des stupéfiants. もう少し厳しく取締まらなければならない Il faut exercer un contrôle plus strict.

とりしらべ 取調べ enquête f; investigation f; examen m; [訊問] interrogatoire m. ～を行なう faire (ouvrir) une enquête sur qc; enquêter sur qc; [訊問] faire subir un interrogatoire à qn; interroger qn. 彼は盗みの容疑で警察の～を受けた On l'a interrogé sur le vol. 今この事件は只今～中です Nous sommes en train d'examiner cette affaire.

とりしらべる 取調べる ¶予審判事は容疑者たちを取調べた Le juge d'instruction a interrogé les inculpés.

とりすがる 取縋る s'accrocher à; se cramponner à. ⇒すがる(縋る). その子は私の腕に取縋って, 行かないでくれと哀願した Cet enfant-là s'est cramponné à mon bras pour ne faire partir.

とりすます 取澄ます ⇒すます(澄ます). ¶何だ, あの女は!いやに取澄してさ Pour qui se prend-elle, cette femme?

とりそろえる 取揃える ⇒そろえる(揃える). ¶当店は色々と商品を取揃えております Notre magasin est bien achalandé. 豊富に物が取揃えてある食料品店 épicier m bien assorti (achalandé).

とりだか 取り高 [収入] revenu m; [俸給] appointements mpl; [分け前] part f; portion f; quote(s)-part(s) f; [収穫高] récolte f.

とりだす 取出す ¶…から...を～ tirer (retirer) qc de qc; prendre qc dans qc; [faire] sortir qc de qc. バッグから万年筆を～ prendre son stylo dans son sac. 彼はポケットの中にあるもの全てを取出した Il a retiré de ses poches tout ce qu'il y avait mis. 外科医は負傷者の脚から2発の弾丸を取出した Le chirurgien a extrait deux balles de la jambe du blessé.

とりたて 取立て [集金] recouvrement m; [税金などの徴収] perception f; levée f. 債権者の

とりたてる ~に追われている être poursuivi par ses créanciers. ‖~可能の recouvrable; percevable. ~不可能の irrécouvrable; irrécupérable. ◆[任命] nomination f; [昇進] promotion f; [引立て] protection f; faveur f. 大臣の~によって地位を得る obtenir une place par la protection (par le piston) d'un ministre. ◆ ‖~の野菜 [新鮮な] légumes mpl frais.

とりたてる 取立てる [金を] recouvrer; faire rentrer; [受取る] percevoir; [税金を] lever; [貸した物を] récupérer. 家賃を～faire rentrer un loyer; percevoir un loyer. 借金を～recouvrer son argent. ◆[任命する] nommer; [昇進させる] promouvoir qn à; élever qn à; [引立てる] protéger; favoriser. 部長は自分の甥を特に取立てている Le directeur protège spécialement son neveu. ◆[特に取上げる] ‖取立てて言う程のことではない Ce n'est pas grave./Ça ne vaut pas la peine d'en parler. 取立てて書くこともなし [日記, 日誌など] Rien à signaler.

トリチウム [化] tritium m.

とりちがえ 取違え [間違い] erreur f; [意味の誤解] malentendu m; contresens m; [人・物に対する] méprise f; confusion f; quiproquo m. ～をする commettre une méprise (une confusion) impardonnable. この喜劇は夫とその愛人との間に起る一連の～から成立っている Cette comédie repose sur une série de quiproquos entre le mari et l'amant.

とりちがえる 取違える [意味を] mal comprendre (interpréter); [人, 物を] se méprendre sur; se tromper de; faire une confusion de; confondre qc avec qc; prendre qc pour qc. …の言葉の意味を～se méprendre sur les sens des paroles de qn. 私は日時を取違えた Je me suis trompé de date. 私はコートを彼のと取違えた J'ai confondu mon manteau avec le sien. 翻訳者はこの箇所の意味を取違えているように思える Le traducteur semble avoir commis un contresens dans ce passage.

とりちらかす 取散らかす [散乱させる] éparpiller; disperser; [部屋などを] mettre qc en désordre. ‖取散らかした désordonné; en désordre. 何とこの部屋は取散らかしていること Quel désordre (fouillis), dans cette chambre!

とりつ 都立 ‖～の municipal(aux) (métropolitaine(e)) de Tokyo. ‖～高校 lycée m municipal de Tokyo. ～病院 hôpital m municipal de Tokyo.

とりつぎ 取次ぎ [仲介] entremise f; intermédiaire m; intervention f. ‖～店 agence f; [問屋] maison f de commission. ～人 [商売の] courtier(ère) m(f); représentant(e) m(f) [de commerce]; agent m; intermédiaire mf; commissionnaire m. 広告～人 agent de publicité. ◆[訪問の] ‖～を頼む se faire annoncer. 奥様に～をお願いします Veuillez m'annoncer à Madame.

とりつく 取付く ◆ 彼はかんかんに怒っていて～島がないよ Il est tellement en colère qu'on ne peut pas le prendre avec des pincettes. ◆[取掛る] se mettre au travail (à travailler); vaquer à son travail. ◆[憑く] obséder qn; posséder qn. ‖～される obsédé(e) (possédé, obnubilé) par. ある考えに取付かれている être hanté par une idée. 彼はふさぎの虫に取付かれている La mélancolie l'obnubile (l'obsède). ‖取り付かれた人 obsédé(e) m(f); possédé(e) m(f).

トリック truc m; [手品] tour m d'adresse; [集合的に] trucage m; truquage m. ‖～映画, 映画, フィルム m à trucs. ～撮影 trucage de cinéma.

とりつぐ 取次ぐ [仲介] servir d'intermédiaire; [仲買をする] faire le courtage de; [伝達] transmettre; communiquer; [客を] annoncer. 電話を～ passer à qn la communication. 今電話をお取次ぎ致します Je vais vous donner la communication./Je vous le passe. 彼女から電話があったらすぐ取次いで下さい Si elle téléphone, appelez-moi tout de suite.

とりつくろう 取繕う ⇨ つくろう(繕う). ‖体面を～ garder (ménager, sauver) les apparences. 過失を～ déguiser une faute. その場を～ sauver les meubles.

とりつけ 取付け [設備] installation f; pose f; aménagement m. この部屋では風呂の～が非常に難しい L'installation (L'aménagement) d'une salle de bains dans cette pièce est très difficile. ‖[預金の] この銀行では最近デマによる～騒ぎがあった A cause d'un faux bruit, les gens se sont rués à cette banque pour retirer leur argent. ◆[買付け] ‖～の店 fournisseur m.

とりつける 取付ける [設備を] installer; poser. 壁にスイッチを～ fixer un interrupteur au mur. ◆[成立させる] ‖約束を～ extirper une promesse à qn. 了承を～ tenir un consentement. 彼は週一回外出の許可を取付けた Il a obtenu la permission de sortir une fois par semaine. ◆[買付ける] ‖この本屋は私が取付けている店です Ce libraire est mon fournisseur habituel.

とりっこ 取りっこ ⇨ とりあう(取合う).

トリップ trip [trip] m.

ドリップ ‖コーヒーを～式で入れる passer le café dans un filtre. ‖～コーヒー café[-]filtre m.

とりで 砦 fort m; [城砦] citadelle f; [要塞] forteresse f; [防禦陣地] retranchement m; [城壁] rempart m. この地方が社会主義の一ある Cette région est un bastion du socialisme.

とりどく 取り得 ‖それだけ～だよ C'est autant de gagné.

とりとめのない 取留のない incohérent; décousu; sans suite; [中味のない] creux(se); pauvre; [ぼんやりした] vague; [無秩序な] vagabond; errant. ～物語 récit m décousu. ～話をする tenir des propos sans suite; divaguer; [老いぼれて] radoter. ～物思いに耽る laisser vaguer ses pensées (son imagination).

とりとめる 取留める ‖一命を～ échapper à

とりどり ¶～の divers; varié; différent. 子供たちがスケッチ・ブックに～の色を塗って遊んでいる Les enfants s'amusent à barioler leurs cahiers de dessins. ～に diversement; de différentes façons. ‖色～の de couleurs variées; multicolore; bariolé.

とりなおす 取(撮)直す[撮影し直す] ¶シーンを～ reprendre une scène. ◆[新たにする]～ 気を～ reprendre courage; se ressaisir.

とりなし 執成し entremise f; intervention f; médiation f; 〘宗〙intercession f. …のための～ intervention en faveur de qn. …を求める recourir aux bons offices de qn. …の～で par l'entremise de qn; grâce à l'intervention (l'action) de qn.

とりなす 執成す intercéder (intervenir) pour (en faveur de) qn; [弁護する] plaider en faveur de qn; [いさかいなどを] s'entremettre dans qc; offrir (prêter) ses bons offices à qn. 父と子の間を～ s'interposer entre le père et le fils. 彼らの共通の友人が彼らのいさかいをとりなそうとした Un de leurs amis communs a tenté de s'entremettre dans leur différend. 私のことを彼にうまくとりなしてくれ Intercédez pour moi auprès de lui./[調停] Pourriez-vous servir de médiateur? 彼のためにおとりなしの程を Veuillez intercéder en sa faveur.

とりにいく 取りに行く aller chercher (prendre) qc.

とりにがす 取り逃がす manquer; laisser échapper. 泥棒を～ laisser échapper un voleur. …する好機を～ perdre (manquer, laisser échapper) l'occasion de inf.

とりにく 鳥肉 ⇨ とり(鳥).

とりにくる 取りに来る venir chercher (prendre) qc. もう出来ていますから何時でも取りにいらして下さい C'est prêt. Vous pouvez venir le prendre quand vous voulez.

とりにやる 取りに遣る envoyer qn chercher (prendre) qc.

とりによこす 取りに寄こす ¶差し上げたい物がありますので、誰かを取りに寄こして下さい Je voudrais vous faire un petit cadeau, envoyez[-moi] quelqu'un le chercher.

とりのける 取除ける ⇨ とりのぞく(取除く).

とりのこす 取残す ¶1人取残されているParti avec du retard, le coureur s'est retrouvé à la traîne. 今頑張らないと、お前だけ取残されてしまうよ Si tu ne fais pas un effort, tu vas rester en plan. 子供が取残されて迷子になっている Un enfant se perd, laissé tout seul. 父に死なれ、取残された子供たちはどうなるのか Après la mort de leur père, qu'est-ce que ces enfants vont devenir? 経済的繁栄に取残された人(階層) laissé(s)-pour-compte m. ⇨ たちおくれる(立ち遅れる).

とりのぞく 取除く enlever; ôter; [障害などを] supprimer; aplanir; [邪魔のものを] débarrasser qc de qc; [摘out] extraire; retirer. 部屋から邪魔なものを～ débarrasser une pièce des objets qui l'encombrent. ベンジンで汚れを～ enlever une tache à la benzine.

リストから名前を～ rayer un nom d'une liste.

とりはからい 取計らい arrangement m; [按配] disposition f; [心遣い] soin m; [仲介] entremise f; intervention f. …の～で par l'entremise de qn; grâce à l'intervention (l'action) de qn; par les soins de qn.

とりはからう 取計らう s'arranger pour qc; ménager qc; [按配する] prendre ses dispositions pour qc; [仲介する] intercéder (intervenir) pour (en faveur de) qn; s'entremettre dans qc. 会談の機会を～ ménager (arranger) un entretien. 心配しなくていいですよ、私がうまく取計らいますから Ne vous inquiétez pas, je m'arrangerai (m'en occuperai). 我々が泊れるように取計らって下さい Débrouillez-vous pour nous loger.

とりはずし 取外し ¶～のできる amovible; détachable; mobile; [分解できる] démontable. 1枚1枚～のできるメモ帳 carnet m de note à feuilles détachables (mobiles). 最近の釣竿はみな～ができる Les cannes à pêche modernes sont toutes escamotables. ～のできない fixe; indémontable.

とりはずす 取外す enlever; ôter; [戸, タイヤなどを] démonter; [柄を] démancher; [分解する] disloquer. 部品を～ enlever une pièce. カーテンを～ démonter des rideaux. 槌の柄を～ démancher un marteau.

とりはだ 鳥肌 chair f de poule; 〘生理〙horripilation f. ～が立つ avoir la chair de poule. この料理は見ただけで～が立つ La seule vue de ce plat me donne la chair de poule. ¶～の立つような horripilant.

とりはらう 取払う enlever; [テントなどをたたむ] démonter; [取壊す] démolir; abattre. とりのぞく(取除く). 障害を～ supprimer des difficultés (les obstacles). 道の邪魔物を～ dégager (déblayer, débarrasser) le chemin. この区域の家は近々取払われる Les maisons de ce quartier vont être expropriées. ¶取払い enlèvement m; [取壊し] démolition f.

とりひき 取引 transaction f; opération f; [商取引] commerce m; négoce m; [売買取引] marché m; affaire f; [手形, 証券などの] négociation f; [非合法] trafic m; [闇取引] tractations fpl; marché noir; [믈] marchandage m. …と～がある être en relations d'affaires avec qn. 大きな～をする conclure un gros contrat avec qn. ～を始める(中止する) entrer en (cesser des) relations d'affaires avec qn. ～をまとめる conclure un marché (une affaire) avec qn. [契約] passer un contrat avec qn. 長い議論の末、最後には～がまとまった Après de longues discussions, nous avons fini par conclure le marché. ¶～[を]する commercer avec qn; faire des affaires avec qn; [믈] marchander. 得な～をする faire de belles (bonnes) affaires. 損な～をする faire de mauvaises affaires. ‖株式～ opération de Bourse. 株式～所 Bourse f (des valeurs). 株式～量(額)～ volume m des échanges. 現金～ opération (marché) au comptant. 現金～の店 magasin m qui règle comptant. 現物(定期)～ marché au comptant (à terme).

先物(信用)~ opération à terme (à crédit). 闇~をする faire des tractations clandestines avec qn. 彼に落札したのは闇~したからだよ S'il a obtenu ce contrat, c'est qu'il s'est livré à des marchandises de coulisse. ~客 client(e) m/f; [銀行] sa banque. ~先 [総称] clientèle f. ~税 taxe f sur les transactions. ~高 chiffre m d'affaires. 前年同期の倍の~高を上げる faire un chiffre double de celui de l'année précédente.

とりぶえ 鳥笛 appeau(x) m; pipeau(x) m; [うずらの鳴声を出す] courcaillet m.

トリプシン [生理] trypsine f.

ドリブル dribble m. ~で相手を抜く dribbler un adversaire. ~する dribbler.

とりぶん 取分 part f; portion f; quote(s)-part(s) f. ~を分ける[分け前]. 相続者の正当な~ part afférente à héritier.

とりまき 取巻 entourage m; [へつらう者] flatteurs mpl; [お供] escortes fpl; suite f. ~を大勢引連れている être accompagné d'une nombreuse escorte.

とりまぎれる 取紛れる ¶用事(仕事)に取紛れて accablé d'affaires (de travail). 彼は仕事に取紛れて昼食をとるのを忘れていた Il avait tellement d'affaires à régler qu'il en a oublié de déjeuner.

とりまく 取巻く entourer; environner; [敵などを] envelopper; encercler; cerner. 町を~防塁で囲む murailles fpl qui entourent la ville. ファンの群がスターを取巻いている Une foule de fans assiège la vedette.

とりまぜる 取混ぜる ⇒ まぜる(混ぜる). ¶色々取混ぜてお持めいたしましょう Je vais vous en mettre de toutes les sortes.

とりまとめる 取纏める ⇒ まとめる(纏める).

とりみだす 取乱す perdre son sang-froid; se troubler; perdre contenance; [ひどく] perdre la tête; s'affoler. ¶取乱した troublé; éperdu; affolé; effaré. 取乱した恰好で dans une tenue débraillée. 取乱して perdant son sang-froid; éperdument. ~こともなく avec son sang-froid ordinaire; en gardant (conservant) son sang-froid; en impassibilité; tranquillement.

トリミング ¶~する [写真] couper les bords; rogner; [ペット] tailler les poils d'un chien (chat).

とりめ 鳥目 《医》héméralopie f. ¶~の人 héméralope mf.

とりもち [もてなし] accueil m; réception f; [仲介] entremise f; intermédiaire m; médiation f; [推薦] recommandation f. ¶...の~で par l'entremise de qn; grâce à l'intervention (l'action) de qn. ⇒ とりもつ(取持つ).

とりもち 鳥黐 glu f. ~をつける engluer. ~で鳥をとる prendre un oiseau à la glu.

とりもつ 取持つ recevoir (accueillir, traiter) qn bien; [取計らう] s'entremettre; offrir (prêter) ses bons offices; [推薦する] recommander. 2人の仲を~ servir d'entremetteur entre deux personnes. 座が白けないようにうまく~ faire des efforts pour éclaircir l'atmosphère sombre d'une assemblée (réunion). 私があのカップルの仲を取持ったんだよ Je me suis entremis pour faciliter leur mariage. ¶テニスの~縁で彼らは結ばれた Ils ont fait connaissance sur un court de tennis.

とりもどす 取戻す recouvrer; regagner; récupérer; [健康など] retrouver; [元の状態に戻る・回復する] rentrer dans qc. 金を~ regagner (récupérer, recouvrer) de l'argent. 健康を~ retrouver (recouvrer) la santé; se rétablir. 元気を~ reprendre des forces. 平静を~ retrouver son calme. 意識を~ revenir à soi; reprendre conscience (connaissance); revenir d'un évanouissement. 秩序を~ retrouver (ramener) l'ordre; rentrer dans l'ordre. 自由(威厳)を~ reconquérir sa liberté (sa dignité). 私は彼に平静を取戻させることが出来なかった Je n'ai pas pu le ramener à la raison.

とりもなおさず 取りも直さず [即ち] c'est-à-dire; à savoir; autrement dit; [要するに] bref; en un mot. これは~社会の変化ということを意味している En dernière analyse cela signifie un changement de la société.

とりもの 捕物 [mise f en] arrestation f. ¶昨日駅で指名手配犯人の大~があった Hier, s'est déroulée dans une gare une scène d'arrestation d'un criminel recherché.

とりや 鳥屋 ⇒ とり(鳥).

とりやめ 取止め ⇒ ちゅうし(中止).

トリュフ 【植】truffe f.

とりょう 塗料 peinture f; enduit m. ...に~を塗る appliquer (passer, étendre) une couche de peinture sur qc.

どりょう 度量 ¶~の大きい généreux(se); large [d'esprit]. ~の狭い mesquin; à l'esprit étroit (borné); étroit [d'esprit]. あの人は~が大きい Il a l'esprit large. あいつは~が小さい C'est un petit esprit.

どりょうこう 度量衡 les poids mpl et mesures fpl. ¶~学 métrologie f. ~学者 métrologiste m; métrologue m. ~原基 étalon m.

どりょく 努力 effort m. ¶~[を]する s'efforcer de inf; tâcher de inf (que sub); chercher à inf; travailler à inf (à ce que sub); se donner de la peine pour inf. 精一杯~する s'escrimer (s'évertuer) à inf. 最後の~をする faire un dernier (suprême) effort. 出来るだけ~をする faire tous ses efforts. 無駄な~をする faire de vains (d'inutiles) efforts; s'efforcer en vain (inutilement, sans succès) de inf. ~して avec effort. ~なしに sans effort. ¶彼は~家だ C'est un gros travailleur (bûcheur).

とりよせる 取寄せる faire venir qc; se faire envoyer qc; [注文する] commander qc. ...をやって...を~ envoyer qn chercher (prendre) qc. これは~はフランスから取寄せました J'ai fait venir ce livre de France.

トリル [楽] trille m.

ドリル drille f; [穿孔機] perceuse f; chignole f; foreuse f; [鑿岩機] perforatrice f. ¶電気~ perceuse électrique. ◆ [学習の] exercices mpl.

とりわけ 取分け surtout; entre autres [choses]; notamment; [tout] particulièrement. 今朝は～寒かった Il faisait froid particulièrement ce matin.

とりわける 取分ける diviser; séparer; [分配する] partager; distribuer; répartir. 各々皿に取分けて食べよう Mangeons ce plat en donnant à chacun sa part.

とる 採る [採択する] ¶ A よりも B を～ préférer B à A. …の作品中から例を～ prendre un exemple dans (chez) qc. どちらをお採りになりますか Lequel choisissez(prenez)-vous? お好きな方をお採り下さい Faites votre choix. この中からお好きなものをお採り下さい Choisissez celui qui vous plaît. むしろこちらをお採りなさい Prenez plutôt celui(celle)-ci. ◆ [採用する] ¶ 大学卒を～ engager un (une) diplômé(e). ◆ [採集する] ¶ 果実(花)を～ cueillir des fruits (des fleurs). たきぎを～ ramasser du bois mort. 鉱山(果物)から石炭(ジュース)を～ extraire la houille (le jus) d'une mine (d'un fruit). 麦の穂(葡萄の房)から実を～ égrener des épis (des grappes). この鉱山からは年間1,000トンの鉄が採れる Cette mine produit 1.000 tonnes de fer par an. 明りを～窓 fenêtre f qui prend le jour.

とる 撮る ¶ 写真を～ prendre une photo, photographier. 写真を撮ってもらう se faire prendre une photo. 映画を～ tourner un film. 戸外シーンを～ tourner des extérieurs. ラブシーンを～ filmer une scène d'amour.

とる 執る ¶ 事務を～ travailler dans un bureau. 軍隊(オーケストラ)の指揮を～ commander (diriger) une armée (un orchestre).

とる 取る prendre; [つかむ] saisir; tenir. 手を～ prendre (tenir) qn par la main. ペンを～ prendre la plume; mettre la main à la plume. 武器を～ prendre les armes. かじを～ gouverner; tenir la barre; [操る] tenir le gouvernail (la barre). お釣はとっていないですよ Gardez la monnaie. どうぞお好きなようにお取り下さい Servez-vous. 罰金を取られる être mis à l'amende; être à l'amende. ぬかるみに足を取られる s'empêtrer dans la boue. ◆ [得る・受ける] ¶ 賞を～ gagner (remporter) un prix. 資格を～ obtenir un titre. 教員資格を～ obtenir le certificat d'aptitude pour l'enseignement. 天下を～ [政権を] arriver (parvenir, venir) au pouvoir. 100点満点で60点を～ obtenir 60 points sur cent. 数学で良い(悪い)点を～ avoir une bonne (mauvaise) note en mathématiques. 点を～ [スポーツで] ⇨ てん(点). 商品に対して15%の手数料を～ toucher quinze pour cent de commission sur des marchandises. 月に10万円を～ toucher 100.000 yen par mois. [生命を奪う] ¶ 命を～ tuer qn. 兄の仇を～ venger son frère. ◆ [処理する・身を処する 適切な処置を～ prendre des mesures efficaces contre qc (pour inf). きっぱりした態度を～ prendre une attitude ferme. 中立的(敵対する)態度を～ prendre une attitude neutre (d'hostilité). …に対して敵対行為を～ faire acte d'hostilité contre qn. ◆ [除去する・脱

ぐ] enlever; ôter. しみを～ enlever (effacer) une tache. ベンジンでしみを～ La benzine emporte les taches. コートを～ ôter (enlever, retirer) son manteau. 帽子を～ se découvrir. 余計な枝(文章)を～ élaguer un arbre (une phrase). ◆ [解釈する] ¶ 人の言うことを真面目に(文字通りに)～ prendre ce qu'on dit au sérieux (à la lettre). …を良く(悪く)～ prendre qc en bonne (mauvaise) part. 間違って～ mal comprendre. あなたは私の言葉を取り違えている Vous avez mal pris mes paroles./Vous vous méprenez sur mes intention. ◆ [時空間を占める] ¶ 手間を～ prendre du temps. この古い家具は場所をとり過ぎる Ce vieux meuble occupe (prend, tient) trop de place. ◆ [数える・拍子を取る] ¶ 脈を～ prendre (tâter, toucher) le pouls; [診断する] ausculter qn; examiner qn. 歩調を取って歩く marcher au pas. ◆ [用意する・予約する] ¶ 列車(劇場)に席を～ retenir (louer) une place dans un train (au théâtre). レストランに席を～ réserver (retenir) une table au restaurant. 床を～ dresser (préparer) un lit. ◆ [摂取する・自分の物とする] ¶ 食事を～ prendre un repas. 栄養を～ se bien nourrir. 暖を～ se chauffer. 休息を～ prendre du repos. 新聞を～ [定期購読する] s'abonner (prendre un abonnement) à un journal. 新聞を取ってくれませんか Voulez-vous me passer le journal, s'il vous plaît? ◆ [作る・模す・写し] ¶ ノートを～ prendre des notes. メモを～ prendre note[s] de qc; prendre qc en note; noter qc. コピーを～ copier qc; [複写する] faire un Xérox. 型を～ prendre l'empreinte de qc. ◆ [身に負う・引受ける] ¶ 斡旋の労を～ prendre (se donner) la peine de servir d'intermédiaire. 責任を～ assumer (prendre) la responsabilité de qc. 評判を～ acquérir de la réputation. …という評判を～ se faire une réputation de qc. 不覚を～ [敗れる] essuyer une défaite. [失敗する] essuyer un échec.

とる 盗る ¶ 金を～ prendre (voler, dérober, arracher) de l'argent à qn; [強奪する] extorquer de l'argent à qn. 金をだまし～ soustraire (escroquer) de l'argent à qn. スリが彼から巧みに財布を盗みとった Un pickpocket lui a adroitement dérobé son portefeuille.

とる 捕る ¶ 魚を～ prendre (pêcher) des poissons. 猫は本能的にねずみを捕るものだ Les chats sont portés par instinct à chasser les souris.

とる 録る ¶ テレビの映画をビデオに～ enregistrer un film télévisé sur une vidéocassette.

ドル dollar m. ¶ ～で支払う payer en dollars. ‖～相場 cours m du dollar. 外国貿易の～建て決済 règlement m en dollars du commerce extérieur. ～地域 la zone dollar. ～安 chute f du dollar.

トルエン [化] toluène m.

トルソー [美] torse m.

とるにたりない 取るに足りない insignifiant; sans importance; [平凡な] médiocre; [無視し得る] négligeable; infime; minime; [謙遜

ドルばこ して] petit; humble. 〜金額 somme *f* infime. 〜収入 mince (maigre) revenu *m*. 〜男 homme *m* insignifiant. 〜ってことは Cela ne fait rien./C'est une affaire de rien.

ドルばこ -箱 ¶あのスターはあの映画会社の〜だ Cette vedette est la poule aux œufs d'or de cette société de production cinématographique.

ドルメン dolmen *m*.

どれ alors; eh bien. 〜一寸見せてごらん Eh bien, montrez-le-moi un peu. 〜寝るか Bon ! Eh bien, on va se coucher?

どれ 何れ lequel (lesquels) *m*; laquelle (lesquelles) *f*. ¶この子供たちの〜があなたの息子さんですか Lequel de ces garçons est votre fils? これらのネクタイの〜がいいのか迷っています J'hésite entre ces cravates. 〜が一番いいのだろう Lequel convient le mieux? 似たようなコートが多くて〜が誰のだか分らない Tous ces manteaux se ressemblent! Je ne sais plus lequel est à qui. 〜を選んでよいのか分らない Je ne sais [pas] lequel choisir. 〜でも N'importe quel(le); n'importe lequel. 〜でもお好きなネクタイをお取り下さい Prenez n'importe quelle cravate. 〜でもいいよ N'importe [lequel]./Cela m'est égal. 〜も良くはない Ils sont tous aussi mauvais. 〜も（誰も） Tous; l'un et l'autre; [否定] aucun; ni l'un ni l'autre. 〜ほど ⇒ どんな, どのくらい (何の位).

どれい 奴隷 esclave *mf*. 〜を解放する affranchir un esclave. 阿片の〜である être [l'] esclave de l'opium. 〜の servile. 〜の身分 condition *f* servile. 〜のごとく服従する obéir (se soumettre) en esclave à. ‖〜解放 émancipation *f* des esclaves. 〜根性 servilité *f*. 〜商人 marchand(e) *m(f)* d'esclaves. 〜制度 esclavagisme *m*. 〜売買 traite *f* des esclaves; [黒人の] traite des noirs.

トレーシングペーパー [papier(s)-]calque *m*; papier *m* à calquer.

トレース [製図, スケートの] tracé *m*; [透き写し] calque *m*; décalque *m*. 〜する tracer; calquer.

トレード commerce *m*. ¶選手を〜する faire le commerce des joueurs; [交換する] échanger *qn* contre *qn*. ‖〜マーク marque *f* [de fabrique]; [比喩的の] signe *m* (marque) distinctif(*ive*).

トレーナー entraîneur *m*; moniteur(*trice*) *m*(*f*); [調教師] dompteur(*se*) *m*(*f*); dresseur (*se*) *m*(*f*); [シャツ] pull *m* d'entraînement.

トレーニング entraînement *m*; exercice *m* [physique]. ¶〜[を]する s'entraîner. 〜を積んだ bien entraîné. 〜不足のため à cause du manque d'entraînement. ‖ハード〜 entraînement intensif. 〜パンツ pantalon *m* de survêtement.

トレーラー camion (s) -tracteur (s) *m*; camion(s)-remorque(s) *m*.

ドレス robe *f*. サテン(絹)の〜 robe de satin (de soie). 白い〜を着ている être en robe blanche. ‖〜メーカー couturier(*ère*) *m(f)*.

とれだか 取れ高 [収穫高] récolte *f*; moisson *f*; [予想穫高] rendement *m*; [漁獲高] pêche *f*.

トレッキング trek *m*; trekking *m*.

ドレッサー [化粧台] coiffeuse *f*.

ドレッシー ¶〜な habillé. 彼女は今日は〜な恰好をしている Elle est bien habillée aujourd'hui.

ドレッシング [sauce *f*] vinaigrette *f*. ¶〜であえる à la (en) vinaigrette.

ドレッシングルーム garde-robe *f*; vestiaire *m*.

ドレミ gamme *f*. ¶〜で歌う solfier *qc*.

トレモロ trémolo *m*.

とれる 採[獲]れる ¶ダイヤモンドは主にアフリカで〜 On extrait des diamants surtout en Afrique. 今年はみかんが沢山採れた Cette année on a fait une grosse récolte de mandarines. 今日は魚(獲物)が沢山捕れた J'ai fait bonne pêche (bonne chasse) aujourd'hui.

とれる 撮れる ¶よく〜カメラ appareil *m* de photo qui marche bien. よく撮れている写真 photo *f* qui est bien prise.

とれる 取れる ¶この子供にはそれは取れない Cet enfant ne peut pas l'atteindre de la main. 〜[除かれる・離れる] se détacher; être arraché. 水差しの柄が取れた L'anse de la cruche est cassée. 痛みがとれた La douleur s'est calmée. 染みがとれた La tache est enlevée. 熱がとれた La fièvre s'est calmée (est tombée). 魚が取れた Une dent est tombée. ボタンが取れた Un bouton est parti (s'est détaché). 〜[解釈される] ¶この文は色々な意味に〜 Cette phrase prête à équivoque. 二重意味に〜 一語(表現) mot *m* (expression *f*) à double entente.

トレンチコート trench-coat *m*.

とろ 吐露 ¶心情の〜 effusion *f* [du cœur]. 心情を〜する épancher *son* cœur; parler à *qn* à cœur ouvert. 心情を〜して avec effusion.

どろ 泥 boue *f*; [詩] fange *f*; [池, 沼などの] bourbe *f*; [水底の] vase *f*; [ぬかるみ] bourbier *m*. ズボンに〜がついている avoir de la boue sur *son* pantalon. 靴の〜を落とす décrotter *ses* chaussures. 〜をかける éclabousser *qn*; couvrir *qn* de boue. どぶの〜をさらう curer un fossé. ¶〜だらけの boueux (*se*); fangeux(*se*); bourbeux(*se*). 〜だらけになる se salir avec de la boue; se crotter. 全身〜だらけである être crotté comme un barbet. ‖[比喩的に] 〜を塗る〜を塗る déshonorer *qn*; faire perdre la face à *qn*. 〜を吐く [白状する] manger (casser, lâcher le morceau); s'étaler; se mettre à table.

とろい ¶〜な奴 C'est une nouille.

トロイ Troie *f*. ‖〜の troyen(ne). ‖〜戦争 guerre *f* de Troie. 〜人 Troyen(ne) *m(f)*.

トロイカ troïka *f*.

とろう 徒労 ¶〜に帰する n'aboutir à rien [骨折り損]; en être pour *sa* peine; finir en pure perte. 〜に終る 全ての苦労は〜に終った Tous mes efforts ont été vains (infructueux). それは〜だよ C'est peine perdue. 〜に終った試み tentative *f* infructueuse.

トローチ pastille *f*.

トロール ‖ ～網 chalut *m*. ～網を引く tirer le chalut. ～漁業 chalutage *m*; pêche *f* au chalut. ～漁[船] chalutier *m*.

どろかす 蕩かす ¶心を～ ravir (charmer, séduire, fasciner, ensorceler) *qn*. 心を～ような ravissant; séduisant; ensorcelant; captivant. 心を～ような美しさ beauté *f* ensorcelante (fascinante). 心を～ような音楽 musique *f* délicieuse).

どろくさい 泥臭い [田舎くさい] campagnard; paysan(ne); [人間が粗野な] rustaud; rustre.

とろける 蕩ける ¶…で心から～ [魅了される] être ensorcelé (séduit, charmé) par *qc*; être ravi de *qc*. これは舌が～程うまい Ça fait saliver.

どろじあい 泥試合 ¶～を演ずる se traîner (se couvrir) mutuellement dans la boue (de boue). 彼らの議論は結局～となってしまった Dans la discussion ils ont fini par se traîner mutuellement dans la boue.

トロツキスト trotskyste *mf*.
トロツキズム trotskysme *m*.

トロッコ wagonnet *m*; [線路工夫用] lorry *m*; [鉱石運搬車] benne *f*.

トロット [速足] ¶～で行く aller au trot.

ドロップ [飴] pastille *f*; bonbon *m*. ‖ 咳止め～ pastille contre la toux.

ドロップアウト drop-out [drɔpawt] *m*; [人] dropé(e) *m*(*f*). ～する se droper.

とろとろ ¶～する ⇨ うとうと, まどろむ. ～煮る mitonner (mijoter) *qc*; [faire] cuire *qc* à feu doux (à petit feu).

どろどろ ¶～したソース sauce *f* épaisse. ～したインキ encre *f* pâteuse. 雪が溶けて道が～だ La fonte des neiges a transformé la route en bourbier.

どろなわ 泥縄 ¶それじゃ～だよ C'est après la mort le médecin.

どろぬま 泥沼 bourbier *m*. ～にはまり込む s'enfoncer dans un bourbier; [比喩的にも] s'embourber. あなたはその～から脱け出せるか Pourrez-vous tirer de ce bourbier (cet embarras)?

とろび とろ火 ¶～で煮る ⇨ とろとろ.

トロピカルフルーツ fruits *mpl* tropicaux.

トロフィー trophée *m*; coupe *f*. 室には彼が得た数々の勝利の～が飾ってある Les murs sont ornés de trophées sportifs qu'il a remportés.

どろぼう 泥棒 voleur(se) *m*(*f*); [空巣] cambrioleur(se) *m*(*f*); [盗み] vol *m*. ～に遭う se faire voler. ～を捕まえる(つかまえる) poursuivre (arrêter) un voleur. ～と叫ぶ crier au voleur. ～だ Au voleur!「他人(ひと)を見たら～と思え」«Méfiance est mère de sûreté.»; «Prudence est mère de sûreté.»

どろみず 泥水 eau(x) *f* boueuse (bourbeuse, fangeuse).

どろみち 泥道 chemin *m* boueux.

どろよけ 泥除け [自動車の車輪の被い] aile *f*; [自動車の後輪につけたゴム製の] pare-boue *m inv*; [自転車, バイクなどの車輪の被い] garde-boue *m inv*.

どろり ⇨ どろどろ.

トロリーバス trolleybus *m*.

とろろいも -芋 igname *f*.

とろん ¶～とした目 regard *m* terne (inexpressif, atone); [眠そうな] yeux *mpl* ensommeillés.

どろん ¶～する filer à l'anglaise; prendre la poudre d'escampette.

ドロンゲーム match *m* nul.

トロンボーン trombone *m* [à coulisse]. ‖ ピストン付き～ trombone à pistons. ～奏者 tromboniste *m*.

-とわず 問わず ¶理由の如何を～ quelles que soient *ses* raisons. 老若男女を～ sans distinction d'âge ni de sexe. 年齢を～ sans distinction d'âge. 洋の東西を～ dans le monde entier; en Orient aussi bien qu'en Occident. 手段を～ n'importe comment. 手段を～任務をやり遂げろ Accomplis ta tâche sans te soucier des moyens.

とわずがたり 問わず語り ¶彼は～にそのことを話した Sans qu'on le lui ait demandé, il en a parlé.

どわすれ 度忘れ ¶その単語の綴りを～してしまった L'orthographe de ce mot m'échappe (m'est sorti de la tête).

とわに 永久に ⇨ えいえん(永遠).

トン [千キロ] tonne *f*; [船の容積単位] tonneau(x) *m*. ¶5,000～の船 navire *m* de (qui jauge) 5.000 tonneaux; [排水量] navire d'un déplacement de (qui déplace) 5.000 tonnes. ‖～数 jauge *f*; tonnage *m*. 総(純)～数 jauge brute (nette); tonnage brut (net).

どん [砲声] Boum!/[銃声] Pan!「位置について, 用意, ～」«À vos marques! Prêts? Partez!» ¶～と鳴る [爆発して] détoner. ～とぶつかる se heurter violemment contre. ～と落ちる tomber lourdement. 机を～とたたく cogner du poing sur la table.

どん 鈍 ¶～な [頭が] à l'esprit lourd (épais, obtus); lourdaud; [不器用な] maladroit. 彼は何をやっても～な男だ Il est lent (mou) dans tout ce qu'il fait./C'est un lourdaud en tout.「貧すれば～す」«La faim est mauvaise conseillère.»

ドン [首領, 親分] ¶政界の～ cacique *m* de la politique.

どんか 鈍化 ralentissement *m*. ¶～する ralentir.

どんかく 鈍角 angle *m* obtus.

とんカツ 豚- côtelette *f* de porc panée.

どんかん 鈍感 ¶～な peu sensible; [勘の鈍い] qui n'est pas fin (subtil); obtus.

どんき 鈍器 arme *f* contondante. ～で殴られる être frappé avec une arme contondante.

ドンキホーテ don Quichotte *m*.

とんきょう 頓狂 ¶～な人 personne *f* bizarre (fantasque, excentrique); [俗] farfelu(e) *m*(*f*); [軽率な] étourdi(e) *m*(*f*); écervelé(e) *m*(*f*); [俗] hurluberlu *m*. ～な声 voix *f* faussée. ～な声を出す crier d'une voix faussée. ～な事を言う faire des coq-à-l'âne.

どんぐり どん栗 gland *m*. ¶～の背くらべだ Ils se valent dans la médiocrité./L'un ne vaut pas mieux que l'autre. ‖ ～眼の aux yeux en boules de loto.

どんこう 鈍行 ‖ ～列車 train *m* omnibus.

とんざ 頓挫 [中断] arrêt *m* soudain; interruption *f* brusque; [失敗] échec *m* imprévu. 事業の～ stagnation *f* des affaires. ¶～する subir (essuyer) un échec. 全ての彼の試みは～した Toutes ses tentatives ont échoué.

とんさい 頓才 ⇨ とんち(頓知).

どんさい 鈍才 esprit *m* obtus (lourd, épais, pesant); [能なし] incapable *mf*.

とんし 頓死 mort *f* subite (soudaine). ¶～する mourir subitement (soudainement, brusquement).

とんじ 遁辞 ⇨ にげこうじょう(逃げ口上). ¶～を弄する trouver une échappatoire; user de subterfuges; prendre des faux-fuyants.

とんじゃく 頓着 ¶～しない ne faire aucune attention à *qc*; ne pas se soucier de *qc*; être indifférent à *qc*. 全く～しない se soucier de *qc* comme de l'an quarante (de sa première chemise). お金に～しない être indifférent à l'argent. 他人のことなど一向に～しない ne tenir aucun compte des autres; se moquer du qu'en-dira-t-on. どうなろうと私は一向に～しない Ça m'est complètement égal comment les choses vont tourner. 彼は服装なんかに～しない人だよ Il ne se soucie pas de sa tenue. ～なく sans égard pour *qc*; sans considération pour *qc*.

どんじゅう 鈍重 ～な lourd; lourdaud; [文体の] laborieux(se). ～な人 lourdaud(e) *m* (*f*).

どんしょく 食食 voracité *f*; gloutonnerie *f*.

どんす 緞子 damas *m*.

どんする 鈍する ⇨ どん(鈍).

とんせい 遁世 ¶～する se retirer du monde; s'ensevelir dans *sa* retraite (dans la solitude). ‖ 出家～する quitter le monde.

とんそう 遁走 ⇨ とうひ(逃亡). ‖ ～曲 fugue *f*.

どんぞこ どん底 ‖ 社会の～ bas-fonds *mpl* de la société. 絶望の～にある être dans le plus profond désespoir. 貧乏の～にある vivre dans la plus terrible indigence (dernière misère); vivre dans un complet dénuement. ～の人々 lie *f* du peuple.

とんだ [意外な] imprévu; inattendu; fortuit; [突然の] soudain; [驚くべき] étonnant, incroyable; [重大な] grave; [許し難い] impardonnable; [取返しのつかない] irréparable; [困った] fâcheux(se). ～間違いをする commettre une faute grossière; faire une gaffe. ～ことだ En voilà une histoire! ～ことになった Le (La) voilà bien avancé(e). ～とも～災難でしたね Je compatis à votre infortune./Vous en avez vu de belles! ～お手数をかけました Je vous ai causé bien des embarras.

とんち 頓知 sens *m* de l'à-propos; présence *f* d'esprit; esprit *m* de repartie. ‖ ～頓才がある avoir l'esprit d'à-propos (l'esprit de repartie).

とんちき imbécile *mf*; idiot(e) *m* (*f*); niais(e)

m (*f*). 気をつけろ!この～ Fais attention, espèce de malappris!

とんちゃく 頓着 ⇨ どんじゃく(頓着).

どんちゃんさわぎ どんちゃん騒ぎ orgie *f*; débauche *f*; 《俗》bringue *f*; bamboche *f*. ～をする faire la noce; faire la bringue; faire bamboche. 夏休みに入る前の日に彼らはものすごい～をやった A la veille des vacances, ils se sont livrés à une véritable orgie.

どんちょう 緞帳 tapisserie *f*; [芝居] rideau (x) *m*. ～を引く(上げる, 下ろす) tirer (lever, baisser) le rideau.

とんちんかん 頓珍漢 ¶～な incohérent; déraisonnable. ～な話 paroles *fpl* incohérentes; propos *mpl* déraisonnables (absurdes, extravagants, insensés). ～なことを言う dire des absurdités; prononcer des paroles incohérentes; faire des coq-à-l'âne. ～な返事をする répondre à côté [de la question].

どんつう 鈍痛 douleur *f* sourde.

どんづまり どん詰り fin *f*; [最後の段階] dernière phase *f*; [袋小路] impasse *f*; cul(s)-de-sac. *m*. 一年の～に à la fin de l'année.

とんでもない [途方もない] ¶～答え réponse *f* saugrenue. ～事を言う dire des extravagances; [要求する] demander l'impossible. ～時間に帰る rentrer à des heures impossibles. ～間違いをする se tromper lourdement. ～野郎だ Quel imbécile! ～事こそ le monde renversé! …するとは～事だ Il est impardonnable de *inf*. ～事をすると Cela peut vous mener loin. 奴は～事をしてくれた Il a fait une belle gaffe. ◆[それどころか] Au contraire./[そんな大きさ] Vous exagérez!/[そんなことがあるものか] Tu parles (penses)!/[冗談じゃない] Pas question./Si l'on peut dire./Vous n'y pensez pas./Par exemple!

どんてん 曇天 temps *m* couvert (nuageux).

どんでんがえし どんでん返し coup *m* de théâtre; péripétie *f*.

とんと ¶そんなこと～気にしないС C'est le cadet de mes soucis. ～存じません Je n'en sais rien. ～気がつかなかった Je n'y ai pas pensé du tout./Je ne m'en suis pas aperçu du tout. そのことを～忘れていた Je l'avais complètement oublié. ～ご無沙汰だねえ Voilà bien longtemps qu'on ne s'est [pas] vu.

どんと ¶「～来い」と彼は胸をたたいた 《Viens voir un peu》, dit-il en se frappant la poitrine.

どんとう 鈍刀 épée *f* émoussée; sabre *m* mal trempé.

とんとん ¶～叩く faire toc toc. 戸を～叩く音がする entendre toc toc à *sa* porte. ¶～拍子に normalement; sans accroc; régalement. 事は～拍子に進んだ Tout s'est déroulé sans accroc (encombre). ～拍子に出世する faire une carrière rapide. ◆[同程度である] ¶…と～である égaler; être égal(aux) à. 収支が～である Les recettes et les dépenses s'équilibrent. これで～だ Nous sommes quittes après ce dernier remboursement.

どんどん ¶～逃げる s'enfuir à toutes jambes

(le plus vite possible). 物価が~上がる Les prix montent de jour en jour. ~売れる se vendre bien. 火を~もやす activer le feu. これから~仕事をするぞ Je vais me mettre au travail pour de bon! 彼は~大きくなっている Il grandit à vue d'œil. 金が~入ってくる L'argent afflue chez moi. 日照り続きでダムの水が~減っている Une période de sécheresse fait baisser l'eau du barrage à vue d'œil. 病状は~悪化している La maladie ne cesse de s'aggraver. 火は~燃え広がった Le feu a gagné de proche en proche. 歌謡界には新人が~出てくる Dans le monde des chanteurs, c'est une floraison de jeunes talents. 事が~進行している Les choses vont bon train. ◆ ¶ ~戸をたたく frapper violemment à la porte. 太鼓を~たたく battre du tambour à coups redoublés. 太鼓を~鳴っている Le tambour bat. [太鼓の音] rataplan.

どんな quel(le). 一体あれは~娘ですか Quelle est donc cette jeune fille? ~天気ですか Quel temps fait-il? ~友人を招くの Quels amis inviterez-vous? 彼の車は~色ですか De quelle couleur est son auto? それは~車ですか Comment est cette auto? ~もんだい、参ったろう Ça vous la coupe! ¶ ~風に comment; de quelle façon. テーブルという字は~風に綴るの Comment écrivez-vous le mot "table"? ~人でも [肯定] n'importe qui; [否定] personne; nul; aucun. あなた以外の~人でも当てにするよりあなた. Chacun a sa chimère. ~ことでも n'importe quoi; quoi que ce soit. ~ことがあっても quoi qu'il advienne (arrive); à tout prix; pour rien au monde. 彼が~ことを言おうと quoi qu'il dise. 彼があなたに~ことを言ったにしても quoi qu'il vous ait dit. ~場合でも quelles que soient les circonstances; dans tous les cas. ~時でも en tout temps.

どんなに ⇒ どのくらい(何の位). 私が~孤独に感じているか、それをあなたに言いたいのです Je voudrais vous dire combien je me sens seul. あなたは~悪口を言われているか知らないのだ Vous ignorez comme on dit du mal de vous. 私が~あなたを愛しているか御存知でしょう Vous savez combien je je vous aime. 彼らが~慎重に行動しようとも quelque prudemment qu'ils agissent. 彼らが~博学であろうと quelque savants qu'ils soient. 彼らが~金持であろうと tout riches qu'ils soient. ~に努力しても quelque effort que vous fassiez. ~に努力しても無駄だよ Malgré tous vos efforts, cela ne vaut rien. ~にうまく話をしても、誰も分ってくれないです Si bien que vous parliez, personne ne vous comprendra. ~頑丈な人でも病気には勝てない Quelque robuste qu'on soit, nul n'est à l'abri de la maladie. ~天気が悪くても、私は出かけます Je partirai de n'importe quel temps. ~走っても、彼に追いつきはしないよ Vous avez beau courir, vous ne le rattraperez pas.

トンネル tunnel *m*. ~を掘る percer un tunnel sous (à travers) *qc*. ¶ 英仏海峡の~の計画 projet *m* de tunnel sous la Manche. ~工事 construction *f* d'un tunnel.

とんび 鳶 ⇒ とび（鳶). ¶ 「~が鷹を生む」 "Noire géline pond blanc œuf." ~にあぶらげをさらわれたよ L'affaire m'est passée sous le nez. ◆ [インバネス] macfarlane *m*.

どんぴしゃり ¶ juste; exacte. ~と言い当てる deviner just (exactement).

ドンファン don Juan *m*; séducteur *m*. 気をつけないよ、奴は~だから Méfiez-vous, c'est un don Juan!

とんぷく 頓服 [解熱剤] fébrifuge *m*; [鎮静剤] calmant *m*. ~を飲む prendre un fébrifuge (un calmant).

どんぶり 丼 bol *m*; écuelle *f*. ¶ あの会社は~勘定だ Cette entreprise tient une comptabilité cafouilleuse.

とんぼ 蜻蛉 libellule *f*; 〖俗〗demoiselle *f*; [かわとんぼ] agrion *m*. ¶ ~取り chasse *f* aux libellules.

とんぼがえり 蜻蛉返り ¶ ~する faire une culbute (un saut périlleux); 〖俗〗 faire une galipette; [飛行機が] faire un looping. 彼は大阪からすぐ来るが~で帰るよ A peine venu d'Osaka, il y retourne. ~ターン culbute *f*.

とんま 頓馬 ⇒ まぬけ(間抜け).

とんや 問屋 maison *f* de gros (de commission); [人] commissionnaire *m* en gros; commerçant(e) *m(f)* (marchand(e) *m(f)*) en gros; grossiste *mf*. ¶ そうは~が卸さない Si vous croyez que ça va s'arranger comme ça! ~値段(業) prix *m* (commerce *m*) de gros.

どんよく 貪欲 avidité *f*; [貪食] voracité *f*; gloutonnerie *f*; [金銭上の] cupidité *f*; rapacité *f*. ~な avide; vorace; cupide; rapace. 彼は~な奴だ Il est âpre au gain./C'est un radin./Il est regardant sur tout. ~に avidement; voracement.

どんより ¶ ~した [天候、人の目など] morne; [天候・空] couvert; lourd; gris. ~した空 ciel *m* bas (couvert, gris, sombre). ~した天気 temps *m* couvert (bouché, gris). ~した天気だ Le temps est couvert (nuageux)./Le temps est gris (lourd). ~した目 regard *m* vitreux; regard morne (triste).

な

な 菜 herbes fpl potagères; légumes mpl verts.

な [氏名] nom m; [姓] nom patronymique (de famille); [名前] prénom m. 彼の〜は加藤です Il se nomme (s'appelle) Kato. 〜を名乗る décliner son nom. 〜を隠す cacher son vrai nom. 〜を伏せておく garder l'anonymat. 共犯者の〜を言う nommer ses complices. 〜をつける donner un prénom; prénommer; nommer; appeler. 娘が生まれたら路子という〜をつけよう Si j'ai une fille, je l'appellerai Michiko. ◆加藤という〜の医者 médecin m nommé Kato. ◆[名称] nom; titre m; dénomination f; appellation f. 原産地の〜 appellation d'origine. 主要産物の〜を挙げる nommer (citer) les produits principaux. 貴族の〜をかたる [詐称する] s'arroger un titre de noblesse. 新製品に〜をつける donner un nouveau produit. ◆その〜の示す通り comme l'indique le nom. ◆[名声] nom; réputation f; renom m; renommée f; célébrité f. 〜を揚げる se faire connaître; se rendre célèbre; acquérir de la réputation. 〜を惜しむ sauver sa réputation. 〜を成す se faire un nom. 〜を残す s'immortaliser. 彼は勇敢な行為によってその〜を世に残した Il s'est immortalisé par ses actions courageuses. ...の〜に傷がつく salir la réputation de qn; déshonorer qn. 〜の名に背かぬ(背く) être digne (indigne) de sa réputation. ¶〜の知れた renommé; connu; fameux(se). 〜もない inconnu; sans nom. ◆[名目・口実] nom; prétexte m. ¶〜ばかりの nominal(aux); faux(sse). 〜ばかりの党首 chef m nominal d'un parti. 法の〜において au nom de la loi. 正義の〜のもとで sous prétexte de justice.

-なあ [感嘆・詠嘆] ¶美人だ〜 Comme elle est jolie!/Quelle belle femme! いやな天気だ〜 Comme il fait mauvais!/Qu'il fait mauvais! ◆[願望] ¶金があったら〜 Si j'avais de l'argent! 俺にもそれができたら〜 Si seulement je pouvais le faire! 僕も行きたい〜 Comme j'ai envie d'y aller!

ナースコール sonnette f.

なあて 名宛 ¶〜人 destinataire mf. ⇨あてな (宛名).

ない 無い il n'y a pas; ne pas exister; ne pas avoir. 金が〜 n'avoir pas d'argent. 親も子も友も〜 n'avoir ni parents ni enfants ni amis. 外に手段は〜 Il n'y a pas d'autre moyen. 見るものは何も〜 Il n'y a rien à admirer. その家に〜ものなどころが全く〜 La maison n'a rien de luxueux. 去年までその家はここになかった L'année dernière, cette maison n'y existait pas (il n'y existait pas cette maison). ¶...の〜 sans; dépourvu de; privé de. 家の〜子 orphelin mf sans famille. 暖房装置の〜アパート appartement m dépourvu de chauffage. 〜よりました Cela vaut mieux que rien.

-ない [否定] ne...pas. 私は一度もフランスに行ったことが〜 Je n'ai jamais été en France. 犬が好きでは〜 Je n'aime pas les chiens. 私は音楽しか好きでは〜 Je n'aime que la musique 彼は芸術家なんてものでは〜 Tant s'en faut qu'il soit artiste. これは忠告であって命令では〜 C'est un conseil et non pas un ordre. 事故は減るどころでは〜 Les accidents sont loin de diminuer. 暑くも寒くも〜 Il ne fait ni chaud ni froid. どうしようも〜 On ne peut rien faire. 彼をここにい〜 Il n'est plus ici. あれ以来彼に会って〜 Je ne l'ai pas vu depuis alors. あなたは決心がついたのかつか〜か Etes-vous décidé ou non? まだまだ若い者には負か〜 Je suis loin de me faire battre par les jeunes. 彼は少しもよくな〜 Il ne va guère mieux. それを知ら〜人い〜 Il n'y a personne qui ne connaisse cela. 思ってもみなかった J'étais loin de penser cela. ¶傘を持た〜で出かける sortir sans parapluie. 誰にも気付かれ〜で外に出られた J'ai pu sortir sans qu'on s'en aperçoive. 音を立て〜ように歩く marcher de manière à ne pas faire de bruit. 落ち〜ように用心する prendre garde de [ne pas] tomber. ...し〜うちに avant que [ne] sub. 彼が来〜うちに avant qu'il [ne] vienne. ...し〜限り à moins que (inf); à moins que ne sub. 賃上げし〜限り彼は引き受けますま Il n'acceptera pas à moins d'(de recevoir, qu'il ne reçoive) une augmentation.

ないい 内意 intention f secrète; dessein m secret; [内命] instruction f secrète. 〜を受け取る recevoir une instruction secrète. 〜をもらす révéler ses intentions secrètes.

ナイーブ 〜な naïf(ve).

ないえん 内縁 ¶〜の夫 concubin m. 〜の妻 concubine f; femme f illégitime. ‖〜関係 concubinage m. 〜関係にある vivre en concubinage.

ないおう 内奥 profondeurs fpl. 人間の心の〜 profondeurs intimes (secrètes) de l'être.

ないか 内科 maladie f interne. 〜で見てもらう être soigné dans le service de médecine générale. ‖一般〜 médecine f générale. 〜医 médecin m généraliste.

ないかい 内海 mer f fermée (intérieure).

ないがい 内外 ¶〜の情勢 situation f intérieure et extérieure (nationale et internationale). 〜のねらえ方 hautes personnalités fpl japonaises et étrangères. 宿舎の〜に l'intérieur et à l'extérieur (au dehors et au dedans) de la pension. 国の〜に(から) au (du) dehors et au (du) dedans.

ないかく 内角 [角] angle m intérieur 三角形の〜の和は二直角に等しい La somme des angles d'un triangle vaut deux droits.

ないかく 内閣 cabinet m du ministre; gou-

ないがしろ 蔑ろ ~にする négliger; faire peu de cas de; ne pas tenir compte de.

ないき 内規 règlement *m* intérieur.

ないきょく 内局 service *m* rattaché au Ministère.

ないきん 内勤 service *m* domestique. ‖~[員] employé(e) *m(f)* des services domestiques.

ないけい 内径 [シリンダーの] alésage *m*; [内法] dimension *f* intérieure.

ないこう 内向 ~的な introverti. ~的な性格 caractère *m* introverti. ~的な人 introverti(e) *m(f)*. ‖~性 introversion *f*.

ないこう 内攻 《医》 rétrocession *f*. 熱が~している La fièvre couve.

ないこう 内項 《数》 termes *mpl* moyens.

ないさい 内債 emprunt *m* intérieur. ~を発行する émettre un emprunt intérieur.

ないさい 内妻 femme *f* illégitime.

ないさい 内済 ~にする arranger *qc* entre intéressés.

ないざい 内在 ~的な(する) immanent. ‖~性 immanence *f*.

ないし 乃至 [...から...まで] de...à.... 10人~15人 [de] dix à quinze personnes. ◆ [あるいは] ou. 東~は南東の風 le vent de l'est ou le vent du sud-est.

ないじ 内示 annonce *f* officieuse. ~する annoncer officieusement.

ないじ 内耳 oreille *f* interne. ‖~炎 otite *f* interne.

ないしきょう 内視鏡 endoscope *m*. ‖~検査 endoscopie *f*.

ないじつ 内実 彼はうわべは裕福そうだが~は借金だらけなんだ Il est riche en apparence, mais en réalité, il est couvert de dettes.

ないじゅ 内需 demande *f* intérieure.

ないしゅっけつ 内出血 hémorragie *f* interne.

ないしょ 内証 ~の secret(ète); caché; confidentiel(le). あなたと~の話がある Je voudrais avoir un entretien confidentiel avec vous. ~にする garder *qc* secret(ète); garder le secret. ~にしておいてくれ N'en dites rien. ~だと言って話す dire *qc* sous le sceau du secret. ~で secrètement; en secret; confidentiellement. ~で打ち明ける avouer secrètement. 両親に~で出かける sortir à l'insu de *ses* parents. ‖~話 secret *m*; chuchotement. *m*. ~話をする se dire des secrets; chuchoter.

ないじょ 内助 ~の功 avec l'aide de *sa* femme; grâce à l'assistance de *sa* femme. 彼は成功は夫人の~の功に負うところ大である Il doit beaucoup de son succès à sa femme.

ないしょう 内傷 lésion *f* interne.

ないじょう 内情 situation *f* réelle. 政界の~に通じる être au courant des secrets de la politique. ~を暴露する dévoiler la situation réelle.

ないしょく 内職 [家庭での] travail *m* à domicile. ~に編物をする tricoter à domicile pour obtenir une rémunération. ¶~[を]する travailler à domicile.

ないしん 内心 for *m* intérieur; fond *m* du cœur; 《幾何》 centre *m*. ~を打ち明ける se confier. ~をかくす cacher *ses* intentions. ¶~の intérieur. ~では dans *son* for intérieur; dans *son* cœur; intérieurement. ~では馬鹿にしている se moquer de *qn* intérieurement. ~ではあんなことをしてはいけないと思っていた Je me disais dans mon for intérieur que je n'aurais pas dû faire ainsi. ~は穏やかではない Il n'est pas si content au fond du cœur (dans son for intérieur).

ないしん 内診 examen *m* vaginal. ¶~する faire un examen vaginal.

ないじん 内陣 sanctuaire *m*; chœur *m*.

ないしんしょ 内申書 rapport *m* confidentiel des résultats scolaires.

ないしんまく 内心膜 《医》 endocarde *m*. ¶~の endocardique.

ないせい 内省 introspection *f*; 《宗教的》 récollection *f*. ~をする se livrer à l'introspection. ~的な introspecti(ve). プルーストの方法は~的だ La méthode de Proust est introspective.

ないせい 内政 politique *f* intérieure. ~に干渉する s'ingérer dans les affaires intérieures. 外国の我が国に対する~干渉 ingérence *f* d'un pays étranger dans notre politique intérieure.

ないせつ 内接 三角形に~する円を描く inscrire un cercle dans un triangle. ‖~円 (角) cercle *m* (angle *m*) inscrit.

ないせん 内戦 guerre *f* civile.

ないせん 内線 ligne *f* intérieure; [電話の] poste *m*. ~の 3033 にお願いします Le poste 3033, s'il vous plaît.

ないそう 内層 couche *f* intérieure.

ないそう 内装 [建物の] ⇒ そうしょく(装飾).

ないぞう 内臓 viscères *mpl*. ¶~の viscéral (aux). / incorporé *m*; interne. ‖~疾患 maladie *f* viscérale (interne).

ないぞう 内蔵 ~マイク micro *m* incorporé.

ナイター [夜戯] match *m* en nocturne.

ないだく 内諾 accord *m* de principe (officieux). ~を与える(得る) donner (obtenir) un accord de principe.

ないだん 内談 ¶~する s'entretenir en secret [avec *qn*]; [予備交渉] avoir des entretiens préliminaires.

ないち 内地 [外国に対し] métropole *f*; [祖国] patrie *f*. ~に帰る retourner dans sa patrie. ‖~勤務 service *m* en métropole. 海外派遣部隊の~帰還 rapatriement *m* des troupes stationnées outre-mer.

ナイチンゲール [夜鶯] rossignol *m*.

ないつう 内通 [裏切り] trahison *f*. ¶~する avoir des communications secrètes [avec *qn*]. ‖~者 traître(sse) *m(f)*.

ないてい 内偵 enquête *f* privée; [警察の] en-

ないてい 内偵 quête f secrète; [スパイ] espionnage m. 盗難事件について～を進める mener une enquête secrète sur le vol. ¶～する faire secrètement une enquête; faire des recherches secrètes; espionner; faire de l'espionnage. 敵情を～する espionner les mouvements de l'ennemi.

ないてい 内定 décision f officieuse; [人事の] nomination f officieuse. ¶～する décider officieusement. 人事異動は～した Un mouvement de personnel a été officieusement décidé. ‖合格～者 candidat (e) m (f) officieusement admis(e). 入閣～者 ministrable mf.

ないてき 内的 ¶～な intérieur. ‖～感情 sentiments mpl intérieurs.

ナイト [騎士] chevalier m; [チェスの] chevalier.

ナイトガウン robe f de chambre.

ナイトキャップ bonnet m de nuit.

ナイトクラブ boîte f de nuit.

ナイトクリーム crème de nuit f.

ナイトテーブル table f de nuit.

ないない 内々 ¶～に secrètement; en secret.

ないねんきかん 内燃機関 moteur m à combustion interne.

ナイフ couteau(x) m; [小さい] canif m. 折り畳み式の～ couteau pliant. 鉛筆を削るから～を貸してくれ Prêtez-moi votre canif pour tailler mon crayon. ‖果物～ couteau à fruit. ～掛け [食卓用] porte-couteau(x) m.

ないぶ 内部 intérieur m; dedans m. 教会の～ intérieur (dedans) d'une église. ¶～の intérieur; interne. この～の事情にくわしい者の犯行だ C'est un crime commis par un initié. ～で(に) à l'intérieur; au dedans. ‖～抗争 lutte f interne.

ないふくやく 内服薬 médicament m à usage interne.

ないふん 内紛 querelle f intestine.

ないぶん 内聞 ¶～にする garder (tenir) qc secret(ète); garder le silence (secret) sur qc. ～にしておいて下さい N'en dites rien./dez cela pour vous-même.

ないぶんぴ 内分泌 endocrinie f; sécrétion f interne. ¶～の endocrine. ‖～腺 glande f endocrine.

ないほう 内包 【論】 connotation f. ¶～する porter en soi.

ないほう 内報 information f officieuse. ¶～する informer qn officieusement de qc.

ないみつ 内密 ¶～の secret(ète); confidentiel(le); clandestin. ～の話 entretien m confidentiel. ～の会合 réunion f secrète (clandestine). ～の話だが Entre nous soit dit, ... ～にする ⇨ ないぶん(内聞). ～に crètement; en secret (cachette); confidentiellement; en aparté.

ないむ 内務 ¶～省(大臣) Ministère m (ministre m) de l'Intérieur.

ないめい 内命 ¶～を下す(受ける) donner (recevoir) des instructions secrètes. ～を受けて sur une instruction secrète.

ないめん 内面 [心の] fond m intime; [事物の] aspect m interne. ～から物を見る voir des objets par l'intérieur. ¶～の intérieur. ‖～描写 description f psychologique.

ないものねだり 無い物ねだり ¶～をする demander la lune.

ないやく 内約 ¶～を交わす faire un contrat privé; échanger des promesses verbales.

ないゆう 内憂 ‖～外患交々に来る Nous sommes assaillis de difficultés à l'intérieur et à l'extérieur.

ないよう 内容 contenu m; [文面] teneur f; [形式に対して] fond m; [題材] matière f. 条約文の～ teneur d'un article. 小説(論文)の～ fond d'un roman (d'un exposé). ～の充実した [本や食物が] substantiel(le); riche. ～の充実した食事 repas m substantiel (riche, nourrissant). ～の(に)とぼしい inconsistant; futile; vide. ～の(に)とぼしい会話 conversation f futile. ～の(に)とぼしい綱領 programme m inconsistant. ‖～証明 attestation f du contenu. ～表記 indication f du contenu. ～見本 page f spécimen.

ないらん 内乱 guerre f civile; [反乱] révolte f; émeute f; sédition f. ～を起す(収める) provoquer (réprimer) une révolte. ～が起こった La guerre civile a éclaté. ‖スペイン～ la guerre civile d'Espagne.

ないりく 内陸 ¶～性気候 climat m continental. ～地方 région f intérieure.

ナイル ～川 le Nil.

ナイロン nylon m. ～の靴下 bas m de nylon.

なう 綯う tresser qc en corde. 縄を～ fabriquer une corde.

ナウい branché(e). 彼は～格好をしている Il a un look branché.

なうて 名うて ¶～の fameux(se); fieffé. ～のいかさま師 fameux imposteur m. ～の嘘つき fieffé(e) menteur(se) m(f). ～の剣士 grand (fameux) escrimeur m.

なえ 苗 plant m; [花の] semis m. カーネーションの～ semis d'œillets. ～を植える repiquer un plant. にらの～を植える repiquer des poireaux. ‖～木屋 pépiniériste mf. ～床 pépinière f; semis.

なえる 萎える [手足が] s'engourdir; se paralyser; [萎れる] se flétrir.

なお 尚 [まだ] encore; toujours. 今でも～私は彼を愛している Maintenant encore, je l'aime./Je l'aime toujours. ◆[更に] encore; davantage. ～一層重要である être encore plus important. ～一層勉学に励みなさい Vous devez travailler davantage. ～悪いや C'est bien pis encore. ～悪い(良い)ことに ... Ce qui est pis (mieux).... ～よく検討する examiner davantage. ～かつ en outre; de plus; du (au) reste.

なおさら 尚更 d'autant plus; à plus forte raison. だから～彼女が好きなんだ C'est pour quoi je l'aime d'autant plus. それだったら～だ Raison de plus!

なおざり ¶～にする oublier; négliger. 義務を～にする oublier ses devoirs. 健康を～にする négliger sa santé. 住所変更通知を～にする négliger (oublier) de signaler son changement d'adresse.

なおし 直し [修ած] réparation *f*; raccommodage *m*. 靴の〜 raccommodage des chaussures. 靴をの〜に出す donner *ses* chaussures à réparer; faire réparer (raccommoder) *ses* chaussures. 〜がきく être réparable (raccommodable). ¶機嫌〜に一杯やる boire un coup pour retrouver *sa* bonne humeur.

なおす 直す [治す] [矯正する] corriger; guérir; remédier à. 人の欠点を〜 corriger les défauts de *qn*; corriger *qn* de *ses* défauts. ¶直しようのない irrémédiable. — [修繕する] réparer; raccommoder. 時計を〜 réparer une montre. 建物を〜 restaurer un édifice. 車を〜 dépanner une voiture. ◆[訂正, 修正, 是正する] corriger; rectifier; réviser; modifier; [手直しする] remanier. 会則を〜 réviser le règlement d'une assemblée. 計算を〜 rectifier un calcul. 間違いを〜 corriger les fautes. この小説の原稿をちょっと直して下さい Je vous prie de remanier la copie de ce roman. 車の向きを真直ぐに直して下さい Redressez les roues [de la voiture]. ◆[整える] rajuster; ajuster. 髪(ネクタイ)を〜 rajuster *sa* coiffure (*sa* cravate). 身なりを〜 rectifier (rajuster) *sa* tenue. ◆[治療する] guérir. 病人(病気)を〜 guérir un malade (une maladie). ...の臆病を〜 guérir *qn* de *sa* timidité. 彼は私の胃潰瘍を治してくれた Il m'a guéri de mon ulcère à l'estomac. ◆[置換する] convertir. 分数を小数に〜 convertir une fraction en nombre décimal.

なおる 直る [治る] [矯正される] se corriger; [訂正, 修正される] être corrigé; être rectifié. 彼のずぼらもようやく直った Sa paresse s'est enfin corrigée. 彼の悪癖が〜のに長い時間かかった Il a mis longtemps à se corriger de cette mauvaise habitude. ¶〜見込のある(ない) corrigible (incorrigible). ◆[元に戻る・修繕される] être réparé; être raccommodé; être refait. [和解する] se raccommoder; se réconcilier. この玩具は直らない Ce jouet ne se répare plus. 二人の仲はもう直っている Ils s'étaient déjà réconciliés. ◆[回復する] guérir. 彼は病気が〜った Il a guéri. /Il est retrouvé sa santé./Il s'est rétabli. 彼の傷は治った Sa plaie a guéri. 治りかけている être en voie de guérison. ¶〜見込のある(ない) guérissable (inguérissable, incurable). あの病人はもう〜見込がない Le malade est irrémédiablement perdu. 中々治らない風邪 rhume *m* obstiné (qui ne veut pas guérir).

なおれ 名折れ ¶一家の〜である être le déshonneur (l'opprobre) de *sa* famille. 一家の〜となる déshonorer *sa* famille.

なか 中 [内部] dedans *m*; intérieur *m*. 〜まで煮えている être cuit à fond. 〜からは何も見えない De dedans (De l'intérieur), on ne peut rien voir. 〜で待っていて下さい Attendez-moi dedans (à l'intérieur). 〜におつ願います Reculez vers le fond. ◆[いくつかの物の間] entre; parmi; dans. 我々の〜の誰かが un d'entre (de) nous. ...の〜から選ぶ choisir parmi *qc*. これらの喜劇の〜には非常におもしろいものがある Quelques-unes de ces comédies sont très drôles. ¶群衆の〜に(で) dans la foule. 雨の〜に(を) sous la pluie. クラスの〜で一番大きい être le (la) plus grand(e) de la classe. 7人の仲間の〜で 2 人だけ残った Sur (De) sept compagnons, il n'en reste que deux. ‖〜3 日置いて à trois jours d'intervalle. ◆[平均] moyenne *f*. 〜を取る prendre la moyenne. ◆[真ん中・中間] ‖ 真夜〜に au milieu de la nuit.

なか 仲 relations *fpl*; termes *mpl*; rapports *mpl*. 〜がいい(悪い) s'entendre bien (mal) avec; être bien (mal) avec; être en bons (mauvais) termes avec; vivre en bonne (mauvaise) intelligence avec; avoir de bons (mauvais) rapports avec. 彼らは〜がいい(悪い) Ils s'entendent bien (mal). 二人は〜がいいんだ Ils sont intimes. あなたは彼とどういう〜なんですか En quels termes êtes-vous avec lui? 〜を裂く brouiller; séparer; désunir. 二人の友の〜を裂く brouiller (séparer) deux amis. 家族(夫婦)の〜を裂く désunir une famille (un ménage). 〜を取りもつ [仲介する] servir d'intermédiaire; [和解させる] réconcilier. ¶[仲裁する] offrir *sa* médiation à *qn*. ¶〜のよい友 ami(e) *m*(*f*) intime. 〜のよい夫婦 ménage *m* (couple *m*) uni. 隣人と〜よくする vivre en bon paix avec *son* voisin. あの夫婦は恋人同士のように〜睦まじい Ces époux s'aiment comme deux tourtereaux. ¶夫婦〜がいい(悪い) faire bon (mauvais) ménage.

ながあめ 長雨 pluie *f* continuelle; longue période *f* de pluie.

ながい 長い long(ue); [長くなった] allongé; [延びた] prolongé. 〜つき合いの友 ami(e) *m* (*f* de longue (vieille) date. 私の命も〜ことはない Je n'en ai plus pour longtemps. 時間が長く思われる Les heures me paraissent longues. 長くする allonger; prolonger. ズボンを 2 センチ長くする allonger un pantalon de deux centimètres. 長くなる se prolonger; s'allonger. 日が長くなって来た Les jours commencent à allonger. ¶〜間(長く)[pendant] longtemps. 〜間彼と会っていないIl y a longtemps que je ne l'ai pas vu. 彼は〜間休んでいた Il est resté longtemps absent. 〜間には avec le temps; à la longue. 〜間には彼も慣れるだろう Il s'y fera à la longue. 長く [pendant] longtemps; longuement; [永遠に] éternellement; à (pour) jamais; pour toujours. 彼のことは死後も長く記憶に残るだろう On se souviendra de lui longtemps après sa mort. 長くかかる prendre du temps; [主語・人] mettre longtemps à *inf.* それは長くかかるだろう Ce sera long. 長くかかるまい Ça ne va pas traîner. それをするのに長くはかかるまい Je n'en ai pas pour longtemps. 長くても tout au plus. ◆[比喩的に] ¶〜目[様子を]見る ‖ 彼には〜目で(見て)来る. 彼のことは一目見よう Il faut lui laisser sa chance. 〜ものにはまかれろ Il faut hurler avec les loups./Il ne faut pas nager contre le courant.

ながい 長居 ¶〜[を]する rester longtemps chez *qn*; s'attarder chez *qn*. 〜はいたしません Je ne m'attarderai pas. いたしましてもどうも

Excusez-moi, je me suis trop attardé. ～は無用だ Inutile de s'attarder ici.

ながいき 長生き vie *f.* longue; longévité *f.* ¶～する vivre longtemps; vivre vieux (vieille). ...より～する survivre à *qn.* 彼は誰よりも～するだろう Il nous enterrera tous.

ながいす 長椅子 canapé *m*; sofa *m*; [背もたれのない] divan *m.*

ながいり 中入 pause *f*; [幕間] entracte *m.*

ながえ 轅(長柄) brancard *m*; limon *m*; [馬車] limonière *f*; timon *m*; [鋤の] age *m.*

なかおれ 中折れ [帽子] chapeau(x) *m* de feutre; feutre *m.*

なかがい 仲買 courtage *m*; commission *f*; [鞘取売買] arbitrage *m.* ¶～[を]する faire le courtage; faire la commission. ～業(問屋) maison *f* de commission. ～手数料 courtage; [droit *m* de] commission. ～人 courtier(ère) *m(f)*, commissionnaire *m*; représentant(e) *m(f)* à la commission; entremetteur(se) *m(f)*; [有価証券の] agent(e) *m (f)* de change; courtier en valeurs mobilières; [取引所外の] coulissier(ère) *m(f)*; [中古物の] revendeur(se) *m(f)*; [魚の] mareyeur(se) *m(f).*

ながく 長く ⇒ ながい(長い).

ながぐつ 長靴 botte *f.* ～をはく se botter; mettre *ses* bottes. ～を脱ぐ se débotter. ～をはいた botté. ～ 半～ demi-botte(s) *f*; bottine *f.* ～商 bottier *m.* ～製造 botterie *f.*

なかごろ 中頃 ¶19世紀の～から depuis le milieu du XIXe siècle. ～に au milieu de (vers le milieu de). 今月の～に au milieu du mois courant. 1月の～に à la mi-janvier.

ながさ 長さ longueur *f*; [持続期間] durée *f*; [空間的・時間的] étendue *f.* 休暇の～ durée des vacances. 間口の～ longueur de la façade. ～が3メートルある avoir trois mètres de long. ～幅50センチに～1メートルの紙 papier *m* d'un mètre de long sur cinquante centimètres de large.

なかし 仲仕 docker *m*; débardeur *m*; arrimeur *m*; chargeur *m.*

ながし 流し [台所の] évier *m.* ◆ ¶～の演歌師 [根拠地を持たない] chansonnier(ère) *m(f).* ～のタクシー taxi *m* en maraude. ～の犯行 crime *m* occasionnel.

ながしあみ 流し網 filet *m* dérivant.

ながしこむ 流し込む couler; [鋳型に] mouler; jeter. 蠟を～ couler de la cire. 地面にセメントを～ couler un lit de ciment sur le sol.

ながしめ 流し目 regard *m* de côté; [秋波] œillade *f.* ¶～で見る jeter un regard oblique sur *qn*; regarder *qn* de biais.

ながす 流す couler; faire couler; [放水する] déverser. 水を～ faire couler de l'eau. いかだを～ faire descendre un radeau. 流される [船などが] aller à la dérive; [橋などが] être emporté; [浮遊する] dériver; flotter. 水に流される aller (s'en aller) à vau-l'eau. ボールが風に流されている La balle a été dérivée par le vent. 洪水で橋が流された Le pont a été emporté par l'inondation. [血、涙などを] verser; répandre. 大粒の汗を～ suer à

grosses gouttes. 涙を～ verser des larmes bruit. ニュースを～ répandre (colporter) une nouvelle; [電波で] diffuser une nouvelle; 音楽を～ faire entendre de la musique. 汚名を～ ⇒ うめい(汚名). [流通させる] 切手を～ écouler de faux billets. ◆ [追放する] exiler. ◆ [比喩的に] 情に流される céder (se laisser aller) à la pitié.

ながすくじら 長須鯨 rorqual *m.*

なかせる 泣かせる faire pleurer *qn*; tirer (arracher) des larmes. この子のやる気のなさに泣かされる La paresse de cet enfant me désole. ◆ [感動させる] toucher (émouvoir) *qn* jusqu'aux larmes. ～話 histoire *f* touchante (attendrissante). ¶息子の素行の悪さはまったく母親泣かせだ La mauvaise conduite de son fils coûte bien des larmes à

なかそで 長袖 ¶～のシャツ chemise *f* à manches longues.

なかぞら 中空 ¶～に en l'air.

なかぞり 中反り ¶～の bombé(e); renflé(e). ～のコップ verre *m* bombé. ～の円柱 colonne *f* renflée.

なかたがい 仲違い ¶～する se brouiller avec *qn.* ～をしている être en brouille avec *qn.*

なかだち 仲立 entremise *f*; intermédiaire *m*; médiation *f*; bons offices *mpl*; conciliation *f*; arbitrage *m.* [調停] ⇒ ちゅうさい(仲裁). ¶～する servir d'intermédiaire; offrir *son* entremise; s'entremettre; [調停の労をとる] offrir (proposer) *ses* bons offices à *qn* ...を～として par l'entremise (l'intermédiaire) de *qn.* ～人 entremetteur(se) *m(f)* intermédiaire *mf*; médiateur(trice) *m(f)*; conciliateur(trice) *m(f)*; arbitre *m.*

ながたらしい 長たらしい prolixe; verbeux(se); diffus; [うんざりさせる] redondant; ennuyeux(se). ～説明 explication *f* prolixe ～註釈 commentaire *m* verbeux. ～談話 conversation *f* (discours *m*) interminable. ¶～ 長たらしく話す parler interminablement. ～長たらしく書く écrire avec prolixité.

なかだるみ 中弛み relâchement *m.* 景気の～ dépression *f.* ¶～する se relâcher.

ながだんぎ 長談義 discours *m* interminable; palabres *fpl.* ～をする palabrer. ～はたくさんだ Assez de palabres! 下手の～ Des prêcheurs inhabiles sont bavards.

なかつぎ 中継 transmission *f*; [中継] relais *m.* ¶～する transmettre; [交代する] relayer ¶～港 port *m* de transit. ～貿易 commerce *m* transitoire.

ながつづき 長続き ¶～する continuer; longtemps; durer. ～しない ne pas durer [longtemps]; ne pas faire long feu. ～しない幸福 bonheur *m* de courte durée. 彼らの会は～しなかった Leur association n'a pas fait long feu. この流行は～すまい Cette mode ne durera pas.

なかなおり 仲直り réconciliation *f*; raccommodement *m.* ～の口づけ baiser *m* de paix. ¶ ...と～する s'arranger avec; se réconcilier avec; se raccommoder avec; faire la paix

なかなか 中々 [相当・かなり] ¶その問題は~難しい Ce problème est assez difficile. 彼女は~いい Elle n'est pas mal. その服は~いいよ Cette robe vous va admirablement. ~いいことを言ったね Vous avez eu une excellente idée. ◆ excellent; brillant; remarquable. ~の小説 roman m excellent. ~の人物 quelqu'un m. ~の演説だった C'était un discours brillant. ~のものだ C'est quelque chose. ◆[簡単に・容易には] ¶~終らないな Ça traîne en longueur. 彼は~自分の気持ちを言うことができない Il a de la difficulté à s'exprimer. それは~無いことですよ Ça ne court pas les rues. ~そうはならない Ce n'est pas pour demain la veille. ~返事が来ない La réponse est longue à venir. ~燃えない木 bois m qui ne veut pas prendre. ~消えない火 feu m long à s'éteindre.

ながなが 長々 ¶~と longuement; interminablement. ~と事の上話をする conter longuement son histoire. ~と横になる s'étendre de tout son long; s'allonger; s'étaler.

なかにわ 中庭 cour f.

なかね 中値 [株] cours m moyen.

ながねん 長年 pendant de longues années; longtemps. ¶~の経験 longue expérience f; longues années fpl d'expérience. ~の懸念 vieux problème m. ~の習慣 vieille (longue) habitude f. 私たちはもう~の知合いです Nous sommes amies de longue date./Il y a bien des années que nous nous connaissons. ~と考えた計画 projet m longuement médité.

ながの 長(永)の ¶~別れ dernier adieu m. ~の病 longue maladie f.

なかば 半ば [中頃] ¶4月~頃に出発する partir vers la mi-avril. 15世紀の~頃から depuis le milieu du XVᵉ siècle. ◆[半分] ¶戸(目)を~開ける entrouvrir la porte (les yeux). ~眠っている dormir à moitié. 瓶は~は入っている La bouteille est encore à demi (à moitié) pleine. 行程の~は走った La moitié de la route a déjà été parcourue. ~小麦粉~ふすま moitié farine et moitié son. ~裸で à demi-nu. ◆[中途] ¶~でやめる s'arrêter à mi-chemin.

なかばなし 長話 ¶電話で~する parler longuement (palabrer) au téléphone.

ながびく 長引く se prolonger; durer; traîner [en longueur]; tirer en longueur; s'éterniser. 会議は5時迄~だろう L'assemblée se prolongera jusqu'à cinq heures. 戦争は長引いている La guerre s'éternise. 長引かせる prolonger; allonger; faire durer; [だらだらと] éterniser. 論議を長引かせる éterniser la discussion.

なかほど 中程 ¶...の~に(で) au milieu de; vers le milieu de; [行程の] à moitié chemin; à mi-chemin. 本の~に au milieu d'un livre. 私はその映画を~までも見ずに外に出た Je suis sorti avant d'avoir vu la moitié du film. ⇨ なかば(半ば), ちゅうかん(中間).

なかま 仲間 [友人] camarade mf; frère m; ami(e) mf; [学校の] copain m; copine f; [同僚] collègue m; [協力者] membre m; coopérateur(trice) mf; associé m; collaborateur(trice) mf; [共犯者] complice mf; [集合的に] groupe m; compagnie f; bande f; clan m; société f; [交際相手] fréquentation f; [階級的な] milieux mpl. 学校(勉強, 仕事)の~ camarade d'école (d'étude, de travail). ~に入れる introduire qn dans un groupe; associer qn à; incorporer qn dans. ~になる faire partie de; prendre rang parmi. ~に引き入れる entraîner qn dans un groupe de qn. [味方にする] gagner qn dans son parti. 良い(悪い)~と付合う fréquenter une bonne (mauvaise) compagnie. 彼は悪い~と付合って駄目になってしまった Les mauvaises fréquentations l'ont perdu. 彼は~ではない Il n'est pas de la partie. ‖飲み~ compagnon de bouteille. 文学~ milieux littéraires. ~意識 fraternité f. ~入りをする se joindre (s'associer, s'affilier) à; se grouper parmi; prendre part à. ~内で entre amis. 彼は~内で評判が悪い Il a une mauvaise réputation parmi ses camarades. ~付合いをする avoir des relations de camaraderie avec qn. ~外れにする mettre (laisser) en quarantaine; mettre à l'index; boycotter. ~割れ scission f. ~割れする faire scission; se scinder; se diviser.

なかみ 中身(味) contenu m. ~を空にする vider qc. 瓶の~は空だ Cette bouteille est vide. ⇨ ないよう(内容).

ながめ 眺め vue f; coup m d'œil; perspective f; paysage m; [光景] site m; [外観] aspect m. 正面(側面)からの~ vue de face (de côté). ~のいい avoir une belle vue. ここからの~はとてもきれいだ D'ici, le coup d'œil est très beau.

ながめ 長目 ¶~の袖 manche f un peu longue. ねぎを~に切る couper un poireau en longs morceaux.

ながめる 眺める regarder; voir; [注視する] considérer; contempler; [見とれる] admirer; [見晴らす] avoir (prendre) vue sur. じっと~ regarder longuement; fixer les yeux (sa vue, son regard) sur. 鏡で自分の~姿を~ se regarder (se mirer) dans la glace. 彼は飽きもせず彼女を眺めている Il ne lasse pas de la regarder. この丘からは町全体が~眺められる D'ici on a vue sur la mer. この丘からは町全体が~眺められる Cette colline domine toute la ville.

ながもち 長持 [容器] huche f à vêtements; bahut m.

ながもち 長持ち ¶~する durer; tenir; être résistant; faire un bon usage (de l'usage); [状態が] se maintenir; [食物が] se conserver. ~しないで courte durée. 天気は~しないだろう Le temps ne se maintiendra pas. ~のする建物 construction f durable. ~のす

ながや 長屋 longue baraque f.　¶裏~ longue baraque sombre; cité f ouvrière dans les bas-quartiers.

なかやすみ 中休み pause f; relâche m; repos m; [幕間] entracte m.　この静けさは単に紛争が〜であるというに過ぎない Cette accalmie n'est qu'un entracte dans le conflit.　¶〜する faire une pause; prendre un peu de relâche (repos).

なかゆ 長湯　¶私は〜にのぼせ上ってしまった La tête m'a tourné à cause d'un bain prolongé.

なかゆび 中指 médius m; majeur m.

なかよく 仲良く ⇨ なか(仲).

なかよし 仲良し [関係] fraternité f; [親友] ami(e) m(f) intime; grand(e) ami(e).　¶…と〜である être en amitié avec qn. …と〜になる se lier d'amitié avec qn; fraterniser avec qn.　彼等は大の〜だ Ils sont grands amis.

-ながら […しつつ] ¶注意し〜進む avancer avec prudence.　唇に笑みを浮かべ〜 le sourire aux lèvres.　寝〜本を読む être étendu.　彼は泣き〜答えた Il répondit en pleurant.　彼は自分の計画を考え〜散歩していた Il se promenait en rêvant à son projet.　◆ […にも拘らず] ¶嫌々〜 malgré soi; à contre cœur.　未熟〜の身で inexpérience.　あなたは私が待っていたことを知り〜来なかった Vous n'êtes pas venu, tout en sachant que je vous attendais.　◆ ¶彼女は生まれ〜目が不自由だ [生まれつき] Elle est née aveugle.

ながらく 長らく　¶〜お待たせいたしました Excusez-moi de vous avoir fait attendre si longtemps.

ながれ 流れ cours m; courant m; [血, 思想, 車などの] circulation f. 早い〜 cours (courant) rapide. 時の〜 cours du temps. 歴史の〜 cours (courant) de l'histoire. 車の〜 circulation des voitures. 群衆の〜 écoulement m (flux m) de la foule. 旅行者の〜 flot m de voyageurs. 思想の〜 flot d'idées.　〜を変える dériver un cours d'eau. 川の〜をさかのぼる(下る) remonter (descendre) le cours d'un fleuve.　〜が変わった [運] La chance a tourné.　¶〜のままに vau-l'eau. 水の〜に沿って(逆らって) au (contre le) fil de l'eau.　時の〜に逆らって à contre-courant du temps.　◆ [系統] ¶名門の〜を汲む舞踏家 danseur(se) m(f) qui descend d'une illustre maison.　彼はエコール・ド・パリの〜を汲んでいる Il se rattache à l'École de Paris.

ながれあるく 流れ歩く　¶あちこちの店を流れ歩いているコック cuisinier m qui a fait plusieurs restaurants.

ながれこむ 流れ込む couler dans; se jeter dans; [河川に] s'évacuer; déboucher dans; [人, 物が] affluer dans; [勢いよく] s'engouffrer dans.　セーヌ川に流れ込む川 rivière f qui se jette dans la Seine.　夕方の5時頃になると人々が地下鉄に流れ込んで行く La foule afflue dans le métro dès cinq heures du soir.

ながれさぎょう 流れ作業 travail(aux) m à la chaîne; chaîne f de fabrication (de montage).　¶〜をする travailler à la chaîne.

ながれさる 流れ去る　¶それ以来数年が流れ去った Des années ont passé depuis.

ながれだす 流れ出す couler dehors. 通りに土砂が流れ出した De la boue s'est déversée dans la rue.

ながれだま 流れ弾 balle f perdue.　〜に当って死ぬ mourir frappé d'une balle perdue.

ながれつく 流れ着く　¶浜辺に〜 être rejeté sur la plage.

ながれでる 流れ出る [血, 泉などが] couler de; prendre son cours; sortir de; [液体, 人が] s'écouler de; [溢れる] se déverser; [洩れる] s'échapper de; s'épancher de. 傷口から〜血 sang m qui coule d'une blessure. 汗の〜額 front m ruisselant de sueur. 人々が東京駅から〜 La foule s'écoule de la gare de Tokyo.

ながれぼし 流れ星 étoile f filante; météore m.

ながれもの 流れ者 vagabond(e) m(f); nomade mf; rôdeur(se) m(f); chemineau(x) m; trimardeur m; bohémien(ne) m(f); manichel(le) m(f).　〜の生活を送る mener une vie nomade.

ながれる 流れる [液体が] couler; ruisseler; se répandre; s'écouler; [電気, 空気, 車などが] circuler; [群集が] affluer; [噂などが] courir; [時が] passer; couler; [浮遊する] flotter; voguer; [さすらう・流れ歩く] vagabonder; errer. 部屋の中に音楽が流れている On entend de la musique dans la chambre. …という時間が流れている Le brult court que.... 時は矢のように流れた Le temps a filé.　¶〜のような文体 style m coulant.　◆ [無効になる・流産する] avorter; aller (s'en aller) à vau-l'eau.　私の野球の試合は雨で流れた Le match de base-ball a été remis à cause de la pluie. 私の計画は流れた Mon projet a avorté. 質草が流れた On m'a confisqué le gage.　◆ [傾く] ¶怠惰に〜 suivre la pente de sa paresse.

ながわずらい 長患い longue maladie f.　〜する souffrir d'une maladie pendant longtemps.

なかんずく 就中 notamment; entre autres; surtout. 外国人〜フランス人に対して envers les étrangers, et notamment envers les Français. ⇨ ことに(殊に), とりわけ(取分け).

なき 泣き　¶〜を入れる demander grâce aux pieds de qn.　〜をする pleurer; subir de rudes épreuves.　〜を見せる faire pleurer; affliger qn; désoler qn.

なき 亡き mort; défunt; feu.　〜王妃 feu la reine; la feue reine; la reine feue.　〜の父親 mes feus parents.　〜我々の仲間 notre regretté collègue.　〜祖父たち ancêtres mp défunts.　〜人たちのための祈り prières fp pour les défunts.　¶彼は叔父の〜後巨額の財産を相続した Il a hérité d'une grosse fortune à la mort de son oncle.　‖〜者にする tuer qn; assassiner qn.

なぎ 凪 calme m; [嵐の前後の] bonace f; [一時的な] accalmie f.　¶大〜 calme plat.

なきあかす 泣き明す pleurer toute la nuit; passer toute la nuit à pleurer.

なきおとし 泣落し ¶彼は子供たちの~に負けた Il a été fléchi devant les supplications de ses enfants.

なきおとす 泣き落す ¶彼は父親をうまく泣落した Il a réussi à fléchir son père à force de larmes.

なきおんな 泣女 [葬式の] pleureuse *f*.

なきがお 泣顔 visage *m* baigné de larmes; visage éploré. 男は涙は~を隠すものではない Un homme doit cacher ses larmes. 彼女は~をしている [顔立ちが] Elle a toujours l'air éploré (de pleurer).

なきがら 亡骸 dépouille *f* mortelle; restes *mpl* (mortels); cadavre *m*; corps *m* mort.

なきくずれる 泣き崩れる fondre en larmes (pleurs). わっと~ avoir une crise de larmes.

なきくらす 泣き暮す passer *sa* (*ses*) journée(s) à pleurer; vivre dans les larmes. 彼女は毎日を泣き暮している Elle ne passe pas un jour sans pleurer.

なきごえ 泣声 [嗚咽] sanglots *mpl*; [赤子の] cri *m*; vagissement *m*; [涙声] voix *f* éplorée. ¶~で言う(頼む) dire (demander) *qc* d'une voix éplorée.

なきごえ 鳴声 [鳥, 獣の] voix *f*; cri *m*; [主に鳥, 昆虫などの] chant *m*; [さえずり] ramage *m*; gazouillement *m*; [猫の] miaulement *m*; [犬の] aboiement *m*; [小犬の] jappement *m*; [馬の] hennissement *m*; [牛の] beuglement *m*; mugissement *m*; [蛙の] coassement *m*; [こおろぎの] grésillement *m*; [鳥] croassement *m*; [豚, 熊の] grognement *m*; [羊, 山羊の] bêlement *m*; [鳩などの] gémissement *m*; [梟などの] hululement. 猫の~はニャーニャーである Le cri du chat est le miaulement.

なきごと 泣言 plainte *f*; doléances *fpl*; lamentations *fpl*; 《俗》 jérémiade *f*; bêlement *m*. ~を言う se plaindre de *qc* (que *sub*); se lamenter sur *qc* (de *inf*); 《俗》 bêler; larmoyer. 自分の境遇について~を言う se plaindre de *son* sort. だらだらと~を言う se répandre en lamentations continuelles. 老人は~ばかり言っていた Le vieillard n'arrêtait pas de larmoyer. おまえの~にはうんざりするよ J'en ai assez de tes jérémiades.

なぎさ 渚 [水際] bord *m* de l'eau; [海岸] rivage *m*; [砂浜] plage *f*; grève *f*. 嵐で多くの漂流物が~に打ち上げられた La tempête a rejeté de nombreuses épaves sur le rivage.

なきさけぶ 泣き叫ぶ larmoyer bruyamment.

なきじゃくる 泣きじゃくる sangloter; pleurer à gros sanglots; pousser les sanglots.

なきじょうご 泣上戸 ¶彼は~だ Il a le vin triste.

なぎたおす 薙ぎ倒す faucher; balayer. 敵を~ faucher les ennemis. 一斉掃射が侵略者達を薙ぎ倒した Un tir en rafale a fauché les assaillants.

なきだす 泣き出す se mettre à pleurer. わっと~ éclater en larmes. ◆ [空模様] ¶今にも泣出しそうな天気だ Le temps est à la pluie.

なきつく 泣き付く pleurer auprès de *qn*; [哀願する] prier (conjurer, supplier) de *inf*; implorer *qn* de *inf*; [許しを乞う] demander grâce. 助けてくれと~ implorer du secours à *qn*. 金を母親に~ pleurer auprès de sa mère pour demander de l'argent.

なきっつら 泣面 «~に蜂» «Un malheur ne vient jamais seul.» ~に蜂だ Il (Je) tombe de Charybde en Scylla./《俗》Tout s'en mêle.

なきどころ 泣所 côté *m* faible; point *m* faible; défaut *m* de la cuirasse (l'armure); talon *m* d'Achille. それが彼の~だ C'est le défaut de sa cuirasse./C'est là que le bât blesse./C'est son point sensible. 人の~を突く toucher *qn* à un endroit sensible.

なぎなた 薙刀 fauchard *m*.

なきぬれる 泣き濡れる être tout en larmes. ¶泣き濡れる éploré. 泣き濡れた目 yeux *mpl* voilés de larmes.

なきねいり 泣寝入り ¶~する s'endormir en pleurant; [あきらめる] être obligé (contraint) de se résigner.

なきはらす 泣き腫らす ¶目を~ se perdre (se brûler) les yeux à force de pleurer.

なきふす 泣き伏す se jeter en pleurant (en sanglotant). 彼女は私の膝に泣き伏した Elle s'est jetée à mes genoux en pleurant (sanglotant).

なきべそ 泣きべそ ¶~をかく être au bord des larmes.

なきまね 泣真似 pleurnicherie *f*; pleurnichement *m*. ¶~[を]する feindre (faire semblant) de pleurer; pleurnicher.

なきむし 泣虫 《俗》 pleurard(e) *m(f)*; pleurnicheur(se) *m(f)*. ¶~の子 enfant *mf* pleurnicheur(se).

なきやむ 泣き止む cesser de pleurer.

なきわかれ 泣別れ séparation *f* douloureuse. ¶~る se séparer (se quitter) dans les larmes.

なきわらい 泣笑い ¶~する rire à travers les larmes. ~の人生 vie *f* mêlée de rires et de larmes.

なく 泣く pleurer; être en larmes; [涙を流す] verser (répandre) des larmes; larmoyer; [嘆き悲しむ] gémir; [泣きわめく] crier; [子供が] brailler; piailler; piauler; [赤ん坊が] vagir. 悔しくて(嬉しくて, ほろりとして)~ pleurer de dépit (de joie, d'attendrissement). さめざめと~ pleurer à chaudes larmes (comme une Madeleine). 不運に~ pleurer misère. 彼女はすぐ~ Elle pleure facilement. 泣きたくなる avoir envie de pleurer. 彼を泣きたいけりゃ泣かせてやれよ Laisse-le pleurer tout son soûl. ~には悲しい être triste à pleurer. 泣かす ⇒ なかせる(泣かせる). ◆ ¶それでは看板が~よ Cela ternit votre enseigne. ここはあなたに泣いてもらおう Il va falloir que vous avaliez une couleuvre. «~子と地頭には勝てぬ» «Il faut vouloir ce qu'on ne peut empêcher.» ~も笑うも今日限り Les rires comme les larmes ne durent

なく 鳴(啼)く crier; [鳥, 虫が] chanter; [さえずる] gazouiller; [ビーピーと] pépier; [鋭い声で] glapir; [猫が] miauler; [犬が] aboyer; [小犬が] japper; [馬が] hennir; [牛が] mugir; beugler; [蛙が] coasser; [こおろぎが] grésiller; [鳥が] croasser; [豚, 熊などが] grogner; [羊, 山羊が] bêler; [鳩などが] gémir; roucouler; [梟が] hululer; [鹿が] bramer; [驢馬が] braire; [雌鶏が] glousser; caqueter; [雄鶏] coqueriquer; [雌鶏が産卵時に] crételer; [郭公が] coucouler; [鰐, 兎などが] vagir. ¶ 鳴かせ飛ばずに一年 être sur la touche.

なぐ 凪ぐ se calmer; s'apaiser; [風, 海が] tomber. 海は凪いだ La mer s'est calmée. ¶ 緑の大理石のテーブルのように凪いでいる海 mer f plate comme une table de marbre vert.

なぐさみ 慰み amusement m; divertissement m; distraction f; plaisir m; [時間つぶし] passe-temps m inv; [賭事] jeu(x) m. ...を〜とする faire qc pour son amusement. ¶ 手〜 jeu. 手〜に為 per passetemps. 〜者になる être le jouet de qn.

なぐさめ 慰め consolation f; réconfort m; [慰藉] soulagement m. 勉学に〜を見出す chercher une consolation dans l'étude. これで少しは心の〜になるだろう Cela vous apportera un peu de 〜 soulagement. ¶〜の consolant; apaisant; réconfortant. 〜の言葉 paroles fpl de consolation; paroles apaisantes. 〜の言葉をかける adresser quelques mots de consolation.

なぐさめる 慰める consoler; [元気づけ] réconforter; [気晴しさせる] divertir. 泣いている子供を〜 consoler (apaiser) un enfant qui pleure. 人の悲しみを〜 soulager le chagrin de qn; dissiper la tristesse de qn. トランプをして無聊を〜 se désennuyer (se distraire) en jouant aux cartes. この読書は私の無聊を慰めてくれた Cette lecture m'a désennuyé. ¶ 慰められない inconsolable.

なくす 亡くす perdre. この子供たちは戦争で父親を亡くした Ces enfants ont perdu leur père à la guerre.

なくす 無くす [失う] perdre. 希望を〜 perdre espoir. 財産を〜 dissiper sa fortune. 信用を〜 perdre son crédit. 理性を〜 perdre la raison. やる気を〜 perdre l'envie de faire qc. ◆[払拭する] faire disparaître. 疑いを〜 faire disparaître un doute. ◆[消す] effacer. しみを〜 enlever (effacer) une tache. ◆[除去する·削除する] ôter; supprimer. 障害を〜 supprimer les obstacles. ◆[霧散などする] dissiper. 悪臭を〜 chasser (dissiper) une mauvaise odeur.

なくてはならぬ 無くてはならぬ ⇨ なければ(不可欠).

なくなる 無くなる [紛失する·消滅する] se perdre; disparaître; s'égarer. 権威が〜 L'autorité se perd. 何冊かの本が引越の間に無くなった Plusieurs livres se sont égarés au cours du déménagement. ◆[霧散がする] se dissiper. 熱が〜 La fièvre tombe (se calme), 私達の不安も無くなった Notre inquiétude s'est dissipée. ◆[希望などが] s'évanouir;

s'anéantir; [衰える] faillir. 勇気が〜を感じる sentir son cœur faillir. 希望が無くなった Les espérances se sont anéanties. ◆[尽きる·涸渇する] s'épuiser; s'écouler. 年々力が無くなっていく Mes forces s'épuisent d'année en année. 金が段々無くなっていく Mon argent s'écoule peu à peu.

なくもがな 無くもがな ¶〜の inutile; superflu; oiseux(se). 〜の話 propos mpl superflus.

なぐりあい 殴り合い échange m de coups de poing; [喧嘩·乱闘] bagarre f; rixe f; mêlée f; pugilat m. 水夫同士の〜 rixe entre matelots.

なぐりあう 殴り合う ¶ ...と〜 échanger des coups de poing avec qn; se battre à coups de poing avec qn. 棒で〜 se battre avec un bâton.

なぐりがき 殴書き barbouillage m; gribouillage m; griffonnage m. ¶〜する barbouiller; gribouiller; griffonner. 紙(壁)に〜する barbouiller du papier (un mur).

なぐりこみ 殴込み ¶〜をかける donner (livrer) l'assaut à qn.

なぐりころす 殴り殺す 拳固(棍棒)で〜 assommer qn à coups de poing (de gourdin).

なぐりたおす 殴り倒す renverser qn d'un coup de poing.

なぐる 殴る frapper qn [à coups de poing]; bourrer qn de coups; donner un coup de poing à qn; [ぶん殴る] rouer qn de coups; [打ちのめす] éreinter qn de coups; [棍棒で] matraquer. 棒で〜 battre qn avec un bâton; donner des coups de bâton; jouer du bâton. ところかまわず〜 battre qn comme plâtre. 私は彼の鼻先を殴りつけ(ぶん殴った) Je lui ai asséné un coup de poing sur le nez. 貴様をぶん殴ってやってもいいんだが Je pourrais te rouer de coups. 殴られる recevoir (attraper) un coup de poing; 【俗】recevoir une trempe. さんざん殴られる recevoir une volée [de bois vert]. 彼は乱闘の最中に一発殴られた Il a reçu un coup de poing dans la mêlée.

なげうつ 擲つ·抛つ ¶命を〜 sacrifier sa vie. 全財産を〜 consacrer toute sa fortune.

なげうり 投売り vente f au grand rabais; vente à perte; solde m; vente d'occasion; liquidation f; [ダンピング] dumping m. 〜する vendre qc au rabais (en solde); solder; liquider; [宣伝のため] vendre qc en réclame. 〜の品 soldes; marchandises fpl d'occasion; [宣伝用] article m de réclame.

なげかける 投げ掛ける ¶波紋を〜 susciter quelques remous; faire sensation.

なげかわしい 歎かわしい déplorable; désolant; attristant; affligeant; regrettable; [困った] fâcheux(se); [惜しい] désastreux (se); [痛ましい] lamentable; pénible. 〜知らせ nouvelle f désolante (affligeante). 〜状況に陥る tomber dans une fâcheuse situation (embarrassante, déplaisante). ...とは〜ことだ Il est déplorable (fâcheux, regrettable) que sub.

なげき 嘆(歎)き plainte *f*; lamentation *f*;〖俗〗jérémiades *fpl*;[嘆声] gémissement *m*;[苦しみ] chagrin *m*; peine *f*; douleur *f*;[深い悲しみ] désolation *f*; affliction *f*;[悲しみ] tristesse *f*. ～の声 voix *f* plaintive. ～の種 source *f* de chagrin. ～のあまり par excès de chagrin.

なげキッス 投げキッス ¶～をする envoyer un baiser.

なげく 嘆(歎)く se plaindre de (que *sub*, que *ind*); gémir de (sur, sous); se lamenter de (sur); pleurer *qc* (sur *qc*); se désoler de *inf*;[深く悲しむ] s'affliger de *inf* (que *sub*);[悼む・惜しむ] déplorer *qc* (que *sub*). 彼は息子を失ったことを嘆いていた Elle se lamentait d'avoir perdu son fils. あなたが言うことを聞かないと先生が嘆いている Le professeur se plaint de ce que vous n'obéissez pas. 彼女は青春が過ぎ去ったことを嘆いている Elle pleure sa jeunesse disparue. 彼女は己れの不幸を嘆いている Elle pleure sur son propre malheur.

なげこむ 投げ込む jeter dans (à). 石を水の中に～ jeter une pierre dans l'eau. 手紙をポストに～ jeter une lettre à la poste. あなたの手紙が私を悲しみのどん底に投げ込んだ Votre lettre m'a jeté dans un abîme de tristesse.

なげたおす 投げ倒す jeter à (par) terre; terrasser;〖俗〗flanquer à (par) terre;[レスリング] tomber.

なげだす 投げ出す jeter; lancer. ベッドに身を～ jeter une pierre sur son lit. 椅子の上に足を～ allonger (étendre) les jambes sur la chaise. ◆[犠牲] sacrifier; abandonner; donner; se dépouiller de. 祖国のために命を～ sacrifier *sa* vie à la patrie; se sacrifier pour la patrie. ...のために財産を～ se dépouiller de ses biens en faveur de *qn*. 彼はこの仕事のために全てを投げ出している Il se donne (se voue, se livre) tout entier à cette entreprise. ◆[放棄する] abandonner; renoncer à; déserter; quitter. 権勢を～ quitter le pouvoir. 地位を～ abandonner (déserter) *son* poste. 途中で～ s'arrêter à mi-chemin.

なげつける 投げつける ~ jeter *qc* par terre. ...に侮辱の言葉を～ jeter des insultes à la tête de *qn*. ⇨ なげたおす(投げ倒す).

なげなし ¶～の金をはたいて買う acheter avec *ses* dernières économies. ～の知恵を絞る se torturer (se creuser) le cerveau (l'esprit).

なげやり 投遣り nonchalance *f*; négligence *f*;[無頓着] laisser-aller *m inv*; mollesse *f*;[怠惰] paresse *f*. ～な nonchalant; négligent; négligé; mou (mol, molle); paresseux(se). ～な態度の教師 professeur *m* nonchalant (négligent, mou). ～な文体 style *m* négligé (mou). ～に avec nonchalance; avec négligence; mollement; paresseusement. ～にする négliger.

なげやり 投槍 javelot *m*; javeline *f*;[狩猟用の] sagaie *f*; zagaie *f*;[闘牛士用の] banderille *f*.

なげる 投げる jeter; lancer;[乱暴に]〖俗〗flanquer;[投げとばす] projeter. ボールを～ lancer une balle. 槍(円盤, 砲丸)を～ lancer le javelot (le disque, le poids). 水中に身を～ se jeter à l'eau. ⇨ なげだおす(投げ倒す), ほうき(放棄).

なこうど 仲人 intermédiaire *mf*. ～をする arranger un mariage; s'entremettre pour conclure un mariage. ¶～好きな女 marieuse *f*. ¶～口をきく dire beaucoup de bien de *qn* pour arranger un mariage.

なごむ 和む se calmer; s'adoucir; se radoucir; s'apaiser. 私の怒りも和んできた Ma colère s'est radoucie. ⇨ やわらぐ(和らぐ).

なごやか 和やか ¶～な [おだやかな] doux(ce); calme; serein;[顔, のどか] paisible; placide;[友好的な] amical(aux). ～な天気 temps *m* doux. ～な顔 visage *m* paisible. ～な笑い sourire *m* placide (serein). ～な空気が教室にただよっていた Un climat de bonne camaraderie régnait dans la classe. ～に話す causer amicalement.

なごり 名残[残名] restes *mpl*; vestiges *mpl*; débris *mpl*; traces *fpl*; cicatrices *fpl*. 戦争の～ vestiges (restes, traces) de la guerre. それは古語の～だ C'est un reste de l'ancienne langue. 美しさの～を有する avoir de beaux restes (des restes de beauté). その国は戦乱の～を留めている Le pays se ressent de la guerre. この町は中世の～を留めている Cette ville a gardé l'atmosphère du Moyen Age. ◆[惜別] ¶～を prolonger les adieux. ～を惜しんで別れる quitter avec regret. あなたのために～の宴を催してあげよう Je vais donner un banquet d'adieu pour vous. ～は尽きないが... Ne prolongeons pas les adieux, ... ‖お～興行 représentation *f* d'adieu.

なさけ 情け[慈悲] charité *f*; miséricorde *f*;[憐憫] pitié *f*; compassion *f*;[好意] grâce *f*; bienfait *m*; faveur *f*;[寛大] indulgence *f*; clémence *f*. ～をかける avoir pitié de *qn*; prendre *qn* en pitié; avoir de la compassion pour *qn*;[許す] faire grâce à *qn* [de *qc*];[罪人に対して] gracier. ～を乞う demander grâce; implorer la clémence (l'indulgence). お～を Grâce! 人の～が仇となる La charité peut nuire.「～は人の為ならず」《Un bienfait n'est jamais perdu.》 あなたの～にお縋すがりするよりほかに道はない Votre bienveillance est ma dernière planche de salut. ¶～のある(深い) charitable; miséricordieu(se); compatissant; bienfaisant; indulgent; clément; humain; bienveillant. ～知らずの impitoyable; implacable; sec (sèche); dur; inhumain; cruel(le); cassant; désobligeant; insensible. ～容赦なく impitoyablement; cruellement; durement; sans pitié. ～容赦なしを être impitoyable (dur) pour *qn*. お～で par pitié (compassion).

なさけない 情無い pitoyable; piteux(se); lamentable; minable; misérable; triste; malheureux(se). ～結果 résultat *m* piteux. ～身なり tenue *f* minable (misérable). ～顔をしている faire une mine piteuse. 意地も野心もない～奴 être *m* minable, sans volonté, sans ambition. ～奴だ, 山田という奴は Un

なざし 名指し ¶～で nommément. ～で非難する accuser qn nommément.

なざす 名指す désigner qn par son nom; nommer qn.

なさそう ¶そんなことが起こることは～だ Il est peu probable que cela se passe ainsi. 事は簡単では～だ Il ne semble pas que la chose soit facile. その病気は打つ手が～だ Il semble que le mal est sans remède. 私には今の状態はそんなに悪くは～に思える Il ne me paraît pas que la situation soit si mauvaise.

なさぬなか 生さぬ仲 ¶～の子 [男] beau-fils m.; [女] belle-fille f. ⇨ ようし(養子).

なし 無し ¶例外～に sans exception. …することに～ sans inf.; sans que sub. 気付かれず～と～に sans être aperçu. …で済ませる se passer de qc.

なし 梨 poire f japonaise. ～の木 poirier m. ◆【慣用的に】¶大分前に彼に手紙を出したが～のつぶてだ Il y a longtemps que je lui ai écrit mais je n'ai reçu aucune réponse de lui.

なしくずし 済し崩し amortissement m. ¶～に借金を返す amortir ses dettes.

なしとげる 成し遂げる achever; terminer; accomplir; s'acquitter de; réaliser. 義務を～ accomplir (s'acquitter de) son devoir. 計画を完全に～ réaliser son plan complètement. 仕事を～ terminer son travail. 大工事も成し遂げられた De grands travaux se sont enfin achevés (réalisés).

なじみ 馴染 [親交] intimité f; fréquentation f; [親しい人] ami(e) m(f) intime; fréquentation; [知合] connaissance f; [愛着] attachement m. ～を重ねる fréquenter qn. ¶～のある familier(ère); connu; habituel(le); familier. 私にとって～のある顔 visage m qui m'est familier. ～の客 habitué(e) m(f); client(e) m(f). お～の出し物 numéro m habituel (attendu). 出し物は皆様お～の喜劇、モリエールの「タルチュフ」です On représente (donne) Le Tartuffe, la célèbre comédie de Molière. ～になる se lier d'amitié avec qn; fréquenter qn; être familier avec qn. ～のない inhabituel(le); de connaissance. ‖幼な～ ami d'enfance. 昔～ vieil(le) ami(e). あの人は私どもの店のお～さんです Il fréquente notre maison. 彼は私のお～だ C'est mon client.

なじむ 馴染む [人に] s'attacher à; prendre en affection; [物に] s'habituer à; s'accoutumer à; se familiariser avec; se faire à; s'acclimater à. 外国語に～ se familiariser avec une langue étrangère. この石鹸は水によく～ Cette savon mousse bien. 靴が私に馴染んで来た Mes chaussures se sont faites à mes pieds. この酒は私に馴染まない Je ne me fais pas à cette boisson.

ナショナリズム nationalisme f.

なじる 詰る reprocher qc à qn; blâmer qn de qc; faire grief de qc à qn. ひどく～ accabler qn de reproches. 彼は友人達の無知と馬鹿さかげんを詰った Il a reproché à ses camarades leur ignorance et leur sottise. 彼に対しては同情すべきであって詰ってはいけない Il faut le plaindre et non le blâmer. ¶～ような口調で言う dire d'un ton de reproche.

なす 為す ¶～すべきなら Il n'y a rien à faire. 「為せば成る」«Vouloir, c'est pouvoir.» ～べきことが沢山ある (何もない) avoir beaucoup (n'avoir rien) à faire. ～べきことをする faire ce qu'il faut. ～すべもなく faute de mieux. ～こともなく過ごす rester les bras croisés; vivre dans l'oisiveté. ～がままにさせておく laisser faire qn. ⇨ する(為る).

なす 茄子 aubergine f. ¶～紺 aubergine.

なす 成す [形成する] former; faire; [構成する] composer; constituer; former; faire; [成就する(させる)] achever; accomplir; faire. 禍を転じて福を～ tirer le bien d'un mal. 道はなだらかなカーブを成している La route fait une courbe légère.

なす 生(成)す ¶お前たちは子まで成した仲じゃないか Vous vous aimez au point d'avoir fait un enfant.

なすりあう 擦り合う ¶責任を～ se rejeter mutuellement la responsabilité.

なすりつける 擦り付ける [転嫁する] imputer qc à qn; attribuer qc à qn; rejeter qc sur qn; mettre qc sur le compte de qn.

なぜ 何故 pourquoi; pour quelle raison comment; que. ～行くのですか Pourquoi partez-vous? ～叫ぶのですか Mais pourquoi crier? ～いけないの Pourquoi pas (non)? ～それを言わなかったのですか Que ne le disiez-vous? ～そうなのか Comment cela? ～そんなに反対するのか Pourquoi cette protestation? ～か知っていますか Savez-vous pourquoi? ～だか分らないまま私は彼の後に従った Je l'ai suivi sans savoir pourquoi. ～なら parce que; puisque; car. もうお別れしなくちゃ、～ってもう遅いから Il faut nous séparer, car (parce qu')il se fait tard.

なぞ 謎 énigme f; [謎々] devinette f; [秘密] secret m; [不思議なもの] mystère m. ～を解く deviner (résoudre) l'énigme. ～をかける poser (proposer) une énigme (une devinette). 彼女に恋の～をかけられた Elle m'a déclaré son amour à demi-mots. ¶～の énigmatique; mystérieux(se); impénétrable; inexplicable; inconnu; secret(ète). ～の微笑 sourire m mystérieux. 深海の～の世界 monde m mystérieux (inconnu) des abîmes sous-marins. ～めいた話し方をする parler par énigmes (mystérieusement). ～めいた人物 C'est un personnage énigmatique (mystérieux, impénétrable). ‖～遊び devinette. ～遊びをする jouer aux devinettes.

なぞらえる 準える [譬える] comparer à; [似せる] modeler sur. 心臓の役割をポンプに～ comparer le rôle du cœur à celui d'une pompe. 神は自分に準えて人間を作った Dieu créa l'homme à son image.

なぞる 準ら calquer; décalquer. 透き通った紙を当てて〜 calquer qc au papier transparent.

なた 鉈 [鉈鎌] †hachette f; serpe f; [樵夫用] gouet m; [園丁用] fauchette f; [長柄の] vouge m. ◆ [比喩的に] 大〜をふるう prendre des mesures énergiques (rigoureuses).

なだ 灘 large m; haute (pleine) mer f.

なだい 名代 ¶〜の fameux(se).

なだかい 名高い célèbre; bien connu; réputé; renommé; fameux(se). ...で〜 être célèbre par; être renommé (fameux) pour.

なだたる 名だたる ¶〜殺人鬼 assassin m notoire. 文学界に〜人 personne f connue dans les milieux littéraires.

なたね 菜種 [graines fpl de] colza m. ‖〜油 huile f de colza.

なだめる 宥める apaiser; calmer; radoucir; amadouer. 赤ん坊を〜 bercer un bébé dans ses bras. 不平分子を〜 calmer les mécontents. 宥めすかす amadouer; consoler.

なだらか ¶〜な丘 colline f arrondie. 〜な線 ligne f molle. 〜な勾配の坂 descente f en pente douce. 丘は〜に海の方へと下っている La colline descend doucement vers la mer.

なだれ 雪崩 avalanche f. 〜に埋まる être enseveli sous une avalanche. 〜に流される être emporté dans une avalanche. 〜に襲われたスキーヤー達 skieurs mpl pris dans une avalanche. 群集が銀行の窓口に〜を打って押し寄せた La foule a pris d'assaut les guichets de la banque.

なだれおちる 雪崩落ちる crouler; s'ébouler; s'écrouler; s'effondrer. 〜雪の塊 masse f de neige qui croule. 壁面が雪崩落ちた Des pans de murs se sont écroulés.

なだれこむ 雪崩込む ¶群集が会場に〜 La foule envahit la salle. 群集が地下鉄の入口に雪崩込んで行く La foule s'engouffre dans la bouche de métro.

ナチ parti m nazi; parti national-socialiste allemand. ¶〜の nazi. 〜の暴虐の犠牲者 victime m de la barbarie nazie. 〜親衛隊 SS minv. 〜ズム nazisme m. 〜党員 nazi(e) m(f).

ナチュラル 【楽】 naturelle f. ◆ ¶肩の〜なライン ligne f naturelle des épaules.

なつ 夏 été m. 今年の〜 cet été. 去年の〜 l'été dernier. 〜を海岸で過ごす passer l'été au bord de la mer. 〜が来た Voici l'été. ¶〜の d'été; de l'été; estival(aux). 〜の暑さ [はじまり] chaleurs fpl [commencement m] de l'été. 〜の太陽 [休暇] soleil m [vacances fpl] d'été. 〜の〜 nouvelle mode f estivale (d'été). 〜の平均温度 moyenne f de la température estivale. 「飛んで火に入る〜の虫」«C'est se mettre la corde au cou.» 〜向きの d'été; estival. 〜向きのよそい toilette f estivale. 〜の間 pendant l'été. 真〜に 本当 fort (cœur) de l'été, en plein été. 〜めいて来た Ça sent l'été. ‖〜中 tout l'été. 〜祭 fête f d'été.

なついん 捺印 ¶〜に〜する mettre (apposer) son sceau à; sceller; timbrer. 公文書に〜する sceller un acte public. 〜された qui porte un sceau.

なつかしい 懐かしい cher(ère); nostalgique; ancien(ne); vieux (vieil, vieille). 〜生れ故郷 son cher pays natal. 〜思い出 souvenirs mpl nostalgiques. 〜友 vieil(le) ami(e) m(f). 〜青春時代 mes jeunes années. 懐かしき時代 le bon vieux temps. 若い時が〜 J'ai la nostalgie de ma jeunesse.

なつかしがる 懐かしがる avoir la nostalgie de qc. しきりに故郷を〜 avoir le mal du pays. 彼はいつまでも旧生活を懐しがっている Il garde toujours la nostalgie de la vie parisienne.

なつかしむ 懐かしむ avoir la nostalgie (le regret) de; regretter; se souvenir de qc (qn) avec nostalgie; se plonger dans ses souvenirs nostalgiques. 故郷を〜 avoir la nostalgie (le regret) de son pays natal.

なつき 馴れ morte(s)-saison(s) f (pl).

なつく 懐く s'attacher à qn; prendre qn en affection. その犬は主人に懐いている Le chien s'attache à son maître. 子供を懐かせる gagner l'affection d'un enfant.

なづけおや 名付親 parents mpl spirituels; [男] parrain m; [女] marraine f. 〜になる tenir un enfant sur les fonts baptismaux.

なづけご 名付子 filleul(e) m(f).

なづける 名付ける nommer; dénommer; appeler. 植物の新種をAと〜 nommer (dénommer, appeler) une nouvelle espèce végétale A. 両親は彼をポールと名付けた Ses parents l'ont nommé (appelé, prénommé) Paul. 私は自分の船を「光星丸」と名付けた J'ai baptisé mon bateau «Kosei maru».

なつじかん 夏時間 heure f d'été.

ナッシング ‖オール・オブ・〜 tout ou rien.

なっせん 捺染 impression f. 〜する [プリントする] imprimer. 織物に模様を〜 imprimer des dessins sur un tissu. ‖〜布 [プリント布地] imprimé m.

ナッツ noix f.

なってない être tout à fait mauvais (déraisonnable). 彼の絵は〜 Ses tableaux, ça ne ressemble à rien. あなたの言うことは〜 Ce que vous dites est tout à fait absurde!

ナット 【機】écrou m. ‖止め écrou d'arrêt.

なっとく 納得 ¶〜する comprendre; entendre; [同意する] consentir à; acquiescer à; [認める] admettre; convenir de. 私達は数時間の議論の後, 互いに〜し合った Après plusieurs heures de discussions, nous sommes arrivés à un accord. 〜させる faire comprendre à qn que ind; convaincre (persuader) qn de qc. 私達は彼に計画を断念することをやっと〜させた Nous l'avons enfin convaincu de renoncer à son projet. あなたの返事は彼らを〜させなかった Votre réponse ne les a pas satisfaits. 〜の行く返答 réponse f satisfaisante. ‖〜ずくで en se mettant d'accord.

なつば 夏場 ¶〜は pendant l'été; en été.

なっぱ 菜っ葉 plantes fpl potagères. ‖〜服 bleu m; combinaison f.

なつばて 夏ばて ⇨ なつまけ(夏負け).

なつふく 夏服 vêtement *m* léger (d'été); tenue *f* d'été. ¶～になる se mettre en tenue d'été.

ナップザック sac *m* à dos; †havresac *m*.

なつまけ 夏負け fatigue *f* due à la chaleur. ¶～する supporter mal les chaleurs de l'été.

なつみかん 夏蜜柑 pamplemousse *m* (grapefruit *m*) japonais.

なつめ 棗 [実] jujube *m*; [木] jujubier *m*; [茶器] boîte *f* à thé en laque.

ナツメグ muscade *f*.

なつめやし 棗椰子 [実] datte *f*; [木] dattier *m*.

なつもの 夏物 [商品] articles *mpl* estivaux; [着服] vêtements *mpl* estivaux (d'été).

なつやすみ 夏休み grandes vacances *fpl*.

なつやせ 夏痩せ amaigrissement *m* causé par les chaleurs de l'été. ¶～する maigrir en été.

なつやま 夏山 [登山] alpinisme *m* d'été.

なであげる 撫で上げる ¶髪を～ passer sa main dans ses cheveux.

なでおろす 撫で下す ¶安堵の胸を～ pousser un soupir de soulagement; éprouver du soulagement.

なでがた 撫で肩 épaules *fpl* tombantes.

なでぎり 撫で斬り ¶敵を～にし sabrer ses ennemis l'un après l'autre. 女を～にし tomber des femmes.

なでしこ 撫子 œillet *m*.

なでつける 撫で付ける ¶髪を～ aplatir (plaquer, lisser) ses cheveux. 髪をポマードで～ pommader ses cheveux.

なでる 撫でる promener ses doigts (sa main) sur; caresser; effleurer; flatter. 犬 (猫)を～ flatter un chien (un chat). 水晶の花瓶を～ [賞貨する] caresser (effleurer de la main) un vase de cristal. 子供の頭を～ caresser la tête de *son* enfant.

—など ¶キャベツの野菜類 les choux et autres légumes. シャベル、熊手、刈込ばさみ— 園芸用具一式 tout un matériel de jardinage: bêche, râteau, sécateur, etc. 村長や司祭—全ての人が招かれた On a invité le maire, le curé et tous les autres. 彼女は夜会服、登山服、海水着—一切の衣類を持って行った Elle a emporté des vêtements pour la soirée, pour la montagne pour la mer, et tout le reste. スイスやベルギー—の国々では Dans les pays, tels la Suisse ou la Belgique…. テレビ—現代の発明物 invention *f* moderne, par exemple la télévision. 外国人、特にドイツ人—に対して envers les étrangers, et notamment envers les Allemands. ◆[謙遜・軽蔑] 彼 ～の勲章に値しない Un homme tel que lui ne mérite pas cette distinction. 私の～の出る幕ではない Ce n'est pas de mon rayon.

ナトー NATO OTAN *f* (Organisation *f* du traité de l'Atlantique Nord).

なとり 名取 maître *m*. ¶彼女は踊りの～である Elle est qualifiée pour enseigner la danse.

ナトリウム sodium *m*. ¶塩化～ chlorure

de sodium. 青酸～ cyanure *m* de sodium.

なな 七 sept *m*.

なないろ 七色 ¶虹の～ sept couleurs *fpl* de l'arc-en-ciel. ～の声を持っている avoir une voix d'un riche éventail sonore. ¶～唐辛子 poivre *m* japonais à sept épices.

ななえ 七重 ¶～の膝を八重に折って許しを乞う demander pardon à deux genoux.

ななかまど 七竈 ¶～の樹 sorbier *m*. ～の実 sorbe *f*.

ななくさ 七草 ¶春の～ les sept herbes comestibles de printemps. 秋の～ les sept fleurs *fpl* d'automne.

ななくせ 七癖 ¶「無くて～」«Chacun a ses petites manies.»

ななころびやおき 七転び八起き «Il n'y a chance qui ne rechange.»

ななし 名無し ¶～の[無名の] sans nom; inconnu; obscur; [匿名の] anonyme.

ななじゅう 七十 soixante-dix *m*.

ななつ 七つ ¶～の海を制覇する contrôler les mers. ¶～道具 attirail *m*.

ななひかり 七光り ¶彼の名声は親の～に過ぎない Sa réputation n'est qu'un pâle reflet de celle de son père.

ななふしぎ 七不思議 ¶世界の～ Les sept merveilles du monde.

ななめ 斜め ¶～の oblique; biais; [傾いた] incliné; [対角の] diagonal(aux). ～に obliquement; en oblique; de travers; en diagonale. 道を～に横切る traverser une rue en oblique. 帽子を～に被る mettre un chapeau de travers. 中庭を～に突っ切る traverser la cour en diagonale. 壁が～に傾いている Le mur penche (s'incline).

なに(なん) 何 [疑問・不定的表現] これは～ですか Qu'est-ce? / Qu'est-ce que c'est [que ça]? ～が起ったのですか Qu'est-ce que s'est arrivé? 箱の中に～がありますか Qu'est-ce qu'il y a (Qu'y a-t-il) dans la boîte? ～を話しているのですか De quoi parlez-vous? ～を考えているのですか A quoi pensez-vous? ～を探しているのですか Que cherchez-vous? / Qu'est-ce que vous cherchez? ～を探しているのか言って下さい Dites-moi ce que vous cherchez. ～をしに来たのですか Qu'êtes-vous venu faire ici? 彼は～を言っていいか分らなかった Il ne savait que dire. ～をなすべきか Que faire? ～って言ってるんだ Qu'est-ce que vous chantez là? ～が起ろうと quoi qu'il arrive. ～をしようと同じことだ Quoi qu'on fasse, ça revient au même. それが～になる A quoi bon?(!) 彼に会いに行ったって～になる A quoi bon aller le trouver? 私達には～から始めていいか分らない Nous ne voyons pas par où commencer. ¶彼女は～にでもつべこべ言う Elle riposte à tout. 彼は～にもまして それを大切にしている J'y tiens comme à la prunelle de mes yeux. 彼女は～に一つ 無邪気なところがない Elle n'a rien d'une ingénue. 彼は～くれとなく私の面倒を見てくれる Il s'occupe de moi à tout bout de champ. ◆[とっさに口に出ない時に] ¶その～を取って下さい Passez-moi ce machin-là. ◆[間投] ¶～だって Comment! / Dites (Dis) donc! / Quoi! / Eh quoi! ～だと De quoi! / Bon

なにか 何か ¶～おもしろいもの quelque chose d'intéressant. ～食べるもの quelque chose à manger. ～他のもの quelque chose d'autre. ～変ったことがあったかい Quoi de nouveau? ～おかしな臭いがする J'ai l'impression qu'il y a une odeur bizarre. ～そんなものだった C'était quelque chose comme ça. ～花を送って下さい Envoyez-moi quelques fleurs. ～御用でしょうか Que désirez-vous?/Vous désirez? ～のお役に立てるでしょうか En quoi puis-je vous servir?/Puis-je vous être utile en quoi que ce soit?/En quoi puis-je vous être agréable? ～と忙しい avoir toujours à faire. 彼には～とお世話になった Il m'a rendu service en toutes choses. それは～の間違いだろう Ça doit être une erreur. ～の理由で彼は欠席している Il s'absente pour une raison ou une autre. ～につけて à tout propos; à tout moment; à tout coup.

なにがし 某 [人·物] ¶山田～ un certain Yamada. ◆ [数量] ¶百円～ cent et quelques yen. 私は～のお金がいる J'ai besoin de quelque argent.

なにがなんだか 何が何だか ¶もう～さっぱりわからない Je n'y comprends que dalle./Je ne m'y reconnais (retrouve) plus.

なにがなんでも 何が何でも à tout prix; coûte que coûte; [絶対に] absolument.

なにからなにまで 何から何まで ¶彼はこの村のことなら～知っている Il n'ignore rien de ce village.

なにくそ 何糞 ¶～負けるものか Je ne vais tout de même pas perdre!

なにくわぬ 何食わぬ ¶～顔をする ne faire semblant de rien; n'avoir l'air de rien; prendre un air innocent (ignorant); faire l'ignorant (l'innocent). ～顔 sans en avoir l'air; comme si de rien n'était.

なにげない 何気ない involontaire; inconscient; machinal(le); [無邪気な] innocent. ～動作 geste *m* involontaire (inconscient, machinal). この仕事は～ように見える が, 誰にでも出来るものじゃない Ce travail n'a l'air de rien, mais il n'est pas à la portée du premier venu. ¶何気なく involontairement; sans le vouloir; inconsciemment; machinalement; [無邪気に] innocemment. 彼は何気なくそう言ってしまった Il a dit cela inconsciemment. 何気なく装う ～ふりをする (なにくわぬ(何食わぬ). ～様子で sans en avoir l'air.

なにごと 何事 ¶耳元で～ささやく chuchoter quelque chose à l'oreille de *qn*. ～ですか Qu'est-ce qui se passe?/Qu'est-ce qu'il y a? ～じゃない rien de bien grave; rien de grave; rien de sérieux. ～なくtoute occasion. ～もなく [無事に] sain(e) et sauf(ve); [障害もなく] sans encombre. 式は～もなく行なわれた La cérémonie s'est déroulée sans encombre (incident). ～もなかったように comme si de rien n'était. ◆ [詰問] ¶今日返すと言ったのに返さないとは～だ Tu m'avais promis de me le rendre! Ce n'est pas de jeu.

なにさま 何様 ¶自分を～だと思っているんだ Non mais de fois.

なにしろ 何しろ ¶～今夜この仕事を終えなければならない En tout cas (De toute façon), je dois terminer ce travail ce soir. ～難しい子ですので Bref (En un mot), c'est un enfant difficile. ～やるだけやってみよう On peut toujours essayer.

なにせ 何せ ⇒なにしろ(何しろ).

なにとぞ 何卒 je vous [en] prie; s'il vous plaît. ¶～...して下さいますようお願いいたします Je vous prie de [bien vouloir] *inf*./Ayez la bonté de *inf*./Faites-moi le plaisir de *inf*./Veuillez *inf*. ～よろしくお願いいたします Je me recommande à votre bienveillance. ～御無礼をお許し下さい Veuillez pardonner mon indiscrétion. ⇒どうか.

なにはさておき 何はさて置き [tout] d'abord; au préalable; avant tout; en premier lieu. ～彼の意見をきいて, その後で決めよう Demandons-lui d'abord son avis, nous déciderons ensuite. 何はさて置きそれをすべきだ Ça doit passer avant tout.

なにはともあれ 何はともあれ quoi qu'il en soit; de toute façon; en tout cas; en tout état de cause; dans tous les cas.

なにぶん 何分 ¶娘のことですが～よろしくお願いします Je vous prie de (Veuillez) bien vouloir vous occuper de ma fille.

なにほど 何程 ¶彼が怒ったって～のことがあろう Il peut se fâcher, je m'en moque. 彼など～のことがあろう Pour quoi aurais-je peur de lui? 彼に会いに行ったって～のことがあろう A quoi bon aller le trouver? ⇒どのくらい(何の位).

なにも 何も ¶私は～見なかった Je n'ai rien vu. そのことは～知らない Je n'en sais rien. 私はすることが～ない Je n'ai plus rien du tout à faire. ～言わずにいる rester sans rien dire. ～せずに暮す rester les bras croisés; vivre dans l'oisiveté. ～なかったように comme si de rien n'était. ～笑うことはない Il n'y a pas de quoi rire. ～そんなつもりではなかったんだ Je n'ai pas voulu cela.

なにもかも 何も彼も [すべて] tout; [完全に] complètement; entièrement. ～破壊する détruire entièrement. 町は～変ってしまった La ville a totalement (entièrement) changé. ～忘れて(失って)しまった J'ai tout oublié (perdu). ～嫌になった Tout me dégoûte. ～おしまいだ C'est fini./Tout est fini (perdu). これで～全部です En tout et pour tout.

なにもの 何者(物) [誰か] quelqu'un; [誰] qui; [何か] quelque chose. ～ですか Qui est-il?/[職業] Que fait-il? あの男は一体～ですか Qu'est-ce que cet homme-là? ～かが君の代りに行った Un inconnu est allé à ta place. 彼は詐欺師以外の～でもない Ce n'est rien d'autre qu'un escroc.

なにやかや 何や彼や ～なんだかんだ.

なによう 何用 ⇒よう(用).

なにようび 何曜日 ⇒ようび(曜日).

なにより 何より ¶～も興味のあること ce qu'il y a de plus intéressant. 私が～も欲しいもの ce que je désire le plus. 彼は～音楽が好きだ Il aime surtout (spécialement, exclu-

なめし sivement) la musique./Il aime la musique par-dessus tout (plus que tout)./Il préfère la musique à tout. ～もまず avant tout; tout d'abord. ◆ ¶それが私には～の好物ですC'est mon plat préféré. 健康に～ですヶ Tant qu'on a la santé, ça va.

なめし 名主 chef m de village. ‖牢～ chef de cellule.

ナノ [十億分の一] namo-. ‖～テクノロジー nanotechnologie f. ～メーター nanomètre m.

なの(の)か 七日 ⇒付録.

なのはな 菜の花 fleurs fpl de colza.

なのり 名乗り ¶候補者としての～を上げる poser sa candidature; se porter candidat à; se présenter à. 市議選に～を上げる se présenter aux élections municipales.

なのりでる 名乗り出る se présenter; [警察に] ⇒じしゅ(自首).

なのる 名乗る se nommer; dire son nom; décliner son nom; [自己紹介する] se présenter à. 妻は夫の姓を名乗る La femme porte le nom de son mari. 知らない男が出て来て加藤と名乗った L'inconnu s'est avancé et a dit qu'il se nommait Kato. ¶加藤と～男 homme m nommé Kato (le nommé Kato).

ナパームだん 弾 bombe f au napalm.

なびく 靡く ondoyer; [ひるがえる] ondoyer; flotter. 風に～旗 drapeau m qui flotte dans le vent. なびかせる faire (laisser) flotter. 髪をなびかせる laisser flotter ses cheveux. ◆ [服従する] s'incliner devant; se soumettre à; obéir à; [女が] donner son cœur à; céder à. 権力に～ se plier au pouvoir. 金で～ se vendre pour de l'argent. 彼はどんな権威にもなびかない Il ne s'incline devant aucune autorité. なびかせる soumettre. ¶金で～人 personne f vénale.

ナビゲーター navigateur m.

ナプキン serviette f [de table]; [ナプキン類] linge m de table; [食器等の下に敷く] napperon m; [生理用] serviette f hygiénique. ‖紙～ serviette en papier.

なふだ 名札 [表札] plaque f; [胸の] badge m d'identité. ランドセルに～を貼る coller son nom sur un cartable.

ナフタリン 《化》 naphtalène m; [虫除けの] naphtaline f.

なぶりころし 嬲殺し ¶～にする torturer qn à mort; faire mourir dans les supplices.

なぶりもの 嬲物 ¶…の～になる être la cible des railleries de qn; être le jouet de qn. みんなの～になる servir de jouet à tous. 私を～にしようとしても駄目だ，その手は食わないよ N'essayez pas de me faire marcher, ça ne prend pas avec moi.

なぶる 嬲る se moquer de; se jouer de; railler; ridiculiser; 《俗》charrier; mettre en boîte.

なべ 鍋 [耳のある] marmite f; [柄のある] casserole f; [つるのある] chaudron m; [シチュー鍋] braisière f; daubière f; [バター焼鍋] sauteuse f. ～のふた couvercle m d'une marmite. ～の耳 anses fpl d'une marmite. ～の柄 manche m (queue f) d'une casserole. ～

なまがわき のつる anse [mobile] d'un chaudron. ～で煮る faire cuire dans une marmite. ‖土～ daubière en terre cuite.

なべぞこ 鍋底 ‖～景気 longue dépression f.

ナポリタン spaghetti mpl à la napolitaine.

なま 生 ¶～の [煮てない] cru; [新しい，未加工の] frais (fraîche); [未熟，未加工の] vert. ～の肉 viande f crue. ～の鰯 sardine f crue. ～の描写 description f crue. ～で食べられる野菜 légumes mpl que l'on mangent crus. ‖～クリーム crème f fraîche. ～原稿 manuscrit m. ～ゴム caoutchouc m. ～コンクリート béton m cru. ～卵(玉)poisson m (œuf m) cru. ～中継 retransmission f en direct. ～ビール bière f à la pression; bière pression. ～フィルム pellicule f vierge. ～放送 émission f en direct. ～水 eau(x) f non bouillie. ～野菜 légumes mpl [salés (crus)] légumes frais. ～ワクチン vaccin m vif.

なまあくび 生欠伸 ¶～を噛み殺す étouffer un bâillement d'ennui. 退屈でつい～が出た Un petit bâillement d'ennui m'a échappé.

なまあたたかい 生暖かい tiède. ～天気だ fait tiède. 灰はまだ～ Les cendres sont encore tièdes. ¶生暖かさ tiédeur f.

なまいき 生意気 ¶～な [無礼な] insolent; effronté; impertinent; impoli; [傲慢な] arrogant; orgueilleux(se); [自惚れた] présomptueux(se); prétentieux(se); suffisant; vaniteux(se); 《俗》 puant. ～な態度 attitude f arrogante (effrontée). ～な奴 insolent(e) m (f); effronté(e) m(f); impertinent(e) m(f); prétentieux(se) m(f); vaniteux(se) m(f); poseur(se) m(f). 頭はいいが～な女 femme f intelligente mais trop prétentieuse. ～な口をきく adresser des propos effrontés à. 目上の者に～な口のきき方をする parler insolemment à ses supérieurs. ～にも insolemment; avec insolence. ～な arrogance. 彼は～にも私に口答えした Il m'a répliqué avec insolence. ¶～盛りだ être en plein âge ingrat.

なまえ 名前 ‖～な(名). ¶私はどうしてもその人の～を思い出せない Je n'arrive pas à mettre un nom sur ce visage. 加藤家の～が汚されてはならない Le nom des Kato ne doit pas être sali. ～だけは知っている ne connaître qn que de nom. ‖～を負ける jurer avec son caractère.

なまえんそう 生演奏 jeu m (exécution m) sur le vif.

なまがし 生菓子 gâteau(x) m; [集合的] pâtisserie f.

なまかじり 生囓り ¶学問を～する 《俗》 être enfariné d'une science. ～をしている savoir (connaître) superficiellement; avoir des connaissances superficielles (sommaires) de; avoir une teinture (un vernis) de. 哲学を～している avoir une teinture (un vernis) de philosophie.

なまかわ 生皮 cuir m brut (vert, cru). 鹿の～をはぐ écorcher un daim.

なまがわき 生乾き ¶～の洗濯物 lessive f à moitié sèche (encore humide).

なまき 生木 bois *m* vert. ～を裂く séparer de force. ¶そんな～を裂くような真似は私には出来ない Je me sens incapable d'une action aussi déchirante.

なまきず 生傷 ¶この子は～が絶えない Cet enfant est un casse-cou.

なまぐさい 生臭い sentir la marée. 何だか～臭いがする J'ai l'impression que ça sent le poisson.

なまぐさぼうず 生臭坊主 moine *m* dépravé.

なまくび 生首 tête *f* tranchée.

なまくら 鈍ら émoussé; [人間] malléable; faible; mou (mol, molle). ～な刃 lame *f* émoussée. ～な人 personne *f* faible (apathique, indécise, molle, veule). ～な性質 caractère *m* malléable (mou). ～になる s'émousser; se rouiller. ¶～頭である avoir l'esprit émoussé.

なまくせ 怠け癖 ¶～から《俗》tirer *sa* flemme. 年齢と共に～がついてしまった Je suis devenu très flemmard avec l'âge.

なまけもの 樹懶《動》paresseux *m*.

なまけもの 怠け者 paresseux(se) *m(f)*; fainéant(e) *m(f)*; fa(é)ignant(e) *m(f)*. あれは～だ C'est un feignant! ¶～の paresseux(se); fainéant; faignant; 《俗》flemmard (flémard) / cossard. ～の生徒 élève *mf* paresseux(se). 彼は恐ろしく～だ Il est paresseux en diable.

なまける 怠ける paresser; fainéanter; ne rien faire; 《俗》flemmarder (flemmer); battre (*sa*) flemme; cultiver (tirer) *sa* flemme; [学校, 授業等を] manquer; 《俗》sécher. 授業を～ manquer la classe (un cours).

なまこ 海鼠 holothurie *f*; [食用の] tripang (trépang) *m*;《俗》concombre *m* de mer; bêche(s)-de-mer *f*. ¶～板 tôle *f* ondulée. ～板の屋根 toit *m* en tôle ondulée.

なまごみ 生ごみ déchets *mpl* (ordures *fpl*) périssable.

なまごろし 生殺し ¶はっきりしてくれよ、こんじゃあ～だ Sois plus clair! Je ne sais plus sur quel pied danser.

なまじ ¶あなたは～何も言わぬ方がよかった Vous auriez mieux fait de ne rien dire. ～っかの同情は無用であるら Il est inutile de verser des larmes de crocodile.

なまじろい 生白い un peu pâle; [子供が] pâlot(te); 《俗》pâlichon(ne). ～顔 figure *f* un peu pâle. ～顔の子供 enfant *mf* pâlot(te).

なまず 癜《医》eczéma *m*.

なまず 鯰 silure *m*;《俗》poisson(s)-chat(s) *m*. ¶電気～ silure électrique.

なまちゅうけい 生中継 retransmission *f* en direct.

なまつば 生唾 ¶～を飲み込む avaler la (*sa*) salive.

なまづめ 生爪 ¶～をはがす s'arracher un ongle.

なまなましい 生々しい cru; [tout] frais; [tout] récent. ～傷 blessure *f* fraîche (saignante). ～描写 description *f* crue (réaliste). このルポルタージュは全く～ Ce reportage a été pris sur le vif. その事件はまだ記憶に～ Cet événement reste très vivant dans toutes les mémoires. ¶生々しく crûment.

なまにえ 生煮え ¶～の mal cuit. ～の食べ物 aliment *m* mal cuit.

なまぬるい 生温い tiède; [手ぬるい] peu sévère. ～風呂に入る prendre un bain tiède. ～処置を講ずる prendre des mesures peu sévères (demi-mesures).

なまはんか 生半可 ¶～の考え(計画) idée *f* (vue *f*) superficielle. ～な処置 demi-mesure *f*. ～な知識 connaissances *fpl* superficielles. ～な返事 [曖昧な] réponse *f* ambiguë; [回避的] réponse évasive. 彼は生物学に対して～な知識しかない Il n'a que des connaissances superficielles en biologie. この際～な態度は許されない Dans ces conditions, une attitude mi-figue, mi-raisin est inadmissible.

なまビール 生- bière *f* à la pression.

なまびょうほう 生兵法 ¶～は大怪我のもとだ Il est dangereux de faire semblant de tout savoir.

なまへんじ 生返事 ¶～をする répondre distraitement; [不承不承の] répondre avec répugnance (à contrecœur).

なまぶし 生干し ¶～のかます sphyrène *f* à moitié séchée.

なまみ 生身 ¶～の人間 homme *m* de chair. ～で [幻でなく] en chair et en os; en personne. 死んで埋葬されたと言われていた彼が、そこに、私達の前に～でいた Lui, qu'on avait dit mort et enterré, était là, devant nous, en chair et en os.

なまめかしい 艶かしい affriolant; aguichant; attirant; séduisant; provocant; ravissant. ～美しさ beauté *f* enivrante (voluptueuse, séduisante). ¶艶かしく d'une manière provocante (aguichante).

なまもの 生物 denrées *fpl* périssables.

なまやけ 生焼け ¶～の魚 poisson *m* mal grillé. ～のステーキ bifteck *m* saignant (bleu). ～の肉 viande *f* peu (mal) cuite.

なまやさしい 生易しい ¶名を上げることは～ことはない Il n'est pas si aisé de se faire un nom. ～額ではないよ Ce n'est pas donné!

なまゆで 生茹で ¶～のジャガイモ pomme *f* de terre mal bouillie.

なまよい 生酔い ¶～であるêtre un peu gris; être un peu gai.

なまり 鉛 plomb *m*. ¶～の de plomb. 網に～をつける plomber un filet. ∥～色 couleur *f* plombée. ～色の plombé; livide. ～色の顔色 teint *m* plombé. ～色の空 ciel *m* livide (de plomb). ～色にする plomber. ～色になる se plomber.

なまり 訛 accent *m*; [方言] parler *m*; patois *m*; dialecte *m*. 南仏の(妙な)～がある avoir un accent méridional (un accent bizarre). 彼はパリに10年住んだにもかかわらず、英語の～が脱けなかった Bien qu'il ait vécu dix ans à Paris, il n'a pu se débarrasser de son accent anglais. ¶～なしに話す parler sans accent.

なまりぶし なまり節 bonite *f* bouillie à moitié séchée.

なまる 鈍る s'émousser; [力量が落ちる] se rouiller. 怠けていたために腕が鈍った Je me suis rouillé dans la paresse.

なまる 訛る [方言で] prononcer avec un accent; [転訛する] se corrompre. 使われているうちに～言葉がある L'usage corrompt certains mots.

なみ 波 vague f; lame f; flots mpl [大波] † houle f; [小波] ride f; [波紋] onde f; 静かな(騒々)～ mer f tranquille (agitée). 嵐が～を立てる La tempête soulève les vagues. ～が高い La mer est agitée (grosse)./Les vagues sont hautes. ～が静まる La mer se calme (s'apaise). 大きな～が岩に砕ける Les grosses vagues se brisent contre (déferlent sur) les rochers. ～の音 bruit m (grondement m) des vagues; [ひたひた打ち寄せる] clapotis m; clapotement m. ～の高さが15メートルを越すことがある Les vagues peuvent dépasser quinze mètres de creux. ¶～のまにまに運ばれる(揺られる) se laisser porter (bercer) au gré des flots. 船は～を切って進む Le navire fend les vagues. ‖～形の onduleux (se). ～形のトタン板 tôle f ondulée. ～形模様の moirage m. 絹に～形模様をつける moirer de la soie. ～間を漂う être le jouet des vagues. ～除け jetée f; digue f. ◆[調子·時流]～に乗る[仕事等で] être en bonne voie. その人は～に乗っている Cet homme a le vent en poupe. 時代の～に乗り遅れる retarder sur son temps (sur son siècle). 不況の～をかぶる faire naufrage dans la crise économique. ‖ [比喩的に] 平和な家庭に～風を立てる troubler la paix des ménages. この家にはいつも～風が立っている Il y a toujours des histoires dans cette famille.

なみ 並 ～の ordinaire; commun; courant; vulgaire; banal(s); moyen(ne). 上(下)の～ au-dessus (au-dessous) de la moyenne. ～以上の知能 intelligence f au-dessus de la moyenne. ～外れた extraordinaire; insolite; inhabituel(le); exceptionnel(le); ¬hors ligne; peu commun; immodéré. ～外れた身長の人 personne f d'une taille extraordinaire. シーザーは～外れた指導者だった César fut un chef exceptionnel. ‖ それをするのは全く～大抵ではなかった J'ai eu toutes les peines du monde à le faire. ～[…と同じ程度]～ 彼は20歳の青年～に働いている Il travaille comme s'il avait vingt ans.

なみあし 並足 ～で行く aller au pas.

なみうちぎわ 波打際 bord m; [海の] rivage m.

なみうつ 波打つ ondoyer; onduler. ～麦畑 champs mpl de blé qui ondoient. ～髪 cheveux mpl qui ondulent (bouclent, frisent). ～腹 ventre m palpitant.

なみがしら 波頭 crête f des vagues.

なみき 並木 rangée f d'arbres; arbres mpl plantés en ligne. ‖～道 chemin m (route f) bordé(e) d'arbres; [広い] avenue f; boulevard m; [散歩道] allée f; cours m.

なみだ 涙 larme f, pleurs mpl. 血の～ larmes de sang. 滂沱(ぼうだ)たる～ des flots de larmes. ～がこみ上げてくる Les larmes me montent aux yeux. ～を流す répandre (verser) des larmes; pleurer. 熱い～を流す pleurer à chaudes (grosses) larmes. 目に～を浮べる avoir les yeux gros; avoir les yeux gros (pleins) de larmes. ～を誘う tirer (arracher) des larmes à qn. ～を必死にこらえる retenir ses larmes à grand-peine. ～をふく essuyer ses larmes. ¶～に濡れた顔 visage m baigné de larmes. 血も～もない cruel(le); impitoyable; inhumain. 血も～もない人 personne f froide et sèche; sans-cœur mf inv. お～頂戴劇 pièce f larmoyante. ～ながらに en pleurant; tout en larmes. ～を呑んで [心ならずも] à contrecœur; malgré soi. ～を振るって en dépit des larmes. ～が涸れるまで泣く verser toutes les larmes de son corps. ～が出るほど笑う(笑わせる) rire (être touché, être ému) jusqu'aux larmes. ‖ 嬉し(悔し)の～を流す pleurer de joie (de dépit). 空～ larmes de crocodile. 空～を流す verser des larmes de crocodile.

なみだきん 涙金 petit(e) dédommagement m (consolation f) pécuniaire.

なみだぐましい 涙ぐましい ¶～努力をする faire des efforts touchants; faire tous ses efforts; faire des efforts désespérés.

なみだぐむ 涙ぐむ avoir les yeux voilés de larmes; [感動して] avoir les larmes aux yeux. 彼は涙ぐんでいる Les larmes lui montent aux yeux.

なみだごえ 涙声 ¶～で avec des larmes dans la voix; d'une voix éplorée. ～で救助を乞う demander du secours d'une voix éplorée.

なみだつ 波立つ ¶～海 mer f agitée (houleuse); grosse mer. 海が波立ち始めた La mer commence à s'agiter. 波立たせる [かき乱す] agiter; troubler.

なみだもろい 涙脆い avoir la larme facile; avoir toujours la larme à l'œil.

なみなみ ¶～と à ras bord; jusqu'au bord. ～とグラスに注ぐ remplir un verre à ras bord. ～と注がれたグラス verre m plein jusqu'au bord.

なみなみ 並々 ¶～ならぬ peu ordinaire; remarquable; distingué; extraordinaire. ～ならぬ努力をする faire de grands efforts. ～ならぬ手先の器用さを有する être doué d'une grande habileté manuelle.

なみのり 波乗り surf[ing] m.

なみはずれた ⇨ なみ(並).

なめくじ 蛞蝓 limace f; loche f.

なめしがわ 鞣し革 peau(x) f tannée (corroyée, mégissée); cuir m.

なめす 鞣す ¶皮を～ tanner (corroyer, mégir) une peau. 鞣された tanné; corroyé. 鞣し tannage m; corroyage m.

なめつくす 嘗(舐)め尽す ¶焔が建物をたちまちなめ尽した Les flammes ont rapidement dévoré l'édifice.

なめまわす 嘗(舐)め回す ¶舌をなめ回す [食後などで] se pourlécher.

なめらか 滑らか ¶～な lisse; moelleux(se); doux(ce); poli; [文体等が] coulant; aisé; simple. ～な海 mer f unie. バリトンの～な声

voix f veloutée de baryton. ～曲線 courbe f légère. ～な飲み口のワイン vin m moelleux ; ～な肌 peau f douce. ～にする polir ; [柔らかくする] adoucir ; [髭、髪、革等の艶を出す] lisser. 文体を～にする rendre son style plus coulant. 油をさしてモーターの動きを～にする lubrifier un moteur. この牛乳石鹸は肌を～にする Ce savon au lait adoucit la peau. ～に doucement ; avec aisance ; [流暢に] couramment.

なめる 嘗(舐)める lécher ; [犬、猫が] [しゃぶる] sucer ; [焔が] lécher ; [湿らす] mouiller ; humecter. 唇を～ s'humecter les lèvres. ページをめくるために指を～ mouiller (humecter) son doigt pour tourner les pages. 猫が皿の中の牛乳を舐めている Le chat lape (lèche) le lait dans l'assiette. 子供を～ように可愛がる cajoler (choyer, câliner, dorloter) son enfant. ◆[経験する] ！[あらゆる辛酸を]～ subir de rudes épreuves (toutes les épreuves). ◆[馬鹿にする] se moquer (se jouer, ne faire aucun cas) de. 君を～んじゃないよ Tu ne m'as pas regardé. / Qu'est-ce que tu crois?

なや 納屋 grange f ; [簡単なもの] †hangar m ; remise f ; [藁を入れる] pailler m ; [干し草を入れる] fenil m. ～に入れる engranger. 収穫物を～に入れる engranger la moisson.

なやましい 悩ましい [心が痛む] inquiétant ; angoissant ; [恋に悩む] languoureux(se) ; [色っぽい] provocant ; aguichant ; [官能的] sensuel (le) ; voluptueux (se). ～口元 bouche f sensuelle. ～踊り danse f voluptueuse. 悩ましげな眼 yeux mpl languissants (mourants, languides). 悩ましげに languoureusement. 悩ましさ langueur f. 恋の悩ましさ langueur amoureuse.

なやます 悩ます [苦しめる] tourmenter ; affliger ; causer du souci ; désoler ; [いやがらせる] ennuyer ; embarrasser ; [うるさがらせる] importuner ; tracasser ; †harceler ; excéder ; agacer ; assaillir ; assommer. 頭を悩ます se torturer le cerveau (l'esprit) ; se creuser la tête. 心を悩ます se tourmenter. 痛風に悩まされる souffrir de la goutte. 電話のベルに悩まされる être assiégé de coups de téléphone. 暑さに悩まされる être accablé par la chaleur. 子供達の質問に悩まされる être excédé de questions de ses enfants. 嫉妬に悩まされる être torturé par la jalousie. 彼にはさんざん悩まされた Il m'en a fait voir de toutes les couleurs.

なやみ 悩み [気苦労] souci m ; tracas m ; [苦悩] tourment m ; affliction f ; peine f. 金の～ soucis d'argent. 恋の～ chagrin m d'amour ; peine de cœur. ～がある avoir du chagrin (de la peine). ぜいたくな～を持つ avoir des soucis de riche. 私はあなたの～が分かる Je partage votre peine (vos soucis)./Je prends part à vos soucis. ～の種 cause f de souci. 息子のことが彼の唯一の～の種だ Son fils est son unique cause de souci. 何の～もなく暮す vivre sans souci.

なやむ 悩む se tourmenter ; se faire du souci ; se tracasser ; s'inquiéter ; [俗] se faire de la bile. 良心の呵責に～ être bourrelé de remords. 恋に～ languir d'amour pour. あんなことぐらいで悩んでも仕方がないでしょう Ne vous tourmentez pas pour si peu. ¶悩める心(魂) conscience f (âme f) tourmentée.

なよなよ ¶～した娘 frêle jeune fille f. ～した身体 corps m gracile (frêle).

-なら [仮定、条件] ¶お邪魔でない～お供しても構いません Je puis vous accompagner à condition que (pourvu que) cela ne vous dérange pas. 私があなた～そんなやり方はしない Si j'étais vous, je ne m'y prendrais pas comme ça. しっかり勉強を続ける～あなたは成功するチャンスがある Si (A condition que) vous continuez à bien travailler, vous avez des chances de réussir. それが本当～いいのにね Si c'était vrai ! ◆[関しては] ¶私～、quant à moi ; pour moi ; pour ma part. お金のこと～ pour ce qui est de l'argent. 宗教のこと～ en matière de religion. 彼～8時に私達と落ち合うことは解っている Quant à lui (de son côté, pour sa part), il est d'accord pour nous rejoindre à huit heures. 彼のこと～よく信用していいですよ S'agissant de lui, vous pouvez avoir toute confiance.

ならい 習い ¶～が人の世の～だ Ça, c'est la vie. ～性となる L'habitude est une seconde nature.

ならう 習う [勉強する] apprendre ; étudier ; [教わる] prendre des leçons de. 読み書きを～ apprendre à lire et à écrire. 先生についてフランス語を～ prendre des leçons de français d'(chez un) professeur. 「習うより慣れよ」 «C'est en forgeant qu'on devient forgeron.» 息子にギターを習わせる faire donner des leçons de guitare à son fils.

ならう 倣う imiter ; copier ; [従う] suivre ; [範とする] se modeler (se régler) sur ; se conformer à. 父親の行いに～ modeler sa conduite sur celle de son père. あなたの栄光ある祖先の例に倣いなさい Prenez exemple sur vos glorieux ancêtres. ¶…に倣って à l'exemple de qn ; à l'instar de qn ; [従って] suivant qc ; [...流に] à la [manière de]. ラファエルに倣って描く peindre à la Raphaël.

ならく 奈落 [地獄] enfer m ; [劇場の] dessous mpl. ～の底 abîme m. ～の底にいる [俗] être dans le troisième (trente-sixième) dessous. ～の淵にいる être au bord de l'abîme.

ならす 慣らす habituer qn à qc (inf) ; accoutumer qn à qc (inf) ; [新しい環境に] acclimater qn à qc ; [耐える] endurcir qn à qc. 子供を寒さに～ endurcir un enfant au froid. 私は幼少年代から早起きするよう慣らされている Je suis habitué depuis l'enfance à me lever tôt.

ならす 均す [地面を] aplanir ; niveler ; égaliser. 土地を～ aplanir (niveler, égaliser) un terrain. ◆[平均する] faire (calculer) la moyenne. ¶均して habituellement. 週に均して30件の死亡事故がある Il y a en moyenne trente accidents mortels par semaine.

ならす 馴らす apprivoiser ; domestiquer ; [仕込む] dresser. 狩のために鷹を～ apprivoiser

ならす 鳴らす ¶鐘を～ sonner la cloche. 楽器を～ tirer des sons d'un instrument. 太鼓を～ battre le tambour. 戸をぱたんと～ claquer la porte. 指を～ faire claquer ses doigts. ◆[言い立てる] ¶不平を～ se plaindre; grogner; [俗] rouspéter. …のことで非を～ accuser (blâmer) qn de qc (inf); reprocher qc à qn. ◆[広く知れ渡る] ¶一時は鳴らした歌手 chanteur(se) m(f) qui a connu son heure de gloire. 昔は美人で鳴らした女 femme f qui a connu son temps de succès.

ならずもの 破落戸 bandit m; vaurien(ne) m(f); crapule f; gredin m; chenapan m; voyou m; [ダニ] vermine f; racaille f. ¶～の crapule; voyou. 彼ら～みたいに見える Il a un air crapule (voyou).

-ならでは ¶彼の小説だ It n'y a que lui pour écrire un roman pareil.

-ならない [義務・責任] ¶…しなければ～ devoir inf; avoir à inf; être obligé de inf. 私は出発しなければ～ Je suis obligé de partir./Il me faut partir./Il faut que je parte. 私は手紙を一通書かねば～ J'ai une lettre à écrire. 守らねばならない～規則 règle f à observer. ¶[禁止] ¶…してはいけない～ ne pas devoir inf. この部屋で煙草を吸っては～ Il est défendu de fumer dans cette chambre. ◆[たまらない] ¶暑くて（寒くて、淋しくて）～ mourir de chaleur (de froid, de tristesse).

ならび 並び ¶通りのこちら（あちら）の～の家々 maisons fpl de ce côté-ci (côté-là) de la rue. 郵便局はホテルの～にある La poste est à côté de l'hôtel. ¶～[の大名] comparse m(f); [比喩的に] figurant(e) m(f). ◆[類] ¶ ～なき incomparable; †hors [de] pair; sans égal(aux); sans pareil(le); unique; hors ligne. ～なき美しさ beauté f incomparable. ～なき巧みを駆使した habileté f sans égale. その作家の名声は先人たちのそれと～称されるものだ La renommée de cet auteur égale celle de son devancier. 山田か佐藤かと～称されている Que ce soit Yamada ou Sato, ils se valent.

ならびに 並びに et; ainsi que; aussi bien que; tant…que. 時間…場所を知らせる avertir qn du temps et du lieu. 彼の忍耐力～謙虚さは皆のよく知るところである Sa patience ainsi que sa modestie sont connues de tous. 御自身も奥様をも御臨席下された Lui aussi bien que son épouse ont daigné assister à notre réunion.

ならぶ 並ぶ ¶[整列] se ranger; [横に] se mettre en rangs; [一列に] s'aligner; se mettre sur la même ligne; [列をつくる] faire la queue; [順を待って] être à côté de. …の最後に～ prendre la file. 患者たちが列をつくって並んでいる Les malades font la queue. 切符売場に並んだ長い人の列 longue file f de personnes qui attendent à un guichet. ¶並んで côte à côte; l'une à côté de l'autre; [縦に] à la file. …と並んで立っている; auprès de. 並んで歩く marcher côte à côte. 教会と並んでパン屋がある Il y a une boulangerie à côté de l'église. ◆[匹敵する] ¶～者がない ne pas avoir son pareil (sa pareille). この料理にかけて彼女に～者はない Elle n'a pas sa pareille pour réussir ce plat.

ならべる 並べる ranger; arranger; [分類する] classer; [配置する] disposer; [並置する] juxtaposer; [間隔を置いて] échelonner; [陳列する] étaler; exposer; présenter. テーブルに食器を～ disposer (ranger) les couverts sur la table. ショーウィンド（テーブル）の上に色々な物を～ étaler (exposer) divers objets dans une vitrine (sur une table). ¶書店のショーウインドーに並べられた本 livres mpl exposés à la devanture du libraire. ぎっしり並べられた瓶 bouteilles fpl disposées en rangs serrés. ◆[列挙する] ¶ énumérer; dénombrer; citer. 言訳を並べ立てる se répandre in excuses. ある作家の小説の題名を並べ立てる énumérer les titres des romans d'un auteur. 数多くの例を並べ立てる citer une foule d'exemples. 彼は悦に入って自分の成功の数々を並べ上げた Il m'a complaisamment dénombré ses succès.

ならわし 習わし coutume f; habitude f; usage m; [伝統] tradition f; [旧習] routine f. ¶…することが～ Il est de coutume (d'usage, de tradition) de inf. それが～だ C'est l'usage. …する～がある avoir coutume (l'habitude) de inf. …するのが～となる prendre (contracter) l'habitude de inf.

なり 形 [様子] air m; [外観] apparence f; [服装] tenue f; mise f; habillement m; [背丈] taille f. 良い（ひどい）～をしている être bien (mal) vêtu (mis). きちんとした～をしている être correctement mis. ～を構わない ne pas soigner sa mise. ～ふりを構ってはいられない être prêt à n'importe quoi. 人をその～で判断してはいけない Ne jugez pas les gens à leur mise (sur la mine)./Il ne faut pas juger les gens sur l'apparence. ¶～の大きな（小さな）男 homme m de grande (petite) taille. 大きな～をしてまだ分らないの Tu n'es pas assez grand pour savoir ce que tu as à faire?

なり ¶～を静めよ se taire; garder (observer) le silence; rester silencieux(se); rester muet(te). ～を潜めている être sur la touche. ～を潜めて聞く écouter, tenir l'oreille, écouter avec attention. ～の良い太鼓 tambour m qui a une belle sonorité.

-なり [例示] ¶前～後～ soit avant, soit après. 父親～母親～ soit (ou) son père, soit (ou) sa mère. 出る～入る～しなさい Entrez ou bien sortez. ◆ ¶僕には僕の考えがある [独自の] J'ai mon idée à moi./Moi, j'ai mon idée personnelle. ¶帰るなり彼は私に会いに来た Il est venu me trouver dès son retour. 列車から降りて彼は妻の姿を探した Aussitôt, Sitôt, A peine) descendu du train, il a cherché sa femme du regard. 彼は私を見るなりハンカチを振った D'aussi loin (Du plus loin, Dès qu'il m'a vu) il a agité son mouchoir.

なりあがる 成り上がる s'élever de; [立身出世する] parvenir; arriver. ¶成上りの par-

なりかわる 成り代わる remplacer qn; prendre la place de qn; [代理] suppléer; [代役] doubler. ¶...に成り代わって à la place (au nom) de qn. 父に成り代わって参りました Je viens à la place de mon père.

なりきる 成り切る ¶役に〜 s'identifier avec son personnage; se mettre (entrer) dans la peau de son personnage. その女優は劇中の人物に成り切っている L'actrice s'identifie avec son personnage.

なりきん 成金 nouveau(x) riche m; enrichi(e) m(f); parvenu(e) m(f). 〜戦争〜 profiteur(se) m(f) de guerre. 〜趣味 goûts mpl de parvenu. 〜趣味の贅沢なマンション appartement m meublé avec un luxe de parvenu.

なりさがる 成り下がる ¶乞食に〜 s'abaisser jusqu'à mendier. お前はそんな男に成り下がったのか Tu en arrives à ce point! ⇨ おちぶれる (落ちぶれる).

なりすます 成り済ます se faire passer pour; se donner pour. 一家の主人に〜 se faire passer pour un maître de maison. 病人に〜 faire le malade. 彼は学者に成りすましているIl se fait passer pour un savant. 彼は進歩主義者に成りすましているIl se donne pour un progressiste. 彼は彼女の情夫に成りすましている [情夫気取り] Il s'affiche avec sa maîtresse.

なりそこなう 成り損う ¶画家に〜 ne pas réussir à devenir peintre. 成り損いの詩人 poète m raté.

なりたち 成立ち [成立] formation f; constitution f; organisation f; [起源] origine f; naissance f; genèse f. 言語の〜 origine (naissance, formation) du langage. 社会の〜 création f d'une société. 信仰の〜 origine d'une croyance. 世界の(宇宙の)〜 formation (création) du monde (de l'univers).

なりたつ 成り立つ [成立] se conclure; [是認される] être plausible; [構成される] se composer de; être composé de. その仮説は〜かもしれない L'hypothèse paraît plausible. 水は水素と酸素から成り立っている L'eau se compose d'hydrogène et d'oxygène. その論証は数々の事実の上に成り立っている Sa démonstration est basée (fondée, établie) sur les faits. 契約は成り立った Le contrat est signé. 商談は合意が成り立った Les pourparlers ont abouti à un accord. 縁組は成り立った Le mariage s'est arrangé. そんな議論(アリバイ)は成り立たない Cet argument (Cet alibi) n'est pas plausible. それでは商売が成り立たない Cela ne rapporte pas.

なりて 成り手 ¶会議の議長の〜がいない Personne ne veut pas être président de la séance.

-なりと ¶誰〜 n'importe qui. どこへ〜 n'importe où. どこへ〜お供しますよ J'irai où vous voudrez. 何時〜 à n'importe quel moment; n'importe quand. 何日(何時)〜に来なさい Venez n'importe quel jour (à quelle heure). なん〜 お役に立つことがありましたら Puis-je vous être utile en quoi que ce soit? なん〜申し付けて下さい Je suis entièrement à votre service./Je suis tout à votre service./Je suis à votre entière disposition.

なりはてる 成り果てる ¶彼は乞食にまで落ちぶれた Il est réduit à mendier./Il en est à mendier son pain.

なりひびく 鳴り響く retentir; résonner; [雷、大砲が] gronder; tonner; rouler. 評判が〜 faire grand bruit (du bruit). あなたの噂の評判は津々浦々に鳴響いている Le bruit de votre succès se répand partout. 足音が歩道(廊下)に鳴響いていた Les pas résonnaient sur les trottoirs (dans les couloirs). 会場一杯に観客の拍手が鳴響いていた Toute la salle retentissait des applaudissements des spectateurs.

なりふり 形振り ⇨ なり(形).

なりもの 鳴物 ¶〜入りの宣伝をする faire beaucoup de publicité; faire de la publicité tapageuse. 〜を売るための〜入りの宣伝をする faire du tam-tam pour vendre qc. 〜入りで喧伝する trompe.

なりゆき 成行き [進行過程] cours m; train m; marche f; [展開] déroulement m; développement m; enchaînement m; [つながり] suite f; [局面] aspect m; tour m; tournure f. 自然の〜 ordre m (cours) naturel des choses. 〜を見守る observer le tour des événements. 憂慮すべき〜だ L'affaire prend une fâcheuse tournure. それが自然の〜だ C'est dans l'ordre des choses. ¶〜次第だ dépendre des événements. 事の〜で par la force des choses.

なりわい 生業 ¶文筆業を〜とする vivre de sa plume.

なりわたる 鳴渡る ⇨ なりひびく(鳴り響く).

なる 成(為)る [職業に就く・身分を得る] devenir; se faire; s'établir; passer. 政党の党員に〜 entrer dans un parti politique. 何になりたいですか? Que voulez-vous devenir? 私は農夫になろうと思う Je serai fermier. 彼は金持ちになった Il est devenu riche. 彼はその道の大家となった Il est passé maître dans cet art. 私の兄は軍曹になった Mon frère est passé sergent. ◆[...の状態になる] devenir; se faire; se rendre; passer. 有名に〜 tomber un nom (une renommée). 病気に〜 tomber (devenir) malade; se rendre malade. 夜に〜 La nuit tombe. 寒くなった Il commence à faire froid. 彼は年寄りになった Il fait vieux. 天気になった Il a commencé à faire beau (à neiger). 事態は困難になった La situation est devenue difficile. ◆[変化する] se changer en; tourner. 酸っぱく〜 tourner à l'aigre. 色が青に〜 virer au bleu. 卵は鳥に、木は火と灰に〜 Un œuf se transforme en oiseau, le bois se change en feu et en cendre. 北風になった [変わった] Le vent a tourné au nord. ¶〜[達する・及ぶ] 間もなく40に〜 Elle va avoir quarante ans./Elle va entrer dans sa quarantaine année./Elle approche de la quarantaine. 間もなく2時に〜 Il va être deux heures. 彼が

何も食べなくなって3日に~ Voilà trois jours qu'il n'a rien mangé. 2と2で4に~ 2 et 2 font 4. 全部でいくらに~か Combien cela fait-il en tout? ここに来て何日になりますか Depuis combien de jours êtes-vous ici? ¶[出来上る] s'achever; s'accomplir.「ローマは一日にして成らず」《Rome ne s'est pas faite en un jour.》¶ルーベンスの手に~絵 tableau (x) m exécuté de la main même de Rubens. ◆[未来の可能性] ¶私は彼女に会えな~ Je ne pourrai pas la voir. それが あなたの致命傷に~かも知れぬ Ça peut vous être fatal. 彼女はやがて幸福に~だろう Elle sera bientôt heureuse. ¶[体を成す] se composer de. ~なりた(成り立つ). ¶それはなっていない Ça ne ressemble à rien. 彼の言い訳はなっていない Ses excuses ne valent rien. ¶[我慢出来る・許せる] ¶負けて~ものか Je ne vais tout de même pas perdre! 我慢ならないなあ「テル」「Tel pied baise-t-on, qu'on voudrait qu'il fut coupé.

なる 生る rendre; se former. 今年はこれらの果樹にはよく実が生って Les arbres fruitiers ont bien rendu cette année. たくさんの実が生っている木 arbre m qui porte beaucoup de fruits.

なる 鳴る sonner; [鐘, 時計な] carillonner; [鐘小] tinter; [歯, 拍手が] claquer; [太鼓が] battre; [雷が] tonner. 寒さ(恐ろしさ)で歯ががた~ claquer des dents de froid (de peur). 腹が~ L'estomac émet des borborygmes. 教会の鐘が鳴っている Les cloches sonnent. 雷が鳴っている Il tonne. / Le tonnerre gronde. 目覚しが~のが聞こえましたか? 夜の12時が鳴った時 sur le coup de minuit. ◆[比喩的に] ¶腕が~ avoir les fourmis. 彼は各番をもって~[知られている] Il a la réputation d'être avare.

なるこ 鳴子 claquette f pour effaroucher les oiseaux.

ナルシスト narcisse m.
ナルシシズム narcissisme m.

なるべく autant que possible. ~ゆっくり le plus lentement possible. ~早く le plus vite (tôt) possible. ~沢山の本(人) le plus grand nombre possible de livres (personnes). 彼は~沢山の本を集めた Il a rassemblé le plus de livres possibles. ¶行きます Je ferai tout mon possible pour y aller. ~なら明日来て下さい Venez demain si (c'est) possible.

なるほど 成程 en effet; effectivement; tiens. ¶~その通りだ Oui (Ah), c'est vrai. ~そう言われてみればそうだ A ce compte-là, vous avez raison!

なれ 慣(馴)れ [習慣] habitude f; [経験] expérience f; [適応性] accoutumance f; adaptation f; [親密さ] familiarité f. ~で par l'expérience.

なれあい 馴合い entente f secrète (illégale); connivence f, complicité f, collusion f; [したくらみ] conspiration f. ¶~の collusoire. ¶奴らの喧嘩は~だ Leur dispute, c'est du cinéma! ...と~で de connivence avec.

なれあう 馴れ合う [親しみ合う] s'entendre très bien; [ぐるになる] agir (se comporter) de connivence avec; s'entendre [secrètement] avec; [密通する] avoir une liaison avec.

ナレーション narration f; [ドキュメンタリーなど の] commentaire m.
ナレーター récitant(e) m(f).

なれそめ 馴れ初め ¶私たちの~はある方のお家での舞踏会でだった Nous nous sommes connus dans un bal chez un tel.

なれっこ 馴れっこ ¶小言に~になっている être aguerri aux réprimandes.

なれなれしい 馴々しい familier(ère). 女性に対して~ être familier avec les femmes. 馴々しく familièrement. 馴々しくする prendre (se permettre) des familiarités avec; [特に女性に] prendre des privautés avec. 馴々しく話す parler à qn avec familiarité.

なれのはて 成れの果て ¶あれがあの有名なボクサーの~だ Voilà ce qui reste de ce fameux boxeur!

なれる 慣れる s'habituer à; s'accoutumer à; se familiariser avec; se faire à; [新しい土地に] s'acclimater à; [辛苦に] s'aguerrir à. 他の環境に~ s'acclimater à un autre milieu. 寒さに~ se faire au froid. 苦しみに~ s'endurcir (s'aguerrir) à la douleur. 通りの騒音に~ se familiariser avec le bruit de la rue. 眼が暗闇に慣れた L'œil s'est accoutumé (s'est fait) à l'obscurité. もう慣れましたよ Je m'y suis déjà fait. 兵士を武器の操作に慣れさせる familiariser un soldat avec le maniement des armes. ¶...に慣れている être habitué (accoutumé) à. ...に慣れてない être neuf(ve) (novice) à (dans). 慣れた手つきで d'une main habile (experte).

なれる 熟れる se faire. そのワインはもうすぐ~だろう Ce vin se fera bientôt.

なれる 馴れる s'apprivoiser; se domestiquer; se familiariser; [なつく] s'attacher à. ¶馴れた apprivoisé; domestique; [仕込まれた] dompté; dressé. 馴れていない inapprivoisé; indompté.

なわ 縄 corde f; lien m; [細い] cordelette f; [墨縄] cordeau(x) m. ~で縛る lier avec une corde. ~をかける corder; attacher (lier) avec une corde. ~を結ぶ nouer une corde. ~をとく délier (dénouer) une corde.

なわしろ 苗代 semis m de riz.
なわつき 縄つき coupable mf; criminel(le) m (f).
なわとび 縄飛び saut m à la corde. ¶~[を]する sauter à la corde. ¶~用の縄 corde f à sauter.
なわのれん 縄暖簾 rideau(x) m de cordes; [酒場・飯屋] bistrot m; caboulot m.
なわばしご 縄梯子 échelle f de corde.
なわばり 縄張り sphère f (zone f) d'influence; domaine m; terres fpl; territoire m. ~を荒す marcher sur les plates-bandes de qn. ~を拡げる étendre (agrandir) sa

なわめ 縄目 nœud *m* d'une corde. ¶～の恥辱を受ける encourir (subir) la honte d'une arrestation.

なん 難[困難] ¶～にあたる affronter des difficultés. ◍財政～ embarras *m* financiers. 住宅～ crise *f* du logement. ◆[災難] accident *m*; [事故] mésaventure *f*; [不運] malheur *m*; malchance *f*; tuile *f*; [危険] danger *m*; péril *m*; [災害] désastre *m*. 外国へ～を避ける se réfugier dans un pays étranger. 無事に～を免れる sortir sain et sauf(ve) (indemne) d'un péril. ～を逃れる échapper à un danger (à un accident). 私はあやうく～を逃れた J'ai eu chaud./Je l'ai échappé belle. ◆[欠点] faible *m*; défaut *m*. 強いて言えば A la limite, on pourrait dire que …. ¶～のない sans défaut.

なん- 何 ¶～日か前 il y a quelques jours. ～百(千)冊もの本 quelques cents (mille) livres. ～百(千)となく par centaines (millier). 彼は60～歳かだ Il a soixante ans et quelques.

-なん 男 ¶長～ fils *m* aîné. 次～ second (deuxième) fils; fils cadet. 三～ troisième fils.

なんい 南緯 latitude *f* sud. ¶サンチャゴは～33度にある Santiago est à 33° de latitude sud. 船は～20度に位置している Le navire se trouve par 20° de latitude sud.

なんい 難易 difficulté *f* et facilité *f*. 仕事の～によって selon le degré de difficulté d'un travail. ～度 degré de difficulté.

なんおう 南欧 Sud *m* de l'Europe; Europe *f* méridionale.

なんか 南下 ¶～する descendre (se diriger, aller) vers le sud. アルルやマルセイユ辺りまで～する descendre jusqu'à Arles et Marseille.

なんか 軟化 ¶彼の気性は歳とともに～した Son tempérament s'est adouci avec l'âge. 態度を～させる fléchir *son* attitude; se radoucir.

なんかい 何回 ⇒ なんど(何度).

なんかい 南海 mer *f* du Sud; [熱帯地方の] mer tropicale.

なんかい 難解 ¶～な difficile; obscur; nébuleux(*se*); [こみ入った] fumeux(*se*); abstrus; abscons; incompréhensible; confus; vague; embrouillé; [秘教的] hermétique; ésotérique. ～な文章 texte *m* difficile (obscur). ～な文体 style *m* apocalyptique. ～な理論 théorie *f* nébuleuse (confuse, fumeuse). ～な個所 obscurités *fpl*; difficultés *fpl*. 文章の～な個所を説明する expliquer les obscurités du texte. ～さ obscurité *f*; nébulosité *f*. 現代詩の～さ hermétisme *m* de la poésie contemporaine.

なんかげつ 何か月 ¶～前から東京にいるのか Depuis combien de mois êtes-vous à Tokyo? 彼から～も手紙をくれないままだ Il reste des mois sans écrire. ～か前 il y a (voilà) quelques (plusieurs) mois.

なんがつ 何月 ¶今～ですか En quel mois sommes-nous?

なんかん 難関 ¶～を突破する franchir un passage difficile; franchir un obstacle; triompher d'une difficulté (un obstacle, un empêchement). 数々の試験の～を突破する passer tous les examens avec succès. ～をうまく切り抜ける se tirer heureusement d'une situation difficile; 《俗》retomber sur ses pattes.

なんぎ 難儀 [困難] difficulté *f*; [労苦] peine *f*; mal *m*; [困惑] embarras *m*; ennui *m*; [窮地] détresse *f*. ¶～を蒙うける éprouver des difficultés; [耐え忍ぶ] souffrir. …するのに～する se donner du mal pour *inf*; avoir [de la] peine à *inf*. 生活が～している être dans la peine; vivre dans la gêne (détresse).

なんきつ 難詰 ¶～する reprocher *qc* à *qn*; blâmer *qn* pour (de) *qc*.

なんきゅう 軟球 balle *f* molle.

なんぎょうくぎょう 難行苦行 mortifications *fpl*; pénitence *f*; macérations *fpl*. ～を重ねる subir des mortifications; faire pénitence.

なんきょく 南極 pôle *m* Sud; pôle austral; pôle antarctique; [南極地方] terres *fpl* australes; [南極大陸] l'Antarctique *m*; continent *m* antarctique. ¶～の antarctique. ¶～海 océan *m* Antarctique. ～観測隊を組織する organiser une expédition scientifique dans l'Antarctique (le continent antarctique). ～圏 cercle *m* polaire antarctique. ～光 aurore *f* australe.

なんきょく 難局 situation *f* difficile (grave, critique); [危機] crise *f*. 政治(経済)の～ crise politique (économique). ～に打ち勝つ triompher des difficultés. ～に立つ être dans un mauvais pas. ～に直面する se heurter à de grosses difficultés. ～を切り抜ける se tirer (sortir) d'un mauvais pas (d'une situation difficile); 《俗》retomber sur *ses* pattes. 経済的～を乗り切る conjurer la crise économique.

なんきょく 難曲 morceau(x) *m* de musique difficile.

なんきん 南京 ¶～錠 cadenas *m*. ～錠で戸を閉める fermer la porte au cadenas; cadenasser la porte. ～玉 perle *f* de verre (de faïence). ～町 quartier *m* chinois. ～豆 cacah[o]uète *f*. ～虫 punaise *f*. ～綿 nankin *m*.

なんきん 軟禁 ¶～する assigner *qn* à résidence.

なんくせ 難癖 ¶～をつける trouver à dire (redire) à; critiquer; [喧嘩を売る] chercher noise (dispute, querelle) à.

なんこう 軟膏 onguent *m*; pommade *f*; crème *f*. ～を塗る pommader sur.

なんこう 難航 ¶～する [船が] naviguer péniblement; [事が] se heurter à des difficultés. 候補者の人選は～した Le choix du candidat a été très difficile. 交渉は～している La négociation s'enlise.

なんこうがい 軟口蓋 voile *m* du palais.
なんこうふらく 難攻不落 ¶~の imprenable; inexpugnable. ~の要塞 forteresse *f* imprenable (inexpugnable). 彼女は~だ Elle est inexpugnable (inattaquable).
なんこつ 軟骨 cartilage *m*. 鼻の~ cartilage du nez. 関節の~ cartilage articulaire.
なんざん 難産 ¶~する accoucher (enfanter) difficilement (péniblement); avoir un accouchement (un enfantement) difficile. ~の末,交渉は成立するに至った Au bout de bien des difficultés, les négociations ont abouti.
なんじ 何時 ¶~ですか Quelle heure est-il? ~でも n'importe quelle heure. ~頃おうかがいしましょうか Vers quelle heure irai-je? ~の列車に乗りますか Quel train prenez-vous? いつも~に寝ますか A quelle heure vous couchez-vous d'habitude?
なんじ 難事 difficulté *f*; chose *f* (grave) affaire *f* épineuse; accouchement *m*.
なんじ 汝 ¶~自身を知れ Connais-toi toi-même!
なんじかん 何時間 ¶この道のりを行くのに~かかりますか Combien de temps faut-il pour faire ce trajet? ~前からあなたはここにいますか Depuis combien de temps êtes-vous ici? 彼は~も前から何も言わずにいる Il reste des heures sans rien dire. ~か前に il y a (voilà) plusieurs (quelques) heures.
なんしき 軟式 ¶~庭球 tennis *m* à balle molle.
なんじゃく 軟弱 ¶~な faible; mou (molle); [虚弱な] maigre, malingre; chétif(ve); frêle. ~な外交 diplomatie *f* molle (rampante). ~な性格 caractère *m* irrésolu (hésitant, indécis). 雨で~になった地盤 sol *m* détrempé par la pluie.
なんしょ 難所 [道] passage *m* (route *f*, chemin *m*) difficile; [危険な場所] endroit *m* (lieu *m*) dangereux.
なんしょく 難色 ¶~を示す se montrer opposé; montrer de la répugnance.
なんすい 軟水 eau *f* douce.
なんせい 南西 sud-ouest *m*. ¶~の風 vent *m* du sud-ouest; 〖海〗 suroît *m*. 東京の~に au sud-ouest de Tokyo. 飛行機は~に向かっている L'avion se dirige vers le sud-ouest. ‖西~ ouest-sud-ouest *m*. 南~ sud-sud-ouest *m*. 南~ 部 sud-ouest; région *f* sud-ouest.
ナンセンス non-sens *m*; absurdité *f*. ¶~な事を言うな Avec ça!/Vous rêvez!/〖俗〗 Ne raconte pas de salades! ~な話だ Ça m'étonnerait!/Ça n'a ni queue ni tête! あなたの言っていることは~だ Les choses que vous dites sont insensées. この計画は~だ Ce projet est absurde (extravagant, saugrenu).
なんだ [意外] ¶~まだそこにいるのか Comment, tu es encore ici? ~やあ君か Tiens! (Ah!), c'est vous qui êtes ici. ~って Comment?/Hein?/Quoi? ~よ Bon sang!/ De quoi! ¶〖軽視・憤慨〗 ~そんなもの La belle affaire! これくらい~ J'en ai vu d'autres. 権力なんか~ Qu'importe la puissance!/Je me moque de la puissance! ~の 無礼むだ Quel insolent!
なんだい 難題 problème *m* [difficile]; question *f* difficile (ardue). ~を吹っ掛ける demander l'impossible à. ~の一つは…すること にある La première difficulté consiste à *inf*.
なんたいどうぶつ 軟体動物 mollusques *mpl*.
なんだいめ 何代目 ¶彼は~の大統領ですか Combien de présidents y avait-il avant lui?
なんだか ¶~気分がすぐれない se sentir tout chose. ~こげ臭い J'ai l'impression que ça sent le brûlé. ~変だぞ Il y a quelque chose de louche. 彼の説明には~分からないところがある Quelque chose me paraît obscur dans son explication. ~さっぱり分らない Je n'y comprends rien. ~知らないが悲しい気持ちだ Je ne sais pourquoi mais je me sens tout triste.
–なんだが ¶こう言っては~私は自分に充分満足しています Ce n'est pas pour dire, mais je suis assez content de moi. こう言っては~,はあなたのように感激してはいませんよ J'avouerai en toute franchise que je ne partage pas votre enthousiasme.
なんだかんだ ¶~と言っても彼はいい奴だよ Au bout du compte (Finalement, Pour conclure), c'est un brave homme. ~言われようと私は続ける Quoi qu'on puisse me dire, moi, je continue. 近頃ぉの子は~と口答えする Ces derniers temps, cet enfant se permet de riposter à tout. ~と心配事が多くてね J'ai des ennuis de toutes sortes. ~と忙しい avoir toujours à faire. ~と考えた末 après mûre réflexion.
なんたん 南端 extrémité *f* méridionale (sud); pointe *f* méridionale (sud). アフリカの最~ pointe la plus méridionale de l'Afrique.
なんちゃくりく 軟着陸 atterrissage *m* en douceur. ¶月に~する alunir en douceur.
なんちゅう 南中 〖天〗 culmination *f*. ¶~する culminer.
なんちょう 軟調 ¶相場は~だ Les cours ne sont pas fermes.
なんちょう 難聴 dureté *f* d'oreille. ¶~である avoir l'oreille dure; être dur d'oreille.
なんて ¶〖うるさいた 〖小言などに〗 Quel poison! ~ひどい恰好だ Vous êtes joli! ~と言うんだ Ce qu'il faut entendre! ~ことだ Quelle histoire! ~ことない 〖俗〗 Ça ne casse pas les meubles./Ça ne cause rien.
–なんて ¶そんな災難にぶつかる~全く予期していなかった J'étais loin de m'attendre à pareille mésaventure. 彼がやっと 20 歳だ~ Et dire qu'il n'a que vingt ans! 今さらそんなことを言う~ Vous avez beau jeu de me le dire maintenant. 私に黙れた~ Moi, que je me taise!
なんで pourquoi. ~驚くことか Ça t'étonne?
なんでも [全ての, 不定的表現] tout *m*; toutes choses *fpl*; n'importe quoi. ~食べる manger de tout. 何を差し上げましょう — ~いい Qu'est-ce qui vous ferait plaisir? — ¶'Im-

porte quoi. ～いいから私に酒を下さい Donnez-moi quoi que ce soit d'alcoolisé! そのうえ～いいから下さい Donnez-moi n'importe lequel. ～のお申し付下さい Je suis entièrement à votre service./Je suis à votre entière disposition. ¶彼は～かんで首を突っ込みたがる Il veut se mêler de tout. ‖～屋《俗》factotum *m*; touche-à-tout *mf inv*. ◆～ないですよ Ce n'est rien. ～したように comme si de rien n'était. ◆［どうしても］何が～その試験に受からねばならない Il faut que je réussisse à cet examen à tout prix. ◆［噂］～彼は彼女に夢中だそうだ On dit qu'il est fou d'elle. ～そうらしい Il paraît.

なんてん 南天《植》nandine *m* domestique.

なんてん 難点［難かしい点］point *m* difficile;《俗》hic *m*《不易》faible *m*; côté *m* (point) faible; défaut *m*. それが(そこが)～だ Voilà le hic./C'est là le hic. ...ということがその～だ Le hic c'est que... 彼の小説の～は筋立が不足していることだ Le défaut de son livre, c'est qu'il manque de plan. ‖～のある布地 pièce *f* d'étoffe qui a un défaut de tissage. ～のない sans défaut.

なんと［疑問, 不定的表現］これらの木は～言いますか Comment s'appellent ces arbres? それはフランス語で～言いますか Comment appelle-t-on cela en français? あの人たちに～言いしょうか Qu'est-ce que je vais leur dire? ～言ったら良いのかわからない Je ne savoir que dire (répondre). ～お礼を申していいやら Vous êtes trop aimable./Vous êtes trop bon. 人が～言うだろう Qu'en dira-t-on? あなた～悪口を言われているのか知らないのだ Vous ignorez comment on vous injurie. ◆［是非］～しても à tout prix; coûte que coûte; par tous les moyens. ～言っても quoi qu'on dise; de toute façon; décidément; malgré tout.

なんど 何度［回数］combien de fois. ¶～も［しばしば］souvent; fréquemment; plus d'une fois; plusieurs fois; maintes fois; à plusieurs reprises. 彼から～か続けざまに手紙をもらった Il m'a écrit à plusieurs reprises. 必要なら～でもやりますよ Je recommencerai autant de fois qu'il le faudra. ～となく bien des fois; de nombreuses fois; à maintes reprises; vingt (cent) fois. 私はあなたに～もそれを言ったよ Je vous l'ai répété vingt fois.

なんど 納戸 débarras *m*.

なんとう 南東 sud-est *m*. ☆ なんせい(南西). ‖東～ est-sud-est *m*. 南～ sud-sud-est *m*.

なんとか［～うまくする se tirer d'affaire; se débrouiller. ～なるだろう Cela s'arrangera. 私の～する Je n'en fais mon affaire. 午前中に夜着くようにする se débrouiller pour arriver dans la matinée. 5 時前に終るように～しなさい Arrangez-vous pour avoir fini avant cinq heures. ～して d'une façon (manière) ou d'une autre; de façon (manière) ou d'autre. ～する Je trouver [le] moyen de *inf*. 仕事はまあ～かんとか進んでいる Les affaires vont couci-couça (comme ci comme ça, tout doucement).

なんどき 何時 ⇒ いつ(何時).

なんとなく ～不愉快な奴だ Il a un je ne sais quoi de déplaisant. ～気分が悪い éprouver un vague malaise; se sentir mal vaguement. ～歌を口ずさむ chanter machinalement (sans y penser). ～私は山田氏に同情していた Je ne sais pourquoi j'éprouvais pour M. Yamada une certaine sympathie.

なんとも ～私は～言えない Je n'en sais trop rien. 今は～言えない Il faut voir. ～どちらか～言えないな Celui-ci ou celui-là? L'un vaut l'autre. 彼女は君を～思っていない Tu n'es rien pour elle. 気にしないから Ne vous en faites pas. Ce n'est rien. ～理解出来ない ne rien comprendre à *qc*. 傷はもう～ない Ma blessure est pratiquement guérie. ～仕方がない Il n'y a rien à faire. ...して～申し訳ありません Je suis absolument désolé de *inf*.

なんなく 難なく sans peine; facilement; aisément; sans difficulté. ～理解出来ます Je peux comprendre sans peine (aisément)./Je n'ai aucune peine à comprendre.

なんなら［よろしければ］si vous voulez;［必要なら］s'il le faut;［可能なら］si c'est possible. ～明朝 8 時にお宅へ迎えに行きますよ Si vous voulez, je viendrai vous prendre chez vous à huit heures demain matin. ～私が辞めよう Je démissionnerai, s'il le faut (si c'est nécessaire). 明日いらして下さい Venez demain si c'est possible.

なんなりと ¶～お好きなように Faites ce que vous voudrez (ce qu'il vous plaira)./Vous ferez comme vous voudrez. ～言って下さい Dites-moi tout ce que vous voulez. お役に立つことがありましたら～ Puis-je vous être utile en quoi que ce soit? ～お申付け下さい Je suis entièrement à votre service./Je suis à votre entière disposition.

なんなん ～試合が始まって 3 時間に～とする Il y a à peu près trois heures que le match a commencé.

なんにち 何日 ¶今日は～ですか Quel jour du mois sommes-nous?/Quel jour du mois est-ce aujourd'hui? ～がお休みです Quel jour serez-vous libre? ～が一番ご都合がいいですか Quel jour vous convient le mieux? ～前からこちらにいるのですか Depuis combien de jours êtes-vous ici? 彼は～も口をきかない Il reste des jours sans rien dire. ...するのに～かかる mettre plusieurs jours à faire *qc*. 彼女は来るのに～もかかった Il a mis plusieurs jours à venir. ～前 il y a (voilà) quelques (plusieurs) jours.

なんにん 何人 ¶この町の住民は～ですか Quel est le nombre d'habitants de cette ville. 御姉妹に～ですか Combien de sœurs avez-vous? お連れは～ですか Quel est votre nombre?/Combien êtes-vous? あなた方の～か quelques-uns (plusieurs, certains) d'entre vous. ～かで来る venir en nombre. ¶～かの友人 quelques (des, plusieurs) amis *mpl*.

なんねん 何年 ¶今は昭和～ですか En quelle année de Shôwa sommes-nous? この仕事を終えるのに～かかりましたか Combien d'années vous a-t-il fallu pour terminer ce travail. ～前から東京にいるのですか Depuis combien d'années êtes-vous à Tokyo? ～間か pendant quelques (plusieurs) années. 彼は～も手紙をくれない Il reste des années sans écrire. ～前 il y a (voilà) quelques (plusieurs) années.

なんの [疑問] quel(le); quel genre de; quelle sorte de 今週あなたは～映画をみましたか Quel film avez-vous vu cette semaine? それは～本ですか Qu'est-ce que c'est que ce livre? ～お話しでしたか Vous disiez? ◆ [否定文で] ¶～意味もない ne signifier rien; ne dire rien. ～は～疑いもない Cela ne fait aucun doute. それは～価値もない Cela ne vaut rien. 私は彼から～便りも受取っていない Je n'ai reçu aucune lettre de lui. あなたには～心配することはない Vous n'avez pas là de quoi vous inquiéter. あなたには～関係もない Ça me regarde./Ça ne vous regarde pas. ～疑いもなく sans aucun (nul) doute. ¶～～大したことはないです Moins que rien. 雨が降っています、あなた～～これくらい Il pleut, mon cher — Ce n'est rien. 寒いの～って Quel froid!/Ce qu'il fait froid!

なんぱ 軟派 dragueur m; coureur m [de filles]. あいつは～だ C'est un coureur de fille. ¶～する draguer une fille.

なんぱ 難破 naufrage m. ¶～する faire naufrage; se perdre. ～した人 naufragé(e) m (f). ～船 vaisseau(x) m (navire m) naufragé.

ナンバー numéro m. 自動車の～ numéro [de police (d'immatriculation)]. ¶～エイト [スポーツで] numéro 8 m. ～プレート plaque f de police (d'immatriculation). ～ワン as m; champion(ne) m (f); vedette f. 政界～ワン personnage m le plus influent du monde politique. 100 メートル背泳のヨーロッパ～ワン champion d'Europe du cent mètres dos. 彼は成績では クラスの～ワンだ C'est l'as de la classe. 彼女がこのクラスの正真正銘の～ワンだ Elle est une des plus grandes vedettes de la classe.

ナンバリング numéroteur m.

なんばん 何番 [番号] ¶電話番号は～ですか Quel est votre numéro de téléphone?/Voulez-vous me donner votre numéro de téléphone? 私の部屋は～ですか Où est ma chambre? 13 時 20 分の急行での ホームは～です か D'où part l'express de treize heures vingt? ◆ [順位] ¶～ですか [試験などで] Le combien êtes-vous? ～はフランス語の作文で～だ Il est le combientième à la composition de français. ⇨ サイズ.

なんばん 南蛮 barbares mpl du Sud; Européens mpl; [キリスト教徒] chrétiens mpl; [唐辛子] piment m rouge. ¶～渡来の毒薬 poison m importé d'Occident.

なんぴと 何人 ⇨ だれ(誰).

なんびょう 難病 maladie f incurable (inguérissable, grave).

なんぴょうよう 南氷洋 Océan m glacial antarctique.

なんぶ 南部 Sud m; Midi m. イギリス～ Midi de l'Angleterre. フランス～ le Midi; Sud de la France. ヨーロッパ～において dans le Sud de l'Europe. ¶フランス～の Midi; méridional(aux). フランス～の人々は非常に愛想が良いという評判だ Les Méridionaux ont la réputation d'être très liants. ‖～軍 [南北戦争の] armée f sudiste (confédérée). ～派 [南北に分れている国で] sudiste m. ⇨ みなみ(南).

なんぶつ 難物 [事物] difficulté f; chose f difficile; [人] personne f difficile. 僕の叔父は～である Mon oncle a un caractère difficile.

なんぶんがく 軟文学 littérature f libertine.

なんべい 南米 Amérique f du Sud. ¶～の de l'Amérique du Sud; sud-américain. ～の諸共和国 républiques fpl sud-américaines. ‖～人 Sud-Américain(e) m (f).

なんべき 南壁 アイガー～ face f sud de l'Eiger.

なんぼう 南方 sud m; midi m. ¶～の sud; du sud; [熱帯地方の] du midi; tropical (aux). ～に向かう se diriger vers le sud. 京都の～にある se trouver au sud de Kyoto.

なんぼく 南北 le nord et le sud. ¶～に走るハイウェイ autoroute f nord-sud. 町を～に走る川 fleuve m qui traverse la ville du nord au sud. ‖～アメリカ Amérique f du Nord et du Sud. ～戦争 [アメリカの] Guerre f de Sécession.

なんみん 難民 [避難民] réfugiés mpl; [罹災者] sinistrés mpl. ～を収容する recueillir des réfugiés. ‖～キャンプ camp m de réfugiés.

なんもん 難問 question f difficile (ardue); problème m [difficile]; difficulté f; [学生用語] colle f. ～を出す poser une colle (une question difficile). ～に正面からぶつかる attaquer de front les difficultés. それは～だ 〖俗〗 C'est un problème trapu. ～中の～だ C'est l'énigme des énigmes. ～だなあ 〖俗〗 C'est coton, ce problème!

なんやく 難役 rôle m difficile.

なんよう 南洋 Pacifique m sud. ‖～漁業 pêche f dans le Pacifique sud. ～諸島 service m de livraison à domicile.

なんら ¶～得るところがない ne tirer aucun profit de qc. ～心配することはない Il n'y a pas de quoi s'inquiéter.

なんらか ¶彼はこのことに～の形で関係している Il est pour quelque chose dans cette affaire. ～の策を講ずるべきだ Il faut trouver un moyen pour cela. ～の理由で pour une raison ou pour une autre; pour une raison quelconque.

なんろ 難路 passage m difficile; chemin m (route f) difficile. [でこぼこの] chemin raboteux; [険しい] chemin ardu (raide, escarpé); [危険な] chemin dangereux (impraticable, périlleux). 山中の~ passage difficile en montagne.

に

に 二 deux *m*.

に 荷 [積荷] fardeau(x) *m*; charge *f*; [船荷] cargaison *f*; [貨物] marchandise *f*; [手荷物] bagage *m*; [小包] paquet *m*; [小荷物] colis *m*. ~が勝つ être surchargé; être trop lourd pour *qn*. 肩の~が降りる se sentir soulagé. この仕事は彼には~が過ぎる Ce travail dépasse ses capacités. ~を下ろす décharger; débarquer. 肩に~を担ぐ porter une charge sur les épaules. ~をこしらえる ⇒にづくり(荷造り). ~を積む charger *qc* sur; [船に] embarquer.

に 二 [楽] ré *m inv*. ‖~長(短)調の(で) en ré majeur (mineur).

にあう 似合う aller; [手袋が] ganter; [服が] habiller. この帽子はあなたに~ Ce chapeau vous va bien. 彼(彼女)にはどんな服でも~ Rien ne l'habille. 似合った assorti. 服に似合ったネクタイ cravate *f* assortie à *son* costume. 似合の夫婦 couple *m* bien assorti. 紳士に似合わぬ振舞い conduite *f* indigne d'un honnête homme. 顔に似合わず彼は意地悪い Bien qu'il n'en ait pas l'air, il n'est pas gentil.

にあげ 荷揚げ débarquement *m*; déchargement *m*. ¶~する débarquer; décharger. ‖~場 débarcadère *m*. ~料 frais *mpl* de déchargement.

にあし 荷足 ¶~の早い商品 marchandise *f* qui s'écoule vite.

にあつかい 荷扱い ‖~所 service *m* de transports.

ニアミス quasi[-]collision *f*. 乗っていた飛行機が~を起こした Notre avion a frôlé la collision.

ニーズ demande *f*; besoins *mpl*. 消費者の~を満たす satisfaire la demande des consommateurs.

にいづま 新妻 nouvelle mariée *f*.

にいんせい 二院制 bicaméralisme *m*. ¶~の bicaméral(*aux*).

にうけ 荷受け ‖~機関 organe *m* récepteur. ~人 consignataire *m*.

にうごき 荷動き ¶~が活発である La circulation des marchandises est intense.

にえきらない 煮えきらない irrésolu; indécis; hésitant. ~男 homme *m* irrésolu. ~返事 réponse *f* ambiguë. ~態度をしている rester indécis.

にえくりかえる 煮えくり返る bouillir. 腹の中が~ bouillir de colère.

にえこぼれる 煮えこぼれる déborder.

にえたぎる 煮えたぎる bouillonner; bouillir. ¶煮えたぎった油で火傷をする se brûler à l'huile bouillante; s'ébouillanter avec de l'huile.

にえゆ 煮え湯 eau *f* bouillante. ~を飲ませる [比喩的に] vexer *qn* en trahissant *sa* confiance. 奴には~を飲まされた Il a trahi ma confiance.

にえる 煮える cuire; bouillir. 盛んに煮え立っている bouillir à gros bouillons. ¶ほどよく煮えた cuit à point. 煮えすぎの trop cuit. 煮え立った bouillant. 煮え立ての qui vient d'être cuit. まだよく煮えてない pas assez cuit.

におい 匂い(臭) odeur *f*; [芳香] senteur *f*; parfum *m*; [臭気] relent *m*; puanteur *f*. 酒臭い~ relents d'alcool. いい(嫌な)~がする Ça sent bon (mauvais). 薔薇のいい~がする Les roses sentent bon. この部屋はガスの~がする Ça sent le gaz dans cette pièce. 彼はいつも酒の~がする Il pue toujours l'alcool. ¶~のよい odorant; parfumé; aromatique. ~の悪い puant; qui sent mauvais. ~のない sans odeur; inodore.

においあらせいとう giroflée *f*.

におう 仁王 ‖~立ちになる se dresser de toute *sa* hauteur.

におう 匂う sentir; [芳香] être parfumé; [悪臭] sentir mauvais; puer. 何か~ Il y a une drôle d'odeur. 薔薇の香りが部屋中に~ Un parfum de rose embaume toute la pièce.

におくり 荷送り expédition *f*. ‖~人 expéditeur(*trice*) *m*(*f*).

ニオブ 〖化〗 niobium *m*.

におわせる 匂わせる [ほのめかす] suggérer; insinuer. 彼は来ないようなことを匂わせていた Il a insinué (laissé entendre) qu'il ne viendrait pas.

にかい 二回 deux fois. ¶月~の bimensuel(le); semi-mensuel(le). ¶月~発行の雑誌 revue *f* bimensuelle. 年~の semestriel(le). ‖~戦 deuxième rencontre *f*. ⇒にど(二度).

にかい 二階 premier étage *m*. ~に上がる monter au premier étage. ~を上げる [増築する] exhausser une maison d'un étage. ¶~の部屋 pièce *f* à l'étage. ‖ 中~ entresol *m*. ~屋 maison *f* à un étage.

にがい 苦い amer(*ère*); fielleux(*se*); âcre. ~味がする avoir la bouche amère. ~顔をする avoir l'air mécontent; montrer son mécontentement; se renfrogner. ~経験をする subir de rudes épreuves. ~経験を生かす tirer profit d'une expérience amère (mauvaise expérience).

にがお 似顔 [肖像] portrait *m*; [劇画] caricature *f*. ‖~絵 image *f*. ~絵を描く faire le portrait de *qn*. 王の~絵が刻まれた硬貨 pièce *f* à l'effigie d'un souverain. ~絵描き portraitiste *mf*.

にがす 逃がす mettre en liberté; lâcher; détacher; rater; [好機を] laisser échapper. 小鳥を~ laisser s'envoler un oiseau. 唯一の好機を~ manquer une occasion unique. ¶逃がした魚は大きい L'occasion qu'on a laissé échapper semble toujours belle.

にがつ 二月 février m. ¶～に en (au mois de) février.

にがて 苦手 ¶数学が～だ Les mathématiques ne sont pas mon fort. 彼は～なんだ C'est un rude adversaire./Je ne peux pas le supporter./Ce n'est pas mon type.

にがにがしい 苦々しい dégoûtant; désagréable. ～思いをする ressentir de l'aversion pour. 苦々しげに答える répliquer avec aigreur. 苦々しげに見る regarder d'un air fâché; regarder avec répugnance. 苦々しさ aigreur f.

にがみ 苦味 amertume f; goût m amer. ¶～の利いたビール bière f houblonnée. 苦ったい男 un beau dur.

にがむし 苦虫 ～を噛みつぶしたような顔をする prendre une mine revêche; faire la grimace.

にがりきる 苦り切る être de très mauvaise humeur; être très fâché; être d'une humeur massacrante.

にかわ 膠 colle f. ¶～付けにする coller; fixer avec une colle.

にかわせ 荷為替 traite f documentaire. ～を組む tirer une lettre de change. ¶～信用状 crédit m documentaire.

にがわらい 苦笑い sourire m amer. ¶～する rire jaune; sourire amèrement.

にがんレフ 二眼～ appareil m reflex à deux objectifs.

にき 二期 deux périodes fpl; [半年ごとの] deux semestres mpl; [任期の] deux mandats mpl. ¶～作 agriculture f à deux semailles.

にぎてき 二義的 ¶～な accessoire; secondaire; négligeable. それは全く～な問題だ C'est tout à fait accessoire (négligeable).

にきび 面皰 acné f juvénile; bouton m. ～が出る bourgeonner; [俗] fleurir. 顔に～ができている avoir des boutons sur le visage. ～をつぶす se percer des boutons. ¶～面 visage m boutonneux.

にぎやか 賑やか ¶～な [陽気な] gai; joyeux (se); [活気のある] animé; vif(ve); [人通りの多い] fréquenté. ～な音楽 musique f entraînante. ～な通り rue f animée. ～な笑い声 éclats mpl de rire. この子がいると家のなかが～になる Cet enfant anime la maison. ～に joyeusement; gaiement.

にきょく 二極 ¶～の [数学, 物理] bipolaire. ¶～真空管 tube m à vide bipolaire.

にぎり 握り poignée f. ステッキの～ pomme f de canne. ¶このラケットは～具合がいい Cette raquette tient bien dans la main. ～拳 poing m. ～拳をつくる fermer le poing. ～拳を振上げる lever le poing. ～屋 [しみったれ] grippe-sou m.

にぎりしめる 握り締める serrer; presser dans sa main. 拳を～ serrer le poing. …の手を～ serrer fortement la main à (de) qn.

にぎりつぶす 握り潰す écraser dans sa main. ◆[比喩的に] ¶要求を～ ne pas donner suite à une demande de qn.

にぎる 握る empoigner; serrer; saisir. ～り～ tenir fermement. …の手を～ serrer la main à (de) qn. 金を握らせる graisser la patte à qn. チップを握らせる donner un pourboire à qn. 弱点を～ connaître les points faibles de qn. 権力を～ saisir le pouvoir. 証拠を～ tenir des preuves. …の秘密を～ posséder le secret de qn.

にぎわい 賑い animation f; activité f; [雑踏] mouvement m; [祭の] festivités fpl. 町は大変な～であった La ville était très animée.

にぎわう 賑わう être prospère; être animé; [混雑] être encombré. この町の通りは夜になると大層～ Les rues de cette ville sont très animées le soir. 店は客で賑っている Le magasin est plein de monde. 隣の食卓は非常に賑っていた [陽気] La table voisine était très gaie.

にぎわす 賑わす animer; égayer. 会話を～ défrayer la conversation. 様々な料理が食膳を賑わした Une variété de plats égayait la table.

にく 肉 [肉体] chair f; corps m; [俗] biche f. ～がつく reprendre du poids; [ふとる] grossir; engraisser; prendre de l'embonpoint. この若鶏は～がしまっている Ce poulet a une chair ferme. 血湧き～躍る ⇨ち(血). ～の厚い葉 feuille f charnue. ～の多い果実 fruit m charnu. ～の落ちた頬 joues fpl amaigris. ～のしまった足 jambes fpl musclées. ◆[食用] viande f; chair; [魚] poisson m; [牛] bœuf m; [豚] porc m; [羊] mouton m; [鶏] poulet m. ～の入った gras(se). ¶～汁 suc m de viande; bouillon m gras. ～団子 boulette f de viande; sissole f. ～ハイ vol-au-vent m inv. ～饅頭 ravioli mpl.

にくい 憎い haïssable; détestable; abominable; odieu×(se). ～ことを言うな [憎らしい] Ça me fait baver! ～奴だ C'est un homme odieux. 憎からず思う ressentir de la sympathie pour qn.

-にくい 難い [使い～] outil m peu maniable. 理解し～文章 phrase f difficile à comprendre. 消化し～ dur à digérer. 販売し～ dur à la vente. 扱い～人 personne f difficile à manier. 彼には本当のことを言い～ Il m'est pénible de lui dire la vérité. 彼の家には行き～ Je n'ose pas aller chez lui.

にくいろ 肉色 incarnat m. ¶～の incarnat.

にくが 肉芽 [医] granulation f.

にくがん 肉眼 œil m nu. ¶～で見える visible à l'œil nu. ～では見えない imperceptible à l'œil nu.

にくさ 憎さ ¶可愛さ余って～百倍 son amour a tourné en haine.

にくしみ 憎しみ haine f; hostilité f; animosité f. ～を持つ avoir de la haine pour. …の～を受ける s'attirer la haine de qn.

にくしゅ 肉腫 sarcome m.

にくしょく 肉食 alimentation f carnée. ～する manger de la viande. ¶～の carnivore; carnassi(ère). ¶～動物 animaux mpl carnassiers (carnivores). ～癖 créophage

にくしん 肉親 lien m du sang. 彼(彼女)の～ les siens mpl. ¶～の du même sang. ～の情 voix f du sang.

にくせい 肉声 voix *f* naturelle.

にくたい 肉体 corps *m*; chair *f*; physique *m*. ～的(の) physique; corporel(le); charnel(le). ～的快楽 plaisir *m* charnel. ～的苦痛 souffrance *f* physique. ～的恋愛 amour *m* physique. ～的に physiquement. ¶～関係を結ぶ avoir des relations sexuelles avec *qn*. 彼はすばらしい～だ C'est un bel Hercule. ⇒ 肉体(グラマー). ～労働 trav*ail*(*aux*) *m* physique (manuel). ～労働者 travailleur *m* manuel.

にくだん 肉弾 ¶～相打つ激戦 bataille *f* acharnée. ¶～戦 combat *m* corps à corps. ～戦をする combattre corps à corps.

にくづき 肉付き ¶～がよい être bien en chair. ～のよい empâté; 〔ぽったりした〕grassouillet(te); potelé; dodu. ～のよい腕 bras *m* charnu. ～のよい女 femme *f* bien en chair. ～の悪い décharné; maigre.

にくづけ 肉付け ¶登場人物に～する étoffer un personnage. 物語に～する donner de la consistance à une histoire.

にくにくしい 憎々しい ¶～態度 attitude *f* arrogante; air *m* dédaigneux. ～微笑 sourire *m* méprisant. 憎々しげな眼差し regard *m* haineux. 憎々しげに †haineusement; avec haine.

にくはく 肉薄 ¶敵に～する serrer l'ennemi de près. 日本の工業水準は米国に～している Le niveau de l'industrie japonaise est sensiblement le même que celui de l'Amérique.

にくばなれ 肉離れ déchirure *f* musculaire. ¶～を起こす se déchirer un muscle.

にくひつ 肉筆 autographe *m*. ¶これは…の手紙である Cette lettre est de la main de *qn*.

にくぶと 肉太 ¶～の gras(se).

にくまれぐち 憎まれ口 ¶～をたたく dire des paroles blessantes.

にくまれっこ 憎まれっ子 enfant *mf* détesté(e). 〔～世に憚る〕《Mauvaise herbe croît toujours.》

にくまれやく 憎まれ役 ¶～をつとめる tenir un rôle détesté par les autres. ～を買ってでる accepter de jouer un rôle ingrat.

にくむ 憎む †hair; détester; prendre en haine. 憎み合うを hair. ¶～べき †haïssable; abominable. 憎まれる horreur *f*.

にくや 肉屋 boucherie *f*; étal(s) *m*; 〔人〕boucher *m*; charcuterie *f*.

にくよく 肉欲 désir *m* charnel; appétit *m* sexuel; concupiscence *f* de la chair. ～に耽る se livrer aux plaisirs de la chair; mener une vie sensuelle. 愛は～に優る L'amour vaut mieux que le désir.

にぐら 荷鞍 bât *m*. 駄馬に～をつける bâter un âne. ¶～をつけた bâté.

にくらしい 憎らしい odieux(*se*); †haïssable; exécrable. あいつは～奴だ Je lui en veux. まあ，～ En voilà des manières! ¶彼は～ほど落着いている Son flegme est énervant. 憎らしげに †haineusement; avec haine.

にぐるま 荷車 〔四輪〕chariot *m*; 〔二輪〕charrette *f*. ～を引く charroyer; charrier. ～で運ぶ transporter en chariot.

ニクロム nichrome *m*. ¶～線 fil *m* en nichrome.

にくん 二軍 remplaçant *m*; suppléant *m*; réserve *f*. ¶～の選手 joueur(*se*) *m*(*f*) de réserve.

にげ 逃げ ¶～を打つ recourir à la fuite; 〔遁辞を弄する〕répondre évasivement; se dérober à. ～を打とうとしないで私の質問にちゃんと答えなさい Ne cherchez pas à vous dérober: répondez clairement à ma question. ¶～の一手だ Il n'y a plus qu'à s'enfuir. ～もかくれもしない Je ne me cache pour personne.

にげあし 逃げ足 ¶～が速い être prompt à s'enfuir; être prêt à s'enfuir.

にげおくれる 逃げ遅れる ne pas réussir à s'enfuir. ¶彼は逃げ遅れて焼け死んだ Pris de vitesse par les flammes, il a péri dans l'incendie.

にげかくれ 逃げ隠れ ¶～する s'enfuir et se cacher; se cacher à la vue de *qn*. 人の顔を見て～するなよ Ne va pas filer à l'anglaise!

にげきる 逃げ切る ¶あの馬は見事に逃げ切った Ce cheval a gagné nettement détaché.

にげこうじょう 逃げ口上 faux-fuyant *m*; échappatoire *f*. ～を言う tergiverser; user de faux-fuyants. ¶～の évasi*f*(*ve*).

にげごし 逃腰 ¶～になる se préparer à s'enfuir; se disposer à la fuite. ～で à la sauvette.

にげこむ 逃げ込む se réfugier; s'enfuir dans. 木の下に(母親の腕の中に)～ se réfugier sous un arbre (dans les bras de *sa* mère). 家の中に～ se sauver dans la maison. 我がチームは1点差で*かろ*うじて逃げ込んだ Notre équipe l'a emporté d'un point.

にげさる 逃げ去る disparaître en s'enfuyant.

にげじたく 逃仕度 ¶～をする faire des préparatifs de fuite.

にげだす 逃げ出す prendre la fuite; se mettre à fuir; 《俗》se débiner; se carapater. 一目散に～ prendre *ses* jambes à *son* cou. 牢獄から～ s'échapper de prison; s'évader de prison.

にげのびる 逃げ延びる réussir à s'enfuir. 警察の手から～ échapper aux recherches de la police. 外国へ～ s'enfuir (se réfugier) à l'étranger.

にげば 逃場 refuge *m*; issue *f*. ～を失う être acculé; avoir la retraite coupée. ～を探す chercher refuge. これでは何処にも～がない La situation est sans issue.

にげまどう 逃げ惑う courir çà et là pour échapper; chercher désordonnément une issue pour fuir.

にげまわる 逃げ回る ¶殺人犯は警察の手をのがれて逃げ回っている L'assassin joue à cache-cache avec la police. 犬に追われて逃げ回っている兎 lapin *m* pris en chasse par un chien.

にげみち 遁道 chemin *m* de la fuite. ～を失う avoir la retraite coupée. ～を探す chercher une issue. ～を作っておく se ménager une échappatoire (une porte de sortie).

にげる 逃げる s'enfuir; fuir; se sauver; 《俗》

にげん filer; [逃げ出す] s'échapper; s'évader; [回避する] se dérober à; éluder; couper à. 命からがら～ l'échapper belle. こっそり～ s'esquiver. すたこら～ montrer les talons. ～が勝ち Le plus sage est de décamper. 彼は女房に逃げられた Sa femme l'a quittée. 人は自分の運命からも逃げられない On ne peut pas fuir sa destinée. その問題から～逃げられない On ne peut pas éluder indéfiniment cette question. 逃げろ Sauve qui peut!

にげん 二元 ¶立方― 一次方程式 équation f simultanée du premier degré à deux inconnues. ～性 dualité f. ～放送 double émission f radiophonique. ～論 dualisme m. ～論者 dualiste mf.

にこう 二項 ¶～の binôme. ～式 binôme m. ～定理 théorème m binôme.

にこげ 和毛 duvet m.

にごす 濁す troubler; [空気などを] vicier; [大気を] polluer. 水を～ troubler de l'eau. [比喩的に] ¶言葉を～ parler avec ambiguïté. 返事を～ donner une réponse évasive.

ニコチン nicotine f. ǁ ～中毒 nicotinisme m.

にこにこ ¶～している être souriant; être de bonne humeur; garder le sourire. ～して en souriant; avec un sourire.

にこみ 煮込み ragoût m; [もつの] tripes fpl.

にこむ 煮込む cuire ensemble plusieurs choses; [よく煮る] mijoter; cuire longtemps à petit feu.

にこやか ¶～な souriant; [愛想よい] affable; [晴やかな] épanoui. ～な顔 visage m souriant (épanoui). ～になる s'épanouir. ～に挨拶する saluer qn en souriant.

にこり ¶～ともしない garder une mine sérieuse. 彼は～ともしなかった Il n'a même pas souri.

にごり 濁り turbidité f. 俗世間の～に染まる contracter les mauvaises mœurs de la vie vulgaire.

にごる 濁る se troubler; devenir trouble; [空気などが] se vicier; [大気が] se polluer; [発音が] se sonoriser. 街の空気が濁って来た L'air a perdu sa limpidité dans la ville. この水は濁っている Cette eau est troublée. 酒が濁っている Ce saké est louche. ¶濁った眼 [葡萄酒] regard m (vin m) troublé.

にごん 二言 ¶私に～はない Je ne retire pas mes paroles./Je maintiens ce que j'ai dit.

にさん 二三 ¶～質問をします Je vais vous poser deux ou trois questions. ǁ ～日たってから dans deux ou trois jours.

にさんか 二酸化 ǁ ～炭素 bioxyde m de carbone. ～物 bioxyde.

にし 西 ouest m; occident m. ¶～の occidental(aux). ...の～に à l'ouest de. ǁ ～風 vent m d'ouest. ～側諸国 les pays mpl de l'Ouest. ～半球 hémisphère m occidental (ouest). ～向きの部屋 pièce f à l'exposée (orientée) à l'ouest. ～ヨーロッパ Europe f occidentale. ～ローマ帝国 Empire m romain d'Occident.

にじ 二次 ¶～の second. ～的な secondaire; accessoire. ǁ ～会 réunion f intime après un banquet officiel. ～試験 seconde série f d'épreuves.

にじ 虹 arc(s)-en-ciel m. ～が出る Un arc-en-ciel apparaît. ǁ ～色の irisé.

にしき 錦 brocart m. ¶～の御旗 [大義名分] légitimité f. ǁ ～絵 estampe f japonaise en couleurs; gravure f de genre aux tons riches. ～織 [製法] brochage m; [布地] tissu m broché. ～を織る brocher. ～織職人 brocheur(se) m(f). [比喩的に] ¶故郷に～を飾る faire une rentrée glorieuse dans son pays.

にしきへび 錦蛇 python m.

-にしては ¶9月～寒い Il fait froid pour septembre.

-にしても ¶よしんば彼が嘘をついている～彼を叱らないでおこう Même s'il dit des mensonges, ne le punissons pas. ひとつ～ それにしても.

にしび 西日 soleil m couchant. この部屋は～がさす Le soleil couchant donne dans cette pièce.

にじます 虹鱒 truite f arc-en-ciel.

にじみでる 滲み出る suinter; exsuder; suer. 水が岩の間から滲み出ている L'eau suinte à travers les rochers. この作品には彼の努力の跡が滲み出ている Ses efforts se sentent dans cet ouvrage. ¶貧困の滲み出ている部屋 pièce f qui sue la misère.

にじむ 滲む [インク] baver. インクが滲んでしまが出来た L'encre a bavé et fait une tache. ¶涙の滲んだ眼 yeux mpl brouillés de larmes. この紙は滲み易い Ce papier boit facilement. 彼にこの仕事で血の～ような努力をした Il a bien sué (sué sang et eau) sur cet travail. 滲み suintement m; [インクの] bavure f.

にしめる 煮しめる ⇒ にこむ(煮込む).

にしゃ 二者 ¶～択一 alternative f; choix f entre deux choses. ～択一の alternatif(ve). ～択一する choisir l'un des deux.

にじゅう 二十 vingt m.

にじゅう 二重 ¶～の double. ～の意味の double entente (sens). それでは～の手間だ Ça double la peine. ～にする doubler. ～に見える voir double. ～に払う payer qc deux fois. ～に doublement. ǁ ～あご double menton m. ～価格制度 système m à double cotation. ～国籍 double nationalité f. ～結婚 bigamie f. ～唱[曲] duo m. ～唱(奏)する doubler. ～人格 personnalité f double. ～人格者 personne f à deux faces. ～スパイ espion(ne) m(f) double. ～生活 double vie f. ～奏[曲] duo. ～奏者[後者の] roues fpl jumelées. ～電信法 télégraphie f duplex. ～否定 double négation f. ～母音 diphtongue f. ～焼付け surimpression f; [映画] enchaîné m.

にじゅうよじかん 二十四時間 ¶～内に dans les vingt-quatre heures.

にじゅっせいき 二十世紀 vingtième siècle m. 今は～ Nous sommes au XXe siècle.

にじょう 二乗 ⇒ じじょう(自乗).

にじょっき 二畳紀 permien m.

にしょく 二色 ¶～の bicolore. ǁ ～刷 impression f en deux couleurs.

にしょく 二食 ¶1日~にする ne prendre que deux repas dans la journée. ‖ ~分の食糧 provisions fpl pour deux repas.

にじりよる 躙り寄る s'approcher peu à peu de qn;[膝をついて] se traîner à genoux vers qn.

にしん 二伸 post-scriptum m inv (P.-S.).

にしん 二審 appel m. ¶ 彼は~で有罪になった Il a été condamné en appel.

にしん 鰊 hareng m. ~の燻製 hareng fumé (saur). ‖ ~漁 pêche f au hareng.

にしんほう 二進法 numération f binaire (à base 2).

ニス vernis m. ~を塗る vernir. テーブルに~を塗る vernir une table. ¶ ~を塗った家具 meuble m verni.

にすがた 似姿 effigie f. 裏切者の~を焼く［人形など］brûler un(e) traître(sse) en effigie.

にせ 偽 [偽造物] contrefaçon f;［模造品］imitation f. ¶ ~の faux(sse); contrefait; falsifié. ~の証文 acte m falsifié.

にせ 二世 [現世と来世] ¶ ~を契る se jurer un amour éternel. ...と~を契る jurer sa foi à qn.

にせアカシア 贋- faux acacia m; robinier m.

にせい 二世 ¶ 山田~ Yamada fils. アンリ~ Henri II. 彼はピカソ~と言われている C'est un second Picasso. ◆［移民の子］enfants mpl d'émigrés.

にせがね 贋金 fausse monnaie f. ‖ ~作り faux-monnayeur(se) m.

にせさつ 贋札 faux billet m. ~をつかまされる se faire donner un faux billet.

にせたいじゅうたく 二世帯住宅 maison f individuelle jumelée.

にせもの 贋者 contrefaçon f;［模造品］imitation f;~. この絵は~だ Ce tableau est un faux.

にせる 似せる [偽造] contrefaire;［模倣］imiter. 原画そっくりに~ imiter servilement un original. 本物に~ imiter le modèle vivant. ¶ ...の筆跡に似せて書く contrefaire son écriture. 肖像画だからよく似せて書いて下さいよ Faites mon portrait aussi ressemblant que possible. 神は自分の姿に似せて人間を創った Dieu créa l'homme à son image.

にそう 尼僧 nonne f; religieuse f;［仏教の］bonzesse f.

にそく 二足 ¶ あいつは~の草鞋をはいている Il ne met pas ses œufs dans le même panier.

にそくさんもん 二束三文 ¶ ~で à vil prix;［ただ同様で］pour rien. ~で買う acheter pour un morceau (une bouchée) de pain; acheter pour une bagatelle. ~で売り払う brader.

にだい 荷台 [自転車などの] porte-bagages m inv;［ダンプの］benne f.

にたき 煮炊き cuisson f; cuisine f. ~する faire la cuisine.

にたつ 煮立つ bouillir. ぐらぐら~ bouillir à gros bouillons. 鍋が煮立っている La casserole bout.

にたてる 煮立てる faire bouillir.

にたにた ¶ ~笑う [気味悪く] rire sournoisement;［馬鹿にしたように］sourire railleusement.

にたり ¶ ~と笑う sourire ironiquement;［意味ありげに］sourire d'une façon significative.

にたりよったり 似たり寄ったり ¶ ~だ C'est chou vert et vert chou./C'est du pareil au même. ⇒ どっち.

にだん 二段 ¶ ~構えである avoir une position de repli. ~抜きの記事 article m sur deux colonnes à la une. ~ベッド lit m à deux étages.

にちえい 日英 ¶ ~[間] の entre le Japon et l'Angleterre; anglo-japanais(e).

にちぎん 日銀 ⇒ にほん [日本].

にちげん 日限 terme m; date f. ~を決める fixer la date de qc. ~を守る observer la date. ¶ 所定の~に à la date prescrite.

にちじ 日時 date f. ~を知らせる informer qn de la date et de l'heure.

にちじょう 日常 journellement; usuellement. ~の quotidien(ne); pratique; usuel(le); courant. ~の仕事 affaires fpl courantes. ~語 langue f courante (usuelle). ~茶飯事 train-train m quotidien. ~生活 vie f pratique; vie quotidienne. ~品 objet m usuel.

にちどく 日独 ¶ ~[間] の entre le Japon et l'Allemagne; germano-japonais(e). ‖ ~協定 pacte m germano-japonais. ‖ ~伊三国協定 Pacte m tripartite.

にちふつ 日仏 ¶ ~[間] の entre le Japon et la France; franco-japonais(e). ‖ ~会館 Maison f franco-japonaise.

にちべい 日米 ¶ ~[間] の entre le Japon et les Etats-Unis; nippo-américain(e). ‖ ~安全保障条約 Traité m de sécurité nippo-américain. ‖ ~行政協定 accord m administratif nippo-américain sur les bases militaires. ‖ ~合同委員会 comité m conjoint nippo-américain.

にちぼつ 日没 coucher m du soleil; chute f du jour. 今日の~は19時です Aujourd'hui le soleil se couche à 19 heures. ¶ ~に au coucher du soleil.

にちや 日夜 nuit et jour; jour et nuit; le jour et la nuit. ~努力する travailler jour et nuit.

にちよう 日曜 ‖ ~大工 bricolage m.

にちよう 日用 ¶ ~の usuel(le). ‖ ~品 objets mpl d'usage quotidien.

にちよう[び] 日曜[日] dimanche m. ¶ ~の dominical(aux). ~の安息 repos m dominical. ‖ ~画家 peintre m du dimanche. ~学校 école f du dimanche. ~版 édition f du dimanche.

にちようだいく 日曜大工 bricolage m./[人] bricoleur(se) du dimanche. ¶ ~をする bricoler; faire du bricolage.

にちろ 日露 ‖ ~戦争 guerre f russo-japonaise.

にっか 日課 [時間割] emploi m du temps;

にっか [仕事] tâche *f* journalière. 〜を果す accomplir le programme de la journée. 〜を立て る se proposer un programme de travail. …するのを〜にしている se faire une règle de *inf*.

にっか 日貨 ‖〜排斥 boycottage *m* des produits japonais.

ニッカーボッカー pantalon *m* de golf.

にっかい 肉塊 masse *f* de chair. ⇨ にくたい (肉体).

にっかわしい 似つかわしい ⇨ ふさわしい(相応しい).

にっかん 肉感 ‖ 〜をそそる exciter un désir sensuel; exciter la sensualité. 〜的な sensuel(le); voluptueux(se); charnel(le). 〜的 な女 femme *f* appétissante (excitante). 〜 的な唇 bouche *f* sensuelle.

にっかん 日刊 ‖〜の quotidien(ne); qui paraît tous les jours. 〜紙 feuille *f* quotidienne; quotidien *m*.

にっかん 日韓 ‖〜[間]の entre le Japon et la Corée; nippo-coréen(ne). ‖〜会談 pourparlers *mpl* nippo-coréens. 〜条約 traité *m* nippo-coréen.

にっき 日記 journ*al(aux) m*. 〜につける noter *qc* dans *son* journal. 〜をつける tenir *son* journal.

にっきゅう 日給 salaire *m* d'une journée. 三 千円を得る gagner trois mille yen par jour. 〜で働く travailler à la journée. 〜 で雇う employer *qn* à la journée. ‖〜制 système *m* du salaire à la journée.

にっきょうそ 日教組 ⇨ にほん(日本).

にづくり 荷造り emballage *m*; empaquetage *m*. ‖〜する emballer; faire un paquet; empaqueter. 商品を〜する emballer des marchandises.

にっけい 肉桂 [樹木] cannelier *m*; [皮・粉末] cannelle *f*. プディングに〜を入れる mettre de la cannelle dans un pudding. ‖〜入りの菓 子 gâteau(x) *m* à la cannelle.

にっけい 日系 ‖〜の d'origine japonaise. ‖〜資本の会社 compagnie *f* à capitaux japonais.

にっけいれん 日経連 ⇨ にほん(日本).

ニッケル nickel *m*. ‖〜貨 pièce *f* de nickel. 〜めっき nickelage *m*. 〜めっきした nickelé. 〜めっきする nickeler.

にっこう 日光 lumière *f* du soleil; rayons *mpl* du soleil. ‖〜消毒する désinfecter *qc* par la chaleur solaire. 〜浴をする prendre un bain de soleil. 〜療法 héliothérapie *f*

にっこり 〜笑う sourire gracieusement; [赤ん坊が] faire risette. 赤ん坊は母親に向かっ て〜笑った Un bébé faisait des risettes à sa maman.

にっさん 日参 寺に〜する se rendre (aller) tous les jours au temple. 代議士の所に〜す る faire des démarches répétées au ministère. 女の所に〜する fréquenter une femme assidûment.

にっさん 日産 rendement *m* quotidien; production *f* journalière. この炭坑は〜10万 トンである La capacité de production de cette houillère est de cent mille tonnes de charbon par jour.

にっし 日誌 journ*al(aux) m*; [同じ日付けの] éphéméride *f*. 最近10年の3月5日付けの 〜によれば d'après l'éphéméride du 5 mars de cette décennie. ‖航海〜 journal de navigation.

にっしゃびょう 日射病 ‖〜にかかる avoir une insolation.

にっしゅう 日収 [個人の] revenu *m* journalier; [商店など] recette *f* journalière.

にっしょう 日照 ‖〜権 droit *m* à l'ensoleillement. 〜時間 durée *f* d'ensoleillement.

にっしょうき 日章旗 drapeau(x) *m* du Japon.

にっしょく 日食 éclipse *f* de soleil. ‖皆既(部 分)〜 éclipse totale (partielle) de soleil.

にっしん 日清 ‖〜戦争 guerre *f* sino-japonaise.

にっしんげっぽ 日進月歩 ‖〜する faire des progrès très rapides; progresser très rapidement.

にっすう 日数 nombre *m* de jours. どれだけ〜 がかかりますか Combien de jours faut-il? ‖出 席〜が足りない Les jours de présence sont insuffisants.

にっせき 日赤 ⇨ にほん(日本).

にっちもさっちも 二進も三進も ‖〜いかない être dans l'impasse. 〜いかなくなる aboutir à une impasse. 交渉は〜いかない Les négociations sont dans l'impasse.

にっちゅう 日中 pendant la journée. 〜はまだ 暑い Il fait encore chaud pendant la journée.

にっちゅう 日中 ‖〜[間]の entre le Japon et la Chine; sino-japonais(e). ‖〜関係 relation *f* entre le Japon et la Chine. 〜貿易 commerce *m* sino-japonais. 〜平和条約 結 *ぶ* 交渉 négociations *fpl* pour conclure la paix entre la Chine et le Japon.

にっちょく 日直 service *m* de jour. 今日は〜 だ Aujourd'hui je suis de service de jour.

にってい 日程 programme *m*. 〜を組む(変更 する) fixer (changer) le programme.

にっと 〜笑う avoir un large sourire.

ニット tricot *m*. 〜のスーツ [女物] costume *m* en tricot; [男物] complet *m* en tricot.

にっとう 日当 ‖〜を支払う payer à la journée. 〜はいくら Combien est-on payé à la journée?

にっぽう 日報 bulletin *m* quotidien.

にっぽん 日本 ⇨ にほん(日本).

につまる 煮詰まる épaissir [à la cuisson]; être réduit. ‖煮詰まった réduit. この*ブイヨン*は煮 詰まってない Ce bouillon n'est pas assez réduit. ◆[計画などが] prendre corps; prendre de la consistance. ‖煮詰まった計画 projet *m* qui prend corps.

にづみ 荷積み embarquement *m* des marchandises. ‖〜の船 navire *m* en chargement.

につめる 煮詰める faire réduire. ソースを〜 faire réduire une sauce. ◆[計画などを] donner corps (forme) à. 計画を〜 donner corps à un projet.

にと 二兎 ‖〜を追うものは一兎をも得ず «Il ne

こと faut pas courir deux lièvres à la fois.»; «Qui trop embrasse mal étreint.»

こど 二度 deux fois. 週に～ deux fois par semaine. ～続けて deux fois de suite. 「～あることは三度ある」«Jamais deux sans trois.»～に亙って par deux fois. そんな真似は～としない Je ne le recommencerai plus./On ne m'y reprendra plus. 彼女に～と会わないだろう Je ne la reverrai plus. ～とそんなことをしてはいけない Que je ne vous y reprenne plus! ¶～とない機会 occasion *f* unique. こんな目に会うのは～目だ C'est la deuxième fois que ça arrive. ～目に pour la seconde fois. ◆[楽] seconde *f*.

にとう 二等 [汽車の] deuxième (seconde) classe *f*; seconde *f*. ～の切符 billet *m* de seconde. ～の席をとる prendre une seconde. ～になる [競争で] arriver deuxième. ～で旅行する voyager en seconde. ¶～賞 second prix *m*. ～星 étoile *f* de deuxième grandeur; soldat *m* de 2e classe; simple soldat. ～水兵 matelot *m*.

にとうきん 二頭筋 [解] biceps *m*.

にとうぶん 二等分 [幾何] bissection *f*. ～する diviser en deux parties égales. ¶～線 bissectrice *f*; ligne *f* de bissection. ～線の bissecteur(trice).

ニトロ ～基 radical *m* nitro. ～グリセリン nitroglycérine *f*. ～セルローズ nitrocellulose *f*. ～ベンゼン nitrobenzène *m*.

になう 担う porter sur les épaules. 銃を～ porter (mettre) l'arme sur l'épaule. 双肩に～ porter sur *ses* épaules. 成功の栄誉を～ avoir (s'attirer) la gloire de la réussite.

にんしょう 二人称 deuxième personne *f*.

にぬし 荷主 expéditeur(trice) *m*(*f*).

にねん 二年 deux ans *mpl*. ～の bisannuel(le). ～毎に tous les deux ans. ¶～生 [生徒] élève *mf* de seconde année. ～生の [植物] bisannuel(le). ～草 plante *f* bisannuelle.

にのあし 二の足 ¶～を踏む [ためらう] hésiter; rester hésitant; balancer. 彼は決心するのに～を踏んでいる Il balance depuis longtemps à prendre sa décision.

にのうで 二の腕 bras *m*.

にのく 二の句 ¶～がつげない ne savoir que dire; en rester muet(te). 驚いて～がつげないでいる rester muet d'étonnement. どうだ、～がつげないでいる coupe!

にのつぎ 二の次 ¶そんなことは～だ Ce sont des préoccupations marginales. 勝ち負けは～だ Gagner ou perdre, c'est secondaire. それは～にして laissant cela de côté.

にのまい 二の舞 ¶～を演じる répéter l'erreur de *qn*.

にばい 二倍 double *m*. ¶～の double; doublé. ～にする(なる) doubler. 8は4の～だ Huit est le double de quatre. パリの生活費はここの～だ La vie à Paris coûte le double d'ici. 彼は私の～稼ぐ Il gagne plus du double que moi.

にばしゃ 荷馬車 ⇒ にぐるま(荷車).

にばん 二番 deuxième *m*; second(e) *m*(*f*). ¶彼はクラスで～だ Il est le deuxième de sa classe. ～になる prendre la deuxième place; [競争で] arriver deuxième. ¶～煎じ pâle imitation *f*. ～目の deuxième; second. 最後から～目の avant-dernier(ère). ～目に deuxièmement; secondement.

にびょうし 二拍子 mesure *f* binaire (à deux temps).

ニヒリスト nihiliste *mf*.

ニヒリズム nihilisme *m*.

ニヒル ¶～な nihiliste. ～笑い sourire *m* froid et moqueur.

にぶ 二部 ¶～に分かれている être divisé en deux parties. ¶～合唱 chœur *m* à deux voix.

にぶい 鈍い ¶～音 bruit *m* sourd (mat). ～光 lueur *f* sans éclat. ～動作 geste *m* lent. 頭の動きが～ avoir l'esprit lourd (épais); avoir l'intelligence épaisse. 彼は太っていて動作が鈍くなった En grossissant, sa démarche s'est alourdie. 鈍さ pesanteur *f*; lourdeur *f*. 頭(動作)の鈍さ lourdeur d'esprit (de la démarche).

にぶさく 二部作 [文学作品の] diptyque *m*.

にぶだ 荷札 fiche *f* de paquet. ～をつける mettre une fiche à.

にぶる 鈍る [知力, 能力が] s'affaiblir; s'engourdir; [感覚が] s'engourdir; s'émousser; [なまる] se rouiller; [速力が] [se] ralentir; [決心が] fléchir; [切れ味が] s'émousser. 力が～ perdre la force. 腕が～ perdre la main; se rouiller. 彼の決心も危険を前にして鈍った Sa détermination a fléchi devant le danger. 長い夏休みで頭が鈍った Je me suis rouillé pendant les grandes vacances. 歳で動作が鈍った L'âge a appesanti sa démarche. 視力が鈍って殆んど本が読めない Ma vue s'est affaiblie, je peux à peine lire. ¶鈍らせる émousser; engourdir; affaiblir; amortir.

にぶん 二分 ¶文壇を～する勢力 deux influences *fpl* qui divisent le monde littéraire.

にべもなく catégoriquement; sèchement. ～断わる refuser catégoriquement. 我々の要求は社長に～断られた Notre demande s'est heurtée à un refus catégorique du patron.

にほどき 荷解き déballage *m*. ～をする déballer une marchandise; faire le déballage.

にほん 日本 Japon *m*. ¶～の japonais. ～製の de fabrication japonaise; fabriqué au Japon. ～びいき(ぎらい)の pro-(anti-) japonais. ～風の style japonais. ～風に à la japonaise. ¶～画 peinture *f* japonaise. ～海 mer *f* du Japon. ～学者 japonologue *mf*. ～教職員組合 Syndicat *m* Japonais des Enseignants du Primaire et du Secondaire. ～銀行 Banque *f* du Japon. ～銀行券 billet *m* émis par la Banque du Japon. ～銀行総裁 gouverneur *m* de la Banque du Japon. ～経営者団体連盟 Confédération *f* du Patronat japonais. ～酒 saké *m*. ～赤十字 Croix-Rouge *f* japonaise. ～庭園 jardin *m* japonais. ～政府 gouvernement *m* japonais. ～脳炎 encéphalite *f* japonaise. ～

にほんだて 晴れだ Il fait un temps superbe.
にほんだて 二本立 ¶あの映画館は～だ Dans ce cinéma, on passe deux films. 今月号は評論と詩の～で行こう Ce mois, nous allons publier un numéro spécial consacré à la critique et à la poésie.
にまいがい 二枚貝 bivalve m. ¶～の bivalve.
にまいじた 二枚舌 ¶～を使う avoir deux paroles; mener double jeu.
にまいめ 二枚目 jeune premier m. ～を演ずる jouer le rôle de jeune premier. あいつは～だ C'est un beau garçon.
にもうさく 二毛作 ¶この地方では～が行なわれている Dans cette région, on fait deux récoltes par an.
にもつ 荷物 bagages mpl; paquet m; [負担] fardeau(x) m; charge f. ～を積む charger des bagages. ～を駅まで運ぶ porter ses bagages jusqu'à la gare. ～になる être un fardeau pour qn. 持って行けよ，～にはならないだろう Emporte-le: ça ne pèsera pas lourd. ‖ 手～ bagages à main.
にもの 煮物 aliment m cuit à l'eau.
にゃあ miau m; miaulement m. ¶猫が～と鳴く Le chat miaule.
にやく 荷役 chargement m et déchargement m des marchandises.
にやけた gommeux(se). ¶～男 gommeux m.
にやける se rendre niasi(e).
にやにや ¶～笑う [ひとりで] sourire tout seul; [馬鹿にして] sourire dédaigneusement. 彼はただ～笑っているだけだ Il ne fait que sourire bêtement.
にやり ¶～と笑う [皮肉に] sourire ironiquement; [意地悪く] sourire malicieusement; [薄気味悪く] sourire d'un air mystérieux.
ニュアンス nuance f.
にゅういん 入院 entrée f à l'hôpital. ¶～する entrer à l'hôpital. ～させる hospitaliser; envoyer à l'hôpital. ‖～患者 malade mf hospitalisé(e). ～手続 formalités fpl d'hospitalisation. ～料 frais mpl d'hospitalisation.
ニューウェーブ nouvelle vague f. ¶～のコミュニスト communiste mf nouvelle vague.
にゅうえい 入営 ¶～する entrer dans l'armée (au service militaire).
にゅうえき 乳液 [樹木の] latex m; [化粧用クリーム] lait m de beauté.
にゅうえん 入園 ‖～料 [動物園などの] prix m d'entrée.
にゅうか 乳化 émulsionnement m. ¶～する émulsionner. ‖～剤 [agent m] émulsifiant m.
にゅうか 入荷 arrivage m. ¶野菜が～した Des légumes sont arrivés. ‖野菜の大量～ grand arrivage de légumes.
にゅうかい 入会 affiliation f. 地方のクラブが連合会に～を希望している Le club local demande son affiliation à la Fédération. ¶～する s'affilier à; adhérer à une association. レーシングクラブに～する s'affilier au Racing-Club. ～させる affilier. ‖～金 cotisation f d'admission. ～者 affilié(e) m(f); adhérent(e) m(f); membre m.
にゅうかく 入閣 ¶～する entrer au ministère; accepter un portefeuille. ～を予想される人 ministrable mf. ‖～予想表 ministrable m.
にゅうがく 入学 entrée f; [入学許可] admission f. ～を祝う se féliciter d'une admission de qn. ～を許可する admettre qn. ¶～する entrer à l'école; être admis à l'école. ‖～願書 demande f d'admission. ～金 frais mpl d'inscription. ～資格 conditions fpl requises pour l'admission. ～志願者 candidat(e) m(f). ～式 cérémonie f d'entrée des nouveaux élèves. ～試験を受ける se présenter à l'examen d'entrée. ～手続き inscription f. 医学部に～手続きをする s'inscrire à la Faculté de médecine.
にゅうがん 乳癌 cancer m du sein.
ニューギニア la Nouvelle-Guinée.
にゅうぎゅう 乳牛 vache f laitière; vache à lait.
にゅうきょ 入居 emménagement m. ¶～する emménager. ‖～時期 [団地などの] date f de l'emménagement. ～者 [居住者] habitant(e) m(f).
にゅうぎょりょう 入漁料 droits mpl de pêche.
にゅうきん 入金 [受領] recette f; rentrée f d'argent; [金銭] somme f reçue. ～がある avoir une recette. ‖～伝票 feuille f de rentrées.
にゅうこ 入庫 magasinage m; mise f en magasin; [電車，バスの] entrée f au dépôt. ¶～する emmagasiner; mettre en magasin; entrer au dépôt.
にゅうこう 入港 entrée f au port. ¶～する entrer au port; prendre port. 多くの外国船が～している Beaucoup de paquebots étrangers sont au port. ‖～税 droits mpl de port. ～手続き déclaration f d'entrée.
にゅうこく 入国 ～を許可(禁止)する permettre (refuser) à qn l'entrée dans le pays. ‖～管理 contrôle m d'entrée. ～管理事務所 Office m national d'immigration. ～査証 visa m. ～手続 formalités fpl d'entrée.
にゅうごく 入獄 ¶～する aller en prison. ‖～中である être en prison.
にゅうざい 乳剤 《化》 émulsion f; [内服薬] looch m.
にゅうさつ 入札 [競売の] adjudication f; [請負の] soumission f. ～にする mettre qc en adjudication. ¶～する faire une soumission; soumissionner. 道路工事の～をする soumissionner les travaux de voirie. ‖～者 soumissionnaire m; [競売の] enchérisseur (se) m(f). 最高～者 le plus offrant m.
にゅうさん 乳酸 acide m lactique. ‖～塩 lactate m. ～醗 ferment m lactique.
にゅうし 乳歯 dent f de lait.
にゅうし 入試 concours m (examen m) d'entrée. ⇨にゅうがく(入学).
にゅうじ 乳児 nourrisson m; bébé m; nou-

にゅうしつ 乳質 ¶~の lacté.
にゅうしゃ 入射 ¶~角 angle m d'incidence. ~光線 rayon m incident.
にゅうしゃ 入社 ¶~する entrer dans une entreprise. ¶~試験 examen m d'entrée dans une entreprise.
にゅうじゃく 柔弱 faiblesse f. ¶~な faible; mou (mol, molle); efféminé. ~な態度 manières fpl efféminées. ~な人 personne f molle. ~にする affaiblir; amollir; efféminer. 余りに楽な生活が彼を~にした Une vie trop facile l'a efféminé. ~に faiblement.
にゅうしゅ 入手 acquisition f; obtention f. ¶~する obtenir; acquérir; se procurer. ~困難な introuvable. ビザの入手に必要な手続や formalités fpl à remplir pour l'obtention d'un visa.
にゅうしょう 入賞 ¶コンクールに~する être reçu(e) à un concours. 一位に~する remporter le premier prix. ‖~者 lauréat(e) m (f).
にゅうじょう 乳状 ¶~の laiteux(se).
にゅうじょう 入城 ¶堂々と~する entrer triomphalement dans une forteresse.
にゅうじょう 入場 entrée f. ¶~する entrer; faire une entrée. ‖~券 billet m d'entrée; [駅の] billet de quai. ~式 cérémonie f d'ouverture. ~者 [観客] public m; spectateur(trice) $m(f)$; [聴衆] auditeur(trice) $m(f)$. ~料 droit m d'entrée; entrée f. ~料を払う payer son entrée. ~無料 entrée gratuite; entrée de faveur.
にゅうしょく 入植 émigration f. ¶~する émigrer. ‖~者 émigrant(e) $m(f)$.
にゅうしん 入神 ¶~の技を見せる montrer une habileté divine.
ニュース [知らせ] nouvelle f; [報道] nouvelles fpl; informations fpl; [ラジオの] journal(aux) m parlé; [テレビの] journal m télévisé. 今日の~ nouvelles du jour. 今日の~は何ですか Quelles sont les nouvelles aujourd'hui? ‖ 臨時~ bulletin m spécial d'informations; [ラジオのごく短い] flash(es) m. ~映画 film m d'actualité. ~解説 commentaires mpl des nouvelles. ~解説者 commentateur(trice) $m(f)$ des nouvelles. ~キャスター présentateur(trice) $m(f)$; commentateur(trice) $m(f)$. 午後十時のニュース番組の~キャスター présentateur(trice) du journal de 22 heures. ~ショー magazine m d'information. それは~にバリューがある Ça va faire un gros titre.
にゅうせいひん 乳製品 laitage m; produits mpl laitiers.
にゅうせき 入籍 ¶~する inscrire qn à son état civil.
にゅうせん 乳腺 glande f mammaire. ‖~炎 inflammation f de la glande mammaire; 《医》 mastite f.
にゅうせん 入選 ¶~する être sélectionné. ‖~作 ouvrage m sélectionné.
にゅうたい 入隊 entrée f dans l'armée. ¶~する entrer dans l'armée. 外人部隊に~する se faire légionnaire.
ニュータウン nouvelle agglomération f de banlieue.
にゅうだん 入団 ¶~する s'affilier à un groupe.
にゅうてい 入廷 ¶~する [裁判官が] faire son entrée; [被告, 関係者が] se faire introduire.
にゅうとう 乳糖 lactose f.
にゅうとう 乳頭 mamelon m; [舌先の] papilles fpl. ‖~癌 cancer m du mamelon.
にゅうどうぐも 入道雲 nimbus m; gros nuage m de pluie.
ニュートラル neutre m. ¶エンジンを~にする mettre un moteur au point mort.
ニュートリノ neutrino m.
ニュートン neutron m.
にゅうねん 入念 ¶~な soigneux(se); soigné; [細心の] minutieux(se). ~な観察 observation f minutieuse. ~に soigneusement; avec soin; minutieusement. ~に化粧をする se parer avec soin. ~にやる faire avec un soin minutieux; fignoler. 彼女はいつも~に髪の手入れをする Elle fignole toujours sa coiffure.
にゅうばい 入梅 commencement m de la saison des pluies.
にゅうはくしょく 乳白色 ¶~の laiteux(se); lacté. ~の光 lumière laiteuse.
にゅうばち 乳鉢 mortier m. 薬剤師の~ mortier de pharmacien.
ニューファッション dernière mode f. ¶彼女は~の服を着ている Elle est habillée à la dernière mode.
ニューフェース nouvelle figure f; nouveau (elle) $m(f)$.
にゅうぼう 乳棒 pilon m.
ニューメディア nouveau(x)(-)média m.
にゅうもん 入門 ¶~する se faire disciple. ¶フランス語~ [本の題名] Cours élémentaire de (Initiation à) la langue française. ~書 introduction f; initiation f. 哲学~書 initiation à la philosophie.
はいけい 拝啓 ⇨ 付録.
にゅうようじ 乳幼児 nourrisson m; bébé m.
にゅうよく 入浴 bain m. ¶~する prendre un bain; se baigner. ~させる baigner.
にゅうりょく 入力 [情報] entrée f. ¶コンピューターにデーターを~する entrer (saisir) des données dans un ordinateur. ‖~装置 périphérique m d'entrée.
ニュールック ⇨ ニューファッション.
ニューロン [神経単位] neurone m.
にゅうわ 柔和 douceur f. ¶~な doux(ce). ~な顔 doux visage m; physionomie f douce.
にゅっと brusquement. 顔が暗闇から~出た Un visage a brusquement apparu dans l'obscurité. 彼の手が塀の上から~出た Soudain sa main s'est profilée sur le mur.
によう 二様 ¶~に doublement; de deux façons. ~に取れる言葉 mot m à double sens (entente). この言葉は~に解釈できる On peut interpréter (prendre) ce mot de deux façons.

にょう 尿 urine f. ¶~の urinaire;《化》urique. ‖放~する uriner. ~意を催す avoir envie d'uriner. ~管 uretère m. ~検査 examen m d'urine. ~酸 acide m urique. ~素 urée f. ~道 urètre m; voies fpl urinaires. ~道炎 urétrite f. ~毒症 urémie f. ~毒症の urémique. ~閉塞 rétention f d'urine.

にょうぼう 女房 femme f de qn. あの家では~が亭主を尻に敷いている Dans ce ménage, c'est la femme qui porte la culotte. 彼は~の尻に敷かれている Il est dominé par sa femme. 「~と畳は新しいほうがよい」«Femme morte, chapeau neuf.» ‖~役 bras m droit de qn.

にょきにょき ¶~生える pousser comme des champignons.

ニョクマム nuoc-mâm [nчokmam] m.

にょじつ 如実 ¶~に描く peindre tel(le) qu'il (elle) est. 私生活を~に描く peindre sa vie privée fidèlement (telle qu'elle est). ‖~に物語る raconter fidèlement. 焼跡が火事のすさまじさを~に物語っていた Les débris de l'incendie témoignaient de l'ampleur du sinistre.

にょたい 女体 corps m féminin.

にょにん 女人 ‖「~禁制」«Entrée interdite aux femmes.»

によろによろ ¶まむしが草むらを~動いている Une vipère rampe dans l'herbe.

にら 韮 ail m odorant.

にらみ 睨み ¶~が利く exercer une grande influence sur qn; [畏敬の念を起こさせる] en imposer à qn. ~を利かす surveiller sévèrement.

にらみあい 睨み合い hostilité f. 両者の~ hostilité entre deux personnes.

にらみあう 睨み合う [敵意をこめて] se regarder avec hostilité; [きびしく] se mesurer du regard. ◆[反目する] se manifester de l'hostilité (être hostiles) l'un(e) à l'autre.

にらみあわせる 睨み合せる [比較する] comparer qc à (avec); [考慮する] tenir compte de qc. 利益損失を~ comparer les avantages aux désavantages. 値段と睨み合わせて en tenant compte des prix.

にらみかえす 睨み返す renvoyer à qn un regard hostile.

にらみつける 睨みつける poser un regard hostile sur qn.

にらむ 睨む regarder fixement; fixer; [激しくなって] regarder sévèrement; [敵意をこめて] regarder avec hostilité. ものすごい目で~ lancer un regard fulgurant à. 横目で~ regarder d'un œil torve; [盗み見する] lorgner du coin de l'œil. 彼は獲物が飛び出して来そうな場所を睨んでいた Il fixait l'endroit d'où le gibier pouvait sortir. ◆[比喩的に] ‖彼は先生から睨まれている Il est mal vu par son maître. ‖[見当をつける] ¶罠があると~ soupçonner un piège. 私は彼が盗みの張本人だと睨んでいる Je soupçonne qu'il est l'auteur du vol.

にらめっこ 睨めっこ ¶~[を] する se faire des grimaces. 子供達が~をして遊んでいる Les enfants s'amusent à se faire des grimaces.

にらんせい 二卵性 ¶~双生児 faux(sses) jumeaux(elles) (m(f)pl.).

にりつはいはん 二律背反 antinomie f.

にりゅう 二流 ¶~の de second ordre; de seconde classe. ~のホテル hôtel m de seconde classe. ‖~作家 écrivain m mineur. ~小説家 romancier(ère) m(f) de second ordre (de seconde zone).

にりゅうか 二硫化 ‖~炭素 bisulfure m de carbone. ~物 bisulfure m.

にりんしゃ 二輪車 véhicule m à deux roues.

にる 似る ¶…に似た(似たような) ressemblant; apparenté; semblable; analogue; pareil (le). 私の家に似た家 maison f qui est pareille à la mienne. この布地に似た色 couleur f approchante de cette étoffe. 彼は父親に似た考え方をしている Il a une manière de penser apparentée à celle de son père. 自転車に似た乗り物 véhicule m voisin de la bicyclette. 似ている ressembler à; [やり口が] tenir de qn; [相互に] se ressembler. この子は父親に似ている Cet enfant ressemble à son père. この子は父親の気を引いている [性質が] avoir de qui tenir. この母親と娘は実によく似ている La mère et sa fille se ressemblent comme deux gouttes d'eau. 彼はどことなくあなたに似ている Il a quelque chose de votre air. 似たような事件 aventure f analogue. 違った方法でやっても似たような結果が出た Par des moyens différents, ils sont arrivés à des résultats comparables. 似てもつかない ne ressembler en rien; être tout à fait différent. それらは似て非なるものだ En dépit de leurs ressemblances, ces deux choses sont tout à fait différentes.

にる 煮る cuire. 野菜を~ faire cuire des légumes. とろ火で~ faire mijoter; braiser. 煮直す recuire. ¶とろ火で煮たる肉 bœuf m braisé. 煮ても焼いても食えない奴だ C'est un matois./C'est un paysan matois (madré, finaud).

にれ 楡 orme m. ¶~の若木 ormeau(x) m.

にれつ 二列 [横] deux rangs mpl; [縦] deux files fpl. ¶~に並べる mettre qn sur deux rangs (sur deux files). ‖~目に座っている être assis au deuxième rang. 後から~目の avant-dernier(ère).

にれんじゅう 二連銃 fusil m à deux coups.

にわ 庭 jardin m; [庭園] parc m; [中庭] cour f. ~の手入れをする soigner son jardin. ‖~石 pierres fpl d'ornement du jardin. ~いじり jardinage m. ~いじりをする jardiner. ~木 arbres mpl de jardin. ~師 jardinier(ère) m(f).

にわか 俄 ¶~の soudain; subit; brusque. ~の腹痛 douleur f soudaine de l'estomac. ~の死 mort f soudaine (subite). ~の出発 départ m brusque. ~に soudain; soudainement; subitement; brusquement. ‖~雨 averse f; ondée f. ~雨に遭う être surpris par une averse. ~仕込みの知識 connaissance f rapidement assimilée.

にわとこ 接骨木 sureau(x) m.

にわとり 鶏 [雄] coq m; [雌] poule f; [総称]

にん 〜を飼う élever des poules. 〜が時をつげている Le coq pousse des cocoricos éclatants. 〜小屋 poulailler m.

にん 任 [任務] tâche f; charge f; [役目] rôle m; devoir m; responsabilité f. ...の〜に当る se charger de qc. それは私の〜ではない [向かない] Ce n'est pas mon rayon./[出来ない] Je ne suis pas à la hauteur de cette tâche./Je ne suis pas de taille.

にんい 任意 ¶〜の facultati(ve); libre; [自発的の]spontané; [勝手な] arbitraire. 〜の自白 aveu(x) m volontaire (spontané). 円周上の〜の一点 un point quelconque du cercle. 〜に facultativement; librement; arbitrairement. 〜に選ぶ choisir arbitrairement. ‖〜出頭 présence f facultative.

にんか 認可 autorisation f; approbation f; [裁可] sanction f; entérinement m. ¶〜する autoriser; approuver. 運賃の値上げを〜する autoriser la hausse du tarif. 上院は予算案を〜した Le Sénat a approuvé le projet de budget. 政令により彼にその鉱山の採掘権が〜された Un décret l'a autorisé à exploiter cette mine. この学校は文部省から〜されている Cette école est reconnue par le ministère de l'Education nationale. ‖〜料金 tarif m homologué.

にんかん 任官 nomination f; titularisation f. 大使館書記官に〜する être nommé secrétaire d'ambassade. 官史に〜させる titulariser un fonctionnaire.

にんき 人気 popularité f. 〜が衰える perdre de sa popularité. 〜が偏る [競馬] surestimer la favori. 〜が出る acquérir une grande popularité. ¶〜のある populaire; 〜のない impopulaire. 〜がある être populaire; jouir d'une grande popularité. あの先生は生徒に〜がある Le professeur est aimé de ses élèves. この品はとても〜がある Cet article est très demandé. ‖買いをあおる encourager le public à acheter des actions. 〜歌手 chanteur(se) m(f) populaire. 〜株 valeur f populaire. 〜商売 métier m d'artiste. 〜投票 test m de popularité. 〜取りをする soigner sa popularité. 〜俳優 vedette f. 〜番組 émission f très populaire. 〜者 vedette f; coqueluche f. あの子は我が家の〜者だ C'est la vedette de ma famille. あの俳優は若者の間で〜者になっている Cet acteur est la coqueluche des jeunes.

にんき 任期 durée f de service. 彼の〜は切れた La durée de son service est expirée. 〜の切れた委員 membre m sortant. 〜が満了 expiration f de la durée d'un service.

にんぎょ 人魚 sirène f.

にんきょう 任俠 ¶〜の士 justicier m. ‖〜小説 roman m de cape et d'épée.

にんぎょう 人形 poupée f; [人形芝居の] marionnette f. 〜を使う manœuvrer des marionnettes. ‖〜みたいな顔 visage m de poupée. まるで〜のようだ C'est une vraie poupée. ‖あやつり〜 [比喩的にも] marionnette. 〜遊びをする jouer à la poupée. 〜芝居 théâtre m de marionnettes; guignol m.

〜使い joueur(se) m(f) de marionnettes. 〜倒し [遊戯] jeu(x) m de massacre.

にんげん 人間 homme m; être m; être humain. 〜は理性的動物である L'homme est un animal raisonnable. ¶〜の(的な) humain. 超〜的な surhumain. 〜らしい生活 vie f digne d'un homme. 〜的に humainement. ‖〜嫌い [性質] misanthropie f; [人] misanthrope mf. 〜工学 ergonomie f. 〜性(味) humanité f. 〜性を尊重する respecter la dignité humaine. 〜ドック examen m médical général. 〜味にあふれた人 personne f pleine d'humanité. 彼にはかなりよらずても〜味がある Il y a chez lui, en dépit des apparences, une grande humanité. この小説の主人公たちは〜味がない Les héros de ce roman manquent par trop d'humanité. これは〜業ではない Cela dépasse les possibilités humaines.

にんさんぷ 妊産婦 les femmes fpl enceintes et les femmes en couches.

にんしき 認識 connaissance f; 【哲】cognition f; [理解] compréhension f; [確認] reconnaissance f. ¶〜する connaître; reconnaître; se rendre compte de. ‖〜不足である ne pas se rendre compte pleinement de qc. 〜論 épistémologie f.

にんじゅう 忍従 ¶〜する supporter ses malheurs. 〜の生活を送る mener une vie d'humiliation.

にんしょう 人称 [文法] personne f. ¶〜の personnel(le). 一(二, 三)人〜 première (deuxième, troisième) personne. ‖〜代名詞 pronom m personnel.

にんしょう 認証 ratification f par l'Empereur; sanction f. ¶〜する [法案, 条約を] ratifier; sanctionner; [大臣を] investir. 大臣を〜する investir un ministre. ‖〜式 cérémonie f d'investiture des ministres par l'Empereur.

にんじょう 人情 nature f humaine; [人間性] humanité f; [同情] compassion f. 〜の機微をうがつ(にふれる) saisir (toucher) le fond du cœur humain. 〜に厚い être plein d'humanité. 〜にひかされる être touché de pitié. 義理と〜の板挟みになる être ballotté entre le devoir et la compassion; être pris dans un débat cornélien. それが〜というものだ C'est ce qu'on appelle être humain. そうするが〜だ よ C'est humain de faire ainsi. ¶〜のある humain; compatissant; 〜のない inhumain; impitoyable; sans cœur. 〜のない奴 homme m sans cœur.

にんじょう 刃傷 ¶〜沙汰に及ぶ en venir à tirer son couteau (à répandre le sang).

にんじる 任じる se nommer. 自ら...をもって〜 se poser en; s'ériger en. 彼は自ら専門家をもって任じている Il se pose (s'érige) en spécialiste. 課長に任じられる être nommé chef de bureau.

にんしん 妊娠 conception f; [状態] grossesse f. ¶〜する devenir enceinte. 〜させる rendre enceinte (grosse); 【俗】engrosser. 〜した enceinte; grosse. 〜4か月である être enceinte de quatre mois. ‖〜期間

にんじん 人参 carotte *f*. ‖～色の carotte *inv*.

にんずう 人数 nombre *m* de personnes; [定員の] effectif *m*. クラスの～ effectif de la classe. ～が足りない Nous ne sommes pas en nombre suffisant. ～がそろった Nous sommes au complet. ‖料理は～分だけ用意してあります Nous avons préparé autant de plats qu'il y a de personnes.

にんそう 人相 physionomie *f*; mine *f*. ～がいい(悪い) avoir une physionomie honnête (malhonnête). あなたの～を占ってあげよう Je vais prédire votre avenir d'après les traits de votre visage. ¶～の悪い男が近寄ってきた Un homme à la mine patibulaire s'est approché. ‖～書 signalement *m*; [人相カード] fiche *f* signalétique. ～書を回す transmettre le signalement. 国境のあらゆる検問所に～書が貼られた Le signalement a été donné à tous les postes frontières. 彼は～書の男に似ている Il a la tête d'un criminel recherché.

にんたい 忍耐 patience *f*; endurance *f*. 俺の～も限界だ Ma patience est à bout. ¶～する prendre patience; prendre *qc* en patience. ～しきれなくなる perdre patience; être à bout de patience. ～強い patient; endurant. ～強い人 personne *f* patiente (endurante). ～強く patiemment; avec patience. ‖～力 patience; endurance. この仕事をなしとげるには～力が必要だ Il faut de la patience pour achever ce travail. ～力に欠ける manquer de patience.

にんち 任地 poste *m*. ～に赴く(を離れる) rejoindre (quitter) son poste. 今度の～は東京です Cette fois je suis nommé à Tokyo./Cette fois c'est à Tokyo que je suis en poste.

にんち 認知 reconnaissance *f*; légitimation *f*. ¶～する reconnaître; légitimer. 私生児を～する légitimer (reconnaître) un enfant naturel. ～された légitimé. ‖～科学 science *f* cognitive.

にんてい 認定 [確認] constatation *f*; [承認] reconnaissance *f*. 事実の～ constatation d'un fait. ¶～する constater; reconnaître. …を事実と～する constater la réalité de *qc*. 法医学者は過失死と～した Le médecin légiste a constaté l'homicide par imprudence. ‖～書 certificat *m*; diplôme *m*.

にんにく 蒜 ail *m*. ‖～スープ aillade *f*.

ニンフ nymphe *f*.

にんぷ 妊婦 femme *f* enceinte.

にんむ 任務 tâche *f*; charge *f*; [使命] mission *f*; [役目] rôle *m*; [義務] devoir *m*. ～を課する assigner une tâche à *qn*; charger *qn* d'une mission. ～を果す remplir une tâche (une mission). …する～を与える confier à *qn* la charge de *inf*. 重大な～を帯びる être chargé d'une mission importante. …することを～とする avoir mission de *inf*; se donner pour tâche de *inf*.

にんめい 任命 nomination *f*. ¶～する nommer. 彼は大使に～された On l'a nommé à une ambassade.

にんめん 任免 ‖～権 droit *m* de nomination et de destitution.

ぬ

ぬいあわせる 縫い合わせる recoudre. 2枚の布を～ coudre deux morceaux de tissus. 傷口を～ coudre une plaie; recoudre une blessure.

ぬいいと 縫糸 fil *m* à coudre.

ぬいぐるみ 縫いぐるみ ¶～の熊 ours *m* en peluche (en étoffe).

ぬいこみ 縫い込み ¶～をつける faire un rempli à.

ぬいとり 縫取り broderie *f*. ～をする broder.

ぬいばり 縫針 aiguille *f* à coudre.

ぬいめ 縫目 point *m* [de couture]; [傷口の] suture *f*. 着物の～をほどく découdre un habit. ¶～なしの sans couture.

ぬいもの 縫物 couture *f*; travail(aux) *m* d'aiguilles. ～をする coudre; travailler à l'aiguille.

ぬう 縫う coudre. ～閉じる fermer à coudre. 縫い直す recoudre. ◆ [間隙を] 雑踏する群衆の間を縫って進む se faufiler dans une foule dense.

ぬうっと ⇨ ぬっと.

ヌード nu *m*. ‖～写真 nu photographique. ～ショウ strip-tease *m*. ～ダンサー strip-teaseuse *f*.

ヌードル nouilles *fpl*.

ヌーベルキュイジーヌ nouvelle cuisine *f*.

ヌーベルバーグ nouvelle vague *f*. ¶～の映画 films *mpl* nouvelle vague.

ヌーボー ¶彼は～としている Il n'est ni chair ni poisson.

ヌーボーロマン nouveau roman *m*.

ぬえ 鵺(鵼) ¶～的人物 personne *f* énigmatique; personne au caractère impénétrable.

ぬか 糠 son *m*. そんなことをしても～に釘だ C'est un coup d'épée dans l'eau./C'est un cautère sur une jambe de bois.

ヌガー nougat *m*.

ぬかあめ 糠雨 ‖小～ pluie *f* fine. 小～が降る Il bruine./Il fait de la bruine.

ぬかす 吐かす ¶何を～か Qu'est-ce que tu dégoises? /Ta gueule!

ぬかす 抜かす [省く] omettre. 一語～ sauter un mot. ◆ [落とす・忘れる] négliger; oublier. 名簿から名前を～ oublier le nom de *qn* dans une liste. ◆ [言う] ‖生意気なことを～な No dio pas d'impertinence!

ぬかずく 額突く se prosterner devant *qn*; saluer profondément *qn*.

ぬかばたらき 糠働き ¶何もかも～に終った Tous mes efforts ont été vains.

ぬかみそ 糠味噌 ¶～臭い女房 épouse f qui a perdu ses charmes.

ぬかよろこび 糠喜び joie f décevante. それは～だった Ce n'était qu'une fausse joie.

ぬかる [道が] être boueux(se).

ぬかる 抜かる commettre une faute par inattention. それは抜かったな Ça m'a échappé! ¶抜かりなく見張る avoir l'œil à tout (ouvert). 抜かりなく事を運ぶ mener les affaires sans commettre une faute. 抜かりなくやれよ Fais ça bien!

ぬかるみ 泥濘 bourbier m; boue f; 《俗》gadoue f. ～の中を歩く patauger dans la boue (la gadoue, les flaques boueuses). ¶～にはまる s'enfoncer; s'embourber; s'enfoncer dans un bourbier. 自動車が～にはまった Notre voiture était embourbée.

ぬき 抜き [無し] ¶食費は～で sans compter les frais de nourriture. 冗談は～にして plaisanterie de part. その話は～にして en laissant de côté cette histoire. ‖朝食～で一日 3,000円の部屋 chambre f d'hôtel à 3.000 yen par jour sans le petit déjeuner. ‖[勝抜き] 10人～競技 compétition f en dix matches en série.

ぬきあし 抜足 ¶～差足で à pas feutrés; à pas de loup.

ぬきうち 抜打ち ¶～的に à l'improviste; par un coup de surprise. ‖国会の～解散 dissolution f inattendue du Parlement. ～検査 contrôle m sans préavis; examen m à l'improviste. ～攻撃 attaque f brusque.

ぬぎすてる 脱ぎ棄てる ¶服を～ jeter son vêtement.

ぬきずり 抜刷 tirage m à part.

ぬきだす 抜き出す ¶傑作を～ [選ぶ] choisir les chefs-d'œuvre.

ぬきとる 抜き取る extraire; tirer; enlever; ôter; [盗む] voler. 荷物の中身を～ voler le contenu d'un baggage.

ぬきはなつ 抜き放つ ¶剣を～ tirer son épée; tirer sabre au clair.

ぬきみ 抜身 épée f nue. ¶～を引っさげて l'épée nue à la main.

ぬきよみ 抜読み ¶～する lire un livre en partie.

ぬきんでる 抜きん出る se faire remarquer. 才能～ briller par ses talents. 仲間に～ trancher sur l'ensemble de ses condisciples. 衆に～ se faire remarquer dans la foule.

ぬく 抜く [引き抜く・除去する] retirer; arracher; enlever; ôter; [抜き出す・引用する] citer. 剣を～ tirer son épée. 木の根を～ déraciner un arbre. 釘を～ arracher un clou; déclouer. 魚のはらわたを～ vider un poisson. 雑草を～ enlever les mauvaises herbes. 歯を～ se faire arracher une dent. 壜の栓を～ déboucher une bouteille. 眉毛を～ épiler ses sourcils. タイヤの空気を～ dégonfler un pneu. しみを～ ôter (enlever) une tache. 抜き難い不信感 méfiance f ineffaçable; défiance f irrémédiable. ～手も足わずに敵の首をはねる trancher la tête de l'adversaire en un éclair (en un clin d'œil). ◆[追越す] dépasser; [車が追越す] doubler. 一気に抜き去る dépasser en un clin d'œil. ◆[傑出する] ¶群を～ s'élever au-dessus des autres; se faire remarquer dans la foule. ⇨ ぬきんでる (抜きん出る). ◆[省く] ¶1行～ sauter (omettre) une ligne. 食事を～ sauter un repas.

ぬぐ 脱ぐ ôter; quitter; enlever; tirer; [着物を] se déshabiller; se dévêtir. 帽子 [手袋] を～ ôter son chapeau (ses gants). 上着を～ enlever (tomber) la veste. 帽子を脱いで一礼する tirer son chapeau à qn. 帽子を脱ぎ上げる; tirer; [着物を] déshabiller qn. 子供の着物を脱がせる déshabiller un enfant. 長靴を脱がせる tirer ses bottes à qn.

ぬぐう 拭う essuyer. 靴を～ s'essuyer les pieds. 涙を～ essuyer les larmes. ハンカチで額を～ s'essuyer le front avec un mouchoir. ¶～ことのできぬ恥辱 affront m ineffaçable. ¶口を～[知らぬ顔をする] affecter l'innocence.

ぬくく ぬくく ¶～と暮らす vivre à son aise. ～と着こんで habillé chaudement.

ぬくもり 温もり tiédeur f; chaleur f. ベッドにはだた～が残っている Il y a de la tiédeur dans le lit./Le lit est encore tiède.

ぬけあがる 抜け上がる ¶額が～ avoir le front fuyant.

ぬけあな 抜穴 passage m souterrain (secret). どんな法律にも～がある Des lacunes existent dans toutes les lois.

ぬけがけ 抜駆け ¶～の功名を立てる devancer les autres pour réaliser un exploit.

ぬけがら 脱殻 dépouille f. 蝉の～ dépouille d'une cigale. ¶恋人が死んでからというもの彼は～同然だ Il n'est plus que l'ombre de lui-même après la mort de sa bien-aimée.

ぬけかわる 抜け代わる repousser; muer. 歯が～ ne plus avoir de dents de lait; perdre ses dents de lait. この鳥はやがて羽が～ Cet oiseau mue bientôt.

ぬけげ 抜毛 cheveux mpl tombés.

ぬけだす 抜け出す s'échapper; s'en aller. 牢から～ s'évader d'une prison. 窓から～ filer par la fenêtre. こっそり部屋から～ s'esquiver d'une chambre.

ぬけでる 抜け出る ¶スクリーンから抜け出したような美女 belle femme f sortie tout droit d'un écran de cinéma.

ぬけぬけと effrontément; insolemment. ～嘘をつく mentir effrontément. よくも～来られたもんだね Tu as eu du culot de venir me voir! よくも～そんなことが言えますね Vous avez l'audace de me dire cela!

ぬけみち 抜道 trouée f; échappée f; chemin m secret; [言い逃れ] faux-fuyant m; échappatoire f. 法の～を見つける trouver une lacune dans la loi. 彼はいつも～を考えている Il se ménage toujours une issue.

ぬけめ 抜目 ¶～のない adroit; astucieu*x*(*se*); rusé; mali*n*(*gne*); cauteleu*x*(*se*). ～のない奴だ C'est un malin./C'est un vieux rusé. 彼は自分のことになると～がない Il veille à ses propres intérêts. 彼は金もうけには～がない Il s'entend merveilleusement à gagner de l'argent. ～なく立ち回る agir adroitement.

ぬける 抜ける [抜け落ちる] tomber. 羽が～ se déplumer. 髪の毛が抜けた Les cheveux sont tombés. 床が抜けた Le plancher s'est effondré. 歯が1本抜けた Une de mes dents est tombée./J'ai perdu une dent. ◆[抜け出す] ¶会議を～ s'échapper avant la fin du conseil. 組織から～ quitter une organisation. トンネル(森)を～ traverser un tunnel (un bois). ◆[突き抜ける] ¶～ような青空 ciel *m* dégagé. ～のような白い肌 peau *f* très blanche. ◆[なくなる] ¶風邪(悪い癖)がすっかり～ être complètement débarrassé de *son* rhume (d'une mauvaise habitude). 風船の空気が抜けた Le ballon s'est dégonflé. このタイヤは空気が抜けている Ce pneu est dégonflé. 疲労が抜けきらない ne pas se remettre d'une fatigue. 気の抜けた葡萄酒 vin *m* éventé. ◆[欠ける] ¶1頁抜けている On a sauté (oublié) une page./Il manque une page. 僕の名が名簿から抜けている Mon nom manque dans la liste.

ぬげる 脱げる se détacher; tomber. 私の靴は走るとすぐ～ Dès que je cours, mes chaussures se défont.

ぬし 主 ¶古池の～ esprit *m* d'un étang. ～のない犬 chien *m* sans maître.

ぬすっと 盗人 voleur *m*. ～に追い銭だ C'est tendre l'autre joue. 「～を捕えて縄をなう」 «Fermer l'écurie quand les chevaux sont dehors.» ¶～猛々しい C'est un voleur avec toute honte bue.

ぬすみ 盗み vol *m*; [野菜, 家禽などの] maraude *f*; maraudage *m*. ～を働く commettre un vol; dérober. ～に入る [押し込む] pénétrer par effraction; cambrioler. アパートに～に入る cambrioler un appartement. 果樹園に～に行く aller marauder dans les vergers.

ぬすみぎき 盗み聞き ¶～する écouter aux portes. 電話を～する [盗聴] se mettre à l'écoute d'une communication téléphonique.

ぬすみぐい 盗み食い ¶～する manger *qc* en cachette.

ぬすみみ 盗み見 ¶～する regarder en dessous; lorgner du coin de l'œil.

ぬすみよみ 盗み読み ¶～する lire à la dérobée; [のぞき読みする] lire par-dessus l'épaule de *qn*.

ぬすみわらい 盗み笑い ¶～する rire en douce.

ぬすむ 盗む voler *qc* à *qn*; [こっそりと] dérober *qc* à *qn*; [剽窃する] plagier; piller; [着服する] s'approprier *qc*. 友達の金を～ voler de l'argent à *son* ami. 人の財産を～ s'approprier le bien d'autrui. 秘密を～ dérober un secret.

ぬっと soudainement; brusquement. ～現れる apparaître tout à coup; surgir comme une apparition.

ぬの 布 étoffe *f*; toile *f*. ¶～製の en étoffe. ‖～切れ pièce *f*. ～地 étoffe. ～幅 laize *f*.

ぬのめ 布目 tissu *m*.

ぬま 沼 marais *m*; étang *m*; marécage *m*. ¶～の paludéen(ne). ‖～地 fondrière *f*; terrain *m* marécageux. ～地の多い平野 plaine *f* marécageuse.

ぬめり onctuosité *f*; viscosité *f*. ～をとる enlever la viscosité. ¶～のある onctueu*x*(*se*); visqueu*x*(*se*).

ぬらす 濡らす mouiller; tremper; humecter. 着物の裾を～ mouiller le bas de *son* vêtement. ハンカチを涙で～ tremper *son* mouchoir de larmes.

ぬり 塗り enduisage *m*; [ペンキの] peinture *f*; [漆喰の] plâtrage *m*; [うるしの] laquage *m*; [ニスの] vernissage *m*. ～が良い(悪い) être (ne pas être) bien peint (laqué, plâtré). ～がはげた L'enduit s'est détaché. ‖白～の壁 mur *m* peint en blanc.

ぬりえ 塗り絵 coloriage *m*. ‖～をする colorier une image.

ぬりかえる 塗り替える [ペンキを] repeindre; [ニスを] revernir; [漆喰を] replâtrer; [うるしを] relaquer. 壁を～ replâtrer un mur.

ぬりぐすり 塗薬 onguent *m*; pommade *f*; liniment *m*. 火傷に～をつける appliquer une pommade (un onguent) sur une brûlure.

ぬりたくる 塗りたくる ¶白粉を顔に～ plâtrer *son* visage. カンバスに絵具を～ jeter un griffonnage sur la toile.

ぬりたて 塗立て ‖「ペンキ～」 «Peinture fraîche!»; «Attention à la peinture.»

ぬりつぶす 塗り潰す ¶画面を赤で～ badigeonner *sa* toile de rouge.

ぬりもの 塗物 laque *m*. ‖～師 laqueur *m*; vernisseur *m*.

ぬる 塗る enduire; [塗料などを] badigeonner; [ペンキを] peindre; [漆喰を] plâtrer; [ニスを] vernir; [薬を] appliquer; [蝋などを] cirer. 口紅を～ se mettre du rouge aux lèvres. 背中に軟膏を～ appliquer une pommade sur le dos. 喉にヨードチンキを～ se badigeonner la gorge d'iode. 肌に油を～ s'enduire la peau d'huile. モーターの軸にグリースを～ enduire de graisse l'axe d'un moteur. 髪にポマードを～ brillantiner les cheveux. ¶ポマードを塗った髪 cheveux *mpl* pommadés.

ぬるい 温い tiède. 風呂が～ Le bain est tiède. お茶が温くなりましたね Ce thé a refroidi.

ぬるぬる ¶～した onctueu*x*(*se*); visqueu*x*(*se*); glissant. ～した液体 liquide *m* onctueux.

ぬるまゆ ぬるま湯 eau *f* tiède. ¶～につかっているような暮しである vivre dans un bien-être amollissant.

ぬるむ 温む ¶水～候となった C'est le retour de la douceur du printemps./Le soleil du printemps a réchauffé l'eau de l'étang ces jours-ci.

ぬれえん 濡縁 couloir *m* exposé au vent et à la pluie.

ぬれぎぬ 濡衣 ¶～を着せられる être accusé calomnieusement; être l'objet d'une fausse accusation.

ぬれごと 濡事 aventure *f* amoureuse. ‖～師 don Juan *m*.

ぬれて 濡手 ¶～に粟だ On gagne sans peine un grand profit./C'est une bonne aubaine.

ぬれねずみ 濡鼠 ¶～になる se mouiller jusqu'aux os; être trempé comme une soupe.

ぬれば 濡場 scène *f* d'amour.

ぬれる 濡れる se mouiller. 雨に～ se faire mouiller par la pluie. 大地は雨で濡れている Le terrain est détrempé par la pluie. 窓ガラスは雨で濡れている La vitre ruisselle de pluie. あなたのシャツは汗でびっしょり濡れている Votre chemise est toute mouillée. ¶濡れた mouillé; humide; ruisselant. 涙に濡れた頬 joues *fpl* mouillées de pleurs. 道は小雨に濡れて滑り易くなっている La route a été rendue humide et glissante par la petite pluie. 涙に濡れて tout ruisselant de larmes.

ね

ね 音 son *m*; ton *m*; [音色] sonorité *f*. 鐘の～ son de cloche. 虫の～ chant *m* des insectes. 若者たちはアコーデオンの～につれて踊っていた Les jeunes gens dansaient au son d'un accordéon. ¶～の良い mélodieux(se); harmonieux(se). バイオリンは～の良い楽器である Le violon est un instrument harmonieux. ◆[泣き声] 彼も～を上げた Il n'en peut plus.

ね 根 racine *f*. ～がつく s'enraciner; prendre racine. 植物は瘦せた土地には仲々～がつかない La plante s'enracine difficilement dans un mauvais terrain. 雑草が～を張っている Les mauvaises herbes s'enracinent. ¶大地に～を張った大木 grand arbre *m* enraciné dans le sol. ～から引き抜く (～ごと倒す) déraciner. ¶～つきが悪い être mal enraciné. ¶[比喩的に] ¶～をおろす(はやす) [長居, 定着する] s'enraciner; s'implanter. 彼らはすっかりこの町に～をおろしてしまった Ils se sont enracinés dans cette ville. 悪の～を断つ couper (attaquer) le mal à sa racine. 息の～を止める arracher la vie à *qn*. ～も葉もない噂 bruit *m* sans fondement. それは～も葉もない噂だ Ce ne sont que des bruits. ～をわけても探す chercher dans tous les coins (aux quatre coins du monde). ◆[本性・心底] ¶～に持つ en vouloir à *qn*; avoir (garder) de la rancune contre *qn*. 彼も～は悪い人じゃない Dans le fond, il n'est pas méchant. ¶～が足りない manquer de sommeil.

ね 値 prix *m*. ～が上る augmenter; hausser; renchérir. 米の～が上った Le prix du riz a augmenté (diminué). ～が張る coûter cher. ～を上げる(下げる) augmenter (baisser, diminuer) le prix. ～をきめる fixer (déterminer) le prix. ～をつける évaluer; estimer; apprécier. ¶～の高い(低い) coûteux(se). いい～で売れる se vendre cher.

ねあがり 値上り augmentation *f*; montée *f*; †hausse *f*; renchérissement *m*. ～を防ぐ empêcher les prix de monter; freiner la hausse des prix. ～を見越して買う [株] jouer à la hausse. ¶～する augmenter; †hausser; renchérir. 生活費が～した La vie a augmenté./Les prix ont monté.

ねあげ 値上げ augmentation *f*; majoration *f*; relèvement *m*. 賃金(税金)の～ augmentation (majoration) des salaires (d'impôt). 賃金の～を要求する demander une augmentation des salaires. ¶～する augmenter; majorer; relever. 鉄道(電気)料金を～する relever les tarifs ferroviaires (le prix de l'électricité). ‖～反対運動を起す faire campagne contre la hausse des prix.

ねあせ 寝汗 sueurs *fpl* nocturnes; transpiration *f* nocturne. ～をかく transpirer pendant *son* sommeil.

ねいき 寝息 respiration *f* d'un(e) dormeur (se). ～をうかがう écouter la respiration d'un dormeur.

ねいす 寝椅子 chaise *f* longue; canapé(s)-lit(s) *m*.

ネイティブスピーカー personne *f* de langue maternelle.

ネイビーブルー bleu *m* marine.

ねいりばな 寝入り端 ¶～に dans les premiers instants du sommeil. ～を起こされた A peine endormi, on m'a réveillé.

ねいる 寝入る s'endormir profondément.

ねいろ 音色 tonalité *f*; ton *m*; sonorité *f*. 鐘の～ timbre *m* d'une cloche. バイオリンの～ sonorité *f* d'un violon. ～がいい avoir une bonne sonorité; avoir un son mélodieux. フルートの～はいい La flûte a un son harmonieux.

ねうごき 値動き fluctuation *f* des prix. 株は～が激しい Le cours des actions change sans cesse. ¶～の激しい商品 marchandise *f* au prix fluctuant.

ねうち 値打ち valeur *f*; mérite *m*; [値段] prix *m*. ～がある avoir de la valeur; mériter; valoir. この家は1000万円の～がある Cette maison vaut dix millions de yen. 彼は先生としての～がない Il n'est pas digne d'être professeur. ～が上がる augmenter de valeur. ～が下がる diminuer de valeur; se déprécier; perdre de *sa* valeur. お金の～が下った L'argent s'est dévalorisé. ¶～のある de valeur. ～のある本 livre *m* qui mérite d'être lu. ～のない sans valeur; [俗] à la gomme. 三文の～もない宝石 bijou(x) *m* de quatre sous. ～通りに(以上に)評価する estimer *qc* à sa juste (au-dessus de sa) va-

ねえ [呼びかけ] Ecoutez (Ecoute)!/Dites (Dis) donc!/Voyons! 〜きみ Ecoutez!/Dis donc! 〜あなた、何処かへ出かけましょうか Dis, chéri, allons faire un tour! 〜パパ、これを買ってDis, papa, achète-moi ça. ◆[同意を求めて] Hein?/N'est-ce pas? 〜面白いだろう C'est intéressant, hein (n'est-ce pas)? きれいですね 〜 Comme c'est joli! ¶[ためらいを示して] そう、そうかも知れないよ Oui, c'est bien possible. そう〜10時頃には帰るでしょう C'est ça, je rentrerai probablement vers dix heures. そうでしょう〜 Ça se pourrait bien.

ネーブル 〖植〗 navel f.

ネームバリュー ¶彼には〜がある Il a un nom.

ネームプレート plaque f (badge m) d'identité.

ねおき 寝起き ¶〜が悪い(いい) être toujours de mauvaise (bonne) humeur à son réveil. 〜を共にする vivre avec qn. 屋根裏部屋で〜している loger (habiter) dans une mansarde.

ねおし 寝押し ¶ズボンを〜する repasser son pantalon en le mettant sous son matelas.

ネオジム néodyme m.

ネオナチ néonazisme m; [人] néonazi(e) m (f). 〜の néonazi(e).

ネオファシスト néo-fasciste(s) mf.

ネオファシズム néo-fascisme(s) m.

ネオン néon m. ¶〜サイン enseigne f au néon. 〜灯 lampe f au néon.

ネガ épreuve f négative; cliché m.

ねがい 願い désir m; vœux mpl; souhait m; prière f; [頼み] demande f. ひとつお〜があるのです J'ai un service à vous demander. 私の〜はかなえられた Mes vœux ont été comblés. 〜に耳をかさない rejeter les prières de qn. 〜により職を解く relever qn de ses fonctions sur sa propre demande. 〜をかなえる exaucer le désir de qn. 〜を来るようにお〜する prier qn de venir. ひとつお御挨拶をお〜出来ませんか N'auriez-vous pas un petit mot à nous dire? お〜だから par pitié; de grâce; je vous en prie. お〜だからその窓を閉めて下さい Par pitié, fermez-moi la fenêtre. お〜だから15分待って Accordez-moi un quart d'heure de grâce. ¶休暇〜 demande de congé.

ねがいさげ 願下げ ¶告訴を〜する retirer sa plainte. そんなお役には〜にして貰いたい Je voudrais être exempté d'une pareille fonction.

ねがう 願う [願望する] souhaiter; [期待する] espérer; [欲する] vouloir; désirer. 成功を〜 souhaiter la réussite à qn. すべてがうまく行くように願っている J'espère que tout se passera bien. 願ってもないことです Je ne demande pas mieux./C'est justement ce que je souhaitais. 〜ことが叶った C'est une chance inespérée. そうしてくれれば願ったり叶ったりだ Si tu fais comme ça, je ne demande pas mieux (ce sera merveilleux). ◆[懇願する] solliciter; supplier; prier; [頼む] demander. 謁見を〜 solliciter (demander) une audience. ...の〜許可を〜 demander la permission de inf. ¶休暇を願い出る demander un congé.

ねがえり 寝返り ¶〜を打つ se retourner; changer de côté; [裏切る] trahir; passer à l'ennemi.

ねかす 寝かす ¶子供を〜 mettre un enfant au lit; [寝かしつける] endormir un enfant. 負傷者を担架に〜 coucher un blessé sur un brancard. ◆[比喩的] ¶資本を〜 laisser dormir ses capitaux. 酒を〜 laisser (faire) vieillir le vin. 練り粉を〜 laisser reposer la pâte.

ねがわくば 願わくば ¶〜無事に戻れますように Plaise à Dieu que je revienne sain et sauf! 〜あなたに神の御加護があらんことを Que Dieu vous soit en aide!

ねぎ 葱 poireau(x) m.

ねぎらう 労う ¶労を〜 remercier qn pour ses efforts; manifester sa reconnaissance pour les services rendus.

ねぎる 値切る marchander; obtenir un rabais. 千円〜 obtenir un rabais de 1.000 yen. 中古車を〜 marchander une voiture d'occasion. ¶値切って買う acheter au rabais. 値切らずに sans marchander.

ねくずれ 値崩れ ¶市場を〜する La Bourse baisse (s'effondre).

ねぐせ 寝癖 ¶〜がいい dormir tranquillement. 〜が悪い s'agiter pendant le sommeil.

ネクタイ cravate f. 〜をしている porter une cravate. 〜をしめる(とる) nouer (dénouer) sa cravate. ¶蝶〜 nœud m papillon. 〜留め fixe-cravate(s) m. 〜ピン épingle f de cravate.

ねくび 寝首 ¶あいつには用心しないと今に〜をかかれるよ Si vous ne faites pas attention à ce type, il va vous briser les reins.

ねぐら 塒 nid m; [家禽の] perchoir m. 〜に帰る rentrer au nid. 悪人どもの〜を襲う 警官の〜 faire une descente dans un repaire de gangsters.

ネグリジェ chemise f de nuit.

ねぐるしい 寝苦しい avoir un sommeil troublé. 〜夜 nuit f tropicale. 今夜は暑くて〜 La chaleur m'empêche de dormir ce soir.

ねこ 猫 chat(te) m(f). 〜が鳴いている Le chat miaule. ◆[比喩的] ¶〜をかぶる faire la chattemite; prendre des airs de sainte nitouche. 「〜に鰹節」 «C'est enfermer les loups dans la bergerie.» 「〜に小判」 «C'est jeter des perles aux pourceaux.» 猫の子一匹いない Il n'y a pas un chat. 〜の手も借りたい être si occupé qu'on ne sait plus où donner de la tête. 〜の額はどの土地 terrain m grand comme un mouchoir de poche. 〜の眼のように変る varier (changer) sans cesse; être toujours changeant. 借りて来た〜のようにおとなしい être doux comme un agneau. ¶子〜 chaton(ne) m(f). 〜科 félidés mpl. 〜かぶり sainte(s) nitouche(s) f; chattemite f; sainte(s) nitouche(s) f.

ねこいらず 猫いらず mort(s)-aux-rats f.

ねこかわいがり 猫可愛がり ¶〜する 〖俗〗 bichonner qn.

ねごこち 寝心地 ¶このベッドは〜がよい On est bien dans ce lit. 〜のいい(悪い)ベッド lit *m* confortable (inconfortable).

ねこじた 猫舌 ¶〜である ne pas pouvoir manger très chaud.

ねこぜ 猫背 ¶〜である avoir le dos courbé (rond).

ねこそぎ 根こそぎ ¶泥棒に〜に取られた Le voleur m'a tout volé./Le voleur n'a rien laissé. 〜にする déraciner. 悪を〜にする déraciner un vice. 嵐で大木が〜にされた Un grand arbre a été déraciné par l'orage.

ねごと 寝言 ¶〜を言う parler en dormant. 何を〜を言ってるんだ Tu divagues !/Tu rêves!/Qu'est-ce que vous chantez là ?

ねこなでごえ 猫撫声 ¶〜 voix *f* pateline (cajoleuse, doucereuse).

ねこばば 猫糞 ¶〜をきめこむ s'approprier *qc*.

ねこみ 寝込み ¶〜 を襲う surprendre brusquement *qn* pendant *son* sommeil.

ねこむ 寝込む [病気で] s'aliter; rester alité; rester au lit. 長いこと寝込んでいる être longtemps cloué dans *son* lit. 病気で私は10日も寝込んでしまった La maladie m'a alité pendant dix jours.

ねこやなぎ 猫柳 chaton *m* de saule.

ねごろ 値頃 ¶お〜ですね C'est un prix raisonnable, n'est-ce pas ?

ねころぶ 寝転ぶ s'allonger; se coucher de tout *son* long. 草の上に〜 s'allonger sur l'herbe.

ねさがり 値下り baisse *f*. 株価の〜 baisse des actions. 〜する baisser; diminuer les prix. 食料品は〜した Les denrées [alimentaires] ont baissé. 〜している être en baisse.

ねさげ 値下げ abaissement *m* des prix; [値引き] réduction *f*. 賃金の〜 réduction des salaires. ¶〜する baisser le prix de *qc*. ‖〜運動 campagne *f* contre la hausse des prix; stop *m* à la hausse.

ねざけ 寝酒 ¶〜を飲む boire du saké avant de se coucher.

ねざす 根差す [出来する] prendre *sa* source dans; [基づく] se fonder (se baser) sur; [入り込む] se loger. この争いの原因はその〜ところが深い Cette querelle est profondément enracinée. 彼の性格は境遇に根差している Son caractère s'est modelé sur son milieu. 疑心が心に深く根差して離れない Le doute s'est logé dans son cœur. ¶心に深く根差した憎み haine *f* fortement ancrée dans l'esprit.

ねざめ 寝覚め ¶〜が悪い avoir mauvaise conscience. あんな馬鹿なことをしでかしてどうも〜が悪い J'ai fait une bêtise qui me reste sur la conscience.

ねざや 値鞘 marge *f* bénéficiaire. べらぼうな〜 marges abusives. 〜を減らす réduire les marges.

ねじ 螺(捻)子 [雌ねじ] vis *f*; [雄ねじ] écrou *m*. 〜の刻目 pas *m* de vis. 〜でとめる fixer *qc* avec une vis; visser. 〜を締める(ゆるめる) serrer (desserrer) une vis. 〜を(巻き) (戻す)remonter. 時計の〜をまく remonter une pendule. ‖ 木〜(〜釘) vis à bois. 螺〜 écrou ailé (à oreilles). 止め〜 écrou d'arrêt. 〜山 filet *m* (d'une vis). 〜回し tournevis *m*. ◆ [比喩的に] 〜をまく [励ます] secouer *qn*; [叱責する] serrer la vis à *qn*; visser *qn*. あのあくどい小僧には〜をまかなけりゃならない Il faut serrer la vis à cet enfant insupportable. お前たちはみんな〜がゆるんでるぞ Vous avez tous besoin d'être vissé un peu.

ねじあげる ねじ上げる ¶腕を〜 tordre le bras à *qn*.

ねじきる 捩切る ¶針金を〜 couper un fil de fer en le tordant.

ねじける 拗ける devenir méchant. ¶心のねじけた子 enfant *mf* retors(e). 根性がねじけている avoir l'esprit mal tourné.

ねじこむ 捩込む enfoncer *qc* dans; [押し込む] fourrer. お札をポケットに〜 fourrer des billets dans *sa* poche. ◆ [抗議する] protester. 不正に対して〜 protester contre une injustice. 子供の親父が私の家にねじこんで来た Le père de cet enfant est venu chez moi pour me faire une scène.

ねしずまる 寝静まる ¶家中の者が〜のを待つ attendre que la famille s'endorme profondément. 家中は寝静まっている Dans la maison, tout le monde est plongé dans le sommeil. 町は寝静まっていた Toute la ville dormait.

ねしな 寝しな ¶〜に au moment de se coucher.

ねじふせる 捩伏せる abattre *qn* par la force; immobiliser *qn* à terre. 相手を力で〜 anéantir *son* adversaire par la force.

ねじまげる 捩曲げる ¶鉄棒を〜 tordre une barre de fer. 捩曲った脚 jambe *f* tordue.

ねしょうべん 寝小便 ¶〜をする mouiller *son* lit; pisser au lit.

ねじりはちまき ねじり鉢巻き ¶〜で勉強する travailler avec la tête bandée

ねじる 捩る tordre; [よじる] tortiller. 栓を〜 tourner un robinet. 腕を〜 tordre le bras à *qn*; [自分の] se tordre le bras. 身を〜 se contorsionner; se tordre. 私は梯子から落ちて足首を捩ってしまった En tombant d'une échelle, je me suis tordu (foulé) la cheville.

ねじれ 捩れ torsion *f*. 針金の〜 torsion d'un fil de métal. 〜を直す détordre.

ねじれる 捩れる se tordre. ¶捩れた tordu. 足が捩れている avoir un pied bot.

ねじろ 根城 nid *m*; repaire *m*. 山賊の〜 repaire de brigands.

ねず 杜松 genévrier *m*. ¶〜の実 genièvre *m*.

ねすごす 寝過ごす se réveiller en retard. 寝過ごして授業に遅れる se réveiller en retard pour la leçon.

ねずのばん 寝ずの番 ¶〜をする veiller; prendre la veille.

ねずみ 鼠 rat *m*. 袋の〜も同然である être pris comme un rat au piège. 川〜 rat d'eau. どぶ〜 rat d'égout. 野〜 mulot *m*. 二十日〜 souris *f*. 〜入らず garde-manger *m inv*. 〜色 couleur *f* grise; gris *m*. 〜色の gris. 〜色がかった grisâtre. 〜算的にふえる augmenter en progression géométrique. 〜退治 dératisation f. 台所の~退治をする dératiser la cuisine. ~取り ratière f; souricière f; piège m à rats.

ねぞう 寝相 ¶~が悪い(いい) dormir dans une posture débraillée (paisiblement).

ねそびれる ne plus pouvoir s'endormir; ne pas trouver le sommeil.

ねそべる 寝そべる se coucher à plat ventre; s'allonger; s'étendre comme un veau. 草の上に~ se vautrer sur l'herbe. 草の上に仰向けに~ s'allonger sur le dos dans l'herbe. ベッドに寝そべって本を読む être étendu dans un lit.

ねた ¶新聞記事の~を集める ramasser de la matière pour un article de presse.

ねだ 根太 lambourde f; fondement m. ~が抜けた La lambourde a cédé.

ねたきり 寝たきり ¶~になる ne plus quitter son lit. ¶~の老人 vieillard m grabataire.

ねたましい 妬ましい ⇒ ねたむ(妬む). ¶妬ましそうな目つきをする jeter un regard jaloux. 妬ましそうに恋敵を見つめる regarder jalousement un(e) rival(e).

ねたみ 妬み jalousie f; envie f. ~を買う s'attirer la jalousie (l'envie) de qn. ¶~深いjaloux(se).

ねたむ 妬む envier; être jaloux(se) de. ~の成功を~ envier le succès de qn. 妬まれる être envié par qn; être jalousé. 人から妬まれる覚えはない Personne ne m'a jamais jalousé. ¶妬んで jalousement.

ねだやし 根絶やし extinction f; extermination f; extirpation f. ¶~にする extirper; exterminer; déraciner. 雑草を~にする extirper les mauvaises herbes.

ねだる 父親におもちゃを~ importuner son père pour avoir des jouets. 母親にお金を~ demander avec insistance de l'argent à sa mère.

ねだん 値段 prix m. 商品の~ prix d'une marchandise. 途方もない~ prix exorbitant. ~が高い(張る) coûter cher. ~が安い coûter peu. ~が上(下)る devenir plus cher (baisser). ~がつけられない [非常に高い] n'avoir pas de prix; être hors de prix. ~の折合いがつく tomber d'accord sur le prix. ~を上(下)げる hausser (baisser) le prix. ~を付ける(決める) fixer le prix de qc. お~はいくら Combien cela coûte-t-il?/C'est combien? このコートのお~はいくら C'est combien ce manteau? ¶~に糸目をつけないで à prix d'or (à vil prix). 高い(安い)~で売る vendre au prix fort (à bas prix). よい~で売れる se vendre cher. ~だけのことはある valoir son prix. ¶最低~ le dernier prix. 仲間~ prix marchand.

ねちがえる 寝違える ¶首を~ attraper un torticolis pendant son sommeil.

ねつ 熱 chaleur f. 太陽の~ chaleur du soleil. ~の良導体 corps m bon conducteur de la chaleur. ~を伝える transmettre la chaleur. 植物が発育するには~が必要だ Les plantes ont besoin de chaleur pour se développer. ∥~エネルギー énergie f thermique. ~化学 thermochimie f. ~核反応

réaction f thermonucléaire. ~機関 moteur m thermique. ~効率 rendement m thermique. ~伝導(伝導体) conduction f (conducteur m) de la chaleur. ~電気 thermoélectricité f. ~電気の thermoélectrique. ~ [熱意・熱狂] ardeur f; enthousiasme m; ferveur f; passion f. ~を冷める se désintéresser de. …に~をあげる se passionner pour qc; être follement amoureux(se) de qn. ¶~のこもった chaleureux(se); ardent; fervent; passionné. ~のこもった祈り prière f fervente. ~のこもった妙技 jeu m plein de chaleur. ~のこもった祝辞 chaleureuses félicitations fpl. ~のこもった試合だった C'était un match chaleureux. ~っぽい眼差し regard m passionné (plein de chaleur). ~をこめて話す parler avec passion (chaleur). ∥賭博の~ fureur f du jeu. 野球~ enthousiasme m pour le baseball. 旅行~ folie f des voyages. ◆[気炎] ¶勝手な~を吹く faire des fanfaronnades; se vanter. ◆[病熱] fièvre f. ~が上る(下る) La fièvre monte (baisse, tombe). ~がある avoir de la fièvre. ~が39°もある avoir 39 [degrés] de fièvre. ~がひどい avoir une très forte fièvre; avoir une fièvre de cheval. ~がこもって抜けない La fièvre couve encore. ~が出た J'ai de la fièvre./J'ai un accès de fièvre. 彼は夕方になると時々急に~が出る Vers le soir, il a souvent une bouffée de fièvre. ~がすっかり引いた La fièvre est complètement tombée. ~が中々引かない La fièvre persiste. ~に浮かされる être en délire; avoir le délire. ~を抑える combattre la fièvre. ~を下げる faire tomber la fièvre. ~を測る prendre sa température. ¶~っぽい se sentir fiévreux(se).

ねつあい 熱愛 ¶~する [人を] adorer qn; aimer passionnément; [物を] avoir la passion de qc. ∥~者 adorateur(trice) m(f).

ねつい 熱意 ardeur f; empressement m; enthousiasme m; entrain m; zèle m. ~がある s'enthousiasmer pour; être ardent à. ~に欠ける manquer de zèle. ~を失う perdre de son ardeur pour. ~を示す manifester son ardeur à; s'empresser à. 彼の~に負けて遂にその仕事を引き受けてしまった Cédant à son zèle, j'ai fini par accepter ce travail. ~のある zélé; empressé.

ねっきょう 熱狂 ¶彼女の素晴しい~が観衆をうならせた Sa brillante interprétation a suscité des rumeurs d'admiration dans le public. ~する jouer son rôle passionnément; brûler les planches.

ネッカチーフ carré m; [絹の] foulard m. 髪に~をかぶる mettre un foulard sur ses cheveux. 首に~をまく nouer un foulard autour du cou.

ねっから 根っから foncièrement. 彼は~勝負好きだ Il aime foncièrement le jeu. ¶彼女は~のお人好しだ C'est vraiment un(e) brave homme (femme).

ねつき 寝付き ¶~がいい(悪い) s'endormir facilement (difficilement). この子は~が

Cet enfant est facile à endormir.

ねっき 熱気 chaleur f. この部屋は~が籠っているOn étouffe dans cette chambre. ~に当てられるêtre incommodé par la chaleur.

ねっきょう 熱狂 exaltation f; enthousiasme m; enivrement m; engouement m. ¶~する s'exalter; s'engouer de; se passionner de (pour); s'enivrer de; s'enivrer de. 観衆は熱戦に~したCe match très disputé a enflammé le public. ~させるexalter; enthousiasmer; enivrer. ~的な(~した) exalté; passionné; enthousiaste; frénétique. ~した群衆 foule f exaltée. ~的な踊り danse f frénétique (endiablée). ~的な崇拝者 admirateur(trice) m(f) passionné(e). ~的に frénétiquement; fanatiquement; à la folie; avec enthousiasme.

ねつく 寝付く s'endormir; [病気で] s'aliter. 子供を寝付かせる endormir un enfant. 一晩中寝付かれなかった Je n'ai pas dormi de toute la nuit.

ネック ¶それが~になっている C'est là que ça coince.

ねづく 根付く pousser des racines. 植えかえた木がやっと根付いた Un arbre transplanté a poussé enfin des racines.

ネックレス collier m. 真珠の~ collier de perles.

ねっけつかん 熱血漢 homme m passionné.

ねっさ 熱砂 ¶~の砂漠 désert m de sable brûlant.

ねつさまし 熱さまし fébrifuge m.

ねっしゃびょう 熱射病 coup m de chaleur.

ねつじょう 熱情 passion f; ardeur f; élan m. ¶~的な passionné; ardent. ~ passionnément; avec passion.

ねっしん 熱心 ferveur f; zèle m; enthousiasme m; empressement m. ¶~な [熱烈な] fervent; enthousiaste; passionné; [熱意のある] empressé; zélé; chaleureux(se); [勤勉] diligent; assidu; [注意深い] attentif(ive). ~な信者 fidèle m ferveur(e). ~な生徒 élève m f assidu(e). ~に avec ferveur; avec zèle (entrain); assidûment; avec attention; attentivement. ~に働く travailler avec zèle (assidûment). ~に聴く écouter avec attention.

ねっする 熱する chauffer; donner de la chaleur; [暖める] échauffer; [興奮する] s'animer; s'exalter; s'enthousiasmer; s'échauffer. 鉄を~ chauffer du fer. 大気中の水蒸気は太陽に熱せられ、上昇して雲になる La vapeur échauffée par le soleil, monte dans l'atmosphère et se change en nuages. ¶熱した chaud; chauffé. 議論が熱して来る La discussion commence à s'échauffer. 彼は手帳話をしているうちに段々熱して来た Il s'exaltait progressivement en racontant ses exploits. 熱しやすい avoir le sang chaud. 熱しやすい性質 tempérament m excitable. 彼は熱しやすくさめやすい質だ Il se calme aussi vite qu'il s'échauffe.

ねっせい 熱性 ¶~の calorifique. ‖ ~小児麻痺 poliomyélite f de ferveure.

ねっせい 熱誠 dévouement m fervent. ¶~溢るる心 cœur m plein d'enthousiasme.

ねっせん 熱戦 lutte f acharnée; [試合] match m très disputé. ¶~をくりひろげる combattre avec acharnement; disputer un match acharné.

ねっせん 熱線 rayons mpl calorifiques.

ねつぞう 捏造 fabrication f; invention f. ¶~する fabriquer; inventer; forger. ~した fabriqué; forgé; inventé; controuvé. それらの逸話は~したものだ Ce sont des anecdotes controuvées. ‖ ~記事 nouvelle f fabriquée. ~者 fabricateur(trice) m(f); forgeur (se) m(f).

ねったい 熱帯 ¶~の(性の) tropical(aux). ‖ ~植物 plante f tropicale. ~高気圧 dépression f équatoriale. ~性気候 climat m tropical. ~地方 pays mpl chauds; tropiques mpl. ~夜 nuit f tropicale.

ねっちゅう 熱中 ¶~する s'enthousiasmer pour; se passionner de (pour); raffoler de; être fou (folle) de; être amoureux(se) de; [没頭] s'absorber dans; se perdre dans (en). 彼は音楽に~している Il est fou de musique. 彼は講談本に~している Il s'exalte à la lecture des romans de cape et d'épée. 彼は舞踏会で会った娘に~している Il est follement amoureux d'une jeune fille rencontrée au bal. ~させる enthousiasmer qn; passionner qn; absorber qn. ...に~している passionné de (pour); fou (folle) de; feu et flamme pour.

ネット filet m. ~を張る tendre le filet. ~すれすれに球を打つ envoyer la balle au ras du filet. ‖ ~オーバー する dépasser le filet. ¶~[放送網] 全国で~放映する diffuser qc sur l'ensemble du réseau de télévision. テレビ~ réseau(x) m de télévision.

ねっとう 熱湯 eau f chaude; eau bouillante. ~に通す échauder qc; passer qc à l'eau chaude. ~を注ぐ verser de l'eau bouillante sur qc. ‖ ~消毒 stérilisation f à l'eau bouillante. ~消毒する stériliser qc à l'eau bouillante.

ねっとり ¶~した onctueux(se). ~したソース sauce f consistante. このポマードは~としてとてもよい Cette pommade onctueuse est excellente. ~汗ばむ avoir la peau moite de sueur.

ネットワーク réseau(x) m. テレビ(ラジオ)の~ réseau de télévision (de radio). ‖ 情報~ réseau d'information.

ねっぱ 熱波 vagues fpl de chaleur.

ねつびょう 熱病 fièvre f; [医] pyrexie f. ~にかかる contracter une forte fièvre.

ねっぷう 熱風 vent m brûlant; [砂漠の] simoun m.

ねつべん 熱弁 ¶~を振う parler avec feu; faire un discours ardent.

ねつぼう 熱望 aspiration f. 国民の自由への~ aspiration d'un peuple à la liberté. あなたの~を叶えてあげよう Je permets à vos aspirations de se réaliser. ¶~する désirer (vouloir) ardemment qc (inf, que sub); aspirer à qc (à inf). 平和を~する aspirer à la paix.

ねづよい 根強い vivace; tenace; invétéré; opiniâtre. 彼は旧敵に対して一憎しみを持ち続けている Il garde une haine vivace contre ses anciens ennemis.

ねつりきがく 熱力学 thermodynamique f.

ねつりょう 熱量 quantité f de chaleur. ～を測る mesurer la quantité de chaleur. ‖～計 calorimètre m. ～測定 calorimétrie f.

ねつるい 熱涙 chaudes larmes fpl. ～を以って諌める persuader qn à chaudes larmes.

ねつれつ 熱烈 ¶～な ardent; fervent; passionné; chaleureux(se). ～なファン admirateur(trice) m(f) fervent(e). ～な歓迎を受ける recevoir un accueil chaleureux. ～ardemment; passionnément. ～に愛する aimer passionnément.

ねてもさめても 寝ても覚めても nuit et jour. ～彼女のことが忘れられない Je rêve à elle jour et nuit.

ねどこ 寝床 lit m; 〖俗〗pieu(x) m. ～から出る quitter le lit. ～に入るto se mettre au lit. ～を敷く dresser (faire) son lit.

ねとまり 寝泊り ¶おばの家に～している Je séjourne chez ma tante.

ねとる 寝取る ¶他人の女房を～ prendre la femme d'un autre. 寝取られる porter (avoir) des cornes; devenir cocu. 寝とられ男 cocu m.

ねなしぐさ 根無し草 lentille f d'eau; plante f flottante. 奴は～だ C'est un déraciné.

ねばつく 粘付く être visqueux(se) (gluant (e)).

ねばねば ¶口の中が～する avoir la bouche (langue) pâteuse. ～した pâteux(se); gras (se); gluant; collant; visqueux(se). ～した蟇の肌 peau f visqueuse d'un crapaud.

ねばね 値幅 fourchette f des prix.

ねばり 粘り viscosité f; 〖接着性〗adhésivité f. ～のある adhésif(ve); collant; 〖ねばねばした〗visqueux(se). 彼は～強い Il a de la persévérance. ～強い男 homme m tenace. ～強く勉強する travailler avec persévérance. 彼は～強く勉強する子だ C'est un élève persévérant. ～強さ persévérance f; ténacité f. ‖彼の一勝だ Il a gagné grâce à un effort persévérant. この子は～屋だからその努力はいずれは報われるだろう Cet enfant est persévérant et ses efforts seront récompensés.

ねばる 粘る 〖根気強い〗persévérer; 〖しつこく〗persister. 喫茶店で～ rester longtemps dans un café. 彼はよく～よ Il persévère dans l'effort. 彼は粘ってこの根気のいる仕事をやりとげた Il a terminé ce travail de longue haleine, grâce à sa persévérance.

ねはん 涅槃 nirvâna m. ～に入る entrer dans le nirvâna.

ねびえ 寝冷え ¶～する prendre froid pendant son sommeil.

ねびき 値引き réduction f des prix. ¶～する diminuer le prix de qc. 10%～する faire une réduction de 10%.

ねぶかい 根深い profondément enraciné. ～の争いは～ La lutte est profondément enracinée.

ねぶくろ 寝袋 sac m de couchage; duvet m.

ねぶそく 寝不足 sommeil m insuffisant. ～で体がだるい Je me sens fatigué à cause du manque de sommeil. ¶このところ僕は～だ Ces jours-ci, je manque de sommeil (je ne peux pas bien dormir).

ネプチューン 〖ロ神〗Neptune m.

ネプツニウム neptunium m.

ねぶと 根太 furoncle m; clou m.

ねぶみ 値踏み évaluation f; estimation f. ～する évaluer; estimer. ～させる faire expertiser qc; soumettre qc à une expertise.

ねぼう 寝坊 ¶朝～する faire la grasse matinée. 彼は朝～だ Il est dormeur./Il n'est pas matinal.

ねぼけ 寝惚け ¶～顔 visage m ensommeillé. ～声 voix f endormie. ～まなこをこする se frotter les yeux à son réveil.

ねぼける 寝惚ける ¶寝惚けている être à moitié endormi. 寝惚けるな Réveille-toi! 寝惚けたことを言うな Vous rêvez!

ねほり 根掘り ¶～葉掘り問いただす presser qn de questions; ennuyer qn par des questions.

ねまき 寝間着 chemise f de nuit; vêtement m de nuit. ～に着替える se déshabiller pour la nuit. ¶～姿で en chemise de nuit; en pyjama.

ねまわし 根回し ¶～する faire des démarches préalables.

ねみみ 寝耳 ¶そいつは～に水だ C'est comme un coup de foudre./En voilà une nouvelle !/En suis bleu.

ねむい 眠い avoir sommeil; avoir envie de dormir. 眠くてたまらない avoir une envie irrésistible de dormir; tomber de sommeil. ¶眠そうな目 yeux mpl ensommeillés. 眠そうだね Vous avez l'air d'avoir sommeil. 眠くなるような discours m soporifique.

ねむけ 眠気 assoupissement m; somnolence f. ～をさます dissiper son envie de dormir. ～を催す céder à l'assoupissement; commencer à avoir sommeil. ¶～を催すような soporifique. ～をさましに一杯のコーヒーを飲む prendre une tasse de café pour chasser le sommeil.

ねむのき 合歓木 mimosa m; arbre m de soie.

ねむり 眠り sommeil m; somme m. 深い～ sommeil profond. ～が浅い avoir un sommeil léger. ～につく s'endormir. 永遠の～につく s'endormir du son dernier sommeil. ‖ひと～する faire un petit somme. ～薬 somnifère m. ～病 encéphalite f léthargique.

ねむる 眠る s'endormir; dormir. ぐっすり～ dormir à poings fermés (comme un sabot). 正体なく～ avoir un sommeil de plomb. 枕を高くして～ dormir sur les deux oreilles. ここに～ Ci-gisent X./Ci-gît X./repose X. 草木も～丑三つ時 l'heure où

ねもと 根元 ¶木を〜から切る couper un arbre au pied. 木の〜で sous un arbre; au pied de l'arbre.

ねものがたり 寝物語 confidences fpl sur l'oreiller. 私の母親は〜におとぎ話をしてもらった Ma mère me racontait un conte de fées pour m'endormir.

ねや 閨 alcôve f. 〜の秘密 secrets mpl d'alcôve.

ねゆき 根雪 neige f persistante.

ねらい 狙い [照準] visée f; [目的] visées fpl; fin f; objet m; [意図] intention f. 〜が正確である avoir une bonne visée; viser juste. 〜がはずれる manquer son but. ...に〜をつける viser. そこがこの試験の〜である C'est le but auquel cet examen vise. あなたの〜は何ですか Quel est votre but?/A quoi tendent vos visées? 〜どおり juste comme on le souhaite.

ねらう 狙う viser; ajuster; [銃で] tirer sur; ajuster un tir (un coup de fusil) sur; [うかがう] guetter; épier. 兎を〜 viser (ajuster) un lièvre. 機会を〜 guetter l'occasion. 効果を〜 viser [à] l'effet. 下を〜 viser bas. 心臓を〜 viser au cœur. 生命を〜 attenter à la vie de qn. 地位を〜 ambitionner une position. 獲物を〜猫 chat m qui épie sa proie. 狙われている奴よ 狙え! En joue!/Joue! ¶ちょっとした隙を狙って盗む voler en profitant d'un moment d'inattention.

ねり 練り pétrissage m. ¶〜のきいた pétri. ∥手〜 pétrissage à main. 〜白粉 pâte f faciale. 〜餌 pâtée f. 〜塀 mur m en pisé.

ねりあるく 練り歩く défiler; se promener en bande.

ねりあわせる 練合せる ¶バターと小麦粉を〜 pétrir du beurre avec de la farine.

ねりこ 練粉 pâte f. ¶パンの〜 pâte à pain. 〜を練る pétrir la pâte.

ねる 寝る dormir; s'endormir; [うたたね] faire un petit somme; [床につく] aller au lit; [横になる] se coucher; s'étendre. 仰向けに〜 se coucher sur le dos. 女と〜 coucher avec une femme. 地面に〜 se coucher par terre. 〜子育つ Qui dort bien grandit vite. よく寝られない dormir mal. ¶寝て暮す passer son temps à dormir. 寝たふりをする faire semblant de dormir. 寝ずに avant de se coucher. 寝ずに看病する passer la nuit à soigner un malade. 〜間も惜しんで勉強する sacrifier son sommeil à ses études.

ねる 練る [こねる] pétrir; malaxer. バターを〜 malaxer du beurre. ◆[考えを] élaborer; [計画を] mijoter; [文章を] travailler; nourrir; [きたえる] fortifier; pétrir. 心身を〜 fortifier l'âme et le corps. 対策を〜 délibérer sur les mesures à prendre. 報告書を〜 nourrir un exposé. ¶練り直す remettre qc sur l'enclume. 計画を練り直す refaire un projet. よく練られた文体 style m bien travaillé. 彼はよく練れた人だ C'est un homme mûr.

ネル flanelle f. ∥綿〜 flanelle de coton.

ねわけ 根分け ¶〜する diviser des racines bulbeuses.

ねわざ 寝技 [柔道] judo m au sol; [レスリング] prises fpl au sol.

ねわら 寝藁 litière f.

ねん 年 an m; année f. ¶1〜に1度 une fois l'an (par an). 1〜置きに tous les deux ans. 2〜前に il y a deux ans. 2〜後 deux ans après. 2〜来 depuis deux ans. 毎〜 tous les ans; chaque année. 1〜間パリで過ごした Je suis resté un an à Paris. 何〜間も私達は逢わなかった Il y a des années que nous ne nous sommes pas vus. 1〜契約で à l'année. 彼は一〜中働いている Il travaille toute l'année. 〜から〜中 toujours; d'un bout de l'année à l'autre. 1〜払いにする payer à l'année. 来年は5〜になる L'an prochain, cela fera 5 ans.

ねん 念 [気持ち] sentiment m. 感謝の〜 sentiment de reconnaissance. 感謝の〜を表わす témoigner sa reconnaissance. 不安の〜を抱く rester dans l'incertitude. 自責の〜に堪えない être tourmenté par les remords. 復讐の〜に燃える brûler de vengeance. ◆[注意・用心] soin m; attention f. 〜を押す rappeler l'attention de qn sur. 〜には及ばない Il n'y a pas de quoi s'en faire. 〜には〜を入れよ On ne prend jamais trop de précautions. ¶〜を入れて (〜入りに) avec beaucoup de soin (d'attention); soigneusement; consciencieusement. 〜を入れて...する apporter un soin minutieux à inf; être attentif(ve) à inf. 〜の入った (〜入りな) 仕事 travail m soigné. 〜のために pour plus de sûreté; par précaution. 〜のためにお聞きしますが... Je me permets, pour simple vérification, de vous demander si.... 〜のために傘を持ってゆく emporter son parapluie par précaution (prudence).

ねんえき 粘液 mucus m; flegme m; glaire f; mucosité f. ¶〜性の muqueux(se); mucilagineux(se). ∥〜質の glaireux(se); flegmatique. 〜質の人 flegmatique mf.

ねんが 年賀 ¶〜に行く faire des visites de nouvel an. ∥〜状 carte f de nouvelle année (nouvel an). 〜郵便 courrier m de nouvel an.

ねんがく 年額 montant m annuelle; montant m annuel. ¶〜は...に達する La somme annuelle s'élève à....

ねんがっぴ 年月日 date f. ∥出版〜 date de publication.

ねんかん 年鑑 almanach m; annuaire m. ∥朝日〜 Annuaire d'Asahi. ゴータ〜 l'almanach de Gotha.

ねんかん 年間 ¶〜1億円の利益を上げる réaliser un bénéfice annuel de cent millions de yen. 大正〜に à l'ère Taishō. 〜を通じて toute l'année. 〜最高 chiffre m d'affaires. 〜所得 revenu m annuel. 〜予算 budget m annuel.

ねんがん 念願 désir m; vœu(x) m. 〜が成就した Mon désir a été réalisé./Ma prière a été exaucée. ∥〜成就 exaucement m.

ねんき 年季 apprentissage m. 〜が明ける

sortir d'apprentissage. ~が入っている avoir une longue expérience. ‖~奉公 apprentissage. ~奉公に出す mettre qn en apprentissage.

ねんきん 年金 pension f; [金利による] rente f. ~を与える pensionner qn; donner une pension. ~を受ける recevoir une pension. ‖終身~ rente viagère. 退職~ pension de retraite. 老齢~ pension d'ancienneté. ~受給者 pensionné(e) m(f). ~生活者 rentier (ère) m(f).

ねんぐ 年貢 tribut m annuel; impôt m foncier. ~を納める payer son fermage. ~を取り立てる percevoir un tribut. ~の納め時だ L'heure de payer a sonné.

ねんげつ 年月 années fpl; temps m. 彼は長い~をかけてこの大作を完成した Il lui a fallu de longues années pour achever cette œuvre monumentale. ~が経つにつれ à mesure que les années passent (le temps s'écoule).

ねんげん 年限 ¶~が切れる Le terme échoit (expire). ‖修学~ durée f des études.

ねんこう 年功 ¶~を積む avoir une longue expérience. ~による à cause de son longs services. ‖~順に par ordre d'ancienneté.

ねんごう 年号 nom m d'une ère. ~を改める adopter un nouveau nom d'ère. ¶~入りの酒壜 bouteille f millésimée.

ねんごろ 懇ろ [親切・丁寧] ¶~に poliment; hospitalièrement; cordialement; aimablement. ~にもてなす accueillir qn cordialement. ~に弔う enterrer qn pieusement. ‖[親密] ¶~になる se lier avec qn.

ねんざ 捻挫 foulure f; entorse f. ~する se fouler qc; se faire une entorse à qc. くるぶしを~する se fouler la cheville.

ねんさい 年祭 ‖誕生 100~ centenaire m de la naissance.

ねんさん 年産 production f annuelle. コロナは~20万台を越えた La fabrication annuelle de «Corona» a dépassé deux cent mille véhicules.

ねんし 年始 ¶~に行く faire des visites de nouvel an.

ねんじ 年次 ¶~休暇 congé m annuel. ~総会 assemblée f annuelle. ~予算 budget m annuel.

ねんしゅう 年収 revenu m annuel. 彼の~は500万円だ(を越えた) Son revenu annuel est de (dépassé) cinq millions de yen.

ねんじゅう 年中 toujours; sans cesse; toute l'année. この子は~泣いてばかりいる Cet enfant ne fait que pleurer. あの夫婦は~喧嘩ばかりしている Ce ménage se dispute d'un bout à l'autre de l'année. 近頃は季節物の野菜が~食べられるようになった Ces derniers temps, on trouve des légumes de saison tout au long de l'année. ‖~行事 cérémonie f annuelle. 「~無休」 «Ouvert toute l'année.»

ねんしゅつ 捻出 ¶財源を~する avoir du mal à alimenter sa caisse. 旅行費を~する se débrouiller pour gagner ses frais de voyage. 妙案を~する se creuser la tête pour trouver une bonne idée.

ねんしょ 念書 [外交上] mémorandum m; [覚書] mémoire m; note f. ‖外交~の交換 échange m de notes diplomatiques.

ねんしょう 年少 enfance f; jeunesse f. ~の jeune; juvénile. ‖~者 jeune homme m (fille f); enfant mf; mineur(e) m(f); adolescent(e) m(f). 彼は仲間で最~である Il est le moins âgé de notre équipe.

ねんしょう 燃焼 combustion f; inflammation f; ignition f. ~する brûler; s'enflammer. ~させる brûler; mettre en ignition. ~性の combustible. ‖完全(不完全)~ combustion parfaite (imparfaite).

ねんじる 念じる faire des vœux pour; faire une prière à Dieu. 彼が試験に合格することを心から念じている Je prie Dieu qu'il réussisse à son examen.

ねんすう 年数 années fpl. ¶~が経つにつれて à mesure que les années passent. ‖やはり経験の~あるものにはかなわない Les gens qui ont de longues années d'expérience sont imbattables! 勤続~が20年になる avoir 20 ans de service.

ねんだい 年代 [時代] âge m; ère f; époque f; période f; [世代] Génération f. 君と彼とでは~が違うよ Je suis d'une autre génération que toi. それは~の相違で仕方ない C'est inévitable: cela tient à la différence de génération. ‖1920~ に生まれる naître dans les années 1920. ~記 chronique f; annales fpl. ~記作者 chroniqueur m. ~順に dans l'ordre chronologique. ~測定 datation f. ~測定法 méthode f de datation.

ねんちゃく 粘着 adhérence f; adhésion f. ¶~する adhérer. ‖~性 adhésivité f; viscosité. ~性の adhérent; adhésif(ive); collant. ~力 force f d'adhésion. ~力のある adhésif(ve).

ねんちょう 年長 ¶~の aîné; plus âgé. ...より~である être plus âgé que qn. ‖~者 aîné(e) m(f); personne f âgée; ~者 doyen(ne) m(f) [d'âge]. ~者の言うことをきき給い Ecoutez vos aînés. 村の最~者は120歳である Le doyen du village a cent vingt ans.

ねんど 年度 année f; [予算, 会計上の] exercice m. ‖会計~ année budgétaire. 学~ année scolaire. 前~の利益 bénéfices mpl de l'exercice précédent. 本~ l'année courante. 1976~ 予算 budget m de l'exercice 1976. ~替り changement m d'exercice fiscal. ~初めに au commencement de l'année fiscale. ~末の明細書 bilan m en fin d'exercice.

ねんど 粘土 argile f; glaise f; terre f glaise. ¶~細工 objet m d'art en terre. ~細工をする modeler des objets en argile. ~質の argileux(se); glaiseux(se).

ねんとう 年頭 ¶~の所感を発表する publier un message de nouvel an.

ねんとう 念頭 ¶~に置く avoir en tête; garder dans son esprit. ~に置かない ne tenir aucun compte de. ~に浮かぶ se présenter à l'esprit. ~を去らない être toujours présent à l'esprit. 彼は一人の女のことしか~にない Il n'a en tête qu'une femme.

ねんない 年内 ¶~は多忙だ être très occupé

ねんね ぉ~の時間 Il est temps de faire dodo. さぁぉ~しなさい Tu vas aller dans ton petit dodo. ◆[世間知らず] ほんとに~なんで C'est un vrai bébé.

ねんねん 年々 d'année en année; annuellement; tous les ans; [歳と共に] avec l'âge.

ねんぱい 年輩 ~の d'un certain âge. ~の紳士 gentilhomme *m* d'un certain âge. ~の人 grison(ne) *m(f)*. 彼はもう相当な~だ Il est d'un certain âge. 彼の~では à son âge. ‖同~の du même âge. 50~の男 homme d'environ cinquante ans.

ねんぴ 燃費 consommation *f* d'essence. ‖~がいい(悪い) consommer peu (beaucoup) d'essence. ~低~車 véhicule *m* qui consomme peu; voiture *f* économique.

ねんぴょう 年表 chronologie *f*; tableau(x) *m* chronologique.

ねんぷ 年譜 chronologie *f*; sommaire *m* biographique.

ねんぷ 年賦 [年賦払い] paiement *m* par annuités; [年賦金] annuité *f*. ~で払う rembourser une dette par annuités. ‖20年~で家を買う acheter une maison payable en vingt ans.

ねんぶつ 念仏 ~を唱える réciter les invocations à Bouddha.

ねんぽう 年俸 appointements *mpl* annuels; traitement *m* annuel; indemnité *f* annuelle. ~500万円 traitement annuel de cinq millions de yen.

ねんぽう 年報 annuaire *m*; rapport *m* annuel.

ねんまく 粘膜 muqueuse *f*; membrane *f* muqueuse.

ねんまつ 年末 fin *f* d'année. ‖~大売出し vente-réclame *f* de fin d'année. ~賞与 gratification *f* de fin d'année. ~調整 ajustement *m* des impôts à la fin de l'année.

ねんらい 年来 de vieille date; de longue date. ~の友 ami *m* de vieille date. ~の計画 projet *m* qui remonte à loin. ~10~の大豊作 la plus belle moisson que l'on ait vue depuis dix ans.

ねんり 年利 intérêt *m* annuel. ‖~7分で avec un intérêt annuel de 7%.

ねんりき 念力 force *f* de volonté. 思う~岩をも通す La volonté déplace les montagnes.

ねんりょう 燃料 combustible *m*; [発動機用] carburant *m*. ‖液体(固体)~ combustible liquide (solide). ~が切れた Il n'y a plus de combustible. ~費 frais *mpl* de combustible. ~補給所 poste *m* d'essence. ~油 mazout *m*.

ねんりん 年輪 [木の] cerne *m*. さすが~の相違だ Ça vient avec l'âge.

ねんれい 年齢 âge *m*. ...できる~である être d'âge à (en âge de) *inf*. その種のスポーツぼくらの~にはふさわしくない Ce genre de sport n'est pas de notre âge. ~に制限はありませんIl n'y a pas de limite d'âge. ~に似ず On apprend à tout âge. ~を問わず sans regarder à l'âge. 彼は~の割りに若く見える Il paraît plus jeune que son âge. 精神~ âge mental. 平均~ âge moyen. ‖~制限 limite *f* d'âge. ~層 groupe *m* d'âge.

の

の 野 campagne *f*; champs *mpl*; plaine *f*. ‖~の花 fleurs *fpl* des champs; [野生の] fleurs sauvages. 日曜日で大勢の人が~に山に出掛ける Le dimanche, beaucoup de gens vont au vert. ◆[慣用句的] ‖あとは~となれ山となれ Après moi, le déluge!

ノア ‖~の方舟 arche *f* de Noé.

ノイズ bruits *mpl* [parasites]; parasites *mpl*. ~のため放送が聴き取りにくい L'émission est brouillée de parasites.

のいちご 野苺 fraise *f* des bois.

ノイローゼ névrose *f*; dépression *f* nerveuse. ~の人 névrosé(e) *m(f)*. 彼は~だ Il a une dépression nerveuse.

のう 嚢 [医] capsule *f*; sac *m*. ‖花粉~ sac pollinique. 関節~ capsule articulaire.

のう 能 [能力] capacité *f*; talent *m*. 金もうけだけが~じゃない Il y a autre chose à faire que de gagner de l'argent. ~のない人 personne *f* incapable.「~ある鷹は爪を隠す」«Le vrai mérite est modeste.»

のう 能 [演] nô *m*.

のう 脳 encéphale *m*; cerveau(x) *m*. ‖~の cérébral(aux). ~の弱い奴 cerveau faible; tête *f* sans cervelle. ‖~作用 cérébration *f*. ~病院 hôpital(aux) *m* psychiatrique.

のういっけつ 脳溢血 hémorragie *f* cérébrale. ~で倒れる tomber en apoplexie; avoir une attaque (être frappé) d'apoplexie.

のうえん 濃艶 ~な séduisant; attrayant; voluptueux(se). ~な女 femme *f* voluptueuse.

のうえん 脳炎 encéphalite *f*. ‖日本~ encéphalite japonaise.

のうえん 農園 ferme *f*; plantation *f*. ~で働く travailler dans une ferme. ‖タバコ(コーヒー)の大~ plantation de tabac (de café). ~主 propriétaire *mf* agricole.

のうか 農家 ferme *f*; [家族] famille *f* de paysans (d'agriculteurs). ‖~の仕事 travail *m* agricole.

のうかい 納会 dernière réunion *f* de l'année.

のうがき 能書 ‖~を並べ立てる énoncer fièrement *ses* mérites.

のうがく 農学 agronomie *f*. ‖~の agronomique; agronome. ‖~士 licencié(e) *m*

のうかすいたい 脳下垂体 hypophyse f; glande f pituitaire. ‖～ホルモン hormones fpl hypophysaires.

のうかん 納棺 mise f en bière. ¶～する mettre un corps en bière (dans un cercueil).

のうかんき 農閑期 saison f du repos pour les paysans.

のうき 納期 [金] date f de paiement; [物品] jour m de livraison; délai m de livraison.

のうきぐ 農機具 outil m agricole; [大きな] machine f agricole; [集合的に] outillage m agricole.

のうきょう 農協 ⇒ のうぎょう(農業).

のうぎょう 農業 agriculture f. ～に従事する se livrer à l'agriculture; travailler dans l'agriculture. ～の agricole; agricultural (aux). ‖～技師 ingénieur m agronome. ～協同組合 coopérative f agricole. ～国 pays m agricole. ～人口 habitation f agricole. ～政策 politique f agricole. ～労働者 ouvrier(ère) $m(f)$ agricole.

のうきん 納金 paiement m. ¶～する verser (payer) de l'argent.

のうぐ 農具 [道具] instruments mpl aratoires; [機械] machines fpl agricoles; [集合的に] outillage m agricole.

のうげい 農芸 agronomie f. ‖～化学 chimie f agricole.

のうけっせん 脳血栓 embolie f cérébrale.

のうこう 濃厚 ¶～な dense; épais(se). ～な色 couleur f foncée. ～な化粧 maquillage m épais. ～な食物 nourriture f grasse. ～なラブシーン scène f d'amour très osée. 疑いが～になる Les soupçons s'aggravent.

のうこう 農耕 agriculture f; culture f. ‖～馬 cheval m de labour.

のうこつ 納骨 ¶～する déposer l'urne (de qn).

のうこつどう 納骨堂 ossuaire m; [骨壷安置所] columbarium m; [地下の] crypte f.

のうこん 濃紺 bleu m foncé. ～の bleu foncé inv.

のうさぎ 野兎 lièvre m. ～をつかまえに行く aller à la chasse au lièvre.

のうさぎょう 農作業 travaux mpl des champs.

のうさくぶつ 農作物 produits mpl agricoles. 晩霜で～は甚大な被害を受けた Les gelées tardives ont causé de grands dégâts dans les produits agricoles.

のうさつ 悩殺 ¶～する ensorceler; envoûter; fasciner; captiver. ～する人 ensorceleur(se) $m(f)$. ～される être ensorcelé. ～的な瞳 yeux mpl fascinants (ensorceleurs).

のうさんぶつ 農産物 produits mpl agricoles. 我が国の～は年々少なくなってきた Les produits agricoles de notre pays diminuent d'une année à l'autre.

のうし 脳死 mort f cérébrale [clinique]; mort du cerveau. ¶～状態である être en état de mort cérébrale.

のうじ 能事 ¶～終りとなす considérer son devoir comme accompli.

のうじ 農事 ¶～試験場 laboratoire m expérimental d'agriculture; ferme f expérimentale.

のうじゅうけつ 脳充血 congestion f cérébrale.

のうしゅく 濃縮 concentration f; condensation f. ¶～する concentrer; condenser. ‖～ウラン uranium m enrichi. ～牛乳 lait m concentré. ～ジュース jus m concentré.

のうしゅっけつ 脳出血 ⇒ のういっけつ(脳溢血).

のうしゅよう 脳腫瘍 tumeur f cérébrale.

のうしょ 能書 ¶～家 calligraphe mf doué(e). ～家である avoir une belle écriture.

のうしょう 脳漿 cerveau m; cervelle f.

のうじょう 農場 ferme f; plantation f; [牧場] ranch m. ～を経営する tenir une ferme. ¶～の fermier(ière).

のうしんけい 脳神経 nerfs mpl crâniens.

のうしんとう 脳震盪 commotion f cérébrale. ～をおこす être atteint d'une commotion cérébrale.

のうずい 脳髄 encéphale m.

のうすいしゅ 脳水腫 hydrocéphalie f; hydrocéphale f. ‖～に罹った hydrocéphale. ～患者 hydrocéphale mf.

のうすいしょう 農水省 ⇒ のうりん(農林).

のうせい 農政 politique f agricole.

のうぜい 納税 paiement m des impôts. ¶～する payer des impôts. ‖～受付所(査定所) recette f. ～額 montant m de l'impôt. ～期日 date f du paiement des impôts. ～義務 obligation f de l'impôt. ～特別 cotisation f. ～者 contribuable mf; imposé(e) $m(f)$. ～済証 vignette f. 自動車税～済証 vignette de l'impôt sur les automobiles. ～通知書 avis m de paiement d'impôts. ～督促書 avertissement m.

のうせきずいまくえん 脳脊髄膜炎 méningite f cérébro-spinale.

のうぜんかずら 凌霄花 jasmin m trompette chinois.

のうそくせん 脳塞栓 embolie f cérébrale.

のうそっちゅう 脳卒中 apoplexie f cérébrale.

のうそん 農村 village m; commune f rurale; campagne f. ‖～生活 vie f rurale. ～地方 région f agricole. ～婦人 paysanne f. ～文化 culture f rurale. ～問題 question f rurale.

のうたん 濃淡 ¶～をつける ombrer; nuancer; colorer qc de nuances variées.

のうち 農地 terre f cultivée; champs mpl. ‖～買上げ acquisitions fpl par le gouvernement de terres cultivées. ～改革 réforme f agraire. ～法 loi f agraire.

のうちゅう 嚢中 ¶～一文無し Je n'ai pas un sou en poche (sur moi).

のうてん 脳天 sommet m (haut m) de la tête; crâne m. ～を割られる avoir la tête à vif.

のうど 濃度 épaisseur f; densité f.

のうど 農奴 serf(ve) $m(f)$. ‖～制 servage m.

のうどう 能動 ¶～的な actif(ve). ～の ac-

のうないしゅっけつ 脳内出血 hémorragie *f* interne du cerveau (de la cervelle).

のうなし 能無し ganache *f*. 彼はまったく～だ Il n'est bon à rien./C'est un incapable.

のうなんかしょう 脳軟化症 ramollissement *m* du cerveau; cérébro-malacie *f*.

のうにゅう 納入 fourniture *f*. ¶～する fournir. ‖～者 fournisseur *m*.

のうは 脳波 électro-encéphalogramme *m*.

のうはんき 農繁期 saison *f* des travaux agricoles.

のうひつ 能筆 calligraphie *f*. 彼は～である Il a une belle main. ‖～家 calligraphe *mf*.

のうひん 納品 livraison *f*. ¶～する livrer des marchandises; effectuer une livraison.

のうひんけつ 脳貧血 anémie *f* cérébrale. ～を起す avoir une crise d'anémie cérébrale.

のうふ 納付 paiement *m*; [品物] livraison *f*. ¶～する payer l'impôt; fournir. ‖～金 redevance *f*.

のうふ 農夫(婦) laboureur *m*; cultiv*ateur*(*trice*) *m(f)*; paysan(ne) *m(f)*; fermi*er(ère)* *m(f)*.

のうべん 能弁 volubilité *f*; verve *f*; [雄弁] éloquence *f*. ¶～な volubile; éloquent. 彼は～である Il a le don de la parole. 彼は驚くほど～だ Il parle avec faconde.

のうほう 膿疱 pustule *f*. ¶～性の pustuleux(se).

のうほん 納本 dépôt *m* légal d'un livre. ¶～する déposer un livre en consignation.

のうまく 脳膜 méninge *f*. ‖～炎 méningite *f*.

のうみそ 脳味噌 cervelle *f*. ～をしぼる se creuser la tête. ～が足りない n'avoir pas de cervelle. ～の足りない奴 tête *f* sans cervelle.

のうみん 農民 agriculteur *m*; paysan(ne) *m(f)*; [集合的] paysannat *m*. ¶～の paysan(ne). ‖～一揆 révolte *f* de paysans; émeute *f* agraire. ～階級 paysannat. ～文学 littérature *f* paysanne.

のうむ 濃霧 brouillard *m* épais; [海の] brume *f*. ‖～警報 alarme *f* de brume.

のうやく 農薬 insecticide *m* agricole.

のうり 能吏 fonctionnaire *mf* capable.

のうり 脳裏 ¶～に浮かぶ venir à l'esprit. ～に刻みこむ graver dans *sa* mémoire. ～を去らない rester gravé dans la tête de *qn*; hanter l'esprit. 疑念が私の～を去らなかった Le doute subsistait dans mon esprit.

のうりつ 能率 efficience *f*; efficacité *f*; [仕事の] rendement *m*. ～を上げる(下げる) augmenter (diminuer) le rendement. 工員が疲れて来ると～が落ちる Le rendement diminue quand les ouvriers sont fatigués. ～の良い efficace. 非～の peu efficace. あの男はこのポストに置いた方が～的だ Il serait plus efficace de mettre cet homme à ce poste. ～的に efficacement. ‖～給 salaire *m* proportionnel à la production; salaire à la pièce.

のうりょく 能力 capacité *f*; faculté *f*; [適性] aptitude *f*; étoffe *f*; [力] pouvoir *m*. ...する～がある être capable de *inf*; avoir la faculté de *inf*; être apte à *inf*. ...する～は充分ある être tout à fait capable de *inf*. この生徒は授業についていく～がある Cet élève est apte à suivre la classe. 彼には未来を予知する～がある Il a le pouvoir de connaître l'avenir. 彼には政治家としての～がない Il n'a pas l'étoffe d'un homme d'État. やってみたが～が伴わなかった J'ai essayé mais je n'étais pas à la hauteur. ～を欠く manquer de capacité. ～のある capable; habile; [専門的の] compétent. ～の及ぶ限り autant qu'il est en *son* pouvoir. ‖～テスト test *m* d'aptitude.

のうりん 農林 ‖～学校 école *f* d'agriculture. ～水産(省)(大臣) Ministère *m* (ministre *m*) de l'Agriculture, des Forêts et de la Pêche. ～行政 administration *f* agricole.

ノー non. ～と言う dire non.

ノーアイロン ¶～の qui ne se repasse pas.

ノーカウント coup *m* nul.

ノーカット ¶～の [映画] intégral(ale); sans coupures.

ノーゲーム match *m* annulé. ¶～になる faire match nul.

ノーコメント Pas de (Sans) commentaires. ～で押し通す se refuser à tout commentaire.

ノーサイド 〖スポ〗 fin *f* de match.

ノート note *f*; [ノートブック] cahier *m*. 講義の～を取る prendre des notes à un cours. ～型パソコン ordinateur *m* portatif (portable).

ノーハウ know-how [nɔɑw] *m inv*; savoir-faire *m inv*. ～を教える apprendre à *qn* comment faire.

ノーベリウム nobélium *m*.

ノーベル ‖～賞 prix *m* Nobel. ～賞受賞者 lauréat *m* du prix Nobel.

のがす 逃す manquer; laisser échapper. 機会を～ manquer une occasion.

のがれる 逃れる s'échapper de; s'évader de; se dérober à; [逃げ出す] s'enfuir; [こっそり] s'esquiver; [免れる] échapper à; [解放される] s'affranchir de. 外国へ～ s'enfuir à l'étranger. かろうじて～ l'échapper belle. 義務を～ se dérober à *ses* obligations. 刑務所行きを～ échapper à une peine de prison. 人目を～ se dérober aux regards. 無事に～ s'en tirer sans aucun mal. 法の網を～ se soustraire à la justice. 死は逃れられないものだ La mort est inévitable. ～術もない voir aucun moyen de s'y soustraire.

のき 軒 auvent *m*. たくさんの家が～を並べている Il y a une enfilade de maisons. ‖～先に devant la maison. ～下に sous l'auvent. ～並に de porte en porte; à chaque porte. ～並に空巣に入られた Un cambrioleur a visité une maison après l'autre.

のぎ 芒 arête *f*.

のぎく 野菊 chrysanthème *m* sauvage; camomille *f* sauvage.

のく 退く ¶わきに～ s'écarter; s'effacer; se tenir à l'écart. 人を通すために側へ～ s'écarter (s'effacer) pour laisser passer *qn*. 退いて下

さい Dégagez, s'il vous plaît.

ノクターン nocturne *m*.

のけぞる 仰け反る se renverser en arrière. のけぞって倒れる tomber à la renverse (sur le dos).

のけもの 除者 ¶～にする exclure d'un groupe; écarter *qn*; mettre en quarantaine; mettre (tenir) *qn* à l'écart. 僕だけ～にされた J'ai été le seul à être écarté.

のける 除ける [取除く] enlever; ôter; [切り離す] laisser de côté; écarter; exclure. メンバーの中から彼を～訳にはいかない On ne peut pas l'exclure du groupe. ◆[しとげる] ¶見事にやって～ accomplir du beau travail.

のこぎり 鋸 scie *f*. ～の目 dents *fpl* de scie. ～の目を立てる (aiguiser) une scie. ～で引く scier. ∥糸～ scie à découper.

のこす 残す [後に] laisser. 思い出(名)を～ laisser un souvenir (son nom). 子供達にいくらかの借金を～ laisser à ses enfants quelques dettes. 子供たちは家に残してきた Nous avons laissé nos enfants à la maison. 泥棒たちは彼に何一つなしとして残して行かなかった Les voleurs ne lui ont rien laissé. 私は故障した車を残して歩いて帰った J'ai abandonné ma voiture en panne, et je suis rentré à pied. 仕事をやり～ laisser son travail inachevé. ¶私に残された唯一の財産 le seul bien qui me reste. 後に残された妻子 famille *f* du défunt. 私は残さずに全部食べた J'ai tout mangé. ◆[貯える] épargner. 金をちびちび～ épargner sou après sou. ◆[保存する] réserver. デザートは全部食べないであなたに少し残しておきました Je n'ai pas mangé tout le dessert, je vous en ai réservé une part. ◆[居残りをさせる] ¶生徒を放課後2時間～ donner à un élève deux heures de retenue. 放課後まで残されるêtre en retenue.

のこのこ ¶今頃～やって来て Arriver à cette heure! Tu en as un culot! よくも～やって来られたもんだ Tu as bien du culot de revenir!

のこらず 残らず entièrement; totalement; complètement. ～話す avouer tout. 有金～使いはたす dépenser tout *son* argent (jusqu'à *son* dernier sou). 彼は2人前のステーキを～たいらげた Il a englouti deux parts de biftek. ∥一人～ tous sans exception.

のこり 残り reste *m*; [貯え] réserve *f*. これが彼の財産の～だ Voilà tout ce qui reste de sa fortune. ～は僕にやらせて下さい Laissez-moi faire le reste. パン〈ンとチーズの～で食事をすませた Pour mon repas, je me suis contenté d'un peu de pain et d'un reste de fromage. 水の～も僅かなりた Les réserves d'eau tirent à leur fin. ¶ある者は新聞を読み、他の者は煙草をふかし、又～の者は窓から外を見ている Les uns lisent les journaux, d'autres fument, le reste regarde par la fenêtre. 試験の日まで～も僅かしかない Il ne me reste que peu de temps jusqu'à l'examen.

のこりもの 残り物 restes *mpl*; [分け前の] miettes *fpl*. 私は叔父の財産の～しか受け取らなかった Je n'ai reçu que des miettes de la fortune de mon oncle. 夕飯の～でいいよ Nous utilisons les restes du déjeuner pour le dîner. 「～には福がある」 «Aux derniers, les bons morceaux.»

のこる 残る [後に・後世に] rester; demeurer. 5から2を引くと3～ Cinq moins deux reste trois. 彼の名は後世に～だろう Son nom passera à la postérité. その作品は後世まで～だろう C'est une œuvre qui restera. 一時間ほどそこに残っている rester là plus d'une heure. 残っている仕事 travail *m* qu'il reste à faire. 2チューの支払いが残っている Deux mille euros restent à payer. ◆[現存する・生き続ける] être présent; se survivre. 心(記憶)に～ être présent à l'esprit (à la mémoire). 芸術作品は作者より長く生きる～ L'œuvre d'art survit à son auteur. 彼は子供たちの心の中に長く残っている Il se survit dans le souvenir de ses enfants. 中国の万里の長城は今でも残っている La grande muraille de Chine subsiste encore. ◆[跡] marquer; garder. 地方訛りが～ garder l'accent de *son* pays. 傷跡がまだ残っている Je garde encore une cicatrice. 彼の顔には子供時代の面影が残っている On retrouve dans sa physionomie quelque chose de son enfance. 疲労が目に残っている Les yeux sont marqués de la fatigue. 指紋がガラスに残っている Les vitres gardent des traces de doigts.

のさばる se montrer autoritaire; agir arbitrairement; s'imposer; prendre (laisser donner) des airs importants. ああいう町のダニにのさばらしておいてはいけない Il ne faut pas laisser ces truands du quartier jouer les durs.

のざらし 野晒し ¶～の battu de pluies et des vents. ～にされる être exposé en plein air.

のし 熨斗 ¶～をつけてくれてやる refiler *qc* à *qn*.

のしあがる のし上がる ¶～の地位に～ s'élever au rang de... 社長に～ parvenir à la présidence d'une société.

のしかかる peser sur; s'appuyer sur; s'pesantir sur. 大問題が私の上にのしかかって来た Un grand problème est en train de peser sur moi.

のじゅく 野宿 bivouac *m*; campement *m* en plein air. ¶～する coucher (dormir) à la belle étoile; bivouaquer; passer la nuit en plein air.

のす 伸す [殴り倒す] 彼は一発で伸された Il a été étendu par terre d'un coup de poing. ◆[伸びる] ¶彼はテニス界の若きホープとして伸して来た Il a réussi à s'imposer comme le meilleur jeune espoir de tennis.

ノスタルジア nostalgie *f*.

ノズル ajutage *m*; [ホースの] lance *f*; [噴霧器の] gicleur *m*.

のせる 乗(載)せる [物を] placer (poser) *qc* sur; mettre *qc* sur; [積む] charger; embarquer. 棚に壜を～ poser (mettre) une bouteille sur une étagère. 車に荷物を～ charger une voiture; charger des bagages dans une voiture. 客を～ [タクシーなどに] prendre (charger) un client. 貨車に荷を～ charger des marchandises dans un wagon. 病人を車に乗せてやる aider un

のぞき malade à monter dans une voiture. ¶外国の観光団を乗せた船 bateau *m* chargé de touristes étrangers. ◆[名簿に] enrôler; [記載する] mentionner. 新聞に広告を〜 mettre une annonce dans les journaux. 論文を雑誌に〜 publier un article dans une revue. 新聞は車の火災事故を数件載せている Le journal mentionne plusieurs incendies de voitures. ¶[引っ掛ける] 彼女はお酒の冗談にまんまと乗せられた Elle a été facilement trompée (dupée) par sa plaisanterie.

のぞき 覗き 〜見る jeter un coup d'œil sur. ¶〜穴をあける ouvrir un judas. 〜窓 guichet *m*.

のぞきこむ 覗き込む se pencher sur. 人の顔を〜 dévisager *qn*.

のぞく 除く enlever; ôter; [離す] écarter; [排除する] exclure; éliminer; [省く] supprimer. 裏切者を〜 supprimer un traître. 苦労の元を〜 supprimer une cause d'inquiétude. 障害を〜 écarter un obstacle. 名簿から名前を〜 rayer *qn* d'une liste. 第1章だけは試験範囲から除きます Seul le premier chapitre ne fait pas partie du programme d'examen. ¶...を除いて à part; excepté; sauf. 日曜祭日を除いて excepté les dimanches et les jours de fêtes. 君を除いて誰も事情を知らない A part toi, personne n'est au courant. ...は〜を除いた(除く) hormis; sinon; excepté (sauf) que *ind*. 僅かな example を除いては hors mis à peu d'exceptions près. 今週は2,3日曇った日を除いては上天気だった Hormis quelques jours gris, nous avons eu très beau temps cette semaine. 軽い痛みを除いて、彼は何も感じなかった Il ne sentait rien, sinon une légère douleur. それを除けば à part cela; à cela près; si l'on excepte cela. 出生証明書が足りない、それを除けば書類は完璧です Il manque l'acte de naissance, à cela près, le dossier est complet.

のぞく 覗く 〜鍵穴から〜 regarder par le trou de la serrure. 部屋を〜 jeter un regard furtif dans une pièce. 病人の顔を〜 se pencher sur un malade. 胸のポケットにハンカチを覗かせる garnir son veston d'une pochette discrète.

のそだち 野育ち 〜彼らは〜である Ils sont de la campagne.

のそのそ 〜歩く aller à pas de tortue; traîner.

のぞましい 望ましい désirable; souhaitable. ...することが〜 Il est à désirer (à souhaiter) que *sub.*/Il est à souhaiter que *sub*. 各人がそれぞれ意見を述べる方が〜 Il serait désirable que chacun expose son avis. 望ましくない あの無遠慮な奴が同席とは望ましくない La présence de cet indiscret est indésirable.

のぞみ 望み [願望] désir *m*; vœu(x) *m*; souhait *m*. 〜をかなえる réaliser (exaucer) les désirs de *qn*. 〜を遂げる satisfaire ses désirs; accomplir un souhait. あなたは〜が高すぎる Vous visez trop haut. ¶我々の〜通りの回答は得られなかった Nous n'avons pas obtenu une réponse satisfaisante. 〜通りに なる tourner selon *ses* désirs. すべては〜通りに行った Tous mes vœux sont comblés. ◆[希望] espoir *m*; espérance *f*. 一縷の〜 un rayon d'espoir. 〜を抱く caresser un espoir. 〜をかける mettre toutes *ses* espérances dans *qc*; fonder son espoir sur *qn*. 〜を捨てる(捨てない) abandonner (s'accrocher à) un espoir. あらゆる〜を断つ ruiner tous les espoirs. 彼の仕事は成功の〜がない L'échec de son affaire ne fait plus de doute. 合意に達する〜は充分ある Nous avons bon espoir d'aboutir à un accord. ¶万に一つの〜を抱いて en se raccrochant au plus petit espoir. ¶彼が助かるのは〜薄だ Il y a peu de chance de le sauver.

のぞむ 望む [願望] souhaiter *qc* (*inf*, que *sub*); désirer (vouloir) *qc* (*inf*, que *sub*); [切望] aspirer à *qc* (*inf*); [期待] espérer *qc* (*inf*, que *sub*); [選択] préférer *qc* à *qc*. 平和を〜 aspirer à la paix. 留学したいと〜 désirer poursuivre *ses* études à l'étranger. 私は富よりも幸福を望んでいる Je préfère le bonheur à la richesse. 成功のように望んでいます Je souhaite que vous réussissiez. 我々はあなたの援助を望んでいます On espère votre aide. 出世など望んじゃない Je ne prétends pas faire fortune. 君の〜ものは何でもやるよ Je te donne tout ce que tu voudras. 〜自ら望んで ...する faire *qc* de *sa* propre volonté (de *son* plein gré). そうお望みならば si vous le désirez (voulez). お望みならばどうぞ Si vous voulez. ◆[見晴] ¶ホテルから海を〜 regarder la mer de l'hôtel. ここからは遠くに富士が望まれる D'ici on peut voir au loin le mont Fuji. 周囲の山々を〜高地 plateau *m* qui domine les montagnes d'alentour.

のぞむ 臨む [面する] donner sur; dominer. 海に〜断崖 falaise *f* qui domine la mer. 部屋は中庭に臨んでいる La chambre donne sur la cour. ◆[出席する] assister à. 開会式に〜 assister à la cérémonie d'ouverture. ◆[直面する] envisager *qc*; [立ち向う] faire face à; faire front à. 困難に〜 envisager une difficulté. 勇敢に敵に〜 faire face à un ennemi avec courage. ¶死に臨んで au moment de mourir. この期に臨んで en un pareil moment.

のたうつ se tortiller. 苦しんでのたうちまわる se tordre de douleur.

のたくる ¶蛇が草むらをのたくっている Le serpent rampe dans les herbes. 〜ような字を書く gribouiller des mots indéchiffrables.

のたれじに 野垂死 ¶〜する mourir dans la misère; mourir de faim. 道端で〜する crever au bord d'une route.

のち 後 ¶ビクトル・ユーゴーの〜のフランスの詩人たち poètes *mpl* français postérieurs à Victor Hugo. 〜〜のことを心配する s'inquiéter d'un lointain avenir. 晴れ曇り Temps clair se couvrant ensuite. 1時間〜に au bout d'une heure; une heure plus tard. 3日〜に trois jours après. 〜に彼は近代医学の創始者として後世に名を残した Plus tard, devenu le fondateur de la médecine moderne, son nom passa à la postérité. では〜

のちぞい 後添 seconde femme *f*.

ノッキング [モーターなどの] cognement *m*; à coup *m*.

ノック ¶~する frapper à; [軽く] gratter à. ドアを~する frapper à la porte. 窓ガラスを~する heurter à la vitre. 誰かが~している On frappe. 軽い~の音 léger grattement *m*. ◆[ノッキング] ¶エンジンが~する Le moteur cogne.

ノックアウト knock-out *m*; K.-O. *m*. 第5ラウンドで~を喰する être battu par knock-out à la cinquième reprise. ¶~する mettre *qn* knock-out; endormir.

ノックダウン knock-down *m*. ¶~する tomber à terre.

のっけから ¶~彼の振舞いには驚かされた On a été surpris dès l'abord par sa conduite.

のっしのっし ¶~と d'un pas lourd. ~と歩く marcher pesamment.

のっそり ¶~立ち上る se lever lentement. 前方に熊が~現われた Un ours a surgi devant nous.

ノット nœud *m*. この船は25~出す Le navire file 25 nœuds.

のっとり 乗っ取り [飛行機の] détournement *m* d'avion; piraterie *f* aérienne./[会社の] mainmise *f*. ¶~犯 [飛行機の] pirate *m* de l'air. ⇨ ハイジャック.

のっとる 乗っ取る s'emparer de; capturer. 会社を~ faire mainmise sur une société. 飛行機を~ détourner un avion.

のっとる 則る se conformer à; suivre; observer. ¶則って conformément à; suivant *qc*; selon *qc*. 書式に則って suivant la formule.

のっぴきならない 退っ引きならない indispensable; inévitable. ~証拠 preuve *f* irrésistible. ~立場に追い込まれる se trouver dans l'impasse. ~場合には au besoin; en cas de nécessité. ~事情で欠席します Une raison de force majeure m'oblige à m'absenter.

のっぺらぼう ¶彼は~だ Il est plat.

のっぺり ¶~した顔 visage *m* aux traits peu accentués.

のっぽ grande perche *f*; grand flandrin *m*; grand échalas *m*.

-ので parce que; puisque; comme; alors que. 雨が降り始めた~散歩を諦めた J'ai renoncé à la promenade parce qu'il commençait à pleuvoir. 彼が明日来る~部屋の準備をしなくてはならぬ Comme il arrive demain, il faut préparer une chambre.

のてん 野天 ¶~で au grand air. ~で一夜を過ごす passer une nuit à la belle étoile. ¶~風呂 bain *m* en plein air.

のど 喉 gorge *f*; gosier *m*. ~がいい avoir une belle voix. ~が痛い avoir mal à la gorge. ~が渇く avoir soif. 暑さで~が渇いた La chaleur m'a donné soif. ~がつまる avoir la gorge nouée. 感動で~がつまる L'émotion lui noue la gorge; avoir la gorge nouée par l'émotion. ~の渇きをいやす apaiser *sa* soif; se désaltérer. 魚の小骨が~にひっかかる

avoir une arête de poisson dans la gorge. 自慢の~を聞かせる faire entendre une voix dont *on* est fier. ~を締めあげる serrer la gorge de *qn*. ~をしめす [一杯やる] s'humecter le gosier. ~を鳴らす [猫が] ronronner. ~の渇きを欲しい欲しがる griller de posséder *qc*. ¶~首を掴む saisir *qn* à la gorge. ~自慢大会 concours *m* de chanteurs amateurs. ~ちんこ(ひこ) luette *f*. ~笛 gosier *m*. ~笛をかききる [他人の] couper (trancher) la gorge à *qn*; égorger *qn*; [自分の] se couper la gorge. ~ぼとけ pomme *f* d'Adam. 「~元すぎれば熱さ忘れる」 «On oublie facilement les épreuves passées.»

のどか ¶~な calme; tranquille; paisible. ~な日々 jours *mpl* sereins. ~な時 temps *m* doux. ~な風景 doux paysage *m*; paysage paisible.

-のに [ために] ¶この仕事を終える~2日かかる Pour terminer ce travail, il faut [compter] deux jours. ¶[不満の意を表わす] ¶天気がよければいいー J'espère qu'il fera beau [temps]! もっと早くくればよかった~ Vous auriez pu venir plus tôt. ◆[にもかかわらず] ¶雨が降っている~彼は外出した Il est sorti malgré la pluie. 彼は若い~禿げている Bien qu'il soit jeune, il est chauve. 僕らが働いている~彼は遊んでいる Lui, il s'amuse, tandis que nous travaillons.

のねずみ 野鼠 mulot *m*; rat *m* des champs; campagnol *m*.

ののしる 罵る insulter *qn*; agonir *qn* d'injures; 《俗》 engueuler *qn*. 口汚く~ vomir des blasphèmes. 満座の中で~ insulter (bafouer) *qn* devant tout le monde. 罵りあう s'engueuler; se lancer des injures. 罵しられる être insulté; se faire insulter.

のばす 伸(延)ばす allonger; prolonger; étendre; [延長する] prolonger. 腕を~ allonger le bras. 髪を~ porter les cheveux longs. 手足を~ étendre *ses* membres. 腰を~ s'étirer. 道路を~ prolonger une rue. 髭を~ laisser pousser *sa* barbe (moustaches). 金属を~ étendre un métal; [引張って] étirer un métal. 彼はもっとよく見ようと首を伸ばした Il a allongé le cou pour mieux voir. 大阪まで行ったついでに広島まで足を延ばした J'avais l'intention d'aller à Osaka, mais j'ai poussé jusqu'à Hiroshima. [延期する] ajourner; différer; remettre; retarder. 出発を~ remettre son départ. 支払を~ différer (retarder) un paiement. 訴訟を~ ajourner un procès. その日にできることを翌日まで~ remettre au lendemain ce qu'on peut faire le jour même. ◆[発展させる] ¶才能を~ donner cours à *son* talent. 勢力を~ étendre *son* influence. 能力を~ développer les capacités. ◆[打ちのめす] ¶一撃で彼を伸ばした Je l'ai aplati par terre d'un seul coup.

のばなし 野放し ¶~にする laisser trop de liberté à *qn*; laisser la bride sur le cou à *qn*. 牛を~にしておく mettre des bœufs en pâture.

のはら 野原 campagne *f*; champs *mpl*; prairie *f*.

のばら 野薔薇 [花] rose f sauvage; églantine f; [木] rosier m sauvage; églantier m. ~の実 gratte-cul m inv.

のび 伸び [発展] croissance f; [手足の] étirement m. 経済の~はすばらしかった L'accroissement économique a été remarquable. この白粉は~がいい Ce fard s'étend bien. ~をする s'étirer. ‖~率 taux m de croissance.

のび 野火 feux mpl dans les champs.

のびあがる 伸び上がる se hausser sur la pointe des pieds.

のびちぢみ 伸び縮み ¶~する élastique. このゴムひもはよく~する Ce fil de caoutchouc est très extensible.

のびなやむ 伸び悩む [進歩しない] ne pas faire de progrès; ne pas progresser; être stationnaire (stagnant). あなたのお子さんは今学期は伸び悩んでいます Votre fils n'a fait aucun progrès durant ce trimestre. 貿易は伸び悩んでいる Le commerce extérieur reste stationnaire.

のびのび ¶~する se sentir soulagé. ~とした文体 style m aisé. ~と暮す vivre sans souci. ~と仕事する travailler sans contrainte. ベッドで~と横になる s'allonger (s'étendre) à son aise sur le lit. ¶[遅延] 天気が悪いので遠足は~になっている À cause du mauvais temps, l'excursion a été différée. 工事の完成が~になっている L'achèvement des travaux est reculé (repoussé) de jour en jour.

のびやか 伸びやか aisé(e) et pimpart(e); allègre.

のびる 伸(延)びる [長くなる] s'allonger; se prolonger; s'étirer; s'étendre; [生える] pousser. 日が~ Les jours allongent. 髭を~にまかせる laisser pousser sa barbe. 討論は延びて深夜に及んだ Le débat s'est prolongé fort avant dans la nuit. 彼の髪はかなり延びた Ses cheveux ont beaucoup poussé. 鉄道は隣村まで延びた La voie ferrée a été prolongée jusqu'au village voisin. 路は真直ぐ延びている La route s'étend toute droite. ◆[成長, 発展する] ¶この子は立派に伸びた Cet enfant a grandi. この子は これから伸びますよ C'est un enfant qui promet. 街がどんどん伸びて行く Les villes croissent régulièrement. ¶[横になる・倒れる] s'allonger; s'étaler. 彼はベッドに長々と伸びている Il s'allonge (s'étale) sur le lit. 彼は滑って地面に長々と伸びてしまった Il a glissé et s'est étalé de tout son long. 彼はすっかり伸びてしまった [疲れて] Il a été complètement épuisé.

ノブ [ドアの] poignée f de porte.

のべ 延べ ensemble m; total m. ¶~で au total. ~20日を要する仕事 ouvrage m qui demande vingt journées de travail. ‖~人員 nombre m total des personnes. ~人日 nombre total des jours. ~面積 surface f totale.

のべ 野辺 ¶~の送りをする accompagner qn à sa dernière demeure.

のべつまくなし sans cesse; tout le temps; continuellement; sans relâche. 君はよく~に喋るもんだね Tu as la langue bien pendue!

のべばらい 延べ払い paiement m ajourné. ‖短期~ crédit m à court terme. 長期~ crédit m à long terme.

のべぼう 延べ棒 barre f. 金の~ barre d'or.

のべる 延べる ¶~を dresser un lit. 救いの手を差し~ tendre la perche à qn; venir en aide à qn.

のべる 述べる énoncer; dire; émettre; exprimer; expliquer; prononcer. 意見を~ porter un jugement sur; donner (émettre) son opinion. はっきり自分の意見を~ s'expliquer clairement. 感謝の意を~ exprimer sa reconnaissance. 祝辞を~ prononcer un discours de félicitations; adresser des félicitations. ¶滔々と述べ立てる se répandre en paroles. 先程述べたように comme je l'ai dit précédemment. 事実は私が述べた通りです Les faits sont tels que je vous les ai racontés.

のほうず 野放図 ¶~な sans frein; effréné. ~な欲望 désirs mpl effrénés.

のぼせる 逆上せる [夢中になる] raffoler de; [血迷う] perdre la tête; [思い上る] s'être infatué de; être fier(ère) de. 女に~ être fou d'une femme; [俗] avoir une toquade pour une femme. 成功に~ Le succès lui tourne la tête. 長湯をしてのぼせてしまった La tête m'a tourné à cause d'un bain prolongé./Le bain prolongé m'a incommodé. ¶のぼせ性の qui ne supporte pas la chaleur.

のほほんと ¶~暮す vivre dans l'insouciance. ~した態度 air m nonchalant. 彼はどんなに笑われても~している On a beau se moquer de lui, ça ne lui fait pas d'effet.

のぼり 登(上)り montée f; [急な] grimpette f; ascension f. ~はつらかったが下りは楽だ La montée a été dure mais la descente sera facile. ¶道は~になっている La route monte. ‖階段の~降りには注意して下さい Attention à l'escalier. ~坂 pente f ascendante. 景気は~坂である Les affaires vont de mieux en mieux (en s'améliorant). ~列車 train m en direction de la capitale.

のぼり 幟 banderole f; bannière f. ~を立てる dresser une banderole.

のぼる 上(登, 昇)る monter; [登攀する] grimper; gravir; faire l'ascension de. 木(屋根)に~ monter sur l'arbre (le toit). 山頂に~ monter au (faire l'ascension du) sommet d'une montagne. 階段(坂)を~ monter un escalier (une pente). 梯子段を~ monter (grimper) à l'échelle. 太陽が~ Le soleil se lève (monte). 気温が30度まで上った La température est montée jusqu'à 30 degrés. ¶彼の家は坂を登りつめた所にある Sa maison se trouve au sommet de la côte. 天に上った心地である être au septième ciel. ◆[比喩的に] ¶食卓に~ être servi sur la table. 頭に血が~ Le sang lui monte à la tête. ◆[地位に就く] ¶王位に~ monter sur le trône. ◆[数量が] ¶損害は100万円に~ Les dommages atteignent un million de yen. ◆[話題になる] ¶噂に~ défrayer la

のませる 飲ませる faire boire qn; donner à boire à qn. 薬を~ donner un médicament à qn. 乳を~ allaiter qn. 一杯の酒を~ faire boire un coup de saké à qn.

のまれる 呑まれる ¶波に~ être englouti par les flots.【威圧される】¶相手に~ avoir le trac devant qn.

のみ 蚤 puce f. ~に食われる attraper des puces. ~をとる attraper une puce. ~の市 le marché aux puces; les puces. ‖ ~とり粉 poudre f insecticide. ~の夫婦 couple m dont l'épouse est plus grande que le mari.

のみ 鑿 ciseau(x) m; 〔彫金用〕burin m; 〔宝石細工用〕ciselet m. ~で彫る ciseler; buriner.

のみあかす 飲み明す passer toute la nuit à boire; boire toute la nuit.

のみあるく 飲み歩く faire la tournée des bars; aller boire de bar en bar.

のみかけ 飲掛け ¶~のコップ verre m à moitié vidé. ~のタバコ cigarette f à moitié fumée. ~のワインのびん bouteille f de vin entamée.

のみくい 飲食 ¶~に金をかける dépenser beaucoup pour la nourriture. ~する boire et manger;〔摂取〕absorber;《俗》lipper. 昨日から全然~していない Je n'ai rien absorbé depuis hier.

のみぐすり 飲薬 médicament m à usage interne.

のみくち 飲み口 ¶~のいい酒 saké m qui se déguste avec plaisir.

のみくらべ 飲み競べ ¶酒の~をする jouer à qui boira le plus.

のみこうい 呑み行為 trafic m illégal; jeux mpl illégaux.

のみこみ 飲み込み ¶~が早い saisir très vite les choses. ~が遅い être lent à comprendre.

のみこむ 飲(呑)込む avaler; ravaler; gober; déglutir. 一息で~ avaler d'un trait (d'un seul coup). つばを~ avaler (déglutir) sa salive. 怒りをぐっと~ ravaler sa colère. 船は海中に呑込まれた Le bateau s'est englouti dans la mer. ◆〔理解する〕comprendre. 彼は万事のみこんでいる Il est au courant de toute l'affaire. やっとのみこめた J'ai enfin compris. ¶のみこめない話 histoire f difficile à avaler (comprendre).

のみすぎる 飲み過ぎる boire avec excès.

のみすけ 飲み助 grand buveur m.

のみだい 飲み代 argent m consacré à la boisson.

のみち 野道 sentier m; chemin m de campagne.

のみつぶれる 飲み潰れる tomber ivre mort.

のみともだち 飲友達 compagnon m de bouteille.

のみならず non seulement... mais encore; en outre; au surplus. 彼は聡明だ、~性格もいい Il a non seulement un esprit pénétrant, mais encore un bon caractère. 彼女は美人である~利口者だ Outre qu'elle est belle, elle est intelligente.

ノミネート ¶~する sélectionner. 芥川賞に~される être sélectionné pour le prix Akutagawa.

のみほす 飲み干す ¶一気に~ boire qc d'un trait; faire cul sec.

のみみず 飲水 eau f potable. ~にもこと欠く manquer même d'eau.

のみもの 飲物 boisson f. ~は何にしますか Que prenez-vous comme boisson? 何か~を下さい Donnez-moi à boire.

のみや 飲屋 caboulot m; bistrot m. ~の親爺(女将) tenancier(ère) m(f).

のむ 飲(呑)む boire; prendre;〔飲みこむ〕gober;〔煙草を〕fumer. がぶがぶ~ avaler coup sur coup. ちびちび(一気に)~ boire à petites gorgées (d'un seul trait). お茶(薬)を~ prendre du thé (un remède). 生卵を~ gober un œuf cru. スープを~ manger de la soupe. 葡萄酒(ビール)を~ boire du vin (de la bière). ¶飲める buvable;〔飲用になる〕potable. この水は飲める Cette eau est potable. 彼は飲める口だ Il aime boire./Il est porté sur la boisson. この酒はなかなか飲める Ce vin n'est pas mauvais. 飲めない imbuvable; non potable. 飲みにくい薬 médicament m difficile à absorber. 飲まず食わずで saus boire ni manger. 飲めや歌えの大騒ぎをする faire la bringue;《俗》faire bombance. ◆〔比喩的に〕¶声を~ étouffer un cri. 条件を~ accepter les conditions de qn. 無念の涙を~ dévorer ses larmes.〔圧倒する〕¶戦わずして敵を~ être sûr de ne faire qu'une bouchée de son adversaire. 敵を呑んでかかる se croire supérieur à son adversaire.

のめりこむ のめり込む s'enfoncer. 悪の道に~ s'enfoncer dans le monde du mal. 女色に~ s'adonner à la débauche. 彼は何にでも~性質だ Son tempérament le pousse à se passionner pour n'importe quoi.

のめる trébucher; faillir tomber en avant. 石に~ trébucher sur une pierre. ¶前のめりになって歩く marcher en se penchant en avant.

のやま 野山 ¶~を駆けめぐる courir la campagne.

のら ‖ ~猫 chat(te) m(f) errant(e) (sans patron).

のら 野良 ¶~犬 chien m sans maître. ~仕事 travaux mpl des champs. ~仕事をする travailler aux champs.

のらくら ¶~する fainéanter; paresser; musarder (muser); tirer sa flemme;《俗》avoir la flemme. 彼は一日中~している Il reste toute la journée à fainéanter. ~していちゃいけない Ne reste pas oisif(ve). ~した fainéant; oisif(ve); paresseux(se). ~と oisivement; paresseusement. ~して暮す mener une vie oisive. ‖ ~者 fainéant(e) m(f); paresseux(se) m(f); oisif(ve) m(f).

のらりくらり ¶彼は~と質問をかわした En biaisant, il a éludé les questions. もう~と引

のり 延ばされるのはうんざりだ J'en ai assez de me faire traîner en bateau.

のり 海苔 algue f comestible.

のり 糊 [貼付用] colle f; [布地用] empois m. ポスターを〜で貼る coller une affiche. 部品同士を〜で貼り合せる coller les pièces ensemble. ワイシャツの衿に〜をつける empeser le col d'une chemise. ¶〜のついた衿 col m empesé. ¶〜付け empesage m; collage m.

のり 法 ¶〜をこえてはならぬ Nous ne devons pas dépasser les bornes de la morale.

-のり 乗り ¶6人〜の自動車 voiture f à six places.

のりあげる 乗上げる donner sur; [s']échouer sur. 車が歩道に〜 Une auto est montée sur le trottoir. 暗礁に〜 toucher (échouer sur) un écueil. 遭難者の救出作業は暗礁に乗り上げた L'opération pour sauver les sinistrés a échoué.

のりあわせる 乗り合わせる prendre le même véhicule que qn. 私達は偶然同じバスに乗り合わせた Par hasard nous avons pris le même autobus. ¶乗合わせた客 compagnon(gne) m (f) de voyage.

のりいれる 乗入れる ¶車を玄関まで〜 conduire sa voiture jusqu'à l'entrée.

のりうつる 乗移る ¶救命ボートに〜 monter dans un canot de sauvetage. ◆[霊魂などが] ¶悪魔が彼に乗移っていた Un démon le possédait.

のりおくれる 乗遅れる ¶汽車に〜 manquer son train.

のりおり 乗降り ¶〜する monter dans une voiture et en descendre. 日に十万人の乗客がこの駅で〜する Cent mille voyageurs par jour passent par cette gare. 〜の際は御注意下さい Faites attention en montant ou en descendant.

のりかえ 乗換え changement m; correspondance f. 東京方面への〜 correspondance pour Tokyo. ¶〜駅 gare f de correspondance; station f d'embranchement. 〜切符 billet m de correspondance.

のりかえる 乗換る ¶電車(バス)を〜 changer de train (d'autobus). 敵側に〜 passer à l'ennemi. 東京行きの方はこの駅でお乗換え下さい Les voyageurs pour Tokyo sont priés de changer à la station suivante.

のりかかる 乗掛かる ¶乗掛かった以上途中でやめられない On ne peut pas descendre en marche. 「乗掛かった舟だ」«Quand le vin est tiré, il faut le boire.»

のりき 乗気 ¶〜になっている s'intéresser vivement à qc; être tenté par qc. それには彼はあまり〜じゃない Cela ne le tente guère.

のりきる 乗切る vaincre; triompher; franchir. 荒波を〜 diriger un bateau à travers de vagues déchaînées. 急流を馬で〜 traverser à cheval un courant rapide. 難局を〜 surmonter des difficultés.

のりくみいん 乗組員 membre m de l'équipage; [集合的] équipage m; [艦船の] marin m.

のりくむ 乗組む monter dans un navire; s'embarquer dans (un avion). 軍艦に〜 se faire admettre dans l'équipage d'un vaisseau de guerre.

のりこえる 乗越える surmonter; franchir; escalader. 難局を〜 surmonter des difficultés. 塀を〜 franchir un mur. 障害を〜 sauter un obstacle. 彼は数々の困難を乗り越えて来た Il a passé au travers de bien des difficultés. 先人を乗越えて進むべきだ Nous devons dépasser (aller plus loin que) nos prédécesseurs. ¶乗越えられる surmontable.

のりごこち 乗心地 ¶〜がいい車 voiture f confortable. この車は〜が悪い C'est une voiture peu confortable.

のりこす 乗越す oublier de descendre; laisser passer la gare où on devait descendre. ¶乗越し料金を払う payer le supplément.

のりこなす 乗りこなす ¶野生の馬を〜 maîtriser un cheval sauvage.

のりこむ 乗込む ¶車に〜 monter en voiture. 船に〜 s'embarquer dans un bateau. 敵陣に〜 se rendre dans le camp ennemi; pénétrer en terre ennemie.

のりしろ 糊代 partie f à coller.

のりすてる 乗捨てる ¶タクシーを〜 quitter un taxi. 盗まれた車が駅前に乗捨ててあった La voiture volée a été abandonnée devant la gare.

のりだす 乗出す [船などで] ¶沖へ〜 prendre le large. ◆[身を] ¶身を〜 se pencher en avant. 窓から身を〜 se pencher par la fenêtre. 膝を〜 montrer un vif intérêt. ◆[比喩的に] ¶実社会に〜 se lancer dans la vie. 政界に〜 se lancer dans la politique. 文壇に〜 débuter dans le monde littéraire.

のりつぎ 乗り継ぎ correspondance f. ⇨ のりかえ(乗換え).

のりつけ 糊付け collage m; [布地に] empesage m. ¶〜する coller./[布地を] empeser.

のりつける 乗付ける ¶車でホテルに〜 arriver en voiture à un hôtel. タクシーで会場に〜 se précipiter en taxi à une réunion.

のりつぶす 乗潰す ¶馬を〜 forcer un cheval. 車を〜 mettre une voiture hors d'usage.

のりにげ 乗逃げ ¶自転車を〜する voler une bicyclette. タクシーを〜する descendre d'un taxi sans payer.

のりば 乗場 ¶タクシー〜 station f de taxis.

のりまわす 乗回す ¶馬で〜 se promener à cheval. 車で〜 se promener en voiture. 自転車を〜 faire du vélo.

のりもの 乗物 voiture f; véhicule m. ¶〜の便が悪い être mal desservi. 〜の用意が出来ました La voiture vous attend. 〜酔い [バス・電車] mal m de la route; [飛行機] mal de l'air.

のる 載る être inséré dans; être mentionné dans. リストに〜 figurer sur la liste. 新聞に〜 être mentionné dans un journal. そんな言葉は辞書に載っていない Ce mot ne se trouve pas dans le dictionnaire.

のる 乗る monter; prendre. 馬に〜 monter à cheval. 車に〜 monter en voiture. 汽車に〜

のるかそるか 伸るか反るか ¶~やって見る jouer gros jeu; risquer le tout pour le tout; jouer *son* va-tout.

ノルディックスキー ski *m* nordique.

ノルマ quantité *f* de travail conforme à la norme. ~を果たす accomplir *sa* tâche.

ノルマン ¶~[族, 語]の normand. ‖~族 Normand(e) *m*(*f*).

のれん 暖簾 [信用] crédit *m*. ~を汚す porter atteinte au crédit; nuire à la réputation. ~を分けてもらう ouvrir une boutique de même enseigne pour *son* propre compte. 「~に腕押し」《C'est un coup d'épée dans l'eau.》 《C'est se battre contre des moulins à vent.》 《Autant parler à un sourd.》 ¶その店は~が古い C'est un vieux magasin.

のろい lent. 足が~ marcher à pas lents; traîner; lambiner. 頭の働きが~ avoir l'esprit lent. 彼は何をするのも~ Il est lent dans tout ce qu'il fait.

のろい 呪 malédiction *f*; maléfice *m*; imprécation *f*. ~の言葉を吐く lancer des imprécations contre *qn*. ~をかける jeter des maléfices sur *qn*; faire des imprécations contre *qn*. ~をかけられる être victime d'un maléfice. ¶~をかける人 jeteur(se) *m*(*f*) de mauvais sort.

のろう 呪う maudire; exécrer. 敵(戦争)を~ maudire un ennemi (la guerre). 世を~ exécrer le monde. 「人を呪わば穴二つ」 《Les malédictions se retournent contre soi-même.》; 《Qui sème le vent, récolte la tempête.》 私は呪われている Une malédiction pèse sur moi. 彼女は呪われていると思いこんでいる Elle prétend être victime d'un maléfice. ¶~べき人殺し assassin *m* exécrable. 呪われた詩人たち poètes *mpl* maudits.

のろけ 惚気 ~を vanter de *ses* aventures amoureuses. 女房のことを~る vanter *sa* femme.

のろし 烽火 fusée *f*; roquette *f*. ~をあげる lancer une fusée; [比喩的に] donner le signal. 革命の~をあげる tenter une révolution.

のろのろ ¶~歩く aller à pas de tortue (très lentement); aller comme un escargot. ~した足どりで d'une allure pataude. ‖~運転をする rouler à une allure d'escargot.

のろま traînard(e) *m*(*f*); lourdaud(e) *m*(*f*). ¶~な lourd; lourdaud. ~である avoir l'esprit lourd.

のんき 呑気 ¶~な nonchalant; insouciant; optimiste; indifférent. ~に nonchalamment. ~に暮す vivre sans souci; se laisser vivre. ~に構えている en prendre à *son* aise. ¶~者 nonchalant(e) *m*(*f*); insouciant(e) *m*(*f*).

ノンシャラン ¶~な nonchalant(e). 彼は~だからあまり当てにならない C'est un mou; on ne peut guère compter sur lui.

ノンステップバス autobus *m* sans marchepied.

ノンストップ ¶~の non-stop; sans arrêt (escale); direct.

のんだくれ ivrogne *mf*.

ノンバンク crédit *m* à la consommation.

のんびり paresseusement. ~と暮す vivre sans souci (à *son* aise). ~と働く travailler sans hâte. 長椅子に~横になる s'étendre paresseusement sur un divan. ~やろうぜ Ne nous énervons pas! 自分の家で~している rester à paresser chez *soi*. ~してはいられない On ne peut rester à paresser. ¶~した休暇 vacances *fpl* reposantes. ~した風景 paysage *m* paisible.

ノンフィクション œuvre *f* documentaire.

ノンプロ amateur *m*; non-professionnel *m*.

のんべえ 飲んべえ grand(e) buveur(se) *m*(*f*); picoleur(se) *m*(*f*); pilier *m* d'estaminet.

のんべんだらり ¶~と日を送る passer *sa* vie à ne rien faire; s'abandonner à la paresse; se tourner les pouces.

ノンポリ [人] non-engagé(e) *m*(*f*); [状態] non-engagement *m*. ‖~学生 étudiant(e) *m*(*f*) non-engagé(e).

は

は 歯 dent f. 上(下)の〜 dents du haut (du bas). 〜がいい avoir de belles dents. 〜が悪い avoir des dents gâtées. 赤ん坊が〜が生える Le bébé fait ses dents. 〜が抜ける perdre une dent. 〜が痛い avoir mal aux dents. 〜がぐらぐらする Une dent branle. 〜が欠ける se casser une dent. 〜が欠けている avoir une dent cariée. 〜が浮く avoir les dents agacées. 〜にセメント(アマルガム)をつめる plomber une dent. 〜の治療をする se faire soigner les dents. 〜を抜く(抜いてもらう) arracher (se faire arracher) une dent. 〜をくいしばる serrer les dents. 〜をがたがたさせる claquer des dents. 〜をみがく se brosser les dents. 〜を入れてもらう se faire mettre une [fausse] dent. 櫛の〜を折る édenter le peigne. ¶〜の抜けた老人 vieillard *m* édenté. ◆ [比喩的に] ¶〜が抜けたようだ [空虚感] éprouver un grand vide dans son cœur. 私には〜が立たない C'est au-dessus de mes forces. 〜に衣を着せない avoir son franc-parler. 〜の浮くようなお世辞 compliment *m* exagéré.

は 刃 tranchant *m*; lame *f*. かみそりの〜 lame (fil *m*) de rasoir. 〜のこぼれた剣 épée *f* ébréchée. ‖替え〜 lame de rechange. 片(両)〜の〜 à un (deux) tranchant(s).

は 覇 ¶〜を唱える dominer sur; régner sur; se rendre maître. 〜を争う disputer la suprématie à *qn*.

は 派 [流派] école *f*; groupe *m*; [宗派] secte *f*; [政党] parti *m*; [派閥] coterie *f*. ‖社会党右(左)〜 socialistes *mpl* de droite (de gauche). 主流〜 majorité *f*. 反主流〜 clans *mpl* minoritaires. ロマン〜 école romantique.

は 葉 feuille *f*; [集合的] feuillage *m*. 木の〜が茂る(落ちる) L'arbre se garnit (se dépouille) de feuilles. 〜を出す pousser des feuilles. ¶〜の繁った木 arbre *m* touffu (feuillu). この木は〜ぶりがいい Cet arbre a un beau feuillage.

ハ [楽] feuille *m* inv; do *m* inv. ‖〜音記号 clef *f* d'ut. 〜長(短)調 ut majeur (mineur). ベートーベンの第五交響曲ハ短調 La Cinquième symphonie de Beethoven, en ut mineur.

ば 場 [空間] espace *m*; étendue *f*; place *f*; [場所] place; lieu(x) *m*; endroit *m*. 〜をふさぐ occuper beaucoup de place. その〜で sur place; à l'endroit même. 僕はその〜に居合せなかった Je ne me suis pas trouvé à cet endroit. ‖磁〜 champ *m* magnétique. ◆ [場合/場面] cas *m*; circonstance *f*; situation *f*. 巧くごまかしてその〜を逃げる user de faux-fuyants pour en sortir. その〜の成行き次第だ Ça dépend des circonstances (de la situation). ¶その〜限りの(に適した) de circonstance. その〜に適した措置をとる prendre une mesure de circonstance. ◆その〜の〜を選んで selon les circonstances. ◆ [劇, 芝居の]一幕三〜 acte 1, scène 3.

はあ [あいまいな応答] Euh...;[聞き返すとき] Pardon?/Quoi?/Comment?/Vous dites?

ばあ [赤ん坊をあやす言葉] ¶いないいない〜 Coucou me voilà!

バー barre [スポーツ・バレエ練習用の] [スポーツ] barre *f*. 〜を上げる mettre la barre plus haut. 高飛びの〜 latte de saut *f*.

バー [酒場] bar *m*. 〜の女給 serveuse *f* de bar. 〜のボーイ barman(men) *m*. 〜で一杯飲む boire un coup dans un bar. ‖スタンド〜 comptoir *m*; [俗] zinc *m*.

ばあ [馬鹿] ¶あいつは〜だよ Ce qu'il est tarte!

ばあい 場合 cas *m*; circonstance *f*; occasion *f*. いざという〜 le cas échéant; en cas de besoin. そのような〜に en pareille circonstance. どんな〜にも en tout cas; dans tous les cas; [否定的に] en aucun cas; [いつでも] en toute occasion. ...の〜は au cas (dans le cas) où.... この〜には dans ce cas; dans cette circonstance; [この際] en cette occasion. 雨の〜には en cas de pluie. 会は〜によって中止になることもある Il peut arriver que la séance soit annulée. それは時と〜による Ça dépend du temps et des circonstances. ◆...の〜を除いては hors le cas de....

パーカッション [打楽器] [instruments *mpl* à] percussion *f*; [打楽器部] batterie *f*; section *f* rythmique. 〜奏者 percussionniste *mf*; batteur(se) *m*(*f*).

パーキング parking *m*; stationnement *m*. ‖〜エリア aire *f* de repos. 〜メーターパーコメートル *m*; compteur *m* de stationnement.

パーキンソンびょう 一病 maladie *f* de Parkinson. 〜にかかる être atteint de la maladie de Parkinson.

はあく 把握 ¶真相を〜する saisir la vérité. 文章の意味を〜する saisir le sens d'une phrase.

パーク [公園] parc *m*; jardin *m*.

バークリウム berkélium *m*.

ハーケン piton *m*. ‖岩壁に〜を打ち込む pitonner (enfoncer des pitons) dans une paroi rocheuse.

バーゲン ‖〜セール vente *f* au rabais; soldes *mpl*. 〜セールは12月一ぱいです Il y aura des soldes jusqu'à la fin de décembre. 〜をする solder. 〜品 article *m* en solde; solde *m*. この〜品は〜品じゃない Ce n'est pas un solde.

ハーケンクロイツ croix *f* gammée. ‖〜旗 drapeau(x) *m* à croix gammée.

バーコード code *m* à barres.

パーゴラ pergola *f*.

パーコレーター percolateur *m*.

パーサー chef *m* de cabine; commissaire *m* du bord.

パージ épuration *f*; purge *f*. ‖レッド〜 purge des collaborateurs des communistes; épu-

バージョン ration des éléments communistes.
バージョン version f.
バージョンアップ version f améliorée. ~する améliorer.
バージン virginité f; vierge f.
バースコントロール contrôle m des naissances.
バースデー anniversaire m. ∥~ケーキ gâteau(x) m d'anniversaire.
パーセク 【天】parsec m.
パーセント pourcentage m. 卒業生の就職率は30~だ 30% des diplômés ont trouvé un emploi. 収入の10~を教育費に充てる assigner aux frais d'études dix pour cent sur son revenu. 10~の7 rabais de 10%. ¶かなりの~の住民 important pourcentage des habitants.
パーソナリティ personnalité f.
パーソナル personnel(le). ~コール appel m privé. ~コンピューター ⇨ パソコン. ~チェック chèque m.
パーソナルコンピュータ ⇨ パソコン.
バーター troc m.
ばあたり 場当り ¶~の de circonstance; à effet. ~の作品 ouvrage m de circonstance. ~の言葉 phrases fpl à effet.
バーチャルリアリティー réalité f virtuelle.
パーツ pièces fpl détachées.
パーティー réunion f; soirée f; 【登山隊】 groupe m; équipe f. ∥カクテル~ cocktail m. ダンス~ soirée dansante.
ハーデス 【ギ神】 Hadès m.
バーテン barman(men) m; serveur m de bar.
ハート cœur m. ~のエース as m de cœur. ∥~型の en forme de cœur.
ハード ¶~な difficile; dur(e). ∥~トレーニング entraînement m intensif.
バード ∥~ウォッチング observation f des oiseaux.
パート [部分] partie f.
ハードウェア matériel m; † hardware [ardwεr] m; quincaillerie f.
ハードカバー ¶~の本 livre m cartonné.
ハードコピー copie f sur papier.
パートタイム ¶~で働く travailler à mi-temps.
ハードディスク disque m dur.
ハードトップ ¶~の車 voiture f à toit de tôle amovible.
パートナー partenaire mf. ダンスの~ cavalier(ère) m(f).
ハードボイルド roman m noir (de série noire).
ハードボード isorel m.
ハードル †haie f. ∥400 メートル~ 400 mètres haies.
バーナー bec m. ∥ガス~ bec à gaz.
ハーネス harnais m.
はあはあ ¶山頂に着いたときはみんな息を~させていた En arrivant au sommet de la montagne, tout le monde était à bout de souffle.
バーバリズム barbarisme m.
ハーブ herbe f; herbes mpl fines. ∥~ティー

tisane f; infusion f.
ハープ †harpe f. ~を弾く jouer de la harpe. ∥~奏者 †harpiste mf.
ハーフウェイライン ligne f médiane.
パーフェクト ¶~な parfait(e). ∥~ゲーム jeu parfait; sans faute m.
パーフォレーション perforation f; trou m.
パーカコート paletot m.
ハーフサイズ demi-taille f; demi-pointure f.
ハープシコード clavecin m.
ハーフタイム mi-temps f. ~の時点で, 我がチームは2対1で敵をリードしていた A la mi-temps, notre équipe menait par deux buts à un.
ハーフトーン demi-ton m.
ハーフバック 【スポ】demi m.
ハーフブーツ bottines fpl.
ハーフボトル demi-bouteille f.
ハーフメイド ¶~に à moitié f fait.
バーベキュー barbecue m.
バーベル haltère m.
バーボン bourbon [burbɔ̃] m; whisky [wiski] m de maïs.
パーマ permanente f. ~をかけて下さい Faites-moi une permanente. ∥コールド~ permanente à froid.
ハーモニー harmonie f.
ばあや 婆や vieille servante f.
パーラー salon m de thé.
はあり 羽蟻 fourmi f ailée.
バール [気圧の単位] bar m. ∥ミリ~ millibar m.
パール ¶~の首飾り collier m de perles.
バーレスク burlesque m.
ハーレム †harem m.
バーレル baril m.
はい [肯定] oui. ~と言う dire oui. ~分りましたOui, j'ai compris. 分りませんか──分りません Vous ne comprenez pas? ─ Non, je ne comprends pas. ◆[注意を促して] ~、お茶 Tiens, voilà ton thé. ◆[点呼で] présent(e).
はい 灰 cendre f. 放射能の~ cendres radio-actives. ~になる se réduire en cendres. ¶~だらけの couvert de cendres. ∥~色 gris m; couleur f de cendre. ~色の gris; cendré; cendreux(se). ~色の服を着る s'habiller de gris. 人生~色だ Ma vie est grise et morne. ~色がかった grisâtre.
はい 肺 poumon m. ~を患っている souffrir du poumon. ¶~の pulmonaire. ~の病 maladies fpl du poumon. ∥鉄の~ poumon d'acier. ~水腫 œdème m pulmonaire. ~動(静)脈 artère f (veine f) pulmonaire.
はい 胚 embryon m; germe m. ¶~の embryonnaire. ∥~嚢 sac m embryonnaire.
─はい 杯 ¶一~の酒 un verre m de saké. 一~のコーヒー une tasse de café. 一~の飯 un bol de riz. 一~やる s'humecter le gosier.
ハイ ¶~な気持ちになる être excité(e); [麻薬で] être speedé(e) [spide].
ばい 倍 double m. 8は4の[2]~だ Huit est le double de quatre. 今の給料の~は欲しい Je voudrais gagner le double de ce que je

パイ ¶~の料金 tarif *m* double. 彼は同じ仕事をするのに~の時間がかかる Il met le double de temps pour faire le même travail. 財産を~にする doubler *sa* fortune. 地価が~になった La valeur des terres a doublé. 彼の家は私より~大きい Sa maison est deux fois plus grande que la mienne. ‖3~になる devenir trois fois plus grand. 2を5~する multiplier deux par cinq. 彼の年収は私の2.5~だ Son revenu est deux fois et demi plus gros que le mien.

パイ pâté *m*. ~の皮 croûte *f* de pâté; pâte *f* feuilletée. ‖アップル~ tarte *f* aux pommes. ◆《数》pi *m*.

はいあがる 這い上る grimper; monter en rampant.

バイアス biais *m*. ~に裁つ tailler en biais. ‖~テープ biais.

バイアステープ bande *f* à distorsion; bias *m*.

バイアスロン biathlon *m*.

ハイアライ《スポ》pelote *f* basque.

はいあん 廃案 abrogation *f* d'un projet; rejet *m* d'une proposition.

はいい 廃位 détrônement *m*; découronnement *m*. ¶~する détrôner; découronner.

はいいん 敗因 cause *f* d'une défaite.

ばいう 梅雨 ⇒ つゆ(梅雨).

ハイウエー autoroute *f*; grande route *f*.

はいえい 背泳 nage *f* sur le dos. ~する nager sur le dos. ‖男子100メートル~ 100 mètres dos masculin.

はいえき 廃液 eaux *fpl* résiduaires; effluents *mpl*; eaux polluées. ~を流す(処理する)émettre (traiter) des liquides polluants.

はいえつ 拝謁 audience *f*. ~を許される obtenir une audience. ~する être reçu; être en audience.

ハイエナ[†] hyène *f*.

ハイエル ~教本 méthode *f* Beyer.

はいえん 肺炎 pneumonie *f*; fluxion *f* de poitrine. ‖気管支~ broncho-pneumonie *f*. 急性~ pneumonie aiguë. ‖~患者 pneumonique *m*. ‖~菌 pneumocoque *m*.

ばいえん 煤煙 fumée *f* de charbon.

バイオエシックス bioéthique *f*.

バイオエレクトロニクス bioélectronique *f*.

ハイオクタン ~のガソリン essence *f* à indice d'octane élevé; super *m*.

バイオセンサー biocapteur *m*.

バイオチップ biopuce *f*.

バイオテクノロジー biotechnologie *f*; biotechnique *f*. ¶~の biotechnologique; biotechnique.

バイオニア pionnier *m*. ‖~精神 esprit *m* de pionnier.

バイオハザード risque *m* biologique.

バイオマス biomasse *f*.

バイオマテリアル biomatériau *m*.

バイオミメティックス biomimétique *f*.

バイオメカニクス biomécanique *f*.

バイオリアクター bioréacteur *m*.

バイオリズム bio[-]rythme *m*; rythme *m* biologique.

バイオリニスト violoniste *mf*.

バイオリン violon *m*. ~を弾く jouer du violon. ‖第1(2)~奏者 premier (second) violoniste *m*; 1er(2ème) violon. 村の~弾き violoneux *m*.

バイオレット violette *f*.

はいか 配下 subordonné(e) *m(f)*; inférieur(e) *m(f)*; sous-ordre *m inv*. ...の~で働く(~に属する)travailler (être mis) sous les ordres de qn.

はいが 胚芽 embryon *m*. ‖~米 riz *m* à embryon.

ばいか 倍加 redoublement *m*; doublement *m*. ¶速力を~する doubler de vitesse (la vitesse).

ばいか 売価 ⇒ うりね(売値).

ハイカー randonneur(se) *m(f)*; excursionniste *mf* (touriste *mf*) à pied.

はいかい 俳諧 haïkaï *m*.

はいかい 徘徊 rôder; [ぶらぶらする] errer; flâner. 市中を~する rôder dans la ville.

はいがい 排外 ¶~的な chauvin; xénophobe. ‖~感情 xénophobie *f*. ~思想 chauvinisme *m*.

ばいかい 媒介 intervention *f*; entremise *f*. ...を~として par l'intermédiaire de qn. ¶~する agir en médiateur; servir d'intermédiaire. 病気を~する servir de véhicule à la contagion d'une maladie. ‖~者 intermédiaire *mf*. ~物 véhicule *m*; agent *m* intermédiaire.

はいかきょう 拝火教 culte *m* du feu; zoroastrisme *m*.

ばいがく 倍額 ¶~の料金 tarif *m* double.

はいかつりょう 肺活量 capacité *f* respiratoire. ‖~計 spiromètre *m*.

ハイカラ ¶~な chic *inv*; élégant; à la mode. ~な男 dandy *m*. ~な服装をする s'habiller élégamment (avec chic, avec coquetterie). 彼女は~な服装をする Elle est chic. 彼女の帽子は~だ Son chapeau a du chic.

バイカル ‖~湖 lac *m* Baïkal.

はいかん 廃刊 ¶~になる cesser de paraître. この雑誌は今月末で~になる Cette revue cessera de paraître à la fin de ce mois. ~する cesser la publication de.

はいかん 拝観 ¶~を許される avoir la permission de visiter. 一般に~を許される être ouvert à tous les visiteurs. ~する avoir l'honneur de visiter. ‖~者 visiteur(se) *m(f)*. ~料 [droit *m* d']entrée *f*.

はいかん 配管 canalisation *f*. ~ガス(水道)~ canalisation de gaz (d'eau). ‖~工事をする installer les canalisations.

はいがん 拝顔 ¶~の栄を賜る avoir l'honneur d'être reçu par qn.

はいがん 肺癌 cancer *m* du poumon. ‖~患者 cancéreux(se) *m(f)* du poumon.

はいき 廃棄 ¶~する [法令]abolir, abroger; [条約]abandonner; annuler. ‖~物 déchets *mpl*. 産業(放射性)~物 déchets industriels (radioactifs).

はいき 排気 échappement m; [空気の] ventilation f. ‖～ガス gaz m d'échappement. ～管 tuyau m d'échappement. ～口 orifice m d'échappement. ～筒 ventilateur m. ～弁 soupape f d'échappement. ～量 cylindrée f. ～量500ccの車 voiture f de 500 cm³ de cylindrée.

はいきしゅ 肺気腫 emphysème m pulmonaire.

ばいきゃく 売却 vente f. ¶～する vendre; écouler [par le vente]. ‖～済の vendu.

はいきゅう 排球 ⇨ バレーボール.

はいきゅう 配給 distribution f; [食糧の] ration f; rationnement m. ～を受ける recevoir (toucher) sa ration. ¶～する distribuer; rationner. 制服を～する distribuer des uniformes. 米を～する distribuer les rations de riz; rationner le riz. ‖～キップ cartes fpl (tickets mpl) de rationnement. ～制度 restrictions fpl. 戦時中における～制度 restrictions en temps de guerre. ～通帳 carte de rationnement. ～米 riz m de rationnement.

ばいきゅう 倍旧 ¶～の御指導を給わりたい Je souhaite m'assurer de votre part des appuis les plus puissants.

はいきょ 廃墟 ruines fpl; [残骸] décombres mpl. ガロ・ロマン時代の～ ruines gallo-romaines. ～から立ち上る を相見る se relever de ses ruines. ¶～になっている être en ruines.

はいきょう 背教 apostasie f. ‖～者 apostat(e) m(f); renégat(e) m(f). ～者となる apostasier.

はいぎょう 廃業 [店の] fermeture f. ¶～する renoncer à son métier; abandonner sa profession; [店を] fermer boutique. 彼は役者を～した Il a quitté la scène.

はいきん 拝金 ¶～思想を持つ adorer le Veau d'or. ‖～主義者 adorateur(trice) m(f) de Mammon.

ばいきん 黴菌 microbe m. ～を殺す détruire des microbes. このコップの水には～がうようよしている L'eau de ce verre gouille de microbes.

ハイキング randonnée f; excursion f [à pied]. ～に行く excursionner; faire une randonnée à pied. ‖～コース parcours m d'excursion.

バイキング Vikings mpl. ‖～料理を食べに行く aller prendre un repas viking.

はいく 俳句 haïku m. ～をひねる(作る) composer un haïku.

バイク vélomoteur m; cyclomoteur m.

はいぐうし 配偶子 [生] gamète m.

はいぐうしゃ 配偶者 époux(se) m(f); 【法】conjoint(e) m(f).

ハイクラス ¶～の de premier ordre.

はいぐん 敗軍 ¶～の将, 兵を語らず Un général vaincu ne parle jamais de sa défaite.

はいけい 拝啓 ⇨ 付録.

はいけい 背景 fond m; arrière-plan(s) m; toile f de fond; [物語の] cadre m; [舞台の] décor m. 浅間山を～に avec le mont Asama à l'arrière-plan. その事件は当時の社会的～を考えに入れて判断されねばならない On doit juger cette affaire dans le contexte social de l'époque. ‖～画家 peintre m de décors.

はいげき 排撃 ¶～する repousser; rejeter; condamner. 侵略者を～する repousser un envahisseur. 暴力を～する condamner la violence.

はいけっかく 肺結核 tuberculose f pulmonaire.

はいけつしょう 敗血症 septicémie f. ¶～の septique.

はいけん 拝見 ¶ちょっと～ Pourriez-vous me le montrer un instant? お手紙を～致します J'ai bien reçu votre lettre. ～したところお元気そうですね Il me semble que vous allez bien.

はいご 廃語 mot m tombé en désuétude.

はいご 背後 ¶敵を～から襲う attaquer l'adversaire par derrière (dans le dos). 敵軍を～からつく prendre les troupes ennemies à revers. この事件の～には容易ならぬ大物がいるに違いない Il y aurait un magnat important dans les dessous de cette affaire. ‖～関係がある chercher ce qu'il y a derrière une affaire.

はいこう 廃坑 mine f abandonnée.

はいこう 廃校 fermeture f d'une école. ¶～する fermer une école.

はいごう 配合 assortiment m; combinaison f; mariage m. 二つの色の～ mariage de deux couleurs. ～が良い(悪い) être bien (mal) assorti à; être en harmonie (sans harmonie) avec. ¶～する assortir; combiner; marier. 調和する色を～する marier des couleurs qui s'harmonisent. ～のよい harmonieux(se).

ばいこく 売国 ¶～の déloyal(aux) à sa patrie. ‖～奴 traître(sse) m(f) à sa patrie.

はいざい 配剤 ¶これこそ天の～だ C'est un arrêt du ciel!

はいざら 灰皿 cendrier m.

はいざん 敗残 ¶～の身 épave f [humaine]. 私は哀れにも～の身となってしまった Je ne suis qu'une triste épave. ‖彼は人生の～者 C'est un raté./Il a raté sa vie. ‖～兵 soldat m en déroute.

はいし 廃止 abolition f; suppression f; [旧約, 契約の] annulation f; 【法】abrogation f. 死刑の～を要求する réclamer l'abolition de la peine de mort. ¶～する abolir; supprimer; annuler; abroger. 法律を～する abolir (abroger) une loi. 習慣を～する abolir (supprimer) une coutume.

ばいしつ 媒質 véhicule m.

はいじつせい 背日性 héliotropisme m négatif.

はいしゃ 歯医者 dentiste mf. ～に行く aller chez son dentiste. ～に見てもらう aller faire soigner les dents par son (sa) dentiste.

はいしゃ 廃車 voiture f hors [de] service. ‖車を～処分にする envoyer une voiture à la casse.

はいしゃ 敗者 vaincu(e) m(f); [勝負事の

はいしゃ perdant(e) m(f). ~復活戦 repêchage m.

はいしゃ 配車 répartition m des voitures. ~する mettre une voiture en service.

はいしゃく 拝借 お知恵を~したい Puis-je vous demander un conseil.

ばいしゃく 媒酌 ~をする arranger un mariage. 山田氏の~で par l'intermédiaire de M. Yamada; grâce aux bons offices de M. Yamada. ~人 témoin m.

ハイジャック piraterie f aérienne; détournement m d'avion. ~する faire un détournement d'avion. ~犯人 pirate m de l'air.

ハイジャンプ saut m en hauteur.

はいしゅ 胚珠 ovule m.

はいしゅ 胚種 germe m. ~の germinatif (ve).

ばいしゅう 買収 [賄賂] achat m; corruption f; [土地などの] acquisition f; [政府による] expropriation f. 用地の~ expropriation du terrain. ~する acheter qn; corrompre qn; stipendier qn; acquérir qc; exproprier qc. アリバイを証明するために証人を~する acheter un faux témoin (corrompre un témoin) pour prouver son alibi. 不動産を~する acquérir des immeubles; (corrompre un témoin) pour prouver son alibi. 不動産を~する acquérir des immeubles; exproprier des immeubles. ~される se laisser acheter (corrompre). ~された政治家 politicien m corrompu (stipendié). ~可能な人 personne f vénale.

はいしゅつ 排出 expulsion f; évacuation f; éjection f; écoulement m; [蒸気, ガスの] échappement m. ~する évacuer; éjecter; expulser; vider. 下水を~する évacuer des eaux d'égout.

はいしゅつ 輩出 ¶明治時代には多くの偉人が~した L'époque de Meiji vit naître (a produit) beaucoup de grands hommes. 本校からは多くの大学者が~している Beaucoup de grands savants sont sortis de cette école.

ばいしゅん 売春 prostitution f. ~する se prostituer. ~させる prostituer. ~禁止法 loi f contre la prostitution. ~婦 fille f [publique, perdue, de joie, des rues]; prostituée f; 《俗》 putain f. ~婦を買う putasser; fréquenter les putains.

はいしょ 配所 ¶私は~の月を眺める身になった On m'a imposé des années d'exil.

はいじょ 排除 exclusion f; élimination f. ¶~する exclure; éliminer. 力ずくでデモ隊を~する expulser par force des manifestants.

ばいしょう 賠償 réparation f; dédommagement m; compensation f. ~を要求する demander réparation. ¶...に...を~する indemniser qn de qc. 損害を~させる faire (rendre) justice à qn. 損害~ réparation d'une avarie. 損害~金 dommages-intérêts mpl. ~金 indemnité f.

はいじょうみゃく 肺静脈 veine f pulmonaire.

はいしょく 敗色 ¶我がチームは~が濃い Notre équipe n'a plus guère de chances de gagner. ¶彼は~濃厚だ Ses chances de gagner ont diminué.

はいしょく 配色 assortiment m de couleurs. ~が良い(悪い) Les couleurs sont bien (mal) assorties.

はいしん 背信 abus m de confiance; trahison f. ¶~行為を働く commettre un acte de mauvaise foi.

はいじん 廃人 infirme mf; invalide mf; impotent(e) m(f). ¶事故にあってから彼は~同様になった Il est devenu impotent depuis son accident.

はいしん 陪審 jugement m par jury. ¶~員 juré(e) m(f); membre m de jury. ~員席 bancs mpl du jury. ~制度 système m de jury.

はいしんじゅん 肺浸潤 infiltrat m pulmonaire.

はいすい 排水 évacuation f; écoulement m; [土管による] drainage m. 沼地の~ drainage d'un marais. ~が悪い L'évacuation se fait mal. ~する évacuer; drainer. ~管 tuyau(x) m d'écoulement. ~口 orifice f d'évacuation. ~溝 [道路の] caniveau(x) m; canal(aux) m [fossé m] d'écoulement. ~装置 vidange f. 便所の~装置 vidange d'un lavabo. ~する déplacement m.

はいすい 背水 ¶~の陣を敷く couper les ponts; brûler ses vaisseaux.

はいすい 配水 distribution f des eaux. ¶~する distribuer l'eau. ¶~管 conduite f (conduit m) d'eau.

ばいすう 倍数 multiple m. 2の~は全て偶数である Tout multiple de deux est pair. ¶最小公~ le plus petit commun multiple. ~体 《生》 polyploïde m.

ハイスクール lycée m.

ハイスピード grande vitesse f.

はいする 廃する ⇒ はいし (廃止).

はいする 排する ⇒ はいじょ (排除).

はいする 配する [配置する] disposer; [役割を配分する] distribuer. 山頂に軍隊を~ disposer les troupes au sommet de la montagne. ◆[配合する] marier. 金糸と銀糸を~ marier des fils d'or avec des fils d'argent.

はいせき 排斥 expulsion f; boycottage m. ¶~する expulser qn; chasser qn; boycotter. 外国製品を~する boycotter les produits étrangers. ¶~運動 boycottage. ユダヤ人~運動 mouvement m antisémitique.

ばいせき 陪席 ~する avoir l'honneur d'assister à une réunion. ¶~判事 juge m; assesseur m.

はいせつ 排泄 évacuation f; excrétion f; déjection f. ~する évacuer; excréter. ~管 canal(aux) m excréteur (évacuateur). ~器官 organe m d'excrétion. ~作用 fonction f excrétoire. ~物 évacuations fpl; excrément m; déjections fpl.

はいせん 廃船 navire m hors service.

はいせん 敗戦 perte f d'une bataille; défaite f. ~の痛手から立直る se relever de ses ruines après la défaite. ~の憂目を見る essuyer de cruels revers militaires. ¶~国 nation f vaincue.

はいせん 肺尖 sommet m du poumon. ¶~カタル catarrhe m pulmonaire.

はいせん 配線 canalisation *f*. 電気の〜 canalisation des fils électriques; installation *f* électrique. ¶〜を installer des fils électriques.

はいせん 配船 répartition *f* des vaisseaux. ¶〜する répartir des vaisseaux.

はいぜん 配膳 ¶〜する dresser la table; mettre le couvert. ‖〜室 office *m*.

ばいせん 焙煎 torréfaction *f*. ¶コーヒーを〜する torréfier du café. ‖〜器 torréfacteur *m*.

ハイセンス raffinement *m*; bon goût *m*.

はいそ 敗訴 perte *f* d'un procès; procès *m* perdu; défaite *f* judiciaire. ¶〜する perdre une cause (un procès).

はいそう 敗走 débandade *f*; déroute *f*. ¶〜する débander; s'enfuir en déroute. 我が軍は算を乱して〜した Nos troupes sont fui à la débandade. 敵を〜させる mettre l'ennemi en déroute (en fuite); disperser l'ennemi.

はいそう 配送 livraison *f*.

はいぞう 肺臓 肺(はい). ‖〜ジストマ distome *m* du poumon.

ばいぞう 倍増 doublement *m*. ¶所得が〜した Mes revenus ont doublé. ‖所得〜 doublement du revenu.

はいぞく 配属 ¶〜する affecter (poser) *qn* à un poste. こちらに〜されました山田です Je m'appelle Yamada. Je suis affecté à cette troupe.

ハイソサエティー haute société *f*.

はいた 排他 exclusivité *f*. ¶〜的な exclusif(ve). ‖〜主義 exclusivisme *m*.

ばいた 売女 putain *f*.

はいたい 敗退 échec *m*; défaite *f*. ¶〜する subir une défaite; être battu; [勝負事で] perdre la partie; [試合で] perdre une épreuve (un match).

はいたい 胚胎 ¶〜する naître (sortir, venir) de.

ばいたい 媒体 moyen *m*; véhicule *m*.

はいたか 鷂 épervier *m*.

はいだす 這い出す ¶穴から〜 sortir d'un trou en rampant.

はいたつ 配達 livraison *f* à domicile; [郵便物] distribution *f* et factage *m*; [電報] dépôt *m*. ¶〜する livrer à domicile; distribuer. 無料で〜する livrer *qc* franco. ‖〜係 service *m* de factage. 〜先 destination *f*. 〜証明 avis *m* de réception. 〜人 [新聞] porteur(se) *m(f)*; [雑誌] livreur(se) *m(f)*; [電報] télégraphiste *mf*; [郵便物] facteur *m*. 不能便 rebut *m*. 〜料金 frais *mpl* de livraison.

バイタリティー ⇨ かつりょく (活力), せいめい (生命).

はいち 背馳 ¶彼の行動は主義に〜している Ses actes sont en contradiction avec ses principes.

はいち 配置 disposition *f*; arrangement *m*; agencement *m*. 部屋の〜 disposition (agencement, ordonnance) *f* des pièces. ¶〜する disposer; placer; arranger; poster; agencer; [人を] affecter. 家具をうまく〜する bien disposer les meubles. 彼のアパートはとてもよく〜されている [間取りが良い]

Leur appartement est très bien agencé. ‖戦闘〜につく se mettre en position de combat. 〜転換 changement *m* de poste; déplacement *m*; mutation *f*; [相互間の] permutation *f*. 〜転換を願い出る demander *sa* mutation.

はいちゃく 廃嫡 exhérédation *f*; déshéritement *m*. ¶〜する déshériter *son* fils; exhéréder *qn*.

はいちょう 拝聴 ¶〜する prêter l'oreille; écouter respectueusement.

はいちょう 蠅帳 garde-manger *m inv*.

ハイティーン jeunes *m fpl* ayant entre 15 ans et 20 ans; adolescents *mpl* de plus de 15 ans.

ハイテク[ノロジー] †high-tech [ɑjtɛk] *f*; haute technologie *f*; technologie de pointe. ¶〜の high-tech *inv*.

はいてん 配点 ¶各課目の〜はそれぞれ100点です Les épreuves sont à noter chacune sur cent points.

はいでん 配電 alimentation *f* électrique; distribution *f* de l'électricité. ¶〜する distribuer l'électricité. ‖〜所 station *f* de distribution de l'électricité. 〜盤 tableau(x) *m* de distribution.

ばいてん 売店 échoppe *f*; stand *m*; [駅などの] kiosque *m*; [飲食物の] buffet *m*; [タバコの] bureau(x) *m* de tabac.

バイト [情報量の単位][byte] octet *m*.

はいとう 配当 répartition *f*; [株の] dividende *m*. 株の〜を受ける recevoir (toucher) *son* dividende. 株主はそれぞれ利益の〜にあずかった Chacun des actionnaires a touché sa part dans la répartition des bénéfices. ¶〜する répartir; [株] distribuer des dividendes. ‖〜金 dividende *m*. 〜付[の] avec dividende.

はいどうみゃく 肺動脈 artère *f* pulmonaire.

はいとく 背徳 immoralité *f*; perversité *f*. ¶〜的 immoral(aux) *f*; pervers. ‖〜行為 perversités. 〜者 immoraliste *mf*.

ばいどく 梅毒 syphilis *f*; 《俗》 vérole *f*. 〜にかかる être attrapé d'une syphilis. ¶〜の syphilitique. ‖〜患者 syphilitique *mf*.

ハイドロキノン hydroquinone *f*.

パイナップル ananas *m*.

はいにち 排日 ¶〜運動 mouvement *m* anti-japonais.

はいにゅう 胚乳 albumen *m*.

はいにょう 排尿 pissement *m*; 『医』 miction *f*. ¶〜する uriner.

はいにん 背任 prévarication *f*. ¶〜的な prévaricateur(trice). ‖〜行為をする prévariquer. 〜罪に問う accuser *qn* de prévarication. 〜者 prévaricateur(trice) *m(f)*.

ハイネック ¶〜の à col montant.

はいのう 背嚢 sac *m* de soldat; [リュックサック] sac; †havresac *m*. 〜を背負って出発する partir sac au dos.

ハイハードル †haie *f* haute.

はいはい 這い這い ¶〜をする se traîner; marcher à quatre pattes.

ばいばい 売買 achat *m* et vente *f*; [取引]

バイバイ ¶~! Au revoir!/Salut!

バイパス déviation f. ~を通る prendre une déviation.

はいはん 背反 ‖二律~ antinomie f.

はいび 配備 dispositif m. ¶~する disposer; arranger.

ハイヒール [souliers mpl à] †hauts talons mpl; talons hauts.

ハイビジョン ¶~テレビ télévision f à haute définition.

ハイビスカス hibiscus m.

はいびょう 肺病 maladie f de poitrine. ‖~患者 poitrinaire mf.

はいひん 廃品 ⇨ はいぶつ(廃物).

はいふ 肺腑 ~を突く percer le cœur de qn. ~をえぐる叫び cri m déchirant.

はいふ 配付(布) distribution f. ¶~する distribuer. 街頭で~する distribuer des tracts sur le trottoir.

パイプ [煙草の] pipe f; [シガレットホルダー] fume-cigarette m inv. ~に煙草を詰める bourrer sa pipe. ~を吸う fumer la pipe; [一服] fumer une pipe. ~を掃除する curer sa pipe. ‖~入れ étui m à pipe. ◆[管] tuyau (x) m; tube m; [ガス, 水道の] conduite f; canal(aux) m. ‖オルガン orgue m; [教会の] grandes orgues fpl. 電気(電子)~オルガン orgue électrique (électronique). ~ライン pipe-line m; feeder m; canalisations fpl; [石油の] oléoduc m. ~ラインによる輸送 transport m par pipe-line.

ハイファイ †haute(s)-fidélité(s) f; †hi(-)fi [ifi] f. ‖~装置 chaîne f à haute-fidélité.

ハイファッション haute couture f.

パイプカット vasectomie f. ¶~を施す vasectomiser.

はいふく 拝復 En réponse à votre lettre (à votre honorée).

はいぶつ 廃物 rebut m. ‖~利用 utilisation f des objets de rebut.

ハイブリッド ¶~な hybride f.

バイブル Bible f. 彼にとってこの本は~である Ce livre est pour lui une véritable bible.

バイブレーション vibration f.

バイブレーター vibrator m.

バイプレーヤー rôle m secondaire; deuxième rôle. 往年の名~ célèbre second rôle d'autrefois. ~をつとめる jouer un rôle auxiliaire.

ハイブロー ¶~な intellectuel(le).

ハイフン trait m d'union.

はいぶん 配分 répartition f; distribution f; partage m. 利益の~ répartition des bénéfices. 利益の~にあずかる avoir une part dans les bénéfices. ...の~にあずからせる associer qn à la répartition. ¶~する répartir; distribuer; partager; faire le partage de qc.

ばいぶん 売文 ¶~の徒 écrivassier(ère) m (f); plumitif m.

はいへい 廃兵 mutilé m; invalide m de guerre.

はいべん 排便 défécation f. ¶~する déféquer.

ハイボール whisky(ies) m soda.

はいぼく 敗北 défaite f; perte f; écrasement m. ~をする essuyer (subir) une défaite; perdre une bataille; être battu. ‖~主義 défaitisme m. ~主義者 défaitiste mf.

はいほん 配本 livraison f. ‖第1回~ la première livraison.

はいまつ 這松 pin m nain.

ハイミス vieille fille f.

はいめい 拝命 ¶~する être nommé à un poste.

はいめい 売名 ¶彼は~のためには何でもやりかねない Il ferait n'importe quoi pour être connu (en vue de se faire un nom). ‖~行為 propagande f personnelle.

バイメタル bimétal m. ¶~の bimétallique.

はいめん 背面 arrière m; dos m. ‖~攻撃 attaque f par derrière. ~跳び fosbury flop [fɔsby(œ)riflɔp] m; saut m par extension dorsale.

はいもん 肺門 †hile m du poumon. ‖~リンパ腺炎 adénite f tuberculeuse du hile du poumon.

ハイヤー voiture f en location. ~を頼む louer une voiture en location.

バイヤー acheteur(se) m(f); importateur(trice) m(f); commissionnaire m d'achat.

はいやく 配役 distribution f [des rôles]. ~を決める distribuer les rôles; [個人の] distribuer un rôle à qn.

ばいやく 売約 ‖「~済」«Vendu».

ばいやく 売薬 médicament m vendu en pharmacie.

はいゆう 俳優 acteur(trice) m(f); comédien(ne) m(f). ‖映画~ acteur de cinéma.

はいよう 肺葉 lobe m du poumon.

はいよう 佩用 ¶~する porter une décoration. ‖~者 [勲章の] officier m. アカデミー勲章~者 officier d'académie.

はいよう 胚葉 feuillet m embryonnaire.

はいよう 培養 culture f. ¶~する cultiver. 細菌を~する faire une culture microbienne. ‖~液 bouillon m de culture.

ハイライト ¶今週の~ clou m des actualités de la semaine. 催し物の~ clou d'un spectacle.

はいらん 排卵 ovulation f.

ハイランド région f montagneuse.

はいり 背理 absurdité f; irrationalité f; illogisme m.

ばいりつ 倍率 grossissement m. 競争の~ pourcentage m de concurrence. ~は10倍である Le grossissement est dix. ‖高~の à fort grossissement.

はいりょ 配慮 attentions fpl; sollicitude f; soins mpl. ~が足りない manquer d'attentions envers qn. ¶~[を]する mettre tous ses soins à inf. 細やかな~をする entourer qn d'attentions.

はいりょう 拝領 ¶領地を~する tenir une terre.

バイリンガル bilingue *mf*. ¶~の bilingue. 彼はフランス語と英語の~だ Il est bilingue français-anglais. ◆~放送 émission *f* bilingue (en deux langues).

はいる 入る [侵入する] entrer; pénétrer; s'introduire. しひしめく群衆の中に入り込む se faufiler dans une foule compacte. 強盗は窓から入り込んだ Le cambrioleur a pénétré dans la maison par la fenêtre. ¶[踏み入る] ¶水溜りに~ marcher dans une flaque. 一度悪の道に入ったら中々抜けられるものではない Une fois engagé sur le chemin du vice, il est difficile d'en sortir. 「芝生に入ってはいけません」«Défense de marcher sur les pelouses.» ◆[参加する・所属する] ¶学校に~ entrer à une école. 会社に~ entrer dans une compagnie. クラブに~ s'inscrire à un club. 組合に~ adhérer à une association. ¶[時期に入る] ¶休暇に~ entrer en vacances. 今年は早くから梅雨に入った La saison des pluies a commencé tôt cette année. ◆[獲得する・所有する] ¶月々20万に~ Je gagne deux cents mille yen par mois. ◆[容れられる] ¶この壜には1リットル入っている Cette bouteille contient un litre. ここに皆んなは入れない Tout le monde ne peut tenir ici. ◆[含まれる] ¶彼は選手として10本の指に~ Des joueurs comme lui peuvent se compter sur les dix doigts de la main. チップも入っている Le service est compris. 我が社は大手5社の中に入っている Notre entreprise compte au nombre des grosses sociétés. ◆[入浴する] ¶風呂に~ prendre un bain.

パイル pieu *m*; pilotis *m*; pile *f*.

はいれつ 配列 arrangement *m*; disposition *f*. ¶~する arranger; ranger en ordre; disposer.

パイロット pilote *m*. ‖テスト~ pilote d'essai. ~ランプ [蛍光灯の] voyant *m* de contrôle.

パイロットファーム ferme *f* pilote.

バインダー 〚農〛 lieuse *f*; [文具] classeur *m*.

はう 這う ramper; se traîner; grimper. 蔦が壁を~ Le lierre grimpe sur le mur. 蛇が草むらを這っている Le serpent rampe dans les herbes.

ハウジング ‖~プラン plan *m* d'habitation (de logement).

ハウス ‖~栽培 culture *f* de serre en plastique.

ハウスキーパー femme *f* de ménage.

パウダー poudre *f*.

パウチ [小袋] petit sac *m*.

ハウツー ¶日本には~本が夥しくある Au Japon, on trouve beaucoup de manuels pratiques.

パウロ 〚聖〛 [saint] Paul.

バウンド rebond *m*. ¶~する rebondir.

パウンドケーキ quatre-quarts *m*.

はえ 栄え gloire *f*. ¶~ある glorieux(se). ¶~のある日に en ce jour glorieux.

はえ 蠅 mouche *f*. ¶~をたたく(追い払う) écraser (chasser) une mouche. 馬の~を追い払う émoucher un cheval. ~が皿にたかっている Des mouches se posent sur une assiette. ¶青~ mouche bleue; ~ mouche domestique. 金~ mouche verte. ~取紙 papier *m* tue-mouche[s] (attrape-mouche[s]).

はえかわる 生え変る ¶この子の歯も生え変り始めた Cet enfant a commencé à faire ses dents.

はえぎわ 生え際 naissance *f* des cheveux.

はえそろう 生え揃う ¶歯が生え揃った Toutes ses dents sont poussées.

はえたたき 蝿叩き tapette *f*.

はえとりがみ 蝿取紙 papier *m* attrape-mouche[s] (tue-mouche[s]).

はえなわ 延縄 ‖~漁業 pêche *f* de palangre.

はえぬき 生え抜き ¶~のパリっ子 vrai(e) Parisien(ne) *m(f)*. ~の軍人 militaire *m* de carrière.

パエリヤ paella *f*.

はえる 映える briller; miroiter; resplendir. 夕日に~ resplendir au soleil couchant. ¶今度の役はあまり映えない役だ Le rôle qu'il joue cette fois-ci est assez terne.

はえる 生える pousser. 歯が~ faire ses dents. 草が生えている Les herbes poussent. これはアフリカにしか生えない巨木だ C'est un arbre immense qui ne croit qu'en Afrique. ¶生えかかった髭 barbe *f* naissante.

はおと 羽音 [鳥] bruit *m* de battement d'ailes; [虫] bourdonnement *m*.

はおる 羽織る ¶コートを~ poser (endosser) un manteau sur ses épaules.

はか 墓 tombe *f*; sépulture *f*; dernière demeure *f*; [墓碑] tombeau(x) *m*; sépulcre *m*. ~を掘る creuser une tombe. ~を建てる dresser un tombeau. 父の~にお参りして来ます Je vais me recueillir devant la tombe de mon père. ¶~から出てきたような声 voix *f* sépulcrale (funèbre). ‖~穴 fosse *f*. ~荒らし profanation *f* de sépulture. ~石 pierre *f* tombale. ~参りする faire une visite au cimetière. ~守り gardien(ne) *m(f)* du cimetière.

ばか 馬鹿 sot(te) *m(f)*; imbécile *mf*; fou (folle) *m(f)*; [間抜け] niais *m*; [愚鈍] idiot *m*. ~のふりをするほど死ねなほ馬鹿らない Quand on est bête, c'est pour la vie. ~め Imbécile!/Espèce d'idiot! ¶~な sot(te); imbécile; stupide; idiot; bête. ~なことをする faire des bêtises (des folies). 彼をいじめて~なことをした J'ai agi bêtement en le vexant. ~なことを言う dire des bêtises. ~な まねをする faire l'imbécile. ~になる s'abêtir; s'abrutir. 何もしないでると次第に~になる On s'abêtit peu à peu dans l'inaction. ~げた absurde; ridicule; idiot. ~げた反射 réflexion *f* ridicule (absurde). ~げたこと sottise *f*; bêtise *f*; absurdité *f*. 断わるなんて~げている Ce serait idiot de refuser. ‖~騒をする faire du chambard. ~力がある avoir une force démesurée. ~面してそんな所に立っているな Ne reste pas planté là comme un empoté. ~丁寧な挨拶 salut *m* obséquieux

はかい (cérémonieux). ～丁寧に挨拶する s'incliner obséquieusement. ～値 folle enchère f. ～飲する boire à tire-larigot. ～笑い rire m stupide (imbécile). ～笑いする rire bêtement. ◆【慣用的で】¶～にする se moquer de; ridiculiser; s'amuser; 〖俗〗se foutre de;〖軽視する〗faire peu de cas de. ～を見る perdre ses peines. ～を見るのはいつも僕たちだ C'est nous qui perdons toujours notre peine.

はかい 破壊 destruction f. 爆弾による町の～ destruction d'une ville par les bombardements. ¶～する détruire; mettre en ruine; 〖打ち破る〗briser; enfoncer. 建物を～ détruire un édifice. 町は敵軍によってめちゃめちゃにされた L'armée ennemie a dévasté (ravagé) la ville. ～的な destructif(ve). 文明～ vandalisme m. ～活動防止法 loi f anti-casseurs. ～者 destructeur(trice) m(f);〖芸術，自然の〗vandale mf. 展覧会は～者によってめちゃくちゃにされた L'exposition a été saccagée par des vandales.

はかい 破戒 transgression f d'un commandement. ‖～僧 prêtre m dépravé; moine m défroqué.

はかいじめ 羽交い絞め ¶～にする maîtriser qn par derrière.

はかき 破瓜期 puberté f.

はがき 葉書 carte f postale. ～を出す envoyer une carte postale. ‖絵～ carte f postale illustrée. 往復～ carte postale avec réponse payée. 封筒～ carte(s)-lettre(s) f.

はかく 破格 exception f; licence f poétique; 〖文法〗anomalie f. ¶～の exceptionnel(le). ～の安値で à un prix dérisoire.

はがくれ 葉隠 ‖～の精神 esprit m sans justification de soi-même.

はかしょうじき 馬鹿正直 ¶～な simple; naïf(ve); ingénu(e).

はがす 剥がす décoller; écailler; desceller. 切手を～ décoller un timbre. ペンキを～ écailler la peinture. 塀の石を～ desceller une pierre d'un mur.

ばかす 化かす mystifier qn. ¶狐と狸の化し合い Ces vieux renards essaient de se rouler les uns les autres.

ばかす 場数 ¶～を踏んでいる avoir de l'expérience. ～を踏んだ人 personne f expérimentée.

はかせ 博士 ⇒はくし（博士）.

はがた 歯形 morsure f. ～がこんなに深く残っている Il reste encore une très profonde morsure.

はかない 儚い fragile; fugitif(ve); éphémère; passager(ère); fugace; périssable. ～命 vie f fragile. ～恋 amour m sans espoir. ～最期をとげる mourir tragiquement. ～抵抗 résistance f inutile. ～思い出 souvenir m fugace (périssable). ¶儚く fugitivement. 儚さ fragilité f.

はかなむ 儚む ¶世を～ se dégoûter de la vie. 彼は世を儚んで自殺した Il s'est suicidé en perdant tout espoir.

はがね 鋼 acier m. ¶全身～のような肉体 corps m de fer.

はかば 墓場 cimetière m. 後は～へ行くだけ Il ne me reste plus qu'à mourir.

はかばかしい 捗々しい aller bien. 病状は捗々しくない L'état du malade ne s'améliore pas.

ばかばかしい 馬鹿馬鹿しい ¶～ことだと思う trouver idiot de inf (que sub). 何て～ C'est idiot!

はがみ 歯嚙 ¶～をする ronger son frein; grincer des dents.

はがゆい 歯痒い s'irriter de; s'énerver de. 私には彼の態度が～ Son attitude m'irrite. あ～ Quel(le) lambin(e)! なんて～人だ C'est un type agaçant.

はからい 計らい arrangement m; soins mpl; discrétion f. …の～に委せる s'en remettre à qn. …の～で grâce aux bons offices de qn; par les soins de qn. ¶～らう arranger; ménager. 私がよろしく計らいましょう Je vais vous arranger votre affaire. 私の一存では計らい兼ねます Je ne peux pas décider cela tout seul.

はからずも 図らずも par hasard; par accident. ～お目にかかれたとは C'est un bonheur inattendu de vous voir. ～意見の一致を見た Nous sommes tombés d'accord d'une manière inattendue.

はかり 秤 balance f; 〖天秤〗trébuchet m. ～がよい faire bonne (pleine) mesure; faire bon poids. ～にかける mettre dans la balance; mettre en balance; 〖評価〗soupeser la valeur de qn. ‖棒～ balance romaine. 自動～ balance automatique. 台～ balance à bascule. 手紙～ pèse-lettre(s) m. ばね～ peson m à ressort. ～売りする vendre qc au poids. ‖皿～ plateau(x) m.

-ばかり 〖およそ〗environ; à peu près; presque. 会には 300 人～出席していた Trois cents personnes environ assistaient à l'assemblée. 彼は10年～前に結婚した Il s'est marié il y a quelque dix ans. ◆【だけ】¶彼は何もしない～でなく，文句まで言う Non seulement il ne fait rien, mais encore il proteste souvent. ◆【ただ…だけ［のために］】¶彼は金がほしい～に働いている Il travaille uniquement (seulement) pour gagner de l'argent. ◆【間もない】¶彼は今来た～だ Il vient d'arriver. ◆【ほど】¶彼は卒倒せん～であった Il a failli s'évanouir.

はかりごと 謀 artifice m; intrigue f; machination f; ruse f. ～を用いる user de ruses. ～をめぐらす nouer une intrigue (une ruse) contre qn. ～は密なるをもってよしとする Il faut garder le secret sur ses projets.

はかる 諮る ¶友達に～ consulter un ami. 会議に～ soumettre un projet au conseil. 友人と諮って de concert avec ses amis.

はかる 測［計，量］る〖長さを〗mesurer; 〖重量〗peser; 〖深さ〗sonder; 〖容量〗jauger. 距離を～ mesurer la distance. 身長を～ mesurer

はかる 体温を~ prendre la température de qn. メートルで~ mesurer au mètre. ¶~ことが出来る大きさ grandeur *f* mesurable. 計り知れない喜び joie *f* infinie. 計り知れない価値 valeur *f* inestimable. 彼は計り知れない可能性をもっている Il a d'énormes possibilités.

はかる 謀る comploter; tramer. クーデターを~ comploter un coup d'État. 謀られたか Je me suis trompé!

はがれる 剥れる se détacher; se décoller. 湿気で壁紙が剥れた Les tentures se sont décollées à l'humidité.

バカロレア baccalauréat *m*. ¶~に合格(失敗)する être reçu (refusé) au baccalauréat.

はがん 破顔 ‖それを聞いて彼は~一笑した En apprenant cela, son visage s'épanouit (un grand sourire épanouit son visage).

バカンス vacances *fpl*. ~に出かける partir (aller) en vacances. よい~を! Bonnes vacances!

はき 覇気 courage *m*. ¶~のある courageux(se); plein d'ardeur. ~のある男 homme de caractère. ~のない sans ambition; sans caractère.

はき 破棄 rupture *f*. ¶~する rompre; casser; abroger; annuler. 判決を~する casser un jugement. 契約を~する annuler le contrat. 法令を~する abroger la loi. ‖婚約~ rupture de fiançailles. 条約~ rupture de contrat.

はぎ 萩 lespedeza *m*.

はきけ 吐気 nausée *f*; 'haut-le-cœur *m inv*. ~がする avoir ta nausée; avoir le cœur (l'estomac) barbouillé. ~を催す soulever l'estomac. ~を催させる donner des nausées à qn. ~を催すような écœurant; dégoûtant; nauséeux(se).

はきごこち 履心地 ‖これは~のよい靴だ Je me sens bien dans ces souliers./Ces souliers me vont bien.

はぎしり 歯軋り ‖~をする grincer (crisser) des dents; [怒って] grincer des dents.

はきすてる 吐き捨てる recracher. ¶~ように言う répondre sèchement à qn.

はきだす 掃き出す nettoyer; balayer.

はきだす 吐き出す vomir; cracher; déverser. あめを口から~ cracher un bonbon. 口に入れた肉を~ cracher la viande de *sa* bouche. 煙突が煙を吐き出している La cheminée vomit (crache) de la fumée. 列車ごとに大勢の旅客を吐き出される Chaque train déverse son flots de voyageurs. ◆[すたれたものを] rendre gorge. 吐き出させる faire rendre gorge à qn.

はきだめ 掃溜 [ごみ捨て場] dépôt *m* d'immondices; trou *m* aux ordures. ‖~に鶴 «Perle sur (dans) du fumier.»

はきちがえる 履き違える [履物を] mettre les chaussures d'une autre personne. ◆[誤解する] comprendre mal; se méprendre sur qc; prendre pour. 自由と放縦を~ confondre la liberté avec la licence.

はぎとる 剥ぎ取る dépouiller qn de qc. 仮面を~ arracher le masque à qn. 泥棒が旅行者から金品を剥ぎ取った Des voleurs ont dépouillé un voyageur.

バギナ vagin *m*.

はきはき ¶~した [子供の] vif(ve); actif(ve); alerte; éveillé. ~した返事 réponse *f* nette. ~しない子だ C'est un enfant de caractère indécis. ~しなさい Dégourdissez-vous!

はきもの 履物 chaussures *fpl*; 《俗》godasse *f*. ~を履く se chausser; mettre des chaussures. ~を脱ぐ se déchausser.

ばきゃく 馬脚 ‖~を現す montrer le bout de l'oreille.

はきゅう 波及 ~する s'étendre; se répandre; se propager. 全国に~する se répandre sur tout le pays. 紛争はフランスにまで~した Le conflit s'est étendu jusqu'en France.

バキューム aspirateur *m*. ‖~カー voiture *f* à vidange; camion *m* vide-toilette. 近頃~カーを見かけない On ne voit plus guère de pompes à fosse septique.

はぎょう 覇業 conquête *f*; domination *f*. ~を遂げる faire la conquête; établir *sa* domination.

はきょく 破局 catastrophe *f*; désastre *m*; tragique *m*. ~から救い出す tirer qn d'un précipice. ~に至る aboutir à une catastrophe. ~に導く pousser qc jusqu'à *son* extrémité.

はぎれ 歯切れ ¶~のよい文体 style *m* clair et précis. ~のよい言葉 parole *f* bien articulée. ~のよい(悪い)人間 personne *f* bien (mal) résolue. ~の悪い返事 réponse *f* ambiguë.

はぎれ 端切れ déchet *m* (bout *m*) d'étoffe.

はく 掃く balayer. 部屋を~ balayer la chambre. ¶掃き屑 balayures *fpl*. 掃き掃除 balayage *m*.

はく 吐く vomir; cracher; rejeter; rendre; [げろを] 《俗》dégobiller; [痰を] expectorer. 血を~ cracher du sang. 息を~ expirer. 煙を~ rejeter (vomir) de la fumée. 彼は食べた物を全部吐いてしまった Il a vomi (rendu) tout son repas. 泥を~ [白状する] avouer son crime. 本音を~ découvrir *son* cœur. 弱音を~

はく 箔 ¶~がつく acquérir du prestige.

はく 履く mettre; [靴を] chausser. 靴(ズボン)を~ mettre des chaussures (*son* pantalon). 靴下を~ enfiler *ses* chaussettes. 履いている porter qc. ¶長靴を履いた猫 chat *m* botté. 黒靴を履いた男 homme *m* chaussé de noir. この靴は履きやすい Ces souliers sont chaussants.

はく 泊 ‖~ 旅行をする passer une nuit de voyage. ~~二食付 3000 円 une nuit et deux repas compris pour 3000 yen.

はく 接ぐ [はぎ合わせる] raccommoder; repriser.

はく 剥ぐ dépouiller qc; [はぎとる] dépouiller qn de qc. 木(動物)の皮を~ dépouiller un arbre de *son* écorce. 兎の皮を~ dépouiller (écorcher) un lièvre. 着物を~ dépouiller qn de *ses* vêtements. 寝ながらふとんを~ se découvrir en dormant.

ばく 漠 ¶~とした風景 paysage *m* vague. ~とした返事 réponse *f* ambiguë.

ばく 貘 tapir *m*.

ばぐ 馬具 †harnais *m*; †harnachement *m*. ～をつける †harnacher. 馬に～をつける harnacher un cheval. ‖～商 bourrelier *m*. ～製造人 bourrelier.

バグ bogue *f*; erreur *f*.

はくあ 白亜(堊) craie *f*. ¶～の断崖 falaise *f* de craie. ‖～の殿堂 maison *f* blanche. ‖紀～ période *f* crétacée. ～質の crétacé.

はくあい 博愛 philanthropie *f*. ¶～的な philanthropique. ‖～家 philanthrope *mf*. ～主義 philanthropisme *m*.

はくい 白衣 vêtements *mpl* blancs; [医者の] blouse *f* blanche; [司祭の] aube *f*. ～をまとう porter du blanc; s'habiller en blanc. ¶～の天使 infirmière *f*. ～の兵士 [傷痍軍人] mutilé *m* de guerre.

ばくおん 爆音 fracas *m*; [爆発音] détonation *f*; [発動機の] ronron *m*; ronronnement *m*; vrombissement *m*; [自動車, オートバイの] pétarade *f*. ～を立てる détoner; vrombir; ronronner. ～をとどろかす [オートバイが] pétarader. ¶～を立てて avec fracas.

ばくが 麦芽 malt *m*. ‖～糖 maltose *m*.

はくがい 迫害 persécution *f*. ～を蒙る être persécuté; subir (essuyer) des persécutions. ¶～する persécuter; s'acharner contre (sur). ‖～者 persécuteur(trice) *m(f)*. 被～者 persécuté(e) *m(f)*.

はくがく 博学 érudition *f*; grand savoir *m*. ¶～ない érudit; très savant; docte. ～な érudit(e) *m(f)*; personne *f* de grand savoir.

はくがんし 白眼視 ¶～する regarder froidement (avec froideur); regarder d'un œil soupçonneux.

はぐき 歯茎 gencive *f*. ¶～の gingival (aux).

ばくぎゃく 莫逆 ¶～の友 *son* meilleur ami *m* intime.

はくぎん 白銀 ¶～の世界 paysage *m* de neige.

はぐくむ 育む élever; nourrir. 雛を～ couvrir *ses* petits de *ses* ailes; protéger *ses* petits sous *ses* ailes.

ばくげき 爆撃 bombardement *m*. 街は焼夷弾の～を受けた La ville subit des bombardements incendiaires. ¶～する bombarder. ‖～音 fracas *m* d'un bombardement. ～機 avion *m* de bombardement; bombardier *m*. ～手 bombardier.

はくげきほう 迫撃砲 baliste *f*; mortier *m*.

はくさい 白菜 chou(x) *m* chinois.

はくし 博士 docteur *m*; [女性の] femme doctor *f*; doctoresse *f*. 小林～ Le Docteur Kobayashi. ‖医学(法学)～ docteur en médecine (droit). 文学～ docteur ès lettres. 理学～ docteur ès sciences. ～号をとる prendre le grade de docteur; passer *son* doctorat. ～論文を提出する présenter *une* thèse de doctorat.

はくし 白紙 feuille *f* blanche; papier *m* blanc. ¶答案を～で出す rendre une copie blanche. ◆ [比喩的に] ¶～の態度で考える envisager *un* problème sans aucune idée préconçue. ‖～に戻す faire table rase. ‖～委任する donner carte blanche. ～委任状 procuration *f* en blanc.

はくし 薄志 [寸志] rémunération *f* modeste. ¶～ながら en signe de remerciement. ‖～弱行の徒 homme *m* de caractère faible.

はくじ 白磁 ¶～のつぼ vase *m* en faïence blanche.

ばくし 爆死 ¶～する être tué par *un* bombardement (par *une* explosion).

はくしき 博識 ¶～な encyclopédique; très savant. ～な人 esprit *m* universel; cerveau (x) *m* encyclopédique.

はくじつ 白日 ¶…を～の下にさらす exposer *qc* en plein jour. ～の下にさらされる être mis au jour; se dévoiler complètement. ～の下で au vu et au su de tout le monde; au grand jour; en plein jour.

はくしゃ 拍車 éperon *m*. ～をかける éperonner; donner de *l'*éperon; piquer des deux; [加速する] accélérer; †hâter (presser) le mouvement. 仕事に～をかけなければならない Il faut accélérer les travaux. …に～をかけられる être éperonné par *qc*. ¶それは彼の怒りに～をかけるようなものだ Cela ne fait que redoubler sa colère. ～をかけて仕事をする travailler en redoublant *ses* efforts.

はくしゃ 薄謝 rémunération *f* modeste; maigre récompense *f* pécuniaire. 正解者全員に～を進呈します On offrira *un* prix en signe de remerciement à tous ceux qui feront *une* réponse correcte.

ばくしゃ 幕舎 tente *f*. ～を張る dresser les tentes.

はくしゃく 伯爵 comte *m*. ¶～の comtal (aux). ‖～夫人 comtesse *f*. ～領 comté *m*.

はくじゃく 薄弱 faiblesse *f*. ¶～な faible; débile; frêle. それには根拠が～だ C'est *une* raison peu convaincante. ～にする affaiblir *qn*. ‖意志～な人 personne *f* qui manque de volonté.

はくしゅ 拍手 battement *m* de mains; applaudissement *m*. 万雷の～を呼び起す soulever des vagues d'applaudissements. 加藤君に盛大な～をお願いします Je vous propose de saluer Monsieur Kato avec des applaudissements enthousiastes. 勝利者に～を! Un ban pour le vainqueur! ¶～する battre des mains; applaudir *qn*. ‖～喝采 applaudissement. 嵐のような～喝采 tonnerre *m* d'applaudissements. 俳優たちに割れんばかりの～喝采を送る applaudir les acteurs à tout rompre. ～喝采する applaudir *qn*; éclater en applaudissements.

ばくしゅう 麦秋 temps *m* des moissons [du blé].

はくしょ 白書 livre *m* blanc. ‖外交～ livre jaune. 経済～ livre blanc financier.

はくじょう 白状 ¶～する avouer (confesser) *qc* à *qn*; faire confession de *qc* à *qn*; [認める] s'avouer. 何もかも～する faire des aveux complets. 犯人は自分の罪を～しようとはしなかった Le délinquant n'a pas voulu s'avouer coupable. ～させる faire avouer *qc* à *qn*.

はくじょう 薄情 froideur *f* de cœur. ¶～な

froid; insensible; indifférent; sans cœur. ~な人 sans-cœur mf.

ばくしょう 爆笑 rire m aux éclats. ¶~する《俗》se fendre la pipe. 一座を~させる provoquer l'hilarité générale.

はくしょく 白色 ¶~人種 race f blanche. ~テロ contre-terroristes mfpl. ~レグホン leghorn m blanc.

はくしょん[くしゃみ] atchoum.

はくしん 迫真 ¶~の演技 jeu m saisissant. ‖~力 force f saisissante.

はくじん 白刃 épée f nue. ~の下をかいくぐる échapper au danger (au risque de sa vie). ~をひらめかす brandir une épée [nue].

ばくしん 爆心 ¶私の家は~地の近くにあった Ma maison se trouvait près de l'épicentre de l'explosion de la bombe atomique.

ばくしん 驀進 ¶~する progresser à toute vitesse; s'élancer à corps perdu jusqu'au but. 汽車は北へ向かって一路~する Le train file vers le nord comme une flèche.

はくする 博する ¶喝采を~ être applaudi. 信用を~ gagner la confiance de qn. 名声を~ acquérir de la gloire; jouir d'une excellente réputation.

はくせい 剥製 empailler m. ¶~にする empailler. ‖~師 empailleur(se) m(f). ~術 taxidermie f. ~動物 animal m empaillé.

はくせき 白皙 ¶~の青年 jeune homme au visage pâle et intelligent.

ばくぜん 漠然 ¶~とした vague; confus; ambigu(ë); obscur. ~とした恐怖の気持ち sentiment m obscur de crainte. ~と vaguement; confusément; obscurément. ~と感じる sentir confusément (vaguement). ~と眺める regarder dans le vague. 彼は自分の意向を~と話していた Il nous a vaguement parlé de ses intentions.

ばくだい 莫大 immensité f. ¶~な immense; énorme; considérable; important; incalculable; gros(se). ~な財産 immense fortune f. ~な金額 grosse somme f. ~な量のマリファナを押収する saisir une importante quantité de marijuana.

はくだつ 剥奪 privation f. 財産の~ privation d'un bien. ¶~する dépouiller (priver) qn de qc. 市民権を~する dépouiller qn de ses droits civils.

ばくだん 爆弾 bombe f. ~を投下する bombarder; lancer des bombes sur. 町に~を投下する bombarder une ville. ‖原子~ bombe atomique. 時限~ bombe f à retardement. 水素~ bombe H (à hydrogène). ~声明 déclaration f explosive; bombe.

ばくち 博打 jeu(x) m; jeu de hasard. ~で~する perdre sa fortune au jeu. 人生を一か八かの~と思う jouer avec sa vie. ~を打つ jouer de l'argent; jouer en pari. 大~を打つ jouer grand (gros) jeu; jouer un jeu d'enfer; faire son va-tout. ‖~打ち(博徒) joueur(se) m(f).

ばくちく 爆竹 pétard m. ~を鳴らす faire claquer des pétards.

はくちゅう 伯仲 ¶~している être égal(aux). 彼らは実力が~している Leur talent se vaut. 技量が~している avoir la même force.

はくちゅう 白昼 ¶~に en plein jour; au grand jour. ~堂々と白昼を襲う faire un audacieux hold-up en plein jour. ‖~夢 rêverie f.

はくちょう 白鳥 cygne m. ~の歌 chant m du cygne. ‖~座 le Cygne.

ばくちん 爆沈 ¶~する torpiller. 敵艦を~する torpiller un bateau ennemi.

ばくつく bouffer; bâfrer; s'empiffrer.

はくてっこう 白鉄鉱 marcassite f.

バクテリア bactérie f.

はくとう 白桃 pêche f rose.

はくどう 白銅 cupronickel m.

はくないしょう 白内障 cataracte f.

はくねつ 白熱 incandescence f. ¶~試合する La partie devient chaude. ~した論議 chaude discussion f. ‖~戦 lutte acharnée. ~灯 lampe f à incandescence.

ばくは 爆破 sautage m; destruction f par explosion; [ダイナマイトによる] dynamitage m. ¶~する éclater; exploser; [火山が] faire éruption; [爆弾が] partir. ~させる faire éclater (exploser); [爆弾を] faire partir. 怒りを~させる laisser éclater sa colère; fulminer contre qn. ~的人気を得る avoir un succès fou. そのゲームは~的なブームを呼んだ Ce jeu connaît un succès foudroyant. ‖坑内ガス~ coup m de grisou. 大~ grande explosion f; déflagration f. 大~で窓ガラスが全部吹きとんだ La déflagration a brisé toutes les vitres. ~音 détonation f. ~性 explosibilité f. ~性の explosif(ve); explosible. ~物 explosif m.

はくび 白眉 ¶この試合が今シーズンの~だ Ce fut le meilleur match de cette saison.

はくひょう 白票 bulletin m blanc. ~を入れる voter blanc.

はくひょう 薄氷 ¶~を踏む思いで comme si on marchait sur des aiguilles.

ばくふ 幕府 shogounat m ¶~の shogounal(aux). ‖徳川~ shogounat des Tokugawa.

ばくふ 瀑布 ‖ナイヤガラ~ chutes fpl du Niagara.

ばくふう 爆風 souffle m d'une explosion.

はくぶつ 博物 ¶~学 histoire f naturelle. ~学者 naturaliste mf. ~標本 spécimen m d'histoire naturelle.

はくぶつかん 博物館 musée m; muséum m. ‖国立~ musée national. ~長 conservateur(rice) m(f) de musée.

はくへいせん 白兵戦 combat m corps à corps. ~を演ずる combattre (lutter) corps

はくぼ 薄暮 crépuscule *m*.

はくぼく 白墨 craie *f*; bâton *m* de craie. ~で書く écrire à la craie.

はくまい 白米 riz *m* blanc (blanchi); riz *m* poli (glacé).

はくめい 薄命 ¶~の infortuné; qui meurt jeune; qui vit une existence brève. ‖「佳人~」«L'existence d'une belle est brève.»

はくめい 薄明 [朝] aube *f*; [夕] crépuscule *m*.

はくめん 白面 ¶~の貴公子 jeune homme *m* de visage noble. ~の書生 étudiant *m* sans expérience.

はくやく 爆薬 explosif *m*. ‖ 高性能~ puissant explosif.

はくやなぎ 白楊 ⇨ こやなぎ(箱柳).

はくらい 舶来 ¶~の importé; qui vient de l'étranger; de fabrication étrangère. ‖ ~品 articles *mpl* importés; importations *fpl*.

はくらい 爆雷 grenade *f* sous-marine.

はぐらかす esquiver; éluder. 質問を~ éluder (se dérober à) une question.

はぐらす 剥落 exfoliation *f*. ¶~する s'exfolier; se décoller; [ぶろぶろ状に] s'écailler; tomber en écailles.

はくらんかい 博覧会 exposition *f*. ‖ 万国~ Exposition universelle; Expo *f*.

はくらんきょうき 博覧強記 vaste érudition *f*. ¶~の trop érudit. ~の人 grand érudit *m*; personne *f* d'une vaste érudition et d'une grande mémoire; encyclopédie *f* vivante.

はくり 薄利 ¶~多売 vente *f* rapide à petits profits; vente à petits profits et en grande quantité.

はくり ¶~と一口に食う manger d'une seule bouchée. 魚が~と餌に食いついた Un poisson a happé l'amorce.

はくりょう 幕僚 officier *m* d'état-major; [集合的に] état(s)-major(s) *m*.

はくりょく 迫力 vigueur *f*; force *f*. 彼の演説には~がない Son discours manque d'éloquence. 彼の文章には~がある Son style a de la force. ¶~のある impressionnant; puissant; énergique; saisissant.

はくる ¶すりを~ arrêter un pickpocket. 手形をぱくられる faire escroquer (frauder) un effet de commerce.

はぐるま 歯車 roue *f* dentée; [小] pignon *m*; [機構] rouages *mpl*. ~が噛み合う s'engrener. この~はその~と噛み合っている Cette roue dentée [s']engrène sur celle-là. 行政機構の~がよく噛み合っていない Les rouages de l'administration ne s'engrènent pas bien. ‖ ~仕掛 engrenage *m*. ~装置 rouage.

はぐれる s'égarer; se perdre; perdre *qn* de vue. 人込みの中で一人の子供が母親にはぐれた Un petit enfant a perdu sa maman dans la foule.

ばくろ 暴露 révélation *f*; divulgation *f*; dévoilement *m*. 秘密の~ révélation *f* d'un secret. ¶~する dévoiler; révéler; divulguer; [さらけ出す] mettre à nu; laisser voir. 警察に~する faire des révélations à la police. 秘密を~する divulguer un secret; mettre un secret à découvert. 自己の無知を~する laisser voir *son* ignorance. 社会の悪を~する mettre à nu les vices de la société. そんな時に彼の弱点が~される Sa faiblesse s'est trahie en cette occasion. 陰謀が~された Le complot a été découvert. ¶~的な révélateur(trice). 彼の態度は~的な Son attitude est révélatrice.

はくろう 白蝋 cire *f* blanche.

はけ 刷毛 brosse *f*. ~をかける brosser *qc*; donner un coup de brosse.

はけ 捌け [水などの] écoulement *m*; [商品の] écoulement *m*; débouché *m*.

はげ 禿 calvitie *f*; [人] chauve *m*. 彼はつるっ禿だ Il est chauve comme un œuf. ‖ ~頭 tête *f* chauve; crâne *m* dénudé. ~山 montagne *f* dénudée.

はげあがる 禿げ上る ¶ 彼は額が禿げ上ってきた Son front a commencé à se dégarnir. 彼の額は禿げ上っている Son front se dégarnit.

はげいとう 葉鶏頭 amarante *f* tricolore.

バケーション congé *m*; vacances *fpl*.

はけぐち 捌け口 écoulement *m*. 水の~ écoulement d'eau. 商品の~ débouché *m* de marchandises. ◆ [気持ちの] exutoire *m*. 怒りの~ exutoire à *sa* colère. 音楽は彼の気持ちの~だ La musique lui permet de libérer ses sentiments. 彼はスポーツに精力の~を見つけた Il a trouvé un exutoire à son énergie en faisant du sport.

はげしい 激しい violent; intense; fort; vif(ve); véhément; impétueux(se); furieux(se). ~暑さ(寒さ) chaleur *f* (froid) intense. ~苦痛 douleur *f* aiguë (vive). ~気性 caractère *m* ardent (impétueux). ~戦い bataille *f* acharnée. ~リズム rythme *m* impétueux (violent). ~論争 dispute *f* chaude (animée, véhémente). 寒さ(痛み)が激しくなる Le froid (La douleur) redouble. この治療は痛みを激しくするばかりだった Ce traitement n'a fait qu'exacerber la douleur. ¶ 激しく violemment; fortement; vivement; furieusement; âprement. 不正に対し激しく反応する réagir violemment contre une injustice. 激しさ violence *f*; intensité *f*; vivacité *f*; véhémence *f*; fureur *f*; impétuosité *f*; ardeur *f*. 熱情の激しさ ardeur de la passion. 欲望の激しさ violence des désirs. 嵐は激しさを弱めた La tempête diminue d'intensité.

はげたか 禿鷹 vautour *m*.

バケツ seau(x) *m*. ‖ 消火用~ seau in-cendie.

バケット seau *m*.

バゲット baguette *f*.

ばけのかわ 化けの皮 masque *m*. ~が剥げる se montrer sous *son* vrai jour; se démasquer. 彼は~が剥げた Il a montré son véritable caractère. ~を剥ぐ arracher le masque à *qn*; démasquer *qn*. 偽善者の~を剥ぐ démasquer un hypocrite.

はげまし 励まし exhortation *f*; encourage-

はげます 励ます exhorter *qn*; rendre courage à *qn*. 人を励まして…させる encourager *qn* à *inf*. 彼は勉強するように息子を励ました Il a encouragé son fils à travailler.

はげみ 励み encouragement *m*; stimulation *f*. ～となる servir d'excitant à *qn*. それが～となって勉強した Cela m'a poussé (exhorté) à travailler.

はげむ 励む s'efforcer de *inf*; être assidu à; s'appliquer à; tâcher de *inf*. 学業に～する s'appliquer à l'étude.

ばけもの 化物 monstre *m*; fantôme *m*; spectre *m*; revenant *m*. ¶ ～のような monstrueux(*se*). ～屋敷 maison *f* hantée.

はける 捌ける s'écouler; se vendre bien. これはよく～商品だ Ce sont des marchandises qui ont de bons débouchés.

はげる 禿げる devenir chauve; 《俗》 se déplumer. 彼は禿げ始めた Ses cheveux commencent à tomber./Il perd ses cheveux. 彼はすっかり禿げている Il n'a plus un cheveu sur la tête./Il est chauve comme un œuf.

はげる 剥げる s'écailler; [色が] se décolorer; se faner; perdre son éclat. 彼はメッキが剥げた Il s'est démasqué./Il a montré son véritable caractère. ペンキが剥げ落ちてしまった La peinture s'est écaillée.

ばける 化ける [変装] se déguiser en; [変容] se métamorphoser en *qn*; se transformer en *qn*. ¶ …に化けて sous un déguisement de.

はけん 覇権 hégémonie *f*; suprématie *f*. ～を争う se battre pour la suprématie; [競技] participer à un championnat. ～を握る obtenir la suprématie.

はけん 派遣 expédition *f*; envoi *m*. ～する expédier; envoyer; [軍隊を] faire partir. 大使を～する accréditer un ambassadeur. ‖ ～員 envoyé(e) *m*(*f*); délégué(e) *m*(*f*). ～軍 corps *m* expéditionnaire. ～団 délégation *f*.

ばけん 馬券 ticket *m* de pari mutuel. ‖ 連勝式～ ticket de pari jumelé.

はこ 箱 boîte *f*; caisse *f*; coffre *m*; [煙草の] paquet *m*; [仕切のある] boîtier *m*. ～に入れる mettre dans une boîte; encaisser. ¶ 一～の煙草 un paquet de cigarettes. 彼は一日に～以上吸う Il fume plus d'un paquet par jour. ‖ 衣裳～ coffre à linge. 小～ coffret *m*; boîte; cassette *f*. 道具～ boîte à outils. 宝石～ écrin *m*. ～入り娘 fille *f* soigneusement élevée par ses parents; jeune fille dorlotée par sa famille.

はこう 跛行 boitement *m*. ¶ ～する boiter; 《俗》 clocher. ‖ ～的景気 activités *fpl* économiques mal équilibrées.

パゴダ pagode *f*.

はごたえ 歯応え ¶ ～を感じる [主語：物] résister sous la dent. ～のある dur; résistant. それは～のある仕事だった Ce fut une dure besogne.

はこづめ 箱詰め emboîtage *m*. ¶ ～の en boîte; encaissé. ～にする emboîter; mettre dans une boîte.

はこにわ 箱庭 jardin *m* miniature.

はこび 運び ¶ この劇は筋の～が退屈だ L'action de ce drame est ennuyeuse. このビルも漸く着工の～となった Enfin on va commencer la construction de ce building.

はこぶ 運ぶ porter; transporter; emporter; charrier; mener. トランクを～ porter une valise. 負傷者を～ transporter un blessé. ～て荷物を～ voiturer des marchandises. セメント袋を背負って～ charrier des sacs de ciment sur le dos. …が荷物を～のを手伝う aider *qn* à transporter *ses* bagages. あなた方を空港まで運んだのはこのバスですよ Voilà l'autobus qui vous a menés à l'aéroport. 運び込む(出す) transporter (emporter) dans (dehors). 彼は担架で病院に運び込まれた On l'a transporté à l'hôpital sur une civière. ¶ 飛行機で～ことの出来る商品 marchandise *f* transportable par avion. ◆[足を] たびたび足を～ aller souvent; fréquenter. ◆[物事が(を)進む(める)] ¶ 同じ調子で～ aller son train. 事を巧く～ jouer bien son jeu. 交渉をてきぱき～ mener rondement les négociations. 仕事がうまく運んでいる L'affaire va bien (son train).

はこぶね 方舟 arche *f*. ノアの～ arche de Noé.

はこべ 蘩蔞 mouron *m*. ‖ るり～ morgeline *f*.

はこぼれ 刃毀れ ¶ ～した ébréché.

はこやなぎ 箱柳 peuplier *m* blanc; tremble *m*.

バザー bazar *m*. ‖ 慈善～ vente *f* de charité; kermesse *f*.

バザール bazar *m*.

はさい 破砕 écrasement *m*. ¶ ～する écraser; fracasser.

はざかいき 端境期 période *f* avant la prochaine récolte.

はさき 刃先 pointe *f* (extrémité *f*) d'une épée (lame).

はざくら 葉桜 cerisier *m* aux feuilles nouvelles.

ばさばさ ¶ ～の髪 cheveux *mpl* desséchés et en désordre.

ばさばさ ¶ ～した sec (sèche). ～したパン pain *m* rassi.

はざま 狭間 [陸路] chemin *m* étroit; [峡谷] gorge *f*.

はさまる 挟まる être pris (coincé, retenu) entre [deux choses]. 物が歯に～ avoir *qc* entre les dents.

はさみ 鋏 ciseaux *mpl*; [大きい剪定用の] cisaille *f*; [車掌の] poinçon *m* [de contrôleur]; [蟹, 海老の] pince *f*. 切符に～を入れる poinçonner un billet. 庭木に～を入れる tailler un arbre. ‖ 裁ち～ ciseaux de tailleur. 爪切り～ ciseaux à ongles.

はさみうち 挟打ち ¶ ～にする attaquer de deux côtés. ～になる être pris entre deux feux.

はさむ 挟(挿)む coincer; [囲む] enclaver; [挟

はする] insérer qc dans. 耳に鉛筆を～ se mettre un crayon derrière l'oreille. ドアに指を～ se coincer les doigts dans la porte. 主語と動詞の間に代名詞を～ enclaver (insérer) un pronom complément entre le sujet et le verbe. 言葉をさし～ placer un mot dans la conversation. 小耳に～ [ちらりと聞く] avoir vent de qc. 挟まれる se pincer. 機械に指を挟まれる avoir les doigts coincés dans la machine. 蟹に指を挟まれた Un crabe m'a pincé le doigt. 私の車は2台のダンプに挟まれて動きがとれない Ma voiture est coincée entre deux camions à benne basculante.

はさん 破産 faillite *f*; banqueroute *f*; naufrage *m* de la fortune. ～を申請する déposer *son* bilan. ～に瀕しているêtre près de la faillite. ～する tomber en faillite; faire banqueroute. ‖～者 failli(e) *m(f)*; banqueroutier(*ère*) *m(f)*. ～宣告 déclaration *f* de faillite; jugement *m* déclaratif de faillite. ～宣告をする déclarer en faillite. ～宣告を受ける être déclaré *qn* en faillite.

はし 橋 pont *m*. ～を架ける faire (jeter) un pont. ～を渡る franchir (passer, traverser) un pont.

はし 端 bord *m*; bordure *f*; extrémité *f*; [道路の] bas-côté(s) *m*; [縄の] ～ extrémité (bout *m*) d'une corde. 棒の～を切る rogner un bâton (la marge d'un livre). ¶～から～まで d'un bout à l'autre. …の～に en bordure de …. ～っこに tout au bout. 道の～を通る passer sur le bas-côté d'une route.

はし 箸 baguette *f*. ～をつける entamer un plat. ～の上げ下ろしにも文句を言う trouver à redire à tout ce qu'on fait. ¶～にも棒にもかからない intraitable; sans remède. ‖～箱 étui *m* à baguettes.

はじ 恥 honte *f*; [羞恥心] pudeur *f*; [不名誉] déshonneur *m*; infamie *f*; [汚辱] humiliation *f*. ～をかく essuyer une honte (une humiliation). ～をかかせる déshonorer *qn*; humilier *qn*. ～を忍ぶ avaler une injure. ～を受ける être insulté par; recevoir un affront. ～をそそぐ venger une offense. ～をさらす étaler *sa* honte. 生きつゝらす survivre à la honte. ～をとも思わない avoir perdu toute honte. ～を知れ Vous n'avez pas honte? それこそ～の上塗りだ Ça ne fait qu'aggraver votre honte. ～も外聞もなく sans pudeur ni discrétion; sans la moindre pudeur.

はし[っ]こい agile; alerte; vif(*ve*). ～子供 enfant *mf* agile (vif(*ve*)).

はじいる 恥じ入る rougir de honte; être confus de (que *sub*).

はしか 麻疹 rougeole *f*. ～にかかる attraper la rougeole. ‖～患者 rougeoleux(*se*) *m(f)*.

はしがき 端書 avertissement *m*; avant-propos *m*; avis *m* au lecteur; préface *f*.

はじき 弾き [ピストル] pétard *m*.

はじきだす 弾き出す [追い出す] bannir; expulser; [算出する] calculer.

はじく 弾く ¶そろばんで～ calculer avec un abaque. ◆[慣用的に] ¶損得を～ peser le pour et le contre. ◆[はねつける] ¶油は水を～ L'huile repousse l'eau. 水を～服 vêtement *m* imperméable.

はしくれ 端くれ ¶あれでも彼は詩人の～だ On peut quand même le compter au nombre des poètes.

はしけ 艀 chaloupe *f*; vedette *f*; [荷役用の] allège *f*.

はしげた 橋桁 ossature *f* (armature *f*) d'un pont.

はじける 弾ける crever; éclater; s'ouvrir; se fendre. 風船玉が弾けた Le ballon a crevé. 豆が～ Des petits pois se fendent.

はしご 梯子 échelle *f*. ～をかける appliquer une échelle contre (à); appuyer une échelle sur. ～を昇る(降る) monter à (descendre, gravir) une échelle. ¶折りたたみ式～ échelle pliante (double). なわ～ échelle de corde. 避難～ échelle d'incendie (de sauvetage). ～酒をする faire la tournée des bars. ～車 voiture *f* de pompier à échelle. ～段 escalier *m*; [梯子の段] échelon *m*. ～乗り exercice *m* acrobatique sur une échelle.

はじさらし 恥曝し ¶この～め Quelle honte!

はじしらず 恥知らず ～な; appuyer une échelle effronté; éhonté. ～なやり口 procédés *mpl* malhonnêtes. ～な嘘つき menteur(*se*) *m(f)* effronté(e). あんな～な奴は見たことがない C'est l'homme le plus effronté que je connaisse. ～にも acrobatique.

はしたがね 端金 somme *f* dérisoire; petite somme d'argent.

はしたない bas(*se*); vil; vulgaire; impoli; indécent. ～口をきく user d'expressions triviales. ～振舞をする faire des bassesses à *qn*.

ハシッシュ †hachisch *m*. ‖～中毒 hachischisme *m*.

ばとうふう 馬耳東風 ¶～をきめ込む faire la sourde oreille. そんなことは彼には～だ Cela lui entre par une oreille et lui sort par l'autre.

はしなくも 端なくも ¶彼の言葉で～事の真相が分った Ses paroles ont dévoilé par hasard la vérité.

はしばし 端々 ¶会話の～を聞きとる saisir des bribes de conversation. 憎しみが言葉の～に出ている Chaque parole est chargée de haine.

はしばみ 榛 noisetier *m*; coudrier *m*. ¶～の実 noisette *f*. ～の林 noiseraie *f*.

はじまり 始まり commencement *m*; début *m*; [起源] origine *f*; naissance *f*. 授業の～ commencement d'une leçon; début d'une classe. 世界の～ l'origine du monde.

はじまる 始まる commencer; débuter; [会が] s'ouvrir; [事業が] démarrer; [起源] prendre naissance à; tirer *son* origine de; [起る] arriver; se produire; [騒ぎが] éclater. 1年は元旦に～ L'année commence le 1er janvier. 舞踏会はワルツで～ Le bal s'ouvre par une valse. さあまた始まった Voilà que ça recommence! 突然大騒ぎが始まった Tout à coup, un immense vacarme se produisit. それは今に始まったことではない Ce n'est pas nouveau. ◆ ¶…しても始まらない [無駄である]

Il n'y a pas de *inf*. 悔いでも始まらないだろう A quoi bon se plaindre?

はじめ 始(初)め commencement *m*; début *m*; [起源] origine *f*; [季節などの] entrée *f*. 春の～ commencement du printemps. 一日(週, 年)の～ début de la journée (de la semaine, de l'année). ¶～の premier(ère). ～の部分 première partie *f*. ～に au commencement; pour commencer; au début; à l'origine. 秋の～に à l'entrée de l'automne. ～から du premier coup; dès le début; dès l'origine; originairement; [根底から] au fond. ～から終りまで du commencement à (jusqu'à) la fin; du début à la fin; de la première ligne à la dernière. 君に～から僕を馬鹿にしているのだ Je ne suis qu'un imbécile pour toi. ～は彼ひとりで仕事をしていたA l'origine, il travaillait seul. ◆ ¶両親を～家族全員 tous les membres *mpl* de la famille à commencer par les parents. 酒を～料理もうまかった Nous avons fait un très bon repas, sans parler des vins qui étaient excellents. ¶今日は仕事～ Aujourd'hui, c'est la reprise du travail.

はじめて 初めて pour la première fois. 生れて～ pour la première fois de *sa* vie. 健康を失って～その価値を知る C'est quand on est malade qu'on découvre le prix de la santé. ¶～の premier(ère). これが～の外国旅行です C'est mon premier voyage à l'étranger. この土地は～です Ce pays est tout nouveau pour moi. こんなひどい目にあったのも～だ C'est la première fois qu'une chose pareille m'arrive.

はじめまして 初めまして Enchanté.

はじめる 始める commencer; engager; entreprendre; [創設] créer. 研究を～ commencer ses recherches. 交渉を～ engager (amorcer) des négociations. 事業を～ créer une entreprise; se lancer dans les affaires. 食料品店を～ s'établir épicier. 討論を～ ouvrir une discussion. ～から～ commencer par. どこから～? Par où allez-vous commencer? ...し～ commencer à (de) *inf*; se mettre à *inf*. 働きを～ se mettre au travail (à travailler). 再び...し～ se remettre à *inf*.

はしゃ 覇者 dominateur(trice) *m(f)*; conquérant *m*; champion *m*.

ばしゃ 馬車 voiture *f* à cheval(aux). ¶辻～ voiture de place; fiacre *m*. 荷～ charrette *f*. 2頭立て～ voiture à deux chevaux. 乗合～ diligence *f*; omnibus *m*. 4輪～ chariot *m*. ～馬のように働く travailler comme quatre.

はしゃぐ 爆ぐ faire le fou. 彼は～気持になれなかった Il n'était pas d'humeur folâtre. しゃいでいる être en joie. はしゃぎ回る s'ébattre; prendre *ses* ébats; [俗] batifoler. はしゃぎ騒ぐ faire la fête (la noce). ¶はしゃぎぐん fêtard(e) *m(f)*; noceur(se) *m(f)*.

パジャマ pyjama *m*.

ばじゅつ 派出 ¶～所 [文閥] poste *m* de police. ～婦 femme *f* de ménage.

ばじゅつ 馬術 hippisme *m*; équitation *f*; exercices *mpl* équestres. 彼は～の達人である Il est bon cavalier. ¶～競技 sport *m* hippique. ～師 écuyer *m*.

ばしょ 場所 [場] place *f*; espace *m*; [座席] place; siège *m*; [地点] endroit *m*; lieu(x) *m*; [所在地 場合·位置] localité *f*; situation *f*; position *f*. 危険な～ endroit dangereux. にぎやかな～ quartier *m* animé. 旅行者によく知られた～ lieu bien connu des touristes. ～を変える changer *qc* de place. ～をとる [家具などが] tenir beaucoup de place. ～を取っておく réserver une place pour *qn*. ～がよい(悪い) être bien (mal) situé. ～が十分にない Il n'y a pas assez d'espace. 家を建てるのにちょうどいい～だ C'est un endroit idéal pour construire une maison. ～いろいろな～で en plusieurs endroits. 約束の～で à l'endroit convenu. 災害のあった～で sur les lieux du sinistre. しかるべき～に置く mettre *qc* à *sa* place. もと劇場のあった～にマンションが建てられた On construit un immeuble sur l'emplacement de l'ancien théâtre. 元の～に戻す remettre *qc* à *sa* place. ¶大相撲夏～ tournoi *m* de Sumô d'été. ～柄もわきまえず sans se soucier des circonstances. 彼は～柄をわきまえずに話す Il tient des propos déplacés.

ばじょう 波状 ondulation *f*. ¶～の ondulé; onduleux(se); ondulatoire. ¶～運動 mouvement *m* onduleux. ～攻撃 attaque *f* en vagues successives. ～スト grève *f* intermittente.

ばしょう 芭蕉 musa *m*.

はしょうふう 破傷風 tétanos *m*. ¶～の tétanique. ¶～予防接種 vaccination *f* antitétanique.

はしょる 端折る raccourcir; abréger; simplifier. 着物の裾を～ retrousser le bas de *son* habit. ¶端折って話せば bref; en un mot.

はしら 柱 pilier *m*; poteau(x) *m*; [円柱] colonne *f*. 木(コンクリ-ト)の～ poteau de bois (de béton). ～を建てる élever des piliers; dresser (ériger) une colonne. ¶～となる人物 pilier *m* d'un seul bloc. 彼は一家の大黒～である Il est le soutien d'une famille. ～時計 pendule *f*.

はじらい 恥じらい ¶～の色を見せる être rouge (rougir) de honte.

はじらう 恥じらう ¶花も～乙女 jeune fille *f* timide d'une très grande beauté.

はしり 走り ¶～する faire une petite course. ～書きる écrire à la hâte; griffonner. ～高飛 saut *m* en hauteur. ～幅飛 saut *m* en longueur (avec élan). ～使い garçon *m* de courses. ～使いをさせる les commissions de *qn*. ～使いに出す envoyer en commission. ～読みする lire à la hâte (en diagonale); parcourir; feuilleter en vitesse. ◆ [出回り] ¶～の野菜 légume *m* précoce.

はしる 走る courir; rouler; marcher. 全速力で～ courir à fond de train; courir à toutes jambes. 息を切らして～ courir à perdre hal-

はじる 恥じる avoir honte de *inf*; être honteux(se). 行いを~ rougir de *sa* conduite. その名に恥じない mériter (être digne de) *son* nom.

はしわたし 橋渡し ¶彼と彼女の~をする servir d'intermédiaire entre lui et elle. 交渉の~をする servir d'intermédiaire (offrir *son* entremise) pour des négociations. ...の~で grâce aux bons offices de *qn*; par l'intermédiaire de *qn*.

-ばしん 馬身 ¶2~引き離す prendre deux longueurs d'avance. その馬は半~差で勝った Ce cheval a gagné d'une demi-longueur.

はす 斜 ¶~に en biais; en oblique; obliquement. ~に読む lire en diagonale. ~に切る couper *qc* obliquement. 肩から~いに掛ける porter *qc* en bandoulière (en écharpe).

はす 蓮 nénuphar *m*; nélumbo *m inv*; lotus *m*. ~の池 étang *m* de lotus.

はず 筈 ¶...の~である devoir *inf*. 明日兄が来る~です Mon frère doit venir demain. それは当然の~さ C'est tout à fait naturel. 彼が来る~がない Il n'y a pas de raison pour qu'il vienne. そんな~はない Ce n'est pas possible.

バス autobus *m*. ~に乗る monter en autobus. ~の便がある Le service d'autobus est assuré. この町には~が通っている L'autobus dessert ce quartier. ‖ 遊覧~ autocar *m*. ~ガール receveuse *f* d'autobus. ~停 arrêt *m* [d'autobus]. ~旅行 voyage *m* en autocar. ~[低音部] basse *f*. ~[歌手] basse. ◆[風呂] bain *m*. ‖~タオル serviette *f* de bain. ~マット descente *f* de bain. ~ルーム salle *f* de bains. ~ローブ peignoir *m*, robe *f* de bain.

パス [定期券] passe *f*; carte *f* d'abonnement; [入場許可証] laisser-passer *m inv*. ◆[通過] passe. ¶~する [ボールを] passer; faire une passe; [試験に] réussir à; [トランプで] passer [son tour]. 口頭試問に~する réussir à l'oral.

はすい 破水 〖医〗rupture *f* amniotique.

はすう 端数 fraction *f*; nombre *m* fractionnaire. ~を切り捨てる〔上げる〕arrondir *le* nombre au chiffre inférieur (supérieur).

バズーカほう ~砲 bazooka *m*.

ばすえ 場末 bas quartier *m*.

バスガイド accompagnatrice *f*.

はずかしい 恥ずかしい éprouver de la honte; être rouge de honte; se sentir gêné (embarrassé, mal à l'aise); avoir honte de *qc* (*inf*); être honteux(se) de *qc* (*inf*). ...は~ことである C'est une honte que *sub*.//Il est honteux de *inf* (que *sub*). あまりおしゃべりしすぎて~ J'ai honte d'avoir trop bavardé. まったく恥ずかしかった J'étais tout rouge de honte. 学生として恥ずかしからぬ行為 conduite *f* digne d'un étudiant. 恥ずかしくない服装をする avoir une mise décente. 恥ずかしがる être timide (confus, embarrassé). 恥ずかしがって何も言えない Il est si confus qu'il ne sait que dire. 当然の報酬だから恥ずかしがらずに受取って下さい Recevez sans fausse honte cette récompense qui vous est due. 恥ずかしそうに d'un air confus; en rougissant; timidement. 恥ずかし気もなく sans honte. ...が恥ずかしくて de honte de *qc* (*inf*). 友達の前でいじめられたのが恥ずかしくてその子は泣いていた L'enfant pleurait de honte de se voir humilié devant ses camarades. お~次第ですが... J'avoue à ma honte que *ind*.
恥ずかしがり屋 timide *mf*.

はずかしめ 辱しめ humiliation *f*; †honte *f*; insulte *f*; affront *m*. ~を受ける être insulté par *qn*. ¶~る faire un affront à; insulter; déshonorer. 家名を~ déshonorer le nom de *sa* famille. 女を~ déshonorer une femme; violer une femme.

ハスキー ‖~ボイス voix *f* voilée (enrouée).

バスク Basque *m*. ~[人] の basquais; basque. ‖~語 basque *m*. ~人 Basque *mf*. ~地方 pays *m* basque.

バスケットボール panier *m*; basket-ball *m*; basket *m*. ~の選手 basketteur(se) *m*(*f*).

はずす 外す décrocher; se disloquer. 絵〔受話器〕を~ décrocher un tableau (le combiné). 掛金を~ soulever le loquet. バンドの留金を~ déboucler *sa* ceinture. ボルトを~ déboulonner. ボタンを~ défaire un bouton; déboutonner. メガネを~ ôter (enlever) *ses* lunettes. 彼は転んで肩の骨を外した Sa chute lui a déboîté l'épaule. ◆[退く] 席を~ quitter *son* siège (sa place). しばらく席を外していただけますか Pourriez-vous vous retirer pour quelques moments? ◆[除外する] ¶リストから~ omettre *qn* dans une liste; rayer *qn* d'une liste. 私は彼をこの仕事のメンバーから~ことにした J'ai décidé de le retrancher de l'équipe chargée de cette entreprise. 用事があるのでその日は外して下さい Un autre jour s'il vous plaît, en effet je suis occupé ce jour-là. [機会を] laisser échapper.

パスタ pâtes *fpl* [alimentaires]; nouilles *fpl*. 生(乾燥)~ pâtes fraîches (sèches).

はずっぱ 蓮っ葉 ¶~な女 femme *f* légère (délurée, coquette). ‖~娘 grisette *f*.

パスティッシュ pastiche *m*.

パステル pastel *m*; crayon *m* pastel. ‖~画 pastel; tableau(x) *m* au pastel. ~画家 pastelliste *mf*.

バスト tour *m* de poitrine.

はずべき 恥ずべき †honteux(se); déshonorant; infâme; ignoble; indigne. ～振舞い conduite f honteuse.

パスポート passeport m. ～を見せる présenter son passeport.

はずみ 弾み rebondissement m; impulsion f; contrecoup m; élan m; vitesse f; lancée f; [衝撃] choc m. ～がつく prendre son élan. ～をつけてとぶ sauter avec élan; prendre son élan pour sauter. ◆[途端] ¶駆け出す～に au moment où il va s'élancer. 彼とぶつかった～に歯を折った Je me suis cassé une dent en me heurtant contre lui. ◆[成行き] ¶その場の～で sous l'impulsion du moment. 時の～で sous l'inspiration du moment. 物の～で par la force des choses. どうした～か par hasard.

はずむ 弾む rebondir. 息が～ avoir la respiration haletante. ¶息を弾ませて彼はやって来た Il est arrivé hors d'haleine. ◆[調子うく] ¶話が～ La conversation se ranime. ◆[おごる] 規律 régaler qn. チップを～ donner un bon pourboire.

パズル puzzle m. ‖クロスワード～ mots mpl croisés.

はずれ 外れ [端] extrémité f; bout m. ¶森の～で à l'orée (à la lisière) du bois. ¶町の～ extrémité d'une ville; faubourg m; banlieue f. 村～まで au bout du village. ～くじ billet m non gagnant. ◆[当らないこと] ¶～だよ [くじ, 馬券など] Vous avez perdu. ¶その芝居は期待～だった La pièce a trompé notre attente./La pièce nous a déçus.

パスレーン site m propre.

はずれる 外れる se détacher; se détacher; lâcher. あごが～ se décrocher la mâchoire. 腕の関節が～ se démettre le bras. ボタンが～ être déboutonné. もう引っぱるな、網が～ Ne tire plus, la corde va lâcher. ◆[それる・食い違う] ¶ねらいが～ manquer son coup. 的が～ ne pas atteindre le but. 当て外～ être désappointé (déçu). 予想から～ se tromper dans ses pronostics. 天気予報が外れた Les prévisions de la météo ont été incorrectes. 常識から～ s'écarter du bon sens. 正道から～ dévier du droit chemin. 規則から～ être contre les règles. 音程が外れている ne pas respecter l'intervalle. 調子の外れた声 voix f qui déraille.

パスワード mot m de passe.

はぜ 沙魚 goujon m; gobie m.

はぜ 櫨 rhuo m.

パセティック ¶～な pathétique.

パセドーしびょう -氏病 maladie f de Basedow.

パセリ persil m.

はせい 派生 dérivation f. ¶～する dériver; tirer son origine de qc. ラテン語から～した言葉 mot m qui dérive du latin. ‖～語 mot dérivé; dérivé m.

ばせい 罵声 huée f; injure f. ～を浴びせる ¶ huer qn; conspuer qn; accabler qn d'injures.

はせさんじる 馳せ参じる arriver d'un pas rapide; allonger le pas; accourir.

はせる 馳せる ¶思いを～ penser (songer) à; rêver de. 名声を～ se rendre célèbre; jouir d'une grande renommée.

はぜる 爆ぜる éclater; [薪が] pétiller; craquer; crépiter.

はせん 破線 ligne f brisée.

はせん 破船 vaisseau(x) m naufragé(s).

ばぞく 馬賊 brigands m (bandits m) à cheval.

パソコン ordinateur m personnel; microordinateur m; micro m. ‖～ゲーム jeu(x) m électronique.

ばぞり 馬橇 traîneau(x) m à cheval.

はそん 破損 dommage m; casse f; brisement m; dégât m; détérioration f. ¶～する s'endommager; se casser; se briser; subir des dégâts; s'abîmer; se détériorer. この家の裏側の方はひどく～している Le derrière de cette maison est très détérioré. ～しやすい brisé; cassé; détérioré. ～しやすい fragile.

はた 旗 drapeau(x) m; [艦船の] pavillon m; [三角の] flamme f. ～を掲げる hisser (arborer) un drapeau. ～を降ろす rentrer un drapeau. ～を振る agiter un drapeau. ～が風になびいている Le drapeau flotte au vent. ¶赤(白)～ drapeau rouge (blanc). ～行列 défilé m aux drapeaux. ～竿 hampe f; mât m. ～日 jour m férié.

はた 機 métier m à tisser. ～を織る tisser. ‖～織り tissage (sage) m; [職工] tisseur(se) m(f). [職人] tisserand(e) m(f). ～織機 métier mécanique. ～織業 tisseranderie f.

はた 傍 ¶～の者に迷惑をかける déranger ses voisins; causer des ennuis aux autres. ～で思うほど楽じゃない Ce n'est pas aussi facile qu'on le pense.

はだ 肌(膚) peau(x) f. ～が荒れている La peau gerce./La peau devient rugueuse. ～寒い寒さだ Il fait un froid pénétrant (perçant). ¶鳥～になる avoir la chair de poule. 双～脱ぐ découvrir ses épaules. ◆[気質・気性] ¶～が合う s'entendre avec qn. どうもあの男とは～が合わない Je n'ai pas d'atomes crochus avec cet homme. 彼は詩人～だ Il est quelque peu poète. ◆ ¶～を許すを donner (livrer) à qn. ひと～脱ぐ prêter aide à qn. 餅～ 美人 belle f à la peau fine.

バター beurre m. ～をつける beurrer. ¶～臭い [比喩的に] être entiché de la mode européenne; être influencé de l'Europe; être européanisé. 彼は～臭い顔をしている Son visage a un air occidental. ‖～入れ beurrier m; [つぼ] pot m à beurre. ～つきパン pain m beurré.

パター [ゴルフ] putter m droit.

はだあい 肌合 tempérament m; caractère m. 彼は全く私と～が違う Il a une tournure d'esprit tout à fait différente de la mienne.

はたあげ 旗揚げ ¶～する [挙兵] lever une armée; [謀反] se révolter contre; [企業] lancer une nouvelle entreprise. ‖～興行 premier spectacle d'un théâtre.

ばたあし ばた足 ～で泳ぐ nager avec les

バターボール bonbon m au lait.
バターロール petit pain m.
パターン type m; modèle m; pattern m. 洋服の〜［型紙］patron m. よくある〜 C'est un pattern (modèle) ordinaire. ‖テスト〜 test m pattern.
ばだい 場代 prix m d'une place.
はたいろ 旗色 ¶彼の〜が悪い La fortune de la bataille ne tourne pas à son avantage./ La fortune ne le favorise pas./Il a le dessous. どうも今日は〜が悪いなあ［ゲームなどで］Aujourd'hui, ça ne tourne pas rond.
はだか 裸 nu m; nudité f. ¶〜の nu; dénudé. 〜の一つ tout nu. 〜になる se mettre à nu; se déshabiller. 〜にする［無一物にする］dépouiller qn. 〜同然の海水浴客 nageur (se) m(f) qui se dénude. 〜で土ねる.‖〜一貫から始める partir de rien. 〜馬に乗る monter un cheval à poil. 〜電線 fil m électrique dénudé. 〜電球 lampe f sans abat-jour. 〜人形 baigneur m.
はたがしら 旗頭 chef m; commandant m; directeur m.
はだかむぎ 裸麦 orge f vulgaire.
はたき époussette f; plumeau(x) m. 〜をかける épousseter.
はだぎ 肌着 vêtements mpl de dessous; sous-vêtement m; linge m de corps; ［女の］lingerie f.
はたく frapper; battre; ［ちりを］épousseter. じゅうたんを〜 battre un tapis. ◆［金を］¶最後の一銭まで〜 payer jusqu'au dernier sou. 彼は映画好きで有金を全部はたいてしまうう Il aime le cinéma, tout son argent y a passe.
はたけ 畑(畠) campagne f; champ m. 〜を耕す cultiver la terre. ‖麦〜 champ de blé. 野菜〜［家庭菜園］jardin m potager. 〜いじり jardinage m. 〜いじりをする jardiner. 〜仕事 travaux mpl de la campagne (des champs). 〜荒し maraudeur(se) m(f). ‖［分野］¶彼は長いこと外交〜で暮した Il a eu une longue carrière diplomatique. 〜違いだ C'est hors de mon domaine./Ce n'est pas de mon rayon.
はたけ 疥 psoriasis m.
はだげる 胸を〜 découvrir sa poitrine.
はたご 旅籠 auberge f; hôtellerie f.
はたさく 畑作 récolte f d'un champ.
はださむい 肌寒い frais (fraiche). ¶〜空気 air m vif. 〜気味だった Il faisait assez frais.
はだざわり 肌触り ¶〜が良い doux(ce) au toucher. 〜が悪い rude au toucher. 〜の良い生地 étoffe f soyeuse.
はだし 裸足 pieds mpl nus. ¶〜でいる être pieds nus (nu-pieds). 〜で行く aller pieds nus (nu-pieds).
はたしあい 果し合い duel m.
はたしじょう 果し状 cartel m; défi m. 〜を突きつける lancer un défi.
はたして 果して［案の定］comme on s'y attendait; justement; ［実際に］effectivement; en fait. 〜とうも嬉しかたよ Je suis heureux, si cela est vrai. 彼が盗みをするなんて〜そんなことがあるだろうか Est-il vraiment possible qu'il commette un vol? 〜彼がやったと言い切れるか Pouvez-vous affirmer qu'il l'a fait effectivement?
はたじるし 旗標 emblème m d'une bannière. ¶世界平和を〜に La paix internationale pour emblème!
はたす 果す s'acquitter de qc; acquitter; remplir; accomplir. 義務を〜 s'acquitter de son devoir; faire son devoir. 目的を〜 atteindre son but. 使命を〜 remplir une mission. 約束を〜 réaliser sa promesse; dégager sa parole. 務めを〜 remplir sa fonction. 彼は彼の役目を果した Il a tenu ses engagements.
はたち 二十歳 vingt ans mpl. ¶彼は〜を過ぎだ Il a dépassé ses vingt ans./Il a plus de vingt ans. 彼は〜になっていない(なったばかりだ) Il n'a pas encore (Il vient d'avoir) vingt ans.
はたと ¶〜思い当る se rappeler soudainement. 〜膝を叩く se taper sur la cuisse. 〜行きづまる se trouver brusquement accule.
はたばこ 葉煙草 tabac m en feuilles.
ばたばた ¶旗が〜と鳴っている Le drapeau claque. 階段を〜と降りる descendre bruyamment l'escalier. 翼を〜させる battre des ailes. 手足を〜させる se débattre des pieds et des mains. ◆［次々と］¶〜と仕事を片づける terminer rapidement son travail.
はたび 旗日 ⇒さいじつ（祭日）.
バタフライ ［水泳］brasse f; papillon m; ［ヌードダンサーの］cache-sexe m inv.
はだみ 肌身 ¶〜を刺す風 vent m aigre. 〜離さず持ち歩く garder (porter, avoir) qc toujours sur soi.
はため 傍目 ¶〜にも痛そうな傷 blessure f pénible à voir. 〜にも気の毒だ C'est pénible de le voir. 彼らは〜にも羨ましいような仲である Tout le monde envie leur bonne entente. ⇒よそめ（余所目）.
はためいわく 傍迷惑 ¶〜な話だ Ça fait des ennuis aux autres.
はためく flotter (s'agiter) au vent; ondoyer au vent.
はたもち 旗持 porte-étendard m inv.
はたらかす 働かす ¶頭を〜 faire travailler son cerveau; action f; opération f; ［労働］travail(aux) m(pl); labeur m; ［活動］activité f; ［功績］mérite m; service m; exploit m. 立派な〜をする rendre de grands services. 〜ので〜の企てはうまくいった C'est grâce à son activité que cette entreprise a pu être accomplie. ¶あの人の下でなら〜甲斐がある Si je travaille sous les ordres de cet homme, je suis prêt à tout faire. 〜口を探す chercher un emploi. 彼は〜盛りである Il est dans la force de l'âge. 一家の〜手 soutien m de la famille. 彼は〜者だ C'est un grand travailleur./Il n'a pas peur du travail. ◆［生

はたらきかける 活能力) ¶彼は〜がある Il gagne bien sa vie. ◆[機能] 彼は頭の〜がよい Il est intelligent. 彼は頭の〜が悪い Il a l'esprit lent./Il est peu perspicace.

はたらきかける 働き掛ける agir sur; avoir prise sur; influer sur. 友達に〜[呼びかける] faire appel à ses amis. 僕が直接課長に働き掛けてみよう J'essaierai directement d'agir auprès du chef de bureau.

はたらく 働く travailler. せっせと〜 s'affairer. 口を糊するために〜 travailler pour gagner sa vie. 馬車馬のように〜 travailler comme un nègre (comme quatre, comme un cheval). 彼は辛抱強くよく〜 Il est patient et laborieux. 働きすぎる travailler trop. ◆悪事を〜 commettre de mauvaises actions. ◆[活動する・機能する] ¶頭がよく〜 être d'une intelligence vive.

ばたり ¶と brusquement.

はたん 破綻 échec m; insuccès m; rupture f. 〜を生じる échouer ne plus marcher; tourner mal; péricliter. 彼の計画に〜が生じた Son projet a échoué.

はだん 破談 ¶〜にする rompre des fiançailles. 縁談が〜になった Le mariage ne s'est pas arrangé. 交渉は〜になった On a rompu les négociations.

ばたん ¶〜と音を立てて戸が閉まった La porte a claqué.

はたんきょう 巴旦杏 amande m; reine(s)-claude(s) f. 〜の木 amandier m.

はち 八 huit m. ¶額に〜の字を寄せる froncer les sourcils. ‖〜音節 octosyllabe m. 〜度[楽] octave f.

はち 鉢 [おわん] bol m; pot m; [どんぶり] écuelle f. 〜一杯のクリーム un bol de crème. 植木〜 pot à fleurs.

はち 蜂 abeille f; guêpe f; frelon m. 〜にさされる être piqué par une guêpe. 「泣面に〜」《Un malheur ne vient jamais seul.》〜の群 essaim m. 〜の子 larve f d'abeille. 〜の巣 ruche f. 〜の巣状の alvéolaire; alvéolé. その報せで会場は〜の巣をつついたような有り様になった Cette nouvelle a entraîné une grande confusion dans l'assemblée. 働き蜂〜 abeille ouvrière. 女王〜 abeille mère (reine).

ばち 罰 punition f; châtiment m. 〜が当たる être puni; être maudit du ciel. そんなことをすると〜が当たるぞ Si tu fais une pareille chose, le ciel te punira! ‖〜当り Que le diable t'emporte!

ばち 撥 [太鼓] baguette f; [大太鼓の] mailloche f; [弦楽器の] plectre m.

はちあわせ 鉢合せ ¶〜する se heurter de la tête avec qn; [出合う] rencontrer par hasard. まずいことに彼らは我が家で〜してしまった Par un malheureux hasard, ils se sont rencontrés chez nous.

はちうえ 鉢植え fleurs fpl en pot; plante f en pot.

バチェラー célibataire mf.

ばちがい 場違い ¶〜な déplacé. 〜な話題 propos mpl déplacés. 私がここに居るのは〜だ Je me sens déplacé dans ce coin.

はちがつ 八月 août m. ¶〜に en août; au mois d'août.

はちきれる はち切れる crever. ¶はちきれそうな袋 sac m qui risque de crever. はちきれそうなトランク valise f pleine à craquer. はちきれそうな若さ plénitude f de jeunesse. 彼ははちきれそうに太っている Il est tellement gros qu'il a l'air de vouloir éclater. 腹が〜ほど食べる manger à satiété. 彼ははちきれんばかりに元気だ Il est débordant de santé.

はちく 破竹 ¶〜の勢いで avec une force irrésistible. 〜の勢いで進撃する progresser en brisant tous les obstacles.

ばちくり ¶目を〜する clignoter des yeux.

はちじゅう 八十 quatre-vingts m.

はちじゅうそう 八重奏 octuor m.

パチスカーフ bathyscaphe m.

はちどり 蜂鳥 oiseau(x)-mouche(s) m.

ぱちぱち crépitation f. 〜手をたたく frapper des mains; 〜音を立てる crépiter; pétiller. 薪がストーブの中で〜音を立てている Le bois sec crépite dans le poêle.

はちまき 鉢巻 bandeau(x) m. ¶手ぬぐいで〜する ceindre sa tête d'une serviette.

はちみつ 蜂蜜 miel m.

はちミリ 八〜[〜カメラ] caméra m de 8mm.

はちめんたい 八面体 octaèdre m. 〜の octaédrique. ‖正〜 octaèdre régulier.

はちめんろっぴ 八面六臂 ¶〜の働きをする travailler énergiquement dans des directions très diverses.

ぱちゃぱちゃ ¶水を〜させて遊ぶ s'amuser avec de l'eau en éclaboussant.

はちゅうるい 爬虫類 reptiles mpl.

はちょう 波長 longueur f d'onde. 〜を合わせる sélectionner les ondes. ‖〜計 ondemètre m.

ぱちり clic.

バチルス bacille m. ¶〜性の bacillaire.

ぱちん ¶指を〜鳴らす faire craquer ses doigts. ノートを〜と閉じる fermer son cahier d'un coup sec.

パチンコ [石投げ具] fronde f; lance-pierres m inv.

はつ 初 ¶お〜にお目にかかります Je vous vois pour la première fois. ‖〜顔合せ [芝居で] première scène f avec qn. 彼らは〜顔合せで出た Ils se partagent pour la première fois la tête d'affiche.

はつ 髪 ¶〜を入れず immédiatement; tout à coup; dans une minute.

-はつ 発 [出発] ¶3時〜東京行列車 train m de trois heures pour Tokyo. 3日正午〜の汽船 bateau m qui part le 3 à midi. ローマ〜の手紙 lettre f datée de Rome. ‖ ◆[弾丸] ピストルを3〜撃つ tirer trois coups de pistolet. 21〜の礼砲 salve f de vingt et un coups de canon.

ばつ ¶〜が悪い se sentir gêné. 〜の悪そうな様子をしている avoir l'air embarrassé.

ばつ 罰 punition f; châtiment m; [刑] peine f. 〜を与える donner une punition à qn. 〜を逃れる échapper à la punition. 〜を受ける être puni; subir une peine. 〜を加える infliger une peine à qn. 尊属殺人者には死刑が

ばつ 当然の〜であると言う人がいる Certains disent que pour le parricide la mort est un châtiment mérité. 〜として par (pour) punition. 遅刻した〜として彼は廊下に立たされた Pour le punir de son retard, le professeur l'a fait rester debout dans le corridor. ⇨ ばってん (罰点).

ばつ 閥 clan *m*; faction *f*; coterie *f*. 〜をつくる former une coterie. ‖ 学〜 coterie académique (universitaire). 軍〜 coterie militaire. 三井財〜 holding *m* financier de Mitsui.

ばつ 跋 postface *f*.

はつあん 発案 idée *f*; création *f*; [発議] proposition *f*; [動議] motion *f*. ...の〜で sur proposition de *qn*. この案は山田氏の〜です M. Yamada est l'auteur de ce projet. ‖ 〜者 auteur *m*; créateur(trice) *m*(*f*).

はついく 発育 croissance *f*; développement *m*. 〜がよい grandir vite. 〜がとまる être arrêté dans *sa* croissance. ‖ 〜のよい(悪い) bien (mal) venu. 〜の遅れた arriéré. 〜盛りの en pleine croissance. ‖ 〜不全 absence *f* de développement; agénésie *f*. 〜不全の agénésique.

はつえん 発煙 ‖ 〜弾 obus *m* fumigène. 〜筒 fumigène *m*.

はつおん 発音 prononciation *f*; [はっきりした] articulation *f*. 〜がうまい(まずい) avoir une bonne (mauvaise) articulation. ‖ 〜する prononcer. 〜しにくい言葉 mot *m* difficile à prononcer; mot qui écorche la langue. ‖ 〜記号 signe *m* phonétique.

はつか 二十日 ‖ 1月〜 le 20 janvier. ‖ 〜大根 radis *m*. 〜ねずみ souris *f*.

はっか 薄荷 menthe *f*. ‖ 〜のシロップ menthe; sirop *m* de menthe. 〜入りのボンボン bonbon *m* à la menthe.

はっか 発火 allumage *m*. ‖ 〜する prendre feu; s'allumer. 〜しやすい inflammable. ‖ 〜点 point *m* d'allumage.

はつが 発芽 germination *f*; bourgeonnement *m*. 〜する germiner; bourgeonner.

ハッカー pirate *m* informatique.

はっかい 発会 〜する être inauguré. ‖ 〜式 inauguration *f*; séance *f* d'ouverture.

はっかく 発覚 ‖ 陰謀の〜 découverte *f* d'un complot. 秘密の〜 dévoilement *m* d'un secret. 〜する être découvert; être mis au jour.

ばっかく 麦角 ergot *m*.

はっかくけい 八角形 [数] octogone *m*. 〜の octogonal(aux). ‖ 正〜 octogone régulier. 〜柱 colonne *f* à huit plans.

バッカス Bacchus *m*. ‖ 〜の杖 thyrse *m*. 〜祭 bacchanales *fpl*.

はっかん 発刊 publication *f*. 〜する publier; faire paraitre.

はっかん 発汗 transpiration *f*; sudation *f*; suée *f*. 〜する transpirer; suer. ‖ 〜剤 médicament *m* qui provoque la transpiration; diaphorétique *m*; sudorifique *m*.

はつがん 発癌 ‖ 〜性の cancérigène. ‖ 〜作用 action *f* cancérigène.

はっき 発揮 déploiement *m*. 〜する déployer; montrer. 手腕を〜する déployer *ses* talents.

はつぎ 発議 proposition *f*; initiative *f*; [動議] motion *f*. ...の〜で sur l'initiative de *qn*. 〜する proposer; faire une proposition. ‖ 〜者 auteur *m* d'une proposition.

はっきゅう 薄給 bas salaire *m*. ひどい〜 salaire de misère. 〜の mal payé.

はっきゅう 発給 publication *f* officielle. ‖ 旅券を〜する émettre officiellement un passeport.

はっきょう 発狂 démence *f*. 〜する perdre la raison; tomber en démence; devenir fou (folle). 〜した fou (fol, folle); dément; aliéné.

はっきり clairement; clair; nettement; distinctement; [正確に] précisément; exactement. 〜喋る parler clair. 〜答える répondre précisément. 〜断る refuser tout net (nettement). 自分の名前を〜言う articuler clairement *son* nom. 〜覚えている se rappeler clairement. 〜する se préciser; prendre forme; devenir clair. 事態が〜する La situation se précise. 〜するMes idées se clarifient. 計画が〜してくる Le projet prend forme. 〜させる éclairer; éclaircir; clarifier. 犯行の動機を〜させる éclairer les motifs d'un crime. まだ〜させなければならない点が一つある Il reste encore un point à clarifier. 〜した clair, net(te); distinct; [正確な] précis; exact; certain. 〜した性格 caractère *m* tranchant. 〜した返事 réponse *f* claire et nette. 〜した輪郭 contour *m* précis. 〜しない気持ち sentiment *m* obscur. 〜しない天気 temps *m* instable. 〜しない態度 attitude *f* ambiguë. 〜しない男 homme *m* irrésolu. 〜しない返事 réponse évasive. 彼の出生は〜しない Sa naissance reste obscure. 情勢が〜しない La situation est incertaine.

はっきん 白金 platine *m*. 〜を含む platinifère.

はっきん 発禁 interdiction *f* d'une publication. 〜する interdire; censurer. ‖ 〜本 livre *m* interdit.

ばっきん 罰金 amende *f*. 〜を払う payer une amende. 〜で済む en être quitte pour une amende. 5万円の〜に処せられる être condamné à 50.000 yen. 「立ち入る者は〜に処す」 «Défense d'entrer sous peine d'amende.» ‖ 〜刑 peine *f* pécuniaire; amende. 〜刑に処する condamner *qn* à une amende.

パッキング emballage *m*. ‖ 真空〜 emballage sous vide.

バック [後衛] arrière *m*; [背泳] nage *f* sur le dos; [背景] arrière-plan *m*; fond *m*; [出身母体] carrière *f*. 〜する reculer; [自動車が] faire marche arrière. ‖ 〜ギア marche *f* arrière. 〜グランド toile *f* de fond. 〜ナンバー vieux numéro *m*. 〜ハンド revers *m*. 〜ボーンがある avoir du caractère. 〜ミラー rétroviseur *m*; rétro *m*.

バッグ sac *m*. ⇨ ふくろ(袋), かばん(鞄).

パック paquet *m*; carton *m* ‖ 〜旅行をする faire un voyage organisé.

バックアップ support *m*; protection *f*; couverture *f*; appui *m*; [情報]; [ファイル保護の為のコピー] sauvegarde *f*. ¶～する appuyer *qn*.

バックギャモン backgammon *m*; jacquet *m*.

バックグラウンドミュージック musique *f* d'ambiance (de fond).

バックス arrière *m*.

バックスキン peau(x) *f* de daim. ¶～のバンド ceinture *f* de daim.

はっくつ 発掘 fouille *f*; déterrement *m*; exhumation *f*; [考古学的な] fouilles archéologiques. ¶～する fouiller; faire des fouilles; déterrer; exhumer. 死体を～する exhumer un cadavre. 埋れた宝を～する déterrer un trésor enfoui. ‖～者 fouilleur(se) *m*(*f*). ～場所 fouille.

ばっくり ¶～と口をあける avoir la bouche bée (grande ouverte). ～と開いた傷口 plaie *f* béante.

バックル boucle *f*. バンドの～ boucle de la ceinture.

ばつぐん 抜群 ¶～の incomparable; distingué; prééminent; sensationnel. ～の成績で avec des notes brillantes.

はっけ 八卦 ¶当るも～当らぬも～ On ne divine jamais l'avenir. ‖～見 divina*teur* (*trice*) *m*(*f*).

はっけい 白系 ¶～ロシア人 Russe *mf* blanc (blanche).

パッケージ paquet *m*. ‖[情報]～ソフト pro*giciel m*.

はっけっきゅう 白血球 globule *m* blanc; 〖医〗leucocyte *m*. ¶～の(に関する) leucocytaire. ‖～減少症 leucopénie *f*. ～増加症 leucocytose *f*.

はっけつびょう 白血病 leucémie *f*. ¶～性の leucémique. ‖～患者 leucémique *mf*.

はっけん 発見 découverte *f*. ペニシリンの～ découverte de la pénicilline. ¶～する découvrir; retrouver. 病気の原因を～する découvrir la cause d'une maladie. 宝物を～する découvrir un trésor. 盗難車を～する retrouver la voiture volée. ‖～者 découvreur *m*.

はつげん 発言 parole *f*; intervention *f*. ～を求める demander la parole. ～を許す donner la parole à *qn*. ¶～する prendre la parole. ...に有利な(不利な)～をする parler pour (contre) *qn*. X 氏に～していただきます La parole est à M. X. ‖～権 droit *m* de parole. ～権をもつ avoir la parole.

パッケン fixation *f* de ski.

ばっこ 跋扈 ¶この地方では盗賊が～している Les voleurs infestent cette région.

はつこい 初恋 premières amours *fpl*.

はっこう 薄倖 ¶～の infortuné; malheureux(se).

はっこう 発光 irradiation *f*; radiation *f*. ¶～する émettre de la lumière. ‖～性の lumineux(se); luminescent. ～体 corps *m* lumineux; illuminant. ～塗料 peinture *f* lumineuse.

はっこう 発効 ¶～する(される) entrer en vigueur. ‖～期日 terme *m* en vigueur.

はっこう 発行 parution *f*; publication *f*; [紙幣, 公債の] émission *f*. ¶～する publier; éditer; émettre; [紙幣の] mettre en circulation. ～される paraître; être publié. ‖紙幣 ～高 montant *m* des billets émis. ～価格 prix *m* d'émission. ～者 édi*teur*(*trice*) *m*(*f*); éditeur. ～所 maison *f* d'édition. ～日 date *f* de publication. ～部数の多い新聞 journaux *mpl* à grand tirage.

はっこう 醗酵 fermentation *f*. ¶～する fermenter; cuver; travailler. ～させる fermenter. ～性の fermentescible.

はっこつ 白骨 ossements *mpl*. ¶～になる s'ossifier. ‖～死体 squelette *m*.

ばっさい 伐採 abattage *m*. 樹木の～ abattage des arbres. ¶～する abattre des arbres. 丘の木を～する déboiser une colline.

ばっさり ¶～と切る couper (trancher) d'un coup. 長い髪を～と切る couper *ses* longs cheveux sans broncher. ひと思いに～やってくれ Donne-moi le coup de grâce.

はっさん 発散 [匂など] exhalaison *f*; émanation *f*; [光など] émission *f*. ¶～する exhaler; répandre; dégager. 香りを～する répandre un parfum. 臭いを～する exhaler une odeur. 辺りに悪臭を～する empester le voisinage. 光を～する émettre des radiations. 精力を～させる dépenser de l'énergie. ‖～物 exhalaison *f*; émanation *f*. ～レンズ lentille *f* divergente.

ばっし 抜糸 extraction *f* d'un fil opératoire. ¶～する enlever le fil opératoire.

ばっし 抜歯 extraction *f*; avulsion *f* d'une dent. ¶～する extraire une dent. ‖～用具 extracteur *m*.

バッジ insigne *m*. ～を胸につける porter un insigne sur *sa* poitrine.

パッシブ ¶～な passi*f*(*ve*).

はっしゃ 発射 décharge *f*; tir *m*; [命令] Feu! ¶～する faire partir; décharger; tirer. ピストルを～する tirer *son* revolver. ミサイルを～する lancer un missile. ～される partir. 弾丸は～されなかった Le coup n'est pas parti.

はっしゃ 発車 départ *m*; démarrage *m*. ～の 3 分前だった Nous avions trois minutes avant le départ. ¶～する partir; démarrer. ‖～時間 heure *f* de départ. ～ホーム quai *m* de départ.

はつじょう 発情 rut *m*. ¶～する chercher à s'accoupler. ‖～期にある en rut; en chaleur. ～期の犬 chien *m* en rut.

ばっしょう 跋渉 ¶山野を～する marcher (aller) à pied par monts et par vaux.

はっしょうち 発祥地 berceau(x) *m*. 日本文明の～ berce*au*x de la civilisation japonaise.

はっしょく 発色 ¶～が良い [フィルム] rendre bien les couleurs; [染め物] tenir bien la couleur.

パッション passion *f*.

はっしん 発信 expédition *f*; envoi *m*. ¶～する envoyer. 電報を～する envoyer (expédier) un télégramme. ‖～所 [無電の] poste *m* émetteur. ～地 lieu(x) *m* d'expédition. ～人 expédi*teur*(*trice*) *m*(*f*).

はっしん 発疹 [赤い斑点] exanthème m; roséole f; [吹出物] éruption f. ¶～性のexanthémateux(se); exanthématique; éruptif (ve). ¶～チフス typhus m exanthématique.

パッシング ∥～サイン [ヘッドライトの] appel m de phares. ～サインを出す faire des appels de phares.

ばっすい 抜粋 extrait m; choix m; fragment m; morceaux mpl choisis. ¶～する extraire; faire des extraits. ¶～曲 sélection f.

はっする 発する [音, 熱, 光を] émettre; lancer; [放射線を] rayonner; [声を] pousser. 言葉を～ prononcer des mots. かぼそい声を～ rendre (émettre) des sons grêles. 叫び声を～ pousser des cris. 声明を～ faire une déclaration. 逮捕 [令] 状を～ lancer un mandat d'arrêt contre qn. 問いを～ poser une question à qn. 源を～ prendre sa source dans qc. 命令を～ donner un ordre; ordonner. これらの作品は同じ思想の流れから発している Ces œuvres procèdent du même courant des idées.

ハッスル ¶彼は～している Il agit avec vigueur./Il est plein d'entrain.

ばっする 罰する punir; châtier; faire justice à qn. 彼は罰せられることはないとたかをくくっている Il se croit assuré de l'impunité. ¶罰すべき punissable. 罰せられずに impunément.

はっせい 発生 apparition f; développement m; [生物の] génération f; genèse f. ¶～する naître; se produire; apparaître. ガスが～する Un gaz s'est produit. 伝染病が～する Une épidémie se déclare. 害虫が～している Des insectes nuisibles apparaissent. 台風が～した Un typhon s'est formé. 自然～ génération spontanée. ～学 embryologie f.

はっせい 発声 phonation f; émission f de voix. ¶～する vocalement. ∥～器官 organe f vocale. ～法 technique f vocale; vocalisation f; [劇] élocution f. ～練習をする vocaliser.

はっそう 発想 inspiration f; idée f. ¶～が湧く (湧かない) avoir de l'(manquer d')inspiration. その～はいいね C'est une bonne idée. ∥詩的～ inspiration poétique.

はっそう 発走 départ m. ¶～除外する [競馬で] éliminer un cheval en course.

はっそう 発送 envoi m; expédition f. ¶～する envoyer; expédier. ∥～駅 gare f expéditrice. ～係 commis m expéditionnaire; [デパートの] manutentionnaire mf. ～人 envoyeur(se) m(f); expéditeur(trice) m(f). ～品 envoi m. デパートの～部 service m de manutention dans un grand magasin.

はっそく 発足 ⇨ ほっそく(発足).

ばっそく 罰則 clause f pénale.

ばった 蝗 sauterelle f; criquet m; locuste f.

はったつ 発達 développement m; progrès m; évolution f. ¶～する se développer; faire des progrès. 技術は著しく～した La technique a fait des progrès remarquables. ～させる développer. 子供の知能を～させる développer l'intelligence d'un enfant. よく～した胸 poitrine f très développée. 非常に～した文明 civilisation f très évoluée.

はったり bluff m. それは従一流の～だ Ses procédés ne sont que du bluff. ～をかける bluffer qn. ～屋だ C'est un bluffeur.

ばったり ¶～倒れる tomber raide; tomber de tout son long. 彼は私の足元に～倒れた Il vint tomber à mes pieds. ◆[不意に] ¶～と出くわす rencontrer qn par hasard; tomber sur qn. ◆[不意に途絶える] ¶～と消息を絶つ Soudainement il a disparu. 彼は～姿を見せなくなった On ne le voit plus.

ハッチ [甲板の] panneau(x) m.

パッチ [継ぎ布] pièce f. ∥～ワーク patchwork [patʃwœrk] m.

ハッチバック [車] voiture f à hayon(3 ou 5 portes).

はっちゃく 発着 départ m et arrivée f. ∥～時間表 horaire m des trains. ～所 [船の] embarcadère m.

はっちゅう 発注 commande f. ¶～する commander; faire une commande.

ぱっちり ¶～とした目 grands yeux mpl clairs. ～と眼をあける ouvrir les yeux tout grands.

ばってき 抜擢 sélection f spéciale; avancement m au choix. ¶～する choisir spécialement; distinguer. ～される être promu à un poste; être choisi pour un poste.

バッテリー [電池] batterie f. 自動車の～ batterie d'automobile.

はってん 発展 évolution f; développement m; essor m; progrès m. 産業のめざましい～ développement remarquable (essor rapide) de l'industrie. 会社の～ expansion f de la compagnie. 国民経済の～ prospérité f de l'économie. 新しい経済活動の～を謀る donner essor à nouvelles activités économiques. ¶～する évoluer; se développer; s'étendre. 文化は絶えず～する La civilisation évolue sans cesse. ～させる développer. ∥～家 personne f active; [色事で] coureur m de jupons. ～的解消 dissolution f pour une meilleur organisation. ～途上国 pays m en voie de développement (de formation).

はつでん 発電 production f de l'énergie électrique. ¶～する produire de l'électricité. ～の électrogène; électromoteur(trice). ∥～機 génératrice f [de courant électrique]; dynamo f. ～所 usine f d'électricité; station f génératrice. 原子力～所 centrale f nucléaire (atomique). 水力(火力)～所 centrale hydroélectrique (thermique).

ばってん 罰点 ¶先生は私の答案の間違いに～をつけた Le professeur a marqué mes fautes d'une croix.

はっと ¶～思い出す se rappeler brusquement. ～とび起きる se lever en sursaut. 悪い報せに～する sursauter à une mauvaise nouvelle.

はっと 法度 ∥それは御～だ C'est interdit (défendu).

ハット ∥〖スポ〗～トリック [サッカー] coup m du

chapeau. ~をした選手 joueur(se) m(f) ayant marqué trois buts.

ばっと tout d'un coup; brusquement. ~燃え上る s'enflammer brusquement. 噂は~広がった Le bruit s'est répandu comme une traînée de poudre. あたりは~明るくなった Le paysage est devenu soudainement clair. ◆‖仕事は~しない [調子が悪い] Les affaires ne marchent pas fort.

パット [詰物] rembourrage m; [胸の] faux-seins mpl. ~の入った rembourré. ◆[ゴルフ] coup m roulé; petit coup.

はつどう 発動 exercice m d'un droit. ¶司法権を~する exercer du pouvoir judiciaire. ‖~機 moteur m à explosion; [内燃式の] moteur à combustion interne.

ばっとう 抜刀 ¶~する tirer l'épée du fourreau.

はっとうしん 八頭身 ¶~の美女 belle f bien proportionnée.

はつに 初荷 première livraison f des marchandises au nouvel an.

はつねつ 発熱 accès m de fièvre. ¶~する avoir un accès de fièvre. 彼は~した La fièvre l'a pris. 彼は無理をして~した Cet effort lui a donné la fièvre. ‖~性の病気 maladie f pyrétique.

はつば 発馬 départ m de course. ¶~する être en course.

はっぱ 発破 dynamitage m; démolition f par la dynamite; [火薬] bâton m de dynamite. ~をかける faire sauter à la dynamite; [人を励ます] stimuler qn à inf; exhorter qn à inf.

はっぱ 葉っ端 feuille f; fane f.

はつばい 発売 mise f en vente. ¶~する mettre en vente. ‖~禁止 interdiction f de vente. ~禁止にする interdire la vente. 「~中」«En vente.»

ばっぱと ¶~金を遣う gaspiller son argent; jeter l'argent par les fenêtres. 彼は金を~遣う L'argent lui fond entre les mains. ~煙草を吸う émettre des bouffées de fumée. 思い言いたいことを~言ってのける Il ne se gêne pas pour dire ce qu'il pense.

ハッピーエンド heureux dénouement m.

はつひので 初日の出 le premier lever du soleil de l'année.

はつびょう 発病 ¶~する tomber malade.

はっぴょう 発表 annonce f; publication f; présentation f. 婚約の~ annonce des fiançailles. 事実の~ proclamation f d'un fait. 試験結果の~ proclamation (publication) des résultats de l'examen. ¶~する annoncer; publier; rendre public; déclarer. 計画を~する déclarer un plan. 公式見解を~する communiquer un avis officiel. コレクションを~する présenter une collection. この作家は小説を一年に一冊~する Cet écrivain publie un roman par an. ‖未~の作品 œuvre f inédite.

ばっぴょう 抜錨 ¶~する lever l'ancre.

はっぷ 発布 promulgation f; proclamation f. ¶~する promulguer. ‖憲法の~ promulgation de la constitution.

バッファ buffer m.

はつぶたい 初舞台 début m sur la scène. ~を踏む faire ses débuts; débuter sur les planches.

はっぷん 発憤 ¶~する être incité à inf. 彼は不成績に~した Ses mauvaises notes l'ont incité à travailler davantage. ~させる prendre son courage à deux mains pour inf; donner du courage pour inf.

はっぷん 政文 ⇨ はつ(跋).

はつほ 初穂 prémices f. ~を摘む récolter des prémices.

はっぽう 八方 ¶~から de tous côtés; de toutes parts. ~に en tous sens. ‖~である être tout à tous; se mettre bien avec tout le monde. ~塞りだ C'est à se taper la tête contre les murs./On est dans une impasse.

はっぽう 発泡 ‖~スチロール polystyrène m expansé; [断熱容器] caisse f isotherme. ~性ワイン vin m mousseux.

はっぽう 発砲 tir m; coup m de feu; feu(x) m; décharge f. ~する tirer un coup de feu sur; décharger son fusil sur (contre); [部隊が] faire feu. ピストルを~する tirer un coup de revolver.

ばっぽん 抜本 ¶~的 radical(aux). ~的改革 réforme f radicale. ~的に radicalement.

はつみみ 初耳 ¶それは~だ Première nouvelle!/C'est une nouveauté./Voilà du nouveau./C'est pour la première fois que j'en entends parler.

はつめい 発明 invention f. 彼には~の才がある Il a le génie de l'invention. ¶~する inventer. ‖~者 auteur m; inventeur(trice) m(f). ~特許 brevet m d'invention.

はつもう 発毛 ¶~を促進する stimuler la repousse des cheveux.

はつもの 初物 prémices fpl; primeurs mpl. 収穫の~ prémices de la récolte. ~を食べる manger des primeurs.

はつゆき 初雪 Première neige f.

はつゆめ 初夢 Premier rêve m de l'année.

はつよう 発揚 ¶国威を~する rehausser le prestige national.

はつらつ 溌刺 ¶~とした frais (fraîche); animé; vivace; dispos. 元気~とした tout dispos; frais et dispos (gaillard). 彼は元気~としている Il est plein de vie (d'entrain). 彼は休暇から帰って元気~としていた Il se sentait frais et dispos au retour de ses vacances. ~と gaillardement. ‖~さ vivacité f.

はつれい 発令 nomination f officielle. ¶~する nommer officiellement; annoncer une nomination dans un journal officiel.

はつろ 発露 émanation f; expression f; manifestation f. それは友情の~だ C'est une manifestation d'amitié. それは民意の~として考えるべきだ On doit le prendre comme l'émanation de la volonté populaire.

はて ¶~それは妙だな Hum, c'est curieux./Tiens, c'est bizarre. ‖~どうするかな Eh bien, qu'est-ce qu'on va faire?

はて 果て bout m; extrémité f; [限界] infini

はで f; borné. ¶世界の～まで jusqu'au bout du monde. ～はどうなるのだろう Je ne sais comment cela finira.

はで 派手 ¶～な gai; éclatant; brillant; [けばけばしい] tapageur(se); [豪華な] somptueux(se). ～な赤 rouge m éclatant. ～な色 couleur f voyante. ～な化粧 toilette f tapageuse. ～な生活をする mener une vie somptueuse. ～な晩餐に呼ばれる recevoir à diner en grand tralala. ～な服装をする s'habiller de couleurs gaies. 入学式に～に行われた La cérémonie d'entrée s'est déroulée en grand apparat (en grande pompe). ～に金を遣う dépenser de l'argent sans compter. ～に振舞う agir d'une manière ostensible.

パテ mastic m. 窓ガラス用の～ mastic pour fixer les vitres aux fenêtres. 窓ガラスに～を詰める mastiquer les vitres. ◆[料理] pâté m.

はてい 馬蹄 sabot m de cheval. ‖～形の fer à cheval.

はてしない sans fin; infini; illimité; immense; interminable; éternel(le). ～宇宙 espace m infini. ～議論 discussion f interminable. ～戦い combats mpl perpétuels (sans fin). 彼の演説は果てしがない Son discours n'en finit plus. ¶果てしなく sans fin; éternellement. 彼女のお喋りは果てしなく続く Elle n'arrête pas (ne cesse pas) de bavarder.

はてる 果てる finir; prendre fin; arriver à son terme; [死ぬ] mourir; trépasser. ¶いつ～ともしれない演説 discours m interminable (qui n'en finit plus). いつ～ともわからぬ戦争 guerre f sans fin (interminable).

ばてる ¶ああ、ばてた Je suis tout à fait crevé (épuisé)./Je n'en peux plus. 仕事が多くてばてちまった L'avalanche du travail m'a complètement épuisé. ‖夏ばて fatigue f due à la chaleur.

バテレン 伴天連 chrétien m.

はてんこう 破天荒 ¶～の sans précédent(s); unique. ～の大事業 grand exploit m sans égal.

パテント brevet m d'invention. ～を取る prendre un brevet.

はと 鳩 pigeon(ne) m(f); colombe f. ‖伝書～ pigeon voyageur. ‖小屋 pigeonnier m. ～時計 pendule f à coucou. ～派 colombe. 我が党内には～派と鷹派がいる Il y a des colombes et des éperviers (faucons) dans notre parti.

はとう 波濤 vague f. 万里の～ immense étendue f de la mer. ¶山なす～を乗越えて en franchissant des vagues hautes comme des montagnes. 船は～を蹴って進む Un navire fend les vagues.

はどう 波動 ondulation f; mouvement m ondulatoire. ～する onduler; ondoyer. ¶光の～説 théorie f ondulatoire de la lumière. ～力学 mécanique f ondulatoire.

ばとう 罵倒 invectives fpl; injure f violente; insulte f. ¶～する accabler qn d'injures (d'invectives); insulter qn. ～し合う se lancer des invectives; s'accabler réciproquement d'injures; [俗] s'engueuler.

パトカー voiture f de police.

パトス pathos m.

パドック paddock m.

はとば 波止場 embarcadère m; quai m d'embarquement; dock m. ‖～渡し livraison f à quai. ～渡しで à prendre sur quai.

バドミントン badminton m.

はとむぎ 鳩麦 larmille f.

はとむね 鳩胸 poitrine f bombée. ¶～の à poitrine de canard.

はとめ 鳩目 œillet m.

はどめ 歯止め enraiement m; [車の] cale f. ～をかう mettre une cale. 政府は物価高に～をかけている Le gouvernement freine (enraye) la hausse des prix. ¶経済恐慌の～を狙った政策 mesures fpl prendre des mesures visant l'enraiement de la crise économique.

パトリオット patriote mf.

パトローネ cartouche f.

パトロール patrouille f. ¶～に行く aller en patrouille; faire la patrouille; [俗] faire une ronde. ‖～隊 patrouille f. ～隊員 patrouilleur m.

ハトロン ～紙 papier m d'emballage.

パトロン patron(ne) m(f); protecteur(trice) m(f); [文学芸術の] mécène m. ¶アメリカ人の～である画廊 galerie f de tableaux d'un mécène américain.

バトン témoin m; bâton m. 次の走者に～を渡す passer le témoin au coureur suivant. ‖～ガール majorette f. ～タッチ passage m du témoin. 彼は仕事は彼に～タッチされた Il a remplacé ce travail.

はな 花(華) fleur f. ～が咲く fleurir. バラの～が咲く(散る) La rose fleurit (se fane). ～の咲いている être en fleur. ～をいける arranger des fleurs. ¶～の咲いた en fleur; fleuri. ‖～売娘 bouquetière f. ～曇り temps m couvert pendant la floraison. ～盛りである être en pleine floraison. ～吹雪 fleuriste mf; [吹雪] tourbillon m des pétales de fleurs. ～屋 fleuriste mf; marchand(e) m(f) de fleurs. ◆[比喩的に] ¶生涯の～ apothéose f de sa vie. 社交界の～ fine fleur de la société. 言わぬが～ Vous auriez mieux fait de vous taire. 話に～が咲く La conversation s'anime. 恋の～が咲く Un rêve d'amour éclôt. ～を持たせる attribuer à qn l'honneur de qc.

はな 端 ¶～から dès le début. ⇒ さいしょ(最初).

はな 鼻 nez m; [象の] trompe f; [馬, 牛の] museau(x) m; [豚, 猪の] groin m; boutoir m; [岬の] pointe f de terre. ～が利く avoir du nez; avoir le nez fin; avoir l'odorat fin. ～が詰まる avoir le nez bouché; s'enchifrener. 風邪を引いて～が詰った Un rhume m'enchifrène. ～につく [匂が] prendre au nez. ～をつき合わす se trouver nez à nez avec qn. ～をつまむ pincer ses narines; se pincer le nez; [相手の] pincer le nez de qn. ～を鳴らす renifler; [甘えて] geindre. ～をほじる se fourrer le doigt dans le nez. ¶～の nasal(aux). ～の穴 narine f. ‖小～ ailes fpl du nez. しし～ nez écrasé. 風邪をひく

avoir un rhume de cerveau. ~先で au nez de qn. ◆ [比喩的に] ~をあかす bouleverser les plans de qn. ~を折る rabaisser l'orgueil de qn. ~であしらう narguer qn; traiter qn avec dédain. ~につく[倦きる] en avoir assez de; se dégoûter de qc. ~にかける se vanter de qc (de inf); se prévaloir de qc. 彼は医学の知識を~にかけている Il se vante de connaissances médicales. 彼は自分の財産を~にかけない Il ne se vante pas de sa fortune. お前が試験に受かったのを私も~が高い Moi aussi je suis fier de ton succès à l'examen. ~の下の長い lascif. 木で~をくくったような говорить à répondre sèchement (de façon abrupte). ~高々と fièrement. ‖~薬 pot(s)-de-vin m. ~薬を利かせる graisser la patte à qn.

はな 洟 goutte f au nez; morve f. ~をする renifler. ~をかむ se moucher. ~が出る avoir la goutte (morve) au nez; roupiller.

はないき 鼻息 souffle m; respiration f. ~が荒い [向う見ずな] être intrépide (téméraire); [威勢がいい] être plein d'entrain. ~をうかがう s'efforcer de plaire à qn; sonder les dispositions de qn.

はなうた 鼻歌 fredonnement m. ~を歌う fredonner.

はなかご 花籠 corbeille f à fleurs.

はなかざり 花飾り guirlande f; fleuron m. ~で飾る enguirlander.

はながた 花形 étoile f, vedette f; star f. 祭りの~ héros m de la fête. 彼女はその日の~だった Elle était la vedette du jour. ‖~歌手[オペラの] prima donna f. ~選手 joueur(se) m(f) d'élite.

はながみ 鼻紙 mouchoir m de papier.

はなかんざし 花簪 épingle f à fleurs.

はなくそ 鼻屎 morve f épaisse. ~をほじる se nettoyer le nez.

はなげ 鼻毛 poil m du nez. ~を抜く enlever des poiles des narines. ◆ [比喩的に] ~を抜く duper qn. ~を抜かれる se laisser tromper. ~を読む mener qn par le nez. ~を読まれるようなことはするな Ne vous laissez pas faire!

はなごえ 鼻声 nasillement m; [風邪の] voix f enchifrénée. ~を出す nasiller. ¶~の nasillard. ~で話す nasiller; parler du nez (d'une voix nasillarde). ~で頼む demander d'une voix plaintive.

はなことば 花言葉 langage m des fleurs.

はなごよみ 花暦 calendrier m de fleurs.

はなさき 花先 ¶~であしらう railler qn; se moquer de qn; traiter qn de haut. ~に突きつける montrer qc sous le nez.

はなし 話 [談話・会話] conversation f; paroles fpl; propos m; entretien m; causerie f; [演説] discours m; [講演] conférence f; [おしゃべり] bavardage m; [身上話] histoire f; [物語] histoire f; récit m; conte m. ~が合う s'entendre bien avec qn. ~を変える changer de sujet. ~をさえぎる parler sur qn. ...の~をする faire le récit de qc. 政治(仕事)の~をする parler politique (affaires). つまらぬ~をする conter des bagatelles. ~をそらす s'écarter de son sujet; faire dévier la conversation. 子供には~をしてやる raconter une histoire à un enfant. ~の仲間入りをする prendre part à la conversation. ~に花が咲く La conversation s'anime. 彼は~がうまい [口上手な] C'est un beau parleur. その~は止そう(その~は終りだ) N'en parlons plus! また例の~だ C'est toujours la même histoire. それは別の~だ C'est une autre histoire. ここだけの~だ Entre nous soit dit. ‖~上手な人 beau causeur. ~中 [電話で] C'est (La ligne est) occupée. ◆ [噂] rumeur f; bruit m. ~の種になる [評判になる] faire parler de soi. ...という~で On dit que .... その~で持切りだ On ne parle que de cela. 彼の~によると d'après ce qu'il dit; selon lui; à ce qu'il dit. ‖~は半分に聞きます On ne croit que la moitié de ce qu'on nous raconte. ◆ [相談事・交渉事] ¶ちょっと~があります J'ai quelque chose à vous dire. ちょっと~がうますぎる Ce serait trop beau. ~が違うじゃないか Voilà qui change la question! それでは~がまるで違う Ce n'est pas du tout ce dont nous avons convenu. ~がつく tomber d'accord. ~がついた C'est chose entendue. ~をつける s'arranger avec qn. 今日こそ~をつけようではないか Si on coup-ci, nous allons trancher cette affaire. ◆ ¶~の呑込みが早い comprendre à demi-mots. ~はこうなんですよ Voici ce dont il est question. まるで~にならないね C'est hors de discussion./C'est trop ridicule. ~にならぬほど低い棒給 salaire m ridiculement bas.

はなしあい 話合い [対談] entretien m; [相談] consultation f; [協議] conférence f; [交渉] négociation f; [調整] arrangement m. ~をする parlementer avec; avoir un entretien avec. 彼らはどうにか~がついた Ils sont finalement tombés d'accord. ¶話合う parler avec qn; avoir un entretien avec qn; négocier qc. 我々で話合うことにしましょう Entre nous, nous nous arrangerons.

はなしあいて 話相手 ¶~がいない n'avoir personne à qui demander conseil. その老人は~がいない Ce vieillard vit isolé. 私があなたの~になりましょう Je vous tiens compagnie.

バナジウム vanadium m.

はなしがい 放し飼い ~に犬を~にする laisser un chien en liberté. 馬を~にする laisser (mettre) un cheval en pâture.

はなしかける 話しかける parler à qn; s'adresser à qn; adresser la parole à qn.

はなしかた 話し方 façon f (manière f) de parler; parler m. やわらかい~ parler doux. 彼は~がうまい Il a de la conversation./Il sait parler.

はなごえ 話し声 隣りの部屋から~する On entend parler [quelqu'un] dans la pièce voisine. ~で目ざめる être réveillé par le bruit d'une conversation.

はなしことば 話し言葉 langue f parlée.

はなしこむ 話し込む causer (bavarder) longuement.

はなしずき 話好き ¶~な causeur(se); [俗] causant; [おしゃべり] bavard. ~な人 causeur

はなして 話し手 sujet *m* parlant; [講演者] conférencier(ère) *m(f)*.

はなしょうぶ 花菖蒲 iris *m*.

はなじろむ 鼻白む ¶我々の話を聞いて彼は鼻白んだ Nos paroles l'ont froissé.

はなす 放す lâcher; laisser échapper; détacher; se défaire de; libérer. もうお前を放しはしない Je ne te lâche jamais. 目を~とその子はすぐいたずらをする Dès qu'on ne l'a plus à l'œil, ce petit fait une bêtise.

はなす 離す [分離する] séparer; désunir; écarter; [遠ざける] éloigner. A から B を[切り]~ détacher A de B. 奴からは眼を離せない Je le tiens à l'œil. 彼は今手が離せない Il ne peut quitter son travail actuellement. ¶樹と樹を離して植える espacer des arbres.

はなす 話す parler à qn de qc; s'entretenir avec qn de qc. 大声(小声)で~ parler haut (bas). 身振りで~ parler par gestes. とりとめもなく~ parler à bâtons rompus. フランス語を(で)~ parler français (en français). 下手なフランス語を~ parler un mauvais français. ラテンアメリカではスペイン語が話されている L'espagnol se parle en Amérique latine. ◆ [物語る] raconter; conter; narrer; rapporter; [告げる] annoncer. もう~ことは何もない Je n'ai plus rien à dire.

はなすじ 鼻筋 ¶~が通っている avoir le nez droit.

はなせる 話せる ¶彼は~奴だ C'est un homme plein de bon sens. 話せない奴だ Il a un caractère difficile.

はなぞの 花園 jardin *m* de fleurs.

はなたば 花束 bouquet *m*.

はなたれこぞう 洟垂れ小僧 petit roupieux *m*; morveux *m*; [腕白小僧] gamin *m*.

はなぢ 鼻血 saignement *m* du nez; [医] hémorragie *f* nasale. ¶彼女は~を出している Elle saigne du nez.

はなつ 放つ [放す・解放する] laisser partir; lâcher. 鳩を~ lâcher des pigeons. ◆ [発射する] tirer; décharger. 矢を~ tirer une flèche. ◆ [放散する] répandre; exhaler; [音, 光, 熱を] émettre. 香を~ répandre une odeur. 鋭い음を~ émettre des sons aigus. 異彩を~ se distinguer. ◆ [送り出す・広がらせる] ¶家に火を~ mettre le feu à la maison. スパイを~ envoyer des espions. 流言飛語を~ propager un bruit.

はなっぱし 鼻っぱし, 鼻っ柱 ¶~が強い [比喩的に] orgueilleux(se); audacieux(se); autoritaire; impérieux(se). ~をへし折る rabaisser l'orgueil de qn. ⇨はなばしら(鼻柱).

はなつまみ 鼻つまみ brebis *f* galeuse. ¶奴は~だ Se fait détester./C'est un individu dégoûtant.

はなづまり 鼻詰まり enchifrènement *m*. ¶~の声 [風邪で] voix *f* enchifrenée.

はなづら 鼻面 nez *m*; [獣, 魚の] museau(x) *m*; [牛, 馬の] mufle *m*; [犬の] truffe *f*.

はなでんしゃ 花電車 tramway *m* enguirlandé.

バナナ banane *f*. ~の木 bananier *m*.

はなばさみ 花鋏 ciseaux *mpl* de fleuriste.

はなばしら 鼻柱 arête *f* du nez. ~をくじく casser le nez.

はなはだ 甚だ extrêmement; très; formidablement. ~残念です C'est on ne peut plus regrettable. ~申し訳ありません Tous mes regrets.

はなはだしい 甚だしい excessif(ve); extrême. ~暑さ chaleur *f* excessive. ~誤ち grosse faute *f*. 冗談も~ Vous poussez trop loin la plaisanterie. 人を馬鹿にするのも~ C'est trop se moquer du monde. ¶甚だしく trop; excessivement; extrêmement. 甚だしく長い演説 discours *m* d'une longueur excessive. 甚だしく失望する subir de graves mécomptes.

はなばなしい 華々しい brillant; éclatant; splendide; glorieux(se). ~生涯を送る mener une vie fastueuse; faire une brillante carrière. ~最後をとげる mourir bravement sur le champ de bataille; mourir en héros. ¶華々しく brillamment; splendidement; avec éclat; en grand apparat. 文学界に華々しくデビューする débuter brillamment dans le monde littéraire.

はなび 花火 feu(x) *m* d'artifice. ~を上げる faire partir (tirer) un feu d'artifice. ∥打上げ~ fusée *f*. 仕掛~ coup *m* de feu décoratif. ~師 artificier *m*. ~製造術 pyrotechnie *f*. ~大会 grand feu d'artifice.

はなびら 花びら pétale *m*.

パナマ ∥~運河 canal *m* de Panama. ~帽 panama *m*.

はなまつり 花祭り fête *f* de fleur; floralies *fpl*.

はなみ 花見 ¶お~に行く aller admirer les fleurs de cerisiers.

はなみず 鼻水 morve *f*. 彼は~を垂らしながら泣いている Il pleure en reniflant.

はなみち 花道 ¶~を飾る finir en beauté.

はなむけ 餞 cadeau(x) *m* de souvenir. ¶~の言葉を送る encourager qn à l'occasion du départ.

はなむこ 花婿 [nouveau] marié *m*.

はなむすび 花結び nœud *m* à boucles.

はなめがね 鼻眼鏡 binocle *m*; lorgnon *m*; pince-nez *m* inv.

はなもちならない 鼻持ちならない puant; dégoûtant; répugnant; insupportable. ~おしゃべり bavardage *m* insupportable. 奴は~ Il est puant./Ce type me dégoûte./C'est un type dégoûtant.

はなもよう 花模様 dessin *m* (ornement *m*) de fleurs.

はなやか 華やか ¶~な brillant; splendide; fastueux(se); magnifique. 彼の~なりし頃 dans ses beaux jours. 騎士道~なりし頃 à l'âge d'or de la chevalerie. ¶~に brillamment; splendidement; magnifiquement. 彼は我々を~に迎えた Il nous a reçus magnifiquement. ~さ splendeur *f*; éclat *m*; faste *m*. 式典の~さ éclat d'une cérémonie.

はなやぐ 華やぐ s'égayer. ¶華やいだ声 voix *f* égayée.

はなやさい 花野菜 chou(x)-fleur(s) *m*.

はなよめ 花嫁 [nouvelle] mariée *f*. ∥~衣裳

はならび 歯並び ¶きれいな～をしている avoir une belle dentition.

はなれ 離れ pavillon m. ¶～座敷 chambre f (pièce f) isolée.

ばなれ 場慣れ ¶～するに s'habituer à qc; s'accoutumer à qc. ～した experimenté.

-ばなれ 一離れ ¶大衆の映画～ désaffection f du public pour le cinéma.

はなれじま 離れ島 ⇒ ことう(孤島).

はなればなれ 離れ離れ ¶～になる se séparer.

はなれる 離れる [別れる] se séparer de; [去る] quitter; [目,心が] se détacher; [遠ざかる] s'éloigner de. ～ために se perdre son emploi. 食卓を～ se lever de table. 親の手を～ devenir indépendant de ses parents. 列を～ sortir des rangs. その考えが彼の心から離れなかった Cette pensée ne le quittait pas. その町はここから3キロばかり離れている Cette ville est éloignée d'environ trois kilomètres d'ici. 既に二人の心は互いに離れていた Ils s'étaient déjà détachés l'un de l'autre. ここからそんなに離れていません Le trajet n'est pas long. ¶離れた [遠隔の]; éloigné; écarté; séparé; distant; isolé. 離れて à part; à l'écart de; loin de; à distance. 金銭問題を離れて la question d'argent mise à part. 一人離れて暮す vivre seul loin des autres.

はなれわざ 離れ業 acrobatie f. ¶～を演ずる faire des acrobaties; [比喩的に] connaître bien toutes les acrobaties de qc.

はな 花輪 feston m; couronne f (de fleurs); guirlande f de fleurs. 葬式の～ couronne f mortuaire. 墓前に～を供える déposer une couronne sur la tombe de qn.

はなわ 鼻輪 anneau(x) m nasal. 牛に～をつける mettre un anneau au mufle d'un bœuf.

パニーニ panini m.

はにかむ se montrer timide (embarrassé). ¶はにかんで timidement; avec pudeur. はにかんで顔を赤らめる rougir de pudeur. ¶はにかみ屋の子供 enfant mf farouche.

ばにく 馬肉 viande f de cheval. ¶～屋 boucherie f chevaline.

パニッシングクリーム crème f de jour.

パニック panique f. ¶～に襲われる être pris de panique. ～を惹き起す semer (provoquer) la panique dans (parmi).

バニティーケース vanity-case [vanitikez] m.

バニラ vanille f. ¶～の樹 vanillier m. ¶～の香をつけた vanillé. ¶～アイスクリー △ glace f à la vanille.

はね 羽 plume f; [集合的に] plumage m; [翼] aile f; [矢の] empenne f; [甲虫類の] élytre m; [プロペラなどの] pale f. こがね虫の～ élytres du hanneton. ～をむしる plumer; déplumer. 鶏の～をむしる plumer une poule. ～を伸ばして prendre ses aises. ¶～のある emplumé; garni de plumes. ～のように軽い léger comme une plume. ～のようにたように売れる Ça se vend comme des petits pains. ¶3枚～りスクリュー hélice f à trois pales.

はね 羽根 volant m. ¶～つきをする jouer au volant.

はね 跳ね [泥などの] éclaboussure f. ～をかける éclabousser qn de boue. ～をかけられる se faire éclabousser de boue.

ばね 発条 ressort m. ～を締める tendre un ressort. 彼は最近～がなくなった [肉体的] Ces derniers temps, il mollit. ¶～仕掛けの玩具 joujou m à ressort. ¶仕掛けで動く marcher à ressort. ～秤 peson m à ressort.

はねあがる 跳ね上がる bondir; sauter; [泥, 水などが] rejaillir; [値段などが] grimper subitement. 株価が～ La Bourse a monté en flèche. 物価が～ Les prix grimpent.

はねおきる 跳ね起きる sauter du lit; se lever en sursaut.

はねかえす 跳ね返す ¶攻撃を～ repousser une attaque. 光線を～ renvoyer le rayon (la lumière). ボールを～ faire rebondir la balle.

はねかえり 跳ね返り ¶不況の～で en contrecoup de la crise économique.

はねかえる 跳ね返る [ボールなどが] rebondir; [水などが] rejaillir; [弾丸などが] ricocher. 球が思わぬ方へ跳ね返った La balle a fait un faux bond. 事の責任の一端が僕にまで跳ね返って来た Une partie de sa responsabilité est retombée sur moi.

はねかかる 跳ね掛かる gicler; rejaillir. 水が通行人に～ L'eau rejaillit sur les passants.

はねかける 跳ね掛ける [水, 泥を] éclabousser qn.

はねかざり 羽根飾り [鳥の] aigrette f; [帽子の] plumet m; [軍帽の] panache f.

はねっかえり 跳ねっ返り [おてんば] coquine f; friponne f.

はねつける 撥ね付ける repousser; rejeter; [俗] se rebiffer. ...の申し出を～ repousser les offres de qn; opposer un refus à qn. 撥ね付けられる essuyer un refus.

はねとばす 跳ね飛ばす [人を] culbuter; renverser; [水, 泥を] faire rejaillir.

はねのける 撥ね除ける ¶掛布団を～ rejeter les couvertures.

はねばし 跳橋 pont(s)-levis m; [城の] m basculant.

はねぶとん 羽布団 [敷布団] lit m de plume [s]; [掛布団] édredon m.

はねぼうき 羽根箒 plumeau(x) m.

はねまわる 跳ね回る sautiller; gambader; cabrioler; faire des cabrioles. 喜んで～ gambader de joie; cabrioler tout joyeux.

ハネムーン lune f de miel.

はねる 跳ねる bondir; sauter; [水, 泥が] rejaillir; gicler; [薪などが弾ける] pétiller. 水が～ L'eau gicle. 豆がフライパンの中で～ Les grains crépitent dans la poêle. [興行が終る] 芝居がはねた Les séances sont terminées.

はねる 撥ねる ¶彼は自動車に撥ねられたIl a été renversé par une auto. ◆[首を切る] 首を～ trancher la tête; décapiter qn. ◆[除去する] 傷物のリンゴを～ ôter les pommes talées.

パネル panneau(x) m. ¶組立式～ panneaux préfabriqués. 電気～ panneaux électoraux. ～ディスカッション débat m public.

パネルヒーター chauffage *m* mural.

パノラマ panorama *m*. ¶～のような panoramique. ‖～撮影 panoramique *m*. ～スクリーン écran *m* panoramique.

はは 母 mère *f*. ¶～[親]の maternel(le); de mère. ～らしい maternel(le). ～らしい身振り geste *m* maternel. ～らしく maternellement. ‖一方の叔父 oncle *m* du côté maternel. ～殺し matricide *m*.

はば 幅 largeur *f*; [服の] ampleur *f*. ～をつめる rétrécir. ～を広げる élargir. スカートの～を広げる donner de l'ampleur à une jupe. 歩道は～3 メートルである Le trottoir a trois mètres de large. ¶～の広い large. ～の狭い étroit. 肩～が足りない manquer d'ampleur aux épaules. ◆[余地・ゆとり] ¶～のある声 voix *f* ample. ～のある人 personne *f* généreuse. ◆[差] 温度の～ amplitude *f* des températures. 儲けの～ marge *f* bénéficiaire. 儲けの～を少なく減らす réduire les marges bénéficiaires. ¶[羽振り] ¶～をきかす s'imposer; avoir de l'autorité (du prestige); avoir le bras long; faire bonne figure. 彼はそのポストで～をきかせている Il s'impose à ce poste.

ばば 馬場 piste *f*; manège *m*; [競馬場] hippodrome *m*; champ *m* de courses.

パパ papa *m*.

ばば[あ] 婆 ¶このくそ～! Quelle vieille chipie!

ははあ je vois; ah bon; en effet.

パパイヤ [実] papaya *f*; [樹] papayer *m*.

はばかり 憚り ¶～ながら彼はそんな男じゃない Sauf votre respect, il n'est pas l'homme que vous croyez.

はばかる 憚る craindre de *inf*; avoir peur de; s'encombrer de; [ためらう] hésiter à *inf*. 人目を～ craindre le grand jour. 人目を～仲 liaison *f* inavouable. ¶人目を憚らず sans égard pour autrui. 誰～ことなく sans gêne; sans hésitation. 誰～ことなく堂々とやりなさい Agis sans te soucier du qu'en-dira-t-on.

はばたく 羽ばたく battre des ailes. 鳥は羽ばたいて飛び去って行った Les oiseaux s'envolaient à tire-d'aile. ¶羽ばたき coup *m* d'ailes.

はばつ 派閥 faction *f*; clan *m*; coterie *f*. ¶～的[な] factionnel(le). ～争い querelle *f* factionnelle. ～意識 esprit *m* de clan. ～精神 factionnalisme *m*.

ははとび 幅跳 saut *m* en longueur. ‖走り(立ち)～ saut en longueur avec (sans) élan.

はばひろい 幅広い ¶～知識を持っている avoir de vastes connaissances. ～読者層 large public *m* (de lecteurs).

はばむ 阻む empêcher *qn* de *inf*; enrayer; bloquer. 車の流れを～ bloquer la circulation des voitures. 計画を～ faire obstacle à un projet. 進歩を～ arrêter le progrès. 物価高を～ enrayer la hausse des prix. 行く手を～者は誰であろうと容赦しない Je ne permettrai personne de se mettre en travers de mon chemin.

ババロア bavarois *m*.

はびこる [侵入する] envahir; [繁殖する] pulluler. 庭に雑草がはびこっている De mauvaises herbes envahissent le jardin. 悪徳ブローカーがはびこっている Ça pullule de courtiers malhonnêtes. ◆[権勢を振う] sévir; devenir puissant. 悪が～ Le mal sévit.

はひつ 馬匹 écurie *f*. ‖～改良 amélioration *f* des races chevalines. ～学 hippologie *f*.

パビリオン pavillon *m*.

パピルス papyrus *m*.

はふ 破風 pignon *m*; gâble *m*. ‖～造りの家 maison *f* à pignon.

パフ †houppe *f* à poudrer; †houppette *f*.

パブ pub *m*; café *m* à l'anglaise.

パフェ parfait *m*. ¶～クリーム～ parfait à la crème. チョコレート～ parfait au chocolat.

パフォーマンス spectacle *m* improvisé; numéro *m*. 首相は様々な～をする Le premier ministre fait toutes sortes de numéros.

はぶく 省く [除く] ôter; éliminer; retrancher; [章句などを] supprimer; omettre. 1字～ supprimer un mot. ～を減らす réduire les dépenses superflues. ...の労力を～ épargner à *qn* la peine de *inf*.

はぶさえ 場塞ぎ ¶～な encombrant; volumineux(se). ～な荷物 paquets *mpl* encombrants.

ハフニウム hafnium *m*; celtium *m*.

ハプニング happening [ɑp(ə)niŋ] *m*; événement *m*.

ハブラシ 歯- brosse *f* à dents.

はぶり [羽振り] ¶～がよい prospérer; être en pleine prospérité; rouler sur l'or.

パプリカ paprika *m*.

パブリシティ publicité *f*.

バブル ‖～経済 l'économie *f* bulle. ～経済の崩壊 dégonflement *m* de la bulle financière.

ばふん 馬糞 crottin *m* de cheval.

はべる 侍る ¶美女を侍らせる se faire servir par une belle.

バベルのとう –の塔 tour *f* de Babel.

はへん 破片 éclat *m*; débris *mpl*; fragment *m*. 彼はガラスの～で怪我をした Il a été blessé par un éclat de verre.

ばぼう 馬房 box(es) *m*.

はほん 端本 livre *m* dépareillé.

はま 浜 ⇨ はまべ(浜辺). ¶～の真砂のように innombrable comme le sable au bord de la mer.

はまき 葉巻 cigare *m*; [ハバナ産の] †havane *m*. ‖～入れ étui *m* à cigares.

はまぐり 蛤 clovisse *f*.

はまだらか 羽斑蚊 anophèle *m*.

はまべ 浜辺 bord *m* de la mer; plage *f*.

はまりやく 嵌り役 rôle *m* taillé sur mesure; fonction *f* qui convient à *qn*. ⇨ てきやく(適役).

はまる 嵌る [合う] s'ajuster; s'agencer; s'emboîter. 条件に～ satisfaire aux conditions requises. ゴムが蛇口にうまく嵌らない Le caoutchouc est mal ajusté au robinet./[落ち込む・陥る] s'embourber; être embourbé; s'enliser. 罠に～ tomber dans un piège. 沼地に嵌りこむ s'enliser dans un marécage. 厄

介な事件に嵌りこむ s'embourber dans une affaire compliquée; s'engager dans un bourbier. 私達の自動車は泥の中に嵌りこんだ Notre voiture s'est embourbée.

はみ 馬銜 frein *m*; mors *m*. ~を噛ませる tirer sur la bride. ~を噛む prendre le mors aux dents.

はみがき 歯磨 dentifrice *m*. ~のチューブ tube *m* de dentifrice. ‖ ~練～ pâte *f* dentifrice. ~粉 poudre *f* dentifrice.

はみだす 食み出す dépasser; déborder; faire saillie. そのように組分けをすると彼がはみ出してしまう Si vous les repartissez ainsi, il restera un de trop sur le carreau. スカートが外套からはみ出しているLa jupe dépasse de *son* manteau.

バミューダショーツ bermuda *m*.

ハミング fredonnement *m*. ~する fredonner; chanter à bouche fermée.

はむ 食む paturer; paître; brouter. 牛が牧場の草を食んでいる Les vaches broutent l'herbe de pré.

ハム 食肉 jambon *m*. ‖ ~エッグス œufs *mpl* au jambon. ~サンドイッチ sandwich *m* au jambon. ◆[アマ無線家] sans-filiste *mf* amateur.

ハム ¶ ~[族・語]の charmitique. ‖ ~語 charmitique *m*. ~族 Charmites *mpl*.

はむかう 歯向う [抵抗する] tenir tête à; résister; s'opposer; [挑戦する] défier *qn*; lancer un défi à *qn*. 父に～ tenir tête s'opposer à *son* père. 権威に～ braver l'autorité. 誰も俺に～者はいないのか N'y a-t-il personne qui me défie?

はむし 羽虫 moucheron *m*; [鶏につく] pou(x) *m* de poule.

ハムスター †hamster *m*.

ハムレット ¶彼は～型の人間だ C'est un Hamlet.

はめ 羽目 ¶ ~をはずす se livrer à des excès; oublier toute mesure. ~をはずして騒ぐ s'amuser tapageusement; faire la fête à outrance (tout son soûl). ◆[事態・場合] 苦しい～に陥る [度を過ごす] se mettre dans l'embarras; être dans une mauvaise passe. ~する～に追い込まれる en être réduit à *inf*.

はめいた 羽目板 boiseries *fpl*; lambris *m*; [天井, 壁の] panneau(x) *m*. ~を張る lambrisser. 壁に～を張る lambrisser les murs; revêtir les murs de lambris. ¶腰～ lambris d'appui.

はめこむ 嵌込む encadrer; emboîter; encastrer; enchâsser, [貴金属を] sertir, enchâsser; [象眼する] incruster; [差込む] engager; enfoncer. ダイヤモンドを～ enchâsser (sertir) un diamant. この椅子は嵌込み式になっています Cette chaise est escamotable. ¶壁に嵌めこんだスイッチ boutons *mpl* électriques encastrés dans le mur.

はめつ 破滅 perte *f*; ruine *f*; catastrophe *f*; [没落] chute *f*. ~を招く causer *sa* ruine. ～に瀕している être au bord de l'abîme; être à deux doigts de la ruine. 人を～から救い出す tirer *qn* d'une catastrophe. そのために彼は～の一途をたどった C'est ce qui a provoqué sa chute. そんなことをしたら身の～だよ Cela vous perdra. ¶ ~する se perdre. ~させる ruiner *qn*; perdre *qn*. ～した perdu; ruiné.

はめる 嵌める ajuster; [枠に] encadrer; [取りつける] adapter. 蓋を～ ajuster le couvercle. 絵を額に～ encadrer un tableau. 窓にガラスを～ poser une vitre à la fenêtre. 水道栓で蛇口に～ adapter un robinet au tuyau d'arrivée d'eau. 指輪を～ passer une bague au doigt. 手袋(指輪)を嵌めている porter des gants (une bague). ◆[欺く] prendre *qn* au piège; tromper *qn*. ～られる se laisser tromper (duper) par *qn*; être la dupe de *qn*.

ばめん 場面 [芝居の] scène *f*; situation *f*. しんみりした～ scène attendrissante. ～が変る La scène change. ¶ ~転換 changement *m* à vue.

ハモニカ harmonica *m*.

はもの 刃物 outil *m* coupant; [集合的に] coutellerie *f*. ～で脅す menacer *qn* d'un couteau. ‖ ～三昧に及ぶ en venir aux coups de couteau. ～店 coutellerie. ～製造(販売)店 taillanderie *f*.

はもん 波紋 ride *f* [sur l'eau]. ～が拡がる Des rides se propagent. ◆[比喩的に] ～を投げる faire du bruit. その事件は学界に大きな～を投じた Cette affaire a eu un profond retentissement dans le monde des savants.

はもん 破門 excommunication *f*; anathème *m*. ～を解く lever l'excommunication. ¶ ～する excommunier; frapper de l'excommunication. ～された人 excommunié(e) *m(f)*; anathème. ‖ ～宣告 [法王による] foudres *fpl* de l'Eglise.

ハモンドオルガン orgue *m* électrique de Hamon.

はや 鯎 vairon *m*; chevaine *m*.

はやあし 速足 pas *m* rapide; [馬の] trot *m*. ～で d'un pas rapide. ～で行く [馬が] trotter.

はやい 早(速)い [速度が] rapide; prompt; [素早い] agile; vif(*ve*); leste. ～飛行機 avion *m* rapide. 世界一～ランナー coureur *m* le plus rapide du monde. 足が～ marcher vite. 脈が～ avoir le pouls rapide. 頭の回転が～ avoir l'esprit vif. 覚えが～ avoir l'esprit prompt. 仕事が～ faire *son* travail rapidement; expédier (ne pas faire traîner) *son* travail. 耳が～ avoir l'oreille fine. 手が～ [器用である] avoir la main légère; [すぐ殴る] avoir la main leste. 目が～ avoir l'œil vif. ¶ 早くなる se précipiter. 脈が早くなる Le pouls s'accélère. 心臓の動悸が早くなった Les battements du cœur se sont précipités. 速さ vitesse *f*; vélocité *f*; [敏速] prestesse *f*; [急速] rapidité *f*. 速度 vitesse accélérée. [心理的] promptitude *f*. ◆[時間が] ¶今年は春のくるのが～ Cette année, le printemps est précoce. あなたの帰りがあまり早くて驚いています Je suis surpris de *votre* retour anticipé. ¶なるべく～うちに dans les plus brefs délais. ～時間に de bonne heure. ～話か bref; en un mot; en somme. ¶食事の時間を早くする avancer l'heure du repas. ‖ ～者勝ち Premier arrivé, premier servi.

はやおき 早起き ¶〜は三文の徳 «Heure du matin, heure de gain.»; «Travail d'aurore amène l'or.» 〜の matinal(aux). あなたは今日はたいへん〜でしょした Vous êtes bien matinal aujourd'hui.

はやがてん 早合点 conclusion f précipitée (hâtive). ¶〜する conclure hâtivement; tirer une conclusion hâtive.

はやがね 早鐘 ¶〜を打ち鳴らす [警鐘] sonner le tocsin. 胸が〜を打つ Il a le cœur qui bat./Son cœur palpite.

はやがわり 早変り changement m rapide. 〜の役 [芝居の] rôle m à travestissements. 〜の早さ †hâte f à changer de déguisement. ¶〜する changer rapidement.

はやく 早(速)く [速度] vite; rapidement; promptement. 〜行く(走る) aller (courir) vite. 〜走る [全速力で] courir ventre à terre. 出来るだけ〜荷物をまとめる faire des bagages aussi rapidement que possible. ピアノを弾く練習 exercice m de vélocité au piano. 私は心臓がいつもより〜鼓動するのを感じた J'ai senti mon cœur battre plus vite. ◆[時間] ¶朝〜起きる se lever de bonne heure. 桜が〜熟した Les cerises ont mûri de bonne heure. 汽車は5分〜着いた Le train est arrivé avec cinq minutes d'avance. なるべく〜いらっしゃい Venez le plus tôt que vous pourrez. 〜しなさい Dépêchez-vous!/Faites vite!〜, 〜 Vite! vite! もっと〜 plus tôt (vite). できるだけ〜 le plus tôt possible. いつもより〜 plus tôt que d'habitude.

はやく 端役 rôle m accessoire (secondaire); figurant(e) m/f). 〜を演じる jouer un rôle secondaire; [比喩的にも] figurer dans une pièce; [事件で] figurer dans une affaire.

はやく 破約 annulation f d'un contrat; [婚約の] violation f de promesse de mariage. ¶〜する rompre un contrat; [婚約] violer ses engagements.

はやくち 早口 bredouillage m. ¶〜の少女 jeune fille f volubile. 〜で喋る bredouiller; parler vite.

はやさ 早(速)さ [速度] rapidité f; vitesse f; [敏捷] prestesse f.

はやざき 早咲き précocité f. ¶〜の précoce. 〜のバラ rose f précoce.

はやし 林 bois m; forêt f; [木立ち] boqueteau(x) m; bosquet m. ‖雑木〜 taillis m.

はやじに 早死に mort f prématurée. ¶〜する mourir jeune.

はやしたてる 囃子立てる applaudir; [ほめて] acclamer; [あざけって] siffler, railler, persifler.

はやじまい 早仕舞 ¶〜する [店を] fermer la boutique avant l'heure; [仕事を] cesser le travail avant l'heure.

ハヤシライス riz m au goulash.

はやす 生やす 髭を〜 laisser pousser sa barbe. 髭を生やしている porter la barbe.

はやす 囃す applaudir; [ほめて] acclamer; [あざけって] siffler, railler, persifler.

はやせ 早瀬 rapide m; torrent m.

はやて 疾風 rafale f.

はやてまわし 早手回し ¶〜に準備する préparer qc à l'avance; prendre des mesures d'avance.

はやとちり 早とちり ¶〜する donner une conclusion hâtive; faire un faux sens; se tromper dans ses prévisions.

はやね 早寝 ¶〜する se coucher tôt.

はやねはやおき 早寝早起 ¶〜する se coucher et se lever avec (comme) les poules.

はやのみこみ 早呑込み ⇨はやがてん(早合点).

はやばやと 早々と de bonne heure; tôt; prématurément.

はやばん 早番 [集合的] première équipe f d'un roulement. ¶〜である faire partie du premier roulement.

はやびけ 早引(退)け ¶〜する quitter la classe plus tôt que d'ordinaire.

はやぶさ 隼 faucon m; pèlerin m. ¶〜のように速く rapide comme l'éclair.

はやまる 早まる [早くなる] se précipiter; s'accélérer; [繰上げられる] être avancé. 会の期日は三日早まった La date de la réunion est avancée de trois jours. 出発の日が早まった La date du départ est avancée. ◆[事を急ぐ] ¶〜なよ、大した事じゃないんだから Rien ne presse: ce n'est pas si important. 早まった [軽率な] inconsidéré; irréfléchi; [早すぎた] prématuré. 早まったことをする agir sans réflexion. 私はそれは早まったやり方ではないかと心配している Je crains que ce ne soit une démarche prématurée. 早まって prématurément; sans réflexion; inconsidérément; imprudemment.

はやみひょう 早見表 barème m; [一覧表] tableau(x) m synoptique.

はやみみ 早耳 ¶〜である avoir l'oreille fine; être au courant de tout.

はやめ 早目 ¶〜に出かける sortir assez tôt (avant l'heure). 〜に予約する s'y prendre à temps pour faire une réservation. 何でも〜にしておいた方がよい En toutes choses, il vaut mieux s'y prendre à l'avance.

はやめる 早(速)める †hâter; presser; précipiter. 速度を〜 accélérer (augmenter) la vitesse. 足を〜 hâter (presser) le pas. 仕事(テンポ)を〜 presser une cadence; hâter la cadence). 死期を〜 hâter sa mort. ◆[日時を] ¶出発を〜 avancer son départ.

はやらせる 流行らせる mettre qc à la mode (en vogue); lancer la mode de qc.

はやり 流行 ¶〜の à la mode; en vogue; [人気のある] populaire. 〜の服を着る s'habiller à la mode. ‖〜唄 chanson f en vogue. 〜風邪 influenza f. 〜言葉 expression f à la mode. 〜廃りが激しい être sujet(te) au changement de mode. 服装は〜廃りが激しい La mode connaît des hauts et des bas.

はやる 逸る ronger son frein. ...しようとして〜 s'impatienter de inf. 血気に〜 être impétueux(se). 〜心を抑える réprimer son élan.

はやる 流行る être de (à la) mode; être en vogue; [普及する] se propager; [人気がある] être populaire; régner; [病気が] sévir; [繁栄する] prospérer; [店が] avoir beaucoup de clients. ¶流行らなくなる être démodé; se

はやわざ 早業 ¶眼にもとまらぬ~ tour *m* d'adresse prompt comme l'éclair. 手練の~で敵を倒す battre un adversaire d'une botte imparable.

はら 原 ⇨ のはら(野原).

はら 腹 ventre *m*; [太鼓腹] [俗] bedaine *f*; panse *f*. ~が痛い avoir mal au ventre. ~が出ている(出る) avoir (prendre) du ventre. ~が張る se sentir l'estomac lourd. ~がへる avoir faim. ひどく~がへる avoir très faim (grand faim, une faim de loup). ~を下す avoir la diarrhée. ~を裂く éventrer. ¶~がへって死にそうだ Je meurs de faim. ~がへってはいくさが出来ぬ La faim empêche d'agir. ‖空への understanding 持たず «Le ventre affamé n'a point d'oreille.» ~一杯食べる manger à satiété; se rassasier; se bourrer de; se gorger de. ~一杯にする remplir *son* sac. ~八分目にする modérer *son* appétit. ~ぺこだ [俗] avoir la fringale; avoir la dent; avoir l'estomac dans les talons. ◆[比喩的に] ~がすわっている avoir de l'estomac. ~がすわっていない manquer d'estomac. ~が煮えくり返る bouillir de colère. ~の底がわからない impénétrable; énigmatique. ~の底を打ちあける confier à *qn* le fond de *sa* pensée. ~の虫がおさまらない ne pas être tranquille; ne plus pouvoir contenir sa colère. ~に一物ある avoir une idée derrière la tête (une arrière-pensée). ~におさめる [怒りを] mettre *qc* dans le sac. ~にすえかねる perdre patience. ~を決める prendre parti; être décidé. ~を決めかねる ne savoir de quel côté tourner. ~を探る sonder *qn*. 痛くない~を探られる être suspecté sans motif; être faussement accusé. ~を立てる se fâcher; se mettre en colère. 彼の~は分からない Je n'arrive pas à deviner ses intentions. ~の大きい généreux(se); magnanime. ~が立つことだ Ça me fait rager./C'est rageant. ~のすわった ferme; imperturbable. ~を痛めた子 enfant *mf* qu'elle a porté(e) dans son sein. ~の中では au fond du cœur. 自分の~を痛めないで [援助する] sans bourse délier. ~を抱えて笑う se tordre de rire; [俗] se gondoler. ~を割って話す parler franchement.

ばら ¶~で一つ一つ un par un; séparément. ‖~売りする vendre *qc* à la pièce. ~買いする acheter *qc* en vrac. ~肉 macreuse *f*.

ばら 薔薇 rose *f*. ~の木 rosier *m*. ¶野~ rose sauvage. ~色[の] rose. ~色の人生 vie *f* en rose. ~色がかった rosâtre. ~園 roseraie *f*. ~形飾り rosace *f*.

バラード ballade *f*.

はらい 払い paiement *m*; payement *m*; [清算] règlement *m*. 借金の~ acquittement d'une dette. ~を good payer ponctuellement. ~が悪い payer mal. ~を延ばす différer un paiement. ¶~の悪い人 mauvais(e) payeur(se) *m(f)*. ‖二回~の payable en deux termes.

はらい 祓い conjuration *f*. ‖悪魔~ exorcisme *m*.

はらいこみ 払込み versement *m*. ‖~金額 montant *m* du versement; [支払金] somme *f* à verser. ~済の libéré; acquitté. ~請求 appel *m* de fonds.

はらいこむ 払込む verser; faire un versement; [口座に] verser une somme à un compte.

はらいさげ 払下げ vente *f* de biens publics; [土地などの] concession *f*. ~品 objet *m* mis en vente par le gouvernement.

はらいさげる 払下げる vendre des biens publics; [土地などを] concéder.

はらいせ 腹いせ ¶~に avec malveillance; par vengeance; par rancune.

はらいた 腹痛 mal *m* au ventre; colique *f*; [下痢] diarrhée *f*.

はらいのける 払い除ける écarter; chasser; repousser. 人の手を~ repousser la main de *qn*. 雪を~ épousseter la neige. 悲しみを~ chasser des pensées tristes. 身に降りかかる火の粉は払い除けねばならぬ Il faut se mettre à l'abri des retombées dangereuses.

はらいもどし 払戻し remboursement *m*; ristourne *f*. ~を請求する demander le remboursement. この品物は交換も~もできません Cet article ne peut être ni échangé ni ristourné. ¶払い戻す rembourser; faire une ristourne à *qn*. ~可能の remboursable.

はらう 払う payer; [払込む] verser. 現金で~ payer comptant. 現物(即金)で~ payer en nature (espèces). 月極めで~ payer au mois. 払い過ぎる surpayer *qn*; payer en trop. ◆[除去する] ¶道具のちりを~ épousseter les meubles. 天井のくもの巣を~ ôter les toiles d'araignée du plafond. 風が雲を~ Le vent balaie les nuages. 木の枝を~ élaguer un arbre. ‖[行渡らせる] ~ porter *son* attention sur *qc*. ...に敬意を~ avoir du respect à (envers, pour) *qn*. 威風あたりを~ばかりであった Son air majestueux en imposait.

はらう 祓う ¶悪霊~ exorciser les mauvais esprits.

バラエティー variété *f*; [ショー] spectacle *m* de variétés. ~に富んでいる plein de variété. ¶~に富んだ風景 paysage *m* varié.

はらおび 腹帯び [妊婦の] ceinture *f* de grossesse; [馬の] ventrière *f*; sousventrière *f*.

はらから 同胞 compatriote *mf*.

はらぐあい 腹具合 ¶~が悪い avoir des troubles digestifs; avoir l'estomac dérangé.

はらくだし 腹下し diarrhée *f*.

パラグライダー parapente *m*.

パラグラフ paragraphe *m*. ‖~記号 [§] paragraphe.

はらぐろい 腹黒い sournois; matois; finaud; madré. ~人 A tison m d'enfer. 腹黒い所作をする faire patte de velours. ¶腹黒さ sournoisement. 腹黒さ sournoiserie *f*.

はらげい 腹芸 diplomatie *f* du silence. この一件で彼は見事な~を見せた Dans cette

はらごしらえ 腹拵え ¶～をする lester *son* estomac.

はらごなし 腹ごなし ¶～の散歩をする faire une promenade digestive. ～に pour aider la digestion.

パラジウム palladium *m*.

パラシュート parachute *m*. ¶～で降りる(降らす) parachuter. ‖一降下 saut *m* en parachute. ～部隊 parachutistes *mpl*.

パラショック ¶～の parechoc; antichoc.

はらす 腫らす tuméfier; enfler; gonfler. 膝を～と腫らしてしまった A force de gratter la plaie, il s'est envenimée. ¶泣き腫らした眼をしている avoir les yeux gonflés de larmes.

はらす 晴らす ¶疑いを～ dissiper les doutes. 怒りを～ assouvir *sa* fureur *sur qn*. 気を～ se distraire; se divertir. 酒で鬱憤を～ noyer *sa* rancune dans le vin. 恨みを～ se venger *de qn*; prendre vengeance *de qn*.

ばらす [分解する·解体する] démonter; désassembler. 獲物(魚)を～ laisser s'enfuir du gibier (poisson). ◆[殺す] trucider; liquider; tuer *qn*. 牛を～ débiter un bœuf. ◆[暴く]révéler; dévoiler. 秘密を～ révéler un secret.

バラスト [線路の] ballast *m*; [船の] lest *m*. 船に～を積む lester un bateau.

ばらせん ばら銭 pièce *f* de monnaie; petite (menue) monnaie *f*.

パラソル parasol *m*. ‖ビーチ～ parasol de plage.

パラダイス paradis *m*.

パラダイム paradigme *m*.

はらだたしい 腹立たしい irritant; exaspérant. 彼の横柄な態度はまったく～ Il m'irrite beaucoup par son attitude insolente./Son attitude insolente m'exaspère.

はらだち 腹立ち ¶～まぎれに dans un accès de colère. ～まぎれに答える répondre sous le coup de la colère.

はらちがい 腹違い ¶～の consanguin. ～の兄弟 frère *m* consanguin.

パラチフス paratyphoïde *f*.

ばらつき ¶統計的に～がある La courbe statistique est en dents de scie.

ばらつく ¶雨がばらついている Il tombe quelques gouttes de pluie.

バラック baraque *f*.

はらつづみ 腹鼓 ¶～を打つ se sentir l'estomac bien calé.

はらっぱ 原っぱ champs *mpl*.

ばらづみ ばら積み chargement *m* en vrac. ～で送る expédier *qc* en vrac.

はらづもり 腹積り ¶～である avoir un secrète intention de *inf*; décider *qc* dans *son* cœur.

はらどけい 腹時計 ¶私の～だと昼だよ D'après mon estomac, il est midi.

パラドックス paradoxe *m*.

パラノイア paranoïa *f*. ¶～の paranoïaque. ～の患者 paranoïaque *mf*.

はらばい 腹這い ¶この子は～をするようになった Ce bébé commence à ramper sur le ventre. ～になる(寝る) se mettre (se coucher) à plat ventre. ～で à plat ventre.

はらはら ¶涙が～と彼女の頬を伝わった De grosses larmes ont roulé sur ses joues. 花が～と舞い落ちる Les fleurs s'effeuillent doucement. ◆ ¶～する[気を揉む] être sur le gril. 私はそれを見ているばかり～～する Je tremble rien qu'à le voir. ～しながら見る regarder avec anxiété. ～させるような話 récit *m* palpitant.

ばらばら ¶～の死体 cadavre *m* dépecé. ～の文体 style *m* bigarré; bigarrure *f* du style. 意見が～だ Leurs opinions divergent. ～にする mettre en pièces; couper en morceaux; semer en désordre. ～になる tomber en morceaux; être réduit en pièces. 家族は～になった La famille s'est dispersée. ～になった飛行機の破片 débris *mpl* épars d'un avion. ～に散らばった書類 papiers *mpl* éparpillés. ～に撒き散らす joncher; jeter çà et là. ～に行動する agir séparément. ‖～死体 cadavre *m* dépecé.

ぱらぱら ¶雨が～と降っている Il tombe quelques gouttes de pluie. 客はぽつ～としか集まっていなかった Les spectateurs étaient encore très clairsemés. 塩を～振りかける saupoudrer du (un petit peu de) sel. 本を～とめくる tourner rapidement les pages.

パラフィン paraffine *f*. ¶～を塗る paraffiner. ‖～紙 papier *m* paraffiné. ～塗装 paraffinage *m*.

パラフレーズ paraphrase *f*. ¶～する paraphraser; faire une paraphrase de *qc*.

パラボラ parabole *f*. ‖～アンテナ antenne *f* parabolique.

はらまき 腹巻 ceinture *f*; flanelle *f* abdominale.

ばらまく ばら蒔く semer; répandre en dispersant; disséminer; joncher; [噂などを] colporter. 金を～ prodiguer *son* argent; donner avec largesse. 醜聞を～ colporter une nouvelle scandaleuse. ¶噂を～人 semeur(se) *m*(*f*).

はらむ 孕む devenir enceinte; concevoir. 孕ませる faire un enfant à une femme; rendre une femme enceinte;《俗》engrosser. ¶孕んだ enceinte; [動物の] plein. 孕んだ猫 chatte *f* pleine. 危機を孕んだ政局 situation *f* politique pleine de risques. 嵐を孕んだ暗雲 nuage *m* orageux. 孕んでいる En ceinte; être grosse. 帆は風を孕んでいる La voile s'enfle (se gonfle, prend le vent).

パラメーター paramètre *m*.

はらもち 腹持ち ¶餅は～がいい Les gâteaux de riz calent bien l'estomac.

ばらもん 婆羅門 brahmane *m*. ‖～教 brahmanisme *m*. ～教の brahmanique.

バラライカ balalaïka *f*.

パララックス parallaxe *f*.

はらりと ¶椿の花が～落ちた Une fleur de camélia se détacha sans bruit.

ばらりと ¶髪の毛が～垂れる Une mèche de cheveux *lui* pend sur le visage.

パラリンピック Les Jeux *mpl* paralym-

piques.
パラレル parallèle f.
パラレルターン [スキー] virage m parallèle.
はらわた 腸 entrailles fpl;《俗》tripes fpl;[動物の]boyaux mpl. 魚の〜を抜く vider un poisson. 〜に煮え返りかえる Cela me fait bouillir. 〜に染み渡る ⇨ ごぞうろっぷ五臓六腑. 〜の腐った奴 homme m corrompu.
はらん 波瀾 orage m;[騒動]querelle f; trouble m. 家庭内の〜 querelle de famille. 人生に於ける〜 accidents mpl de la vie. 一〜ありそうだ Il y a de l'orage dans l'air. 家庭に〜を巻き起す jeter le trouble dans une famille. 〜を起すような真似は慎しみなさい Veillez à ne pas troubler la tranquillité! 〜に富んだ(の多い)[生涯が]orageux(se); agité; mouvementé. 〜に富んだ人生 vie f agitée. 〜に富んだ青春 jeunesse f orageuse (tumultueuse). ‖〜に富んだ小説 roman m plein de péripéties. 〜万丈の生涯を送る mener une vie orageuse.
バランス équilibre m; balance f. 〜を失う perdre l'équilibre. 〜を保つ garder (conserver) l'équilibre. 〜をとる équilibrer. 〜がとれている s'équilibrer; être en équilibre. ¶〜のとれた équilibré; balancé. ‖〜シート bilan m.
はり 針 aiguille f. 〜で刺す piquer d'une aiguille; tirer l'aiguille. 〜に糸を通す enfiler une aiguille. ¶〜状の aiguillé. 〜ほどの事を棒ほどに言う faire d'un rien un événement. 〜を含んだ言葉 mots mpl malveillants; langue f acérée; propos mpl fielleux. ‖編物〜 aiguille à tricoter. 糸刺し〜 aiguille à passer (à lacet). 留め〜 épingle f à cheveux. 縫い〜 aiguille à coudre. 〜穴 trou m (chas m) d'une aiguille. お〜子 couturière f. 〜工場 aiguillerie f. 〜さし pelote f d'épingles. 〜仕事をする travailler à l'aiguille. 〜師 nécessaire m de couture. ◆ [釣の] hameçon m. 〜に餌をつける amorcer un hameçon. 〜に掛かる mordre à l'hameçon. ◆[動植物の] aiguillon m; piquant m; dard m;[植物の]épine f. 〜状の [鉱物・植物] acicularie; 〜状の結晶 cristal (aux) m aciculaire. ◆[時計などの]¶時計の〜 aiguilles d'une montre. プレイヤーの〜 aiguille de pick-up. 羅針板の〜 aiguille de boussole. ◆[外科の]¶傷口を三〜縫う faire trois sutures à une plaie.
はり 張り¶体に〜がなくなった Il a perdu sa vitalité. 体全体に〜が戻って平たい Il a retrouvé sa force. 〜のある声 voix f forte et pleine. 〜のある生活 vie f pleine. 〜のある文章 style m vigoureux. 〜のない筋肉 muscle m atone. 奴は〜のない男だ Il a du sang de navet.
はり 梁 solive f; poutre f;[小さな]poutrelle f. 〜受け lambourde f.
はり 玻璃 cristaux mpl; verre f.
はり 鍼 acupu(o)ncture f. 〜師 acupuncteur(trice) m(f). 〜治療を施す pratiquer l'acupuncture.
ばり 罵言 invectives fpl. ‖〜雑言を浴びせる égrener un chapelet d'injures; couvrir qn d'injures; proférer des insultes; invectiver.
-ばり 張り¶金〜の時計 montre f plaquée d'or. 藤村〜の文体 style m [à la manière] de Tôsson.
パリ Paris m. ¶〜の parisien(ne). ‖〜っ児 Parisien(ne) m(f). 〜祭 14 Juillet m; fête f nationale (française).
はりあい 張合い ¶〜が抜ける être découragé;《俗》se dégonfler. 〜のある仕事 travail m stimulant (qui vaut la peine). 〜のない décevant; décourageant. 何を言っても反応がない、まったく〜のない奴だ On peut lui dire tout ce qu'on veut, il ne réagit pas; c'est un vrai mollusque.
はりあう 張合う rivaliser avec qn; faire concurrence à qn. 彼らは一人の女を張合っている Ils se disputent la même femme.
はりあげる 張上げる ¶声を〜 hausser la voix. 声を張り上げて à pleine poitrine; à forte voix.
バリアフリー ¶〜の sans différence de niveaux.
バリウム baryum m.
バリエーション variation f.
バリエテ variété f.
はりえにしだ landier m; jonc m marin.
はりかえ 張替 retapissage m; recouvrage m; recouvrement m. ¶〜職人 matelassier (ère) m(f).
はりかえる 張り替える ¶部屋の壁紙を〜 retapisser une pièce; recouvrir les murs d'une pièce de papier teint. 長椅子を〜 matelasser un fauteuil.
はりがね 針金 fil m métallique (de fer). 〜で縛る attacher avec du fil de fer. 〜にする tréfiler; filer. ‖〜の〜 coupe-fil m inv. 〜工場 tréfilerie f. 〜細工 ouvrage m en filigrane. 〜製造 tréfilage m. 〜製造工場 filière f.
はりがみ 張紙 affiche f; placard m; écriteau(x) m. 〜をする à afficher; poser une affiche. ‖「〜無用」«Défense d'afficher.»
バリカン tondeuse f. ¶〜で刈る passer la tondeuse.
ばりき 馬力 cheval(aux)-vapeur m. 50〜の自動車 automobile f d'une puissance de 50 chevaux-vapeur. 〜をかける redoubler ses efforts. 〜のある男 homme m énergique.
はりきる 張切る avoir de l'entrain; être plein d'entrain. 彼は張切っている Il est en pleine forme. あまり〜り過ぎて失敗するな Ne t'excite pas trop; tu risques d'échouer! 張切って働く travailler avec entrain. ‖張切りリーバ《俗》fayot m.
バリケード barricade f. ¶〜を築く dresser des barricades. 〜で塞ぐ barricader.
ハリケーン ouragan m.
はりこ 張子 ¶〜の虎 tigre m en papier mâché. 奴は〜の虎だ C'est un fanfaron. 〜の人形 poupée f en papier mâché.
はりこみ 張り込み ¶〜中の警官 agent m qui fait le guet en faction.
はりこむ 張込む [見張る] épier; guetter;

パリサイびと –人 Pharisien(ne) *m(f)*.

はりさける 張裂ける se déchirer; se fendre; se rompre. ¶胸のような苦しみ douleur *f* déchirante (navrante). 胸も~はかれた Cela me déchire le cœur.

はりたおす 張倒す renverser d'une gifle; étendre par terre; [横面を] flanquer à *qn* une gifle. ¶この野郎を~するぞ Je vais te casser la gueule!

はりだし 張出し〔建〕saillie *f*; porte-à-faux *m*; [天窓の] gâble (gable) *m*. ‖~窓 bow-window *m*; fenêtre *f* en saillie.

はりだす 張出す faire saillie; saillir. 庇が張出している L'auvent est trop en saillie. ¶張出した saillant; en saillie.

はりだす 貼出す afficher; placarder. 告示を~ placarder un avis. 成績を~ afficher les résultats.

はりつけ 磔 crucifiement *m*; crucifixion *f*; mise *f* en croix. ¶~にする crucifier. ‖~柱 croix *m*.

ぱりっと ¶~した格好 tenue *f* chic. L'étang est gelé sur toute sa surface. ◆[緊張する] 気持ちを~ avoir l'esprit tendu; tendre *son* esprit. 張りつめた気がゆるんだよ Mon enthousiasme s'est relâché!

パリティー 〔経〕parité *f*.

バリトン baryton *m*. ‖~歌手 baryton.

はりねずみ 針鼠 †hérisson *m*.

はりのむしろ 針の筵 ¶~に座る苦しみを味わう souffrir le martyre.

ばりばり ¶~と音を立てて食べる croquer *qc* à belles dents. ¶~という音がして板が裂けた La branche s'est fendre dans un craquement. ◆[威勢よく] ¶~勉強する travailler énergiquement (dur). ¶~《俗》bosser.

ぱりぱり ¶~に糊のきいたワイシャツ chemise *f* empesée.

はりばん 張り番 garde *f*; surveillance *f*; [人] garde *m*; guetteur *m*; surveillant(e) *m(f)*. ¶~をする faire le guet; garder; surveiller.

はりふだ 貼札 [製品の] label *m*; [貼紙] écriteau(x) *m*; affiche *f*; placard *m*.

はりめぐらす 張巡らす ¶幕を~ poser une tenture tout autour de *qc*. 綱を~ entourer *qc* par une corde.

バリュー valeur *f*.

ばりょう 馬糧 fourrage *m*. ‖~車 fourragère *f*.

はる 春 printemps *m*. 人生の~ printemps de la vie. 我が世の~を謳歌する jouir pleinement de *son* bonheur présent. 15の~を迎える atteindre *ses* quinze ans. ¶~の printemps; printani*er(ère)*. ~の訪れ retour *m* du printemps; réveil *m* de la nature. ~に au printemps. ~めいた天気 temps *m* printanier. ~めいて来た Ça sent le printemps. そのドレスを着ると~らしく感じられる Vous êtes très printanière avec cette robe! ~風 brise *m* printanier. ~霞 brume *f* printanière. ~物 [着物] tenue *f* printanière. ~雨 pluie *f* printanière.

はる 張る [張り渡す] ¶壁に板を~ revêtir un mur de lambris. バイオリンに絃を~ mettre des cordes à un violon. くもが巣を~ L'araignée tisse sa toile. 綱を~ tendre une corde. 弓を~ bander *son* arc. ◆[突き出す] ¶ひじを~ écarter *ses* coudes. 胸を~ bomber le torse. ◆[延々広がる(がる)] ¶枝を~ étendre *ses* branches. 根を~ s'enraciner. 勢力を~ étendre *son* pouvoir. テントを~ dresser une tente. バケツに水を~ remplir d'eau un seau. 池に氷が張っている L'étang est gelé. 偏見が根を張っている [比喩的に] Les préjugés solidement sont implantés. ◆[こわばる・緊張する] ¶肩が~ avoir les épaules courbaturées. ◆[構える・設ける] ¶わなを~ tendre un piège. 宴を~ donner un festin. ◆[賭ける] ¶体を~ payer de *sa* personne. 丁に~ jouer pair. 金を~ parier une somme. ◆[打つ] ¶顔を平手で~ gifler *qn*. ◆[比喩的に] ¶値が~ être cher; être coûteux(se). 向うを~・ri-valiser avec *qn*. 見栄を~ sauver les apparences.

はる 貼る coller; poser; apposer; mettre. 広告を~ apposer une affiche. 切手を~ mettre (coller) un timbre. ビラを~ placarder une affiche. 膏薬を~ mettre un emplâtre sur. 壁紙を~ tapisser une chambre.

はるいちばん 春一番 le premier vent fort du printemps.

バルーン ballon *m* à air chaud.

はるか 遥か [遠く] ¶~に lointain. ~な丘 colline *f* lointaine. ~な昔に dans des temps très reculés. 海上~に煙が見える On aperçoit une fumée au loin sur la mer. ¶[…よりずっと] ¶僕の方が彼より~年下です Je suis de beaucoup son cadet. その方が~よい C'est beaucoup mieux. 彼は君よりも聡明だ Il est infiniment plus intelligent que toi.

バルカン Balkans *mpl*. ‖~の balkanique. ‖~諸国 Etats *mpl* des Balkans. ~半島 péninsule *f* balkanique.

バルカン 〔ロ神〕Vulcain *m*.

バルコニー balcon *m*.

パルサー 〔天〕pulsar *m*.

はるさき 春先 début *m* du printemps.

バルサミコす –酢 vinaigre *m* balsamique.

バルサム 〔植〕baume *m*; balsamine *f*.

パルチザン partisan *mf*.

パルテノン Parthénon *m*.

バルト ‖~海 mer *f* Baltique.

はるばる 遥々 異国からやってきた Il est venu d'un pays lointain. ~と de loin.

バルビタール barbiturique *m*.

バルブ soupape *f*; valve *f*.

パルプ pâte *f* à papier.

はるまき 春蒔 ¶~の種子 semence *f* du printemps.

パルメザン [チーズ] parmesan *m*.

はれ 腫れ enflure *f*; tuméfaction *f*; gonflement *m*. ~が引く se désenfler; se dégon-

はれ 晴 beau temps m. 曇り後～ temps couvert, suivi d'éclaircies. ¶今日は～だ Aujourd'hui il fait beau [temps]. ◆ ¶～の場所で [表立った・正式の] dans une occasion solennelle. ～の舞台 grandes occasions fpl. ⇨ はれがましい(晴がましい).

ばれいしょ 馬鈴薯 pomme f de terre.

バレエ ballet m. ¶～団 corps m de ballet. ～用スカート tutu m.

バレー ⇨ バレーボール.

ハレーション †halo m.

ハレーすいせい —彗星 comète f de Halley.

パレード défilé m; parade f. 革命記念日の～ défilé du 14 juillet. ¶軍事～ parade militaire.

バレーボール volley[-ball] m. ～をする jouer au volley. ¶～選手 volleyeur(se) m(f).

はれがましい 晴がましい cérémonieux(se). そんな～会には出席したくない Je n'ai aucune envie de me joindre à une réunion aussi guindée.

はれぎ 晴着 habit m (vêtement m) de dimanche. ～を着る s'endimancher. ～を着ている endimanché. ¶～を着た endimanché.

パレス palace m.

パレスチナ Palestine f. ¶～解放戦線 Front de libération de la Palestine (FLP). 〜独立運動 sionisme m. 〜独立運動者 sioniste mf.

はれつ 破裂 rupture f; crevaison f; éclatement m; explosion f; [血管の] rupture f. ～する éclater; exploser; sauter; [タイヤ] crever; [血管] se rompre. 爆弾が～した Une bombe a éclaté. 水道管が～した La conduite d'eau a crevé. ¶～音 éclat m; explosif m.

パレット palette f.

はれて 晴れて ouvertement; publiquement. ～夫婦となる se marier au vu de tous.

はればれ 晴れ晴れ ¶～する [顔が] se sentir rasséréné, se rasséréner; [気分が] se sentir rasséréné. 気持ちが～する avoir le cœur léger. 君の言うことを聞いて気持ちが～した Je me sens rasséréné par ce que vous me dites. ～に [晴朗な] clair; serein; [快活な] épanoui; gai; joyeux (se). ～した顔 visage m épanoui (gai, éclairé). ～した天気 temps m serein. ～と gaiement; joyeusement; allègrement.

はれぼったい 腫れぼったい enflé; gonflé. ～顔 visage m bouffi. 彼女はいつも～目をしている Il a toujours les yeux bouffis.

はれま 晴間 éclaircie f. 雨の～を待つ laisser passer la pluie; attendre une éclaircie. ～を見て出かける profiter d'une éclaircie pour sortir.

はれもの 腫物 tumeur f; grosseur f; bouton m; abcès m. ¶～にさわるように comme si on touchait à un abcès; avec d'infinies précautions.

はれやか 晴れやか ¶～な serein; épanoui; joyeux(se); radieux(se). ～な天気 temps m radieux. ～な顔 mine f joyeuse. ～な顔をしている avoir le visage rayonnant. ～ra-

dieusement; joyeusement. ～に着飾る s'habiller de couleurs gaies.

バレリーナ ballerine f.

はれる 腫れる s'enfler; se gonfler; se bouffir; se tuméfier. 足が～ avoir les jambes gonflées. 疲労で瞼が腫れてきた Sous l'effet de la fatigue, les paupières se sont tuméfiées. ¶腫れた enflé; gonflé; bouffi. 腫れた眼 yeux mpl bouffis. 凍傷で腫れた指 doigts mpl tuméfiés par les engelures.

はれる 晴れる [気持ちが] se rasséréner; s'éclairer; [天気, 顔が] s'éclaircir. 空が～ Le ciel s'éclaircit. 霧が～ La brume (Le brouillard) se dissipe. 彼の顔色が晴れる Son visage s'est éclairé. 晴れて来そうだ Le temps tourne au beau. 晴れた bel(le). 晴れた日の午後 bel après-midi m d'automne. これ以上ない程に晴れ渡った青空 ciel m d'une extraordinaire limpidité. 晴れている Il fait beau./Le ciel est dégagé. ◆ [消える] ¶疑いが～ Les soupçons se dissipent. 彼の態度を見て私の懸念はすべて晴れた Son attitude à mon égard m'a enlevé toute crainte.

ばれる se dévoiler; être découvert. お前の嘘はすぐ～ Ton mensonge ne va pas résister longtemps. お前の悪事をばらすぞ Je vais te dénoncer!

ハレルヤ alléluia m inv.

はれんち 破廉恥 honte f; ignominie f; infamie f; impudeur f; effronterie f. ¶～な impudent; infâme; éhonté; scandaleux (se). ～にも sans vergogne. ¶～行為 scandale m. ～罪 outrage m à la pudeur; 《法》 crime m de lèse-humanité.

はろう 波浪 ¶～注意報 avis m de mer agitée.

はろう 破牢 bris m de prison.

ハロー [太陽や月のまわりの輪] †halo m.

ハロゲン 《化》 halogène m. ¶～ランプ lampe f [à] halogène; halogène.

バロック baroque m. ¶～風の baroque. ～音楽 musique f baroque. ～芸術(様式) baroque. ～建築 architecture f baroque. ～趣味 baroquisme m.

パロディ parodie f. ¶～的な(風の) parodique. ～作家 parodiste mf.

バロメーター baromètre m. 血圧は健康の～だ La pression artérielle est le baromètre de la santé.

バロン baron m.

パワー puissance f. ¶ブラック～ puissance noire. ～ウィンドー vitre f électrique. ～ショベル pelleteuse f. ～ステアリング conduite f assistée.

ハワイ Hawaï m.

ハワイアン [音楽] musique f hawaïenne. ¶～ギター guitare f hawaïenne.

はわたり 刃渡り ～30センチの短刀 poignard m avec une lame de 30 centimètres

はん 判 cachet m; sceau(x) m. ～を押す apposer son cachet; sceller. ～で押したような表現 expression f stéréotypée. ～で押したよ

はん sans aucune exception. ◆［書物の］format *m*. ‖A～ format A. 二折～ in-folio *m inv*. 八折～ in-octavo *m*.

はん 半 moitié *f*; demi *m*. 2キロ～ deux kilomètres et demi. 1時～です Il est une heure et demie. ～回り demi-tour *m*. 一時間～ demi-heure *f*. ～ダース demi-douzaine *f*. ～値で à moitié prix.

はん 版 édition *f*; ［木，銅版の］planche *f*. ～を重わる tirer plusieurs éditions. ‖海賊～ édition pirate. 普及～ édition populaire. 改訂増補～ édition revisée et complétée. 限定～ édition à tirage limité. 再～ seconde édition. 初～ édition princeps (originale). 絶～ édition épuisée.

はん 班 équipe *f*; groupe *m*; ［警察, 憲兵の］brigade *f*; ［軍隊の］escouade *f*. ‖消防～ piquet *m* d'incendie. ～長 commandant *m* (chef *m*) de groupe.

はん 範 exemple *m*; modèle *m*. ～を示す donner l'exemple. 身をもって～を示す prêcher l'exemple. …に～を仰ぐ suivre l'exemple de *qn*; se modeler sur *qn*.

はん 煩 ¶～に堪えない être très ennuyé. ～をいとわず ne pas se ménager *sa* peine; sans se ménager.

はん- 反 anti-. ‖～共 anticommunisme *m*. ～共の anticommuniste. ～軍国主義 antimilitarisme *m*. ～社会的な antisocial (*aux*). ～宗教的な impie. ～植民地主義 anticolonialisme *m*. ～体制の anticonformiste; non-conformiste. ～民主主義の antidémocratique. ～ユダヤ主義 antisémitisme *m*.

はん- 汎 ¶～アメリカ主義 panaméricanisme *m*. ～アメリカ主義者 panaméricaniste *mf*. ～アラブ主義 panarabisme *m*. ～イスラム主義 panislamisme *m*. ～ゲルマン主義 pangermanisme *m*. ～スラブ主義 panslavisme *m*.

-はん 犯 ‖常習～ récidiviste *mf*. 知能～ crime *m* intellectuel. 前科3～の泥棒 voleur(se) *m(f)* qui a déjà subi trois condamnations.

ばん 晚 nuit *f*; soir *m*. 朝から～まで du matin au soir. ‖今～ ce soir. ひと～中 toute la nuit. 毎～ tous les soirs.

ばん 番 ［見張り］garde *f*. 羊の～をする garder les moutons. ‖囚人の見張り～をする surveiller (garder à vue) les prisonniers. ◆［順番］tour *m*. ～を待つ attendre *son* tour. 誰の～ですか ［勝負事, 競技で］C'est à qui de jouer? 君が話す～だ C'est à ton tour de parler. 代わり～こに tour à tour. ◆［番号, 順で］¶～から10～までの人はここに集合 Ceux qui portent les numéros de 1 à 10, rassemblez-vous ici. 彼は3～で合格した Il a été reçu troisième. ‖交響曲9～ la neuvième symphonie. 右から3～目の部屋 troisième chambre *f* à partir de la droite. あなたの～は何ですか C'est quand votre tour?

ばん 盤 table *f*; disque *m*. ‖将棋～ échiquier *m*.

バン fourgonnette *f*; minibus *m*.

パン pain *m*. ～の木 arbre *m* à pain. ～の耳 (皮) croûte *f* de pain. ～の中身 mie *f*. ～を食べる manger du pain. ～を作る faire du pain. ～を焼く griller du pain. ¶～にする panifier. 小麦粉を～にする panifier de la farine de blé. ～の原料になる穀類 céréales *fpl* panifiables. ‖菓子～ pain de fantaisie. 黒～ pain noir; pain de seigle. 食～ pain anglais; pain de mie. 細～ flûte *f*; ficelle *f*. 丸～ miche *f*. ロール～ petit pain. ～屑 miettes *fpl* de pain. ～種 levain *m*. ～作り panification *f*. ～屋 boulangerie *f*; ［人］boulang*er(ère)* *m(f)*. ～焼 grille-pain *m inv*.

バンアレン ‖～帯 ceinture *f* de Van Allen.

はんい 叛意 intention *f* de trahir.

はんい 犯意 intention *f* criminelle. ～を否定する nier d'avoir eu une intention criminelle. ～のみでは犯罪は成立しない L'intention ne suffit pas à créer un délit.

はんい 範囲 sphère *f*; domaine *m*; champ *m*; étendue *f*; ［手の届く］portée *f*. ～を決める délimiter; démarquer. ¶手(目)の届く～にある(ない) être (hors de) portée de la main (de *sa* vue). …の～に入る entrer dans le domaine (le cadre) de…. あなたが必要と思う～で dans la mesure où vous le croyez nécessaire. 僕の知る～では autant que je sache. ‖活動～ champ *m* de *son* activité; aire *f* d'activité. 交際～が広い avoir beaucoup de fréquentations. 行動～ rayon *m* d'action. 彼の読書は広~に亘っている Ses lectures couvrent un champ très vaste. 試験～は初めの1章だけとします L'examen ne portera que sur le premier chapitre. この部分は試験～から除きます Cette partie n'est pas comprise dans le programme d'examen. 勢力～ sphère d'influence. できる～内で dans la mesure du possible.

はんいご 反意語 antonyme *m*.

はんいんよう 半陰陽 hermaphrodisme *m*; ［人］hermaphrodite *m*.

はんえい 反映 reflet *m*; réflexion *f*. 世論の～ reflet de l'opinion publique. ¶～する se refléter; se réfléchir; ［映す］réfléchir; refléter. 作者の精神はその作品に～している L'âme de l'écrivain se reflète dans son ouvrage./Son ouvrage reflète l'écrivain. 世論を～させる refléter l'opinion publique.

はんえい 繁栄 prospérité *f*. 貴方の幸福と～をお祈り申します Je vous souhaite le bonheur et la prospérité. ¶～する prospérer; être prospère. 非常に～している産業 industrie *f* en pleine prospérité; entreprise *f* prospère.

はんえいきゅうてき 半永久的 ¶～にこの車を使っていいよ Vous pouvez vous servir de cette voiture aussi longtemps que vous voulez.

はんえん 半円 demi-cercle *m*; hémicycle *m*. ‖～形の demi-circulaire.

はんおん 半音 demi-ton *m*. ¶～上げる diéser. ～下げる bémoliser. ‖～階 gamme *f* chromatique. ～階の chromatique.

はんか 繁華 ¶~な [賑かな] animé; [商売の盛んな] commerçant. ‖~街 quartier *m* vivant (animé).

はんが 版画 gravure *f*; estampe *f*. 色刷りの~ planche *f* en couleurs. ~を彫る faire une gravure. ‖銅~ eau(x)-forte(s) *f*. 木~ gravure sur bois. ~愛好家 iconophile *mf*. ~師 graveur *m*.

ばんか 挽歌 chant *m* funèbre; élégie *f*.

ハンガー cintre *m*. 上着を~に掛ける mettre une veste sur un cintre.

ハンガーストライキ ⇨ ハンスト.

ハンガーボード panneau(x) *m* perforé.

はんかい 半壊 ¶家屋は~した La maison est à moitié détruite.

はんかい 挽回 rétablissement *m*; [追いつくこと] rattrapage *m*. ¶~する rétablir. 遅れを~する rattraper le retard. 形勢を~する redresser la situation. 名誉を~する rétablir son honneur. ‖~不能な irréparable; irrémédiable.

はんがい 番外 †hors-programme *m inv*. ¶彼は~だ Il est hors-classe.

はんかいてん 半回転 demi-tour(s) *m*. 車は凍りついた路上で~をした La voiture a fait un tête-à-queue sur la route glacée.

はんがく 半額 demi-tarif *m*; [運賃] demi-place *f*. ¶~にする réduire le prix de moitié. ~で買う acheter à moitié prix.

はんかくさい 晩学 ¶彼の英語は~であった Il n'était plus jeune quand il a appris l'anglais.

はんかくめい 反革命 contre-révolution *f*. ¶~の antirévolutionnaire; contre-révolutionnaire.

はんかこ 半過去 [文法] imparfait *m*.

ハンカチ mouchoir *m*; [胸ポケットの] pochette *f*. ~を振る agiter *son* mouchoir.

はんかつう 半可通 demi-savoir *m*; connaissance *f* superficielle; [人] demi-savant *m*.

ばんカラ 蛮~ ¶~を気取る jouer les bohèmes. ~な態度 tenue *f* débraillée.

バンガロー bungalow *m*.

はんかん 半官 ¶~半民の semi-officiel(le); semi-gouvernemental(aux); semi-public.

はんかん 反感 antipathie *f*; aversion *f*. ~を抱く éprouver de l'antipathie pour (contre); prendre *qn* en grippe. ‖~を示す témoigner de l'antipathie. ~を買う s'attirer l'antipathie de. その決定は多くの人の~を買った Cette décision a répugné à beaucoup de gens.

はんがん 判官 ¶~贔屓する prendre le parti du faible.

はんがん 半眼 ¶目を~に開く entrouvrir les yeux.

はんがん 斑岩 porphyre *m*.

ばんかん 万感 ¶~交々至る Je me sens envahi par mille sentiments.

はんき 半旗 drapeau(x) *m* en berne. ~を掲げる mettre un drapeau en berne.

はんき 半期 demi-terme *f*; semestre *m*. ¶~の semestriel. ‖上~ semestre de janvier (d'hiver). 下~ semestre de juillet (d'été). ~決算 liquidation *f* semestrielle.

はんき 叛旗 ¶~を翻す lever l'étendard de la révolte; se révolter contre.

はんぎ 版木 planchette *f* gravée.

はんぎゃく 叛逆 rébellion *f*; révolte *f*. ~を企てる comploter contre; conjurer contre. ¶~する se rebeller contre; se révolter (se mutiner) contre. ~的思想 idéologie *f* factieuse. ‖~者 rebelle *mf*; factieux(se) *m(f)*. ~精神 esprit *m* de révolte.

はんきゅう 半球 hémisphère *m*. ‖北(南)~ l'hémisphère nord (sud). ~形の hémisphérique.

ばんきょ 蟠踞 ¶~する exercer une grande influence sur; dominer sur (dans).

はんきょう 反共 ⇨ はんい(反).

はんきょう 反響 retentissement *m*; résonance *f*; écho *m*. ~を呼ぶ avoir un retentissement; retentir sur. そのニュースは国中に~を呼び起した Cette nouvelle a eu du retentissement dans tout le pays. その提案は何らの~も呼ばなかった Cette proposition n'a pas trouvé (éveillé) aucun écho. ¶~する retentir; résonner. 説教者の声が伽藍の天井に~していた La voix du prédicateur résonnait sous la voûte de la cathédrale. 雪崩れの音が谷間に~する Le grondement de l'avalanche résonne dans la vallée.

はんきん 半金 ¶~を収める payer de moitié.

ばんきん 鈑金 ¶~塗装 carrosserie *f* et peinture *f*.

パンク crevaison *f*. ~を直す réparer une crevaison. ¶~する crever; éclater. 彼の車のタイヤは~した Le pneu de sa voiture a crevé. /[楽] punk [pœnk] *m*; musique *f* punk. ‖~ファッション mode *f* punk. ~ロック punk rock *m*; rock punk.

ハンググライダー [スポ] vol *m* libre; deltaplane *m*; aile *f* delta. ~をする faire du vol libre.

パンクチェーション ponctuation *f*.

ばんぐみ 番組 programme *m*. ~を編成する programmer. ~を組み替える remanier un programme. ‖音楽~ émission *f* musicale. 娯楽~ programme des divertissements. テレビ~ émission (programme) de télévision. ~編成 programmation *f*.

ハングリー ¶~な affamé(e). ‖~精神を持つべきだ Il faut toujours en vouloir.

ハングル coréen *m*; écriture *f* coréenne.

ばんくるわせ 番狂わせ résultat *m* imprévu; surprise *f*.

パンクロ panchro *m*. ¶~フィルム film *m* panchromatique.

はんけい 半径 rayon *m*; demi-diamètre *m*. ¶~5キロ以内に dans un rayon de cinq kilomètres. ‖行動~ rayon d'action.

はんげき 反撃 riposte *f*; contre-attaque *f*. ~に転ずる passer à la contre-attaque. ¶~する contre-attaquer. 手榴弾で~する riposter à coups de grenades.

はんけつ 判決 sentence *f*; jugement *m*; [最高裁、上級審の] arrêt *m*. ~に服する se soumettre à un jugement. ~に不服を唱える protester contre un jugement. ~を取消す annuler une sentence. 一審の~を破棄する

はんげつ 半月 demi-lune f. ¶～状の semi-lunaire.

はんけん 半券 talon m. ～を持っていなければ駄目ですよ Il faut garder le talon de votre billet.

はんけん 版権 droit m d'édition; droit d'auteur; propriété f littéraire. ～を得る [翻刻権] obtenir le droit de reproduction.‖「～所有」«Tous droits réservés.»～侵害 contrefaçon f.

はんげん 半減 ¶～する diminuer de moitié. 経費を～する réduire de moitié les dépenses. 麦作は嵐で～した La récolte du blé a été réduite de moitié par la tempête.

ばんけん 番犬 chien m de garde.

はんこ 判子 ⇒いん(印), いんかん(印鑑).

はんご 反語 ironie f; antiphrase f. ～的 ironique.

ばんこ 万古 ‖～不易 éternité f; permanence f; pérennité f. ～不易の éternel(le); permanent.

パンこ -粉 panure f. ～をまぶす paner.

はんこう 反抗 résistance f; opposition f; révolte f. 若者の～ révolte de la jeunesse. ¶～する s'opposer à; se révolter (contre qn/qc); résister à. 両親に～する se révolter contre (s'opposer à) ses parents; être en opposition avec ses parents. ～的 révolté; rebelle; indocile. ～的な子供 enfant m rebelle. ～的な態度をとる prendre une attitude défiante. ～的性格 caractère m indocile. ‖～期 période f d'opposition. ～精神 esprit m de révolte.

はんこう 犯行 crime m; délit m. ～を自供する s'avouer coupable. ～を否認する dénier son crime. ～現場 lieu m du crime.〔テロリストなど〕～声明を出す revendiquer un acte. 爆弾テロの～声明を出す revendiquer un attentat à la bombe.

はんごう 飯盒 gamelle f.

ばんこう 蛮行 barbaries fpl; actes mpl de barbarie; violences fpl; cruautés fpl. ～に及ぶ commettre des brutalités.

ばんごう 番号 numéro m. ～をつける numéroter. 原稿のページに～をつける numéroter les pages d'un manuscrit. ‖当り～ numéro gagnant (sortant). 自動車登録～ numéro de police. 郵便～ numéro postal. ～順に並ぶ se ranger dans l'ordre des numéros. ～札 jeton m.

ばんこく 万国 ¶～の international(aux); universel(le). ‖～旗 drapeaux mpl de toutes les nations. ～博覧会 exposition f universelle.

はんこつ 反骨 ‖～精神 esprit m d'opposition.

ばんごや 番小屋 guérite f.

はんごろし 半殺し ～の目にあう s'être fait étriller. ～にする faire un mauvais parti à qn; battre qn comme plâtre; étriller qn.

ばんこん 晩婚 mariage m tardif. ¶彼は～だった Il s'est marié tard (sur le tard).

はんさ 煩瑣 ¶～な compliqué; ennuyeux(se). ～な議論 discussion f trop subtile. ‖～哲学 philosophie f scolastique.

はんざい 犯罪 crime m. ～を犯す commettre un crime;《法》perpétrer un crime. ～を構成する constituer un crime. ～軽～ délit m. 軽～者 délinquant(e) m(f). 重～ crime. 重～者 criminel(le) m(f). 青少年～ délinquance f juvénile. ～行為 acte m criminel. ～史 annales fpl du crime. ～心理学 psychologie f criminelle. ～捜査 enquête f policière. ～容疑者 suspect(e) m(f); inculpé(e) m(f).

ばんざい 万歳 Vivat!/Hourra! ～を三唱する pousser trois hourras. 彼の栄誉をたたえて～の声があった Il y a eu des vivats en son honneur. 夏休み～ Vive les vacances! フランス～! Vive la France!

ばんさく 万策 ～尽きる être à bout de force (de ressources); avoir épuisé tous ses moyens.

はんざつ 煩雑 ¶～な手続き procédé m compliqué. ～にする compliquer. ～さ maquis m. 手続きの～さに戸惑う se perdre dans le maquis de la procédure.

ハンサム beau garçon m; bel homme m.

はんさよう 反作用 réaction f. ～を及ぼす réagir sur qc.

ばんさん 晩餐 dîner m. ‖～会 dîner. ～会を催す donner un dîner. ～会に招く inviter qn à dîner.

はんし 半死 ‖～半生 presque mort; plus mort que vif(ve).

はんじ 判事 juge m. 陪席～ juge(s)-assesseur(s) m. 予審～ juge d'instruction.

ばんし 万死 ¶～に一生を得る l'échapper belle.

ばんじ 万事 ¶～休す C'en est fait./Tout est perdu./Il n'y a rien à faire./Plus d'espoir. 彼は～心得ている Il sait tout. ～考慮の上で toute réflexion faite.

パンジー pensée f.

バンジージャンプ saut m à l'élastique.

はんしいん 半子音 semi-consonne f.

はんじえ 判じ絵 rébus m. ～を解く deviner un rébus.

はんじかん 半時間 demi-heure f. ～毎に toutes les demi-heures.

はんしはんしょう 半死半生 ¶～の目にあう passer un très mauvais quart d'heure.

はんじもの 判じ物 devinette f; énigme f. ～を解く trouver le mot de l'énigme.

はんしゃ 反射 réflexion f; réverbération f; [反映] reflet m. ¶～する réfléchir; réverbérer. 白壁が太陽の熱を～している Le mur blanc réverbérait la chaleur du soleil. ‖条件～ réflexe m conditionnel. ～鏡 miroir m à réflecteur. ～作用(運動, 神経) réflexe. ～神経がいい avoir de bons réflexes. ～望遠鏡

ばんしゃく 晩酌 ¶～をする boire du saké (du vin) au repas du soir.

ばんしゅう 半周 ¶～する faire la moitié du tour de qc.

ばんしゅう 晩秋 arrière-saison f; fin f de l'automne.

はんじゅく 半熟 ¶～にする faire cuire à demi. ‖～卵 œuf m à la coque.

ばんしゅく 晩熟 maturité f tardive. ¶～の tardif(ive).

はんしゅつ 搬出 ¶～する emporter; porter dehors.

ばんしゅん 晩春 printemps m tardif; derniers jours mpl du printemps.

はんしょう 半焼 ¶家屋～した La maison a été détruite (brûlée) à moitié par le feu.

はんしょう 半鐘 tocsin m; cloche f d'alarme. ～を鳴らす sonner le tocsin.

はんしょう 反証 preuve f du contraire. ～をあげる fournir une preuve contraire.

はんじょう 繁盛 prospérité f. ¶～する prospérer. ～している être prospère; être florissant. 商売が～してる Les affaires vont bien./Son commerce prospère. 大～している être en pleine prospérité.

ばんしょう 晩鐘 angélus m du soir.

ばんしょう 万象 ¶森羅～ univers m tout entier; tout ce qu'il y a dans l'univers.

ばんしょう 万障 ¶～お繰り合わせの上御出席下さい Vous êtes instamment prié de nous honorer de votre présence. ～繰り合わせて出席します Je ferai l'impossible pour assister à la réunion.

ばんじょう 万丈 ¶～の気炎を吐く s'enthousiasmer; s'exalter. ¶波瀾～の生涯 vie f d'orageuse.

バンジョー banjo m.

はんしょく 繁殖 reproduction f; génération f; [増殖] multiplication f; prolifération f; [急激な増殖] propagation f; pullulement m. ¶～する se reproduire; se multiplier; proliférer; se propager. ‖～期 saison f des amours. ‖～力 fécondité f. ¶～の高る・～力が旺盛な prolifique; très fécond. 鼠は～力が旺盛だ Les rats sont prolifiques.

はんしん 半神 demi-dieu(x) m.

はんしん 半身 moitié f du corps. ‖～像 [肖像画の] portrait m en buste. ～不随 hémiplégie f. ～不随の hémiplégique. ～麻酔 hémiplégie.

ばんじん 蛮人 sauvage mf; barbare mf.

はんしんはんぎ 半信半疑 ¶～である ne croire qu'à moitié; être sceptique. ～で sans en être persuadé; avec scepticisme. 情報を～で聞く accueillir une information avec scepticisme.

はんしんろん 汎神論 panthéisme m. ¶～的 panthéiste. ‖～者 panthéiste m f.

はんすう 半数 moitié f. ～にも達しない ne pas atteindre la moitié du nombre. ‖過～ majorité f. ‖～体 [生] génération f haploïde.

はんすう 反芻 rumination f. ¶まぐさを～する ruminer sa pâture. 悲しみを～する ruminer son chagrin. ‖～動物 ruminant m.

ハンスト grève f de la faim. ¶～[を]する faire la grève de la faim.

はんズボン 半～ culotte f; short m.

はんする 反する [違反する] être contraire à; choquer; outrager; déroger à. 理(良識)に～ être contraire à la raison (au bon sens). 法に～ déroger à la loi. そういうやり方は良識に～ Cette façon d'agir choque le bon sens. 全てが私の期待に反してる Tout trompe mon attente. ¶相～ s'opposer à; être opposé à. 相～性格 caractère m opposé. その問題に関して我々の意見は相反している Sur cette question, nous avons des avis opposés./Nos avis s'opposent sur cette question. 期待(意)に反して contre toute attente (son gré). 想像に反して contrairement à ce qu'on imaginait. ～に反して au contraire. 兄が沈んでいたのに反して弟は楽しそうだった Le cadet paraissait joyeux tandis que l'aîné restait mélancolique.

はんせい 半生 ¶～を回顧する faire un retour sur sa vie passée.

はんせい 反省 réflexion f; [内省] introspection f. ～を促す inciter qn à reconsidérer sa conduite. あの人は一向に～の色を見せない Il ne montre aucun regret pour ce qu'il a fait. ～する s'examiner; faire un retour sur soi-même; réfléchir [sur soi-même]. 彼の忠告には大いに～させられた Son conseil m'a fait bien réfléchir. 無へに sans réflexion.

ばんせい 晩成 ¶大器は～する Les grands talents mûrissent tard. ‖彼は大器～型である Son talent se développe avec l'âge.

ばんせい 蛮声 ¶～を張り上げる pousser des cris sauvages. ～を張り上げて歌う beugler une chanson; chanter à tue-tête.

ばんせい 万世 ¶～一系の天皇 empereur m héritier d'une dynastie millénaire. ¶～不易の immuable à travers les âges. ¶～不易の真理 vérité f éternelle.

はんせいいでん 伴性遺伝 hérédité f liée au sexe.

ばんせいせつ 万聖節 la Toussaint.

はんせいひん 半製品 article m à moitié façonné; demi-produit m.

はんせき 犯跡 traces fpl d'un crime. ～をくらます effacer les traces d'un crime; brouiller les pistes.

はんせつ 半切 demi-feuille f.

はんせん 反戦 ¶～運動 mouvement m contre la guerre. ‖～思想 idées fpl pacifistes.

はんせん 帆船 bateau(x) m à voiles; [小型] felouque f; [二本マストの] brick m.

はんぜん 判然 ¶～と clairement; distinctement; nettement. ～と見分けがつく pouvoir distinguer nettement. 彼の所在は～としない Il est difficile de dire où il se trouve. 選挙の結果は未だに～としない Le résultat de l'élection n'est pas encore clarifié.

ばんぜん 万全 ¶～の策を講ずる prendre

ハンセンしびょう -氏病 lèpre f. ‖～患者 lépreux(se) m(f).

はんそ 反訴 contre-accusation(s) f; reconvention f. ～する faire une demande reconventionnelle.

はんそう 帆走 navigation f à la voile. ‖～する voguer; aller à la voile.

ばんそう 伴奏 accompagnement m. ギター(加藤さん)の～で歌う chanter sur un accompagnement de guitare (accompagné par M. Kato). ～つき(なし)で avec (sans) accompagnement. ¶～[を]する accompagner. 歌手の(ピアノで)～をする accompagner un chanteur (qn au piano). 無伴奏バイオリンソナタ sonate f pour violon seul. ～者 accompagnateur(trice) m(f).

ばんそうこう 絆創膏 emplâtre m adhésif; sparadrap m; adhésif m. 傷に～を貼る mettre un sparadrap sur une blessure.

はんそうは 搬送波 onde f porteuse.

はんそく 反則 [スポーツ] faute f; pénalisation f. ～を犯す commettre une faute; contrevenir aux règlements. ‖～負け disqualification f.

はんぞく 反俗 refus m de la vulgarité. ‖～精神 esprit m qui refuse la vulgarité (raffiné).

ばんぞく 蛮族 tribu f sauvage; barbares mpl.

はんそで 半袖 ‖～シャツ chemise f à manches courtes.

はんだ 半田 soudure f; brasure f. ～をはがす dessouder. ‖～ごて fer m à souder. ～付け soudage m. ～付けする souder; braser.

パンダ panda m.

ハンター chasseur m; chasseresse f. ‖ラブ～ don Juan m.

はんたい 反対 [逆] contraire m; opposé m. ～の contraire; opposé; inverse. 彼は我々の忠告とは～のことをする Il agit à l'encontre de nos conseils. 我々が期待していたのとは～の結果が出た Nous avons eu des conséquences contraires à celles que nous attendions. 彼の頭脳は評判とは～だ Son intelligence est en raison inverse du bruit qu'il a fait. ～に contrairement; par contre; inversement; à l'envers. ...とは～に au contraire; par opposition; par opposition à; à l'envers de. ～の方角に du côté opposé. ～方向に en sens contraire (inverse). ～方向に回る tourner à l'envers. ～方向に行かねばいけない Il faut prendre la direction contraire. ‖正～ contre-pied m. 彼らは互いに正～の趣味を持っている Ils ont des goûts opposés. あなた方の意見は彼らの と正～だ Vos opinions sont le contre-pied des leurs. ～概念 concept m contraire. ～側 côté m opposé. ～側に座る s'asseoir du côté opposé (en face, vis-à-vis). ～尋問 interrogatoire m contradictoire. ～提案 contre-proposition f. ～命令 contrordre m. ◆[不]賛同・異議] opposition f; objection f; contradiction f. ～にあう rencontrer de l'opposition. 君はこの決定に賛成か～か Etes-vous pour ou contre cette décision? ～する s'opposer à qc (à inf, à ce que sub); faire de l'opposition à qc; être opposé à; faire une objection; objecter à qc (que). 彼の両親は彼の結婚に～している Ses parents s'opposent à son mariage. 彼は年齢が若すぎるといって～された On lui objecta qu'il était trop jeune./On lui objecta son jeune âge. ～の 対の; [敵対する] adverse; [相容れない] ennemi; contradictoire. 子供がテレビを見るの は～だ Je suis opposé à la télévision pour les enfants. ‖～意見 avis m contraire; objection. ～運動をする mener une campagne contre. 核実験～運動 mouvement m (campagne f) contre les essais nucléaires. ～者 opposant(e) m(f); contradicteur m. ～党 parti m adverse (de l'opposition). ～投票 vote m négatif.

はんたいせい 反体制 ‖～運動 mouvement m contre les institutions établies (contre le régime établi).

パンタグラフ pantographe m.

バンタム ～級 poids m coq.

バンダル Vandale mf. ¶～[族]の vandalique. ～一族 Vandales mpl.

パンタロン pantalon m.

はんだん 判断 jugement m; décision f. ～を誤る mal juger de qc. ～を下す porter un jugement sur. ～がつかない ne pas pouvoir juger de. 是非の～はあなたにお任せします Je vous en fais juge. ¶～する juger; décider (juger) de qc. 人の行動(価値)を～ juger de la conduite de qn (de la valeur). 人を外見で～する juger les gens sur l'apparence. ...が必要だと～する juger qc nécessaire. 情勢が悪いと～する juger que la situation est mauvaise. 作品の価値を抜粋だけで～してはならぬ Il ne faut pas juger la valeur de l'ouvrage sur un seul extrait. 私が～したところでは autant que je puisse en juger. ...によって～すれば à en juger par qc. ‖価値～ jugement de valeur. ～力 jugement m; esprit m; entendement m. ～力がある avoir du jugement.

ばんたん 万端 ‖諸事～うまくいっている Tout va bien. 用意～整った Tout est prêt.

ばんち 番地 numéro m. お宅は何～ですか Quel est le numéro de votre maison? 12～の2に住んでいます J'habite au numéro 12 bis.

パンチ [切符の] pince f à poinçonner; [拳闘] punch m. 切符に～を入れる perforer (poinçonner) un billet. ‖～カード cartes fpl perforées. 彼は～がある(ない) Il a du punch (Il manque de punch).

ばんちゃ 番茶 ¶鬼も十八～も出ばな Toutes les filles sont belles à 18 ans.

パンチャー ‖キー～ perforeur(se) m(f); perforateur(trice) m(f). ハード～ [拳闘] puncheur m.

はんちゅう 範疇 catégorie f. ...の～に属する être de la catégorie de...; se classer dans

ばんちょう 番長 chef *m* de bande.
はんちょうか 半長靴 bottine *f*; [軍人の] brodequins *mpl* de soldat.
ハンチング casquette *f* de chasse.
パンツ slip *m*; [半長の] caleçon *m*. ‖海水~ slip de bain.
はんつき 半月 ¶~後にまたいらっしゃい Revenez dans quinze jours.
ばんづけ 番付 liste *m*.
はんてい 判定 jugement *m*; décision *f*. ¶~[を]する juger; décider; [競技の] compter les points. ‖~勝ち victoire *f* aux points. ~勝ちの選手 vainqueur *m* aux points. ~勝ちする gagner aux points.
パンティー slip *m*; culotte *f*; cache-sexe *m* inv.
パンティーストッキング collant *m*.
ハンディキャップ handicap *m*. ~をつける handicaper. ¶~をつけられた handicapé.
ハンディトーキー talkie-walkie [tokiwoki] *m*.
はんていりつ 反定立 antithèse *f*.
パンテオン [パリの] Panthéon *m*.
はんてん 反転 renversement *m*; revirement *m*; volte *f*; demi-tour *m*. ¶~する se renverser; faire volte-face; [寝返りを打つ] se retourner dans *son* lit. ‖~フィルム *m* inversible.
はんてん 斑点 tache *f*; moucheture *f*; tavelure *f*. ~をつける moucheter; tacheter; taveler. ¶~のある moucheté; chiné; tavelé; tacheté.
はんと 叛徒 rebelle *m*; révolté(e) *m*(*f*); mutin *m*; factieux(se) *m*(*f*). ~を平らげる soumettre les rebelles; dompter des mutins.
はんと 版図 territoire *m*.
ハント chasse *f*. ¶女の子を~する courir le jupon. ‖ガール[ボーイ]~ drague *f*.
ハンド [サッカー] main *f*.
バンド [帯] ceinture *f*; [時計の] bracelet *m*. ~を締める ceinturer; serrer *sa* ceinture. ◆[楽団] ensemble *m* (formation *f*) de musiciens. ‖ブラス~ fanfare *f*; orchestre *m* de cuivres. ~マスター chef *m* de formation.
はんドア 半~ portière *f* mal fermée.
はんとう 半島 péninsule *f*; presqu'île *f*. ‖イベリア~ péninsule ibérique.
はんとう 反騰 reprise *f*. ¶~する reprendre des cours.
はんどう 反動 réaction *f*; contrecoup *m*; [はずみ] élan *m*. …の~で par réaction contre …. ~をつけて跳ぶ prendre *son* essor pour sauter. ¶~的な rétrograde. ‖~家(分子) réactionnaire *mf*. ~思想 idées *fpl* réactionnaires. ~政治 politique *f* réactionnaire. ~政府 politique *f* rétrograde.
ばんとう 晩祷 prières *fpl* du soir.
ばんとう 番頭 commis *m*. ‖大~ premier commis.
はんどうたい 半導体 semi-conducteur *m*. ¶~の semi-conduct*eur*(*trice*).
はんとうめい 半透明 translucidité *f*. ¶~な translucide; diaphane.
はんどく 判読 déchiffrement *m*. ¶~する déchiffrer. 象形文字を~する déchiffrer des hiéroglyphes. ‖~し得る déchiffrable.
はんとし 半年 six mois *mpl*; semestre *m*. ¶~間の休暇 congé *m* de six mois. ‖~毎の会合 assemblée *f* semestrielle. ~毎に tous les six mois.
パントテンさん ~酸 acide *m* pantothénique.
ハンドドリル vilebrequin *m*.
バンドネオン bandonéon *m*.
ハンドバッグ sac *m* à main.
ハンドボール handball *m*.
パントマイム pantomime *f*; mime *m*. ~を演じる jouer une pantomime. ‖~俳優 mime *mf*.
ハンドメード ¶~の品物 objet *m* fait [à la] main.
パンドラ【ギ神】 Pandore *f*. ~の箱 coffret *m* (boîte *f*) de Pandore.
ハンドル [自動車] volant *m*; [自転車] guidon *m*. ~をとる tenir le volant; être (se mettre) au volant; conduire. 右に~を切って braquer à droite. ¶この車は~の切れがいい(悪い) Cette voiture braque bien (mal).
はんどん 半ドン demi-congé *m*. ¶今日は~です Nous faisons la demi-journée.
ばんなん 万難 ¶~を排して malgré tous les obstacles; surmontant toutes les difficultés; contre vents et marées. ~を排して義務を遂行する accomplir *son* devoir contre vents et marées.
はんにえ 半煮え ¶~の飯 riz *m* à moitié cuit.
はんにち 半日 demi-journée *f*. ‖~契約で働く travailler à la demi-journée.
はんにち 反日 ¶~的[な] anti-japonais; japonophobe. ‖~感情 japonophobie *f*.
はんにゃ 般若 prajnâ *m*. ~の面 masque *m* de démon. ‖~経を唱える réciter des prajnâs.
はんにゃしんきょう 般若心経 Prajnâ-pâramitâ-hridaya-sûtra *m* (Essence *m* de la bienheureuse science transcendante).
はんにゅう 搬入 [家具の] emménagement *m*; [絵の] dépôt *m*. ¶~する emménager; porter à; déposer.
はんにん 犯人 malfaiteur(trice) *m*(*f*). この悪ふざけの~は誰だ Qui est le responsable (l'auteur) de cette plaisanterie? ‖警察は凶悪~を探している La police recherche un dangereux malfaiteur.
ばんにん 番人 garde *m*; gardien(ne) *m*(*f*); [家畜の] gardeur(se) *m*(*f*).
ばんにん 万人 ¶~の認める真理 vérité *f* universellement reconnue. この事実は~の認めるところである C'est un fait que tout le monde ne renie pas. ‖~向きのスポーツ sports *mpl* qui conviennent à tous.
はんにんまえ 半人前 ¶~の demi-portion *f*. 彼はまだ~だ Ce n'est encore qu'un blanc-bec.
はんね 半値 moitié prix *m*. ¶~で買う acheter à moitié prix. ‖~に値引きする rabattre le prix de moitié.
ばんねん 晩年 hiver *m* de la vie (l'âge); der-

はんのう 反応 réaction *f*; réponse *f*; écho *m*; [効果] effet *m*. 筋肉の〜 réponse musculaire. …に対し〜がある faire de l'effet sur. 非難に対して何らかの〜がある réagir d'une certaine manière à des reproches. 少しも〜がないな produire aucun effet. 呼名を鳴らしたが〜はなかった À son appel, mais personne n'a répondu. 彼の提案に対して何の〜もなかった Sa protestation est restée sans écho. ¶〜する réagir; répondre. 刺激に〜する réagir à une excitation. ‖ 化学〜 réaction chimique. ツベルクリン〜 réaction à la tuberculination.

ばんのう 万能 ⇨ ぜんのう(全能). ¶〜universel(le). 〜の人 génie *m* (esprit *m*) universel. 〜の一選手 athlète *mf* complet(ète). 〜薬 panacée *f*; remède *m* universel.

はんのき 榛の木 aune *m*; aulne *m*.

パンのき パンの木 arbre *m* à pain.

はんぱ 半端 ¶〜な incomplet(ète); dépareillé. 〜な仕事をする faire les choses à demi. 〜な手袋 gant *m* dépareillé. 雨が降って庭仕事が〜になってしまった La pluie a interrompu mon jardinage. 時間が〜だから〜杯つきあってくれないか J'ai un moment de battement; tu ne prendrais pas un verre? ‖ 中途〜で à mi-chemin. 中途〜でやめる laisser *qc* inachevé. 〜物 pièces *fpl* et morceaux *mpl*. 〜者〜者は何の役にも立たない Il n'y a rien à tirer d'un bricoleur comme lui.

バンパー pare-chocs *m inv*.

ハンバーガー hamburger *m*.

ハンバーグ steak *m* haché.

はんばい 販売 vente *f*. ¶〜する vendre; [小売] débiter. 〜されている en vente. ‖ 通信〜 vente par correspondance. 訪問〜をする faire du porte-à-porte. 〜価格 prix *m* de vente. 煙草自動〜機 distributeur *m* automatique de cigarettes. 〜術 technique *f* de la vente. 〜高 chiffre *m* des ventes. 〜人 vendeur(se) *m(f)*. 〜網 réseau(x) *m* de succursales.

バンパイア vampire *m*.

はんばく 反駁 réfutation *f*; contradiction *f*. ¶〜する réfuter; riposter; rétorquer; contredire. 〜の余地ない議論 argument *m* sans réplique (réponse). ‖〜書 factum *m*.

はんぱく 半白 ¶〜の grissonnant; poivre et sel. 〜の人 grison(ne) *m(f)*. 〜になる grisonner.

パンパス pampa *f*.

はんぱつ 反発 répulsion *f*; [反感] aversion *f*; antipathie *f*; répugnance *f*. 相場は引き〜を示した Le marché a clôturé en hausse. ¶〜する s'opposer à; réagir contre. 教師の言うことに〜する riposter à ce que dit le professeur. 電導体は互いに引き合うか或いは〜を押除する Les corps électrisés s'attirent ou se repoussent. ‖〜力 force *f* répulsive.

はんはん 半々 moitié-moitié. 〜に分ける partager par moitié. 〜にまぜる mélanger par moitié. 利益は〜にしよう Partageons les bénéfices moitié-moitié.

ばんばん 万々 ¶そんなことは〜起るまい J'assure que cela n'arrivera jamais. それは〜承知の上だ J'en suis parfaitement au courant./Je le sais très bien.

はんぱん 半般 ⇨ ばんじ(万事).

はんびょうにん 半病人 ¶彼はまるで〜だ Il a l'air patraque.

はんびらき 半開き entrebâillement *m*. ¶〜の entrouvert; entrebâillé. 〜にする entrouvrir; entrebâiller. 〜になる s'entrebâiller.

はんぴれい 反比例 proportion *f* inverse. ¶〜する être en raison inverse de.

はんぷ 頒布 distribution *f*. ¶見本を〜する distribuer des prospectus. ‖ 陶器〜会 club *m* de poteries.

ばんぷ 万夫 ¶〜不当の豪傑だ C'est un héros invincible.

バンプ vamp *f*; femme *f* aguichante; femme fatale.

ばんぷう 蛮風 habitude *f* barbare (sauvage).

はんぷく 反復 répétition *f*; réitération *f*; [音楽] reprise *f*. 一つの行為の〜が習慣を生む La répétition d'un acte crée l'habitude. ¶〜する répéter; réitérer. 〜して à plusieurs reprises. ‖〜記号 signe *m* de reprise. 本を〜熟読する savourer un livre à plusieurs reprises.

パンプス escarpins *mpl*.

ばんぶつ 万物 tous les êtres *mpl*; toutes les créatures *fpl*. 「〜は流転する」«Panta rhei.»; «Tout s'écoule». 人間は〜の霊長である L'homme est le roi de la création.

ハンブル 〜する cafouiller.

パンフレット pamphlet *m*; brochure *f*.

はんぶん 半分 demi *m*; moitié *f*. ¶〜の demi. 〜に切る couper par moitié. 〜に減らす réduire de moitié. 〜だけ à demi; de moitié. 自宅と別荘に〜ずつ住まう passer *son* temps moitié chez *soi*, moitié à *sa* villa. 〜話〜に聞く en prendre et en laisser. 遊び〜に勉強する travailler (étudier) du bout des doigts.

はんぶんじょくれい 繁文縟礼 paperasserie *f*; chinoiseries *fpl* de bureau.

ばんぺい 番兵 garde *m*; sentinelle *f*. 〜に立つ monter la garde. 〜を置く mettre un factionnaire.

はんべいしゅぎ 反米主義 antiaméricanisme *m*. ‖〜者 antiaméricain(e) *m(f)*.

はんべつ 判別 distinction *f*; discernement *m*. ¶〜する distinguer; discerner. ‖〜式 【数】 discriminant *m*.

はんぼいん 半母音 semi-voyelle *f*.

はんぼう 繁忙 〜をきわめている être très occupé; être surchargé.

ハンマー marteau(x) *m*; [工事用] marteau (x)-pilon *m*. 〜で打って battre avec un marteau; marteler. ‖ 自動〜 marteau(x) pneumatique. ◆ [スポーツ用] marteau(x). ‖〜投げ lancement *m* du marteau.

はんみ 半身 ¶〜になる se mettre (tenir) de trois-quarts. 〜に構える prendre une posture de trois-quarts.

はんみょう 斑猫 cicindèle f.

ばんみん 万民【法律】は～のためにある Il existe la loi pour tout homme.

はんめい 判明 ¶～する devenir évident; s'éclaircir. 明日は結果が～するはずだ Demain on connaîtra le résultat. 誤解のあることが～した On constate qu'il y a eu un malentendu. 被害者の身元はいまだ～しない La victime n'est pas encore identifiée.

ばんめし 晩飯 dîner m. ～を外で食う dîner en ville.

はんめん 半面 moitié f. 彼の過去には暗い～がある Il y a un côté sombre dans son passé. ¶～の真理 autre vérité f. ¶～像 profil m.

はんめん 反面 ¶その～ en revanche; par contre. ～では d'un autre côté.

はんも 繁茂 exubérance f; croissance f; luxuriance f. ¶～する pousser avec abondance; croître. ～した exubérant; luxuriant; touffu; épais(se). よく～した芝生 gazon m épais.

はんもく 反目 antagonisme m; hostilité f; brouille f. ¶～する se fâcher; se brouiller. ～している être hostile l'un à l'autre; être en opposition avec qn.

ハンモック †hamac m. ～を吊る suspendre un hamac. ～を外す décrocher un hamac.

はんもと 版元 libraire-éditeur m.

はんもん 反問 ¶～する retourner la question à qn; poser une question à son tour.

はんもん 煩悶 angoisse f; tourment m; affliction f. ¶～する se tourmenter; être dans l'angoisse; se tracasser.

パンや -屋【人】boulanger(ère) m(f); [店] boulangerie f. ¶～の小僧 mitron m.

パンヤ kapok m; capoc m. ¶～の樹 kapokier m.

ばんゆう 蛮勇 témérité f; courage m aveugle. ～を振う déployer un courage farouche.

ばんゆう 万有 ¶～引力 gravitation f universelle.

はんよう 汎用 ¶～の à divers usages.

はんようし 反陽子 antiproton m.

はんら 半裸 ¶～の presque nu; demi-nu. ～で à moitié nu; à demi-nu.

ばんらい 万雷 ¶～の拍手 tonnerre m d'applaudissements. ～の拍手で迎えられる être accueilli par un tonnerre d'applaudissements.

はんらく 反落【相場】repli m.

はんらん 反乱 révolte f; rébellion f; sédition f; insurrection f. ～が起きる Une révolte éclate. ～をそそのかす inciter (pousser) qn à la révolte. ～を起す se révolter contre; s'insurger contre. ～を鎮める réprimer une révolte. ¶～軍 armée f des révoltés (rebelles).

はんらん 氾濫 débordement m; inondation f; pullulement m. ¶～する déborder; inonder. 川が～した Le fleuve a débordé./Le fleuve est sorti de son lit. 昨日の豪雨で川が～した La grosse pluie d'hier a produit une inondation. 堤防が決潰して低地全体に河川が～した La rupture des digues a noyé toutes les basses terres. その品物は市場に～している Ces articles inondent le marché. 町には自動車が～している Il y a des flots de voitures dans les rues.

ばんり 万里 ¶～の長城 la Grande Muraille. ～の波濤を乗り越えて en franchissant les mers; après une longue traversée.

はんりゅうし 反粒子 antiparticule f.

はんりゅうどうたい 半流動体 semi-fluide m.

はんりょ 伴侶 compagnon m. 一生の～ compagnon pour la vie. よき～である être un bon compagnon. 彼の忠実な～ sa fidèle compagne.

はんれい 判例【法】préjugé m; [集合的] jurisprudence f. ¶～集 recueil m de jurisprudence.

はんれい 凡例 remarque f préliminaire; avertissement m; notice f explicative.

はんろ 販路 débouché m; marché m; voie f d'écoulement. ～を開拓する ouvrir des débouchés. ～を拡張する multiplier les débouchés. 新らしい～を開く créer de nouveaux débouchés.

はんろん 反論 réfutation f; contradiction f. ¶～する discuter qc; argumenter contre qn; contredire qn.

はんろん 汎論 aperçu m général; généralités fpl.

ひ

ひ 火 feu(x) m; [炎] flamme f. ～がつく Le feu prend. …に～がつく s'allumer. 湿った木は～がつきにくい Le bois humide s'allume mal. 強(弱)い～で煮る cuire à feu vif (doux). ～に当たる se chauffer au feu. 鍋を～にかける mettre une casserole sur le feu. ～にくべる jeter qc au feu. ～をつける allumer qc; mettre le feu à qc. ～をおこす faire du feu. ～をかき立てる tisonner. ～を絶やさない entretenir le feu. ガスの～を強める(弱める) augmenter (baisser) le gaz. ～をお持ちかね借して下さい) Avez-vous (Donnez-moi) du feu? ～のように熱い手 mains fpl brûlantes. 彼の眼は～のように輝いた Ses yeux jetèrent des éclairs. ◆【火事】¶～が燃え広がる Le feu s'étend. ～が出る L'incendie éclate. ～が宣る Le feu se déclare. ～が下火になる Le feu diminue d'intensité. ～が燃え移る Le feu gagne la maison voisine. ～が風に煽られている L'incendie est activé par le vent. 部屋は～の海 La pièce était tout en flammes. ～の回りが早く大勢の人が焼け死んだ Prises de vitesse par le feu, beaucoup de personnes ont été brûlées vives. ～の用心をする faire attention au feu. ～にまかれる être noyé dans l'incendie (le feu). ◆【比喩

ひ 目から～が出る voir des étoiles en plein midi; lancer des étincelles par les yeux. 「～のない所に煙は立たない」《Il n'y a pas de fumée sans feu.》 ～が消えたように devenir tout à fait silencieux; être dépourvu de toute gaieté. 家の中は～が消えたようだ Le silence règne dans la maison. 赤ん坊が～のついたように泣きだした Le bébé s'est mis à hurler. ～を見るより明らかだ clair comme le jour.

ひ 灯(火) lumière f. ～が消える La lumière s'éteint. 鎧戸から～が洩れている Une lumière passe à travers les persiennes. 町の～が見える On voit les lumières de la ville. ～を一斉に消す éteindre [l'électricité]. 部屋に～をつける allumer la chambre. ～をともす allumer une lampe. 爪に～をともす [倹約する] faire des économies de bouts de chandelles.

ひ 日 [太陽] soleil m; [日光] lumière f du soleil; 詩 ～が昇る(沈む) Le soleil se lève (se couche). ～が暮れる Le jour tombe. ～が照っている Le soleil brille. ～一杯に当っている Le soleil donne en plein. 窓から～が差し込んでいる Le soleil pénètre par la fenêtre. ～に当る s'exposer au soleil. ～に当てる exposer qc au soleil. ～に焼ける être brûlé par le soleil. ～の当らない部屋 pièce f à l'ombre (qui n'a pas assez de soleil). ◆[一日] jour m; journée f. ～が経つ Les jours passent. ～が無い n'être pas dans ses bons jours. ...してからまだ～が浅い Il n'y a longtemps que.... ～を決める fixer une date; prendre jour. 人の都合のよい～を決める fixer une date qui convient à qn. ～ある～ un (certain) (beau) jour. ある～ ce jour-là. ～が経つにつれて avec le temps. その～のうちに dans la journée. ～に 3 回 trois fois par jour. ～に 3 度食事をする prendre trois repas la journée. ～によって出来不出来がある La réussite dépend des jours. ～を改めて un autre jour. その～暮しをする vivre au jour le jour. ◆[昼] ～が長く(短く)なる Les jours allongent (raccourcissent). 夜を～についで nuit et jour.

ひ 否 non m inv. ～とするものが多数である Les voix contre l'emportent. ～とする者 5 票 On compte 5 non.

ひ 比 [数量の関係] raison f; proportion f; rapport m. ～をひりつ(比率). ◆[同類] ‖お前なんか彼の～ではない Tu n'es pas de force à lutter contre lui. ‖～類がない être unique; être sans pareil(le).

ひ 碑 stèle f; monument m. ～を立てる ériger un monument.

ひ 秘 ‖～中の～ secret m des secrets.

ひ 緋 ～の衣 robe f d'écarlate; pourpre f. ‖～色 pourpre m; écarlate f. ～色 pourpre; écarlate.

ひ 非 [悪] mal (maux) m; injustice f; vice m; [誤り] faute f; erreur f; tort m. ...の～を責める reprocher à qn ses fautes. ～を認める reconnaître ses fautes. ‖～の打ち所のない impeccable; irréprochable. 彼は一点の～の打ちどころもない Il est sans reproches. 彼の行いには一点の～の打ちどころもない Sa conduite est absolument irréprochable.

ひ- 非 anti-; non-; in-. ‖～科学的な anti-scientifique. ～組合員 non-syndiqué(e) m (f). ～協力的な態度 attitude f indifférente. ～社交性 anti-sociabilité f. ～社交的な antisocial(aux). ～人間的な inhuman.

び 微 ‖～に入り細を穿って事実を述べる rapporter un fait en entrant dans les moindres détails.

び 美 beauté f; beau m.

ひあい 悲哀 tristesse f; chagrin m; affliction f; désolation f. 幻滅の～ amertume f de ses désillusions. ～を感じる éprouver de la tristesse. そんな時は一人者の～を感じるよ C'est à des moments pareils qu'on éprouve le pathétique d'une existence solitaire.

ひあがる 干上る s'assécher; tarir. 川の水が干上った La rivière s'est asséchée. ◆[比喩的に] ‖あごが～ n'avoir rien à se mettre sous la dent; claquer du bec. このところ損ばかりしていてすっかり干上ってしまった Ces temps-ci, je n'ai que des pertes: je suis complètement à sec. そうなったら親子 5 人が干上ってしまう Dans ce cas, cette famille de 5 n'aura plus de moyens de subsistance.

ひあし 火脚 ‖～が速い Le feu se propage rapidement.

ひあし 日脚 ‖～が短くなる Les jours raccourcissent.

ひあそび 火遊び ‖～をする jouer avec le feu. ◆[比喩的に] ‖恋の～ flamme f volage; feu m passager. 恋の～をする avoir un flirt avec qn; avoir une aventure avec qn.

ひあたり 日当り ensoleillement m. ～の良い ensoleillé; bien exposé. ～の良い(悪い)場所 endroit m bien (mal) ensoleillé.

ビアだる -樽 tonneau(x) m de bière.

ピアニスト pianiste mf.

ピアニッシモ ‖《楽》～で pianissimo.

ピアノ piano m. ～で au piano. ～を習う prendre des leçons de piano. ～を弾く jouer du piano. グランド～ piano à queue. ～協奏曲(ソナタ) concerto m (sonate f) pour piano. ◆[音楽] ‖～で [弱音で] piano. その一節は～で弾くべきだ Ce passage doit être joué piano.

ひあぶり 火炙り supplice m du feu. ～の刑に処せられる monter sur le bûcher; être condamné au supplice du feu. 売国奴の像を～にする brûler en effigie un traître à la patrie.

ビアホール brasserie f.

びい 微意 ‖感謝の～を表す témoigner humblement sa reconnaissance à qn. ～をお汲み取り下さい Agréez un humble témoignage de mes sentiments.

ピーアール PR relations fpl publiques. ‖～する faire de la publicité.

ピーエルオー PLO [パレスチナ解放機構] Organisation f de libération de la Palestine (OLP f).

ビーカー vase m à bec.

ひいき 贔屓 [愛顧] faveur f; protection f; bonnes grâces fpl; [偏愛] prédilection f;

ピーク préférence *f*; partialité *f*. ~の引き倒しをする causer des ennuis à *qn* par suite de la faveur qu'*on* lui porte. ¶~する favoriser; protéger; patronner; [偏愛する] avoir une prédilection pour; avoir une préférence pour. ∥彼に彼女ばかりを~している Cessez de la traiter en favori. 何とぞご~のほどを願いあげます Nous vous prions de nous honorer de votre patronage. ~の favori(te); préféré(e). ∥ ~筋 client(e) *m(f)*. ~目に見る regarder *qc* d'un œil favorable.

ピーク pointe *f*. ∥ラッシュの~時 heures *fpl* de pointe.

ピーケーせん PK 戦 [サッカー] épreuve *f* de tir au but.

ビーコン balise *f*.

ビーシー B.C. avant Jésus-Christ.

ビージーエム BGM ⇒ バックグラウンドミュージック.

ビーシージー BCG Bacille *f* de Calmette et Guérin. ~を接種して陽転した J'ai été vacciné au BCG, et j'ai viré ma cuti.

ピーシービー PCB [ポリ塩化ビフェニル] polychlorobiphényle *m*.

びいしき 美意識 sens *m* du beau.

ヒース bruyère *f*.

ビーズ perle *f* de verre; grain *m*.

ヒーター chauffage *m*. ~をつける mettre le chauffage. ∥ カー~ chauffage d'une voiture.

ビーだま -玉 bille *f* de verre.

ビーチ ¶~ウェア ensemble *m* de plage. ~サンダル tongs *fpl*. ~パラソル parasol *m* de plage.

ピーティーエー PTA Association *f* des professeurs et des parents d'élèves.

ひいては 延いては ¶それは個人のため~社会のためにもなる C'est pour le bien non seulement de l'individu mais aussi de la société.

ひいでる 秀でる exceller; primer par (en) *qc*; se distinguer. 一芸に~ passer maître (s'illustrer) dans un art. ¶秀でた excellent; distingué.

ビート [甜菜] betterave *f* [à sucre].

ヒートアイランド îlot *m* de chaleur.

ビーナス Vénus *f*; Aphrodite *f*.

ピーナッツ cacahouète *f*; arachide *f*.

ビーバー castor *m*.

ぴいぴい ¶~鳴く [小鳥が] pépier. ~鳴くつぐみ merle *m* siffleur. 小さい子が~泣いている Le marmot piaille. ◆ ¶奴は年中~している [貧乏している] Il est toujours à sec (sans le sou).

ピーピーエム ppm p.p.m *(partie f par million)*.

ビーフステーキ bifteck *m*; steak *m*.

ビーフン nouilles *fpl* de riz.

ピーマン piment *m* doux.

ビーム faisceau(x) *m*. ∥ 電子~ faisceau électronique.

ひいらぎ 柊 †houx *m*.

ヒール talon *m*.

ビール bière *f*. ~を飲む boire de la bière. ∥ 黒~ bière brune. 生~ bière à la pression. ~業者 brasseur *m*. ~醸造所 brasse-rie *f*.

ビールス virus *m*.

ひいれ 火入れ [点火] allumage *m*; [加熱] chauffage *m*. ∥ ~式 inauguration *f* d'un haut fourneau.

ヒーロー †héros *m*.

ひうちいし 火打石 silex *m*.

ひうん 悲運 malheur *m*; infortune *f*; malchance *f*; [集団的な] calamité *f*. 度重なる~に泣く jouer de malheur; être victime d'une avalanche de malheurs. ¶~な infortuné; calamiteux(se). ~な生涯 vie *f* infortunée.

ひえ 稗 panic *m*. ∥ ~粟類 millets *mpl*.

ひえいせい 非衛生 ¶~的な insalubre; non hygiénique; malsain. ~である manquer d'hygiène.

ひえき 裨益 ¶~する contribuer. 科学の進歩に~する contribuer aux progrès de la science. ~するところ大である apporter une importante contribution à *qc*.

ひえこむ 冷込む se refroidir; fraîchir. 今夜は~ Le temps fraîchit ce soir. ¶冷えこみ refroidissement *m* (fraîcheur *f*) du temps.

ひえしょう 冷性 ¶~である être frileux(se).

ピエタ pietà *f inv*.

ヒエラルキー †hiérarchie *f*.

ひえる 冷える fraîchir; [se] refroidir. 今夜は~ Il fait très froid ce soir. 足が~ J'ai froid aux pieds. 裏風で身体がすっかり冷えた Le vent glacé m'a transi. 二人の仲はかなり冷えて来ている Il y a un certain froid entre eux. 夫婦の仲は冷えきっている Les époux sont en froid. ¶冷えた froid; frais (fraîche); [シャンパンが] frappé. 冷えたエンジン moteur *m* froid (refroidi). よく冷えたビール(シャンパン) bière *f* bien fraîche (champagne *m* bien frappé). このクーラーはよく~ Ce climatiseur marche bien.

ピエロ pierrot *m*; clown *m*.

びえん 鼻炎 rhinite *f*; [鼻風邪] coryza *m*. ∥ 慢性~ rhinite chronique.

ビエンナーレ ~展 exposition *f* biennale.

ビオラ alto *m*. ∥ ~奏者 altiste *mf*.

びおん 微温 ¶~的な tiède. ~的態度 tiédeur *f*.

びおん 鼻音 nasale *f*. ∥ ~化 nasalisation *f*.

ひか 悲歌 élégie *f*.

ひか 皮下 ¶~の hypodermique; sous-cutané. ∥ ~脂肪 graisse *f* dans le tissu sous-cutané. ~出血 hémorragie *f* sous-cutanée. ~注射 injection *f* hypodermique. ~注射を打つ faire une injection sous-cutanée.

ひが 彼我 les uns et les autres; les deux côtés. ~の利害関係 relation *f* d'intérêts entre les uns et les autres. ~の意見を比較検討する procéder à une confrontation des opinions des deux parties. ~共に多くの犠牲者を出した Les deux camps ont subi des pertes humaines importantes.

びか 美化 embellissement *m*. ¶~する embellir; idéaliser. ~される s'embellir.

ひがい 被害 dommage *m*; dégâts *mpl*; ravages *mpl*. 戦争の~ ravages de la guerre

ぴかいち ～を与える(及ぼす) ravager; endommager; dévaster. ～を免れる échapper aux dégâts. ～を受ける subir un dommage. この間の台風で果樹園は大きな～を受けた Le dernier typhon a dévasté les vergers. 人畜に～なし Bêtes et gens sont sains et saufs. ～者 victime f; 《法》partie f lésée. その災害で百人以上の～者が出た La catastrophe a fait plus de cent victimes. ～妄想 manie f de la persécution.

ぴかいち ぴか― as m. 彼はクラスで～だ[全てに於て] C'est l'as de la classe. 語学では彼が～だ C'est un crack en langue étrangère.

ひかえ 控 [メモ・写し] note f; mémoire f; mémorandum m; copie f; double m. ～を取る prendre note. ～帳 [受取り、小切手の] carnet m à souches. 注文～帳 carnet de commandes. ◆[代替] ～の選手 joueur m de réserve.

ひかえしつ 控室 antichambre f; salle f d'attente. ～で待つ faire antichambre.

ひかえめ 控目 réserve f; discrétion f. ～な réservé; mesuré; discret(ète); modéré. ～な人 personne f discrète. ～な賞讃 éloge m mesuré. ～な態度をとる se tenir sur la réserve. 彼は万事に～だ Il est mesuré en tout. 言葉を～にしなさい Mesurez vos paroles. 砂糖を～にしなさい Ménagez le sucre. ～に discrètement; avec discrétion; avec réserve. ～に振舞う se comporter avec réserve.

ひがえり 日帰り ～が出来る On peut revenir le même jour. ～旅行をする faire un voyage d'un jour (d'une journée).

ひかえる 控える [書き留める] noter; prendre note de; écrire. 住所を～ prendre note de l'adresse de qn. ◆[抑制する] tenir; s'abstenir de. 言葉を～ tenir sa langue. 酒を～ se retenir de boire; s'abstenir de vin. 一切の論評を～ s'abstenir de tout commentaire. ◆[待つ] attendre. 次の間で～ attendre dans une pièce voisine. 試験を3日後に控えている Il ne reste plus que 3 jours avant l'examen. ｜試験を控えて猛勉強する bûcher à l'approche de l'examen.

ひがかみ 腿 jarret m.

ひかきぼう 火掻棒 tisonnier m; pique(pic)-feu m inv.

ひかく 比較 comparaison f; rapprochement m; parallèle m. ～する comparer; faire la comparaison; rapprocher; mettre qc en comparaison (parallèle). AとBとを～する comparer A avec B; faire la comparaison entre A et B. …と(に)～すれば en comparaison de; par comparaison à (avec); comparativement à. 去年と～すれば今年は豊作だ Comparativement à la précédente, la récolte de cette année est bonne. これまでのものに～すると今度の小説は driedりに欠ける En comparaison des précédents, ce dernier roman déçoit. と～し得る être comparable à; entrer la comparaison avec; [匹敵する] soutenir la comparaison avec. ～出来ない qui n'est pas comparable; incomparable. ～的 relativement; comparativement. ～的やさしい問題 problème m relativement facile. ～にならぬほど incomparablement. ‖～級[文法] comparatif m. ～研究 étude f comparative. 製造方法を～研究する faire une étude comparative des procédés de fabrication. ～検討する comparer; comparer pour examiner. ～文学 littérature f comparée.

ひかく 皮革 ～工業 peausserie f; maroquinerie f. ～職人 peaussier m; maroquinier m. ～製品 objet m en cuir.

ひかく 非核 ～の non-nucléaire. ‖～三原則 trois principes mpl anti-nucléaires.

ひがく 秘学 sciences fpl occultes.

びがく 美学 esthétique f. ～上の esthétique. ～上の esthétiquement. ～者 esthéticien(ne) m(f).

ひかげ 日陰 ～に置く(座る) mettre (être assis) à l'ombre. ～になった ombragé.

ひがけ 日掛け acompte m journalier. ～にする payer en acomptes journaliers. ‖～貯金 épargne f quotidienne; dépôt m bancaire quotidien.

ひかげもの 日陰者 [疎外者] déchu mf de la société; [前科者] repris(e) m(f) de justice; [囲い者] concubine f; [私生児] bâtard(e) m(f). ～で暮す [社会から疎んじられて] vivre en marge.

ひかげん 火加減 ～を見る surveiller le feu.

ひがごと 僻事 それは～だ C'est une chose déformée.

ひがさ 日傘 parasol m; [小さな] ombrelle f.

ひかされる 引かされる ～子に～ [ほだされる] être attaché à ses enfants.

ひがし 東 est m; orient m. 太陽は～から昇る Le soleil se lève à l'est. ～の oriental(aux). ‖～風 vent m de l'est. ～側 côté m est. ～半球 hémisphère m oriental. ～ヨーロッパ Europe f orientale. ～ローマ帝国 Empire m romain d'Orient.

ひかず 日数 ～を数える compter les jours sur les doigts. ～を重ねる consacrer des jours. ～を重ねて早3か月 Trois mois se sont déjà écoulés.

ひかぜい 非課税 exonération f (exemption f) d'impôt. ～の exonéré(e). ‖～品 marchandises fpl exonérés; articles mpl exonéré.

ひかせぎ 日稼ぎ ～に出かける aller en journée.

ひがた 干潟 lagune f asséchée.

ビカタル 鼻― coryza m; rhinite f.

ぴかぴか ～の家具 meuble m poli. ～の車 [真新しい] voiture f flambant neuve. ひじがすれて～になった上着 veste f lustrée aux coudes. 靴を～に磨く faire reluire les souliers. ～光る étinceler; scintiller. ～光る金属 métal(aux) m brillant. ◆[多く皮肉に] ～のスポーツカー voiture de sport rutilante. ～のドレス [けばけばしい] robe f très voyante.

ひがみ 僻み rancœur f; complexe m d'infériorité; préjugé m. ～根性 humeur f ran-

ひがむ 僻む regarder qn avec une prévention défavorable; se sentir brimé. そうなよ Ne m'envie pas comme ça. そう世間を僻んで見てはいけない Il ne faut pas se croire brimé par tout le monde. ¶僻みっぽい rancunier(ère); rancuneux(se). 僻みっぽい人 rancunier(ère) m(f). 彼は近頃僻みっぽい Ces derniers temps, il se montre rancunier.

ひがめ 僻目 jugement m déformé. ¶そう考えたのは僕の〜だろうか Ai-je tort (Est-ce une erreur de ma part) de penser ainsi?

ひがら 日柄 ¶〜よい(悪い) jour m faste dans un jour faste (néfaste). 〜を選ぶ choisir un jour faste.

ひからす 光らす ¶目を〜 [監視する] avoir (tenir) qn à l'œil. 親父が目を光らしているので勝手な真似はできない Mon père me surveille de près: je ne peux pas faire ce que je veux. ⇨ ヒカル.

ひからびる 乾涸びる se racornir; se dessécher. ¶乾涸びた racorni; sec (sèche).

ひかり 光 lumière f; clarté f; jour m; clair m; rayon m; [閃光] éclair m; [光沢] brillant m; [微光] lueur f. 日の〜 éclat m du jour. 町の〜 lumières fpl de la ville. 〜を放つ émettre de la lumière. 希望の〜を見出す apercevoir un rayon d'espoir. 著者はその問題に新しい〜を投げかけている L'auteur jette une lumière nouvelle sur la question. ‖〜通信 communication f optique. 〜ディスク disque m optique. 〜ディスクドライブ lecteur m de disque optique. 〜ファイバー fibres fpl optiques. 〜ケーブル câble m optique.

ぴかり ¶〜と光る lancer un éclair. 稲妻が〜と光る Un éclair brille soudain.

ひかる 光る briller; luire; reluire. 稲妻が〜 Un éclair brille. 星が〜 Les étoiles scintillent. 刃が〜 Un sabre brille. 彼の額は汗で光っていた Son front luisait de sueur. 灯台が光っては消える Un phare s'allume et s'éteint alternativement. 光らせる polir; faire luire (briller). ¶光った reluisant; luisant. 〜目 yeux mpl luisants. ¶[優れる] 彼は仲間うちで最も光っている Il est le plus brillant de ses camarades. 彼の演技が取り分け光っていた Son jeu s'est particulièrement distingué.

ひかれもの 引かれ者 ¶〜の小唄 vaines jérémiades fpl d'un vaincu.

ひかれる 引かれる ¶この作品には何か〜ものがある Il y a quelque chose d'attirant dans cet ouvrage.

ひがわり 日替わり ¶〜定食 menu m du jour.

ひかん 悲観 pessimisme m; désespoir m. ¶…に〜する être pessimiste sur qc. 彼はひどく〜して自殺してしまった Il était pessimiste et s'est suicidé. 〜的 pessimiste. 事業がうまくいかないので彼は次第に〜的になってきた Ses affaires vont mal et il est de plus en plus découragé. 彼の子供の成績はまだ悲観したものではない Les résultats de votre enfant ne sont pas à ce point décourageants... 〜する prendre qc au tragique. ‖〜論 pessimisme m. 〜論者 pessimiste mf.

ひかん 避寒 ¶〜する hiverner. ‖〜客 hivernant(e) m(f); hiverneur(se) m(f). 〜地 station f hivernale.

ひかん 彼岸 semaine f de l'équinoxe (du printemps, de l'automne). 〜の入り(明け) premier jour m (dernier jour) de la semaine de l'équinoxe. 〜[あの世]の au-delà m; rive f opposée.

ひがん 悲願 vœu(x) m le plus cher de qn. …を〜とする souhaiter de tout son cœur que sub. 私の〜が叶った Un de mes plus profonds désirs s'est réalisé./Notre plus cher espoir a été comblé.

ひがん 美観 belle vue f; site m; pittoresque m. 〜を添える rehausser la beauté de qc. 〜を損ねる nuire à la beauté; gâter la vue.

びがん 美顔 ¶〜術 soins mpl de beauté. 〜水 lotion f de beauté.

ひき 引き [後楯] faveur f; patronage m; pistonnage m; piston m. 大臣の〜で à la faveur d'un ministre. 彼は部長の〜でその地位についた Il est arrivé à cette situation par le piston du directeur. ‖◆[割引] 5割〜で売る vendre avec un rabais de 50%.

ひき 悲喜 ¶〜こもごも来る éprouver tour à tour de la joie et de la tristesse; passer successivement de la tristesse à la joie. ‖〜劇 tragi-comédie(s) f. 〜劇的 tragi-comique.

-ひき 匹 tête f; pièce f. ¶1〜の鹿 un cerf. 5〜の家畜 cinq têtes (pièces) de bétail.

ひぎ 秘儀 rite m secret.

ひぎ 秘技 art m d'aimer.

びぎ 美技 jeu(x) m admirable; adresse f; beau(x) jeu(x) m. 観衆は彼の〜に驚嘆した Son beau jeu a émerveillé le public.

ひきあい 引合[例] ¶〜に出す alléguer; citer en exemple; donner comme preuve. 判例を〜に出す alléguer un texte de loi. 〜に出される être appelé comme témoin. 〜[取引] ¶外国から〜がある recevoir des demandes d'achat de l'étranger.

ひきあう 引合う [引張り合う] s'attirer; tirer qc de deux côtés. ◆[儲かる] y trouver son compte. 十分〜 Ça payera. ¶〜商売 affaires fpl avantageuses. 引合わない仕事 travail(aux) m ingrat.

ひきあげ 引上げ [賃金, 税の] augmentation f; relèvement m; [沈没船の] renflouement m; renflouage m; mise f à flot; [溺死者の] repêchage m. ¶〜作業 travaux mpl de renflouement. ◆[外地から] rapatriement m; retour m dans sa patrie; [撤退] évacuation f.

‖〜者 personne f qui revient dans sa patrie.

ひきあげる 引上(揚)げる [賃金, 値段を] tirer qc en haut; augmenter; hausser; [税を] augmenter (hausser) les impôts; [沈没船を] renflouer; relever. ◆[退去する] évacuer; rentrer. 中国から〜 retourner de Chine. 夕立が過ぎるとみんなは引き揚げた Après la bourrasque, tout le monde s'est retiré.

ひきあてる 引当てる ¶くじで〜 gagner un lot. 特賞を〜 tirer un gros lot.

ひきあみ 曳網 filet m de pêche; [トロール網] seine f; senne f; chalut m.

ひきあわせ 引き合わせ ¶あなたに会えたのは神様の〜です C'est la providence qui m'a fait vous rencontrer.

ひきあわせる 引合わせる ⇒ しょうかい(紹介). ¶二人を〜 présenter deux personnes l'une à l'autre. ◆[対照する] comparer; confronter; [照合する] collationner. 原文との〜 comparer la copie avec le texte.

ひきいる 率いる mener; commander; conduire; diriger. 軍を〜 être à la tête d'une armée. チームを〜 diriger une équipe.

ひきいれる 引入れる ¶味方に〜 entraîner qn dans son parti. 陰謀に〜 gagner qn à une conspiration; engager qn dans un complot.

ひきうけ 引受け ¶〜人 [手形] accepteur m; 〖商〗accréditeur m.

ひきうける 引受ける se charger de; prendre qc à sa charge; [責任を] assumer; endosser. 事件を〜 prendre une affaire en main. 責任を〜 assumer une responsabilité. 結果の責任はいつでも僕が〜 Je suis prêt à endosser les conséquences. 手形を〜 accepter une lettre de change. 身柄を〜 répondre de la personne de qn. 引受けた C'est une affaire faite! 引受けましょう Je m'en occuperai.

ひきうす 碾臼 meule f [de pierre].

ひきうつし 引写し copie f; reproduction f. ¶〜する copier; reproduire.

ひきおこす 引(惹)起こす relever; redresser; remettre debout. ◆[惹起する] causer; entraîner; provoquer. 悶着を〜 provoquer des troubles. 動揺を〜 causer un émoi. 多くの事故を〜 amener de nombreux accidents. 戦争はあらゆる不幸を〜 La guerre produit toutes sortes de maux.

ひきおとし 引き落とし ¶口座からの自動〜 prélèvement m automatique sur un compte bancaire.

ひきおとす 引き落とす ¶口座から引き落とされる être prélevée sur le compte.

ひきかえ 引替 ¶...と〜に en échange de qc; contre qc. 現金と〜に contre argent comptant. 代金と〜 payement m à la livraison. 〜券 bon m.

ひきかえす 引返す rebrousser chemin; s'en retourner; revenir sur ses pas; faire demi-tour. 空しく〜 s'en retourner comme on est venu. ここまで来たらもう引き返せない On est arrivé au point de non-retour.

ひきかえる 引替える ⇒ かえる(替える). ¶それに引替えて au contraire; à l'opposé. 彼は金持ちだ, それに引替えて弟は貧乏している Il est riche, tandis qu'à l'opposé son frère est pauvre.

ひきがえる 蟾蜍 crapaud m.

ひきがたり 弾語り récit m accompagné. ギターで〜をする chanter en s'accompagnant d'une guitare.

ひきがね 引金 détente f; gachette f. 〜を引く lâcher la détente; appuyer sur la détente. ◆[比喩的に] ¶その事件が〜となって大騒動が起きた Cette affaire a été l'étincelle qui a mis le feu aux poudres.

ひきぎわ 引き際 ¶何事も〜が肝心だ Il faut toujours savoir se retirer au bon moment.

ひきげき 悲喜劇 tragi-comédie(s) f. ¶〜の tragi-comique.

ひきこみせん 引込線 [電線] ligne f de connexion; [鉄道の] voie f de garage.

ひきこむ 引込む [悪事に] impliquer qn. 彼は公金横領の事件に引込まれた Il a été impliqué dans une affaire de détournement de fonds publics. ◆ ¶風邪を〜 attraper un mauvais rhume.

ひきこもり 引き籠り retrait m social.

ひきこもる 引籠る se confiner; s'enfermer. 家に〜 se renfermer chez qn; se retirer à la campagne. 彼は病気で引籠っている La maladie le retient dans sa chambre.

ひきころす 轢殺する écraser qn. ¶彼女は犯人の車に轢殺された Elle est morte écrasée par la voiture du coupable.

ひきさがる 引下がる se retirer: quitter; reculer; [暇を告げる] prendre congé de qn. おめおめと〜なんてだらしがないぞ N'as-tu pas honte de te retirer sans rouspéter?

ひきさく 引裂く déchirer; mettre en pièces; [手紙, ビラなど] lacérer; [人の仲を] séparer. 二人の仲を〜 séparer deux amis. 胸を〜 [悲しませる] déchirer le cœur de qn. 布を〜 déchirer une étoffe. 絹を〜ような声 cri m déchirant.

ひきさげ 引下げ abaissement m; diminution f; réduction f. 公定価格の〜 abaissement d'un taux. 物価の〜 réduction des prix. ¶物価〜運動 campagne f pour la réduction des prix.

ひきさげる 引下げる abaisser; rabaisser. ¶物価を〜 réduire les prix. 税を〜 abaisser une taxe.

ひきざん 引算 soustraction f. 〜をする soustraire; faire une soustraciton. 〜の記号 signe m de soustraction.

ひきしお 引潮 marée f descendante; reflux m. 間もなく〜になる La mer va baisser bientôt.

ひきしぼる 引絞る ¶弓を〜 bander un arc.

ひきしまる 引締まる se raffermir. 市況が〜 La situation du marché se raffermit. 彼が引締った Son visage s'est raffermi. その一筆で画面が引締った Un coup de pinceau a donné de la fermeté au tableau. 引締った顔 visage m aux traits fermes. 引締った体 style m ferme. 彼は引締った体をしている Il a un corps d'athlète.

ひきしめ 引き締め ¶金融〜政策 politique f monétaire restrictive.

ひきしめる 引締める serrer; resserrer; raffermir. 皮膚を〜 アストリンゼント lotion f astringente qui resserre la peau. 手綱を〜 serrer la bride. 肉体を〜 raffermir les chaires. 家計を〜 restreindre les dépenses domestiques. 気を〜 tendre son esprit. 金融を〜 resserrer le crédit. 彼は声音を引締めようとして咳払いをした Il toussa légère-

ひぎしゃ 被疑者 prévenu(e) *m(f)*.

ひきすえる 引据える ¶子供を目の前に引据えて説教する sermonner un enfant entre quatre yeux.

ひきずる 引摺る traîner. 足を～ traîner les pieds. 身体を～ se traîner. ¶着物が引きずっている La robe traîne. ¶ある地位から引きずり落す forcer *qn* à se démettre. 引きずり込む faire entrer *qn*; entraîner *qn*; impliquer *qn*. 破滅に引きずり込む entraîner *qn* à la ruine. 彼は私をその事件に引きずり込んだ Il m'a mêlé à (impliqué dans) cette affaire. 引きずり込まれる se laisser entraîner. 引きずり出す tirer dehors; faire sortir *qn* de force. みんなは嫌がる私を引きずり出して会長に祭り上げた Contre mon gré, ils m'ont installé de force à la présidence. 引きずり回す mener *qn* par le bout du nez. 引きずり回される se laisser mener par le bout du nez.

ひきだし 引(抽)出し tiroir *m*.

ひきだし 引出し [預金の] retrait *m*.

ひきだす 引出す tirer; retirer; faire sortir; extraire; dégager. 結論を～ tirer une conclusion. 預金(利益)を～ retirer un dépôt (un bénéfice). 瓦礫の中から怪我人を～ dégager un blessé des décombres. 彼からは何も引出せない On ne peut rien tirer de lui.

ひきたつ 引立つ ressortir; se faire valoir. 額で絵が～ Ce cadre met le tableau en valeur. 料理の味を引立たせる relever un mets. ¶白粉をつけると彼女の顔が引立って見える Le fard rehausse l'éclat de son teint.

ひきたて 引立て [愛顧] faveur *f*; patronage *m*; [後援・支援] support *m*; appui *m*; [推薦] recommandation *f*. ～を得る gagner la faveur de *qn*; être favorisé par *qn*. ¶よろしくお～の程お願い致します J'ai l'honneur de solliciter la faveur de votre appui.

ひきたてやく 引立役 repoussoir *m*. ～になる servir de repoussoir.

ひきたてる 引立てる [罪人を] entraîner; mener; [目立たせる] faire ressortir; mettre en relief; [元気づける] encourager *qn*; ranimer (réchauffer) le courage de *qn*; réconforter *qn*; [愛顧する] protéger; patronner; favoriser.

ひきちぎる 引千切る arracher *qc*.

ひきつぎ 引継ぎ succession *f*; remise *f*. 政権の～ succession au pouvoir. ‖事務の～ transmission *f* des affaires.

ひきつぐ 引継ぐ succéder à *qn*; relayer *qn*. 看病に疲れた友達の後を～ relayer un ami fatigué auprès d'un malade. 長男が父の後を引継いでその事業の責任者となった Le fils aîné a succédé à son père à la tête de cette entreprise.

ひきつけ 引付け [痙攣] convulsion *f*. ～を起す être pris de (tomber en) convulsions.

ひきつける 引付ける tirer; attirer; [魅了する] charmer; séduire. 磁石は鉄を～ L'aimant attire le fer. この雑誌の体裁は人を～ Cette revue a une présentation attrayante. 彼の目には何かしら人を～ものがある Il a dans son regard quelque chose d'attirant. ¶～ような attirant; attrayant; séduisant. 彼女は人を～ような瞳をしている Elle a des yeux attirants.

ひきつづき 引続き [相次いで・ぶっ通しで] successivement; consécutivement. ～6日間 pendant six jours de suite; six jours consécutifs. ◆[休みなく] continuellement; sans arrêt; sans discontinuer. ～…する continuer à (de) *inf*. ～[直ぐに] tout de suite; sans délai. ～討論に入ります On va immédiatement ouvrir le débat.

ひきづな 引綱 corde *f*; [船の] câble *m*, remorque *f*.

ひきつる 引攣る se révulser; se convulser; se crisper. 足が～ être pris d'une crampe aux jambes. ひきつらせる révulser; convulser; crisper. ¶ひきつった顔 visage *m* qui se révulse; visage révulsé (crispé).

ひきつれる 引連れる mener (amener, emmener) avec *soi*; traîner *qn*; se faire accompagner de. 彼はどこへでも子供たちを引き連れていく Il traîne ses enfants partout. ¶おじさんが大勢の子供を引連れてやって来た Mon oncle m'a rendu visite, suivi de beaucoup d'enfants.

ひきて 引手 [抽出しの] [取っ手] poignée *f* de tiroir.

ひきて 弾手 joueur(se) *m(f)*; exécutant(e) *m(f)*.

ひきでもの 引出物 souvenir *m* distribué aux invités.

ひきど 引戸 porte *f* à coulisse (à glissière).

ひきどき 引(退)時 ¶今が～だ C'est le moment de se retirer.

ひきとめる 引止(留)める retenir; accrocher. 悪天候が私達をここに引留めた Le mauvais temps nous a retenus ici. 私は通りで友達に引止められた J'ai été accroché dans la rue par un ami.

ひきとりにん 引取人 réclamant(e) *m(f)*; [法] ayant(s) droit *m*. ～のない貨物 marchandise *f* non réclamée.

ひきとる 引取る [引受ける] se recueillir; recevoir; se charger de; prendre soin de. 孤児を～ recueillir un orphelin. その子私が引取って面倒を見ます Je prends cet enfant en charge et je m'en occupe. 私は伯父の家に引取られた J'ai été confié à mon oncle. ◆[退去する] se retirer. どうぞお引取り下さい Veuillez vous retirer. ◆～息を～ rendre le dernier soupir.

ビギナー débutant(e) *m(f)*; commençant(e) *m(f)*.

ビキニ bikini *m*.

ひきにく 挽肉 †hachis *m*; viande *f* hachée (en hachis). ‖～器 †hachoir *m*.

ひきにげ 轢逃げ délit *m* de fuite. ¶～する s'enfuir après avoir écrasé un passant.

ひきぬき 引抜き débauchage *m*. ベテランの～ débauchage d'un spécialiste.

ひきぬく 引抜く arracher; tirer; [植物を] déraciner; extirper; [人を] débaucher. 釘を～ arracher un clou. 専門家を～ débaucher

ひきのばし 引伸し [写真の] agrandissement *m*; [金属, 皮の] étirage *m*. ‖~器 agrandisseur *m*. ◆[期間の] prolongation *f*; [審議の] obstruction *f*. 審議を~を図る faire de l'obstruction. ‖~策 mesure *f* (manœuvre *f*, moyen *m*) dilatoire.

ひきのばす 引伸ばす allonger; [金属, 皮などを] étirer. ◆[期間を] prolonger. 演説を~ allonger *son* discours. 審議を~ faire traîner les débats. 支払いを~ retarder un paiement. ～を翌日に~ remettre *qc* au lendemain.

ひきはなす 引離す [無理に] séparer; écarter; éloigner; détacher; aliéner; désunir. A を B から~ éloigner A de B. ◆[後継者を] distancer. 他のランナーを~ laisser les autres coureurs loin derrière *soi*; distancer les autres coureurs.

ひきはらう 引払う vider; faire place nette. アパートを~ vider un appartement. 家を~ quitter une maison.

ひきふね 引(曳)船 remorqueur *m*; toueur *m*; [作業] remorquage *m*. ‖~する remorquer; touer.

ひきまく 引幕 rideau(x) *m* de scène; rideau (x) *m* à la grecque.

ひきまど 引窓 lucarne *f*; vasistas *f*; fenêtre *f* à tabatière.

ひきまわし 引回し [連れて歩く] conduire *qn* çà et là; [引きずり回す] mener *qn* en laisse. 罪人を~ promener un criminel à travers la ville. いいように引き回される se laisser mener par le bout de nez. ◆[慣用的に] ¶よろしくお引回しのほどお願いします Je compte sur vous pour me mettre au courant.

ひきめぐらす 引巡らす ¶家の回りに幕を~ poser une tenture autour de la maison.

ひきもきらず 引きも切らず sans interruption; sans arrêt; sans cesse; sans répit. ~車が通る Il y a des flots continuels de voitures.

ひきもどす 引戻す ramener en arrière; retirer. 常態に~ faire revenir à l'état normal.

ひきゃく 飛脚 estafette *f*; courrier *m*. ~を立てる expédier un message.

びきゃく 美脚 acte *m* méritoire.

ひきょう 卑怯 lâche; couard. ~な振舞 couardise *f*; lâcheté *f*. ~な振舞をする commettre une lâcheté. ...するのは~だ C'est une lâcheté de *inf*. ~にも lâchement. ‖~者 lâche *mf*; couard(e) *m(f)*.

ひきょう 悲境 circonstance *f* malheureuse; situation *f* misérable; adversité *f*. ~に陥る tomber dans la misère.

ひきょう 悲況 condition *f* déplorable.

ひきょう 秘境 région *f* encore inexplorée; pays *m* de mystère. ~を探る explorer une contrée vierge.

ひきょう 秘教 ésotérisme *m*. ¶~の ésotérique.

ひぎょう 罷業 ⇨ ストライキ.

ひきょく 秘曲 ballade *f* ésotérique.

ひきよせる 引寄せる tirer; attirer. 自分の方へ ~ tirer *qc* à soi. 魚を網の中に~ attirer le poisson dans *son* filet. その動物は知らず知らずのうちに罠に引寄せられた Cet animal a été attiré à son insu dans le piège. ◆[餌で] allécher; appâter. 魚を~ appâter des poissons. 彼は読者を~ためにこの題名を選んだ Il a choisi ce titre pour allécher les lecteurs.

ひきわけ 引分 partie *f* nulle; match *m* nul; résultat *m* nul. 勝負は~に終った On a fait match nul. 試合は 2 対 2 で~に終った Le match s'est terminé sur un résultat nul: deux buts partout.

ひきわける 引分ける [喧嘩を] séparer les combattants; [試合を] faire match nul.

ひきわたし 引渡し remise *f*; livraison *f*; délivrance *f*; [犯人の] extradition *f*. ‖小包~remise d'un colis. ~場所(期日) lieu(x) *m* (date *f*) de la livraison.

ひきわたす 引渡す remettre; livrer; transférer; [犯罪人を] extrader. 裁判所に~ déférer *qn* à la justice. 警察に~ remettre *qn* entre les mains de la police. 犯罪人を本国に~ extrader un criminel.

ひきん 卑近 ~な familier(ère); vulgaire; banal. ~な例をあげる fournir un exemple aisé à comprendre.

ひきんぞく 卑金属 métal(aux) *m* vil.

ひきんぞく 非金属 métalloïde *m*; non-métal *m*. ‖~元素 élément *m* non métallique.

ひく 引(曳)く [引張る・引摺る] tirer; traîner. 船を~ remorquer un bateau. 綱を~ haler. 盲人の手を~ guider un aveugle par la main. 線を~ [書く] tirer une ligne. 平行線を~ mener (tracer, dessiner) une parallèle. 跛を~ traîner la jambe. ◆[引込める] ¶...から手を~ se laver les mains de *qc*. ¶電気(電話)を~ installer l'électricité (le téléphone). ガスを~ amener le gaz. 田に水を~ irriguer les rizières. 風邪を~ attraper un rhume; prendre froid. ◆[退く] ¶潮が~ La marée baisse (descend). 水が~ Les eaux se retirent. 熱が~ La fièvre tombe (baisse). 政界から身を~ se retirer de la politique. これ以上一歩も退けない Je ne peux plus reculer d'un pas. ◆[差引く] ¶値を~ diminuer le prix. もう一文も~ことはできません Je ne peux pas baisser ce prix d'un centime. A から B を~ retrancher (soustraire) B de A. 9－3 は 6 Neuf moins trois font six. ◆[引付ける] ¶注意を~ attirer l'attention. 新聞の見出しが通行人の目を~ Le titre du journal accroche les passants. 心を~音楽 musique *f* entraînante. ◆[誘い込む] ¶袖を~ tirer *qn* par la manche. 客を~売春婦 prostituée *f* qui raccroche les passants. ◆[当ってる・選び取る] ¶辞書を~ consulter un dictionnaire. ...を例に~ donner *qc* comme exemple. くじを~ tirer une loterie. ◆蝋を~ cirer. 油を~ huiler. ◆[跡を受ける] ¶名門の血を~ descendre d'une noble famille. 風邪を~ attraper la grippe.

ひく 弾く jouer; exécuter. ピアノを~ jouer du piano. モーツアルトを~ jouer du Mozart.

一曲を〜 exécuter un morceau [de musique].

ひく 挽く [穀類を] moudre; [鋸で] scier; [材木, 石材を] débiter. 木を板に〜 débiter un arbre en planches.

ひく 轢く écraser. 轢かれる se faire écraser; être écrasé.

びく 魚籠 panier m de pêche.

ひくい 低い bas(se); peu élevé; [背が] court; [身分が] bas(se); humble; inférieur. 〜鼻 nez m épaté. 〜天井 plafond m bas. 〜地位 humble position f; rang m inférieur. 背の〜人 personne f de petite taille. 〜声で話す parler à voix basse. 彼は背が〜からバスケットボールは駄目だ Sa petite taille ne lui permet pas de faire du basket-ball. 声が低すぎて君の話が聞取れない Tu parles trop bas, je ne peux pas t'entendre. ¶低くする baisser; abaisser. 声を低くする baisser la voix. 塀を低くする abaisser un mur. 身を低くする s'abaisser. 土地は川に向って低くなっている Le terrain s'abaisse vers la rivière. 低く bas. つばめが低く飛ぶ Les hirondelles volent bas. 低さ [程度の] niveau m bas; faiblesse f. 知的程度の低さ faiblesse f de l'intelligence.

ひくいどり 火食鳥 casoar m.

ひじょう 非具象 ¶〜絵画 peinture f non figurative.

びくしょう 微苦笑 sourire m aigre-doux.

ピクセル [情報] pixel m.

ひくつ 卑屈 ¶〜な rampant; obséquieux (se); servile; bas(se). 〜な人物に〔へつらい〕精神 m (flatterie f) servile. 〜に bassement; avec servilité. 〜さ servilité f. 彼は自分の〜さが嫌だ Il détestait sa propre veulerie.

びくつく tressaillir; tressauter; sursauter. ちょっとの物音に〜 tressaillir au moindre bruit. びくつかせる faire tressauter.

ひくて 引手 ¶〜あまたである être très recherché. この頃技術者は〜あまただ Ces jours-ci, les techniciens sont très demandés.

びくとも ¶〜しない [平然としている] être inébranlable (impassible); ne pas broncher; [不動である] immobile. 不幸のただ中にいても〜しない rester inébranlable au milieu des plus grandes infortunes. 彼は何が起きても〜しない Il est d'une fermeté parfaite. それらいのことは国家というものは〜しない Il en faut beaucoup plus pour ébranler une chose comme l'Etat. 幾ら押しても引いても〜しないよ On a beau tirer et pousser, ce rocher ne bronche pas. 〜せずに imperturbablement; sans sourciller.

ビクトリア ¶〜湖 lac m Victoria.

ビクトリー victoire f.

ピクニック pique-nique(s) m. 〜をする faire un pique-nique; pique-niquer. ¶〜参加者 pique-niqueur(se) m(f).

ひくひく ¶鼻を〜させる renifler.

びくびく ¶〜する avoir peur; être peureux (se); être dans les transes; trembler. ...しないかと〜する avoir peur de inf; avoir peur que [ne] sub. 遅刻しないかと〜しいう J'ai peur d'arriver en retard. 彼女はなんでもないことに〜している Elle s'alarme pour un rien.

〜して peureusement; craintivement.

びくびく ¶〜する(動く) se crisper; se contracter; palpiter; frémir nerveusement. 瞼を〜させる battre les paupières. 鹿の体はまだ〜動いていた Le corps du cerf palpitait encore.

ひぐま 羆 ours m brun.

ピグミー les Pygmées mpl.

ひぐらし cigale f.

ピクリンさん 〜酸 acide m picrique.

ピクルス pickles mpl.

ひぐれ 日暮 soir m; crépuscule m; tombée f de la nuit. 〜になる La nuit approche./Le jour tombe. ¶〜には nuit tombante; à la tombée de la nuit; au crépuscule. 〜前に avant la fin du jour.

ひけ 引け ¶〜をとる se faire battre. 彼はファイトでは誰にも〜をとらない Il ne le cède à personne en fait d'ardeur. 若い者には引けを取らない Je suis loin de me faire battre par les jeunes.

ひげ 卑下 ¶〜する se faire tout petit; s'humilier; s'abaisser; se ravaler. そんなに自分を〜することはない Il ne faut pas vous humilier à ce point. 〜して...と s'humilier (s'abaisser) jusqu'à inf.

ひげ 髭 barbe f; [口髭] moustache f; [頬髭] favoris mpl; [やぎ髭] barbiche f. 〜が伸びる La barbe pousse. 〜の手入れをする faire la barbe. 〜を剃る se raser [la barbe]. 〜を剃ってもらう se faire raser. 〜を生やす avoir (porter) la barbe. 〜を生した barbu. 〜ぼうぼうの顔 visage m faunesque. ¶無精〜を生している porter une barbe de plusieurs jours. 〜剃クリーム crème f à raser. 〜剃ブラシ blaireau(x) m.

ピケ [ストライキの] piquet m de grève. 〜を設置する installer des piquets de grève. ◆[刺繍い・畝織り] piqué m.

ひけい 秘計 projet m secret.

ひげき 悲劇 tragédie f; drame m. ¶〜的 tragique; dramatique. 〜的事件 événement m tragique (funeste). 〜的に tragiquement. ¶〜俳優 tragédien(ne) m(f).

ひけぎわ 引[退]際 ¶今が〜である Maintenant, c'est le moment de se retirer. 〜が肝心だ Il faut savoir retirer au bon moment.

ひけし 火消し ¶〜役 [事態を収拾する人] arrangeur m; conciliateur(trice) m(f).

ひけしつぼ 火消壺 étouffoir m.

ひけつ 否決 rejet m, rejection f. ¶〜する rejeter; repousser. 20対10で〜する rejeter à vingt voix contre dix.

ひけつ 秘訣 secret m; recette f. 成功の〜 secret pour réussir.

ピケット ⇨ ピケ.

ひけどき 引[退]時 heure f de fermeture; sortie f. 会社の〜 heure de fermeture des bureaux.

ひけね 引値 dernier cours m; prix m de clôture.

ひけめ 引目 ¶〜を感ずる se sentir inférieur à qn; avoir un sentiment d'infériorité.

ひけらかす faire parade de; exhiber;

ひける 引(退)ける ¶役所では5時に～ Le bureau ferme à cinq heures. 学校は3時に～ Les classes finissent à trois heures. 学校(会社)が済んでから après la classe (le travail). ◆ [気後れする] ¶気が～ se sentir gêné ⇒き(気).

ひけん 比肩 ¶～する égaler qn; rivaliser avec qn. 彼に～する者はいない Il est sans égal. ...と～し得る soutenir la comparaison avec.

ひげんぎょう 非現業 ¶～の sédentaire. ‖～員 personnel m sédentaire.

ひげんじつてき 非現実的 irréel(le); irréalisable; chimérique.

ひけんしゃ 被験者 sujet m.

ひこ 曾孫 ⇒ひまご(曾孫).

ひご 卑語 langue f vulgaire.

ひご 庇護 protection f; patronage m. ...の～のもとに sous les auspices de; sous l'égide de. ¶～する protéger; prendre sa protection.

ひごい 緋鯉 carpe f dorée.

ひこう 非行 tort m; mauvaise conduite f; inconduite f. ～を暴く dévoiler les mauvaises actions de qn. ¶～少年 garçon m dépravé; jeune délinquant m.

ひこう 飛行 vol m; volée f. ¶～する voler. ‖高空～ vol à haute altitude. 試験～ d'essai. 長距離～ vol de longue distance. 低空～ vol en rase-mottes. 夜間～ vol de nuit. ～基地 base f aérienne. ～距離 distance f parcourue. ～士 aviateur(trice) m(f). ～時間 durée f de vol. ～中 aviation f. ～服 combinaison f d'aviateur. ～帽 casquette f d'aviateur.

ひごう 非業 ¶～の死を遂げる mourir de mort violente; mourir de malemort.

びこう 備考 remarque f; commentaire m.

びこう 尾行 filature f. ～をまく semer son suiveur. ¶～する prendre en filature; filer.

びこう 微光 lueur f. ～を放つ jeter une lueur.

びこう 徴行 ¶～する [忍び歩き] aller (voyager) incognito.

びこう 鼻孔 narine f; [馬の] naseau(x) m.

びこう 鼻腔 fosses fpl nasales.

ひこうかい 非公開 ¶～の privé; [法] à huis clos. ～の会議 séance f privée.

ひこうき 飛行機 avion m; aviation f. ～に乗(から降)る monter en avion (descendre d'avion). ～に酔う avoir le mal d'altitude. ～が故障する (火を吹く) L'avion a une panne (prend feu en vol). ～が着(陸)陸する L'avion atterrit (décolle). ～が墜落する L'avion s'écrase. ～が飛び立つ L'avion s'envole. ～が頭上を旋回している L'avion tournoie au-dessus de nous. ～が町の上空を飛んでいる L'avion survole une ville. ‖軍用(民間)～ aviation militaire (civile). ～雲 traînée f d'avion.

ひこうけんにん 被見人 pupille mf.

ひこうしき 非公式 ¶～の officieux(se); non officiel(le). ～の知せ nouvelle f officieuse. ～に officieusement; à titre officieux.

ひこうじょう 飛行場 aérodrome m; terrain m (champ m) d'aviation; [空港全体] aéroport m.

ひこうせん 飛行船 ballon m dirigeable; aérostat m.

ひこうたい 飛行隊 escadrille f. ～に勤務する servir dans l'aviation.

ひこうてい 飛行艇 hydravion m à coque.

ひごうほう 非合法 illégitimité f. ¶～の illégitime; illégal(aux); illicite. ～に illégitimement; illégalement.

ひごうり 非合理 déraison f; absurdité f. ¶～な irraisonnable; déraisonnable; absurde; insensé. ～なことを言う déraisonner; dire des absurdités. ～な手段を取る prendre une mesure irrationnelle.

ひこく 被告 [刑事の] accusé(e) m(f); [民事の] défendeur(eresse) m(f). ¶～席 box m des accusés. ～弁護人 avocat m de la défense.

ひこくみん 非国民 antipatriote mf.

びこつ 腓骨 péroné m.

びこつ 尾骨 coccyx m.

びこつ 鼻骨 vomer m; os m nasal.

ひごと 毎日 ¶～に chaque jour; tous les jours. ～に暖かくなる Le temps se réchauffe de jour en jour.

ひこばえ 蘖 accru m; rejeton m.

ひごろ 日頃 [平素] ordinairement; d'habitude; [常に] toujours. ～から彼を憎いと思っていた Je nourrissais toujours de la haine contre lui. ¶～の願い espoir m longtemps caressé. ～の恨みを晴らす satisfaire une vieille rancune. それは彼の～の心掛けが悪いからだ Ça, c'est le fruit de son laisser-aller habituel. そんなことになるのは～の行いが悪いからだ C'est ce qui arrive quand on a l'habitude de se conduire mal.

ひざ 膝 genou(x) m. ～ががくがくする avoir les genoux qui tremblent. ～にすがる se jeter aux genoux de qn. 子供を～に載せる prendre l'enfant sur ses genoux. ～を組む croiser les jambes. ～をつく se mettre à genoux. 片～をつく mettre un genou à terre. ～をつくく faire du genou à qn. ～を曲げる plier les genoux. ～を伸ばす tendre les genoux. このズボンは～がすり切れている Ce pantalon est usé aux genoux. ¶～の出たズボン pantalon m qui a des poches aux genoux. ～をついて à genoux. ～を交えて話を する parler avec qn à cœur ouvert. ‖～当て genouillère f. ～頭(小僧) genou(x) m; [骨] ménisques mpl de genou; rotule f. ～枕する poser sa tête sur les genoux de qn.

ビザ visa m. ～を受ける faire viser son passeport.

ピザ pizza f. ‖～専門店 pizzeria f.

ひさい 非才 incapacité f; inaptitude f. ¶～の身に余る光栄です Malgré mon manque de capacité, je vous remercie de m'accorder une telle confiance. ‖浅学～の身を顧みず malgré mon ignorance, ...

びさい 微細 ¶～な minuscule; microscopique; menu.

びざい 微罪 délit m; peccadille f. ¶彼は～に

ひさいしゃ 被災者 victime *f* d'un désastre.

ひざかけ 膝掛け couverture *f* de voyage; plaid *m*.

ひざかり 日盛り ¶～に en plein jour; au grand jour. 夏の～に en pleine chaleur d'été.

ひさく 秘策 plan *m* secret. ～をめぐらす imaginer un plan secret; élaborer secrètement un projet.

ひさぐ 鬻ぐ ¶春を～ se prostituer.

ひさご 瓠 gourde *f*.

ひざこぞう 膝小僧 ⇨ ひざ(膝).

ひさし 庇 auvent *m*; avant-toit *m*; [帽子の] visière *f*; gâble *m*; gable *m*. ガラスの～[入口の] marquise *f*.

ひざし 日(陽)差し soleil *m*; rayons *mpl* du soleil. ～が暖くなる Le temps devient plus doux. 日中はまだ～が強い Dans la journée, le soleil est encore ardent.

ひさしい 久しい ¶～友情 vieille amitié *f*. 君が東京を離れてから久しくなるね Il y a longtemps que tu as quitté Tokyo. 久しく会わなかったな Voici longtemps que je ne t'ai pas vu. ～以前から depuis longtemps.

ひさしぶり 久し振り ¶～ですね Il y a longtemps que je ne vous ai pas vu. ～に会う revoir *qn* après une longue séparation. ～に手紙を貰う recevoir une lettre de *qn* après un très long silence. ～に天気になった Le temps s'est enfin remis au beau.

ひざづめ 膝詰め ¶～談判をする discuter âprement une négociation; presser *qn* de donner une réponse définitive.

ひざまずく 跪く s'agenouiller; se mettre à genoux. ～人の前に～ tomber aux genoux de *qn* (à genoux devant *qn*). ¶跪いて à genoux.

ひさめ 氷雨 pluie *f* mêlée de grêle.

ひざもと 膝元 ¶親の～で chez les parents; auprès de *ses* parents; sous le toit paternel.

ひさん 悲惨 misère *f*. 戦争の～ misères de la guerre. ～を極める être au comble de la misère. ¶～な misérable; tragique; triste. ～な最後を遂げる mourir tragiquement. ～な生活をする manger le pain de misère.

ひさん 飛散 ¶～する s'éparpiller; se disperser; voler en éclats.

ひさん 砒酸 acide *m* arsénique.

ビザンチン ¶～建築 architecture *f* byzantine. ～様式 style *m* byzantin.

ひし 悲史 histoire *f* triste; récit *m* triste.

ひし 皮脂 sébum *m*. ¶～腺 glande *f* sébacée. ～漏 séborrhée *f*.

ひし 秘史 histoire *f* secrète petite histoire.

ひし 菱 macre *f*; macle *f*. ～の実 châtaigne *f* d'eau.

ひじ 秘事 secret *m*.

ひじ 肘 coude *m*. ～でつつく donner un coup de coude à *qn*. ～を張る écarter les coudes. ¶肘(を)つく s'accouder à (*qur*); s'appuyer sur le coude. テーブルに～を突いてはいけない Ne mets pas les coudes sur la table. ¶～に穴の開いた上衣 veste *f* trouée aux coudes.

ひじかけ 肘掛け accoudoir *m*; bras *m*; [列車などの] appuie-bras *m inv*; appui(s)-bras *m*. ¶～椅子に座る s'asseoir dans un fauteuil.

ひしがた 菱形 losange *m*. ¶～の en losange. ～模様 motif *m* en losanges.

ひしぐ 拉ぐ écraser; broyer. 自慢の鼻を～ rabattre l'orgueil de *qn*. 鬼をも～勢いで d'une vigueur qui met en déroute les démons.

ひしげる 拉げる s'écraser; [ぺちゃんこに] s'aplatir.

ひししょくぶつ 被子植物 angiospermes *fpl*.

ビジター visiteur(se) *m(f)*; invité(e) *m(f)*.

びしてき 微視的 ¶～な microscopique. ～に microscopiquement.

ひじでっぽう 肘鉄砲 coup *m* de coude; [拒絶] refus *m* net. ～を食う essuyer un refus. ～を食わす rebuter *qn*; [求愛者に] éconduire un soupirant.

ひしと ¶～抱きしめる serrer contre *son* cœur.

ビジネス travail(aux) *m*; affaire *f*. ¶～ホテル hôtel *m* économique. ～マン homme *m* d'affaires. ～ライクで行きましょう Traitons en hommes d'affaires.

ビジネスクラス classe *f* affaires.

ひしひし ¶～と胸に迫る serrer le cœur à *qn*. 寒さが～と身にしみる Il fait un froid perçant.

びしびし ¶～と sévèrement; rigoureusement. ～と鍛える élever à la dure.

ひじまくら 肘枕 ¶～をする appuyer la tête sur le coude.

ひしめく 犇めく s'entrechoquer; se bousculer; se presser. 人々は彼の周りにひしめいていた On se bousculait autour de lui. 船内は難民でひしめき合っている Le bateau est bondé de réfugiés.

ひしゃく 柄杓 puisoir *m*. ¶～で汲む pucher.

びじゃく 微弱 ¶～な faible.

ひしゃげる ⇨ ひしげる(拉げる).

ひしゃたい 被写体 corps *m* photographique.

ぴしゃり ¶～と打つ donner une gifle à *qn*. ～と戸を閉める claquer la porte au nez de *qn*. ～と言う se prononcer rigoureusement sur *qc*.

びしゅ 美酒 nectar *m*.

ひじゅう 比重 poids *m* spécifique; densité *f*. ～を計る mesurer (déterminer) le poids spécifique. ¶～計 densimètre *m*. ～測定 densimétrie *f*; [液体の] hydrométrie *f*.

びしゅう 美醜 [哲学的] beau *m* et laid *m*; [具体的] beauté *f* et laideur *f*.

ひじゅつ 秘術 secret *m*; arcanes *mpl*; recette *f*. ～を尽す déployer toutes *ses* ressources; employer tout *son* talent.

びじゅつ 美術 beaux-arts *mpl*. ¶～界 monde *m* artistique. ～学校 école *f* des beaux-arts. ～館 musée *m* d'art. 国立近代～館 Musée National d'Art-Moderne. ～工芸 arts *mpl* et métiers *mpl*. ～作品 œuvre *f* d'art. ～通 connaisseur(se) *m(f)* en matière artistique. ～品 œuvre *f* d'art.

ひじゅん 批准 ratification *f*; sanction *f*. ¶～する ratifier; sanctionner. ～書 ratifi-

ひしょ 秘書 secrétaire *mf*. ¶個人〜 secrétaire particulier(ère). ¶課 secrétariat *m*. …の〜を役をたてる tenir la plume pour *qn*.

ひしょ 避暑 ¶〜する éviter les chaleurs; estiver. ¶〜客 estivant(e) *m(f)*; villégiateur *m*; vacancier(ère) *m(f)*. 〜地 station *f* d'été. 山の〜地で夏を過ごす passer l'été dans une station de montagne.

びじょ 美女 belle *f*; beauté *f*.

ひしょう 飛翔 vol *m*. ¶〜する voler, prendre l'air. 〜距離 distance *f* parcourue.

ひじょう 非常 ¶〜な暑さ chaleur *f* extrême. 〜な誤り grosse erreur *f*. 〜な痛み douleur *f* violente. 〜な悲しみ tristesse *f* profonde. 〜な寒さ grand froid *m*. 〜な財産 immense fortune *f*; fortune énorme. 〜な力 force *f* extraordinaire. 〜な喜び vif (grand) plaisir *m*. 〜に très; fort; bien; beaucoup; tout. 彼女は〜に親切だ Il est très gentil. 彼は〜に利口だ Il est fort intelligent. 彼は〜に不幸だ Il est bien malheureux. 彼は〜をたいへん愛している Il vous aime beaucoup. 彼らは〜に驚いた Ils sont tout étonnés. 彼は〜に利口だから成功するに違いない Il est si (tellement) intelligent qu'il doit réussir. ◆[異常] ¶〜の際には en cas d'urgence. 〜口 porte *f* de secours. 〜階段 escalier *m* de dégagement. 〜警報 alarme *f*. 〜呼集 rassemblement *m* par alarme. 〜事態 état *m* d'alerte. 〜事態宣言 déclaration *f* de l'état d'urgence. 〜手段をとる employer les grands moyens.

ひじょう 非情 ¶〜な(の) sans cœur; sans pitié. 〜な人 personne *f* sans cœur. 〜な眼差し regard *m* d'acier. 〜な心 cœur *m* de granit.

びしょう 微少 ¶ごく〜の microscopique; minuscule.

びしょう 微笑 sourire *m*. 〜を浮べる avoir le sourire. 〜を浮べて avec le sourire. 〜を誘う faire sourire (*qn*). 〜する sourire. ほんのり〜する esquisser un sourire.

ひじょうきん 非常勤 ¶〜の temporaire. ¶〜講師 professeur *m* non titulaire.

ひじょうしき 非常識 absurdité *f*. ¶〜な absurde; aberrant; déraisonnable; extravagant. 〜なことを言う déraisonner. 〜である manquer de bon sens. 〜も甚しい C'est aberrant./C'est de la folie./C'est insensé.

ひじょうせん 非常線 barrage *m* de police; cordon *m* d'agent de police. 〜を張る(突破する) établir (franchir) un barrage de police.

びしょうねん 美少年 beau garçon *m*; éphèbe *m*.

びじょうふ 美丈夫 bel homme *m*.

びしょく 美食 gastronomie *f*; bonne chère *f*. ¶〜家 gastronome *m*.

ビショップ fou *m*.

びしょぬれ びしょ濡れ ¶〜の tout mouillé; trempé. 〜になる être mouillé (trempé) jusqu'aux os.

ビジョン vision *f* de l'avenir. あの政治家には〜がない Cet homme d'État manque de vision nette de l'avenir.

びじれいく 美辞麗句 rhétorique *f*. ありったけの〜を並べて employer toute *sa* rhétorique. 〜を並べる faire des phrases.

びしん 微震 secousse *f* très légère.

ビーナス 美神 Vénus.

びじん 美人 belle *f*; beauté *f*. ¶〜コンテスト concours *m* de beauté.

ビス vis *f*.

ひすい 翡翠 jade *m* vert.

ビスケット biscuit *m*. ¶〜工場 biscuiterie *f*.

ビスコース viscose *f*.

ピスタチオ pistachier *m*. 〜の実 pistache *f*.

ヒスタミン histamine *f*. ¶抗〜剤 antihistaminique *m*.

ヒステリー hystérie *f*. ¶〜を起す avoir une attaque d'hystérie. 〜[性]の(〜にかかった) hystérique. 〜的状態(傾向) hystérisme *m*. 〜患者 hystérique *mf*.

ヒステリック ¶〜な声 voix *f* hystérique.

ピストル revolver *m*; pistolet *m*. …に〜を向ける braquer un revolver sur *qn*. 〜を発射する tirer un coup de revolver. ¶〜強盗 cambrioleur *m* armé d'un revolver. 〜自殺する se tuer d'un coup de revolver.

ビストロ bistro(t) *m*.

ピストン piston *m*. ¶〜輸送 noria *f*;【空】pont *m* aérien. 〜輸送する faire la navette. 〜リング segment *m* de piston.

ビスマス bismuth *m*.

ひずみ 歪み déformation *f*; distorsion *f*; [反り] courbure *f*; gauchissement *m*. 産物の需要と供給の〜 distorsion entre l'offre et la demande d'un produit. 〜が出来る se déformer; gauchir; [ずれ] se distordre. 〜が出来ている présenter une distorsion. ¶ひずんだ扉 porte *f* gauchie.

ひする 比する comparer à. …と比して par rapport à…. ¶〜ものがない incomparable.

ひする 秘する cacher; dissimuler; tenir secret(ète). 名を〜 cacher *son* vrai nom.

びせい 美声 belle voix *f*. 彼女は〜の持主だ Elle a une belle voix.

ひせいさんてき 非生産的 improductif(ve); [役に立たない] inefficace.

びせいどうぶつ 微生動物 animalcule *m*.

びせいねん 美青年 éphèbe *m*; beau garçon *m*.

ひせいふそしき 非政府組織 organisation *f* non gouvernementale (ONG).

びせいぶつ 微生物 microbe *m*; micro-organisme *m*; [学] microbien(ne). ¶〜学 microbiologie *f*; micrologie *f*.

ひせき 碑石 pierre *f* tombale.

ひせき 秘蹟 sacrement *m*. 〜を授ける administrer les sacrements.

ひせき 砒石 minéral(aux) *m* arsenical(aux).

びせきぶん 微積分 calcul *m* infinitésimal; calcul différentiel et calcul intégral.

ひぜに 日銭 ¶〜が入る avoir des rentrées quotidiennes. 〜を稼ぐ travailler à la journée.

ひぜめ 火責め torture *f* par le feu. 〜にする torturer par le feu.

ひせん 卑賎 ¶〜から身を起す sortir de l'obscurité (du néant). 〜の bas(se); obscur.

ひぜん 皮癬 gale *f*. ～にかかる attraper la gale. ～にかかった galeux(*se*).

ひせんきょ 被選挙 ‖～権 droit *m* d'éligibilité. ～資格 conditions *fpl* d'éligibilité. ～人 éligible *mf*.

ひせんとういん 非戦闘員 non-combattant (s) *m*; [一般市民] civil *m*.

ひせんろん 非戦論 pacifisme *m*. ‖～者 pacifiste *mf*.

ひそ 砒素 arsenic *m*. ¶～の(を含んだ) arsenical(*aux*). ‖～中毒 intoxication *f* arsenicale.

ひそう 悲壮 ¶～な pathétique; héroïque. ～な覚悟 résolution *f* héroïque. ～な最期を遂げる avoir une mort héroïque. ～に pathétiquement. ‖～感 pathétique *m*.

ひそう 皮相 ¶～な superficiel(le). ～な批判 critique *f* superficielle.

ひぞう 秘蔵 ¶～する garder précieusement. ～の gardé soigneusement. ‖～っ子 enfant *mf* favori(te); [弟子] poulain *m*. ～品 trésor *m*.

ひぞう 脾臓 rate *f*.

ひそか 密か ¶～な secret(ète); caché. ～に secrètement; clandestinement; en tapinois; [こっそり] furtivement; en aparté; 心～に intérieurement; en *son* cœur. 心中～に期する se décider (être résolu) à part soi.

ひぞく 匪賊 bandits *mpl*.

ひぞく 卑俗 vulgarité *f*; trivialité *f*. ～に堕する tomber dans la vulgarité. ¶～な vulgaire; trivial(*aux*). ～な趣味 goûts *mpl* vulgaires.

ひぞく 卑属 descendant(e) *m(f)*. ‖直系～ descendant en ligne directe. 傍系～ descendant en ligne collatérale.

ひそひそ ¶～話 parler en chuchotant (à voix basse). ‖～話 chuchotement *m*; aparté *m*. ～話をする chuchoter; faire des apartés.

ひそみ 顰 ¶…の～にならう prendre exemple sur *qn*.

ひそむ 潜む se cacher; couver; [待伏せむ] s'embusquer. 心に～憎しみを隠しえない trahir la haine qui couve dans son cœur.

ひそめる 潜める 身を～ baisser la voix. 鳴りを～ se taire. 身を～ se cacher. マントに身を～ s'enfouir sous un manteau.

ひそめる 顰める ～眉を～ froncer les sourcils.

ひそやか 密やか ¶～に暮す vivre caché (à l'écart).

ひそんざい 非存在 non-être *m*; non-existence *f*.

ひだ 襞 pli *m*; plissé *m*; [ギャザー] fronce *f*. 心奥の～ replis *mpl* du cœur. ～が消える se déplisser. ～をつける plisser; draper. ～を取る froncer. ¶～のある plissé; à plis. ‖～衿 fraise *f*. ～飾り ruche *f*; ruché *m*; volant *m* ～飾りのあるローブ robe *f* à volants ～スカート jupe *f* plissée. ～加工 plissage *m*.

ひたい 額 front *m*. 広い～ front large. 秀でた～を持つ avoir un beau front. ¶～の fron-tal(*aux*). 猫の～ほどの庭 jardin *m* grand comme un mouchoir. ～に汗して働く gagner *son* pain à la sueur de *son* front. ～を集めて相談する avoir un conciliabule.

ひだい 肥大 [医] hypertrophie *f*. ¶～する s'hypertrophier. ～した hypertrophié. ～[性]の hypertrophique. ‖心臓～症 hypertrophie du cœur. 末端～症 acromégalie *f*. ～増殖 végétations *fpl*.

びたい 媚態 coquetterie *f*. ～を示す faire la coquette; se montrer coquette.

びたいちもん 鐚一文 ¶～持っていない n'avoir ni sou ni maille. ～出さない ne pas donner un centime.

ひたおし ひた押し ¶～に押す faire *qc* sans discernement.

ひたす 浸す plonger; tremper; baigner. 熱湯に～ échauder. 流れに足を～ baigner *ses* pieds dans le ruisseau. 指を水に～ plonger les doigts dans l'eau.

ひたすら uniquement; exclusivement. ～する avoir *qn* pour unique amour. ～思いめる n'avoir qu'une chose en tête. ～勉強に励むse consacrer entièrement à *ses* études. ～そのことばかり考えています Cette pensée m'occupe tout entier. ～君の成功を祈っている Je souhaite sincèrement votre réussite.

ひだち 肥立ち ‖産後の～良い(悪い) aller bien (ne pas aller bien) après *ses* couches. 産後の～が早い se relever vite de *ses* couches.

ひたと ¶～寄添って serrés l'un contre l'autre.

ひだね 火種 tison *m*; braise *f*. ～をとって置く conserver la braise.

ひたばしり ひた走り ¶～に走る courir sans débrider.

ひたひた ¶波が～と岸辺を洗う Les vagues baignent (clapotent sur) le rivage. 敵軍が～と押寄せる L'armée ennemie approche silencieusement.

ひだまり 日溜り coin *m* ensoleillé. ～で小猫が一匹寝そべている Un petit chat se prélasse au soleil.

ビタミン vitamine *f*. ‖～入りのビスケット biscuit *m* vitaminé. ‖～欠乏症 carence *f* de vitamine; avitaminose *f*.

ひたむき ¶～な fervent; passionné. ～な恋 amour *m* absolu. ～に仕事する travailler avec acharnement.

ひだら 干鱈 morue *f* séchée; stockfisch *m*.

ひだり 左 gauche *f*. ‖～[側]の gauche. ～[側]に à gauche. ～の上(下)に en haut (bas) à gauche de *qc*. ～の…にある(並ぶ) être (se tenir) à la gauche de. 僕の～にお座りなさい Asseyez-vous à ma gauche. やがて～の方に小さな丘が見えてきますよ Vous trouverez sur votre gauche une petite colline. ‖～側 côté *m* gauche. ～を通行する tenir la gauche. ～フック crochet *m* du gauche. ～目(手) œil *m* (main *f*) gauche. ～横書きする écrire *qc* de gauche à droite. ～回りに rouler dans le sens inverse des aiguilles d'une montre. ‖◆～[左派] 彼はかなり～寄りである Il est assez à gauche. ⇨みぎ(右).

ぴたり ¶～と当たる deviner juste. ～と止まる s'arrêter net. ～と嵌めこむ bien s'emboîter.

ひだりうちわ 左団扇 ¶～で暮す vivre à l'aise; vivre à *son* aise.

ひだりきき 左利き ¶スポーツでは～が有利な場合が多う Pour le sport, il y a des cas où il est avantageux d'être gaucher. ～の人 gaucher(*ère*) *m(f).* / ～だ C'est un gaucher./[酒飲み] C'est un buveur.

ひだりまえ 左前 ¶彼の商売は～だ Son commerce périclite./Son commerce prend mauvaise tournure.

ひだりまき 左巻き fada *m.* ¶あいつは～だ C'est un fou./Il est toqué.

ひたる 浸る baigner; nager; se livrer à; s'adonner à. 幸福に～ nager dans le bonheur. 喜びに～ se livrer à la joie; baigner dans la joie. 酒に～ s'abandonner à la boisson.

ひだるま 火達磨 ¶飛行機は～となって落ちた L'avion est tombé en flammes.

ひたん 悲嘆 affliction *f*; détresse *f*; profonde tristesse *f*; désolation *f*. ～に暮れる être plongé dans une extrême affliction. ¶～に暮れた様子をしている avoir l'air désolé. 彼は～のあまり死んだ Il est mort d'un excès de tristesse.

びだん 美談 histoire *f* édifiante.

びだんし 美男子 beau (joli) garçon *m.*

ピチカート pizzicato (pizzicati, pizzicatos) *m.*

ひちく 備蓄 approvisionnement *m*; réserve *f.* ¶～米 approvisionnement de riz.

ぴちっと ⇨ぴたっと.

ぴちぴち ¶～はねる frétiller; ～はねる魚 poisson *m* qui frétille (frétillant). ～した娘 jeune fille *f* pétulante (toute fraîche).

ぴちゃぴちゃ ¶水溜りの中を～と歩く patauger dans des flaques d'eau. 猫が～と牛乳をなめている Le chat lape du lait.

ひちゅう 秘中 ¶～の秘 ultra-secret *m.*

ひちょう 飛帖 carnet *m* secret.

ひちょう 飛鳥 ¶～の如き早業 tour *m* d'adresse merveilleux.

ひつ 櫃 huche *f*; coffre *m*; boîte *f.* ¶米～ huche à riz.

ひつう 悲痛 ¶～な douloureux(*se*); déchirant; poignant; navrant. ～な思い出 souvenir *m* poignant. ～な訴え appel *m* pathétique. ～な叫び声 cri *m* déchirant.

ひっか 筆禍 ¶～を招く s'attirer des ennuis par *ses* écrits.

ひっかかり 引掛り [関係] relation *f*; liaison *f*; rapport *m.* ¶～がある avoir rapport à. どうして彼らと～が出来たの Comment êtes-vous entré en rapport avec eux?

ひっかかる 引掛る s'accrocher à; se prendre à (dans); [機械が] frotter. 彼のマントが釘(有刺鉄線)に引掛った Son manteau s'est pris à un clou (dans les barbelés). 君の言っていることで、その点が～だ Ce que tu dis là, ça me chiffonne. ◆ [関係する] ¶つまらぬ点に～掛っていてはいけない Il ne faut pas vous arrêter à des détails. ◆[嘘、策略に] ¶罠に～ se laisser prendre à (tomber dans) un piège. 悪い女に～ être trompé (entraîné) par une fripouille.

ひっかきまわす 引掻き回す farfouiller; fourgonner; fourrager. 書類を～ farfouiller les papiers. たんすの中を～ fouiller (fourrager) dans une armoire. 会議を～ mettre une assemblée sens dessus dessous.

ひっかく 引掻く gratter; égratigner; [爪で] griffer. 猫が手を引掻いた Le chat m'a griffé la main. ¶引掻き傷 égratignure *f.*

ひっかける 引掛ける accrocher *qc.* 着物を釘に～ accrocher *sa* robe à un clou. 車道通行人を引掛けた Une auto a renversé un passant. ◆[液体を] ¶私は車に泥水を引掛けられた J'ai été éclaboussé par une voiture. ◆[だます] duper *qn*; escroquer *qn*; [甘言で] embobiner *qn.* 女を～ séduire une femme. ◆[酒を] ¶一杯～ s'humecter le gosier.

ひっかぶる 引被る [ふとんを～ ramener la couverture par-dessus la tête. ◆[負う] ¶私が彼の失敗の責任を引被った J'ai endossé la responsabilité de son erreur.

ひつき 火付き ¶この薪は～がよい(悪い) Ces bûches prennent bien (mal).

ひっき 筆記 ¶～する prendre note de; écrire. ～させる dicter. ¶～試験 examen *m* écrit. ～帳 cahier *m* de notes.

ひつぎ 柩 cercueil *m*; [木製の] bière *f.*

ひっきょう 畢竟 finalement; après tout; en somme.

ひっきりなしに sans arrêt; sans interruption; sans cesse; sans répit. ～で、車が通る Il y a des flots continuels de voiture.

ピッキング crochetage *m.*

ビッグ ¶～な grand(e); gros(se).

ピックアップ pick-up *m inv.*

ひっくくる 引括る [...の手足を～ ligoter les pieds et les poings de *qn.* ◆[逮捕する] 泥棒を～ arrêter un voleur.

ビッグバン big bang *m.*

びっくり 吃驚 ¶～する être surpris (étonné) de; s'effarer de; [驚嘆] s'émerveiller de. いかに～するなよ Attention, il ne faut pas que tu t'étonnes! ～仰天する être étourdi (stupéfait, ébahi) de. ～仰天したよ Ça me renverse! ～させる étonner; effarer; émerveiller. ～仰天させる bouleverser; renverser. ～した様子 air *m* effaré. ～するような知らせ nouvelle *f* étonnante (renversante). 彼は～するほど年老いた Il a étonnement vieilli. ¶～箱 boîte *f* à surprise.

ひっくりかえす 引繰返す renverser; bouleverser; retourner; [俗] chambarder; chambouler. コップを～ renverser un verre. 金網の上の肉を～ retourner un morceau de viande sur le gril. あらゆる書類を～ bouleverser tous les papiers. 彼は捜し物をして家中の物を引繰返した Il a chambardé toute la maison pour trouver un objet perdu.

ひっくりかえる 引繰返る se renverser; culbuter; [船、車が] capoter; basculer. 小舟は突風で引繰返った La barque a été renversée par un coup de vent. 自動車が溝の中に引繰返った La voiture a basculé (versé) dans le

ピックルス pickle [pikœls] *mpl*.

ひっくるめる 引括める englober; comprendre; renfermer; [ひとまとめにする] mettre en paquet. ¶生活費はみんな引括めて毎月20万円だ Je dépense par mois 200.000 yen tout compris pour vivre.

ひづけ 日付 date *f*. 手紙に〜を書く dater une lettre. いつの〜ですか A quelle date? この手紙は昨日の〜だ Cette lettre est datée d'hier. 今月十日の〜で en date du dix courant. ¶〜のある(ない) daté (non daté). ‖〜印 cachet *m* du jour. 〜変更線 ligne *f* de changement de date.

ひっけい 必携 ¶〜の indispensable. ‖〜書 vade-mecum *m inv*; manuel *m*.

ひつけやく 火付け役 instigateur(trice) *m(f)*; initiateur(trice) *m(f)*.

ピッケル piolet *m*.

ひっけん 必見 ¶〜の映画 film *m* que l'on doit absolument voir. 〜の書 livre *m* à lire absolument.

ひっこう 筆耕 transcription *f*; [人] copiste *mf*; transcripteur *m*.

ひっこし 引越 [越して行くこと] déménagement *m*; [越して来ること] emménagement *m*. ‖〜先を知らせて下さい Faites-moi savoir où vous déménager.

ひっこす 引越す ¶引越して行く déménager. 引越して来る emménagez.

ひっこみ 引込み ¶いまさら〜がつかない Je suis trop engagé (avancé) pour reculer. 〜がちの sédentaire; timide. ‖彼は〜思案だ Il est timoré.

ひっこむ 引込む se retirer. 押すと〜 céder à la pression. 引込んだ creux(se). 引込んだ目 yeux *mpl* enfoncés. ◆[籠る]田舎に〜 se retirer à la campagne. 家に〜 s'enfermer chez soi. 引込んでいろ Occupe-toi de tes affaires.

ひっこめる 引込める rétracter; retirer; rentrer. かたつむりが角を引込めた L'escargot a rétracté ses cornes. 手を引込めろ Retire tes doigts! 足を引込めろ Ote tes pieds!

ヒッコリー hickory *m*.

ピッコロ piccolo *m*.

ひさげる 引提げる ¶槍を〜 saisir une lance à la main. 老躯を引提げて sous la quenouille de la vieillesse.

ひっさつ 必殺 ¶〜の fatal(e). ‖〜技 technique *f* donnant le coup fatal.

ひっさん 筆算 ¶〜する compter par écrit.

ひっし 必死 ¶〜の désespéré. 〜の力をふりしぼる déployer une énergie désespérée. 〜に corps perdu. 〜に…するよ s'efforcer désespérément de *inf*. 〜に抵抗する résister farouchement.

ひっし 必至 ¶〜の inévitable; inéluctable. …は〜である Il est inévitable que *sub*. 改革は〜だ La réforme est inévitable.

ひつじ 羊 mouton *m*; [雄] bélier *m*; [雌] brebis *f*; [十] agneau(x) *m*; [去勢羊] moutonne *f*. 〜の群 troupeau(x) *m* de moutons. 〜の肉 mouton. 〜のようにおとなしい être doux comme un agneau. ‖〜飼 berger(ère) *m(f)*. 〜飼の乙女 bergerette *f*. 〜皮 mouton. 〜小屋 bergerie *f*.

ひっしゃ 筆写 ¶〜する copier; transcrire.

ひっしゃ 筆者 auteur *m*; rédacteur(trice) *m(f)*.

ひつじゅ 必需 ‖〜品 objet *m* indispensable. 生活〜品 articles *mpl* de première nécessité; nécessités *fpl* de la vie.

ひっしゅう 必修 ¶〜の obligatoire. ‖〜科目 matières *fpl* obligatoires.

ひっしょう 必勝 ¶〜の信念 foi *f* inébranlable en la victoire. 〜を期して avec une ferme volonté de vaincre.

ひつじょう 必定 ¶成功は〜だ La réussite est absolument sûre. 〜は certaine./C'est inévitable. 火山が噴火したら裾野の村は大きな被害を受けることは〜だ L'éruption du volcan dévastera fatalement les villages sur pentes.

びっしょり ¶〜汗をかく transpirer abondamment; ne plus avoir un poil de sec. 〜濡れる être trempé jusqu'aux os.

びっしり ¶〜家が建ち並ぶ Les maisons sont en rangs serrés. 〜書き込みのある本 livre *m* plein de notes marginales. 〜詰める bourrer *qc*.

ひっす 必須 ¶〜の essentiel(le); obligatoire. ‖〜の条件 condition *f* indispensable (sine qua non). 〜事項 [オンライン・ショッピングで] champ obligatoire.

ひっせい 畢生 ¶〜の大作 œuvre *f* capitale. 〜の大事業 la plus grande entreprise de *sa* vie.

ひっせい 筆勢 coup *m* de plume.

ひっせき 筆蹟 écriture *f*. 〜を変える déguiser *son* écriture. ‖〜鑑定 vérification *f* d'écriture; expertise *f* graphologique. 手紙の〜鑑定をしてもらう soumettre une lettre à l'examen d'un graphologue.

ひつぜつ 筆舌 ¶〜に尽し難い indescriptible; au delà de toute expression; inexprimable. その景色は〜に尽し難い Le spectacle défie toute description.

ひつぜん 必然 nécessité *f*. ¶〜の(的な) nécessaire; inévitable; fatal. 〜の結果 résultat *m* nécessaire. 〜的に nécessairement; inévitablement. ‖〜性 nécessité *f*.

ひっそう 筆相 graphie *f*; écriture *f*. ‖〜学 graphologie *f*. 〜学者 graphologue *m(f)*.

ひっそく 逼塞 ¶〜する tomber dans la misère (l'indigence).

ひっそり ¶〜した tranquille; silencieux(se). 〜した街 rue *f* déserte. あたり一帯〜していた Il régnait partout un grand silence. 〜と tranquillement; silencieusement. 〜と暮らす mener une vie à l'écart du monde.

ひったくる 引ったくる arracher; agripper. ¶引ったくり arrachement *m*. 私は昨夜引ったくりに遭った Ce soir, j'ai été victime d'un vol à l'arrachée.

ひったてる 引立てる entraîner *qn* de force.

ぴったり ¶〜合う aller comme un gant. 〜蓋をする mettre (fermer) hermétiquement le couvercle. ドアに〜耳をつける coller son

ひつだん 筆談 conversation *f* par écrit. ¶ ～する s'entretenir par écrit.

ひっち 筆致 style *m*; touche *f*.

ピッチ ¶ ～を上げる accélérer le mouvement; [スポーツ, 勉強で] faire le forcing. 最後の一周で～を上げる faire le forcing pendant la dernière course. ‖ 急～で仕事をする presser le rythme du travail. 急～で飲む boire coup sur coup.

ヒッチハイカー auto-stoppeur(se) *m(f)*.

ヒッチハイク auto-stop *m*; stop *m*. ¶ ～する faire du stop. ～で旅行をする voyager en stop.

ひっちゃく 必着 ¶ ～する arriver absolument à la date fixée.

ひっちゅう 必中 ¶ 一発で～である Il ne manque jamais *son* coup.

ひっちゅう 筆誅 ¶ ～を加える accuser *qn* en citant *ses* fautes.

ひっつかむ 引摑む s'emparer sauvagement de.

ひっつめ 引詰め ¶ 髪を～る ramasser *ses* cheveux en chignon. ‖ ～髪 cheveux *mpl* en chignon.

ひってき 匹敵 ¶ ～する égaler; aller de pair avec. この錠剤の一粒は一食分に～する Une de ces pilules vaut un repas. ～するものがない être sans égal (sans rival, hors pair). 速さでは彼に～する人はいない Personne ne peut l'égaler en rapidité.

ヒット coup *m* réussi; succès *m*. ¶ ～する réussir pleinement; mettre dans le mille. この芝居は大～した Cette pièce de théâtre a obtenu un succès fou. ‖ ～ソング chanson *f* à succès; {俗} tube *m*.

ビット [情報量の単位] bit *m*.

ピット [自動車レース] stand *m*. ‖ ～イン [給油] arrêt *m* de ravitaillement. ～修理 arrêt *m* mécanique.

ひっとう 筆頭 premier(ère) *m(f)* sur une liste. ...の～である être en tête de.... ‖ 世帯～者 chef *m* de famille.

ひつどく 必読 ¶ ～の書 livre *m* à lire absolument.

ひっぱく 逼迫 ¶ 財政が～する se trouver dans des difficultés financières. ～した imminent. 会社の金ぐりが～している Le roulement de fonds de cette société se ralentit. ～した情勢 situation *f* imminente.

ひっぱたく 引叩く battre; frapper; [鞭で] cingler; [平手で] gifler.

ひっぱりこむ 引張り込む attirer; [娼婦が客を] racoler.

ひっぱりだこ 引張凧 ¶ ～である être très recherché [dans le monde]; être très populaire. 技術者は～だ Les techniciens sont très demandés.

ひつりょく 筆力 force *f* du style.

ひっぱる 引張る tirer; tirer sur; [何度も] tirailler; [張る] tirer; tendre. 袖を～ tirer *qn* par la manche. 手綱(布地)を～ tirer sur les rênes (le tissu). 子供が母親の前掛けを～ L'enfant tiraille le tablier de sa mère. 綱を～ tendre une corde. ◆ [連れて行く] emmener *qn*; traîner *qn*; conduire *qn*. 交番に引張って行く traîner *qn* au poste de police.

ヒッピー †hippie *mf*.

ひっぷ 匹夫 homme *m* de basse classe. ¶ ～の勇 courage *m* brutal. 彼のとった行動は～の勇に過ぎない Son action n'est qu'une vaine agitation.

ヒップ †hanches *fpl*. ～が 85 センチである mesurer 85 centimètres de tour de hanches.

ビップ VIP personnage *m* de marque; personnalité *f*.

ヒップホップ hip-hop *m inv*.

ひっぽう 筆法 art *m* d'écrire; [書] style *m*; [絵] manière *f*. ◆ [比喩的に] 同じ～で de la même façon. その～で行くと万事巧く運ぶという訳だね A suivre ce raisonnement, tout devrait bien se passer.

ひっぽう 筆鋒 ¶ 鋭い～で非難(批評)する critiquer sévèrement avec un style acerbe.

ひづめ 蹄 ‖ 馬の～ sabot *m* d'un cheval. ～のある ongulé.

ひつめい 筆名 nom *m* de plume; pseudonyme *m*.

ひつめつ 必滅 ‖ 生者～ Tout être est mortel.

ひつよう 必要 nécessité *f*; besoin *m*. ¶ ～な nécessaire. 旅行に～な金 argent *m* nécessaire pour le voyage. 金が～だ Il me faut de l'argent./J'ai besoin d'argent. この仕事を終えるには相当の忍耐が～ですよ Pour terminer ce travail, vous aurez besoin de beaucoup de patience. ...することが～だ Il faut *inf*(*que sub*). ...することが何としても～だ Il est de toute nécessité de *inf* (*que sub*). ...を～とする nécessiter; demander. 時間と多くの努力を～とする exiger du temps et de grands efforts. その企画は多大の投資を～とする Cette entreprise nécessite (demande) des investissements considérables. この仕事は多大の注意を～とする Ce travail nécessite (exige, demande) beaucoup d'attention. ～する～はない Il n'est pas nécessaire de *inf* (*que sub*). 今すぐ支払う～はありません Il n'est pas nécessaire que vous payiez tout de suite. 何も来る～はない Rien ne vous oblige à venir./Ce n'est pas la peine que vous veniez. そんな愚問に答える～はないよ Je ne vois pas la nécessité de répondre à une question insignifiante. ～ならば僕がお話しましょう Si c'est nécessaire, je lui parlerai. ～な場合には s'il en est besoin; en cas de besoin. ～に迫られて par nécessité. ～以上に plus qu'il ne faut. ‖ ～経費 frais *mpl* nécessaires. ～十分条件 condition *f* nécessaire et suffisante. ～品 nécessaire *m*.

ひてい 否定 négation *f*. ¶ ～する nier; dénier; démentir. 噂を正式に～する démentir formellement un bruit. 彼は明白な事実まで～しようとする Il va jusqu'à nier l'évidence.

びていこつ 尾骶骨 coccyx *m*. ¶～の coccygien(ne).

ビデオ vidéo *f*. ‖ ～カメラ caméra *f* vidéo. ～ディスク disque *m* vidéo; vidéodisque *m*. ～デッキ vidéo *f*; magnétoscope *m*. ～テープ magnétoscope *m*. ～テープレコーダー bande *f* magnétique vidéo.

ピテカントロプス 〔猿人〕pithécanthrope *m*.

びてき 美的 ～な esthétique. 彼女は～センスが大いにある Elle a un sens esthétique très développé. ～な esthétique.

ひてつきんぞく 非鉄金属 métal(aux) *m* non ferreux.

ひでり 日照り sécheresse *f*. ‖ ～続きだ Il fait une grande sécheresse.

ひでん 秘伝 arcanes *mpl*; secret *m*. ¶～を授ける initier *qn* à un secret. ～の妙薬 remède *m* magique.

びてん 美点 qualité *f*; vertu *f*; mérite *m*. 彼には～がある Il a des vertus (des qualités morales).

ひでんか 妃殿下 Son Altesse la princesse.

ひと 人 homme *m*; personne *f*; 〔人々〕gens *mpl*. 東京(近所)の～ gens de Tokyo (du voisinage). 田中という～ un certain M. Tanaka. 多くの～がそれを見た Beaucoup de personnes l'ont vu. 大部分の～がそれを知っている La plupart des gens le savent. 広間には～が大勢いる Il y a beaucoup de monde (gens) dans la salle. ～は見かけによらない Il ne faut pas juger des gens sur les apparences. ～は皆何時か死ぬものだ Tous les hommes sont mortels. 誰か答えられる～はいますか Y a-t-il une personne qui sache la réponse? 誰か僕に教えてくれる～はいないか Y a-t-il quelqu'un qui pourrait me renseigner? ～は健康でなければ働けない On ne travaille bien qu'avec une bonne santé. 彼は東北の～だ Il est originaire du Tôhoku. 彼(彼女)の～を私の探し求めていた～だ C'est celui (celle) que je cherchais. 彼こそそのポストにうってつけの～だ C'est justement l'homme qu'il faut pour ce poste. 田中さんはあっさりした～ばかりだ Les Tanaka, c'est des gens simples. ¶～の humain; de l'homme. ～の命ほど大切なものはない Rien n'est plus précieux que la vie humaine (de l'homme). ～を食ったような態度 d'une manière insolente. ～を馬鹿にした目つき regard *m* méprisant. ◆〔世間の人〕monde *m*; gens; 〔他人〕les autres. 彼は～が寝ている間に勉強する Il travaille pendant que les autres dorment. ～は～自分は自分 Chacun à sa manière. ～は～が言うだろう Qu'est-ce qu'on va dire? ～の噂では彼は結婚したそうだ On dit qu'il s'est marié. ～に言う～蔑二つ」《Rira bien qui rira le dernier.》◆

〔人格・性格〕¶或る作家の～と作品 la personne et l'œuvre d'un écrivain. 彼は～がいい Il est bon. /C'est un brave homme. 彼(彼女)は～がいい Il (Elle) est bon (bon[ne]) enfant. 彼はすっかり～が変った Il a complètement changé. ～のいい様子で d'un air bonhomme. ‖お～好し bon[ne] enfant *mf inv*; bonhomme *m*.

ひとあし 一足 un pas. ¶あと～で彼の家だ Ma maison est à deux pas d'ici. ～お先に Excusez-moi de partir avant vous. ‖～違いで汽車に遅れる manquer le train d'une seconde.

ひとあじ 一味 ¶彼は～も二味も腕が上がった (芸が達者になった) Il s'est nettement amélioré; Son niveau est monté de plusieurs crans (degré).

ひとあせ ⇒ あせ(汗).

ひとあたり 人当り ～がいい être aimable (agréable, sympathique) [envers autrui].

ひとあめ 一雨 ¶～来そうだ Il menace de pleuvoir. ～毎に暖かくなる Après chaque pluie, il fait plus tiède (doux).

ひとあれ 一荒れ ¶～来そうだ L'orage va éclater./〔比喩的に〕Ça va chauffer./Ça va barder.

ひとあわ 一泡 ¶～吹かせる jouer un tour à *qn*; déconcerter *qn*.

ひとあんしん 一安心 ¶～する se sentir momentanément soulagé. それを知って～だ Ça me soulage beaucoup de le savoir.

ひどい 〔恐ろしい〕atroce; horrible; affreux (se); terrible; formidable; 〔激しい〕violent; rude; fort; extrême. ～汗 sueurs *fpl* abondantes. ～雨 grosse pluie *f*. ～吹き grosse faute *f*. ～風 vent *m* violent. ～傷 affreuse blessure *f*. ～けち avarice *f* sordide. ～寒さだ Il fait un froid terrible./Il fait froid à pierre fendre. ～天気 temps *m* atroce (horrible). ～目に合わせる malmener; maltraiter; faire un mauvais parti à. ～目にあう être maltraité; être traité rudement; 〔損害〕subir un très grand dommage. ～ことを言う tenir des propos blessants; dire des horreurs. ～～ことになるぞ Ça va barder. ～～じゃないか Il n'y a rien de pas cela. それは～ Ça, c'est un peu fort!/C'en est trop! こいつは～や C'est incroyable! 子供にそんな仕事をさせるのはひど過ぎる Faire faire ça à des enfants, c'est révoltant. ¶寒さがひどくなる Le froid redouble. 病気がひどくなる La maladie s'aggrave. ⇒ ひどく.

ひといき 一息 ¶～つく〔ひと休みする〕reprendre haleine. ～つく暇もない ne pas avoir le temps de reprendre haleine. ～で歌う chanter d'une seule émission de voix. ～に〔一度に〕boire d'un[seul] trait. ～に飲みほす vider un verre d'une gorgée. ～に書き上げる écrire d'un seul jet. ～〔少し〕 Encore un petit effort! 頂上まであと～だ Nous sommes à deux pas du sommet.

ひといきれ 人いきれ ¶～がする、窓を開けて下さい On étouffe ici, ouvrez les fenêtres.

ひといちばい 人一倍 ¶～働く travailler plus que les autres. ～好きである être ex-

ひどう trêmement sensible au froid. 〜頭がいい être exceptionnellement intelligent.

ひどう 非道 ¶〜な cruel(le); atroce.

びどう 尾灯 feu(x) m arrière.

びどう 微動 ¶〜だにしない rester immobile; [塑然としている] rester inébranlable.

ひとえ 一重 ¶〜の花 fleur f simple. ‖紙一〜の差だ Peu s'en faut. 彼は紙一〜のところで死ぬところだった Il s'en est fallu de peu qu'il ne meure. 私は紙一〜のところで難を免れた Je l'ai échappé belle. 〜瞼 paupière f mongole. 〜物[着物] vêtements mpl sans doublure.

ひとえに 偏に uniquement; entièrement; humblement. 私の成功は〜あなたのおかげです C'est à vous que je dois mon succès./C'est uniquement grâce à vous que je peux réussir.

ひとおし 一押し ¶もう〜する pousser encore un peu; [さらに努力する] faire encore un petit effort.

ひとおじ 人怖じ ¶〜しない ne pas être timide. あの子は〜しない Il se conduit avec naturel.

ひとおもいに 一思いに résolument; avec courage. 〜やってみる [一か八か] risquer le coup. 〜死んでしまいたい Je voudrais plutôt mourir.

ひとかい 人買い trafic m d'esclaves.

ひとかかえ 一抱え ¶〜の薪 une brassée de bois.

ひとがき 人垣 †haie f de spectateurs (badauds). 駅前に〜が出来ていた Il s'était formé une haie de curieux devant la gare. 〜を分けて進む fendre la foule.

ひとかげ 人影 ¶一つ見えない Il n'y a pas une ombre./On n'y voit personne.

ひとかた 一方 ¶彼には〜ならぬ世話になった Il m'a rendu un inestimable service./Je lui dois beaucoup. 〜ならず extrêmement; beaucoup.

ひとかたまり 一塊 ¶学生があそこで〜になっている Les étudiants forment un groupe.

ひとかど 一廉 ¶〜の人物 personnage m; quelqu'un inv. 彼女は自分では〜の人物と思っている Elle se croit un personnage./Elle se prend pour quelqu'un. 彼は〜の紳士面をしている Il peut passer pour un gentleman. あの子も〜のことを言うね Ce petit parle comme une grande personne.

ひとがら 人柄 caractère m; [人格] personnalité f. 〜がいい avoir bon caractère. 彼はどんな〜ですか Quelle sorte d'homme est-ce? 私たちは彼の〜の良さに引かれるのだ C'est sa personnalité qui nous attire. 彼の〜は魅力的だ Il a une personnalité attachante.

ひとからげ 一絡げ ¶十把〜に扱う traiter qn sans distinction.

ひとかわ 一皮 ¶〜剝けば en réalité; sous le masque de. 親切そうに見えても、〜剝けば彼は薄情だ Sous le masque de l'amitié, il est cruel./Il cache sa dureté sous un masque de douceur.

ひとぎき 人聞き ¶〜の悪いことを言うな Ne me faites pas rougir.

ひとぎらい 人嫌い misanthropie f; [人] mi-

santhrope mf. ¶〜の misanthrope.

ひときれ 一切れ morceau(x) m; tranche f; entame f. 焼肉の〜 entame du rôti. ¶〜のパン un morceau de pain.

ひときわ 一際 surtout; particulièrement. 〜目立つ se distinguer; se faire remarquer; [色, 容姿が] trancher. ¶明るい生地に〜目立つくすんだ色 couleur f foncée qui tranche sur un fond clair.

ひどく horriblement; atrocement; affreusement; extrêmement; rudement. 〜忙しい ne pas avoir le temps de se retourner; être extrêmement occupé. 〜傷を負っている être grièvement blessé. 〜後悔する regretter amèrement. 〜寒い Il gèle à pierre fendre. 〜高い coûter horriblement cher. 〜ひっぱたく frapper rudement. 私は〜不満だ Je suis très mécontent.

びとく 美徳 vertu f.

ひとくい 人食い ¶〜の anthropophage. ‖〜人種 anthropophage mf; [集合的] anthropophages mpl; cannibale m.

ひとくさり ¶彼は〜喋ると立去った Il a parlé un moment et puis s'en est allé.

ひとくせ 一癖 ¶〜ある人 personne f au caractère très singulier. 〜も二癖もある奴 fine mouche f. 彼は〜も二癖もある奴だ C'est un renard./Il n'est pas né de la dernière pluie.

ひとくち 一口 [食べ物] bouchée f; [飲み物] gorgée f. 彼女はコーヒーを〜飲んでテーブルの上に置いた Après avoir pris une gorgée de café, elle a reposé la tasse sur la table. ¶〜で平らげる avaler d'un coup. 肉を〜で呑みこむ avaler une bouchée de viande. 〜で言うと bref; en un mot. ‖〜話 historiette f. ◆[荷担] 〜乗らないか Ne voulez-vous pas participer à notre projet? ◆[醵金] 〜 contribution f.

ひとくふう 一工夫 ¶〜あって然るべきだ Il faudrait trouver une bonne idée pour cela.

ひとくみ 一組 ¶お似合の〜 couple m bien assorti. 〜の皿 assortiment m de vaisselle.

ひとくろう 一苦労 ¶〜頼まんか Puis-je vous demander un petit effort?

ひとけ 人気 ¶〜のない désert; solitaire. 〜のない家 maison f sans vie. 町には全く〜がない Il n'y a pas un chat dans la rue.

ひどけい 日時計 cadran m solaire.

ひとこえ 一声 une voix; un cri. 〜叫ぶ pousser un cri. 重役の〜で事は決した La décision d'un directeur a tout tranché.

ひとごえ 人声 ¶〜がする On entend des voix.

ひとごこち 人心地 ¶〜がつく revenir à soi; se sentir ranimé. あまりの恐ろしさに〜もなかった J'étais plus mort que vif de frayeur./C'était terrifiant à mourir.

ひとこと 一言 ¶〜言う toucher un mot à qn. 〜言わせてくれ Laisse-moi te dire deux mots. 〜も〜ない ne pas souffler mot. 〜書き送る écrire (envoyer) un mot à qn. 彼の言葉には何一つ文句のつけようがなかった Il n'y avait rien à redire à ses paroles. ¶〜〜繰り返して言う répéter mot pour mot. 〜で言え

ひとごと 他人事 これは～とは思えない Je ne peux regarder cette chose d'un œil indifférent. ～じゃないぞ Ton tour viendra peut-être aussi. ～のように言うね Vous parlez comme si s'agissait d'un autre.

ひとこま 一齣 それは人生の～である C'est une courte scène de la vie.

ひとごみ 人込み foule f; bousculade f de gens. ～で大勢の迷子が出た Il y a eu beaucoup d'enfants qui ont perdu leurs parents dans la cohue. 彼は～に巻込まれた Il a été pris dans la bousculade. ～に紛れて逃げる s'enfuir en se mêlant à la foule. ～を搔き分けて進む fendre la foule.

ひところ 一頃 dans le temps; autrefois. 彼は～金持ちだった Il était riche autrefois. 私は～ゴルフに凝ったことがあった J'ai été un temps où j'étais fou de golf. ～繁盛した店 magasin m qui a eu son heure de prospérité.

ひところし 人殺し assassinat m; meurtre m; [叫び] Au meurtre!

ひとさしゆび 人差指 index m; indicateur m.

ひとざと 人里 ～が恋しくなる rêver d'un quartier animé. ～離れた isolé. ～離れた静かな村 village m retiré et tranquille. ～離れた所で dans un coin perdu (éloigné). 彼は～離れた所に長い間暮していた Il a longtemps vécu parmi les sauvages.

ひとさら 一皿 assiettée f. ～のキャベツ une assiettée de choux.

ひとさらい 人攫い kidnapping m; rapt m; [人] ravisseur(se) m(f) d'enfant. 子供が～にさらわれた L'enfant a été kidnappé.

ひとさわがせ 人騒がせ ～な知らせ nouvelle f alarmiste. ～なことを言う jouer les Cassandre. ～な人 alarmiste m(f). とんだ～だ C'est beaucoup de bruit pour rien. 全く～な奴だ Vous êtes vraiment un type agaçant!

ひとしい 等しい être égal(aux); être équivalent; équivaloir; égaler. 容積の～二つの器 deux récipients mpl de capacité égale. この三角形の底辺は斜辺の高さに～ La base de ce triangle est égale à sa hauteur. 10割る2を5に～ Dix divisé par deux égale cinq. 沈黙は罪を認めるに～ Le silence équivaut à un aveu de culpabilité. 等しくする égaliser; rendre égal. 間隔を等しくする égaliser les intervalles. 自分の財産は二人の子供に等しく分与されなければならぬ Sa fortune doit être également partagée entre ses deux enfants. 万民等しく圧政に苦しんでいる Toute une nation souffre sous la botte de l'oppression. [同然である] 彼は乞食に～ C'est guère qu'un mendiant. ほとんど無に～ C'est rien, ou presque.

ひとしお 一塩 ～の魚 poisson m légèrement salé.

ひとしお 一入 davantage; encore plus; remarquablement. 今朝は～寒い Le froid particulièrement vif ce matin. 雨上りの～風爽やかだ Après la pluie, le vent s'est encore radouci.

ひとしきり 一頻り pendant quelque temps. ～雨が降った Il a plu pendant quelque temps.

ひとしずく 一滴 ～の水 goutte f d'eau.

ひとじち 人質 otage m. ～にする garder (retenir) qn comme otage; prendre qn pour otage. ～になる servir d'otage.

ひとしょうぶ 一勝負 ～しよう Faisons un tour!/Faisons une partie.

ひとしれず 人知れず en secret; à l'insu de tous; secrètement. ～悩む se tourmenter secrètement.

ひとしれぬ 人知れぬ inconnu des autres; secret(ète). ～苦労をする souffrir des peines inimaginables.

ひとずき 人好き ～のする sympathique; avenant. ～のする顔 visage m sympathique.

ひとすじ 一筋 ～の希望 une lueur d'espoir. ～の道 chemin m droit. 学問に生きる ～に se consacrer exclusivement à l'étude.

ひとすじなわ 一筋縄 ～あいつは～ではいかぬ C'est un trop vieux renard pour se laisser prendre./Il est trop habile pour être honnête.

ひとぞろい 一揃い 大工道具～ un assortiment d'outillage de charpentier. 鍵の～ un jeu de clefs. 背広～ complet m veston. ～毎に分ける classer qc par séries.

ひとだかり 人だかり ～がする Une foule se masse. ～がしている Il y a foule./Il se forme un grand attroupement.

ひとだすけ 人助け ～になる être vraiment utile à qn; servir beaucoup à qn. ～になることだからやって上げなさい Fais-le, ce sera pour le bien d'autrui. ～だと思ってこの役を引受けて下さい Acceptez cette fonction pour nous rendre service.

ひとだのみ 人頼み ～するな Ne comptez pas sur les autres.

ひとたび 一度 ～彼が怒りだしたら手がつけられない Une fois qu'il s'est mis en colère, on ne peut plus l'arrêter. ～始めたら終りまでやり通すべきだ Une fois commencé, vous devez continuer jusqu'au bout.

ひとだま 人魂 feu(x) m follet.

ひとだまり もし弾丸が心臓に達していたなら, 彼は～もなかっただろう Si la balle avait atteint le cœur, il serait mort sur-le-champ. ～もなく sans aucune résistance.

ひとちがい 人違い ～をする prendre qn pour qn; confondre qn avec qn; se méprendre sur qn. 彼はよく似ているので～し易い à s'y méprendre.

ひとつ 一つ それを～下さい Donnez m'en un (une). 彼は書取で誤りが～もなかった Il a fait zéro faute à sa dictée. ～残らず sans une exception; jusqu'au dernier. ～残さず食べる manger tout; [料理] dévorer tout. ‖彼らは～穴の狢だ Ils appartiennent tous à la même bande. あれは馬鹿の～覚えだ Il n'arrête pas de répéter la même chose. 同所に住んでいる habiter dans le même endroit. ◆[語意を強めて] ～空には雲～ない Il n'y a pas un nuage dans le ciel. 彼は手紙

ひとつおき 一つ置き ¶~に alternativement.

ひとつかい 人使い ¶~が荒い surmener ses employés.

ひとつかみ 一掴み ¶~の塩 une poignée de sel. ⇒ひとにぎり(一握り).

ひとつきあい 人付合い ¶~がいい commode; liant; sociable. ~が悪い peu commode; insociable; farouche. ~が下手な人 personne f qui a peu de savoir-vivre.

ひとづて 人伝て ¶~に聞く apprendre par ouï-dire; avoir vent de qc.

ひとつばなし 一話 [逸話] anecdote f; épisode m; [いつもする話] dada m. ¶また彼の~が出た Il a encore enfourché son dada.

ひとつぶ 一粒 ¶~の麦 un grain de blé. ‖ ~種 enfant m(f) unique.

ひとづま 人妻 femme f mariée; [他人の妻] femme d'autrui.

ひとつまみ 一摘み pincée f. ¶~の塩 une pincée de sel.

ひとつめこぞう 一つ目小僧 petit génie m à un seul œil.

ひとて 一手 ¶~遅れる manquer son coup.

ひとで 海星 astérie f; étoile f de mer.

ひとで 人手 ¶この仕事には~がいる Ce travail demande des bras (un coup de main). ~が足りない manquer de bras (de personnel); être à court de main-d'œuvre. ~を借りる avoir recours aux autres. ~を借りずに tout seul; sans aide. ¶~不足 crise f de main-d'œuvre. ◆ [他人の所有] ~に渡る changer de main; passer aux mains d'autrui. 農園は~に渡った La ferme a changé de mains.

ひとで 人出 foule f; multitude f; affluence f. ¶町は大変な~だ Il y a une grande foule dans les rues. お祭りの日は大変な~だ Les jours de fête, il y a un monde fou.

ひとでなし 人で無し brute f; inhumain(e) m (f); ingrat m. ¶あいつは~だ Cet homme n'a pas de cœur.

ひととおり 一通り ¶~心得ている avoir des connaissances générales sur.... ~言ったところで maintenant que chacun a dit ce qu'il en pense. 本に~目を通す parcourir un livre. スキー用具は~持っている J'ai un équipement de ski. その件については~話してあります J'ai donné les grandes lignes de cette affaire. ~の努力ではない Ce sont des efforts peu communs. 娘たちには~の行儀作法は心得させてあります Mes filles savent en gros les règles du savoir-vivre. ~でない喜び joie f extrême.

ひとどおり 人通り ¶~が絶える La rue est déserte. ~が激しい La rue est très passante. ~の多い passant; fréquenté. ~の多い街 rue f passante (fréquentée). ~の少い peu passant; peu fréquenté. その通りは~が多い Il passe beaucoup de monde dans cette rue.

ひととき 一時 ¶楽しい~を過ごす passer un moment agréable. ~の辛抱だ C'est un mauvais moment à passer./Il suffit d'un peu de patience.

ひととなり 人となり personnalité f; caractère f; nature f. 彼は~が立派である C'est une personne d'un noble caractère.

ひととび 一跳 ¶~で d'un bond.

ひとなか 人中 ⇒ひとまえ(人前).

ひとなかせ 人泣かせ ¶そんなことをしたら~だよ Avec cela vous risquez de faire souffrir les autres. この子は~な子だよ Cet enfant est un petit diable.

ひとなつっこい 人懐っこい ¶~子供 enfant mf attachant(e). あの子は~性質だ Cet enfant a un caractère liant.

ひとなみ 人波 foule f bousculade f. ~に揉まれる être pris dans la foule. ~は延々と駅まで続いていた Un flux ininterrompu de gens s'étendait jusqu'à la gare.

ひとなみ 人並み ¶~な ordinaire; commun; moyen(ne). ~なことは出来ます Je suis aussi capable que n'importe qui. 彼にも~な結婚をさせてやりたい J'aimerais lui faire faire un mariage comme tout le monde. ~はずれた extraordinaire. ~に暮す gagner honorablement sa vie. ~に風を引いた Comme tout le monde, j'ai attrapé un rhume.

ひとなれ 人馴れ ¶彼は~している Il est sociable.

ひとにぎり 一握り ¶~の不平分子 une poignée d'éléments mécontents.

ひとねむり 一眠り ¶~する faire un petit somme.

ひとのみ 一飲み gorgée f; lampée f. ¶~に飲み干す vider un verre d'une lampée. 波は彼のボートを~にした Une vague a englouti d'un coup son bateau.

ひとはしり 一走り ¶~煙草屋まで行って来ます Je fais un saut jusqu'au tabac.

ひとはた 一旗 ¶~上げる tenter sa chance; chercher fortune.

ひとはだ 一肌 ¶~脱ぐ faire un effort pour qn. ~脱ぎましょう Je vous donnerai un coup de main.

ひとはだ 人肌 ¶~が恋しい avoir besoin de chaleur humaine.

ひとはな 一花 ¶俺はもう一度咲かせたいんだ J'aimerais avoir encore une fois mon heure de gloire.

ひとはら 一腹 ¶~の子 [犬などの] laitée f. ~の雛 nichée f.

ひとばらい 人払い ¶~する faire sortir tout le monde. ~して話す avoir un entretien

ひとばん 一晩 ¶ ～ホテルに泊る passer une nuit dans un hôtel. ～寝て考える prendre conseil de *son* oreiller. ～で考えが変わった J'ai changé d'idée du jour au lendemain. ‖～中 toute la nuit.

ひとびと 人々 gens *m*. 多くの～ beaucoup de gens. 佐藤家の～ les Sato.

ひとひねり ¶ ～する battre *qn* d'un coup. ～してきた話 récit *m* contourné.

ひとまえ 人前 ¶ ～で devant le monde; en public. ～に出るを presenter à *qn*. ～に出られる(出せる) être présentable. そんな恰好では～に出られるよ Avec une tenue pareille, tu n'es pas présentable. この料理は～に出せない Ce plat n'est pas présentable. ～をつくろう sauver les apparences. ～をはばかる pour garder les convenances. ～もはばからず sans aucun souci de la décence.

ひとまかせ 人任せ ¶ ～にする se décharger sur *qn* de *qc*. 彼は自分の仕事を～にする Il se décharge de ses travaux sur les autres. 彼女は何でも～にする Elle se repose sur les autres pour tout.

ひとまく 一幕 ¶ ～捕物の～があった Il y eut une scène d'arrestation. ‖～物の芝居 pièce *f* en un acte.

ひとまず 一先ず pour le moment. ～それだけ願います [料理屋などで] C'est tout pour le moment. ～にこれでいいだろう Pour le moment, cela suffira. ～はここに落着こう Je m'installe provisoirement ici.

ひとまたぎ 一跨ぎ ¶ 溝を～する enjamber un fossé. ～で d'une enjambée.

ひとまちがお 人待顔 ¶ 彼女は～をしている Elle a l'air d'attendre quelqu'un.

ひとまとめ 一纏め ¶ ～にする mettre en bloc; rassembler. ～にして en bloc. ～にして買う acheter en bloc.

ひとまね 人真似 imitation *f*; singerie *f*. 奴は～が上手だ Il excelle à contrefaire les gens. ¶ ～[を]する singer *qn*.

ひとまわり 一回り ¶ ～する [巡回] faire sa ronde. 公園を～する faire le tour du parc. 車で～する faire une virée en voiture. ◆[一段階] 彼は兄より～大きい Il est plus grand et plus large que moi. ～大きなシャツを下さい Donnez-moi une chemise de la taille au-dessus. ～大きくなったね Tu t'es bien développé!

ひとみ 瞳 prunelle *f*; pupille *f*. ～をこらす regarder fixement; fixer *ses* yeux sur.

ひとみごくう 人身御供 sacrifice *m* humain; [犠牲者] bouc *m* émissaire. 彼は会社の～になった Il a été sacrifié pour le bien de la société.

ひとみしり 人見知り ¶ ～する être timide. ～する子供 enfant *mf* farouche. この子は～しているんです Cet enfant n'est pas intimidé. この子は～全くしない Ce petit n'est pas du tout farouche.

ひとむかし 一昔 ¶ ～前のことだ Il y a bien longtemps de cela. ～前には durant la génération passée.

ひとめ 一目 ¶ ～見る jeter un coup d'œil. あなたに～会いたい Je voudrais vous voir [rien] un instant. ～で d'un coup d'œil. ‖～惚れする tomber amoureux(se) au premier coup d'œil; avoir le coup de foudre.

ひとめ 人目 ¶ ～にさらう émerger au grand jour; étaler (exposer) au grand jour. ～を避ける craindre (éviter) les regards. ～を引くに(つく) se faire remarquer; attirer l'attention; faire *son* effet. 彼女は～を引こうとしすぎる Elle aime un peu trop paraître. ～につかない manquer (rater) *son* effet. ～を忍ぶ恋 amours *fpl* cachées. ～を忍んで secrètement; à la dérobée. ～につかずに sans être vu. ～を憚らず sans s'occuper du regard des autres.

ひともうけ 一儲け ¶ ～する gagner de l'argent; gagner gros. 彼は株で～した Il a fait fortune en spéculant sur les actions.

ひともみ 一揉み ¶ ～してやるか Viens, je t'apprends à jouer.

ひともんちゃく 一悶着 bisbille *f*. ～あった Il y a eu de la bisbille.

ひとやく 一役 ¶ ～買って出る prêter volontiers *son* aide à. 彼もその件に～買っている Il joue un rôle dans cette affaire.

ひとやすみ 一休み ¶ ～する faire une pause; prendre un peu de repos; [眠る] faire un petit somme.

ひとやま 一山 ¶ ～千円 mille yen le tas. ～当てる trouver un bon filon.

ひとやま 人山 ¶ ～を築く provoquer un rassemblement. 犯人の周りに～が出来た Un grand rassemblement s'est formé autour de ce criminel.

ひとよせ 人寄せ ¶ ～をする attirer la foule.

ひとよづま 一夜妻 compagne *f* d'une nuit.

ヒドラ 〖動〗 hydre *f*.

ヒドラジッド hydrazide *f*.

ひとり 一人(独り) ¶ ～は..., もう～は... l'un (tel)...l'autre (tel autre)... 先祖の～はこの畑を買いもう～は葡萄を植えた Tel aïeul avait acheté ces champs, tel autre planté ces vignobles. ちゃんと答えられたのは(彼/彼女)～だった Il (Elle) a été le seul (la seule) à pouvoir bien répondre. 答えられる者は～もいない Personne ne peut répondre. 彼の友達は～も救いに来なかった Aucun de ses amis n'est venu l'aider. ～は自分の考えで全面に Pour un travail aussi simple, je suffis amplement. あの子を～ででやるのは心配だ Ça m'inquiète de laisser ce petit y aller tout seul. ～残らず tous ensemble; tout le monde. 彼らは～残らず殺された Ils furent massacrés jusqu'au dernier. ～残らず賛成する consentir à *qc* (à *inf*) à l'unanimité. ～人っ子～通らない Il n'y a pas un passant dans la rue./La rue est déserte. ～暮しをする vivre seul; mener une vie solitaire. ～っ子 enfant *mf* unique. ～ぼっちの人 une personne seule (solitaire). ～ぼっちになる se retrouver seul. ～身である rester garçon (fille). ～者 célibataire *mf*.

ひどり 日取り date *f*. 結婚式の～を決める fixer le jour du mariage. 人と会合の～を決

ひとりあるき 独り歩き ¶娘の夜道の〜は危険だ Pour une jeune fille, sortir seul la nuit, c'est dangereux. この子はもう〜できる Le bébé peut déjà marcher tout seul. 彼はやっと〜できるようになった Il a enfin acquis son indépendance./Il peut enfin voler de ses propres ailes.

ひとりがてん 独り合点 [独断] jugement *m* arbitraire; [早合点] conclusion *f* hâtive. 君の〜も甚しい Tu exagères avec tes décisions unilatérales. ¶〜する juger arbitrairement; conclure à la légère. 彼は私がその小包を送ったものと〜している Il est persuadé que c'est moi qui lui ai envoyé ce paquet.

ひとりごと 独り言 monologue *m*; 〜を言う monologuer; se parler à soi-même; parler à soi-même; parler tout seul. ぶつぶつ〜を言うようになると人間もおしまい Quand on se met à marmonner tout seul, ça sent la fin.

ひとりじめ 独り占め ¶〜にする mettre le grappin sur; accaparer; s'arroger; s'approprier. 遺産を〜にする mettre le grappin sur un héritage; ne partager un héritage avec personne. 権力を〜にする s'arroger tous les pouvoirs. 賞金を〜にする remporter tous les prix. 彼は会話を〜にした Il a accaparé toute la conversation.

ひとりずもう 独り相撲 ¶〜をとる taper dans le vide; se battre contre des moulins à vent. 結局俺の〜だったのか Finalement je me suis battu contre des moulins à vent.

ひとりだち 一人立ち ⇨ ひとりあるき(独り歩き).

ひとりたび 独り旅 ¶〜をする voyager seul.

ひとりでに automatiquement; de soi-même. 戸が〜開いた La porte s'est ouverte toute seule. 包丁の柄が〜抜けた Le couteau s'est démanché de lui-même.

ひとりのり 一人乗り ¶〜の monoplace. 〜の飛行機 avion *m* monoplace.

ひとりぶたい 独り舞台 ¶その事になると彼の〜だ Dans ce domaine, il est le seul à parler./ C'est le principal acteur de cette affaire./ Il est seul à attirer toute l'attention.

ひとりべや 一人部屋 [個室] chambre *f* particulière; [ホテルなどの] chambre pour une personne.

ひとりよがり 独りよがり ¶〜もいい加減にしろ Cesse d'en faire à ta tête. 彼の〜にも困ったものだ Sa présomption est agaçante. 〜の [自分勝手な] arbitraire. 〜の楽天主義 optimisme *m* béat.

ひとわたり 一渡り d'un bout à l'autre; sommairement. ¶〜見渡す parcourir des yeux. 〜に目を通す parcourir un livre.

ひな 雛 poussin *m*; petit(e) *m(f)*; [一腹の] nichée *f*; [一かえりの] couvée *f*; [鶏の] poulet *m*. 〜をかえす faire éclore des poussins; [卵を抱く] couver. ¶◆[人形]〜人形 poupée *f*. 〜壇 étagère *f* pour les poupées; [式場の] estrade *f*; [国会の] sièges *mpl* des ministres.

ひな 鄙 ¶〜びた rustique; rural(aux); agreste. 〜には稀な美人だ C'est une beauté comme on en voit rarement à la campagne.

ひなが 日長 ¶春の〜 longue journée *f* de printemps.

ひながた 雛型 [見本] modèle *m*; échantillon *m*; [模型] maquette *f*; avant-projet *m*; [書式] formule *f*. 〜をとる prendre un modèle de qc.

ひなぎく 雛菊 petite marguerite *f*; pâquerette *f*.

ひなげし 雛罌粟 ponceau(x) *m*; coquelicot *m*.

ひなた 日向 ¶〜で au grand soleil. 〜に干す sécher *qc* au soleil. 〜ぼっこする se chauffer au soleil; prendre un bain de soleil.

ひなどり 雛鳥 oisillon *m*.

ひなん 避難 refuge *m*. ¶〜する se réfugier; s'abriter; prendre abri; se mettre à l'abri. 木陰に〜する chercher (se mettre à) l'abri d'un arbre. 一目散に〜する se réfugier à toutes jambes. 〜場 abri *m*; asile *m*. 〜所 refuge. 〜梯子 échelle *f* de sauvetage. 〜民 réfugié(e) *m(f)*.

ひなん 非難 blâme *m*; reproche *m*; condamnation *f*; orage *m*; [批判] critique *f*; objurgations *fpl*; [反対] réprobation *f*; [言の] accusation *f*. 〜を浴びせる lancer des reproches. 〜を受ける s'attirer un blâme; encourir la réprobation. あなたの〜の矢面に立つことになりますよ Tout l'orage tombera sur vous./Vous serez la cible des reproches. ¶〜する blâmer; reprocher *qc* à *qn*; condamner; critiquer; accuser. 激しく〜する jeter l'anathème contre *qn*. 罪を[妻を殺したと]〜する accuser *qn* d'un crime (d'avoir tué *sa femme*). 〜すべき blâmable; reprochable; condamnable. 彼の振舞には〜すべきことは何もない Il n'y a rien à reprocher à (blâmer dans) sa conduite. 〜するような眼差し regard *m* réprobateur. 〜できない irréprochable. 〜好きの人 esprit *m* frondeur.

びなん 美男 beau garçon *m*; bel homme *m*.

ビニール vinyle *m*. ‖塩化〜 chlorure de vinyle.

ひにく 皮肉 ironie *f*; sarcasme *m*; trait *m* satirique. ¶〜る ironiser; parler ironiquement de; [茶化す] persifler; lancer des traits d'ironie à *qn*. 〜な ironique; satirique; piquant. 〜たっぷりの fielleux(se). ‖〜屋 moqueur(se) *m(f)*.

ひにく 髀肉 ¶〜の嘆をかこつ se plaindre de ne pas pouvoir montrer sa capacités.

ひにち 日にち ⇨ ひ(日), ひかず(日数).

ひにょうき 泌尿器 voies *fpl* urinaires. ‖〜科 urologie *f*. 〜科医 urologue *mf*. 〜レントゲン urographie *f*.

ビニロン vinylon *m*.

ひにん 否認 reniement *m*; dénégation *f*; déni *m*; désaveu(x) *m*. ¶〜する dénier; désavouer; se défendre de; démentir.

ひにん 避妊 mesures *fpl* contraceptives. ¶〜する éviter la conception. ‖〜器具 préservatif *m*. 経口〜薬 pilule *f* [contracep-

ひにん 避妊 [tive]. ～法 procédés *mpl* contraceptifs.

ひにん 非人 †hors-caste *mf inv*; [賤民] paria *m*.

ひにんしょう 非人称 impersonnalité *f*. ～の impersonnel(le). ‖～代名詞 pronom *m* impersonnel. ─動詞 verbe *m* impersonnel.

ひにんじょう 非人情 inhumanité *f*. ～であ る manquer d'humanité.

ひねくる tripoter; jouer avec *qc* du bout des doigts. ひねくり回す rouler entre les doigts; tortiller. ひげをひねくり回す tortiller *sa* barbe. ¶ひねくった考え方 pensée *f* sophistiquée.

ひねくれた tordu; rétif(ve); revêche; méchant. ～性格 caractère *m* revêche. ～子 供 enfant *mf* tordu(e). ¶ひねくれた者 esprit *m* rétif. 彼はひねくれ者だ Il a l'esprit tordu.

ひねた ～子供 enfant trop précoce. ～りん ご pomme *f* ratatinée.

ひねつ 比熱 chaleur *f* spécifique.

ひねつ 微熱 fièvre *f* légère; petite fièvre. ～ がある avoir une fièvre légère.

ひねもす tout le long du jour; pendant toute la journée.

ひねりつぶす 捻り潰す écraser.

ひねる 捻る entortiller; tordre; tortiller; [栓 を] ouvrir. ガス栓を～ ouvrir le gaz. スイッチ を～ tourner le commutateur électrique. ひ げを～ retrousser *sa* moustache. 頭を～ se torturer l'esprit; se creuser la tête. ¶一寸 捻った問題を出して présenter un problème un peu tiré par les cheveux. ◆ ¶旅費を捻り 出す [工面する] s'arranger (se débrouiller) pour trouver les frais de voyage. ¶[相撲で かける] ¶相撲では簡単に捻られた Il a été facilement battu au Sumo.

ひのいり 日の入り coucher *m* du soleil.

ひのき 檜 ¶～舞台を踏む jouer dans un grand théâtre. 世界の～舞台に踊り出る se lancer brillamment sur la scène du monde.

ひのくるま 火の車 ¶～である être dans une gêne terrible; être à court d'argent. 我が家 は～だ Chez nous, la situation financière est désastreuse.

ひのけ 火の気 ¶～のない部屋 chambre *f* non chauffée. 僕の部屋には～がない Il n'y a pas de feu dans ma chambre.

ひのこ 火の粉 flammèche *f*; étincelle *f*. 飛散 る～ étincelles qui jaillissent. ～を浴びる se couvrir de flammèches. ～を散らす jeter (lancer) des étincelles. 薪が～を散らして燃え ている La bûche brûle avec beaucoup d'étincelles. ◆ [比喩的に] 降りかかる～は払 わねばならぬ Il faut se défendre contre les dangers qui nous menacent.

ひのたま 火の玉 boule *f* de feu; [鬼火] feu(x) *m* follet.

ひので 火の手 ¶～が上がる Les flammes s'é-lèvent. ～が広まる Le feu se répand. あちこ から暴動の～が上った L'émeute s'est déclarée en divers points.

ひので 日の出 lever *m* du soleil. ¶～の勢いで ある bien faire *son* chemin.

ひのべ 日延べ prolongation *f*; ajournement *m*. ¶～する ajourner; renvoyer; remettre. 3日間～する prolonger de trois jours. 彼は 出発を一週間～した Il a différé son départ d'une semaine.

ひのまる 日の丸 drapeau(x) *m* japonais.

ひのみやぐら 火の見櫓 tour *f* de surveillance centre les incendies.

ひのめ 日の目 ¶～を見る voir le jour. この本 は作者の死後やっと～を見ることが出来た Ce livre n'a vu le jour qu'après la mort de son auteur. この法案はついに～を見るに至らな かった Ce projet de loi a finalement avorté.

ビバーク bivouac *m*. ¶～する bivouaquer.

ひばいどうめい 非買同盟 boycottage *m*.

ひばいひん 非売品 marchandise *f* hors commerce; [揭示] «Pas à vendre.»

ひばく 被爆 ¶～者 atomisé(e) *m(f)*. ～地帯 zone *f* bombardée.

ひはく 美白 blanchissement *m*; peau blanche comme la neige. ‖～化粧品 produit *m* cosmétique blanchissant.

ひばさみ 火挟み pincettes *fpl*.

ひばし 火箸 pincettes *fpl*; baguettes *fpl* de métal.

ひばしら 火柱 ¶～が立つ Une colonne de feu s'élève./Des flammes s'élèvent très haut.

ひばち 火鉢 brasero *m*.

ひばな 火花 étincelle *f*. ～を散らす jeter (lancer) des étincelles. 議論に～を散らす avoir une chaude discussion *qn*; discuter ardemment. ¶～を散らして戦う se battre avec furie.

ひばら 脾腹 côté *m* [du ventre]; flanc *m*. ～ に一撃を食わす donner un coup de poing au flanc.

ひばり 雲雀 alouette *f*.

ひはん 批判 jugement *m*; critique *f*. ～を呼 ぶ susciter des critiques. ¶～する juger; critiquer. ～的 critique. ～的に見る considérer en critique. その決定には～の余地が ある Cette décision est critiquable. ¶自己～ autocritique *f*. ～者 critique *m*. ～主義 criticisme *m*. ～精神 esprit *m* critique. ～ 力 jugement *m*.

ひばん 非番 ¶～の日 jour *m* de congé. ～で 飛ぶ ne pas être de service.

ひひ [笑声・泣声] †hi! ～こいつはたまげた Hi! c'est vraiment trop drôle!

ひひ 狒々 babouin *m*. ¶マント～ hamadryas *m*. ～爺 vieux satyre *m*.

ひび 日々 chaque jour *m*; tous les jours. 無 為の～を送る passer des journées oisives. ¶～の quotidien(ne). ～の暮し vie *f* quotidienne.

ひび 皸 gerçure *f*; crevasses *fpl*. ～がきれる se gercer; se crevasser. 手に～がきれる Les mains [se] gercent. 手に～がきれている avoir des gerçures (crevasses) aux mains. ひどい 寒さで手に～がきれた Un froid vif gerce les mains.

ひび 罅 fente *f*; félure *f*; crevasse *f*, [ひび割 れ] fissure *f*; [ガラスなどの] paille *f*. ～が入 る se fêler; se fendre; se fendiller; se cre-

びび 地面に〜が入る Le sol se crevasse (se fend). 骨に〜が入っている Je me suis fêlé un os. 彼らの友情に〜が入った Il y a eu une fissure dans leur amitié. ¶ 〜が入った茶碗 tasse f fêlée. 〜の入ったガラス verre m paillé (fêlé).

びび 微々 ¶ 〜たる結果 résultat m insignifiant. 〜たる財産 fortune f peu considérable. 〜たる量 quantité f minime. あなたの損失は私のそれに較べれば〜たるものである Comparées aux miennes, vos pertes sont insignifiantes.

ひびき 響き résonnance f; son m; fracas m. ¶ 〜のない声 voix f sans timbre. 〜の sonore. 〜を立てて崩落ちる s'écrouler avec fracas.

ひびく 響く sonner; résonner; retentir; tinter. 鈍く〜 sonner creux. このホールは音がよく〜 Cette salle est sonore. 鐘がかすかに響いている Une cloche résonne faiblement. 雷鳴が谷間に響き渡る Un coup de tonnerre retentit dans une vallée. 彼の名声は津々浦々に響き渡っている Son nom retentit aux quatre vents. ¶ よく〜声 voix f retentissante. よく〜声で話す parler avec une voix sonore. 響き渡るラッパ clairon m éclatant. ◆ [影響を及ぼす] influer sur. 値上げは日常生活に直接〜 La hausse des prix influe directement sur la vie quotidienne.

ビビッド ¶ 〜な vif(ve); éclatant(e); vivant (e).

ひひょう 批評 critique f. ¶ 〜する critiquer. 厳しく〜する censurer. ‖ 〜家 critique m. 文芸〜家 critique m littéraire. 〜眼を持つ avoir un œil de connaisseur. 〜精神 esprit m critique.

ひびょういん 避病院 hôpit $al(aux)$ m de contagieux.

びひん 備品 ameublement m. 自動車の〜 accessoires mpl d'automobile. 船舶の〜 équipement m d'un navire. 電気の〜 appareillage m électrique.

ひふ 皮膚 peau f; épiderme m. 〜が弱い avoir la peau délicate. 〜が荒れている avoir la peau rugueuse. ¶ 〜の épidermique; cutané. 〜科 dermatologie f. 〜科医 dermatologue mf. 〜呼吸 respiration f cutanée. 〜組織 tissu m épidermique. 〜病 maladie f de [la] peau; dermatose f.

ひぶ 日賦 ¶ 〜払いをする rembourser ses dettes avec un intérêt journalier.

ひぶ 日歩 intérêt m journalier. 〜30銭で1万円借りる emprunter dix mille yen avec un intérêt quotidien de trente sen.

ビフィズスきん 〜菌 bifidus m.

びふう 微風 brise f. 〜が吹いている Il souffle une brise.

びふう 美風 bonnes mœurs fpl.

ひふく 被服 〜が支給される L'habillement est fourni. ‖ 〜費 entretien m (frais mpl) d'habillement.

ひふく 被覆 couverture f. ‖ 〜線 fil m guipé.

ひぶくれ 火脹れ cloque f; ampoule f. 火傷したところが〜になった La partie brûlée s'est ouverte d'ampoules.

ひぶそう 非武装 démilitarisation f. ‖ 〜化する démilitariser. 〜地帯 zone f démilitarisée. 〜都市 ville f ouverte.

ひぶた 火蓋 ¶ 〜を切る commencer le feu. 攻撃の〜を切る déclencher une attaque. 論戦の〜を切る ouvrir un débat.

ビフテキ bifteck m. よく焼いた(半焼の、生焼の)〜 bifteck bien cuit (à point, saignant).

ビブラフォン vibraphone m. ‖ 〜演奏者 vibraphoniste mf.

ビブリオマニア bibliomanie f.

ひふん 悲憤 ¶ 〜慷慨する éprouver une forte indignation contre; s'indigner vivement de.

ひぶん 碑文 épitaphe f.

びぶん 微分 calcul m différentiel; différenciation f. ‖ 〜係数 coefficient m différentiel. 〜方程式 équation f différentielle.

びぶん 美文 belle prose f.

びぶんし 微分子 particule f.

ひへい 疲弊 épuisement m; appauvrissement m. ¶ 〜する s'épuiser; s'appauvrir. 農村は〜している Les campagnes sont en détresse. 〜した épuisé; appauvri.

ピペット pipette f.

びぼいん 鼻母音 voyelles fpl nasales.

ひほう 悲報 〜に接する recevoir une triste nouvelle.

ひほう 秘宝 trésor m.

ひほう 秘法 méthode f secrète; mystère m.

ひほう 誹謗 calomnie f; médisance f. ¶ 〜する calomnier; médire de; nuire à.

ひぼう 非望 ¶ 〜を抱く avoir une ambition démesurée.

びぼう 美貌 beauté f [de traits]; belle figure f; traits mpl réguliers.

びほうさく 弥縫策 expédient m; moyen m de fortune; palliatif m. 〜を講じる chercher un expédient.

びぼうろく 備忘録 aide-mémoire m inv; agenda m.

ひほけん 被保険 ‖ 〜者 assuré(e) $m(f)$. 〜物 objet m assuré.

ヒポコンデリー hypocondrie f. ¶ 〜の人間 hypocondriaque $m(f)$.

ひぼし 干乾し ¶ 〜になる maigrir par manque d'alimentation. 腹ぺこで〜になりそうだ Je meurs de faim.

ひぼし 日干し ¶ 〜にする sécher qc au soleil.

ひほん 秘本 livre m sous l'oreiller.

ひぼん 非凡 ¶ 〜な excellent; remarquable; rare; prodigieux(se); particulier(ère). 〜な才能の詩人 poète m d'un rare talent.

ひま 暇 [時間] temps m. 〜がかかる prendre beaucoup de temps. 〜がなくて君から借りた本をまだ読んでいない Je n'ai pas encore eu le temps de commencer à lire votre livre. お〜は取らせませんから一寸だけ相談に乗って下さい Puis-je vous demander un petit conseil? そんなに長くはかかりません。忙しくて一服する〜もない Je suis tellement occupé que je n'ai même pas le temps de fumer une cigarette. …する〜に〜をかける mettre beaucoup de temps à inf; prendre son temps pour inf. ◆ [閑]

loisir *m*; [無為] désœuvrement *m*. 〜がある avoir du loisir (du temps). 〜を楽しむ passer son temps; se donner du bon temps. 〜をつぶす passer (tuer, tromper) le temps. 私は〜を持て余している Je ne sais que faire de mes loisirs. ¶〜で退屈な日々を送る passer des journées vides et ennuyeuses. 今日は〜である être libre (avoir du temps libre). 今日は〜だ [商売が] Il n'y a pas de clients aujourd'hui. お〜ですか Etes-vous libre? な時に $\rightarrow$ à ses moments perdus (de loisir); à loisir: aux heures creuses. 〜に任せてやっているだけでは ne faire *qc* que pour occuper *ses* loisirs. 〜をみて芝居に出掛ける profiter d'un temps libre pour aller au théâtre. 〜つぶしに... $\rightarrow$ passer le temps à *inf*. 〜つぶしにラジオを聞く écouter la radio par désœuvrement. ◆[休暇・辞職] ¶使用人に〜を出す congédier un employé; mettre à pied un employé. 〜を取る quitter son service. 5日間の〜をもらう obtenir un congé de cinq jours.

ひまく 皮膜 membrane *f* de peau.

ひまく 緘膜 enveloppe *f*.

ひまご 曾孫 arrière-petit(s)-enfant(s) *mpl*; [男] arrière-petit(s)-fils *m*; [女] arrière-petite(s)-fille(s) *f*.

ひまし 日増し ¶〜に de jour en jour. 〜に寒くなる Le froid augmente chaque jour.

ひましゆ 蓖麻子油 huile *f* de ricin.

ひまじん 閑人 désœuvré(e) *m(f)*.

ひまつ 飛沫 éclaboussure *f*; écume *f*. 〜が飛散る Une poussière d'eau jaillit.

ヒマラヤ ‖〜杉 pin *m* de l'Himalaya.

ひまわり 向日葵 tournesol *m*; héliotrope *m*.

ひまん 肥満 embonpoint *m*; corpulence *f*; [過度の] obésité *f*. ¶〜する prendre de l'embonpoint; engraisser; grossir. 〜した gros(se); corpulent; obèse. ‖〜児 enfant *mf* obèse.

びまん 瀰漫 ¶〜する se répandre. ペシミズムが青年の間に〜している Le pessimisme se répand parmi les jeunes.

びみ 美味 bon goût *m*. ¶〜な délicieux(se); exquis; excellent. 〜なもの gourmandises *fpl*.

ひみつ 秘密 secret *m*; mystère *m*. 公然の〜 secret de la comédie (Polichinelle). 信書の〜 secret de correspondance. 〜が洩れる Le secret transpire. 〜の解明 solution *f* du mystère. 〜を明かす mettre *qn* dans le secret. 〜をばらす dévoiler un secret. 〜をあばき出す déterrer un secret. 〜をさぐる chercher à pénétrer un secret. 〜を知る découvrir un secret. 〜をよく知っている être dans le secret. 〜をにぎる tenir un secret. 〜を守る tenir (garder) le secret. 〜を漏らす trahir le secret. ¶〜の secret(ète); caché; clandestin; [内密の] confidentiel(le). 〜の合図 signe *m* clandestin. 〜の話 entretien *m* confidentiel. 〜にする cacher *qc*; tenir *qc* secret(ète); se cacher de *qc*. 自分の気持ちを〜にしておく cacher *ses* sentiments. これ以上その知らせを〜にしておくことはできない On ne peut pas cacher plus longtemps cette nouvelle. それは〜にしておかねばならぬ Cela doit rester entre nous./Cela doit être gardé dans le secret. ‖〜会議 séance *f* secrète; réunion *f* à huis clos. 〜結社 société *f* secrète. 〜結社員 frères trois-points *mpl*; franc(s)-maçon(s) *m*. 〜出版 publication *f* secrète. 〜文書 document *m* confidentiel. 〜[裡]の secrètement; clandestinement; subrepticement. 〜漏洩 divulgation *f* d'un secret.

びみよう 微妙 ¶〜な fin; subtil; délicat; nuancé. 〜な色彩 nuances *fpl* de couleur. これは〜な問題だ C'est une question délicate. 彼の説明には〜な含みがある Ses explications sont très nuancées. 〜に finement; délicatement. 二人の言っていることには食違っている Il y a de fines nuances entre leurs deux déclarations.

ひむろ 氷室 glacière *f*.

ひめ 姫 princesse *f*; fille *f* de noble famille.

ひめい 悲鳴 cri *m* de terreur; hurlement *m*. 〜をあげる gémir; pousser des cris. 嬉しい〜をあげる pousser des cris de joie. 〜をあげて助けを求める crier au secours.

ひめい 碑銘 épitaphe *f*. 〜を彫る graver une épitaphe.

びめい 美名 ¶正義の〜の下で sous le beau nom de la justice.

ひめごと 秘事 secret *m*.

ひめる 秘める tenir secret; cacher; [秘蔵する] conserver précieusement. 胸に〜 tenir secret dans *son* cœur. 大きな夢を〜 caresser un grand rêve. ¶これには何か秘められた訳があるに違いない Il doit y avoir une raison secrète dans cette affaire.

ひめん 罷免 dégradation *f*; destitution *f*; renvoi *m*. 〜する dégrader; destituer; renvoyer.

ひも 紐 ficelle *f*; corde *f*; cordon *m*; [靴, コルセットの] lacet *m*; [淫売婦の] maquereau(x) *m*; barbeau(x) *m*. 荷物を〜で括る ficeler un paquet. 〜で結ぶ nouer avec un cordon. 靴の〜を結ぶ(解く) lacer (délacer) *ses* chaussures. 〜を通す passer la ficelle. 財布の〜をしめる(ゆるめる) serrer (desserrer) les cordons de la bourse. ¶靴の〜の孔 œillet *m* d'une chaussure. 彼は社長の〜つきだ Il est pistonné par son directeur. 〜つき融資 prêt *m* sous condition. 〜通し passe-lacet (s) *m*.

ひもく 眉目 ‖〜秀麗である avoir de beaux traits.

ひもじい avoir faim. ¶ひもじそうな犬(乞食) chien *m* (mendiant *m*) famélique.

ひもと 火元 foyer *m* d'un incendie. 〜は風呂だった Le feu s'est déclaré dans la salle de bain.

ひもとく 繙く ⇒ よむ(読む).

ひもの 乾物 ¶魚の〜 poisson *m* sec; poisson salé et séché. 〜にする sécher un poisson.

ひや 冷 ¶〜で飲む boire du saké froid. ◆[水] ¶お〜を下さい Un verre d'eau fraîche, s'il vous plaît.

ひやあせ 冷汗 ¶~をかく avoir des sueurs froides.

ひやかし 冷やかし persiflage m; moquerie f; raillerie f; plaisanterie f. ¶~好きな人 esprit m railleur; railleur(se) m(f). ~半分で par plaisanterie; railleusement.

ひやかす 冷やかす persifler qn; plaisanter qn; se moquer de qn; taquiner qn; railler qn. 冷かされる se faire brocarder; être exposé aux brocards de qn. みんなにそのことで冷かされた A cause de cela, tout le monde s'est moqué de moi. ◆[店を] 冷やかして歩く courir les magasins sans acheter.

ひやく 秘薬 remède m secret.

ひやく 飛躍 essor m; élan m; saut m; bond m. 生命の~ élan vital. 今年こそ~の年だ Je voudrais que ce soit l'année de la réussite (de la réussite). ¶~する prendre son élan. ~的発展をする faire un grand bond. ~が時を迫わている] ¶論理の~ saut logique. 彼の話は~する Son histoire saute d'un sujet à un autre.

ひゃく 百 cent m ¶~も承知している Je le sais parfaitement. ~歳の祖父 grandpère m centenaire. まだかくしゃくとした~歳の老人 vieillard m centenaire (centenaire mf) encore alerte. 約~人の学生 une centaine d'étudiants. ...より~倍も大きい cent fois plus grand que.... 勇気~倍する [主語・人] sentir ses forces décuplées; [主語・物] encourager énormément qn. 効果~パーセントの~une très grande efficacité.

びゃく 媚薬 philtre m; élixir m d'amour; aphrodisiaque m.

ひゃくがい 百害 ¶~有って一利なし Il y a beaucoup à perdre [et peu à gagner]. 煙草は~有って一利なしだ Le tabac est purement et simplement nocif pour la santé.

ひゃくじゅう 百獣 ¶ライオンは~の王である Le lion est le roi des animaux.

ひゃくしゅつ 百出 ¶その件に関しては議論が~した Ce problème a soulevé une discussion animée.

ひゃくしょう 百姓 paysan(ne) m(f); [集合的] paysannat m; cultivateur(trice) mf; [農耕者] agriculteur m; [小作人] fermier(ère) m (f). ~をする labourer (cultiver) la terre. ¶~の paysan(ne). 一揆 agitation f paysanne; émeute f paysanne; révolte f de paysans. ~家(や) maison f de paysans; ferme f.

ひゃくせん 百戦 ¶~百勝の toujours victorieux(se); imbattable; invincible. ~錬磨の士 vétéran m. 彼はこの道にかけては~錬磨の士である Dans ce domaine, c'est un vétéran.

ひゃくせん 百選 ¶芸能~ choix m de cent chefs-d'œuvre.

びゃくだん 白檀 santal(s) m.

ひゃくてん 百点 ¶満点 vingt sur vingt m.

ひゃくにち 百日 ¶~咳 coqueluche f. ~草 zinnia m. ~天下 les Cent-Jours mpl.

ひゃくねん 百年 cent ans mpl. ¶国家の計 politique f à long terme d'un pays. ¶~祭 centenaire m. ショパン生誕~祭 centenaire de la naissance de Chopin. ~戦争 [史] guerre f de Cent Ans. ここで会ったが~目 Voilà, tu n'y couperas pas.

ひゃくパーセント 百~ ¶~ひゃく(百).

ひゃくはちじゅうど 百八十度 ¶~転換する faire volte-face. 私の考えは~転換した Il y a eu un brusque revirement dans ma pensée.

ひゃくぶん 百分 ¶~の1 un centième. ¶~率 pourcentage m.

ひゃくぶん 百聞 ¶~は一見に如かず Voir, c'est croire./Mieux vaut voir qu'entendre cent fois.

ひゃくまん 百万 million m. ~人(年) un million d'hommes (d'années). 数~ユーロ持っている posséder des millions d'euros. ¶あなたの援助があれば~の味方を得たも同然だ Nous serons mille fois plus forts grâce à votre aide. ¶~言を費やす prodiguer de longues heures d'explication. ¶~長者 millionnaire m(f). それはもう~遍も聞いた J'ai entendu cela un million de fois.

ひゃくめんそう 百面相 grimaces fpl.

びゃくや 白夜 nuit f blanche.

ひゃくやく 百薬 ¶酒は~の長だ Le saké est le meilleur de tous les remèdes./Le vin est la meilleure des panacées.

ひゃくらい 百雷 ¶~の如き砲声 bruit m assourdissant de canon.

ひやけ 日焼け brunissement m; bronze m; hâle m. ¶~する brunir au soleil; se hâler. 真黒く~する bronzer; se bronzer. ~した bruni; bronzé; hâlé; basané. ~した顔 visage m bruni (hâlé, bronzé, basané).

ひやけサロン 日焼け~ salon m de bronzage.

ヒヤシンス jacinthe f. ¶~色 hyacinthe inv.

ひやす 冷やす rafraîchir; refroidir; réfrigérer; [氷で] glacer. ビールを~ mettre une bouteille de bière au frais. 頭を~ se rafraîchir la tête; [冷静にする] se reposer la tête. 肝を~ [ぞっとする] être pris d'effroi. その光景を見て肝を冷した Ce spectacle nous a glacés d'effroi (d'horreur)./A cette vue, mon sang s'est glacé. 私は腹を冷やして下痢をしてしまった Un refroidissement m'a donné la diarrhée.

ひゃっか 百花 ¶~斉放の議論 discussion f ouverte. ~繚乱と咲出る Mille fleurs s'épanouissent.

ひゃっかじてん 百科事典 encyclopédie f. ¶~の(的) encyclopédique. ¶~派 école f encyclopédique.

ひゃっかてん 百貨店 grand magasin m.

ひゃっきやこう 百鬼夜行 cour f des Miracles. ¶~の有様 scène f d'un désordre indescriptible.

ひゃっぱつひゃくちゅう 百発百中 ¶~である ne jamais manquer son coup; réussir en tout (à chaque coup).

ひゃっぱん 百般 ¶武芸に秀でる Il excelle dans tous les arts martiaux.

ひゃっぽう 百方 ¶~手を尽くす employer tous les moyens possibles.

ひやとい 日傭 ¶~で働く travailler à la journée. ¶~労務者 ouvrier(ère) m(f) à la

ひやひや 冷や冷や ¶~する être épouvanté de; être angoissé (très inquiet(ète)). ながら見る regarder avec inquiétude (angoisse). …を~させる angoisser qn. ~させるよう à angoisser. あの子は本当に~させる Cet enfant nous cause de terreurs. 俺も~したよ Moi aussi, j'ai eu chaud.

ひやみず 冷水 ¶それは年寄りの~だ Ça ne se fait plus, à cet âge.

ひやめし 冷飯 ¶~を食わされる être tenu (mis) à l'écart; être mis de côté.

ひややか 冷やか ¶~な froid; peu émotif(ve); indifférent. ~な態度 manières fpl froides; froideur f. ~な態度を見せる témoigner de la froideur. 二人の仲は~だ Il y a un froid entre eux. ~になる se refroidir. ~に avec indifférence (froideur); froidement; sèchement.

ひやり 冷やり ¶~とする [恐ろしさで] avoir des sueurs froides; être pris (glacé) d'effroi; [寒さで] sentir le froid. 一瞬~としたよ J'ai eu chaud! ~とさせる glacer le sang.

ひゆ 比喩 comparaison f; image f; [寓意] allégorie f; parabole f; [暗喩] métaphore f. ¶~的な figuré. ~的な意味で au sens figuré; au figuré. ~に富んだ imagé; métaphorique. ~に富んだ文体 style m figuré.

ピュア visionneuse f.

びゅうけん 謬見 idée f fausse; opinion f fausse.

ヒューズ plomb m [fusible]; fusible m. ~をとりかえる remplacer un plomb. ~を飛ばす faire sauter les plombs. ~がとんだ Le plomb a sauté.

ビューティサロン salon m de beauté.

ピューマ puma m.

ヒューマニスト humaniste m.

ヒューマニズム humanisme m.

ヒューマニティー humanité f.

ヒューマン humain(e). ~ドキュメント document m vécu.

ピューリタニズム puritanisme m.

ピューリタン puritain(e) m(f).

ピューレ purée f. ¶トマト~ purée de tomate.

ビューロー bureau(x) m.

ビューロクラシー bureaucratie f.

ヒュッテ hutte f; auberge f; chalet m.

ビュッフェ buffet m.

ビュレット [化] burette f.

ひょいと [偶然] par hasard; [不意に] subitement; brusquement; [身軽に] légèrement; [素速く] avec agilité. ~窓から飛び降りる sauter légèrement par la fenêtre. ~いい考えが浮かんだ Il me vient tout à coup une bonne idée. 彼は魚屋の前で~足をとめた Il s'est arrêté subitement devant une poissonnerie. 見知らぬ男が物陰から~現れた Un inconnu a surgi de l'ombre.

ひょいひょい ¶岩伝いに~跳ぶ sauter légèrement de rocher en rocher.

ひよう 費用 dépense f; frais mpl. ~をかける faire beaucoup de frais. ~を惜しまない ne pas regarder à la dépense. ~を払う faire les frais を切詰める diminuer la dépense. ~を負担する se charger des frais. この旅行は~がかかる Ce voyage est coûteux (coûte cher). 子供を育てるのは~がかかる C'est financièrement une grande charge que d'élever des enfants. ¶~のかかる onéreux(se); coûteux(se); cher(ère). ~をかけて coûteusement; à grands frais. どんなに~かかっても à n'importe quel prix. ~は自分持ちで aux (propres) frais. ‖結婚~ frais de mariage.

ひょう 票 [選挙の] vote m; voix f. ~が割れた Les suffrages sont partagés. …に~を投じる voter pour qn. ~~数 nombre m de voix. ~~読み pronostics mpl électoraux. その候補者は5,000~を得た Ce candidat a réuni cinq mille voix.

ひょう 表 table f; tableau(x) m; liste f; [図表] diagramme m. ~にする disposer qc en forme de diagramme. ~を作る dresser une liste. ‖ガス(水道)メーター~ relevé m de compteur de gaz (d'eau). 時間~ [授業の] horaire m des cours. 正誤~ relevé des erreurs.

ひょう 豹 panthère f; jaguar m; léopard m; guépard m.

ひょう 雹 grêle f; grêlon m. ~が降る Il grêle. ~で葡萄畑は大きな被害を受けた La grêle a causé des dégâts importants dans les vignobles. ‖~害 dommages mpl (dégâts mpl) causés par la grêle.

びよう 美容 soins mpl de beauté. ‖~院 salon m de coiffure. ~師 maquilleur(se) m (f). ~食 régime m amaigrisseur. ~体操 exercices mpl physiques pour garder sa ligne; callisthénie f.

びょう 秒 seconde f. 1~ une seconde. ‖毎~10メートルで dix mètres par seconde. ~針 trotteuse f; aiguille f des secondes. ~速 vitesse f par seconde. ~読み compte m à rebours. ~読みする compter à rebours.

びょう 鋲 rivet m; clou m; [敷物の] broquette f. ~で留める river; riveter. 靴に~を打つ ferrer un soulier. ‖画~ punaise f.

ひょうい 表意 ‖~法 idéographie f. ~文字 idéogramme m.

ひょういつ 飄逸 ¶~な désinvolte; sans gêne. ~な人 personne f dégagée.

びょういん 病院 hôpital m. ~に入れる hospitaliser qn; faire entrer qn dans un hôpital. ~に通う fréquenter un hôpital. ~に収容する recueillir qn dans un hôpital. …を~に見舞う visiter qn à l'hôpital. ‖市立~ hôtel(-)Dieu m. 総合~ polyclinique f. ~船 bateau(x)-hôpital(aux) m. ~長 directeur(trice) m(f) d'un hôpital.

ひょうおん 表音 ‖~文字 caractère m phonétique.

ひょうか 評価 appréciation f; estimation f; évaluation f. 生徒に~を下す porter une appréciation sur un élève. 「優秀」の~を貰う avoir la mention « très bien ». 彼の家は500万の~を受けた Sa maison est évaluée (estimée) à cinq millions. ¶~する apprécier; estimer; évaluer. 高く~する [人を] avoir en grande estime; [物を] apprécier beaucoup.

ひょうが 正当に～する(しない) bien (ne pas) apprécier qc. 自分を正しく～する se rendre justice à soi-même. 人を正しく～する estimer qn à sa juste valeur. 人をよく(悪く)～する avoir bonne (mauvaise) opinion de qn. 彼の行為をどうへ～するか Comment qualifier(appréciez)-vous sa conduite? 専門家に絵を～してもらう faire évaluer (expertiser) un tableau par un expert. 過小(過大)～する sous-estimer (surestimer). ～額 valeur f estimée.

ひょうが 氷河 glacier m. ¶～の glaciaire. ‖～時代 période f glaciaire.

びょうが 病臥 alitement m. ¶～する s'aliter; garder le lit.

ひょうかい 氷解 solution f. ¶～する s'éclaircir; se dissiper. 誤解は～した Le malentendu s'est dissipé.

ひょうかい 氷塊 bloc m de glace.

ひょうがい 氷害 [農作物] dommages mpl agricoles causés par une maladie.

ひょうかん 剽悍 ¶な vif(ve); intrépide. あの男は～な顔付きしている Cet homme a un masque de fauve.

ひょうき 表記 notation f. 数の～ notation des nombres. ¶～法 notation; graphisme m. ◆[表書き] ¶～の mentionné; inscrit sur l'extérieur. ～の住所 [手紙の上書き] suscription f. ‖～価格 prix m affiché. ～金額 somme f déclarée.

ひょうぎ 評議 délibération f. ‖～員 conseiller(ère) m(f). ～会 conseil m.

びょうき 病気 maladie f; mal (maux) m; [悪い癖] manie f. 重い(軽い)～ maladie grave (légère). 急(慢)性の～ maladie aiguë (chronique). ～が起る La maladie se déclare. ～が治る guérir; se rétablir; relever de maladie. ～が悪くなる Le mal s'aggrave. 彼はまた例の～が出た Il retombe dans sa vieille manie. 彼の病気は仲々治りそうもない Sa maladie ne veut pas guérir. ～に罹る attraper (contracter) une maladie. ～になる tomber (se rendre) malade. ～を移す donner une maladie. ～をこじらせる [主語・物] aggraver une maladie. ～を治す guérir une maladie. ¶～である être malade. ～上りである être en convalescence. ～勝ちの maladif(ve). ‖～欠 absence f pour cause de maladie. ～見舞 visite f à un(e) malade.

ひょうきん 剽軽 ¶～な badin; facétieux(se); drôle; plaisant. ～な奴 facétieux(se) m(f); farceur(se) m(f). ～な真似をする faire le farceur; badiner.

びょうきん 病菌 virus m; bacille m; microbe m pathogène; germe m infectieux.

びょうく 病苦 souffrances fpl. ～に悩む souffrir du fait de sa maladie. ～を和らげる apaiser la douleur d'un malade.

びょうく 病軀 corps m malade. ～を押して働く travailler malgré sa maladie (sa mauvaise santé).

ひょうけい 表敬 ‖～訪問をする faire (rendre) une visite de politesse à qn.

ひょうけつ 氷結 gel m; congélation f; glaciation f. ¶～する geler. 湖の～した Le lac a gelé. ～した gelé; glacé.

ひょうけつ 票決 vote m; scrutin m. ～に付す voter pour décider qc; décider par un vote; procéder au scrutin.

ひょうけつ 評決 décision f; [陪審員の] verdict m. ～を下す prononcer un verdict.

びょうけつ 病欠 ⇨ びょうき(病気).

ひょうげん 氷原 plaine f glacée.

ひょうげん 表現 expression f; représentation f. ¶～する exprimer; représenter; rendre; traduire. 自分の考えを一番よく言葉 mot m qui rend (traduit) le mieux sa pensée. 見事に風景を～する rendre (représenter) avec vivacité un paysage. ～し難い inexprimable; indescriptible. ‖～主義 expressionnisme m. ～主義者 expressionniste mf. ～主義の画家 peintre m expressionniste. ～法 élocution f. ～力 expressivité f. ～力の豊かな expressif(ve).

びょうげん 病原 cause f (origine f) d'une maladie. ¶～の pathogène. ‖～学 étiologie f. ～学者 étiologue m. ～菌 microbe m pathogène. 濾過性～体 virus m filtrant.

ひょうご 標語 slogan m; devise f.

びょうご 病後 [快復期] convalescence f. ～の人 convalescent(e) m(f). 彼は～である Il sort de maladie. ～(に) après une maladie.

ひょうこう 標高 altitude f. ここは～2000メートルである Cet endroit est à deux mille mètres au-dessus du niveau de la mer.

びょうこん 病根 origine f d'une maladie.

ひょうさつ 表札 plaque f de porte; plaque d'identité f. ～を出す fixer une plaque à la porte; mettre une plaque d'identité à sa porte.

ひょうざん 氷山 iceberg m; montagne f de glace. それは彼の犯行の～の一角でしかない Ce n'est qu'une petite partie de ses crimes.

ひょうし 拍子 mesure f; temps m; cadence f; rythme m. ～が合わない ne pas être en mesure. ～を取る battre la mesure. ～をはずす ne pas être en rythme. オーケストラと～を合わせる suivre la mesure de l'orchestre. ¶～を取って(正しく) en mesure. ～を取ってオールを漕ぐ ramer en cadence. ～を取って歩く marcher au pas cadencé. ‖4～ mesure à quatre temps. 4分の2～ mesure à deux-quatre. ◆[途端] ¶何かの～に par hasard. 立った～にめまいがした En me levant, j'ai été pris de vertige. ◆ ¶～が抜ける [調子が抜ける] se dégonfler.

ひょうし 表紙 couverture f. [本の] ～をつける couvrir un livre.

ひょうじ 表示 expression f; indication f; manifestation f. ¶～する exprimer; indiquer; représenter; manifester. ‖高度(圧力)～器 indicateur m d'altitude (de pression).

びょうし 病死 ¶～する mourir des suites d'une maladie.

ひょうしき 標識 signal(aux) m; signalisation f. ‖運行～ plaque f de direction. 航路～ amer m; bouée f. 航空～ balise f. 道路～ poteau(x) m indicateur; plaque indica-

ひょうしつ 氷室 glacière f; [冷蔵庫の] compartiment m à glaçons.

ひょうしつ 漂失 ¶～する disparaître à la dérive.

ひょうしつ 病室 chambre f de malade; [病院の] salle f d'hôpital; [学校などの] infirmerie f.

ひょうしとう 表示灯 lampe f témoin.

ひょうしゃ 評者 critique m.

ひょうしゃ 描写 description f; peinture f. ¶～する décrire; représenter; peindre. 作中人物を巧く～する dépeindre bien les personnages. 精密に～する décrire en détail. 自分(の心)を～する se peindre. 社会を～している小説 roman m qui peint la société. ‖人物～ portrait m d'un caractère. 心理～ description psychologique. 風俗～ peinture des mœurs. ～音楽 musique f descriptive.

ひょうしゃ 病舎 infirmerie f.

ひょうしゃく 標尺 [測] jalon m. ～を立てる placer les jalons. 道に～を立てる jalonner un chemin.

ひょうしゃく 評釈 commentaire m; annotation f; remarques fpl; note f. ¶～する commenter; annoter.

ひょうじゃく 病弱 ¶～な valétudinaire; maladif(ve). ～な老人 vieillard m valétudinaire. ‖～者 valétudinaire mf.

ひょうしゅつ 表出 ¶～する montrer franchement. ‖感情～ manifestation f d'émotion.

ひょうじゅん 標準 standard m; niveau(x) m; [基準] normale f; [平均] moyenne f; [典型] modèle m; type m; étalon m. ～に達する atteindre au niveau. ～を定める fixer le niveau. ～以下(以上)の知恵 intelligence f au-dessous (au-dessus) de la normale. ‖～化 standardisation f. ～化する uniformiser; standardiser. ～規格 format m standard. ～型 modèle m; type standard. ～語 langue f commune. ～時 temps m légal. グリニッチ～時 heure f de Greenwich. ～偏差 déviation f d'étalon.

ひょうしょう 表章 insigne m; badge m. 会の～を胸につける porter l'insigne d'une réunion sur sa poitrine.

ひょうしょう 表彰 éloge m public des mérites de qn; [軍] citation f [à l'ordre du jour]. ¶～する faire l'éloge public de qn; décerner un honneur; citer qn à l'ordre du jour. ‖～式 cérémonie f de remise des diplômes. ～状 certificat m d'honneur. ～台 [優勝者の] podium m.

ひょうしょう 表象 idée f; représentation f; symbole m. ¶～する représenter; symboliser.

ひょうじょう 表情 expression f; mine f; physionomie f. 暗い～ mine morne (triste). ¶～豊かな expressif(ve). ～に乏しい inexpressif(ve). ‖～豊かに avec expression.

ひょうじょう 評定 consultation f; conférence f. ‖小田原～ longue et vaine discussion f. いくら彼等が話し合っても結局小田原～だ Ils ont beau parlementer, les négociations n'aboutissent à rien. この問題はいまだ～中である Ce problème est en discussion.

ひょうじょう 病床 ¶～についている garder le lit; s'aliter.

ひょうじょう 病状 état m d'un malade. ～は好転(悪化)した L'état de sa maladie a pris une tournure favorable (s'est aggravé).

ひょうしん 病身 tempérament m maladif; infirmité f. ¶～の maladif(ve); souffreteux(se); faible; fragile. ～の子供 enfant mf maladif(ve).

ひょうしん 秒針 trotteuse f; aiguille f des secondes.

ひょうする 表する exprimer; témoigner; manifester. 敬意を～ présenter ses hommages à qn. 謝意を～ témoigner sa reconnaissance à qn. 祝意を～ offrir ses félicitations à qn. 弔意を～ offrir à qn ses condoléances.

ひょうする 評する ¶人々は彼を第一級の政治家と評している On le considère comme un homme politique de première classe.

ひょうせい 病勢 ¶彼の～がにわかに募った Son état de maladie s'est brusquement aggravé.

ひょうせつ 氷雪 ¶～に閉される être emprisonné par les glaces. ～に閉込められた船舶 navire m bloqué par la glace et la neige.

ひょうせつ 剽窃 plagiat m; pillage m; démarquage m. ¶～する plagier; démarquer; piller. ある作家の作品を～する piller un auteur (une œuvre littéraire). 彼の作品は有名な小説家の作品を～したものだ Son ouvrage n'est qu'un démarquage de l'œuvre d'un célèbre romancier. ‖～者 plagiaire m(f); pilleur(se) m(f).

ひょうぜん 飄然 ¶～として sans but; sans dessein. ～と家を出る sortir sans but déterminé.

ひょうそ 瘭疽 panaris m; mal m blanc.

ひょうそう 表層 ‖～なだれ avalanche f poudreuse.

ひょうそう 表装 marouflage m. ¶～する maroufler.

ひょうそう 病巣 foyer m d'une maladie.

ひょうそく 秒速 ¶～10メートルで à [la vitesse de] dix mètres par seconde.

ひょうだい 表題 titre m; rubrique f. ‖～音楽 musique f à programme.

ひょうたい 病態 état m d'une maladie.

ひょうたん 氷炭 ¶～相容れぬ être inconciliable; s'exclure l'un autre; être l'ennemi de.

ひょうたん 瓢箪 calebasse f; gourde f. 「～から駒が出る」 Une chose inattendue apparaît à un endroit insoupçonné. ¶～形の en forme de gourde. ‖奴は～なまずだ Il a un caractère insaisissable.

ひょうちゃく 漂着 ¶～する être rejeté sur le rivage. ‖～物 épaves fpl.

ひょうちゅう 氷柱 [冷房用の] bloc m de glace; [つらら] petit glaçon m.

ひょうちゅう 評註 note f critique; commentaire m. ～を加える annoter; commenter.

びょうちゅう 病中 pendant la maladie. ～を押して malgré sa maladie.

ひょうちゅう ‖～操作 repérage m. ～ダーによる飛行機の～操作 repérage des avions par radar.

ひょうてい 評定 ‖勤務～ estimation f de la capacité professionnelle de qn; note f.

ひょうてき 標的 cible f; point m de mire.

びょうてき 病的 ～な maladi(f)ve); morbide; anormal(aux). 暗闇に対する～な恐怖心 peur f maladive de l'obscurité. ～な想像力 imagination f morbide. 彼の猫嫌いは～だ Sa répugnance pour les chats est presque pathologique. ～に maladivement; morbidement.

ひょうてん 氷点 point m de congélation. ‖温度は～下10度に下った La température a baissé à moins dix [degrés].

ひょうてん 評点 note f d'appréciation. ～する donner des notes.

ひょうでん 票田 ‖この選挙区の～は彼にとって大きかった Dans cette circonscription électorale, il a récolté beaucoup de voix.

ひょうでん 評伝 biographie f critique.

びょうとう 病棟 pavillons mpl d'un hôpital. ‖隔離～ pavillon m isolé; salle f des maladies infectieuses.

びょうどう 平等 égalité f. ‖～な égal(aux). ～な立場で話合う s'entretenir sur un pied d'égalité. 万人は神の前で～である Tous les hommes sont égaux devant Dieu. ～にする égaliser; égaler; rendre égal. ～に取扱う traiter qn avec impartialité. 財産を～にする égaliser (niveler) les fortunes. ～に également; avec égalité. ～化 égalisation f; nivellement m. ～主義 égalitarisme m; doctrine f égalitaire. ～主義者 égalitaire mf.

びょうどく 病毒 germe m d'une maladie. ～に犯される être infecté non d'un virus.

びょうにん 病人 malade mf. ～を看護する soigner un malade.

ひょうのう 氷嚢 sac m de glace; vessie f à glace. 彼は高熱で～をしなければならない A cause de la forte fièvre, il faut appliquer un sac de glace sur son front.

ひょうはく 漂泊 vagabondage m; 〖詩〗errance f. ～する errer; vagabonder. ～の魂 esprit m d'aventure.

ひょうはく 漂白 blanchiment m. ～する blanchir. ～剤 poudre f à blanchir; décolorant m.

ひょうばん 評判 réputation f; [名声] renom m; renommée f; notoriété f; [人気] popularité f. ～がよい(悪い) avoir une bonne (mauvaise) réputation; être bien (mal) noté. ～が高い jouir d'une grande renommée (réputation); être renommé. フランスモードは世界中に～が高い La mode française est renommée dans le monde entier. 彼は上の者にへ悪い Il est mal noté auprès de ses supérieurs. 彼は最近～が悪い Tu as mauvaise cote ces temps-ci. ～を得る s'attirer une réputation; se faire une réputation. ～を落す perdre sa réputation. 人の～を損ねる nuire à la réputation de qn. ～の高い célèbre; renommé; réputé; populaire. ～のよい本 livre m dont on parle beaucoup. ～のよい(悪い)ホテル hôtel m bien réputé (malfamé). ～の悪い政府 gouvernement m impopulaire. その声明は～になった Ce manifeste a eu un grand retentissement. 不～ impopularité f. あの店は～以下だ Cette boutique n'est pas à la hauteur de sa réputation. ◆ [噂] bruit m. ～を立てる mettre un bruit en circulation; faire courir un bruit. 彼女は浮気しようという～ Elle passe pour coquette. ¶世間の～では selon des bruits qui courent. ～にならずに sans éclat. ‖大～になる faire grand bruit.

びょうはん 病斑 tache f d'une maladie. バラの葉に～が現れた Des taches sont apparues sur les feuilles des roses.

ひょうひ 表皮 épiderme m; écorce f; pellicule f. ～の épidermique. ‖～細胞 cellule f épidermique.

ひょうひょう 飄々 ～とした insouciant; indifférent. ～たる人間 personne f légère. 彼は～として捕えどころがない Sa versatilité le rend insaisissable.

ひょうびょう 縹渺 ‖～たる原野 plaine f vaste. ～たる大洋 immense océan m. 芳香が～と漂ってくる Il y flotte un bon parfum.

びょうぶ 屏風 paravent m. ¶～のように切立った断崖 falaise f coupée à pic. ‖～岩 rocher m abrupt.

びょうへい 病弊 mpl.

ひょうへき 病癖 habitude f morbide.

ひょうへん 豹変 volte-face f; revirement m. 政治家の～ revirements d'un homme politique. ¶～する faire volte-face. 態度を～する modifier son attitude brusquement. 君子は～す Le sage en comprenant son erreur change aussitôt de voie.

ひょうぼう 標榜 ‖～する se déclarer pour (contre); faire profession de. 社会主義を～する faire profession de socialisme.

ひょうほん 標本 exemplaire m; modèle m; 〖生〗échantillon m; 〖植物〗herbier m. 蝶を～にする naturaliser des papillons. 彼は嘘つきの～だ Il est le type du menteur. ‖昆虫～ insectier m.

びょうま 病魔 ¶～に襲われる être affligé d'une maladie. さすがの彼も～には勝てなかった Même lui a fini par succomber à la maladie.

ひょうめい 表明 expression f; déclaration f; effusion f; manifestation f. 愛情の～ effusion f de tendresse. 不満(喜び)の～ manifestation de mécontentement (de joie). ¶～する exprimer; manifester; déclarer. 異議を～する formuler une objection. 意図を～する manifester ses intentions. 祝賀の意を～する présenter ses félicitations. 賛成の意を～する se prononcer en faveur de qn. 反意を～する se prononcer contre qn.

びょうめい 病名 nom m de maladie.

ひょうめん 表面 surface f; superficie f; face f; [外面] dehors m; extérieur m; [外見] apparence f. 地球の～ surface de la terre.

ひょうよみ 〜に現われる apparaître au dehors. 物事の〜しか見ない ne considérer que la surface des choses. あの二人は〜では仲良くしているが心の中では何を考えているか分からない En apparence, ils ont l'air de bien s'entendre, mais au fond on ne sait pas ce que cachent leurs pensées. 〜だけで人を判断してはならぬ Il ne faut pas juger sur les apparences. ¶〜(の[だけ]の) superficiel(le); apparent; extérieur. 〜の理由 raison *f* apparente. 彼の知識は全く〜だけだ Son savoir est tout en surface./Il n'a que des connaissances superficielles. 彼の親切は〜だけだ Il n'est gentil qu'extérieurement. 〜的(に)的 superficiellement; en apparence; extérieurement. 〜的に暴露する se révéler; se faire connaître. その事件から労資の対立が〜化して来た C'est à partir de cet incident que la tension entre le patron et les ouvriers est apparue au grand jour. 〜積 étendue *f* superficielle. 〜張力 tension *f* superficielle.

ひょうよみ 票読み ⇒ ひょう(票).
ぴょうよみ 秒読み ⇒ びょう(秒).
ひょうり 表裏 endroit *m* et envers *m*; recto *m* et verso *m*. ¶〜のある人間 personne *f* à double face. 〜を見せる révéler; honnête. ‖〜一体となる s'harmoniser (s'accorder) parfaitement.

びょうり 病理 ¶〜解剖学 anatomie *f* pathologique. 〜学 pathologie *f*. 〜学[上]の pathologique. 〜学的に pathologiquement. 〜学者 pathologiste *mf*.

ひょうりゅう 漂流 dérive *f*. ¶〜する aller à la dérive; dériver. 〜者 naufragé(e) *m*(*f*). 〜船 navire *m* abandonné. 〜物 épave *f*.

びょうれき 病歴 curriculum vitæ *m* médical. ‖〜口述 anamnèse *f*.

ひょうろう 兵糧 vivres *mpl*; provisions *fpl*; ravitaillement *m*; ration *f* militaire. 〜が尽きる manquer de provisions. ‖〜攻めにする couper les vivres aux ennemis. ‖〜攻めにあう souffrir de l'épuisement des vivres.

ひょうろくだま 兵六玉 ¶〜、ぐずぐずするな Imbécile! vite, ne traîne pas comme ça.

ひょうろん 評論 essai *m*; critique *f*. ¶〜する faire la critique de. ‖文芸〜 critique littéraire. 〜家 critique *m*.

ひよく 比翼 ¶〜塚 tombe *f* des amants suicidés.

ひよく 肥沃 fertilité *f*; fécondité *f*. ¶〜な fertile; fécond; productif(*ve*). 〜な土地 sol *m* fertile (productif). 〜にする fertiliser. 〜になる se fertiliser. ‖〜化 fertilisation *f*.

ぴよく 尾翼 empennage *m*.

ひよけ 日除 store *m*; jalousie *f*; [自動車の] pare-soleil *m* inv; [店先の] banne *f*. 〜をして protéger *qc* du soleil. 窓の〜を上げる(下ろす) lever (baisser) la jalousie. ‖回転〜 store à rouleaux. 〜帽 [婦人用] capeline *f*.

ひよこ 雛 poussin *m*.
ひよこひよこ ¶〜歩き回る trottiner çà et là. 何処へでも〜出掛ける aller où bon *lui* semble.

ぴよこん ¶〜とお辞儀する faire une brusque inclination.

ひょっこり par hasard; subitement. 友人と〜出会う rencontrer un ami par hasard. 〜友達が訪ねてきた Un ami est venu me voir à l'improviste./Un ami est venu me surprendre.

ひょっと par aventure (hasard). ¶〜したら彼女が来るかもしれない Il se peut qu'elle vienne. 〜して彼に会いましたら Si par hasard vous le rencontriez, ... 〜して [万一] si par impossible; si par hasard.

ぴよぴよ ¶〜鳴く [ひな鳥が] piauler.

ひより 日和 ¶〜だ とてもよいこのより〜だ C'est un beau temps favorable pour une excursion. 〜絶好の競馬〜だ C'est une journée *f* rêvée pour les courses.

ひよりみ 日和見 ¶〜する faire de l'opportunisme; adopter une politique de bascule; attendre pour prendre *son* parti. ‖〜主義 opportunisme *m*; attentisme *m*. 〜主義の opportuniste. 〜主義者 opportuniste *mf*; attentiste *mf*.

ひょろつく chanceler; vaciller sur *ses* jambes. 病み上りで彼はひょろついている Comme il relève de maladie, il vacille sur ses jambes.

ひょろながい ひょろ長い grêle. 〜足 jambes *fpl* grêles.

ひょろひょろ ¶あの子は〜している Cet enfant est frêle (fluet).

ひよわ ひ弱 ¶〜な malingre; chétif(*ve*); rachitique; faible; maladif(*ve*); frêle. 〜な子供 enfant *mf* maladif(*ve*) (malingre).

ひょん ¶〜なことから par un curieux hasard; par une coïncidence fortuite.

ぴょんぴょん ¶〜はねる sautiller à cloche-pied; gambader.

ひら 平 ¶〜の simple; ordinaire. 〜社員 simple employé(*e*) *m*(*f*). ◆ ¶〜御容赦を願います Je vous demande mille pardons. ¶〜謝りに謝る présenter de profondes excuses.

ビラ [掲示] placard *m*; affiche *f*; [宣伝の] tract *m*. 〜を配る distribuer des tracts. 〜を貼る placarder [un avis]. ‖〜貼り affichage *m*. 〜貼人 afficheur *m*.

ひらいしん 避雷針 paratonnerre *m*.

ひらおよぎ 平泳ぎ brasse *f*. ¶〜[を]する nager la brasse. ‖200メートル〜 deux cent mètres brasse. 〜選手 nageur(*se*) *m*(*f*) de brasse.

ひらき 開き différence *f*; distance *f*; écart *m*. [行動の〜] écart entre les temps. 二人の間には大きな〜がある Il y a une grande différence entre eux deux. ◆ [干物] ¶魚の〜 poisson *m* fendu.

〜びらき 開き ‖店〜 ouverture *f* d'un magasin. 店〜をする inaugurer (ouvrir) une boutique.

ひらきど 開き戸 porte *f* à charnières; [観音開き] porte à deux battants.

ひらきなおる 開き直る passer à l'attaque, prendre une attitude agressive.

ひらきふう 開封 enveloppe *f* ouverte.

ひらく 開く ouvrir. 花が〜 La fleur s'ouvre

ひらぐも (s'épanouit). 心を～ ouvrir *son* cœur à *qn*. 水門を～ lâcher une écluse. 戸を～ ouvrir la porte. 封を～ décacheter une enveloppe. 店を～ ouvrir la boutique. ¶大きく開いた窓 fenêtre *f* grande ouverte. ◆[創立を始める] ouvrir; créer; s'établir; fonder. パン屋を～ s'établir boulanger. 戦端を～ commencer les hostilités. ◆[開催する] tenir; donner; réunir. 会議を～ tenir une séance. レストランで会合を～ se réunir dans un restaurant. 委員会を5階で～ réunir le comité au 4ᵉ étage. 舞踏会を～ donner un bal. 教授会は3時に開かれる La réunion des professeurs se tient à 3 heures. 集会が開かれようとしている L'assemblée va se réunir. ◆[開拓する] exploiter. 森林を～ exploiter une forêt. 後進に道を～ donner une chance à un plus jeune que *soi*. ¶[間隔を開ける] écarter. 距離が～ La distance s'accroît. 指(股)を～ écarter les doigts (jambes).

ひらふく 平匍伏 ¶～のようにひれ伏す se prosterner devant *qn*; se mettre à plat ventre devant *qn*.

ひらける 開ける [開化する] se civiliser; [発展する] se développer; [広がる] s'étendre. その町は最近開けた Cette ville s'est développée récemment. 眼下に壮大な渓谷が開けている Une vallée grandiose se déroule sous nos yeux. 限りなく野原が開けていた La vue s'étendait à l'infini. 彼にも運が開けて来た La fortune lui sourit. 努力すれば道は必ず開けて来る C'est à force de travail qu'on finira par trouver une solution. ¶開けた [開化した] civilisé; [広広した] étendu; [垣々とした] ras; [物分りのよい] compréhensif(ve). 彼は年寄りの割には開けている Malgré son âge, il se montre très ouvert. 開けていない [未開の] peu civilisé; 後進の; [未開発の] sous-développé.

ひらぞこ 平底 ¶～の à fond plat.

ひらたい 平たい plat; uni; ras. とても～ plat comme une galette. ～鼻 nez *m* épaté. ～胸 poitrine *f* plate. 平たくする rabattre; aplanir. ¶平たく言えば plus simplement dit.

ひらてうち 平手打ち gifle *f*; 《俗》 calotte *f*; baffe *f*. ～を喰らわす gifler *qn*; calotter *qn*; donner une gifle à *qn*; taper *qn*.

ピラニア piranha *m*.

ひらどま 平土間 [劇場の] parterre *m*.

ひらひら ¶～はためく flotter au vent (au gré du vent). 蝶が花から花へ～と飛ぶ Les papillons voltigent de fleur en fleur. 枯葉が～散っている Les feuilles mortes tombent en voltigeant.

ピラフ pilaf *m*.

ピラミッド pyramide *f*. ¶～状の pyramid*al (aux)*.

ひらめ 鮃 turbot *m*; barbue *f*; sole *f*.

ひらめき 閃き éclair *m*; flamme *f*; échappée *f*; lueur *f*. 天才の～ éclair de génie. 理性の～ lueur de raison. 機智の～ trait *m* d'esprit. ¶～のある会話 conversation *f* qui étincelle d'esprit.

ひらめく 閃く étinceler; briller; flamboyer; luire; scintiller. 稲妻が～ Un éclair sillonne le ciel. 私の脳裏にある考が閃いた Une idée a traversé mon esprit comme un éclair. 白刃を閃かす brandir un poignard (une épée).

ひらや 平屋 maison *f* sans étage.

ひらり ¶～と agilement; légèrement. ～と体をかわす se jeter lestement de côté. ～と馬に飛び乗る sauter à cheval d'un bond.

びらん 糜爛 ¶～した死体 cadavre *m* en décomposition; cadavre *m* putréfié. ¶～性毒ガス gaz *m* moutarde.

びり dernier(ère) *m(f)*; queue *f*. 彼はクラスの～だ Il est le dernier de la classe./Il est en queue de classe. 彼女はかけっこではいつも～だった A la course, elle arrivait toujours bonne dernière. ～から二番目 avant-dernier(ère) *m(f)*. ～から二番目の車両 l'avant-dernière voiture *f*.

ピリオド point *m* [final]. ～を打つ mettre un point; [終止符を打つ] mettre fin à *qc*.

ひりき 非力 ¶～である être incapable de *inf*.; être impuissant à *inf*.; ne pas avoir la faculté de *inf*.

ひりつ 比率 raison *f*; proportion *f*; rapport *m*. 3対2の～で dans la proportion de deux pour trois.

ぴりっと ¶～する [味が] piquant; fort. このソースは～としすぎる Cette sauce est trop relevée. ～したソース sauce *f* piquante. ～した味 goût *m* relevé. 彼の話には～した所がない Son histoire manque de sel.

ひりひり ¶～する cuire; picoter; [辛味] piquer. 目が～する Les yeux me cuisent. 皮膚が～する La peau me cuit. 喉が～するa avoir des picotements dans la gorge. この芥子は～する La moutarde pique. ～痛む傷 blessure *f* cuisante.

びりびり ¶～と紙を破る déchirer une feuille de papier en mille morceaux.

ぴりぴり ¶～と笛を鳴らす donner un coup de sifflet strident. ¶～している [神経が] être en état de nervosité. そんなに～するな Ne t'énerve pas comme ça.

ビリヤード billard *m*. ‖～場(台) salle *f* (table *f*) de billard.

びりゅうし 微粒子 corpuscule *m*. ‖～の corpusculaire. ‖～現像 développement *m* à grains fins. 光の～説 théorie *f* corpusculaire de la lumière. ～フィルム pellicule *f* à grain fin.

びりょう 肥料 engrais *m*; fumier *m*; fumages *mpl*. 畑に～をまく(施す) fumer un champ; mettre du fumier dans un champ. ‖化学～ engrais chimique. 人工～ engrais artificiel.

びりょう 微量 trace *f*; quantité *f* quasi imperceptible. ¶屍体解剖したら～の毒が発見された L'autopsie a révélé des traces de poison.

びりょく 微力 ¶～を尽くす y mettre du *sien*; faire *son* possible. 何はともあれ、私なりに～を尽くすつもりです Malgré mon incapacité, je ferai de mon mieux.

ひる 昼 jour *m*; journée *f*; [正午] midi *m*. も

うゎ～だ Il est déjà midi. ¶～も夜も jour et nuit (nuit et jour). ¶～興行 matinée f. ¶～さがり début m de l'après-midi. ¶～過ぎ après midi. ¶日中に en plein jour; au grand jour. ¶～間 journée f. ¶～間に pendant la journée. 私は～間は働いて夜学に通っている Je travaille pendant la journée et je suis des cours du soir. ~前 avant midi; dans la matinée.

ひる 蛭 sangsue f. ～をつける [漢方療法] appliquer des sangsues. ¶～のような oily sangsue. ～のように吸いついて離れない se coller à qn comme une sangsue.

ビル immeuble m; building m.

ピル pilule f [contraceptive].

ひるい 比類 ¶～ない sans exemple; sans pareil(le); sans égal(e); incomparable. ～ない美しさ beauté f incomparable.

ひるがえす 翻す revenir sur; retourner; changer. 身を～ se jeter lestement de côté. 決心を～ revenir sur sa décision; changer de résolution. 叛旗を～ arborer le drapeau de la rébellion.

ひるがえる 翻る ondoyer; flotter; voltiger. 旗が風に翻っていた Le drapeau flottait au vent. ¶翻って考えて見るとあなたの言うことは正しいようだ A la réflexion, il me semble que vous avez raison.

ひるがお 昼顔 liseron m; belle(s)-de-jour f; volubilis m.

ビルかぜ ～風 violents courants mpl d'air entre des immeubles.

ビルトイン ～の intégré(e); incorporé(e).

ひるね 昼寝 sieste f; méridienne f. ¶～する faire la sieste.

ひるま 昼間 ⇨ ひる(昼).

ひるむ 怯む reculer; défaillir; perdre courage. 彼は何ものにも～ことはない Il ne recule devant rien. ¶怯まずに de pied ferme.

ひるめし 昼飯 déjeuner m; repas m de midi. ～を食べる déjeuner; prendre le déjeuner. ～を食べに行く aller déjeuner.

ひるやすみ 昼休み Nous avons une pause d'une heure à midi.

ひれ 鰭 nageoire f; aileron m.

ヒレ ～肉 filet m.

ひれい 比例 proportion f; raison f. ¶AとBを～させる proportionner A à B (A et B). ...に～して en raison de.... ¶正～ raison directe. 重さは容積に正～する Le poids est en raison directe du volume. 反～ raison inverse. ¶～式 règle f de proportion. ～代表制 représentation f proportionnelle. [a と bの]～中項 moyenne f proportionnelle [entre a et b]. ～配分 répartition f proportionnelle.

ひれい 非礼 impolitesse f; incivilité f; grossièreté f.

ひれき 披瀝 ¶胸中を～する ouvrir son cœur à qn; s'épancher. [意図を] expliquer ses intentions à qn.

ひれつ 卑劣 bassesse f; infamie f. ¶～な bas(se); ignoble; hideux(se); infâme; lâche; vil; méprisable. ～な行為 fripouillerie f saleté f; conduite f abjecte; vilenie f. それは～なことだ C'est une vilenie. ～にも vilainement; ignoblement. ¶～漢 fripouille f; crapule f.

ピレネー ¶～山脈 les Pyrénées fpl.

ひれふす ひれ伏す tomber; se prosterner devant qn. 人の足下に～ tomber aux pieds de qn; se jeter aux pieds de qn.

ひれん 悲恋 amour m triste; amour tragique.

ひろ 尋 brasse f. ¶十一の深さがある être profond de dix brasses.

ひろい 広い large; grand; vaste; étendu; spacieux(se); ample; [寛大な] généreux(se); indulgent; tolérant. ～部屋 pièce f large (spacieuse). ～野原 vaste plaine f. ～心 cœur m indulgent. 心が～ avoir un grand cœur. 交際が～ avoir des relations très étendues. 広くて深い知識を持つ avoir des vues amples et profondes. 彼は教養が～ Il possède une vaste culture. ロシアはヨーロッパで一番～国だ La Russie est le pays le plus étendu de l'Europe. 彼は～意味で哲学者だ Il est philosophe au sens large du terme. 広くする élargir; étendre; agrandir. 道路を広くする élargir une route. 領地を広くする agrandir son domaine. 交際を広くする étendre ses relations. ズボンの裾を広くする évaser le bas d'un pantalon. 広くなる s'élargir; s'agrandir; devenir large. 川はその地点で再び広くなる La rivière redevient plus large à cet endroit. ¶広さ grandeur f; [幅] largeur f; [面積] étendue f; superficie f; [記憶・経験] ampleur f.

ヒロイズム héroïsme m.

ヒロイック ¶～な héroïque.

ひろいぬし 拾い主 celui (celle) qui a trouvé; trouveur m.

ひろいもの 拾い物 objet m trouvé. 通りで～をする trouver qc dans la rue. ◆[思わぬ儲け物] aubaine f; trouvaille f. これは～だ C'est une bonne trouvaille.

ひろいよみ 拾い読み ¶～する épeler qc; parcourir qc; feuilleter qc.

ヒロイン héroïne f.

ひろう 拾う ramasser; trouver; recueillir. 落穂を～ glaner. 活字を～ assembler des caractères; composer un texte. ¶拾い上げる ramasser; recueillir. 拾い集める ramasser; rassembler. 拾い出す [選び出す] choisir; sélectionner; [指摘する] relever. 誤りを拾い出す relever des fautes. ¶拾い屋 chiffonnier(ère) m(f).

ひろう 披露 annonce f; présentation f. ¶～する faire l'annonce de. ¶開店～ annonce f de l'ouverture d'une boutique (d'un restaurant). 結婚～ réception f de mariage. 結婚～をする donner un repas de noces.

ひろう 疲労 fatigue f lassitude f. ¶～に耐え resister à la fatigue. ～で倒れる tomber de fatigue. ～の色を見せない ne donner aucun signe de fatigue; ne pas fatiguer. ～する se fatiguer. ～しきっている être extrêmement fatigué; être épuisé (exténué). ～させる fatiguer; [ひどく] épuiser; exténuer. ¶精

びろう 尾籠 ¶～な [下品な] indécent; indélicat; grossier(ère); [卑猥な] ordurier(ère); obscène. ～な話題 propos mpl orduriers. ～な話ですが Passez-moi le mot cru. ～さ(こと) obscénité f; grossièreté f.

ビロード velours m. ～の衣装 costume m de velours. ¶～のような velouté. ～のような滑らかな肌 peau f veloutée. ～の感触 velouté m.

ひろがり 広がり étendue f; développement m; espace m; [伝播] propagation f. 大地の～ étendue f d'une terre. 樹の枝の～ développement des branches.

ひろがる 広(拡)がる s'élargir; se développer; se répandre. 悪 疫が～ L'épidémie s'étend. 痛みが～ La douleur rayonne. 煙草の煙が部屋に～ La fumée se répand dans la pièce. 洪水は下町に広がった L'inondation a gagné les bas quartiers. 広大な原野が眼下に広がっている Une vaste plaine s'étale sous les yeux. 彼が姿を消したという噂が広がった Le bruit s'est répandu qu'il avait disparu. 火の手は四方に広がった Le feu s'est propagé de tous côtés. パラシュートは落下中に拡がらなかった Le parachute ne s'est pas ouvert pendant le saut. みるみる広がって行く町 villes fpl qui poussent comme des champignons.

ひろく 広く largement; [至る所で] partout; [あまねく] universellement. ～開けられた窓 fenêtre f grande ouverte. 衿の～開いたドレス robe f largement décolletée. ～用いられる être largement utilisé. ～知られている être universellement connu. ～世間を見る必要がある Il faut voir les choses de haut.

ひろく 秘録 document m secret.

ひろくちびん 広口瓶 bocal(aux) m.

ひろげる 広(拡)げる étendre; élargir; déployer; ouvrir; étaler; [巻いてあるものを] dérouler; [拡大する] développer. 腕を～ ouvrir les bras. 管の口を～ évaser un tuyau. 事業を～ développer (agrandir) son entreprise. 地図(布地)を～ étendre une carte (une étoffe). 翼を～ déployer (éployer) ses ailes. ナプキン(新聞)を～ déplier une serviette (un journal). 道を～ élargir une route. 廊下をもっと～必要があるだろう Le corridor aurait besoin d'être plus large.

ひろこうじ 広小路 avenue f; boulevard m.

ピロティ pilotis m.

ひろば 広場 place f [publique]; [建物の前の] esplanade f; [公園の] square m. 円形～ rond(s)-point(s) m. ～恐怖症 agoraphobie f. ～恐怖症の[人] agoraphobe m.

ひろびろ 広々 ～とした spacieux(se); vaste; étendu. ～とした平原 vaste plaine f. ～とした見晴し of dégagée. ～とした家に住みたい Je voudrais être logé à l'aise. ～とした広々きれいなマンション bel appartement m spacieux (très large). 平野は～としている La plaine s'étend.

ヒロポン amphétamine f.

ひろま 広間 hall m; grande salle f.

ひろまる 広まる se répandre; se propager. 噂が～ Le bruit se répand (circule). 彼が死んだという噂が広まった On a fait courir le bruit de sa mort./Le bruit s'est répandu qu'il était mort.

ひろめる 広める [流布する・伝播する] répandre; diffuser; propager; faire courir (circuler); [普及させる] populariser; vulgariser. 流行を～ répandre (populariser) une mode. ニュース(教義)を～ répandre une nouvelle (une doctrine). 噂を～ diffuser un bruit; claironner un bruit partout. 学問を～ généraliser la science. ◆[広くする] ¶知識を～ accroître ses connaissances.

ひろん 非論理 ¶～的な illogique; absurde. ～的に illogiquement. ...することは～的だ Il est illogique de inf (que sub). ～性 illogicité f.

ひわ 悲話 tragédie f; histoire f tragique.

ひわ 秘話 épisode m inconnu.

ひわ 鶸 tarin m; serin m. ¶～色 jaune m verdâtre.

びわ 枇杷 [実] nèfle f du Japon; [木] néflier m du Japon.

びわい 卑猥 ¶～な grivois; graveleux(se); obscène; ordurier(ère); polisson(ne). ～な歌 chanson f paillarde. ～な言動 ordures fpl. ～な冗談 plaisanterie f ordurière. ～な言葉を口にする tenir des propos grossiers; débiter des paillardises. ～さ grivoiserie f.

ひわり 日割 ～で勘定する payer à la journée. ‖～勘定 compte m quotidien. ◆[日程] ～を定める dresser un programme (emploi du temps).

ひわれ 干割れ ¶～する se craqueler; se fendiller en séchant. あまりの暑さに地面は～した La terre s'est craquelée sous la violente chaleur.

ひん 品 dignité f; élégance f. ～がある avoir de l'allure (la distinction). 彼の制服姿には～がある Il a de l'allure sous l'uniforme. ～を下げる se dégrader; se déshonorer. ¶～のある noble; digne. ～のない distingué; élégant. ～のない態度 manières fpl distinguées. ～のない(悪い) vulgaire; grossier(ère). ～のない顔 tête f de pipe. ◆[物品] article m; objet m; [料理] plat m.

ひん 貧 ¶～すれば鈍する La pauvreté rend bête./La pauvreté mène à l'abrutissement.

びん 敏 ¶彼は機を見るに～な男である Il est prompt à saisir l'occasion./[情勢判断が優れている] Il sait choisir les circonstances favorables.

びん 便 chance f occasion f. 次の～で par le prochain service (vol); [郵便] par le prochain courrier. ¶航空～ courrier m aérien. 鉄道～で par le train.

びん 壜(瓶) bouteille f; baril m. ～に詰める mettre en bouteille. ¶火薬～ baril m de poudre. ガラス～ fiole f. 小～ flacon m. 香水

びん の小〜 flacon de parfum. 湯〜 vase *f* de nuit. 〜洗い hérisson *m*. 〜工場 bouteillerie *f*. 〜詰 emboutellage *m*. 〜詰のジャム confiture *f* en verres.

びん 鬢 ¶〜をなでつける se peigner sur les côtés; se lisser les cheveux.

ピン épingle *f*. 〜で留める épingler qc à. ‖ 安全(ネクタイ, ヘア)〜 épingle de sûreté (de cravate, à cheveux). ◆[頭]¶〜からキリまである Ça va du meilleur au pire. ◆[ボーリング]ピン

ピンアップ pin-up [pinœp] *f inv*.

ひんい 品位 distinction *f*; dignité *f*; [貨幣] titre *m* légal; [金の] carat *m*. 物腰に〜がある avoir de la distinction (l'allure) dans les manières. 〜を落す perdre *sa* dignité; s'avilir. 〜を保つ soutenir *sa* dignité; rester très digne. ¶〜のある distingué; digne. 〜のある様子 air *m* distingué.

ひんかく 品格 noblesse *f* distinction *f*. あの人はどことなく〜がある Il a quelque chose de digne.

びんかつ 敏活 ¶〜な vif(ve); actif(ve). 〜に vivement; promptement. 〜に行動する agir avec vivacité. 〜さ promptitude *f*; vivacité *f*; activité *f*.

びんかん 敏感 ¶〜な émotif(ve); sensible; susceptible. 〜な人 personne *f* sensible (de sensibilité). 寒さ(音)に〜である être sensible au froid (bruit). 〜さ sensibilité *f*; excitabilité *f*; susceptibilité *f*. 〜性 [作用に対する]〔化〕impressionnabilité *f*.

ひんきゃく 賓客 invité(e) *m(f)*; hôte(sse) *f (f)*.

ひんきゅう 貧窮 pauvreté *f*; misère *f*; dénuement *m*. ¶彼の〜振りは目を蔽うばかりである Sa misère fait peine à voir. 〜のあまり sous le coup de la misère.

ひんく 貧苦 pauvreté *f*; misère *f*; dèche *f*.

ピンク rose *m*. ‖〜色の頬 joues *fpl* roses. 〜電話 téléphone *m* public. ‖ ◆[好色的]〜映画 film *m* pornographique.

ひんけつ 貧血 anémie *f*. 〜を起す atteint d'anémie; être anémié; s'anémier. 〜を起させる anémier. 〜の(性の) anémique. ‖脳〜 anémie cérébrale. 〜患者 anémique *mf*; anémié(e) *m(f)*. 〜状態 état *m* anémique.

ひんこう 品行 moralité *f*; conduite *f*; mœurs *fpl*. 〜良い avoir une bonne conduite. 〜が悪い manquer de conduite. ‖彼は〜方正である Il a une bonne conduite.

ひんこん 貧困 pauvreté *f*; misère *f* dénuement *m*; indigence *f*. 思想の〜 indigence d'idées. 〜に陥る tomber dans la misère. ¶〜な pauvre; misérable; nécessiteux(se); indigent. 〜な人々 misérables *fpl*. ひどく〜である être dans un grand dénuement (la plus terrible indigence). 〜のうちに死ぬ mourir de misère.

ひんし 品詞 parties *fpl* du discours.

ひんし 瀕死 ¶〜の moribond; mourant; expirant; agonisant. 〜の兵卒 soldat *m* agonisant. 〜の状態にある être sur le point de mourir; être à deux doigts de la mort; être à l'agonie. 〜の重傷を負う être grièvement blessé. 彼は〜の床に呻いている Il agonise sur son lit de mort. ‖〜人 mourant(e) *m(f)*; moribond(e) *m(f)*.

ひんしつ 品質 qualité *f*; aloi *m*. ¶〜の良い(悪い) de bonne (mauvaise) qualité. 〜の向上 amélioration *f* de la qualité. 〜の低下 baisse *f* de qualité *f*. 「〜第一」《Qualité avant tout.》

ひんじゃ 貧者 pauvres *mpl*; nécessiteux *mpl*. 〜の一灯 obole *f* d'une veuve.

ひんじゃく 貧弱 ¶〜な pauvre; chétif(ve); maigre; médiocre. 〜な収入 revenus *mpl* médiocres. 〜な言語(思想) pauvreté *f* d'une langue (d'idées). 〜になる s'appauvrir.

ひんしゅ 品種 espèce *f*; classe *f*; race *f*. ‖ 馬の〜改良をする améliorer la race des chevaux.

ひんしゅく 顰蹙 ¶〜を買う être regardé avec mépris. 〜する froncer les sourcils.

ひんしゅつ 頻出 fréquence *f*. ¶〜する être fréquent(e).

びんしょう 敏捷 ¶〜な agile; vif(ve); leste; prompt. 〜に agilement; promptement; avec vivacité. 〜に動く être prompt à agir. 〜さ vivacité *f*; promptitude *f*. 動作の〜さ vivacité de geste.

びんじょう 便乗 ¶〜する profiter de qc. 車に〜する profiter de l'offre d'une voiture. 時勢に〜する profiter habilement des circonstances. 〜者 profiteur(se) *m(f)*. 〜主義 opportunisme *m*.

ひんしるい 貧歯類 édentés *mpl*.

ヒンズーきょう ヒンズー教 hindouisme *m*. ¶〜の hindouiste. 〜の人 hindouiste *mf*.

ひんする 瀕する être sur le point de; être au (sur le) bord de. 破滅に瀕している être au bord de la ruine; être au bord de l'abîme. 死に瀕している être à deux doigts de la mort; être moribond.

ひんせい 品性 mœurs *fpl*; caractère *m*; moralité *f*. 〜の堕落 dégradation *f* de l'âme. 〜を陶冶する former le caractère. ¶〜卑しい男 homme *m* de mauvais caractère. ‖〜高潔である avoir un caractère noble.

ピンセット [大型] pince *f*; brucelles *fpl*; [小型] pincettes *fpl*. 〜ではさむ saisir qc avec des brucelles.

びんせん 便箋 papier *m* à lettres. 一冊の〜 un bloc de papier à lettres.

ひんそう 貧相 ¶〜な minable; d'un air misérable. 〜な男 gringalet *m*. 〜な奴に〜をしている Il est toujours pauvrement vêtu.

びんそく 敏速 rapidité *f*; célérité *f*; prestesse *f*. ¶〜な expéditif(ve); rapide. 〜に expéditivement; vite; activement; rondement. 〜に処理する mener rondement.

びんた ¶〜を喰う recevoir une gifle. ‖往復〜を喰う recevoir des gifles.

ピンチ crise *f*; moment *m* décisif; phase *f* critique. 〜を切り抜ける se tirer d'une crise. 今が最大の〜だ Nous sommes en pleine

ヒント suggestion *f*; allusion *f*. ～を与える suggérer *qc* à *qn*; suggérer une solution à *qn*. ～を得る être mis sur la voie; s'inspirer du conseil de *qn*.

ひんど 頻度 fréquence *f*. 日本は地震の～が高い La fréquence des séismes est élevée au Japon. ¶～の高い fréquent.

ぴんと ¶ 指先で～弾く donner une chiquenaude. 綱を～張る tendre une corde. ～気を張っている avoir l'esprit tendu. コップが～割れた Un verre s'est brisé en éclatant. 猫が尾を～と立てている Un chat dresse sa queue en l'air. ◆ ¶ その話は～来ない Je vois mal de quoi on parle.

ピント [レンズの] foyer *m*. カメラの～を合わせる mettre un appareil de photo au point. ～があっている(いない) être (ne pas être) au point. ¶～の甘い写真 photo *f* légèrement floue. ～外れである être hors de sujet. ～外れの考え idée *f* floue.

ひんのう 貧農 paysan(ne) *m(f)* pauvre.

ひんば 牝馬 jument *f*.

ひんぱつ 頻発 fréquence *f*. ¶～する être fréquent; avoir lieu fréquemment. 交通事故が～する Les accidents de la circulation arrivent fréquemment.

ピンはね ¶～する rabioter; prendre une commission. 利益の一部を～する rabioter une portion du bénéfice. 彼は何につけても～する Il rabiote sur tout.

ひんぱん 頻繁 ¶～な fréquent. 通行の～な通り rue *f* fréquentée (très passante). ～に fréquemment. 劇場に～に行く fréquenter le théâtre. アポリネールにはこの言葉が～に現れる Ce mot est fréquent chez Apollinaire. 飛行機が～に発着する Les avions atterrissent et décollent à de courts intervalles.

ひんぴょうかい 品評会 exposition *f*; [生産品の] concours *m* de produits.

ひんぴん 頻々 ¶～と盗難が～として起こる On se fait très souvent voler.

ぴんぴん ¶～した alerte; 《俗》fringant. ～している jouir d'une bonne santé; être plein de vigueur. 彼(彼女)は手足が～としている Ses membres restent encore alertes. 彼は80歳がまだ～しているIl a bon pied, bon œil (est encore alerte) malgré ses quatre-vingts ans.

ひんぷ 貧富 richesse *f* et pauvreté *f*. ～の差が激しい Il y a une grande différence (un large fossé) entre les pauvres et les riches.

びんぼう 貧乏 pauvreté *f*; [貧窮] indigence *f*; misère *f*; [欠乏] besoin *m*; gêne *f*.「～暇なし」«Qui est pauvre, ignore les loisirs.»「～は悪徳ならず」«Pauvreté n'est pas vice.» ¶～する tomber dans la pauvreté; vivre dans la gêne. 彼は今～している Il est maintenant dans la gêne. ～な pauvre; nécessiteux(se); misérable. ～な家に生まれる être né pauvre. ～な暮しをする mener une vie pauvre; vivre pauvrement. ～神に取憑かれる《俗》être dans la dèche. ～くじを引く tomber sur un mauvais lot. ～性である avoir une vie étroite. ～世帯 ménage *m* pauvre. ～人 pauvre *mf*; personne *f* pauvre; nécessiteux(se) *m(f)*. ～ゆすりをする agiter le genou nerveusement.

ピンホール trou *m* d'épingle.

ピンぼけ ～の写真 photographie *f* floue. ～である [写真が] ne pas être au point. 彼の言うことは～だ Ses propos sont vagues (hors de propos).

ピンポン ping-pong *m*. ～をする jouer au ping-pong.

ひんみん 貧民 petites gens *fpl*; petits *mpl*; [集合的] petit monde *m*; [卑しめて] populace *f*. ～を救済する secourir les pauvres. ¶～特有の populacier(ère). ‖～窟 bidonville *m*; quartier *m* pouilleux; taudis *m*. ～収容所 asile *m* des pauvres.

ひんもく 品目 liste *f* des articles. ‖～別に置く regrouper (exposer) les articles par catégories.

ひんやり ¶～した frais(fraîche).

びんらん 便覧 vade-mecum *m inv*; manuel *m*. ‖学生～ livret *m* d'étudiants.

びんらん 紊乱 désordre *m*; dérèglement *m*. ‖社会の秩序を～する troubler l'ordre public. ‖風紀～ outrage *m* aux bonnes mœurs.

びんろうじ 檳榔子 arec *m*. ～の実 noix *f* d'arec.

びんわん 敏腕 habileté *f*; adresse *f*; capacité *f* ressource *f*. ～をふるう déployer une grande habileté. ¶～な habile; adroit; capable. ‖～家 homme *m* de ressources.

ふ

ふ 斑 tache *f*. ¶～入りの tacheté.

ふ 府 [行政区分の] département *m*. ‖行政～ administration *f* centrale. ‖議会 conseil *m* général. ～知事 préfet *m*. ～庁 préfecture *f*. ◆ [中心] centre *m*; capitale *f*; siège *m*. 学問の～ capitale des sciences et des lettres.

ふ 譜 [楽譜] musique *f*; [総譜] partition *f*. ～を読む lire la musique. ～が読める savoir lire la musique. ‖採～する noter un air.

ふ 負 ¶～の négatif(ive). ～の数 nombre *m* négatif. ～の記号 signe *m* négatif; signe moins.

ふ 歩 [将棋の] pion *m*. ～を進めるavancer un pion. ～を成らせる damer le pion.

ふ 腑 ¶～に落ちない inexplicable; incompréhensible; obscur; mystérieux(se). その説明は私には～に落ちない Cette explication ne me satisfait pas (est incompréhensible pour moi). ‖胃の～ estomac *m*.

ふ 訃 ⇨ ふほう(訃報).

ふ 部 [会社などの] section *f*; division *f*; service *m*; [クラブなど] club *m*; cercle *m*. ‖山岳～ club alpin. 自動車～ club automobile. 人事～ section du personnel. 総務～ service des affaires générales. 文化～ cercle d'activités culturelles. ～長 chef *m* [d'un cercle, d'un club]. ～員 membre *m* [de service]; directeur(*trice*) *m*(*f*). ◆ [作品を構成する] partie *f*; [冊] exemplaire *m*. 10～送る envoyer dix exemplaires. 2000～印刷する tirer deux mille exemplaires. ¶4～から成る論文 thèse *f* divisée en quatre parties. ‖四～合唱 chant *m* à quatre voix.

ぶ 分(歩) ～が良い avantageux(*se*); profitable. この勝負は僕の方が～がいい C'est moi qui ai l'avantage dans cette partie. ～が悪い désavantageux(*se*). 8～の利子 intérêt *m* de huit pour cent. ‖勝負は五—五—である La partie est égale. 仕事は九—通り仕上った Le travail est à peu près (presque) achevé.

ファ fa *m*.

ファー [毛皮] fourrure *f*.

ファース(ファルス) farce *f*.

ファースト ～ネーム prénom *m*. ～レディ première dame *f*; épouse *f* de chef d'État (de gouvernement).

ファーストクラス première classe *f*.

ファーストフード prêt (s)-à-manger *m*; restovite *m*; fast-food(s) [fastfud] *m*. ‖～ショップ fast-food; magasin *m* de restauration rapide.

ファーマシー pharmacie *f*.

ファーム ferme *f*.

ファームウェア [情報] microprogramme *m*.

ぶあい 歩合 [商] tantième *m*; [率] taux *m*; [手数料] commission *f*. ¶5％の～ au taux de 5%. ‖公定～ taux d'escompte officiel. ～制 [給料の] taux de salaire; guelte *f*.

ファイア feu *m*.

ファイアウォール pare-feu *m*.

ぶあいそう 無愛想 inamabilité *f*. ¶～な peu aimable; insociable; disgracieux(*se*); bourru; sec (sèche); brève. ～な返事 réponse *f* sèche. 彼は～な奴だ C'est un individu peu aimable. ～に答える répondre avec sécheresse (sèchement).

ファイティングスピリット esprit *m* combatif.

ファイト courage *m*; ardeur *f*; [精力] énergie *f*; [闘争心] esprit *m* combatif. ～を出せ Courage! ¶～のある énergique; plein d'énergie. ～をもって avec énergie. ～を出して戦う lutter énergiquement (vigoureusement, vivement).

ファイナルマッチ final *f*; épreuve *f* finale.

ファイナンス finance *f*.

ファイバー fibre *f*; filament *m*. ‖グラス～ laine *f* (fibre *f*) de verre.

ファイバースコープ fibroscope *m*.

ファイル classeur *m*; cartonnier *m*; [カード用] fichier *m*. ¶～する classer. カードを～する enregistrer. ‖～コピー double *m* d'archives.

ファインダー [写真機] viseur *m*; [接眼レンズ] oculaire *m*.

ファインプレー jeu *m* excellent; coup *m* de maitre. ～を見せる déployer un jeu excellent.

ファウル 〖スポ〗 faute *f*.

ファウンデーション [化粧の下地] fond *m* [de teint]; [婦人用下着] gaine *f*. ～を着ける mettre une gaine.

ファクシミリ ¶私は原本は持っていないが，彼らはその～を持っている Je n'ai pas les originaux, mais ils ont des fac-similés.

ファクター [動因] agent *m*; [因子] facteur *m*.

ファゴット basson *m*. ¶～奏者 basson.

ファザーコンプレックス complexe *m* d'Œdipe; attachement *m* exagéré au père.

ファジー ～な flou(e). ‖～理論 théorie *f* floue.

ファシスト fasciste *mf*. ¶～的な fascisant. ～の fasciste. ‖ネオ～ néo-fasciste *mf*.

ファシズム fascisme *m*. ‖ネオ～ néo-fascisme *m*.

ファスナー fermeture *f* éclair (à glissière).

ぶあつい 分厚い épais(*se*); [本などが] gros(*se*); volumineux(*se*).

ファックス [方法] fax [faks] *m*; télécopie *f*; [装置] fax; télécopieur *m*; [文面] fax. ～でメッセージを送る envoyer un message par fax (télécopie). ～を受取る(送る) recevoir (envoyer) un fax.

ファッショ ⇨ ファシズム.

ファッション [流行] mode *f*; vogue *f*; [仕立て] façon *f*. 新しい～を発表する lancer une nouvelle mode. ‖男性(女性)～ mode masculine (féminine). 最新のパリ～ dernières créations *fpl* de la mode parisienne. ～の nouveauté *f*. ～業界で働く travailler dans la nouveauté. ～ショウ présentation *f* de collection (de mode). ～デザイナー créateur(*trice*) *m*(*f*). ～ブック journal *m* de mode. ～モデル mannequin *m* de mode.

ファナチック ¶～な fanatique; fana. ～なナショナリズム nationalisme *m* fanatique. ～な人 fanatique *mf*.

ファニーフェイス visage *m* mignon.

ファラッド [電気容量の単位] farad *m*.

ファランドール farandole *f*. ～を踊る danser la farandole.

ファルセット fausset *m*. ⇨ うらごえ(裏声).

ふあん 不安 anxiété *f*; angoisse *f*; alarme *f*; agitation *f*; [心配] inquiétude *f*; souci *m*. 民衆(人心)の～ fermentation *f* (agitation) populaire. ～の中に être vivre dans l'anxiété. ...に～の念を抱かせる causer de l'inquiétude à *qn*. 彼にはすべてが～の種 Tout l'alarme. ～にのめく être en émoi. ～にものを言いながら知らせを待つ attendre des nouvelles avec anxiété. ～に駆られる se livrer à l'inquiétude. ～に襲われる être tourmenté d'angoisse. 何とも言えぬ～が彼の心の中に広がって来た Un malaise inexplicable grandissait en lui. ～から立ち直れ Remettez-

ファン fan *m*; fana *m*; enthousiaste *mf*; fanatique *mf*; passionné(e) *m(f)*; [信奉者] admirateur(se) *m(f)*; fidèle *mf*. スターの~ fan d'une vedette. ‖映画~ cinéphile *mf*. ~レター courrier *m* des admirateurs.

ファン [送風器] ventilateur *m* [rotatif à l'aile]; ventilateur-aérateur *m*; soufflante *f*; fan *m*.

ファンクションキー touche *f* de fonction.

ファンシー fantaisie *f*. ~ボール bal *m* costumé.

ファンタジア [幻想曲] fantaisie *f*.

ファンタスチック ~な fantastique.

ふあんてい 不安定 instabilité *f*; précarité *f*. 精神の~ instabilité mentale. ¶~な instable; précaire; chancelant; boiteux(se); pas sûr; bancal. ~な考え pensée *f* mouvante. ~な通貨 monnaie *f* instable. ~な机 table *f* bancale. ~な平和 paix *f* boiteuse. ~な状態 (地位)にいる être dans une situation (un poste) précaire. 政治情勢は~である La situation politique est instable (mouvante).

ファンデーション fond *m* de teint.

ファンド [基金] fonds *m*.

ふあんない 不案内 ignorance *f*. ¶~な ignorant; peu familier(ère). ~である être ignorant (incompétent) en; être dans l'ignorance de; ne pas être au courant de. この土地は~だ Je ne connais pas ce pays. 科学には~なものでお恥ずかしい次第です J'ai honte d'être ignorant en sciences.

ファンヒーター radiateur *m* soufflant.

ファンファーレ fanfare *f*. 行進の~を吹く jouer une fanfare pour un défilé.

ふい ¶~にする [台無しにする] gâter; gâcher; dépenser *qc* inutilement; [逃す] perdre; rater; laisser échapper. チャンスを~にする perdre une occasion. ~にしてしまう事を~にする gâter une affaire par *sa* maladresse. 一生を~にする rater (gâcher) *sa* vie. その探し物のおかげで一時間~にした Cette recherche m'a fait perdre une heure.

ふい 不意 ¶~を襲う(打つ) surprendre *qn* [à l'improviste]; prendre le lièvre au gîte; prendre *qn* au dépourvu. ~の soudain; subit; brusque; inattendu; inopiné; imprévu; inespéré. ~の客 visiteur *m* de raccroc. ~の出会い rencontre *f* inopinée. 大使の~の来訪 survenue *f* d'un ambassadeur. ~に soudainement; subitement; brusquement; inopinément; à l'improviste. 田舎から叔父さんが~に上京して来た Mon oncle est arrivé à Tokyo sans crier gare.

ブイ bouée *f*. ‖救命~ bouée de sauvetage. 航行~ balise *f*.

フィアンセ fiancé(e) *m(f)*.

フィート pied *m*.

フィードバック feed-back *m inv*.

フィーリング impression *f*; sensation *f*; sentiment *f*; feeling [filin] *m*.

フィールド ‖~競技 athlétisme *m*.

ふいうち 不意打ち surprise *f*; coup *m* de foudre. ~をかける surprendre. ~を喰らう recevoir un coup imprévu; être pris au dépourvu; être surpris. 敵陣に~をかける prendre par surprise une position ennemie. ~とは卑怯だぞ Attaquer sans prévenir, c'est lâche. ¶~に par surprise; à l'improviste.

フィギュア ‖~スケート patinage *m* artistique. ~ダンス danse *f* figurée.

ふいく 扶育 ¶~を受ける être en tutelle. ~する élever; tenir *qn* sous *sa* tutelle. ‖~者 tuteur(trice) *m(f)*.

フィクサー combinard *m*; fixateur *m*.

フィクション fiction *f*; imagination *f*. 彼は~の世界に生きている Il vit dans la fiction. ¶~の ficti(ve)f; imaginaire.

ふいご 鞴 soufflet *m*; [大型] soufflerie *f*. 炉(オルガン)の~ soufflet de feu (d'orgue).

ブイサイン ¶~をする faire le V de la victoire.

ふいちょう 吹聴 tambourinage *m*; colportage *m*. ¶~する colporter; tambouriner; claironner; carillonner; crier sur les toits; [鳴り物入りで] annoncer (répandre) à grand bruit (à grand fracas); [自分を] se vanter. 勝利を~する carillonner la victoire. デマを~する colporter de fausses nouvelles. 何もそんなに~することはないよ Il n'y a pas de quoi se vanter.

フィックス [ボートの] position *f*; relèvement *m*.

ふいっち 不一致 discordance *f*; désaccord *m*. 言行の~ désaccord entre *ses* paroles et *ses* actes. 性格(意見)の~ discordance des caractères (des opinions). 理論と現実の~ désaccord entre une théorie et les faits.

フィット ¶~する aller bien; être à *sa* taille.

フィットネス fitness *m*. ‖~クラブ club *m* athlétique (sportif).

ブイティーアール VTR ▷ ビデオ.

ふいに [突然] brusquement; [怒って] en (avec) colère; sèchement.

フィナーレ final[e] *m*.

フィナンシェ [菓子] financier *m*.

フィニッシュ finish *m*; finissage *m*; finition *f*. 彼は素質のあるランナーだがまだ~がきかない C'est un coureur très doué, mais il manque encore de finish. ¶~のきく人 [スポーツ] bon finisseur *m*.

フイフイきょう -教 ▷ かいきょう(回教).

フィフティフィフティ moitié-moitié.

フィヨルド fiord *m*; fjord *m*.

ブイヨン bouillon *m*. 牛肉の~ bouillon *m* gras. 野菜の~ bouillon *m* maigre de légumes.

フィラメント filament *m*; fil *m*. ショックで電球の~が切れた Le choc a cassé le filament de

la lampe.
フィラリア [寄生虫] filaire f. ‖ ～病 filariose f; [象皮病] éléphantiasis f.
ふいり 不入り ¶～である ne pas passer la rampe; être un four. 彼の芝居は～だった Sa pièce a fait un four.
フィルター filtre m. ～にかける filtrer. ～をかける(つける) mettre un filtre à. 黄色の～で雲の写真を撮る photographier des nuages avec un filtre jaune. ～つきの煙草 cigarette f à filtre (à bout filtre). ～つきの眼鏡をかける porter des lunettes à verres filtrants.
フィルム film m; pellicule f; bande f. ～を回す[撮影する] tourner un film. 36枚撮りの～を1本買う acheter un rouleau (une bobine) de pellicule à 36 poses. カラー～ film en couleurs. 生～ film vierge. ～編集者 monteur(se) m(f). ～ライブラリー cinémathèque f.
フィレ filet m.
ぶいん 部員 [クラブなどの] membre m; [チーム員] équipier(ère) m(f); coéquipier(ère) m(f).
フィンガーボール rince-doigts m inv.
フィンランド Finlande f.
ふう 封 cachetage m. ～を切る décacheter. ～をする fermer; cacheter. 手紙の～をする(を切る) cacheter (décacheter) une lettre.
ふう 風 [様子] apparence f; aspect m; air m; figure f; [風采] port m. さも驚いた(苦しそうな)～をする jouer la surprise (la douleur). 彼は偉ぶった～をしている Il se donne de grands airs. あの婦人は堂々とした～をしている Cette dame a un port majestueux. その中はどんな～になっているの Comment c'est fait à l'intérieur? それはこんな～になっている Ça se présente comme ça. ◆[方式(法)] manière f; style m. そんな～ではうまく出来っこない De cette manière, vous n'y arriverez pas. ‖ バルザック～に書く écrire à la [manière de] Balzac. ローマ(ゴチック)～の ～ de style roman (gothique).
ふうあつ 風圧 pression f du vent; résistance f de l'air.
ふういん 封印 sceau m; cachet m. ～を押す(捺する) mettre (apposer) son sceau. ～を解く lever les scellés. ¶～する cacheter; sceller. ‖ ～破棄 bris m de scellés.
ブーイング huées fpl.
ふうう 風雨 vent m et pluie f; orage m; [嵐] tempête f. ～が激しくなる Le vent et la pluie redoublent de violence.
ふううん 風雲 ¶～の志 ambition f intrépide. ～に乗じる profiter de la situation critique. ～急を告げる La situation est critique (menaçante). ‖ ～児 aventurier m; homme m d'aventure; héros m.
ふうか 風化 désagrégation f; effritement m; [風解] efflorescence f. ¶～する s'effriter; tomber en poussière; se désagréger. ～した désagrégé; usé; rongé. ～した石 pierre f pourrie.
ふうが 風雅 raffinement m; élégance f. ¶～な raffiné; élégant; de bon goût.
フーガ [遁走曲] fugue f.

ふうがい 風害 dommages mpl (dégâts mpl) causés par le (dû au) vent.
ふうかく 風格 caractère m; style m; originalité f; personnalité f; ～がある avoir du style; avoir une allure noble (digne); [個性的な] être original(aux). ～がない manquer de personnalité (d'originalité). 彼も段々～が出て来た Sa personnalité a commencé à s'affirmer. ¶～のある人物 homme m de caractère.
ふうがわり 風変り ¶～な original(aux); singulier(ère); bizarre; étrange; excentrique; unique. 彼はまったく～だ Il est vraiment unique!
ふうかん 封緘 cachetage m. ¶～する cacheter. ‖ ～葉書 carte(s)-lettre(s) f.
ふうき 風紀 mœurs fpl; moralité f publique; [規律] discipline f. ～を取り締まる faire observer la moralité publique. ～を守る maintenir la discipline. ～を乱す outrager les bonnes mœurs. ～が乱れている Les mœurs sont corrompues (relâchées). ¶～の良い(悪い) discipliné (indiscipliné). ‖ ～紊乱 corruption f des mœurs; démoralisation f.
ふうき(ふっき) 富貴 prospérité f. 「～は人の望む所なり《La richesse est devenue l'unique objet des désirs des hommes.》 ¶～の家に生れる naître dans une famille noble et riche.
ふうきり 封切り [映画の] mise f en circulation. ¶映画を封切る mettre un film en circulation.
ブーケ bouquet m. ‖ ～ガルニ bouquet garni.
ふうけい 風景 paysage m; vue f; scène f. 田園生活の～ scène de la vie des champs. ～を描く faire du paysage. 何と変化に富んだ～ Quelle variété de paysages! ‖ ～画 paysage. ～画家 paysagiste mf.
ふうげつ 風月 ¶～の心 affection f pour la nature. ～を友とする vivre dans la nature.
ブーゲンビリア 《植》 bougainvillée f; bougainvillier m.
ふうこう 風光 ¶～明媚の地 site m magnifique (enchanteur); paysage m pittoresque.
ふうこう 風向 direction f du vent. ‖ ～計 anémoscope f; girouette f.
ふうさ 封鎖 blocus m; blocage m; embouteillage m; blocage m. ～を解く lever le blocus; débloquer. ～を突破する forcer le blocus. ¶～する bloquer; embouteiller; [凍結] geler. 道路を～する fermer (embouteiller) la route. 価格～[据え置き] blocage des prix. 経済～ blocus économique. 道路～ rue f barrée. 預金～を解除する débloquer un compte en banque.
ふうさい 風采 air m; port m; apparence f; personne f; 立派な～をしている avoir de l'allure. 制服を着ると一段と～が上がられる Quand vous portez l'uniforme, vous faites très distingué. ～で人を判断してはならない Il ne faut pas juger les gens sur l'apparence. ¶～の良い de belle apparence. ～の上がらない男 homme m qui a un air pitoyable.

ふうし 諷刺 satire *f*; sarcasme *m*; épigramme *f*; [毒のある] diatribe *f*. ¶～する satiriser; tourner en ridicule. ～的な satirique. ‖～家 pasquin *m*; épigrammatiste *mf*. ～画 caricature *f*. ～文書 pamphlet *m*; libelle *m*.

ふうじこめる 封じ込める endiguer; encercler. 要求したものを封じ込めようとする chercher à endiguer des revendications. ‖封じ込め政策 politique *f* d'endiguement (d'encerclement).

ふうしゃ 風車 [小屋] moulin *m* à vent; aéromoteur *m*.

ふうしゅう 風習 coutume *f*; usage *m*; habitude *f*; mœurs *fpl*. 原始人の～ mœurs des peuples primitifs. 昔の～ ancienne coutume. 昔の～がすたれるのを嘆く se plaindre que les anciennes coutumes se perdent. 旅先の国々の～に従う respecter les usages et coutumes des pays où l'on voyage. 伝統的な～に従う se plier aux coutumes traditionnelles.

ふうしょ 封書 lettre *f*.

ふうじる 封じる ¶口を～ imposer le silence à *qn*; défendre à *qn* de parler. 通路を～ barrer (fermer) le passage. 敵の攻撃を～ arrêter (enrayer) l'attaque de l'ennemi. 虫を～ tuer les vers intestinaux.

ふうしん 風疹 rubéole *f*.

ふうじん 風神 dieu *m* des vents; [ギ神] Eole *m*; zéphyr *m*; [南風] Auster *m*; [北風] Borée *m*.

ブース cabine *f* de laboratoire audio-visuel.

ふうすいがい 風水害 dégâts *mpl* causés par une tempête (par un typhon).

ブースター [ロケットの補助エンジン] propulseur *m* auxiliaire; pousseur *m*; amplificateur *m*; survolteur *m*; booster *m*.

フーズフー Bottin *m* mondain.

ふうせい 風勢 ¶～が強まる(弱まる) Le vent augmente (diminue) d'intensité.

ふうせつ 風説 rumeur *f*. それはまだ莫とした～にすぎない Ce n'est encore qu'une vague rumeur.

ふうせつ 風雪 vent *m* et neige *f*. ～に耐え supporter de rudes épreuves. ～に逆って contre vents et marées.

フーゼルゆ -油 huile *f* de fusel.

ふうせん 風船 ballon *m*; [気球] aérostat *m*. ‖～売り ballonnier *m*. ～玉 ballon à air; ballon d'enfant. ～爆弾 ballon bombe.

ふうぜん 風前 ¶彼の命は～の灯だ Sa vie ne tient plus qu'à un fil.

ふうそう 風葬 ¶～にする déposer une dépouille en plein air; confier *ses* cendres au vent.

ふうそく 風速 vitesse *f* du vent. ¶瞬間最大～ vitesse maximale du vent. ～計 anémomètre *m*. ～測定 anémométrie *f*.

ふうぞく 風俗 mœurs *fpl*; [生活様式] genre *m* de vie; manière *f* de vivre. 素朴な～ mœurs très simples. ～の頽廃 perversion *f*; dégradation *f*. は頽廃の極に達した L'état des mœurs est arrivé à la plus complète dégradation. ‖～画 peinture *f* réaliste. ～小説 roman *m* de mœurs. ～描写 peinture des mœurs.

ふうたい 風袋 emballage *m*. ～の重さ poids *m* à vide. ～をはかる tarer. ¶～こみの重さ tare *f*; poids brut. ～こみの重さ poids net. この荷物は～こみで15キロある Le poids brut de ce colis est de quinze kilos. ～抜きで中味だけはかる déduire la tare pour obtenir le poids net.

ふうち 風致 ¶～を損う détruire la beauté naturelle. ‖～地区 section *f* (zone *f*) protégée.

ふうちょう 風潮 tendance *f* générale; mœurs *fpl*. 時代の～ tendance (mœurs) de *son* temps. ～に逆らう se révolter contre la tendance générale. ～に従う suivre la tendance générale (les mœurs de *son* temps). 年寄りを馬鹿にすることはよくない～だ L'habitude de se moquer des personnes âgées n'est pas louable.

ブーツ botte *f*. ¶赤い～をはいた娘 fille *f* bottée de rouge.

ふうてい 風体 apparence *f*; aspect *m*; air *m*; [身なり] mise *f*; tenue *f*; [挙動] allure *f*. 彼はおかしな～をしている Il a un drôle d'air. ¶身ぼろしい～の男 homme *m* d'une tenue misérable.

ふうてん 癲癇 folie *f*. ‖～族 bande *f* de voyous.

ふうど 風土 climat *m*. ～に慣れる s'acclimater à. 彼はすぐこの国の～に慣れた Il s'est vite acclimaté à la vie de ce pays. ¶～的な climatique. ‖精神的～ climat intellectuel. ～学 climatologie *f*. ～病 endémie *f*. ～的な endémique.

フード [頭巾] capuchon *m*; [写真機の] pare-soleil *m inv*; parasoleil *m*.

ふうとう 封筒 enveloppe *f*. 手紙を～に入れる mettre une lettre dans (dans une) enveloppe. ～に宛名を書く écrire sur l'enveloppe l'adresse du destinataire. ～を開く décacheter une enveloppe.

ふうどう 風洞 soufflerie *f* (tunnel *m*) aérodynamique. ‖～実験 essais *mpl* en soufflerie.

ブートストラップ [情報] amorce *f*.

フードプロセッサー robot *m* de cuisine.

プードル caniche *m*.

ふうにゅう 封入 inclusion *f*. ¶～する inclure.

ふうは 風波 vent *m* et vague *f*; [家庭不和] querelle *f*; dispute *f* brouille *f*. 海上は～が高い La mer est grosse (s'agite). ¶～の高い海 forte mer *f*; grosse mer; mer houleuse.

ふうばい 風媒 ¶～の anémophile. ‖～花 plantes *fpl* anémophiles.

ふうび 風靡 ¶一世を～する dominer *son* temps. かつて大陸を～した大国 grande puissance *f* qui a dominé autrefois sur le continent.

ふうひょう 風評 rumeur *f* [publique]; bruit *m*. あらぬ～を立てる répandre de faux bruits.

ふうふ 夫婦 ménage *m*; époux *mpl*; couple

フープ

m. 円満な〜 ménage uni. 似合いの〜 époux bien assortis. 〜になる se marier. ¶〜の conjug*al(aux)*. 〜のきずな lien m conjugal. 〜の仲に水をさす mettre la mésentente dans le ménage. ‖若(老)〜 jeune (vieux) ménage. 〜関係 relations *fpl* conjugales. 彼らは〜気取りで3年間一緒に暮した Ils ont vécu ensemble maritalement pendant trois années. 〜喧嘩 scène *f* de ménage (conjugale). 〜生活 vie *f* conjugale. 〜別れ divorce m. 〜仲がいい〜仲がわるい Ils font bon ménage. 〜別れをする divorcer; séparer.

フープ cercle m; cerceau m; engouement m.

ふうふう ¶〜吹く souffler. 〜言う［喘ぐ］† haleter; être essoufflé. 忙しくて〜言う事は言っていない彼は一切事がない Je suis tellement occupé qu'on n'en peut plus. 〜言いながら走り続ける continuer de courir en haletant.

ぶうぶう ¶警笛を〜鳴らす klaxonner bruyamment. 豚が〜鳴く Le cochon grogne. ◆ ¶〜言う［不平を言う］grogner; grommeler; rouspéter. 彼はいつも〜言っているIl se plaint sans cesse. 彼らは身勝手さにみんな〜言っているTout le monde rouspète contre ses manières cavalières. 〜言いながら従う obéir en grommelant. 〜言う人 grognon(ne) *m(f)*.

ふうぶつ 風物 ¶季節の〜 spectacle m (scène *f*) caractéristique de la saison. 田舎の〜 paysage m champêtre. ‖〜詩 poésie *f* imagée. 〜誌 livre m sur la vie et des coutumes des pays.

ふうぶん 風聞 bruit m; rumeur *f* [publique]. 〜によって知る apprendre *qc* par ouï-dire. 〜するところによると、また税金が上るそうだ Selon la rumeur publique, les impôts seraient encore augmentés.

ふうぼう 風貌 air m; allure *f*. 堂々たる〜 allure majestueuse. 芸術家にふさわしい〜 allure digne d'un artiste. 彼の〜が気に入らない Sa figure ne me revient pas. 彼の〜はどこかしらあなたに似ている Il a quelque chose de votre air. ¶〜から判断する juger d'après (sur) les apparences.

ふうみ 風味 goût m; saveur *f*. 〜を味わう savourer. ¶〜のある savoureux(se). 〜のない fade; sans saveur.

ブーム boom m, engouement m; vogue *f*. ¶〜になる faire fureur; connaître une vogue. 近年狂言は静かな〜を呼んでいる Ces temps-ci le Kyogen connaît une vogue discrète. ‖建築〜 boom de la construction.

ブーメラン boomerang m. ¶〜のように comme un boomerang.

ふうもん 風紋 ¶風が砂に(水に、雪に)〜をつける Le vent forme des rides sur le sable (l'eau, la neige).

ふうらいぼう 風来坊 bohème *f*; bohémien(ne) *m(f)*; vagabond(e) *m(f)*.

ふうりゅう 風流 avoir des goûts raffinés. 〜な élégant; aristocratique; de bon goût. 〜に暮す vivre noblement. ‖無〜な peu raffiné.

ふうりょく 風力 puissance *f* (intensité *f*) du vent; force *f* du vent (éolienne); [風速] vitesse *f* du vent. ‖〜機械 machine *f* éolienne. 〜ポンプ pompe *f* éolienne.

ふうりん 風鈴 clochette *f* éolienne.

プール piscine *f*. 〜で泳ぐ nager en piscine. ‖室内(屋外)〜 piscine couverte (en plein air).

ふうろう 封蠟 cire *f* à cacheter.

ふうん ［無関心、軽蔑、驚き、疑いなど］Heu!/ Euh!

ふうん 不運 malchance *f* infortune *f* adversité *f*; malheur m; mauvaise fortune *f*. 身の〜と諦める se résigner à *son* sort. 〜につきまとわれる jouer de malheur (malchance). 〜に見舞われる être victime de la malchance (l'adversité); avoir de la malchance; être assailli par les malheurs. ¶〜な malchanceux(se); infortuné; malheureux(se); déshérité. 〜な人 malheureux(se) *m*(*f*); malchanceux(se) *m(f)*. 彼は自分を〜だと思っている Il se croit malheureux. 〜だと思いたがる On aime se croire malchanceux. 〜にも par malchance (malheur); malencontreusement; pour *son* malheur; malheureusement.

ぶうん 武運 ¶〜에 peu favorisé par le sort des armes. 〜長久を祈る prier le dieu de la victoire.

ブーン [翔音] ronron m; bruissement m.

ふえ 笛 [楽器] flûte *f*; [鳥笛] pipeau(x) m; [小型の] fifre m; [呼子(子)] sifflet m; [角笛] cor m; [葦笛] chalumeau(x) m. 〜を吹く siffler; jouer de la flûte. 「〜吹けど踊らず」《On dirait qu'on prêche dans le désert.》

フェア ¶〜な juste; loyal(aux). それは〜でない Ce n'est pas juste (loyal). ‖〜プレー fair play m; jeu m loyal; franc jeu.

フェアリー fée *f*. ‖〜ランド royaume m des fées.

フェイス ‖〜ニュー〜 nouvelle étoile *f*; vedette *f*. 〜ポーカー visage m impassible.

ふえいせい 不衛生 insalubrité *f*; saleté *f*. ¶〜な insalubre; sale.

ふえいようか 富栄養化 eutrophisation *f*; eutrophication *f*.

フェイント feinte *f*; fausse attaque *f*. 〜をかける faire une fausse attaque; faire une feinte; feinter. フォワードは相手のデフェンスに〜をかけて得点を上げた Après avoir feinté les joueurs de la défense, l'avant a marqué un but.

フェーディング [電波の] fading m; [映画、テレビの] fondu m.

フェード 《映》fondu m. ‖〜アウト fermeture *f* en fondu. 〜イン ouverture *f* en fondu (au blanc).

フェーンげんしょう 〜現象 fœhn (föhn) m.

ふえき 不易 immutabilité *f*; ¶〜の immuable; inaltérable; permanent; perpétuel; éternel(le). ‖万古の〜の真理 vérité *f* éternelle.

ふえき 夫役 prestation *f*; corvée *f*. 〜を課す charger (imposer) une corvée. 〜を課せられる corvéable. ‖〜人 corvéable *mf*.

フェザーきゅう 一級 poids *m* plume.
フェスティバル fête *f*; festival *m*. ¶～の(参加者) festivalier(*ère*) *m*(*f*).
ふえて 不得手 faiblesse *f*; point *m* faible. この男の一番の～は泳ぐことだ Le plus grand point faible de cet homme, c'est la natation. ¶～な faible. 彼は数学が～だ Il est faible en mathématiques.
フェティシズム fétichisme *m*.
フェナセチン phénacétine *f*.
フェニックス phénix *m*.
フェノール phénol *m*. ¶～フタレイン phtaléine *f* du phénol.
フェミニスト féministe *m*(*f*).
フェミニズム féminisme *m*.
フェリーボート ferry(s)-boat(s) *m*.
ふえる 増(殖)える augmenter; se multiplier; s'accroître; croître; grossir. 数(量)が～ croître (augmenter) en nombre (en volume). 事故が年々～ Les accidents se multiplient d'année en année. 人口が～ La population augmente. 雪どけで水かさが増えた La fleuve a grossi à la fonte des neiges.
フェルト feutre *m*. ～を張る feutrer. ¶～製の feutré. ‖～帽 chapeau *m* de feutre.
フェルマータ point *m* d'orgue.
フェルミウム fermium *m*.
フェロモン [生] phéromone *f*.
ふえん 不縁 「釣り合わぬは～のもと」《Il ne faut pas mélanger les serviettes et les torchons.》
ふえん 敷衍 développement *m*. ¶～する développer. ある点を～する développer un sujet. その点を～して述べよう Je vais m'étendre là-dessus./Je vais m'expliquer là-dessus en détail.
フェンシング escrime *f*. ～の先生 maître *m* d'escrime. ～の選手 escrimeur(*se*) *m*(*f*). ～の試合 assaut *m* d'armes. ～をする faire de l'escrime.
フェンス barrière *f*; clôture *f*.
フェンダー pare-choc(s) *m* *inv*.
フェンネル fenouil *m*.
ぶえんりょ 無遠慮 sans-gêne *m* *inv*; indiscrétion *f*; désinvolture *f*; [鉄面皮] impudence *f*. ¶～な sans-gêne; indiscret(*ète*); [ぶしつけな] désinvolte. ～な男 homme *m* sans-gêne. 彼の兄貴持はひどく～な奴だ Mon frère est très désinvolte. 彼は～にも横から口出しをした Il s'est permis de m'interrompre. 私は彼の～さが嫌いだ Je déteste son sans-gêne.
フォア [ボート] quatre *m* [sans barreur].
フォアグラ foie *m* gras. ～のパイ pâté *m* de foie gras.
フォアハンド [テニス] avant-main *m*. ‖～ストローク coup *m* droit.
フォーカス ¶レンズの～ foyer *m* d'une lentille.
フォーク [食事用] fourchette *f*. ～で刺す piquer avec une fourchette.
フォークソング chant *m* folklorique.
フォークダンス danse *f* folklorique; danse villageoise (rustique).
フォークリフト chariot *m* élévateur.
フォークロア folklore *m*.
フォート ¶～グラビア photogravure *f*. ～コピー photo copie *f*. ～コピーする photocopier. ～スタジオ salon *m* de la photo.
フォービズム fauvisme *f*.
フォーマル ¶～な [儀礼的] protocolaire; [儀式的] cérémonieux(*se*). ‖～スタイル style *m* empesé. ～ディナー grand dîner *m*; dîner d'apparat.
フォーミュラ formule *f*. ¶～ワンの車 voiture *f* de formule 1. ～ワンに出走する courir en formule 1.
フォーム [スポーツの] forme *f*. ¶見事な～ avec une forme merveilleuse.
フォームラバー caoutchouc *m* mousse.
フォーラム forum *m*.
フォール [レスリング] tomber *m*. ¶～する tomber *qn*. ～勝ちを gagner par tomber.
フォールト 《スポ》faute *f*. ‖ダブル～ double faute.
フォックステリア fox(-terrier) *m*.
フォックストロット fox-trot *m* *inv*.
ぶおとこ 醜男 homme *m* laid.
フォトスタジオ studio *m* photo.
フォルダ dossier *m*.
フォルテ 《楽》forte *m* *inv*. ¶～で弾く exécuter un passage forte.
フォルティッシモ 《楽》fortissimo *m* *inv*.
フォルマリン formol *m*. ⇨ ホルマリン.
フォルム アルデヒド formol-aldéhyde *m*.
フォロー ¶～する suivre; succéder à. ‖アップ suivre de près. ～スルー suivre le coup.
フォワード [スポーツ] avant *m*. ‖センター～ avant-centre *m*.
ふおん 不穏 ¶～な menaçant; inquiétant. ～な状勢 situation *f* menaçante. ‖～分子 éléments *mpl* subversifs; perturbateur(*trice*) *m*(*f*); agitateur(*trice*) *m*(*f*). ～文書 écrit *m* séditieux (dangereux).
フォン [音の強さ] phone *m*. 騒音は80～(以上)である Le bruit est de (dépasse) 80 phones.
フォント [活字] police *f* [de caractère].
ふおんとう 不穏当 ¶～な [不当な] injuste; [不都合な] inconvenant; [節度を欠く] déplacé; peu modéré. ～な言葉 propos *m* déplacé (inconvenant). 只今の～な発言はお詫びいたします Je vous prie d'excuser les propos déplacés que je viens de tenir.
ぶおんな 醜女 femme *f* laide (hideuse); laideron *m*.
ふか 不可 ¶可もなく～もない ni bon ni mauvais. 決議案を～とするものが10人いた Dix personnes désapprouvaient la résolution. ◆[評点] non-passable; ajourné. 試験で～をとる avoir la mention «non-passable» à un examen.
ふか 付加 addition *f*. ¶～する ajouter. ‖～価値税 taxe *f* à la valeur ajoutée; (TVA *f*). ～税 surtaxe *f*. ～税を課する surtaxer. 累進～税 surtaxe progressive.
ふか 負荷 [電気] charge *f*; [荷物] fardeau *m*. ‖安全～ charge admissible. ～率 taux *m* de charge.
ふか 賦課 [税などを] ¶～する imposer.

ふか 孵化 éclosion f; incubation f. ¶～する éclore. ～させる faire éclore. ‖人工～ incubation artificielle. ～器 couveuse f [artificielle]; incubateur m. ～期間 couvaison f. ～場 couvoir m.

ふか 鱶 requin m. ～のひれ aileron m de requin.

ふか 部下 subordonné(e) m(f); inférieur m; subalterne mf;《軍》[集合的] personnel m. 有能な～を持つ avoir un brillant second. ～に技術を教える instruire ses subalternes dans son art. ～になる être sous les ordres de qn. ～の中の50人 cinquante de ses hommes.

ふかい 深い profond; [霧などが] dense; [雪など] épais(se); [傷が] grave; [仲が] intime; [草むらが] touffu. ～霧の中で迷う se perdre dans un brouillard épais (dense). ～草の中に逃げ込む s'enfuir dans les herbes touffues (les hautes herbes). 心に～傷を負う être profondément blessé. 彼と彼女は～仲だ Il a des relations très intimes avec elle. 科学的問題には～知識を持っている Il a des connaissances approfondies en matière scientifique. ¶井戸(港の入口)を深くする approfondir un puits (l'entrée d'un port). 深く秋 s'approfondir; devenir plus profond. 秋が深くなる L'automne est fort avancé. 川床が深くなる Le lit de la rivière s'approfondit. 霧が深くなる Le brouillard s'épaissit. 深く考える réfléchir à qc profondément. 深く掘る creuser profondément. 敵陣深く潜入する s'enfoncer secrètement dans le camp ennemi. ‖帽子を深目にかぶる enfoncer son chapeau sur les oreilles.

ふかい 不快 ¶～な désagréable; [不愉快] déplaisant; [嫌悪] dégoûtant. ～な印象 impression f désagréable. ～な臭気 abominable odeur f. ～きわまる不正に腹が立つ se fâcher d'une injustice révoltante. 出世主義者と思われるのは甚だ～だ C'est très dégoûtant de se voir préférer un arriviste. ¶～感を覚える éprouver un malaise; se sentir froissé. ～な気持の indice m de l'inconfort.

ふかい 付(附)会 ¶～する tordre; déformer; violenter.

ふかい 部会 [会合] réunion f [de la section]. ～がある tenir (avoir) une réunion. ◆[グループ] ‖3つの～に分かれる se diviser en trois groupes.

ふかいしゃ 部外者 étranger(ère) m(f).

ふがいない 腑甲斐ない faible; veule; mou (molle); sans courage; [だらしない] lâche; [嘆かわしい] déplorable. ～奴だ C'est un homme veule (mou). 我ながら～ Je me déçois. ‖腑甲斐無く lâchement. 腑甲斐無く敗れる perdre par lâcheté. 腑甲斐無さ veulerie f; lâcheté f; manque m de courage. 腑甲斐無さをさらけ出す faire preuve de veulerie.

ふかいにゅう 不介入 ¶～政策をとる politique f de non-ingérence. ⇨ ふかんしょう(不干渉).

ふかいり 深入り ¶～する pénétrer (entrer, s'enfoncer) fort avant dans; s'engager (s'absorber, se plonger) trop dans. 引き返すには～し過ぎた Je suis trop engagé pour reculer.

ふかおい 深追い ¶あまり敵を～するな Ne poursuivez pas l'ennemi trop loin.

ふかかい 不可解 incompréhensibilité f. ¶～な incompréhensible; inconcevable; [神秘的] mystérieux(se); énigmatique; [晦渋] obscur; impénétrable; inaccessible. ～こと énigme f; mystère m; inaccessibilité f. ～な人物 sphinx m(f); personnage m énigmatique. 彼が無罪になったのは～だ Il est inconcevable qu'il soit acquitté.

ふかく 不覚 ¶～を取る [失敗する] essuyer (subir) un échec; [敗れる] essuyer une défaite. ～の涙を流す verser des larmes malgré soi. ～な par inadvertance; malgré soi. ～にもこんな馬鹿をしでかしてしまった Cette erreur m'a échappé par inadvertance (par inattention).

ふかく 俯角 dépression f. ‖水平～ dépression f de l'horizon. ‖垂直～ dépressimètre m.

ふかくじつ 不確実 incertitude f; inexactitude f. ¶～な incertain; inexacte; douteux(se); peu sûr. ～な情報 renseignement m peu sûr (inexact).

ふかくだい 不拡大 ¶～主義 non-expansionnisme m. ～方針をとる adopter une politique non-expansionniste.

ふかくてい 不確定 indétermination f. ¶～の indéterminé; variable; incertain. ‖～性原理 principe m d'incertitude. ～要素 facteur m (élément m) variable. ～利得 profits mpl éventuels.

ふかけつ 不可欠 ¶…に～な indispensable à...; …必要な～な sine qua non. 空気は生物にとって～なものである L'air est indispensable aux êtres vivants. ‖～必要の条件 condition f sine qua non.

ふかこうりょく 不可抗力 force f majeure; [法] cas m fortuit. ¶～の場合には en cas de force majeure. ～で(の) par force f majeure.

ふかさ 深さ profondeur f; épaisseur f; fond m. 考えの～ Profondeur f des pensées. このプールの～は2メートルだ Cette piscine a deux mètres de profondeur. このプールは飛び込むには～が足りない Cette piscine n'a pas assez de fond pour plonger.

ふかざけ 深酒 ¶～をする boire trop (beaucoup).

ふかさんめいし 不可算名詞 [substantif m] non-comptable m.

ふかし 不可視 ¶～の invisible.

ふかしぎ 不可思議 ¶～な incompréhensible; inconcevable; [不可解な] mystérieux(se); occulte; impénétrable. ～な力 forces fpl occultes (mystérieuses).

ふかしん 不可侵 ¶～条約 pacte m de non-agression.

ふかす 蒸す cuire à la vapeur; [蕃書にする] ...

ふかす 吹かす [煙草を] fumer;《俗》griller; [エンジンを] emballer le moteur. ◆[尊大ぶる] ‖大物風を～ prendre des airs de potentat.

ふかそく 不可測 ¶～の incommensurable; insondable; [不測の] imprévisible. ～の事態 événements mpl imprévisibles.

ふかちろん 不可知論 agnosticisme m. ¶～の agnostique. ‖～者 agnostique mf; agnosticiste m.

ぶかっこう 不恰好 ¶～な disgracieux(se); biscornu; [醜い] informe; [人間の] dégingandé; [畸型の] difforme. ～な歩きぶり(動作) démarche f (geste m) disgracieuse(se) (disgracieux). ～が悪く mal proportionné. ～な服 vêtement m mal fait. ～な帽子 chapeau(x) m tout biscornu.

ふかっせい 不活性 ‖～化 inactivation f. ～ガス gaz m inerte. ～剤 inactivateur m. ～油 huile f non-siccative.

ふかっぱつ 不活発 inactivité f. ¶～な inerte; inactif(ve); peu actif(ve); stagnant; [市場な] inanimé.

ふかづめ 深爪 ¶～をする se couper l'ongle jusqu'au vif.

ふかで 深手 plaie f profonde; blessure f grave. ～を負う être grièvement (gravement, mortellement) blessé.

ふかなさけ 深情 ¶醜女の～ tendresse f profonde des laiderons.

ふかにゅうせい 不可入性 [物理] impénétrabilité f. ¶～の impénétrable.

ふかのう 不可能 impossibilité f. ¶～な impossible. ～なことを試みる pisser contre le soleil. ～なことを要求する demander la lune. ...することは～である Il est impossible de inf (que sub). 実際問題として それは～だ En pratique, c'est irréalisable. ¶実現～な impraticable; irréalisable. 実行～な inexécutable.

ふかひ 不可避 ¶～的な inévitable; inéluctable.

ふかふか ¶～した douillet(te); mollet(te). ～したベッド bed m douillet.

ふかぶか 深々 ¶長椅子に～と腰を下ろす s'enfoncer dans un fauteuil. ～と一礼する s'incliner (saluer) respectueusement (profondément). ～と息を吸いこむ respirer profondément. 帽子を～と被る enfoncer son chapeau sur la tête.

ぶかぶか ¶～の trop grand (large).

ぷかぷか ¶～と煙草を吹かす fumer sans cesse. ～と浮ぶ [木片などが] flotter à la dérive.

ふかぶん 不可分 ¶～の indivisible; inséparable. ～の関係 relation f inséparable. 宗教と文学は～の関係にある La religion est (indivisiblement liée à) inséparable de la littérature.

ふかまる 深まる s'approfondir; devenir plus profond; [色が] devenir plus foncé; [霧が] devenir plus dense; s'épaissir. 秋が～ L'automne est fort avancé. 神秘が～ Le mystère s'approfondit. 霧(夜)が～ Le brouillard (La nuit) s'épaissit. 友情が～ L'amitié se fortifie.

ふかみ 深み [淵の] profondeur f; gouffre m; [川の] trou m d'eau. ～にはまる ⇨ おぼれる(溺

れる). ¶～のある profond; grave. ～のない superficiel(le); léger(ère); peu profond.

ふかみどり 深緑 vert m foncé. ‖～色の布地 étoffe f [d'un] vert foncé.

ふかめる 深める approfondir; [強化] fortifier. 研究を～ approfondir une étude. 連帯を～ fortifier les liens de solidarité.

ふかん 不換 ¶～の inconvertible. ‖～紙幣 billet m de banque inconvertible.

ふかん 俯瞰 ¶～する regarder d'en haut; [比喻的] planer sur. 過去の時代を～する survoler les siècles passés. ‖～撮影 plongée f. ～図 vue f à vol d'oiseau.

ぶかん 武官 gens mpl d'épée; [軍人] militaire m. ‖大(公)使館付～ attaché m militaire; [海軍] attaché m naval. 駐在～ militaire résident.

ふかんしょう 不干渉 non-intervention f. ¶～主義 non-interventionnisme m. ～政策 politique f de non-intervention.

ふかんしょう 不感症 frigidité f. ¶～の frigide; insensible; [鈍感] blasé. ～の女 femme f frigide. みんな政治の腐敗に～になっている Tout le monde est devenu insensible à la corruption politique.

ふかんぜん 不完全 imperfection f; [不出来] défectuosité f. ¶～な imparfait; incomplet(ète); défectueux(se). ～に imparfaitement; incomplètement. ‖～雇用 sous-emploi m. ～燃焼の inconsumé. ～変態の昆虫 insectes mpl à métamorphoses incomplètes.

ふかんよう 不寛容 intolérance f. ¶～な intolérant. ‖政治的～ intolérance politique.

ふき 不帰 ¶～の客となる rendre l'âme; terminer ses jours; faire le grand voyage; partir pour l'autre monde.

ふき 付記 note f; ajouté m; [後記] postface f; [補注] appendice m. ¶～する ajouter; noter; adjoindre.

ふき 蕗 petasites m japonais. ¶～のとう tige f de petasites.

ふぎ 不義 adultère m; amour m coupable. ～を犯す entretenir des relations fpl adultères; commettre une action coupable. ¶～の adultère; [法] extra-conjugal(aux). ～の子 enfant mf adultérin(e).

ぶき 武器 arme f. ¶～棒を～とする s'armer d'un bâton. 中傷を～とする user de l'arme de la calomnie contre. ～としては棒一本しかない n'avoir pour arme qu'un bâton. ～を捨てる [降伏する] mettre bas les armes; déposer les armes. ～を取って持つ porter les armes. ～を取り上げる désarmer. ～をとれ «Aux armes!» ‖～庫 dépôt m d'armes; arsenal(aux) m; magasin m. ～商 armurier m. ～製造場 armurerie f. ～弾薬 armes et munitions fpl.

ぶぎ 武技 art m militaire; technique f militaire.

ブギ[ウギ] boogie-woogie [bugiwugi] m.

ふきあげる 吹上げる faire jaillir; lancer; [風が] soulever; vomir. 風がほこりを～ Le vent soulève la poussière. 鯨が潮を～ La ba-

ふきあれる 吹き荒れる ¶風が吹き荒れている Il fait un grand vent./Il souffle en tempête. ¶風が吹き荒れています Le vent fait rage. 嵐が吹き荒れていた La tempête s'était déchaînée. 嵐が〜海 mer *f* déchaînée.

ふきおとす 吹き落とす ¶風で木の実が吹き落とされた Le vent a fait tomber par terre beaucoup de fruits.

ふきかえ 吹替[映画, 演劇の] doublage *m*; [代役] doublure *f*; remplaçant(e) *m(f)*. ‖〜を〜する doubler. 日本語に〜をした映画 film *m* doublé en japonais.

ふきかえ 葺替 recouvrement *m*. ‖〜る recouvrir; remplacer les tuiles. 屋根を〜る refaire la toiture d'une maison.

ふきかえす 吹返す ¶人工呼吸で息を〜 revenir à la vie grâce à la respiration artificielle. このおしめりで草木も息を吹返した Cette petite pluie a ressuscité les herbes et les arbres. 夕方の涼しさでようやく息を吹返したような思いがする Je me sens ranimé par la fraîcheur du soir.

ふきかける 吹掛ける ¶息を鏡(ガラス)に〜 souffler sur le miroir (le verre). かじかんだ指に息を〜 souffler dans ses doigts engourdis.

ふきけす 吹消す ¶ろうそくを〜 souffler une bougie; éteindre une bougie en soufflant.

ふきげん 不機嫌 mauvaise humeur *f*; mécontentement *m*; hargne *f*. ¶〜な mauvaise humeur; mécontent; [いらいらした] hargneux(se); [むっつりした] maussade. 〜な顔をする se renfrogner. 〜である être de mauvaise humeur; être mécontent; être dans ses jours noirs. 〜な様子で d'un air maussade. 〜に当り散らす lutter avec hargne.

ふきこぼれる 吹零れる déborder; se sauver en bouillant. 熱湯が〜 L'eau bouillante déborde.

ふきこむ 吹込む [風, 雨が] entrer; pénétrer. 風が窓から部屋に吹き込んで来る Le vent pénètre dans la chambre par la fenêtre. ¶風の吹込んで来る部屋 pièce *f* ouverte aux quarts vents. ◆[音を] enregistrer; [空気, 思想の声を〜] insuffler; inspirer. カセット・テープに自分の声を〜 enregistrer sa voix sur cassette. …に恐怖心を〜 inspirer de la terreur à *qn*. 誰が彼女にあんなことを吹き込んだのか Qui est-ce qui lui a mis dans la tête de pareilles idées? ¶吹込み enregistrement *m*.

ふきさらし 吹きさらし ¶〜の exposé au vent (à tous vents); venteux(se); venté. ¶〜の会場 lieu *m* de réunion exposé à tous les vents. 〜の野原 plaine *f* venteuse. 〜の所で en plein vent.

ふきすさぶ 吹きすさぶ ⇒ふきあれる(吹き荒れる).

ふきそ 不起訴 ordonnance *f* de mise en liberté (d'un prévenu). ‖〜処分とする conclure à la mise en liberté. 彼は〜処分になったらしい Il paraît qu'il a été remis en liberté.

ふきそうじ 拭掃除 nettoyage *m* au torchon. 〜をする nettoyer au torchon. ブラシで床の〜をする laver (frotter) le plancher avec une brosse dur.

ふきそく 不規則 irrégularité *f*; désordre *m*. ¶〜な irrégulier(ère); inégal(aux); [乱れた] déréglé; [だらしない] désordonné. 〜な仕事 travail(aux) *m* irrégulier. 〜な生活 vie *f* désordonnée (déréglée). 〜な脈 pouls *m* inégal. いつまでもこんな〜な生活をしていてはいないな Je ne vais pas pouvoir continuer à mener une vie aussi irrégulière.

ふきたおす 吹倒す ¶風が木を〜 Le vent renverse un arbre. 嵐で麦が吹倒された L'orage a versé les blés.

ふきだし 吹き出し [漫画・パソコン画面の] ballon *m*.

ふきだす 噴(吹)出す [水, 血などが] jaillir; [焔, 煙が] vomir. 血が傷口から〜 Le sang jaillit de la blessure. 熱湯を〜 faire jaillir de l'eau bouillante. 血がどくどく噴出していた Le sang sortait à gros bouillons. 煙突の煙から黒煙を噴出している Les cheminées vomissent des torrents de fumée noire. ¶火山から噴出した熔岩 laves *fpl* vomies par le volcan. ◆[笑い出す] éclater de rire; s'esclaffer; [ぷっと] pouffer de rire. 彼があまり馬鹿げたことを言うので吹出してしまった Il a dit de telles stupidités que j'ai pouffé de rire.

ふきだまり 吹溜り [雪, 落葉の]. 雪の〜 amoncellement *m* (amas *m*) de neige. 〜を作る amonceler; entasser. 風が〜ができる Le vent amoncelle la neige. 風で垣根の所に落葉の〜ができた Les feuilles mortes, emportées par le vent, s'entassent sous la haie.

ふきちらす 吹散らす faire voler çà et là; disperser. 落葉を〜 disperser des feuilles mortes.

ふきつ 不吉 ¶〜な sinistre; funeste; maléfique; de mauvais présage *m* (augure *m*). 〜な前兆 mauvais présage; mauvais augure *m*. 〜なしるし porte-malheur *m*; signe *m* maléfique. 〜な予感がする avoir un mauvais pressentiment. 〜にも funestement.

ふきつけ 吹付け pulvérisation *f*. ‖〜塗装 pulvérisation. 〜塗装する pulvériser. 〜塗装器 pulvérisateur *m*.

ふきつける 吹付ける [塗料, 薬剤を] pulvériser; [香水を] vaporiser; [霧吹きで頭に香水を] se vaporiser; [雨, 風が] battre; fouetter; s'abattre sur. 木に殺虫剤を〜必要がある Il faut pulvériser de l'insecticide sur les arbres. 雨が窓ガラスに〜 La pluie bat contre (s'abat sur) les vitres. 風が私たちの顔に雪を〜 Le vent nous fouette la neige au visage.

ふきつのる 吹募る ¶風が〜 Le vent augmente./[海] Le vent forcit.

ふきでもの 吹出物 poussée *f*; bouton *m*. ¶〜が出来る(出る) avoir des boutons; bourgeonner. ¶〜の出来た boutonneux(se). 〜だらけの couvert de boutons.

ふきとばす 吹飛ばす faire sauter; [風などが]

ふきとぶ emporter; dissiper; chasser. 疑惑(幻影, 雲)を〜 dissiper (chasser) des craintes (des illusions, des nuages). 屋根を〜 arracher un toit. 風が帆を吹飛ばして帆は全て吹飛んだ Les voiles ont été emportées par le vent./Le vent a emporté les voiles. 隣の家が爆弾で吹飛ばされ我家は爆風で吹飛ばされた La maison de nos voisins a été soufflée par une bombe.

ふきとぶ 吹飛ぶ sauter; être projeté; être lancé. 台風で私の家の屋根瓦が吹飛ばされた Les tuiles du toit de ma maison ont été arrachées par le typhon. 武器庫が吹飛ばった Le dépôt de munitions a sauté. これで今までの苦労も全て吹飛んだ Cela réduit à zéro toute la peine qu'on s'est donnée.

ふきとる 拭取る essuyer; [スポンジで]éponger. ハンカチで額の汗を〜 s'éponger le front avec un mouchoir.

ふきながし 吹流し [競馬場の] biroute f; [旗の] banderole f; [戦闘旗] flamme f; flamme de guerre.

ふきながす 吹流す 吹流される être poussé (charrié, entraîné) par le vent.

ふきぬけ 吹抜け ¶階段の〜 cage f d'escalier.

ふきぬける 吹抜ける [風が] traverser; enfiler. ここは風が〜から涼しい Comme il y a du courant d'air, il y fait frais. 風が部屋を吹抜けた Le vent a traversé la pièce.

ふきはらう 吹払う chasser; dissiper; balayer; [埃などを] siffler. 悪臭を〜 chasser une mauvaise odeur. 雲を〜 dissiper les nuages. 憂鬱を〜 chasser les soucis.

ふきぶり 吹降り [土砂降り] pluie f battante; [横殴り] pluie f cinglante. ひどい〜だ Il pleut (tombe) des hallebardes.

ふきまわし 吹回し ¶ひょっとした風の〜で par hasard. その時の風の〜で selon les circonstances. どうした風の〜でここに来たのですか Quel bon vent vous amène ici?

ふきみ 不気味 ¶〜な sinistre; lugubre; inquiétant; [威嚇的な] menaçant. 〜な予感 pressentiment m sinistre. 〜な沈黙 silence m lourd de menaces. 〜な地鳴りがする On entend un grondement souterrain inquiétant. 〜に lugubrement.

ふきや 吹矢 sarbacane f; [矢] projectile m.

ふきやむ 吹止む [風が] cesser de souffler; tomber; se calmer; s'apaiser.

ふきゅう 不休 ¶不眠〜で働く travailler sans arrêt (sans se reposer, sans répit).

ふきゅう 不急 ¶〜の peu urgent (pressant, important). これは〜の用件だ C'est une affaire peu urgente.

ふきゅう 不朽 ¶〜の immortel(le); impérissable; éternel(le). 〜の名作 chef(s)-d'œuvre m éternel(s). 銘記すべき行為により彼は〜の名声を残した Il s'est immortalisé par des actions mémorables. この発見はこの大学者の名を〜のものにするだろう Cette découverte éternisera la mémoire de ce grand savant. 彼は勲功により〜の名誉を得た Ses exploits lui ont valu une gloire immortelle. 〜にする éterniser; immortaliser.

ふきゅう 普及 diffusion f; [一般化] généralisation f; [伝播] propagation f; [大衆化] vulgarisation f. 教育の〜 propagation de l'éducation. ¶〜する se diffuser; se généraliser; se répandre; se propager; s'universaliser; [国民に] nationaliser. 〜させる diffuser; répandre; généraliser; propager; vulgariser; populariser. ∥〜版 édition f populaire.

ふきょう 不況 dépression f; [沈滞] marasme m; [市場の] inaction f. 業界の一般的〜 marasme (malaise m) général du monde des affaires. ¶〜になる(陥る) tomber dans la dépression. ∥〜対策 mesure m contre la dépression économique. 〜対策を講じる prendre des mesures contre la dépression.

ふきょう 不興 disgrâce f. …の〜を蒙る(買う) encourir la disgrâce de qn; tomber en disgrâce auprès de qn; [主君の] être mal en cour; connaître la disgrâce. 〜を蒙った disgracié; défavorisé.

ふきょう 布教 propagande f; mission f; propagation f de la foi. ¶〜する faire de la propagande; propager. ∥〜国 vicariat m apostolique. 〜師 missionnaire m. 〜者 propagandiste mf.

ふきよう 不器用 ¶〜な maladroit; malhabile; gauche. 〜な男 mal-en-pattes m inv; balourd m. 彼女は手先が〜である Elle est maladroite de ses mains. 〜に gauchement; maladroitement. 〜さ gaucherie f; maladresse f; inhabileté f; lourdeur f; balourdise f.

ふきょう 奉行 magistrat m.

ふぎょうせき 不行跡 inconduite f; mauvaise conduite f. 〜を働く se conduire mal. その小さな町では彼(彼女)の〜はスキャンダルになった Son inconduite a fait scandale dans la petite ville.

ふきょうわおん 不協和音 dissonance f. 現代音楽の多くの作品には〜がしばしば現れる Les dissonances sont fréquentes dans beaucoup d'œuvres musicales modernes.

ぶきょく 舞曲 musique f de danse. ∥ハンガリア(スペイン)〜 danse f hongroise (espagnole).

ぶきょく 部局 département m; service m; bureau m. ∥〜制 système m départemental. 〜長 chef m de département. 〜長会議 assemblée f des chefs de département.

ふきよせる 吹寄せる ¶鳥笛で鳥を〜 attirer (appeler) des oiseaux avec un appeau. 強風で小舟が岸辺に吹寄せられた La barque est poussée à la rive par un vent violent.

ふぎり 不義理 ingratitude f. 〜[を]する être ingrat envers qn; payer qn d'ingratitude. 彼は方々に〜している [借金がある] Il a des dettes partout.

ぶきりょう 無器量 laideur f. ¶〜な laid.

ふきわける 吹分ける [鉱石から金属を〜 extraire le métal par fusion.

ふきん 布巾 torchon m; [コップ用] essuie-verres m inv. 〜で拭く essuyer avec un torchon; donner un coup de torchon à. ∥皿〜 lavette f. 濡れ〜 [アイロン掛けの] pattemouille f. ～掛け porte-serviettes m.

ふきん 附近 alentours mpl; environs mpl; voisinage m. ～...の～に aux alentours de; aux environs de; près de; dans le voisinage de. 駅の～に安いレストランを見つけた J'ai trouvé un bon restaurant près de (aux environs de) la gare. ～には荒地が拡がっていた La plaine désolée s'étendait tout alentour.

ふきんこう 不均衡 déséquilibre m; disproportion f; inégalité f; disparité f. 力の～ déséquilibre des forces. 需要と供給の間に～がある Il y a un déséquilibre entre l'offre et la demande. ¶～な disproportionnel(le); inégal(aux).

ふきんしつ 不均質 ～な hétérogène. 物体中の～な要素 éléments mpl hétérogènes d'un corps.

ふきんしん 不謹慎 [無遠慮] indiscrétion f; [無作法] inconvenance f; [無礼] impolitesse f. ¶～な indiscret(ète); irrespecteux(se); inconvenant; impoli; leste. ～なことを言う dire des inconvenances. そんな質問をするのは～だ Vous êtes indiscret dans vos questions. ｜～に indiscrètement; lestement.

ふく 拭く essuyer; [布巾で] torchonner; [スポンジ・紙などで] éponger. 背中を～ s'essuyer le dos. 皿を～ essuyer la vaisselle. テーブルにこぼれた葡萄酒を～ éponger du vin renversé sur la table. 額の汗を～ s'éponger le front; essuyer le front en sueur. 涙を拭いてやる essuyer les larmes à qn.

ふく 吹く [風が] souffler; [息を吹きかける] souffler sur qc; [木の芽が] bourgeonner; [火を] s'enflammer; [笛] siffler; siffloter; [ほらを] fanfaronner; se vanter; [粉を] fariner. 風が～ Le vent souffle./Il fait du vent. 火山が煙を～ Le volcan vomit de la fumée. 鯨が潮を～ La baleine fait jaillir l'eau par les évents. 車が火を～ La voiture s'enflamme. トランペットを～ souffler dans une trompette. ホルンを～ sonner du cor. フルートを～ jouer de la flûte. 呼子を～ donner un coup de sifflet. 口笛を吹いて犬を呼ぶ siffler son chien.

ふく 葺く couvrir. 屋根の瓦を～ couvrir une maison de tuiles. 屋根を葺き直す recouvrir une maison; refaire la toiture.

ふく 服 vêtement m; habit m; [ドレス] robe f; effets mpl; [古着] hardes fpl; [粗末な, 形見の] défroque f. ～を着る s'habiller; se vêtir; mettre. ～を着替える se changer. ～を脱ぐ se dévêtir; ôter un vêtement. ～を脱がせる déshabiller qn; dévêtir qn. ～をひっかける [着る] se vêtir. あなたに似合いそうなこのドレス Cette robe vous va bien (vous habille). この～はきつい Ce vêtement me serre. どんな～でも彼(彼女)には似合う Tout rien n'habille. ¶～を着ている porter; être vêtu de; être habillé de. 窮屈な～を着る être serré (saucissonné) dans son habit. 平～ tenue f civile. ぼろ～ loque f; oripeau(x) m; 《俗》 penaillon m.

ふく 福 [富] fortune f; [幸い] bonne (heureuse) fortune. ～の神 dieu(x) m du Bonheur (de la Fortune).

ふく 副 ～議長(会長, 大統領) vice-président m. ～支配人 sous-directeur (trice) m(f). ～総裁 vice-président. ～総理 vice-président du conseil. ～知事 vice-préfet m. ～領事 vice-consul m.

ふく 河豚 tétrodon m; poisson(s)-globe(s) m. ～にあたる s'empoisonner en mangeant du poisson-globe.

ぷく 武具 [甲冑] armure f. ⇨ぶき(武器).

ふくあん 腹案 ～がある avoir quelque projet m (idée f, plan m) en tête. ～もなしに sans plan précis; sans aucun programme.

ふくい 復位 restauration f [sur le trône]. ～する se rétablir sur le trône. ～させる rétablir (remonter, remettre) le roi sur le trône.

ふくいく 馥郁 ～たる embaumé; baumé; odorant. ～たる香り arôme m; parfum m; odeur f agréable. ～たる香りを放つ émettre une odeur agréable. 大気には～と春の香りがしていた L'air sentait bon le printemps.

ふくいん 復員 démobilisation f. ¶～する être démobilisé. ～させる démobiliser. ～者 démobilisé m. ～兵士 soldat m démobilisé.

ふくいん 福音 Evangile m; [恩恵] bénédiction f; [吉報] bonne nouvelle f. ～を説く répandre l'Evangile. ¶～主義 évangélisme m. ～書 Evangile m. ～説教師 évangéliste m. ～伝道者 évangélisateur(trice) m(f).

ふぐう 不遇 [不運] infortune f; malheur m; [逆境] adversité f; [失寵] disgrâce f. ～から脱する sortir de l'obscurité. ～をかこつ se plaindre de ses malheurs (sa mauvaise fortune). ¶～な infortuné; malheureux(se); malchanceux(se). ～な作家 auteur m obscur (méconnu). ～の裡に世を送る vivre dans l'obscurité.

ふくえき 服役 ～する [囚人が] subir (purger) sa peine; [囚人として] faire de la prison. 6か月～を faire six mois de prison; [兵士として] faire son service militaire; être sous les drapeaux; servir dans l'armée. ¶～期間 période f de service; période de prison.

ふくえん 復縁 réintégration f conjugale. 妻に～を迫る pousser son épouse à reprendre la vie commune. ¶～する réintégrer le domicile conjugal; s'établir de nouveau au domicile de son mari.

ふくがく 復学 réintégration f; rentrée f. ～する être réintégré dans son école; [病後の] reprendre ses études.

ふくがみ 福紙 [ページの隅の] corne f; [折込み] larron m.

ふくがん 複眼 yeux mpl composés (à facettes).

ふくぎょう 副業 occupation f secondaire; ressource f d'appoint.

ふくぎょう 復業 ¶～する retourner à; reprendre son (du) travail.

ふくげん 復原(元) restitution f; [再建] re-

ふくこう construction *f*; [修復] restauration *f*. ¶〜する restituer; reconstruire; restaurer. 古代の寺院を〜する reconstruire un ancien temple. 建物を〜する restaurer un édifice. ‖〜作用 réintégration *f*. 〜者 [原文の] restit*uteur(trice)* *m(f)*. 〜力 redressement *m*. [船の] stabilité *f*.

ふくこう 腹腔 cavité *f* abdominale; [腹膜腔] cavité viscérale.

ふくごう 複合 ‖〜過去 passé *m* composé. 〜競技 [スキー] combiné *m* nordique. 〜語 mot *m* composé. 〜時[称] temps *m* composé. 〜体《化》complexe *m*. 〜名詞 nom *m* composé.

ふくざ 複座 ‖〜式戦闘機 chasseur *m* biplace.

ふくざつ 複雑 ¶〜な complexe; compliqué; [もつれた] enchevêtré; embrouillé; [混乱して] confus. 〜な表情 expression *f* équivoque (ambiguë). 〜な問題 problème *m* complexe. 政情は〜な様相を呈して来た La situation politique s'est compliquée. この機械の仕組はとても〜だ Le mécanisme de cette machine est très compliqué. 〜にする compliquer; enchevêtrer; [紛糾] embrouiller. 〜さ complexité *f* complication *f*. ‖〜怪奇な mystérieux(*se*); inexplicable. 彼は〜怪奇な男だ C'est un homme très compliqué (mystérieux). 〜骨折 fracture *f* visérale.

ふくさよう 副作用 effet *m* secondaire. ¶〜のある(ない)薬 remède *m* aux (sans) effets secondaires. ‖〜防止剤 correctif *m*.

ふくさんぶつ 副産物 sous-produit(s) *m*; produit *m* dérivé; produit secondaire; [工場製品の] issues *fpl*.

ふくし 副詞 adverbe *m*. ¶〜の adverb*ial (aux)*. 〜的用法 emploi *m* adverbial. 〜的に adverbialement. ‖〜化する adverbialiser. ‖〜句 locution *f* adverbiale.

ふくし 福祉 bien-être *m*. 公共の〜 bien-être public. ‖児童〜 protection *f* de l'enfance. 児童〜事業 secours *mpl* aux enfants. 〜活動 assistance *f* sociale. 〜国家 Etat *m* providence. 〜事業 œuvres *fpl* sociales. 〜施設 établissement *m* d'assistance publique. 〜事務所 bureau(x) *m* de bienfaisance.

ふくじ 服地 tissu *m*; étoffe *f*.

ふくしき 腹式 ‖〜呼吸 respiration *f* abdominale.

ふくしき 複式 ‖〜記帳法 tenue *f* des livres en partie double. 〜簿記 comptabilité *f* en partie double.

ふくじてき 副次的 ¶〜な secondaire; [付随的] accessoire; [あまり重要でない] peu important. 〜に secondairement; accessoirement.

ふくしゃ 複写 reproduction *f*. 報告書の〜を3枚とる recopier un rapport en trois exemplaires. ¶〜する reproduire; copier. ‖[写真] 〜 photocopie *f*. 〜機 duplicateur *m*; appareil *m* de reproduction [graphique]. 〜物 copie *f*; duplicata *m inv*; double *m*.

ふくしゃ 輻射 ¶〜の radiati*f(ve)*. ‖〜熱 chaleur *f* rayonnante (radiante).

ふくしゃ 副手 sous-assistant(e) *m(f)*.

ふくしゅう 復習 révision *f*. ¶〜[を]する répéter; [試験に備えて] faire une révision; revoir; repasser; réviser; [学び直す] rapprendre; réapprendre. 歴史の〜をする faire une révision d'histoire. 〜させる faire répéter *sa* leçon à *qn*.

ふくしゅう 復讐 vengeance *f*; revanche *f*; [報復] représailles *fpl*. 〜を謀る méditer une vengeance. 〜を受ける encourir la vengeance de *qn*. ...に〜[を]する se venger de *qn*; tirer (prendre) vengeance de *qn*; prendre *sa* revanche sur *qn*. 私は私を裏切った妻に〜した Je me suis vengé de ma femme qui m'avait trompé. 〜する venger *qn*. 父の〜をする [仇討ち] venger *son* père. 〜者 veng*eur(eresse)* *m(f)*. 〜心 esprit *m* de vengeance. 〜心を抱く avoir la vengeance dans *son* cœur. 〜心に燃える brûler de *se* venger. 〜心に燃えて人を殺す tuer *qn* d'un bras vengeur. 〜戦 revanche *f*. 〜戦をする [リターンマッチ] jouer la revanche.

ふくじゅう 服従 obéissance *f*; soumission *f*. 〜を誓う jurer obéissance à *qn*. ¶〜する obéir à; se soumettre à *qn*. 〜させる faire obéir *qn*.

ふくしゅうにゅう 副収入 à-côtés *mpl*; gain *m* (ressources *fpl*) d'appoint. ...でなにがしの〜を得る se faire quelques à-côtés en.... 〜を計算に入れなくても彼は大した稼ぎだ Il gagne beaucoup, sans compter les à-côtés.

ふくじゅそう 福寿草 adonis *f*; goutte(s)-de-sang *f*.

ふくしょ 副署 contreseing *m*. ¶〜する contresigner; apposer un contreseing; signer en second; viser. 契約書に〜する contresigner un contrat.

ふくしょう 副将 [軍人] commandant *m* en second; [団体競技の] second *m*.

ふくしょう 副賞 second prix *m*.

ふくしょう 復誦 réitération *f*. ¶〜する réitérer; répéter. 命令を〜する réitérer un ordre.

ふくしょく 復職 rétablissement *m*; réintégration *f*. ¶〜する reprendre *ses* fonctions; regagner (retourner à) *son* poste; être réintégré dans; [公務員などが] rentrer en charge (en fonction); obtenir *sa* réintégration. 〜させる rétablir; réintégrer. 彼は〜することが出来た On l'a rétabli dans son emploi.

ふくしょく 服飾 ‖〜雑誌 magazine *m* (journal *m*) de mode. 〜デザイナー modéliste *mf*; dessin*ateur(trice)* *m(f)*; couturier *m*. 〜店 magasin *m* de mode; couturier *m*. 〜品 garniture *f*; parure *f*; ornement *m*.

ふくしょくぶつ 副食物 nourriture *f* (aliments *mpl*) d'appoint; nourriture subsidiaire.

ふくしん 副審 aide(s)-arbitre *m*.

ふくしん 腹心 ¶〜の affidé; fidèle; loyal *(aux)*. 〜の者(部下) affidé(e) *m(f)*; [忠臣

ブルガリア ⇒付録.

ふくすい 腹水 ascite f. ~性の ascite. ~にかかった ascitique.

ふくすい 覆水 ¶「~盆に返らず」《Inutile de pleurer sur le lait versé.》

ふくすう 複数〖文法〗pluriel m. 名詞を~にする mettre un nom au pluriel. ~で用いられる être employé au pluriel. ¶~の複数形 〖文法〗pluriel(le). ‖~形 forme f du pluriel.

ふくする 復する ¶旧に~ être restauré; être restitué. 常態に~ revenir à l'état normal; redevenir normal.

ふくする 服する obéir à; se soumettre à; [屈服する] s'assujettir à; [規則に] se plier à. 刑に~ subir sa peine. 道理に~ se laisser raisonner. 主審の判定に~ se soumettre à un arbitre. 喪に~ porter le deuil de qn.

ふくせい 複製 reproduction f; copie f; double m; réplique f. 絵の~ copie f d'un tableau. この絵には種々の~がある Il existe plusieurs répliques de ce tableau. ~する reproduire; copier. ‖「不許~」《Reproduction interdite.》;《Droits de reproduction réservés.》

ふくせき 復籍 ¶~する réintégrer son état civil.

ふくせん 伏線 trame f; [組立て] tissure f. ~を張る tramer. ¶巧みに~の張られた小説 roman m savamment tissé.

ふくせん 複線 ligne f [de chemin de fer] à double voie. ¶~化する doubler la voie.

ふくそう 服装 tenue f; mise f; [身なり] toilette f. 異様な~ affublement m. おかしな~ accoutrement m. きちんとした~ tenue correcte. ~をする s'accoutrer. 彼女は~に無頓着は Elle est indifférente à sa tenue. ¶きちんとした(きらびやかな, みすぼらしい)~をしている être en tenue correcte (reluisante, misérable). 黒ずくめの~をしている être vêtu en noir; s'habiller de noir. あの人はいつもきちんとした~をしている C'est une personne qui est toujours bien mise. 優雅な~をしている s'habiller avec élégance. アリス, お前は不格好な~をしてるね Alice, tu es mal habillée. ‖~検査 inspection f de la tenue.

ふくそう 輻湊 affluence f; encombrement m. 事務の~ presse f des affaires. ¶~する affluer; être encombré. 注文が~する Les commandes affluent. 船舶が~する Les bateaux affluent. 事務が~している Les affaires s'accumulent.

ふくぞう 腹蔵 ¶~のない意見 opinion f à cœur ouvert. ~のない人 personne f sans arrière-pensée. ~なく à cœur ouvert; à découvert; à visage ouvert (découvert); sans réserve; franchement; [駆引きなしに] sans artifice.

ふくそくるい 腹足類 gastéropodes mpl.

ふくそざいすう 複素数 nombre m complexe.

ふくだい 副題 sous-titre(s) m. ~をつける donner un sous-titre à qc; [新聞の見出しに] sous-titrer.

ふくだいじん 副大臣 vice-ministre m.

ふくだいてん 不倶戴天 ¶~の敵 ennemi(e) m(f) mortel(le); juré(e) m(f). 彼らは~の敵だ Ils sont ennemis à mort./Ils sont à couteau tiré.

ふくちゅう 腹中 ¶~を探る chercher à savoir ce qu'on cache au fond du cœur.

ふくちょう 副長 sous-chef(s) m.

ふくちょう 復調 ¶~する[回復] se rétablir. 完全に~する être tout à fait remis (rétabli). 彼は最高の状態まで~した Il est de nouveau au meilleur de sa forme. ◆〖電気〗démodulation f. ¶~する(させる) démoduler.

ふくつ 不屈 ¶~の inébranlable; inflexible; persévérant; opiniâtre. ~の精神 volonté f inébranlable. ~さ opiniâtreté f.

ふくつう 腹痛 colique f; mal m de ventre; [激しい] tranchées fpl. ~がする avoir la colique.

ふくとう 復党 ¶共産党に~を許される obtenir la permission de réintégrer le Parti Communiste. ~する réintégrer son parti.

ふくどく 服毒 ¶~する prendre du poison. ‖~自殺する se suicider par le poison; s'empoisonner.

ふくどくほん 副読本 [livre m de] lecture f complémentaire.

ふくとしん 副都心 second centre m urbain.

ふくのかみ 福の神 dieu(x) m de la Fortune (du Bonheur).

ふくはい 復配 ¶株主に~する rétablir des dividendes aux actionnaires.

ふくはい 腹背 ¶~に敵を受ける être attaqué par devant et par derrière; être pris entre deux feux.

ふくびき 福引き [仲間内での] tombola f; [商店街などの] loterie f; [抽籤] tirage m à lots. ~の景品 lot m. ~をする(催す) organiser une tombola (une loterie). ~を引く tirer une tombola (une loterie). ~で…が当る gagner qc à une tombola (une loterie). ~で大当りする gagner un gros lot. ¶~券 billet m de tombola (de loterie).

ふくぶ 腹部 abdomen m; ventre m. ¶~の abdominal(aux).

ふくぶく ¶~泡が~立つ Des bulles sortent (montent) à gros bouillons. ~沈む couler en faisant des bulles. ~太った gros (se) et gras(se); potelé.

ふくぶくしい 福々しい ¶~顔つきの男 homme m au visage resplendissant de bonheur.

ふくふくせん 複々線 ligne f à quatre voies.

ふくぶん 副文 annexe f. 条約の~ annexe f d'un contrat.

ふくぶん 複文 phrase f complexe.

ふくべ 瓠 gourde f; calebasse f.

ふくへい 伏兵 embuscade f; [人] soldats mpl en embuscade. ~に遭う tomber dans une embuscade. ~を置く mettre qn en embuscade; dresser (tendre) une embuscade.

ふくへき 腹壁 paroi f abdominale. ‖~ヘルニア laparocèle f.

ふくほん 副本 duplicata *m inv*; [契約などの] copie *f*; contrepartie *f*; [証書・膳本] ampliation *f*.

ふくほんい 複本位 ‖~制 [貨幣の] système *m* bimétallique.

ふくまく 腹膜 péritoine *m*. ‖~炎 péritonite *f*.

ふくませる 含ませる imbiber; tremper. 赤ん坊に乳房を~ donner le sein; allaiter un bébé. 口に脱脂綿を~ mettre un tampon dans la bouche. 脱脂綿にエーテルを~ imbiber un tampon d'éther. ◆[暗示する]意を言外に~ suggérer *son* idée par sous-entendus.

ふくまでん 伏魔殿 pandémonium *m*; [悪の巣] bourbier *m* du vice.

ふくみ 含み ~を持たせる laisser quelque souplesse à *qc*. ~のある suggesti*f*(*ve*). ~の多い手紙 lettre *f* pleine de sous-entendus. ‖~声 voix *f* sourde. ~資産 biens *mpl* latents (cachés). ~笑い [忍び笑] rire *m* étouffé; [意味あり気な] rire signifiant. ~笑いをする rire sous cape (dans *sa* barbe).

ふくむ 含む [口に] ‖口に水を~ avoir de l'eau dans la bouche. [内包, 含有する] contenir; renfermer; comprendre; comporter; impliquer. この土地は砂を含んでいる Cette terre contient du sable. この鉱石は多量の金属分を含んでいる Ce minerai contient une forte proportion de métal. この本には偉大な真理が含まれている Ce livre renferme de grandes vérités. リストには君の名も含まれている Votre nom est inclu dans la liste. これには管理費も含まれています Les frais de gestion y sont compris. この人口表には外国人は含まれていない Dans ce tableau de population, les étrangers ne sont pas compris. ¶多くの矛盾を含んだ問題 problème *m* qui implique (comporte) beaucoup de contradictions. 水を含んだスポンジ éponge *f* imbibée d'eau. カルキを多量に含んだ水 eau *f* riche en chlorures de chaux. ◆[胸胆を持つ] ¶~ところがある avoir (cacher) une arrière-pensée. 彼が何も言わなかったのは、何か~ところがあっての上だ S'il n'a rien dit, c'est qu'il avait quelque chose sur le cœur. ◆[心に留める] retenir *qc*. この点をよくお含みおき下さい Retenez bien cela.

ふくむ 服務 ‖~規則 règle *f* disciplinaire. ~規定 réglementation *f* du service (travail). ~時間 heures *fpl* de service. ~中である [勤務中] être de service.

ふくめい 復命 ¶~する rendre compte (faire un rapport) de *sa* mission. ‖~書 rapport *m* écrit (compte rendu *m*) d'une mission.

ふくめる 含める inclure; comprendre. この支出は一般経費に含めないで下さい N'incluez pas cette dépense dans les frais généraux. ¶...を含めないで [含めないで] y compris (non compris). 家も含めてこの土地を譲る céder *ses* terres, la maison comprise (y compris la maison). 第10課まで含めて覚えておきなさい Apprenez jusqu'à la dixième leçon incluse.

ふくめん 覆面 masque *m*; [仮装舞踏会用の] loup *m*. ~を取る(脱ぐ) lever (ôter, jeter) *le* masque; se démasquer. ~を剥ぐ démasquer *qn*. ¶~[を]する se masquer; mettre un masque. ‖~強盗 bandit *m* (gangster *m*) masqué. ~パトカー voiture *f* [de police] banalisée.

ふくも 服喪 ⇨ も(喪).

ふくよう 服用 ¶~する prendre un remède. 毎食後3カプセル(錠)の~のこと Prendre trois capsules (comprimés) après chaque repas. ‖~量 dose *f*.

ふくよう 服膺 拳々~する retenir bien.

ふくよう 複葉 〖植〗feuille *f* composée. ‖~機 biplan *m*.

ふくよかな ~腕 bras *m* rond et potelé. ~手 main *f* douce et potelée. ~頬 joues *fpl* potelées. ~胸 poitrine *f* abondante (large, développée); belle (forte) poitrine. ~胸をしている avoir de la poitrine.

ふくらしこ ふくらし粉 poudre *f* à lever; levure *f* artificielle (chimique); levure alsacienne.

ふくらはぎ 脹ら脛 mollet *m*; gras *m* de la jambe.

ふくらます 脹らます gonfler. ¶髪の毛を~ faire bouffer *ses* cheveux. タイヤ(風船, 胸)を~ gonfler un pneu (un ballon, *sa* poitrine). 鼻の穴を~ dilater les narines. 頬を~ enfler (gonfler) *ses* joues. 風がシャツを~ Le vent ballonne les chemises. 彼は希望(悦び)に胸を~ませている Son cœur se gonfle (est gonflé) d'espoir (de joie). 胸を脹らまして深呼吸しなさい Bombez la poitrine et respirez profondément.

ふくらみ 脹らみ [柱の] renflement *m*; [体の部分の] rondeur *f*; [腹, 壁の] ventre *m*. 腕(足, 胸)の~ rondeur d'un bras (d'une jambe, d'une poitrine). 帆の~ ventre *m* d'une voile. ~をつける [着物に] bouillonner. 袖に~をつける bouillonner les manches.

ふくらむ 脹らむ gonfler; se gonfler; s'enfler; [腫れる] se tuméfier; forjeter; bomber; [増大] augmenter; grossir. 風で帆が~ Le vent renfle (gonfle) les voiles. 風船がふくらんだ Le ballon est gonflé. 木が湿気でふくらんでいる Le bois gonfle par l'humidité. 彼の心は希望にふくらんでいる Son cœur se gonfle d'espoir.

ふくり 福利 bien-être *m inv*. ‖~厚生 bien-être public.

ふくり 複利 intérêt *m* composé. ‖~で計算する calculer à intérêts composés.

ふくれつら 脹れっ面 bouderie *f*; moue *f*. ~をする faire la moue; [渋面を作る] faire la mine; [すねる] bouder *qn*. ¶~で en boudant; d'un air boudeur.

ふくれる 脹れる ⇨ ふくらむ(脹らむ). 歯が化膿して彼の頬はふくれ上がっている Un abcès dentaire lui enfle la joue. ¶急速にふくれ上がった群衆 foule *f* enflée rapidement. ~面[をする] faire la moue; bouder.

ふくろ 袋 sac *m*; [小型] sachet *m*; [車掌などのカバン] sacoche *f*. 小麦(メリケン粉)の~ sac à blé (farine). ~に入れる ensacher *qc*; mettre *qc* en sac. ~の鼠である être pris comme un rat au piège. ~網~[買い物の] filet *m*. 紙

ふくろ ～sac en (de) papier. 救命～ sac de sauvetage. 匂～ sachet à parfum. 寝～ sac de couchage. ～詰め enschage m. ～戸棚 soupente f. ～物 sacs; maroquinerie f. ～物商 [店] maroquinerie; [人] maroquinier m.

ふくろ 復路 retour m. ～は往路より早い(短い)ように思えた Le retour me parut plus rapide que l'aller. ¶～に余裕を残す(で弱る, で息がきれる) se (court) ménager (défaillir, être hors d'haleine) pour le retour.

ふくろう 梟 chouette f; chat(s)-huant(s) m. ～が鳴いている La chouette hulule. ‖～部隊 patrouille f de nuit.

ふくろこうじ 袋小路 impasse f; cul(s)-de-sac m. ～に入り込む s'engager dans une impasse.

ふくろだたき 袋叩き ¶～にする flanquer une raclée (une rossée) à qn; rouer qn de coups. ～される être roué de coups.

ふくわじゅつ 腹話術 ventriloquie f. 彼は～をする Il est ventriloque. ‖～師 ventriloque mf.

ぶくん 武勲 exploit m; fait m d'armes (de guerre); gloire f des armes; bravoures fpl; 'hauts faits mpl; prouesse f. 赫々たる～ glorieux (brillant) exploit. ～を讃える célébrer les exploits. ～を立てる(おさめる) accomplir un fait d'armes. ‖～詩 chanson f de geste.

ふけ 雲脂 pellicules fpl. ～が出る avoir des pellicules. ～をとる ôter les pellicules. ¶～の多い pelliculeux(se); couvert de pellicules. 彼女の肩はいつも～だらけだ Elle a toujours les épaules couvertes de pellicules.

ふけい 不敬 irrespect m; manque m de respect; irrévérence f; [神に対する] profanation f; sacrilège m; impiété f; blasphème m. ～を働く profaner. 侵入者は多くの教会で～を働いた Les envahisseurs ont profané plusieurs églises. ¶～な irrespectueux(se); irrévérencieux(se); irrévérent; [神に対し] profanateur(trice); sacrilège; impie. ‖～罪 crime m de lèse-majesté. ～罪を犯す commettre un crime de lèse-majesté contre qn.

ふけい 父兄 [両親] parents mpl; [後見人] tuteur(trice) m(f). ‖～会 [組織] association f des parents d'élèves. ～会の集り[会合] réunion f des parents d'élèves.

ふけい 父系 ligne f (branche f) paternelle. ¶～の patriarcal(aux). ‖～家族 famille f patriarcale. ～血族 consanguin(e) m (f). ～血族関係 [近親交配] consanguinité f. ～制 [家長制] patriarcat m.

ぶげい 武芸 art m militaire. ～の達人 expert m en arts militaires. ～に上達する(磨きをかける) se perfectionner dans l'art militaire.

ふけいき 不景気 dépression f; [経済] récession f (économique); [沈滞・不振] marasme m; ralentissement m; stagnation f. ～から脱出する sortir de la dépression. ¶～な [市場] déprimé; [陰気な] sombre, morose; lugubre. 彼は～な顔をしていた Il avait l'air sombre. どうしたの, ～な顔をして Qu'est-ce que tu as? Tu en fait une tête! 商売が～で困っている Les affaires vont mal, c'est bien ennuyeux. 経済界は～のどん底にある L'économie est au (dans le) creux de la vague. ～になる tomber dans le marasme.

ふけいざい 不経済 ¶～な peu économique; coûteux(se).

ふけつ 不潔 ¶～な sale; malpropre; crasseux(se); crotté; fangeux(se); [精神の] sale; impur; bas(se). ～の (immonde). ～な人 cochon(ne) m(f); malpropre mf. ～な手 mains fpl sales. ～な寝室 chambre f malpropre. ～な街 rue f fangeuse. ～さ saleté f; malpropreté f; [卑猥] cochonnerie f; cochonceté f; obscénité f; bassesse f.

ふけつだん 不決断 indécision f; irrésolution f; hésitation f.

ふけやく 老役 rôle m de vieillard; [お付きの老女の役] duègne f. ～を演じる interpréter un rôle de vieillard.

ふける 更ける ¶夜も更けた La nuit est avancée. 夜が～につれて人通りもばったり途絶えた A mesure que la nuit avance, les passants se sont faits beaucoup plus rares dans la rue.

ふける 耽る ¶[飲酒に] se donner (s'adonner) à la boisson. 回想に～ se plonger dans des réflexions. 快楽に～ se livrer aux plaisirs. 勉学に～ se donner (s'adonner) à l'étude. 酒色に～ se jeter (se vautrer) dans la débauche. 読書に～ s'absorber dans la lecture; s'ensevelir dans les livres. 妄想に～ se repaître de chimères (d'illusions). 物思いに～ s'abîmer dans ses pensées. ぼんやり物思いに～ s'abandonner au vague de ses pensées; laisser vaguer ses pensées. 夢想に～ se perdre dans un rêve.

ふける 老ける vieillir; s'approcher de la vieillesse; être (devenir) vieux (vieille); se faire vieux (vieille); s'avancer en âge; [扮装で] se grimer; [急に老け込む] prendre un [sérieux] coup de vieux; vieillir rapidement. 心配事が多くて彼は老けてしまった Beaucoup de soucis l'ont fait vieillir. 病気以来彼はひどく老け込んだ Il a beaucoup vieilli de puis sa maladie. ¶老けた vieilli; vieillot (te). 年よりも老けた男 homme m vieilli avant l'âge. ～た顔の au visage vieillot. 老けて見える paraître [vieux (vieille)] que son âge. 彼女は年の割りに老けて見える Elle fait vieille pour son âge. その髪型では老けてみえる Cette coiffure vous vieillit.

ふけん 夫権 autorité f maritale.

ふけん 父権 autorité f paternelle.

ふげん 不言 ¶彼は～実行の士だ Il parle peu, mais il agit.

ふげん 普賢 ‖～菩薩 Samantabhadra m.

ふげん 附言 ¶～する ajouter (rajouter) que ind. 一言二言～する faire une addition de quelques mots; ajouter quelques mots.

ふけんこう 不健康 ¶～な malsain; insalubre; nuisible à la santé; [病的な] maladif (ve). ～な気候(地) climat m (logement m)

ふけんしき 不見識 ¶〜な peu éclairé; insensé; peu averti; malavisé. そんなことを信じるとは彼も〜だ Il est insensé d'y croire.

ふけんぜん 不健全 ¶〜な malsain; morbide; immoral(aux); impur. 青少年の精神に〜な影響を与える exercer une influence malsaine sur de jeunes esprits. 若者の〜な遊びに取締まらなければならない Il faut contrôler les loisirs malsains des jeunes.

ふこう 不孝 ingratitude *f* des enfants envers leurs parents. ¶〜な ingrat; infidèle. ‖ 親に〜である Il manque à ses devoirs filiaux.

ふこう 不幸 malheur *m*; infortune *f*; misère *f*. 一生の〜 malheur de toute sa vie. 人生の〜 misères *fpl* (malheurs) de la vie. 他人の〜への同情 compassion *f* pour les misères d'autrui. 〜の種となる faire le malheur de qn. 〜のどん底にある être dans le plus profond (au comble du malheur (la plus profonde misère). 〜に耐える supporter des malheurs. 〜に立ち向う faire face au malheur. 〜に見舞われる être frappé (assailli) par le malheur. 彼は〜に見舞われた Il lui est arrivé un grand malheur. 〜に陥れる précipiter qn dans le malheur. 他人の〜を憐れむ s'apitoyer sur l'infortune d'autrui. 〜をもたらす porter malheur à. 〜が待ちうけている Des malheurs se préparent. ¶〜な malheureux(se); infortuné; misérable. 〜な家庭 famille *f* malheureuse. 〜な人 malheureux(se) *m(f)*; infortuné(e) *m(f)*. 〜な人を救う secourir les malheureux. 〜な日々を送る mener une vie malheureuse (misérable, triste). 〜に生れつく être né sous une mauvaise étoile. 人を〜にする rendre qn malheureux(se). 自分だけが〜だと思ってはいけない Il ne faut pas se prendre pour l'unique victime. 〜にして *son* malheur. 〜にして...する avoir le malheur de *inf.* ‖ 〜続き série *f* de malheurs. ...とは〜中の幸である C'est une chance (un coup de chance) que *sub.* ◆〜 [身内の死] mort *f*; décès *m*. 彼のところに〜があった Il a eu un deuil./Un deuil a frappé sa famille. この度の〜を心よりお悔み申し上げます Je vous prie d'accepter mes condoléances pour le deuil qui vous frappe.

ふごう 富豪 millionnaire *m(f)*; [大富豪] multimillionnaire *m(f)*; milliardaire *m(f)*.

ふごう 符号 signe *m*; point *m*; symbole *m*; [目印] marque *f*; repère *m*. 正(負)の〜 signe positif (négatif). 〜をつける mettre un signe; repérer.

ふごう 符合 coïncidence *f*; correspondance *f*; concordance *f*. 奇妙な[驚くべき]〜 curieuse (étonnante) coïncidence. ¶〜する correspondre avec; concorder avec; correspondre à; concourir à. 二つの証言が〜している Les deux témoignages coïncident. あなたの話は他の人たちの話と〜していない Votre récit ne concorde pas avec celui des autres. 〜

した concordant à (avec); correspondant à; conforme à. 驚くほど〜した二つの証拠 deux preuves *fpl* étonnamment concordantes.

ぶこう 武功 ⇨ ぶくん(武勲).

ふごうかく 不合格 ¶〜になる [試験に] être refusé (échouer) à l'examen; être recalé (se faire recaler) à un examen. 〜にする [落第させる] ajourner; coller; refuser; [品物を] mettre au rebut. 東大は〜だったので私は東京大学に入れなかった Je n'ai pas été admis à l'Université de Tokyo. ‖ 〜者 refusé(e) *m(f)*; inique; recalé(e) *m(f)*; candidat(e) *m(f)* refusé(e). 〜者を救う repêcher un candidat.

ふこうそく 不拘束 ¶〜で(の) sans restreinte. ‖ 身柄〜で訊問を受ける subir un interrogatoire sans être emprisonné (détenu).

ふこうへい 不公平 partialité *f*; [不当] iniquité *f*; [不正] injustice *f*; [不均衡] inégalité *f*. あまりの〜に憤慨する se révolter devant tant d'iniquités. 〜の犠牲になる être victime d'une iniquité (injustice). ¶〜な partial(aux); inique; injuste; inégal(aux). 〜な裁判官(審判) juge *m* (arbitre *m*) partial. 〜な法律(税) loi (impôt *m*) inique. 〜な判(決)を下す juger avec partialité; avoir deux poids et deux mesures. 〜に partialement; iniquement; injustement; inégalement. ‖ 社会的〜を是正する réparer (redresser) les inégalités sociales.

ふごうり 不合理 irrationalité *f*; absurdité *f* illogisme; [不条理] déraison *m*; [矛盾] contradiction *f*. ¶〜な irrationnel(le); illogique; absurde; extravagant; antirationnel(le). 彼の計画(論)の〜さは一目瞭然だ L'illogisme de son plan (argument) saute aux yeux.

ふこく 布告 décret *m*; édit *m*; arrêté *m*; ordonnance [royale]; proclamation *f*; [公布] promulgation *f*; déclaration *f*. 新聞で大統領の〜を読む lire dans le journal une proclamation du président. その類の犯罪には終身刑をもって罰するとの〜が出された Il fut édicté que le crime de cette sorte serait puni d'emprisonnement à perpétuité. ¶〜する promulguer; édicter; décréter; ordonner; proclamer. 宣戦を〜する déclarer la guerre à. 動員を〜する déclarer la mobilisation. 市長はその広場の駐車禁止の〜をした Le maire a publié un arrêté interdisant le stationnement des voitures sur la place. 政府によって戒厳令が〜された L'état de siège a été décrété par le gouvernement.

ぶこく 誣告 ¶〜する dénoncer *qn* calomnieusement; [中傷する] calomnier. ‖ 〜罪 [délit *m* de] dénonciation *f* calomnieuse.

ふこくきょうへい 富国強兵 ¶〜を図る prendre des mesures pour augmenter la force économique et militaire. ‖ 〜策 politique *f* de renforcement économique et militaire.

ふこころえ 不心得 imprudence *f*. 〜をしでかす commettre des imprudences. 〜を責める reprocher à *qn* son inconduite. ¶〜な [軽率な] imprudent; malavisé; [心ない] sans

ぶこつ 無骨 rusticité f. ¶～な lourdaud; rustique; rustaud. ‖～な rustre m; rustaud(e) m(f).

ふさ 房 [髪の]touffe f; flot m; mèche f; [羊毛, 絹, 羽毛などの]houppe f; toupet m; [バナナの]régime m; flocon m; bouquet m; [葡萄の]grappe f; [蜜柑の]quartier m; [カーテンなどの]frange f; gland m; [衣裳を飾る]pompon m; [旗の]floc m. カーニバルの帽子に～をつける mettre un pompon à un chapeau de carnaval. ¶ひとつの葡萄 une grappe de raisin. ～のついたカーテン rideau m à franges. ～のついた帽子 chapeau m à pompon. ‖～飾りをつける franger.

ブザー vibreur m; ronfleur m; appel m phonique (vibré). ～が鳴る Le vibreur sonne. ～を鳴らす appuyer sur le vibreur.

ふさい 不才 ‖我が～も顧みず malgré mon indigence d'idées; malgré mon intelligence limitée.

ふさい 夫妻 ‖佐藤～ Monsieur et Madame Satô.

ふさい 負債 dette f; emprunt m; [商]passif m. ～がある avoir des dettes. ～が無くなる être quitte de dettes. ～を弁済する s'acquitter de ses dettes; régler une dette; payer (rembourser) une dette. ¶～の débiteur(trice). ～の部 compte m de débiteur; doit m. ‖～者 débiteur(trice) m(f).

ふざい 不在 absence f. ¶～の absent. ～がちである faire de fréquentes absences. 課長が～の時は私が代理をします En l'absence du chef de bureau, c'est moi qui le remplacerai. ～国民の政治 politique f coupée de la nation. ～者 absent(e) m(f). ～証明 alibi m; [俗]parapluie m. ～地主 propriétaire m(f) forain(e). ...の～中に en l'absence de qn; pendant son absence. ～投票 vote m anticipé. ～投票をする voter d'avance (par anticipation, par procuration).

ふさい 不細工 ‖～な mal fait; d'un travail grossier (gauche); [不器用な]gauche; maladroit; [形の悪い]disgracieux(se); informe; [顔立が]laid. ～に gauchement; maladroitement.

ふさがる 塞がる [穴, 管などが]se boucher; être obstrué; [部屋, 場所などが]être occupé (retenu, pris); [道が]être obstrué (encombré). 今が塞がっている être tout occupé. 私は週一杯塞がっている J'ai toute ma semaine prise. テーブルで部屋の半分が塞がっている La pièce est à moitié occupée par la table. この席は塞がっていますか Cette place est-elle prise? 傷口が塞がった La plaie s'est fermée. 開いた口が塞がらない être abasourdi (ahuri); rester bouche bée; ne pas en revenir.

ふさぎこむ 塞ぎ込む être pris (envahi) de mélancolie; [俗]faire le hibou; [悲観する]broyer du noir; avoir le cafard. 彼はこのところ塞ぎ込んでいる Il broie du noir ces temps-ci.

ふさく 不作 [穀物]mauvaise moisson f; [果物]mauvaise récolte f. ¶今年は米が～だ La moisson du riz est mauvaise cette année.

ふさぐ 塞ぐ [閉める]fermer; [通路, 道などを]barrer; obstruer; encombrer; bloquer; [穴, 隙間を]boucher; obstruer; [詰める]obturer; [場所を]encombrer; occuper. 壁の穴を～ boucher le trou d'un mur. 視界を～ barrer la vue. 通路を～ obstruer (encombrer) un passage. 虫歯を～ obturer la cavité d'une dent cariée. 横断幕が通りを一杯に塞いでいた Une banderole tenait (occupait) toute la largeur de la rue. 空箱が廊下を塞いでいて通るのに邪魔だ Laisser traîner des boites vides dans le couloir, ça gêne le passage. 本が場所を塞ぎすぎている Ces livres tiennent trop de place.

ふさくい 不作為 omission f. ¶～の罪 faute f [péché m] d'omission. ～の虚偽 mensonge m par omission. ～犯 délit m d'omission.

ふざける 巫山戯る [戯れる]s'ébattre; gambader; faire des gambades (galipettes); folâtrer; s'amuser; [遊び騒ぐ]tapager; faire du tapage; [冗談を言う]plaisanter; badiner; [男女がいちゃつく]flirter; avoir un flirt avec qn. 彼はしながらよく～ Il aime plaisanter dans la conversation. 子供達が草原でふざけている Les enfants s'ébattent (font des gambades) dans l'herbe. 彼はいつもふざけている Il badine toujours. この子はふざけてばかりいる Ce garçon n'arrête pas de faire des bêtises. 僕はふざけてないよ Je ne plaisante pas. ～のもいいかげんにしろ Cela passe la raillerie!/Tu blagues! ¶ふざけた badin; plaisant. ふざけた話 [冗談]histoire f plaisante; propos mpl badins; blague f; [人を喰った]histoire canularesque. あいつはふざけた野郎だ C'est un plaisantin! ～ことの好きな folâtre; espiègle; enjoué; badin. ～ことの好きな子供 enfant mf folâtre. ～ことの好きな badin(e) m(f); plaisantin(e) m(f). 彼の返事は全くふざけている Sa réponse est pleine de malice. ふざけて(ふざけ半分で) pour plaisanter; par plaisanterie; par badinage. ふざけて答える répondre d'un air badin.

ぶさた 無沙汰 ‖ご～お許し下さい Veuillez excuser mon long silence./Veuillez me pardonner d'être resté si longtemps sans vous donner de mes nouvelles. ～する laisser qn sans nouvelles; négliger d'écrire (de rendre visite) à qn.

ふさふさ ‖～した髪の毛 cheveux mpl abondants et touffus. ～した毛 [動物の]poils mpl longs et touffus. 彼は髪の毛がまだ～している Il a encore tous ses cheveux.

ぶさほう 無作法 impolitesse f; manque m de civilité; inconvenance f; [粗野]grossièreté f. ¶～な impoli; discourtois; incorrect; inconvenant; [粗野な]grossier(ère); rustre; [無礼の]mal élevé. ～な話 propos mpl incorrects (discourtois). ～な人 personne f impolie. ～な質問 question f inconvenante. ～なことを言う dire des inconvenances. ...するのは～である Il est impoli

ぶざま *inf*./C'est une inconvenance de *inf*. ~に impoliment; incorrectement; grossièrement.

ぶざま 無様 ¶~な laid; disgracieux(se); [姿, 形が] informe; difforme; peu agréable à la vue; [ぎこちない] gauche; lourd; maladroit; [身đứng, 恰好が] débraillé; négligé; [遺憾な] fâcheux(se). ~な姿で座っている être assis dans une tenue débraillée. ~な仕儀となる tomber dans une fâcheuse situation; se mettre dans un joli état (dans de beaux draps). ~な負け方をする subir une complète défaite (une défaite fâcheuse). ~に disgracieusement; gauchement; maladroitement. ~に倒れる tomber maladroitement.

ふさわしい 相応しい [適する] convenir à; [値する] mériter *qc* (de *inf*); être digne de *qc* (de *inf*); [うってつけの] convenable à (pour); approprié à; propre à; étant digne de; adapté à. 子供に~本 livre *m* qui convient aux enfants. 釣に~場所 coin *m* de rivière qui se fait pour la pêche. その場に~話 propos *mpl* adaptés à la circonstance. 絞首刑に~事 criminel *m* digne de l'échafaud. 新聞にのるのに~勇敢な行為 acte *m* de courage qui mérite d'être cité dans les journaux. 国を代表するのに~者と思われた Il a été jugé digne de représenter son pays au congrès. この小説は大作家たるに~ものだ Ce roman est digne d'un grand romancier. それは彼に~ポストだ C'est un poste qui est fait pour lui. ふさわしくない inapte à; peu fait pour; impropre; indigne de; malséant; inconvenable. 真面目な場所にふさわしくないはしゃぎ方 gaieté *f* malséante en un lieu solennel. あのなはお前にふさわしくない Ce n'est pas une fille pour toi.

ふさんせい 不賛成 improbation *f*; désapprobation *f*; désaccord *m*. ~の叫び声を上げる pousser un cri désapprobateur. ¶~である ne pas approuver; ne pas consentir à. 彼の意見には~だ Je ne suis pas de son avis (d'accord avec lui). ¶~者 improbat*eur* (*trice*) *m*(*f*).

ふし 節 [関節] articulation *f*; jointure *f*. 指の~が痛む avoir mal aux articulations des doigts. 身分の~が痛む avoir des (être plein de) courbatures. ◆[木, 糸, 結び目の] nœud *m*; nodosité *f*; [木の突起] bosse *f*; protubérance *f*. 竹の~ nœud de bambou. 指の~を鳴らす faire craquer *ses* doigts. ~のある noduleux(se); [節くれだった] nodueux(se); nœueux(se); [~のない] sans nœud. ◆[歌の] air *m*; mélodie *f*; [抑揚] intonation *f*; modulation *f*. 歌に~をつけて読む lire *qc* en modulant *sa* voix (en chantonnant). ~にのせて歌う chanter *qc* sur un air. ◆[個所] [個人] 彼の話には怪しい~がある Il y a quelque chose de suspect (équivoque) dans ce qu'il raconte./Il y a du louche (des points douteux) dans son histoire. 思い当る~がある Je m'en doutais./Quelque chose me le disait.

ふし 不死 immortalité *f*. ¶~の immortel(le). ~の妙薬 élixir *m* de longue vie. ‖~鳥 phénix *m*.

ふし 父子 ¶~関係 paternité *f*. ~相伝(の)transmission *f* (transmis) de père en fils.

ふじ 藤 glycine *f* [de Chine]. ~の花 fleurs *fpl* (grappes *fpl*) de glycine. ~色 violet *m* pâle; ~の mauve pâle *inv*; lilas *inv*. ~棚 treille *f* (pergola *f*) [de glycine]. ~づる sarment *m* de glycine. ~紫(の)lilas foncé.

ふじ 不時 ¶~に備える parer aux éventualités (à l'imprévu). ~に備えて金を手元に置く avoir une somme en réserve en cas. ~の [時ならぬ] inopportun; intempestif(*ve*); [思いがけない] inattendu; imprévu; inopiné; [偶然の] accidentel(le); fortuit; de hasard. ~の出費 dépenses *fpl* imprévues; petits imprévus *mpl*; [臨時雇] faux frais *mpl*. ~の客 visiteur(*se*) *m*(*f*) inattendu(e). ~の出来事 événement *m* fortuit (inattendu); contretemps *m*. ~の場合には cas d'urgence. ¶~着陸(水) atterrissage *m* (amerrissage *m*) forcé. ~着陸(水)をする faire un atterrissage (amerrissage) forcé. ~点呼 contrepappel *m*.

ふし 不治 ⇨ ふち(不治).

ふし 武士 samouraï *m inv*; [武者] guerrier *m*. ~の情 générosité *f* de samouraï. ¶~の面目にかけて tirer d'honneur de samouraï.

ふじ 無事 ~を祈る prier pour la sauvegarde de *qn*. 航海の~を祈る souhaiter bon voyage. ~でいる [元気] se porter bien; aller bien; être en bonne santé. ~で何よりでした Vous êtes sain et sauf; c'est l'essentiel! ~に sain(e) et sauf(*ve*); sans accident; [安全に] en sécurité (sûreté). 事もなく~に暮す vivre en paix; mener une vie calme (tranquille, sans histoires). ~に事態(難関)を切り抜ける se tirer d'affaire; se tirer bien de *qc*. ~に着港する arriver sain et sauf(*ve*); arriver à bon port. ~に任務を遂行する mener une tâche à bonne fin; s'acquitter d'une tâche. ~に紛争を解決する mener des conflits à bien. 小包は~に届きました Le paquet est arrivé intact (en bon état).

ふしあな 節穴 trou *m* au nœud. 俺の目は~だと思っているのか Crois-tu que j'ai les yeux bouchés (je l'ignore)? ¶~だらけの plein de trous; être tout troué.

ふしあわせ 不幸(不仕合) ⇨ ふこう(不幸), ふうん(不運).

ふしいと 節糸 fil *m* (de soie) grège. ‖~織り tissu *m* de soie grège.

ふしおがむ 伏し拝む se prosterner devant.

ふしかてい 父子家庭 famille *f* monoparentale (sans mère).

ふしぎ 不思議 ¶~な [奇妙(奇怪)な] étrange; singulier(*ère*); curieux(*se*); bizarre; [異常な] extraordinaire; [驚くべき] étonnant; merveilleux(*se*); miraculeux(*se*); [神秘的な] mystérieux(*se*); [不可解な] inexplicable; incompréhensible; énigmatique. ~な現象 phénomène *m* étrange (inexplicable). ~な事件 aventure *f* étrange (singulière, curieuse). ~な人物 personnage m mystérieux (énigmatique). ~な力 pouvoir m magique. アラジンの~なランプ *Aladin, ou la Lampe merveilleuse*. ...を~に思う trouver étrange que *sub*; s'étonner de *qc* (de *inf*). ~なのは...だ Ce qui est étrange (curieux), c'est que *ind* (*sub*). 最も~なのは...だ Ce qu'il y a de plus étrange (étonnant), c'est que *ind* (*sub*). ...とは~だ Il est étrange (étonnant) que *sub*. ...しても少しも~ではない Il n'est guère étonnant que *sub*./Il est tout naturel que *sub*. それは~でもなんでもない Cela n'a rien d'étonnant (d'extraordinaire)./Il n'y a rien d'étonnant (d'extraordinaire). ~にも par miracle; comme par miracle; miraculeusement. ~にも怪我ひとつなかった Par miracle, je n'ai reçu aucune blessure. ~なことにあのけちが金を貸してくれた Chose étrange, cet avare m'a prêté de l'argent. 「世界の七~」 les sept merveilles du monde.

ふしくれだった 節くれだった noueux(se); [ごつごつした] raboteux (se). ~だった木の枝 branche *f* d'arbre pleine de nœuds. ~手 mains *fpl* noueuses. ~指 doigts *mpl* noueux.

ふしぜん 不自然 ~な peu naturel(le); contre nature; [人工的] artificiel(le); [作為的] forcé; factice; feint; [わざとらしい気取った] contourné; entortillé; maniéré; apprêté; affecté; [ぎこちない] contraint; compassé; gauche; raide. ~な関係 relation *f* scandaleuse (anormale, injuste). ~な態度 attitudes *fpl* affectées. ~な涙 larmes *fpl* factices (feintes). ~な文体 style *m* contourné (entortillé). ~な笑い rire *m* forcé. ~な様子をする avoir l'air empesé.

ふしだら ~な dissolu; relâché; corrompu; déréglé; débauché; libertin; galant. ~な男 libertin *m*. ~な女 poule *f*; gourgandine *f*; femme *f* libertine. ~な生活 mauvaise vie *f*. ~な生活を送る mener une vie dissolue (corrompue). ~に dissolument.

ふしちゃく 不時着 ⇨ ふじ(不時).

ふしちょう 不死鳥 phénix *m*. ¶~のようによみがえる renaître comme un phénix.

ふじつ 不実 ~な déloyauté *f*; perfidie *f*; infidélité *f*; fourberie *f*; fausseté *f*; traîtrise *f*... ~なやり方で攻撃する attaquer *qn* pour sa fourberie. ¶~な perfide; déloyal(aux); infidèle. ~な女 femme *f* perfide; femme fausse. ~な人 perfide *m*(*f*); traître(sse) *m*(*f*); judas *m*. ~な友(愛) ami(e) *m*(*f*) (amour *m* de cour. ~に perfidement; infidèlement; traîtreusement. ¶~な traître(sse) *m*(*f*); personne *f* perfide.

ぶしつ 部室 salle *f* de club.

ぶしつけ 不躾 ~な indiscret(ète); impertinent; insolent; leste; sans façon. ~な男 impertinent *m*. ~な人 personne *f* sans façon. ~なことを言う(する) dire (faire) des impertinences. ~な調子で d'un ton insolent. 断るのは~だろう Il serait mal élevé de refuser. ~ですが... Excusez mon impertinence, mais.... ~に indiscrètement; impertinemment; lestement; avec impertinence.

ふじつぼ 富士壺 balane *f*.

ふして 伏して ¶~にお願い申し上げます Je vous serais très obligé de vouloir bien me donner votre appui./Je vous le demande à genoux.

ふじばかま 藤袴 eupatoire *f*.

ふしまつ 不始末 [不注意・怠慢] négligence *f*; inattention *f*; manque *m* de soin; [過失] faute *f*; bêtise *f*; erreur *f*; [へま] impair *m*; bévue *f*; gaffe *f*; [不行跡] inconduite *f*; mauvaise conduite *f*; [管理上の手落ち、不手際] mauvaise administration *f* (gestion *f*). ~をしでかす commettre une bévue (une gaffe, une maladresse). 部下の~の責任を負う assumer les erreurs de *ses* subordonnés. もうお前らの尻ぬぐいは沢山だ J'en ai assez de payer pour tes négligences. 二度とこんな~はしてはいけません Ne faites pas une pareille gaffe. ¶...の~から par suite d'une négligence de *qn*.

ふしみ 不死身 ~の [傷つかない] invulnérable; [不死の] immortel(le). ~の兵士たち immortels guerriers *mpl*. 己れを~であると思う者は何者をも恐れぬ Celui qui se croirait immortel n'aurait peur de rien.

ふしめ 節目 ~の ¶人生の~ grand tournant *m* de l'existence.

ふしめ 伏し目 ¶~になる baisser les yeux. ~がちに話す parler les yeux baissés (en baissant les yeux).

ふしゅ 浮腫 œdème *m*; hydropisie *f*. ~で脹れた指 doigts *mpl* gonflés d'œdème.

ふじゆう 不自由 [不便] incommodité *f*; [欠乏] manque *m*; gêne *f*. ¶金に~しない être à court d'argent. 俺は女に~してないんだ Je ne manque pas de filles. 食べるのに~しない生活 être à court d'argent. あの娘には何一つ~させません Je ne laisserai cette fille manquer de rien. ~な incommode. ~な生活をする vivre dans la gêne (dans la misère); être dans le besoin (dans la gêne). 何一つ不自由ない家庭 vie *f* (famille *f*) fort aisée. 何~なく暮す vivre dans l'aisance. ◆[身体の] ¶~な impotent; estropié; paralysé. リューマチで~な足 jambe *f* impotente à cause des rhumatismes. 右足が~である être paralysé de la jambe droite.

ふじゅうじゅん 不従順 désobéissance *f*; indocilité *f*. ~な désobéissant; indocile.

ふじゅうぶん 不十分 insuffisant; déficient; pauvre; [不完全な] imparfait; incomplet(ète); inadéquat. ...には~である être insuffisant pour *qc* (*inf*); ne pas suffire à *qc* (à *inf*). これだけの金では借金を返すのに~だ Cette somme ne suffit pas à payer mes dettes. 証拠~で釈放される être relâché faute de preuves.

ふしゅつ 不出 ¶門外の~宝 trésor *m* familial.

ふじゅつ 巫術 nécromancie *f*. ¶~師 nécromancien(ne) *m*(*f*).

ぶじゅつ 武術 ⇨ ぶげい(武芸).

ふしゅび 不首尾 ¶しっぱい(失敗). ~に終る échouer; manquer; aboutir à un échec (à rien); [失寵する] tomber en disgrâce. 彼の期待も~に終った Il n'a pas obtenu le succès attendu. 彼の努力も~に終った Ses efforts n'ont abouti à rien.

ふじゅん 不純 ¶~な impur; [淫らな] immoral(aux); obscène; [まぜ物入の] frelaté. ~な異性交遊 délinquance f sexuelle juvénile. ~な快楽 plaisirs mpl obscènes. ~な動機 motifs mpl impurs; [欲得ずくの] motifs intéressés. ~な葡萄酒 vin m frelaté. ~さ impureté f; [みだらさ] obscénité f. ‖~物 impureté; ~物をまぜる frelater qc. ~物を除く filtrer (cribler, éliminer) les impuretés. ~分子 élément m impur; [裏切者] traître(sse) m(f).

ふじゅん 不順 ¶~な irrégulier(ère); déréglé; [変り易い] variable. ~な天候 temps m déréglé. 月経~ dérèglement m de menstruation; menstruation f déréglée.

ふじ 扶助 aide f; assistance f; secours m; appui m; [手当] allocation f; [給付] prestation f. Chaque ~を受ける recevoir un secours de l'Etat. ¶~する aider; assister; venir en aide à qn. ‖相互~ entraide f; secours m réciproque (mutuel); solidarité f. ~料 [年金] pension f alimentaire.

ふしょ 部署 poste m; dispositif m. ~に就く se mettre à son poste. 「~に就け!» «A vos postes!»

ふしょう 不肖 ¶~の息子 fils m indigne de son père. ~私がお引受けいたしましょう Je m'en chargerai, malgré mon ignorance.

ふしょう 不詳 ¶~の inconnu; non identifié. 被害者の身元はまだ~だ La victime n'est pas encore identifiée./L'identité de la victime reste inconnue. ‖「作者~」 «Auteur inconnu (Anonyme).» 作者~の作品 ouvrage m anonyme. 病名~ maladie f non identifiée.

ふしょう 負傷 blessure f. 名誉の~ blessure d'honneur. ¶~する se blesser; être blessé. 頭を~する se blesser (recevoir une blessure) à la tête. ~した blessé. ‖~者 blessé (e) m(f). ~者の手当をする soigner (panser) un blessé. ~者を出す faire un blessé. ~兵 soldat m blessé.

ふしょう 不浄 ¶~の impur; immonde. ~の富(金) bien m (argent m) mal acquis. ~のも の immondices fpl. ‖~役人 rond(s)-de-cuir m; poulet m.

ふじょう 浮上 [水面への] émergence f; émergement m; émersion f; [離礁] afflouage m; [気球などの] ascension f. ¶~する émerger; [上昇] se lever; ascensionner; [潜水艦など が] faire surface; revenir en surface. ~させる afflouer; relever; lever.

ぶしょう 不精 paresse f; flemme f; fainéantise f; indolence f; mollesse f. ~をきめこむ rester les bras croisés; s'abandonner à la paresse; fainéanter; paresser; flemmarder. ¶~な paresseux(se); cossard; fainéant; feignant; inactif(ve); flemmard m. ~な生活を送る vivre dans la mollesse. ‖~ひげ を生やす porter une barbe de plusieurs jours. このところ~癖がついてしまった Ces derniers temps, j'ai pris le pli de la paresse. ~者 paresseux(se) m(f); cossard m (f); fainéant(e) m(f); feignasse m(f); flemmard (e) m/f.

ぶしょう 武将 général(aux) m; chef m de guerre.

ふしょうか 不消化 indigestion f. ¶~な indigeste; [消化の悪い] lourd. ~な食べ物 aliment m indigeste (lourd).

ふしょうじ 不祥事 affaire f scandaleuse; scandale m. ~を起す faire (causer) un scandale.

ふしょうじき 不正直 malhonnêteté f; improbité f; manque m de probité. ¶~な malhonnête; peu honnête.

ふしょうだく 不承諾 inacceptation f. ¶~の inacceptable.

ふしょうち 不承知 désapprobation f; improbation f; désaccord m; inacceptation f; refus m. ¶~する ふさんせいに不賛成). ¶~な désapprobateur(trice); improbatif(ve). ~である désapprouver; être en désaccord avec; ne pas être d'accord avec. そんなことは断じて~だ [嫌だ] Il me répugne fortement de faire cela. 私は~だ Je ne suis pas de cet avis./Je ne peux pas y consentir; [拒否する] Je ne le permets pas.

ふしょうにん 不承認 inadmission f.

ふしょうぶしょう 不承不承 à contrecœur; avec répugnance; contre son gré; malgré soi; à regret. ~与える donner à contrecœur (à regret). ~承知する consentir malgré soi. ~引き受ける accepter contre son gré.

ふしょうふずい 夫唱婦随 ¶彼の家は~らしい Il me semble que chez lui sa femme obéit à ce que le mari décide.

ふじょうり 不条理 absurdité f; absurde m; illogisme m. ¶~な absurde; déraisonnable. ‖存在の~性 absurdité de l'existence.

ふしょく 腐植 décomposition f [des végétaux]. ‖~酸 acide m humique. ~土 humus m; [園芸用] terreau(x) m.

ふしょく 腐蝕 [酸による] corrosion f; rongement m. ¶~する se corroder; se ronger. ~させる corroder; ronger; attaquer. 酸は金属を~する Les acides corrodent les métaux. 酸に~されない inattaquable par les acides. ‖~作用 [有機物による] action f caustique; [金属] action corrosive; ~剤 caustique m; [金属の] corrosif m; [銅版の] mordant m. ~性 causticité f; ~性のある caustique; [金属に対し] corrosif(ve); mordant. ~止め anticorrosif m.

ぶじょく 侮辱 affront m; humiliations fpl; insulte f; injure f; offense f; outrage m. 謂 れない~ insulte gratuite. 最大の~ dernier outrage; coup m de pied de l'âne. ~を受ける recevoir des humiliations; essuyer (recevoir, subir) un affront. ~を雪ぐ venger (laver) un outrage. ~を堪え忍ぶ avaler (boire, dévorer, supporter) un affront. 彼にとってこれ以上の~はない C'est la pire in-

ふじょぼうこう sulte qu'on puisse lui faire. ¶~する faire (infliger) un affront; insulter; injurier; offenser; outrager. ~的な insultant; injurieux(se); offensant; outrageant; outrageux(se). ~的言葉 mots mpl injurieux (outrages). ‖法廷~罪 outrage à la justice; offense à la Cour.

ふじょぼうこう 婦女暴行［罪］viol m. ~を働く violenter; violer. ~者 violateur mf.

ふしん 不信 défiance f; méfiance f; déconsidération f; discrédit m. ~を抱く(持つ) avoir (éprouver) de la méfiance. ~を和らげる(晴らす) apaiser (dissiper) la méfiance de qn. ~を抱かせる éveiller la méfiance de qn; attirer (encourir) la défiance (la méfiance) de qn. この手紙は彼に~を抱かせた Cette lettre a éveillé sa méfiance. ¶~の目を投げる jeter la déconsidération sur. ‖ 彼は自己~に陥っていた Il manquait de foi en ses propres capacités. 政治~ défiance à l'égard de la politique.

ふしん 不審 ¶~を抱く avoir (concevoir) des doutes sur; soupçonner qn. ~を抱かせる éveiller (faire naître) les soupçons de qn. ~な douteux(se); soupçonneux(se); suspect; [怪しげな・いかがわしい] louche; [曖昧な] équivoque. ~な個所を質す poser des questions sur des passages peu clairs (équivoques). 挙動が~である avoir des allures suspectes. ~そうに soupçonneusement; d'un air méfiant (interrogatif, de doute). ‖~訊問 interpellation f. 警官から~訊問を受ける être interpellé par un agent de police. ~火 incendie m dont la cause est peu claire.

ふしん 不振 inactivité f; manque m d'activité; [沈滞] stagnation f; marasme m. 貿易の~ stagnation du commerce. ~から脱する sortir de la stagnation. ~である manquer d'activité; stagner; ne pas marcher (aller) bien; (成績が) ne pas être brillant. 商売は~である Les affaires ne marchent pas bien. あなたの業務(学業)成績は~である Vos résultats de service (en classe) sont mauvais. 食欲~ manque d'appétit; dysorexie f. 映画界は この所ずっと~続きである Ces dernières années, le monde du cinéma n'arrive pas à sortir de la crise.

ふしん 普請 édification f; [工事] construction f. ¶~する se faire construire une maison. ‖ 小屋 hangar m. ~好き bâtisseur(se) m(f). ~場 chantier m de construction. ~中(である) (être) en construction. 道~ réfection f des routes. 安~ bâtisse f bon marché. 安~の小さな家 petite maison f de quatre sous.

ふしん 腐心 ¶~する se donner de la peine (beaucoup de peine) pour inf; s'appliquer à qc; mettre tous ses soins à inf. ⇨ くしん(苦心).

ふじん 夫人 femme f; épouse f. ‖ 佐藤~ Madame Satô. 田中, 三木の両~ Mesdames Tanaka et Miki. 市長および市長~ Monsieur le Maire et Madame. 男(子, 伯, 侯, 公)爵~ Madame la baronne (vicomtesse, comtesse, marquise, duchesse).

ふじん 婦人 femme f; dame f; [集合的] la femme; les femmes. ‖ 既婚~ femme mariée; 《法》femme en puissance de mari. 独身~ femme célibataire. 未婚~ jeune fille f; demoiselle f. ~科 gynécologie f. ~科の gynécologique. ~科医 gynécologue mf; gynécologiste mf. ~科の疾患 gynécopathie f. ~会 organisation f féminine. ~解放 émancipation f de la femme. ~解放運動 mouvement m féministe. ~記者 journaliste f. ~恐怖症 gyné[co]phobie f. ~警官 femme(s)-agent(s) f. ~雑誌 revue f féminine. ~参政権 vote m des femmes; droits mpl politiques des femmes. ~病 maladies fpl de la femme. ~服 vêtements mpl féminins. ~問題 problèmes mpl féminins. 「~用」《Dames.» ~用の pour dames.

ふじん 布陣 déploiement m (disposition f) d'une armée. ¶~する prendre position; établir son camp.

ぶじん 武人 guerrier m; militaire m; gens mpl d'épée; homme f d'épée f.

ふしんじん 不信心 incrédulité f; mécréance f; incroyance f; irréligion f; impiété f. ~な irréligieux(se); impie. ~な人(家) incrédule; mécréant; impie. ~な人(家) incrédule mf; incroyant(e) m(f); mécréant(e) m(f).

ふしんせつ 不親切 manque m de gentillesse (d'amabilité); désobligeance f; inhospitalité f. ~な peu aimable; peu gentil(le); peu amical(aux); désobligeant. 彼は我々に~だ Il n'est pas gentil avec (pour) nous. ~に peu aimablement; désobligeamment; sans amabilité.

ふしんとうせい 不浸透性 imperméabilité f. ¶~の imperméable.

ふしんにん 不信任 manque m de confiance; défiance f; déconsidération f. ‖ ~案 motion f de censure. ~案を上程する proposer une motion de censure contre. ~案は可決(否決された) La motion de censure a été adoptée (rejetée). ~決議 vote m de blâme.

ふしんばん 不寝番 garde f (ronde f) de nuit; veille f; [夜の] quart m de nuit; [人] veilleur m (gardien m) de nuit. ¶~に立つ être (de (monter) la) garde; être de quart (de nuit); veiller.

ふしんよう 不信用 discrédit m; déconsidération f; méfiance f; défiance f.

ふしんりゃく 不侵略 ¶~条約 pacte m de non-agression.

ふず 付図 [巻中の] planche f; [巻末の(頭)の] carte f en annexe.

ふずい 不随 paralysie f. ¶~の perclus(e); paralysé. ~の脚 jambe f percluse. ‖ 下半身~ paraplégie f. 身体~ impotence f. 全身~ paralysie complète. 卒中で全身(半身, 下半身)~である être paralysé complètement (d'un côté, des membres inférieurs) par une attaque. 全身~の老人 vieillard m complètement paralytique. 半身~ hémi-

ふずい 付随 ¶～する ⇨ ともなう(伴う). 契約に～する条件 conditions fpl annexes d'un contrat (qui accompagnent un contrat). ～的な accessoire.

ぶすい 不粋 manque m d'élégance; manque de goût (de délicatesse); désinvolture f. ¶～な inélégant; peu raffiné; peu délicat; qui manque de goût. ～な奴だ C'est un rustre. ～なことを言うな Ne dis pas de grossièretés. ⇨ やぼ(野暮).

ぶずいい 不随意 ¶～運動(筋) mouvement m (muscles mpl) involontaire(s).

ふすう 負数 nombre m négatif.

ぶすう 部数 nombre m d'exemplaires. ～を増す augmenter le tirage. 発行～ chiffre m de tirage. 発行の多い～ grand tirage. 発行～3万部の新聞 journal m qui tire (imprime) à trente mille exemplaires.

ぷすっと 1背中に短刀を～突き刺す enfoncer (plonger) un poignard dans le dos de qn. ◆ ～する【むっつり】 bouder; faire la mine. ～している être boudeur(se); être maussade (mécontent).

ぷすぷす 1火が灰の下で～くすぶっている Le feu couve sous la cendre.

ふすま 襖 fusuma m; porte f à glissière.

ふすま 麩 son m; bran m; remoulage m; issues fpl de blé.

ふする 付(附)する joindre; attacher; mettre. 条件を～ mettre une condition à qc. 制限を～ apporter une condition à qc; assigner (marquer, établir) une limite à qc. 参考資料を～ annexer un document. ◆【付託する】 mettre (soumettre) qc à; s'en référer à qn. 印刷に～ livrer à l'impression. 競売に～ mettre qc aux enchères. 裁判に～ porter une affaire devant les tribunaux. 仲裁に～ mettre en compromis. 票決に～ mettre aux votes. 不問に～ laisser passer qc; fermer les yeux sur qc. 埋葬に～ livrer à la tombe.

ふする 賦する [税, 仕事を] imposer qc à qn.

ふせ 布施 offrande f (aumône f) à un temple (à un prêtre) bouddhique. お～を包む faire une offrande. お～をする donner qc en aumône à qn; faire l'aumône à qn. ～袋 aumônière f.

ふせい 不整 irrégularité f. ¶～な irrégulier(ère). ¶～脈 pouls m irrégulier.

ふせい 不正 injustice f; iniquité f; malhonnêteté f; [非合法] illégalité f; illégimité f; [不正行為] fraude f; [悪] vice m; [反則] déloyauté f. 見るに耐えない～ iniquité révoltante. 試験中の～ fraude dans les examens. 選挙の～ fraude électorale. ～をする faire (commettre) une fraude; manipuler. ～を働く frauder; commettre une action illicite. ...に対し～を犯す commettre une injustice envers (à l'égard de) qn. ～を正す(償う) corriger (réparer) une injustice. ¶～な injuste; inique; malhonnête; illicite; illégal(aux); illégitime; frauduleux(se); déloyal(aux). ～な手段で par des moyens illicites (illégitimes); en fraude. ～な利益 profits mpl illicites. ¶～行為 fraude; injustice f; iniquité f; [背任] prévarication f; [いかさま] tricherie f. ～行為を働く faire (commettre) une fraude; [詐欺・カンニング] frauder. 人の～行為を押える prendre qn en fraude. ～工事 fraude à la construction. ～使用 abus m. ～使用をする faire abus de qc. ～取引 tripotage m; trafic m [illicite]. ～取引をする tripoter; trafiquer.

ふせい 父性 paternité f. ¶～愛 amour m paternel; amitié f paternelle.

ふぜい 風情 grâce f; charme m; goût m; [様子] air m. 景色に～を添える donner du charme au paysage. 彼女の泣いている～はたまらない Quand elle pleure, elle est irrésistible. ¶～のある gracieux(se); charmant; plein de charme (goût); raffiné; délicat. ～のない fade; prosaïque; grossier(ère). 悲しげな～で un air triste. ¶～の様な者 ¶私どもの如き小商人～に何をのぞみですか Que voulez-vous que nous fassions, nous autres petits commerçants?

ぶぜい 無勢 ¶多勢に～」《C'est le pot de terre contre le pot de fer.

ふせいい 不誠意 mauvaise foi f (volonté f).

ふせいかく 不正確 ¶～な inexact; imprécis; incorrect; incertain; indécis; [間違いの多い] fauti(ve); infidèle. ～な意味 sens m incorrect. ～な記憶 mémoire f infidèle. ～に inexactement; incorrectement. ～な情報 renseignements mpl imprécis (inexacts). ～なテキスト texte m fautif. ～さ inexactitude f; imprécision f; incorrection f.

ふせいき 不正規 ¶～の irrégulier(ère). ¶～軍 irrégulier m.

ふせいこう 不成功 insuccès m. ¶～に終る ne pas réussir; aboutir à un échec.

ふせいごう 不整合 [地層] discordance f. ¶～な discordant.

ふせいじつ 不誠実 ¶～な perfide; insincère; malhonnête; déloyal(aux). ～な人 perfide mf. ～な友 ami(e) m(f) déloyal(e). ～である être déloyal (perfide, malhonnête) envers qn. ～にも perfidement. ～さ infidélité f; insincérité f; perfidie f; malhonnêteté f. ⇨ ふじつ(不実).

ふせいしゅつ 不世出 ¶～の extraordinaire; admirable; incomparable; sans pareil; sans précédent. ～の英雄 *héros m extraordinaire.

ふせいせき 不成績 résultat m défavorable (peu favorable). ¶～に終る aboutir à un résultat défavorable.

ふせいりつ 不成立 insuccès m; avortement m; non-réussite f; échec m. ¶～となる échouer; rater; avorter; [法案が否決] être rejeté. 法案は～となった Le projet de loi a été rejeté. 取引は～となった L'affaire a raté. 交渉は～に終った Les négociations ont avorté (n'ont pas abouti). ¶示談～ non-conciliation f.

ふせいりとく 不正利得 grivèlerie f; rapinerie f; rapine f. ～を貪る [くすねる] griveler; [私腹を肥やす] rapiner. ¶～者 rapineur (se) m(f).

ふせき 布石 [手筈] préliminaires *mpl*. ～を誤る mal prendre *ses* dispositions (mesures). ¶～をする prendre des dispositions (des mesures) pour; faire des préparatifs pour.

ふせぐ 防ぐ [守る] défendre; protéger; [受け止める] soutenir; [抵抗する] résister à; [自身を] se défendre; [予防する] prévenir; éviter; [防止する] empêcher; enrayer; obvier à. 敵の攻撃を～ soutenir l'assaut des ennemis. 寒さを～ se défendre du froid. 事故を～ prévenir les accidents. 友人を中傷から～ défendre un ami contre les calomnies. ¶スキャンダルを～ために pour obvier à un scandale.

ふせじ 伏字 blocage *m*; [文字] mots *mpl* caviardés. ～にする bloquer; [黒線を入れて] caviarder.

ふせつ 敷設 pose *f*; installation *f*; construction *f*; [海中の] mouillage *m*; immersion *f*. 鉄道の～ pose (construction) d'une voie ferrée. 海底電線の～ immersion d'un câble sous-marin. 水雷の～ mouillage de mines. ¶～する poser; installer; immerger; mouiller. ¶ガス(水道)管の～工事 travaux *mpl* d'installations des conduites de gaz (d'eau). [船(艦)]～船(艦) câblier *m*. 水雷～艦 navire *m* pose-mines.

ふせつ 浮説 bruit *m* (rumeur *f*) sans fondement; faux bruit.

ふせつ 符節 ¶～が合う correspondre à; s'accorder avec; coïncider avec. ～を合わせる contrôler.

ふせっせい 不摂生 négligence *f* de *sa* santé; indifférence *f* pour *sa* santé. ～な peu soucieux(se) de *sa* santé. ～である ne pas se soucier de *sa* santé.

ふせっせい 不節制 intempérance *f*; insobriété *f*. ～は健康に害を及ぼす L'intempérance est nuisible à la santé. ～な intempérant; peu sobre; immodéré. ～な生活を送る mener une vie intempérante.

ふせる 臥せる [床に] se mettre au lit; s'aliter; garder le lit. 床に臥せたきりである être cloué au lit.

ふせる 伏せる 顔を～ baisser (pencher) la tête. カードを～ retourner une carte [face contre la table]. 本(杯)を～ mettre un livre (sa coupe) à l'envers. 身を～ se mettre à plat ventre; s'aplatir. 目を～ baisser les yeux. カードを伏せて出す donner une carte retournée. ¶伏せの姿勢で dans une position couchée. [隠の意味で] cacher; celer; dissimuler; voiler. 計画を～ masquer *ses* projets. 事実を～ cacher (taire) la vérité. 兵を～ mettre des soldats en embuscade; embusquer. 計画を伏せておく tenir secret un projet contre *qn*.

ふせん 不戦 ¶～勝 victoire *f* par forfait. ～条約を締結に調印, に署名する conclure (sceller, signer) un pacte de non-agression (de renonciation à la guerre); ～同盟 alliance *f* de non-agression.

ふせん 付箋 étiquette *f*; [校正の時の] béquet *m*; fiche *f*. ～をつける étiqueter; attacher (mettre) une étiquette (une fiche) sur. 書類に～をつける étiqueter des papiers.

ふぜん 不善 mal *m*; vice *m*. 「小人閑居して～をなす」L'oisiveté est la mère de tous les vices.»

ふぜん 不全 [心(肝臓)]～ insuffisance *f* cardiaque (hépatique). 発育～ agénésie *f*; insuffisance organique (mentale). ～麻痺 parésie *f*.

ふぜん 憮然 ¶～とする être mécontent (découragé). ～として d'un air déçu (mécontent, découragé). 彼は～として帰って来た Il est rentré déçu.

ふせんしょう 不戦勝 match *m* gagné par forfait.

ふせんめい 不鮮明 imprécision *f*. ¶～な indistinct; imprécis; vague; flou; obscur; peu clair; fondu. ～な記憶 souvenir *m* indistinct (vague, obscur). ～な色彩 couleur *f* indistincte (indécise). ～な輪郭 contours *mpl* imprécis. こんな～な写真では君の顔の見分けがつかない Sur une photo aussi floue on ne reconnaît pas ton visage. ～に indistinctement; vaguement; confusément; sans netteté.

ふそ 父祖 aïeux *mpl*; ancêtres *mpl*. ‖～伝来の patrimonial(aux); héréditaire; ancestral(aux). ～の伝来の土地 propriété *f* patrimoniale.

ふそう 武装 armement *m*. ¶～する s'armer de; courir aux armes; être (se mettre) sous les armes. ～した armé; en armes. 完全～した armé jusqu'aux dents. 非～地帯 zone *f* démilitarisée. ～閲兵式 prise *f* d'armes. ～解除 désarmement *m*; démilitarisation *f*; démantèlement *m*. ～解除する désarmer; démilitariser; démanteler. ～警官 agent *m* [de police] armé. ～中立(平和) neutralité *f* (paix *f*) armée. ～蜂起する prendre les armes.

ふそうおう 不相応 ¶～な indigne de; disproportionné à. 功績に～な報酬 récompense *f* disproportionnée au mérite. この仕事は彼には～に思えた Ce travail paraissait indigne de lui. 身分～なことを考える avoir les yeux plus gros que le ventre. 身分～な暮しをする vivre au-delà de *ses* moyens. 身分～な望み espoir *m* indigne de *son* rang.

ふそく 不測 ¶～の inopiné; imprévu; inattendu; fortuit; éventuel(le). ～の事態 éventualité *f*. ～の出来事 coup *m* d'assommoir *m*. ～の要因 impondérables *mpl*. ～の事態が生じた場合には en cas d'imprévu. あらゆる～の事態に備えるため pour parer à toute éventualité.

ふそく 不足 insuffisance *f*; manque *m*; pénurie *f*; défaut *m*; rareté *f*; crise *f*. ～を補う(補充する) compléter le nombre. ¶～する manquer de; être dépourvu de; faire défaut; être à court de; s'en falloir. 半分～している Il s'en faut de la moitié. ～で時間が～している Le temps nous fait défaut. 名前の出席日数が～している Vos jours de présence sont insuffisants. ～な(した) défectueux(se); insuffisant; [欠乏している] déficient; imcomplet(ète); [赤字である] être en déficit. 何〜ない〔〜がちな〕生活をする vivre dans l'aisance (dans le besoin). この上何が〜なのか Qu'est-ce qu'il te faut encore? ¶雨〜 rareté des pluies. 栄養〜 déficience (carence) f alimentaire. 彼は経験〜だ Il manque d'expérience. 資金〜 insuffisance de ressources; pénurie d'argent; faute d'argent. 住宅〜 manque de (crise du) logement. 食料〜 disette f; manque de vivres. 人員〜 crise d'effectifs. 睡眠〜 manque de sommeil. 生産〜 sous-production f. 知識(認識, 想像力, 忍耐)〜 manque d'intelligence (de connaissance, d'imagination, de patience). 注意〜 défaut d'attention. 人手〜 insuffisance de personnel; pénurie de personnel (main-d'œuvre). 量目〜 manque de poids. 練習〜 manque d'exercice. 〜額 manquant m; [行政予算の] déficit m.

ふそく 付則 règles fpl (règlements mpl) supplémentaires; [追加条項] articles mpl supplémentaires.

ふぞく 付属 ¶...に〜する dépendre de; être attaché à. 〜させる annexer; attacher. 〜の annexe; attaché; accessoire. 〜家屋 dépendances fpl; bâtiment m annexe. ...〜小学校 école f annexe de. 〜品 accessoires mpl; [備品] garniture f. 〜物 dépendances.

ぶぞく 部族 tribu f. 〜の tribal(aux). 〜間の闘争 guerres fpl tribales.

ふそくふり 不即不離 ¶〜の neutre; impartial; objecti(ve); pas trop intime (engagé). 〜の関係 relation f neutre (pas trop intime).

ふぞろい 不揃い ¶〜な [等しくない] inégal(aux); [不規則な] irrégulier(ère); [混合の] mélangé; mixte; désaligné; mal aligné; mal agencé; [不備のある] incomplet(ète); [半端な] dépareillé. 〜な行 ligne f irrégulière. 大きさが〜の木 arbres mpl de grandeur inégale.

ふそん 不遜 présomption f; arrogance f; insolence f. ¶〜な présomptueux(se); [尊大な] arrogant; insolent; [無礼な] impertinent. 〜な態度で présomptueusement; avec arrogance (insolence, hauteur). 〜に振舞う se conduire avec insolence.

ふた 蓋 couvercle m; [マンホールなどの] plaque f; [貝の] opercule m; [ポケットの] patte f; [瓶の] capsule f; [万年筆の] capuchon m. 箱(鍋)の〜 couvercle d'une boîte (d'une marmite). 〜を開ける [開催する] ouvrir; inaugurer; entreprendre; mettre en pratique; commencer; [開始する] débuter. 〜をする mettre (fermer) le couvercle. 鍋に〜をする couvrir une marmite. 臭いものに〜をする laver son linge sale en famille; étouffer un scandale; dissimuler (voiler) la vérité. 〜を取る lever (enlever) le couvercle. 〜を閉じる [口を] fermer (clore) sa coquille. 〜開き inauguration f; commencement m; début m.

ふだ 札 [貼札・レッテル・ラベル] étiquette f; vignette f; label m; [トランプの] carte f; billet m; ticket m; fiche f; affiche f; affichette f; placard m; écriteau(x) m. 〜を attacher (mettre) une étiquette sur qc; étiqueter; placarder [une affiche]. 〜を立てる mettre un écriteau. 〜をかきまぜる(切り, 配る) mêler (couper, distribuer) les cartes. ¶〜当り [くじの] billet gagnant. お守り〜 talisman m; amulette f. [トランプなどの]〜 atout m. くじ〜 billet de loterie. 番号〜 numéro m; jeton m numéroté. 荷〜 fiche f d'envoi.

ぶた 豚 cochon m; [食肉用] porc m; [子豚] cochonnet m; porcelet m; [牝豚] truie f; [繁殖用牡豚] verrat m. 〜の脂 [ラード] graisse f de porc. 〜の挽肉 rillettes fpl. 〜に真珠 «Jeter (Donner) des perles aux pourceaux.» 〜を育てる (太らせる) élever (engraisser) des cochons. ¶〜のように太った(汚い) gros(se) (sale) comme un cochon. 〜のように食べる manger comme un cochon (porc). 〜の皮 peau(x) f de porc. 〜の皮で作った porc. 〜小屋 porcherie f. 〜肉 [viande f de] porc. 〜肉加工品 charcuterie f; cochonnaille f. 〜肉屋 charcuterie f.

フタールさん ―酸 acide m phtalique.

ふたい 付帯 ¶〜的な incident(e); additionnel(le). 〜的事由 causes fpl incidentelles. ¶〜決議をつけて法案を通す voter un projet de loi avec une résolution additionnelle. 〜控訴 appel m incident. 〜事項 annexe f. 〜条件をつける ajouter une condition subsidiaire (incidente). 〜条項 article m (clause) joint(e). 〜要求 demande f incidente.

ふだい 譜代 ¶〜の家臣 vassal(aux) mf héréditaire; feudataire mf héréditaire.

ぶたい 舞台 scène f; planches fpl. 政治の〜 arène f politique. 〜から退場する quitter la scène (rentrer en coulisse). 〜に立つ paraître en scène; monter sur les planches. 〜に出てくる entrer en scène. 〜にのせる représenter; [劇化する] porter à la scène. 〜を退く quitter le théâtre (les planches, la scène). ¶初〜を踏む débuter [sur les planches]; faire ses premières armes. 世界の檜〜に登場する paraître (briller) sur la scène du monde. 回り〜 scène tournante. 〜裏 coulisse f. 〜裏に明るい connaître bien les coulisses. 〜監督 régisseur m. 〜稽古 répétition f. 〜芸術 art m scénique. 〜化粧 maquillage m; grimage m. 〜効果 effet m scénique. 〜術 scénologie f. 〜照明 éclairage m de la scène. 〜装置 (衣裳) décors mpl (costumes mpl) de théâtre; décoration f. 〜中継 [ラジオ, テレビの] drame m radiodiffusé (télévisé). 〜転換 changement m de scène. 〜度胸がある avoir de l'audace (ne pas être intimidé) sur la scène.

ぶたい 部隊 troupe f; groupe m; [大隊] bataillon m; [連隊] régiment m; [小隊] section f; [分隊] escouade f. 〜を編成する organiser une troupe. 〜の主力に合流する rejoindre le gros de la troupe. ¶買出し

ぶだい groupes *mpl* de ravitaillement. 上陸~ troupes (corps *m*) de débarquement. 戦闘~ groupe de combat. 突撃~ légion *f* de la paix. 歩兵~ bataillon d'infanterie. ~長 chef *m*; commandant *m*.

ぶだい 武鯛 poisson(s)[-]perroquet(s) *m*; perroquet *m* de mer; scare *m*.

ふたいせい 不耐性 [薬の] intolérance *f*.

ふたいてん 不退転 ~の persévérant; inextinguible; inébranlable; opiniâtre. ~の決意をもって avec une résolution inébranlable.

ふたいろ 二色 ~の bicolore; [二種類の] deux espèces de.

ふたえ 二重 ~にする(折る) plier en deux; doubler. ~まぶたをしている avoir les paupières fendues.

ふたく 付託 ~する mettre (soumettre) à; renvoyer à. 法案を委員会に~する renvoyer un projet de loi au comité.

ふたご 双子 jumeaux *mpl*; [女の] jumelles *fpl*;《俗》besson(ne) *m(f)*. ~を生む mettre au monde (accoucher de) jumeaux (jumelles). ~の gémellaire; [生物] bipare. ~の兄弟(姉妹) frères *mpl* jumeaux (sœurs *fpl* jumelles). 彼らは~ですIls sont jumeaux. ~座 les Gémeaux *mpl*.

ふたごころ 二心 duplicité *f*; fausseté *f*. ~を抱く concevoir (nourrir) de noirs desseins. ~ある infidèle; perfide; traître(sse). ~ある人間 homme *m* perfide; homme faux; femme *f* fausse. ~ない fidèle; sincère; loyal(aux).

ふたことめ 二言目 ~にはそれだ Tu ne dis que ça!

ブタジエン butadiène *m*.

ふたしか 不確か ~な incertain; [疑わしい] douteux(se); [変りやすい] changeant; [曖昧な] obscur; vague; ambigu(ë).

ふたすじ 二筋 ~道 ~に分れる La route bifurque.

ふたたび 再び de (à) nouveau; encore une fois. ~...する recommencer à *inf*. 二度と...しない jamais...plus. そんなことが二度と~起らぬようにしましょう Veillez à ce que cela ne reproduise plus! 二度と~彼女に会うことはいだろう Je ne la reverrai plus jamais.

ふたつ 二つ ~は別物だ Ça fait deux./C'est différent. ~に折る plier *qc* en deux. 進むか退くか~に一つで De deux choses l'une; ou bien avancer ou bien reculer. ~おきに tous les trois; un sur trois. ~ずつ deux par (à) deux. ~とない unique; seul; sans pareil (le); sans égal(aux). ~とも tous (toutes *fpl*) [les] deux; [両方とも] l'un(e) et l'autre; [否定] ni l'un(e) ni l'autre. ‖ ~折半 in-folio *m inv*. ◆[年齢]この子は~になったばかりです Il vient d'avoir deux ans.

ふたつき 札付き ~の fieffé; fameux(se). ~の悪(者) coquin *m* fieffé. ~の女 femme *f* de mauvaise réputation. ~の馬鹿 fameux imbécile *m*. ~の商品 marchandise *f* étiquetée.

ふたつへんじ 二つ返事 ~で引き受ける accepter volontiers (avec plaisir, de bon cœur). ~で承知する consentir sans se faire prier. ~でやってくれたよ Aussitôt dit, aussitôt fait.

ふたて 二手 ~に分れる se diviser en deux (groupes); se ranger en deux (parties). ~に分れて探す chercher en se divisant en deux groupes.

ふたとおり 二通り ~の返事を用意する J'ai deux façons de répondre. この文章は~の意味に解釈出来る On peut interpréter cette phrase en deux sens.

ふだどめ 札止め ~の盛況となる faire salle comble. ‖ 劇場は満員~だ On affiche «complet» au théâtre./On joue à bureaux (guichets) fermés.

ブタノール butanol *m*.

ふたば 双葉 [芽] brin *m*; pousse *f*; [双子葉] deux cotylédons *mpl*. 栴檀は~より芳し⇨ せんだん(栴檀).

ぶたばこ 豚箱《俗》violon *m*; [留置場] ours *m*. ~に一晩厄介になる passer la nuit au violon.

ふたまた 二股 ~彼に~をかけている Il nage entre deux eaux./Il joue un double jeu. ~の道 route *f* qui bifurque (fourche). ‖ ~膏薬 duplicité *f*; opportunisme *f*; [人] opportuniste; opportuniste *mf*. 彼は~膏薬だ Il n'est ni chair ni poisson.

ふため 二目 ~と見られない顔 visage *m* hideux (affreux, horrible) [à voir]. ~と見られぬ顔となる avoir la figure en marmelade. ひどい怪我で~と見られぬ姿になる être défiguré (abîmé, enlaidi) par d'affreuses blessures.

ふたやく 二役 ~を演ずる jouer deux rôles.

ふたり 二人 ~の証人を対決させる confronter deux témoins. ...と~きりになる être seul avec *qn*. ~きりで話せませんか Puis-je vous parler en privé? ~だけの間で de vous à moi; entre nous. 彼は彼女と~で食事した Nous avons dîné ensemble, elle et moi. ~して遊ぶ jouer à deux. ~ずつ deux par (à) deux. ~乗りの deux places; biplace. ~乗り自転車 tandem *m*.

ふたん 負担 *fardeau f*; fardeau *m*. ~になる être une charge (un fardeau) pour *qn*; être sur les bras de *qn*. ~に喘ぐ succomber sous le fardeau de *qc*; être accablé de *qc*. ~を背負いこむ avoir sur les bras. ~を軽くする soulager *qn* d'une charge (d'un fardeau). 国民の税金の~をもう少し軽くしてもらえないものか Est-ce qu'on ne pourrait pas alléger un peu le fardeau fiscal de la population? ~する se charger. 費用を~する se charger des frais; faire les frais. 一部を~する partager *qc* avec *qn*. ~させる charger *qn* de *qc*. ~し合う partager *qc* à ses frais. ~金 contribution *f*.

ふだん 不断 ~の incessant; sans arrêt; sans fin, continuel(le), constant, assidu. ~の努力が必要だ Il faut faire des efforts assidus.

ふだん 普段 d'habitude; d'ordinaire; ordinairement; habituellement. ¶～の habituel(le); usuel(le); ordinaire; accoutumé, journalier(ère); quotidienne. ¶～着 vêtement m ordinaire, habit m de tous les jours; habit m de l'heure accoutumée. ¶～に掛かる悪いから kだんになるな Voilà ce qui arrive quand on a l'habitude d'être imprévoyant. ¶～より早目に起きるよ comme à l'ordinaire; comme d'ordinaire (d'habitude, d'usage). ¶～より早目に起きる se lever plus tôt que de coutume (d'habitude).

ブタン butane m.

ふだんぎ 普段着 vêtement m de tous les jours, habit m de l'heure accoutumée. ¶～に着換える changer de vêtements mpl de la semaine.

ふち 縁 bord m; rebord m; [縁取り] bordure f; [帽の～] bord d'un précipice, ¶向～ bord d'un fleuve. [鉢の～] rebord d'un plat. [畑の～] lisière f d'un champ. [帽子の～] rebord d'un chapeau. [目の～] bord des yeux. [眼鏡の～] bordure f d'un fossé. ¶ラケットの～ armature f d'une raquette. [ふちどる] liserer; mettre un bord à qc; frangér. ¶～の広い帽子 chapeau m à large bord. ¶～の欠けた皿 plat m ébréché. ¶～に encadrer. ¶～のない帽子 bonnet m; toque f. [ふちとる] mouchoir m bordé de dentelles. ¶～なし眼鏡 lunettes fpl aux verres non cercles.

ふち 不治 ¶～の incurable; inguérissable; irremédiable. ～の病に罹る être atteint d'une maladie incurable.

ふち 淵 [川の] trou m (creux m) profond; [深淵] gouffre m; abime m; [忘却の] gouffre de l'oubli. 悲しみの絶望の～に沈む s'abimer dans la tristesse (le désespoir).

ふち 不知 [＝ぶち]

ぶち 斑 [斑点] tache f; marque f; maculé f. [～のある dappled] tacheté, moucheté; maculé. 白と黒の～のある tacheté de blanc et de noir. ¶まだら～の鳥 oiseaux mpl tachetés.

ぶち 打ち ¶～込む se ruer sur qn; flanquer un coup à qn; 獄に～込む pilonner qc à coups de gourdin; faire périr qn sous son ~. ¶～放つ tirer un coup de canon. ¶～殴る assommer qn à coups de gourdin. 南京豆を～つける jeter les arachides éparpillées. ¶～壊す Cela va tout gâter. それでは仕事を滅茶～しにする Cela va lui gâcher son plaisir. [台無しにする] 繁忙を～にする C'était un bon projet de mariage, et tu l'as mis par terre. ¶～ 壊し 縁談を～にする gâcher un mariage. ¶～壊す détruire; [台無しにする] rompre; 希望を～壊す anéantir des espérances. 交渉を～こわす rompre des négociations. ～をつける [台詞などで] fracasser; gâcher; demolir; ¶計画を～壊しにする démolir un projet. ¶～抜く [台所などで] percer. 市地扱はくれないように～をする faire un ourlet à qc. 市地は真くれないように～をする faire un ourlet à une pièce d'étoffe pour l'empêcher de s'effilocher. ¶～抜きにする ôter (enlever) une paroi. 弾丸が胸を突き抜いた La balle lui a transperce la poitrine.

ふちのめす 打ちのめす [殴り殺す] meurtrir (rouer) qn de coups; casser la gueule à qn.

プチブル プチ・ブル petit(e)-bourgeois(e) m/f. ¶～ 階級 petite bourgeoisie f; esprit m petit-bourgeois.

ふちゃける 水分を～ répandre (décharger) sa colère tout; [憂鬱する] 怒りを～ avouer (confesser) tout; [暴露する] 秘密を～ divulguer, déballer; [俗] vider tout son sac; se mettre à table.

ブチャル プチャル f.

ふちゃく 付着 [物理] adhésion f; [膠着] adhésion f/（する）non-arrivée f/（する）non-livraison f; [手紙の] non-remise f [de lettre]. ¶～になる [途中で紛失する] égarer.

ふちゃく 不着 [物品不達也] non-arrivée f/（する）non-livraison f; [手紙の] non-remise f [de lettre]. ¶～になる [途中で紛失する] égarer.

ふちゃく 付着 [付着] adhésion f/（～する）, ¶～する adhérer(vie); collant; ¶～カ force f d'adhésion.

ふちゅう 不忠 déloyauté f; infidélité f. ¶～の [家臣不運の] infidèle [au seigneur].

ふちゅう 付註 annotation f; commentaire m; note f.

ふちゅうい 不注意 inattention f; inadvertance f; insouciance f; négligence f; inadvertance f; distraction f; ¶～から par inadvertance, par mégarde. 彼女は～からテーブルに皿をひっくり返した Elle a renversé la table par mégarde. ¶～による事故だったよ Par manque de précaution, un accident est arrivé. ¶～な inattentif(ve); négligent; ¶～な問題 faute d'inattention. ¶～に sans circonspection; 夜はいつもドンをする中にに入ったら Il est entré sans frapper, par inadvertance. ¶～な condition, ne pas être en forme; [体が] être indisposé par mégarde. 折衝は～な交渉になって終わった Toutes les tentatives ont échoué (sont tombées à l'eau).

ふちょう 不調 faiblesse infirmière f en chef.

ふちょう 符丁 (符帳) [律令] signe m; marque f; indice m; [隠語] chiffre m; mot m chiffré; [商用] argot m; jargon m. ~を付けて marquer. ¶～で話す parler en jargon. 借りで～で indiquer par signes (marques) le prix de qc.

ふちょう 部長 directeur(trice) m(f). ¶～部長 営業, 人事] directeur général (commercial, des personnel).

ふちょうほう 不調法 maladresse f; inhabilité f; bévue f; erreur f; [失態] gaffe f. ¶～しかい commettre une maladresse (une bévue). ¶～を恥じる N'en Veuillez excuser ma maladresse. 酒は～でして Excusez-moi, je ne bois pas.

ぶちょうほう 無調法 cusez-moi, je n'ai pas l'habitude de boire (je ne bois pas).

ぶちょうわ 不調和 défaut *m* d'harmonie; discordance *f*; dissonance *f*; (性格の色彩の) ~ discordance de caractères (de couleurs); mal (peu) assorti, inharmonieux(se); dissonant; discordant. ~であるêtre en désaccord avec. そのカーテンはこの部屋に~だ Ce rideau est mal assorti à (jure avec) cette chambre. この椅子はこの部屋に~だ Ce fauteuil détonne dans un salon.

ブチレン butylène *m*. ¶~の butylique.

ふちん 不沈 ¶~艦 navire *m* insubmersible.

ふちん 浮沈 vicissitudes *fpl.*; péripéties *fpl.*; les hauts et les bas. 人生の~ vicissitude de la vie; (有為転変) roue *f* de la Fortune. ...の~に関わる décider du (influer sur le) sort de ...と~を共にする partager le sort de *qn*.

ふつ 打つ ⇒ うつ(打つ). ¶一席~ faire (prononcer) un discours; (俗) prononcer un speech; piquer un laïus; laïusser.

ふつ 不通 interruption *f*; suspension *f*; arrêt *m*. ¶~になる être coupé; être interrompu; être barré; être arrêté. 電話が~になった La communication téléphonique est coupée. 鉄道が~だ Les trains ne marchent pas. 事故で先方に通ぢる~だ La route est barrée par un accident de voiture.

ふつう 普通 (~の) ordinaire; commun; normal(aux); [日常の] habituel(le); usuel(le); courant; [平均の] moyen(ne); [一般的] général(aux); [凡俗の] vulgaire; médiocre. ¶~のサイズ taille *f* moyenne. ~の日本人 Japonais *m* moyen. ~値段 prix *m* moyen. ~の人 personne *f* ordinaire. ~の方法 méthode *f* la plus commune. どこの~の生徒ともまったく同じ ordinaire à l'habitude; tout d'habitude. 彼は~以上の知能を持っている Il a une intelligence ordinaire. [知的に] avoir une intelligence moyenne. ~に書く écrire en moyen. ~の大きさで書く s'emploie usuellement. ~とは~ではない être en état normal. ¶~に言うなら通常言うている[慣用語] Cette expression s'emploie usuellement. ~とは以上に普通[通常] (communément) que... ~以上の au-dessus de l'ordinaire (du commun, de la normale); hors de la normale (de la moyenne). ~以下の au-dessous de la normale (de la moyenne). ¶~急行 express *m*. ~券 billet *m* à plein tarif. ~選挙 suffrage *m* universel. ~名詞[文法] nom *m* commun. ~列車 train *m* omnibus.

ぶっえん 仏恩 grâce *f* (bénédiction *f*) de Bouddha. ¶~に浴して in état de grâce de Bouddha.

ふつか 二日 ¶ 8月~ le 2 août. ‖ ~おき

tous les trois jours. ~毎に tous les deux jours. ~続きの休暇 congé *m* de deux jours consécutifs. ~日(に)(は) deuxième journée.

ふっか 弗化 ‖~水素酸 acide *m* fluorhydrique. ~ナトリウム fluorure *m* de sodium. ~物 fluorure.

ぶっか 仏家 [寺] temple *m* bouddhique; bonzerie *f*; [僧] bonze *m*; moine *m*.

ぶっか 物価 prix *mpl.* ~の反応[上昇, 下落] stabilité *f* [hausse *f*, baisse *f*] des prix. ~の上昇気運 tendance *f* [des prix] à la hausse. ~を凍結する bloquer les prix. パリは~が高い La vie est chère à Paris. ¶主要~指数 indice *m* de l'augmentation des prix. ~水準[各レベル] *m* des prix. ~高, cherté *f* de la vie; hausse des prix. ~高を抑制する biloquer la hausse des prix. ~高の対策を講ずる prendre des mesures contre la hausse des prix. ~調整の règlement *m* des prix. ~indemnité *f* de cherté de vie. ~凍結 [打つ] blocage *m* des prix. ~指標 [付] indicateur *m* des prix.

ぶっかく 仏閣 temple *m* bouddhique.

ぶっかける 打つ掛ける ¶値段を~ exagérer les prix (les frais); surcharger; demander un prix déraisonnable. けんかを~ défier *qn* au combat; chercher querelle (noise) à *qn*.

ふっかつ 復活 [再生] résurrection *f*; [回復] renaissance *f*; [復帰] restauration *f*; [劇の再演] reprise *f* [d'une pièce théâtrale]; [流行など] retour *m*. キリストの~ résurrection *f* de Jésus-Christ (du Christ). 信仰の~ renouveau *m* religieux. ¶~する ressusciter; renaître; réapparaître; renouveler; ranimer; revivre; [年金など] remettre. 昔の流行がまた~して来る L'ancienne mode connaît un renouveau. ~させる ressusciter; rétablir; faire revivre; ranimer. 過去を~させる faire renaître (revivre) le passé. ~した人[キリスト] le Christ (Lazare) ressuscité. ¶~祭 Pâques *m*. 敗者~戦 match *m* de repêchage.

ふつかよい 二日酔い ¶~である avoir la gueule de bois. ~で頭が痛い avoir mal aux cheveux.

ふっかん ⇒ぶつかる.

ぶっかる ¶l'heurter *qc*; se heurter contre (à); se cogner contre; heurter contre; ぶつかる[出逢う] faire front à; affronter. [遭遇する] rencontrer *qn* hasard*; tomber sur; [自動] *buter contre* *à buter. 家具に~ se heurter (se cogner) à une (des) difficulté(s); buter contre un meuble. [困難に~] se heurter contre des difficultés. 正面から~ heurter *qc* de front. 障害物に~ se heurter contre

ふつかん 副官 officier *m* d'ordonnance; adjudants-majors(*pl*) *m*; [尉官付副官] aide *m* de camp.

ふっかん 復刊 réimpression *f*; [新刊] un nouveau tirage).

ふっき 復帰 retour *m*, rentrée *f*. ¶~する retourner *v.i.* (à, en, dans); [地位などに] faire retour à; [職務などに] être réintégré; [戦場などに] reprendre son service. ¶戦列に~する rentrer au combat (au front); 職務に~する réintégrer ses fonctions; 鉄道は~した On a rétabli la communication téléphonique. 鉄道が~した On a remis en marche le train. ¶工事は~した Les travaux de rétablissement.

ふっきゅう 復旧 rétablissement *m*; reconstruction *f*, restauration *f*. ¶~する rétablir, reconstruire; remettre en marche, remettre en état; restaurer, reconstruire. ¶この線は近いうちに~する工事が完了する La remise en état va bientôt prendre encore quelques jours. ¶~する se rétablir; recommencer. ¶~した社会 société rétablie. ¶~に努める s'efforcer de la reconstruction.

ふっきょう 復興 rétablissement *m*; reconstruction *f*; restauration *f*. ¶~する rétablir, restaurer, reconstruire; [芸術などを] faire renaître, ressusciter; [文芸的に] renaître; rétablir; relever; [宗教的に] relever une région dévastée par la guerre. ¶~する constituer un parti (une armée). 受難を~する L'industrie renaissait après les destructions de la guerre.

ふっこう 不景気 [(商)] ¶~になる [...には] ないか。Vous n'y voyez quelque inconvénient? ¶~な (des) inconvénients.

ふつごう 不都合 *a.* inf, [何...するのもまずまない] impertinent(e).

ふっきる 吹切る ¶魚を~にする couper du poisson en tranches épaisses. 肉を~にする couper de la viande en gros morceaux.

ふっきる 吹切る ¶不安を幻想を~ dissiper.

ふっきる 吹切れる ¶気持ちが~ se s'épanouir, être soulagé. 彼はこの事ないか気持ちが~ Grâce à cette expérience, il s'est senti soulagé, il s'est senti libéré. 不安な目は~ Mon inquiétude s'est dissipée, ¶胸に込み上げる思いを~ faire un pincement au cœur.

ふっきん 腹筋 muscles abdominaux *mpl*. ¶~運動をする faire des abdominaux.

フック [洋服などの] crochet *m*; [ボクシング] crochet *m*. ¶左~ crochet du gauche.

ブック [本] livre *m*. ~カバー couvre-livres *m*; ~ケース liseuse *f*; ~バインダー relieur *m*; ~マーカー bookmaker *m*; ~メーカー bookmaker [butekœr] *m*. ブックレット brochure *f*, plaquette *f*. ~が出た compte rendu des dernières parutions.

ふっくら, **ふっくり** [頬が] potelé(e); [口ぶりが] rond; [衣類が] bouffant; [食べ物が] souffle. ¶~した頬 joues *fpl.* pleines. ~したオムレツ omelette soufflée. ~したバン pain *m* frais. ~した布団 couette moelleuse.

ぶつける [投げつける] jeter (lancer) contre; [頭をどこかに] heurter *qc*; [自動車などに] accrocher. ¶頭を家具にぶつける se cogner (heurter) la tête contre un meuble. 石を~ lancer une pierre. 車を~ accrocher un mur avec sa voiture.

ふっけん 復権 réhabilitation *f*; restitution *f*. ¶~させる réhabiliter; rétablir (remettre) dans; réintégrer dans.

ぶっけん 物件 [法律] chose *f*, objet *m*; [品物] article *m*. ¶賃貸~ objet *m* matériel. ¶新築~ appartement *m* neuf.

ぶっけん 物権 [証拠] preuve *f*; matérielle. Le droit de propriété est un droit réel.

ふっこ 復古 [信仰など] réaction *f*; [再建] résurrection *f*; [信仰の] résurrection *f*. ¶~する reconstituer, reconstruire; [信仰的に] rétablir; relever; [文芸的] renaître. ¶難に~を望むとする to recon-stituer un parti (une armée). 受難を~する L'industrie renaissait après les destructions de la guerre. ¶~主義 tendance réactionnaire. ~運動 tendance réactionnaire. [流行の] retour *m* de l'ancienne mode.

ぶっこ 物故 [法律] décédé(e); [法] défunt(e). ¶~者名簿 liste *f* des membres décédés.

ふっこう 復興 [(再)建] reconstruction *f*; restauration *f*; [(再)建物] restauration *f*. ¶~する reconstruire; restaurer; [宗教的] ressusciter; rétablir; relever; [文芸的] renaître. 敵などに苦難された地方を~する reconstruire (rebâtir, relever) une région dévastée par la guerre. 受難を~する L'industrie renaissait après les destructions de la guerre.

ふつごう 不都合 (*f*). ¶~な言う動きは L'annoncer ¶~ない Il n'y a pas de mal à *inf*; [何...するのもまずまない] Vous n'y voyez quelque inconvénient? ¶~な (présente) un inconvénient; impertinent(e).

ふつかん 前途 ¶~に対して affronter sans peur contre les adversaires nombreux. 全ての悩みを~ chasser tous ses soucis.

ふっかえる 吹き返す s'épanouir, se sentir soulagé. 彼は~ il s'est senti libéré, il s'est senti soulagé.

ふっかる 吹っ掛ける ¶息を~ buter contre un problème complexe. 真っ先に鼻面に~ prendre le taureau par les cornes, 強力な反対に~ se heurter à une forte opposition. 祭日が日曜日に~ Le jour de fête tombe un dimanche.

ふっかかる 吹っ掛かる (rencontrer) par hasard. ¶彼にばったり出会った Je suis tombé sur lui (je l'ai rencontré par hasard). D'abord, il faut attaquer de front. ¶~で[正面に] s'affronter, se choquer, se caramboler. この四つの車が~ Ce sont des puissances qui se sont affrontées. 数台の車が~ Plusieurs voitures se sont carambolées (sont entrées en collision).

ふっかん 復刊 réimpression *f*; [新刊] un nouveau tirage).

ふっき 復帰 retour *m*, rentrée *f*. ¶~する faire retour m (en, dans); [職務などに] être réintégré; [再就任する] se réinstaller. ¶戦列に~ faire retour au combat (au front); 職務に~ réintégrer ses fonctions.

ふっきょう 復旧 rétablissement *m*; reconstruction *f*, restauration *f*. ¶~する rétablir; restaurer; ¶[影響を] censuré *f*; débat *m*; discussion *f*; [非難] scandale *m*. ~を引き起こす causer (provoquer) un débat; causer un scandale public.

ふっきる 吹切る ¶~を振り切って rejoindre son régiment.

ふっきゅう 復旧 rétablissement *m*; reconstruction *f*, restauration *f*. ¶~する rétablir; reconstruire; remettre en marche, remettre en état; restaurer, reconstruire.

ぶっきらぼう 仏教徒 bouddhisme *m* bouddhiste; bouddhisme ¶そうの学僧 un livre *m* bouddhique. ¶~の芸術 art *m* bouddhique.

ぶっきらぼう 仏教 aube *f*, aurore *f*. ¶~に au point du jour, au lever du jour; (naissant).

ぶっきらぼう ¶ぶっきらぼうに brusquerie *f*; cassant(e) ¶[そっけない] sec (sèche). ¶brusquement, d'un ton bref. ~に扱う brusquement, avec ~に断る couper sèchement; d'un ton bref. ~に扱う brusquement, avec ~に断る couper sèchement.

ふっきる 吹切る ¶魚を~にする couper du poisson en tranches épaisses. 肉を~にする couper de la viande en gros morceaux. ~に吹っ切る faire envoler. 不安幻想を~ dissiper.

ぶつこく nent; insolent; inconvenant; irrémissible; impardonnable. ~千万な とんでもない J'espère qu'il n'arrivera aucun inconvénient. ~なこともある Il y a à quelque chose qui cloche. そんなこと話すけはご C'est un grand mal *sub*. ~とは一ど Est-ce que vous ne pas trouver grand mal a. この本の如らぬ reproche à ce livre?

ぶつこく 〖複数〗 reproduction *f*. ¶~する reproduire. ~した本 livre *m* de reproduction.

ぶっさん 物産 ¶~をさんぶつ(産物)。¶~展 exposition *f* des denrées produites. 全国~展 foire *f* commerciale nationale. ~資源〖産業資源〗 ressources *fpl* des denrées *f*; 〖建築資料〗 matériaux *mpl* 〖品物〗 article *m*. ~の豊富な国である être bien monté en *qc*. ~を供給する fournir *qn* de provisions. ~を送る envoyer des secours *n*.

ぶつじ 仏事 ¶~を営む célébrer un service bouddhique.

ブッシェル boisseau(x) *m*.

ぶっしき 仏式 ¶~により selon le rite bouddhique. ~による葬儀をとり行う faire des funérailles bouddhiques.

ぶっしつ 物質 〖質料〗 matière *f*; 〖実体〗 substance *f*; substance matérielle. ¶〜的 〖物質存在の〗 matériel; physique. ~的援助 aide *f* matérielle. 余りに~的な人間 personne *f* trop matérielle. 非~的な 〖物質以外の〗 immatériel; 〖肉体以外の〗 physique. ~的に、意識された人 gens *mpl* matériellement. ~的に世界 monde *m* matériel. ~主義的な matérialiste; charnelle). ~性 matérialité *f*. ~不減〖法則〗 loi *f* sur l'indestructibilité de la matière. ~文明 civilisation *f* matérielle (matérialiste).

ぶっしゃり 仏舎利 cendres *fpl* du Bouddha.

ぶっしゅ 仏種 ¶~を押す pousser; appuyer. ¶~ボタン bouton(s)-poussoir *m*. ~ホン poste *m* à touches. ¶電話機; téléphone *m* à touches.

ブッシュ-ド-ノエル bûche *f* de Noël.

ぶっしょう 物象 〖物証〗 preuve *f*. matérielle.

ぶっしょう 物象 〖物象〗 phénomène *m* matériel. ~は一層悪化している II 世間は一層悪化している règne un grand désordre dans le monde./ Le pays est en grand remue-ménage. *partout* un grand remue-ménage.

ぶっしょく 物色 ¶~する chercher; se mettre en quête. 後継者を~する chercher son successeur. 親切なホテルを~する se mettre en quête d'un hôtel accueillant. 捜が物質屋を~した形跡がある On a sans doute dû fouiller la chambre.

ぶっしん 仏心 〖仏. 慈悲〗 miséricorde *f* de Bouddha. ¶~物心において materiellement et moralement.

ぶっしん 物神 fétiche *m*. ~崇拝 〖宗教の〗僧侶 fétisheur, ~崇拝者 fétichiste *m*. ~崇拝の fétichiste. ~崇拝 fétichisme *m*/fétichiste. ~性 propriétés *fpl* de la matière. ~せつ 物性論 doctrines *fpl* du bouddhisme.

ぶっしん 仏身 ¶~に供物をそなえる faire une offrande à l'âme d'un défunt.

ぶっそ 物素 *mpl* fondateurs *mpl* du bouddhisme.

ぶっそう 物騒 ¶〜な dangereux(euse); peu sûr. 君い~な物を持っているよ Tu portes des objets bien dangereux. 夜道は~だ C'est dangereux de sortir (se promener) la nuit.

ぶつぞう 仏像 statue *f* du Bouddha *m*.

ぶつだ 仏陀 Bouddha *m*.

ぶつだい 仏体 corps *m* 〖matériel〗. ~の落下 chute *f* des corps.

ぶったぎる 〖荒まに〗切る piller 〖書類の〗切る écorcher. 通行人から物を~ détrousser un passant. ~ぶっこぎられる se faire écorcher par *qn*. ¶ぶっこぎり屋 écorcheur (se) *m(f)*.

ぶつだん 仏壇 autel *m* bouddhique.

ぶっちがい ぶっ違い ¶~の croisé. ~にする croiser; entrecroiser. ~になる se croiser. ~にナイフとフォークを皿の上にのせ置く croiser *son* couteau et *sa* fourchette sur son assiette. ~で打ちたい 勝ち目のない優勝を gagner tous les matchs sans en perdre aucun./ gagner haut la main.

ぶっちょうづら 仏頂面 moue *f*; mine *f* boudeuse (maussade); visage *m* boudeur. ~をする faire la moue; bouder; 〖俗〗 faire la tête.

ぶっつけ 不意 〖経験なしに〗 inexpérimenté; 〖指導なし-不慣れなに〗〖突然に〗 brusquement; 〖不手際な-不慣れに〗 maladroit mon inexpérience; tout maladroit que je sois. ¶~一番 〖ために〗; 〖準備なしに〗 à pied levé; impromptu; à livre ouvert; 〖突然に〗 brusquement; 〖ただちに〗 directement. ~に見る s'adresser à *qn* directement. ~かなわかりない malgré mon manque de préparation, ~に着く je n'y réussirai pas, parce que je manque de préparation. ¶~本番で やる jouer un rôle en pied levé.

ぶっつづけ ぶっ続け ¶~の continuel(le). ~に〖休せず〗sans arrêt (relache, interruption, repos); 〖連続的に〗 continûment; 〖継続的に〗 continuellement.

ぶっつり ¶~と entièrement; 〖完全として〗 tout à fait; parfaitement; 〖指挥に-決わって〗 décidément, carrément; 〖これっきり一度で〗 une fois pour toutes. ~とやめる 〖とやめる為に〗 renoncer à *qc* une fois pour toutes. 彼は煙草を吸うことを~と断言がある あれから On a sans doute dû fouiller la chambre. 彼以来煙草を吸うのをやめた。あれ以

ふってい 払底 ¶～する manquer; être à bout; être rare; faire défaut. 労働力が～している On manque gravement de main-d'œuvre.
ぶってき 物的 matériel(le). ‖～援助 aide f matérielle. ～資源 ressources fpl matérielles. ～証拠 preuve f matérielle.
ふってん 沸点 point m d'ébullition.
ぶってん 仏典 livres mpl sacrés du bouddhisme; saintes écritures fpl bouddhiques.
ぶつでん 仏殿 temple m (sanctuaire m) bouddhique.
ふっと[一息で] d'un souffle; [突然] brusquement. 蝋燭を～吹き消す éteindre une bougie d'un souffle. ～思い出す se rappeler brusquement. 或る考えが～私の脳裏をかすめた Une idée a passé dans ma tête (m'a traversé l'esprit).
ぶっと ¶～吹き出す pouffer [de rire]. ～ふくれる bouder brusquement. ～煙を吐き出すtirer une bouffée de sa pipe.
ふっとう 沸騰 ébullition f; bouillonnement m; effervescence f. ¶～する bouillir; bouillonner; faire (entrer en) effervescence. ぐらぐら～する bouillir à gros bouillons. 水は100度で～する L'eau bout à 100 degrés. ～している bouillant; bouillonnant; effervescent. ～させる faire bouillir qc; mettre en effervescence. ‖～点 point m d'ébullition.
ぶっとおし ぶっ通し ¶～で sans arrêt (relâche, interruption). ～で働く travailler sans arrêt.
フットノート note f en bas de page; postscriptum m.
ぶっとばす ぶっ飛ばす [全速力で] filer à grande vitesse; brûler la route (le pavé). 時速100キロで～ faire du cent. 事故を起こしかねないぐらい～ rouler à tombeau ouvert. [殴る] あいつをぶっ飛ばしてくる Je vais le tabasser./Je vais lui casser la figure.
フットボール football m; 《俗》 foot m. ～をやる jouer au foot. ‖アメリカン～ rugby m (football) américain. ～のグラウンド terrain m de football. ～の選手 footballeur m; joueur m de football.
フットライト [feux mpl de la] rampe.
フットワーク jeu(x) m de jambes.
ぶつのう 物納 paiement m en nature. ¶～する payer qc en nature.
ぶっぴん 物品 objet m; article m; [商品] marchandise f. ‖～税 droit m sur les marchandises; impôt m de consommation.
ぶつぶつ 沸々 ¶彼は野望に～たるものがある Il brûle d'ambition. 闘志が～と湧いてきた Je bouillonne de combativité.
ぶつぶつ[発疹] éruption f; [吹出物] poussée f [de boutons]; bouton m. 皮膚に～が出来る avoir la peau granuleuse; [にきび] avoir des boutons sur la peau. ◆[粒状の物] ～をつける [紙, 革に] greneler. ～のある grené.

◆ ¶～言う [不平を] maugréer; grommeler; grogner. ～言いながら従う obéir en grommelant.
ぶつぶつこうかん 物々交換 troc m. ¶～をする faire un troc.
ふつぶん 仏文 texte m français. ～で書く écrire qc en français. ～に翻訳する traduire qc en français. ‖～学 littérature f française. ～学科 section f de la littérature française. ～和訳 traduction f du français en japonais.
ぶつぼうそう 仏法僧 rollier m.
ぶつもん 仏門 ¶～に入る se faire bonze (bonzesse).
ふつやく 仏訳 traduction f en français.
ぶつよく 物欲 désirs mpl matériels (du gain); besoins mpl matériels; avidité f des richesses (pour les richesses); appétit m; concupiscence f. ～にかられる être esclave des désirs matériels. ～に負ける céder à l'appât du gain.
ぶつり 物理 physique f. ¶～的な physique. ～的に physiquement. ‖～化学 physicochimie f; ～ physique. 学[上]の～physique. 原子(量子)～physique atomique (quantique). 実験(理論)～ physique expérimentale (mathématique). 地球～学 géophysique f. ～学者 physicien(ne) m(f). ～現象 phénomènes mpl physiques. ～療法 physiothérapie f.
ふつりあい 不釣合[不均衡] disproportion f; disconvenance f. 年齢の～ disconvenance f d'âge. ～な disproportionné(le); disproportionné; [似合わない] inassorti; mal assorti. 力量に～な報酬 récompense f disproportionnée au mérite. ～な結婚 mésalliance f.
ぶつりょう 仏領 territoire m français.
ぶつりょう 物量 quantité f du matériel. ¶～的優勢 supériorité f matérielle. ‖～攻勢をかける mener une attaque matériellement supérieure.
ふつわ 仏和 ‖～ 辞典 dictionnaire m français-japonais.
ふで 筆 [絵筆・毛筆] pinceau(x) m; [ペン] plume f. 油絵(水彩画, 絵画)用の～ pinceau à huile (à aquarelle, à lavis). ～の軸 manche m de pinceau; hampe f. この～は書きにくい Ce pinceau écrit mal. ～で書く écrire au (avec un) pinceau. ¶～一本で立つ vivre de sa plume. ～がすべる lapsus m. つい～がすべったんだ C'est un lapsus. ～が立つ savoir écrire. ～が立つ avoir la plume facile. ～を入れる [訂正する] corriger; [手直しする] remanier. ～を置く poser la plume; finir d'écrire. ～を折る poser définitivement sa plume. ～を加える faire quelque retouche à. ～を執る mettre la main à la plume; [執筆する] prendre la plume; écrire. ～を振る laisser courir sa plume. 「弘法は～を選ばず」《Les bons bras font les bonnes lames.》 「弘法にも～の誤り」《Homère lui-même sommeille quelquefois.》 ～に任せて書く écrire au courant de la plume. ～を手にして考える penser [avec] la

plume à la main. 彼のように~の立つ人は二人といない Il n'y a pas de plumes comme la sienne. ‖絵~をとる peindre; dessiner. ~洗い pinceliar m. ~に使い art m d'écrire; calligraphie f. 大胆な~を使いをする peindre largement. ~入れ(箱) plumier m; écritoire f. ~不精である se dégoûter d'écrire. ~太に書く écrire gros (en grosse). ~まめである être un correspondant fidèle (assidu).

ふてい 不貞 adultère m; tromperie f; infidélité f. ~を働く tromper; faire des infidélités à. ¶~な infidèle; adultère. ~の妻 femme f adultère.

ふてい 不定 ¶彼は収入が~である Il a des revenus irréguliers./Il n'a pas de revenus fixes. ‖住所~の男 homme m qui n'a pas de domicile fixe (sans domicile). ~冠詞 article m indéfini. ~形容詞 adjectif m indéfini. ~常数《数》quantité f arbitraire. ~代名詞 pronom m indéfini. ~法 mode m infinitif. ~問題《数》problème m indéterminé.

ふてい 不逞 ¶~の輩 réfractaires mpl.

ふていき 不定期 ¶~の irrégulier(ère). ‖~航海 navigation f à la cueillette. ~船 tramp m; navire m (cargo m) sans ligne régulière. ~便 service m irrégulier.

ふていさい 不体裁 ⇨ ていさい(体裁).

ブティック boutique f; magasin m.

ふてき 不敵 ¶~な hardi; intrépide; [大胆] audacieux(se); téméraire. 彼は~な面構えをしている Il a l'air fier et hardi. ~にも audacieusement; intrépidement; [図々しくも] effrontément; [平然として] sans se déranger.

ふでき 不出来 ¶~な mal fait (exécuté); [失敗した] manqué; mal réussi; [作柄など] mauvais. ~な仕事 travail(aux) m mal fait. ~な写真 photo f manquée. ~な生徒 élève mf faible. 今年の作柄は~だった La récolte a été mauvaise cette année. ‖ 彼の仕事は出来~が激しい La qualité de son travail est très irrégulière.

ふてきかく 不適格 ¶~な inapte à; impropre à. 彼は一国の代表者としては~だった Il a été jugé inapte à représenter son pays. ‖~者 inapte m.

ふてきせつ 不適切 ¶~な impropre; inadéquat; mal placé. ~な表現 expression f impropre.

ふてきとう 不適当 ¶~な inconvenant; impropre; inadéquat; malséant; déplacé. そんな話は子供たちの前では~だ Cette conversation est inconvenante (déplacée) en présence des enfants.

ふてきにん 不適任 ¶~な n'être pas fait pour; inapte à. 彼は辞書の編集には~だ Il est inapte à rédiger un dictionnaire. 彼は先生には~だ Il n'est pas fait pour le professorat (l'enseignement).

ふてぎわ 不手際 maladresse f; malfaçon f; inhabileté f; [失態] faute f; bévue f; bourde f. 大変な~をしでかす commettre une grosse bévue. 何という~ Quelle maladresse! ¶~な maladroit; inhabile;

malhabile. ~な操作 maniement m maladroit (inhabile). ~な所を見せる [失敗する] avoir l'affront de qc. ~による損害 dommages mpl dus à des malfaçons.

ふてくされる 不貞腐れる bouder; faire la mine (la tête, mauvais visage). ~ではないだろう Il n'y a pas de quoi bouder. 何をふてくされているんだい Pourquoi boudez-vous? ¶ふてくされた bouder(se); maussade; renfrogné. ふてくされて d'un air maussade (renfrogné); en boudant; de mauvaise grâce. ふてくされて何も食べない bouder contre son ventre.

ふでたて 筆立て pot m à crayons [stylos, plumes].

ふてってい 不徹底 insuffisant; incomplet(ète); [一貫しない] inconsistant; [議論の余地ある] discutable; peu détaillé (circonstancié). 説明が~だ L'explication n'est pas suffisante (convaincante). 命令が~だ L'ordre n'est pas transmis jusqu'au bout.

ふてね 不貞寝 ¶~する rester au lit par dépit; bouder dans son lit.

ふでばこ 筆箱 plumier m.

ふてぶてしい [厚かましい] impudent; effronté; [傲慢] insolent; impertinent. ~奴 だ C'est un type effronté. ¶ふてぶてしく impudemment. ~さ impudence f; effronterie f; insolence f; impertinence f.

ふてん 付点 ¶~音符 note f pointée. ~4分音符 noire f pointée. ~8分音符 croche f pointée.

ふと【偶然】par hasard; fortuitement; [突然] soudain; tout à coup. ~...する気になる avoir l'inspiration de inf. ~目につく tomber à qn sous les yeux. ~目をさますr au moment du réveille. ~洩した語 mot m qui échappe à qn. ~した機会に par hasard; par accident. ~したことで par un coup de hasard; accidentellement. ~したはずみに par un pur hasard. ~したことで私は彼らの抗争の証人となった J'ai été le témoin accidentel de leur querelle. ~したことで彼は昨年亡くなった Il est mort accidentellement l'année dernière.

ふとい 太い gros(se). ~足 grosse jambe f. ~い声 voix f profonde (grave). 神経が~ avoir du nerf à toute épreuve. この鉛筆は太すぎる Ce crayon est trop gros. 太くなる(する) grossir. ¶ 太く短く世を渡る traverser une vie courte mais pleine (bien remplie); vivre au maximum. ~【ふてぶてしい】~奴 éhonté(e) m(f). ~小僧だ Petit effronté!

ふとう 不党 ⇨ ふんう(不偏).

ふとう 不当 injuste; injustifié; déraisonnable; indu; indigne; immérité; [不法な] illégitime; illicite. ~な値段 prix m déraisonnable (excessif). ~な罰 punition f injustifiée. ~な非難を受ける essuyer des reproches immérités. ~に injustement; illégitimement, iniquement, partiellement. ~に得た富 biens mpl mal acquis. ‖ ~解雇 ren-

ふとう 不当 ~な voi m illégal. ~逮捕 arrestation f arbitraire. ~労働行為 acte m injustifié à l'égard des ouvriers.

ふとう 不等 inégalité f; imparité f. ‖~記号 signe m d'inégalité; [未知数を含む] inéquation f. ~式 inégalité f. ~辺三角形 triangle m scalène.

ふとう 埠頭 quai m; jetée f; [船着場] embarcadère m; débarcadère m. 船を~に着ける amener un bateau à quai. 船が~に着く Un bateau est à quai. ‖~税 [使用料] droits mpl de quai; quayage m.

ふどう 不動 ¶~の immobile; fixe; stable; [確固とした] inébranlable; ferme; immuable; inflexible. ~の決意 résolution f inébranlable. 勝利を~のものにする s'assurer de la victoire. ~の姿勢をとる garder l'immobilité.

ふどう 不同 ¶~の inégal(aux); différent. ~である différer; [変化がある] varier. 卵の値段は季節により~である Le prix des œufs diffère (varie) selon la saison. ‖「順序~」《Dans le désordre.》

ふどう 浮動 [浮遊] flottaison f; flottement m; [相場] fluctuation f, [相場(価格)の~] fluctuation d'un marché (des prix). ¶~する flotter; [揺らぐ] vaciller; [相場などが] fluctuer. 相場が~する subir des fluctuations. ~的な flottant; fluctuant; [動揺する] vacillant. ‖~人口 population f flottante (instable). ~投票者 électeur(trice) m(f) indécis(e). ~票 vote m fluctuant (indécis). あの候補者は~票を多く集めて当選した Ce candidat a été élu en réunissant de nombreux votes flottants sur son nom.

ぶとう 舞踏 danse f. ~に加わる entrer en danse. ‖~家 danseur(se) m(f). ~会 bal m; soirée f dansante. ~会を催す donner un bal. 仮装~会 bal travesti (costumé). 仮面~会 bal masqué. ~会場 salle f de danse. ~曲 air m de danse. ~術 chorégraphie f. ~病 danse de Saint-Guy; chorée f. ~服 robe f de bal.

ぶどう 武道 ⇨ ぶげい(武芸).

ぶどう 葡萄 [木] vigne f; [実] raisin m. ~の株 souche f (cep m) de vigne. ~の産地 ~の名産地 célèbres vignobles mpl. ~の収穫 vendange f. ~の収穫期 époque f des vendanges. ~の収穫人 vendangeur(se) m (f). ~の収穫をする faire la vendange. ~の蔓 sarment m. ~の巻ひげ vrille f. ~の房 grappe f de raisin. ~を栽培する cultiver la vigne. ~を摘む vendanger. ~は豊作の見込である Les vignes promettent. ‖野~ vigne vierge. ~学(研究) ampélographie f. ~栽培 viticulture f. ~栽培の viticole. ~栽培に適した vitifère. ~栽培者 viticulteur m; vigneron(ne) m(f). ~栽培地 vignoble. ~ジュース jus m de raisin. ~状球菌 staphylocoque m. ~の木 vigne. ~棚 treille f. ~糖 glucose m. ~畑 vignoble; vigne. ~パン pain m aux raisins secs.

ふどうい 不同意 désapprobation f; désaccord m; improbation f. ¶~である être en désaccord avec; désapprouver. 私は~だ Je n'y consens pas./Je ne suis pas de cet avis./Je suis d'un autre avis.

ふどういつ 不統一 manque m d'unité; désunion f; incohérence f; [多様性] diversité f; divergence f. 意見の~ divergence d'opinions. ¶~な incohérent; décousu; [異質な] hétérogène; [多様な] divergent.

ふとうえき 不凍液 antigel m.

ふとうこう 不凍港 port m libre de glaces (qui ne gèle pas).

ふどうさん 不動産 bien m immobilier; propriétés fpl immobilières; [土地] propriété f; [家] immeuble m;《法》bien(s)-fonds m. ~の immobilier(ère). ‖~化する immobiliser. ~銀行 banque f hypothécaire. 新聞の~広告 rubrique f immobilière d'un journal. ~所有者 propriétaire mf d'un bien-fonds. ~相続(差押え) succession f (saisie f) immobilière. ~売買 vente f immobilière. ~仲介業 agence f immobilière.

ぶどうしゅ 葡萄酒 vin m. 食事用(並)の~ vin de table (ordinaire). 強い(こくのある)~ gros vin; vin généreux. 渋味のある~ vin verjuté; piquette f. 口当りの良い~ vin velouté. 頭に来る(上る)~ vin capiteux. 酸い(酸っぱくなった)~ vin aigre (piqué). 自家製の~ vin de son [propre] cru. ~の名産地 grand (célèbre) cru m. ~を樽(壜)につめる mettre le vin en tonneau (en bouteilles). この~は産地物だ Ce vin est-là est de grand (d'un bon) cru. 赤(ローゼ, 白)~ vin rouge (rosé, blanc). 辛口(甘口)~ vin sec (doux). 高級(並)~ grand vin (ordinaire). 極上~ vin d'extra. ボルドー産の極上~ les meilleurs crus de Bordeaux. ‖~ヴィナッセ f. ~醸造学 œnologie f. ~醸造産業 industrie f vinicole. ~醸造装置 vinificateur m. ~醸造法 vinification f. ~糖 sucre m de raisin; glucose m.

ふどうたい 不導体 non-conducteur m. ¶~の non-conducteur(trice).

ふどうとく 不道徳 immoralité f. ¶~な immoral(aux); malsain; [腐敗した] corrompu. ~な行い conduite f immorale. ~な作品 ouvrage m immoral. ~な文学 littérature f malsaine.

ふとうふくつ 不撓不屈 persévérance f; fermeté f. ¶~の persévérant; inébranlable; ferme; inflexible.

ふとうめい 不透明 opacité f. ¶~な opaque. ~なガラス verre f (vitre m) opaque. ~にする opacifier; rendre opaque. ~になる s'opacifier. ‖~度計 opacimètre m.

ふとおり 太織 ~の à gros fil.

ふどき 風土記 description f (rapport m) historique et géographique d'un pays; [地誌] topographie f.

ふとく 不徳 私の~の致す所です Je dois supporter le blâme (endosser la faute)./La faute en est à moi.

ふとくい 不得意 point m faible. ¶~である être faible; ne pas être fort. 金儲けは~だ Gagner de l'argent, ce n'est pas mon mé-

ふとくぎ 不徳義 vice *m*; immoralité *f*; injustice *f*. ¶~な déshonnête; vicieux(se); immoral(aux). ~な行いをする porter atteinte à l'honneur.

ふとくさく 不得策 ¶~な désavantageux(se); peu avantageux(se); défavorable. ...するのは~である Il est peu avantageux de *inf*.

ふとくてい 不特定 ¶~な indéterminé. ~な多数 majorité *f* massive et anonyme.

ふとくようりょう 不得要領 ¶~な [曖昧な] vague; équivoque; ambigu(ë); évasif(ve); [とらえどころのない] fuyant. ~な人 personne *f* fuyante. ~な返事 réponse *f* ambiguë (vague, équivoque). ~な返事をする répondre en normand.

ふところ 懐 [胸] giron *m*; sein *m*; [懐中] poche *f* [intérieure]; [財布] bourse *f*. ~が暖い avoir la bourse ronde (bien garnie); avoir le portefeuille bien garni. ~がさびしい être (se trouver) à court d'argent; avoir la bourse légère (plate); loger le diable dans sa bourse. ~に隠す cacher *qc* dans *son* sein. ~に忍び込ませる glisser *qc* dans *sa* poche (*son* gousset). ~に入れる empocher; mettre *qc* dans *sa* poche. 彼は儲けを自分ひとりで~に入れている Il s'approprie tous les bénéfices. 他人の~をあてにする compter sur la bourse de quelqu'un. ~を肥やす s'arrondir *sa* pelote; s'engraisser; [私腹する] toucher un pot-de-vin; [汚職で] se graisser la patte. 民の膏血を絞って~を肥やす s'engraisser de la sueur du peuple. ~を見すかす pénétrer les intentions de *qn*; lire dans le cœur de *qn*. ¶母の~に抱かれし̇て眠る au sein de *sa* mère. ~を痛めずに sans bourse délier. ‖内へに七百を呑んでいる tenir un poignard caché dans *son* sein. ~具合 finance *f*. ~具合がよい(悪い) avoir le gousset bien garni (vide, percé).

ふところがたな 懐刀 poignard *m* caché dans *son* sein; [腹心の者] bras *m* droit; confident(e) *m(f)*; [忠実な部下] féal serviteur *m*.

ふところで 懐手 ¶彼は~のままで何もしようしない Les mains dans les poches, il ne fait rien.

ふとさ 太さ grosseur *f*. ¶小指ほどの~の鞭 fouet *m* qui est de la grosseur de l'auriculaire.

ふとじ 太字 [活字] caractères *mpl* gras; [書体の] grosse écriture *f*. ¶~の文字(句) mots *mpl* en vedette. ~で書く(書き改める) écrire gros (en gros). ~で刷る écrire *qc* en vedette.

ふとっちょ poussa[h] *m*; petit gros *m*; [女] [grosse] dondon *f*.

ふとづな 太索 câble *m*. ⇨つな(綱).

ふとっぱら 太っ腹 magnanimité *f*. ¶~な magnanime; généreux(se); [大胆な] audacieux(se). ~なところを見せる se montrer généreux. 彼は~だ Il est large de cœur à.

ふとどき 不届き ¶~極まりない奴だ C'est un insolent. ⇨ふらち(不埓), ぶしつけ(不躾).

ふとぶと 太々 ¶~と墨で書く écrire gros au pinceau.

プトマイン ptomaïne *f*. ¶~による食中毒 intoxication *f* alimentaire par les ptomaïnes (par la ptomaïne).

ふとまき 太巻 ¶~にする rouler gros. ‖~煙草 cigarette *f* de gros module.

ふとめ 太目 ¶~の étoffé(e); [人] corpulent. ~の声 voix *f* étoffée. ~の馬 cheval *m* étoffé.

ふともも 太腿 cuisse *f*. ¶~もあらわに nu jusqu'à mi-cuisse.

ふとる 太る grossir; forcir; [s']engraisser; gagner (prendre) du poids; prendre de l'embonpoint; s'empâter. 彼女は5キロも太った Elle a grossi de cinq kilos./Elle a pris (gagné) cinq kilos. 体はでっぷり太って貫禄がついた Son ventre lui a donné de la dignité. 太り始める prendre de l'ampleur. 太り過ぎる prendre de la graisse. 彼は体の線を保つために太り過ぎないよう努めている Il lutte contre l'obésité pour garder sa ligne. 身体によくないから太り過ぎないように注意しなさい Veillez à ne pas grossir, c'est mauvais pour la santé. ¶~た gros(se); corpulent; qui a de l'embonpoint; [異常に] obèse; [小太りの] épais(se); [むっちり] potelé; [ぶくぶくと] grassouillet(te); [丸々と] rebondi; rond; dodu. 太っている être gros(se); avoir de l'embonpoint; être bien en chair. 彼は背が高くかつ太っている Il est grand et gros.

ふとん 布団 [寝具] literie *f*; couchage *m*; [敷布団] matelas *m*; [夜具] matériel *m* de couchage; [掛布団] couverture *f*, ouatée *f*; courtepointe *f*; [足掛け] couvre-pied[s] *m*. ~を上げる ranger la literie. ~を被って寝る se couvrir d'une couverture. ~を敷く faire un (*son*) lit. ~をたたむ plier (ranger) la literie. 風邪をひくから早く~に入りなさい [子供に向って] Dépêche-toi de te mettre au lit, tu vas prendre froid. ¶羽根~ édredon *m*. ~側 toile *f* du matelas.

ふな 鮒 carassin *m*.

ぶな 橅 hêtre *m*. ¶~の林(植林地) hêtraie *f*. ‖~材 [bois *m* de] hêtre *m*.

ふなあし 船脚 [速度] erre *f*; vitesse *f* du navire; sillage *m*; [吃水] tirant *m* d'eau. ¶~が速い faire bon sillage. ~がついている avoir de l'erre. ~を落とす diminuer l'erre. ~を上げる prendre de l'erre. ¶~が速い船 navire *m* rapide (bon marcheur).

ふなあそび 舟遊び promenade *f* en bateau (sur l'eau); [ボート遊び] canotage *m*. ~をする se promener en bateau; faire une partie de canot. ~に行く aller canoter. ¶~をする人 canoteur(se) *m(f)*.

ふない 部内 ¶~で parmi nos membres (nos associés, nos collègues, nos collaborateurs). ‖政府~で dans les milieux gouvernementaux.

ふないた 船板 planche *f*; [舷側の] bordages *mpl*. ~を張る [甲板を造る] planchéier un

ふなうた 船歌 chant *m* de batelier; [ゴンドラの] barcarolle *f*.

ふなか 不仲 ¶~である être mal ensemble. ~になる s'éloigner.

ふながいしゃ 船会社 compagnie *f* (messagerie *f*) maritime.

ふなかじ 船火事 incendie *m* à bord; embrasement *m* d'un navire.

ふなかた 船方 ⇒ ふなのり(船乗).

ふなぐ 船具 apparaux *mpl*; agrès *mpl*; gréement *m*. ‖~製造業 mâteur *m*.

ふなくいむし 船食虫 taret *m*; ver *m* de mer (des bois, des vaisseaux).

ふなぐら 船倉 cale *f*; soute *f*. ~に入れる mettre *qc* dans la cale; mettre *qc* en soute. ~に積み込む arrimer *qc* dans la cale.

ふなこ 舟子 [漕ぎ手] rameur(se) *m(f)*.

ふなごや 船小屋 hangar *m* à bateaux (pour canots); [艇庫] garage *m* [de canots].

ふなじ 船路 [航路] course *f*; [水路] chenal (*aux*) *m*; passe *f*; passage *m*; [航路] ligne *f* (routes *fpl*) de navigation; [航海] voyage *m*; navigation *f*.

ふなぞこ 船底 fond *m* de cale; fond d'un bateau; carène *f*. ‖~修理(掃除) carénage *m*.

ふなだいく 船大工 charpentier *m* de vaisseaux (bateaux).

ふなたび 船旅 voyage *m* en bateau (par mer); navigation *f*; [周航] circumnavigation *f*; [巡航] croisière *f*; [渡航・横断] traversée *f*. ~に出る prendre la mer; [巡航船の] partir en croisière.

ふなちん 船賃 [prix *m* (frais *mpl*) du] passage *m*; droits *mpl* du passage; [貨物の] fret *m*. ~を払う payer *son* passage (le fret des marchandises).

ふなつきば 船着場 débarcadère *m*; embarcadère *m*; quai *m*; [桟橋] estacade *f*.

ふなづみ 船積 chargement *m*; embarquement *m*; mise *f* à bord; [積荷] arrimage *m*. ¶~する charger un bateau *qc*; embarquer *qc*; arrimer *qc*; prendre du fret; [船送り] expédier des marchandises par bateau. ‖~期間 [jours *mpl* d']estarie *f*. ~港 port *m* d'expédition. ~通知書 avis *m* d'expédition.

ふなで 船出 départ *m* [d'un bateau]; [帆船の] appareillage *m*; [解纜] démarrage *m*. ¶~する prendre la mer; appareiller; lever l'ancre; [出港] sortir du port.

ふなどめ 船留め ¶~する défendre aux bateaux de sortir du port; [港湾封鎖] faire le blocus d'*un* port.

ふなに 船荷 cargaison *f*; chargement *m*; fret *m*. ~を下ろす débarquer (décharger) *son* fret. ‖~証券 connaissement *m*. ~主 chargeur *m*; expéditeur(trice) *m(f)*.

ふなぬし 船主 fréteur *m*; armateur *m*; propriétaire *m* d'un navire.

ふなのり 船乗 matelot *m*; marin *m*; [集合的] marine *f*; gens *mpl* (homme *m*) de mer. 老練な~ loup *m* de mer. ~になる se faire marin.

ふなばしご 船梯子 passerelle *f*; escalier *m*; échelle *f* de coupée (de côté).

ふなばた 舷 bord *m*; bordage *m*; [船縁] plat(s)-bord(s) *m*.

ふなびと 船人 [乗客] passager(ère) *m(f)*; [船乗り] matelot *m*; marin *m*.

ふなびん 船便 transports *mpl* maritimes (par mer). ¶~で par bateau; par voie maritime.

ふなべり 船縁 ⇒ ふなばた(舷).

ふなむし 船虫 ligie *f*.

ふなよい 船酔 mal *m* de mer; 《医》naupathie *f*. ~する avoir le mal de mer.

ふなれ 不慣れ ¶~な peu habitué (accoutumé, familiarisé); inexpert; peu expérimenté dans; peu familier(ère) avec. ~な仕事 travail *m* auquel *on* n'est pas habitué. ~な土地 pays *m* peu familier (qu'on ne connaît pas bien). ~である peu être accoutumé (habitué) à. ~のため à cause de *son* inexpérience; comme *on* manque d'expérience.

ふなわたし 船渡し ¶~値段で引渡す livrer franco à bord (FAB), (FOB) (franco à quai).

ぶなん 無難 ¶~な passable; [容認できる] acceptable; [安全] sûr. ~な計画 projet *m* dont il n'y a rien à dire. それなら~な出来だ C'est un résultat passable./Ça, c'est acceptable. 余り深入りしない方が~だね Il serait plus sûr de ne pas trop s'engager. ~に passablement. 私は青春時代を~に渡って来た J'ai passablement voyagé dans ma jeunesse. 面倒なことはありながら~に切り抜けることが出来た Il y a eu assez de difficultés, mais j'ai pu bien m'en tirer.

ふにあい 不似合 ¶~な peu convenable; inconvenable; qui ne convient pas. その仕事は君に~だ Ce travail ne vous convient pas.

ふにおちない 腑に落ちない ¶彼がどうしてこんな馬鹿なことをしたのか~ Je n'arrive pas à comprendre comment *il* a pu faire une pareille bêtise. 最近の彼の行動は~ Ces derniers temps, je ne m'explique pas certains de ses comportements.

ふにゃふにゃ ¶~の mou (mol, molle); inerte.

ふによい 不如意 gêne *f*. ¶~な gêné; dépourvu. ~の生活をする vivre dans les privations. ‖手許~である être dans la gêne (l'embarras, la nécessité); être à court d'argent.

ふにん 赴任 installation *f*. ¶~する rejoindre *son* poste; être nommé à un poste. 彼は大阪に(から)~する Il rejoint (quitte) *son* poste à Osaka.

ふにん 不人 ¶~の荒野を行く marcher dans la lande déserte. ~の野を行くが如しだ C'est très facile. ‖~小屋 refuge *m* inhabité de montagne.

ふにんか 不認可 [却下] rejet *m*; [拒否] refus *m*; désapprobation *f*. ¶~になる ne pas être sanctionné (accepté, approuvé, alloué,

ふにんき 不人気 impopularité *f*; défaveur *f*; discrédit *m*; [不評] décri *m*. ~を招き、encourir la défaveur (l'impopularité). 大衆の~を招く s'attirer la défaveur du public. ¶ ~な歌手 chanteur(se) *m* (*f*) impopulaire. ~の商品 articles *mpl* peu demandés. ~になる தொடர் dans le discrédit (le décri); se discréditer.

ふにんしょう 不妊症 stérilité *f*. ¶~の stérile; infécond. ~の女 femme *f* stérile.

ふにんじょう 不人情 manque *m* d'humanité (de bonté, de cœur, de bienveillance); inhumanité *f*. ¶~な inhumain; dur; froid; peu généreux(se) (bienveillant). 彼があんな~な男とは思わなかった Je ne le croyais pas si dur et si froid.

ふにんちりょう 不妊治療 traitement *m* de la stérilité; procréation *f*; procréation *f* assistée.

ふぬけ 腑抜け poltron(ne) *m*(*f*); peureux(se) *m*(*f*); lâche *mf*. ¶~なようになっている être couard; avoir du sang de navet. 全く~な野郎だ C'est le dernier des poltrons.

ふね 船(舟) bateau(x) *m*; bâtiment *m*; navire *m*; vaisseau(x) *m*; [客船] paquebot *m*; [貨物船] cargo *m*; [小舟] barque *f*; embarcation *f*; [乗合船] bateau omnibus. ~から降りる débarquer. ~に乗る prendre le bateau; monter à bord; s'embarquer. ~に乗せる(降ろす) embarquer (débarquer) *qn*. ~を漕ぐ ramer; [居眠りする] s'endormir en dodelinant de la tête. ~を操縦する conduire un vaisseau. ¶~で en bateau; par mer. ~で運ぶ transporter en bateau.

ふね 槽 [タンク] réservoir *m*; [醸造桶] cuve *f*; [家畜の飲水槽] abreuvoir *m*.

ふねっしん 不熱心 manque *m* de zèle (de ferveur, d'ardeur); [無関心] indifférence *f*. ¶~な peu zélé (fervent, dévoué); indifférent; négligent. あの子は勉強に~だ Cet enfant manque d'ardeur au travail.

ふねん 不燃 ¶~の ininflammable; anti-combustible; ignifuge; imbrûlable. ‖ ~加工 ignifugation *f*. ~加工する ignifuger *qc*. ~性 ininflammabilité *f*. ~物 [耐火材料] ignifuge *m*.

ふのう 不納 ⇒ ふばらい(不払い).

ふのう 不能 impuissance *f*. ¶~の impuissant; [回収の]non-valable. 実行~の impraticable. 支払~【法】 déconfiture *f*; 【商】insolvabilité *f*. 支払~者【法】 inaliénation *f*. 性的~ impuissance sexuelle. 性的~者 impuissant *m*.

ふのう 富農 paysan *m* riche. ‖~層 classe *f* de paysans riches.

ふはい 不敗 invincibilité *f*. ¶~の invincible; invaincu.

ふはい 腐敗 pourriture *f*; pourrissement *m*; corruption *f*; putréfaction *f*; [分解] décomposition *f*; [堕落] dépravation *f*; [制度の] faisandage *m*; [道徳などの] perversion *f*. 社会の~ pourriture de la société. 道徳の~ perversion (corruption) de la morale. ¶~する se putréfier; pourrir; se corrompre;

[船荷などが] s'avarier. ~させる putréfier; pourrir; décomposer; corrompre; altérer. ~した putréfié; putride; pourri; décomposé; [卵が] couvi. ~した屍体 cadavre *m* décomposé (en décomposition). しかけた~ viande *f* avancée (faisandée). ~しやすい putréfiable; putrescible; périssable. ~性 の septique. ~の進んだ屍体 cadavre en état de putréfaction avancée. ‖~菌 saprophyte *m*; bactéries *fpl* septiques.

ふばい 不買 ¶~運動 boycottage *m*; boycotter. ~同盟(運動) boycottage *m*.

ふはく 浮薄 ⇒ けいちょう(軽佻).

ふばこ 文箱 étui *m* à lettres.

ふはつ 不発 ¶~の raté; non éclaté. ~に終る[銃, エンジン, 企てなどが]rater. 彼は引き金を引いたが、~に終った Il a tiré, mais le coup a raté. ‖~弾 obus *m* non éclaté.

ふばつ 不抜 fermeté *f*. ¶~な ferme; inébranlable. ~の精神 esprit *m* ferme. ~の精神力 fortuité *f*. 堅忍~ constance *f*.

ふばらい 不払い non-paiement *m*; défaut *m* de paiement.

ふばらい 賦払い versements *mpl* échelonnés. ~の(で) à tempérament. ~にする échelonner les paiements.

ふばる 武張る se montrer brave. いくら武張っても駄目だよ Vous avez beau vous montrer brave; c'est en vain.

ふび 不備 défaut *m*; défectuosité *f*; imperfection *f*. 書式の~の【法】vice *m* de forme. ¶~な [欠点がある] défectueux(se); [不完全な] imparfait; incomplet(ète); [欠けている] mal équipé (garni). ~な点 défaut; imperfection; [脱漏] lacune *f*. この書類は~な点が多い Ces papiers ne sont pas en règle. ~の多い très plein de défectuosités; [誤りの多い] fautif(ve).

ふびき 分引き réduction *f*; [割引き] remise *f*; escompte *m*. ¶~する escompter.

ふびじん 不美人 laideron *m*; laideronne *f*; maritorne *f*.

ふひつよう 不必要 ¶~な inutile; peu nécessaire; [余分な] superflu. ~な出費 dépense *f* superflue (inutile). ~に inutilement. 子供に~に金を与えてはいけない Il ne faut pas donner inutilement de l'argent aux enfants.

ふひょう 不評 impopularité *f*; mauvaise réputation *f*; [不信] discrédit *m*. ~を招く s'attirer la défaveur; se discréditer. 政府声明は世間の~を招いた Le communiqué du gouvernement s'est attiré la défaveur de l'opinion publique. 彼の手口は仲間の~を買った Son procédé l'a rendu impopulaire parmi ses collègues. ¶~な impopulaire; décrié. ひどく~な本 livre *m* exagérément décrié. 今度の小説はひどく~だ Son dernier roman est très décrié (critiqué).

ふひょう 付票 étiquette *f*; fiche *f*. ~をつける étiqueter; mettre (attacher) une étiquette (fiche) à *qc*.

ふひょう 付表 tableau(x) *m* annexe.

ふひょう 浮標 bouée *f*, flotteur *m*.

ふひょう 浮氷 glace *f* flottante. ‖大~群

ふひょう 譜表 [五線譜] portée f; [楽譜] partition f.

ふひょう 不評 ⇒ふへい.

ふびょうどう 不平等 inégalité f. ¶～な inégal(aux). ～条約 traité m inégal.

ふびん 不憫 ¶～な pauvre; pitoyable; digne de pitié; piteux(se); apitoyant; [残念な] déplorable. ～な子 pauvre enfant mf. この子は～な子だ Cet enfant est à plaindre. ～に思う s'apitoyer sur; prendre en pitié. ～[に] pitoyablement.

ぶひん 部品 pièce f détachée. 機械の～ pièce d'une machine. 予備の～ pièces de rechange; rechanges mpl. ¶～工場 fabrique f de pièces détachées.

ふひんこう 不品行 mauvaise conduite f; inconduite f; erreurs fpl.

ぶふうりゅう 無風流 indélicatesse f; inélégance f. ¶～な sans goût; peu raffiné. 彼は～な男だ Il n'a aucun goût.

ふぶき 吹雪 tempête f (rafale f, tourbillon m) de neige. ～が吹き荒れている La tempête de neige se déchaîne. ～で道に迷う se perdre dans une tempête de neige. ¶花の～の中に立つ être noyé sous une avalanche de fleurs.

ふふく 不服 grief m; mécontentement m. ～がある avoir un grief contre. ～を示す formuler (exposer) ses griefs. ～を唱える élever une contestation sur. それだけしてもらってまだ何の～があるのだ On a fait tant pour toi et tu trouves encore à redire. ¶～である être mécontent de. 大いに～だね Ce n'est pas un mince grief. ～そうな mécontent; improbateur(trice). ～そうな顔をする avoir un air mécontent.

ふふくじゅう 不服従 désobéissance f; insubordination f, insoumission f. ¶～な [子供の] désobéissant; [不従順な] indocile, insubordonné; [強情な] rétif(ve).

ぶふん [驚き・疑い・無頓着] Bah!; [無関心・軽蔑] Peuh!; [嘲弄的に] Hem; Hum.

ぶぶん 部分 fraction f; portion f. 相当な～ une bonne partie. 章の最初(最後)の～ première (dernière) partie d'un chapitre. 一～を直せばまだ使えます Une réparation partielle permettra de l'utiliser encore. ¶～的な partiel(le). ～的に partiellement; en partie. ～冠詞 article m partitif. ～蝕 éclipse partielle.

ふぶんりつ 不文律 loi f coutumière; loi non écrite; coutume f. いつの間にかそれが～となった C'est devenu insensiblement loi coutumière.

ふへい 不平 mécontentement m; plainte f; grief m; grognement m; grommellement m. ～を言う se plaindre de qc (que ind (sub), de ce que ind); [ぶつぶつ言う] grogner; grommeler; murmurer; maugréer. ～を抱く faire grief à qn de qc. ¶～の声 murmures mpl. 父親の横暴ぶりに子供たちは一斉に～の声をあげた Le despotisme du père a excité les murmures de tous les enfants. ～を言わずに従う obéir sans murmure. 彼は～たらたら戻って来た Il est rentré

déçu et très mécontent. ¶～家 mécontent(e) m(f). ～分子 [éléments mpl] mécontents. ～分子を一掃する se débarrasser des mécontents.

ぶべつ 侮蔑 mépris m; dédain m; moquerie f; nique f; [嘲弄] dérision f. ～する mépriser; dédaigner; se moquer de; [見下す] regarder de haut; [踏付けにする] fouler qc aux pieds; [愚弄する] bafouer; [鼻であしらう] faire la nique à; narguer; [嘲笑する] faire un pied de nez à qn. ～の的 méprisant; dédaigneux(se).

ふへん 不偏 impartialité f. ¶～[不党] の[公平な] impartial(aux); [中立の] neutre; [独立的] indépendant.

ふへん 不変 invariabilité f; constance f; [数] invariance f. ¶～な invariable; constant; immuable. 自然界の～の法則 lois fpl immuables de la nature. ¶～式 invariant m. ～数(量) constante f.

ふへん 普遍 universalité f; 《哲》 universel (aux) m. ～は特殊と対立する L'universel s'oppose au particulier. ¶～的な universel(le). ゲーテのような～的人間 homme m universel comme Goethe. ～化になる s'universaliser. ¶～化 universalisation f; généralisation f. ～化する universaliser; généraliser. 原理を～化する universaliser un principe. 個人の想念は～化されなければ芸術にはならない Si elle ne passe pas au niveau de l'universel, une pensée reste en deçà de l'art. ～概念 universaux. ～性 universalité.

ふべん 不便 incommodité f; inconvénient m. ～を感じる éprouver des inconvénients. ¶～な incommode; peu pratique. 取り扱いの～な道具 outil m peu maniable. 交通の～な場所(土地) localité f mal desservie. こんな～な道具で仕事するのは大変だ Il est pénible de travailler avec un outil aussi malcommode. このホールなので別の会場を選ばなければならなかった On a dû choisir un autre lieu de réunion à cause de l'incommodité de cette salle. あそこは通学に～なのでこちらに移転しました Comme là-bas ce n'était pas pratique pour aller à l'école, nous avons déménagé ici. アパート住いの～さ inconvénients d'un appartement.

ふべんきょう 不勉強 inapplication f. ～のために大変御迷惑をかけてしまった Mon ignorance vous a causé beaucoup d'ennuis. ¶～な [怠惰な] inappliqué; paresseux(se); peu studieux(se); ignorant de (sur, en, dans). ～である être paresseux(se). ～で申訳ありません Pardonnez mon inapplication (ignorance).

ふぼ 父母 père m et mère f; les pères et mères; parents mpl.

ふほう 不法 illégalité f; [非合法] illégitimité f; [不法] injustice f. ¶～な illégal (aux); illégitime; illicite; [不正な] injuste. ～な手段を用いる user de moyens illégaux (extralégaux). それは～だ Ce n'est pas juste (de jeu). ～に illégalement; illicitement; [非合法に] illégitimement; 《法》 injuste-

ふほう ment. ‖ ~監禁 séquestration *f*; ~監禁する séquestrer; tenir *qn* en chartre privée. ~行為 illégalité *f*; acte *m* illégal; infraction *f*; 【法】injure *f*; malfaisance *f*. ~出(入)国 sortie *f* (entrée *f*) illégale. ~侵入 [住居] viol *m* (violation *f*) de domicile; [国境の] violation de frontière. ~占拠 occupation *f* illégitime. ~立ち入り [土地への] bris *m* de clôture. ~電波を取締る contrôler des ondes pirates.

ふほう 訃報 lettre *f* mortuaire. ~に接する apprendre la mort (le décès) de *qn*; recevoir le faire-part du décès de *qn*.

ふほんい 不本意 ¶~な [期待に反した] décevant; [遺憾な] fâcheux(se); 【法】 involontaire. かけた手間に比べてこれは全く~な結果だ C'est un résultat bien décevant, comparé au travail fourni. ~にも à contrecœur; malgré *soi*. ~ながら à regret; avec répugnance; contre *sa* volonté; à contrecœur. ~ながら申し出を受け入れる accepter une proposition à contrecœur (malgré *soi*).

ふまえる 踏まえる se fonder sur. 大地を~ se camper solidement sur *ses* jambes. 現実を踏まえて政策を立てる établir une politique en la fondant sur la situation réelle.

ふまじめ 不真面目 manque *m* de sérieux; [軽薄] frivolité *f*. ¶~な peu sérieux(se); frivole. 仕事の~な使用人 employé(e) *m*(*f*) fantaisiste dans *son* travail. ~な生徒 écolier(ère) *m*(*f*) distrait(e) (étourdi(e)). 彼は~だ Il n'est pas sérieux.

ふまん 不満 mécontentement *m*; déplaisir *m*; contrariété *f*. ¶~な mécontent. ~の意を表明する exprimer *son* mécontentement. ~そうな mécontent; improbateur(trice). ~そうな顔をする prendre un air improbateur. ~に思う être mécontent de. 何が~でそんなにすねているのか Pourquoi est-ce que vous boudez comme ça, quand vous n'avez aucune raison de vous plaindre? ‖ ~家 mécontent(e) *m*(*f*). 欲求~ frustration *f*.

ふまんぞく 不満足 ¶~な peu satisfaisant; décevant. ⇨ ふほんい(不本意).

ふみ 文 lettre *f*; correspondance *f*. ~を交す correspondre avec; être en correspondance; échanger des lettres.

ふみあらす 踏み荒らす piétiner; fouler *qc* aux (sous les) pieds. 子供たちが庭の花壇を踏み荒らした Les enfants ont piétiné les plates-bandes du jardin.

ふみいし 踏石 marchepied *m* de pierre; [渓流の] pierres *fpl* de gué.

ふみいた 踏板 [階段などの] marche *f*, foulée *f*; [梯子などの] échelon *m*; [ペダル] pédale *f*.

ふみいれる 踏み入れる mettre les pieds à (dans, chez); s'engager dans. そこには一度も足を踏み入れたことがない Je n'y ai jamais mis les pieds. 悪の道に一度足を踏み入れたら仲々脱けられるものではない Une fois qu'on s'est engagé sur la voie du mal, on ne peut plus revenir en arrière.

ふみえ 踏み絵 ¶~を踏ませる faire mardrer sur l'effigie de Jésus; mettre la loyauté (fidélité) de *qn* à l'épreuve; éprouver la loyauté (fidélité) de *qn*.

ふみかえる 踏み代える ¶足並みをそろえるために足を~ se mettre au pas pour marcher au pas cadencé.

ふみかためる 踏み固める battre la terre; piétiner. 土地を~ piétiner le sol.

ふみきり 踏切 [鉄道の] passage *m* à niveau. ~の柵 barrière *f*. ~を下ろす (上げる) baisser (lever) la barrière. ¶~番 garde(s)-barrière(s) *m*(*f*). ~板 tremplin *m*.

ふみきる 踏み切る [決心する] sauter le pas (le fossé); faire le saut; se décider à. 結婚に~ sauter le pas du mariage. 踏み切ってしまえば後は楽だ Il n'y a que le premier pas qui coûte.

ふみくだく 踏み砕く écraser du pied; fouler aux pieds.

ふみけす 踏み消す éteindre [le feu] du pied.

ふみこえる 踏み越える franchir; [跨いで] enjamber. 垣根を~ franchir la haie.

ふみこたえる 踏み堪える tenir bon (ferme). 何があろうとも~ maintenir *sa* position envers et contre tout.

ふみこむ 踏み込む entrer de force; [侵入する] faire irruption dans; [剣道などで] se fendre; [足を突っ込む] mettre les pieds dans; [他人の家を侵す] empiéter. 警察が酒の密造所に踏み込んだ La police a fait une descente dans une distillerie clandestine.

ふみころす 踏み殺す écraser du pied.

ふみしだく 踏み拉く fouler; écraser sous les pieds.

ふみしめる 踏み締める ¶大地を~ mettre pied à terre. 祖国の土地を~ fouler le sol de *sa* patrie. 一歩一歩踏み締めて進む avancer à pas comptés; [慎重に] marcher avec prudence.

ふみだい 踏台 escabeau(x) *m*; marchepied *m*; [足台・足つぎ] tabouret *m*. ¶人の~になる se faire un marchepied de *qn*. 出世するために人を~にする se faire de *qn* un tremplin pour arriver.

ふみたおす 踏み倒す ¶借金を~ frustrer *qn* de *sa* dette; ne pas s'acquitter d'une dette. うまいことを言って借金を~ payer en monnaie de singe. タクシーの料金を~ filouter (frauder) un conducteur de taxi. 踏倒し frustration *f*.

ふみだす 踏み出す [前に] faire un pas en avant; [外に] mettre le pied dehors; [歩きだす] se mettre en marche. 我々は交渉の解決に向って一歩を踏み出した Nous venons à peine de faire le premier pas dans la direction d'un arrangement.

ふみだん 踏段 marche *f*; degré *m*; [階段の] pas *m*; [乗物の] marchepied *m*; [梯子の] échelon *m*; barreau(x) *m*.

ふみちがえる 踏み違える ¶足を~ ⇨ ねんざ(捻挫).

ふみつける 踏み付ける fouler; fouler *qn* aux pieds; piétiner. 芝生を~ piétiner (marcher sur) la pelouse. ¶人を踏み付けたような fouler *qn* aux (sous) les pieds; marcher sur le pied de *qn*.

ふみつぶす 踏み潰す écraser du pied;

ふみとどまる 踏み止まる [残る] demeurer; rester; tenir ferme; [思い止まる] se retenir; renoncer à. 最後まで～ tenir jusqu'au bout. あそこで踏み止まってよかった Nous avons bien fait de renoncer à ce moment-là.

ふみならす 踏み均す ［土地を～] aplatir la terre en marchant; niveler la terre en la piétinant. 踏み均された小径 sentier *m* battu.

ふみならす 踏み鳴らす [地団駄を踏む] ～足を～ taper du pied; trépigner; piaffer. 苛立って足を～ piaffer (piétiner) d'impatience.

ふみにじる 踏み躙る fouler aux pieds; piétiner; écraser *qc* du pied; marcher (passer) sur le ventre. …の体面を～ déshonorer *qn* froidement. 信頼を～ tromper la confiance de *qn*.

ふみぬく 踏み抜く ［床を～] défoncer (crever) le plancher avec le pied. 釘を～ avoir le pied transpercé par un clou.

ふみば 踏場 ¶足の～もない On ne sait où mettre les pieds./Il n'y a pas la moindre place.

ふみはずす 踏み外す faire un faux pas; poser le pied à faux; [正道を] se dévoyer; dérailler. 足を～ vider (perdre) les étriers. 足を踏み外して彼は階段を転げ落ちた Le pied lui a manqué et il est tombé dans l'escalier. ¶道を踏み外した者 dévoyé(e) *m (f)*.

ふみわける 踏み分ける ¶草を～ se frayer un chemin à travers de hautes herbes.

ふみん 不眠 ¶～症 insomnie *f*. ～症にかかる(なる) souffrir d'insomnie; avoir des insomnies. ～症患者 insomniaque *mf*. ～不休で sans trêve ni repos; jour et nuit.

ふむ 踏む mettre (poser) les pieds sur; marcher sur (dessus); fouler. アクセル(ブレーキ)を～ appuyer sur l'accélérateur (le frein). 人の足を～ marcher sur le pied à *qn*. 外国の地を～ mettre les pieds sur le sol étranger. 祖国の地を～ fouler le sol de la patrie. 初舞台を～ débuter sur la scène. ペダルを～ pédaler; appuyer sur la pédale. 着物の裾を踏まないようにたくしあげる relever *sa* robe pour ne pas marcher dessus. ¶踏んだり蹴ったりだ C'est tomber de Charybde en Scylla. ◆[評価する] évaluer; estimer; apprécier. 私はそれを不可能と踏んだ Je l'ai estimé impossible. ◆[実行する] ¶手続を～ remplir les formalités. 実地を～ avoir de la pratique. 場数を～ avoir de l'expérience. 正道を～ suivre la bonne voie; marcher droit. ◆[韻を] ¶この語とその語は韻を踏んでいる Ce mot rime avec celui-là.

ふむき 不向き ～な impropre à; inadapté à; inapte à. この服はお年寄りにはちょっと～です Ce vêtement ne va pas très bien à une personne âgée.

ふめい 不明 obscurité *f*; indistinction *f*; ambigüité *f*; [混沌] confusion *f*; incertitude *f*; [無智] ignorance *f*. 自己の～を恥じる être désolé de *son* ignorance. ¶～な obscur, indistinct; incertain; inconnu; douteux(se). この作品の制作年月日は～である La date de cette œuvre est douteuse. ¶原因～の事故 accident *m* dont la cause est inconnue. 差し出し人～の手紙 lettre *f* anonyme. 真偽～の inauthentique. 行方～になる disparaître. 行方～者 disparu(e) *m(f)*.

ふめい 武名 renommée *f* militaire. ～を揚げる se faire remarquer par *ses* exploits guerriers. ～を馳せる devenir célèbre par *son* renom militaire.

ふめいよ 不名誉 déshonneur *m*; †honte *f*; [汚辱] infamie *f*; ignominie *f*. 一家の～になる être le déshonneur de *sa* famille; déshonorer *sa* famille. ¶～な déshonorable; déshonorant; †honteux(se); ignominieux(se). ～なことをする ternir *sa* réputation. ～の宣告を受ける subir une condamnation ignominieuse. ～にも déshonorablement; †honteusement; ignominieusement.

ふめいりょう 不明瞭 obscurité *f*; indistinction *f*; manque *m* de clarté. ¶～な obscur; peu clair; confus; [曖昧な] ambigu(ë); équivoque; douteux(se). ～な言葉遣い langage *m* inarticulé. ～な発音 prononciation *f* incompréhensible. ～である manquer de clarté; être obscur; être douteux.

ふめいろう 不明朗 ¶～な ［いかがわしい] louche; suspect; [不正な] injuste. 会計が～だ L'addition prête à discussion.

ふめつ 不滅 immortalité *f*. 霊魂の～ immortalité de l'âme. ¶～の immortel(le); impérissable; éternel(le); perpétuel(le). ～にする immortaliser; perpétuer; éterniser. 勇敢な行為によって自分の名を～にする s'immortaliser par *ses* actions courageuses. その発見がこの学者の名を～なものにした Cette découverte a éternisé le nom de ce savant. ¶物質～の法則 loi *f* de l'indestructibilité de la matière.

ふめん 譜面 partition *f*. ¶～通りに fidèle à la partition. ¶～台 pupitre *m* [à musique]; [教会などで] lutrin *m*.

ふめんぼく 不面目 déshonneur *m*; ignominie *f*; †honte *f*; opprobre *m*; infamie *f*. ¶～な †honteux(se); ignominieux(se). ～にも †honteusement; ignominieusement.

ふもう 不毛 stérilité *f*; [貧弱] infécondité *f*; [乾燥による] aridité *f*; [非生産] improductivité *f*. ¶～な stérile; infécond; infertile; [乾燥した] aride; [非生産の] improductif(ve). ～な精神 esprit *m* infécond. ～の議論 discussion *f* stérile. ～の土地 terre *f* (sol *m*) stérile; terre aride. 現代は詩も小説も～な時代である Notre époque est stérile en œuvres romanesques et poétiques.

ふもと 麓 bas *m* (pied *m*) d'une montagne. ¶…の～に au bas (au pied) de.

ふもん 不問 ¶～に付す passer *qc* sous silence; fermer les yeux sur *qc*.

ぶもん 武門 ¶～の誉れ gloire *f* de lignage militaire.

ぶもん 部門 division *f*; section *f*; classe *f*; catégorie *f*; embranchement *m*; [学問の] branche *f*. ¶各～に分ける diviser *qc* en sec-

ふやかす amollir qc en le (la) trempant dans qc.

ぶやく 奉役 corvée f. ‖～者 corvéable mf.

ふやける gonfler par l'humidité; s'amollir par l'humidité.

ふやす 殖(増)やす augmenter; accroître; multiplier; [財産を] arrondir; [知識などを] élargir. 給料を～ augmenter son salaire. ～実験を multiplier des expériences. 2(3,4)倍に～ doubler (tripler, quadrupler). 彼はしこたま財産を殖やした Il a bien arrondi sa pelote. 「生めよ殖やせよ」«Croissez et multipliez.»

ふゆ 冬 hiver m. ～を越す passer l'hiver. 今年の～は暖かった(きびしかった) Cet hiver est doux (dur). ¶～めいてくる Ça sent l'hiver. ～の de l'hiver; d'hiver; hivernal(aux). ～のきびしさ rigueurs fpl de l'hiver. ～には en hiver. ～さ中に au milieu (au fort) de l'hiver. ‖～枯れ dessèchement m d'hiver. ～枯れの街を一人歩く marcher en solitaire dans une rue hivernale. ～景色 paysage m hivernal désolé. ～木立 arbres mpl dépouillés par l'hiver. ～支度をする se préparer pour l'hiver; faire des préparatifs pour passer l'hiver. ～空 ciel m d'hiver (hivernal). ～服 vêtements mpl d'hiver. ～休み vacances fpl d'hiver (de Noël et du jour de l'an). ～山に登る faire de l'alpinisme d'hiver. ～山の天気は変り易い En hiver, le temps est très changeant en montagne.

ふゆう 富裕 ¶～な riche; opulent. ～な家庭 famille f opulente.

ふゆう 浮遊 flottement m; flot m; flottaison f. ¶～する flotter; surnager. ‖～機雷 mine f flottante. ～生物 [プランクトン] plancton m./plankton m. ～物 objet m flottant.

ぶゆう 武勇 bravoure f; vaillance f; prouesse f; [武勲] exploit m; hauts faits mpl; actions fpl d'éclat. ‖～伝を語るse raconter les exploits de qn; raconter ses prouesses; [自慢そうに] se vanter de ses exploits.

ふゆかい 不愉快 ¶～な désagréable; déplaisant; dégoûtant; contrariant; répugnant; vexant. 見るからに～な色 couleurs fpl qui blessent la vue. ～なことを言う dire des choses désagréables. ...のことは～である Il est désagréable de inf (que sub). あの人は私には～だ Cette personne me déplaît. 彼がそこにいるのが僕には～だ Cela me contrarie qu'il soit là. 僕は～だから帰る Je rentre; ça m'agace. ～に思う se déplaire à; trouver qc désagréable. ～にさせる dégoûter; contrarier; déplaire à; blesser. ～に答える répondre désagréablement. ～さ désagrément m; déplaisir m; [嫌悪] dégoût m; [歯が浮くような] agacement m.

ふゆがれ 冬枯れ ⇨ ふゆ(冬). ‖～時 [不振な時] morte(s)-saison(s) f d'hiver.

ふゆきとどき 不行届 [怠慢] manque m de soin; négligence f; [不注意] inattention f;

[不備な点] insuffisance f; imperfection f. ¶～な peu soigneux(se); négligent; inattentif(ve); insuffisant. ～な点は出来下さい Excusez les imperfections. ‖監督の～である relâcher (négliger) la surveillance.

ふゆごもり 冬籠り hivernage m; hibernation f; [冬眠] sommeil m hivernal (hibernal); sommeil hiémal. ¶～[を]する s'enfermer chez soi pendant l'hiver; passer l'hiver à l'abri; hiberner.

ふゆざき 冬咲き ¶～の hibernal (aux); hiémal(aux). ～の花 fleurs fpl hivernales.

ふゆしょうぐん 冬将軍 rigueurs fpl de l'hiver; bonhomme m Hiver.

ふよ 付与 [称号, 権限の] attribution f; qualification f; [特権, 許可の] octroi m. ¶～する attribuer; donner; accorder; allouer; gratifier qn de qc; investir qn de qc. あらゆる権限を～する attribuer à qn toutes les qualités. 権限を～する conférer (donner) un pouvoir à qn. 特権を～する accorder un privilège à qn. 年金を～する gratifier qn d'une pension. ～的な《法》attributif(ve).

ふよ 賦与 ¶～する douer qn de qc. 自然は彼に偉大な音楽的才能を～した La nature l'a doué d'un grand talent musical. ～されている être doué de qc (de inf). 彼は特殊な才能を～されている Il est doué d'un talent particulier.

ぶよ 蚋 simulie f.

ふよう 不用(要) ¶～な inutile; pas nécessaire; hors d'usage; [余分] superflu. ～な雑誌や新聞を持って行ってもらおう Emportez les vieux magazines et les vieux journaux. ‖～品 objet m (article m) inutile.

ふよう 扶養 entretien m. ～を受ける être à la charge de qn. ～する entretenir; soutenir; nourrir; alimenter. ～する義務 obligation f alimentaire. 家族を～する義務 がある avoir le devoir d'entretenir sa famille. ‖～家族がある avoir charge de famille. ～家族手当 allocations fpl familiales; indemnité f de charge de famille. ～控除 abattement m (réduction f d'impôt) pour charges de famille. ～者 soutien m. ～費 entretien m. ～料 pension f alimentaire;《法》provision f alimentaire.

ふよう 浮揚 [離礁] renflouement m; [空中に] ascension f. ¶～する renflouer; affluer. 座礁した船を～させる renflouer un navire échoué. ‖～作業 renflouement m. ～力 f ascensionnelle.

ふよう 芙蓉 ketmie f [à fleurs changeantes].

ぶよう 舞踊 danse f; bal m. ‖日本(民族)～ danse japonaise (folklorique). ～家 danseur(se) m(f).

ふようい 不用意 [先見のなさ] imprévoyance f; [不注意] inattention f; [軽率] imprudence f. ¶～な imprévoyant; peu attentif(ve); imprudent. ～に sans prévoyance. ～に sans réfléchir; imprudemment. ～に口に出す laisser échapper des paroles imprudentes; parler à la légère.

ふようじょう 不養生 intempérance f; négli-

ぶようじん gence f de sa santé; [暴飲暴食など] incontinence f; abus m; excès m.「医者の〜」«Les cordonniers sont les plus mal chaussés.»〜をする négliger sa santé. ¶〜な intempérant; peu soucieux(se) de sa santé.

ぶようい 不用意 manque m de précaution; distraction f; [不注意] inattention f. ¶〜な inviligant; peu précautionné (précautionneuse)); [ふさうな] dangereux(se). 戸締りの〜な家 maison f mal fermée. である ne pas prendre de précautions (se précautionner) contre. 夜道の女の一人歩きは〜だ Sortir seule la nuit, c'est dangereux pour une femme.

ふようせい 不溶性 insolubilité f; infusibilité f. ¶〜の insoluble; infusible.

ふようど 腐葉土 humus m.

ぶよぶよ ¶〜の flasque; mou (molle); mollasse; [膨軟な] diffluent; [しまりがない] avachi; [果物など] cotonné; [うれ過ぎて] blet(te). 〜になる [果物が] se cotonner. 彼の身体は〜だ Il a un corps flasque.

フライ [料理] friture f. 魚の〜 poisson m frit. ¶〜にする [faire] frire qc. 〜にした frit. ¶ポテト〜 pommes [de terre] fpl frites. ◆ [ボクシング] ¶〜級 poids m mouche.

ぶらい 無頼 ¶〜の徒 gens mpl de sac et de corde; canaille f. ¶〜漢 vaurien(ne) m(f) chenapan m; canaille; voyou m.

フライがえし 返し spatule f.

フライスばん 盤 fraise f; machine f à fraiser; fraiseuse f. ¶〜にかける fraiser. ¶〜工 fraiseur(se) m(f).

フライト [飛行] vol m; [飛翔・離陸] envol m.

プライド fierté f; amour(s)-propre(s) m; respect m de soi. ¶〜が強すぎる être trop orgueilleux(se). 〜が許さない avoir trop de dignité pour. 〜を傷つける (froisser) l'amour-propre. 〜を傷つけられる être vexé dans son amour-propre.

フライトひょう 表 feuille f de vol.

フライトレコーダー enregistreur m de vol; boîte f noire.

プライバシー vie privée. 〜を守る défendre le secret de sa vie privée. 〜を冒される exposé sous regards indiscrets. 〜を侵害するne pas respecter la vie privée.

フライパン poêle f; [古風] friteuse f. ¶〜で肉を焼く poêler un morceau de viande. 〜で野菜を炒める faire revenir des légumes à la poêle.

プライベート ¶〜な privé; personnel(le). 〜な手紙 lettre f personnelle.

プライムレート taux m de base (bancaire).

フライング [競技の] faux départ m.

ブラインド jalousie f. ¶〜のある jalousé(e).

ブラウス blouse f; corsage m; chemisette f.

ブラウン ¶〜運動 mouvement m brownien. 〜管 tube m de Braun; tube(s)-image m.

ブラウンうんどう 運動 ¶〜とは液体や気体の中の微粒子の不規則な運動を言う Le mouvement brownien est un mouvement irrégulier de corpuscules dans un milieu liquide ou gazeux.

プラカード pancarte f; placard m. ¶〜を掲げて行進する défiler en brandissant des pancartes; porter une pancarte dans un défilé.

ぶらく 部落 †hameau(x) m; bourg m; village m. ¶小〜 bourgade f.

プラグ prise f [de courant]; prise mâle. 〜を差し込む brancher la prise.

フラクション fraction f. ¶〜活動 activité f fractionnelle.

プラクティカル pratique.

プラグマチズム pragmatisme m.

ブラケット support f; fixation f; rayon m.

プラザ place f.

ブラザー frère m.

ぶらさがる ぶら下がる pendre; être suspendu; [自ら] se pendre; se suspendre. 鉄棒に〜 se pendre par les mains à une barre fixe. 母親のスカートに〜 se suspendre aux jupes de sa mère. 鉤にぶら下っている肉片 morceau(x) m de viande qui pend à un crochet. 彼の目の前には大臣の椅子がぶらさがっている Il se voit déjà ministre./Il est en passe d'être nommé ministre. ¶ぶらさがった pendu; suspendu.

ぶらさげる ぶら下げる pendre; suspendre; laisser pendre; [持っている] porter. 天井にハムを〜 suspendre (pendre) un jambon au plafond. 勲章を〜 porter une décoration (une médaille).

ブラシ brosse f. 服に〜をかける brosser son habit; [自分の服に] se brosser. ¶〜で掃除する écouvillonner. ¶〜製造(工場) brosserie f.

ブラジャー soutien(s)-gorge m. ¶アップリフト〜 soutien-gorge pigeonnant. ハーフカップ〜 balconnet m.

ふらす 降らす faire tomber; verser; répandre; épandre. 雨を〜 [人工降雨] provoquer une précipitation (une chute de pluie) artificielle.

プラス ¶2〜3 イコール 5 deux plus trois égalent cinq. 〜の記号 signe m plus (d'addition). 大いに〜になる être un grand bénéfice (avantage) pour. ¶〜アルファ suraddition f. 〜アルファする surajouter. 2か月分の給料〜アルファを要求する demander deux mois de salaire et quelques gratifications. 〜反応 réaction f positive. 〜マイナスゼロだ Tout compte fait, il n'y a ni profit ni perte.

フラスコ flacon m; [球形の] ballon m; [水差し] carafe f.

プラスチック matière f plastique; plastic m. ¶〜の plastique. ¶〜加工する plastifier qc. 〜製食器類 vaisselle f en matière plastique (en plastique). 〜製品 plastiques mpl. 〜爆弾 plastic. 〜爆弾で爆破する plastiquer qc. 〜モデル modèle m réduit en plastique.

フラストレーション frustration f.

プラスねじ 螺(捻)子 vis f cruciforme.

ブラスバンド fanfare f; orchestre m de cuivres.

プラズマ plasma m. ¶〜ディスプレイ écran m à plasma. 〜テレビ téléviseur m plasma.

プラスミド plasmide m.

プラセオジム praséodyme *m*.
プラタナス platane *m*. ¶~の植え込み[林] platanaie *f*.
フラダンス houla-houla *m*.
ふらち 不埒 ¶~な [無礼な] insolent; impoli; impertinent; [侮辱的な] outrageant; blessant. ~なことを言う(する) dire (faire) des impertinences. 彼の~な態度は許せない Son attitude outrageante est impardonnable.
プラチナ platine *m*. ~~[色]の platiné. ~の指環 bague *f* en platine. ‖~イリジウム platine iridié; iridium *m* platiné. ~メッキする platiner.
ふらつく ¶足元が~ tituber; vaciller; chanceler. 彼は決心がつかずにふらついている Il vacille dans ses résolutions.
フラッグ ‖~キャリア compagnie *f* aérienne nationale.
ぶらつく flâner; se balader; faire une balade. ¶~人 flâneur(se) *m(f)*.
ブラックハウンド [猟犬] limier *m*.
ブラックベリー mûre *f*; ronce *f*.
ブラックホール trou *m* noir.
ブラックボックス boîte *f* noire.
ブラックユーモア humour *m* noir.
ブラックリスト liste *f* noire. ~に載る être sur la liste noire; être fiché. ~に載せる ficher *qn*; inscrire *qn* sur la liste noire.
フラッシュ [写] flash(es) *m*; [装置] [appareil *m* à] flash. ~をたく(をたいて撮る) utiliser un (prendre *qc* au) flash. ‖シンクロ~ flash synchronisé. ニュース~ [actualité *f*] flash. マグネシウム~ éclair *m* de magnésium; flash. ~バック flash-back *m inv*; scène *f* rétrospective; retour *m* en arrière. ~バルブ [ampoule *f*] flash. ~ランプ lampe *f* éclair. ◆[ポーカーの] floch[e] *m*.
ブラッシュ brosse *f*.
フラッシュガン flash *m*.
ブラッシング brossage *m*. ¶~する donner un coup de brosse (à); brosser.
フラット [楽] bémole. ◆[競技の計時で] ¶10秒~ dix secondes *fpl* juste.
プラットホーム quai *m*.
フラップ [飛行機の翼の] aileron *m*; volet *m*.
プラトニック ~な platonique. ‖~ラブ amour *m* platonique.
プラヌラ planula *f*.
プラネタリウム planétarium *m*.
フラノ flanelle *f*.
ブラフ bluff [blœf] *m*. ¶~をかける faire du bluff; bluffer [blœfe].
ふらふら ¶疲れて~である [力がない] être fourbu (rompu de fatigue). もう疲れて~だ La fatigue m'a coupé les jambes. ~と歩く marcher en chancelant (d'un pas mal assuré); [当てもなく] se promener sans but précis. ~する [よろめく] chanceler; tituber. 足が~する vaciller (flageoler) sur ses jambes. 熱があるので足が~する J'ai la fièvre et les jambes en coton. 頭が~する [目まいで] avoir le vertige; être pris de vertige.
ぶらぶら ¶~歩く flâner; se balader; se promener sans but, baguenauder. ~揺れる balancer; pendiller; brimbaler. 腕を~さ せる laisser *ses* bras ballants. 腰かけて足を~させ(ている) être assis les jambes ballantes. ◆[当てもなく] ¶~と出歩く courailler. ちんぴら共が町中を~とうろついている Des voyous traînent dans les rues. ~して時間をつぶす tromper (tuer) le temps en se promenant sans but. ◆[怠惰に] ¶~している(暮す) vivre dans l'oisiveté; mener une vie fainéante.
ブラボー Bravo!
フラミンゴ flamant *m*.
プラム prune *f*; [干した] pruneau(x) *m*.
フラメンコ flamenco *m*. ‖~ダンス danse *f* flamenco.
プラモデル modèle *m* en plastique; maquette *f*.
ふらり ¶~と [不意に] sans prévenir; à l'improviste; [当てもなく] sans but [précis]. 通りがかりに en passant. ~と立ちよる passer chez *qn* sans prévenir. ~と旅に出る faire un voyage sans but.
ぶらり ¶~と散歩に出かける aller se promener sans but; aller se baguenauder. 彼が~と私の家にやって来た Il est venu faire un tour chez moi.
プラリネ praliné *m*.
ふられる 振られる [異性に] essuyer des refus; être abandonné (rejeté, plaqué); [待合わせを] attendre pour rien à un rendez-vous; [試験などで] être refusé. 彼女に振られたよ Elle m'a plaqué.
フラワー ‖~ショウ exposition *f* d'horticulture (horticole); floralies *fpl*.
フラワーアレンジメント arrangement *m* floral.
ふはい 腐敗 putréfaction *f*; décomposition *f*; pourriture *f*. ¶~する se putréfier; se décomposer; pourrir. ~した en décomposition (putréfaction); putréfié. ‖~死体 cadavre *m* en putréfaction. ‖~物 matière *f* putréfiée (putréfiable).
フラン franc *m*. ¶~で払う payer en francs. ‖フランス(スイス、ベルギー)~ franc français (suisse, belge). ~圏 zone *f* franc.
プラン plan *m*; projet *m*; [粗い] cadre *m*; esquisse *f*. ~を立てる faire un plan (un projet); dresser *son* plan; bâtir des projets. ~を練る mûrir un projet; préméditer. 小説の~を練る arrêter (disposer, établir) le plan d'un roman.
フランカー [ラグビー] troisième *f* ligne aile; ailier *m*.
ふらんき 孵卵器 incubateur *m*; couveuse *f* [artificielle].
フランク ¶~な franc(che). ~に franchement; avec (en toute) franchise. ~に話す parler franc et net (franchement).
フランク ¶~族 Francs *mpl*. ~族の francique.
ブランク blanc *m*; vide *m*. 政治的な~ inactivités *fpl* politiques. ~を埋める remplir des blancs. 私には長い~があったので、すぐに元を取戻すのは無理というものです Comme j'ai eu un grand trou, ça va être difficile de retrouver tout de suite ma forme. 父の死は彼の生活に大きな~をもたらした La mort de son père a causé un grand vide dans sa vie.

プランクトン plancton *m*; plankton *m*. ‖植(動)物性~ plancton végétal (animal).

フランクフルトソーセージ saucisse *f* de Francfort.

ブランケット couverture *f* de laine; [毛織物] blanchet *m*.

ぶらんこ balançoire *f*; escarpolette *f*; [曲芸などの] trapèze *m*. ~で遊ぶ jouer à la balançoire; se balancer. ‖空中~ trapèze volant. 空中~をする faire du trapèze volant. 空中~師 trapéziste *m*.

フランシウム francium *m*.

フランシスコ ‖~会 ordre *m* des Frères franciscains. ~会修道会の franciscain. ~修道士 franciscain *m*.

フランス France *f*. ‖~風に à la française. ‖~化 francisation *f*. ~語化する franciser. ~革命 Révolution *f* française. ~語で en français. ~語で話す parler en français. ~語を話す parler français. ~語を上手に話す parler un excellent français. ~共和国 République *f* française. ~嫌い francophobie *f*; [人] francophobe *mf*. ~航空 Air France *m*. ~国籍の de nationalité française. ~国有鉄道 Société *f* Nationale des Chemins de fer Français (SNCF). ~国歌 hymne *m* national français. ~国旗 drapeau(x) *m* tricolore. ~びいき francophilie *f*; [人] francophile *mf*.

フランスまど -窓 fenêtre *f* à la française.

プランター [園芸用] bac *m* à fleurs.

ブランチ brunch(es) [brœn(t)ʃ] *m*.

フランチャイズ [不可侵権] franchise *f*; [特権] privilège *m*.

ブランデー eau(x)-de-vie *f*; brandy *m*; 〖俗〗 fine *f*; cognac *m*. 安~ gnole *f*, gniole *f*. ~醸造場 brûlerie *f*. ~醸造者 brandevinier *m*; brûleur *m* de vin.

ブランド marque *f*. ‖~商品 produit *m* de marque; griffe *f*.

プラント ensemble *m* industriel. ‖~輸出 exportation *f* d'usine clef en mains.

プランナー planificateur(trice) *m(f)*.

プランニング planning *m*.

フランネル flanelle *f*.

ふり 降り ‖ひどい~だ Il pleut très fort (à torrent, à verse)./C'est une pluie diluvienne!

ふり 振り [左右への] branlement *m*; [振回し] brandissement *m*; [頭などの] secouement *m*; [スイング] swing *m*. ◆[様子] air *m*; apparence *f*; [見せかけ] frime *f*; faux-semblant *m*; simulation *f*; simagrée *f*... の~をする faire semblant de *inf*; faire mine de *inf*; affecter de *inf*; feindre de *inf*; simuler. 知らぬ~をする affecter d'ignorer. 死んだ~をする faire le mort (la morte); simuler la mort. 馬鹿の(金持の)~をする faire le niais (le riche). 見て見ぬ~をする fermer les yeux sur *qc*. 忘れた~をする faire semblant d'oublier. 彼は何も知らぬ~をしていた Il faisait celui qui ignorait tout. ¶...の~をして sous le masque de; sous le faux semblant de; sous couvert de. ◆~の [通りすがりの] de passage. ~の客 client(e) *m(f)* de passage.

ふり 不利 désavantage *m*; [支障·損失] inconvénient *m*; [ハンディキャップ] †handicap *m*. ¶~な désavantageux(se); défavorable; peu favorable; contraire. ~な立場に立つ se trouver dans une situation défavorable; être handicapé; se placer sur un mauvais terrain. ~な証言をする témoigner contre *qn*. この状態ではいくらか~だ Cette situation présente quelques désavantages. 形勢は~だ La situation est désavantageuse. 状況はすべて被告に~である Toutes les apparences sont contre l'accusé. ~になる [主語·物] désavantager *qn*; tourner à *son* désavantage; contrarier *qc*. この決定はあなたに~となる Cette décision vous défavorise.

ふり 篇 sériole *f*.

-ぶり [歩き~] allure *f*; démarche *f*. 華やかな演奏~ jeu(x) *m* brillant. 彼の応対~は非常に気持ちがいい Son accueil est très avenant. 大変な歓迎~だった Nous avons reçu un accueil enthousiaste. 仕事~ train *m*. 生活~ manière *f* (façon *f*) de vivre. あの仕事~ではうまくいかない Avec sa façon de travailler, il ne réussira pas. ‖ ◆[年月の経過] 10 年~の大地震だ C'est un tremblement de terre tel qu'on n'en a pas vu depuis dix ans. 10 年~で après dix ans d'absence.

ふりあい 振合い [釣合] équilibre *m*. 他のへを考える prendre les autres en considération. ¶...との~を考えて par rapport aux autres.

ふりあげる 振り上げる [剣などを] brandir; lever. 拳を~ lever le poing; [威することをmenacer *qn* du poing. 棒を~ brandir un bâton.

ふりあてる 振り当てる [割当てる] attribuer. 役を~ attribuer un rôle à *qn*.

フリー ~キック coup *m* franc. ~サイズ taille *f* unique. ~スタイル [水泳] nage *f* libre; [レスリング] style *m* libre. ~スロー lancer(s)-franc (s) *m*. ~ダイヤル appel *m* gratuit; numéro *m* vert. ~トーキング entretien *m* à bâtons rompus. ~パスである pouvoir entrer librement; avoir *ses* entrées libres. ~ハンド 〖絵〗 dessin *m* à main levée. ~ランサーである travailler seul(e); être un(e) indépendant (e).

フリーク fanatique *mf*; 〖話〗 fana *mf*.

フリーザー freezer *m*; congélateur *m*.

フリージア [植] freesia *m*.

フリース toison *f*.

フリーズ ‖~した bloqué(e); figé(e).

フリースタイル [スキー] ski *m* libre.

フリーズドライ ‖~コーヒー café *m* lyophilisé.

フリースロー lancer *m* franc.

ブリーダー éleveur(se) *m(f)*.

ブリーフ slip *m*.

ブリーフィング briefing [brifiŋ] *m*; instructions *fpl*.

フリーマーケット marché *m* aux puces.

フリーメイソン franc-maçonnerie(s) *f*. ~の会員 franc(s)-maçon(s) *m*.

フリーランサー free-lance [frilɑ̃:s] *mf*; indépendant(e) *m(f)*.

フリーランス ⇨ フリーランサー.

ふりえき 不利益 désavantage *m*; perte *f*; détriment *m*. ～を蒙る essuyer des pertes. ～をも顧みずに au détriment de; à *son* détriment. 他人の～を考えずに事を行なってはならぬ Il ne faut pas agir au détriment des autres. ¶～な désavantageux(se).

ブリオッシュ brioche *f*.

ふりおとす 振り落とす secouer; [／介払いなどする] se défaire. 疫病神を～ chasser dehors (se défaire d'）un porte-malheur. マントの雪を～ secouer la neige de *son* manteau. 馬から（車から）振り落とされる être jeté à bas d'un cheval (hors d'une voiture).

ふりかえ 振替 [手形などの] virement *m*. ¶～で送金する payer (envoyer) par chèque postal. 銀行口座からの自動～ prélèvement *m* automatique sur le compte bancaire. 支払（受入）～ transfert(s)-payment *m*(transfert(s)-recette *f*). 郵便～ chèque *m* postal. ～貯金口座 compte *m* chèque postal (CCP).

ふりかえし ぶり返し retour *m*; [病気の再発] rechute *f*; récidive *f*. 酷暑の～ retour de la grande chaleur.

ふりかえす ぶり返す [病気が] faire (avoir) une rechute; rechuter; récidiver. 用心しないとまた぀り返しますよ Si vous ne prenez pas de précautions, vous rechuterez. 暑さがぶり返した La chaleur a repris.

ふりかえる 振り替える virer; changer; convertir. 全額振替えて下さい Virez la somme à mon compte.

ふりかえる 振り返る tourner la tête; se retourner; regarder (jeter un regard) en arrière. 過去を～ jeter un regard sur *son* passé; se pencher sur *son* passé. 自分の行為を～ rentrer en soi-même. 僕には過去など～暇はない Je n'ai pas le temps de m'occuper du (se pencher sur le) passé.

ふりかかる 振りかかる [身に]tomber sur; s'abattre sur; [責任などが] retomber sur; [災難などが] arriver; survenir. 火の粉が～ Des étincelles pleuvent sur moi. 彼に嫌疑が降り懸った Un soupçon est tombé sur lui. 彼に災難が降り懸った Il lui est arrivé un malheur./Un malheur lui est survenu.

ふりかける 振り掛ける répandre; [粉を] enfariner; [まぶす] saupoudrer; [水などを] aroser; asperger; [薬液などを] lotionner. 食物に塩を～ saupoudrer de sel une denrée. 聖水を～ asperger *qc* d'eau bénite.

ふりかざす 振り翳す ¶刀を～ brandir *son* sabre.

ふりかた 振り方 [身の～が決まる(を決める)] [就職口などが] caser (se caser). みんなしかるべき所に身の～が決まった On s'est casé où on a pu. 彼女も身の～がついた La voilà casée. 身の～について相談する demander conseil à *qn* sur le choix de *sa* carrière. 夫を亡くして彼女は身の～に悩んでいる Devenue veuve, elle ne sait où aller. 彼女は娘たちの身の～を決めようと必死である Elle cherche à caser ses filles.

フリカッセ [料理]fricassée *f*.

ふりかぶる 振りかぶる tenir *qc* au-dessus de *sa* tête; [剣など] brandir.

ブリキ fer(s)-blanc(s) *m*; [板] tôle *f*. ¶～罐 boite *f* en fer-blanc; bidon *m*. ～屋 ferblantier *m*. ～製品(店) ferblanterie *f*.

ふりきる 振り切る ¶彼は女の腕を振り切って逃げ出した Il s'est enfui en s'arrachant des bras d'une femme. 彼は食い下がる相手を振り切ってゴールを切ったIl a coupé le ruban d'arrivée en devançant ses adversaires acharnés.

フリゲートかん ～艦 frégate *f*.

ふりこ 振子 pendule *m*; balancier *m*. ¶～運動 mouvement *m* de pendule; oscillation *f* pendulaire. ～時計 horloge *f* à pendule.

ふりこう 不履行 non-exécution *f*; inaccomplissement *m*; [義務などの] manquement *m*. 約束の～に腹を立てる se fâcher d'un manquement à la parole.

ふりこむ 降り込む ¶雨が部屋に振り込んでくる La pluie entre dans la pièce.

ふりこむ 振り込む [金を] verser. ¶振込み～ versement *m*.

ふりこめる 振り籠める ¶一日中雨に降籠められた La pluie m'a retenu (empêché de sortir) toute la journée.

ブリザード blizzard *m*.

ふりしきる 降り頻る ¶雨が降り頻っている Il pleut à verse (à torrents). ～雨 pluie *f* battante (torrentielle).

ふりしく 降り敷く ¶雪が～ La neige couvre (blanchit) la terre.

ふりしぼる 振り絞る [声を～ crier de toutes *ses* forces. 力を～ faire un grand (suprême) effort; faire tous *ses* efforts (pour *inf*). 涙を～ pleurer à chaudes larmes.

ふりすてる 振り捨てる rejeter; abandonner; délaisser.

フリスビー frisbee *m*.

プリズム prisme *m*. ¶～双眼鏡 jumelles *fpl* prismatiques. ～分光色 couleurs *fpl* prismatiques.

ふりそそぐ 降り注ぐ ¶日光がさんさんと川面に降り注いている Le soleil verse sa lumière à flot sur la surface de la rivière. 砲弾が雨あられと降り注いだ Il est tombé une grêle de boulets.

ふりだし 振出し point *m* de départ; [出発・開始] commencement *m*; début *m*. ～から やり直す repartir à zéro; reprendre. ～に戻る revenir au point de départ. ◆[手形の] émission *f*. ¶～局 bureau(x) *m* d'origine. ～人 émetteur(trice) *m(f)*; émissionnaire *mf*; tireur(se) *m(f)*. ～日 [日付(地) date *f* (lieu (x) *m* de l'émission.

ふりだす 振り出す [手形などを] émettre; tirer; créer; [薬などを] infuser; faire infuser. 100万円の手形を～ tirer (émettre) une lettre de change sur *qn* pour un million de yen.

ふりたてる 振り立てる ¶馬がたてがみを～ Le cheval secoue *sa* crinière. 猫が尾を～ Le chat lève *sa* queue en l'air. 旗を～ agiter (hisser) le pavillon.

ふりつ 府立 ¶~の départemental(aux).

ふりつけ 振付 chorégraphie f. 踊りの~をする composer une danse. ‖~師 chorégraphe m f; compositeur(trice) m(f) de ballet.

ブリッジ [トランプ, 歯の] bridge m; [船橋] passerelle f; [眼鏡の] arcade f. ~で遊ぶ jouer au bridge; bridger. ~に~をかける fixer un bridge.

フリッター [料理] beignet m.

ふりつづく 降り続く ¶雨(雪)が降り続いている Il continue de pleuvoir (neiger). 一週間も雨が降り続いている Il pleut sans arrêt depuis huit jours.

ふりはなす 振り放す ⇨ ふりきる(振り切る).

ふりはらう 振り払う secouer; chasser; repousser; rejeter. 火の粉を~ chasser des flammes. ほこりを~ secouer la poussière. 腕を~ s'arracher aux bras de qn.

ぶりぶり ~している [怒っている] être en rogne; être de mauvaise humeur; avoir les nerfs tendus; se fâcher; être irrité.

ふりほどく ⇨ ふりはらう(振り払う).

ふりまく 振り撒く répandre; jeter; [液体を] asperger; arroser; [粉などをまぶす] saupoudrer. 愛嬌(お世辞)を~ prodiguer des sourires (des flatteries). 金を~ semer (prodiguer) son argent. 種を~ [投げ蒔きする] semer des graines à la volée.

プリマドンナ prima donna f; prime donne f pl.

ふりまわす 振り回す brandir; agiter; faire des moulinets avec; [ひけらかす] étaler; afficher; faire étalage (parade) de; [濫用する] abuser de. 刀を~ faire des moulinets avec son épée. 職権を~ abuser de son autorité. 知識を~ faire parade de son savoir.

ふりみだす 振り乱す ébouriffer; écheveler. 髪を~ ébouriffer les cheveux. ¶髪を振り乱した女 femme f ébouriffée échevelée.

プリミティブ ~の primitif(ve).

ふりむく 振り向く se retourner; tourner la tête; se tourner.

ふりむける 振り向ける [当てる] affecter (appliquer) qc à; tourner qc vers. …にあらゆる努力を~ tourner tous ses efforts vers. 収入の一部を家の修繕費に~ affecter une partie de ses revenus à l'entretien de la maison.

プリムラ 〖植〗 primevère f.

ぶりゃく 武略 tactique f militaire.

ふりゅう 浮流 ¶~する couler en flottant. ⇨ ふゆう(浮遊).

ふりょ 不慮 ¶~の inattendu; imprévu; accidentel(le); fortuit. ~の出来事 événement m imprévu (fortuit); contingent m; contingences f pl. ~の死 mort f accidentelle (inopinée). ~の死を遂げる mourir accidentellement. ~の事故が起こらなければ sauf (à moins d')imprévu.

ふりょ 俘虜 ⇨ ほりょ(捕虜). ¶~の[交換(引渡し)] échange m (renvoi m) des prisonniers. ~交換条約 cartel m d'échange. ~収容所 camp m de prisonniers (de guerre).

ふりょう 不漁 ¶~であった La pêche a été maigre (mauvaise)./C'était une pêche médiocre (infructueuse).

ふりょう 不猟 ¶~で戻る rentrer (revenir) bredouille de la chasse. ~であった On n'a pas fait bonne chasse.

ふりょう 不良 ¶~な [悪い] mauvais; [劣った] inférieur; [堕落した] dépravé; corrompu; [欠陥のある] défectueux(se). 健康状態は~である L'état de santé est mauvais. この機械の調子は~だ Cet appareil est hors d'état. ~っぽい態度 air m voyou. ¶稲作~ médiocre récolte f de riz. 天候~のため à cause du mauvais temps. 発育~ rabougrissement m. ~化 dévergondage m. ~化する se dévergonder. 青少年の~化を防止する préserver la jeunesse du dévergondage. ~少年(少女) polisson(ne) m(f); jeune dévoyé m (fille f dévergondée). 町をうろつく~少年 voyou m; [集合的] jeunesse f dévergondée. ~品 article m défectueux (de mauvaise qualité). [不合格品] pièces f pl de rebut. ~品をはねる mettre de côté des pièces de rebut. ~老年 vieux(vieille) pécheur(eresse) m(f).

ぶりょう 無聊 ennui m. ~に苦しむ souffrir de l'ennui. ~を慰める distraire (dissiper) l'ennui de qn; [自分の] tromper ennui.

ふりょうけん 不料簡 [無思慮] indiscrétion f; [間違い] faute f. ¶~な indiscret(ète); irréfléchi; faux(sse); mauvais.

ふりょうさいけん 不良債権 créance f douteuse (irrécouvrable).

ふりょうどうたい 不良導体 mauvais (pauvre) conducteur m.

ふりょく 浮力 poussée f verticale; flottabilité f.

ぶりょく 武力 force f armée; force (puissance f) militaire. ~に訴える faire appel (recourir) à la force. ¶~によって à force ouverte; par la force armée (des armes); à la pointe de l'épée. ~外交 diplomatie f armée. ~干渉 intervention f de la force militaire; intervention armée. 国境附近で~衝突が起こった Il y a eu un conflit militaire près de la frontière.

フリル volant m; ruche f; [レースの飾付] collerette f; [総飾り] frange f. ~をつける plisser; [襞をつける] froncer; [総飾りをつける] franger.

ふりわける 振り分ける [分配, 配備する] partager qn; répartir; distribuer; [割当金などを] ventiler. 費用を等分に~ répartir des frais par parts égales. 観光客を五つのグループに~ répartir des touristes en cinq groupes. 予算を~ ventiler un budget. ¶荷物を振分けにする prendre (porter) un bagage sur l'épaule à la façon d'une besace.

ふりん 不倫 immoralité f. ¶~な immoral(aux); incestueux(se). ~の恋 amour m incestueux.

プリン pouding m; pudding m. ‖カスタード~ flan m; crème f au caramel (renversée).

フリンジ frange f.

プリンシプル principe m.

プリンター imprimante f; tireuse f. ‖インクジェット~ imprimante f à jet d'encre. 熱転写

~ imprimante thermique. レーザー~ imprimante à laser.

プリント [謄写印刷物] polycopié *m*; [映画など] copie *f*. 講義の~ cours *m* polycopié; polycopié *m*. ¶~する polycopier; imprimer. ||~ガラス print[-glass] *m*. ~布地 imprimé *m*.

ふる 古 ¶お~を買う acheter qc d'occasion. 兄のお~を着る porter un vêtement qui vient de *son* frère. || ~新聞(雑誌) vieux journaux *mpl* (vieilles revues *fpl*).

ふる 降る ¶雨(雪, 霰)が~ La pluie (La neige, La grêle) tombe./Il pleut (neige, grêle)./Il tombe de la pluie (de la neige, de la grêle). 途中で雨に降られる être surpris en chemin par la pluie. 星の~夜 nuit *f* étoilée. 振って湧いたような幸運 bonheur *m* tombé du ciel. それ降って湧いたような話じゃないか Cela tombe à pic. ~ほど縁談がある Il pleut des demandes en mariage. 降っても照っても qu'il pleuve ou non. 雨が降ろうが風が吹こうが外出する Je sors par tous les temps, qu'il pleuve ou qu'il vente.

ふる 振る [心が動かす] agiter; secouer; balancer; remuer; [頭などを] hocher; branler; [振り回す] brandir. 頭を~ [横に] hocher (secouer) la tête. 尾を~ remuer sa queue. 腰を~ balancer les hanches. 賽を~ jeter un dé. 手(ハンカチ)を~ agiter la main (un mouchoir). 壜を~ agiter (secouer) un flacon. ◆[拒否, 放棄する] repousser; abandonner; [投げ] plaquer *qn*. 地位(女を女~) abandonner *son* poste (*sa* maitresse). 結婚のプロポーズを~ repousser une demande en mariage. 約束を~ manquer à *sa* parole. 一生を棒に~ gâcher *sa* vie. 彼女は彼を振った Elle l'a plaqué.

フル ¶~に à plein; pleinement, entièrement; complètemet. ~に活用する profiter de *qc* à plein. ~に働く travailler à plein temps. ~に運転する faire marcher des machines à plein rendement. 今年は一年間~に働けなかった [働ける日などが] Je n'ai pas pu donner toute ma mesure au cours de cette année. ||~コース repas *m* complet. ~サイズの de grandeur naturelle; à la dimension réelle. ~スピードで à toute vitesse. ~タイム emploi *m* à temps complet (à plein temps). ~タイムで働く travailler à plein temps. ~ネーム nom *m* et prénom[s]; nom en toutes lettres.

-ぶる ¶学者~ faire le savant. 芸術家~ jouer à l'artiste. 上品~ prendre (se donner) des airs prudes. 深刻~ se donner un air sérieux. 信心家~ papelarder. 聖人~ prendre un air de petit saint. 尊大に振る舞う~ faire *sa* duchesse (la vertueuse). 彼女学者ぶらない Il ne se prend pas pour un savant. ◆[勿体ぶる] ¶彼女はひどくぶっている Elle est terriblement m'as-tu-vu. なんてぶった奴だ Quel poseur (bêcheur)!

ブル [牛] taureau(x) *m*.

ふるい 古い vieux (vieil, vieille); vieilli; [古くからの, 昔の] ancien(ne); [古代の] antique; [時代遅れの] suranné(e) démodé(e); [老朽化した]

caduc(que); [使い古された] usé; éculé. ~知合い vieille connaissance *f*. ~習慣 vieille coutume *f*. ~友 vieil ami *m*; vieux copain *m*; ami ancien. 僕の~コート mon ancien manteau *m*. 頭の~人 personne *f* rétrograde. 古き良き時代 bon vieux temps *m*. 古き佳き都パリ bonne vieille ville *f* de Paris. この卵は~ Cet œuf n'est pas frais. 古くなる vieillir; dater; devenir vieux (vieillot); perdre *sa* fraîcheur. ¶古さ ancienneté *f*; antiquité *f*; vieillesse *f*.

ふるい 篩 tamis *m*; crible *m*. ~にかける tamiser *qc*; cribler *qc*; [吟味] passer *qc* au tamis (au crible); sasser et ressasser. ~分けられた物 blutage *m*. ||~かす criblure *f*; sassure *f*. ~分け tamisage *m*; criblage *m*. ~分け器 blutoir *m*.

ぶるい 部類 ⇒しゅるい(種類). 大作家の~に入る classer *qn* parmi les grands écrivains. ¶~別に par classe. ~分けする classer; diviser; sectionner, classifier.

ふるいおこす 奮い起こす ¶力を~ rassembler (remasser) toutes *ses* forces pour. 勇気を~ rassembler (faire appel à) tout *son* courage; se secouer; prendre courage; s'évertuer à.

ふるいおとす 振い落とす ¶埃を~ secouer la poussière.

ふるいおとす 篩い落す passer au tamis (au crible); éliminer au tamis. 一次試験で半数を~ éliminer la moitié des candidats à la première épreuve.

ふるいたつ 奮い起つ s'exciter; reprendre courage; se secouer; redoubler *ses* efforts; [悦びで] sauter de joie. 奮い起たせる secouer; réchauffer; inciter *qn* à agir; exciter; provoquer; activer; stimuler. 勇気を奮い立たせる relever (réchauffer) le courage de *qn*; rendre courage à *qn*.

ふるいつく 震いつく ¶震いつきたいような美人 femme *f* appétissante (désirable).

ふるう 奮(振, 揮)う [発揮する] exercer; déployer; employer; [繁栄する] prospérer; fleurir; être florissant. 暴力を~ employer la force; user de force (violence). 腕力を~ recourir (faire appel) à la force. 料理に腕を~ déployer *son* talent culinaire. 権力を~ exercer un pouvoir. 健筆を~ manier une belle plume. 渾身の力を~ déployer toute *son* énergie. 渾身の勇を~ prendre (tenir) *son* courage à deux mains. 猛威を~ faire d'affreux ravages; sévir. 猛威を振った台風も過ぎさった Le typhon qui vient de sévir, s'est éloigné. 軍の士気は振わない Le moral des troupes est très bas. 商売は振わない Le commerce ne marche pas bien (ne prospère pas). 営業の成績が振わない Le résultat des services n'est pas brillant. ¶振った [独特な, 風変りな] original(aux); spirituel(le); singulier(ère); fantastique. 振った奴 être *m* original. 勇を振って…する s'armer de courage de *inf*.

ふるう 篩う ⇒ふるい(篩).

ブルー bleu *m*; couleur *f* bleue. ~の bleu; azuré. ||コバルト~ bleu de cobalt. ライト(ダー

ブルーカラー col m bleu.
ブルース blues m.
フルーツパーラー salon m de thé.
フルーツポンチ macédoine f de fruits; salade f de fruits.
フルート flûte f; flûte traversière. 〜を吹く jouer de la flûte. ‖〜協奏曲(ソナタ) concerto m (sonate m) pour flûte. 〜四重奏曲 quatuor m avec flûte. 〜奏者 flûtiste mf; flûte.
ブルーブック [イギリスの議会報告書, 青書] livre m bleu.
ブルーベリー [実] myrtille f.
フルーレ fleuret m.
ふるえ 震え tremblement m; frisson m; frémissement m; 〖医〗 trémulation f; [戦慄] tressaillement m, tressautement m; [振動] ondulation f, vibration f, [声などの] chevrotement m, [アル中による] delirium tremens m inv. 〜が来る avoir le frisson, être saisi d'un frisson.
ふるえあがる 震え上がる [恐怖で] grelotter de peur; être saisi de peur (de crainte); être dans la terreur; [寒さで] grelotter de froid; être transi de froid. やくざの威しに私達は震え上った Nous avons été terrorisés par le chantage d'un gangster. 震え上がらせる terrifier; terroriser; donner le frisson à; foudroyer.
ふるえごえ 震え声 ¶〜で d'une voix chevrotante (tremblante, tremblotante).
ふるえる 震える trembler; frémir; tressaillir; frissonner; grelotter; [脚が] flageoler; [声が] chevroter. 感激で胸が〜 Mon cœur palpite d'émotion. 高熱で〜 grelotter de fièvre. 恐怖(怒り)に〜 trembler de peur (de colère). 全身が〜 frémir de tous ses membres. 喜びで全身が〜 Tout son corps frémit de joie. そのことを考えると身体が〜 Ça me fait frémir quand j'y pense. 爆発で窓ガラスが震えた L'explosion a fait trembler les vitres. 私は足が震えている J'ai les jambes qui flageolent./J'ai les jambes en coton. 彼は寒さによる震えていた Il était tout tremblant (grelottait) de froid. 彼の軀体は寒さと疲労と高熱のため震えていた Son corps tremblait de froid, de fatigue et de fièvre. ¶震えた筆跡 écriture f tremblée. 感動で〜声 voix f vibrante d'émotion.
ブルオーバー pull-over m; pull m.
ふるがお 古顔 ancien(ne) m(f); aîné(e) m(f); doyen(ne) m(f); vétéran m; [常連] vieil (vieille) habitué(e) m(f). 彼は一番の〜だ Il est notre doyen. 彼らはこの酒場の〜だ Ce sont de vieux habitués de ce bistrot.
ふるがお 古株 ⇨ ふるがお(古顔).
ブルガリア ⇨ 付録.
ふるぎ 古着 vieil habit m; [集合的に] friperie f; ʰhardes fpl. ‖〜屋 fripier(ère) m(f); marchand(e) m(f) de hardes.
ふるきず 古傷 vieille blessure f; plaie f; [傷痕] cicatrice f. 心の〜 plaie de cœur. 〜に触

れる rouvrir une plaie. 〜をあばく remettre au jour un crime passé de qn.
ふるぎつね 古狐 vieux renard m; [狡猾な人] rusé(e) m(f).
ふるく 古く ¶〜から depuis longtemps (toujours); de longue date. 彼は〜からの仲間だ C'est un vieil ami (un vieux copain). 〜は autrefois; jadis; dans le temps passé; anciennement.
ふるくさい 古臭い vieux (vieil, vieille); vieillot(te); vieilli; [流行遅れの] suranné; démodé [新鮮味のない] défraîchi; [色褪せた] décoloré; [陳腐な] usé. 〜服装をする s'habiller vieux. 彼は〜考え方(趣味)の〜 Il a des idées (des goûts) démodées (rétrogrades).
ブルグンド ‖〜族 Burgondes mpl. 〜族の burgonde.
フルコース repas m complet; menu m.
ブルゴーニュワイン bourgogne m.
ふるさと 故郷 ⇨ きょうさと(故郷).
ブルジョア bourgeois(e) m(f); [金持ち] riche m. ‖〜化 embourgeoisement m. 〜化する s'embourgeoiser. 〜階級 classe f bourgeoise; bourgeoisie f. 〜革命 révolution f bourgeoise. 〜根性 esprit m bourgeois; bourgeoisisme m. 〜趣味 goût m bourgeois. 〜民主主義 démocratie f bourgeoise.
ブルジョアジー bourgeoisie f.
ふるす 古巣 ¶〜に帰る rentrer dans ses foyers.
プルス pouls m.
フルスピード ¶〜で à toute vitesse; de toute sa vitesse; en vitesse; en quatrième vitesse.
ブルゾン blouson m.
ふるだぬき 古狸 fin matois m; vieux renard m (routier m).
ふるって 奮って volontiers; de bonne volonté; volontairement. ...を〜協力する coopérer (participer) à qc de bonne volonté.
ふるつわもの 古強者 vétéran m; vieux reitre m; vieux routier m; vieux lutteur m. 海千山千の〜 vieux loup m de mer.
ふるて 古手 ¶〜の vieux (vieil, vieille); [老練の] averti; expérimenté. 〜の官僚 vieux fonctionnaire m.
ふるてつ 古鉄 ferraille f. ‖〜商 ferrailleur (se) m(f).
ふるどうぐ 古道具 vieillerie f; antiquaille f; [がらくた] bric-à-brac m inv. ‖〜屋 [人] brocanteur(se) m(f); [店] boutique f de bric-à-brac.
ブルドーザー bulldozer m.
プルトーン 〖ギ神〗 Pluton m.
ブルドッグ bouledogue m.
プルトニウム plutonium m. ‖〜爆弾 bombe f au plutonium.
ふるなじみ 古馴染 [友] vieil ami m; vieux copain m (camarade m); [常連] vieil habitué m.
ブルネット brunet(te) m(f).
フルバック arrière m.
ふるびた 古びた vieilli; usé; démodé; usagé.
ブルペン toril m.
ふるぼけた 古ぼけた vieux (vieil, vieille); [使

ふるほん い古し[て] usé(e); vétuste.

ふるほん 古本 livre *m* d'occasion; vieux livre. ¶~を漁る bouquiner; aller en quête de vieux livres. ¶~で買う acheter d'occasion. ‖~屋 bouquiniste *m*; antiquaire *m*.

ブルマー culotte *f* bouffante de femme.

ふるまい 振舞 conduite *f*; attitude *f*; comportement *m*; [様子] allure *f*. 怪しい~がある avoir des allures suspectes. 卑怯な~をする se comporter en (comme un) lâche. 私に対する彼の~は尋常ではない Son comportement à mon égard est étrange. あなたの~は軽率だった Vous avez agi à la légère. ◆[宴会] banquet *m*; [饗応] rastel *m*. 大盤~ bombance *f*. 大盤~をする faire bombance; faire la fête (un festin). 立居~ comportement. 人の素性はその立居~によく表われるものだ Le comportement des hommes trahit bien leur origine. 酒~ tournée *f*. ~酒をする payer (offrir) une tournée.

ふるまう 振舞う se comporter; se tenir; se conduire; agir; en user avec *qn*. 英雄の如く~ se comporter en héros. 兄弟のように~ agir comme un frère. 慎重に~ agir avec circonspection; se conduire avec prudence. 横暴に~ vivre comme en pays de conquête. がむしゃらに~ y aller de cul et de tête. 訳知り顔に~ prendre un air entendu. 親切に~ agir en bon voisin. 立派に~ se conduire bien. 彼は彼女に屈託ない態度で振舞っている Il en use avec elle d'une façon désinvolte. 渾身精力的に振舞うのは Il a fait acte d'énergie. ◆[饗応する] ¶食事を~ offrir un bon repas à *qn*; régaler *qn*. 皆に酒を~ payer (offrir) une tournée.

ふるめかしい 古めかしい antique; ancien (ne); démodé, suranné.

ふるもの 古物 antiquaille *f*; vieux *m*; vieillerie *f*; friperie *f*; objet *m* usagé. ¶~市 braderie *f*. ~業者 fripier(ère) *m*(*f*); antiquaire *mf*.

ふるわせる 震わせる faire trembler; faire vibrer. 怒りに身を~ trembler de colère. 魂を~ faire vibrer l'âme. 彼は喜びに声を震わせていた Sa voix vibrait de joie. ¶声を震わせて avec une voix tremblante.

ふれ 振れ ⇨ ゆれ(揺れ).

フレア [~形の évasé. ~形に拡げる évaser. ~スカート godet *m*.

ふれあい 触れ合い contacts *mpl*. ¶心の~ sympathie *f*; entente *f*.

ふれあう 触れ合う se toucher; entrer en contact avec; se frôler. 心が~ sympathiser cœur à cœur avec *qn*. ¶心の触れ合った二人 deux personnes *fpl* qui sympathisent (s'entendent cœur à cœur).

ふれあるく 触れ歩く ⇨ ふれまわる(触れ回る). ¶彼は自分が有能だと方々で触れ歩いている Auprès de tout le monde, il se fait passer pour un homme capable.

ぶれい 無礼 impolitesse *f*; incongruité *f*; manque *m* de civilité; irrespect *m*; [不遜] insolence *f*; impertinence *f*. ~を働く commettre une impolitesse. ¶~な impoli; malséant; incongru; incivil; irrespectueux(*se*); insolent; impertinent; effronté. ~な言辞 paroles *fpl* discourtoises. ~な態度 attitude *f* offensante (discourtoise). ~なことを言う dire des incongruités (des impertinences). ~に[も] impoliment; irrespectueusement. ¶~な insolent(e) *m*(*f*); offenseur(*se*) *m*(*f*), impoli(e) *m*(*f*).

プレイガイド agence *f* de spectacle; bureau (x) *m* de location pour les spectacles.

ぶれいこう 無礼講 réunion *f* à la bonne franquette. ¶~で à la bonne franquette; sans cérémonie. 今晩は~でやろう Ce soir, on dînera à la bonne franquette.

プレイバック play-back *m inv*.

プレイボーイ play-boy(s) *m*.

フレー ¶~! ~! hourra!

プレーオフ match *m* de barrage; tour *m* final.

ブレーカー disjoncteur *m*; coupe-circuit *m inv*. ~が降りて停電した Le disjoncteur a coupé le courant.

ブレーキ frein *m*; [操作] freinage *m*. よく利く (利かない)~ bon (mauvais) freinage. ~をかける freiner; donner un coup de frein; serrer (mettre) les freins. この車は~がよくきかない Cette auto ne freine pas bien. ~がきかなかった Je n'ai pas réussi à freiner. ‖エアー~ frein aérodynamique; aérofrein *m*./frein à air comprimé. エンジン~ frein moteur. 急~をかける bloquer les freins; freiner brusquement. 彼は急~をかけ車を道端に寄せた Il freina brusquement et rangea l'auto au bord de la route. 手動(ハンド)~ frein à main (levier). ディスク~ frein à disque. ドラム~ frein à tambour. フット~ frein à pédale. ~ペダル pédale *f* de frein.

フレーク flocon *m*; écaille *f*; paillette *f*. ‖コーン~ flocon de maïs. ソープ~ savon *m* en paillette.

ブレークポイント balle *f* de break.

フレーズ phrase *f*.

フレーバー [アイスクリームなどの] parfum *m*; [味わい] saveur *f*; goût *m*.

フレーム [自転車の] cadre *m*; [自動車の] châssis *m*; [眼鏡の] monture *f*; [ラケットの] armature *f*; [絵の] cadre; encadrement *m*; [写真, 映画, テレビの] image *f*. ¶~アップ coup *m* monté.

プレーヤー [レコードの] tourne-disque(s) *m*.

プレーン ~な simple.

ブレーンストーミング remue-méninges *m inv*; brainstorming [brɛnstɔrmiŋ] *m*.

ブレーントラスト brain-trust *m*.

フレキシブル ¶~な flexible.

ふれこみ 触込み ¶やり手という触れ込みで来たのだが彼は全く駄目だ Il s'était fait passer pour très capable mais il n'en est rien.

ふれこむ 触れ込む ¶自分を…と~ se donner pour; s'affirmer comme; se prétendre *qc*; se faire passer pour. 自分を社長の秘書と~ se donner pour le secrétaire du président.

ブレザーコート blazer *m*.

プレジデント président *m*; [社長] PDG *m*.

プレス [圧搾] pression *f*; [クリーニングの] pres-

sage m; **pressing** m; [プレス器] presse f. 〜をかける presser; [プレスにかける] pressurer. ¶アイロンで〜する repasser. 〜のきいたズボン pantalon m bien repassé. ◆[新聞] presse f. ‖〜キャンペーン campagne f de presse. 〜コード déontologie f de la presse. 〜センター centre m de presse.

フレスコ fresque f.

プレスティッシモ【楽】prestissimo m. ¶〜で prestissimo.

ブレスト brasse f. ¶〜で泳ぐ nager la brasse.

プレスト【音】presto m. ¶〜で presto.

プレスハム jambon m cuit.

ブレスレット bracelet m.

プレゼント cadeau(x) m; présent m; don m. クリスマスの〜 cadeau de Noël. これは〜です C'est pour offrir. ¶...を〜する faire cadeau (présent) de qc à qn; offrir qc à qn.

プレタポルテ prêt(s)-à-porter m.

フレックスタイム horaire m à la carte; horaire mobile (souple, aménageable).

プレッシャー pression f. 〜をかける exercer une pression sur qn.

フレッシュ ¶〜な frais (fraîche). ‖〜マン nouvelle recrue f; bleu m; nouveau(x) m.

プレハブ〜住宅 maison f préfabriquée.

プレパラート préparation f sur lamelle.

ふれまわる 触れ回る répandre (faire circuler, faire courir) un bruit; colporter. 彼はあることないこと触れ回っている Il colporte des racontars.

プレミアショー avant-première f.

プレミアム prime f; agio m. 〜をつける faire prime. 購買者全部に〜がつく On donne une prime à tout acheteur. ¶〜で en prime.

プレリュード prélude m.

ふれる 狂れる ¶ちょっと気がふれている avoir un petit grain; avoir la tête fêlée (le cerveau fêlé); être toqué (timbré).

ふれる 触れる toucher à; [調べるために] palper; tâter; [軽く] effleurer; [なでる] flatter; [いる] atteindre; [いじる] tripoter. 指先で〜 toucher du doigt (du bout des doigts). 逆鱗に〜 encourir les foudres de qn; s'attirer la colère de qn. 生地が柔らかいかどうか触れてみる palper (tâter) un tissu pour voir s'il est souple ou non. 「作品に(手を)〜べからず」«Défense de toucher (aux objets exposés).» ◆[言及する] faire mention de; mentionner; toucher. 一言〜 toucher un mot de. その事件については新聞の中で短かく触れてあった Cet accident est l'objet d'une courte mention dans le journal. この作品の中ではそのことに触れていない Il n'en est pas fait mention dans cet ouvrage. ◆[知覚する] 一枚のポスターが私の目に触れた J'ai vu (aperçu) une affiche. 心に〜 [主語・物] émouvoir; aller au cœur; toucher; remuer les sentiments. 心の琴線に〜 toucher la corde sensible; faire vibrer les cordes sensibles de l'âme. ◆[事に遭う] 折にふれて par occasion; occasionnellement. ◆[法,規則に] déroger à; contrevenir à; enfreindre; transgresser; violer. 法(規則)に〜 contrevenir à la loi (au règlement); déroger à la loi (au règlement).

ふれる 振れる trembler; osciller; vaciller; se balancer; [偏る] dévier. 指針が右に〜 L'aiguille dévie vers la droite.

ふれる bouger. この写真はぶれている Cette photo est bougée.

プレレコ ‖〜放送 émission f en différé.

ふれんぞく 不連続 discontinuité f. 〜の discontinu; coupé; divisé. ‖〜線 ligne f de discontinuité.

フレンチ 〜カンカン french cancan m. 〜ドレッシング vinaigrette f. 〜フライ(ポテト) frites fpl; pommes fpl de terre frites. 〜ポップ french pop m.

フレンチトースト pain m perdu (doré).

ブレンド mélange m.

ふろ 風呂 bain m; [浴槽] baignoire f; tub m. 〜に入る prendre un (son) bain; se baigner; prendre un tub. 〜をたてる préparer un bain; faire chauffer le bain. ひと〜浴びる faire trempette. 〜を満たす(空にする,落とす) remplir (vider) le bain. 〜からあがる sortir du bain. 〜が沸いた Le bain est prêt. ‖サウナ(トルコ)〜 bain de vapeur (turc). 〜桶 cuve f à bain. 〜場 salle f de bain. 〜屋 bains mpl; bains publics m de bains; bains publics. 〜沸かし(器) chauffe-bain m inv.

プロ professionnel(le) m(f); 《俗》pro m. ¶〜の professionnel(le); de profession. ‖〜精神 professionnalisme m. 〜選手 sportif m (joueur m) professionnel. 〜野球 baseball m professionnel.

フロア plancher m; [床] parquet m; [階] étage m; palier m. ‖〜ショウ spectacle m [de cabaret]; show m. 〜スタンド lampadaire m. 〜マネージャー régisseur m de plateau; chef m de groupe.

ブロイラー poulet m à rôtir.

ふろう 不労 ‖〜所得 revenu m non gagné par le travail.

ふろう 不老 ‖〜長寿 longévité f. 〜長寿の霊薬 élixir m de longue vie. 〜不死の〜 immortel.

ふろう 浮浪 vagabondage m. 〜する vagabonder; [転々と] rouler sa bosse. ‖〜罪 délit m [de vagabondage]. 〜児 petit(e) vagabond(e) m(f); petit voyou m; polisson(ne) m(f). 〜者 vagabond(e); chemineau(x) m(f); clochard(e) m(f); rôdeur(se) m(f).

ブローカー courtier(ère) m(f); [不動産など] agent m immobilier; [転売人] revendeur(se) m(f). 〜の手数料 courtage m. 〜をする courter; faire le courtage de qc.

ブロークン ¶〜で話す baragouiner. フランス語はよく分るのだが,話すとなると〜だ Je comprends bien le français, quant à le parler, je baragouine quelques mots. ‖〜イングリッシュ en mauvais anglais.

フローズンドリンク boisson f glacée.

ブローチ broche f. ダイヤモンドの〜 broche de diamant.

フローチャート organigramme m; ordino-

フロート [水上機などの] flotteur *m*.

ブロードバンド réseau *m* à haut débit.

ブローニー ‖~判の写真 photo *f* de format 6×9.

ブローニング browning *m*; pistolet *m* automatique.

フローリング planchéiage *m*. ¶~の床 parquet *m*; [板敷きの] plancher *m* en bois.

ふろく 付録 appendice *m*; annexe *f*; [補遺] supplément *m*; [景品] prime *f*; pot *m* de vin. ‖別冊~ appendice séparé.

プログラマー programmeur(se) *m*(*f*).

プログラミング programmation *f*. ¶~する programmer. ‖~言語 langage *m* de programmation.

プログラム programme *m*. ~に載る être inscrit au programme. ~を決める(変更する) fixer (modifier) le programme.

ブロケード brocart *m*.

プロシア Prusse *f*. ‖~人気質 prussianisme *m*.

プロジェクター projecteur *m*.

プロジェクト projet *m*. ~を組む(立てる) faire (former, ébaucher) un projet. ‖大型~ projet géant. 経済~ projet économique. ~チーム équipe *f* d'étude.

プロセス processus *m*; procédé *m*. 進化の~ processus de l'évolution. 製造(作業)の~ procédé *m* de fabrication (de travail).

プロセスチーズ fromage *m* industriel; fromage fondu.

プロセッサ machine de traitement de l'information; processeur.

プロダクション [映画の] [société *f* de] production *f*.

ブロッキングファクター facteur *m* de groupage.

フロック [玉突きの] [coup *m* de] raccroc *m*. ¶今のはーだよ J'ai réussi par raccroc. ~で [まぐれで] par raccroc.

ブロック bloc *m*; [地域] zone *f*; région *f*; [建物の区画] pâté *m* de maisons; [ボクシングの] parade *f*; [バレーボール] contre *m*. ¶~する bloquer; [球技などと] gêner; [バレーボール] contrer. ‖経済~ bloc économique. コンクリート~ parpaing *m*; aggloméré *m*. ~建築 maison *f* en parpaings.

フロックコート redingote *f*.

ブロッコリー brocoli *m*.

プロット intrigue *f*; action *f*. ~を立てる intriguer.

フロッピーディスク disquette *f*; disque *m* souple. ‖~ドライブ lecteur *m* de disquette.

プロップ 《スポ》 pilier *m*.

プロテクター protecteur *m*; [安全装置] appareil *m* protecteur; [膝当て] genouillères *fpl*; [マスク] masque *m* protecteur.

プロテスタンティズム protestantisme *m*; [教徒] protestant(e) *m*(*f*). ¶~の protestant.

プロテスト protestation *f*. ‖~ソング chanson *f* protestataire.

プロデューサー [製作者] producteur(trice) *m*(*f*); [演出家] réalisateur(trice) *m*(*f*), metteur *m* en scène.

プロトアクチニウム protactinium *m*.

プロトコル protocole *m*.

プロトン proton *m*. ¶~の protonique.

プロパガンダ propagande *f*.

プロパン propane *m*. ‖~ガスで炊事をする faire cuire *qc* au réchaud de propane.

プロフィール [横顔] profil *m*; [短評] portrait *m*. 彼の~を一寸述べてみたいと思います Je vais esquisser son profil.

プロフェッショナル ¶~の professionnel(le).

プロペラ [船, 飛行機の] hélice *f*. ~の翼 pale *f* (aile *f*) d'hélice. ~の音 vrombissement *m*. ~を回す faire tourner l'hélice. ‖可変ピッチ~ hélice à pas variable. ~機 avion *m* à hélice(s). ~シャフト arbre *m* de l'hélice.

プロポーション proportion *f*.

プロポーズ demande *f* en mariage. ¶~する demander *qn* en mariage; demander la main de *qn*; faire une demande en mariage.

ブロマイド portrait *m* [photographique] d'une vedette.

プロミネンス 《天》 protubérances *fpl* [solaires].

プロメチウム prométhium *m*.

プロメテウス Prométhée *m*.「鎖を解かれた~」 *Prométhée mal enchaîné*. ¶~の prométhéen(ne). ~神話 mythe *m* prométhéen.

プロモーションビデオ vidéoclip *m*; clip *m*; bande *f* vidéo promotionnelle.

プロモーター [発起人] promoteur(trice) *m*(*f*); [興業主] auteur *m*; imprésario *m*; organisateur(trice) *m*(*f*).

プロレス catch *m*.

プロレスラー catcheur(se) *m*(*f*).

プロレタリア prolétaire *m*; 《俗》 prolo *m*; [集合的] prolétariat *m*. ¶~の prolétarien(ne). ‖~化 prolétarisation *f*. ~化する prolétariser. ~階級 classe *f* prolétaire.

プロローグ prologue *m*.

フロン 《化》 fréon *m*. ‖~ガス chlorofluorocarbone (CFC) *m*.

ブロンズ bronze *m*. ‖~色の bronzé. ~製品 [objet *m* de] bronze; bronzerie *f*. ~像 statue *f* de bronze. ~メダル [médaille *f* de] bronze.

フロンティア frontière *f*. ‖~スピリット esprit *m* des pionniers.

フロント [正面] front *m*; [ホテルの] réception *f*. ‖~ガラス pare-brise *m* inv. ~シート siège *m* avant. ~ドア porte *f* d'entrée [principale]; porte sur la rue. ~ブレーキ frein *m* avant.

ブロンド ¶~の blond. ~の髪 cheveux *mpl* blonds. ~の人 blond(e) *m*(*f*). ~の美人 belle *f* blonde. 彼女は髪を~にした Elle s'est blondi les cheveux. ‖~色 blond *m*. ~色の blondasse.

プロンプター souffleur(se) *m*(*f*). ‖~ボックス trou *m* du souffleur.

ふわ 不和 désaccord *m*; discorde *f*; dissension *f*; brouille *f*; mésintelligence *f*; dissentiment *m*; désunion *f*. 家庭の~ dissensions domestiques (familiales); querelle *f* de famille. ～の種 semence *f* (sujet *m*, pomme *f*) de discorde. ～の種をまく semer la discorde (désunion). 夫婦間に～が絶えない Les époux se querellent toujours. 彼の家庭には～が絶えない Il y a toujours de la brouille dans sa famille. ～である être mal (en brouille, en désaccord, en mauvais termes) avec *qn*; s'accorder mal; s'entendre mal; se trouver en désaccord; être en brouille avec. ～になる se brouiller avec. ～を起す désunir; désaccorder; brouiller. 一家を～させる désunir une famille; jeter la brouille dans une famille.

ふわたり 不渡り non-payement(-paiement) *m*. ～の impayé. ～になる ne pas être honoré (payé). 手形を～にする protester un billet. ‖～小切手 chèque *m* impayé (sans provision, contre-partie). ～手形 billet *m* non-accepté (protesté, retourné, renvoyé).

ふわふわ ～した〔柔らかい〕moelleux(se); mou (mol, molle); 〔安定しない〕flottant; frivole; futile. ～した敷物 tapis *m* moelleux. ～したベッド〔毛皮〕lit *m* (fourrure *f*) mou (molle). ～したロングスカート longue jupe *f* flottante (floue). ～浮いている雲 nuages *mpl* flottants. ～飛んでいる s'envoler légèrement.

ふわらいどう 付和雷同 moutonnerie *f*; grégarisme *m*. ～する suivre comme des moutons.

ふわり ～と〔軽く〕légèrement; 〔優しく〕doucement.

ふん Hum!/Hem!/〔軽蔑・無視〕Peuh! ～と鼻先であしらう faire fi de; traiter avec mépris; se moquer. ～俺がお前に何て言ったって Hum! qu'est-ce que je te disais?

ふん 分 ► minute *f*. 15～ un quart d'heure. 30～ une demi-heure. 3時15～過ぎ(前) trois heures et quart (trois heures moins le quart). 1～は60秒である La minute se divise en soixante secondes. 135度6～ 135 degrés 6 minutes. ‖数～後 dans un petit quart d'heure; quelques minutes après.

ふん 糞 fiente *f*; déjections *fpl*;《俗》merde *f*; chiasse *f*;〔馬, 犬などの〕crotte *f*; crottin *m*;〔牛の〕bouse *f*; 《獣の》fumées *fpl*;〔昆虫の〕chiure *f*;〔生〕excrément *m*; fèces *fpl*. ～をする fienter. ‖金魚の～のように従いて行く accrocher à la queue les uns.

フン ‖～族 les Huns *mpl*.

ぶん 分 ‖〔分量〕残り～ reste *m*. 不足～を補う suppléer à ce qui manque. 一週間(一食)の食糧 provisions *fpl* pour une semaine (un repas). 3人～の仕事 travail *m* pour trois personnes. 10人～の食事 repas *m* (service *m*) pour dix personnes. 2日～の食料 provisions *fpl* pour deux jours. 3日～の薬 remède *f* pour trois jours. ◆〔成分〕アルコール～ teneur *f* en alcool. ◆〔身分・状態〕état *m*; 〔階級〕rang *m*; condition *f*;〔資力〕ressources *fpl*; moyens *mpl*; 〔収入〕revenu *m*. ～に安んじる se contenter de son sort. ～をわきまえる savoir tenir *son* rang;

savoir comment se conduire (que faire). ～をつくす remplir (accomplir) *son* devoir; faire tous efforts (tout *son* possible) pour. ‖～に過ぎたことをする sortir de *son* rôle. ～に応じて selon *ses* moyens (possibilités). ‖～に相応な convenable. ～に相応な給料 salaire *m* convenable. …に…相応な相手 parti *m* bien assorti à *qn*. 不相応な暮しをする vivre au-dessus de *ses* moyens; dépenser plus que *son* revenu. あの車は僕には～不相応だ Cette voiture n'est pas dans mes moyens. ◆〔様子〕train *m*. あの～ならやがて終るだろう Au train où on va (A ce train-là), on aura bientôt fini. この～なら5時までに終るだろう S'il en est ainsi, nous allons finir pour cinq heures. この～なら大丈夫だ Si ce n'est que ça, ce n'est pas grave. ◆〔分け前・取り分〕part *f*; portion *f*; dividende *f*; partage *m*;〔財産などの取り分〕lot *m*. 自分の～を要求する réclamer *son* contingent (*sa* portion). 自分の～としてもらう avoir *qc* en partage. …の～として残しておく réserver *sa* part. これは君の～だ Ceci est pour vous./Voilà votre part. ◆〔部分・分数〕⇒付録.

ぶん 文 phrase *f*; proposition *f*;〔書き物〕écrit *m*; article *m*;〔作文〕composition *f*. ～は人なり Le style, c'est l'homme même. ～は武にまさる La plume est plus forte que l'épée. ‖肯定(否定, 疑問, 感嘆)～ phrase affirmative (négative, interrogative, exclamative). 散(韻)～ prose *f* (poésie *f*). 短い～を作る faire une courte composition. 単(複)～ phrase simple (complexe, composée). 名詞(動詞)～ phrase nominale (verbale). 次の～中に誤りがあれば直せ Corrigez les fautes dans le texte (les phrases) suivant(es).

ぶん ‖～と臭う empester; puer; piquer les narines à *qn*; monter au nez. この魚は～と臭う Ce poisson empeste. 腐った肉を～とする臭い odeur *f* infecte de la viande pourrie. ⇒ ぷんぷん. ◆ ～つする〔怒る〕se fâcher; faire la moue. ～として〔d'un air fâché (renfrogné).

ぶんあつ 分圧 pression *f* partielle.

ぶんあん 文案〔案〕idée *f*; plan *m*;〔下書き〕ébauche *f*; brouillon *m*; minute *f*. ～をねる ébaucher; faire le brouillon de *qc*; établir (fixer) le plan de *qc*;〔論文など〕rédiger un projet. ～を練る élaborer un plan (une idée); minuter.

ぶんい 文意 sens *m*〔d'une phrase, d'un texte〕. ～をつかむ saisir le sens d'un texte.

ぶんいき 雰囲気 atmosphère *f*; ambiance *f*. ～をこわす gâter (troubler) une atmosphère agréable. ここは仲々～がいい Il y a de l'ambiance, ici. ‖とげとげしい(友好的な)～の中で dans un climat d'hostilité (d'amitié). 自由(宗教的, 平和的, 家庭的)な～の中で dans une atmosphère libre (religieuse, paisible, familiale).

ぶんいん 分院 annexe *f*.

ぶんえん 噴煙 fumée *f* volcanique. ～を吐く vomir de la fumée.

ぶんおんぷ 分音符　tréma *m*.　～をつけるtrémaliser.

ぶんか 噴火　éruption *f* [volcanique]; [突然, 爆発的に] déflagration *f*. ¶～する faire éruption; entrer en activité. ‖～口 cratère *m*; cheminée *f* volcanique. ～中である être en éruption.

ぶんか 分化 [生] différenciation *f*; [特殊化] spécialisation *f*. ¶～する(させる) (se) différencier; spécialiser.

ぶんか 分科　département *m*; section *f*; division *f*; subdivision *f*.　‖～会 réunion *f* de la section.

ぶんか 文化　culture *f*; [文明] civilisation *f*. ¶～の culturel(le); civilisé; cultivé. ～の交流 échange *m* culturel. ～の発達 développement *m* (progrès *m*) culturel. ～の役割 rôle *m* civilisateur. ‖[西洋(東洋)]～ culture occidentale (orientale). ～映画 film *m* documentaire (éducatif). ～会館 maison *f* de la culture. ～活動 activité *f* culturelle. ～協定 accord *m* culturel. ～勲章 médaille *f* du mérite culturel. ～勲章を受ける être décoré de mérite culturel. ～功労者 personne *f* de mérite culturel. ～国家 état *m* civilisé. ～祭 fête *f* de l'école. ～[財(遺産)]bien *m* (héritage *m*) culturel. 重要～財 biens *mpl* culturels classés. ～財保護委員会(法) commission *f* (loi *f*) pour la protection des biens culturels. ～使節 envoyé *m* (délégué *m*) culturel. ～使節団 délégation *f* (mission *f*) culturelle. ～住宅 habitation *f* moderne. ～人 intellectuel(le) *m*; homme *m* de haute culture. ～人類学 anthropologie *f* culturelle; ethnologie *f*. ～水準 niveau(x) *m* culturel. ～生活 vie *f* moderne (modernisée, civilisée). ～大革命 Révolution *f* Culturelle. ～庁 office *m* de la Culture.

ぶんか 文科 [理科に対する] lettres *fpl*. ～の学生 étudiant(e) *m*(*f*) de lettres.

ぶんがい 憤慨　indignation *f*; irritation *f*; colère *f*. ¶～する s'indigner de *qc* (que *sub*); être indigné; se fâcher de; être outré de; s'offenser. ～させる indigner; fâcher; outrer. ～した indigné; fâché; froissé. ～した様子で d'un air indigné. ～して avec indignation (colère).

ぶんかい 分会 [支部] branche *f*; succursale *f*.

ぶんかい 分解　décomposition *f*; [機械などの] démontage *m*. ¶～する décomposer; démonter. 機械を～する démonter (disloquer) une machine. 太陽光線をプリズムで～する décomposer la lumière solaire par le prisme. [加]水～ hydrolyse *f*; 加水～する hydrolyser. 光～ photolyse *f*. ～写真で見せる décomposer *qc* au ralenti (au playback).

ぶんがく 文学　littérature *f*; belles-lettres *fpl*. ～を職業とする faire carrière dans la littérature. ¶～の(的) littéraire. ～の才能がある avoir un talent littéraire. ～の趣味がある avoir le goût de la littérature. ～の素養がある avoir des lettres; être lettré. ～の造詣が深い avoir une vaste culture littéraire (des lettres). 作品の～的価値 valeur *f* littéraire d'un ouvrage. ～的に littérairement. ‖ 古典[近代, 現代]～ littérature classique (moderne, contemporaine). 児童(少年)～ littérature pour les enfants (la jeunesse). 純(大衆, 記録)～ littérature pure (populaire, documentaire). 日本(フランス)～ littérature japonaise (française). 比較～ comparatiste *mf*. ～愛好家 amateur *m* de la littérature. ～運動 mouvement *m* littéraire. ～界 monde *m* littéraire (des lettres). ～概論 manuel *m* (traité *m*) de littérature. ～かぶれの女 bas-bleu *m*. ～作品 littéraire; œuvre *f* littéraire. ～雑誌 revue *f* littéraire. ～史 histoire *f* de la littérature (littéraire). ～士(博士) licencié *m* (docteur *m*) ès lettres. ～者 homme *m* (femme *f*, gens *mpl*) de lettres; écrivain *m*. 女流～者 femme écrivain *m*. フランス～者 spécialiste *m* de littérature française. ～青年 aspirant écrivain *m*; jeune lettré *m*. ～批評 critique *f* littéraire. ～部 faculté *f* des lettres.

ぶんかつ 分割　division *f*; [国土の] démembrement *m*; [土地の] morcellement *m*; [分配] partage *m*; lotissement *m*. ¶～する diviser; démembrer; partager, morceler; répartir. 領地を～する démembrer (diviser) un domaine. 土地を～する morceler un terrain. 彼らは遺産を～し合った Ils se sont partagé l'héritage. ～される se diviser; se morceler. ‖ 黄金～ section *f* d'or. ～統治する diviser pour gouverner. ～払い paiement *m* partiel. ～払いで échelonner les paiements. ～払いで par versements échelonnés; à tempérament.

ぶんかつ 分轄　¶～する séparer la compétence de.

ぶんかん 分館　annexe *f*. ¶～の annexe; accessoire; secondaire.

ぶんかん 文官　fonctionnaire *mf* civil *f*

ぶんき 奮起 ¶～する reprendre courage; se secouer. 彼は～して困難な事業を期限内になしとげた Il s'est secoué pour terminer à temps cette entreprise difficile. ここは一番～しなければならぬ C'est le moment de déployer toutes ses ressources. さあ～しろ Allons, secoue-toi! ～させる ranimer le courage de; réchauffer le courage de. 兵士を～させる ranimer le courage des soldats. 彼の勇敢な行為が後に続く者を～させた Sa conduite héroïque a ranimé le courage de ceux qui le suivaient.

ぶんき 分岐　¶～する se diviser; se séparer; [二筋に] bifurquer. ‖～線 [鉄道の] ramification *f* d'une voie ferrée. ～点 embranchement *m*; [川の] fourche *f*; bifurcation *f*; point *m* de jonction.

ぶんきこう 噴気孔　fumerol[l]e *f*.

ぶんきゅう 紛糾　complication *f*; enchevêtrement *m*; embrouillement *m*; confusion *f*. ～を引き起こす causer (provoquer) une confusion. 事態は～の度合いを深

ぶんきょう めている Les choses se compliquent. ¶～する se compliquer; s'enchevêtrer; s'embrouiller. 議論は～している Le débat s'embrouille. ～させる compliquer; enchevêtrer; embrouiller. ～した compliqué; ～する enchevêtré; embrouillé.

ぶんきょう 文教 ¶～政策 politique *f* de l'éducation publique. ～地区 quartier *m* universitaire.

ぶんぎょう 分業 division *f* du travail. ¶仕事を～する diviser (partager) le travail.

ぶんぎょうじょう 分教場 annexe *f* d'une école.

ぶんきょく 分極〔作用〕polarisation *f*. ¶～する se polariser.

ふんぎり 踏み切り ¶～がつかない ne pas [pouvoir] se décider; hésiter. ～の悪い hésitant; indécis. 彼は～の悪い人だ Il est de caractère hésitant.

ぶんけ 分家 branche *f*; cadette *f* d'une famille. ¶～する établir un foyer séparé (une branche).

ふんけい 刎頸 ¶～の交りを結ぶ nouer une amitié étroite (fidèle, dévouée) jusqu'au tombeau. 彼らは互いに～の友である Entre eux, c'est à la vie à la mort./Ils sont amis à la vie à la mort.

ぶんけい 文型 type *m* de phrase.

ぶんげい 文芸〔文学〕littérature *f*; belles-lettres *fpl*; 〔文学及び芸術〕arts *mpl* et littérature. ～に携わる faire de la littérature. ¶～に関する littéraire. ～思潮 courants *mpl* (mouvements *mpl*) des idées littéraires. ～批評 critique *f* littéraire. ～部 cercle *m* (club *m*) d'amateurs de littérature. ～復興 Renaissance *f*. ～欄 feuilleton *m*; chronique *f* littéraire.

ふんげき 憤激 indignation *f*; exaspération *f*; fureur *f*. ～を買う provoquer l'indignation de *qn*. ¶～する s'indigner de *qc* (que *sub*); s'exaspérer; être pris de fureur contre; éclater en fureur contre. 友達でさえ彼のやったことに～している Ses amis eux-mêmes se sont indignés de ce qu'il a fait. 彼の振舞に私は～した Sa conduite m'a exaspéré (indigné). その言葉に彼は～した A ces mots, il éclata en fureur. ～させる indigner; exaspérer; ～した enflammé de colère; exaspéré; enragé; furieux(se).

ぶんけん 分権 ¶地方～ décentralisation *f*. 政策(行政)地分～ décentralisation politique (administrative).

ぶんけん 分遣 ¶～する détacher. ¶～隊 détachement *m*. ～隊は偵察に出かけた Un détachement est parti en reconnaissance.

ぶんけん 文献 document *m*; 〔集合的に〕documentation *f*; 〔参考資料〕matériaux *mpl*. ～を集める recueillir (rassembler) des documents. ¶～の documentaire. この本には～的価値がある Ce livre présente un intérêt documentaire. ¶～書 livre *m* (ouvrage *m*) à consulter. ～学 philologie *f*. ～学者 philologue *mf*. ～学的な philologique. ～学的に philologiquement. ～調査 documentation. ～目録 bibliographie *f*.

ぶんこ 文庫〔書庫・蔵書〕bibliothèque *f*; 〔双書〕collection *f*; 〔寄贈蔵書〕fond *m*. ¶それは岩波で読んだ J'ai lu cette œuvre dans la collection Iwanami. 手～ cassette *f*; 箱～ boîte *f*; coffret *m*. ～本(版) livre *m* (format *m*) de poche.

ぶんご 文語 langue *f* littéraire; 〔書き言葉〕langue *f* écrite. ¶～の(的) littéraire. ～的表現 expression *f* littéraire (locution *f* littéraire). ～体で書く écrire dans le style littéraire classique.

ふんごう 吻合 《医》abouchement *m*. ¶～する s'aboucher.

ぶんこう 分光 ¶～〔学〕の spectroscopique. ¶～学 spectroscopie *f*; spectrométrie *f*. プリズム(格子, 直視)～器 spectroscope *m* à prismes (réseau, vision directe). ～計 spectromètre *m*. ～写真 spectrogramme *m*. ～写真機 spectrographe *m*. ～測光 spectrophotométrie *f*. ～分析 analyse *f* spectroscopique (spectrale).

ぶんこう 分校 annexe *f*; école *f* annexe; branche *f* d'une école.

ぶんごう 文豪 grand écrivain *m*.

ぶんこつ 分骨 ¶～する enterrer séparément une partie des cendres de *qn*.

ふんこつさいしん 粉骨砕身 ¶～する ahaner; travailler dur (de toutes *ses* forces); faire *son* possible.

ふんさい 粉砕 ¶～する〔叩きのめす〕détruire complètement; écraser; pulvériser; 〔粉々にする〕broyer; mettre en petits morceaux; pulvériser. 敵を～する pulvériser (écraser) l'ennemi. 相手の反対を～する détruire complètement (pulvériser) une objection de *son* adversaire. ファシズム～ A bas le fascisme! ¶～機 broyeur *m*; machine *f* broyeuse.

ぶんさい 文才 talent *m* littéraire. ～がある avoir un talent littéraire. ～を発揮する exercer *son* talent littéraire.

ぶんざい 分際 ¶小役人(学生)の～で pour un petit fonctionnaire (un étudiant). たかが雇人の～で pour un simple employé.

ぶんさつ 分冊 fascicule *m*. ～を合本にする relier des fascicules en un volume. ¶～にして出版する publier *qc* par fascicules (par volumes, par livraisons). ¶この作品は第3～まで出た De cet ouvrage, les trois premiers fascicules (premières livraisons) ont déjà paru.

ぶんさん 分散 dispersion *f*; éparpillement *m*. プリズムによる光線の～ dispersion de la lumière blanche par un prisme. 力の～ dispersion des forces. 部隊の～ éparpillement des troupes. ¶～する〔散らばる〕se disperser; s'éparpiller; aller de tous côtés; se répartir. 群集は小集団に～した La foule s'éparpilla en petits groupes. ～させる disperser; éparpiller; répartir; échelonner; diviser; décentraliser. 部隊を戦線に～させる éparpiller des troupes le long du front. 部隊を各村に～させる répartir (disperser) *ses* troupes en divers villages. ¶憲兵を行列の道筋に沿って～配置する échelonner des gendarmes sur tout le parcours du cortège.

ふんし 憤死 ¶~する mourir dans une extrême indignation (un profond dépit).

ぶんし 分子 [物・化] particule *f*; molécule *f*. ¶~の moléculaire. ‖グラム~ molécule (s)-gramme(s) *f*. 高~ macromolécule *f*. ~化合物 composé *m* moléculaire. ~構造 structure *f* des molécules. ~式 formule *f* moléculaire. ~生物学 biologie *f* moléculaire. ~量 poids *m* (masse *f*) moléculaire (molaire). ◆ [数] numérateur *m*. 分数の~と分母 numérateur *m* et dénominateur *m* d'une fraction. ◆ [成員・要素] élément *m*; [分派] partie *f*, fraction *f*. [過激]~ élément extrémiste. 構成~ partie *f* constituante; constituant *m*. 党内の不平~ mécontents *mpl* du parti.

ぶんし 分枝 ramification *f*. 茎の~ ramification d'une tige. ¶~する se ramifier. 血管はいくつにも~している Les veines se ramifient en grand nombre. ‖神経~ ramifications nerveuses.

ぶんし 分詞 participe *m*. ‖現在(過去)~ participe *m* présent (passé). 絶対~節 proposition *f* participe absolu.

ぶんし 文士 homme *m* (femme *f*) de lettres; gens *mpl* de lettres; écrivain *m*. ‖三文~ écrivailleur(se) *m(f)*; gratte-papier *m inv*; noirciseur *m* de papier.

ぶんじ 文辞 ¶~を弄する faire des (de grandes) phrases.

ぶんしつ 紛失 perte *f*; disparition *f*; [書類などは]*m*. ¶~する perdre; égarer; disparaître. 切符[指環]を~する perdre un billet (une bague). その書類を~しないよう注意しなさい Prenez garde de ne pas égarer les papiers. ~した perdu; égaré. ‖~届を出す faire une déclaration de perte de. ~物 objet *m* perdu (égaré).

ぶんしつ 分室 annexe *f* d'un bureau.

ふんしゃ 噴射 jet *m*; injection *f*. ¶~する jeter; injecter. ‖~器 injecteur *m*. ~推進式の ā réaction. ~台 [ロケットの] rampe *f*.

ぶんじゃく 文弱 ¶~に流れる être émasculé par la culture. ~の徒 intellectuel(le) *m(f)* efféminé(e).

ぶんしゅう 文集 recueil *m* [littéraire]; [選集] analectes *mpl*; [詞華集] anthologie *f*; florilège *m*; [論集など] morceaux *mpl* choisis; mélanges *mpl*.

ぶんしゅく 分宿 ¶~する loger séparément; se répartir. 私たちは昨晩民家に~した Nous nous sommes répartis pour la nuit chez des particuliers.

ふんしゅつ 噴出 jet *m*; éjection *f*; projection *f*, jaillissement *m*; éruption *f*. ¶~する jaillir; [出す] projeter; vomir. ガスが~する Le gaz jaillit. 炎を~する vomir des laves. 噴煙を~する火山 volcan *m* qui projette des poussières noires. ~物 [火山の] éjections volcaniques; déjections *fpl*.

ふんしょ 焚書 ¶~を行う faire un autodafé de livres.

ぶんしょ 分署 commissariat *m*. 警官は~まで 同行せよと言った L'agent m'invita à le suivre au commissariat.

ぶんしょ 文書 écrit *m*; écritures *fpl*; [資料] document *m*; [書類] papier *m*; pièce *f*; [証書, 法令など] acte *m*; [報告書など] bulletin *m*; [通達など] note *f*; [手紙類] lettre *f*; correspondance *f*. ¶~で par écrit; sur le papier. ~にする mettre qc par écrit. ~にして届ける[提出する]; libeller; exposer par écrit. ‖外交~ papiers (notes) diplomatiques. ~課 service *m* des archives; greffe *m*. ~係 greffier(ère) *m(f)*. ~偽造 falsification *f* de documents.

ぶんじょう 紛擾 trouble *m*; perturbation *f*; dérangement *m*; agitation *f*.

ぶんしょう 文章 [文] phrase *f*; [本の] texte *m*; [散文] prose *f*; [スタイル] style *m*. バルザックの~ style de Balzac. 或る作家の~を真似る imiter le style d'un écrivain. ~に versé le style du style. ~を引用する citer une phrase (un passage) de. ~を書く écrire. ~を練る élaborer (travailler) son style. 雑誌に~を載せる publier (faire paraître) un article (un essai) dans une revue. ‖~家 styliste *mf*. ~語 langue *f* écrite. ~体 style littéraire. ~論(法) syntaxe *f*.

ぶんじょう 分乗 ¶~する monter séparément dans. 彼らは5台のバスに~した Ils se sont répartis (Ils sont partis) dans cinq cars.

ぶんじょう 分譲 ‖土地を~する vendre un terrain par lots (en parcelles); lotir un terrain. ~住宅 logement *m* en lotissement. ~地 terrain *m* à lotir; lotissement *m*; terrain loti.

ふんしょく 粉飾 embellissement *m*; fard *m*. ~を施す farder; broder; colorer; embellir; maquiller. ¶~する maquiller une faute. 己れの考えを~する farder *sa* pensée. 想像力で~する broder [par l'imagination]. 事実を~する maquiller les faits. ‖~決算 する trafiquer les budgets.

ぶんしょく 文飾 ornements *mpl* du style; fioritures *fpl*. ~を施す orner (enjoliver, décorer, parer) *son* style. ¶~の多い文章 texte *m* plein d'ornements.

ぶんしん 分針 grande aiguille *f*.

ぶんしん 分身 double *m*; alter ego *m*. 私の~ mon double; mon alter ego; un autre moi-même.

ぶんじん 文人 homme *m* (gens *mpl*) de lettres; littérateur *m*; écrivain *m*.

ふんすい 噴水 jet *m* d'eau; fontaine *f*. 大~ grandes eaux *fpl*.

ぶんすいれい 分水嶺 ligne *f* de partage des eaux.

ぶんすう 分数 fraction *f* [ordinaire]. ~にする fractionner. ¶~の fractionnaire. ‖仮(帯)~ expression *f* (nombre *m*) fractionnaire. ~方程式 expression *f* (équation *f*) fractionnaire.

ふんする 扮する [役に] jouer (interpréter, exécuter) un rôle; [扮装する] se travestir; [変装する] se déguiser.

ぶんせき 分析 analyse *f*; décomposition *f*.

ぶんせき 〜の結果…だった L'analyse montre que…. ¶〜する analyser; décomposer; faire une analyse; soumettre qc à une analyse. 化合物を〜する procéder à l'analyse d'un composé chimique. 作家の意図を微細に〜する faire une analyse minutieuse des intentions de l'auteur. 〜的精神 esprit m analytique. 〜可能な analysable. 密度の高い作品は〜不能だ Un ouvrage si dense n'est guère analysable. 〜的 analytiquement. ‖〜化(論理)‐ analyse chimique (d'un raisonnement). 血液〜 analyse du sang. 〜家 analyseur m; analyste mf.

ぶんせき 文責 rédacteur m. 〜を負う prendre la responsabilité de la rédaction (d'un article).

ぶんせつ 分節 [昆虫などの] segmentation f; [言語] articulation f.

ぶんせつ 文節 section f; paragraphe f. 2つの〜に分ける diviser en deux sections.

ふんせん 奮戦 lutte f acharnée. ¶〜する lutter avec acharnement; combattre énergiquement (courageusement, vaillamment).

ふんぜん 憤然 ¶〜とする s'enflammer de colère; éclater en (être pris de) fureur contre; se fâcher tout rouge. 〜とした様子で d'un air furieux. 〜として avec indignation (colère); furieusement.

ふんぜん 奮然 ¶〜として résolument; courageusement.

ブンゼンとう ‐灯 bec m Bunsen.

ふんそう 扮装 travestissement m; déguisement m; [衣装] costume m; [メーキャプ] maquillage m. ¶〜[を]する se travestir; se costumer; se déguiser en; se maquiller.

ふんそう 紛争 conflit m; différend m; contestation f; [争議] litige m. 国際間の〜 conflit international. 〜を起す entrer en conflit (en contestation) avec. 〜を解決する régler un différend. 両国間で〜が起った Une contestation est née (s'est élevée) entre les deux pays. ¶国家間の〜を解決するための国際的機関 organisme m international chargé de rechercher une solution aux différends entre Etats. 大学〜 agitation f universitaire. 〜中である avoir un différend avec.

ふんぞりかえる ふんぞり返る 長椅子に〜 se carrer dans un fauteuil; se caler la tête contre le dos d'un fauteuil. この地位に就いて以来, 彼はすっかりふんぞり返っている [威張る] Depuis qu'il est à cette place, il roule sur les épaules (prend toujours de grands airs). ふんぞり返って歩く se pavaner; marcher avec orgueil. 鶏はふんぞり返った時を告げる Quand le coq chante, il se rengorge.

ぶんたい 分隊 escouade f; peloton m; [分遣隊] détachement m. ¶〜長 chef m d'escouade (de peloton); caporal(aux) m.

ぶんたい 文体 style m; manière f d'écrire. 自然な(優雅な) 〜 style m naturel (élégant). 〜を練る travailler son style. 〜を真似る imiter le style. ¶〜の stylistique. 気取った (凝った) 〜の小説 roman m d'un style affecté (recherché). 簡素な〜で書く écrire dans un style simple. 〜論 stylistique f. 〜論学者 stylisticien(ne) m(f).

ふんだくる prendre qc de force; extorquer qc à qn; [洗い ざらい] rafler qc.

ふんたん 粉炭 poussier m; grésillon m.

ふんだん ¶〜な abondant; surabondant. 〜に en abondance; en grande quantité; à foison; à profusion. 〜にある abonder; foisonner. 〜に与える donner à pleines mains. 〜に使うを惜しまない ne pas épargner qc. 〜に金を遣う prodiguer son argent; dépenser de l'argent sans compter (à profusion). 〜に持っている regorger de; avoir qc à revendre. この店には商品が〜にある Ce magasin regorge de marchandises. 彼の書き物には凝った表現が〜にある Les expressions recherchées abondent dans ses écrits. 食物は〜にあるから好きなだけ食べて下さい Il y a abondance de nourriture: mangez tout votre soûl. 今年は果物が〜に出回っている Cette année, les fruits foisonnent chez les marchands. 金を〜に遣って à grands frais.

ぶんたん 分担 partage m; répartition f. 共著者間の仕事の〜 répartition des tâches entre collaborateurs. 仕事の〜をきめる répartir les tâches (le travail). ¶〜する partager; répartir. 費用の〜を participer aux frais. 責任を〜する partager les responsabilités. 我々で仕事を〜しよう Nous allons partager la besogne (à profusion). 〜できる(可能の) partageable. ‖〜金 quotité f; quote(s)-part(s) f; cotisation f. 〜する資本 capital m d'apport. 〜者 partageant m.

ぶんたん 分団 détachement m; parti; petit groupe m; [軍隊, 警察の] brigade f.

ぶんだん 文壇 monde m littéraire (des lettres); milieux mpl littéraires. 〜に斬り込む s'attaquer au monde littéraire. 〜に出る faire ses débuts (son entrée) dans le monde littéraire; commencer sa (débuter dans la) carrière littéraire.

ぶんちょう 文鳥 moineaux m de Java.

ぶんちん 文鎮 presse-papiers m inv.

ぶんつう 文通 correspondance f; échange m de lettres. ¶〜する correspondre avec; avoir une correspondance avec; écrire à; [互いに] s'écrire (échanger) des lettres. 彼が外国にいる間私たちは定期的に〜していた Nous avons correspondu régulièrement pendant son séjour à l'étranger. 私には〜している人が3人いる Je corresponds avec trois personnes.

ふんづまり 糞詰まり constipation f. ¶〜になる se constiper.

ぶんてん 文典 grammaire f.

ふんど 憤[怒](忿怒) ⇨ ふんぬ(憤怒, 忿怒).

ふんとう 奮闘 成功するためには〜を要する Il faut se démener pour réussir. ¶〜する se démener; se donner beaucoup de peine; se dépenser sans trêve; faire de grands efforts; se débattre contre; se remuer. 計画実現のため〜する se remuer pour faire aboutir un projet. こんな状態では君ひとり〜し

ふんどう 分銅 poids m; [時計の] contrepoids m. ~を秤にのせる mettre un poids dans (sur) la balance.

ふんとう 文頭 début m d'une phrase.

ぶんどき 分度器 rapporteur m.

ふんどし 褌 ¶~をしめてかかる retrousser ses manches. これは~をしめ直さねばならない C'est une chose à relever mes manches. 他人の~で相撲をとるなんて怪しからん Profiter sur le dos d'autrui, c'est inadmissible.

ぶんどる 分捕る prendre qc à qn; enlever qc à qn; extorquer qc à qn; s'emparer de qc; capturer qc; [掠奪する] rafler. 敵から莫大な戦利品を~ prendre un immense butin à l'ennemi. 敵艦を~ capturer un navire ennemi. ‖分捕品 butin m; proie f; prise f de guerre; capture f.

ぶんなぐる ぶん殴る battre qn avec violence; assommer; flanquer une raclée à qn; rouer qn de coups; casser la figure à qn. 力一杯~ flanquer à bras raccourcis.

ふんにゅう 粉乳 poudre f de lait; lait m en poudre (soluble). ‖脱脂~ poudre de lait écrémé.

ふんにょう 糞尿 excréments mpl; déjections fpl; [下肥] vidanges fpl. ~を汲み取る vidanger. ‖~汲取人 vidangeur m. ‖~譚 scatologie f.

ふんぬ 憤(忿)怒 rage f; fureur f; paroxysme m de la colère. ¶~の形相さまじく défiguré par une colère violente.

ぶんのう 分納 échelonnement m. ¶~する [品物を] échelonner les livraisons; [金を] échelonner les paiements; payer par versements échelonnés. 税金を2度 (2期, 半年ごと) に~する payer les impôts en deux fois (à deux termes, par semestres).

ぶんぱ 分派 ramification f; secte f; [政党などに属する] fraction f. ¶~を作る former une secte (un groupe à part). ~を持つ se ramifier dans. ‖~活動 activité f fractionnelle; fractionnisme m. ‖~活動に専心する se livrer à des activités fractionnelles.

ぶんばい 分売 ¶~する vendre qc séparément (par pièce, en parties). 一個(ペア, カ月)単位で~される se vendre à la pièce (par paire, à la douzaine).

ぶんぱい 分配 partage m; distribution f; échelonnement m; répartition f. この~は不公平だ Le partage n'est pas équitable. ¶~する partager, faire le partage de; répartir; distribuer. 利益を社員同志で~する partager (répartir) les bénéfices entre les associés. ~して分譲する se partager. ~し合った Ils se partagèrent l'héritage. ‖~し直す redistribuer. ‖~金 [清算の] dividende m; ~を配る distribu*er(trice) m(f).

ふんぱつ 奮発 ¶~する [努力する] s'employer à (pour); s'efforcer de; s'appliquer à. 今度 は~していい点を取らなければ駄目ですよ Cette fois vous devez vous employer pour avoir une bonne note. ◆[思い切って] sauter le pas (le fossé); [思い切って出費する] se fendre de qc; se payer qc. 昨日は特級酒を~しちゃった Je me suis fendu d'un saké de première qualité. 今夜は豪華な食事を~しよう Ce soir je vais me payer un bon dîner. 旦那, ここは一番~して下さいよ Monsieur, sautez le fossé!

ふんばる 踏ん張る s'arc-bouter sur (à, contre); [股を開いて] écarter les jambes; se planter (se soutenir) sur ses jambes. 足を踏ん張って車輪を持ち上げようとする s'arc-bouter au sol pour essayer de soulever la roue de la voiture. 足を踏ん張って仁王立ちになる se planter en écartant ses jambes. ¶彼は踏ん張りが効かなくなった Il n'a pas d'endurance. もう一踏ん張りだ Encore un effort (un peu de patience)!

ふんばんもの 噴飯もの ¶それは~だ C'est risible (ridicule, bidonnant)./Cela me fait rire.

ぶんぴ 分泌 sécrétion f; excrétion f. ¶~する sécréter. 肝臓は胆汁を~する Le foie sécrète la bile. ‖唾液~ sécrétion salivaire. ‖内(外)~腺 glandes fpl à sécrétion interne (externe). ‖過剰~ hypersécrétion f. ‖~作用 sécrétion f. ‖~腺 glande sécrétrice. ‖~物 [produit m de] sécrétion.

ぶんぴつ 文筆 ¶~の才がある avoir un talent littéraire. ~に専念する se consacrer à la littérature. ‖~家 écrivain m; homme m de lettres; [ジャーナリスト] journaliste mf. ~生活をする vivre de la (sa) plume.

ふんびょう 分秒 ¶~を争う問題だ C'est une affaire d'extrême urgence. 出発は~を争う Il faut partir sans délai. ~を争って sur-le-champ; sans délai.

ぶんぶ 文武 ¶~百官 fonctionnaires mpl civils et militaires. ~両道に秀でる exceller par la plume et par l'épée.

ぶんぷ 分布 répartition f; distribution f. 動物 (植物) の地理的~ répartition géographique des animaux (des plantes). ¶この種の植物は世界中に~している Cette sorte de plantes est répandue dans le monde entier. ‖~曲線 courbe f de distribution. ‖~図 tableau(x) m de répartition. 人口~図 carte f démographique.

ふんぷん 紛々 ¶この件に関しては諸説~である Il y a toutes sortes d'avis (d'opinions) sur cette affaire.

ふんぷん 芬々 odeur f aromatique; senteur f pénétrante. ~たる悪臭 odeur puante (infecte). ~たる芳香を放つ exhaler (répandre) une forte odeur. ~たる悪臭を放つ infecter; empester; empuantir. ¶ここは臭気~としている Ça empeste ici!

ぶんぶん ¶鞭を振り回す faire des moulinets avec les bras. ~唸る faire ronron; ronronner; vrombir; ronfler; bourdonner. こまが~唸っている La toupie ronfle. モーターが~唸り始めた Le moteur commence à

ぶんぶん ronronner (ronfler, vrombir). ～いう音 ronron *m*; [機械の] ronronnement *m*; vrombissement *m*; ronflement *m*; [蜂などの] bourdonnement *m*.

ぷんぷん ⇨ ぷりぷり. ¶～匂う exhaler une forte odeur; sentir à plein nez. 悪臭をさせている puer; sentir mauvais; infecter. 彼女は香水を～させている Elle pue le parfum.

ふんべつ 分別 discernement *m*; entendement *m*; [判断力] jugement *m*; [良識] bon sens *m*; [理性] raison *f*. ～がある avoir du jugement; avoir du bon sens. ～を欠く manquer de discernement. ¶～のある raisonnable; judicieux(se); sage; sensé; [筋の通った] conséquent. ～のある人 personne *f* judicieuse (sage, sensée, qui est de bon conseil); personne *f* de bon sens. ～のない déraisonnable; inconsidéré; irréfléchi; insensé. ～のつく年頃 [物心の] age *m* de raison (connaissance). もうこの子も～のつく年頃だからそれぐらい分る筈だ Comme cet enfant a atteint l'âge de raison, il doit pouvoir comprendre cela. ～くさい顔をする d'un air hypocrite. ¶～盛り age *m* mûr. ～盛りである être en pleine maturité de jugement.

ふんべん 糞便 ⇨ くそ(糞).

ぶんべん 分娩 accouchement *m*; couches *fpl*; 《医》 parturition *f*. ¶～する accoucher; faire ses couches. 予定日(以前)に～する accoucher à terme (avant terme). 彼女は男の子(女の子, 双子)を～した Elle a accouché d'un garçon (d'une fille, de jumeaux). ～させる [医者が] accoucher une femme. ‖～休暇 [産時休暇] congé *m* de maternité. ～室 salle *f* d'accouchement. ～中である être en travail.

ふんぼ 墳墓 sépulcre *m*; tombeau(x) *m*; monument *m* funéraire. ～の地を訪ねる visiter *son* pays natal. ‖ 地下～ hypogée *m*.

ぶんぼ 分母 dénominateur *m*. ‖ 共通(公)～ dénominateur commun. 最小公～ le plus petit dénominateur commun.

ぶんぽう 分封 [峰の] essaimage *m*. ¶ 蜜蜂は春に～する Les abeilles essaiment au printemps. ‖～式 essaimage. *f*. 【封建領地の付与】 inféodation *f*. ¶～する fieffer; inféoder. ～される s'inféoder. ‖～地 fief *m*.

ぶんぽう 文法 grammaire *f*. ～の規則 règle *f* de grammaire. 生徒に～の問題を出す donner des exercices grammaticaux aux élèves. ¶～(上の) grammatical(aux). ～的に grammaticalement. ～的に正しくない ne pas être grammatical; être grammaticalement incorrect; ne pas être conforme à la grammaire. ‖ フランス語(実用)～ grammaire française (pratique). ～家(学者) grammairien(ne) *m(f)*. ～書(学) grammaire.

ぶんぽうぐ 文房具 papeteries *fpl*; articles *mpl* (fournitures *fpl*) de bureau (d'école). ‖～売場 [デパートの] rayon *m* de papeterie. ～屋 papeterie; [人] papeti*er*(*ère*) *m(f)*.

ふんまつ 粉末 poudre *f*; [微細な] poussière *f*. ¶～にする réduire en poudre; pulvé-

riser. ‖～状の pulvérulent. ～状の牛乳(砂糖) lait *m* (sucre *m*) en poudre.

ふんまん 憤懣 indignation *f*; colère *f*; rage *f*; fureur *f*. ～をぶちまける laisser éclater *son* indignation; décharger *sa* colère; éclater en fureur. 社会的不正に～を覚える s'indigner (s'emporter) contre l'injustice sociale. ～にたえない crever de rage. ～やる方ない être furieux(se).

ぶんみゃく 文脈 ramification *f*. 根(葉脈)の～ ramification des racines (des nervures des feuilles).

ぶんみゃく 文脈 contexte *m*. ～をたどる se rapporter au contexte. ～によって文意を明らかにする éclaircir un passage par le contexte. ～が乱れている Le contexte est confus. ～から言うとそうは理解できない D'après le contexte, je le comprends autrement. ¶～の contextuel(le).

ぶんみん 文民 civil(e) *m*.

ふんむ 噴霧 ‖～管 [内燃機関の] gicleur *m*. ～器 pulvérisateur *m*; atomiseur *m*; [スプレー] vaporisateur *m*; [園芸用の] seringue *f*. ～器で殺虫剤をかける pulvériser des produits insecticides.

ぶんめい 文名 renommée *f* (gloire *f*, réputation *f*) littéraire. ～を上げる acquérir une renommée littéraire. ～をほしいままにする jouir d'une réputation littéraire.

ぶんめい 文明 civilisation *f*; [文化] culture *f*. ～の恩恵 bienfaits *mpl* de la civilisation. ～の利器 produit *m* de la civilisation. この国は～の程度が高い Ce pays a un niveau élevé de civilisation. 戦争は～に対する犯罪である Les guerres sont des crimes contre la civilisation. ～が進歩するにつれて au fur et à mesure que la civilisation fait des progrès (se développe). ‖近代(西洋)～ civilisation moderne (occidentale). 物質(機械)～ civilisation matérialiste (mécanique). ～開化の時代 époque *f* civilisée. ～国 pays *m* civilisé; nation *f* civilisée. ～人 civilisé(e) *m(f)*; homme *m* civilisé; [集合的] peuple *m* civilisé. ～病 maladie *f* propre à notre civilisation.

ぶんめん 文面 teneur *f*; [趣旨・内容] contenu *m*; [契約などの] texte *m*; termes *mpl*. 契約の～ teneur (texte) d'un contrat. 手紙の～からすると à suivant le contenu de la lettre. ¶～通りに受けとる prendre *qc* littéralement (à la lettre, au pied de la lettre). ～通りに受けとる馬鹿がいるか Tu es assez bête pour prendre ça au pied de la lettre.

ぶんもん 噴門 [胃の] cardia *m*.

ぶんや 分野 domaine *m*; champ *m*; sphère *f*. 各人それぞれの～で最善を尽してもらいたい Je veux que chacun fasse de son mieux dans sa sphère. ‖活動～ champ (sphère) d'activité (d'action). 活動～を拡げる étendre (agrandir) *sa* sphère d'activité. この問題は私の研究～の外だ Cette question est étrangère au champ de mes recherches. 議会の勢力～ répartition *f* des sièges au parlement. それは彼の専門～だ C'est son domaine (rayon).

ぶんよ 分与 distribution *f*; partage *m*; répartition *f*. ¶~する distribuer; répartir, départir.

ぶんり 分離 séparation *f*; dissociation *f*; [電波] sélection *f*. アイソトープの~ séparation des isotopes. ¶~する séparer; détacher; isoler; dissocier; sélecter. 政治と宗教を~する séparer (détacher) la religion de la politique. 化合物をそれぞれの要素に~する dissocier un composé chimique en ses éléments. 結晶状に~する se séparer à l'état cristallin. 二つの問題を~して検討する examiner séparément deux questions. ~できる séparable. ~できない inséparable. ‖政教~ séparation *f* de l'Église et de l'État. ~課税 imposition *f* ~ séparateur *m*. 遠心~器 centrifugeur *m*. ~公判 jugement *m* séparé; disjonction *f*. ~主義 séparatisme *m*. ◆~主義者 taxologue *mf*. ~政策 [人種の] ségrégationnisme *f*.

ぶんり 文理 ‖~学部 faculté *f* des lettres et des sciences.

ぶんりつ 分立 séparation *f*. ‖三権の~の原理 principe *m* de la séparation des pouvoirs. 小党~ fractionnement *m* de nombreux partis.

ぶんりゅう 噴流 jaillissement *m* [de l'eau].

ぶんりゅう 分流 [電気の] dérivation *f*; [支流] bras *m* [d'un fleuve]; branche *f*. ~[分流] fraction *f*. ¶そこで川が~している Le fleuve se sépare là. ‖~器 shunt *m*.

ぶんりゅう 分溜 distillation *f* fractionnée; fractionnement *m*. ¶~する distiller; séparer par distillation fractionnée; fractionner.

ぶんりょう 分量 quantité *f*; [体積] volume *m*; [重さ] poids *m*; [薬など] dosage *m*. 仕事の~ part *m* de travail. ~が減る(増える) diminuer (augmenter) en quantité. ~を決める doser. スプーンで~を計る mesurer la dose avec une cuiller. ~を減らす(増やす) diminuer (augmenter) la dose. ‖目~で~する à d'œil.

ぶんりょく 分力 《物》 composante *f* de force.

ぶんるい 分類 classification *f*; classement *m*; distribution *f*; délimitation *f*; arrangement *m*. ABC(番号)順の~ classement alphabétique (numérique). この時期の文学作品の~は難しい Il est difficile de classifier la production littéraire de cette période. ¶~する classer; classifier; trier; diviser. ~される se classer. 組別に~する [シリーズごとに] classer par séries. 種類(タイプ, 性質)によって~する classer suivant le genre (le type, la qualité). 植物(昆虫)を~する classer les plantes (les insectes). このカード全部を~するのには数日かかるだろう Le classement de toutes ces fiches demandera plusieurs jours de travail. ‖~学 taxologie *f*; taxonomie *f*. ~学(上)の taxologique; taxonomique. ~学者 taxologue *mf*; taxonomiste *mf*. ~カード fiche *f*. ~抽出 classeur *m*. ~表 tableau(x) *m* de classement. ~法 système *m* de classification (de classement).

ぶんれい 奮励 ‖~努力する s'évertuer à; faire son possible; faire tous ses efforts; donner un coup de collier.

ぶんれい 文例 phrase *f* d'exemple. ~を挙げる donner (citer) un exemple. ‖~集 formulaire *m*; [手紙の] manuel *m* épistolaire.

ぶんれつ 分列 ‖三列に~させる ranger sur trois lignes. ‖~式(行進) défilé *m*; défilement *m*. ~行進する défiler.

ぶんれつ 分裂 division *f*; scission *f*; dissidence *f*; fission *f*; démembrement *m*; [教会などの] schisme *m*. 帝国の~ dislocation *f* (démembrement) d'un empire. ¶~する se diviser; se séparer; faire scission; se scinder. 二つのグループに~する se scinder en deux groupes. 内戦により国は~した La guerre civile a déchiré le pays. 党は二つのグループに~した Le parti s'est scindé en deux groupes. 利害の対立で党が~した Des oppositions d'intérêts ont désuni (scindé) le parti. 世論はその問題に関して~している L'opinion publique est divisée sur cette question. ~させる diviser; séparer; scinder; désunir. ~する政党 parti *m* politique qui se disloque (se désagrège). ‖核~ fission *f* nucléaire. 細胞~ division *f* cellulaire. ~言語症 schizophasie *f*. ~策動家 scissionniste *mf*. ~生殖 bipartité *f*; scissiparité *f*. ~病 schizophrénie *f*. ~病患者 schizophrène *mf*.

ぶんわり ‖~したセーター chandail *m* moelleux (bouffant).

へ

へ 《楽》 fa *m* inv. ‖~音記号 clef *f* de fa. ~長(短)調の en fa majeur (mineur).

へ 屁 pet *m*. ~をする faire (lâcher) un pet; péter; [俗] se lâcher; lâcher un vent. ¶そんなことは~とも思わない Je m'en moque comme de l'an quarante (comme de ma première chemise). そんなこと~の河童だよ! Je m'en fiche!

ヘア ‖~スタイル coiffure *f*. ~スタイルを整える arranger sa coiffure. ~スタイルが変わりましたね Vous avez changé de coiffure. ~トニック (ローション) lotion *f* capillaire. ~ドライヤー sèche-cheveux *m* inv. ~ネット filet *m* à cheveux; résille *f*. ~ピン épingle *f* à cheveux; barrette *f*. ~ピンカーブ virage *m* en épingle à cheveux.

ペア paire *f*; [ダンスなどの] couple *m*. ¶~になる former la paire avec *qc*. ~で de paire.

ヘアピース postiche *m*.

ベアリング coussinet *m*. ‖ボール~ roulement *m* (coussinet *m*) à billes.

ヘアリンス ⇒ リンス.

へい 兵 soldat *m*; [軍] armée *f*; troupes *fpl*; forces *fpl*; [陸軍] homme *m* de troupe; [空軍] homme du rang. ~を挙げる lever une armée; [反旗を翻し] lever l'étendard de la révolte. ~を進める faire avancer les troupes. ~を募る recruter des soldats. ~を率いる commander une armée. 敗軍の将を語らず Un général vaincu ne parle jamais de sa défaite. 一等(二等)~ soldat de 1ère (2e) classe.

へい 塀 mur *m*; clôture *f*. ¶~で囲む entourer de murailles; enclore.

へい 弊 ¶積年の~ abus *mpl* invétérés. ⇒ へいがい(弊害).

ペイ paiement *m*; salaire *m*. ~をもらった J'ai touché mon salaire. ¶~する ⇒ ひきあう(引合う). ~のいい仕事 travail *m* bien payé.

へいあん 平安 paix *f*; tranquillité *f*. ~を祈る prier pour la paix. ¶~な paisible; calme. ~に tranquillement.

へいい 平易 ¶~な familier(ère); simple; clair; facile. ~な表現 expression *f* familière. ~な文体 style *m* simple. ~に facilement; simplement. ~に説明する expliquer *qc* en termes simples.

へいい 弊衣 ‖~を破裙 porter des vêtements minables.

へいいん 兵員 effectifs *mpl*. ~を増強する augmenter l'effectif. ~が不足である manquer de soldats.

へいえい 兵営 caserne *f*.

へいえき 兵役 service *m* militaire. ~に服する faire *son* service militaire. ~を終える finir *son* temps de service. ~を免除される être exempt du service militaire. ¶~期間 durée *f* du service militaire. ~忌避者 insoumis *m*. 良心的~忌避(者) objection *f* (objecteur *m*) de conscience. 良心的~忌避をする faire de l'objection de conscience.

へいえん 閉園 fermeture *f* du jardin. ¶~する fermer; clôturer. ‖~時間 heure *f* de fermeture.

ペイオフ payoff *m*.

へいおん 平穏 ¶~な tranquille; paisible; calme; pacifique. ~な日々を過ごす passer des jours sereins. 事態は~になった La situation s'est calmée. ~に paisiblement; pacifiquement. ‖~裡に en toute tranquillité. [心静かに] en toute quiétude.

へいか 兵火 ¶~にかかる être détruit par la guerre. ~と流血の巷と化す mettre une ville à feu et à sang.

へいか 平価 parité *f*; [額面価格] pair *m*. ¶債券を~で発行する émettre une obligation au-dessous du pair. ~切下げ dévaluation *f*. ‖法定~ [為替の] pair du change. ~調整 alignement *m* monétaire; dévalorisation *f*.

へいか 陛下 Sa Majesté (SM); [呼びかけ] Votre Majesté. ‖天皇(皇后)~ Sa Majesté l'Empereur (l'Impératrice). 両~ Leurs Majestés.

べいか 米価 prix *m* du riz. ‖消費者~ prix du riz payé par le consommateur. 生産者~ prix du riz payé au producteur. ~審議会 Commission *f* pour l'établissement du prix du riz.

へいかい 閉会 fermeture *f*; clôture *f*; levée *f*. ¶~する clore; clôturer; terminer; [国会] clore la session. 会議を~する lever la séance. 会議は激しい口論のうちに~した La séance s'est terminée par une vive dispute. これで~します La séance est levée. ~の辞 discours *m* de clôture. ‖~式 cérémonie *f* de clôture. ~中である être en vacances.

へいがい 弊害 mal(*aux*) *m*; méfait *m*; abus *mpl*. アルコール中毒の~ méfait de l'alcoolisme. ...に~を及ぼす exercer une mauvaise influence sur. ~を除去する supprimer un abus. ~を伴う causer beaucoup de maux.

へいがく 兵学 science *f* militaire. ‖海軍~校 école *f* navale.

へいかつきん 平滑筋 muscles *mpl* lisses.

へいかん 閉館 fermeture *f*. ¶~する fermer. 美術館は5時に~する Le musée ferme à cinq heures. ‖「日曜~」«Fermé le dimanche»

へいき 併記 ¶~する écrire *qc* parallèlement à *qc*.

へいき 兵器 arme *f*; engin *m* de guerre. ‖核~ arme nucléaire. ~庫 magasin *m* d'armes. ~工場 armurerie *f*. ~廠(しょう) arsenal(*aux*) *m*.

へいき 平気 ¶~な [平静] calme; tranquille; [無関心] indifférent; insouciant; froid; impassible. 人が何と言おうと~だ Je me moque du qu'en-dira-t-on. 私は暑さや寒さは~だ La chaleur et le froid ne me gênent pas. ~でいる rester calme (indifférent); faire bonne contenance. 危険に臨みて~でいる rester impassible devant le danger. 非難されても~でいる rester imperturbable sous les reproches. 罵られても~でいる écouter froidement les injures. ~な顔をして d'un air indifférent. ~で [平静] avec calme; [冷静] impassiblement; sans scrupule; de sang froid. ~で...をする n'avoir aucun scrupule à *inf*. ~で嘘をつく ne pas se gêner pour mentir. ~で他人のものを盗む voler sans remords.

へいきん 平均 moyenne *f*. ¶~する(を出す) établir une moyenne; calculer la moyenne. ~の moyen(ne). ~的 moyen(ne). ~的日本人 Japonais(e) *m*(*f*) moyen(ne). ~以上(以下)の au-dessus (au-dessous) de la moyenne. ~して en moyenne. どれも~して貧しい村々 villages *mpl* uniformément pauvres. 1人~ par tête. 彼は1日~6時間働く Il travaille en moyenne 6 heures par jour. ~時速100キロで走る rouler à une moyenne de 100 km à l'heure. ‖~寿命 durée *f* moyenne de la vie. ~値 chiffre *m* moyen. ~点(温度) note *f* (température) moyenne. ◆[均衡] équilibre *m*. ¶~を保つ(失う) garder (perdre) l'équilibre. ~化する égaliser; niveler. ~台 poutre *f*; poutrelle *f* d'équilibre. ~棒 [綱渡芸人の] balancier *m*.

へいきんりつ 平均律 tempérament *m*. ‖~音階 gamme *f* tempérée.

べいぐん 米軍 armée *f* américaine.

へいげい 睥睨 ‖天下を~する regarder le

へいげん 平原 plaine *f*; campagne *f*. ‖ ~地帯 pays *m* plat.

べいご 米語 américain *m*.

へいこう 平行 parallélisme *m*. ¶~した parallèle. ~した二直線 deux droites *fpl* parallèles. 他の道と~した通り rue *f* parallèle à une autre. ...に~して parallèlement à. ‖ ~四辺形 parallélogramme *m*. ~線を引く tracer une parallèle. 二人の考えは~線をたどっている Leurs opinions sont inconciliables./Ils ne peuvent pas parvenir à trouver un point d'accord. ‖ ~定規 parallèle *m*. ~棒 barres *fpl* parallèles. 段違い~棒 (だんちがい段違い).

へいこう 平衡 équilibre *m*; aplomb *m*; balance *f*. ~を失う perdre l'équilibre. ~を保つ garder son équilibre; faire contrepoids à *qc*. ‖ ~感覚 sens *m* de l'équilibre.

へいこう 並行 ¶~する marcher (aller) de pair avec; étaler. 知的進歩は必ずしも科学の進歩と~しない Le progrès intellectuel ne va pas toujours de pair avec celui de la science. 二つの言葉を~して学ぶ étudier en même temps (parallèlement) deux langages.

へいこう 閉口 ¶~する ne pas pouvoir supporter. あの男には~する Je ne peux pas le souffrir. この寒さには~だ Je ne peux pas supporter ce froid. 彼女のおしゃべりにはまった く~だ Elle m'embête avec ses bavardages.

へいごう 併合 annexion *f*; incorporation *f*; mainmise *f*. 外国領土の~ mainmise sur des territoires annexés. ドイツのオーストリア~ annexion de l'Autriche à l'Allemagne. ¶~する annexer; incorporer; absorber. 東京は近郊の村を~した La ville de Tokyo s'est annexé quelques villages de sa banlieue. ~される s'annexer; s'absorber. 我が社は近々 他社に~されるだろう Notre firme sera bientôt absorbée par (incorporée dans) une autre. ‖ ~主義 annexionnisme *m*. ~主義者 annexionniste *mf*.

べいこく 米国 ¶~なまり accent *m* américain.

べいこく 米穀 ¶~通帳 carnet *m* de rationnement d'alimentation.

へいごら ⇨ へいしい.

へいさ 閉鎖 fermeture *f*; clôture *f*; [港湾の] emboîtage *m*. ¶~する fermer; clore; emboîteiller. ~的性格 caractère *m* fermé. ‖ 工場~ [争議の] lock-out *m* inv. ~音[学] occlusive *f*. ~時間 fermeture; heure *f* de fermeture.

べいさく 米作 culture *f* du riz. 今年の~は良好である La récolte du riz est bonne cette année. ‖ ~地帯 zone *f* de la riziculture.

へいし 兵士 soldat *m*; combattant *m*. ~になる se faire soldat. 一~として誓う faire un serment comme simple soldat. ¶~の trouprier(ère).

へいじ 平時 ¶~に(は) en temps de paix; en temps normal.

へいじつ 平日 jour *m* ouvrable (ordinaire).

¶~は5時で閉めます En semaine on ferme à cinq heures. 店は~通り開いている La boutique est ouverte comme à l'ordinaire.

へいしゃ 兵舎 caserne *f*; baraque *f*.

へいしょ 兵書 livre *m* militaire.

へいしょ 閉所 ¶~恐怖症 claustrophobie *f*. ~恐怖症の[人] claustrophobe *mf*.

へいじょ 平叙 ‖ ~文 phrase *f* énonciative.

へいじょう 平常 ¶~の normal(aux); ordinaire; habituel(le). ~に戻る redevenir normal; revenir à la normale. 政治情勢は~に戻った La situation politique est redevenue normale. 車の流れは~に戻った La circulation routière a repris son cours normal. ~は normalement; d'ordinaire; habituellement. ~通り comme d'habitude; comme à l'ordinaire. ‖ ~点をつける donner des points pour l'assiduité.

へいじょう 閉場 fermeture *f*. ¶~する [閉める・閉まる] fermer; [閉会にする] clore.

べいしょく 米食 ¶~である(を常とする) vivre de riz; manger du riz. ~ばかりでは体によくない Une alimentation basée uniquement sur le riz est nuisible à la santé.

へいしんていとう 平身低頭 ¶~する se prosterner devant *qn*; se mettre à plat ventre devant *qn*.

へいする 聘する inviter *qn* avec politesse; engager *qn* dans une position importante.

へいせい 兵制 organisation *f* de l'armée; système *m* militaire.

へいせい 幣制 système *m* monétaire.

へいせい 幣政 mauvaise administration *f*; mauvais gouvernement *m*.

へいせい 平静 calme *m*; tranquillité *f*; sérénité *f*; placidité *f*; [冷静] sang-froid *m*; aplomb *m*. ~を保つ(失う) garder (perdre) *son* calme. ~を取戻す retrouver *son* calme. ~を示す faire le calme; se donner une contenance. ¶~な calme; tranquille; placide. ~に placidement; avec placidité; calmement. ~を装う se donner de la contenance.

へいぜい 平生 ¶~の ordinaire; habituel(le); d'habitude. ~の努力こそ大切だ L'important, c'est un effort quotidien. ~からの願い espoir *m* longtemps caressé. ~は habituellement. ~通り早く起きた Je s'est levé tôt comme d'habitude. ⇨ へいじょう(平常).

へいせき 兵籍 ¶~に入る s'enrôler dans l'armée. ⇨ ぐんせき(軍籍). ‖ ~簿 contrôle *m* d'armée.

へいせつ 併設 ¶大学に高等部を~する créer une école supérieure dans la dépendance d'une université.

へいぜん 平然 ¶~とした calme; placide; impassible; imperturbable. 悪口を言われても~としている rester placide (imperturbable) sous les injures. 何事にも~としている ne se troubler de rien. 判決を前に彼は全く~としていた Il restait très calme en attendant le verdict. ~に placidement; impassiblement; avec le plus grand calme; froidement.

へいそ 平素 ordinairement; habituellement. ¶～の habituel(le); ordinaire. ～の御無沙汰をお許し下さい Pardonnez mon long silence.

へいそう 兵曹 [海軍] 上等～ maître m. 一(二)～ second maître de 1ère (2e) classe. ～長 premier maître.

へいそく 閉塞 fermeture f; [港の] blocus m. ～港を～する bloquer un port. [腸]～ iléus m. 動脈～ obstruction f (oblitération f) d'artère. ～船 navire m qui fait le blocus.

へいそつ 兵卒 soldat m; homme m de troupe. ‖一～ simple soldat; 《俗》troufion m.

へいたい 兵隊 soldat m; [水兵] marin m (d'Etat); [女の] femme f soldat; soldate f. 古参の～ vieux soldat. ～にとられる enrôlé dans l'armée. ～になる se faire soldat; entrer dans l'armée. ～ごっこをする jouer aux soldats. ～言葉 langage m soldatesque.

へいたん 兵站 ～基地 centre m de ravitaillement. ～部 service m des étapes.

へいたん 平坦 ～な plat; uni. ～な人生 vie f plate. ～にする aplanir; niveler. 地面を～にする niveler un terrain.

へいだん 兵団 corps m d'armée.

へいち 平地 terrain m plat; plaine f. ¶～に波瀾を起こす troubler la paix.

へいち 並(併)置 juxtaposition f. ～する juxtaposer.

へいちゃら そんなこと～だ Cela ne me gêne pas./Ça m'est égal.

へいちょう 兵長 [陸, 空軍] caporal(aux)-chef(s) m; [砲, 騎兵] brigadier(s)-chef(s) m; [海軍] quartier(s)-maître(s) m de 1ère classe.

へいてい 平定 pacification f. ¶～する pacifier; calmer; subjuguer. 反乱を～する soumettre des rebelles; réprimer la révolte. ‖～者 pacificateur(trice) m(f).

へいてい 閉廷 levée f d'une audience. ～を宣する déclarer la levée d'une audience. ～になる L'audience est fermée. ～する lever (fermer) l'audience.

へいてん 閉店 ～する fermer la boutique; [廃業する] fermer boutique. 10時に～します Le magasin ferme à dix heures. 「～にて大安売り」 «Grandes soldes pour cause de fermeture.» ‖「本日～」 «Fermé aujourd'hui.» ～時間 heure f de fermeture.

へいどん 併呑 engloutissement m. ¶～する engloutir. 小国を～する engloutir un petit Etat. ～される s'engloutir.

へいねつ 平熱 température f normale. ¶～より高い (低い) 体温 température au-dessus (au-dessous) de la normale. 病人はやっと～に戻った La température du malade est revenue à la normale.

へいねん 平年 année f ordinaire; année non bissextile. ¶この夏は～より暑い Cet été, il fait plus chaud que d'ordinaire. ～作 récolte f ordinaire. 今日の気温は～並みだ Aujourd'hui, la température est normale pour la saison.

へいはつ 併発 ¶～する [事件が] avoir lieu en même temps; [病気が] se compliquer. 彼は風邪から肺炎を～した Son rhume s'est compliqué d'une pneumonie. ～症 complication f.

へいばん 平板 ¶～な plat; monotone. ～な文体 style m monotone.

へいび 兵備 préparatifs mpl de guerre. ～を調える faire des préparatifs de guerre.

へいふう 弊風 mauvaise coutume f; mauvaise habitude f. ～に染まる subir une mauvaise influence. ～を打破する rompre de mauvaises habitudes.

へいふく 平伏 prosternement m; prosternation f. ¶～する se prosterner devant qn; se mettre à plat ventre devant qn; s'aplatir devant qn.

へいふく 平服 habit m ordinaire; costume m de ville; [私服] vêtement m civil. ～の巡査 policier m en civil. で～en tenue ordinaire; [私服で] en civil.

へいへい 平平 ～して courber l'échine devant qn. 彼はいつも上役に～している Il se fait toujours très petit devant ses supérieurs./Il rampe toujours devant ses chefs. ～するよ Ne rampe pas! ⇒ ぺこぺこ.

へいへいぼんぼん 平平凡凡 ¶～たる banal(aux). ～たる生活 vie f archiplate. ～たる生活を送る mener une vie monotone. ～たる日々の生活 train-train m inv quotidien de la vie.

へいほう 兵法 tactique f; stratégie f. ¶～家 stratège m; tacticien m.

へいほう 平方 carré m. ¶～根 racine f carrée. ～を求める tirer la racine carrée. ～メートル mètre m carré. 10～メートル dix mètres carrés. 10メートル～ dix mètres de côté.

へいぼん 平凡 ¶～な [月並な] banal(aux); ordinaire; plat; [凡庸な] médiocre. ～な考え idée f banale. ～な文体 style m plat. ～な生活 vie f médiocre. ～な男 homme m quelconque. ～な結果 maigre résultat m. ～なことを言う débiter des banalités. それは～で下らない C'est très quelconque. ～さ banalité f; platitude f; médiocrité f; maigreur f. 題材の～さ banalité (maigreur) d'un sujet.

へいまく 閉幕 chute f du rideau; fin f. ¶～する finir; prendre fin; se terminer. 芝居は9時に～となる La représentation se termine à neuf heures. この事件もこれでいよいよ～になるわけだ Avec cela on peut enfin tirer le rideau sur cette affaire.

へいみゃく 平脈 pouls m régulier (normal).

へいみん 平民 homme m (femme f, gens mpl) du peuple; plébéien(ne) m(f); [集合的に] peuple m. ～出の d'origine plébéienne. ‖～宰相 chef m d'Etat d'origine plébéienne.

へいめい 平明 ¶～な clair; simple. ～な文体 style m simple. ～に clairement; facilement.

へいめん 平面 surface f plane; plan m. ～の plan. ‖…と同一～上にある être de plain-pied avec (au même niveau de) qc. ～幾何

へいもん 閉門 fermeture *f* de la porte. ¶～する fermer la porte. ‖～時刻 heure *f* de fermeture.

へいや 平野 plaine *f*; campagne *f*.

へいゆ 平癒 guérison *f*; rétablissement *m*. ¶～する guérir; retrouver (recouvrer) la santé.

へいよう 併用 ¶～する employer simultanément; utiliser à la fois; se servir de *qc* en même temps.

へいらん 兵乱 désastre *m* de guerre. ‖町は～の巷と化した La ville a été ravagée par la guerre.

へいりつ 併立 〖論〗implication *f*. ⇒ **りょうりつ(両立)**.

へいりょく 兵力 forces *fpl*. ～に訴える faire appel (recourir) à la force armée. ～を増強する renforcer une armée. 敵の～は我が軍に勝る Les forces de l'ennemi surpassent les nôtres. ‖～1万の軍隊 armée *f* forte de dix mille hommes.

へいれつ 並列 juxtaposition *f*. 電池を～に繋ぐ accoupler les piles en parallèle. ¶～する juxtaposer. ‖～回路 circuit *m* en parallèle.

へいわ 平和 paix *f*. ～を維持する (回復する, 乱す, 愛する) maintenir (rétablir, troubler, aimer) la paix. 家庭の～を乱す troubler la paix du ménage. ¶～な paisible; tranquille. ～な国民 peuple *m* pacifique. ～を愛する元首 chef *m* d'Etat pacifique. 国(国民)を～にする pacifier un pays (un peuple). ～的手段で問題を解決する résoudre un problème par des mesures pacifiques (pacificatrices). ～に paisiblement; tranquillement. ～に暮す vivre paisiblement (en paix). ‖世界～のために努力する faire des efforts pour la paix mondiale. 武装～paix armée. ～会議 conférence *f* de la paix. 国家間の～共存 coexistence *f* pacifique entre Etats. ～産業 industries *fpl* civiles. ～主義(論) pacifisme *m*. 絶対～主義 paix à tout prix. ～主義者 pacifiste *mf*. ～条約 traité *m* de paix. ～条約に調印する signer (faire) un traité de paix. ～条約を結ぶ conclure un traité de paix. ...を～的解決する résoudre *qc* pacifiquement. 原子力の～利用 utilisation *f* pacifique de l'énergie nucléaire.

ペイント peinture *f*.

ペえ Hem!/Hum!/Mon Dieu! ¶～それはひどいCa alors!

ベーカリー boulangerie *f*.

ベーキングパウダー poudre *f* à lever; levure *f* anglaise; levain *m*.

ベークライト bakélite *f*.

ベーグル bagel *m*.

ベーコン bacon *m*; lard *m*. ‖～エッグ œufs *mpl* au bacon.

ページ 頁 page *f*. 右側の～ belle page; page de droite. 左側の～ fausse page; page de gauche. ～をめくる tourner les pages. ～を付いる paginer, numéroter les pages. ～の1しを折る corner une page. 歴史に新しい～ を加える ajouter une nouvelle page à l'histoire. 50～に続く suite à la page cinquante. この本は500～ある Ce livre contient cinq cents pages. この本の～は狂っている Il y a une erreur de pagination dans ce livre. 何～まで進みましたか A quelle page en sommes-nous? 10～を開きなさい Ouvrez vos livres à la page dix. ‖～付け pagination *f*.

ページェント spectacle *m* grandiose en plein air.

ベージュ ¶～[色] de beige. ～[色]のズボン pantalon *m* beige.

ベース base *f*. ¶～アップ augmentation *f* (amélioration *f*) du salaire de base. ～キャンプ camp *m* de base. ～ボール base-ball *m*. ◆〖音楽〗basse *f*; 〖楽器〗contrebasse *f*. ～奏者 contrebassiste *mf*.

ペース allure *f*. ‖私は私の～でやる Je ne change pas l'allure de mon travail. ‖～メーカー lièvre *m*. ～メーカーをつとめる mener le train.

ペースト pâté *m*. ‖レバー～ pâté *m* de foie.

ベーソス tristesse *f*; chagrin *m*; mélancolie *f*. ～を感じる éprouver de la tristesse. ～を誘う inspirer la mélancolie.

ベータせん ～線 rayons *mpl* bêta.

ペーハー pH *m*.

ペーパー ¶～タオル essuie-tout *m* inv. ～テスト examen *m* écrit. ～ドライバー automobiliste *mf* sans expérience. ～ナイフ coupe-papier *m* inv. ～プラン plan *m* sur le papier. ～パックス livre *m* de poche; livre broché.

ペーブメント pavé *m*; trottoir *m*.

ベール voile *m*; voilette *f*. 霧の～ voile de brume. 修道女の～ voile de religieuse. 花嫁の～ voile blanc de mariée. 喪の～ voile noir de deuil. ～で顔を隠す se voiler le visage. ～の一端を上げる soulever un coin du voile. ～を上げる lever le voile. ～をかける étendre (jeter) un voile sur *qc*. ～をつける porter le voile. ¶～をつけた女 femme *f* voilée.

ペガサス Pégase *m*.

べからず 可からず ¶...する～ Il ne faut pas *inf*./Il est défendu de *inf*.「貼紙する～」《Défense d'afficher》.「手を触れる～」《Ne pas toucher》.「入る～」《Entrée interdite》.「芝生に入る～」《Pelouse interdite》.

へき 癖 maladie *f*. ‖スピード(清潔)～ maladie de la vitesse (de la propreté).

べき 幂 [冪乗]〖数〗puissance *f*. ‖3の4乗～ quatrième puissance de trois; trois puissance quatre.

べき ⇒ **ーベし(可し)**.

へきえき 辟易 ¶～する reculer devant *qn*; se retirer; être ennuyé; être embarrassé. 奴の態度には～した Son attitude m'exaspère. 彼の議論には～だ On est ennuyé par sa discussion.

へきが 壁画 peinture *f* murale; 〖フレスコ〗fresque *f*.

へきかい 劈開 clivage *m*. ‖～面 plan *m* de

へきがん 壁龕 niche *f*; embrasure *f*.

へきがん 碧眼 ¶~の aux yeux bleus. ‖ ~紅毛 homme *m* étranger.

へきぎょく 碧玉 jaspe *m*; émeraude *f*.

へきくう 碧空 ciel *m* bleu.

へきそん 僻村 village *m* perdu (retiré).

へきち 僻地 pays *m* perdu; lieu(x) *m* éloigné. ¶~教育 enseignement *m* dans un coin perdu. ~手当 prime *f* d'éloignement.

へきとう 劈頭 ¶~から dès le commencement. ~に tout au début; tout d'abord. 開会~から dès l'ouverture de la séance.

へきれき 霹靂 ¶その知らせは私には青天の~であった Cette nouvelle a été un coup de foudre pour moi.

ペキン 北京 Pékin *m*. ¶~の pékinois. ~原人 sinanthrope *m*.

ベクター vecteur *m*.

ヘクタール hectare *m*. ¶~当り à l'hectare.

ペクチン 〖生化〗 pectine *f*.

ヘクト ‖~グラム hectogramme *m* (hg). ~メートル hectomètre *m* (hm). ~リットル hectolitre *m* (hl). ~ワット hectowatt *m* (hw).

ヘクトパスカル hectopascal *m*. 台風は大型で中心気圧が920~だ C'est un typhon de grande force dont l'œil a une pression de 920 hectopascals.

ベクトル vecteur *m*. ¶~の vectoriel(le). ~の大きさ(向き) grandeur *f* (direction *f*) d'un vecteur. ‖~計算 calcul *m* vectoriel.

ぺけ [ぐうたら] bon-à-rien *m*. あいつは~だ C'est un zéro!

ヘゲモニー hégémonie *f*. ~を握る détenir l'hégémonie sur *qn*. 世界の~を握る conquérir l'hégémonie du monde.

へこたれる perdre courage; se décourager; caler. 彼は途中で~てしまった Il s'est effondré en cours de route. 我々の威しにも彼は~れなかった Il ne cale pas devant nos menaces. 彼は逆境にも~ることはない Il fait contre mauvaise fortune bon cœur.

ベゴニヤ bégonia *m*.

ペこぺこ ¶~頭を下げる faire des courbettes à *qn*. ~する s'incliner servilement; 〖俗〗faire la limande. あいつは上役に~している Il est à plat-ventre devant ses supérieurs. あんな奴に~するのはいやだ Il n'y a pas de quoi lui faire des salamalecs. ◆ ¶腹が~だ Je meurs de faim./J'ai une faim de loup.

へこます 凹ます enfoncer; cabosser; emboutir. トラックが私の車の後部を凹ませた Un camion a embouti (cabossé) l'arrière de ma voiture. 帽子を凹ませる aplatir un chapeau. ◆ [やりこめる] aplatir *qn*; réduire *qn* au silence. 敵を一つ凹ませてやろう On va rabattre leur orgueil.

へこみ 凹み cavité *f*; creux *m*; enfoncement *m*; [鍋などの] bosselure *f*.

へこむ 凹む s'enfoncer; se bosseler; être cabossé; se creuser. トラックの重みで地面が凹んでしまった Le sol s'est effondré sous le poids d'un camion. 車の片側が少し凹んでいる L'aile de la voiture est un peu cabossée. 彼の頬は凹んでいる Ses joues se creusent. この罐は凹んでいる Cette boîte est bosselée. 彼は仲々凹まない Il ne cède pas facilement.

へさき 舳先 proue *f*; avant *m* du bateau. ~を北へ向ける mettre le cap au nord.

べし 可し [話し手の意志を表して] ¶明朝7時に集合す~ Rassemblement à sept heures demain matin. …すべきである devoir *inf*; Il faut que *sub*. ◆ […せねばならない] ¶なすべき仕事 travail *m* à faire. 貴方に言うべきことは何もない Je n'ai rien à vous dire. ◆ [当然そうなるべきだ] ¶これは起るべくして起ったことだ Ce qui devait arriver est arrivé.

へしおる へし折る casser. 腕を~ casser un bras à *qn*. ~ [鼻の柱を] rabaisser; abaisser; aplatir. 高慢な鼻を~ abaisser (rabaisser, rabattre) l'orgueil de *qn*. 彼がいばったらその鼻をへし折ってやる S'il se vante, je vais lui rabaisser le caquet.

ペシミスト pessimiste *mf*.

ペシミズム pessimisme *m*.

ベシャメルソース béchamel *f*; sauce *f* à la Béchamel.

ペしゃんこ ¶~の鼻 nez *m* épaté. 彼女の胸は~だ Elle est plate comme une limande. ~になる s'écraser; s'aplatir. ~になったタイヤ pneu *m* à plat. ~にする écraser *qc*; aplatir *qc*. 相手を~にする ~ます(凹ます).

ベスタ 〖ロ神〗Vesta *f*.

ヘスティア 〖ギ神〗Hestia *f*.

ベスト ¶~を尽す faire de *son* mieux; faire tout *son* possible. ~を尽して de toute(s) *sa* (ses) force(s). ‖~セラー best-seller(s) *m*. 今期の~セラー grand tirage de la saison. ~テン [スポーツで] les dix meilleurs joueurs *mpl*. ~メンバー la meilleure équipe *f*. ~版 [写真] format *m* 4×6. このレコードが今週の売上~ワンだ Ce disque vient en tête de liste des ventes de cette semaine.

ペスト peste *f*; fléau(x) *m* de Dieu. ~にかかる être atteint de la peste. ~にかかった pestiféré. ‖~患者 pestiféré(e) *m*(*f*). ~菌 bacille *m* de la peste.

ベスビオ 〖山〗le Vésuve.

ペセタ 〖貨幣単位〗peseta *f*.

へそ 臍 nombril *m*; 〖医〗ombilic *m*. ¶~の ombilical(aux). ~の緒 cordon *m* ombilical. ◆ [比喩的に] ¶彼は~を曲げてしまった Il s'est fâché. ~が茶を沸かすぞ C'est à mourir de rire. 彼は~曲りだ Il a l'esprit tordu.

べそ ¶~をかく larmoyer. そのうち~をかくぞ Tu le regretteras! ~をかいて泣き始める Tu es au bord des larmes. ‖~かき enfant *mf* pleurnicheur(se).

ペソ 〖貨幣単位〗peso *m*.

へそくり 臍繰り économies *fpl* cachées; 〖俗〗magot *m*; bas *m* de laine. ~をためる faire des économies à l'insu de *son* mari.

へた 下手 ¶~な maladroit; mauvais; médiocre. ~な大工 charpentier *m* maladroit. ~な冗談 pauvre jeu *m* de mots. ~な小説 roman *m* médiocre. ~な絵(字) gribouillage *m*. ~な絵(字)を書く gribouiller.

～なフランス語を話す parler en mauvais français. ～な手紙を書く rédiger une lettre maladroite. ～なことをやったもんだ Tu as commis une maladresse (une bêtise). 体操(絵)が～だ être faible en gymnastique (en dessin). 字が～だ écrire faible en écriture; avoir une mauvaise écriture. 彼は何をしても～だ Il est maladroit (gauche) dans tout ce qu'il fait. 時間の使い方が～ employer mal son temps. 彼は泳ぎが～だ C'est un mauvais nageur. ～に描く peindre pauvrement (maladroitement). ◆[手際の悪さ] ¶「～な考え休むに似たり」«Plutôt que de penser mal, il vaut mieux ne pas penser du tout.» ～に手出しをすると大変なことになるよ Si tu t'en mêles, ça risque de créer de gros ennuis. ～をすると明日は雨じゃなかろうか Je crains qu'il ne pleuve demain. ◆[下手な人] ¶彼は～の横好きだ Ses goûts ne lui réussissent pas. 彼のヴァイオリンは～の横好きだ Il se croit doué pour le violon.

へち 蔕《植》calice m.

べた II [隙間のないこと] ～一面に sur toute l'étendue. 壁にポスターが～一面に張ってある Le mur est tout entier couvert d'affiches. ～組み《印》composition f en plein. ‖ ◆[全面的に] ¶君のことを彼が～にほめていた Il t'a couvert de louanges. ～に惚れる être follement épris de qn. 彼女は君に～に惚れている Elle est folle de toi./Tu lui as tourné la tête.

ベターハーフ sa chère moitié.

へだたり 隔り[距離] distance f; écart m; [意見の] fossé m; [差異] différence f. 年齢(貧富)の～ différence d'âge (du pauvre au riche). その二つの事件の間には 5 年の～がある Cinq années séparent ces deux affaires. 我々の間には意見の～がある Il y a un fossé entre nous./Un fossé nous sépare. 父と息子の間には気持の～がある Il y a un froid entre le père et le fils. 二人の交渉人の立場にはまだ幾分の～がある Il y a encore un certain écart entre les positions des deux négociateurs.

へだたる 隔たる s'éloigner; s'écarter; être distant. 私の家と駅はここと 5 キロである Il y a une distance de 5 km de chez moi à la gare.

べたつく être collant; être gluant; [異性と] flirter avec qn. ¶べたつく[女への] assiduités fpl. ⇒ べたべた, べとつく.

へだて 隔て cloison f; distinction f; différence f. 恋には上下の～はない L'amour ne connaît pas de barrières sociales. ～なく sans distinction. 彼女は誰彼の～なく交際する Elle traite tous les hommes avec impartialité. 分け～ない気持で franchement; ouvertement.

へだてる 隔てる séparer; diviser; éloigner. 嫉妬が夫婦の仲を～ La jalousie met la discorde entre les époux. 海は英国とフランスを隔てて La mer sépare l'Angleterre de la France. ¶壁ひとつ隔てた部屋 chambre f qui est de l'autre côté du mur. 彼は川ひとつ隔てた向こう側に住んでいる Il habite sur la rive d'en face. 隔てられた éloigné. 10 メートル隔てた間隔で à un intervalle de dix mètres. 5 年の歳月を隔てて après cinq ans.

へたばる s'affaler; s'affaisser; se décourager; être épuisé de fatigue. 今日はへたばったよ Je suis à plat aujourd'hui.

へたべた ¶～と座り込む avoir les jambes coupées; s'affaisser.

べたべた [一面に] ¶お白粉を～塗りたくる se mettre des couches de poudre. ◆ ¶手が～する[べとつく] J'ai les mains poisseuses. ～した poisseux(se); visqueux(se). ～した手 mains fpl poisseuses (visqueuses). 汗で身体が～だ J'ai la peau moite de sueur.

ペダル pédale f. ～を踏む pédaler. ¶アクセル～ pédale d'accélérateur. クラッチ～ pédale d'embrayage. ブレーキ～ pédale de frein. ～鍵盤 [バイオルガンの] pédalier m.

べたん ¶～と座り込む s'asseoir lourdement.

ペダンチック ¶～な pédant. あれは～な奴だ Il est pédant.

ペダントリー pédanterie f; pédantisme m.

ペチカ poêle m de briques de style russe.

ペチコート jupon m; jupe f de dessous.

へちま 糸瓜 luffa f. ¶～のたわし éponge f végétale.

ぺちゃくちゃ ¶～喋る jaser comme un merle; bavarder; caqueter.

ぺちゃぱい ¶彼女は～だ Elle est plate comme une planche.

ぺちゃんこ ⇒ ぺしゃんこ. ¶自動車に塀にぶつかって～になった L'auto s'est aplatie contre le mur. 車はその事故で～になった La voiture a été complètement écrasée dans cet accident.

ペチュニア《植》pétunia m.

べつ 別 ¶～の [他の] autre; [異る] différent(e). ～の手段 autre moyen m. ～の人(物) autre mf. あなたとは～の人(考え) autre personne f (idée f) que vous. 全く～の問題 problème m tout à fait différent. 金を～にしておく mettre de l'argent de côté. サービス料は～だ Le service n'est pas compris. それなら話は～だ Dans ce cas, c'est tout différent (c'est autre chose). ～に à part. その問題は～に調べた方がいい Il vaut mieux examiner cette question à part. …とは～に autrement que. 君とは～にやってみる Je vais essayer autrement que toi. 我々の意志とは～の理由で pour des raisons indépendantes de notre volonté. ～の時に à un autre moment; dans les autres occasions. ～の所に(で) ailleurs; autre part. 彼はここにいないから、～の所を探しなさい Il n'est pas ici, il faut chercher ailleurs. ◆[除外] ¶…～として excepté; sauf; sans parler de. 冗談は～として plaisanterie f à part. …を～にすれば à part cela. それを～にすれば全てうまくいっている A part cela, tout va bien. 文無しなのを～にすれば彼は幸福だ Il est heureux à cela près qu'il n'a pas un sou. ◆[特別] spécialement; particulièrement; autrement. 僕は～に驚かない Je ne m'étonne pas spécialement (de cela). ～に何も気がつかなかった Je n'ai rien remarqué de particulier. ～に構いませんよ Ça ne fait rien. ～になんでもあり

べつあつらえ ¶~にこれという理由もなく sans raison précise. ◆[区別] 男女の~なく sans distinction de sexe. ‖職業〜電話帳 annuaire *m* de téléphone par profession. ⇨ べつべつ(別々).

べつあつらえ 別誂え ¶~のズボン pantalon *m* fabriqué sur commande.

べっかく 別格 ¶~の spécial(aux); exceptionnel(le); extraordinaire. それは〜だ C'est un cas extraordinaire. 彼は〜だ On le traite de façon spéciale./C'est un homme à part.

べっかん 別館 annexe *f*; bâtiment *m* (établissement *m*) annexe.

べっかんじょう 別勘定 ¶飲物は〜です Les boissons ne sont pas comprises (sont en sus).

べっき 別記 ¶~の écrit en annexe. ~の如く comme il est mentionné ailleurs.

べっきょ 別居 séparation *f*; [夫婦の法的な] séparation de corps; [夫婦の協議による] séparation amiable. ¶~する vivre à part (séparément). 彼女は家族(夫)と~している Elle vit séparée de sa famille (son époux).

べつぎょう 別行 alinéa *m*. ¶~にする commencer un nouvel alinéa.

べつくち 別口 ¶それは〜の荷物です C'est une marchandise d'une autre espèce (d'un autre genre).

べっけい 別掲 ¶~の表を参照のこと Voir le tableau donné ci-après.

べっけん 瞥見 ¶~する jeter un coup d'œil sur; entrevoir.

べっこ 別個 ¶それとは〜の問題だ C'est un problème particulier.

べっこう 別項 autre article *m*. それは〜に記載されている Il est mentionné dans un autre article.

べっこう 鼈甲 écaille *f*. ¶~(製)の en écaille. ‖~の櫛 peigne *m* en écaille. ‖~縁の眼鏡 lunettes *fpl* d'écaille.

べっさつ 別冊 supplément *m*. ¶~として付録にする publier un supplément sous forme d'un volume annexe. ‖~号 numéro *m* supplémentaire. ‖~付録 supplément.

ペッサリー pessaire *m*.

べっし 別紙 ¶~に記載のこと A inscrire sur une autre feuille. ¶~記載の通り même il est mentionné sur une feuille à part.

べっし 蔑視 mépris *m*; dédain *m*. ¶~する négliger; mépriser *qn*; dédaigner; traiter avec mépris.

べっしつ 別室 autre chambre *f* (salle *f*, pièce *f*).

ヘッジファンド fond *m* de couverture.

べつじょう 別条(状) ¶~なく sans accident; sain(e) et sauf(ve). 生命に~はない être hors de danger. 我が家では全員~なく暮しております Tout le monde va bien chez nous.

べつじん 別人 ¶今や彼は~の観がある Il n'est plus le même./C'est une tout autre personne.

べつずり 別刷 tirage *m* à part.

べっせかい 別世界 autre monde *m*; monde à part. ¶ここはまるで〜だ On se croirait dans un autre monde.

べっそう 別荘 villa *f*; maison *f* de campagne; cottage *m*. ¶~貸し cottage à louer. ‖~暮し villégiature *f*. ‖~暮しをする être en villégiature. ‖~番 gardien *m* de villa.

べったく 別宅 seconde (autre) maison *f*; résidence *f* secondaire.

べったくれ ¶あんなもの会議も〜もあるもんか Je me fiche de cette réunion!

べったり ¶口紅のついたシャツ chemise *f* maculée de rouge à lèvres. 彼は校長〜だ Il lèche les bottes du directeur d'école. 奴は~の~だ C'est un conformiste parfait.

べつだん 別段 ¶~変化はない Il n'y a rien de particulier à vous dire. 驚くには当らない Il n'y a rien de particulièrement étonnant.

へっちゃら ¶そんなこと〜だ! Ça m'étonne pas!

べってい 別邸 ⇨ べったく(別宅).

ペッティング caresse *f* érotique (amoureuse). ¶~する faire des caresses érotiques.

べってんち 別天地 autre monde *m*. ¶~を求めて北海道に行く aller à Hokkaïdo pour changer de monde.

ヘット graisse *f* fondue de bœuf.

ヘッド ¶~ホン casque *m* (à écouteurs); casque *m*; écouteurs *mpl*. ‖~ランプ lampe *f* frontale. ‖~レスト [車の] appui(s)-tête *m*.

べっと 別途 ¶~支出 dépenses *fpl* à part.

ベッド lit *m*. ¶~から飛起きる sauter du lit. ~に寝る se coucher dans un lit. ‖シングル~ lit pour une personne. ダブル~ lit pour deux personnes. 二段~ lits superposés. ~イン coucher *m*. ~インする se coucher. ~カバー dessus *m* de lit. ~シーン scène *f* de coucherie. ~タウン ville(s)-dortoir(s) *f*.

ペット chouchou(te) *m(f)*; mascotte *f*.

べつどうたい 別動隊 détachement *m*. ¶~を派遣する envoyer des forces en détachement.

ヘッドギア couvre-chef(s) *m*.

ペットフード aliment *m* pour animaux domestiques.

ペットボトル bouteille *f* en plastique.

ヘッドライト phare *m*. ¶~をつける allumer ses phares. ~で合図する faire un appel de phare.

べっとり ¶彼は~脂汗をかいていた Son corps était baigné de sueur froide. ⇨ べったり.

べつのう 別納 ¶料金~郵便 carte *f* affranchie.

べっぱ 別派 [宗派] autre secte *f*; [流派] autre école *f*. ‖~行動 [政] déviationnisme *m*. ~行動者 déviationniste *mf*.

ペッパー poivre *m*.

べつばい 別売 ¶それは~です C'est en option.

べっぴょう 別表 ¶~を参照せよ Voir la table en annexe.

へっぴりごし 屁っ放り腰 ¶~で球を蹴る shooter dans une posture maladroite (gauche). そんな〜では駄目だ Ta posture ne vaut rien!

べっぴん 別便 ¶~で送る envoyer sous pli séparé.

べっぴん 別嬪 belle femme f; 《俗》jolie pépée f.

べつべつ 別々 ¶あの夫婦は~の寝室で寝ている Ce ménage fait chambre à part. 僕らは~の道を行く Nous nous en allons chacun de notre côté. ~に《関係ない》indépendamment. ~に取り扱う traiter indépendamment. 親子~に暮している Les parents et les enfants vivent séparément. 証人を~に訊問する interroger des témoins séparément. 僕らは~に宿をとるつもりだ Nous allons loger chacun à part. ⇨ べつ(別).

べっぽう 別法 ¶~を講じる résoudre qc d'une autre façon; prendre un autre moyen.

へっぽこ ⇨ へぼ.

べつむね 別棟 autre pavillon m (bâtiment m). ¶彼とは~に住んでいる J'habite dans un autre bâtiment que lui.

べつめい 別名 autre nom m; pseudonyme m. ジャック・コラン, ~ヴォートラン Jacques Collin, alias Vautrin.

べつめい 別命 ¶~あるまでここに控えていろ Restez ici jusqu'à nouvel ordre!

べつもんだい 別問題 ¶それは~だよ C'est une chose différente./C'est une autre affaire./C'est autre chose.

へつらい 諂い flatterie f; flagornerie f; adulation f.

へつらう 諂う flatter qn; flagorner qn; aduler qn; ramper. ¶~人 flatteur(se) m (f); flagorneur(se) m(f); adulateur(trice) m (f).

べつり 別離 adieu(x) m; séparation f. 永久の~ éternel adieu. ~を惜しむ regretter la séparation; prolonger les adieux. ¶~の涙 larme f de séparation.

ペディキュア soins mpl esthétiques des ongles des pieds.

ヘディング [スポ] ~シュートをする faire une tête; amortir (frapper) de la tête; tirer une tête au but.

ベテラン vétéran m; expert m. 教育畑の~ vétéran de l'enseignement.

ペテロ [聖] [saint] Pierre.

ヘテロドックス [異端の] hétérodoxe.

ペテン tromperie f; duperie f; fourberie f. ~にかける tromper qn; duper qn. ~にかかる être la dupe (la victime) d'un escroc. それは~だ C'est une duperie. ¶~にかける奴とかかった奴 dupeurs mpl et dupés mpl. ¶~師 trompeur(se) m(f); escroc m; imposteur m; fraudeur(se) m(f).

へど 嘔吐 vomissement m; [吐いた物] vomissure f; vomi m inv. ~を吐く vomir; rendre. ~が出そうである avoir des nausées; avoir mal au cœur; sentir le vomi. ¶~が出そうな goûtant; écœurant. ¶~が出そうなひどい見世物 spectacle m affreux à faire vomir. ~が出そうな奴だ C'est un type dégoûtant.

べとつく être collant; être gluant. ジャムで手が~ avoir les doigts englués de confiture.

べとびょう ~病 [葡萄などの] mildiou m.

へとへと ~になる être épuisé (moulu) de fatigue. 仕事で~になる s'éreinter à la tâche. 私は~になった J'étais sur les dents. ~だ C'est éreintant. ~になって vidé; rendu; moulu; éreinté. 《俗》vanné; crevé.

へどもど ~する être confus; être embarrassé; se confondre. ~しながら言訳をする balbutier une excuse. ~して答えられなかった J'étais trop embarrassé pour répondre.

ヘドロ boue f chimique; déjections fpl industrielles.

へなちょこ 埴猪口 ¶奴は~だ C'est une lavette. ~め ¶Tu es un blanc-bec!/Tu en es un béjaune.

ペナルティ penalty(ies) m; pénalisation f. ~を課する pénaliser. ¶~エリア zone f de réparation. ~キック coup m de pied de pénalité.

ペナント trophée m; championnat m. ~を争う disputer un trophée à qn.

べに 紅 rouge f; [リップスティック] bâton m de rouge. ~を塗る se mettre du rouge. ¶~色 pourpre m. ~色の pourpre. 美しい~色のドレス robe f d'un beau pourpre.

ペニー [貨幣単位] penny m (pence pl).

べにがら 紅殻 sanguine f; colcotar m.

ペニシリン pénicilline f. ¶~ショック死 mort f anaphylactique due à la pénicilline. ~注射 injection f de pénicilline. ~軟膏 pommade f à la pénicilline.

ペニス pénis m.

べにすずめ 紅雀 bengali m.

べにづる 紅鶴 flamant m.

べにばな 紅花 safran m bâtard.

べにます 紅鱒 truite f saumonée (rouge).

ベニヤ ¶~板 contre-plaqué m.

ベネチアンブラインド store m vénitien.

ベネディクト ¶~修道会 ordre m bénédictin. ~修道士(女) bénédictin(e) m(f).

へのじ への字 ¶口を~に結ぶ [決心] serrer les lèvres; [すまして] pincer les lèvres; [泣きそう] faire la moue.

ペパーミント liqueur f de menthe.

へばりつく adhérer à; coller à; s'attacher à. 壁に~ adhérer au mur. 机に~ ne pas décoller de son travail. 母親に~ [子供が] être toujours dans les jupes de sa mère.

へばる être épuisé; tomber de fatigue. 仕事のし過ぎですっかりへばってしまった Ces longs travaux m'ont exténué.

へび 蛇 serpent m. ~に睨まれた蛙のようにくむ se figer (s'immobiliser) comme une grenouille fascinée par un serpent. 海~ serpent marin. がらがら~ crotale m; serpent à sonnettes (crotale). 毒~ serpent venimeux. 眼鏡~ serpent à lunettes. ~座 le Serpent. ~使い charmeur(se) m(f) de serpents.

ヘビー ¶~級ボクサー boxeur m poids lourd.

ベビー [赤ん坊] ¶~ pousseitte f. ~キャリア porte-bébé(s) m. ~サークル parc m à bébé. ~シッター baby-sitter(s) [babistœr] mf. ~シッターをする faire du baby-sitting. ~パウダー poudre f de bébé. ~服 vêtement m de bébé. ~ブーム explosion f démographique.

ペプシン pepsine f.

ヘブライ ¶～の hébraïque. ‖～語 hébreu m; langue f hébraïque. ～語学者 hébraïste mf. ～人 Hébreu(x) m.

ヘブライズム hébraïsme m.

へべれけ ¶～に酔う être ivre mort.

へぼ ¶～な [下手な] maladroit; malhabile. ‖～医者 médicastre m. ～絵描き barbouilleur(se) m(f); badigeonneur m. ～詩人 rimailleur(se) m(f); rimeur(se) m(f). ～将棋を指す jouer aux échecs comme un pied. ～文士 gratte-papier m inv.

へま maladresse f; gaffe f; bévue f; impair m. ～をやる faire une gaffe (un impair); commettre une maladresse (une bévue). ¶～をやる人 gaffeur(se) m(f).

ヘモグロビン hémoglobine f.

へや 部屋 pièce f; salle f; chambre f. 家具付～ chambre meublée. ～に籠る garder la chambre. ～を片付ける faire la chambre. ¶3～のアパート appartement m de trois pièces; trois-pièces m inv. ‖小～ chambrette f. ～着 robe f de chambre. ～代 loyer m. ～代を払う payer sa chambre. ～代 [ホテルの] chambre à un lit (à deux lits).

へら 箆 [薬、絵具などの] spatule f; [左官の] gâche f.

ヘラ《ギ神》Héra f.

べら《魚》labre m.

ヘラクレス《ギ神》Héraclès m.

へらす 減らす réduire; diminuer; abaisser; amoindrir; amortir; [財産などを]《俗》écorner. 腹を～ avoir faim. 費用を～ diminuer les dépenses. 兵力(仕事)を～ réduire ses forces (son activité). ¶出費を3分の1に～ことが出来る On peut ainsi réduire les dépenses du tiers.

へらずぐち 減らず口 ¶～をたたく ergoter; chipoter; bavarder à tort et à travers.

へらへら ¶～笑うな Ne ris pas si bêtement!

べらべら ¶～喋る avoir la langue déliée (bien pendue); parler avec volubilité. ～喋る女 femme f bavarde (loquace).

べらべら ¶ [淀みなく] 下らぬことを～喋る débiter des fadaises. 嘘を～言う débiter des mensonges. 彼はフランス語が～だ [流暢の] Il parle couramment le français. ◆ [薄い・弱い] ¶～の紙 papier m mince (légère). ～の布 étoffe f sans consistance.

べらぼう 篦棒 ¶～な absurde; déraisonnable. ～な値段 prix m fou. ～な話だ C'est exagéré. ～な暑さだ Il fait une chaleur d'enfer. ◆ [人を罵って] ¶～め Que le diable t'emporte!

ベランダ véranda f.

へり 縁 bord m; bordure f; [川、溝の] berge f; rebord m; [境] lisière f; [布地の] ourlet m. 沼の～ lisière f d'un marais. ～をかがる surfiler; [折り返して] ourler. ハンケチの～をかがる ourler un mouchoir. 着物の～をかがる surfiler un vêtement. ¶…の～で en bordure de…. 江戸川の～で au bord (sur la berge) de la rivière Edo. ～と～が合うように縫う coudre bord à bord. ‖～かがり [着物の] surjet m; ourlet; point m d'ourlet. ～飾り [衣服の] faux-ourlet m.

ベリー baie f.

ベリーロール [走り高跳び] rouleau m ventral; saut m ventral.

ヘリウム hélium m.

ヘリオトロープ héliotrope m.

ペリカン pélican m.

へりくだる 遜る s'humilier; s'abaisser; se montrer modeste; se courber. ～りくだった modeste; humble. ～りくだって modestement; humblement.

へりくつ 屁理屈 argutie f; raisonnement m byzantin; chicane f; ergotage m. ～をこねる chicaner; ergoter; raisonner à vide; user d'arguties. ‖～屋 chicaneur(se) m(f); ergoteur(se) m(f).

ヘリコプター hélicoptère m. ～で輸送する héliporter. ¶～で輸送された héliporté.

ペリスコープ périscope m.

ヘリポート héliport m; héligare f.

ベリリウム béryllium m.

へる 経る passer; s'écouler. 苦難を～ passer par de rudes épreuves. 他人の手を～ passer par d'autres mains. ¶東京を経て via Tokyo. 3か月を経て après trois mois. 年を～に従って avec le temps; à mesure que les années passent. ¶あれから1世紀を経た今日 Un siècle est passé depuis….

へる 減る diminuer; décroître; s'user; s'amoindrir; s'amortir. 体重が～ perdre du poids; maigrir. 腹が～ avoir faim. 川の水が減った La rivière a baissé. 靴の底が減った Les talons des souliers se sont usés. 戦争で人口が減った La guerre a réduit la population.

ベル sonnette f; clochette f; timbre m. 電話の～ sonnerie f de téléphone. ¶～を押す appuyer sur le bouton de la sonnette. 門の～を鳴らす sonner à la porte. 授業開始の～が鳴った La sonnerie a annoncé l'heure de la leçon.

ヘルスセンター centre m de repos (convalescence).

ヘルスメーター pèse-personne(s) m.

ヘルツ hertz m. ‖キロ～ kilohertz m. メガ～ mégahertz m.

ベルト ceinture f; [機械の] courroie f. ～を締める serrer (boucler) sa ceinture. ‖安全～ ceinture de sécurité. ～コンベヤ transporteur m à courroie; convoyeur m mécanique. ～コンベヤシステム travail m à la chaîne.

ヘルニア †hernie f. ¶～の †herniaire. ‖～患者 †hernieux(se). ～帯 bandage m herniaire.

ヘルプ [コンピュータ] Aide f.

ヘルペス《医》herpès m. ‖帯状～ zona m; herpès zostérien.

ベルベット velours m.

ヘルメス《ギ神》Hermès m.

ヘルメット casque m colonial; [消防夫の] casque de pompier. ‖フルフェイス～ casque m intégral. ¶「～着用のこと」《Le port du casque est obligatoire.»

ベルモット vermout[h] m.

ベレー ‖ ~帽 béret *m*.

ペレストロイカ perestroïka *f*.

ヘレニズム hellénisme *m*.

ヘロイン héroïne *f*. ‖ ~中毒 héroïnomane. ~中毒者 héroïnomane *mf*.

ベロナール véronal *m*.

ぺろぺろ ‖ ~皿を~なめる lécher le plat.

ぺろり ‖ ~と舌を出す tirer la langue. 彼は~と平らげてしまった [またたく間に] Il n'en a fait qu'une bouchée.

へん 変 ‖ ~な [奇妙な] étrange; bizarre; drôle; [怪しげな] suspect; [異常な] singulier (*ère*); extraordinaire. ~な態度 air *m* étrange. ~な奴 un drôle de type; [疑わしい] individu *m* suspect. ~な男 un drôle d'homme. ~な女 une drôle de femme. ~な人達 un drôle de gens *mpl*. ~な外人 rastaquouère *m*. ~な服装をしている旅行者 touriste *m* étrangement accoutré. このチーズは~な味がする Ce fromage a un drôle de goût. 夜になると~な音が聞えて来る On entend des bruits étranges, la nuit. こんなポンコツを買うなんて彼も~な気を起したものだね Il a eu l'idée bizarre d'acheter cette guimbarde. 彼女は~な帽子をかぶっている Elle est coiffée d'un chapeau bizarre. 台所で~な臭いがする Il y a une curieuse odeur dans la cuisine. 今日はまた何て~な天気だろう Quel drôle de temps il fait aujourd'hui! ~に思う trouver *qc* étrange. 彼の行動は周囲の人にはとても~に思える Sa conduite paraît bizarre à son entourage. ~な目で見る regarder *qn* d'un air soupçonneux. ~なことには Ce qu'il y a de curieux, ... ~な話だが Chose curieuse .... 彼は何だか~だ Il est un peu fou. 気分が~だ se sentir mal. ~に [終] ; bizarrement. 胃が~だ J'ai quelque chose à l'estomac. 彼が来ないのは~だ Il est bizarre qu'il ne vienne pas. 彼は~に親切だ C'est bizarre mais il est plus gentil que d'habitude. ~に大人びている子だ Cet enfant me fait l'effet bizarre d'être adulte.

へん 篇[編] [巻] volume *m*; tome *m*; [章] chapitre *m*. ‖ ~~の詩 une pièce de vers. Y氏の作品集 œuvres *fpl* choisies par M. Y. Y氏~の辞典 dictionnaire *m* rédigé par M. Y.

へん 辺 [図形の] côté *m*; [方程式の] membre *m*. ‖ 三角形の一~ un côté d'un triangle. 左(右)~ premier (second) membre. ◆[付近] voisinage *m*; [界隈] quartier *m*; [周囲] environs *mpl*; alentours *mpl*. ‖ その~の子供達 enfants *mf pl* du voisinage. 彼はこの~に住んでいる Il demeure dans les environs. 大阪のどの~にいたのですか A quel endroit d'Osaka étiez-vous? 私はこの~は不案内だ Je suis étranger dans ce quartier. ◆[程度] ‖ その~で止めておけよ Ça suffit comme ça. まあその辺のところな Č'est à peu près comme ça.

へん- 変- [楽] ~記号 bémol *m*. ‖ ~記号をつける bémoliser. ~ロ長(短)調のプレリュード prélude *m* en si bémol majeur (mineur).

-へん 遍(返) ⇨ [回数].

べん 便 [便利] ‖ 交通の~がよい avoir des facilités de transport; bien desservi. 公衆の~を図る prendre des mesures d'intérêt collectif. このあたりはバスの~がない Il y a un service d'autobus dans ce quartier. ◆[糞便] excréments *mpl*. ~の検査をする examiner les matières fécales.

べん 弁 [機械の] valve *f*; soupape *f*; [花弁] pétale *m*. ◆[弁舌] éloquence *f*. ~が立つ [は] est éloquent. ◆[言葉遣い] 東北~ dialecte *m* du Tohoku. マルセイユ~ accent *m* marseillais. 田舎~ parler *m* provincial.

ペン plume *f*. ~を取る prendre la plume. ‖ ~を折る [執筆中止] renoncer à *sa* plume. ‖ ~で生活する vivre de *sa* plume. ‖ 鷲~ plume d'oie. ボール~ stylo *m* à bille. ~で描いた絵 dessin *m* à la plume. ~先 bec *m* de plume. ~軸 porte-plume *m* inv. ~習字 calligraphie *f*. フレンド correspondant(e) *m(f)*.

へんあい 偏愛 prédilection *f*. ‖ ~する avoir une prédilection pour *qn*; avoir (témoigner) une préférence marquée pour *qn*.

へんあつ 変圧 transformation *f*. ‖ ~器 transformateur *m*; transfo *m*.

へんい 変位 [物] déplacement *m*.

へんい 変異 variation *f*. ‖ 突然~ mutation *f*.

べんい 便意 besoin *m* naturel. ~を催す vouloir aller à la selle.

へんおん 変温 ‖ ~動物 animal(aux) *m* à température variable (à sang froid).

へんか 変化 changement *m*; variation *f*; modification *f*; transformation *f*; évolution *f*. 趣味の~ changement dans *ses* goûts; [変遷] évolution du goût. 気温の~ changement de température. 性格の~ variations de *son* caractère. 彼女は献立に~を与えようとしている Elle cherche à varier le menu. ‖ ~する changer; varier; évoluer; se transformer. 時代は~する Le monde évolue (change). 彼はその点に関して少しも~してない Il n'a jamais varié sur ce point. ~のある[に富んだ] varié. ~に富んだ音楽番組 programme *m* de musique variée. ~のない qui manque de variété; uniforme; [単調な] monotone. ~のない文体 style *m* uniforme (plat). ~しやすい changeant; variable; inconstant. ◆[動詞の] conjugaison *f*; [名詞, 形容詞などの] déclinaison *f*. ‖ ~動詞を~させる conjuguer un verbe. 形容詞を~させる décliner un adjectif.

べんかい 弁解 excuse *f*; explication *f*. ‖ ~する s'excuser; s'expliquer sur *qc*; se justifier de *qc*. ~するな Pas d'explication! それは~の余地のないことだ C'est une faute inexcusable (sans excuse).

へんかく 変格 ‖ 動詞の~活用 conjugaison *f* irrégulière du verbe.

へんかく 変革 [改革] réforme *f*; [変化] changement *m*; [変動] transformation *f*. 社会の~ transformation de la société. 政治的~ réforme politique. ‖ ~する réformer; transformer. ‖ ~者 réformateur (*trice*) *m(f)*.

べんがく 勉学 études *fpl*. ~に励む s'ap-

べんがら ⇨ べにがら(紅殻).

へんかん 変換 transformation f; changement m. エネルギーの〜 transformation de l'énergie. ¶...に〜する changer (transformer, convertir) en qc. ‖運動の〜 transformation du mouvement en chaleur.

へんかん 返還 rétrocession f; restitution f. 沖縄の〜 restitution d'Okinawa. 優勝旗(杯)の〜 rétrocession du drapeau (de la trophée) de la victoire. ¶〜する restituer; rendre; renvoyer.

べんき 便器 cuvette f des cabinets; urinoir m; [おる] pot m de chambre; vase m de nuit.

べんぎ 便宜 faveur f; facilité f; commodité f. ...するのがある avoir la facilité de inf. 〜を与える laisser (donner) une facilité à qn. 〜をはかる assurer à qn des facilités de qc. 〜的手段 solution f de facilité; expédient m. 〜上 pour la commodité. 〜主義 opportunisme m. 〜主義者 opportuniste mf. 〜主義の opportuniste.

ペンキ peinture f. 〜を塗る peindre qc. 〜がはがれた La peinture s'est écaillée. ‖「〜塗りたて」≪Attention à la peinture.≫ 〜屋 peintre m [en bâtiment].

へんきゃく 返却 renvoi m; restitution f; [金の] remboursement m. 品物の〜 renvoi d'une marchandise. 借りた物の〜 restitution d'une chose empruntée. ¶〜を求める redemander. ‖〜する rendre; rembourser.

へんきょう 偏狭 ¶〜な rétréci; étriqué; intolérant. 〜な心 esprit m étroit (borné). 〜な精神 étroitesse f d'esprit. 彼の受けた教育が彼の精神を〜にした Son éducation lui a rétréci l'esprit. 〜さ étroitesse; petitesse f; rétrécissement m.

へんきょう 辺境 frontière f; confins mpl; région f éloignée. ¶〜の町 ville f limitrophe.

べんきょう 勉強 étude f; travail(aux) m. これはいい〜になりました C'est une bonne expérience pour moi. ¶〜する étudier; travailler. 数学を〜する étudier les mathématiques. 熱心に〜する s'appliquer à son travail. 〜の出来る生徒 élève m(f) fort(e). ‖試験の〜をする préparer un examen. 猛〜する〖俗〗bûcher. 〜家 bûcheur(se) m(f). 〜家の studieux(se); laborieux(se). 〜部屋 cabinet m de travail; 〖俗〗turne f. ◆〔値引〕 ¶〜する vendre à bon marché; vendre au rabais. 精々〜しておきましょう Je vous ferai le meilleur prix possible.

へんきょく 編曲 arrangement m; transcription f. ¶〜する arranger; transcrire. ピアノ曲を管弦楽に〜する arranger un morceau de piano pour l'orchestre; orchestrer un morceau de piano. ‖〜者 arrangeur m.

へんきん 返金 remboursement m. ¶〜する rembourser; rendre.

ペンギン pingouin m; manchot m.

へんくつ 偏屈 obstination f; entêtement m. ¶〜な obstiné; opiniâtre; opiniâtreté f; entêté; têtu; excentrique.

ペンクラブ Pen(-)Club m.

へんか 変化 ¶妖怪〜 spectre m; apparition f; fantôme m. 妖怪〜が出没する場所 lieux mpl hantés par les fantômes.

へんけい 変形 transformation f; déformation f. ¶〜する se transformer; se métamorphoser; se déformer; 〜させる changer; transformer; déformer. AをBに〜させる transformer A en B; métamorphoser A en B. 〜しうる déformable. 〜できる transformable.

へんけい 扁形 ¶〜の aplati; plat. ‖〜動物 vers mpl plats; 〖生〗plathelminthes mpl.

べんけい 弁慶 ¶〜の泣き所 talon m d'Achille. ‖〜縞の反物 tissu m à carreaux (en damier).

へんけん 偏見 préjugé m; prévention f; parti m pris; idée f toute faite. 人種的〜 préjugé de race. ブルジョワ的〜 préjugés bourgeois. ....〜を抱く avoir un préjugé contre qn (qc); avoir des préventions (être prévenu) contre qn (qc). ¶〜のある partial (aux); prévenu. 〜のない sans préjugés; impartial(aux). 〜なしに Il est sans préjugés. 〜なしに sans prévention. 何のもなく en toute impartialité.

へんげん 変幻 ¶〜き極まりない toujours changeant; très changeant. ‖〜自在な精神(性格) esprit m souple (caractère m) souple. 〜自在な男だ Il a l'esprit souple. [悪い意味で] C'est un protée.

へんげん 片言 ¶〜も聞き洩すまいとする essayer de ne pas perdre une bribe de ce qui se dit; écouter pour ne pas perdre le moindre mot.

べんご 弁護 défense f; 〖法〗plaidoirie f; [弁論] plaidoyer m; [弁明] apologie f. 〜の立つ se charger de la défense de qn. ¶〜する défendre qn; plaider pour (en faveur de) qn. 被告人を〜する plaider la cause d'un accusé. ...の罪を〜する faire l'apologie du crime de qn. ‖自己を〜する se défendre; se justifier. 〜依頼人 client(e) m(f). 〜士 avocat(e) m(f). 〜士になる être inscrit (entrer) au barreau. 〜士に相談する consulter un avocat. 〜士の資格を得る se faire inscrire au barreau. 〜士の資格を奪う rayer un avocat du barreau. 顧問〜士 avocat(e) consultant(e). 〜士会 ordre m des avocats. 〜士会長 bâtonnier m. 〜士料 honoraires mpl. 〜人 plaideur(se) m(f). 官選〜 avocat(e) d'office. 〜人席 barreau(x) m.

へんこう 偏光 [作用] polarisation f; [光線] lumière f polarisée. 〜器 polariscope m. 〜計 polarimètre m. 〜プリズム prisme m polariseur.

へんこう 偏向 déviation f; écart m. ¶〜教育 education f tendancieuse.

へんこう 変更 changement m; modification f; altération f; conversion f. 計画の〜 modification d'un projet. ¶〜する changer; modifier; altérer. 計画を〜する changer (modifier) son projet. 住居(出発の時間)を〜する changer d'adresse (d'heure de départ). ‖地番〜 changement de

へんこうせい numéro d'adresse. 日付～線 ligne *f* de changement de date. 名義～ transfert *m* d'un titre.

へんさ 偏差 déflexion *f*; déviation *f*; écart *m*. ¶標準～ écart *m* type; déviation standard. ～値 valeur *f* de déviation (d'écart).

へんさい 返済 restitution *f*; [金の] remboursement *m*; acquittement *m*. ¶～する rendre; rembourser; acquitter; s'acquitter de. 借金を～する rembourser (s'acquitter de) ses dettes. ～可能の remboursable. ‖～期日 délai *m* de restitution; [支払い] échéance *f*.

へんざい 偏在 ¶富の～ répartition *f* inéquitable des biens; partage *m* inéquitable des richesses.

へんざい 遍在 omniprésence *f*; ubiquité *f*. ¶～的な omniprésent. ‖神は～能力を持つ Dieu a le don d'ubiquité.

べんざい 弁才 éloquence *f*. ¶彼には～がある Il a le don (la bosse) de la parole.

べんさい 弁済 ⇨ へんさい(返済).

へんさん 編纂 rédaction *f*. ¶辞書を～する rédiger un dictionnaire. ‖～者 rédacteur (*trice*) *m(f)*.

へんし 変死 mort *f* suspecte; [事故による] mort accidentelle; mort violente. ¶～する mourir de mort violente. ‖～体が発見された On a trouvé le cadavre d'un homme mort dans des circonstances suspectes.

へんじ 変事 accident *m*; malheureux événement *m*. ¶～が起きた Il est arrivé un accident.

へんじ 片時 ⇨ かたとき(片時). ～も忘れず ne pas oublier même un moment.

へんじ 返事 réponse *f*. ～をする répondre à une lettre. ～を待つ attendre une réponse. 手紙の～を受取る recevoir (obtenir) une réponse à une lettre. ～に困る ne savoir que répondre. ¶～[を]する répondre; faire [une] réponse. …に～をする répondre à *qn* (*qc*). 名前を呼ばれたらすぐ～をしなさい Répondez tout de suite quand on vous appelle. ‖二つ～で承知する consentir sans se faire prier.

べんし 弁士 orateur(*trice*) *m(f)*; conférencier(*ère*) *m(f)*; [無声映画の] montreur *m*.

へんしつ 偏執 manie *f*; obsession *f*. ¶～狂 monomanie *f*; paranoïa *f*. ～狂患者 monomaniaque *mf*; paranoïaque *mf*. ～狂的な monomaniaque.

へんしつ 変質 changement *m* de qualité; [悪質化] altération *f*. ¶～する changer de qualité; [悪く] s'altérer; [牛乳、葡萄酒が] tourner; aigrir; s'éventer. ～させる altérer. ～しない金属 métal(*aux*) *m* inaltérable. ‖[異常な性質(性格)] ¶～的な趣味 goût *m* morbide. ～的な少年 garçon *m* pervers. ‖～者 maniaque *mf*.

へんしゃ 編者 ⇨ へんさん(編纂), へんしゅう(編集).

へんしゅ 変種 variété *f*. 梨のあらゆる～ toutes les variétés de poires.

へんしゅう 編集 rédaction *f*; [映画] montage *m*. ¶～する rédiger; [映画] monter. ‖～会議 réunion *f* de comité de rédaction. ～者 rédacteur(*trice*) *m(f)*; [集合的に] rédaction *f*. ～長 rédacteur(*trice*) en chef. ～部(局, 室) rédaction.

べんじょ 便所 toilettes *fpl*; cabinets *mpl*; waters *mpl*; W.-C. *mpl*; lieux *mpl* [d'aisances]; commodités *fpl*; lavabos *mpl*. ～に行く aller à la selle (aux toilettes). ‖共同～ lavatory *m*; édicule *m*; 〖俗〗petit coin *m*. 公衆～ urinoir *m* publique; 〖俗〗pissotière *f*. 水洗～ toilettes à chasse d'eau.

へんじょう 返上 ¶～する rendre; renvoyer. 汚名を～ rétablir son honneur; se réhabiliter. 休暇を～する renoncer à ses vacances. 休暇を～して仕事をする sacrifier ses vacances pour achever son travail.

べんしょう 弁償 indemnisation *f*; compensation *f*; réparation *f*; dédommagement *m*. ¶～する indemniser; réparer; compenser. 割った窓ガラスを～する payer la vitre qu'on a cassée. ～させる se faire dédommager par *qn*.

べんしょうほう 弁証法 dialectique *f*. ¶～的な dialectique. ‖～的唯物論 matérialisme *m* dialectique. ～的に dialectiquement.

へんしょく 偏食 alimentation *f* mal équilibrée. ¶～する avoir un régime alimentaire mal équilibré. 僕は～なんです Je ne mange que ce qui me plait.

へんしょく 変色 perte *f* de couleur; décoloration *f*. ¶～する changer de couleur; se décolorer; [色あせる] se faner. 日光で壁紙が～した Le soleil a décoloré la tapisserie. ～させる altérer les couleurs; décolorer. ～したカーテン rideau(*x*) *m* décoloré. ～しない solide; résistant; inaltérable.

ペンション petit hôtel *m*; chalet *m*.

べんじる 弁じる parler; raconter. 滔々と～ parler avec éloquence. 一席～ débiter un discours; faire un discours. ◆[区別する] 真偽を～ discerner le vrai du faux. ◆[役立つ] servir à *qc*; être utile à. それで十分用を～はずだ Cela fera bien l'affaire.

ペンシル crayon *m*.

へんしん 変心 changement *m* d'idées; [不実] infidélité *f*; perfidie *f*; [裏切り] trahison *f*; traîtrise *f*. あなたの～をうらめしく思います Ton infidélité est profondément décevante. ¶～する changer d'idées; commettre (faire) une perfidie; trahir.

へんしん 変身 métamorphose *f*. ¶～する se métamorphoser en *qc*.

へんしん 返信 réponse *f*; lettre *f* de réponse. ‖国際～クーポン coupon (s)-réponse(s) *m* international. ～用はがき carte *f* postale-réponse. ～料 frais *mpl* de réponse. ～料先払い電報 télégramme *m* avec réponse payée.

へんじん 変人 original(*e*) *m(f)*; singulier personnage *m*; drôle *mf* [de type]; [気紛れ屋] fantaisiste *mf*; lunatique *mf*. ～扱いする(される) traiter *qn* (être traité) d'original.

ベンジン benzine *f*.

ペンス ⇨ ペニー.

へんすう 変数〖数〗variable f.

へんずつう 偏頭痛 migraine f. ¶~の migraineux(se). ‖~持ち migraineux(se) m(f).

へんする 偏する être partial(aux); être inéquitable. ‖一方に偏した意見 opinion f entachée de partialité. ⇨ かたよる(片寄る).

べんずる 弁ずる ⇨ べんじる(弁じる).

へんせい 変性 dénaturation f; dégénérescence f. ¶~する se dénaturer; subir la dénaturation. ‖~アルコール alcool m dénaturé.

へんせい 変成 ¶~岩 roche f métamorphique. ~作用 métamorphisme m.

へんせい 編成 formation f; organisation f. ¶~する former; organiser. 予算を~する établir un budget. 30人のクラスを~する former les classes de trente écoliers. ~される se former. ‖5両~列車 train m de cinq wagons. 戦時~〖軍〗armée f sur le pied de guerre. ~替え réorganisation f.

へんせいふう 偏西風 vents mpl d'ouest.

へんせつ 変節 [裏切り] trahison f; [変説] changement m; [背教] apostasie f; palinodies fpl. ¶~する changer d'opinion (de parti); retourner sa veste; changer d'écharpe; apostasier. ‖~者(漢) protée m; traître(sse) m(f); apostat m; renégat m; caméléon m. 政治家の~ palinodies fpl d'un homme politique.

べんぜつ 弁舌 parole f; éloquence f. ¶~爽やかである avoir la parole facile; être éloquent. ~を振って相手を説得する persuader qn par toute son éloquence. ‖~家 parleur(se) m(f); orateur m.

へんせん 変遷 transition f; changement m; évolution f; variation f. 教義の~ variation d'une doctrine. 趣味の~ évolution du goût. 風俗の~ vicissitudes fpl des mœurs. 世の~ à mesure que le monde évolue. ¶~を被る subir des changements. ‖~の transitoire.

ベンゼン benzène m.

へんそう 変装 déguisement m; [仮装] travestissement m; [仮面の] travesti m; [偽装] camouflage m. ¶~する se déguiser; se travestir; mettre un travesti. 彼にルンペンに~した Il s'est déguisé en clochard.

へんそう 返送 [手紙、荷物などの] renvoi m. ¶~する renvoyer; retourner. 贈物を~する renvoyer un cadeau. 左記ご御へ下さい Prière de retourner à l'adresse ci-contre.

へんぞう 変造 falsification f; altération f; [外観の] maquillage m. ¶~する falsifier; altérer; maquiller. 身分証明書(盗んだ車)を~する maquiller une carte d'identité (une voiture volée). ‖~貨幣 monnaie f falsifiée. ~者 falsifica*teur(trice)* m(f).

へんそうきょく 変奏曲 variation f. ピアノのための~ variation pour piano.

ベンゾール benzol m.

へんそく 変則 irrégularité f; anomalie f. ¶~の(的な) irrégulier(ère); anormal(aux). ‖~的に anormalement.

へんそく 変速 changement m de vitesse. ¶~する changer de vitesse. ‖~器 boîte f de vitesse. ~レバー levier m de vitesse.

へんたい 変態〖生〗métamorphose f. 蝶の~ métamorphose du papillon. ¶~する se métamorphoser; se transformer. ‖~する動物は生涯にわたって~を続ける Les animaux à métamorphoses se transforment au cours de leur vie. ◆ [異常] anomalie f. ¶~的な anormal(aux). ‖~心理 psychologie f anormale. ~性欲 anomalie sexuelle; perversion f sexuelle. ~性欲者 pervers(e) m(f) sexuel(le).

へんたい 編隊 formation f; escadrille f. ¶~で en formation. ‖3機を組む voler en formation triangulaire. ~飛行 formation triangulaire (de trois avions). 戦闘(爆撃)~ escadrille de chasse (de bombardement). ~飛行 vol m en formation.

べんたつ 鞭撻 encouragement m. 御指導御~を宜しくお願い申し上げます J'espère pouvoir compter sur vos encouragements et vos conseils. ¶...するように~する encourager qn à inf.

ペンダント pendentif m; [胸までたれる] sautoir m.

へんち 辺地 localité f éloignée; région f écartée; coin m perdu.

ベンチ banc m.

ペンチ pince f; tenailles fpl.

へんちきりん ¶~な bizarre; brôle; singulier(ère); saugrenu; 〖俗〗biscornu. 彼は~な奴だ C'est un drôle de type.

ベンチマークテスト test m de performance.

ベンチャー projet m; entreprise f. ¶~ビジネス entreprise à risques.

へんちょう 偏重 partialité f. ¶~する montrer de la partialité pour (envers); attacher trop d'importance à. ‖学歴~の弊害 fâcheuse habitude f de juger les gens sur leurs titres scolaires.

へんちょう 変調 changement m de ton; [異常] altération f; [不整] irrégularité f; dérangement m; 〖楽〗variation f. ¶~を来たす mal aller; se détraquer; devenir irrégulier(ère). ‖周波数~ modulation f de fréquence.

ベンチレーター [換気装置] ventilateur m.

べんつう 便通 évacuation f; déjection f. ¶~が順調である avoir le ventre libre. ~がない être constipé. ~がきちんとありますか Avez-vous des selles régulières? ¶~をよくする煎じ薬 tisane f laxative.

へんてこ 変てこ ⇨ へんちきりん. ¶~な衣裳 costume m grotesque.

へんてつ 変哲 ¶何の~もない男〔話〕homme m (histoire f) qui n'a rien de particulier.

へんてん 変転 ¶事態が目まぐるしい~する La situation change à un rythme vertigineux. ‖~極りない人生を経験する connaître beaucoup de vicissitudes.

へんでん 変電 ¶~器 transformateur m de tension. ~所 station f de transformation; sous-station f.

へんでん 返電 télégramme m de réponse. ¶~を打つ répondre par télégramme; envoyer une réponse télégraphique.

へんとう 返答 réponse f. ~に窮する ne savoir que répondre. 私の問合せに~がない Ma demande reste sans réponse. ¶~する répondre à; donner une réponse à qn. すらすら~する avoir réponse à tout. イエスかノーかして下さい Répondez-moi par oui ou par non.

へんどう 変動 changement m; mouvement m; fluctuation f; [気持ちの] oscillation f. 為替相場の~ fluctuation du cours des changes. 政界の~ changement politique. 世論の~ fluctuation de l'opinion publique. 市況(人口)の~ mouvement du marché (de population). ~を受ける subir un changement. 現状に大きな~を来たすことはあるまい Il n'y aura pas de grands changements dans la situation présente. 株式市場の~を見守る suivre les fluctuations de la Bourse. ¶~する changer; fluctuer. 相場はたえず~している Les cours fluctuent sans cesse. ‖~価格 prix mpl fluctuants.

べんとう 弁当 panier m repas. ‖昼の~を食べる prendre le casse-croûte. ‖手~で手伝う donner un coup de main gratuit.

へんとうせん 扁桃腺 amygdale f. ~の手術を受ける être opéré des amygdales. ‖~炎 inflammation f des amygdales; amygdalite f.

へんにゅう 編入 incorporation f; admission f. ‖騎兵隊に~される être incorporé dans un escadron de cavalerie. 3学年に~される être admis en troisième. ‖~試験 examen m d'admission.

ペンネーム nom m de plume (de guerre). ~を使う écrire sous le nom de plume.

へんねん 編年 ‖~史 chronique f. ~体の chronologique.

へんのう 返納 restitution f; [返送] renvoi m. ¶~する restituer; rendre; renvoyer.

へんぱ 偏頗 ¶~な partial(aux); injuste; inéquitable; inique.

べんばく 弁駁 objection f; réfutation f. ¶~する réfuter; objecter qc à qn.

べんぱつ 弁髪 queue f.

ペンパル correspondant(e) m(f).

へんぴ 辺鄙 ¶~な écarté; reculé; éloigné. ~な地方(村) pays m (village m) perdu. ~な場所 endroit m écarté. ~な街 ville f reculée.

べんぴ 便秘 constipation f. ¶~させる constiper. ~する être constipé. ~している人 constipé(e) m(f).

へんぴん 返品 marchandise f renvoyée (retournée). ¶~する retourner une marchandise.

へんぺいそく 扁平足 pied m plat. ¶彼は~だ Il a les pieds plats.

べんべつ 弁別 distinction f. ¶善悪を~する faire la distinction du bien et du mal. 真偽を~する discerner le vrai du faux. 二者を~する différencier deux choses.

べんべん 便々 ¶~たる大鼓腹 gros ventre m; grosse bedaine f. ~と遊び暮す vivre dans l'oisiveté sans travailler; flemmarder.

べんべんぐさ べんべん草 mauvaises herbes fpl. 庭に~が生えている Les mauvaises herbes envahissent le jardin.

へんぼう 変貌 transfiguration f; métamorphose f; transformation f. ¶~する se transfigurer; se métamorphoser; se transformer. ビルが林立してその町はすっかり~してしまった La ville, hérissée de grands immeubles, s'est complètement métamorphosée. ~させる transfigurer. 幸福が彼の顔を明るく~させた Le bonheur l'a transfiguré.

へんぽう 返報[復] vengeance f; revanche f; [報いる] récompense f; [返答] réponse f. ¶~する [報復する] se venger de qc sur qn; prendre sa revanche sur qn; [返答する] répondre à qn.

べんぽう 便法 expédient m; procédé m expéditif; moyen m provisoire. ~を講じる recourir à un expédient. 彼はその場に応じて~を講じることが出来た Il s'est habilement tiré d'affaire. どんな~を講じてよいやら私には分からなかった Je ne savais pas à quels expédients recourir. それは一時の~だ Ce n'est qu'un expédient.

ペンホルダー porte-plume m.

へんぽん 返本 livre m renvoyé (retourné); invendu m. ~の山 tas m de livres renvoyés. ~が多くてその出版社は潰れそうだ Cette maison d'édition risque de faire faillite à cause du nombre des invendus. ¶~する retourner un livre.

へんぽん 翩翻 ¶~と翻る flotter (voltiger) au gré du vent.

へんまがん 片麻岩 gneiss m.

べんまく 弁膜 [医] valvule f. ‖~心臓~症 insuffisance f valvulaire. 心臓~症患者 mitral(e) m(f).

へんむ 片務 ‖~契約 [法] contrat m unilatéral.

べんむかん 弁務官 commissaire m; administrateur(trice) m(f). ‖高等~ †haut(s)-commissaire(s) m.

へんめい 変名 faux nom m; nom d'emprunt; pseudonyme m. ~を使う emprunter un faux nom. 宿帳に~を書込む S'inscrire sous un faux nom dans le registre d'un hôtel.

べんめい 弁明 explication f; justification f; excuse f. ...について~を求める demander des explications à qn sur qc; exiger une explication de qn sur qc. ¶~する s'expliquer avec qn; se défendre contre qc; se justifier auprès de (devant) qn. 行為の無邪気さを~する se disculper. し得る explicable. その過ちは~の余地がない Cette erreur n'est pas explicable. ‖~者 explicateur(trice) m(f); justificateur(trice) m(f).

べんもう 鞭毛 [生] flagelle m; flagellum m. ‖~虫 flagellés.

へんよう 扁葉 ¶~の latifolié. ‖~植物 plante f latifoliée.

べんらん 便覧 manuel m; guide m. ‖学生~ livret m (guide) d'étudiants.

べんり 便利 commodité f; [設備の] confort m. ¶~な commode; pratique; [交通の

べんり bien desservi. ～なアパート appartement *m* qui a le confort. 細かい仕事をするのに～な道具 outil *m* commode pour les travaux délicats. 交通の～な地区 quartier *m* bien desservi. 取扱いの～な機械 appareil *m* facile à manier. この辞書は持ち運びに～だ Ce dictionnaire n'est pas encombrant. 歩いて行ったほうが～ですよ C'est plus facile d'y aller à pied. ‖～屋 homme *m* à tout faire.

べんり 弁理 ‖～公使 ministre *m* résident. ～士 agent *m* en brevets.

へんりょう 変量〖数〗quantité *f* variable.

へんりん 片鱗 ‖～を示す révéler (faire connaître) une partie de *son* talent. 彼は音楽の才能の～を示した Il nous a donné un petit échantillon de son talent musical.

へんれい 返礼 retour *m*; [報酬] récompense *f*; [訪問] visite *f* rendue; [報復] vengeance *f*. ～する [訪問] rendre *sa* visite à *qn*; [贈物] donner un cadeau en retour. ...の～とし て en retour de...; en récompense de....

べんれい 勉励 ‖職務に～する s'appliquer (se donner) à *ses* occupations. ‖刻苦～する étudier avec ardeur; travailler laborieusement.

へんれき 遍歴 pérégrination *f*. ‖～する parcourir. フランス各地を～する faire *son* tour de France. 彼は世界中のあらゆる国を～した Il a parcouru tous les pays du monde. 彼は多くの女達を～した Il a conquis bien des cœurs.

へんろ 遍路 pèlerinage *m*. ‖～に出る aller (en faire en) pèlerinage. ‖お～さん pèlerin (e) *m(f)*.

べんろん 弁論 discussion *f*; débat *m*; [法廷での] plaidoyer *m*; plaidoirie *f*. ～する discuter; débattre; plaider pour (en faveur de). 公判で～する plaider en audience publique. ‖口頭～ plaidoyer. 最終～ plaidoirie finale de la défense. ～大会 concours *m* d'éloquence. ～部 club *m* d'éloquence.

ほ

ほ 帆 voile *f*. ～を上げる †hisser (larguer) les voiles. ～を降ろす abaisser les voiles. ～を張る déployer les voiles. ～が風をはらむ Le vent gonfle les voiles. ～を巻く ferler une voile. ‖～を一杯に張って toutes voiles déployées. ～を畳んで進む marcher à la voile. 尻に～を上げて逃げる mettre les voiles.

ほ 歩 pas *m*. ...へと～を運ぶ porter (diriger) *ses* pas vers. ～を速める †hâter (presser) le pas. ～を緩める ralentir le pas. ～一～前進する [s']avancer pas à pas. あと一～のところだった On était à un doigt de réussir. ここから～も動くな Ne bougez pas d'un pas. ‖いずれも五十～百～ ⇨ どっち.

ほ 穂 [麦, 稲の] épi *m*; [槍の] pointe *f*. ～が出る monter en épi. 麦の～が出そろった Les blés sont mûrs. ‖筆(槍)の～先 pointe du pinceau (d'une lance). 小麦の～波 blés *mpl* ondoyants.

ホ 〖楽〗mi *m inv*. ～変ニ調 mi bémol. ～長調 ソナタ sonate *f* en mi majeur.

ボア boa *m*.

ほあん 保安 maintien *m* de la sécurité [publique]. 海上～庁 agence *f* de la sécurité maritime. ～課 service *m* de la sécurité. ～官 shérif *m*. ～要員 personnel *m* chargé de la surveillance. ～林 forêt *f* de réserve.

ほい 補遺 annexe *f*; supplément *m*; appendice *m*; addenda *m inv*.

ホイール roue *f*. ‖～キャップ enjoliveur *m*.

ほいく 保〔哺〕育 ～する [養育する] élever; [哺育する] nourrir. ～園 crèche *f*. ～器 couveuse *f*. ～児 enfant *mf* en bas âge. ～場 [雛鳥などの] couvoir *m*.

ボイコット boycottage *m*. 授業の～ boycottage des cours. ‖～する boycotter. ～する人 boycotteur(se) *m(f)*.

ボイスメール messagerie *f* vocale.

ボイスレコーダー enregistreur *m* de voix.

ホイッスル sifflet *m*. ～を鳴らす donner un coup de sifflet.

ホイップ ‖～する battre.

ホイップクリーム [砂糖の入った] [crème] chantilly *f*.

ほいほい ‖奴は誘えば～ついて来るよ Quand on l'invite, il vient aussi sec.

ぽいぽい ‖物をそんなに～捨ててはいけない Il ne faut pas jeter les choses comme ça n'importe où.

ボイラー chaudière *f*. ～をたく faire marcher une chaudière. ‖～工場 chaudronnerie *f*. ～室 chambre *f* de chauffe. ～マン chauffeur *m*.

ボイル ‖～する cuire à l'eau; faire bouillir. ゆっくり～する cuire à petit feu.

ぼいん 母音 voyelle *f*. ‖～の vocalique. ～の連続 hiatus *m*. ‖半～ semi-voyelle(s) *f*. 鼻(口腔)～ voyelle nasale (orale). 言語の～体系 système *m* vocalique d'une langue.

ぼいん 拇印 empreinte *f* (marque *f*) du pouce. ～を押す [サインする] signer. 証書に～を押す signer un acte avec l'empreinte du pouce.

ポインセチア 〖植〗poinsettia *m*.

ポインター [犬] pointer *m*; pointeur *m*.

ポイント [要点] point *m* capital. ...の～を押える saisir les points importants. そこが～だ C'est là le point. ◆[得点] ‖～を稼ぐ ⇨ てんすう(点数). ‖～ゲッター marqueur(se) *m(f)*. ‖〖小数点〗virgule *f*. ‖～ブレーカー bretelle *f*. ‖〖印刷〗8号の活字 caractère *m* de huit points.

ほう 報 nouvelle *f*; renseignement *m*; information *f*. ...の～に接する recevoir des nouvelles de.... ‖...の～に接して à la nouvelle de *qc*; en apprenant *qc* (que *ind*).

ほう 方 [方向・側] 出口の~へ vers la sortie. 右の~へ à droite. 西の~ du côté (vers l'ouest). こっちの~へ par ici; de ce côté-là. 東京の~へ行く aller en direction de Tokyo. ベッドを壁の~へ押す pousser le lit contre le mur. 前(後)の~からお乗り下さい Montez par devant (derrière). 君の~から言い出したことじゃないか C'est toi qui as commencé. ◆[比較] 僕の~が長いより背が高い(走るのが早い) Je suis plus grand (Je cours plus vite) que lui. こっちの~がいいです Ceci est meilleur. お茶の~をいただきます Je prendrai plutôt du thé. ...の~がよい Il vaut (vaudrait) mieux *inf* (que *sub*). / Il est préférable de *inf* (que *sub*). 家に引込んでいる~がよい Il vaudrait mieux rester à la maison. 汽車に乗りそこなうようならお茶を飲まずに出かける~がよい Mieux vaut se passer de thé que de manquer le train. 何も言わぬ~がよかった Vous auriez mieux fait de ne rien dire. そんなことをするくらいなら死んだ~がました Je préfère mourir plutôt que de faire une chose pareille. ◆[…の部類] 彼はフランス人としては背が高い~だ Il est plutôt grand pour un Français. 10月にしては寒い~だ Il fait plutôt froid pour un mois d'octobre. ◆[…に関して] 私の~はそれで結構です Pour ma part, j'y consens. お金の~は、彼が出すよ Quant aux frais, il s'en chargera.

ほう 法 [法則] loi *f*; [規則] règle *f*; [法律] droit *m*. ~にふれる déroger à la loi. ~を犯す violer la loi. ~を守る observer la loi. ~を無視する négliger la loi. ¶~に適った légal(aux). ~にはずれた illégal(aux). ‖メートル~ système *m* métrique. ‖ローマ~ droit *m* romain. ‖ ◆[文法] 直説(接続)~ mode *m* indicatif (subjonctif). ‖ [道理] raison *f*; justice *f*. 親を見捨てるという~はない Vous avez tort d'abandonner vos parents. 私にこんな扱いをするべきはない Vous n'êtes pas juste de me traiter ainsi. /Vous avez tort de me traiter ainsi. 人を見て~を説け Mettez-vous à la portée de l'auditoire. ‖ [方法] méthode *f*; procédé *m*; moyen *m*; façon *f*. ‖ 教授~ méthode d'enseignement. 三角~ 《数》trigonométrie *f*. 製造~ procédé *m* de fabrication.

ほう 砲 canon *m*. ‖対空(対戦車)~ canon antiaérien (antichar). 85 ミリ~ canon de quatre-vingt-cinq. 野~ canon de campagne. ~の砲架 affût *m*.

ほう 苞 bractée *f*.

ほう 亡 feu, ‖ ~妻 feue femme *f* défunte. ~父 *son* défunt père *m*; feu *son* père. ~夫 *son* défunt mari *m*; feu *son* mari. ~母 sa feue mère *f*; feu *sa* mère.

ほう 某 ‖ ~月~日に tel mois, tel jour. ~氏 [Monsieur] un tel. 郊外の~の所 quelque part en banlieue. ~令嬢 [Mademoiselle] une telle. 君たちの友人だと称する加藤~なる男を知ってますか Connaissez-vous un certain M. Kato qui prétend être de vos amis?

ほう 棒 bâton *m*; barre *f*; [棒登りの] mât *m*. ~で打つ donner des coups de bâton; bâtonner. ~でひどく打たれる recevoir une volée de coups de bâton. 「犬も歩けば~に当る」《A tenter sa chance, on finit toujours par réussir.》足が~のようになる avoir les jambes raides comme des barres de fer. 才能(好機)を~に振る gâcher *son* talent (une occasion). つまらぬことで一生を~に振る rater *sa* vie pour une peccadille. ‖ 鉄~ barre fixe. 平行~ barres parallèles. ~グラフ diagramme *m* en bâtons. ~状のパン pain *m* de forme allongée.

ほうあん 法案 [政府側の] projet *m* de loi; [議員からの] proposition *f* de loi. ~を起草する rédiger un projet de loi. ~を提出する présenter un projet de loi. ~を可決(否決)する adopter (rejeter) un projet de loi. ~を審議する délibérer sur un projet de loi.

ぼうあんき 棒暗記 ¶ ~する apprendre mécaniquement par cœur; apprendre comme un perroquet.

ほうい 包囲 enveloppement *m*; encerclement *m*; [都市, 城の] siège *m*; blocus *m*. ~を解く lever le siège (le blocus). ~を突破する briser l'encerclement. ¶ ~する envelopper; encercler; assiéger. ~される s'envelopper. ~軍 assiégeant *m*. ~攻撃 attaque *f* enveloppante. ~作戦 opération *f* d'encerclement. ~網を敷く tendre un filet encerclant.

ほうい 方位 orientation *f*. ~を定める prendre un azimut. ~磁気 ~ azimut *m* magnétique. 全~外交 diplomatie *f* tous azimuts. ~図法 projection *f* azimutale. ~角 《天》azimut *m*.

ほうい 法衣 [弁護士の] robe *f* (toge) d'avocat; [聖職者の] vêtements *mpl* sacerdotaux; [裁判官の] robe (toge) de magistrat.

ぼうい 暴威 ~を振う ravager; faire rage. インフルエンザが関東地方に~を振う L'influenza fait rage dans la région du Kanto.

ほういがく 法医学 médecine *f* légale. ~の médico-légal(aux). ~者 médecin *m* légiste.

ほういつ 放逸 ~な生活 vie *f* débauchée. ~な暮しを送る mener une vie dévergondée.

ぼういんぼうしょく 暴飲暴食 excès *m* de table. ¶ ~する boire et manger à l'excès; faire ripaille.

ほうえい 放映 ¶ ~する téléviser. ドラマを~する téléviser une dramatique. ‖ ~時間 temps *m* d'antenne.

ぼうえい 防衛 défense *f*; protection *f*. ¶ ~する défendre; protéger. 選手権を~する défendre *son* titre de champion. ‖ 正当~を主張する [弁護人が] plaider la légitime défense. ‖ ~庁 Agence *f* de Défense. ~費 dépenses *fpl* pour la défense nationale. ~本能 instinct *m* de défense. ~を強化する renforcer la défense.

ぼうえき 貿易 commerce *m* [extérieur]; négoce *m*. ~に従事する être dans le commerce étranger. ~をする faire du commerce. 自由~ libre-échange *m*. 保護~ protection *f* commerciale. 保護~主義 protectionnisme *m*. ~相手国 partenaire *m* commercial. ~黒字(赤字) excédent (défi-

ぼうえき 貿易 commercial. ～港 port *m* marchand. ～自由化 libéralisation *f* des échanges internationaux. ～商 [輸出] exportat*eur(trice)* *m(f)*; [輸入] importat*eur(trice)* *m(f)*. ～商社 maison *f* de commerce extérieur. ～風 alizés *mpl*. ～摩擦 frictions *fpl* commerciales; conflit *m* commercial.

ぼうえき 防疫 prévention *f* (lutte *f*) contre l'épidémie. ¶～官 agent *m* sanitaire. ～手段を講ずる prendre des mesures préventives contre l'épidémie.

ぼうえつ 法悦 extase *f*; ravissement *m*. ～にひたる être en extase; être dans le ravissement. ～状態の extatique.

ぼうえん 方円 ¶「水は～の器に従う」«L'eau épouse la forme du récipient.»

ぼうえん 砲煙 ¶～が上がった La fumée d'une explosion s'est élevée. ～の下をかいくぐる essuyer le feu du canon.

ぼうえん 望遠 ¶～写真 téléphotographie *f*. ～レンズ téléobjectif *m*.

ぼうえんきょう 望遠鏡 lunette *f*; télescope *m*. ～で星を見る regarder les étoiles avec un télescope. ～を覗く regarder au télescope. ～電子～ télescope *m* électronique. 天体～ lunette *f* astronomique.

ほうおう 法王 pape *m*; souverain pontife *m*. ¶～の papal; pontifical. ～回状 encyclique *f*. ～教書 bulle *f* papale. ～猊下 Sa Sainteté. ～権(位) papauté *f*. ～の政治 papauté. ～庁 Vatican *m*; Saint-Siège *m*.

ほうおう 鳳凰 phénix *m* chinois.

ほうおん 報恩 reconnaissance *f*. ¶～のため par reconnaissance.

ぼうおん 忘恩 ingratitude *f*. ¶～の ingrat. ～の徒 ingrat(e) *m(f)*. ～行為 acte *m* d'ingratitude.

ぼうおん 防音 insonorisation *f*. ¶～した部屋 studio *m* (pièce *f*) insonorisé(e). ～材 matériaux *mpl* insonores. ～装置 insonorisant *m*.

ほうか 放歌 ¶～高吟する brailler; chanter à pleine voix; chanter à tue-tête.

ほうか 放火 incendie *m* criminel (par malveillance). この火事は～の疑いがある On soupçonne que cet incendie est dû à la malveillance. ¶～する incendier; mettre le feu à; [俗] faire flamber. ～魔 pyromanie *f*. ～罪 crime *m* d'incendie. ～事件 crime d'incendiaire. ～犯人 incendiaire *mf*.

ほうか 法科 faculté *f* de droit. 彼は～の学生である Il est étudiant en droit. 彼は～の出身である Il est licencié en droit.

ほうか 法貨 monnaie *f* libératoire.

ほうか 砲火 coups *mpl* de canon; canonnade *f*; feu *m*. ～を浴びる essuyer le feu; être exposé au feu. ～を浴びせる faire feu sur. ～を交える échanger des coups de canon. ～十字架 feu croisé.

ほうか 邦貨 ¶～に換算する calculer *qc* en monnaie japonaise; convertir *qc* en monnaie japonaise.

ほうが 萌芽 embryon *m*; germination *f*; germe *m*. ¶～する germer; pousser des germes. ～期にある être en germe.

ほうが 邦画 film *m* japonais.

ぼうか 防火 protection *f* contre l'incendie. ～に努める combattre le feu. ¶～訓練 exercice *m* de lutte contre le feu. ～扉 porte *f* coupe-feu.

ほうが 忘我 ¶～の境に入る s'extasier; être en extase; tomber en extase.

ほうかい 崩壊 écroulement *m*; effondrement *m*; ruine *f*; débâcle *f*; [放射性元素の] désintégration *f*. 家屋の～ effondrement d'un bâtiment. ¶～する s'écrouler; s'effondrer; tomber en ruine. 彼のすべての計画は～した Tous ses projets ont croulé. この塀は今にも～しそうだ Ce mur menace ruine. ～しそうな branlant. ～した家 maison *f* écroulée (effondrée, ruinée).

ほうがい 法外 ¶～な déraisonnable; excessi*f(ve)*; démesuré; exorbitant; extraordinaire. ～な値段 prix *m* exorbitant (exagéré). ～な野心 ambition *f* démesurée. ～な要求をする faire une demande illégale. ～に excessivement; outre mesure; extraordinairement.

ぼうがい 妨害 opposition *f*; empêchement *m*; entrave *f*; [放送の] brouillage *m*. 関税の壁が通商の～を構成する Une barrière douanière constitue une entrave (un obstacle) du commerce. ¶～する empêcher; entraver; gêner; s'opposer à; faire obstacle à. ...の安眠を～する troubler le sommeil de *qn*. 交通を～する gêner la circulation. ...の実現を～する entraver la réalisation de *qc*. 交渉を～する nuire aux négociations. 議事を～する faire de l'obstruction. 人の話を～する interrompre *qn*. 彼が私の行く手を～した Il s'est mis en travers de ma route. 暴力学生に授業を妨害された La classe a été troublée par des étudiants extrémistes. ¶～議事 obstruction *f* parlementaires. 公務執行～罪 résistance *f* à (rébellion *f* contre) l'exercice de la fonction publique.

ほうがい 望外 ¶～の幸福 bonheur *m* inespéré (inattendu).

ほうかいせき 方解石 calcite *f*.

ほうがく 方角 orientation *f*; direction *f*; sens *m*; côté *m*. ～が悪い Cette direction est funeste (de mauvais augure). ～が分らなくなる perdre le sens de l'orientation; être désorienté. ～を間違える se tromper de direction. ¶あらゆる～から de toutes les directions. ...の～に dans la direction de; du côté de. ...と反対の～に en sens inverse de. ...と同じ～に dans la même direction que.

ほうがく 法学 jurisprudence *f*; droit *m*; science *f* du droit. ～を学ぶ étudier le droit. ¶～士 licencié(e) *m(f)* en droit. ～者 légiste *m*; juriste *m*. ～博士 docteur *m* en droit. ～部 faculté *f* de droit.

ほうがく 邦楽 musique *f* japonaise.

ほうかご 放課後 après la classe.

ほうがちょう 奉加帳 liste *f* des donateurs.

ほうかつ 包括 ¶～する englober; comprendre; embrasser. ～的 global(aux); inclusi*f(ve)*; compréhensi*f(ve)*. ～的に globale-

ほうかん 宝鑑 ‖家庭~ encyclopédie *f* domestique.

ほうかん 砲艦 canonnière *f*.

ほうかん 幇間 bouffon *m*. ‖彼のしぐさはまるで~なみだ Il agit exactement comme un bouffon. ‖~芸 bouffonnerie *f*.

ほうかん 包含 ‖~する comprendre; contenir; impliquer; enserrer; enclore. イベリア半島はスペインとポルトガルを~している. La péninsule ibérique comprend l'Espagne et le Portugal.

ほうがん 砲丸 poids *m*. ‖~投げ lancement *m* du poids. ~投げをする lancer le poids.

ぼうかん 傍観 ‖~する regarder; assister en spectateur. ~的に indifférent. ‖~者 spectateur(trice) *m(f)*; observateur(trice) *m(f)*.

ぼうかん 暴漢 malfaiteur *m*; bandit *m*; kidnapan *m*; terroriste *m*. 大使は~に襲われた L'ambassadeur a été attaqué par un terroriste.

ぼうかん 防寒 protection *f* contre le froid. ‖~具 matériel *m* anti-froid. ~靴 chaussures *fpl* anti-froid. ~頭巾 passe-montagne(s) *m*. ~服 vêtements *mpl* anti-froid.

ほうがんし 方眼紙 papier *m* quadrillé.

ほうかんふく 法衣服 ⇨ほうい(法衣).

ほうき 放棄 abandon *m*; renonciation *f*; délaissement *m*; abdication *f*; répudiation *f*. 計画の~ abandon d'un projet. 戦争（自由）の~ renonciation à la guerre (à la liberté). ‖~する abandonner; renoncer à; délaisser; abdiquer; se dessaisir. 王位を~する abdiquer le trône. 財産を~する abandonner *ses* biens. 学業を~する lâcher *ses* études. 責任を~する se démettre de *sa* responsabilité. 受験を~する renoncer à se présenter à un examen. 契約を~する répudier *ses* engagements. レースを~する abandonner [la course]. そんな考えは~した方がいい Renonce à cette idée, cela vaut mieux. ‖権利~ renonciation aux droits. 自己~ abnégation *f* de soi. 授業~ boycottage *m* des cours. 相続~ délaissement d'un héritage.

ほうき 法規 loi *f*; règlement *m*; code *m*. ~を守る observer la loi. ‖~に照らして suivant les règlements. ~に従って réglementairement; conformément à la loi. ~に従って採られた決議 décision *f* prise réglementairement. ‖現行~ loi en vigueur. 交通~ code de la route.

ほうき 芳紀 ‖彼女は~まさに18 歳だ. Elle est dans la fleur de ses dix-huit ans.

ほうき 蜂起 insurrection *f*; soulèvement *m*. ‖~する s'insurger contre; se révolter contre. ~させる ameuter. 民衆を~させる ameuter (soulever) le peuple. ‖一斉に~して soulever comme un seul homme. 武装~する prendre les armes.

ほうき 箒 balai *m*; [小型] balayette *f*. ~で掃く balayer. ‖~で掃くほど金がある remuer l'argent à la pelle. ~草 ansérine *f*. ~星 comète *f*.

ぼうき 謀議 complot *m*; conspiration *f*; intrigue *f*. ‖~する comploter; faire partie d'un complot. ‖共同~ participation *f* à un complot.

ぼうきゃく 忘却 oubli *m*.

ぼうぎゃく 暴虐 tyrannie *f*; excès *m*; cruauté *f*. ‖家の者に~な振舞いをする tyranniser *sa* famille. ‖ナチの~行為 atrocités *fpl* nazies. ~非道の振舞~をする tyranniser.

ほうきゅう 俸給 ⇨きゅうよ(給与). paye *f*; paie *f*; appointements *mpl*; salaire *m*; traitement *m*; [軍人の] solde *f*. ~を上げる（下げる）augmenter (réduire) le traitement. ~を支払う donner des appointements à *qn*; appointer *qn*. ~を貰う recevoir (toucher) une paie. ‖~生活者 salarié(e) *m(f)*. ~日 jour *m* de paie.

ほうぎょ 崩御 ‖天皇は~あそばされた Sa Majesté l'Empereur est décédé.

ぼうきょ 暴挙 attentat *m*; violence *f*; outrage *m*. ~を企てる préparer un attentat contre *qn*. 彼ははなはだしい~に出た Il s'est livré à un acte de violence.

ぼうぎょ 防禦 défense *f*; protection *f*. ‖~する défendre contre; protéger contre. 身をもって~する faire un rempart de *son* corps. ‖~手段 moyen *m* défensif. ~線 ligne *f* de défense. ~体制をとる se tenir sur la défensive.

ほうきょう 豊凶 ‖~を占う prédire la prochaine récolte par la divination.

ぼうきょう 望郷 ‖~の念にかられる éprouver la nostalgie du pays natal; être en proie à la nostalgie.

ほうきょうじゅつ 豊胸術 ‖~を受ける subir une chirurgie esthétique des seins.

ほうぎょう 放吟 ‖高歌~する brailler; chanter à pleine voix.

ぼうくい 棒杭 bâton(x) *m*; piquet *m*. ~を打ち込む enfoncer un pieu.

ぼうくう 防空 défense *f* antiaérienne; défense contre avions (DCA); défense aérienne. ‖~演習 exercices *mpl* contre avions. ~壕 abri *m* de bombardement.

ぼうくん 亡君 ‖~の恨みを晴らす venger *son* seigneur défunt.

ぼうくん 暴君 tyran *m*; despote *m*. ‖~亭主 mari *m* tyrannique.

ほうけい 包茎 phimosis *m*.

ぼうけい 傍系 ligne *f* collatérale. ‖~の家族 parents *mpl* collatéraux. ‖~会社 filiale *f*.

ほうげき 砲撃 canonnade *f*; bombardement *m*. ~を受ける essuyer le feu. ~を開始する ouvrir le feu. ‖~する canonner; bombarder; pilonner. 敵陣を~する battre les positions ennemies.

ほうける 惚(呆)ける ‖病み~ maigrir sous maladie. 遊び~ être plongé (absorbé) dans les plaisirs.

ほうけん 封建 ‖~的の féodal(aux). 君の親父はかなり~的だね Ton père est très traditionnel. ~的に féodalement. ‖~土 féodal(aux) *m*. ~時代 époque *f* féodale.

ほうげん 放言 paroles *fpl* sans réflexion. 〜を慎む surveiller *ses* propos. ¶〜する parler à tort et à travers; laisser échapper des propos inconsidérés.

ほうげん 方言 patois *m*; parler *m*; dialecte *m*. ¶〜を話す人 patoisant(e) *m(f)*. 彼は〜を丸出しでしゃべる Il parle le patois sans se gêner (sans honte). ¶オーベルニュ〜 patois d'Auvergne. 南仏〜 parlers méridionaux. 〜学 dialectologie *f*; idiomatographie *f*. 〜研究家 patoisant. 〜集 glossaire *m*.

ぼうけん 望見 ¶〜する regarder de loin.

ぼうけん 冒険 aventure *f*. 〜を試みる tenter l'aventure. 〜を冒す courir les aventures. ¶〜好きな aventureux(se). 〜的な risqué; aventuré; hasardeux(se). 〜的な企て entreprise *f* hasardeuse. ¶〜家 aventurier(ère) *m(f)*. 〜小説 roman *m* d'aventures. 〜心 esprit *m* d'aventure. 〜談 récits *mpl* d'exploration.

ぼうげん 暴言 injure *f*. 〜を吐く proférer des injures; lancer des injures violentes; vomir des injures.

ほうげん 妄言 ¶〜多謝 Je suis profondément désolé de vous avoir dit cela.

ほうこ 宝庫 trésor *m*. ¶この河は鱒の〜だ Cette rivière constitue une réserve inépuisable de truites. この地方は民話の〜だ Cette région est une mine de contes populaires.

ほうこう 奉公 apprentissage *m*. 〜に出る entrer en apprentissage. 〜に出す mettre *qn* en apprentissage. ¶〜にする être en service chez *qn*. ‖〜口 emploi *m*. 〜先 employeur(se) *m(f)*; patron(ne) *m(f)*. 〜人 apprenti(e) *m(f)*; serviteur(trice) *m(f)*; domestique *m*; [集合的に] domesticité *f*.

ほうこう 放校 expulsion *f* (renvoi *m*) [de l'école]. ¶〜する expulser; renvoyer. 〜される être renvoyé de l'école.

ほうこう 方向 direction *f*; sens *m*; orientation *f*. 〜を決める s'orienter vers. 〜を変える changer de direction; tourner; virer. 急に〜を転ずる [車が] se rabattre. 船が〜を変える Le bateau vire de bord. 正しい〜に dans le bon sens. あらゆる〜に dans toutes les directions; dans tous les sens. 逆〜に en sens inverse. ¶彼女は〜音痴だからね Elle n'a pas la moindre sens de l'orientation. 〜指示機 feu(x) *m* clignotant. 〜転換 déviation *f*. 政治に〜 bifurquer vers la politique. 〜舵 gouvernail *m* de direction. 〜探知機 radar *m*.

ほうこう 砲口 embouchure *f*; bouche *f* de canon; gueule *f*.

ほうこう 芳香 parfum *m*; arôme *m*; odeur *f* embaumée. 〜を放つ exhaler un parfum; embaumer; [香りのよい] odoriférant; aromatique.

ほうこう 咆哮 [猛獣の] rugissement *m*; †hurlement *m*. ¶〜する rugir; †hurler.

ほうこう 彷徨 errance *f*. ¶〜する errer; rôder. 夜中を〜する errer la nuit. 街を〜する errer dans les rues.

ほうごう 縫合 suture *f*. ¶傷口を〜する suturer une plaie.

ぼうこう 暴行 violences *fpl*; outrage *m*; excès *m*. 〜を加える faire violence à *qn*. 女性に〜する faire subir les derniers outrages à une femme; outrager (violer) une femme. ‖婦女〜 viol *m*.

ぼうこう 膀胱 vessie *f*. ¶〜の vésical(aux). ‖〜炎 cystite *f*. 〜結石 calculs *mpl* (pierres *fpl*) dans la vessie; 《医》cystolithe *m*. 〜道 artères *fpl* vésicales.

ほうこく 報告 exposé *m*; rapport *m*. 〜を rapporter *qc* à *qn*; informer *qn* de *qc*. ‖会計〜 bilan *m*. 研究〜 mémoire *m*. 留守中の処理について事後〜する faire un rapport à *qn* des activités qui se sont déroulées durant son absence. 中間〜 rapport provisoire. 〜者 rapporteur(se) *m(f)*. 〜書 exposé *m*; état *m*; bulletin *m*.

ほうこく 報国 dévouement *m* à *son* pays. ¶〜の patriotique. ‖〜心 patriotisme *m*.

ぼうこく 亡国 〜の民 nation *f* ruinée; peuple *m* apatride. 〜の振舞い conduite *f* qui entraîne la décadence d'un pays.

ほうざ 砲座 emplacement *m*; plate(s)-forme(s) *f* d'artillerie.

ぼうさい 防災 prévention *f* contre les accidents. ‖〜対策 mesures *fpl* préventives contre les accidents.

ほうさく 方策 mesure *f*; moyen *m*; biais *m*; ressource *f*; politique *f*. 〜がつきる être à bout de ressources. ...に対して〜を講ずる prendre des mesures contre...; chercher un biais pour.... 万全の〜を立てる prévoir tous les moyens.

ほうさく 豊作 récolte *f* abondante; bonne récolte. ¶今年は米の〜だ La récolte du riz est bonne cette année.

ぼうさつ 忙殺 ¶...に〜される être occupé de *qc*; être pris par *qc*; avoir des affaires pardessus la tête. 雑用に〜されています Je suis accablé d'affaires insignifiantes.

ぼうさつ 謀殺 meurtre *m* par guet-apens; assassinat *m* prémédité. ¶〜する assassiner *qn*. ‖〜犯 assassin *m*.

ほうさん 放散 irradiation *f*; diffusion *f*. ¶〜する émettre; dégager; émaner; s'évaporer.

ほうさん 硼酸 borique *m*. ¶〜の borique. ‖〜塩 borate *m*. 〜水 solution *f* de borate. 〜軟膏 onguent *m* borique.

ほうし 奉仕 service *m*. ¶...に〜する rendre des services (rendre service) à *qn*. ‖勤労〜 service bénévole. 社会〜 assistance *f* sociale. 社会〜事業 œuvres *fpl* de bienfaisance sociale. 〜精神 [esprit *m* de] dévouement *m*. 〜品 soldes *mpl*.

ほうし 放恣 ¶〜な態度 tenue *f* débraillée. 〜な暮しをする mener une vie désordonnée.

ほうし 法師 moine *m*; bonze *m*.

ほうし 胞子 spore *f*. ‖〜嚢 sporange *m*.

ほうし 芳志 ¶御〜に厚く御礼申し上げます Je

ほうじ ¶vous remercie profondément de votre contribution.

ほうじ 法事 ¶三回忌の～ troisième service *m* anniversaire à la mémoire de *qn*. ～を営む célébrer un service commémoratif pour *qn*.

ほうじ 邦字 langue *f* japonaise. ‖～新聞 journal(*aux*) *m* en japonais.

ぼうし 帽子 chapeau(x) *m*; casquette *f*; [つば付きの] bonnet *m*; [縁なしの] bonnet *m*; [警官, 郵便配達の] képi *m*; [絹的] coiffure *f*. ～をかぶる mettre *son* chapeau; se couvrir. ～を横ちょにかぶる porter le chapeau sur l'oreille. ～をかぶっていない porter un chapeau (avoir la tête nue). ～を脱ぐ ôter (enlever) *son* chapeau; se découvrir. ～をとって挨拶する donner un coup de chapeau. ¶～をかぶらずに nue tête. ～をかぶったままどうぞ Restez couvert. ‖～掛 porte-chapeaux *m inv*. ～屋 chapellerie *f*; [婦人物] boutique *f* de modiste; [人] chapeli*er(ère)* *m(f)*.

ぼうし 某氏 [Monsieur] un tel. ～の言によれば d'après une certaine personne.

ぼうし 防止 suppression *f*; empêchement *m*; prévention *f*. ¶～する prévenir *qc*. ‖事故～ précaution *f* contre les accidents. 騒音～ suppression du bruit. 交通事故～対策 prévention routière. 労働事故～対策 prévention des accidents du travail.

ぼうじ 房事 acte *m* sexuel.

ほうしき 方式 formule *f*; [形式] forme *f*; [方法] procédé *m*; méthode *f*; [手続き] formalité *f*, [様式] mode *m*. ¶～通りに en bonne forme.

ほうじき 焙じ器 torréfacteur *m*.

ぼうしつ 防湿 ‖～剤 produit *m* contre l'humidité.

ほうしゃ 放射 radiation *f*; émission *f*; rayonnement *m*. ¶～する émettre. ～状の radi*al(aux)*. ～状の葉 feuilles *fpl* étoilées. ～状の道路 voie *f* radiale; rues *fpl* en étoile. ～状に radialement. ‖火災～器 lance-flammes *m inv*. ～熱 chaleur *f* rayonnante.

ほうしゃ 硼砂 borax *m*.

ぼうじゃくぶじん 傍若無人 ‖～な arrogant; insolent. ～振りを発揮する se comporter de façon insolente (impertinente); agir avec insolence.

ほうしゃせい 放射性 ‖～の radioactif(*ve*). ‖～降下物 retombées *fpl* radioactives. ～元素 radio-élément(s) *m*. ～同位元素 radio-isotope(s) *m*. ～物質 substance *f* radioactive.

ほうしゃせん 放射線 radiations *fpl*. ～を出す émettre des radiations. ‖～学 radiologie *f*. ～学者 radiologue *mf*. ～障害 maladie *f* d'irradiation. ～病 mal(*aux*) *m* des rayons. ～療法 radiothérapie *f*; irradiation *f*.

ほうしゃのう 放射能 radioactivité *f*. ‖～雨 pluie *f* radioactive. ～汚染 pollution *f* radioactive. ～検出装置 détecteur *m* de radioactivité.

ほうしゅ 砲手 canonnier *m*.

ぼうじゅ 傍受 ¶電波を～する capter les ondes. 放送を～する capter un massage radiophonique.

ほうしゅう 報酬 rétribution *f*; rémunération *f*; récompense *f*; [ギャラ] cachet *m*. ～を与える rétribuer *qn*; rémunérer *qn*; récompenser *qn*. 使用人に適当な～を与える rétribuer convenablement *ses* employés. ～を受ける(要求する) recevoir (demander) une rémunération. ～を当てにする compter sur une récompense. あなたの奉仕に対する～はちゃんと出します Je ne manquerai pas de récompenser votre service./Vos services seront récompensés sans faute. ...のとして在récompense de.... ¶～のよい(悪い)仕事 travail *m* bien (mal) rétribué. ‖無～で à titre gracieux; sans aucune récompense.

ほうじゅう 放縦 ⇨ほうしょう(放縦).

ぼうしゅう 防臭 déodorisation *f*. ¶～する déodoriser; désodoriser. ‖～剤 déodorant *m*; désodorisant *m*.

ほうしゅく 奉祝 célébration *f*.

ぼうしゅく 防縮 ‖～性生地 tissu *m* irrétrécissable.

ほうしゅつ 放出 [光, 熱などの] émission *f*; décharge *f*. ¶～する débloquer. 商品(ストック)を～する débloquer des marchandises (les stocks). 被災者に物資を～する distribuer des secours aux sinistrés.

ほうじゅつ 砲術 cannonage *m*.

ほうじゅん 芳醇 ‖～な酒 vin *m* savoureux.

ほうじゅん 豊潤 ‖～な暮しを送る mener une vie pleine de charme.

ほうじょ 幇助 aide *f*; complicité *f*. ¶犯罪を～する se faire complice d'un crime. ‖自殺～ complicité dans un suicide. ～する aider *qn* à se donner la mort. ～者 fauteur (*trice*) *m(f)*.

ほうじょ 某所 ¶都内で～ quelque part dans Tokyo.

ほうしょう 報償 réparation *f*; compensation *f*. ‖～金 indemnité *f*.

ほうしょう 報奨 ¶...に～を与える gratifier *qn* de *qc*. ‖～金 prime *f*; gratification *f*. ～制度 système *m* de primes. ～物資 cadeau(x) *m* en prime.

ほうしょう 放縦 libertinage *m*. ¶～な licencieux(*se*); libertin; effréné; graveleux(*se*); démesuré; immodéré. ～な生活を送る vivre dans le libertinage; mener une vie débauchée.

ほうしょう 褒章 médaille *f* du mérite. ‖紫(黄)綬～ médaille à ruban violet (jaune). 人命救助～ médaille du sauvetage.

ほうしょう 褒賞 prix *m*. ‖～授与 distribution *f* des prix. ～受領者 lauréat(e) *m(f)*.

ほうじょう 芳情 ¶御～を深謝します Permettez-moi de vous remercier bien sincèrement de votre bienveillance.

ほうじょう 奨状 certificat *m* de mérite.

ほうじょう 豊饒 fécondité *f*; fertilité *f*. ¶～な fécond; fertile; riche; productif(*ve*). ～にする féconder; fertiliser. ～になる se fertiliser. ‖～化 fertilisation *f*.

ほうじょう 傍証 preuves *fpl* indirectes; preuve par présomption. ～を固める re-

ほうしょく 奉職 ¶～する entrer en fonction; remplir une charge officielle. 彼はこの学校に 30 年～している Depuis trente ans, il est en fonction dans cette école./Il a trente ans de service dans cette école.

ほうしょく 飽食 rassasiement *m*; satiété *f*. ¶～する se rassasier; manger jusqu'à satiété. ‖暖衣～する se vêtir chaudement et se bien nourrir; mener une vie douillette.

ぼうしょく 暴食 goinfrerie *f*; gloutonnerie *f*. ¶～する manger goulûment; 《俗》bâfrer. ‖暴飲～する se goinfrer.

ぼうしょく 紡織 filature *f*; filage *m* et tissage *m*. ¶～機 métier *m* à filer et à tisser. ～工 fileur(se) *m(f)*. ～工業 industrie *f* textile.

ぼうしょくざい 防蝕剤 anti-corrosif *m*.

ほうじる 報じる ⇨ ほうずる(報ずる).

ほうじる 奉じる ⇨ ほうずる(奉ずる).

ほうじる 焙じる torréfier. お茶を～ torréfier du thé.

ほうしん 放心 ¶～している être absent [de *soi-même*]. ～した様子 air *m* absent (distrait). ～したうえで distraitement. ‖～状態 distraction *f*. ～状態である être distrait; avoir des absences; être dans la lune.

ほうしん 方針 direction *f*; orientation *f*; [上司の] directives *fpl*; [原則] principe *m*. ～を誤まる prendre une fausse direction. ～を立てる déterminer l'orientation. 将来の～を定める fixer un plan d'avenir. ～を貫く persister dans *son* principe. 上司の～を待つ attendre des directives du chef. 〜はいいが実現は難しかろう Le principe est bien joli, mais la pratique sera difficile. ¶～通りに動く agir conformément au plan fixé. ‖営業～ politique *f* commerciale. 教育～ orientation de l'enseignement. 計画は～倒れに終った Le plan est resté à l'état de projet.

ほうしん 砲身 tube *m* de canon.

ほうしん 疱疹 ヘルペス.

ほうじん 法人 personne *f* morale (civile, juridique). ¶～の指定を受ける se faire reconnaître comme personne juridique. ‖学校～ établissement *m* d'enseignement avec la personnalité juridique. 財団～ fondation d'utilité publique avec la personnalité juridique. ～格 personnalité *f* morale (civile, juridique). ～税 impôt *m* sur les revenus des personnes juridiques.

ほうじん 邦人 japonais(e) *m(f)*.

ぼうず 坊主 bonze *m*;《俗》calotin *m*. ～になる se faire moine; entrer en religion. 「～憎けりゃ袈裟まで憎い」《Quand on déteste quelqu'un, on le déteste même son chien.》‖～頭 tête *f* rasée. ～刈りにする se faire couper les cheveux à ras.

ほうすい 放水 déversement *m*; chasse *f* d'eau. ¶～する évacuer (se décharger) de l'eau. ‖～管 tuyau(x) *m*. ～口 [水車の] lancière *f*. ～車 voiture *f* arroseuse. ～堰 livon *m*. ～路 canal(aux) *m* de fuite; [湖水などの] émissaire *m*.

ほうすい 報水 ¶～期 saison *f* des pluies; saison de grandes eaux.

ほうすい 紡錘 fuseau(x) *m*. ¶～一巻分[の糸] fusée *f*. ～型の fuselé; fusiforme. ～型にする fuseler. ～状の fusiforme. ～体《生》fuseau.

ほうすい 防水 imperméabilisation *f*; étanchéité *f*. ¶～する imperméabiliser; hydrofuger. ～してある imperméable; hydrofuge; étanche. ‖～外套 manteau(x) *m* imperméable; [ゴム引きの] manteau(x) en caoutchouc(s). ～着 imperméable *m*. ～剤 imperméabilisant *m*. ～性 imperméabilité *f*; étanchéité à l'eau. ～時計 montre *f* étanche. ～帽 [漁師の] suroît *m*.

ほうずる 報ずる [告げる・知らせる] informer *qn* de *qc*; annoncer *qc* à *qn*. 出火を～ donner l'alarme d'un incendie. 時計が 10 時を～ Dix heures sonnent. 新聞は交渉の再開を報じていると On annonce dans le journal que les pourparlers vont reprendre. ◆[報いる] ¶祖国に～ se dévouer à *sa* patrie.

ほうずる 奉ずる ¶キリスト教を～ embrasser la religion chrétienne. 職を～ demeurer dans un emploi. 説を～する; embrasser; se soumettre à. 命を～ obéir à.

ほうずる 崩ずる ¶天皇が～ Sa Majesté l'Empereur est décédé.

ほうせい 方正 ¶品行～である avoir une conduite régulière.

ほうせい 法制 législation *f*. ～を布く établir une législation. ‖～局 bureau(x) *m* de législation; corps *m* législatif.

ほうせい 砲声 grondement *m* du canon. ～が轟く Le canon gronde.

ほうせい 暴政 tyrannie *f*; despotisme *m*. 夫(父)の～から自由になる se libérer de la tyrannie d'un mari (d'un père). ～を敷く tyranniser un peuple.

ほうせき 宝石 pierre *f* précieuse; gemme *f*; [細工された] pierrerie *f*; [装身具の] bijou(x) *m*; joyau(x) *m*; [イヤリングの] pendeloque *f*; [ネックレスの] pendentif *m*. 指輪に～をはめ込む monter une pierre sur une bague. ‖～細工 bijouterie *f*. ～細工業 joaillerie *f*. ～細工人 bijoutier(ère) *m(f)*; joaillier(ère) *m(f)*. ～商 bijoutier(ère) *m(f)*. ～箱 baguier *m*; coffret *m* à bijoux; écrin *m*.

ぼうせき 紡績 filature *f*. ¶～会社 entreprise *f* de filage. ～機械 machine *f* textile. ～工 fileur(se) *m(f)*; cotonnier(ère) *m(f)*. ～工業 industrie *f* de filage; industrie cotonnière. ～工場 manufacture *f* de filage.

ほうせつ 包摂 englober.

ほうせつ 暴説 opinion *f* déraisonnable. それは～だ Votre opinion est extrême.

ほうせつ 防雪 protection *f* anti-neige. ¶～林 forêt *f* de protection contre les avalanches.

ぼうせん 傍線 ¶～を引く souligner. ‖～語 mot *m* souligné. ～箇所 endroit *m* souligné.

ぼうせん 防戦 défense *f*. ¶～する défendre contre; résister à; combattre pour la défense de. 敵を迎えて頑強に～する tenir

ぼうせん ferme contre l'ennemi. ‖～一方である(につとめる) être réduit à la défensive.

ぼうせん 防潜 ～網 filet *m* anti-sous-marin.

ぼうぜん 茫然 ～とさせる frapper de stupeur; étourdir; abasourdir. ～とする être stupéfait de *qc*; être interdit. その報らせに私は～となった Cette nouvelle m'a abasourdi. ～として avec stupeur; avec stupéfaction. 彼は～として何をしてよいか分らない Frappé de stupeur, il ne sait que faire. ‖～自失する〔驚いて〕être ahuri; 〔感動に〕être sans voix; être anéanti.

ほうせんか 鳳仙花 balsamine *f*.

ほうそ 硼素 bore *m*.

ほうそう 包装 emballage *m*. 贈答(進物)用の～ paquet-cadeau *m*. ～を解く déballer. ～する emballer; empaqueter; faire un paquet; envelopper. ～係り(業者) emballeur(se) *m(f)*. ～紙 papier *m* d'emballage.

ほうそう 放送 émission *f*; radiodiffusion *f*. 本日の～ émissions *fpl* du jour. ～に火曜日の10時の～に出る Il passe sur les ondes mardi à 10 h. ～する mettre en ondes; faire des émissions; [ラジオで] radiodiffuser; [テレビで] téléviser. 海外向け～ émission pour l'étranger. 学校～ émission scolaire. 実況～ radioreportage *m*. 短波～ émission sur les ondes courtes. 中継～ radiodiffusion relayée. 同時～ émission simultanée. 生～ retransmission *f* en direct. 日本～協会 NHK *m*; Radiodiffusion-Télévision Japonaise. 民間～ radiodiffusion commerciale. ～演説 allocution *f* diffusée sur les ondes. ～局 station *f* d'émission; station émettrice; poste *m* émetteur. ～劇 pièce *f* radiophonique. ～室 studio *m* d'émission. ～討論会 débat *m* télévisé (radiodiffusé). ～番組 programme *m* radiophonique.

ほうそう 法曹 ～界 monde *m* des juristes.

ほうそう 疱瘡 petite vérole *f*. ～に罹る souffrir de la variole. ‖水～ varicelle *f*; petite vérole volante.

ほうそう 包蔵 ～する tenir *qc* au fond du cœur; comprendre *qc* dans *son* cœur.

ほうそう 暴走 ～する〔車が〕conduire une voiture d'une façon brutale; [人が無分別に] agir sans réfléchir; [馬が] s'emballer. 列車が～した On a perdu le contrôle du train. ‖～車 voiture *f* folle; meute *f* de jeunes motards; foule *mpl* de la moto.

ほうそく 法則 loi *f*; règle *f*. 自然の～ loi de la nature.

ぼうだ 滂沱 ～の涙を流す verser des torrents de larmes.

ほうたい 包帯 pansement *m*; bandage *m*. ～をする panser; bander. ～をとく débander; ôter les pansements. 目の～がとれた On m'a retiré le pansement des yeux. ‖仮～ pansement provisoire. ～姿が痛々しい Ce corps couvert de pansements fait pitié à voir.

ほうだい 砲台 batterie *f*. ～を築く établir une batterie. ‖海岸～ batterie côtière.

-ほうだい 放題 ～言いたいことを言う par-

ler sans retenue. 荒れ～の館 château(x) *m* complètement délabré. したい～のことをする agir à *son* gré. 言いなり～になる se laisser mener par le nez par *qn*. 食べ～に食べる manger à satiété (tout *son* soûl). 草が生え～になっている On est plein d'herbes folles.

ぼうだい 傍題 sous-titre(s) *m*.

ぼうだい 厖大 ～な immense; vaste; grand; énorme; démesuré. ～な財産 fortune *f* énorme. ～な作品 ouvrage *m* volumineux. ～な予算 budget *m* considérable. ～さ immensité *f*; énormité *f*.

ぼうたかとび 棒高跳 saut *m* à la perche. ‖～の選手 perchiste *mf*.

ぼうだち 棒立ち ～になる〔馬が〕piaffer; se cabrer; [人が] sa planter.

ぼうだら 棒鱈 morue *f* sèche.

ぼうたん 冒胆 ～な audacieux(se); hardi; intrépide. ～な態度 conduite *f* hardie.

ほうだん 放談 causerie *f* à bâtons rompus. ～する parler en toute liberté. ‖新春～ longues causeries de nouvel an.

ほうだん 砲弾 obus *m*. ～の痕 trou *m* d'obus. ～が炸裂する Les obus éclatent. ～が雨霰と降る Les obus pleuvent.

ぼうだん 防弾 ‖～ガラス glace *f* pare-balles. ～チョッキ gilet *m* pare-balles.

ほうち 封地 fief *m*.

ほうち 報知 annonce *f*; information *f*. ～を信する informer *qn* de *qc*; annoncer *qc* à *qn*. ‖火災～器 avertisseur *m* d'incendie.

ほうち 放置 ～する laisser; négliger; abandonner. やりかけの仕事を～する abandonner un travail inachevé. 事態は～出来なくなった On n'a pas pu laisser aller les choses.

ほうちく 放逐 expulsion *f*; bannissement *m*. ～する chasser; expulser; bannir. 乱暴者を会場から～する chasser des révoltés d'une salle de réunion. 国外に～される être condamné à l'exil.

ほうちこく 法治国 etat *m* régi administrativement.

ぼうちゅう 傍註 note *f* marginale. ～を付ける faire des notes marginales.

ぼうちゅう 忙中 ～閑あり On peut trouver des loisirs malgré ses occupations.

ぼうちゅう 防虫 ～加工 façonnage *m* insectifuge. ～～駆除 mesures *fpl* insecticides. ～剤 antimite *m*.

ほうちょう 庖丁 couteau(x) *m* [de cuisine]; tranchet *m*; [大型] coutelas *m*. 折りたたみ式の～ couteau pliant. ～の柄 manche *m* d'un couteau. ～の刃 tranchant *m* d'un couteau. ～を研ぐ aiguiser les couteaux. ‖あの人は～さばきがいい C'est un habile cuisinier.

ぼうちょう 傍聴 audience *f*. ～する assister à une audience. ‖～禁止 audience à huis clos. ～禁止開廷する entendre une cause à huis clos. ～券 laissez-passer *m inv* à l'audience judiciaire; ～席 auditoire *m*; [議会の] tribune *f* publique. ～人 auditeur(trice) *m(f)*.

ぼうちょう 膨張 dilatation *f*; [拡張] expan-

ぼうちょう sion f; [増大] accroissement m. 通貨の~ expansion monétaire; inflation f. ¶~する se dilater; [人口などが] s'accroître; grossir. 都市人口が急速に~する La population de la ville s'accroît rapidement. ~させる dilater. ‖~率 indice m de dilatation. ~力 force f expansive (de dilatation).

ぼうちょう 防諜 contre-espionnage(s) m.

ぼうっと ¶~なる se pâmer; défaillir. 嬉しさで~なる se pâmer (être pâmé) de plaisir. 目の前が~なる voir trouble. 頭が~している être abruti; avoir l'esprit confus; [頭が重い] avoir la tête lourde. 城が闇の中に~現われた On a vu vaguement un château dans l'obscurité. ~するような香り parfum m capiteux. ~した眼差し regard m vague. ~して眺める regarder dans le vague.

ぼうっと ¶~顔を赤らめる rougir. ~としている être distrait; être absent; avoir l'esprit ailleurs. ~して見つめる regarder qn (qc) en extase. 彼はその娘に~になってしまった Il s'est épris follement de cette jeune fille./Cette jeune fille lui a tourné la tête.

ほうてい 法定 ¶~の légal(aux). ‖~貨幣 monnaie f légale. ~準備金 réserve f légale. ~代理人 représentant m légal. ~伝染病 maladie f contagieuse déclarée par la loi.

ほうてい 法廷 tribunal(aux) m; cour f de justice. ~で争う recourir à la justice. ~で弁護する plaider devant le tribunal. ~に出る paraître à la barre; comparaître en justice. ~に引き出す traîner qn en justice. ~に持ち出す en appeler à la justice. ‖~侮辱罪 outrage m à la Cour.

ほうていしき 方程式 équation f. ~を立てる poser une équation. ~を解く résoudre une équation. 一次~ équation du premier degré. 化学~ équation chimique. 連立~ équations simultanées.

ほうてき 放擲 ¶~する abandonner; renoncer à; négliger. 私は一切を~して旅に出た Toute affaire cessante, j'ai fait un voyage.

ほうてき 法的 légal(aux); juridique. ‖~根拠 fondement m légal.

ほうてん 宝典 thésaurus m; trésor m; manuel m.

ほうてん 法典 code m. 労働法の~を編む codifier la législation du travail. ‖~編纂 codification f des lois.

ほうでん 放電 décharge f. ¶~する se décharger. ‖~器 déchargeur m; excitateur m.

ぼうてん 傍点 ¶~を打つ souligner par des points.

ほうと 方途 [方法] moyen m; manière f; procédé m. ◆ [進むべき道] あなたも~を決めるべきだ Vous devez choisir votre voie.

ほうど 封土 fief m; domaine m. ¶~の féodal(aux).

ぼうと 暴徒 révolté(e) m(f); attroupement m; [集合的に] émeutiers mpl; insurgés mpl; séditieux mpl. ~と化す dégénérer en émeute.

ほうとう 宝刀 épée f précieuse. 伝家の~を抜く jouer son atout.

ほうとう 放蕩 prodigalité f; débauche f; libertinage m. ¶~する se dévergonder. ~三昧 débauche effrénée. ~無頼の生活を送る vivre dans la débauche; mener une vie de débauche. ~息子 enfant m prodigue. ~者 dévergondé m; débauché m; viveur m; [色魔] coureur m de filles. あの子は~者になる恐れがある Cet enfant risque de se dévergonder.

ほうとう 砲塔 tourelle f.

ほうどう 報道 information f; rapport m; nouvelle f. ~を自慢する retenir des informations. 新聞の~によれば d'après les journaux. パリからの~によれば selon les nouvelles de Paris. ¶~する rapporter; annoncer. ...に...を~する informer qn de qc. ...の~をする donner des nouvelles de. ‖~カメラマン reporter m photographe. ~機関 organe m d'information. ~記者 reporter m. ~陣に囲まれる être assailli par [les représentants de] la presse. ~班 service m d'information. ~番組 émission f d'actualités (d'informations).

ぼうとう 暴騰 hausse f subite. ¶~する faire un bond. 物価が~する Les prix augmentent subitement.

ぼうとう 冒頭 commencement m; début m; tête f. ¶~に(から) au (dès le) commencement de.... ~から委員会は荒れた La réunion du comité a été houleuse dès le début. ‖~演説 discours m d'ouverture.

ぼうどう 暴動 émeute f; révolte f; mutinerie f; sédition f; soulèvement m populaire. ~が起る Une émeute éclate. ~が拡る(激化する) La révolte s'étend (s'aggrave). ~を起す se révolter; se mutiner; se soulever. ~を鎮圧する apaiser (calmer) une émeute.

ほうとく 報徳 ¶~の精神 sentiment m de reconnaissance.

ぼうとく 冒涜 profanation f; sacrilège m; violation f; [言葉の] blasphème m. 神殿の~ viol m d'un sanctuaire. ¶~する profaner; blasphémer. 神を~する blasphémer [contre] le ciel. ~的な blasphématoire. ~の言辞 blasphème. ~者 profanateur (trice) m(f); blasphémateur(trice) m(f).

ぼうどく 防毒 ¶~マスク masque m à gaz.

ほうにち 訪日 visite f au Japon. ¶~する se rendre au Japon.

ほうにょう 放尿 ¶~する uriner; pisser.

ほうにん 放任 ¶~する laisser agir qn à son gré; laisser qn suivre son cours. ‖~主義 principe m de laisser faire; obscurantisme m.

ほうねつ 放熱 radiation f thermique. ‖~器 radiateur m.

ほうねん 放念 ¶その点はどうぞ御~下さい Rassurez-vous sur ce sujet.

ほうねん 豊年 année f d'abondance. ‖今年は~満作 Nous avons une récolte abondante cette année.

ぼうねんかい 忘年会 réunion f de fin d'an-

ほうのう 奉納 consécration f. ¶～する consacrer (dédier) qc aux dieux. ～の + voto (ve). ‖ ～絵馬 tableau(x) m votif. ～額 ex-voto m inv. ～品(物) offrande f votive.

ほうはい 澎湃 ¶平和運動が～として起った Le mouvement pour la paix a grandi comme une marée puissante.

ほうばい 朋輩 compagnon(ne) m(f); camarade mf; copain m.

ほうはく 傍白 aparté m. ¶～で à part.

ほうばく 茫漠 ¶～たる平原 plaine f vaste. ～たる広がり espace m infini. ～たる海原 mer f immense. ～たる未来 avenir m vague.

ほうはつ 蓬髪 ¶～の hirsute. ～の頭 tête f hirsute.

ほうはつ 暴発 décharge f accidentelle. ¶鉄砲が～した Le fusil s'est déchargé accidentellement.

ほうはてい 防波堤 brise-lames m inv; jetée f; môle m; digue f.

ほうはん 防犯 ¶～に努める prendre des mesures pour la prévention criminelle. ‖ ～課 bureau m de la prévention criminelle. ～週間 semaine f de prévention criminelle. ～ベル sonnette f d'alarme.

ほうひ 包皮 [陰茎の] prépuce m; [生物の] tégument m; [動, 植物の] enveloppe f.

ほうひ 放屁 pet m. ¶～する faire un pet; péter.

ほうび 褒美 récompense f; [賞] prix m; [佳賞] accessit m. ¶～を与える récompenser; donner un prix; donner qc à qn comme récompense. ～を貰う obtenir un prix. ¶～の…に una pour prix de…

ほうび 防備 défense f; fortification f. ¶～する défendre; fortifier. ‖無～都市 ville f ouverte sans défenses.

ほうびき 棒引き annulation f. ¶借金を～にする annuler une dette de qn; remettre une dette à qn.

ほうふ 抱負 prétention f; ambition f. ¶～を述べる exprimer ses désirs. 大きな～を抱く avoir de hautes visées.

ほうふ 豊富 ¶～な abondant; riche; copieux(se); luxuriant; [栄養が] substantiel (le); [品物が] bien achalandé. ～な贈り物(飾り) profusion f de cadeaux (d'ornements). ～な収穫 récolte f abondante. 品数の～な食事 repas m copieux. 滋養の～な食物 aliment m substantiel. ビタミンの～な食物 aliment m riche en vitamines. 本の～な本屋 librairie f bien achalandée. ～にする enrichir. 君は経験が～だ Vous avez beaucoup d'expérience. ～に abondamment; à profusion. 君はなんでも～に持っている Vous avez tout à profusion.

ほうふう 暴風 tempête f; ouragan m; tourmente f.

ほうふうう 暴風雨 ouragan m; tempête f; tourmente f. ～が猛威を振う La tempête fait rage. ¶～になる Une tempête s'élève. ‖ ～警報 alerte f à la tempête; annonce f d'un ouragan. ～圏 zone f de tempête.

ほうふうりん 防風林 rideau(x) m d'arbres; afforestation f contre le vent.

ほうふく 報復 rétorsion f; [武力の] représailles fpl; [復讐] vengeance f. ¶～する se venger; exercer les représailles. ‖ ～手段 mesures fpl de rétorsion (de représailles). ～手段として par représailles; par mesures de rétorsion. ～措置をとる exercer des représailles; user de représailles. ～措置として関税率を引き上げる élever ses tarifs douaniers par mesures de rétorsion.

ほうふく 法服 [裁判官の] robe f; [僧侶の] soutane f.

ほうふくぜっとう 抱腹絶倒 ¶～する [se] pâmer de rire; rire à se tordre.

ほうふざい 防腐剤 antiseptique m; produit m anti-putride. ～を施す antiseptiser. 酒に～を入れる ajouter au vin un produit préservatif.

ほうふつ 髣髴 ¶～[と]させる évoquer; évocateur(trice). 炭坑労働者の生活を～とさせる記録映画 reportage m filmé évocateur de la vie des mineurs. その少年は父親を～とさせる Ce garçon a une grande ressemblance avec son père. 彼の名前を聞くと昔のことが…と思い出された Son nom a évoqué en moi un fait ancien. その風景は今も眼前に～としている Je revois encore cette scène.

ほうぶつせん 抛物線 parabole f. ～を描く tracer une parabole. ¶～(の(描いた)) parabolique.

ぼうふら 子子 lombricule m; larve f de moustique.

ほうぶん 法文 texte m de la loi. ¶～化する codifier qc par écrit; donner une forme légale à qc. ‖～学部 faculté f de droit et des lettres.

ほうぶん 邦文 ‖ ～タイピスト dactylo mf spécialisé(e) en japonais. ～タイプ machine f à écrire à caractères japonais.

ほうへい 砲兵 artilleur m. ‖ ～工廠 arsenal m. ～中隊 batterie f. ～連隊 régiment m d'artillerie.

ほうへき 防壁 rempart m; muraille f; enceinte f; barrière f. 自然の～ barrière naturelle. 反共の～ barrières contre le communisme.

ほうへん 褒貶 ¶～する des louanges fpl et des critiques fpl.

ほうべん 方便 expédient m; moyen m provisoire; ressource f. うそも～ Même le mensonge peut servir. それは～に過ぎない Ce n'est qu'un expédient.

ほうほう ¶～の体で退散しました J'ai disparu sans demander mon reste./J'ai pris mes jambes à mon cou.

ほうほう 方法 méthode f; [やり方] manière f; procédé m; voie f; façon f; démarche f; [方式] mode m; modalité f; [手段] moyen m. 有効な～ moyen efficace. ¶この～で avec ce moyen. この～が最も簡単な ～で事を行なう régler qc par la voie la plus simple. どんな～でも par n'importe quel moyen. 何ろかの～で d'une manière ou d'une autre. あらゆる～で par tous les moy-

ほうぼう ens possibles. どんな〜でやればいいのか分からない Je ne sais comment m'y prendre. ‖栽培〜 méthode de culture. 思考〜 démarche de pensée. 支払い〜 mode (modalité) de paiement. 使用〜 mode d'emploi. 〜論 méthodologique ‖〜論的証明 démonstration f méthodologique.

ほうぼう 方々 ‖〜から de tous les côtés. 〜で partout; en tout lieu; de toutes parts; çà et là. ‖世界の処々〜から人々はパリへやって来る On vient à Paris des quatre coins du monde.

ほうぼう 鮄 grondin m; rouget m.

ぼうぼう 茫々 ‖〜とした en broussailles. 〜とした髪 cheveux mpl en broussailles. 〜としたひげ barbe f touffue (hirsute). ¶庭は草〜である Le jardin est envahi par les herbes. ◆ ¶薪が〜燃えている Le bois flamme.

ほうぼく 放牧 pâturage m; élevage m. ‖〜する paître; mener au pâturage; mettre en pâture.

ほうまつ 泡沫 écume f; bulle f. ¶〜のように消えて行く tomber soudainement dans l'oubli; se dissiper comme fumée au vent. ‖〜会社 société f éphémère. 〜候補 candidat m bidon (fantoche).

ほうまん 放漫 ‖〜な lâche; relâché. 〜経営 gérance f nonchalante (molle). 〜財政 finances fpl relâchées.

ほうまん 豊満 [肉体の] opulence f. ‖〜な opulent. 〜な胸 poitrine f opulente. 彼女は〜な肉体をしている Elle a un corps opulent.

ほうまん 飽満 ‖〜する se dégoûter de qc (de inf); prendre qc jusqu'à satiété.

ほうむ 法務 ‖〜省 [〜大臣] Ministère m (ministre m) de la Justice.

ほうむる 葬る enterrer; ensevelir; inhumer; étouffer. 事件をうやむやに〜 étouffer une affaire. 法案を〜 enterrer un projet de loi. 〜を文学界から〜 exclure qn du monde littéraire. 社会から葬られる être oublié par le monde.

ほうめい 芳名 ¶御〜はかねがね承っておりました Je vous connaissais déjà de nom depuis longtemps. ‖〜録 liste f nominative.

ぼうめい 亡命 expatriation f; exil m; émigration f. ‖〜する s'expatrier; s'exiler; émigrer; se réfugier à l'étranger. 〜者 expatrié(e) m(f); émigré(e); exilé(e) m(f). 〜生活 vie f en exil. 〜政権 gouvernement m exil. 〜地 lieu(x) m d'exil.

ほうめん 放免 libération f; mise f en liberté; 《法》 relaxe f; [無罪] acquittement m. ‖〜する libérer; mettre en liberté; relaxer; acquitter. 被告人を〜する acquitter l'accusé.

ほうめん 方面 [方向] direction f; côté m; [地方] région f; [分野] champ m domaine m; [局面] aspect m. 各〜からのニュース nouvelles fpl de partout. あらゆる〜から考える considérer qc sous tous ses aspect. 哲学の〜では dans le domaine de la philosophie. あらゆる〜で partout; en tous lieux. 彼はあらゆる〜に活躍している Il mène des activités dans tous les domaines. ¶どういう〜の御仕事をおやりですか Vous travaillez dans quel secteur? ‖東部〜司令官 commandant m en chef des forces de l'Est.

ほうもう 法網 ‖〜をくぐる passer par-dessus la loi; éluder la loi; se tenir en marge du code.

ほうもつ 宝物 trésor m. ‖〜殿 trésor m.

ほうもん 砲門 gueule f d'un canon. 〜を開く tirer une volée de canon.

ほうもん 訪問 visite f. 〜を受ける recevoir la visite de qn. その〜の目的は何ですか Quel est l'objet (le but) de cette visite? ‖〜する faire (rendre) une visite à qn; aller voir qn. ‖家庭〜 visite à domicile. 〜着 tenue f de visite. 〜記者 interviewer m. 〜国 pays m officiellement visité. 〜者 visiteur(se) m(f). ¶〜中である être en visite chez qn.

ぼうや 坊や fils m; petit bonhomme m; tout-petit m; [呼びかけ] petit. さあ〜, これをママのところへ持っていって行きな Tiens, petit! va porter ça à ta maman.

ほうやく 邦訳 traduction f japonaise. ‖〜する traduire qc en japonais.

ほうゆう 朋友 camarade mf. ‖〜関係 camaraderie f.

ほうよう 包容 ‖〜する comprendre; tolérer. 〜力 envergure f. 〜力のある人 personne f tolérante; personne compréhensive.

ほうよう 抱擁 embrassement m; étreinte f; [挨拶の] embrassade f; [儀式的] accolade f. ‖〜する serrer dans ses bras; étreindre; donner l'accolade à. 〜し合う s'embrasser; s'étreindre.

ほうよう 法要 ¶〜を営む célébrer un service anniversaire pour l'âme de qn.

ぼうよう 茫洋 ‖〜たる immense; vaste. 〜たる海原 mer f immense.

ほうよく 豊沃 ‖〜な fécond; fertile. 〜な大地 sol m fertile.

ぼうよみ 棒読み ‖〜にする lire qc d'une voix monotone.

ボウラー joueur(se) m(f) de bowling.

ほうらく 崩落 [炭坑の] 事故 éboulement m d'une mine de charbon.

ぼうらく 暴落 baisse f subite. 相場の〜 effondrement m des cours; dégringolade f des cours de la Bourse. ‖〜する baisser tout à coup; s'effondrer; dégringoler. 株価が〜した Les cours de la Bourse se sont brusquement effondrés.

ほうらつ 放埓 ‖〜な débauché; dévergondé; dissolu; déréglé. 〜な生活を送る mener une vie de débauche.

ほうり 法理 ‖〜学 philosophie f du droit.

ぼうり 暴利 profit m excessif. 〜をむさぼる faire des bénéfices excessifs; écorcher qn.

ほうりこむ 放り込む jeter dans. 水の中に〜 jeter qc à l'eau.

ほうりだす 放り出す jeter dehors; chasser; [諦める] renoncer à; [解雇する] renvoyer; 《俗》 envoyer valser. 窓から〜 jeter qc par la fenêtre. 学問を〜 renoncer à la science. あの子は宿題を放り出して遊び回っている Cet enfant néglige complètement ses devoirs et

ほうりつ 法律 loi f; [集合的] droit m; législation f. ~に違反する enfreindre (transgresser) une loi. ~に訴える recourir à la justice. ~を守る observer une loi. ¶~（上の）juridique. …を~的保護の外に置く mettre qn hors la loi. ~的見地から judiciairement. ~的に（~上）juridiquement. ‖~家 homme m de loi; juriste mf; jurisconsulte m. ~学 droit m. ~を修める faire son droit. ~的行為 acte m juridique. ~顧問 conseiller m juridique; jurisconsulte m. ~事務所 bureau m d'un avocat. ~相談 consultation f en matière juridique.

ぼうりゃく 謀略 ruse f; artifice m; stratagème m. ~をめぐらす tramer une intrigue.

ほうりゅう 放流 [幼魚の] ensemencement m. ¶~する [幼魚を] ensemencer; empoissonner. 川に幼魚を~する aleviner une rivière. 鱒を~する empoissonner une rivière de truites. ダムの水を~する libérer les eaux d'un barrage.

ほうりょう 豊漁 pêche f abondante.

ぼうりょく 暴力 violence f; force f brutale. ~に訴える recourir (se livrer) à la violence. ~に屈する céder à la violence. ~を振う user de violence; faire violence à qn; forcer qn. ¶~で de force. ‖~学生 étudiant(e) m(f) extrémiste. ~行為 [ギャングの行為] gangstérisme m. ~事件を起こす provoquer des actes de violence. ~団 racket m; gang m. ~団員 racketteur m; gangster m.

ボウリング bowling m; jeu m de quilles.

ほうる 投る jeter; lancer; [見捨てる] abandonner. 放っておく laisser qc (qn) à l'abandon. 仕事を放っておく négliger ses affaires. 息子をそんな風に放っておくと彼は堕落してしまうよ Si vous laissez faire comme ça votre fils, il finira dans la délinquance. あんなうるさい奴のことは放っておけ Laisse tomber ce bavard. ◆[世話を焼かない] ¶放っておく laisser tranquille (en paix). 放っておいて下さい Laissez-moi tranquille. ほっといてくれ〔俗〕 Fiche(z)-moi la paix.

ほうるい 堡塁 fort m; forteresse f; fortification f; rempart m. ⇨とりで(砦).

ほうれい 法令 lois fpl et ordonnances fpl; acte m. ~を発布する promulguer une loi. ‖~全書 bulletin m des lois.

ほうれい 法例 jurisprudence f.

ぼうれい 亡霊 ombre f; revenant m; fantôme m; apparition f. ~が出る Un fantôme apparaît. ~を見る voir un revenant. ¶~の fantomatique; fantomal(aux).

ほうれつ 放列 batterie f. ~を布く mettre en batterie; disposer une batterie. カメラの~を布く braquer des appareils sur qn.

ほうれんそう ほうれん草 épinard m.

ほうろう 放浪 vagabondage m. ¶~する vagabonder; errer; vaguer. ~の vagabond; errant. ‖~~ carnets mpl de bohème. ~者 bohémien(ne) m(f); vagabond m; bohème mf. ~生活 vie f vagabonde; nomadisme m. ~癖 habitude f de vagabondage.

ほうろう 琺瑯 émail(aux) m. ‖~質 émail. ~引きの émaillé.

ぼうろう 望楼 tour f de guet; [展望台] belvédère m.

ぼうろん 暴論 ¶~を吐く avancer des arguments absurdes.

ほうわ 飽和 saturation f. ¶~する se saturer. ‖~液 solution f saturée. ~蒸気 vapeur f saturante. ~状態である être en saturation. ~点 point m de saturation.

ポエジー poésie f.

ほえづら 吠え面 ¶今に~かくぞ! Tu vas le regretter!/Tu le regretteras!

ポエム poème m.

ほえる 吠える aboyer; donner de la voix; [猛獣の] rugir; [遠吠えする] †hurler.

ほお 頬 joue f; [動物の垂れ下がった] bajoue f. ~をふくらます gonfler les joues; [不満で] faire la moue; bouder. ~を赤らめる rougir. ~を寄せて joue contre joue. ¶~の【頬】jugal(aux). ~が下ぶくれの joufflu. ~のふっくらした人 joues pleines. ~のこけた人 personne f aux joues creuses.

ボーイ garçon m; groom m. レストランの~ garçon de restaurant. ‖~頭 maitre m d'hôtel. ~フレンド petit ami m.

ボーイスカウト éclaireur m; [boy-]scout m. ‖~運動 scoutisme m. ~隊長 chef m scout.

ボーイッシュ ¶~な娘 fille f garçonnière; garçon m manqué.

ポーカー poker m. ~をする faire une partie de poker. ‖~ダイス poker d'as. ~フェイス visage m impassible. ~フェースをする feindre l'impassibilité.

ほおかぶり 頬被り ¶~する se recouvrir la tête d'un foulard; [知らぬ顔] ne faire semblant de rien.

ボーカリスト chanteur(se) m(f) [dans un groupe].

ボーカル vocal(aux). ‖~グループ groupe m de vocal.

ボーキサイト bauxite f.

ポーク ‖~カツ côte f de porc panée.

ボーゲン [スキー] chasse-neige m.

ボージョレ [ワイン] beaujolais m. ‖~ヌーボー beaujolais nouveau.

ほおじろ 頬白 ortolan m; bruant m des prés.

ホース [ゴムの] tuyau(x) m de caoutchouc. ‖水まき~ tuyau d'arrosage.

ポーズ pose f. ~をとる poser pour un portrait. ~をつくる [格好] poser pour la galerie. 彼女は時々危ない~を見せる Elle prend parfois des postures séduisantes.

ほおずき 酸漿 physalis m; coqueret m.

ほおずり 頬擦り ¶~する caresser de la joue; 〔俗〕se frotter le museau.

ボーター maître m d'équipage.

ポーター porteur m.

ボーダーライン limite f. ~を引く tracer la limite. ~にある être à la limite.

ポータブル ‖~タイプライター machine f à

écrire portable (portative). 〜トランジスタラジオ poste m de radio portatif à transistors.

ポーチ porche m.

ほおづえ 頬杖 ¶〜をつく se prendre le menton dans la main; s'appuyer la joue sur la main.

ボーデン ‖ 〜湖 lac m de Constance.

ボート canot m; yole f; [小型] embarcation f. ¶足踏み〜 pédalo m. 救命〜 canot de sauvetage. モーター〜 canot automobile (à moteur). 〜遊びをする canoter. 〜レース régates fpl.

ボードゲーム jeu(x) m de société.

ボートピープル boat-people [botpipl] m inv.

ボードビリアン comédien(ne) m(f) de vaudeville.

ポートレート portrait m.

ポートワイン vin m de porto; porto m.

ボーナス prime f; gratification f; bonus m. 6か月分の〜 supplément m de six mois. 〜が出る toucher une prime.

ほおばる 頬張る se bourrer la bouche de qc; se remplir la bouche de qc. ¶…を頬張って avec la bouche pleine de qc. 頬張ったままで話す parler la bouche pleine.

ほおひげ 頬髯 favoris mpl. 〜を生やしている porter des favoris.

ホープ espoir m; espérance f. 彼は日本スキー界の〜である Il est un des espoirs du ski japonais.

ほおべに 頬紅 rouge m; fard m. 〜をつける se mettre du rouge aux joues.

ほおぼね 頬骨 pommette f; zygoma m. 〜が高い avoir des pommettes saillantes. 〜の突き出た顔 visage m aux pommettes saillantes.

ホーム [駅の] quai m. 三番線の〜で待っているよ Je vous attends au quai numéro 3. ◆[家庭] †home m; foyer m; famille f. ‖青少年〜 foyer des jeunes. マイ〜主義 esprit f de petit propriétaire. 〜ソング chanson f des familles. 〜ドラマ feuilleton m; dramatique f pour familles. 〜ドレス robe f d'intérieur.

ホームグラウンド terrain m du club.

ホームシック mal m (maladie f) du pays. 〜にかかる avoir le mal du pays.

ホームステイ séjour m chez des particuliers; homestay m. 娘はフランス語の勉強のため〜でリヨンにいる Ma fille étudie le français à Lyon en vivant dans une famille. ¶ヴィシーに1年間〜する séjourner un an à Vichy comme hôte payant.

ホームストレッチ fin f de parcours; ligne f droite.

ホームスパン †homespun m.

ホームドクター médecin m de famille.

ホームバンキング opérations fpl bancaires effectuées à domicile par ordinateur.

ホームページ site m; page f d'accueil.

ホームヘルパー aide mf familial(e)./[高齢者、身体障害者の世話をする家政婦] aide-ménagère mf.

ホームルーム classe f de conversation dirigée.

ホームレス sans-abri mf; sans-logis m inv.

ボーリング [採掘] sondage m; [遊戯] ⇨ ボウリング. 〜を試みる [試掘する] effectuer un forage.

ホール †hall m; [広間] salle f. 〜を借りる louer une salle. ‖コンサート〜 salle de concert. ◆[ゴルフの] trou m. ¶18〜のコース parcours m à 18 trous.

ボール [テニス、ピンポンなどの] balle f; [フットボールなどの] ballon m. ¶[鉢] bol m. 〜一杯の牛乳 un bol de lait. ‖フィンガー〜 rince-doigts m. ‖[紙] 〜紙 carton m. 〜箱 carton.

ポール [さお] perche f; [旗ざお] mât m.

ホールインワン trou m réussi en un coup.

ホールドアップ [hold-up [oldœp] m inv. ¶〜! Les mains en l'air!

ボールベアリング roulement m à billes.

ボールペン stylo m à bille.

ポールポジション position f de tête.

ほおん 保温 conservation f de la chaleur; maintien m de la température. ‖〜装置 thermostat m.

ホーン phone m. ¶90〜 90 phones. 50〜の騒音 bruit m de 50 phones.

ポーン [チェス] pion m.

ほか 他(外) ¶〜の [別の] autre; [異なった] différent(e). 〜の人 autre mf; autre personne f; [残りの] les autres; reste m. 〜の場所行く aller ailleurs. 〜の場所を探す chercher autre part (ailleurs). 彼は〜のどの場所にもいない On ne le trouve nulle part ailleurs. 〜の誰にも不可能である Aucun autre n'en est capable. 〜の方法はない Il n'y pas d'autre moyen. 君は私を誰かの〜の人と間違えている Vous me prenez pour un autre. そんなことは〜の人に言ってくれ Racontez cela à d'autres. 〜の人はともかく qu'il en soit des autres. 〜のやり方で autrement; d'une autre manière. 〜の場所で(に、へ) ailleurs; autre part. ◆…の〜には(は) […に加えて] outre; en plus de. この〜にも、いくつかの理由がある Outre cette raison, il y en a plusieurs autres. 規定の仕事の〜に時間外勤務をしなければならない Outre (En plus de) le travail régulier, il faut faire des heures supplémentaires. 〜に御用は Et avec ça? 〜にも言うことがあります J'ai une autre chose à vous dire. 〜に誰か来ますか Qui d'autre vient? 〜でもないが…. Le fait est que…. 加藤〜5名 cinq personnes non compris Kato. ◆…の〜に(は) […を除いて] excepté; à l'exception de; à part; sauf; sinon. 彼の〜は誰も知らない Personne d'autre que lui ne le sait./A part lui, personne n'est au courant. 雨の日の〜は私は毎日散歩する Je me promène tous les jours, sauf quand il pleut. 飲み食いすることの〜には関心がない Je ne m'occupe de rien, sinon de boire et de manger.

ほか ¶大〜をやる faire une grosse gaffe. 彼は時々〜をやる Il lui arrive de faire des gaffes./Il lui échappe quelquefois des bourdes.

ほかく 捕獲 prise f; capture f; [鯨などの]

ほかく 捕獲 pêche f. ¶～する prendre; capturer; pêcher. ‖～品 butin m de guerre. ～量 tonnage m.

ほかく 補角 angle m supplémentaire.

ほかくきょうぞん 保革共存 [フランスでは対立陣営からの大統領と首相の共存] cohabitation f.

ほかげ 火(燈)影 lumière f d'une lampe. ゆらめく～ lumière tremblante.

ほかげ 帆影 ～が沖に見える On aperçoit vaguement des voiles (des bateaux) au large.

ほかけぶね 帆掛舟 barque f à voiles.

ぼかし 暈し dégradation f; estompage m; 【美】 frottis m. 色の～ dégradation d'une couleur. 線の～ estompage d'un trait.

ぼかす 暈す dégrader; estomper; noyer; [曖昧にする] obscurcir; noyer; laisser qc dans le vague. 色調を～ dégrader les tons. 輪郭を～ noyer (estomper) les contours. 線をぼかして柔らかい味をつける adoucir un trait en l'estompant. 肝心なことを～ laisser l'essentiel dans le vague. 彼は言おうとすることを何でも～ Il obscurcit tout ce qu'il veut dire.

ぽかっと ¶～穴があいた Soudain, un grand trou s'est creusé.

ほかならない 他ならない ¶それに～ C'est ça, pas autre chose! 彼は単なる悪党に～ Ce n'est rien [de] moins qu'un mauvais sujet. それは頽廃に～ Ce n'est rien d'autre qu'une sorte de décadence. 僕は一介の教師に～ Je ne suis qu'un simple professeur. 君の頼みだから話そう Puisque c'est vous qui me le demandez, je vous le dirai.

ほかほか ¶～のパン pain m tout frais. ～のじゃが芋 pommes fpl de terre fumantes.

ぽかぽか ¶～殴る frapper qn à coups de poing. ◆ 陽気が～してくる Il commence à faire chaud./Le temps s'adoucit. 身体が～してくる J'ai une sensation de douce chaleur.

ほがらか 朗らか ¶～な gai; radieux(se); joyeux(se). ～な性格 caractère m gai. ～な顔 visage m épanoui. ～な奴 garçon m gai. ～になる devenir gai (joyeux); [明るさをとりもどす] se rasséréner. ～な声で d'une voix claire. ～に joyeusement. ～さ gaieté f.

ほかん 保管 garde f; dépôt m; conservation f; entretien m. ¶～する garder; entretenir; conserver; [倉庫に] mettre en magasin. お留守の間新聞や手紙は私が～しておきましょう Je mettrai les journaux et les lettres de côté pour vous pendant votre absence. ‖遺失物～所 bureau(x) m des objets trouvés. ～人 garde m; dépositaire mf. ～料 frais mpl d'entrepôt (d'entretien).

ぼがん 母岩 gangue f; roche f encaissante.

ぽかん ¶～と口をあけている rester bouche bée. ～としている hébété. ～と立っている être debout distraitement.

ぼき 簿記 addition f; note f.
écritures fpl; comptabilité f; tenue f des livres. ～につける comptabiliser; tenir les écritures. ‖複式～ comptabilité en partie double. ～係り teneur(se) m(f) de livres.

ボギーしゃ ―車 bogie m.

ボキャブラリー vocabulaire m.

ほきゅう 補給 ravitaillement m; approvisionnement m. ¶～する ravitailler; se ravitailler de; approvisionner; s'approvisionner de; alimenter. ‖～船(機，車) ravitailleur m. ～路を断つ couper les voies de ravitaillement.

ほきょう 補強 renforcement m; renforçage m. ¶～する renforcer; consolider. ある部隊を～する renforcer une armée. ‖～材 lien m. ～板 [造船] jouet m.

ぼきん 募金 quête f; collecte f. ¶～する quêter; faire une quête. ‖街頭～ quête f dans les rues. 共同～ quête en faveur d'une œuvre charité. 難民救済への～活動を組織する organiser des collectes en faveur des réfugiés.

ぽきん ¶～と小枝が折れた La petite branche s'est cassée net.

ほきんしゃ 保菌者 porteur(se) m(f) de germes (de microbes). ‖ 伝染病～ porteur(se) d'une maladie contagieuse.

ぼく 僕 ⇒ わたくし(私).

ほくい 北緯 latitude f nord. ～48度13分12秒 quarante-huit degrés treize minutes douze secondes de latitude nord. ¶あの島は～20度にある L'île se trouve à 20 degrés de latitude nord.

ほくおう 北欧 Europe f septentrionale. ～の nordique. ‖～人 Nordique mf. ～人種 race f nordique.

ボクサー boxeur m.

ぼくさつ 撲殺 ¶～する assommer; tuer qn à coups de bâton.

ぼくし 牧師 pasteur m; ministre m; prêtre m. ～になる se faire pasteur.

ぼくしゃ 卜者 devin m; devineresse f. ～に見てもらう consulter un devin (une devineresse).

ぼくしゃ 牧舎 étable f.

ぼくしゃ 牧者 pasteur m; pâtre m; berger (ère) m(f); gardien(ne) m(f).

ぼくしゅ 墨守 ¶～する s'obstiner dans qc. 旧套を～する s'en tenir aux vieilles coutumes; être esclave de la routine.

ぼくじゅう 墨汁 encre f de chine.

ほくじょう 北上 ¶～する aller vers le nord; se diriger vers le nord.

ぼくじょう 牧場 pâturage m; pâture f; pacage m; herbage m; prairie f; [アメリカの] ranch m. 馬を～に放す mettre un cheval au vert. 家畜を～へ連れていく mener (faire) paître un troupeau. ～を経営する exploiter une ferme d'élevage. ‖～主 propriétaire mf d'une ferme d'élevage.

ぼくしん 牧神 faune m. ¶～に似た faunesque.

ぼくじん 牧人 ⇒ ぼくしゃ(牧者).

ボクシング boxe f. ～の試合 match m de boxe. ～をする pratiquer la boxe; boxer.

ほぐす [糸などを] effiler (ほぐく) défaire;

ほくせい 北西 nord-ouest *m inv.* ¶〜の風 vent *m* du nord-ouest. ‖西〜 ouest-nord-ouest *m*. 北〜 nord-nord-ouest *m*. 〜部 nord-ouest.

ほくせき 木石 ¶彼は〜ではない C'est un être de chair. 〜のような人 homme *m* insensible (sans pitié). ‖〜漢である avoir un cœur d'airain.

ぼくそう 牧草 herbage *m*; herbe *f*. 〜を食む brouter; paître. ‖〜地 prairie *f*; pâturage *m*.

ぼくそえむ ほくそ笑む sourire à part *soi*; rire en *soi*-même (dans *sa* barbe). 何を一人でほくそ笑んでいるんだ Qu'est-ce qui te fait rire dans ta barbe?

ほくたん 北端 extrémité *f* septentrionale.

ぼぐち 火口 [ガスの] jet *m*.

ぼくちく 牧畜 élevage *m*. ‖〜業を営む faire de l'élevage. 〜業者 éleveur(se) *m(f)*.

ぼくてき 牧笛 flûte *f* champêtre.

ほくと 北斗 ‖〜七星 Grande Ourse *f*; Grand Chariot *m*.

ほくとう 北東 nord-est *m inv.* ¶〜の風 vent *m* du nord-est. ‖東〜 est-nord-est *m*. 北〜 nord-nord-est *m*.

ぼくとう 木刀 sabre *m* de bois.

ぼくどう 牧童 pastour*eau(elle, eaux)* *m* (*f, pl*); berg*er(ère)* *m(f)*; cow-boy *m*; [南米の] gaucho *m*.

ぼくとつ 朴訥 ¶〜な naï*f(ve)*; simple; ingénu. 〜さ naïveté *f*.

ほくぶ 北部 nord *m*. ¶フランスの〜 nord de la France. ロワール川の〜地方は雨だそうだ On annonce des pluies dans les régions au nord de la Loire.

ほくべい 北米 l'Amérique *f* du Nord. ‖〜人 Américain(e) *m(f)* du Nord.

ほくへき 北壁 ¶アイガー〜 face *f* nord de l'Eiger.

ほくほく ¶〜している ne pas pouvoir se tenir de joie; éprouver une grande satisfaction. 〜顔をしている avoir une mine réjouie.

ぼくめつ 撲滅 extermination *f*; destruction *f*. ‖〜する exterminer; anéantir; détruire entièrement; extirper. ‖〜運動 lutte *f* contre *qc*.

ほくよう 北洋 ‖〜漁業 pêche *f* dans l'Océan arctique.

ぼくようしん 牧羊神 Pan *m*; Faune *m*.

ほぐれる se délier; [糸が] s'effiler; s'effilocher; [緊張が] se détendre; [気分が] se délasser; se dégeler; se défaire. 肩のしこりが〜 La raideur dans les épaules se dissipe. 彼の気持ちははぐれ始めた Il a commencé à se dégeler.

brouiller; [気持ちを] dégeler *qn*; se délasser. 髪を〜 effiler les cheveux. 結び目を〜 défaire un nœud. こんがらがった毛糸を〜 débrouiller un écheveau de laine. 肩の凝りを〜 soigner une courbature aux épaules. 音楽を聞いて気持ちを〜 se délasser en écoutant de la musique.

ほくろ 黒子 grain *m* de beauté. ‖つけ〜 mouche *f*.

ぼけ 惚け ‖フランス〜する ne pas être encore remis d'un long séjour en France. あの老人も〜たね Ce vieillard est retombé en enfance.

ほげい 捕鯨 pêche *f* à la baleine. ‖〜会社 compagnie *f* baleinière. 〜船 baleinière *f*. [捕鯨船] baleinier *m*. 〜船団 flotte *f* de baleiniers. 〜砲 canon *m* à harpon.

ぼけい 母型 matrice *f*.

ぼけい 母系 branche *f* maternelle; ligne *f* maternelle. ‖〜家族制 matriarcat *m*. 〜制社会 société *f* matriarcale.

ほげた 帆桁 vergue *f*.

ほけつ 補欠 remplacement *m*; [人] remplaçant *m*. ‖〜選挙 élection *f* complémentaire. 〜選手 joueur(se) *m(f)* suppléant(e) (remplaçant(e)). 〜入学する être admis dans une école grâce à des défections. 〜募集する recruter de nouveau pour compléter l'effectif.

ぼけつ 墓穴 fosse *f*. 〜を掘る fossoyer; creuser. 自ら〜を掘る courir à *sa* perte; causer *sa* propre ruine; creuser *sa* fosse.

ポケット poche *f*. 尻の〜 poche-revolver *f*. チョッキの〜 gousset *m*. 胸の〜 pochette *f* [de poitrine]. 〜から…を出す sortir *qc* de *sa* poche. 〜に…を入れる empocher *qc*. 〜から手を出しなさい Retire tes mains des poches. ‖内〜 poche à portefeuille; poche intérieure. 〜カメラ appareil *m* de poche. 〜辞典 dictionnaire *m* de poche. 〜マネー argent *m* de poche.

ポケベル eurosignal *m*; avertisseur *m* de poche.

ぼける 惚ける devenir gâteu*x(se)*; [re]tomber en enfance. あいつもいよいよ惚けてきた Il a fini par tomber dans le radotage.

ぼける 暈ける se faner; [ぼんやりする] s'estomper; être noyé; devenir flou. 彼の独創的な考えも全体がぼけてしまう Son idée originale est noyée dans un ensemble. ¶ピントのぼけた写真 photo *f* floue. 輪郭のぼけた絵 dessin *m* flou.

ほけん 保健 santé *f* publique; hygiène *f*. ‖〜衛生局 service *m* sanitaire. 〜所 service de santé publique. 〜体育 leçon *f* d'hygiène et d'exercices physiques. 〜婦 hygiéniste *f* sociale.

ほけん 保険 assurance *f*. 〜に入る(をかける) contracter une assurance. 自動車に〜をかける assurer *sa* voiture. 〜を解約する rompre un contrat d'assurance. ‖海上〜 assurance maritime. 火災(災害)〜 assurance contre l'incendie (les accidents). 火災〜に入る s'assurer contre l'incendie. 〜に入っている être assuré. 健康〜 assurance(s)-maladie(s). 失業(自動車)〜 assurance(s)-chômage(s)(-auto(s)). 社会〜 assurances sociales. 生命〜 assurance sur la vie; assurance-vie. 生命〜に入る se faire assurer sur la vie. 盗難〜 assurances contre le vol. 盗難〜に入る s'assurer contre le vol. 労災〜 assurance contre les accidents du

ぼけんせい 母権制 matriarcat *m*. ¶～の matroarcal(aux).

ほこ 矛 hallebarde *f*. ～を収める déposer les armes. ～を取る prendre les armes.

ほご 反古 ¶～の山 paperasserie *f*. ～にする mettre *qc* au rebut; annuler. 約束を～にする violer *sa* promesse; manquer à *sa* parole.

ほご 保護 protection *f*; sauvegarde *f*; [後見] patronage *m*; tutelle *f*. 人の～を求める demander la protection de *qn*; se jeter dans les bras de *qn*. ¶～する protéger; sauvegarder *qc*; préserver *qn*. 弱い者を～する protéger les faibles. 法の下に～されている se mettre sous la sauvegarde de la justice. ‖生活～を受けて生活する vivre d'une allocation. 鳥獣～地区 réserve *f* zoologique. ～下におく prendre *qn* sous *sa* protection; [監視する] tenir *qn* sous *sa* tutelle. ～関税 droits *mpl* protecteurs. ～監察制度 régime *m* de la mise en liberté surveillée. ～国 état *m* protégé; [保護する國] état protecteur. ～者 protec*teur(trice)* *m(f)*; sauvegarde; [両親] parents *mpl*; [後見人] tu*teur(trice)* *m(f)*; patron(ne) *m(f)*. 法は自由の～者である La loi est la sauvegarde de la liberté. ～者被～者 protégé(e) *m(f)*. ～色 homochromie *f*; mimétisme *m*. ～貿易主義 protectionnisme *m*. ～領 protectorat *m*. ～林 réserve *f*.

ほご 補語 complément *m*. ‖直接(間接)～ complément d'objet direct (indirect).

ほこう 歩行 marche *f*; démarche *f*. ‖～器 trotte-bébé *m*. ～困難である avoir de la peine à marcher. ～者 piéton(ne) *m(f)*. ～優先者 priorité *f* aux piétons.

ほこう 補講 leçon *f* supplémentaire. ～をする donner un cours supplémentaire.

ぼこう 母校 son ancienne école *f*. 彼の～はソルボンヌである Il a fait ses études à la Sorbonne.

ぼこう 母港 port *m* d'attache.

ほこうしゃてんごく 歩行者天国 rue *f* piétonnière.

ぼこく 母国 mère patrie *f*; [植民地に対し] métropole *f*. ¶～の métropolitain. ‖～語 langue *f* natale (maternelle).

ほこさき 鋒先 pointe *f* d'une lance; objectif *m*. ～が鈍る L'agressivité s'émousse. …に～を向ける s'apprêter à attaquer *qn*; diriger une attaque contre *qn*. ～をかわす se dérober à l'attaque de *qn*.

ほこら 祠 petite chapelle *f*.

ほこり 誇り fierté *f*. [光栄] gloire *f*; [自慢] orgueil *m*; [自尊心] amour(s)-propre(s) *m*; [威厳] dignité *f*. 国の～ gloire du pays. 家の～ honneur *m* (orgueil) de la famille. ～とするを faire sa gloire de *qc*; se glorifier de *qc*; être fier(ère) de *qc*. …の～を傷つける blesser l'amour-propre de *qn*. 自分の仕事に

～を持つ être fier(ère) de *son* métier. 彼は学校の～だ Il fait l'orgueil de son école. そんなことは～とするに足らない Ça ne mérite pas qu'on s'en glorifie. ¶～高い glorieux(se); fier(ère). 国のために～をもって死んだ兵士たち soldats *mpl* morts glorieusement pour leur patrie.

ほこり 埃 poussière *f*; [道路の～] poussière des routes. ～がたまる La poussière se dépose. ～をかぶる s'empoussièrer. ～立つ poudroyer. 車が通ると道に～が立つ Le chemin poudroie au passage d'une voiture. ¶ほこりっぽい(ほこりだらけの) poussiéreux(se). ほこりだらけの部屋 chambre *f* poussiéreuse. お前だって叩けば～の出る体じゃないか Et toi, tu en as lourd sur la conscience, non?

ほこる 誇る s'honorer; se glorifier; être fier(ère); [自慢する] s'enorgueillir; se vanter. 己の家柄を～ se vanter de *sa* naissance. ～伝統を～大学 université *f* fière de ses traditions. 誇らしげに orgueilleusement; triomphalement; fièrement.

ほころばせる 綻ばせる ¶彼は口元を綻ばせた Un sourire est apparu sur ses lèvres.

ほころび 綻び éraillure *f*; décousure *f*; déchirure *f*. ～を繕う recoudre une déchirure.

ほころびる 綻びる s'érailler; [縫い目が] se découdre; [口元が] avoir le sourire aux lèvres; [花が] commencer à s'épanouir. ¶綻びた décousu.

ほさ 補佐 aide *f*; assistance *f*; [人] assistant(e) *m(f)*; conseil *m*; adjoint(e) *m(f)*. ¶～する aider *qn*; assister *qn*; seconder *qn*. ‖局長～ direc*teur(trice)* *m(f)* adjoint(e). ～役 adjoint(e) *m(f)*.

ぼさい 募債 émission *f* d'un emprunt. ¶～する lancer un emprunt.

ほさき 穂先 épi *m*. ⇨ は(穂).

ほざく chanter; parler dans le vide. 何をほざいているだ Qu'est-ce que tu chantes?/Qu'est-ce que tu me racontes là?

ぼさつ 菩薩 Bondhisattva *m*; saint *m* bouddhiste.

ぼさっと ¶～…を見ている regarder *qc* d'un air hébété. ～している être distrait. ～して暮らす mener une vie paresseuse.

ぼさぼさ ¶髪を～にしている avoir les cheveux en bataille (en désordre).

ぼさん 墓参 ¶～する visiter une tombe; aller prier sur la tombe de *qn*.

ほし 星 étoile *f*; [天体] astre *m*. ～がきらめく Les étoiles scintillent. ～が流れる Une étoile file. ¶良い(悪い)～の下に生れる naître sous une bonne (mauvaise) étoile; naître sous un astre favorable (défavorable). ‖流れ～ étoile filante. ～の明りで à la lueur des étoiles. ～占い astrologie *f*; horoscope *m*. ～占いをする faire l'horoscope de *qn*. ～占師 astrologue *m*. ～形の étoilé; en étoile. ～屑 poussière *f* d'étoiles. ～印[印]の étoile; astérisque *m*. ～空 ciel *m* étoilé (constellé). ～月夜 nuit *f* étoilée. ～[眼の]白目; [角膜白斑] [医] leucome *m*. 目に～が出来

あ avoir une taie sur l'œil. ◆《標的の》mille *m*. 〜を射当てる mettre dans le mille; faire mouche. ◆《得点》point *m*. 〜を稼ぐ《得点する》marquer des points. ◆《容疑者》suspect(e) *m(f)*. 警察は〜の逮捕に踏み切った La police a décidé d'arrêter un suspect.

ほじ 保持 détention *f*; conservation *f*. 〜する détenir; conserver; garder. 健康を〜し conserver sa santé. 世界記録を〜する détenir le record du monde. 記録の〜者 détenteur(trice) *m(f)* d'un record. 選手権〜者 champion(ne) *m(f)*; tenant *m* d'un titre sportif. 秘密〜 conservation d'un secret.

ぼじ 墓誌 épitaphe *f*; inscription *f* funéraire.

ぼし 母子 ¶〜ともに健全です La mère et l'enfant se portent bien. ‖〜家庭 famille *f* sans père. 〜手帳 carnet *m* de santé (de maternité). 〜寮 foyer *m* pour les mères et les enfants.

ポジ épreuve *f* positive; positif *m*.

ほしい 欲しい désirer; vouloir; demander; avoir envie de. 〜気持ちをおさえる réprimer *son* envie. 物欲しそうな眼つきで見る regarder avec convoitise. 私は何か飲み物が〜 J'aimerais boire quelque chose./Je veux quelque chose à boire. ¶〜だけ à discrétion; tant (autant) que vous voudrez. 〜だけお取り下さい Servez-vous à discrétion. 僕はそれが欲しくて仕方なかった Je mourais d'envie de le posséder. 他に〜ものはありませんか Vous ne désirez pas autre chose? 〜時はいつでも言って下さい Faites-moi signe dès que vous en aurez besoin. ◆《...して欲しい》désirer (vouloir) que *sub*. 明日は天気であって〜 Dieu veuille qu'il fasse beau demain. 本当のことを言って〜 Je voudrais bien que vous me disiez la vérité. ここに居て〜 Je veux que tu restes ici. 彼に来て〜ものだ Je désire qu'il vienne. 何をして〜のですか Qu'attendez-vous de moi?

ほしいまま 恣 ¶〜な振舞 acte *m* arbitraire. 権勢を〜にする abuser de *son* autorité. 空想を〜にする donner libre cours à *son* imagination. 名声を〜にする jouir d'une grande réputation. 〜に arbitrairement. 〜に行動する agir selon *son* bon plaisir; vivre à *sa* guise.

ほしがる 欲しがる désirer; vouloir; demander; avoir envie de. 他人の財産を〜 convoiter le bien d'autrui. 子供が誕生日のプレゼントに電車を欲しがっている Mon enfant veut un train électrique pour son anniversaire. 君が前から欲しがっていた本 livre *m* dont tu avais envie depuis longtemps.

ほしくさ 干し草 foin *m*. 〜の山を作る faire le foin. ‖〜小屋 fenil *m*. 〜作り fenaison *f*.

ほじくる ⇨ ほじる. ¶歯を〜 se curer les dents. 耳を〜 se nettoyer les oreilles. 鼻を〜 mettre le doigt dans le nez. 重箱の隅を〜 discuter sur une pointe d'aiguille; couper les cheveux en quatre. 地面をほじくり返す retourner la terre. 人の欠点をほじくり出す mettre à jour les défauts de *qn*.

ポジション position *f*; situation *f*; opinion *f*.

ほしぶどう 干し葡萄 raisins *mpl* secs.

ほしまわり 星回り étoile *f*. ¶良い(悪い)〜の下に sous une bonne (mauvaise) étoile.

ほしゃく 保釈 mise *f* en liberté provisoire. ¶〜する mettre *qn* en liberté sous caution. 〜になる être mis en liberté sous caution. 〜金 cautionnement *m*. 〜保証人 caution *f*; garant(e) *m(f)*. 〜保証人となる se porter garant pour la libération provisoire de *qn*.

ポシャる capoter. 計画がポシャった Le projet a capoté.

ほしゅ 保守 ¶〜的な conservateur(trice); routinier(ère); 《反動的な》 réactionnaire. ‖日本は〜王国である Le Japon est un pays conservateur. 〜主義 conservatisme *m*; misonéisme *m*. 〜主義者 conservateur(trice) *m(f)*; misonéiste *mf*. 〜陣営 la Droite. 〜政治 politique *f* conservatrice. 〜党 parti *m* conservateur. 〜党員 conservateur(trice).

ほしゅう 補修 réparation *f*; réfection *f*. 道路を〜する réparer une route. ‖〜工事 travaux *mpl* de réfection.

ほしゅう 補習 cours *m* de rattrapage. 〜を受ける recevoir des cours de rattrapage. 〜教育 enseignement *m* postscolaire. 〜授業 leçon *f* supplémentaire.

ほじゅう 補充 complément *m*; [人員] suppléance *f*. 情報の〜 complément d'information. 〜する compléter; combler; suppléer. 欠員を〜する suppléer à un manque de personnel; combler une vacance.

ぼしゅう 募集 recrutement *m*; racolage *m*; embauche *f*. 〜を始める(締め切る) ouvrir (clore) une souscription. ¶〜する recruter; racoler. 協力者(加入者)を〜する recruter des collaborateurs (des adhérents). 義捐金を〜する faire la quête. 会員を〜する recruter des associés. 公債を〜する émettre un emprunt. ‖基金〜 recrutement de fonds. 懸賞〜 mise *f* à prix. 〜広告 annonce *f* de recrutement. 〜者 recruteur(se) *m(f)*. 〜人員 nombre *m* de candidats admis.

ほじょ 補助 aide *f*; assistance *f*; [政府, 公共団体の] subvention *f*. 〜を受ける être aidé par *qn*. 〜を受けて暮す vivre des subsides de *qn*. ¶〜する aider; donner assistance à *qn*. 〜的な auxiliaire. 〜の手段 moyen *m* auxiliaire. ‖〜椅子 strapontin *m*. 〜員(者) aide *m(f)*; auxiliaire *mf*; [役所の] employé(e) *m(f)* auxiliaire. 〜金 subvention. 〜金を出す accorder une subvention à *qn* (*qc*). 政府の〜金を受けている劇場 théâtre *m* subventionné. 〜タンク nourrice *f*. 〜問題 [副次的な] question *f* subsidiaire. 〜翼 aileron *m*.

ほしょう 保証 garantie *f*; assurance *f*; caution *f*. この批評家には誰もが何のへにもならない Etre loué par ce critique, n'est pas une référence. ¶〜する garantir; certifier; assurer; [請け合う] répondre de *qn*. 彼の勤勉さは私が〜する Je me porte garant de

sa diligence. 彼のことは僕が〜する Je réponds de lui. 年金を〜する assurer une rente. 彼は全面的に協力してくれると私に〜してくれた Il m'assura de son entière collaboration. 私の病気は間もなく治ると医者が〜した Le médecin m'assura que je guérirais sous peu. 私の証言をあなたに〜して戴きたい Je vous demande de bien vouloir certifier mes déclarations. ¶〜金 caution. ~金を積む déposer une caution. ~契約 contrat m de garantie. ~書 bon m de garantie. 一年間〜付きの品物 article m avec une garantie d'un an. ~手形 aval m. ~人 garant(e) m (f); répondant(e) m(f). ~人になって来る (se porter) garant de qn;【法】se porter caution pour qn; servir de répondant à qn.

ほしょう 保障 garantie f. ¶〜する garantir; mettre en sûreté. 安全〜理事会 Conseil m de sécurité. 社会〜 sécurité f sociale. 〜条約 pacte m de sécurité.

ほしょう 歩哨 factionnaire m; sentinelle f; guetteur m; veilleur m; soldat m de grade;【集合的】faction f. ~に立つ faire la sentinelle; être en sentinelle. ~を立てる mettre qn en sentinelle. ~を終える sortir de faction.

ほしょう 補償 compensation f; indemnisation f; dédommagement m. 損害に対する〜 compensation pour des dommages. ~として à titre de dédommagement. 当方の損害の〜として en compensation de mes pertes. ¶〜する compenser; indemniser qn de qc. ‖〜金 indemnité f. ~金を払う(もらう)payer (recevoir) une indemnité. ~金が出る Une indemnité sera versée.

ほじょう 慕情 affection f; sentiment m de tendre amitié. ~を懐く éprouver une tendre inclination pour qn.

ほしょく 補色 couleur f complémentaire.

ぼしょく 暮色 crépuscule m. 町は暮色に覆われている La nuit s'étend sur la ville.

ほじる creuser. 鼻を〜 se nettoyer le nez. 歯を〜 se curer les dents.

ほしん 保身 ¶彼は~の術に長けている Il est très habile pour se maintenir dans sa situation./Il sait agir avec prudence et habileté. 彼は何にも及々としている Il fait attention avant tout à ses intérêts.

ほす 干す sécher; faire sécher. 魚を〜 faire sécher du poisson. 着物を日に〜 sécher ses habits au soleil. 洗濯物を〜 étendre du linge. ◆[涸らす]dessécher; tarir. 泥地を〜 assécher des terres marécageuses. ◆[飲み干す]vider (un verre d'un trait). 一気に飲みほす vider d'un trait. ◆[比喩的]¶あの役者は干されている Cet acteur reste sur le sable.

ボス [学校, 文壇の] mandarin m; patron m. ギャングの〜 chef m de gangsters. 事務所の〜 patron de bureau. 政界の〜 grand manitou m du monde politique;【俗】grosse légume f. 小〜 petit mandarin.

ほすうけい 歩数系 hodomètre m; pédomètre m.

ホスゲン【化】phosphate m; phosgène m.

ポスター placard m; affiche f. 〜を剥がす(貼

る) décoller (coller, poser) une affiche. 選挙〜を貼る placarder une affiche électorale. ~[宣伝用の]publicitaires fpl publicitaires. ~図案家 affichiste mf.

ポスターカラー gouache f.

ホステス hôtesse f; [バーの] barmaid f.

ポスト [郵便]boîte f aux lettres. 手紙を〜に入れる poster une lettre. ~[地位]poste m. 高い〜につく occuper un poste élevé. 課長の〜は空いている Le poste du chef de bureau est vacant.

ポストモダン postmodernisme m. ¶〜の postmoderne.

ポストンバッグ sac m de voyage.

ほする 補する nommer; désigner. 彼は知事に補せられた On l'a nommé préfet.

ほせい 補正 correction f. ¶〜する corriger. 誤差を〜する corriger les erreurs. ‖〜値 valeur f corrigée. ~予算 budget m supplémentaire.

ほぜい 保税 ¶〜制度 entrepôt m. ~倉庫 entrepôt. ~貨物 marchandises fpl en entrepôt.

ぼせい 母性 maternité f. ~愛 amour m maternel. ~本能 instinct m maternel. ~保護 protection f maternelle.

ポセイドン【ギ神】Poséidon m.

ほせき 舗石 carreau(x) m.

ぼせき 墓石 pierre f funéraire (tombale).

ほせん 保線 entretien m d'une voie. ‖〜係 garde(s)-voie(s) m. ~区 secteur m. ~工事 travaux mpl pour l'entretien de la voie.

ほぜん 保全 conservation f. ¶〜する conserver; sauvegarder. 領土を〜する conserver l'intégrité du territoire.

ぼせん 母線【数】génératrice f.

ぼせん 母艦 navire m principal; [補給船] ravitailleur m.

ぼぜん 墓前 ¶〜に花を供える déposer des fleurs devant la tombe de qn. ~にぬかずく s'agenouiller devant une tombe.

ぼせんかいき 母川回帰 [鮭の] montaison f.

ほぞ 柄 tenon m. ‖〜穴 rainure f; mortaise f. ~穴をくる mortaiser.

ほぞ 臍 ¶〜を噛む se mordre les doigts. ~を固める prendre une ferme résolution.

ほそい 細い mince; menu; fin; ténu; effilé; délié; [やせた] maigre; [狭い] étroit; [液状] fluet(te); menu. ~糸 fil m ténu (fin). ~声 voix f fluette. ~手(足) main f (jambe f) fine. ~指 doigt m effilé. 神経が〜 avoir les nerfs fragiles. 食が〜 avoir un petit appétit; avoir un appétit d'oiseau. この水道水の出口が〜ね Il ne sort du robinet qu'un mince filet d'eau. 細くする amincir; [弱める] baisser; [狭くする] rétrécir. 胴体を細くする amincir sa taille. ガスの火を細くする diminuer le gaz. ランプの火を細くする baisser la lampe. 目を細くして見る plisser les yeux pour regarder; regarder en plissant les yeux. 声が段々細くなる La voix s'amenuise petit à petit. 目を細くする cligner les yeux. ‖細く finement; fin. 細く切る couper qc fin. 細く長く生きる mener longtemps une vie effacée.

ほそう 舗装 revêtement m; [砂利の] empierrement m; [舗石の] pavage m; pavement m. ‖〜する paver. ¶道路〜 pavage m des rues. モザイク〜 pavement m de mosaïque. 〜工事 pavage; pavement. 〜道路 route f pavée; chemin m pavé.

ほそうで 細腕 ¶女の一つで育てる élever qn de ses faibles forces.

ほそおもて 細面 ¶〜の少女 jeune fille f au visage mince et délicat.

ほそく 捕捉 ¶〜する prendre; saisir; comprendre. 〜し難い insaisissable; incompréhensible.

ほそく 歩測 ¶距離を〜する mesurer une distance au pas.

ほそく 補則 article m supplémentaire.

ほそく 補足 complément m; supplément m. 情報の〜 supplément d'information. ¶〜する ajouter; compléter; suppléer; suppléer à qc. 残りは僕が〜する Je suppléerai au reste. 善意が彼の欠点を〜している Sa bonne volonté supplée à ses défauts. 〜的 complémentaire. 〜的説明 explication f supplémentaire. ‖〜事項 annexe f; appendice m.

ほそさ 細さ finesse f; minceur f.

ほそじ 細字 écriture f fine (menue). ¶〜で書く écrire fin.

ほそながい 細長い allongé; oblong(ue). 〜土地 bande f de terrain; terrain m long et étroit. ¶鉄を細長く伸ばす distendre le fer en longueur.

ほそびき 細引 cordelette f. 〜をかける ligoter qc avec une cordelette.

ほそひも 細紐 ficelle f; ruban m. 〜でくくる ficeler.

ほそぼそ 細々 ¶〜と暮す vivoter: vivre petitement. 給料で〜と暮す vivre petitement de son salaire.

ほそぼそ ¶〜話す parler entre ses dents.

ほそみ 細身 ¶〜の刀 sabre m effilé. 〜のズボン pantalon m étroit.

ほそめ 細目 ¶〜に切る couper qc finement (fin). 戸を〜に開ける entrouvrir la porte. 目を〜に開けて見る voir avec les yeux entrouverts.

ほそる 細る maigrir; s'amaigrir; s'affaiblir; s'amincir. 心配で身が〜 dépérir à force de soucis.

ほぞん 保存 conservation f; réserve f; entretien m. 記念物(食糧)の〜 conservation d'un monument (des aliments). ¶〜する conserver; garder; entretenir. 記念品を大切に〜する avoir une bonne réserve d'un souvenir. 遺跡を〜する conserver des vestiges. 〜しておく avoir (mettre, tenir) en réserve. 「暗い所に〜のこと」 《Tenir à l'obscurité》 〜がきく(きかない) être de bonne (mauvaise) garde; se garder (se conserver) bien (mal). ‖〜食としておく mettre qc en conserve. 〜食品 vivres mpl de réserve; conserve f. 〜料 frais mpl d'entretien. 〜林 réserve f.

ポタージュ potage m. 〜を飲む prendre du potage; manger le potage; [レストランで] prendre un potage.

ぼたい 母体 corps m de la mère. 妊産婦は〜の健康に注意しなければならない Une femme enceinte doit veiller à sa santé. ◆[土台・もと] base f. ¶この会は教員組合が〜となって生れた Cette association a été formée autour d'un syndicat d'enseignants.

ぼたい 母胎 matrice f; flanc m.

ぼだい 菩提 ¶〜を弔う prier pour le salut de l'âme de qn. ‖〜所 tombeau(x) m de famille.

ぼだいじゅ 菩提樹 tilleul m.

ほだされる ¶情に〜 être entraîné vers qn. 情にほだされて結婚を承諾する consentir au mariage par affection pour qn.

ほたてがい 帆立貝 coquille f Saint-Jacques.

ぼたぼた ¶血が〜と流れ落ちる Le sang tombe à grosses gouttes.

ぽたぽた ¶〜と goutte à goutte. 〜落ちる goutter; [俗] dégouliner. 汗が〜落ちる La sueur dégoutte.

ぼたもち 牡丹餅 ¶「棚から〜」 《Les cailles rôties lui tombent dans la bouche.》

ぼたやま ぼた山 terril m.

ぽたり ¶〜と落ちる tomber avec un bruit (sourd) léger.

ほたる 蛍 ver m luisant; luciole f; mouche f à feu. ‖〜石 fluorine f. 〜狩り chasse f aux lucioles. ぶくろ [植] campanule f ponctuée.

ぼたん 牡丹 pivoine f. ‖〜雪が降る La neige tombe à gros flocons.

ボタン bouton m. 〜をつける(とる) attacher détacher des boutons. 〜をはめる(かける) [se] boutonner. 〜を外す [se] déboutonner. 外套の〜を外す déboutonner son pardessus. 〜がとれる Le bouton part (se détache). この服は後に〜がある Cette robe se boutonne par derrière. ‖飾り〜 bouton décoratif. カフス〜 boutons de manchettes. ◆[ベルの] bouton; bouton d'appel. 〜を押す appuyer sur le bouton.

ぼち 墓地 terre f; cimetière m. 〜に眠っている être sous (en) terre.

ホチキス agrafeuse f.

ぼちぼち ⇨ぼつぼつ.

ぽちゃぽちゃ ¶〜した娘 jeune fille f joufflue.

ぽちゃん [水に落ちる音] plouf!

ほちゅう 補注 notes fpl supplémentaires.

ほちゅうあみ 補虫網 filet m d'insectes.

ほちょう 歩調 pas m; marche f; [船の航行] erre f. 〜を早める hâter (presser) le pas. 〜を乱す perdre le pas. 〜を揃える marcher du même pas que qn; cadencer le pas. 〜を緩める ralentir la marche. ¶〜を揃えて歩く marcher au pas cadencé.

ほちょうき 補聴器 audiophone m; appareil m acoustique; aide(s) -ouïe(s) m.

ぼつ 没 ¶原稿を〜にする refuser le manuscrit de qn. ◆[死没] ¶1975年〜 mort en 1975. …の〜後 après la mort de qn; après le décès de qn.

ぼっか 牧歌 chant m de berger; pastorale f; bucolique f. ¶〜的 pastoral; bucolique.

～的な生活を送る mener une vie pastorale (bucolique).

ぼつが 没我 oubli *m* de soi[-même]. ¶～の境地に入る s'oublier *soi-même*.

ほっかい 北海 mer *f* du Nord.

ぼっかく 墨客 ¶文人～ parnasse *m*.

ぽっかり ¶～と満月が浮かんでいる La pleine lune se découpe dans le ciel. ～と穴があいた Un grand trou se fit soudain. 妻に死なれ，彼の気持ちには～と穴があいた A la mort de sa femme, un grand vide s'est creusé dans sa vie.

ほつがん 発願 ¶～する prier une divinité (Dieu).

ほっき 発起 ¶～する prendre l'initiative de *qc*. …の～で à l'initiative de *qn*; sur la proposition de *qn*. ‖一念～して新しい仕事に着手する commencer un travail avec un courage renouvelé. ¶～人 fonda*teur*(*trice*) *m*(*f*); promo*teur*(*trice*) *m*(*f*).

ぼっき 勃起 érection *f*. ¶～する entrer en érection; 《俗》bander.

ぼっきゃく 没却 oubli *m* de soi. ¶自己を～する renoncer à *soi-même*; ne pas penser à *soi*.

ほっきょく 北極 Pôle *m* Nord; pôle arctique. ¶～の arctique; boréal(aux). ¶～海 Océan *m* glacial arctique. ～圏 cercle *m* arctique. ～星 étoile *f* polaire; étoile boréale. ～地帯 terres *fpl* boréales. ～地方 régions *fpl* arctiques.

ぽっきり 骨が～折れる se casser net un os. ◆[丁度] ¶全財産は千円～だ J'ai mille yen, pas un de plus et pas un de moins.

ホック [釦鍵] bouton(s)-pression *m*; [かぎホック] agrafe *f*; crochet *m*. ～をかける(外す) agrafer (dégrafer). ¶～でとめられた胴衣 corsage *m* fermé par boutons-pression.

ボックス [劇場の] loge *f* [de spectateurs]; [電話の] cabine *f* [téléphonique]; [靴革] box(es) *m*; box(es)-calf *m*.

ぼっくり ¶～と死ぬ mourir subitement (soudainement); tomber raide mort. ¶～病 mort *f* subite.

ホッケー ✝hockey *m*; hockey sur gazon. ‖アイス～ hockey sur glace. ～選手 ✝hockeyeur *m*; joueur *m* de hockey.

ぼっけん 木剣 épée *f* de bois.

ぼっこう 勃興 ¶～する se développer; parvenir graduellement à la prospérité. 1930 年代以後，新しい国々が～した De nouveaux états ont pris naissance après 1930.

ぼっこうしょう 没交渉 ¶～である n'avoir aucune relation avec *qn*. 私は隣人とは～である Je vis isolé de mes voisins./Je n'ai pas de rapports avec mes voisins.

ほっこく 北国 pays *m* septentrional (du nord). ¶～人 gens *mpl* du nord.

ぼっこせい 没個性 impersonnalité *f*. ¶～な impersonnel(le).

ほっさ 発作 accès *m*; attaque *f*; crise *f*. 怒りの～ accès de colère. 喘息(ヒステリー)の～ crise d'asthme (de nerfs). ～に襲われるまま前に駆け出した Il avait agi sous l'impulsion (une crise). 《俗》piquer une crise.

par accès; par impulsion. ～的に人を殺す tuer *qn* par impulsion. 彼の神経痛は～的に起こる Ses névralgies reviennent par accès. 彼は～的に反抗しようとした Il avait par accès des velléités de résistance.

ぼっしゅう 没収 confiscation *f*; mainmise *f*. ¶～する confisquer *qc* à *qn*; déposséder *qn* de *qc*. ‖～品 articles *mpl* confisqués.

ほっしゅみ 没趣味 ¶～な insipide; sans goût; sans saveur.

ぼつじょうしき 没常識 ¶～な insensé; sans bon sens. ～である ne pas avoir le sens commun.

ほっしん 発心 conversion *f*. ¶～する se convertir. ～して仕事を始める prendre la ferme résolution de travailler.

ぼつじんかく 没人格 ⇒ほつこせい(没個性).

ほっする 欲する vouloir; désirer. 「己れの～ところを人に施せ」《Faites à autrui ce que vous voudriez qu'on vous fasse à vous-même.》 ～ままに行動する agir à *sa* guise (à *son* gré).

ぼっする 没する [太陽や月が] se coucher; [消える] disparaître; [死ぬ] mourir; [水中に] être submergé. 暗闇に姿を～ disparaître dans l'ombre. 膝の中に膝まで～ s'enfoncer jusqu'aux genoux dans la boue.

ぼつぜん 勃然 ¶～と正義の声が起こった La voix de la justice s'est fait entendre subitement.

ほっそく 発足 début *m*; inauguration *f*. ¶～する commencer; débuter; être fondé (inauguré). 我が社ができてから既に 10 年になる Ça fait déjà dix ans depuis que notre entreprise s'est fondée.

ほっそり ¶～した fluet(te); mince; fin; effilé; svelte. ¶～した娘 jeune fille *f* mince. 彼女は～した体つきをしている Elle a la taille fine. 病気で彼の顔が～となった La maladie lui a creusé les joues. ～と見える amincir *qn*. このドレスを着ると彼女は～と見える Cette robe l'amincit.

ほったてごや 掘立小屋 baraque *f*; [避難の] abri *m*.

ほったらかす 放ったらかす délaisser; abandonner; négliger; mettre *qc* de côté. 仕事を～ délaisser (négliger) *son* travail. 妻を～ délaisser *son* épouse. あの若妻は子供を放らかして遊んでばかりいる Cette jeune femme néglige [le soin de] ses enfants et ne pense qu'à s'amuser.

ほったん 発端 commencement *m*; début *m*; origine *f*; point *m* de départ. ～までさかのぼる remonter jusqu'à l'origine.

ぼっちゃん 坊ちゃん votre fils *m*; [呼びかけ] mon petit *m*; [世間知らずの] béjaune *m*; blanc(s)-bec(s) *m*. 彼はおっ～だから Ça a été élevé dans du coton./Il est un peu naïf.

ほつづ 火筒 canon *m* à feu.

ほっつきあるく ほっつき歩く errer; flâner.

ぽってり ¶～した grassouillet; potelé; 《俗》rondouillard. ～した女 femme *f* potelée.

ほっと ¶～と胸を撫でおろす pousser un soupir de soulagement. ～と respirer; se sentir soulagé. やれやれ～したよ Ouf, on respire!

ホット ❚ ～ケーキ crêpe *f* à la minute. ～コーヒー café *m* chaud. ～ジャズ jazz *m* hot. ～ドッグ hot dog *m*; chien *m* chaud. ～ニュース nouvelle *f* sensationnelle. ～ライン téléphone *m* rouge.

ほっ ❶恥かしくて～顔を赤らめる rougir de honte. その話で彼女は～顔を赤らめた Cette parole la fit rougir.

ポット pot *m*. ❶牛乳～ pot au lait. コーヒー～ pot à café.

ぼっとう 没頭 ❶～する se livrer à; s'adonner à; s'appliquer à; se consacrer à; se plonger dans; s'absorber dans. 勉強に～する se livrer (s'adonner) uniquement à l'étude. 彼は読書に～した Il s'est absorbé dans sa lecture.

ぽっとで ぽっと出 ❶～の田舎娘 jeune fille *f* nouvellement débarquée de sa province. ～である [未熟] être bien de *son* pays.

ホットパンツ mini-short *m*.

ホットプレート plaque *f* chauffante.

ほつね 没年 année *f* de décès de *qn*.

ほつねんと seul; solitairement. ❶～物思いに耽る plongé dans une rêverie solitaire.

ぼっぱつ 勃発 éclatement *m*. ❶～する éclater. ～しようとしている gronder; être près d'éclater. 戦争が～しようとしている La guerre est près d'éclater.

ほっぴょうよう 北氷洋 Océan *m* glacial arctique.

ホップ [植] houblon *m*. ❶ビールに～を入れる houblonner la bière. ❚～栽培者 †houblonnier(ère) *m(f)*. ～畑 †houblonnière *f*.

ポップ pop ❶～アート art *m* pop; pop'art *m*. ～ミュージック musique *f* pop.

ポップコーン grains *mpl* de maïs soufflés; pop-corn *m*.

ポップス musique *f* pop; pop-musique *f*.

ほっぺた ⇨ほお(頬).

ほっぽう 北方 nord *m*. ❶～の国々 pays *mpl* du nord (septentrionax). ～に dans le nord. ～領土 territoires *mpl* du nord.

ぼつぼつ lentement; sans se presser; petit à petit; peu à peu. ～始めるか Alors, on s'y met tout doucement? ～出かけるとするか On y a tout doucement. ～朝になるな Le jour commence à poindre. 仕事は～如何ですか ～ですよ Comment va votre affaire? ―Merci, ça va comme ci comme ça.

ぼつぼつ ❶別荘が建っている Il y a des villas dispersées çà et là. ～客が入ってきた Les spectateurs entraient par groupes de deux ou trois. 雨が～降り出した Quelques gouttes de pluie commencent à tomber. ～と黒い斑点のある犬 chien *m* moucheté de noir.

ぼつらく 没落 écroulement *m*; ruine *f*; chute *f*. ❶～する s'écrouler; tomber en ruine. ～した ruiné; déchu. ❚～階級 classe *f* déchue.

ぽつりぽつり ❶彼女は～と真相を喋り始めた Elle a commencé à confesser la vérité par bribes. ～と雨が降ってきた Une petite pluie s'est mise à tomber.

ほつれげ ほつれ毛 mèches *fpl* folles; cheveux *mpl* follets.

ほつれる [衣服が] se démailler; [毛が] s'effiler. 袖口が～ Le poignet de la manche s'est démaillé.

ぽつん ❶～と一軒家が建っている Il y a une maison isolée. 靴下に～と穴あいているよ Il y a un trou dans ta chaussette. 彼女は 1 人～と立っていた Elle était plantée là toute seule.

ほてい 布袋 ❶～人形 [陶器] magot *m* chinois. ～腹 ventre *m* rebondi.

ボディー [車体] carrosserie *f* d'une automobile. ❚～アクション mime *m*. ～ガード garde *m* du corps; [俗] gorille *m*. ～チェック fouille *f* corporelle. ～ビル bodybuilding [bodibildiŋ] *m*. ～ライン silhouette *f*.

ポテト pomme *f* de terre. ❚フライド～ [pommes] frites *fpl*. マッシュ～ purée *f* de pommes de terre. ～チップス pommes chips.

ほてり 火照り feu(x) *m*; sensation *f* de chaleur.

ほてる 火照る avoir chaud. 顔が～ J'ai les joues en feu. 高熱で手まで～ avoir les mains brûlantes d'une forte fièvre. 恥しくて顔が～ avoir les joues rouges de honte. ❶火照った en feu.

ホテル hôtel *m*. ～に泊る descendre à un hôtel. ～を経営する tenir un hôtel. ❚～のボーイ groom *m*; garçon *m* d'hôtel. ～のいんちき～ hôtel borgne. ～荒らし rat *m* d'hôtel. ～業 hôtellerie *f*.

ほてん 補填 ❶欠損を～する couvrir le déficit. 赤字を～する combler le déficit.

ポテンシャル potentiel *m* électrique. ❚～エネルギー énergie *f* potentielle.

ほど 程 [程度/度合] ❶どれ～ à quel point. これ～苦しんだことはない Je n'ai jamais souffert à ce point. 絶望するには～深刻なことじゃない Il n'y a pas de quoi se désespérer. 彼は病気なる～猛烈勉強をした Il a tellement travaillé qu'il en est tombé malade. 死ぬ～お前が好きだ Je t'aime à en mourir. 私は病気なる～嘆き悲しんだ J'en ai été chagriné jusqu'à en être malade. 彼は自分にも分らない～の金持だ Il est si riche qu'il ignore sa fortune. 彼は財産といえる～の物は持っていない Il n'a aucun bien qui vaille. 話す～のことじゃない Cela ne vaut pas la peine d'en parler. 用事という～の用事は特に無い Je n'ai rien de particulier à faire. ◆[限度] ❶冗談にも～がある Vous poussez trop loin la plaisanterie. ◆[適度] ❶～～にする rester dans la juste mesure. ～よく avec modération. ～よく焼けたステーキ steak *m* à point. ◆[分際] ❶～身の～を知れ! Voyez-vous connaître! ◆[比較] ❶私は弟～背が高くない Je ne suis pas si grand que mon frère. 思った～難しくない C'est moins difficile qu'on ne le croyait. 彼は以前～才能がない Il n'a pas autant de talent que vous. 彼はあなた～器用でない Il n'est pas si habile que vous. 健康～ありがちのはない Rien n'est plus précieux que la santé. 早ければ早い～いい Le plus tôt sera le mieux.

ほどあい [時間・距離] ¶どれ〜君は私を待たせたことか Comme vous m'avez fait attendre! それは 3 年〜前の出来事である C'est un événement qui remonte à près de trois ans. 完成には〜遠い Il me faut encore beaucoup de temps pour l'achever. 私の故郷はここから〜遠い所にある Mon pays natal n'est pas si loin d'ici. 〜なく bientôt; tout à l'heure.

ほどう 程合 [適度] modération f; [程度] degré m. ¶〜の modéré; convenable.

ほどう 舗道 pavage m. アスファルトの〜 pavé bitumé. コンクリート(煉瓦)の〜 pavé en béton (briques).

ほどう 歩道 trottoir m. 〜を散歩する se promener sur les trottoirs. ‖横断〜 passage m pour piétons; passage clouté. 〜橋 passerelle f.

ほどう 補導 direction f. ¶〜する diriger qn; guider qn; orienter qn. 学生を〜する conseiller des étudiants. 少年を〜する ramener dans la bonne voie les jeunes gens. ‖職業〜 orientation f professionnelle. 〜員 auxiliaire mf de police.

ほどく 解く débrouiller; dénouer; défaire; découdre. 糸玉を〜 débrouiller un écheveau. 裏地を〜 découdre une doublure. リボンを〜 dénouer un ruban. 髪を〜 dénouer la chevelure.

ほとけ 仏 Bouddha m. 「知らぬが〜」《Qui ne sait rien, de rien ne doute.》「〜の顔も三度」《Le plus patient risque à la fin d'être en colère.》◆Aさん M. A, qui est la sainteté même. ‖〜心を起こす se montrer miséricordieux. ◆[故人] défunt(e) m(f). 〜になる aller au ciel.

ほどける 解ける se dénouer; se découdre.

ほどこし 施し charité f; aumône f. 〜で生きる vivre d'aumônes. 〜をする faire la charité à qn; faire l'aumône à qn.

ほどこす 施す donner; accorder; octroyer. 恩恵を〜 faire une faveur à qn. 私は面目を〜どこした Je me suis attiré la gloire. ¶手のほどこしようがない Il n'y a pas de remède à cela.

ほととぎす 時鳥・杜鵑 coucou m.

ほとばしる 迸る jaillir; gicler. 水が〜 L'eau jaillit (gicle). ¶迸り jaillissement m; giclement m.

ポトフー [料理] pot-au-feu m inv.

ほとほと tout à fait; entièrement. 〜困り果てる être à bout de ressources; n'en pouvoir plus. 奴には〜愛想がつきた J'en ai assez de lui./Je suis très mécontent de lui./Il me sort par les yeux.

ほどほど 程々 ¶〜に modérément; avec modération. 〜に飲む boire modérément. 〜にするも度を越さないように mesure. 夜遊びも〜にしろよ Ne t'amuse pas trop la nuit.

ほとぼり ¶〜がさめるを待つ attendre que les choses se tassent. 事件の〜がさめた La sensation provoquée par cette affaire s'est dissipée.

ほとり 辺 bord m. 川の〜で au bord de la rivière. 川の〜を散歩する se promener le long (au bord) de la rivière.

ボトル bouteille f. あの店に〜をキープしてある

だ J'ai une bouteille [de whisky] en réserve dans ce bar. ‖ハーフ〜 demi-bouteille f.

ほとんど presque; à peu près; à peu de chose près; quasi. 〜毎日 presque toujours. 〜は不可能だ C'est presque impossible. それは〜重要でない Cela a peu d'importance. 最近彼には〜会わない Je le vois rarement ces temps derniers. 〜誰もいなかった Il n'y avait presque personne. 〜食べ物がなかったの Il y avait à peine de quoi manger. 私は〜疲れていない Je me sens à peine fatigué. 彼は〜かわっていない Il n'a guère changé. 彼は〜外出しない Il ne sort presque jamais.

ボナザングラム mots mpl croisés.

ほなみ 穂波 blés mpl ondoyants.

ポニーテール ¶彼女の髪は〜だ Elle noue ses cheveux en queue de cheval.

ほにゅう 母乳 lait m maternel. ¶〜で育てる nourrir un enfant au sein.

ほにゅうびん 哺乳瓶 biberon m.

ほにゅうるい 哺乳類 mammifères mpl.

ほね 骨 os m; [魚の] arête f; [傘の] baleine f. 〜折れた〜がくっつく Les os se soudent. 肩の〜がはずれる se luxer (se déboîter) l'épaule. 魚の〜が喉につかえる(刺さる) J'ai une arête dans le (en travers du) gosier. 腕の〜を折る se casser (se fracturer) le bras. ...するのに〜を折る [苦労する] se donner de la peine (du mal) pour inf; avoir de la peine à inf; faire des efforts pour inf. 彼の字を読みとるのに〜が折れた J'ai eu de la peine à déchiffrer son écriture. 魚の〜を抜く désosser un poisson. ¶〜を抜いた肉 viande f désossée. 〜張った osseux(se); [四角張った] anguleux(se). 〜張った顔 visage m osseux. 彼は〜張っている Il a des os saillants. 〜張ってぬっくぼった(se); maigre et sec. 彼は〜と皮ばかりだ Il n'a que la peau et les os./C'est un vrai squelette. この魚は〜っぽい Ce poisson est plein d'arêtes./[比喩的に] 彼は〜っぽい男だ C'est un homme de caractère. あいつの言うことは〜のある男ならこの難局を救うことが出来る Des tempéraments comme celui-là peuvent sauver cette situation désespérée. 〜の折れる pénible; laborieux(se); [辛い] dur; rude; [難しい] difficile. 〜の折れる仕事 travail m pénible. この子は〜の折れる子だ Ce gosse est difficile (tuant). 〜の髄まで凍える être glacé jusqu'à la moelle des os. 〜の髄まで腐っている être corrompu dans l'âme. 魚を〜ごと食べる avaler un poisson tel quel. ‖〜太 m ossu.

ほねおしみ 骨惜しみ ¶〜する se ménager; plaindre sa peine; [俗] ne pas se fouler. 彼は〜もせずにやった Il a fait cela sans se fouler.

ほねおり 骨折り peine f; efforts mpl. ¶...のお〜で grâce aux efforts de qn. ‖〜損する perdre sa peine. それは〜損だ C'est (sera) peine perdue. 〜損のくたびれもうけだ J'en suis pour ma peine. これは〜賃です Voilà pour votre peine.

ほねぐみ 骨組 [骨格] ossature f; charpente

ほねつぎ 骨接ぎ ¶折れた腕の～をする rebouter un bras cassé. ‖～師 rebouteux(se) m(f).

ほねなし 骨なし ¶奴は～だ C'est une lavette.

ほねぬき 骨抜き ～する émasculer. 法案を～にする enlever toute signification à un projet de loi. 国民を～にする émasculer la nation. 彼はすっかり～にされた Il a perdu de son mordant./Il a été complètement dégonflé.

ほねみ 骨身 ¶～を削る suer sang et eau. 寒さが～にしみる Le froid nous transit. 彼の忠告は～にこたえた Son conseil m'a touché jusqu'à la moelle. ～を惜しまず sans ménager sa peine; sans s'épargner.

ほねやすめ 骨休め détente f; repos m; récréation f; délassement m; relâche m. ¶～する se donner du repos; prendre une récréation.

ほのお 炎 flambeau(x) m; flamme f. 燃え上がる～ langues fpl de feu. 嫉妬の～ flamme de jalousie. 嫉妬の～に燃え brûler de jalousie. ～を上げる flamboyer; jeter des flammes. 家は～につつまれた La maison est tout en flammes.

ほのか ほのか ¶～な délicat; faible. ～な香り faible odeur f. ～な希望 lueur f d'espoir. ～な恋心を抱く nourrir un discret amour. ～に faiblement; indistinctement. ～に見える être à peine visible.

ほのぐらい ほの暗い sombre; obscur. ¶ほの暗き vague clarté f; demi-jour m.

ほのぼの ¶～と東の空が白んできた Le ciel commence à blanchir légèrement à l'est. ～とした気持ちになる se sentir attendri (remué).

ほのめかす ほのめかす laisser entrevoir; donner à entendre; suggérer qc à qn; faire allusion à qc. ほのめかしただけで分かる comprendre à demi-mot. ¶ほのめかし allusion f.

ホバークラフト †hovercraft [ɔvœrkraft] m; aéroglisseur m; naviplane m.

ほばく 捕縛 arrestation f. ¶～する arrêter; saisir; empoigner.

ほばしら 帆柱 mâture f; mât m.

ほはば 歩幅 pas m. ～を伸ばす allonger le pas.

ほひ 墓碑 tombeau(x) m; pierre f tombale; stèle f funéraire. ～を建てる dresser un tombeau. ¶～銘 épitaphe f.

ホビー passe-temps m; †hobby [ɔbi] m.

ほひつ 補筆 ¶～する corriger qc au pinceau; retoucher qc; réviser qc.

ポピュラー ¶～な populaire. ‖～音楽[芸術] musique f (art m) populaire.

ほひょう 墓標 tombeau(x) m.

ボビン bobine f; fuseau(x) m.

ほふく 匍匐 ¶～する ramper. ‖～前進 marche f rampante. ～前進する progresser (marcher) en rampant.

ボブスレー bobsleigh m.

ホフマンほうしき ―方式 [損害賠償額の算定方式] méthode f de Hoffman.

ポプラ peuplier m. ‖～並木の道 avenue f bordée de peupliers.

ポプリン popeline f.

ほふる 屠る [牛馬を] abattre; tuer; [虐殺する] massacrer; exterminer; [敵を] battre; défaire; vaincre. 一刀のもとに敵を～ tuer un adversaire d'un coup de sabre.

ほへい 歩兵 fantassin m; soldat m d'infanterie. ¶～隊 infanterie f. ‖《俗》piétaille f.

ぼへい 募兵 recrutement m. ¶～する enrôler; recruter. ‖～係 enrôleur m; recruteur m.

ボヘミアン bohème mf; bohémien(ne) m(f).

ほほ 頬 ⇒ ほお(頬).

ほぼ 保母 institutrice f d'école maternelle; jardinière f d'enfants.

ほぼ 略 presque; à peu près; [約] environ. これは～確かだ C'est presque sûr. 彼らは～同じ歳だ Il sont à peu près du même âge. それは～決まっとようなものだ C'est pratiquement décidé. 葡萄は～熟している Le raisin est quasi mûr. ¶～3年前 il y a environ trois ans.

ほほえましい 微笑ましい attendrissant. あれは～光景だった C'était une scène charmante.

ほほえみ 微笑 sourire m. 彼女はいつも顔に～を浮かべている Elle est toujours souriante. ¶～を浮かべて avec un sourire; en souriant.

ほほえむ 微笑む sourire. 運命が彼に微笑んだ La fortune lui sourit. 微笑み返す rendre son sourire à qn.

ポマード pommade f; cosmétique m; brillantine f; gomina f. ～をつける pommader ses cheveux; se gominer. ¶～をつけた髪 cheveux mpl pommadés (gominés).

ほまえせん 帆前船 bateau(x) m à voiles.

ほまれ 誉れ gloire f; honneur m; renommée f. ～となる仕事は国の～である Ce qu'il a fait est un honneur pour le pays. ¶～高い glorieux(se). 貞淑の～高い婦人 dame f réputée pour sa vertu.

ほむら 炎 ⇒ ほのお(炎).

ホメオパシー homéopathie f.

ほめごろし 誉め殺し ¶～する perdre qn par des louanges.

ほめる 誉める élever qn; admirer qn; célébrer qn. 誉めすぎる élever qn (jusqu')aux nues (au ciel). 誉め上げる flatter qn; louer qn exalter qn. 誉めそやす chanter (célébrer, entonner) les louanges (l'éloge) de qn. 誉め讃える tresser des couronnes à qn; glorifier qn. 彼のやったことはお世辞にもほめられたものではない Même pour lui faire plaisir, Il m'est impossible de le louer. ¶誉め言葉 éloge m; louange f; compliments mpl.

ホメロス Homère m.

ホモ homosexualité f; [人] homosexuel m; [男色] prédérastie f; [男色家] pédéraste m. ◆ ～牛乳 lait m homogénéisé.

ホモサピエンス homo sapiens m.

ほや 海鞘[貝] ascidie f.

ぼや léger incendie m. ～で済んだ Ce n'était qu'un début d'incendie.

ぼやく se plaindre; grommeler. 彼は絶えずぼやいている Il se plaint sans cesse.

ぼやける [色が] se faner; se ternir; [輪郭が] s'estomper; être flou. あの事件の思い出もぼやけてきた Le souvenir de cet événement commençait à s'estomper dans mon esprit.

ほやほや ‖新婚～の夫婦 jeunes mariés mpl. 出来たて～のお菓子 gâteau(x) m qui vient de sortir du four.

ぼやぼや ～している être étourdi; être distrait. ～している時じゃない Ce n'est pas le moment de rêvasser. 何を～しているんだ D'où sortez-vous?/Ne traîne pas comme ça! ～するなよ Allons, réveille-toi!

ほゆう 保有 détention f; possession f. ～する détenir; conserver; posséder; garder. ‖ 金の～高 réserve f d'or. ～地 possessions f. ～米 provision f de riz.

ほよう 保養 soin m de la santé; récréation f. 美女を見るのは目の～になる C'est reposant de contempler une jolie fille. ～のために pour se reposer. ～する prendre soin de sa santé. ‖～地 station f climatique.

ほら En (Le) voilà!/Tenez! ～、あそこに馬鹿がいるぜ! Hé, regarde-moi cet imbécile! ～、こうするんだよ Regarde, c'est comme ça qu'on fait.

ほら 法螺 vantardise f; fanfaronnade f. ～を吹く †hâbler; exagérer; bluffer; faire le fanfaron. ‖～吹き esbroufeur(se) m(f); †hâbleur(se) m(f); vantard(e) m(f); fanfaron(ne) m(f).

ぼら 鯔 muge m; mulet m.

ホラー horreur f. ‖～映画 film m d'horreur (d'épouvante).

ほらあな 洞穴 caverne f; grotte f; creux m.

ほらがい 法螺貝 conque f; triton m. ～を鳴らす sonner de la conque.

ポラロイドカメラ appareil m de photo polaroïd.

ボランティア bénévole mf; volontaire mf. ‖～の bénévole. ～活動を行う pratiquer le bénévolat.

ほり 彫り ～の深い顔立ち visage m aux traits accusés.

ほり 堀 fossé m; [城の] douve f; [堀割り] canal(aux) m; [水路] tranchée f. ‖～端 rebord m d'une douve.

ほりあてる 掘当てる ¶水脈を～ découvrir une nappe d'eau en creusant la terre. 油田を～ tomber sur un gisement de pétrole.

ポリアミド polyamide f.

ポリープ polype m.

ポリエステル polyester m.

ポリエチレン polyéthylène m.

ポリオ poliomyélite f; polio f.

ほりかえす 掘り返す retourner; labourer; remuer. 土地を～ retourner (remuer) la terre; défoncer un terrain.

ほりくずす 掘崩す saper. 壁を～ saper une muraille. 社会の基盤を～ saper les bases de la société.

ポリグラフ détecteur m de mensonges.

ほりさげる 掘下げる approfondir. 問題を～ approfondir une question. 自己を～ s'approfondir. ¶掘下げ approfondissement m. 問題の掘下げ方が足りない Le problème n'est pas assez approfondi.

ポリシー politique f; règle f.

ほりだしもの 掘出物 trouvaille f; belle occasion f. これは～だ C'est une belle occasion (heureuse trouvaille). 私はノミの市で～を見つけた J'ai fait une trouvaille au Marché aux puces.

ほりだす 掘出す exhumer; extraire; déterrer. 死体を～ exhumer un corps. ¶掘出し exhumation f.

ほりぬきいど 掘抜井戸 puits m artésien.

ポリネシア Polynésie f. ¶～の Polynésien(ne). ～人 Polynésien(ne) m(f).

ポリバケツ seau(x) m en plastique.

ポリフォニー polyphonie f.

ポリぶくろ 一袋 sac m poubelle (en plastique).

ポリプロピレン 【化】polypropylène m; polypropène m.

ぼりぼり ¶人前で～を頭を掻くんじゃない Ne te gratte pas la tête devant les gens. お菓子を～音を立てて食べるものじゃありません Ne grignote pas bruyamment tes biscuits.

ほりもの 彫り物 sculpture f; gravure f; ciselure f. ‖～師 [刺青] tatoueur m; [彫刻家] sculpteur m; graveur m; ciseleur m.

ほりゅう 蒲柳 ～の質である être d'une santé délicate; avoir une faible constitution; être fragile.

ほりゅう 保留 réserve f. ～する se réserver de inf. 決定を～する se remettre la décision. 私は意見を～します Je me réserve de dire mon opinion.

ボリューム volume m. ～を上げる(落とす) augmenter (baisser) le volume. ～のあるluminoux(se). ～のある声 voix f puissante. ～のある食事 repas m copieux. ～のある女 grosse femme f.

ほりょ 捕虜 prisonnier(ère) m(f) [de guerre]; captif(ve) m(f); [状態] captivité f. ～を釈放する libérer un prisonnier. ～にする faire qn prisonnier. ～になる être capturé. ‖～収容所 camp m de prisonniers. ～生活をする vivre en captivité.

ほりわり 掘割 canal(aux) m; fossé m.

ほる 掘る creuser; forer; [動物が] fouir; fouiller; [雨が溝を] raviner. トンネルを～ creuser (percer) un tunnel. 井戸を～ foncer (forer) un puits. 石炭を～ extraire de la houille. 芋を～ arracher des pommes de terre.

ほる 彫る [彫刻する] sculpter; [彫金を] graver; ciseler; [刺青する] tatouer. 木に像を～ sculpter une statue dans le bois. 腕に像の刺青を～ se tatouer un serpent sur le bras.

ぼる voler qn; estamper qn. 客を～ voler le client; 《俗》saler qn. あの店は～ Dans ce magasin, les prix sont exorbitants. ぼられ

ボルガ る se faire estamper.
ボルガ ‖〜川 la Volga.
ポルカ polka *f*.
ボルシェビキ bolchevik *mf*; bolcheviste *mf*.
ボルシェビズム bolchevisme *m*.
ボルシチ bor[ch]tsch *m*; bortsch *m*.
ホルスター étui *m* de revolver.
ボルテージ voltage *m*.
ボルト volt *m*. ‖150~の電圧 tension *f* électrique de 150 volts. ‖〜計 voltmètre *m*. 〜数 voltage *m*. ◆[部品] cheville *f*; fiche *f*; boulon *m*. ‖〜で締める boulonner; fixer *qc* par des boulons.
ボルドーえき -液 bouillie *f* bordelaise.
ボルドーワイン bordeaux *m*.
ポルノ [ポルノグラフィ] pornographie *f*. ‖〜作家 pornographe *m*. 〜小説(映画) roman *m* (film *m*) pornographique. 〜ショップ sex-shop *m*.
ホルマリン formol *m*. 〜につける conserver dans le formol. 〜で消毒する désinfecter au formol.
ホルミウム holmium *m*.
ホルムアルデヒド formaldéhyde *f*.
ホルモン hormone *f*. 〜の hormonal(*aux*). ‖女性(男性)〜 hormone sexuelle femelle (mâle). 〜障害 troubles *mpl* hormonaux.
ホルン [楽器] cor *m*; 〜奏者 corniste *mf*.
ボレー [テニス] volée *f*.
ほれぐすり 惚れ薬 philtre *m*.
ほれこむ 惚れ込む s'éprendre follement de *qn*; être féru de *qc*; 〈俗〉avoir un béguin pour *qn*; être mordu de *qn*. ‖彼はあの女にぞっこん惚れこんでいる Il a un solide (gros) béguin pour cette femme.
ほれぼれ 惚れ惚れ ‖〜と見つめる regarder avec admiration. 〜するような ravissant; séduisant.
ポレミック polémique *f*.
ほれる 惚れる tomber amoureux(*se*) de *qn*; être amoureux(*se*) de *qn*; adorer *qn*; s'éprendre de *qn*; 〈俗〉avoir un béguin pour *qn*; être fortement impressionné (séduit). 彼は一目で彼女に惚れた Dès qu'il l'a vue, il est tombé amoureux d'elle.
ボレロ [ダンス] boléro *m*; [上衣] boléro.
ほろ 幌 capote *f*; [折畳み式の] capote escamotable; accordéon *m*; [車輌連結部の] soufflet *m*; [雨よけの] bâche *f*. 〜をかける capoter; bâcher. ‖〜馬車 roulotte *f*; voiture *f* de saltimbanques.
ぼろ 襤褸 [布] chiffon *m*; lambeau(x) *m*; [衣服] haillon *m*; guenille *f*; loque *f*. 〜を身にまとう être en loques. 〜を着た乞食 mendiant *m* en haillon (en loques); mendiant loqueteux (délabré). ‖〜市 braderie *f*. 〜着 friperie *f*; vêtements *mpl* en lambeaux; [乱れて] ‛hardes *fpl*. 〜車 vieille voiture *f*. 〜家 maison *f* délabrée. ◆[欠点・失敗] défauts *mpl*. 〜を隠す dissimuler (cacher) ses défauts. 〜を出す laisser entrevoir ses défauts; montrer le bout de l'oreille. 〜を出さない sauver les apparences. ついに彼も〜を出した Il a fini par laisser voir sa vraie nature. ◆[非常な・多大な]

‖〜負け défaite *f* complète. 〜儲け profit *m* exorbitant. 〜儲けをする gagner gros facilement.
ポロ polo *m*. ‖〜シャツ polo; chemise *f* polo.
ぼろい ‖〜商売をする faire une affaire d'or.
ぼろくそ ‖〜に言う décrier très grossièrement; parler de *qn* avec mépris; accabler *qn* d'injures. 〜にけなす condamner impitoyablement.
ホログラフィー holographie *f*.
ホログラム hologramme *m*.
ホロコースト holocauste *m*.
ホロスコープ horoscope *m*.
ポロニウム polonium *m*.
ほろにがい ほろ苦い un peu (légèrement) amer(ère).
ポロネーズ polonaise *f*.
ほろばしゃ 幌馬車 →ほろ(幌).
ほろびる 滅(亡)びる périr; être détruit; s'éteindre. 彼の名は滅びないだろう Son nom ne périra pas. ‖滅び行く民族 race *f* en voie d'extinction.
ほろぼす 滅ぼす ruiner; détruire; exterminer; faire périr; dévorer. 蛮族を〜 exterminer des barbares. 敵を〜 détruire ses ennemis. 女で身を〜 se ruiner par excès amoureux. 博打で身を〜 se ruiner au jeu. 彼は酒で身を滅ぼした La boisson le perdra.
ほろほろ ‖〜と涙が私の頬をこぼれ落ちた Quelques larmes ont roulé sur mes joues.
ぼろぼろ ‖壁が〜落ちる Le mur tombe en ruine. 涙を〜こぼす ne pas retenir ses larmes. 涙が〜出てとまらない De grosses larmes ne cessent de jaillir. ◆〜の loqueteux (*se*); en lambeaux; dépenaillé; [縁が] effrangé. 〜の着物 vêtement *m* dépenaillé (en lambeaux). 縁が〜の上衣 veste *f* tout effrangée. 〜になる tomber en morceaux (en lambeaux). 服を〜になるまで着る user ses vêtements jusqu'à la corde. 身も心も〜になる être usé corps et âme. 〜になった本 livre *m* dépareillé (qui n'est pas complet).
ぼろぼろ ‖御飯を〜こぼす semer les grains de riz en mangeant.
ほろほろちょう ほろほろ鳥 pintade *f*; [雛] pintadeau(x) *m*.
ほろよい ほろ酔い un peu ivre; 〈俗〉pompette; parti; en goguette. ‖〜機嫌である être pompette (un peu ivre); être entre deux vins. 〜機嫌で帰る rentrer pompette. アペリティフを飲んだだけで彼女はもう〜機嫌だった Après l'apéritif, elle était déjà un peu partie.
ほろり ‖〜とする s'attendrir; être touché aux larmes. 〜とさせる attendrir *qn*; toucher *qn*; émouvoir *qn*. 〜とさせるような言葉 paroles *fpl* émouvantes.
ぼろりと ‖大粒の涙が〜落ちた Une grosse larme est tombée.
ホワイト ‖〜ゴールド or *m* blanc. 〜メタル métal *m* blanc.
ホワイトカラー col-blanc *m*; employé(e) *m* (*f*) de bureau.
ホワイトソース sauce *f* blanche.
ホワイトハウス la Maison-Blanche.

ほん 本 livre m; bouquin m; [作品] ouvrage m. ～を書く(読む) écrire (lire) un livre. ～を開く ouvrir un livre. ～を出版する publier un livre; éditer un livre. ～の上の知識 connaissances fpl livresques. ◆[数量の単位] ¶ビール2～ deux bouteilles fpl de bière. 2～の鉛筆 deux crayons m.

ほん- 本一 [この, 現在の] ce(cette); présent (e); [まさにそのもの] même.

ぼん 盆 plateau(x) m. お～に乗せる mettre sur un plateau. 「覆水～に返らず」«L'amitié rompue n'est jamais bien soudée.»; «A chose faite point de remède.» ◆[盂蘭盆会] ～踊り danse f folklorique de la Fête des Morts (Ancêtres).

ぽん [軽い破裂音] plouf.

ほんあん 翻案 adaptation f. ...の～を上演する représenter une adaptation de.... ¶～する adapter. ～者 adaptateur(trice) m(f).

ほんい 本位 ¶金～制 systèmes m/pl d'étalon-or. 自己～の égoïste. 人物～である tenir compte surtout de la valeur personnelle. 「品質～」«Qualité d'abord.» ～貨幣 pièce f droite. ～金 [純度の高い] or m au titre.

ほんい 本意 véritable intention f de qn. ～を遂げる atteindre son but. ～ならずも contre son gré.

ほんい 翻意 ¶～をうながす demander à qn de changer de résolution; conseiller à qn de revenir sur sa décision. ¶～する revenir sur sa décision.

ほんいきごう 本位記号 bécarre m.

ほんいん 本院 [大] ～ Quartier m Général.

ほんか 本科 cours m régulier. ¶～生 étudiant(e) m(f) du cours régulier.

ほんかい 本懐 ～を遂げる réaliser un désir longtemps caressé.

ほんかいぎ 本会議 séance f principale; assemblée f plénière.

ほんかく 本格 ¶～的な vrai; authentique; véritable; [真面目な] sérieux(se). ～的な研究 étude f sérieuse (approfondie). ～的な推理小説 roman m policier traditionnel. 計画も少しずつ～的になってきた Le projet prend corps peu à peu. 寒さも～的になってきた Il commence à faire froid pour tout de bon. ～的に勉強を始める commencer à travailler sérieusement.

ほんかん 本官 [人] titulaire mf; [仕事] principale occupation f officielle. ¶～の判事 juge m titulaire. ～に任ずる titulariser qn.

ほんかん 本管 ¶水道の～ conduite f d'eau principale.

ほんかん 本館 corps m de logis; bâtiment m principal.

ほんがん 本願 ¶～成就した Mes vœux sont exaucés./Le ciel m'a exaucé.

ポンカン 〜柑 pamplemousse m de Sumatra.

ほんき 本気 ¶～の sérieux(se); sincère. 冗談に～にする prendre au sérieux une plaisanterie; 《俗》 marcher. ～で sérieusement; pour de bon. ～で怒っている être en colère pour de bon (de vrai). ～の sens m; principe m fondamental.

ほんぎまり 本決まり ¶～になる être définitivement décidé.

ほんきゅう 本給 appointements m/pl réguliers.

ほんきょ 本拠 base f; siège m; centre m. 反乱の～ foyer m de la révolte. ¶～地 citadelle f.

ほんぎょう 本業 occupation f principale. 彼は靴屋の～だ Il est cordonnier de profession.

ほんきょく 本局 bureau(x) m principal; service m principal (central).

ほんぐもり 本曇り ¶～になる Le ciel se couvre sérieusement.

ほんくら lourdaud(e) m(f); sot(te) m(f); balourd(e) m(f). ¶奴は～だ C'est un esprit lourd.

ほんけ 本家 branche f aînée; famille f principale; [製造元] fabricant m original; [元祖] créateur(trice) mf. ¶～本元 maison f d'origine.

ほんけん 本件 cette affaire.

ぼんご 梵語 sanscrit m. ¶～学者 sanscritiste mf.

ボンゴ bongo m.

ほんこう 本校 [分校に対して] établissement m principal.

ほんこく 翻刻 réimpression f; reproduction f. ¶～する réimprimer; reproduire. ¶～権 droit m de reproduction. ～版 édition f réimprimée.

ほんごく 本国 [祖国] patrie f; [植民地に対する] métropole f. ～へ送還する rapatrier qn. ～の métropolitain.

ほんごし 本腰 ～を入れる se mettre sérieusement à qc; se mettre à qc pour de bon.

ぼんこつ [車] tacot m; guimbarde f.

ほんさい 本妻 épouse f; femme f légitime.

ぼんさい 凡才 talent m médiocre; personne f ordinaire.

ぼんさい 盆栽 arbre m nain. ～を作る cultiver des arbres nains.

ぼんさく 凡作 œuvre f médiocre.

ほんざん 本山 temple m principal [d'une secte bouddhique].

ほんし 本旨 intention f réelle; but m véritable. ～に副う(適う) répondre au but véritable.

ほんし 本紙 notre (nos) journal(aux) m.

ほんしき 本式 ¶～の vrai; régulier(ère); formel(le); orthodoxe. ～のフランス料理 vraie cuisine f française. ～に régulièrement; formellement; d'une façon régulière. ～にフランス語を学ぶ prendre des leçons régulières de français.

ほんしけん 本試験 examen m de passage (final).

ほんしつ 本質 essence f; substance f; nature f; [根本] fond m. 物事の～に迫る aller au fond des choses. 祖国と国家と社会は, その～を同じくするものである La patrie, l'État et la société sont des entités. ¶～的な essentiel(le); substantiel(le); fondamental(e);

ほんじつ 本日 ¶～の特別料理 plat *m* du jour. ⇨ きょう(今日)

ほんしつ 凡失 bévue *f* insignifiante; légère gaffe *f*.

ほんしゃ 本社 bureau(x) *m* central; siège *m* social. 当社の～は東京にあります Le siège de cette société est à Tokyo. ¶私は～勤務です Je travaille dans la maison mère.

ほんしょ 本署 commissariat *m* de police. ～まで出頭せよ Présentez-vous au commissariat de police.

ほんしょう 本省 ministère *m*; bureau(x) *m* central d'une administration.

ほんしょう 本性 vrai caractère *m*; naturel *m*. ～を現すse démasquer; laisser voir son naturel; se montrer sous *son* vrai jour (jour véritable). ～を失う perdre la raison. 酒を飲むと～が出る Quand on boit, on révèle son vrai caractère./La vérité est dans le vin.

ほんしょく 本職 occupation *f* principale; professionnel(le) *m(f)*; spécialiste *mf*; homme de métier. 彼の～は洋服屋です Sa vraie profession est tailleur. ¶彼は～の歌手だ Il est chanteur de profession. あの人は～です Il est du métier.

ほんしん 本心 fond *m* du cœur; intention *f* véritable; vrai sentiment *m*. ～に立ち帰る revenir à la raison. ～を明かす ouvrir *son* cœur à *qn*. ～を偽る trahir *ses* intentions. 彼なかなか～を見せない Il cache bien son jeu./Il dissimule ses intentions. ¶彼も～はそんな意地悪ではない Au fond, il n'est pas si méchant. ～を言うと Pour parler franchement..../A franchement parler....

ぼんじん 凡人 homme *m* ordinaire (médiocre); [無知な者] profane *mf*. それは～に分かることではない Ce n'est pas à la portée du profane. 彼は～じゃない Il est quelqu'un. ¶～の目には aux yeux du profane.

ほんすじ 本筋 essentiel *m*. 話の～ fil *m* du récit. 問題の～に入る arriver au fond de la question. 彼の言うことは～からずれている Il s'écarte de son sujet. ¶それが～だよ C'est raisonnable.

ほんせい 本性 nature *f*. ⇨ ほんしょう(本性).
ほんせき 本籍 domicile *m* légal.
ほんせん 本線 ligne *f* principale; grande ligne.

ほんせん 本船 [母船] [navire *m*] ravitailleur *m*. ‖～渡し franco à bord (FAB), (FOB).

ほんぜん 翻然 ¶～と前非を悔いる se repentir brusquement; rentrer soudain dans le bon chemin.

ぼんせん 凡戦 match *m* banal; compétition *f* médiocre.

ほんそう 奔走 ¶～する [人のために] faire des pas pour *qn*; courir les antichambres; se donner du mal pour *qn*; faire des démarches pour *qn*. 国事に～する s'appliquer aux affaires de l'Etat.

ほんそう 本葬 ¶～は彼の故郷で行われた L'inhumation a eu lieu dans son pays natal.

ぼんぞく 凡俗 médiocrité *f*. ¶～の profane; vulgaire; banal(aux); commun. ～の衆 médiocres *mpl*. 他人の成功をねたむ～の徒 médiocres jaloux des succès des autres. ～の身にはあずかり知らぬこと C'est hors de portée d'un profane comme moi.

ほんぞん 本尊 principale statue *f* de Bouddha; objet *m* de culte. ¶御～は何も知らない L'intéressé ne sait rien du tout.

ほんたい 本体 essence *f*; substance *f*; être *m* en soi; 《哲》 noumène *m*; entité *f*. ‖～論 ontologie *f*.

ほんたい 本隊 camp *m* de base:; [軍隊の] gros *m* de l'armée.

ほんだい 本題 sujet *m* en question; fond *m*; matière *f*. ～を離れる faire une digression. ～に入る aller droit au fait; entrer en matière. ～に戻りましょう Revenons à nos moutons.

ほんたく 本宅 domicile *m* principal (officiel).

ほんたて 本立 casier *m* à livres; serre-livres *m inv*.

ほんだな 本棚 rayon *m* de livres; étagère *f* à livres.

ぼんち 盆地 bassin *m*; cuvette *f*.

ポンチ ‖ [フルーツ]～ macédoine *f* de fruits; salade *f* de fruits. ◆; ‖～絵 [漫画] caricature *f*.

ポンチョ poncho *m*.

ほんちょう 本庁 bureau(x) *m* central.

ほんちょうし 本調子 état *m* normal. ¶～になる retrouver *sa* forme habituelle. ～になった Je suis complètement rétabli./J'ai retrouvé toute ma forme. どうもまだ～ではない Je ne me sens pas encore tout à fait dans mon assiette.

ボンデージ bondage *m*.

ほんてん 本店 [デパートなどの] maison *f*; [銀行などの] siège *m* social.

ほんでん 本殿 sanctuaire *m*.

ほんど 本土 territoire *m* national; [本国] métropole *f*. ‖日本～ Japon *m* proprement dit.

ポンド [貨幣] livre *f* sterling; [重量] livre *f*. コーヒー一～ une livre de café.

ほんとう 本島 île *f* principale.

ほんとう 本当 ¶～の vrai; réel(le); [真実の] véritable; authentique; [正しい] juste; droit. ～の事を言う dire la franche vérité. ～のことを言えば [je] reconnais; à vrai dire. ～の話 histoire *f* vraie. ...は～である Il est vrai que... その噂の～かどうか知りたい Je voudrais savoir si le bruit est vrai ou non. それは～ですか Est-ce que c'est vrai? ～かい? Vraiment?/Vous êtes sûr? 絶対に～だ Vrai de vrai. ～らしい vraisemblable; possible. ～らしくない invraisemblable; peu probable. ～に vraiment; réellement; tout bonnement; [本気で] pour de vrai. 彼は～に成功したんだ Il a vraiment réussi. ～に私はそんなことを考えていなかった Je n'y pensais vraiment pas! 彼の髪の毛は～は白いんだが染めてい

るのだ Ses vrais cheveux sont blancs, mais il les teint.

ほんどう 本堂 pavillon *m* principal; sanctuaire *m*.

ほんどう 本道 [大通り] grand(s)-route(s) *f*. ‖[正しい道] droit chemin *m*. あなたは～を歩くべきだ Vous devez marcher dans le droit chemin.

ほんどおり 本通り rue *f* principale; grand (s)-rue(s) *f*.

みっつ 三つ 付録.

ほんね 本音 ‖～を吐く dévoiler *ses* véritables intentions; révéler *ses* sentiments. ついに～を吐いてしまう trahir *sa* pensée. あれが奴の～なんだ C'est son cri du cœur.

ボンネット [自動車] bonnet *m*; capot *m*. ～を開ける soulever le capot.

ほんねん 本年 cette année *f*; année courante.

ほんの ‖～冗談です Ce n'est qu'une plaisanterie. これは一偶然です C'est un pur hasard. 彼女はまだ～子供です Elle est encore toute petite. これは～気持です C'est un petit rien. 彼の家から～一足です Vous êtes justement à deux pas de chez lui. ～少し En prenez-vous? — Un rien, s'il vous plaît. 一度だけ彼女に会いました Je l'ai vue seulement une fois. ～ちょっと待って下さい Attendez un tout petit instant (rien qu'un moment). ～ちょっとした menu; mince; insignifiant. ～上っぱかりの un petit peu de; un rien de. ～の少しのことで pour un rien.

ほんのう 本能 instinct *m*. 種族保存の～ instict de reproduction. ～的行動 conduite *f* instinctive. ～的に par instinct; instinctivement. ～的に…を嫌う avoir une répulsion instinctive pour.

ほんのう 煩悩 concupiscence *f*; passions *fpl*; désirs *mpl*. ～に悩まされる être tourmenté par des passions. ～を断ち切る dompter *ses* désirs.

ほんのり ‖彼女は～桜色に Elle a légèrement rosi.

ほんば 奔馬 cheval(aux) *m* au galop (échappé).

ほんば 本場 patrie *f*; pays *m*. フランスは美術の～だ La France est la patrie des beaux-arts. フランスは葡萄酒の～だ La France est le pays du vin. ‖あのコックは～仕込みだ Ce cuisinier a été formé dans le pays des gourmets.

ほんばこ 本箱 bibliothèque *f*; étagère *f* à livres.

ほんばん 本番 [映画の] prise *f* de vue définitive; [劇の] représentation *f* définitive. ‖ぶっつけ～で sans préparation. ぶっつけ～で演説する improviser [un discours].

ほんびき 本引き barbeau(x) *m*; marlou *m*.

ほんぶ 本部 centre *m*; siège *m*; principal (social); [司令部] quartier *m* général. 捜索～ centre de recherches. 大学～ bureau *m* central de l'université.

ぼんぷ 凡夫 homme *m* médiocre. ～故にこんな暮しに満足している N'un homme comme les autres, cette existence me satisfait.

ポンプ pompe *f*. ～で水を汲み上げる pomper de l'eau; puiser [de] l'eau à la pompe. ‖給油～[スタンドの] pompe [à essence]. 消防～ pompe à incendie [à feu]. 吸上げ～ pompe aspirante. 手押し～ pompe à bras. モーター～ motopompe *f*.

ほんぷく 本復 guérison *f*. ～する guérir complètement; être tout à fait rétabli. ‖～祝い félicitations *fpl* pour la guérison de *qn*.

ほんぶしん 本普請 ‖～をする bâtir une vraie maison.

ほんぶたい 本舞台 ‖初めて～を踏む débuter sur la scène.

ほんぶり 本降り ‖～になった Il pleut pour de bon.

ほんぶん 本分 devoir *m*; obligation *f*. ～を尽す faire *son* devoir. ～を守る s'en tenir à *son* devoir. 自己の～をわきまえろ Contentetoi de ce que tu as à faire.

ほんぶん 本文 texte *m*. 手紙の～ fond *m* d'une lettre.

ボンベ bouteille *f*. 酸素(ガス)～ bouteille d'oxygène (de gaz). 酸素～を背負う endosser une bouteille d'oxygène.

ほんぽう 奔放 ‖～な enlevé; déréglé; indépendant. ～な精神 esprit *m* libre sans entraves. ～な想像力 imagination *f* exubérante. ‖自由～な生活を送る mener une vie de bohème; [女性が] mener une vie libertine.

ほんぽう 本俸 salaire *m* de base; fixe *m*.

ほんぽう 本邦 notre pays *m*. ‖～初演 première représentation dans notre pays.

ボンボン bonbon *m*. ‖咳止め～ pastille *f* contre la toux. ～入れ bonbonnière *f*.

ぼんぼん ‖～手を鳴らす battre des mains. 花火が～夜空にあがった Des feux d'artifice ont été tirés coup sur coup dans le ciel nocturne. ‖～蒸気 petit bateau *m* à vapeur. ◆思っていることを～言う [遠慮なく] dire sans réserve ce qu'on pense.

ポンポン [玉房飾り] pompon *m*.

ほんまつ 本末 ‖～転倒した intervertir l'ordre des choses; négliger le fond du problème; mettre la charrue devant les bœufs.

ほんまる 本丸 bâtiment *m* central dans un château.

ほんみょう 本名 vrai nom *m*. ～を明かす révéler *son* vrai nom. ～を偽る donner un faux vrai nom; se présenter sous un faux nom.

ほんむ 本務 [兼職に対して] occupation *f* régulière. 市民としての～を怠る négliger *ses* devoirs de citoyen.

ほんめい 本命 [競馬で] favori *m*. ‖福田氏が～だ[選挙で] M. Fukuda est en meilleure position.

ほんもう 本望 ‖～を遂げる réaliser un désir longtemps caressé. これで～です Mes vœux sont comblés. 畳の上で死ねれば～です Mon vœu le plus cher serait de mourir dans mon lit.

ほんもの 本物 ¶～はやっぱりいいね Rien ne vaut l'original./L'authentique, il n'y a que ça. ～の authentique; vrai; véritable. ～の絵 tableau m authentique. ～の歌手 véritable chanteur(se) m(f). これは～の金だ C'est de l'or véritable. これは～のルノワールの絵だ C'est un vrai Renoir. それは～の真珠だ Ce sont de vraies perles. ～そっくりの très ressemblant. ～でない inauthentique.

ほんもん 本文 ¶～の校訂 critique f des textes.

ほんや 本屋 librairie f; libraire m; bibliothèque f; [出版者] éditeur(trice) m(f).

ほんやく 翻訳 traduction f. ～で読む lire qc dans la traduction. ¶～する traduire; tourner. フランス語に～する traduire en français. ～できる(できない) traduisible (intraduisible). 他国語に～できない表現 expression f intraduisible dans une autre langue. ‖～家 traducteur(trice) m(f). ～権 droit m de traduction. ～書 traduction.

ぼんやり [漠然と] vaguement; indistinctement; confusément; faiblement; [上の空で] distraitement; rêveusement. ～暮らす mener une vie oiseuse. ～見つめている regarder dans le vide. 闇の中に～人影が見える On voit une vague silhouette (On voit vaguement une silhouette) dans l'obscurité. 何を～考えているんだ A quoi rêves-tu?/Qu'est-ce qui te laisse rêveur? ¶～した vague; confus; indistinct; faible; [ぼうっとした] hébété; abruti; [上の空の] distrait; absent; inattentif(ive); rêveur(se). ～した思い出 souvenir m confus. ～した明り faible lueur f. ～した色 couleur f neutre. ～している [上の空である] être distrait; rester rêveur; être dans la lune; [ぼうっとする] être abruti; rester hébété. 頭が～している avoir la tête vide. 頭痛で頭が～としている être abruti par une migraine. 何を～しているのだ Tu es dans la lune! ～した様子で d'un air distrait (absent).

ぼんよう 凡庸 ¶～な médiocre; ordinaire; banal(s). ～さ médiocrité f; banalité f.

ほんよさん 本予算 budget m total.

ほんよみ 本読み [劇] lecture f.

ほんらい 本来 foncièrement; nativement; par nature; originellement; essentiellement. ～人の性は善である L'homme est bon par nature. ～男と女は違う L'homme et la femme sont essentiellement différents. ～の original(aux); essentiel(le); naturel(le). ～の意味 sens m propre. ～無効な契約 contrat m originellement vicié. ～ならばこの家は君のものだ Cette maison doit originellement t'appartenir.

ほんりゅう 奔流 torrent m; courant m rapide; cours m d'eau torrentueuse.

ほんりゅう 本流 courant m principal. ～と支流の合流点 point m de confluence. 彼の作品は印象主義の～に属するものである Ses œuvres représentent le principal courant de l'impressionnisme.

ほんりょう 本領 originalité f; trait m caractéristique; individualité f; domaine m propre. ～を発揮する déployer son talent propre. 彼の～は古典音楽にある Sa spécialité est la musique classique.

ほんろう 翻弄 ¶～する se jouer de qn; s'amuser aux dépens de qn. ～される être à la merci de; être le jouet de. 波に～される être ballotté par les vagues. 運命に～される être le jouet du destin.

ほんろん 本論 corps m; sujet m; matière f. ～に入る entrer dans le sujet (son thème principal); [核心に] toucher au cœur du problème.

ま

ま 間 [空間] espace *m*; distance *f*; intervalle *m*; écart *m*; [時間] espace; intervalle. ~を長くとる augmenter l'intervalle. ~を置く [間をあける] espacer; mettre un espace. ~を置いて à intervalles; [思い出したように] par accès (intermittence); par à-coups. ~を置いて訪問する espacer *ses* visites. ~を置いて汽笛が聞こえる On entend une sirène à intervalles. 話の~を持たせる soutenir la conversation. 僕が帰って来るまで何とか~を持たしてくれ En attendant mon retour, essaie de tuer le temps. それでは~が持たない Ça va laisser un temps vide. ¶彼は僅かの~に全部やってしまった Il a tout fait dans un très court espace de temps. ◆[折·頃合] ¶一度断られたのに, また頼むのはどうも~が悪くてね Comme il me l'a déjà refusé, je suis très gêné pour lui demander une seconde fois. ~の悪い時に来たもんだな Tu arrives au mauvais moment. ~の悪い時には何をやってもうまく行かない Quand les choses tournent mal, plus rien ne va.

ま 真 ¶~に受ける prendre au sérieux.

ま 魔 ¶あれは~がさしたのだ C'est une gaffe inintentionnelle. あれは~の交差点だ C'est un carrefour fatal.

まあ ¶~驚いた Oh! quelle surprise! ~なんてお利口さんでしょう Qu'il est sage, ce petit! ◆[ともかく] ¶~話してごらんなさい Racontez-moi donc cette histoire. ~お掛けなさい Asseyez-vous donc. ~一杯いかがですか Buvez un coup!/Prenez un verre! ◆[どうやら] ¶~駄目だろうね Ça ne marchera probablement pas.

マーカー marqueur *m*.
マーガリン margarine *f*.
マーガレット marguerite *f*.
マーキュリー [ロ神] Mercure *m*.
マーキュロ mercurochrome *m*.
マーク [スポ] marque *f*. ¶~する marquer *qn*. ...の行動を~する épier (espionner) le comportement de *qn*.
マークシート fiche *f* à marquer.
マーケット marché *m*. ‖ブラック~ marché noir.
マーケティング mercatique *f*; marketing [marketiŋ] *m*. ‖~リサーチ recherche *f* commerciale; étude *f* de marché; mercatique.
マージャン 麻雀 mah-jong *m*. ¶~をする jouer au mah-jong.
マージン ¶余計に~を取る [利幅] prendre une grosse marge de bénéfices.
マーストリヒトじょうやく -条約 [欧州連合条約] Traité *m* de Maa(ë)stricht (de l'Union de l'Europe).
まあたらしい 真新しい tout *m*; neuf *ve*; flambant neuf(ve); 一服 vêtements *mpl* flambant neufs.
マーナ marche *f*. ‖軍隊~ marche militaire.
マーブル marbre *m*.
まあまあ [まずまず] ¶~の pas mal; passable. ~の値段 prix *m* raisonnable (acceptable). ~の出来だ Ce n'est pas trop mal. 彼女は~だよ Elle n'est pas mal. 彼女の成績なら~だ Cette note est passable.
マーマレード marmelade *f*.
まい 舞 danse *f*. ~を舞う danser.
まい 毎 ¶~分 toutes les minutes; chaque minute. ~日曜日 tous les dimanches; le dimanche.
-まい [否定意思] ¶二度と言う~と誓う prendre la résolution de ne plus le répéter. ◆[否定推量] ¶彼もきっと知る~ Il est certain qu'il l'ignore.
-まい 枚 ¶1~の紙 une feuille de papier. 千円札 1~ un billet de mille yen.
まいあがる 舞い上がる se soulever; s'élever. 風で砂塵が~ Le vent soulève un nuage de sable. 風船が空に舞い上がって行く Le ballon s'élève dans le ciel.
まいあげる 舞い上げる ¶車がもうもうたる埃を舞い上げて行く Une voiture file en soulevant un nuage de poussière.
まいあさ 毎朝 chaque matin; tous les matins.
まいおりる 舞い降りる tomber (descendre) en tourbillon (en dansant).
マイカーぞく -族 automobilistes *mfpl* particuliers(ères).
まいかい 毎回 chaque fois; toutes les fois.
まいきょ 枚挙 ¶~にいとまがない Il y en a tellement qu'on ne peut pas les compter.
マイク micro *m*; microphone *m*. ~の前で話す parler devant (dans) un micro.
マイクロ ‖~エレクトロニクス micro-[-]électronique *f*. ~カード microfiche *f*. ~キュリー microcurie *f*. ~コンピューター micro-ordinateur(s) *m*. ~プロセッサー microprocesseur *m*. ~メーター micromètre *m*.
マイクロウェーブ micro-onde *f*.
マイクロバス microbus *m*.
マイクロフィルム microfilm *m*.
マイクロフォン ⇨ マイク.
マイクロプロセッサ microprocesseur *m*.
まいご 迷子 enfant *m* perdu(e). ~になる s'égarer (se perdre); se perdre.
まいこむ 舞い込む ¶風で木の葉が舞い込んで来た Le vent nous a fait voler des feuilles d'arbre à l'intérieur. 思いがけない大金が舞い込んで来た Des sommes considérables nous sont tombées du ciel. 野良犬が舞い込んで来た Un chien errant est survenu.
マイコン ⇨ マイクロ〈コンピューター〉.
まいじ 毎時 ¶~100 キロのスピードで à cent kilomètres à l'heure.
まいしゅう 毎週 chaque semaine; toutes les semaines. ¶~土曜日に chaque samedi; tous les samedis.
まいしょく 毎食 chaque repas *m*.

まいしん 迷進 ‖目的に向って一路~する se diriger droit au but.

まいせつ 埋設 ~する installer qc sous terre.

まいそう 埋葬 enterrement m; inhumation f; sépulture f; ensevelissement m. ‖~する enterrer; ensevelir; inhumer. ~許可証 permis m d'inhumer.

まいぞう 埋蔵 ‖~する enfouir qc. ‖~物 trésor m. ~量 réserves fpl. 世界の石油~量 réserves mondiales de pétrole. 石油の~量には限りがある Les réserves de pétrole ne sont pas inépuisables.

まいちもんじ 真一文字 ‖口を~に結ぶ pincer les lèvres.

まいつき 毎月 chaque mois; tous les mois; mensuellement. ‖~の mensuel(le). ~の給料 salaire m mensuel.

まいど 毎度 [いつも] toujours; [その都度] chaque fois. ‖~のことで驚かない C'est tellement fréquent que je ne m'étonne plus.

まいとし 毎年 ⇨ まいねん.

マイナー ‖~な詩人 poète m mineur.

マイナス moins m. ‖~の négative f négative. そんな分け方では我々が~になる Ce partage se fera à notre désavantage. そんなことをすると君の将来に~になるよ Si tu fais cela, tu vas gâcher ton avenir. ‖~記号 [signe m] moins. ~記号をつける mettre un moins.

まいにち 毎日 chaque jour; tous les jours; quotidiennement. ‖~の quotidien(ne). ~の仕事 travail(aux) m quotidien. 我々は~会っている Nous nous rencontrons quotidiennement.

まいねん 毎年 chaque année; tous les ans; annuellement. ~二回 deux fois l'an (par an).

まいばん 毎晩 chaque soir; tous les soirs.

まいびょう 毎秒 chaque seconde f; toutes les secondes.

まいふん 毎分 chaque minute; toutes les minutes.

マイペース ‖~で à son propre rythme.

マイホーム ‖~主義 esprit m casanier. ~主義者 casanier(ère) m(f).

まいぼつ 埋没 ensevelissement m; enlisement m. ‖~する s'ensevelir; s'enliser. ~させる ensevelir; enliser.

まいもどる 舞い戻る revenir; retourner; rentrer.

まいよ 毎夜 chaque nuit; toutes les nuits.

まいる 参る [暑さに] être accablé par la chaleur. 参った Je suis battu (convaincu)./ Je m'incline!/ J'ai été eu! これは一本参った Vous m'avez eu. 物価高にはほとほと参った La cherté de la vie me gêne beaucoup.

マイル mille m.

マイルド ‖~な味 saveur f douce. ~なコーヒー café m léger. ~なワイン vin m doux.

マイレージ distance f en miles; kilométrage m. ‖~サービス indemnité f kilométrique.

まう 舞う danser; [鳥が] planer; [ひらひら] voltiger. 蝶が舞っている Un papillon voltige. 落葉が木枯しに渦を巻いて舞っている Les feuilles mortes tourbillonnent dans le vent d'automne. カラスの大群が夕空をなびって舞っている Une nuée de corbeaux tournoie dans le ciel du crépuscule.

まうえ 真上 ‖~から juste d'au-dessus. ~に juste au-dessus.

ましろ 真後ろ ‖~に juste derrière qc. ~から juste par derrière.

マウス [動物] souris f; [コンピューター] souris f. ‖実験用~ souris blanche. ~パッド tapis m de souris.

マウスピース [ボクシング] protège-dents m inv; [楽器] bec m; embouchure f.

マウンテンバイク vélo m tout terrain; VTT m.

まえ 前 [空間] ‖~を見る regarder en avant (devant soi). ~を隠す [陰部] se cacher le sexe. 犬が車のすぐ前を横切った Un chien a passé sous le nez de la voiture. ...の~に(で,の) devant; en face de; au devant de; [特に人の前に] en présence de. あのホテルは駅の~にある Cet hôtel est en face de la gare. ~の家 maison f d'en face. ~の車輌 wagon m précédent; [先頭の] voiture f de tête. ~の頁 page f précédente. ~の部屋 chambre f sur le devant. ~に行く [進む] aller devant soi. ~にかがむ ⇨ まえかがみ(前屈み). ~に出る s'avancer; avancer. ...の~に進み出る aller au devant de qn. ~に出す avancer. 椅子を~に出す avancer une chaise. ~に立たないで下さい Ne vous mettez pas devant moi. 私の~で devant moi, en ma présence. すべての人間は法の~で平等である Tous les hommes sont égaux devant la loi. ~へ進め En avant, marche! ◆[時間] ‖~の作品 précédent ouvrage m. 10 年~の東京 le Tokyo d'il y a dix ans. この~の日曜日 dimanche m dernier. ~の晩 la veille [au soir]. ~の日 le jour précédent (d'avant); la veille. この~の時はついていなかった La dernière fois, j'ai eu moins de chance. ~に auparavant; avant. 数日~に quelques jours avant. 出発の数日~に quelques jours avant son départ. 一月(一瞬)~に un mois (un moment) auparavant. 2 年~に il y a deux ans; deux ans plus tôt. 正午~に avant midi. ...する~に avant de inf; avant que [ne] sub. 雨が降る~に帰りなさい Rentrez avant qu'il [ne] pleuve. 10 分~から depuis dix minutes. ~からの交友 amitié f de longue (vieille) date. 彼らはずっと~からの知り合いだ Ils se connaissent de longue date. ~は彼は 3 人~食べる Il mange pour trois. 2 人~の食事 repas m pour deux.

まえあし 前脚 (馬) pattes fpl (馬) jambes fpl antérieures (de devant).

まえいわい 前祝 ‖...の~をする fêter qc à l'avance.

まえうり 前売り [切符の] location f. 芝居の切符の~ location de places de théâtre. ~で買う prendre une place à la location. ‖~する vendre qc à l'avance. ‖~券 billet m vendu à l'avance.

まえおき 前置 préambule m; exorde m. ごく

まえかがみ 前屈み ¶~の姿勢 posture f inclinée en avant. ~になる s'incliner (se pencher) en avant.

まえがき 前書 avant-propos m inv; préface f; avertissement m.

まえかけ 前掛 tablier m.

まえがし 前貸 avance f. ¶~[を]する faire une avance à qn. 君に月給を~してやる Je t'accorde une avance sur ton salaire.

まえがみ 前髪 toupet m.

まえがり 前借 avance f. ¶~する obtenir une avance.

まえきん 前金 avance f. ~を渡す verser une avance. ¶~で par versement anticipé.

まえげいき 前景気 ¶~をつける donner de l'élan.

まえこうじょう 前口上 prologue m.

まえさじき 前桟敷 avant-scène f.

まえだおし 前倒し mise en œuvre anticipée. ¶予算の~ budget m anticipé. ¶~発注 commande f anticipée.

まえのめり 前のめり ¶~になって転倒する tomber en avant (en trébuchant). ⇒ ころぶ(転ぶ), てんとう(転倒).

まえば 前歯 dent f de devant.

まえばらい 前払 paiement m d'avance (anticipé); [送料の] affranchissement m. ¶~する payer d'avance; [送料を] affranchir.

まえぶれ 前触れ annonce f; signe m avant-coureur. 冬の~ signe avant-coureur de l'hiver. ¶~の annonciateur(trice).

まえまえ 前々 ⇒ いぜん(以前). ¶彼のことは~から知っていた Je le connaissais depuis longtemps.

まえむき 前向き ¶~の姿勢をとる prendre une attitude positive (progressive).

まえもって 前以って au préalable; préalablement; auparavant; par anticipation; d'avance; à l'avance. ~結果は分かっている On connaît d'avance le résultat.

まえわたし 前渡し livraison f anticipée.

まおう 魔王 Satan m.

まおとこ 間男 amant m d'une femme mariée. ¶~する tromper son mari.

まがい 紛い toc m; [模造品] imitation f. ¶~の en toc. ~の宝石 bijou(x) m en toc. それは~だ C'est du toc.

まがう 紛う ¶~なく sans aucun doute. 今朝はひどい霜で雪かと~ばかりであった Ce matin il y a eu une telle gelée blanche qu'on l'a prise pour de la neige.

まがお 真顔 ¶~で d'un air sérieux. ~で嘘を言う mentir sans broncher. ~になる prendre un visage sérieux.

まがし 間貸 ¶~する louer une chambre.

マガジン magazine m. ¶~ラック casier m (cerbeille f) à périodiques.

まかす 負かす vaincre qn; battro un adversaire ¶議論で相手を~ l'emporter sur son adversaire dans un débat. チェスで相手を~ vaincre (battre) son adversaire aux échecs.

まかせる 任せる [委任する] s'en remettre à qn; en référer à qn; confier qc à qn. ある任務を…に~ confier une mission à qn. 運を天に~ se confier au hasard. 身を~ [女が] se donner (s'offrir) à qn. 私に任せておきなさい Comptez sur moi./Faites-moi confiance./Remettez-vous-en à moi. ◆[放置する] abandonner. 町を敵の蹂躙に~ laisser dévaster une ville aux mains de l'ennemi. 中々思うに任せないものだ Ça ne marche pas comme on le voudrait. ¶金に任せて par le pouvoir de l'argent.

まかない 賄 [食事] nourriture f. ¶~方 cuisinier(ère) m(f). 部屋代は~付きで月5万円だ Le prix de cette chambre est de 50.000 yen par mois, nourriture comprise. ¶~付きで下宿する prendre pension chez qn. ~付きで下宿させる prendre qn chez soi en pension.

まかなう 賄う ¶…の費用を~ se charger des frais de qc. 月20万円で家計を~ limiter les dépenses familiales à 200.000yen par mois.

まかふしぎ 摩訶不思議 ¶まったく~なことである Cela dépasse l'entendement.

まがも 真鴨 [canard m] col(s)-vert(s) m.

まがり 間借 ¶~する louer une chambre; être logé chez qn. ¶~人 locataire mf.

まがりかど 曲り角 tournant m; détour m; [急角度の] coude m; virage m. 危険な~ tournant (virage) dangereux. 道の~で au coin de la route. 彼は人生の~にいる Il est à un tournant de sa vie.

まがりくねる 曲がりくねる serpenter; onduler. ¶曲がりくねった sinueux(se); tortueux(se). 曲がりくねった露地 ruelles fpl sinueuses (tortueuses). 曲がりくねって tortueusement. 小川が森の間を曲がりくねって流れている Un ruisseau serpente à travers la forêt.

まかりとおる 罷り通る ¶そんな言い訳が~と思っているのか Croyez-vous que cette excuse soit acceptée? 無理が~ご時世だ C'est une époque où ce qui compte, c'est la force.

まがりなりにも 曲りなりにも [どうにかこうにか] tant bien que mal; [それでも] tout de même; quand même. ~目的を達する parvenir à ses fins tant bien que mal. 彼は~芸術家のはしくれだ C'est un artiste quand même.

まかりまちがう 罷り間違う ¶まかり間違えば刃傷沙汰になるところだった Un pas de plus et nous en serions venus à répandre le sang. まかり間違えば命がないよ Un rien peut vous coûter la vie. まかり間違っても大したことはない Même en mettant les choses au pire, ce ne sera pas si grave.

まがる 曲がる plier; ployer. …の重みで~ plier (ployer) sous le poids de qc. 川が急に曲っている La rivière fait un coude brusque. 背中が曲っている avoir le dos voûté. ¶曲った courbe; courbé; déjeté; gauchi; tordu; tors; [脚がX形に] cagneux (se). 曲った板 planche *f* gauchie. 曲った肩 épaules *fpl* déjetées. 曲った脚 jambes *fpl* torses. 腰の曲った老人 vieillard *m* tout courbé. ‖私は曲ったことがきらいだ Je hais ce qui n'est pas droit. ◆[道を] ‖通りの角を～ tourner le coin de l'avenue. 角を～ [車で] prendre un virage.

マカロニ macaroni *m*.
マカロニ macaron *m*.
まき 巻 ‖ひとつの糸 une bobine de fil. 布地ひと～ un rouleau d'étoffe.
まき 薪 bois *m*; bûche *f*. ～を割る(集める) couper (ramasser) du bois. ‖一束 fagot *m*. ～割り hache *f*. ～割り台 billot *m*.
まきあげる 巻上げる †hisser; [帆などを] guinder. ‖巻上げ機 guindeau *m*. ‖[奪い取る] estamper; écornifler. 私はルーレットで有金残らず巻上げられた Je me suis fait complètement faucher à la roulette.
まきあみ 巻網 ‖―漁船 bateau(x) *m* de pêche au filet cernant.
まきえ 撒餌 appât *m*. ～[を]する appâter.
まきえ 蒔絵 ‖～の箱 boîte *f* laquée aux dessins d'or. ‖～師 peintre *m* laqueur.
まきおこす 巻起す provoquer. ブームを～ provoquer une grande vogue. ブームを巻起している作品 article spécialement en vogue.
まきがい 巻き貝 coquillage univalve *m*; [大型の] conque *f*.
まきかえし 巻返し contre-attaque(s) *f*. ‖～を図る passer à la contre-attaque. ～から juste par derrière.
まきかえす 巻返す [反撃する] riposter à; contre-attaquer; [立て直す] redresser. 劣勢を～ redresser une mauvaise situation.
まきがみ 巻紙 papier *m* enroulé.
まきげ 巻毛 boucle *f* [de cheveux]; [小さな] frisette *f*.
まきこむ 巻込む [事件などに] engager (embarquer, empêtrer) *qn* dans *qc*; [呑み込まれる] engloutir; entraîner. ‖巻込まれる s'engager (se laisser embarquer, s'empêtrer) dans *qc*; être engouffré. 激流に巻込まれる être entraîné dans le torrent. 彼は嫌な事件に巻込まれる ‖ Il s'est laissé embarquer dans une sale affaire.
マキシ maxi *m*. ‖～コート maximanteau(x) *m*. ～ドレス robe *f* maxi.
まじした 巻舌 ‖～で話す rouler les «r».
マキシマム maximum *m*. ～で au maximum.
まきじゃく 巻尺 ruban *m* à mesurer.
まきスカート 巻き[服] jupe *f* portefeuille.
まきぞえ 巻添え ‖～になる être impliqué (compromis) dans. ～にする impliquer *qn* dans; compromettre *qn*.
まきた 真北 ‖～に juste au nord; en plein nord. 私の家はちょうど駅の～にある Ma maison est située exactement au nord de la gare.
まきたばこ 巻き煙草 cigarette *f*.
まきちらす 撒散らす disperser; jeter çà et là; éparpiller; parsemer; répandre. 風が舗道に枯葉を撒散らしている Le vent parsème le pavé de feuilles mortes.

まきつく 巻付く s'enrouler; s'entortiller. つる草が枝に巻付いている Une plante grimpante s'entortille autour des branches.
まきつけ 蒔付け ensemencement *m*; [穀物] emblavage *m*. 芝生の～ ensemencement d'une pelouse.
まきつける 巻付ける enrouler; entortiller; embobiner. 糸巻きに糸を～ enrouler du fil sur une bobine. 旗竿に旗を～ rouler un drapeau autour de sa hampe.
まきつける 蒔付ける ensemencer; emblaver. 畑に麦を蒔付ける emblaver un champ.
まきなおし 蒔き直し [種の] réensemencement *m*; [やり直し] recommencement *m*. ‖新規～をする repartir à zéro ⇒ やりなおす(遣).
まきば 牧場 pré *m*; pâturage *m*.
まきほぐす 巻きほぐす dérouler; débobiner.
まきもどす 巻戻す dérouler; [テープを] rembobiner. 糸巻きを～ dérouler une bobine de fil.
まきもの 巻物 rouleau(x) *m*.
マキャベリズム machiavélisme *m*.
まきょう 魔境 ‖緑の～ enfer *m* vert.
まぎらす 紛らす ‖気を～ se dissiper; s'étourdir; se distraire de *qc*; [人の気を]distraire *qn*. 飢えを(退屈)を～ tromper sa faim (l'ennui). 悲しみを酒に～ noyer son chagrin dans l'alcool. 話題を変えて話を～ détourner la conversation sur un autre sujet. 彼は悲しみを忘れるために紛らそうとしている Il cherche à s'étourdir pour oublier *son* chagrin. 心配事から気を紛らわせてやる distraire *qn* de ses soucis.
まぎらわしい 紛らわしい ambigu(ë); équivoque. ～表現 expression *f* équivoque. 彼の説明には一個所が多々ある ‖ Il y a beaucoup d'ambiguïtés dans son explication. そんな～ことは言わないでくれ Cesse de dire des ambiguïtés. ～ほどよく似ている se ressembler à s'y méprendre.
まぎれこむ 紛れ込む ‖人混みの中へ～ se mêler à (dans) la foule. メモがどこかに紛れ込んでしまった J'ai égaré mes notes.
まぎれる 紛れる ‖人ごみに～ se noyer dans la foule. 本でも読めば少しは気が紛れますよ Lisez un livre et cela dissipera un peu votre chagrin. ‖紛れもない事実 fait *m* inattaquable. うれしさに紛れて sous l'empire de la joie. 夜(冗談)に紛れて sous le couvert de la nuit (de la plaisanterie).
まぎわ 間際 ‖死ぬ～まで仕事をする travailler jusqu'à la veille de *sa* mort. ‖出発～に au moment de partir; juste avant *son* départ. 出発～で都合の悪いことが起った Il a surgi des empêchements au moment de partir.
まく 巻く [紙などを] rouler; [糸などを] enrouler; [時計のねじを] remonter. 時計のねじを～ remonter une horloge (une montre). 下を～ [驚嘆する] s'émerveiller de.
まく 撒く répandre; parsemer; [水を] arroser. 花壇に水を～ arroser les plates-bandes. 道に水(砂)を～ répandre de l'eau (du sable) sur une allée. ◆[はぐらかす] se

まく mer qn; dépister. 報道陣を～ semer les journalistes. 犬を撒いた兎 lièvre *m* qui a dépisté les chiens.

まく 蒔く [種を] semer; ensemencer. 麦を～ semer du blé. 憎しみ(騒動)の種を～ semer la haine (le trouble). 自分で蒔いた種は諦めなさい Il faut récolter ce qu'on a semé. 「「蒔かぬ種は生えぬ」 «On récolte ce qu'on a semé.»

まく 幕 [芝居の] ¶～が上がる(下りる) Le rideau se lève (se baisse). ～を上げる(下ろす, 引く) lever (baisser, tirer) le rideau. ◆ Rideau! ◆ [場面] acte *m*. 君の出る～じゃないよ [比喩的に] Ce n'est pas ton tour. ¶三～物 pièce *f* en trois actes. ◆ [ベール] voile *m*. 立像に～をかける voiler une statue.

まく 膜 membrane *f*; 【解】tunique *f*; [牛乳の] peau *f*. 牛乳がさめると表面に～が出来る Quand le lait se refroidit, une peau se forme à sa surface. ¶細胞～ membrane cellulaire. ¶～質(状)の membraneux(se).

まくあい 幕間 entracte *m*.

まくあき 幕開き lever *m* du rideau.

まくあけ 幕開け [はじまり] prélude *m*. 紛争の～ prélude des hostilités. ¶～は何日 On est à combien de jours de la première? ¶～となる (告げる) préluder à. バスチーユの奪取がフランス革命の～となった La prise de la Bastille préluda à la Révolution française. 秋の～を告げる九月の雲 nuages *mpl* de septembre qui annoncent l'automne.

マグカップ grande tasse *f*.

まくぎれ 幕切れ [終わり] fin *f*. 激しい議論もあっけない～となった La discussion animée s'est terminée en queue de poisson.

まぐさ 秣 foin *m*; fourrage *m*. ¶～桶 crèche *f*; mangeoire *f*.

まくしたてる 捲し立てる parler sans s'arrêter (avec volubilité).

まくしるい 膜翅類 hyménoptères *mpl*. ¶～の hyménoptère.

まぐち 間口 [longueur *f* de la] façade *f*. ～が広い avoir une large façade. ～を広げる élargir la façade; [活動範囲] étendre le champ d'action. ¶～5メートルの家 maison *f* de cinq mètres de façade.

まくつ 魔窟 repaire *m*; [街] mauvais quartier *m*.

マグニチュード magnitude *f*. ¶～8の地震が起こった Il y a eu un séisme de force 8.

マグネシウム magnésium *m*. ¶酸化～ magnésie *f*.

まくひき 幕引き ¶この事件の捜査は早々と～となった L'enquête sur cette affaire a été vite close.

マグマ magma *m*.

まくら 枕 oreiller *m*; [長枕] traversin *m*. ～を交わす partager un oreiller avec qn. ～を並べて寝る se coucher côte à côte. ¶空気(羽根)～ oreiller pneumatique (de duvet). ¶カバー 付き～ taie *f* d'oreiller. ～探し rat *m* d'hôtel. ¶～許に au chevet. ¶[比喩的に] ¶～を高くして眠る dormir sur les deux oreilles. ～を高くして眠れない ne dormir que d'un œil. 彼らは～を並べて討死した Ils sont morts ensemble au front.

まくらぎ 枕木 traverse *f*.

まくる 捲る [袖を] retrousser. 袖を～ retrousser *ses* manches. 裾を～ relever *son* vêtement; se trousser. 女のスカートを《俗》trousser les jupes d'une femme. 腕(袖)を捲っている avoir les bras (les manches) retroussés (retroussées). ◆ ¶尻を～ [居直る] prendre tout à coup un ton menaçant.

まぐれ そいつは～だ C'est un coup de chance. ～で par hasard; par raccroc. ～で勝つ gagner par hasard.

マクロ ¶～経済学 macroéconomie *f*. ¶コスモス macrocosme *m*.

まぐろ 鮪 thon *m*. ¶～船 thonier *m*.

まけ 負け défaite *f*; pertes *f*. ¶～をこむ accumuler les défaites. ¶カミソリ～しやすい avoir la peau sensible aux feux du rasoir. 体力～する être physiquement inférieur à qn. ～が出ると～ perdre à tout coup. ¶～戦 bataille *f* perdue. ¶～戦はしたくない Je ne veux pas partir perdant. ～戦だと知りながら闘うのは馬鹿だ Celui qui se lance dans une bataille perdue d'avance est un imbécile.

まけいぬ 負け犬 [人] piteux perdant *m*. あれの～の遠吠えだよ C'est des rodomontades!

まけおしみ 負け惜しみ ¶彼は～の強い Il est mauvais perdant. また例の～が始まった Le voilà qui se remet à faire le mauvais perdant. ～を言う訳を知らないが… Ce n'est pas pour excuser ma défaite, mais…

まけこす 負け越す subir une majorité de défaites.

まけじだましい 負けじ魂 esprit *m* (volonté *f*) indomptable; esprit inflexible.

むいか 六日 ⇒ 付録.

まけずぎらい 負けず嫌い ¶～の qui ne veut jamais céder; [頑固な] têtu; entêté.

まけて 枉げて ¶～お願いします Je vous en supplie du fond du cœur.

まける 負ける être vaincu; subir une défaite; perdre; céder à. 勝負(裁判, 戦)に～ perdre la partie (un procès, la guerre). …の懇願に～ céder aux prière de qn. 誘惑に～ céder (ne pas résister) à la tentation. 我がチームは2対1で負けた Notre équipe a été battue par deux à un. 喧嘩なら誰にも負けない Pour la bagarre; je ne le cède à personne. 負けたり勝ったりする altérer les défaites et les victoires. 負けて得取れ ¶「負けるが勝ち」«Qui perd gagne.» ¶[皮膚が] ¶かみそりに～ avoir la peau sensible aux feux du rasoir. ◆ [値引きする] rabattre; faire une réduction (un rabais). 100円～ rabattre 100 yen. 1.000円を800円に～ ramener le prix de 1.000 yen à 800. 負けさせる marchander sur le prix de qc.

まげる 曲げる courber; fléchir; plier; ployer; arquer. 腕を～ plier (arrondir) le bras. 枝を～ courber (ployer) une branche. 膝を～ plier (fléchir) les genoux. ◆ [向ける] ¶車を右に～ braquer vers la droite. ◆ [歪曲する(させる)] altérer; dénaturer. 真実を～ altérer (maquiller) la vé-

まけんき 負けん気 esprit m de rivalité; [競争心] émulation f. ¶~の強い人 esprit combatif. 彼は父親譲りの~の強いところがある On reconnaît bien en lui le digne émule de son père. ~で avec un sentiment de rivalité.

まご 孫 [男] petit(s)-fils m; [女] petite(s)-fille(s) f; [集合的] petits-enfants mpl.

まご 馬子 postillon m.「~にも衣装」«La belle plume fait bel oiseau.»

まごころ 真心 sincérité f. ~を披瀝る dévoiler son cœur. ~のこもった cordial(aux). ~のこもった人 personne f de bonne volonté. ~をこめて cordialement; de tout cœur; avec beaucoup de dévouement.

まごつく s'embrouiller; être embarrassé; s'empêtrer. 説明に~ s'embrouiller (s'empêtrer) dans ses explications. 返事に~ ne savoir que répondre. ¶まごつかせる embrouiller; embarrasser; déconcerter.

まこと 真(実) vérité f; réalité f; fait m. ¶~の vrai; véritable; authentique. ~の愛とはそんなものではない Ce n'est pas ça, un amour vrai. ~らしい vraisemblable. ~しやかな fallacieux(se). ~しやかな理屈 raisonnement m fallacieux. ~しやかに parler de qc comme si c'était vrai. ~らしさ vraisemblance f.

まこと 誠 [真心] sincérité f; bonne foi f; loyauté f; [忠実] fidélité f. 主君に~をつくす faire preuve de loyauté à l'égard de son suzerain. ¶~に [本当に] vraiment; véritablement; réellement; [実際] en fait; en vérité; [大変] très; beaucoup. ~に気の毒です C'est vraiment regrettable. ~にごもっともです Vous avez tout à fait raison. 今日欠席しなければならないのは~に遺憾です J'ai le vif regret de devoir m'absenter aujourd'hui.

まごのて 孫の手 gratte-dos m inv.

まごびき 孫引き citation f empruntée. ¶~する voler une citation à qn; citer qn sans le dire.

まごまご ¶~するな Allons, vite! ⇒ まごつく.

マザーコンプレックス complexe m d'Œdipe; attachement m exagéré à la mère. ¶~の男 homme m trop attaché à sa mère.

まさか Pas possible!/C'est incroyable!/Pensez-vous (Pense-tu!) ~君じゃないだろうな Ce n'est tout de même pas toi, non? ~彼がこんなに早く来るとは J'étais loin de pouvoir imaginer qu'il viendrait si tôt.

まさぐる tâtonner. ⇒ てさぐり(手探り).

まさしく 正しく ⇒ まさに(正に).

まさつ 摩擦 frottement m; frottage m; [体の] friction f; [軋轢] friction; tension f; †heurt m; conflit m; querelle f. 両国間に~が起きた Il s'est produit des tensions entre les deux pays. ¶~する frotter; frictionner; se frictionner. ¶日米経済~ tensions fpl commerciales nippo-américaines. 冷水~ friction f à l'eau froide. ~力 forces fpl de friction.

まさに 正(当)に [正しく・確かに] précisément; justement; exactement; en effet. 彼が言ったのは~その言葉だ C'est ce sont les paroles mêmes qu'il a prononcées. あなたにそのことを話したのは彼ですか — そうです C'est lui qui vous en a parlé? — En effet. ~あなたの言う通りです Vous avez tout à fait raison. 彼は~奇人だ C'est un vrai type./C'est vraiment un type. お手紙~受取りました J'ai bien reçu votre lettre. ◆ [今にも] ¶~...しようとする aller inf; être sur le point de inf.

まざまざ ¶~と思い出す se rappeler qc nettement. 彼の顔が~と思い出される Je le revois comme si c'était hier.

まさめ 柾目 veine f droite du bois. ¶~の板 planche f aux veines droites.

まさゆめ 正夢 ¶ああこれが~だといいんだが Ah, si le rêve que je viens de faire pouvait se réaliser!

まざりあう 混(交)り合う ⇒ まじりあう(混じり合う, 交り合う).

まさる 勝る prévaloir sur (contre); l'emporter sur; primer; être supérieur à. 数において~ être supérieur à qn pour la taille. 身長の点で~ être supérieur à qn pour la taille. 知恵は富に~ La sagesse prime la richesse. 教育に~ L'instinct prévaut contre l'éducation. ¶彼に~者はない Il est hors de pair. 我が子に~宝はない Il n'y a pas de plus grand trésor qu'un fils. 熱心さではクラスで彼に~者はない Il domine tous ses condisciples par son application. ~ とも劣らない n'être point inférieur à. フランス語なら彼は兄にも~とも劣らない En français, il ne le cède point à son frère.

まざる 混ざる ⇒ まじる(混じる).

まし ¶もう少しな生活がしたい Je voudrais vivre un peu mieux. 恥辱を蒙るより死んだ方が~だ Plutôt la mort que le déshonneur. 何もしないよりした方が~ Ça vaut mieux que de rester à ne rien faire. それでもない~だ Ce sera autant de pris./Cela vaut mieux que rien.

-まし 増し ¶1割~の値段 prix m majoré de 10%. ルイは日~に大きくなる Louis grandit à vue d'œil.

まじえる 交える ¶~戦を livrer [une] bataille. 言葉を~ échanger des paroles avec qn. 刃を~ croiser le fer; se battre à l'épée. 二人は互に視線を交えた Leurs regards se sont croisés. この問題に私情を交えてはいけない Il ne faut pas mêler des sentiments personnels à cette affaire. 膝を交えて相談する discuter d'une affaire dans un cercle intime.

ましかく 真四角 carré m. ¶~の carré.

ましきり 間仕切 [壁] paroi f; cloison f.

ました 下下 ¶~の de dessous; d'en bas. ...の~に juste au-dessous de.

マジック magie f. ¶~アイ œil m magique; [ドアの] microviseur m. ~ペン feutre m; crayon(s)-feutre m.

マジックテープ velcro m.

まして à plus forte raison; a fortiori. ¶~...だ

まじない 呪 exorcisme *m*; conjuration *f*; magie *f*; [文句] formule *f* magique. ~を practiquer la magie. ~を唱える prononcer une formule magique. ‖~師 exorciseur *m*. ◆ほんの~程度に塩を入れる ajouter un soupçon de sel.

まじまじ ¶~と見る regarder fixement; fixer ses yeux sur.

まじめ 真面目 ¶~な sérieux(se); grave; sincère. ~な態度をくずさない garder (tenir) son sérieux. それは~な話だ Ce n'est pas une blague. ~に sérieusement; gravement; ferme. ~になる devenir sérieux(se). ~に[受け]取る prendre au sérieux. ~に議論する discuter ferme. ~に暮らす vivre honnêtement. もう少し~にやってくれなければ困る Il faudrait que tu travailles un peu plus sérieusement. ~さ *m*; gravité *f*; sincérité *f*. まだ~さが足りない Ça manque encore de sérieux.

ましゃく 間尺 ¶それでは~に合わない Ça ne paie pas./Cela ne rapporte rien.

ましゅ 魔手 ¶~から守る arracher *qn* des griffes de *qn*. ~に陥る(かかる) devenir la victime de *qn*; tomber sous la griffe de *qn*.

まじゅつ 魔術 magie *f*; enchantement *m*; thaumaturgie *f*. ~にふける se livrer à la magie. ~を使う pratiquer la magie. ‖~師 magicien(ne) *m(f)*; enchanteur(teresse) *f*; thaumaturge *m*.

マシュマロ pâte *f* de] guimauve *f*.

ましょ 魔女 sorcière *f*; magicienne *f*. ~狩り chasse *f* aux sorcières. ~裁判 procès *m* de sorcière.

ましょう 魔性 nature *f* diabolique. ~を現わす se montrer diabolique. ~の [de nature] diabolique. ~の女 sorcière *f*; sirène *f*.

ましょうめん 真正面 ¶~の d'en face. …の~に juste en face de *qc*. 彼の家は僕の家の~にある Sa maison est vis-à-vis de la mienne. ~から立ち向かう faire front à *qn*. ~から問題に取組む aborder la question de front. 現実を~から見る regarder les choses en face.

マジョルカ ¶~島 Majorque *f*.

まじりあう 混(交)り合う se brasser; se mélanger. 様々な民族が混じり合っている C'est un brassage de peuples différents. 油と水は混じり合わない L'huile et l'eau ne se mélangent pas.

まじりけ 混(交)り気 ¶~のない金 *or m* pur. 彼は~のない気持ちで彼女と交際している Il la fréquente sans arrière-pensée.

まじる 混(交)じる se mêler; se fondre; s'entrembler; se confondre. 群集に~ se mêler à la foule; se confondre avec la foule. 苦悩に怒りの混じっている La colère se mêle d'amertume. ~混じった mêlé; fondu. 恐怖の混じった喜び plaisir *m* mêlé de crainte. 日本人の血の混じったフランス人 Français(e) *m(f)* qui a du sang japonais.

まじわり 交わり ¶肉体的の~を結ぶ avoir des rapports sexuels avec *qn*. 深い~を結ぶ nouer des relations profondes avec *qn*. ⇨ こうさい(交際).

まじわる 交わる [交叉する] couper *qc*; croiser *qc*; [二つのものが] se couper; se croiser. 直角に~ 二つの道 deux chemins *mpl* qui se croisent à angle droit. ◆ [交際する] avoir des relations avec *qn*; fréquenter *qn*. 良い友と~ avoir de bonnes relations (fréquentations).

マシン machine *f*. ‖~ガン mitraillette *f*.

ます 増す augmenter; multiplier; s'augmenter de *qc*; gagner en *qc*. 速度を~ augmenter la vitesse. 台風は北上するにつれて速度と勢力とを~ Un typhon, à mesure qu'il se déplace vers le nord, acquiert de la vitesse et de la puissance. そのために私の疑念は一層増した Ceci n'a fait que renforcer davantage mes soupçons. 彼の文体は力を増した Son style a gagné en force. 雨で川の水かさが増した Les pluies ont gonflé les rivières.

ます 鱒 truite *f*.

ます 枡 boisseau(x) *m*; mesure *f*. ‖~目を くぐる faire une bonne mesure. ~目をごまかす tricher sur le poids; tromper sur la quantité de *qc*. ◆ [劇場の] loge *f*.

まず 先ず [最初に] [tout] d'abord. 第一に (何よりも) avant tout. ◆ [恐らく・ともかく] ¶~彼は来ないだろう Il ne viendra probablement pas. ~そんなところだ C'est à peu près (plus ou moins) ça. ~これでよしと Ça va pour le moment.

ますい 麻酔 anesthésie *f*; narcose *f*. ~からさめる se réveiller d'une anesthésie. ~をかける anesthésier *qn*. ‖全身(局部)~ anesthésie totale (locale). 中毒~ narcotisme *m*. ~薬 anesthésique *m*; narcotique *m*. ~療法 narcothérapie *f*.

まずい 不味い [味が] mauvais; fade; [俗] fadasse. ~葡萄酒 vinasse *f*. こんな~もの食べたことがない Je n'ai jamais mangé quelque chose d'aussi mauvais. ¶まずそうな peu appétissant. まずそうに食べる manger du bout des dents. まずさ fadeur *f*. ◆ [具合が悪い] ¶言い方が~ s'exprimer mal. …するのは~ Il n'est pas bon de *inf* (que *sub*). 言わなければよかったのに J'ai mieux ne pas *inf*. ~ことを言ってしまった J'ai dit une bourde. ~ことになるよ Ça va aller mal./La situation va se gâter. ~時に来る arriver à contretemps (au mauvais moment). ◆ [技術的に] mauvais. ~俳優 mauvais(e) acteur(trice) *m(f)*. 描き方が~ peindre pauvrement. ⇨ へた(下手).

マスカット muscat *m*.

マスカラ mascara *m*; faux cils *mpl*. ~をつける se mettre du mascara.

マスク masque *m*. ~をかける mettre un masque. ~をかぶる [剣士が] porter un masque. ~ガス~ masque à gaz. デス~ masque mortuaire. ◆ [顔立ち] 彼は仲々いい~をしている Il a un très beau masque.

マスゲーム manifestation *f* gymnastique de masse.

マスコット mascotte *f*; fétiche *m*; porte-bonheur *m inv*.

マスコミ communication *f* de masse; mass[-]media *mpl*. 彼は今や〜の寵児である C'est le héros du jour.

ますしい 貧しい pauvre. 〜人 personne *f* pauvre. 心の〜人 pauvre *mf* d'esprit. 身なりの〜労働者 ouvrier *m* pauvrement vêtu. 彼は出が〜 Il n'est né pauvre. ¶貧しく暮らす vivre pauvrement. 貧しくなる s'appauvrir. 貧しさ pauvreté *f*. 土地の貧しさ pauvreté du sol.

マスター [バーなどの] patron *m*; barman *m*. ▪[修士] maître *m*. ¶〜コース cours *m* de maîtrise. ¶彼はフランス文法を〜している Il possède à fond sa grammaire française.

マスターキー passe-partout *m inv*.

マスタード moutarde *f*.

マスターベーション masturbation *f*. 〜をする se masturber.

マスト mât *m*.

マスプロ production *f* de masse. ¶〜教育 éducation *f* de masse.

ますます 益々 [多く] de plus en plus; [少なく] de moins en moins; [良く] de mieux en mieux; [悪く] de mal en pis. 〜悲しくなる devenir de plus en plus triste. 〜よくなる aller de mieux en mieux. 〜悪くなる aller de mal en pis. 私の不安は一つのいって Mon inquiétude va croissante. 会えば会うほど〜彼女が嫌いになってきた Plus Il la rencontrait, plus il la détestait.

まずまず ¶〜というところだ Ce n'est pas mal./C'est acceptable. 優勝は〜間違いあるまい La victoire ne fait pas de doute.

ますめ 升目 [原稿用紙などの] carré *m*; [碁盤縞] carreau *m*; [チェス盤などの] case *f*.

マズルカ mazurka *f*.

まぜあわせる 混ぜ合せる ⇨ まぜる(混ぜる).

まぜかえす 雑ぜ返す ne pas prendre au sérieux les paroles de *qn*; tourner les paroles de *qn* en plaisantrie.

まぜこぜ ¶〜にする mélanger; mêler; confondre. 書類を〜にする mélanger (mêler) tous les dossiers.

ませた précoce. ¶この子は年の割にませている Cet enfant est précoce pour son âge.

まぜもの 混ぜ物 mélange *m*. 〜をする frelater; effectuer un mélange. 葡萄酒に〜をする frelater du vin. ¶〜をした酒 saké *m* frelaté. 〜のない sans mélange; pur.

まぜる 混ぜる mélanger; mêler; confondre; fondre; agglomérer; entremêler; entrelarder; [結合させる] allier. 葡萄酒に水を〜 mélanger de l'eau au vin. 卵と粉を〜 mélanger des œufs et de la farine. 砂とセメントを〜 agglomérer du sable et du ciment. 金と銀を〜 allier de l'or et de l'argent; faire un alliage d'or et d'argent.

マゾヒズム masochisme *m*.

また 股 cuisse *f*; [俗] gigot *m*. 〜を開く écarter les jambes. 世界を〜にかける parcourir le monde. 世界を〜にかけるプロレスラー catcheur *m* globe-trotter. 大〜で à grandes enjambées.

また 又 [道, 木の] fourche *f*; embranchement *m*. ¶〜になる s'embrancher. 幾〜にも分れている木 arbre *m* fourchu.

また 又, 亦 [再び] de nouveau; encore. 彼は〜盗みを働いた Il a de nouveau commis un vol. 彼は〜煙草を吸い始めた Il s'est remis à fumer. 〜やってきたよ Me revoilà!/C'est encore moi! ◆[同様に]; [肯定] aussi; également; [否定] non plus. 彼の妻も〜音楽が好きだ(好きでない) Sa femme aussi aime la musique (n'aime pas la musique non plus). 私は知らないが彼も〜知らない Je ne sais pas et lui non plus. ◆[その上] ¶彼女は良き妻であり〜良き母である Elle est aussi bonne épouse que bonne mère. ◆[次の] またの折に une autre fois. 〜にしましょう Ce sera pour une autre fois. では〜 À bientôt!

まだ [未だ・今もなお] encore; [否定] pas encore. 〜ここにいらっしゃるのですか Vous êtes encore là? 〜その映画を見ていません Je n'ai pas encore vu ce film. ◆[わずかに・やっと] 〜正午じゃないか Il est seulement midi. 彼は〜二十歳そこそこだ Il a à peine vingt ans. ◆[もっと・他に] plus; encore. 〜ほしいの Tu en veux encore?

マタイ [聖][saint] Matthieu *m*. ¶〜による福音書 Évangile *m* selon saint Matthieu.

またいとこ 又従兄弟(又従姉妹) arrière-cousin(e) *m*(*f*).

またがし 又貸し prêt *m* de seconde main; [土地, 家屋の] sous-location *f*; sous-bail *m*. ¶〜する prêter de seconde main; donner en sous-location (à sous-bail).

またがり 又借り emprunt *m* de seconde main; [土地, 家屋の] sous-location *f*. ¶〜する emprunter de seconde main; sous-louer.

またがる 跨る enfourcher; se mettre à califourchon sur. 馬に〜 enfourcher un cheval. 馬に〜って être à cheval. 彼は木の幹に跨っている Il est assis à cheval sur un tronc d'arbre. この湖は二つの県に跨っている Ce lac est à cheval sur deux préfectures. ¶…に跨って à califourchon sur; à cheval sur.

またぎき 又聞き ouï-dire *m inv*. 〜で知っている apprendre *qc* par ouï-dire. ¶〜する entendre parler de *qc*.

またぐ 跨ぐ enjamber; franchir.

またした 股下 entre[-]jambes *m*. そのズボンは僕には〜が長すぎる L'entrejambes de ce pantalon est trop long pour moi.

またしても de nouveau; encore ⇨ また(又(亦)).

まだしも ¶〜この方がいい Je préférerais celui-ci. 千円なら〜二千円とは高い Passe encore pour 1.000 yen, mais certainement pas 2.000 yen. 生恥をさらすくらいなら〜死んだ方がよい J'aime mieux mourir que de vivre dans le déshonneur.

またずれ 股ずれ ¶〜がする avoir des rougeurs sur les cuisses.

またせる 待たせる faire attendre *qn*.

またたき 瞬き clignement *m* d'yeux; [光の] clignement *m*; [星の] scintillement *m*.

またたく 瞬く [目を] cligner des yeux; [星が] scintiller. 〜間に en un clin d'œil; en un instant; en un tour demain.

またとない 又と無い ¶〜協力者 collaborateur(trice) m(f) irremplaçable. これは〜掘り出し物だて C'est une trouvaille sans égale. …するのに〜機会だ C'est le meilleur moment pour inf./C'est une occasion unique pour inf.

マタニティドレス robe f de maternité.

またのな 又の名 alias. ジャン・バティスト・ポクラン、〜モリエール Jean-Baptiste Poquelin, alias Molière.

または A ou B; A ou bien B; ou bien A ou bien B; soit A soit B. ⇨ あるいは(或いは), か、または.

まだまだ 未だ未だ [今でも] 〜若い者には負けない Je suis encore loin de me laisser battre par les jeunes. ¶[もっと]〜寒くなる Il va faire encore plus froid.

マダム [敬称] madame; [バーなどの] patronne f; [女主人] maîtresse f. ‖ 有閑〜 dame f riche et oisive.

まだら 斑 tache f; moucheture f. 〜のある犬(鳥) chien m (oiseau m) moucheté. ‖ 寒さで彼の顔に〜模様が出来た Le froid lui marbrait le visage. 〜雪 neige f pourrie.

まだるっこい ¶〜物の言い方をする s'exprimer avec beaucoup de détours; parler avec une lenteur énervante. 彼はまだるっこくて見ていられない Sa lenteur m'agace.

まち 町(街) [大きな] ville f; [小さな] bourg m; [街路] rue f; quartier m. 〜で ville; dans la rue. 〜へ行く aller en ville (à la ville). 〜を散歩する se promener dans les rues. 〜の女 [娼婦] fille f des rues; prostituée f. ‖ 温泉〜 ville d'eau(x); station f thermale. 〜中 toute la ville; tout le quartier. そのニュースで〜中大騒ぎだ Cette nouvelle a provoqué un remue-ménage dans tout le quartier. 〜役場 mairie f.

まちあい 待合 maison f de rendez-vous. ‖ 〜所 [バスなどの] abri m.

まちあいしつ 待合室 salle f d'attente; [医者の] salon m d'attente.

まちあかす 待ち明かす attendre toute la nuit. 夫の帰りを〜 passer la nuit à attendre son mari.

まちあぐむ 待ちあぐむ attendre longtemps et avec impatience; être las(se) d'attendre; [俗] croquer le marmot.

まちあわせ 待合せ ¶〜の場所 lieu(x) m de rendez-vous m.

まちあわせる 待合わせる donner un rendez-vous à qn. …と駅で〜 prendre (avoir) rendez-vous avec qn à la gare. …の家で〜 se rejoindre chez qn.

まちいしゃ 町医者 médecin de quartier m.

まちうける 待ち受ける être dans l'attente de qc. 〜予期せぬ出来事が私を待ち受けていた Un événement imprévu s'apprêtait à fondre sur moi.

まぢか 間近 [ほんの…の所だ] C'est à deux pas. 夜も〜い La nuit va tomber. 結論が出る

のも〜い La décision est imminente. 春は〜だ Le printemps approche./Le printemps n'est pas loin. 彼の死は〜だった Sa mort était proche.

まちがい 間違い [過失] faute f; [誤り] erreur f; tort m; [混同] méprise f; confusion f. 言葉の〜 écarts mpl de langage. 計算の〜 erreur de calcul. 〜を認める avouer sa faute. …するのは〜です C'est une erreur de inf. それは何かの〜でしょう Vous devez vous méprendre./Il doit y avoir une méprise. 〜の多い引用 citation f fautive. 〜だらけの宿題 devoirs mpl bourrés de fautes. 〜のない記憶 mémoire f sans défaillance. 〜なく [きっと] sans faute; sans faillir; certainement; [正しく] correctement. 留守の間に〜がないようにして下さい Fais bien attention pendant mon absence. ◆[男女間の] faute. 〜を起こす [女が] se laisser séduire; [俗] fauter.

まちがいない 間違いない 〜それは〜[確かに] C'est sûr (certain)./[疑いない] Cela ne fait aucun doute. 合格は〜い Le succès est presque assuré. 彼女のやることなら〜[信頼できる] On peut avoir confiance en ce qu'elle fait.

まちがう 間違う ⇨ まちがえる(間違える). ¶間違った faux(sse); erroné; mauvais. 間違った住所 adresse f fausse (erronée). 間違った方法 mauvaise méthode f. 間違っている avoir tort. …するのは間違っている avoir tort de inf. 間違ってなければ sauf erreur. 間違って à tort; par erreur; faussement; à faux; par méprise. 間違って隣のドアをノックしてしまった J'ai frappé à la porte voisine par erreur. 誰でも間違うことはある Tout le monde peut se tromper.

まちがえる 間違える [誤り] faire (commettre) une erreur; s'abuser; [過失を犯す] faire (commettre) une faute; [混同する] se tromper; se méprendre. 計算を〜 faire une erreur de calcul. 時間(道)を〜 se tromper d'heure (de route). ¶彼らは〜ほどよく似ている Ils se ressemblent à s'y méprendre.

まちかど 町角 coin de la rue m. 〜でばったり会う rencontrer qn au coin de la rue.

まちかねる 待ちかねる attendre avec impatience (impatiemment); être impatient de inf. 今か今かと〜 attendre qn comme sœur Anne. ¶待兼ねる様子で d'un air impatient. ほらお待兼ねの山田さんが現れた Et voilà le tant attendu Yamada.

まちかまえる 待構える être à l'affût de qc. 記者連中はいつも特ダネを待構えている Les journalistes sont toujours à l'affût d'une nouvelle sensationnelle.

まちくたびれる 待ちくたびれる être fatigué d'attendre; se morfondre.

まちこがれる 待焦れる attendre avec impatience; [気をもむ] se faire du mauvais sang; se ronger les sangs. ⇨ まちかねる(待ちかねる).

まちじかん 待ち時間 [汽車などの] battement m; attente f.

まちどおしい 待遠しい attendre avec impatience (impatiemment); être anxieux de inf (impatient) de. 彼女の来るのが〜 Elle me fait

まちなか 町中 ¶〜で dans la rue; en pleine rue.

まちなみ 町並 rangée *f* (enfilade *f*) de maisons; [通り] rue *f*.

マチネ matinée *f*. 日曜には〜で素晴らしい映画がある Dimanche, en matinée, il y a un excellent film.

まちのぞむ 待ち望む attendre *qc* avec plaisir; se faire une fête (joie) de *qc(inf)*.

まちはずれ 町外れ faubourgs *mpl*; [郊外] banlieue *f*; [都市周辺] périphérie *f*.

まちばり 待ち針 épingle *f*.

まちぶせ 待伏せ aguets *mpl*; guet(s)-apens *m*; embuscade *f*. ¶〜する dresser un guet-apens à; attirer *qn* dans une embuscade; dresser (tendre) une embuscade à *qn*; se mettre en embuscade; s'embusquer; être (se mettre) à l'affût de. 〜される tomber dans une embuscade. 〜場所 embuscade; affût *m*.

まちぼうけ 待ち惚け ¶〜を食う attendre *qn* en vain (vainement, inutilement); 《俗》 attendre pour des prunes. 〜を食わせる faire attendre *qn* vainement (inutilement).

まちまち 区々 ¶〜の divergent. 〜の意見 opinions *fpl* divergentes. 服装が〜である être en tenues diverses. その点については専門家たちも意見が〜だ Les spécialistes sont très partagés sur ce point.

まちわびる 待ち佗びる ⇨ まちかねる(待兼ねる).

まつ 松 pin *m*; [松材] bois *m* de pin. 〜赤〜 pin à écorce rouge. 〜かさ pomme *f* (cône *m*) de pin. 〜風 vent *m* dans les pins. 〜並木 allée *f* de pins. 〜葉 aiguilles *fpl* de pin. 〜林 pinède *f*; bosquet *m* de pins. 〜原 étendue *f* de pins. 〜やに résine *f* de pin.

まつ 待(俟)つ attendre; attendre que *sub*; attendre de *inf*; [長い間] moisir; faire le pied de grue. いくら待っても結局は彼女は来なかった J'ai eu beau attendre, en fin de compte rien n'est pas venue. 「待てば海路の日和あり」《Tout vient à point à qui sait attendre.》 ちょっとお待ち下さい Un moment, s'il vous plaît./[電話] Ne quittez pas [j'écoute]. 〜待たせる faire attendre *qn*; se faire attendre. お待たせしました Excusez-moi de vous avoir fait attendre. 汽車の乗換えに1時間待たされる avoir un battement d'une heure entre deux trains. ¶待ちに待った日が来た Voilà enfin le jour tant attendu. ◆ [期待する] attendre de; compter sur. 君に〜ところ大である On attend beaucoup de vous. …であることは言を俟たない Cela (Il) va sans dire que *ind*.

-まつ 末 ¶今月〜 fin courant. 来月〜に à la fin du mois prochain.

まつえい 末裔 descendant(e) *m(f)*; rejeton *m*.

まっか 真っ赤 ¶〜な tout rouge; pourpre; ensanglanté; rouge comme une écrevisse (une tomate). 〜になる devenir tout rouge; s'empourprer. 〜になって怒る devenir tout rouge (s'empourprer) de colère. 〜にする (染

める) empourprer. ◆ [絶対たる] 〜な嘘 mensonge *m* éclatant (évident).

まっき 末期 fin *f*; dernière période *f*; ultime phase *f*. 〜的症状 symptôme *m* de la dernière phase.

まっくら 真っ暗 ¶〜な tout noir; noir comme de l'encre. 〜な夜 nuit *f* d'encre. 〜だ Il fait noir comme dans un trou (un four). 〜だ n'avoir aucun espoir. ‖〜闇 obscurité *f* profonde; ténèbres *fpl* épaisses.

まっくろ 真っ黒 ¶〜な tout noir; noir comme du charbon (du jais). 〜に焦げる être carbonisé. 〜に日焼けする être tout bruni (bronzé) par le soleil.

まつげ 睫毛 cil *m*. 彼女の〜は濡れていた Les larmes affleuraient sous ses paupières. ‖つけ〜 faux cils.

まつご 末期 fin *f*; dernier moment *m*; heure *f* (moment) suprême. 〜にのぞんで sur *son* lit de mort; à *ses* derniers moments. 〜の苦しみ agonie *f*; affres *fpl* de la mort. 〜のことば *ses* dernières paroles *fpl*. 〜の水をとる rendre les derniers devoirs à *qn*.

まっこう 真向 ¶〜から風を受ける avoir le vent en face. 〜から拒否する refuser carrément. 〜から立ち向う affronter; aller hardiment au-devant de; faire face (front) hardiment à. 〜から…する avoir le front (culot) de *inf*. 彼は私を〜から…から非難した Il a eu le culot de m'accuser de l'avoir trompé.

まっこうくさい 抹香臭い qui sent le froc. 〜話はごめんだ Je n'aime pas les histoires qui sentent le froc.

まっこうくじら 抹香鯨 cachalot *m*.

マッサージ massage *m*. ¶〜する masser *qn*. 〜してもらう se faire masser. ‖〜師 masseur (se) *m(f)*.

まっさいちゅう 真最中 ¶〜である être en train de *inf*. お祭の〜だ La fête bat son plein. 今が収穫の〜だ Nous sommes au beau milieu de la moisson./La moisson bat son plein. 〜に au beau milieu de; en plein milieu de. 上映中の〜に停電した Au beau milieu du film, il y a eu une panne d'électricité.

まっさお 真っ青 ¶〜な tout pâle; blême. 死人のように〜な pâle comme un mort. 〜になる pâlir; blêmir. 恐ろしくて〜になる pâlir d'horreur. 彼は〜になって怒っている Il est pâle (blême) de colère.

まっさかさま 真逆様 ¶〜に落ちる tomber la tête la première.

まっさかり 真盛り ¶桜は今が〜だ Les cerisiers sont en pleine floraison. 夏の〜 en plein été; au milieu (au fort) de l'été.

まっさき 真先 ¶〜に le premier (la première); 〜に頭に立つ la (en) tête de *qc*. 彼女の〜にかけつけた Elle est accourue la première.

まっさつ 抹殺 suppression *f*; [削除] rature *f*; coupure *f*; [リストからの] radiation *f*; [撲滅] extermination *f*; [異民族などの] génocide *m*. ¶〜する supprimer; effacer; ra-

まっしぐら ¶～に進む avancer à toute vitesse (à toute allure); se précipiter vers qc; foncer tout droit sur qc. わき目もふらず～に進む foncer à toute bride.

まつじつ 末日 le dernier jour.

マッシュポテト purée f de pommes de terre; pommes fpl [de terre] mousseline.

マッシュルーム champignon m.

まっしょう 抹消 effacement m; [訂正] rectification f. ～する effacer; rectifier. ～される s'effacer.

まっしょう 末梢 ¶～的な insignifiant; peu important. ‖～神経 nerf m périphérique. ～神経組織 système m nerveux périphérique. ～部分 accessoire m.

まっしょうじき 真っ正直 ¶～な extrêmement honnête; d'une parfaite honnêteté (probité). ～に honnêtement; franchement.

まっしょうめん 真正面 ¶～からぶつかっていく attaquer de front.

まっしろ 真白 ¶～な tout(e) blanc(che). あたり一面雪で～だった Tout était blanc de neige.

まっしん 真芯 ¶ボールの～に当てる frapper la balle de plein fouet.

まっすぐ 真直ぐ ¶～な droit; rectiligne; direct; [垂直な] vertical(aux); [正直な] droit. 心の～な personne f droite. ～にする rendre droit; redresser; rectifier. 列を～にする rectifier un alignement. ～に droit; droitement; directement; [垂直に] d'aplomb; verticalement. ～に上がる [ボール, 飛行機など が] monter en chandelle. ～に立って tenir droit (d'aplomb). ～歩く marcher [tout] droit. ～帰る rentrer directement (sans détour) chez soi.

まっせ 末世 fin f du monde; apocalypse f. ¶～的な apocalyptique.

まっせき 末席 ¶～につく s'asseoir au bas bout de la table. 会の～を汚す avoir l'honneur d'assister à une réunion.

まっせつ 末節 ¶～にこだわる s'arrêter (s'attacher) à des détails.

まった 待った ¶～をかける [やり直す] demander à reparer; [止める] faire interrompre. ～! Attendez! ‖～なしの一番勝負 partie f jouée pour de bon.

マッターホルン le [mont] Cervin.

まつだい 末代 ¶～に伝える immortaliser; éterniser. 名を～に伝える immortaliser (éterniser) son nom; s'immortaliser. 彼の武勲は～まで残る Il s'est immortalisé par son exploit. ～までの光栄 gloire f impérissable. ～までの恥 honte f ineffaçable.

まったく 全く [完全に] tout à fait; complètement; absolument; entièrement; parfaitement; exactement; effectivement. ～同じ というわけではないが Ce n'est pas exactement la même chose. それは～別問題だ C'est une tout autre affaire. ¶～の absolu; pur; vrai. それは～の誤植です Il s'agit d'un pur malentendu. それは～の偶然です C'est un pur hasard. 音楽に関して彼は～の素人です C'est un vrai profane en musique. ◆[否定] ne...pas du tout. 彼のことは～知りません Je ne le connais pas du tout. そんなこと～ありません Ce n'est pas vrai du tout. それは～身に覚えのないことです Ça ne me concerne absolument pas. この映画の主人公は実在の人物とは～無関係です Les héros de ce film n'ont rien à voir avec des personnages réels. そんなことは我々には～関係ない Cela ne nous regarde absolument pas. [確かに] ¶それは～本当です C'est ma foi vrai. [実際] ¶～驚いた C'est une véritable surprise.

まつたけ 松茸 champignon m.

まっただなか 真只中 ¶仲裁のため喧嘩の～に割って入る se jeter entre les combattants pour les séparer.

まったん 末端 bout m; extrême m; fin f; extrémité f. ～に至るまで jusqu'au dernier échelon. 腐敗は～にまで及んでいる La corruption règne à tous les échelons. ¶～の extrême. ～価格 prix m de détail. ～組織 [組合などの] base f.

マッチ 燐寸 allumette f. ～をつける gratter (frotter) une allumette. ～製造人 allumettier(ère) m(f). [試合] match m. [調和] ～する (s'accorder) bien avec qc. このネクタイは背広によく～している Cette cravate va bien avec le veston. この赤はこの緑と～しない Ce rouge jure avec ce vert.

マッチプレー affrontement m direct.

マッチポイント balle f de match.

マッチョ macho [matʃo]. ¶～の macho inv.

マット [敷物] tapis m; matelas m; [靴拭きの] paillasson m.

まっとう ¶～な [まじめな] honnête; brave; [並の] ordinaire. ～手段 moyens mpl (mesures fpl) ordinaires. ～な扱いを受ける être un brave et honnête homme. ～な暮しをする vivre honnêtement. あの青年は～になった Ce jeune homme est devenu raisonnable. ～に答える répondre honnêtement (franchement).

まっとうする 全うする accomplir; remplir; mener qc à bonne fin; parachever qc. 義務を～ remplir son devoir. 職務を～ accomplir (remplir) sa fonction.

マットレス matelas m.

マッハ ¶～3で飛ぶ voler à Mach 3.

まっぱだか 真裸 ¶～の tout (complètement) nu. ～になる se mettre tout nu; [俗] se mettre à poil.

まつばづえ 松葉杖 béquille f.

まつび 末尾 fin f; [語の] terminaison f.

まっぴつ 末筆 ～ながら御両親に宜しく J'oubliais de vous prier de présenter mes respects à vos parents.

まっぴら 真平 ¶～だ Je refuse carrément./J'en ai assez./[俗] J'en ai marre./J'en ai ras le bol. もうこんな仕事は～だ Je n'accepterai plus un pareil travail.

まっぴるま 真昼間 ¶～に en plein jour; au grand jour.

まっぷたつ 真っ二つ ¶～に切る couper qc en

まつむし 松虫 grillon *m*.

まつやに 松脂 résine *f* de pin. ¶~のような匂い odeur *f* résineuse.

まつり 祭り fête *f*; réjouissances *fpl*. お~をする organiser une fête; [祝宴を催す] festoyer. クリスマスのお~をする fêter Noël. ~は今が最高潮だ La fête bat son plein. ¶~好きの人 personne *f* qui aime les fêtes. ┃お~気分 festivités *fpl*. お~気分の en fête. 町は~気分だ La ville prend un air de fête. お~騒ぎをする se livrer à de grandes réjouissances (festivités).

まつりあげる 祭り上げる ériger *qn* en *qc*. ¶コンクールの審査委員に祭り上げられる se laisser ériger en juge d'un concours.

まつる [裁縫] surfiler.

まつる 祭る ¶先祖を~ célébrer les ancêtres. ¶明治神宮には明治天皇尊命られている On honore l'Empereur Meiji au sanctuaire de Meiji.

まつろ 末路 *f*. あわれな~を遂げる mourir d'une mort tragique. 彼の~は悲惨だった Sa fin a été misérable.

まつわる 纏わる ⇒ まといつく(纏いつく). ¶彼の死に~謎 mystère *m* qui entoure sa mort. その古い井戸に~伝説 légende *f* qui concerne ce puits abandonné. この城には亡霊が纏わりついている Des fantômes hantent ce château. この子はいつも母親に纏わりついている Ce petit est toujours fourré dans les jupes de *sa* mère.

-まで [時間・空間] ¶パリから東京~ depuis Paris jusqu'à Tokyo. 家~送っていく accompagner *qn* jusque chez *lui*. 明日~ jusqu'à demain. 今~ jusqu'ici; jusqu'à présent. この子が寝る~静かにしなさい Ne faites pas de bruit jusqu'à ce que cet enfant dorme. 彼女が来る~行かないでくれ Ne pars pas avant qu'elle vienne. いつ~ローマに滞在しますか Jusqu'à quand resterez-vous à Rome? いつ~かかりますか Ça va vous prendre combien de temps? 朝から晩~ du matin au soir. ¶~[には] avant; avant de *inf*; avant que [ne] *sub*. 5時~に来たきます Venez avant cinq heures. 昼~にはこの仕事を終えます J'aurai fini ce travail avant midi. 出発~にもう一度お会いしたいですね Je voudrais vous revoir avant de partir (avant que je parte). いつ~にこの小説を読み終わりますか Pour quand pouvez-vous terminer la lecture de ce roman? ◆[範囲・程度] ¶耳~赤くなる rougir jusqu'aux oreilles. 心の中~知っている connaître *qn* à fond. 息子に~気兼ねする se gêner même avec *son* fils. どの程度~彼はその娘を愛しているのか Jusqu'à quel point aime-t-il cette jeune fille? それ~言うのなら勝手にしたらいいだろう Si vous insistez à ce point, faites ce qui vous plaira. ◆[だけ・ばかり] ¶いやならやめる~さ Si ça ne te plaît pas, tu n'as qu'à laisser tomber.

マティーニ martini *m*.

まてんろう 摩天楼 gratte-ciel *m inv*.

まと 的 but *m*; cible *f*; point *m* de mire. 衆人環視の~ point de mire de tous les yeux; cible de tous les regards. 羨望の~ objet *m* d'envie. ~を射る atteindre la cible. ~を狙って撃つ tirer en visant la cible. ~をはずす manquer le but. ~にあてる toucher au but. ...の~になる être en butte à; être la cible de. 嘲笑の~になる servir de cible aux railleries; être en butte aux railleries. ¶~はずれの質問 question *f* hors (à côté) du sujet. ~を得た批評 critique *f* qui fait mouche. 彼の言うことは~を射ている Ses paroles ont touché juste.

まど 窓 fenêtre *f*; [船, 飛行機の] hublot *m*. 観音開きの~ fenêtre croisée (à battants). 目は心の~である Les yeux sont les fenêtres de l'âme. ~から見る regarder par la fenêtre. ~落し~ fenêtre à guillotine. ~ガラス vitre *f*. ~辺に座る(立つ, 行く) se mettre à la fenêtre. ~枠 châssis *m* (bâti *m*) de fenêtre; carde *m* de fenêtre.

まといつく 纏いつく [人に] ne pas quitter *qn* d'une semelle. 母親に~ marcher dans les jupes de *sa* mère. ¶[衣服に]風でスカートが~ Le vent colle la jupe aux jambes.

まとう 纏う mettre *qc*; porter *qc*. ¶一糸まとわぬ姿で nu(e) comme un ver.

まどう 惑う ⇒ まよう(迷う). ¶四十にして惑わず A quarante ans, il faut savoir ce qu'on veut.

まどぎわ 窓際 ¶~の席 siège *m* (place *f*) côté fenêtre; au placard. ~の席に追いやる [左遷する] mettre *qn* au placard; limoger *qn*.

まどぐち 窓口 guichet *m*. ‖~係 guichetier (ère) *m(f)*.

まとまり 纏り [論理的] cohérence *f*; [集団の] cohésion *f*. ¶~のある考え idées *fpl* cohérentes. ~のない言葉 paroles *fpl* incohérentes. ~のないチーム équipe *f* qui manque de cohésion.

まとまる 纏まる [集まる] se réunir; se rassembler; se grouper. 纏まった金 grosse somme *f*. 纏まった注文 commande *f* considérable. [整う] s'arranger. 計画が纏まってきた Le projet prend forme. 交渉が~ Les négociations aboutissent. ...ということに話が纏まった Il a été convenu que *ind*. 両家の縁談が纏まった Les pourparlers de mariage se sont arrangés entre les deux familles. 考えがかなか纏まらない Je n'arrive pas à mettre de l'ordre dans mes idées.

まとめ 纏め ¶~役をつとめる jouer le rôle de conciliateur (médiateur).

まとめる 纏める [集める] réunir; rassembler; mettre *qc* ensemble; grouper. 荷物を~ faire *ses* bagages. ひとつに~ réunir en un tout. 票を~ réunir des votes. 纏めて買う acheter *qc* en gros (en bloc). 纏めて払う payer en totalité. [整える] ordonner; mettre en ordre. 考えを~ mettre *ses* idées en ordre; donner une forme à *sa* pensée. みんなの意見を~ résumer tous les avis. 結果を~ faire le point des résultats. 研究を~ achever *ses* recherches. 交渉を~ faire aboutir les négociations. 事件を~ régler

une affaire.
まとも ¶~に [正面] directement; en face; de front. 人の顔を~に見る regarder qn en face. ~にぶつかる †heurter de front; [互いに] se heurter de front; s'affronter; entrer en collision; [立ち向かう] affronter. 危険に~ぶつかる affronter un danger. 両軍は戦闘で~にぶつかり合った Les deux armées se sont affrontées dans cette bataille. ◆[真っ当] ¶~な honnête; sérieux(se); raisonnable. ~な忠告 conseil m raisonnable. ~な人間 personne f honnête (comme il faut). ~な話をする tenir des propos raisonnables. ~に parler correctement; sérieusement. ~に話す暮す vivre honnêtement. 人の話を~に聞く écouter sérieusement ce qu'on dit.
まどり 間取り distribution f. ¶~のよい(悪い)アパート appartement m bien (mal) distribué.
マドレーヌ [菓子] madeleine f.
マドロス marin m; matelot m. ‖~パイプ pipe f de marin; brûle-gueule m inv.
まどろむ sommeiller; somnoler; s'assoupir. ¶まどろみ assoupissement m; somnolence f.
まどわく 窓枠 châssis m de fenêtre.
まどわす 惑わす [誘惑する] ensorceler; charmer; [困惑させる] égarer; mystifier; troubler; [魅惑的な] ensorcelant; séduisant. 心を~に美しさ beauté f ensorcelante.
マトン mouton m.
マドンナ [聖母] Madone f; [像·画] madone. ¶~のような顔 visage m de madone. ~のような美女 femme f belle comme une madone.
マナー ⇨ ぎょうぎ(行儀), さほう(作法).
まないた 俎 tranchoir m; [肉屋の] étal(s) m. 彼は~の上の鯉だ Il est complètement coincé.
まなざし 眼差し regard m. 暖かい(優しい)~ regard doux (tendre). 不満げな~ regard noir. ⇨ め(目), しせん(視線).
まなじり 眦 ¶~を決して怒る se fâcher pour de bon.
まなつ 真夏 ¶~に en plein été; au cœur (milieu) de l'été.
まなでし 愛弟子 disciple mf favori(te).
まなぶ 学ぶ apprendre; [研究] étudier. 大学に~ faire ses études à l'université. フランス語を~ apprendre le français. 読書きを~ apprendre à lire et à écrire. 人はいくつになっても学ぶよう努めるべきだ On doit chercher à s'instruire à tout âge. 旅行して~所が多かった J'ai beaucoup appris au cours de mes voyages.
マニ 摩尼 ~教 manichéisme m. ~教徒 manichéen(ne) m(f).
マニア fanatique mf; passionné(e) m(f); maniaque mf. 彼はクロスワードパズルの~だ Il a la manie (la marotte) des mots croisés. ‖音楽~ mélomane mf; fanatique de musique. 切手~ philatéliste mf.
まにあう 間に合う [時間に] arriver (être) à temps. 学校に~ arriver à temps à l'école. 汽車に~(間に合わない) attraper (manquer)

le train. まだ十分~ On a encore largement le temps. ...するのに~ように~する arriver à temps pour inf. ~ば suffire. それだけあれば~ Cela me suffira. それを買うのに千円あれば十分~ Il me suffit de 1.000 yen pour l'acheter. 今日は間に合っています Aujourd'hui, on n'a besoin de rien.
まにあわせ 間に合わせ pis-aller m inv; expédient m. ◆¶~の provisoire; improvisé; temporaire; momentané. ~に provisoirement; temporairement; comme pis-aller.
むっつ 六つ ⇨ 付録.
まにうける 真に受ける prendre qc au sérieux.
マニキュア soins mpl des mains; toilette f des ongles. ¶~[を]する [自分で] se faire les ongles; [人に] manucurer; soigner les mains de qn; faire les mains à qn. ‖~液 vernis m à ongles. ~師 manucure mf. ~セット onglier m; nécessaire m à ongle.
まにに ¶...の~ au gré de; à la merci de. その小舟は波の~漂っている Cette barque est à la merci des vagues.
マニュアル manuel m.
マニュアルしゃ ~車 voiture f manuelle.
まにんげん 真人間 ¶~になれ Sois un homme.
まぬがれる 免れる échapper à; s'exempter de; se soustraire à; se dispenser de; [術策で] éluder. 義務を~ se soustraire à une obligation. 働くのを~ se dispenser de travailler. 危険(被害)を~ échapper à un danger (aux dégâts). 何人も死を~ことはできない Personne n'échappe à la mort. ~を免れた exempt de; exempté de; dispensé de. 雑役を免れた兵士 soldat m exempt de corvée.
まぬけ 間抜け idiot(e) m(f); imbécile mf; niais(e) m(f); sot(te) m(f); nigaud(e) m(f). ¶~な idiot; imbécile; stupide; bête; niais; sot(te); nigaud. ~なことをする faire une bêtise.
まね 真似 imitation f; [身ぶりに] mimique f. ~をする imiter; simuler; faire semblant de inf. ...の~をする imiter qn; [猿真似に] singer qn. 死んだ~をする faire le mort (la morte). 病気の~をする faire le (la) malade; simuler une maladie. 疲れた~をする simuler la fatigue; faire semblant d'être fatigué. 酔った~をする simuler l'ivresse. 彼は先生の~をするのが上手だ Il est doué pour imiter ses professeurs. ¶~のできない芸当 tour m inimitable. ‖~事 [馬鹿気た行動] simulacre m. ¶~な真似をするな Ne faites pas de bêtise.
マネーサプライ masse f monétaire.
マネージャー [芸能·スポーツ] manager m; [支配人] gérant(e) m(f); maître m. ホテルレストランの~ gérant d'un hôtel (d'un restaurant).
まねき 招き [招待] invitation f; [呼ぶこと] appel m. ...の~により à l'invitation de qn.
マネキン mannequin m.
まねく 招く [招待] inviter qn; convier qn; recevoir qn. 家に~ ouvrir sa porte à qn. 夕食に~ inviter qn à dîner. レセプションに

convier qn à une réception. ...に招かれた à (sur) l'invitation de qn. 招かれた客 convié(e) m(f). 招かれざる客 visiteur(se) m(f) importun(e) (indésirable). ◆意起する s'attirer; s'acquérir; susciter. 非難を~ s'attirer des reproches. 軽蔑を~ s'acquérir du mépris. 不幸は不幸を~ Un malheur en appelle un autre. あなたの言葉は誤解を~ Vos paroles suscitent (provoquent) des malentendus.

まねる 真似る imiter; emboîter le pas à qn; se mettre au ton de qn; prendre le ton de qn; [物真似] contrefaire; mimer; singer. 人の声を~ contrefaire la voix de qn. 真似は faux(sse); imité; emprunté. 真似た筆跡 écriture f imitée. この小説はバルザックを真似ただけのものだ Ce roman est une pâle imitation de Balzac. ...を真似して en imitant Un.

まのあたり 目の当り 〜にした I thdly 1 J'ai été témoin de cet événement. その光景は今でも~に見るようだ Je revois encore ce spectacle. 〜に see voir en présence de qc.

まのび 間延び ¶〜した visage m mou. した顔 visage m inexpressif.

まばたき 瞬き battement m de cil (de paupière); clignement m; clin(s) d'œil m. ¶〜[を]する cligner des (les) yeux; ciller. ~もせずに見つめる regarder fixement (sans ciller).

まばゆい 眩い ⇒ まぶしい (眩しい).

まばら 疎ら 〜な rare; clairsemé; épars; peu dense; peu serré. 〜な髪の毛 cheveux mpl clairsemés. 人通りの〜な rue f déserte (peu fréquentée). 〜になる [毛髪が] s'éclaircir; [人家が] s'espacer. 聴衆は〜だった L'auditoire était clairsemé.

まひ 麻痺 paralysie f; engourdissement m; [知力の] hébétement m; hébétude f; stupeur f. 〜する s'engourdir. 寒さで手足が〜する Le froid paralyse les membres. 彼は良心が〜している Sa conscience est paralysée. ストで経済活動が〜した La grève a paralysé l'activité économique. 〜させる paralyser; engourdir. 〜した paralytique; paralysé; engourdi; [知力が] hébété. 〜した腕 bras m paralysé. ‖ 交通〜 embouteillage m; paralysie des transports. 心臟〜で倒れる être frappé d'une paralysie du cœur.

まびき 間引き [野菜、木などの] éclaircie f. ¶ 列車の本数を〜する réduire le nombre des trains. ‖〜運転 espacement m de l'horaire. 列車(バス)を〜運転する espacer les horaires de train (d'autobus).

まびく 間引く [野菜、木などを] éclaircir; [子供を] tuer à la naissance.

まひる 真昼 ¶〜の太陽 soleil m au zénith; plein midi m. 〜のような照明 éclairage m a giorno. 〜に en plein jour; au grand jour. ‖〜時[に] en plein midi (jour).

マフ manchon m. 毛皮の〜 manchon de fourrure.

マフィア maffia (mafia) f.

マフィン muffin m. ¶ イングリッシュ〜 muffin anglais.

まぶか 目深 ¶ 帽子を〜にかぶる enfoncer son chapeau sur la tête (les oreilles).

まぶしい 眩しい éblouissant; aveuglant. 太陽 soleil m aveuglant. ヘッドライトで目が眩しかった J'ai été aveuglé par les phares. ¶ ~ほど美しい娘 jeune fille f d'une beauté éblouissante; jeune fille dont la beauté éblouit.

まぶす saupoudrer. 塩(小麦粉)を〜 saupoudrer qc de sel (de farine).

まぶた 瞼 〜に浮かぶ rester gravé dans ses yeux; [人・主語] revoir encore à présent. ‖ 上(下) paupière f supérieure (inférieure).

まふゆ 真冬 ¶〜に en plein hiver; au cœur (milieu) de l'hiver. 〜日 jour m de gel (de gelée).

マフラー [襟巻] cache-nez m inv; cache-col m inv; [自動車などの消音器] pot m d'échappement.

まほう 魔法 magie f; sorcellerie f; enchantement m; charme m. 〜をかける ensorceler; enchanter; charmer; exercer (jeter) un charme; mettre qn sous le charme. 〜を破る rompre le charme. ¶〜の magique; enchanté. 〜の国 pays m enchanté. 〜の杖 baguette f magique. ‖〜使い magicien(ne) m(f); sorcier(ère) m(f); ensorceleur(se) m(f); enchant eur(teresse) m(f); charmeur(se) m(f).

まほうびん 魔法瓶 bouteille f thermos; thermos mf.

マホガニー acajou m. ‖〜色の acajou inv.

マホメット Mahomet.

まぼろし 幻 fantôme m; [幻想] illusion f; [幻覚] vision f; fantasme m; chimère f. 〜を追う courir après des illusions (chimères). 〜を見る avoir des illusions (visions). ¶〜の(ような) fantomatique; fantôme; illusoire.

まま 間々 ¶ それは〜あることだ Ça arrive souvent./Ce n'est pas rare. ⇒ ときどき (時々).

まま 儘 [...の次第] 〜に...の〜 au gré de; à la merci de. 風の吹く〜に au gré du vent. 気の向く〜に放浪する vagabonder au gré de sa fantaisie (son caprice). 情熱のおもむく〜になる être à la merci des passions. 〜、なるようになれ Arrive que pourra. ◆[思う通り] 思うう〜に人をあやつる tenir qn à sa merci. 〜にならなら Si je pouvais faire ce qui me plait. ...とかく浮世は〜ならぬ La vie ne va pas toujours comme on veut. ◆[そのままの状態] [ある~の姿をさらす se montrer sous son vrai jour. あるが〜に物を見る examiner les chose comme elles sont. 立った〜でいる rester debout. 知らない〜でいる rester dans l'ignorance. 動けない〜でいる demeurer sans pouvoir bouger. 靴の〜で結構です Ne vous mettez pas en peine de vous déchausser. 帰ってくると部屋はもとの〜だった A mon retour, j'ai retrouvé ma chambre comme elle était. 彼は一時間意識不明の〜だった Il est resté sans connaissance pendant une heure. 彼は一瞬当惑した〜だった Il est demeuré un moment perplexe. 戸を開けた〜にしておく laisser la porte ouverte. 物事をその〜にしておく laisser les choses telles

ママ maman *f.* 君の〜はどこにいるの Où est ta maman?

ままおや 継親 beau(x)-père(s) *m*; belle(s)-mère(s) *f.*

ままこ 継子 beau(x)-fils *m*; belle(s)-fille(s) *f.* ‖〜を扱いける se montrer dur à l'égard de *qn*. 〜をいじめをする maltraiter l'enfant du premier lit.

ままごと 飯事 dinette *f.* 〜の道具 dinette de poupée. ‖〜を遊びをする jouer à la dinette.

ままならぬ 侭ならぬ ¶〜世の中 vie qui ne va pas toujours comme on veut *f.*

ままはは 継母 ⇨ ままおや(継親).

まみえる 見える ¶戦場で相〜 s'affronter sur le champ de bataille. 二君にまみえず se dévouer à un unique suzerain.

まみず 真水 eau(x) *f* douce.

まみれる 塗れる ¶汗に〜 être trempé (ruisselant) de sueur. 血に〜 suer du sang. ほこりに〜 s'empoussiérer; être couvert de poussière. 一敗地に〜 subir une sévère défaite. 彼の顔は汗に塗れている La sueur inonde son visage.

まむかい 真向い ¶〜の d'en face. ...の〜に juste en face de; vis-à-vis de; à l'opposite de.

まむし 蝮 vipère *f.*

まめ ¶〜な [よく働く] actif(ve); [勤勉な] diligent; [几帳面の] ponctuel(le); régulier (ère). 〜に diligemment; avec zèle; ponctuellement; régulièrement. 〜に働く travailler diligemment. 〜に日記をつける tenir régulièrement *son* journal. ¶彼女は〜しく私に書いてくれるので助かります Elle travaille assidûment que j'en suis très content.

まめ 豆 [総称] graine *f* de légumineuses; [大豆] soja *m*; [えんどう] pois *m*; [そら豆] fève *f*; [いんげん] †haricot *m*. ‖〜粕 tourteau(x) *m* de soja. 〜鉄砲 [吹矢式の] sarbacane *f*. 彼は鳩に〜鉄砲をくらったような顔をしている Il reste bouche bée. ◆ [小型の] ‖ 〜台風 petit typhon *m*. 〜ランプ veilleuse *f.*

まめ 肉刺 ampoule *f.* 手に〜をつくる se faire (avoir) une ampoule à la main.

まめつ 摩滅 usure *f.* 〜する s'user. 〜した usé; fruste.

まめほん 豆本 livre miniature *m*.

まめまめしい ¶まめまめしく働く travailler assidûment. ⇨ まめ.

まもなく 間もなく bientôt; sous peu; avant peu; dans peu de temps; d'ici peu; prochainement. 〜何か重大なことが起る ¶〜 Il se prépare quelque chose de grave. 彼女の小説を〜書き上げるでしょう Il aura terminé le roman avant peu. 彼女は回復したと思う〜ふたたび病に倒れた Elle était à peine remise qu'elle est retombée malade. ¶その後〜し t peu de temps (de quelque) temps après; peu après.

まもの 魔物 ¶女は・だ La femme est une sorcière.

まもり 守り défense *f.* 国の〜 défense du pays. 〜につく [スポーツで] se mettre en défense. 〜を固める [défense en] (renforcer) la défense. ‖〜神 dieu(x) *m* gardien (tutélaire); patron(ne) *m(f)*.

まもる 守る [守護する・防衛する] défendre (contre, de); préserver de; protéger contre. 敵の攻撃から祖国を〜 défendre la patrie contre une attaque de l'ennemi. 生命の危機から人を〜 tirer *qn* d'un danger mortel. ...から自分の身を〜 se défendre de (contre). 少年達の利益を〜 préserver (sauvegarder) les intérêts des mineurs. ¶彼は親の遺産を守れなかった Il n'a pas pu garder la fortune que son père lui avait laissée. あなたの地位が守られている Vous ne risquez pas de perdre votre poste. ◆ [保持する・遵守する] servir; respecter. 規則を〜 observer un règlement. 節操を〜 rester fidèle à *ses* principes. 伝統を〜 respecter une tradition. 秘密を〜 garder un secret. 約束を〜 tenir (garder) *sa* parole (*sa* promesse).

まやかし trucage (truquage) *m*; fourberie *f.* ‖この絵は〜物だ C'est un tableau truqué. 奴は〜ものだ Il est fourbe.

まやく 麻薬 drogue *f*; stupéfiant *m*; narcotique *m*; 《俗》 neige *f.* 〜の密売をする faire le trafic de la drogue. 〜を用いる se droguer; fumer. ‖〜Gメン membre de la brigade des stupéfiants. 〜中毒 toxicomanie *f.* 〜中毒者 drogué(e) *m(f)*; toxicomane *mf*. 〜取締り班 brigade *f* des stupéfiants. 〜密売人 trafiquant *m* de drogue.

まゆ 眉 sourcil *m.* 〜を上げる(伏せる) lever (baisser) les sourcils. 〜を引く dessiner les sourcils. 〜をひそめる froncer les sourcils. [比喩的に] il se scandalise. 〜を動かさずに sans sourciller. ‖〜墨 crayon *m* à sourcils; [東洋の女の] khôl *m*. それは一つ眉物だ C'est douteux./C'est sujet à caution. 〜一つ動かさずに議論には納得しかねる On ne peut pas se contenter d'arguments aussi discutables. 〜棒 crayon à sourcils.

まゆ 繭 cocon *m.* 〜から糸をとる dévider un cocon. 〜をつくる filer *son* cocon.

まゆげ 眉毛 ¶〜を抜く s'épiler les sourcils; épiler *ses* sourcils. ⇨ まゆ(眉).

まゆみ 檀 fusain *m*.

まよい 迷い [錯覚・迷妄] illusion *f*; aberration *f*; égarement *m*; [ためらい] hésitation *f.* 〜が醒める revenir de *ses* illusions. 彼は〜が醒めた Il est désabusé. 彼心には〜がある Son cœur balance. 〜を醒ます désabuser *qn*; détromper *qn*. どんな気の〜で彼はそんなことをしたのか Par quelle aberration a-t-il agi ainsi?

まよう 迷う [ためらう] hésiter; osciller. どうすればよいか〜 ne savoir que faire. どっちにしようか〜 hésite (osciller) entre deux partis. 誰を信じてよいか〜 ne savoir qui croire. ¶迷わずに sans hésiter. 〜ずにする n'avoir aucune hésitation (ne pas hésiter) à *inf*. [道に] s'égarer; perdre *son* chemin; se perdre; se fourvoyer; [邪道に入る] se dévoyer; se détourner du droit chemin. 女の色香

に~ se laisser séduire par [la beauté d'] une femme. ¶迷える羊 brebis *f* perdue.

まよけ 魔除け[お守り] talisman *m*; amulette *f*; porte-bonheur *m* inv.

まよなか 真夜中 minuit *m*. ~に à minuit; vers minuit; en pleine nuit.

マヨネーズ mayonnaise *f*; sauce *f* mayonnaise.

まよわす 迷わす égarer *qn*; faire illusion à *qn*; désorienter *qn*; troubler *qn*. 女を~ séduire une femme. 人の心を~ jeter le trouble dans le cœur de *qn*.

まら 魔羅 pénis *m*.

マラカス maracas *mpl*.

マラソン marathon *m*. ~走者 coureur(se) *m(f)* de marathon; marathonien(ne) *m(f)*.

マラリア paludisme *m*; malaria *f*. ~にかかる être atteint de paludisme. ~にかかった paludéen(ne). ~患者 paludéen(ne) *m(f)*. ~熱 fièvre *f* paludéenne.

まり 鞠 balle *f*. ~つきをする faire rebondir une balle.

マリア ¶~様 la Sainte Vierge; Notre-Dame *f*.

マリーナ port *m* de plaisance; marina *f*.

マリオネット marionnette *f*.

マリジェット scooter *m* de mer.

マリネ marinade *f*. ニシンの~ harengs *mpl* marinés.

マリファナ marijuana *f*. ~を吸う fumer de la marijuana.

まりょく 魔力 magie *f*; pouvoir *m* magique; charme *m*. 数字の~ puissance *f* des chiffres. ~に魅せられる être sous le pouvoir d'un charme. ~をもった doué d'un pouvoir magique; [魅惑的な] ensorcelant. あの女には~的な美しさがある Cette femme a une beauté ensorcelante.

マリンスポーツ sports *mpl* d'été (de plage).

マリンバ marimba *m*.

まる 丸 rond *m*; cercle *m*. ~をつける marquer d'un cercle; encercler.

まる- 丸- ~1 日 un jour entier. ~1 日棒に振る perdre toute *sa* journée. ~1 年 toute une année. ~半年間 six mois entiers.

まるあんき 丸暗記 ~する apprendre mécaniquement (bêtement) *qc* par cœur.

まるい 丸い rond; circulaire; [球状] sphérique. ¶丸くを arrondir *qc*. 驚いて目を丸くする s'arrondir. 彼女は性格が丸くなってきた Il a commencé à arrondir ses angles. 丸くなって踊る danser en rond.

◆ ¶丸く収める arranger *qc* à l'amiable. 丸く収まる se réconcilier.

まるがお 丸顔 visage *m* rond (ovale).

まるがり 丸刈り ~にする [人の頭を] couper les cheveux ras.

まるき 丸木 tronc *m* d'arbre. ~橋 pont *m* en rondins. ~舟 pirogue *f*.

マルキ[シ]スト marxiste *mf*.

マルキシズム marxisme *m*.

マルク [貨幣単位] mark *m*.

まるくび 丸首 ~の à encolure ronde.

マルコ [聖] [saint] Marc. ¶~による福音書 Evangile *m* selon saint Marc.

まるこし 丸腰 ~の警官 agent *m* de police sans armes. ~で sans armes.

まるごと ~呑み込む avaler *qc* sans mâcher. ~魚を焼く griller un poisson tout entier. リンゴを~かじる croquer une pomme sans la peler. ~食べられる pouvoir manger *qc* tout entier.

マルス [古神] Mars.

まるぞん 丸損 perte *f* sèche. 1,000 ユーロの~をする subir une perte sèche de mille euros.

まるた 丸太 bille *f*; rondin *m*; tronçon *m* de bois. ¶彼は~みたいに太い腕をしている Il a des bras gros comme des rondins. ~小屋 cabane *f* en rondins.

まるだし 丸出し ¶彼女の化粧は田舎娘の~だ Elle se maquille comme une paysanne.

マルチーズ bichon *m*.

マルチカラー ¶~の multicolore.

マルチしょうほう -商法 commerce *m* boule de neige.

マルチビタミン multi-vitamine *f*.

マルチメディア multimedia *m*.

まるっきり ⇨ まったく(全く), まるで.

まるつぶれ 丸潰れ 面目~になる perdre complètement la face.

まるで [あたかも] comme si...; on dirait que .... ~畜生だ On dirait une bête. ~むし風呂の中にいるようだ On se dirait dans une étuve. 彼の身の上は~一篇の小説だ Son histoire est un vrai roman. 昨日のことのようによく覚えている Je m'en souviens comme si c'était hier. ¶ [全く] tout à fait; complètement; entièrement. ~何も覚えていない Je ne m'en souviens pas du tout./Je l'ai complètement oublié.

まるてんじょう 丸天井 voûte *f*; coupole *f*; dôme *m*.

まるのみ 丸呑み ~にする avaler *qc* sans mâcher.

まるはだか 丸裸 ~にする dépouiller *qn*; tondre *qn*. ~にされる se laisser tondre; être complètement fauché. ⇨ まっぱだか(真っ裸).

まるばつ 丸×× ~式問題 questionnaire *m* à choix multiple (QCM).

まるぼうず 丸坊主 ~の山 montagne *f* déboisée. ~に刈る se faire couper ras les cheveux.

まるぽちゃ 丸ぽちゃ ¶~の顔 figure *f* poupine; physionomie *f* pouparde.

まるまど 円窓 fenêtre *f*; lunette *f*; œil(s)-de-bœuf *m*; [建] oculus(i) *m(pl)*; [舟の] ↑hublot *m*.

まるまる 丸々 ~とした arrondi; rebondi. ~と太った dodu; potelé. ¶ [全く] ~数時間の間 pendant des heures entières. ~損をする ⇨ まるぞん(丸損).

まるまる 丸まる 蒲団の中で丸まって寝る se pelotonner dans *son* lit. 猫が座布団の上で丸まっている Un chat est couché sur son coussin.

まるみ 丸み ~を持った arrondi(e). ~を帯びた s'arrondir. 年とともに~が出る s'adoucir avec l'âge.

まるみえ 丸見え ¶~である être entièrement découvert(vu). ここから向いの部屋が~だ On peut voir d'ici tout ce qui se passe dans la chambre d'en face.

まるめこむ 丸め込む amadouer qn; enjôler qn; endormir qn. 言葉巧みに~ enjôler qn avec de belles paroles. ¶丸め込まれる se laisser gagner par qn.

まるめる 丸める ¶紙を~ faire une boule de papier. ~を丸めて pelotonner. 頭を~ se faire raser les cheveux; [僧になる] se faire tonsurer. 背中を丸めて歩く marcher le dos courbé.

マルメロ coing m.

まるもうけ 丸儲け ¶~をする gagner beaucoup sans rien dépenser; réaliser de gros bénéfices. この商売は~だ Dans cette affaire, il n'y a que du bénéfice.

まるやき 丸焼 ¶豚を~ porc m rôti en entier. 鶏を~にする rôtir un poulet entier.

まるやけ 丸焼 ¶僕が家を家事で~になってしまった Un incendie a réduit notre maison en cendres.

まるやね 丸屋根 dôme m; coupole f.

まれ 稀 ¶~な rare; exceptionnel(le); extraordinaire. …は~なことである Il est rare que sub (de inf). それは起り得る、しかし~なことだ Cela peut arriver, mais c'est rare. ¶~に見る男 homme m d'un rare mérite. ¶~に見る美人 femme f d'une rare beauté. ¶~に rarement; exceptionnellement.

マロニエ marronnier m.

まろやか 円やか ¶~な moelleux(se); doux(ce). ~な味 goût m moelleux.

マロングラッセ marrons mpl glacés.

まわしもの 回し者 espion(ne) m(f); agent m secret; [警察の] mouchard(e) m(f).

まわす 回す tourner; [回覧] faire passer; [渡す] passer. 機械を~ faire tourner une machine. 目を~ [気を失う] s'évanouir; (俗) tourner de l'œil. 塩を回してください Passez-moi le sel, s'il vous plaît. もし彼から電話があったら私に回してください S'il téléphone, passez-le-moi. ~[移す・委ねる] 上司に~ [案件を] en référer à son chef. ¶[差し向ける] envoyer. 迎えの車を~ faire prendre qn en voiture. ¶[隙々に回す] ¶…に手を~ s'imaginer que ind. あれこれ手を~ faire des démarches auprès de qn.

まわた 真綿 ouate f. ~で首をしめる faire souffrir qn à petit feu.

まわり 回り ¶得意先を~する faire une tournée de visites chez ses clients. ひと~する faire un tour. ‖ ◆[経由] このコースは右(左)~である Cette piste est parcourue dans le sens (contraire) des aiguilles d'une montre. 北極~でパリへ行く aller à Paris par la ligne du pôle nord. 代々木~で東京に行く aller à Tokyo en passant par Yoyogi. ◆[周囲] circonférence f; [付近] environs mpl; alentours mpl. …の~に(を)de; autour de; alentour de; aux alentours de. ~には誰もいなかった Il n'y avait personne alentour. ~をうろつく rôder autour. 自分の~を見回す regarder tout autour de soi. …の~を回る faire le tour de. ~の des environs; d'alentour; du voisinage. ~の家々 maisons fpl des environs (d'alentour). ◆[広がり] 火の~が早い Le feu gagne très vite.

まわりくどい 回りくどい [言葉など] périphrastique; [手段など] détourné. ~言い方をする utiliser une périphrase; prendre des détours. ~手段をとる prendre des mesures détournées. ~ことはやめて本題に入ろう Pas de détours, entrons dans le vif du sujet.

まわりどうろう 回り燈籠 ⇒ そうまとう(走馬灯).

まわりぶたい 回り舞台 scène f tournante.

まわりみち 回り道 détour m. ~をする faire un détour.

まわりもち 回り持ち ¶~で…する se charger de qc inf à tour de rôle.

まわる 回る tourner; virer; [自転する] pivoter; [ぐるぐる] tournoyer; [引力で] graviter; [酔いが] s'embrouiller. 風が南に~ Le vent tourne (se met) au sud. 地球は太陽の回りを~ La Terre gravite (tourne) autour du Soleil. 頭が~ La tête me tourne./J'ai la tête qui tourne. かかとで~ pivoter sur ses talons. ◆[循環する] circuler; [場所を] faire le tour de; parcourir. 探し~ chercher partout (dans tous les coins). デパートを~ faire le tour des grands magasins. ◆[迂回する] ¶裏門へ回って下さい Allez à la porte de derrière. 「急がば回れ」 «Hâte-toi lentement.» ◆[よく動く] 舌がよく~ (俗) avoir la langue bien pendue (affilée); avoir le filet bien coupé. 舌が回らない avoir la langue embarrassée; (俗) avoir le filet mal coupé. ◆[広まる・行渡る] ¶毒が~ Le poison fait son effet. 酔いが回り始めた L'alcool commence à faire de l'effet. ◆[時刻が過ぎる] ¶5時にもうとっくに回った Il est déjà cinq heures passées.

まわれみぎ 回れ右 [号令] Demi-tour à droite. ¶~する faire demi-tour.

まん 万 dix mille. ¶~に一つもそんなことは起らない Il n'y a pas une chance sur mille que ce cas se produise.

まん 満 ‖ [満年齢] ¶15歳に à l'âge de 15 ans révolus. ¶~18歳になる avoir 18 ans révolus. 父が死んでから~10年になる Dix ans sont déjà passés depuis la mort de mon père. ¶ ¶~を持して…する se tenir prêt à inf.

まんいち 万一 ¶ si par hasard; si par impossible. ~私が死んだら si je venais à mourir. ¶~の場合 le cas échéant; en cas d'imprévu; par impossible. [最悪の]au pis aller. ~の場合にそなえる se tenir prêt à toute éventualité; envisager le pire. ~の覚悟をする s'attendre au pire. ~の可能性を期待する espérer l'impossible.

まんいん 満員 ¶~の comble; plein; complet(ète); au complet; bondé. ~の芝居 spectacle m qui fait salle comble. バスは~だ L'autobus est complet. 地下鉄は~だ Le métro est bondé. その店はいつも~だ Ce magasin ne désemplit pas. ~につき見合わ

まんえつ 満悦 ¶〜の体だ Il a l'air comblé. ご〜である être très content; être comblé. 子供達はみな幸せで、〜の枢をしている Tous ses enfants sont heureux, c'est une mère comblée.

まんえん 蔓延 propagation f.; extension f. 病気の〜 propagation (extension) d'une maladie. ¶〜する se propager; se répandre.

まんが 漫画 bande f. dessinée; BD f.; [俗] fanzine f.; [ひとコマ] dessin m. humoristique. 〜を描く caricaturer. ¶〜的な caricatural(aux). ‖ 諷刺の〜 caricature f.; dessin humoristique. 連載〜 [新聞などの] comics mpl. 〜映画 dessin(s) animé(s). 〜家 caricaturiste mf; dessinateur(trice) m(f). 〜本 magazine m. de bandes dessinées; [単行本] album m. de bandes dessinées.

まんかい 満開 ¶〜の桜を見に行く aller admirer les cerisiers en fleur. 桜は〜だ Les cerisiers sont en fleurs (en pleine floraison).

まんがん 満願 ¶明日で〜だ C'est demain que se termine ma neuvaine. ‖〜成就 Tous mes vœux ont été exaucés.

マンガン manganèse m.

まんかんしょく 満艦飾 pavoisement m. 〜を施す pavoiser; †hisser le grand pavois.

まんき 満期 échéance f.; terme m. échu; expiration f. 〜になる échoir; venir à échéance; expirer. ¶〜になった arrivé à échéance; échu; expiré.

まんきつ 満喫 ¶〜する jouir pleinement de qc.; s'abreuver de qc. 山海の珍味を〜する se rassasier d'un festin. 喜びを〜する s'abreuver de joie.

まんきん 満金 ¶〜を積んでも彼は首を縦に振らない On a beau lui proposer tout l'argent qu'on veut, il reste inébranlable.

まんきん 万鈞 ¶それは〜の重さがある Ça vaut son pesant d'or.

マングース mangouste f.

マングローブ [木] manglier m; palétuvier m; [実] mangle f.

まんげきょう 万華鏡 kaléidoscope m. ¶〜のような kaléidoscopique.

まんげつ 満月 pleine lune f. 今日は〜だ Aujourd'hui, la lune est pleine.

まんげん 方言 ¶〜を費しても無駄なことだ Quoi que vous disiez, c'est en pure perte.

まんこう 満腔 ¶〜の謝意を表す exprimer sa plus profonde gratitude.

マンゴー [木] manguier m; [実] mangue f.

まんざ 満座 ¶〜の中で恥をかかされる être humilié devant toute l'assistance.

まんさい 満載 ¶〜している être en pleine charge de qc; être en pleine charge de qc. 船は荷物を〜している Le navire est en pleine charge. 面白い記事が〜されている雑誌 revue f. bourrée d'articles passionnants.

まんさい 万才 duo m. de chansonniers.

まんざら 満更 ¶〜悪くない Ce n'est pas si mauvais./Ce n'est pas mal. 彼は〜馬鹿でもなさそうだ Il me semble qu'il n'est pas tout à fait un imbécile. 〜でもなさそうですね Vous avez plutôt l'air content.

まんじ 卍 croix f. gammée; svastika m. ‖雪は〜巴と降りしきる La neige tombe en tourbillonnant. 〜巴と入り乱れての戦だった La bataille s'est transformée en mêlée confuse.

まんじょう 満場 toute l'assistance. 〜を唸らせる captiver toute l'assistance. ¶〜一致 unanimité f. [des voix]. 〜一致を得る obtenir unanimité f. l'unanimité [des voix]. 〜一致の unanime. 〜一致の同意 consentement m. unanime. 〜一致で à l'unanimité; unanimement; d'une voix unanime.

マンション [旧式の] immeuble m; [デラックスな] immeuble résidentiel; résidence f.

まんじり ¶昨夜は〜ともしなかった Je viens de passer une nuit blanche.

まんしん 慢心 orgueil m; fierté f. ¶〜する être gonflé (bouffi) d'orgueil. 彼女は成功したの〜している Son succès l'a rendue orgueilleuse.

まんしん 満身 ¶〜の力をこめて de toute sa force; de toutes ses forces. ‖〜創痍 Je suis couvert de blessures.

まんせい 慢性 chronicité f. ¶〜の chronique. 〜になる devenir chronique. あの子はもう〜になっているから、いくら叱っても効目がない On a beau gronder ce petit, ça ne fait plus d'effet; il est blindé. 〜的に chroniquement. 僕は慢性的に胃が悪いのです J'ai de perpétuels maux d'estomac. ‖〜気管支炎 bronchite f. (passée à l'état) chronique. 〜リュウマチ rhumatismes mpl chroniques.

まんぜん 漫然 ¶〜と à l'aventure; au hasard; sans but. 〜と歩く marcher à l'aventure; se promener sans but. 〜と眺める regarder distraitement.

まんぞく 満足 satisfaction f.; contentement m; [欲望の] assouvissement m. ¶〜する satisfaire de; se contenter de; se complaire à inf; assouvir. 〜させる satisfaire; contenter; assouvir. 好奇心を〜させる contenter sa curiosité. 〜した satisfait; content. ...に〜している être satisfait (content) de. 彼は子供達の成績にすっかり〜している Il est tout à fait satisfait des résultats de ses enfants. 〜すべき satisfaisant. 〜そうに d'un air satisfait. 自己〜 contentement de soi. ◆[完全・充分] ¶〜な奴はひとりもいない〜 Il n'y a pas un homme digne de ce nom. 彼は〜に字も書けない Il ne sait guère écrire. ‖五体〜な子 enfant mf parfaitement normal(e).

まんだら 曼荼羅 mandala m.

まんタン 満- ¶ガソリンを〜にする faire le plein d'essence.

まんちゃく 瞞着 mystification f.; fourberie f. ¶〜する mystifier qn.

まんちょう 満潮 marée f. haute; mer f. pleine; flux m. ¶〜になる La marée atteint son maximum. 6時に〜になるだろう A six

マンツーマン ~ディフェンス système m de défense individuelle.

まんてん 満天 ¶~の星 ciel m fourmillant d'étoiles.

まんてん 満点 ¶数学で~を取る obtenir le maximum en mathématiques. 100点~の60点 60 sur 100. ◆ [申し分がない] ¶このホテルのサービスは~だ Dans cet hôtel le service est parfait.

まんてんか 満天下 ¶~を沸かす passionner le monde entier. その小説は~の女性の涙を絞った Ce roman a ému toutes les femmes jusqu'aux larmes.

マント manteau(x) m; [袖なし] cape f.

マントヒヒ ~-狒狒 hamadryas m.

マンドリン mandoline f. ¶~奏者 mandoliniste mf.

マントル [地球の] manteau(x) m.

マントルピース cheminée f; manteau(x) m de cheminée.

まんなか 真中 milieu(x) m. ¶~のテーブル table f du milieu. …の~に au milieu de. …のと~に en plein (au beau) milieu de.

マンネリズム ¶あの小説家も~に陥った Ce romancier a perdu son originalité.

まんねん 万年 ¶~平社員 employé(e) m(f) qui croupit indéfiniment au bas de l'échelle. ~雪 névé m. ~浪人 éternel candidat m aux examens d'entrée.

まんねんひつ 万年筆 stylo m.

まんねんろう 迷迭香 romarin m.

まんぱい 満杯 ¶教室は~だ La classe a atteint le nombre limite.

マンパワー main(s)-d'œuvre f.

まんびき 万引き [行為] vol m à la tire.

まんびょう 万病 ¶風邪は~の元と言いますからね On dit que la grippe est à l'origine de toutes sortes de maladies. ‖ ~薬 panacée f.

まんぷく 満腹 ¶~する se rassasier; s'assouvir; se gorger de; se bourrer. ~させる rassasier; assouvir; gorger. ~である(している) avoir le ventre plein. ~した客達の中には歌いだす者もいた Certains convives repus ont commencé à chanter. ‖ ~感 satisfaction f d'être repu.

まんべんなく 万遍なく [一様に] uniformément; [平等に] équitablement; impartialement; [洩れなく] sans exception.

マンボ mambo f.

まんぽ 漫歩 flânerie f. ¶~する flâner; se balader.

まんぼう 【魚】poisson(s)-lune(s) m; môle f.

マンホール bouche f; [下水用] regard m (bouche) d'égout. ~の蓋 plaque f d'égout.

まんぽけい 万歩計 [p]odomètre m.

まんまえ 真前 ¶自動車の~を犬が横切った Un chien a passé sous le nez de la voiture.

まんまく 幔幕 rideau(x) m; voile m. ¶~を張りめぐらす tendre un rideau autour de qc.

まんまと [首尾よく] avec succès; [巧みに] habilement; adroitement. ~だましとる escroquer qc à qn en bernant. 彼は自分の叔父に~家屋敷をだましとられた Il s'est fait escroquer sa maison en un tournemain par son oncle. 彼に~と一杯食わされた Il m'a roulé en beauté./Il m'a bien eu.

まんまる 真丸 ¶~と tout rond.

まんまん 満々 ¶~と à pleins bords. ~と流れる couler à plein bords. ~と水をたたえる être plein à déborder. 自信~である être plein d'assurance; être sûr de soi. 野心~の bourré d'ambition.

まんめん 満面 ¶~に笑みを浮べる rire de toutes ses dents. 彼女は~に笑みを浮べていた Son visage resplendissait de joie. ~に笑みを浮べて avec un large sourire. ~朱をそそいで怒る se fâcher tout(e) rouge.

マンモス mammouth m. ‖ ~団地 grand ensemble m géant. ~都市 mégalopolis f.

まんゆう 漫遊 ¶世界を~する faire un tour du monde. 日本国内を~する voyager à travers le Japon.

まんりき 万力 étau(x) m. ¶~の歯 mâchoires fpl d'un étau. ~で締める serrer qc dans un étau.

まんりょう 満了 expiration f. ¶~する expirer; venir (arriver) à expiration. 任期が~する [議員などの] Le mandat vient à expiration.

み

み 実 fruit m; [堅果] noix f; [スープの具] ingrédients mpl. ¶~がなる(を結ぶ) porter (produire) des fruits; fructifier. あなたの努力は~を結んだ Vos efforts ont été fructueux. ¶彼は花も~もある男だ C'est un homme bien fait sous tous les rapports. ◆[中身・内容] ¶~のある話 sujet m fécond.

み 身 [体] corps m; personne f; [肉] chair f. ¶この魚は~がしまってる Ce poisson a une chair ferme. 仕事に~が入らない Je n'arrive pas à me mettre au travail. それでは~が持たない A ce compte-là, je ne tiendrai pas le coup. ~にあまる光栄 honneur m immérité. それは~にあまる光栄です C'est un honneur que je ne mérite pas. それは私の~にあまる仕事です Ce travail est au-dessus de mes forces./C'est un travail hors de ma portée. ~にしみる風 vent m mordant. ~につけ[ている]ている mettre (porter) qc [sur soi]. 素適な服を~につけている porter une jolie robe. 仕事を~につける apprendre un métier. フランス語を~につける assimiler le français. 教養を~につける se cultiver. ~につまされる話だ C'est une histoire émouvante. ~の上になってみる se mettre à la place de qn. ご親切が~にしみます Votre bienveillance me pénètre le cœur. ¶~の証を立てる se justifier. ~の置きどころを知らない ne pas savoir où se mettre.

tre. ～の毛がよだつ frissonner. ～の毛がよだつような怪物 monstre *m* horrible [à voir]. ～の毛がよだつような光景 spectacle *m* saisissant. ～の振り方を決める ⇨ みのふりかた(身の振り方). ～の程を知る ⇨ みのほど(身の程). ～の回りのもの ⇨ みのまわり(身の回り). ～に…をよだつ se perdre; se dévoyer; [女が] fauter. …に～を入れる s'appliquer à *qc* (*inf*). ～を売る se vendre à. ～を売った vendu; vénal; corrompu. ～を売った裁判官 juge *m* vendu. ～を起こす se redresser; se soulever; [立身] se faire une situation. ～を落とす s'abaisser. ～を危険にさらす exposer sa personne (vie) à un danger. ～を固める se marier. ～を固めるLe moment est venu de t'établir, non? ～を切られるような寒さ froid *m* perçant (piquant, pénétrant, mordant). ～を切られる思いがする avoir le cœur déchiré. …に～を砕く peiner pour *inf*; s'éreinter à *inf*. 恋に～をこがす(焼く) brûler d'amour. ～を粉にして働く travailler sans ménager sa peine. ～を捧げる se donner à; se consacrer à; se vouer à. 祖国に～を捧げる se sacrifier à sa patrie. 弁護士として～を立てる s'établir avocat. 音楽で～を立てる faire carrière dans la musique. 政界に～を投じる se jeter dans le monde politique. ～を引く se jeter en arrière. 仕事から～を引く se retirer des affaires. ～を潜める se cacher; se dissimuler. ～を任せる se livrer (s'adonner) à. ～を守る s'assurer (se protéger) contre; se défendre de (contre). ～を持ちくずす se dévoyer. ～を持ちくずした dévoyé. ～を持ちくずした人 dévoyé(e) *m*(*f*). ～をもって示す donner l'exemple de. ～をもって知る connaître (apprendre) *qc* par expérience. ～～から出た錆 On ne récolte que ce qu'on sème. ～も世もなく泣きくずれる s'effondrer en larmes sans aucune retenue. ‖ ～一つで逃れる ne sauver que la peau.

み 箕 van *m*. 麦を～にかける vanner du blé.

ミ [楽] mi *m* inv.

みあい 見合い ～をする aller à un rendez-vous arrangé (en vue d'un mariage éventuel). ～～結婚 mariage *m* arrangé. ◆ [対応] ⇨つりあい(釣合), つりあう(釣合う).

みあきる 見飽きる se lasser de voir *qc*. それはもう見飽きる Je l'ai trop vu. 見ても見ても見飽きない絵だ C'est un tableau dont je ne me lasse pas.

みあげる 見上げる regarder en l'air; lever les yeux vers. ～～ような大男 homme *m* de taille colossale. ◆ 見上げた努力 [立派な] effort *m* admirable.

みあたらない 見当たらない ‖鍵が～ Je ne trouve pas ma clé.

みあたる 見当たる ‖時計がどこにも見当たらない Je ne trouve ma montre nulle part.

みあやまる 見誤る prendre *qn* (*qc*) pour *qn* (*qc*); confondre (*qn*) (*qc*) avec *qn* (*qc*). 双子を～ confondre les jumeaux.

みあわせる 見合わせる [顔を] se regarder l'un(e) l'autre. 彼らは思わず顔を見合わせた Ils se sont regardés machinalement. [差し控える] se réserver (se garder) de *inf*. …の採用

を～ remettre l'embauche de *qn*. 熱があるんだから旅行は見合わせたらどう Tu as de la fièvre, tu ferais mieux de remettre le voyage, non?

みいだす 見出す retrouver; trouver; découvrir. 才能を～ découvrir un talent *m* chez. 二度と見出せないチャンスだよ C'est une occasion que tu ne retrouveras pas.

ミートボール boulette *f* de viande.

ミートローフ pain *m* de viande.

ミイラ momie *f*. ～化する se momifier. ～になる se momifier. ‖ ～化 momification *f*. ～化した死体 cadavre *m* momifié. 「～取りが～になる」«Tel est pris qui croyait prendre».

みいられる 魅入られる être hypnotisé par. 悪魔に～ être possédé du démon. ‖悪魔に魅入られた人 possédé(e) *m*(*f*) [du démon].

みいり 実入り [収入] ‖彼は～が多い Il se fait des gros sous.

みいる 見入る fixer les yeux (sa vue, son regard) sur; regarder fixement.

みうけ 身受け ［芸者を～する racheter (affranchir) une geisha.

みうける 見受ける ‖お見受けしたところ à ce que je vois; à mon impression.

みうごき 身動き mouvement *m*. ひどい混雑で～もできない C'est tellement bondé qu'on ne peut pas remuer. 借金で～もならない状態だ Je suis paralysé par des dettes. ～できない ne pouvoir bouger. 彼は～ひとつしない Il reste immobile.

みうしなう 見失う perdre de vue. 道を～ se perdre; s'égarer. 連れを見失ってしまった J'ai perdu de vue mon compagnon.

みうち 身内 siens *mpl*; famille *f*. ‖ ～の問題 affaire *f* domestique. ～の者だけで葬式をすませた Les funérailles ont été célébrées dans l'intimité. 彼は～同然だ Il est de la maison.

みうり 身売り ‖ ～する se vendre. ある党に～する se vendre à un parti. その会社は経営難で～した A cause de difficultés de gestion, cette entreprise a fusionné avec une autre.

みえ 見栄 vanité *f*. 彼女は～が強い Elle est vaniteuse. ～を張る se vanter; rechercher des effets; [虚勢] faire le faraud. 奴は～を張りすぎる Il fait trop de fla-flas. ～で物を買う acheter *qc* par vanité. ‖ ～坊 vaniteux(se) *m*(*f*). ◆ [見得] ～を切る [尊大ぶる] se rengorger; [役者が] prendre une pose théâtrale.

みえかくれ 見え隠れ ‖ ～する apparaître et disparaître. 船が～する Le bateau se montre (s'aperçoit) à intervalles. ～に…の跡をつける suivre *qn* en cachette (discrètement, secrètement).

みえすいた 見え透いた ‖ ～口実 prétexte *m* naif. ～嘘 mensonge *m* transparent. 彼の本心は見え透いている On peut lire le fond de ses pensées.

みえっぱり 見栄っ張り vaniteux(se) *m*(*f*); m'as-tu-vu(e) *m*(*f*) inv. ‖ ～な vaniteux(se); prétentieux(se). ～な若者たち jeunes gens *m pl* vaniteux; jeunes *m pl* m'as-tu-

みえる 見える [主語・人] voir; [主語・物] être en vue. 海岸がよく～ On voit bien la côte. 新しい眼鏡の方がよく～ Je vois mieux avec mes nouvelles lunettes. 海岸がみえたぞ La côte est en vue!/Terre! ふくろうは夜しかよく見えない Le hibou ne voit bien que la nuit. ¶肉眼で～ひび fente f visible à l'œil nu. 彼はものが～(見えない)男だ C'est un homme perspicace (aveugle). 見えない敵 ennemi m invisible. 見えなくなる disparaître; se perdre. 彼はすぐに人混みのなかに見えなくなった Il s'est aussitôt perdu dans la foule. ◆ [様子] ...のように～ paraître; avoir l'air. 彼女は疲れているようにへ Elle paraît (a l'air) fatiguée. 何でもないように～ n'avoir pas l'air de rien. 私はいくつに見えますか Quel âge me donnez-vous? 彼女は30歳だが, そんな年には見えない Elle a trente ans, mais elle ne les paraît pas. 彼はとても悪人とは見えない Il n'a pas du tout l'air d'un mauvais sujet. ◆ [敬語] ⇒ くる(来る).

みお 澪 passe f.

みおくり 見送り ¶～に行く raccompagner qn à son départ. 空港まで～に行く aller à l'aéroport pour souhaiter bon voyage à qn. 有難う Merci de m'avoir raccompagné.

みおくる 見送る ¶駅(玄関)まで～ raccompagner qn à la gare (jusqu'à la porte). ◆ [控える・順延する] ～の採用を～ remettre l'embauche de qn. 旅行を～ remettre à plus tard un voyage.

みおさめ 見納め それが彼の～だった C'était la dernière fois que je l'ai vu. この世の～ avant de quitter le monde.

みおとし 見落し omission f. ～を指摘する relever (signaler) une omission. その報告書には重大な～がある Il y a des omissions très graves dans ce rapport. ¶～のないように注意したまえ Prends garde de ne rien omettre.

みおとす 見落す ne pas remarquer (apercevoir); omettre. 間違いを～ laisser passer une erreur. ¶重大な原因が見落された The cause principale a échappé à l'attention.

みおとり 見劣り ¶～する être inférieur à (en comparaison de) qn (qc). 彼はどこといってその男に～しない Il ne lui est inférieur en rien.

みおぼえ 見覚え ¶～のある顔だ Sa tête me dit quelque chose.

みおも 身重 ¶～の enceinte f; [動物] pleine; gravide. 彼女は3か月の～だ Elle est enceinte de trois mois.

みおろす 見下ろす regarder de haut. 山頂から下界を～ contempler la plaine du sommet d'une montagne. ¶海を～断崖 falaise f qui domine la mer.

みかい 未開 ¶～の sauvage; primitif(ve). ¶～人 primitif(ve) m(f). ～人種 peuple m sauvage. ～部落 localité f peu développée.

みかいけつ 未解決 ¶～の問題 affaire f pendante. その事件は～のままだ Cette affaire reste en suspens. ～のままにしておく laisser qc en suspens.

みかいたく 未開拓 ¶～の土地 terre f inexploitée (inexplorée). ～の分野 domaine m inexploré.

みかいはつ 未開発 ¶～資源 ressources fpl inexploitées. ～の(未開発)

みかえし 見返し [本の] page f de garde f.

みかえす 見返す tourner la tête vers qn; [見直す] revoir; réviser. ◆ [報復する] se venger de. 今に見返してやるぞ Mon heure viendra.

みかえり 見返り 何の～もなく sans aucune récompense. ～を条件に à charge de revanche. ¶～物資 produits mpl d'échange.

みがき 磨き ¶～をかける polir. 芸に～をかける se perfectionner dans son art. 文体に～をかける polir son style. 彼女の美しさには近頃だいぶ～がかかってきた Ces derniers temps, elle a beaucoup embelli. ¶～粉 poudre f à récurer.

みかぎる 見限る 彼女は彼を見限って家を出て行った Comme elle désespérait de leur bonheur, elle l'a quitté. 先生に見限られた生徒 élève mf auquel (à laquelle) le maître a cessé de s'intéresser. 近頃は見限りされて, どうなったのですか Vous vous faites rare ces temps-ci.

みかく 味覚 goût m. ¶～の gustatif(ve). ～の秋 Voici l'automne aux fruits savoureux. ～をそそる料理 mets m appétissant. ¶～神経 nerf m gustatif.

みがく 磨く, 研く [金属を] brunir; poncer; décaper; [鍋, 流しを] récurer; [研ぐ] aiguiser. 家具を～ astiquer (briquer) un meuble. 靴(床)を～ astiquer les chaussures (le plancher). 爪を～ se polir les ongles. 歯を～ se brosser les dents. 武器を～ fourbir ses armes. ¶ [比喩的に] ～言葉を～ raffiner son langage. 腕を～ se faire la main; perfectionner sa technique.

みかくにん 未確認 ¶～情報 information f non confirmée. ～飛行物体 ⇒ UFO.

みかけ 見掛け apparence f. [だけ] の apparent; extérieur. 彼の礼儀正しさは～だけだ Sa politesse n'est qu'extérieure. 「人は～によらぬもの」«L'habit ne fait pas le moine.» ～によらず彼は短気だ Bien qu'il n'en ait pas l'air, il est soupe au lait. ～に extérieurement; en apparence. ¶彼は～倒しだ Il est fragile (vulnérable) malgré ses apparences./C'est un colosse (une statue) aux pieds d'argile./C'est un épouvantail. あの機械は～倒しだ Cette machine n'est utile qu'en apparence.

みかげいし 御影石 granit[e] m. ¶～の(から成る) granitique. ¶～状の granité.

みかける 見掛ける voir; rencontrer. 彼を街角で～ Je l'ai vu au coin de la rue. 新聞ではもうあまり見掛けない言葉だ C'est un mot qu'on ne rencontre plus souvent dans le journal. この頃はあまりお見掛けしませんね Je ne vous vois guère ces jours-ci. ¶よく～顔 visage m familier.

みかこう 未加工 ¶～の brut.

みかた 見方 [考え方・観点] point m de vue;

みかた façon *f* (manière *f*) de voir. ～を同じくする partager le point de vue de *qn*. 片寄った～をする avoir une idée partiale (tendancieuse). 別の～をする adopter (choisir) un autre point de vue. それも一つの～だ C'est un point de vue (une façon de voir). 僕の～は君とちょっと違う Ma façon de voir est un peu différente de la tienne. ¶ある～からすれば正当と解釈できる Cette interprétation est valable; ça dépend du point de vue. ◆[見る方法] ¶あの娘は時刻表の～も知らない Cette fille ne sait même pas comment lire un indicateur.

みかた 味方 ami(e) *m(f)*; partisan(e) *m(f)*; [思想上の] adepte *mf*. 真理の～ ami de la vérité. 民主主義の～ partisan de la démocratie. ～にする(引き入れる) rallier *qn*. ～を集める faire des adeptes. あれは我々の軍隊だ Ils sont des nôtres. ¶～を する prendre parti pour *qn*; se trouver du côté de *qn*; prendre fait et cause pour *qn*.

みかづき 三日月 croissant *m* [de lune]. ～が西の空にかかっている Au couchant, le ciel est orné d'un croissant de lune. ～のような眉 sourcils *mpl* bien arqués. ‖～形の en [forme de] croissant.

みかど 帝 mikado *m*.

みかねる 見兼ねる ne pouvoir plus rester indifférent à. 見るに見兼ねて忠言する ne pas pouvoir se retenir de donner conseil à *qn*.

みがまえ 身構え ¶戦う～をする se mettre en position de combat.

みがまえる 身構える ¶彼はいつでも戦えるように身構えている Il est en position de combat. 怪しい物音に彼はきっと身構えた En entendant un bruit suspect, il est tombé en arrêt.

みがら 柄 personne *f*; corps *m*. ～を拘束する se saisir de la personne de *qn*. ～を引き受ける répondre de la personne de *qn*. ‖～引受人 répondant(e) *m(f)*.

みがる 身軽 ¶～な agile; [自由な] libre. ～な服装 vêtement *m* léger. ～な身のこなし démarche *f* légère. 妻子もなくて彼は～だ N'ayant ni femme ni enfants, il a le champ libre. ～になる être libéré. 責任ある地位を離れて私は～になった Après avoir quitté ce poste aux lourdes responsabilités, je me suis senti soulagé. ‖～に avec agilité.

みかわす 見交わす se regarder l'un (e) l'autre.

みがわり 見代わり ¶～になる [犠牲] se sacrifier à la place de *qn*; [代理] se mettre à la place de *qn*; remplacer *qn*. ‖～候補 remplaçant(e) *m(f)* d'un candidat électoral.

みかん 未完 ¶～の inachevé. ～の大器 grand homme *m* en herbe; [スポーツマン] champion *m* en herbe. 作者の急死でその小説は～のまま終わった La mort subite de l'écrivain a laissé ce roman inachevé.

みかん 蜜柑 mandarine *f*; [小さい] clémentine *f*. ～の木 mandarinier *m*; clémentinier *m*.

みかんせい 未完成 inachèvement *m*; imperfection *f*. ¶～の inachevé; imparfait. ‖シューベルトの「～交響曲」 La Symphonie inachevée de Schubert.

みき 幹 tronc *m*; fût *m*.

みぎ 右 droite *f*. ¶～[側]の droit. ～のストレート(フック) direct *m* (crochet *m*) du droit. ～[側]に à droite. ...の～に à la droite de *qn*; du côté droit de *qc*. ～に出る tourner à droite. 最初の道を～に曲がりなさい Prenez la première rue à droite. 彼女は私の～に座った Elle s'est assise à ma droite. 記憶力の点では彼の～に出るものはない En ce qui concerne la mémoire, il n'a pas rival. 月給が～から左へなくなってしまう Le salaire fond comme neige au soleil. あいつは～と言えば左と言う Si on dit blanc, il dit noir. ～に左に目をやる regarder à droite et à gauche. モスクワは～も左もわかりません A Moscou, je suis complètement perdu. ～や右の旦那様 La charité, bon Monsieur! ‖...の～腕である être le bras droit de *qn*. ～側 côté *m* droit. ～側通行をたもつ(保つ) tenir la droite. ～利きである être droitier(ère). ～利きの droitier(ère). ～利きの人 droitier(ère) *m(f)*. ～手で書く écrire de la main droite. ‖◆[右派] ～寄りの思想 idées *fpl* de droite. 彼の思想は～寄りである Ses idées penchent à droite. ◆[前述] ～の通り相違ありません Je soussigné confirme les déclarations ci-dessus. ◆[号令] ¶回れ～ Demi-tour, droite! ～を向け～ Tête à droite! ～へならえ A droite, alignement!

みぎうで 右腕 bras *m* droit. ...の～として働く travailler comme bras droit de *qn*.

みきき 見聞き voir et écouter *qc*; [知る] apprendre *qc*; connaître *qc*.

ミキサー [家庭用] mixer *m*. ‖コンクリート～ bétonneuse *f*; bétonnière *f*. ◆[放送技師] mixeur *m*.

ミキシング [映画の] mixage *m*. ～する mixer.

みぎまわり 右回り ～の(で) dans le sens des aiguilles d'une montre.

みきり 見切り ⇨ 見切る. ～をつけよう Je l'ai abandonné. ～発車する passer à l'action unilatéralement. ～品 soldes *mpl*; fins *fpl* de séries.

みぎり 砌 ⇨ おり(折), さい(際), とき(時).

みきる 見切る [全部見る] 展覧会を全部見切らないうちに追い出された J'ai été mis à la porte avant d'avoir pu voir toute l'exposition. ◆[安売りする] vendre au rabais (en solde); solder. ◆[見離す] désespérer de; abandonner.

みぎれい 身奇麗 ¶～である être bien (proprement) vêtu (mis). ～にする soigner *sa* mise.

みぎわ 汀 ⇨ なぎさ(渚).

みきわめる 見極める s'assurer de; vérifier; contrôler. ニュースの真偽を～ s'assurer de l'exactitude d'une nouvelle.

みくだす 見下す regarder (traiter) *qn* de haut. ¶人を～ような態度で d'un air mépri-

みくだりはん 三行半 billet *m* de divorce. 彼は女房に～を突きつけた Il a imposé le divorce à sa femme.

みくびる 見縊る méconnaître; mésestimer; méjuger [de]; sous-estimer. 相手を～ sous-estimer *son* adversaire. ¶見縊られたもんだね、こんな扱いをされるとは Me traiter de cette façon! Je compte pour rien....

みくらべる 見比べる ⇨ くらべる(比べる).

みぐるしい 見苦しい désagréable à voir; ʰhideux(*se*); ʰhonteux(*se*). ～退却 reculade *f* honteuse. ～振舞い conduite *f* déshonorante. ～真似 tout action déshonorante. ¶見苦しくも逃げる fuir honteusement.

みぐるみ 身ぐるみ ¶～剥ぐ dévaliser *qn*. ～脱いで置いていけ、さもなければ命はないぞ La bourse ou la vie! ～剥がれる se faire dévaliser.

ミクロ ¶～の世界 microcosme *m*. ∥～グラム microgramme *m*.

ミクロコスモス microcosme *m*.

ミクロネシア Micronésie *f*. ∥～[人]の micronésien(ne). ～人 Micronésien(ne) *m* (*f*).

ミクロン micron *m*.

みけいけん 未経験 inexpérience *f*. ¶～な inexpérimenté.

みけつ 未決 ¶～の事件(問題) affaire *f* en souffrance (en suspens). ∥～囚 inculpé(*e*) *m*(*f*).

みけねこ 三毛猫 chat(te) *m*(*f*) écaille de tortue.

みけん 眉間 ¶～に傷がある avoir une cicatrice frontale. ～に皺を寄せる froncer les sourcils. ～に一発見舞う envoyer *son* poing dans la figure de *qn*.

みこ 巫女 prêtresse *f*; vestale *f*; sibylle *f*; [占者] devineresse *f*.

みこし 神輿 ¶～を上げる [始動する] entrer (se mettre) en action; [退散する] partir. ～をかつぐ [おだてる] flatter *qn*. ～を据える [長居する] s'enraciner (s'incruster) chez *qn*. そろそろ[お]～を上げようか C'est l'heure de partir.

みごしらえ 身拵え ¶山登りの～をする se mettre en tenue d'alpiniste. ⇨ みじたく(身支度).

みこす 見越す prévoir. 最悪の場合を～ prévoir le pire. 物価の上昇を～ prévoir que les prix vont augmenter. ¶...を見越して en prévision de.

みごたえ 見応え ¶～のある試合 match *m* qui vaut la peine d'être vu.

みごと 見事 ¶～な admirable; merveilleux(*se*); splendide; magnifique. ～な出来栄えの作品 œuvre *f* tout à fait réussie. その丘の見晴らしは実に～だ La vue qu'on a de cette colline est remarquable. ¶～に admirablement; merveilleusement; à merveille; à ravir; splendidement; honorablement; à la perfection. ～にやってのける réussir le coup; réussir un coup magistral; [責任]s'acquitter honorablement de *qc*. 彼の事業は～に失敗した Son affaire a fait fiasco. ～

splendeur *f*; magnificence *f*; perfection *f*. 腕前の～さ habileté *f* hors de pair. お～ Bravo!

みこなし 身ごなし allure *f*; attitude *f*. ～から見て彼はただ者ではない D'après son allure, il n'est pas le premier venu.

みこまれる 見込まれる ⇨ みこむ(見込む).

みこみ 見込み [有望性] espérance *f*; espoir *m*; avenir *m*; [可能性] chance *f*; probabilité *f*; [予想] prévision *f*. 成功の～がある avoir l'espérance de réussir. その生徒は大いに～がある Cet élève donne de grandes espérances. その計画はまったく～がない Ce projet n'a aucun avenir. その計画が実現される～は大いにある Il y a beaucoup de chances pour que ce projet se réalise. もう癒る～はない Il n'y a plus d'espoir de guérir. 彼が勝つ～はず[殆んど]ない Il n'a aucune chance (peu de chances) de gagner. 彼の～は外れた Il s'est trompé dans ses prévisions. 天気は悪くなる～だ Il est probable que le temps va se gâter. 彼は来年三月卒業の～だ Il sera certainement diplômé en mars de l'an prochain. ¶～のある(ない)企業 entreprise *f* viable (sans avenir). ～のある子供 enfant *mf* qui promet. 勝つ～もないのに戦う lutter sans espoir. ∥～違い mécompte *m*; erreur *f* de prévision. ～違いをする se tromper dans ses prévisions.

みこむ 見込む [期待、信頼する] compter sur; espérer; [売行きなどを] escompter; [予想する] prévoir. ¶上役に見込まれる être bien vu de ses supérieurs. 蛇に見込まれた蛙 grenouille *f* fascinée par un serpent. ...を見込んで dans l'espoir de *qc* (*inf*); dans l'attente de *qc*; en prévision de. 男と見込んで頼む compter sur l'honneur de *qn*.

みごもる 身籠る devenir enceinte.

みごろ 見頃 ¶桜は今が～だ Les cerisiers sont en pleine floraison.

みごろ 身頃 corps *m*. 後～ dos *m*. 前～ devant *m*.

みごろし 見殺し ¶～にする laisser *qn* mourir; abandonner *qn* dans le besoin. 私は困っている人を～にはできない Je ne peux pas laisser tomber quelqu'un qui a des ennuis.

みこん 未墾 ¶～の土地 terres *fpl* incultes.

みこん 未婚 ¶～の célibataire; non marié. ～の母 fille-mère *f*.

ミサ messe *f*. ～に行く aller à la messe. ～を行なう célébrer (dire) la messe. ∥黒～ messe noire. ～曲 messe.

みさい 未済 ¶～の借金 prêt *m* en cours de remboursement.

ミサイル missile *m*. ～を発射する lancer un missile. ∥地対空(空対地、地対地、空対空)～ missile sol-air (air-sol, sol-sol, air-air). 対～～ missile antimissile. ～レーダー～ missile anti-radar. ～基地 base *f* de missile. ～実験 expérience *f* de missile. ～発射装置(台) lance-missiles *m inv*. ～発射潜水艦 sous-marin *m* lance-missile.

みさお 操 [貞操] chasteté *f*; vertu *f*; [即興] constance *f*; fidélité *f*. 夫(妻)への～ fidélité

みさかい à son mari (sa femme). ~を守る(破る) garder (perdre) la chasteté. 学者としての~を守る rester fidèle à ses convictions de savant. ¶~の正しい女 femme f d'une chasteté (vertu, fidélité) irréprochable; femme chaste (vertueuse); ~のない女 femme de petite vertu (de mœurs légères).

みさかい 見境 ¶公私の~をつける distinguer l'intérêt public et l'intérêt privé. ...で前後の~がつかなくなる être mis hors de soi par qc. ~もなく行動する agir sans discernement (sans réflexion).

みさき 岬 cap m; promontoire m. ~の灯台 phare m d'un cap. ~の鼻 pointe f. ~を回る [船が] doubler (passer) un cap.

みさげる 見下げる ⇒ みくだす(見下す). ¶見下げ果てた奴 individu m tout à fait méprisable.

みささぎ 陵 mausolée m impérial.

みさだめる 見定める ⇒ みきわめる(見極める).

みじかい 短い court; bref(ve). ~滞在 bref séjour m. ~手紙 petite lettre f. ~服 robe f courte. 息が~ [読めない] avoir l'haleine courte. 気が~ être impatient; manquer de patience. 彼の演説は短かった Son discours a été bref. ¶時間を短く感じる trouver le temps court. 短くする raccourcir; rendre plus court; écourter; [話などを] abréger. スカートの長さを短くする diminuer la longueur d'une jupe. 話を短くする abréger son récit. 短くなる raccourcir; devenir plus court; s'abréger. 日が短くなりはじめる Les jours commencent à raccourcir. この袖はこれ以上短くならない Les manches peuvent difficilement se raccourcir. 短く切る couper qc court; couper qc (à) ras. ¶短く簡単にする Il n'a aucune idée de la politesse.

ミス ¶~を犯す commettre une erreur (une faute). ‖オールド(ハイ)~ vieille fille f. ~木村 Mademoiselle Kimura. ~日本 Miss Japon. ~ジャッジ jugement m erroné. ~キャスト erreur f de distribution. ⇒ まちがい(間違い), あやまち(過ち).

みず 水 eau(x) f; [湯に対して] eau fraîche. 酒を~で割る mettre de l'eau dans le vin; mouiller (baptiser) du vin. ~に浮かぶ(浮かべる) (faire) flotter sur l'eau. ~に飛びこむ se jeter dans l'eau. ~にひたす tremper qc dans l'eau. 過去を~に流す oublier le passé. ~をあける [差をつける] dépasser (surpasser) qn. ~をあけられる se laisser distancer par qn. 風呂が熱いので~をうめる attiédir un bain trop chaud. ~を掛ける arroser qc; asperger qn (qc) d'eau. ~を掛け合う s'asperger d'eau. ~を切る égoutter. ~を汲みに行く aller à l'eau. ~を差す verser de l'eau; [仲をさく] semer la discorde entre. ひとの話に~を差す se mêler de; s'entremettre dans. ~をたくさん使って洗う laver qc à grande eau. ~を出す[止める] ouvrir (fermer) le robinet. ~を飲む boire de l'eau; [水泳中に] avaler un bouillon. ~をはじく repousser l'eau. 庭に~を撒く arroser un jardin. ~を向ける allécher qn. 草木に~をやる arroser des plantes. 風呂場に~があふれている Il y a une inondation dans la salle de bains. 雨で~が出た Les pluies ont causé une inondation. 「~清ければ魚棲まず」 «La vie du loup est la mort du mouton.» ¶~の通(漏)らない imperméable; étanche. ~もしたたる美人 femme f d'une beauté éclatante. ~も漏らさぬ警戒 surveillance f sans défaut. ~に油である être

---

inexpérience f. ‖~児 [enfant m(f) prématuré(e)]. ~者 novice mf; débutant(e); apprenti(e) m(f).

みしょう 実生 ¶~の木 plantule f.

みしょう 未詳 ¶この小説の作者は~である L'auteur de ce roman est anonyme. ‖作者~の作品 œuvre f anonyme.

みしょち 未処置 ¶~の qui n'est pas traité(e) (soigné(e)).

みしらぬ 見知らぬ inconnu; étranger(ère). ~顔 visage m. ~人 inconnu(e) m(f). ~の群衆《集》の中を au milieu de la foule anonyme.

みしる 見知る 見知っている connaître qn de vue. お見知りおき下さい Je suis enchanté de faire votre connaissance.

みじろぎ 身じろぎ ¶~ひとつしない rester immobile (figé). ~もせずに immobilement; sans faire le moindre mouvement.

ミシン machine f à coudre. ~で縫う coudre à la machine. ‖電動(足踏み)~ machine à coudre électrique (à pédale). ~工 mécanicienne f.

みじん 微塵 ¶~に切る couper en menus morceaux; †hacher; couper menu. パセリを~に切る hacher du persil. ¶野菜の~切り †hachage m (†hachement m) de légumes. ~切りの玉ねぎ oignons mpl hachés. ◆ ¶彼には礼儀の観念など~もない [少しも] Il n'a aucune idée de la politesse.

ミス ¶~を犯す commettre une erreur (une faute). ‖オールド(ハイ)~ vieille fille f. ~木村 Mademoiselle Kimura. ~日本 Miss Japon. ~ジャッジ jugement m erroné. ~キャスト erreur f de distribution. ⇒ まちがい(間違い), あやまち(過ち).

みず 水 eau(x) f; [湯に対して] eau fraîche. 酒を~で割る mettre de l'eau dans le vin; mouiller (baptiser) du vin. ~に浮かぶ(浮かべる) (faire) flotter sur l'eau. ~に飛びこむ se jeter dans l'eau. ~にひたす tremper qc dans l'eau. 過去を~に流す oublier le passé. ~をあける [差をつける] dépasser (surpasser) qn. ~をあけられる se laisser distancer par qn. 風呂が熱いので~をうめる attiédir un bain trop chaud. ~を掛ける arroser qc; asperger qn (qc) d'eau. ~を掛け合う s'asperger d'eau. ~を切る égoutter. ~を汲みに行く aller à l'eau. ~を差す verser de l'eau; [仲をさく] semer la discorde entre. ひとの話に~を差す se mêler de; s'entremettre dans. ~をたくさん使って洗う laver qc à grande eau. ~を出す[止める] ouvrir (fermer) le robinet. ~を飲む boire de l'eau; [水泳中に] avaler un bouillon. ~をはじく repousser l'eau. 庭に~を撒く arroser un jardin. ~を向ける allécher qn. 草木に~をやる arroser des plantes. 風呂場に~があふれている Il y a une inondation dans la salle de bains. 雨で~が出た Les pluies ont causé une inondation. 「~清ければ魚棲まず」 «La vie du loup est la mort du mouton.» ¶~の通(漏)らない imperméable; étanche. ~もしたたる美人 femme f d'une beauté éclatante. ~も漏らさぬ警戒 surveillance f sans défaut. ~に油である être

みずあか 1056 **みずしらず**

comme l'eau et le feu. ~を得た魚のようである être [heureux] comme un poisson dans l'eau. 会場は~を打ったように静まりかえっていた La salle était plongée dans un profond silence.

みずあか 水垢 incrustation *f*; [湯垢] tartre *m*. ボイラーの~を取る désincruster une chaudière. ラジエーターに~がついた Mon radiateur s'est incrusté de tartre.

みずあげ 水揚げ [収入] recette *f*; [漁獲高] pêche *f*; [陸揚げ] débarquement *m*. 一日10万円の~ recette journalière de cent mille yen. 今年は魚の~が多かった Cette année, on a rapporté une belle pêche.

みずあそび 水遊び ¶~をする jouer (s'amuser) dans l'eau (avec de l'eau).

みずあび 水浴び ~をする [水浴] prendre un bain froid; [水泳] nager.

みずあらい 水洗い lavage *m* à l'eau. ~する laver qc à l'eau.

みすい 未遂 ¶~に終る échouer dans une tentative. [殺人] ~ tentative *f* d'homicide (de meurtre, d'assassinat). 自殺~ tentative de suicide. ~罪 tentative.

みずいらず 水入らず ¶~の集まり réunion *f* intime (de famille). …と~で暮す vivre dans l'intimité avec *qn*. 一家~で en famille. 夫婦~で entre époux; dans l'intimité conjugale.

みずいろ 水色 bleu *m*. ¶~の bleu.

みずうみ 湖 lac *m*. ~の中の島 île *f* au milieu d'un lac. ~に棲む魚 poisson *m* lacustre. ~に面した部屋 chambre *f* donnant (qui donne) sur un lac. ~に面したホテル hôtel *m* au bord d'un lac.

みすえる 見据える fixer (braquer) les yeux sur; regarder dans le blanc des yeux.

みずおち 鳩尾 épigastre *m*; creux *m* de l'estomac. ~に一撃を加える donner à *qn* un coup de poing au creux de l'estomac.

みずおと 水音 murmure *m* des eaux. ~が聞える On entend le murmure des eaux. ¶~を立てて飛びこむ plonger dans l'eau en faisant plouf.

みずかい 水飼場 abreuvoir *m*.

みずかがみ 水鏡 miroir *m* des eaux. ~に映して見る se regarder (se contempler) dans l'eau.

みずかき 水掻き palmure *f*. ¶~のある脚 patte *f* palmée.

みずかけろん 水掛論 discussion *f* futile (stérile). ~をする faire une discussion byzantine. ~をやっても~だ Alors, on n'en finit pas de tourner en rond.

みずかさ 水嵩 volume *m* d'eau. 川の~が増す (減る) La rivière monte (descend)./La rivière augmente (diminue) de volume.

みすかす 見透かす ¶心(意図)の~を lire dans le cœur de *qn*; pénétrer (percer, deviner) les intentions de *qn*.

みずがめ 水瓶 ¶~座 le Verseau.

みずから 自ら soi-même; personnellement; en personne. 過ちを~告白する faire un aveu spontané de sa faute. 「天は 助くる 者を助く」«Aide-toi et le ciel t'aidera.» ~進んで de gaieté de cœur; de *son* propre mouvement. ~行く(来る) aller (venir) en personne. ~の意志で de *sa* propre volonté; volontairement.

みずがれ 水涸れ sécheresse *f*. ~の季節 temps *m* de sécheresse.

みずぎ 水着 maillot *m* de bain; [男の] slip *m* de bain. ¶~ショー présentation *f* de maillots de bain.

みずぎせる 水煙管 narguilé *m*; narghileh *m*.

みずきり 水切り ¶~遊び ricochet *m*. ~遊びをする s'amuser à faire des ricochets.

みずぎわ 水際 bord *m* de l'eau. ~で au bord de l'eau. ¶~作戦に成功する empêcher avec succès l'ennemi de débarquer.

みずぎわだった 水際立った ¶水際立った美しさ éclatante (radieuse) beauté *f*. 水際立った腕の冴え grand art *m*. 水際立って美しい être remarquablement beau(belle).

みずくさ 水草 plante *f* aquatique.

みずくさい 水臭い ¶~態度 air *m* distant (froid). ~態度を示す se montrer distant (froid) avec (envers) *qn*. そう~くしないで取っとけよ Prends-ça et ne te fais pas prier. 俺たちは仲間じゃないか, ~ぞ On est entre copains, ne fais pas de manières! 親しい仲にそんなことを言うなんて~ぞ Entre amis, on ne dit pas des choses pareilles.

みずぐすり 水薬 potion *f*; breuvage *m*.

みずくみ 水汲み ¶~に行く aller à l'eau. ~をする puiser de l'eau.

みずぐるま 水車 roue *f* de moulin.

みずけ 水気 [液汁] jus *m*. ~の多い [果実など] plein de jus; juteux(se); aqueux(se). ~のない sec (sèche); peu juteux(se).

みずけむり 水煙 poussière *f* d'eau. ~を立てる faire de la poussière d'eau.

みずごけ 水苔 sphaigne *f*; mousse *f* des marais. ¶~のついている石 pierre *f* moussue.

みずごす 見過ごす ⇒みおとす(見落す), みのがす(見逃す).

みずごり 水垢離 ablution *f*. ~を取る faire ses ablutions.

みずさかずき 水杯 ¶~をして別れる partager une coupe en signe d'adieu.

みずさきあんない 水先案内 pilotage *m*. ~をする piloter un navire. ¶~船 bateau(x)-pilote(s) *m*. ~人 pilote *m*.

みずさし 水差し [食卓用] carafe *f* [d'eau]; [広口の] pot *m* à eau. ~から水を注ぐ verser d'une carafe.

みずしごと 水仕事 ¶~をする [食器洗い] faire la vaisselle; [洗濯] faire la lessive. ~で手が荒れてしまった Les travaux manuels ont gercé les mains.

みずしぶき 水飛沫 poussière *f* d'eau. ¶~をあげて走る [船が] s'avancer en fendant les eaux.

みずしょうばい 水商売 industrie *f* hôtelière. 彼は~をやっている Il tient un bar. ¶~の女 fille *f* de bar; entraîneuse *f*.

みずしらず 見ず知らず ¶~の Inconnu(e), étranger(ère). ~の人 personne *f* complète-

みずすまし 水すまし gyrin *m*; tourniquet *m*.
みずぜめ 水攻め ¶～にする inonder; [水を断つ] couper l'eau [potable].
ミスター ‖～木村 Monsieur Kimura.
みずたま 水玉 [水滴] goutte *f* d'eau. ‖～模様のドレス robe *f* à pastilles *f pl*.
みずたまり 水溜り flaque *f* [d'eau]; fondrière *f*. ～の中を歩く patauger dans les flaques.
みずため 水溜め réservatoire à l'eau *m*; [貯水タンク] citerne *f*.
みずっぱな 水っ洟 morve *f*; goutte *f*. ～が出る avoir le nez qui coule; 《俗》avoir la goutte au nez. 彼は口から～をたらしている La morve lui coule des deux narines jusqu'à la bouche. ¶～をたらした子供 enfant *m(f)* morveux(se).
みずっぽい 水っぽい ¶～飲み物 boisson *f* fade (insipide). ～葡萄酒 vin *m* coupé (baptisé).
みずでっぽう 水鉄砲 pistolet *m* à eau.
ミステリー mystère *m*. ‖～映画 film *m* d'horreur. ～小説 roman *m* policier.
みすてる 見捨てる abandonner *qn* (*qc*); délaisser; planter là *qn* (*qc*), déserter *qc*;《俗》lâcher *qn* (*qc*). 党を～ déserter *son* parti. 年老いた両親を～ abandonner *ses* vieux parents. 不幸な友を～わけにはいかない Il ne faut pas abandonner un ami dans le malheur. 彼女は酔払いの亭主を見捨てた Elle a quitté son ivrogne de mari. 友人たちは不幸な彼を見捨てた Ses amis l'ont délaissé dans le malheur. 住民に見捨てられた村 village *m* déserté par ses habitants.
みずどけい 水時計 horloge *f* à eau.
みずとり 水鳥 oiseau(x) *m* aquatique.
みずなしがわ 水無川 oued *m*.
みずに 水煮 ¶～の鯖→ maquereau(x) *m* cuit à l'eau. ～にする cuire à l'eau.
みずのあわ 水の泡 ¶～となる n'aboutir à rien; partir (s'en aller, s'évanouir) en fumée. 彼の計画はすべて～となった Tous ses projets sont partis en fumée. 長年の苦労は～となったのか A quoi ont servi ces longues années de labeur?
みずのせい 水の精 ondin(e) *m(f)*; nymphe *f*; naïade *f*. あの娘はまるで～だ C'est une vraie nymphe, cette fille.
みずのみ 水飲み [容器] verre *m*; gobelet *m*. ‖～場 fontaine *f*; source *f*; point *m* d'eau; [動物の] abreuvoir *m*.
みずば 水場 ⇨みずのみ(水飲み).
みずばけ 水捌け écoulement *m* des eaux. この流しは～が悪い L'eau ne s'écoule pas bien dans cet évier. ¶～のよい(悪い)土地 terrain *m* très (peu) perméable. ～をよくした土地 terrain bien drainé.
みずばしら 水柱 colonne *f* d'eau. 海に爆弾が落ちって～が上った Une bombe tombée dans la mer souleva une haute gerbe d'écume.
みずばな 水洟 goutte *f*; morve *f*. ～を垂らす avoir le nez qui coule;《話》avoir la

goutte de nez.
みずびたし 水浸し ¶～になる être inondé; être submergé par l'inondation. 洪水で低い土地は～になった L'inondation a couvert les terres basses.
みずぶくれ 水脹れ ampoule *f*;【医】phlyctène *f*, [火傷の] cloque *f*. 手に～ができる se faire des ampoules aux mains. 火傷で～ができた Une brûlure a provoqué des ampoules. あいつの～ Il a de la mauvaise graisse.
ミスプリント faute *f* d'impression; erreur *f* (faute) typographique; coquille *f*. ⇨ごしょく(誤植).
みずべ 水辺 bord *m* de l'eau. ¶～に au bord de l'eau.
みずぼうそう 水疱瘡 varicelle *f*. その子は～にかかった cet enfant a attrapé la varicelle.
みすぼらしい misérable; miteux(se); pauvre. ～ホテル hôtel *m* misérable (miteux). ～人 miteux(se) *m(f)*. ～恰好をする faire pauvre figure. ～服装をしている être pauvrement (misérablement) vêtu.
みずまき 水撒き arrosage *m*... に水撒きをする arroser *qc*.
みずまし 水増し majoration *f*. 値段の～ majoration de prix. ～する majorer. 請求書を～する majorer une facture. ‖その大学は～入学をしている Cette université accepte des candidats en surnombre.
みすます 見澄ます regarder (observer) soigneusement (avec attention). ¶人気のない家を見澄まして家に忍び込む promener un regard circulaire avant de se glisser dans une maison.
ミスマッチ ¶～な mal assorti.
みすみす ¶～損をする subir des pertes en toute connaissance de cause. ～チャンスを逃す manquer (laisser échapper) une belle occasion. ～泥棒をとり逃す laisser échapper le voleur sous *ses* yeux.
みずみずしい 瑞々しい frais (fraîche); [若々しい] éclatant de jeunesse. ～若葉 verdure *f* printanière. ～感覚 sensibilité *f* fraîche. ¶～瑞々しさ fraîcheur *f*; éclat *m*. 青春の瑞々しさ fraîcheur (éclat) de la jeunesse.
みずむし 水虫 eczéma *m* trichophytie *f*. ～が出来ている être atteint d'eczéma. ¶～にかかっている人 eczémateux(se) *m(f)*.
みずもの 水物 ¶試験は～だと心得なければならない Il faut compter avec les aléas de l'examen. 選挙は～、蓋を開けて見なければわからない Les élections sont très aléatoires: Dieu sait ce que l'urne va révéler.
みする 魅する enchanter; charmer; ensorceler; fasciner; captiver; envoûter; séduire. 聴衆は彼の講演に魅せられた L'auditoire a été captivé (fasciné) par sa conférence. 私は彼女の美しさに魅せられてしまった J'ai été ensorcelé (envoûté) par sa beauté.
みずわり 水割 ¶ウイスキーの～ whisky *m* à l'eau.
みせ 店 magasin *m*; boutique *f*; commerce *m*; [事務所] bureau(x) *m*; [露店] échoppe *f*. ～の主人 boutiquier(ère) *m(f)*. ～を出す

みせあう 見せ合う se montrer *qc*; montrer *qc* l'un à l'autre.

みせいねん 未成年 minorité *f*. ¶~の mineur. 彼は~だ Il est mineur./Il n'est pas encore d'âge. ¶~者 mineur(e) *m*(*f*); enfant *mf*. 「~者お断り」《Interdit aux mineurs.》

みせかけ 見せかけ faux semblant *m*; apparence *f* [trompeuse]; feinte *f*; masque *m*; vernis *m*. 彼の教養は~だ Il a un vernis de culture. 彼(女)の優しさは~にすぎない Sa douceur n'est qu'un masque. ¶~の feint. ~の親切 bienveillance *f* feinte.

みせかける 見せかける faire semblant de *inf*; se donner l'apparence de *inf*; feindre; [偽装] maquiller. 殺人を自殺に~ maquiller un meurtre en suicide. 話を本当らしく~ rendre une histoire vraisemblable. 驚いたように~ feindre l'étonnement.

みせがまえ 店構え apparence *f* de la boutique. あそこの~は立派だ Ce magasin a bonne apparence.

みせさき 店先 devanture *f*. 商品を~に並べる étaler des articles à *sa* devanture. パン屋の~で devant la boutique du boulanger.

みせじまい 店仕舞 ¶~する [閉店する] fermer la boutique (le magasin); [廃業する] fermer boutique.

みせしめ 見せしめ ¶それは彼にとって良い~となるだろう Cela lui donnera une bonne leçon. ¶~の punition *f* exemplaire. ¶~に罰を与え punir (châtier) *qn* pour l'exemple.

ミセス ‖~山田 Madame Yamada.

みせつける 見せつける ¶そう~なよ N'exhibez pas trop votre intimité!

みせどころ 見せ所 ¶そこが彼の腕の~だ C'est là où il va montrer sa science.

みぜに 身銭 ¶~を切る payer de *sa* poche.

みせば 見せ場 scène *f* de bravoure. ¶~く se mettre en vedette. あの芝居は第２幕が~だ Le clou de cette pièce est au deuxième acte.

みせばん 店番 garde *f* d'une boutique; [人] employé(e) *m*(*f*); vendeur(se) *m*(*f*). ~をする garder la boutique. ~を頼む confier la boutique à la garde de *qn*. ~を引受ける se charger de la garde d'une boutique.

みせびらかす 見せびらかす faire étalage (effet, montre, parade, ostentation) de; exhiber (parader). 教養を~ faire ostentation de *sa* culture. バッジを~ arborer un insigne. ¶~ 見せびらかし étalage *m*; ostentation *f*; exhibition *f*.

みせびらき 店開き ¶~する [開店する] ouvrir la boutique (le magasin); [開業する] ouvrir (tenir) une boutique (un magasin, un commerce).

みせもの 見世物 spectacle *m*; exposition *f*; exhibition *f*. ~にする donner *qc* en spectacle; exposer (exhiber) *qc*. [もうもんどぅ] exposer *qn* en public. あいつ、人を~にしやがって Ils font de moi la risée de gens. 人の~になる être mis en spectacle. ‖~小屋 baraque *f* de forains. ~師 montreur(se) *m*(*f*).

みせられる 魅せられる être envoûté (ensorcelé, fasciné).

みせる 見せる montrer; faire voir; exhiber; [呈示する] présenter; [表明する] marquer; [証明する] faire preuve de; [感情を] laisser (faire) paraître. 車掌に切符を~ présenter *son* billet au contrôleur. 手の内を~ étaler *son* jeu. 姿を~ apparaître; se montrer. 焦りを~ laisser paraître *son* irritation. 関心を~ marquer de l'intérêt. 勇気のあるところを~ faire preuve de courage; se montrer courageux(se). 病人を医者に~ amener un malade chez le médecin. 手を見せてごらん Montre-moi tes mains. 面白いものを見せてあげる Je vais te faire voir quelque chose d'intéressant. 病人は不安な徴候を見せていた Le malade présentait des symptômes inquiétants. ◆[比喩的に] ¶目に物見せてやるぞ Vous allez voir ce que vous allez voir. ¶[偽って] ¶泣いて~ verser des larmes de crocodile. ◆[意志を示す] ¶今度の試合は絶対に勝ってTu vas voir: je vais gagner le prochain match.

みせん 未然 ¶~に防ぐ prémunir *qn* contre *qc*; prévenir *qc*. 不幸(災害)を~に防ぐ prévenir un malheur (un désastre). 私はあなたをその危険から~に防いであげよう Je voudrais vous prémunir contre ce danger. どうすれば彼らの策謀を~に防げるか Comment nous prémunir contre leurs intrigues?

みそ 味噌 ¶~をする [へつらう] encenser *qn*. ~をつける [失敗する] perdre l'honneur, se déshonorer; faire une gaffe. ~も糞も一緒にするな Il ne faut pas mélanger les serviettes avec les torchons. ~っかす [人] laissé(e) *m*(*f*) pour compte. ~っ歯 dent *f* de lait mal venue.

みぞ 溝 fossé *m*; rigole *f*; ruisseau(x) *m*; tranchée *f*; [雨溝] ravin *m*; [木材、金属の] rainure *f*; cannelure *f*; [敷居の] coulisse *f*; [レコードの] microsillon *m*; [滑車の] gorge *f*; [人間関係の] abîme *m*. ~をつける garnir *qc* de rainures (cannelures). ~を掘る creuser (faire, ouvrir) une tranchée. 親子の間に深い~が出来た Un abîme s'est creusé entre le père et le fils. 彼等の間には~が出来ている Il y a un fossé entre eux.

みぞう 未曾有 ¶~の inouï; sans précédent; sans exemple. ¶古今の大地震 tremblement *m* de terre comme il n'y en eut jamais.

みぞおち 鳩尾 creux de l'estomac *m*; épigastre *m*.

みそか 晦日 dernier jour *m* du mois. ‖~払い paiement *m* à fin de mois.

みそぎ 禊 ablutions *fpl*. ~をする faire *ses* ablutions.

みそこなう 見損う [見落とす] ne pas remarquer (apercevoir), 信号を~ ne pas remarquer le signal. 映画を~ [見はぐれる] manquer l'occasion de voir un film. ◆[取違え

みそさざい 鷦鷯 troglodyte *m*.

みそじ 三十路 trente ans *m pl*. 彼女ももはや〜を越したか Elle a déjà passé la trentaine!

みそしき 未組織 〜の non organisé. 〜労働者 ouvriers *mpl* non syndiqués.

みそめる 見初める [恋する] tomber amoureux (*se*) de *qn* à première vue.

みそら 身空 [若い] 〜で散る mourir jeune.

みぞれ 霙 neige *f* fondue. 〜が降る Il tombe de la neige fondue.

みそれる 見逸れる ¶お見逸れして失礼しました Excusez-moi de ne pas vous avoir reconnu tout de suite.

−みたい ¶嘘〜な話 histoire *f* invraisemblable. 子供〜なことを言う dire des choses enfantines. 彼はお城〜な家に住んでいる Sa demeure ressemble à un château. 彼なんな男にはめったに会えない On ne rencontre pas souvent un homme comme lui. 雨が降ってくる〜だ On dirait qu'il va pleuvoir. 風邪をひいた〜だ Je me sens enrhumé. 彼の家はお城〜だ Sa maison a l'air d'un château. 雪〜に白い être blanc(*che*) comme neige. ◆[…しい] ¶彼の母親に会って〜 Je voudrais voir sa mère.

みたけ 身丈 ¶背広の〜を測る mesurer le dos d'une veste. 〜の大きい人 personne *f* de grande taille.

みだし 見出し [標題] titre *m*; [各ページ上下の] titre courant; [新聞, 雑誌の] chapeau(x) *m*. 新聞の〜 chapeau d'un article de journal. ¶大〜 manchette *f*. 各紙とも大〜でその事件を報じてる Les manchettes des journaux annoncent cette affaire. 〜語 mot *m* en tête.

みだしなみ 身嗜み ¶〜がいい être soigneux(*se*) de *sa* tenue. 〜に注意する soigner *sa* tenue. 〜のいい人 personne *f* qui a une tenue soignée.

みたす 満たす remplir *qc* de *qc*; combler *qc*. 鍋に水を〜 remplir une casserole d'eau. ◆[満足させる] satisfaire *qn* (*qc*); contenter *qn* (*qc*); assouvir *qc*; [空腹などを] rassasier *qn*. 希望(欲望)を〜 assouvir *son* espoir (désir). 空腹(食欲)を〜 assouvir *sa* faim (*son* appétit). 好奇心を〜 assouvir (satisfaire, contenter) *sa* curiosité. つまらぬ虚栄心を〜ために着飾る se bichonner pour satisfaire *sa* petite vanité. 満たされた満足 satisfaction *f* satisfaite. 満たされた好奇心 curiosité *f* satisfaite.

みだす 乱す mettre en désordre; troubler. 列を〜 mettre du désordre dans les rangs. 風紀を〜 corrompre les mœurs. 家庭の平和(社会の秩序)を〜 troubler la paix du ménage (l'ordre social). 風が彼女の髪を乱した Le vent l'a décoiffée. 〜髪を乱して avec les cheveux défaits.

みたて 見立て [選定] ¶彼はネクタイの〜がいい Il sait bien choisir ses cravates. このネクタイは奥さんのお〜ですか C'est votre femme qui a choisi cette cravate pour vous? ◆[診断] 医師の〜では彼は胃潰瘍だ D'après le diagnostic du médecin, il a des ulcères à l'estomac. ‖〜違いをする commettre une erreur de diagnostic.

みたてる 見立てる ¶[選ぶ] choisir; [見なす] assimiler (comparer) *qc* à; considérer (regarder) *qc* comme. 人生を旅と〜 comparer la vie à un voyage. ◆[診断する] diagnostiquer. 腸チフスと〜 diagnostiquer une typhoïde.

みため 見た目 ¶〜が悪い C'est de mauvaise apparence. あの家は〜はきれいだが中はひどいな Cette maison présente bien (a une belle apparence), mais à l'intérieur c'est un taudis.

みだらな 淫らな obscène; impudique; licencieux(*se*); grivois; gaillard; polisson(ne); dévergondé. 〜歌 chanson *f* grivoise. 〜女 femme *f* dévergondée; gourgandine *f*. 〜行為(言葉) impudicité *f*; polissonnerie *f*. 〜冗談 plaisanterie *f* poivrée. 〜話 propos *m* obscène. 〜ことを言う(する) dire (faire) des obscénités.

みだりに 妄りに [むやみに] abusivement; [許可なく] sans permission; [理由なく] sans raison (motif). 《〜入るべからず》 «Entrée interdite au public.»

みだれ 乱れ 髪の〜 désordre *m* des cheveux. ダイヤの〜 [鉄道の] désorganisation *f* des chemins de fer. 脈の〜 dérèglement *m* du pouls. 心の〜 trouble *m* de l'âme. 風紀の〜 corruption *f* (relâchement *m*) des mœurs. 世の〜 désordre social. 髪の〜が気になる avoir peur d'être décoiffé. 服装の〜を直す se rajuster. ‖〜髪 cheveux *mpl* dépeignés (en désordre, embroussaillés, en broussaille).

みだれる 乱れる [心, 精神が] se troubler; [秩序が] se dérégler. 足並が〜 ne plus marcher au pas; tirer à hue et à dia. 風紀が〜 les mœurs se dépravent. 彼の髪は乱れている Ses cheveux sont en désordre. 鉄道のダイヤが乱れている Les chemins de fer sont désorganisés. その国は乱れている Ce pays est dans la confusion. ¶乱れた心 âme *f* tourmentée. 乱れた生活 vie *f* désaxée. 乱れた秩序 ordre *m* troublé. 乱れた風紀 mœurs *fpl* corrompues (dissolues, relâchées).

みち 道 chemin *m*; route *f*; voie *f*; [街路] rue *f*. 〜は二手に分れる Le chemin bifurque. 〜に迷う perdre *son* chemin; s'égarer; se perdre. 〜をあける(譲る) faire place à *qn*. 〜を歩き続ける poursuivre (passer) *son* chemin; suivre *sa* route. 〜を教える montrer (indiquer) le chemin à *qn* (son chemin). 〜を変える changer de route. 〜を巡る couper (barrer) la route à *qn*; boucher la voie à *qn*. 〜をたずねる demander *son* chemin. 駅への〜をたどる prendre le chemin de la gare. 〜をつける(же) ouvrir un chemin. 別の〜を通る passer par un autre chemin. 〜を引き返す rebrousser chemin. 〜を間違える faire fausse route; prendre une mauvaise route. 間違った〜を行く prendre un mauvais chemin. ~を譲る céder le pas à qn. 後進に~を譲る faire la place à la jeune génération. ‖~なき~を行く se frayer un chemin. ‖上り(下り)~ chemin montant (descendant); voie montante (descendante). 田舎~ chemin vicinal. 山~ chemin de montagne. 雪~ chemin enneigé. ◆[比喩的に] 栄光への~ chemin de la gloire. 苦難の~ chemin de la croix. 善(悪)の~ voie du bien (du mal). ~を誤る se dévoyer; se fourvoyer. 正しい~を歩む suivre le droit chemin. ~を究める passer maître dans son art. 後進に~を開き tracer la route à ceux qui suivront. …に進むべき~を示す montrer la voie à qn. 破滅の~をたどる suivre la voie de la perdition. 解決への~をつける chercher la solution de qc. ~を開く(示す) ouvrir (tracer, montrer) à qn le chemin de; frayer la voie à qn. 我が~を行く aller son chemin. 私にはこれより他にたどるべき~はない C'est la seule voie qu'il me reste à suivre.「すべての~はローマに通ず」《Tous les chemins mènent à Rome.》彼はその~の権威である C'est une autorité en la matière. それは人の~に背く行為だ C'est une conduite immorale. この~一筋に私は三十年を過ごしてきた J'ai passé trente ans sans désemparer dans ce métier. ◆[方法] moyen m. 生活の~を講ずる trouver des moyens d'existence. 生活の~を断たれる perdre ses moyens d'existence. それより他に~はない Il n'y a pas d'autres moyens que ça. 彼を救うべき~はない Il n'y a pas moyen de le sauver.

みち 未知 ¶~の inconnu; étranger(ère). ~の人 inconnu(e) m(f). それは彼にとって~の領域だった Pour lui, c'était un terrain nouveau. ‖~数 inconnue f.

みちあんない 道案内 conduite f; [人] guide m. ~をする servir de guide à qn; guider qn. ~を頼む confier à qn la conduite de. ‖…の~で sous la conduite de qn.

みちいと 道糸 ¶~は何号ですか Vous pêchez avec une ligne de combien?

みちか 身近 ¶~な人々 son entourage m. ~に près (auprès) de soi. あの男は何となく~に感じられる J'éprouve une certaine sympathie pour cet homme. ~に危険の迫るのを感じる se sentir menacé par un danger.

みちがえる 見違える ¶A を B と~ prendre A pour B. 彼らは~ほどよく似ている Ils se ressemblent à s'y méprendre. 彼は~ほど大きくなった Il a tellement grandi qu'on ne le reconnaît plus.

みちかけ 満ち欠け ¶月の~ phases fpl de la lune.

みちくさ 道草 ¶~を食う prendre le chemin des écoliers.

みちしお 満ち潮 marée f haute; pleine mer f; plein m [de la mer]. ¶~になる La marée atteint son maximum.

みちじゅん 道順 itinéraire m; route f; circuit m. 行進の~を決める établir l'itinéraire d'un défilé. これが彼女の家に寄っていこう C'est sur notre chemin; passons chez elle.

みちしるべ 道しるべ [道標] poteau(x) m indicateur; [手がかり] fil m d'Ariane (conducteur).

みちすじ 道筋 route f; itinéraire m. パレードの~に見物人が大勢立ち並んでいた Une grande foule de spectateurs était massée sur le parcours du défilé.

みちたりる 満ち足りる ⇨ まんぞく(満足).

みちづれ 道連れ compagnon(gne) m(f) de voyage (route). ¶…と~になる aller en compagnie de qn. 子供を~に自殺する entraîner ses enfants dans son suicide.

みちならぬ 道ならぬ ¶~恋 amour m adultère.

みちのり 道程 distance f; trajet m; chemin m. パリからルーアンまでの~は140 キロだ La distance de Paris à Rouen est de 140 kilomètres. 駅まで大した~でもない Il n'y a pas beaucoup de chemin d'ici à la gare. ここから大阪までどのくらいの~があるか Quelle est la distance (Combien y a-t-il) d'ici à Osaka?

みちばた 道端 bord m de la route (du chemin); accotement m; bas-côté m. ¶~の一軒屋 maison f isolée sur le bord de la route. ~に au bord de la route.

みちひ 満干 flux m et reflux m; marée f montante et marée descendante. あの海峡は潮の~が激しい Dans ce détroit, les courants de marée sont très violents.

みちびく 導く guider; conduire; diriger; mener. 客間に~ introduire qn dans le salon. 悪の道に~ entraîner qn sur le chemin du mal. 良心を~[善導する] diriger la conscience de qn. 情勢を有利に~ changer la situation en sa faveur. 国を崩壊に~ conduire son pays à la ruine. ¶導かれる se laisser guider (mener). …に導かれて sous la conduite (direction) de qn.

みちぶしん 道普請 travaux mpl d'entretien (de réfection) des routes. ¶~を[を]する réparer (refaire) une route.

みちみち 道々 ¶~彼は母の上話をしてくれた Chemin faisant (Tout en marchant), il m'a raconté sa propre histoire.

みちゃく 未着 ¶~の品物 marchandise f en transit.

みちる 満ちる [期間が] arriver à son terme; expirer; échoir. ~潮 la marée monte. 月が~ La lune est pleine. 私の任期は3月末に~ Mon mandat expire à la fin de mars. 聴衆が会場に満ちあふれていた L'auditoire remplissait la salle de conférence. ¶自信に満ちた口調でしゃべる parler d'un ton convaincu (sûr). 悲しみに満ちた心 cœur m plein de tristesse. 愛に満ちた生活を送る mener une vie remplie d'amour. 気力に満ちている Il est plein de vigueur. 20歳に満たない若者たち jeunes gens mpl au-dessous de vingt ans.

みつ 密 ¶~な間柄 relations fpl (rapports mpl) intimes. 人口が~だ La population est dense. …と連絡を~にする garder des relations (serrées) avec qn. はかりごとは~なるをもって良しとす Un stratagème n'est efficace que s'il reste secret.

みつ 蜜 miel *m*. 蜂は花から～を漁る L'abeille butine sur les fleurs. ¶～のような mielleux(se).

みつあみ 三つ編み tresse *f*. ¶～の髪 cheveux *mpl* en tresses.

みつおり 三つ折り ¶～のカバン sac *m* pliable en trois.

みっか 三日 ¶～にあげず presque quotidiennement. ¶～天下 règne *m* éphémère. 彼はピアノを始めたが～坊主だった Il a commencé à faire du piano, mais c'était un feu de paille.

みつが 密画 ¶～を描く peindre des miniatures.

みっかい 密会 rendez-vous *m inv* secret. ¶～する se voir secrètement.

みつかる 失くしていた時計が見つかった J'ai retrouvé ma montre que j'avais perdue. いた, 見つかっちゃった Zut! On m'a vu. よくエンジンを点検したが故障個所は何処にも見つからなかった J'ai bien vérifié le moteur, mais je n'ai rien remarqué d'anormal. 二度と見つからないような奉公人 serviteur *m* (servante *f*) comme on n'en rencontre plus. 見つからずに逃げる s'enfuir sans qu'on s'en aperçoive.

みつぎ 密議 délibération *f* à huis clos. ¶～をこらす délibérer à huis clos.

みつぎもの 貢物 tribut *m*. ¶～を納める payer tribut. ¶～を取り立てる percevoir (lever) un tribut.

みっきょう 密教 bouddhisme *m* ésotérique.

みつぐ 貢ぐ aider *qn* pécuniairement. ¶女に貢がせる vivre des subsides d'une femme.

ミックス mélange *m*. ¶～する mélanger.

みづくろい 身繕い ⇨ みなり(身なり).

みつくろう 見繕う ⇨ はからう(見計らう).

みっけい 密計 complot *m*; conspiration *f*. ¶～をめぐらす(見破る) former (découvrir) un complot.

みつげつ 蜜月 lune *f* de miel. ¶～旅行 voyage *m* de noces. ¶～ハネムーン.

みつける 見付ける trouver; découvrir; apercevoir; repérer; [探す] chercher. アパートを～ chercher un appartement. 私は偶然フローベールの作品の初版本を見つけた Je suis tombé sur l'édition originale d'une œuvre de Flaubert. 私は彼の家を～のに苦労した J'ai eu du mal à trouver sa maison. ¶畑泥棒は盗みの現場を見つけられた On a surpris le maraudeur en train de voler. 見つけられるのを恐れる craindre d'être découvert.

みつご 三つ子 [三生児] trois jumeaux *mpl*; triplé(e)s *m(f)*; [3歳児] enfant *mf* de trois ans. ¶～の魂百まで 《Qui naquit chat court après les souris.》 それくらいのことは～でも知っている Un enfant de trois ans connaît cela.

みっこう 密航 traversée *f* clandestine. ¶～する passer (s'embarquer) clandestinement. ¶～者 passager(ère) *m(f)* clandestin(e).

みっこう 密行 ¶～する aller secrètement.

みっこく 密告 dénonciation *f*; délation *f*. ¶

～する dénoncer; faire une délation; trahir; 〖俗〗donner; vendre. 警察に～する dénoncer *qn* à la police. 仲間が彼を～した Son copain l'a vendu. ¶～者 dénonciateur(trice) *m(f)*; délateur(trice) *m(f)*; 〖俗〗donneur(se) *m(f)*.

みっさつ 密殺 abattage *m* illégal. ¶牛を～する abattre des bœufs illégalement.

みっし 密使 émissaire *m*. ～を派遣する envoyer un émissaire.

みっしつ 密室 chambre *f* secrète. ～に閉じ込める mettre *qn* au secret.

みっしゅう 密集 ¶その国は人口が～している La population de ce pays est dense. そのあたりは人家が～している A cet endroit, l'habitat est très dense. ～した群衆 foule *f* dense. ¶住宅～地区 secteur *m* à forte concentration (densité) d'habitat.

みっしゅつこく 密出国 sortie *f* clandestine (illégale) d'un pays.

みっしょ 密書 lettre *f* secrète (confidentielle). ～を渡す remettre une lettre secrète.

ミッションスクール école *f* confessionnelle (religieuse).

みっしり [熱心に] avec assiduité; avec ardeur; avec application; [きびしく] sévèrement; strictement. お前を～仕込んでやる Je vais te former à fond.

みっせい 密生 ¶～する pousser dru. 地面にきのこが～している Des champignons poussent à foison. ～した dru; touffu; serré; épais.

みっせつ 密接 ¶彼の家は私の家と～している Sa maison touche la mienne. ～な intime; étroit; ～な関係をもつ avoir des relations étroites avec *qn* (*qc*). ～に intimement; étroitement.

みっせん 密栓 bouchage *m* hermétique.

みっそう 密葬 funérailles *fpl* privées. ¶～する faire des funérailles privées.

みつぞう 密造 fabrication *f* (production *f*) clandestine. ¶～する fabriquer au noir. ¶～酒 alcool *m* distillé au noir.

みつぞろい 三つ揃い complet *m*; complet(s)-veston *m*.

みつだん 密談 entretien *m* secret, aparté *m*. ¶～する s'entretenir en secret avec *qn*; faire des apartés avec *qn*.

みっちゃく 密着 adhérence *f*. ¶～する coller à; adhérer à. ～した collé avec (à); adhérent à. ～させる coller à (contre); faire adhérer à.

みっちり ⇨ みっしり.

みっつう 密通 adultère *m*. ¶～する entretenir des relations adultères avec *qn*.

みってい 密偵 ⇨ スパイ.

みつど 密度 densité *f*. 水は空気より～が高い L'eau est plus dense que l'air. ¶～の高い dense. ～の高い文章 style *m* dense. ～の低い peu dense. ～の高い(低い)人口 population *f* dense (peu dense). 人口～ densité *f* de population.

ミッドナイト minuit *m*.

ミッドフィールダー 〖スポ〗 milieu(x) *m* de

みつどもえ 三つ巴 ¶〜の triangulaire. 〜の選挙戦 élection f triangulaire.

みっともない ⇒ みぐるしい(見苦しい).

みつにゅうこく 密入国 entrée f clandestine (illégale) dans un pays.

みつば 三つ葉【トランプ】 trèfle m.

みつばい 密売 commerce m clandestin (illégal); trafic m. ¶〜する faire le trafic de qc. ‖ 〜人 trafiquant(e) m(f).

みつばち 蜜蜂 abeille f; [雄] bourdon m. 〜の巣 nid m d'abeilles; ruche f. 〜の群 ruche.

みっぷう 密封 ¶〜する sceller (cacheter) qc hermétiquement.

みっぺい 密閉 fermeture f hermétique. ¶〜する fermer qc hermétiquement. 〜した hermétique. 〜して hermétiquement.

みつぼうえき 密貿易 contrebande f. ¶〜をする faire la contrebande de qc. ‖ 〜業者 contrebandier(ère) m(f).

みつぼし 三つ星 ¶〜のホテル hôtel m trois étoiles.

みつまた 三つ又 [道路] intersection f de trois routes; [道具] trident m.

みつめる 見詰める regarder fixement (avec insistance); ne pas quitter qn des yeux; fixer qn. そんな目で見詰めないで Ne me regarde pas comme ça!

みつもり 見積り évaluation f; estimation f; devis m. ¶〜をする évaluer; estimer. ¶〜の estimatoire; estimatif(ve). 大ざっぱな〜で1,000ユーロだ Grosso modo, ça doit faire dans les 1.000 euros. ‖ 〜書 devis estimatif; mémoire m. 〜書を作る établir (dresser) un devis.

みつもる 見積る estimer; évaluer. 高く〜 surestimer; estimer qc au-dessus de sa valeur. 安く〜 sous-estimer; estimer qc au-dessous de sa valeur. 正当に〜 estimer qc à sa juste valeur. その絵は50万ユーロに見積られた Ce tableau a été estimé cinq cent mille euros. いくら高く見積っても tout au plus; au maximum. いくら安く見積っても au bas mot.

みつやく 密約 entente f secrète; accord m secret. 〜を結ぶ conclure un accord secret avec. その両党の間には何か〜でもあるのだろう On dirait qu'il y a une entente secrète entre ces deux partis.

みつゆ 密輸 contrebande f. ¶〜する faire la contrebande de. ‖ 〜業者 contrebandier(ère) m(f). 〜船 navire m chargé de contrebande. 〜品 marchandise f (article m) de contrebande; contrebande. 〜品を売る(買う) vendre (acheter) de la contrebande.

みつゆしゅつ 密輸出 exportation f illégale. ¶〜する exporter qc en contrebande (en fraude).

みつゆにゅう 密輸入 importation f illégale. ¶〜する importer (passer) qc en contrebande (en fraude).

みづらい 見辛い ⇒ みにくい(見悪い).

みりょう 密猟(漁) braconnage m. ¶〜する braconner. ‖ 〜者 braconnier(ère) m(f).

みつりん 密林 forêt f dense; [南洋の] jungle f. 〜をさまよう s'égarer dans la jungle.

みつろう 蜜蝋 cire f [d'abeille].

みてい 未定 ¶〜の indéterminé; indécis. 期日は〜だ La date reste indéterminée. 彼の出発日は〜だ Le jour de son départ n'est pas encore fixé. ‖ 〜稿 manuscrit m inachevé.

ミディアム ¶〜の肉 viande f cuite à point.

みてくれ 見てくれ ⇒ みかけ(見掛け), がいかん(外観), うわべ(上辺).

みてとる 見て取る ¶真意を〜 pénétrer les intentions de qn. 自分が不利だと〜と、彼はすばやく話題を変えた Quand il s'est rendu compte que les choses tournaient à son désavantage, il a aussitôt changé de sujet. ⇒ みぬく(見抜く).

みとう 未到 ¶人跡〜の地(森) terre f (forêt f) vierge. 前人〜の領域を研究する étudier un domaine vierge.

みとおし 見通し [予測] prévision f; perspective f; [洞察] clairvoyance f; perspicacité f. 長(中, 短)期の〜 prévision à long (moyen, court) terme. 予算作成における歳入歳出の〜 prévision des recettes et des dépenses dans l'établissement d'un budget. 〜を誤る se tromper dans ses prévisions. これからの〜がつかない Il est difficile de faire des prévisions. 彼の〜は正確だった(甘かった) Ses prévisions se sont révélées exactes (trop optimistes). 〜は明るい L'avenir s'annonce bien. 日本経済の〜は必ずしも明るくない On ne peut pas forcément se montrer optimiste sur l'avenir de l'économie japonaise. 〜のきく男 homme m clairvoyant (perspicace). 〜のきかない男 homme imprévoyant. ◆[視界] visibilité f; champ m visuel. ここは〜がきく D'ici, on a une vaste perspective (vue). 〜のきかない曲り角 tournant m (virage m) sans visibilité.

みとおす 見通す [見抜く] deviner; pénétrer; [予測の] prévoir. 将来を〜 prévoir l'avenir. ◆[見晴れ] ¶町全体を〜 avoir une vue dégagée sur toute la ville.

みとがめる 見咎める interpeller qn; interroger qn. ¶警官に見咎められる être interpellé par un agent de police. 見咎められずに家に忍びこむ s'introduire dans une maison sans être aperçu.

みどく 味読 ¶古典を〜 goûter les classiques.

みどころ 見所 [芝居の] clou m du spectacle. ◆[将来性] ¶〜のある青年 jeune homme m d'avenir.

ミトコンドリア【生】 mitochondrie f.

みとどける 見届ける ¶ドアが閉まっているのを〜 s'assurer que la porte est bien fermée. 彼がそこにいないのを見届けてから私はその部屋に入った Ayant constaté qu'il n'était pas là, je suis entré dans cette chambre.

みとめ 認め ¶〜を押す mettre (apposer) son sceau.

みとめる 認める [黙認, 評価する] reconnaître qc (que ind); admettre qc (que ind); conve-

みどり 緑 vert *m*; [草木の] verdure *f*. ¶~[色]の vert. ~の黒髪 cheveux *mpl* d'un noir de jais. ~の絨毯(芝生) tapis *m* de verdure. ~の谷間 vallée *f* verdoyante. ~の若葉 verdure printanière. ~[色]になる verdir; [草原などが] verdoyer. 春になると野は生き~になる Les champs reverdissent au printemps. 牧場が~色をおびきはじめた Les prés ont commencé à reverdir. ~がかった verdâtre. ~なす草原 prairie *f* verdoyante.

みどりご 嬰児 ⇨ あかんぼう(赤ん坊), えいじ(嬰児).

みどりず 見取図 esquisse *f*; plan *m* sommaire; tracé *m*. ~を書く tracer un plan sommaire; faire le tracé de *qc*.

ミドリムシ euglène *f*.

みとる 看取る ‖ 最後を~ fermer les yeux de *qn*. ⇨ かんびょう(看病), かんご(看護).

ミドル ‖ ~級 poids *m* moyen.

ミドルネーム second prénom *m*.

みとれる 見とれる regarder (contempler) avec admiration; être en admiration devant *qn* (*qc*). 彼女のあまりの美しさに私は思わず見とれてしまった Il a été fasciné par sa beauté extraordinaire.

-みどろ ‖ 汗~になって働く se mettre en nage en travaillant. 彼は血~になって戦った Il se battait couvert de sang.

ミトン moufle *f*.

みな 皆 tout *m* (toute *f*, tous *mpl*, toutes *fpl*); [人] tout le monde; [物] toutes les choses. 彼は~平らげた Il a tout mangé. 男も女も~敵と戦った Tous, hommes et femmes, se sont battus contre l'ennemi. ¶~が~わかったわけではない Je n'ai pas tout compris. ~が~賛成というわけではない Tout le monde n'est pas d'accord. ~まで言わずに 言葉をさえぎる couper la parole à *qn*. ⇨ みなさま(皆様), みんな.

みなおす 見直す [再び見る] revoir; regarder de nouveau; [再検討する] réviser; revoir; [再評価する] changer d'opinion sur. その仕事でお前を見直したよ Avec ce travail, tu as remonté dans mon estime. ◆[好転する] 株価は見直した La Bourse a remonté.

みなぎる 漲る [生気が漲っている être plein (débordant) de vie. 会場には殺気が漲っていた Il régnait une extrême tension dans la salle.

みなげ 身投げ ¶ あそこで今~があった Quelqu'un vient de se jeter à l'eau, là-bas. ~する se suicider en se jetant à l'eau.

みなごろし 皆殺し extermination *f*; anéantissement *m*. ~にする exterminer; anéantir. ‖ ~一家にする tuer toute la famille.

みなさま 皆様 ‖ ~募金にご協力を Messieurs-dames, veuillez participer à notre collecte! お集りの~には粗品を差し上げます Nous gratifions toutes les personnes présentes d'un petit souvenir. お宅の~によろしく Faites mes amitiés aux vôtres. ◆[呼掛け] Mesdames, Mesdemoiselles et Messieurs!

みなしご 孤児 orphelin(e) *m*(*f*). ~を引き取る prendre en charge un orphelin. ¶~になる devenir orphelin.

みなす 見做す regarder (considérer) comme...; tenir pour.... 欠席者を失格と~ considérer des absents comme disqualifiés. 人々は彼を勇敢な男と看做している On le tient pour brave (un homme brave). ~...と見做される être regardé comme...; être tenu pour...; passer pour...; être censé...; être réputé [pour].... 彼は変り者と看做されている Il passe pour un original. 彼は死んだものと看做されている Il passe pour (est censé, est tenu pour) être mort.

みなと 港 port *m*. ~に入る entrer dans le port. ~に寄る faire escale à (dans) un port. 無事最後の~に着く arriver à bon port. ~を出る sortir du port; quitter le port. ~の portuaire. ‖ ~町 port; ville *f* maritime.

みなみ 南 sud *m*; midi *m*. ¶~の méridional (aux). ~向きの部屋 chambre *f* exposée au sud. ...の~に au sud de. ‖ ~アメリカ(アフリカ) Amérique *f* (Afrique *f*) du Sud. ~風 vent *m* du sud. ~十字星 la Croix du Sud. ~半球 hémisphère *m* austral. ~フランス le Midi. ~ヨーロッパ Europe *f* méridionale.

みなもと 源 source *f*; origine *f*; provenance *f*. ...の~にさかのぼる remonter à la source (à l'origine) de. ...に~を発する prendre (avoir) sa source dans; avoir son origine dans; tirer son origine de; provenir de.

みならい 見習い apprentissage *m*; apprenti(e) *m*(*f*). ¶息子を肉屋へ~に出す mettre *son* fils chez un boucher. ‖ 左官~ apprenti maçon; aide(s)-maçon(s) *m*. 弁護士~ avocat *m* stagiaire. 洋裁師~ apprentie *f* couturière. ~看護婦 élève *f* infirmière. ~期間 apprentissage. ~士官 aspirant *m*.

みならう 見習う suivre l'exemple de; imiter *qn*; marcher sur les traces de *qn*; [俗] en prendre de la graine. 本を読んで, それを見習いたまえ Lis, et prends-en de la graine. あの子を見習いなさい Tu devrais prendre cet

enfant pour modèle.
みなり 身なり tenue f; mise f; habillement m. 異様な～ accoutrement m. 異様なする s'accoutrer. ～をととのえる arranger sa tenue. 立派な(みすぼらしい)～をしている être élégamment (pauvrement) vêtu. ～に気をつける(かまわない) soigner (négliger) sa tenue.
みなれる 見慣れる s'habituer (s'accoutumer) à voir qc. 見慣れた(見慣れない)顔 visage m familier (étrange). 見慣れない人 étranger(ère) m(f). こんな景色は見慣れていて,ちっとも面白くない A force de le voir, ce paysage m'ennuie.
みにくい 見悪い [見辛い] difficile à voir; [読みにくい] illisible. ～席 mauvaise place f. ～字 écriture f illisible (indéchiffrable).
みにくい 醜い laid; désagréable à voir; vilain; [恥ずべき] ignoble; †hideux(se). ～女 femme f laide; [俗] guenon f. ～行為 conduite f ignoble. そっとするほど～ être laid comme un pou (un singe). 醜くする enlaidir. 醜くなる devenir laid; [s']enlaidir. 天然痘で醜くなる être défiguré par la variole. ¶醜さ laideur f; †hideur f. 顔の醜さ laideur de visage. 心の醜さ hideur morale.
ミニコンポ mini-chaîne f.
ミニスカート mini-jupe f; minijupe f.
ミニチュア miniature f. 飛行機の～ maquette f d'avion.
ミニテル [情報] minitel m.
ミニマム minimum m; minimums (minima) mpl. ～で au minimum.
みぬく 見抜く deviner qc; pénétrer qc. 嘘を～ déceler un mensonge. 考え(意図)を～ deviner (pénétrer) la pensée (les intentions) de qn. 心を～ lire dans le cœur de qn. 本当の動機を～ discerner les vrais mobiles. ¶見抜かれる se laisser deviner. 見抜かれたよ Je me suis laissé deviner!
みめふり 見め振り ¶～をする fermer les yeux sur qc.
みね 峰 cime f; pic m; crête f; [刃物の] dos m.
みねうち 峰打ち ¶～を加える frapper qn du plat de l'épée.
ミネストローネ minestrone m.
ミネラルウォーター eau(x) f minérale.
ミネルバ [ロ神] Minerve f.
みのう 未納 non-paiement(s) m. ¶～の non payé; impayé; non perçu. ～の場合は en cas de non-paiement. ‖～金 arriéré m; moins-perçu m. ～金を納入する rembourser l'arriéré.
みのうえ 身の上 [運命] destinée f, sort m, [境遇] situation f; [経歴] vie f. ...の～を案じる s'inquiéter du sort de qn. 子供の～を～を考えて songer à la situation (à l'avenir) de son enfant. 彼の今の～では dans sa situation actuelle. ‖～相談をする consulter qn sur une affaire personnelle. ～相談欄 courrier m du cœur. ～話 histoire f. ～を語る raconter [l'histoire de] sa vie. ～判断 divination f.
みのがす 見逃す [逸する] laisser échapper qc (qn); [見落とす] ne pas remarquer (apercevoir). チャンス(泥棒)を～ laisser échapper l'occasion (le voleur). ¶見逃せぬ好取組 beau match m à ne pas manquer. ◆[大目に見る] fermer les yeux sur; tolérer qc (que sub). 今度だけは見逃してやろう Pour cette fois-ci, je veux bien fermer les yeux. ¶見逃し得ない過失 faute f impardonnable.
みのしろきん 身代金 rançon f. ¶～を要求する exiger une rançon; mettre qn à rançon; rançonner qn. ～を払う payer une rançon.
みのふりかた 身の振り方 ¶～を相談する demander conseil à (consulter) qn sur son avenir. ～を決める décider de son avenir. ～を決めかねています Je suis à la croisée des chemins et ne sais que faire. 君もそろそろ～を考えたらIl va falloir penser sérieusement à ton avenir.
みのほど 身の程 ¶～を知る se connaître bien soi-même; se juger bien. ～を知れ Connais-toi toi-même. ～を知らない奴らだ Il se prend pour quelqu'un.
みのまわり 身の回り ¶～の世話をする prendre soin de qn. ～に注意する avoir soin de ses affaires. ‖～品 objets mpl (effets mpl) personnels; affaires fpl.
みのむし 蓑虫 psyché f.
みのり 実り récolte f; fructification f. 稲の～が良い La récolte du riz sera abondante. ～の多い fructueux(se). ～の秋 C'est la saison des récoltes.
みのる 実る porter (produire) des fruits; fructifier. 我々の努力は実った Nos efforts ont été fructueux.
みば 見場 ¶～が良い(悪い) avoir une belle (mauvaise) apparence.
みばえ 見栄え ¶～がする avoir une bonne apparence. ～がするように家を塗りかえる repeindre la maison pour lui donner une belle apparence. あの家は～がしない Cette maison a une apparence misérable. ～のする贈り物 cadeau(x) m qui a de l'allure. ～のしない banal; quelconque; médiocre. ～のしない服 vêtements mpl d'aspect misérable. ～のしない服装をする s'habiller d'une façon très médiocre (quelconque). あの女優は～のしない顔をしている Cette actrice a un visage banal. ～のする男だ Il est quelconque.
みはからい 見計い ¶～にまかせる laisser à qn le soin de choisir; laisser qc au choix de qn.
みはからう 見計らう choisir qc à son gré. 見計らって買う acheter qc à son choix. 約束の時間を見計らって家を出た J'ai choisi mon heure de départ en fonction de l'heure du rendez-vous.
みはったつ 未発達 sous-développement(s) m; développement défféctueux (insuffisant) m. ～の sous-développé(e).
みはっぴょう 未発表 ¶～の作品 œuvre f inédite. ～の物を出版する publier des inédits.
みはてぬ 見果てぬ ¶～夢 chimère f; beau rêve m. ～夢を追う poursuivre des chimères.
みはなす 見放す abandonner qn. 医者に

みはば 身幅 ¶着物の~ largeur *f* d'un vêtement.

みはらい 未払い ¶~の arriéré; impayé. ∥~金 arriéré *m*. ~金を払う rembourser l'arriéré.

みはらし 見晴し vue *f*; perspective *f*; panorama *m*. 雨で~がきかない La pluie bouche la vue. この窓は~がよい Cette fenêtre ouvre sur une jolie perspective. ¶~のよい部屋 chambre *f* d'où l'on a de la vue. ∥~台 belvédère *m*.

みはらす 見晴す ここからは海が見晴せます D'ici on a vue sur la mer.

みはり 見張り garde *f*; surveillance *f*; guet *m*; [人] garde *m*; surveillant(e) *m(f)*; guetteur *m*; [歩哨] sentinelle *f*; [牢番] geôlier (ère) *m(f)*. ~をする garder; faire le guet; monter la garde; être en faction. ~に立つ aller (entrer) en faction. ~に立てる mettre *qn* en faction; poster *qn*. ~についている être de garde. ...の~の下にある être sous la surveillance de *qn*. ∥~櫓 beffroi *m*.

みはる 見張る [警戒する] garder *qn*; surveiller *qn*; épier; observer *qn*. 怪しい人物を~ épier une personne suspecte. 厳重に~ exercer une surveillance active sur *qn*. 切符を買ってくる間荷物を見張っててくれ Tu prendras soin des bagages pendant que j'achète les billets. 見張らせる mettre *qn* aux aguets. ◆ ¶目を~ ouvrir de grands yeux; écarquiller les yeux.

みびいき 身贔屓 prédilection *f*; partialité *f*; favoritisme *m*. ¶~をする avoir une prédilection pour *qn*; user de favoritisme. それは~な考え方だ Ça, c'est du favoritisme.

みひらき 見開き ¶~の写真 photo *f* sur double page.

みひらく 見開く ¶目を~ écarquiller les yeux. 閉じていた目を~ rouvrir les yeux.

みぶり 身振り geste *m*; [合図] signe *m*. 意味ありげな(いらいら した)~ geste significatif (nerveux). ~で表わす exprimer *qc* (s'exprimer) par gestes. ~で励ます encourager *qn* du geste. ~で...するよう合図する faire signe à *qn* de *inf*. ~をする faire des gestes; gesticuler. 怒ったような~をする avoir un geste de colère. ∥~手振りで話す gesticuler en parlant.

みぶるい 身震い frisson *m*; frémissement *m*; tressaillement *m*; tremblement *m*; [寒さによる] grelottement *m*. ¶~する frissonner; avoir le frisson; frémir; tressaillir; trembler; [寒くて] grelotter. 恐怖で~する avoir un frisson de froid. 恐怖(怒り)で~する trembler de peur (de colère). ...を見て~する frémir à la vue de *qc*.

みぶん 身分 condition *f*; rang *m*; position *f*; état *m*. ~が高い(低い) être de haute (basse) condition. ~が違う appartenir à une classe différente. ~を明かす(いつわる) (ne pas) révéler *sa* vraie condition. 結構な~だよ、君は Tu en as de la chance, toi! ~の高い人 personne *f* de condition élevée. あらゆる~の人々 gens *mpl* de toutes les conditions. 同じ~の人々 égaux *mpl*. 同じ~の人と結婚する épouser *qn* de *sa* condition. ¶社会的~の不平等 inégalité *f* des conditions sociales. ∥~証明書 carte *f* d'identité. ∥~相応に暮らす vivre selon *sa* condition. ∥~不相応に暮らす vivre au-dessus de *ses* moyens. ∥~違いの結婚 mésalliance *f*. ∥~違いの結婚をする se mésallier; faire une mésalliance.

みぼうじん 未亡人 veuve *f*. ~になる perdre *son* mari; devenir veuve. ~で通す rester veuve. ∥戦争~ veuve de guerre.

みほれる 見惚れる ⇒ みとれる(見とれる).

みほん 見本 échantillon *m*; spécimen *m*; [集合的に] échantillonnage *m*; [手本] exemple *m*. ...の~を作る échantillonner *qc*. ~を見て買う acheter *qc* sur un échantillon. 彼は優等生の~だ C'est un élève modèle. ~通りの être conforme (pareil) à l'échantillon. ¶国際~市 foire *f* internationale. ∥~刷り(内容)ページ page *f* spécimen. ∥~帳 livre *m* (cahier *m*) d'échantillons.

みまい 見舞い ¶病人を~に行く aller voir un malade. ...の~に行かせる envoyer *qn* prendre (faire prendre à *qn*) des nouvelles d'un malade. げんこつの~を受ける recevoir des coups de poing. 一発お~を donner à *qn* un coup de poing. ∥~客 visiteur(se) *m(f)*. ∥被災者への~金に集める organiser des collectes en faveur des sinistrés; recueillir des dons pour les sinistrés. ~状 lettre *f* de consolation.

みまう 見舞う ¶病人を~ visiter un malade; faire [une] visite à un malade. 災害地を~ visiter les lieux du sinistre. ¶嵐に見舞われる essuyer (subir) une tempête.

みまごう 見紛う ¶花と~ばかりの霧氷ができていた Il s'était formé de belles efflorescences de givre.

みまちがえる 見間違える [AをBと] prendre A pour B; confondre A avec B.

みまもる 見守る observer *qc*; regarder *qn* attentivement; couver du regard (des yeux). 子供の将来を~ s'occuper de l'avenir de *son* enfant. ¶群衆の~の中で(を) sous les yeux de la foule.

みまわす 見回す regarder tout autour; jeter un regard circulaire. 見回したところ強そうな奴は一人もいなかった Aucun regard circulaire ne m'a fait voir aucun homme vigoureux.

みまわり 見回り ronde *f*; patrouille *f*; [人] gardien(ne) *m(f)*. ~に行く aller en patrouille. ~をする faire une patrouille (une ronde). 夜の~をする faire une ronde de nuit.

みまわる 見回る faire une ronde (une patrouille); patrouiller. 彼は毎晩家の周りを~ Il fait tous les soirs sa ronde.

みまん 未満 ¶~の au-dessous de; moins de. 15歳~の娘たち filles *fpl* au-dessous de quinze ans. 「16歳未満の方お断り」 «Interdit aux moins de seize ans.»

みみ 耳 oreille *f*; [聴覚] ouïe *f*. とがった~ oreilles pointues. ~がいい avoir l'oreille (l'ouïe) fine; entendre bien; [音楽などに対して] avoir l'oreille juste. ~が遠い avoir l'oreille dure; être dur d'oreille; entendre mal. ~が聞こえない sourd(e) m(f). ~が痛い avoir mal à l'oreille (aux oreilles); [比喩的に] ~に障る être pénible à entendre. ~に障る [物音が] blesser l'oreille. ~にする entendre dire qc. ~に入る arriver à ses oreilles (aux oreilles de qn). ~まで赤くなる rougir jusqu'aux oreilles. ~を赤くする avoir les oreilles rouges. ~を疑うか être porté à en croire ses oreilles. ~を貸す [人の話に] prêter l'oreille à qn. ~を貸さない fermer l'oreille à qn (qc); [聞えないふりをする] faire la sourde oreille. ~をそば立てる dresser (tendre) l'oreille; ouvrir l'oreille (les oreilles); écouter avec attention. 子供の~を引っぱる [罰として] tirer les oreilles à un enfant. ~をふさぐ se boucher les oreilles. あの言葉がまだ~に残っている Ses paroles me restent encore dans l'oreille. もしそれが彼の~に入ったら Si cela venait à ses oreilles. ちょっとお~を拝借 Veuillez m'écouter un instant. ¶~の痛い忠告 aigres remontrances fpl. ~を聾する物音 bruit m assourdissant. ~から~へ抜ける entrer par une oreille et sortir par l'autre. 全身を~にして聴く être tout oreilles (ouïe). ~にたこができるほど聞かされる avoir les oreilles battues (rebattues) de qc. ~にたこができるほど聞かせる rebattre les oreilles à qn avec qc. ~をかっぽじいて聞け Ouvre bien tes oreilles. ~を澄まして聞く écouter de toutes ses oreilles. ~元でささやく parler à l'oreille de qn. ◆ [比喩的に] ¶ ~スープ鍋の~ [把手] anses fpl (oreilles) d'une soupière. パンの~ croûte f du pain.

みみあか 耳垢 cérumen m. ~をとる ôter le cérumen; se curer les oreilles. ~がたまった Il y a un dépôt de cérumen.

みみあたらしい 耳新しい ¶それは~話だ C'est la première fois qu'on entend parler de ça.

みみあて 耳当て protège-oreille m inv.

みみうち 耳打ち ¶~する dire (chuchoter) qc à l'oreille de qn; dire qc à qn dans le creux de l'oreille; souffler qc aux oreilles de qn.

みみかき 耳掻き cure-oreille(s) m.

みみがくもん 耳学問 connaissances fpl non livresques.

みみかざり 耳飾り boucle f (pendant m) d'oreille.

みみざとい 耳聡い ¶老人は~ものである Les personnes âgées ont l'oreille fine.

みみざわり 耳障り ¶~な désagréable à l'oreille; cacophonique; [甲高い] aigre. あの音楽は~だ Cette musique blesse nos oreilles.

みみず 蚯蚓 ver m de terre. ¶~がのたくったような字 gribouillage m; écriture f de chat. ~腫れ égratignure f. 彼女は猫に引っかかれて~腫れになった Sa main a gardé les traces d'un coup de griffe du chat.

みみずく 木兎 hibou(x) m; [大型の] grand(s)-duc(s) m.

みみせん 耳栓 boule f Quiès.

みみたぶ 耳朶 lobule m de l'oreille.

みみだれ 耳垂れ otorr[h]ée f. ~になる avoir de l'otorrhée.

みみっちい [けちくさい] mesquin(e); [金銭的に] avare; radin. ~考え idée mesquine f. ~ことをするな Arrête tes mesquineries!/Ne sois pas (si) mesquin!

みみなり 耳鳴り tintement m (bourdonnement m) d'oreilles; cornement m. ~がする Les oreilles me tintent (bourdonnent, cornent).

みみより 耳寄り ¶それは~な話だ Ce n'est pas tombé dans l'oreille d'un sourd.

みみわ 耳輪 boucle f d'oreille.

みむく 見向く se tourner vers. 彼女は私に見向きもしない Elle ne daigne même pas jeter un regard sur moi. 彼は甘いものには見向きもしない Il n'a pas un regard pour les sucreries.

みめ 見目 ¶~麗しい娘 jeune fille f ravissante. 彼女は~麗しい Elle a un beau visage régulier.

みめい 未明 ¶~に à l'aube; au point du jour; au petit matin.

ミモザ mimosa m. ~の花束 bouquet m de mimosa.

みもだえ 身悶え ¶~する se tordre [sur soi-même]. 苦しさのあまり~する se tordre de douleur.

みもち 身持ち conduite f; mœurs fpl. ~がよい(悪い) se conduire bien (mal). ~を改める s'amender; se ranger. 彼の~は相変わらず改まらない Il ne s'est toujours pas assagi. ~の悪い女 femme f de mœurs faciles (légères).

みもと 身元 [本人の確認] identité f; [経歴] antécédents mpl. ~を明らかにする établir l'identité de qn. ~を隠す dissimuler son identité. ~を調べる faire une enquête (se renseigner) sur les antécédents de qn. ~を突きとめる (割り出す) identifier qn; établir l'identité de qn. ~を引受ける servir de qn de répondant. ¶~調査 vérification f d'identité. ~不明の死体 cadavre m non identifié. ~保証(引受)人 répondant(e) m(f).

みもの 見物 ¶そいつは~だ Ça vaut la peine d'être vu.

みや 宮 [神社] temple m shintoïste; [皇族] prince(sse) m(f).

みゃく 脈 [脈拍] pouls m. ~が速い(遅い, 弱い, かすかだ, 不規則だ) avoir le pouls rapide (lent, faible, filant, irrégulier). ~が速く(遅く)なる Le pouls s'accélère (se ralentit). ~をとる(はかる) prendre (tâter, toucher) le pouls de qn; [自分で] se tâter le pouls. ◆ [見込み] espoir m. ~がない C'est sans espoir./C'est désespéré. まだ~はある Il y a encore un rayon d'espoir. あいつにはまだ~がある Il lui reste encore une chance.

みゃくどう 脈動 pulsation f. 新しい思想の~signes mpl avant-coureurs d'un nouveau courant d'idée.

みゃくはく 脈拍 battement *m* de pouls. ⇨ みゃく(脈). ~は正常(不規則). 大人の場合は毎分72回である Chez un adulte le pouls bat 72 fois par minute.

みゃくみゃく 脈々 ¶~たる continuel(le); perpétuel(le); ininterrompu. ~と continuellement; perpétuellement; sans interruption.

みゃくらく 脈絡 enchaînement *m*; filiation *f*; liaison *f*; suite *f*; cohérence *f*; continuité *f*. 思考の~ liaison dans les idées. 論理の~ cohérence du raisonnement. 論理に~を欠く manquer de suite (liaison) dans *ses* raisonnements. 両者の間には~が認められない On ne voit pas le lien entre ces deux choses. ¶~のない incohérent; sans suite; décousu. ~のないことを言う tenir des propos sans suite.

みやげ 土産 cadeau(x) *m*; [旅の] souvenir *m*. 旅の~話をする faire le récit de *son* voyage.

みやこ 都 [首都] capitale *f*; [都市] ville *f*. 永遠の~ローマ Rome, la Ville éternelle. 光の~パリ Paris, la Ville lumière. 「住めば~」 «Rien ne vaut son chez-soi.» ¶~を落ちる s'éloigner (descendre) de la capitale; se faire exiler.

みやこどり 都鳥 huitrier *m*.

みやすい 見易い facile à voir; clair; évident; [字が] lisible. ~字 écriture *f* lisible. ~道理 raison *f* claire.

みやづかえ 宮仕え service *m* de cour; [比喩的] fonction *f*. すまじきものは~ De n'est pas un drôle, la vie d'employé. ¶~する servir à la cour; [比喩的] être fonctionnaire.

みやび 雅 grâce *f*; élégance *f*; urbanité *f*. ~を解する savoir ce que grâce veut dire. ¶~やかな gracieux(se); élégant. ¶~心 sens *m* de l'élégance.

みやぶる 見破る découvrir; percer [à jour]; déceler; pénétrer. 陰謀を~ découvrir (percer) un complot. 変装を~ deviner un déguisement.

ミュージカル comédie *f* musicale. ¶~映画 comédie musicale. ~ショー spectacle *m* de music-hall(s).

ミュージック ¶~コンクレート musique *f* concrète. ~ホール music-hall *m*.

ミューズ [ギ神] Muse *f*.

ミュール mules *fpl*.

みよ 御代(世) règne *m*. ルイ14世の~に sous le règne de Louis XIV.

みよい 見好い ¶夫婦喧嘩は~ものではない Une scène de ménage n'est pas un spectacle plaisant.

みよう 見様 ¶物は~でまったく異る Les choses changent complètement selon le point de vue. ¶~見真似で...する apprendre *qc* à (*inf*) en singeant.

みよう 妙 [美しさ・巧みさ] ¶自然(造化)の~ mystère *m* de la nature (la création). 手さばきの~ habileté *f* manuelle. 言い得て~だ

C'est bien dit. ◆ [奇妙] ¶~な étrange; bizarre; singulier(ère); curieux(se). ~な男 homme *m* bizarre (curieux). ~な男の子 un drôle de garçon. ~な女の子 une drôle de fille. ~な物音 bruit *m* étrange. ~な服を着た女 femme *f* bizarrement accoutrée. ~な話し方をする avoir une singulière façon de parler. ~な考えを起して...する avoir l'idée bizarre de *inf*. ~な天気だ Il fait un temps bizarre. 今日はなんて~な天気なんだろう Quel drôle de temps il fait aujourd'hui! なんて~なことを彼は言ったのか Quelle drôle d'idée il a eue! ~な奴が家のまわりをうろうろしている Un homme louche rôde autour de la maison. あんたって~な顔ね Tu en fais une tête! ~な顔をするな Ne fais pas cette tête-là. ~なことに, 彼はよく出来た答案をめちゃくちゃに破ってしまった Ce qu'il y a de curieux, c'est qu'il a déchiré en morceaux sa très bonne copie. ¶~に étrangement; bizarrement; singulièrement; curieusement. ~にまわりくどい論理 raisonnement *m* bizarrement étrangement compliqué. 郷里の母のことが~に気にかかってならない Je ne sais pas pourquoi, mais je ne peux m'empêcher de me faire du souci pour ma mère restée au pays.

みょう 明日 demain matin.

みょうあん 妙案 bonne (heureuse) idée *f*. ~が浮かんだ Il m'est venu une bonne idée.

みょうが 冥加 bénédiction *f*. ~の至りだ C'est une bénédiction. ¶命~な奴だ C'est un béni des dieux. ¶命~に尽きる C'est un coup de chance.

みょうが 茗荷 cardamome *m*.

みょうぎ 妙技 technique *f* brillante; extrême (merveilleuse) habileté *f*; [音楽家などの] virtuosité *f*; [手先の] dextérité *f*; tour *m* d'adresse. ~を披露する faire preuve d'une technique brillante (de virtuosité). 回転競技で~をふるう montrer *sa* virtuosité au slalom.

みょうけい 妙計 ¶~を案じる inventer (concevoir, former) un projet merveilleux.

みょうごにち 明後日 après-demain. ⇨ あさって(明後日).

みょうさく 妙策 ⇨ みょうけい(妙計).

みょうじ 苗字 nom *m* de famille; patronyme *m*.

みょうしゅ 妙手 [将棋など] ¶~を指す jouer un coup adroit (un beau coup); réussir un coup heureux.

みょうしゅ 妙趣 charme *m* exquis; saveur *f*; grâce *f*. ~を味わう apprécier le charme (la saveur) de *qc*. ¶~のある庭園 jardin *m* plein d'un charme exquis.

みょうしゅん 明春 [au] printemps *m* prochain.

みょうじょう 明星 [金星] Vénus *f*. 明け(宵)の~ étoile *f* du matin (du soir). ¶[スター] 映画界(劇壇)の~ vedette *f* (étoile *f*) du cinéma (de la scène).

みょうだい 名代 ¶...の~として au nom de *qn*; de la part de *qn*.

みょうちょう 明朝 demain matin.

みょうにち 明日 demain. ⇨ あした(明日).

みょうねん 明年 l'année f prochaine. ⇨ らいねん(来年).

みょうばん 明晩 demain soir.

みょうばん 明礬 alun m. ‖~石 alunite f.

みょうみ 妙味 charme m; beauté f exquise; délicatesse f. 音楽の~ charme secret (indéfinissable) de la musique. 詩の~ beauté exquise d'un poème. 文章の~ délicatesse du style. ~を解する apprécier le charme de qc. 冗談を交えて話に~を添える assaisonner la conversation de quelques mots plaisants.

みょうやく 妙薬 remède m efficace (souverain); [万病の]panacée f. インフレ防止の~ remède (efficace) contre l'inflation monétaire.

みょうり 冥利 ‖ヒマラヤ登山隊の一員に選ばれるとは男~に尽きる Être choisi comme membre d'une expédition dans l'Himalaya, c'est un grand honneur pour un homme. 男~な奴だ C'est un chanceux. ⇨ みょうが(冥加).

みょうれい 妙齢 ‖~の娘 fille f nubile (en âge de se marier).

みより 身寄り parent(e) m(f); proches mpl; famille f. ¶~のない子供 orphelin(e) m(f); enfant m sans famille. ~のない老人 vieillard m (vieille femme) f seul(e) au monde.

ミラー [バックミラー] rétroviseur m. ‖~ボール sphère f (globe m) à miroirs.

みらい 未来 avenir m; temps mpl futurs; [文法]futur m. ~を予言する prédire l'avenir. ~をめちゃめちゃにする gâcher son avenir. 彼には~がある Il a de l'avenir. ¶~の futur; à venir. ~の大(妻)futur(e) m(f). ~の夫婦 futurs époux mpl. 近い~に dans un avenir prochain. ‖単純[近(前)~; [文法]futur simple (antérieur). ~学 futurologie f. ~学者 futurologue mf. ~派 futurisme m; [人]futuriste mf.

みられる 見られる être regardé (vu(e)); [見出される]se trouver; s'observer; se rencontrer; [推測される]être supposé(e); passer pour. ⇨ みる(見る).

ミリ ¶~グラム milligramme m. ~バール millibar m. ~メートル millimètre m. ~リットル millilitre m.

ミリタリズム militarisme m.

みりょう 未了 ‖法案を審議~に追込む faire avorter un projet de loi.

みりょう 魅了 ¶~する ⇨ みする(魅する).

みりょく 魅力 charme m; attrait m; prestige m; [自然、芸術の]magie f. 音楽の~ charme de la musique. 芸術の~ magie de l'art. 若さの~ prestige de la jeunesse. 性的~ sex-appeal m; charme sensuel. 彼女には~がどこか~ある Elle a du charme. ¶~のある(~的な) charmant; séduisant; ravissant; attrayant; prestigieux(se); ensorcelant. ~的なまなざし regard m attirant. ~のない文体 style m sec.

みる 見る voir; [じっと]regarder; [観察する]observer; [診察する]examiner. 映画を~ voir un film. テレビを~ regarder la télévision. テニスの試合を~ assister à un match de tennis. じろじろ~ regarder qn avec attention; dévisager qn. ちらりと~ jeter un regard sur; donner un coup d'œil à. 見ふりをして~ regarder à la dérobée. 見て見ぬふりをする feindre de ne pas voir qc (qn). 私は血を~と気持ちが悪くなる La vue du sang me rend malade. 医者に見てもらう consulter un médecin. 今に見ろ! Tu me le paieras! それ見たことか Ça t'apprendra! ‖見るに心地よい agréable à voir. ~に耐えない ne pouvoir supporter la vue de. ~に耐えない光景 spectacle m insupportable. パリには~べきものがたくさんある Il y a beaucoup de choses à voir à Paris. 見てきたような話をする raconter qc comme sur le vif. 見たところ à ce qu'il semble; selon les apparences; en apparence; extérieurement. ~からに à vue d'œil. 見れば~ほど彼女はきれいだ Plus je la regarde, plus je la trouve belle. どう見ても selon toute apparence. ちょっと~と à première vue; au premier regard. 私から~と à mon avis; d'après moi. ◆[見direction・考える] ~voir qc en beau. なんでもよく~ voir tout en beau. ...と向きものる Certains pensent que ind. この問題をどう見ますか Que pensez-vous de ce problème?/Que dites-vous de cette question? 文学的~から at point de vue littéraire. ◆[世話する]prendre soin de; s'occuper (se charger) de. 老人を~ prendre soin d'un vieillard (d'une vieille femme). 子供の数学を見てやる aider un enfant pour son calcul. ◆[試みる]...して~ essayer qc (de inf). tenter (tâcher) de inf. 服を着て~ essayer un costume. 食べて~ essayer un plat.

ミルク lait m. ~で育てる nourrir un bébé au biberon. ~を飲ませる allaiter un enfant au biberon. ~を飲ませる時間だ C'est l'heure du biberon. ‖~粉 lait en poudre. コンデンス~ lait condensé (concentré). コーヒー(ティー)~ café m (thé m) au lait. ~セーキ lait de poule.

ミルフィーユ [菓子]millefeuille(s) m.

みるみる 見る見る ¶~うちに à vue d'œil. 日本の社会は~うちに変貌していく La société japonaise se transforme à vue d'œil.

みるめ 見る目 人を~がある savoir juger [discerner] les hommes.

ミレニアム millénium m.

みれん 未練 regret m; [愛着]attachement m. 過去への~ regret du temps passé. ~がる à regretter; avoir (éprouver) du regret pour. 過去に~を残す regretter le temps passé; s'attarder aux vains regrets du passé. 彼は別れた女に~があるのだ Il regrette la femme qu'il a quittée. あんな女にさらさら~はない Je ne la regrette pas du tout, cette femme. 何の~もなく n'avoir aucun regret pour. ~を残して去る quitter qn (qc) avec regret. ¶~がましい plein de vains regrets. 俺は~がましい男じゃないぞ Moi, je ne suis pas un homme à m'embarrasser de regrets.

みわく 魅惑 fascination f; séduction f. ~する fasciner; séduire; captiver; charmer; attirer. 彼女には男を~する何かがある

みわけ 見分け distinction f; discernement m. あの子はまだ善悪の〜がつかない Cet enfant ne sait pas encore distinguer le bien du mal. あの双子はすぐには〜がつかない Ces jumeaux, on ne les distingue pas facilement. ¶〜のつかない indiscernable, difficile à distinguer. 彼は〜がつかないほど変わったIl est méconnaissable. 彼ら は〜がつかないほどよく似ている Ils se ressemblent à s'y méprendre. 〜がつかないように変装する se déguiser pour se rendre méconnaissable.

みわける 見分ける distinguer; discerner; reconnaître. AとBを〜 distinguer (discerner) A de B. 真贋を〜 discerner le vrai du faux. ¶この種類は色で見分けられる Ces espèces se distinguent par leur couleur.

みわすれる 見忘れる ne plus reconnaître qn.

みわたす 見渡す promener ses yeux (regards) sur. そのホテルからは海が見渡せる De cet hôtel, on a une vaste vue (perspective) sur la mer. ¶〜限り一面の火の海だ Une mer de flammes s'étend à perte de vue.

みん 民意 opinion f publique (du peuple). 〜を問う consulter l'opinion publique. 〜に副う satisfaire le peuple; répondre à l'opinion publique. 〜に副わない法律 loi f impopulaire.

みんえい 民営 〜の privé. ¶〜化 privatisation f. 国有企業を〜化する privatiser une entreprise nationalisée. 〜企業 entreprise f privée.

みんか 民家 maison f particulière (privée).

みんかん 民間 〜の privé; civil; populaire. ¶〜に parmi le peuple. 〜に普及させる populariser qc. ‖〜企業 entreprise f privée. 〜航空 aviation f civile. 〜人 civil m. 閣僚に〜人を起用する introduire dans le cabinet une personne privée. 〜伝承 folklore m; tradition f populaire. 〜伝承研究者 folkloriste mf. 〜伝説 légende f populaire. 〜放送 radio f (radiodiffusion f) privée.

ミンク vison m. 〜のコート manteau(x) m de vison; vison m. 〜のストール étole f de vison.

みんげい 民芸 ¶〜風の家具 meuble m rustique. 〜風に rustique. ‖〜品 objets mpl folkloriques. 〜品店 boutique f d'objets folkloriques.

みんけん 民権 droits mpl civiques.

みんじ 民事 〜と刑事 le civil et le criminel. 〜の civil. ‖〜裁判(訴訟) procès m civil. 〜裁判所 tribunal(aux) m civil. 〜事件 affaire f (cause f) civile. 〜訴訟法 code m de procédure civile.

みんしゅ 民主 〜的な démocratique. 〜的に démocratiquement. ‖〜化 démocratisation f. 〜化する démocratiser qc. 〜主義 (制) démocratie f. 議会制〜主義 démocra-

tie parlementaire. 人民(社会)〜主義 démocratie populaire (socialiste). 〜主義 の démocratique. 〜主義者 démocrate mf.

みんじゅ 民需 demande f civile. ‖〜産業 industrie f civile.

みんしゅう 民衆 peuple m; masses fpl. 武装 した〜 peuple en armes. ¶〜の(的な) populaire. 〜の声を聞く écouter la voix du peuple. 〜の蜂起 émeute f populaire. 〜的表現 expression f populaire.

みんしゅく 民宿 pension f de famille. 〜もそれほど安くない Même les pensions de famille ne sont pas tellement bon marché. 「〜い たします」«Nous louons des chambres.»

みんじょう 民情 〜を視察する inspecter les conditions de vie du peuple.

みんしん 民心 sentiment m populaire (national). 〜の安定 stabilité f nationale. 〜を 得る(つなぐ, 失う) gagner (conserver, perdre) la faveur du peuple. 〜を動揺させる troubler le peuple.

みんせい 民政 gouvernement m civil. 〜を 布く établir un gouvernement civil. 軍政か ら〜に移行した Le pouvoir est passé des mains de l'armée à celles des civils.

みんせい 民生 ‖〜委員 assistant(e) m(f) social(e). 〜局 bureau(x) m d'assistance sociale.

みんせん 民選 élection f populaire. ¶〜の désigné par élection populaire.

みんぞく 民俗 folklore m. ¶〜的な folklorique. ‖〜学 folklore; ethnographie f. 〜学者 folkloriste mf; ethnographe mf.

みんぞく 民族 nation f; race f; peuple m. ¶〜の(的な)(aux). 〜の祭典 fête f des nations. ‖少数〜 minorités fpl ethniques. ユダヤ〜 peuple juif. ラテン(ゲルマン)〜 race latine (germanique). ゲルマン〜の大移動 invasion f des Germains. 〜衣裳(音楽) costume m (musique f) folklorique. 〜学 ethnologie f. 〜学的 ethnologique. 〜学者 ethnologue mf. 〜誌学 ethnographie f. 〜誌学的 ethnographique. 〜誌学者 ethnographe mf. 〜自決主義 principe m des nationalités. 〜主義 nationalisme m; racisme m. 〜主義の nationaliste. 〜主義者 nationaliste mf. 〜性 caractères mpl ethniques.

みんぞくふんそう 民族紛争 conflit m ethnique.

ミント【植】menthe f. ‖〜ティー thé m à la menthe.

みんど 民度 niveau(x) m culturel d'un pays (d'une région). その地方は〜が高い(低い) Le niveau culturel de cette région est élevé (reste bas).

みんな こっちだよ, 〜 Par ici, les gars! 〜 嘘っぱちだ Tout ça, ce sont des histoires. 〜で [全員で] tous ensemble; [全部で] en tout. ⇒ みな(皆).

みんぺい 民兵 milicien(ne) m(f). ‖〜隊 milice f populaire.

みんぽう 民放 chaîne f privée. ‖〜ラジオ radio f privée. 〜テレビ télévision f privée.

みんぽう 民法 droit m civil. ¶〜[上]の

civil. ~学者 juriste mf du droit civil. ~典 code m civil.
みんやくせつ 民約説 doctrine f (théorie f) du contrat social.
みんゆう 民有 ¶~地 terrain m (propriété f) privé(e). ~林 forêt f privée.

みんよう 民謡 chanson f populaire (folklorique). ¶~歌手 chanteur(se) m(f) de chansons populaires. ~コンクール concours m de chants folkloriques.
みんわ 民話 conte m (récit m) folklorique.

む

む 無 néant m. ¶~に帰する réduire au néant; [se] réduire à rien. ~に帰せしめる réduire qc à néant. ~から始める partir de zéro. ~から…を生ずる tirer qc du néant. ~から有は生じない Rien ne se fait de rien. 人間は~から出て~に帰る L'homme sort du néant et retourne au néant. ◆ ¶~にする [無駄にする] faire échouer; rendre nul(le). 忠告を~にする ne tenir aucun compte d'un conseil; négliger les conseils de qn. 人の好意を~にする rendre vain un geste aimable. これではせっかくの善意が~になる Cela se ramène à faire fi de cette bonté.
むい 無為 oisiveté f; désœuvrement m; inaction f. ¶~な désœuvré; oisi(ve). ~の生活 vie f oisive. ~に oisivement; inactivement. ~に暮す mener une vie oisive; vivre dans l'oisiveté. ¶~徒食の輩 personnes fpl qui vivent dans l'oisiveté.
むいか 六日 ⇒付録.
むぎ 無義 ¶~な insignifiant; [無駄な] inutile. ~な生活 vie f insignifiante.
むいしき 無意識 inconscience f. ¶~な(の) inconscient; involontaire; [機械的な] machinal(aux). ~の衝動 tendances fpl inconscientes. ~に inconsciemment; machinalement. ボールが飛んで来たので~に身を縮った J'ai machinalement évité la balle qui venait dans ma direction. ¶~状態に陥る sombrer dans l'inconscience.
むいむら 無医村 village m sans médecin.
むいちもん 無一文 ¶~の désargenté. ~である être sans le sou; être sans ressources; n'avoir pas un dernier; [俗] n'avoir pas le rond; être à sec.
むいみ 無意味 ¶~な dénué de sens; insensé; insignifiant; vain; absurde; inutile. ~な仕事 travail m insignifiant. ~なことを言う dire des choses insignifiantes; dire des absurdités (des bêtises). いつまでも~な議論を続けていても仕方がないだろう A quoi ça sert de poursuivre toujours cette discussion absurde (vaine)? ああいう馬鹿には何を言っても~なことだ A ce genre d'imbécile on peut dire tout ce qu'on veut, ça ne sert à rien. そんなこと~だよ Ça ne sert à rien. ~に pour rien.
ムース mousse f. ¶チョコレート~ mousse au chocolat.
ムード atmosphère f. ¶この喫茶店は中々~がある Il y a une atmosphère sympathique dans ce café. ¶~音楽 musique f d'ambiance.
ムートン mouton m.

ムールがい 一貝 moule f.
むえき 無益 ¶~な futile; inutile. ~な争い lutte f inutile. ~な議論 dispute f oiseuse. ~なこと futilités fpl. ~な殺生はしたくない Je ne veux pas tuer pour le plaisir. ~に futilement; inutilement; sans fruit. 煙草は~である Le tabac est purement nocif.
むえん 無煙 ¶~火薬 poudre f sans fumée. ~炭 charbon m sans fumée; anthracite m.
むえん 無縁 ¶それは僕には~な事だ Ce n'est pas [de] mon rayon. 私は政治には~だ Je suis étranger aux choses de la politique. ¶~墓地 tombe f abandonnée.
むえん 無鉛 ¶~ガソリン essence f sans plomb.
むえん 無塩 ¶~バター beurre m sans sel.
むが 無我 ¶~の境地に至る atteindre à une quiétude absolue de l'âme. その時は~夢中だったので何も覚えていません A ce moment-là, j'étais dans un état second, je ne me souviens de rien. 私は~夢中で逃げ出した Hors de moi, j'ai pris la fuite.
むかい 向い ¶~の家 maison f [d']en face. 川の~にある教会 église f de l'autre côté de la rivière. 彼の家は学校の~にある Sa maison est en face de l'école.
むがい 無害 ¶~の inoffensi(ve); sans danger. ¶それは人畜~である Ce n'est pas nocif pour les hommes et les animaux domestiques.
むがい 無蓋 ¶~貨車 wagon m découvert.
むかいあう 向い合う [二人が] se trouver face à face; se faire face; être en présence; [人と] être vis-à-vis (en face) de qn; faire face à qn. 向い合わせる mettre qn en présence de qn. 私の向い合った人は魅力的だった Mon vis-à-vis était charmant. …と向い合って in présence de. 私たちは向い合って座っていた Nous étions assis face à face.
むかいかぜ 向い風 vent m contraire. ¶~を受けて進む marcher contre le vent; avoir le vent debout.
むかう 向う [相対する] ¶鏡に~ se mettre devant une glace. 机に~ s'installer à son bureau. 彼は~新鋭なしだ Il triomphe de toutes les résistances. /Tout cède devant lui. 面と~と彼には何も言えない En face de lui, je n'ose rien dire. 風に向って進む marcher contre le vent. 群衆に向って演説する faire un discours devant le public. 向って右から2番目の人です C'est la deuxième personne à partir de la droite. ◆ [目指す] se diriger; s'orienter; aller. 駅に

むかえ 迎え ¶~に行く aller à la rencontre de qn; aller chercher qn; aller au-devant de qn. ~に来る venir chercher qn. 医者を~にやる envoyer chercher le médecin. ¶~酒 を飲む reprendre un verre pour faire passer sa gueule de bois. ¶~火をたく allumer un feu pour accueillir les âmes des morts.

むかえいれる 迎え入れる recevoir qn. ¶彼はサロンに迎え入れられた On l'a reçu dans le salon.

むかえうつ 迎え撃つ ¶敵を~ faire front à l'ennemi; affronter l'ennemi.

むかえる 迎える recevoir; accueillir. 妻を~ prendre femme; se marier. 快く~ souhaiter la bienvenue à qn; recevoir qn à bras ouverts. 客員教授として~ recevoir qn comme professeur invité. ¶喝采に迎えられる être salué par des acclamations. ◆[時に臨み] ¶新年を~ fêter la nouvelle année. 18の春を~ atteindre sa dix-huitième année.

むがく 無学 ignorance f; inculture f. ¶~な奴だ Tu es un ignorant (ignare)! あの大工は~だけれど腕は達者だ Ce charpentier est inculte, mais il connaît son métier. ‖~文盲の徒 ignorant(e) m(f); illettré(e) m(f).

むかし 昔 le [temps] passé; le vieux temps; les temps anciens; [古代] l'antiquité f. ~を偲ぶ regretter le passé. ~は~, 今は今 Le passé, c'est le passé: il faut vivre avec son temps. ¶~の vieux (vieille), ancien (ne); d'autrefois, [古代の] ancien(ne). ~の友 ancien(ne) ami(e) m(f). ~の風習 mœurs fpl d'autrefois. 古き~の時代 le bon vieux temps. 遠い~の immémorial(aux). 彼には~の面影はない Il n'est plus que l'ombre de lui-même. 彼女は与~のあのままだ Elle n'est plus ce qu'elle a été. ~からの習慣 coutume f ancienne. 彼はこの酒場の~からの常連だ C'est un vieil habitué de ce bistrot. 我々は~からの知合いです Nous nous connaissons depuis longtemps. ~から昔 depuis toujours; [古代から] dès l'antiquité; dès les temps les plus reculés. ~からいつもそんな具合でした Cela a été ainsi de tout temps. ~は autrefois; anciennement; dans le temps [passé]; au temps jadis. ~はよかったね Autrefois, c'était le bon temps. ~ある所に ...おりました Il était une fois....

むかしかたぎ 昔気質 ¶~の人 personne f fidèle au passé.

むかしなじみ 昔馴染 vieil(le) ami(e) m(f); vieux (vieille) camarade mf. ¶~の顔 visage m de connaissance. 我々は~の間柄です Nous sommes de vieilles relations.

むかしばなし 昔話 vieille histoire f; vieux conte m; [思い出話] souvenirs mpl du passé. ~をする raconter une vieille histoire. ~を読んで聞かせる lire un vieux conte à qn. 我々は久し振りに会って~に花を咲かせた Nous retrouvant après une longue séparation, nous avons ranimé des souvenirs du passé.

むかしふう 昔風 ¶~の à l'ancienne mode; [時代遅れの] passé de mode; démodé. ~の家 maison f de style traditionnel. あんな~の家に嫁にやったら娘が可哀想だ Ma fille sera à plaindre, si je la marie à un garçon d'une famille aussi traditionnelle.

むかち 無価値 ¶~の sans valeur. ~な作品 une œuvre qui ne vaut rien.

むかつき nausée f; †haut-le-cœur m inv.

むかつく avoir mal au cœur; avoir la nausée; [嫌悪] éprouver une répugnance. 食べすぎて少し胸が~ J'ai trop mangé, j'éprouve un petit malaise. ~ような nauséeux(se); nauséabond; répugnant. ~ような臭気 odeur f nauséeuse.

むかっぱら 向っ腹 ¶~を立てる prendre la mouche; se mettre en colère. 下らぬことで~を立てる se vexer pour un rien. 何に~を立てているんだ Quelle mouche vous pique?

むかで 百足 scolopendre f; mille-pattes m inv.

むかむか ¶~する avoir la nausée; avoir mal au cœur; [立腹] se mettre en colère; se fâcher; s'irriter. 彼の虚栄心には~する Son orgueil me dégoûte. ~するような臭い odeur f fade. 彼は~するような奴だ Il est repoussant (dégoûtant)./Il est d'une saleté repoussante.

むかん 無冠 ¶彼は~の帝王だ Il est roi (champion) sans [le] titre.

むかん 無官 ¶~の人 personne f qui n'a ni rang ni fonction; personne sans titre.

むかんがえ 無考え imprudence f; irréflexion f. ¶~の行動 conduite f inconsidérée. ~な若者 jeune homme m irréfléchi. ~なことをする commettre une imprudence.

むかんかく 無感覚 insensibilité f; [無感動] impassibilité f; [しびれ] engourdissement m. ¶~な insensible; impassible. ~になる [しびれ] s'engourdir. 余りの寒さに手足が~になってしまった Le froid était tellement vif que mes membres se sont engourdis.

むかんけい 無関係 ¶~である n'avoir aucun rapport avec; n'avoir rien à voir avec (dans) qc; être sans rapport avec; être étranger(ère) à. 私はこの事件とは全く~である Je n'ai rien à voir dans cette affaire./Je suis tout à fait étranger à cette affaire. これら2つの問題は互いに~である Ces deux problèmes sont indépendants.

むかんさ 無監査 ¶あの画家は～である Ce peintre est reçu hors concours.

むかんさつ 無鑑札 ¶～で sans licence (permis).

むかんしん 無関心 indifférence *f*; [脱脚] détachement *m*; [冷淡] froideur *f*. ～を affecter l'indifférence; faire le blasé. ¶～な indifférent; [平然とした] détaché; [冷い] froid. 彼は政治には～である La politique ne l'intéresse pas. 彼は世俗のことには全く～である Il est complètement indifférent aux affaires de ce monde. 彼は部下に対して～で Il ne manifeste aucun intérêt à ses subordonnés. 彼は父の死に対しても～だった Il est resté froid même à la mort de son père.

むき 向き ～を se monter la tête; s'échauffer. 彼はくだらぬことに～になる Il se vexe pour un rien. 君はすぐに～になるところが悪い Ce que je vous reproche, c'est de vous échauffer trop vite. ～になって rageusement. ～って否定する nier avec véhémence.

むき 向き [方向] orientation *f*, direction *f*; sens *m*. 家の～ orientation (exposition *f*) d'une maison. 風の～ direction du vent. ～を変える changer de direction; [船, 車など] virer; prendre un virage. 左に～を変える virer à gauche. 身体の～を変える se retourner. ¶風の～が変った Le vent a tourné. 家を南に～にする orienter une maison au sud. ◆[適う] ¶...の～ pour; à l'usage de; adapté à; bon(ne) à; qui convient à. 病人～の食物 nourriture *f* bonne pour un malade. 若者～のテレビ番組 émission *f* de télévision pour les jeunes. ¶成人～映画 film *m* pornographique. ◆[傾向] inclination *f*; tendance *f*. 彼ははら吹きと言われるが, 実際その～がある Il passe pour un hâbleur et de fait on peut constater cette tendance chez lui.

むき 無期 ¶～の indéfini; illimité. ～に延期する ajourner *qc* à une date indéterminée (ad vitam æternam). ～懲役に処せられる être condamné à l'emprisonnement à perpétuité.

むき 無機 ¶～の inorganique. ¶～化合物 composé *m* inorganique. ～酸 acide *m* inorganique. ～物 matière *f* inorganisée (inanimée).

むぎ 麦 [小麦] blé *m*; [大麦] orge *f*; [からす麦] avoine *f*; [裸麦] seigle *m*. 青い～ [穂の出ていない] blé en herbe. ～の穂 épi *m* de blé. ～の取入れをする moissonner (récolter) du blé. ¶～打ち場 aire *f*. ～粉 farine *f*; froment *m*. ～畑 champ *m* de blé. ～まき semailles *fpl* du blé. ～まきをする semer du blé.

むきあう 向き合う ⇒ むかいあう(向い合う).

むきげん 無期限 ¶～の indéfini; illimité. ¶～スト grève *f* indéfinie. ～ストに入る se mettre en grève pour une durée illimitée.

むぎこう 無技巧 ¶～の技巧 art *m* naturel (sans apprêt).

むきず 無傷(疵) ¶～の sans défaut; parfait; intact. ～の果物 fruit *m* sans défaut. ～のまま demeurer intact. ～で切り抜ける se tirer d'une affaire sans dommages.

むきだし 剥出し ¶～の肩 épaule *f* nue. ～の背中 dos *m* dénudé. ～に franchement; sans réserve. ～にする découvrir; exposer. 感情を～にする donner libre cours à ses sentiments. 闘争心を～にする faire preuve de combativité.

むきだす 剥き出す ¶歯を～ montrer les dents à *qn*. 歯をむき出して笑う rire de toutes ses dents; rire à pleines dents.

むきどう 無軌道 ¶～の(な) dissipé; débauché; irréfléchi. ～な娘 jeune fille *f* dévergondée. ～な生活を送る mener une vie déréglée.

むきなおる 向き直る se tourner vers.

むきみ 剥身 ¶～の牡蠣 huitre *f* écaillée. ～の貝 mollusque *m* retiré de sa coquille.

むきめい 無記名 ¶～式で en blanc. ～投票 scrutin *m* secret. ～預金 bon *m* de caisse au porteur.

むきゅう 無休 ¶～である ne pas avoir de congé. ¶年中～の店 magasin *m* ouvert tous les jours (pendant toute l'année).

むきゅう 無窮 éternité *f*. ¶～の éternel.

むきゅう 無給 ¶～の non salarié. ～で働く travailler gratis (pour rien). ¶～助手 assistant(e) *m(f)* non rémunéré(e).

むきょうそう 無競争 ¶～で sans rivalité; sans concurrence.

むきょうよう 無教養 grossièreté *f*; barbarie *f*. ～な grossier(ère); barbare; béotien (ne). ～な人 béotien *m(f)*; inculte *mf*.

むきょか 無許可 ¶～で売る [街頭で] vendre à la sauvette. ¶～営業 vente *f* à la sauvette. ～商売 commerce *m* clandestin.

むきりょく 無気力 inertie *f*; mollesse *f*; avachissement *m*; aveulissement *m*; atonie *f*; apathie *f*. ¶～な inerte; mou (mol, molle); atone; apathique. ～な性格 caractère *m* mou (veule). ～な人 personne *f* atone (veule). ～な日々を送る vivre dans l'inertie. ～になる s'avachir; s'aveulir; perdre toute énergie. ～に働く travailler mollement.

むぎわら 麦藁 paille *f*. ¶～色の paille *inv*; jaune paille. ～色の服 robe *f* [couleur de] paille. ～色の手袋 gants *mpl* paille. ～細工 objets *mpl* en paille. ～帽子 chapeau(*m*) de paille.

むきん 無菌 ¶～の aseptique. ¶～状態 état *m* d'asepsie; asepsie *f*.

むく 向く [体などを向ける] tourner. ～を se tourner vers. 上を～ regarder en l'air; lever les yeux. 後を～ se retourner; regarder derrière soi. 肩越しに後を～ regarder par-dessus *son* épaule. 下を～ baisser les yeux (le regard). 右に～ se tourner à droite. ◆[面する] faire face à; donner sur. 僕の家は山を背に南を向いて建っているから暖い Comme ma maison est adossée à une montagne et orientée au sud, il y fait très bon. ◆[適する] être bon (fait) pour; être propre à; être apte à. 自分に向いた職業を選ぶ choisir un travail pour lequel *on* est fait. 彼は共同作業に向いている Il est apte à un travail en équipe. 彼は医者に向いている

est fait pour la médecine. 彼は商売に向いているII a la bosse du commerce. ◆[傾く・向う] ~やっと私に運が向いて来た Cette fois-ci, la fortune commence à me sourire. 気が向いたらいつでもいらっしゃい Si l'envie vous en prend, venez n'importe quand.

むく 剥く [野菜などの皮を] éplucher; peler; [木, 果物の皮を] écorcer; [動物の皮を] écorcer. 豆のさやを~ écosser les pois. ¶[比喩的に] ~目を~ ouvrir de grands yeux. 犬は歯を剥いて飛びかかって来た Le chien s'est élancé vers moi en montrant ses crocs.

むく 無垢 [清浄] ¶~の non pollué; pur; sans tache. [聖女] ~な乙女 vierge f. [清浄] ~な心 pureté f sans tache; innocence f immaculée. ◆[純粋] ¶金のブロンズ像 statue f de bronze massif. ¶金の指輪 bague f en or massif (tout en or).

むくい 報い [報酬] récompense f; [補償] compensation f; [報復] vengeance f; [罰] punition f; châtiment m. ~を受ける être récompensé de qc; recevoir la punition de qc. 罪の~を受ける expier un crime. それは当然の~だ C'est un châtiment (une récompense) mérité(e). ¶...の~として en récompense (en retour) de.

むくいぬ 尨犬 caniche m; chien(ne) m(f) barbet(e).

むくいる 報いる récompenser; gratifier. 親切(努力)に~ récompenser qn de la bonté (de ses efforts). 恩に~ répondre au bienfait de qn. 厚意に~ répondre à la faveur de qn. 悪に善をもって~ répondre du mal par le bien. ¶報われる être payé (récompensé) de. 努力が報われる être payé de ses peines par un bon résultat. 報われぬ一生 vie f stérile.

むくげ 尨毛 duvet m. ¶~の duveteux(se); couvert de duvet.

むくち 無口 taciturnité f. ¶~な muet(te); taciturne; silencieux(se). ~な人 personne f taciturne. 彼は~である Il est taciturne./Il parle peu.

むくつけき ¶彼は~男である C'est une armoire à glace.

むくどり 椋鳥 sansonnet m; étourneau(x) m.

むくみ 浮腫 enflure f; boursouflure f; gonflement m. ~がくる avoir un œdème.

むくむ 浮腫む s'enfler; se boursoufler. 病気で顔が~ La maladie bouffit son visage. ¶むくんだ顔 visage m boursouflé (bouffi).

むくむく ¶入道雲が~と湧いてきた Des nuages se sont amoncelés. 藪の中に何かが動くものがいる Des formes s'agitent dans les buissons. ~した, [丸々とした] rebondi; dodu; gras(se).

むぐら 葎 grateron m; gaillet m.

むくれる être de mauvaise humeur (de mauvais poil); prendre la bisque; [すねる] bouder.

-むけ 向け ¶アメリカ~商品 marchandises fpl destinées à l'exportation aux Etats-Unis. 子供~番組 émissions fpl pour les enfants.

むけい 無形 ¶~の immatériel(le); moral (aux); spirituel(le). ~の援助をする aider qn moralement. ¶~財産 biens mpl incorporels. ~文化財 trésor m national spirituel.

むげい 無芸 ¶多芸に~ Qui est propre à tout n'est propre à rien. ¶彼は~大食だ Il n'a qu'un bon coup de fourchette.

むけいかく 無計画 manque m de projets. ¶~の(な) sans projet défini. ~な登山は危険である Il est dangereux de faire l'ascension d'une montagne sans préparation sérieuse.

むけいけん 無経験 inexpérience f. ¶~な若者 jeune homme m inexpérimenté. ~である être sans expérience; manquer d'expérience; être novice en qc.

むこくこく 無警告 ¶~で sans déclaration préalable; sans préavis; sans avertissement; sans crier gare.

むけいさつ 無警察 ¶~状態である être dans l'anarchie; être sans gouvernement. 町は~状態である La ville est plongée dans l'anarchie.

むけつ 無血 ¶~で sans coup férir. ~革命 révolution f sans effusion de sang (sans violence). ~入城する s'emparer d'une citadelle sans coup férir.

むけっきん 無欠勤 ¶~である ne pas manquer un seul jour de travail; ne jamais s'absenter.

むけっせき 無欠席 ¶彼は小学校を~で通した Il n'a jamais manqué à l'école primaire. あの先生の講義だけは~だった Je n'ai assisté régulièrement qu'aux cours de ce professeur.

むげに 無下に catégoriquement; tout net; nettement. 彼の頼みを~断わる訳にもいかない Je ne peux pas refuser sa demande carrément.

むける 向ける tourner; diriger; orienter. 背中を~ tourner le dos à qn. 視線を~ porter (diriger) son regard sur (vers). 注意を~ diriger son attention sur (vers). 疑いの目を~ lancer des regards soupçonneux. 銃を~ braquer un fusil sur qn; viser qn avec un fusil. 怒りを妻に~ tourner sa rage contre sa femme. 航路を右(左)に~ venir sur tribord (bâbord). 小包をパリに向けて送る diriger un colis sur Paris. ¶[導く] conduire; aiguiller. 子供を正道に~ aiguiller un enfant sur le droit chemin. ◆[充てる] ¶彼は余生をその仕事の完成に向けた Il a consacré le reste de son existence à l'accomplissement de cette tâche. その金は教育費に~べきだ Il faut appliquer cette comme aux frais d'éducation.

むける 剥ける 日焼けして背中の皮が剥けた A cause d'un coup de soleil, la peau du dos a pelé. 岩登りで手の皮が剥けた Il s'est écorché les doigts en faisant du rocher.

むげん 夢幻 rêverie f; songerie f. ¶~的な féerique. ~劇 féerie f.

むげん 無限 infini m; infinité f; 【哲】infinitude f. ¶~の immense; infini; sans bornes; indéfini; illimité. ~に à l'infini; à l'infini. 彼の野心は~に拡がって留まる所を知ら

むこ ない Son ambition est démesurée. ‖~軌道車 autochenille f. ~級数 série f infinie. ~小 infiniment petit m. ~の infinitésimal(aux). ~責任【法・経】responsabilité f illimitée. ~大 infinité; infini. ~大の infiniment grand.

むこ 婿 gendre m; beau(x)-fils m. ~に行く être adopté par la famille de sa femme; entrer dans sa belle-famille. 娘を~とる marier sa fille en adoptant son mari. ‖花~ nouveau(x) marié m. ~養子 beau-fils adopté.

むごい 惨い cruel(le); inhumain; implacable. ~掟 loi f impitoyable. ~仕打ちを traitement m inhumain. ~扱いをする traiter qn cruellement. ~人間だ C'est un être cruel.

むこう 向う [向う側] delà; au-delà; par-delà. 海の~ par-delà les mers. ちょっと~へ行ってて下さい Laissez-moi seul pour quelques instants. ~にいた時 quand j'étais là-bas. ¶~の山 montagne f lointaine. 目的地は3キロ~だ La destination est à trois kilomètres plus loin. 山の~に au-delà de la montagne. はるかに~ dans le lointain; au loin. その家はちょっと~にありますよ La maison est un peu loin. ‖~側 l'autre côté m. ~側に de l'autre côté. ~岸に sur l'autre rive; sur la rive opposée. ~三軒両隣 voisinage m. ◆[今後] ¶~10年間 pendant les dix années à venir; durant les dix prochaines années. ◆[先方] ¶~から話しかけてきたのです C'est lui qui m'a adressé la parole. こちらの言い分に対して~では何と言ってますか Comment a-t-il réagi à ce que j'ai dit? ‖費用は~持ちだ Les dépenses sont à leur charge. ◆ ‖~を張る【対抗する】rivaliser avec qn; faire concurrence à qn; concurrencer qn. みんなを~に回して en dépit de tous; envers et contre tous.

むこう 無効 nullité f; annulation f. ~の nul(le); nul(le) et non avenu(e); [期限切れで] non valable. ~の切符 billet m non valable. 選挙は~だ L'élection est nulle. その宣言は~であると考える Je considère cette déclaration comme nulle et non avenue. ~にする annuler; anéantir;【法】vicier; révoquer; neutraliser. 契約を~にする annuler un contrat.

むこうき 向う気 ~の強い奴だ C'est un type d'un tempérament très offensif.

むこうきず 向う傷 ~を受ける recevoir une blessure (balafre) au front.

むこうずね 向う脛 ~を蹴られる recevoir un coup de pied dans les tibias.

むこうはちまき 向う鉢巻 ~をして頑張る bander toute son énergie.

むこうみず 向う見ず †hardiesse f; témérité f; audace f. ~な téméraire; †hardi; irréfléchi; aventureux(se). ~な男 homme m aventureux. ~な企て entreprise f hasardeuse. ~に témérairement; sans réflexion.

むこくせき 無国籍 apatride f. ~の apatride ‖~者 apatride mf.

むごたらしい 惨(酷)たらしい ~光景 spectacle m effroyable; scène f atroce. 頑是ない子になって~ことをするのです Quel horrible traitement infligé à un enfant innocent!

むこん 無根 ‖その話は事実~である Cette histoire ne repose sur rien.

むごん 無言 silence m; mutisme m. ~を決め込む s'enfermer dans le mutisme. ¶~で en silence. ~で語る garder le silence; être silencieux(se). ~で墓前に頭を垂れる s'incliner en silence devant la tombe de qn. ‖~歌 romance f sans paroles. ~劇 pantomime f.

むざい 無罪 innocence f. ~を申し立てる se déclarer non coupable. ~になる être déclaré non coupable. ~にする blanchir qn; déclarer qn non coupable. ‖~判決 verdict m (jugement m) d'acquittement. ~放免 décharge f. ~放免される sortir blanchi.

むさく 無策 défaut m d'expédient. ~は~ manque m de politique. 政治不信のよって来たる所が政府の無為~にある La défiance politique est due à la carence du gouvernement.

むさくい 無作為 ‖~抽出法 échantillonnage m au hasard.

むさくるしい sale; malpropre; crasseux(se). ~部屋 chambre f malpropre. ~所ですがおいで下さいませんか Voudriez-vous venir dans mon humble demeure?

むささび 鼯鼠 écureuil m volant; polatouche m.

むさべつ 無差別 ¶~に indistinctement. 男女~に sans distinction de sexe. ‖~級 tournoi m toutes catégories. ~爆撃 bombardement m sans discrimination.

むさぼる 貪る ¶快楽を~ être avide de plaisir. 惰眠を~ faire la grasse matinée. 食い食う manger qc avec voracité; dévorer qc;【俗】bâfrer qc. 獲物を貪り食う dévorer sa proie. 貪り読む s'absorber dans la lecture de qc; avaler un livre. 彼は小説を貪り読む Il dévore des romans. ~ような眼差し regards mpl (yeux mpl) avides. ~ように avec gourmandise. 人を~ように見つめる dévorer qn des yeux.

むざむざ sans résistance; [みすみす] passivement; facilement; sans effort; sans rien faire. ~殺されはしない ne vendre cher sa vie. ~敵の軍門には下らない ne pas se rendre à l'ennemi sans résister. ~罠にはかからない ne me laisse pas prendre si facilement au piège. それでは~相手に得点を許すようなものだ C'est faire le jeu de l'adversaire.

むさん 無産 ‖~階級 prolétariat m. ~階級の prolétarien(ne). ~者 prolétaire mf.

むさん 霧散 évaporation f. ¶~する s'évaporer.

むざん 無残(惨) ¶~な [残酷] cruel(le); [恐しい] affreux(se); atroce; horrible; [あわれな] impitoyable; misérable. ~な最期を遂げる mourir d'une mort affreuse. ~に仕打ちをする traiter qn cruellement. 見るも~な光景だ Ce spectacle est vraiment misérable. こんな~な姿になって Le voilà réduit à un triste état. ~にも affreusement; misérablement.

むし 虫 [昆虫] insecte *m*; [幼虫] ver *m*; [のみ, しらみ, ぶとなど] vermine *f*; [寄生虫] parasite *m*; [青虫] chenille *f*; [しみ] mite *f*. ~に刺される être rongé de vermine. ~の音に耳を傾けて聞く écouter le chant des insectes. このチーズには~が湧いている Il y a des vers dans ce fromage. ~に食われた毛皮 fourrure *f* mitée. ~の食った孔 trou *m* de ver. ~の食った果実 fruit *m* mangé (rongé) par des vers; fruits véreux. ~の食った材木 bois *m* vermoulu. ◆[比喩的に] 彼は本の~だ C'est un rat de bibliothèque. 彼女はもう~がついている Elle a déjà une liaison avec un homme. 腹の~を殺す contenir sa colère. 腹の~がおさまらない ne pas avoir l'âme en paix; garder quelque chose sur l'estomac. ~が起る devenir irritable. ~が知らせる pressentir un malheur. あの惨事をまぬがれたのも~が知らせたからだ Si j'ai échappé à ce malheur, c'est grâce à une prémonition. あいつはどうも~が好かない Cet individu ne me plaît guère. そんなことを言うなんて彼も~がよすぎる Il a du toupet de me dire ça. ~の居所が悪い être de mauvaise humeur; être mal disposé. ~の知らせ pressentiment *m*; prémonition *f*. ~の好かない顔 visage *m* antipathique. ~のいい申し出 proposition *f* effrontée (intéressée). なんて~のいい奴だ Quel toupet! ~も殺さぬ顔をして avec un air de sainte nitouche.

むし 無私 ¶~い impartial(aux); désintéressé. ‖ 公正~な人 personne *f* intègre.

むし 無視 ¶~する négliger; mépriser; ne tenir aucun compte de; faire peu de cas de; passer outre à *qc*; méconnaître. 危険を~する mépriser le danger. 法を~する méconnaître les lois. その意見は~できない Cet avis n'est pas à laisser (négliger). 彼の言うことなど~しろよ Moque-toi de ce qu'il a dit. ~できる négligeable. ~された才能 génie *m* méconnu. ~を~して en dépit de; en négligeant; sans tenir compte de.

むじ 無地 ¶~の sans ornement; unicolore. ~の生地 tissu *m* uni.

むしあつい 蒸し暑い ¶今日は~ Il fait une chaleur humide aujourd'hui. ひどく~ Il fait une chaleur d'étuve. 蒸し暑さ chaleur *f* étouffante.

むしかえす 蒸し返す répéter; recommencer; réciter la même litanie. 同じ議論を~ ressasser les mêmes arguments. 昨日の話を~ reprendre la conversation de la veille. 昔の争いを~ réchauffer une vieille querelle. ‖ 蒸し返し répétition *f*.

むしかく 無資格 ¶~の non-qualifié; sans titre; sans brevet. ~の医師 médecin *m* non-patenté. ~の教員 institut*eur(trice)* *m (f)* sans diplôme. ~の薬剤師 pharmacien (ne) *m(f)* non-diplômé(e). ‖ ~者 personne *f* non-qualifiée.

むしかく 無自覚 inconscience *f*. ¶...に~である être inconscient de *qc*. 自分の責任に対して全く~である Il n'a aucune conscience de ses responsabilités.

むしかご 虫籠 cage *f* à insectes.

むしき 蒸し器 four *m* (marmite *f*) à vapeur.

むしくい 虫食い vermoulure *f*. ¶~の[果実など] rongé (piqué) de vers; [木材など] vermoulu; mouliné. ~の本 livre *m* rongé par des vers.

むしくだし 虫下し vermifuge *m*. ~を飲む prendre un vermifuge.

むしけら 虫螻 vermisseau(x) *m*; petit ver *m*; petit larve *f*. ¶~のように人を扱う traiter *qn* comme un chien. ¶~同然の奴だ C'est un homme de rien. /C'est une vermine.

むしけん 無試験 ¶~で大学に入学する être admis à une université sans examen.

むじこ 無事故 ¶過去5年間~である En cinq ans, il n'a pas eu un seul accident.

むしず 虫酸 ¶~が走る avoir de l'aversion (du dégoût) pour *qn*. 彼を見ると~が走る Il me dégoûte. / J'éprouve un dégoût irrésistible pour lui. ~が走るような horripilant.

むしタオル 蒸しタオル serviette chaude *f*.

むじつ 無実 ¶~を protester de son innocence. ...の~を証明する prouver l'innocence de *qn*. ~の罪 fausse accusation *f*. ~の罪を受ける être accusé à tort d'un crime. ~の罪に陥し入れる accuser *qn* à faux.

むじな 狢 blaireau(x) *m*. ¶奴らは一つ穴の~だ Ils sont du même acabit.

むしのいき 虫の息 ¶~である n'avoir qu'un souffle de vie.

むしば 虫歯 [病状] carie *f* dentaire; [歯] dent *f* cariée. ~になる [歯が] se carier; [主語・人] avoir des dents cariées. 歯医者に~を抜いてもらった Je me suis fait arracher une dent gâtée par le dentiste.

むしばむ 蝕む piquer; manger; ronger; miner. 童心を~ pervertir le cœur des enfants. ¶彼は病に蝕ばまれている La maladie l'a miné.

むしひ 無慈悲 férocité *f*. ¶~な féroce; impitoyable. それは余りにも~だ C'est trop impitoyable! ~に sans pitié; avec férocité; sans rémission.

むしぶろ 蒸風呂 bain *m* de vapeur; étuve *f* humide. ¶まるで~の中にいるようだ Il fait une chaleur d'étuve.

むしぼし 虫干し ¶~する mettre (exposer) un vêtement à l'air (au soleil).

むしむし 蒸し蒸し ⇒ むしあつい(蒸し暑い).

むしめがね 虫眼鏡 loupe *f*; verre *m* grossissant.

むしゃ 武者 ‖ ~修業 chevalerie *f* errante. ~修業者 chevalier *m* errant. 我輩の戦場に於ける~振りを見せたかった J'aurais voulu vous montrer mes exploits sur le champ de bataille. ~震いをする frémir d'excitation. 決勝戦を前にして選手達は~震いをしている Avant la finale, les joueurs sont tous surexcités.

むしやき 蒸焼き ¶~にする [天火で] cuire au four.

むじゃき 無邪気 innocence *f* naïveté *f*; simplicité *f*; ingénuité *f*; candeur *f*. ¶~な naïf(ve); innocent; ingénu; candide. ~な

むしゃくしゃ 少年 garçon f naïf. ~な微笑 sourire m candide. ~なことを言う dire des choses fort ingénues. いい年をして—なんだ Qu'il est naïf pour son âge! 悪いと思うだけ彼にはまだ~なところがある Ses regrets prouvent du moins qu'il y a un reste d'innocence chez lui.

むしゃくしゃ ¶~している être de mauvais poil; être irrité. 今日はちょっと~している Aujourd'hui, je suis un peu sur les nerfs; je n'ai pas envie de travailler.

むしゃぶりつく s'agripper au corps de qn.

むしゃむしゃ ¶~食べる[うまそうに] manger de bon appétit; [がつがつ] goinfrer; dévorer à belles dents.

むしゅう 無臭 ¶~の inodore; sans odeur. ‖~ガス gaz m inodore.

むしゅうきょう 無宗教 irréligion f; absence f de religion. ¶~の irréligieux(se). ~の葬式 enterrement m civil. ~の人 athée mf; personne f irréligieuse. 僕は~だ Je n'ai pas de religion.

むしゅうにゅう 無収入 ¶彼は~である Il n'a aucun revenu.

むじゅうりょく 無重力 apesanteur f; absence f de pesanteur. ¶~圏 zone f sans pesanteur. ~状態 état m d'apesanteur.

むしゅくもの 無宿者 personne f sans demeure (sans foyer, sans domicile); vagabond(e) $m(f)$.

むしゅみ 無趣味 ¶~な人 personne f qui ne sait pas se distraire. ~である n'avoir pas de hobby. 私は全くの~でしてね Je n'ai aucun passe-temps pour me distraire.

むじゅん 矛盾 contradiction f; désaccord m. ¶~する être en contradiction; se contredire. この仮定は事実と~する Cette hypothèse est en contradiction avec les faits. 彼の言動は~している Ses actes contredisent ses principes./Il y a contradiction entre ses principes et ses actes. あなたの結論は前提と~している Votre conclusion est contraire à vos prémisses. ~した contradictoire; incompatible. こんなに~した意見を調整することは不可能だ Il est impossible de concilier les opinions aussi contradictoires. 彼の説明は~だらけだ Il se contredit sans cesse dans ses explications. 君の言っていることは~だらけだ Ce que tu dis est bourré de contradictions.

むしょう 無償 ¶~で à titre gratuit; gratuitement. ~の行為 acte m gratuit. ‖~株 action f gratuite. ~交付 distribution f gratuite.

むしょう 無性 ¶~に腹が立つ être excessivement fâché contre; être furieux(se); bouillir de colère. 彼の言うことを聞いていると~に腹が立つ Ses paroles me font bouillir. ~に…したがる montrer un désir extrême de inf.

むじょう 無上 ¶~の光栄 honneur m sans égal. ~の幸福 félicité f; bonheur m suprême.

むじょう 無常 vanité f du monde. 人の世に~を感ずる être sensible à la vanité des choses humaines. ¶~の éphémère; transitoire; passager(ère).

むじょう 無情 ¶~な impitoyable; cruel(le). ~な心 cœur m de granit. ~な仕打ちをする traiter qn cruellement. 彼は~な奴だ Il manque de cœur. …に対して~である être impitoyable envers.

むじょうけん 無条件 ¶~の sans conditions; inconditionnel(le). ~で sans réserve; purement et simplement. ‖~降伏する se rendre sans conditions.

むしょく 無職 ¶~です Je suis sans profession./Je vis sans emploi.

むしょく 無色 ¶~の incolore; sans couleur. ¶~透明のガラス verre m blanc. 水は~無色である L'eau est incolore et inodore.

むしょけ 虫除け insectifuge m.

むしょぞく 無所属 ¶~の indépendant. ~の代議士 député m indépendant (sans appartenance).

むしりとる 毟り取る arracher qc. 人形の髪の毛を~ arracher les cheveux à une poupée. 彼は道楽息子に財産をむしりとられて今では一文無しだ Sa fortune lui ayant été arrachée par un fils prodigue, il se retrouve maintenant sans un sou.

むしる 毟る arracher; enlever de force; [皮を] peler. 葉を~ défeuiller. 花を~ cueillir une fleur. 花びらを~ dépouiller une fleur de ses pétales. 羽を~ déplumer; plumer.

むじるし 無印 [競馬で] ¶あの馬は~だった C'était un cheval sans mise.

むしろ 彼は怠け者というより~不精なのだ Il est indolent plutôt que paresseux. 彼は学者というより~作家だ Il est plutôt écrivain qu'érudit. 私は~朝外出します今朝は空腹であるより~眠い J'ai plus sommeil que faim. 彼は~馬鹿と言った方がいい位だ Autant dire qu'il est un sot. ~何もしないほうがいい Autant vaut ne rien faire du tout. ~帰りたい J'aimerais mieux rester ici. 頑固に否定するよりも~ご自分の誤りを認めた方がいいでしょう Plutôt que de vous obstiner à nier, vous feriez mieux d'admettre votre erreur.

むしろ 筵 natte f; paille f; rabane f.

むしん 無心 ¶~に眺めるとêtre plongé dans la contemplation. ~に眠っている dormir d'un sommeil angélique. 子供たちが公園で~に遊びたわむれている Des enfants folâtrent (s'amusent sans souci) dans le parc. ◆[金品] ¶~を金の~をする demander de l'argent à qn. 彼は私の所に金の~に来た Il est venu m'emprunter de l'argent.

むじん 無人 ¶~の村 village m inhabité. ~の浜 plage f déserte. ‖~島 île f déserte. ~踏切 passage m à niveau automatique.

むしんけい 無神経 insensibilité f; apathie f. ¶~な insensible; apathique. ~な男 homme m peu délicat. ~である manquer de délicatesse; être insensible.

むしんこう 無信仰 mécréance f; incroyance f; incrédulité f. ¶~の mécréant; incroyant. ~の人 mécréant(e) $m(f)$; incroyant(e) $m(f)$.

むしんじん 無信心 impiété f. ¶~な impie.

むじんぞう 無尽蔵 ¶～な財産 fortune *f* inépuisable. ～な富 richesse *fpl* infinies. ¶～に inépuisablement.

むしんろん 無神論 athéisme *m*. ¶～の athée. ¶～者 athée *mf*.

むす 産(出)す ¶苔がむしている être couvert de mousse. 苔むした道 chemin *m* envahi par la (couvert de) mousse.

むす 蒸す cuire à la vapeur; étuver. 御飯を～ réchauffer du riz froid. ◆【蒸し暑い】今日はひどく～ Il fait un temps très lourd aujourd'hui.

むすい 無水 ¶～アルコール alcool *m* anhydre.

むすう 無数 ¶～の innombrable; incalculable; sans nombre. ～の誤り erreurs *fpl* sans nombre. ¶～に incalculablement.

むずかしい 難しい [困難な] difficile; pénible; [厄介な] embarrassant; épineux(se); [複雑な] compliqué; [微妙な] délicat. ～仕事 tâche *f* pénible. ～立場 situation *f* délicate. ～病気 maladie *f* sérieuse. ～問題 question *f* difficile. ～顔つきをする avoir un air boudeur; faire la mine. ～するのは～ Il est difficile de *inf* (que *sub*). 難しく考える prendre *qc* trop au sérieux. 難しさ difficulté *f*. フランス語の難しさがよく分った Je me suis bien rendu compte de la difficulté du français.

むずがゆい むず痒い éprouver des démangeaisons. 背中が～ Ça me démange dans le dos. 傷跡が～ La cicatrice me démange. ¶むず痒さ démangeaison *f*.

むずがる pleurnicher. 赤ん坊はよく～ Le bébé pleurniche souvent.

むすこ 息子 fils *m*; garçon *m*; [俗] fiston *m*. ¶一人～ fils *m* unique.

むすび 結び nœud *m*. ¶彼は我々の～の神だ C'est à lui que nous devons notre union. ¶蝶～ nœud de lacet (de ruban). 一重～ nœud simple. 二重～ nœud double. ～目 nœud. ～目をつくる faire un nœud. ～目をとく(ゆるめる) défaire (desserrer) un nœud. ◆【結末】fin *f*; [結論] conclusion *f*; épilogue *m*. 演説の～ épilogue (chute *f*) d'un discours. 話の～ fin d'une histoire. ...を話の～として terminer *son* histoire avec...; 話の～として pour terminer. ¶～の口上 épilogue.

むすびあわせる 結び合わせる lier ensemble; joindre; unir.

むすびつく 結び付く s'unir à (avec); se rattacher à; être lié à s'associer avec. 利益で結び付いている Ils sont unis par l'intérêt. すべては過去に結び付いているものだ Tout est lié au passé. ¶結び付き [関係] nœuds *mpl*; relations *fpl*. 警察は二つの組織の結び付きを調べている La police enquête sur les liens qui unissent ces deux organisations.

むすびつける 結び付ける lier; allier; unir; réunir; attacher; joindre; [綱で] amarrer. 紐の両端を～ joindre les deux bouts d'une ficelle. トランクを車の屋根に固く～ amarrer solidement une malle sur la galerie d'une voiture. 共通の利益が両国を結び付けている Un intérêt commun unit les deux pays. 二人を引き離した運命が今度は彼らを結び付けた Le destin qui les avant séparés les a réunis à nouveau.

むすぶ 結ぶ [結び合わせる] nouer; lier; relier. 紐(靴紐)を～ nouer une ficelle (les lacets de chaussures). ネクタイを～ faire *son* nœud de cravate. 靴の紐を結び直す renouer *ses* lacets de chaussures. それらの町はすべて鉄道で結ばれている Toutes les villes sont reliées par le chemin de fer. ◆【関係を持つ】contracter; nouer. 縁を～ nouer des liens avec *qn*; s'allier à (avec) *qn*. 婚約(条約)を～ contracter [un] mariage (une traite). ...と手を～ s'associer avec *qn*. 同盟を～ se liguer avec. 友情を～ lier (nouer) amitié avec *qn*. ¶結ばれる se lier; se nouer; se former. それ以来二人の友情は固く結ばれた Depuis lors une solide amitié les a unis. 彼らは晴れて結ばれた Ils se sont mariés en public. ◆【閉じる】¶口を～ fermer la bouche. ◆【結実する】¶実を～ porter des fruits. 苦心の末彼の研究もようやく実を結んだ Au terme de bien des difficultés, ses recherches ont fini par porter des fruits.

むずむず 背中が～する Le dos me démange./Ça me gratte dans le dos. ...したくて～する avoir une démangeaison de *inf*. 腕が～している La main me démange. 彼は出掛けたくて～している Ça le démange de partir. 喋りたくて彼(彼女)は～している La langue lui démange.

むすめ 娘 fille *f*; [若い娘] jeune fille. 年頃の～ jeune fille à marier. ～らしい恥らい pudeur *f* virginale. 彼女は～らしくなってきた Elle commence à faire la jeune fille. まだ若いのに彼女は少しも～らしさがない Malgré son jeune âge, elle n'a vraiment rien de féminin. ¶～心は測りかねる Le cœur d'une fille est insondable (un mystère). ～盛り âge *m* de la jeunesse. ～盛りである être à la fleur de l'âge. ～時代 jeunesse *f*. あれでも～時代はとても可愛かった Elle n'en a pas l'air, mais du temps de sa jeunesse, elle était très mignonne. ～っ子 fillasse *f*. ～役 rôle *m* d'ingénue.

むせい 夢精 【医】pollutions *fpl* nocturnes.

むせい 無性の asexué. ¶～生殖 reproduction *f* asexuée.

むせい 無声 ¶～の muet(te). ¶～映画 film *m* muet. ¶～子音 consonne *f* sourde.

むぜい 無税 ¶～の exempt d'impôts; franc(che) de tout droit. ウイスキーなら5本までは～である Le whisky est hors-taxe jusqu'à 5 bouteilles. ¶～品 marchandises *fpl* exemptes de droits; marchandises exonérées (hors-taxe).

むせいげん 無制限 ¶～の illimité; sans limite; sans restriction; libre. 自由だと言っても～に自由な訳ではありませんよ Vous êtes libre, mais votre liberté n'est pas illimitée. ¶～に sans limite; librement; sans contrainte. ～に浪費する gaspiller sans limite.

むせいふ 無政府 ¶～主義 anarchisme *m*. ～主義の anarchique; anarchiste. ～主義者 anarchiste *mf*. ～状態 anarchie *f*. ～状態の anarchique. ～状態にする anarchiser. 暴動

で全市が～状態に陥った L'émeute a plongé toute la ville dans l'anarchie.

むせいぶつ 無生物 objet *m* inanimé. ‖～界 monde *m* inanimé.

むせいらん 無精卵 œuf *m* non-fécondé.

むせかえる 噎せ返る ¶狭い会場は煙草の煙で～ようだった La fumée de tabac rendait l'air de la petite salle irrespirable. ～ような暑さ chaleur *f* suffocante (étouffante).

むせき 無籍 ‖～者 personne *f* dépourvue d'état civil; vagabond(e) *m(f)*.

むせきついどうぶつ 無脊椎動物 invertébrés *mpl.*

むせきにん 無責任 irresponsabilité *f*. ¶～な irresponsable. ～なことをする négliger *son* devoir; ne pas répondre de *ses* actes. ～な仕事をする bâcler *son* travail; travailler avec négligence. 彼は～な人だ Il n'a aucun sens des responsabilités. 彼は～なことばかり言っている Il parle toujours sans penser aux conséquences. それはまた～な約束をしたもんだね En voilà une promesse irréfléchie!

むせっそう 無節操 inconstance *f*; versatilité *f*. ¶～な inconstant(e); versatile; sans principe(s).

むせびなく 噎び泣く sangloter; pousser des sanglots. ¶～ように泣く sanglot en ～.

むせぶ 咽(噎)ぶ hoqueter de sanglots. 彼女は涙にむせんだ Les sanglots l'ont étouffée. 嬉し涙に～ sangloter de joie. 涙にむせんで fondant en larmes; éclatant en sanglots.

むせる 噎せる suffoquer; s'étouffer. ¶煙草の煙に噎せた La fumée de tabac l'a fait suffoquer.

むせん 無線 ‖～車 voiture-radio *f*. ～操縦 radioguidage *m*. ～操縦の radioguidé. ～タクシー radio-taxi *f*. ～電信 télégraphie *f* sans fil; sans-fil *f inv*. ～電信局 station *f* radiotéléphonique. ～電信手 sans-filiste *mf*. ～電報 radiotélégramme *m*. ～電話 radiophonie *f*; téléphonie *f* sans fil. ～電話をかける radiotéléphoner. ～電話機 radiophone *m*; [携帯用] walkie(s)-talkie(s) *m*. ～標識 radiophare *m*. ～誘導 téléguidage *m*. ～誘導する téléguider.

むせん 無銭 ‖～飲食 grivèlerie *f*. ～飲食をする ne pas payer *son* repas; 《俗》planter un drapeau. ～旅行をする voyager sans un sou.

むそう 夢想 rêverie *f*. ～に耽る s'abandonner à (se plonger dans) la rêverie. ¶～家 visionnaire *mf*; rêveur(se) *m(f)*.

むそう 無双 ¶～の大力 force *f* herculéenne. ‖彼は怪力～の男だ C'est un vrai hercule.

むぞうさ 無造作 ¶～な態度 air *m* dégagé. ～に facilement; aisément; sans difficulté; négligemment. ～に承知する consentir sans se faire prier. ～に返事する répondre sans façon. ～に服を着る s'habiller simplement.

むだ 無駄 [浪費] gaspillage *m*; prodigalité *f*. 彼のすることには～がない Il n'y a rien de trop dans ce qu'il fait. ¶～なお喋りをする parler un puro porto; 時間を～にする perdre *son* temps. …を～にする rendre *qc* vain (inutile). …を～にしない économiser; faire bon usage de. 時間を～にしない bien utiliser le temps. ◆[無益] ～な inutilité *f*. ¶～な inutile; vain; stérile; infructueux(se). ～な争いを避ける éviter une lutte inutile. ～なことを言う tenir des propos oiseux. ～の多い文体 style *m* redondant. ～になる devenir inutile; n'aboutir à rien. ～である être inutile; ne servir à rien. …しても～だ avoir beau *inf*; il est inutile de *inf* (que *sub*). 叫んでも～だ Vous avez beau crier. この問題は議論しても～だ Il ne sert à rien de discuter de ce problème. これ以上彼を待っても～である Il est inutile de l'attendre plus longtemps. 彼を説得しようとしても～だった J'ai tenté en vain de le persuader. ～に inutilement; en vain; vainement; sans fruit; stérilement; en pure perte.

むだあし 無駄足 ¶～を踏む faire une course inutile; 《俗》y aller pour des prunes. 我々は何度か～を踏んだ Nous avons fait plusieurs fois cette course en pure perte.

むだい 無題 ¶～の絵画 peinture *f* (tableau *m*) sans titre.

むたいぶつ 無体物〖法〗matière *f* immatérielle.

むだぐち 無駄口 ¶～をきく(叩く) parler pour ne rien dire; dire des fadaises.

むだづかい 無駄遣い dépense *f* inutile; prodigalité *f*; gaspillage *m*. ひどい～だな C'est jeter l'argent par les fenêtres. ¶～[を]する gaspiller *son* argent.

むだばたらき 無駄働き ¶～をする travailler inutilement; 《俗》travailler pour des prunes (pour roi de Prusse).

むだばなし 無駄話 baliverne *f*; papotage *m*. ～に夢中になる se perdre dans les balivernes. ¶～をする papoter; tailler une bavette.

むだぼね 無駄骨 ¶～を折る en être pour ses frais; perdre *sa* peine (*ses* peines); en être pour *sa* peine; enfoncer une porte ouverte. ～を折らせてすみませんでした Excusez-moi de vous avoir dérangé pour rien. ～を折って anyone peine.

むだめし 無駄飯 ¶だてに～を食っている訳じゃない L'expérience d'une vie déréglée n'a pas été vaine.

むだん 無断 [予告なしで] ¶～で sans avis préalable; [無許可で] sans permission. ～で借用する emprunter *qc* sans demander la permission. ‖～外出をする sortir sans avertir (permission). ～欠席 absence *f* irrégulière. ～欠席をする manquer l'école sans prévenir.

むたんぽ 無担保 découvert *m*. ¶～で découvert. ～で貸す prêter sans gage.

むち 無恥 fouet *m*; baguette *f*; [体刑用] knout *m*; [乗馬用] cravache *f*. ～で打つ frapper à coup de fouet; fouetter; [馬を] cravacher. ～一つで cravache sur un cheval; donner un coup de fouet à un cheval. ～を鳴らす faire claquer un fouet. ‖～傷 vergetures *fpl*. ～のある跡 peau *f* vergetée.

むち 無知 ignorance *f*; bêtise *f*; stupidité *f*.

むち ひどい～ ignorance crasse. ¶～な ignorant; imbécile; stupide; [無учなа] illettré. ひどく～な ignare. ¶～蒙昧な輩 gens mpl ignares. ～な農民 paysan(ne) m(f) inculte.

むち 無恥 ¶厚顔～な奴だ C'est un type éhonté.

むちうち 鞭打 ¶～の刑 flagellation f; supplice m de la flagellation. ¶～症 coup m du lapin.

むちうつ 鞭打つ [励ます] encourager qn; exhorter qn; stimuler qn. 老骨に鞭打ちかれはその難事業を成し遂げた Malgré sa vieillesse, il a achevé cette entreprise difficile. ⇨ むち(鞭).

むちつじょ 無秩序 désordre m; confusion f; [混乱] chaos m; anarchie f. ¶～な désordonné; chaotique. ¶～状態にする(ある) mettre qc (être) en désordre.

むちゃ 無茶 folie f. ～を言う dire des bêtises. ～をする jouer avec sa santé. ¶～な fou (fol, folle); déraisonnable; [法外な] démesuré; exorbitant. ～な意見 opinion f excessive. ～な考え idée f extravagante. ～な議論 argument m absurde. ～な値段 prix m exorbitant. ～な振舞い conduite f déraisonnable. ～な運転なする [la voiture] comme un fou. 彼もあの事故以来～な追越しはしなくなった Cet accident de voiture l'a vacciné contre l'envie de doubler imprudemment. ～な野心は起すな N'ayez pas d'ambition démesurée.

むちゃくちゃ 無茶苦茶 ¶～な sans rime ni raison. ～な英語を話す parler anglais comme une vache espagnole. それは～だ Ça n'a ni rime ni raison. ～にする mettre qc en désordre. ～に散財する dépenser de l'argent follement.

むちゃくりく 無着陸 ¶～飛行 vol m sans escale.

むちゅう 夢中 enthousiasme m; engouement m; transport m. ¶～にする passionner; enthousiasmer; absorber; ravir. ～になる se passionner de (pour); s'enthousiasmer de; être absorbé dans; s'éprendre de; être épris de; raffoler de. 彼は賭事に～だ Il a une passion effrénée pour le jeu. 彼はその計画に夢中だ Il se passionne pour ce projet./Ce projet l'absorbe complètement. 彼はスポーツに～だ Le sport le passionne. 彼女は一人の美青年に夢中だ Elle est éprise d'un beau jeune homme. ¶～になって à la folie; follement; éperdument; [必死に] désespérément. ～になって聞く [懸命に] écouter avidement; [うっとりと] écouter avec ravissement. ～になって愛する être éperdument amoureux(se) de qn. ～になって助けを求める appeler éperdument au secours. 彼はスリを捕えようと～になって駆け出した Il a couru désespérément pour rattraper le pickpocket.

むちゅう 霧中 ¶五里～である être dans le brouillard.

むちん 無賃 ¶～で franco; sans frais. ¶～乗車する voyager en fraude; 《俗》 resquiller.

むつう 無痛 ¶～分娩 accouchement m sans douleur.

むっくり ¶ベッドから～と起き上る se dresser soudain dans son lit.

むつごと 睦言 ¶～を交す échanger des propos amoureux.

むっちり ¶～した rondelet(te); dodu. ～した二の腕 bras mpl potelés.

むっつり ¶～した taciturne; silencieux(se). ～した顔をしている Il a une mine maussade. ～と黙りこくる garder un silence maussade. ¶～助平 sombre vicieux m. ～屋 ours m.

むっと ¶～する [怒りで] se froisser de; se mettre en colère contre. 下らぬことで～して～する自分付きで avec un air fâché. ～した顔付きで avec un air fâché. ～部屋を閉めておいたので～する [熱気で] Comme la chambre est restée close, l'air y est étouffant. ～する臭いodeur f fade. ～する臭いがする [閉め切った部屋が] sentir le renfermé.

むつまじい 睦まじい intime; uni. ～家庭 ménage m uni. ～友 ami(e) m(f) intime. 彼らは仲～ Ils sont très intimes./Ils s'aiment tendrement./[夫婦] Ils font bon ménage. 彼の家族はこの上もなく仲～雰囲気である Une parfaite harmonie règne dans sa famille. ¶仲睦まじく vivre en harmonie.

むていけい 無定形 [化] amorphie f. ¶～の amorphe. ¶～炭素 charbon m non cristallisé.

むていけん 無定見 manque m de principes; [日和見] opportunisme m; inconsistance f. ¶～な personne f sans principes. ～な政治家 politicien(ne) m(f) opportuniste.

むていこう 無抵抗 non-résistance f. ¶～の人民を殺す tuer (massacrer) une population sans défense. ¶～主義 non-violence f.

むてき 無敵 ¶～の sans rival; sans égal; invincible. ～のチャンピオン champion m sans rival. 彼はこの分野では～である Il n'a pas de rival en ce domaine.

むてき 霧笛 sirène f (corne f) de brume.

むてっぽう 無鉄砲 ¶～な téméraire; imprudent; inconsidéré. ～な少年 garçon m casse-cou. ～な人 risque-tout m inv. 彼の運転は～だ Il conduit imprudemment [sa voiture]. ～さ témérité f; imprudence f.

むでん 無電 ⇨ むせん(無線). ¶～を受ける recevoir un sans-fil. ～を打つ envoyer un radio. ～で送る envoyer qc par sans-fil.

むてんか 無添加 ¶～食品 aliments mpl sans additifs.

むとう 無灯 ¶あの車は～だ Cette voiture roule les phares éteints.

むとう 無糖 ¶～練乳 lait m concentré sans lactose.

むとうはそう 無党派層 électorat m sans préférence partisane; électorat indécis (flottant) m.

むとうひょう 無投票 ¶～で議長に選出される être nommé président(e) sans élection.

むどく 無毒 ¶～の atoxique. ～の茸 champignon m atoxique. ～の蛇 serpent m non venimeux.

むとくてん 無得点 ¶両チームとも〜に終った Les deux équipes n'ont marqué aucun but.

むとどけ 無届け ¶〜欠席する [授業に] manquer l'école sans prévenir. 〜集会 meeting m sans autorisation préalable.

むとんちゃく 無頓着 insouciance f; indifférence f; inattention f; nonchalance f. ¶〜な inattentif(ve); insouciant; nonchalant; cuirassé. 〜な母親 mère f nonchalante (insouciante). 彼は万事に〜な人である Il ne se soucie de rien. 〜になる devenir peu soucieux(se) de. 〜である être indifférent à; faire peu de cas de qc; être peu soigneux (se) de. 身なりに〜である être peu soigneux (se) de sa tenue.

むxなた 胸板 poitrine f. 〜が厚い avoir la poitrine développée.

むなかい 棟 bricole f.

むなぎ 棟木 faîtage m; poutre f faîtière.

むなくそ 胸糞 ¶〜が悪い nauséeux(se); écœurant; dégoûtant; répugnant. 〜が悪くなる en avoir la nausée. 〜が悪くなるような 奴だ Cet homme me dégoûte.

むなぐら 胸倉 ¶〜をつかむ saisir qn au collet.

むなぐるしい 胸苦しい se sentir oppressé. 〜程の光景 scène f oppressante. ¶胸苦しさ oppression f de l'esprit.

むなげ 胸毛 poils mpl de la poitrine. 〜がすごい avoir la poitrine velue.

むなさわぎ 胸騒ぎ pressentiment m, inquiétude f. ¶〜がする se sentir inquiet. 私は〜がしていた J'éprouvais une vague inquiétude.

むなざんよう 胸算用 calcul m. 僕の〜は見事に外れた Mon calcul s'est avéré complètement faux. 考えが甘かったのは見事に外れた Mon optimisme a complètement faussé mes prévisions. ¶〜[を]する calculer; faire des prévisions. ⇒ もくさん(目算).

むなしい 空しい vain; inutile; stérile; vide. 〜言葉 paroles fpl creuses. 〜人生 existence f vide. 〜希望を抱く nourrir de vains espoirs. 〜努力をする faire de vains efforts (des efforts impuissants). それは〜ことだ C'est du vent./Ce n'est que du vent. 彼の 努力も空しかった Ses efforts ont été vains. 私は言い張ったが空しかった J'ai protesté en vain. 空しく en vain; vainement; sans effet; en fumée. 空しく消える s'évanouir en fumée; [死ぬ] trépasser. 空しく時を過ごす perdre son temps à ne rien faire. 彼女に会えずに空しく帰ってきた Comme je n'ai pas pu la voir, je suis rentré bredouille. 空しさ vanité f; inanité f; inutilité f.

むなはば 胸幅 ¶彼は〜が広い(狭い) Il a la poitrine large (étroite)./Il est large (étroit) de poitrine.

むなもと 胸元 poitrine f. ¶〜にピストルを突付ける appuyer un revolver contre la poitrine de qn.

むに 無二 ¶〜の sans pareil(le); sans égal; incomparable. 彼らは〜の親友だ Il n'y a pas deux amis comme eux./Ils sont des amis inséparables.

ムニエル meunière f. 舌平目の〜 sole f meunière. ¶〜風の meunier(ère).

むにゃむにゃ ¶〜いう bredouiller; marmotter; parler entre ses dents; prononcer des paroles incompréhensibles.

むにんしょ 無任所 ¶〜大臣 ministre m sans portefeuille.

むね 胸 poitrine f; sein m; cœur m. 彼女は〜が大きい Elle a de la poitrine. 食べすぎて〜が苦しい J'ai trop mangé; j'étouffe. 〜に抱きしめる serrer sur (contre) son cœur. 子供を〜に抱く tenir son enfant contre sa poitrine. 〜に手をあてて考える réfléchir mûrement. 〜にもたれる [人の胸に] s'appuyer contre la poitrine de qn; [食物が] rester (peser) sur l'estomac. 豊かな〜をしている avoir une belle poitrine. 貧弱な〜をしている avoir peu de poitrine. 〜を張って立つ se redresser le buste. 〜をなでおろす se sentir soulagé; respirer mieux. 〜を張る bomber le torse. 〜をふくらませる [鳩が] faire le jabot; enfler (gonfler) le jabot. ¶〜の de poitrine; pectoral. 〜の筋肉 muscle m pectoral. 〜のあいた dévenir pectorale. 〜もあらわなドレス robe f très décolletée. 〜を張って歩く marcher en bombant le buste. 〜を当て [衣服の] plastron m. 〜一杯に息を吸う respirer à pleine poitrine. 〜飾り [法官の] rabat m; [ブラウスの] jabot m. 〜回りを測る mesurer le tour de poitrine. ◆[比喩的に] 〜が痛む [心配] s'inquiéter de; [辛い] avoir de la peine; [同情] avoir pitié de. 戦争犠牲者の姿を見ると〜が痛む La vue de ces victimes de la guerre me fait pitié. 〜一杯になる avoir (se sentir) le cœur gros. 〜が締めつけられるような思いで C'est une pensée qui me serre le cœur. 〜がどきんとした Ça m'a fait un choc. 〜に一物を manigancer qc; avoir une idée derrière la tête. 〜が…に浮ぶ passer par la tête de qn. 自分の〜にきく interroger sa conscience. 〜につかえている rester sur le cœur. 〜に秘める garder qc au fond du cœur. 〜のうちで au fond du cœur. 〜の内を打ち明ける ouvrir son cœur. 〜の躍るような活躍 exploit m qui soulève l'enthousiasme. 〜のつかえが下りる se sentir libéré d'un souci. 〜の悪くなるような dégoûtant; répugnant. …に〜を打たれる être frappé par. 〜を打つ [感動的な] émouvant; touchant; éloquent; saisissant. 〜をえぐる navrer qn. 〜をえぐられる être navré de. 〜をえぐられるような poignant; être déchirant. 〜をかきむしる arracher le cœur. 喜びで〜をときめかす avoir le cœur battant de joie. 〜を開いて話す parler à cœur ouvert. ¶〜に三寸におさめる cacher qc dans son sein.

むね 旨(宗) [趣旨] ¶今日はどうしても行けませんので、その〜を忘れずに伝えて下さい Aujourd'hui, n'oubliez pas ce message. Veuillez transmettre sans faute ce message pour moi. ◆[意向・命令で] ¶神の御〜に従い à la volonté de Dieu. 社長の〜を受けて sur l'instructon du président. ◆[宗] 質素を〜とする avoir pour principe d'être frugal.

むね 棟 faîte m; faîtage m. ¶〜上げ pose f

むねやけ 胸焼け ¶～がする avoir des brûlures d'estomac; avoir des aigreurs.

むねわりながや 棟割長屋 cité f ouvrière.

むねん 無念 regret m; mortification f; ressentiment m. ～を晴らす se venger de qn. ¶～の涙を流す verser des larmes amères. ～に思う éprouver du regret de qc; se sentir humilié. ～やる方ない être profondément mortifié. ‖～夢想である être libre de toutes préoccupations.

むのう 無能 impuissance f; incapacité f; carence f; nullité f. 為政者の～ incapacité (carence) des gouvernants. ～な impuissant; médiocre. ～な政治家 politicien(ne) m(f) médiocre. あんな～な奴は使い途がない Que voulez-vous qu'on fasse pareil incapable? あの教師は全く～だ Ce professeur est d'une parfaite nullité. ‖～者 incapable m f; nullité.

むはい 無配 ‖～株 action f détachée du dividende.

むはんのう 無反応 ¶～である être sans réaction.

むひ 無比 ¶～の incomparable; sans égal; hors de pair; unique. ‖当代の～の剣士 fine lame f sans rival.

むひはん 無批判 ¶彼を～に他人の意見を受け入れる Il accepte sans examen l'opinion d'autrui.

むひょう 霧氷 givre m; frimas m. ¶木々は～で白くなっている Les arbres sont blancs de givre. 窓は～で覆われている Les fenêtres sont givrées.

むびょう 無病 ‖～息災である être en bonne santé; se porter bien; jouir d'une excellente santé. ～で何よりと結構です Je suis heureux de vous savoir en bonne santé.

むひょうじょう 無表情 apathie f. ¶～な apathique; impassible. ～な顔 visage m inexpressif (sans expression). ～に答える répondre avec un air inexpressif. 彼は～に黙りこくっている Il garde un silence impassible.

むふう 無風 calme m plat. ¶～の tranquille. 全くの～だ Il n'y a pas un souffle de vent. ‖～地帯 zones fpl de calme plat.

むふんべつ 無分別 folie f; frasque f; irréflexion f; aveuglement m. ¶～な fou (fol, folle); imprudent; inconsidéré; malavisé. ～な人 malaisé(e) m(f). ～なことを agir à l'étourdie; commettre une imprudence. 恋は人を～にする L'amour rend les hommes aveugles. ～に aveuglément; sans réflexion.

むほう 無法 illégalité f; violence f; brutalité f. ¶～な振舞い action f injuste. ～な主張 prétention f démesurée. ～な要求 demande f déraisonnable. ～なことを agir contre la loi; agir brutalement envers qn. ‖～者 homme m violent; hors-la-loi m inv.

むぼう 無帽 ¶～である avoir la tête nue. 今日では殆どの人が～である Aujourd'hui on ne porte plus guère de chapeau. ～で tête nue; nu-tête; [女の場合] en cheveux.

むぼう 無謀 imprudence f; témérité f. ¶～な imprudent; téméraire. ～な企て entreprise f trop hardie. ～な振舞い conduite f téméraire. ～な計画を立てる donner la tête contre les murs. ～なことをする agir sans réflexion; agir avec une hardiesse inconsidérée. ～にも...する avoir l'imprudence (la folie) de inf. ～にも単身敵陣に斬り込んでいった Il a eu la témérité de se jeter dans les lignes ennemies.

むほうしゅう 無報酬 ¶～で bénévolement; gratuitement; gratis. ～で働く travailler bénévolement. ～で協力する prêter un concours gracieux.

むぼうび 無防備 ¶～の国 pays m démilitarisé. ‖～都市 ville f ouverte (sans défense).

むほん 謀叛 rébellion f; faction f; révolte f; [裏切] trahison f; traîtrise f; [陰謀] conspiration f; complot m. ～を起す se révolter; se rebeller. ～を企てる conspirer (comploter) contre qn; ourdir un complot. ～は失敗に終った Le complot a avorté. ‖～人 rebelle m; insurgé(e) m(f); révolté(e) m(f); conspirateur(trice) m(f).

むみ 無味 ¶～無臭 insipide et inodore. **むみかんそう** 無味乾燥 ¶～な fade; insipide; ennuyeux(se); aride. ～な小説 roman m insipide (sans intérêt). ～な文体 style m aride. ～な人生 vie f prosaïque.

むみょう 無明 obscurité f. ¶～の闇 obscurité noire.

むめい 無名 ¶～の sans nom; inconnu; ignoré; obscur. ‖～作家 écrivain m inconnu. ～氏 personne f anonyme. ～詩人 poète m obscur. ～戦士 soldat m inconnu. ～戦士の墓 cimetière m des soldats inconnus.

むめい 無銘 ¶～の絵 peinture f non signée (anonyme).

むめんきょ 無免許 ¶～の sans diplôme; sans permis; marron(ne). ～の医者 médecin m marron. ～で自動車を運転する conduire une voiture sans permis.

むやみ 無闇 ¶～に食べる manger avec excès. ～に飲む boire outre mesure. ～にほめる louer qn exagérément. ～に金を使う dépenser follement. ～に当り散らす s'en prendre indistinctement à tout le monde. 彼は～に人をほめない Il n'est pas prodigue de louanges.

むゆうびょう 夢遊病 somnambulisme m. ‖～者 somnambule m f.

むよう 無用 ¶～な inutile; oiseux(se); [余計な] superflu; [取るに足らぬ] futile. ～な人 personne f inutile. ～な行動をする agir sans nécessité. ～な争いは避けた方がよい Il vaut mieux éviter une lutte inutile. あいつは～の長物だ C'est un esprit futile. こんなものは～の長物だ C'est une chose inutile et encombrante. 心配に～です Vous n'avez rien à craindre. ¶～の者入るべからず «Défense au public.» 心配御～です Vous n'avez rien à craindre. ‖◆「禁止」「開放」～ «Fermez la porte derrière vous.» 「天地」～

むよく 無欲 désintéressement *m*. 彼は金にーである Il est indifférent à l'argent.

むら inégalité *f*. 色にーがある La couleur est mal répartie. 彼の仕事にーが多くて英語が堪能: son travail est très inégal. ¶〜のある inégal(aux); irrégulier(ère). ¶〜のない égal(aux); régulier(ère). 〜なく également. 〜なくみんなに分配する répartir *qc* également entre tout le monde. この壁は〜なく塗られている On a peint ce mur avec beaucoup de soin.

むら 村 village *m*; [寒村] hameau(x) *m*. ぽつんと離れた小さな〜 petit village isolé. 〜を離れる(棄てる) quitter (abandonner) son village. ¶〜の villageois. 〜の住人 villageois(e) *m(f)*; [集合的に] village. 〜の祭り fête *f* villageoise. 彼の家は〜外れにある Sa maison se trouve à l'extrémité du village. 人たちはみんな広場に集った Tout le village s'est rassemblé sur la place. 〜娘 jeune villageoise. 〜役場 mairie *f* de village.

むらがる 群がる se rassembler; fourmiller; grouiller; s'attrouper. 人がそこに群がった Les gens se sont attroupés à cet endroit. 野次馬が彼のまわりに群がっている Les badauds font cercle autour de lui. 蠅が壺の縁に群がっている Les mouches s'agglomèrent au bord du pot. 群がって en foule; en troupe. 群衆が群がって捕り物の邪魔をした La foule s'est ameutée pour empêcher cette arrestation.

むらき むら気 humeur *f* changeante; lubie *f*. ¶〜な男 homme *m* inconstant. 〜な娘 fillette *f* capricieuse.

むらさき 紫 violet *m*; pourpre *m*. ¶〜がかった雲 nuages *mpl* violacés. 赤〜の violine pourpré.

むらさきずいしょう 紫水晶 améthyste *f*.

むらさめ 村雨 averse *f*; ondée *f*.

むらす 蒸らす ¶御飯を〜 laisser reposer le riz cuit.

むらはちぶ 村八分 ¶〜にする mettre *qn* en quarantaine.

むらびと 村人 villageois(e) *m(f)*; gens *mpl* de village.

むり 無理 ¶〜を言う demander l'impossible. 〜を言うな N'exige pas l'impossible./Ne me demande pas la lune. 〜をしてやってみる tenter l'impossible. 〜をしなさるな Soyez raisonnable. 〜をしてもこの小説を読み終えなければならない Quoi qu'il arrive, je dois achever la lecture de ce roman. 〜をすれば期限内に出来ないことはない En se forçant un peu, ça peut être achevé dans les délais. 〜をしないで sans forcer. 「〜が通れば道理ひっこむ」《Force passe droit.》¶〜な impossible; impraticable; forcé. 〜な意見 opinion *f* inadmissible. 〜な計画 projet *m* impossible. 〜な企て entreprise *f* impraticable. 〜な提案 proposition *f* inacceptable. それは〜だ C'est impossible. 〜からぬ態度 attitude *f* compréhensible. 彼が怒るのも〜からぬことだ Ce n'est pas sans raison qu'il se met en colère. 〜のない naturel(le); normal(aux). …するのも〜はない Il est naturel que *sub*./Il n'y a rien de surprenant à ce que *sub*. 彼女が息子の自慢をするのも〜はない Il est normal qu'elle soit fière de son fils. 〜に de (par) force; de vive force; par violence. 〜に…する se forcer à *inf*. 分ってもらうためにゆっくり話す se forcer à parler très lentement pour bien se faire comprendre. 〜に人の家に入る forcer la porte de *qn*. 〜に…させる obliger (astreindre, forcer, pousser) *qn* à *inf*. 〜に約束(白状)させる arracher une promesse (un aveu) à *qn*. 彼は〜に私を引き留めた Il m'a retenu malgré moi. 〜しません、が、出来ればぜひやって下さい Je n'ai pas l'intention de vous forcer, mais j'aimerais, si possible, que vous fassiez cela. 〜を承知の上でお願いしているのです Je sais bien que c'est de la folie, mais je vous le demande quand même. 〜算段して手に入れる se procurer *qc* par à grand-peine. 〜強い contrainte *f*. 〜強いする contraindre (forcer) *qn* à *inf*. それをあなたに〜強いする気は毛頭ありません Je n'ai pas la moindre intention de vous y obliger. 〜心中する entraîner *qn* dans *son* suicide. 〜数 nombre *m* irrationnel. 〜な要求 demandes *fpl* déraisonnables. 〜方程式 équation *f* irrationnelle.

むりかい 無理解 incompréhension *f*; manque *m* de bon sens. ¶〜な incompréhensif(ve). 〜な両親 parents *mpl* incompréhensifs.

むりし 無利子 sans intérêt. ‖〜で金を借りる emprunter de l'argent sans intérêt.

むりしぬ 無慮 ¶〜数千人の死傷者が出た Il n'y avait pas moins de quelques milliers de morts et de blessés.

むりょう 無料 ¶〜の gratuit; gracieux(se). 〜で à titre gratuit (gracieux); gratuitement. ¶入場〜 entrée *f* gratuite (libre). 〜入場券 billet *m* gratuit. 〜奉仕 service *m* bénévole.

むりょく 無力 faiblesse *f* impuissance *f*. 〜を感じる se sentir faible. ¶〜な faible; impuissant. 人間は運命の前では〜である Les hommes sont impuissants devant la fatalité.

むるい 無類 ¶〜の sans pareil(le). 〜の意地悪さ méchanceté *f* sans pareille. 彼は〜の好人物です C'est un homme qui n'a pas son pareil.

むれ 群 groupe *m*; bande *f*. 蝗の〜 vol *m* de sauterelles. 牛の〜 troupeau(x) *m* de vaches. 子供の〜 bande d'enfants. 猿の〜 troupe *f* de singes. 鰊の〜 banc *m* de harengs. 人の〜 groupe; [蜂等の] essaim *m*. 暴徒の〜が広場を埋めつくした La foule des émeutiers a envahi toute la place. 盗賊の〜に身を投ずる entrer dans une bande de voleurs. 〜をなす se grouper; se masser. 〜をなして en groupe; en troupe; en masse. 魚が〜をなして泳いでいる Les poissons se déplacent par bancs.

むれる 蒸れる être cuit à la vapeur. ¶足が～ Les pieds transpirent.

むろ 室 cave f; [乾燥室] séchoir m; [温室] serre f; [貯蔵所] cellier m; silo m. ～に入れて囲う mettre qc en silo. ¶～咲きの薔薇 roses fpl qui ont fleuri en serre.

むろん 無論 évidemment; naturellement. 誰がそんなこと言ったんだい—～僕じゃないよ Qui a dit ça? — Ce n'est pas moi, toujours!

むんず ¶～と組み付く saisir qn à bras-le-corps.

むんむん ¶会場は熱気で～していた L'atmosphère de la salle était surchauffée. 更衣室は男の臭いで～している Le vestiaire sent la fauve.

め

め 芽 bourgeon m; bouton m; germe m; [若芽] pousse f. ～が出る bourgeonner; germer. 春には木の～が出る Les arbres bourgeonnent au printemps. 彼もようやく～が出てきた La chance a commencé à lui sourire. ～を出す pousser des bourgeons. ～を摘む pincer des bourgeons; [不用などを] étouffer qc dans l'œuf. ¶～の出たじゃがいも pomme f de terre germée.

め 目 œil (yeux) m; [視力] vue f; [視線] regard m. ¶～がいい(悪い) avoir de bons (mauvais) yeux; avoir une bonne (mauvaise) vue. ～が痛む avoir mal aux yeux; souffrir des yeux. ～が利く(高い) avoir un bon coup d'œil; être connaisseur(se) (de). ～がくらむ être pris de vertige; être ébloui (aveuglé) par. 金に～がくらむ être aveuglé par l'argent. ～が覚める se réveiller; [迷いから] se détromper. ～が据っている avoir les yeux fixes. ～が飛び出るほど高く coûter les yeux de la tête. ～が回る La tête me tourne. ～が届く avoir l'œil sur (à) qc; avoir qc à l'œil. ～がない raffoler de qc; être fou (folle) de qc. 僕はこれには～がないんだよ Je raffole de ça. ～が回るほど忙しい Je ne sais plus où donner de la tête. ¶～から火が出る voir trente-six chandelles. 私の～から星は飛び出るほど痛かった J'en ai vu trente-six à mes yeux. ～から鼻へ抜けるような男 homme m très intelligent (fin, perspicace). ～で追う chercher (suivre) des yeux. 嫉妬の～で見る voir d'un œil jaloux. ～で知らせる tuer en un clin d'œil à qn. ～と鼻の先で tout près. すぐ～の先にある être à un jet de pierre; être à deux pas. ¶～に浮ぶ revoir; voir. 今でも子供時代の出来事が～に浮ぶ Je revois encore les événements de mon enfance. ～にとまる [主語・物] attirer l'attention de qn; tomber sous les yeux de qn. ～に見えない invisible; imperceptible. ～に角を立てる lancer un regard furieux. ～にかけましょう Je vous le montrerai. ～に見えて [見る間に] à vue d'œil; [著しく] remarquablement; sensiblement. ～に見えて大きくなる grandir (grossir) à vue d'œil. 見た～には en apparence. ～に余る intolérable; insupportable; qui sort par les yeux. ～に入れても痛くないほど可愛がる tenir à qn comme à la prunelle de ses yeux. ～に物を見せるぞ Il me le payera cher. 「～には～を歯には歯を」 «Œil pour œil, dent pour dent.» ～の敵にして considérer qn avec haine. それは～の保養になる C'est un plaisir pour les yeux. ～のさめるような brillant; vif(ve); éclatant. ～の色を変えて怒る se fâcher tout rouge. ～の色を変えて勉強する étudier avec acharnement. 私の～の黒いうちは tant que je serai en vie. 仲のよすぎる二人を見ていると～のやり場に困る Ils ont l'air tellement intimes qu'on se sent tout gêné. ¶～もくれない ne prêter aucune attention à. ～もくれずに行ってしまえう s'en aller sans même un regard pour qn. ～も当てられない C'est horrible à voir. ～も八方へ～をくばる avoir l'œil à tout. ～を覚ます se réveiller; [迷いから] se détromper de. お前は欺されているんだ、いいかげんに～を覚ませ Tu es en train de te faire rouler; il serait temps que tu ouvres les yeux. ～を白黒させる rouler des yeux ahuris. ～を楽しませる flatter le regard. ～を通す voir; parcourir qc des yeux; feuilleter qc. よく～を通す examiner. ～を離さない fixer ses yeux sur; ne pas détourner son attention de qc. 彼らから～を離すな Tenez-le à l'œil. ～を伏せる baisser les yeux; tenir les yeux baissés. ～を回す [気を失う] s'évanouir; tourner de l'œil. ～を見張る écarquiller les yeux. ...～を見張らる見張るほど frappé de sa beauté. 戦後の日本の経済的発展は～を見張るものがある Les progrès de l'économie japonaise d'après-guerre ont été foudroyants. ～をむく avoir les yeux exorbités; [にらむ] lancer des regards à qn. ～をかける avoir de grandes attentions pour qn; favoriser qn; n'avoir d'yeux que pour qn. あれは私が～をかけている男だ C'est un homme que je pousse. ～をつける remarquer; porter son attention sur; [監視] surveiller qn. 僕の方が彼女に～をつけたのは C'est moi qui l'ai remarquée le premier. 僕は彼女に～をつけていた Elle m'avait jeté dans l'œil. 人の～を盗んで...する faire qc en cachette (sans se faire voir). ◆ [碁盤の] case f; [生地、網の] maille f; [目盛り・賽の目] point m. ～を粗く(細かく)縫う coudre à gros (petits) points. ¶～の詰まった(粗い)布地 tissu m serré (lâche). ～の細かい網 filet m à mailles fines. ◆ [経験・体験] ¶ひどい～に遭う avoir un gros ennui; être victime d'un mauvais coup. なぜ私ばかりがいつもこんな～に遭わなければならないの Pourquoi la malchance est-elle toujours de mon côté? ◆ ¶あんな奴は～じゃない Ce type-là ne m'arrive pas à la cheville.

[順序・程度] ‖5日~に au cinquième jour. 角から何軒~ですか C'est à combien de maisons du coin de la rue? 長~に切る couper qc en morceaux assez longs.

めあたらしい 目新しい nouveau (nouvel, nouvelle, nouveaux); original(aux). 何も~ことじゃない C'est très ordinaire (banal). / Cela ne m'étonne pas du tout. ‖目新しさ nouveauté f; originalité f.

めあて 当てて [目的・意図] but m; fin f; objet m; [目標] point m de] repère m. 彼の訪問の~は何だろう Quel est le but (l'objet) de sa visite? ¶これは金~の押込み強盗だ C'est un cambriolage qui n'a pour but que de voler de l'argent. …を~にする avoir pour but de inf; viser qc (à inf). …を~に行く se guider sur une gare; prendre une gare pour repère. 財産を~に結婚する épouser qn pour sa fortune.

めあわせる 娶せる ¶娘を~ marier sa fille avec (à) qn.

めい 命 ordre m. ¶…の~により par ordre (sur l'ordre) de….

めい 銘 épigraphe f; [碑などの] inscription f; [墓碑の] épitaphe f; [紋章, メダルの] devise f; [刀剣の] signature f. ~を刻む graver. 墓に~を刻む graver une épitaphe sur une tombe. ¶…と~打って sous prétexte de qc (inf).

めい 姪 nièce f.

めい- 名- ¶~監督 [チームの] bon entraîneur m; [映画の] metteur en scène m illustre; cinéaste m(f) renommé(e). ~探偵 célèbre détective m.

めい- 迷- ¶~コンビ un couple m de rigolos.

めいあん 名案 bonne idée f; idée excellente (lumineuse). 私に~が浮かんだ Il m'est venu une bonne idée. 何か~はないかね Vous n'auriez pas quelque chose de bon à proposer?

めいあん 明暗 ¶人生の~ les joies fpl et les peines fpl de l'existence. ~のコントラスト [絵の] contraste m de lumière et d'ombre. ~を分つ décider du sort de qn. ‖~法 clair(s)-obscur(s) m.

めいい 名医 grand médecin m.

めいおうせい 冥王星 Pluton m.

めいか 名家 illustre maison f. ¶彼は~の生れである Il est issu d'une grande maison (grande famille).

めいか 名花 ¶コマネチはモントリオール・オリンピックの~であった Comaneci était l'étoile des Jeux olympiques de Montréal.

めいが 名画 [絵] tableau(x) m célèbre; [映画] chef(s)-d'œuvre m du cinéma; film m célèbre.

めいかい 冥界 royaume m des ombres.

めいかい 明快 ¶~な clair; net(te); lucide; lumineu(se). 彼の証明は~だった Sa démonstration a été lumineuse. ~に clairement; nettement; lumineusement. もっと~に答えなさい Donnez-moi une réponse plus claire. ‖単純~な答え réponse f claire et nette.

めいかく 明確 ¶~な précis(e) net(te); défini; formel(le); positif(ve); explicite. 彼はきわめて~な状況報告を提出した Il a présenté un exposé très clair de la situation. ~にする préciser qc; [ご質問を~にしていただきたいものです Il faudrait que vous précisiez vos intentions. ~になる se préciser; s'expliciter; se clarifier. 調査の結果事件は~になった Après enquête, l'affaire s'est clarifiée. ~でない [言葉などが] imprécis; indistinct; obscur; confus. ~に précisément; nettement; formellement. ~さ précision f; netteté f.

めいがら 銘柄 [株] valeur f; [商品] marque f.

めいかん 名鑑 ‖科学者~ annuaire m des hommes de science.

めいき 名器 [うつわ] belle pièce f d'art; [楽器] instrument m célèbre.

めいき 明記 ¶~する écrire clairement. 「住所, 氏名を~のこと」 «Prière d'écrire très lisiblement le nom et l'adresse.»

めいき 銘記 ¶~する graver (fixer) qc dans le cœur (l'esprit); inscrire bien qc dans sa mémoire; bien retenir.

めいぎ 名義 nom m; titre m. ~を変更する effectuer un transfert. …の~で au nom de qn. ¶~上の nominal(aux); fictif(ve); titulaire. ~上(で) nominalement; fictivement. ‖~書替え transfert m. ~所有者 propriétaire mf. ~人 prête-nom m inv; titulaire mf. ~人をどなたに致しますか Sous quel nom faut-il l'inscrire?

めいきゅう 迷宮 labyrinthe m. ‖この事件は~入りだ Cette affaire s'est perdue dans un labyrinthe./Il est impossible d'éclaircir cette affaire./C'est une affaire à jamais insoluble.

めいきょうしすい 明鏡止水 ¶今の私の心境は~とも言えまよう Il n'y a pas l'ombre d'un trouble dans mon cœur.

めいきょく 名曲 chef(s)-d'œuvre m musical (aux). ~を聞く goûter un morceau célèbre.

めいく 名句 belle expression f; bon mot m; [詩句] vers célèbre m.

メイク落とし démaquillant m.

めいくん 名君 roi m sage.

めいげん 名言 mot m juste; [金言] beau mot. それは~だ Vous l'avez dit.

めいげん 明言 ¶~する(明言).

めいこう 名工 grand artisan m.

めいさい 明細 détail m. ⇨ しょうさい(詳細). ‖~書 [勘定の] bordereau(x) m; [一覧表] relevé m;【工】prescriptions fpl. 買物の~書 bordereau d'achat. 給料~書 feuille f de paye.

めいさい 迷彩 camouflage m. ~をほどこす camoufler qc. ‖~服 tenue f de camouflage.

めいさく 名作 chef(s)-d'œuvre m.

めいさつ 名刹 temple m célèbre.

めいさつ 明察 ¶~する deviner. ご~の通り Comme vous l'avez deviné, ….

めいさん 名産 spécialité f [d'une région]. この~は何ですか Quelle est la spécialité de cette région?

めいし 名刺 carte f [de visite]; bristol m;

めいし [商用] carte d'adresse (d'affaires). ～を出す présenter (donner) sa carte. ～を置いて行く déposer (laisser) sa carte. ～をいただかせて下さい Pourriez-vous me laisser votre carte? ‖～入れ porte-cartes m inv. ～判 [写真の] format m carte de visite.

めいし 名士 notable m; notabilité f; personnalité f; gloire f. 町の～ notables d'une ville.

めいし 名詞 nom m; substantif m. ¶～の nominal(aux). ‖普通(抽象, 固有)～ nom commun (abstrait, propre). ～化する substantiver. ～格 nominatif m. ～形 forme f nominale.

めいじ 明示 ¶～する indiquer clairement; préciser; spécifier.

めいじいしん 明治維新 la Restauration de Meiji.

めいじつ 名実 ¶彼は～相伴った人だ C'est une personne qui tient les promesses de son apparence. 彼はこれで～共にこの世界の第一人者になった Le voilà devenu sans conteste la sommité de ce domaine.

めいしゅ 目医者 oculiste mf.

めいしゅ 名手 [音楽の] virtuose mf. 射撃の～ tireur m d'élite. チェスの～ grand(e) joueur(se) m(f) d'échecs. ピアノの～ virtuose du piano.

めいしゅ 盟主 [人] chef m; [国] nation f dirigeante.

めいしゅ 銘酒 grand vin m; vin de marque; vin d'appellation contrôlée.

めいしょ 名所 lieu(x) m célèbre; monument m historique. 桜の～ endroit m connu (célèbre) pour ses cerisiers. ‖旧跡 les lieux mpl célèbres et les monuments historiques. パリの～巡り visite f des monuments historiques de Paris.

めいしょう 名勝 endroit m (site m) très pittoresque.

めいしょう 名匠 grand maître m. ⇨ めいこう(名工).

めいしょう 名将 illustre(s) général(aux) m.

めいしょう 名称 nom m; appellation f; dénomination f. 新製品につけられた～ appellation (dénomination) choisie pour le (donnée au) nouveau produit.

めいじょう 名状 émotion f indescriptible. ～し難い恐怖 terreur f indicible (inexprimable). ～し難い醜さ laideur f sans nom.

めいじる 銘じる 肝に～ graver qc dans son cœur; bien retenir qc.

めいしん 迷信 superstition f; croyance f superstitieuse. 宗教はしばしば～に変わる La religion se change souvent en superstition. そんなことに～にすぎない C'est une pure superstition. ¶～深い superstitieux(se). 彼女は～深い～ Elle est follement superstitieuse. ‖～家 superstitieux(se) m(f).

めいじん 名人 maître m; [特に音楽の] virtuose mf. すりの～ maître du pickpocket. 釣の～ grand pêcheur m. 彼女は嘘つきの～で通っている Elle passe pour maître dans l'art de mentir. ‖～芸 virtuosité f; maîtrise f; habileté f. 装飾の仕事に～芸を発揮する faire preuve de virtuosité dans un travail de décoration. この職人は～肌で Cet artisan a la trempe d'un artiste.

めいすう 命数 ¶彼も～が尽きた Son heure est venue.

めいずる 命ずる ordonner; prescrire; [強く] enjoindre; [任命する] nommer. 絶対安静を～ prescrire un repos absolu. ...に課長を～ nommer qn chef de bureau. 私は彼に黙るように命じた Je lui ai ordonné (enjoint) de se taire. ¶良心の～ところに従って行動する agir selon sa conscience.

めいせい 名声 réputation f; renommée f; renom m; célébrité f; nom m. 嚇々たる～ réputation brillante. 不当に得た～ réputation usurpée. ～を得る acquérir de la réputation; se faire connaître. ...の～を汚す salir sa réputation de qn. ～を高める accroître sa réputation. ～を保つ soutenir sa réputation. ～を博する jouir d'une bonne réputation (d'une grande renommée). ¶世界的～のあるピアニスト pianiste mf de réputation mondiale.

めいせき 明晰 ¶～な clair; net(te); lucide. ～な考え idée f claire. ～な精神 esprit m clair et distinct. 彼の推論はきわめて～である Son raisonnement est tout à fait lucide. ～な目で判断する juger d'un œil lucide. ～に lucidement; avec lucidité. ～さ clarté f; netteté f; [頭脳] lucidité f. フランス語の～さ la clarté de la langue française. 頭脳の～さ lucidité d'esprit.

めいそう 名僧 bonze m illustre.

めいそう 瞑想 méditation f; contemplation f; [黙想] recueillement m. ～に耽る s'absorber (se plonger) dans la méditation; se plonger (s'abîmer) dans la contemplation; se livrer à la méditation. この本は彼の深い～の成果である Ce livre est le fruit de ses profondes méditations. ¶～する méditer sur qc; contempler; se recueillir. ～的な méditatif(ve); rêveur(se); contemplatif(ve). ～に耽っているように見える prendre un air méditatif. ‖～家 rêveur(se) m(f); contemplateur(trice) m(f); méditatif(ve) m(f). ～録 méditations.

めいそうしんけい 迷走神経 nerf m pneumogastrique; pneumogastrique m.

めいだい 命題 proposition f. ‖絶対～ proposition catégorique. 反対～ propositions contraires.

めいち 明智 esprit m lumineux.

めいちゅう 命中 ¶～する porter juste; atteindre (toucher) le but; faire mouche; mettre dans le mille. 弾丸(砲弾)は～した Le coup a fait mouche. 爆弾は駅に～した La bombe est tombée en plein sur la gare. これだけ距離が離れては～しまい A cette distance, il est impossible de mettre dans le mille. 絶対に～させろよ Il faut à tout prix toucher le but.

めいちょ 名著 chef(s)-d'œuvre m; ouvrage m célèbre. 世界の～ chef-d'œuvre universel.

めいてい 酩酊 enivrement *m*; [ほろ酔い] griserie *f*. ¶～する s'enivrer; se griser. ‖～状態で sous l'empire de l'alcool; en état d'ivresse (d'ébriété).

めいてんがい 名店街 galerie *f* marchande; [デパートの食堂街] étage *m* [où il y a] des restaurants.

めいど 冥土 empire *m* des morts (de Pluton); royaume *m* des ombres; enfers *mpl*; Hadès *m*. ¶～の旅 le grand voyage. ～の道連れにする entraîner *qn* dans la mort. ～の土産に聞いておけ Fais tes prières!

めいとう 名刀 sabre *m* célèbre.

めいとう 名答 ¶～! C'est bien ça!/C'est juste!/Bien deviné!/Vous y êtes!

めいどう 鳴動 grondement *m*. ¶「大山に鳴いてねずみ一匹」《C'est la montagne qui accouche d'une souris.》;《[Faire] beaucoup de bruit pour rien.》

めいにち 命日 anniversaire *m* d'un mort. 今日は父の～です C'est aujourd'hui l'anniversaire de mon défunt père.

めいば 名馬 cheval(aux) *m* renommé; [駿馬] coursier *m*. 無事にこれ～[比喩的に] Tant qu'on a la santé!

めいはく 明白 ¶～な évident; apparent; manifeste; flagrant; indiscutable; exprès (*esse*); positif(*ve*). ～な真理 vérité *f* aveuglante. ～な誤り erreur *f* manifeste. ～な事実 fait *m* positif (avéré). それは既に～な事実だ C'est une vérité évidente. ～にする[疑問などを] éclairer; éclaircir. 問題を～にする éclaircir une question. ～になる s'avérer. その推理の正しいことになった Le raisonnement s'est avéré juste. ～である [法] apparoir. …は～である Il est manifeste (évident) que…./[法] Il appert que…. ～に évidemment; manifestement; expressément. ～な理由もなしに sans raison *f* apparente. ～さ évidence.

めいびん 明敏 ¶～な sagace; subtil; clairvoyant; perspicace. ～な精神 esprit *m* ouvert (sagace). ～な判断 jugement *m* clairvoyant. ～さ sagacité *f*; subtilité *f*; clairvoyance *f*; perspicacité *f*.

めいふく 冥福 ～を祈る prier pour le repos de l'âme de *qn*.

めいぶつ 名物 spécialité *f*. ～に美味いものなしとよく言われる On dit souvent qu'une spécialité est rarement à la hauteur de sa renommée. ⇨ めいさん(名産). ～男 homme *m* [très] populaire. ～料理 spécialité *f* de la maison.

めいぶん 名文 beau style *m*, belle prose *f*, morceau(x) *m* d'anthologie. ‖～家 styliste *mf*. 彼は～家である Il écrit bien. ～集 chrestomathie *f*.

めいぶん 明文 ¶～化する 《法》 formuler; stipuler. 慣例を規則として～化する formuler l'usage sous forme de règlement.

めいぼ 名簿 liste *f*; 《法》 rôle *m*; [登録簿] matricule *f*; [就職者用] cadre *m*. ～にのる [記入する] inscrire sur la liste. ～にのる figurer sur la liste (les cadres). ～をつくる dresser (faire) une liste. …から削る rayer (radier) *qn* d'une liste. 僕の名はとっくに～から削られている Il y a longtemps que mon nom a disparu des cadres. ‖会員～ liste des membres [d'une société]. 軍隊～ matricule militaire. 候補者～ liste des candidats (aux élections législatives). 宿泊者～ registre *m* d'un hôtel. 受賞者～ palmarès *m*. 受賞者～にのる figurer au palmarès. 出(欠)席者～ liste des présences (des absences). 選挙人～ liste électorale. 納税者～ rôle d'impôt.

めいほう 盟邦 alliée *m(f)*.

めいぼう 名望 ¶～を集める [s']attirer une haute réputation. ‖～家 personne *f* à la hauteur de sa réputation.

めいぼう 明眸 ～皓歯の貴婦人 dame *f* d'une grande beauté.

めいぼく 名木 [樹木] arbre *m* célèbre; [木材] bois *m* de première qualité.

めいみゃく 命脈 ¶彼は辛うじて～を保っている Sa vie tient à un fil. 我々の劇団は辛うじて～を保っている Notre troupe est au bord de la faillite.

めいむ 迷夢 chimère *f*; illusion *f*. ～から醒める revenir (se réveiller) de *ses* illusions. ～を醒す dissiper *ses* chimères.

めいめい 命名 ¶～する baptiser; nommer; prénommer; dénommer; appeler; [称号を与える] qualifier. ⇨ なづける(名付る). 彼らは息子をローランと～した Ils ont prénommé leur fils Laurent. ‖～式 baptême *m*. 船(鐘)の～式 baptême d'un navire (d'une cloche). ～者 [船, 鐘の] marraine *f*.

めいめい 銘々 chacun(e). 家族の～が意見を述べた Chaque membre de la famille a donné son avis. ¶～の chaque; respectif(*ve*). 夫婦の義務 [相互の] devoirs *m* respectifs des époux. ～に respectivement. 両親は～に子供たちの教育を見守っていた Les parents veillaient respectivement à l'éducation des enfants. 荷物は～お持ち下さい Portez chacun vos bagages.

めいめいはくはく 明々白々 ¶それは～である C'est clair comme le jour.

めいめつ 明滅 ～する clignoter.

めいもう 迷妄 illusion *f*; erreur *f*. ～を抱く se faire des illusions. ～を醒す tirer *qn* d'erreur (de l'erreur); [自分から] revenir de *ses* erreurs.

めいもく 名目 titre *m*; [口実] prétexte *m*; excuse *f*. ～を立てる alléguer une bonne excuse. 何かいい～はないかね Vous n'auriez pas un bon prétexte? そんな～は通らない Cette excuse ne tient pas. ¶様々な～で à plus d'un titre. …という～で sous prétexte de *qc* (de *inf*). 手当という～で渡された金 argent *m* remis à titre d'indemnité. ～上 nominalement; en titre. 彼は今も～上はその建物の持主だ Il reste nominalement le propriétaire de l'immeuble. ‖～賃金 salaire *m* nominal.

めいもん 名門 [bonne] famille *f*; maison *f*. ¶～の出である être de haute (bonne) naissance.

めいもんく 名文句 parole *f*; mots d'esprit

めいやく 名訳 traduction *f* excellente (heureuse).

めいやく 盟約 promesse *f* solennelle (sincère); [同盟] alliance *f*. ~を結ぶ conclure une alliance. ~を破る(に背く) rompre une alliance.

めいゆう 名優 grand(e) acteur(trice) *m(f)*.

めいゆう 盟友 camarade *m*.

めいよ 名誉 honneur *m*; gloire *f*. 最高の~に達する parvenir aux plus grands honneurs. ~を重んずる avoir le sentiment de l'honneur. ~をかける engager *son* honneur. ~を毀損する diffamer *qn*; porter atteinte à l'honneur de *qn*. ~を汚す(おとしめる) déshonorer. この行為は彼の~を汚した Cette action l'a déshonoré. 私の~がかかっている Mon honneur est en jeu./Il y va de mon honneur. うちの親は~ばかり重んじる Mes parents m'attachent de l'importance qu'à l'honneur. 二人はその発見の~を分ち合った Ils ont partagé la gloire de cette découverte. ‖~ある地位 situation *f* illustre (glorieuse). ~を重んずる人 personne *f* d'honneur. ~の戦死をとげる mourir au champ d'honneur. ~にかかわる問題 affaire *f* d'honneur. …に~なことである être à l'honneur de *qn*. それは彼にとって非常に~なことである Cela lui fait grand honneur. ~に思う se faire un honneur de; s'honorer de. ルーアンの町はコルネイユの郷土であることを~に思っている Rouen s'honore d'être la patrie de Corneille. ~にかかわる point *m* d'honneur. ~にかけて誓う jurer sur l'honneur. ~をかけて…する s'engager sur l'honneur à *inf*; mettre *son* point d'honneur à *inf*. ~をかけて頼まれた仕事を期限内に仕上げる積りである Je mets mon point d'honneur à finir dans les délais le travail demandé. ~会長(会員) président(e) *m(f)* (membre *m*) honoraire. ~毀損 diffamation *f*; atteinte *f* à l'honneur. ~毀損となる文書 écrit *m* diffamatoire. ~教授 professeur *m* honoraire. ~職 honorariat *m*. ~職の honoraire. ~欲 soif *f* d'honneurs; amour *m* de la gloire. ~欲が強い être avide de gloire. ~欲に駆られる se piquer d'honneur.

めいよきそん 名誉毀損 ‖~で訴える porter plainte en diffamation.

めいり 名利 ‖~に汲々とする courir après la gloire et la fortune. ~に超然としている être indifférent aux honneurs et aux intérêts personnels.

めいりょう 明瞭 ‖~な clair; net(te); distinct. ~な相違 différence *f* claire. 曖昧な~な答を望みます Je veux une réponse nette, sans équivoque. ~にする éclaircir; clarifier. ~になる s'éclaircir; s'affirmer. きわめて~である C'est clair comme le jour (l'eau de roche). ~に clairement; nettement; distinctement; sans ambiguïté. ~に話す[言葉を] parler distinctement. ~さ clarté *f*; netteté *f*. ~さを欠く言回し expression *f* qui manque de clarté.

‖簡単~に clairement et simplement.

めいる 滅入る ‖気が~ être d'une humeur noire; avoir le cafard; avoir des idées noires; se sentir triste. 気の~話だ C'est une histoire qui donne le cafard.

めいれい 命令 ordre *m*; commandement *m*; 【軍】consigne *f*; [指図] prescription *f*; [裁判所の] injonction *f*. ~に従う obéir à un ordre (aux ordres). ~に背く transgresser un ordre (une consigne). ~を実行する exécuter un ordre./…の~により par ordre (l'ordre) de *qn*. 次の~の下るまで jusqu'à nouvel ordre. ~を受ける recevoir un ordre. ~を出す donner un ordre. ~する ordonner *qc* à *qn* (*à qn de inf*); [厳命する] enjoindre à *qn de inf*. ~の如き口調で話す parler d'un ton impératif. ~通りにしなさい Faites ce qu'on vous ordonne. ‖禁足~【法】injunction *f*. 支払~【行政】ordonnancement *m*. 取消~ contrordre *m*. …の~の下にある être aux ordres de *qn*. ~系統 filière *f* des ordres. ~権 commandement. ~権行使する prendre (exercer) le commandement. …に対して~権を持つ avoir le commandement sur. ~好きな人 personne *f* autoritaire. ~癖 habitude *f* du commandement. ~法【文法】impératif *m*.

めいろ 迷路 labyrinthe *m*; dédale *m*. 入り組んだ路地の~ dédale inextricable de ruelles. 彼は~に入り込んでしまった Il s'est égaré dans un labyrinthe.

めいろう 明朗 ‖~な gai; joyeux(se); jovial (aux). ~な政治 politique *f* honnête. ‖~活発な若者 jeune homme *m* gai et vivant.

めいろん 名論 ‖~卓説 argumentation *f* brillante.

めいわく 迷惑 embarras *m*; ennui *m*; tort *m*; préjudice *m*. ~をかける embarrasser; porter préjudice à; faire du tort à; susciter des embarras à; gêner (ennuyer) *qn*. そんなことでお父さんに~をかけるのはよしなさい Cesse d'ennuyer ton père avec cela. 訪問客の出入りが病人の~になる Le va-et-vient des visiteurs gêne les malades. ~する être ennuyé (gêné) par. 彼女のお喋りにはひどく~している Elle m'ennuie beaucoup avec ses bavardages. 彼がみんなに~している Il ennuie tout le monde. ~な embarrassant; gênant. 全く~な話だ C'est une histoire vraiment embêtante. 煙草の煙が~じゃありませんか Est-ce que la fumée de ma cigarette ne vous dérange? 彼にちょいちょい来られるのは~だ Ses visites m'importunent.

めうえ 目上 ‖~の[人] supérieur(e) *m(f)*.

めうつり 目移り ‖~して ne savoir que choisir; être indécis dans *son* choix. 新しいものに~する être captivé par les nouveautés.

メーカー fabricant *m*; marque *f*. ラジオの~ marque d'un poste de radio. 自動車の大~ grande marque d'automobile. ~品 produit *m* de marque. 一流~品である être de grande marque. ~品でない電気製品 appareils *mpl* électriques sans marque.

メーキャップ maquillage m. ～を落す se démaquiller. ¶～する se maquiller; faire la tête d'un rôle. ‖～係り maquilleur(se) m(f).

メーター mètre m ≒メートル.; [タクシーの]taximètre m. ～が上がる Le taximètre tourne. ～が5,000円になった Le taximètre est monté jusqu'à cinq mille yens. ～を倒す baisser le drapeau. ガス(水道, 電気)の～ compteur m à gaz (à eau, d'électricité).

メーデー le premier mai; fête f du Travail.

メード [ホテルの] femme f de chambre; [家政婦] femme de ménage.

メートル [単位] mètre m. ～で測る métrer. ‖千～競走 course f de mille mètres. 平方～ mètre carré. 立方～ mètre cube. ～法 système m métrique. ◆[酒の勢い] ¶～があがってるね Tu es bien excité!

メープルシロップ sucre m (sirop m) d'érable.

メール e-mail m; courrier m électronique. ‖～アカウント compt m e-mail. ～アドレス adresse f e-mail.

メーン ‖～イベント match m principal. ～スタンド tribune f principale. ～ストリート rue f principale. ～テーブル table f d'honneur.

メーンディッシュ plat m de résistance.

メガ ‖～サイクル mégacycle m. ～トン mégatonne f. 50～トンの核爆発 explosion f nucléaire de cinquante mégatonnes.

メガかくし 目隠し bandeau(x) m; [馬の] œillères fpl. ～する mettre un bandeau [sur les yeux]; bander les yeux de qn. ～をして鬼ごっこする jouer à colin-maillard.

めかける 目掛ける ¶大将を目掛けて切りかかる se précipiter sur un général en brandissant une épée nue. ⇒ めざす(目指す), ねらう(狙う).

めかじき 眼梶木 [魚] poisson(s)-épée(s) m; espadon m.

めがしら 目頭 ¶～が熱くなる être ému jusqu'aux larmes. 彼の話を聞いているうちに私も～が熱くなった En écoutant son récit, j'ai eu moi aussi les larmes aux yeux.

めかす se mettre bien; se faire beau; se bichonner. めかし込む être tiré à quatre épingles; 《俗》 se fringuer. 彼はめかし込んで外出した Il s'est bien mis pour sortir. そんなにめかし込んでどこに行くの Où vas-tu comme ça tout endimanchée? ‖めかし屋 gommeux m; dandy m; [女] coquette f.

めかた 目方 poids m; pesanteur f. ～がある peser; [重い] pesant; lourd. ～をごまかして tricher sur le poids. ～を計る peser; faire la pesée de. ～を売る vendre qc au poids. このトランクは～がありそうだ Cette valise semble bien pesante. 彼女は3キロ～が増えた Elle a grossi de trois kilos. この包みの～は何キロですか Combien de kilos pèse ce paquet?

メガトン ⇒ メガ.

メカニズム mécanisme m.

めがね 眼鏡 lunettes fpl;《俗》binocles mpl; [鼻眼鏡] pince-nez m inv; lorgnon m. ～の弦 branches fpl de lunettes. のレンズ verres mpl. ～を掛(けている) mettre (porter) des lunettes. ‖～入れ étui m à lunettes. ～屋 opticien(ne) m(f). ～屋で～を作らせる se faire faire des lunettes chez l'opticien. ◆[識別眼] discernement m; jugement m. お～にかなう plaire à qn. ～が狂うを～ tromper sur. ¶～違い erreur f de jugement.

メガバイト méga octet, mo m.

メガホン porte-voix m inv; mégaphone m. ～を口に当てる se servir d'un mégaphone.

めがみ 女神 déesse f. 自由の～ déesse de la Liberté.

めきき 目利き [鑑定] appréciation f; jugement m; estimation f; [人] connaisseur m; expert m. ¶～[を]する juger; apprécier; estimer. 絵の～をする évaluer un tableau. 彼は壺にかけては相当な～だ Pour les vases, c'est un fin connaisseur.

めきめき notablement; remarquablement. ¶～上達する faire des progrès remarquables. ～大きくなる croître rapidement; [人が] grossir à vue d'œil.

めキャベツ 芽～ chou(x) m de Bruxelles.

-めく ¶春めいて来た Ça sent le printemps.

めくされがね 目腐れ金 somme f insignifiante; bagatelle f. そんな～など要らない Je me moque de ces quelques sous.

めくじら 目くじら ¶～を立てる ergoter sur qc.

めぐすり 目薬 collyre m. ～をさす appliquer du collyre. ¶そんなことしたって二階から～だよ Autant pisser dans un violon.

めくそ 目糞 chassie f. ¶「～鼻くそを笑う」《La pelle se moque du fourgon.》

めぐって 巡って ⇒ めぐる(巡る).

めくばせ 目配せ clignement m; clin m d'œil. ¶～する faire un clin d'œil à qn; cligner de l'œil à qn; faire de l'œil à qn. ～に) échanger un regard.

めくばり 目配り [監視] surveillance f; [注意] attention f. ¶～する surveiller (prendre garde) de tous côté.

めぐまれる 恵まれる avoir de la chance de; être favorisé de (par); être comblé. 健康に～ jouir d'une bonne santé. …の～態に～ être doué pour qc. 資源に～ être riche (abondant) en ressources naturelles. ¶自然に恵まれた土地 région f favorisée par la nature. 恵まれた生活を送る mener une vie heureuse. 彼は恵まれた炭だ C'est un type comblé. 恵まれている(いない) être bien (mal) partagé. 彼は健康の点ではあまり恵まれていない Il n'est pas trop bien partagé sous le rapport de la santé./Il ne jouit pas d'une forte santé. 天候に恵まれて我々は楽しい旅をすることが出来た Le temps nous a favorisé et nous avons fait un voyage agréable.

めぐみ 恵み [恩恵] bienfait m; [神の] bénédiction f; [憐憫] miséricorde f; [好意] bienveillance f; [慈善] charité f; [施し物] aumône f; [幸運] manne f. ～に浴する jouir de la faveur de qn. ～をかける avoir pitié de. ～を請う demander la charité à qn. ～を施す faire la charité à qn. ¶～深い charitable. ¶～深い

めぐむ 恵む [施し物を与える] donner l'aumône à qn; faire la charité à qn.

~の雨だ C'est une pluie providentielle.

めぐらす 巡らす [囲む] entourer; ceindre; encercler. …の周りに塀を~ entourer qc de murs. ◆[回す・回転させる] ❶きびすを~ retourner sur ses pas. 頭を~ tourner la tête. 想像を~ méditer sur; promener son imagination sur. ◆[工夫を凝らす] ❶陰謀を~ former des complots. 計略を~ nouer une intrigue.

めぐり 巡り [循環] circulation f; [遍歴] tour m. ❶血の~が悪い être lourd; avoir l'esprit lent. まだ分からないのかい、血の~が悪い奴だ Tu ne comprends toujours pas? Ce que tu es lourd! 東北~をする faire le tour du Tohoku. 美術館~をする faire la tournée des musées.

めぐりあい 巡り合い rencontre f; [再会] retrouvailles fpl.

めぐりあう 巡り合う retrouver qn. 私たちはいつの日か巡り合えるだろうか Peut-être nous retrouverons-nous un jour?

めぐりあわせ 巡り合わせ ❶不思議な~で par une ironie du sort.

めくる 捲る tourner; [剥ぎとる] arracher; enlever. ふとんを~ enlever (soulever) la couverture. 本のページを~ feuilleter un livre.

めぐる 巡る [回る] ❶因果は~ Le destin est inévitable./C'est le destin. 月日は~ Les jours s'écoulent. ◆[囲む] ❶結婚を~問題 problème m touchant le mariage de qn. 彼を巡って五人の女たちがいる Il a toujours une cour de cinq femmes.

めくるめく ❶陶酔の日々 jours mpl d'ivresse; jours d'un bonheur vertigineux.

めくれる ❶スカートが風で~ Le vent trousse les jupes.

めげず ❶強敵にも~勇敢に戦う combattre sans se laisser impressionner par un puissant adversaire. 幾多の困難にも~彼はやり遂げた Il a réussi en triomphant de multiples obstacles.

めこぼし 目こぼし ❶~を fermer les yeux.

めさき 目先 [見通し] ❶~がきく voir loin; agir à propos; avoir du flair. ~がきかない ne pas voir plus loin que le bout de son nez; manquer de flair. ~のきく [先見の明ある] prévoyant. ◆[当座] ❶~のことしか考えない ne penser qu'au présent; tuer la poule aux œufs d'or; vivre dans le présent. ~のことにականի を~ Ne vous laissez pas obnubiler par l'immédiat. ◆[眼前] ❶彼女の姿が~にちらつく Sa silhouette apparaît continuellement à mes yeux. ~を変える sortir de la routine. ~を変えるために~ pour changer. ~の変わった peu ordinaire; original(aux).

めざす 目指す viser à; chercher à atteindre. 記録を~ avoir pour but le record de qc. 合格を目指して勉強する travailler pour réussir à l'examen. 栄光を目指して頑張る s'efforcer d'atteindre la gloire. 頂上目指して登る gravir une montagne en visant le sommet. ゴール目指して突進する foncer vers le but. ❶~所 but m; [目的地] destination f.

めざとい 目敏い [目が早い] ❶彼な~ Il a le coup d'œil juste. 目敏く見つける découvrir d'un seul coup d'œil. ◆[目が覚めやすい] ❶老人は~ Les personnes âgées s'éveillent facilement./Les personnes âgées ont le sommeil léger.

めざまし 目覚まし [時計] réveille-matin m inv; réveil m. ~を7時にセットする mettre son réveil à sept heures.

めざましい 目覚ましい éclatant; brillant; remarquable. ~業績を立てる réaliser un brillant exploit. 科学は~進歩を遂げている La science a fait d'étonnants progrès.

めざめ 目覚め éveil m; réveil m. ❶~がちの夜 nuit f d'insomnie. ◆[自覚] ❶好奇心(春)の~ éveil de la curiosité (des sens).

めざめる 目覚める se réveiller; s'éveiller. 何時にお~ですか A quelle heure vous levez-vous? ❶~を prendre conscience de qc; naître à; [誤りから] se détromper. 愛に~ naître à l'amour. 性に~ s'éveiller à la vie sexuelle. 彼女の良心は目覚めた Sa conscience s'est réveillée.

めされる 召される ❶天国に~ monter au ciel.
めざわり 目障り ❶~な看板 réclame f qui blesse la vue. あいつはなんて~な奴だ Qu'il est embêtant, celui-là!

めし 飯 riz m; [食事] repas m. ~を食う faire un repas. ~がのどを通らない Le repas ne passe pas./Je ne peux rien avaler. ~の種 gagne-pain m inv. 彼は芝居が三度の~より好きだ Il raffole de théâtre.

メシア le Messie.

めしあがる 召上る ❶たんと召上がれ Servez-vous, je vous en prie.

めした 目下 ❶~の[者] inférieur(e) m(f).

めしたき 飯炊き [人] cuisinier(ère) m(f); [女] fille f de cuisine.

めしつかい 召使 valet m; [邸宅の] valet de pied; domestique mf; serviteur m; servante f.

めしべ 雌蕊 pistil m.

めしもり 飯盛り ❶~女 serveuse f courtisane.

めしや 飯屋 ❶~一膳~ gargote f.

メジャー [巻尺] mètre-ruban m; ruban m à mesurer. ❶~スプーン cuillère f à mesurer.

めじり 目尻 coin m de l'œil. ~にしわが寄る avoir des pattes-d'oie. 若い娘を見て~を下げる loucher sur une jeune fille.

めじるし 目印 enseigne f; signe m; marque f; repère m; [道標] poteau(x) m indicateur. ~をつける mettre un signe à; repérer. ~にする prendre qc pour repère. ~になる servir de repère. その附近に何かなるものはありますか Est-ce qu'il n'y a pas un poteau indicateur dans les environs?

めじろ 目白 oiseau(x) m à lunettes. ❶~押しに並ぶ se mettre en file serrée. 雀が電線に~押しに並んでいる Des moineaux se serrent (se posent en rang serré) sur un fil électrique. ~押しに並んで開門を待つ attendre en

めす 雌 femelle f. ¶～の femelle.

めす 召す ¶お気に～ままに Comme il vous plaira. ～しに召しにいらっしゃい Venez, si le cœur vous en dit.

メス bistouri m; [解剖用] scalpel m. ～を入れる inciser; [比喩的に] couper un mal à sa racine; crever l'abcès. ついに問題の会社に～が入れられた On a fini par faire crever l'abcès de la société en question.

めずらしい 珍しい [新奇な] nouveau (nouvel, nouvelle, nouveaux); [まれな] rare; [奇妙な] singulier(ère); bizarre; [珍奇な] curieux(se); [並外れた] extraordinaire; exceptionnel(le); [貴重な] précieux(se). ～本/品 livre m (oiseau(x) m) rare. ～表現 expression f peu commune. ～もの [貴重品] objet m précieux. おやこれは～ Oh, quelle surprise! 彼が遅れるなんて～ Il est rare qu'il soit en retard. 珍しくない commun; ordinaire; banal. そんなら少しも珍しくない C'est très banal./Cela ne m'étonne pas du tout. ～ことに chose curieuse. 珍しく exceptionnellement; extraordinairement. 珍しく彼は時間通りに来た Pour une fois, il était à l'heure. 珍しくいい天気だ Pour une fois, il fait beau [temps]!

めずらしがる 珍しがる trouver qc curieux (se); regarder qc comme une curiosité; être pour ainsi dire pris de curiosité.

メソジスト ¶～教徒 méthodiste mf. ～派 méthodisme m.

メゾソプラノ [声] mezzo-soprano m; [歌手] mezzo-soprano f.

メゾネット duplex m.

メゾピアノ ¶～で mezzo piano.

メゾフォルテ ¶～で mezzo forte.

めそめそ ¶～する larmoyer; pleurnicher. ～するんじゃない Cesse de geindre. ～した pleurard. ～した子 [enfant mf] pleurnicheur(se) m(f).

メソン [中間子] méson m.

メタげんご 言語 métalangage m; métalangue f.

メタセコイア [植] métaséquoia m.

めだつ 目立つ se distinguer avec netteté; ressortir; briller. 彼の沈黙は周囲の騒ぎの中でひときわ～ Son silence tranche avec [sur] l'agitation générale. この生地は汚れが～ Cette étoffe est salissante. 彼の才能は目立っている Il brille par son talent. 皺が年とともに目立ってきた Mes rides se sont accusées avec l'âge. 彼は休んでも目立たない Son absence ne se remarque pas. 目立たないような服装をする s'habiller sobrement. 目立たないように私は後ろに座った Je me suis assis derrière pour ne pas attirer l'attention. 目立たせる faire trancher; rehausser; accentuer. 自分を目立たせる se faire valoir; se particulariser; se singulariser. 彼女は目立たせようとしすぎる Elle essaie trop de se faire valoir. ¶目立った frappant; remarquable; voyant; notable. ～色彩 couleurs fpl voyantes. 目立った人物 personnage m en vue. 目立った変化 changement m notable. 今週は目立った事件がなかった Cette semaine s'est passée sans événement remarquable. 最近服装が目立って派手になってきた Aujourd'hui, les vêtements sont devenus plus voyants.

めたて 目立て [鋸の] aiguisage m; affûtage m. ～をする aiguiser; affûter. ¶～屋 affûteur m.

メタノール [化] méthanol m.

メタファー métaphore f.

めだま 目玉 globe m oculaire (yeux) m. ～をぎょろつかせる rouler de gros yeux. ¶～焼 œufs mpl sur le plat. ◆ ¶お～を頂戴する [叱られる] recevoir une réprimande. [俗] se faire engueuler. 大～を食う(食わす) recevoir (passer) un savon de qn (à qn). ～品 ～商品 produit m [en] réclame.

メタモルフォーゼ métamorphose f.

メダリスト médaillé(e) m(f). ¶ゴールド～ médaillé(e) m(f) d'or.

メタリック ¶～な métallique; métallisé(e). ～ブルーの車 voiture f bleu métallisé.

メダル médaille f; [形見, 肖像などを入れた] médaillon m. ¶金～ médaille d'or.

メタン méthane m. ¶～ガス gaz m des marais.

メチオニン [生化] méthionine f.

みちがい 見違い ¶～する avoir tort de inf. 僕が～する筈はない Il est impossible que je puisse avoir tort.

めちゃくちゃ ¶～な absurde; déraisonnable; [首尾一貫しない] inconséquent; incohérent; [俗] cafouilleux(se). ～な議論 discussion f cafouilleuse. ～な振舞 cafouillage m; comportement m inconséquent. ～なことを言う [たらめを] parler à tort et à travers. これで何もかも～だ Tout est perdu pour moi. 君の言うことは～だ Tu dis des âneries. この報告は全く～だ Ce compte rendu est un vrai cafouillis. ～にする bouleverser; brouiller; [俗] chambouler; chambarder; amocher; [台無しにする] gâter qc; [乱雑にする] mettre en désordre; [ぎゅうぎゅうに押還す] écrabouiller; mettre en bouillie. この事件で彼の暮しは～になってしまった Cet événement a bouleversé sa vie. お前のためにこの計画は～になった Par ta faute, ce projet est en miettes. 車は～になった La voiture a été mise en bouillie. 彼女は恋人の顔を～に傷つけた Elle a sérieusement amoché le visage de son amant.

メチル méthyle m. ¶～アルコール alcool m méthylique.

メッカ La Mecque. ¶マルセイユは麻薬の～だ Marseille est la Mecque de la drogue. フィレンツェはイタリア・ルネッサンス芸術の～だ Florence est le haut lieu de l'art de la Renaissance italienne.

めつき 目付き regard m. ～が鋭い avoir le regard perçant. ～がよい(悪い) avoir le bon (mauvais). 彼らは～が似ている Leurs yeux se ressemblent. こわい～で睨む lancer un regard menaçant. ～のよくない男 homme m au regard louche.

めっき 鍍金 [錫] étamage m; [銀] argenture

めつぎ f; [金] dorure f; [銅] cuivrage m. 〜が剥げる L'étamage s'écaille. 奴もへ剥げた Son masque est tombé./Sa vraie nature s'est révélée. ¶〜する plaquer qc; [電気] galvaniser. ‖金(銀)を〜する plaquer d'or (d'argent). 金(銀)の腕輪 bracelet m plaqué argent. 金(銀)の〜品 plaqué m or (argent). 〜工 étameur m. 〜製品 plaqué. 〜直しをする rétamer.

めつぎ 芽接ぎ bouture f. ¶〜する faire une bouture.

めっきゃく 滅却 ¶自己を〜する se détacher de soi. 「心頭を〜すれば火もまた涼し」«La vraie foi peut soulever les montagnes.»

めっきり ¶〜涼しくなった Le temps a sensiblement fraichi. 彼は〜元気がなくなった Il a beaucoup baissé.

めつけ 目付け ¶お〜役を引き受ける servir de mentor à qn.

めっけもの ¶これは〜だ C'est une heureuse trouvaille.

メッシュ maille f. ¶〜のレース dentelle f au filet.

メッセージ message m; [声明] déclaration f. 〜を送る envoyer un message (un mot) à qn.

メッセンジャー ‖〜ボーイ garçon m de course.

めっそう 滅相 ¶〜もない Mais non!/Ma foi, non!

めった 滅多 ¶そんなことは〜に起きない Cela arrive rarement. 〜に彼には会いません Je ne le vois presque jamais. そんな機会は〜にない Pareille occasion ne se présente que rarement. ¶[めっぽう] ¶〜なことを言うものではない Surveillez votre langage./Faites attention à ce que vous dites. ‖彼は〜やたらに物をやる癖がある Il a l'habitude de donner à tort et à travers.

めったうち 滅多打ち raclée f; passage m à tabac. ¶〜をする flanquer une [bonne] raclée à; passer à tabac; donner une tripotée à.

めつぶし 目潰し ¶〜をくわえる aveugler qn avec qc.

めつぼう 滅亡 perte f; anéantissement m; chute f; disparition f; ruine f. 帝国の〜 effondrement m d'un empire. 〜への道を辿る courir à la ruine. ¶〜する s'anéantir; [国家が] s'effondrer.

めっぽう 滅法 ¶〜寒い Il fait terriblement froid. 彼は〜強い Il est extraordinairement fort. それは〜高い Ça coûte trop cher.

メディア média m. ¶ニュー〜 nouveau(x)(-) média(s) m. マス〜 mass[-]média mpl. マルチ〜 multimédia m.

めでたい 目出度い heureux(se); fortuné. 結末 heureuse fin f. ¶式もめでたくおわりました La cérémonie s'est heureusement terminée.

めでる 愛でる goûter; aimer; admirer; chérir. 月を〜 admirer la lune. ¶忠勤を愛でて en considération de la fidélité de qn.

めど 目処 [針の] trou m (chas m) d'une aiguille. ◆[目当て] ¶問題の解決の〜がつく avoir en vue la solution du problème. この仕事ももう少しで〜がつく Ce travail touche à sa fin. 3月の末まで〜にこの仕事を終えるつもりです Je veux achever ce travail pour la fin du mois de mars.

めどおり 目通り ¶お〜がかなう obtenir une audience de qn; être reçu en audience par qn.

めとる 娶る ¶妻を〜 prendre femme.

メドレー ‖800 メートル〜リレー relais m 800 mètres quatre nages. ◆[音楽] pot(s)-pourri(s) m.

メトロ ¶〜に乗る prendre le métro. 〜の駅 station f de métro. 〜の切符 ticket m de métro; [回数券] carnet m.

メトロノーム métronome m.

メトロポリス métropole f.

メニュー menu m; carte f.

メヌエット menuet m.

めぬき 目抜き ¶〜の場所 quartier m animé (central). ‖〜通り grande rue f; rue principale.

めぬり 目塗り jointoiement m. ¶漆喰で〜する remplir les joints (jointoyer) avec du mortier. 塀を〜する jointoyer un mur.

めねじ 雌螺子 vis f femelle.

めのう 瑪瑙 agate f. ‖〜の agaté.

めのかたき 目の敵 ⇒ め(目).

めのまえ 目の前 ¶〜が暗くなる être pris d'un profond désespoir. その報せを聞いて私は真暗になった Cette nouvelle m'a désespéré. 山頂はすぐ〜だ Le sommet est à deux pas d'ici (tout proche). 大男が〜に立っている Un colosse se dresse devant moi. 公園は我が家の〜にある Le parc est situé en face de ma maison. 眼鏡は〜にあるじゃないか Tu as les lunettes sous tes yeux. …の〜で sous les yeux de qn.

めばえ 芽生え bourgeonnement m; pousse f. 愛の〜 éveil m de l'amour.

めばえる 芽生える naître; germer. 二人の間には愛が芽生えた Un amour est né entre eux. ¶芽生えかかったつぼみ bouton m naissant.

めはし 目端 ¶〜がきく avoir l'esprit d'à-propos.

めはな 目鼻 ¶〜がつく [大筋が決まる] prendre forme; s'esquisser. 〜をつける [主語・人] faire prendre forme à qc; tracer qc à grands traits. 概略のところ〜がついている L'esquisse est prête dans ses grandes lignes. 計画の〜はついた Le projet a pris forme.

めばな 雌花 fleur f femelle.

めはなだち 目鼻立ち ¶〜の整った顔 visage m aux traits bien dessinés.

めばり 目張り calfeutrage m. ¶〜を[を]する calfeutrer qc. 紙で窓の〜をする calfeutrer les fenêtres de papier.

めひきそでひき 目引き袖引き ¶〜であざわらう lancer en cachette des clins d'œil moqueurs.

メフィストフェレス Méphistophélès. ¶〜的な méphistophélique.

めぶく 芽吹く pousser; bourgeonner. 柳が

~ Le saule commence à bourgeonner.

めぶんりょう 目分量 ¶~で測る mesurer (calculer) à l'œil. 重さを~で測る estimer le poids approximativement.

めべり 目減り ¶輸送中の~を考えて値段を下げる fixer le prix en tenant compte des pertes de poids dues au transport. 少しして[月給などが] J'ai fait une petite ponction.

めぼし 目星 ¶~をつける [犯人の] avoir l'œil sur qn, repérer qn. 警察は悪人どものたまり場に~をつけていた La police avait repéré l'endroit où se réunissaient les malfaiteurs. 就職の~がついた Je crois avoir trouvé un emploi. これで犯人の~もついた J'ai dépisté le coupable.

めぼしい ¶~人々が集った Les personnalités se sont réunies.

めまい 眩暈 étourdissement m; vertige m; éblouissement m. ~をおこさせる étourdir qn. ~に襲われる être pris de vertige. ¶~がする avoir un vertige (un étourdissement, des éblouissements); avoir la tête qui tourne. その臭いを嗅いだだけで~がする Il suffit de cette odeur pour m'étourdir. ~がするほどに vertigineusement.

めまぐるしい 目まぐるしい ¶~[騒々しい] trépidant. 大都会の~生活 vie f trépidante des grandes villes. ¶世の中はめまぐるしく変る Le monde évolue rapidement.

めめしい 女々しい efféminé. ~振舞いをする se conduire comme une femmelette. ~男だ C'est indigne d'un homme./Il n'a pas de sang dans les veines. 歳と共に女々しくなる s'efféminer avec l'âge. ¶~様子の d'un air efféminé.

メモ mémorandum m; mémento m. ~をとる prendre note de qc. ¶~帳 bloc(s)-notes m; bloc m de bureau.

めもと 目許 ¶彼女は~の美しい Elle a des yeux charmants (de jolies yeux). この子の~は父親に似ている Ce petit a les yeux de son père. ~の涼しい少女 jeune fille f aux yeux limpides.

めもり 目盛り graduation f; échelle f; jalon m; jauge m. ~をつける graduer; [原器に合せて] étalonner. ~を読む lire les degrés. ¶~のついたガラス管 burette f graduée.

メモリー [情報] mémoire f. ¶キャッシュ~ antémémoire f; mémoire tampon; cache f.

メモリーハイアラーキ [コンピューター] hiérarchie f de mémoires.

めやす 目安 [基準・根拠] critère m. どうしていか皆目~が立たない Je ne vois pas du tout comment je vais m'en sortir. 暮しの~が立たない Je n'arrive pas à organiser ma vie quotidienne. 出費の多寡は財産の~にはならぬ La quantité des dépenses n'est pas un critère de la fortune. ◆[目標] but m. ...と~とするを avoir pour but de inf. 年間に製鉄生産量の~を年間 100 万トンに置いております Nous visons une production de fer annuelle d'un million de tonnes. ¶今月末を~に仕事を進めて下さい Organisez votre travail de manière à l'achever pour la fin du mois.

めやに 目脂 chassie f. ~が出る avoir de la chassie. ¶~のたまった目 yeux mpl chassieux.

メラニン mélanine f.

メラネシア Mélanésie f. ¶~[人]の mélanésien(ne). ¶~人 Mélanésien(ne) m(f).

めらめら ¶紙が~と燃え上った Le papier s'est enflammé. 我が家は夜空に~と炎を上げて燃え上っていた De notre maison en feu s'élevaient de grandes flammes dans le ciel nocturne.

メランコリー mélancolie f.

メリークリスマス Joyeux (Bon) Noël!

メリーゴーラウンド carrousel m; manège m de chevaux de bois.

メリケンこ ~粉 farine f.

めりこむ めり込む s'enliser; s'enfoncer; [衝突して] se télescoper. 肩に~ creuser l'épaule. 車がぬかるみにめり込んだ L'auto s'est embourbée. 前の車に追突して私の車は前の部分がひどくめり込んでしまった Une collision avec la voiture qui précédait a fortement creusé l'avant de la mienne. この荷物は重くて肩にめり込みそうだ Ce gros fardeau va finir par m'écraser l'épaule.

メリット mérite m. ¶~がある avoir du mérite.

めりはり めり張り ¶この論文は~が利いている Cette dissertation a une présentation attrayante. ~の利いた声で演説する faire un discours sur un ton déclamatoire.

めりめり ¶~音を立てる craquer. 枯枝が足元で~音を立てていた Le bois mort craquait sous les pieds. ~と avec fracas; dans un craquement. ~と崩れ落ちる s'écrouler avec fracas. ~と割れる氷の音が聞える On entend les craquements de la glace qui se brise.

メリヤス tricot m. ¶~のシャツ tricot m de corps. ~の下着 sous-vêtement(s) m de tricot. ¶~商 bonnetier(ère) m(f).

メリンス mousseline f.

メルカトール ¶~図法 projection f de Mercator.

メルクマール signe m distinctif.

メルヘン conte m de fée.

メレンゲ meringue f.

メロディー mélodie f.

メロドラマ mélodrame m; 《俗》mélo m.

めろめろ ¶...に~だ être complètement fou (toqué) de qn.

メロン melon m; [上等の] cantaloup m.

めん 綿 coton n. ¶~の coton n. ¶~[織物] étoffe f de coton. ~花 coton brut. ~花工場 cotonnerie f. ~火薬 coton(s)-poudre(s) m. ~糸 fil m de coton. ~製品 cotonnade f. ~布 toile f de coton.

めん 面 [仮面] masque m; [フェンシングの] masque d'escrime. ~をする(とる) mettre (ôter) un masque. ¶~をつけた masqué. ◆[顔・正面] face. ~と~を向って face à face; en présence(face) de. 彼に~と向ってそんなことは言えない Je ne peux pas lui dire cela en face. ◆[観点・側面] aspect m; face f; côté m. 隠れた~ côté secret. 良い~から

les bons et les mauvais côtés. 誰にも良い〜と悪い〜がある Chacun a ses bons et ses mauvais côtés. あの劇では彼の悪い〜ばかり出た Cette pièce n'a souligné que ses défauts. 彼は問題の一〜しか見ていない Il ne voit qu'un seul aspect de la question. 経済〜に目を転ずる porter *son* attention sur le plan économique. ¶…の〜で sur le plan de qc. 論理の〜では sur le plan logique. ある〜では sous un certain aspect. あらゆる〜から sous tous les aspects. ◆〖平面〗 face. 立方体の〜 face d'un cube.

めん 麺 nouilles *fpl*. ¶〜棒 rouleau *m* [à pâtisserie].

めんえき 免疫 immunité *f*. ¶〜にする immuniser *qn* contre *qc*. 彼はチフスには〜になっている Il est immunisé contre la typhoïde. お袋の小言には〜になっている J'ai l'habitude d'être réprimandé par ma mère. ‖〜learning 学 immunologie *f*. 〜グロブリン immunoglobuline *f*. 〜血清 sérum *m* immunisant. 〜細胞 cellules immunocompétentes *fpl*. 〜性 immunité. 〜反応 réaction *f* immunitaire. 〜不全 immunodéficience *f*.

めんえき 免役 ⇔ めんじょ(免除).

めんかい 面会 entrevue *f*. 〜を謝絶する refuser la porte à *qn*; défendre (fermer) la porte à *qn*. 〜を求める demander à *qn* une entrevue. ¶〜する recevoir (voir) *qn*; avoir une entrevue avec. どなたに御〜ですか Qui désirez-vous voir? ‖〜謝絶 «Visites interdites.» 〜人 visiteur(*se*) *m*(*f*). 〜日 jour *m* de réception.

めんかん 免官 révocation *f*; congédiement *m*. ¶〜する congédier; donner congé à. ‖依願〜になる être relevé de *ses* fonctions sur *sa* propre demande.

めんきつ 面詰 ¶〜する blâmer *qn* en face.

めんきょ 免許 permission *f*; licence *f*; permis *m*; autorisation *f*. ¶〜のある autorisé; [営業] patenté. 〜を持った breveté; diplômé. ‖運転〜をとる passer *son* permis. 運転〜証 permis de conduire. 無〜の *illégal* (*aux*). 無〜運転 conduite *f* sans permis. 〜皆伝にする initier *qn* aux secrets de *qc*. 〜状 brevet *m*; permis.

めんくい 面食い ¶ 彼女は〜だ Elle est difficile sur les visages.

めんくらう 面喰う être déconcerté; se troubler; être ahuri. 突然言われたので面喰ったよ M'entendre dire cela de but en blanc, ça m'a renversé. ‖面喰わせる ahurir *qn*; déconcerter *qn*. 人を面喰わせるような返事 réponse *f* déconcertante.

めんざい 免罪 ¶〜符 acquittement *m*; indulgences *fpl*. それがいわば〜符になっている Ça sert d'excuse.

めんしき 面識 connaissance *f*. 〜がある connaître *qn*. 〜を得る faire connaissance avec *qn*. ‖彼は一〜もない Il m'est tout à fait étranger.

めんじょ 免除 remise *f*; franchise *f*; exemption *f*. ¶〜する remettre; exempter; exonérer; épargner. 授業料を〜する exempter *qn* des frais scolaires. 〜された exempté. 兵役を〜される être exempté du service militaire. 服役を〜される être libéré. そういう学生には授業料が〜される Les étudiants de cette catégorie sont exemptés des frais de scolarité. 兵役を〜された人 exempté *m* de service. ‖授業料〜 exemption de frais scolaires. 納税〜 exemption d'impôts. 兵役〜 dispense *f* (exemption) du service militaire. 郵税〜 franchise *f* postale.

めんじょう 免状 brevet *m*; diplôme *m*; certificat *m*. ‖教育〜 brevet d'études. 初等(高等)教育〜 certificat d'aptitude à l'enseignement primaire (supérieur). 教員〜 certificat d'aptitude à l'enseignement. 教員〜を取る(持っている) obtenir (avoir) un CAP d'enseignant.

めんしょく 免職 destitution *f*; renvoi *m*; révocation *f*; licenciement *m*. ¶〜にする congédier; révoquer; licencier; relever *qn* de *ses* fonctions.

めんじる 免じる exempter; [許す] excuser; remettre. 税を〜 exonérer *qn* d'impôts. 〜…に免じて en considération de…. 今日のところは君の態度に免じて許してやろう Je veux bien te pardonner pour aujourd'hui en considération de ton attitude.

メンス règles *fpl*; menstrues *fpl*. 〜がある(とまる) avoir *ses* règles (une interruption des règles). 〜が上る n'avoir plus de règles.

めんする 面する donner sur; avoir vue sur; être orienté à; prendre jour sur; ouvrir sur; [向き合う] faire face à. 南に面している être orienté au sud. 彼の部屋の窓は庭に面している Les fenêtres de sa chambre donnent (s'ouvrent) sur le jardin. バルコニーは庭に面している Le balcon a vue sur le jardin. ‖海辺に面した遊歩道 promenade *f* en bordure de la plage.

めんぜい 免税 franchise *f*; détaxe *f*; détaxation *f*. ¶〜する exempter *qn* d'impôts; détaxer. ‖〜港 port *m* de transit. 〜通過 transit *m*. 〜通過させる transiter. 〜点 montant *m* non imposable. 〜品 article *m* détaxé (hors-taxe).

めんせき 面積 étendue *f*; superficie *f*; surface *f*; 〖数〗 aire *f*. 三角形の〜 aire d'un triangle. 土地の〜を測る mesurer l'étendue d'un terrain. この土地の〜はどれくらいですか Quelle est la superficie de ce terrain? この部屋の〜は 20 平方メートルである Cette pièce a une surface de vingt mètres carrés.

めんせき 面責 ¶〜する reprendre (réprimander) *qn* en face.

めんせつ 面接 entrevue *f*. ¶〜する avoir une entrevue avec *qn*. ‖〜試験 [examen *m*] oral *m*. 今日は〜試験なんですよ C'est l'oral, aujourd'hui. 〜日 jour *m* d'entrevue.

めんぜん 面前 ¶〜で au nez de *qn*; en face de *qn*. 公衆の〜で devant le public; aux yeux de tous. 私の〜で en ma présence.

めんそ 免訴 non-lieu *m*.

めんそう 面相 ¶ 彼は大した御〜だ Il en fait une tête.

メンタル ‖〜テスト test *m* d'intelligence.

めんだん 面談 entrevue *f*; entretien *m*. ¶

めんちょう 面疔 anthrax *m* facial.
～する avoir une entrevue avec *qn*. ‖「委細～」《Précision des détails de vive voix.》

めんつう 面桶 entretien *m*.

メンツ 面子 ¶～を立てる sauver la face; sauver *son* honneur. ⇨ めん(面).

メンテナンス maintenance *f*; entretien *m*.

メンデル ¶～の法則 lois *fpl* de Mendel.

メンデレビウム mendélévium *m*.

めんどう 面倒 [困難] difficulté *f*; [迷惑] ennui *m*. ¶～な embêtant; épineux(se); ennuyeux(se); embarrassant; difficile; [込み入った] compliqué. ～な問題 problème *m* embarrassant. ～な問題が持上がった On a soulevé un problème épineux. さて～なことになったぞ Me voilà bien! さあ、それは～だな Ça, c'est embêtant. 奥さんに知れたら～だよ C'est embêtant, si votre femme l'apprend. 御～ですが、お願いします Excusez-moi de vous déranger, mais je me permets de vous en faire la demande. ～に(くさ)くなる se lasser de; s'ennuyer. ◆[世話] soin *m*. ～をかける déranger *qn*; gêner *qn*; ennuyer *qn*; causer des ennuis à *qn*. 御～をおかけしました Je regrette de vous avoir donné tout cet embarras. ～を見る soigner *qn*. こまごまと～を見る être aux petits soins pour *qn*. 彼の～を見てくれ Occupe-toi de lui.

めんどおし 面通し ¶容疑者達は次々に～された Les suspects ont été soumis l'un après l'autre à la procédure d'identification.

メントール menthol *m*. ‖～タバコ cigarettes *fpl* mentholées.

めんどり 雌鳥 [鶏] poule *f*; [一般に] oiseau(x) *m* femelle.

めんネル 綿– pilou *m*; finette *f*.

めんば 面罵 ¶～する insulter *qn* en face.

メンバー membre *m*; [スポーツチームの] équipier(ère) *m(f)*. 私もその会の～です Je suis également membre de cette société. ‖レギュラー～ épiquier(ère) en titre.

メンバーシップ adhésion *f*.

めんぴ 面皮 ¶～を剥く démasquer *qn*.

めんぼう 麺棒 rouleau(x) *m*.

めんぼく 面目 honneur *m*; réputation *f*. ¶～を一新する se transformer complètement; [比喩的に] s'amender totalement. ～を失う perdre la face; se déshonorer. ～を保つ sauver *son* honneur. ～を発揮する faire *ses* preuves. ～をほどこす obtenir du succès. ～にかかわる toucher sa dignité. ～にかけても…する s'engager sur l'honneur à *inf*; mettre *son* point d'honneur à *inf*. 私の～にかかわることだ Mon honneur est en jeu. 私の～は丸潰れだ Ma fierté en a pris un coup./J'ai complètement perdu la face. それで何とか～だけは保てたよ Avec ça, j'ai réussi tant bien que mal à sauver la face. ¶～ないことです J'ai honte de mon erreur. ～なさそうに avec un air honteux.

めんみつ 綿密 ¶～な minutieux(se); attentif(ve); soigneux(se); scrupuleux(se). ～な研究(捜査) recherches *fpl* minutieuses. ～に minutieusement; soigneusement; en détail. ～さ exactitude *f* minutieuse; minutie *f*.

めんめん 綿々 ¶～たる情緒 douceur *f* prenante; émotion *f* délicate. 彼の話は～として つきない Il parle sans fin de choses et d'autres.

めんもく 面目 ⇨ めんぼく(面目).

めんよう 綿羊 mouton *m*.

めんるい 麺類 pâtes *fpl* alimentaires.

も

も 喪 deuil *m*. ¶～に服する se mettre en deuil; prendre le deuil. 彼は父の～に服している Il est en deuil (Il porte le deuil) de son père. 彼は～が明けた Il a quitté le deuil./Son deuil a pris fin.

も 藻 algue *f*; plante *f* aquatique.

-も [同様に] aussi; aussi bien que; ainsi que. 彼の妻も～ lui aussi bien que sa femme. 私～彼を知っている Je le connais aussi. 私～彼を知らない Je ne le connais pas non plus.

モイスチャー ‖～クリーム(ローション) crème (lotion) *f* hydratante.

もう [すでに] déjà; [今や] maintenant. ～4時だ Il est déjà quatre heures. 彼は～成年だ Il est majeur maintenant. 彼女は～若くない Elle n'est plus jeune. 彼は～長くはとはない Il n'a plus longtemps à vivre./Il n'en a plus pour longtemps. ～どうしようもない Il n'y a plus rien à faire (à espérer). ～駄目だ Tout est fini. ～沢山だ J'en ai assez. ～[やがて・間もなく] bientôt. 彼は～帰ってきますよ Il rentrera bientôt./Il va rentrer. ～[更に] encore. ～一度 encore une fois. ～一杯召し 上れ Vous prendrez bien encore un verre. ～少し待って下さい Attendez un peu. 私には～一人息子がいます J'ai un autre fils.

もう 蒙 ¶～をひらく dessiller les yeux de (à) *qn*.

もうあ 盲唖 ¶～学校 institut *m* d'aveugles et de sourds-muets.

もうい 猛威 violence *f*. 暴風雨の～ violence de la tempête. ～を振う faire rage; [疫病, 台風など] sévir. ～を振った台風も過ぎ去った Le typhon qui vient de sévir s'est éloigné.

もうう 猛雨 pluie *f* battante (torrentielle).

もうか 猛火 feu(x) *m* violent; fournaise *f*; [劫火] feu d'enfer. ～の中に飛び込む se jeter dans la fournaise.

もうがっこう 盲学校 institut *m* d'aveugles.

もうかる 儲かる ¶～仕事 travail(aux) *m* avantageux (lucratif, profitable, fructueux). 今やっている仕事はほとんど儲からない Le métier que j'ai à présent ne me rapporte presque rien.

もうかん 毛管 tube *m* capillaire. ⇨ もうさい(毛細).

もうきん 猛禽 oiseau(x) *m* de proie. ‖～類

もうけ 儲け profit *m*; gain *m*; bénéfice *m*. ～を山分けする partager les bénéfices. その仕事は～が多い(少ない) Ce travail rapporte beaucoup (peu). ‖ いい～口をさがす chercher un emploi lucratif. ～幅 marge *f* bénéficiaire. これは～物 Quelle bonne aubaine!

もうける 設ける [作る・構える] établir; construire; installer; fonder; instituer. 事務所を～ établir un bureau. 支店を～ fonder une succursale. 新しい交通規則を～ instituer de nouveaux règlements de circulation. 一席～ donner un dîner. 口実を～ trouver un prétexte pour faire *qc*. 口実を設けて外出する trouver un prétexte pour sortir. 何らかの口実を設けて sous un prétexte quelconque.

もうける 儲ける [かせぐ] gagner *qc*; [得をする] bénéficier de *qc*; tirer un profit (avantage) de *qc*. 金を～ gagner de l'argent. 審査員が寛大だったので儲けたよ J'ai bénéficié de l'indulgence du jury. さいふを拾って儲かった C'est une veine, j'ai retrouvé mon portefeuille. ◆[子を得る] 彼女は一男一女を儲けた Elle a eu un fils et une fille.

もうけん 猛犬 chien *m* féroce. ‖「～に注意」«Chien méchant.»

もうげん 妄言 ～を吐く délirer.

もうこ 蒙古 Mongolie *f*. ～人[人] の mongol. ～語 mongol *m*. ～人 Mongol(e) *m*(*f*). ～斑[医] tache *f* mongolique.

もうこうげき 猛攻撃 ～を受ける(加える) subir (déclencher) une attaque violente.

もうこん 毛根 racine *f* des cheveux.

もうさい 毛細 ～管 tube *m* capillaire. ～管現象 capillarité *f*. ～血管 veines *fpl* (vaisseaux *mpl*) capillaires.

もうしあげる 申し上げる ‖ 一言申し上げたいことがあります J'ai un mot à vous dire. ⇨ いう(言う), はなす(話す). ◆[致す・差し上げる] ‖ …を御通知申し上げます J'ai l'honneur de vous informer de *qc* (de vous faire savoir que *ind*).

もうしあわせ 申合わせ accord *m*; entente *f*; convention *f* mutuelle. ～を行なう conclure (négocier) un accord. ～に従って conformément à nos accords. ‖ ～事項 chose *f* convenue (décidée).

もうしあわせる 申し合わせる s'entendre sur *qc* (pour *inf*); s'accorder pour *inf*; se mettre d'accord pour *inf*; convenir de *qc* (de *inf*, que *ind*). 集合時間を～ s'entendre sur (convenir de) l'heure du rendez-vous. ‖ 彼らは申合わせたように黙っていた Ils gardaient le silence comme s'ils s'étaient arrangés d'avance.

もうしいれ 申入れ proposition *f*; offre *f*; [抗議] protestation *f*; 《スポ》 réclamation *f*; [異議] réclamation *f*; 《法》 opposition *f*.

もうしいれる 申し入れる ‖ 和平を～ faire des propositions de paix.

もうしうける 申し受ける ‖ キャンセル料20% を申し受けます Nous serions dans l'obligation de vous retenir à titre de frais d'annulation, vingt pour cent [du montant de votre facture].

もうしおくり 申送り ‖ ～事項 circulaire *f*; consignes *fpl*.

もうしおくる 申し送る envoyer (passer) un mot à *qn*. 未決の書類を後任者に～ transmettre un dossier en cours d'examen à *son* successeur.

もうしおくれる 申し遅れる ‖ 申し遅れましたが J'oubliais de vous le dire, mais....

もうしかねる 申し兼ねる ‖ こんなことは～のですが Je suis fâché de vous dire cela, mais.... はっきりとは申し兼ねますが Je ne sais comment dire exactement, mais....

もうしご 申し子 ～革命思想の～ pur produit *m* de la pensée révolutionnaire.

もうしこし 申越し ‖ お～の件承諾いたしました J'ai l'honneur d'accepter vos propositions. お役に立つことがありましたら何なりと下さい Si je puis vous être utile en quoi que ce soit, vous n'avez qu'à m'écrire.

もうしこみ 申込み [頼み] demande *f*; [提案] proposition *f*; [予約, 寄附などの] souscription *f*; [コンクールなどの] inscription *f*. 結婚の～ demande en mariage. 試合の～ proposition de match. 就職の～ demande d'emploi. ～に応ずる accepter une proposition. ～を断わる repousser une demande (une proposition). ～の受付を開始する(締切る) ouvrir (clore) une souscription. ～の締切は3月5日まで La dernière limite pour la souscription est fixée au 5 mars. 「お～はこちらへ」 «S'adresser ici.» ～順に dans l'ordre des demandes reçues. ‖ ～期限 limite *f* d'inscription. ～者 [予約, 寄附の] souscrip*teur*(*trice*) *m*(*f*); [候補] candidat(e) *m*(*f*). そのポストには多くの～があった Il y avait de nombreux candidats sur les rangs pour ce poste. ～書(用紙) bulletin *m* (formule *f*) de demande (de souscription).

もうしこむ 申し込む [頼む] demander *qc* à *qn* (*qn* de *inf*); [提案する] proposer *qc* à *qn* (*qn* de *inf*); [予約, 寄附などを] souscrire à; [試合などを] défier (provoquer) *qn* à. 結婚を～ [相手に] demander la main de *qn*; demander à *qn* de l'épouser; [相手の親に] demander (faire) une demande en mariage. 決闘を～ provoquer *qn* en duel. 抗議を～ protester contre *qc*. 試合を～ défier *qn* à un match; provoquer *qn* à une partie; [タイトルマッチを] s'attaquer au titre d'un champion. 慈善団体に50万円の寄附を～ souscrire cinq cent mille yen à une œuvre de charité. 新刊書の予約を～ souscrire à une nouvelle édition. 取引きを～ faire des propositions de contrat à *qn*. ‖ 申し込み次第発送を致します livrer sur demande.

もうしそえる 申し添える ‖ 一言申し添えます J'ajoute un mot.

もうしたて 申立て déclaration *f*; exposé *m*; allégation *f*; [証言] témoignage *m*. 証人の～ déposition *f* d'un témoin. 虚偽の～を行なう faire une fausse déclaration; porter un faux témoignage.

もうしたてる 申し立てる déclarer; exposer; annoncer; [証言する] témoigner. 異議を～

もうして formuler une opposition à; 《スポ》faire une réclamation contre. 事実を〜 exposer les faits. 無効を〜 protester la nullité de qc.

もうしで 申出 proposition f; offre f; [請求] demande f. 奉仕の〜 offres de service. 離婚の〜 demande de divorce. 和平の〜 proposition (offre) de paix. 〜を受け入れる（断る）accepter (rejeter) une proposition (une offre). ¶お〜により [請求] sur votre demande; [提案] selon votre proposition.

もうしでる 申し出る offrir; proposer. 援助を〜 proposer (offrir) son aide à qn. 辞任を〜 présenter sa démission. 人質になるこを〜 s'offrir en otage. 立候補を〜 présenter (poser) sa candidature. 彼がガイドを申し出た Il s'est offert comme guide. 窓口にお申し出下さい Adressez-vous au guichet. 文句のある人はいつでも申し出て下さい Que ceux qui ont des réclamations, les signalent.

もうしひらき 申開き excuse f; justification f. 〜をする s'excuser de qc (inf); se justifier. どうだい、〜が出来ない Alors, tu n'as plus d'excuse. ¶〜の立たぬ過失 faute f sans excuse.

もうしぶん 申分 ¶〜のない parfait; irréprochable; impeccable; accompli; comme il faut. 器量といい行儀作法といい娘さんです Il n'y a rien à redire: cette fille est aussi belle que bien élevée. 彼の行動は〜がない Il est irréprochable dans sa conduite. その仕事は〜がない Ce travail ne laisse rien à désirer./Il n'y a rien à redire (reprocher) à ce travail. 〜なく parfaitement; impeccablement; comme il faut.

もうじゃ 亡者 [死人] mort m(f); défunt e m(f); [亡霊] revenant m; fantôme m. ◆[比喩的に] ¶金の〜 esclave m/f de l'argent. 権力の〜である Il a le démon du pouvoir. ¶彼は我利我利の〜だ C'est un grippe-sous.

もうしゅう 妄執 obsession f; ⁺hantise f. 死の〜 hantise de la mort. 〜にとらわれる être en proie à une obsession. 〜を去る se libérer d'une obsession.

もうしゅう 猛襲 attaque f furieuse (impétueuse). ¶〜する déclencher (lancer) une attaque furieuse.

もうじゅう 猛獣 bête f féroce. ¶〜狩り chasse f aux grands fauves. 〜使い dompteur(se) m(f) de bêtes féroces (de fauves).

もうじゅう 盲従 obéissance f (soumission f) aveugle. ¶〜する obéir (se soumettre) aveuglément; suivre qn aveuglément.

もうしょ 猛暑 chaleur f accablante (étouffante, tropicale, lourde, suffocante). 今年の〜には閉口した Cette année, la chaleur a été bien étouffante.

もうしょう 猛将 général(aux) m courageux (intrépide).

もうしわけ 申訳 [言い訳・申開き] ¶〜が立たない n'avoir aucune excuse pour se justifier. 少しは手伝わせねと彼に〜がない Si je ne lui donne pas un petit coup de main, ce n'est pas gentil de ma part. 死んでいる詫びの lavei sa faute de son propre sang. 失敗の〜に辞職する donner sa démission pour avoir commis une grave faute. 〜ないことをいたしました J'ai vraiment fait là une chose inexcusable. 何とも〜ありません Je ne sais comment m'en excuser. お邪魔をして〜ありませんでした Excusez-moi de vous avoir dérangé. 御返事が大変に遅れて〜ありません Veuillez m'excuser de vous répondre si tardivement. 〜ありませんが賛成しかねます Pardonnez-moi, mais je ne suis pas d'accord. ¶〜ばかりのお礼に en modeste témoignage de ma reconnaissance. 〜程度に pour la forme; pour sauver les apparences. あの子勉強しないと叱られるので〜にやっているんです Comme cet enfant est grondé s'il ne travaille pas, il se contente d'étudier pour la forme.

もうしわたす 申渡す ⇒ せんこく（宣告）.

もうしん 猛進 ¶〜する se précipiter (s'élancer, se lancer) impétueusement (furieusement).

もうしん 盲信 confiance f (foi f) aveugle. ¶〜する croire qn (à qc) aveuglément (en aveugle); avoir une confiance aveugle dans qc (en qn); se fier aveuglément à qc.

もうしん 盲進 ¶〜する se lancer à l'aveuglette (aveuglément). 〜猪突〜する foncer dans le brouillard.

もうじん 盲人 aveugle m/f.

もうす 申す ¶〜に及ばず Cela va sans dire.

もうすぐ ¶〜仕事が終る Je termine mon travail à l'instant. 彼は〜やって来ますよ Il ne va pas tarder.

もうすこし もう少し un peu plus ⇒ もう, すこし（少し）.

もうせい 猛省 ¶〜をうながす inciter (exhorter) qn à réfléchir sérieusement. 〜する réfléchir sérieusement sur soi-même (à qc).

もうせつ 妄説 fausse théorie f; opinion f fausse.

もうせん 毛氈 tapis m. 〜を敷く étendre un tapis.

もうぜん 猛然 ¶〜と敵に襲いかかる se précipiter (se ruer) furieusement (avec furie) sur l'ennemi. 〜戦う se battre avec acharnement. 〜と突進する s'élancer impétueusement. 〜と反対する s'opposer violemment (farouchement) à qc.

もうそう 妄想 [幻想] chimère f; illusion f; [夢想] rêverie f. 〜に耽る se livrer à la rêverie; caresser des illusions. ¶誇大〜 délire m de grandeur. 〜家 visionnaire m/f.

もうちょう 盲腸 appendice m; [医] cæcum m. 〜の手術を受けるとき subir l'opération (opérer qn) de l'appendicite. ¶〜炎 typhlite f; [虫垂炎] appendicite f. 急(慢)性〜炎 appendicite aiguë (chronique).

もうどう 猛追 ¶〜をする talonner l'ennemi.

もうでる 詣でる ¶寺に〜 aller prier dans un temple. 亡き師の墓前に〜 se recueillir sur la tombe de son défunt maître.

もうてん 盲点 ¶〜に入る se mettre dans un

もうとう 毛頭 ⇨ すこし(少し).

もうどう 妄動 ~する agir imprudemment (à la légère, à l'aveuglette, sans réfléchir). ‖軽挙~は慎しむべきだ Il faut s'abstenir d'un comportement irréfléchi.

もうどうけん 盲導犬 chien m d'aveugle.

もうどく 猛毒 poison m mortel (violent).

もうばく 盲爆 bombardement m à l'aveuglette; pilonnage m. ~する bombarder aveuglément (sans discrimination). 敵の基地を~する pilonner une base ennemie.

もうはつ 毛髪 ⇨ かみ(髪).

もうはんげき 猛反撃 violente contre-attaque f.

もうひつ 毛筆 pinceau(x) m. ~で書く écrire au pinceau.

もうふ 毛布 couverture f de laine.

もうべんきょう 猛勉強 travail m acharné. ~する travailler avec acharnement; [俗] bosser.

もうまく 網膜 rétine f. ‖~炎 rétinite f. ~剥離 décollement m de la rétine.

もうもう 濛々 ~たる煙(砂塵) nuage m de fumée (de poussière). トラックが~たる砂塵をあげて通っていった Un camion passait en soulevant un nuage de poussière. 部屋には煙が~と立ち込めていた Il y avait un nuage de fumée dans la pièce.

もうもく 盲目 cécité f; [比喩的] aveuglement m. 恋は~ L'amour est aveugle. ¶~の(的な) aveugle. ~にする rendre qn aveugle; aveugler qn. ~的に aveuglément. ‖~飛行 vol m à l'aveuglette. ~飛行をする voler à l'aveuglette.

もうゆう 猛勇 courage m téméraire.

もうら 網羅 ¶各界の名士を~する réunir les personnalités de tous les domaines. この新辞典はあらゆる熟語を~している Ce nouveau dictionnaire contient toutes les locutions. 全てを~した参考書リスト liste f exhaustive des ouvrages à consulter.

もうれつ 猛烈 ~な violent; impétueux (se); furieux(se); acharné. ~な暑さ chaleur f accablante (étouffante, tropicale). ~な戦闘(勉強) combat m (travail m) acharné. ~な頭突き formidable coup m de tête. ~に頭が痛い J'ai un terrible mal de tête. ~に腹が減った Je vais mourir de faim. ‖~社員 employé(e) m(f) excessivement assidu(e).

もうれんしゅう 猛練習 entraînement m spartiate; entraînement m intensif; exercices mpl sans répit. ~する s'imposer un entraînement (un exercice) spartiate (sévère).

もうろう 朦朧 ¶意識が~としている avoir la tête dans le brouillard. 意識が~として来る L'esprit s'embrume.

もうろく 耄碌 gâtisme m. ~する devenir gâteux(se); retomber en enfance. 彼は愚痴ばかりこぼしている、~したんだよ Il se plaint sans cesse, c'est du gâtisme. ‖~爺 vieillard m gâteux.

もえがら 燃え殻 [石炭の] fraisil m; escarbille f.

もえぎいろ 萌黄色 ¶~の vert clair inv.

もえさかる 燃え盛る brûler à grandes flammes.

もえさし 燃えさし [薪の] tison m. ¶~のマッチ allumette f à moitié brûlé(e).

もえだす 燃え出す commencer à brûler; [火がつく] prendre feu; s'allumer.

もえでる 萌え出る pousser; bourgeonner; germer. 春になると野の草花が一面に~ Au printemps, les herbes et les fleurs des prés poussent partout dans les champs.

もえのこり 燃え残り ⇨ もえさし(燃えさし), もえがら(燃え殻).

もえる 燃える brûler; [火がつく] s'enflammer; s'allumer; prendre feu. 野心に~ brûler (être dévoré) d'ambition. 石炭がストーブの中で~ Le charbon brûle dans le poêle. 家が燃えている La maison est en feu. 夕日で空が真っ赤に燃えている Le soleil couchant embrasse le ciel. 火が隣家に燃え移った Le feu s'est communiqué à la maison voisine. 燃え出す commencer à brûler; s'enflammer; 燃え上る flamboyer; flamber. 燃えつきる se consumer entièrement; s'allumer; prendre feu. 火はまたたく間に燃え広がった L'incendie s'est propagé rapidement. ¶~男 vrai volcan m. ~思い passion f brûlante (ardente). ~ような眼差し regards mpl brûlants. 怒りに燃えた目 yeux mpl flambants de colère. ‖燃え上る青春 jeunesse f flamboyante. 燃えにくい être difficile à brûler; [燃えつきにくい] s'allumer (s'enflammer) mal. 燃えやすい prendre feu facilement.

モーグル bosse f.

モーション ‖女性に~をかける faire des avances à une femme.

モーゼ 《聖》Moïse.

モーゼル ‖~銃 mauser [mɔzɛʀ] m.

モーター moteur m. ~を動かす mettre un moteur en marche. ~をとりつける munir d'un moteur. ~が動き始めた Le moteur s'est mis en marche. ‖電気~ moteur électrique. ~ショー salon m de l'automobile. ~バイク vélomoteur m. ~ボート canot m automobile; †hors-bord m inv. ~ボートレース courses fpl de hors-bord.

モータリゼーション motorisation f.

モード mode f; vogue f. ‖~雑誌 magazine m de mode.

モーニング [礼服] queue f de pie; [上衣] jaquette f. ~の尾 basque f d'une jaquette.

モービルゆ ~油 huile f de machine.

モール galon m. ¶~のついた服 habit m galonné. ‖金~ galon d'or.

モールス ‖~符号 morse m.

モカ クレーム・ド・~ crème f de moka. ~ケーキ moka m. ~コーヒー moka.

もがく 踠く se débattre; [あばれ回る] se démener. 子供が流れに押し流されてもがいている Un enfant se débat contre le courant.

もぎ 模擬 ¶〜試験 examen m blanc. 〜戦 simulacre m de combat. 〜店 échoppe f provisoire.

もぎどう 没義道 ¶〜な inhumain.

もぎとる 捥ぎ取る arracher; ravir. 枝の実を〜 arracher des fruits d'une branche. 砲弾が彼の腕を捥ぎ取った Un obus lui a arraché le bras.

もく 目《生》ordre m.

もぐ 捥ぐ arracher. 林檎を〜 arracher des pommes.

もくあみ 木阿弥 ¶それでは元の〜だ Ce serait revenir au point de départ./Alors, on aurait à recommencer du début.

もくげき 黙劇 pantomime f.

もくげき 目撃 ¶〜する assister à; être témoin de qc. 〜者 témoin m; spectateur (trice) m(f).

もぐさ 艾 moxa m.

もくざい 木材 bois m. ‖建築用〜 bois de construction.

もくさつ 黙殺 ¶〜する négliger; être sourd à; ne pas écouter; ne tenir aucun compte de; [人を] ignorer.

もくさん 目算 calcul m. 〜が外れる se tromper dans ses calculs. 〜を立てる faire ses calculs. 思わぬ支障で彼の〜は外れた Cet incident imprévu a déjoué ses calculs. 私の〜では d'après mes calculs. ¶すべて〜通りだった Tous mes calculs étaient justes. ‖〜外れ faux calcul.

もくし 黙視 ¶〜する [黙っている] rester indifférent (insensible); [見逃す] laisser passer; fermer les yeux sur. 彼の窮状は〜するに忍びない Son indigence ne me laisse pas indifférent./Je ne peux rester indifférent à son indigence.

もくし 黙示 révélation f. ‖〜録 l'Apocalypse f.

もくじ 目次 table f des matières.

もくしつ 木質 qualité f du bois.

もくしょう 目睫 ¶〜の間に迫る être imminent.

もくず 藻屑 ¶船は海底の〜と消えた Le navire a été englouti au fond de la mer./Le navire a coulé à pic.

もくする 黙する ¶黙して語らない se taire sur qc; garder le silence sur qc. 彼は黙して語ろうとしない Il s'entête dans son silence.

もくする 目する ⇒みなす(見做す). ¶彼が最強の敵と目されている Il est considéré comme l'ennemi numéro un.

もくせい 木犀 olivier m odorant.

もくせい 木星 Jupiter m.

もくせい 木製 ¶〜の de (en) bois.

もくぜん 目前 ¶〜の [さし迫った] imminent; [直接の] immédiat. 〜の危機 crise f imminente. 〜の利益しか考えない(に目がくらむ) ne penser qu'à (être aveuglé par) l'intérêt immédiat. 試験は〜に迫った L'examen est tout proche. 勝利を〜にする être tout proche de la victoire. 完成の〜である être presque achevé. ...の〜で devant les yeux de qn. この恐ろしい事故は私の〜で起きた Cet accident terrible s'est produit sous mes yeux.

もくそう 黙想 ¶〜に耽る se livrer à la méditation; s'absorber dans ses contemplations. ⇒ めいそう(瞑想).

もくそう 目送 ¶〜する suivre des yeux.

もくぞう 木像 statue f de bois.

もくぞう 木造 ¶〜の de (en) bois. ‖〜家屋 maison f de bois.

もくそく 目測 ¶〜する mesurer (évaluer) des yeux (du regard).

もくだく 黙諾 ¶〜する approuver de la tête.

もくたん 木炭 charbon m de bois; [デッサン用の] fusain m. ‖〜画 dessin m au fusain; fusain.

もくちょう 木彫 gravure f sur bois.

もくてき 目的 but m; intention f; objet m; [目標] visées fpl. 〜を追求する poursuivre son but. 〜を遂げる atteindre son but; réaliser son dessein. 〜に向って邁進する aller droit au but. ...を〜とする avoir qc pour but; avoir pour but de inf. 金が彼(彼女)の唯一の〜だ L'argent est son seul but. 彼は〜のためには手段を選ばない Il emploie tous les moyens pour arriver à son but. あの人は何が〜で訪ねて来たのか Quel est l'objet de sa visite? 彼は何の〜でフランス語を勉強するのか Dans quel but s'est-il mis à apprendre le français? ...する〜で dans le dessein (le but) de inf. これといった〜もなく sans but précis. ¶〜のない旅 voyage m sans but. ‖〜意識 motivation f. 〜格 accusatif m; cas m régime. 〜語 objet m. 直接(間接)〜補語 complément m d'objet direct (indirect). 〜地 destination f. 〜論 téléologie f.

もくとう 黙祷 prière f silencieuse; minute f de silence. 犠牲者のために一分間の〜を捧げる observer une minute de silence pour les victimes. ¶〜する prier silencieusement.

もくどく 黙読 ¶〜する lire silencieusement.

もくにん 黙認 approbation f (consentement m) tacite. ¶〜する approuver tacitement; [見ぬふりをする] fermer les yeux sur qc.

もくねじ 木螺子 vis f à bois.

もくば 木馬 cheval(aux) m de bois. ‖回転〜 manège m [de chevaux de bois].

もくはん 木版 gravure f sur bois. ‖〜画 [gravure sur] bois m. 〜画家 graveur m sur bois.

もくひ 黙秘 ¶〜する garder le silence; se taire; s'enfermer dans un mutisme. 完全〜 mutisme m complet. ‖〜権 droit m de garder le silence.

もくひけん 黙秘権 droit m de garder le silence. 〜を使う avoir recours au droit du silence.

もくひょう 目標 but m; objet m; visées fpl; [軍事的] objectif m; [目印] point m de repère. 〜に達する toucher le (au) but. 〜に向かう (〜を目指す) tendre à son but. 〜を高く持つ avoir de hautes visées. ...を〜とする avoir pour but de inf; avoir qc pour but. 生産量の倍増を〜とする se proposer comme

もくひろい もく拾い ramasseur(se) m(f) de mégots. ¶～をする ramasser les mégots.

もくへん 木片 morceau(x) m de bois.

もくめ 木目 veine f (fil m) du bois. ～に沿って板を裂く scier une planche dans le fil du bois. ¶～のある veiné. ～の多い veineux(se). ～模様をした veiner qc.

もくもく ¶～と煙突から煙が出ている Les cheminées fument à grosses volutes.

もくもく 黙々 ¶～と in silence; silencieusement; sans rien dire.

もぐもぐ ¶～言う marmonner; marmotter; mâchonner. ～噛む mâchonner qc. 口の中で何か～言う marmonner quelque chose.

もくやく 黙約 ¶その件については彼らの間に～がある Nous avons un accord tacite sur cette affaire.

もくようび 木曜日 jeudi m.

もくよく 沐浴 ‖斎戒～する faire des ablutions; se purifier.

もぐら 土竜 taupe f. ¶～塚 taupinière f.

もぐり 潜り ⇒ せんすい(潜水). ¶～の［贋の］marron(ne); clandestin. ～の医者 médecin m marron. ～の営業 commerce m clandestin. ～なのだな Tu es né d'hier.

もぐりこむ 潜り込む ¶穴に～ se glisser dans un trou. 狭い路地に～ se faufiler dans un passage étroit. ベッドに～ se glisser sous son lit.

もぐる 潜る ［水に］plonger; ［入り込む］s'enfoncer; ［潜り込む］se glisser dans. 水に～ plonger dans l'eau. 潜水艦が～ Un sous-marin plonge. 足が地面に～ Les pieds s'enfoncent dans le sol. 地下に～ ［比喩的に］mener une vie clandestine.

もくれい 黙礼 ¶～する saluer qn de la tête.

もくれい 目礼 ¶～する saluer qn du regard.

もくれん 木蓮 magnolia m.

もくろく 目録 catalogue m; liste f; ［財産の］inventaire m; ［文献などの］répertoire m. ～に載せる inscrire dans un catalogue. ～を作る dresser un catalogue. ‖参考文献～ répertoire des livres de référence. 上演～ répertoire.

もくろみ 目論見 ［計画］dessein m; projet m; ［意図］intention f. 彼の～は見事失敗した Son projet a complètement avorté.

もくろむ 目論む se proposer de inf; avoir l'intention de inf; projeter qc (de inf); avoir qc en vue. 世界一周を～ se proposer de faire (projeter) un tour du monde. どえらいことを～ se proposer un but extraordinaire. 一体何を目論んでいるか Qu'est-ce que tu as donc en vue? 彼は何か目論んでいるらしい Il a l'air d'avoir une idée derrière la tête.

もけい 模型 modèle m [réduit]; maquette f. 飛行機の～ maquette d'un avion. ～を作る faire un modèle (une maquette) de qc. ‖～飛行機 avion m modèle réduit.

もげる 捥げる ¶人形の首がもげた La tête de la poupée a été arrachée.

もこ 模糊 ¶～たる vague; ambigu(ë). 真相は依然～としている La vérité reste toujours voilée. ～として vaguement. 山頂は～としてよく見えない On aperçoit vaguement le sommet.

もさ 猛者 ¶彼はその道の～だ C'est un champion dans ce domaine. 海の～ loup m de mer.

モザイク mosaïque f. ¶～の en mosaïque. ‖～職人 mosaïste mf. ～病 mosaïque.

もさく 模索 ¶～する tâtonner; chercher qc à tâtons (à l'aveuglette). ～の末に après de nombreux tâtonnements. 暗中～する chercher (tâtonner) dans l'obscurité.

もさっと ¶～した balourd; lourdaud. ～した奴 homme m à balourd. ～している être dans la lune; bayer aux corneilles.

もし si; quand; supposé (pourvu) que sub. ～私があなただったら si j'étais vous. ～雨が降ったら出かけない S'il pleut, je ne sors pas. ～お天気だったら一緒に散歩に行きませんか Supposé qu'il fasse beau, viendrez-vous avec nous en promenade? ～失敗するとしてもやるだけのことはやるべきだ Peu importe le résultat, il faut accomplir son devoir.

もじ 文字 lettre f; caractère m; ［書体］écriture f. ¶～を知らない illettré(e) m(f); analphabète mf. あの人は～を知らない Il est illettré. ～通りに à la lettre; au pied de la lettre; littéralement. ～通りに訳す ［直訳］traduire à la lettre (littéralement). 彼の言うことを～通りに受け取る Il prend au pied de la lettre tout ce qu'on lui dit.

もしか ¶～すると雨が降るかもしれない Il est possible (Il se peut) qu'il pleuve. ～するとそうかもしれない Cela (Ça) se peut. ～して ⇒ まんいち(万一).

もしくは ⇒ あるいは(或いは)、また(又、亦).

もじばん 文字盤 ［時計の］cadran m.

もしもし [呼びかけ] Pardon, Monsieur (Madame, Mademoiselle)./S'il vous plaît./[電話] Allo!. ～, 1234 番お願いします Passez-moi le numéro 1234, s'il vous plaît. ～, 加藤さんですか Allo! C'est M. Kato?

もじもじ ¶～する [気詰まりから] éprouver de la gêne; avoir l'air gêné; [書体、遠慮から] avoir de la fausse (mauvaise) honte; [当惑して] être confus; [ためらう] hésiter. 顔を赤らめて～する rougir de confusion. ほめられて～する rougir sous les louanges. 彼は答えられず～している Il s'embourbe dans sa réponse. ～して d'un air embarrassé; avec hésitation.

もしや [si] par hasard. ～私が帰って来なかった場合は Si par hasard je ne rentrais pas.... ～my を出し抜く気ではないでしょうね Auriez-vous par hasard l'intention de prendre les devants sur moi?

もしゃ 模写 copie f; fac-similé m; reproduction f. ¶～する copier; reproduire.

もじゃもじゃ ¶~の髪 cheveux *mpl* embroussaillés. ~の髪をした男 homme *m* ébouriffé. ~の髭 barbe *f* hirsute.

もしゅ 喪主 ¶~は私です C'est moi qui mène (conduis) le deuil.

もしゅう 喪章 deuil *m*; crêpe *m*. ~をつける porter un crêpe; [旗に] mettre un crêpe à un drapeau.

もじる parodier. ¶もじり parodie *f*.

もず 百舌 pie(s)-grièche(s) *f*.

モスク mosquée *f*.

モスグリーン vert *m* mousse.

モスリン mousseline *f*.

もぞう 模造 imitation *f*. ¶~する imiter. ‖~金 similor *m*; or *m* faux. ~真珠 perle *f* fausse (d'imitation). ~ダイヤ diamant *m* faux. ~皮 similicuir *m*. ~品 imitation *m*. ~品を作る faire des imitations. ~宝石 bijoux *mpl* faux (en simili).

もぞもぞ ¶~とポケットを探る fouiller dans *ses* poches. 地面に~と動く remuer sur le sol.

もだえる 悶える se torturer; se tourner les sangs; se ronger de désir. 苦しみに~ se tordre de douleur. 恋に~ être tourmenté par l'amour; souffrir beaucoup d'amour.

もたげる ¶頭を~ relever la tête, lever (dresser) la tête. ⇨ しゅんどう (蠢動).

もだしがたい 黙し難い ne pas pouvoir rester indifférent.

もたせかける 凭せ掛ける appuyer *qc* sur (à, contre); accoter *qc* à (contre). 背を~ s'adosser à (contre).

もたせる 持たせる faire porter; [持たせてよこす] faire apporter. 荷物を子供に~ faire porter *ses* bagages à *son* fils. 孫に新聞を持たせてくれ Fais-moi apporter le journal par le petit. 店を~ confier (faire tenir) à *qn* un magasin. 客に花を~ [比喩的に] faire mousser un hôte (un invité). ◆[負担させる] 費用を~ faire (laisser) payer les frais à *qn*. ◆[期待させる] 気を~ laisser *qn* espérer. ◆[保たせる] 氷で~ conserver *qc* avec de la glace. 座を~ animer la conversation. 病人を注射で~ prolonger un malade à coup de piqûres.

もたつく ¶説明が~ s'embrouiller dans *ses* explications. 仕事がもたついている Le travail n'avance pas.

モダニズム modernisme *m*.

もたもた ¶~するな Ne lambine pas!

もたらす 齎す apporter; porter; [生じる] produire; entraîner; provoquer; opérer. 朗報(不幸)を~ apporter de bonnes nouvelles. 幸福 (不幸) を~ porter bonheur (malheur) à *qn*. 戦争は幾多の不幸を~ La guerre entraîne de nombreux maux. その方法は上々の結果をもたらした Cette méthode a produit d'heureux résultats. その事件は彼の心に大きな変化をもたらした Cet événement a opéré sur lui un grand changement. この前の台風は文字通りの大災害をもたらした Le dernier typhon a provoqué (causé) une véritable catastrophe.

もたれる 凭れる [よりかかる] s'appuyer sur (contre); s'accoter à (contre). カウンターに~ s'accoter au comptoir. 塀に~ s'adosser à (contre le) mur. ◆[胃が](に)] 胃に~ avoir l'estomac pesant (lourd). 胃に~ peser sur l'estomac. 昼食が胃にもたれている Mon déjeuner ne passe pas. 胃に~食物 aliment *m* qui pèse sur l'estomac; [俗] bourratif *m*; emplâtre *m*.

モダン ¶~な moderne. ~なアパート appartement *m* moderne. 彼女は服装がまったく~だ Elle est résolument moderne dans sa manière de s'habiller. ‖~アート art *m* moderne.

もち 持ち ¶[女の]~の傘 parapluie *m* pour dames. 女房~ homme *m* marié. ‖◆[負担] 費用は会社~だ C'est aux frais de l'entreprise. 費用は自分~で à *ses* [propres] frais. ◆[持続・長持ち] ~がよい résister à l'usure; faire un bon usage; faire de l'usage. ~のよい靴下 chaussettes *fpl* résistantes.

もち 餅 ¶「~は~屋」《Si chacun fait son métier, les vaches seront bien gardées.》

もち 鱗[鳥黐] glu *f*. ‖~ gluau(x) *m*. ~で小鳥を取る prendre un oiseau au gluau.

もちあがる 持ち上がる [事件，口論などが] s'élever; surgir. 難しい問題が~ Une querelle s'élève. また困ったことが持上った De nouvelles difficultés ont surgi. 思いがけないことが上った Il est survenu un incident imprévu.

もちあげる 持上げる soulever; lever; relever; [高く] remonter. 荷物を~ soulever un fardeau. ズボンを~ remonter *son* pantalon. ◆[おだてる] flatter *qn*; encenser *qn*. そんなに~な M'encense pas trop!

もちあじ 持味 goût *m* propre; [特徴] caractère *m* propre; caractéristique *f*. この作品には彼の~がよく出ている Cette œuvre révèle bien son caractère. この映画は原作の~を出していない Le film trahit les qualités de l'œuvre originale.

もちあるく 持歩く porter *qc* partout; [携帯する] traîner *qc* partout. 彼は辞書を鞄に入れて持歩いている Il traîne partout son dictionnaire dans sa serviette.

もちあわせ 持合わせ ¶~はこれっきりだ C'est tout ce que j'ai sur moi. 金の~はない Je n'ai pas d'argent sur moi.

もちいえ 持ち家 sa [propre] maison; la maison qu'*on* possède (dont *on* est propriétaire).

モチーフ motif *m*. ‖ライト~ leitmotiv *m*.

もちいる 用いる [使う] se servir de; user de; employer; utiliser; [適用する] appliquer. あらゆる策を~ user de tous les artifices. 新しい方法を~ appliquer une nouvelle méthode. 難しい言葉を~ employer des mots difficiles. ¶国際会議では数カ国語が用いられる A un congrès international, on se sert de plusieurs langues. そんな言回しはもう用いられない Cette locution ne s'emploie plus. ◆[任用する] ¶人を重く~ donner à *qn* une position importante. 重く用いられる être nommé à un poste important. ◆[採用する] ¶~の意見に従う suivre l'avis de *qn*.

もちかえり 持ち帰り ¶~のピザ pizza *f* à emporter. こちらでお召し上がりですか、お~ですか Sur place ou à emporter?

もちかえる 持換える ¶荷物を~ changer de main pour porter un bagage.

もちかえる 持帰る rapporter; remporter. ¶お父さんに会って、いい返事を持帰ってくれ Allez voir votre père et rapportez-moi une bonne réponse. 配達人はその品物を持帰らねばならなかった Le livreur a dû remporter la marchandise.

もちかける 持掛ける [申し出る] proposer à *qn*; faire des propositions à *qn*; [言寄る] faire des avances à *qn*. 言葉巧みに話を~ enjôler *qn* avec de belles paroles.

もちかた 持方 façon *f* (manière *f*) de tenir. フォークの~を教える apprendre à *qn* à tenir une fourchette. 問題は心の~だよ Il s'agit de la façon de voir (de penser).

もちかぶ 持株 valeur *f* (titre *m*) en portefeuille. ¶~会社 †holding *m*.

もちきり 持切 ¶その話で~だ On ne parle que de cela.

もちぐされ 持腐れ ¶それでは宝の~だ C'est laisser dormir les talents.

もちくずす 持崩す ¶放蕩に身を~ se vautrer dans la débauche.

もちこす 持越す renvoyer; reporter; ajourner; remettre. 決定を来週まで~ renvoyer une décision à la semaine prochaine. その問題は明日まで持越そう Remettons cette question à demain.

もちこたえる 持堪える résister à; tenir bon (ferme); supporter. 敵の攻撃を~ résister aux attaques de l'ennemi; tenir bon devant les attaques de l'ennemi. ¶天気は~だろう Le beau temps se maintiendra. 病人はこの冬を持堪えられないだろう Le malade ne résistera pas l'hiver. この暑さでは病人は持堪えられないだろう Le malade ne résistera pas à cette chaleur.

もちごま 持駒 ⇨ てごま(手駒).

もちこむ 持込む porter; apporter. 大きな荷物を車内に~ apporter de gros bagages dans le train. 苦情を~ porter plainte contre. スポーツに政治を~べきではない Il ne faut pas politiser le sport. 彼はまた厄介な問題を持込んできた Il a mis de nouveau un problème épineux sur le tapis. ¶それでは持出しにならないか alors, vous n'allez pas rentrer dans vos fonds?

もちつもたれつ 持ち持たれつ ¶~の [相互依存の] interdépendant(e); d'interdépendance.

もちごめ 糯米 riz *m* gluant.

もちさる 持去る emporter; enlever; [持ち帰る] remporter.

もちだす 持出す porter *qc* [au] dehors; [持ち去る] emporter; enlever; [提案する] proposer. 金を~ [横領する] détourner de l'argent. 話を~ mettre une question sur le tapis; [提案する] faire des propositions. 事件を法廷に~ porter un différend (une affaire) devant le tribunal. 彼はまた例のはこを持出した Il a enfourché son dada.

もちなおす 持直す [入換える] changer de main pour porter *qc*; [回復する] reprendre; se rétablir; se relever. 景気は~ reprendre ses esprits. 景気は持直した Le commerce a repris (s'est rétabli, s'est redressé). 天気は持直した Le temps s'est remis au beau (s'est rétabli). 病人はすっかり持直した Le malade est parfaitement rétabli.

もちにげ 持逃げ ¶金を~する [会社の] lever le pied; [他人の] s'enfuir avec l'argent d'autrui.

もちぬし 持主 propriétaire *mf*; possesseur *m*. ~が変る changer de propriétaire (main).

もちば 持場 [兵士などの] poste *m*; [配達人などの] tournée *f*. 自分の~にいる être (rester) à son poste. ~を守る garder son poste. ~を回る patrouiller. 夜警が~を回る Le gardien de nuit fait sa ronde.

もちはこぶ 持運ぶ porter; transporter. ¶持ち運びできる portati*f*(*ve*); transportable. 持ち運び易いに être facile (difficile) à porter. 何て持運びにくい荷物なんだ Comme ce paquet est encombrant!

もちはだ 餅肌 ¶彼女は~だ Elle a une peau soyeuse.

もちふだ 持ち札 carte *f* qu'*on* a en main; *son* jeu *m*. ¶~が良い avoir [un] beau jeu.

もちぶん 持分 [分け前・分担金] quote(s)-part (s) *f*. ~を払う payer sa quote-part. 遺産の~を要求する demander *sa* part d'héritage.

もちまえ 持前 ¶~の naturel(le); inné. ~の善良さ bonté *f* naturelle. 彼の声のまろやかさは~のものだ La qualité de sa voix est innée. 彼の慎重さは~のものだ Il est d'un naturel très réfléchi.

もちまわり 持回り ¶会~にしよう Faisons tourner le lieu de réunion. ¶法案を~閣議にかける soumettre un projet de loi à différents ministres intéressés.

もちもの 持物 [財産・所有物] propriété *f*; [携行品] affaires *fpl*. ~はちゃんとそろえなさい Rangez bien vos affaires. この土地は誰の~ですか Qui est le propriétaire de ce terrain?/A qui appartient ce terrain?

もちゅう 喪中 ¶~である être en deuil (porter le deuil) de *qn*. 「~につき休業」《"Fermé pour cause de deuil."» ~につき年頭のご挨拶はご遠慮致します Nous vous prions de vous abstenir de cartes de vœux pour le nouvel an.

もちよる 持寄る apporter chacun *sa* part; [金を] payer chacun *sa* quote-part. 意見(資料)を~ recueillir les avis (les documents). 料理の材料を~ apporter les provisions pour le repas.

もちろん 勿論 naturellement; certainement; bien sûr; bien entendu. ~賛成です Naturellement, j'y consens. ~必ず来るよ Bien sûr qu'il viendra. 今本当~さ C'est vrai? — Oui, bien sûr. 一緒にくるかい ~ さ Vous venez avec moi? — Bien entendu! (Certainement!).

もつ tenir; [持続する] durer; se maintenir; [長持ちする] faire de l'usage; [食糧が]

conserver. この着物はまだ2年は〜よ Ce vêtement me servira encore deux ans. 天気はもたないだろう Le beau temps ne se maintiendra pas. この靴はよくもった Ces souliers m'ont fait de l'usage. この魚は一日しかもたないで Ce poisson ne se conserve qu'un jour. この流行は長くも〜まい Cette mode ne durera pas longtemps. この病人は長くは〜まい Ce malade ne tiendra pas longtemps (n'ira pas loin, n'en a pas pour longtemps).

もつ 持つ [手に持つ] avoir; tenir; porter à la main. 荷物を両手に〜 tenir des bagages à la main. 傘を持って出掛ける sortir avec son parapluie. 男がピストルを手に持って現れた Un homme apparut, un revolver à la main. ¶お互いに持ちつ持たれつの間柄じゃないよ Entre nous, c'est donnant donnant! ◆[所有する] avoir; posséder. 金を持っている avoir de l'argent. 財産(肩書)を持っている posséder une fortune (un titre). 店を持っている tenir un magasin. ◆[心に抱く] ¶悪感情を〜 concevoir un sentiment de mauvaise foi. 確信を〜 avoir une conviction. 野心を〜 avoir de l'ambition. 彼は私に恨みを持っている Il nourrit de la haine contre moi. ¶[負担する] se charger de; être à la charge de qn. 費用は私が〜 Je me charge des dépenses./ Les dépenses (frais) sont à ma charge. ¶[受持つ] se charger de; être chargé de. 一年生のクラスを〜 être chargé d'une classe de première année.

もっか 目下 actuellement; maintenant; à présent; pour le moment. 私は〜2児の父である A présent, je suis père de deux enfants. ¶〜の actuel(le); présent(e). 〜の状態では dans l'état actuel des choses. ‖〜検討中です C'est en cours d'examen.

もっかんがっき 木管楽器 instrument m à vent en bois. [総称] bois mpl.

もっきん 木琴 xylophone m.

もっきん 木筋 ¶〜の建物 bâtiment m à charpente de bois.

もっけい 黙契 accord m (convention f) tacite. 〜を結ぶ faire un accord tacite avec qn.

もっけのさいわい もっけの幸い aubaine f; chance f inespérée. これは〜だ Quelle bonne aubaine! ¶戸が開け放してあるのを〜に profiter de l'aubaine d'une porte ouverte.

もっこう 木工 menuiserie f. ‖〜所 atelier m de menuiserie. ‖〜職人 menuisier m. ‖〜品 art m de menuiserie.

もっさり ¶〜した mastoc inv. 〜した男 homme m mastoc.

もっしょくし 没食子 galle f.

もったいない 勿体ない [恐れ多い] ¶〜なお賞めの言葉ありがとうございました Je vous remercie beaucoup de vos louanges que je ne mérite pas du tout. 勿体なくて涙が出そうだ Vous êtes trop aimable, ça me touche jusqu'aux larmes. これは勿体なくて口に出せるものじゃない C'est manquer de respect envers Dieu que de dire une pareille chose./Ce serait un sacrilège, si j'osais dire une pareille chose. ◆[惜しい・無駄である] ¶〜人を亡くした On ne saurait trop regretter sa mort. これらの果物をこのまま腐らせるのは〜 C'est dommage de laisser pourrir ces fruits. そんなに紙を使っては〜 Employer du si bon papier, c'est du gaspillage. それはあいつには〜 C'est trop beau pour lui. 〜からおよしなさい Ne le faites pas: c'est inutile.

もったいぶる 勿体振る se donner (prendre, affecter) des airs; faire des manières; se guinder. ¶勿体振った prétentieux(se); sentencieux(se); pompeux(se); [尊大な] magistral(aux). 勿体振った(振らない)人 personne f prétentieuse (sans façon). 勿体振った講義 cours m magistral. 勿体振った調子で言う parler d'un ton sentencieux (pompeux). 勿体振って prétentieusement; sentencieusement. 勿体振るな. みんな知っているんだから Cesse tes cachotteries: nous sommes au courant. 勿体振らずに sans façon.

モッツァレラ mozzarelle f; mozzarella f.

もって 以って ⇨〜で.

もっていく 持って行く emporter; prendre; [運ぶ・届ける] porter. 傘を持って行きなさい Emportez un parapluie. このトランクは持って行けない、重すぎるもの Je ne peux pas porter cette malle, elle est trop lourde.

もってうまれた 持って生れた ¶〜性質は変えられない On ne peut pas changer son caractère.

もってくる 持って来る apporter. 3時になったらコーヒーを持って来て下さい Vous m'apporterez du café à 3 heures.

もってこい ¶〜の idéal(aux). ここは別荘に〜の土地だ Ce terrain est idéal pour une villa. 彼はこういう仕事には〜だ Il est fait pour ce genre de travail./Il présente toutes les qualités désirables pour ce genre de travail. このテーブルは食卓として〜だ Cette table est très commode pour manger.

もってのほか 以ての外 ¶〜の [非常識な] déraisonnable; absurde; [許せない] impardonnable; inadmissible. これは〜 C'est hors de question. 君の振舞は〜だ Ta conduite est impardonnable.

もってまわる 持って回る [持って回った言い方はやめ給え Ne tournez pas autour du pot.

もっと [より多く] plus; encore plus; davantage; [時間] plus longtemps. 〜いかがですか En voulez-vous encore? 僕の方が彼よりも〜[多く]持っている J'en ai plus (davantage) que lui. ◆[一層] ¶〜良い meilleur. その方が〜良い Cela vaut beaucoup mieux. 〜良いこと(もの) ce qui est mieux encore. 〜良い物もありますが、お値段がずっと高くなります Il y a mieux, mais c'est plus cher. 〜悪い事態が彼を待ち受けていた Une situation encore pire l'attendait. その方が〜悪い C'est bien pis. 事態は〜悪くなりつつある Les choses vont de mal en pis. 明日は天気が〜悪くなるだろう Il fera plus mauvais demain. 〜大きな声で話して下さい Parlez plus fort. 〜よく beaucoup mieux. 私の方が彼を〜よく知っているよ Je le connais beaucoup mieux. 〜悪いことに ce qui est pire (pis encore); qui est pire

モットー demise f; [信条] principes mpl. 率直さ, それが私の〜だ Franchise, c'est ma devise. …を〜とする avoir pour principe qc (de inf); se faire une règle de inf.

もっとも 最も [肯定] le plus (la plus, les plus); [否定] le moins (la moins, les moins). 〜良い le meilleur (la meilleure, les meilleur(e)s). 〜良いこと(もの) le meilleur; ce qu'il y a de meilleur. 〜良い生徒 le (la) meilleur(e) élève m(f). 〜悪い le plus mauvais (la plus mauvaise, les plus mauvais, les plus mauvaises); le pire (la pire, les pires). 〜悪いこと(もの) le pire; ce qu'il y a de pire. 〜有名な作家の一人 un des plus célèbres auteurs. 私たちの知っている限りでは奴らは〜悪い連中だ Ils sont les pires que nous ayons connus. 〜よく を şint. 彼が〜よく知っている Il le sait le mieux.

もっとも 尤も [もっともな] raisonnable; légitime; juste; normal(aux). 〜な意見 opinion f raisonnable. 〜な理由 bonne raison f. 〜なことを言う parler raisonnablement. …は〜なことである Il est juste (naturel) de inf (que sub). あなたが反対したのは〜なことです Vous avez raison d'avoir protesté. 〜らしい plausible; vraisemblable. 〜らしい理由 raison plausible. 〜らしい顔をする se donner un air sérieux. 彼の言っていることは〜らしく聞える Ce qu'il dit me paraît plausible. ◆[とは言うものの] mais; cependant; toutefois; tout de même; quand même. 〜一人でやった訳ではいがね Il est vrai que je ne l'ai pas fait tout seul. 今日はひどく寒い, 〜それでも私は出かけるつもりだ Aujourd'hui il fait très froid, mais je sortirai tout de même.

もっぱら 専ら uniquement, exclusivement; [主に] principalement; surtout; [全く] entièrement; tout à fait. 〜英語を勉強する étudier surtout l'anglais. ¶…という噂だ Le bruit court partout que ind.

モップ [暴徒] émeutiers mpl; [群衆] foule f. ‖〜シーン scène f d'émeute.

モップ balai m à laver; [かまど, 大砲の] écouvillon m.

もつやく 没薬 myrrhe f.

もつれ 縺れ enchevêtrement m; embrouillement m; emmêlement m; [紛争] écheveau(x) m; complication f; [感情などの] brouille f. 糸の〜 enchevêtrement de fils. 糸(事件)の〜を解く débrouiller les fils (l'écheveau d'une affaire). 両家の感情の〜は憎しみに変った La brouille entre les deux familles a dégénéré en hostilité.

もつれる 縺れる s'enchevêtrer; s'emmêler; s'embrouiller. 舌が〜 avoir la langue embarrassée. 考えが〜 s'embrouiller dans ses idées. 事件が〜 L'affaire se complique. これ以上問題を縺れさせないで下さい N'embrouillez (Ne compliquez) pas davantage la question.

もてあそぶ 弄ぶ [持って遊ぶ] jouer avec qc; s'amuser avec qc; [比喩的に] se jouer de. 人形を〜 jouer avec une poupée. 命を〜 jouer avec sa vie. 女を〜 abuser d'une femme. あなたは僕を愛しているのではなく面白半分に弄んでいるのです Vous ne m'aimez pas, vous vous jouez de moi. ¶…に弄ばれる être le jouet de. 男に弄ばれる être le jouet des désirs d'un homme. 彼女は運命に弄ばれている Elle est le jouet de la fortune.

もてあます 持余す savoir comment faire; s'embarrasser de. 仕事を〜 être accablé de travail. 重い荷物を〜 s'embarrasser de lourds paquets. 彼は時間を持余している Le temps lui pèse. 私はあの男を持余している Je ne veux plus avoir à faire avec lui. 私はあの子はほとほと持余している Je ne sais comment faire avec cet enfant-là.

モテツト motet m.

もてなし accueil m; réception f; hospitalité f; [サービス] service m. 厚い〜を受ける être bien reçu. 至れり尽せりの〜を受ける recevoir un accueil parfait. 私は茶菓の〜を受けた On m'a servi du thé et du gâteau. 〜のいい店 magasin m accueillant. 〜の上手な奥さん femme f qui sait recevoir.

もてなす accueillir; recevoir; donner (offrir) l'hospitalité à qn; [御馳走する] régaler qn. 厚く〜 faire bon accueil à qn. 客を厚く(冷く)〜 accueillir les visiteurs avec chaleur (froidement).

もてはやす 持て囃す chanter les louanges (la louange) de; vanter. 人の長所を〜 vanter les qualités de qn. もてはやされる [人が] jouir de la popularité; [物が] être en vogue; être recherché; connaître une vogue extraordinaire. その小説は今でも一部の人にもてはやされている Il y a encore des gens qui raffolent de ce roman.

モデム MODEM [コンピューター通信用の変調・復調装置] modem [mɔdɛm] m.

モデラート moderato m. ¶〜で moderato. ‖アレグロ〜 allegro moderato. 〜カンタービレ moderato cantabile.

もてる 持てる [人気がある] être populaire; [女] にavoir du succès auprès des femmes. 彼は女によく〜 C'est un homme à bonnes fortunes. [所有する] ¶〜ないことは一者の悩みだ C'est un souci de riche. ◆[保たれる] ¶彼がいないと座が持たない Sans lui, la conversation languit.

モデル modèle m; [ファッションモデル] mannequin m. 画家のもっになる女は模特を絵れたのものだ C'est un tableau dessiné d'après le modèle de mademoiselle K. ‖ヌード〜 modèle nu. 〜小説 roman m à clefs. [標準・模範] ‖〜ケース exemple m à suivre. 〜スクール école (s)-pilote(s) f pl. 〜ハウス appartement[-]témoin m. ◆[型] ‖車の〜チェンジをする modifier un modèle de voiture.

もと 許(下) ¶先生の指導の〜で sous la direction de son professeur. 両親の〜で暮らす vivre chez ses parents. ¶その本は手にかった Je n'avais pas ce livre sous la main.

もと 元(本) [起源] origine f; source f; [原因] cause f; [根底] base f; fond m; fondement m. エネルギーの〜 source f d'énergie. 世界平和の〜 fondement de la paix mondiale. 金は災いの〜だ L'argent est la cause (source) de

もとえだ 本枝 branche *f* mère.

もどかしい être impatient; s'impatienter. 時の経つのが〜 Le temps me pèse./J'ai le temps long. 政府の不手際はもどかしくて見ていられない La politique maladroite du gouvernement m'impatiente. もどかしそうな様子で d'un air impatient. もどかしさ impatience *f*.

もどき ¶彼の手口は芝居〜だ Sa démarche, c'est de la comédie.

もときん 元金 fonds *m*; capital(aux) *m*.

モトクロス motocross *m inv*.

もとごえ 元肥 ¶〜を施す mettre du terreau.

もとじめ 元締 chef *m*; directeur(trice) *m(f)*.

もどす 戻す remettre; replacer. 元の場所へ〜 remettre *qc* à sa place. 道具を元の場所へ〜 replacer les outils. 人を正道に〜 remettre *qn* sur la bonne voie. ◆[吐く] rendre; vomir. 彼は夕飯に食べたものを全部戻した Il a rendu (vomi) tout son dîner. ◆[緩める] ¶ぜんまいを〜 détendre un ressort. ◆かえす(返す).

もとちょう 元帳 grand(s)-livre(s) *m*. 〜につける porter *qc* sur le grand-livre.

もとづく 基づく [起因する] tirer son origine de; provenir de; [根拠とする] se fonder sur; se baser sur; s'appuyer sur; [準拠する] se conformer à. 彼の暮し方は彼が受けた教育に基づいている Son genre de vie provient de l'éducation qu'il a reçue. ¶証拠に基づいた意見 opinion *f* appuyée (fondée) sur des preuves. ...に基づいて; conformément à. 第4条の規定に基づいて conformément à la disposition de l'article IV. 仮定に基づいて推論する raisonner sur une hypothèse. 何に基づいてあなたはそんなことを主張するのか Sur quoi vous fondez-vous pour prétendre cela?

もとで 元手 ⇨ しほん(資本). ¶この商売は身体が〜だ La santé est un capital indispensable pour ce métier.

もとどおり 元通り ¶〜する [修理する] remettre en état; réparer; [元へ戻す] remettre en place. 身体が〜になる [健康になる] se remettre d'une maladie. 二人の仲は〜になった Ils se sont réconciliés./Ils se sont remis ensemble.

もとね 元値 prix *m* coûtant; prix de revient. ¶〜で売る vendre au (à) prix coûtant. 〜で売ったも同然だ On revend à prix coûtant. 〜を割って売る vendre à perte.

もとめ 求め demande *f* ¶〜に応じて... faire *qc* à (sur) la demande de *qn*.

もとめる 求める [要求する] demander; solliciter; réclamer; [強く要求する] exiger. ...に出席を〜 solliciter *sa* présence. 議長に発言を〜 demander à parler au président. 静粛を〜 exiger (demander) le silence. 助けを〜 demander le secours de *qn*; demander de l'aide à *qn*; [救いを] appeler au secours. 分前を〜 réclamer *sa* part. ◆[捜す] chercher; rechercher. 事の真相を〜 chercher à connaître la vérité. 彼は安いアパートを求めている Il est à la recherche d'un appartement pas cher. ¶...を求めて à la recherche de. ◆[買う] acheter; prendre.

もともと 元々 [元来] primitivement; originellement; à l'origine; tout d'abord; [生来で(から) nature. パンテオンは教会の筈だった Primitivement (Originellement, Tout d'abord), le Panthéon devait être une église. 彼は〜病身なんだ Il est maladif de [sa] nature./Il est né maladif. 〜そんなことは信用していなかった Je m'en méfiais dès l'abord. ◆[損にも得にもならない] ¶失敗しても〜だ Si j'échoue, je n'y perdrai rien.

もとより 元より ⇨ もちろん(勿論), もともと(元々).

もどり 戻り ¶相場の〜 reprise *f* des cours. ¶〜手形 retraite *f*. 〜道 sur le chemin du retour.

もとる 悖る être contraire à; [犯す] faire outrage à. 正義に〜 être contraire à la justice. それは人の道に〜 Cela fait outrage à la morale./C'est contre l'humanité.

もどる 戻る revenir; retourner; [ネットワーク上で] Retour. 家に〜 revenir (rentrer) chez *soi*. 元の職場に〜 retourner à son poste. 沈黙が戻った Le silence s'est rétabli. 手紙が戻って来た La lettre a été renvoyée. 彼は家を出たと思ったらすぐに戻って来た Je l'ai vu sor-

モニター tir, puis rentrer précipitamment dans la maison. 本題に戻ろう Revenons à notre sujet (à nos moutons).

モニター [調整技師] ingénieur m de régulation; [記事, 商品などの] superviseur(se) m (f); [監視装置] moniteur m. ‖ 〜テレビ écran m de contrôle.

モニュメント monument m.

もぬけ 藻抜け 私が行った時には彼女は逃げた後で, 部屋は〜の殻だった Quand je suis arrivé, elle s'était déjà enfuie, et la chambre était vide. 奥さんの死後彼は〜の殻みたいだ Depuis la mort de sa femme, on dirait qu'il a l'esprit vide (il est dans la lune).

もの 者 [人] personne f; homme m. あれは〜の〜です Il est de la famille. 私は加藤という〜です Je m'appelle Kato. 私は助けてくれる〜は誰もいない Il n'y a personne qui puisse m'aider. 教師たる〜は quiconque est professeur.... 教師たる〜はもっと勉強しなければいけない Un professeur qui se respecte doit continuer à étudier.

もの 物 [物] chose f; [物体] corps m; objet m; [品物] article m. 何か食べる〜 quelque chose à manger. 何か面白そうな〜 quelque chose d'intéressant. うまい〜 bonnes choses. 〜が良い悪い [品質] être de bonne (mauvaise) qualité. ◆[所有物] これは私の〜です C'est à moi. 〜にする [習得する] réussir à bien connaître; [得る] obtenir; se procurer. 女を〜にする conquérir une femme. 彼女は次から次へと多くの男の〜になった Elle a appartenu successivement à plusieurs amants. ◆[比喩的に] 〜ともしない braver; mépriser; défier. 死を〜ともしない braver la mort. 世論など〜ともしないで sans tenir compte de l'opinion publique. 危険を〜ともせずに突進する s'élancer au mépris du danger. 〜の数でない ne pas compter; être de peu d'importance. そんなのは〜の数でない Cela ne compte pas du tout./C'est un détail négligeable./Ça n'a aucune importance. 〜の役に立たない n'être bon à rien. 〜に動じない être (rester) impassible. 〜になる [実現] se réaliser; [成功] réussir. この子もいつかは〜になるだろう [一人前] Cet enfant pourra voler de ses propres ailes./[ひとかどの者] Cet enfant deviendra quelque chose. 〜にならなかった計画 projet m mort-né. 〜が分る avoir du bon sens; [話が分る] être compréhensif(ve). ...を言う [威力を発揮する] jouer un rôle important; être d'un grand poids; avoir beaucoup d'influence. 数に〜を言わせる s'appuyer sur le nombre. 目に〜を言わせる faire parler aux yeux. 腕力に〜を言わせる user de (recourir à) la force. 〜には順序というものがある Chaque chose en son temps! 〜はためしだ Essayons tout de même./On peut toujours essayer. 〜言えば唇寒し秋の風》«Trop parler nuit.» 〜に譬えて例を挙げて示す prendre un exemple. 数に〜を言わせて s'appuyant sur le nombre.

ものいい 物言い [異議] contestation f; [抗議] protestation f; objection f. 〜をつける contester; élever un contestation; protester.

ものいり 物入り dépense f; frais mpl. 〜が多い On fait de grands frais (beaucoup de dépenses).

ものうい 物憂い mélancolique; langoureux(se); alangui. 〜そうなくなる s'alanguir. 物憂げに d'un air alangui (langoureux).

ものうり 物売り marchand(e) m(f) ambulant(e). 〜の声が聞える On entend des cris de marchands.

ものおき 物置 garde-meuble m; débarras m; [がらくた置き場] fourre-tout m inv.

ものおじ 物怖じ ‖ 〜する être intimidé. 〜しないで ne pas être timide.

ものおしみ 物惜しみ ‖ 〜する épargner; lésiner sur. 彼は何かにつけて〜する Il épargne sur tout. 〜しすぎず気前のよい(se); ne pas lésiner. 彼は食事に関しては〜しない Il ne lésine pas sur les repas. 〜しながら avec parcimonie. 〜せずに avec générosité.

ものおと 物音 bruit m. 〜がする On entend un bruit. 〜がしない On n'entend pas un bruit./On entendrait voler une mouche. 〜を立てる faire du bruit.

ものおぼえ 物覚え mémoire f. 〜がよい avoir une bonne mémoire; avoir de la mémoire. 〜が悪い avoir une mauvaise mémoire; avoir la mémoire courte. 〜が悪くなった Ma mémoire baisse.

ものおもい 物思い ‖ 〜に耽る s'absorber dans ses pensées. 〜に耽りながらぼんやりと眺める regarder dans le vague d'un air pensif. 彼はじっと〜に耽りながら窓に肘をついていた Il était accoudé à sa fenêtre, immobile et pensif. 彼女は何やら〜に沈んでいる Elle a l'air préoccupée.

ものかげ 物陰 ombre f. 〜から突然飛び出して surgir brusquement de l'ombre. 〜にかくれる se cacher dans l'ombre. 〜にかくれて様子を覗う se cacher pour épier qn.

ものがたい 物堅い honnête; consciencieux(se). 〜人 personne f honnête.

ものがたり 物語 récit m; histoire f; narration f; [短い] conte m. 〜〜的な(風の) narratif(ve). 詩的〜の要素 élément m narratif d'un poème. 〜風に話る raconter en forme de narration. ‖「狐〜」 Roman de Renard. フロベールの「三つの〜」 Trois contes de Flaubert. 〜作家 narrateur(trice) m(f). 〜詩 poésie f narrative.

ものがたる 物語る raconter; narrer; faire une narration (un récit); [示す] montrer; prouver; témoigner. 自己を〜 se raconter. 戦闘場面を〜 faire la narration d'une bataille. 焼跡が火事のすさまじさを如実に物語っていた Les débris de l'incendie témoignaient de l'ampleur du sinistre.

ものがなしい 物悲しい triste; morne; mélancolique; maussade. 〜様子 air m triste. 物悲しさ tristesse f; mélancolie f. 何かしら物悲しさを覚える éprouver je ne sais quoi de triste.

ものぐさ 物臭 ‖ 〜な[人] paresseux(se) m (f), indolent(e) m(f). ‖ 〜太郎 fainéant m.

モノグラフィー monographie f.

モノグラム monogramme *m*.

モノクロ ‖ ～写真 photo *f* en noir et blanc.

ものごい 物乞 ‖ ～する mendier *qc*.

ものごころ 物心 ¶～がつく atteindre l'âge de raison. —もつかぬ頃から depuis *sa* plus tendre enfance.

ものごし 物腰 manières *fpl*. ～が丁寧である avoir de bonnes manières. 彼女の～はとてもしとやかだ Ses manières sont très gracieuses.

ものごと 物事 chose *f*; affaire *f*; fait *m*. ～はありのままに見なければならない Il faut regarder les choses comme elles sont. ～は諦めが肝心だ Il faut savoir se résigner. ～は根きやすり通せ Il ne faut pas s'arrêter en chemin.

ものさし 物差 règle *f*; [メートル尺] mètre *m*. ～で線を引く tracer une ligne avec une règle. ～で計る prendre une mesure (mesurer *qc*) avec un mètre. 自分の～で他人を評価してはいけない Il ne faut pas mesurer les autres à son propre étalon.

ものさびしい 物寂しい ¶～歌 chanson *f* mélancolique (triste). ⇨ さびしい(寂しい).

ものしずか 物静か ‖ ～な～な人だ Il a un je ne sais quoi de calme.

ものしり 物知り [人] savant(e) *m(f)*; personne *f* instruite (cultivée). 彼は～だ Il est très instruit. 彼は歴史に関しては～だ Il est très calé en histoire. ‖～顔の人 jaseur(se) *m(f)*. ～顔 d'un air savant (pédant).

ものずき 物好き curiosité *f*; [気まぐれ] caprice *m*; [人] curieux(se) *m(f)*. あいつの～にも程がある Sa curiosité dépasse les bornes. ～な curieux(se). なんて～な娘なんだ Petite curieuse! ～な人 En voilà une idée! 彼は何にでも関心がある. ～なんだ Il s'intéresse à tout, il a un esprit curieux. ～[も] par curiosité.

ものすごい 物凄い horrible; effrayant(e); terrible; épouvantable; affreux(se). ～な事故 affreux accident *m*. ～飢え faim *f* de loup. ～混乱 désordre *m* effroyable. ～暑さだ Il fait une chaleur terrible. 私には夜が物凄く長く感じられた La nuit me semblait terriblement longue. ～頭が痛い avoir un horrible mal de tête. 彼は物凄く下手な字を書く Il a une écriture de chat. 彼は物凄い男だ Il est épouvantablement (horriblement, effroyablement) laid.

モノタイプ monotype *f*.

ものだね 物種 ¶命あっての～だ On n'a qu'une vie.

ものたりない 物足りない peu satisfaisant; insuffisant. ～説明 explication *f* insuffisante. この仕事は～ Ce travail laisse à désirer. 彼は結婚相手としては～す Je ne crois pas qu'il fasse un bon mari. ¶物足りなく思う trouver *qc* peu satisfaisant.

モノトーン ⇨ たんちょう(単調).

ものなれた 物慣れた ～で d'une main exercée (experte). ～態度で avec facilité. 気取ることもなく彼は～調子で話をする Il parle d'un ton aisé, sans affectation.

ものの [多くとも] [tout] au plus; à peine. ～一週間と経たないうちに彼はまた同じ失態を演じた Il y a à peine huit jours, il a commis de nouveau la même bévue. ◆[といえ] quoique (bien que) *sub*. その一撃で致命傷を負った～彼はなおも必死になって生きようとした Quoique mortellement blessé de ce coup, il s'efforçait désespérément de vivre. そういう～彼の狙いは正しかった Malgré tout (Pourtant, Néanmoins), son intention était juste. ◆[いかにも] ¶～見事に試験に失敗する échouer en beauté à un examen. ～見事に予想的中した Les prévisions se sont réalisées avec une précision stupéfiante. ～見事に予想が外れた Les prévisions ont été complètement infirmées.

もののあわれ 物の哀れ spleen *m*. ～を知る éprouver du spleen.

もののけ 物の怪 ¶彼女は～に取憑かれていた Elle était possédée par un mauvais esprit.

もののほん 物の本 ¶～によれば d'après un ouvrage concerné.

ものほし 物干し ¶～網 corde *f* à linge; étendage *m*. ～場(挟み) séchoir *m* (pince *f*) à linge.

ものほしげ 物欲しげ ¶～に玩具を見る regarder un jouet avec convoitise; loucher sur un jouet. ～に女を見る reluquer les femmes.

モノポリー monopole *m*.

モノマニア monomanie *f*.

ものまね 物真似 imitation *f*; [見振り] mimique *f*. ～をする imiter; mimer; [からかうために] contrefaire. 生徒たちは先生の～をするのが巧い Les élèves sont doués pour mimer (contrefaire) leur professeur. 彼は自分の主人の～をして同僚を笑わせた Il a fait rire ses camarades en singeant son patron.

ものみ 物見 garde *f*; [人] garde *m*; guetteur *m*; [歩哨] sentinelle *f*. ¶～高い curieux(se); badaud. ～高い連中 gens *mpl* curieux. ‖～櫓 tour *f* de guet; guérite *f*; poivrière *f*. ～遊山 voyage *m* touristique (d'agrément).

ものめずらしい 物珍しい ⇨ めずらしい(珍しい). ¶物珍しそうに avec curiosité. 人を物珍しげに眺める regarder *qn* comme une bête curieuse.

ものもち 物持ち ¶彼は～がいい Il est très soigneux de ses affaires.

ものものしい 物々しい [いかめしい] imposant; [態度, 文体など] prétentieux(se); [仰々しい] tapageur(se); [大げさな] pompeux(se). ¶～行列 cortège *m* monstre. ～警備に敷かれた imposant (considérable) service d'ordre a été mis en place.

ものもらい 物貰い [眼病] orgelet *m*; [俗] compère(-)loriot(s) *m*; ⇨ こじき(乞食). 彼は～ができた Il lui est venu un orgelet.

ものやわらか 物柔らか ¶～な doux(ce). ～な態度 air *m* doux. ～に avec douceur; doucement. ～に答える répondre avec douceur. ～な人 ⇨ おとなしい.

モノラル monophonie *f*. ¶～の monophonique; monaural(aux). ‖～盤 disque *m* en mono. ～録音 enregistrement *m* monophonique.

モノレール monorail *m*.

モノローグ monologue *m*.

ものわかり 物分かり ¶〜が早い(遅い) avoir la compréhension rapide (lente). 〜の良い(悪い) compréhensi*f*(*ve*) (incompréhensi*f*(*ve*)). 〜の良い親 parents *mpl* compréhensifs. あなたは〜が良すぎる Vous êtes trop compréhensif.

ものわかれ 物別れ ¶〜に終る ne pas s'accorder avec *qn* sur *qc*; ne pas tomber d'accord. 交渉は〜に終った Les pourparlers ont échoué (n'ont pas abouti).

ものわすれ 物忘れ oubli *m*. 〜がひどい oublier facilement; être très oublieu*x*(*se*); avoir la mémoire courte. 年ともに〜がひどくなる Avec l'âge, on devient de plus en plus oublieux.

ものわらい 物笑い ¶〜にする tourner *qn* en ridicule; immoler. 〜になる s'exposer à la risée de *qn*; être la fable de *qn*; tomber dans le ridicule; se rendre ridicule. 世間の〜になる s'exposer à la risée du public. そんなことをすれば村中の〜になるよ Si tu fais cela, tu seras la fable de tout le village.

もはや 最早 [すでに] déjà; [今は] maintenant; […でしかない] ne…plus. ⇨ もう, すでに(既に). 〜疑う余地はない Pas de doute. 〜間に合わないよ Il est trop tard. 〜彼は骨と皮だけになってしまった Il n'a plus que la peau et les os.

もはん 模範 modèle *m*; exemple *m*; règle *f*. 〜を示す donner l'exemple. …の〜となる servir d'exemple (de modèle) à. …の〜とする se conformer à l'exemple de *qn*. …を〜として挙げる citer *qn* en exemple. 彼の行動は私達の〜である Sa conduite est un modèle pour nous. あなたの輝かしい先祖の人たちを〜としなさい Prenez exemple sur vos glorieux ancêtres. 〜の exemplaire; modèle. あれは〜的な亭主だ C'est un mari exemplaire. 〜的に exemplairement. ¶〜試合 assaut *m* de démonstration.

もふく 喪服 habits *mpl* de deuil; deuil *m*. 正式の〜 grand deuil. 〜を着る se mettre en deuil. 〜を着ている porter le deuil.

モヘヤ étoffe *f* de mohair *m*.

もほう 模倣 imitation *f*; [文芸作品などの] copie *f*; [模倣画・模倣文] pastiche *m*. 〜と創意 imitation et invention *f*. この著作は凡庸な〜に過ぎない Cet ouvrage n'est qu'une copie médiocre. この傑作は一切の〜を許さない Ce chef-d'œuvre défie toute imitation. ¶〜する imiter; copier; pasticher. ミュッセの文章を〜する pasticher Musset. 彼の文体は〜出来ないものだ Son style est inimitable. ‖〜者 imita*teur*(*trice*) *m*(*f*); copiste *m*; [剽窃者] plagiaire *mf*. 能のない〜者たち pâles imitateurs.

もまれる 揉まれる [もみくちゃにされる] être bousculé; [揺られる] être ballotté; [鍛えられる] être exercé (entraîné). 人波に〜 être bousculé par la foule. 浮世の荒波に〜 être ballotté par la vie.

もみ 籾 rizon *m*. ‖〜殻 balle *f* de riz.

もみ 樅 sapin *m*. ‖〜材 [bois *m* de] sapin.

〜林 sapinière *f*.

もみあい 揉み合い bousculade *f*. ¶揉み合う se bousculer.

もみあう 揉み合う [人が] se bousculer; se pousser; s'écraser. 群衆が入口で揉み合っていた La foule s'écrasait à l'entrée.

もみあげ 揉み上げ favoris *mpl*; pattes *fpl*; [短い] pattes de lapin. 〜を伸ばしている porter des favoris (des pattes).

もみあらい 揉み洗い frottage *m*. ¶〜する laver *qc* en frottant.

もみくちゃ ¶〜になる être bousculé. 群衆の中で〜になる être écrasé par la foule. 〜にする froisser; chiffonner. 彼はその手紙を手の中で〜にしてポケットに入れた Il a froissé la lettre et l'a mise dans sa poche.

もみけす 揉み消す 〜煙草の火を〜 écraser un mégot. スキャンダルを〜 étouffer un scandale.

もみじ 紅葉 [紅葉] feuilles *fpl* rouges; [かえで] érable *m*. 今年の〜は早いだろう Cette année, les arbres vont jaunir plus tôt que d'habitude. 彼女の顔は一瞬〜を散らしたように真っ赤になった Un instant, son visage est devenu pourpre. ¶〜狩に行く aller admirer les couleurs de l'automne.

もみて 揉手 〜をする se frotter les mains.

もみりょうじ 揉療治 massage *m*. 〜をしてもらう se faire masser.

もむ 揉む [紙などを] froisser; chiffonner; [あんまる] masser; [スポーツなどで鍛える] exercer *qn* à *qc*; entraîner *qn*. さあ来い, 一丁揉んでやろう Viens! Je vais te donner une leçon. 肩を揉ませる se faire masser les épaules. ¶下着を揉みあらう frotter le linge. ¶[検討する] ¶計画を揉みこむ〜 tourner et retourner un projet. ◆[心を砕く] ¶気を〜 s'inquiéter (se tracasser); se faire du mauvais sang. 何も気を〜ことはありません Il n'y a pas de quoi vous inquiéter. …に気を揉ませる donner de l'inquiétude à *qn*.

もめごと 揉事 [紛糾] complications *fpl*; discorde *f*; [不和] friction *f*; troubles *mpl*; brouille *f*; [衝突] heurt *m*. 〜の種 point *m* de friction; pomme *f* de discorde. …と〜を起す avoir des histoires avec *qn*. 〜を避ける éviter les complications. 家庭に〜を持込む jeter (porter, semer) la discorde dans la famille. 私は〜が大嫌いだ J'ai horreur des complications (des histoires). ¶彼らの共同作業は〜なしには終るまい Leur collaboration ne va pas sans quelques heurts.

もめる 揉める [人と] avoir des ennuis avec *qn*; être brouillé avec *qn*; [喧嘩する] se disputer avec *qn*; se quereller [avec *qn*]; [物が] se compliquer. 彼らはこの件で揉めている Ils se sont brouillés pour cette affaire. 会議は揉めた La réunion a été houleuse. ◆[心配する] ¶気を〜 s'inquiéter; être accablé de soucis.

もめん 木綿 coton *m*. ¶〜の織物(シャツ) tissu *m* (chemise *f*) de coton. ‖〜糸 fil *m* de coton.

もも 股 cuisse *f*. ¶〜もあらわなショートパンツ short *m* qui s'arrête à mi-cuisse. ‖〜肉 [鶏

の cuisse; [牛の] tranche; [子牛の] cuisseau (x) m.

ようか 八日 ⇒ 付録.

ももいろ 桃色 rose m; couleur f pêche. ¶〜の rose; couleur pêche inv; rosé. ¶〜の柔かい肌をしている avoir une peau de pêche. ‖〜遊戯 flirt m entre jeunes. 〜遊戯に耽る flirter.

ももひき 股引 caleçon m long.

ももんが 鼯鼠 écureuil m volant.

もや 靄 brouillard m épais; vapeur f. ¶ [特に海上の] brume f. 今朝は〜が立ちこめている Le temps est brumeux ce matin. ¶〜の立ちこめた brumeux(se).

もやい 舫い ¶〜を解く larguer (lâcher) les amarres. ‖〜綱 amarre f. 〜船 bateau(x) m amarré.

もやう 舫う amarrer.

もやし 萌やし [大豆の] germe m de soja; [大麦の] malt m.

もやす 燃やす brûler; [火をつける] enflammer; [焼捨てる] jeter qc au feu. 古い書類を〜 jeter au feu de vieux papiers. 夜, 野獣を近づかないために火を〜 allumer un feu, le soir, pour éloigner des bêtes sauvages. 恋(欲望)の焔を〜 brûler d'amour (de désir). 嫉妬のほむらを〜 crever de jalousie.

もやもや ¶〜した brumeux(se); vague; [心が] sombre; morne. 〜としてはっきりしない考え idées fpl brumeuses (fumeuses). 何となく〜して気分が晴れない avoir le vague à l'âme.

もよう 模様 dessin m; [美] motif m; [装飾] ornement m. 〜をつける appliquer des dessins sur qc; [型を押して] imprimer un motif sur qc; [布, 皮, 紙などに型で] apparier qc; [布地にプリントする] imprimer qc. 木目が不思議な〜を形作っている Les veines du bois forment des dessins bizarres. ¶派手な〜ドレス robe f d'un riche dessin. 〜入り(花)〜の布地 étoffe f imprimée (à fleurs). 〜入りの皮 cuir m gaufré. ¶幾何学〜 dessin (ornementation f) géométrique. ◆ ¶本日は昨日よりも気温は上る〜です Il semble qu'il fasse plus chaud aujourd'hui qu'hier. ⇒〜では такое état de choses. ⇒ ようす(様子). ‖怪しい空〜 temps m menaçant. 空〜が怪しくなってきた Le temps se gâte.

もようがえ 模様替え changement m; modification f. ¶〜[を]する changer; modifier; [改築する] reconstruire; refaire. 部屋の〜をする modifier l'arrangement de sa chambre. 計画の〜をする remanier un plan. 店をしたらとてもスマートになった Cette transformation a rendu votre magasin très attrayant.

もよおし 催し [集会] réunion f; séance f; [祭典] fête f; [遊びの会] partie f; [式典] cérémonie f; [パーティ] soirée f. チャリティーの〜 fête de bienfaisance.

もよおす 催す [開催する] tenir; donner; [組織する] organiser; [儀式を] célébrer. museum会を〜 donner un bal. 催させる se tenir; avoir lieu; être célébré. 舞踏会は市民会館で催される Le bal aura lieu (se tiendra) dans la salle des fêtes. ¶...によって催される par. ◆ [誘う・かきたてる] 眠気を〜 [本](講義) livre m (cours m) endormant. 尿意を〜 avoir envie d'uriner. 感動して涙を〜 être ému jusqu'aux larmes. この映画は眠気を〜 Ce film endort le public. その光景に我々は憐れを催した Ce spectacle nous a inspiré la pitié. 憐れを催させる exciter la pitié.

もより 最寄り ¶〜の le (la) plus proche; tout(e) proche; voisin. 〜の警察署に電話する téléphoner au commissariat du quartier. 〜のバス停はどこでしょう Où est l'arrêt d'autobus le plus proche?/Y a-t-il un arrêt d'autobus près d'ici?

もらいて 貰い手 preneur(se) m(f); [求婚者] prétendant m. 猫の〜はすぐに見つかった J'ai rapidement trouvé preneur pour mon chat. あの娘には〜がない Personne ne veut demander la main de cette fille.

もらいなき 貰い泣き ¶〜する verser des larmes de compassion.

もらいもの 貰い物 〜ですがどうぞ Je vous fais cadeau d'un objet reçu.

もらう 貰う recevoir; accepter; [免状などを] impétrer. 贈り物を〜 accepter un cadeau. サラリーを〜 recevoir son salaire; toucher ses appointements. 嫁を〜 prendre femme; se marier. 子供を〜 adopter un enfant. いくら金を貰っても彼らは譲らないだろう Ils ne céderont à aucun prix. この勝負は貰った Tu n'as aucune chance de gagner! ◆ [...して貰う] se faire inf. 写真をとって〜 se faire photographier [par qn]. あなたに手伝って貰いたい Je voudrais que vous m'aidiez. そんなことはして貰いたくない Je ne voudrais pas que vous fassiez une chose pareille.

もらす 漏らす [液体を] laisser couler; [気体を] laisser échapper; [気持ちを] laisser entendre (échapper); [秘密を] révéler; dévoiler; divulguer; [忘れる・怠る] oublier de inf; manquer de. 辞意を〜 laisser entendre son intention de démissionner. 情報を〜 laisser filtrer une nouvelle. 小便を〜 mouiller sa culotte; faire dans sa culotte. 秘密を〜 divulguer (dévoiler) un secret. 不平を〜 laisser échapper son mécontentement. 聞き〜 négliger d'écouter les détails. 〜細大漏らさず話す raconter qc dans les moindres détails. 水も漏らさぬ捜査網 réseaux mpl d'enquête très serrés (sans faille).

モラトリアム moratorium m; moratoire m.

モラリスト moraliste mf.

モラル morale f.

モラルハザード hasard m moral.

もり 守 ¶子供の〜をする garder un enfant. 老人のお〜をする tenir compagnie à une vieille personne.

もり 森 bois m; forêt f; [小さな] boqueteau (x) m; bosquet m. ‖〜番 garde m forestier.

もり 銛 †harpon m. 〜を打つ †harponner; lancer un †harpon. ‖〜打ち †harponnage m; [人] †harponneur m.

もりあがり 盛り上がり ¶この作品には〜がない Cette pièce manque de tension dramatique.

もりあがる 盛上る [山積になる] s'entasser; s'amonceler. 世論が～ L'opinion se soulève (se dresse). 試合は段々盛上って来た Le match est devenu de plus en plus palpitant. ¶盛上った筋肉 muscles mpl saillants. 盛上った胸 poitrine f rebondie. 筋肉の盛上った腕 bras m musclé. 大衆の中から盛上った運動 mouvement m qui s'est élevé spontanément parmi le peuple.

もりあげる 盛上げる [山積にする] entasser; empiler; mettre en tas; amonceler. 世論を～ agir sur l'opinion.

もりあわせ 盛合わせ ¶～の料理 plat m garni.

もりかえす 盛返す ¶勢力を～ regagner du terrain. 彼の商売は盛返してきた Son commerce commence à reprendre.

もりこむ 盛り込む mettre; introduire; intégrer.

もりだくさん 盛沢山 ¶～の abondant; [une] quantité de. ～の趣向をこらした番組 émission f pleine d'idées originales.

もりたてる 守立てる accorder son appui à qn; soutenir. 会社を～ faire prospérer l'entreprise.

もりつける 盛り付ける préparer. ¶料理をきれいに～ présenter joliment un plat. ⇨ もる (盛).

モリブデン molybdène m.

もりもり ¶～と食べる manger gloutonnement (avec bon appétit). ～と元気がでる se sentir en pleine forme.

もる 盛る ¶食物を～ servir les aliments. 土を～ entasser de la terre. ◆[調合する・仕込む] ～ を～ doser (donner) un remède. 毒を～ empoisonner qn.

もる 漏る fuir; s'enfuir. 屋根から～ Le toit prend l'eau. このタンクは方々から水が漏れている Ce réservoir d'eau fuit de toute part. ¶水の漏らない樽 tonneau(x) m étanche. ちょっとパテをつめればこの樽は漏らなくなる Un peu de mastic suffit pour rendre ce seau étanche.

モル mole f. ～濃度 molarité f.

モルタル mortier m. ¶～を塗る enduire (recouvrir) qc de mortier. ¶～塗りの家 maison f bitumée.

モルト malt [malt] m. ¶～ウィスキー [whisky m] pur malt. ～ビール bière f de malt.

モルヒネ morphine f. ¶～常用者 morphinomane mf. ～中毒 morphinisme m.

モルモット marmotte f; [実験用] cobaye m. ¶これじゃあ～だよ On me prend pour un vrai cobaye.

モルモン ¶～教 mormonisme m. ～教徒 mormon(ne) m(f).

もれ 漏れ [脱落] omission f; lacune f; [ガスなどの] fuite f. ～を埋める combler les lacunes. その報告には重大な～がある Ce rapport présente de graves lacunes. ¶リストには沢山～がある Il y a beaucoup d'omissions dans cette liste. ¶ガス(水)～ fuite de gaz (d'eau). 申告～ [税の] omission. ～口 [ガスなどの] fuite.

もれる 洩(漏)れる [容器から] couler; fuir; [秘密が] filtrer; [ガス, 水] s'échapper; fuir. 万年筆はインクが～ Ce stylo coule. 雲間から陽光が～ Le soleil perce les nuages. この蛇口は水が～ Ce robinet fuit. 上手の手から水が～ Nul n'est à l'abri d'une erreur. どこかで水が漏れている Il y a des fuites d'eau quelque part. その情報は我々の所まで漏れてきた La nouvelle a filtré jusqu'à nous. ¶漏れ承る entendre par hasard. 洩れ承るところによれば d'après ce qu'on dit. ～[脱落する] être omis. 選に～ être omis dans un choix. ¶洩れなく sans omission; sans exception. 入試の答案用紙を全員に洩れなく配布する distribuer sans faute les papiers d'examen à tous les candidats. この会合には全員洩れなく参加した Tous, sans exception, ont pris part à cette réunion.

もろ 諸 ¶～潮風に受ける [船が] avoir vent debout. ～にパンチを食らう recevoir (encaisser) un coup de poing en pleine figure.

もろい 脆い fragile; frêle; cassant. 情に～ sensible; facile à émouvoir. 女に～ s'éprendre facilement des femmes; se laisser facilement séduire par les femmes.

もろく fragilement; sans [opposer de] résistance. もろくも敗れる être facilement battu.

もろさ fragilité f.

モロッコ ¶～革 maroquin m. ～革のハンドバッグ sac m en maroquin. ～革商 maroquinier m. ～革製造(製品) maroquinerie f.

もろて 双手 ¶～を上げて à bras ouverts. ～を上げて賛成する approuver des deux mains.

もろとも 共々 ¶～に ensemble. 死なば～だ S'il faut mourir, mourons ensemble.

もろば 両刃 ¶～の剣 épée f à deux tranchants.

もろはだ 諸肌 ¶～脱ぐ mettre ses épaules à nus; dénuder ses épaules. ～脱いで...する [比喩的に] consacrer tous ses efforts à qc.

もろひざ 両膝 ¶～を突く se mettre à genoux. ～突いて頼む demander qc à genoux.

もろもろ 諸々 ⇨いろいろ(色々).

もん 紋 blason m; armoiries fpl; emblème m héraldique. 着物に～を刺繍する broder sur un vêtement le blason de sa famille.

もん 門 porte f; entrée f; portail m; [格子の] grille f; [両開きの大門] porte cochère; [部門] genre m;《生》embranchement m. ～から入る entrer par la porte. ～を叩く frapper à la porte. ～を閉める fermer la porte. ¶～を閉じて à huis clos.

もんえい 門衛 portier(ère) m(f); concierge mf. ¶～所 pavillon m du portier.

もんか 門下 ¶...の～に学ぶ étudier sous la direction de qn. 私はK先生の～で研究している Je mène mes recherches sous la direction du professeur K. ¶～生 disciple m; élève mf de qn.

もんがい 門外 ¶～漢 profane mf. 彼は音楽については全くの～漢である Il est complètement béotien (profane) en musique. ～不出の品 objet m que l'on ne prête jamais; objet jalousement gardé.

もんがまえ 門構え ¶あの家の～は立派だ Cette maison a une porte magnifique.

モンキーレンチ clef *f* anglaise (à molette).

もんきりがた 紋切型 ¶~の conventionnel(le); stéréotypé(e). ~の表現(文章) expression *f* (phrase *f*) stéréotypée. ~の文句 lieux *mpl* communs; stéréotype *m*; cliché *m*.

もんく 文句 [言回し] tournure *f* de phrase; [不平] plainte *f*; murmure *m*; [異議] objection *f*; raisonnements *mpl* d'une chanson. 歌の~ paroles *fpl* d'une chanson. ~を言う se plaindre de; [異議] opposer des objections à; soulever des objections contre; [ぶつぶつ] murmurer. ~の種 sujet *m* de plainte. ~をつける reprocher *qc* à *qn*. ~は申しません Je n'ai rien à redire à cela. ~を言う Pas de raisonnements!/Ne rouspéte pas! ¶~なしの勝ちだ C'est une victoire incontestable. ~を言わずに sans broncher. ¶~なしの expression *f* toute faite. 殺し~ belles paroles.

もんげん 門限 heure *f* de fermeture. ~に間に合う(遅れる) arriver avant (après) la fermeture de la porte. ~を守る respecter l'heure de fermeture.

もんこ 門戸 porte *f*. ~を開放する(閉ざす) ouvrir (fermer) *sa* porte à *qn*.

もんし 悶死 ¶~する mourir dans de grandes souffrances.

もんし 門歯 incisive *f*.

もんじゅ 文殊 ¶「三人寄れば~の知恵」 «Deux avis valent mieux qu'un.»

もんしょう 紋章 blason *m*; armoiries *fpl*; écusson *m*. 菊の御~ écusson représentant le chrysanthème impérial. ¶~の armorial(aux); héraldique. ¶~学 héraldique *f*. ~学者 héraldiste *mf*.

もんしろちょう 紋白蝶 piéride *f* du chou.

モンスーン mousson *f*.

モンスター monstre *m*.

もんせき 問責 ¶~する accabler *qn* sous *ses* responsabilités.

もんぜつ 悶絶 ¶~する perdre connaissance sous l'excès de la douleur.

もんぜん 門前 ¶「~の小僧習わぬ経を読む」«Le moine répond comme l'abbé chante.» 彼の家は~市をなしている Les visiteurs se pressent chez lui. ¶~払いをする fermer la porte au nez de *qn*; refuser (fermer) *sa* porte à *qn*. ~払いを食う trouver porte close.

モンタージュ [映] montage *m*. 映画の~を組み立てる monter un film. ¶~写真 photo(s)-robot (s) *m*.

もんだい 問題 question *f*; problème *m*; [主題] sujet *m*; thème *m*; [題材] matière *f*; article *m*; [事柄] affaire *f*. 代数の~ problème d'algèbre. 良心の~ affaire de conscience. 現代的な~ problèmes de notre époque. ~を解決する résoudre un problème. ~を提出する poser un problème. ~を残す(残さない) être discutable (incontestable). あなたの発言は~を残しますよ L'opinion que vous émettez est discutable. それは時間の~だ C'est une question de temps. それは趣味の~だ C'est [une] affaire de goût. それは非常に難しい~だ C'est tout ce qu'il y a d'affaire. あなたの将来の~だ Il s'agit de votre avenir. それは大した~じゃない Ce n'est pas une affaire. ¶~の作品 pièce *f* problématique (qui fait problème). ~の人物 personne *f* en question. ...が~になっている Il est question de *qc* (*inf*, que *sub*). 生活費の高騰が~になっている Il est question de la hausse du coût de la vie. ~になっているのは物価高の抑制策である Ce qui est en question, ce sont des mesures contre la hausse des prix. ~にする mettre *qc* en question. ~にしない ne faire aucune attention à; faire peu de cas de; [小馬鹿にする] dédaigner *qn*; [無視する] négliger. あんな馬鹿の言うことなど~にするな Ne tiens pas compte de ce que dit cet imbécile. 何が~か De quoi s'agit-il? そこが(重大な)~だ Là est (toute) la question. 彼が何をしようと~じゃない Peu importe ce qu'il fait. 彼など~じゃない Il ne m'arrive pas à la cheville. ¶それは僕にとっては死活の~だ C'est pour moi une question de vie ou de mort. 住宅~ problème du logement. 政治(社会)~ problème politique (social). それは別の~だ C'est une autre question./C'est en fait à part. 彼に~意識を持っている Il a la conscience des problèmes. ~化する devenir un objet de discussions; [いさこざを引起こす] causer des troubles. それは~外である Ce n'est pas la question./Il ne s'agit pas de cela./C'est hors de sujet. 彼の小説は今年の~作の一つである Son roman est un de ceux qui ont fait du bruit cette année. あの子は我が校の~児だ Cet enfant est la croix de notre école. ~集 recueil *m* de problèmes.

もんちゃく 悶着 [紛争] difficulté *f*; discorde *f*; [論争] querelle *f*; dispute *f*. ~の種 cause *f* de friction. ...と一悶~ avoir des difficultés avec *qn*; 《俗》avoir des histoires avec *qn*. ひと~起きた Une difficulté s'est présentée. ~を起こす semer la discorde.

もんちゅう 門柱 pilier *m* de la porte.

もんてい 門弟 élève *m*; disciple *m*.

モンテローザ le Mont-Rose.

もんと 門徒 disciple *m*; [信者] croyant(e) *m* (*f*); [信徒] adepte *mf*.

もんどう 問答 dialogue *m*; conversation *f*; questions *fpl* et réponses *fpl*. ~をする [2人が] échanger questions et réponses; dialoguer; [人と] avoir un dialogue avec *qn*. ¶押し~の結果, 民衆は会場になだれこんだ Comme résultat de l'altercation, la foule a déferlé dans la salle. 「~無用」Pas de discussion!

もんどりうつ culbuter; faire une culbute. ¶もんどり打って落ちる tomber *qn*; 《俗》tomber cul par-dessus tête. もんどり打って倒れる tomber à la renverse.

もんなし 文無し 《俗》fauche *f*; parotin *m*; sans-le-sou *mf inv*. ¶~の sans argent (le sou); 《俗》fauché. 賭事で~になる boire un bouillon au jeu. ~だ Il n'a pas un sou./Il est complètement fauché.

もんばつ 門閥 [家柄] lignée *f*; famille *f*; [名門] bonne lignée; origine *f* illustre. ~の

もんばん 門番 portier(*ère*) *m*(*f*); concierge *mf*. 〜をする garder la porte. ‖ 〜小屋 loge *f* du portier.

もんぶかがくしょう 文部科学省 Ministère *m* de l'Education, de la Culture, des Sports, de la Recherche et de la Technologie.

モンブラン le Mont-Blanc.

もんもう 文盲 analphabétisme *m*; [無知] ignorance *f*; [人] analphabète *mf*. ‖ 彼は無学〜である Il est illettré (ignare)./Il ne sait ni A ni B. 〜率 taux *m* d'analphabétisme.

もんもん 悶々 ¶ 〜の情 passion *f* dévorante pour *qn*. 彼はここ数日〜としている Depuis quelques jours, il a le cafard. 〜として一夜をすごす passer une nuit à broyer du noir.

モンローしゅぎ -主義 doctrine *f* de Monroe.

や

や 野 ¶～に下る quitter le pouvoir; [公職を去る] quitter les fonctions publiques.

や 矢 flèche f; trait m. キューピッドの～ flèches fpl de l'Amour. 中傷の～ traits de calomnie. ～を射る lancer (tirer, décocher) une flèche. ～をつがえる encocher une flèche. 諷刺の～を放つ lancer (décocher) des épigrammes contre qn. ¶～のように走る filer comme une flèche (un trait, un bolide). ～[のような] 催促をする †harceler qn de réclamations continuelles.「光陰の如し」Le temps s'envole. …したくても～も楯もたまらない brûler (mourir d'envie) de inf.

-や ¶これ～これ～ ceci et cela. ～と心配ごとが多くて J'ai des ennuis de toutes sortes. ¶…～否や [すぐさま] ¶…～否や [いなや(否や)]. 部屋に入る～彼はばったり倒れた A peine dans la chambre, il est tombé de tout son long.

やあ [感動・驚き] Oh!/Ah!/Mon dieu!/ [呼びかけ]/Ohé!/Hé!. ～, 君か Ah, te voilà./Tiens, c'est toi.

ヤード yard m.

ヤーヌス 〖ロ神〗 Janus m.

ヤール yard m.

やいば 刃 lame f; fil m; taille f; tranchant m; 〖刀〗épée f; fer m. ～にかける passer qn au fil de l'épée. ～を交える engager (croiser) l'épée (le fer). ～を突きつける pointer son sabre vers qn.

やいやい ¶～言われて仕方なしにする se résigner à travailler sous l'épée dans les reins. 借金取りに～責め立てられる être harcelé par son créancier.

やいん 夜陰 ¶～に乗じて à la faveur de la nuit, grâce à la nuit.

やえ 八重 ¶七重の膝を～に折る faire une requête à deux genoux. ¶～咲きの花 fleurs fpl doubles. ～桜 cerisier m à fleurs doubles.

やえい 野営 campement m; bivouac m; [スポ] camping m. ¶～する camper; bivouaquer; [スポ] coucher sous la tente; faire du camping. ～地 campement; camp m; bivouac.

やえば 八重歯 canines fpl irrégulières.

やえん 夜宴 banquet m nocturne. 魔女の～ sabbat m. ～を張る organiser un banquet nocturne (un souper).

やおちょう 八百長 ¶～のボクシング試合 combat m de boxe truqué. そいつは～だ C'est un coup monté.

やおもて 矢面 ¶～に立つ aller hardiment au-devant de; s'exposer à. 敵の～に立つ s'exposer au feu de l'ennemi. 質問の～に立つ être la cible des questions.

やおや 八百屋 magasin m de légumes; [人] marchand(e) m/f de légumes; [行商の] marchand(e) des quatre saisons.

やおら lentement; doucement; [突然] brusquement. 彼は～立ち上がったかと思うと, 挨拶もせずに出て行った A peine s'est-il levé brusquement, qu'il est sorti sans prendre congé.

やかい 夜会 soirée f; [舞踏会] soirée dansante. ～に出かける aller en soirée. ～を催す donner une soirée. ¶～服 tenue f de soirée; [女性の] robe f du soir.

やがい 野外 ¶～で en plein air; au grand air. ¶～演習 manœuvres fpl en campagne. ～音楽会 concert m [donné] en plein air. ～音楽堂 kiosque m à musique. ～劇場 théâtre m en plein air. ～生活 vie f de plein air.

やがく 夜学 cours mpl du soir. ～に通う suivre les cours du soir. ¶～生 étudiant(e) m/f des cours du soir.

やかた 館 château(x) m; manoir m; hôtel m.

やがて [そのうちに] bientôt; avant (sous, dans) peu; [間もなく] tout à l'heure; sous peu; [ほとんど] à peu près; [結局] finalement; à la fin. 彼が出て行ってから～一時間になる Ça fait environ une heure qu'il est sorti.

やかましい 喧しい [騒がしい] bruyant; tapageur(se); assourdissant. ～子供 enfant m(f) tapageur(se). ～人 braillard(e) m(f); 〖俗〗gueulard(e) m(f). ～物音 bruit m assourdissant. その会合は喧しかった La réunion a été bruyante. ～ぞ Taisez-vous!/Tais-toi!/〖俗〗Ferme ta gueule!/Ta gueule! ¶やかましく bruyamment; tapageusement. やかましくする faire du tapage (du vacarme). ～宣伝する faire une publicité tapageuse. ◆ [厳しい] strict; sévère; rigide; pointilleux(se); minutieux(se). 食物に～ être difficile sur la nourriture. 礼儀作法に～ être très strict (pointilleux) sur l'étiquette. ～教師 professeur m sévère. 子供に～母親 mère f très stricte à l'égard de ses enfants. ¶やかましく sévèrement; strictement. 子供のしつけをやかましく言う élever ses enfants avec fermeté. やかましくしつけられた子供 enfant m(f) sévèrement élevé(e) par ses parents.

やかましや 喧屋 〖俗〗personne f exigeante (difficile); 〖俗〗pinailleur(se) m(f).

やかん 夜間 ¶～は外出禁止だ Il est défendu de sortir le soir. あの店は～営業しております Ce magasin est ouvert la nuit. ～勤務 travail(aux) m(pl) (service m) de nuit. ～興行 représentation f donnée en soirée; soirée f. ～飛行 vol m de nuit.

やかん 薬罐 bouilloire f. ～を火にかける mettre une bouilloire sur le feu. ～頭 tête f chauve. 彼は～頭だ Il est chauve comme un œuf.

やき 焼き ¶この陶器は～かい Cette poterie est bien cuite. 刃物に～を入れる tremper

やき 〜を入れた鋼鉄 acier *m* trempé. ◆[比喩的に] ¶〜がまわる se ramollir. あいつには〜を入れねばならない Il faut lui griller les fesses (le visser).

やき 夜気 fraîcheur *f* de la nuit. 〜が身にしみる se sentir pénétré de la fraîcheur nocturne.

やぎ 山羊 [牝] chèvre *f*; [牡] bouc *m*; [俗] bique *f*; 〜の子〜 [牡] chevreau(x) *m*; [牝] chevrette *f*. 〜皮の手袋 gants *mpl* de chevreau. 〜のひげ barbiche *f*; bouc. 〜のひげを生やす porter la barbiche (le bouc). 〜座 le Capricorne.

やきあみ 焼網 gril *m*.

やきいん 焼印 marque *f* au fer chaud (rouge). 〜を押す marquer qc au fer chaud (rouge).

やきうち 焼討 ¶町(城)に〜をかける mettre le feu à une ville (un château).

やききる 焼切る couper en brûlant.

やきぐし 焼串 [大] broche *f*; [小] brochette *f*. 小魚を〜に刺す mettre en brochette de petits.

やきぐり 焼栗 marron *m* chaud (grillé). 〜をミに mettre des marrons à griller. ‖〜屋 marchand(e) *m(f)* de marrons grillés.

やきごて 焼鏝 fer *m* chaud (rouge).

やきころす 焼殺 brûler qn vif(ve). ¶焼殺される être brûlé(e) vif(ve).

やきざかな 焼魚 poisson *m* grillé.

やきしお 焼塩 sel *m* blanc.

やきすてる 焼き捨てる ¶[火にくべる] jeter qc au feu; [焼く] brûler.

やきつく 焼付 [印象として] se graver. その姿は私の記憶に焼付いている Cette image reste gravée dans ma mémoire.

やきつくす 焼尽す brûler qc complètement; réduire qc en cendres.

やきつけ 焼付け 《写》 tirage *m* [photographique]. ‖〜器 tireuse *f*.

やきつける 焼付ける ¶写真を〜 tirer une épreuve (une photo). 彼はその名前を心に焼付けた Il a gravé ce nom dans son coeur.

やきとり 焼鳥 brochette *f* de poulet.

やきなおし 焼直し [作品などの] réchauffé *m*; resucée *f*; [映画の] remake *m*. それは前の作品の〜に過ぎない Ce n'est que du réchauffé d'un ouvrage antérieur.

やきなおす 焼直す ¶魚を〜 faire recuire un poisson. 作品を〜 refondre un ouvrage.

やきにく 焼肉 rôti *m*; viande *f* grillée; grillade *f*. ‖〜屋 rôtisserie *f*; 〜屋 rôtisserie *f*; boutique *f* de rôtisseur; [人] rôtisseur(se) *m(f)*.

やきば 焼場 four *m* crématoire; crématoire *m*.

やきはらう 焼払う incendier; brûler; consumer; détruire par le feu. 家(村)を〜 incendier une maison (un village).

やきぶた 焼豚 rôti *m* de porc.

やきまし 焼増 tirage *m* supplémentaire. ¶〜をする tirer de nouvelles épreuves.

やきめし 焼飯 riz *m* sauté; pilaf *m*.

やきもき ¶〜する s'inquiéter; se tourmenter; se tracasser; se faire des soucis.

それしきのことで〜するな Ne te tourmente pas pour si peu. 〜して待つ attendre avec une impatience fébrile. ¶[人を待たせて] se faire languir; 急げよ、〜させるなあ Dépêche-toi, tu nous fais languir!

やきもち 焼餅 ¶〜を焼く être jaloux(se) de. ‖〜焼き jaloux(se) *m(f)*.

やきもの 焼物 [陶器] faïence *f*; poterie *f* [de terre]; [製品 *m*] céramique *f*; [磁器] porcelaine *f*. ‖〜師 faïencier(ère) *m*; potier *m*; céramiste *m*; porcelainier(ère) *m(f)*.

やきゅう 野球 base-ball *m*; [プロ] base-ball professionnel. 〜をする jouer au base-ball. 〜の試合 match *m* de base-ball. ‖〜場 stade *m* de base-ball. 〜選手 joueur *m* de base-ball; [プロ] joueur professionnel de base-ball; [プロ] 〜チーム équipe *f* [professionnelle] de base-ball.

やぎゅう 野牛 bison *m*.

やぎょう 夜業 travail(aux) *m* (*pl*) de nuit.

やきょく 夜曲 ⇒ セレナーデ.

やきん 冶金 〜学 métallurgie *f*. 〜工 métallurgiste *m*; [俗] métallo *m*. 〜術(業) métallurgie. 〜学(術)の métallurgique.

やきん 夜勤 service *m* (travail *m*) de nuit. 〜手当 prime *f* de travail de nuit.

やきん 野禽 oiseau(x) *m*(*pl*) sauvage(s).

やく 焼く [燃やす・焦がす] brûler; [陶器などを] cuire. 書類を〜 brûler des papiers. 炭を〜 faire du charbon. 陶器を〜 cuire des poteries (de la porcelaine). 肌を〜 brunir (bronzer) au soleil. 煉瓦を〜 cuire des briques. 遺体を〜 incinérer (brûler) un cadavre. ¶手を焼かせるなよ Ne cause pas d'embarras! [気遣う] ¶子供たちの世話を〜 se mettre en quatre pour ses enfants. ◆[料理で] cuire; rôtir; [網で] griller. 魚を〜 griller un poisson. 卵を〜 [目玉焼] faire cuire un œuf sur le plat. 肉を〜 cuire (rôtir) de la viande. パンを〜 [製パン] cuire le pain; [トースト] faire griller du pain. 天火(串)で〜 cuire au four (à la broche). とろ火(中火、強火)で〜 cuire à petit feu (à feu doux, à grand feu). よく(ほどよく)焼いたステーキ bifteck *m* bien cuit (cuit à point). 〜時間 temps *m* de cuisson.

やく 妬く ⇒ しっと(嫉妬). ¶〜そうなよ Ne fais pas l'envieux.

やく 厄 malheur *m*; infortune *f*. 〜を払う(よける) écarter un malheur. ‖〜払い exorcisme *m*.

やく 役 [役割・職] rôle *m*; fonction *f*; poste *m*. 〜につく entrer en fonctions; s'installer dans un poste. 上の〜につく être promu à une nouvelle fonction. 〜を演じる [劇の] jouer (interpréter) un rôle. アルセストの〜を演じる jouer le rôle (le personnage) d'Alceste. 彼は乞食の〜を見事に演じた Il a très bien joué dans le personnage du mendiant. 〜を退く(下りる) démissionner; se démettre de ses fonctions. 〜をつとめる jouer un rôle; remplir une fonction. 議長の〜をつとめる jouer le rôle de président. 〜

やく を振りあてる distribuer les rôles. この外套が毛布の～をするだろう Ce manteau me servira de couverture. ‖そんな地位では彼には～不足だ Ce poste n'est pas à sa hauteur. ◆[有用] ¶～に立つ servir à; être utile à. それはまだ～に立つ Cela peut encore servir. 彼女は大いに私の～に立つ Elle m'est d'une grande utilité. この袋は～に立ち, 何でも入れられるから Ce sac est pratique. On peut y mettre tout ce qu'on veut. この布の以外値はまだ何かの～に立つ Ce morceau de linge est encore bon à quelque chose. …して 何の～に立つか A quoi bon inf?/A quoi sert[-il] de inf? この機械は何の～に立つのか A quoi sert cette machine? こんなに努力して何の～に立つのか A quoi bon tous ces efforts? それが何の～に立つのか A quoi cela sert-il? 何かあ～に立てることはありませんか Que puis-je faire pour vous?/[俗] Qu'y a-t-il pour votre service? 何かお～に立てることがありましたらおっしゃって下さい Si je peux vous être utile en quelque chose, dites-le-moi. 何の～に立たない ne servir à rien; être inutile à. 誰の～にも立たない n'être utile à personne. それは何の～にも立たのか Ce n'est pas utile à. 大して～に立たない家具 meuble m qui ne sert pas à grand-chose. ～に立たなくなった機械 machine f hors d'usage.

やく 約 [およそ] environ; à peu près; presque. ～3年前 il y a environ (à peu près) trois ans; il y a trois ans environ. ここから～2キロの距離だ Cela fait presque deux kilomètres d'ici.

やく 訳 traduction f; version f. 原文に忠実な～ traduction fidèle au texte. この～は下手だ Cette traduction ne vaut pas cher.

ヤク 犛牛 ya[c]k m.

やぐ 夜具 literie f; matériel m de couchage.

やくいん 役員 [会合, 催しの] commissaire m; [会社の] administrateur(trice) $m(f)$; [世話役] ordonnateur(trice) $m(f)$. 祭りの～ commissaire de la fête. ‖～会 comité m. ～組織 hiérarchie f administrative.

やくおとし 厄落し ⇨ やくばらい(厄払い).

やくがい 薬害 nuisances fpl pharmaceutiques.

やくがえ 役替え mutation f; changement m de poste.

やくがく 薬学 pharmacie f. ～を専攻する faire ses études de pharmacie. ‖～士 licencié(e) $m(f)$ en pharmacie. ～博士 docteur m en pharmacie. ～部 faculté f de pharmacie.

やくがら 役柄 ¶～を心得る comprendre son rôle. ～もわきまえずに sans savoir son rôle.

やくぎ 訳業 travail m de traduction.

やくご 訳語 mot m traduit. 適切な～ traduction f heureuse. ～が見つからない ne pas trouver une traduction juste.

やくざ vaurien m; voyou m;[俗] galapiat m. ‖～な暮しをする se la couler douce. ‖ちんぴら～ petit voyou (galapiat).

やくざい 薬剤 médicament m. ‖～散布 pulvérisation f d'un médicament. 師～ pharmacien(ne) $m(f)$.

やくさつ 薬殺 ¶狂犬を～する empoisonner un chien enragé.

やくさつ 扼殺 strangulation f; étranglement m. ‖～する étrangler de ses mains.

やくし 訳詞 parole f traduite.

やくし 訳詩 poème m traduit; traduction f d'un poème. ‖～する traduire un poème.

やくじ 薬事 ‖～行政 administration f pharmaceutique. ～審議会 commission f de contrôle des produits pharmaceutiques. ～法 code m pharmaceutique.

やくしゃ 役者 acteur(trice) $m(f)$. ～が揃う La bande est au complet. 彼の方が～が一枚上だ Il est d'une autre trempe que moi. ‖喜劇～ acteur(trice) comique; comique m. 悲劇～ tragédien(ne) $m(f)$. 道化～ bouffon m. 千両(花形)～ vedette f; étoile f. 大根～ cabotin(e) $m(f)$. 立～ principal acteur. 旅～ comédien(ne) $m(f)$ ambulant(e).

やくしゃ 訳者 traducteur(trice) $m(f)$.

やくしゅつ 訳出 ⇨ やくす(訳す), ほんやく(翻訳).

やくしょ 役所 bureau(x) m du gouvernement. ‖お～[風]の bureaucratique. ‖～仕事 lenteur f administrative.

やくしょ 訳書 traduction f.

やくじょ 躍如 ¶この手のものを書くとなると正に彼の面目～たるものがある C'est quand il écrit des œuvres de ce genre qu'il déploie tout son talent.

やくじょう 約定 convention f; contrat m. ¶～する passer un contrat avec qn. ‖～書 convention écrite.

やくしょく 役職 gérance f; administration f. ～につく s'installer dans un poste supérieur (administratif).

やくしん 躍進 ‖めざましい～を遂げる prendre un grand essor (un essor prodigieux). ～する faire de grands progrès. 5位から1位に～する sauter du cinquième au premier rang. ‖その会社の～ぶりは急速だ L'essor de cette entreprise est très rapide.

やくす 訳す traduire. 日本語(英語)をフランス語に～ traduire du japonais (de l'anglais) en français. フランス語のテキストを日本語に～ traduire un texte français en japonais.

やくすう 約数 diviseur m; sous-multiple m. 3と5は15の～である 3 et 5 sont des sous-multiples de 15. ‖最大公～ le plus grand commun diviseur.

やくする 約する《数》réduire. ⇨ やくぶん(約分). ¶後日を約して別れる se séparer en se promettant de se revoir. ⇨ やくそく(約束).

やくせき 薬石 ¶～効なく malgré tous les soins médicaux.

やくそう 薬草 simples mpl; plante f médicinale. ～を採集する herboriser; cueillir des simples. ‖～採集 herborisation f. ～商 herboriste mf. ～店 herboristerie f.

やくそく 約束 promesse f; engagement m. 3時に人と会う～がある J'ai un rendez-vous à trois heures. ～の場所 rendez-vous m. ～の時間に à l'heure dite. ～の日までに avant la date fixée. ～を取消す reprendre (retirer) sa parole. ～を守る tenir sa promesse (sa parole); respecter (tenir) ses promesses

やくそくてがた 約束手形 billet *m* simple (à ordre). 〜を振出す(割引く) souscrire (escompter) un billet à ordre. 〜の受取人(振出人) bénéficiaire *m* (souscripteur *m*).

やくだつ 役立つ ¶英語を知っていたことが彼に大いに役立った Sa connaissance de l'anglais lui a été d'un grand profit. ⇨ やく(役).

やくだてる 役立てる tirer parti (parti) de *qc*; mettre *qc* à profit; profiter de *qc* pour; utiliser; exploiter. 己れの才能を〜 tirer profit de *son* talent tout. いまこそあなたの経験を〜べき時だ C'est le moment d'exploiter votre expérience. この事業の達成のためにあなたの能力を最大限に役立てて下さい Pour accomplir ce travail, utilisez à fond vos capacités.

やくちゅう 訳注 note *f* du traducteur; N. du T. 〜をつける annoter comme traducteur.

やくづき 役付き ⇨ やくしょく(役職). 〜になる entrer dans une fonction de direction; devenir cadre.

やくどう 躍動 élan *m*. 生の〜 élan vital. 〜する若い肉体 corps en plein de vie.

やくとく 役得 revenant(s)-bon(s) *m*; gratte *f*. 〜がある faire de la gratte. 若い娘とつきあえるのは教師の〜 Pouvoir frayer avec des jeunes filles, c'est le bon côté du métier de professeur.

やくどく 訳読 explication *f* de texte. ¶〜する expliquer un texte.

やくどし 厄年 année *f* néfaste (climatérique).

やくにん 役人 fonctionnaire *mf*; officiel *m*; [軽蔑して] bureaucrate *mf*; rond(s)-de-cuir *m*. 〜風を吹かせる prendre de grands airs de fonctionnaire. 〜根性 bureaucratie *f*. 〜天国 paradis *m* des ronds-de-cuir.

やくば 役場 mairie *f*.

やくばらい 厄払い exorcisme *m*. ¶〜[を]する exorciser un démon.

やくび 厄日 jour *m* néfaste.

やくびょうがみ 疫病神 porte-malheur *m* inv. 〜がやって来た Voilà l'oiseau de malheur. ¶〜のように(忌み)嫌う fuire (craindre) comme la peste.

やくひん 薬品 médicament *m*; produits *mpl* pharmaceutiques.

やくぶつ 薬物 médicament *m*; matière *f* médicamenteuse. ¶〜療法 traitement *m* médicamenteux.

やくぶん 約分 réduction *f* de fractions; simplification *f*. ¶〜する réduire; simplifier une fraction.

やくぶん 訳文 traduction *f*; version *f*.

やくほん 訳本 traduction *f*; version *f*.

やくまわり 役回り ¶損な〜だ Je joue le rôle du perdant.

やくみ 薬味 épice *f*. 〜を入れる épicer. ¶〜の利いた épicé. 〜入れ boîte *f* à épices.

やくむき 役向 ⇨ やくがら(役柄).

やくめ 役目 fonction *f*; devoir *m*. ...の〜をする [代理・代用] faire fonction de; jouer le rôle de; tenir lieu de. 〜を果たす remplir (s'aquitter de) *ses* fonctions.

やくめい 役名 titre *m*;【演】rôle *m*.

やくよう 薬用 ¶〜の médicinal(aux); officinal(aux). ¶〜アルコール alcool *m* à 90°. 〜植物 plante *f* médicinale (officinale). 〜石鹸 savon *m* hygiénique.

やくよけ 厄除 [護符] talisman *m*.

やぐら 櫓 tour *f*; tourelle *f*; [天守閣] donjon *m*. 〜を組む dresser un échafaudage. ¶物見〜 tour de guet.

やくり 薬理 ¶〜学 pharmacologie *f*. 〜学科 section *f* de la pharmacologie.

やぐるまそう 矢車草 bleuet *m*; centaurée *f*.

やくろう 薬籠 ¶自家〜中のものである avoir *qn* dans *sa* manche; disposer de *qn* à *son* gré.

やくわり 役割 rôle *m*; fonction *f*. 世論形成における新聞の〜 Rôle de la presse dans la formation de l'opinion publique. ...の〜を演じる [代行・代用] faire fonction de. 重要な〜を引き受ける(演じる・果たす) assumer (jouer, remplir) un rôle important.

やくわん 扼腕 ¶切歯〜する grincer des dents de dépit.

やけ 自棄 ¶〜を起こす(になる) s'abandonner (se livrer) au désespoir; se laisser aller. 〜になって désespérément; avec acharnement. ¶〜酒を飲む noyer *son* chagrin dans l'alcool.

やけ 焼け ¶白粉〜している avoir la peau abîmée par l'abus de maquillage. 酒〜している avoir une trogne d'ivrogne. 日〜している avoir la peau bronzée (brunie).

やけあと 焼跡 décombres *mpl* (ruines *fpl*) d'un incendie. 〜はまだくすぶっていた Les ruines fumaient encore. 〜の整理 déblaiement *m* des décombres.

やけい 夜景 panorama *m* (vue *f*) nocturne (de nuit). ¶百万ドルの〜 panorama nocturne célèbre.

やけい 夜警 garde *f* (ronde *f*) de nuit; [人] veilleur *m* (gardien *m*) de nuit.

やけいし 焼石 ¶〜に水だよ C'est une goutte d'eau dans la mer.

やけおちる 焼け落ちる être détruit par l'incendie; s'effondrer dans le feu. その家は火事で焼落ちた L'incendie a détruit cette maison de fond en comble./Cette maison a été réduite en cendres par le feu.

やけこげ 焼焦げ [trace *f* de] brûlure *f*. 煙草の〜 brûlure de cigarette. 彼のズボンは〜が出

やけしぬ 焼け死ぬ mourir brûlé; être brûlé(e) vif(ve). ¶ホテルの火事で3人が焼け死んだ Trois personnes ont été brûlées vives dans l'incendie de l'hôtel.

やけだされる 焼け出される perdre sa maison dans un incendie. ¶焼け出された人 incendié(e) m(f).

やけただれる 焼け爛れる ¶胃の腑が～ avoir l'estomac en charpie.

やけつく 焼け付く ¶～ような暑さ chaleur f brûlante. ～ような太陽 soleil m brûlant. ～ような喉の渇き soif f brûlante (ardente).

やけっぱち やけ(自棄).

やけど 火傷 brûlure f. ～の痕 cicatrice f de brûlure. ¶～をする se brûler. 指を～する se brûler les doigts. 熱湯で～する s'ébouillanter. ～しそうに熱いコーヒー café m brûlant. ～しないように用心する faire attention de ne pas se brûler.

やけに ¶～暑いね Cette chaleur dépasse les bornes. 彼は～居丈高だ Il est terriblement autoritaire. ¶～喉が渇く avoir très soif; brûler de soif. ⇒ ひどく.

やけのこる 焼け残る échapper à l'incendie. 彼の家が一軒だけ焼け残った Seule sa maison a échappé à l'incendie.

やけのはら 焼野原 ¶火事で～となる être dévasté par l'incendie. 爆撃でその町は一面の～となった Toute la ville a été réduite en cendres par le bombardement. ～に茫然と佇む se tenir médusé sur les lieux de l'incendie.

やけぼっくい 焼け木杭(棒杭) ¶あの二人は～に火がついたのさ Ces deux amants ont ranimé le feu sous la cendre.

やける 焼ける ¶部屋で何かい臭いがする On sent une odeur de brûlé dans la chambre. オイルを差さないとエンジンが焼けてしまう Le moteur va [se] gripper si on ne le graisse pas. 家が焼けてしまった La maison a été brûlée (incendiée). 家が焼けている La maison brûle. ◆[培られて] ¶日に～を bronzer([se] brunir) au soleil. 顔が日に焼けた Le soleil a bronzé (bruni) mon visage. 肉を焼きすぎますよ Vous allez brûler votre rôti. 日に焼けた肌, peau f bronzée. よく焼けた(焼きすぎた)肉 viande f bien (trop) cuite. ◆[焼けるように熱い] ¶喉が～ La gorge me brûle (cuit). 胸が～ L'estomac me brûle./J'ai des brûlures d'estomac.

やける 妬ける ¶ちょっと～ sentir une pointe de jalousie.

やけん 野犬 chien m errant. ¶～狩り chasse f aux chiens errants. ～収容所 fourrière f.

やご nymphe f de libellule.

やこう 夜光 ¶～虫 noctiluque f. ～時計 montre f à cadran lumineux. ～塗料 peinture f lumineuse.

やこう 夜行 ¶奴は～性だ C'est un noctambule. ～列車 train m de nuit. ～列車で行く aller (partir) par le train de nuit.

やごう 屋号 raison f sociale.

やごう 野合 mariage m à la colle. ¶～する se mettre en ménage sans être marié;《俗》se coller avec qn.

やさい 野菜 légume m. ～を食べる(作る) manger (cultiver) des légumes. ¶生～ crudités fpl. ～サラダ salade f (macédoine f) de légumes. ～スープ soupe f aux légumes; bouillon m de légumes. ～作り culture f de légumes; culture maraîchère (potagère, légumière); [人] maraîcher(ère) m(f). ～泥棒 [行為] maraude f; [人] maraudeur(se) m(f). ～畑 potager m; jardin m potager (maraîcher). ～料理 jardinière f.

やさおとこ 優男 jeune homme m élégant; bel homme m.

やさがし 家捜(探)し fouille f d'une maison; [家宅捜索] perquisition f; visite f domiciliaire. ¶～する fouiller une maison; [家宅捜索] faire une perquisition (une visite domiciliaire); perquisitionner chez qn au domicile de qn).

やさがた 優形 ¶～の男 homme m svelte.

やさき 矢先 ¶…しようという～に juste au moment de inf.

やさしい 易しい facile; aisé; simple. ～仕事 travail m facile. その機械の操作は実に～ La manœuvre de cette machine est très aisée. ¶易しく読める本 livre m qui se lit facilement. 易しさ facilité f.

やさしい 優しい [温和な] doux(ce); [親切な] gentil(le); aimable; [愛情深い] tendre; affectueux(se); [しとやかな] gracieux(se). ～顔(目つき) doux visage m (regard m). ～心 cœur m tendre. ～母親 tendre mère f. ～ふりをする faire l'aimable. ～見振り gestes mpl gracieux. ～娘 jeune fille f gentille. ～言葉をかける adresser des paroles aimables à qn. 誰に対しても～ être aimable avec tout le monde. ～声 voix f douce. ¶優しく gentiment; tendrement; doucement; gracieusement. 優しくする être gentil(le) avec (pour) qn; faire une gentillesse à qn. 優しく見つめる regarder qn tendrement. 優しく迎える recevoir qn gentiment. お年寄りには優しく親切にしなさい Soyez bon et patient avec les gens âgés. 優しさ gentillesse f; tendresse f; douceur f; grâce f.

やし 香具師 [てきや] camelot m; [芸人] saltimbanque m. ～の口上 boniment m de camelot.

やし 椰子 cocotier m; [実] noix f de coco. ¶～油 huile f de coco.

やじ 野次 huées fpl. ～を浴びる se faire huer. ～を浴びて逃げ出す s'enfuir sous les huées de qn. ～を入れる pousser des cris de dérision contre qn. ～をとばす huer qn.

やじうま 野次馬 badaud(e) m(f). 火事場に～がたかっている Des badauds s'attroupent devant le lieu de l'incendie. ～に乗る [加わる] courir après des badauds. ¶～根性 baudaerie f.

やしき 屋敷 [建物] résidence f; [土地] enclos m. ¶～町 quartier m résidentiel.

やしないおや 養い親 père m (mère f) adop-

やしなう 養う [扶養] entretenir; soutenir; [養母] nourrir; élever; [養成] développer; cultiver. 家族を～ entretenir (nourrir) sa famille. 知力を～ développer (cultiver) son intelligence. 今は3人の子を身すII a trois enfants à nourrir. 読書は精神を～ La lecture nourrit l'esprit. その子は伯父に養われて育った Cet enfant a été élevé par son oncle.

やしゃ 夜叉 ¶～のような女 femme f diabolique. ¶あの女は外面如菩薩内心如一だ A cette femme, on lui donnerait le bon Dieu sans confession!

やしゅ 野趣 attrait m (charme m) rustique. ¶～に富んだ plein d'attrait rustique.

やしゅう 夜襲 attaque f nocturne. ～をかける déclencher (lancer) une attaque nocturne.

やじゅう 野獣 animal(aux) m (bête f) sauvage. ¶～のような男 homme m brutal (féroce). ～性 bestialité f; brutalité f. ～派 [美] fauvisme m; [人, 集合的に] les Fauves mpl.

やしょく 夜食 souper m. ～をとる souper.

やじり 鏃 fer m de flèche.

やじる 野次る *huer; conspuer. 弁士を～ huer (conspuer) un orateur. ¶野次られる se faire huer par qn. 野次り倒す agonir qn d'injures. → やじ[野次].

やじるし 矢印 flèche f. ～で示す indiquer par une flèche. ～の方向に進め dans le sens de la flèche. ～通りに行け Suivez les flèches.

やしろ 社 temple m shintoïste. ～に詣でる aller prier à un temple shintoïste.

やしん 野心 ambition f; prétention f. あの男は～が大きすぎる Cet homme manque d'ambition. 彼の～は飽くことを知らない Son ambition est insatiable. ～を満たす assouvir son ambition. ¶～のある(的な) ambitieux(se). ～に燃えている être dévoré d'ambition; être plein d'ambition; avoir les dents longues. ¶～家 ambitieux(se) m(f).

やじん 野人 rustre m; [田舎者] campagnard m. 彼女には一の風貌があるII y a fauve en lui.

やす 簎 [漁具] trident m.

やすあがり 安上り ¶～の économique. 飛行機より船の方が～だ Le voyage en bateau coûte moins cher qu'en avion.

やすい 安い [安価] bon marché; pas cher (ère); à bas prix. ～品物 articles mpl (produits mpl) bon marché. ～店 magasin m bon marché. あの店には～物は何もない Rien n'est bon marché dans cette boutique. ～物を探してみて下さい Essayez de me trouver quelque chose à meilleur marché. 安からぬ心持ちがする avoir f cas de frais; éprouver de l'inquiétude. あの二人は安くない Ça a l'air de bien marcher entre ces deux-là! ～値段で à bas prix de frais; à bas (vil) prix. 安く売る(買う) vendre (acheter) [à] bon marché. より(もっと)安く à meilleur marché. 安くする baisser (diminuer, réduire) le prix de qc. 安くなる baisser. 葡萄酒が安くなる Le vin a baissé. 物価(株価)が安くなる Les prix (Les cours) baissent (diminuent).

やすい 易い ¶～し… facile à inf. 運転し～車 voiture f facile à conduire. お～御用です Cela ne me dérange pas du tout; [礼を言われた時] A votre service. 「言うは易く行うは難し」«Cela est plus facile à dire qu'à faire.» ◆ […しがちである] ¶人間は誤りを犯し～ L'homme est sujet à l'erreur. 彼は腹を立て～ se vexe facilement.

やすうけあい 安請合い ¶～する promettre à la légère. 彼はやたらに～する Il se ruine en promesses.

やすうり 安売り solde f; vente f au rabais. ¶～して vendre au rabais (en solde); solder; mettre en réclame. ¶「本日大～」 «Aujourd'hui, grande vente réclame!» ～品 soldes; articles mpl mis en solde.

やすげっきゅう 安月給 maigre salaire m; salaire médiocre (de misère). ¶彼は～取りだ Il touche un maigre salaire.

やすざけ 安酒 bibine f; vinasse f. ～をあおる engloutir du gros rouge.

やすっぽい 安っぽい ¶～服 vêtement m de mauvaise qualité. この～型は大して高くない Ce type-là ne vaut pas cher. そのおかしな帽子をかぶると彼女は安っぽく見える Ce chapeau ridicule la rend vulgaire. 安っぽさ vulgarité f; bassesse f.

やすね 安値 ¶株価は～を続けている Les cours sont en baisse. ～で à bas (vil) prix.

やすぶしん 安普請 construction f de qualité inférieure.

やすませる 休ませる [休息] donner (accorder) du repos à qn; [休暇] donner congé à qn. 疲れた手足を～ laisser reposer ses membres fatigués. 土地を～ laisser reposer la terre; laisser la terre en jachère. 子供に学校を～ faire manquer l'école à son enfant.

やすまる 休まる se délasser; se détendre. 体が～ se remettre (se reposer) des fatigues. 旅館で一風呂浴びると体が～ A l'hôtel, un bain, ça remet (repose) des fatigues. 音楽を聴くと心が～ Ecouter de la musique délasse l'esprit. この本を読むと心が～ Cette lecture repose l'esprit.

やすみ 休み [休息] repos m; délassement m; [休暇] congé m; [長期休暇] vacances fpl; [休日] jour m de repos; [祝祭日] jour m de fête; [欠席] absence f; [休業] récréation f; [休業] fermeture f; [休演] relâche f; [議会の] intersession f. 明日は学校が～です Nous n'avons pas classe demain. 彼はお～です [欠席・欠勤] Il est absent. [休暇] Il est en congé. お～の時間です [就寝] C'est l'heure de dormir (d'aller au lit). ～をもらう(与える) prendre (donner, accorder) un congé. 2日～をとる prendre deux jours de congé. 病後彼は1か月の～をもらった Après sa maladie, il a obtenu un mois de repos. ～なく働く travailler sans repos (sans relâche, sans arrêt). ～なく降る雨 pluie f interminable. ¶ずる～する [学校] sécher la classe. 彼

やすむ 休む ずる～をした Il a séché la classe sous un prétexte quelconque. ひと～する(させる) prendre (donner) un peu de repos. ～明けに上に出る。～時間に [学校] en récréation.

やすむ 休む [休息する] se reposer, prendre du repos; se délasser; [中断する] cesser; s'arrêter. 私には～暇もない Je n'ai pas le temps de me reposer. ¶休まず働く travailler sans repos (relâche). 休まず1時間しゃべり続ける parler sans interruption pendant une heure. ¶休め Repos! 休んでいる機械 machine f au repos. 馬鹿も休み休み言え Ne dis pas de sottises, hein!/Si tu disais parfois des choses sensées! ❖ [欠席する] être absent; ne pas assister à; [欠勤する] s'absenter; [休暇をとる] prendre (obtenir) un congé; [休講する] ne pas faire de cours. 学校(授業)を～ manquer l'école (la classe). 病気で(2日続けて)～ être absent pour cause de maladie (deux jours de suite). 彼は学校を休みすぎる Il est trop souvent absent en classe. ❖ [就寝する] se coucher; aller au lit. 夜早く(遅く)～ se coucher tôt (tard). ¶お休みなさい Bonne nuit. お休みなさいを言う dire bonne nuit.

やすめる 休める [身体を～] se reposer. 機械を～ mettre une machine au repos. 心を～ se reposer l'esprit. 仕事の手を～ interrompre son travail. 旅の疲れを～ se reposer de la fatigue du voyage.

やすもの 安物 article m sans valeur; bagatelle f; pacotille f; camelote f. これは～だね C'est du tape-à-l'œil. ～を買う(売る) acheter (vendre) de la camelote. ～の宝石 bijou (x) m de pacotille. ¶「～買いの銭失い」《Qui achète bon marché, se mordra les doigts.»

やすやすと 易々と facilement; aisément; sans difficulté (peine); sans effort.

やすらか 安らか ¶～な safe; paisible; tranquille. ～な死(眠り) mort f (sommeil m) paisible. ～な日を送る mener une vie calme (tranquille); vivre tranquille (en paix). 心が～だ avoir l'esprit calme (tranquille, serein); avoir la conscience en repos. 心が～でない avoir l'esprit inquiet. ¶～に paisiblement; tranquillement; calmement. ～に眠る dormir tranquillement (calmement). ～に眠らんことを [弔辞] Qu'il (elle) repose en paix!/[墓碑銘] Que la terre lui soit légère. 死者たちは大地に抱かれて～に眠っている Les morts dorment en paix dans le sein de la terre. 安らかさ ⇨ やすらぎ(安らぎ).

やすらぎ 安らぎ paix f; tranquillité f; calme m; repos m. 心の～ tranquillité (paix) d'esprit. 死の～ repos de la mort.

やすり 鑢 lime f; râpe f. ～をかける limer; râper. ¶紙～ papier m [d']émeri (de verre). 布～ toile f [d']émeri.

やすんじる 安んじる [満足する] être content (satisfait) de; se contenter de; [安心する] avoir l'esprit calme (tranquille). 現状に～ se contenter de la situation actuelle. ¶安んじて tranquillement; calmement; en paix.

やせい 野性 sauvagerie f; caractère m sauvage. ¶～的な sauvage. ～的な女 femme f sauvage. ‖～児 sauvageon(ne) m(f). ～味 caractère sauvage.

やせい 野生 ¶～の動(植)物 animal(aux) m (plante f) sauvage.

やせうま 瘦馬 cheval(aux) m maigre; †haridelle f.

やせおとろえる 瘦せ衰える [衰弱] s'affaiblir; dépérir. 骨と皮までに～ n'avoir que la peau et les os. 病人は次第に痩せ衰える Le malade dépérit peu à peu. 長患いのために彼はすっかり痩せ衰えてしまった Une longue maladie ne lui laissait que la peau et les os.

やせがた 瘦せ型 ¶～の mince; maigre; svelte.

やせがまん 瘦我慢 ¶～も好い加減にしろよ Cesse de faire le brave! ～する faire le brave.

やせすぎ 瘦せすぎ ¶～の maigre.

やせこける 瘦せこける devenir très maigre; s'émacier. ¶痩せこけた顔 visage m décharné (émacié).

やせっぽち 瘦せっぽち personne f maigre. ¶～の maigre comme un clou. ～の少年(少女) garçon m (fille f) maigrelet(te).

やせほそる 瘦せ細る [手足などの器官が] s'atrophier. 中風患者の筋肉は痩せ細っている Les muscles d'un paralysé s'atrophient. ¶痩せ細った手足 membres mpl atrophiés.

やせる 瘦せる [肉体が] maigrir; s'amaigrir; [土地が] s'appauvrir. 彼女は病気以来痩せた Elle a maigri depuis sa maladie. 彼は見る影もなく痩せた Il n'est plus que l'ombre de lui-même. 彼の顔は病気ですっかり痩せた Sa figure est tout amincie par la maladie. 彼女は枯れても姿は芸術家だ Il ne faudrait pas oublier que je suis artiste. ¶痩せた maigre; amaigri. 痩せた顔 visage m maigre (amaigri). 痩せた脚 jambes fpl de coq. 痩せた土地 terre f pauvre (maigre, stérile). 痩せた人 maigre mf. 彼はひどく痩せている Il est maigre comme un clou. このドレスは彼女を痩せて見せる Cette robe la maigrit. 痩せても枯れても芸者だ Les maigres et les gros. お前は痩せての大食いだね Je me demande où tu te mets. ¶彼女は着痩せする Elle fait mince dans sa robe.

やせん 夜戦 bataille f nocturne.

やせん 野戦 guerre f de campagne. ¶～病院 hôpital(aux) m de campagne.

やそうきょく 夜想曲 nocturne m.

やたい 屋台 [店] baraque f; échoppe f; boutique f de foire; [舞台] tréteaux mpl; estrade f. ¶～骨 [骨組] charpente f; armature f; [一家の] soutien m. 政党の～骨 armature d'un parti politique. ～骨がしっかりしている(ひびが入った)店 commerce m qui a les reins solides (va du plomb dans l'aile). あの店も先代が死んでから～骨がぐらついて来た La mort de l'ancien patron a entraîné une sérieuse baisse dans les affaires de ce magasin.

やたら ¶～に金をつかう prodiguer son argent. ～に飲む boire à l'excès. ～に喉が渇

やちょう 夜鳥 oiseau(x) *m* de nuit.

やちょう 野鳥 oiseau(x) *m* sauvage.

やちん 家賃 loyer *m*; [prix *m* de] location *f*. ~が上る(下る) Le loyer augmente (diminue). ~を上げる(下げる) augmenter (diminuer) le loyer. ~を集める toucher les loyers. アパートの~を払う payer le loyer de *son* appartement.

やつ 奴 type *m*; individu *m*; personnage *m*; gars *m*. 怪しい~ individu suspect. 可哀そうな~ pauvre diable *m* (type). いやな~ sale type; salaud(e) *m(f)*. おかしな~ un drôle de type (d'individu). 下らぬ~ triste personnage. いい~ type épatant. あいつはいい~だ C'est un bon diable (chic type, brave type, brave gars).

やつあたり 八つ当り ¶~する passer *sa* colère sur n'importe qui.

やっか 薬科 ⇔ やくがく(薬学). ‖~大学 Ecole *f* de pharmacie.

やっかい 厄介 [面倒] ennui *m*; gêne *f*; embarras *m*. 友人の家without vivre sous le toit d'un ami. ~をかける causer (attirer) des ennuis à *qn*; susciter (créer) des embarras à *qn*; embarraser (gêner) *qn*. 何一つ~をかけない ne causer aucune gêne à *qn*. ¶~な embarrassant; ennuyeux(se); encombrant; épineux(se). ~な問題 question *f* difficile (épineuse, embarrassante). ~な隣人 voisin(e) *m(f)* encombrant(e). ~になる[人と] avoir des difficultés avec *qn*. 奥さんに知れたら~なことになるよ C'est embêtant si votre femme le sait. ‖~払いする se débarrasser de *qn*. ~者 gêneur(se) *m(f)*. ⇔ せわ(世話).

やつがしら 八つ頭 [芋] taro *m*; [鳥] †huppe *f*.

やっかん 約款 stipulation *f*; clause *f*. ~を守る(破る) respecter (violer) une clause.

やっき 躍起 ¶...しようと~になる chercher avec acharnement à *inf*. そんなことに~になりなさんな Ne t'excite pas là-dessus.
‖~になって avec ardeur (chaleur). ~になって噂を否定する démentir (nier) fortement une rumeur.

やつぎばや 矢継ぎ早 ¶~に sans interruption (arrêt); coup sur coup; l'un(e) après l'autre; successivement; à la file.

やっきょう 薬莢 étui *m* de cartouche; douille *f*.

やっきょく 薬局 pharmacie *f*. ‖~方 pharmacopée *f*; codex *m*.

やつぎり 八つ切り [写] photo *f* en 22cm × 16.5cm.

ヤッケ anorak *m*.

よっか 四日 ⇔ 付録.

やっこう 薬効 efficacité *f* d'un médicament; vertu *f* d'un remède. ~があった Le remède a été efficace.

やつざき 八つ裂き ¶~にする déchirer en morceaux; mettre en charpie; écharper. ~にしてやりたい J'ai envie de le mettre en pièces. ‖~にされる se faire écharper.

やつす 窶す ¶乞食に身を~ se déguiser en mendiant. おしゃれに憂き身を~ passer *son* temps à se pomponner.

やっつけしごと やっつけ仕事 bousillage *m*; bâclage *m*; gâchis *m*. これは~だ C'est un travail bâclé. ~する bousiller (bâcler, gâcher) un travail.
‖~をする職人 bâcleur(se) *m(f)*; bousilleur(se) *m(f)*.

やっつける [負かす] battre; abattre; mettre à bas; [批判する] critiquer. 作者を~で esquinter un auteur. 政敵を~ éreinter un adversaire politique. 偽善者どもを やっつけろ A bas les hypocrites! ~[仕事をする] expédier; abattre. 1 人で 3 人分の仕事を~ abattre à *soi* seul le travail de trois personnes.

やってくる やって来る arriver; [俗] rappliquer.

やってのける accomplir; achever; réussir à. 不可能なことを~ accomplir des choses impossibles.

やってみる essayer (tâcher, tenter) de *inf*; essayer *qc*. もう1度~ essayer de nouveau (encore une fois). 自分でやってみようとは何とも言えない Je ne peux rien vous dire tant que je n'aurai pas essayé. ~してみなさい Essayez. ¶~価値はある Cela vaut le coup.

やっと [遂に] enfin; à la fin; finalement; [辛うじて] à peine; à grand-peine; difficilement. ¶彼は~のことでそこに着いた Il y est arrivé péniblement.

やっとこ 鋏 tenailles *fpl*; davier *m*.

やつめうなぎ 八目鰻 lamproie *f*.

やつれ 窶れ affaiblissement *m*; amaigrissement *m*; épuisement *m*; dessèchement *m*. 彼は病後の~が目立つ La maladie a creusé les traits de son visage.

やつれる 窶れる s'affaiblir; s'épuiser; s'amaigrir; s'émacier; se dessécher. 悲しみで~ se dessécher de chagrin. 彼女は窶れきっている Elle est épuisée. 君のお陰で窶れ果てたよ Tu m'as mis à bout. 窶れた amaigri; émacié; hâve; décharné. 窶れた顔 visage *m* défait. 窶れた頬 joues *fpl* hâves. 窶れた老人 vieillard *m* (vieille *f*) émacié(e).

やど 宿 [住居] maison *f*; demeure *f*; logement *m*; [宿屋] hôtel *m*; hôtellerie *f*; auberge *f*; gîte *m*. 埴生の~ maison à l'aspect misérable. ~を貸す loger (héberger) *qn*; donner son logement à *qn*. ~を借りる chercher un hôtel (un logement). ~をとる descendre à un hôtel (dans une auberge); [予約] retenir une chambre à l'hôtel. ~を引受ける assurer le logement à *qn*. 一夜の~を求める chercher un gîte pour une nuit.

やとい 雇い ‖臨時~ emploi *m* temporaire; [人] employé(e) *m(f)* temporaire. ~口を探す chercher un emploi.

やといいれ 雇い入れ ⇔ こよう(雇用).

やといぬし 雇い主 ⇔ こよう(雇用).

やといにん 雇い人 employé(e) *m(f)*; [奉公人] domestique *mf*.

やといぬし 雇い主 employeur(se) *m(f)*; patron(ne) *m(f)*; [集合的] patronat *m*. ‖~組

やとう 合 syndicat *m* patronal; maison *f* syndicale.

やとう 雇う employer; engager; [職人を] embaucher; [船を] affréter; noliser. 秘書に~ prendre *qn* comme secrétaire. 雇われる être employé (engagé, embauché); entrer au service de *qn*. 彼は運転手として雇われた Il s'est engagé comme chauffeur. ¶ 雇われマダム madame *f* la gérante.

やとう 野党 parti *m* de l'opposition; parti opposant. ~一議員 opposant(e) *m(f)*.

やどがえ 宿替え ⇨ てんきょ(転居).

やどかり 寄生蟹 bernard-l'hermite *m*.

やどす 宿す ¶子種を concevoir un enfant; devenir enceinte. 子を宿している porter un enfant.

やどちょう 宿帳 registre *m* de l'hôtel. ~に名前を書く inscrire *son* nom sur le registre de l'hôtel.

やどちん 宿賃 frais *mpl* d'hôtel. ~は一晩200ユーロだ Une nuit d'hôtel coûte 200 euros. ~を払う payer (régler) la note d'hôtel.

やどなし 宿無し sans-logis *mf*; sans-abri *mf*; vagabond(e) *m(f)*. ¶~である être sans domicile (sur le pavé, à la rue).

やどや 宿屋 ⇨ りょかん(旅館).

やどりぎ 宿り木 gui *m*.

やどる 宿る [寄生虫が] vivre sur. ~家もない ne pas trouver à se loger (d'endroit où se loger). 「正直の頭に神一」 L'honnêteté est toujours récompensée. ◈ 子が~ concevoir (porter), にんしん(妊娠). 草葉に露が宿っている La rosée s'est déposée sur l'herbe.

やどろく 宿六 ¶うちの~ mon homme *m* (mari *m*).

やどわり 宿割り distribution *f* de logements. ~をする distribuer des logements à.

やな 簗 nasse *f*. ~を掛ける(上げる) poser (lever) des nasses.

やなぎ 柳 saule *m*; osier *m*. ~の下にいつも泥鰌が居るとは限らない Les choses ne vont pas toujours comme on veut. ~に風と受け流す Ce sont comme de l'eau sur les plumes d'un canard. ‖ しだれ~ saule pleureur. ~行李 malle *f* d'osier. ~腰 taille *f* de guêpe.

やなみ 家並 ⇨ いえなみ(家並).

やなり 家鳴り ¶ この家は~がする Cette maison vibre.

やに 脂 [木の] résine *f*; [煙草の] nicotine *f*; [目の] chassie *f*. パイプに~が詰まってしまった La pipe est bouchée de nicotine. ¶ 彼はいつも~臭い Il pue toujours la nicotine. ~っこい 男 [しつこい] homme *m* collant.

やにさがる 脂下がる fondre de plaisir.

やにょうしょう 夜尿症 énurésie *f* nocturne. ¶~の子 enfant *m* énurétique.

やにわに 矢庭に ¶部屋に踏込むと一匹のねずみが逃げ出した A peine avais-je mis le pied dans la pièce qu'une souris s'est enfuie. ⇨ とっぱ(突破).

やぬし 家主 propriétaire *mf*.

やね 屋根 [家, 自動車の] toit *m*; [屋根瓦] toiture *f*; couverture *f*; comble *m*. 世界の~チ

ベット Tibet *m*, toit du monde. 同じ~の下に住む vivre sous le même toit que *qn*. ~によじ登る grimper sur le toit. ¶~伝いに逃げる s'enfuir par les toits. ‖ 瓦(スレート, トタン, わらぶき)~ toit de tuiles (d'ardoises, de tôle, de chaume). ガラス~ toit vitré; verrière *f*. [駅玄関の] marquise *f*. 円~ toit en dôme (en coupole, en voûte). 軒~ auvent *m*; avant-toit(s) *m*. 平~の家 maison *f* à toit plat (à terrasse). ~板 bardeau(x) *m*. ~裏部屋 grenier *m*; mansarde *f*. ~裏に住む habiter (loger) sous le[s] toit[s]. ~窓 lucarne *f*; mansarde *f*. ~葺 couvreur *m*.

やのあさって 弥の明後日 dans quatre jours.

やば 矢場 champ *m* de tir.

やばい ¶~, 逃げろ Ça sent brûlé, filons!

やはず 矢筈 encoche *f*.

やばね 矢羽根 empenne *f*.

やはり 矢張り [同様に] aussi; de même; également; [否定文] non plus; [相変わらず] toujours; encore; [結局] enfin; au bout du compte; après tout; [予想通り] comme prévu; [にもかかわらず] néanmoins; quand même; tout de même. 僕も~出かけるよ Moi aussi, je pars. 君も~知らなかったのか Tu ne savais pas, toi non plus? 彼は裏切られた, それでも~彼女を愛していた Elle l'avait trompé, mais il l'aimait toujours. 今日でも~encore aujourd'hui. おとなしいが, ~彼も男だ Il est doux, mais c'est quand même un homme. ~彼はやって来た Il est venu comme prévu.

やはん 夜半 ¶~に à (vers) minuit. ~まで jusqu'à minuit. ¶~を過ぎまで jusqu'après minuit.

やばん 野蛮 ¶~な barbare; [未開の] sauvage; primitif(ive); [粗暴な] brutal(aux). ~な男 homme *m* brutal. ~さ barbarie *f*; sauvagerie *f*. ‖ ~人 barbare *m*; primitif *m*.

やひ 野卑 grossièreté *f*; vulgarité *f*. ¶~な grossier(ère); vulgaire. ~なことを言う dire des grossièretés.

やぶ 藪 buisson *m*; broussailles *fpl*; fourré *m*. ~をかきわけて進む se frayer un chemin à travers les broussailles. ~をついで進む passer à travers les broussailles. ~をつついて蛇を出す ⇨ やぶへび(藪蛇). ¶~の中の話だ On ne saura jamais. ~から棒に何を言い出すんだ Que vous dites, ça vient comme un cheveu sur la soupe. ~地 brousse *f*.

やぶいしゃ 藪医者 médicastre *m*; médecin *m* empirique.

やぶか 藪蚊 [俗] aèdes (aedes) *m*.

やぶさか 吝か ¶失敗を認めるのに~でないが Je n'ai pas l'intention de camoufler ma faute, mais…

やぶにらみ 藪睨 ¶~になる réveiller le chat qui dort.

やぶる 破る [裂く] déchirer; lacérer. 手紙を細かく~ déchirer une lettre en petits morceaux. 本を~ lacérer un livre. 本を数ページ~ arracher plusieurs feuillets dans un livre. ◆ [壊す] rompre; briser; casser. 沈黙(平和)を~ rompre le silence (la paix.)

窓ガラスを肘で～ briser (casser) une vitre d'un coup de coude. 均衡を～ rompre l'équilibre. ◆[背く]violer; rompre; transgresser. 規則(原則, 法律)を～ violer une règle (un principe, la loi). 契約を～ rompre un contrat. 誓いを～ rompre (violer) un serment. 約束を～ manquer à *sa* parole; violer *sa* promesse. ◆[負かす]vaincre; battre. 記録を～ battre un record. 世界記録を～ battre le record mondial. 敵を～ battre l'ennemi; vaincre l'armée adverse. ライバルを～ vaincre *ses* rivaux.

やぶれ 破れ ¶ズボンの～ déchirure f d'un pantalon. 袖の～を繕う raccommoder une déchirure à la manche. ～傘 parapluie m déchiré.

やぶれかぶれ 破れかぶれ ¶～の désespéré. ～の手段をとる prendre des mesures désespérées. ～になる s'abandonner au désespoir; désespérer de tout. ～で désespérément; en désespoir de cause. ～で戦う lutter désespérément contre qn.

やぶれめ 破れ目 fente f; [裂け目] déchirure f; [割れ目] brisure f; brèche f; fissure f.

やぶれる 破れる [裂ける] être déchiré (lacéré); [すり切れる] être usé. ズボンが破れた J'ai fait une déchirure (un accroc) à mon pantalon. ぼろぼろに破れた服 vêtement m tout en lambeaux. ◆[壊れる]être rompu (brisé, cassé). 均衡が破れた L'équilibre est rompu. 彼の計画は破れた Son projet a échoué./Il a échoué dans son projet. 私の夢は破れた Mes espoirs sont brisés. ◆[負ける]être vaincu (battu); essuyer une défaite. 裁判(戦い)に～ perdre un procès (une bataille). 恋に～ perdre son amour. 世界記録は破れた Le record mondial a été battu. 我々のチームは 3 回戦で敗れ去った Notre équipe a été éliminée au troisième tour. ¶破れない記録 record imbattable.

やぶん 夜分 ¶～遅くお邪魔して申し訳ありません Excusez-moi de vous déranger à une heure tardive (avancée) de la nuit. ⇨ よる(夜).

やぼ 野暮 grossièreté f; rudesse f; rusticité f; inélégance f. ¶～な grossier(ère); rustre; fruste; inélégant. ～な男 homme m grossier (fruste). ～なワイシャツ chemise f de goût vulgaire. ～な物言い manières fpl inélégantes (frustes, vulgaires). ～な奴 butor m. ～なことを言うな Ne dites pas de bêtises./Ne joue pas au trouble-fête. そんなことは言う だけ～ C'est mal élevé rien que de le dire. お前にはあの～さが C'est un rustre. 私に～用があります J'ai des bricoles à régler.

やぼう 野砲 canon m de campagne.

やぼう 野望 ambition f. ¶～を打ち砕く briser les ambitions de *son* adversaire. ⇨ やしん(野心).

やま 山 montagne f; mont m; [小山] colline f; 《俗》 montagnette f; [鉱山] mine f. ～に登る monter sur (faire l'ascension d') une montagne. ～を下る descendre d'une montagne. ～の頂(中腹, ふもと)に au sommet (au flanc, au pied) d'une montagne.

¶～の多い国 pays m montagneux (montueux). ～のような大波 vague f grosse comme une montagne. ¶～越え谷越え par monts et par vaux. ～[堆積]tas m; entassement m; amas m; monceau(x) m; masse f. 空箱の～ pile de caisses vides. ごみ の～ entassement d'ordures. 死体の～ monceau de cadavres. 手紙(小石)の～ tas de lettres (de cailloux). 本の～ pile (montagne) de livres. 薪の～ tas (pile) de bois. プラットホームは人の～だ Le quai est bondé. ～と積む entasser (amasser, amonceler) qc; mettre qc en tas. ～と積まれる s'entasser; s'amonceler. 彼の机には本が～と積まれている Les livres s'amoncellent sur sa table. それには～はどある Il y en a des monceaux. 仕事が～はどある avoir des montagnes de travail. 言いたいことは～はどあります J'ai des tas de choses à vous dire. ◆[絶頂・大詰め] ¶ 芝居の～ nœud m d'une pièce (de l'action); [大詰め]péripétie f d'une pièce. この小説は ～がない L'intrigue de ce roman est plate. ～を越えた On a passé (doublé) le cap./On a franchi une étape difficile. 危機も～を越えた On a passé le point culminant de la crise. ◆[賭け] ¶～が当たる tomber sur la bonne question. 試験に～を張る faire une impasse à l'examen.

やま[っ]け 山気 ¶彼は～が多い Il a du goût pour la spéculation. ～を出す spéculer sur qc. ～のある男 homme m spéculateur (aventureux). ～のない男 homme pratique.

やまあい 山間 ¶～の部落 petit village m au fond d'une vallée.

やまあらし 山荒し《動》porc(s)-épic(s) m.

やまあるき 山歩き randonnée f dans la (en) montagne.

やまい 病 maladie f. ¶～気の～ maladie f imaginaire. ～は気から Le moral peut rendre malade. ～の 床に臥す s'aliter. ～膏肓に入る se livrer corps et âme à qc. ⇨ びょうき(病気).

やまいぬ 山犬 chien m sauvage.

やまいも 山芋 igname f.

やまおく 山奥 ¶～に暮す habiter (vivre) au fond d'une montagne.

やまおとこ 山男 montagnard m; [きこり] bûcheron m; [登山家] alpiniste m ascensionniste m.

やまが 山家 maison f dans la montagne. ¶～育ちの娘 jeune fille f rustaude (élevée à la campagne).

やまかじ 山火事 incendie m de forêt.

やまがら 山雀 mésange f; charbonnière f.

やまがり 山狩り ¶～する [犯人を捕えるために] faire une chasse à qn.

やまかん 山勘 ¶～が当った Mon flair ne m'a pas trompé.

やまくずれ 山崩れ éboulement m; écroulement m; glissement m de terrain; [崩れた土砂] éboulis m. ～が起きた Il y a eu un glissement de terrain. ～で通行不能に Un éboulis rocheux bouche le passage.

やまぐに 山国 haut pays m; pays montagneux (montueux, de montagnes); région f montagneuse.

やまごえ 山越え franchissement *m* d'une montagne. **~[を]する** franchir (traverser) une montagne.

やまごや 山小屋 hutte *f*; chalet *m*; [スキー, 登山用の] refuge *m*.

やまざくら 山桜 cerisier *m* sauvage; merisier *m*.

やまざと 山里 village *m* dans la montagne.

やまざる 山猿 singe *m*; [田舎者] rustre *m*; rustaud *m*. **¶あいつはまるで～だ** C'est un culterreux.

やまし 山師 [べてん師] imposteur *m*; charlatan *m*; [相場師] spéculateur(trice) *m(f)*; [鉱山業者] prospecteur *m*.

やましい 疚しい **¶～所がある** avoir la conscience troublée (chargée); avoir une faute (un poids) sur la conscience; avoir mauvaise conscience; avoir à se reprocher. **～所がない** avoir la conscience nette (tranquille, en paix, en repos); avoir bonne conscience; n'avoir rien à se reprocher. 金銭問題に関して～ことは少しもない Quant à l'argent, j'ai les mains propres. **…を疚しく思う** se reprocher de *inf*. 自分の良心に照らしてなんら疚しくない Ma conscience ne me reproche rien. 疚しい mauvaise conscience *f*; conscience chargée.

やましぎ 山鴫 bécasse *f*.

やますそ 山裾 pied *m* d'une montagne.

やまたかぼう 山高帽 chapeau(x) *m* melon; melon *m*.

やまつなみ 山津波 ⇨ やまくずれ(山崩れ).

やまづみ 山積み entassement *m*; amoncellement *m*; pile *f*; amas *m*. **¶～にする** entasser (amasser, amonceler) *qc*; mettre *qc* en tas. **～にされる** s'entasser; s'amonceler. 仕事が～になっている J'ai une montagne de travail.

やまでら 山寺 temple *m* dans la montagne.

やまと 大和 **‖～魂** esprit *m* japonais. **~民族** race *f* japonaise.

やまなり 山鳴り grondement *m* de la montagne.

やまねこ 山猫 lynx *m*; [野生の猫] chat *m* sauvage. **‖～座〖天〗** le Lynx. **～ストライキ** grève *f* sauvage.

やまのかみ 山の神 dieu *m* (divinité *f*) de la montagne; [女房] ma mégère. **～が怒りだした** Ma mégère est montée sur ses grands chevaux.

やまてら 山手 quartiers *mpl* hauts de la ville.

やまのぼり 山登り ⇨ とざん(登山).

やまば 山場 [芝居・映画・小説の] point *m* culminant. **¶仕事は～を迎えている** Le travail est arrivé au point critique.

やまはだ 山肌 **¶～を露出した斜面** pente *f* nue d'une montagne.

やまばと 山鳩 pigeon *m* ramier; ramier *m*.

やまばん 山番 garde *m* forestier; forestier *m*.

やまびこ 山彦 écho *m*. **～がする(答える)** Il y a de l'écho. **彼の叫びは～となって帰ってきた** L'écho lui a renvoyé son appel.

やまびらき 山開き ouverture *f* de la saison des courses de montagne.

やまぶき 山吹 kerrie *f*. **‖～色の** jaune doré.

やまぶどう 山葡萄 vigne *f* sauvage.

やまみち 山道 chemin *m* (sentier *m*) de montagne.

やまもり 山盛り **¶さじに～2杯の砂糖** deux bonnes cuillerées de sucre. **皿に野菜を～にする** entasser des légumes sur une assiette. **御飯を～によそう** servir du riz à plein bol.

やまやま 山々 **¶あの車を買いたいのは～だが** Je voudrais bien (J'ai grande envie d'acheter cette voiture-là, mais…

やまゆり 山百合 reine *f* des lis.

やまわけ 山分け **¶2(3)人で～する** partager *qc* en deux (trois) parties égales. **彼らは遺産を～をした** Ils se sont partagé l'héritage.

やみ 闇 obscurité *f*; ténèbres *fpl*. **~の(無意識)の** ténèbres de la nuit (de l'inconscient). **前途は～だ** Mon avenir n'est pas clair. **一寸先は～だ** Nul ne sait de quoi demain sera fait. **この世は～だ** Je vois tout en noir. **あやめも分かぬ真の～だ** Il fait noir comme dans un four. **事件を～から～に葬る** étouffer une affaire. **～の中を手探りで歩く** marcher à tâtons dans les ténèbres. **～にまぎれて** à la faveur de la nuit. ◆[取引] **¶～で売る(買う)** vendre (acheter) au marché noir; trafiquer. **‖～市場** marché *m* noir. **～商人(屋)** trafiquant(e) *m(f)*. **～相場** cours *m* parallèle. **～引き市場** second marché noir; commerce *m* clandestin; [俗] trafic *m*. **～取引をする** faire du marché noir; trafiquer; faire trafic de *qc*. **彼は戦時中～取引をして金持になった** Il s'est enrichi en trafiquant pendant la guerre. **～値** prix *m* au marché noir.

やみあがり 病上がり **¶～の** convalescent. **～の人** convalescent(e) *m(f)*. **～なのでふらふらしている** J'ai des jambes de coton en relevant de maladie.

やみうち 闇討ち [夜襲] attaque *f* nocturne; [不意打ち] attaque par surprise; coup *m* imprévu. **~を掛ける** attaquer *qn* à la faveur de la nuit.

やみくも 闇雲 **¶～に突走る** foncer dans le brouillard. **～にそんなことを言い出されても困る** Vous nous ennuyez avec vos coq-à-l'âne.

やみじ 闇路 **¶恋の～** aveuglement *m* de la passion. **～をたどる** marcher (cheminer) dans les ténèbres.

やみつき 病み付き **¶…が～になる** s'emparer pour *qc*. **彼は映画が～になった** Le cinéma est devenu pour lui un besoin.

やみほうける 病み呆ける **¶彼はすっかり病み呆けてしまった** La maladie l'a délabré.

やみよ 闇夜 nuit *f* noire. **今夜は～だ** Il fait nuit noire.

やむ 止む **¶雨が～** La pluie cesse. **嵐が～** La tempête se calme (s'apaise). **風(話)が～** Le vent (La conversation) tombe. **雨が止まった** Il a cessé de pleuvoir. **10時頃雪は止んだ** Vers 10 heures, il a arrêté de neiger. **雨が降ったり止んだりしている** Il pleut (La pluie tombe) par intermittence. **¶～に止まれず…する** ne pouvoir s'empêcher de *inf*.

やむ 病む ¶...を～ souffrir de; être atteint de. 気に～ se faire du souci; s'inquiéter de. 病めるアメリカ le mal américain. ⇨ びょうき (病気).

やむなく 止むなく ⇨ やむをえず(止むを得ず).

やむをえず 止むを得ず [不可避的に] inévitablement; inéluctablement; [不可抗力的に] irrésistiblement; [必然的に] nécessairement; par nécessité; forcément; faute de mieux. ～...する être obligé (forcé, contraint) de *inf*. ～従う obéir à *qn* par nécessité. 私はこの宿に泊った Faute de mieux, je suis descendu dans cette auberge. 私は急用で欠席した Une affaire urgente m'a empêché d'y assister.

やむをえない 止むを得ない [不可避的] inévitable; inéluctable; [不可抗力的] irrésistible; [必然的な] nécessaire. 彼が怒るのも～ Il a bien raison de s'indigner. そうなるのも～ Il est inévitable qu'il en soit ainsi. ～場合に en cas de nécessité; à la rigueur. 止むを得ねば彼女ともでもやれる On peut à la rigueur se passer de lui.

やめ 止め ¶旅行はある理由で～になった Le voyage a été arrêté pour une certaine raison. ～にする ⇨ やめる(止める).

やめさせる 止めさせる [中止させる] faire cesser *qc* à *qn*; [断念させる] déconseiller *qc* à *qn* (à *qn* de *inf*); dissuader *qn* de *qc* (*inf*). 悪い癖を～ corriger *qn* d'une mauvaise habitude. ◆[解雇する] congédier; renvoyer; [解任する] révoquer; destituer; casser. 学校を～ retirer *qn* de l'école; [処分として] renvoyer *qn* de l'école.

やめる 止める [中止する] cesser *qc* (de *inf*); [s']arrêter de *inf*; interrompre; [断念する] renoncer à; abandonner; s'abstenir (se priver) de *qc* (*inf*); se défendre (se garder) de *inf*; [終止する] terminer; finir. 計画を～ renoncer à un projet. 結論を出すのを～ se défendre de conclure. 酒を～ s'abstenir de vin. 煙草を～ renoncer au tabac; cesser (s'arrêter) de fumer. 話を～ [s']arrêter (cesser) de parler. 勉強を～ abandonner *ses* études; 《俗》laisser tomber *ses* études. 立候補を～ retirer *sa* candidature. 論争を～ terminer un débat. 悪い癖を～ corriger d'une mauvaise habitude. その話は止めよう N'en parlons plus. 今日はここで止めよう Arrêtons-nous pour aujourd'hui. いいかげんに止めて欲しい Je veux qu'on en finisse. ◆[辞任する・退く] quitter; se démettre de; donner *sa* démission; démissionner. 学校を～ quitter l'école. 商売を～ se retirer des affaires (du commerce). 職を～ quitter *ses* fonctions (*son* poste).

やもうしょう 夜盲症 héméralopie *f*. ¶～の人 héméralope *mf*.

やもめ 寡婦(鰥夫) [女] veuve *f*; [男] veuf *m*. ¶～になる devenir veuve (veuf); perdre *son* mari (*sa* femme). ¶男～に蛆が湧く Il vit dans la crasse. ～暮し veuvage *m*. 1年の～の暮の後再婚する se remarier après une an-

née de veuvage.

やもり 守宮 gecko *m*.

やや [いくらか] un peu; quelque peu; tant soit peu; [かなり] assez; plus ou moins. 病人は～持ち直した Le malade reprend un peu le dessus. ～あって après quelque temps; quelque temps après; après un certains temps.

ややこしい compliqué; embrouillé; enchevêtré. ～事件 affaire *f* compliquée. ～問題 problème *m* complexe. ～ことを言うな Ne complique pas les choses. ¶ややこしくなる se compliquer. 話がややこしくなってきた L'histoire commence à se compliquer.

ややもすれば ¶～彼は会合に遅れるがちだ Ses retards à la réunion sont très fréquents. ⇨ とかく(兎角), 一がち.

やゆ 揶揄 moquerie *f*; raillerie *f*; gausserie *f*. ¶～する se moquer de; rire de; ridiculiser.

~やら ¶どうしたらよいの～ Je ne sais comment faire. 出来上るのはいつの～こと Nul ne sait quand cela sera terminé. 何～不気味なもの～ quelque chose de sinistre. 何～変な臭いがする J'ai l'impression qu'il y a une odeur bizarre dans la cuisine. 加藤と～いう人 un certain monsieur Kato. どう～こう～ tant bien que mal; comme ci comme ça. な～か～で, 手紙1通書く暇もない Pour une raison ou pour une autre, je n'ai pas le temps d'écrire une lettre. うれしいの～悲しいの～分からない Je ne sais si je dois rire ou pleurer.

やらい 夜来 ¶～の雨は今朝は上った La pluie qui tombait depuis hier soir a cessé ce matin.

やらい 矢来 palissade *f*. ～を組む palissader. ¶竹～ palissade en bambou.

やらかす [大失敗を]～ subir (essuyer) un gros échec. とんでもないことをやらかしてくれたね Tu m'as mis dans de beaux draps.

やらず 遣らず ¶～の雨だ C'est un signe du ciel. それではまで～ぶったくりというものだ C'est du profit pour le profit!

やらせる 遣らせる ¶この仕事は彼に～つもりだ J'ai l'intention de lui confier ce travail. 試しに彼に遣らせてみたら Si tu le lui faisais faire pour voir?

やられる ¶この前の勝負では完全にやられたね Dans la dernière partie, j'ai été bien déculottée. やられた[負けた] J'ai été refait!/[だまされた] On m'a eu!

やり 槍 lance *f*; [投槍] javelot *m*; [矛] hallebarde *f*. ～の穂(柄) fer *m* (manche *m*) de lance. ～で突く frapper (percer) avec une lance. ～を構える tenir une lance en arrêt. ～を投げる jeter une lance; lancer un javelot. ¶～投げ[スポーツ] lancement *m* du javelot. ～投げの選手 lanceur(se) *m*(*f*) de javelot.

やりあう 遣合う [口論する] se disputer avec *qn*; se disputer; se quereller.

やりいか 槍烏賊 calmar *m*.

やりがい やり甲斐 ¶～がある qui vaut (mérite) la peine. ～がない ingrat(e).

やりかえす 遣返す [反駁する] répliquer à qn; riposter à qn. ⇨ やりなおす(遣直す).

やりかけ やり掛け ¶~の inachevé(e); à moitié fait(e)./[進行中の] en cours.

やりかた 遣方 procédé m; méthode f; manière f; façon f. 汚ない~ sale tour m (coup m). 人それぞれの~がある Chacun a sa manière. みんな彼の~には不満だ Sa façon de faire a déplu à tout le monde. あいつは~が汚い Ses méthodes sont dégoûtantes. ¶Il y a la manière. 彼の~には全く～ On ne peut supporter une telle chaleur. 隣りの奴には全く～ Je ne peux plus souffrir mon voisin. 親友に裏切られるとは、まったく～気持ちだ Etre trahi par un cher ami, ça me laisse pantois. ◆[完成できない] ne pas pouvoir achever (finir, accomplir). この仕事は1日だにとても～ Il est impossible d'achever ce travail en un jour.

やりくち 遣口 ⇨ やりかた(遣方).

やりくり 遣繰 expédient m; arrangement m. 彼女は~が上手だ Elle tient bien son ménage. ~して…するよう arranger pour inf. ~して生活する vivre d'expédients. なんとか～して3時までに終わって下さい Arrangez-vous pour avoir fini avant trois heures. 夫の給料だけでは彼女はなかなか～できない Elle doit avoir du mal à joindre les deux bouts avec le seul salaire de son mari.

やりこめる 遣込める faire taire qn; forcer qn à se taire. ¶遣込められて何も言えない être réduit au silence.

やりすぎる 遣過ぎる [度が過ぎる] dépasser (excéder) la mesure; [与え過ぎる] donner trop; [酒を] boire trop.

やりすごす 遣過ごす [先行させる] laisser passer. わきに寄って人(車)を～ s'effacer pour laisser passer qn (une voiture).

やりそこなう 遣損う manquer son coup; ne pas réussir; rater; échouer. 人生を～ manquer sa vie. 彼は遣損ってばかりいる Il n'en rate pas une.

やりだま 槍玉 ¶非難の～にあげられる être la cible des critiques.

やりつける 遣りつける ¶遣りつけている avoir l'expérience de inf; s'habituer (être accoutumé) à inf. 遣りつけていることではない Ce n'est pas ce qui n'est pas de ton rayon.

やりっぱなし 遣りっ放し ¶~にする laisser qc inachevé.

やりて 遣手 ¶この仕事は危険なので～がいない Ce travail étant dangereux, nul ne veut le faire. ◆[敏腕家] personne f capable. 彼はなかなかの～だ Il est dégourdi (à la hauteur). ¶~婆 entremetteuse f.

やりとおす 遣通す ¶一旦仕事を始めた以上、最後まで遣通せ Une fois commencé, tu dois aller jusqu'au bout dans ton travail.

やりとげる 遣り遂げる accomplir; achever; [首尾よく] mener qc à bonne fin.

やりとり 遣取り échange m. 命の～をする combattre à mort. 激しい言葉の～をする échanger des propos vifs (acerbes). ⇨ ぶんつう(文通).

やりなおす 遣直す recommencer; refaire; faire de nouveau (encore une fois). 2度(何度も)～ s'y reprendre à deux fois (à plusieurs fois). 何度か遣直した後で diverses reprises. ¶遣直し réfection f. 遣直し; recommencement m. 人生は遣直しがきかない On n'a qu'une vie.

やりにくい 遣難い difficile; [微妙な] délicat. ~男 homme m difficile (intraitable). ~立場 situation f difficile (délicate). それはどうも～ C'est difficile à faire. 彼が相手では～ Avec lui comme adversaire (partenaire), les choses ne seront pas commodes. ~ことになった La situation devient difficile.

やりぬく 遣抜く ⇨ やりとおす(遣通す).

やりば 遣場 ¶~がない Je ne sais à qui manifester mon mécontentement. 目の～に困る ne savoir où arrêter son regard. ~のない怒り colère f qu'on ne peut passer sur personne.

やる 遣る [送る・行かせる・出す] envoyer qn. 呼びに～ envoyer qn chercher qn. 医者を呼びに～ envoyer chercher le médecin. 子供を学校に～ [送り出す] envoyer son enfant à l'école. 使いに～ envoyer qn en commission. 使いを～ envoyer un messager (une messagère). 手紙を～ envoyer une lettre. 人を代りに～ envoyer qn à sa place. ◆[与える] donner qc à qn. 子供に誕生日のプレゼントを～ faire un cadeau d'anniversaire à un enfant. 鳥に餌を～ donner sa pâture à un oiseau. 花に水を～ arroser des fleurs. ◆[…してやる] 子供におもちゃを買って～ acheter un jouet à un enfant. 子供に服を着せて～ aider un enfant à s'habiller. 妻に服を作って～ faire une robe pour sa femme. 金を払って～ payer pour qn. ◆[する・行なう] faire (exécuter) qc; [スポーツ を～] jouer à qc; [試みる] essayer; [学ぶ] étudier; apprendre. 一杯～ s'humecter le gosier. うまく(下手に)～ faire bien (mal). 最後まで～ aller jusqu'au bout. 身を以て、全力で～ y aller de tout son cœur (de toutes ses forces). 政治を～ faire de la politique. テニスを～ jouer au tennis. フランス語を～ étudier (apprendre) le français. やってみる essayer (tâcher, tenter) de inf. とことんやってみる essayer tout de même. やれるだけやってみる faire tout son mieux; faire tout son possible pour inf. なしでやっていく se passer de qn (qc). さあやろう! Allons-y! ~気を起こさせる se disposer à faire des efforts. ~気をなくす perdre courage; perdre l'envie de inf. ~気のあるところを示す montrer qu'on est prêt à tout. もう～気がなくなった Je n'ai plus de courage. ◆[生活、経営する] 彼は年金でなんとかやっている Il vit avec peine de ses rentes. 彼女は新宿でバーをやっている Elle tient un bar à Shinjuku. ◆[上演、上映する] ¶オデオン座では何をやっていますか Quelle pièce donne-t-on (Qu'est-ce qu'on joue) à l'Odéon?

やるかたない 遣る方ない ¶憤懣～ Je ne puis

やるせない maîtriser mon indignation. 無念～ Je n'arrive à digérer cette déception.

やるせない 遣瀬ない languissant; langoureux(se). ～歌 chanson f langoureuse. ～眼差し yeux mpl languissants. ～思いに苦しむ être accablé d'une douce langueur; languir d'amour pour qn. ～日々を送る mener (traîner) une vie pleine de langueur. 彼女は～風情をしている Elle a l'air langoureuse. ¶恋のやるせなさ langueur f d'amour.

やれやれ Oh là là!/Ouf!/Ah! ～疲れた Ah! que je suis fatigué! ～やっとこれで一息つける Ouf! enfin, on respire.

やろう 野郎 ～嫌な～ emmerdeur m. この～Salaud! 馬鹿～ Espèce d'imbécile (d'idiot)! 変な～だ Quel drôle de coco! 悪い～ mauvais sujet m; sale type m.

やわ 夜話 ‖文学] entretien m littéraire au coin du feu.

やわな ～仕事 [中途半端な] travail(aux) m bâclé.

やわはだ 柔肌 peau f douce.

やわらかい 柔らかい mou (mol, molle); moelleux(se); douillet(te); [おだやかな] doux (ce); [体などが] souple. ～ソファ fauteuil m moelleux. ～色 couleur f tendre. ～体(革)corps m (cuir m) souple. ～生地(タッチ)étoffe f (touche f) moelleuse. ～声 voix f douce (moelleuse). ～照明 éclairage m doux. ～チーズ fromage m tendre. ～肉(パン) viande f (pain m) tendre. ～ベッド[枕] lit m (oreiller m) douillet. 手ざわりが～ être doux au toucher. ～話をする [助平な] conter fleurette [肩の凝らない] tenir des propos de table. 柔らかく moellement; doucement. 柔らかくする rendre mou; [r]amollir; assouplir; [肉を] attendrir. 柔らかくなる devenir mou; s'amollir; se ramollir; s'assouplir; [肉が] s'attendrir. 革は水につけると柔らかくなる

Le cuir s'assouplit à l'eau. 雨で地面が柔らかくなっている Le sol est ramolli par les pluies. 柔らかさ mollesse f; douceur f; [体などの] souplesse f.

やわらぐ 和らぐ s'adoucir; se radoucir; s'atténuer; s'apaiser; se calmer; s'assoupir. 寒さが～ Le temps s'adoucit (se radoucit). 労使の対立も漸く和らいできた Enfin, l'antagonisme commence à s'atténuer entre les ouvriers et les patrons. 彼の苦しみは和らいだ Sa douleur s'est assoupie. 私に対する彼の態度は和らいだ Son attitude à mon égard est devenue moins sévère. ¶和らいだ雰囲気 atmosphère f détendue.

やわらげる 和らげる adoucir; atténuer; apaiser; calmer; soulager; assoupir. 苦痛を～ atténuer (calmer, soulager) la douleur. 声を～ adoucir sa voix. 人心を～ apaiser (calmer) le peuple. 取締りを～ relâcher le contrôle. 彼の笑いは私の気持ちを～ Son rire me désarme.

ヤンキー yankee mf.

ヤング jeunes mpl; [集合的] jeunesse f.

やんごとない noble. ～生れである être de naissance (sang) noble.

やんちゃ espièglerie f. ¶～な espiègle; coquin; gâté. ～な enfant mf espiègle. ～な女の子 petite fille f coquine.

やんぬるかな C'est la fin de tout!

やんや ～とはやし立てる applaudir à tout rompre. ～の喝采 applaudissements mpl frénétiques (enthousiastes); salve f (tonnerre m, tempête f) d'applaudissements. 彼の講演は～の喝采を浴びた Sa conférence a été saluée par une salve d'applaudissements./Sa conférence a été chaleureusement applaudie.

やんわり ～非難する faire des reproches feutrés à qn.

ゆ

ゆ 湯 eau f [chaude]; [風呂] bain m; [銭湯] bains publics. ～を沸す faire bouillir de l'eau; [風呂] préparer un bain. 子供を～に入れる baigner un enfant. ～に行く aller aux bains publics. ～に入る prendre un bain. ¶～の町 station f thermale. ‖～あたりがする être incommodé par les bains prolongés.

ゆあか 湯垢 entartrage m; tartre m. ～が s'incruster. 湯沸しに～がついた Un dépôt s'est formé dans la bouilloire. ～をつける incruster; entartrer. カルキ分の多い水はボイラーに～をつける L'eau calcaire entartre la chaudière. ～をとる détartrer. ¶～のついたボイラー bouilloire f entartrée.

ゆあがり 湯上り ～は après un bain; à la sortie du bain. ¶～タオル serviette f de bain; serviette(s)-éponge(s) f.

ゆあつ 油圧 ‖～式ブレーキ frein m hydraulique.

ゆいいつ 唯一 ～の seul; unique. 我が～の

友 mon unique (seul) ami m. あれが彼の～の後継者です C'est son unique héritier. 尊敬する～の人は私の父親です Le seul homme que j'admire, c'est mon père. ‖～無二の好機 une seule et unique occasion.

ゆいごん 遺言 testament m; dernières volontés fpl. ～を残さずに逝く décéder (mourir) [ab] intestat. ～する manifester ses dernières volontés. ¶～執行者 exécuteur(trice) m(f) testamentaire. ～状 testament. ～状作成者《法》testateur(trice) m (f). ～書を作成する faire un testament. ～目録(箇条) disposition f testamentaire.

ゆいしょ 由緒 ～ある 家柄 origine f honnête. ～ある土地 lieu m historique. ～ある家の出である être de haut lignage.

ゆいしんろん 唯心論 spiritualisme m. ‖～者 spiritualiste mf.

ゆいのう 結納 présents mpl de fiançailles. ～を取交す échanger des présents de fiançailles. ‖～品 corbeille f de noces.

ゆいび 唯美 ¶〜的な esthétique. ‖〜主義 esthétisme m; esthéticisme m. 〜主義者 esthète mf.

ゆいぶつ 唯物 ¶〜史観 conception f matérialiste de l'histoire. 〜論 matérialisme m. 史的(弁証法的)〜論 matérialisme historique (dialectique). 〜論の matérialiste. 〜論者 matérialiste m.

ゆいめいろん 唯名論 nominalisme m.

ゆう 結う 髪を〜 arranger une coiffure; se coiffer; s'arranger les cheveux. 彼女はいつもきちんと髪を結っている Elle est toujours bien coiffée. 髪を結ってもらう se faire arranger les cheveux par qn. 髪を結ってやる coiffer qn.

ゆう 優 [評点] bien. 試験に〜をとる obtenir la mention «bien» à un examen.

ゆう 勇 匹夫の〜 courage m brutal. 〜を鼓す réveiller son courage. 〜を鼓して…する s'armer de courage pour inf. 〜をもって鳴る敵の大将 capitaine m ennemi qui se fait remarquer par son courage.

ゆう 雄 ¶獣界の〜 grande figure f de tel ou tel monde. 一方の〜 chef m de groupe. 〜を争う rivaliser de supériorité avec qn.

ゆうあい 友愛 fraternité f; amitié f; camaraderie f. 〜の情を結ぶ se lier d'amitié avec qn; se prendre d'amitié pour qn.

ゆうい 優位 prédominance f; supériorité f; primauté f. 〜に立つ avoir la supériorité sur qn; prendre l'avantage sur qn. 〜を失う perdre l'avantage sur qn. 〜を占める prendre une position avantageuse. ‖〜性 primauté f; primat m. 理論的推論に対する実験の〜性 primauté f de l'expérience sur la raison théorique.

ゆうい 有為 ¶〜な人材 talent m [excellent]. ‖前途〜の青年 jeune homme m plein de promesses (d'avenir).

ゆうい 有意義 ¶〜な utile; profitable; instructi(ve); significati(ve). 〜な指摘 indication f significative. 〜な人生を送る mener une vie pleine. 〜な時を過ごす passer du temps utilement.

ゆういん 誘因 cause f immédiate; motif m; ferment m; occasion f. …の〜となる être la cause de qc; donner lieu à qc; provoquer qc.

ゆううつ 憂鬱 mélancolie f; tristesse f; spleen m; vague m; humeur f noire. ¶〜な mélancolique; triste; chagrin; morne. 〜な顔 visage m triste. 〜なる騎士 chevalier m à la triste figure. 〜な思いに駆られる[悶々とする] rouler de tristes pensées. 〜である être d'humeur mélancolique; avoir du vague à l'âme. 〜になる tomber dans la mélancolie; se laisser aller à la mélancolie. 〜にする rendre qn mélancolique; chagriner qn. 〜そうに mélancoliquement; tristement. ‖〜症 mélancolie f; hypocondrie f. 〜症の人 hypocondriaque mf. 〜症にかかった hypocondriaque.

ゆうえい 遊泳 baignade f; nage f; natation f. 〜する nager. 「宇宙〜」 nago f d'un cosmonaute. 「〜禁止」 «Baignades interdites.»; «Défense de nager.» 〜術 natation; [処世術] savoir-vivre m inv. 彼は〜術を心得ている ‖ sait nager; [処世術] ‖ sait bien vivre. 〜者 nageur(se) m(f). 〜場 piscine f.

ゆうえき 有益 ¶〜な utile; [利益のある] avantageux(se); profitable; [ためになる] instructi(ve). 〜な意見 avis m salutaire. 〜な仕事 ouvrage m instructif. 〜な忠告 conseil m profitable. 〜な発見 invention f pratique. あなたの忠告は私には大変〜だった Vos conseils m'ont bien profité. 議論するより仕事をする方がずっと〜だ Il est plus utile (profitable) de travailler que de discuter. チャンスを〜に使う profiter d'une occasion. 辞書を〜に使う se servir utilement du dictionnaire. 経験を〜につかう mettre son expérience à profit. 物を〜に使用する utiliser les choses.

ゆうえつ 優越 prédominance f; supériorité f; prépondérance f; prééminence f. ¶〜する être supérieur à; être au-dessus de; surpasser; prédominer. 〜した supérieur; suprême; prédominant. ‖〜感 complexe m (sentiment m) de supériorité. 〜感を持つ avoir un complexe de supériorité sur qn; se croire supérieur à qn.

ゆうえん 優婉 ¶〜な婦人 dame f élégante.

ゆうえん 悠遠 ¶〜なる時の流れ cours m éternel; éternité f.

ゆうえんち 遊園地 jardin m d'agrément; terrain m de jeux.

ゆうおうまいしん 勇往邁進 ¶〜する avancer intrépidement (courageusement).

ゆうが 優雅 grâce f; élégance f; raffinement m. ¶〜な gracieux(se); élégant; raffiné; relevé. 〜な暮しをする vivre noblement. 〜に gracieusement; avec élégance.

ゆうかい 幽界 au-delà m; l'autre monde m. 〜に入る trépasser.

ゆうかい 誘拐 enlèvement m; rapt m; [子供の] kidnapping m; [婦女子の] ravissement m. ¶〜する enlever; kidnapper. 子供が一人〜された Un enfant a été enlevé. ‖未成年〜罪 détournement m de mineur; [犯人 auteur m d'un enlèvement; kidnappeur(se) m(f); ravisseur(se) m(f). 〜魔 kidnappeur(se).

ゆうかい 融解 fonte f; fusion f. ¶〜する fondre; entrer en fusion. 氷は摂氏 0 度で〜する La glace fond à 0°C. ‖〜点 point m de fusion.

ゆうがい 有害 ¶〜な nuisible; pernicieux(se); nocif(ve); malfaisant; empoisonneur(se); ennemi. 〜な思想 idée f malsaine. 〜な影響 influence f nocive. 飲み過ぎは健康に〜だ L'abus de l'alcool est nuisible à la santé. ‖〜性 nuisance f; nocivité f.

ゆうがい 有蓋 ‖〜車 voiture f couverte; [貨車] wagon m couvert; [トラック・貨車] fourgon m.

ゆうがお 夕顔 gourde f à fleur nocturne.

ゆうかく 遊廓 quartier m des plaisirs; lieu m de plaisirs.

ゆうがく 遊学 ¶～する aller étudier. 外国に～する aller à l'étranger pour faire des études.

ゆうかしょうけん 有価証券 valeur f mobilière; titres mpl. ‖記名～ titre nominatif.

ゆうかぜ 夕風 brise f du soir.

ゆうがた 夕方 soir m; soirée f; déclin m du jour; crépuscule m. ある夏の～ par un soir d'été. ～に le soir; dans la soirée.

ゆうがとう 誘蛾灯 lampe f pour attirer les insectes.

ユーカリ eucalyptus m.

ゆうかん 勇敢 ¶～な courageux(se); brave; vaillant; intrépide. ～な戦士 guerrier m hardi. ～な男 homme m brave. ～な兵士 soldat m vaillant. ～に戦う combattre avec courage. ～さ bravoure f; courage m; vaillance f; intrépidité f.

ゆうかん 有閑 ‖～階級 riches mpl oisifs. ～マダム dame f riche et désœuvrée.

ゆうかん 夕刊 journal(aux) m du soir.

ゆうき 勇気 courage m; bravoure f. ～がある avoir du courage. ～がない manquer de courage. ...する～がある(ない) avoir (n'avoir pas) le courage de inf; oser (n'oser) inf. ～をくじける perdre courage. 私には彼の頼みを断る～がない Je n'ai pas le courage de lui refuser sa demande. ～を出す prendre courage. 渾身の～を振う s'armer de (rassembler) tout son courage. 大いに～を示す montrer beaucoup de courage; faire preuve de beaucoup de bravoure. ～をもって闘う combattre avec courage. ¶～づける encourager qn; rendre (donner) du courage à. ～のある courageux(se); brave; vaillant. ～のない peureux(se); timide.

ゆうき 幽鬼 revenant m; fantôme m; spectre m.

ゆうき 有期 ¶～の limitable. ‖～刑 travaux mpl forcés à durée limitée. ～公債 emprunt m à terme. ～年金 rente f à terme.

ゆうき 有機 ¶～的(の) organique. ～的存在 êtres mpl organisés. ～的に organiquement. ～化する organiser. ～化された organisé. ～界 règne m organique. ～化学 chimie f organique. ～化合物 composé m organique. ～体 organisme m; corps m organique. ～体の organique. ～農業 agriculture f biologique. ～肥料 engrais m organique. ～物 matière f organique (organisée).

ゆうぎ 友誼 amitié f; camaraderie f. ～に厚い être fidèle à l'amitié. ～を尽す vouer de l'amitié à qn. ～を結ぶ se lier d'amitié avec qn; nouer amitié avec qn.

ゆうぎ 遊戯 [娯楽] passe-temps m inv; [遊び] jeu(x) m. ～をする s'amuser à qc; jouer à qc. ‖室内～ jeux mpl de société. 恋愛～ jeu d'amour. ～場 [賭博場] casino m; maison f de jeux. ～室 salle f de récréation.

ゆうきさいばい 有機栽培 culture f biologique.

ゆうきやさい 有機野菜 légume m bio.

ゆうきゅう 悠久 éternité f; permanence f. ¶～の éternel(le). ～の自然 permanence de la nature. ～の昔より depuis un temps immémorial.

ゆうきゅう 有給 ¶～の salarié; appointé. ‖～休暇 congé m payé.

ゆうきゅう 遊休 ‖～工場 usine f en chômage. ～施設 établissement m inoccupé. ～資本 fonds mpl inactifs. ～物資 objets mpl sans utilisation actuelle.

ゆうきょう 遊興 plaisir m; amusement m; divertissement m. ¶～する se livrer aux plaisirs; se divertir. ～の徒 jouisseur m. ‖～飲食税 impôts mpl sur les distractions. 三昧の日々を送る courir après les plaisirs. ～費 dépense f pour les distractions.

ゆうぎょう 有業 ‖～人口 population f active.

ゆうぎり 夕霧 brume f nocturne. ～が立籠めている La brume nocturne se lève.

ゆうきん 遊金 fonds mpl dormants.

ゆうぐう 優遇 faveur f. ～を受ける jouir d'un traitement de faveur. ¶～する favoriser; traiter avec beaucoup d'égards; accueillir cordialement. ‖～措置をとる prendre des mesures pour favoriser qc.

ユークリッド ‖～(非)幾何学 géométrie f euclidienne (non-euclidienne).

ゆうぐれ 夕暮 crépuscule m; soir m. ¶～に au crépuscule; à la brune.

ゆうぐん 友軍 troupes fpl amies; [同盟軍] armée f alliée.

ゆうぐん 遊軍 corps m de réserve. ‖～記者 journaliste m en attente.

ゆうげ 夕餉 dîner m; souper m. ～をとる dîner; souper.

ゆうけい 有形 ¶～の matériel(le); corporel (le); concret(ète). ～無形の matériel(le) et immatériel(le). ～無形の援助をする aider qn moralement et matériellement. ‖～物 objet m matériel.

ゆうげい 遊芸 art m d'agrément. ～の道に熱中する s'adonner aux arts d'agrément. ～を仕込む initier qn aux arts d'agrément.

ゆうげき 遊撃 ‖～艦隊 escadrille f volante. ～戦 guerre f d'embuscade. ～隊 troupe f mobile. ～隊員 partisan m.

ライン ‖～川 le Rhin.

ゆうけん 郵券 timbre(s)-poste m. ‖～代用可 «Payable en timbres-poste.»

ゆうげん 幽玄 mystère m; profondeur f. ¶～ mystérieux(se); profond. ～の美 beauté f mystérieuse.

ゆうげん 有限 ¶～の fini; limité; borné. ‖～会社 société f à responsabilité limitée (SARL). ～数 nombre m limité.

ゆうけんしゃ 有権者 votant m (e) (f); électeur(trice) m(f); [集合的に] électorat m. ‖～名簿 liste f électorale.

ゆうこう 友好 fraternité f; amitié f. 両国間の～ amitié entre deux pays. ¶～的な amical. ～的に amicalement. ‖通商～条約 convention f commerciale et amicale. ～関係 relations fpl amicales; fraternité. ～関係に

ゆうこう 入る se mettre en relations amicales; [敵対した後に] fraterniser avec. ～関係を保つ être en bons rapports avec. ～国 pays m ami; nation f amie.

ゆうこう 有効 ‖～な efficace; utile; pratique; [効力を持つ] valable; valide. ～な契約 contrat m valable. ～な手段 mesure f efficace. ～なパスポート passeport m valide. 3日間(2ヶ月)の～な切符 billet m valable trois jours (pour deux mois). この切符はまだ～だ Ce billet est encore valable (bon). ～に efficacement; valablement. ～に使う utiliser qc; faire bon usage de qc; tirer profit de qc. ～期間 durée f de validité. 私の身分証明書は～期間がない Ma carte d'identité n'est plus valable. ～数字 chiffre m significatif. ～性 efficacité f; validité f; 《法》validation f. ある方法の～性 valeur f d'une méthode.

ゆうこう 遊行 flânerie f. ‖～中 se laisser aller à la flânerie.

ゆうごう 融合 fusion f. ‖～する se fondre; s'unir par fusion. ‖核～ fusion f [nucléaire]. ～反応 réaction f de fusion.

ゆうこうちゅう 有孔虫 ‖～類 foraminifères mpl.

ゆうこく 幽谷 vallée f profonde. ‖深山～で au fin fond des montagnes.

ゆうこく 憂国 ‖～の士 patriote m. ～の情 ardeur f patriotique.

ゆうこく 夕刻 soir m; soirée f. ‖～に le soir; vers le soir. ～5時に à cinq heures du soir.

ゆうこん 雄渾 ‖～な sublime; magnifique. ～な文体 style m mâle et énergique.

ユーザー utilisateur(trice) m(f).

ゆうざい 有罪 culpabilité f. ‖～を宣告する déclarer qn coupable. ～を宣告される être déclaré coupable d'un crime. 被告の～を立証する établir (démontrer) la culpabilité d'un accusé. ‖～の coupable. ‖～判決 verdict m de culpabilité.

ゆうさん 有産 ‖～階級 classe f possédante; possédants mpl. ～階級に属する appartenir à la classe possédante. ～階級の人々 bourgeois mpl.

ユーザンス [手形期限] usance f.

ゆうし 勇士 preux m; brave m; vaillant soldat m. 歴戦の～ vétéran m.

ゆうし 有史 ‖～以前の préhistorique. ～以前の動物 animaux mpl préhistoriques. ～以来 depuis l'aurore de l'histoire.

ゆうし 有志 intéressés mpl; volontaires mpl. ～の方々の参加を歓迎します Tous ceux qui s'y intéressent sont cordialement invités. ～を募る rassembler des volontaires.

ゆうし 雄姿 figure f imposante. 凱旋将軍の～ allure f magnifique d'un général vainqueur. アルプス連峰の～が突然目の前に現われた La silhouette imposante de la chaîne des Alpes a tout à coup apparu devant nous.

ゆうし 融資 financement m. ‖～する financer; financer une entreprise. ‖～会社 compagnie f de financement.

ゆうじ 有事 ‖～の際には en cas de nécessité; en cas de besoin.

ゆうしかい 有視界 ‖～飛行(着陸) vol m (atterrissage) à vue. ～飛行(着陸)する voler (atterrir) à vue.

ゆうしかく 有資格 ‖～の diplômé; breveté; [適任の] qualifié; compétent. ～な看護婦 infirmière f diplômée. ～な技師 technicien m breveté. ～者 diplômé(e) m(f); breveté(e) m(f); [適任者] personne f compétente.

ゆうしきしゃ 有識者 personne f instruite; esprit m cultivé.

ゆうしてっせん 有刺鉄線 barbelé m; fil m de fer barbelé.

ゆうしゃ 勇者 héros m; brave m; homme m courageux.

ゆうしゅう 優秀 excellence f; supériorité f; [評点] très bien. ‖～な excellent; supérieur; éminent; remarquable. ～な成績をあげる obtenir d'excellents résultats; [学校で] obtenir de très bonnes notes. 最～の le (la, les) meilleur(e, s, es). ‖最～選手 le (la) meilleur(e) joueur(se) m(f).

ゆうしゅう 幽囚 ‖～の身 captif(ve) m(f); prisonnier(ère) m(f).

ゆうしゅう 憂愁 tristesse f; mélancolie f; assombrissement m. ～に閉ざされる être plongé dans la tristesse. ‖～の chagrin; mélancolique; triste. ～の色を帯びた d'un air mélancolique.

ゆうしゅう 有終 ‖～の美を飾る finir (terminer) en beauté.

ゆうじゅうふだん 優柔不断 irrésolution f; indécision f. ‖～な hésitant; irrésolu. ～な男 homme m indécis. ～な性格 caractère m irrésolu (hésitant). ～の精神 esprit m vacillant. 彼は～な奴だ Il est de caractère hésitant.

ゆうしゅつ 湧出 jaillissement m. ‖～する jaillir. ‖～量 quantité f de jaillissement.

ゆうしゅん 優駿 les meilleurs chevaux mpl de course. ‖～牝馬競走 course f des meilleures juments.

ゆうじょ 遊女 fille f publique (de joie).

ゆうしょう 優勝 victoire f; championnat m. ～の行方は予測し難い Il est difficile de prédire le vainqueur. ～を争う disputer la victoire (la première place). ‖～する remporter la victoire (la palme). ‖～カップ coupe f. ～旗 drapeau(x) m challenge. ～者 vainqueur m. ～戦 championnat m. ～チーム équipe f victorieuse (championne). ～馬 cheval(aux) m gagnant.

ゆうしょう 勇将 général(aux) m courageux (brave); chef m vaillant.

ゆうしょう 有償 ‖～の onéreux(se). ～で d'une manière onéreuse; onéreusement. ～で取得する 《法》 acquérir qc à titre onéreux. ‖～契約 contrat m onéreux.

ゆうじょう 友情 camaraderie f; amitié f. ～から par amitié. ～に厚い être fidèle à ses amis. ～を抱く porter amitié à qn. ～を結ぶ se lier d'amitié avec qn. ‖～りある amical(aux). ～の絆 solidarité f amicale. ～をこめて

ゆうしょく 憂色 ¶～を帯びる avoir l'air triste et soucieux. ～を帯びて d'un air soucieux.

ゆうしょく 有色 ¶～の coloré; de couleur. ‖～人種(民族) race *f* (peuple *m*) de couleur.

ゆうしょく 夕食 dîner *m*. ～に招く inviter *qn* à dîner. ～を食べる dîner; prendre le repas du soir.

ゆうじん 友人 ami(e) *m(f)*; camarade *mf*; compagnon(ne) *m(f)*. 親しい～ ami intime. ～になる se prendre d'amitié pour *qn*; se lier d'amitié avec *qn*.

ゆうじん 有人 ¶～ロケット fusée *f* habitée.

ゆうしんろん 有神論 théisme *m*. ‖～者 théiste *mf*.

ゆうずい 有蕊 ⇨ おしべ(雄蕊)

ゆうすう 有数 ¶～の éminent; prééminent. 彼は日本の～の学者だ Il est un des (Il compte parmi les) plus grands savants du Japon. それは日本の～の工業地帯だ C'est un des grands centres industriels du Japon.

ゆうずう 融通 ¶～がきく avoir l'esprit souple. ～をきかせる s'adapter aux circonstances. ～のきく人 personne *f* compréhensive; caractère *m* flexible. ～のきかない人 esprit *m* étroit; [頑固な] personne obstinée. ◆[金の] prêt *m*; aide *f* financière. 金を～する prêter une somme d'argent à *qn*; mettre une somme d'argent à la disposition de *qn*. ‖～手形 billet *m* (effet *m*) négociable.

ゆうすずみ 夕涼み ～に行く sortir pour jouir de la fraîcheur du soir. ～をする prendre le frais du soir.

ユースホステル auberge *f* de jeunesse.

ゆうする 有する avoir; posséder. 天分を～ avoir du talent. 音楽の天分を～ être doué pour la musique. 特権を～ jouir de son autorité.

ゆうせい 優勢 supériorité *f*; prédominance *f*; avantage *m*. ～を保つ conserver *sa* supériorité sur *qn*. ¶～の supérieur; dominant. ～の敵の軍隊 forte armée *f* ennemie. ～になる prendre l'avantage (le dessus). ～である avoir l'avantage (le dessus). ～より～である être supérieur à; prévaloir sur. 戦は我方が～である Nous avons l'avantage dans le combat. 数に於て敵より～である être supérieur en nombre à l'ennemi, avoir un avantage numérique sur l'ennemi. 僕よりも彼の意見方が～だった Son opinion a prévalu sur la mienne.

ゆうせい 優性 〖生〗dominance *f*. ¶～の dominant. ‖～遺伝 hérédité *f* dominante. ～遺伝子 gène *m* dominant. ～学 eugénique *f*; eugénisme *m*. ～学者 eugéniste *mf*. ～学的に au point de vue eugénique. ～配偶 eugénésie *f*. ～保護法 loi *f* de protection sur l'eugénisme.

ゆうせい 有性 ¶～の sexué(e); sexuel(le). ‖～生殖 reproduction *f* sexuelle (sexuée).

ゆうせい 有声 ¶～の sonore. ‖～音 sonore *f*. ～化 sonorisation *f*. ～化する sonoriser. ～子音 consonne *f* sonore.

ゆうせい 遊星 planète *f*. ¶～の planétaire. ～間の interplanétaire. ‖小～ astéroïde *m*; planète mineure.

ゆうせい 郵政 ¶～省(大臣) Ministère *m* (ministre *m*) des Postes et Télécommunications.

ゆうぜい 有税 ¶～の imposable; taxable; soumis aux droits de douane. ‖～品 marchandises *fpl* taxables.

ゆうぜい 遊説 ¶～する faire de la propagande électorale; faire des discours politiques. 全国を～する parcourir le pays en haranguant les foules. ‖～員 agent *m* électoral. ～旅行 tournée *f* électorale.

ゆうぜい 郵税 taxe *f* postale; port *m*; frais *mpl* de port. ‖「～支払済」«Affranchi»; «Port payé.» ～支払済(先払)の小包 colis *m* franc de port (en port dû). ～不足 affranchissement *m* insuffisant. ～不足の insuffisamment affranchi. ～不要[で] en franchise; franco. 「～未納」«Non affranchi.»

ゆうせいじぎょうちょう 郵政事業庁 Agence *f* des services postaux (de la Poste).

ゆうせん 優先 ¶～する passer avant; prévaloir sur. 娯楽よりも仕事を～すべきだ Les affaires doivent passer avant les plaisirs. 実践が常に理論に～すべきだと彼は考えている Il pense que la pratique doit toujours prévaloir sur la théorie. ～させる faire prévaloir. 自分の権利を～させる faire prévaloir *ses* droits. ～的に en priorité; par tour de faveur. ‖「車～」«Priorité aux voitures.» ～株 actions *fpl* privilégiées (de priorité). ～権 priorité *f*; droit *m* de priorité. ～権を与える donner la priorité à *qn*. ～権を持つ avoir priorité sur *qn*. ～権を持った prioritaire.

ゆうせん 有線 ¶～の avec fil. ‖～放送 émission *f* avec fil (par câble).

ゆうせん 郵船 bateau(x)-poste *m*; paquebot(s)-poste *m*. ‖～会社 compagnie *f* de messageries maritimes.

ゆうぜん 悠然 ¶～と d'un pas ferme; d'un air posé; posément; sans se presser. 彼はいつも～としている Il a toujours l'air posé./C'est un homme très posé.

ゆうそう 勇壮 ¶～な épique; mâle; homérique. ～な行進曲 marche *f* triomphale. ～な調子 mâle accent *m*. ～な活発な踊り danse *f* vive et mâle. ～に héroïquement.

ゆうそう 郵送 expédition *f* (envoi *m*) par la poste. ～による投票 vote *m* par correspondance. ¶～する envoyer (expédier) par la poste. 現金を為替で～する envoyer de l'argent par mandat. ‖～料 taxe *f* postale; frais *mpl* de port.

ゆうそくこじつ 有職故実 connaissances *fpl* des anciennes habitudes de la cour impériale.

ゆうだ 遊惰 paresse *f*; indolence *f*. ¶～な生活 vie *f* indolente. ～の徒 paresseux *m*; fainéant *m*.

ユーターン demi-tour *m*. ¶～する faire un demi-tour. ‖～現象 [故郷への] phénomène

ゆうたい 優待 accueil *m* bienveillant. ¶~する traiter *qn* avec faveur; accueillir *qn* affectueusement. ~券 billet *m* de faveur.

ゆうたい 勇退 retraite *f* (démission *f*) volontaire. ¶~する se retirer volontairement *de ses* fonctions; prendre volontairement *sa* retraite.

ゆうだい 雄大 ¶~な grandiose. ~な計画 dessein *m* magnifique. ~な風景 paysage *m* grandiose.

ゆうたいぶつ 有体物 [動産]〖法〗biens *mpl* corporels; [資産] valeurs *fpl* matérielles.

ゆうたいるい 有袋類 marsupiaux *mpl*.

ゆうだち 夕立 averse *f*; ondée *f*; [雷を伴う] orage *m*. ~が上がった L'orage a cessé. ~が来そうだ L'orage menace./Le temps est orageux (à l'orage). ~が来た Il tarde de l'orage). ~に会う être surpris par une averse (une ondée). ‖~雲 nuages *mpl* orageux.

ユータナジー euthanasie *f*.

ゆうだん 勇断 mesure *f* rigoureuse. ~を下す prendre une décision courageuse.

ゆうだんしゃ 有段者 titulaire *mf* d'un grade; [柔道] ceinture *f* noire.

ゆうち 誘致 implantation *f*; invitation *f*. ¶~する introduire; implanter; inviter; attirer. 工場を~する solliciter l'installation d'une usine. 観光客を~する inviter les touristes. その地方に新しい工業を~することが問題になっている Il est question d'implanter des industries nouvelles dans la région.

ゆうちょう 悠長 ¶~な nonchalant; insouciant. ~な様子をしている avoir l'air insouciant. 彼はなんて~な男なんだ Comme il est insouciant! ~に構える prendre [tout] *son* temps. ~に待ってはいられない On ne peut plus attendre patiemment. ⇒ のんびり

ゆうづき 夕月 lune *f* du crépuscule.

ゆうていもく 有蹄類 ongulés *mpl*.

ゆうてん 融点 point *m* de fusion (de liquéfaction).

ゆうと 雄図 ¶彼は~空しく挫折した Son ambitieuse entreprise a avorté./Ses projets ambitieux ont été bloqués.

ゆうと 雄途 ¶~につく se lancer courageusement dans une grande aventure.

ゆうとう 優等 ¶~で卒業する finir *ses* études *f* avec mention (avec félicitations). ‖~賞 [学校の] prix *m* d'excellence (d'honneur). ~生 excellent(e) élève *m(f)*; [比喩的に] bon(ne) élève *f*.

ゆうとう 遊蕩 libertinage *m*; débauche *f*; dissipation *f*. ~に耽る s'adonner au plaisir; se livrer à la débauche; mener une vie de débauche. ‖~児 enfant *m* prodigue; prodigue *m*; homme *m* débauché; débauché *m*; libertin *m*.

ゆうどう 誘導 conduite *f*; [飛行機の] guidage *m*;〖電〗induction *f*;〖数〗dérivation *f*. ¶~する mener; diriger; guider. 乗客を駅に~する conduire des voyageurs à la gare. 飛行機を無線(電波)で~する guider un avion par radio. ‖無線(電波)~ radioguidage *m*.

~回路 circuit *m* induit; induit *m*. ~コイル bobine *f* d'induction. ~尋問 poser à *qn* une question tendancieuse; faire une interrogatoire orienté à *qn*. ~尋問に引っ掛かる se laisser prendre un interrogatoire orienté. ~弾 [飛行機用] missile *m* téléguidé. ~電流 courant *m* induit (inductif, d'induction). ~法〖医〗révulsion *f*. ~薬(剤) révulsif *m*.

ゆうどう 遊動 ¶~円木 poutre *f* horizontale ronde. ~滑車 poulie *f* mobile.

ゆうとく 有徳 ¶~の士 homme *m* de vertu.

ゆうどく 有毒 ¶~の virulent; [植物, 食物が] vénéneux(se); [動物が] venimeux(se); [たばこなどが] délétère; toxique; virulent; nocif(ve); méphitique. ~な細菌 microbe *m* virulent. ~ガス gaz *m* délétère (toxique). ~キノコ champignon *m* vénéneux. ~性 toxicité *f*; virulence *f*.

ユートピア utopie *f*.

ゆうなぎ 夕凪 calme *m* de la mer le soir.

ゆうに 優に suffisamment; assez. ~2時間待った J'ai attendu deux bonnes heures. そこまで~2キロはある Il y a deux bons kilomètres d'ici là. 彼は180センチは~ある Sa taille atteint au moins un mètre 80.

ゆうのう 有能 ¶~な habile; capable; compétent. ~な外科医 chirurgien *m* habile. ~なサラリーマン employé *m* compétent. ~の士を招く faire appel aux capacités. この店の従業員は皆~だ Les employés de ce magasin sont tous efficaces. ~さ habileté *f*.

ゆうばえ 夕映え lueur *f* du soleil couchant.

ゆうはつ 誘発 ¶~する exciter; causer; faire naître; produire; fomenter. 交通渋滞はしばしば事故を~する Un embouteillage peut souvent causer (engendrer) des accidents. ‖~反応〖化〗réaction *f* induite.

ゆうはん 夕飯 ⇒ ゆうしょく(夕食).

ゆうひ 雄飛 ¶海外に~する étendre *ses* activités à l'étranger.

ゆうひ 夕日 soleil *m* couchant.

ゆうび 優美 grâce *f*; élégance *f*; [繊細] finesse *f*. ¶~な élégant; gracieux(se); fin.

ゆうびん 郵便 [郵便物] courrier *m*. ~が届いた Le courrier est arrivé. ~で送る expédier (envoyer) *qc* par la poste. ~を出す mettre le courrier à la poste. ~を配達する distribuer le courrier. ‖局留め~ poste *f* restante. 航空~ poste aérienne; courrier aérien. 国内(外国)~ poste intérieure (étrangère). 速達~ lettre *f* exprès; exprès *m*. ~為替 mandat *m* postal. 封緘~為替 mandat(s)-lettre(s) *m*. ~切手 timbre(s)-poste *m*. ~局 bureau(x) *m* de poste; poste. ~局へ行く aller à la poste. ~局員 employé(e) *m(f)* des postes; postier(ère) *m (f)*. ~局長 receveur *m* des postes. ~業務 service *m* postal. ~小包 colis *m* postal. ~自動車 voiture *f* postale. ~貯金 dépôt *m* d'argent à la caisse d'épargne. ~配達 distribution *f* du courrier. ~配達人 facteur *m*. ~箱 boîte *f* aux lettres. ~番号 numéro *m* de code postal. ~ポスト boîte aux lettres publique. ~料金 frais *mpl* de poste; [表

ゆうふ 有夫 ¶～の婦人 femme f mariée.

ユーフォー UFO OVNI; ovni [ɔvni] m; objet m volant non identifié.

ゆうふく 裕福 opulence f; richesse f. ¶～な riche; opulent; aisé; fortuné. ～な家族 famille f opulente. ～な国 pays m riche. ～な ブルジョワ bourgeoisie f aisée. ～に暮す vivre dans l'aisance (l'opulence); jouir de l'aisance. ～になる devenir riche; faire fortune.

ユーフラテス ‖～川 l'Euphrate m.

ゆうべ 昨夜 hier soir m.

ゆうべ 夕べ soir m de printemps. 音楽の～ soirée f musicale. ～の光 lueurs fpl vespérales.

ゆうへい 幽閉 séquestration f; détention f; emprisonnement m. ¶～する séquestrer qn; confiner qn; enfermer qn; emprisonner qn. 地下室に～する séquestrer qn dans une cave. ～される être séquestré (détenu, emprisonné). 彼は城に～されていた Il était détenu dans une forteresse. ‖～者 séquestré(e) m(f); détenu(e) m(f); prisonnier(ère) m(f).

ゆうべん 雄弁 éloquence f. ¶～を振るう parler éloquemment; parler avec éloquence. ～な éloquent. ～である avoir la parole facile; être éloquent. ～に éloquemment; avec éloquence. 事実が～に物語っている Le fait est éloquent. 表情の～さ éloquence de sa physionomie. ～家 orateur m [éloquent]. あの婦人はすぐれた～家だ Cette femme est un excellent orateur. 煽動的な～家 tribun m. ～術 art m oratoire. ～術士 maître m de rhétorique.

ゆうほう 友邦 nation f amie; pays m ami.

ゆうぼう 有望 ¶～な d'avenir; prometteur(se). ～な企業 entreprise f pleine de promesses. ～な少年 garçon m d'avenir. ～ な若者たち jeunes gens mpl prometteurs. あれは～な子供だ C'est un enfant qui promet. 実験の結果は～だ Le résultat de l'expérience est encourageant.

ゆうぼく 遊牧 ¶～の nomade. ‖～生活 vie f nomade; nomadisme m. ～生活を送る vivre en nomade. ～民 nomades mpl; † horde f. 砂漠の～民 tribus mpl nomades du désert.

ゆうほどう 遊歩道 promenade f. ‖自然～ [sentier m (chemin m) de] grande randonnée f (GR).

ゆうみん 遊民 oisifs mpl; désœuvrés mpl; paresseux mpl. ‖高等～ oisifs cultivés.

ゆうめい 勇名 ¶～をとどろかす avoir une grande réputation de courage; se faire connaître par sa bravoure.

ゆうめい 幽明 ¶～境を異にする trépasser; quitter ce monde; partir pour l'autre monde.

ゆうめい 有名 ¶～な fameux(se); célèbre; connu; renommé; illustre; [悪名高い] notoire. 彼は博学で～である Il est connu pour son érudition. そのレストランは魚がうまいので～ だ Ce restaurant est renommé pour ses excellents poissons. 彼の愚かさは～だ Il est d'une bêtise notoire. ～になる devenir célèbre; se faire connaître; s'illustrer; se faire un grand nom. 一躍～になる devenir célèbre du jour au lendemain; se rendre soudain fameux(se). ‖～人 célébrités fpl. ～税 prix m de la célébrité. ～無実な nominal(aux).

ゆうめいかい 幽冥界 autre monde m; royaume m d'outre-tombe.

ユーモア humour m. ～がある(を解する) avoir [le sens] de l'humour. ～に欠ける manquer d'humour. ¶～に富んだ humoristique. ‖ブラック～ humour noir. ～作家 humoriste mf. ～小説 roman m humoristique. ～精神 humour.

ゆうもう 勇猛 vaillance f. ¶～な果敢な intrépide; brave; courageux(se); vaillant. ～ 心 courage m. ～心を奮い起こす faire appel à tout son courage.

ゆうもや 夕靄 brume f du soir; brouillard m du crépuscule.

ユーモラス ¶～な plein d'humour; humoristique.

ユーモリスト humoriste mf.

ゆうもん 幽門 pylore m. ‖～閉塞 pylore clos.

ゆうもん 憂悶 ¶～する se tordre de chagrin.

ゆうやく 勇躍 ¶～[して] plein d'ardeur (d'entrain). ～世界一周の旅に出る partir avec entrain pour un voyage autour du monde.

ゆうやけ 夕焼 embrasement m du soleil couchant. ～が空を赤く染めていた Le soleil couchant empourprait le ciel./Le ciel s'embrasait au soleil couchant. ‖～雲(空) nuage m (ciel m) embrasé.

ゆうやみ 夕闇 crépuscule m du soir; tombée f de la nuit. ～が迫る La nuit approche. ～が迫ころに au crépuscule; vers la brune.

ゆうやろう 遊冶郎 voyou m.

ゆうゆう 悠々 ¶～たる [平静な] calme; tranquille; [平然とした] posé; imperturbable. ～ たる大河の流れ cours m abondant d'un grand fleuve. ～と avec calme; tranquillement; [急がずに] sans se presser; [難なく] facilement; sans peine. ～と試験に受かる réussir facilement à l'examen. ～と歩く marcher sans se presser. ～と汽車に間に合 う avoir tout son temps pour attraper le train. ～自適の暮しを送る [退職後] couler une retraite agréable.

ゆうよ 有余 ¶一年～ plus d'un an.

ゆうよ 猶予 délai m; répit m; [刑, 徴兵の] sursis m. 一刻の～もない On ne peut pas s'accorder un instant de répit. ～を与える accorder un délai (un répit). ～を乞う demander huit jours de répit. 刑の執行を～する surseoir à l'exécution. ¶一刻も～している場合ではない On n'a pas un instant à perdre. ～せずに sans délai; sans retard. ‖執行～ sursis. 徴兵～ sursis d'incorporation. 徴兵～となる devenir sursitaire. ～期

間 [解雇] délai(s)-congé(s) m; [弁済] délai de grâce.

ゆうよう 悠揚 ¶~と迫らぬ calme; imperturbable. ~と迫らぬ態度で d'un air posé (serein).

ゆうよう 有用 ¶~である être utile à. ~な utile; profitable. ¶~性 utilité f.

ゆうよく 遊弋 croisière f. ¶~する être en croisière; croiser; faire des croisières.

ユーラシア Eurasie f. ¶~の eurasien(ne). ¶~人 Eurasien(ne) m(f). ~大陸 continent m eurasiatique.

ユーラトム Euratom m; Communauté f européenne de l'énergie atomique.

ゆうらん 遊覧 excursion f; tourisme m. ¶~する faire une excursion; faire du tourisme. ¶~客 touriste mf. ~船 bateau(x) m de plaisance (d'agrément); [パリの] bateau(x)-mouche m. ~バス autocar m de tourisme. ~旅行 voyage m d'agrément.

ゆうり 有利 ¶~な favorable; avantageux(se); [得になる] profitable; fructueux(se); avantageux(se). 非常に~な収入源 source f de revenus très profitable. ~な地位にいる être dans une position favorable (de force). ~な取引 commerce m fructueux. ...に~である apporter un avantage à qn. ...にとって~な事柄 être à l'avantage de qn. ...することは~である C'est un avantage de inf. 英語を知っていたことが彼には非常に~だった Sa connaissance de l'anglais lui a été d'un grand profit. 風向きは私に~になってきた Le vent a tourné à mon avantage (bien tourné pour moi). ...に~になるように en faveur de qn; à l'avantage de qn. ~に avantageusement; profitablement; à son profit; fructueusement. 交渉を~に進める faire progresser les négociations avantageusement (à son profit).

ゆうり 有理 ¶~数 nombre m rationnel. ~式 expression f rationnelle.

ゆうり 遊離 séparation f. ¶~する se séparer de; se détacher de. 現実から~している être en dehors de la réalité. ~させる séparer; isoler qc; détacher qc. ~した isolé; séparé; détaché.

ゆうりょ 憂慮 inquiétude f; anxiété f; souci m; [恐れ] crainte f. ~が去る ne pas pouvoir s'empêcher d'être inquiet(ète) de qc. ¶~する s'inquiéter de qc; se soucier de qc; éprouver de l'anxiété; être inquiet(ète) de qc. ~すべき事態 situation f inquiétante. ~すべき状態にある être dans un état grave (inquiétant).

ゆうりょう 優良 ¶~な bon(ne); excellent; supérieur. ¶~品 article m de qualité. 健康~児 enfant mf le (la) plus robuste de l'école. 成績~である avoir de bonnes notes.

ゆうりょう 有料 ¶~の payant. ¶~の観覧席 place f payante. ~客 payant(e) m(f). ~駐車場 stationnement m payant. ~駐車区域 zone f à stationnement payant. ~道路 route f à péage. ~高速道路 autoroute f à péage. ~入場 entrée f payante. ~便所 toilettes fpl payantes.

ゆうりょく 有力 ¶~な fort; puissant; dominant; prépondérant. ~な援助 aide f puissante. ~な証拠 forte preuve f; puissant témoignage m. ~な容疑者 suspect m probable. ~な手掛かりをつかむ prendre une bonne piste. ¶~者 personne f puissante; personnage m important; personnalité f. 彼は政界の~者を知っている Il a de belles relations dans les milieux politiques.

ゆうれい 幽霊 fantôme m; esprit m; apparition f; spectre m; revenant m. この家には~が出る Les esprits hantent cette maison./Il y a des revenants dans cette maison./Cette maison est hantée. ~の出る城 château m hanté par les fantômes. ~のような fantôme; spectral(aux); fantomatique. ~のような青白さ pâleur f spectrale (de spectre). 彼女はまるで~のような顔だった Elle était comme un spectre. ¶~会社 société f fantôme. ~船 vaisseau(x) m fantôme. ~人口 population f fantôme. ~屋敷 maison f hantée.

ユーレイルパス carte f Eurorail.

ゆうれつ 優劣 supériorité f et infériorité f. ~がない se valoir. 二人とも～がつけ難い L'un vaut l'autre./Ils se valent./On ne peut dire lequel est le meilleur. ~を競う(争う) se mesurer à (avec) qn; rivaliser avec qn. ¶~なし égal(aux).

ユーロ euro m. ¶~圏 zone f euro.

ユーロヴィジョン Eurovision f. ¶~で中継されるサッカー試合 match m de football en Eurovision.

ユーロコミュニズム eurocommunisme m.

ユーロさい ~債 euro-obligation f.

ユーロダラー eurodollar m.

ユーロトンネル Eurotunnel m.

ユーロピウム europium m.

ゆうわ 宥和 ¶~政策をとる faire une politique d'apaisement.

ゆうわ 融和 réconciliation f; conciliation f; harmonie f; accord m. 二国間の~ bonnes relations fpl entre deux pays. 会員間の~をはかる développer les relations amicales entre les membres. ¶~する se réconcilier avec; faire la paix avec. ~させる réconcilier qn avec.

ゆうわく 誘惑 tentation f; séduction f; allèchement m. ~と闘う résister à la tentation. ~に勝つ repousser une tentation. ~に負ける céder (succomber) à la séduction; se laisser aller à la tentation. ¶~する tenter; séduire; attirer; allécher. ~する 女 séduire (tomber) une femme. 金で(甘言をもって)~する allécher par l'argent (par de belles paroles). 彼女は色仕掛で会社の同僚を~しようとしている Elle cherche à aguicher un collègue de bureau.

ゆえ 故 ¶~に donc; par conséquent; en conséquence. 我思う，~に我あり Je pense, donc je suis. ...の~に parce que; puisque; à cause de; en raison de. ~あって non sans raison; pour une raison. ~なく sans motif; sans cause. ~なき侮辱 insulte f gratuite.

ゆえん 所以 ¶あなたの申し出を断った理由はそこに

ゆえん あるのです Voilà pourquoi j'ai refusé votre demande. これが彼を信用しない～です C'est pourquoi je ne le crois pas.

ゆえん 油煙 noir *m* de fumée.

ゆか 床 plancher *m*; sol *m*; [はめ木の] parquet *m*. セメントの～ Le plancher est fait avec des planches. ～に腰をおろす s'asseoir par terre. ～を張る poser un plancher. ¶～板 planche *f*. ～上浸水 inondation *f* qui a dépassé le niveau du plancher. 〔体操〕～運動 exercices *mpl* au sol. ～下浸水 inondation au-dessous du niveau du plancher.

ゆかい 愉快 ¶～な [面白い] plaisant; amusant; [楽しい] agréable; divertissant; joyeux(*se*); [滑稽な] drôle; [陽気な] gai; jovial(*aux*). ～な男 homme *m* jovial. ～な客 convive *m* amusant. ～な仲間 compagne *f* riante. ～な話 histoire *f* divertissante. ～な奴 type *m* drôle. ～になる se sentir joyeux. そいつは～だ Ça c'est drôle (amusant). ～に plaisamment; agréablement; joyeusement. ～に過ごす se donner du bon temps. 子供達と～そうに遊んでいる Les enfants s'amusent joyeusement.

ゆがく 湯掻く échauder; blanchir. 野菜を～ échauder (blanchir) des légumes.

ゆかげん 湯加減 température *f* de bain.

ゆかしい 床しい gracieux(*se*). ～素振り gestes *mpl* gracieux. ¶床しく graciieusement; avec grâce. 美しく床しく育つ grandir en beauté et en grâce. 床しさ grâce *f*; élégance *f*. 床しさあふれる身のこなし mouvements *mpl* pleins de grâce.

ゆがみ 歪み déformation *f*; gauchissement *m*; torsion *f*; contraction *f*. 顔の～ [変形] déformation du visage; [引きつれ] contraction du visage. 口許の～ torsion *f* de la bouche. ドアの～ gauchissement de la porte.

ゆがむ 歪む se déformer; gauchir; se gauchir; se tordre; se contracter; se voiler. 顔の歪んだ Son visage s'est contracté. 湿気で床が歪んだ L'humidité a gauchi la planche./La planche s'est gauchie par l'humidité. ¶歪んだ déformé; tordu; voilé. 歪んだ顔付き traits *mpl* contractés. 歪んだ顔が彼の怒りを表わした La contraction de son visage trahissait sa colère. 歪んだ木の幹 tronc *m* d'arbre tordu. 歪んだ心根(性根) esprit *m* perverti (tordu). 歪んだ車輪 roue *f* voilée. 歪んだ定規 règle *f* faussée (tordue). 歪んだ考え方をする avoir l'esprit tordu.

ゆがめる 歪める déformer; tordre; gauchir. 顔を～ déformer *son* visage. 口を～ tordre la bouche. 事実を～ déformer (gauchir) un fait. 真実を～ déformer (défigurer) la vérité.

ゆかり 縁(所縁) ¶そんなことは私には縁も～もない Cela n'a rien à voir avec moi. ここが彼の～の地である Voici le lieu attaché à son souvenir.

ゆき 行(往)き ¶～と帰り l'aller *m* et le retour *m*. ～は歩き, 帰りは汽車にする Je vais à pied et je rends en train. ¶～の en partance pour; à destination de. パリ～の飛行機(汽車) avion *m* (train *m*) [en partance] pour Paris. 東京～の列車 train de Tokyo. 大阪～の切符を買う prendre un aller pour Osaka.

ゆき 雪 neige *f*. ～が積(っている) La neige s'amoncèle. ～が1メートル積った La neige a atteint une hauteur d'un mètre. ～がとける La neige fond. ～が降っている Il neige./Il tombe de la neige./La neige tombe. 道は～で通れない La route est bloquée par la neige./La neige bloque la route. ¶～に蔽われた recouvert de neige; neigeux(*se*). ～に蔽われた頂 cimes *fpl* neigeuses. ～に埋れた enfoui sous la neige; enneigé. 昨日は～だった Hier, nous avons eu de fortes chutes de neige. 粉～ neige poudreuse. 人工～ [芝居の] neige artificielle. ぼた～ neige lourde. 牡丹～ neige à gros flocon. まだら～ neige pourrie. ～明り reflets *mpl* de la neige. 子供達が～遊びをしている Des enfants s'amusent dans la neige. ～折れの枝 branche *f* cassée sous le poids de la neige. ～男(女) homme *m* (femme *f*) des neiges. ～靴 snow-boots *mpl*. ～道 chemin *m* couvert de neige.

ゆきあう 行き合(逢)う [二人が] se rencontrer en route; [人と] rencontrer *qn*. 公園でばったり彼女と行き逢った Je l'ai rencontrée dans le parc.

ゆきあたりばったり 行き当りばったり ¶～の [行動などが] peu méthodique. ¶～ par hasard; à l'aventure; au petit bonheur. ～にする faire *qc* au petit bonheur.

ゆきあたる 行き当たる ⇨ つきあたる(突当る).

ゆきおろし 雪下ろし ¶屋根の～をする enlever la neige du toit d'une maison; déneiger le toit; dégager le toit de neige.

ゆきかう 行き交う ¶～人 [集合的に] va-et-vient *m inv*. 通路に～人の断え間ないない Il y a un va-et-vient incessant dans le couloir.

ゆきかえり 行き帰り ⇨ おうふく(往復).

ゆきがかり 行き掛り ¶～上 à cause de ces circonstances. ～上その仕事を続けざるを得なかった J'ai été forcé à continuer ce travail par la force des choses.

ゆきかき 雪掻き déneigement *m*; déblaiement *m* de la neige; [道具] pelle *f* à neige. ～をする enlever la neige. 通りの～をする déblayer le chemin recouvert de neige.

ゆきがけ 行き掛け ¶～に en passant. ～にちょっと立寄ってみたかき Je suis venu vous voir en passant. ～の駄賃にちょっと財布を失敬したまでさ Je n'ai fait que voler une bourse sous l'impulsion du moment.

ゆきがっせん 雪合戦 bataille *f* de boules de neige. ～をする jouer à se lancer des boules de neige.

ゆきき 行(往)き来 va-et-vient *m inv*; circulation *f*; [交際] fréquentation *f*. ¶～する [交際] fréquenter *qn*; [互いに] se fréquenter; [往復] aller et venir. ～している avoir des relations avec *qn*. 彼の家とはもう～していない Je fréquente plus sa famille.

ゆきぐに 雪国 pays *m* de neige.
ゆきくれる 行き暮れる ¶行き暮れた旅人 voyageur(se) *m(f)* surpris(e) par la nuit en chemin.
ゆきげしき 雪景色 paysage *m* de neige.
ゆきげしょう 雪化粧 ¶～する être couvert (se couvrir) de neige.
ゆきすぎ 行き過ぎ excès *m*; outrance *f*. ～のないよう注意したまえ Prends garde (Fais attention) de ne pas dépasser le bornes. ¶それは～だよ Tu vas trop loin./Tu dépasses les bornes. ¶～の改革 réforme *f* excessive.
ゆきすぎる 行き過ぎる ¶…の家の前を～ dépasser la maison de *qn*. ¶[度を越す] aller trop loin; s'avancer trop; pousser les choses à l'extrême; aller au delà de. ¶それは行き過ぎた意見だ C'est une opinion excessive.
ゆきずり 行き摺り ¶～の恋 amour *m* éphémère; amourette *f* de passage. いわば～の恋だった C'était pour ainsi dire une amourette de passage. ～の人 passant(e) *m(f)*; premier(ère) venu(e) *m(f)*. ～の男に身を任せるを許せる se donner au premier venu.
ゆきぞら 雪空 ciel *m* (temps *m*) neigeux.
ゆきだおれ 雪倒れ[人] passant(e) *m(f)* mort(e) au bord de la route. 今朝道端に～があった Ce matin, j'ai trouvé un passant mort au bord de la route. ～になる tomber mort sur le chemin; mourir (tomber) d'inanition.
ゆきだまり 雪溜まり congère *f*; amas *m* de neige.
ゆきだるま 雪達磨 ¶～をつくる faire un bonhomme de neige.
ゆきちがい 行き違い ¶私達の意見に～があった Il y avait un malentendu entre nous. 私達の手紙は～になったらしい Les lettres se sont croisées. 私達は途中で～になった Nous nous sommes croisés en route sans nous reconnaître.
ゆきつく 行き着く arriver à; parvenir à. 1時間もすれば避難小屋に～よ Dans une heure, nous arriverons à notre refuge. あんな奴の～先は知れている On sait où va finir ce type.
ゆきつけ 行きつけの favori(te); habituel(le). ～の店 *son* café *m* favori. そこは僕の～のスナックです C'est mon snack favori.
ゆきづまる 行き詰まる aboutir à une impasse; être dans une situation sans issue. 仕事は行き詰っている Les affaires ne marchent pas./Les affaires sont dans un état de stagnation. ¶行き詰り impasse *f*; stagnation *f*. 行き詰りを打開する sortir d'une impasse.
ゆきどけ 雪解け dégel *m*; fonte *f* des neiges. 外交関係の～ dégel des relations diplomatiques. ～が始まる La neige commence à fondre. ¶～の道 chemin *m* tout détrempé par la fonte des neiges; chemin couvert de neige pourrie.
ゆきとどく 行き届く ¶万事に～ être soigneux(se) (attentif(ve), consciencieux(se)) sur tout. 細かいところまで～ être aux petits soins pour *qn*. ¶行き届いて下さい Excusez-moi de vous avoir reçu si simplement. 手入れの行き届いた庭 jardin *m* bien tenu.
ゆきどまり 行止り fond *m*; cul(s)-de-sac *m*; impasse *f*. ¶この路地は～です C'est un chemin sans issue.
ゆきなやむ 行き悩む ¶我々は資金面で行き悩んでいる Nous sommes acculés à une impasse en ce qui concerne les fonds. 行き悩みの状態です Les affaires sont enrayées.
ゆきのした 雪の下 [植] saxifrage *f*.
ゆきば 行き場 ¶～がなくなる être dans l'impasse.
ゆきみ 雪見 ¶～をする admirer un paysage neigeux.
ゆきもよう 雪模様 ¶～だ La neige menace./Le temps est à la neige. ～の空を見上げながら en regardant le ciel neigeux.
ゆきやけ 雪焼け ¶～の肌 peau *f* bronzée par la neige.
ゆきやなぎ 雪柳 spirée *f*.
ゆきやま 雪山 montagne *f* couverte de neige.
ゆきよけ 雪除け abri *m* contre la neige.
ゆきわたる 行き渡る s'étendre; se répandre; se propager. ¶彼の威光もそこまでは行き渡っていない Son prestige ne s'étend (se répand) pas jusque-là. 女性解放の思想はほとんど全世界に行き渡っている Les idées d'émancipation féminine se propagent presque dans le monde entier. 食事はみんなに行き渡った Tout le monde a été servi. 命令を行き渡らせる faire parvenir un ordre jusqu'au bout.
ゆく 行く aller; se rendre; [通う] fréquenter; [出席] assister à; [出発] partir; [訪問] visiter; rendre visite à; [従って] suivre; [去る] s'en aller; [過ぎ去る] passer; s'enfuir. 車(船, 汽車)で～ aller en voiture (en bateau, par le train). 歩いて～ aller à pied. 会いに～ aller voir *qn*. 働きに～ aller travailler. 山道を～ suivre un sentier de montagne. 学校(釣, 散歩)に～ aller à l'école (à la pêche, en promenade). フランス(日本)に～ aller en France (au Japon). フランスに行ったことがありますか Avez-vous déjà été en France? 迎えに～ aller (se porter) à la rencontre de *qn*; aller accueillir *qn*. 医者を迎えに～ chercher un médecin. 我が道を～ aller *son* chemin. 行ったり来たりする aller et venir; passer et repasser; faire la navette. 行きます Jy vais./J'arrive. さあ行こう On y va. さあ勇気を出して行こう Allons-y gaiement. それ行け Allez-y!/Vas-y! ¶駅に～道 chemin *m* qui va (conduit) à la gare. 年端の行かない子 petit(e) enfant *mf*. ～年を送る passer la fin de l'année. ～夏に別れを告げる dire adieu à l'été qui s'enfuit. ◆[運ぶ] aller bien; marcher bien (à souhait). 商売は巧く行っている Les affaires marchent bien. 万事巧く～だろう Tout ira bien.
ゆく 逝く décéder; trépasser; mourir. 若くして～ mourir à la fleur de l'âge.
ゆくえ 行方 trace *f*; piste *f*. その日から彼の～は杳として知れない On perd sa trace à partir de ce jour. ～を追跡する suivre *qn* à la trace. ～くらます ne laisser aucune trace. 犯人は～を

くらました Le criminel a dépisté la police. ～を見失う perdre la trace de qn. ¶～定めぬ旅人 voyageur(se) m(f) vagabond(e). ‖～不明 disparition f. ～不明者 disparu(e) m(f). ～不明になる disparaître. ～不明の disparu; égaré.

ゆくさき 行先 destination f. 僕は～を告げずに家を出た Je suis sorti sans dire où j'allais.

ゆくすえ 行末 avenir m; futur m. ～を案じる être inquiet(ète) pour qn. 子供らの～を案ずる s'inquiéter de l'avenir de ses enfants. ¶～長く面倒を見る avoir soin de qn pour toujours.

ゆくて 行手 ¶我々の～は多難だ Nous avons beaucoup d'obstacles à surmonter. ～に光が見える On voit une lumière devant nous. ～を遮る barrer le passage à qn; se mettre sur le chemin de qn.

ゆくゆく 行く行く ¶～は à l'avenir; dans la suite du temps. 彼は～は大臣に立ちこめる Il deviendra un jour un ministre. 彼は～は私の友になるだろう Il deviendra mon ami à la longue.

ゆくりなく ⇒ ぐうぜん(偶然).

ゆげ 湯気 fumée f; vapeur f; buée f. ～が立つ fumer. 台所に～が立ちこめている La cuisine est pleine de vapeur. 火にあたって濡れた服から～が立っていた Mes vêtements mouillés fumaient devant le feu. ～でガラスが曇っている La vitre est embuée. ¶～の立っている fumant; à la vapeur. ～の立っているスープ soupe f fumante. ～を立てて怒る《俗》fumer de colère.

ゆけつ 輸血 transfusion f (sanguine). ¶～する transfuser du sang à qn.

ゆこく 諭告 avis m; avertissement m; conseil m. ¶～を与える donner un avis à qn.

ゆさぶる ¶気持ちを～ remuer le cœur de qn. 確信を～ ébranler la conviction de qn. 木の実をとるために樹を～ secouer un arbre pour en faire tomber les fruits. ゆさぶりをかける mettre à qn l'épée dans les reins.

ゆざめ 湯冷め ¶～する se refroidir après le bain; avoir froid après le bain.

ゆさん 遊山 pique-nique(s) m. ¶～に出掛ける aller en pique-nique; faire une excursion. ¶～客 touriste mf. ～旅行 voyage m de tourisme (d'agrément).

ゆし 油脂 huiles fpl grasses.

ゆし 諭旨 avis m officiel. ‖～退学になる quitter l'école conformément à l'avis des professeurs. ～免官となる être destitué sur l'avis officiel.

ゆしゅつ 輸出 exportation f. 欧米向け～ exportations vers les pays occidentaux. ～は増加(減少)の一途をたどっている L'exportation est en hausse (en baisse) constante. ～を振興する encourager l'exportation. ¶～する exporter. ‖～港 port m d'exportation. ～業 commerce m d'exportation. ～業者 exportateur(trice) m(f). ～許可 licence f d'exportation. ～禁止 prohibition f de l'exportation. ～奨励金 prime f d'exportation. ～振興策 encouragement m de l'Etat pour favoriser l'exportation. ～税 droits mpl d'exportation. ～超過 excédent m d'exportations. ～手続き formalités fpl d'exportation. ～品 exportations fpl; article m (produit m) d'exportation. ～割当 contingentement m de l'exportation.

ゆしゅつにゅう 輸出入 importation f et exportation f. ～の均衡 balance f du commerce extérieur. ～銀行 Banque f Nationale du Commerce Extérieur. ～業 [maison f de] commerce m extérieur.

ゆず 柚子 cédrat m; 〔木〕cédratier m.

ゆすぐ 濯ぐ rincer. 皿(洗濯物)を～ rincer la vaisselle (la lessive). 歯を磨いた後口を～ se rincer la bouche après s'être brossé les dents. ¶～する rinçage m. ‖～し水 rinçure f.

ゆすぶる ⇒ ゆさぶる, ゆする.

ゆすり 強請 chantage m; extorsion f; 〔人〕 extorqueur(se) m(f); maître m chanteur. ～を働く se livrer à un chantage.

ゆずりあい 譲り合い concession f mutuelle. ¶～の精神 esprit m accommodant (conciliant).

ゆずりあう 譲り合う se faire des concessions mutuelles. 席を～ se céder mutuellement la place. いくらでも譲り合えば合意に達することが出来る On peut arriver à s'entendre moyennant quelques concessions mutuelles.

ゆずりうける 譲り受ける hériter [de] qc. 親の財産を～ hériter une fortune de ses parents. 彼は兄からこの車を譲り受けている Il a eu cette voiture de son frère. 彼の頑固さは父親から譲り受けたものだ Il a hérité de l'entêtement de son père.

ゆする secouer; remuer; ébranler; agiter. 頭を～ remuer la tête. 枝を～ secouer une branche. 肩を～ remuer (secouer) les épaules. 身を～ se secouer. 子供を抱いて静かに～ bercer un enfant dans ses bras. 波が小舟を木の葉のようにゆすりている Les flots font trembler une barque comme une feuille. 体を～のはやめろ Cesse de t'agiter.

ゆする 強請 faire chanter qn; faire du chantage; extorquer. 金を～ extorquer de l'argent à qn; rançonner qn. 政治家を～ faire du chantage sur un homme politique.

ゆずる 譲る céder; faire cession de; 〔譲渡する〕 transmettre; transférer; 〔贈り与える〕 donner; offrir; faire don de; 〔売る〕 vendre. 安く～ vendre qc à bon marché. 王位を～ céder le trône. 財産を～ transférer sa fortune à qn. 先を～ céder le pas à qn. 席を～ céder sa place à qn. 道を～ s'écarter pour laisser passer qn. 後進に道を～ faire (laisser) la place aux jeunes. この点はあなたに譲ります Je vous cède sur ce point. 一歩も～わけにはいかぬ ne pas pouvoir reculer d'un pas. 彼は才能にかけては人に譲らない Pour le talent, il ne le cède à personne. 彼の頑固さは父親譲りだ Il a hérité (tient) ce tempérament de son père. ◆ ¶他の機会に～ réserver qc pour une autre occasion. この話は別の日に譲ろう J'en reparlerai un autre jour.

ゆせい 油井 puits m de forage. ～から噴き出

す石油 pétrole m jaillissant d'un puits de forage.

ゆせい 油性 onctuosité f. ¶～の onctueux(se); graisseux(se); oléagineux(se).

ゆせいかん 輸精管 canal(aux) m déférent; conduit m spermatique.

ゆそう 油層 ¶～を調査する explorer un gisement de pétrole.

ゆそう 油槽 réservoir m d'huile. ¶～車 wagon (s) -citerne (s) m; wagon (s)-réservoir(s) m. ～船 [タンカー] [bateau(x) m] pétrolier m.

ゆそう 輸送 transport m; trafic m. 商品の～ transport des marchandises. 郵便物の～ acheminement m du courrier. 鉄道による旅客の～ transport des voyageurs par chemin de fer. ¶～する transporter. ～可能の transportable. ‖海上(陸上, 空中)～ transport (trafic) maritime (routier, aérien). 海上(陸上, 空中)～する transporter qc par eau (par terre, par air). 鉄道～ transport par chemin de fer. ～機 avion m de transport. ～機関 transports mpl. ～手段 moyen m de transport; transports; ～船 (軍需品の)navire(s)-transport(s) m. ～部隊 convoi m. ～中に破損した商品 marchandise f qui s'est abîmée dans le transport. ～力 capacité f de transport.

ユダ ¶イスカリオテの～ 《聖》 Judas Iscariote.

ゆたか 豊か ¶～な riche; abondant; ample; [肥沃な] fertile; fécond. ～な国 pays m opulent. ～な生活 [物質的に] vie f aisée. ～な言語 langue f riche. ～な収穫 ample moisson m. ～な大地 sol m riche; terre f fertile. ～な地下資源 richesse f du sous-sol. ～な乳房(胸) seins mpl bien développés; poitrine f opulente; belle (forte) poitrine. 才能の～な人 personne f de grande capacité. 6尺～な大男 homme m de grande taille mesurant bien six pieds. 馬上に～な美少年 jeune cavalier m qui fière allure. 古式～な行事 cérémonie f conforme aux bonnes traditions. 想像力の～な imaginatif(ve). 彼は想像力が～である Il a de l'imagination. ～にする enrichir; fertiliser. 読書は精神を～にする La lecture enrichit l'esprit./La lecture est un enrichissement de l'esprit. ～に暮す vivre dans l'abondance (la richesse). ～に実る produire des fruits en abondance. ～さ abondance f; fertilité f; fécondité f; richesse f. 大地の尽きざる～さ fécondité inépuisable de la terre.

ゆだねる 委ねる confier qc à. 身を～ s'abandonner; se livrer à; se donner à. 怒りに身を～ se livrer à sa colère. 運命に身を～ s'abandonner à son sort. 子供を友人に～ confier son enfant à un ami. 私の運命をあなたの手に委ねます Je remets mon sort entre vos mains.

ユダヤ Judée f. ¶～の juif(ve). ‖～教 judaïsme m. ～教会 synagogue f. ～教の [ラビ] rabbin m. ～人 Juif(ve) m(f). さまよえる～人 le Juif errant. ～人気質 sémitisme m. ～人種 race f juive. ～人排斥(反)の主義 antisémitisme m. ～人排斥(反)の主義者 antisémitique mf; antisémite mf. ～人排斥の antisémitique; antisémite.

ゆだる 茹る ⇒ ゆだる(茹る), ゆでる(茹でる).

ゆだん 油断 [不用意] imprudence f; [不注意] inattention f; [怠慢] négligence f. ～に乗じて profiter d'un moment d'inattention de qn. ～に乗じてやっつける prendre qn en défaut. ¶～する être imprudent; manquer de prudence. ～していると dans un moment d'inattention. ～しない se tenir sur ses gardes. ～しないで下さい Prenez garde! ～させる tromper la surveillance de qn; endormir la vigilance de qn. ～のない vigilant; attentif(ve). ～ならない奴 homme m rusé. ～のならない世の中だ C'est un monde où il faut toujours être sur ses gardes. 彼は～も隙もない奴だ Je dois prendre garde à cet homme. ～なく avec vigilance; attentivement. ‖「～大敵」《Il faut se méfier du cheval de Troie.》

ゆたんぽ 湯たんぽ bouillotte f. ～を入れる mettre une bouillotte dans le lit.

ゆちゃく 癒着 《医》 adhérence f; agglutination m; [結口の]recollement m; agglutination f; [結託] collusion f. スポーツと政界との～ collusion du sport et de la politique. ¶～する se recoller; se fermer. 傷口が～する La plaie se recolle. 政界と実業界は常に～している La politique et les affaires sont toujours la main dans la main. ～させる fermer; agglutiner. ‖～剤 agglutinatif m.

ゆっくり lentement; [静かに] doucement; [急がずに] sans hâte; sans se presser; [くつろいで] à son aise. ～味わいながら飲む déguster à petites gorgées. ～眠る dormir à poings fermés. まだ～座れます Il y a encore beaucoup de place. ～やれ Vas-y mollo! ¶～する prendre son temps; [くつろぐ] se mettre à son aise; [留まる] rester longtemps. ～～ Ne vous pressez pas./Prenez votre temps. 今日は～してはいられない Je ne peux pas m'attarder ici aujourd'hui. 彼の家では～出来ない Je me sens mal à l'aise chez lui. ～した足どりで à pas lents. ～したスピードで à vitesse ralentie; à petite vitesse.

ゆったり [ひじかけ椅子に～座る se prélasser dans un fauteuil. ～した ample; large. ～した気分になる se sentir à l'aise. ～した manche f ample. ～したマント manteau(x) m large.

ゆでだこ 茹蛸 彼は怒って～のようになった En se fâchant, il est devenu rouge comme une écrevisse.

ゆでたまご 茹卵 œuf m dur.

ゆでる 茹でる ¶～を茹でる. 野菜を～ faire bouillir des légumes. ¶母は隠元豆の茹で方がうまい Ma mère fait bouillir (bout) très bien les haricots.

ゆでん 油田 gisement m (champs mpl) pétrolifère(s).

ゆとり [生活の] aisance f; [時間などの] marge f. 生活に～がある vivre à son aise (dans l'aisance). 我が家にはまだかなり～がある Ma famille vit encore dans une certaine aisance. 彼は金持だから毎年ヨーロッパ旅行をする〜がある Il est tellement riche qu'il se permet un voyage en Europe tous les ans. 彼は金には十分〜がある Il a tant et plus d'argent. 時間の〜がある avoir du temps (de la marge). 時間が〜なくなり急がなくていい Tu as le temps, ne te presse pas. 時間の〜を与える laisser du temps à qn. …するのに十分時間の〜を与える accorder un délai suffisant pour inf. 心の〜を失う perdre son calme. 予算に〜を見込んでおく prévoir une marge de sécurité au budget. ¶〜のある調子で話す parler d'un air dégagé. 〜のある生活 vie f aisée; vie dans l'aisance. 〜のあるスケジュールを立てる établir un emploi du temps où il y a du jeu.

ユニーク ‖〜な unique; seul en son genre. 〜な才能 talent m unique.

ユニオンショップ union-shop m. ‖〜制 système m de l'union-shop.

ユニコーン unicorne m; licorne f.

ユニセックス ‖〜モード mode f unisexe.

ユニセフ UNICEF [国際児童基金] Fonds m des Nations Unies pour l'enfance (FISE) [略号は, 旧称の Fonds international de Secours à l'enfance による].

ユニット unité f. ‖〜家具 meuble m à (par) éléments (à pièces amovibles). 〜キッチン bloc(s)-cuisine(s) m. 〜住宅 habitation f à (par) éléments. 〜洗面台 bloc(s)-évier(s) m. 〜バス bloc(s)-bain(s) m.

ユニバーシアード universiades fpl; jeux mpl universitaires.

ユニホーム uniforme m; [スポーツの] tenue f de sport. ‖〜姿 en uniforme.

ゆにゅう 輸入 importation f; [導入] introduction f. アメリカからの〜 importation venant des Etats-Unis. 輸出入のバランスを保つ maintenir la balance des exportations et des importations. ¶〜する importer; introduire. 〜できる importable. 外貨〜 introduction de fonds étrangers. 逆〜 réimportation f. 逆〜する réimporter. 〜港 port m d'arrivée. 〜業者 importateur(trice) m (f). 〜許可[証] licence f d'importation. 〜禁止 prohibition f d'importation. 〜禁止の prohibitif(ive). 〜禁制品 marchandises fpl prohibées. 〜税 taxe m à l'entrée; droits mpl d'entrée. 〜超過 excédent m d'importation. 〜手続 formalités fpl d'importation. 〜品 articles mpl d'importation. 〜貿易 commerce m passif.

ゆにょうかん 輸尿管 uretère m.

ユネスコ UNESCO (Organisation f des Nations Unis pour l'Education, la Science et la Culture).

ユノ [ロ神] Junon f.

ゆのみ 湯飲 tasse f à thé; gobelet m.

ゆび 指 [手の] doigt m; [足の] orteil m. 長く細い〜 doigts longs et fins. 〜で触る toucher qc du doigt. 〜で食べる manger avec ses doigts. 五本の〜に入る compter parmi les cinq meilleurs. 〜を折って数える compter sur les doigts. 〜をくわえて見る regarder avec un doigt dans la bouche; [うらやましそうに] regarder avec envie. 〜を差される [非難される] se faire montrer du doigt. 〜を鳴らす [ぱちんと] faire claquer ses doigts; [ぽきぽきと] faire craquer ses doigts. …に〜を差させない生活をしてきた Il a mené une vie exemplaire. 俺の目の黒いうちは誰にも一本触れさせない Tant que je serai en vie, je ne permettrai à personne de s'en mêler. ‖親〜 pouce m. 人差〜 index m. 中〜 majeur m; médius m. 薬〜 annulaire m. 小〜 auriculaire m; petit doigt.

ゆびおり 指折り 〜を数える compter sur ses doigts. 〜を数えて私は彼(彼女)の帰りを待った Je comptais les jours qui me séparaient de son retour. 〜を数えてから5年の歳月が流れた Cinq ans se sont déjà écoulés depuis. 彼は〜の資産家だ Il est un des plus riches.

ゆびきり 指切り ¶「〜げんまん」 «C'est juré craché.»

ゆびさき 指先 extrémité f (bout m) du doigt. 彼は〜が器用だ Il est d'une grande habileté manuelle. 〜の利く Doigts de fée.

ゆびさす 指差す [示す・非難する] désigner (montrer) qn du doigt. 彼の〜方に富士山が見える Son doigt désigne le mont Fuji.

ゆびづかい 指使い doigté m. そのピアニストの〜は素晴しい Ce pianiste a un excellent doigté.

ゆびにんぎょう 指人形 marionnette f à gaine.

ゆびぬき 指貫 dé m [à coudre].

ゆびわ 指輪 bague f; anneau(x) m. 〜をはめる mettre (passer) une bague. 〜をはめている porter une bague au doigt. 〜をはずす enlever (ôter) une bague du doigt. ¶〜をはめた bagué. ダイヤの〜をはめた指 doigt m bagué de diamant. ‖婚約[結婚]〜 anneau(x) m de fiançailles (de mariage).

ゆぶね 湯船 baignoire f; bain m.

ゆみ 弓 arc m; [弦楽器の] archet m. バイオリンの〜 archet de violon. 〜の弦 corde f d'arc. 〜に矢をつがえる placer une flèche sur son arc; encocher une flèche. 〜の弦を張る tendre la corde d'un arc. 〜を引く(射る) tirer de l'arc; [反逆する] se rebeller contre. 主君に〜を引く se révolter contre son souverain; trahir son maître. 〜を引き絞る tendre l'arc; bander son arc. そのバイオリニストは〜の使い方が上手だ Ce violoniste a un bon coup d'archet. ‖〜形 forme f d'arc; croissant m. 〜形の en arc; arqué. 〜形の角 cornes fpl de croissant.

ゆみず 湯水 ¶金を〜のように遣う gaspiller son argent; [俗] faire valser l'argent. 彼はお金を〜のように遣う L'argent lui fond entre les mains.

ゆみなり 弓なり 〜に体を反らせる cambrer le corps; se cambrer. 〜になってこらえる se tenir le corps cambré.

ゆみや 弓矢 arc m et flèche f. 〜の神 Mars m; dieu m de la guerre. ¶〜にかけて嘘は申さぬ Par mon glaive, je ne mens pas.

ゆめ 夢 rêve m; songe m; [夢想] rêverie f;

ゆめうつつ

[幻想] illusion f; [悪夢] cauchemar m. 若き日の〜 rêves de jeunesse. かなわぬ〜 rêve irréalisable. よく見る〜 son rêve habituel. それははかない〜だった C'était un beau rêve. 〜から醒める s'éveiller de son rêve. 彼はようやく悪い〜から醒めたようだ Il me semble qu'il est revenu enfin de ses illusions. 〜の中で rêve. 〜に現われる apparaitre en rêve à qn. 甘い〜に耽る se livrer à une douce rêverie. 〜に見る voir qc en songe. 〜まで見る en rêver la nuit. 〜を見る rêver; songer; faire des songes; avoir un rêve. 毎晩同じ〜を見る faire le même rêve toutes les nuits. よい〜を見る faire un beau rêve. 悪い〜を見る avoir un cauchemar; faire un mauvais rêve. ...の〜を見る rêver de (qc). 彼女は溺れている〜を見た Elle a rêvé qu'elle se noyait. 昨夜何の〜を見ましたか Qu'avez-vous rêvé cette nuit? 〜を追う poursuivre un rêve. 〜を実現する réaliser son rêve. 〜結婚を〜見る rêver mariage. 権力を〜見る rêver du pouvoir. 成功を〜見る rêver de succès. 名声を〜見る rêver la gloire. 〜のような計画 projet m chimérique. まるで〜みたいだ C'est une chimère. まるで〜みたいだ On croit rêver. 彼女を〜見ているような顔をしている Elle a des yeux rêveurs. 〜な心地で Je me sens comme dans un rêve. 〜見る瞳 yeux mpl rêveurs. 〜見る乙女 jeune fille f rêveuse. 〜のように〜えて s'évanouir comme un rêve. そんなことは〜にも思わなかった Je n'ai jamais songé à cela. ここであなたに会おうとは〜にも思わなかった Je n'aurais pas rêvé de vous voir ici.

ゆめうつつ 夢現 〜の状態で dans un état de somnolence; [恍惚として] en extase. 〜で à demi somnolent.

ゆめうらない 夢占い ⇨ ゆめはんだん (夢判断).

ゆめごこち 夢心地 extase f. 〜の眼差し regard m extasié. 〜だ Je me sens comme dans un rêve./Je crois être dans la lune. 甘い歌を〜で聞いていた J'écoutais en extase une douce chanson.

ゆめじ 夢路 〜をたどる思いがする se sentir comme dans un rêve.

ゆめはんだん 夢判断 oniromancie f. 〜する interpréter des rêves; deviner par les songes.

ゆめまくら 夢枕 〜に立つ apparaitre en songe à qn (à qn dans un rêve).

ゆめみ 夢見 〜が良い(悪い) faire de bons (mauvais) rêves. 〜る ⇨ ゆめ(夢).

ゆめものがたり 夢物語 conte m bleu; chimère f. そんなのは何の役にも立たない Ces rêveries ne servent à rien. そんな企ては〜に過ぎない Ce projet n'est qu'une chimère.

ゆめゆめ 〜疑うことなかれ N'en doutez point! 〜人を信じまい Je ne croirai plus jamais personne. 〜遅れをとるな Je ne laisse vaincre à aucun prix.

ゆもと 湯元 source f thermale.

ゆゆしい 由々しい grave; sérieux (se); déplorable. 〜事態 conséquences fpl graves (sérieuses). それは〜ことだ Ce n'est pas un jeu d'enfant./C'est grave.

ゆらい 由来 origine f; source f; genèse f; [原因] cause f; [来歴] histoire f. 言葉の〜 étymologie f (origine) d'un mot. 思考形式の〜 genèse d'une idée. 地名の〜 origine des noms de lieu. 〜をたずねる rechercher l'origine de qc. 〜に... provenir de. ‖〜書 histoire.

ゆらぐ 揺らぐ s'ébranler; trembler; branler; [光, 焔が] vaciller. 大地は〜 La terre tremble. 私の信念はそのために揺らいでしまった Ma conviction en a été ébranlée. ローソクの焔が揺らぎ始めた La flamme des bougies a commencé à vaciller. ‖〜権威 autorité f ébranlée.

ゆらめく 揺らめく brasiller. 蝋燭が〜 La bougie brasille. 海浜満月に光って揺らめいている La mer brasille sous la pleine lune. ‖〜炎 flamme f ondoyante.

ゆらゆら 〜と揺れる [se] balancer lentement (doucement).

ゆられる 揺られる 船(車)に〜 être secoué sur un bateau (dans une voiture).

ゆらんかん 輸卵管 oviducte m.

ゆり 百合 lis m. 〜の根 bulbe m de lis. ‖白〜 lis blanc. 黒〜 fritillaire f noire. 〜科 liliacées fpl.

ゆりいす 揺椅子 fauteuil m à bascule; rocking-chair(s) m.

ゆりうごかす 揺り動かす ébranler. 心を〜 remuer le cœur de qn. 足をぶらぶら〜 balancer les jambes. ‖世界を〜ような大事件 grand événement m qui bouleverse le monde.

ゆりおこす 揺り起す réveiller qn en le (la) secouant; secouer qn pour le (la) réveiller.

ゆりかえし 揺り返し ‖地震の〜 deuxième vague f de secousse sismique. ⇨ よしん(余震).

ゆりかご 揺籠 berceau(x) m; benne f basculante. 〜から墓場まで du berceau à la tombe.

ゆるい 緩い lâche; [速度] ralenti. 〜勾配 pente f douce. 〜結び目 nœud m lâche. 取り締りが〜 La surveillance est peu sévère. 便が〜 Les selles sont un peu liquides. 結び目が〜からすぐ解けます Le nœud est lâche, on peut facilement le défaire. ‖〜速度で à vitesse modérée.

ゆるがす 揺るがす ébranler; secouer; faire chanceler; agiter; [くらがす] bouleverser; fouetter. 国家の基礎を〜 ébranler les fondements de l'Etat. ...の信念を〜 ébranler la conviction de qn. 大地を〜 faire trembler la terre. トラックが通りを揺るがせて通って行った En passant, un camion a ébranlé les rues de la rue. 世界を揺るがす大ニュース nouvelle f à sensation qui a bouleversé (secoué) le monde entier.

ゆるがせ 忽せ ‖〜にする négliger; manquer d'attention pour; ne pas faire attention à qc. 義務を〜にする négliger ses devoirs; manquer à son devoir. 何事も〜にしない ne rien négliger.

ゆるぎない 揺るぎない ‖忽志 volonté f ferme. 〜信仰 foi f robuste. 〜信念 convic-

ゆるぐ 揺るぐ ◇ゆらぐ(揺らぐ). ¶彼(彼女)の信念は何ものにも揺るがなかった Rien ne l'a ébranlé(e).

ゆるし 許し [許可] permission *f*; [赦し] pardon *m*; grâce *f*; excuses *f pl*. …する〜を得る(求める) obtenir (demander) la permission de *inf*. …の〜を得て avec la permission de *qn*. 〜を得ずに行動する agir sans permission de *qn*. 〜を乞う demander pardon à *qn*; faire des excuses à *qn*. お〜を Grâce!

ゆるす 許(赦)す [許可] permettre *qc* à *qn* (à *qn* de *inf*, que *sub*); autoriser *qc* (*qn* à *inf*); [容認] admettre *qc* (*qn* à *inf*); [罪などを] pardonner à *qc* (*qc* à, *qn* de *inf*); pardonner à *qn* (*qc* à, *qn* de *inf*); [放免する] libérer un prisonnier. 罪を〜 pardonner les péchés à *qn*. 生徒たちに外出を〜 autoriser les élèves à sortir. 肌を〜 se donner à *qn*. 医者は私にコーヒーだけは許してくれた Le médecin ne m'autorise que le café. 彼の両親は彼に何でも許してしまう Ses parents lui passent tout. 今度だけは遅刻を許してあげます Pour cette (une) fois, je vous excuse d'avoir été en retard. 彼は如何なる失敗も許さない Il n'admet aucune défaillance. 子供たちが夜テレビを見ることを許さない Il ne permet pas que ses enfants regardent la télévision le soir. 入学を許される être reçu (admis) à une école. 夜の外出は許されない On ne nous permet pas de sortir le soir. お許し下さい Je vous demande pardon./Pardonnez-moi./Veuillez m'excuser. 失礼を許して下さい Veuillez pardonner mon indiscrétion. あの二人は親の許した仲だ Leurs relations sont reconnues par leurs parents. 自他ともに〜一首肯 chef *m* incontesté (indiscuté). 事情が許せば si les circonstances le permettent. 事情の〜限り dans la mesure du (autant qu'il est) possible. 許せる許(諾)donnable; excusable. 許せる過ち erreur *f* pardonnable. 許し難い inadmissible; impardonnable; inexcusable; sans excuse. 許し難い過ち faute *f* impardonnable (sans excuse). 彼の怠慢は許し難い Sa paresse est inadmissible. 彼女が電話をかけてこなかったのは許せない Elle est inexcusable de ne pas m'avoir téléphoné. ◆[気持ちを] ¶気を〜 [油断する] se relâcher; relâcher l'esprit. 心を〜 donner (faire) *sa* confiance à *qn*; avoir confiance en *qn*. 心を許し合う se confier mutuellement.

ゆるみ 緩み ¶気の〜 [安堵] soulagement *m*; [不注意] relâchement *m* d'attention. 規律(綱)の〜 relâchement de la discipline (des cordes). 心の〜 détente *f* d'esprit. ねじの〜 desserrage *m* d'une vis.

ゆるむ 緩む se relâcher; se détendre; se distendre; [ねじ, 紐などが] se desserrer. 精神の緊張が〜 L'esprit se détend. 肌着のきずがが〜 Les liens familiaux se distendent. 規律が〜 La discipline se relâche. 腹が〜 avoir la diarrhée. 靴ひもが〜 Les lacets de souliers se desserrent. 弦が緩んでしまった Les cordes se sont relâchées. 寒さが緩み始めた Le froid commence à diminuer. 敵の攻撃の手が緩んできた L'offensive ennemie commence à se ralentir. ¶緩んだ relâché; détendu.

ゆるめる 緩める relâcher; détendre; desserrer; [スピードを] ralentir. 気を〜 relâcher l'esprit. 気を〜な Ne relâche pas ton attention. 規則を〜 assouplir des règles. 財布のひもを〜 délier les cordes de *sa* bourse. スピードを〜 réduire la vitesse; ralentir. ぜんまいを〜 relâcher un ressort. 手綱を〜 lâcher la bride à un cheval. 手を〜 desserrer la main. ねじを〜 desserrer une vis. 歩調を〜 ralentir le pas. 結び目を〜 desserrer un nœud. カーブの手前で彼はスピードを緩めた Il a ralenti avant le virage.

ゆるやか 緩やか ¶〜なカーブ légère courbe *f*. 〜な監視 surveillance *f* peu sévère. 〜な川の流れ courant *m* faible d'une rivière. 〜な坂 pente *f* douce. 道は〜に曲っている Le chemin fait une légère courbe.

ゆるり ¶ご〜と Ne vous pressez pas!/Prenez votre temps!

ゆれ 揺れ balancement *m*; secousse *f*; oscillation *f*; [震動] tremblement *m*. 車の〜 secousses d'une voiture. 汽車の〜 ballottement *m* d'un train. 舟の〜 balancement d'un navire. 振子の〜 oscillations d'un pendule. ¶〜のひどい車 voiture *f* cahotante. あの地震はひどい〜方だった Au cours de ce séisme, on a ressenti de rudes secousses. ¶横〜 roulis *m*. 横〜する rouler. 縦〜 tangage *m*. 縦〜する tanguer.

ゆれる 揺れる se balancer; balancer; osciller; s'ébranler; trembler; être ballotté; ballotter. この車はひどく〜 Cette voiture nous ballotte durement. 帰りの飛行機ではひどく揺れた Nous avons été très secoués dans l'avion au retour. おんぼろ車が揺れながら行く La vieille guimbarde s'en va en cahotant. 小舟は大波を受けて激しく揺れている La barque est ballottée par les vagues. 風で我々の船はひどく揺れた Les vagues ont violemment secoué notre bateau. 彼の気持は揺れている Il est agité de sentiments contraires. 彼の気持ちは希望と不安の間で激しく揺れている Il est ballotté entre l'espoir et l'inquiétude. トランクの中で壜が揺れている音がする On entend une bouteille qui ballotte dans la valise. 船は波のまにまに揺れていた Le bateau se balançait à la merci des flots. シャンデリアが揺れている Le lustre [se] balance. 炎が風に揺れている Le courant d'air fait vaciller la flamme. 木の葉が微風にかすかに揺れている Les feuilles tremblent sous la brise. 現状は揺れ動いている La situation actuelle est mouvante. 旗が風に揺れ動いている Le drapeau flotte au vent. 一面風に揺れている麦畑 nappe *f* mouvante des blés.

ゆわえる 結わえる lier; attacher; nouer.

ゆわかし 湯沸し bouilloire *f*. ¶瞬間〜器 chauffe-eau *m inv* instantané.

ユングフラウ ¶〜山 la Jungfrau.

よ

よ 世 [世の中] monde *m*; [社会] société *f*; [時代] temps *m*; époque *f*. 太平の〜 temps de paix. この(あの)〜 ce (l'autre) monde. 〜の移り変り mache *f* du temps. それが〜の常さ Ainsi va le monde. この〜のものとは思えぬ美しさ beauté *f* de l'autre monde (de rêve). 〜のため人のため pour le bonheur de l'humanité. 〜のために尽す contribuer au bonheur de la société. この〜で can ce monde; ici bas. 彼はもうこの〜にいない Il n'est plus de ce monde. 〜に遅れる retarder sur *son* temps. 〜に出る [知られる] se faire connaître; [デビューする] débuter dans le monde; [作品が] paraître; venir au monde. 〜に一人として彼(彼女)の死に涙した者はなかった Personne au monde n'a pleuré sur sa mort. あの〜へ送る [殺す] envoyer *qn* dans l'autre monde. 〜を恨む prendre le monde en haine; bouder le monde. 〜を去る quitter ce monde. 〜を捨てる renoncer au monde. 〜を渡る traverser l'existence. 楽しく〜を渡る mener joyeuse vie. ¶〜にも稀(不思議)な très rare (merveilleux(*se*)). 〜にも不思議な物語 histoire *f* fabuleuse. 〜にかくれた天才 génie *m* méconnu. 〜に知られた(知られない) bien connu (inconnu). 〜をすねた人 cynique *mf*. 〜を忍ぶ vivre incognito. これは私の〜を忍ぶ仮の姿だ C'est le déguisement que j'ai choisi temporairement. 〜であれば Si les temps n'avaient pas changé, ...

よ 夜 ¶〜その〜 cette nuit-là; ce soir-là. 〜が明ける Le jour se lève./Il fait jour. 〜がすっかり明けた Il fait grand jour. 〜が明け始めた L'aube commence à poindre. 〜が更ける La nuit avance. 〜が更けるまで tard dans la nuit; jusqu'à une heure avancée de la nuit. 〜を明かす passer la nuit. 〜を日まで jour et nuit. 彼はワインなしでは〜も日も明けない Il ne peut pas se passer de vin. ⇨ よる (夜).

よ 余 ¶彼とは10年〜も会っていない Je ne l'ai pas vu depuis plus de dix ans. 志願者の倍率は3倍〜な La proportion de candidats représente plus du triple des admissibles. 負傷者は500〜人に達した Les blessés ont atteint plus de 500 personnes. 〜の儀ではないが、金を少々拝借したい Le fait est que j'aimerais vous emprunter quelque argent. 〜のことは知らない Je n'en sais pas davantage.

よあかし 夜明し ⇨ てつや(徹夜).

よあけ 夜明け[あかつき] point *m* du jour; petit matin *m*; aube *f*. 人生[革命]の〜 aube de la vie (la révolution). 間もなく〜 L'aube point. ¶〜の光 aube *f*; aurore *f*. 〜に au petit jour; au chant du coq. 〜前 avant le jour. 〜と共に起きる se lever dès l'aube (avec le soleil).

よあそび 夜遊び noctambulisme *m*. 彼は〜が好きだ Il aime la vie nocturne./Il s'amuse trop la nuit. 〜をする se divertir la nuit. 〜の好きな人 noctambule *mf*.

よあるき 夜歩き ¶女の〜のは危険だ Il est dangereux pour les femmes de sortir seules la nuit. 〜する se promener la nuit.

よい 宵 ¶〜soir *m*; soirée *f*. ¶〜の明星 étoile *f* du soir. まだ〜の口だ La nuit n'est pas encore avancée. 〜の口に à la tombée de la nuit.

よい 酔い ivresse *f*. 〜が出る se sentir ivre. 〜が醒める se dégriser. 〜がまわってきた Le vin me monte à la tête. 涼風に当れば〜は醒める L'air frais dégrise. 悲しみを〜に紛らす noyer *son* chagrin dans l'ivresse. 〜を醒ます se dégriser. ¶〜にまかせて sous l'effet du vin. 〜である être entre deux vins; être gris.

よい 良い bon(ne); [秀れた] excellent; [美しい・素晴しい] beau (bel, belle, beaux); splendide; superbe; magnifique; [良質の] de bonne qualité; [頭が] intelligent; [快適な] agréable; [有利な] avantageux(*se*); [仲が] intime. 〜生徒 bon(ne) élève *m*(*f*). 気立の〜男 homme *m* d'un bon caractère. 〜物(面)を〜物と悪い物を見分ける distinguer le bon et le mauvais. この作品には〜面と悪い面がある Il y a du bon et du mauvais dans cet ouvrage. 彼には〜ところがある Il a du bon. 彼は〜ご機嫌だ Il est de bonne humeur. 〜天気だ Il fait très beau. 〜時に来る arriver au bon moment (fort à propos). 〜気分がする sentir bon. 人生はことばかりはない La vie n'est pas toujours rose. 彼と彼女は〜仲だ Ils sont très intimes tous les deux. 丘に上ると景色の〜 Du haut de la colline, on a une vue magnifique. 品も〜が値段も〜 La qualité se paye. ...するのは〜ことだ [適当・得策] Il est bon de *inf* (que *sub*). 本当のことを言うのが〜ましも〜しはない Il est toujours bon que nous disions la vérité. 森の中を散歩するのは気持ちの〜ものだ Il fait bon se promener dans le bois. もっと(より)〜 meilleur. このワインの方が〜 Ce vin est bien meilleur. あの人は思っていたより〜人だ Cet homme est meilleur que je [ne] pensais. このバラの方があれよりも匂いが〜 Cette rose sent meilleur que celle-là. もっと(更)〜ことは ce qui est meilleur. ...の方が〜 valoir mieux. その方が〜 Cela vaut mieux. 老残の身をさらすより死んだ方が〜 Il vaut mieux (J'aimerais mieux) mourir que de traîner une vieillesse inutile. あなたは黙っている方が〜 Vous feriez mieux de vous taire. 黙っていればよかったのに Vous auriez dû vous taire. この問題について彼にひとこと言っておいた方が〜かも知れませんよ Il serait sans doute bon que vous lui disiez un mot de (sur) cette affaire. 一番~le (la) meilleur (e). これが一番~のワインだ C'est le meilleur vin. ~につけ悪いにつけ à tort ou à raison. ◆[…しやすい] ¶書き~ペン stylo m commode (maniable). 飲み~薬 médicament m sans amertume. ◆[かまわない] ¶入って~ですか Puis-je entrer? 待たなくても~ Ce n'est pas la peine de m'attendre. もう帰っても~ Vous pouvez partir. どうでも~ Cela m'est égal./Peu importe. 彼が来ようと来るまいでも~ Qu'importe (Peu importe) qu'il vienne ou non. ◆[満足(安心)である] ¶もう~ C'est assez./Cela suffit. 間に合ってよかった J'ai failli arriver en retard. ◆[願望] ¶明日天気に~ J'espère qu'il fera beau demain. 駅までお見送りできるとよいのですが J'aurais voulu vous accompagner à la gare.

よいごし 宵越し ¶彼は~の金は持たない C'est un panier percé.

よいざめ 酔覚(醒)め dégrisement m. ¶~の水を飲む prendre un verre d'eau pour se dégriser.

よいしょ Ho (Oh)! Hisse!

よいしれる 酔い痴れる se noyer dans l'ivresse. 快楽に~ se livrer aux plaisirs. 恋に~ être ivre d'amour.

よいっぱり 宵っ張り ⇔ よふかし(夜更し).

よいつぶす 酔いつぶす rendre qn ivre mort.

よいつぶれる 酔いつぶれる être ivre mort.

よいどれ 酔いどれ ⇨ よっぱらい(酔払い).

よいやみ 宵闇 crépuscule m. ~が迫って来たLa nuit va tomber. ~が迫る頃 au crépuscule; à l'heure du crépuscule; à la nuit tombante.

よいん 余韻 résonance f. ヴィクトル・ユゴーのこの詩には~がある Ce poème de Victor Hugo éveille en nous des résonances profondes. ~を残す résonner longuement.

よう 酔う se griser; 《俗》se soûler. 船(汽車, 車, 飛行機)に~ avoir le mal de mer (de rail, de la route, de l'air). 勝利に~ s'enivrer de ses victoires. 自分の言葉に~ se griser de ses propres paroles. 彼は二, 三杯のワインで酔ってしまう Deux ou trois verres de vin suffisent à l'enivrer. 酔っている être ivre. こいつまだ酔ってやがる Il s'est encore soûlé. 他人を酔わす enivrer qn. ~に酔って ivre de. 酒に酔って喧嘩をする se quereller sous l'effet de l'alcool.

よう 様 気違いの~な男 une espèce de fou. 彼のように勇敢な男は見たことがない Je n'ai jamais vu un homme aussi courageux que lui. 例えば犬や猫の~な家畜 animaux mpl domestiques, comme le chien, le chat. この~な場合 en pareil cas. この~な時刻に帰って来るなんて A une heure pareille! その~な過ちは二度としてはいけない Ne répétez pas une telle (pareille) faute. 私には彼のような勇気はない Je n'ai pas autant de courage que lui. この~な天気には散歩でもしたくなる Par un temps comme ça, on a envie de se promener. 仕事はまだ終っていないが終った~なものだ Je n'ai pas encore terminé mon travail, mais c'est tout comme. まるで蒸風呂の中にいる~だ On dirait qu'on est dans une étuve. 彼はあなたの決意を疑っている~だ Il a l'air de douter de votre résolution. 彼女は疲れている~だ Elle a l'air fatiguée./Elle paraît (semble) fatiguée. 変な声が聞えた~だ Il me semble avoir entendu un cri étrange. 彼の家は御殿の~だ Sa maison a l'air d'un château. 彼女は一段ときれいになった~だ J'ai l'impression qu'elle a embelli. 具合がよくなった~だ Je me sens mieux. いつもの~に comme d'habitude (à l'ordinaire). 矢の~に rapide comme une flèche. すべては私が予想した~にいった Tout s'est passé comme je l'avais prédit. 彼女の眼は泣いた~に赤かった Ses yeux étaient rouges comme si elle avait pleuré. 彼女はなんだか檻の中の動物でも見る~に私を眺めていた Elle me regardait en me comme on regarde un fauve en cage. この~にして ainsi; de cette manière. この~にして父は語り終えた C'est sur ces mots que mon père a achevé son récit. 好きな~にしなさい Faites comme bon vous semble. 私は彼の~に馬鹿ではない Je ne suis pas aussi stupide que lui. サン・シモンの~に書く écrire à la [manière de] Saint-Simon. ◆[目的] ¶時間に間に合う~に急ぐ se hâter pour arriver à l'heure. 食べて行ける~に働く travailler de manière à gagner sa vie. 判る~にゆっくり話して下さい Parlez lentement pour que je vous comprenne. ◆[…に傾く] ¶…する~になる se mettre à inf. 私は彼を疑う~になった J'en suis arrivé à le soupçonner.

よう 洋 ¶~の東西を問わず en Orient aussi bien qu'en Occident; dans le monde entier.

よう 用 [用事] affaire f; [頼み] commission f. どんなご~ですか Que désirez-vous? ~がある avoir quelque chose à faire; être occupé. …に~がある avoir affaire à qn. 午後は~がない Je suis libre (Je n'ai rien à faire) cet après-midi. 子供には~が足りない Ce n'est pas à la portée d'un enfant. あんな男にはもう~はない Je n'ai plus rien à faire avec cet homme-là. 急ぎの~を片付ける régler une affaire urgente. ~を済ます [自分の] terminer son affaire; [頼まれた] remplir une commission. ~を足す [買物] faire des courses (des commissions); [用便] aller aux cabinets (aux toilettes). ~を頼む donner commission à qn. ~を頼まれてくれませんか Pourriez-vous me rendre service? お役に立てれば喜んで Je suis à votre entière disposition (à votre service). ¶あなたには~のないことだ Ce n'est pas votre affaire./Cela ne vous regarde pas. ◆[役目・働き] usage m; service m. ~をなさない ne servir à rien; être hors de service. ◆[…向け] ¶生徒~の本 livre m à l'usage des écoliers. 紳士(婦人)~ pour messieurs (dames).

よう 要 ¶~は試験に受かることだ L'essentiel, c'est de réussir à l'examen. 彼の話は~を得ている Son discours est très précis.

よう 杳 ¶その日から彼の行方は~として知れない On perd complètement sa trace à partir de ce jour-là.

ようい 容易 ¶～な facile; aisé. それは～なことではない Ce n'est pas une chose facile. それを短期間で完成するのは～なことではない Ce n'est pas facile de l'accomplir en peu de temps. 愛するとは～ならぬことだ Ce n'est pas peu de chose que d'aimer. ～にする faciliter; rendre qc facile. ～に facilement; aisément; sans peine. ～には…できない avoir de la peine à inf. 私は…の情報を入手することができる～には信じられなかった J'ai eu de la peine à le croire.

ようい 用意 préparation f; [支度] préparatifs mpl; apprêts mpl; [食糧の] provisions fpl; [用心] précaution f. 食事の～が出来ている Le repas est prêt./Le repas nous attend. …の(する)～が出来ている être prêt à (pour) qc (inf). 奥様お食事の～が出来ました Madame est servie. ～が出来ないから出掛けてもいいよ Je suis prêt, on peut partir. 彼らを受け入れる～は万端ととのっている Tout est prêt pour les recevoir. 何の～もせずに sans aucune préparation; sans aucun préparatif. まさかの時の～に貯金する mettre de côté pour les mauvais jours. ¶～[を]する préparer; se préparer; [食糧の] se pourvoir de; [支度] s'apprêter. 食事(卓)の～をする préparer le repas (la table). 長期の旅行のために食糧の～をする se pourvoir de provisions pour un long voyage. 戦闘の～をする se préparer à combattre (au combat). 旅行の～をする faire ses préparatifs de voyage; se préparer pour un voyage. 俳優たちは舞台に出る～をしている Les acteurs s'apprêtent à entrer en scène. 寝床を～する dresser un lit. 災害に対する～を怠らない ne pas négliger les précautions contre les accidents. …に…の～をさせる faire préparer qc à qn. 女中に食事を～させる faire préparer le repas à la bonne. いざという時の～をして置く parer (se préparer) au pire. 金を～して待つ attendre avec la somme nécessaire (exigée). 「位置に着いて, ～, どん」 «A vos marques. Prêts? Partez!» ¶～周到な prudent; précautionneux(se).

よういオン 陽-ion *m* positif; cation *m*.

よういく 養育 ¶～する [育てる] élever; [養う] nourrir; entretenir. 男手ひとつで子供を～する élever tout seul *son* enfant. ¶子供の～費 frais *mpl* entraînés par les enfants.

よういん 要員 membre *m*; [集合的] personnel *m*; équipe *f*; main(s)-d'œuvre *f*. ～を募集する recruter du personnel. ¶交替～ ouvrier(ère) *m(f)* de relais; [集合的] équipe de relais; relève *f*. ～募集 recrutement *m* de personnel.

よういん 要因 facteur *m*; élément *m*. 客観的な～が不足している Les facteurs objectifs sont insuffisants. それらが革命というものの最大の～である Ce sont les facteurs les plus importants d'une révolution. ～は何処にも見当らない On ne voit aucun élément qui permette de prédire une victoire.

ようウん 妖雲 nuage *m* noir (sinistre). 行手に何やら～が漂っている Il semble y avoir des nuages noirs à l'horizon.

ようえき 溶液 solution *f*.

ようえき 葉腋 aisselle *f*.

ようえきけん 用益権 usufruit *m*; droit *m* usufructuaire. ¶～者 usufruitier(ère) *m* (*f*).

ようえん 妖艶 ¶～な ensorcelant. ～な微笑 sourire *m* ensorcelant. ～[な美し] さ beauté *f* ensorcelante.

ようか 八日 ⇒ 付録.

ようか 養家 famille *f* des parents adoptifs.

ようか 沃化 ¶～銀(カリウム) iodure *m* d'argent (de potassium). ～物 iodure *m*.

ようが 洋画 peinture *f* occidentale; [油絵] peinture à l'huile; [映画] film *m* occidental.

ようが 陽画 épreuve *f* positive; positif *m*.

ようかい 妖怪 fantôme *m*; spectre *m*. ～のような fantomatique. ～の出そうな屋敷 château *m* qui pourrait être hanté par les fantômes. ～変化の如く消え失せる s'évanouir comme un fantôme.

ようかい 容喙 ¶～する s'immiscer dans; se mêler de. 他人の事に～するな Ne te mêle pas des affaires d'autrui.

ようかい 溶解 solution *f*; [化] solution *f*; dissolution *f*. 水中における塩の～ dissolution du sel dans l'eau. ¶～する se dissoudre; [溶ける] fuser; être soluble. ～させる dissoudre. ¶～性 solubilité *f*. ～度 coefficient *m* de solubilité.

ようがい 要害 position *f* clef; clef *f*; [要塞] fortification *f*. ¶～の地に立て籠る s'établir dans une position fortifiée. ～堅固の地 position imprenable.

ようかぐ 洋家具 meubles *mpl* de style européen (occidental).

ようがく 洋学 science *f* européenne.

ようがく 洋楽 musique *f* occidentale.

ようがし 洋菓子 pâtisserie *f* européenne.

ようかん 洋館 maison *f* de style occidental.

ようがん 溶岩 lave *f*. その火山の爆発でおびただしい～が流れた L'éruption de ce volcan a provoqué une énorme coulée de lave. ～質の basaltique. ～台地 plateau(x) *m* de lave. ～流 coulée *f* de lave.

ようき 妖気 ～が漂っている avoir un air sinistre.

ようき 容器 récipient *m*; contenant *m*; [ケース類] étui *m*. 紙の～ étui de carton.

ようき 陽気 gaieté *f*; gaiety *f*; jovialité *f*. ¶～な gai; joyeux(se); jovial(aux); enjoué. 彼はどちらかといえば～なたち Il a un tempérament plutôt gai. ～な酒 le vin gai. ～になる devenir gai. 彼らは酒に入ってとても～になり始めた Ils commencèrent à se sentir très émoustillés par le vin. 二杯目になるとみんなもう～になっていた Dès la deuxième tournée, tout le monde était gai. 彼が来ると食卓が～になる Il égaie la table. ～にする égayer *qn*; émoustiller *qn*. 座を～に amuser le tapis. ～に gaiement; gaillardement; joyeusement. ～に騒ぐ s'a-

ようぎ 容疑 soupçon *m*. 殺人の〜で逮捕された être arrêté suspect d'un meurtre. 盗みの〜をかける soupçonner *qn* de vol. 彼に〜がかかった Les soupçons se sont portés sur lui. この不良少年は盗みの〜をかけられた Ce délinquant a été soupçonné de vol. ¶〜者 suspect(e) *m(f)*; individu *m* suspect. 有力な〜者 objet *m* (individu) de graves soupçons.

ようぎが 用意画 dessin *m* linéaire.

ようきゅう 要求 réclamation *f*; exigence *f*; demande *f*; [権利の] revendication *f*; prétentions *fpl*. 遺産の〜 prétentions à un héritage. 社会的権利の〜 revendications sociales. 賃上げの〜 réclamation d'une augmentation de salaire. 〜に答える répondre aux exigences. ...の〜により sur (à) la demande de *qn*. 〜を拒否する repousser (rejeter) une demande. 〜を満たす satisfaire aux réclamations. ¶〜する réclamer *qc*; exiger *qc* de *qn*; demander *qc*; revendiquer *qc*. 遺産の分け前を〜する revendiquer *sa* part d'héritage. 賃上げを〜する demander (réclamer) une augmentation de salaire. 不当に〜する en demander trop à *qn*. 彼は部下に余りに仕事を〜しすぎる Il exige trop de travail de ses subordonnés. 〜の多い exigeant. 彼は何かとうの多い人だし そ exigeant sur tout. ‖社会的権利の〜運動 mouvement *m* revendicatif. 〜項目 programme *m* revendicatif.

ようぎょ 幼魚 jeune (petit) poisson *m*; [集合的] fretin *m*; [放流用の] alevin *m*; nourrain *m*. 〜の放流 alevinage *m*. 〜を放流する aleviner.

ようぎょ 養魚 pisciculture *f*; élevage *m* de poissons. ¶〜池 vivier *m*; [稚魚の] alevinier *m*. 〜家 pisciculteur *m*. 〜場の鱒 truites *fpl* en vivier. 〜法 pisciculture.

ようきょう 容共 politique *f* procommuniste. ¶〜派 procommuniste *mf*.

ようぎょう 窯業 poterie *f*; céramique *f*. ¶〜家 potier(ère) *m(f)*; céramiste *mf*. 〜所 poterie.

ようきょく 陽極 pôle *m* positif; anode *f*. ¶〜 anodique. ‖〜線 rayons *mpl* anodiques.

ようぎん 洋銀 argentan *m*; maillechort *m*.

ようぐ 用(要)具 matériel *m*; [工具] outil *m*; instrument *m*; [用品] ustensiles *mpl*. ¶キャンプ(釣)〜 matériel *m* de camping (de pêche). 化粧(旅行)〜 nécessaire *m* de toilette (de voyage). 台所〜 ustensiles *m* de cuisine. 体操〜 appareaux *mpl*.

ようくん 幼君 prince *m* mineur.

ようけい 養鶏 élevage *m* de poules; aviculture *f*. ¶〜家 éleveur(se) *m(f)*; aviculteur(trice) *m(f)*. 〜場 basse(s)-cour(s) *f*.

ようげき 要撃 [待伏せ] embuscade *f*. 〜に会う tomber dans une embuscade (un guet-apens). ¶〜する dresser (tendre) une embuscade à *qn*; attaquer par surprise. ⇨ [迎え撃つ] ⇨ げいげき (迎撃). ¶〜する intercepter. 飛行機をーする intercepter un avion. ‖〜機 intercepteur *m*; avion (chasseur *m*) d'interception. 〜体制を取る établir un dispositif d'interception.

ようけん 用件 affaire *f*. 急いの〜を済ます expédier une affaire. ご〜は何ですか Que désirez-vous?/En quoi puis-je vous être utile? 大した〜ではない C'est une affaire de rien. 〜のみお話します Je ne parlerai que de mon affaire. 急なで来ました Je suis venu pour une affaire urgente. ⇨ よう(用).

ようけん 要件 [大事な用事] affaire *f* importante; [必要条件] condition *f* nécessaire (requise). 〜を満たす satisfaire aux conditions requises.

ようご 擁護 défense *f*. 自由の〜 défense de la liberté. ¶〜する défendre; prendre la défense de; protéger; sauvegarder. 人権を〜する sauvegarder les droits de l'homme. 弱者を〜する défendre les faibles. ‖〜者 défenseur *m*; protec*teur(trice)* *m(f)*; [教義の] apologiste *mf*.

ようご 用語 [語彙] vocabulaire *m*; [言葉遣い] mots *mpl*; [術語] terme *m*; [用法法] terminologie *f*. 適切の〜 mot propre. 〜の選択 choix *m* des mots. ‖ 外交〜 formule *f* diplomatique. 学生(軍隊)〜 argot *m* scolaire (militaire). 専門〜 terme technique. 医学の専門〜 terminologie de la médecine. 文法〜 vocabulaire grammatical. 法律〜 vocabulaire (terme) juridique. 〜集 vocabulaire.

ようご 養護 ¶〜学級 classe *f* pour les enfants handicapés. 〜学校 école *f* de rééducation pour les handicapés.

ようこう 洋行 ¶〜する faire un voyage dans un pays occidental.

ようこう 要港 port *m* important. ¶軍事的〜 port stratégique.

ようこう 要綱 ‖会社の設立〜 prospectus *m* de fondation d'une société. 災害予防〜 documents *mpl* sur les mesures préventives contre les accidents. 物理学〜 manuel *m* de physique.

ようこう 要項 points *mpl* essentiels; principes *mpl*; [大要] grandes lignes *fpl*. ‖入試〜 règlements *mpl* d'examen.

ようこう 陽光 lumière *f* du soleil (du jour). 春の〜を浴びる(浴びながら寝そべる) se mettre (s'allonger) au soleil printanier.

ようこうろ 溶鉱炉 †haut fourneau(x) *m*. 〜に火を入れる(の火を消す) allumer (éteindre) un haut fourneau.

ようこそ ¶〜いらっしゃいました Bienvenue!/Soyez le bienvenu (la bienvenue)!

ようさい 洋裁 couture *f* [à l'européenne]. 〜を習う apprendre la couture (à coudre). ¶〜学校 école *f* (académie *f*) de couture. 〜師 couturière *f*.

ようさい 要塞 place *f* [forte]; forteresse *f*; fortification *f*; port *m*; [城砦] citadelle *f*. 〜を築く construire une forteresse. ¶〜化 fortification. 〜化する fortifier. 〜地帯

ようざい 溶剤〖化〗solvant *m*.

ようざい 用材 matériaux *mpl*; [木材] bois *m*. ‖建築〜 matériaux de construction; [木材] bois de construction. 建具〜 bois de menuiserie.

ようさん 養蚕 élevage *m* des vers à soie. ‖〜家 magnanier(ère) *m(f)*; sériciculteur *m*. 〜業 sériciculture *m*. 〜所 magnanerie *f*.

ようし 容姿 personne *f*; figure *f*. ‖彼女は端麗である Elle est bien [faite] de sa personne.

ようし 用紙 formule *f*; formulaire *m*; bulletin *m*. 〜に書き込む remplir une formule (un formulaire). ‖解答〜 copie *f*. 質問〜 [アンケートの] questionnaire *m*; formulaire. 電報〜 formule de télégramme. 投票〜 bulletin de vote. 便箋〜 papier *m* à lettre. 申込〜 formule de demande (de souscription).

ようし 要旨 résumé *m*; [概略] grandes lignes *fpl*. 〜を述べる expliquer un résumé. 〜をまとめる faire un résumé de *qc*.

ようし 陽子 proton *m*.

ようし 養子 fils *m* adoptif; enfant *mf* adopté(e). ‖〜にする adopter *qn*. 〜縁組 adoption *f*. 〜縁組をした adopti*f*(*ve*).

ようじ 幼児 petit(e) enfant *m(f)*. ‖〜期 enfance *f*. 〜教育 enseignement *m* préscolaire.

ようじ 幼時 enfance *f*. ¶〜から(に) dès (dans) *son* enfance.

ようじ 楊枝 cure-dent(s) *m*. 〜を使う se curer les dents.

ようじ 用事 affaire *f*; commission *f*. 〜がある être occupé; avoir à faire. 彼に〜がある J'ai affaire à lui. 〜を済ます remplir une commission. 〜を頼む donner une commission. 子供に〜を言いつける faire faire une commission par un enfant.

ようしき 様式 genre *m*; style *m*; [書類の] forme *f*. 創作であれば〜は問いません Si c'est une œuvre originale, nous en accepterons de n'importe quel genre. ‖英国〜の家具 meubles *mpl* de style anglais. ゴチック〜 style gothique. 〜化 stylisation *f*. 〜化する styliser.

ようしき 洋式 ‖〜トイレ cabinets *mpl* d'aisance à l'occidentale.

ようしゃ 容赦 pardon *m*; [手加減] ménagement *m*. 〜を願う demander pardon. 平にご〜願います Je vous demande mille pardons. ¶〜する pardonner à *qn*. 〜しない ne pas pardonner; [手加減を加えない] traiter *qn* sans ménagement; ne pas épargner; tenir rigueur à *qn* de *qc*. 〜なく impitoyablement; sans pitié; sans ménagement. 〜なく人を打ちのめす battre *qn* comme plâtre. 彼は誰でも〜なくけなした Il n'a épargné personne dans sa critique.

ようしゅ 洋酒 alcool *m* occidental.

ようじゅつ 妖術 sortilège *m*; sorcellerie *f*; magie *f*. 〜を使う pratiquer le sortilège. 〜使い sorcier(ère) *m(f)*; magicien(ne) *m*(*f*).

ようしょ 洋書 [本] livre *m* étranger; [作品] ouvrages *mpl* occidentaux. ‖〜部 service *m* des livres étrangers.

ようしょ 要所 point *m* important. 戦略上の〜 point stratégique. 〜を固める renforcer la défense à tous les points importants.

ようじょ 幼女 petite fille *f*.

ようじょ 養女 fille *f* adoptive (adoptée). ‖姪(孤児)を〜にする adopter *sa* nièce (une orpheline).

ようしょう 幼少 〜の頃 dans *son* enfance. 君の顔には〜の面影が残っている Ton visage garde quelque chose d'enfantin.

ようしょう 要衝 point *m* important. パリはフランスの鉄道の〜に当る Paris est le centre du réseau ferroviaire de la France.

ようじょう 洋上 〜会談 entretien *m* sur mer. ⇨ かいじょう(海上).

ようじょう 葉状 ‖人間の肺は〜をなしている Le poumon de l'homme a la structure nervurée d'une feuille.

ようじょう 養生 〜があなたの場合〜が第一です Pour vous, le plus important c'est de vous soigner. 〜する se soigner; prendre soin de sa personne.

ようしょく 容色 beauté *f* du visage. 彼女の〜も衰えた Sa beauté s'est fanée.

ようしょく 洋食 cuisine *f* européenne; repas *m* occidental.

ようしょく 要職 poste *m* important; fonction *f* importante. 〜につく entrer dans une fonction importante.

ようしょく 養殖 [魚, 牡蠣の] élevage *m*; [特に魚の] pisciculture *f*; [真珠の] culture *f*. 〜する élever; cultiver. 〜魚 [魚の] pisciculteur *m*. 〜場 parc *m*. 牡蠣〜場 parc à huîtres. 〜牡蠣 huîtres *fpl* d'élevage. 〜真珠 perle *f* de culture. 〜法(技術) [魚の] pisciculture.

ようじん 用心 précaution *f*; attention *f*; prudence *f*; méfiance *f*. 〜のために傘を持っていく emporter *son* parapluie par précaution (prudence). 〜のためにレインコートを持っていった方がいい Ce serait une bonne précaution que de prendre un imperméable. ‖〜する prendre garde à *qc* (de *inf*, que *sub*); faire attention à *qc* (que *sub*); se méfier de. おべっか使いに〜する se méfier d'un flatteur. それでも〜するに越したことはない Mais on ne s'entoure jamais trop de précautions. 〜している être (se mettre, se tenir) sur *ses* gardes. 私は風を引かないように〜している Je prends mes précautions contre un rhume. 誰にも会わないように〜しなさい Faites attention (Prenez garde) que personne ne vous voie. 〜しろよ, あいつが聞き耳を立てているぞ Méfiez-vous! il nous écoute. 車に〜 Attention aux voitures! 火の〜をする faire attention au feu. 奴は親分の〜棒をしている C'est un gorille du chef.

ようじん 要人 grand personnage *m*. 国家の〜 grand personnage de l'Etat.

ようじんぶかい 用心深い être prudent. ~人 prudent(e) *m(f)*. ~人達 gens *mpl* de précaution. ¶用心深く prudemment; avec de grandes précautions.

ようす 様子 [状態] état *m*; [情況] circonstances *fpl*; [身なり] tenue *f*; [外見] air *m*; apparence *f*; aspect *m*. 何やら~がおかしい Il y a quelque chose d'anormal. 町の~が変った La ville a changé d'aspect. 病人の~は思わしくないとのことだ On dit que l'état du malade s'aggrave. 彼女はとても嫉妬深い~をしていない Sans en avoir l'air, elle est très jalouse. 彼はおかしな~をしている Il a un drôle d'air. 彼女は利口そうな~をしている Elle a l'air intelligente. 彼は病人のような~をしている Il semble (paraît) malade. 悲しそうな~をしている avoir triste mine. 人の良さそうな(若やいだ, 悲しげな)~をしている avoir un air de bonté (de jeunesse, de tristesse). ~をうかがう[人の] épier *qn*; [情勢] épier les circonstances (la situation). ~を見に出かける partir aux renseignements. ~はずばらしい~の男 homme *m* d'aspect misérable. この~では午後出掛けると雨が降るだろう A voir le temps qu'il fait, il pleuvra cet après-midi. この~ではストは長びきそうだ Dans cet état de choses, la grève pourrait durer.

ようすい 用水 [灌漑用] eau *f* d'irrigation; [防火] réserve *f* d'eau. ~池 réservoir *m* d'irrigation. ~桶 citerne *f* d'eau de pluie. ~堀 canal(aux) *m* d'irrigation.

ようすい 羊水 《医》 liquide *m* amniotique.

ようすこう 揚子江 le Yang-tseu[-kiang].

ようずみ 用済み ~の[切手] oblitéré. ~の書類 papiers *mpl* bons à jeter [à la poubelle].

ようする 擁する [持つ] avoir; posséder; [支持する] soutenir; [抱き合う] s'embrasser. 5億の民を~大国 grande puissance *f* peuplée de cinq cent millions d'habitants. ¶法皇を擁して戦う combattre en soutenant le pape (le Vatican).

ようする 要する demander; exiger; nécessiter. あなたの提案は熟考を~ Votre proposition demande réflexion. この操作には多くの注意を~ Cette manœuvre exige beaucoup d'attention. この計画は再検討を~ Ce projet doit être révisé. この家の修理は急を~ Il est urgent de (Il y a urgence à) réparer cette maison. その仕事は一週間を~だろう Ce travail demandera (prendra) huit jours. 急を~問題を論ずる problème *m* urgent. ¶~に bref; en un mot; en résumé; tout compte fait; après tout. ~に彼はかなり満足である En résumé, il est assez satisfait.

ようせい 妖精 fée *f*. ¶~の féerique. ~のような娘だ Cette fille est une fée. ¶~物語 conte *m* de fées.

ようせい 要請 demande *f*. エネルギーの節約は時代の~である Economiser de l'énergie est une exigence de notre époque. …の~で… する faire *qc* sur (à) la demande de *qn*. ~に快く応じる répondre favorablement à une demande. ¶~する demander; faire (adresser, adopter) une demande. 援助を~する demander une aide (du secours).

ようせい 陽性 ¶ツベルクリン反応が~である avoir une cuti positive. 彼のツベルクリン反応は~となった Il a viré sa cuti. ¶~反応 réaction *f* positive; [ツベルクリン] cuti *f* positive.

ようせい 養成 formation *f*. 教員の~ formation pédagogique. 将来の幹部の~に力を注ぐ se préoccuper de la formation des futurs cadres. ¶~する former. その先生は私の独立心を~してくれた Ce maître a formé mon esprit d'indépendance. 見習いを~する former un apprenti. 勉強して実力を~する relever *son* niveau personnel à force de travail. ¶~所 pépinière *f*. ~所[看護婦~所] école *f* des infirmières. 教員~所[機関] école normale d'instituteurs.

ようせき 容積 capacité *f*; contenance *f*; volume *m*. 固体の~ volume d'un solide. ¶~の大きい器 récipient *m* d'une grande capacité.

ようせつ 溶接 soudure *f*. ~する souder. ¶電気~ soudure électrique. ~機 soudeuse *f*. ~工 soudeur(se) *m(f)*.

ようせつ 夭折 ~する mourir jeune. ~の詩人 poète *m* mort à la fleur de l'âge.

ようそ 要素 élément *m*. 問題のすべての~はそこにある Vous avez là tous les éléments du problème. ¶犯罪の構成~ éléments constitutifs d'un crime. 水の構成~ éléments constituants de l'eau. 自然の四大~ les quatres éléments de la nature.

ようそ 沃素 iode *m*.

ようそう 様相 aspect *m*; [局面] phase *f*. ただならぬ~を呈する avoir un aspect extraordinaire. 外交関係は険悪な~を呈している Les relations diplomatiques présentent un aspect critique. 事態は新しい~を示している La situation apparaît sous de nouvelles couleurs. クレオパトラの鼻がもう少し短かったら世界の~は変っていたであろう Si le nez de Cléopâtre eût été plus court, toute la face de la terre aurait changé.

ようそう 洋装 costume *m* européen. ¶~する s'habiller à l'européenne; porter un costume européen. ¶~店 magasin *m* de nouveautés.

ようだい 容体(態) état *m*. 病人の~は良くなった L'état du malade s'est amélioré. 彼の~は悪化している Son état empire (s'aggrave). 彼の~は変わらない Son état est stationnaire.

ようたし 用足し ~に行く aller régler une affaire; [トイレに行く] aller aux toilettes.

ようだてる 用立てる [貸す] prêter; [工面する] se servir de *qc*. 少しばかりなら御用立て致します S'il s'agit d'une somme raisonnable, je peux vous aider.

ようだん 用談 entretien *m*. ¶~する avoir un entretien avec *qn*.

ようだん 要談 entretien *m* important. ¶~する s'entretenir sur une affaire importante.

ようち 夜討ち attaque *f* (assaut *m*) nocturne. ~をかける lancer une attaque nocturne. ¶[記者などが]~朝駆けをかける rendre des visites répétées à *qn*.

ようち 幼稚 ¶～な puéril; enfantin. ～な議論 arguments *mpl* puérils. ～な考えをめぐらす faire des réflexions enfantines.

ようち 用地 terrain *m*; emplacement *m*. ¶軍～ terrain militaire. 建設～ terrain à bâtir. 工場～ zone *f* industrielle.

ようち 要地 point *m* important. 交通上の～ point important de la circulation. 戦略上の～ position *f* stratégique.

ようちえん 幼稚園 jardin *m* d'enfants; [école] *f* maternelle *f*. ～に入る entrer à la maternelle.

ようちゅう 幼虫 larve *f*.

ようちゅうい 要注意 ¶～である requérir (demander) une attention particulière. ¶～人物 personne *f* non fiable [dont il faut se méfier].

ようつい 腰椎 vertèbre *f* lombaire.

ようつう 腰痛 lumbago *m*; tour *m* de reins.

ようてん 要点 point *m* capital (essentiel); essentiel *m*; principal *m*; nœud *m*. ～の問題の～だ Voilà le nœud de l'affaire. 問題の～がぼけている Le nœud du problème n'est pas éclairci. ～に触れる(から外れる) arriver au (s'écarter du) point essentiel. 枝葉末節はほどほどにして～に入ろう Epargnez-nous les détails, arrivons à l'essentiel. ～に絞られる se borner à l'essentiel. ～を絞って議論を discuter sur le point important.

ようてん 陽転 ¶～する [ツベルクリン反応が] virer *sa* cuti.

ようでんき 陽電気 électricité *f* positive.

ようでんし 陽電子 positon *m*.

ようと 用途 usage *m*; emploi *m*; application *f*; [機械などの] destination *f*. 建物の～ destination d'un bâtiment. ～が広い servir à plusieurs usages. 彼はその金の～が全くない servir à rien. 彼はその金の～が説明できない Il ne parvient pas à justifier l'emploi de cette somme. この道具の～は何ですか Quel est l'usage de cet outil? ¶～の広いナイフ couteau *m* à plusieurs usages.

ようど 用度 ¶～係 service *m* du matériel.

ようとう 羊頭 ¶～を掲げて狗肉を売る tromper *qn* sur la marchandise. ¶～狗肉の策 politique *f* retorse.

ようどう 陽動 ¶敵を～する tromper l'ennemi. ¶～作戦 tactique *f* de diversion.

ようとん 養豚 élevage *m* de porcs. ¶～業者 éleveur(se) *m(f)* de porcs. ～場 porcherie *f*.

ようなし 洋梨 poire *f*.

ようにく 羊肉 mouton *m*; [股肉] gigot *m*.

ようにん 容認 consentement *m*. ¶～する donner (accorder) *son* consentement à; [大目に見る] fermer les yeux sur; tolérer. 私は彼の嘘を～した J'ai fermé les yeux sur ses mensonges. ～しない refuser *son* consentement à *qc*. 彼は他人の不服従を～できない男だ C'est un homme incapable de tolérer la désobéissance d'autrui. 彼の態度は～し難い Son attitude est inadmissible.

ようねんじだい 幼年時代 enfance *f*. ～の思い出 souvenirs *mpl* d'enfance. ～は幸福な～を過ごした Il a eu une enfance heureuse.

ようばい 溶媒 solvant *m*.

ようび 曜日 jour *m* de la semaine. 今日は何～ですか Quel jour sommes-nous (est-ce) aujourd'hui?

ようひし 羊皮紙 parchemin *m*.

ようひん 洋品 ¶～雑貨店 mercerie *f*.

ようひん 用品 articles *mpl* d'usage courant. 学～ fournitures *fpl* scolaires.

ようふ 妖婦 vamp *f*. ¶映画で～役を演じる jouer le rôle de vamp dans un film.

ようふ 養父 père *m* adoptif (nourricier).

ようぶ 腰部 lombes *mpl*.

ようふう 洋風 style *m* européen (occidental). ¶～の européen(ne); occidental(aux); à l'européenne; de style européen (occidental).

ようふく 洋服 vêtement *m*; costume *m*; [女性の] robe *f*. ～を着る s'habiller; mettre un costume (une robe). ～を着ている porter un costume; être habillé de. 彼は新調の～を着ている Il est habillé d'un costume neuf. この ブルーの～はあなたに良く似合う Ce costume bleu vous va bien. ¶～掛け portemanteau (x) *m*; patère *f*; [ハンガー] cintre *m*. ～掛けに掛ける mettre *qc* au portemanteau. ～だんす armoire *f*; garde-robe *f*. ～地 étoffe *f*; tissu *m*. ～屋 [紳士服の] tailleur(se) *m(f)*; [婦人服の] couturier(e).

ようふぼ 養父母 parents *mpl* adoptifs.

ようぶん 養分 éléments *mpl* nutritifs; substance *f* nutritive. ～を吸い上げる puiser (absorber) des aliments. ～の多い substantiel(le); nutritif(ve). ～の多い食べ物 aliments *mpl* nutritifs.

ようへい 傭兵 mercenaire *m*; soldat *m* mercenaire. ¶～隊 troupes *fpl* mercenaires.

ようへい 用兵 tactique *f*. ～の妙を得ている être bon tacticien. ¶～術 tactique *f*.

ようへい 葉柄 pétiole *m*.

ようべん 用便 besoin *m* naturel. ¶～する aller aux toilettes.

ようぼ 養母 mère *f* adoptive (nourricière).

ようほう 用法 mode *m* d'emploi. ⇒ つかいかた (使い方).

ようほう 養蜂 apiculture *f*. ¶～家 apiculteur *m*. ～所 rucher *m*.

ようぼう 容貌 physionomie *f*; visage *m*; figure *f*. ¶～の美しい女性 femme *f* au beau visage. ～が～魁偉だ Il a un visage aux traits grossiers.

ようぼう 要望 désir *m*; demande *f*. ～に答える répondre à une demande. ～する faire *qc* sur (à) la demande de *qn*. ～を満たす satisfaire les désirs. …の～により sur (à) la demande de. ¶～する demander; faire une demande; formuler un désir (une demande).

ようまく 羊膜 amnios *m*.

ようみゃく 葉脈 nervure *f*.

ようむ 要務 affaire *f* (fonction *f*) importante. ¶～を帯びて chargé d'une mission.

ようむいん 用務員 employé(e) *m(f)*.

ようめい 用命 ¶御～を承ります Veuillez donner un ordre./Nous sommes à vos or-

dres.

ようもう 羊毛 laine *f*; toison *f*. 〜を刈る tondre [la toison d']un mouton; couper la laine des moutons.

ようもうざい 養毛剤 lotion *f* capillaire.

ようやく 漸く [辛うじて] avec peine; à grand-peine; [やっと] enfin; à la fin; finalement. 〜彼女は彼を許した A la fin, elle lui a pardonné. 〜彼は授業に間に合った Il est entré dans la classe de justesse. 〜彼は承知した Il a fini par accepter.

ようやく 要約 résumé *m*; abrégé *m*. ¶〜する résumer; abréger; faire un résumé de.

ようよう 揚々 ¶意気〜と引き揚げる revenir triomphalement.

ようよう 洋々 〜たる大海 océan *m* immense. 〜たる前途ある avoir un bel avenir devant soi.

ようらん 揺籃 ¶西洋文明〜の地 berceau(x) *m* de la civilisation occidentale. 〜期にある être au berceau.

ようらん 要覧 manuel *m*. 〜びんらん(便覧).

より 要理 ¶公教〜 catéchisme *m*.

よりつ 擁立 ¶幼君を〜する soutenir le dauphin.

ようりょう 容量 capacité *f*; contenance *f*; [一定の] jauge *f*. 規定の〜に足りない avoir pas la jauge. 〜を計る jauger. タンクの〜を計る jauger un réservoir. 〜の大きい器 récipient *m* d'une grande capacité. ‖電気〜 capacité électrique.

ようりょう 用量 [薬の] dose *f*. 〜を決める doser. 〜を増やす(減らす) augmenter (diminuer) la dose. ¶〜を間違えないよう注意すること «Ne pas dépasser la dose prescrite».

ようりょう 要領 [こつ] manière *f*. 〜がいい(悪い) être adroit (maladroit); être (peu) débrouillard. なんて〜が悪いんだ Tu es d'une maladresse! 泳ぎ方の〜を教える apprendre la natation; montrer comment nager. 〜を覚える trouver la manière. 君の言うことは全然〜を得てない Ce que tu dis est tout à fait incohérent. ¶〜のいい [手際のいい] adroit; [抜目ない] habile; débrouillard. 〜を得た [のみこみやすい] compréhensible. 〜を得ない [はっきりしない] obscur; ambigu(ë). 〜を得ない返事 réponse *f* ambiguë. 〜よく振舞う s'y prendre bien. 〜よく説明する expliquer d'une manière compréhensible.

ようりょく 揚力 [空] portance *f*; sustentation *f*.

ようりょくそ 葉緑素 chlorophylle *f*. ¶〜の chlorophyllien(ne). 〜入り歯磨き dentifrice *m* à la chlorophylle.

ようれい 用例 exemple *m*. 〜を挙げる fournir un exemple.

ようろ 要路 route *f* importante; [要職] † haut rang *m*. 戦略上の〜 route stratégique. 〜にある人 personnage *m* de haut rang.

ようろう 養老 ‖〜院 hospice *m* (asile *f*) de vieillards. 〜年金 allocation *f* de vieillesse. 〜保険 assurance *f* vieillesse.

ヨーク 〚服〛 empiècement *m*.

ヨークシャテリア yorkshire-terrier [jɔrkʃœrtɛrje] *m*; yorkshire *m*.

ヨーグルト yog(h)ourt; yaourt *m*.

ヨーデル tyrolienne *f*. ¶〜で歌う jodler.

ヨード 沃度 iode *m*. ‖〜チンキ teinture *f* d'iode.

ヨードホルム iodoforme *m*.

ヨーヨー yo-yo *m inv*. 〜をする jouer au yo-yo.

ヨーロッパ Europe *f*. ¶〜の européen(ne). ‖〜人 Européen(ne) *m*(*f*). 〜化 européanisation *f*. 〜化する s'européaniser. 〜経済共同体 Communauté *f* économique européenne (CEE). 〜大陸 le continent européen.

よか 予価 ¶この本は〜1,000円です Ce livre a un prix prévisionnel de 1.000 yen.

よか 予科 propédeutique *f*. 〜生 étudiant(e) *m*(*f*) en propédeutique.

よか 余暇 loisirs *mpl*; heures *fpl* (moments *mpl*) de loisir. 〜がある avoir des loisirs. 〜を利用して旅に出る profiter de ses loisirs pour partir en voyage.

ヨガ yoga *m*. 〜の行者 yogi *m*. 〜を行なう faire du yoga.

よかく 予覚 〜よかん(予感).

よぜ 夜風 vent *m* de nuit. 〜にあたる prendre le frais à la brise du soir.

よからぬ 良からぬ mauvais. 〜評判を立てる faire courir un mauvais bruit.

よがる 善がる ¶善がり声をあげる pousser des gémissements de plaisir.

よかれ 善かれ ¶あなたに〜と思ってしたことです J'ai fait cela pour vous.

よかれあしかれ 善かれ悪しかれ qu'il soit bon ou mauvais.

よかん 予感 pressentiment *m*. 〜がする pressentir; avoir le pressentiment. 嫌な〜がする avoir un mauvais pressentiment. 私は彼が来ないような〜がする J'ai le pressentiment qu'il ne viendra pas. ¶彼は不幸を〜していた Il pressentait un malheur.

よかん 余寒 ¶今年は〜がきびしい Les grands froids se prolongent cette année.

よき 予期 [期待] attente *f*; [予想] prévision *f*. 〜する s'attendre à *qc* (ce que *sub*); prévoir. 最悪の事態を〜する prévoir le pire. 彼女は彼がパリに来ることを〜していた Elle s'attendait à ce qu'il vienne à Paris. 景気の回復を〜して en prévision de la reprise des affaires. 〜した結果 résultat *m* prévu. 〜せぬ知らせ nouvelle *f* inattendue. 〜せぬ出来事 événement *m* imprévu. 〜に反して contre toute attente.

よぎ 余技 violon *m* d'Ingres. 水彩画は彼の〜だ L'aquarelle est son violon d'Ingres.

よぎしゃ 夜汽車 train *m* de nuit.

よぎない 余儀ない inévitable; nécessaire. ¶〜余儀なく…する(…させられる) être obligé (forcé, contraint) de *inf*. 私は余儀なく伏を余儀なくされた On m'a forcé à céder. その町は降伏を余儀なくされた La ville a été contrainte de se rendre. …することを余儀なくさせる obliger (forcer, contraindre) *qn* à *qc* (*inf*). 我々は彼に沈黙を余儀なくさせた Nous l'avons

よきょう 余興 attractions *fpl*; divertissement *m*. 飛び入りの〜 attraction(s)-surprise(s) *f*.

よぎる 過る passer; traverser; repasser. ある考えが私の脳裏を過った Une idée m'est passée par la tête./Une idée m'a traversé l'esprit. 様々な思い出が私の記憶の中を過っては消えていった Des souvenirs repassaient dans ma mémoire.

よきん 預金 dépôt *m*. 〜がある [口座がある] avoir un compte en banque. 〜を引き出す retirer de l'argent de la banque. 〜する déposer de l'argent (à la banque). 銀行〜 dépôts bancaires. 箪笥〜 bas *m* de laine. 定期〜 dépôt à terme. 当座〜 compte *m* courant. 普通〜 dépôt à vue. 〜口座 compte de dépôt. 〜通帳 livret *m* de dépôt. 〜利子 intérêt *m* de dépôt.

よく 欲 [欲望] désir *m*; [貪欲] convoitise *f*; avidité *f*; [金銭欲] cupidité *f*; avarice *f*. 〜が政をそそるそうなのだ Sa convoitise la fait agir ainsi. 勉強に〜が出てくる commencer à s'intéresser à ses études. 勉強に〜がない ne pas être avide (ne pas avoir envie) d'apprendre. 彼は〜の皮が突っ張っている Il est pétri d'avarice. 〜に目がくらむ être aveuglé par l'intérêt. 〜を言えば彼女はもう少し身長が欲しいところだ Si c'était possible, j'aimerais qu'elle soit un peu plus grande. 〜きりのない La convoitise n'a (ne connaît) pas de bornes. 〜の深い avare; cupide; avide d'argent. 〜のない [金に] désintéressé. [知識] 〜 curiosité *f* intellectuelle; désir de savoir.

よく 翼 aile *f*; [プロペラ, スクリューの] pale *f*. 軍の左(右)〜に援軍を送る envoyer des renforts sur l'aile gauche (droite) de son armée. 三枚〜のスクリュー hélice *f* à trois pales. 尾〜 dérive *f*. 補助〜 aileron *m*. 建物の両〜 deux ailes d'un bâtiment.

よく 良く [良好に・好意的に] 〜を言う dire du bien de *qn*. 〜人に〜思われれば大いに良い; donner aux autres bonne opinion de *soi*. 彼は主人に〜思われている Il est bien vu par le patron. 〜する améliorer; rendre meilleur; perfectionner. 人に〜する [親切に] être gentil(le) avec *qn*. 自分の立場を〜する se mettre dans une situation avantageuse. 〜する s'améliorer; devenir meilleur; se bonifier; se perfectionner. 彼の性格は年とともに〜ならない Son caractère ne se bonifie pas avec l'âge. この酒は年とともに〜なる Ce vin s'améliore avec l'âge. 技術が〜なる Les techniques se perfectionnent. 天気が〜なる Le temps se met au beau. 病気が〜なる se rétablir; aller mieux. 〜したものだ私は病気とひとつしたことがない Heureusement, je ne suis jamais tombé malade. ◆〜[充分に] 〜勉強する travailler bien. 〜寝る dormir bien. 人の言うことを〜聞く entendre (écouter) bien *qn*. 私の誕生日を〜わかりましたCa m'étonne que vous sachiez mon anniversaire. ◆[よく (時に度々に)] 〜いらっしゃいました vous êtes le bienvenu. 〜来られたもんだね Tu as du culot de venir me voir. 〜やった C'est un beau travail. 〜そんなことが言えますね Comment pouvez-vous dire une chose pareille? 〜言ってくれたね Tu l'as bien dit! 〜も言ったね En voilà du culot! 〜やってくれたね C'est du beau! ◆[一般に・しばしば] en général; souvent. 〜散歩する aller souvent en promenade. 人に〜言われる On me le dit souvent. それは〜ある事だ C'est ce qui arrive souvent./C'est une tendance générale. 〜あることだが、この青年は年上の女に誘惑された Une femme plus âgée s'est amourachée de ce garçon: c'est des choses qui arrivent.

よくあさ 翌朝 le lendemain matin.

よくあつ 抑圧 suppression *f*; étouffement *m*; refoulement *m*. このような制度は自由の〜に結びつく Un tel régime aboutit à la suppression des libertés. 〜する réprimer; étouffer; opprimer. 言論[の自由]を〜する opprimer la liberté de parole. 感情を〜する étouffer ses sentiments (ses émotions). 〜的な oppressif(ve); autoritaire. 〜的手段 *fpl* mesures oppressives. 〜的態度 attitude *f* autoritaire.

よくげつ 翌月 〜に[に] le mois suivant.

よくし 抑止 〜核〜力 force *f* nucléaire de dissuasion.

よくしつ 浴室 salle *f* de bain[s].

よくじつ 翌日 〜に[に] le lendemain; le jour suivant. 〜彼は出発した Le lendemain il est parti. 着いた日の〜、彼はその町を見物した Le lendemain de son arrivée, il a visité la ville. 仕事を〜に延ばしてはいけない Ne remettez pas votre travail au lendemain. 〜の朝 le lendemain matin.

よくしゅう 翌週 la semaine suivante.

よくじょう 欲情 désir *m*; appétits *mpl*; appétit sensuel. 〜を催す éprouver (être pris d') un appétit sensuel.

よくじょう 浴場 bains *mpl*.

よくしりょく 抑止力 force *f* de dissuasion.

よくする 浴する 文明の恩恵に〜 jouir des bienfaits de la civilisation. 叙勲の栄光に〜 avoir l'honneur d'être décoré.

よくせい 抑制 contrôle *m*; maîtrise *f*. 〜する maîtriser; freiner; réprimer; dominer; refouler; contenir. 物価の上昇を〜する freiner la hausse des prix. 意志の力で情熱を〜する dominer ses passions par un effort de volonté. 〜し難い irrépressible.

よくそう 浴槽 baignoire *f*; bain *m*; tub *m*.

よくちょう 翌朝 le lendemain matin. 到着の〜は激しく雨が降っていた Le lendemain matin de mon arrivée, il pleuvait à torrents.

よくど 沃土 terre *f* fertile (féconde).

よくとく 欲得 〜ずくの calculé; intéressé. 〜ずくの bonté *f* calculée. 〜ずくで行動する agir par intérêt.

よくねん 翌年 l'année *f* suivante.

よくばり 欲張り avarice *f*; cupidité *f*; [人] avare *mf*. 〜な avide; âpre au gain. 〜な相続人 héritier(ère) *m(f)* avide. 働きもしないで儲けようなんて〜な話だ Tu as du culot de

よくばる vouloir gagner sans travailler. あいつは〜で自分の事しか考えない C'est un avare qui vit égoïstement.

よくばる 欲張る être avare; être avide de. 欲張ってはかえって損をする A vouloir trop gagner, on finit par perdre. ¶欲張った âpre au gain. 欲張って avec avarice.

よくばん 翌晩 le lendemain soir.

よくぼう 欲望 désir *m*; envie *f*. 眠りたいという〜 envie de dormir. 肉体的〜 désir charnel. 〜をそそる exciter le désir (l'envie). 愛は〜に優る L'amour est plus que le désir. 彼はあなたに気に入られたいという〜に燃えている Il brûle du désir de vous plaire.

よくめ 欲目 ¶親の〜で avec l'amour aveugle des parents.

よくも ¶〜家へ来られたもんだ Tu as eu le culot de venir chez moi! ¶〜俺を殴ったな Tu as eu l'audace de me frapper! ⇒ よく(良く).

よくよう 抑揚 accent *m*; intonation *f*; inflexion *f*; modulation *f*. 〜をつける moduler. 〜をつけ歌う moduler un chant. ある曲を〜をつけ口笛で吹く moduler un air en le sifflant. ¶〜のある modulée. ¶〜のある声 voix *f* modulée. 〜のない monotone.

よくよう 浴用 ¶〜石鹸 savon *m* de toilette. 〜タオル serviette *f* de bain.

よくよく ¶〜考えてのことだ C'est tout réfléchi. 彼は〜運がないのだ Il a eu vraiment de la malchance. 〜の事情で par une nécessité inéluctable. 〜の事情でもない限り明日お伺いします A moins d'une raison majeure, je vous rendrai visite demain. 彼が怒るなんて〜のことだ Il est rarissime qu'il se fâche.

よくよく 翼々 ⇒ しょうしん(小心).

よくよくじつ 翌々日 deux mois après.

よくよくげつ 翌々月 le surlendemain.

よくりゅう 抑留 détention *f*. ¶〜する détenir *qn*. ¶〜者 détenu(e) *mf*.

よけい 余計 ¶〜な superflu(e); inutile. 必要なもの〜なもの le nécessaire et le superflu. 〜なことを言う aller trop loin. 〜なことを言わずに引き下がれ Ne pas demander *son* reste. 〜な心配をする se faire des soucis inutiles. 親に〜な心配をかけたくない C'est inutile d'inquiéter mes parents pour *ça*. 分りもしないのに〜な事をするな Ne te mêle pas de faire ce que tu ne connais pas. これらの説明は〜だ Ces explications sont superflues. あなたの分けが〜すぎる Votre part est de trop. 〜に de (en) trop; avec excès; excessivement. 私は10ユーロ〜に払ってしまった J'ai payé 10 euros en trop. 彼が年寄りであるだけに〜に健康が気になる Sa santé m'inquiète d'autant plus qu'il est vieux.

よける 避ける éviter; parer; se garer de; esquiver. 風を〜 être paré contre le vent; se mettre à l'abri du vent. 車を〜 éviter une voiture; se garer des voitures. そのボクサーは相手の右ストレートを巧みに避けた Le boxeur a adroitement paré un direct du droit de son adversaire. 困難を避けて通る éviter (esquiver) une difficulté.

よけん 予見 prévision *f*. ¶〜する prévoir.

よけん 与件〔哲〕donné *m*.

よげん 予言 prédiction *f*; prophétie *f*; vaticination *f*. あなたの〜が的中した Vos prédictions se sont réalisées. ¶〜する prédire; faire des prédictions; prophétiser; vaticiner. 私は32歳で死ぬと〜された On m'a prédit que je mourrais à trente-deux ans. 人々は彼に輝かしい未来を〜していた On lui prédisait le plus brillant avenir. 〜的な(の) prophétique. ¶〜者 prophète (étesse) *m*(*f*). 「〜者故郷に容れられず」《Nul n'est prophète en son pays.》

よこ 横〔幅〕largeur *f*;〔側面〕côté *m*. その部屋は〜が5メートルある Cette pièce a cinq mètres de large./La largeur de cette pièce est de cinq mètres. 〜から口を出す se mêler des (fourrer *son* nez dans les) affaires d'autrui. 〜から見る regarder de profil (de côté). 〜から見ても横から見てもひどい女だ Sous quelque angle qu'on la regarde, elle est terriblement laide. ¶〜の horizontal(aux); latéral(aux). 〜の線 ligne *f* horizontale. 〜の関係を大切にしなさい Soyez en bons termes avec vos camarades. 〜の物を縦にもしない être paresseux(se) comme une couleuvre. 〜にする mettre *qc* sur le côté. 〜になる〔寝る〕se coucher. 〜になって寝る se coucher sur le côté. 〜に〔わきに〕à (de) côté; 〔水平に〕horizontalement; latéralement; en largeur. 辞書を〜に置く mettre *son* dictionnaire à côté. 〜に傾げる mettre *qc* sur le côté. 荷車を〜にかぶる mettre son chapeau de travers. 〜にそれる〔話が〕s'écarter du sujet. 〜にとぶ se jeter de côté. ...の〜に à côté de; auprès de; près de. 〜に寝る〔隣りに〕se coucher à côté. 彼女は私の〜に座った Elle s'est assise à côté de moi. 〜に広がる根 racine *f* traçante. 首を〜に振る secouer la tête; faire non de la tête. 〜を向く se tourner de côté; 〔無視する〕ignorer *qn*.

よご 予後 pronostic *m*. ¶〜の判定 analyse *f* pronostique.

よこあい 横合い ¶〜から口をはさむ se mêler des (fourrer *son* nez dans les) affaires d'autrui. 〜から攻める attaquer de flanc. 〜から飛び出す surgir d'une rue de côté. 〜から奪う ⇒ よこどり(横取り).

よこあな 横穴 ¶〜式住居〔古代人の〕habitat *m* troglodytique.

よこいっせん 横一線 ¶〜である être du même niveau (ou mieux vaux).

よこいと 横糸 trame *f*.

よこうえんしゅう 予行演習 exercice *m* préparatoire; 〔総稽古〕répétition *f* générale; générale *f*.

よこがお 横顔 profil *m*; visage *m* de profil; silhouette *f*. 〜がきれいだ avoir un beau profil. 〜を描く dessiner la silhouette de *qn*; dessiner *qn* de profil. 〜を紹介する présenter le profil (la silhouette) de *qn*.

よこがき 横書き écriture *f* horizontale. 〜にする écrire horizontalement. 答案は〜にすること Écrire l'interrogation de gauche à droite.

よこかぜ 横風 vent *m* de travers.

よこがみやぶり 横紙破り ¶あいつは～だ C'est une tête de cochon./Il en fait à sa tête.

よこぎ 横木 [窓などの] traverse f.

よこぎる 横切る traverser. ある考えが私の脳裏を横切った Une idée m'a traversé l'esprit. ¶…を横切って à travers qc; au travers de. 野(雑踏)を横切って行く passer à travers champs (à travers la foule).

よこく 予告 annonce f préalable; préavis m. 組合はストの～を行おうと Le syndicat a déposé un préavis de grève. ¶…を～する prévenir qn de qc; avertir qn de qc d'avance; annoncer d'avance. ～なしに sans prévenir; sans préavis. 《新刊》～ annonce d'un livre. ～期間［映画の］période f de préavis;《法》délai m. ～篇［映画の］bande f d'annonce.

よこぐみ 横組み ¶活字を～にする composer les caractères horizontalement.

よこぐるま 横車 ¶～を押す s'entêter dans son action.

よこけい 横罫 raies fpl horizontales.

よこじく 横軸 axe m des abscisses; [x 軸] axe des x.

よこしま 邪 ¶～な mauvais; faux(sse); pervers. ～な恋 amour m coupable. 根っからの～な人 personne f foncièrement perverse.

よこじま 横縞 raies fpl horizontales.

よこす 寄越す [送る] envoyer; [渡す] passer.

よこす 汚す salir; tacher; souiller; [汚染] polluer. 手を～を salir les mains. 手を血で～ souiller ses mains de sang. 家具を～ tacher un meuble. お前はまた袖を汚したね Tu as encore sali (souillé) tes manches. 排気ガスが都会の大気を汚している Les gaz d'échappement polluent l'atmosphère des grandes villes.

よこずき 横好き ¶彼のチェスは下手の～だ Il a un entichement malheureux pour le jeu d'échecs.

よこすべり 横滑り ¶[車などの] dérapage m; embardée f. ¶～する déraper; [地位が] trouver ailleurs un poste équivalent.

よこせん 横線 raie (ligne f) horizontale.

よこたえる 横たえる coucher; étendre. 怪我人をベッドに～ étendre un blessé sur un lit. ベッドに体を～ se coucher sur un lit.

よこたおし 横倒し ¶～になる tomber par terre.

よこたわる 横たわる se coucher; s'étendre. 長々と～ s'étendre de tout son long. 前途には多くの難関が横たわっている Nous avons des obstacles à surmonter (franchir) sur notre chemin.

よこちょう 横町 rue f de côté m; ruelle f. ～の御隠居さん vieux sage m du quartier. 次の～を右へお入りなさい Prenez la première rue à droite.

よこづけ 横付け ¶車を玄関に～にする arrêter une voiture devant une porte. 船が波止場に～になっている Le navire est (est rangé le long du) quai.

よこっつら 横っ面 ¶～を張りとばす donner une gifle à qn; gifler qn.

よこづな 横綱 ¶酒にかけては彼は～だ Il est le roi de la bouteille.

よこっぱら 横っ腹 ⇒ よこばら（横腹）.

よこて 横手 ¶…の～に côté de; auprès de.

よごと 夜毎 ¶～に toutes les nuits; chaque nuit.

よこどり 横取り ¶～する s'emparer de; prendre qc à qn; intercepter qc. 人の計画を～する s'approprier le projet de qn. 人の地位を～する prendre la place de qn. 王位を～する usurper (s'arroger) le trône.

よこなが 横長 ¶～の oblong(ue).

よこながし 横流し vente f illicite. ¶～する faire du marché noir. …を～する faire du marché noir de qc.

よこなぐり 横殴り ¶～の雨が顔に吹きつけていた La pluie giflait mon visage.

よこなみ 横波 vagues fpl de travers; [電波、地震など] onde f transversale. ボートは～を受けてひっくり返った Le canot s'est retourné par des vagues de travers.

よこね 横根 ¶～が出る avoir des ganglions de l'aine.

よこばい 横這い ¶物価は～を続けている Les prix sont stables./La stabilité des prix se maintient.

よこはば 横幅 largeur f.

よこばら 横腹 flanc m; côté m. ～に一発食らわす donner un coup à qn au côté.

よこみち 横道 ¶～にそれる s'écarter de son chemin; [話題も] s'écarter du sujet; faire une digression.

よこむき 横向き ¶～の写真 photo f de profil. ～に座る s'asseoir de côté. 頭を～にする mettre sa tête sur le côté.

よこめ 横目 ¶～で見る regarder du coin de l'œil (de côté); [意地悪く] regarder qn de travers. ～でちらっと見る jeter un coup d'œil.

よこもじ 横文字 caractères mpl européens; [外国語] langue f étrangère.

よこやり 横槍 ¶～を入れる entraver. 決定に～を入れる entraver les décisions. 人の計画に～を入れる entraver les projets de qn.

よこゆれ 横揺れ [船など] roulis m. ¶～する rouler.

よごれ 汚れ tache f; saleté; pollution f. 油の～ tache d'huile. 河川の～ pollution des eaux d'une rivière. 衣類の～をとる enlever les taches d'un vêtement. ‖～物［下着類］ linge m sale. ～役を演ずる jouer le rôle de la prostituée.

よごれる 汚れる se salir; se tacher. 白いナプキンはすぐ～ Une serviette blanche se tache vite. あの政治家の手は汚れている Cet homme politique est corrompu. 汚れた tache; sale; noir; pollué. 煤で汚れた壁 mur m de suie. 汚れた空気 air m pollué. 汚れた水 eaux fpl polluées. 血に汚れた手 main f tachée (souillée) de sang. 汚れた場所で暮らす [不潔な] vivre dans l'ordure (dans la saleté). 汚れた手をしている avoir les mains sales. 汚れ易い地(色) étoffe f (couleur f) salissante.

よこれんぼ 横恋慕 ¶人妻に～する convoiter

la femme d'autrui.

よさ 良さ mérite *m*; [良い面] bon côté. 歌舞伎の～がわかる外国人 étranger(ère) *m(f)* qui peut apprécier le Kabuki.

よざい 余罪 ¶彼には～がある見込 On le suspecte d'avoir commis d'autres crimes.

よざい 余財 ¶～を貯める mettre de côté de l'argent inutilisé.

よさん 予算 budget *m*; [予算額] crédits *mpl* budgétaires. ～がない manquer de crédits. ～の問題(不足) question *f* (manque *m*) de crédit. ～の見積り prévision *f* budgétaire. ～に計上する inscrire *qc* au budget. ～をオーバーする excéder le budget. ～を可(否)決する voter (refuser) le budget. ～を立てる [国の] dresser le budget; [個人の] établir *son* budget; [見積る] établir le devis de *qc*. 厖大な～を必要とする [主語=物] exiger des crédits considérables. ～を編成する préparer le budget. いかほどの御～ですか Combien comptez-vous payer? ～黒字(赤字)～ excédent *m* (déficit *m*) budgétaire. 国家～ budget de l'Etat. 修正～ budget rectificatif. 追加～ budget annexe. 通常(特別, 臨時)～ budget ordinaire (extraordinaire, provisoire). ～案を提出(審議)する présenter (discuter) le projet de budget. ～委員会 commission *f* du budget. ～外収入(支出) recettes *fpl* (dépenses *fpl*) extra-budgétaires. ～折衝 [閣僚間の] conférences *fpl* budgétaires. ～年度 année *f* budgétaire. ～編成 préparation *f* du budget.

よし 葦 roseau(x) *m*.

よし 由 ¶彼の消息は知る～もない Il n'y a pas moyen d'avoir de ses nouvelles. 御病気の～を伺い驚いております J'apprends avec étonnement que vous êtes malade. 一日も早い御回復を祈ります Je vous souhaite un prompt rétablissement.

よし 良し 帰って～ Vous pouvez disposer. ⇒ よろしい(宜い).

よじ 四次 ¶第～元 quatrième dimension *f*. ～元空間 espace *m* à quatre dimensions; espace-temps *m*. ～方程式 équation *f* bicarrée.

よじ 余事 ¶～にわたる faire une digression.

よしあし 善し悪し ¶事の～を判じなくては何の～も言えぬ Je n'ai aucun égard pour le bien et le mal des choses. 事の～をわきまえなければならない Il faut discerner le bien du mal. 金があるのも～だ Il reste (Reste) à prouver s'il est bon qu'on ait de l'argent.

よしきり 葦切 fauvette *f* des roseaux.

よじげん 四次元 quatrième dimension *f*.

よしず 葦簀 store *m* en roseaux.

よじのぼる 攀じ登る grimper sur; se hisser sur; gravir; escalader. 木に～ grimper sur un arbre. 板を～ grimper (se hisser sur) une échelle. 塀に～ escalader (se hisser sur) un mur.

よしみ 誼み amitié *f*; relations *fpl* amicales. ...と～を結ぶ se lier [d'amitié] avec *qn*. 同僚の～で par camaraderie. 旧の～で en souvenir de notre vieille amitié.

よしゅう 予習 préparation *f*. 明日の～をする

préparer *ses* leçons du demain.

よじょう 余剰 surplus *m*; excédent *m*. ¶～価値 plus-value *f*. ～農産物 surplus agricoles. ～物資を投売りを liquider des surplus.

よじょうはん 四畳半 ¶彼には～趣味がある Il a un penchant pour les petits bouis-bouis.

よじる 捩る tordre; tortiller; tire [-] bouchonner. 身を～ se tordre. 腹の皮を捩って笑う se tordre de rire.

よじれる 捩れる se tordre; se tortiller. 捩れたズボン pantalon *m* tirebouchonné. 捩れた釣糸 fil *m* de pêche vrillé.

よしん 予審 《法》instruction *f*. 事件の～を行なう instruire une affaire. ¶この事件は～中である Cette affaire est en cours d'instruction. ～判事 juge *m* d'instruction.

よしん 余震 secousses *fpl* secondaires.

よじん 余人 ¶～はいざ知らず, 私は彼のやることに感心しない Je n'apprécie pas ce qu'il a fait quoi que les autres en pensent. ～を避けて君と相談したい事がある Je voudrais me consulter sur une affaire seul à seul.

よじん 余燼 [もえさし] cendres *fpl* chaudes; [火事の] dernières flammes *fpl* d'incendie. 戦争の～がまだ消えない Il reste encore des destructions de la guerre. 大火の～がまだくすぶっている Il reste encore les dernières flammes d'un grand incendie.

よしんば ⇒ たとえ(仮令).

よす 止す ⇒ やめる(止める).

よすが ¶私には身を寄せる～もない Je suis tout seul au monde. 今となっては彼を探す～とてない Je n'ai aucun moyen de le rechercher. 彼の激励が生きながらえる～となった Ses encouragements m'ont aidé à survivre.

よすてびと 世捨人 ermite *m*; anachorète *m*; reclus(e) *m(f)*. ～となる renoncer au monde. ¶～として生きる vivre en ermite.

よすみ 四隅 quatre coins *mpl*.

よせ 寄席 music-hall *m*; spectacles *mpl* de variétés. ¶～芸人 artiste *mf* de music-hall; fantaisiste *mf*.

よせあつめ 寄せ集め assemblage *m*; [混合] mélange *m*. ¶～のチーム équipe *f* improvisée.

よせあつめる 寄せ集める assembler; rassembler; ramasser. 散らばった紙を～ rassembler des papiers épars. 残存兵を～ ramasser les débris de *son* armée.

よせい 余勢 ¶敵軍に～を駆って我が軍に攻撃をしかけた L'ennemi, emporté par son élan, s'est lancé à l'assaut de nos troupes.

よせい 余生 ¶静かに～を送る passer paisiblement *ses* vieux jours.

よせがき 寄せ書き collection *f* d'autographes. ¶～を書く écrire une lettre collective.

よせぎざいく 寄せ木細工 marqueterie *f*. ¶～の天井 plafond *m* à marqueté. ～の床 parquet *m* à mosaïque.

よせざん 寄せ算 ⇒ たしざん(足し算).

よせつぎ 寄せ接ぎ《園》greffe *f* par approche. ¶～する greffer par approche.

よせつける 寄せ付ける ¶寄せ付けない refuser à *qn* d'approcher. 門を閉ざして寄せ付けな

よせて 寄手 armée f assaillante.

よせる 寄せる [近づける] rapprocher; approcher; [押し寄せる] s'avancer. 椅子と椅子とを～ rapprocher deux sièges. 車を路端に～ ranger sa voiture sur le bas-côté. 眉を～ froncer les sourcils. 頬を～ tendre la joue. 叔父の家に身を～ faire un bref séjour chez son oncle. 新聞に一文を～ donner un article à un journal. 女に思いを～ avoir un petit béguin pour une femme. 波が岸に寄せている Les vagues s'avancent sur la plage. ¶母親に身体を～子供 enfant mf qui se serre contre sa mère. 他人に事寄せて文句を言う se plaindre de qn sur le dos d'autrui.

よせん 予選 épreuves fpl éliminatoires; [スポーツ] éliminatoire f. ～を行なう qualifier aux éliminatoires. ～をパスする se qualifier aux éliminatoires. ¶第一次～で落ちる être éliminé aux premières éliminatoires.

よそ 余所 ¶この話は～から聞いたんだ C'est une histoire que j'ai apprise par ailleurs. ～の人には関係のない Cela ne regarde pas les autres. ～の国では dans d'autres pays. ～に行く aller ailleurs. 彼の心は～にある Il est ailleurs. この品は～には何処にもありません Vous ne trouverez pas cet article nulle part ailleurs. 彼はここにいないから～を探しなさい Il n'est pas ici, cherchez-le ailleurs. 家族の心配をも～に彼はぶらぶら遊び暮している En dépit de l'inquiétude de sa famille, il mène une vie oisive.

よそいき 余所行き ¶～の着物 habits mpl (vêtements mpl) du dimanche. ～の着物を着る s'habiller en dimanche; s'endimancher. ～の顔をする prendre un air guindé.

よそう 茶碗に御飯を～ remplir un bol de riz. これがあなたのお膳です，どうぞご自分でよそって下さい Voici votre assiette, servez-vous, s'il vous plaît.

よそう 予想 prévision f; pronostics mpl. 株の～ prévision boursière. 競馬の～ pronostics des courses. ～が当った(外れた) Les prévisions se sont révélées exactes (fausses). あの政治記者の～はめったに外れない Ce journaliste politique se trompe rarement dans ses pronostics. ¶～する prévoir; pronostiquer; faire des pronostics; s'attendre à qc. 選挙の結果を～する prévoir les résultats des élections. 政治情勢の急変が～されていた On s'attendait à un revirement politique. ...を～して en prévision de qc. ～できる prévisible. ～のできない imprévisible. ～通りの結果 résultat m prévu. まさに～通りのことが起った Il est arrivé exactement ce qu'on avait prévu. ～外の出来事 événement m imprévu. あらゆる～に反して contre toute prévision. 彼は我々の～に反していた Le résultat était contraire aux prévisions. 彼は我々の～を裏切って失敗した Il a échoué contre nos prévisions. ¶～屋 [競馬] tuyauteur(se) m(f).

よそおい 装い tenue f; [化粧] toilette f. ～をこらす soigner sa toilette. 店頭の～をこらす(新たにする) soigner bien (renouveler) les étalages de la boutique. 秋の～をする mettre un vêtement d'automne. 夜会の～をしている être en tenue de soirée.

よそおう 粧(装)う [飾る] se parer; [振りをする] affecter; feindre; simuler. 晴れ着に身を～ mettre un vêtement de dimanche. ～ affecter la gaieté. 病気を～ simuler une maladie. 貧乏を～ se donner des airs de pauvre. 留守を～ n'y être pour personne. 平静を～ faire l'impassible; se donner (prendre) une contenance. ¶美しく装った娘 jeune fille f endimanchée.

よそく 予測 prévision f; pronostics mpl. ¶～する prévoir; pronostiquer; faire des pronostics. ～できる prévisible. その事は～できた La chose était prévisible. ～のつかない imprévisible.

よそながら ¶～心配する s'inquiéter sans en avoir l'air.

よそみ 余所見 ¶～する regarder ailleurs.

よそめ 余所目 ¶彼らは～もうらやむ仲である Leur bonne entente fait beaucoup d'envieux. ～にも羨ましい友情 amitié f qui fait des envieux. ～にも～ Cela paraît déraisonnable même aux yeux des autres.

よそもの 他所者 ¶奴は～だ Il n'est pas des nôtres.

よそよそしい froid; indifférent; distant. ～様子 air m distant. 彼の～振舞はみんなの気を悪くした Ses manières distantes ont mis tout le monde mal à l'aise. ¶よそよそしく froidement; avec froideur. ～する se montrer froid avec qn; témoigner de la froideur à qn. よそよそしさ froideur f.

よぞら 夜空 ¶～に輝く星 étoiles fpl qui scintillent dans le ciel nocturne.

よた 冗 ¶～を飛ばす blaguer. 友達に向かって非常にたちの悪い～を飛ばす faire une très mauvaise blague à un ami. 近頃彼は～っている Ces derniers temps, il s'encanaille. ¶～話はやめて本当のことを言えよ Ne raconte pas de blagues, dis la vérité.

よたか 夜鷹 [鳥] engoulevent m; [売春婦] fille f des rues.

よとく 余沢 ¶先祖の～をこうむる jouir des bienfaits laissés par ses ancêtres.

よだつ 身の毛も～怖ろしい話だ C'est une histoire à faire dresser les cheveux.

よたもの 与太者 voyou m; coquin m.

よたよた ¶～歩く marcher d'un pas chancelant; tituber. ～する老人 vieillard m décrépit.

よだれ 涎 bave f; salive f. ～を垂らす baver; saliver; rendre de la salive. ～をふく essuyer la bave de qn. ¶～の出そうな美味い料理 mets m alléchant. ¶～掛け bavette f; bavoir m.

よだん 予断 ¶事態は重大で～を許さない La situation est grave et on n'en peut pas prévoir les conséquences. 病状は～を許さない L'état du malade ne laisse pas d'inquiéter.

よだん 余談 digression *f*; parenthèse *f*. ~にわたる tomber (se perdre) dans des digressions. ¶～ながら par (entre) parenthèses. …はさておき Revenons à notre sujet (à nos moutons).

よち 予知 prévision *f*. ¶～する prévoir; pressentir. 不幸を～する pressentir un malheur. 地震を～する prévoir un tremblement de terre. ～しうる prévisible. ～し難い imprévisible. ‖～能力 pouvoir *m* d'anticipation.

よち 余地 ¶反省の～ marge *f* de réflexion. まだ議論の～がある Il y a encore matière à discuter. そのがらくたを入れる～はまだまだ十分ある Nous avons encore assez de places pour y mettre ces bric-à-brac. 再考の～はない On n'a pas besoin d'y revenir. 彼の善意は疑いの～がない Il est hors de doute que son intention est bonne. 最後の便りにこれ以上望みをつなぐ～は殆どない Les dernières nouvelles laissent peu de marge à l'espoir. 弁解の～はない n'avoir aucune excuse pour se justifier. 会場は立錐の～もなかった La salle était pleine à craquer.

よちょう 予兆 présage *m*; augure *m*. ⇨ よかん(予感).

よちよち ¶～歩く marcher d'un petit pas mal assuré. ～歩きの子供 enfant *mf* qui fait ses premiers pas.

よつ 四つ ¶～に組む se saisir à bras-le-corps. 難問と取り組む affronter de grandes difficultés.

よつあし 四つ足 ¶～の quadrupède; à quatre pattes. ‖～動物 quadrupèdes *mpl*.

よつおり 四つ折り ¶～にする plier en quatre. ‖～判の本 in-quarto *m inv*.

よっか 四日 ⇨ 付録.

よつかど 四つ角 carrefour *m*; [十字路] croisement *m*. 二つ目の～を右に曲りなさい Au deuxième carrefour, vous tournerez à droite.

よつぎ 世継 ¶～がない être sans héritier.

よっきゅう 欲求 besoin *m*; [欲望] désir *m*; envie *f*. 正義への～ besoin de justice. 平和への～ aspiration *f* à la paix. ‖生理的(肉体的)な～を満足させる satisfaire les besoins physiques. ～不満 [心] frustration *f*.

よつぎり 四つ切り ¶～の写真 photo *f* de format 25.5×30.5. ～にする couper en quatre.

よつご 四つ子 quadruplé(e)s (m(f)pl).

よつつじ 四つ辻 ⇨ よつかど(四つ角).

よって [従って] donc; ainsi; c'est ainsi que *ind*. ¶～来たるところ [原因] origine *f*; cause *f*. ～来たるところは別にある Cela vient d'ailleurs. この失敗の～来たるところは彼の弱気であった En dernière analyse, cet échec tient à sa faiblesse. ～件の如し Voilà pourquoi.

よつであみ 四つ手網 carrelet *m*.

ヨット yacht *m*. ¶～での航海 voyage *m* en yacht. ～を操縦する faire du yachting. ‖競争用～ yacht de course. ～クラブ yacht-club *m*. ～操縦 yachting *m*. ～ハーバー port *m* de plaisance. ～マン plaisancier *m*. ～レース course *f* de yacht.

よつば 四つ葉 ¶～のクローバー trèfle *m* à quatre feuilles.

よっぱらい 酔払い ivrogne *m(f)*; personne *f* ivre; 《俗》soûlard(e) *m(f)*. ～の喧嘩 querelle *f* d'ivrognes.

‖～運転する conduire [une voiture] en état d'ivresse.

よっぱらう 酔払う s'enivrer; 《俗》se poivrer; se piquer le nez. 彼はひどく酔っ払っている Il est soûl comme un cochon.

よっぴて 夜っぴて ¶～語り明かす passer une nuit à causer.

よつゆ 夜露 rosée *f* [du soir]; serein *m*. ～がおりる La rosée nocturne se dépose. ～に濡れる être trempé de rosée du soir; prendre le serein.

よづり 夜釣 ¶～に行く aller à la pêche de nuit. ～をする pêcher la nuit.

よつんばい 四つん這い ¶～で歩く marcher à quatre pattes.

よてい 予定 arrangement *m* préalable; [計画] plan *m*; programme *m*; [予想] prévision *f*; attente *f*. …する～である compter *inf*; avoir l'intention (se proposer) de *inf*. 明日出発する～だ Je compte partir demain. 彼は今晩到着の～だ Il doit arriver ce soir. このお金で服を買うつもり～だ Je destine cette somme à l'achat d'un costume. ～がすっかり狂ってしまった Tous mes projets ont été dérangés. 2週間の～で旅に出る partir en voyage pour quinze jours. ～より早く着く arriver en avance (avant l'heure prévue). ～より2日遅れる dépasser le montant prévu. ～を立てる se proposer un programme. ～を変更する changer *son* plan. ¶～する arranger (fixer) d'avance; prévoir. ～の arrangé (fixé) d'avance; prévu. ～外の imprévu; inattendu. ～の金額 somme *f* fixée d'avance. ～の行動 action *f* préétablie. ～の時間に à l'heure fixée. ～通りに comme prévu; conformément au programme. ～額 montant *m* prévu. ～額を上回る dépasser le montant prévu. ～日（～日前）に出産する accoucher à terme (avant terme). 出産～日 terme *m* de l'accouchement. ～表 programme. ～調和説 [哲] harmonie *f* préétablie.

よとう 与党 parti *m* au pouvoir; majorité *f*. ～と野党 majorité et minorité *f* (opposition *f*). ～の代議士 député *m* de la majorité.

よどおし 夜通し ¶～起きている ne pas dormir de la nuit; passer une nuit blanche. ～看病する veiller un malade. ～騒ぐ faire la bombe toute la nuit.

よとぎ 夜伽 consolation *f* pour les nuits blanches. ¶～をする tenir compagnie à *qn* durant la nuit.

よとく 余得 profit *m* imprévu; revenant(s)-bon(s). ¶～にあずかる faire de la gratte.

よとく 余徳 ¶先祖の～をこうむる jouir des bienfaits dûs aux mérites de *ses* ancêtres.

よどみ 淀み [停滞] stagnation *f*; [沈殿]

よどむ 澱む [水が] stagner; croupir; [かすが] se déposer; [まどう] hésiter. ¶言い〜 hésiter à parler (à dire). よどんだ水 eau *f* dormante (qui croupit).

よなおし 世直し ¶〜をしなければならない Il faut réformer les mœurs.

よなか 夜中 minuit. 〜に à minuit; au milieu de la nuit. ¶真〜 en pleine nuit.

よなが 夜長 秋の〜を読書に過ごす consacrer les longues veillées d'automne à la lecture.

よなき 夜泣き ¶うちの子は毎晩〜する Mon bébé crie toutes les nuits.

よなべ 夜なべ travail(aux) *m* de nuit. ¶〜する veiller [toute la nuit].

よなよな 夜な夜な chaque nuit; toutes les nuits.

よなれる 世慣れる se déniaiser. 世慣れている avoir l'expérience de la vie; être déniaisé; 《俗》ne pas être né d'hier. 世慣れていない [うぶな] naïf(ve). ¶世慣れた物腰で avec assurance.

よにげ 夜逃げ ¶〜する profiter de la nuit pour déménager secrètement; déménager à la cloche de bois.

よねつ 余熱 chaleur *f* résiduelle.

よねん 余念 ¶読書(研究)に〜がない absorbé(plongé) dans la lecture (l'étude). 〜なく avec ardeur.

よのなか 世の中 monde *m*. 〜とはこんなものだ Ainsi va le monde. 〜にはまったく狭い世の中 Ce que le monde est petit! こんな〜に未練はない Ce monde me dégoûte. せち辛い〜になったもんだ Les temps sont durs!

よのならい 世の習い ¶それが〜というものだ Ainsi va le monde. 〜に従って行動する agir en se pliant aux coutumes.

よは 余波 contrecoup *m*. 災害の〜を受ける subir le contrecoup d'un désastre.

よばい 夜這 ¶〜する s'introduire de nuit chez une femme.

よはく 余白 marge *f*; [行間の] blanc *m*; espace *m*. 〜に書き込む écrire des notes sur la marge. 十分に〜を残す laisser de grandes marges. ¶〜に書き込まれた註 notes *fpl* marginales (en marge).

よばなし 夜話 ¶秋の〜 contes *mpl* de veillées d'automne.

ヨハネ《聖》[saint] Jean *m*; [洗礼者] [saint] Jean-Baptiste *m*. 〜による福音書 Evangile *m* selon saint Jean.

よばわり 呼ばわり ¶俺を泥棒〜するとはとんでもない Me traiter de voleur, c'est un peu fort.

よばん 夜番 veille *f*; garde *f* de nuit; [人] gardien *m* de nuit. 彼はその晩〜だった Il était de veille cette nuit-là.

よび 予備 réserve *f*. 〜に取っておく(持っている) mettre (avoir) *qc* en réserve. ¶〜の de réserve (rechange); [事前の] préparatoire; préliminaire; préalable. ‖〜員 remplaçant(e) *m(f)*. 〜役将校 officier *m* de réserve; 〜軍 armée *f* de réserve; réserves *fpl*. 〜工作をする prendre des mesures préventives; 〜交渉 négociations *fpl* préliminaires; préliminaires *mpl*. 〜知識 connaissances *fpl* préliminaires (préalables). 〜タイヤ pneu *m* de rechange (réserve); [車輪] roue *f* de secours. 〜部品 pièces *fpl* de rechange.

よびあつめる 呼び集める appeler; rassembler. 全生徒を運動場に〜 rassembler tous les élèves dans la cour.

よびいれる 呼び入れる ¶部屋の中に〜 faire entrer *qn* dans la pièce.

よびおこす 呼び起す évoquer. 旅の思い出を〜 évoquer ses souvenirs de voyage.

よびかえす 呼び返す rappeler *qn*. ¶彼は急用で東京に呼び返された Les affaires urgentes l'ont rappelé à Tokyo. 奥さんが事故に遭ったので彼は急遽彼女の元へ呼び返された On l'a rappelé d'urgence auprès de sa femme qui venait d'être victime d'un accident.

よびかけ 呼び掛け appel *m*. ¶〜に応じる répondre à un appel.

よびかける 呼び掛ける appeler; s'adresser à *qn*; [訴える] faire appel à. 人の善意に〜 faire appel à la bonté de *qn*.

よびこ 呼子 sifflet *m*. 〜を吹く siffler.

よびこう 予備校 école *f* préparatoire; [バカレアの] boîte *f* à bachot.

よびごえ 呼声 cris *m*; appel *m*. 新聞売子の〜 cris des camelots. ...の〜が高い Le bruit court que *ind*.

よびさます 呼び覚ます ⇒ よびおこす (呼び起す).

性的欲望(求)を〜 éveiller le désir sexuel.

よびすて 呼び捨て ¶〜する désigner *qn* par *son* nom tout court. 彼は仲間を〜にする Il est insolent dans sa manière d'interpeller ses camarades.

よびだし 呼出し appel *m*; convocation *f*; [誘い] invitation *f*. 〜の電話番号 numéro *m* d'appel. 〜に応じる répondre à un appel. ‖〜状を受け取る recevoir une convocation.

よびだす 呼び出す appeler *qn*; faire venir *qn*; convoquer *qn*. 電話口へ〜 appeler *qn* au téléphone. 法廷へ〜 appeler *qn* devant le tribunal (en justice). ¶呼び出されるêtre convoqué.

よびたてる 呼び立てる ¶大声で〜 appeler *qn* d'une voix forte. お呼び立てして申し訳ありません Excusez-moi de vous interpeller.

よびつける 呼び付ける convoquer *qn*. その生徒の両親は校長に呼び出された Les parents de l'élève ont été convoqués par le proviseur. ◆[呼び馴れる] ¶我々は彼のことを渾名で呼び付けている Nous l'appelons toujours par son surnom.

よびとめる 呼び止める arrêter; accrocher. 通行人を〜 娼婦 *prostituée f* qui accroche des passants. 人を呼びとめて道を尋ねる arrêter *qn* pour demander son chemin.

よびな 呼名 ⇨ あだな(渾名), つうしょう(通称).

よびにいく 呼びに行く ¶医者を呼びに行く aller chercher le médecin. 女中に医者を呼びに行かせる envoyer la bonne chercher le

よびにくる 呼びに来る venir chercher *qn*.
よびにやる 呼びにやる envoyer chercher *qn*.
よびね 呼値 prix *m* offert.
よびみず 呼水 〚契機〛amorce *f*; 〚ポンプ〛amorçage *m* d'une pompe. 外交折衝が国交回復の~となった Les négociations diplomatiques ont amorcé la réconciliation entre les deux pays.
よびもどす 呼び戻す ⇨ よびかえす(呼び返す).
よびもの 呼物 attraction *f*; clou *m*. 本日の~ la meilleure attraction du jour. 祭りの~ clou d'une fête.
よびょう 余病 complications *fpl*. ~が出た Des complications ont apparu./Un mal adventice s'est déclaré. 風邪が~を併発する Le rhume se complique.
よびよせる 呼び寄せる appeler *qn*; faire venir *qn*. 至急医者を~ faire venir le médecin d'urgence.
よびりん 呼鈴 sonnette *f*; timbre *m*. 門の~ timbre de la porte d'entrée. ~を押す appuyer sur le bouton de la sonnette. ~を鳴らす sonner.
よぶ 呼ぶ 〚名〛appeler; 〚称する〛nommer; 〚呼び寄せる〛appeler; faire venir; 〚招く〛inviter *qn*; convier *qn*. 犬(タクシー)を~ appeler son chien (un taxi). 医者を~ faire venir (appeler) un médecin. 名前を~ [出席をとる] faire l'appel. 助けを~ crier (pousser) au secours (à l'aide). 人の名を~ appeler *qn* par son nom. 人は彼を救国の英雄と~ On le nomme "le Sauveur de la patrie". 夜会に友を~ inviter un ami à une soirée. その歌は非常な人気を呼んでいる Cette chanson est en train d'acquérir une grande popularité. 株は高値を呼んでいる Les cours de la Bourse grimpent. ¶呼び屋 impresario *m*.
よぶかし 夜更し ¶~は体に悪い La veille trop prolongée est nuisible à la santé. 彼は~の朝寝坊だ C'est un noctambule et aussi un gros dormeur. ~する veiller tard. ~する人 noctambule *m*.
よぶけ 夜更け ⇨ しんや(深夜), よなか(夜中).
よぶん 余分 surplus *m*; excès *m*. ¶~な superflu; 〚不要な〛inutile. ~な出費をする faire une dépense superflue (inutile). 金を~に持つ avoir de l'argent en trop. 人よりも~に食べる manger plus que les autres. ~に払う payer plus qu'il ne faut.
よい 余戈 ¶戦争の~は仲々消え去らない Les séquelles de la guerre ont du mal à disparaître.
よほう 予報 prédiction *f*; pronostics *mpl*. ~が当る(外れる) La prédiction s'accomplit (ne se réalise pas). ¶~する prédire; pronostiquer. 天気を~する pronostiquer le temps. ‖天気~ 〚ラジオの〛bulletin *m* météorologique (de la météo); météo *f*.
よぼう 予防 prévention *f*; 〚用心〛précaution *f*. ¶~する prévenir; prendre des précautions. 病気(事故)を~する prévenir une maladie (un accident). 事故を~するために par précaution contre un accident possible. 病気の治療より~する方が先だ Mieux vaut prévenir que guérir. ‖労災~対策 prévention des accidents du travail. ~医学 médecine *f* préventive. ~接種 vaccination *f*. ~接種をする vacciner *qn*. ~接種して貰う être vacciné (inoculé). ~措置をとる prendre des mesures préventives. ~線を張る prendre les devants.

よぼう 輿望 confiance *f* (espérances *fpl*), attente *f* du peuple. 国民の~に応える répondre à l'attente du peuple. 国民の~を担う jouir de la pleine confiance du peuple. 国民の~を担って外交交渉に当る politique étrangère soutenue par l'opinion nationale.

よほど 余程 ¶あの店の方が~安く買える On peut l'acheter beaucoup moins cher dans cette boutique-là. 彼の方が君より~よく働く Il travaille bien mieux que toi. 彼は孫が~かわいいらしい Il a vraiment l'air d'adorer son petit-fils. そこは~遠いの Est-ce loin? それは彼が~腹がすいていたからさ C'est parce qu'il mourait de faim. 彼は~腹に据えかねたに違いない Il devait vraiment être à bout de patience. ~の金額 somme *f* considérable. ~のことがない限り à moins d'une raison grave.

よぼよぼ ¶あの老人は~している Ce vieillard est tout chancelant. ~歩く se traîner. ~の老人 vieillard *m* (vieille *f*) décrépit(e).

よまいごと 世迷い言 divagations *fpl*; 〚老人の〛radotage *m*. あの老人の~がまた始まった Voilà ce vieux qui a recommencé à radoter. お前の~はもう沢山だ Tu m'assommes avec tes divagations. それは年寄りの~にすぎない Ce ne sont que des divagations de vieillard. ~を言う divaguer; dire des absurdités.

よみ 読み ¶~が浅い lire mal; 〚見通しが〛ne pas voir plus loin que le bout de *son* nez. ~が深い lire en profondeur; 〚見通しが〛voir loin.

よみあげる 読み上げる 〚高い声で〛lire à haute voix; 〚読み終える〛achever de lire; lire complètement. 回状を~ donner lecture d'une circulaire.

よみあさる 読みあさる dévorer *qc*.

よみあわせ 読合せ collationnement *m*; 〚演〛italienne *f*. ¶~を〔を〕する collationner; faire une italienne.

よみかえす 読み返す relire. 何度も~ lire et relire. このページは何度も読んでいるからすぐ引用することができる J'ai tellement lu et relu cette page que je pourrais te la citer par cœur.

よみがえる 甦る ressusciter; revenir à la vie; revivre; renaître. 希望が~ L'espoir renaît. 主イエスキリストは死後3日目に甦り給えり Notre-Seigneur ressuscita le troisième jour après sa mort. 甦らせる ressusciter; faire revivre. ¶甦った心持ちがする se sentir renaître.

よみかき 読み書き ¶~を教える enseigner à lire et à écrire. ~を習う apprendre à lire et à écrire. ‖~そろばん enseignement *m* primaire.

よみかた 読方 façon *f* de lire; lecture *f*; [発

よみごたえ 読み応え ¶～がある valoir la peine de lire.

よみこむ 読み込む lire attentivement qc. ¶データを～ mettre ces données en mémoire.

よみさし 読みさし ¶～の本 livre m entamé (à moitié lu).

よみせ 夜店 baraque f de forains. ～を出す faire étalage de nuit sur la voie publique.

よみち 夜道 ¶～は危険だから気をつけなさい C'est dangereux de sortir le soir, soyez prudent.

よみて 読み手 lec(teur(trice). *m(f)*.

よみで 読みで ¶この本は～がある Ce livre a un riche contenu.

よみとる 読み取る ¶意味を～ comprendre (saisir) le sens de qc. 胸中を～ ⇨ よむ(読む). 大臣の意向は全く読み取れなかった Le ministre n'a rien laissé pressentir de ses intentions. 言外の意味を～ [読書で] lire entre les lignes.

よみなおす 読み直す ⇨ よみかえす(読み返す).

よみにくい 読み難い difficile à lire; [字が] illisible; indéchiffrable. 彼の字は～ Il a une écriture illisible.

よみのくに 黄泉の国 royaume m des ombres; enfers mpl.

よみふける 読み耽る ¶大衆小説を～ être absorbé dans la lecture d'un roman populaire.

よみもの 読物 lecture f; livre m. 子供向けの～ livre pour les enfants. これはいい～だ C'est une lecture instructive.

よみやすい 読み易い facile à lire; [字が] lisible.

よむ 読(詠)む lire; [朗読する] réciter; [詩を作る] composer. 一気に～ lire d'une [seule] traite. ざっと～ parcourir. 念入りに～ lire attentivement. 読んでもらう se faire lire par qn. 子供にお話を読んで聞かせる lire un récit à son enfant. 読み誤る lire mal; commettre une erreur de lecture; [曲解する] mal interpréter. 読み落とす omettre de lire. 一行読み落とす passer (sauter) une ligne en lisant. 読み終る achever de lire; lire jusqu'au bout. この本はよく読まれている Ce livre est très lu./Ce livre se lit partout. なかなか読ませるな Ça se laisse lire. ◆[理解、推察する] lire; comprendre; saisir; deviner. 意中を～ saisir l'intention de qn. 顔色を～ lire sur le visage de qn. 心中を～ lire dans le cœur de qn. 手の内を～ lire dans le jeu de qn. 行間を～ lire entre les lignes. この文章は幾通りにも読める Ce passage est sujet à diverses interprétations.

よめ 嫁 [妻] femme f; épouse f; [息子の] bru f; belle(s)-fille(s) f. あの男には～の来手がない Aucune fille ne veut de cet homme. ～に行く se marier avec qn. いいところに～に行く faire un bon mariage./あの娘も〔仲良〕だ Elle est en âge de se marier./Elle est à marier. 娘を～にやる donner sa fille en mariage; marier sa fille avec qn. ～にもらう prendre qn pour épouse; [息子の] prendre qn pour la femme de son fils. ～をもらう prendre femme. ¶～入り前の娘 fille f à marier. ～入り衣裳 trousseau(x) m.

よめ 夜目 ¶エッフェル塔が～にもくっきり浮かんでいる La tour Eiffel se détache nettement sur le ciel nocturne. ¶「～遠目傘の内」«La nuit tous les chats sont gris.»

よめい 余命 reste m de ses jours (de sa vie). 彼は～いくばくもない Il n'en a pas pour longtemps./Sa vie ne tient qu'à un fil.

よもぎ 蓬 armoise f commune.

よもすがら 夜もすがら ⇨ よどおし(夜通し).

よもや ¶～彼女が来たのではあるまいね C'est incroyable qu'elle soit venue chez moi. ～嘘ではあるまい Ce n'est sûrement pas un mensonge. ～そんなことはあるまい C'est impensable. 彼がそんな馬鹿な真似はしないだろう On ne peut pas imaginer qu'il ait fait de pareilles bêtises.

よもやまばなし 四方山話 ¶～をする parler de choses et d'autres; faire une causerie à bâtons rompus.

よやく 予約 réservation f; abonnement m; [申込み] souscription f. ～を受け付ける(締め切る) ouvrir (clore) une souscription. ～を更新する renouveler un abonnement. ～を取り消す annuler la réservation; se désabonner de. ～する réserver; prendre un abonnement à; s'abonner à. レストランを～する réserver une table au restaurant. ホテルの部屋を～する réserver (retenir) une chambre dans un hôtel. 20 ユーロの席を二つ～して下さい Allez louer deux places à vingt euros. ¶～金 souscription f. ～期限 terme m d'une souscription. ～購読者 abonné(e) m(f). ～購読料 prix m d'un abonnement. ～席 place f réservée; [食堂] table f réservée. これは～席です Cette table est réservée. ～販売の書物 livre m vendu par souscription.

よゆう 余裕 [ゆとり] aisance f; [気持ちの] calme m; [時間の] temps m; marge f. 生活に～がある vivre à son aise; avoir tout le confort. ...する～がたっぷりある avoir tout le loisir de inf. まだ場所に～がある Nous avons encore des places disponibles (de la place). 時間の～は充分ある Nous avons encore pas mal de temps. 財源の～がない manquer de ressources financières. 生活に～がないといって嘆く se plaindre du manque de confort. そこまで考える～はなかった Je n'ai pas eu le temps d'y penser. 反省の～を与える donner une marge de réflexion. 気持ちの～を失う(取り戻す) perdre (retrouver) son calme. ～を見ておく [予算, 支払などの] prévoir une marge de sécurité.

より 縒り [糸の] tors m; torsion f. ～をかける tordre. 腕に～をかけ déployer ses talents. ～をもどす détordre; [仲直り] se réconcilier; [男女が] se recoller.

より [時間・場所] 〜 [比較] ¶彼は兄～背が高い Il est plus grand que son frère.

よりあい 寄合 réunion *f*; assemblée *f*. ¶寄合う se réunir; s'assembler. ‖~所帯 ménages *mpl* habitant ensemble sous le même toit. ~所帯のチーム équipe *f* improvisée.

よりあつまる 寄り集る se réunir; se grouper; former un groupe.

よりあわす 縒り合わす tordre. 糸を~ tordre du fil.

よりいと 縒糸 fil *m* retors.

よりかかる 寄り掛かる s'appuyer sur (à, contre); s'accoter à (contre) *qc*; [背中で] s'adosser contre (à).

よりけり ¶冗談も時に~だ Il y a des limites à la plaisanterie.

よりごのみ 選好み ¶~する être (se montrer) difficile sur le choix de *qc*; être exigeant pour *qc*.

よりすぐる 選りすぐる choisir avec soins; sélectionner [attentivement]. ¶選りすぐったチーム équipe *f* sélectionnée.

よりそう 寄り添う se serrer contre *qn*. ¶寄り添って座る s'asseoir tout contre l'un l'autre.

よりつき 寄付 cours *m* d'ouverture; premier cours.

よりつく 寄り付く s'approcher de; venir près de. ああいう男には寄り付くな Il ne faut pas s'approcher de ce type-là. ◆[取引上] 株が~ Le cours s'ouvre.

よりどころ 拠り所 fondement *m*; base *f*. 間違いのない資料を~にする s'appuyer (se baser) sur une documentation solide. ¶~のない [根拠のない] sans base; mal fondé; [不確かな] incertain.

よりどり 選取り ¶~で au choix. ~200円だよ Deux cents yen au choix! ‖リンゴはどれも100円だ、~見取だよ Toutes ces pommes coûtent 100 yen. Vous avez le choix.

よりによって ¶~あいつが代議士になるなんて Dire que c'est ce type-là qui a été élu député! ~今日雨が降るなんて Pourquoi faut-il qu'il pleuve juste aujourd'hui?

よりぬき 選抜き ¶~の de choix. ~の人々 personnes *fpl* de choix (d'élite); élites *fpl*. ~のチーム équipe *f* sélectionnée.

よりみち 寄り道 ¶~する faire un détour. ~して病床の友を見舞う faire un détour pour visiter *son* ami malade.

よりょく 余力 réserve *f* d'énergie. …する~がある encore la force de *inf*. ~をふりしぼって faire appel à *son* dernier sursaut d'énergie. ~を残して勝つ gagner haut la main.

よりわける 選分ける trier; classer; sélectionner; [除去する] éliminer. 手紙を~ trier des lettres. 植付の種を~ sélectionner (trier) des graines pour la semence. 種類によって~ classer suivant le genre.

よる 因[拠, 依]る [起因する] être causé par; être dû à. 洪水に~被害 dégâts *mpl* causés par l'inondation. 病気に~欠席 absence *f* pour raison de maladie. この事故は運転手の不注意に~ものだ Cet accident est causé par (dû à) l'inattention du conducteur. ¶車の故障に~ a cause d'une panne de voiture. …の援助(努力)により grâce à l'aide (par les efforts) de *qn*. 怠惰の廉により罰せられる être puni pour *sa* (pour cause de) paresse. ◆[依存する] dépendre de. それは条件に~ Cela dépend des conditions. 事情によって selon les circonstances. ◆[従う, 基く] se fonder sur. その結論は間違った推論に~ものだと思います Je crois que c'est une conclusion fondée sur de mauvaises déductions. 各国の習慣によって suivant (selon) la coutume de chaque pays. 軍の命令により par ordre de l'armée. 条約第5条の規定により conformément à la disposition de l'article 5 de la convention. 新聞の報道によれば d'après ce que disent les journaux. 私の見る所によれば à ce que je vois. あなたの意見によれば d'après (dans) votre opinion. おっしゃる所に~ suivant ce que vous m'en dites. 事の如何によらず quelle que soit la nature des choses.

よる 寄る [近寄る] s'approcher de; venir près de. 火の方に~ s'approcher du feu. 道の片方に~ se ranger sur un côté de la route. ◆[集る] se réunir. ¶~とさわると~の噂でもちきりだ On parle de cela à tout venant./On ne parle de cela partout. お前たちは寄ってたかって弱い者いじめするな Dès que vous voyez les faibles, vous vous précipitez sur eux pour les taquiner. ◆[立ち寄る] passer chez *qn*; venir voir *qn*. 散歩のついでに寄ったまでです Je faisais un tour et j'en ai profité pour passer chez vous. 近くまで出の節は是非お寄り下さい Venez me voir n'importe quand, si vous passez par hasard près de chez moi.

よる 夜 nuit *f*; soir *m*. 明日(月曜)の~ demain (lundi) soir. 20日の~ le 20 au soir. ~が明ける Le jour se lève. もう~だ Il fait déjà nuit. ~になる La nuit tombe. ~にならないうちに avant la nuit; avant qu'il ne fasse nuit. ~に入って雨が降り出した Il a commencé à pleuvoir à la nuit close. 眠られぬ~を過ごす passer une nuit blanche (une nuit sans sommeil). ¶~の de nuit; nocturne. ~の8時頃だった Il pouvait être 8 heures du soir. ~の闇 ténèbres *fpl* de la nuit. ~の女 [街娼] fille *f* des rues; 《俗》 péripatéticienne *f*. ~遅く帰る rentrer tard dans la nuit. 会議は~遅くまでかかった Le conseil ne s'est terminé que bien avant dans la nuit. 昼も~も jour et nuit.

よる 縒(撚)る tortiller; [より合わせる] retordre; tordre.

よるべ 寄辺 ¶~のない sans appui. ~のない子 enfant *mf* sans famille. ~のない人 sans-abri *mf*. 彼は全く~のない身だ Il est tout seul au monde.

よれよれ ¶〜になる se friper; s'user. 〜の fripé. 〜の服 vêtement *m* fatigué.

よれる 縒(撚)れる se tortiller; se tordre. ¶よれた tordu.

よろい 鎧 armure *f*; cuirasse *f*. 〜を身にまとう revêtir *son* armure; se revêtir d'une armure.

よろいど 鎧戸 persienne *f*; volet *m*; contrevent *m*.

よろく 余禄 ⇒ よとく(余得).

よろける ⇨ よろめく.

よろこばしい 喜ばしい joyeux(se); heureux(se). 〜知らせ bonne (joyeuse) nouvelle *f*. 〜出来事 événement *m* heureux. 〜ことには heureusement; à ma grande joie. 〜限りですJ'en suis tout à fait heureux. これ以上また〜ことです Il n'y a rien de plus réjouissant. ¶喜ばしげに joyeusement.

よろこばす 喜ばす faire plaisir à *qn*; [楽しませる] amuser *qn*. サーカスは子供を〜 Le cirque amuse les enfants. この子はいつも人を喜ばそうとしている C'est un garçon qui cherche toujours à faire plaisir aux autres.

よろこび 喜び joie *f*; plaisir *m*; allégresse *f*. 生きる〜 joie de vivre. 性の〜 plaisir sexuel. 彼(彼女)の顔には〜が溢れていた La joie éclatait sur son visage. ...することを〜とする se faire une joie de *inf*. 〜を表わす(隠す)exprimer (dissimuler) *sa* joie. ¶〜に溢れた顔 visage *m* rayonnant de joie. 〜に溢れた心 cœur *m* inondé de joie. ◆ [祝辞] 〜を述べる faire (adresser) des félicitations à *qn*; féliciter *qn* de *qc*. 心からお〜を申し上げます Toutes mes félicitations!

よろこぶ 喜ぶ être joyeux(se); se réjouir de; [満足する] être content. ...の成功を〜 être content du succès de *qn*. 躍り上って〜 bondir de joie. そうすればお父さんが喜びますよ Ça fera plaisir à ton père. その知らせに同席の人達は喜んだ Cette nouvelle a mis à l'assistance en joie. この贈物はきっと喜ばれますよ Ce cadeau sera vraiment le bienvenu! 喜んで avec plaisir; volontiers; sans se faire prier. 喜んで...する se faire un plaisir (une joie) de *inf*. 喜んでお伴しましょう Je me ferai un plaisir de vous accompagner. 喜んでお会いしましょう J'irai volontiers vous voir.

よろしい 宜しい Bon!/Parfait!/ [同意] Entendu!/Très bien!/D'accord!. 〜、考えましょう Bon! je vais réfléchir. お名前を出しても〜ですか Puis-je entrer? Puis-je me recommander de vous? ¶よろしければいらして下さい Venez chez moi, si le cœur vous en dit.

よろしく 宜しく ¶〜お願いしますよ Je me recommande à votre bienveillance. 子供のことを〜お願いします Je vous confie mon fils (ma fille). 〜頼んだよ Je compte sur vous. 〜取立てのほどお願い致します Je souhaite de m'assurer de votre part des appuis puissants. 皆さんに〜 Mes amitiés chez vous./Salutations à votre famille. 彼に〜お伝え下さい Rappelez-moi à son bon souvenir. 私からも彼に、Saluez-le de ma part. 〜お取計らいのほどを Veuillez prendre soin de cette affaire. はじめまして、どうぞ〜 Enchanté/ [目上の者に] Très honoré! ◆ [主に男女の] ¶二人は〜やっている Ils folâtrent à qui mieux mieux.

よろずや 万屋 [店] petite boutique *f* qui vend de tout; [人] homme *m* à tout faire.

よろめく faire un faux pas; trébucher; [ふらふらする] chanceler; [女に] marcher d'un pas chancelant. あの御婦人は美男を見るとすぐ〜 Cette dame est sujette à succomber aux charmes d'un beau garçon.

よろよろ ¶〜している n'être pas ferme sur ses pieds; vaciller; chanceler. 酔っ払いが〜歩いている Un ivrogne marche en titubant (chancelant).

よろん 世論 opinion *f* [publique]. 〜の動き mouvement *m* d'opinion. 〜に働きかける agir sur l'opinion. 〜を抑える étouffer l'opinion. 〜を喚起する éveiller l'opinion. 〜を反映する refléter l'opinion. 〜調査 sondage *m* d'opinion.

よわい 弱い faible; fragile; [低い] bas(se). 〜光 lueur *f* faible. 〜者 faibles *mpl*; [集合的] faible *m*. 〜者の味方をする prendre parti pour le faible. 圧力が〜 La pression est basse. 胃が〜 avoir l'estomac fragile. 女に〜 être faible avec les femmes. 気が〜 être timide. 酒に〜 tenir (supporter) mal l'alcool. 数学に〜 être faible en mathématiques. 船に〜 être sujet(te) au mal de mer. 弱くなる ⇒ よわる(弱る), よわまる(弱まる). ¶弱さ faiblesse *f*; [血色] pâleur *f*.

よわい 齢 ¶〜五十で à l'âge de cinquante ans. 〜四十にして人生を知る On ne connaît pas la vie avant la quarantaine.

よわき 弱気 faiblesse *f*; timidité *f*. 〜になる se sentir intimidé; être intimidé. 〜で勝負に負けるぞ Si tu manques de combativité, tu perdras. ¶〜の faible; timide. ‖〜市場 marché *m* faible. 〜筋 spéculateur *m* à la baisse.

よわごし 弱腰 attitude *f* peu ferme. 〜になる se montrer peu ferme.

よわせる 酔わせる enivrer; griser; [恍惚とさせる] charmer; ravir. 今夜はもう少し酔わせてくれよ Ce soir, laisse-moi boire!

よわたり 世渡り ¶〜がうまい savoir bien vivre; avoir de l'entregent. 〜が下手 avoir un comportement maladroit en société; ne pas savoir lier d'utiles relations. 〜の道 [処世術] savoir-vivre *m inv*; entregent *m*; [生計] gagne-pain *m inv*. 〜の下手な商人 gagne-petit *m inv*.

よわね 弱音 ¶〜を吐く montrer *ses* faiblesses.

よわび 弱火 feu(x) *m* doux. 〜で à feu doux.

よわまる 弱まる s'affaiblir; faiblir; [衰える] baisser; [光が] pâlir; [痛みなどが] s'atténuer. 痛み(吹雪)が〜 La douleur (La tempête de neige) s'atténue. 視力が〜 La vue s'affaiblit (baisse). 秋には日差しが〜 En automne, l'ardeur du soleil s'adoucit. 日の光が弱まった Le soleil pâlit.

よわみ 弱味 ¶〜につけ込む prendre *qn* par *son* faible. 〜につけ込まれる être pris par *son*

よわむし 弱虫 lâche *mf*; poltron(ne) *m(f)*; couard(e) *m(f)*. 男の子のくせに泣いたりしてなんて～だ Un grand garçon comme toi qui pleure? Quel poltron!

よわめる 弱める affaiblir; diminuer; atténuer. 病気は体力を～ La maladie diminue les forces du corps. 心の痛みを～ atténuer (adoucir) l'amertume. ラジオの音を～ baisser la radio. 野党の勢力を～ rabaisser l'influence du parti d'opposition. ガスの火を～ baisser (diminuer) le gaz.

よわよわしい 弱々しい faible; chétif(ve); frêle. ～子供 enfant *mf* chétif(ve). ～微笑 sourire *m* pâle. ～声 d'une voix faible. ¶弱々しく faiblement.

よわりめ 弱り目 ¶「～に祟り目」«Un malheur ne vient jamais seul.» ⇨ よわみ(弱味).

よわる 弱る [弱くなる] faiblir; s'affaiblir. 運動しないと体力が～ L'inactivité amollit l'énergie du corps. 最近足が弱ってきた Mes jambes commencent à s'affaiblir. 彼は体こそ弱ったが意気は盛んだ Sa santé a baissé, mais son moral est bon. 彼女は日に日に弱ってくる Elle baisse de jour en jour. ¶弱り切っている Le malade est en train de baisser. 病人は弱り切っている Le malade est en train de baisser. ◆[困る] être embarrassé; être confus. 何も～ことはないぞ Ce n'est pas la peine de s'en faire. 自分の失敗をどう説明してよいかすっかり弱ってしまった Je suis bien embarrassé pour expliquer mon échec. その要求には弱ってしまった Cette demande m'a laissé perplexe. 弱っちゃった Me voilà beau!/Que faire! 弱り果てる ne plus savoir que faire.

よん 四 quatre *m*. ⇨ し(四).

よんじゅう 四十 quarante *m*.

よんどころない ¶～用事で遅くなってしまった Une affaire pressante m'a retardé. よんどころなく居候をする être obligé de vivre en pension chez *qn*.

よんびょうし 四拍子 mesure *f* à quatre temps.

よんりん 四輪 ‖小型(軽)～車 voiture *f* (camionette *f*) de petite cylindrée.

ら

ラ [楽] la *m inv*. ¶～の音に合せる(音を出す) chercher (donner) le la.

ラード saindoux *m*.

ラーメン soupe *f* de nouilles chinoises.

らい- 来- prochain(e).

-らい 来 ¶昨夜～の雨 pluie *f* tombant depuis hier soir (la veille). ここ数年～の暑さだ Ces dernières années, il n'a pas fait de chaleur pareille. 20年～の友 ami(e) *m(f)* de vingt ans.

らい 来意 ¶～を告げる faire connaître le but de *sa* visite.

らいう 雷雨 orage *m*. ～に遭う être surpris par l'orage. ¶～になりそうだ Il va faire (Il va y avoir) de l'orage./L'orage menace.

らいうん 雷雲 nuage *m* orageux. ～が出ている Il y a des nuages orageux.

らいえん 来演 ¶～する [音楽] venir faire une tournée de concerts; [芝居] venir faire une tournée de représentations théâtrales.

ライオン lion(ne) *m(f)*; [子] lionceau(x) *m*.

ライオンズクラブ club *m* Lions international.

らいが 来駕 ¶御～の程を願い上げます Nous vous prions de nous honorer de votre présence.

らいかん 雷管 capsule *f* fulminante; amorce *f*; détonateur *m*. 地雷の～を外す désamorcer une mine.

らいきゃく 来客 visite *f*; [人] visiteur(se) *m(f)*. ～がある avoir une visite. 今～中です Je suis avec un visiteur./J'ai une visite.

らいげき 雷撃 ¶船は～を受けた Le bateau a été torpillé. ～する torpiller.

らいげつ 来月 le mois prochain. ¶～の10日 le 10 du mois prochain.

らいこう 来航 arrivée *f* du navire de ～.

らいさん 礼賛 éloge *m*; admiration *f*; adoration *f*; apothéose *f*; [偶像崇拝] idolâtrie *f*. ¶～する faire l'éloge de *qn*; admirer; [神を] adorer. ～者 admirateur(trice) *m(f)*; adorateur(trice) *m(f)*.

らいしゅう 来襲 attaque *f*; assaut *m*. 敵の～ attaque ennemie. 町は数回にわたる敵の～を受けた La ville a subi une série d'assauts de l'ennemi. ¶～する venir attaquer; donner l'assaut.

らいしゅう 来週 la semaine prochaine.

らいしん 来診 ¶～を頼む demander la visite d'un médecin.

らいしんし 頼信紙 formule *f* de télégramme. ～に記入する remplir une formule de télégramme.

ライス riz *m*. ～カレー riz au curry. ～プディング gâteau(x) *m* de riz. ～ペーパー papier *m* de riz.

ライスシャワー lancer *m* de riz.

らいせ 来世 autre monde *m*; au-delà *m*; monde supraterrestre. ～を信ずる croire à l'au-delà.

ライセンス licence *f*. 輸送の～を取る obtenir (se procurer) une licence de transport. ～めんきょ(免許).

ライター [煙草用] briquet *m*. ～の石 pierre *f* à briquet. ¶ガス～ briquet à gaz. ⇒ さっか(作家), きしゃ(記者).

ライチー 茘枝 litchi *m*.

らいちょう 来朝 ¶～する venir (arriver) au Japon.

らいちょう 雷鳥 lagopède *m*; grouse *f*.

ライティング ¶～デスク(ビューロー) bureau(x) *m* à tirette; secrétaire *m*.

らいでん 来電 ¶パリ発の～によれば selon la dépêche de Paris.

ライト [光] lumière *f*; [照明] éclairage *m*; [スタジオの] sunlight *m*. ¶スポット～ spot *m*. フット～ [feux *mpl* de la] rampe *f*. ヘッド～ phare *m*. ◆[ボクシング] ¶～級 poids *m* léger. ジュニア～級 poids super-plume (léger-junior). ～ウェルター級 poids super-léger. ～ミドル級 poids super-welter. ～ヘビー級 poids mi-lourd.

ライトアップ éclairage *m*.

らいどう 雷同 ⇒ ふわらいどう(付和雷同).

ライトバン fourgonnette *f*; commerciale *f*.

ライトブルー ¶～の bleu clair *inv*.

ライトペン [コンピューター用] photostyle *m*; crayon *m* optique.

ライトモチーフ leitmotiv *m*.

ライナー [コートの裏] ¶～付きレインコート imperméable *m* à doublure amovible.

らいにち 来日 venue *f* au Japon. ¶～する venir au Japon.

らいねん 来年 l'année *f* prochaine.

ライノタイプ linotype *f*.

らいはい 礼拝 ⇒ れいはい(礼拝).

ライバル rival(ale, aux) *m(f, pl)*. ～に勝つ l'emporter sur *son* rival (*sa* rivale). ～関係 rivalité *f*. 彼等は～関係にある Ils sont rivaux.

らいひん 来賓 hôte *mf*; invité(e) *m(f)*. ¶～席 place *f* des hôtes.

ライフ ¶～サイクル cycle *m* de [la] vie. ～ジャケット gilet *m* de sauvetage. ～スタイル style *m* (mode *m*) de vie. ～ボート canot *m* (bateau (x) *m* de) sauvetage.

ライブ direct *m*. ～コンサート concert *m* en direct. ～放送(録音) diffusion *f* (enregistrement *m*) en direct.

ライフライン artère *f* (ligne *f*) vitale.

ライブラリー bibliothèque *f*. ¶フィルム～ cinémathèque *f*.

ライフル ¶～銃 rifle *m*.

ライフワーク œuvre *f* de *sa* vie.

らいほう 来訪 visite *f*. ¶～する venir voir *qn*.

ライム lime [lim] *f*.

らいむぎ -麦 seigle *m*.

らいめい 雷名 ¶~をとどろかす acquérir une grande réputation.

らいめい 雷鳴 grondement *m* de tonnerre. ~がする Il tonne./Le tonnerre gronde.

らいらく 磊落 ¶~な désinvolte. ~な性格(様子)な caractère *m* (air *m*) désinvolte. ~さ désinvolture *f*.

ライラック lilas *m*.

らいれき 来歴 [由来] histoire *f*; [起源] origine *f*. ‖故事~ l'origine et l'histoire des choses.

ライン ligne *f*. ~を引く tirer une ligne. ‖タッチ~ [サッカーなどの] [ligne *f* de] touche *f*. ~アウト remise *f* en touche. ~アップ [メンバー] composition *f* de l'équipe.

ライン ‖川 le Rhin.

ラウドスピーカー ^hhaut-parleur(s) *m*.

ラウンジ salle *f* de repos; petit salon *m*; foyer *m*. ‖スカイ~ restaurant(s)-belvédère (s) *m*.

ラウンド [ボクシング] round *m*; reprise *f*; [ゴルフ] tour *m*. ¶8~ でノックアウトされる être battu par knock-out à la huitième reprise.

ラウンドテーブル table *f* ronde.

ラガー rugbyman(men) *m*.

らく 楽 ¶~な [容易な] facile; aisé; [安楽な] confortable. ~な仕事 travail *m* facile. ~な生活 vie *f* aisée. もっと~な気持ちで歌ってごらんなさい Soyez plus détendu en chantant. どうぞお~に Mettez-vous à l'aise! いくら働いても暮しは~にならない J'ai beau travailler, mon existence ne s'améliore pas. 少し我慢すればすぐ~になりますよ Un peu de patience, ça ira tout de suite mieux. この着物は~だから好き J'aime être à l'aise dans ce costume. 10万の月給では~じゃない Avec un salaire de 100.000 yen par mois, j'y arrive tout juste. ~に facilement; aisément; sans effort; sans peine; [安楽に] à l'aise; à son aise. ~に暮らす vivre à son aise. このホールは~に 1,000 人は収容できる Mille personnes tiennent à l'aise dans cette salle. ‖~あれば苦あり ¶Il n'y a pas de roses sans épines.

ラグ tapis *m*.

らくいん 落胤 bâtard(e) *m*(*f*). ‖ルイ十四世の御~ bâtard de Louis XIV.

らくいん 烙印 marque *f*; stigmate *m*. 牛に~を押す marquer une vache au fer rouge. 恥辱の~を押す marquer *qn* du sceau de l'infamie.

らくいんきょ 楽隠居 ¶~する jouir d'une retraite tranquille.

らくえん 楽園 paradis *m*; éden *m*; [黄金郷] eldorado *m*. 地上の~ paradis terrestre. ¶~の(ような) paradisiaque.

らくがき 落書 griffonnage *m*; [壁の] graffiti *mpl*. ¶~する griffonner. 子供たちが壁に~した Les enfants ont griffonné sur les murs.

らくご 落伍 [行進から] traîner; [失敗] échouer. ¶~者 trainard(e) *m*(*f*); [人生の] reté(e) *m*(*f*). 強行軍のために~者が続出した La marche forcée a provoqué une série de défections.

らくさ 落差 [水の] chute *f* ([†]hauteur *f* d'eau); [程度の] différence *f* de niveau. 水の~を利用して水車を回す utiliser une chute d'eau pour actionner un moulin.

らくさつ 落札 adjudication *f*. ¶~する se faire adjuger *qc*. その品物は最高値をつけた者が~した Cette marchandise a été adjugée au plus offrant. ~者 adjudicataire *mf*. ~値 prix *m* d'adjudication.

らくじつ 落日 soleil *m* couchant. 雲間から見える~は壮絶だった Le soleil couchant qui perçait les nuages était éclatant.

らくしょう 楽勝 ¶その試合は~だった Nous avons gagné ce match haut la main. ~する remporter une victoire facile; gagner facilement.

らくじょう 落城 reddition *f*. ~は近い La citadelle va tomber.

らくせい 落成 achèvement *m*. ¶この建物は間もなく~します La construction de ce bâtiment sera bientôt achevée. ‖~式 inauguration *f*. 学校の~式を行なう inaugurer une école.

らくせき 落石 [現象] chute *f* de pierres; [石] éboulis *m*. ~のため通行が不能になった Des éboulis ont bouché le passage. ‖「~注意」«Attention: chute de pierres.»

らくせん 落選 [選挙] défaite *f* électorale; [展覧会·コンクール] refus *m* d'admission. ¶~する [選挙で] échouer aux élections;『俗』se faire blackbouler aux élections; [作品が] être refusé. ~者 [選挙の] candidat(e) *m*(*f*); battu(e) aux élections; [展覧会の] refusé(e) *m*(*f*).

らくだ 駱駝 [ふたこぶ] chameau(x) *m*; [雌] chamelle *f*; [子] chamelon *m*; [ひとこぶ] dromadaire *m*.

らくたい 落体 ¶~の法則 lois *fpl* de la chute des corps.

らくだい 落第 échec *m* à un examen. ¶~する redoubler une classe. 試験に~する échouer (être refusé, être collé, être recalé, se faire recaler) à un examen. ~させる refuser *qn* à un examen. ¶~生 recalé(e) *m*(*f*); redoublant(e) *m*(*f*); fruit *m* sec. ~点 note *f* éliminatoire.

ラグタイム 〖楽〗rag-time *m*.

らくたん 落胆 découragement *m*; désappointement *m*; dépression *f*; déception *f*. ¶~する se décourager; perdre courage; se laisser aller au découragement.

らくちゃく 落着 ¶~する s'arranger; se régler. 事件は首尾よく~した L'affaire s'est bien arrangée (réglée).

らくちょう 落丁 page *f* manquante. ‖~本 livre *m* manquant.

らくてん 楽天 ¶~的な optimiste. ‖~家 optimiste *mf*. ~主義 optimisme *m*.

らくのう 酪農 industrie *f* laitière. ‖~家 laitier(ère) *m*(*f*). ~場 laiterie *f*. ~製品 produits *mpl* laitiers.

らくば 落馬 chute *f* de cheval. ~する tomber de cheval; faire une chute de cheval.

らくばん 落盤 éboulement *m*. ‖炭坑の~犠牲者 mineur *m* victime d'un éboulement.

~事故が続出した Les accidents d'éboulement se sont succédés.

ラグビー rugby m. ‖～試合 match m de rugby. ～選手 rugbyman(men) m.

らくよう 落葉 chute f des feuilles; [葉] feuille f morte. ¶木々に～し始めた Les arbres ont commencé à s'effeuiller (se dépouiller de leurs feuilles). ～した木 arbre m effeuillé (dépouillé). ‖～樹 arbre à feuilles caduques.

らくらい 落雷 chute f de foudre. ¶彼の家に～した La foudre est tombée sur sa maison. その木に～した L'arbre a été frappé par la foudre.

らくらく 楽々 ⇒ らく(楽).

ラグラン raglan m. ‖～コート imperméable m raglan. ～袖 manches fpl raglan.

らくるい 落涙 ¶思わず～する laisser couler ses larmes malgré soi.

ラケット raquette f; [卓球の] palette f.

ラジアルタイヤ pneu m radial.

ラジアン [数] radian[t] m.

-らしい [推測] ¶…～ Il semble (paraît) que ind. ‖Il est probable que ind. 彼は長いこと病気でいた～ Il semble avoir été malade pendant longtemps. 彼らは愛し合っている～ Ils paraissaient s'aimer. 君の質問に驚いた～ Il a paru surpris de votre question. 税金が 2 倍になる～ Il paraît qu'on va doubler les impôts. 雨になる～ Le temps va tourner à la pluie. あの黒い大きな目からするとあの娘はどうもジプシー女～ Avec ses grands yeux noirs, ça doit être une gitane. 彼が来たって, どうも そう～ね Vous dites qu'il est venu? -Il semble que oui. ◆[ふさわしい] 君～ かにもあなた～ C'est bien digne de vous. 彼～ らしいところで C'est un vrai bonhomme. 絵～絵はひとつもない Il n'y a aucun tableau digne de ce nom. いつもの君～らしくないな Ça ne te ressemble pas. ‖紳士～らしく振舞う agir (se comporter) en honnête homme.

ラジウム radium m. ‖～鉱泉 source f minérale radifère. ～療法 radiumthérapie f.

ラジエーター radiateur m.

ラジオ [放送] radio f; [機械] poste m de radio. ～を大きく(小さく)する augmenter (baisser) la radio. ～を聞く écouter la radio. ～を切る(止める) ouvrir (fermer) la radio. ～で音楽を聞く écouter de la musique à la radio. ～に出る passer à la radio. ～カー autoradio f; radio de voiture. ～体操 exercices mpl de gymnastique radiodiffusés. ～ドラマ pièce f radiodiffusée. ～ニュース bulletin m d'informations. ～番組 émission f [radiodiffusée]; programme m des émissions. ～放送 radiodiffusion f; émission radiophonique. ◆～アイソトープ radio-isotope m. ～ゾンデ radiosonde f. ～ビーコン radiophare m.

ラジカセ radiocassette f.

ラジカル ラ radical(aux).

ラジコン télécommande f. ‖～の télécommandé(e).

らししょくぶつ 裸子植物 gymnospermes fpl.

ラシャ 羅紗 drap m. ‖～屋 drapier(ère) (f).

らしんばん 羅針盤 boussole f; compas m. ～で航行する naviguer à la boussole.

ラスク [菓子] biscotte f.

ラスト ‖～シーン dernière scène f. ～スパート rush m; sprint m. ～スパートが利く(利かない) avoir (manquer) de sprint. ～スパートをかける piquer un sprint; sprinter. これがラストチャンスだ C'est la dernière chance.

ラズベリー [植] framboise f.

らせん 螺旋 spirale f. ‖～状の(に) en spirale. ～階段 escalier m en spirale (escargot, colimaçon, hélice); escalier à vis.

らぞう 裸像 nu m.

らたい 裸体 corps m; nudité f; nu m. ‖～で となる半～で à demi nu. ～画 nu.

ラタトウイユ [料理] ratatouille f.

らち 埒 ¶議論は中々～があかない La discussion traîne. 私にまかせなさい, すぐ～があくから Faites-moi confiance; ça ne va pas traîner. ～もない話 histoire f absurde. それは私の権限の～外だ Ça n'entre pas dans le domaine de mes compétences.

らち 拉致 ¶彼女は～された Elle a été victime d'un rapt.

らっか 落下 chute f. ‖～する tomber; faire une chute. ‖～地点 point m de chute.

らっか 落花 ¶宴会の後で部屋は～狼藉をきわめていた Après le banquet, il régnait dans la salle un désordre orgiaque.

ラッカー laque f.

らっかさん 落下傘 parachute m. ～が開く Le parachute s'ouvre. ～で降下する sauter en parachute. ‖～降下 saut m en parachute. ～投下 [兵士などの] parachutage m. ～部隊 commando m de parachutistes. ～兵 parachutiste mf; 《俗》para m.

らっかせい 落花生 cacah[o]uète f; cacahouette f; arachide f. 煎った～ cacahouètes grillées. ～の殻 écorce f de cacahuète. ～の殻をむく écorcer (éplucher) des cacahuètes.

らっかん 楽観 ‖病状は～を許さない L'état du malade ne permet pas encore d'être optimiste. ～する être optimiste. まだ～するのは早い Il est trop tôt pour se réjouir. 事態は～できない On ne peut pas envisager la situation avec optimisme. ‖～的な optimiste. ‖～論 optimisme m. ～論者 optimiste mf.

らっかん 落款 sceau m et signature f. ¶この絵は彼の～がないから怪しいものだ Cette toile n'est pas signée de son nom: elle risque d'être un faux.

ラッキー chanceux(se). ‖彼は～ボーイだ C'est un chéri des dieux. ～ナンバー numéro m gagnant.

らっきょう 辣韮 échalote f.

ラック [スポ] mêlée f.; [塗料] laque f.

らっこ [動物] loutre f marine.

ラッコ 猟虎 loutre f de mer. ‖～のマント manteau m de loutre.

ラッシュ rush m. 避難客の～ rush des vacanciers. ¶～する ruer vers qc. ‖～ゴールド～ ruée f vers l'or. ～アワー heures fpl d'affluence (de pointe). ～アワーには

ラッセル [雪掻き] ¶～する [登山で] ouvrir un passage dans la neige. ‖～車 [機関車] locomotive f à chasse-neige; [自動車] chasse-neige m inv. ◆ [医] râle m.～が聞こえる On perçoit des râles.

らっぱ 喇叭 trompette f; trompe f; [軍隊式] clairon m; [スピーカーなどの] pavillon m. ～を吹く (sonner) de la trompette (de la trompe, du clairon); [比喩的に] exagérer qc. ‖ 狩猟～ trompe de chasse. 進軍(起床)～を吹く sonner la marche (le réveil). ～手 trompette m; clairon. ～飲みをする boire à même la bouteille. ◆‖～管 [解] trompe utérine.

ラップ [音楽] rap m. ‖～人(語)の lapon. ‖～語 lapon m. ～人 Lapon(e) mf. ～ランド Laponie f.

ラップタイム temps m de passage. 100 メートルの～ temps aux 100 mètres.

ラップトップパソコン ordinateur m portatif.

らつわん 辣腕 ¶～を振う faire preuve d'une grande habileté; déployer toutes les ressources de son talent. ‖～家 homme m de ressources.

ラディッシュ [植] radis m.

ラテックス latex m.

ラテン ‖～アメリカ Amérique f latine. ～アメリカの latino-américain. ～音楽 musique f latino-américaine. ～区 quartier m Latin. ～系国家 nations fpl latines. ～語 latin m; langue f latine. ～語の latin. ～語学者 latiniste mf. ～語訳聖書 Vulgate f. ～人 Latin(e) m(f). ～化族 peuples mpl latins; Latins mpl. ～文明 civilisation f latine.

らでん 螺鈿 nacre f. ¶～の小箱 coffret m incrusté de nacre.

ラドン radon m.

ラノリン lanoline f.

らば 騾馬 [牡] mulet m; [牝] mule f.

ラバー ‖～シューズ caoutchoucs mpl. ～ソール chaussures fpl à semelles de (en) caoutchouc.

ラビオリ [料理] ravioli m.

らふ 裸婦 femme f nue; [美術] nu m.

ラフ ‖～な生地 étoffe f grossière. 彼には～な格好がよく似合う Une tenue dégagée lui va bien. ～なスタイル tenue f décontractée. ～なプレー jeu(x) m brutal. ～なプレーをする jouer brutalement. ◆ [ゴルフ] rough [roef] m.

ラブ ‖～コール [政治的に] appel m du pied. ～シーン scène f d'amour. ～ホテル maison f de rendez-vous. ～レター lettre f d'amour; billet m doux.

ラプソディー r[h]apsodie f.

ラベル marque f; étiquette f. 商品に～を貼る étiqueter des marchandises.

ラベンダー lavande f. ‖～カラーのドレス robe f bleu lavande.

ラボ [語学の] laboratoire m de langues; [俗] labo m.

ラマ ‖ダライ～ Grand lama m; Dalaï-lama m. ～教 lamaïsme. ～教徒 lamaïste mf. ～教寺院 lamaserie f. ～僧 lama m. ◆ [動] lama m.

ラム RAM [コンピューター] mémoire f vive.

ラム ‖～酒 rhum m. ～酒入り飲料 boisson f au rhum. ◆ [子羊] agneau(x) m; agnelle f. ‖～ステーキ romsteck m; rumsteck m.

ラムネ limonade f gazeuse.

ラメ lamé m. ‖金の～のドレス robe f de lamé or.

ラリー [自動車競技] rallye m. ～に出る participer à un rallye. [テニス] échange m de balles. 長い～が続いた Un long échange de balles a eu lieu.

ラルゲット larghetto. ¶～で larghetto.

ラルゴ largo. ¶～で largo.

られつ 羅列 énumération f. 彼の詩は貧弱な言葉の～にすぎない Dans ses poèmes, il se contente d'enfiler de piteux clichés. ¶～する énumérer; faire une énumération de. 彼は自分のやり口を事細かに～した Il nous a fait une énumération détaillée de ses démarches.

ラワン ‖～材 lawan m; bois m de lawan.

らん 欄 colonne f; rubrique f; chronique f; [調査, 答案用紙などの] case f. ¶スポーツ～ rubrique sportive. 名前は第一～ に, 生年月日は第二～に記入のこと On doit inscrire son nom dans la première case, sa date de naissance dans la deuxième. 文芸(演劇)～ chronique littéraire (dramatique).

らん 蘭 orchidée f.

ラン LAN [情報] réseau(x) m local.

らんうん 乱雲 nimbus m.

らんおう 卵黄 jaune m d'œuf; vitellus m.

らんがい 欄外 marge f. ¶～の marginal (aux). ～の注(訂正) note f (rectification f) en marge. ～に en marge.

らんかく 乱獲 surpêche f. ¶～する surpêcher.

らんかん 卵管 trompe f utérine. ‖～炎 salpingite f.

らんかん 欄干 balustrade f; parapet m; barre f d'appui; garde-corps m inv; garde-fou(s) m. 橋の～ balustrade d'un pont. ～にもたれる s'appuyer sur le garde-fou.

らんぎょう 乱行 débauche f; stupre m. ¶御～が過ぎやしませんか Vous ne faites pas un peu trop la vie?

らんぎり 乱切り ¶～にする couper qc en morceaux irréguliers.

らんきりゅう 乱気流 courant m de perturbations.

ランキング classement m. ¶彼は～の上位にいる Il a un bon classement.

ランク rang m. ¶第2位に～される être classé(2ᵉ) second.

らんぐいば 乱杭歯 ¶彼は～だ Il a une dentition irrégulière.

らんくつ 乱掘 ¶石炭を～する extraire du charbon à l'excès.

ランゲージラボラトリー ⇨ ラボ.

らんこう 乱交 ‖～パーティー surboum f.

らんさいぼう 卵細胞 ovule m; [医] oocyte m.

らんさく 濫作 ¶～する écrire (produire)

らんざつ 乱雑 ¶〜な désordonné; en désordre; confus. 〜にする mettre qc tout en désordre. 彼の部屋は〜をきわめている Sa chambre est tout en désordre. さ désordre m. ~に en désordre; sans ordre; confusément; pêle-mêle; en vrac. 〜く積まれた商品 marchandises fpl entassées en vrac (pêle-mêle).

らんし 乱視 astigmatisme m. ¶〜の astigmate. 〜の人 astigmate mf.

らんし 卵子 ovule m. ¶〜の ovulaire.

ランジェリー lingerie f.

らんしゃ 乱射 ¶〜する tirer au hasard; tirailler.

らんじゅく 爛熟 ¶〜する mûrir trop. 〜しすぎる trop mûr. 〜期の文化 civilisation f à son apogée.

らんしょう 濫觴 origine f; source f; berceau(x) m. ¶西欧文化の〜の地 berceau de la civilisation occidentale.

らんしん 乱心 folie f. ¶〜する être atteint de folie; perdre la boussole.

らんすうひょう 乱数表 table f de nombres aléatoires.

らんせい 乱世 époque f (période f) de troubles.

らんせい 卵生 oviparité f. ¶〜の ovipare. ‖〜動物 ovipares mpl; animaux mpl ovipares.

らんせん 乱戦 mêlée f confuse. ‖試合は〜模様だ Le match est en train de dégénérer.

らんそう 卵巣 ovaire m. ¶〜の ovarien(ne). ‖〜炎 ovarite f. 〜剔出 ablation f de l'ovaire.

らんぞう 濫造 surproduction f. ¶〜する surproduire. ‖粗製〜する inonder le marché d'articles médiocres.

らんだ 乱打 ¶〜する administrer une volée. 警鐘を〜する sonner vigoureusement le tocsin; [比喩的に] tirer la sonnette d'alarme. 〜される recevoir une volée.

らんたいせい 卵胎生 ovoviviparité f. ¶〜の ovovivipare.

ランダムアクセス accès m aléatoire (direct).

ランタン [ランプ] lanterne f; [大型の] falot m.‖〖化〗lanthane m.

ランチ [昼食] déjeuner m; [軽食] lunch m. ‖〜タイム heure f du déjeuner. ◆[船] chaloupe f.

らんちきさわぎ 乱痴気騒ぎ orgie f; chahut m. 〜をする se livrer à une véritable orgie; faire du chahut; [酒宴] faire la bombe.

らんちょう 乱丁 erreur f de pagination. ‖〜本 livre m mal paginé (folioté).

らんちょう 乱調 désaccord m; [混乱] désordre m; confusion f; [不整] irrégularité f; [相場] fluctuations fpl irrégulières. ‖相場が〜だ La Bourse est instable.

ランデブー rendez-vous m; [逢引] rendez-vous galant (amoureux). 〜の約束をする donner un rendez-vous à qn. ‖宇宙〜 rendez-vous spatial.

らんとう 乱闘 mêlée f; bagarre f; rixe f; échauffourée f; corps-à-corps m; [小規模の] accrochage m. 血みどろの〜 mêlée sanglante. 〜する combattre (lutter) corps-à-corps; se jeter dans la mêlée.

らんどく 濫読 ¶〜する lire beaucoup sans méthode (sans choix). 僕の読書はただ〜しているだけですよ Je lis n'importe quoi.

ランドセル sac m d'écolier; cartable m. 〜を背負う porter un cartable sur son dos.

ランドマーク point m de repère.

ランナー coureur(se) m(f).

らんにゅう 乱入 irruption f. ¶〜する faire irruption dans.

ランニング course f; [シャツ] maillot m de gymnaste. ‖〜コスト 〖経〗frais mpl d'exploitaion. 〜シューズ chaussures fpl de course.

らんぱく 卵白 blanc m d'œuf; glaire f; albumen m.

らんばつ 濫伐 déboisement m excessif. ¶〜する abattre trop d'arbres.

らんぱつ 濫発 surémission f. ¶〜する [貨幣] faire une surémission. 手形を〜する émettre un flot de traites.

らんはんしゃ 乱反射 réflexion f irrégulière.

らんぴ 濫費 gaspillage m; dilapidation f. ¶〜する gaspiller qc; dilapider qc. ‖〜家 gaspilleur(se) m(f); dilapidateur(trice) f.

らんぴつ 乱筆 ¶〜お許し下さい Excusez mon gribouillage (mon écriture de chat).

らんぶ 乱舞 狂喜〜する gambader de joie.

ランプ lampe f. 〜のかさ abat-jour m inv. 〜の芯(しん) mèche f. 〜のほや verre m de lampe. 〜をつける(消す) allumer (éteindre) une lampe. 〜の光で à la lampe. ‖石油(アルコール)〜 lampe à pétrole (alcool). ◆[道路] rampe f. ‖羽田〜ウェー rampe d'accès de Haneda.

らんぼう 乱暴 violence f. ¶〜する(を働く) faire violence à qn; brutaliser qn; [女に] violer une femme. 〜される [女が] se faire violer. 〜な violent; brutal(aux); [下品な] grossier(ère). 〜な返事をする répondre grossièrement à qn. 〜に violemment; avec violence; brutalement; grossièrement. これは貴重な壺ですから〜に取扱わないで下さい Cette poterie est précieuse, veuillez la manipuler avec soin. ‖〜者 homme m violent (brutal, rude); brute f.

らんま 欄間 imposte f.

らんまん 爛漫 ¶桜の花が〜と咲き誇っている Les cerisiers sont en pleine floraison.

らんみゃく 乱脈 désordre m; [行政, 管理上の] gabegie f. 〜に陥る tomber dans le désordre. 〜な désordonné; déréglé. 〜な生活 vie f déréglée. あの倒産した会社は経理を極めていた La gestion de cette entreprise qui vient de faire faillite était extrêmement déréglée. 彼の不品行は家庭の〜さを反映している Son inconduite reflète le désordre de sa famille.

らんよう 濫用 abus m. 薬の〜 usage m abucif des médicaments. ¶〜する abuser de qc. 職権を〜する abuser de son autorité (pouvoir). ‖職権～ abus d'autorité (de pouvoir).

らんらん 爛々 ‖～たる眼差し yeux *mpl* étincelants; regard *m* enflammé. 彼の目は怒りに～と燃えている Il a les yeux étincelants de colère.

らんりつ 乱立 その選挙区では候補者が～している Dans cette circonscription, il y a trop de candidats qui se font concurrence.

り

り 利 地の～を得ている(得ていない) être bien (mal) situé. 戦い～あらず La bataille a tourné à l'avantage de l'ennemi. ～にさとい avoir le sens des affaires. ～に敏い男 homme *m* intéressé. 5分～公債 emprunt *m* public au taux de 5%. ～を生む L'argent fait des petits.

り 理 raison *f*. …に～ありとする rendre justice à *qn*; donner raison à *qn*. ～に落ちる se perdre (s'enferrer) dans *ses* raisonnements. ～に従う se raisonner. …の～の当然だ C'est tout à fait naturel que *sub*. ～を説く prêcher la raison; faire entendre raison à *qn*. ～にかなった raisonnable; conforme à la raison. 「盗人にも三分の～」«À tout péché miséricorde.»

り 里 lieue *f*. ‖～10—四方に dix lieues à la ronde. ここから小1～の所に à une petite lieue d'ici.

リアウインドー vitre *f* arrière.
リアス ‖～式海岸 côte *f* à rias.
リアリスト réaliste *mf*.
リアリズム réalisme *m*. ‖～文学 littérature *f* réaliste.
リアリティー réalité *f*.
リアルタイム temps *m* réel. ～で en temps réel.
リーク fuite *f*. ～する divulguer.
リーグ fédération *f*. ‖フランスフットボール～ Fédération Française de Football. ～戦 poule *f*. フランスラグビー～戦 poules *f* du championnat de France de rugby.
リース leasing *m*.
リーズナブル ‖～な価格 prix *m* raisonnable.
リーダー dirigeant(e) *m(f)*; [政党の] leader *m*; [グループ、企業の] chef *m* de file. ◆[読本] livre *m* de lecture.
リーダーシップ leadership *m*. ～とる prendre la tête de *qc*. 会社の～をとる人 personne *f* à la tête d'une entreprise.
リーチ [ボクサーの] allonge *f*.
リート [楽] lied(s, er) *m*. シューベルトの～ les lieds (lieder) de Schubert.
リード ‖相手を～する[ダンスで] mener *sa* partenaire; [試合で] mener. わがチームは前半戦は2対0で～している Notre équipe mène par deux buts à zéro à la mi-temps. ‖～役をつとめる donner le ton.
リール moulinet *m*; bobine *f*. ‖～竿 [キャスティング用] canne *f* à lancer.
りえき 利益 gain *m*; bénéfice *m*; profit *m*; avantage *m*; intérêt *m*; bien *m*. 労働者の～ gains des ouvriers. 国家の～ intérêt national. そんなに精を出して何の～があるというの

À quoi bon tous ces efforts? ～があれば公平に分配しなければなるまい S'il y a des profits, il faudra partager impartialement. 会社の～を考えて改革案を提出する proposer un projet de réforme dans l'intérêt d'une entreprise. ～になる être profitable à *qn*; être fructueux(se); avoir intérêt à *inf*. この教訓は恐らく彼の～になるだろう Cette leçon lui sera peut-être profitable./Cette leçon lui profitera bien. …の～の為に au profit (bénéfice) de *qn*; dans l'intérêt de *qn*; pour le bien de *qn*. ～をもたらす profiter à *qn*. …から～を得る tirer profit de *qc*; trouver *son* compte à *qc*. ～配当 dividende *m*.

りえん 離縁 divorce *m*. ‖～する divorcer. ‖～状 lettre *f* de divorce.
りか 理科 sciences *fpl*; [学部] faculté *f* des sciences. ‖～大学 institut *m* des sciences.
りかい 理解 compréhension *f*; intelligence *f*; entendement *m*; [相互の] entente *f*. 暗黙の～ entente tacite. 他人(罪人)に～がある être plein de compréhension à l'égard des autres (pour un coupable). ～が早い(遅い) avoir l'intelligence vive (lente). 彼は芸術に～がない Il a l'esprit fermé aux arts. 彼は子供たちの教育に～がない Il ne comprend rien à l'éducation des enfants. ～に苦しむ ne pas pouvoir comprendre. それは～を超えている Cela dépasse l'entendement. ‖～する comprendre; concevoir; entendre; saisir; voir; se rendre compte de *qc*. マラルメを～するのは容易なことではない Mallarmé n'est pas facile à comprendre. それはよく～できる Cela se comprend. ～してもらう se faire comprendre. 互いに～し合おう Efforçons-nous de bien nous entendre. ～できる compréhensible; concevable; intelligible. 子供に～できる範囲の質問 question *f* à la portée des enfants. ～のある(ない)親 parents *mpl* compréhensifs (incompréhensifs). ～できない謎 énigme *f* incompréhensible. それは～できない C'est incompréhensible (inintelligible). ～に苦しむ奴だ Il est incompréhensible.
りがい 利害 intérêt *m*. ～の対立(一致) opposition *f* (identité *f*) d'intérêts. ～を共にする (～が相反する) avoir des intérêts communs (contraires). ～のからんだ(関係のある) intéressé. ～のからんだ友情 amitié *f* intéressée. ‖～関係者 intéressé(e) *m(f)*. ～得失 avantages *mpl* et désavantages *mpl*.
りかがく 理化学 ‖～研究所 institut *m* des recherches scientifiques.
りがく 理学 ‖～士(博士) licencié(e) *m(f)* (docteur *m*) ès sciences. ～部 faculté *f* des

りかん 罹患 ¶両国の〜を計る semer la division entre deux pays. ‖〜策 plan m qui vise à diviser.

りき 利器 ¶文明の〜 confort m [de la vie] moderne. テレビは文明の〜である La télévision est un fruit de la civilisation.

りき 力 ¶あの人は〜がある Il est très capable. ‖彼は千人〜だ C'est un Hercule.

りきがく 力学 dynamique f; mécanique f. ¶〜の dynamique; mécanique. 水〜 hydraulique f. 静〜 statique f. 天体〜 mécanique céleste. 動〜 dynamique. 熱〜 thermodynamique f. 波動[量子]〜 mécanique ondulatoire (quantique).

りきさく 力作 œuvre f laborieuse.

りきせつ 力説 insistance f. ¶〜する insister (appuyer, s'appesantir) sur. この問題はどんなにしても言い過ぎることはない On ne saurait trop insister sur cette question. その点については〜しない方がいい Il vaut mieux ne pas appuyer là-dessus.

りきせん 力戦 ¶〜奮闘する se battre avec acharnement [contre].

りきそう 力漕 ¶〜する ramer à tour de bras.

りきそう 力走 ¶〜する courir à toutes jambes.

りきてん 力点 point m d'appui.

りきむ 力む concentrer son énergie; ramasser ses forces. そう〜のはよせ Cesse de faire le brave ainsi. ¶力まず de toutes ses forces. 力んでみせる faire le brave.

りきゅう 離宮 villa f impériale.

リキュール liqueur f.

りきりょう 力量 pouvoir m; force f; capacités fpl. それは彼の〜を越えている Cela dépasse (est au-dessus de) ses capacités. 彼は他の者とは〜が違う Ses capacités dépassent de loin celles des autres. ¶〜のある人 personne f de grande capacité. この選手は〜がない Ce joueur n'est pas de force. 彼らは〜が伯仲している Ils sont de même force./Ils se valent.

りく 陸 terre f. 〜にあがる [船から] descendre à terre; débarquer. 〜を離れる [船が] prendre la mer; quitter le mouillage.

りくあげ 陸揚げ déchargement m; débarquement m. ¶〜する décharger; débarquer.

りぐい 利食い ¶〜する vivre sur des spéculations boursières.

りくうん 陸運 ¶〜業 entreprise f de transports terrestres (routiers). 〜業者 transporteur m terrestre (routier). 〜局 Direction f des transports terrestres.

リクエスト demande f. 〜に快く応える répondre favorablement à une demande. …の〜により la demande de qn. ¶〜する demander. ‖〜曲 disque m demandé.

りくぐん 陸軍 armée f de terre. ¶〜士官学校 Ecole f spéciale militaire; [フランスの] Ecole de Saint-Cyr. 〜大臣(省) Ministre m (ministère m) de l'Armée de Terre.

りくじょう 陸上 ¶〜の terrestre; de terre. 〜に à (par) terre. ‖〜競技 athlétisme m. 〜自衛隊 Forces fpl terrestres de Défense. 〜輸送 transports mpl terrestres (par terre).

りくせい 陸生(棲) ¶〜植物 flore f terrestre. 〜動物 animaux mpl terrestres.

りくせん 陸戦 ¶〜隊 infanterie f de marine.

りくち 陸地 ⇨りく(陸).

りくつ 理屈 [道理] raison f; [議論] raisonnement m; [論理] théorie f; [口実] prétexte m. それは〜になっていない Ce n'est pas un raisonnement. 愛は〜では割り切れない L'amour ne se raisonne pas. 最近うちの子は〜を言い出した Ces derniers temps, mon fils s'est mis à faire le raisonneur. どんな〜があろうと〜外へは出てはいかぬ Ne sortez sous aucun prétexte. ¶〜に合った raisonnable; conforme à la raison; sensé. 〜に合わない déraisonnable; contraire à la raison; insensé. 〜っぽい raisonneur(se). 〜っぽく言うことを聞かない少女 petite fille f raisonneuse et désobéissante. 〜屋 raisonneur(se) m(f).

りくふう 陸風 brise f de terre.

リクライニング ¶〜シート siège m [à dossier] réglable.

りくろ 陸路 ¶〜で par [voie de] terre.

リケッチア 〖生〗rickettsie f.

りけん 利権 concession f. 〜を得る obtenir une concession. 〜を与える concéder qc à qn. ‖〜漁り chasse f aux profits malhonnêtes. 〜所有者 concessionnaire mf. 〜屋 profiteur(se) m(f).

りこ 利己 ¶〜的 égoïste; intéressé. ‖〜主義 égoïsme m. 〜主義者 égoïste mf.

りこう 利口 ¶〜な sage; intelligent; [巧妙な] adroit; habile. 〜にする assagir. 不幸が人間を〜にする Le malheur assagit les hommes. 〜にふるまう agir adroitement (avec tact). お〜にしてなさい Sois sage. ‖〜者 fin (vrai, vieux) renard m.

りこう 履行 exécution f; accomplissement m; réalisation f. ¶〜する exécuter; accomplir; s'acquitter de; réaliser. 任務を〜する s'acquitter d'une tâche; remplir ses fonctions.

りこう 理工 ¶〜学部 faculté f des sciences. 〜科大学 école f polytechnique.

りごう 離合 ¶〜集散 formation f et dissolution f. あの新党は〜集散が甚だしい Ce jeune parti ne cesse de se scinder et de se réformer.

リコーダー 〖楽〗flûte f à bec; flûte douce.

リコール révocation f. ¶〜する révoquer qn. ‖〜運動 mouvement m pour l'amovibilité de qn. 〜制 système m d'amovibilité.

りこん 離婚 divorce m. 太郎と花子の〜 divorce de Taro et de Hanako. 〜を要求する demander le divorce. ¶〜する divorcer. X夫人は〜した Mme X a divorcé. ‖〜協議 〜者 divorcé(e) m(f). 〜宣言をする prononcer le divorce. 〜訴訟 procès m en divorce. 〜手続 procédure f de divorce.

リコンファーム reconfirmation *f*. ¶～する reconfirmer

リサーチ ‖ オペレーションズ～ recherche *f* opérationnelle. マーケティング～ mercatique *f*.

りさい 罹災 ¶～する être victime d'un désastre. ‖ ～者 victime *f*. 地震で多くの～者が出た Le tremblement de terre a fait de nombreuses victimes. ～地 région *f* sinistrée.

りざい 理財 ¶ 彼は～の道に長けている Il a le sens des affaires. ‖ ～家 bon financier *m*.

リサイクル recyclage *m*. ¶汚水を～する recycler des eaux usées. ～可能な廃棄物 déchets *mpl* recyclables. ‖ ～紙 papier *m* recyclé.

リサイクルショップ boutique *f* d'occasions.

リサイタル récital *m*. オルガンの～ récital d'orgue. ～を催す donner un récital.

りざや 利鞘 ¶ ～を得る bénéficier de.

りさん 離散 ¶ 一家は～した La famille s'est dispersée.

りし 利子 intérêt *m*. ～が付く porter intérêt. ¶ ～を付けて à intérêt. 7分の～を付けて à 7% d'intérêt. ‖銀行～ intérêt bancaire. ～付き貸付 prêt *m* à intérêt.

りじ 理事 administrateur(trice) *m(f)*; directeur(trice) *m(f)*. ‖ ～会 conseil *m* d'administration. ～長 administrateur général.

りしゅう 履修 ¶～する suivre le cours de. ‖～届を出す se faire inscrire à un cours.

りじゅん 利潤 profit *m*; bénéfice *m*. ～にあずかる être intéressé aux bénéfices. ～を分配する partager des bénéfices. ‖不正～ profits illicites.

りしょく 利殖 enrichissement *m*. ～をはかる faire travailler l'argent; faire produire (valoir) son argent. 彼は～の才がある Il sait faire valoir son argent.

りしょく 離職 ¶ ～している sans emploi. ‖ ～者 personne *f* sans emploi.

りしんろん 理神論 déisme *m*. ‖ ～者 déiste *m(f)*.

りす 栗鼠 écureuil *m*. ¶ ～のようにすばしこい être agile comme un écureuil.

りすうか 理数科 matières *fpl* scientifiques et mathématiques.

リスク risque *m*.

リスト liste *f*. ～を作る dresser (faire) une liste. ～に載せる inscrire *qn* sur une liste. ‖ブラック～ liste noire.

リストラ restructuration *f* d'entreprise.

リズミカル ¶ ～な rythmique.

リズム rythme *m*. ～をとる rythmer. 仕事に～をつけるため歌う chanter pour rythmer *son* travail. ～のある rythmique. ～の明快な音楽 musique *f* rythmée. ～に乗った mouvement *m* bien cadancé. ～に合わせて au rythme de. ‖ ～体操 gymnastique *f* rythmique.

リスリン ⇒ グリセリン.

りする 利する 敵を～ favoriser l'ennemi. ～所が大きい Il est très utile de *inf* (que *sub*). 外遊は～所が大きい Il est très utile de voyager à l'étranger. それによって～所は何もないでしょう Cela ne vous servira à rien. 暗闇を利して部屋に忍びこむ se glisser dans une pièce en profitant de l'obscurité.

りせい 理性 raison *f*. ～に訴える en appeler à la raison de *qn*. ～の声に従う suivre la voix de la raison. ～の声を聞く entendre raison. ～を失う(取りもどす) perdre (reprendre) *son* sang-froid. ～だけではなかなか事は解決しない Les choses ne se règlent pas uniquement par la raison. ¶ ～的な raisonnable; rationnel(le). 非～的な déraisonnable; irrationnel(le). ～的に raisonnablement; rationnellement.

リセット ¶ ～する [計器を] remettre à zéro; [コンピュータ—] réinitialiser.

りそう 理想 idéal *m*. ～を抱く avoir un idéal. ～を実現する réaliser *son* idéal. ～は…することだ L'idéal, c'est de *inf*. ～は…すことなんだが L'idéal, ce serait de *inf* (que *sub*). ¶ ～的な idéal(aux). 彼は～的な夫だ C'est un mari idéal. ～的に idéalement. ‖ ～化 idéalisation *f*. ～化する idéaliser. ～郷 utopie *f*. ～主義 idéalisme *m*. ～主義の idéaliste. ～主義者 idéaliste *mf*.

リゾート station *f* touristique; lieu(x) *m* de vacances. ‖サマー(ウインター)～ station estivale (hivernale). ～ホテル hôtel *m* pour vacanciers.

リゾール lysol *m*.

りそく 利息 intérêt *m*. ～を生む produire un intérêt. ⇒ りし(利子).

リゾット risotto *m*.

りた 利他 ‖ ～主義 altruisme *m*. ～主義の altruiste. ～主義者 altruiste *mf*.

リターンマッチ match *m* retour.

リダイヤル rappel *m* du dernier numéro. ¶ ～する refaire un numéro

りだつ 離脱 ¶ 国籍を～する renoncer à *sa* nationalité. 職場を～する quitter *son* emploi. 煩悩を～する se détacher de *ses* passions.

りち 理知 intelligence *f*. ¶ ～的な intelligent. 彼女は～的な顔をしている Elle a un air intelligent.

リチウム lithium *m*.

りちぎ 律儀 honnêteté *f*; loyauté *f*. ¶ ～な honnête; loyal; scrupuleux(se). ～な男 homme *m* honnête; homme de devoir. ～に honnêtement; loyalement; scrupuleusement.

りちゃくりく 離着陸 décollage *m* et atterrissage *m*. ¶ ～する décoller et atterrir.

りつ 率 taux *m*; pourcentage *m*. ～を上げる(下げる) élever (abaisser) le taux de *qc*. ～のよい仕事 travail *m* lucratif. 5%の～で au taux de cinq pour cent. ‖死亡～ taux de mortalité. 脳卒中は死亡～が高い Le taux de mortalité due à l'apoplexie cérébrale est élevé.

りつあん 立案 élaboration *f* d'un plan (d'un projet). ¶ ～する élaborer; former. われわれはこの計画を入念にした Nous avons soigneusement élaboré ce plan. ‖ ～者 auteur *m* d'un plan (d'un projet).

りつき 利付き ¶ ～債権 bon *m* productif

りっきゃく 立脚 ¶～する se baser sur; se fonder sur. …に～して baser (fondé) sur qc.

りっきょう 陸橋 passerelle f; passage m supérieur; [鉄道や道路用の] viaduc m.

りっけん 立憲 ‖～に～く君主制(国) monarchie f constitutionnelle. ～政治 gouvernement m constitutionnel.

りっこう 力行 ¶苦学～の士 homme m qui a traversé une rude vie d'étudiant.

りっこうほ 立候補 candidature f. ～を宣言する(取り下げる) annoncer (retirer) sa candidature. ¶～する se porter candidat; poser sa candidature. 選挙に～する se porter candidat à une élection; se présenter (poser sa candidature) aux élections. ‖～者 candidat(e) m(f).

りっしでん 立志伝 ¶彼は～中の人だ C'est un self-made-man.

りっしゅう 立秋 équinoxe m d'automne du vieux calendrier.

りっしゅん 立春 équinoxe m de printemps du vieux calendrier.

りっしょう 立証 établissement m; démonstration f. ¶～する établir; démontrer; prouver; vérifier. 我々はそれが真実であることを～するだろう Nous établirons la vérité de ce fait. これらの事実が改革の必要性を～している Ces faits démontrent la nécessité d'une réforme. 仮説を～する vérifier une hypothèse.

りっしょく 立食 ¶～パーティーを催す dresser un buffet.

りっしん 立身 ‖～出世の道 moyen m de parvenir. ～出世する parvenir. 彼にも～出世の野心はある Lui aussi, il a l'ambition de parvenir.

りっすい 立錐 ¶～の余地もない être bondé (comble, plein à craquer).

りっする 律する juger. 己れをもって他人を律してはならぬ Il ne faut pas juger les autres d'après soi-même.

りつぜん 慄然 ‖～とする frissonner; frémir; tressaillir; trembler [d'horreur, de peur]. その光景をみて私は～とした Ce spectacle m'a donné un frisson.

りつぞう 立像 statue f.

りったい 立体 solide m. ‖～的な調査 enquête f exhaustive. この絵は～的に見える Ce tableau semble être en relief. その問題は～的に考察せねばならない Il faut envisager cette question sous tous ses aspects. ‖～音響効果 effet m stéréophonique. ～感 effet stéréoscopique. ～幾何学 stéréométrie f. ～鏡 stéréoscope m. ～交差 saut(s)-de-mouton m. ～派 [運動] cubisme m; [人] cubiste mf.

りっちじょうけん 立地条件 emplacement m; situation f. ‖～がいい(悪い) être bien (mal) situé. 工場を誘致するにはここは～が悪い L'emplacement est défavorable à la transplantation d'une usine.

りっとう 立党 formation f d'un parti politique. ～の精神に則して dans l'esprit qui anime notre parti.

りつどう 律動 rythme m. ¶～的な rythmique. ‖～感に溢れている être bien rythmé; être plein de rythme (de rythme).

リットル litre m. ビールを1～飲む boire un litre de bière. ¶1～入りのびん un litre. 半～ demi-litre m.

りっぱ 立派 ¶～な admirable; remarquable; beau (bel, belle, beaux); honorable; bon(ne); grand; parfait; honnête. ～な大人物 grand homme. ～な大才能(試合) beau talent m (match m). ～な生涯 vie f honnête. ～な職業 profession f honorable. ～な手柄 exploit m remarquable. ～な人 honnête homme m. ～な理由 bonnes raisons fpl. それは～な行為だ C'est un beau geste. 勇気なければどんな～なことも出来ない Rien de grand ne se fait sans audace. ¶～に remarquablement; honorablement; très bien; loyalement. ～に振舞う agir honorablement. ～に戦う combattre loyalement. 彼は～に成功した Il a remarquablement réussi. 彼は～に生活している Il a de quoi vivre honorablement. 彼一人でこの仕事を～にやれるかしら Est-ce qu'il est capable de mener à bien ce travail tout seul?

りっぷく 立腹 ¶～させる mettre qn en colère. ～する se mettre en colère; se fâcher contre.

リップペンシル crayon m [à] lèvres.

りっぽう 立方 cube m. ¶～根 racine f cubique. 8の～根は2である La racine cubique de 8 est 2. ～[センチ]メートル [centi]mètre m cube. ～体 cube m. ～体の cubique.

りっぽう 立法 établissement m de la loi; législation f. ～と行政と司法の～と行政と司法の～と行政と司法の～と行政と司法と司法 législation f et le législatif et l'exécutif. 三権(～、行政、司法)の分立 séparation f des pouvoirs (du pouvoir législatif, du pouvoir exécutif et du pouvoir judiciaire). ‖～の législati(ve). ～の精神を忘れる oublier l'esprit de la loi. ～機関 corps m législatif. ～権 pouvoir m législatif; législatif m; législateur m. ～者 législateur(trice) m(f).

りづめ 理詰め ¶～の logique. ～でいく persuader qn à coups de syllogismes. ～で相手をやっつける démolir son adversaire par une logique serrée.

りつろん 立論 raisonnement m; argumentation f. ¶～する raisonner; argumenter.

りていひょう 里程標 milliaire m; borne f milliaire.

リテール détail m. ‖～バンキング banque f de détail.

りてき 利敵 ‖～行為 collaboration f; aide f apportée à l'ennemi.

りてん 利点 avantage m. 自己の～を活かす exploiter son avantage. そんなことをして何か～があるか Y a-t-il un avantage à faire cela? この職業を～は休暇が長いことです L'avantage de ce métier, c'est la longueur des vacances.

りとう 離党 démission f du parti. ¶～する quitter le parti.

りとう 離島 [離れ島] île f; Isolée.

りとく 利得 gain m; profit m; bénéfice m.

‖ 不正~ gain illicite.
リトグラフ lithographie *f*.
リトマス ‖ ~する試験紙(溶液) papier *m* (teinture *f*) de tournesol.
リニアモーター moteur *m* linéaire. ‖ ~カートレイン train *m* à moteur linéaire.
りにゅう 離乳 sevrage *m*. ¶ ~させる sevrer. ‖ ~期 sevrage. ~期の en sevrage.
リニューアル reprise *f*.
りにょうざい 利尿剤 diurétique *m*.
りねん 理念 idée *f*. 作家の~ idées d'un écrivain. 政治的~ idées politiques. 人はそれぞれの~を持っている Chacun a ses idées.
リノールさん 一酸 acide *m* linoléique.
リノリウム linoléum *m*.
リハーサル répétition *f*. 芝居の~をする mettre une pièce en répétition.
リバーシブル ‖ ~コート manteau(x) *m* réversible. ~フィルム inversible *m*.
リバイバル [映画の] reprise *f*. ‖ ~映画 film *m* qui revient à l'affiche. ~ソング chanson *f* remise à la mode.
りはつ 利発 ¶ ~な intelligent.
りはつ 理髪 ¶ ~師 coiffeur(se) *m(f)*. ~店 salon *m* de coiffure.
りはば 利幅 marge *f* [bénéficiaire].
リハビリテーション rééducation *f* [physique]; réadaptation *f* fonctionnelle.
りばらい 利払い payement *m* des intérêts. ‖ ~停止 suspension *f* du payement des intérêts.
りはん 離反 éloignement *m*; séparation *f*. ¶ ~する s'éloigner de; se séparer de.
りひ 理非 bien *m* et mal *m*. 彼は~を弁えている Il sait discerner le bien du mal. ~を弁えぬ奴だ Il n'a aucun sens moral. ‖ 人の~曲直をただす demander justice à *qn*.
リピーター habitué(e) *m(f)*; client(e) *m(f)* fidèle.
リビドー libido *f*.
りびょう 罹病 ¶ ~する être atteint (être frappé) d'une maladie; contracter (attraper) une maladie. ‖ ~率 morbidité *f*.
リビング ‖ ~キッチン salle *f* de séjour avec cuisine. ~ルーム living[-room] *m*; salle *f* de séjour.
リブ[ロース] [牛肉] entrecôte *f*.
リフォーム [建物の] réaménagement *m*. ¶ ~する réaménager.
りふじん 理不尽 ¶ ~な absurde; insensé; déraisonnable; stupide. ~な返事 réponse *f* absurde. ~なことを言う dire des absurdités. 彼は~な行動をした Il a agi de façon absurde.
リフト [スキー場の] télésiège *m*; téléski *m*; [荷物用の] monte-charge *m inv*.
リプリント réimpression *f*. ¶ ~する réimprimer. ‖ ~版 livre *m* réimprimé; réimpression.
リフレイン refrain *m*.
リフレッシュ ¶ ~された気分になる se sentir revitoré[t].
リベート ristourne *f*; commission *f*. ~を出す faire une ristourne à *qn*. 品物の15パーセントの~をとる toucher 15% de commission sur des marchandises.
りべつ 離別 séparation *f*; [離婚] divorce *m*. ¶ ~する quitter *qn*; se séparer de *qn*; divorcer [d']avec *qn*.
リベット rivet *m*. ~を打つ poser un rivet. ~で締める riveter *qc*.
リベラリズム libéralisme *m*.
リベラル ¶ ~な libéral(aux).
りべん 利便 commodité *f*.
りほう 理法 loi *f*. 自然の~ loi de la nature.
リボルビング roulement *m*. ‖ ~ローン crédit *m* permanent (revolving).
リボン ruban *m*. ~で飾る enrubanner *qc*. ~で結ぶ lier *qc* avec un ruban. ~で飾った チョコレートの箱 boîte *f* de chocolats enrubannée.
りまわり 利回り taux *m* d'intérêt. ¶ ~のよい(悪い)株 actions *fpl* d'un bon (mauvais) rapport. 年7分の~になる porter un intérêt à sept pour cent par an.
リミット limite *f*.
リム [車輪の] jante *f*.
リムジン limousine *f*.
リメーク [昔の映画の] remake [rimek] *m*.
りめん 裏面 envers *m*; verso *m*; [印刷された紙の] dos *m*. 政治の~ coulisses *fpl* de la politique. 月の~ face *f* cachée de la lune. 歴史の~ envers de l'histoire.「~を見よ」 《Voir au verso (au dos).》 ‖ ~工作 manœuvres *fpl* de coulisse. ~史 histoire *f* secrète.
リモートコントロール télécommande *f*. ¶ ~する télécommander.
リモコン télécommande *f*. ‖ ~でチャンネルを変える changer de chaîne avec la télécommande; zapper. ⇨ リモートコントロール.
リヤカー remorque *f* de bicyclette.
りゃく 略 ¶ ~以下 A.B.C. etc./A. B.C., le reste étant omis.
りゃくぎ 略儀 ¶ ~ながら書面で御礼申し上げます Je prends la liberté de ne vous remercier que par une simple lettre.
りゃくご 略語 abréviation *f*; mot *m* en abrégé; [頭文字の] sigle *m*; initiale *f*. ‖ ~表 liste *f* des abréviations.
りゃくごう 略号 signe *m* abréviatif.
りゃくし 略史 abrégé *m* (précis *m*) d'histoire.
りゃくじ 略字 [漢字の] caractère *m* simplifié; [速記の] sténogramme *m*.
りゃくしき 略式 ¶ ~の simple; sans décorum; sans façon. ~の晩餐 petit dîner *m* sans façon. ~の服装 robe *f* toute simple. 結婚式は~だった Le mariage a été très simple. ~に simplement. ‖ ~裁判 justice *f* sommaire.
りゃくしょう 略称 abréviation *f*.
りゃくず 略図 plan *m* simplifié.
りゃくする 略する ¶ 略して書く écrire en abrégé. 略した文 phrase *f* en abrégé.
りゃくだつ 略奪 pillage *m*; [町などに対する] sac *m*; saccage *m*. その町は~をほしいままにされた La ville a été livrée au pillage. ¶ ~する piller; mettre à sac; saccager. 敵軍がこの地方を~した L'ennemi a saccagé cette ré-

りゃくふく 略服 petite tenue f. 〜を着ている être en petite tenue.

りゃくれき 略歴 curriculum vitæ m.

りゆう 理由 raison f; [原因] cause f; [動機] motif; sujet m. お訪ねになったのは何ですか Quel est le motif de votre visite? どんな〜でそんなに出発を急ぐのですか Pourquoi (Pour quelle raison) partez-vous si vite? それなりの〜がなければ外出は許さない Je ne te donnerai la permission de sortir que si tu me fournis une raison valable. 止む得ない〜がない限り明日出発する A moins d'une raison majeure, je partirai demain. ¶〜のない sans motif (sujet); immotivé. 〜なき抗議 réclamation f immotivée. 〜なく sans raison (motif). [気まぐれに] à plaisir. 〜もなく心配する se tourmenter (s'inquiéter) à plaisir. これといった〜もなく彼は会社をやめた Il a quitté son travail sans raison évidente. 彼が怒ったのも〜あってのことだ Il s'est fâché non sans raison. ‖存在〜 raison d'être. 判決〜 motif du verdict. ‖[口実] prétexte m. 棚卸しを〜に休業する fermer le magasin pour cause d'inventaire. 〜はどうあろうと外に出てはいけない Ne sortez sous aucun prétexte.

りゅう 竜 dragon m.

りゅうあん 硫安 sulfate m d'ammoniaque.

りゅうい 留意 ¶健康に〜する faire attention à sa santé. 健康に十分ご〜下さい Faites bien attention à votre santé.

りゅういき 流域 bassin m; vallée f. ‖セーヌ川〜 bassin de la Seine. ロワール川〜 vallée de la Loire.

りゅういん 溜飲 ¶〜が下がる éprouver un profond contentement; ressentir une grande satisfaction; se sentir soulagé.

りゅうか 硫化 sulfuration f; [ゴムの] vulcanisation f. 〜する sulfurer; [ゴムを] vulcaniser. 〜した sulfuré. ‖〜ゴム caoutchouc m vulcanisé. 〜水素 hydrogène m sulfuré. 〜炭素 sulfure m de carbone. 〜物 sulfure m.

りゅうかい 流会 ¶〜にする annuler une réunion. 委員会は〜になった La réunion du comité a été annulée.

りゅうがく 留学 ¶〜する aller étudier à l'étranger. 〜される envoyer qn étudier à l'étranger.

りゅうかん 流感 grippe f. 〜がはやっている Il y a une épidémie de grippe. ¶〜にかかる attraper la grippe. 〜にかかっている avoir la grippe; être grippé.

りゅうき 隆起 élévation f; soulèvement m. 土地の〜 élévation de terrain. 胸の〜 rondeur f des seins. ¶〜する se soulever.

りゅうぎ 流儀 manière f; façon f. 昔の〜 manières d'autrefois. これがわが家の〜です C'est la façon de faire de chez nous. ¶彼は彼なりの〜で暮らしたいのだ Il veut vivre à sa façon (à sa guise).

りゅうきへい 竜騎兵 dragon m.

りゅうけい 流刑 ⇨るざい(流罪).

りゅうけつ 流血 effusion f de sang. ¶〜の惨事 accident m meurtrier. 〜を見ることもない秩序は回復された L'ordre a été rétabli sans effusion de sang.

りゅうげん 流言 ⇨デマ.

りゅうこ 竜虎 ¶〜相見える Deux colosses s'affrontent.

りゅうこう 流行 mode f; vogue f. 〜のさきがけとなる mener la mode. 〜を追う suivre la mode. 〜する être à la mode (en vogue). 〜させる mettre qc à la mode. 〜の à la mode; en vogue. 〜の最新のもの dernier cri m de la mode. 彼女は最新〜の服を着ている Elle s'est habillée à la dernière mode. 最新〜のもの dernier cri m de la mode. 最新〜のものだ Ce chapeau est du dernier cri. 〜遅れになる passer de mode; se démoder. それはもう〜遅れだ Ce n'est plus à la mode. 〜遅れの démodé. 〜歌 chanson f à la mode. 〜歌手(作家) chanteur(se) m(f) (écrivain m) à la mode. 〜色 teintes fpl à la mode. ◆[病気の] propagation f. 伝染病の〜 propagation d'une épidémie. ¶〜する se propager; [大流行] sévir; faire rage. 〜性の épidémique. 〜性感冒 ⇨りゅうかん(流感).

りゅうこつ 竜骨 [造船] quille f.

りゅうさ 流砂 sables mpl mouvants.

りゅうさん 硫酸 acide m sulfurique; [濃硫酸] vitriol m. 顔に〜をかける(かけられる) vitrioler qn (se faire vitrioler). ‖〜塩 sulfate m. 〜カルシウム(銅) sulfate de calcium (de cuivre). 〜紙 papier m sulfurisé.

りゅうざん 流産 fausse couche f; avortement m. ¶〜する avoir une fausse couche; avorter. 計画は〜した Les projets ont avorté. 彼女は何度も〜している Elle fait une fausse couche après l'autre. ‖人工〜 avortement provoqué. 人口〜する se faire avorter.

りゅうさんだん 榴散弾 shrapnel m.

りゅうし 粒子 grain m; [化] particule f. 砂の〜 grain de sable. ¶〜の粗い à gros grain. 〜の細かい à grain fin.

りゅうしつ 流失 ¶洪水で多くの家屋が〜した L'inondation a emporté beaucoup de maisons.

リュージュ luge f. ¶〜で滑降する faire une descente en luge.

りゅうしゅつ 流出 écoulement m; sortie f; fuite f. ¶〜する s'écouler. ‖金の国外〜 fuite de l'or à l'étranger. 頭脳の〜 fuite des cerveaux.

りゅうじょう 粒状 ¶〜の [岩や土が] granuleux(se). 〜する granuler.

りゅうず 竜頭 remontoir m. 〜をまく remonter une montre.

りゅうすい 流水 eau(x) f courante (vive).

りゅうせい 流星 météore m; étoile f filante.

りゅうせい 隆盛 prospérité f. 国家の〜 prospérité nationale. 〜をきわめている être en pleine prospérité. ¶彼の事業は〜の一途をたどっている Ses affaires sont en hausse constante.

りゅうせいう 流星雨 pluie f d'étoiles filantes.

りゅうせつ 流説 faux bruit m.

りゅうぜつらん 竜舌蘭 agave m.

りゅうせんけい 流線型 ¶～の機関車 locomotive f carénée. ～にする caréner.

りゅうぜんこう 竜涎香 ambre m gris. ～の匂いのする ambré.

りゅうたい 流体 fluide m. ‖～力学 hydrodynamique f. ～力学の hydrodynamique. ～静力学 hydrostatique f. ～静力学の hydrostatique.

りゅうだん 流弾 balle f perdue. ～に当る être frappé (atteint) par une balle perdue.

りゅうち 留置 détention f. ¶～する détenir qn. ～される être détenu; se faire détenir. ‖～場 dépôt m; maison f d'arrêt. 容疑者を～場に連れて行く conduire un prévenu au dépôt.

りゅうちょう 流暢 ¶彼はフランス語を～に喋る Il parle couramment le français.

りゅうつう 流通［空気の］ventilation f; aération f. ¶～させる ventiler; aérer. ◆［貨幣などの］circulation f; cours m; roulement m. 資本の～ circulation (roulement) des capitaux. ～する rouler; circuler. ～させる mettre qc en circulation. ‖～革命 révolution f dans le système de la distribution. ～貨幣 monnaie f en circulation. ～機構 circuit m économique. ～市場 marché m. ～資本 fonds mpl de roulement; capitaux mpl en circulation. ～証券(手形) titre m (chèque m) négociable. ～センター maison f de gros; centre m de commerce de gros.

りゅうと ¶～した身なりの richement (élégamment) vêtu (habillé). ～した身なりの紳士 monsieur m très correctement mis.

リュート【楽】luth m. ～奏者 luthiste mf.

りゅうどう 流動 ¶～的な mouvant; changeant; fluide; fluctuant. ～の価格 prix m fluctuant. ～の情勢 situation f fluide. 政局は～的だ La situation politique est changeante. ‖～資本 capitaux mpl circulants. ～食 aliment m liquide. ～体 fluide m.

りゅうとうだび 竜頭蛇尾 ¶～に終る finir en queue de poisson.

りゅうにゅう 流入 ¶外資の～ afflux m de capitaux étrangers.

りゅうにん 留任 ¶～する rester en fonction; garder sa charge.

りゅうねん 留年 ¶～する redoubler une classe. ‖～生 redoublant(e) m(f).

りゅうのう 竜脳【化】bornéol m.

りゅうは 流派 école f.

りゅうび 柳眉 ¶～を逆立てる arquer bien ses sourcils. 彼女は～を逆立てて怒った Son beau front s'est rembruni de colère.

りゅうびじゅつ 隆鼻術 rhinoplastie f. ～を受ける subir une rhinoplastie.

りゅうひょう 流氷 glaçons mpl; glaces fpl flottantes. ～の海 mer f couverte de glaçons.

りゅうほ 留保【法】réserve f; réservation f. ¶～する réserver; faire (émettre) des réserves sur. 回答を～する réserver sa réponse. 専門家は彼の理論の真価について判断を～している Les spécialistes font des réserves sur la valeur de sa théorie. ～つきで(の) sous réserve; sous toutes réserves. ～なしに sans restriction.

りゅうぼく 流木 bois m flottant.

リューマチ rhumatisme f. ～にかかる attraper un rhumatisme. ¶～にかかった老人 vieillard m rhumatisant. ～性の rhumatismal(aux). ‖関節～ rhumatisme m articulaire. ～患者 rhumatisant(e) m(f).

りゅうよう 流用 détournement m. 資金の～ détournement de fonds. ¶～する détourner.

りゅうりゅう 流々 ¶細工は～仕上げをご覧じろ Faites-moi confiance et vous verrez que tout ira bien.

りゅうりゅう 隆々 ¶～たる[盛んな] prospère; [筋肉が] musclé. 商売は～たるものだ Le commerce est en pleine prospérité. ‖筋肉～た腕(男) bras m (homme m) musclé.

りゅうりゅうしんく 粒々辛苦 ¶～する suer sang et eau; faire tous ses (de grands) efforts. ～して làbors. à grand-peine. ～の末 après bien des efforts.

りゅうりょう 流量［光, 電気の］flux m.

りゅうれい 流麗 ¶～な文体 style m fluide.

リュックサック sac m à dos; sac d'alpiniste (de campeur). ～を背負う porter un sac à dos.

りよう 利用 utilisation f; usage m. ...の正しい～ bon usage de qc. 化学工業による石炭の～ utilisation du charbon par les industries chimiques. ¶～する utiliser; se servir de qc; tirer parti de qc; exploiter; profiter (bénéficier) de qc. 最大限に～する tirer le meilleur parti possible de qc (qn). 機会を～する profiter de l'occasion pour 自分の地位を～する exploiter sa position. 彼は自分の有利な立場を～することを知らない Il ne sait pas exploiter son avantage. 時間をうまく～するのは難しい Il n'est pas facile de bien employer son temps. ～できる utilisable. ～できない inutilisable. ¶彼女は私にとって大いに～価値がある Elle m'est d'une grande utilité. 残り物の～法 manière f d'utiliser les restes. ～者［公共機関の］usager(ère) m(f).

りよう 俚謡 chant m folklorique.

りよう 漁 pêche f. ～の解禁 ouverture f de la pêche. ～がある rapporter une bonne pêche. ～に行く aller à la pêche. ～をする pêcher. ‖網～ pêche au filet. 鰯～ pêche à la sardine. 鱒～ pêche à la truite.

りよう 寮 pension f; pensionnat m; internat m. 学校の～に入る(入れる) prendre pension (mettre qn en pension) dans un collège. ‖～生 pensionnaire mf; interne mf. ～費を払う payer la pension.

りよう 涼 fraîcheur f; frais m. ～をとる prendre le frais; se rafraîchir. 木陰に～を求める se mettre au frais à l'ombre d'un arbre.

りよう 猟 chasse f. ～が多い(少ない) faire une bonne (mauvaise) chasse. ～をする chasser. ‖鴨～ chasse au canard sauvage. ～具 matériel m de chasse.

りよう 稜【数】arête f.

りょう 良 [評点] assez bien. 試験で～をとる obtenir la mention «assez bien» à un examen.

りょう 量 quantité f. ～がふえる augmenter en quantité. 食事の～を減らす réduire la quantité d'un repas. 小麦粉の～はどのくらいですか [料理で] Quelle quantité de farine doit-on mettre? ～より質が大切だ La qualité importe plus que la quantité. ～の多い食事 repas m copieux. 多(少)～に en grande (petite) quantité.

-りょう 料 ¶購読～ prix m de l'abonnement. 通行～ péage m. 入園～ entrée f. 郵送～ tarif m postal.

-りょう 領 ¶フランス～ territoire m français.

りょうあし 両足 les deux pieds mpl.

りょういき 領域 domaine m; champ m; [専門] spécialité f. 科学の～ domaine scientifique. 18世紀文学は彼の～だ La littérature du XVIIIᵉ siècle est son domaine.

りょういん 両院 les deux Chambres fpl. 法案は～を通過した Le projet de loi a obtenu la sanction des deux Chambres.

りょうえん 良縁 ¶～を得る trouver (épouser) un bon parti.

りょうか 良貨 bonne monnaie f.「悪貨は～を駆逐する «La mauvaise monnaie chasse la bonne.»

りょうが 凌駕 ¶～する être supérieur à qn; surpasser; dépasser; dominer. 知識(美しさ)において人を～する surpasser qn en connaissance (en beauté).

りょうかい 諒解 entente f; accord m; consentement m. ～に達する parvenir à une entente; s'entendre. 両者はやっと～に達した Les deux parties se sont finalement entendues./Les deux parties sont finalement parvenues à un accord. ～する entendre; comprendre; consentir à. そんなことぐらいちゃんと～しているよ Pour moi, c'est tout à fait évident. ～した C'est entendu!/ Entendu! 親の～なしに結婚する se marier sans le consentement de ses parents. ～済みの entendu. それは～済みだ C'est une affaire entendue.

りょうかい 領海 eaux fpl territoriales; mer f territoriale; territoire m maritime. ～を侵犯する violer les eaux territoriales. ～...の～内(外)で dans les (hors des) eaux territoriales de. ～200海里内で操業する pêcher dans les limites des deux cents milles marins. ‖～侵犯 violation f des eaux territoriales.

りょうがえ 両替 change m. ¶～する changer. 100ドルをユーロに～する changer cent dollars contre des euros. ～所 [bureau(x) m de] change. ～商 agent m de change.

りょうがわ 両側 ¶道の～ bords mpl de la route. ～に de chaque côté; des deux côtés.

りょうかん 量感 ¶～のある massif(ve).

りょうがん 両岸 bords mpl; rives fpl.

りょうがん 両眼 Ies deux yeux mpl.

りょうき 涼気 ⇨ りょう(涼).

りょうき 猟奇 ¶～的な趣味 goûts mpl morbides. ‖～映画(小説) film m (roman m) grotesque.

りょうき 猟期 [saison f de la] chasse f. ～が始まった La chasse est ouverte.

りょうぎ 両義 ¶～語 mot m à double sens. ～性 ambivalence f.

りょうきき 両利き ⇨ の ambidextre.

りょうきょく 両極 [地球, 電極の] les deux pôles mpl.

りょうきょくたん 両極端 extrêmes mpl. ～は相通じる Les extrêmes se touchent.

りょうぎり 両切り ¶～の煙草 cigarette f sans filtre.

りょうきん 料金 tarif m; prix m; taxe f. ～を払う(要求する) payer (demander) le prix de qc. ‖鉄道～ tarif des chemins de fer. 割引～ tarif réduit. 郵便～ taxes postales. ～所 [有料道路の] péage m.

りょうくう 領空 espace m aérien. ‖～侵犯 violation f de l'espace aérien.

りょうぐん 両軍 [軍隊の] les deux armées fpl; [スポーツの] les deux équipes fpl.

りょうけ 良家 bonne famille f. ～の子女 fils m et fille f de bonne famille. ～の出である être d'une bonne famille; [貴族の] être de descendance noble.

りょうけん 料簡 ¶～が狭い avoir des idées étroites. ～の狭い人間 esprit m étroit. 彼は悪い～を起こした Il lui est venu une idée sinistre. 一体どういう～なのか Qu'est-ce que tu penses? ¶～のする avoir des idées fausses. ～違いも甚しい Vous faites complètement erreur.

りょうけん 猟犬 chien m de chasse.

りょうげん 燎原 ¶～の火の如く広がる se répandre comme un feu de brousse.

りょうこう 良好 ¶彼の成績は～だ Il a de bonnes notes. 病人の経過は～だ Le malade est en voie de guérison. 経営状態は～だ Les affaires vont bien.

りょうこう 良港 ¶天然の～ bon port m naturel.

りょうこく 両国 deux pays mpl. ¶～間の外交関係は極めて良好である Les relations diplomatiques des deux pays sont très bonnes.

りょうさい 良妻 bonne épouse f. ‖彼女は～賢母だ Elle est bonne épouse et bonne mère.

りょうさいけんぼ 良妻賢母 ¶～である être [une] bonne mère et [une] bonne épouse.

りょうさく 良策 bonne idée f.

りょうさん 量産 fabrication f en série. ¶～する fabriquer en série.

りょうし 漁師 pêcheur(se) m(f).

りょうし 猟師 chasseur(se) m(f).

りょうし 量子 quantum(ta) m. ‖～物理学 physique f quantique. ～力学 mécanique f quantique. ～論 théorie f des quanta.

りょうじ 領事 [職] consulat m; [人] consul m. ～になる obtenir le consulat. ¶～の consulaire.

‖総～ consul général. ～館 consulat. ～館員 agent m consulaire.

りょうしき 良識 bon sens *m*. それは〜に反する C'est contraire au bon sens. 〜のある sensé. 〜に反する insensé.

りょうしつ 良質 bonne qualité *f*. ¶〜のde bonne qualité; de qualité supérieure.

りょうしゃ 両者 ⇒ りょうほう(両方), そうほう(双方).

りょうしゅ 領主 seigneur *m* féodal.

りょうしゅう 領収 réception *f*. ¶〜する recevoir. ‖〜書 reçu *m*; [送金の] récépissé *m*; [家賃の] quittance *f*. 「〜済」《Pour acquit.》

りょうしゅう 領袖 chef *m*; dirigeant *m*. 政党の〜 chef d'un parti.

りょうじゅう 猟銃 fusil *m* de chasse.

りょうじょう 梁上 ¶〜の君子 [泥棒] prince *m* des monte-en-l'air.

りょうじょく 凌辱 outrage *m*; [婦女暴行] viol *m*. ¶〜する outrager; violer.

りょうしん 両親 parents *mpl*.

りょうしん 良心 conscience *f*. 〜の声 voix *f* de la conscience. 〜に訴える faire appel à la conscience de *qn*. 〜に従って行動する agir selon (suivant) *sa* conscience. 〜に恥じない avoir la conscience en paix (en repos). 〜やましい所ある avoir une faute (un poids) sur la conscience. そんなことなんで君は〜に恥じないのか Tu fais cela avec une conscience tranquille? ¶〜的な conscienc*ieux(se)*. 〜的な仕事 trav*ail(aux) m* sans reproche. あそこは〜的な店だ Ils sont honnêtes dans cette boutique. あまりは〜的ではない avoir une conscience élastique. 〜的に consciencieusement. 〜的に働く travailler de toute *son* âme.

りょうせい 両性 les deux sexes *mpl*. ¶〜の bissexué; hermaphrodite. ‖〜生殖 gamogenèse *f*.

りょうせい 両棲(生) ¶〜の amphibie. ‖〜動物 amphibie *m*. 〜類 batraciens *mpl*; amphibiens *mpl*.

りょうせいばい 両成敗 ¶喧嘩〜 Dans une dispute, les deux parties doivent partager les torts.

りょうせん 稜線 ligne *f* de faîte; arête *f* d'une chaîne de montagnes.

りょうぜん 瞭然 ⇒ いちもく(一目).

りょうぞく 良俗 bonnes mœurs *fpl*. 〜に反する outrager les bonnes mœurs. 〜に反する書物 livre *m* contraire aux bonnes mœurs.

りょうたん 両端 deux bouts *mpl*; deux extrémités *fpl*.

りょうだん 両断 ¶一刀〜に論破する démolir les arguments de l'adversaire. 一刀〜に病根を断ち切る trancher le mal à sa racine.

りょうち 領地 domaine *m*; [領土の] territoire *m*.

りょうて 両手 les deux mains *fpl*. ¶〜でつかむ prendre des deux mains. 〜でかかえる prendre à pleins bras. 〜で頭をかかえる prendre (tenir) *sa* tête entre (dans) *ses* mains. 〜に持つ avoir dans les mains. 〜に一杯持つ porter *qc* à pleines mains. 〜に花じゃないか Vous avez une fille à chaque bras !〜を合わせて祈る prier les mains jointes. 〜を広げて大歓迎する recevoir (accueillir) *qn* à bras ouverts.

りょうてい 料亭 restaurant *m*.

りょうてき 量的 ¶〜な quantitatif(ve). 〜に quantitativement; du point de vue quantitatif. 敵軍は〜に優勢である L'ennemi est supérieur en nombre. ‖〜変化 changement *m* quantitatif.

りょうてんびん 両天秤 ¶〜をかける manger à deux râteliers.

りょうど 領土 territoire *m*. 〜の安全 sécurité *f* du territoire. 〜を防衛する défendre le territoire de *son* pays. ¶〜の territorial(aux). 〜権 droit *m* territorial. 敵の〜内で en territoire ennemi.

りょうとう 両刀 ¶彼は甘辛〜使いだ Il aime autant ce qui est épicé que les sucreries. 〜論法 argument *m* à double tranchant. 〜論法で à double tranchant.

りょうどう 糧道 ¶〜を断つ couper les vivres à *qn*.

りょうどうたい 良導体 corps *mpl* conducteurs.

りょうとうづかい 両刀遣い [性的に] bisexuel(le) *m(f)*; bi[-métallist]e *mf*.

りょうどなり 両隣 ¶私の〜の席が空いている Il y a une place chaque à mes deux côtés.

りょうどふんそう 領土紛争 conflit *m* territorial.

りょうない 領内 ¶〜で dans le territoire.

りょうば 漁場 eaux *fpl* poissonneuses.

りょうば 両刃 ¶〜の à double tranchant; à deux tranchants. 〜の剣 épée *f* à deux tranchants. 法は〜の剣である La loi est comme une épée à deux tranchants.

りょうば 猟場 terrain *m* de chasse.

りょうはん 両班 ⇒ りょうほう(両方).

りょうはんてん 量販店 [magasin *m* à] grande surface *f*.

りょうひ 良否 ¶〜...の〜を見分ける juger la valeur de *qc*.

りょうびらき 両開き ¶〜の戸 porte *f* à deux battants.

りょうふう 涼風 ¶一陣の〜 un coup de vent frais. 心に一抹の〜を感じる se sentir le cœur rafraîchi.

りょうふう 良風 ¶〜美俗 bonnes mœurs *fpl*.

りょうぶん 領分 [領域] domaine *m*; [管轄] ressort *m*; compétence *f*. *qn*の〜に立ち入る empiéter sur le domaine de *qn*. それは私の〜ではない Ce n'est pas de mon domaine./Cela n'entre pas dans ma compétence.

りょうぼ 寮母 maîtresse *f* d'internat.

りょうほう 両方 ¶お前達は〜とも間違っている Vous avez tort tous les deux. 〜から人が来た L'un et l'autre sont venus. 彼女たちは〜ともやって来なかった Elles ne sont venues ni l'une ni l'autre.

りょうほう 療法 moyens *mpl* thérapeutiques. ¶化学〜 chimiothérapie *f*. 食餌〜 régime *m*. 精神〜 psychothérapie *f*. 物理

りょうまつ 糧秣 vivres *mpl* et fourrage *m*.

りょうみん 良民 bons citoyens *mpl*.

りょうめ 量目 ¶～が足りない Le poids voulu n'est pas atteint.

りょうめん 両面 deux côtés *mpl*. 紙の～ les deux côtés d'une feuille de papier. ¶事の善悪～ les bons et les mauvais côtés d'une affaire. ～作戦 opération *f* sur deux fronts.

りょうやく 良薬 ¶～は口に苦し Les bons remèdes sont amers.

りょうゆう 良友 bon(ne) collègue *mf*.

りょうゆう 両雄 ¶～並び立たず Il n'y a qu'un seul maître à bord.

りょうゆう 良友 bon(ne) ami(e) *mf*.

りょうゆう 領有 ¶ルイジアナはかつてフランスの～する所であった La Louisiane était autrefois une possession française. 他国に～される être annexé par (réuni à) un pays étranger.

りょうよう 両様 ¶和戦～の策をとる mener une politique compatible avec la paix comme avec la guerre. ¶～にとれる語 mot *m* à double sens.

りょうよう 療養 traitement *m*. ¶～する suivre un traitement; se soigner. ¶自宅～する se soigner à la maison. ～所 sanatorium *m*. 彼女は病院で～中だ Il est en traitement à l'hôpital.

りょうよく 両翼 les ailes *fpl*; [列の] les flancs *mpl*.

りょうり 料理 cuisine *f*; [個々の] mets *m*; plat *m*. ～がうまい[人が] être bon(ne) cuisinier(ère); ～を出す servir un mets (un plat). ～の本 livre *m* de cuisine (de recettes). ～の名人 cordon-bleu(s) *m*. ¶～する faire la cuisine; cuisiner; faire cuire; [うまく処理する] débrouiller *qc*. ¶本日のサービス～ plat du jour. 肉～ plat de viande. 日本(西洋)～ cuisine japonaise (européenne). ～カードfiche[-]cuisine *f*. ～学校 école *f* de cuisine. ～辞典 dictionnaire *m* gastronomique. ～人 cuisinier(ère) *m(f)*. ～場 cuisine *f*. ～法 recette *f*. ～屋 restaurant *m*.

りょうりつ 両立 compatibilité *f*. ¶～する être compatible (conciliable) avec *qc*. ～させる concilier *qc* avec (et) *qc*. 俳優業と家庭生活を～させるのは難しい Le métier d'acteur est difficilement compatible avec la vie de famille. ～しない être incompatible (inconciliable) avec *qc*. 学長の職務と教師のそれとは～しない La fonction de recteur n'est pas compatible avec celle de professeur.

りょうりょう 両々 ¶～相譲らない ne pas céder le pas l'un à l'autre. ～相俟って...s'entraider à *inf*.

りょうりょう 寥々 ¶～たる [寂しい] désert; [少数] nombreux(se). ～たる荒野 lande *f* déserte. 講演会の聴衆は～たるものだった Une maigre assistance participait à la conférence.

りょうりん 両輪 ¶工業と貿易は日本経済の～である L'industrie et l'exportation sont les deux mamelles de l'économie japonaise.

りょかく 旅客 voyageur(se) *m(f)*; [船, 飛行機の] passag*er*(ère) *m(f)*. ¶～運賃 tarif *m* de voyageur. ～機 avion *m* de passagers. ～列車 train *m* de voyageurs.

りょかん 旅館 hôtel *m*; [小さい] auberge *f*. ～に泊まる loger (descendre) à un hôtel. ～を経営する tenir un hôtel. ¶～の主人 hôtelier(ère) *m(f)*. 観光～ hôtel de tourisme.

りよく 利欲 amour *m* du gain. ¶～からむと事は面倒になる Lorsqu'il s'y mêle de l'avidité, les choses se compliquent.

りょくいん 緑陰 ombre *f* des arbres. ¶～に涼をとる goûter la fraîcheur à l'ombre des arbres.

りょくそう 緑藻 ¶～植物 algues *fpl* vertes; chlorophycées *fpl*.

りょくち 緑地 espace *m* vert. ¶～帯 ceinture *f* verte.

りょくちゃ 緑茶 thé *m* vert.

りょくないしょう 緑内障 glaucome *m*.

りょけん 旅券 passeport *m*. ～の査証を受ける obtenir un visa sur *son* passeport. ～を申請する demander un passeport. ～を交付する délivrer un passeport.

りょこう 旅行 voyage *m*. ～に出かける partir en voyage. ¶～する voyager; faire un voyage. 彼は今年中～している Il a la bougeotte. ¶ヨーロッパ一周～をする faire un tour de l'Europe. 海外～ voyage à l'étranger. 新婚～ voyage de noces. 団体～ voyage organisé. ～案内書 guide *m* touristique. ～案内所 agence *f* de tourisme; [駅構内の] bureau(x) *m* de renseignements touristiques. ～かばん sac *m* de voyage. ～者 voyag*eur*(se) *m(f)*. ～[観光客] touriste *mf*. 彼は～中だ Il est en voyage.

りょしゅう 旅愁 ¶～を覚える goûter la solitude du voyage.

りょじょう 旅情 ¶～をかきたてる exciter le désir du voyage; inviter au voyage. ～をなぐさめる景色 paysage *m* qui touche le cœur du voyageur.

りょそう 旅装 vêtement *m* (tenue *f*, costume *m*) de voyage. ～を整える faire *sa* valise (*ses* valises); faire *ses* préparatifs de voyage. ～を解く défaire *sa* valise (*ses* valises).

りょくか 緑化 ¶町を～する mettre de la verdure dans la ville. ¶～運動 mouvement *m* pour reverdir les villes.

りょてい 旅程 [行程] trajet *m*; itinéraire *m*; [日程] programme *m* de voyage. ～を調べ直す réviser *son* itinéraire.

りょひ 旅費 frais *mpl* de voyage; [出張の] frais de déplacement. ～を支給する(申請する) allouer (réclamer) une indemnité pour frais de déplacement.

リラ [貨幣単位] lire *f*; [植物] lilas *m*.

リライト remaniement *m*. ¶～する remanier.

リラックス ¶～する se relaxer; se décontracter; se détendre. ～させる décontracter; détendre; relaxer. ～した態度 attitude *f* décontractée.

リリース [映画, レコードなどの] sortie *f*. ¶～す

りりく 離陸 décollage m. ¶～する décoller.

りりしい 凛々しい ¶～態度 attitude f bien décidée.

リリシズム lyrisme m.

りりつ 利率 taux m de l'intérêt. ～を上げる(下げる) relever (abaisser) le taux de l'intérêt.

リレー relais m. ‖ 400 メートル～ relais 4 fois cent mètres. ～走者 coureur(se) m(f) de relais; relayeur(se) m(f).

りれき 履歴 antécédents mpl. ¶～が立派である avoir de bons antécédents. ‖ ～書 curriculum vitæ m inv.

りろ 理路 ¶～整然とした logique; raisonnable; ordonné; cohérent. 彼はいつも～整然としている Il fait toujours un raisonnement logique.

りろん 理論 théorie f. ¶～を打立てる bâtir une théorie. ¶～的な théorique. ～上 en théorie. その話は～上は立派だが実際には不可能だ C'est très beau en théorie, mais en fait, c'est impossible. ～的に théoriquement. ‖ ～家 théoricien(ne) m(f). ～物理学 physique f théorique.

りん 燐 phosphore m. ‖ ～化水素 hydrogène m phosphoré. ～中毒 phosphorisme m inv.

りんか 隣家 maison f voisine. ～の人 voisin(e) m(f).

りんかい 臨海 ¶～学校 colonie f de vacances au bord de la mer. ～実験所 laboratoire m maritime.

りんかい 臨界 ¶～温度(圧力) température f (pression f) critique. ～角(点) angle m (point m) critique.

りんかいせき 燐灰石 apatite f.

りんかく 輪郭 contour m; linéament m; galbe m; forme f. ある計画の～ linéaments d'un plan. ～がはっきりする prendre forme. ～を描く tracer la silhouette de qc. ¶～のきれいな顔 visage m d'un beau galbe. はっきりした～のない話 récit m informe.

りんがく 林学 sylviculture f.

りんかぶつ 燐化物 phosphure m.

りんかん 林間 ¶～学校 colonie f de vacances.

りんかん 輪姦 viol m collectif. ¶～する violer en série.

りんき 悋気 jalousie f. ¶～を起す devenir jaloux(se).

りんきおうへん 臨機応変 ¶～の才がある Il a l'esprit d'à-propos. ～の処置 mesure f de circonstance. ～に行動する agir suivant les circonstances.

りんぎょう 林業 sylviculture f.

りんきん 淋菌 gonocoque m.

リンク [スケートの] patinoire f; [ネットワークの] liens mpl.

リング [ボクシングの] ring m; [指輪] bague f. ～に上る monter sur le ring. ～サイドでボクシングを見る assister à un match de boxe aux premières loges.

リンクス terrain m de golf.

りんけい 鱗茎 bulbe m écailleux.

りんげつ 臨月 mois m de l'accouchement. ～が近い L'accouchement est proche. ¶～の女 femme f à la veille de ses couches.

リンゲル ‖ ～液 liquide m de Ringer.

りんけん 臨検 descente f. ¶～する descendre. 警察はこのホテルを～した La police a fait une descente dans cet hôtel.

りんご 林檎 pomme f. ¶～の木 pommier m. ～のような頬 joues fpl rouges comme des pommes. ‖ 焼き～ pommes cuites. ～園 pommeraie f. ～酒 cidre m.

りんこう 燐光 phosphorescence f. ¶～を発する夜光虫 noctiluque f phosphorique.

りんこう 燐鉱 phosphates mpl naturels.

りんこう 臨港 ¶～駅 gare f maritime. ～線 voie f de port.

りんこう 輪講 lecture f en groupe. ¶～する lire en groupe.

りんごく 隣国 pays m voisin.

りんさく 輪作 assolement m. ¶～する assoler.

りんさん 燐酸 acide m phosphorique. ‖ ～塩 phosphate m. ～カルシウム phosphate de calcium. ～肥料 engrais mpl phosphatés. 畑に～肥料を与える phosphater un champ.

りんじ 臨時 ¶～の provisoire; temporaire; extraordinaire. ～処置 mesures fpl temporaires. ～の任命 nomination f à titre temporaire. ～に provisoirement; temporairement; à titre provisoire (temporaire). ‖ ～休校 suspension f exceptionnelle des cours. ～休業 fermeture f temporaire. ～収入 gain m imprévu. ～支出 dépense f imprévue. ～政府 gouvernement m provisoire. ～停車(列車) arrêt m (train m) supplémentaire.

りんしつ 隣室 pièce f voisine.

りんじゅう 臨終 dernière heure f; heure suprême. ～に近づく être à l'article de la mort; être à l'agonie. 彼の～が迫っている Son heure est venue (a sonné). 私は彼の～に立ち会うことが出来なかった Je n'ai pas pu l'assister dans ses derniers moments. ¶～の言葉 ses dernières paroles fpl.

りんしょう 臨床 ¶～の clinique. ‖ ～医学 médecine f clinique. ～講義 leçon f clinique; clinique f. ～実験 examens mpl cliniques. ～尋問を行なう procéder à l'audition de qn sur son lit d'hôpital.

りんしょう 輪唱 canon m. ¶～で歌う chanter en canon.

りんじょうかん 臨場感 ¶テレビもこれだけ大きいと～がある Avec des écrans de télévision si larges, on a l'impression d'y être.

りんしょく 吝嗇 ⇒ けち(吝嗇).

りんじん 隣人 voisin(e) m(f); [集合的] voisinage m. うるさい～ voisin(e) ennuyeux (se). 汝の～を愛せ Aime ton prochain comme toi-même. ¶～関係 voisinage. 良い～関係にある être (vivre) en bon voisinage avec qn.

リンス rinçage m. ¶～する se faire un rinçage.

りんせき 臨席 présence f. ¶～する assister à; être présent à.

りんせき 隣席 place *f* voisine.
りんせつ 隣接 ¶～する avoisiner; toucher à; confiner à. ～した voisin; avoisinant; limitrophe; contigu(ë); proche. 国境に～した町 ville *f* limitrophe de la frontière. 私の家と彼(彼女)の家とは～している Ma maison touche à la sienne. ‖～科学 sciences *fpl* connexes. ～地〖法〗 tenants *mpl* aboutissants *mpl*.
りんどう 竜胆 gentiane *f*.
りんどく 輪読 lecture *f* en groupe. ¶～する lire en groupe.
りんね 輪廻 métempsycose *f*. ～はバラモン教の根本的教義である La métempsycose est un dogme fondamental du brahmanisme.
リンネル lin *m*.
リンパ ¶～液 lymphe *f*. ～管 vaisseau(x) *m* lymphatique. ～節 ganglion *m* lymphatique. ～腺を腫らす avoir des glandes. ～腺炎 adénite *f*.
りんばん 輪番 ¶～で(に) à tour de rôle; tour à tour; par roulement. 彼らは～で夜動をする Ils travaillent la nuit à tour de rôle. ‖～制 système *m* de roulement.
りんびょう 淋病 blennorragie *f*. ‖～患者 blennorragique *mf*.
りんぶ 輪舞 ronde *f*.
りんせん 臨戦 ‖～態勢にある[国, 軍隊が] être sur le pied de guerre.
リンタク 輪- vélo(s)-pousse *m*.
リンチ lynchage *m*. ～を加える lyncher *qn*. ～を受ける être lynché par une foule.
りんてん 輪転 ¶～式の rotati(f/ve). ～機 rotative *f*; [騰写版の] ronéo *f*.
りんや 林野 les bois *mpl* et les prés *mpl*. ～を駆けめぐる courir les prés et les bois. ‖～庁 Direction *f* générale des Eaux et Forêts.
りんらく 倫落 ¶～の女 femme *f* dévoyée. ～する s'avilir; se dégrader; se dévoyer.
りんり 倫理 éthique *f*; morale *f*. ¶～的 éthique; moral(aux). ‖～学 éthique; morale.
りんり 淋漓 彼の流汗～として働く姿を見て痛く感動した Quand je le vis se dépenser tout en nage, je fus profondément remué.
りんりつ 林立 ¶～する se dresser nombreux (*se*); se hérisser. 工業地帯には煙突が～している Le quartier industriel est hérissé de cheminées innombrables.
りんりん 凛々 ¶～たる勇気 vaillance *f*. ‖勇気～たる兵士 vaillant soldat *m*.

る

ルアー leurre *m*. ‖～フィッシング pêche *f* au leurre.
るい 塁[野球の] base *f*. ‖専門家の～を摩する atteindre le niveau de spécialiste.
るい 累 ¶人に～を及ぼす compromettre *qn*. 何をしても構わないが他人に～を及ぼしてはいけない Vous êtes libre d'agir à condition de ne pas créer d'ennuis à autrui.
るい 類 genre *m*; espèce *f*. ¶～は友を呼ぶ «Qui se ressemble s'assemble.» ¶～のない sans pareil(le); unique [au monde]; [先例のない] sans précédent. ～のないあどけなさ naïveté *f* sans pareille. ⇒ るいする(類する).
るいえん 類縁 parenté *f*; [類似] ressemblance *f*; similitude *f*.
るいおんご 類音語 paronyme *m*.
るいか 累加 augmentation *f*. 税率の～ augmentation des impôts. ¶～する augmenter.
るいがいねん 類概念〖哲〗 concept *m* générique.
るいぎご 類義語 synonyme *m*.
るいく 類句 phrase *f* synonyme.
るいけい 累計 ⇒ ごうけい(合計)
るいけい 類型 type *m*. ¶～的な typique. ‖～学 typologie *f*. ～学的 typologique. 言語～学 typologie des langues.
るいご 類語 synonyme *m*. ある単語の～を探す chercher un synonyme à un mot. ‖～辞典 dictionnaire *m* analogique (des synonymes).
るいじ 類似 ressemblance *f*; analogie *f*; similitude *f*; affinité *f*; rapport *m*. 2つのものの～ ressemblance de deux objets (entre deux objets, d'un objet avec un autre). …との～によって par analogie avec. ¶～する ressembler à. ～の analogique; analogue; semblable; similaire. ～点 point *m* de ressemblance; ressemblances. ～点が多い avoir beaucoup de rapports [avec].
るいしょ 類書 livre *m* similaire. この辞書は～がない C'est un dictionnaire qui n'a pas son pareil.
るいしょう 類焼 彼の家は～した Le feu s'est communiqué à sa maison. 彼の家は～を免れた Sa maison a échappé aux flammes (à l'incendie).
るいじょう 累乗 élévation *f*.
るいしん 累進 avancement *m* progressif. ¶～する avancer progressivement. ‖～課税 impôt *m* progressif.
るいじんえん 類人猿 [singe *m*] anthropoïde *m*.
るいすい 類推 analogie *f*; raisonnement *m* analogique. ¶～する raisonner par analogie. 私の経験から～すると j'en juge par mon expérience. ～して考える raisonner par analogie. ～的 analogique.
るいする 類する être semblable (analogue) à. これに～話 histoire *f* analogue à celle-ci. ピカソの絵は他に～ものがない Les tableaux de Picasso sont hors de pair.
るいせき 累積 accumulation *f*; superposition *f*. ¶～する s'accumuler. ～した accumulé. ‖～赤字 déficits *mpl* accumulés.
るいせん 涙腺 glande *f* lacrymale.
るいだい 累increase question *f* similaire.
るいはん 累犯 récidive *f*. ‖～者 récidiviste

るいべつ 類別 classification *f*; classement *m*. ¶～する classifier; classer.

るいらん 累卵 ¶～の危うきにある être exposé à un danger imminent; danser sur un volcan.

るいるい 累々 ¶～たる屍 jonchée *f* de morts (cadavres). 戦場には死体が～と横たわっていた Le champs de bataille était jonché de cadavres.

るいれい 類例 exemple *m* analogue. ⇨ るい(類), れい(例).

るいれき 瘰癧 écrouelles *fpl*.

ルー [カレーなどの] roux *m*.

ルーキー ⇨ しんじん(新人).

ルーク [チェス] tour *f*.

ルージュ rouge *m* [à lèvres]; bâton *m* de rouge. ～を塗る se mettre du rouge aux lèvres.

ルーズ ¶～な仕事 travail *m* négligé (bâclé). ～な道徳 morale *f* relâchée. 彼女は何事につけても Elle est négligente en tout. 彼女はまったく時間に～だ Il n'est jamais à l'heure.

ルーズリーフ feuille *f* volante (mobile). ¶～のアルバム album *m* à feuilles mobiles.

ルーチン routine *f*. ¶～ワーク travail(*aux*) *m* de routine.

ルーツ origine *f*; source *f*; racine *f*. 祖先の～をさぐる rechercher l'origine de ses ancêtres.

ルート route *f*; voie *f*; [平方根] racine *f* carrée. 正規の～で par la voie légale. ¶販売～ débouché *m*.

ループ [コンピューター] boucle *f* [de programme].

ルーフキャリア [自動車の] galerie *f*.

ルーブル [貨幣単位] rouble *m*. ¶～宮(美術館) le Palais (le Musée) du Louvre.

ルーペ loupe *f*.

ルーム chambre *f*. ¶ベッド～ chambre à coucher. リビング～ living-room(s) *m*; living *m*. ～クーラー climatiseur *m*. ～チャージ frais *mpl* d'hôtel. ～メイト compagnon(*gne*) *m(f)* de chambre.

ルームサービス service *m* des chambres.

ルール règle *f*. ～に従う suivre une règle. ～に反する(を破る) enfreindre (violer) une règle. ～を決める établir (fixer) une règle. ～を守る observer (respecter) une règle.

ルーレット roulette *f*. ～で大金をかせぐ gagner une grosse somme à la roulette. ～をする jouer à la roulette.

ルカ [聖] [saint] Luc. ～による福音書 Evangile *m* selon saint Luc.

ルクス lux *m*. ¶～計量器 luxmètre *m*.

るけい 流刑 ⇨ るざい(流罪).

ルゴール [薬] lugol *m*.

るざい 流罪 exil *m*; bannissement *m*. ¶～にする exiler (bannir) *qn*. ¶～人 るにん(流人).

るす 留守 absence *f*. ¶家を～にする s'absenter de chez *soi*. お～にする négliger *qc* (de *inf*). 自分のことをお～にする négliger *ses* affaires. ～がちにする faire de fréquentes absences. 彼は～です Il est absent. ...の～(中)に en l'absence de *qn*. 私の～(中)に pendant (dans) mon absence. ¶～(人) *m(f)* gardien (ne) *m(f)* de la maison; [行為] garde *f* de la maison. ～番をする garder la maison. ～番を頼む charger *qn* de garder la maison.

ルッコラ roquette *f*.

るつぼ 坩堝 creuset *m*; [比喩的] brasier *m*. 戦火の～ brasier de guerre. 競技場は興奮の～と化した Le stade s'est transformé en chaudière.

ルテチウム lutécium *m*.

ルテニウム ruthénium *m*.

てん 流転 [輪廻] métempsycose *f*; transmigration *f*; [変転] vicissitudes *fpl*. ¶「万物は～する」《Panta rhei. / Tout passe.》 魂は～するとピタゴラス学派は信じていた Les pythagoriciens croyaient que les âmes transmigrent.

るにん 流人 exilé(e) *m(f)*; banni(e) *m(f)*.

ルネサンス Renaissance *f*. ¶～(様)式の Renaissance; renaissant (Renaissance). ¶～芸術 art *m* renaissant (Renaissance). ～式建築 architecture *f* Renaissance.

ルビ rubis *m*.

ルピー [貨幣単位] roupie *f*.

ルビコンがわ ―川 ¶～を渡る franchir le Rubicon.

ルビジウム rubidium *m*.

ルピナス [植] lupin *m*.

るふ 流布 expansion *f*; diffusion *f*. ¶～する se répandre; se propager. ～させる répandre; propager. ¶～本 édition *f* courante.

ルフラン refrain *m*.

ルポ ¶～ライター reporter [rapoter] *m*.

ルポルタージュ reportage *m*. ¶～映画 reportage filmé (télévisé). ～文学 reportage.

ルミノール luminol *m*. ¶～反応(試験) épreuve *f* au luminol.

るり 瑠璃 lapis(-lazuli) *m inv*. ¶～色 lapis *m*.

るる 縷々 ¶～述べる expliquer *qc* en détail; raconter *qc* par le menu.

るろう 流浪 vagabondage *m*. ¶～する errer; vagabonder. ～の errant; vagabond; nomade. ～の民 peuple *m* nomade (errant). ～の生活 vie *f* errante (vagabonde, nomade).

ルンバ rumba *f*.

ルンペン clochard(e) *m(f)*.

れ

レ〖楽〗ré *m inv*.
レア ¶～のビフテキ bifteck *m* saignant. ～の肉 viande *f* saignante (bleue).
れい 例〖実例〗exemple *m*; 〖前例〗précédent *m*; 〖慣例〗usage *m*; coutume *f*; habitude *f*. ～にならう suivre l'exemple de *qn*. ～を挙げる donner (citer) un exemple. ¶～の女 femme *f* en question. ～の話はどうなった Où en est l'affaire en question? ～の時間に à l'heure habituelle. ～のない sans exemple. いまだかつて～のない大地震 grand tremblement de terre sans précédent. ～にならって à l'exemple de *qn*. ～によって comme d'habitude. ～によって彼は反対した Comme à son habitude, il a protesté. ～によって～の如した C'est toujours la même histoire.
れい 礼 ⇨ れいぎ(礼儀). ～を失する manquer de politesse; être impoli. ～をつくす se montrer déférent. ～を厚くして avec une extrême politesse. ◆〖挨拶〗～をする saluer *qn*. ◆〖謝意〗remerciement *m*; reconnaissance *f*. ～を言う remercier *qn* de *qc*. お～には及びません Il n'y a pas de quoi. お～のことばもございません Je ne sais comment vous remercier. ¶ お－の 印 に en témoignage de *sa* reconnaissance. ◆〖謝礼〗¶お～をする donner des honoraires (une gratification) à *qn*.
れい 零 zéro *m*. 気温は～下20度(～度)まで下った La température est tombée à 20 degrés au-dessous de zéro (à zéro).
れい 霊 âme *f*; esprit *m*; 〖死者の〗manes *mpl*. ～と肉 l'âme et le corps. 祖先の～を祀る adorer les manes des ancêtres. ～〖的な〗spirituel(le). ～の生活 vie *f* spirituelle. ‖～域 enceinte *f* sacrée. ～化 spiritualisation *f*. ～界 royaume *m* des morts. ～気 atmosphère *f* sacré.
レイ〖花輪〗collier *m* de fleurs.
レイアウト mise *f* en pages. ¶～する mettre *qc* en pages.
れいあんしつ 霊安室 morgue *f*.
れいかい 例会 réunion *f* régulière.
れいかい 例解 ¶～する illustrer *qc* d'(par des) exemples.
れいがい 例外 exception *f*. ¶～的 exceptionnel(le). ～的に exceptionnellement. ～なく sans exception. ‖～措置 mesure *f* d'exception. ～を除いて sauf exception. ...は～として à l'exception de.... ～のない規則はない Il n'y a pas de règle sans exception.
れいがい 冷害 dommages *mpl* causés par la gelée. ～を被った地方 région *f* touché (abîmé) par la gelée. ‖～地 région *f* endommagée par la gelée.
れいかん 霊感 inspiration *f*. ...から～を受ける s'inspirer de.
れいかんしょう 冷感症 frigidité *f*. ¶ ～の frigide. ‖～の女 femme *f* frigide.

れいき 冷気 air *m* frais; frais *m*; fraîcheur *f*.
れいぎ 礼儀 politesse *f*; décence *f*; courtoisie *f*; 〖礼儀作法〗convenances *fpl*; bienséances *fpl*; correction *f*; 〖しつけ〗éducation *f*. ～に適っている rester dans la décence. ～に反する pécher contre la politesse. ～を欠く manquer de politesse. ～を守る respecter les convenances. ¶～正しい poli; décent; courtois; convenable; correct. ～正しく poliment; décemment. ～上 par politesse. ～を知らぬ impoli; inconvenant; incorrect. 全く～を弁えぬ若者 jeunes *mpl* dépourvus de toute éducation. ‖～作法 bienséances; étiquette *f*.
れいきゃく 冷却 réfrigération *f*; refroidissement *m*. ～する réfrigérer; frigorifier; refroidir. ‖～器〖装置〗réfrigérateur *m*; appareil *m* frigorifique; frigorifique *m*; 〖自動車などの〗radiateur *m*. ～期間を設ける accorder le temps pour calmer les esprits. ～水 eau (*x*) *f* de refroidissement.
れいきゅうしゃ 霊柩車 corbillard *m*.
れいきん 礼金 rémunération *f*; 〖医師, 弁護士などの〗honoraires *mpl*. 協力に対し(使用人に)～を払う rémunérer la collaboration (*ses* employés).
れいぐう 冷遇 accueil *m* froid; mauvais traitement *m*. ¶～する accueillir *qn* froidement; traiter *qn* mal. ～される être froidement accueilli.
れいけい 令兄 ‖御～ monsieur votre frère.
れいけい 令閨 ‖御～ madame votre épouse.
れいけつ 冷血 ¶～漢 homme *m* insensible; 〖俗〗sans-cœur *m inv*. ‖～動物 animal(*aux*) *m* à sang froid.
れいけん 霊験 ¶～あらたかな神 dieu(*x*) *m* qui exauce tous les vœux.
れいげん 冷厳 ¶～な事実 dure et froide réalité *f*. ～な態度 attitude *f* grave et sévère.
れいこう 励行 ‖時間厳守を～しましょう Soyons ponctuels!
れいこく 冷酷 ¶～な dur; cruel(le); brutal (*aux*); impitoyable. ～な男だ C'est un cœur d'acier. ‖ Il est sans-cœur. ～である être dur envers (pour) *qn*. ～に durement; avec dureté; cruellement; brutalement; impitoyablement. ～さ dureté *f*; cruauté *f*.
れいこん 霊魂 âme *f*. ～の不滅を信じる croire en l'immortalité de l'âme. ～は不滅だ L'âme est immortelle. ‖～崇拝 animisme *m*. ～崇拝者 animiste *mf*.
れいさい 零細 ¶～な petit. ‖～企業 petite entreprise *f*. ～資本 petits capitaux *mpl*. ～農民 petit(e) paysan(ne) *m*(*f*).
れいし 茘枝 ライチー. (荔枝).
れいじ 例示 ¶～する citer *qc* en exemple;

れいじ 零時 m 午前～ minuit m. 午後～ midi m.

れいしき 礼式 formalité f de politesse.

れいしょう 例証 ¶～を démontrer qc par des exemples. ～を探す chercher les exemples démonstratifs.

れいしょう 冷笑 rire m moqueur; ricanement m. ¶～する ricaner; sourire ironiquement.

れいじょう 令嬢 demoiselle f. 御～ mademoiselle votre fille.

れいじょう 令状 mandat m. 逮捕～ mandat d'arrêt. 逮捕～を出す décerner (lancer) un mandat d'arrêt contre qn.

れいじょう 礼状 ¶～を出す envoyer une lettre de remerciements.

れいじょう 霊場 pèlerinage m. ¶～めぐりをする aller en pèlerinage; faire un pèlerinage.

れいすい 冷水 eau(x) f froide. ¶～浴をする prendre un bain froid.

れいせい 冷静 ¶～な calme, flegmatique; froid; imperturbable. 彼は子供達の抗議に対しても～だった Il est resté calme devant les réclamations de ses enfants. ～に calme; calmement; avec sang-froid; flegmatiquement; froidement; avec froideur; imperturbablement. ～に考える réfléchir calmement. 事態を～に眺める considérer la situation. ～さ calme m; sang-froid m; flegme m; froid m. ～さを保つ(取り戻す, 失う) garder (reprendre, perdre) son sang-froid.

れいせつ 礼節 ⇨ れいぎ(礼儀).

れいせん 冷戦 guerre f froide. ¶その両国間には～状態が続いている Un état de guerre froide se poursuit entre ces deux pays.

れいぜん 冷然 ¶～たる態度で人に接する traiter qn avec froideur. ～として froidement; avec froideur; avec indifférence.

れいぜん 霊前 ¶～で弔詞を述べる présenter (offrir, exprimer) ses condoléances devant la dépouille de qn. ～に供える offrir qc devant les cendres de qn.

れいそう 礼装 ⇨ れいふく(礼服).

れいぞう 冷蔵 ¶～する tenir qc au frais. ‖電気～庫 réfrigérateur m; frigidaire m, frigorifique m; 〔俗〕 frigo m. この部屋は～庫みたいで Cette chambre est une glacière.

れいそく 令息 ¶御～ monsieur votre fils.

れいぞく 隷属 soumission f; sujétion f; servitude f; esclavage m. ¶～する être soumis à; dépendre de. ～させる asservir qn. ある国民を～させる assujettir un peuple. ～して生きる vivre dans la sujétion. ～化 assujettissement m; asservissement m. ～状態 に 置いておく maintenir qn dans la sujétion. ～状態から解放される s'affranchir de la sujétion.

れいだい 例題 exemple m. ¶～をいくつか書きます Je vais écrire une série d'exemples.

れいたん 冷淡 ¶～な froid; flegmatique, glaçant; glacial. ～な態度 manières fpl glaçantes. ～に froidement; avec froideur.

れいだんぼう 冷暖房 climatisation f. ¶～付きの部屋 pièce f climatisée. ～装置 climatiseur m.

れいち 霊地 ⇨ れいじょう(霊場).

れいちょう 霊長 ¶人間は万物の～である L'homme est le roi de la création. ‖～類 primates mpl.

れいてつ 冷徹 ¶～な眼 regard m sagace. ～な眼で観察する observer qc avec sagacité.

れいてん 零点 zéro m. フランス語で～を取る avoir zéro en français. ～ばかり取る collectionner les zéros.

れいとう 冷凍 réfrigération f; congélation f. ¶～する réfrigérer; congeler; frigorifier. ‖～室 chambre f (entrepôt m) frigorifique; 〔冷蔵庫の〕 congélateur m; freezer m. ～車 wagon m frigorifique. ～食品 aliments mpl surgelés. ～船 navire m frigorifique. ～肉 viande f frigorifiée. ～装置 installation f frigorifique. ～庫 frigo m.

れいにく 冷肉 viande f froide.

れいにく 霊肉 ¶～の争い conflit m entre la chair et l'esprit. ～一致 accord m entre la chair et l'esprit. ～分離 désincarnation f.

れいねん 例年 ¶～の de chaque année; annuel(le). ～どおりの comme chaque année; annuellement.

れいはい 礼拝 office m; culte m. ¶～に出席する assister à l'office. ～に行く aller à l'office. ～を行う célébrer un office. ‖日曜～ office du dimanche. ～堂 chapelle f.

れいはい 零敗 défaite f à plate couture. ¶～を喫する être défait à plate couture.

れいばい 霊媒 médium m. ¶～現象 phénomène m médiumnique.

れいびょう 霊廟 mausolée m.

レイプ viol m. ¶娘を～する violer une fille. ～犯 violeur m.

れいふく 礼服 habit m (tenue f) de cérémonie (d'apparat). ¶～着用のこと L'habit est obligatoire.

れいぶん 例文 ¶～をあげて説明する expliquer en citant une phrase en exemple.

れいほう 礼砲 salve f. 21発の～を打つ tirer une salve de vingt et un coups de canon.

れいほう 霊峰 montagne f sacrée.

れいぼう 冷房 climatisation f. あの映画館の～は不完全だ La climatisation de ce cinéma laisse à désirer. この部屋は～がききすぎている Le climatiseur marche trop fort dans cette pièce. ‖～装置 climatiseur m. ～完備のホテル hôtel m climatisé.

れいまいり 礼参り ¶お～に行く faire une visite d'actions de grâces. お～をする 〔やくざが〕 rendre visite à qn pour se rappeler à son bon souvenir.

れいみょう 霊妙 ¶～な inexplicable; impénétrable. ～不可思議な mystérieux(se); énigmatique.

れいめい 黎明 aube f. ¶人生の～期 aube (enfance f) de la vie. 我々は新世界の～期にいる Nous sommes à l'aube d'un monde nouveau.

れいやく 霊薬 remède m miraculeux. 不老不死の~ élixir m de longue vie.

れいらく 零落 ruine f. ~する tomber dans la misère.

れいり 怜悧 ⇨ りこう(利口), そうめい(聡明)

れいれいしい 麗々しい ostensible; apparent; tapageur(se); ronflant. ~肩書き titre m ronflant. ~看板 enseigne f tapageuse. ¶麗々しく着飾る se parer pompeusement. 麗々しく勲章をつけている arborer une brochette de décorations.

レーサー [自動車] voiture f de course; racer m; [人] pilote m.

レーザー laser m. ‖~光線 rayon f laser. ~通信 communication f par laser. ~ディスク disque m laser. ~ビーム faisceau(x) m laser. ~メス bistouri m laser.

レーシングカー racer m.

レーシングドライバー pilote m.

レース [編物] dentelle f; [透かしの大きな] guipure f. ~を編む faire de la dentelle. 手編みの~ dentelle à la main. 機械編みの~ dentelle au fuseau (à la machine). ¶~の服 robe f de dentelle. ~のカーテン rideau m en dentelle. ~を編む女 dentellière f. ~編機 dentellière. ~付きの à dentelles. ◆ [競争] course f. ‖オート~ course de motos; course d'automobiles. 僕の馬は最終~に出る Mon cheval est au départ de la dernière course. 短(長)距離~ course de vitesse (de fond).

レーズン raisin m sec. ‖~入りパン pain m aux raisins secs.

レーダー radar m. ¶~による探知 détection f par radar. ~基地 station f de radar. ~観測 observation f par radar. ~技師 radariste mf.

レート taux m. ‖為替~ taux de change.

レーヨン rayonne f.

レール rail m. ~を敷く poser les rails; [比喩的に] préparer la voie à.

レーンコート imperméable m; manteau(x) m de pluie; [ギャバジンの] gabardine f. リバーシブルの~ imperméable réversible.

レオタード collant m.

レガーズ jambière f.

レガッタ régates fpl.

-れき 歴 ¶彼は教授~が長い Il a derrière lui une longue carrière professorale.

れきし 歴史 histoire f; [年代記] annales fpl. 日本(フランス)の~ histoire du Japon (de France). ~の本 livre m d'histoire. ~の女神 Clio f; muse f de l'histoire. ~に名を残す laisser son nom dans l'histoire. ~はくりかえす L'histoire se répète. 中国文明は日本より~が古い La civilisation chinoise a une tradition plus ancienne que celle du Japon. 彼がどのように正しかったかどうか~が裁くだろう L'histoire jugera (dira) s'il a eu raison d'agir ainsi. ¶~的な historique. ~的に(上)historiquement. ‖~家 historien(ne) m(f). ~学(書) histoire. ~小説(劇) roman m (pièce f) historique.

れきし 轢死 ¶~する se faire écraser par un train (une voiture); mourir écrasé sous les roues d'un train (d'une voiture). ‖~体 corps m écrasé.

れきせい 瀝青 bitume m; goudron m. ~を塗る bitumer qc; goudronner qc. ‖~炭 houille f.

れきせん 歴戦 ¶~の勇士 vétéran m.

れきぜん 歴然 ¶~たる証拠 preuve f évidente. 庭に泥棒の足跡が~と残っていた Le jardin gardait distinctement les traces de pas du voleur. 彼が盗みを働いたことは~として いる Il est évident qu'il a commis un vol.

れきだい 歴代 ¶~の天皇(内閣) empereurs mpl (ministres mpl) successifs.

れきにん 歴任 ¶要職を~する remplir successivement des fonctions importantes.

れきねん 暦年 année f du calendrier.

れきほう 暦法 calendrier m.

れきほう 歴訪 ¶~する faire une tournée de visites; visiter successivement.

レギュラー ¶~の régulier(ère). ‖~ガソリン [essence f] ordinaire m. ~メンバー membre m attitré; [スポーツの] équipier(ère) m(f) en titre; [放送番組などの] vedette f du petit écran.

レギンス leggings [legins] fpl.

レクイエム requiem m.

レグホン leghorn f. ‖白色~ leghorn blanche.

レクリエーション récréation f.

レゲエ [楽] reggae [rege] m.

レコーダー [記録装置] enregistreur m. ‖タイム~ enregistreur de temps; horodateur m. ボイス~ enregistreur de vol.

レコーディング enregistrement m. ¶~する enregistrer.

レコード [音盤] disque m. 33回転の~ disque 33 tours. ~に歌を吹きこむ enregistrer un disque de chansons. ~をかける passer (mettre) un disque. LP~ disque [de] longue durée; microsillon m. ‖~コレクション collection f de disques; discothèque f. ~コンサート audition f de disques. ~プレーヤー tourne-disque(s) m; pick-up m inv. ~マニア discophile mf. ~屋 [人] disquaire mf; [店] magasin m de disques. ◆ [記録] record m. ~を作る(破る, 更新する, 保持する) établir (battre, améliorer, détenir) un record. ‖~保持者 détenteur(trice) m(f) d'un record.

レザー [なめし革] cuir m. ‖~クロス moleskine f.

レザーカット coupe f [de cheveux] au rasoir.

レジ ⇨ レジスター.

レシート reçu m.

レシーバー [受話(信)器] écouteur m; [頭にかけるもの] casque m; [テニスの] relanceur(se) m(f).

レシーブ [テニス] relance f; [バレー] réception f. ¶~する [テニス] relancer la balle; [バレー] recevoir le ballon.

レジォンヌール Légion d'honneur f. ‖彼は~の勲章を持っている Il a la Légion d'honneur.

レジスター [金銭登録器] caisse f enregis-

treuse; [人] caissier(ère) *m(f)*.

レジスタンス Résistance *f*. ～の闘士 combattant(e) *m(f)* de la Résistance; résistant (e) *m(f)*. ～[運動]に加わる entrer dans la Résistance.

レシチン 〖生化〗 lécithine *f*.

レシピ recette *f*.

レジャー loisirs *mpl*. ⇨ **よか**(余暇). ‖～産業 industrie *f* des loisirs. ～センター ensemble *m* [de] loisirs.

レジュメ résumé *m*. 講演の～を作る faire le résumé d'un discours.

レスキューたい 一隊 équipe *f* de sauvetage (secours).

レストハウス [ドライブイン] restauroute *m*.

レストラン restaurant *m*; [高級] cabaret *m*. ～で昼(夕)食をとる déjeuner (dîner) au restaurant. ～へ行く aller au restaurant. ‖カフェ･～ café-restaurant *m*. セルフサービス～ restaurant libre-service (self-service). ～経営業 restauration *f*. ～経営者 restaurateur *m*.

レズビアン lesbienne *f*.

レスラー lutteur *m*; [プロの] catcheur(se) *m(f)*.

レスリング lutte *f*; [プロの] catch *m*. ～をする lutter avec (contre) *qn*. ‖グレコローマン(フリー) スタイル)式～ lutte gréco-romaine (libre). ～選手 lutteur *m*.

レセプション réception *f*.

レターペーパー papier *m* à lettres.

レターヘッド en-tête *m*.

レタス laitue *f*. ～のサラダ salada *f* de laitue.

レタリング calligraphie *f*.

レチタティーボ 〖楽〗 récitatif *m*.

れつ 列 ligne *f*; [横] rang *m*; rangée *f*; [縦] file *f*; [窓口などの] queue *f*; [行進] cortège *m*; [船などの] train *m*. 人の～ rang de personnes. 自動車の長い～ longue file de voitures. 船の～ train de bateaux. ～の先頭(後尾) tête *f* (queue) d'un cortège. ～から出る sortir des rangs; [車, 船などが] déboîter. ～に加わる(つく) prendre la file; se mettre à la file. ～に戻る rejoindre *son* rang. ～を作る [窓口などで] faire la queue; [行進などで] faire des rangs; se mettre en rangs. ～をつめる (解く) serrer (rompre) les rangs. ～を離れる quitter *son* rang. ～を乱す déformer les rangs. ～を作って歩く marcher en rangs. ～の外で(に)hors des rangs. 1～[になって]en file; à la file; en ligne. 1～に2～に se mettre en file (en ligne). 生徒を1(2)～に並べる ranger les élèves sur une file (deux files). 生徒を5～に分けて placer les écoliers sur cinq rangs. ‖2～一横隊になれ Mettez-vous sur deux rangs. 4～一縦隊で行進する défiler colonne par quatre. 3～目に座る se placer au premier (cinquième) rang.

れっか 劣悪 ～な商品 marchandise *f* de mauvaise qualité.

れっか 劣化 détérioration *f*; dégradation *f*. ‖～ウラン弾 obus *m* en uranium appauvri.

れっか 烈火 ～の如く怒る s'enflammer de colère; jeter (lancer) feu et flammes.

レッカーしゃ ～車 dépanneuse *f*.

れっきとした [立派な] respectable; honorable; [正式の] légitime; [明白な] évident. ～事実 fait *m* évident. ～妻 femme *f* légitime. こう見えても私は～大工だ Je n'en ai pas l'air, mais je suis un vrai charpentier.

れっきょ 列挙 énumération *f*; dénombrement *m*. ¶～する énumérer; dénombrer.

れっきょう 列強 puissances *fpl*. ヨーロッパの～ les puissances européennes.

レッグウォーマー jambière *f*.

れっこく 列国 divers pays *mpl*. ～の首脳が一堂に会した Les chefs de divers pays se sont réunis.

れつじつ 烈日 soleil *m* brûlant. ¶～の気迫 combativité *f* bouillonnante.

れっしゃ 列車 train *m*; convoi *m*; rame *f*. パリの～ train de (pour) Paris. パリ発の～ train de (en provenance de) Paris. ～に乗る prendre le train. ～に乗り遅れる manquer le train. ～に数車両を加える ajouter une rame au convoi. ‖始発(最終)～ premier (dernier) train de neige. スキー～ train de neige. 普通(急行, 特急)～ omnibus *m* (express *m*, rapide *m*). 旅客(貨物)～ train de voyageurs (de marchandises). ～事故 accident *m* de train (de chemin de fer).

れっしょう 裂傷 déchirure *f*; [軽い] égratignure *f*. ～を負う se faire une déchirure; se déchirer. 腕に～を負う se déchirer le bras.

れつじょう 劣情 sentiments *mpl* vils (bas); [情欲] désir *m* sensuel (charnel). ～をそそる exciter (attiser) les sentiments vils. ¶～をそそる映画 film *m* pornographique.

れっする 列する ⇨ **れっせき**(列席).

レッスン leçon *f*. ピアノの～を受ける prendre des leçons de piano. ‖個人～ leçons particulières.

れっせい 劣勢 infériorité *f*; faiblesse *f*; désavantage *m*; †handicap *m*. 数における～ infériorité en nombre. 武力の～ infériorité des armes. ～に立つ perdre l'avantage. ～を挽回する reprendre (ressaisir) l'avantage. ¶今のところ我がチームは～だ Pour l'instant, notre équipe est en état d'infériorité.

れっせい 劣性 récessivité *f*. ¶～の récessif (ve). ‖～遺伝 hérédité *f* récessive.

れっせき 列席 présence *f*. ～する assister (être présent) à; [参加] participer à. ～出席する prendre part à. …の～のもとに en présence de *qn*. ‖～者 assistants *mpl*; [集合的] assistance *f*.

レッテル étiquette *f*; label *m*. ～を貼る étiqueter *qc*; [比喩的] étiqueter *qn*. トロツキストの～を貼る étiqueter *qn* comme trotskyste. ～を貼られる [比喩的] se laisser attribuer une étiquette.

れつでん 列伝 vies *mpl*. ‖人物～ vies des hommes illustres.

レット 〖テニス･卓球〗 Let! ～した球 balle *f* let.

れっとう 列島 chaîne *f* d'îles; archipel *m*. ‖アリューシャン～ les îles Aléoutiennes. 千島～ les îles Kouriles. 日本～ l'archipel du Japon.

れっとう 劣等 ¶～の inférieur; médiocre.

レッドカード ‖〜感(意識) complexe *m* d'infériorité. 〜生徒 élève *mf* médiocre; cancre *m*. 〜品 marchandise *f* de qualité inférieure.

レッドカード carton *m* rouge.

レッドパージ purge *f* anti-communiste.

れっぷう 烈風 vent *m* violent. 〜が吹きさかんでいる Un vent violent mugit.

れつれつ 烈々 ‖〜たる闘志に燃える brûler d'une combativité ardente.

レディー ‖〜キラー tombeur *m*; bourreau(x) *m* des cœurs. 〜ファースト priorité *f* aux dames. 〜ファーストといきましょう Les dames, d'abord.

レディーメイド ‖〜の tout fait. 〜のドレス robe *f* de confection. 〜の服 prêt(s)-à-porter *m*.

レトリック rhétorique *f*. 〜を駆使する employer toute *sa* rhétorique.

レトルト cornue *f*.

レトロ rétro *m*.

レニウム rhénium *m*.

レバー [てこ] levier *m*; [肝臓] foie *f*. ‖チェンジ〜 [自動車の] levier de changement de vitesse. 〜ペースト pâté *m* de foie.

レパートリー répertoire *m*. 彼は〜が広い(狭い) Il a un répertoire très vaste (restreint). ショパンは彼の〜だ Chopin est de son répertoire.

レビュー revue *f*. ‖〜ガール girl *f*.

レフ 一眼(二眼)〜 [appareil *m* à] reflex *m* à un objectif (à deux objectifs).

レフェリー arbitre *m*. ボクシングの〜 arbitre d'un combat de boxe. ‖〜ストップで勝つ(負ける) gagner (perdre) par arrêt de l'arbitre.

レプラ lèpre *f*.

レプリカ réplique *f*.

レベル niveau(x) *m*; échelon *m*. 生活の〜が上った(下がった) Le niveau de vie a monté (a baissé). 〜の高い(低い) d'un niveau élevé (bas). 同じ〜の生徒たち élèves *mf pl* du même niveau. …と〜が同じである être au même niveau de. 彼らは〜以下だ Il n'est pas de niveau. この2人の学生は〜が違う Ces deux étudiants sont de niveaux différents. 工業生産高は最高〜に達した La production industrielle a atteint son niveau le plus haut. 大臣〜で au niveau de ministres. ‖〜アップ hausse *f* du niveau.

レポ agent *m* de liaison.

レポーター reporter [raporter] *m*.

レポート rapport *m*; compte(s)-rendu(s) *m*; [宿題の] devoir *m*; [俗] papier *m*.

レマン ‖〜湖 le lac Léman.

レム 放射線量の単位 rem *m*.

レムすいみん 〜睡眠 sommeil *m* paradoxal.

レモネード limonade *f*; citronnade *f*.

レモン citron *m*. 〜の木 citronnier *m*. ‖〜の jaune citron *inv*. 〜色の布地 étoffes *fpl* jaune citron. 〜[しぼり]器 presse-citron *m inv*. 〜ジュース jus *m* de citron. 〜スカッシュ citron pressé. 〜ティー thé *m* [au] citron.

レモングラス citronnelle *f*.

レリーフ relief *m*.

れん 連 [紙の単位, 500枚] rame *f*.

-れん 連 悪筆〜 bande *f* de gamins. 文士〜 groupe *m* d'écrivains.

れんあい 恋愛 amour *m*. 〜をする aimer. 〜している être amoureux(se) (épris) de. 〜関係 liaison *f* amoureuse. 〜感情 sentiment *m* de l'amour. 〜結婚 mariage *m* d'amour (d'inclination). 〜結婚をする faire un mariage d'amour. 〜ごっこ[の相手] flirt *m*. 〜ごっこをする flirter (avoir un flirt) avec *qn*. 〜詩 poésie *f* galante. 〜の冒険 aventure *f* [amoureuse]. 〜小説 roman *m* d'amour.

れんか 廉価 ‖〜の [à] bon marché. 〜で売る vendre *qc* à bon marché. 〜販売 vente *f* de soldes. 〜版 édition *f* populaire.

れんが 煉瓦 brique *f*. 〜色 couleur de brique; brique. 〜工場 briqueterie *f*. 〜作りの家 maison *f* de brique. 〜作りの煙突 cheminée *f* en brique. 〜塀 mur *m* de brique.

れんき 連記 〜する écrire de suite. ‖投票2名〜で行なわれる Le vote se fait au scrutin binominal. 〜制 système *m* du scrutin de liste. 〜投票 scrutin *m* de liste.

れんきゅう 連休 jours fériés *mpl* consécutifs. ‖〜にする [祭日にはさまれた日を] faire le pont. 〜飛び石〜 chapelet *m* de congé. 〜明け lendemain *m* des jours fériés consécutifs.

れんぎょう 連翹 [植] forsythia *m*.

れんきんじゅつ 錬金術 alchimie *f*. ‖〜の alchimique. 〜師 alchimiste *m*.

れんげ 蓮華 [蓮の花] fleur *f* de lotus; [さじ] cuiller *f* en porcelaine. ‖〜草 astragale *m*.

れんけい 連繫(関係) rapport *m*; [接触] contact *m*; [協力] coopération *f*; collaboration *f*. 緊密な〜を保つ rester en contact étroit avec *qn*. 〜する collaborer avec *qn*. …と〜して en collaboration avec *qn*. ‖〜作戦 [軍] opérations *fpl* combinées. 〜の動き mouvements *mpl* combinés. 〜プレー belle phase *f* de jeu.

れんけつ 廉潔 ‖〜の士 homme *m* intègre.

れんけつ 連結 [車両の] attelage *m*. ‖車両を〜する atteler des wagons. 〜器 attelage.

れんけつけっさん 連結決算 rapports *mpl* consolidés.

れんこ 連呼 〜する répéter d'une voix forte.

れんご 連語 [複合語] mot *m* composé.

れんこう 連行 ‖警察に〜する emmener (conduire) *qn* au poste. 警察に〜させる se faire emmener au poste.

れんごう 連合 [結合] union *f*; association *f*; [同盟] alliance *f*; coalition *f*. 〜する s'unir; s'associer; s'allier; se coaliser. 〜した uni; allié; coalisé. ‖国際〜 Organisation *f* des Nations Unies (ONU). 〜左翼 〜軍 bloc *m* des gauches; gauches *fpl* alliées. アラブ共和国〜 République *f* Arabe Unie (RAU). 〜軍 armées *fpl* alliées; [両次大戦の] les Alliés *mpl*. 〜国 pays *mpl* alliés. 〜作戦 opérations *fpl* combinées.

れんごく 煉獄 purgatoire *m*.

れんこん 蓮根 rhizome *m* de lotus.

れんさ 連鎖 chaîne *f*; enchaînement *m*. ‖〜状菌 streptocoque *m*. 〜反応 réac-

れんざ 連座 ¶ある事件に〜する être impliqué dans une affaire. ‖〜制 responsabilité *f* collective.

れんさい 連載 ¶〜を écrire une série dans. 〜される paraître en feuilleton. ‖〜小説 [新聞の] roman(s)-feuilleton(s) *m*. 〜物 feuilleton *m*.

れんさく 連作 [農業] culture *f* continue de la même plante; [一人の製作者の] série *f*; [数人の製作者の] ouvrage *m* collectif.

れんざん 連山 chaîne *f* de montagnes.

レンジ ‖ガス〜 cuisinière *f* à gaz. 電子〜 four *m* à micro-ondes.

れんじつ 連日 tous les jours; chaque jour. ¶〜の雨で地盤が緩んでいる Une pluie de plusieurs jours a rendu le sol meuble. 〜の宴会続きですっかり疲れた Une série de banquets m'a complètement épuisé. ‖〜連夜 chaque jour et chaque nuit.

れんしゅう 練習 exercice *m*; [スポーツ] entraînement *m*; [芸 能] répétition *f*. 〜を強化する renforcer une équipe avec un entraînement intensif. 彼は一度も〜に来なかった Il n'a assisté à aucune répétition. 〜の成果がよく出ている On voit qu'il y a eu de l'exercice. ¶〜[を]する s'exercer; faire des exercices; s'entraîner. ピアノの〜をする s'exercer au piano; travailler *son* piano. サーブが下手だ、もっと〜しろよ Ton service ne vaut rien, tu as encore besoin d'entraînement. 〜させる exercer *qn* à *qc* (à *inf*); entraîner *qn* à *qc*. 子供たちに水泳の〜をさせる entraîner des enfants à la natation. よく〜を積んだ bien exercé; bien entraîné. ‖ 発声〜 vocalise *f*; vocalisation *f*. 発声〜をする faire des vocalises; vocaliser. 〜曲 étude *f*. 〜試合 partie *f* d'entraînement. 〜生 élève *mf*; apprenti(e) *m(f)*. 〜船 navire(s)-école(s) *m*. 〜中のボクサー boxeur *m* à l'entraînement. 〜帳 cahier *m* d'exercices; exercices. 〜不足 manque *m* d'entraînement. 〜問題 exercices. 生徒に〜問題を出す donner des exercices aux élèves.

れんしょ 連署 signature *f* collective. ¶〜する signer *qc* collectivement.

れんしょう 連勝 ¶〜する remporter une série de victoires; [スポーツ] gagner deux match[e]s de suite. 3〜する gagner trois match[e]s de suite. 〜式 [馬券の] pari *m* jumelé.

レンズ lentille *f*; [カメラの] objectif *m*. 〜の焦点 foyer *m* d'une lentille (d'un objectif). 〜を向ける braquer *son* objectif sur. 凹(凸)〜 lentille concave (convexe). 凹凸〜 ménisque *m*. 広角〜 objectif à grand angle; grand angulaire *m*. コンタクト〜 verres *mpl* de contact; lentilles (cornéennes). 接眼〜 oculaire *m*. 望遠〜 téléobjectif *m*; objectif à très grande distance focale.

れんせん 連戦 ¶〜する livrer bataille après bataille; [スポーツ] jouer une série (suite) de matches. ‖3〜する jouer une série de trois matches. 〜連勝する gagner (vaincre à) chaque bataille; [スポーツ] gagner une série de matches. 〜連敗する courir de défaite en défaite.

れんそう 連想 évocation *f*; 〖心〗 association *f* d'idées. ¶〜する penser à *qc*. その山を見ると故郷を〜する Cette montagne me rappelle mon pays. 〜させる faire penser à *qc*; évoquer *qc*; rappeler *qc*.

れんぞく 連続 continuité *f*; succession *f*; suite *f*. ¶〜した(的な) continuel(le); successif(ve). 〜して(的に) continuellement; successivement. 5日〜して cinq jours de suite. 火事が〜して起きた Une série d'incendies s'est produite. ‖〜殺人事件 crimes *mpl* en chaîne. 〜テレビドラマ feuilleton *m* télévisé.

れんだ 連打 volée *f* de coups; 〖俗〗 raclée *f*. ¶〜する donner une volée de coups à *qn*; 〖俗〗 donner (flanquer) une raclée à *qn*. 太鼓を〜する faire un roulement de tambour.

れんたい 連帯 solidarité *f*; égalité *f* de classe. その学生たちは労働者との〜を表明した Ces étudiants se sont déclarés solidaires des travailleurs. ¶〜する se solidariser avec *qn*. 〜の solidaire. 〜のきずな liens *mpl* de solidarité. 〜して(的に) solidairement. ‖〜感(意識、性) solidarité. 〜義務 obligation *f* solidaire. 〜責任 responsabilité *f* solidaire; solidarité. 〜責任がある être solidairement responsable de *qc*. 〜保証人 garant(e) *m(f)* solidaire.

れんたい 連隊 régiment *m*; 〖軍〗 escadre *f* [aérienne]. ‖ 歩(砲)兵〜 régiment d'infanterie (d'artillerie). 〜旗 drapeau(x) *m* d'un régiment. 〜長 commandant *m* de régiment.

レンタカー voiture *f* de location.

れんたつ 練達 〜の expert. 〜の士 expert(e) *m(f)*; vétéran *m*.

レンタル location *f*. ¶〜の 〖車(ビデオ)を2日間〜する louer une voiture (une vidéocassette) pour deux jours. 〜ビデオ vidéocassette *f* à louer. 〜料金 location.

れんたん 煉炭 briquette *f*; [豆炭] boulet *m*.

れんだん 連弾 ¶〜する jouer à quatre mains. ‖〜曲 morceau(x) *m* à quatre mains.

レンチ clé (clef) *f* [plate]; tourne-à-gauche *m inv*.

れんちゅう 連中 ¶〜、行くぞ On y va, les gars! あんな〜は見たことない C'est bien la première fois que j'ai rencontré des types pareils. とんでもない〜だ C'est une bande de salauds. あんな〜とは今後絶対に付き合ってはいけません Il ne faut plus fréquenter cette bande-là.

れんちょく 廉直 〜な droit. 〜の士 homme *m* droit. 〜さ droiture *f*.

れんてつ 錬鉄 fer *m* forgé (battu).

レント 〖楽〗 lento *m*. 〜で lento.

れんどう 連動 ¶このカメラの距離計はレンズと〜している Le télémètre de cet appareil est couplé avec l'objectif. ‖〜距離計 télémètre *m* couplé. 〜装置 dispositif *m* coupleur.

レントゲン rayons *mpl* Röntgen; rayons X. ‖〜技師 radiographe *mf*. 〜検査 examen *m* radiographique (radioscopique); [透視による] radioscopie *f*. 〜検査を受ける passer à la radioscopie (à la radio); se faire radiographier. 〜室 salle *f* de radiographie. 〜写真 radiographie *f*.

れんにゅう 練乳 lait *m* condensé (concentré).

れんぱ 連覇 ‖〜する gagner le championnat successivement. ¶3〜する gagner le championnat trois fois de suite.

れんぱ 連破 ‖〜する battre plusieurs fois de suite.

れんばい 廉売 vente *f* en soldes (au rabais); solde *f*; [投売り] liquidation *f*.

れんぱい 連敗 ‖〜する subir une série [suite] de défaites. ¶3〜する perdre trois match[e]s de suite.

れんぱつ 連発 ‖洒落の〜 enfilade *f* de calembours. 銃を〜する tirer à feu continu. 質問を〜する poser sans arrêt des questions; cribler *qn* de questions. おならを〜する lâcher une série de pets. ¶6〜拳銃 revolver *m* à six coups.

れんばんじょう 連判状 serment *m* signé par tous les intéressés.

れんびん 憐憫 ‖〜の情を抱く avoir de la pitié (de la compassion) pour *qn*. 〜の情を催させる faire pitié à *qn*; inspirer la pitié à *qn*. 〜の情を催させる光景 scène *f* pitoyable.

れんぺいじょう 練兵場 champ *m* (terrain *m*) de manœuvre[s].

れんぼ 恋慕 ‖〜する être épris de *qn*.

れんぽう 連峰 chaîne *f* de montagnes. ¶アルプス〜 chaîne des Alpes; les Alpes *fpl*.

れんぽう 連邦 fédération *f*; Etat *m* fédéral. ‖〜の fédéral. ‖スイス〜 la Confédération helvétique. ソビエト社会主義共和国〜 l'Union *f* des Républiques Socialistes Soviétiques (URSS). ドイツ〜共和国 la République fédérale de l'Allemagne. 〜警察 police *f* fédérale. 〜制度(組織, 主義) fédéralisme *m*. 〜制度(主義)の〜 fédéraliste. 〜政府 gouvernement *m* fédéral. 〜主義者 fédéraliste *mf*.

れんま 練磨 ‖心身を〜する s'aguerrir l'âme et le corps. ⇨ きたえる(鍛える).

れんめい 連名 ‖〜で抗議する faire une protestation commune.

れんめい 連盟 union *f*; fédération *f*; ligue *f*. 〜を結ぶ former une union. ‖国際〜 Société *f* des Nations. 消費者〜 association *f* de consommateurs. フランスサッカー〜 Fédération française de football.

れんめん 連綿 ‖〜たる continu; ininterrompu. 〜と sans interruption; de façon ininterrompue.

れんや 連夜 ‖〜のご乱行 nuits *fpl* de débauches. ‖連日〜 chaque jour et chaque nuit; tous les jours et toutes les nuits.

れんよう 連用 ‖睡眠薬を〜する faire un usage constant de somnifères.

れんらく 連絡 relation *f*; rapport *m*; contact *m*; communication *f*; liaison *f*. 〜を受ける recevoir une communication. 〜を断つ interrompre la communication. 〜をつける entrer (se mettre) en contact (communication, relation, rapport, liaison) avec *qn*. 〜をとる [接触] prendre contact avec *qn*; contacter *qn*. ...と密接な〜をとる se tenir en liaison étroite avec *qn*. 手紙で〜をとる communiquer avec *qn* par lettres. 電話(スピーカー)で〜をとる atteindre *qn* par téléphone (le haut parleur). 友人と〜をとる communiquer avec un ami. ...と〜をとりながら en liaison avec *qn*. 遭難漁船との〜が絶えてしまった Toutes les communications ont été coupées avec le bateau de pêche naufragé. その駅からバスの〜があります A cette gare, il y a une correspondance d'autobus. 彼との〜はとれたか Tu as pu le joindre? ¶次回の会合の日時と場所については追って〜致します Je vous communiquerai la date, l'heure et le lieu de notre prochaine assemblée. 家に帰ったらすぐ〜下さい Prenez contact avec moi dès que vous serez chez vous. 彼にすぐ〜しなければいけない Il faut tout de suite prendre contact avec lui. あなたの要求を関係方面に〜しましょう On va communiquer votre demande au service intéressé. この地下道は中で地下鉄の駅とつながっている Ce passage souterrain correspond (communique) avec la gare du métro. この普通列車は松本駅で特急と〜します Cet omnibus correspond avec le rapide à la gare de Matsumoto. ‖相互〜 communication réciproque. 電話〜 communication téléphonique. 電話〜をする(受ける) donner (recevoir) une communication téléphonique. 〜駅 gare *f* de correspondance (de jonction). 〜切符 billet *m* combiné. 何か〜事項がありますか Y a-t-il quelque chose à communiquer? 〜船 bateau(x) *m* de passage; [フェリー] ferry-boat(s) *m*. 〜将校 officier *m* de liaison.

れんりつ 連立 ‖〜内閣 ministère *m* (cabinet *m*) de coalition. 〜方程式 équations *fpl* simultanées.

れんれん 恋々 ‖彼女は昔の婚約者に〜としている Elle soupire pour son ancien fiancé. 彼は大臣の地位に〜としている Il se cramponne à son poste de ministre.

ろ

ろ 櫓 godille *f*. ～を漕ぐ godiller.
ろ 炉 four *m*; foyer *m*; fourneau(x) *m*; pile *f*; [鍛冶屋の] forge *f*. ‖原子～ pile atomique; réacteur *m* nucléaire. 電気～ four électrique. 反射～ four à réverbère. 溶鉱～ †haut fourneau.
ロ [楽] si *m inv*. ‖～短(長)調 si mineur (majeur).
ロアール 川 la Loire.
ろあく 露悪 ‖～家 exhibitionniste *mf*. ～趣味 exhibitionnisme *m*.
ロイドめがね 眼鏡 grosses lunettes *fpl* d'écaille.
ロイヤリティー redevance *f*.
ロイヤル ‖～ゼリー gelée *f* royale. ～ファミリー famille *f* royale. ～ボックス loge *f* royale.
ろう 労 [苦労] peine *f*. ～を惜しまない ne pas épargner (ménager) *sa* peine. ～を謝する remercier *qn* de la peine qu'il a prise; savoir gré à *qn* de *ses* efforts. ～を多とする être bien reconnaissant des services de *qn*. ～を取る prendre (se donner) la peine de *inf*. ¶～する ⇨ ろうする(労する). ～を惜しまず…する ne pas ménager *sa* peine pour.
ろう 牢 prison *f*; geôle *f*; cachot *m*. ～に入れる mettre *qn* en prison; emprisonner *qn*. ～に入れられる être mis en prison; être emprisonné. ～を破る s'évader de une prison. ‖～番 geôlier(ère) *m(f)*. ～破り bris *m* de prison; [人] prisonnier(ère) *m(f)* évadé(e).
ろう 蝋 cire *f*. ～を引く cirer *qc*; encaustiquer *qc*. ～のように蒼白い顔をしている pâle comme cire. ‖～細工 objet *m* (ouvrage *m*) en (de) cire. ～皿 bobèche *f*. ～人形 figurine *f* en cire; poupée *f* de cire. ～引き cirage *m*; encaustiquage *m*.
ろうあ 聾唖 surdi-mutité *f*. ‖～者 sourd(e)-muet(te). ～学校 école *f* de sourds-muets. ～者 sourd(e)-muet(te) *m(f)*.
ろうえい 漏洩 fuite *f*. ¶～する filtrer; transpirer. 秘密にしていた情報が外部に～していた Des informations qu'on avait tenues secrètes avaient transpiré au-dehors.
ろうえき 労役 travail(aux) *m* dur; labeur *m*.
ろうおく 陋屋 bouge *m*; taudis *m*.
ろうか 廊下 couloir *m*; corridor *m*. ～を走ってはいけない Il est défendu de courir dans les couloirs. ¶～の突当り au fond du couloir.
ろうか 老化 vieillissement *m*; sénescence *f*. ～する vieillir. ‖～現象 sénilité *f*. 彼は～現象が著しい Il vieillit à vue d'œil.
ろうかい 老獪 ‖～な rusé; astucieux(se); machiavélique. ～な手口 procédé *m* machiavélique. ～な人物 rusé(e) *m(f)*. ～な手段をとる recourir à la ruse. あの男はまったく～だ Cet homme est rusé comme un vieux renard./C'est un fin (vieux) renard. ～に avec ruse.
ろうかく 楼閣 grande et belle maison *f*. 砂上の～ château(x) *m* de sable. ‖空中に～を築く bâtir des châteaux en Espagne.
ろうがみ 蝋紙 papier *m* paraffiné.
ろうがん 老眼 presbytie *f*. ‖～の presbyte. ～の人 presbyte *mf*. ～になる devenir presbyte. ～鏡 lunettes *fpl* de presbyte.
ろうきゅう 老朽 décrépitude *f*. ‖～化 [建物などの] délabrement *m*. ～化した délabré; vétuste. ～家屋 maison *f* délabrée (vétuste).
ろうきょう 老境 vieillesse *f*; troisième âge *m*; déclin *m* de la vie. ～に入る atteindre la vieillesse.
ろうく 労苦 peine *f*. ～に報いる récompenser *qn* de sa peine. ～をいとわない ne pas ménager (épargner) *sa* peine.
ろうく 老軀 ‖～に鞭打って malgré *son* grand âge.
ろうけつぞめ ろうけつ染 [手法・織物] batik *m*.
ろうこ 牢固 ferme; inébranlable. ～たる信念 confiance *f* inébranlable. ～として avec fermeté; solidement.
ろうご 老後 ‖～に備える assurer *sa* vieillesse. ～に備えて en prévoyance de *sa* vieillesse. ～の頼り棒 *m* de vieillesse. ～の楽しみ distractions *fpl* pour *ses* vieux jours. それは～の楽しみとして取っておこう Je réserve ça pour mes vieux jours.
ろうこう 老巧 ⇨ ろうれん(老練).
ろうごく 牢獄 ⇨ ろう(牢).
ろうこつ 老骨 vieille carcasse *f*. ～をひきずる promener *sa* vieille carcasse. 僕のような～はもう使い物にならない Une vieille carcasse comme moi n'est plus bonne à rien. ～に鞭打って malgré *son* grand âge.
ろうさい 労災 ‖～病院 hôpit*al(aux)* *m* pour les accidentés du travail. ～保険 assurance *f* contre les accidents du travail.
ろうさく 労作 œuvre *f* laborieuse. 多年の～ travail(aux) *m* de bénédictin.
ろうざん 老残 ‖彼は～の身引きさげてまだ働いている Il travaille encore sous les guenilles de la vieillesse.
ろうし 労使 ‖～間の紛争 conflit *m* entre ouvriers et patrons. ～の歩み寄り concessions *fpl* mutuelles entre ouvriers et patrons. ‖～協調路線 politique *f* de conciliation entre le patronat et les travailleurs. ～協定 convention *f* collective.
ろうし 牢死 ‖～する mourir en prison.
ろうしゅう 老醜 ‖私は～をさらしたくない Je ne veux pas me montrer sous les guenilles de la vieillesse.
ろうしゅう 陋習 ‖～を打ち破る abolir de vieilles habitudes.

ろうじゅく 老熟 ⇨ えんじゅく（円熟）.

ろうしゅつ 漏出 fuite *f*. ¶～する fuir.

ろうじょ 老女 vieille femme *f*; vieille *f*.

ろうしょう 朗唱 déclamation *f*. ¶詩を～する déclamer un poème. ‖～法 déclamation *f*; diction *f*.

ろうじょう 老嬢 vieille fille *f*.

ろうじょう 籠城 ¶～する être assiégé; [家に閉籠る] se confiner (s'enfermer) chez soi. ‖～軍 assiégés *mpl*.

ろうじん 老人 personne *f* âgée; [男] vieillard *m*; vieil homme *m*; vieux *m*; [女] vieille femme *f*; vieille *f*. ～の vieux (vieil, vieille). ～のたわ言(繰言) radotage *m* [de vieux]. ‖～学 gérontologie *f*; 政治～ gérontocratie *f*; 病学 gériatrie *f*. ～ホーム asile *m* de vieillards.

ろうすい 漏水 fuite *f* d'eau. 堤防の～を防ぐ endiguer une fuite d'eau. ¶～している L'eau fuit. ～はまだ続いている Il y a encore une fuite [d'eau]. ‖～箇所 point *m* de fuite d'eau. ～の多い fuite d'eau.

ろうすい 老衰 sénilité *f*; sénescence *f*; vieillesse *f*. ～で死ぬ mourir de vieillesse. ¶～する être (se faire) sénile. ～した sénile; décrépit.

ろうする 労する se donner (prendre) de la peine. ¶労して功なしたる Nous avons eu beaucoup de peine pour peu de résultats. 労せずして大金を手に入れる gagner beaucoup sans peine.

ろうする 弄する ¶～策を～ user d'artifice; recourir à la ruse. 詭弁を～ jongler avec les sophismes. 詭弁を弄した議論 argument *m* sophistique.

ろうする 聾する ¶耳を～ばかりの[爆]音 bruit *m* assourdissant (fracassant).

ろうせい 老成 ¶～した人 personne *f* mûrie par l'expérience. 彼は年の割に～している Il est mûr pour son âge.

ろうぜき 狼藉 ¶～を働く faire violence à *qn*. ‖～者 homme *m* brutal.

ろうそう 老僧 vénérable *m*.

ろうそく 蠟燭 bougie *f*; chandelle *f*; [宗教用] cierge *m*. ～をつける(消す) allumer (éteindre) une bougie. ～の芯 mèche *f*. ～の光で読む lire à la bougie. ‖～立て chandelier *m*; [小型の] bougeoir *m*.

ろうたい 老体 御～には無理な旅行です A votre âge, vous ne supporterez pas le voyage. 御～を煩わして恐縮ですが Vous m'excuserez d'avoir à faire appel à une personne de votre âge....

ろうたいか 老大家 vieux maître *m* vénérable.

ろうたけた 﨟長けた ¶～美女 beauté *f* ravissante.

ろうちん 労賃 prix *m* du travail; frais *mpl* de main-d'œuvre. 原料費より～の方が高くつく La matière première est moins chère que la main-d'œuvre.

ろうづけ 鑞付け ⇨ はんだ.

ろうでん 漏電 fuite *f* électrique (de courant), [ショー] court(s)-circuit(s) *m*. 火事は～が原因だった L'incendie a été causé par un court-circuit.

ろうとう 郎党 ⇨ いちぞく（一族）.

ろうどう 労働 travail(aux) *m*. ¶～する travailler. 自宅～ travail à domicile. 知的(精神)～ travail intellectuel. 肉体(筋肉)～ travail manuel. 8時間～ journée *f* de huit heures. ～運動 mouvement *m* ouvrier. 国際～機構 Organisation *f* Internationale du Travail (OIT). ～基準法 Code *m* du travail. ～組合 syndicat *m* ouvrier. ～組合員 syndiqué(e) *m(f)*. ～組合運動 mouvement syndicaliste. ～契約 contrat *m* de travail. ～時間 heures *fpl* de travail. ～者 ouvrier(ère) *m(f)*; travailleur(se) *m(f)*. ～者の ouvrier(ère). ～者階級 classe *f* ouvrière. 季節～者 ouvrier(ère) saisonnier(ère). 工場～者 ouvrier(ère) d'usine. 日雇い～者 ouvrier(ère) journalier(ère) (à la journée); journalier(ère) *m(f)*. ～省(大臣) Ministère *m* (ministre *m*) du Travail. ～条件 conditions *fpl* du travail. ～人口 population *f* active. ～争議 conflit *m* du travail. ～総同盟 [仏] Confédération *f* Générale du Travail (CGT). ～党 [英] Labour Party *m*; parti *m* travailliste. ～党員 travailliste *mf*. ～法 droit *m* du travail. ～問題 question *f* ouvrière. ～力 main(s)-d'œuvre *f*. ～力が不足している On manque de main-d'œuvre.

ろうどく 朗読 lecture *f* [à haute voix]; déclamation *f*; [暗誦] récitation *f*. ¶～する lire [à haute voix]; déclamer; réciter. ～向きの詩 poème *m* qui se prête à la déclamation. ‖～者(係) lecteur(trice) *m(f)*.

ろうにゃく 老若 ¶～男女 hommes *mpl* et femmes *fpl*, jeunes *mpl* et vieux *mpl*. ～男女を問わず sans distinction d'âge ni de sexe.

ろうにん 浪人 [武士] chevalier *m* errant; [受験生] redoublant(e) *m(f)*.

ろうにんぎょう 蠟人形 ⇨ ろう(蠟).

ろうねん 老年 vieillesse *f*; déclin *m* de la vie (de l'âge); [詩] hiver *m* de la vie. ‖～に達する atteindre la vieillesse.

ろうば 老婆 ‖～心ながら一言ご忠告致します Je me permets de vous donner un conseil de vieux.

ろうばい 狼狽 ahurissement *m*; confusion *f*. ¶～する troubler; perdre contenance; se déconcerter; se décontenancer; se démonter. 彼はすぐに～する Il se laisse déconcerter (décontenancer) facilement. 彼はちょっとのことでは～しない Il ne se démonte pas pour si peu. 私の質問に彼は～した Ma question l'a déconcerté. それにはいささか～した Cela me désarçonne un peu. ～させる troubler; déconcerter; décontenancer; démonter. ～した déconcerté; décontenancé; confus. ～した様子で d'un air (effaré).

ろうはいぶつ 老廃物 déchets *mpl* de l'organisme.

ろうばん 牢番 geôlier(ère) *m(f)*.

ろうひ 浪費 gaspillage *m*; prodigalités *fpl*; dilapidation *f*. ¶～する gaspiller; prodiguer; dilapider. 金(時間、才能)を～する

ろうへい 老兵 vieux soldat *m*; vétéran *m*.
ろうほう 朗報 bonne nouvelle *f*. 試験合格の～を手にする recevoir la bonne nouvelle d'un succès à l'examen.
ろうむ 労務 ‖～管理 direction *f* du personnel. ～担当重役 chargé *m* des relations avec le personnel.
ろうや 牢屋 ⇨ ろうごく(牢).
ろうよう 老幼 ‖～をいたわる ménager les vieillards et les enfants. ～を問わず sans distinction d'âge.
ろうらく 籠絡 ‖～する enjôler (amadouer, circonvenir) *qn*. 女を～して誘惑する séduire une femme. 彼女は甘言を弄して私を～した Elle m'a enjôlé par ses belles paroles. ‖～手段 stratagème *m* enjôleur.
ろうりょく 労力 peine *f*; effort *m*. ～を費す dépenser *ses* efforts. ～を惜しむ épargner *sa* peine (*ses* efforts). トンネル工事のために多大の～が費された La construction du tunnel a exigé un gros labeur.
ろうれい 老齢 vieillesse *f*; grand âge *m*. ～に達する atteindre la vieillesse. ‖～の vieux (vieil, vieille). ～年金 allocation *f* de vieillesse. 最近の～化社会のことが問題になってきた Le vieillissement de la société est devenu un grand problème de notre époque.
ろうれつ 陋劣 ‖～な ignoble; †honteux(se); odieux(se). ～な男 homme *m* ignoble. ～な手段 procédé *m* ignoble.
ろうれん 老練 ‖～な expérimenté; expert; averti; émérite. ～な教育家 vétéran *m* de l'enseignement. ～政治家 vieux routier de la politique. ますます～になる avoir de plus en plus de métier. ～さを買う reconnaître l'expérience (le métier) de *qn*.
ろうろう 朗々 ‖～たる声 voix *f* sonore. ～たる月 lune *f* limpide. ～と読上げる lire (réciter) *qn* d'une voix sonore.
ろうろう 浪々 ‖～の身となる être réduit au chômage.
ろえい 露営 bivouac *m*; campement *m* en plein air. ‖～する bivouaquer; camper en plein air. ～地 lieu *m* de bivouac; campement.
ロー-[ギア] première *f*. ‖～で発進する démarrer en première. ～に入れる passer en première.
ローカル ‖～カラー couleur *f* locale. ～紙 journal *m* local. ～色豊かな放送 émission *f* fortement marquée de couleur locale. ～線 chemin *m* de fer d'intérêt local; [俗] tortillard *m*. ～ニュース nouvelles *fpl* locales.
ローション lotion *f*. ‖アストリンゼント～ lotion astringente. アフターシェーブ～ [lotion] après-rasage *m*; after-shave [aftœrʃev] *m inv*. トニック～ [lotion] tonique *m*. ヘアー～ lotion capillaire.
ロース [牛肉] entrecôte *f*. ‖～ハム jambon *m* rôti.
ロースター four *m* à griller; grilloir *m*; rôtissoire *f*.
ロースト ‖～にする rôtir. ‖～チキン poulet *m* rôti. ～ビーフ rosbif *m*.
ローズマリー 【植】romarin *m*.
ロータ-[回転子] rotor *m*.
ロータリー rond(s)-point(s) *m*. ‖～エンジン moteur *m* rotatif. ～クラブ Rotary Club *m*. ～クラブ会員 rotarien *m*.
ローティーン jeune adolescent(e) *m(f)*.
ローテーション rotation *f*. ‖～システム système *m* de rotation.
ロードショー représentation *f* en exclusivité. ～映画 film *m* en exclusivité. ～映画館 cinéma *m* d'exclusivités.
ロードマップ carte *f* routière.
ロードレース course *f* sur route.
ローヌ ‖～川 le Rhône.
ローヒール souliers *mpl* à talons plats.
ローブ robe *f*. ‖～デコルテ robe décolletée. ～モンタント robe montante.
ロープ corde *f*. ‖～でしばる attacher *qc* avec une corde. ‖～ウェー téléphérique (téléférique) *m*. ～ウェー駅 station *f* de téléphérique.
ローファー mocassin *m*.
ローファット ‖～牛乳 lait *m* allégé.
ローマ Rome *f*. 「～は一日にして成らず」≪Rome ne s'est pas faite en un jour.≫ 「すべての道は～に通ず」≪Tous les chemins mènent à Rome.≫ ～の romain. ‖～人 Romain(e) *m(f)*. ～数字 chiffres *mpl* romains. 神聖～帝国 Saint Empire *m* romain germanique. 東(西)～帝国 Empire [romain] d'Orient (d'Occident). ～法 droit *m* romain.
ローム lehm *m*. ‖～層 couche *f* de lehm.
ローラー rouleau(x) *m*; [地ならしの] rouleau compresseur; [印刷機の] rouleau d'imprimerie. ¶テニスコートに～をかける rouler un court de tennis. ‖～作戦 tactique *f* du rouleau compresseur. ～スケート patinage *m* à roulettes; [靴] patins *mpl* à roulettes. ～スケートをする faire du patin à roulettes.
ローリエ laurier *m*.
ローリング roulis *m*. ‖～する rouler.
ロール ‖～ベリー rouleau *m* ventral./saut *m* ventral. ～オーバー saut *m* en rouleau. ◆; ‖～キャベツ chou(x) *m* farci.
ロールケーキ gâteau(x) *m* roulé; roulé *m*.
ロールシャッハ ‖～テスト test *m* de Rorschach.
ロールスクリーン store *m*.
ローレンシウム lawrencium *m*.
ローン prêt *m*; crédit *m*. ～で買う acheter à crédit. ‖銀行～ prêt bancaire. 住宅～ prêt de logement. 長(短)期～ prêt à long (court) terme.
ローンコート court *m* en gazon.
ローンテニス lawn-tennis *m*; tennis *m* sur gazon. ～をする jouer sur gazon.
ろか 濾過 filtrage *m*; filtration *f*. ‖～する(される) filtrer. ‖～器 filtre *m*. ～紙 papier *m* à filtre.
ろかく 鹵獲 capture *f*; prise *f*. ¶戦車(武器)を～する capturer un char (des armes). ‖～

ろかた 路肩 ¶ここは～が弱い Ici, le bas-côté de la route risque de céder. ¶「～注意」 «Attention! Accotement non consolidé.»

ロカビリー rockabilly *m*.

ろく 六 six *m*. ‖～度〔楽〕sixte *f*. ～面体 hexaèdre *m*. ～面体の hexaèdre; hexaédrique. ～角形 hexagone *m*. ～角形の hexagonal(aux).

ろく 禄 ¶…の～を食む recevoir des gages de *qn*.

ろく 碌 ¶～なことをしない ne faire rien qui vaille. ～なことをしていたら～なことにならない Cela ne vous rapporterait rien. ～な俳優は1人もいない Il n'y a pas un acteur de valeur. みんな～でもない奴ばかりだ Il n'y a pas un homme qui vaille la peine qu'on en parle. ～に寝て(食べて)ない ne dormir (manger) presque pas. 彼は～に働かない Il ne travaille que très peu.

ログアウト ¶～する clore une sesion; se déconnecter.

ログイン ¶～する ouvrir une session; se connecter.

ろくおん 録音 enregistrement *m*; prise *f* de son. テープの～ enregistrement magnétique. ¶～する enregistrer. ～で放送する diffuser *qc* en différé. ‖街頭～ reportage *m* différé. ～機 appareil *m* d'enregistrement; magnétophone *m*. ～技師 ingénieur *m* du son. ～再生 reproduction *f* d'un enregistrement. ～室 studio *m* d'enregistrement. ～テープ bande *f* magnétique. ～放送 émission *f* en différé.

ろくが 録画 enregistrement *m* des images; [ビデオテープ] magnétoscope *m*. ¶～する enregistrer les images sur bande (magnétique); magnétoscoper *qc*. ～放送 émission *f* différée de télévision; émission télévisée en différé.

ろくがつ 六月 juin *m*. ¶～に au mois de juin; en juin.

ろくじゅう 六十 soixante *m*.

ろくじゅう 六重 ¶～奏曲(団) sextuor *m*. 弦楽～奏曲(団) sextuor à cordes.

ろくしょう 緑青 vert-de-gris *m*; patine *f*. ¶～が出る se couvrir de vert-de-gris (patine); se patiner. ‖～の出た vert-de-grisé.

ろくでなし 碌でなし goujat *m*; vaurien(ne) *m(f)*.

ログハウス cabane *f* en rondins.

ろくぶんぎ 六分儀 sextant *m*.

ろくぼく 肋木 échelle *f* de gymnastique.

ろくまく 肋膜 plèvre *f*. ¶～の pleural(aux). ‖～炎 inflammation *f* de la plèvre; pleurésie *f*. ～炎患者 pleurétique *mf*.

ろくろ 轆轤 tour *m*. ～にかける travailler *qc* au tour.

ロケ[ーション] extérieurs *mpl*. その映画の～はギリシャで行なわれた Les extérieurs de ce film ont été pris en Grèce. ¶～[を]する faire les extérieurs. このシーンは～だ Cette scène a été tournée en extérieurs (en dehors du studio).

ロケット fusée *f*; [装身具] médaillon *m*. 月に～を発射する envoyer une fusée sur la lune. ‖逆推進～ rétrofusée *f*. 多段式(3段)～ fusée gigogne (à trois étages). 対戦車～ fusée (roquette *f*) antichar. 月～ fusée lunaire. ～弾 roquette. ～発射台 rampe *f* de lancement de fusées. ～砲 lance-fusées *m inv*; lance-roquettes *m inv*.

ろけん 露見(見) révélation *f*; dévoilement *m*. 陰謀の～ révélation d'une conspiration. ¶～する être dévoilé. 彼の旧悪が～した Ses anciennes fautes ont été dévoilées.

ロココ rococo *m*. ¶～風の rococo. ‖～芸術(様式) art *m* (style *m*) rococo.

ロゴス logos *m*.

ロゴタイプ logotype *m*.

ろこつ 露骨 crudité *f*; brutalité *f*. ¶～な cru; brutal; [下品な] grossier(ère); [きわどい] grivois. ～な悪意 grossière malveillance *f*. ～な描写 description *f* crue. ～に crûment; sans ménagement; brutalement; [下品に] grossièrement.

ロザリオ rosaire *m*. ¶～の祈り rosaire.

ろし 濾紙 papier-filtre *m*.

ろじ 路地 ruelle *f*; venelle *f*. ¶～裏に au fond d'une ruelle.

ロシア Russie *f*. ¶～[人, 語]の russe. ‖白系～ Russie Blanche. 白系～人 Russe *mf* blanc(che). ～革命 révolution *f* russe. ～語 russe *m*. ～皇后 tsarine *f*. ～皇帝 tsar *m*. ～人 Russe. ～帝政 tsarisme *m*.

ロジウム rhodium *m*.

ろしゅつ 露出 exposition *f*; exhibition *f*; [地層の] affleurement *m*. ¶～する exposer (exhiber) *qc*; [肉体を] se dénuder; [地層が] affleurer. ～している岩 roc *m* qui affleure. 背中を～した服 robe *f* qui dénude le dos. ‖～狂 exhibitionnisme *m*. ～狂の exhibitionniste *mf*. ～癖 exhibitionnisme *m*. ◆[写真] exposition; pose *f*. ～計 posemètre *m*. ～時間 temps *m* de pose. ～不足(過度) sous-exposition (surexposition *f*). ～不足(過度)の写真 photo *f* sous-exposée (surexposée).

ろじょう 路上 ¶～駐車 stationnement *m* sur la chaussée. ～放置車 voiture-épave *f*.

ロス perte *f*. 時間の～ perte de temps.

ロゼワイン [vin *m*] rosé *m*.

ろせん 路線 [乗物の] ligne *f*; parcours *m*; [政治の] ligne de conduite. バスの～ parcours d'un autobus. 新しい外交～を軽く歩む s'engager dans une nouvelle diplomatie. 政治～をめぐっての議論は紛糾した Les débats se sont envenimés au sujet des problèmes de ligne politique.

ろだい 露台 balcon *m*.

ロッカー vestiaire *m*. ‖コイン～ consigne *f* automatique. ～ルーム vestiaire *m*.

ろっかん 六感 ⇒ だいろく(第六).

ろっかん 肋間 ¶～神経痛 névralgie *f* intercostale; douleurs *fpl* intercostales.

ロッキー ～山脈 montagnes *fpl* Rocheuses.

ロッキングチェア rocking(s)-chair(s) *m*.

ロック rock *m*. ¶～コンサート concert *m* de rock. ～歌手 chanteur(se) *m(f)* rock; rocker [rokœr] *mf*.

ロックアウト lock-out *m inv.* ～をする lock-outer *qc*; faire le lock-out. ～をとく lever le lock-out. ¶～された労働者が工場の門前にデモをしていた Les ouvriers lock-outés manifestaient devant les portes de l'usine.

ロッククライミング varappe *f*; escalade *f* de rochers. ～をする faire de la varappe.

ロックフォール [チーズ] roquefort *m*.

ロックンロール rock (and roll) *m*.

ろっこつ 肋骨 côte *f*. 12対の～ douze paires *fpl* de côtes. ～を折る se briser une côte. 彼は自動車事故で～を数本折った Il a eu plusieurs côtes cassées dans un accident de voiture.

ロッジ refuge *m*.

ロッド [釣具] canne *f* [à pêcher]. ‖カーボン～ canne à fibre de carbone. グラス～ canne à fibre de verre.

ろっぽうぜんしょ 六法全書 recueil *m* des lois.

ろてい 路程 trajet *m*. 一日の～ trajet d'une journée.

ろてい 露呈 ¶～する être révélé.

ロデオ rodéo *m*.

ろてん 露天 ¶～で en plein air; en plein vent. ～で夜を明かす passer la nuit à la belle étoile. ‖～風呂に入る prendre un bain d'eaux thermales à ciel ouvert. ～掘り abattage *m* à ciel ouvert.

ろてん 露店 baraque *f* (boutique *f*) foraine. ‖～商人 marchand *m* (commerçant *m*) forain; forain *m*; camelot *m*.

ろてん 露点 [物] point *m* de rosée.

ろとう 路頭 ¶～に迷う être à la rue; être sur le pavé. 俺だって～に迷うことになるかもしれない Moi aussi, je vais peut-être me retrouver sur le pavé un jour. ～に迷わせる mettre *qn* sur le pavé. 妻子を～に迷わせる mettre femme et enfant sur le pavé.

ろとう 路頭 affleurement *m*.

ろどん 魯鈍 ⇒ ばか(馬鹿).

ろば 驢馬 âne *m*; [俗] baudet *m*; [雌] ânesse *f*; bourrique *f*; [子] ânon *m*; bourricot *m*. ～が鳴く braire. ～曳き ânier(ère) *m(f)*.

ろばた 炉端 ¶～で au coin du feu.

ロビー ‖hall ～. ◆[圧力団体] groupe *m* de pression; lobby (lobbys, lobies) *m*. ‖～活動 sollicitations *fpl*; pressions *fpl*.

ロビイスト solliciteur(se) *mf*.

ロブ [テニス] lob *m*. ～を上げる lober.

ロブスター homard *m*.

ロフト loft [lɔft] *m*.

ろぼう 路傍 ¶～の花 fleurs *fpl* du chemin. ～の人 étranger(ère) *m(f)*. ～に(で) au bord de la route.

ロボット robot *m*; automate *m*; [傀儡] fantoche *m*; pantin *m*; marionnette *f*. あの男は～に過ぎない Cet homme n'est qu'un fantoche.

ロボトミー lobotomie *f*.

ロマネスク ～風の roman. ‖～芸術(様式) art *m* (style *m*) roman. ～建築 architecture *f* romane.

ロマン roman *m*. 男の～を求める poursuivre un rêve d'homme. ¶～的 romanesque. ‖～体 caractère *m* romain. ～主義 romantisme *m*. ～主義者 romantique *mf*. ～主義文学(音楽) littérature *f* (musique *f*) romantique. ～派 école *f* romantique; [人] romantique *m*. ～派の romantique.

ロマン[ス]ご ～語 roman *m*; langue *f* romane. ‖～学者 romaniste *mf*.

ロマンス [楽] romance *f*; [恋愛] histoire *f* d'amour. 彼の若い頃には様々な～があった Pendant sa jeunesse, il y a eu bien des histoires de cœur. ¶～グレーの C'est un vieux beau. ～シート siège *m* pour deux.

ロマンチシズム romantisme *m*.

ロマンチスト personne *f* romanesque.

ロマンチック ～な romantique. ～な話(ムード) histoire *f* (ambiance *f*) romantique.

ロム ROM [コンピューター] mémoire *f* morte.

ろめい 露命 ¶内職をしながら何とか～をつないでおります Grâce au travail à domicile, j'arrive tout juste à joindre les deux bouts.

ろめん 路面 surface *f* de la route. ～が凍っているから用心しなさい Il y a du verglas, soyez prudent. ～が凍っていて車はスリップしてしまった Ma voiture a dérapé sur le verglas. ‖～電車 tramway *m*.

ろれつ 呂律 ¶彼は～が回らない状態だった Il était tellement paf qu'il ne pouvait plus parler.

ろん 論 ¶…は～を待たない Il va sans dire que *ind.*/Il est incontestable (indiscutable, hors de doute) que *ind.* ～より証拠 Les faits sont plus éloquents que la théorie. ‖～教育 essai *m* sur (traité *m* de) l'éducation. 反対～を張る essai *m* de l'argumenter) contre *qn*. フローベール～ essai *m* sur Flaubert. 量子～ théorie *f* des quanta.

ろんがい 論外 ¶それは～だ [議論無用] C'est inutile d'en discuter./[問題外] C'est hors de discussion.

ろんぎ 論議 discussion *f*; débat *m*. 白熱した～ discussion serrée. ～の的になる faire l'objet d'une discussion (d'un débat). ～を交す débattre avec *qn*. ～をつくす discuter à fond. ～を引きおこす provoquer une discussion. 激しい～をまき起す soulever un vif débat. ‖…について～する discuter *qc* avec *qn*; discuter sur (de) *qc* avec *qn*.

ろんきゃく 論客 polémiste *m*.

ろんきゅう 論及 ¶～する toucher à *qc*; aborder *qc*. 厄介な問題に～する toucher à une question délicate.

ろんきょ 論拠 argument *m*. …を～とする tirer argument de *qc*. ¶～のはっきりしない(曖昧な)意見 opinion *f* bien (mal) fondée.

ロング ¶～ショート tir *m* long. ～ショットプラン *m* général; plan *m* d'ensemble. ～スカート jupe *f* longue. ～セラーの小説 roman *m* à succès durable.

ロングラン longue série *f* de représentations. ～を続ける tenir l'affiche. あの映画まだやってるの、すごい～だね On joue encore ce film? Il tient bien l'affiche!

ろんご 論語 ¶彼は～読みの～知らずだ Il ne prend que la lettre et néglige l'esprit.

ろんこう 論功 ‖ ～行賞 récompense f du mérite.

ろんこく 論告 réquisitoire m. その論告は酷いい～を行った Le procureur a prononcé un violent réquisitoire. ¶～する faire (prononcer) un réquisitoire.

ろんし 論旨 argument m. 明快な～ argument clair. あの論文は～が徹底していない L'argumentation de cet article n'est pas solide.

ろんじゃ(しゃ) 論者 [筆者] auteur m; [講演者] conférencier(ère) m(f); [演説者] orateur(trice) m(f); [主唱者] défenseur m. ‖ 再軍備～ défenseur du réarmement. 平和～ pacifiste mf.

ろんしゅう 論集 ⇒ ろんぶん(論文).

ろんじゅつ 論述 ¶～する exposer. 政見を～する exposer son programme politique.

ろんしょう 論証 démonstration f; argumentation f. ～を固める consolider une argumentation. その記事は～があやふやだ C'est un article faiblement argumenté. ¶～する démontrer qc; argumenter.

ろんじる 論じる traiter de qc; disserter sur qc. 政治を～ disserter sur la politique; parler politique. ¶～に足りない Cela ne mérite pas qu'on en parle. ～に足りる奴は一人もいない Il n'y a pas un homme qui vaille la peine qu'on en parle.

ろんじん 論陣 ‖ 堂々たる～を張る développer des arguments convaincants.

ろんせつ 論説 [新聞などの] éditorial(aux) m; article m de fond. ‖～委員 éditorialiste mf.

ろんせん 論戦 débat m; [文筆による] polémique f. …と～を展開する engager (entretenir) une polémique avec qn.

ろんそう 論争 débat m; discussion f; controverse f; [文筆による] polémique f. ¶～する débattre qc avec qn; soulever (provoquer) une controverse; engager (entretenir) une polémique avec qn.

ろんだい 論題 sujet m; thème m; [標題] titre m.

ろんだん 論壇 monde m du journalisme.

ろんだん 論断 ‖ 事件の真因を～する mettre au jour après discussion la vraie cause d'un incident.

ろんちょう 論調 ton m; tendance f. 新聞の～ ton de la presse. 激しい～で d'un ton agressif (passionné).

ろんてき 論敵 adversaire mf.

ろんてん 論点 sujet m. 論文の～を明確にする préciser le thème d'une dissertation. 彼の議論はちょっと～が不明確でない On voit mal sur quoi porte sa discussion. ～を変えて考察する envisager qc sous un autre angle. ～を外れた質問 question f hors de propos.

ロンド [輪舞・輪舞曲] ronde f; [回旋曲] rondo m; rondeau(x) m.

ロンドン Londres m. ¶～の londonien(ne). ‖～塔 la Tour de Londres.

ろんなん 論難 ¶…の意見を～する passer au crible les points faibles de l'opinion de qn.

ろんぱ 論破 ¶～する l'emporter sur qn dans une discussion. 相手の議論を～する détruire l'argument de son adversaire.

ロンパース barboteuse f.

ろんばく 論駁 réfutation f. ¶相手(理論)を～する réfuter son adversaire (une théorie).

ろんぴょう 論評 critique f. ～を差し控える se garder de commenter. それについて政府は～を避けた Le gouvernement s'est refusé à commenter cela. ¶～する faire la critique de qc. それは～の限りでない Ça ne vaut pas un mot de commentaire.

ろんぶん 論文 traité m; dissertation f; essai m; étude f; [学位論文] thèse f. ‖ 修士～ mémoire m de maîtrise. 卒業～ mémoire. 博士～ thèse de doctorat. ～集 recueil m de dissertations. X教授記念～集 mélanges mpl offerts au professeur X. ～審査 soutenance f.

ろんぽう 論法 raisonnement m; argumentation f. 彼の～は少しおかしい Sa démonstration est un peu bancale. デカルトのとった～は幾何学的だった La méthode suivie par Descartes s'apparentait à la géométrie. ¶ 僕の～から行けばそうならない D'après ma théorie, on n'arrive pas à cette conclusion. ‖ 三段～ syllogisme m.

ろんぽう 論鋒 ¶ 鋭い～で迫る attaquer qn d'arguments cinglants. ～を政府に向ける tourner ses batteries contre le gouvernement. 最近彼の～は鈍ってきた Sa plume a commencé à s'émousser.

ろんり 論理 logique f. ～を無視する se moquer de la logique. 彼の～は通らない Son argumentation ne tient pas debout. ¶～的な logique. ～的な人 logicien(ne) m(f). ～的に logiquement. 非～的な illogique. ～的帰結 implications fpl. ～的精神 esprit m méthodique; décision f logique. ‖～学 logique. 記号～学 logique symbolique. 形式～学 logique formelle. ～学者 logicien(ne) m(f). 非～性 illogisme m.

わ

わ 輪 rond *m*; cercle *m*; [金属の] anneau(x) *m*; [糸などの] boucle *f*; [車輪] roue *f*; [たが] cerceau(x) *m*; [鎖の] maillon *m*; chaînon *m*. 〜を描く tracer un rond. 鳶が〜を描く Un milan décrit des ronds. 〜をつくる former un cercle. 水面に〜をつくる faire des ronds dans l'eau. 話に〜をかける exagérer; amplifier. 友好の〜を拡げる élargir le cercle des relations amicales. 先生のまわりに生徒たちの〜が出来た Les élèves ont fait cercle autour de leur professeur. ¶息子は親に〜をかけたどら息子だ L'avarice du fils dépasse celle du père. 〜になって踊る danser en rond; faire une ronde. ‖ 〜廻しをして遊ぶ jouer au cerceau.

わ 和 [協和] accord *m*; union *f*. 人の〜 union des cœurs (âmes). 〜の精神 esprit *m* de concorde. ◆ [和平] paix *f*; [和睦] réconciliation *f*. 〜を求める demander la paix à. 敵と〜を結ぶ faire la paix avec un adversaire. ◆ [合計] somme *f*. 〜を求める faire l'addition de.

-わ 把 ¶ほうれん草1〜 une botte d'épinards. 薪1〜 un fagot.

わあ oh. ¶〜見事だ Oh! C'est super!

ワーカホリック bourreau(x) *m* (drogué(e) *m* (*f*) de travail.

ワーキングホリデー vacances *fpl* fonctionnantes.

ワークシェアリング partage *m* du travail.

ワークステーション station *f* de travail.

ワークブック cahier *m* d'exercices.

ワースト 〜を記録する le plus mauvais record.

ワードプロセッサー ⇨ ワープロ.

ワードローブ garde-robe(s) *f*.

ワープロ [machine *f* à] traitement *m* de texte(s); texteur *m*. ¶〜ソフト logiciel *m* de traitement de texte.

ワールドカップ Coupe *f* du Monde.

わあわあ ⇨ わいわい.

わいきょく 歪曲 altération *f*; déformation *f*; entorse *f*; défiguration *f*. ¶〜する altérer; déformer; faire une entorse à; défigurer. 事実を〜する déformer la vérité. 人の意見を〜解釈する une interprétation qui déforme l'opinion d'autrui. 〜された報道 nouvelle *f* déformée.

ワイシャツ chemise *f*. [d'homme]. ‖ 〜姿でいる être en bras de chemise.

わいしょう 矮小 ¶〜な nain; menu; rabougri.

わいせつ 猥褻 obscénité *f*. ¶〜な obscène; [話や歌が] grivois; impudique. 〜な行為に及ぶ se livrer à une action impudique. ‖ 〜罪 outrage *m* public (attentat *m*) aux mœurs (à la pudeur). ‖ 〜文学 pornographie *f*.

わいだん 猥談 propos *m* polisson; polissonnerie *f*; grivoiserie *f*; gauloiserie *f*; gaudrioles *fpl*. 〜をする dire (raconter) des gauloiseries (grivoiseries).

ワイドスクリーン grand écran *m*; écran large.

ワイドテレビ télévision *f* à grand écran.

ワイナリー [一階にある] chai *m*; cellier *m*; [地下の] caves *fpl*.

ワイパー essuie-glace *m inv*.

わいほん 猥本 livre *m* pornographique.

ワイヤ[-] fil *m* de fer; câble *m*. 〜レスマイク microphone *m* sans fil. 〜ロープ câble métallique.

ワイヤー 〜ガラス verre *m* armé. 〜ブラシ brosse *f* métallique.

わいろ 賄賂 pot(s)-de-vin *m*; dessous *m* de table. 〜で買収する corrompre *qn*. 〜を貰う toucher un pot-de-vin. あの人には〜が利かない On ne peut pas acheter cette personne.

わいわい 〜騒ぐ faire du vacarme; chahuter. 〜はやし立てる huer.

ワイン vin *m*. ‖ テーブル〜 vin de table. 〜カラー(レッド) bordeaux *m*; lie-[de-]vin *m inv*. 〜レッド(カラー)のドレス robe *f* lie[-de-]vin. 〜クーラー seau(x) *m* à glace. 〜グラス verre *m* à vin. 〜試験場 station *f* œnologique. 〜醸造[法] vinification *f*. 〜醸造学 œnologie *f*. 彼は〜通だ C'est un fin connaisseur de vin. 〜ビネガー vinaigre *m* de vin. 〜ラック porte-bouteilles *m inv*. 〜リスト carte *f* des vins.

ワインオープナー tire-bouchon(s) *m* [ソムリエナイフ] limonadier *m*; couteau(x)-sommelier(s) *m*.

わえい 和英 ‖ 〜辞典 dictionnaire *m* japonais-anglais.

わおん 和音 accord *m*. 〜を鳴らす [ピアノで] plaquer un accord.

わが 我が〜 mon (ma, mes); [我々の] notre (nos).

わかい 若い jeune; [年下] cadet(te). 〜女性 jeune personne *f*. 〜人 personne jeune. まだまだ〜者には負けないよ Je suis loin de me faire battre par les jeunes. うちの〜者にそれを届けさせましょう Je vais vous le faire apporter par mon garçon. 彼は僕より3つ〜 Il est plus jeune (moins âgé) que moi de trois ans./Il est mon cadet de trois ans. ¶若く見える paraître jeune. 若く見える顔 visage *m* jeune. 彼は年の割には若く見える Il paraît jeune pour son âge. この髪型だと若く見えますよ Cette coiffure vous rajeunit. 若く見える(年を若く言う) se rajeunir. 彼女は何かして若く見せようとしている Elle essaie de se rajeunir par tous les moyens. 彼女は彼女より10歳も〜と見ている Il la rajeunit de dix ans. それはもしかも私たちが若くないということだ Cela ne me rajeunit pas. 私たちいつまでも若くありませんからね Notre jeunesse ne peut *sa* durer. ¶私の〜頃 dans mon jeune temps; dans ma jeunesse. 〜々〜頃 dans *sa* première jeunesse. 〜時から depuis la plus tendre jeunesse de *qn*. 〜人のような格好をする s'habiller jeune. 若く

わかい して結婚する se marier jeune. 〜うちが花だ Le bon temps, c'est la jeunesse.

わかい 和解 réconciliation *f*; raccommodement *m*; rapprochement *m*;〖法〗transaction *f*;[示談] arrangement *m*. 話し合いで〜が成立した Un dialogue a permis une réconciliation. その一件はまだ〜に達していない Sur ce point on n'a pas encore atteint d'accord. ¶〜する se réconcilier avec; se raccommoder avec; se rapprocher; prendre des arrangements avec. 〜させる réconcilier *qn* avec *qn*; raccommoder *qn* avec *qn*; rapprocher *qn*.

わかえだ 若枝 branche *f* nouvelle; rejet *m*.

わかがえり 若返り rajeunissement *m*; regain *m* de jeunesse. 〜の泉 fontaine *f* de jouvence. ¶〜法 cure *f* de rajeunissement.

わかがえる 若返る [se] rajeunir. 彼は結婚してからすっかり若返った Il est tout rajeuni depuis son mariage. 若返らせる rajeunir *qn*.

わかぎ 若木 jeune arbre *m*;[苗木] plant *m*.

わかぎみ 若君 jeune seigneur *m*; prince *m*.

わかくさ 若草 jeunes herbes *fpl*.

わかげ 若気 ¶〜の過ち péché *m* (folies *fpl*, erreurs *fpl*) de jeunesse. 〜の過ちは大目に見てやるべきだ Il faut que jeunesse se passe. 〜の過ちとはいえ許し難い On a beau mettre cette faute sur le compte de la jeunesse, elle reste impardonnable. 〜の至りで emporté par mon ardeur juvénile. 〜の至りで何とも面目ない Emporté par ma jeune ardeur, j'ai complètement perdu la face.

わかごと 我が事 彼は〜のように喜んだ Il s'en réjouit comme si c'était de lui.

わかごま 若駒 poulain *m*;[雌] pouliche *f*.

わかさ 若さ jeunesse *f*. 〜を保つ conserver *sa* jeunesse. 〜を取り戻す rajeunir. 心の〜を失わない garder la fraîcheur de cœur.

わかじに 若死 mort *f* prématurée. ¶〜する mourir jeune.

わかしらが 若白髪 cheveux *mpl* prématurément blanchis. ¶彼は〜だ Ses cheveux ont prématurément blanchi.

わかす 沸かす faire bouillir; [熱する] chauffer. 風呂を〜 préparer un bain. 湯を〜 chauffer de l'eau. ...に血を〜 se passionner pour *qc*. オリンピックは若者の血を〜 Les Jeux olympiques excitent la jeunesse. その映画は私の血を沸かした Ce film m'a passionné.

わかぞう 若造 blanc(s)-bec(s) *m*. 〜のくせに生意気だ Pour un blanc-bec, en voilà du culot!

わかだんな 若旦那 fils *m* de la maison; jeune patron *m*. デュバルの〜 M. Duval fils.

わかちあう 分かち合う partager *qc* avec *qn*;[互いに] se partager *qc*. 責任を〜 partager une responsabilité avec *qn*. 彼らは遺産を分け合った Ils se sont partagé l'héritage.

わかつ 分つ [袂を〜 se séparer de *qn*;[絶交する] rompre avec *qn*. 昼夜を分たず働く travailler jour et nuit. ⇒ わける(分ける).

わかづくり 若作り ¶〜の未亡人 veuve *f* qui se rajeunit. 〜にする s'habiller jeune.

わかて 若手 jeunes *mpl*. ちゃきちゃきの〜 jeune *mf* qui en veut.

わかどり 若鶏 poulet *m*; poulette *f*. 〜の丸焼 poulet rôti.

わかば 若葉 jeune feuille *f*;[集合的] jeune feuillage *m*;[青葉] verdure *f*. 緑の〜 verdure printanière. 春には〜が萌え出る Au printemps, le feuillage reverdit.

わかはげ 若禿 calvitie *f* précoce. ¶〜になる devenir chauve prématurément.

わかふうふ 若夫婦 jeunes époux *mpl*; jeune ménage *m*.

わがまま 我儘 [身勝手] égoïsme *m*;[気まぐれ] caprice *m*;[強情] entêtement *m*; obstination *f*. 子供の〜をすべて許す passer à un enfant tous ses caprices. そんな〜は断じて許さない Jamais je n'approuverai un tel égoïsme. そんな〜ははずがない Cette obstination est inacceptable. ¶〜な égoïste; capricieux(se); entêté; obstiné. 〜な生き方をする vivre en égoïste. 〜なことを言う parler en égoïste. 〜な子供 enfant *mf* gâté(e). 〜に振舞う faire (avoir) des caprices; 〜に 〜に faire qu'à *sa* tête; faire *ses* quatre volontés. ¶彼は一人息子を一杯に育てた Il a élevé son fils unique en lui passant ses quatre volontés. 〜者 égoïste *mf*.

わがみ 我身 ¶〜を顧みる réfléchir sur *soi-même*. 〜をつねって人の痛さを知れ Fais un peu l'expérience de la souffrance d'autrui. ¶彼がそんなことをしたのも〜可愛さからだ S'il a fait cela, c'est par amour de soi.

わかめ 若芽 bourgeon *m*; brin *m*. 草の〜 brin d'herbe.

わかもの 若者 jeune homme *m*; adolescent(e) *m(f)*. 〜たち jeunes gens *mpl*; jeunesse *f*.

わがもの 我物 〜にする [人の物を] s'approprier *qc*;[女を] posséder. 他人の財産を〜にする s'approprier les biens d'autrui. 彼は師匠のアイディアを〜にした Il a fait siennes les idées de son maître.

わがものがお 我物顔 ¶〜をする agir en maître. 〜をして d'une manière autoritaire. 彼はどこへ行っても〜にふるまう Il fait partout comme s'il était chez lui.

わがや 我が家 mon foyer; ma maison.

わかやぐ 若やぐ ¶スポーツをすると気持ちが〜 Le sport nous rajeunit. 新しい着物を来たら若やいだ気分になった Avec cette robe nouvelle, je me suis sentie rajeunie.

わからずや 分らず屋 ¶彼はまったくの〜だ Il est têtu comme une mule. うちの父は〜で困りかねる J'ai un père très têtu; c'est ennuyeux. 〜の têtu; entêté *mf*.

わかり 分り ¶〜が早い(遅い) être intelligent (peu intelligent). 〜が早い子 Cet enfant apprend vite. ¶物〜がいい(悪い) être compréhensif(ve) ⟨peu compréhensif(ve)⟩.

わかる 分[解]る [理解する(できる)] comprendre; entendre; voir; savoir; connaître. 誰にでも一本見れば〜のだ I1 est à la portée de tous. あの意図は〜 On vous voit venir. あなたの言うことはよく〜 Je vous comprends bien. この子

はもう何でも分っていますよ Cet enfant connaît déjà beaucoup de choses. 彼は何とか分ろうと努力した Il a essayé d'y voir clair. 分ってもらう se faire comprendre. 私の意図を分ってもらおうとしたが駄目だった J'ai essayé en vain de faire comprendre mes intentions. 彼は両親に分ってもらえずに悩んでいる Elle souffre de ne pas être comprise par ses parents. さっぱり分らない ne rien entendre à qc; n'y comprendre rien. それがさっぱり分らないんです C'est à n'y rien comprendre. 何をしたらいいか分らない ne savoir que faire. それは彼の頭では分らないことだ Ce n'est pas à la portée de son esprit./Cela le dépasse. 彼には原則すら分らない Il ignore les principes même. その問題は考えれば考えるほど分らなくなる Plus je pense à ce problème, plus je m'y perds. それは分り切ったことだ Cela va de soi (sans dire) que *ind*. 分った [了承] J'ai compris!/J'y suis!/Je vois!/[承知] Entendu! ¶分り易い facile à comprendre; compréhensible; intelligible; clair; accessible. 初心者に分り易く説明する expliquer d'une manière compréhensible; expliquer pour mieux faire comprendre. 分り難い difficile à comprendre; incompréhensible. 分り難い文章 phrase *f* obscure (incompréhensible); phrase difficilement compréhensible. ◆[見当がつく] reconnaître. 良い葡萄酒は香りで━ On reconnaît un bon vin à son fumet. 足音で彼だと分った J'ai reconnu au bruit de son pas. この町はすっかり変ってしまったので、どこが分らなくなった Ce quartier a tellement changé que je ne m'y reconnais plus. ◆[明らかになる] ¶どうして僕の電話番号が分ったの Comment est-ce que tu as appris mon numéro de téléphone? 今に分ります On verra. 友人の住所が分らない Je ne connais pas l'adresse de mon ami. ¶[道理が分る] ¶彼は道理を分ろうとしない Il ne veut pas entendre raison. あなたって人はまったく分らないことを言う人だ Vous dites des choses vraiment incompréhensibles. 話の━人 personne *f* compréhensive.

わかれ 別れ séparation *f*; adieu(x) *m*. 長の(この世の)━ dernier (éternel) adieu. これが長の━になるかもしれない Peut-être que nous nous voyons pour la dernière fois. ━の杯を干して別れを惜しむ se séparer de *qn* avec regret; [互いに] échanger des adieux interminables. ━を告げる prendre congé de *qn*; dire adieu à *qn*; faire *ses* adieux à *qn*. ¶━になる [離散] se disperser. 我々はそこで━━になった Nous nous sommes séparés là cet endroit. ━━に暮す vivre séparément. ━━に出発する partir chacun de son côté. ‖━話を持ち出す proposer le divorce.

わかれみち 別れ道 embranchement *m*; [分岐] bifurcation *f*; carrefour *m*. ¶人生の━に差掛る arriver à un tournant de *sa* vie.

わかれめ 分れ目 bifurcation *f*; fourche *f*; jonction *f*; [運命, 歴史などの] tournant *m*. 勝敗の━ [競技, 試合で] moment *m* critique d'une partie (d'un match). ¶彼は人生の━にいる Il est à un tournant de sa vie.

わかれる 分れる [分岐する] s'embrancher; [道, 鉄道が二つに] bifurquer; [分割される] se diviser en; [配分される] se partager; [解釈が] diverger. 彼らの解釈はこの点で━ Leurs interprétations divergent sur ce point. その川は下流で2つに分れている La rivière se sépare en deux en aval. 道はその村で分れている La route bifurque au village. その点について専門家たちの意見も分れている Les spécialistes sont partagés sur ce point. 彼女の気持ちは愛と憎しみとに分れている Elle est partagée entre l'amour et la haine. その党は2つに分れた Ce parti s'est divisé en deux.

わかれる 別れる quitter *qn*; se séparer de *qn*; [互いに] se quitter; se séparer; [恋人などと] rompre avec *qn*; [離婚する] divorcer [d'] avec. 結婚して1年で私は彼女と別れた Je l'ai quittée après un an de mariage.

わかわかしい 若々しい jeune; juvénile; frais (fraîche). ━青年 jeune *m* plein de vie. 声(顔, 体付)が━ avoir la voix (le visage, le corps) jeune. ━気持ちでいる avoir le cœur jeune.

わき 和気 ‖━あいあいとした雰囲気 atmosphère *f* familiale (chaleureuse). この家庭は━あいあいとしている L'harmonie règne dans cette famille.

わき 脇 [側] côté *m*. ━を見る jeter un regard de côté. 話を━へ外らす changer de sujet; faire une digression. ¶━に à côté. ...の━に à côté de *qc*. ‖小━に抱える porter *qc* sous le bras. ◆[脇腹] côté; flanc *m*. 彼は━が甘い [レスリングなどで] Sa garde latérale est lâche.

わぎ 和議 ❶ わ(和), こうわ(講和).

わきあがる 沸き上る ¶歓声が沸き上った Les acclamations ont fusé. ⇒ わきたつ(沸き立つ).

わきおこる 沸き起る ¶至る所で笑いが沸き起っていた Les rires fusaient de toutes parts.

わきが 腋臭 odeur *f* des aisselles. ━がする sentir les aisselles.

わきかえる 沸き返る ¶お湯が沸き返っている L'eau bout à gros bouillons. その演説に聴衆は沸き返った Ce discours a soulevé la foule.

わきげ 腋毛 poils *mpl* des aisselles.

わきたつ 沸き立つ [血が] s'embraser; [群衆が] s'agiter. 湯が━ L'eau commence à bouillir. 雲が━ Les nuages commencent à s'amonceler. スタンドの観衆が沸き立っている La foule des gradins est en délire. その知らせに町中が沸き立った Cette nouvelle a mis toute la ville en effervescence. ¶血を沸き立たせる embraser.

わきでる 湧き出る jaillir; surgir. 温泉がこんこんと湧き出ている La source thermale jaillit à gros bouillons. 心から━言葉 mot *m* qui part du cœur.

わきのした 脇の下 aisselle *f*.

わきばら 脇腹 côté *m*; flanc *m*. ━の差込み point *m* de côté. ━に一発食らう(食わせる) recevoir (donner à *qn*) un coup dans le côté. 右の━が痛い J'ai mal au flanc droit.

わきまえ 弁え discernement m; bon sens m. ¶〜のある sensé. 〜のある人 personne f de bon sens. 彼になんて〜がないのだ Il manque complètement de discernement. 前後の〜もなく sans réflexion.

わきまえる 弁える [心得る] avoir du discernement. 善悪を〜 savoir discerner le bien du mal. 礼儀を弁えない人 personne f qui ignore la politesse.

わきみ 脇見 ¶〜する détourner la tête; regarder ailleurs. 授業中に〜をする les yeux au tableau! ‖〜運転をする conduire en regardant ailleurs.

わきみち 脇道 chemin m détourné. ¶〜に逸れる faire fausse route; [話が] s'écarter du sujet; faire une digression. つい話が〜に逸れてしまう se laisser entraîner à des digressions.

わきめ 脇目 ¶〜もふらず...する s'absorber dans; être absorbé dans; se plonger dans; s'appliquer à. 〜もふらずに勉強する s'appliquer à ses études.

わきやく 脇役 rôle m secondaire; utilités fpl. 〜を演ずる jouer un rôle secondaire; jouer les utilités.

わぎり 輪切り rond m; [薄片] tranche f; [小さい] rondelle f. レモンの〜 tranche de citron. ソーセージの〜 rond (rondelle) de saucisson. ¶〜にする couper qc en rondelles.

わく 沸く [沸騰する] bouillir; [泡立つる] bouillonner; [観客などが] s'exciter. 風呂が沸いた Le bain est prêt. 闘牛士のすばらしい演技に観客はどっと沸いた L'adresse du toréador a mis la foule en délire.

わく 湧く [湧出する] jaillir; surgir; [雲が] se former; [蛆が] pulluler; [発生する] naître; apparaître; se former. 温泉が湧く Les eaux thermales jaillissent. 美術に興味が〜 éprouver de l'attrait pour les beaux-arts. 希望が〜 sentir son cœur se gonfler d'espoir. 彼の心に希望が湧いてきた Une espérance a surgi dans son cœur. 私はオートレースを見ていると血湧き肉踊るのを感じる Quand je regarde une course de voitures, je me sens très excité.

わく 枠 cadre m; châssis m; [フィルムなどの巻き枠] bobine f; [眼鏡の] monture f; [刺繍の] tambour m. 新聞記事の〜 encadrer un article de journal. 〜に入れる encadrer qc; mettre qc dans un cadre. ‖そのような教育は避けねばならない Il faut éviter une éducation qui enferme dans un carcan. ‖[範囲] cadre; limite f. 〜からはみ出す sortir du cadre. 予算の〜をはみ出す dépasser les limites du budget. ...に〜をはめる encadrer qc. 窓に〜をはめる installer le châssis d'une fenêtre. ‖...の〜外で en marge de qc. 〜の〜内で dans le cadre de qc. 予算の〜内で dans les limites du budget.

わくぐみ 枠組 bâti m; charpente f; [大綱] grandes lignes fpl.

わくせい 惑星 planète f. 映画界の〜 étoile f du cinéma. 〜の planétaire ‖小〜 petite planète; 『天』astéroïde m.

ワクチン vaccin m. 〜を注射する vacciner qn. 〜を接種する inoculer (faire) un vaccin. 〜 vaccinal(aux). 腸チフスの〜を打つ vacciner qn contre la fièvre typhoïde. 〜注射 vaccination f.

わくらん 惑乱 trouble m; bouleversement m. ¶〜する perdre la tête; se troubler.

わくわく ¶〜する avoir un frisson de plaisir; tressaillir (frémir) de joie. 彼女に会えるかと思うと胸が〜する Mon cœur bat la chamade à l'idée de la rencontrer.

わけ 訳 [理由・事情] raison f; cause f; pourquoi m inv; [意味] raison; [道理] raison; [動機] motif m; [口実] prétexte m. ¶〜する 〜がある avoir une raison de inf. 彼女を信用できない個人的な〜があって J'ai des raisons personnelles de me méfier d'elle. 彼が時間に間に合わない〜がない Il n'y a pas de raison pour qu'il ne soit pas à l'heure. 〜がなければ外出はさせません Je ne te laisserai pas sortir si tu ne trouves pas un prétexte valable. ...という〜で pour la raison que ind. どういう〜で彼は来なかったのか Pourquoi (Pour quelle raison) n'est-il pas venu? どんな〜で彼は急に帰国する気になったのだろう Quels sont les motifs qui justifient son retour inattendu? そういう〜で... C'est ainsi que ind. こういう〜です Voilà pourquoi. 〜を言い[道理] faire entendre raison à qn. 〜を説明して下さい Expliquez-moi pourquoi. ...の〜をたずねる demander la raison (le pourquoi) de qc. 彼女が来ない〜をご存じですか Connaissez-vous la raison pour laquelle elle ne vient pas? ¶〜もなく悩む se tourmenter à plaisir. 〜もなく笑う sans motif. ◆[当然] ¶道理で彼が怒った〜だ C'est avec raison qu'il s'est mis en colère. ◆[意味] 〜の分らない incompréhensible; inintelligible; absurde. 〜の分らない言葉 baragouin m; galimatias m. 〜の分らないことを言う dire des absurdités.

わけあう 分け合う [複数で] se partager qc; [人と] partager qc avec (entre) qn. 喜び(苦しみ)を〜 partager la joie (la peine) de qn.

わけあたえる 分け与える distribuer qc à qn; attribuer qc à qn.

わけいる 分け入る pénétrer dans; s'enfoncer dans. 森の中に〜 s'enfoncer dans la forêt.

わけない 訳ない ¶〜仕事 travail m facile. そんなことは〜 C'est une chose facile à faire. 訳なく facilement; aisément; sans peine (effort). あの男は訳なくだませる C'est un homme facile à tromper.

わけへだて 別け隔て discrimination f; distinction f; [ひいき] partialité f. ¶〜する faire une distinction (de différences). 自分の子供達に対して〜してはいけない Il ne faut pas faire des différences entre ses enfants. 〜して avec partialité. 〜なく sans discrimination; sans distinction.

わけまえ 分け前 part f; portion f. 〜にあずかる avoir qc en partage. 〜にあずからせる associer qn à sa part. 人に〜を与える faire la part de qn. 遺品の〜を要求する(貰う) demander (avoir) sa part d'héritage.

わけめ 分け目 [髪の] raie f. 真中に髪の〜をつけている porter la raie au milieu.ǁ天下〜の戦い bataille f décisive. ワーテルローはナポレオン帝政にとって天下〜の戦いだった Waterloo a été la bataille où s'est joué le sort de l'Empire.

わける 分ける [分割する] diviser; partager; morceler; démembrer. 生徒を3つのクラスに〜 diviser les élèves en trois classes. 領地を〜 diviser (démembrer) un domaine. 髪を左(真中)に〜 porter la raie à gauche (sur le côté, au milieu). 波を分けて船が進んでいく Le bateau avance en fendant les vagues. ¶そのグループは2つの班に分かれた Le groupe s'est divisé en deux équipes. ◆[引き分ける]〜喧嘩を〜 apaiser une querelle. ◆[分配する] répartir; partager; distribuer; assigner. 兵隊に制服を〜 distribuer des uniformes aux soldats. 仕事を〜 assigner un emploi à qn. 数人に金を〜 répartir une somme entre plusieurs personnes. ◆[分離させる] séparer. 理論と実践とを〜のは間違いですよ Vous avez tort de séparer théorie et pratique. ◆[分類する] classer qc. ABC順に〜 classer par ordre alphabétique.

わごう 和合 concorde f; union f; harmonie f; entente f. 〜する s'unir; s'accorder; s'entendre; s'harmoniser. 〜させる unir; accorder; mettre qc en accord. 〜した夫婦 〜の秘訣 secret m de l'harmonie conjugale.

ワゴム 輪〜[ゴム] 包みに〜をかける fixer un emballage avec un élastique.

ワゴン [自動車] fourgonnette f; [ワゴンテーブル] table f roulante.

わざ 技 [技芸] art m; [技術] technique f; [芸当] tour m; [柔道の] prise f. 〜を磨く s'exercer à qc (入門). 柔道では禁止されている〜もある Certaines prises ne sont pas autorisées en judo.

わざ 業 [所業] fait m; [行為] acte m; [仕業] œuvre f. 神の御〜 œuvre de Dieu. それは容易な〜ではない Ce n'est pas à la portée de tout le monde. ¶力〜 tour m de force. 人間〜を超えた行為 acte surhumain.

わさい 和裁 confection f de kimono.

わざし 業師 〜[あいつ]だから注意しろよ C'est un fin matois; sois sur tes gardes.

わざと exprès; avec intention; à dessein; délibérément; intentionnellement. 〜負けてやる perdre exprès. 〜したことです C'est fait exprès. 彼は〜あなたに反対しているのだ Il fait exprès de vous contredire. 夫は〜ベッドで煙草を喫うのだ Mon mari se fait un malin plaisir de fumer dans son lit. ¶〜らしい affecté; forcé; factice; artificiel(le). 〜らしい笑い rire m forcé. そいつは〜らしい Cela sent le procédé.

わさび 山葵 raifort m. 〜が利きすぎて涙が出た Le raifort était tellement fort qu'il m'a fait pleurer.

わざわい 禍(災) malheur m; mal (maux) m; [災害] désastre m; calamité f; fléau(x) m. 〜を招く s'attirer un malheur. 〜をもたらす porter malheur. «〜を転じて福となす» «A quelque chose malheur est bon.» 彼の身に〜が降りかかってきた Il lui est arrivé (survenu) un malheur. 美しいのが〜となる La beauté est source de malheur. «口は〜の元» «La langue est source de bien des maux.» あの男と結婚したのが〜の元で私はすっかり駄目になってしまった Le mariage avec cet homme a été la source de mes malheurs et a fait de moi une femme perdue. ¶悪天候に〜されて彼等は登頂を断念した Ils ont renoncé à atteindre le sommet à cause du mauvais temps.

わざわざ ¶…するには及ばない Ce n'est pas la peine de inf. 〜私どもの会においで下さりありがとうございます Vous êtes très aimable d'avoir bien voulu assister à notre réunion. その映画見たさに彼は〜雪の中を出かけて行った Voulant absolument voir ce film, il est sorti malgré la neige. 〜でなくておいでの時で結構です Inutile de vous déranger, ça peut se faire si l'occasion s'en présente.

わし 和紙 japon m; papier m du Japon.

わし 鷲 aigle mf. 〜の子 aiglon m. ¶〜のような目つき yeux mpl (regard m) d'aigle.

わしき 和式 ¶〜のトイレ toilettes fpl de style japonais.

わしつ 和室 pièce f (chambre f) de style japonais.

わしづかみ 鷲掴み empoigne f. 〜にする empoigner. 札束を〜にして逃げる se sauver en empoignant une liasse de billets.

わしばな 鷲鼻 nez m en bec d'aigle; nez busqué (aquilin).

わしゃ 話者 narrateur(trice) m(f).

わじゅつ 話術 art m de bien parler; éloquence f; art oratoire. ¶〜の巧みな人 personne f éloquente; aimable causeur(se) m(f).

わしん 和親 ǁ〜条約 pacte m d'amitié.

わずか 僅か ¶父親が死んだ時彼は〜5歳だった Il n'avait que cinq ans quand son père est mort. それは〜3個しか残っていない Il en reste seulement trois./Il n'en reste que trois. 〜3点の差で負ける perdre un match seulement de trois points. ¶〜な[軽い]; faible; modique; un peu de. 〜な金額 petites sommes fpl [d'argent]; peu d'argent. 〜な給料 salaire m supérieur de peu à la modique (médiocre). ¶〜な人々 peu de gens mpl. 〜な量 faible quantité f. 〜ばかりの観客 une poignée de spectateurs. 〜なことで怒り出す se mettre en colère pour un rien. そんな〜なことのために pour si peu de chose. 〜日数で peu de jours. 〜の差で汽車に乗り遅れる manquer le train de peu. 〜の差で勝つ gagner de justesse. 〜のもので満足する se contenter de peu. 〜な物を分ち合う partager les moindres choses. 〜に動く bouger légèrement. 〜に反抗する résister faiblement. …より〜にすぐれている être supérieur de peu à. 彼のことは〜に憶えている Je me le rappelle vaguement. 〜しか飲まない boire très peu. ほんの〜しか働かない travailler un petit peu. 〜しか支払われない être maigrement payé. たとえ〜でもそれで

わずらい 患い ⇨ びょうき(病気), しんぱい(心配), なやみ(悩み). ¶長の~で彼はすっかりやせ細ってしまった Une longue maladie ne lui a laissé que la peau et les os.

わずらう 患う ¶リューマチを~ souffrir de rhumatismes. ◆[苦しむ・悩む] ¶あれこれと思い~ se faire des soucis de tout. 行末を思い~ s'inquiéter de son avenir.

わずらわしい 煩わしい ennuyeux(se); embarrassant; [込み入った] compliqué. ~手続 formalités fpl compliquées. 毎日仕事に出かけるのは~ C'est ennuyeux d'aller travailler tous les jours. ¶煩わしげに d'un air ennuyé. 家事の煩わしさ tracas m du ménage.

わずらわす 煩わす ¶...に心を~ s'inquiéter de; se tourmenter de; se tracasser de. お手数を煩わせました Excusez-moi de vous avoir dérangé. 御一報を煩わせたい Veuillez m'en informer.

わすれがたみ 忘れ形見 ⇨ いじ(遺児).

わすれっぽい 忘れっぽい oublieux(se). 彼は~ Il est oublieux./Il a la mémoire courte.

わすれなぐさ 勿忘草 myosotis m; oreille f de souris; ne m'oubliez pas m inv.

わすれもの 忘れ物 [遺失物] objet m perdu; [拾得物] objet trouvé. ~をする oublier quelque chose.

わすれる 忘れる oublier. 映画館に傘を~ oublier son parapluie au cinéma. 時間(時の経つ)の~ oublier l'heure. 友のことを~ oublier ses amis. ...することを~ oublier de inf. スープに塩味をつけ~ oublier de saler la soupe. 自分の名前を書き~ (oublier) de donner son nom. 時が経てば~ Le temps apporte l'oubli. それは忘れてしまった Cela m'est sorti de l'esprit. その話はもう、私は忘れてしまった N'en parlons plus, j'ai tout oublié. なぜ(彼ら)がそんな決心をしたのか忘れてしまった J'ai oublié pourquoi (comment) ils avaient pris cette décision. そのことは忘れて下さい N'y pensez plus. 時の経つのを忘れて本を読む s'oublier dans sa lecture. 忘れずに5時に起して下さい Ne manquez pas de me réveiller à cinq heures. 忘れずにそう致します Je n'y manquerai pas. ¶忘れさる faire oublier. 忘れられる être oublié; s'oublier; tomber dans l'oubli. その作家は今日はすっかり忘れられてしまった Cet écrivain est complètement oublié aujourd'hui./Cet écrivain est tombé tout à fait dans l'oubli aujourd'hui. 死んだ母のことは片時も忘れられない Je n'oublie pas un instant ma mère morte./Le souvenir de ma mère morte m'est toujours présent à l'esprit. ¶忘れられない inoubliable; ineffaçable. 忘れられない印象 impression f ineffaçable. その出会いは忘れられない思い出を私に残した Cette rencontre m'a laissé un souvenir inoubliable. 忘れたようにした痛みは雲散霧消した La douleur s'est évanouie comme par enchantement. ◆[無視する・怠る] négliger. 義務を~ négliger ses devoirs. 辞書を引くのを忘れてはいけない Il ne faut pas négliger de consulter le dictionnaire.

わせ 早稲・早生 m hâtif.

わせい 和声 harmonie f. ¶~の harmonique.

わせい 和製 ¶~の de fabrication japonaise; fabriqué au Japon.

ワセリン vaseline f. ~を塗る vaseliner qc.

わせん 和戦 ¶~両様の構えを取る mener une politique compatible avec la paix comme avec la guerre.

わた 綿 coton m; [布団、衣類の] ouate f. ~を入れる [布団などに] ouater. ¶~のような雪 neige f floconneuse. ~のような雲 nuages mpl cotonneux. ~のように疲れる être au bout du rouleau. ¶~入れの ouaté. ~菓子 barbe f à papa. ~屑 étoupe f de coton.

わだい 話題 sujet m; propos m. 往時を思い出して~は尽きなかった Nous n'arrêtions plus d'évoquer les souvenirs de ce temps-là. ~にする mettre qc sur le tapis. ~となる être dans toutes les bouches; être sur le tapis. 再び~になる revenir sur le tapis. 子供のしつけがその会の~になった L'éducation des enfants était à l'ordre du jour de cette assemblée. ~を変える changer de propos. ~をにぎわす défrayer la conversation. ¶今~になっている小説 roman m dont on parle beaucoup. ~の豊富な人 personne f qui a de la conversation.

わだかまり 蟠り ¶~がある [恨み] éprouver (garder) du ressentiment contre qn. 我々の間には~がある [不和] Nous sommes en froid. ~を捨る abandonner une rancœur.

わたくし 私 moi. ~は(が) je. ~の mon (ma, mes). ~に me; à moi. ~のもの le(s) mien(s) m; la (les) mienne(s) f. ~自身 moi-même. ジャン, ~を愛して Aime-moi, Jean! ◆[公に対する] ~を去る faire abstraction de soi. 公金を~する commettre (faire) une malversation; détourner des fonds. ~の privé; personnel(le); particulier(ère). 公用でなく~の用向きで来ました Je ne suis pas venu pour des affaires officielles mais pour mes affaires privées (personnelles). ~のない人 personne f impartiale. ¶~事 affaire f privée (personnelle). ~事で恐縮ですが... Excusez-moi, mais il s'agirait d'une affaire personnelle.... ~立の学校 école f privée.

わたくも 綿雲 nuage m cotonneux.

わたげ 綿毛 duvet m. たんぽぽの~ duvet de pissenlit. ~で蔽われる se duveter. ¶~に蔽われた duveté.

わたし 渡し ¶~賃を払う payer le passage. ~場 embarcadère m. ~舟 bac m; bateau (x) m de passage. ~守 passeur(se) m.

-わたし 渡し [鉄道] franco sur rail (FOR). 船側~ franco à quai (FAS). 本船~ franco à bord (FAB), (FOB).

わたす 渡す ◆[手渡す・引き渡す] passer qc à qn; remettre qc à qn; [与える] donner. 政権を~ transmettre le pouvoir politique à qn. 通行人にビラを~ distribuer des tracts aux passants. 息子に金を~ donner de l'argent à son fils. この手紙をお父さんに渡して下さ

わだち 轍 ornière f; traces fpl de roues. ¶～の跡のある道 chemin m sillonné d'ornières.

わたり 渡り ¶～に舟だ C'est un heureux concours de circonstances. ¶[交渉]～をつける (se mettre) en contact avec qn. ◆[渡り歩き] ¶～職人 artisan m ambulant.

わたりあう 渡り合う [論争する] discuter d'un sujet avec qn; [争う] être aux prises avec qn; [剣で] se battre à l'épée. 互角に～[スポーツで] faire jeu égal avec qn.

わたりあるく 渡り歩く vagabonder; mener une vie errante. バーを渡り歩いて来たバーテンダー barman m qui a traîné d'un bar à l'autre.

わたりいた 渡り板 passerelle f; [桟橋で] appontement m.

わたりがに 渡蟹 étrille f.

わたりぞめ 渡り初め inauguration f d'un pont. ¶～をする inaugurer un pont.

わたりどり 渡り鳥 oiseau(x) m de passage (migrateur, passager).

わたりもの 渡り者 [渡り職人] artisan m ambulant; [旅芸人] forain(e) m(f); [放浪者] vagabond(e) m(f); [ボヘミアン] bohémien(ne) m(f); [よそ者] étranger(ère) m(f).

わたりろうか 渡り廊下 couloir m; passage m; passerelle f.

わたる 渡る [越える] passer; traverser. 川を～(traverser) une rivière. 橋を～ passer sur un pont. ◆[移住する] émigrer. アメリカへ～ émigrer aux Etats-Unis; [住みつく] s'établir en Amérique. ◆[人手に渡る] passer; se transporter. その家は人手に渡った Cette maison a changé de propriétaire. ¶[行き渡る] 皆に～だけの量はない Il n'y en a pas assez pour tout le monde. ◆[渡来する] être introduit. 鉄砲はいつ日本に渡ったか Quand les fusils ont-ils été introduits au Japon? ◆[世の中を] vivre. 「～世間に鬼はない」 Dans la vie, il n'y a pas que des méchants. 実力がなければ世の中は渡れない Ce qui compte dans la vie, c'est les capacités réelles.

わたる 亘る [広がる] s'étendre. ¶半径10キロメートルに亘って dans un rayon de dix kilomètres. 都内全域に亘って伝染病が広がった L'épidémie s'est étendue à tous les quartiers de la capitale. 鉄道が全線に亘ってストップしている L'ensemble du réseau ferroviaire est paralysé. ◆[関係する・及ぶ] ¶それは私事に～問題ではない C'est une question qui me concerne en propre. 私事に一事例中しありません Permettez-moi de citer un exemple personnel. その研究は各分野に亘っているCes recherches couvrent toutes sortes de domaines. ¶詳細に亘って jusque dans le détail. ◆[時間的に] durer. 討論は延々2時間に亘った La discussion a duré deux longues heures.

ワックス cire f; encaustique f; [スキーの] fart m. 家具に～をかける cirer des meubles. スキーに～を塗る farter ses skis.

ワッセルマンはんのう -反応 réaction f de Wassermann.

わっと ¶～泣き出す éclater en sanglots. ～笑う éclater de rire; rire aux éclats. 群衆が入り口に～押し寄せる La foule se rue (se précipite) vers l'entrée.

ワット watt m. ¶100～の電球 ampoule f de 100 watts. ～時 watt(s)-heure(s) m.

ワッフル gaufre f.

ワッペン écusson m.

わどく 和独 ¶～辞典 dictionnaire m japonais-allemand.

わな 罠 piège m; embûche f; [落とし穴] trappe f; chausse-trape f; [網の] filet m; rets m; [綱の] lacet m; lacs m; [ねずみの] ratière f; souricière f; [小鳥用の籠の] trébuchet m. ～を張る[動物に] dresser (tendre) un piège; [場所に] piéger un lieu. 動物を～に掛ける prendre un animal au piège. 人を～に掛ける prendre qn au piège. 人に～を仕掛ける dresser (tendre) des embûches à qn. ～に掛かる tomber dans le piège; se laisser prendre au piège. 彼はまんまと～に掛かった Il s'est fourré tout droit dans le piège. 彼1匹～に掛かった Un renard a été pris au piège.

わなげ 輪投げ ¶～をする jouer aux anneaux.

わななく trembler; frémir; frissonner. 寒さ(恐怖)に～ frissonner de froid (de peur, d'horreur). ▷わななき tremblement m; frémissement m; frisson m.

わなわな ¶怒りで～震える frissonner (trembler) de colère.

わに 鰐 [ナイルなどの] crocodile m; [アメリカの] alligator m; [中南米の] caïman m; [インドなどの] gavial m. ～のような口 bouche f fendue jusqu'aux oreilles. ¶～革 peau(x) f de crocodile. ～革のバッグ sac m en crocodile.

わび 詫び excuses fpl. ～を入れる faire (présenter) ses excuses. ～を聞きいれる accepter les excuses de qn. 彼のしようもありません Je ne sais pas du tout comment m'excuser. 部長に一言～を言っておいた方がいいよ Il vaut mieux aller dire un mot d'excuse au directeur. ¶お～のしるしに en guise d'excuse. ¶～状 lettre f d'excuses.

わび 侘び sobriété f.

わびしい 侘しい [寂しい] triste; [みじめな] misérable; [孤独な] solitaire; [陰鬱な] sombre. ～生活 vie f solitaire. 一人暮しは～ものだ Ce n'est pas amusant de vivre seul. ¶侘しそうな顔をしている avoir une figure triste et morne. 彼女はとても侘しそうだ Elle a l'air toute triste. 侘しく tristement; misérablement; solitairement.

わびずまい 侘住い vie f retirée; [家] réduit m; retraite f. ～をする vivre retiré.

わびる 詫びる faire (présenter) ses (des) excuses à qn; s'excuser de qc; demander pardon à qn.

わふう 和風 ¶～の de style japonais; à la

わふく 和服 costume *m* japonais; kimono *m*. ~を着る s'habiller à la japonaise. ‖~姿の女性 femme *f* en kimono.

わぶつ 和仏 ¶~辞典 dictionnaire *m* japonais-français.

わぶん 和文 texte *m* japonais; [日本語] japonais *m*. ¶~に訳す traduire en japonais. ‖~仏訳 thème *m* français.

わへい 和平 paix *f*. ¶~会談 conférence *f* de paix. ~交渉 négociations *fpl* de paix. ⇒へいわ(平和).

わほう 話法 discours *m*. ‖直接(間接)~ discours direct (indirect).

わぼく 和睦 réconciliation *f*; [和解] rapprochement *m*; [講和] paix *f*. ~敵と~する faire la paix avec un pays ennemi.

わめきごえ 喚き声 cri *m*; hurlement *m*; vocifération *f*. ¶~をあげる pousser un cri.

わめく 喚く crier; hurler; vociférer; pousser des cris; brailler. 今更喚いてもしかたがない A quoi bon se lamenter?/Il est trop tard pour se lamenter. ¶...に向かって喚く vociférer contre *qn*. 泣き~ pleurer à grands cris.

わやく 和訳 traduction *f* en japonais. ¶~する traduire en japonais.

わようせっちゅう 和洋折衷 ¶~の de style mi-japonais mi-occidental.

わら 藁 paille *f*; [屋根ふき用の] chaume *f*. ~を詰めた[椅子に] pailler; empailler. 椅子の~を詰替える rempailler une chaise. ¶溺れる者は~をもつかむ」«Un homme qui se noie s'accroche même à un brin de paille.» ‖~を詰めた椅子 chaise *f* empaillée. ‖~灰 cendres *fpl* de paille.

わらい 笑い rire *m*; [微笑] sourire *m*; [嘲笑] rire moqueur; ricanement *m*. ~が止まらない avoir le fou rire; [嬉しくて] être ivre de joie. ~にまぎらす se contenter de rire. ~の的になる devenir (être) un objet de risée; devenir la risée de *qn*. 人の~を買う être la risée d'autrui. ~を招く donner (prêter) à rire. いたずらに聴衆の~を買う ne penser qu'à amuser le parterre. 口辺に~を浮かべる avoir le sourire sur les lèvres. ~をこらえる étouffer un rire. ¶~を含んだ眼差 yeux *mpl* riants. ‖お世辞~ rire flatteur. 作り~ rire (sourire) forcé; minauderies *fpl*. 作り笑いをする minauder; rire du bout des dents. 馬鹿~する avoir un rire gras; rire bêtement. 独り~をする rire tout seul.

わらいぐさ 笑い草 ¶世間の~になる devenir la risée de tout le monde. まったくのお~だ Ça me fait rire.

わらいごえ 笑い声 [爆笑] éclat *m* de rire. ~が聞える entendre des rires; entendre *qn* rire. ~を立てる rire.

わらいこける 笑いこける se tordre de rire.

わらいごと 笑い事 ¶~ではない Il n'y a pas [là] de quoi rire./Je ne plaisante pas.

わらいじょうご 笑い上戸 [酒の上の] personne *f* qui a le vin gai; [よく笑う人] personne qui rit à rire facile.

わらいばなし 笑い話 bonne histoire *f*; histoire (conte *m*) pour rire; [冗談] plaisanterie *f*. ~として下さい Prenez-le comme une plaisanterie.

わらいもの 笑い者 ¶~になる s'exposer à la risée [du public]; devenir la risée de *qn* (de tous); se couvrir de ridicule; tomber dans le ridicule. ~にする tourner *qn* en ridicule; ridiculiser *qn*.

わらう 笑う rire; [微笑] sourire; [嘲笑] se moquer de *qn*; railler *qn*. くすくす~ rire sous cape. 涙の出るほど~ rire aux larmes. 腹のかかえて~ se tenir les côtes [de rire]. 腹をよじって~ se tordre à rire. 人の不幸を~ rire du malheur d'autrui. 笑いたいなら笑え Il n'y a pas de quoi rire. 彼女は彼の返事を聞いて大いに笑った Elle a bien ri de sa réponse. 「一門には福来たる」«Le rire porte bonheur.» 「今泣いた烏がもう笑った」«C'est Jean qui rit et Jean qui pleure.» 笑ってごまかす rire en guise de réponse. 笑われるを祈る dre ridicule; être la risée de *qn*. 人を~者はいつか人に笑われる «Rira bien qui rira le dernier.» あの人は陰で笑われている On rit de lui en cachette. 笑われたらおしまいだ Le ridicule tue. 笑いこがれる mourir (crever) de rire; se tordre de rire. ¶~べき虚栄心 vanité *f* risible (ridicule). それは笑える事柄だ C'est un drame qui ne prête pas à rire. 笑って済ませる問題ではない Il n'y a pas matière à rire. ‖大いに笑う rire aux éclats; rire à gorge déployée.

わらじ 草鞋 ¶二足の~をはく ne pas mettre tous *ses* œufs dans le même panier.

わらび 蕨 fougère *f* arborescente.

わらぶき 藁葺 ¶~の家 chaumière *f*. ‖~屋根 toit *m* de chaume.

わらぶとん 藁蒲団 paillasse *f*.

わらわせる 笑わせる faire rire; exciter les rires. 彼は人を~のがうまい Il sait faire rire les gens. 奴がお詩人だなんて~ね Lui, poète? Ça me fait rire. 笑わせちゃいけないよ Vous me faites rire!/Laissez-moi rire!

わり 割 ¶~が合う avoir *son* compte. ~が合わない ne pas y trouver *son* compte. そんなことで怒られちゃ~が合わない Se faire gronder pour ça, ce n'est pas juste. ~を食う être le dindon de la farce. ~のいい avantageux(se); fructueux(se); rémunérateur(trice). ~のいい仕事 travail(aux) *m* rémunérateur. ~のいい条件 condition *f* avantageuse. ~の悪い désavantageux(se); peu fructueux(se). 彼は年の~には背が高い Il est grand pour son âge. 彼は年の~には若く見える Il fait plus jeune que son âge. ~じゃあないかね Tu m'as l'air de t'y connaître./Ce n'est pas mal du tout. ‖頭~で par tête; par personne.

-わり 割 ‖2~ vingt pour cent; deux dixièmes. 2~増し(引き)で acheter avec une augmentation (un rabais) de 20%.

わりあい 割合 proportion *f*; raison *f*; rapport *m*, taux *m*. ...の~で en proportion de ...; à raison de .... 1対10の~で dans le

わりあて 割当 répartition *f*; distribution *f*; attribution *f*; assignation *f*; [輸入量などの] contingentement *m*; [食糧などの] ration *f*. 遺産相続の~ assignation (attribution) des parts de l'héritage. 税金の~ répartition des impôts. 輸入量(額)の~ contingentement des importations. 寄附金の~が来た J'ai reçu une feuille de souscription à la collecte. 仕事の~を担当する se charger de la distribution du travail.

わりあてる 割当てる [配分する] répartir; [分配する] distribuer; [振当てる] assigner; attribuer; [租税, 輸入などを] contingenter; [食糧などを] rationner. 費用を等分に~ répartir les frais en parts égales. 各人に仕事を~ distribuer son travail à chacun. 役を~ attribuer (assigner) un rôle à qn. 部屋を~ répartir les pièces.

わりいん 割印 cachet *m* à cheval. ~を押す apposer un cachet (tampon *m*) à cheval.

わりかん 割勘 ~で飲む Chacun paye son verre. ~にしよう Partageons la note. 今夜は~だぞ Ce soir, chacun pour soi.

わりきる 割切る trancher. 運が悪いとあっさり~ se consoler en accusant la malchance. これ以上ぐずぐずせずに割切らなければならない Il faut trancher sans plus hésiter. ¶割切った考 opinion *f* tranchée.

わりきれる 割切れる ¶3で~(割切れない)数 nombre *m* divisible (indivisible) par trois. 割切れないものが残る Il reste des ambiguïtés. そう言われてもどうも割切れない On a beau dire, ça me laisse des doutes. 試験がだめで割切れない気持だ Je n'arrive pas à avaler la pilule. 何かしら割切れない気持ちだ Il y a quelque chose que je n'arrive pas à digérer.

わりぐりいし 割栗石 pierraille *f*; caillasse *f*.

わりこむ 割込む ¶人込みに~ pénétrer dans la foule. 話に~ intervenir dans une conversation. 行列に~ se glisser dans une file; [車が] couper la file. 他人の問題に~ intervenir (s'immiscer) dans les affaires d'autrui.

わりざん 割算 division *f*. ~をする diviser; effectuer une division. ~の記号 signe *m* de division.

わりだか 割高 ¶~な cher(ère). パリでは生活費が~につく La vie est relativement chère à Paris.

わりだす 割出す ¶答を~ [計算で] faire des calculs; [問題を解決する] trouver la solution de. 犯人を~ identifier le criminel; trouver le criminel par élimination.

わりちゅう 割註 note *f* insérée dans le corps du texte.

わりつけ 割付け mise *f* en pages. ~をする mettre en pages.

わりびき 割引 remise *f*; réduction *f*; rabais *m*; [手形の] escompte *m*. ~する faire une remise (une réduction); [手形を] faire (accorder) un escompte; escompter. 定価から10ユーロ~する rabattre dix euros sur le prix fixe. ~して au rabais. 10パーセント~して売る vendre au rabais de 10%. あいつの言うことは半分~して聞かなければいけない Il ne faut croire que la moitié de ce que dit ce type-là. ¶学生~ réduction pour étudiants. ~販売 vente *f* au rabais. ~手形 billet *m* à tarif réduit. ~銀行 banque *f* d'escompte. ~率 [手形の] taux *m* d'escompte. ~料金 tarif *m* réduit.

わりふり 割振り attribution *f*; assignation *f*. 役の~ distribution *f* des rôles. ~する attribuer *qc*. 役者に役を割振る distribuer (attribuer) des rôles aux acteurs.

わりまえ 割前 part *f*; quote[-]part(s) *f*; cotisation *f*; [食事の] écot *m*. ~を払う payer sa quote-part; [食事の] payer son écot. 俺の~をよこせ Je veux ma part. ⇒わりまえ(分け前).

わりまし 割増 supplément *m*; majoration *f*. 運賃の~ majoration du prix des transports. ~を付ける ajouter un supplément. ¶深夜のタクシー料金は~となる Pendant la nuit les tarifs de taxi sont majorés. ¶~金 supplément. この特急に乗るには~料金を払わなければいけません Pour prendre ce rapide, vous devez payer un supplément.

わりもどし 割戻し remise *f*; ristourne *f*; [払戻し] remboursement *m*. ~す faire une remise; ristourner *qn*; faire une ristourne à *qn*.

わりやす 割安 ¶~な d'un prix modéré; à bas prix; à bon marché. ~な値段 prix *m* avantageux. 飛行機で行った方が~だ Le voyage en avion coûte relativement peu cher. 本日は~になっております Aujourd'hui, on fait un rabais de 10%.

わる 割る [砕く] casser; briser; [縦に] rompre; [分割する] diviser; couper. 皿を~ casser une assiette. 薪を~ fendre (casser) du bois. 窓ガラスを~ briser une vitre. まっこうに~ couper *qc* en deux parties égales. 党を~ diviser (désunir) un parti. 口論に割って入る s'interposer dans la dispute. 竹を割ったような男 homme *m* franc comme l'or. ◆[割算する] diviser. 6を2で~と3になる Six divisé par deux font trois. ◆[うすめる] ¶ジュースを水で~ étendre d'eau un jus. 葡萄酒を水で~ couper du vin. ◆[下まわる] ¶株価が1,000円を割った Le cours est tombé au-dessous de 1.000 yen. ◆[打ち明ける] ¶容疑者はとうとう口を割った Le suspect a fini par se mettre à table (cracher le morceau). 腹を割って話す parler franchement.

わるあがき 悪足掻き ¶今更~をしても無駄だ A quoi bon vous démener?/Il est trop tard pour vous agiter.

わるあそび 悪遊び [いたずら] polissonnerie f; espièglerie f; [遊蕩] débauche f; mauvais plaisirs mpl; plaisirs malsains. ~を覚えるな Ne fais pas le poisson. ~を覚える prendre goût aux plaisirs malsains.

わるい 悪い [邪悪な・悪意のある・不品行な] mauvais méchant; pervers; malfaisant. ~仲間 mauvaise compagnie f. 意地悪の~人 méchante personne f. 性質の~馬 cheval m vicieux. ~事する commettre une mauvaise action. こいつは縁起を担いだ人 Je lui ai créé des ennuis. 口の~ [毒舌] être méchant en paroles. 口の~人 [毒舌家] méchante langue f. ¶悪くとる prendre qc en mauvaise part (en mal). 悪くする [人間を] pervertir qn. ~手本が若者を悪くする Les mauvais exemples pervertissent la jeunesse. 人のことを悪く言う(考える) dire (penser) du mal de qn; mal parler (penser) de qn. 人のことを散々悪く言う dire pis que pendre de qn. ◆[不都合な・不適当な] ¶~方法 mauvaise méthode f. ~手本を示す donner le mauvais exemple. ~結果を招く avoir des suites funestes. …するには間が~ avoir mauvaise réputation. …するには間が~ C'est le mauvais moment pour inf. その方がずっと~ C'est bien pis. もっとも~ことには…が~ Le pire est que ind; Le pire, c'est que ind. ~ことに malheureusement. ~ことに彼は病気になった Malheureusement, il est tombé malade. 彼女は怠け者だし、それにもっと~ことには口が悪い Elle est paresseuse, et qui pis est, très bête. 彼女は悪く~ Elle n'est pas mal. この絵には壁に悪くないだろう Ce tableau ne fera pas mal sur ce mur. ◆[不吉な・不運な] ¶~兆候 mauvais augure m. ~知らせ mauvaise nouvelle f. ~日 jour m néfaste. ~予感 funeste pressentiment m. 彼は~星の下に生まれた Il est né sous une mauvaise étoile. これは~兆候 C'est mauvais signe. 彼は運が悪かった Il n'a pas eu de chance. ◆[有害な] ¶健康に~ 湿気 humidité f malsaine. ここの気候は彼の健康に~ Ce climat lui est néfaste. これはあなたの健康にもかもしれません Cela pourrait être nuisible à votre santé. ~[体調] se sentir (sp porter) mal; être en mauvaise santé. 顔色の~ avoir mauvaise mine. 眼が~ avoir de mauvais yeux. 彼は少々身体の加減が悪かった Il a eu un léger malaise. 彼の容態は日増しに悪くなる Son état empire (s'aggrave) chaque jour. ◆[物の状態、性質など] ¶質の~製品 produit m de mauvaise qualité. 育ちの~子供 enfant mf mal élevé(e). 仕立ての~ジャケット veste f mal coupée. 頭の~少年 garçon m peu intelligent. ~臭いがする Ça sent mauvais. ~身なりした être mal habillé. 彼はラテン語の出来が~ Il est mauvais en latin. エンジンの調子が~ Le moteur ne tourne pas rond. 天気が~ Il fait mauvais [temps]. これは~肉だ Cette viande est mauvaise. この料理は見た目に~がうまい Ce plat n'en a pas l'air, mais il est excellent. 天気が悪くなる Le temps se gâte. 湿気で悪くなった果物 fruits mpl gâtés par l'humidité. ◆[心理状態など] ¶機嫌が~ être de mauvaise humeur. …に気を悪くする se froisser de qc. そう言われると~気持ちはしない Ce n'est pas désagréable à entendre. ◆[間違った] ~のは君です C'est toi qui as tort. みんな私の~ Tout est de ma faute. 自分の~からこう C'est bien sa faute s'il lui est arrivé malheur.

わるがしこい 悪賢い rusé; malin(gne); futé; habile. ~奴(女)だ C'est un rusé (une rusée).

わるぎ 悪気 mauvaise intention f; malice f. ¶~のない行為 action f sans malice. 何も~があってしたのではない Je l'ai fait sans mauvaise intention.

わるくち 悪口 médisance f; injure f; cancan m; 《俗》 potin m; racontar m. [中傷] calomnie f. ~を言う dire du mal de qn; médire de qn; calomnier qn. …の~を言い触らす colporter des cancans sur qn. ~を言い合う échanger des injures.

わるさ 悪さ ¶財布をすられた時の後味の~は格別だ L'impression que vous laisse un vol de portefeuille a un je ne sais quoi de désagréable. 彼の頭の~といったら Sa bêtise est sans remède! ¶彼は~をする He has a stroke of bad luck! ◆[悪戯] ~をする jouer un mauvais tour à qn.

わるだくみ 悪巧み machination f; intrigue f; menées fpl; agissements mpl; [陰謀] complot m; conspiration f. ~をする ourdir une machination; nouer (former) une intrigue contre qn; faire (former, tramer) un complot.

わるぢえ 悪知恵 ruse f. ~を働かせる avoir recours à la ruse. ~をつける suggérer à qn de mauvaises idées. うちの子供たちに~をつけてもらっては困ります Je ne veux pas qu'on donne de mauvaises idées à mes enfants. ~にかけては彼の右に出る者はいない Pour la ruse, il n'a pas son pareil. ¶彼は~の働く男だ Il n'est jamais à court d'artifices.

ワルツ valse f. ~を踊る valser; danser la (une) valse.

わるのり 悪乗り ¶~する aller trop loin; dépasser les limites.

わるびれる 悪びれる ¶悪びれた様子もなく sans paraître gêné. 悪びれずに答える répondre sans broncher.

わるふざけ 悪ふざけ mauvaise plaisanterie f; mauvaise farce f; niche f; 《俗》 canular m. ~をする une mauvaise plaisanterie. 女に~をする faire des niches à une femme. 少し~が過ぎるぞ Les mauvaises plaisanteries ont leur limite! ~をする人 mauvais plaisant m; plaisantin m.

わるもの 悪者 mauvais sujet m; malfaiteur m; [罪人] criminel(le) m(f); scélérat(e) m(f). 人を~にする jeter un blâme sur qn. あいつは~ばかりいないさ~ C'est un brave type, c'est toujours lui qui trinque. 自分が~になる jouer les boucs émissaires.

わるよい 悪酔い ¶~する avoir mal aux

cheveux; [二日酔] avoir la gueule de bois. 安酒を飲むと～する Boire de la vinasse [vous] donne la gueule de bois. ～する酒 vin *m* capiteux.

われ 我 moi *m*; soi. ～に帰る revenir à soi. ～を忘れる [打算を離れて] s'oublier; [夢中で] être transporté de qc; [怒りに] s'emporter; être hors de soi. 「～思う、故に～あり」 Je pense, donc je suis.» ¶～に関ずの態度をとる rester sur *son* quant-à-soi. ～ながらこの仕事 よくし出来たと思う Ce n'est pas pour me vanter, mais ce travail est assez réussi. ～ にもなく malgré *soi*. 群衆が～も～もと競技場に 詰めかけた Les gens se sont rués en foule dans le stade. 怒り[喜び]に～を忘れる être transporté de colère (de joie). ～を忘れて見とれる regarder qc bouche bée. ～を劣らじと 志願する se porter volontaire à qui mieux mieux. ～と思う者は手を上げよ Que les volontaires lèvent la main. ⇨ わたくし(私).

われかえる 割れ返る ¶～ような拍手 applaudissement *m* à tout rompre.

われがちに 我勝ちに ¶～...する faire *qc* à qui mieux mieux.

われがね 破れ鐘 ¶～のような声でどなり散らす crier d'une voix de stentor.

われしらず 我知らずに à *son* insu; inconsciemment; sans s'en apercevoir.

われなべ 破れ鍋 ¶「～にとじ蓋」《Il n'est si méchant pot qui ne trouve son couvercle.》

われめ 割れ目 [小さな] fente *f*; fissure *f*; [大きな] crevasse *f*; [壁などの] lézarde *f*; [陶器やガラスのひび] fêlure *f*. ～ができる se fendre; se fissurer; se crevasser; se lézarder; se fêler.

われもの 割れ物 objet *m* fragile. ‖「～注意」 «Fragile.»

われる 割れる se casser; se briser; [粉々に] se fracasser; [ひびが入る] se fendre; se fêler; [分裂する] se diviser; se scinder. コップが割れ た Le verre s'est brisé. 党が2つに割れた Le parti s'est scindé en deux groupes. 票は3 人の候補者に割れた Les suffrages se sont partagés entre trois candidats. 夫婦の仲は 一度割れたらなかなか元に戻せない Une fois rompus, il est bien difficile de réparer les liens d'un ménage. [頭が]割れるほど痛い J'ai une migraine lancinante. 割れやすいコップ verre *m* fragile. 割れんばかりの拍手を送 applaudir à tout rompre. ◆[明らかになる] 《犯 人(はし)が割れた On a identifié le criminel (le coupable).

われわれ 我々 nous. ～は[が] nous. ～の nôtre (nos). ～に[à] nous. ～を nous. ～のもの le(s) nôtre(s) *m*; la (les) nôtre(s) *f*. ～自身 nous-mêmes. ～労働者 nous autres ouvriers. ～と一緒に avec nous.

わん 椀 bol *m*; jatte *f*; écuelle *f*. ¶一～の 飯 un bol de riz.

わん 湾 [入口の広い] golfe *m*; [入口のせまい] baie *f*; [ごく小さい] anse *f*; crique *f*. ～の入り 口 entrée *f* du golfe. ‖～内は波が静かだ Dans le creux du golfe, la mer est calme.

わんがんせんそう 湾岸戦争 guerre *f* du Golfe.

わんきょく 彎曲 courbe *f*; courbure *f*; [河川 の] boucle *f*. 脊柱の～ déviation *f* de la colonne vertébrale. ～する se courber. 背 骨が～している La colonne vertébrale est déformée. そこで川は急に～している Là-bas, la rivière fait un coude. ～した courbe. ～した 足 jambes *fpl* arquées. ‖川の一部 coudes *mpl* d'une rivière.

わんさ ¶デパートへ～と人が詰めかける Les gens se ruent en foule dans les grands magasins. お菓子が～とある Il y a un tas de gâteaux.

ワンサイドゲーム partie *f* inégale. この試合は ～だ Ce match est inégal.

わんしょう 腕章 brassard *m*. 係員の～ brassard de responsable. ～をつけている porter un brassard.

ワンダーフォーゲル ajisme *m*. ‖～部員 ajiste *mf*.

ワンタン soupe *f* chinoise aux ravioli.

わんにゅう 湾入 ¶海が陸地に～している Un bras de mer s'enfonce dans les terres.

わんぱく 腕白 espièglerie *f*; gaminerie *f*. あ の子は～のし放題だ Cet enfant déborde d'espièglerie. ¶～な coquin; espiègle. ¶～ 小僧 garnement *m*; fripon *m* [d'enfant]; petit coquin *m*; polisson *m*; enfant *m* espiègle; galopin *m*.

ワンパターン ¶～の表現(言いまわし) formule *f* stéréotypée (toute faite).

ワンピース robe *f*.

ワンマン jouer au maître; faire (dicter) la loi. ¶～経営 direction *f* par oukase. ～社長 patron *m* despotique. ～ショー spectacle *m* solo. ～バス autobus *m* sans receveur.

わんりょく 腕力 force *f* [des bras]; force physique; [暴力] violence *f*. ～に訴える recourir à la force. ～のある avoir de la poigne. 何しろあい つは～があるからね Une chose est sûre, il a de la force. いざとなれば～が物を言う Quand plus rien ne va, c'est la force qui triomphe. くや しかったら～で来い Si tu n'es pas content, tu peux faire parler les biceps. ～で手に入れる obtenir *qc* par force.

ワンルームマンション studio *m*.

わんわん [犬の幼児語] toutou *m*; [鳴き声] ouâ-ouâ! ～ほえる faire ouâ-ouâ.

付　　録

- 数詞
- 世界の国々
- 手紙の書き方
- 電話のかけ方
- 動詞活用表

数　詞

1. 基本数形容詞

1	un(e)	40	quarante	:	
2	deux	41	quarante et un	97	quatre-vingt-dix-sept
3	trois	42	quarante deux	98	quatre-vingt-dix-huit
4	quatre	50	cinquante	99	quatre-vingt-dix-neuf
5	cinq [sɛ̃:k]	51	cinquante et un	100	cent
6	six [sis]	52	cinquante-deux	101	cent un [sɑ̃œ̃]
7	sept [sɛt]	60	soixante	102	cent deux [sɑ̃dø]
8	huit [ɥit]	61	soixante et un	200	deux cents
9	neuf [nœf]	62	soixante-deux	201	deux cent un
10	dix [dis]	70	soixante-dix	500	cinq cents [sɛ̃sɑ̃]
11	onze	71	soixante et onze	501	cinq cent un [sɛ̃sɑ̃œ̃]
12	douze	72	soixante-douze	1000	mille
13	treize	:		1001	mille un
14	quatorze	77	soixante-dix-sept	2000	deux mille
15	quinze	78	soixante-dix-huit	一万	dix mille
16	seize	79	soixante-dix-neuf	十万	cent mille
17	dex-sept [diset]	80	quatre-vingts	百万	million
18	dix-huit [dizɥit]	81	quatre-vingt-un	千万	dix millions
19	dix-neuf [diznœf]		[katrvɛ̃œ̃]	一億	cent millions
20	vingt [vɛ̃]	82	quatre-vingt-deux	十億	milliard
21	vingt et un [vɛ̃teœ̃]		[katrvɛ̃dø]	百億	dix milliards
22	vingt-deux [vɛ̃tdø]	90	quatre-vingt-dix	千億	cent milliards
30	trente		[katrvɛ̃dis]	一兆	billion
31	trente et un	91	quatre-vingt-onze	十兆	dix billions
32	trente-deux	92	quatre-vingt-douze	百兆	cent billions

注 1) 17以上の2桁の数は，一般に10位の数と1位の数を一(ハイフン, trait-d'union)で結ぶ．
　　　dix-sept, dix-huit, dix-neuf
　　　また，70, 80, 90 はそれぞれ soixante-dix, quatre-vingts, quatre-vingt-dix のように一を用いて表す．

注 2) 21, 31, 41, 51, 61, 71 は接続詞 et を用いて表す．
　　　vingt et un, trente et un, quarante et un, cinquante et un, soixante et un, soixante et onze (Cf. 81 quatre-vingt-un, 91 quatre-vingt-onze)
　　　古い言い方ではこれ以外にも et を用いている例がある．
　　　「千一夜物語」 Les Mille et une Nuits (Cf. 1001 mille un).

注 3) 数形容詞とそのあとに来る名詞とのリェゾンは，普通の形容詞の場合と同様に行われるが，cinq, six, huit, neuf, dix, vingt については次のような例を知っておくと便利である．
　　　(a) 語群の最後に来る場合 — cinq [sɛ̃:k], six [sis], huit [ɥit], neuf [nœf], dix [dis], vingt [vɛ̃]
　　　(b) 母音で始まる語を従える場合 — cinq ans [sɛ̃kɑ̃], six ans [sizɑ̃], huit ans [ɥitɑ̃], neuf ans [nœvɑ̃], dix ans [dizɑ̃], vingt ans [vɛ̃tɑ̃]
　　　(c) 子音で始まる語を従える場合 — cinq cents [sɛ̃sɑ̃]*, six cents [sisɑ̃], huit cents [ɥisɑ̃], neuf cents [nœfsɑ̃], dix mille [dimil], vingt mille [vɛ̃mil]
　　　　*cinq cents, cinq personnes などは[sɛ̃ksɑ̃], [sɛ̃kpɛrsɔn]と発音されることもある．

注 4) 20台の数は20(vingt [vɛ̃])を除き[vɛ̃t]と発音される．
　　　vingt-trois[vɛ̃ttrwa], vingt-neuf[vɛ̃tnœf], (Cf.quatre-vingt-dix [katrvɛ̃dis])

注 5) 形容詞は，un(e)を除いて性数の変化はないが，vingt, cent は後に数詞を従えていない時に限り，複数になる．
　　　80 quatre-vingts　この本は300ページある．Ce livre a trois cents pages.
　　　　したまもうける gagner des mills et des cents
　　　しかし，序数詞として用いられる場合は -s をとらない．80(200)ページを開きなさい．Ouvrez votre livre à la page quatre-vingt (deux cent).

注 6) million, milliard, billion は名詞的用法しかなく，cent や mille のように名詞に直接かかる形容詞的用法はない．従って複数になると -s をとる．
　　　東京の人口は一千万である．Tokyo a dix millions d'habitants.
　　　予算は2兆フランにものぼった．Le budget s'est élevé jusqu'à deux billions de francs.
　　　(Cf. この町は2000人の人口しかない．Cette ville n'a que deux mille habitants.)

注 7) 次のような場合には，序数詞の代わりに基数詞を使う．

- (a) 帝(女)王名 — ルイ14世 Louis XIV(quatorze)
    ただし1世の場合のみ序数詞を用いる：フランソワ1世 François 1er (premier), エリザベス1世 Elizabeth 1ère (première).
- (b) 章, ページ, 芝居の幕, 場など — 第一章 Chapitre I (un); 1ページ page un (p. 1); 3ページ参照 Cf. p. 3; 10ページの12行目 douzième ligne de la page 10 (dix); 第二幕, 第三場 Acte II (deux), scène III (trois)
    ちなみに芝居の第一幕は le un, 新聞の第一面は la une である.
- (c) 日付・年月日・時刻 ⇒ **7**. その他

2. 序列数形容詞

1$^{er(ère)}$	premier(ère)	11^e	onzième	30^e	trentième
2^e	deuxième	12^e	douzième	40^e	quarantième
	second(e)	13^e	treizième	50^e	cinquantième
3^e	troisième	14^e	quatorzième	60^e	soixantième
4^e	quatrième	15^e	quinzième	70^e	soixante-dixième
5^e	cinquième	16^e	seizième	80^e	quatre-vingtième
6^e	sixième	17^e	dix-septième	90^e	quatre-vingt-dixième
7^e	septième	18^e	dix-huitième	100^e	centième
8^e	huitième	19^e	dix-neuvième	101^e	cent [et] unième
9^e	neuvième	20^e	vingtième	1000^e	millième
10^e	dixième	21^e	vingt et unième		

- 注 1) 序列数形容詞は順番, 順序を表す形容詞で, 基本数形容詞の語幹に -ième をつけて作る. ただし「一番目(の)」は premier(ère) であり,「二番目(の)」は deuxième の他に second(e) という形がある. 最後の順番を表す語は dernier(ère) である. また「三番目(の)」,「四番目(の)」,「五番目(の)」には tiers, quart, quint という形もあるが, 普通の言い方では用いられない.
    第一次世界大戦 la première guerre mondiale
    第二次ポエニ戦争 la seconde guerre punique
    カール五世 Charles Quint
- 注 2) 1$^{er(ère)}$, 2e, 3e... は序列数形容詞の, 普通に用いられる略号である.
- 注 3) neuf は neuvième となる.
- 注 4) unième は単独で用いられることはなく, vingt et unième (21e), trente et unième (31e), cent [et] unième (101e) のような時だけ用いる.
- 注 5) 序列数形容詞は普通, 名詞の前に置かれ, 性数の変化がある.
    マリはポールさんの3番目の娘である. Marie est la troisième fille de M. Paul.
    彼女たちは2列目を占めった. Elles occupaient le deuxième rang.
- 注 6) 競争の結果による順位を示す場合には序列数形容詞をそのまま使用すればよいが, 偶然の結果による順位を示す場合は定冠詞をつけるのが普通である.
    彼はマラソンで15番目に到着した. Il est arrivé quinzième au marathon.
    彼(彼女)は1番で合格した. Il (Elle) a été reçu(e) premier(ère).
    彼(彼女)は1番目にやって来た. Il (Elle) est arrivé(e) le premier (la première).
    横浜市の人口は日本で五番目だ. Par sa population, Yokohama est la cinquième ville du Japon.
- 注 7) 「第3に」,「3番目に」という風に事項その他を列挙する場合には序列数形容詞の後に -ment をつけて troisièmement とすればよい.
    一般に順序を示す副詞としては次のような言い方があるが, これは11番目以上には使用しない.
    1° primo   2° secundo   3° tertio   4° quarto   5° quinto
    6° sexto   7° septimo   8° octavo   9° nono   10° decimo
- 注 8) 「何番目?」という質問を示すのに, 次のような言い方がある.
    君はクラスの何番目か? Tu es le combientième de la classe ?

3. 概数

- (a) 「約」,「おおよそ」,「位」といった概数を示す場合は, 一般に基本数形容詞の前に près de, environ, à peu près, quelque をつければよい.
    約千フラン près de mille francs
    約30台の自動車 environ (quelque) trente voitures
    40歳位の男 un homme d'environ quarante ans
    約500人の学生 à peu près cinq cents étudiants
    支出はおよそ10万円にのぼる La dépense s'élève aux environs de cent mille yen.
- (b) 特殊な形として次のような言い方がある.
    約8 une huitaine* 約10 une dizaine 約12 une douzaine*
    約15 une quinzaine* 約20 une vingtaine 約30 une trentaine
    約40 une quarantaine 約50 une cinquantaine 約60 une soixantaine
    約100 une centaine 約1000 un millier

約10台の自転車 une dizaine de bicyclettes
犠牲者はおよそ100(200)人だった Il y avait une centaine (deux centaines) de victimes.
　*huitaine (huit jours), quinzaine (quinze jours) は「一週間」,「二週間」の意味で、また douzaine は「1ダース」の意味で用いられる.
(c) 30代, 40代といった年齢を示す場合にも, (b)のような概数が用いられるが, その場合一般に30代から60代までの年齢に限られる. これと平行して40代から100代までは quadragénaire, quinquagénaire, sexagénaire, septuagénaire, octogénaire, nonagénaire, centenaire が用いられる.

10(20, 30...)歳前後である avoir dans les dix (vingt, trente, ...) ans
50代の人々 les gens qui ont (sont dans) la cinquantaine
彼は30代になった Il a franchi la trentaine.
あの老人ホームはほとんど70代, 80代の年寄りばかりだ Dans cet asile de vieillards, il n'y a presque que des septuagénaires et des octogénaires.
1980年代から(になって) à partir des (dans les) années 80
1930(40)年代の作家たち les écrivains des années trente (quarante)

(d) 数十(百, 千, 万, 十万, 百万, 千万, 億, 十億)は quelques dizaines (centaines, milliers, dizaines de milliers, centaines de milliers, millions, dizaines de millions, centaines de millions, milliards) というように表される.

数千年前 Il y a quelques milliers d'année
数百フラン quelque (plusieurs) centaines de francs
世界の総人口は60数億に達する La population mondiale atteint six milliards et quelques.
すでに20数人の人が窓口に並んでいた Il y avait déjà une bonne vingtaine de personnes qui faisaient la queue au guichet.
10数回試みたがだめだった J'ai essayé plus d'une dizaine de fois mais en vain.

4. 倍　数

2倍の	double	2倍にする(なる)	doubler
3倍の	triple	3倍にする(なる)	tripler
4倍の	quadruple	4倍にする(なる)	quadrupler
5倍の	quintuple	5倍にする(なる)	quintupler
6倍の	sextuple	6倍にする(なる)	sextupler
7倍の	septuple	7倍にする(なる)	septupler
8倍の	octuple	8倍にする(なる)	octupler
9倍の	nonuple	9倍にする(なる)	nonupler
10倍の	décuple	10倍にする(なる)	décupler
100倍の	centuple	100倍にする(なる)	centupler

6は3の2倍である　6 est le double de 3.
この品物の値段は5年前の2倍もする　Le prix de cet article est double de ce qu'il était il y a 5 ans.
彼は同じ仕事をするのに2倍も時間がかかった　Il a mis le double de temps pour faire le même travail.
東京の生活費はここの2倍もする　La vie à Tokyo coûte le double d'ici.
この町の人口は20年間に3倍になった　La population de cette ville a triplé en 20 ans.
財産を3倍にする　tripler sa fortune
出費は数年間に10倍も増えた　Nos dépenses ont décuplé en quelques années.

そのほかに次のような言い方もする:
3の3倍は9である Trois fois trois font neuf.
3倍になる devenir trois fois plus grand
2を5倍する multiplier deux par cinq

5. 分　数

$\frac{1}{2}$ un demi; la moitié　　$\frac{1}{3}$ un tiers　　$\frac{1}{4}$ un quart
$\frac{1}{5}$ un cinquième　　$\frac{2}{3}$ deux tiers　　$\frac{4}{5}$ quatre cinquièmes
$\frac{7}{6}$ sept sixièmes　　$2\frac{1}{3}$ deux un tiers　　$\frac{a}{b}$ a sur b

6. 小　数

小数点は, でなく, を打つ.
12,34 douze virgule trente-quatre　　0,825 zéro virgule huit cent vingt-cinq
4,8を四捨五入する arrondir 4,8 au chiffre supérieur
彼は100メートルを10.5秒で走る Il court le 100 mètres en 10 seconds 5.
人間の平均体温は36.5度である La température moyenne du corps humaine est de 36 degrés 5.

彼の年収はわたしの2.5倍だ Son revenu annuel est deux fois et demi plus gros que le mien.

7. その他

(a) 日付・年月日・時刻

10月10日 　le 10 (dix) octobre
11月11日 　le 11 (onze) novembre　8月8日 le 8 (huit) août
(l'onze, l'huit とは言わない)
1日の場合のみ序数詞を用いる: 5月1日 le 1er (premier) mai

1955年 　[l'an] mil neuf cent cinquante-cinq または [l'an] dix-neuf cent cinquante-cinq ただし平成15年という場合は15^e (quinze) année de Heisei と序数詞を用いる.

1時 une heure　2時 deux heures　12時(夜中の) minuit; (昼の) midi　午前8時 huit heures du matin　午後3時 trois heures de l'après-midi (午後6時以降は du soir ともいう)
4時10分過ぎ(前) quatre heures dix (moins dix)
「15分過ぎ(前)」, 「30分過ぎ」は次のような言い方をする.
　6時15分過ぎ(前) six heures et quart (moins le quart)
　7時30分過ぎ sept heures et demie
5時23分発の列車 le train de cinq heures vingt-trois

時間や年月, 日数にかかわる表現として次のようなものがある.
　3時(日, 年)間　trois heures (jours, ans)
　3日目に　　　le troisième jour
　3年目に　　　à la troisième année; au bout de deux ans
　3日(年)おきに　à trois jours (ans) d'intervalle; à un intervalle de trois jours (ans)
　1(2)日おきに　tous les deux (trois) jours
　3日(年)目ごとに　tous les trois jours (ans)

(b) パーセント

30% trente pour cent
収入の10%を教育費に充てる assigner aux frais d'étude 10% du revenu
電気製品は総輸出高の40%を占める Les appareils électriques représentent 40% de l'exportation totale.
入試合格者のパーセンテージはどの位ですか Quel est le pourcentage des candidats reçus à l'examen d'entrée ?

(c) 数式など

2+3= 5　　deux et (plus) trois font (égalent) cinq
6−2= 4　　six moins deux font (égalent) quatre
5×3=15　　cinq fois trois font quinze; cinq multiplé par trois égale (donne) quinze
10÷5=2　　deux divisé par cinq égale (donne) deux
3^2　　le carré de trois; trois au carré
4^3　　le cube de quatre; quatre au cube
a^5　　a puissance cinq
$\sqrt{2}$　　racine carré de deux
$\sqrt[3]{27}$　　racine cubique de vingt-sept
$\sqrt[5]{32}$　　racine cinquième de trente-deux
$\sqrt[n]{a}$　　racine n^{ième} de a

(d) ローマ数字

フランスではアラビア数字の代わりにローマ数字もよく用いられる.

1	I	8	VIII	15	XV	40	XL	200	CC
2	II	9	IX	16	XVI	50	L	500	D
3	III	10	X	17	XVII	60	LX	1000	M
4	IV	11	XI	18	XVIII	70	LXX		
5	V	12	XII	19	XIX	80	LXXX		
6	VI	13	XIII	20	XX	90	XC		
7	VII	14	XIV	30	XXX	100	C		

従って1980は MCMLXXX と表記される. このローマ数字は本の巻数や世紀名などの他, 数字のつくあらゆる種類の歴史的タイトルに好んで用いられる. 表記の仕方が違うだけで, 読み方はアラビア数字と同じである.

世界の国名

1. 本表は 2002 年現在の世界の独立国について, フランス語での略称(通称), 正式の名称, 場所の前置詞と主に略称(通称)との結合, 形容詞形および国連加盟年を示したものである. 基本的には国連の資料に基づいているが, 通称, 形容詞形については Petit Robert 1, 2 などによって補った. 正式の名称は〖 〗内に示した.
2. ◇印の後には「…国の」を示す形容詞, あるいは de と略称が結合した形を掲げた. ここに示された形容詞は,「…国の」の意味のほか, 一般に言語・国民・民族を表すために用いられる. すなわち, 男性単数形に定冠詞を付けると言語名を示し (le danois デンマーク語), 大文字で書き始めて冠詞, 数形容詞などを付ければ国民, 民族を表す. ただし, 国名と言語名, 国籍と民族名は別物であることに注意する必要がある.
3. Rép. は République (共和国)の略である. 〜によって省略した部分は 1 語とは限らない (コスタリカ au C〜= au Costa Rica).

アイスランド共和国	l'Islande f〖la Rép. d'I〜〗; en I〜. ◇islandais(e); 1946.
アイルランド	〖l'Irlande f〗; en I〜. ◇irlandais(e); 1955.
アゼルバイジャン共和国	l'Azerbaïdjan m〖la Rép. d'A〜〗; en A〜. ◇azerbaïdjanais(e); 1992.
アフガニスタン	l'Afganistan m〖l'Etat islamique d'A〜〗; en A〜. ◇afghan(e); 1946.
アメリカ合衆国	les Etats-Unis mpl〖les Etats-Unis d'Amérique〗; aux E〜. ◇des Etats-Unis (d'Amerique), americain(e); 1945.
アラブ首長国連邦	〖les Emirats mpl Arabes Unis〗; aux E〜. ◇des E〜 (Arabe); 1971.
アルジェリア民主人民共和国	l'Algérie f〖la Rép. Algérienne Démocratique et Populaire〗; en A〜. ◇algérien(ne); 1962.
アルゼンチン共和国	l'Argentine f〖la Rép. d'A〜〗; en A〜. ◇argentin(e); 1945.
アルバニア共和国	l'Albanie f〖la Rép. d'A〜〗; en A〜. ◇albanais(e); 1955.
アルメニア共和国	l'Arménie f〖la Rép. d'A〜〗; en A〜. ◇arménien(ne); 1992.
アンゴラ共和国	l'Angola m〖la Rép. d'A〜〗; en A〜. ◇angolais(e); 1976.
アンティグア・バーブーダ	〖l'Antigua et Barbuda f〗; en A〜; 1981.
アンドラ公国	l'Andorre〖la Principauté d'A〜〗; en A〜. ◇andorran(e); 1993.
イエメン共和国	le Yémen〖la Rép. du Y〜〗; au Y〜. ◇yéménite ; 1990.
イギリス(グレートブリテン及び北アイルランド連合王国)	le Royaume-Uni (la grande-Bretagne, l'Angleterre f)〖le Royaume-Uni de Grande-Bretagne et d'Irlande du Nord〗; en A〜. ◇du Royaume-Uni, britannique, anglais(e); 1945.
イスラエル(無冠詞)	Israël m〖l'Etat m d'I〜〗; en I〜. ◇israélien(ne); 1949.
イタリア共和国	l'Italie f〖la Rép. Italienne〗; en I〜. ◇italien(ne); 1955.
イラク共和国	l'Iraq (l'Irak) m〖la Rép. d'I〜〗; en I〜. ◇iraquien(ne), irakien(ne); 1945.
イラン・イスラム共和国	l'Iran m〖la Rép. Islamique d'I〜〗; en I〜. ◇iranien(ne); 1945.
インド	〖l'Inde f〗; en I〜. ◇indien(ne); 1945.
インドネシア共和国	l'Indonésie f〖la Rép. d'I〜〗; en I〜. ◇indonésien(ne); 1950.
ウガンダ共和国	l'Ouganda m〖la Rép. de l'O〜〗; en O〜. ◇ougandais(e); 1962.
ウクライナ	l'Ukraine f〗; en U〜. ◇ukrainien(ne); 1945.
ウズベキスタン共和国	l'Ouzbékistan m〖la Rép. d'O〜〗; en O〜. ◇ouzbek (不変); 1992.
ウルグアイ東方共和国	l'Uruguay m〖la Rép. Orientale de l'U〜〗; en U〜. ◇uruguayen(ne); 1945.
エクアドル共和国	l'Equateur m〖la Rép. de l'E〜〗; en E〜. ◇équatorien(ne); 1945.
エジプト・アラブ共和国	l'Egypte f〖la Rép. Arabe d'E〜〗; en E〜. ◇égyptien(ne); 1945.
エストニア共和国	l'Estonie f〖la Rép. d'E〜〗; en E〜. ◇estonien(ne); 1991.
エチオピア	〖l'Ethiopie f〗; en E〜. ◇ethiopien(ne); 1945.
エリトリア国	〖l'Etat de l'E〜〗; en E〜. ◇érythréen(ne); 1993.
エルサルバドル共和国	El Salvador m, le Salvador〖la Rép. d'El S〜〗; en E〜. ◇salvadorien(ne); 1945.
オーストラリア	〖l'Australie f〗; en A〜. ◇australien(ne); 1945.
オーストリア共和国	l'Autriche f〖la Rép. d'A〜〗; en A〜. ◇autrichien(ne); 1955.
オマーン国	〖le Sultanat d'O〜〗; en O〜. ◇omanais(e); 1971.
オランダ王国	les Pays-Bas mpl (旧称 la Hollande)〖le Royaume des P〜〗; aux P〜. ◇néerlandais(e), hollandais(e); 1945.
ガイアナ協同共和国	la Guyane〖la Rép. Coopérative de G〜〗; en G〜. ◇guyanais

カザフスタン共和国	le Kazakhstan 〖la Rép. du K～〗; au K～. ◇kazakh(e); 1992.
カタール国	le Qatar, le Katar 〖l'Etat *m* du Q～〗; au Q～. ◇qatarien(ne); 1971.
ガーナ共和国	le Ghana 〖la Rép. du G～〗; au G～. ◇ghanéen(ne); 1957.
カナダ	〖le Canada〗; au C～. ◇cadadien(ne); 1945.
カーボベルデ共和国	le Cap-Vert 〖la Rép. du C～〗; au C～. ◇cap-verdien ; 1975.
ガボン共和国	le Gabon 〖la Rép. Gabonnaise〗; au G～. ◇gabonnais(e); 1960.
カメルーン共和国	le Cameroun 〖la Rép. de C～〗; au C～. ◇camerounais(e); 1960.
韓国	→大韓民国
ガンビア共和国	la Gambie 〖la Rép. de G～〗; en G～. ◇gambien(ne); 1965.
カンボジア王国	〖le Royaume de Cambodge〗; au C～. ◇cambodgien(ne); 1955.
北朝鮮	→朝鮮民主主義人民共和国
ギニア共和国	la Guinée 〖la Rép. de G～〗; en G～. ◇guinéen(ne); 1958.
ギニアビサウ共和国	la Guinée-Bissau 〖la Rép. de G～〗; en G～. ◇de la G～ ; 1974.
キプロス共和国	Chypre *f* (無冠詞) 〖la Rép. de C～〗; à C～. ◇chypriote; 1960.
キューバ共和国	Cuba (無冠詞) 〖la Rép. de C～〗; à C～. ◇cubain(e); 1945.
ギリシャ共和国	la Grèce 〖la Rép. Hellénique〗; en G～. ◇grec(que); 1945.
キリバス共和国	le Kiribati 〖la Rép. de K～〗; au K～.
キルギスタン共和国	le Kirghizistan 〖la Rép. du K～〗; au K～. ◇kirghiz(e); 1992.
グアテマラ共和国	le Guatemala 〖la Rép. du G～〗; au G～. ◇guatémaltèque, guatémalien(ne); 1945.
クウェート国	le Koweït, le Kuweit, le Kuwait 〖l'Etat du K～〗; au K～. ◇koweïtien(ne), koweitien(ne); 1963.
グルジア共和国	la Géorgie 〖la Rép. de G～〗; en G～. ◇géorgien(ne).
グレナダ	〖la Grenade〗; en G～. ◇grenadin(e); 1974.
クロアチア共和国	la Croatie 〖la Rép. de C～〗; en C～. ◇croate.
ケニア共和国	le Kenya 〖la Rép. du K～〗; au K～. ◇kényen(ne); 1963.
コスタリカ共和国	le Costa Rica 〖la Rép. du C～〗; au C～. ◇costa-ricien(ne); 1945.
コートジボワール共和国	la Côte d'Ivoire 〖la Rép. de C～〗; en C～. ◇ivoirien(ne); 1960.
コモロ・イスラム連邦共和国	les Comores *fpl* 〖la Rép. Fédérale et Islamique des C～〗; aux C～. ◇comorien(ne); 1975.
コロンビア共和国	la Colombie 〖la Rép. de C～〗; en C～. ◇colombien(ne); 1945.
コンゴ共和国	le Congo 〖la Rép. de C～〗; au C～. ◇congolais(e); 1960.
コンゴ民主共和国	le Congo 〖la Rép. Démocratique du C～〗; au C～ . ◇congolais(e); 1960.
ザイール共和国	le Zaïre 〖la Rép. du Z～〗; au Z～. ◇zaïrois(e); 1960.
サウジアラビア王国	l'Arabie saoudite *f* 〖le Royaume d'A～〗; en A～. ◇saoudien(ne), arbe-saoudite ; 1945.
サモア独立国	la Samoa 〖l'Etat Indépendant de S～〗; en S～. ◇samoan(e); 1962.
サントメ・プリンシペ民主共和国	Sao Tomé et Principe *f* (無冠詞) 〖la Rép. Démocratique de S～〗; à S～. ◇de S～; 1975.
ザンビア共和国	la Zambie 〖la Rép. de Z～〗; en Z～. ◇zambien(ne); 1964.
サンマリノ共和国	Saint-Martin *m* (無冠詞) 〖la Rép. de S～〗; à S～. ◇saint-marinais(e); 1992.
シエラレオネ共和国	la Sierra Leone 〖la Rép. de S～〗; en S～. ◇sierra-léonien(ne), sierra-léonais(e); 1961.
ジブチ共和国	Djibouti *m* (無冠詞) 〖la Rép. de D～〗; à D～. ◇djiboutien(ne); 1977.
社会主義人民リビア・アラブ国	la Libye 〖la Jamahiriya Arabe Libyenne Populaire Socialiste〗; en L～. ◇libyen(ne); 1955.
ジャマイカ	〖la Jamaïque〗; à la J～. ◇jamaïquain(ne), jamaïcain(e); 1962.
シリア・アラブ共和国	la Syrie 〖la Rép. Arabe Syrien(ne)〗; en S～. ◇syrien(ne); 1945.
シンガポール共和国	Singapour (無冠詞) 〖la Rép. de S～〗; à S～. ◇singapourien(ne); 1965.
ジンバブエ共和国	le Zimbabwe 〖la Rép. de Z～〗; au Z～. ◇zimbabuéen(ne); 1980.
スイス連邦	la Suisse 〖la Confédération Suisse〗; en S～. ◇suisse.

スウェーデン王国	la Suède 〖le Royaume de S~〗; en S~. ◇suédois(e); 1946.
スーダン共和国	le Soudan 〖la Rép. du S~〗; au S~. ◇soudanais(e), soudanien(ne); 1956.
スペイン	〖l'Espagne *f*〗; en E~. ◇espagnol(e); 1955.
スリナム共和国	le Suriname 〖la Rép. du S~〗; au S~. ◇surinamais(e); 1975.
スリランカ民主社会主義共和国	Sri Lanka *f* 〖la Rép. Socialiste Démocratique de S~〗; à S~. ◇sri-lankais(e); 1955.
スロバキア共和国	la Slovaquie 〖la Rép. slovaque〗; en S~. ◇slovaque; 1993.
スロベニア共和国	la Slovénie 〖la Rép. de S~〗; en S~. ◇slovène.
スワジランド王国	le Souaziland 〖le Royaume du S~〗; au S~. ◇souazi, souazilandais(e); 1968.
セイシェル共和国	les Seyshelles *fpl* 〖la Rép. des S~〗; aux S~. ◇seyshellois(e); 1976.
赤道ギニア共和国	la Guinée équatoriale 〖la Rép. de G~〗; en G~. ◇de la G~, guinéen(ne); 1968.
セネガル共和国	le Sénégal 〖la Rép. du S~〗; au S~. ◇sénégalais(e); 1960.
セントクリストファー・ネイビス	〖Saint-Christophe-et-Nevis (無冠詞)〗; à S~; 1983.
セントルシア	〖la Saint-Lucie〗; en S~; 1979.
セントビンセント及びグレナディーン諸島	le Saint-Vincent 〖Saint-Vincent-et-Grenadines〗; au S~; 1980.
ソマリア民主共和国	la Somalie 〖la Rép. Démocratique Somalie〗; en S~. ◇somali, somalien(ne); 1960.
ソロモン諸島	〖les Iles *fpl* Salomon〗; aux I~. ◇des I~; 1978.
タイ王国	la Thaïlande 〖le Royaume de T~〗; en T~. ◇thaïlandais(e); 1946.
大韓民国	la Corée du Sud 〖la Rép. de C~〗; en C~. ◇de la R~, sud-coréen(ne), coréen(ne); 1965.
タジキスタン共和国	le Tadjikistan 〖la Rép. du T~〗; au T~. ◇tadjik (不変); 1992.
タンザニア連合共和国	la Tanzanie 〖la République-Unie de T~〗; en T~. ◇tanzanien(ne); 1961.
チェコ共和国	la Tchèque 〖la Rép. tchèque~〗; en T~. ◇tchèque; 1993.
チャド共和国	le Tchad 〖la Rép. du T~〗; au T~. ◇tchadien(ne); 1960.
中央アフリカ共和国	Centrafrique 〖la Rép. Centrafricaine〗. ◇centrafricain(e); 1960.
中華人民共和国	la Chine 〖la Rép. Populaire de C~〗; en C~. ◇chinois(e); 1945.
チュニジア共和国	la Tunisie 〖la Rép. Tunisienne〗; en T~. ◇tunisien(ne); 1956.
朝鮮民主主義人民共和国	la Corée du Nord 〖la Rép. Populaire Démocratique de Corée〗; en C~. ◇de la Rép. Populaire Démocratique de Corée, nord-coréen(e), coréen(ne); 1991.
チリ共和国	le Chili 〖la Rép. du C~〗; au C~. ◇chilien(ne); 1945.
ツバル	〖Tuvalu (無冠詞)〗; T~.
デンマーク王国	le Danemark 〖le Royaume du D~〗; au D~. ◇danois(e); 1945.
ドイツ連邦共和国	l'Allemagne *f* 〖la Rép. Fédérale d'Allemagne〗; en A~. ◇allemand(e); 1973.
トーゴ共和国	le Togo 〖la Rép. Togolaise〗; au T~. ◇togolais(e); 1960.
ドミニカ共和国	〖la Rép. Dominicaine〗. ◇dominicain(e); 1945.
ドミニカ国	la Dominique 〖le Commonwealth de la D~〗; en D~. ◇dominiquais(e); 1978.
トリニダード・トバゴ共和国	la Trinité-et-Tobago 〖la Rép. du T~〗; à la T~. ◇de la T~; 1962.
トルクメニスタン	〖le Turkménistan〗; au T~. ◇turkmène ; 1992.
トルコ共和国	la Turquie 〖la Rép. Turque〗; en T~. ◇turc(que); 1945.
トンガ王国	les Tonga *fpl* 〖le Royaume des T~〗; aux T~. ◇tongan(e).
ナイジェリア連邦共和国	le Nigéria 〖la Rép. Fédérale du N~〗; au N~. ◇nigérien(ne) :1960.
ナウル共和国	Nauru *f* (無冠詞) 〖la Rép. de N~〗; à N~. ◇nauruan(e).
ナミビア共和国	la Namibie 〖la Rép. de N~〗; en N~. ◇namibien(ne); 1990.
ニカラグア共和国	le Nicaragua 〖la Rép. du N~〗; au N~. ◇nicaraguayen(e); 1945.
ニジェール共和国	le Niger 〖la Rép. du N~〗; au N~. ◇nigérien(ne); 1960.
西サモア独立国	le Samoa-occidental 〖l'Etat *m* Indépendant du S~〗; à S~. ◇samoan(e); 1976.

日 本 国	〖le Japon〗; au J~. ◇japonais(e); 1956.
ニュージーランド	〖la Nouvelle-Zélande〗; en N~. ◇néo-zélandais(e); 1945.
ネ パ ー ル 王 国	le Népal 〖le Royaume du N~〗; au N~. ◇népalais(e); 1955.
ノルウェー王国	la Norvège 〖le Royaume de N~〗; en N~. ◇norvégien(ne); 1945.
ハ イ チ 共 和 国	Haïti *m* (無冠詞) 〖la Rép. d'H~〗; en H~. ◇haïtien(ne); 1945.
パキスタン・イスラム共和国	le Pakistan 〖la Rép. Islamique du P~〗; au P~. ◇pakistanais(e); 1947.
バ チ カ ン 市 国	le Vatican 〖le Saint-Siège, l'Etat *m* de Cité du V~〗; au V~. ◇du S~, vaticain(e).
パ ナ マ 共 和 国	le Panama 〖la Rép. du P~〗; au P~. ◇panaméen(ne), panamien(ne); 1945.
バヌアツ共和国	Vanuatu (無冠詞) 〖la Rép. de V~〗; à V~; 1981.
バ ハ マ 国	les Bahamas *fpl* 〖le Commonwealth des B~〗; aux B~. ◇bahamien(ne); 1973.
パプアニューギニア	〖la Papouasie-Nouvelle-Guinée〗; ◇papouan(e)-néo-guinéen(ne); 1975.
パ ラ オ 共 和 国	les Palau 〖la Rép. des Iles P~〗; aux P~. ◇palauan(ne); 1994.
パラグアイ共和国	le Paraguay 〖la Rép. du P~〗; au P~. ◇paraguayen(ne); 1945.
バ ル バ ド ス	〖la Barbade〗; à la B~. ◇barbadien(ne); 1966.
バ ー レ ー ン 王 国	Bahrein *m* (無冠詞) 〖le Royaume de B~〗; au B~ ; 1971.
ハンガリー共和国	la Hongrie 〖la Rép. de H~〗; en H~. ◇hongrois(e); 1955.
バングラデシュ人民共和国	le Bangladesh, le Bangla Desh 〖la Rép. Populaire du B~〗; au B~. ◇du B~ ; 1974.
フィジー諸島共和国	〖la Rép. de F~〗 *f* (無冠詞); à F~. ◇de Fidji, fidjien(ne); 1970.
フィリピン共和国	les Philippines *fpl* 〖la Rép. des P~〗; aux P~. ◇philippin(e); 1945.
フィンランド共和国	la Finlande 〖la Rép. de F~〗; en F~. ◇finlandais(e); 1955.
ブ ー タ ン 王 国	le Bhoutan 〖le Royaume du B~〗; au B~. ◇bhoutanais(e); 1971.
ブラジル連邦共和国	le Brésil 〖la Rép. Fédérative du B~〗; au B~. ◇brésilien(ne); 1945.
フ ラ ン ス 共 和 国	la France 〖la Rép. Française〗; en F~. ◇français(e); 1945.
ブルガリア共和国	la Bulgarie 〖la Rép. de B~〗; en B~. ◇bulgare ; 1955.
ブルキナファソ	〖le Burkina Faso〗; au B~. ◇burkinabé, burkinais(e); 1960.
ブルネイ・ダルサラーム国	le Brunei 〖Negara Brunei Darussalam〗; au B~; 1984.
ブルンジ共和国	le Burundi 〖la Rép. du B~〗; au B~. ◇burundais(e), burundien(ne); 1962.
ベトナム社会主義共和国	le Việt Nam 〖la Rép. Socialiste du V~〗; au V~. ◇vietnamien(ne); 1977.
ベ ナ ン 共 和 国	le Bénin 〖la Rép. du B~〗; au B~. ◇beninois(e); 1960.
ベネズエラ共和国	le Venezuela 〖la Rép. du V~〗; au V~. ◇vénézuélien(ne); 1945.
ベラルーシ共和国	la Biélorussie 〖la Rép. de B~〗; en B~. ◇biélorusse ; 1945.
ベ リ ー ズ	〖le Belize〗; au B~; 1981.
ペ ル ー 共 和 国	le Pérou 〖la Rép. du P~〗; au P~. ◇péruvien(ne); 1945.
ベ ル ギ ー 王 国	la Belgique 〖le Royaume de B~〗; en B~. ◇belge; 1955.
ボスニア・ヘルツェゴビナ	la Bosnie-Herzégovine; en B~. ◇bosniaque, bosnien(ne); 1992.
ボツワナ共和国	le Botswana 〖la Rép. du B~〗; au B~. ◇du B~, botswanais(e); 1966.
ポーランド共和国	la Pologne 〖la Rép. de P~〗; en P~. ◇polonais(e); 1945.
ボリビア共和国	la Bolivie 〖la Rép. de B~〗; en B~. ◇bolivien(ne); 1945.
ポルトガル共和国	le Portugal 〖la Rép. Portugaise〗; au P~. ◇portugais(e); 1955.
ホンジュラス共和国	le Honduras 〖la Rép. du H~〗; au H~. ◇hondurien(ne); 1945.
マーシャル諸島共和国	les Marshall 〖la Rép. des Iles M~〗; aux M~. ◇1991.
マ ケ ド ニ ア	〖la Macédoine〗; en M~. ◇ macédonien(ne); 1993.
マダガスカル共和国	Madagascar (無冠詞) 〖la Rép. Démocratique de M~〗; à M~. ◇malgache; 1060.
マ ラ ウ イ 共 和 国	Malawi 〖la Rép. du M~〗; au M~. ◇malawien(ne); 1964.

マ リ 共 和 国	le Mali 〖la Rép. du M〜〗; au M〜. ◇malien(ne); 1960.
マ ル タ 共 和 国	Malte (無冠詞) 〖la Rép. de M〜〗; à M〜. ◇maltais(e); 1964.
マ レ ー シ ア	〖la Malaisie, la Malaysia 〗; en M〜. ◇malasien(ne), malais(e), malaysien(ne); 1957.
ミクロネシア連邦	la Micronésie 〖Etats Fédérés de M〜〗; en M〜. ◇micronésien(ne); 1991.
南アフリカ共和国	l'Afrique f du Sud 〖la Rép. Sud-Africaine〗; en A〜. ◇sud-africain(e); 1945.
ミャンマー連邦	le Myanmar 〖Union de M〜〗; au M〜. ◇birmain(e); 1948.
メキシコ合衆国	le Mexique 〖les Etats-Unis *mpl* du M〜〗; au M〜. ◇mexicain(e); 1945.
モザンビーク共和国	le Mozambique 〖la Rép. du M〜〗; au M〜. ◇mozanbicain(e); 1975.
モ ナ コ 公 国	Monaco (無冠詞) 〖le Principauté de M〜〗; à M〜. ◇monégasque.
モーリシャス共和国	Maurice f (無冠詞) 〖la Rép. de M〜〗; à M〜. ◇mauricien(ne); 1968.
モーリタニア・イスラム共和国	la Mauritanie 〖la Rép. Islamique de M〜〗 :en M〜. ◇mauritanien(ne); 1961.
モ ル デ ィ ブ 共 和 国	les Maldives *fpl* 〖la Rép. des M〜〗; aux M〜. ◇maldivien(ne); 1965.
モルドバ共和国	la Mordavie 〖la Rép. de M〜〗; en M〜. ◇moldave ; 1992.
モ ロ ッ コ 王 国	le Maroc 〖le Royaume du M〜〗; au M〜. ◇marocain(e); 1956.
モ ン ゴ ル 国	〖la Mongolie〗; en M〜, ◇mongol(e); 1961.
ユーゴスラビア連邦共和国	la Yougoslavie 〖la Rép. Fédérative de Y〜〗; en Y〜. ◇yougoslave ; 1945.
ヨルダン・ハシミテ王国	la Jordanie 〖le Royaume Hachémite de J〜〗; en J〜. ◇jordanien(ne); 1955.
ラオス人民民主共和国	le Laos 〖la Rép. Démocratique Populaire Lao〗; au L〜. ◇lao (不変), laotien(ne); 1955.
ラトビア共和国	la Lettonie 〖la Rép. de L〜〗; en L〜. ◇letton(e, ne); 1991.
リトアニア共和国	la Lituanie 〖la Rép. de L〜〗; en L〜. ◇lituanien(ne) :1991.
リヒテンシュタイン公国	le Liechtenstein 〖la Principauté de L〜〗; au L〜. ◇liechtensteinois(e); 1990.
リ ベ リ ア 共 和 国	le Libéria 〖la Rép. de L〜〗; au L〜. ◇libérien(ne); 1945.
ルクセンブルグ大公国	le Luxembourg 〖le Grand-Duché de L〜〗; au L〜. ◇luxembourgeois(e); 1945.
ル ー マ ニ ア	〖la Roumanie〗; en R〜. ◇roumain(e); 1955.
ル ワ ン ダ 共 和 国	le Rwanda, le Rouanda 〖la Rép. Rwandaise〗; au R〜. ◇rwandais(e), ruandais(e); 1962.
レ ソ ト 王 国	le Lesotho 〖le Royaume de L〜〗; au L〜. ◇du L〜, lésothois (e); 1966.
レバノン共和国	le Liban 〖la Rép. Libanaise〗; au L〜. ◇libanais(e); 1945.
ロ シ ア 連 邦	la Russie 〖Fédération de R〜〗; en R〜. ◇russe ; 1945.

手紙の書き方

I 書　式

1. 差出人の氏名・住所

　手紙の第1ページでは，左上のすみに差出人の氏名と住所を書くのが正式です。公的文書や商業文では特にこの様式が守られます。これは，読み終わるまで誰が書いたのかわからないというような面倒を避けるためであり，また受取人が文の末尾の差出人の草書体の署名を判読する労を省くためでもあります。

2. 場所・日付

　右上には，例えば Paris, le 2 août 1979，あるいは Tokyo, samedi 2 août 1979 というように，その手紙をしたためた場所と日付を入れる必要があります。これは，文通の際，相手が返事か出す便あるいは手紙を整理する便を考えると必要なことで，どんなに短い手紙でも忘れてはいけません。公式の文書ではこの日付の下に名宛人の氏名，住所を書くことがあります。

3. 頭　書

　手紙の書き出しは相手に対する呼びかけのことばで始まります。日本の「拝啓」から始まる長々しい時候の挨拶などは，フランスの手紙では書かないのが普通です。この呼びかけの文句は相手との親しさの程度によっていろいろな種類があります。
- (A) 初めての人に対して:
  Monsieur, Madame (Mademoiselle)
- (B) 面識のある人，あるいは二三度文通した人に対して
  Cher Monsieur, Chère Madame (Mademoiselle), Cher Monsieur et ami, Chère Madame (Mademoiselle) et amie など。
- (C) さらに親しい慣れてきた人に対して
  Cher ami, Chère amie, Bien cher ami, Bien chère amie, Cher Paul, Chère Marie, Mon cher, Ma chère など。

　この場合いずれにしても Monsieur, Madame, Mademoiselle は M. Mme, Mlle のような省略した形で書くことは失礼とされています。また *Mon* cher *Monsieur*, *Ma* chère *Madame* は一種の冗語ですから避けねばなりません。
　苗字は普通呼びかけには用いられません。つまり Cher Monsieur Dubois とか Chère Madame Dupont といった言い方は，普通苗字で呼び合っている学校時代の仲間や兵隊仲間あるいは年下，目下の相手でない限り用いられません。
　また個人間の信書で Cher, Chère を用いる場合は，お互いに一二度会っているか，会ってはいなくとも文通などで相手を知っている必要があります。
　肩書きをつける場合は，Monsieur le professeur, Monsieur (Madame) le directeur (la directrice), Monsieur (Madame) le maire, Monsieur (Madame) le préfet, Monsieur (Madame) le député, Monsieur (Madame) le ministre, Monsieur (Madame) le président (la présidente) というように定冠詞をつけますが，医者に対しては Monsieur, または [Cher] Docteur, 弁護士や公証人には Monsieur, または [Cher] Maître という言い方を用います。聖職者(カトリック)には普通は Mon [Révérend] Père (神父), Ma [Révérende] Mère, Ma (または Chère)Soeur (修道女)などを用います。
　カトリックの位階は多種にわたり，それに対する呼びかけは決まっています。司教に対しては Monseigneur, 枢機卿には Eminence (または Votre Eminence と三人称で用いる)の他は，Monsieur le Curé, Monsieur le Chanoine, Monsieur l'Abbé のように，普通に肩書きをつける場合と同じ言い方をします。もっとも差出人が信者でない場合は，神父や女子修道院長に対しても Monsieur, Madame でよいのです。

4. 本　文

　フランス語の手紙に適当な長さというものはありません。言いたいこと，尋ねたいことがすべて表現できたのであれば，半ページに満たなくてもかまいません。要件を要領よく伝える必要のある商用文や公式文書では1ページ以下で手紙は理想的です。2ページ目を使用するにしても，署名だけ，あるいは結びのことばと署名だけにとどめたものです。日本では便箋の裏面を使うことは稀ですが，フランスでは公式文書を除いてはむしろ奨励されます。ごく薄手の紙でない限り，表裏を使うのが普通です。
　また手紙は文学作品のようなものではありませんから，むやみに文体に凝る必要はありません。主旨が確実に伝わることが第一ですから，書き手の自然な文章のままでかまいません。ピリオド，コンマ，改行などを適度に利用して，できるだけ読みやすくすることが大切です。理解を妨げたり，誤解につながるような誤りはないに越したことはありませんが，文法ばかり気にする必要はありません。

5. 結　び

　日本の「敬具」や「草々」にあたる結びの言葉は千差万別ですが，書き出しの呼びかけの調子と釣り合っている必要があります。従って，この結びの文句の中に置く呼びかけの語は，書き出しの呼びかけの語と同じものでなくてはなりません，例えば Cher Monsieur で書き出した手紙の結びは，Recevez, *cher Monsieur*, l'assurance de mes sentiments distingués. とならなくてはなりません。

〔書式〕

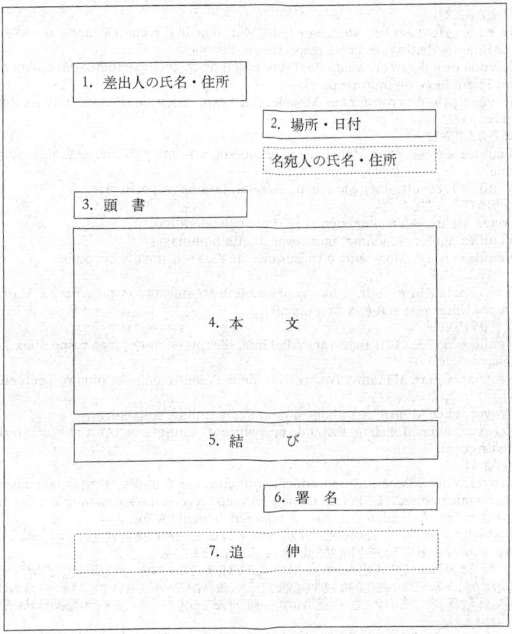

1. 差出人の氏名・住所

2. 場所・日付

名宛人の氏名・住所

3. 頭書

4. 本文

5. 結び

6. 署名

7. 追伸

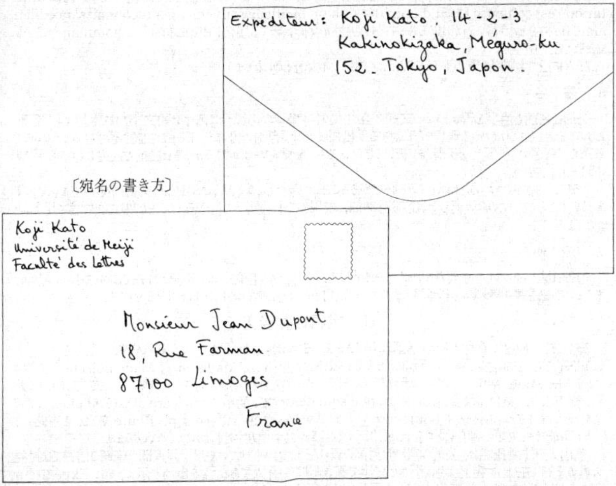

Expéditeur: Koji Kato, 14-2-3
Kakinokizaka, Méguro-ku
152, Tokyo, Japon.

〔宛名の書き方〕

Koji Kato
Université de Meiji
Faculté des Lettres

Monsieur Jean Dupont
18, Rue Farman
87100 Limoges
France

(a) 目上の人に対して
Je vous prie d'agréer, Monsieur (または Monsieur le directeur) l'expression de mes sentiments distingués (または respectueux, dévoués).
Je vous prie de recevoir, Madame, l'expression de mon respectueux dévouement (または l'hommage de mon respect).
Je vous prie de croire, cher Monsieur, à l'expression de mes sentiments distingués.

(b) 同等の人に対して
Veuillez agréer, cher Monsieur, à l'expression de ma plus respectueuse sympathie.
Veuillez recevoir, cher Monsieur, mes salutations respectueuses.

　i) 初めての人に対して
　Soyez assuré, Monsieur, de ma parfaite considération.
　Veuillez agréer, Madame, mes respectueux hommages.
　Veuillez croire, Monsieur, à l'assurance de mes sentiments dévoués.

　ii) 知人に対して
　Croyez, cher Monsieur, à mes sentiments bien amicaux et présentez à Madame Dupont mes respectueux hommages.

(c) 女性に対して
Veuillez agréer (または recevoir), Madame, [l'expression de] mes respectueux hommages.
Recevez, Chère Madame, l'expression de mes sentiments les plus respectueux.

(d) 目下の人、年下の人に対して
Croyez, cher Monsieur Dubois, à mon sympathique souvenir.
Recevez, cher Monsieur Durand, mes sincères salutations (または mes salutations distinguées).

(e) 友人に対して
Croyez, cher Michel, à mon amical souvenir. [Je t'envoie] Toutes mes amitiés. Bien amicalement (または cordialement) à vous. Avec toutes mes amitiés. Cordialement votre. Amicalement. Bien à toi. [Fidèlement] A toi.

以上の言い回しの用語の中で、recevoir より agréer あるいは accepter が尊敬の度が強く、また assurance よりは expression のほうが相手より余計敬意を払うことになります。

これらのいろいろな表現は、昔は差出人が名宛人にどのような気持ちを伝えたいか、例えば感謝、愛情、いたわり、同情、尊敬なのか、あるいは単に儀礼的なものであるのか、によって微妙に使い分けられていたのですが、今日では日本語の「拝啓」や「敬具」と同様元々の意味が忘れられた一種の形式と化しているので、それぞれの語の意味にあまりこだわる必要はありません。

なお sentiments という語は女性が男性に宛てた手紙には用いないのが習慣となっています。その場合は salutation respectueuse (または distinguées), mon meilleur souvenir, ma reconnaissance bien amicale などという言い方が用いられます。また男性が女性に宛てる場合には(c)にあるように hommages という語がよく用いられます。

友人同士では結びの言葉も (e) のようにくだけた、簡略なものになります。

6. 署名

普通は名前と苗字を書きますが、文頭に差出人の名を書いてある場合は苗字と頭文字だけでもよろしい。名前だけのサインはそれだけでわかる親しい人に対する手紙に限ります。自分の書体が、相手が判読に苦労するようなものであったら、署名の下にもう一度活字体で書いておくべきです。本文をワープロで打ったときは名前も入力しそれから手でサインしたらようでしょう。

こうして手紙ができたら読み返してみる必要があることはいうまでもありません。これは公的文書に限らず私的文書でも必要なことです。この読み返しで誤字脱字の他、表現が不十分な所、言い忘れたことなどは追伸で書き足すことになります。

7. 追伸

追伸は濫用をつつしむ必要があります。また手紙の最も大事な用事を追伸の場所で言ってはいけません。追伸はあくまで手紙を書き終えてから投函するまでの間に気付いた、やむにやまれぬ付け加えに限るべきです。

II　宛名の書き方

宛名は封筒の表の真中から少し左側から書きます。日本の場合とは異なり、まず宛名を書き、それから住所、という順序です。日本語の「様」、「殿」にあたる敬称は Monsieur..., Madame..., Mademoiselle...ですが、これを M., Mme, Mlle と省略した形で書くことは、スペースがないといった特別の場合を除いては失礼にあたります。「...様方」、「...気付」にあたるものは Aux bon soin de...ですが、簡単に c/o (care of) あるいは chez...で済ますこともできます。「場所を表す boulevard は bd. Avenue は av. Place は pl. Route は rte と省略することも可能です。なお「...町」にあたる rue...は小文字で書きます。切手は右肩にきれいに貼ります。

差出人の住所氏名は、公的文書では封筒の表の左上に印刷されていますが、個人間の普通の信書いは封筒の裏の下部(左下)に宛名より小さな文字で書きます。差出人であることをはっきり示すために Expéditeur (Expéditrice) すなわち「差出人」という語をつけることがよくあります。

III 封筒・便箋

封筒は便箋より厚手のもの、あるいは日本で《PAR AVION》、または《VIA AIRMAIL》と印刷して市販されている封筒より厚手のものが破れることがなく無難です。「航空便」《PAR AVION》という文字は自分で書き入れればよいでしょう。

フランスの便箋は大型のもの (21cm×29.7cm) が普通ですが、その半分の小型のものも個人間の信書ではよく用いられます。色は無地で、白あるいはライトブルーやクリーム色のものが上品です。柄物や、バラ色あるいはその他の色の便箋は子供用です。

封筒と便箋が一枚になっている簡便な航空書簡 (aérogramme) はフランスにもあり、商用や、頻繁に手紙を出しあう仲では用いられますが、普通の信書、あるいは初めて出す場合には特に封筒と便箋が別々であるものを用いた方がよいです。

手紙の場合は青か黒のインクを用いるのが望ましく、ボールペンや鉛筆はよほどのことがない限り避けるべきです。

IV 例文

A. 個人間の信書

(差出人の氏名・住所は省略)

(1) 手紙を出してもなかなか返事をくれない友人に、年末に出した手紙.

Tokyo, le 28 XII 1980

Très cher ami,

J'espère que tu as bien reçu ma dernière lettre avec la photo qu'elle contenait. Je suis inquiet de n'avoir aucune nouvelle de toi. Je souhaite de tout cœur que tu sois en bonne santé et que toute ta famille se porte bien.

Chez nous, rien n'a changé. Je suis toujours professeur à Tokyo et je travaille beaucoup comme toi sans doute.

En cette fin d'année, je te présente mes meilleurs vœux de bonheur, de santé et de réussite pour 1981.

Je suis impatient d'avoir de tes nouvelles.

Bien amicalement, Jiro Konno

前略

私が写真を同封して送ったこの間の手紙はそちらに届いたことと思いますが、まったく返事がないので心配しております。君も家族も元気ですか。

私の方は変わったことはありません。相変わらず東京で教師をやっております。そして多分君もそうでしょうけど私も一生懸命仕事をやっています。

1981年も楽しいよい年であることをお祈りしております。

お手紙お待ちしております。　草々

紺野　次郎

(2) 絵葉書のお礼と近況報告を兼ねた親しい調子の葉書

Paris, le 28 mars 1980

Bonjour, Koji !

Tout d'abord un grand merci pour la jolie carte que tu m'as envoyée. Que fais-tu en ce moment ? Gérard, qui est venu il y a une semaine à Paris, m'a dit que tu apprenais à conduire. Et le permis ? As-tu maintenant le droit d'écraser quelques poulets dans la campagne ?

Pour ma part, rien de très intéressant: j'ai travaillé une semaine au BHV, un grand magasin, pour gagner un peu d'argent et en ce moment je reste à Paris pour réviser. Ça n'avance pas très vite, la révision !

Bon, Koji, je te souhaite un bon week-end et à un de ces jours !

Bien cordialement, Marie

こんにちは、まずきれいな絵葉書送ってくれてどうもありがとう。あなたは今何をしているのかしら。ジェラルは一週間前にパリに来たけど、あなたは運転を習っているそうじゃない。免許は? 田舎で鶏を轢く権利をもう手に入れたこと?

私の方は格別面白いこともないです。一週間、デパートの BHV で、少しアルバイトしました。今の所パリにいて勉強を進めようとしているけど、なかなか進まなくって。

じゃ、週末を楽しんでちょうだい。ではそのう。

マリ

★このように親しい調子の通信でも、まず相手のことを尋ね、そのあと自分のことを言うのが礼儀です.

(3) フランス旅行でお世話になった人への礼状

> Chère Madame,
> Me voici rentré sans encombres au Japon. Je vous remercie de tout mon cœur de m'avoir accueilli si gentiment. Je garde de votre belle maison de campagne et du beau jardin un délicieux souvenir. Et le joyeux dîner en famille reste inoubliable pour moi. De tous les souvenirs de mon voyage en France, c'est celui de la soirée passée chez vous qui est le meilleur. Lorsque vous viendrez au Japon, n'oubliez pas de faire à votre tour un séjour chez moi. Je vous prouverai que les Japonais ne le cèdent pas en hospitalité aux Français.
> Avec mes remerciements, je vous prie de recevoir, chère Madame, mes respectueux hommages.
> Koji Kato

> 拝啓　　無事日本に帰って参りました．この度はあのように快く私をお泊め下さいまして，本当にありがとうございます．あの美しい別荘ときれいな庭をなつかしく思い出します．特にあの家族団らんの夕食は私には忘れられません．私の今度のフランス旅行のうちで，あの夕べが最も思い出に残っております．日本にお越しの折りには今度は私の所へもお寄り下さい．日本人もフランス人にまけないくらいおもてなしができることをあなたにお目にかけたいと思います．
> 誠にありがとうございました．　　敬具
> 　　　　　　　　　　　　　　　　　　　　　　　　　　　　　　　加藤　浩司

★ このような礼状は，泊めてもらった場合などはぜひ出しておくべきです．

(4) 日本人学生がフランスの大学に受け入れ条件を問い合わせた手紙

> Monsieur,
> Une brochure relatant les activités universitaires de France m'a appris que de votre université dépend d'un Institut de renom pour apprendre la langue française. Je désire justement aller faire en France des études sur l'économie européenne.
> Comme je suis peu habitué à la conversation en votre langue, je pense qu'il est nécessaire d'abord de consacrer une bonne partie de mon temps à m'y exercer. Et je serais très heureux si vous pouviez me communiquer les conditions d'inscription à l'Institut. J'ai mon baccalauréat et je viens de terminer la 2e année à l'université.
> Quels sont les frais de scolarité ? Quel est le statut d'un étudiant à l'Institut ? Un étudiant étranger à l'Institut peut-il avoir facilement la carte de séjour ? Pourra-t-il bénéficier des mêmes avantages qu'un étudiant à l'université ? Est-ce que tout un étudiant à l'Institut, on peut suivre les cours à l'université ? Quelles sont les divisions annuelles des cours ?
> Je vous serais très obligé de me donner là-dessus tous les renseignements nécessaires.
> Je vous prie, Monsieur, de croire à mes sentiments dintingués.
> Koji Kato

> 拝啓　　この度フランスの大学に関するある小冊子で，あなたの大学にフランス語教育の名のある専門学校が付属していることを知りましたが，私はちょうど，ヨーロッパ経済勉強のためフランスへ行こうと考えている者です．
> 私はフランス語の会話に慣れておらず，従ってその練習のためには，まずかなりの時間を費やす必要があると思っております．それゆえ，その専門学校の入学の諸条件を知らせて貰えれば幸いに存じます．私はバカロレアの資格があり，大学の二年を修了したものです．
> 授業料はどの位でしょうか．専門学校の学生の身分はいかなるものでしょうか．専門学校に在籍する外国人学生は，滞在許可証を得ることは容易でしょうか．また，大学生と同様の特典を得ることができるでしょうか．専門学校に学びながら，大学の講義を聴講することは可能でしょうか．講義の一年の区分はどのようになっているのでしょうか．
> これらの事柄について，必要な情報を知らせて下さればと幸いです．
> 　　　　　　　　　　　　　　　　　　　　　　　敬具
> 　　　　　　　　　　　　　　　　　　　　　加藤　浩司

★ 日仏間には，バカロレア・高校卒業資格があれば相手国の大学に原則として無試験で入れるという取り決めがあります．

(5) フランスに滞在するため，不動産業者あるいは観光協会に貸家斡旋を依頼する手紙．

> Tokyo, le 20 mai, 1980
>
> Monsieur,
> Ayant l'intention de séjourner à Cognac pour faire des recherches sur la distillation de l'eau-de-vie, du 1er septembre 1980 au 31 août 1981, pourriez-vous m'indiquer une maison à louer pour deux adultes et deux enfants ? Je voudrais que la maison soit pourvue d'une salle de bain et d'un petit jardin, et qu'elle ne soit pas trop loin du centre de la ville. Quels seraient les prix de location, le montant des arrhes et de votre commission ?
> Je serais heureux si vous pouviez me répondre avant la fin juin.
> Avec mes remerciements, je vous prie d'agréer, Monsieur, mes salutations distingués.
>
> Akira Kato

前略
　私は，1980年9月1日から1981年5月31日まで，蒸留酒の蒸留技術の研究のため，コニャックに滞在しようと思っていますが，大人二人，子供二人用の貸家を紹介戴けないでしょうか．浴室と小さな庭がついている家で，町の中心からあまり遠くない所を望みます．家賃，敷金，手数料はどれくらいになるでしょうか．6月末日までに返事を戴ければ幸いです．
　　　　　　　　　　　　　　　　　　　　　　　　　加藤　明　　草々

★普通は町の公的機関である観光協会 syndicat d'initiative に手紙を書くと，適当な不動産業者 agence immobilière を紹介してくれます．

(6) 前項の依頼状に対する不動産業者からの返信．

> Cognac, le 30 mai, 1980
>
> Monsieur,
> Votre missive du 20 mai m'a informé de votre désir de louer une maison dans notre ville. Je m'empresse de vous annoncer que nous disposons de quelques immeubles susceptibles de vous intéresser. Mais ici, comme ailleurs en province, les maisons à louer proprement dites ne sont pas si nombreuses. Nous connaissons quelques maisons à louer qui satisfont parfaitement à vos conditions: elles ont chacune une salle de bain, un grand jardin et elles sont situées presque au cœur de la ville. Mais je crains que vous trouviez que les loyers ne soient assez élevés: 1400 F au minimum et les arrhes se montent à 3 mois de loyer. Nous avons des appartements dont les prix est la moitié de celui des maisons. Je suis persuadé qu'un de ces appartements pourrait vous satisfaire, sauf qu'ils n'ont pas de jardin. Mais si vous logez au rez-de-chaussée, vous pourrez en avoir un.
> En attendant votre décision, je vous prie de croire, Monsieur, à mes sentiments les meilleurs.
>
> Agence Hannoteau, Jean Hannoteau

拝復
　5月20日付のあなたのお手紙により，コニャックに家を借りたいとのご希望承知いたしました．とり急ぎ私達の所には御希望に添えるような家屋がいくつかあることをお知らせいたします．しかしこの町には他の地方都市と同様，いわゆる貸家はそう多くはありません．たしかにあなたの条件にすっかり合う貸家があります．これらは浴室がつき，大きな庭があり，町のほぼ中央にあります．しかし家賃がかなり高いと思われますがいかがでしょう．最低でも一ヶ月 1400 フランで，敷金は3ヶ月です．私達の所には，これら貸家の半分の家賃のアパートがありますが，これらは庭がないのを除けばあなたの御希望に添えるものと確信しております．一階にお住まいになれば，庭付きも同然です．
　お返事お待ちしております．　　　　　敬具
　　　　　　　　　　　　　　　　　　アノトー社，ジャン・アノトー

(7) フランスの業者に書籍を注文した手紙

> Tokyo, le 28 octobre, 1980
>
> Monsieur,
> Je vous serais obligé de bien vouloir m'envoyer un exemplaire de:
> *Balzac " Illusions perdus", Gallimard.
> *Proust " A la recherche du temps perdu" Tome I, II, III. Coll. De la Pléiade. Gallimard.
> *Bailly et Dubois "Géographie, classe première" Bordas.
> *Malet, Issac et Béjean "Histoire, cours complet" Hachette.
> Le payment s'effectuera comme d'habitude, dès l'arrivée de votre facture, par mandat postal.
> Veuillez agréer, Monsieur, mes salutations distinguées.
> Kiyoshi Kobayashi
> 1-1-3 Shirokanédai,
> Minato-ku, 108-0024, Tokyo
> P. S. Je serais heureux si vous pouviez me communiquer le prix de la collection en dix volumes de " La découverte du monde " (Arthaud).

前略
以下の本を一冊ずつ送って下さい.
* バルザック「幻滅」ガリマール.
* プルースト「失われた時を求めて」 1巻, 2巻, 3巻. プレーヤード版. ガリマール
* バイイ, デュボワ 「高2地理」 ボルダス
* マレ, イサーク, ベジャン 「歴史総説」 アシェット
支払いはいつもの通り, 請求書を受取ってから, 郵便為替で行います. 草々
東京都港区白金台 1-1-3 小林 清
追伸 アルトー社の「世界の発見」10巻シリーズの値段をお知らせ下されば幸いです.

B. クリスマス・年始の挨拶状, 招待状, 通知状

1. 挨拶状

フランスでは日本のような年始のための特別のカードは出しません. クリスマスの挨拶状に, 年始の挨拶を書き添えて送ります. カードは封筒に入れて送るのが普通で, 相手にクリスマスの前日か前々日に着くように送ります. カードは二つ折りの大きなものから, 葉書の半分くらいの小さなものまで大小さまざまですが, 絵があって Joyeux Noël(メリークリスマス)とか Bonne Année (新年おめでとう)と印刷されている側の裏側の何も書かれていないところに祝詞を書きます. これは手紙の要領と同じで, 右側に発信地と日付を書き入れ, 少し下げて二, 三行祝詞を書き, その下に署名します. この祝詞, 署名は自筆すべきで, タイプはいけません.

(a) 簡単な挨拶
  i) Joyeux Noël et Bonne Année.
  ii) Je vous souhaite un Joyeux Noël et une bonne [et heureuse] année.
  iii) Avec tous mes vœux pour un Joyeux Noël et une bonne année.
  iv) [Je souhaite] Que la nouvelle année vous apporte santé, bonheur et réussite.

(b) 少し改まったもの
  Je vous présente, Monsieur, mes meilleurs vœux et souhaits sincères pour un Joyeux Noël et une heureuse année.

(c) 年始の挨拶
  i) Recevez cher ami, les vœux sincères de santé, de réussite et de bonheur que je forme à l'occasion du nouvel an pour vous-même et pour tous les vôtres.
  ii) Je suis heureux de vous présenter mes meilleurs vœux à l'occasion du nouvel an pour vous et pour tous ceux que vous aimez.

(d) 一般的な礼状
  Je vous remercie de votre jolie carte et je vous envoie à mon tour mes meilleurs vœux de bonheur pour l'année qui commence.

2. 招待状

(a) 卒業式への臨席を依頼する手紙

> Monsieur,
> Nous serions très heureux si vous pouviez honorer de votre présence la distribution de prix de notre lycée qui aura lieu à 14 h. le 20 juin, dans l'amphi A.

6月20日，午後2時，階段教室Aで挙行される，我々の学校の卒業式に御臨席下されば幸いに存じます．

(b) 結婚式への招待状
 i) 本人が出すもの

> Koji Kato et Marie Duval
> ont la joie de vous annoncer
> leur mariage.

La cérémonie de mariage sera célébrée le 30 octobre 1980 à 14h. à l'église de Méguro. Le banquet qui la suit aura lieu à 17h. à Happoen.

 ii) 両親が出すもの

> M. et Mme Ryoji Kato
> ont la joie de vous annoncer le
> mariage de leur fils Koji avec
> Mademoiselle Marie Duval.
>
> M. et Mme Ryoji Kato
> vous prient d'honorer de votre
> présence la célébration et de
> prendre part au dîner qui la
> suivra.

3. 通知状など

(a) 出産の知らせ
  M. et Mme X ont la joie de vous annoncer la naissance, le 30 mai, de leur 2e fille Masako.

(b) 出産の知らせに対する親しい友人からの返事

> Cher Koji,
> Je te félicite de l'heureuse naissance de ta deuxième fille. Tu es maintenant père de deux filles. On dit que les filles portent boheur à la maison. Plus de filles, plus de bonheur. Comment se porte ta femme ? Veille bien à la santé de ton bébé et de sa maman.

ご出産おめでとう．君はもう二人の女の子の父親だね．女の子が産まれると家がはなやぐというけど，女の子は多いほどいいね．奥さんはどうだい．赤ちゃんとママの健康に気を付けて…

(c) 転居の知らせ

> Bien cher ami,
> Comme je te l'ai dit, j'ai emménagé, le 1er septembre, dans ma nouvelle maison. Elle est située au bord d'une rivière et donne sur un parc. Il y a de la verdure et on se sent bien mieux qu'au centre de la ville.
> Voici ma nouvelle adresse;
>   2-14-15 Kawara-Machi,
>   Maebashi-Shi, 371-3711 (tel) 0202-02-0202
> Si tu as l'occasion de passer à Maebashi, n'oublie pas de faire un saut chez moi; Toute ma famille en sera enchantée.
>   Amicalement, Takeshi Yamamoto

前略
 前に言っていたように，9月1日新しい家に引っ越しました．川のそばにあって公園に面しているです．緑があって，町の中よりずっと気持ちがいいです．
 これが新しい住所です．
  371-3711 前橋市河原町2-14-5
  電話 0202-02-0202
 前橋に来るようなことがあったら，ぜひわたしのところへ寄って下さい．家の者がみな大喜びするでしょう．　　　草々

                     山本　建

C. 履歴書

履歴書 A

CURRICULUM VITAE

NOM et prénom	: MURAMATSU Toshiko
DATE et lieu de naissance	: née le 20 Novembre 1952 à Ibaraki-Ken
NATIONALITE	: japonaise
DOMICILE légal	: 1-2-3 Osaki, Shinagawa-Ku, Tokyo 123-1234
ETAT civil	: célibataire
PROFESSION	: chercheuse à l'institut national d'Archéologie
ETUDES	: 1967-70 Lycée supérieur Tokiwa à Ibaraki-Ken
	: 1970-1974 Université de Rikkyo, Faculté des Lettres (Section archéologique)
	: 1974-1976 Institut des Hautes Etudes dépendant de ladite université (Section archéologique) A effectué pendant ce temps des fouilles importantes dans la région du sud d'Ibaraki.
DIPLÔMES	: Certificat de fin d'études secondaires (1970)
	: Licence ès Lettres (1974)
	: Maîtrise ès Lettres (1976)
APTITUDES	: Bonnes connaissances du chinois classique et du français.

Tokyo, le 15 juin 1978

履歴書 B

CURRICULUM VITAE

ETAT CIVIL
　SHIMIZU　Kentaro
　Né le 11 Décembre 1970 à Tokyo (Méguro-ku)
　Domicilié 18-14-5 Kakinokizaka, Méguro-Ku, Tokyo 152-1212
　Célibataire

DIPLÔMES
　Baccalauréat
　Licence de Sciences Economiques
　Maîtrise de Sciences Economiques
　Diplôme d'aptitude à l'enseigement de l'Histoire Occidentale.
　Reçu au concours des cadres supérieurs de l'administration municipale.

EXPERIENCES PROFESSIONNELLES
　Fonctionnaire:
　　　Municipal, à la mairie de Kanagawa (Yokohama) pendant deux ans: 1993/94 et 1994/95 (certificat ci-joint)

電話のかけ方

1. 国内電話

：基本的には日本の電話とかわりありません．受話器をはずし，発信音を確認してからスムーズにダイヤルします．間があきすぎると，切れたときは受話器をもとに戻し，また同じことを繰り返します．フランスでは以前，県番号というのがあり，最初の一桁あるいは二桁が県を表していました．二，三の県が同じ県番号にまとめられていることもありました．県番号が一桁の場合は個人番号は七桁，県番号が二桁の場合は個人番号は六桁でした．その後，パリとその他の地方という二系統の区分けを経て，現在ではパリも含めて全国が5つのゾーンに分けられ，国内電話の番号はすべて10桁に統一されています．最初の2桁はそのゾーン番号で，01…パリとイル・ド・フランス，02…北西部，03…北東部，04…南東部とコルシカ島，05…南西部を表しています．同じくパリ市内にかけるときも最初の01をダイヤルする必要があります．昔の公衆電話では，相手が出たあと電話機にある通話ボタンを押さないと，こちらの声が相手に聞こえない仕組み(なぜ？)になっていましたが，もうこのような電話機はありません．

2. 国際電話をかける

日本からフランスへかける場合はどうでしょうか．パリ地区 01-46-××-09-23 にかける場合，たとえば KDDI を使うなら，010-33-1-01-46-××-09-23 です．010 は国外呼び出し，33 はフランスの国番号，1 はパリ地区，46-××-09-23 は相手の個人番号です．

フランスから外国へかける場合，010 にある国外呼び出し番号は 00 です．東京 5421-52×× へかけるときは 00 を押し発信音を確認してから 81 (日本) -3 (東京) -5421-52×× と押します．03 (東京) とか 045 (横浜) の0 はつけずにダイヤルします．例えば前橋 0272-34-18××，あるいは秋田 0272-34-18×× にフランスから電話するときは，電話の種類にかかわらず，それぞれ 00-81-272-34-18××，00-81-272-34-18×× となります．

イタリア，ドイツ，スペイン，イギリスといった EC 諸国もまだ電話通信上はフランスにとって外国の扱いです．フランスからイタリアのナポリ市 81-42-16×× に電話するときは，00-39 (イタリアの番号) -81-42-16×× です．このような国番号をいくつか記しておきます．

イギリス	44	アイルランド	353	アメリカ	1
ドイツ	49	ルクセンブルク	352	カナダ	1
ベルギー	32	スペイン	34		
オランダ	31	スイス	41		

日本では国際電話を使うためには特別に申し込みをせねばならず，請求書も国内外別々に来ますが，フランスでは原則としてあらゆる電話は海外と直接通話が可能です．日本と同様，テレホンカード (télécarte) での公衆電話からでも国際電話がかけられることは，フランス在住の外国人にとって大きな安心ものです．フランスの公衆電話ではまた便利なことに，「受話器をはずして下さい」(Décrochez)「ダイヤルして下さい」(Numérotez)，さらに「お待ち下さい」(Patientez)，「受話器を掛け直して下さい」(Raccrochez) という操作指示が，目の前の液晶画面に現れることか．さらに自分が押した番号もそこに表示されるので，間違って押したときにすぐ気付くという点でもありがたい装置です．こうしてフランスの電話は，なにか生き物を通して遠くの人と話をしているという感じがあり，電話での対話をいっそう楽しいものにしています．

電話では，こっちの言いたいことを相手に分かってもらうと同時に，相手のフランス語を間違えなく聞き取る必要があります．電話で不自由なく話ができるようになったら，あなたのフランス語は完璧です．

3. 電話での応対の基本

電話での対話の基本は相手を認識し，こちらも相手に認識してもらうことです．相手がどういう人であるか大体分かっている状況では始まる会話に比べ，相手が見えない電話では声だけが頼りです．普通は最初の一言二言で相手が誰であるか分かるのですが，その最初の一言二言の中にも礼儀があります．見ず知らずのあいだではなおさらこの礼儀を守る必要があります．日本語では「もしもし，あ，こちらは A と申しますが．B さんはおいででしょうか…」というように，まず自分が名乗ってから相手を尋ねるのが普通です．しかしフランス語ではまず相手を敬称をつけて呼び，挨拶をしてから自分が名乗る方が自然です．

「もしもし，こんにちは…ジャンドロンさんですか…」
-Allô-. Bonjour monsieur. Monsieur Gendron?...

ここで，この「こんにちは」(Bonjour Monsieur) という挨拶とそのあとに続く文言を発するまでの間が大切です．この短い言葉の中から相手は自分に対してこちらがどういう人物であるかを互いに識別する声だけから本能的に察知するからです．特に monsieur, madame, mademoiselle といった，日本語に訳してもたいして意味のない言葉が大切な役目を果たします．「はい」「いいえ」という簡単な返事でさえ，単に「ウイ」「ノン」と言う場合に「ウイ，マダム」「ノン，マダム」と答える方が相手に与える感じという点できちんとします．とにかく見ず知らぬ人が電話にした場合，それが男の人であったら monsieur を用い，女の人であったら子供とか学生とか分からない限り，madame を用いて下さい．よく働く女の人は未婚未既婚を問わず自分が mademoiselle と軽く扱われることのほうに不快感を持つからです．相手に対して敬意をもって，それを敬称を用いてはっきりと表すこと．電話の冒頭ではこの二つのことは極めて大切です．

「アロー，ジャン・ピエール…」-Allô, Jean-Pierre... というように自分から先に名乗るのは極めて親しい間柄か，家族同士のやりとりです．敬称を始終用いることはある程度慣れが必要でなかなかきにくきませんが，逆にこの習慣が身に付くと，とくに電話では対話にある種のこころよい間違いがあると感じてゆくことが多いと言えます．

仕事のことにせよ雑事のことにせよ，少しでも目上の人と話す時はこうした礼儀を守らねばなりません．話を終えたときはどんなに緊張したやりとりであっても，またこんな人には金輪際電話はしまいと思うような相手でも，Au revoir, monsieur とか Bonsoir, madame と敬称を用いて別れの挨拶をしてから電話を切るのがフランスのエレガンスです.

4. いくつかの具体例

(a) 間違い電話

もしもし？	Allô?
もしもし.	Allô.
もしもし. ルモワーヌさん？	Allô? Monsieur Lemoine?
あー, いいえ奥さん. 何番におかけですか.	Heu... non, madame. Vous demandez quel numéro?
あら, たぶん間違いました. 01-49-72-13-××じゃありません?	Ah, j'ai dû me tromper; monsieur. Ce n'est pas le (numéro) 01-49-72-13-××?
え？いや違います. 間違いです. ここは 01-49-62-13-××です.	Non, madame. C'est erreur. Ici, c'est 01-49-62-13-××.
あら, ごめんなさい.	Oh, excusez-moi, monsieur.
どういたしまして.	De rien, madame.

(b) 家主のルジャンドルさんのところにかかってきた電話に間借り人である「私」がでる.

もしもし？	Allô?
もしもし.	Allô.
ルジャンドルさん？	Allô? M. Legendre?
いえ, ルジャンドルさんは今は ナントにおかけです. わたしは間借り人です. どな様ですか？	Non, monsieur. M. Legendre est à Nantes en ce moment. Je suis son locataire. C'est de la part de...?
自動車修理のラクロワです. パリにはいつ戻られるでしょうか.	M. Lacroix, son garagiste. Quand sera-t-il de retour à Paris?
はっきりは分かりませんが, イースターの休みが始まる頃には戻ってまいります. 正確なところは分かりません. いずれにしても, あの方はパリには一日二日しかおりません.	Je ne sais pas exactement, mais il sera ici au début des vacances de Pâques. Je ne sais pas la date exacte. De toute façon, il ne reste à Paris qu'un jour ou deux.
ええ, 知ってます. だけど, わたしはあの方の電話番号を知らないんですよ. えーっと, ナントの電話番号と住所はわかりますか？	Oui, oui. Je sais. Mais zut, je n'ai pas sur moi son numéro... Heu... est-ce que vous avez ses coordonnées à Nantes?
ええ, もちろん.	Bien sûr, monsieur.
それどうか教えて下さい. 緊急な用事ではありませんが, あの方の古いルノーが三万フランで売れたのをお知らせしたら喜ばれるかと思って.	Vous seriez très gentil de me les communiquer. Ce n'est pas une affaire urgente, mais il sera content de savoir que sa vieille Renault vient d'être vendue pour trente mille francs.
ちょっとお待ち下さい. ナントの電話番号は 04-52-63-××-21. 住所はパルマンチエ通り14番地です.	Attendez un instant, monsieur... son numéro de Nantes est 04-52-63-××-21. Il habite 14 rue Parmentier.
ありがとうございました. ではどうも.	Très bien, merci monsieur. Bonne journée.
それではまた.	Au revoir, monsieur.

(c) ひとり暮らしの「私」のところに家族がやってくることになり, もう少し広い家を探すため町の不動産屋に電話する.

もしもし？	Allô?
オルメド不動産です. こんにちは.	Agence Olmède, bonjour.
こんにちは. オルメドさんはいらっしゃいませんか？	Bonjour monsieur. Monsieur Olmède n'est pas là?
いえ, 社長はちょっとでかけて, 午後にならないと戻りません. なにか, 私でできることがありましたら. 私は副社長です.	Non, monsieur. Il est sorti pour l'instant et ne rentre que dans l'après-midi. Mais en quoi puis-je vous être utile, monsieur? Je suis le sous-directeur.

町の中に二三部屋の貸家を探しているのですが, 町の中心にいくっか家具付きがないでしょうか.	Je cherche à louer un deux ou trois pièces dans la ville. Est-ce que vous n'avez pas quelques meublés dans le centre ville?
ありますよ. けどあなた学生さん?	Si, monsieur. Mais vous êtes étudiant?
いや, 中世研究所の客員研究員です.	Non, je suis chercheur-visiteur au Centre Médiéval.
借りたいのはどのくらいの期間ですか?	Vous voulez louer pour combien de temps, monsieur?
九月初めから十ヶ月です.	10 mois à partir du début septembre.
つまり, 来年の六月末までね. しかしそんな短期間用の家具付き貸家を見つけるのは容易じゃないですよ. それに家具付きもそんなに多くはないし. 私達のところの家具付き部屋やアトリエは学生さん用で, 町の中心ではありません.	Donc, jusqu'à la fin juin prochain, n'est-ce pas, monsieur? Mais ce n'est pas évident de trouver des meublés pour une durée si courte et les meublés en location ne sont pas fréquents. Nous disposons de quelques chambres meublées et des studios pour étudiants. Mais ils ne sont pas dans le centre-ville.
台所, バス付きで二三部屋というのが欲しいのです. 夏休み中, 家族がやってくるのですが.	Je voudrais un deux ou trois pièces avec cuisine et bain. Ma famille va venir me rejoindre pendant les vacances.
それではもっと面倒だ. 近いうちにカルノー通りの私達のところにおいで願えませんか. 例えば今日の午後はどうでしょう. 社長は三時には戻っているでしょう.	Ce qui complique davantage les choses. Est-ce que vous ne pourriez pas venir à notre agence, rue Carnot, un de ces jours? Cet après-midi, par example? Mon patron sera rentré à 15 heures.
いや, 今日の午後はだめです. だけど明日の午前中なら結構です.	Non, je ne peux pas venir cet après-midi. Mais demain matin, c'est possible.
よろしい. 明日の午前中にいらっしゃい. 十時頃はどうでしょう?	Bon, venez demain matin, vers dix heures, ça ira?
はい, では十時頃.	Oui, vers dix heures.
カルノー通り, 市役所の近くの私達のところ, ご存じですね.	Vous connaissez notre agence, rue Carnot, près da la mairie?
ええ, 行く道は知ってます.	Oui, je connais le chemin.
じゃ, 明日.	Bien, alors à demain, monsieur.
では, 明日. さよなら.	Au revoir, monsieur, à demain.

(d) 航空会社に電話して帰国便をリコンファームする.

もしもし?	Allô ?
こちらエールフランスです. こんにちは.	Ici, Air France, bonjour.
こんにちは. えーと, 三月三十一日東京行きの帰りの便をリコンファームしたいのですが. 二名です.	Bonjour, madame. Heu… je veux confirmer le vol de retour pour Tokyo, le 31 mars. Nous sommes deux.
お名前は?	A quel noms, monsieur?
シルヴァン・ビューローとジャンヌ・ビューローです.	Sylvain Bureau et Jeanne Bureau.
ビューローはどう書くのですか?	Buro ? Comment ça s'écrit ?
「大きな事務机」のビューローです.	Bureau comme un bureau ministre.
はい... ちょっとお待ち下さい. はいわかりました. シルヴァン・ビューローさんとマダム・ジャンヌ・ビューローさん, 名簿に載りました. あなたの三月三十一日, 714便はリコンファームされました.	Bien… Attendez un moment. Bien, monsieur. Vos deux noms, monsieur Sylvain Bureau et madame Jeanne Bureau sont maintenant sur la liste. Votre vol 714 de 31 mars est confirmé.
えーと, ジャンヌはマダム・ビューローではありません. 私の娘です.	Heu, Jeanne n'est pas madame Bureau. C'est ma fille.
あら, 娘さんですか, ごめんなさい.	Oh, c'est votre fille. Excusez-moi.
飛行機は20時発ですか.	L'avion part à 20 heures?
はい, 714便は20時出発の予定です. チェックインは出発2時間前の18時にエール・フランスのカウンターで始まります.	Oui, le vol 714 est prévu pour 20 heures. L'enregistrement commence à 18 heures, deux heures avant le départ, au guichet Air France
ロワシー(ドゴール空港)にはターミナルが二つあったと思いますが, エール・フランスは第一ターミナルでしたっけ?	Je crois qu'il y a deux gares à l'aéroport de Roissy. C'est la gare 1, Air France ?

いいえ、第二ターミナルです。連絡バスでいらっしゃいますか.	Non, monsieur, c'est à la gare 2. Vous venez par car?
ええ、パリからバスでまいります.	Oui, nous venons de Paris par car.
パリからバスでおいででしたら最初のバス停でお降り下さい。終点は第一ターミナルです.	Si vous venez de la ville de Paris par car, descendez au premier arrêt et non pas au terminus qui est la gare 1.
どうもありがとう.	Merci, madame.
どういたしまして。それから三月三十一日の日曜日には夏時間への切り替えがありますからご注意下さい.	De rien, monsieur. Et il faut vous rappeler que le 31 mars, dimanche, il y a le changement d'heure. Faites attention.
あ、そうだ。ありがとう。じゃさよなら.	Ah, oui, merci. Au revoir, madame.
さようなら.	Au revoir, monsieur.

(e) スキー場、ヴァルトランス行きのバスの便を尋ねるため、ムーチエ駅に電話する.

もしもし.	Allô.
案内所です。こんにちは.	Le bureau d'accueil, bonjour.
こんにちは。えーと、ムーチエ=ヴァルトランス間のシャトルバスの便についてちょっとお尋ねしたいのですが.	Bonjour, madame. Heu... c'est pour renseignement sur le service de navettes entre Moutiers et Val-Thorens.
バスですか。ええ、お待ち下さい。国鉄案内サービスにつなぎます.	De cars? Bien sûr. Attendez, je vais vous passer l'accueil SNCF.
もしもし、こちらバスサービスです.	Allô, ici, le service de cars.
あ、こんにちは。ムーチエからヴァルトランスへのバスの時刻表を知りたいのですが.	Ah, bonjour, monsieur. J'aimerais savoir l'horaire des cars Moutiers et Val-Thorens?
はい、はい。ムーチエには何日にいらっしゃるのでしょうか.	Bien sûr, monsieur. Vous arrivez quel jour à Moutiers?
二月十九日、来週の土曜日です.	Le 19 février, samedi prochain.
二月十九日ですか。かなり混む日ですね。パリ地区のお休みの初日だ。着かれるのはおそらく午後ですね.	Le 19 février, c'est un jour assez chargé. C'est le premier jour des vacances de la région parisienne. Vous arrivez sans doute l'après-midi?
そうですが、ムーチエには何時になるか正確にはわかりません。15時以降に出るバスの便はについて教えていただけないでしょうか.	Oui, mais je ne sais pas exactement à quelle heure nous arriverons à Moutiers. Vous pourriez me dire l'horaire des cars qui partent à partir de 15 heures?
パリからいらっしゃるんでしょう?	Vous venez de Paris?
ええ、だけジャンベリーで14時30分の電車に乗り換えますから.	Oui, mais nous changerons à Chambéry Challes-les-Eaux pour le train de 14h. 30.
つまりムーチエに着くのは15時30分頃ですね。バスは一時間に一本あります。15時40分、16時40分それに17時40分.	Donc, vous arriverez vers 15h. 30 à Moutiers. Il y a un car toutes les heures: 15h. 40, 16h. 40 et 17h. 40.
18時前に宿に着かなければならないのですが、スキー場には何分かかりますか.	Il faut qu'on arrive à l'hôtel avant 18 heures. ça prend combien de temps pour la station?
ヴァルトランスの?	De Val-Thorens?
ええ.	Oui.
普通の時で一時間十分です。だから15時40分か16時40分のバスですね.	Il faut une heure dix minutes en temps normal. Donc, vous devez prendre soit le 15h. 40 ou le 16h. 40.
私達三人ですが、席を予約する必要はありますか.	Nous sommes trois. Il faut réserver les places?
いいえ。駅を出たところにある私達の案内所で切符は買えます。しかし、スキー場からムーチエに帰るときは前日予約しなければなりません。ヴァルトランスの国鉄案内所で尋ねて下さい.	Non. Vous pouvez acheter les billets chez nous à l'agence, à la sortie de la gare. Mais quand vous rentrerez de la station à Moutiers, il faudra réserver les places la veille. Vous vous adresserez à l'agence SNCF de Val-Thorens.
料金はいくらですか.	Quel est le tarif?
ムーチエからヴァルトランス、大人73フラン、子ども50フラン。スキー、荷物こみです.	Un adulte, de Moutiers à Val-Thorens c'est 73 francs et 50 francs, un enfant. Ski et bagages compris.

(f) 旅先のホテルで娘が病気になり、ホテルの主人から電話番号を聞いた医者に電話して診察の予約をとる.

もしもし...もしもし...	Allô?... Bonjour, Madame.
はい、デュルペール医院です. 先生はただいま診察中です. 私がうけたまわります. どうなさいましたか.	Bonjour monsieur. Ici, la clinique du docteur Durepaire. Le docteur est en consultation en ce moment. Je vous écoute. De quoi s'agit-il?
娘のことなんですが、昨日の晩から熱があるんです.	Il s'agit de ma fille. Elle a de la fièvre depuis hier soir.
何歳ですか、娘さんは.	Quelle age elle a, votre fille?
六歳になったばかりです.	Elle vient d'avoir six ans.
高い熱ですか.	C'est une forte fièvre?
体温計を持っていませんが、そんなに高くないと思います. しかし娘は数日前から食欲がなくて、きのうはなにも食べませんでした. オレンジジュースを少し飲んだだけです.	Je n'ai pas le thermomètre. Je ne pense pas que ce soit une très forte fièvre. Mais elle ne mange pas beaucoup depuis quelques jours et elle n'a rien mangé hier. Elle a seulement consommé un peu de jus d'orange.
どこか痛くてませんか.	Elle ne souffre pas?
のどが痛いと言ってます.	Elle dit qu'elle a mal à la gorge.
咳をしますか.	Elle tousse?
いいえ、咳はしません.	Non, elle ne tousse pas.
歩けますか.	Elle peut marcher?
いや、寝ています. しかしタクシーでそちらまで連れてゆくことは出来ます.	Non, elle est au lit. Mais on peut l'emmener chez vous en taxi.
あなたは外国の方ですか. あなたのなまりは...	Vous êtes étranger? Car votre accent...
ええ、日本人です. 一週間前にフランスに着いてホテル住まいです. このホテルの主人からそちらの住所を教えてもらいました.	Oui, je suis japonais. Nous sommes arrivés en France il y a huit jours. Nous sommes dans un hôtel. C'est le patron de l'hôtel qui nous a communiqué vos coordonnées.
あら、モンソーホテルですか.	Ah, vous êtes à l'hôtel Monceau?
いいえ、モンソーホテルではありません. プローニーホテルです. 十七区の.	Non, ce n'est pas l'hôtel Monceau. Nous sommes à l'hôtel Prosny, dans le 17e.
あら、では遠くからのお電話ですね. 単なる風邪だと思います. 長旅で娘さんは疲れていらっしゃるのでしょう. 喉をはらしているようです. すぐいらっしゃい. 先生は十一時半には終わります. 十二時十五分前にここにいらして下さい. いかがですか.	Oh, vous nous téléphonez de loin. Je pense que c'est une simple grippe. Votre fille est fatiguée du long voyage. Il semble aussi qu'elle souffre d'une angine. Venez vite. Le docteur sera libre à partir de onze heures et demie. Rendez-vous à midi moins quart chez nous, ça ira?
結構です. ありがとうございます.	Tout à fait. Merci, madame.
お名前はどう書いたらいいですか.	On vous note à quel nom?
沢田. s-a-w-a-d-a です.	Sawada, s-a-w-a-d-a.
Sawada ですね. はい、それではあとで.	Sawada... bien, monsieur. A tout à l'heure, monsieur.
ではお願いします.	A tout à l'heure, madame.

動詞活用表

I 基本動詞の活用

AVOIR

— 肯定形 —

不定法: 単純形　avoir　　　　　　　　　　　複合形　avoir eu

分　詞: 単純形 (現在) ayant, (過去) eu　　　複合形　ayant eu

直接法:

〔現　在〕
j' ai	nous avons
tu as	vous avez
il a	ils ont

〔複合過去〕
j'ai eu
⋮

〔半過去〕
j' avais	nous avions
tu avais	vous aviez
il avait	ils avaient

〔大過去〕
j' avais eu
⋮

〔単純過去〕
j' eus	nous eûmes
tu eus	vous eûtes
il eut	ils eurent

〔前過去〕
j' eus eu
⋮

〔単純未来〕
j' aurai	nous aurons
tu auras	vous aurez
il aura	ils auront

〔前未来〕
j' aurai eu
⋮

条件法:

〔現　在〕
j' aurais	nous aurions
tu aurais	vous auriez
il aurait	ils auraient

〔過　去〕
j' aurais eu
⋮

接続法:

〔現　在〕
j' aie	nous ayons
tu aies	vous ayez
il ait	ils aient

〔過　去〕
j' aie eu
⋮

〔半過去〕
j' eusse	nous eussions
tu eusses	vous eussiez
il eût	ils eussent

〔大過去〕
j' eusse eu
⋮

命令法: 単純形　aie, ayons, ayez

— 否定形 —

不定法: 単純形　ne pas avoir　　　　　　　複合形　ne pas avoir eu
現在分詞: 単純形　n'ayant pas　　　　　　　複合形　n'ayant pas eu
単純時制: (直説法現在の例) je n'ai pas ...
複合時制: (直説法複合過去の例) je n'ai pas eu ...

— 倒置形 —

単純時制: (直説法現在の例)

肯定		否定
ai-je	avons-nous	n'ai-je pas
as-tu	avez-vous	⋮
a-t-il	ont-ils	

複合時制: (直説法複合過去の例)
　　　　肯定　ai-je eu ...　　　　　　　　否定　n'ai-je pas eu ...

ÊTRE

— 肯定形 —

不定法: 単純形　être　　　　　　　　　　　　　複合形　avoir été

分　詞: 単純形　(現在) étant, (過去) été　　　　複合形　ayant été

直 接 法:
〔現　在〕
je suis	nous sommes
tu es	vous êtes
il est	ils sont

〔複合過去〕
j' ai été
⋮

〔半 過 去〕
j' étais	nous étions
tu étais	vous étiez
il était	ils étaient

〔大 過 去〕
j' avais été
⋮

〔単純過去〕
je fus	nous fûmes
tu fus	vous fûtes
il fut	ils furent

〔前 過 去〕
j' eus été
⋮

〔単純未来〕
je serai	nous serons
tu seras	vous serez
il sera	ils seront

〔前 未 来〕
j' aurai été
⋮

条 件 法:
〔現　在〕
je serais	nous serions
tu serais	vous seriez
il serait	ils seraient

〔過　去〕
j' aurais été
⋮

接 続 法:
〔現　在〕
je sois	nous soyons
tu sois	vous soyez
il soit	ils soient

〔過　去〕
j' aie été
⋮

〔半 過 去〕
je fusse	nous fussions
tu fusses	vous fussiez
il fût	ils fussent

〔大 過 去〕
j' eusse été
⋮

命 令 法: 単純形　sois, soyons, soyez

— 否定形 —

不 定 法: 単純形　ne pas être　　　　　　　　　　複合形　ne pas avoir été
現在分詞: 単純形　n'étant pas　　　　　　　　　　複合形　n'ayant pas été
単純時制: (直説法現在の例) je ne suis pas …
複合時制: (直説法複合過去の例) je n'ai pas été …

— 倒置形 —

単純時制: (直説法現在の例)

肯　定
suis-je	sommes-nous
es-tu	êtes-vous
est-il	sont-ils

否　定
ne suis-je pas
⋮

複合時制: (直説法複合過去の例)
　　肯　定　ai-je été …　　　　　　　　　　　　　　否　定　n'ai-je pas été …

AIMER (第1群規則動詞)

〖能動態〗

— 肯定形 —

不定法: 単純形　aimer　　　　　　　　　　　　複合形　avoir aimé

分　詞: (現在) aimant, (過去) aimé　　　　　　複合形　ayant aimé

直接法:
〔現　在〕
j' aime	nous aimons
tu aimes	vous aimez
il aime	ils aiment

〔複合過去〕
j' ai aimé
⋮

〔半過去〕
j' aimais	nous aimions
tu aimais	vous aimiez
il aimait	ils aimaient

〔大過去〕
j' avais aimé
⋮

〔単純過去〕
j' aimai	nous aimâmes
tu aimas	vous aimâtes
il aima	ils aimèrent

〔前過去〕
j' eus aimé
⋮

〔単純未来〕
j' aimerai	nous aimerons
tu aimeras	vous aimerez
il aimera	ils aimeront

〔前未来〕
j' aurai aimé
⋮

条件法:
〔現　在〕
je aimerais	nous aimerions
tu aimerais	vous aimeriez
il aimerait	ils aimeraient

〔過　去〕
j' aurais aimé
⋮

接続法:
〔現　在〕
j' aime	nous aimions
tu aimes	vous aimiez
il aime	ils aiment

〔過　去〕
j' aie aimé
⋮

〔半過去〕
j' aimasse	nous aimassions
tu aimasses	vous aimassiez
il aimât	ils aimassent

〔大過去〕
j' eusse aimé
⋮

命令法: 単純形　aime, aimons, aimez

— 否定形 —

不定法：単純形　ne pas aimer　　　　　　　　　複合形　ne pas avoir aimé
現在分詞：単純形　n'aimant pas　　　　　　　　複合形　n'ayant pas aimé
単純時制：(直説法現在の例)　je n'aime pas ...
複合時制：(直説法複合過去の例)　je n'ai pas aimé ...

— 倒置形 —

単純時制；(直説法現在の例)

肯　定
aimé-je	aimons-nous
aimes-tu	aimez-vous
aime-t-il	aiment-ils

否　定
n' aimé-je pas
⋮

複合時制：(直説法複合過去の例)
　　　　　肯　定　ai-je aimé ...　　　　　　　　　　否　定　n'ai-je pas aimé ...

〔受動態〕

— 肯定形 —

不 定 法: 単純形　être aimé(e)(s) ...　　複合形　avoir été aimé(e)(s) ...

現在分詞: 単純形　étant aimé(e)(s) ...　　複合形　ayant été aimé(e)(s) ...

直 説 法: 〔現　在〕　je suis aimé(e) ...　　〔複合過去〕　j'ai été aimé(e)
　　　　　〔半 過 去〕　j'étais aimé(e) ...　　〔大 過 去〕　j'avais été aimé(e) ...
　　　　　〔単純過去〕　je fus aimé(e) ...　　〔前 過 去〕　j'eus été aimé(e) ...
　　　　　〔単純未来〕　je serais aimé(e) ...　　〔前 未 来〕　j'aurais été aimé(e) ...

条 件 法: 〔現　在〕　je serais aimé(e) ...　　〔過　去〕　j'aurais été aimé(e) ...

接 続 法: 〔現　在〕　je sois aimé(e) ...　　〔過　去〕　j'aie été aimé(e) ...
　　　　　〔半 過 去〕　je fusse aimé(e) ...　　〔大 過 去〕　j'eusse été aimé(e) ...

命 令 法: 単純形　sois aimé(e) ...

— 否定形 —

不 定 法: 単純形　ne pas être aimé(e)(s)　　複合形　ne pas avoir été aimé(e)(s)
現在分詞: 単純形　n'étant pas aimé(e)(s)　　複合形　n'ayant pas été aimé(e)(s)
単純時制: (直説法現在の例)je ne suis pas aimé(e) ...
複合時制: (直説法複合過去の例) je n'ai pas été aimé(e) ...

— 倒置形 —

単純時制: (直説法現在の例)
　　　　肯 定　suis-je aimé(e) ...　　　　　否 定　ne suis-je pas aimé(e) ...
複合時制: (直説法複合過去の例)
　　　　肯 定　ai-je été aimé(e) ...　　　　否 定　n'ai-je pas été aimé(e) ...

助動詞に être をとる自動詞の複合形

(例: ARRIVER)

— 肯定形 —

不 定 法: 複合形　être arrivé(e)(s)

現在分詞: 複合形　étant arrivé(e)(s)

直 説 法: 複合過去　je suis arrivé(e) ...
　　　　大 過 去　j'étais arrivé(e) ...
　　　　前 過 去　je fus arrivé(e) ...
　　　　前 未 来　je serai arrivé(e) ...

条 件 法: 過　去　je serais arrivé(e) ...

接 続 法: 過　去　je sois arrivé(e) ...
　　　　: 大 過 去　je fusse arrivé(e) ...

— 否定形 —

不 定 法: 複合形　ne pas être arrivé(e)(s)
現在分詞: 複合形　n'étant pas arrivé(e)(s)
直 説 法: 複合過去　je ne suis pas arrivé(e) ...

— 倒置形 —

(直説法複合過去の例)
　　　　肯 定　suis-je arrivé(e) ...　　　　否 定　ne suis-je pas arrivé(e) ...

SE LAVER (代名動詞)

— 肯定形 —

不定法: 単純形　se laver　　　　　　　　　　　　複合形　s'être lavé(e)(s)

分　詞: 単純形　(現在) se lavant, (過去) lavé　　複合形　s'étant lavé(e)

直接法:
〔現　在〕
je me lave　　　　　nous nous lavons
tu te laves　　　　　vous vous lavez
il se lave　　　　　　ils se lavent

〔複合過去〕
je me suis lavé(e)
⋮

〔半過去〕
je me lavais　　　　nous nous lavions
tu te lavais　　　　　vous vous laviez
il se lavait　　　　　ils se lavaient

〔大過去〕
je m'étais lavé(e)
⋮

〔単純過去〕
je me lavai　　　　　nous nous lavâmes
tu te lavas　　　　　vous vous lavâtes
il se lava　　　　　　ils se lavèrent

〔前過去〕
je me fus lavé(e)
⋮

〔単純未来〕
je me laverai　　　　nous nous laverons
tu te laveras　　　　vous vous laverez
il se lavera　　　　　ils se laveront

〔前未来〕
je me serai lavé(e)
⋮

条件法:
〔現　在〕
je me laverais　　　　nous nous laverions
tu te laverais　　　　vous vous laveriez
il se laverait　　　　ils se laveraient

〔過　去〕
je me serais lavé(e)
⋮

接続法:
〔現　在〕
je me lave　　　　　nous nous lavions
tu te laves　　　　　vous vous laviez
il se lave　　　　　　ils se lavent

〔過　去〕
je me sois lavé(e)
⋮

〔半過去〕
je me lavasse　　　　nous nous lavassions
tu te lavasses　　　　vous vous lavassiez
il se lavât　　　　　ils se lavassent

〔大過去〕
je me fusse lavé(e)
⋮

命令法: 単純形　lave-toi, lavons-nous, lavez-vous

— 否定形 —

不定法: 単純形　ne pas se laver　　　　　複合形　ne pas s'être lavé(e)(s)
現在分詞: 単純形　ne se lavant pas　　　　複合形　ne s'étant pas lavé(e)(s)
単純時制: (直説法現在の例)　je ne me lave pas ...
複合時制: (直説法複合過去の例)　je ne me suis pas lavé(e) ...
命令法: ne te lave pas, ne nous lavons pas, ne vous lavez pas

— 倒置形 —

単純時制: (直説法現在の例)

肯　定
me lavé-je　　　nous lavons-nous
te laves-tu　　　vous lavez-vous
se lave-t-il　　　　lavent-ils

否　定
ne me lavé-je pas
⋮

複合時制: (直説法複合過去の例)
肯　定　me suis-je lavé(e) ...　　　否　定　ne me suis-je pas lavé(e) ...

FINIR (第2群規則動詞)

不定法: 単純形　finir　　　　　　　　　　　複合形　avoir fini

分　詞: 単純形　(現在) finissant, (過去) fini　　複合形　ayant fini

直接法:

〔現　在〕

		〔複合過去〕
je finis	nous finissons	j' ai fini
tu finis	vous finissez	⋮
il finit	ils finissent	

〔半過去〕　　　　　　　　　　　　　　　　　〔大過去〕

je finissais	nous finissions	j' avais fini
tu finissais	vous finissiez	⋮
il finissait	ils finissaient	

〔単純過去〕　　　　　　　　　　　　　　　　〔前過去〕

je finis	nous finîmes	j' eus fini
tu finis	vous finîtes	⋮
il finit	ils finirent	

〔単純未来〕　　　　　　　　　　　　　　　　〔前未来〕

je finirai	nous finirons	j' aurai fini
tu finiras	vous finirez	⋮
il finira	ils finiront	

条件法:

〔現　在〕　　　　　　　　　　　　　　　　　〔過　去〕

je finirais	nous finirions	j' aurais fini
tu finirais	vous finiriez	⋮
il finirait	ils finiraient	

接続法:

〔現　在〕　　　　　　　　　　　　　　　　　〔過　去〕

je finisse	nous finissions	j' aie fini
tu finisses	vous finissiez	⋮
il finisse	ils finissent	

〔半過去〕　　　　　　　　　　　　　　　　　〔大過去〕

je finisse	nous finissions	j' eusse fini
tu finisses	vous finissiez	⋮
il finît	ils finissent	

命令法: 単純形　finis, finissons, finissez

II　動詞活用表

索引

avoir, être, aimer, (se) laver, finir ⇨I 基本動詞の活用		coudre	43	frire	62	pourvoir	31
		courir	20	fuir	12	pouvoir	27
		craindre	39	haïr	10	prendre	38
acheter	6	croire	56	lire	55	recevoir	23
acquérir	13	croître	47(b)	manger	2	résoudre	44
aller	9	cueillir	16	mettre	41	rire	49
appeler	5	déchoir	36	moudre	42	savoir	28
assaillir	15	devoir	24	mourir	17	seoir	33
asseoir	32	dire	54	mouvoir	25	suffire	53
battre	40	écrire	52	naître	48	suivre	45
boire	57	entendre	37	nettoyer	3	tenir	14
bouillir	22	envoyer	8	ouvrir	11	vaincre	63
bruire	64	espérer	7	partir	18	valoir	29
clore	61	extraire	60	payer	4	vêtir	19
conclure	50	faillir	21	placer	1	vivre	46
conduire	51	faire	58	plaire	59	voir	30
connaître	47(a)	falloir	35	pleuvoir	34	vouloir	26

不定法 現在分詞 過去分詞	1. **placer** plaçant placé	2. **manger** mangeant mangé	3. **nettoyer** nettoyant nettoyé	4. **payer** payant payé
直接法 現 在	je place n. plaçons ils placent	je mange n. mangeons ils mangent	je nettoie n. nettoyons ils nettoient	je paie (paye) n. payons ils paient
半 過 去 単純過去	je plaçais je plaçai	je mangeais je mangeai	je nettoyais je nettoyai	je payais je payai
単純未来	je placerai	je mangerai	je nettoierai	je paierai (payerai)
条件法 現 在	je placerais	je mangerais	je nettoierais	je paierais (payerais)
接続法 現 在 半 過 去	je place je plaçasse	je mange je mangeasse	je nettoie je nettoyasse	je paie (paye) je payasse
命 令 法	place plaçons placez	mange mangeons mangez	nettoie nettoyons nettoyez	paie (paye) payons payez
不定法 現在分詞 過去分詞	10. **haïr** haïssant haï	11. **ouvrir** ouvrant ouvert	12. **fuir** fuyant fui	13. **acquérir** acquérant acquis
直接法 現 在	je hais n. haïssons ils haïssent	j'ouvre n. ouvrons ils ouvrent	je fuis n. fuyons ils fuient	j'acquiers n. acquérons ils acquièrent
半 過 去 単純過去	je haïssais je haïs	j'ouvrais j'ouvris	je fuyais je fuis	j'acquérais j'acquis
単純未来	je haïrai	j'ouvrirai	je fuirai	j'acquerrai
条件法 現 在	je haïrais	j'ouvrirais	je fuirais	j'acquerrais
接続法 現 在 半 過 去	je haïsse je haïsse	j'ouvre j'ouvrisse	je fuie je fuisse	j'acquière j'acquisse
命 令 法	hais haïssons haïssez	ouvre ouvrons ouvrez	fuis fuyons fuyez	acquiers acquérons acquérez
不定法 現在分詞 過去分詞	19. **vêtir** vêtant vêtu	20. **courir** courant couru	21. **faillir** failli	22. **bouillir** bouillant bouilli
直接法 現 在	je vêts n. vêtons ils vêtent	je cours n. courons ils courent	なし	je bous n. bouillons ils bouillent
半 過 去 単純過去	je vêtais je vêtis	je courais je courus	なし je faillis	je bouillais je bouillis
単純未来	je vêtirai	je courrai	je faillirai	je bouillirai
条件法 現 在	je vêtirais	je courrais	je faillirais	je bouillirais
接続法 現 在 半 過 去	je vête je vêtisse	je coure je courusse	なし なし	je bouille je bouillisse
命 令 法	vêts vêtons vêtez	cours courons courez	なし	bous bouillons bouillez

5. appeler	6. acheter	7. espérer	8. envoyer	9. aller
appelant	achetant	espérant	envoyant	allant
appelé	acheté	espéré	envoyé	allé
j'appelle	j'achète	j'espère	j'envoie	je vais n. allons
n. appelons	n. achetons	n. espérons	n. envoyons	tu vas v. allez
ils appellent	ils achètent	ils espèrent	ils envoient	il va ils vont
j'appelais	j'achetais	j'espérais	j'envoyais	j'allais
j'appelai	j'achetai	j'espérai	j'envoyai	j'allai
j'appellerai	j'achèterai	j'espérerai	j'enverrai	j'irai
j'appellerais	j'achèterais	j'espérerais	j'enverrais	j'irais
j'appelle	j'achète	j'espère	j'envoie	j'aille
j'appelasse	j'achetasse	j'espérasse	j'envoyasse	j'allasse
appelle	achète	espère	envoie	va
appelons	achetons	espérons	envoyons	allons
appelez	achetez	espérez	envoyez	allez
14. tenir	15. assaillir	16. cueillir	17. mourir	18. partir
tenant	assaillant	cueillant	mourant	partant
tenu	assailli	cueilli	mort	parti
je tiens	j'assaille	je cueille	je meurs	je pars
n. tenons	n. assaillons	n. cueillons	n. mourons	n. partons
ils tiennent	ils assaillent	ils cueillent	ils meurent	ils partent
je tenais	j'assaillais	je cueillais	je mourais	je partais
je tins	j'assaillis	je cueillis	je mourus	je partis
je tiendrai	j'assaillirai	je cueillerai	je mourrai	je partirai
je tiendrais	j'assaillirais	je cueillerais	je mourrais	je partirais
je tienne	j'assaille	je cueille	je meure	je parte
je tinsse	j'assaillisse	je cueillisse	je mourusse	je partisse
tiens	assaille	cueille	meurs	pars
tenons	assaillons	cueillons	mourons	partons
tenez	assaillez	cueillez	mourez	partez
23. recevoir	24. devoir	25. mouvoir	26. vouloir	27. pouvoir
recevant	devant	mouvant	voulant	pouvant
reçu	dû(due, dus, dues)	mû(mue, mus, mues)	voulu	pu
je reçois	je dois	je meus	je veux	je peux (puis)
n. recevons	n. devons	n. mouvons	n. voulons	n. pouvons
ils reçoivent	ils doivent	ils meuvent	ils veulent	ils peuvent
je recevais	je devais	je mouvais	je voulais	je pouvais
je reçus	je dus	je mus	je voulus	je pus
je recevrai	je devrai	je mouvrai	je voudrai	je pourrai
je recevrais	je devrais	je mouvrais	je voudrais	je pourrais
je reçoive	je doive	je meuve	je veuille	je puisse
je reçusse	je dusse	je musse	je voulusse	je pusse
reçois	dois	meus	veuille	
recevons	devons	mouvons	veuillons	なし
recevez	devez	mouvez	veuillez	

不定法 現在分詞 過去分詞	**28. savoir** sachant su	**29. valoir** valant valu	**30. voir** voyant vu	**31. pourvoir** pourvoyant pourvu
直接法 現 在	je sais n. savons ils savent	ja vaux n. valons ils valent	je vois n. voyons ils voient	je pourvois n. pourvoyons ils pourvoient
半過去 単純過去	je savais je sus	je valais je valus	je voyais je vis	je pourvoyais je pourvus
単純未来	je saurai	je vaudrai	je verrai	je pourvoirai
条件法 現 在	je saurais	je vaudrais	je verrais	je pourvoirais
接続法 現 在 半 過 去	je sache je susse	je vaille je valusse	je voie je visse	je pourvoie je pourvusse
命 令 法	sache sachons sachez	vaux valons valez	vois voyons voyez	pourvois pourvoyons pourvoyez
不定法 現在分詞 過去分詞	**37. entendre** entendant entendu	**38. prendre** prenant pris	**39. craindre** craignant craint	**40. battre** battant battu
直接法 現 在	j'entends n. entendons ils entendent	je prends n. prenons ils prennent	je crains n. craignons ils craignent	je bats n. battons ils battent
半過去 単純過去	j'entendais j'entendis	je prenais je pris	je craignais je craignis	je battais je battis
単純未来	j'entendrai	je prendrai	je craindrai	je battrai
条件法 現 在	j'entendrais	je prendrais	je craindrais	je battrais
接続法 現 在 半 過 去	j'entende j'entendisse	je prenne je prisse	je craigne je craignisse	ja batte je battisse
命 令 法	entends entendons entendez	prends prenons prenez	crains craignons craignez	bats battons battez
不定法 現在分詞 過去分詞	**46. vivre** vivant vécu	**47(a).connaitre** connaissant connu	**47(b).croitre** croissant crû(crue, crus, crues)	**48. naitre** naissant né
直接法 現 在	je vis n. vivons ils vivent	je connais n. connaissons ils connaissent	je crois n. croissons ils croissent	je nais il naît n. naissons ils naissent
半過去 単純過去	je vivais je vécus	je connaissais je connus	je croissais je crûs	je naissais je naquis
単純未来	je vivrai	je connaîtrai	je croîtrai	je naîtrai
条件法 現 在	je vivrais	je connaîtrais	je croîtrais	je naîtrais
接続法 現 在 半 過 去	je vive je vécusse	je connaisse je connusse	je croisse je crûsse	je naisse je naquisse
命 令 法	vis vivons vivez	connais connaissons connaissez	crois croissons croissez	nais naissons naissez

32. asseoir	33. seoir	34. pleuvoir	35. falloir	36. déchoir
asseyant (assoyant)	séant (seyant)	pleuvant		
assis		plu	fallu	déchu
j'assieds (assois)				je déchois
n. asseyons (assoyons)	il sied	il pleut	il faut	n. déchoyons
ils asseyent (assoient)	ils siéent			ils déchoient
j'asseyais (assoyais)	il seyait	il pleuvait	il fallait	なし
j'assis	なし	il plut	il fallut	je déchus
j'assiérai (assoirai)	il siéra	il pleuvra	il faudra	je déchoirai
j'assiérais (assoirais)	il siérait	il pleuvrait	il faudrait	je déchoirais
j'asseye (assoie)	il siée	il pleuve	il faille	je déchoie
j'assisse	なし	il plût	il fallût	je déchusse
assieds (assois)				déchois
asseyons (assoyons)	なし	なし	なし	déchoyons
asseyez (assoyez)				déchoyez

41. mettre	42. moudre	43. coudre	44. résoudre	45. suivre
mettant	moulant	cousant	résolvant	suivant
mis	moulu	cousu	résolu, résous(te)	suivi
je mets	je mouds	je couds	je résous	je suis
n. mettons	n. moulons	n. cousons	n. résolvons	n. suivons
ils mettent	ils moulent	ils cousent	ils résolvent	ils suivent
je mettais	je moulais	je cousais	je résolvais	je suivais
je mis	je moulus	je cousis	je résolus	je suivis
je mettrai	je moudrai	je coudrai	je résoudrai	je suivrai
je mettrais	je moudrais	je coudrais	je résoudrais	je suivrais
je mette	je moule	je couse	je résolve	je suive
je misse	je moulusse	je cousisse	je résolusse	je suivisse
mets	mouds	couds	résous	suis
mettons	moulons	cousons	résolvons	suivons
mettez	moulez	cousez	résolvez	suivez

49. rire	50. conclure	51. conduire	52. écrire	53. suffire
riant	concluant	conduisant	écrivant	suffisant
ri	conclu	conduit	écrit	suffi
je ris	je conclus	je conduis	j'écris	je suffis
n. rions	n. concluons	n. conduisons	n. écrivons	n. suffisons
ils rient	ils concluent	ils conduisent	ils écrivent	ils suffisent
je riais	je concluais	je conduisais	j'écrivais	je suffisais
je ris	je conclus	je conduisis	j'écrivis	je suffis
je rirai	je conclurai	je conduirai	j'écrirai	je suffirai
je rirais	je conclurais	je conduirais	j'écrirais	je suffirais
je rie	je conclue	je conduise	j'écrive	je suffise
je risse	je conclusse	je conduisisse	j'écrivisse	je suffisse
ris	conclus	conduis	écris	suffis
rions	concluons	conduisons	écrivons	suffisons
riez	concluez	conduisez	écrivez	suffisez

不定法 現在分詞 過去分詞	**54. dire** disant dit	**55. lire** lisant lu	**56. croire** croyant cru	**57. boire** buvant bu
直接法 現 在	je dis n. disons v. dites ils disent	je lis n. lisons ils lisent	je crois n. croyons ils croient	je bois n. buvons ils boivent
半過去 単純過去	je disais je dis	je lisais je lus	je croyais je crus	je buvais je bus
単純未来	je dirai	je lirai	je croirai	je boirai
条件法 現 在	je dirais	je lirais	je croirais	je boirais
接続法 現 在 　　　 半過去	je dise je disse	je lise je lusse	je croie je crusse	je boive je busse
命 令 法	dis disons dites	lis lisons lisez	crois croyons croyez	bois buvons buvez
不定法 現在分詞 過去分詞	**58. faire** faisant fait	**59. plaire** plaisant plu	**60. extraire** extrayant extrait	**61. clore** closant clos
直接法 現 在	je fais n. faisons v. faites ils font	je plais n. plaisons ils plaisent	j'extrais n. extrayons ils extraient	je clos 複数1,2人称なし ils closent
半過去 単純過去	je faisais je fis	je plaisais je plus	j'extrayais なし	なし なし
単純未来	je ferai	je plairai	j'extrairai	je clorai
条件法 現 在	je ferais	je plairais	j'extrairais	je clorais
接続法 現 在 　　　 半過去	je fasse je fisse	je plaise je plusse	j'extraie なし	je close なし
命 令 法	fais faisons faites	plais plaisons plaisez	extrais extrayons extrayez	clos
不定法 現在分詞 過去分詞	**62. frire** (faisant frire) frit	**63. vaincre** vainquant vaincu	**64. bruire** bruissant 	
直接法 現 在	je fris 複数なし	je vaincs il vainc n. vainquons ils vainquent	il bruit ils bruissent 1,2人称なし	
半過去 単純過去	なし なし	je vainquais je vainquis	il bruissait なし	
単純未来	je frirai	je vaincrai	il bruira	
条件法 現 在	je frirais	je vaincrais	il bruirait	
接続法 現 在 　　　 半過去	なし なし	je vainque je vainquisse	il bruisse なし	
命 令 法	fris	vaincs vainquons vainquez	なし	

1980年4月15日	発 行
1993年3月20日	新装版発行
1995年2月15日	第2版発行
2003年7月30日	第3版発行

コンサイス和仏辞典〈第3版〉

2011年10月20日　第4刷発行

編　者	重信常喜	(しげのぶ・つねき)
	島田昌治	(しまだ・しょうじ)
	橋口守人	(はしぐち・もりと)
	須藤哲生	(すどう・てつお)
	工藤　進	(くどう・すすむ)
	山岡捷利	(やまおか・かつとし)
	ガブリエル・メランベルジェ	

発行者　株式会社 三省堂　代表者 北口克彦

印刷者　三省堂印刷株式会社

発行所　株式会社 三省堂

〒101-8371
東京都千代田区三崎町二丁目22番14号
電話　編集　(03) 3230-9411
　　　営業　(03) 3230-9412

振替口座　00160-5-54300
商標登録番号　412945・387580・377381
http://www.sanseido.co.jp/

〈3版 コンサイス和仏・1,248 pp.〉

落丁本・乱丁本はお取替えいたします

ISBN978-4-385-12156-7

Ⓡ本書の全部または一部を無断で複写複製(コピー)することは、著作権法上での例外を除き、禁じられています。本書からの複写を希望される場合は、日本複写権センター(03-3401-2382)にご連絡ください。

クラウン仏和辞典

学習仏和のトップセラー。最新の専門語、新語を拡充し、このクラス最大の4万7千語収録。用例7万。重要語にカナ発音表記。理解を助ける英語併記。和仏インデックス付き。

デイリーコンサイス仏和・和仏辞典

仏和7万項目、和仏2万3千項目収録の最大級のポケット仏和・和仏辞典。的確・簡潔な訳語と精選された用例。カナ発音付き。場面別会話集、分野別用語コラムなども掲載。

ジェム仏和・和仏辞典

日本最小の本格的実用仏和・和仏の最新版。仏和2万3千語、和仏1万2千語を収録。最新の情報、的確な訳語。最高級皮革を使った豪華装丁。海外旅行・ビジネス・学習に最適。

デイリー日仏英・仏日英辞典

これは便利！　シンプルな3か国語辞典。「日仏英」は1万3千項目、「仏日英」は5千項目収録。用例・成句も充実。あいさつや病院での会話表現も収録。カナ発音付き。

グランドコンサイス英和辞典

わが国最大の36万項目収録。一般語からコンピュータ・科学・社会学・医学・法律・スポーツなど、現代社会のあらゆる専門語を最大限収録。俗語・現代用法・固有名詞も充実。

グランドコンサイス和英辞典

32万項目収録のわが国最大の和英データベース。日常語彙から、法律・経済などの人文系、動物・植物・医学などの科学系の専門用語、ビジネス用語、固有名詞などを網羅。

三省堂 Web Dictionary
http://www.sanseido.net/　17タイトル170万語！